兽医法规汇编

（第二版）

上 册

《兽医法规汇编》（第二版）编委会 编

中国农业出版社
北 京

图书在版编目（CIP）数据

兽医法规汇编 /《兽医法规汇编》（第二版）编委会编. -- 2 版. -- 北京 : 中国农业出版社，2024. 12.
ISBN 978-7-109-32403-9

Ⅰ. D922.49

中国国家版本馆 CIP 数据核字第 2024DX2960 号

中国农业出版社出版

地址：北京市朝阳区麦子店街 18 号楼

邮编：100125

责任编辑：周晓艳　耿韶磊

版式设计：王　晨　　责任校对：吴丽婷

印刷：北京通州皇家印刷厂

版次：2024 年 12 月第 2 版

印次：2024 年 12 月第 2 版北京第 1 次印刷

发行：新华书店北京发行所

开本：880mm×1230mm　1/16

总印张：104.75

总字数：3287 千字

总定价：298.00 元（上、下册）

《兽医法规汇编》（第二版）编委会

主 任 委 员：滑志敏　王　建

副主任委员：柴育东　孙国斌

执 行 委 员：孙国斌　洪　龙　杨　奇　杜　杰　王晓亮
罗　锐

主　　　编：孙国斌

副　主　编：杨　奇

汇 编 人 员：（以编写字数多少为序）

孙国斌　吴亚文　张　雯　崔生玲　孙　璨
袁苏娅　谭　倩　杨佳冰　马金昕　李　昕
杨　奇　田文婧　罗　锐　王　磊　王晓亮
李知新　赵选智

统　　　稿：孙国斌

《兽医法规汇编》（第一版）编委会

第二版前言

兽医工作是公共卫生工作的重要组成部分，是保持经济社会全面、协调、可持续发展的一项基础性工作。推进兽医法治建设，是做好兽医工作的根本途径。为了更好地服务兽医法治工作，便于兽医行业从业人员及广大公众学法、知法、用法，加快兽医法治进程，提升兽医工作水平，保障公共卫生安全，维护社会和谐稳定，《兽医法规汇编》编委会组织编写了《兽医法规汇编》一书。

《兽医法规汇编》（以下简称《汇编》）第一版由《汇编》编委会编，孙国斌主编，中国农业出版社 2013 年 7 月出版，全书 175.8 万字。

截至 2023 年，《汇编》出版已 10 年，其中有的文件已经废止；有的文件已经修改；同时，还出台了多部新的兽医法规。因此，有必要对《汇编》进行修改，并形成《汇编》（第二版）。修改内容包括第一版收录的所有兽医及相关法律、法规、规章和规范性文件及技术规范和标准，主要为：一是对已废止的全部删除；二是对已修改的收录最新版本；三是对 2012 年以后新出台的收录其现行版本。

《汇编》（第二版）由《汇编》（第二版）编委会编，孙国斌主编。该书内容包括法律、行政法规、部门规章、地方性法规、规范性文件、技术规范和标准等六部分。收录了 2022 年 12 月 31 日以前（个别除外）我国现行的兽医及相关法律 23 件、行政法规 17 件、部门规章 25 件、地方性法规 21 件、规范性法律文件 126 件、技术规范和标准 75 件，共 287 件。

《汇编》（第二版）共六篇，具体内容及其汇编人员为：第一篇法律，孙国斌。第二篇行政法规，孙国斌。第三篇部门规章、第五篇规范性文件与第六篇技术规范（规程、标准），动物防疫部分，王晓亮、李知新、吴亚文、杨佳冰、王磊、马金昕、赵选智；动物卫生监督部分，罗锐、谭倩、袁苏娅、田文婧；兽药部分，杨奇、李昕、张雯、崔生玲。第四篇地方性法规，孙璨。

《汇编》（第二版）所收录的内容，主要来自中国人大网，中央人民政府网，农业农村部网，有关省、自治区、直辖市人大网及人民政府网等。

《汇编》（第二版）由宁夏回族自治区农业农村厅畜牧兽医局牵头，组织宁夏回族自治区兽药饲料监察所、宁夏回族自治区动物疾病预防控制中心和宁夏回族自治区动物卫生监督所有关人员历时2年编写而成。

由于编者水平有限，加之本《汇编》涉及面广、时间跨度大等，难免会出现纰漏，敬请大家批评指正。

《兽医法规汇编》（第二版）编委会

2023年9月

第一版前言

兽医工作是公共卫生工作的重要组成部分，是保持经济社会全面、协调、可持续发展的一项基础性工作。推进兽医法制建设，是做好兽医工作的根本途径。为了更好地服务兽医法制工作，便于兽医行业从业人员及广大公众学法、知法、用法，加快兽医法制进程，提升兽医工作水平，保障公共卫生安全，维护社会和谐稳定，我们组织编写了《兽医法规汇编》（以下简称《汇编》）一书。

本书包括法律、行政法规、部门规章、地方性法规和规章、规范性文件、技术规范和标准6个部分，收录了2012年12月31日以前我国现行的兽医及相关法律22件、行政法规16件、部门规章23件、地方性法规和规章10件、规范性法律文件56件、技术规范和标准66件，共193件，内容比较全面，涵盖了兽医工作所涉及的法律、法规、规章和规范性文件及技术规范和标准，是收录兽医法律、法规、规章和规范性文件及技术规范和标准比较全面的一部兽医法律工具书。

本《汇编》所收录的内容主要来自中国人大网、中华人民共和国中央人民政府网、中国农业信息网、中国兽医网、宁夏人民网、宁夏政府法制网、农业部文件等。

本《汇编》由宁夏回族自治区农牧厅兽医局牵头，组织宁夏回族自治区农牧厅兽医局、宁夏回族自治区动物卫生监督所、宁夏回族自治区动物疾病预防控制中心和宁夏回族自治区兽药饲料监察所的有关人员历时3年编写而成。

由于编者水平有限，加之本《汇编》涉及面广，时间跨度大等，难免会出现纰漏，敬请大家批评指正。

《兽医法规汇编》编委会

2013年3月28日

目　录

上　册

下 册

01 第一篇 法 律

一、中华人民共和国动物防疫法

（1997年7月3日第八届全国人民代表大会常务委员会第二十六次会议通过　2007年8月30日第十届全国人民代表大会常务委员会第二十九次会议第一次修订　根据2013年6月29日第十二届全国人民代表大会常务委员会第三次会议《关于修改〈中华人民共和国文物保护法〉等十二部法律的决定》第一次修正　根据2015年4月24日第十二届全国人民代表大会常务委员会第十四次会议《关于修改〈中华人民共和国电力法〉等六部法律的决定》第二次修正　2021年1月22日第十三届全国人民代表大会常务委员会第二十五次会议第二次修订）

第一章　总　则

第一条　为了加强对动物防疫活动的管理，预防、控制、净化、消灭动物疫病，促进养殖业发展，防控人畜共患传染病，保障公共卫生安全和人体健康，制定本法。

第二条　本法适用于在中华人民共和国领域内的动物防疫及其监督管理活动。

进出境动物、动物产品的检疫，适用《中华人民共和国进出境动植物检疫法》。

第三条　本法所称动物，是指家畜家禽和人工饲养、捕获的其他动物。

本法所称动物产品，是指动物的肉、生皮、原毛、绒、脏器、脂、血液、精液、卵、胚胎、骨、蹄、头、角、筋以及可能传播动物疫病的奶、蛋等。

本法所称动物疫病，是指动物传染病，包括寄生虫病。

本法所称动物防疫，是指动物疫病的预防、控制、诊疗、净化、消灭和动物、动物产品的检疫，以及病死动物、病害动物产品的无害化处理。

第四条　根据动物疫病对养殖业生产和人体健康的危害程度，本法规定的动物疫病分为下列三类：

（一）一类疫病，是指口蹄疫、非洲猪瘟、高致病性禽流感等对人、动物构成特别严重危害，可能造成重大经济损失和社会影响，需要采取紧急、严厉的强制预防、控制等措施的；

（二）二类疫病，是指狂犬病、布鲁氏菌病、草鱼出血病等对人、动物构成严重危害，可能造成较大经济损失和社会影响，需要采取严格预防、控制等措施的；

（三）三类疫病，是指大肠杆菌病、禽结核病、鳖腮腺炎病等常见多发，对人、动物构成危害，可能造成一定程度的经济损失和社会影响，需要及时预防、控制的。

前款一、二、三类动物疫病具体病种名录由国务院农业农村主管部门制定并公布。国务院农业农村主管部门应当根据动物疫病发生、流行情况和危害程度，及时增加、减少或者调整一、二、三类动物疫病具体病种并予以公布。

人畜共患传染病名录由国务院农业农村主管部门会同国务院卫生健康、野生动物保护等主管部门制定并公布。

第五条　动物防疫实行预防为主，预防与控制、净化、消灭相结合的方针。

第六条　国家鼓励社会力量参与动物防疫工作。各级人民政府采取措施，支持单位和个人参与动物防疫的宣传教育、疫情报告、志愿服务和捐赠等活动。

第七条　从事动物饲养、屠宰、经营、隔离、运输以及动物产品生产、经营、加工、贮藏等活动的单位和个人，依照本法和国务院农业农村主管部门的规定，做好免疫、消毒、检测、隔离、净化、消灭、无害化处理等动物防疫工作，承担动物防疫相关责任。

第八条　县级以上人民政府对动物防疫工作实行统一领导，采取有效措施稳定基层机构队伍，加强动物防疫队伍建设，建立健全动物防疫体系，制定并组织实施动物疫病防治规划。

乡级人民政府、街道办事处组织群众做好本辖区的动物疫病预防与控制工作，村民委员会、居民委员会予以协助。

第九条　国务院农业农村主管部门主管全国的动物防疫工作。

县级以上地方人民政府农业农村主管部门主管本行政区域的动物防疫工作。

县级以上人民政府其他有关部门在各自职责范围内做好动物防疫工作。

军队动物卫生监督职能部门负责军队现役动物和饲养自用动物的防疫工作。

第十条　县级以上人民政府卫生健康主管部门和本级人民政府农业农村、野生动物保护等主管部门应当建立人畜共患传染病防治的协作机制。

国务院农业农村主管部门和海关总署等部门应当建立防止境外动物疫病输入的协作机制。

第十一条　县级以上地方人民政府的动物卫生监督机构依照本法规定，负责动物、动物产品的检疫工作。

第十二条　县级以上人民政府按照国务院的规定，根据统筹规划、合理布局、综合设置的原则建立动物疫病预防控制机构。

动物疫病预防控制机构承担动物疫病的监测、检测、诊断、流行病学调查、疫情报告以及其他预防、控制等技术工作；承担动物疫病净化、消灭的技术工作。

第十三条　国家鼓励和支持开展动物疫病的科学研究以及国际合作与交流，推广先进适用的科学研究成果，提高动物疫病防治的科学技术水平。

各级人民政府和有关部门、新闻媒体，应当加强对动物防疫法律法规和动物防疫知识的宣传。

第十四条　对在动物防疫工作、相关科学研究、动物疫情扑灭中做出贡献的单位和个人，各级人民政府和有关部门按照国家有关规定给予表彰、奖励。

有关单位应当依法为动物防疫人员缴纳工伤保险费。对因参与动物防疫工作致病、致残、死亡的人员，按照国家有关规定给予补助或者抚恤。

第二章　动物疫病的预防

第十五条　国家建立动物疫病风险评估制度。

国务院农业农村主管部门根据国内外动物疫情以及保护养殖业生产和人体健康的需要，及时会同国务院卫生健康等有关部门对动物疫病进行风险评估，并制定、公布动物疫病预防、控制、净化、消灭措施和技术规范。

省、自治区、直辖市人民政府农业农村主管部门会同本级人民政府卫生健康等有关部门开展本行政区域的动物疫病风险评估，并落实动物疫病预防、控制、净化、消灭措施。

第十六条　国家对严重危害养殖业生产和人体健康的动物疫病实施强制免疫。

国务院农业农村主管部门确定强制免疫的动物疫病病种和区域。

省、自治区、直辖市人民政府农业农村主管部门制定本行政区域的强制免疫计划；根据本行政区域动物疫病流行情况增加实施强制免疫的动物疫病病种和区域，报本级人民政府批准后执行，并报国务院农业农村主管部门备案。

第十七条　饲养动物的单位和个人应当履行动物疫病强制免疫义务，按照强制免疫计划和技术规范，对动物实施免疫接种，并按照国家有关规定建立免疫档案、加施畜禽标识，保证可追溯。

实施强制免疫接种的动物未达到免疫质量要求，实施补充免疫接种后仍不符合免疫质量要求的，有关单位和个人应当按照国家有关规定处理。

用于预防接种的疫苗应当符合国家质量标准。

第十八条　县级以上地方人民政府农业农村主管部门负责组织实施动物疫病强制免疫计划，并对饲养动物的单位和个人履行强制免疫义务的情况进行监督检查。

乡级人民政府、街道办事处组织本辖区饲养动物的单位和个人做好强制免疫，协助做好监督检查；村民委员会、居民委员会协助做好相关工作。

县级以上地方人民政府农业农村主管部门应当定期对本行政区域的强制免疫计划实施情况和

效果进行评估，并向社会公布评估结果。

第十九条　国家实行动物疫病监测和疫情预警制度。

县级以上人民政府建立健全动物疫病监测网络，加强动物疫病监测。

国务院农业农村主管部门会同国务院有关部门制定国家动物疫病监测计划。省、自治区、直辖市人民政府农业农村主管部门根据国家动物疫病监测计划，制定本行政区域的动物疫病监测计划。

动物疫病预防控制机构按照国务院农业农村主管部门的规定和动物疫病监测计划，对动物疫病的发生、流行等情况进行监测；从事动物饲养、屠宰、经营、隔离、运输以及动物产品生产、经营、加工、贮藏、无害化处理等活动的单位和个人不得拒绝或者阻碍。

国务院农业农村主管部门和省、自治区、直辖市人民政府农业农村主管部门根据对动物疫病发生、流行趋势的预测，及时发出动物疫情预警。地方各级人民政府接到动物疫情预警后，应当及时采取预防、控制措施。

第二十条　陆路边境省、自治区人民政府根据动物疫病防控需要，合理设置动物疫病监测站点，健全监测工作机制，防范境外动物疫病传入。

科技、海关等部门按照本法和有关法律法规的规定做好动物疫病监测预警工作，并定期与农业农村主管部门互通情况，紧急情况及时通报。

县级以上人民政府应当完善野生动物疫源疫病监测体系和工作机制，根据需要合理布局监测站点；野生动物保护、农业农村主管部门按照职责分工做好野生动物疫源疫病监测等工作，并定期互通情况，紧急情况及时通报。

第二十一条　国家支持地方建立无规定动物疫病区，鼓励动物饲养场建设无规定动物疫病生物安全隔离区。对符合国务院农业农村主管部门规定标准的无规定动物疫病区和无规定动物疫病生物安全隔离区，国务院农业农村主管部门验收合格予以公布，并对其维持情况进行监督检查。

省、自治区、直辖市人民政府制定并组织实施本行政区域的无规定动物疫病区建设方案。国务院农业农村主管部门指导跨省、自治区、直辖市无规定动物疫病区建设。

国务院农业农村主管部门根据行政区划、养殖屠宰产业布局、风险评估情况等对动物疫病实施分区防控，可以采取禁止或者限制特定动物、动物产品跨区域调运等措施。

第二十二条　国务院农业农村主管部门制定并组织实施动物疫病净化、消灭规划。

县级以上地方人民政府根据动物疫病净化、消灭规划，制定并组织实施本行政区域的动物疫病净化、消灭计划。

动物疫病预防控制机构按照动物疫病净化、消灭规划、计划，开展动物疫病净化技术指导、培训，对动物疫病净化效果进行监测、评估。

国家推进动物疫病净化，鼓励和支持饲养动物的单位和个人开展动物疫病净化。饲养动物的单位和个人达到国务院农业农村主管部门规定的净化标准的，由省级以上人民政府农业农村主管部门予以公布。

第二十三条　种用、乳用动物应当符合国务院农业农村主管部门规定的健康标准。

饲养种用、乳用动物的单位和个人，应当按照国务院农业农村主管部门的要求，定期开展动物疫病检测；检测不合格的，应当按照国家有关规定处理。

第二十四条　动物饲养场和隔离场所、动物屠宰加工场所以及动物和动物产品无害化处理场所，应当符合下列动物防疫条件：

（一）场所的位置与居民生活区、生活饮用水水源地、学校、医院等公共场所的距离符合国务院农业农村主管部门的规定；

（二）生产经营区域封闭隔离，工程设计和有关流程符合动物防疫要求；

（三）有与其规模相适应的污水、污物处理设施，病死动物、病害动物产品无害化处理设施设备或者冷藏冷冻设施设备，以及清洗消毒设施设备；

（四）有与其规模相适应的执业兽医或者动物防疫技术人员；

（五）有完善的隔离消毒、购销台账、日常巡查等动物防疫制度；

（六）具备国务院农业农村主管部门规定的其他动物防疫条件。

动物和动物产品无害化处理场所除应当符合前款规定的条件外，还应当具有病原检测设备、检测能力和符合动物防疫要求的专用运输车辆。

第二十五条　国家实行动物防疫条件审查制度。

开办动物饲养场和隔离场所、动物屠宰加工场所以及动物和动物产品无害化处理场所，应当向县级以上地方人民政府农业农村主管部门提出申请，并附具相关材料。受理申请的农业农村主管部门应当依照本法和《中华人民共和国行政许可法》的规定进行审查。经审查合格的，发给动物防疫条件合格证；不合格的，应当通知申请人并说明理由。

动物防疫条件合格证应当载明申请人的名称（姓名）、场（厂）址、动物（动物产品）种类等事项。

第二十六条 经营动物、动物产品的集贸市场应当具备国务院农业农村主管部门规定的动物防疫条件，并接受农业农村主管部门的监督检查。具体办法由国务院农业农村主管部门制定。

县级以上地方人民政府应当根据本地情况，决定在城市特定区域禁止家畜家禽活体交易。

第二十七条 动物、动物产品的运载工具、垫料、包装物、容器等应当符合国务院农业农村主管部门规定的动物防疫要求。

染疫动物及其排泄物、染疫动物产品，运载工具中的动物排泄物以及垫料、包装物、容器等被污染的物品，应当按照国家有关规定处理，不得随意处置。

第二十八条 采集、保存、运输动物病料或者病原微生物以及从事病原微生物研究、教学、检测、诊断等活动，应当遵守国家有关病原微生物实验室管理的规定。

第二十九条 禁止屠宰、经营、运输下列动物和生产、经营、加工、贮藏、运输下列动物产品：

（一）封锁疫区内与所发生动物疫病有关的；

（二）疫区内易感染的；

（三）依法应当检疫而未经检疫或者检疫不合格的；

（四）染疫或者疑似染疫的；

（五）病死或者死因不明的；

（六）其他不符合国务院农业农村主管部门有关动物防疫规定的。

因实施集中无害化处理需要暂存、运输动物和动物产品并按照规定采取防疫措施的，不适用前款规定。

第三十条 单位和个人饲养犬只，应当按照规定定期免疫接种狂犬病疫苗，凭动物诊疗机构出具的免疫证明向所在地养犬登记机关申请登记。

携带犬只出户的，应当按照规定佩戴犬牌并采取系犬绳等措施，防止犬只伤人、疫病传播。

街道办事处、乡级人民政府组织协调居民委员会、村民委员会，做好本辖区流浪犬、猫的控制和处置，防止疫病传播。

县级人民政府和乡级人民政府、街道办事处应当结合本地实际，做好农村地区饲养犬只的防疫管理工作。

饲养犬只防疫管理的具体办法，由省、自治区、直辖市制定。

第三章 动物疫情的报告、通报和公布

第三十一条 从事动物疫病监测、检测、检验检疫、研究、诊疗以及动物饲养、屠宰、经营、隔离、运输等活动的单位和个人，发现动物染疫或者疑似染疫的，应当立即向所在地农业农村主管部门或者动物疫病预防控制机构报告，并迅速采取隔离等控制措施，防止动物疫情扩散。其他单位和个人发现动物染疫或者疑似染疫的，应当及时报告。

接到动物疫情报告的单位，应当及时采取临时隔离控制等必要措施，防止延误防控时机，并及时按照国家规定的程序上报。

第三十二条 动物疫情由县级以上人民政府农业农村主管部门认定；其中重大动物疫情由省、自治区、直辖市人民政府农业农村主管部门认定，必要时报国务院农业农村主管部门认定。

本法所称重大动物疫情，是指一、二、三类动物疫病突然发生，迅速传播，给养殖业生产安全造成严重威胁、危害，以及可能对公众身体健康与生命安全造成危害的情形。

在重大动物疫情报告期间，必要时，所在地县级以上地方人民政府可以作出封锁决定并采取扑杀、销毁等措施。

第三十三条 国家实行动物疫情通报制度。

国务院农业农村主管部门应当及时向国务院卫生健康等有关部门和军队有关部门以及省、自治区、直辖市人民政府农业农村主管部门通报重大动物疫情的发生和处置情况。

海关发现进出境动物和动物产品染疫或者疑似染疫的，应当及时处置并向农业农村主管部门

通报。

县级以上地方人民政府野生动物保护主管部门发现野生动物染疫或者疑似染疫的，应当及时处置并向本级人民政府农业农村主管部门通报。

国务院农业农村主管部门应当依照我国缔结或者参加的条约、协定，及时向有关国际组织或者贸易方通报重大动物疫情的发生和处置情况。

第三十四条 发生人畜共患传染病疫情时，县级以上人民政府农业农村主管部门与本级人民政府卫生健康、野生动物保护等主管部门应当及时相互通报。

发生人畜共患传染病时，卫生健康主管部门应当对疫区易感染的人群进行监测，并应当依照《中华人民共和国传染病防治法》的规定及时公布疫情，采取相应的预防、控制措施。

第三十五条 患有人畜共患传染病的人员不得直接从事动物疫病监测、检测、检验检疫、诊疗以及易感染动物的饲养、屠宰、经营、隔离、运输等活动。

第三十六条 国务院农业农村主管部门向社会及时公布全国动物疫情，也可以根据需要授权省、自治区、直辖市人民政府农业农村主管部门公布本行政区域的动物疫情。其他单位和个人不得发布动物疫情。

第三十七条 任何单位和个人不得瞒报、谎报、迟报、漏报动物疫情，不得授意他人瞒报、谎报、迟报动物疫情，不得阻碍他人报告动物疫情。

第四章 动物疫病的控制

第三十八条 发生一类动物疫病时，应当采取下列控制措施：

（一）所在地县级以上地方人民政府农业农村主管部门应当立即派人到现场，划定疫点、疫区、受威胁区，调查疫源，及时报请本级人民政府对疫区实行封锁。疫区范围涉及两个以上行政区域的，由有关行政区域共同的上一级人民政府对疫区实行封锁，或者由各有关行政区域的上一级人民政府共同对疫区实行封锁。必要时，上级人民政府可以责成下级人民政府对疫区实行封锁；

（二）县级以上地方人民政府应当立即组织有关部门和单位采取封锁、隔离、扑杀、销毁、消毒、无害化处理、紧急免疫接种等强制性措施；

（三）在封锁期间，禁止染疫、疑似染疫和易感染的动物、动物产品流出疫区，禁止非疫区的易感染动物进入疫区，并根据需要对出入疫区的人员、运输工具及有关物品采取消毒和其他限制性措施。

第三十九条 发生二类动物疫病时，应当采取下列控制措施：

（一）所在地县级以上地方人民政府农业农村主管部门应当划定疫点、疫区、受威胁区；

（二）县级以上地方人民政府根据需要组织有关部门和单位采取隔离、扑杀、销毁、消毒、无害化处理、紧急免疫接种、限制易感染的动物和动物产品及有关物品出入等措施。

第四十条 疫点、疫区、受威胁区的撤销和疫区封锁的解除，按照国务院农业农村主管部门规定的标准和程序评估后，由原决定机关决定并宣布。

第四十一条 发生三类动物疫病时，所在地县级、乡级人民政府应当按照国务院农业农村主管部门的规定组织防治。

第四十二条 二、三类动物疫病呈暴发性流行时，按照一类动物疫病处理。

第四十三条 疫区内有关单位和个人，应当遵守县级以上人民政府及其农业农村主管部门依法作出的有关控制动物疫病的规定。

任何单位和个人不得藏匿、转移、盗掘已被依法隔离、封存、处理的动物和动物产品。

第四十四条 发生动物疫情时，航空、铁路、道路、水路运输企业应当优先组织运送防疫人员和物资。

第四十五条 国务院农业农村主管部门根据动物疫病的性质、特点和可能造成的社会危害，制定国家重大动物疫情应急预案报国务院批准，并按照不同动物疫病病种、流行特点和危害程度，分别制定实施方案。

县级以上地方人民政府根据上级重大动物疫情应急预案和本地区的实际情况，制定本行政区域的重大动物疫情应急预案，报上一级人民政府农业农村主管部门备案，并抄送上一级人民政府应急管理部门。县级以上地方人民政府农业农村主管部门按照不同动物疫病病种、流行特点和危害程度，分别制定实施方案。

重大动物疫情应急预案和实施方案根据疫情状况及时调整。

第四十六条 发生重大动物疫情时，国务院农业农村主管部门负责划定动物疫病风险区，禁止或者限制特定动物、动物产品由高风险区向低风险区调运。

第四十七条 发生重大动物疫情时，依照法律和国务院的规定以及应急预案采取应急处置措施。

第五章 动物和动物产品的检疫

第四十八条 动物卫生监督机构依照本法和国务院农业农村主管部门的规定对动物、动物产品实施检疫。

动物卫生监督机构的官方兽医具体实施动物、动物产品检疫。

第四十九条 屠宰、出售或者运输动物以及出售或者运输动物产品前，货主应当按照国务院农业农村主管部门的规定向所在地动物卫生监督机构申报检疫。

动物卫生监督机构接到检疫申报后，应当及时指派官方兽医对动物、动物产品实施检疫；检疫合格的，出具检疫证明、加施检疫标志。实施检疫的官方兽医应当在检疫证明、检疫标志上签字或者盖章，并对检疫结论负责。

动物饲养场、屠宰企业的执业兽医或者动物防疫技术人员，应当协助官方兽医实施检疫。

第五十条 因科研、药用、展示等特殊情形需要非食用性利用的野生动物，应当按照国家有关规定报动物卫生监督机构检疫，检疫合格的，方可利用。

人工捕获的野生动物，应当按照国家有关规定报捕获地动物卫生监督机构检疫，检疫合格的，方可饲养、经营和运输。

国务院农业农村主管部门会同国务院野生动物保护主管部门制定野生动物检疫办法。

第五十一条 屠宰、经营、运输的动物，以及用于科研、展示、演出和比赛等非食用性利用的动物，应当附有检疫证明；经营和运输的动物产品，应当附有检疫证明、检疫标志。

第五十二条 经航空、铁路、道路、水路运输动物和动物产品的，托运人托运时应当提供检疫证明；没有检疫证明的，承运人不得承运。

进出口动物和动物产品，承运人凭进口报关单证或者海关签发的检疫单证运递。

从事动物运输的单位、个人以及车辆，应当向所在地县级人民政府农业农村主管部门备案，妥善保存行程路线和托运人提供的动物名称、检疫证明编号、数量等信息。具体办法由国务院农业农村主管部门制定。

运载工具在装载前和卸载后应当及时清洗、消毒。

第五十三条 省、自治区、直辖市人民政府确定并公布道路运输的动物进入本行政区域的指定通道，设置引导标志。跨省、自治区、直辖市通过道路运输动物的，应当经省、自治区、直辖市人民政府设立的指定通道入省境或者过省境。

第五十四条 输入到无规定动物疫病区的动物、动物产品，货主应当按照国务院农业农村主管部门的规定向无规定动物疫病区所在地动物卫生监督机构申报检疫，经检疫合格的，方可进入。

第五十五条 跨省、自治区、直辖市引进的种用、乳用动物到达输入地后，货主应当按照国务院农业农村主管部门的规定对引进的种用、乳用动物进行隔离观察。

第五十六条 经检疫不合格的动物、动物产品，货主应当在农业农村主管部门的监督下按照国家有关规定处理，处理费用由货主承担。

第六章 病死动物和病害动物产品的无害化处理

第五十七条 从事动物饲养、屠宰、经营、隔离以及动物产品生产、经营、加工、贮藏等活动的单位和个人，应当按照国家有关规定做好病死动物、病害动物产品的无害化处理，或者委托动物和动物产品无害化处理场所处理。

从事动物、动物产品运输的单位和个人，应当配合做好病死动物和病害动物产品的无害化处理，不得在途中擅自弃置和处理有关动物和动物产品。

任何单位和个人不得买卖、加工、随意弃置病死动物和病害动物产品。

动物和动物产品无害化处理管理办法由国务院农业农村、野生动物保护主管部门按照职责制定。

第五十八条 在江河、湖泊、水库等水域发现的死亡畜禽，由所在地县级人民政府组织收集、处理并溯源。

在城市公共场所和乡村发现的死亡畜禽，由所在地街道办事处、乡级人民政府组织收集、处理并溯源。

在野外环境发现的死亡野生动物，由所在地野生动物保护主管部门收集、处理。

第五十九条 省、自治区、直辖市人民政府制定动物和动物产品集中无害化处理场所建设规划，建立政府主导、市场运作的无害化处理机制。

第六十条 各级财政对病死动物无害化处理提供补助。具体补助标准和办法由县级以上人民政府财政部门会同本级人民政府农业农村、野生动物保护等有关部门制定。

第七章 动物诊疗

第六十一条 从事动物诊疗活动的机构，应当具备下列条件：

（一）有与动物诊疗活动相适应并符合动物防疫条件的场所；

（二）有与动物诊疗活动相适应的执业兽医；

（三）有与动物诊疗活动相适应的兽医器械和设备；

（四）有完善的管理制度。

动物诊疗机构包括动物医院、动物诊所以及其他提供动物诊疗服务的机构。

第六十二条 从事动物诊疗活动的机构，应当向县级以上地方人民政府农业农村主管部门申请动物诊疗许可证。受理申请的农业农村主管部门应当依照本法和《中华人民共和国行政许可法》的规定进行审查。经审查合格的，发给动物诊疗许可证；不合格的，应当通知申请人并说明理由。

第六十三条 动物诊疗许可证应当载明诊疗机构名称、诊疗活动范围、从业地点和法定代表人（负责人）等事项。

动物诊疗许可证载明事项变更的，应当申请变更或者换发动物诊疗许可证。

第六十四条 动物诊疗机构应当按照国务院农业农村主管部门的规定，做好诊疗活动中的卫生安全防护、消毒、隔离和诊疗废弃物处置等工作。

第六十五条 从事动物诊疗活动，应当遵守有关动物诊疗的操作技术规范，使用符合规定的兽药和兽医器械。

兽药和兽医器械的管理办法由国务院规定。

第八章 兽医管理

第六十六条 国家实行官方兽医任命制度。

官方兽医应当具备国务院农业农村主管部门规定的条件，由省、自治区、直辖市人民政府农业农村主管部门按照程序确认，由所在地县级以上人民政府农业农村主管部门任命。具体办法由国务院农业农村主管部门制定。

海关的官方兽医应当具备规定的条件，由海关总署任命。具体办法由海关总署会同国务院农业农村主管部门制定。

第六十七条 官方兽医依法履行动物、动物产品检疫职责，任何单位和个人不得拒绝或者阻碍。

第六十八条 县级以上人民政府农业农村主管部门制定官方兽医培训计划，提供培训条件，定期对官方兽医进行培训和考核。

第六十九条 国家实行执业兽医资格考试制度。具有兽医相关专业大学专科以上学历的人员或者符合条件的乡村兽医，通过执业兽医资格考试的，由省、自治区、直辖市人民政府农业农村主管部门颁发执业兽医资格证书；从事动物诊疗等经营活动的，还应当向所在地县级人民政府农业农村主管部门备案。

执业兽医资格考试办法由国务院农业农村主管部门商国务院人力资源主管部门制定。

第七十条 执业兽医开具兽医处方应当亲自诊断，并对诊断结论负责。

国家鼓励执业兽医接受继续教育。执业兽医所在机构应当支持执业兽医参加继续教育。

第七十一条 乡村兽医可以在乡村从事动物诊疗活动。具体管理办法由国务院农业农村主管部门制定。

第七十二条 执业兽医、乡村兽医应当按照所在地人民政府和农业农村主管部门的要求，参加动物疫病预防、控制和动物疫情扑灭等活动。

第七十三条 兽医行业协会提供兽医信息、技术、培训等服务，维护成员合法权益，按照章程建立健全行业规范和奖惩机制，加强行业自律，推动行业诚信建设，宣传动物防疫和兽医知识。

第九章　监督管理

第七十四条　县级以上地方人民政府农业农村主管部门依照本法规定，对动物饲养、屠宰、经营、隔离、运输以及动物产品生产、经营、加工、贮藏、运输等活动中的动物防疫实施监督管理。

第七十五条　为控制动物疫病，县级人民政府农业农村主管部门应当派人在所在地依法设立的现有检查站执行监督检查任务；必要时，经省、自治区、直辖市人民政府批准，可以设立临时性的动物防疫检查站，执行监督检查任务。

第七十六条　县级以上地方人民政府农业农村主管部门执行监督检查任务，可以采取下列措施，有关单位和个人不得拒绝或者阻碍：

（一）对动物、动物产品按照规定采样、留验、抽检；

（二）对染疫或者疑似染疫的动物、动物产品及相关物品进行隔离、查封、扣押和处理；

（三）对依法应当检疫而未经检疫的动物和动物产品，具备补检条件的实施补检，不具备补检条件的予以收缴销毁；

（四）查验检疫证明、检疫标志和畜禽标识；

（五）进入有关场所调查取证，查阅、复制与动物防疫有关的资料。

县级以上地方人民政府农业农村主管部门根据动物疫病预防、控制需要，经所在地县级以上地方人民政府批准，可以在车站、港口、机场等相关场所派驻官方兽医或者工作人员。

第七十七条　执法人员执行动物防疫监督检查任务，应当出示行政执法证件，佩戴统一标志。

县级以上人民政府农业农村主管部门及其工作人员不得从事与动物防疫有关的经营性活动，进行监督检查不得收取任何费用。

第七十八条　禁止转让、伪造或者变造检疫证明、检疫标志或者畜禽标识。

禁止持有、使用伪造或者变造的检疫证明、检疫标志或者畜禽标识。

检疫证明、检疫标志的管理办法由国务院农业农村主管部门制定。

第十章　保障措施

第七十九条　县级以上人民政府应当将动物防疫工作纳入本级国民经济和社会发展规划及年度计划。

第八十条　国家鼓励和支持动物防疫领域新技术、新设备、新产品等科学技术研究开发。

第八十一条　县级人民政府应当为动物卫生监督机构配备与动物、动物产品检疫工作相适应的官方兽医，保障检疫工作条件。

县级人民政府农业农村主管部门可以根据动物防疫工作需要，向乡、镇或者特定区域派驻兽医机构或者工作人员。

第八十二条　国家鼓励和支持执业兽医、乡村兽医和动物诊疗机构开展动物防疫和疫病诊疗活动；鼓励养殖企业、兽药及饲料生产企业组建动物防疫服务团队，提供防疫服务。地方人民政府组织村级防疫员参加动物疫病防治工作的，应当保障村级防疫员合理劳务报酬。

第八十三条　县级以上人民政府按照本级政府职责，将动物疫病的监测、预防、控制、净化、消灭，动物、动物产品的检疫和病死动物的无害化处理，以及监督管理所需经费纳入本级预算。

第八十四条　县级以上人民政府应当储备动物疫情应急处置所需的防疫物资。

第八十五条　对在动物疫病预防、控制、净化、消灭过程中强制扑杀的动物、销毁的动物产品和相关物品，县级以上人民政府给予补偿。具体补偿标准和办法由国务院财政部门会同有关部门制定。

第八十六条　对从事动物疫病预防、检疫、监督检查、现场处理疫情以及在工作中接触动物疫病病原体的人员，有关单位按照国家规定，采取有效的卫生防护、医疗保健措施，给予畜牧兽医医疗卫生津贴等相关待遇。

第十一章　法律责任

第八十七条　地方各级人民政府及其工作人员未依照本法规定履行职责的，对直接负责的主管人员和其他直接责任人员依法给予处分。

第八十八条　县级以上人民政府农业农村主管部门及其工作人员违反本法规定，有下列行为之一的，由本级人民政府责令改正，通报批评；对直接负责的主管人员和其他直接责任人员依法给予处分：

（一）未及时采取预防、控制、扑灭等措

施的；

（二）对不符合条件的颁发动物防疫条件合格证、动物诊疗许可证，或者对符合条件的拒不颁发动物防疫条件合格证、动物诊疗许可证的；

（三）从事与动物防疫有关的经营性活动，或者违法收取费用的；

（四）其他未依照本法规定履行职责的行为。

第八十九条 动物卫生监督机构及其工作人员违反本法规定，有下列行为之一的，由本级人民政府或者农业农村主管部门责令改正，通报批评；对直接负责的主管人员和其他直接责任人员依法给予处分：

（一）对未经检疫或者检疫不合格的动物、动物产品出具检疫证明、加施检疫标志，或者对检疫合格的动物、动物产品拒不出具检疫证明、加施检疫标志的；

（二）对附有检疫证明、检疫标志的动物、动物产品重复检疫的；

（三）从事与动物防疫有关的经营性活动，或者违法收取费用的；

（四）其他未依照本法规定履行职责的行为。

第九十条 动物疫病预防控制机构及其工作人员违反本法规定，有下列行为之一的，由本级人民政府或者农业农村主管部门责令改正，通报批评；对直接负责的主管人员和其他直接责任人员依法给予处分：

（一）未履行动物疫病监测、检测、评估职责或者伪造监测、检测、评估结果的；

（二）发生动物疫情时未及时进行诊断、调查的；

（三）接到染疫或者疑似染疫报告后，未及时按照国家规定采取措施、上报的；

（四）其他未依照本法规定履行职责的行为。

第九十一条 地方各级人民政府、有关部门及其工作人员瞒报、谎报、迟报、漏报或者授意他人瞒报、谎报、迟报动物疫情，或者阻碍他人报告动物疫情的，由上级人民政府或者有关部门责令改正，通报批评；对直接负责的主管人员和其他直接责任人员依法给予处分。

第九十二条 违反本法规定，有下列行为之一的，由县级以上地方人民政府农业农村主管部门责令限期改正，可以处一千元以下罚款；逾期不改正的，处一千元以上五千元以下罚款，由县级以上地方人民政府农业农村主管部门委托动物诊疗机构、无害化处理场所等代为处理，所需费用由违法行为人承担：

（一）对饲养的动物未按照动物疫病强制免疫计划或者免疫技术规范实施免疫接种的；

（二）对饲养的种用、乳用动物未按照国务院农业农村主管部门的要求定期开展疫病检测，或者经检测不合格而未按照规定处理的；

（三）对饲养的犬只未按照规定定期进行狂犬病免疫接种的；

（四）动物、动物产品的运载工具在装载前和卸载后未按照规定及时清洗、消毒的。

第九十三条 违反本法规定，对经强制免疫的动物未按照规定建立免疫档案，或者未按照规定加施畜禽标识的，依照《中华人民共和国畜牧法》的有关规定处罚。

第九十四条 违反本法规定，动物、动物产品的运载工具、垫料、包装物、容器等不符合国务院农业农村主管部门规定的动物防疫要求的，由县级以上地方人民政府农业农村主管部门责令改正，可以处五千元以下罚款；情节严重的，处五千元以上五万元以下罚款。

第九十五条 违反本法规定，对染疫动物及其排泄物、染疫动物产品或者被染疫动物、动物产品污染的运载工具、垫料、包装物、容器等未按照规定处置的，由县级以上地方人民政府农业农村主管部门责令限期处理；逾期不处理的，由县级以上地方人民政府农业农村主管部门委托有关单位代为处理，所需费用由违法行为人承担，处五千元以上五万元以下罚款。

造成环境污染或者生态破坏的，依照环境保护有关法律法规进行处罚。

第九十六条 违反本法规定，患有人畜共患传染病的人员，直接从事动物疫病监测、检测、检验检疫，动物诊疗以及易感染动物的饲养、屠宰、经营、隔离、运输等活动的，由县级以上地方人民政府农业农村或者野生动物保护主管部门责令改正；拒不改正的，处一千元以上一万元以下罚款；情节严重的，处一万元以上五万元以下罚款。

第九十七条 违反本法第二十九条规定，屠宰、经营、运输动物或者生产、经营、加工、贮藏、运输动物产品的，由县级以上地方人民政府农业农村主管部门责令改正、采取补救措施，没收违法所得、动物和动物产品，并处同类检疫合格动物、动物产品货值金额十五倍以上三十倍以下罚款；同类检疫合格动物、动物产品货值金额不足一万元的，并处五万元以上十五万元以下罚款；其中依法应当检疫而未检疫的，依照本法第一百条的规定处罚。

前款规定的违法行为人及其法定代表人（负责人）、直接负责的主管人员和其他直接责任人员，自处罚决定作出之日起五年内不得从事相关活动；构成犯罪的，终身不得从事屠宰、经营、运输动物或者生产、经营、加工、贮藏、运输动物产品等相关活动。

第九十八条 违反本法规定，有下列行为之一的，由县级以上地方人民政府农业农村主管部门责令改正，处三千元以上三万元以下罚款；情节严重的，责令停业整顿，并处三万元以上十万元以下罚款：

（一）开办动物饲养场和隔离场所、动物屠宰加工场所以及动物和动物产品无害化处理场所，未取得动物防疫条件合格证的；

（二）经营动物、动物产品的集贸市场不具备国务院农业农村主管部门规定的防疫条件的；

（三）未经备案从事动物运输的；

（四）未按照规定保存行程路线和托运人提供的动物名称、检疫证明编号、数量等信息的；

（五）未经检疫合格，向无规定动物疫病区输入动物、动物产品的；

（六）跨省、自治区、直辖市引进种用、乳用动物到达输入地后未按照规定进行隔离观察的；

（七）未按照规定处理或者随意弃置病死动物、病害动物产品的。

第九十九条 动物饲养场和隔离场所、动物屠宰加工场所以及动物和动物产品无害化处理场所，生产经营条件发生变化，不再符合本法第二十四条规定的动物防疫条件继续从事相关活动的，由县级以上地方人民政府农业农村主管部门给予警告，责令限期改正；逾期仍达不到规定条件的，吊销动物防疫条件合格证，并通报市场监督管理部门依法处理。

第一百条 违反本法规定，屠宰、经营、运输的动物未附有检疫证明，经营和运输的动物产品未附有检疫证明、检疫标志的，由县级以上地方人民政府农业农村主管部门责令改正，处同类检疫合格动物、动物产品货值金额一倍以下罚款；对货主以外的承运人处运输费用三倍以上五倍以下罚款，情节严重的，处五倍以上十倍以下罚款。

违反本法规定，用于科研、展示、演出和比赛等非食用性利用的动物未附有检疫证明的，由县级以上地方人民政府农业农村主管部门责令改正，处三千元以上一万元以下罚款。

第一百零一条 违反本法规定，将禁止或者限制调运的特定动物、动物产品由动物疫病高风险区调入低风险区的，由县级以上地方人民政府农业农村主管部门没收运输费用、违法运输的动物和动物产品，并处运输费用一倍以上五倍以下罚款。

第一百零二条 违反本法规定，通过道路跨省、自治区、直辖市运输动物，未经省、自治区、直辖市人民政府设立的指定通道入省境或者过省境的，由县级以上地方人民政府农业农村主管部门对运输人处五千元以上一万元以下罚款；情节严重的，处一万元以上五万元以下罚款。

第一百零三条 违反本法规定，转让、伪造或者变造检疫证明、检疫标志或者畜禽标识的，由县级以上地方人民政府农业农村主管部门没收违法所得和检疫证明、检疫标志、畜禽标识，并处五千元以上五万元以下罚款。

持有、使用伪造或者变造的检疫证明、检疫标志或者畜禽标识的，由县级以上人民政府农业农村主管部门没收检疫证明、检疫标志、畜禽标识和对应的动物、动物产品，并处三千元以上三万元以下罚款。

第一百零四条 违反本法规定，有下列行为之一的，由县级以上地方人民政府农业农村主管部门责令改正，处三千元以上三万元以下罚款：

（一）擅自发布动物疫情的；

（二）不遵守县级以上人民政府及其农业农村主管部门依法作出的有关控制动物疫病规定的；

（三）藏匿、转移、盗掘已被依法隔离、封存、处理的动物和动物产品的。

第一百零五条 违反本法规定，未取得动物诊疗许可证从事动物诊疗活动的，由县级以上地方人民政府农业农村主管部门责令停止诊疗活动，没收违法所得，并处违法所得一倍以上三倍以下罚款；违法所得不足三万元的，并处三千元以上三万元以下罚款。

动物诊疗机构违反本法规定，未按照规定实施卫生安全防护、消毒、隔离和处置诊疗废弃物的，由县级以上地方人民政府农业农村主管部门责令改正，处一千元以上一万元以下罚款；造成动物疫病扩散的，处一万元以上五万元以下罚款；情节严重的，吊销动物诊疗许可证。

第一百零六条 违反本法规定，未经执业兽医备案从事经营性动物诊疗活动的，由县级以上地方人民政府农业农村主管部门责令停止动物诊疗活动，没收违法所得，并处三千元以上三万元以下罚款；对其所在的动物诊疗机构处一万元以上五万元以下罚款。

执业兽医有下列行为之一的，由县级以上地方人民政府农业农村主管部门给予警告，责令暂停六个月以上一年以下动物诊疗活动；情节严重的，吊销执业兽医资格证书：

（一）违反有关动物诊疗的操作技术规范，造成或者可能造成动物疫病传播、流行的；

（二）使用不符合规定的兽药和兽医器械的；

（三）未按照当地人民政府或者农业农村主管部门要求参加动物疫病预防、控制和动物疫情扑灭活动的。

第一百零七条 违反本法规定，生产经营兽医器械，产品质量不符合要求的，由县级以上地方人民政府农业农村主管部门责令限期整改；情节严重的，责令停业整顿，并处二万元以上十万元以下罚款。

第一百零八条 违反本法规定，从事动物疫病研究、诊疗和动物饲养、屠宰、经营、隔离、运输，以及动物产品生产、经营、加工、贮藏、无害化处理等活动的单位和个人，有下列行为之一的，由县级以上地方人民政府农业农村主管部门责令改正，可以处一万元以下罚款；拒不改正的，处一万元以上五万元以下罚款，并可以责令停业整顿：

（一）发现动物染疫、疑似染疫未报告，或者未采取隔离等控制措施的；

（二）不如实提供与动物防疫有关的资料的；

（三）拒绝或者阻碍农业农村主管部门进行监督检查的；

（四）拒绝或者阻碍动物疫病预防控制机构进行动物疫病监测、检测、评估的；

（五）拒绝或者阻碍官方兽医依法履行职责的。

第一百零九条 违反本法规定，造成人畜共患传染病传播、流行的，依法从重给予处分、处罚。

违反本法规定，构成违反治安管理行为的，依法给予治安管理处罚；构成犯罪的，依法追究刑事责任。

违反本法规定，给他人人身、财产造成损害的，依法承担民事责任。

第十二章 附 则

第一百一十条 本法下列用语的含义：

（一）无规定动物疫病区，是指具有天然屏障或者采取人工措施，在一定期限内没有发生规定的一种或者几种动物疫病，并经验收合格的区域；

（二）无规定动物疫病生物安全隔离区，是指处于同一生物安全管理体系下，在一定期限内没有发生规定的一种或者几种动物疫病的若干动物饲养场及其辅助生产场所构成的，并经验收合格的特定小型区域；

（三）病死动物，是指染疫死亡、因病死亡、死因不明或者经检验检疫可能危害人体或者动物健康的死亡动物；

（四）病害动物产品，是指来源于病死动物的产品，或者经检验检疫可能危害人体或者动物健康的动物产品。

第一百一十一条 境外无规定动物疫病区和无规定动物疫病生物安全隔离区的无疫等效性评估，参照本法有关规定执行。

第一百一十二条 实验动物防疫有特殊要求的，按照实验动物管理的有关规定执行。

第一百一十三条 本法自 2021 年 5 月 1 日起施行。

二、中华人民共和国进出境动植物检疫法

（1991 年 10 月 30 日第七届全国人民代表大会常务委员会第二十二次会议通过　根据 2009 年 8 月 27 日第十一届全国人民代表大会常务委员会第十次会议《关于修改部分法律的决定》修正）

第一章　总　　则

第一条　为防止动物传染病、寄生虫病和植物危险性病、虫、杂草以及其他有害生物（以下简称病虫害）传入、传出国境，保护农、林、牧、渔业生产和人体健康，促进对外经济贸易的发展，制定本法。

第二条　进出境的动植物、动植物产品和其他检疫物，装载动植物、动植物产品和其他检疫物的装载容器、包装物，以及来自动植物疫区的运输工具，依照本法规定实施检疫。

第三条　国务院设立动植物检疫机关（以下简称国家动植物检疫机关），统一管理全国进出境动植物检疫工作。国家动植物检疫机关在对外开放的口岸和进出境动植物检疫业务集中的地点设立的口岸动植物检疫机关，依照本法规定实施进出境动植物检疫。

贸易性动物产品出境的检疫机关，由国务院根据情况规定。

国务院农业行政主管部门主管全国进出境动植物检疫工作。

第四条　口岸动植物检疫机关在实施检疫时可以行使下列职权：

（一）依照本法规定登船、登车、登机实施检疫；

（二）进入港口、机场、车站、邮局以及检疫物的存放、加工、养殖、种植场所实施检疫，并依照规定采样；

（三）根据检疫需要，进入有关生产、仓库等场所，进行疫情监测、调查和检疫监督管理；

（四）查阅、复制、摘录与检疫物有关的运行日志、货运单、合同、发票及其他单证。

第五条　国家禁止下列各物进境：

（一）动植物病原体（包括菌种、毒种等）、害虫及其他有害生物；

（二）动植物疫情流行的国家和地区的有关动植物、动植物产品和其他检疫物；

（三）动物尸体；

（四）土壤。

口岸动植物检疫机关发现有前款规定的禁止进境物的，作退回或者销毁处理。

因科学研究等特殊需要引进本条第一款规定的禁止进境物的，必须事先提出申请，经国家动植物检疫机关批准。

本条第一款第二项规定的禁止进境物的名录，由国务院农业行政主管部门制定并公布。

第六条　国外发生重大动植物疫情并可能传入中国时，国务院应当采取紧急预防措施，必要时可以下令禁止来自动植物疫区的运输工具进境或者封锁有关口岸；受动植物疫情威胁地区的地方人民政府和有关口岸动植物检疫机关，应当立即采取紧急措施，同时向上级人民政府和国家动植物检疫机关报告。

邮电、运输部门对重大动植物疫情报告和送检材料应当优先传送。

第七条　国家动植物检疫机关和口岸动植物检疫机关对进出境动植物、动植物产品的生产、加工、存放过程，实行检疫监督制度。

第八条　口岸动植物检疫机关在港口、机场、

车站、邮局执行检疫任务时，海关、交通、民航、铁路、邮电等有关部门应当配合。

第九条 动植物检疫机关检疫人员必须忠于职守，秉公执法。

动植物检疫机关检疫人员依法执行公务，任何单位和个人不得阻挠。

第二章 进境检疫

第十条 输入动物、动物产品、植物种子、种苗及其他繁殖材料的，必须事先提出申请，办理检疫审批手续。

第十一条 通过贸易、科技合作、交换、赠送、援助等方式输入动植物、动植物产品和其他检疫物的，应当在合同或者协议中订明中国法定的检疫要求，并订明必须附有输出国家或者地区政府动植物检疫机关出具的检疫证书。

第十二条 货主或者其代理人应当在动植物、动植物产品和其他检疫物进境前或者进境时持输出国家或者地区的检疫证书、贸易合同等单证，向进境口岸动植物检疫机关报检。

第十三条 装载动物的运输工具抵达口岸时，口岸动植物检疫机关应当采取现场预防措施，对上下运输工具或者接近动物的人员、装载动物的运输工具和被污染的场地作防疫消毒处理。

第十四条 输入动植物、动植物产品和其他检疫物，应当在进境口岸实施检疫。未经口岸动植物检疫机关同意，不得卸离运输工具。

输入动植物，需隔离检疫的，在口岸动植物检疫机关指定的隔离场所检疫。

因口岸条件限制等原因，可以由国家动植物检疫机关决定将动植物、动植物产品和其他检疫物运往指定地点检疫。在运输、装卸过程中，货主或者其代理人应当采取防疫措施。指定的存放、加工和隔离饲养或者隔离种植的场所，应当符合动植物检疫和防疫的规定。

第十五条 输入动植物、动植物产品和其他检疫物，经检疫合格的，准予进境；海关凭口岸动植物检疫机关签发的检疫单证或者在报关单上加盖的印章验放。

输入动植物、动植物产品和其他检疫物，需调离海关监管区检疫的，海关凭口岸动植物检疫机关签发的《检疫调离通知单》验放。

第十六条 输入动物，经检疫不合格的，由口岸动植物检疫机关签发《检疫处理通知单》，通知货主或者其代理人作如下处理：

（一）检出一类传染病、寄生虫病的动物，连同其同群动物全群退回或者全群扑杀并销毁尸体；

（二）检出二类传染病、寄生虫病的动物，退回或者扑杀，同群其他动物在隔离场或者其他指定地点隔离观察。

输入动物产品和其他检疫物经检疫不合格的，由口岸动植物检疫机关签发《检疫处理通知单》，通知货主或者其代理人作除害、退回或者销毁处理。经除害处理合格的，准予进境。

第十七条 输入植物、植物产品和其他检疫物，经检疫发现有植物危险性病、虫、杂草的，由口岸动植物检疫机关签发《检疫处理通知单》，通知货主或者其代理人作除害、退回或者销毁处理。经除害处理合格的，准予进境。

第十八条 本法第十六条第一款第一项、第二项所称一类、二类动物传染病、寄生虫病的名录和本法第十七条所称植物危险性病、虫、杂草的名录，由国务院农业行政主管部门制定并公布。

第十九条 输入动植物、动植物产品和其他检疫物，经检疫发现有本法第十八条规定的名录之外，对农、林、牧、渔业有严重危害的其他病虫害的，由口岸动植物检疫机关依照国务院农业行政主管部门的规定，通知货主或者其代理人作除害、退回或者销毁处理。经除害处理合格的，准予进境。

第三章 出境检疫

第二十条 货主或者其代理人在动植物、动植物产品和其他检疫物出境前，向口岸动植物检疫机关报检。

出境前需经隔离检疫的动物，在口岸动植物检疫机关指定的隔离场所检疫。

第二十一条 输出动植物、动植物产品和其他检疫物，由口岸动植物检疫机关实施检疫，经检疫合格或者经除害处理合格的，准予出境；海关凭口岸动植物检疫机关签发的检疫证书或者在报关单上加盖的印章验放。检疫不合格又无有效方法作除害处理的，不准出境。

第二十二条 经检疫合格的动植物、动植物产品和其他检疫物，有下列情形之一的，货主或者其代理人应当重新报检：

（一）更改输入国家或者地区，更改后的输入国家或者地区又有不同检疫要求的；

（二）改换包装或者原未拼装后来拼装的；

（三）超过检疫规定有效期限的。

第四章　过境检疫

第二十三条　要求运输动物过境的，必须事先商得中国国家动植物检疫机关同意，并按照指定的口岸和路线过境。

装载过境动物的运输工具、装载容器、饲料和铺垫材料，必须符合中国动植物检疫的规定。

第二十四条　运输动植物、动植物产品和其他检疫物过境的，由承运人或者押运人持货运单和输出国家或者地区政府动植物检疫机关出具的检疫证书，在进境时向口岸动植物检疫机关报检，出境口岸不再检疫。

第二十五条　过境的动物经检疫合格的，准予过境；发现有本法第十八条规定的名录所列的动物传染病、寄生虫病的，全群动物不准过境。

过境动物的饲料受病虫害污染的，作除害、不准过境或者销毁处理。

过境的动物的尸体、排泄物、铺垫材料及其他废弃物，必须按照动植物检疫机关的规定处理，不得擅自抛弃。

第二十六条　对过境植物、动植物产品和其他检疫物，口岸动植物检疫机关检查运输工具或者包装，经检疫合格的，准予过境；发现有本法第十八条规定的名录所列的病虫害的，作除害处理或者不准过境。

第二十七条　动植物、动植物产品和其他检疫物过境期间，未经动植物检疫机关批准，不得开拆包装或者卸离运输工具。

第五章　携带、邮寄物检疫

第二十八条　携带、邮寄植物种子、种苗及其他繁殖材料进境的，必须事先提出申请，办理检疫审批手续。

第二十九条　禁止携带、邮寄进境的动植物、动植物产品和其他检疫物的名录，由国务院农业行政主管部门制定并公布。

携带、邮寄前款规定的名录所列的动植物、动植物产品和其他检疫物进境的，作退回或者销毁处理。

第三十条　携带本法第二十九条规定的名录以外的动植物、动植物产品和其他检疫物进境的，在进境时向海关申报并接受口岸动植物检疫机关检疫。

携带动物进境的，必须持有输出国家或者地区的检疫证书等证件。

第三十一条　邮寄本法第二十九条规定的名录以外的动植物、动植物产品和其他检疫物进境的，由口岸动植物检疫机关在国际邮件互换局实施检疫，必要时可以取回口岸动植物检疫机关检疫；未经检疫不得运递。

第三十二条　邮寄进境的动植物、动植物产品和其他检疫物，经检疫或者除害处理合格后放行；经检疫不合格又无有效方法作除害处理的，作退回或者销毁处理，并签发《检疫处理通知单》。

第三十三条　携带、邮寄出境的动植物、动植物产品和其他检疫物，物主有检疫要求的，由口岸动植物检疫机关实施检疫。

第六章　运输工具检疫

第三十四条　来自动植物疫区的船舶、飞机、火车抵达口岸时，由口岸动植物检疫机关实施检疫。发现有本法第十八条规定的名录所列的病虫害的，作不准带离运输工具、除害、封存或者销毁处理。

第三十五条　进境的车辆，由口岸动植物检疫机关作防疫消毒处理。

第三十六条　进出境运输工具上的泔水、动植物性废弃物，依照口岸动植物检疫机关的规定处理，不得擅自抛弃。

第三十七条　装载出境的动植物、动植物产品和其他检疫物的运输工具，应当符合动植物检疫和防疫的规定。

第三十八条　进境供拆船用的废旧船舶，由口岸动植物检疫机关实施检疫，发现有本法第十八条规定的名录所列的病虫害的，作除害处理。

第七章　法律责任

第三十九条　违反本法规定，有下列行为之一的，由口岸动植物检疫机关处以罚款：

（一）未报检或者未依法办理检疫审批手续的；

（二）未经口岸动植物检疫机关许可擅自将进境动植物、动植物产品或者其他检疫物卸离运输工具或者运递的；

（三）擅自调离或者处理在口岸动植物检疫机关指定的隔离场所中隔离检疫的动植物的。

第四十条 报检的动植物、动植物产品或者其他检疫物与实际不符的，由口岸动植物检疫机关处以罚款；已取得检疫单证的，予以吊销。

第四十一条 违反本法规定，擅自开拆过境动植物、动植物产品或者其他检疫物的包装的，擅自将过境动植物、动植物产品或者其他检疫物卸离运输工具的，擅自抛弃过境动物的尸体、排泄物、铺垫材料或者其他废弃物的，由动植物检疫机关处以罚款。

第四十二条 违反本法规定，引起重大动植物疫情的，依照刑法有关规定追究刑事责任。

第四十三条 伪造、变造检疫单证、印章、标志、封识，依照刑法有关规定追究刑事责任。

第四十四条 当事人对动植物检疫机关的处罚决定不服的，可以在接到处罚通知之日起十五日内向作出处罚决定的机关的上一级机关申请复议；当事人也可以在接到处罚通知之日起十五日内直接向人民法院起诉。

复议机关应当在接到复议申请之日起六十日内作出复议决定。当事人对复议决定不服的，可以在接到复议决定之日起十五日内向人民法院起诉。复议机关逾期不作出复议决定的，当事人可以在复议期满之日起十五日内向人民法院起诉。

当事人逾期不申请复议也不向人民法院起诉、又不履行处罚决定的，作出处罚决定的机关可以申请人民法院强制执行。

第四十五条 动植物检疫机关检疫人员滥用职权，徇私舞弊，伪造检疫结果，或者玩忽职守，延误检疫出证，构成犯罪的，依法追究刑事责任；不构成犯罪的，给予行政处分。

第八章 附 则

第四十六条 本法下列用语的含义是：

（一）“动物”是指饲养、野生的活动物，如畜、禽、兽、蛇、龟、鱼、虾、蟹、贝、蚕、蜂等；

（二）“动物产品”是指来源于动物未经加工或者虽经加工但仍有可能传播疫病的产品，如生皮张、毛类、肉类、脏器、油脂、动物水产品、奶制品、蛋类、血液、精液、胚胎、骨、蹄、角等；

（三）“植物”是指栽培植物、野生植物及其种子、种苗及其他繁殖材料等；

（四）“植物产品”是指来源于植物未经加工或者虽经加工但仍有可能传播病虫害的产品，如粮食、豆、棉花、油、麻、烟草、籽仁、干果、鲜果、蔬菜、生药材、木材、饲料等；

（五）“其他检疫物”是指动物疫苗、血清、诊断液、动植物性废弃物等。

第四十七条 中华人民共和国缔结或者参加的有关动植物检疫的国际条约与本法有不同规定的，适用该国际条约的规定。但是，中华人民共和国声明保留的条款除外。

第四十八条 口岸动植物检疫机关实施检疫依照规定收费。收费办法由国务院农业行政主管部门会同国务院物价等有关主管部门制定。

第四十九条 国务院根据本法制定实施条例。

第五十条 本法自 1992 年 4 月 1 日起施行。1982 年 6 月 4 日国务院发布的《中华人民共和国进出口动植物检疫条例》同时废止。

三、中华人民共和国传染病防治法

（1989年2月21日第七届全国人民代表大会常务委员会第六次会议通过　2004年8月28日第十届全国人民代表大会常务委员会第十一次会议修订　根据2013年6月29日第十二届全国人民代表大会常务委员会第三次会议《关于修改〈中华人民共和国文物保护法〉等十二部法律的决定》修正）

第一章　总　　则

第一条　为了预防、控制和消除传染病的发生与流行，保障人体健康和公共卫生，制定本法。

第二条　国家对传染病防治实行预防为主的方针，防治结合、分类管理、依靠科学、依靠群众。

第三条　本法规定的传染病分为甲类、乙类和丙类。

甲类传染病是指：鼠疫、霍乱。

乙类传染病是指：传染性非典型肺炎、艾滋病、病毒性肝炎、脊髓灰质炎、人感染高致病性禽流感、麻疹、流行性出血热、狂犬病、流行性乙型脑炎、登革热、炭疽、细菌性和阿米巴性痢疾、肺结核、伤寒和副伤寒、流行性脑脊髓膜炎、百日咳、白喉、新生儿破伤风、猩红热、布鲁氏菌病、淋病、梅毒、钩端螺旋体病、血吸虫病、疟疾。

丙类传染病是指：流行性感冒、流行性腮腺炎、风疹、急性出血性结膜炎、麻风病、流行性和地方性斑疹伤寒、黑热病、包虫病、丝虫病，除霍乱、细菌性和阿米巴性痢疾、伤寒和副伤寒以外的感染性腹泻病。

国务院卫生行政部门根据传染病暴发、流行情况和危害程度，可以决定增加、减少或者调整乙类、丙类传染病病种并予以公布。

第四条　对乙类传染病中传染性非典型肺炎、炭疽中的肺炭疽和人感染高致病性禽流感，采取本法所称甲类传染病的预防、控制措施。其他乙类传染病和突发原因不明的传染病需要采取本法所称甲类传染病的预防、控制措施的，由国务院卫生行政部门及时报经国务院批准后予以公布、实施。

需要解除依照前款规定采取的甲类传染病预防、控制措施的，由国务院卫生行政部门报经国务院批准后予以公布。

省、自治区、直辖市人民政府对本行政区域内常见、多发的其他地方性传染病，可以根据情况决定按照乙类或者丙类传染病管理并予以公布，报国务院卫生行政部门备案。

第五条　各级人民政府领导传染病防治工作。

县级以上人民政府制定传染病防治规划并组织实施，建立健全传染病防治的疾病预防控制、医疗救治和监督管理体系。

第六条　国务院卫生行政部门主管全国传染病防治及其监督管理工作。县级以上地方人民政府卫生行政部门负责本行政区域内的传染病防治及其监督管理工作。

县级以上人民政府其他部门在各自的职责范围内负责传染病防治工作。

军队的传染病防治工作，依照本法和国家有关规定办理，由中国人民解放军卫生主管部门实施监督管理。

第七条　各级疾病预防控制机构承担传染病监测、预测、流行病学调查、疫情报告以及其他预防、控制工作。

医疗机构承担与医疗救治有关的传染病防治

工作和责任区域内的传染病预防工作。城市社区和农村基层医疗机构在疾病预防控制机构的指导下，承担城市社区、农村基层相应的传染病防治工作。

第八条 国家发展现代医学和中医药等传统医学，支持和鼓励开展传染病防治的科学研究，提高传染病防治的科学技术水平。

国家支持和鼓励开展传染病防治的国际合作。

第九条 国家支持和鼓励单位和个人参与传染病防治工作。各级人民政府应当完善有关制度，方便单位和个人参与防治传染病的宣传教育、疫情报告、志愿服务和捐赠活动。

居民委员会、村民委员会应当组织居民、村民参与社区、农村的传染病预防与控制活动。

第十条 国家开展预防传染病的健康教育。新闻媒体应当无偿开展传染病防治和公共卫生教育的公益宣传。

各级各类学校应当对学生进行健康知识和传染病预防知识的教育。

医学院校应当加强预防医学教育和科学研究，对在校学生以及其他与传染病防治相关人员进行预防医学教育和培训，为传染病防治工作提供技术支持。

疾病预防控制机构、医疗机构应当定期对其工作人员进行传染病防治知识、技能的培训。

第十一条 对在传染病防治工作中做出显著成绩和贡献的单位和个人，给予表彰和奖励。

对因参与传染病防治工作致病、致残、死亡的人员，按照有关规定给予补助、抚恤。

第十二条 在中华人民共和国领域内的一切单位和个人，必须接受疾病预防控制机构、医疗机构有关传染病的调查、检验、采集样本、隔离治疗等预防、控制措施，如实提供有关情况。疾病预防控制机构、医疗机构不得泄露涉及个人隐私的有关信息、资料。

卫生行政部门以及其他有关部门、疾病预防控制机构和医疗机构因违法实施行政管理或者预防、控制措施，侵犯单位和个人合法权益的，有关单位和个人可以依法申请行政复议或者提起诉讼。

第二章 传染病预防

第十三条 各级人民政府组织开展群众性卫生活动，进行预防传染病的健康教育，倡导文明健康的生活方式，提高公众对传染病的防治意识和应对能力，加强环境卫生建设，消除鼠害和蚊、蝇等病媒生物的危害。

各级人民政府农业、水利、林业行政部门按照职责分工负责指导和组织消除农田、湖区、河流、牧场、林区的鼠害与血吸虫危害，以及其他传播传染病的动物和病媒生物的危害。

铁路、交通、民用航空行政部门负责组织消除交通工具以及相关场所的鼠害和蚊、蝇等病媒生物的危害。

第十四条 地方各级人民政府应当有计划地建设和改造公共卫生设施，改善饮用水卫生条件，对污水、污物、粪便进行无害化处置。

第十五条 国家实行有计划的预防接种制度。国务院卫生行政部门和省、自治区、直辖市人民政府卫生行政部门，根据传染病预防、控制的需要，制定传染病预防接种规划并组织实施。用于预防接种的疫苗必须符合国家质量标准。

国家对儿童实行预防接种证制度。国家免疫规划项目的预防接种实行免费。医疗机构、疾病预防控制机构与儿童的监护人应当相互配合，保证儿童及时接受预防接种。具体办法由国务院制定。

第十六条 国家和社会应当关心、帮助传染病病人、病原携带者和疑似传染病病人，使其得到及时救治。任何单位和个人不得歧视传染病病人、病原携带者和疑似传染病病人。

传染病病人、病原携带者和疑似传染病病人，在治愈前或者在排除传染病嫌疑前，不得从事法律、行政法规和国务院卫生行政部门规定禁止从事的易使该传染病扩散的工作。

第十七条 国家建立传染病监测制度。

国务院卫生行政部门制定国家传染病监测规划和方案。省、自治区、直辖市人民政府卫生行政部门根据国家传染病监测规划和方案，制定本行政区域的传染病监测计划和工作方案。

各级疾病预防控制机构对传染病的发生、流行以及影响其发生、流行的因素，进行监测；对国外发生、国内尚未发生的传染病或者国内新发生的传染病，进行监测。

第十八条 各级疾病预防控制机构在传染病预防控制中履行下列职责：

（一）实施传染病预防控制规划、计划和

方案；

（二）收集、分析和报告传染病监测信息，预测传染病的发生、流行趋势；

（三）开展对传染病疫情和突发公共卫生事件的流行病学调查、现场处理及其效果评价；

（四）开展传染病实验室检测、诊断、病原学鉴定；

（五）实施免疫规划，负责预防性生物制品的使用管理；

（六）开展健康教育、咨询，普及传染病防治知识；

（七）指导、培训下级疾病预防控制机构及其工作人员开展传染病监测工作；

（八）开展传染病防治应用性研究和卫生评价，提供技术咨询。

国家、省级疾病预防控制机构负责对传染病发生、流行以及分布进行监测，对重大传染病流行趋势进行预测，提出预防控制对策，参与并指导对暴发的疫情进行调查处理，开展传染病病原学鉴定，建立检测质量控制体系，开展应用性研究和卫生评价。

设区的市和县级疾病预防控制机构负责传染病预防控制规划、方案的落实，组织实施免疫、消毒、控制病媒生物的危害，普及传染病防治知识，负责本地区疫情和突发公共卫生事件监测、报告，开展流行病学调查和常见病原微生物检测。

第十九条 国家建立传染病预警制度。

国务院卫生行政部门和省、自治区、直辖市人民政府根据传染病发生、流行趋势的预测，及时发出传染病预警，根据情况予以公布。

第二十条 县级以上地方人民政府应当制定传染病预防、控制预案，报上一级人民政府备案。

传染病预防、控制预案应当包括以下主要内容：

（一）传染病预防控制指挥部的组成和相关部门的职责；

（二）传染病的监测、信息收集、分析、报告、通报制度；

（三）疾病预防控制机构、医疗机构在发生传染病疫情时的任务与职责；

（四）传染病暴发、流行情况的分级以及相应的应急工作方案；

（五）传染病预防、疫点疫区现场控制，应急设施、设备、救治药品和医疗器械以及其他物资和技术的储备与调用。

地方人民政府和疾病预防控制机构接到国务院卫生行政部门或者省、自治区、直辖市人民政府发出的传染病预警后，应当按照传染病预防、控制预案，采取相应的预防、控制措施。

第二十一条 医疗机构必须严格执行国务院卫生行政部门规定的管理制度、操作规范，防止传染病的医源性感染和医院感染。

医疗机构应当确定专门的部门或者人员，承担传染病疫情报告、本单位的传染病预防、控制以及责任区域内的传染病预防工作；承担医疗活动中与医院感染有关的危险因素监测、安全防护、消毒、隔离和医疗废物处置工作。

疾病预防控制机构应当指定专门人员负责对医疗机构内传染病预防工作进行指导、考核，开展流行病学调查。

第二十二条 疾病预防控制机构、医疗机构的实验室和从事病原微生物实验的单位，应当符合国家规定的条件和技术标准，建立严格的监督管理制度，对传染病病原体样本按照规定的措施实行严格监督管理，严防传染病病原体的实验室感染和病原微生物的扩散。

第二十三条 采供血机构、生物制品生产单位必须严格执行国家有关规定，保证血液、血液制品的质量。禁止非法采集血液或者组织他人出卖血液。

疾病预防控制机构、医疗机构使用血液和血液制品，必须遵守国家有关规定，防止因输入血液、使用血液制品引起经血液传播疾病的发生。

第二十四条 各级人民政府应当加强艾滋病的防治工作，采取预防、控制措施，防止艾滋病的传播。具体办法由国务院制定。

第二十五条 县级以上人民政府农业、林业行政部门以及其他有关部门，依据各自的职责负责与人畜共患传染病有关的动物传染病的防治管理工作。

与人畜共患传染病有关的野生动物、家畜家禽，经检疫合格后，方可出售、运输。

第二十六条 国家建立传染病菌种、毒种库。

对传染病菌种、毒种和传染病检测样本的采集、保藏、携带、运输和使用实行分类管理，建立健全严格的管理制度。

对可能导致甲类传染病传播的以及国务院卫生行政部门规定的菌种、毒种和传染病检测样本，

确需采集、保藏、携带、运输和使用的，须经省级以上人民政府卫生行政部门批准。具体办法由国务院制定。

第二十七条 对被传染病病原体污染的污水、污物、场所和物品，有关单位和个人必须在疾病预防控制机构的指导下或者按照其提出的卫生要求，进行严格消毒处理；拒绝消毒处理的，由当地卫生行政部门或者疾病预防控制机构进行强制消毒处理。

第二十八条 在国家确认的自然疫源地计划兴建水利、交通、旅游、能源等大型建设项目的，应当事先由省级以上疾病预防控制机构对施工环境进行卫生调查。建设单位应当根据疾病预防控制机构的意见，采取必要的传染病预防、控制措施。施工期间，建设单位应当设专人负责工地上的卫生防疫工作。工程竣工后，疾病预防控制机构应当对可能发生的传染病进行监测。

第二十九条 用于传染病防治的消毒产品、饮用水供水单位供应的饮用水和涉及饮用水卫生安全的产品，应当符合国家卫生标准和卫生规范。

饮用水供水单位从事生产或者供应活动，应当依法取得卫生许可证。

生产用于传染病防治的消毒产品的单位和生产用于传染病防治的消毒产品，应当经省级以上人民政府卫生行政部门审批。具体办法由国务院制定。

第三章 疫情报告、通报和公布

第三十条 疾病预防控制机构、医疗机构和采供血机构及其执行职务的人员发现本法规定的传染病疫情或者发现其他传染病暴发、流行以及突发原因不明的传染病时，应当遵循疫情报告属地管理原则，按照国务院规定的或者国务院卫生行政部门规定的内容、程序、方式和时限报告。

军队医疗机构向社会公众提供医疗服务，发现前款规定的传染病疫情时，应当按照国务院卫生行政部门的规定报告。

第三十一条 任何单位和个人发现传染病病人或者疑似传染病病人时，应当及时向附近的疾病预防控制机构或者医疗机构报告。

第三十二条 港口、机场、铁路疾病预防控制机构以及国境卫生检疫机关发现甲类传染病病人、病原携带者、疑似传染病病人时，应当按照国家有关规定立即向国境口岸所在地的疾病预防控制机构或者所在地县级以上地方人民政府卫生行政部门报告并互相通报。

第三十三条 疾病预防控制机构应当主动收集、分析、调查、核实传染病疫情信息。接到甲类、乙类传染病疫情报告或者发现传染病暴发、流行时，应当立即报告当地卫生行政部门，由当地卫生行政部门立即报告当地人民政府，同时报告上级卫生行政部门和国务院卫生行政部门。

疾病预防控制机构应当设立或者指定专门的部门、人员负责传染病疫情信息管理工作，及时对疫情报告进行核实、分析。

第三十四条 县级以上地方人民政府卫生行政部门应当及时向本行政区域内的疾病预防控制机构和医疗机构通报传染病疫情以及监测、预警的相关信息。接到通报的疾病预防控制机构和医疗机构应当及时告知本单位的有关人员。

第三十五条 国务院卫生行政部门应当及时向国务院其他有关部门和各省、自治区、直辖市人民政府卫生行政部门通报全国传染病疫情以及监测、预警的相关信息。

毗邻的以及相关的地方人民政府卫生行政部门，应当及时互相通报本行政区域的传染病疫情以及监测、预警的相关信息。

县级以上人民政府有关部门发现传染病疫情时，应当及时向同级人民政府卫生行政部门通报。

中国人民解放军卫生主管部门发现传染病疫情时，应当向国务院卫生行政部门通报。

第三十六条 动物防疫机构和疾病预防控制机构，应当及时互相通报动物间和人间发生的人畜共患传染病疫情以及相关信息。

第三十七条 依照本法的规定负有传染病疫情报告职责的人民政府有关部门、疾病预防控制机构、医疗机构、采供血机构及其工作人员，不得隐瞒、谎报、缓报传染病疫情。

第三十八条 国家建立传染病疫情信息公布制度。

国务院卫生行政部门定期公布全国传染病疫情信息。省、自治区、直辖市人民政府卫生行政部门定期公布本行政区域的传染病疫情信息。

传染病暴发、流行时，国务院卫生行政部门负责向社会公布传染病疫情信息，并可以授权省、自治区、直辖市人民政府卫生行政部门向社会公布本行政区域的传染病疫情信息。

公布传染病疫情信息应当及时、准确。

第四章　疫情控制

第三十九条　医疗机构发现甲类传染病时，应当及时采取下列措施：

（一）对病人、病原携带者，予以隔离治疗，隔离期限根据医学检查结果确定；

（二）对疑似病人，确诊前在指定场所单独隔离治疗；

（三）对医疗机构内的病人、病原携带者、疑似病人的密切接触者，在指定场所进行医学观察和采取其他必要的预防措施。

拒绝隔离治疗或者隔离期未满擅自脱离隔离治疗的，可以由公安机关协助医疗机构采取强制隔离治疗措施。

医疗机构发现乙类或者丙类传染病病人，应当根据病情采取必要的治疗和控制传播措施。

医疗机构对本单位内被传染病病原体污染的场所、物品以及医疗废物，必须依照法律、法规的规定实施消毒和无害化处置。

第四十条　疾病预防控制机构发现传染病疫情或者接到传染病疫情报告时，应当及时采取下列措施：

（一）对传染病疫情进行流行病学调查，根据调查情况提出划定疫点、疫区的建议，对被污染的场所进行卫生处理，对密切接触者，在指定场所进行医学观察和采取其他必要的预防措施，并向卫生行政部门提出疫情控制方案；

（二）传染病暴发、流行时，对疫点、疫区进行卫生处理，向卫生行政部门提出疫情控制方案，并按照卫生行政部门的要求采取措施；

（三）指导下级疾病预防控制机构实施传染病预防、控制措施，组织、指导有关单位对传染病疫情的处理。

第四十一条　对已经发生甲类传染病病例的场所或者该场所内的特定区域的人员，所在地的县级以上地方人民政府可以实施隔离措施，并同时向上一级人民政府报告；接到报告的上级人民政府应当即时作出是否批准的决定。上级人民政府作出不予批准决定的，实施隔离措施的人民政府应当立即解除隔离措施。

在隔离期间，实施隔离措施的人民政府应当对被隔离人员提供生活保障；被隔离人员有工作单位的，所在单位不得停止支付其隔离期间的工作报酬。

隔离措施的解除，由原决定机关决定并宣布。

第四十二条　传染病暴发、流行时，县级以上地方人民政府应当立即组织力量，按照预防、控制预案进行防治，切断传染病的传播途径，必要时，报经上一级人民政府决定，可以采取下列紧急措施并予以公告：

（一）限制或者停止集市、影剧院演出或者其他人群聚集的活动；

（二）停工、停业、停课；

（三）封闭或者封存被传染病病原体污染的公共饮用水源、食品以及相关物品；

（四）控制或者扑杀染疫野生动物、家畜家禽；

（五）封闭可能造成传染病扩散的场所。

上级人民政府接到下级人民政府关于采取前款所列紧急措施的报告时，应当即时作出决定。

紧急措施的解除，由原决定机关决定并宣布。

第四十三条　甲类、乙类传染病暴发、流行时，县级以上地方人民政府报经上一级人民政府决定，可以宣布本行政区域部分或者全部为疫区；国务院可以决定并宣布跨省、自治区、直辖市的疫区。县级以上地方人民政府可以在疫区内采取本法第四十二条规定的紧急措施，并可以对出入疫区的人员、物资和交通工具实施卫生检疫。

省、自治区、直辖市人民政府可以决定对本行政区域内的甲类传染病疫区实施封锁；但是，封锁大、中城市的疫区或者封锁跨省、自治区、直辖市的疫区，以及封锁疫区导致中断干线交通或者封锁国境的，由国务院决定。

疫区封锁的解除，由原决定机关决定并宣布。

第四十四条　发生甲类传染病时，为了防止该传染病通过交通工具及其乘运的人员、物资传播，可以实施交通卫生检疫。具体办法由国务院制定。

第四十五条　传染病暴发、流行时，根据传染病疫情控制的需要，国务院有权在全国范围或者跨省、自治区、直辖市范围内，县级以上地方人民政府有权在本行政区域内紧急调集人员或者调用储备物资，临时征用房屋、交通工具以及相关设施、设备。

紧急调集人员的，应当按照规定给予合理报

酬。临时征用房屋、交通工具以及相关设施、设备的，应当依法给予补偿；能返还的，应当及时返还。

第四十六条 患甲类传染病、炭疽死亡的，应当将尸体立即进行卫生处理，就近火化。患其他传染病死亡的，必要时，应当将尸体进行卫生处理后火化或者按照规定深埋。

为了查找传染病病因，医疗机构在必要时可以按照国务院卫生行政部门的规定，对传染病病人尸体或者疑似传染病病人尸体进行解剖查验，并应当告知死者家属。

第四十七条 疫区中被传染病病原体污染或者可能被传染病病原体污染的物品，经消毒可以使用的，应当在当地疾病预防控制机构的指导下，进行消毒处理后，方可使用、出售和运输。

第四十八条 发生传染病疫情时，疾病预防控制机构和省级以上人民政府卫生行政部门指派的其他与传染病有关的专业技术机构，可以进入传染病疫点、疫区进行调查、采集样本、技术分析和检验。

第四十九条 传染病暴发、流行时，药品和医疗器械生产、供应单位应当及时生产、供应防治传染病的药品和医疗器械。铁路、交通、民用航空经营单位必须优先运送处理传染病疫情的人员以及防治传染病的药品和医疗器械。县级以上人民政府有关部门应当做好组织协调工作。

第五章 医疗救治

第五十条 县级以上人民政府应当加强和完善传染病医疗救治服务网络的建设，指定具备传染病救治条件和能力的医疗机构承担传染病救治任务，或者根据传染病救治需要设置传染病医院。

第五十一条 医疗机构的基本标准、建筑设计和服务流程，应当符合预防传染病医院感染的要求。

医疗机构应当按照规定对使用的医疗器械进行消毒；对按照规定一次使用的医疗器具，应当在使用后予以销毁。

医疗机构应当按照国务院卫生行政部门规定的传染病诊断标准和治疗要求，采取相应措施，提高传染病医疗救治能力。

第五十二条 医疗机构应当对传染病病人或者疑似传染病病人提供医疗救护、现场救援和接诊治疗，书写病历记录以及其他有关资料，并妥善保管。

医疗机构应当实行传染病预检、分诊制度；对传染病病人、疑似传染病病人，应当引导至相对隔离的分诊点进行初诊。医疗机构不具备相应救治能力的，应当将患者及其病历记录复印件一并转至具备相应救治能力的医疗机构。具体办法由国务院卫生行政部门规定。

第六章 监督管理

第五十三条 县级以上人民政府卫生行政部门对传染病防治工作履行下列监督检查职责：

（一）对下级人民政府卫生行政部门履行本法规定的传染病防治职责进行监督检查；

（二）对疾病预防控制机构、医疗机构的传染病防治工作进行监督检查；

（三）对采供血机构的采供血活动进行监督检查；

（四）对用于传染病防治的消毒产品及其生产单位进行监督检查，并对饮用水供水单位从事生产或者供应活动以及涉及饮用水卫生安全的产品进行监督检查；

（五）对传染病菌种、毒种和传染病检测样本的采集、保藏、携带、运输、使用进行监督检查；

（六）对公共场所和有关单位的卫生条件和传染病预防、控制措施进行监督检查。

省级以上人民政府卫生行政部门负责组织对传染病防治重大事项的处理。

第五十四条 县级以上人民政府卫生行政部门在履行监督检查职责时，有权进入被检查单位和传染病疫情发生现场调查取证，查阅或者复制有关的资料和采集样本。被检查单位应当予以配合，不得拒绝、阻挠。

第五十五条 县级以上地方人民政府卫生行政部门在履行监督检查职责时，发现被传染病病原体污染的公共饮用水源、食品以及相关物品，如不及时采取控制措施可能导致传染病传播、流行的，可以采取封闭公共饮用水源、封存食品以及相关物品或者暂停销售的临时控制措施，并予以检验或者进行消毒。经检验，属于被污染的食品，应当予以销毁；对未被污染的食品或者经消毒后可以使用的物品，应当解除控制措施。

第五十六条 卫生行政部门工作人员依法执

行职务时，应当不少于两人，并出示执法证件，填写卫生执法文书。

卫生执法文书经核对无误后，应当由卫生执法人员和当事人签名。当事人拒绝签名的，卫生执法人员应当注明情况。

第五十七条 卫生行政部门应当依法建立健全内部监督制度，对其工作人员依据法定职权和程序履行职责的情况进行监督。

上级卫生行政部门发现下级卫生行政部门不及时处理职责范围内的事项或者不履行职责的，应当责令纠正或者直接予以处理。

第五十八条 卫生行政部门及其工作人员履行职责，应当自觉接受社会和公民的监督。单位和个人有权向上级人民政府及其卫生行政部门举报违反本法的行为。接到举报的有关人民政府或者其卫生行政部门，应当及时调查处理。

第七章 保障措施

第五十九条 国家将传染病防治工作纳入国民经济和社会发展计划，县级以上地方人民政府将传染病防治工作纳入本行政区域的国民经济和社会发展计划。

第六十条 县级以上地方人民政府按照本级政府职责负责本行政区域内传染病预防、控制、监督工作的日常经费。

国务院卫生行政部门会同国务院有关部门，根据传染病流行趋势，确定全国传染病预防、控制、救治、监测、预测、预警、监督检查等项目。中央财政对困难地区实施重大传染病防治项目给予补助。

省、自治区、直辖市人民政府根据本行政区域内传染病流行趋势，在国务院卫生行政部门确定的项目范围内，确定传染病预防、控制、监督等项目，并保障项目的实施经费。

第六十一条 国家加强基层传染病防治体系建设，扶持贫困地区和少数民族地区的传染病防治工作。

地方各级人民政府应当保障城市社区、农村基层传染病预防工作的经费。

第六十二条 国家对患有特定传染病的困难人群实行医疗救助，减免医疗费用。具体办法由国务院卫生行政部门会同国务院财政部门等部门制定。

第六十三条 县级以上人民政府负责储备防治传染病的药品、医疗器械和其他物资，以备调用。

第六十四条 对从事传染病预防、医疗、科研、教学、现场处理疫情的人员，以及在生产、工作中接触传染病病原体的其他人员，有关单位应当按照国家规定，采取有效的卫生防护措施和医疗保健措施，并给予适当的津贴。

第八章 法律责任

第六十五条 地方各级人民政府未依照本法的规定履行报告职责，或者隐瞒、谎报、缓报传染病疫情，或者在传染病暴发、流行时，未及时组织救治、采取控制措施的，由上级人民政府责令改正，通报批评；造成传染病传播、流行或者其他严重后果的，对负有责任的主管人员，依法给予行政处分；构成犯罪的，依法追究刑事责任。

第六十六条 县级以上人民政府卫生行政部门违反本法规定，有下列情形之一的，由本级人民政府、上级人民政府卫生行政部门责令改正，通报批评；造成传染病传播、流行或者其他严重后果的，对负有责任的主管人员和其他直接责任人员，依法给予行政处分；构成犯罪的，依法追究刑事责任：

（一）未依法履行传染病疫情通报、报告或者公布职责，或者隐瞒、谎报、缓报传染病疫情的；

（二）发生或者可能发生传染病传播时未及时采取预防、控制措施的；

（三）未依法履行监督检查职责，或者发现违法行为不及时查处的；

（四）未及时调查、处理单位和个人对下级卫生行政部门不履行传染病防治职责的举报的；

（五）违反本法的其他失职、渎职行为。

第六十七条 县级以上人民政府有关部门未依照本法的规定履行传染病防治和保障职责的，由本级人民政府或者上级人民政府有关部门责令改正，通报批评；造成传染病传播、流行或者其他严重后果的，对负有责任的主管人员和其他直接责任人员，依法给予行政处分；构成犯罪的，依法追究刑事责任。

第六十八条 疾病预防控制机构违反本法规定，有下列情形之一的，由县级以上人民政府卫生行政部门责令限期改正，通报批评，给予警告；

对负有责任的主管人员和其他直接责任人员，依法给予降级、撤职、开除的处分，并可以依法吊销有关责任人员的执业证书；构成犯罪的，依法追究刑事责任：

（一）未依法履行传染病监测职责的；

（二）未依法履行传染病疫情报告、通报职责，或者隐瞒、谎报、缓报传染病疫情的；

（三）未主动收集传染病疫情信息，或者对传染病疫情信息和疫情报告未及时进行分析、调查、核实的；

（四）发现传染病疫情时，未依据职责及时采取本法规定的措施的；

（五）故意泄露传染病病人、病原携带者、疑似传染病病人、密切接触者涉及个人隐私的有关信息、资料的。

第六十九条 医疗机构违反本法规定，有下列情形之一的，由县级以上人民政府卫生行政部门责令改正，通报批评，给予警告；造成传染病传播、流行或者其他严重后果的，对负有责任的主管人员和其他直接责任人员，依法给予降级、撤职、开除的处分，并可以依法吊销有关责任人员的执业证书；构成犯罪的，依法追究刑事责任：

（一）未按照规定承担本单位的传染病预防、控制工作、医院感染控制任务和责任区域内的传染病预防工作的；

（二）未按照规定报告传染病疫情，或者隐瞒、谎报、缓报传染病疫情的；

（三）发现传染病疫情时，未按照规定对传染病病人、疑似传染病病人提供医疗救护、现场救援、接诊、转诊的，或者拒绝接受转诊的；

（四）未按照规定对本单位内被传染病病原体污染的场所、物品以及医疗废物实施消毒或者无害化处置的；

（五）未按照规定对医疗器械进行消毒，或者对按照规定一次使用的医疗器具未予销毁，再次使用的；

（六）在医疗救治过程中未按照规定保管医学记录资料的；

（七）故意泄露传染病病人、病原携带者、疑似传染病病人、密切接触者涉及个人隐私的有关信息、资料的。

第七十条 采供血机构未按照规定报告传染病疫情，或者隐瞒、谎报、缓报传染病疫情，或者未执行国家有关规定，导致因输入血液引起经血液传播疾病发生的，由县级以上人民政府卫生行政部门责令改正，通报批评，给予警告；造成传染病传播、流行或者其他严重后果的，对负有责任的主管人员和其他直接责任人员，依法给予降级、撤职、开除的处分，并可以依法吊销采供血机构的执业许可证；构成犯罪的，依法追究刑事责任。

非法采集血液或者组织他人出卖血液的，由县级以上人民政府卫生行政部门予以取缔，没收违法所得，可以并处十万元以下的罚款；构成犯罪的，依法追究刑事责任。

第七十一条 国境卫生检疫机关、动物防疫机构未依法履行传染病疫情通报职责的，由有关部门在各自职责范围内责令改正，通报批评；造成传染病传播、流行或者其他严重后果的，对负有责任的主管人员和其他直接责任人员，依法给予降级、撤职、开除的处分；构成犯罪的，依法追究刑事责任。

第七十二条 铁路、交通、民用航空经营单位未依照本法的规定优先运送处理传染病疫情的人员以及防治传染病的药品和医疗器械的，由有关部门责令限期改正，给予警告；造成严重后果的，对负有责任的主管人员和其他直接责任人员，依法给予降级、撤职、开除的处分。

第七十三条 违反本法规定，有下列情形之一，导致或者可能导致传染病传播、流行的，由县级以上人民政府卫生行政部门责令限期改正，没收违法所得，可以并处五万元以下的罚款；已取得许可证的，原发证部门可以依法暂扣或者吊销许可证；构成犯罪的，依法追究刑事责任：

（一）饮用水供水单位供应的饮用水不符合国家卫生标准和卫生规范的；

（二）涉及饮用水卫生安全的产品不符合国家卫生标准和卫生规范的；

（三）用于传染病防治的消毒产品不符合国家卫生标准和卫生规范的；

（四）出售、运输疫区中被传染病病原体污染或者可能被传染病病原体污染的物品，未进行消毒处理的；

（五）生物制品生产单位生产的血液制品不符合国家质量标准的。

第七十四条 违反本法规定，有下列情形之一的，由县级以上地方人民政府卫生行政部门责令改正，通报批评，给予警告，已取得许可证的，可以依法暂扣或者吊销许可证；造成传染病传播、流行以及其他严重后果的，对负有责任的主管人员和其他直接责任人员，依法给予降级、撤职、开除的处分，并可以依法吊销有关责任人员的执业证书；构成犯罪的，依法追究刑事责任：

（一）疾病预防控制机构、医疗机构和从事病原微生物实验的单位，不符合国家规定的条件和技术标准，对传染病病原体样本未按照规定进行严格管理，造成实验室感染和病原微生物扩散的；

（二）违反国家有关规定，采集、保藏、携带、运输和使用传染病菌种、毒种和传染病检测样本的；

（三）疾病预防控制机构、医疗机构未执行国家有关规定，导致因输入血液、使用血液制品引起经血液传播疾病发生的。

第七十五条 未经检疫出售、运输与人畜共患传染病有关的野生动物、家畜家禽的，由县级以上地方人民政府畜牧兽医行政部门责令停止违法行为，并依法给予行政处罚。

第七十六条 在国家确认的自然疫源地兴建水利、交通、旅游、能源等大型建设项目，未经卫生调查进行施工的，或者未按照疾病预防控制机构的意见采取必要的传染病预防、控制措施的，由县级以上人民政府卫生行政部门责令限期改正，给予警告，处五千元以上三万元以下的罚款；逾期不改正的，处三万元以上十万元以下的罚款，并可以提请有关人民政府依据职责权限，责令停建、关闭。

第七十七条 单位和个人违反本法规定，导致传染病传播、流行，给他人人身、财产造成损害的，应当依法承担民事责任。

第九章 附 则

第七十八条 本法中下列用语的含义：

（一）传染病病人、疑似传染病病人：指根据国务院卫生行政部门发布的《中华人民共和国传染病防治法规定管理的传染病诊断标准》，符合传染病病人和疑似传染病病人诊断标准的人。

（二）病原携带者：指感染病原体无临床症状但能排出病原体的人。

（三）流行病学调查：指对人群中疾病或者健康状况的分布及其决定因素进行调查研究，提出疾病预防控制措施及保健对策。

（四）疫点：指病原体从传染源向周围播散的范围较小或者单个疫源地。

（五）疫区：指传染病在人群中暴发、流行，其病原体向周围播散时所能波及的地区。

（六）人畜共患传染病：指人与脊椎动物共同罹患的传染病，如鼠疫、狂犬病、血吸虫病等。

（七）自然疫源地：指某些可引起人类传染病的病原体在自然界的野生动物中长期存在和循环的地区。

（八）病媒生物：指能够将病原体从人或者其他动物传播给人的生物，如蚊、蝇、蚤类等。

（九）医源性感染：指在医学服务中，因病原体传播引起的感染。

（十）医院感染：指住院病人在医院内获得的感染，包括在住院期间发生的感染和在医院内获得出院后发生的感染，但不包括入院前已开始或者入院时已处于潜伏期的感染。医院工作人员在医院内获得的感染也属医院感染。

（十一）实验室感染：指从事实验室工作时，因接触病原体所致的感染。

（十二）菌种、毒种：指可能引起本法规定的传染病发生的细菌菌种、病毒毒种。

（十三）消毒：指用化学、物理、生物的方法杀灭或者消除环境中的病原微生物。

（十四）疾病预防控制机构：指从事疾病预防控制活动的疾病预防控制中心以及与上述机构业务活动相同的单位。

（十五）医疗机构：指按照《医疗机构管理条例》取得医疗机构执业许可证，从事疾病诊断、治疗活动的机构。

第七十九条 传染病防治中有关食品、药品、血液、水、医疗废物和病原微生物的管理以及动物防疫和国境卫生检疫，本法未规定的，分别适用其他有关法律、行政法规的规定。

第八十条 本法自2004年12月1日起施行。

四、中华人民共和国生物安全法

（2020 年 10 月 17 日第十三届全国人民代表大会常务委员会第二十二次会议通过，根据 2024 年 4 月 26 日第十四届全国人民代表大会常务委员会第九次会议《关于修改〈中华人民共和国农业技术推广法〉、〈中华人民共和国未成年人保护法〉、〈中华人民共和国生物安全法〉的决定》修正）

第一章　总　　则

第一条　为了维护国家安全，防范和应对生物安全风险，保障人民生命健康，保护生物资源和生态环境，促进生物技术健康发展，推动构建人类命运共同体，实现人与自然和谐共生，制定本法。

第二条　本法所称生物安全，是指国家有效防范和应对危险生物因子及相关因素威胁，生物技术能够稳定健康发展，人民生命健康和生态系统相对处于没有危险和不受威胁的状态，生物领域具备维护国家安全和持续发展的能力。

从事下列活动，适用本法：

（一）防控重大新发突发传染病、动植物疫情；

（二）生物技术研究、开发与应用；

（三）病原微生物实验室生物安全管理；

（四）人类遗传资源与生物资源安全管理；

（五）防范外来物种入侵与保护生物多样性；

（六）应对微生物耐药；

（七）防范生物恐怖袭击与防御生物武器威胁；

（八）其他与生物安全相关的活动。

第三条　生物安全是国家安全的重要组成部分。维护生物安全应当贯彻总体国家安全观，统筹发展和安全，坚持以人为本、风险预防、分类管理、协同配合的原则。

第四条　坚持中国共产党对国家生物安全工作的领导，建立健全国家生物安全领导体制，加强国家生物安全风险防控和治理体系建设，提高国家生物安全治理能力。

第五条　国家鼓励生物科技创新，加强生物安全基础设施和生物科技人才队伍建设，支持生物产业发展，以创新驱动提升生物科技水平，增强生物安全保障能力。

第六条　国家加强生物安全领域的国际合作，履行中华人民共和国缔结或者参加的国际条约规定的义务，支持参与生物科技交流合作与生物安全事件国际救援，积极参与生物安全国际规则的研究与制定，推动完善全球生物安全治理。

第七条　各级人民政府及其有关部门应当加强生物安全法律法规和生物安全知识宣传普及工作，引导基层群众性自治组织、社会组织开展生物安全法律法规和生物安全知识宣传，促进全社会生物安全意识的提升。

相关科研院校、医疗机构以及其他企业事业单位应当将生物安全法律法规和生物安全知识纳入教育培训内容，加强学生、从业人员生物安全意识和伦理意识的培养。

新闻媒体应当开展生物安全法律法规和生物安全知识公益宣传，对生物安全违法行为进行舆论监督，增强公众维护生物安全的社会责任意识。

第八条　任何单位和个人不得危害生物安全。

任何单位和个人有权举报危害生物安全的行为；接到举报的部门应当及时依法处理。

第九条　对在生物安全工作中做出突出贡献的单位和个人，县级以上人民政府及其有关部门按照国家规定予以表彰和奖励。

第二章　生物安全风险防控体制

第十条　中央国家安全领导机构负责国家生物安全工作的决策和议事协调，研究制定、指导实施国家生物安全战略和有关重大方针政策，统筹协调国家生物安全的重大事项和重要工作，建立国家生物安全工作协调机制。

省、自治区、直辖市建立生物安全工作协调机制，组织协调、督促推进本行政区域内生物安全相关工作。

第十一条　国家生物安全工作协调机制由国务院卫生健康、农业农村、科学技术、外交等主管部门和有关军事机关组成，分析研判国家生物安全形势，组织协调、督促推进国家生物安全相关工作。国家生物安全工作协调机制设立办公室，负责协调机制的日常工作。

国家生物安全工作协调机制成员单位和国务院其他有关部门根据职责分工，负责生物安全相关工作。

第十二条　国家生物安全工作协调机制设立专家委员会，为国家生物安全战略研究、政策制定及实施提供决策咨询。

国务院有关部门组织建立相关领域、行业的生物安全技术咨询专家委员会，为生物安全工作提供咨询、评估、论证等技术支撑。

第十三条　地方各级人民政府对本行政区域内生物安全工作负责。

县级以上地方人民政府有关部门根据职责分工，负责生物安全相关工作。

基层群众性自治组织应当协助地方人民政府以及有关部门做好生物安全风险防控、应急处置和宣传教育等工作。

有关单位和个人应当配合做好生物安全风险防控和应急处置等工作。

第十四条　国家建立生物安全风险监测预警制度。国家生物安全工作协调机制组织建立国家生物安全风险监测预警体系，提高生物安全风险识别和分析能力。

第十五条　国家建立生物安全风险调查评估制度。国家生物安全工作协调机制应当根据风险监测的数据、资料等信息，定期组织开展生物安全风险调查评估。

有下列情形之一的，有关部门应当及时开展生物安全风险调查评估，依法采取必要的风险防控措施：

（一）通过风险监测或者接到举报发现可能存在生物安全风险；

（二）为确定监督管理的重点领域、重点项目，制定、调整生物安全相关名录或者清单；

（三）发生重大新发突发传染病、动植物疫情等危害生物安全的事件；

（四）需要调查评估的其他情形。

第十六条　国家建立生物安全信息共享制度。国家生物安全工作协调机制组织建立统一的国家生物安全信息平台，有关部门应当将生物安全数据、资料等信息汇交国家生物安全信息平台，实现信息共享。

第十七条　国家建立生物安全信息发布制度。国家生物安全总体情况、重大生物安全风险警示信息、重大生物安全事件及其调查处理信息等重大生物安全信息，由国家生物安全工作协调机制成员单位根据职责分工发布；其他生物安全信息由国务院有关部门和县级以上地方人民政府及其有关部门根据职责权限发布。

任何单位和个人不得编造、散布虚假的生物安全信息。

第十八条　国家建立生物安全名录和清单制度。国务院及其有关部门根据生物安全工作需要，对涉及生物安全的材料、设备、技术、活动、重要生物资源数据、传染病、动植物疫病、外来入侵物种等制定、公布名录或者清单，并动态调整。

第十九条　国家建立生物安全标准制度。国务院标准化主管部门和国务院其他有关部门根据职责分工，制定和完善生物安全领域相关标准。

国家生物安全工作协调机制组织有关部门加强不同领域生物安全标准的协调和衔接，建立和完善生物安全标准体系。

第二十条　国家建立生物安全审查制度。对影响或者可能影响国家安全的生物领域重大事项和活动，由国务院有关部门进行生物安全审查，有效防范和化解生物安全风险。

第二十一条　国家建立统一领导、协同联动、有序高效的生物安全应急制度。

国务院有关部门应当组织制定相关领域、行业生物安全事件应急预案，根据应急预案和统一部署开展应急演练、应急处置、应急救援和事后恢复等工作。

县级以上地方人民政府及其有关部门应当制定并组织、指导和督促相关企业事业单位制定生物安全事件应急预案，加强应急准备、人员培训和应急演练，开展生物安全事件应急处置、应急救援和事后恢复等工作。

中国人民解放军、中国人民武装警察部队按照中央军事委员会的命令，依法参加生物安全事件应急处置和应急救援工作。

第二十二条 国家建立生物安全事件调查溯源制度。发生重大新发突发传染病、动植物疫情和不明原因的生物安全事件，国家生物安全工作协调机制应当组织开展调查溯源，确定事件性质，全面评估事件影响，提出意见建议。

第二十三条 国家建立首次进境或者暂停后恢复进境的动植物、动植物产品、高风险生物因子国家准入制度。

进出境的人员、运输工具、集装箱、货物、物品、包装物和国际航行船舶压舱水排放等应当符合我国生物安全管理要求。

海关对发现的进出境和过境生物安全风险，应当依法处置。经评估为生物安全高风险的人员、运输工具、货物、物品等，应当从指定的国境口岸进境，并采取严格的风险防控措施。

第二十四条 国家建立境外重大生物安全事件应对制度。境外发生重大生物安全事件的，海关依法采取生物安全紧急防控措施，加强证件核验，提高查验比例，暂停相关人员、运输工具、货物、物品等进境。必要时经国务院同意，可以采取暂时关闭有关口岸、封锁有关国境等措施。

第二十五条 县级以上人民政府有关部门应当依法开展生物安全监督检查工作，被检查单位和个人应当配合，如实说明情况，提供资料，不得拒绝、阻挠。

涉及专业技术要求较高、执法业务难度较大的监督检查工作，应当有生物安全专业技术人员参加。

第二十六条 县级以上人民政府有关部门实施生物安全监督检查，可以依法采取下列措施：

（一）进入被检查单位、地点或者涉嫌实施生物安全违法行为的场所进行现场监测、勘查、检查或者核查；

（二）向有关单位和个人了解情况；

（三）查阅、复制有关文件、资料、档案、记录、凭证等；

（四）查封涉嫌实施生物安全违法行为的场所、设施；

（五）扣押涉嫌实施生物安全违法行为的工具、设备以及相关物品；

（六）法律法规规定的其他措施。

有关单位和个人的生物安全违法信息应当依法纳入全国信用信息共享平台。

第三章 防控重大新发突发传染病、动植物疫情

第二十七条 国务院卫生健康、农业农村、林业草原、海关、生态环境主管部门应当建立新发突发传染病、动植物疫情、进出境检疫、生物技术环境安全监测网络，组织监测站点布局、建设，完善监测信息报告系统，开展主动监测和病原检测，并纳入国家生物安全风险监测预警体系。

第二十八条 疾病预防控制机构、动物疫病预防控制机构、植物病虫害预防控制机构（以下统称专业机构）应当对传染病、动植物疫病和列入监测范围的不明原因疾病开展主动监测，收集、分析、报告监测信息，预测新发突发传染病、动植物疫病的发生、流行趋势。

国务院有关部门、县级以上地方人民政府及其有关部门应当根据预测和职责权限及时发布预警，并采取相应的防控措施。

第二十九条 任何单位和个人发现传染病、动植物疫病的，应当及时向医疗机构、有关专业机构或者部门报告。

医疗机构、专业机构及其工作人员发现传染病、动植物疫病或者不明原因的聚集性疾病的，应当及时报告，并采取保护性措施。

依法应当报告的，任何单位和个人不得瞒报、谎报、缓报、漏报，不得授意他人瞒报、谎报、缓报，不得阻碍他人报告。

第三十条 国家建立重大新发突发传染病、动植物疫情联防联控机制。

发生重大新发突发传染病、动植物疫情，应当依照有关法律法规和应急预案的规定及时采取控制措施；国务院卫生健康、农业农村、林业草原主管部门应当立即组织疫情会商研判，将会商研判结论向中央国家安全领导机构和国务院报告，

并通报国家生物安全工作协调机制其他成员单位和国务院其他有关部门。

发生重大新发突发传染病、动植物疫情，地方各级人民政府统一履行本行政区域内疫情防控职责，加强组织领导，开展群防群控、医疗救治，动员和鼓励社会力量依法有序参与疫情防控工作。

第三十一条 国家加强国境、口岸传染病和动植物疫情联合防控能力建设，建立传染病、动植物疫情防控国际合作网络，尽早发现、控制重大新发突发传染病、动植物疫情。

第三十二条 国家保护野生动物，加强动物防疫，防止动物源性传染病传播。

第三十三条 国家加强对抗生素药物等抗微生物药物使用和残留的管理，支持应对微生物耐药的基础研究和科技攻关。

县级以上人民政府卫生健康主管部门应当加强对医疗机构合理用药的指导和监督，采取措施防止抗微生物药物的不合理使用。县级以上人民政府农业农村、林业草原主管部门应当加强对农业生产中合理用药的指导和监督，采取措施防止抗微生物药物的不合理使用，降低在农业生产环境中的残留。

国务院卫生健康、农业农村、林业草原、生态环境等主管部门和药品监督管理部门应当根据职责分工，评估抗微生物药物残留对人体健康、环境的危害，建立抗微生物药物污染物指标评价体系。

第四章　生物技术研究、开发与应用安全

第三十四条 国家加强对生物技术研究、开发与应用活动的安全管理，禁止从事危及公众健康、损害生物资源、破坏生态系统和生物多样性等危害生物安全的生物技术研究、开发与应用活动。

从事生物技术研究、开发与应用活动，应当符合伦理原则。

第三十五条 从事生物技术研究、开发与应用活动的单位应当对本单位生物技术研究、开发与应用的安全负责，采取生物安全风险防控措施，制定生物安全培训、跟踪检查、定期报告等工作制度，强化过程管理。

第三十六条 国家对生物技术研究、开发活动实行分类管理。根据对公众健康、工业农业、生态环境等造成危害的风险程度，将生物技术研究、开发活动分为高风险、中风险、低风险三类。

生物技术研究、开发活动风险分类标准及名录由国务院科学技术、卫生健康、农业农村等主管部门根据职责分工，会同国务院其他有关部门制定、调整并公布。

第三十七条 从事生物技术研究、开发活动，应当遵守国家生物技术研究开发安全管理规范。

从事生物技术研究、开发活动，应当进行风险类别判断，密切关注风险变化，及时采取应对措施。

第三十八条 从事高风险、中风险生物技术研究、开发活动，应当由在我国境内依法成立的法人组织进行，并依法取得批准或者进行备案。

从事高风险、中风险生物技术研究、开发活动，应当进行风险评估，制定风险防控计划和生物安全事件应急预案，降低研究、开发活动实施的风险。

第三十九条 国家对涉及生物安全的重要设备和特殊生物因子实行追溯管理。购买或者引进列入管控清单的重要设备和特殊生物因子，应当进行登记，确保可追溯，并报国务院有关部门备案。

个人不得购买或者持有列入管控清单的重要设备和特殊生物因子。

第四十条 从事生物医学新技术临床研究，应当通过伦理审查，并在具备相应条件的医疗机构内进行；进行人体临床研究操作的，应当由符合相应条件的卫生专业技术人员执行。

第四十一条 国务院有关部门依法对生物技术应用活动进行跟踪评估，发现存在生物安全风险的，应当及时采取有效补救和管控措施。

第五章　病原微生物实验室生物安全

第四十二条 国家加强对病原微生物实验室生物安全的管理，制定统一的实验室生物安全标准。病原微生物实验室应当符合生物安全国家标准和要求。

从事病原微生物实验活动，应当严格遵守有关国家标准和实验室技术规范、操作规程，采取安全防范措施。

第四十三条　国家根据病原微生物的传染性、感染后对人和动物的个体或者群体的危害程度，对病原微生物实行分类管理。

从事高致病性或者疑似高致病性病原微生物样本采集、保藏、运输活动，应当具备相应条件，符合生物安全管理规范。具体办法由国务院卫生健康、农业农村主管部门制定。

第四十四条　设立病原微生物实验室，应当依法取得批准或者进行备案。

个人不得设立病原微生物实验室或者从事病原微生物实验活动。

第四十五条　国家根据对病原微生物的生物安全防护水平，对病原微生物实验室实行分等级管理。

从事病原微生物实验活动应当在相应等级的实验室进行。低等级病原微生物实验室不得从事国家病原微生物目录规定应当在高等级病原微生物实验室进行的病原微生物实验活动。

第四十六条　高等级病原微生物实验室从事高致病性或者疑似高致病性病原微生物实验活动，应当经省级以上人民政府卫生健康或者农业农村主管部门批准，并将实验活动情况向批准部门报告。

对我国尚未发现或者已经宣布消灭的病原微生物，未经批准不得从事相关实验活动。

第四十七条　病原微生物实验室应当采取措施，加强对实验动物的管理，防止实验动物逃逸，对使用后的实验动物按照国家规定进行无害化处理，实现实验动物可追溯。禁止将使用后的实验动物流入市场。

病原微生物实验室应当加强对实验活动废弃物的管理，依法对废水、废气以及其他废弃物进行处置，采取措施防止污染。

第四十八条　病原微生物实验室的设立单位负责实验室的生物安全管理，制定科学、严格的管理制度，定期对有关生物安全规定的落实情况进行检查，对实验室设施、设备、材料等进行检查、维护和更新，确保其符合国家标准。

病原微生物实验室设立单位的法定代表人和实验室负责人对实验室的生物安全负责。

第四十九条　病原微生物实验室的设立单位应当建立和完善安全保卫制度，采取安全保卫措施，保障实验室及其病原微生物的安全。

国家加强对高等级病原微生物实验室的安全保卫。高等级病原微生物实验室应当接受公安机关等部门有关实验室安全保卫工作的监督指导，严防高致病性病原微生物泄漏、丢失和被盗、被抢。

国家建立高等级病原微生物实验室人员进入审核制度。进入高等级病原微生物实验室的人员应当经实验室负责人批准。对可能影响实验室生物安全的，不予批准；对批准进入的，应当采取安全保障措施。

第五十条　病原微生物实验室的设立单位应当制定生物安全事件应急预案，定期组织开展人员培训和应急演练。发生高致病性病原微生物泄漏、丢失和被盗、被抢或者其他生物安全风险的，应当按照应急预案的规定及时采取控制措施，并按照国家规定报告。

第五十一条　病原微生物实验室所在地省级人民政府及其卫生健康主管部门应当加强实验室所在地感染性疾病医疗资源配置，提高感染性疾病医疗救治能力。

第五十二条　企业对涉及病原微生物操作的生产车间的生物安全管理，依照有关病原微生物实验室的规定和其他生物安全管理规范进行。

涉及生物毒素、植物有害生物及其他生物因子操作的生物安全实验室的建设和管理，参照有关病原微生物实验室的规定执行。

第六章　人类遗传资源与生物资源安全

第五十三条　国家加强对我国人类遗传资源和生物资源采集、保藏、利用、对外提供等活动的管理和监督，保障人类遗传资源和生物资源安全。

国家对我国人类遗传资源和生物资源享有主权。

第五十四条　国家开展人类遗传资源和生物资源调查。

国务院卫生健康主管部门组织开展我国人类遗传资源调查，制定重要遗传家系和特定地区人类遗传资源申报登记办法。

国务院卫生健康、科学技术、自然资源、生态环境、农业农村、林业草原、中医药主管部门根据职责分工，组织开展生物资源调查，制定重要生物资源申报登记办法。

第五十五条 采集、保藏、利用、对外提供我国人类遗传资源，应当符合伦理原则，不得危害公众健康、国家安全和社会公共利益。

第五十六条 从事下列活动，应当经国务院卫生健康主管部门批准：

（一）采集我国重要遗传家系、特定地区人类遗传资源或者采集国务院科学技术主管部门规定的种类、数量的人类遗传资源；

（二）保藏我国人类遗传资源；

（三）利用我国人类遗传资源开展国际科学研究合作；

（四）将我国人类遗传资源材料运送、邮寄、携带出境。

前款规定不包括以临床诊疗、采供血服务、查处违法犯罪、兴奋剂检测和殡葬等为目的采集、保藏人类遗传资源及开展的相关活动。

为了取得相关药品和医疗器械在我国上市许可，在临床试验机构利用我国人类遗传资源开展国际合作临床试验、不涉及人类遗传资源出境的，不需要批准；但是，在开展临床试验前应当将拟使用的人类遗传资源种类、数量及用途向国务院科学技术主管部门备案。

境外组织、个人及其设立或者实际控制的机构不得在我国境内采集、保藏我国人类遗传资源，不得向境外提供我国人类遗传资源。

第五十七条 将我国人类遗传资源信息向境外组织、个人及其设立或者实际控制的机构提供或者开放使用的，应当向国务院卫生健康主管部门事先报告并提交信息备份。

第五十八条 采集、保藏、利用、运输出境我国珍贵、濒危、特有物种及其可用于再生或者繁殖传代的个体、器官、组织、细胞、基因等遗传资源，应当遵守有关法律法规。

境外组织、个人及其设立或者实际控制的机构获取和利用我国生物资源，应当依法取得批准。

第五十九条 利用我国生物资源开展国际科学研究合作，应当依法取得批准。

利用我国人类遗传资源和生物资源开展国际科学研究合作，应当保证中方单位及其研究人员全过程、实质性地参与研究，依法分享相关权益。

第六十条 国家加强对外来物种入侵的防范和应对，保护生物多样性。国务院农业农村主管部门会同国务院其他有关部门制定外来入侵物种名录和管理办法。

国务院有关部门根据职责分工，加强对外来入侵物种的调查、监测、预警、控制、评估、清除以及生态修复等工作。

任何单位和个人未经批准，不得擅自引进、释放或者丢弃外来物种。

第七章 防范生物恐怖与生物武器威胁

第六十一条 国家采取一切必要措施防范生物恐怖与生物武器威胁。

禁止开发、制造或者以其他方式获取、储存、持有和使用生物武器。

禁止以任何方式唆使、资助、协助他人开发、制造或者以其他方式获取生物武器。

第六十二条 国务院有关部门制定、修改、公布可被用于生物恐怖活动、制造生物武器的生物体、生物毒素、设备或者技术清单，加强监管，防止其被用于制造生物武器或者恐怖目的。

第六十三条 国务院有关部门和有关军事机关根据职责分工，加强对可被用于生物恐怖活动、制造生物武器的生物体、生物毒素、设备或者技术进出境、进出口、获取、制造、转移和投放等活动的监测、调查，采取必要的防范和处置措施。

第六十四条 国务院有关部门、省级人民政府及其有关部门负责组织遭受生物恐怖袭击、生物武器攻击后的人员救治与安置、环境消毒、生态修复、安全监测和社会秩序恢复等工作。

国务院有关部门、省级人民政府及其有关部门应当有效引导社会舆论科学、准确报道生物恐怖袭击和生物武器攻击事件，及时发布疏散、转移和紧急避难等信息，对应急处置与恢复过程中遭受污染的区域和人员进行长期环境监测和健康监测。

第六十五条 国家组织开展对我国境内战争遗留生物武器及其危害结果、潜在影响的调查。

国家组织建设存放和处理战争遗留生物武器设施，保障对战争遗留生物武器的安全处置。

第八章 生物安全能力建设

第六十六条 国家制定生物安全事业发展规划，加强生物安全能力建设，提高应对生物安全事件的能力和水平。

县级以上人民政府应当支持生物安全事业发展，按照事权划分，将支持下列生物安全事业发展的相关支出列入政府预算：

（一）监测网络的构建和运行；

（二）应急处置和防控物资的储备；

（三）关键基础设施的建设和运行；

（四）关键技术和产品的研究、开发；

（五）人类遗传资源和生物资源的调查、保藏；

（六）法律法规规定的其他重要生物安全事业。

第六十七条 国家采取措施支持生物安全科技研究，加强生物安全风险防御与管控技术研究，整合优势力量和资源，建立多学科、多部门协同创新的联合攻关机制，推动生物安全核心关键技术和重大防御产品的成果产出与转化应用，提高生物安全的科技保障能力。

第六十八条 国家统筹布局全国生物安全基础设施建设。国务院有关部门根据职责分工，加快建设生物信息、人类遗传资源保藏、菌（毒）种保藏、动植物遗传资源保藏、高等级病原微生物实验室等方面的生物安全国家战略资源平台，建立共享利用机制，为生物安全科技创新提供战略保障和支撑。

第六十九条 国务院有关部门根据职责分工，加强生物基础科学研究人才和生物领域专业技术人才培养，推动生物基础科学学科建设和科学研究。

国家生物安全基础设施重要岗位的从业人员应当具备符合要求的资格，相关信息应当向国务院有关部门备案，并接受岗位培训。

第七十条 国家加强重大新发突发传染病、动植物疫情等生物安全风险防控的物资储备。

国家加强生物安全应急药品、装备等物资的研究、开发和技术储备。国务院有关部门根据职责分工，落实生物安全应急药品、装备等物资研究、开发和技术储备的相关措施。

国务院有关部门和县级以上地方人民政府及其有关部门应当保障生物安全事件应急处置所需的医疗救护设备、救治药品、医疗器械等物资的生产、供应和调配；交通运输主管部门应当及时组织协调运输经营单位优先运送。

第七十一条 国家对从事高致病性病原微生物实验活动、生物安全事件现场处置等高风险生物安全工作的人员，提供有效的防护措施和医疗保障。

第九章 法律责任

第七十二条 违反本法规定，履行生物安全管理职责的工作人员在生物安全工作中滥用职权、玩忽职守、徇私舞弊或者有其他违法行为的，依法给予处分。

第七十三条 违反本法规定，医疗机构、专业机构或者其工作人员瞒报、谎报、缓报、漏报，授意他人瞒报、谎报、缓报，或者阻碍他人报告传染病、动植物疫病或者不明原因的聚集性疾病的，由县级以上人民政府有关部门责令改正，给予警告；对法定代表人、主要负责人、直接负责的主管人员和其他直接责任人员，依法给予处分，并可以依法暂停一定期限的执业活动直至吊销相关执业证书。

违反本法规定，编造、散布虚假的生物安全信息，构成违反治安管理行为的，由公安机关依法给予治安管理处罚。

第七十四条 违反本法规定，从事国家禁止的生物技术研究、开发与应用活动的，由县级以上人民政府卫生健康、科学技术、农业农村主管部门根据职责分工，责令停止违法行为，没收违法所得、技术资料和用于违法行为的工具、设备、原材料等物品，处一百万元以上一千万元以下的罚款，违法所得在一百万元以上的，处违法所得十倍以上二十倍以下的罚款，并可以依法禁止一定期限内从事相应的生物技术研究、开发与应用活动，吊销相关许可证件；对法定代表人、主要负责人、直接负责的主管人员和其他直接责任人员，依法给予处分，处十万元以上二十万元以下的罚款，十年直至终身禁止从事相应的生物技术研究、开发与应用活动，依法吊销相关执业证书。

第七十五条 违反本法规定，从事生物技术研究、开发活动未遵守国家生物技术研究开发安全管理规范的，由县级以上人民政府有关部门根据职责分工，责令改正，给予警告，可以并处二万元以上二十万元以下的罚款；拒不改正或者造成严重后果的，责令停止研究、开发活动，并处二十万元以上二百万元以下的罚款。

第七十六条 违反本法规定，从事病原微生物实验活动未在相应等级的实验室进行，或者高等级病原微生物实验室未经批准从事高致病性、疑似高致病性病原微生物实验活动的，由县级以上地方人民政府卫生健康、农业农村主管部门根据职责分工，责令停止违法行为，监督其将用于实验活动的病原微生物销毁或者送交保藏机构，给予警告；造成传染病传播、流行或者其他严重后果的，对法定代表人、主要负责人、直接负责的主管人员和其他直接责任人员依法给予撤职、开除处分。

第七十七条 违反本法规定，将使用后的实验动物流入市场的，由县级以上人民政府科学技术主管部门责令改正，没收违法所得，并处二十万元以上一百万元以下的罚款，违法所得在二十万元以上的，并处违法所得五倍以上十倍以下的罚款；情节严重的，由发证部门吊销相关许可证件。

第七十八条 违反本法规定，有下列行为之一的，由县级以上人民政府有关部门根据职责分工，责令改正，没收违法所得，给予警告，可以并处十万元以上一百万元以下的罚款：

（一）购买或者引进列入管控清单的重要设备、特殊生物因子未进行登记，或者未报国务院有关部门备案；

（二）个人购买或者持有列入管控清单的重要设备或者特殊生物因子；

（三）个人设立病原微生物实验室或者从事病原微生物实验活动；

（四）未经实验室负责人批准进入高等级病原微生物实验室。

第七十九条 违反本法规定，未经批准，采集、保藏我国人类遗传资源或者利用我国人类遗传资源开展国际科学研究合作的，由国务院卫生健康主管部门责令停止违法行为，没收违法所得和违法采集、保藏的人类遗传资源，并处五十万元以上五百万元以下的罚款，违法所得在一百万元以上的，并处违法所得五倍以上十倍以下的罚款；情节严重的，对法定代表人、主要负责人、直接负责的主管人员和其他直接责任人员，依法给予处分，五年内禁止从事相应活动。

第八十条 违反本法规定，境外组织、个人及其设立或者实际控制的机构在我国境内采集、保藏我国人类遗传资源，或者向境外提供我国人类遗传资源的，由国务院卫生健康主管部门责令停止违法行为，没收违法所得和违法采集、保藏的人类遗传资源，并处一百万元以上一千万元以下的罚款；违法所得在一百万元以上的，并处违法所得十倍以上二十倍以下的罚款。

第八十一条 违反本法规定，未经批准，擅自引进外来物种的，由县级以上人民政府有关部门根据职责分工，没收引进的外来物种，并处五万元以上二十五万元以下的罚款。

违反本法规定，未经批准，擅自释放或者丢弃外来物种的，由县级以上人民政府有关部门根据职责分工，责令限期捕回、找回释放或者丢弃的外来物种，处一万元以上五万元以下的罚款。

第八十二条 违反本法规定，构成犯罪的，依法追究刑事责任；造成人身、财产或者其他损害的，依法承担民事责任。

第八十三条 违反本法规定的生物安全违法行为，本法未规定法律责任，其他有关法律、行政法规有规定的，依照其规定。

第八十四条 境外组织或者个人通过运输、邮寄、携带危险生物因子入境或者以其他方式危害我国生物安全的，依法追究法律责任，并可以采取其他必要措施。

第十章　附　　则

第八十五条 本法下列术语的含义：

（一）生物因子，是指动物、植物、微生物、生物毒素及其他生物活性物质。

（二）重大新发突发传染病，是指我国境内首次出现或者已经宣布消灭再次发生，或者突然发生，造成或者可能造成公众健康和生命安全严重损害，引起社会恐慌，影响社会稳定的传染病。

（三）重大新发突发动物疫情，是指我国境内首次发生或者已经宣布消灭的动物疫病再次发生，或者发病率、死亡率较高的潜伏动物疫病突然发生并迅速传播，给养殖业生产安全造成严重威胁、危害，以及可能对公众健康和生命安全造成危害的情形。

（四）重大新发突发植物疫情，是指我国境内首次发生或者已经宣布消灭的严重危害植物的真菌、细菌、病毒、昆虫、线虫、杂草、害鼠、软体动物等再次引发病虫害，或者本地有害生物突然大范围发生并迅速传播，对农作物、林木等植物造成严重危害的情形。

（五）生物技术研究、开发与应用，是指通过科学和工程原理认识、改造、合成、利用生物而从事的科学研究、技术开发与应用等活动。

（六）病原微生物，是指可以侵犯人、动物引起感染甚至传染病的微生物，包括病毒、细菌、真菌、立克次体、寄生虫等。

（七）植物有害生物，是指能够对农作物、林木等植物造成危害的真菌、细菌、病毒、昆虫、线虫、杂草、害鼠、软体动物等生物。

（八）人类遗传资源，包括人类遗传资源材料和人类遗传资源信息。人类遗传资源材料是指含有人体基因组、基因等遗传物质的器官、组织、细胞等遗传材料。人类遗传资源信息是指利用人类遗传资源材料产生的数据等信息资料。

（九）微生物耐药，是指微生物对抗微生物药物产生抗性，导致抗微生物药物不能有效控制微生物的感染。

（十）生物武器，是指类型和数量不属于预防、保护或者其他和平用途所正当需要的、任何来源或者任何方法产生的微生物剂、其他生物剂以及生物毒素；也包括为将上述生物剂、生物毒素使用于敌对目的或者武装冲突而设计的武器、设备或者运载工具。

（十一）生物恐怖，是指故意使用致病性微生物、生物毒素等实施袭击，损害人类或者动植物健康，引起社会恐慌，企图达到特定政治目的的行为。

第八十六条 生物安全信息属于国家秘密的，应当依照《中华人民共和国保守国家秘密法》和国家其他有关保密规定实施保密管理。

第八十七条 中国人民解放军、中国人民武装警察部队的生物安全活动，由中央军事委员会依照本法规定的原则另行规定。

第八十八条 本法自 2021 年 4 月 15 日起施行。

五、中华人民共和国畜牧法

（2005年12月29日第十届全国人民代表大会常务委员会第十九次会议通过　根据2015年4月24日第十二届全国人民代表大会常务委员会第十四次会议《关于修改〈中华人民共和国计量法〉等五部法律的决定》修正　2022年10月30日第十三届全国人民代表大会常务委员会第三十七次会议修订）

第一章　总　　则

第一条　为了规范畜牧业生产经营行为，保障畜禽产品供给和质量安全，保护和合理利用畜禽遗传资源，培育和推广畜禽优良品种，振兴畜禽种业，维护畜牧业生产经营者的合法权益，防范公共卫生风险，促进畜牧业高质量发展，制定本法。

第二条　在中华人民共和国境内从事畜禽的遗传资源保护利用、繁育、饲养、经营、运输、屠宰等活动，适用本法。

本法所称畜禽，是指列入依照本法第十二条规定公布的畜禽遗传资源目录的畜禽。

蜂、蚕的资源保护利用和生产经营，适用本法有关规定。

第三条　国家支持畜牧业发展，发挥畜牧业在发展农业、农村经济和增加农民收入中的作用。

县级以上人民政府应当将畜牧业发展纳入国民经济和社会发展规划，加强畜牧业基础设施建设，鼓励和扶持发展规模化、标准化和智能化养殖，促进种养结合和农牧循环、绿色发展，推进畜牧产业化经营，提高畜牧业综合生产能力，发展安全、优质、高效、生态的畜牧业。

国家帮助和扶持民族地区、欠发达地区畜牧业的发展，保护和合理利用草原，改善畜牧业生产条件。

第四条　国家采取措施，培养畜牧兽医专业人才，加强畜禽疫病监测、畜禽疫苗研制，健全基层畜牧兽医技术推广体系，发展畜牧兽医科学技术研究和推广事业，完善畜牧业标准，开展畜牧兽医科学技术知识的教育宣传工作和畜牧兽医信息服务，推进畜牧业科技进步和创新。

第五条　国务院农业农村主管部门负责全国畜牧业的监督管理工作。县级以上地方人民政府农业农村主管部门负责本行政区域内的畜牧业监督管理工作。

县级以上人民政府有关主管部门在各自的职责范围内，负责有关促进畜牧业发展的工作。

第六条　国务院农业农村主管部门应当指导畜牧业生产经营者改善畜禽繁育、饲养、运输、屠宰的条件和环境。

第七条　各级人民政府及有关部门应当加强畜牧业相关法律法规的宣传。

对在畜牧业发展中做出显著成绩的单位和个人，按照国家有关规定给予表彰和奖励。

第八条　畜牧业生产经营者可以依法自愿成立行业协会，为成员提供信息、技术、营销、培训等服务，加强行业自律，维护成员和行业利益。

第九条　畜牧业生产经营者应当依法履行动物防疫和生态环境保护义务，接受有关主管部门依法实施的监督检查。

第二章　畜禽遗传资源保护

第十条　国家建立畜禽遗传资源保护制度，开展资源调查、保护、鉴定、登记、监测和利用等工作。各级人民政府应当采取措施，加强畜禽

遗传资源保护，将畜禽遗传资源保护经费列入预算。

畜禽遗传资源保护以国家为主、多元参与，坚持保护优先、高效利用的原则，实行分类分级保护。

国家鼓励和支持有关单位、个人依法发展畜禽遗传资源保护事业，鼓励和支持高等学校、科研机构、企业加强畜禽遗传资源保护、利用的基础研究，提高科技创新能力。

第十一条 国务院农业农村主管部门设立由专业人员组成的国家畜禽遗传资源委员会，负责畜禽遗传资源的鉴定、评估和畜禽新品种、配套系的审定，承担畜禽遗传资源保护和利用规划论证及有关畜禽遗传资源保护的咨询工作。

第十二条 国务院农业农村主管部门负责定期组织畜禽遗传资源的调查工作，发布国家畜禽遗传资源状况报告，公布经国务院批准的畜禽遗传资源目录。

经过驯化和选育而成，遗传性状稳定，有成熟的品种和一定的种群规模，能够不依赖于野生种群而独立繁衍的驯养动物，可以列入畜禽遗传资源目录。

第十三条 国务院农业农村主管部门根据畜禽遗传资源分布状况，制定全国畜禽遗传资源保护和利用规划，制定、调整并公布国家级畜禽遗传资源保护名录，对原产我国的珍贵、稀有、濒危的畜禽遗传资源实行重点保护。

省、自治区、直辖市人民政府农业农村主管部门根据全国畜禽遗传资源保护和利用规划及本行政区域内的畜禽遗传资源状况，制定、调整并公布省级畜禽遗传资源保护名录，并报国务院农业农村主管部门备案，加强对地方畜禽遗传资源的保护。

第十四条 国务院农业农村主管部门根据全国畜禽遗传资源保护和利用规划及国家级畜禽遗传资源保护名录，省、自治区、直辖市人民政府农业农村主管部门根据省级畜禽遗传资源保护名录，分别建立或者确定畜禽遗传资源保种场、保护区和基因库，承担畜禽遗传资源保护任务。

享受中央和省级财政资金支持的畜禽遗传资源保种场、保护区和基因库，未经国务院农业农村主管部门或者省、自治区、直辖市人民政府农业农村主管部门批准，不得擅自处理受保护的畜禽遗传资源。

畜禽遗传资源基因库应当按照国务院农业农村主管部门或者省、自治区、直辖市人民政府农业农村主管部门的规定，定期采集和更新畜禽遗传材料。有关单位、个人应当配合畜禽遗传资源基因库采集畜禽遗传材料，并有权获得适当的经济补偿。

县级以上地方人民政府应当保障畜禽遗传资源保种场和基因库用地的需求。确需关闭或者搬迁的，应当经原建立或者确定机关批准，搬迁的按照先建后拆的原则妥善安置。

畜禽遗传资源保种场、保护区和基因库的管理办法，由国务院农业农村主管部门制定。

第十五条 新发现的畜禽遗传资源在国家畜禽遗传资源委员会鉴定前，省、自治区、直辖市人民政府农业农村主管部门应当制定保护方案，采取临时保护措施，并报国务院农业农村主管部门备案。

第十六条 从境外引进畜禽遗传资源的，应当向省、自治区、直辖市人民政府农业农村主管部门提出申请；受理申请的农业农村主管部门经审核，报国务院农业农村主管部门经评估论证后批准；但是国务院对批准机关另有规定的除外。经批准的，依照《中华人民共和国进出境动植物检疫法》的规定办理相关手续并实施检疫。

从境外引进的畜禽遗传资源被发现对境内畜禽遗传资源、生态环境有危害或者可能产生危害的，国务院农业农村主管部门应当商有关主管部门，及时采取相应的安全控制措施。

第十七条 国家对畜禽遗传资源享有主权。向境外输出或者在境内与境外机构、个人合作研究利用列入保护名录的畜禽遗传资源的，应当向省、自治区、直辖市人民政府农业农村主管部门提出申请，同时提出国家共享惠益的方案；受理申请的农业农村主管部门经审核，报国务院农业农村主管部门批准。

向境外输出畜禽遗传资源的，还应当依照《中华人民共和国进出境动植物检疫法》的规定办理相关手续并实施检疫。

新发现的畜禽遗传资源在国家畜禽遗传资源委员会鉴定前，不得向境外输出，不得与境外机构、个人合作研究利用。

第十八条 畜禽遗传资源的进出境和对外合作研究利用的审批办法由国务院规定。

第三章　种畜禽品种选育与生产经营

第十九条　国家扶持畜禽品种的选育和优良品种的推广使用，实施全国畜禽遗传改良计划；支持企业、高等学校、科研机构和技术推广单位开展联合育种，建立健全畜禽良种繁育体系。

县级以上人民政府支持开发利用列入畜禽遗传资源保护名录的品种，增加特色畜禽产品供给，满足多元化消费需求。

第二十条　国家鼓励和支持畜禽种业自主创新，加强育种技术攻关，扶持选育生产经营相结合的创新型企业发展。

第二十一条　培育的畜禽新品种、配套系和新发现的畜禽遗传资源在销售、推广前，应当通过国家畜禽遗传资源委员会审定或者鉴定，并由国务院农业农村主管部门公告。畜禽新品种、配套系的审定办法和畜禽遗传资源的鉴定办法，由国务院农业农村主管部门制定。审定或者鉴定所需的试验、检测等费用由申请者承担。

畜禽新品种、配套系培育者的合法权益受法律保护。

第二十二条　转基因畜禽品种的引进、培育、试验、审定和推广，应当符合国家有关农业转基因生物安全管理的规定。

第二十三条　省级以上畜牧兽医技术推广机构应当组织开展种畜质量监测、优良个体登记，向社会推荐优良种畜。优良种畜登记规则由国务院农业农村主管部门制定。

第二十四条　从事种畜禽生产经营或者生产经营商品代仔畜、雏禽的单位、个人，应当取得种畜禽生产经营许可证。

申请取得种畜禽生产经营许可证，应当具备下列条件：

（一）生产经营的种畜禽是通过国家畜禽遗传资源委员会审定或者鉴定的品种、配套系，或者是经批准引进的境外品种、配套系；

（二）有与生产经营规模相适应的畜牧兽医技术人员；

（三）有与生产经营规模相适应的繁育设施设备；

（四）具备法律、行政法规和国务院农业农村主管部门规定的种畜禽防疫条件；

（五）有完善的质量管理和育种记录制度；

（六）法律、行政法规规定的其他条件。

第二十五条　申请取得生产家畜卵子、精液、胚胎等遗传材料的生产经营许可证，除应当符合本法第二十四条第二款规定的条件外，还应当具备下列条件：

（一）符合国务院农业农村主管部门规定的实验室、保存和运输条件；

（二）符合国务院农业农村主管部门规定的种畜数量和质量要求；

（三）体外受精取得的胚胎、使用的卵子来源明确，供体畜符合国家规定的种畜健康标准和质量要求；

（四）符合有关国家强制性标准和国务院农业农村主管部门规定的技术要求。

第二十六条　申请取得生产家畜卵子、精液、胚胎等遗传材料的生产经营许可证，应当向省、自治区、直辖市人民政府农业农村主管部门提出申请。受理申请的农业农村主管部门应当自收到申请之日起六十个工作日内依法决定是否发放生产经营许可证。

其他种畜禽的生产经营许可证由县级以上地方人民政府农业农村主管部门审核发放。

国家对种畜禽生产经营许可证实行统一管理、分级负责，在统一的信息平台办理。种畜禽生产经营许可证的审批和发放信息应当依法向社会公开。具体办法和许可证样式由国务院农业农村主管部门制定。

第二十七条　种畜禽生产经营许可证应当注明生产经营者名称、场（厂）址、生产经营范围及许可证有效期的起止日期等。

禁止无种畜禽生产经营许可证或者违反种畜禽生产经营许可证的规定生产经营种畜禽或者商品代仔畜、雏禽。禁止伪造、变造、转让、租借种畜禽生产经营许可证。

第二十八条　农户饲养的种畜禽用于自繁自养和有少量剩余仔畜、雏禽出售的，农户饲养种公畜进行互助配种的，不需要办理种畜禽生产经营许可证。

第二十九条　发布种畜禽广告的，广告主应当持有或者提供种畜禽生产经营许可证和营业执照。广告内容应当符合有关法律、行政法规的规定，并注明种畜禽品种、配套系的审定或者鉴定名称，对主要性状的描述应当符合该品种、配套系的标准。

第三十条 销售的种畜禽、家畜配种站（点）使用的种公畜，应当符合种用标准。销售种畜禽时，应当附具种畜禽场出具的种畜禽合格证明、动物卫生监督机构出具的检疫证明，销售的种畜还应当附具种畜禽场出具的家畜系谱。

生产家畜卵子、精液、胚胎等遗传材料，应当有完整的采集、销售、移植等记录，记录应当保存二年。

第三十一条 销售种畜禽，不得有下列行为：

（一）以其他畜禽品种、配套系冒充所销售的种畜禽品种、配套系；

（二）以低代别种畜禽冒充高代别种畜禽；

（三）以不符合种用标准的畜禽冒充种畜禽；

（四）销售未经批准进口的种畜禽；

（五）销售未附具本法第三十条规定的种畜禽合格证明、检疫证明的种畜禽或者未附具家畜系谱的种畜；

（六）销售未经审定或者鉴定的种畜禽品种、配套系。

第三十二条 申请进口种畜禽的，应当持有种畜禽生产经营许可证。因没有种畜禽而未取得种畜禽生产经营许可证的，应当提供省、自治区、直辖市人民政府农业农村主管部门的说明文件。进口种畜禽的批准文件有效期为六个月。

进口的种畜禽应当符合国务院农业农村主管部门规定的技术要求。首次进口的种畜禽还应当由国家畜禽遗传资源委员会进行种用性能的评估。

种畜禽的进出口管理除适用本条前两款的规定外，还适用本法第十六条、第十七条和第二十二条的相关规定。

国家鼓励畜禽养殖者利用进口的种畜禽进行新品种、配套系的培育；培育的新品种、配套系在推广前，应当经国家畜禽遗传资源委员会审定。

第三十三条 销售商品代仔畜、雏禽的，应当向购买者提供其销售的商品代仔畜、雏禽的主要生产性能指标、免疫情况、饲养技术要求和有关咨询服务，并附具动物卫生监督机构出具的检疫证明。

销售种畜禽和商品代仔畜、雏禽，因质量问题给畜禽养殖者造成损失的，应当依法赔偿损失。

第三十四条 县级以上人民政府农业农村主管部门负责种畜禽质量安全的监督管理工作。种畜禽质量安全的监督检验应当委托具有法定资质的种畜禽质量检验机构进行；所需检验费用由同级预算列支，不得向被检验人收取。

第三十五条 蜂种、蚕种的资源保护、新品种选育、生产经营和推广，适用本法有关规定，具体管理办法由国务院农业农村主管部门制定。

第四章 畜禽养殖

第三十六条 国家建立健全现代畜禽养殖体系。县级以上人民政府农业农村主管部门应当根据畜牧业发展规划和市场需求，引导和支持畜牧业结构调整，发展优势畜禽生产，提高畜禽产品市场竞争力。

第三十七条 各级人民政府应当保障畜禽养殖用地合理需求。县级国土空间规划根据本地实际情况，安排畜禽养殖用地。畜禽养殖用地按照农业用地管理。畜禽养殖用地使用期限届满或者不再从事养殖活动，需要恢复为原用途的，由畜禽养殖用地使用人负责恢复。在畜禽养殖用地范围内需要兴建永久性建（构）筑物，涉及农用地转用的，依照《中华人民共和国土地管理法》的规定办理。

第三十八条 国家设立的畜牧兽医技术推广机构，应当提供畜禽养殖、畜禽粪污无害化处理和资源化利用技术培训，以及良种推广、疫病防治等服务。县级以上人民政府应当保障国家设立的畜牧兽医技术推广机构从事公益性技术服务的工作经费。

国家鼓励畜禽产品加工企业和其他相关生产经营者为畜禽养殖者提供所需的服务。

第三十九条 畜禽养殖场应当具备下列条件：

（一）有与其饲养规模相适应的生产场所和配套的生产设施；

（二）有为其服务的畜牧兽医技术人员；

（三）具备法律、行政法规和国务院农业农村主管部门规定的防疫条件；

（四）有与畜禽粪污无害化处理和资源化利用相适应的设施设备；

（五）法律、行政法规规定的其他条件。

畜禽养殖场兴办者应当将畜禽养殖场的名称、养殖地址、畜禽品种和养殖规模，向养殖场所在地县级人民政府农业农村主管部门备案，取得畜禽标识代码。

畜禽养殖场的规模标准和备案管理办法，由

国务院农业农村主管部门制定。

畜禽养殖户的防疫条件、畜禽粪污无害化处理和资源化利用要求，由省、自治区、直辖市人民政府农业农村主管部门会同有关部门规定。

第四十条 畜禽养殖场的选址、建设应当符合国土空间规划，并遵守有关法律法规的规定；不得违反法律法规的规定，在禁养区域建设畜禽养殖场。

第四十一条 畜禽养殖场应当建立养殖档案，载明下列内容：

（一）畜禽的品种、数量、繁殖记录、标识情况、来源和进出场日期；

（二）饲料、饲料添加剂、兽药等投入品的来源、名称、使用对象、时间和用量；

（三）检疫、免疫、消毒情况；

（四）畜禽发病、死亡和无害化处理情况；

（五）畜禽粪污收集、储存、无害化处理和资源化利用情况；

（六）国务院农业农村主管部门规定的其他内容。

第四十二条 畜禽养殖者应当为其饲养的畜禽提供适当的繁殖条件和生存、生长环境。

第四十三条 从事畜禽养殖，不得有下列行为：

（一）违反法律、行政法规和国家有关强制性标准、国务院农业农村主管部门的规定使用饲料、饲料添加剂、兽药；

（二）使用未经高温处理的餐馆、食堂的泔水饲喂家畜；

（三）在垃圾场或者使用垃圾场中的物质饲养畜禽；

（四）随意弃置和处理病死畜禽；

（五）法律、行政法规和国务院农业农村主管部门规定的危害人和畜禽健康的其他行为。

第四十四条 从事畜禽养殖，应当依照《中华人民共和国动物防疫法》《中华人民共和国农产品质量安全法》的规定，做好畜禽疫病防治和质量安全工作。

第四十五条 畜禽养殖者应当按照国家关于畜禽标识管理的规定，在应当加施标识的畜禽的指定部位加施标识。农业农村主管部门提供标识不得收费，所需费用列入省、自治区、直辖市人民政府预算。

禁止伪造、变造或者重复使用畜禽标识。禁止持有、使用伪造、变造的畜禽标识。

第四十六条 畜禽养殖场应当保证畜禽粪污无害化处理和资源化利用设施的正常运转，保证畜禽粪污综合利用或者达标排放，防止污染环境。违法排放或者因管理不当污染环境的，应当排除危害，依法赔偿损失。

国家支持建设畜禽粪污收集、储存、粪污无害化处理和资源化利用设施，推行畜禽粪污养分平衡管理，促进农用有机肥利用和种养结合发展。

第四十七条 国家引导畜禽养殖户按照畜牧业发展规划有序发展，加强对畜禽养殖户的指导帮扶，保护其合法权益，不得随意以行政手段强行清退。

国家鼓励涉农企业带动畜禽养殖户融入现代畜牧业产业链，加强面向畜禽养殖户的社会化服务，支持畜禽养殖户和畜牧业专业合作社发展畜禽规模化、标准化养殖，支持发展新产业、新业态，促进与旅游、文化、生态等产业融合。

第四十八条 国家支持发展特种畜禽养殖。县级以上人民政府应当采取措施支持建立与特种畜禽养殖业发展相适应的养殖体系。

第四十九条 国家支持发展养蜂业，保护养蜂生产者的合法权益。

有关部门应当积极宣传和推广蜂授粉农艺措施。

第五十条 养蜂生产者在生产过程中，不得使用危害蜂产品质量安全的药品和容器，确保蜂产品质量。养蜂器具应当符合国家标准和国务院有关部门规定的技术要求。

第五十一条 养蜂生产者在转地放蜂时，当地公安、交通运输、农业农村等有关部门应当为其提供必要的便利。

养蜂生产者在国内转地放蜂，凭国务院农业农村主管部门统一格式印制的检疫证明运输蜂群，在检疫证明有效期内不得重复检疫。

第五章　草原畜牧业

第五十二条 国家支持科学利用草原，协调推进草原保护与草原畜牧业发展，坚持生态优先、生产生态有机结合，发展特色优势产业，促进农牧民增加收入，提高草原可持续发展能力，筑牢生态安全屏障，推进牧区生产生活生态协同发展。

第五十三条 国家支持牧区转变草原畜牧业

发展方式，加强草原水利、草原围栏、饲草料生产加工储备、牲畜圈舍、牧道等基础设施建设。

国家鼓励推行舍饲半舍饲圈养、季节性放牧、划区轮牧等饲养方式，合理配置畜群，保持草畜平衡。

第五十四条 国家支持优良饲草品种的选育、引进和推广使用，因地制宜开展人工草地建设、天然草原改良和饲草料基地建设，优化种植结构，提高饲草料供应保障能力。

第五十五条 国家支持农牧民发展畜牧业专业合作社和现代家庭牧场，推行适度规模养殖，提升标准化生产水平，建设牛羊等重要畜产品生产基地。

第五十六条 牧区各级人民政府农业农村主管部门应当鼓励和指导农牧民改良家畜品种，优化畜群结构，实行科学饲养，合理加快出栏周转，促进草原畜牧业节本、提质、增效。

第五十七条 国家加强草原畜牧业灾害防御保障，将草原畜牧业防灾减灾列入预算，优化设施装备条件，完善牧区牛羊等家畜保险制度，提高抵御自然灾害的能力。

第五十八条 国家完善草原生态保护补助奖励政策，对采取禁牧和草畜平衡措施的农牧民按照国家有关规定给予补助奖励。

第五十九条 有关地方人民政府应当支持草原畜牧业与乡村旅游、文化等产业协同发展，推动一、二、三产业融合，提升产业化、品牌化、特色化水平，持续增加农牧民收入，促进牧区振兴。

第六十条 草原畜牧业发展涉及草原保护、建设、利用和管理活动的，应当遵守有关草原保护法律法规的规定。

第六章 畜禽交易与运输

第六十一条 国家加快建立统一开放、竞争有序、安全便捷的畜禽交易市场体系。

第六十二条 县级以上地方人民政府应当根据农产品批发市场发展规划，对在畜禽集散地建立畜禽批发市场给予扶持。

畜禽批发市场选址，应当符合法律、行政法规和国务院农业农村主管部门规定的动物防疫条件，并距离种畜禽场和大型畜禽养殖场三公里以外。

第六十三条 进行交易的畜禽应当符合农产品质量安全标准和国务院有关部门规定的技术要求。

国务院农业农村主管部门规定应当加施标识而没有标识的畜禽，不得销售、收购。

国家鼓励畜禽屠宰经营者直接从畜禽养殖者收购畜禽，建立稳定收购渠道，降低动物疫病和质量安全风险。

第六十四条 运输畜禽，应当符合法律、行政法规和国务院农业农村主管部门规定的动物防疫条件，采取措施保护畜禽安全，并为运输的畜禽提供必要的空间和饲喂饮水条件。

有关部门对运输中的畜禽进行检查，应当有法律、行政法规的依据。

第七章 畜禽屠宰

第六十五条 国家实行生猪定点屠宰制度。对生猪以外的其他畜禽可以实行定点屠宰，具体办法由省、自治区、直辖市制定。农村地区个人自宰自食的除外。

省、自治区、直辖市人民政府应当按照科学布局、集中屠宰、有利流通、方便群众的原则，结合畜禽养殖、动物疫病防控和畜禽产品消费等实际情况，制定畜禽屠宰行业发展规划并组织实施。

第六十六条 国家鼓励畜禽就地屠宰，引导畜禽屠宰企业向养殖主产区转移，支持畜禽产品加工、储存、运输冷链体系建设。

第六十七条 畜禽屠宰企业应当具备下列条件：

（一）有与屠宰规模相适应、水质符合国家规定标准的用水供应条件；

（二）有符合国家规定的设施设备和运载工具；

（三）有依法取得健康证明的屠宰技术人员；

（四）有经考核合格的兽医卫生检验人员；

（五）依法取得动物防疫条件合格证和其他法律法规规定的证明文件。

第六十八条 畜禽屠宰经营者应当加强畜禽屠宰质量安全管理。畜禽屠宰企业应当建立畜禽屠宰质量安全管理制度。

未经检验、检疫或者经检验、检疫不合格的畜禽产品不得出厂销售。经检验、检疫不合格的畜禽产品，按照国家有关规定处理。

地方各级人民政府应当按照规定对无害化处理的费用和损失给予补助。

第六十九条　国务院农业农村主管部门负责组织制定畜禽屠宰质量安全风险监测计划。

省、自治区、直辖市人民政府农业农村主管部门根据国家畜禽屠宰质量安全风险监测计划，结合实际情况，制定本行政区域畜禽屠宰质量安全风险监测方案并组织实施。

第八章　保障与监督

第七十条　省级以上人民政府应当在其预算内安排支持畜禽种业创新和畜牧业发展的良种补贴、贴息补助、保费补贴等资金，并鼓励有关金融机构提供金融服务，支持畜禽养殖者购买优良畜禽、繁育良种、防控疫病，支持改善生产设施、畜禽粪污无害化处理和资源化利用设施设备、扩大养殖规模，提高养殖效益。

第七十一条　县级以上人民政府应当组织农业农村主管部门和其他有关部门，依照本法和有关法律、行政法规的规定，加强对畜禽饲养环境、种畜禽质量、畜禽交易与运输、畜禽屠宰以及饲料、饲料添加剂、兽药等投入品的生产、经营、使用的监督管理。

第七十二条　国务院农业农村主管部门应当制定畜禽标识和养殖档案管理办法，采取措施落实畜禽产品质量安全追溯和责任追究制度。

第七十三条　县级以上人民政府农业农村主管部门应当制定畜禽质量安全监督抽查计划，并按照计划开展监督抽查工作。

第七十四条　省级以上人民政府农业农村主管部门应当组织制定畜禽生产规范，指导畜禽的安全生产。

第七十五条　国家建立统一的畜禽生产和畜禽产品市场监测预警制度，逐步完善有关畜禽产品储备调节机制，加强市场调控，促进市场供需平衡和畜牧业健康发展。

县级以上人民政府有关部门应当及时发布畜禽产销信息，为畜禽生产经营者提供信息服务。

第七十六条　国家加强畜禽生产、加工、销售、运输体系建设，提升畜禽产品供应安全保障能力。

省、自治区、直辖市人民政府负责保障本行政区域内的畜禽产品供给，建立稳产保供的政策保障和责任考核体系。

国家鼓励畜禽主销区通过跨区域合作、建立养殖基地等方式，与主产区建立稳定的合作关系。

第九章　法律责任

第七十七条　违反本法规定，县级以上人民政府农业农村主管部门及其工作人员有下列行为之一的，对直接负责的主管人员和其他直接责任人员依法给予处分：

（一）利用职务上的便利，收受他人财物或者牟取其他利益；

（二）对不符合条件的申请人准予许可，或者超越法定职权准予许可；

（三）发现违法行为不予查处；

（四）其他滥用职权、玩忽职守、徇私舞弊等不依法履行监督管理工作职责的行为。

第七十八条　违反本法第十四条第二款规定，擅自处理受保护的畜禽遗传资源，造成畜禽遗传资源损失的，由省级以上人民政府农业农村主管部门处十万元以上一百万元以下罚款。

第七十九条　违反本法规定，有下列行为之一的，由省级以上人民政府农业农村主管部门责令停止违法行为，没收畜禽遗传资源和违法所得，并处五万元以上五十万元以下罚款：

（一）未经审核批准，从境外引进畜禽遗传资源；

（二）未经审核批准，在境内与境外机构、个人合作研究利用列入保护名录的畜禽遗传资源；

（三）在境内与境外机构、个人合作研究利用未经国家畜禽遗传资源委员会鉴定的新发现的畜禽遗传资源。

第八十条　违反本法规定，未经国务院农业农村主管部门批准，向境外输出畜禽遗传资源的，依照《中华人民共和国海关法》的有关规定追究法律责任。海关应当将扣留的畜禽遗传资源移送省、自治区、直辖市人民政府农业农村主管部门处理。

第八十一条　违反本法规定，销售、推广未经审定或者鉴定的畜禽品种、配套系的，由县级以上地方人民政府农业农村主管部门责令停止违法行为，没收畜禽和违法所得；违法所得在五万元以上的，并处违法所得一倍以上三倍以下罚款；

没有违法所得或者违法所得不足五万元的，并处五千元以上五万元以下罚款。

第八十二条 违反本法规定，无种畜禽生产经营许可证或者违反种畜禽生产经营许可证规定生产经营，或者伪造、变造、转让、租借种畜禽生产经营许可证的，由县级以上地方人民政府农业农村主管部门责令停止违法行为，收缴伪造、变造的种畜禽生产经营许可证，没收种畜禽、商品代仔畜、雏禽和违法所得；违法所得在三万元以上的，并处违法所得一倍以上三倍以下罚款；没有违法所得或者违法所得不足三万元的，并处三千元以上三万元以下罚款。违反种畜禽生产经营许可证的规定生产经营或者转让、租借种畜禽生产经营许可证，情节严重的，并处吊销种畜禽生产经营许可证。

第八十三条 违反本法第二十九条规定的，依照《中华人民共和国广告法》的有关规定追究法律责任。

第八十四条 违反本法规定，使用的种畜禽不符合种用标准的，由县级以上地方人民政府农业农村主管部门责令停止违法行为，没收种畜禽和违法所得；违法所得在五千元以上的，并处违法所得一倍以上二倍以下罚款；没有违法所得或者违法所得不足五千元的，并处一千元以上五千元以下罚款。

第八十五条 销售种畜禽有本法第三十一条第一项至第四项违法行为之一的，由县级以上地方人民政府农业农村主管部门和市场监督管理部门按照职责分工责令停止销售，没收违法销售的（种）畜禽和违法所得；违法所得在五万元以上的，并处违法所得一倍以上五倍以下罚款；没有违法所得或者违法所得不足五万元的，并处五千元以上五万元以下罚款；情节严重的，并处吊销种畜禽生产经营许可证或者营业执照。

第八十六条 违反本法规定，兴办畜禽养殖场未备案，畜禽养殖场未建立养殖档案或者未按照规定保存养殖档案的，由县级以上地方人民政府农业农村主管部门责令限期改正，可以处一万元以下罚款。

第八十七条 违反本法第四十三条规定养殖畜禽的，依照有关法律、行政法规的规定处理、处罚。

第八十八条 违反本法规定，销售的种畜禽未附具种畜禽合格证明、家畜系谱，销售、收购国务院农业农村主管部门规定应当加施标识而没有标识的畜禽，或者重复使用畜禽标识的，由县级以上地方人民政府农业农村主管部门和市场监督管理部门按照职责分工责令改正，可以处二千元以下罚款。

销售的种畜禽未附具检疫证明，伪造、变造畜禽标识，或者持有、使用伪造、变造的畜禽标识的，依照《中华人民共和国动物防疫法》的有关规定追究法律责任。

第八十九条 违反本法规定，未经定点从事畜禽屠宰活动的，依照有关法律法规的规定处理、处罚。

第九十条 县级以上地方人民政府农业农村主管部门发现畜禽屠宰企业不再具备本法规定条件的，应当责令停业整顿，并限期整改；逾期仍未达到本法规定条件的，责令关闭，对实行定点屠宰管理的，由发证机关依法吊销定点屠宰证书。

第九十一条 违反本法第六十八条规定，畜禽屠宰企业未建立畜禽屠宰质量安全管理制度，或者畜禽屠宰经营者对经检验不合格的畜禽产品未按照国家有关规定处理的，由县级以上地方人民政府农业农村主管部门责令改正，给予警告；拒不改正的，责令停业整顿，并处五千元以上五万元以下罚款，对直接负责的主管人员和其他直接责任人员处二千元以上二万元以下罚款；情节严重的，责令关闭，对实行定点屠宰管理的，由发证机关依法吊销定点屠宰证书。

违反本法第六十八条规定的其他行为的，依照有关法律法规的规定处理、处罚。

第九十二条 违反本法规定，构成犯罪的，依法追究刑事责任。

第十章 附　则

第九十三条 本法所称畜禽遗传资源，是指畜禽及其卵子（蛋）、精液、胚胎、基因物质等遗传材料。

本法所称种畜禽，是指经过选育、具有种用价值、适于繁殖后代的畜禽及其卵子（蛋）、精液、胚胎等。

第九十四条 本法自 2023 年 3 月 1 日起施行。

六、中华人民共和国草原法

（1985 年 6 月 18 日第六届全国人民代表大会常务委员会第十一次会议通过　2002 年 12 月 28 日第九届全国人民代表大会常务委员会第三十一次会议修订　根据 2009 年 8 月 27 日第十一届全国人民代表大会常务委员会第十次会议《关于修改部分法律的决定》第一次修正　根据 2013 年 6 月 29 日第十二届全国人民代表大会常务委员会第三次会议《关于修改〈中华人民共和国文物保护法〉等十二部法律的决定》第二次修正　根据 2021 年 4 月 29 日第十三届全国人民代表大会常务委员会第二十八次会议《关于修改〈中华人民共和国道路交通安全法〉等八部法律的决定》第三次修正）

第一章　总　则

第一条　为了保护、建设和合理利用草原，改善生态环境，维护生物多样性，发展现代畜牧业，促进经济和社会的可持续发展，制定本法。

第二条　在中华人民共和国领域内从事草原规划、保护、建设、利用和管理活动，适用本法。

本法所称草原，是指天然草原和人工草地。

第三条　国家对草原实行科学规划、全面保护、重点建设、合理利用的方针，促进草原的可持续利用和生态、经济、社会的协调发展。

第四条　各级人民政府应当加强对草原保护、建设和利用的管理，将草原的保护、建设和利用纳入国民经济和社会发展计划。

各级人民政府应当加强保护、建设和合理利用草原的宣传教育。

第五条　任何单位和个人都有遵守草原法律法规、保护草原的义务，同时享有对违反草原法律法规、破坏草原的行为进行监督、检举和控告的权利。

第六条　国家鼓励与支持开展草原保护、建设、利用和监测方面的科学研究，推广先进技术和先进成果，培养科学技术人才。

第七条　国家对在草原管理、保护、建设、合理利用和科学研究等工作中做出显著成绩的单位和个人，给予奖励。

第八条　国务院草原行政主管部门主管全国草原监督管理工作。

县级以上地方人民政府草原行政主管部门主管本行政区域内草原监督管理工作。

乡（镇）人民政府应当加强对本行政区域内草原保护、建设和利用情况的监督检查，根据需要可以设专职或者兼职人员负责具体监督检查工作。

第二章　草原权属

第九条　草原属于国家所有，由法律规定属于集体所有的除外。国家所有的草原，由国务院代表国家行使所有权。

任何单位或者个人不得侵占、买卖或者以其他形式非法转让草原。

第十条　国家所有的草原，可以依法确定给全民所有制单位、集体经济组织等使用。

使用草原的单位，应当履行保护、建设和合理利用草原的义务。

第十一条　依法确定给全民所有制单位、集体经济组织等使用的国家所有的草原，由县级以上人民政府登记，核发使用权证，确认草原使用权。

未确定使用权的国家所有的草原，由县级以

上人民政府登记造册，并负责保护管理。

集体所有的草原，由县级人民政府登记，核发所有权证，确认草原所有权。

依法改变草原权属的，应当办理草原权属变更登记手续。

第十二条　依法登记的草原所有权和使用权受法律保护，任何单位或者个人不得侵犯。

第十三条　集体所有的草原或者依法确定给集体经济组织使用的国家所有的草原，可以由本集体经济组织内的家庭或者联户承包经营。

在草原承包经营期内，不得对承包经营者使用的草原进行调整；个别确需适当调整的，必须经本集体经济组织成员的村（牧）民会议三分之二以上成员或者三分之二以上村（牧）民代表的同意，并报乡（镇）人民政府和县级人民政府草原行政主管部门批准。

集体所有的草原或者依法确定给集体经济组织使用的国家所有的草原由本集体经济组织以外的单位或者个人承包经营的，必须经本集体经济组织成员的村（牧）民会议三分之二以上成员或者三分之二以上村（牧）民代表的同意，并报乡（镇）人民政府批准。

第十四条　承包经营草原，发包方和承包方应当签订书面合同。草原承包合同的内容应当包括双方的权利和义务、承包草原四至界限、面积和等级、承包期和起止日期、承包草原用途和违约责任等。承包期届满，原承包经营者在同等条件下享有优先承包权。

承包经营草原的单位和个人，应当履行保护、建设和按照承包合同约定的用途合理利用草原的义务。

第十五条　草原承包经营权受法律保护，可以按照自愿、有偿的原则依法转让。

草原承包经营权转让的受让方必须具有从事畜牧业生产的能力，并应当履行保护、建设和按照承包合同约定的用途合理利用草原的义务。

草原承包经营权转让应当经发包方同意。承包方与受让方在转让合同中约定的转让期限，不得超过原承包合同剩余的期限。

第十六条　草原所有权、使用权的争议，由当事人协商解决；协商不成的，由有关人民政府处理。

单位之间的争议，由县级以上人民政府处理；个人之间、个人与单位之间的争议，由乡（镇）人民政府或者县级以上人民政府处理。

当事人对有关人民政府的处理决定不服的，可以依法向人民法院起诉。

在草原权属争议解决前，任何一方不得改变草原利用现状，不得破坏草原和草原上的设施。

第三章　规　　划

第十七条　国家对草原保护、建设、利用实行统一规划制度。国务院草原行政主管部门会同国务院有关部门编制全国草原保护、建设、利用规划，报国务院批准后实施。

县级以上地方人民政府草原行政主管部门会同同级有关部门依据上一级草原保护、建设、利用规划编制本行政区域的草原保护、建设、利用规划，报本级人民政府批准后实施。

经批准的草原保护、建设、利用规划确需调整或者修改时，须经原批准机关批准。

第十八条　编制草原保护、建设、利用规划，应当依据国民经济和社会发展规划并遵循下列原则：

（一）改善生态环境，维护生物多样性，促进草原的可持续利用；

（二）以现有草原为基础，因地制宜，统筹规划，分类指导；

（三）保护为主、加强建设、分批改良、合理利用；

（四）生态效益、经济效益、社会效益相结合。

第十九条　草原保护、建设、利用规划应当包括：草原保护、建设、利用的目标和措施，草原功能分区和各项建设的总体部署，各项专业规划等。

第二十条　草原保护、建设、利用规划应当与土地利用总体规划相衔接，与环境保护规划、水土保持规划、防沙治沙规划、水资源规划、林业长远规划、城市总体规划、村庄和集镇规划以及其他有关规划相协调。

第二十一条　草原保护、建设、利用规划一经批准，必须严格执行。

第二十二条　国家建立草原调查制度。

县级以上人民政府草原行政主管部门会同同级有关部门定期进行草原调查；草原所有者或者使用者应当支持、配合调查，并提供有关资料。

第二十三条 国务院草原行政主管部门会同国务院有关部门制定全国草原等级评定标准。

县级以上人民政府草原行政主管部门根据草原调查结果、草原的质量，依据草原等级评定标准，对草原进行评等定级。

第二十四条 国家建立草原统计制度。

县级以上人民政府草原行政主管部门和同级统计部门共同制定草原统计调查办法，依法对草原的面积、等级、产草量、载畜量等进行统计，定期发布草原统计资料。

草原统计资料是各级人民政府编制草原保护、建设、利用规划的依据。

第二十五条 国家建立草原生产、生态监测预警系统。

县级以上人民政府草原行政主管部门对草原的面积、等级、植被构成、生产能力、自然灾害、生物灾害等草原基本状况实行动态监测，及时为本级政府和有关部门提供动态监测和预警信息服务。

第四章 建 设

第二十六条 县级以上人民政府应当增加草原建设的投入，支持草原建设。

国家鼓励单位和个人投资建设草原，按照谁投资、谁受益的原则保护草原投资建设者的合法权益。

第二十七条 国家鼓励与支持人工草地建设、天然草原改良和饲草饲料基地建设，稳定和提高草原生产能力。

第二十八条 县级以上人民政府应当支持、鼓励和引导农牧民开展草原围栏、饲草饲料储备、牲畜圈舍、牧民定居点等生产生活设施的建设。

县级以上地方人民政府应当支持草原水利设施建设，发展草原节水灌溉，改善人畜饮水条件。

第二十九条 县级以上人民政府应当按照草原保护、建设、利用规划加强草种基地建设，鼓励选育、引进、推广优良草品种。

新草品种必须经全国草品种审定委员会审定，由国务院草原行政主管部门公告后方可推广。从境外引进草种必须依法进行审批。

县级以上人民政府草原行政主管部门应当依法加强对草种生产、加工、检疫、检验的监督管理，保证草种质量。

第三十条 县级以上人民政府应当有计划地进行火情监测、防火物资储备、防火隔离带等草原防火设施的建设，确保防火需要。

第三十一条 对退化、沙化、盐碱化、石漠化和水土流失的草原，地方各级人民政府应当按照草原保护、建设、利用规划，划定治理区，组织专项治理。

大规模的草原综合治理，列入国家国土整治计划。

第三十二条 县级以上人民政府应当根据草原保护、建设、利用规划，在本级国民经济和社会发展计划中安排资金用于草原改良、人工种草和草种生产，任何单位或者个人不得截留、挪用；县级以上人民政府财政部门和审计部门应当加强监督管理。

第五章 利 用

第三十三条 草原承包经营者应当合理利用草原，不得超过草原行政主管部门核定的载畜量；草原承包经营者应当采取种植和储备饲草饲料、增加饲草饲料供应量、调剂处理牲畜、优化畜群结构、提高出栏率等措施，保持草畜平衡。

草原载畜量标准和草畜平衡管理办法由国务院草原行政主管部门规定。

第三十四条 牧区的草原承包经营者应当实行划区轮牧，合理配置畜群，均衡利用草原。

第三十五条 国家提倡在农区、半农半牧区和有条件的牧区实行牲畜圈养。草原承包经营者应当按照饲养牲畜的种类和数量，调剂、储备饲草饲料，采用青贮和饲草饲料加工等新技术，逐步改变依赖天然草地放牧的生产方式。

在草原禁牧、休牧、轮牧区，国家对实行舍饲圈养的给予粮食和资金补助，具体办法由国务院或者国务院授权的有关部门规定。

第三十六条 县级以上地方人民政府草原行政主管部门对割草场和野生草种基地应当规定合理的割草期、采种期以及留茬高度和采割强度，实行轮割轮采。

第三十七条 遇到自然灾害等特殊情况，需要临时调剂使用草原的，按照自愿互利的原则，由双方协商解决；需要跨县临时调剂使用草原的，由有关县级人民政府或者共同的上级人民政府组织协商解决。

第三十八条　进行矿藏开采和工程建设，应当不占或者少占草原；确需征收、征用或者使用草原的，必须经省级以上人民政府草原行政主管部门审核同意后，依照有关土地管理的法律、行政法规办理建设用地审批手续。

第三十九条　因建设征收、征用集体所有的草原的，应当依照《中华人民共和国土地管理法》的规定给予补偿；因建设使用国家所有的草原的，应当依照国务院有关规定对草原承包经营者给予补偿。

因建设征收、征用或者使用草原的，应当交纳草原植被恢复费。草原植被恢复费专款专用，由草原行政主管部门按照规定用于恢复草原植被，任何单位和个人不得截留、挪用。草原植被恢复费的征收、使用和管理办法，由国务院价格主管部门和国务院财政部门会同国务院草原行政主管部门制定。

第四十条　需要临时占用草原的，应当经县级以上地方人民政府草原行政主管部门审核同意。

临时占用草原的期限不得超过二年，并不得在临时占用的草原上修建永久性建筑物、构筑物；占用期满，用地单位必须恢复草原植被并及时退还。

第四十一条　在草原上修建直接为草原保护和畜牧业生产服务的工程设施，需要使用草原的，由县级以上人民政府草原行政主管部门批准；修筑其他工程，需要将草原转为非畜牧业生产用地的，必须依法办理建设用地审批手续。

前款所称直接为草原保护和畜牧业生产服务的工程设施，是指：

（一）生产、贮存草种和饲草饲料的设施；

（二）牲畜圈舍、配种点、剪毛点、药浴池、人畜饮水设施；

（三）科研、试验、示范基地；

（四）草原防火和灌溉设施。

第六章　保　　护

第四十二条　国家实行基本草原保护制度。下列草原应当划为基本草原，实施严格管理：

（一）重要放牧场；

（二）割草地；

（三）用于畜牧业生产的人工草地、退耕还草地以及改良草地、草种基地；

（四）对调节气候、涵养水源、保持水土、防风固沙具有特殊作用的草原；

（五）作为国家重点保护野生动植物生存环境的草原；

（六）草原科研、教学试验基地；

（七）国务院规定应当划为基本草原的其他草原。

基本草原的保护管理办法，由国务院制定。

第四十三条　国务院草原行政主管部门或者省、自治区、直辖市人民政府可以按照自然保护区管理的有关规定在下列地区建立草原自然保护区：

（一）具有代表性的草原类型；

（二）珍稀濒危野生动植物分布区；

（三）具有重要生态功能和经济科研价值的草原。

第四十四条　县级以上人民政府应当依法加强对草原珍稀濒危野生植物和种质资源的保护、管理。

第四十五条　国家对草原实行以草定畜、草畜平衡制度。县级以上地方人民政府草原行政主管部门应当按照国务院草原行政主管部门制定的草原载畜量标准，结合当地实际情况，定期核定草原载畜量。各级人民政府应当采取有效措施，防止超载过牧。

第四十六条　禁止开垦草原。对水土流失严重、有沙化趋势、需要改善生态环境的已垦草原，应当有计划、有步骤地退耕还草；已造成沙化、盐碱化、石漠化的，应当限期治理。

第四十七条　对严重退化、沙化、盐碱化、石漠化的草原和生态脆弱区的草原，实行禁牧、休牧制度。

第四十八条　国家支持依法实行退耕还草和禁牧、休牧。具体办法由国务院或者省、自治区、直辖市人民政府制定。

对在国务院批准规划范围内实施退耕还草的农牧民，按照国家规定给予粮食、现金、草种费补助。退耕还草完成后，由县级以上人民政府草原行政主管部门核实登记，依法履行土地用途变更手续，发放草原权属证书。

第四十九条　禁止在荒漠、半荒漠和严重退化、沙化、盐碱化、石漠化、水土流失的草原以及生态脆弱区的草原上采挖植物和从事破坏草原植被的其他活动。

第五十条 在草原上从事采土、采砂、采石等作业活动，应当报县级人民政府草原行政主管部门批准；开采矿产资源的，并应当依法办理有关手续。

经批准在草原上从事本条第一款所列活动的，应当在规定的时间、区域内，按照准许的采挖方式作业，并采取保护草原植被的措施。

在他人使用的草原上从事本条第一款所列活动的，还应当事先征得草原使用者的同意。

第五十一条 在草原上种植牧草或者饲料作物，应当符合草原保护、建设、利用规划；县级以上地方人民政府草原行政主管部门应当加强监督管理，防止草原沙化和水土流失。

第五十二条 在草原上开展经营性旅游活动，应当符合有关草原保护、建设、利用规划，并不得侵犯草原所有者、使用者和承包经营者的合法权益，不得破坏草原植被。

第五十三条 草原防火工作贯彻预防为主、防消结合的方针。

各级人民政府应当建立草原防火责任制，规定草原防火期，制定草原防火扑火预案，切实做好草原火灾的预防和扑救工作。

第五十四条 县级以上地方人民政府应当做好草原鼠害、病虫害和毒害草防治的组织管理工作。县级以上地方人民政府草原行政主管部门应当采取措施，加强草原鼠害、病虫害和毒害草监测预警、调查以及防治工作，组织研究和推广综合防治的办法。

禁止在草原上使用剧毒、高残留以及可能导致二次中毒的农药。

第五十五条 除抢险救灾和牧民搬迁的机动车辆外，禁止机动车辆离开道路在草原上行驶，破坏草原植被；因从事地质勘探、科学考察等活动确需离开道路在草原上行驶的，应当事先向所在地县级人民政府草原行政主管部门报告行驶区域和行驶路线，并按照报告的行驶区域和行驶路线在草原上行驶。

第七章　监督检查

第五十六条 国务院草原行政主管部门和草原面积较大的省、自治区的县级以上地方人民政府草原行政主管部门设立草原监督管理机构，负责草原法律、法规执行情况的监督检查，对违反草原法律、法规的行为进行查处。

草原行政主管部门和草原监督管理机构应当加强执法队伍建设，提高草原监督检查人员的政治、业务素质。草原监督检查人员应当忠于职守，秉公执法。

第五十七条 草原监督检查人员履行监督检查职责时，有权采取下列措施：

（一）要求被检查单位或者个人提供有关草原权属的文件和资料，进行查阅或者复制；

（二）要求被检查单位或者个人对草原权属等问题作出说明；

（三）进入违法现场进行拍照、摄像和勘测；

（四）责令被检查单位或者个人停止违反草原法律、法规的行为，履行法定义务。

第五十八条 国务院草原行政主管部门和省、自治区、直辖市人民政府草原行政主管部门，应当加强对草原监督检查人员的培训和考核。

第五十九条 有关单位和个人对草原监督检查人员的监督检查工作应当给予支持、配合，不得拒绝或者阻碍草原监督检查人员依法执行职务。

草原监督检查人员在履行监督检查职责时，应当向被检查单位和个人出示执法证件。

第六十条 对违反草原法律、法规的行为，应当依法作出行政处理，有关草原行政主管部门不作出行政处理决定的，上级草原行政主管部门有权责令有关草原行政主管部门作出行政处理决定或者直接作出行政处理决定。

第八章　法律责任

第六十一条 草原行政主管部门工作人员及其他国家机关有关工作人员玩忽职守、滥用职权，不依法履行监督管理职责，或者发现违法行为不予查处，造成严重后果，构成犯罪的，依法追究刑事责任；尚不够刑事处罚的，依法给予行政处分。

第六十二条 截留、挪用草原改良、人工种草和草种生产资金或者草原植被恢复费，构成犯罪的，依法追究刑事责任；尚不够刑事处罚的，依法给予行政处分。

第六十三条 无权批准征收、征用、使用草原的单位或者个人非法批准征收、征用、使用草原的，超越批准权限非法批准征收、征用、使用草原的，或者违反法律规定的程序批准征收、征

用、使用草原，构成犯罪的，依法追究刑事责任；尚不够刑事处罚的，依法给予行政处分。非法批准征收、征用、使用草原的文件无效。非法批准征收、征用、使用的草原应当收回，当事人拒不归还的，以非法使用草原论处。

非法批准征收、征用、使用草原，给当事人造成损失的，依法承担赔偿责任。

第六十四条 买卖或者以其他形式非法转让草原，构成犯罪的，依法追究刑事责任；尚不够刑事处罚的，由县级以上人民政府草原行政主管部门依据职权责令限期改正，没收违法所得，并处违法所得一倍以上五倍以下的罚款。

第六十五条 未经批准或者采取欺骗手段骗取批准，非法使用草原，构成犯罪的，依法追究刑事责任；尚不够刑事处罚的，由县级以上人民政府草原行政主管部门依据职权责令退还非法使用的草原，对违反草原保护、建设、利用规划擅自将草原改为建设用地的，限期拆除在非法使用的草原上新建的建筑物和其他设施，恢复草原植被，并处草原被非法使用前三年平均产值六倍以上十二倍以下的罚款。

第六十六条 非法开垦草原，构成犯罪的，依法追究刑事责任；尚不够刑事处罚的，由县级以上人民政府草原行政主管部门依据职权责令停止违法行为，限期恢复植被，没收非法财物和违法所得，并处违法所得一倍以上五倍以下的罚款；没有违法所得的，并处五万元以下的罚款；给草原所有者或者使用者造成损失的，依法承担赔偿责任。

第六十七条 在荒漠、半荒漠和严重退化、沙化、盐碱化、石漠化、水土流失的草原，以及生态脆弱区的草原上采挖植物或者从事破坏草原植被的其他活动的，由县级以上地方人民政府草原行政主管部门依据职权责令停止违法行为，没收非法财物和违法所得，可以并处违法所得一倍以上五倍以下的罚款；没有违法所得的，可以并处五万元以下的罚款；给草原所有者或者使用者造成损失的，依法承担赔偿责任。

第六十八条 未经批准或者未按照规定的时间、区域和采挖方式在草原上进行采土、采砂、采石等活动的，由县级人民政府草原行政主管部门责令停止违法行为，限期恢复植被，没收非法财物和违法所得，可以并处违法所得一倍以上二倍以下的罚款；没有违法所得的，可以并处二万元以下的罚款；给草原所有者或者使用者造成损失的，依法承担赔偿责任。

第六十九条 违反本法第五十二条规定，在草原上开展经营性旅游活动，破坏草原植被的，由县级以上地方人民政府草原行政主管部门依据职权责令停止违法行为，限期恢复植被，没收违法所得，可以并处违法所得一倍以上二倍以下的罚款；没有违法所得的，可以并处草原被破坏前三年平均产值六倍以上十二倍以下的罚款；给草原所有者或者使用者造成损失的，依法承担赔偿责任。

第七十条 非抢险救灾和牧民搬迁的机动车辆离开道路在草原上行驶，或者从事地质勘探、科学考察等活动，未事先向所在地县级人民政府草原行政主管部门报告或者未按照报告的行驶区域和行驶路线在草原上行驶，破坏草原植被的，由县级人民政府草原行政主管部门责令停止违法行为，限期恢复植被，可以并处草原被破坏前三年平均产值三倍以上九倍以下的罚款；给草原所有者或者使用者造成损失的，依法承担赔偿责任。

第七十一条 在临时占用的草原上修建永久性建筑物、构筑物的，由县级以上地方人民政府草原行政主管部门依据职权责令限期拆除；逾期不拆除的，依法强制拆除，所需费用由违法者承担。

临时占用草原，占用期届满，用地单位不予恢复草原植被的，由县级以上地方人民政府草原行政主管部门依据职权责令限期恢复；逾期不恢复的，由县级以上地方人民政府草原行政主管部门代为恢复，所需费用由违法者承担。

第七十二条 未经批准，擅自改变草原保护、建设、利用规划的，由县级以上人民政府责令限期改正；对直接负责的主管人员和其他直接责任人员，依法给予行政处分。

第七十三条 对违反本法有关草畜平衡制度的规定，牲畜饲养量超过县级以上地方人民政府草原行政主管部门核定的草原载畜量标准的纠正或者处罚措施，由省、自治区、直辖市人民代表大会或者其常务委员会规定。

第九章 附 则

第七十四条 本法第二条第二款中所称的天然草原包括草地、草山和草坡，人工草地包括改良草地和退耕还草地，不包括城镇草地。

第七十五条 本法自2003年3月1日起施行。

七、中华人民共和国渔业法

（1986年1月20日第六届全国人民代表大会常务委员会第十四次会议通过　根据2000年10月31日第九届全国人民代表大会常务委员会第十八次会议《关于修改〈中华人民共和国渔业法〉的决定》第一次修正　根据2004年8月28日第十届全国人民代表大会常务委员会第十一次会议《关于修改〈中华人民共和国渔业法〉的决定》第二次修正　根据2009年8月27日第十一届全国人民代表大会常务委员会第十次会议《关于修改部分法律的决定》第三次修正　根据2013年12月28日第十二届全国人民代表大会常务委员会第六次会议《关于修改〈中华人民共和国海洋环境保护法〉等七部法律的决定》第四次修正）

第一章　总　则

第一条　为了加强渔业资源的保护、增殖、开发和合理利用，发展人工养殖，保障渔业生产者的合法权益，促进渔业生产的发展，适应社会主义建设和人民生活的需要，特制定本法。

第二条　在中华人民共和国的内水、滩涂、领海、专属经济区以及中华人民共和国管辖的一切其他海域从事养殖和捕捞水生动物、水生植物等渔业生产活动，都必须遵守本法。

第三条　国家对渔业生产实行以养殖为主，养殖、捕捞、加工并举，因地制宜，各有侧重的方针。

各级人民政府应当把渔业生产纳入国民经济发展计划，采取措施，加强水域的统一规划和综合利用。

第四条　国家鼓励渔业科学技术研究，推广先进技术，提高渔业科学技术水平。

第五条　在增殖和保护渔业资源、发展渔业生产、进行渔业科学技术研究等方面成绩显著的单位和个人，由各级人民政府给予精神的或者物质的奖励。

第六条　国务院渔业行政主管部门主管全国的渔业工作。县级以上地方人民政府渔业行政主管部门主管本行政区域内的渔业工作。县级以上人民政府渔业行政主管部门可以在重要渔业水域、渔港设渔政监督管理机构。

县级以上人民政府渔业行政主管部门及其所属的渔政监督管理机构可以设渔政检查人员。渔政检查人员执行渔业行政主管部门及其所属的渔政监督管理机构交付的任务。

第七条　国家对渔业的监督管理，实行统一领导、分级管理。

海洋渔业，除国务院划定由国务院渔业行政主管部门及其所属的渔政监督管理机构监督管理的海域和特定渔业资源渔场外，由毗邻海域的省、自治区、直辖市人民政府渔业行政主管部门监督管理。

江河、湖泊等水域的渔业，按照行政区划由有关县级以上人民政府渔业行政主管部门监督管理；跨行政区域的，由有关县级以上地方人民政府协商制定管理办法，或者由上一级人民政府渔业行政主管部门及其所属的渔政监督管理机构监督管理。

第八条　外国人、外国渔业船舶进入中华人民共和国管辖水域，从事渔业生产或者渔业资源调查活动，必须经国务院有关主管部门批准，并遵守本法和中华人民共和国其他有关法律、法规的规定；同中华人民共和国订有条约、协定的，按照条约、协定办理。

国家渔政渔港监督管理机构对外行使渔政渔港监督管理权。

第九条 渔业行政主管部门和其所属的渔政监督管理机构及其工作人员不得参与和从事渔业生产经营活动。

第二章 养殖业

第十条 国家鼓励全民所有制单位、集体所有制单位和个人充分利用适于养殖的水域、滩涂，发展养殖业。

第十一条 国家对水域利用进行统一规划，确定可以用于养殖业的水域和滩涂。单位和个人使用国家规划确定用于养殖业的全民所有的水域、滩涂的，使用者应当向县级以上地方人民政府渔业行政主管部门提出申请，由本级人民政府核发养殖证，许可其使用该水域、滩涂从事养殖生产。核发养殖证的具体办法由国务院规定。

集体所有的或者全民所有由农业集体经济组织使用的水域、滩涂，可以由个人或者集体承包，从事养殖生产。

第十二条 县级以上地方人民政府在核发养殖证时，应当优先安排当地的渔业生产者。

第十三条 当事人因使用国家规划确定用于养殖业的水域、滩涂从事养殖生产发生争议的，按照有关法律规定的程序处理。在争议解决以前，任何一方不得破坏养殖生产。

第十四条 国家建设征用集体所有的水域、滩涂，按照《中华人民共和国土地管理法》有关征地的规定办理。

第十五条 县级以上地方人民政府应当采取措施，加强对商品鱼生产基地和城市郊区重要养殖水域的保护。

第十六条 国家鼓励和支持水产优良品种的选育、培育和推广。水产新品种必须经全国水产原种和良种审定委员会审定，由国务院渔业行政主管部门公告后推广。

水产苗种的进口、出口由国务院渔业行政主管部门或者省、自治区、直辖市人民政府渔业行政主管部门审批。

水产苗种的生产由县级以上地方人民政府渔业行政主管部门审批。但是，渔业生产者自育、自用水产苗种的除外。

第十七条 水产苗种的进口、出口必须实施检疫，防止病害传入境内和传出境外，具体检疫工作按照有关动植物进出境检疫法律、行政法规的规定执行。

引进转基因水产苗种必须进行安全性评价，具体管理工作按照国务院有关规定执行。

第十八条 县级以上人民政府渔业行政主管部门应当加强对养殖生产的技术指导和病害防治工作。

第十九条 从事养殖生产不得使用含有毒有害物质的饵料、饲料。

第二十条 从事养殖生产应当保护水域生态环境，科学确定养殖密度，合理投饵、施肥、使用药物，不得造成水域的环境污染。

第三章 捕捞业

第二十一条 国家在财政、信贷和税收等方面采取措施，鼓励、扶持远洋捕捞业的发展，并根据渔业资源的可捕捞量，安排内水和近海捕捞力量。

第二十二条 国家根据捕捞量低于渔业资源增长量的原则，确定渔业资源的总可捕捞量，实行捕捞限额制度。国务院渔业行政主管部门负责组织渔业资源的调查和评估，为实行捕捞限额制度提供科学依据。中华人民共和国内海、领海、专属经济区和其他管辖海域的捕捞限额总量由国务院渔业行政主管部门确定，报国务院批准后逐级分解下达；国家确定的重要江河、湖泊的捕捞限额总量由有关省、自治区、直辖市人民政府确定或者协商确定，逐级分解下达。捕捞限额总量的分配应当体现公平、公正的原则，分配办法和分配结果必须向社会公开，并接受监督。

国务院渔业行政主管部门和省、自治区、直辖市人民政府渔业行政主管部门应当加强对捕捞限额制度实施情况的监督检查，对超过上级下达的捕捞限额指标的，应当在其次年捕捞限额指标中予以核减。

第二十三条 国家对捕捞业实行捕捞许可证制度。

到中华人民共和国与有关国家缔结的协定确定的共同管理的渔区或者公海从事捕捞作业的捕捞许可证，由国务院渔业行政主管部门批准发放。海洋大型拖网、围网作业的捕捞许可证，由省、自治区、直辖市人民政府渔业行政主管部门批准发放。其他作业的捕捞许可证，由县级以上地方人民政府渔业行政主管部门批准发放；但是，批准发放海洋作业的捕捞许可证不得超过国家下达的船网工具控制指标，具体办法由省、自治区、直辖市人民政府规定。

捕捞许可证不得买卖、出租和以其他形式转让，不得涂改、伪造、变造。

到他国管辖海域从事捕捞作业的，应当经国务院渔业行政主管部门批准，并遵守中华人民共和国缔结的或者参加的有关条约、协定和有关国家的法律。

第二十四条　具备下列条件的，方可发给捕捞许可证：

（一）有渔业船舶检验证书；

（二）有渔业船舶登记证书；

（三）符合国务院渔业行政主管部门规定的其他条件。

县级以上地方人民政府渔业行政主管部门批准发放的捕捞许可证，应当与上级人民政府渔业行政主管部门下达的捕捞限额指标相适应。

第二十五条　从事捕捞作业的单位和个人，必须按照捕捞许可证关于作业类型、场所、时限、渔具数量和捕捞限额的规定进行作业，并遵守国家有关保护渔业资源的规定，大中型渔船应当填写渔捞日志。

第二十六条　制造、更新改造、购置、进口的从事捕捞作业的船舶必须经渔业船舶检验部门检验合格后，方可下水作业。具体管理办法由国务院规定。

第二十七条　渔港建设应当遵守国家的统一规划，实行谁投资谁受益的原则。县级以上地方人民政府应当对位于本行政区域内的渔港加强监督管理，维护渔港的正常秩序。

第四章　渔业资源的增殖和保护

第二十八条　县级以上人民政府渔业行政主管部门应当对其管理的渔业水域统一规划，采取措施，增殖渔业资源。县级以上人民政府渔业行政主管部门可以向受益的单位和个人征收渔业资源增殖保护费，专门用于增殖和保护渔业资源。渔业资源增殖保护费的征收办法由国务院渔业行政主管部门会同财政部门制定，报国务院批准后施行。

第二十九条　国家保护水产种质资源及其生存环境，并在具有较高经济价值和遗传育种价值的水产种质资源的主要生长繁育区域建立水产种质资源保护区。未经国务院渔业行政主管部门批准，任何单位或者个人不得在水产种质资源保护区内从事捕捞活动。

第三十条　禁止使用炸鱼、毒鱼、电鱼等破坏渔业资源的方法进行捕捞。禁止制造、销售、使用禁用的渔具。禁止在禁渔区、禁渔期进行捕捞。禁止使用小于最小网目尺寸的网具进行捕捞。捕捞的渔获物中幼鱼不得超过规定的比例。在禁渔区或者禁渔期内禁止销售非法捕捞的渔获物。

重点保护的渔业资源品种及其可捕捞标准，禁渔区和禁渔期，禁止使用或者限制使用的渔具和捕捞方法，最小网目尺寸以及其他保护渔业资源的措施，由国务院渔业行政主管部门或者省、自治区、直辖市人民政府渔业行政主管部门规定。

第三十一条　禁止捕捞有重要经济价值的水生动物苗种。因养殖或者其他特殊需要，捕捞有重要经济价值的苗种或者禁捕的怀卵亲体的，必须经国务院渔业行政主管部门或者省、自治区、直辖市人民政府渔业行政主管部门批准，在指定的区域和时间内，按照限额捕捞。

在水生动物苗种重点产区引水用水时，应当采取措施，保护苗种。

第三十二条　在鱼、虾、蟹洄游通道建闸、筑坝，对渔业资源有严重影响的，建设单位应当建造过鱼设施或者采取其他补救措施。

第三十三条　用于渔业并兼有调蓄、灌溉等功能的水体，有关主管部门应当确定渔业生产所需的最低水位线。

第三十四条　禁止围湖造田。沿海滩涂未经县级以上人民政府批准，不得围垦；重要的苗种基地和养殖场所不得围垦。

第三十五条　进行水下爆破、勘探、施工作业，对渔业资源有严重影响的，作业单位应当事先同有关县级以上人民政府渔业行政主管部门协商，采取措施，防止或者减少对渔业资源的损害；造成渔业资源损失的，由有关县级以上人民政府责令赔偿。

第三十六条　各级人民政府应当采取措施，保护和改善渔业水域的生态环境，防治污染。

渔业水域生态环境的监督管理和渔业污染事故的调查处理，依照《中华人民共和国海洋环境保护法》和《中华人民共和国水污染防治法》的有关规定执行。

第三十七条 国家对白鳍豚等珍贵、濒危水生野生动物实行重点保护，防止其灭绝。禁止捕杀、伤害国家重点保护的水生野生动物。因科学研究、驯养繁殖、展览或者其他特殊情况，需要捕捞国家重点保护的水生野生动物的，依照《中华人民共和国野生动物保护法》的规定执行。

第五章 法律责任

第三十八条 使用炸鱼、毒鱼、电鱼等破坏渔业资源方法进行捕捞的，违反关于禁渔区、禁渔期的规定进行捕捞的，或者使用禁用的渔具、捕捞方法和小于最小网目尺寸的网具进行捕捞或者渔获物中幼鱼超过规定比例的，没收渔获物和违法所得，处五万元以下的罚款；情节严重的，没收渔具，吊销捕捞许可证；情节特别严重的，可以没收渔船；构成犯罪的，依法追究刑事责任。

在禁渔区或者禁渔期内销售非法捕捞的渔获物的，县级以上地方人民政府渔业行政主管部门应当及时进行调查处理。

制造、销售禁用的渔具的，没收非法制造、销售的渔具和违法所得，并处一万元以下的罚款。

第三十九条 偷捕、抢夺他人养殖的水产品的，或者破坏他人养殖水体、养殖设施的，责令改正，可以处二万元以下的罚款；造成他人损失的，依法承担赔偿责任；构成犯罪的，依法追究刑事责任。

第四十条 使用全民所有的水域、滩涂从事养殖生产，无正当理由使水域、滩涂荒芜满一年的，由发放养殖证的机关责令限期开发利用；逾期未开发利用的，吊销养殖证，可以并处一万元以下的罚款。

未依法取得养殖证擅自在全民所有的水域从事养殖生产的，责令改正，补办养殖证或者限期拆除养殖设施。

未依法取得养殖证或者超越养殖证许可范围在全民所有的水域从事养殖生产，妨碍航运、行洪的，责令限期拆除养殖设施，可以并处一万元以下的罚款。

第四十一条 未依法取得捕捞许可证擅自进行捕捞的，没收渔获物和违法所得，并处十万元以下的罚款；情节严重的，并可以没收渔具和渔船。

第四十二条 违反捕捞许可证关于作业类型、场所、时限和渔具数量的规定进行捕捞的，没收渔获物和违法所得，可以并处五万元以下的罚款；情节严重的，并可以没收渔具，吊销捕捞许可证。

第四十三条 涂改、买卖、出租或者以其他形式转让捕捞许可证的，没收违法所得，吊销捕捞许可证，可以并处一万元以下的罚款；伪造、变造、买卖捕捞许可证，构成犯罪的，依法追究刑事责任。

第四十四条 非法生产、进口、出口水产苗种的，没收苗种和违法所得，并处五万元以下的罚款。

经营未经审定的水产苗种的，责令立即停止经营，没收违法所得，可以并处五万元以下的罚款。

第四十五条 未经批准在水产种质资源保护区内从事捕捞活动的，责令立即停止捕捞，没收渔获物和渔具，可以并处一万元以下的罚款。

第四十六条 外国人、外国渔船违反本法规定，擅自进入中华人民共和国管辖水域从事渔业生产和渔业资源调查活动的，责令其离开或者将其驱逐，可以没收渔获物、渔具，并处五十万元以下的罚款；情节严重的，可以没收渔船；构成犯罪的，依法追究刑事责任。

第四十七条 造成渔业水域生态环境破坏或者渔业污染事故的，依照《中华人民共和国海洋环境保护法》和《中华人民共和国水污染防治法》的规定追究法律责任。

第四十八条 本法规定的行政处罚，由县级以上人民政府渔业行政主管部门或者其所属的渔政监督管理机构决定。但是，本法已对处罚机关作出规定的除外。

在海上执法时，对违反禁渔区、禁渔期的规定或者使用禁用的渔具、捕捞方法进行捕捞，以及未取得捕捞许可证进行捕捞的，事实清楚、证据充分，但是当场不能按照法定程序作出和执行行政处罚决定的，可以先暂时扣押捕捞许可证、渔具或者渔船，回港后依法作出和执行行政处罚决定。

第四十九条　渔业行政主管部门和其所属的渔政监督管理机构及其工作人员违反本法规定核发许可证、分配捕捞限额或者从事渔业生产经营活动的，或者有其他玩忽职守不履行法定义务、滥用职权、徇私舞弊的行为的，依法给予行政处分；构成犯罪的，依法追究刑事责任。

第六章　附　则

第五十条　本法自1986年7月1日起施行。

八、中华人民共和国野生动物保护法

（1988年11月8日第七届全国人民代表大会常务委员会第四次会议通过　根据2004年8月28日第十届全国人民代表大会常务委员会第十一次会议《关于修改〈中华人民共和国野生动物保护法〉的决定》第一次修正　根据2009年8月27日第十一届全国人民代表大会常务委员会第十次会议《关于修改部分法律的决定》第二次修正　2016年7月2日第十二届全国人民代表大会常务委员会第二十一次会议第一次修订　根据2018年10月26日第十三届全国人民代表大会常务委员会第六次会议《关于修改〈中华人民共和国野生动物保护法〉等十五部法律的决定》第三次修正　2022年12月30日第十三届全国人民代表大会常务委员会第三十八次会议第二次修订）

第一章　总　　则

第一条　为了保护野生动物，拯救珍贵、濒危野生动物，维护生物多样性和生态平衡，推进生态文明建设，促进人与自然和谐共生，制定本法。

第二条　在中华人民共和国领域及管辖的其他海域，从事野生动物保护及相关活动，适用本法。

本法规定保护的野生动物，是指珍贵、濒危的陆生、水生野生动物和有重要生态、科学、社会价值的陆生野生动物。

本法规定的野生动物及其制品，是指野生动物的整体（含卵、蛋）、部分及衍生物。

珍贵、濒危的水生野生动物以外的其他水生野生动物的保护，适用《中华人民共和国渔业法》等有关法律的规定。

第三条　野生动物资源属于国家所有。

国家保障依法从事野生动物科学研究、人工繁育等保护及相关活动的组织和个人的合法权益。

第四条　国家加强重要生态系统保护和修复，对野生动物实行保护优先、规范利用、严格监管的原则，鼓励和支持开展野生动物科学研究与应用，秉持生态文明理念，推动绿色发展。

第五条　国家保护野生动物及其栖息地。县级以上人民政府应当制定野生动物及其栖息地相关保护规划和措施，并将野生动物保护经费纳入预算。

国家鼓励公民、法人和其他组织依法通过捐赠、资助、志愿服务等方式参与野生动物保护活动，支持野生动物保护公益事业。

本法规定的野生动物栖息地，是指野生动物野外种群生息繁衍的重要区域。

第六条　任何组织和个人有保护野生动物及其栖息地的义务。禁止违法猎捕、运输、交易野生动物，禁止破坏野生动物栖息地。

社会公众应当增强保护野生动物和维护公共卫生安全的意识，防止野生动物源性传染病传播，抵制违法食用野生动物，养成文明健康的生活方式。

任何组织和个人有权举报违反本法的行为，接到举报的县级以上人民政府野生动物保护主管部门和其他有关部门应当及时依法处理。

第七条　国务院林业草原、渔业主管部门分别主管全国陆生、水生野生动物保护工作。

县级以上地方人民政府对本行政区域内野生动物保护工作负责，其林业草原、渔业主管部门分别主管本行政区域内陆生、水生野生动物保护工作。

县级以上人民政府有关部门按照职责分工，负责野生动物保护相关工作。

第八条 各级人民政府应当加强野生动物保护的宣传教育和科学知识普及工作，鼓励和支持基层群众性自治组织、社会组织、企业事业单位、志愿者开展野生动物保护法律法规、生态保护等知识的宣传活动；组织开展对相关从业人员法律法规和专业知识培训；依法公开野生动物保护和管理信息。

教育行政部门、学校应当对学生进行野生动物保护知识教育。

新闻媒体应当开展野生动物保护法律法规和保护知识的宣传，并依法对违法行为进行舆论监督。

第九条 在野生动物保护和科学研究方面成绩显著的组织和个人，由县级以上人民政府按照国家有关规定给予表彰和奖励。

第二章　野生动物及其栖息地保护

第十条 国家对野生动物实行分类分级保护。

国家对珍贵、濒危的野生动物实行重点保护。国家重点保护的野生动物分为一级保护野生动物和二级保护野生动物。国家重点保护野生动物名录，由国务院野生动物保护主管部门组织科学论证评估后，报国务院批准公布。

有重要生态、科学、社会价值的陆生野生动物名录，由国务院野生动物保护主管部门征求国务院农业农村、自然资源、科学技术、生态环境、卫生健康等部门意见，组织科学论证评估后制定并公布。

地方重点保护野生动物，是指国家重点保护野生动物以外，由省、自治区、直辖市重点保护的野生动物。地方重点保护野生动物名录，由省、自治区、直辖市人民政府组织科学论证评估，征求国务院野生动物保护主管部门意见后制定、公布。

对本条规定的名录，应当每五年组织科学论证评估，根据论证评估情况进行调整，也可以根据野生动物保护的实际需要及时进行调整。

第十一条 县级以上人民政府野生动物保护主管部门应当加强信息技术应用，定期组织或者委托有关科学研究机构对野生动物及其栖息地状况进行调查、监测和评估，建立健全野生动物及其栖息地档案。

对野生动物及其栖息地状况的调查、监测和评估应当包括下列内容：

（一）野生动物野外分布区域、种群数量及结构；

（二）野生动物栖息地的面积、生态状况；

（三）野生动物及其栖息地的主要威胁因素；

（四）野生动物人工繁育情况等其他需要调查、监测和评估的内容。

第十二条 国务院野生动物保护主管部门应当会同国务院有关部门，根据野生动物及其栖息地状况的调查、监测和评估结果，确定并发布野生动物重要栖息地名录。

省级以上人民政府依法将野生动物重要栖息地划入国家公园、自然保护区等自然保护地，保护、恢复和改善野生动物生存环境。对不具备划定自然保护地条件的，县级以上人民政府可以采取划定禁猎（渔）区、规定禁猎（渔）期等措施予以保护。

禁止或者限制在自然保护地内引入外来物种、营造单一纯林、过量施洒农药等人为干扰、威胁野生动物生息繁衍的行为。

自然保护地依照有关法律法规的规定划定和管理，野生动物保护主管部门依法加强对野生动物及其栖息地的保护。

第十三条 县级以上人民政府及其有关部门在编制有关开发利用规划时，应当充分考虑野生动物及其栖息地保护的需要，分析、预测和评估规划实施可能对野生动物及其栖息地保护产生的整体影响，避免或者减少规划实施可能造成的不利后果。

禁止在自然保护地建设法律法规规定不得建设的项目。机场、铁路、公路、航道、水利水电、风电、光伏发电、围堰、围填海等建设项目的选址选线，应当避让自然保护地以及其他野生动物重要栖息地、迁徙洄游通道；确实无法避让的，应当采取修建野生动物通道、过鱼设施等措施，消除或者减少对野生动物的不利影响。

建设项目可能对自然保护地以及其他野生动物重要栖息地、迁徙洄游通道产生影响的，环境影响评价文件的审批部门在审批环境影响评价文件时，涉及国家重点保护野生动物的，应当征求国务院野生动物保护主管部门意见；涉及地方重

点保护野生动物的，应当征求省、自治区、直辖市人民政府野生动物保护主管部门意见。

第十四条 各级野生动物保护主管部门应当监测环境对野生动物的影响，发现环境影响对野生动物造成危害时，应当会同有关部门及时进行调查处理。

第十五条 国家重点保护野生动物和有重要生态、科学、社会价值的陆生野生动物或者地方重点保护野生动物受到自然灾害、重大环境污染事故等突发事件威胁时，当地人民政府应当及时采取应急救助措施。

国家加强野生动物收容救护能力建设。县级以上人民政府野生动物保护主管部门应当按照国家有关规定组织开展野生动物收容救护工作，加强对社会组织开展野生动物收容救护工作的规范和指导。

收容救护机构应当根据野生动物收容救护的实际需要，建立收容救护场所，配备相应的专业技术人员、救护工具、设备和药品等。

禁止以野生动物收容救护为名买卖野生动物及其制品。

第十六条 野生动物疫源疫病监测、检疫和与人畜共患传染病有关的动物传染病的防治管理，适用《中华人民共和国动物防疫法》等有关法律法规的规定。

第十七条 国家加强对野生动物遗传资源的保护，对濒危野生动物实施抢救性保护。

国务院野生动物保护主管部门应当会同国务院有关部门制定有关野生动物遗传资源保护和利用规划，建立国家野生动物遗传资源基因库，对原产我国的珍贵、濒危野生动物遗传资源实行重点保护。

第十八条 有关地方人民政府应当根据实际情况和需要建设隔离防护设施、设置安全警示标志等，预防野生动物可能造成的危害。

县级以上人民政府野生动物保护主管部门根据野生动物及其栖息地调查、监测和评估情况，对种群数量明显超过环境容量的物种，可以采取迁地保护、猎捕等种群调控措施，保障人身财产安全、生态安全和农业生产。对种群调控猎捕的野生动物按照国家有关规定进行处理和综合利用。种群调控的具体办法由国务院野生动物保护主管部门会同国务院有关部门制定。

第十九条 因保护本法规定保护的野生动物，造成人员伤亡、农作物或者其他财产损失的，由当地人民政府给予补偿。具体办法由省、自治区、直辖市人民政府制定。有关地方人民政府可以推动保险机构开展野生动物致害赔偿保险业务。

有关地方人民政府采取预防、控制国家重点保护野生动物和其他致害严重的陆生野生动物造成危害的措施以及实行补偿所需经费，由中央财政予以补助。具体办法由国务院财政部门会同国务院野生动物保护主管部门制定。

在野生动物危及人身安全的紧急情况下，采取措施造成野生动物损害的，依法不承担法律责任。

第三章 野生动物管理

第二十条 在自然保护地和禁猎（渔）区、禁猎（渔）期内，禁止猎捕以及其他妨碍野生动物生息繁衍的活动，但法律法规另有规定的除外。

野生动物迁徙洄游期间，在前款规定区域外的迁徙洄游通道内，禁止猎捕并严格限制其他妨碍野生动物生息繁衍的活动。县级以上人民政府或者其野生动物保护主管部门应当规定并公布迁徙洄游通道的范围以及妨碍野生动物生息繁衍活动的内容。

第二十一条 禁止猎捕、杀害国家重点保护野生动物。

因科学研究、种群调控、疫源疫病监测或者其他特殊情况，需要猎捕国家一级保护野生动物的，应当向国务院野生动物保护主管部门申请特许猎捕证；需要猎捕国家二级保护野生动物的，应当向省、自治区、直辖市人民政府野生动物保护主管部门申请特许猎捕证。

第二十二条 猎捕有重要生态、科学、社会价值的陆生野生动物和地方重点保护野生动物的，应当依法取得县级以上地方人民政府野生动物保护主管部门核发的狩猎证，并服从猎捕量限额管理。

第二十三条 猎捕者应当严格按照特许猎捕证、狩猎证规定的种类、数量或者限额、地点、工具、方法和期限进行猎捕。猎捕作业完成后，应当将猎捕情况向核发特许猎捕证、狩猎证的野生动物保护主管部门备案。具体办法由国务院野生动物保护主管部门制定。猎捕国家重点保护野生动物应当由专业机构和人员承担；猎捕有重要生态、科学、社会价值的陆生野生动物，有条件的地方可以由专业机构有组织开展。

持枪猎捕的，应当依法取得公安机关核发的持枪证。

第二十四条 禁止使用毒药、爆炸物、电击或者电子诱捕装置以及猎套、猎夹、捕鸟网、地枪、排铳等工具进行猎捕，禁止使用夜间照明行猎、歼灭性围猎、捣毁巢穴、火攻、烟熏、网捕等方法进行猎捕，但因物种保护、科学研究确需网捕、电子诱捕以及植保作业等除外。

前款规定以外的禁止使用的猎捕工具和方法，由县级以上地方人民政府规定并公布。

第二十五条 人工繁育野生动物实行分类分级管理，严格保护和科学利用野生动物资源。国家支持有关科学研究机构因物种保护目的人工繁育国家重点保护野生动物。

人工繁育国家重点保护野生动物实行许可制度。人工繁育国家重点保护野生动物的，应当经省、自治区、直辖市人民政府野生动物保护主管部门批准，取得人工繁育许可证，但国务院对批准机关另有规定的除外。

人工繁育有重要生态、科学、社会价值的陆生野生动物的，应当向县级人民政府野生动物保护主管部门备案。

人工繁育野生动物应当使用人工繁育子代种源，建立物种系谱、繁育档案和个体数据。因物种保护目的确需采用野外种源的，应当遵守本法有关猎捕野生动物的规定。

本法所称人工繁育子代，是指人工控制条件下繁殖出生的子代个体且其亲本也在人工控制条件下出生。

人工繁育野生动物的具体管理办法由国务院野生动物保护主管部门制定。

第二十六条 人工繁育野生动物应当有利于物种保护及其科学研究，不得违法猎捕野生动物，破坏野外种群资源，并根据野生动物习性确保其具有必要的活动空间和生息繁衍、卫生健康条件，具备与其繁育目的、种类、发展规模相适应的场所、设施、技术，符合有关技术标准和防疫要求，不得虐待野生动物。

省级以上人民政府野生动物保护主管部门可以根据保护国家重点保护野生动物的需要，组织开展国家重点保护野生动物放归野外环境工作。

前款规定以外的人工繁育的野生动物放归野外环境的，适用本法有关放生野生动物管理的规定。

第二十七条 人工繁育野生动物应当采取安全措施，防止野生动物伤人和逃逸。人工繁育的野生动物造成他人损害、危害公共安全或者破坏生态的，饲养人、管理人等应当依法承担法律责任。

第二十八条 禁止出售、购买、利用国家重点保护野生动物及其制品。

因科学研究、人工繁育、公众展示展演、文物保护或者其他特殊情况，需要出售、购买、利用国家重点保护野生动物及其制品的，应当经省、自治区、直辖市人民政府野生动物保护主管部门批准，并按照规定取得和使用专用标识，保证可追溯，但国务院对批准机关另有规定的除外。

出售、利用有重要生态、科学、社会价值的陆生野生动物和地方重点保护野生动物及其制品的，应当提供狩猎、人工繁育、进出口等合法来源证明。

实行国家重点保护野生动物和有重要生态、科学、社会价值的陆生野生动物及其制品专用标识的范围和管理办法，由国务院野生动物保护主管部门规定。

出售本条第二款、第三款规定的野生动物的，还应当依法附有检疫证明。

利用野生动物进行公众展示展演应当采取安全管理措施，并保障野生动物健康状态，具体管理办法由国务院野生动物保护主管部门会同国务院有关部门制定。

第二十九条 对人工繁育技术成熟稳定的国家重点保护野生动物或者有重要生态、科学、社会价值的陆生野生动物，经科学论证评估，纳入国务院野生动物保护主管部门制定的人工繁育国家重点保护野生动物名录或者有重要生态、科学、社会价值的陆生野生动物名录，并适时调整。对列入名录的野生动物及其制品，可以凭人工繁育许可证或者备案，按照省、自治区、直辖市人民政府野生动物保护主管部门或者其授权的部门核验的年度生产数量直接取得专用标识，凭专用标识出售和利用，保证可追溯。

对本法第十条规定的国家重点保护野生动物名录和有重要生态、科学、社会价值的陆生野生动物名录进行调整时，根据有关野外种群保护情况，可以对前款规定的有关人工繁育技术成熟稳

定野生动物的人工种群，不再列入国家重点保护野生动物名录和有重要生态、科学、社会价值的陆生野生动物名录，实行与野外种群不同的管理措施，但应当依照本法第二十五条第二款、第三款和本条第一款的规定取得人工繁育许可证或者备案和专用标识。

对符合《中华人民共和国畜牧法》第十二条第二款规定的陆生野生动物人工繁育种群，经科学论证评估，可以列入畜禽遗传资源目录。

第三十条 利用野生动物及其制品的，应当以人工繁育种群为主，有利于野外种群养护，符合生态文明建设的要求，尊重社会公德，遵守法律法规和国家有关规定。

野生动物及其制品作为药品等经营和利用的，还应当遵守《中华人民共和国药品管理法》等有关法律法规的规定。

第三十一条 禁止食用国家重点保护野生动物和国家保护的有重要生态、科学、社会价值的陆生野生动物以及其他陆生野生动物。

禁止以食用为目的猎捕、交易、运输在野外环境自然生长繁殖的前款规定的野生动物。

禁止生产、经营使用本条第一款规定的野生动物及其制品制作的食品。

禁止为食用非法购买本条第一款规定的野生动物及其制品。

第三十二条 禁止为出售、购买、利用野生动物或者禁止使用的猎捕工具发布广告。禁止为违法出售、购买、利用野生动物制品发布广告。

第三十三条 禁止网络平台、商品交易市场、餐饮场所等，为违法出售、购买、食用及利用野生动物及其制品或者禁止使用的猎捕工具提供展示、交易、消费服务。

第三十四条 运输、携带、寄递国家重点保护野生动物及其制品，或者依照本法第二十九条第二款规定调出国家重点保护野生动物名录的野生动物及其制品出县境的，应当持有或者附有本法第二十一条、第二十五条、第二十八条或者第二十九条规定的许可证、批准文件的副本或者专用标识。

运输、携带、寄递有重要生态、科学、社会价值的陆生野生动物和地方重点保护野生动物，或者依照本法第二十九条第二款规定调出有重要生态、科学、社会价值的陆生野生动物名录的野生动物出县境的，应当持有狩猎、人工繁育、进出口等合法来源证明或者专用标识。

运输、携带、寄递前两款规定的野生动物出县境的，还应当依照《中华人民共和国动物防疫法》的规定附有检疫证明。

铁路、道路、水运、民航、邮政、快递等企业对托运、携带、交寄野生动物及其制品的，应当查验其相关证件、文件副本或者专用标识，对不符合规定的，不得承运、寄递。

第三十五条 县级以上人民政府野生动物保护主管部门应当对科学研究、人工繁育、公众展示展演等利用野生动物及其制品的活动进行规范和监督管理。

市场监督管理、海关、铁路、道路、水运、民航、邮政等部门应当按照职责分工对野生动物及其制品交易、利用、运输、携带、寄递等活动进行监督检查。

国家建立由国务院林业草原、渔业主管部门牵头，各相关部门配合的野生动物联合执法工作协调机制。地方人民政府建立相应联合执法工作协调机制。

县级以上人民政府野生动物保护主管部门和其他负有野生动物保护职责的部门发现违法事实涉嫌犯罪的，应当将犯罪线索移送具有侦查、调查职权的机关。

公安机关、人民检察院、人民法院在办理野生动物保护犯罪案件过程中认为没有犯罪事实，或者犯罪事实显著轻微，不需要追究刑事责任，但应当予以行政处罚的，应当及时将案件移送县级以上人民政府野生动物保护主管部门和其他负有野生动物保护职责的部门，有关部门应当依法处理。

第三十六条 县级以上人民政府野生动物保护主管部门和其他负有野生动物保护职责的部门，在履行本法规定的职责时，可以采取下列措施：

（一）进入与违反野生动物保护管理行为有关的场所进行现场检查、调查；

（二）对野生动物进行检验、检测、抽样取证；

（三）查封、复制有关文件、资料，对可能被转移、销毁、隐匿或者篡改的文件、资料予以封存；

（四）查封、扣押无合法来源证明的野生动物及其制品，查封、扣押涉嫌非法猎捕野生动物或者非法收购、出售、加工、运输猎捕野生动物及其制品的工具、设备或者财物。

第三十七条 中华人民共和国缔结或者参加的国际公约禁止或者限制贸易的野生动物或者其制品名录，由国家濒危物种进出口管理机构制定、调整并公布。

进出口列入前款名录的野生动物或者其制品，或者出口国家重点保护野生动物或者其制品的，应当经国务院野生动物保护主管部门或者国务院批准，并取得国家濒危物种进出口管理机构核发的允许进出口证明书。海关凭允许进出口证明书办理进出境检疫，并依法办理其他海关手续。

涉及科学技术保密的野生动物物种的出口，按照国务院有关规定办理。

列入本条第一款名录的野生动物，经国务院野生动物保护主管部门核准，按照本法有关规定进行管理。

第三十八条 禁止向境外机构或者人员提供我国特有的野生动物遗传资源。开展国际科学研究合作的，应当依法取得批准，有我国科研机构、高等学校、企业及其研究人员实质性参与研究，按照规定提出国家共享惠益的方案，并遵守我国法律、行政法规的规定。

第三十九条 国家组织开展野生动物保护及相关执法活动的国际合作与交流，加强与毗邻国家的协作，保护野生动物迁徙通道；建立防范、打击野生动物及其制品的走私和非法贸易的部门协调机制，开展防范、打击走私和非法贸易行动。

第四十条 从境外引进野生动物物种的，应当经国务院野生动物保护主管部门批准。从境外引进列入本法第三十七条第一款名录的野生动物，还应当依法取得允许进出口证明书。海关凭进口批准文件或者允许进出口证明书办理进境检疫，并依法办理其他海关手续。

从境外引进野生动物物种的，应当采取安全可靠的防范措施，防止其进入野外环境，避免对生态系统造成危害；不得违法放生、丢弃，确需将其放生至野外环境的，应当遵守有关法律法规的规定。

发现来自境外的野生动物对生态系统造成危害的，县级以上人民政府野生动物保护等有关部门应当采取相应的安全控制措施。

第四十一条 国务院野生动物保护主管部门应当会同国务院有关部门加强对放生野生动物活动的规范、引导。任何组织和个人将野生动物放生至野外环境，应当选择适合放生地野外生存的当地物种，不得干扰当地居民的正常生活、生产，避免对生态系统造成危害。具体办法由国务院野生动物保护主管部门制定。随意放生野生动物，造成他人人身、财产损害或者危害生态系统的，依法承担法律责任。

第四十二条 禁止伪造、变造、买卖、转让、租借特许猎捕证、狩猎证、人工繁育许可证及专用标识，出售、购买、利用国家重点保护野生动物及其制品的批准文件，或者允许进出口证明书、进出口等批准文件。

前款规定的有关许可证书、专用标识、批准文件的发放有关情况，应当依法公开。

第四十三条 外国人在我国对国家重点保护野生动物进行野外考察或者在野外拍摄电影、录像，应当经省、自治区、直辖市人民政府野生动物保护主管部门或者其授权的单位批准，并遵守有关法律法规的规定。

第四十四条 省、自治区、直辖市人民代表大会或者其常务委员会可以根据地方实际情况制定对地方重点保护野生动物等的管理办法。

第四章 法律责任

第四十五条 野生动物保护主管部门或者其他有关部门不依法作出行政许可决定，发现违法行为或者接到对违法行为的举报不依法处理，或者有其他滥用职权、玩忽职守、徇私舞弊等不依法履行职责的行为的，对直接负责的主管人员和其他直接责任人员依法给予处分；构成犯罪的，依法追究刑事责任。

第四十六条 违反本法第十二条第三款、第十三条第二款规定的，依照有关法律法规的规定处罚。

第四十七条 违反本法第十五条第四款规定，以收容救护为名买卖野生动物及其制品的，由县级以上人民政府野生动物保护主管部门没收野生动物及其制品、违法所得，并处野生动物及其制品价值二倍以上二十倍以下罚款，将有关违法信息记入社会信用记录，并向社会公布；构成犯罪的，依法追究刑事责任。

第四十八条 违反本法第二十条、第二十一条、第二十三条第一款、第二十四条第一款规定，有下列行为之一的，由县级以上人民政府野生动

物保护主管部门、海警机构和有关自然保护地管理机构按照职责分工没收猎获物、猎捕工具和违法所得，吊销特许猎捕证，并处猎获物价值二倍以上二十倍以下罚款；没有猎获物或者猎获物价值不足五千元的，并处一万元以上十万元以下罚款；构成犯罪的，依法追究刑事责任：

（一）在自然保护地、禁猎（渔）区、禁猎（渔）期猎捕国家重点保护野生动物；

（二）未取得特许猎捕证、未按照特许猎捕证规定猎捕、杀害国家重点保护野生动物；

（三）使用禁用的工具、方法猎捕国家重点保护野生动物。

违反本法第二十三条第一款规定，未将猎捕情况向野生动物保护主管部门备案的，由核发特许猎捕证、狩猎证的野生动物保护主管部门责令限期改正；逾期不改正的，处一万元以上十万元以下罚款；情节严重的，吊销特许猎捕证、狩猎证。

第四十九条 违反本法第二十条、第二十二条、第二十三条第一款、第二十四条第一款规定，有下列行为之一的，由县级以上地方人民政府野生动物保护主管部门和有关自然保护地管理机构按照职责分工没收猎获物、猎捕工具和违法所得，吊销狩猎证，并处猎获物价值一倍以上十倍以下罚款；没有猎获物或者猎获物价值不足二千元的，并处二千元以上二万元以下罚款；构成犯罪的，依法追究刑事责任：

（一）在自然保护地、禁猎（渔）区、禁猎（渔）期猎捕有重要生态、科学、社会价值的陆生野生动物或者地方重点保护野生动物；

（二）未取得狩猎证、未按照狩猎证规定猎捕有重要生态、科学、社会价值的陆生野生动物或者地方重点保护野生动物；

（三）使用禁用的工具、方法猎捕有重要生态、科学、社会价值的陆生野生动物或者地方重点保护野生动物。

违反本法第二十条、第二十四条第一款规定，在自然保护地、禁猎区、禁猎期或者使用禁用的工具、方法猎捕其他陆生野生动物，破坏生态的，由县级以上地方人民政府野生动物保护主管部门和有关自然保护地管理机构按照职责分工没收猎获物、猎捕工具和违法所得，并处猎获物价值一倍以上三倍以下罚款；没有猎获物或者猎获物价值不足一千元的，并处一千元以上三千元以下罚款；构成犯罪的，依法追究刑事责任。

违反本法第二十三条第二款规定，未取得持枪证持枪猎捕野生动物，构成违反治安管理行为的，还应当由公安机关依法给予治安管理处罚；构成犯罪的，依法追究刑事责任。

第五十条 违反本法第三十一条第二款规定，以食用为目的猎捕、交易、运输在野外环境自然生长繁殖的国家重点保护野生动物或者有重要生态、科学、社会价值的陆生野生动物的，依照本法第四十八条、第四十九条、第五十二条的规定从重处罚。

违反本法第三十一条第二款规定，以食用为目的猎捕在野外环境自然生长繁殖的其他陆生野生动物的，由县级以上地方人民政府野生动物保护主管部门和有关自然保护地管理机构按照职责分工没收猎获物、猎捕工具和违法所得；情节严重的，并处猎获物价值一倍以上五倍以下罚款，没有猎获物或者猎获物价值不足二千元的，并处二千元以上一万元以下罚款；构成犯罪的，依法追究刑事责任。

违反本法第三十一条第二款规定，以食用为目的交易、运输在野外环境自然生长繁殖的其他陆生野生动物的，由县级以上地方人民政府野生动物保护主管部门和市场监督管理部门按照职责分工没收野生动物；情节严重的，并处野生动物价值一倍以上五倍以下罚款；构成犯罪的，依法追究刑事责任。

第五十一条 违反本法第二十五条第二款规定，未取得人工繁育许可证，繁育国家重点保护野生动物或者依照本法第二十九条第二款规定调出国家重点保护野生动物名录的野生动物的，由县级以上人民政府野生动物保护主管部门没收野生动物及其制品，并处野生动物及其制品价值一倍以上十倍以下罚款。

违反本法第二十五条第三款规定，人工繁育有重要生态、科学、社会价值的陆生野生动物或者依照本法第二十九条第二款规定调出有重要生态、科学、社会价值的陆生野生动物名录的野生动物未备案的，由县级人民政府野生动物保护主管部门责令限期改正；逾期不改正的，处五百元以上二千元以下罚款。

第五十二条 违反本法第二十八条第一款和第二款、第二十九条第一款、第三十四条第一款规定，未经批准、未取得或者未按照规定使用专用标识，或者未持有、未附有人工繁育许可证、批准文件的副本或者专用标识出售、购买、利用、运输、携带、寄递国家重点保护野生动物及其制品或者依照本法第二十九条第二款规定调出国家重点保护野生动物名录的野生动物及其制品的，由县级以上人民政府野生动物保护主管部门和市场监督管理部门按照职责分工没收野生动物及其制品和违法所得，责令关闭违法经营场所，并处野生动物及其制品价值二倍以上二十倍以下罚款；情节严重的，吊销人工繁育许可证、撤销批准文件、收回专用标识；构成犯罪的，依法追究刑事责任。

违反本法第二十八条第三款、第二十九条第一款、第三十四条第二款规定，未持有合法来源证明或者专用标识出售、利用、运输、携带、寄递有重要生态、科学、社会价值的陆生野生动物、地方重点保护野生动物或者依照本法第二十九条第二款规定调出有重要生态、科学、社会价值的陆生野生动物名录的野生动物及其制品的，由县级以上地方人民政府野生动物保护主管部门和市场监督管理部门按照职责分工没收野生动物，并处野生动物价值一倍以上十倍以下罚款；构成犯罪的，依法追究刑事责任。

违反本法第三十四条第四款规定，铁路、道路、水运、民航、邮政、快递等企业未按照规定查验或者承运、寄递野生动物及其制品的，由交通运输、铁路监督管理、民用航空、邮政管理等相关主管部门按照职责分工没收违法所得，并处违法所得一倍以上五倍以下罚款；情节严重的，吊销经营许可证。

第五十三条 违反本法第三十一条第一款、第四款规定，食用或者为食用非法购买本法规定保护的野生动物及其制品的，由县级以上人民政府野生动物保护主管部门和市场监督管理部门按照职责分工责令停止违法行为，没收野生动物及其制品，并处野生动物及其制品价值二倍以上二十倍以下罚款；食用或者为食用非法购买其他陆生野生动物及其制品的，责令停止违法行为，给予批评教育，没收野生动物及其制品，情节严重的，并处野生动物及其制品价值一倍以上五倍以下罚款；构成犯罪的，依法追究刑事责任。

违反本法第三十一条第三款规定，生产、经营使用本法规定保护的野生动物及其制品制作的食品的，由县级以上人民政府野生动物保护主管部门和市场监督管理部门按照职责分工责令停止违法行为，没收野生动物及其制品和违法所得，责令关闭违法经营场所，并处违法所得十五倍以上三十倍以下罚款；生产、经营使用其他陆生野生动物及其制品制作的食品的，给予批评教育，没收野生动物及其制品和违法所得，情节严重的，并处违法所得一倍以上十倍以下罚款；构成犯罪的，依法追究刑事责任。

第五十四条 违反本法第三十二条规定，为出售、购买、利用野生动物及其制品或者禁止使用的猎捕工具发布广告的，依照《中华人民共和国广告法》的规定处罚。

第五十五条 违反本法第三十三条规定，为违法出售、购买、食用及利用野生动物及其制品或者禁止使用的猎捕工具提供展示、交易、消费服务的，由县级以上人民政府市场监督管理部门责令停止违法行为，限期改正，没收违法所得，并处违法所得二倍以上十倍以下罚款；没有违法所得或者违法所得不足五千元的，处一万元以上十万元以下罚款；构成犯罪的，依法追究刑事责任。

第五十六条 违反本法第三十七条规定，进出口野生动物及其制品的，由海关、公安机关、海警机构依照法律、行政法规和国家有关规定处罚；构成犯罪的，依法追究刑事责任。

第五十七条 违反本法第三十八条规定，向境外机构或者人员提供我国特有的野生动物遗传资源的，由县级以上人民政府野生动物保护主管部门没收野生动物及其制品和违法所得，并处野生动物及其制品价值或者违法所得一倍以上五倍以下罚款；构成犯罪的，依法追究刑事责任。

第五十八条 违反本法第四十条第一款规定，从境外引进野生动物物种的，由县级以上人民政府野生动物保护主管部门没收所引进的野生动物，并处五万元以上五十万元以下罚款；未依法实施进境检疫的，依照《中华人民共和国进出境动植物检疫法》的规定处罚；构成犯罪的，依法追究刑事责任。

第五十九条 违反本法第四十条第二款规定，将从境外引进的野生动物放生、丢弃的，由县级以上人民政府野生动物保护主管部门责令限期捕回，处一万元以上十万元以下罚款；逾期不捕回的，由有关野生动物保护主管部门代为捕回或者采取降低影响的措施，所需费用由被责令限期捕回者承担；构成犯罪的，依法追究刑事责任。

第六十条 违反本法第四十二条第一款规定，伪造、变造、买卖、转让、租借有关证件、专用标识或者有关批准文件的，由县级以上人民政府野生动物保护主管部门没收违法证件、专用标识、有关批准文件和违法所得，并处五万元以上五十万元以下罚款；构成违反治安管理行为的，由公安机关依法给予治安管理处罚；构成犯罪的，依法追究刑事责任。

第六十一条 县级以上人民政府野生动物保护主管部门和其他负有野生动物保护职责的部门、机构应当按照有关规定处理罚没的野生动物及其制品，具体办法由国务院野生动物保护主管部门会同国务院有关部门制定。

第六十二条 县级以上人民政府野生动物保护主管部门应当加强对野生动物及其制品鉴定、价值评估工作的规范、指导。本法规定的猎获物价值、野生动物及其制品价值的评估标准和方法，由国务院野生动物保护主管部门制定。

第六十三条 对违反本法规定破坏野生动物资源、生态环境，损害社会公共利益的行为，可以依照《中华人民共和国环境保护法》《中华人民共和国民事诉讼法》《中华人民共和国行政诉讼法》等法律的规定向人民法院提起诉讼。

第五章 附 则

第六十四条 本法自 2023 年 5 月 1 日起施行。

九、中华人民共和国农业法

（1993年7月2日第八届全国人民代表大会常务委员会第二次会议通过　2002年12月28日第九届全国人民代表大会常务委员会第三十一次会议修订　根据2009年8月27日第十一届全国人民代表大会常务委员会第十次会议《关于修改部分法律的决定》第一次修正　根据2012年12月28日第十一届全国人民代表大会常务委员会第三十次会议《关于修改〈中华人民共和国农业法〉的决定》第二次修正）

第一章　总　　则

第一条　为了巩固和加强农业在国民经济中的基础地位，深化农村改革，发展农业生产力，推进农业现代化，维护农民和农业生产经营组织的合法权益，增加农民收入，提高农民科学文化素质，促进农业和农村经济的持续、稳定、健康发展，实现全面建设小康社会的目标，制定本法。

第二条　本法所称农业，是指种植业、林业、畜牧业和渔业等产业，包括与其直接相关的产前、产中、产后服务。

本法所称农业生产经营组织，是指农村集体经济组织、农民专业合作经济组织、农业企业和其他从事农业生产经营的组织。

第三条　国家把农业放在发展国民经济的首位。

农业和农村经济发展的基本目标是：建立适应发展社会主义市场经济要求的农村经济体制，不断解放和发展农村生产力，提高农业的整体素质和效益，确保农产品供应和质量，满足国民经济发展和人口增长、生活改善的需求，提高农民的收入和生活水平，促进农村富余劳动力向非农产业和城镇转移，缩小城乡差别和区域差别，建设富裕、民主、文明的社会主义新农村，逐步实现农业和农村现代化。

第四条　国家采取措施，保障农业更好地发挥在提供食物、工业原料和其他农产品，维护和改善生态环境，促进农村经济社会发展等多方面的作用。

第五条　国家坚持和完善公有制为主体、多种所有制经济共同发展的基本经济制度，振兴农村经济。

国家长期稳定农村以家庭承包经营为基础、统分结合的双层经营体制，发展社会化服务体系，壮大集体经济实力，引导农民走共同富裕的道路。

国家在农村坚持和完善以按劳分配为主体、多种分配方式并存的分配制度。

第六条　国家坚持科教兴农和农业可持续发展的方针。

国家采取措施加强农业和农村基础设施建设，调整、优化农业和农村经济结构，推进农业产业化经营，发展农业科技、教育事业，保护农业生态环境，促进农业机械化和信息化，提高农业综合生产能力。

第七条　国家保护农民和农业生产经营组织的财产及其他合法权益不受侵犯。

各级人民政府及其有关部门应当采取措施增加农民收入，切实减轻农民负担。

第八条　全社会应当高度重视农业，支持农业发展。

国家对发展农业和农村经济有显著成绩的单位和个人，给予奖励。

第九条　各级人民政府对农业和农村经济发展工作统一负责，组织各有关部门和全社会做好发展农业和为发展农业服务的各项工作。

国务院农业行政主管部门主管全国农业和农村经济发展工作，国务院林业行政主管部门和其他有关部门在各自的职责范围内，负责有关的农业和农村经济发展工作。

县级以上地方人民政府各农业行政主管部门负责本行政区域内的种植业、畜牧业、渔业等农业和农村经济发展工作，林业行政主管部门负责本行政区域内的林业工作。县级以上地方人民政府其他有关部门在各自的职责范围内，负责本行政区域内有关的为农业生产经营服务的工作。

第二章 农业生产经营体制

第十条 国家实行农村土地承包经营制度，依法保障农村土地承包关系的长期稳定，保护农民对承包土地的使用权。

农村土地承包经营的方式、期限、发包方和承包方的权利义务、土地承包经营权的保护和流转等，适用《中华人民共和国土地管理法》和《中华人民共和国农村土地承包法》。

农村集体经济组织应当在家庭承包经营的基础上，依法管理集体资产，为其成员提供生产、技术、信息等服务，组织合理开发、利用集体资源，壮大经济实力。

第十一条 国家鼓励农民在家庭承包经营的基础上自愿组成各类专业合作经济组织。

农民专业合作经济组织应当坚持为成员服务的宗旨，按照加入自愿、退出自由、民主管理、盈余返还的原则，依法在其章程规定的范围内开展农业生产经营和服务活动。

农民专业合作经济组织可以有多种形式，依法成立、依法登记。任何组织和个人不得侵犯农民专业合作经济组织的财产和经营自主权。

第十二条 农民和农业生产经营组织可以自愿按照民主管理、按劳分配和按股分红相结合的原则，以资金、技术、实物等入股，依法兴办各类企业。

第十三条 国家采取措施发展多种形式的农业产业化经营，鼓励和支持农民和农业生产经营组织发展生产、加工、销售一体化经营。

国家引导和支持从事农产品生产、加工、流通服务的企业、科研单位和其他组织，通过与农民或者农民专业合作经济组织订立合同或者建立各类企业等形式，形成收益共享、风险共担的利益共同体，推进农业产业化经营，带动农业发展。

第十四条 农民和农业生产经营组织可以按照法律、行政法规成立各种农产品行业协会，为成员提供生产、营销、信息、技术、培训等服务，发挥协调和自律作用，提出农产品贸易救济措施的申请，维护成员和行业的利益。

第三章 农业生产

第十五条 县级以上人民政府根据国民经济和社会发展的中长期规划、农业和农村经济发展的基本目标和农业资源区划，制定农业发展规划。

省级以上人民政府农业行政主管部门根据农业发展规划，采取措施发挥区域优势，促进形成合理的农业生产区域布局，指导和协调农业和农村经济结构调整。

第十六条 国家引导和支持农民和农业生产经营组织结合本地实际按照市场需求，调整和优化农业生产结构，协调发展种植业、林业、畜牧业和渔业，发展优质、高产、高效益的农业，提高农产品国际竞争力。

种植业以优化品种、提高质量、增加效益为中心，调整作物结构、品种结构和品质结构。

加强林业生态建设，实施天然林保护、退耕还林和防沙治沙工程，加强防护林体系建设，加速营造速生丰产林、工业原料林和薪炭林。

加强草原保护和建设，加快发展畜牧业，推广圈养和舍饲，改良畜禽品种，积极发展饲料工业和畜禽产品加工业。

渔业生产应当保护和合理利用渔业资源，调整捕捞结构，积极发展水产养殖业、远洋渔业和水产品加工业。

县级以上人民政府应当制定政策，安排资金，引导和支持农业结构调整。

第十七条 各级人民政府应当采取措施，加强农业综合开发和农田水利、农业生态环境保护、乡村道路、农村能源和电网、农产品仓储和流通、渔港、草原围栏、动植物原种良种基地等农业和农村基础设施建设，改善农业生产条件，保护和提高农业综合生产能力。

第十八条 国家扶持动植物品种的选育、生产、更新和良种的推广使用，鼓励品种选育和生产、经营相结合，实施种子工程和畜禽良种工程。国务院和省、自治区、直辖市人民政府设立专项资金，用于扶持动植物良种的选育和推广工作。

第十九条 各级人民政府和农业生产经营组织应当加强农田水利设施建设，建立健全农田水利设施的管理制度，节约用水，发展节水型农业，严格依法控制非农业建设占用灌溉水源，禁止任何组织和个人非法占用或者毁损农田水利设施。

国家对缺水地区发展节水型农业给予重点扶持。

第二十条 国家鼓励和支持农民和农业生产经营组织使用先进、适用的农业机械，加强农业机械安全管理，提高农业机械化水平。

国家对农民和农业生产经营组织购买先进农业机械给予扶持。

第二十一条 各级人民政府应当支持为农业服务的气象事业的发展，提高对气象灾害的监测和预报水平。

第二十二条 国家采取措施提高农产品的质量，建立健全农产品质量标准体系和质量检验检测监督体系，按照有关技术规范、操作规程和质量卫生安全标准，组织农产品的生产经营，保障农产品质量安全。

第二十三条 国家支持依法建立健全优质农产品认证和标志制度。

国家鼓励和扶持发展优质农产品生产。县级以上地方人民政府应当结合本地情况，按照国家有关规定采取措施，发展优质农产品生产。

符合国家规定标准的优质农产品可以依照法律或者行政法规的规定申请使用有关的标志。符合规定产地及生产规范要求的农产品可以依照有关法律或者行政法规的规定申请使用农产品地理标志。

第二十四条 国家实行动植物防疫、检疫制度，健全动植物防疫、检疫体系，加强对动物疫病和植物病、虫、杂草、鼠害的监测、预警、防治，建立重大动物疫情和植物病虫害的快速扑灭机制，建设动物无规定疫病区，实施植物保护工程。

第二十五条 农药、兽药、饲料和饲料添加剂、肥料、种子、农业机械等可能危害人畜安全的农业生产资料的生产经营，依照相关法律、行政法规的规定实行登记或者许可制度。

各级人民政府应当建立健全农业生产资料的安全使用制度，农民和农业生产经营组织不得使用国家明令淘汰和禁止使用的农药、兽药、饲料添加剂等农业生产资料和其他禁止使用的产品。

农业生产资料的生产者、销售者应当对其生产、销售的产品的质量负责，禁止以次充好、以假充真、以不合格的产品冒充合格的产品；禁止生产和销售国家明令淘汰的农药、兽药、饲料添加剂、农业机械等农业生产资料。

第四章　农产品流通与加工

第二十六条 农产品的购销实行市场调节。国家对关系国计民生的重要农产品的购销活动实行必要的宏观调控，建立中央和地方分级储备调节制度，完善仓储运输体系，做到保证供应，稳定市场。

第二十七条 国家逐步建立统一、开放、竞争、有序的农产品市场体系，制定农产品批发市场发展规划。对农村集体经济组织和农民专业合作经济组织建立农产品批发市场和农产品集贸市场，国家给予扶持。

县级以上人民政府工商行政管理部门和其他有关部门按照各自的职责，依法管理农产品批发市场，规范交易秩序，防止地方保护与不正当竞争。

第二十八条 国家鼓励和支持发展多种形式的农产品流通活动。支持农民和农民专业合作经济组织按照国家有关规定从事农产品收购、批发、贮藏、运输、零售和中介活动。鼓励供销合作社和其他从事农产品购销的农业生产经营组织提供市场信息，开拓农产品流通渠道，为农产品销售服务。

县级以上人民政府应当采取措施，督促有关部门保障农产品运输畅通，降低农产品流通成本。有关行政管理部门应当简化手续，方便鲜活农产品的运输，除法律、行政法规另有规定外，不得扣押鲜活农产品的运输工具。

第二十九条 国家支持发展农产品加工业和食品工业，增加农产品的附加值。县级以上人民政府应当制定农产品加工业和食品工业发展规划，引导农产品加工企业形成合理的区域布局和规模结构，扶持农民专业合作经济组织和乡镇企业从事农产品加工和综合开发利用。

国家建立健全农产品加工制品质量标准，完善检测手段，加强农产品加工过程中的质量安全管理和监督，保障食品安全。

第三十条 国家鼓励发展农产品进出口贸易。

国家采取加强国际市场研究、提供信息和营销服务等措施，促进农产品出口。

为维护农产品产销秩序和公平贸易，建立农产品进口预警制度，当某些进口农产品已经或者可能对国内相关农产品的生产造成重大的不利影响时，国家可以采取必要的措施。

第五章 粮食安全

第三十一条 国家采取措施保护和提高粮食综合生产能力，稳步提高粮食生产水平，保障粮食安全。

国家建立耕地保护制度，对基本农田依法实行特殊保护。

第三十二条 国家在政策、资金、技术等方面对粮食主产区给予重点扶持，建设稳定的商品粮生产基地，改善粮食收贮及加工设施，提高粮食主产区的粮食生产、加工水平和经济效益。

国家支持粮食主产区与主销区建立稳定的购销合作关系。

第三十三条 在粮食的市场价格过低时，国务院可以决定对部分粮食品种实行保护价制度。保护价应当根据有利于保护农民利益、稳定粮食生产的原则确定。

农民按保护价制度出售粮食，国家委托的收购单位不得拒收。

县级以上人民政府应当组织财政、金融等部门以及国家委托的收购单位及时筹足粮食收购资金，任何部门、单位或者个人不得截留或者挪用。

第三十四条 国家建立粮食安全预警制度，采取措施保障粮食供给。国务院应当制定粮食安全保障目标与粮食储备数量指标，并根据需要组织有关主管部门进行耕地、粮食库存情况的核查。

国家对粮食实行中央和地方分级储备调节制度，建设仓储运输体系。承担国家粮食储备任务的企业应当按照国家规定保证储备粮的数量和质量。

第三十五条 国家建立粮食风险基金，用于支持粮食储备、稳定粮食市场和保护农民利益。

第三十六条 国家提倡珍惜和节约粮食，并采取措施改善人民的食物营养结构。

第六章 农业投入与支持保护

第三十七条 国家建立和完善农业支持保护体系，采取财政投入、税收优惠、金融支持等措施，从资金投入、科研与技术推广、教育培训、农业生产资料供应、市场信息、质量标准、检验检疫、社会化服务以及灾害救助等方面扶持农民和农业生产经营组织发展农业生产，提高农民的收入水平。

在不与我国缔结或加入的有关国际条约相抵触的情况下，国家对农民实施收入支持政策，具体办法由国务院制定。

第三十八条 国家逐步提高农业投入的总体水平。中央和县级以上地方财政每年对农业总投入的增长幅度应当高于其财政经常性收入的增长幅度。

各级人民政府在财政预算内安排的各项用于农业的资金应当主要用于：加强农业基础设施建设；支持农业结构调整，促进农业产业化经营；保护粮食综合生产能力，保障国家粮食安全；健全动植物检疫、防疫体系，加强动物疫病和植物病、虫、杂草、鼠害防治；建立健全农产品质量标准和检验检测监督体系、农产品市场及信息服务体系；支持农业科研教育、农业技术推广和农民培训；加强农业生态环境保护建设；扶持贫困地区发展；保障农民收入水平等。

县级以上各级财政用于种植业、林业、畜牧业、渔业、农田水利的农业基本建设投入应当统筹安排，协调增长。

国家为加快西部开发，增加对西部地区农业发展和生态环境保护的投入。

第三十九条 县级以上人民政府每年财政预算内安排的各项用于农业的资金应当及时足额拨付。各级人民政府应当加强对国家各项农业资金分配、使用过程的监督管理，保证资金安全，提高资金的使用效率。

任何单位和个人不得截留、挪用用于农业的财政资金和信贷资金。审计机关应当依法加强对用于农业的财政和信贷等资金的审计监督。

第四十条 国家运用税收、价格、信贷等手段，鼓励和引导农民和农业生产经营组织增加农业生产经营性投入和小型农田水利等基本建设投入。

国家鼓励和支持农民和农业生产经营组织在自愿的基础上依法采取多种形式，筹集农业资金。

第四十一条 国家鼓励社会资金投向农业，鼓励企业事业单位、社会团体和个人捐资设立各种农业建设和农业科技、教育基金。

国家采取措施，促进农业扩大利用外资。

第四十二条 各级人民政府应当鼓励和支持企业事业单位及其他各类经济组织开展农业信息服务。

县级以上人民政府农业行政主管部门及其他有关部门应当建立农业信息搜集、整理和发布制度，及时向农民和农业生产经营组织提供市场信息等服务。

第四十三条 国家鼓励和扶持农用工业的发展。

国家采取税收、信贷等手段鼓励和扶持农业生产资料的生产和贸易，为农业生产稳定增长提供物质保障。

国家采取宏观调控措施，使化肥、农药、农用薄膜、农业机械和农用柴油等主要农业生产资料和农产品之间保持合理的比价。

第四十四条 国家鼓励供销合作社、农村集体经济组织、农民专业合作经济组织、其他组织和个人发展多种形式的农业生产产前、产中、产后的社会化服务事业。县级以上人民政府及其各有关部门应当采取措施对农业社会化服务事业给予支持。

对跨地区从事农业社会化服务的，农业、工商管理、交通运输、公安等有关部门应当采取措施给予支持。

第四十五条 国家建立健全农村金融体系，加强农村信用制度建设，加强农村金融监管。

有关金融机构应当采取措施增加信贷投入，改善农村金融服务，对农民和农业生产经营组织的农业生产经营活动提供信贷支持。

农村信用合作社应当坚持为农业、农民和农村经济发展服务的宗旨，优先为当地农民的生产经营活动提供信贷服务。

国家通过贴息等措施，鼓励金融机构向农民和农业生产经营组织的农业生产经营活动提供贷款。

第四十六条 国家建立和完善农业保险制度。

国家逐步建立和完善政策性农业保险制度。鼓励和扶持农民和农业生产经营组织建立为农业生产经营活动服务的互助合作保险组织，鼓励商业性保险公司开展农业保险业务。

农业保险实行自愿原则。任何组织和个人不得强制农民和农业生产经营组织参加农业保险。

第四十七条 各级人民政府应当采取措施，提高农业防御自然灾害的能力，做好防灾、抗灾和救灾工作，帮助灾民恢复生产，组织生产自救，开展社会互助互济；对没有基本生活保障的灾民给予救济和扶持。

第七章 农业科技与农业教育

第四十八条 国务院和省级人民政府应当制定农业科技、农业教育发展规划，发展农业科技、教育事业。

县级以上人民政府应当按照国家有关规定逐步增加农业科技经费和农业教育经费。

国家鼓励、吸引企业等社会力量增加农业科技投入，鼓励农民、农业生产经营组织、企业事业单位等依法举办农业科技、教育事业。

第四十九条 国家保护植物新品种、农产品地理标志等知识产权，鼓励和引导农业科研、教育单位加强农业科学技术的基础研究和应用研究，传播和普及农业科学技术知识，加速科技成果转化与产业化，促进农业科学技术进步。

国务院有关部门应当组织农业重大关键技术的科技攻关。国家采取措施促进国际农业科技、教育合作与交流，鼓励引进国外先进技术。

第五十条 国家扶持农业技术推广事业，建立政府扶持和市场引导相结合，有偿与无偿服务相结合，国家农业技术推广机构和社会力量相结合的农业技术推广体系，促使先进的农业技术尽快应用于农业生产。

第五十一条 国家设立的农业技术推广机构应当以农业技术试验示范基地为依托，承担公共所需的关键性技术的推广和示范等公益性职责，为农民和农业生产经营组织提供无偿农业技术服务。

县级以上人民政府应当根据农业生产发展需要，稳定和加强农业技术推广队伍，保障农业技术推广机构的工作经费。

各级人民政府应当采取措施，按照国家规定保障和改善从事农业技术推广工作的专业科技人员的工作条件、工资待遇和生活条件，鼓励他们为农业服务。

第五十二条 农业科研单位、有关学校、农民专业合作社、涉农企业、群众性科技组织及有关科技人员，根据农民和农业生产经营组织的需要，可以提供无偿服务，也可以通过技术转让、技术服务、技术承包、技术咨询和技术入股等形式，提供有偿服务，取得合法收益。农业科研单位、有关学校、农民专业合作社、涉农企业、群众性科技组织及有关科技人员应当提高服务水平，保证服务质量。

对农业科研单位、有关学校、农业技术推广机构举办的为农业服务的企业，国家在税收、信贷等方面给予优惠。

国家鼓励和支持农民、供销合作社、其他企业事业单位等参与农业技术推广工作。

第五十三条 国家建立农业专业技术人员继续教育制度。县级以上人民政府农业行政主管部门会同教育、人事等有关部门制定农业专业技术人员继续教育计划，并组织实施。

第五十四条 国家在农村依法实施义务教育，并保障义务教育经费。国家在农村举办的普通中小学校教职工工资由县级人民政府按照国家规定统一发放，校舍等教学设施的建设和维护经费由县级人民政府按照国家规定统一安排。

第五十五条 国家发展农业职业教育。国务院有关部门按照国家职业资格证书制度的统一规定，开展农业行业的职业分类、职业技能鉴定工作，管理农业行业的职业资格证书。

第五十六条 国家采取措施鼓励农民采用先进的农业技术，支持农民举办各种科技组织，开展农业实用技术培训、农民绿色证书培训和其他就业培训，提高农民的文化技术素质。

第八章 农业资源与农业环境保护

第五十七条 发展农业和农村经济必须合理利用和保护土地、水、森林、草原、野生动植物等自然资源，合理开发和利用水能、沼气、太阳能、风能等可再生能源和清洁能源，发展生态农业，保护和改善生态环境。

县级以上人民政府应当制定农业资源区划或者农业资源合理利用和保护的区划，建立农业资源监测制度。

第五十八条 农民和农业生产经营组织应当保养耕地，合理使用化肥、农药、农用薄膜，增加使用有机肥料，采用先进技术，保护和提高地力，防止农用地的污染、破坏和地力衰退。

县级以上人民政府农业行政主管部门应当采取措施，支持农民和农业生产经营组织加强耕地质量建设，并对耕地质量进行定期监测。

第五十九条 各级人民政府应当采取措施，加强小流域综合治理，预防和治理水土流失。从事可能引起水土流失的生产建设活动的单位和个人，必须采取预防措施，并负责治理因生产建设活动造成的水土流失。

各级人民政府应当采取措施，预防土地沙化，治理沙化土地。国务院和沙化土地所在地区的县级以上地方人民政府应当按照法律规定制定防沙治沙规划，并组织实施。

第六十条 国家实行全民义务植树制度。各级人民政府应当采取措施，组织群众植树造林，保护林地和林木，预防森林火灾，防治森林病虫害，制止滥伐、盗伐林木，提高森林覆盖率。

国家在天然林保护区域实行禁伐或者限伐制度，加强造林护林。

第六十一条 有关地方人民政府，应当加强草原的保护、建设和管理，指导、组织农（牧）民和农（牧）业生产经营组织建设人工草场、饲草饲料基地和改良天然草原，实行以草定畜，控制载畜量，推行划区轮牧、休牧和禁牧制度，保护草原植被，防止草原退化沙化和盐渍化。

第六十二条 禁止毁林毁草开垦、烧山开垦以及开垦国家禁止开垦的陡坡地，已经开垦的应当逐步退耕还林、还草。

禁止围湖造田以及围垦国家禁止围垦的湿地。已经围垦的，应当逐步退耕还湖、还湿地。

对在国务院批准规划范围内实施退耕的农民，应当按照国家规定予以补助。

第六十三条 各级人民政府应当采取措施，依法执行捕捞限额和禁渔、休渔制度，增殖渔业资源，保护渔业水域生态环境。

国家引导、支持从事捕捞业的农（渔）民和农（渔）业生产经营组织从事水产养殖业或者其他职业，对根据当地人民政府统一规划转产转业的农（渔）民，应当按照国家规定予以补助。

第六十四条 国家建立与农业生产有关的生物物种资源保护制度，保护生物多样性，对稀有、濒危、珍贵生物资源及其原生地实行重点保护。从境外引进生物物种资源应当依法进行登记或者审批，并采取相应安全控制措施。

农业转基因生物的研究、试验、生产、加工、经营及其他应用，必须依照国家规定严格实行各项安全控制措施。

第六十五条 各级农业行政主管部门应当引导农民和农业生产经营组织采取生物措施或者使用高效低毒低残留农药、兽药，防治动植物病、虫、杂草、鼠害。

农产品采收后的秸秆及其他剩余物质应当综合利用，妥善处理，防止造成环境污染和生态破坏。

从事畜禽等动物规模养殖的单位和个人应当对粪便、废水及其他废弃物进行无害化处理或者综合利用，从事水产养殖的单位和个人应当合理投饵、施肥、使用药物，防止造成环境污染和生态破坏。

第六十六条 县级以上人民政府应当采取措施，督促有关单位进行治理，防治废水、废气和固体废弃物对农业生态环境的污染。排放废水、废气和固体废弃物造成农业生态环境污染事故的，由环境保护行政主管部门或者农业行政主管部门依法调查处理；给农民和农业生产经营组织造成损失的，有关责任者应当依法赔偿。

第九章 农民权益保护

第六十七条 任何机关或者单位向农民或者农业生产经营组织收取行政、事业性费用必须依据法律、法规的规定。收费的项目、范围和标准应当公布。没有法律、法规依据的收费，农民和农业生产经营组织有权拒绝。

任何机关或者单位对农民或者农业生产经营组织进行罚款处罚必须依据法律、法规、规章的规定。没有法律、法规、规章依据的罚款，农民和农业生产经营组织有权拒绝。

任何机关或者单位不得以任何方式向农民或者农业生产经营组织进行摊派。除法律、法规另有规定外，任何机关或者单位以任何方式要求农民或者农业生产经营组织提供人力、财力、物力的，属于摊派。农民和农业生产经营组织有权拒绝任何方式的摊派。

第六十八条 各级人民政府及其有关部门和所属单位不得以任何方式向农民或者农业生产经营组织集资。

没有法律、法规依据或者未经国务院批准，任何机关或者单位不得在农村进行任何形式的达标、升级、验收活动。

第六十九条 农民和农业生产经营组织依照法律、行政法规的规定承担纳税义务。税务机关及代扣、代收税款的单位应当依法征税，不得违法摊派税款及以其他违法方法征税。

第七十条 农村义务教育除按国务院规定收取的费用外，不得向农民和学生收取其他费用。禁止任何机关或者单位通过农村中小学校向农民收费。

第七十一条 国家依法征收农民集体所有的土地，应当保护农民和农村集体经济组织的合法权益，依法给予农民和农村集体经济组织征地补偿，任何单位和个人不得截留、挪用征地补偿费用。

第七十二条 各级人民政府、农村集体经济组织或者村民委员会在农业和农村经济结构调整、农业产业化经营和土地承包经营权流转等过程中，不得侵犯农民的土地承包经营权，不得干涉农民自主安排的生产经营项目，不得强迫农民购买指定的生产资料或者按指定的渠道销售农产品。

第七十三条 农村集体经济组织或者村民委员会为发展生产或者兴办公益事业，需要向其成员（村民）筹资筹劳的，应当经成员（村民）会议或者成员（村民）代表会议过半数通过后，方可进行。

农村集体经济组织或者村民委员会依照前款规定筹资筹劳的，不得超过省级以上人民政府规定的上限控制标准，禁止强行以资代劳。

农村集体经济组织和村民委员会对涉及农民利益的重要事项，应当向农民公开，并定期公布财务账目，接受农民的监督。

第七十四条 任何单位和个人向农民或者农业生产经营组织提供生产、技术、信息、文化、保险等有偿服务，必须坚持自愿原则，不得强迫农民和农业生产经营组织接受服务。

第七十五条 农产品收购单位在收购农产品时，不得压级压价，不得在支付的价款中扣缴任何费用。法律、行政法规规定代扣、代收税款的，依照法律、行政法规的规定办理。

农产品收购单位与农产品销售者因农产品的

质量等级发生争议的，可以委托具有法定资质的农产品质量检验机构检验。

第七十六条 农业生产资料使用者因生产资料质量问题遭受损失的，出售该生产资料的经营者应当予以赔偿，赔偿额包括购货价款、有关费用和可得利益损失。

第七十七条 农民或者农业生产经营组织为维护自身的合法权益，有向各级人民政府及其有关部门反映情况和提出合法要求的权利，人民政府及其有关部门对农民或者农业生产经营组织提出的合理要求，应当按照国家规定及时给予答复。

第七十八条 违反法律规定，侵犯农民权益的，农民或者农业生产经营组织可以依法申请行政复议或者向人民法院提起诉讼，有关人民政府及其有关部门或者人民法院应当依法受理。

人民法院和司法行政主管机关应当依照有关规定为农民提供法律援助。

第十章 农村经济发展

第七十九条 国家坚持城乡协调发展的方针，扶持农村第二、第三产业发展，调整和优化农村经济结构，增加农民收入，促进农村经济全面发展，逐步缩小城乡差别。

第八十条 各级人民政府应当采取措施，发展乡镇企业，支持农业的发展，转移富余的农业劳动力。

国家完善乡镇企业发展的支持措施，引导乡镇企业优化结构，更新技术，提高素质。

第八十一条 县级以上地方人民政府应当根据当地的经济发展水平、区位优势和资源条件，按照合理布局、科学规划、节约用地的原则，有重点地推进农村小城镇建设。

地方各级人民政府应当注重运用市场机制，完善相应政策，吸引农民和社会资金投资小城镇开发建设，发展第二、第三产业，引导乡镇企业相对集中发展。

第八十二条 国家采取措施引导农村富余劳动力在城乡、地区间合理有序流动。地方各级人民政府依法保护进入城镇就业的农村劳动力的合法权益，不得设置不合理限制，已经设置的应当取消。

第八十三条 国家逐步完善农村社会救济制度，保障农村五保户、贫困残疾农民、贫困老年农民和其他丧失劳动能力的农民的基本生活。

第八十四条 国家鼓励、支持农民巩固和发展农村合作医疗和其他医疗保障形式，提高农民健康水平。

第八十五条 国家扶持贫困地区改善经济发展条件，帮助进行经济开发。省级人民政府根据国家关于扶持贫困地区的总体目标和要求，制定扶贫开发规划，并组织实施。

各级人民政府应当坚持开发式扶贫方针，组织贫困地区的农民和农业生产经营组织合理使用扶贫资金，依靠自身力量改变贫穷落后面貌，引导贫困地区的农民调整经济结构、开发当地资源。扶贫开发应当坚持与资源保护、生态建设相结合，促进贫困地区经济、社会的协调发展和全面进步。

第八十六条 中央和省级财政应当把扶贫开发投入列入年度财政预算，并逐年增加，加大对贫困地区的财政转移支付和建设资金投入。

国家鼓励和扶持金融机构、其他企业事业单位和个人投入资金支持贫困地区开发建设。

禁止任何单位和个人截留、挪用扶贫资金。审计机关应当加强扶贫资金的审计监督。

第十一章 执法监督

第八十七条 县级以上人民政府应当采取措施逐步完善适应社会主义市场经济发展要求的农业行政管理体制。

县级以上人民政府农业行政主管部门和有关行政主管部门应当加强规划、指导、管理、协调、监督、服务职责，依法行政，公正执法。

县级以上地方人民政府农业行政主管部门应当在其职责范围内健全行政执法队伍，实行综合执法，提高执法效率和水平。

第八十八条 县级以上人民政府农业行政主管部门及其执法人员履行执法监督检查职责时，有权采取下列措施：

（一）要求被检查单位或者个人说明情况，提供有关文件、证照、资料；

（二）责令被检查单位或者个人停止违反本法的行为，履行法定义务。

农业行政执法人员在履行监督检查职责时，应当向被检查单位或者个人出示行政执法证件，遵守执法程序。有关单位或者个人应当配合农业行政执法人员依法执行职务，不得拒绝和阻碍。

第八十九条 农业行政主管部门与农业生产、经营单位必须在机构、人员、财务上彻底分离。农业行政主管部门及其工作人员不得参与和从事农业生产经营活动。

第十二章 法律责任

第九十条 违反本法规定，侵害农民和农业生产经营组织的土地承包经营权等财产权或者其他合法权益的，应当停止侵害，恢复原状；造成损失、损害的，依法承担赔偿责任。

国家工作人员利用职务便利或者以其他名义侵害农民和农业生产经营组织的合法权益的，应当赔偿损失，并由其所在单位或者上级主管机关给予行政处分。

第九十一条 违反本法第十九条、第二十五条、第六十二条、第七十一条规定的，依照相关法律或者行政法规的规定予以处罚。

第九十二条 有下列行为之一的，由上级主管机关责令限期归还被截留、挪用的资金，没收非法所得，并由上级主管机关或者所在单位给予直接负责的主管人员和其他直接责任人员行政处分；构成犯罪的，依法追究刑事责任：

（一）违反本法第三十三条第三款规定，截留、挪用粮食收购资金的；

（二）违反本法第三十九条第二款规定，截留、挪用用于农业的财政资金和信贷资金的；

（三）违反本法第八十六条第三款规定，截留、挪用扶贫资金的。

第九十三条 违反本法第六十七条规定，向农民或者农业生产经营组织违法收费、罚款、摊派的，上级主管机关应当予以制止，并予公告；已经收取钱款或者已经使用人力、物力的，由上级主管机关责令限期归还已经收取的钱款或者折价偿还已经使用的人力、物力，并由上级主管机关或者所在单位给予直接负责的主管人员和其他直接责任人员行政处分；情节严重，构成犯罪的，依法追究刑事责任。

第九十四条 有下列行为之一的，由上级主管机关责令停止违法行为，并给予直接负责的主管人员和其他直接责任人员行政处分，责令退还违法收取的集资款、税款或者费用：

（一）违反本法第六十八条规定，非法在农村进行集资、达标、升级、验收活动的；

（二）违反本法第六十九条规定，以违法方法向农民征税的；

（三）违反本法第七十条规定，通过农村中小学校向农民超额、超项目收费的。

第九十五条 违反本法第七十三条第二款规定，强迫农民以资代劳的，由乡（镇）人民政府责令改正，并退还违法收取的资金。

第九十六条 违反本法第七十四条规定，强迫农民和农业生产经营组织接受有偿服务的，由有关人民政府责令改正，并返还其违法收取的费用；情节严重的，给予直接负责的主管人员和其他直接责任人员行政处分；造成农民和农业生产经营组织损失的，依法承担赔偿责任。

第九十七条 县级以上人民政府农业行政主管部门的工作人员违反本法规定参与和从事农业生产经营活动的，依法给予行政处分；构成犯罪的，依法追究刑事责任。

第十三章 附 则

第九十八条 本法有关农民的规定，适用于国有农场、牧场、林场、渔场等企业事业单位实行承包经营的职工。

第九十九条 本法自 2003 年 3 月 1 日起施行。

十、中华人民共和国农业技术推广法

（1993年7月2日第八届全国人民代表大会常务委员会第二次会议通过　根据2012年8月31日第十一届全国人民代表大会常务委员会第二十八次会议《关于修改〈中华人民共和国农业技术推广法〉的决定》第一次修正，根据2024年4月26日第十四届全国人民代表大会常务委员会第九次会议《关于修改〈中华人民共和国农业技术推广法〉、〈中华人民共和国未成年人保护法〉、〈中华人民共和国生物安全法〉的决定》第二次修正）

第一章　总　　则

第一条　为了加强农业技术推广工作，促使农业科研成果和实用技术尽快应用于农业生产，增强科技支撑保障能力，促进农业和农村经济可持续发展，实现农业现代化，制定本法。

第二条　本法所称农业技术，是指应用于种植业、林业、畜牧业、渔业的科研成果和实用技术，包括：

（一）良种繁育、栽培、肥料施用和养殖技术；

（二）植物病虫害、动物疫病和其他有害生物防治技术；

（三）农产品收获、加工、包装、贮藏、运输技术；

（四）农业投入品安全使用、农产品质量安全技术；

（五）农田水利、农村供排水、土壤改良与水土保持技术；

（六）农业机械化、农用航空、农业气象和农业信息技术；

（七）农业防灾减灾、农业资源与农业生态安全和农村能源开发利用技术；

（八）其他农业技术。

本法所称农业技术推广，是指通过试验、示范、培训、指导以及咨询服务等，把农业技术普及应用于农业产前、产中、产后全过程的活动。

第三条　国家扶持农业技术推广事业，加快农业技术的普及应用，发展高产、优质、高效、生态、安全农业。

第四条　农业技术推广应当遵循下列原则：

（一）有利于农业、农村经济可持续发展和增加农民收入；

（二）尊重农业劳动者和农业生产经营组织的意愿；

（三）因地制宜，经过试验、示范；

（四）公益性推广与经营性推广分类管理；

（五）兼顾经济效益、社会效益，注重生态效益。

第五条　国家鼓励和支持科技人员开发、推广应用先进的农业技术，鼓励和支持农业劳动者和农业生产经营组织应用先进的农业技术。

国家鼓励运用现代信息技术等先进传播手段，普及农业科学技术知识，创新农业技术推广方式方法，提高推广效率。

第六条　国家鼓励和支持引进国外先进的农业技术，促进农业技术推广的国际合作与交流。

第七条　各级人民政府应当加强对农业技术推广工作的领导，组织有关部门和单位采取措施，提高农业技术推广服务水平，促进农业技术推广事业的发展。

第八条　对在农业技术推广工作中做出贡献的单位和个人，给予奖励。

第九条　国务院农业农村、林业草原、水利等部门（以下统称农业技术推广部门）按照各自的职责，负责全国范围内有关的农业技术推广工作。县级以上地方各级人民政府农业技术推广部门在同级人民政府的领导下，按照各自的职责，负责本行政区域内有关的农业技术推广工作。同级人民政府其他有关部门按照各自的职责，负责农业技术推广的有关工作。

第二章　农业技术推广体系

第十条　农业技术推广，实行国家农业技术推广机构与农业科研单位、有关学校、农民专业合作社、涉农企业、群众性科技组织、农民技术人员等相结合的推广体系。

国家鼓励和支持供销合作社、其他企业事业单位、社会团体以及社会各界的科技人员，开展农业技术推广服务。

第十一条　各级国家农业技术推广机构属于公共服务机构，履行下列公益性职责：

（一）各级人民政府确定的关键农业技术的引进、试验、示范；

（二）植物病虫害、动物疫病及农业灾害的监测、预报和预防；

（三）农产品生产过程中的检验、检测、监测咨询技术服务；

（四）农业资源、森林资源、农业生态安全和农业投入品使用的监测服务；

（五）水资源管理、防汛抗旱和农田水利建设技术服务；

（六）农业公共信息和农业技术宣传教育、培训服务；

（七）法律、法规规定的其他职责。

第十二条　根据科学合理、集中力量的原则以及县域农业特色、森林资源、水系和水利设施分布等情况，因地制宜设置县、乡镇或者区域国家农业技术推广机构。

乡镇国家农业技术推广机构，可以实行县级人民政府农业技术推广部门管理为主或者乡镇人民政府管理为主、县级人民政府农业技术推广部门业务指导的体制，具体由省、自治区、直辖市人民政府确定。

第十三条　国家农业技术推广机构的人员编制应当根据所服务区域的种养规模、服务范围和工作任务等合理确定，保证公益性职责的履行。

国家农业技术推广机构的岗位设置应当以专业技术岗位为主。乡镇国家农业技术推广机构的岗位应当全部为专业技术岗位，县级国家农业技术推广机构的专业技术岗位不得低于机构岗位总量的百分之八十，其他国家农业技术推广机构的专业技术岗位不得低于机构岗位总量的百分之七十。

第十四条　国家农业技术推广机构的专业技术人员应当具有相应的专业技术水平，符合岗位职责要求。

国家农业技术推广机构聘用的新进专业技术人员，应当具有大专以上有关专业学历，并通过县级以上人民政府有关部门组织的专业技术水平考核。自治县、民族乡和国家确定的连片特困地区，经省、自治区、直辖市人民政府有关部门批准，可以聘用具有中专有关专业学历的人员或者其他具有相应专业技术水平的人员。

国家鼓励和支持高等学校毕业生和科技人员到基层从事农业技术推广工作。各级人民政府应当采取措施，吸引人才，充实和加强基层农业技术推广队伍。

第十五条　国家鼓励和支持村农业技术服务站点和农民技术人员开展农业技术推广。对农民技术人员协助开展公益性农业技术推广活动，按照规定给予补助。

农民技术人员经考核符合条件的，可以按照有关规定授予相应的技术职称，并发给证书。

国家农业技术推广机构应当加强对村农业技术服务站点和农民技术人员的指导。

村民委员会和村集体经济组织，应当推动、帮助村农业技术服务站点和农民技术人员开展工作。

第十六条　农业科研单位和有关学校应当适应农村经济建设发展的需要，开展农业技术开发和推广工作，加快先进技术在农业生产中的普及应用。

农业科研单位和有关学校应当将其科技人员从事农业技术推广工作的实绩作为工作考核和职称评定的重要内容。

第十七条　国家鼓励农场、林场、牧场、渔场、水利工程管理单位面向社会开展农业技术推广服务。

第十八条　国家鼓励和支持发展农村专业技术协会等群众性科技组织，发挥其在农业技术推广中的作用。

第三章 农业技术的推广与应用

第十九条 重大农业技术的推广应当列入国家和地方相关发展规划、计划，由农业技术推广部门会同相关部门按照各自的职责，相互配合，组织实施。

第二十条 农业科研单位和有关学校应当把农业生产中需要解决的技术问题列为研究课题，其科研成果可以通过有关农业技术推广单位进行推广或者直接向农业劳动者和农业生产经营组织推广。

国家引导农业科研单位和有关学校开展公益性农业技术推广服务。

第二十一条 向农业劳动者和农业生产经营组织推广的农业技术，必须在推广地区经过试验证明具有先进性、适用性和安全性。

第二十二条 国家鼓励和支持农业劳动者和农业生产经营组织参与农业技术推广。

农业劳动者和农业生产经营组织在生产中应用先进的农业技术，有关部门和单位应当在技术培训、资金、物资和销售等方面给予扶持。

农业劳动者和农业生产经营组织根据自愿的原则应用农业技术，任何单位或者个人不得强迫。

推广农业技术，应当选择有条件的农户、区域或者工程项目，进行应用示范。

第二十三条 县、乡镇国家农业技术推广机构应当组织农业劳动者学习农业科学技术知识，提高其应用农业技术的能力。

教育、人力资源和社会保障、农业农村、林业草原、水利、科学技术等部门应当支持农业科研单位、有关学校开展有关农业技术推广的职业技术教育和技术培训，提高农业技术推广人员和农业劳动者的技术素质。

国家鼓励社会力量开展农业技术培训。

第二十四条 各级国家农业技术推广机构应当认真履行本法第十一条规定的公益性职责，向农业劳动者和农业生产经营组织推广农业技术，实行无偿服务。

国家农业技术推广机构以外的单位及科技人员以技术转让、技术服务、技术承包、技术咨询和技术入股等形式提供农业技术的，可以实行有偿服务，其合法收入和植物新品种、农业技术专利等知识产权受法律保护。进行农业技术转让、技术服务、技术承包、技术咨询和技术入股，当事人各方应当订立合同，约定各自的权利和义务。

第二十五条 国家鼓励和支持农民专业合作社、涉农企业，采取多种形式，为农民应用先进农业技术提供有关的技术服务。

第二十六条 国家鼓励和支持以大宗农产品和优势特色农产品生产为重点的农业示范区建设，发挥示范区对农业技术推广的引领作用，促进农业产业化发展和现代农业建设。

第二十七条 各级人民政府可以采取购买服务等方式，引导社会力量参与公益性农业技术推广服务。

第四章 农业技术推广的保障措施

第二十八条 国家逐步提高对农业技术推广的投入。各级人民政府在财政预算内应当保障用于农业技术推广的资金，并按规定使该资金逐年增长。

各级人民政府通过财政拨款以及从农业发展基金中提取一定比例的资金的渠道，筹集农业技术推广专项资金，用于实施农业技术推广项目。中央财政对重大农业技术推广给予补助。

县、乡镇国家农业技术推广机构的工作经费根据当地服务规模和绩效确定，由各级财政共同承担。

任何单位或者个人不得截留或者挪用用于农业技术推广的资金。

第二十九条 各级人民政府应当采取措施，保障和改善县、乡镇国家农业技术推广机构的专业技术人员的工作条件、生活条件和待遇，并按照国家规定给予补贴，保持国家农业技术推广队伍的稳定。

对在县、乡镇、村从事农业技术推广工作的专业技术人员的职称评定，应当以考核其推广工作的业务技术水平和实绩为主。

第三十条 各级人民政府应当采取措施，保障国家农业技术推广机构获得必需的试验示范场所、办公场所、推广和培训设施设备等工作条件。

地方各级人民政府应当保障国家农业技术推广机构的试验示范场所、生产资料和其他财产不受侵害。

第三十一条 农业技术推广部门和县级以上

国家农业技术推广机构，应当有计划地对农业技术推广人员进行技术培训，组织专业进修，使其不断更新知识、提高业务水平。

第三十二条 县级以上农业技术推广部门、乡镇人民政府应当对其管理的国家农业技术推广机构履行公益性职责的情况进行监督、考评。

各级农业技术推广部门和国家农业技术推广机构，应当建立国家农业技术推广机构的专业技术人员工作责任制度和考评制度。

县级人民政府农业技术推广部门管理为主的乡镇国家农业技术推广机构的人员，其业务考核、岗位聘用以及晋升，应当充分听取所服务区域的乡镇人民政府和服务对象的意见。

乡镇人民政府管理为主、县级人民政府农业技术推广部门业务指导的乡镇国家农业技术推广机构的人员，其业务考核、岗位聘用以及晋升，应当充分听取所在地的县级人民政府农业技术推广部门和服务对象的意见。

第三十三条 从事农业技术推广服务的，可以享受国家规定的税收、信贷等方面的优惠。

第五章 法律责任

第三十四条 各级人民政府有关部门及其工作人员未依照本法规定履行职责的，对直接负责的主管人员和其他直接责任人员依法给予处分。

第三十五条 国家农业技术推广机构及其工作人员未依照本法规定履行职责的，由主管机关责令限期改正，通报批评；对直接负责的主管人员和其他直接责任人员依法给予处分。

第三十六条 违反本法规定，向农业劳动者、农业生产经营组织推广未经试验证明具有先进性、适用性或者安全性的农业技术，造成损失的，应当承担赔偿责任。

第三十七条 违反本法规定，强迫农业劳动者、农业生产经营组织应用农业技术，造成损失的，依法承担赔偿责任。

第三十八条 违反本法规定，截留或者挪用用于农业技术推广的资金的，对直接负责的主管人员和其他直接责任人员依法给予处分；构成犯罪的，依法追究刑事责任。

第六章 附 则

第三十九条 本法自公布之日起施行。

十一、中华人民共和国农产品质量安全法

（2006 年 4 月 29 日第十届全国人民代表大会常务委员会第二十一次会议通过　根据 2018 年 10 月 26 日第十三届全国人民代表大会常务委员会第六次会议《关于修改〈中华人民共和国野生动物保护法〉等十五部法律的决定》修正　2022 年 9 月 2 日第十三届全国人民代表大会常务委员会第三十六次会议修订）

第一章　总　　则

第一条　为了保障农产品质量安全，维护公众健康，促进农业和农村经济发展，制定本法。

第二条　本法所称农产品，是指来源于种植业、林业、畜牧业和渔业等的初级产品，即在农业活动中获得的植物、动物、微生物及其产品。

本法所称农产品质量安全，是指农产品质量达到农产品质量安全标准，符合保障人的健康、安全的要求。

第三条　与农产品质量安全有关的农产品生产经营及其监督管理活动，适用本法。

《中华人民共和国食品安全法》对食用农产品的市场销售、有关质量安全标准的制定、有关安全信息的公布和农业投入品已经作出规定的，应当遵守其规定。

第四条　国家加强农产品质量安全工作，实行源头治理、风险管理、全程控制，建立科学、严格的监督管理制度，构建协同、高效的社会共治体系。

第五条　国务院农业农村主管部门、市场监督管理部门依照本法和规定的职责，对农产品质量安全实施监督管理。

国务院其他有关部门依照本法和规定的职责承担农产品质量安全的有关工作。

第六条　县级以上地方人民政府对本行政区域的农产品质量安全工作负责，统一领导、组织、协调本行政区域的农产品质量安全工作，建立健全农产品质量安全工作机制，提高农产品质量安全水平。

县级以上地方人民政府应当依照本法和有关规定，确定本级农业农村主管部门、市场监督管理部门和其他有关部门的农产品质量安全监督管理工作职责。各有关部门在职责范围内负责本行政区域的农产品质量安全监督管理工作。

乡镇人民政府应当落实农产品质量安全监督管理责任，协助上级人民政府及其有关部门做好农产品质量安全监督管理工作。

第七条　农产品生产经营者应当对其生产经营的农产品质量安全负责。

农产品生产经营者应当依照法律、法规和农产品质量安全标准从事生产经营活动，诚信自律，接受社会监督，承担社会责任。

第八条　县级以上人民政府应当将农产品质量安全管理工作纳入本级国民经济和社会发展规划，所需经费列入本级预算，加强农产品质量安全监督管理能力建设。

第九条　国家引导、推广农产品标准化生产，鼓励和支持生产绿色优质农产品，禁止生产、销售不符合国家规定的农产品质量安全标准的农产品。

第十条　国家支持农产品质量安全科学技术研究，推行科学的质量安全管理方法，推广先进安全的生产技术。国家加强农产品质量安全科学技术国际交流与合作。

第十一条 各级人民政府及有关部门应当加强农产品质量安全知识的宣传，发挥基层群众性自治组织、农村集体经济组织的优势和作用，指导农产品生产经营者加强质量安全管理，保障农产品消费安全。

新闻媒体应当开展农产品质量安全法律、法规和农产品质量安全知识的公益宣传，对违法行为进行舆论监督。有关农产品质量安全的宣传报道应当真实、公正。

第十二条 农民专业合作社和农产品行业协会等应当及时为其成员提供生产技术服务，建立农产品质量安全管理制度，健全农产品质量安全控制体系，加强自律管理。

第二章 农产品质量安全风险管理和标准制定

第十三条 国家建立农产品质量安全风险监测制度。

国务院农业农村主管部门应当制定国家农产品质量安全风险监测计划，并对重点区域、重点农产品品种进行质量安全风险监测。省、自治区、直辖市人民政府农业农村主管部门应当根据国家农产品质量安全风险监测计划，结合本行政区域农产品生产经营实际，制定本行政区域的农产品质量安全风险监测实施方案，并报国务院农业农村主管部门备案。县级以上地方人民政府农业农村主管部门负责组织实施本行政区域的农产品质量安全风险监测。

县级以上人民政府市场监督管理部门和其他有关部门获知有关农产品质量安全风险信息后，应当立即核实并向同级农业农村主管部门通报。接到通报的农业农村主管部门应当及时上报。制定农产品质量安全风险监测计划、实施方案的部门应当及时研究分析，必要时进行调整。

第十四条 国家建立农产品质量安全风险评估制度。

国务院农业农村主管部门应当设立农产品质量安全风险评估专家委员会，对可能影响农产品质量安全的潜在危害进行风险分析和评估。国务院卫生健康、市场监督管理等部门发现需要对农产品进行质量安全风险评估的，应当向国务院农业农村主管部门提出风险评估建议。

农产品质量安全风险评估专家委员会由农业、食品、营养、生物、环境、医学、化工等方面的专家组成。

第十五条 国务院农业农村主管部门应当根据农产品质量安全风险监测、风险评估结果采取相应的管理措施，并将农产品质量安全风险监测、风险评估结果及时通报国务院市场监督管理、卫生健康等部门和有关省、自治区、直辖市人民政府农业农村主管部门。

县级以上人民政府农业农村主管部门开展农产品质量安全风险监测和风险评估工作时，可以根据需要进入农产品产地、储存场所及批发、零售市场。采集样品应当按照市场价格支付费用。

第十六条 国家建立健全农产品质量安全标准体系，确保严格实施。农产品质量安全标准是强制执行的标准，包括以下与农产品质量安全有关的要求：

（一）农业投入品质量要求、使用范围、用法、用量、安全间隔期和休药期规定；

（二）农产品产地环境、生产过程管控、储存、运输要求；

（三）农产品关键成分指标等要求；

（四）与屠宰畜禽有关的检验规程；

（五）其他与农产品质量安全有关的强制性要求。

《中华人民共和国食品安全法》对食用农产品的有关质量安全标准作出规定的，依照其规定执行。

第十七条 农产品质量安全标准的制定和发布，依照法律、行政法规的规定执行。

制定农产品质量安全标准应当充分考虑农产品质量安全风险评估结果，并听取农产品生产经营者、消费者、有关部门、行业协会等的意见，保障农产品消费安全。

第十八条 农产品质量安全标准应当根据科学技术发展水平以及农产品质量安全的需要，及时修订。

第十九条 农产品质量安全标准由农业农村主管部门商有关部门推进实施。

第三章 农产品产地

第二十条 国家建立健全农产品产地监测制度。

县级以上地方人民政府农业农村主管部门应

当会同同级生态环境、自然资源等部门制定农产品产地监测计划，加强农产品产地安全调查、监测和评价工作。

第二十一条 县级以上地方人民政府农业农村主管部门应当会同同级生态环境、自然资源等部门按照保障农产品质量安全的要求，根据农产品品种特性和产地安全调查、监测、评价结果，依照土壤污染防治等法律、法规的规定提出划定特定农产品禁止生产区域的建议，报本级人民政府批准后实施。

任何单位和个人不得在特定农产品禁止生产区域种植、养殖、捕捞、采集特定农产品和建立特定农产品生产基地。

特定农产品禁止生产区域划定和管理的具体办法由国务院农业农村主管部门商国务院生态环境、自然资源等部门制定。

第二十二条 任何单位和个人不得违反有关环境保护法律、法规的规定向农产品产地排放或者倾倒废水、废气、固体废物或者其他有毒有害物质。

农业生产用水和用作肥料的固体废物，应当符合法律、法规和国家有关强制性标准的要求。

第二十三条 农产品生产者应当科学合理使用农药、兽药、肥料、农用薄膜等农业投入品，防止对农产品产地造成污染。

农药、肥料、农用薄膜等农业投入品的生产者、经营者、使用者应当按照国家有关规定回收并妥善处置包装物和废弃物。

第二十四条 县级以上人民政府应当采取措施，加强农产品基地建设，推进农业标准化示范建设，改善农产品的生产条件。

第四章 农产品生产

第二十五条 县级以上地方人民政府农业农村主管部门应当根据本地区的实际情况，制定保障农产品质量安全的生产技术要求和操作规程，并加强对农产品生产经营者的培训和指导。

农业技术推广机构应当加强对农产品生产经营者质量安全知识和技能的培训。国家鼓励科研教育机构开展农产品质量安全培训。

第二十六条 农产品生产企业、农民专业合作社、农业社会化服务组织应当加强农产品质量安全管理。

农产品生产企业应当建立农产品质量安全管理制度，配备相应的技术人员；不具备配备条件的，应当委托具有专业技术知识的人员进行农产品质量安全指导。

国家鼓励和支持农产品生产企业、农民专业合作社、农业社会化服务组织建立和实施危害分析和关键控制点体系，实施良好农业规范，提高农产品质量安全管理水平。

第二十七条 农产品生产企业、农民专业合作社、农业社会化服务组织应当建立农产品生产记录，如实记载下列事项：

（一）使用农业投入品的名称、来源、用法、用量和使用、停用的日期；

（二）动物疫病、农作物病虫害的发生和防治情况；

（三）收获、屠宰或者捕捞的日期。

农产品生产记录应当至少保存二年。禁止伪造、变造农产品生产记录。

国家鼓励其他农产品生产者建立农产品生产记录。

第二十八条 对可能影响农产品质量安全的农药、兽药、饲料和饲料添加剂、肥料、兽医器械，依照有关法律、行政法规的规定实行许可制度。

省级以上人民政府农业农村主管部门应当定期或者不定期组织对可能危及农产品质量安全的农药、兽药、饲料和饲料添加剂、肥料等农业投入品进行监督抽查，并公布抽查结果。

农药、兽药经营者应当依照有关法律、行政法规的规定建立销售台账，记录购买者、销售日期和药品施用范围等内容。

第二十九条 农产品生产经营者应当依照有关法律、行政法规和国家有关强制性标准、国务院农业农村主管部门的规定，科学合理使用农药、兽药、饲料和饲料添加剂、肥料等农业投入品，严格执行农业投入品使用安全间隔期或者休药期的规定；不得超范围、超剂量使用农业投入品危及农产品质量安全。

禁止在农产品生产经营过程中使用国家禁止使用的农业投入品以及其他有毒有害物质。

第三十条 农产品生产场所以及生产活动中使用的设施、设备、消毒剂、洗涤剂等应当符合国家有关质量安全规定，防止污染农产品。

第三十一条 县级以上人民政府农业农村主

管部门应当加强对农业投入品使用的监督管理和指导，建立健全农业投入品的安全使用制度，推广农业投入品科学使用技术，普及安全、环保农业投入品的使用。

第三十二条 国家鼓励和支持农产品生产经营者选用优质特色农产品品种，采用绿色生产技术和全程质量控制技术，生产绿色优质农产品，实施分等分级，提高农产品品质，打造农产品品牌。

第三十三条 国家支持农产品产地冷链物流基础设施建设，健全有关农产品冷链物流标准、服务规范和监管保障机制，保障冷链物流农产品畅通高效、安全便捷，扩大高品质市场供给。

从事农产品冷链物流的生产经营者应当依照法律、法规和有关农产品质量安全标准，加强冷链技术创新与应用、质量安全控制，执行对冷链物流农产品及其包装、运输工具、作业环境等的检验检测检疫要求，保证冷链农产品质量安全。

第五章 农产品销售

第三十四条 销售的农产品应当符合农产品质量安全标准。

农产品生产企业、农民专业合作社应当根据质量安全控制要求自行或者委托检测机构对农产品质量安全进行检测；经检测不符合农产品质量安全标准的农产品，应当及时采取管控措施，且不得销售。

农业技术推广等机构应当为农户等农产品生产经营者提供农产品检测技术服务。

第三十五条 农产品在包装、保鲜、储存、运输中所使用的保鲜剂、防腐剂、添加剂、包装材料等，应当符合国家有关强制性标准以及其他农产品质量安全规定。

储存、运输农产品的容器、工具和设备应当安全、无害。禁止将农产品与有毒有害物质一同储存、运输，防止污染农产品。

第三十六条 有下列情形之一的农产品，不得销售：

（一）含有国家禁止使用的农药、兽药或者其他化合物；

（二）农药、兽药等化学物质残留或者含有的重金属等有毒有害物质不符合农产品质量安全标准；

（三）含有的致病性寄生虫、微生物或者生物毒素不符合农产品质量安全标准；

（四）未按照国家有关强制性标准以及其他农产品质量安全规定使用保鲜剂、防腐剂、添加剂、包装材料等，或者使用的保鲜剂、防腐剂、添加剂、包装材料等不符合国家有关强制性标准以及其他质量安全规定；

（五）病死、毒死或者死因不明的动物及其产品；

（六）其他不符合农产品质量安全标准的情形。

对前款规定不得销售的农产品，应当依照法律、法规的规定进行处置。

第三十七条 农产品批发市场应当按照规定设立或者委托检测机构，对进场销售的农产品质量安全状况进行抽查检测；发现不符合农产品质量安全标准的，应当要求销售者立即停止销售，并向所在地市场监督管理、农业农村等部门报告。

农产品销售企业对其销售的农产品，应当建立健全进货检查验收制度；经查验不符合农产品质量安全标准的，不得销售。

食品生产者采购农产品等食品原料，应当依照《中华人民共和国食品安全法》的规定查验许可证和合格证明，对无法提供合格证明的，应当按照规定进行检验。

第三十八条 农产品生产企业、农民专业合作社以及从事农产品收购的单位或者个人销售的农产品，按照规定应当包装或者附加承诺达标合格证等标识的，须经包装或者附加标识后方可销售。包装物或者标识上应当按照规定标明产品的品名、产地、生产者、生产日期、保质期、产品质量等级等内容；使用添加剂的，还应当按照规定标明添加剂的名称。具体办法由国务院农业农村主管部门制定。

第三十九条 农产品生产企业、农民专业合作社应当执行法律、法规的规定和国家有关强制性标准，保证其销售的农产品符合农产品质量安全标准，并根据质量安全控制、检测结果等开具承诺达标合格证，承诺不使用禁用的农药、兽药及其他化合物且使用的常规农药、兽药残留不超标等。鼓励和支持农户销售农产品时开具承诺达标合格证。法律、行政法规对畜禽产品的质量安全合格证明有特别规定的，应当遵守其规定。

从事农产品收购的单位或者个人应当按照规

定收取、保存承诺达标合格证或者其他质量安全合格证明，对其收购的农产品进行混装或者分装后销售的，应当按照规定开具承诺达标合格证。

农产品批发市场应当建立健全农产品承诺达标合格证查验等制度。

县级以上人民政府农业农村主管部门应当做好承诺达标合格证有关工作的指导服务，加强日常监督检查。

农产品质量安全承诺达标合格证管理办法由国务院农业农村主管部门会同国务院有关部门制定。

第四十条 农产品生产经营者通过网络平台销售农产品的，应当依照本法和《中华人民共和国电子商务法》《中华人民共和国食品安全法》等法律、法规的规定，严格落实质量安全责任，保证其销售的农产品符合质量安全标准。网络平台经营者应当依法加强对农产品生产经营者的管理。

第四十一条 国家对列入农产品质量安全追溯目录的农产品实施追溯管理。国务院农业农村主管部门应当会同国务院市场监督管理等部门建立农产品质量安全追溯协作机制。农产品质量安全追溯管理办法和追溯目录由国务院农业农村主管部门会同国务院市场监督管理等部门制定。

国家鼓励具备信息化条件的农产品生产经营者采用现代信息技术手段采集、留存生产记录、购销记录等生产经营信息。

第四十二条 农产品质量符合国家规定的有关优质农产品标准的，农产品生产经营者可以申请使用农产品质量标志。禁止冒用农产品质量标志。

国家加强地理标志农产品保护和管理。

第四十三条 属于农业转基因生物的农产品，应当按照农业转基因生物安全管理的有关规定进行标识。

第四十四条 依法需要实施检疫的动植物及其产品，应当附具检疫标志、检疫证明。

第六章 监督管理

第四十五条 县级以上人民政府农业农村主管部门和市场监督管理等部门应当建立健全农产品质量安全全程监督管理协作机制，确保农产品从生产到消费各环节的质量安全。

县级以上人民政府农业农村主管部门和市场监督管理部门应当加强收购、储存、运输过程中农产品质量安全监督管理的协调配合和执法衔接，及时通报和共享农产品质量安全监督管理信息，并按照职责权限，发布有关农产品质量安全日常监督管理信息。

第四十六条 县级以上人民政府农业农村主管部门应当根据农产品质量安全风险监测、风险评估结果和农产品质量安全状况等，制定监督抽查计划，确定农产品质量安全监督抽查的重点、方式和频次，并实施农产品质量安全风险分级管理。

第四十七条 县级以上人民政府农业农村主管部门应当建立健全随机抽查机制，按照监督抽查计划，组织开展农产品质量安全监督抽查。

农产品质量安全监督抽查检测应当委托符合本法规定条件的农产品质量安全检测机构进行。监督抽查不得向被抽查人收取费用，抽取的样品应当按照市场价格支付费用，并不得超过国务院农业农村主管部门规定的数量。

上级农业农村主管部门监督抽查的同批次农产品，下级农业农村主管部门不得另行重复抽查。

第四十八条 农产品质量安全检测应当充分利用现有的符合条件的检测机构。

从事农产品质量安全检测的机构，应当具备相应的检测条件和能力，由省级以上人民政府农业农村主管部门或者其授权的部门考核合格。具体办法由国务院农业农村主管部门制定。

农产品质量安全检测机构应当依法经资质认定。

第四十九条 从事农产品质量安全检测工作的人员，应当具备相应的专业知识和实际操作技能，遵纪守法，恪守职业道德。

农产品质量安全检测机构对出具的检测报告负责。检测报告应当客观公正，检测数据应当真实可靠，禁止出具虚假检测报告。

第五十条 县级以上地方人民政府农业农村主管部门可以采用国务院农业农村主管部门会同国务院市场监督管理等部门认定的快速检测方法，开展农产品质量安全监督抽查检测。抽查检测结果确定有关农产品不符合农产品质量安全标准的，可以作为行政处罚的证据。

第五十一条 农产品生产经营者对监督抽查检测结果有异议的，可以自收到检测结果之日起五个工作日内，向实施农产品质量安全监督抽查的农业农村主管部门或者其上一级农业农村主管部门申请复检。复检机构与初检机构不得为同一机构。

采用快速检测方法进行农产品质量安全监督抽查检测，被抽查人对检测结果有异议的，可以自收到检测结果时起四小时内申请复检。复检不得采用快速检测方法。

复检机构应当自收到复检样品之日起七个工作日内出具检测报告。

因检测结果错误给当事人造成损害的，依法承担赔偿责任。

第五十二条 县级以上地方人民政府农业农村主管部门应当加强对农产品生产的监督管理，开展日常检查，重点检查农产品产地环境、农业投入品购买和使用、农产品生产记录、承诺达标合格证开具等情况。

国家鼓励和支持基层群众性自治组织建立农产品质量安全信息员工作制度，协助开展有关工作。

第五十三条 开展农产品质量安全监督检查，有权采取下列措施：

（一）进入生产经营场所进行现场检查，调查了解农产品质量安全的有关情况；

（二）查阅、复制农产品生产记录、购销台账等与农产品质量安全有关的资料；

（三）抽样检测生产经营的农产品和使用的农业投入品以及其他有关产品；

（四）查封、扣押有证据证明存在农产品质量安全隐患或者经检测不符合农产品质量安全标准的农产品；

（五）查封、扣押有证据证明可能危及农产品质量安全或者经检测不符合产品质量标准的农业投入品以及其他有毒有害物质；

（六）查封、扣押用于违法生产经营农产品的设施、设备、场所以及运输工具；

（七）收缴伪造的农产品质量标志。

农产品生产经营者应当协助、配合农产品质量安全监督检查，不得拒绝、阻挠。

第五十四条 县级以上人民政府农业农村等部门应当加强农产品质量安全信用体系建设，建立农产品生产经营者信用记录，记载行政处罚等信息，推进农产品质量安全信用信息的应用和管理。

第五十五条 农产品生产经营过程中存在质量安全隐患，未及时采取措施消除的，县级以上地方人民政府农业农村主管部门可以对农产品生产经营者的法定代表人或者主要负责人进行责任约谈。农产品生产经营者应当立即采取措施，进行整改，消除隐患。

第五十六条 国家鼓励消费者协会和其他单位或者个人对农产品质量安全进行社会监督，对农产品质量安全监督管理工作提出意见和建议。任何单位和个人有权对违反本法的行为进行检举控告、投诉举报。

县级以上人民政府农业农村主管部门应当建立农产品质量安全投诉举报制度，公开投诉举报渠道，收到投诉举报后，应当及时处理。对不属于本部门职责的，应当移交有权处理的部门并书面通知投诉举报人。

第五十七条 县级以上地方人民政府农业农村主管部门应当加强对农产品质量安全执法人员的专业技术培训并组织考核。不具备相应知识和能力的，不得从事农产品质量安全执法工作。

第五十八条 上级人民政府应当督促下级人民政府履行农产品质量安全职责。对农产品质量安全责任落实不力、问题突出的地方人民政府，上级人民政府可以对其主要负责人进行责任约谈。被约谈的地方人民政府应当立即采取整改措施。

第五十九条 国务院农业农村主管部门应当会同国务院有关部门制定国家农产品质量安全突发事件应急预案，并与国家食品安全事故应急预案相衔接。

县级以上地方人民政府应当根据有关法律、行政法规的规定和上级人民政府的农产品质量安全突发事件应急预案，制定本行政区域的农产品质量安全突发事件应急预案。

发生农产品质量安全事故时，有关单位和个人应当采取控制措施，及时向所在地乡镇人民政府和县级人民政府农业农村等部门报告；收到报告的机关应当按照农产品质量安全突发事件应急预案及时处理并报本级人民政府、上级人民政府有关部门。发生重大农产品质量安全事故时，按照规定上报国务院及其有关部门。

任何单位和个人不得隐瞒、谎报、缓报农产品质量安全事故，不得隐匿、伪造、毁灭有关证据。

第六十条 县级以上地方人民政府市场监督

管理部门依照本法和《中华人民共和国食品安全法》等法律、法规的规定，对农产品进入批发、零售市场或者生产加工企业后的生产经营活动进行监督检查。

第六十一条 县级以上人民政府农业农村、市场监督管理等部门发现农产品质量安全违法行为涉嫌犯罪的，应当及时将案件移送公安机关。对移送的案件，公安机关应当及时审查；认为有犯罪事实需要追究刑事责任的，应当立案侦查。

公安机关对依法不需要追究刑事责任但应当给予行政处罚的，应当及时将案件移送农业农村、市场监督管理等部门，有关部门应当依法处理。

公安机关商请农业农村、市场监督管理、生态环境等部门提供检验结论、认定意见以及对涉案农产品进行无害化处理等协助的，有关部门应当及时提供、予以协助。

第七章 法律责任

第六十二条 违反本法规定，地方各级人民政府有下列情形之一的，对直接负责的主管人员和其他直接责任人员给予警告、记过、记大过处分；造成严重后果的，给予降级或者撤职处分：

（一）未确定有关部门的农产品质量安全监督管理工作职责，未建立健全农产品质量安全工作机制，或者未落实农产品质量安全监督管理责任；

（二）未制定本行政区域的农产品质量安全突发事件应急预案，或者发生农产品质量安全事故后未按照规定启动应急预案。

第六十三条 违反本法规定，县级以上人民政府农业农村等部门有下列行为之一的，对直接负责的主管人员和其他直接责任人员给予记大过处分；情节较重的，给予降级或者撤职处分；情节严重的，给予开除处分；造成严重后果的，其主要负责人还应当引咎辞职：

（一）隐瞒、谎报、缓报农产品质量安全事故或者隐匿、伪造、毁灭有关证据；

（二）未按照规定查处农产品质量安全事故，或者接到农产品质量安全事故报告未及时处理，造成事故扩大或者蔓延；

（三）发现农产品质量安全重大风险隐患后，未及时采取相应措施，造成农产品质量安全事故或者不良社会影响；

（四）不履行农产品质量安全监督管理职责，导致发生农产品质量安全事故。

第六十四条 县级以上地方人民政府农业农村、市场监督管理等部门在履行农产品质量安全监督管理职责过程中，违法实施检查、强制等执法措施，给农产品生产经营者造成损失的，应当依法予以赔偿，对直接负责的主管人员和其他直接责任人员依法给予处分。

第六十五条 农产品质量安全检测机构、检测人员出具虚假检测报告的，由县级以上人民政府农业农村主管部门没收所收取的检测费用，检测费用不足一万元的，并处五万元以上十万元以下罚款，检测费用一万元以上的，并处检测费用五倍以上十倍以下罚款；对直接负责的主管人员和其他直接责任人员处一万元以上五万元以下罚款；使消费者的合法权益受到损害的，农产品质量安全检测机构应当与农产品生产经营者承担连带责任。

因农产品质量安全违法行为受到刑事处罚或者因出具虚假检测报告导致发生重大农产品质量安全事故的检测人员，终身不得从事农产品质量安全检测工作。农产品质量安全检测机构不得聘用上述人员。

农产品质量安全检测机构有前两款违法行为的，由授予其资质的主管部门或者机构吊销该农产品质量安全检测机构的资质证书。

第六十六条 违反本法规定，在特定农产品禁止生产区域种植、养殖、捕捞、采集特定农产品或者建立特定农产品生产基地的，由县级以上地方人民政府农业农村主管部门责令停止违法行为，没收农产品和违法所得，并处违法所得一倍以上三倍以下罚款。

违反法律、法规规定，向农产品产地排放或者倾倒废水、废气、固体废物或者其他有毒有害物质的，依照有关环境保护法律、法规的规定处理、处罚；造成损害的，依法承担赔偿责任。

第六十七条 农药、肥料、农用薄膜等农业投入品的生产者、经营者、使用者未按照规定回收并妥善处置包装物或者废弃物的，由县级以上地方人民政府农业农村主管部门依照有关法律、法规的规定处理、处罚。

第六十八条 违反本法规定，农产品生产企业有下列情形之一的，由县级以上地方人民政府农业农村主管部门责令限期改正；逾期不改正的，处五千元以上五万元以下罚款：

（一）未建立农产品质量安全管理制度；

（二）未配备相应的农产品质量安全管理技术人员，且未委托具有专业技术知识的人员进行农产品质量安全指导。

第六十九条 农产品生产企业、农民专业合作社、农业社会化服务组织未依照本法规定建立、保存农产品生产记录，或者伪造、变造农产品生产记录的，由县级以上地方人民政府农业农村主管部门责令限期改正；逾期不改正的，处二千元以上二万元以下罚款。

第七十条 违反本法规定，农产品生产经营者有下列行为之一，尚不构成犯罪的，由县级以上地方人民政府农业农村主管部门责令停止生产经营、追回已经销售的农产品，对违法生产经营的农产品进行无害化处理或者予以监督销毁，没收违法所得，并可以没收用于违法生产经营的工具、设备、原料等物品；违法生产经营的农产品货值金额不足一万元的，并处十万元以上十五万元以下罚款，货值金额一万元以上的，并处货值金额十五倍以上三十倍以下罚款；对农户，并处一千元以上一万元以下罚款；情节严重的，有许可证的吊销许可证，并可以由公安机关对其直接负责的主管人员和其他直接责任人员处五日以上十五日以下拘留：

（一）在农产品生产经营过程中使用国家禁止使用的农业投入品或者其他有毒有害物质；

（二）销售含有国家禁止使用的农药、兽药或者其他化合物的农产品；

（三）销售病死、毒死或者死因不明的动物及其产品。

明知农产品生产经营者从事前款规定的违法行为，仍为其提供生产经营场所或者其他条件的，由县级以上地方人民政府农业农村主管部门责令停止违法行为，没收违法所得，并处十万元以上二十万元以下罚款；使消费者的合法权益受到损害的，应当与农产品生产经营者承担连带责任。

第七十一条 违反本法规定，农产品生产经营者有下列行为之一，尚不构成犯罪的，由县级以上地方人民政府农业农村主管部门责令停止生产经营、追回已经销售的农产品，对违法生产经营的农产品进行无害化处理或者予以监督销毁，没收违法所得，并可以没收用于违法生产经营的工具、设备、原料等物品；违法生产经营的农产品货值金额不足一万元的，并处五万元以上十万元以下罚款，货值金额一万元以上的，并处货值金额十倍以上二十倍以下罚款；对农户，并处五百元以上五千元以下罚款：

（一）销售农药、兽药等化学物质残留或者含有的重金属等有毒有害物质不符合农产品质量安全标准的农产品；

（二）销售含有的致病性寄生虫、微生物或者生物毒素不符合农产品质量安全标准的农产品；

（三）销售其他不符合农产品质量安全标准的农产品。

第七十二条 违反本法规定，农产品生产经营者有下列行为之一的，由县级以上地方人民政府农业农村主管部门责令停止生产经营、追回已经销售的农产品，对违法生产经营的农产品进行无害化处理或者予以监督销毁，没收违法所得，并可以没收用于违法生产经营的工具、设备、原料等物品；违法生产经营的农产品货值金额不足一万元的，并处五千元以上五万元以下罚款，货值金额一万元以上的，并处货值金额五倍以上十倍以下罚款；对农户，并处三百元以上三千元以下罚款：

（一）在农产品生产场所以及生产活动中使用的设施、设备、消毒剂、洗涤剂等不符合国家有关质量安全规定；

（二）未按照国家有关强制性标准或者其他农产品质量安全规定使用保鲜剂、防腐剂、添加剂、包装材料等，或者使用的保鲜剂、防腐剂、添加剂、包装材料等不符合国家有关强制性标准或者其他质量安全规定；

（三）将农产品与有毒有害物质一同储存、运输。

第七十三条 违反本法规定，有下列行为之一的，由县级以上地方人民政府农业农村主管部门按照职责给予批评教育，责令限期改正；逾期不改正的，处一百元以上一千元以下罚款：

（一）农产品生产企业、农民专业合作社、从事农产品收购的单位或者个人未按照规定开具承诺达标合格证；

（二）从事农产品收购的单位或者个人未按照规定收取、保存承诺达标合格证或者其他合格证明。

第七十四条 农产品生产经营者冒用农产品质量标志，或者销售冒用农产品质量标志的农产品的，由县级以上地方人民政府农业农村主管部门按照职责责令改正，没收违法所得；违法生产经营的农产品货值金额不足五千元的，并处五千元以上五万元以下罚款，货值金额五千元以上的，并处货值金额十倍以上二十倍以下罚款。

第七十五条 违反本法关于农产品质量安全追溯规定的，由县级以上地方人民政府农业农村主管部门按照职责责令限期改正；逾期不改正的，可以处一万元以下罚款。

第七十六条 违反本法规定，拒绝、阻挠依法开展的农产品质量安全监督检查、事故调查处理、抽样检测和风险评估的，由有关主管部门按照职责责令停产停业，并处二千元以上五万元以下罚款；构成违反治安管理行为的，由公安机关依法给予治安管理处罚。

第七十七条 《中华人民共和国食品安全法》对食用农产品进入批发、零售市场或者生产加工企业后的违法行为和法律责任有规定的，由县级以上地方人民政府市场监督管理部门依照其规定进行处罚。

第七十八条 违反本法规定，构成犯罪的，依法追究刑事责任。

第七十九条 违反本法规定，给消费者造成人身、财产或者其他损害的，依法承担民事赔偿责任。生产经营者财产不足以同时承担民事赔偿责任和缴纳罚款、罚金时，先承担民事赔偿责任。

食用农产品生产经营者违反本法规定，污染环境、侵害众多消费者合法权益，损害社会公共利益的，人民检察院可以依照《中华人民共和国民事诉讼法》《中华人民共和国行政诉讼法》等法律的规定向人民法院提起诉讼。

第八章 附 则

第八十条 粮食收购、储存、运输环节的质量安全管理，依照有关粮食管理的法律、行政法规执行。

第八十一条 本法自 2023 年 1 月 1 日起施行。

十二、中华人民共和国环境保护法

（1989 年 12 月 26 日第七届全国人民代表大会常务委员会第十一次会议通过　2014 年 4 月 24 日第十二届全国人民代表大会常务委员会第八次会议修订）

第一章　总　则

第一条　为保护和改善环境，防治污染和其他公害，保障公众健康，推进生态文明建设，促进经济社会可持续发展，制定本法。

第二条　本法所称环境，是指影响人类生存和发展的各种天然的和经过人工改造的自然因素的总体，包括大气、水、海洋、土地、矿藏、森林、草原、湿地、野生生物、自然遗迹、人文遗迹、自然保护区、风景名胜区、城市和乡村等。

第三条　本法适用于中华人民共和国领域和中华人民共和国管辖的其他海域。

第四条　保护环境是国家的基本国策。

国家采取有利于节约和循环利用资源、保护和改善环境、促进人与自然和谐的经济、技术政策和措施，使经济社会发展与环境保护相协调。

第五条　环境保护坚持保护优先、预防为主、综合治理、公众参与、损害担责的原则。

第六条　一切单位和个人都有保护环境的义务。

地方各级人民政府应当对本行政区域的环境质量负责。

企业事业单位和其他生产经营者应当防止、减少环境污染和生态破坏，对所造成的损害依法承担责任。

公民应当增强环境保护意识，采取低碳、节俭的生活方式，自觉履行环境保护义务。

第七条　国家支持环境保护科学技术研究、开发和应用，鼓励环境保护产业发展，促进环境保护信息化建设，提高环境保护科学技术水平。

第八条　各级人民政府应当加大保护和改善环境、防治污染和其他公害的财政投入，提高财政资金的使用效益。

第九条　各级人民政府应当加强环境保护宣传和普及工作，鼓励基层群众性自治组织、社会组织、环境保护志愿者开展环境保护法律法规和环境保护知识的宣传，营造保护环境的良好风气。

教育行政部门、学校应当将环境保护知识纳入学校教育内容，培养学生的环境保护意识。

新闻媒体应当开展环境保护法律法规和环境保护知识的宣传，对环境违法行为进行舆论监督。

第十条　国务院环境保护主管部门，对全国环境保护工作实施统一监督管理；县级以上地方人民政府环境保护主管部门，对本行政区域环境保护工作实施统一监督管理。

县级以上人民政府有关部门和军队环境保护部门，依照有关法律的规定对资源保护和污染防治等环境保护工作实施监督管理。

第十一条　对保护和改善环境有显著成绩的单位和个人，由人民政府给予奖励。

第十二条　每年 6 月 5 日为环境日。

第二章　监督管理

第十三条　县级以上人民政府应当将环境保护工作纳入国民经济和社会发展规划。

国务院环境保护主管部门会同有关部门，根据国民经济和社会发展规划编制国家环境保护规划，报国务院批准并公布实施。

县级以上地方人民政府环境保护主管部门会同有关部门，根据国家环境保护规划的要求，编制本行政区域的环境保护规划，报同级人民政府批准并公布实施。

环境保护规划的内容应当包括生态保护和污染防治的目标、任务、保障措施等，并与主体功能区规划、土地利用总体规划和城乡规划等相衔接。

第十四条 国务院有关部门和省、自治区、直辖市人民政府组织制定经济、技术政策，应当充分考虑对环境的影响，听取有关方面和专家的意见。

第十五条 国务院环境保护主管部门制定国家环境质量标准。

省、自治区、直辖市人民政府对国家环境质量标准中未作规定的项目，可以制定地方环境质量标准；对国家环境质量标准中已作规定的项目，可以制定严于国家环境质量标准的地方环境质量标准。地方环境质量标准应当报国务院环境保护主管部门备案。

国家鼓励开展环境基准研究。

第十六条 国务院环境保护主管部门根据国家环境质量标准和国家经济、技术条件，制定国家污染物排放标准。

省、自治区、直辖市人民政府对国家污染物排放标准中未作规定的项目，可以制定地方污染物排放标准；对国家污染物排放标准中已作规定的项目，可以制定严于国家污染物排放标准的地方污染物排放标准。地方污染物排放标准应当报国务院环境保护主管部门备案。

第十七条 国家建立、健全环境监测制度。国务院环境保护主管部门制定监测规范，会同有关部门组织监测网络，统一规划国家环境质量监测站（点）的设置，建立监测数据共享机制，加强对环境监测的管理。

有关行业、专业等各类环境质量监测站（点）的设置应当符合法律法规规定和监测规范的要求。

监测机构应当使用符合国家标准的监测设备，遵守监测规范。监测机构及其负责人对监测数据的真实性和准确性负责。

第十八条 省级以上人民政府应当组织有关部门或者委托专业机构，对环境状况进行调查、评价，建立环境资源承载能力监测预警机制。

第十九条 编制有关开发利用规划，建设对环境有影响的项目，应当依法进行环境影响评价。

未依法进行环境影响评价的开发利用规划，不得组织实施；未依法进行环境影响评价的建设项目，不得开工建设。

第二十条 国家建立跨行政区域的重点区域、流域环境污染和生态破坏联合防治协调机制，实行统一规划、统一标准、统一监测、统一的防治措施。

前款规定以外的跨行政区域的环境污染和生态破坏的防治，由上级人民政府协调解决，或者由有关地方人民政府协商解决。

第二十一条 国家采取财政、税收、价格、政府采购等方面的政策和措施，鼓励和支持环境保护技术装备、资源综合利用和环境服务等环境保护产业的发展。

第二十二条 企业事业单位和其他生产经营者，在污染物排放符合法定要求的基础上，进一步减少污染物排放的，人民政府应当依法采取财政、税收、价格、政府采购等方面的政策和措施予以鼓励和支持。

第二十三条 企业事业单位和其他生产经营者，为改善环境，依照有关规定转产、搬迁、关闭的，人民政府应当予以支持。

第二十四条 县级以上人民政府环境保护主管部门及其委托的环境监察机构和其他负有环境保护监督管理职责的部门，有权对排放污染物的企业事业单位和其他生产经营者进行现场检查。被检查者应当如实反映情况，提供必要的资料。实施现场检查的部门、机构及其工作人员应当为被检查者保守商业秘密。

第二十五条 企业事业单位和其他生产经营者违反法律法规规定排放污染物，造成或者可能造成严重污染的，县级以上人民政府环境保护主管部门和其他负有环境保护监督管理职责的部门，可以查封、扣押造成污染物排放的设施、设备。

第二十六条 国家实行环境保护目标责任制和考核评价制度。县级以上人民政府应当将环境保护目标完成情况纳入对本级人民政府负有环境保护监督管理职责的部门及其负责人和下级人民政府及其负责人的考核内容，作为对其考核评价的重要依据。考核结果应当向社会公开。

第二十七条 县级以上人民政府应当每年向本级人民代表大会或者人民代表大会常务委员会报告环境状况和环境保护目标完成情况，对发生的重大环境事件应当及时向本级人民代表大会常务委员会报告，依法接受监督。

第三章 保护和改善环境

第二十八条 地方各级人民政府应当根据环境保护目标和治理任务，采取有效措施，改善环境质量。

未达到国家环境质量标准的重点区域、流域的有关地方人民政府，应当制定限期达标规划，并采取措施按期达标。

第二十九条 国家在重点生态功能区、生态环境敏感区和脆弱区等区域划定生态保护红线，实行严格保护。

各级人民政府对具有代表性的各种类型的自然生态系统区域，珍稀、濒危的野生动植物自然分布区域，重要的水源涵养区域，具有重大科学文化价值的地质构造、著名溶洞和化石分布区、冰川、火山、温泉等自然遗迹，以及人文遗迹、古树名木，应当采取措施予以保护，严禁破坏。

第三十条 开发利用自然资源，应当合理开发，保护生物多样性，保障生态安全，依法制定有关生态保护和恢复治理方案并予以实施。

引进外来物种以及研究、开发和利用生物技术，应当采取措施，防止对生物多样性的破坏。

第三十一条 国家建立、健全生态保护补偿制度。

国家加大对生态保护地区的财政转移支付力度。有关地方人民政府应当落实生态保护补偿资金，确保其用于生态保护补偿。

国家指导受益地区和生态保护地区人民政府通过协商或者按照市场规则进行生态保护补偿。

第三十二条 国家加强对大气、水、土壤等的保护，建立和完善相应的调查、监测、评估和修复制度。

第三十三条 各级人民政府应当加强对农业环境的保护，促进农业环境保护新技术的使用，加强对农业污染源的监测预警，统筹有关部门采取措施，防治土壤污染和土地沙化、盐渍化、贫瘠化、石漠化、地面沉降以及防治植被破坏、水土流失、水体富营养化、水源枯竭、种源灭绝等生态失调现象，推广植物病虫害的综合防治。

县级、乡级人民政府应当提高农村环境保护公共服务水平，推动农村环境综合整治。

第三十四条 国务院和沿海地方各级人民政府应当加强对海洋环境的保护。向海洋排放污染物、倾倒废弃物，进行海岸工程和海洋工程建设，应当符合法律法规规定和有关标准，防止和减少对海洋环境的污染损害。

第三十五条 城乡建设应当结合当地自然环境的特点，保护植被、水域和自然景观，加强城市园林、绿地和风景名胜区的建设与管理。

第三十六条 国家鼓励和引导公民、法人和其他组织使用有利于保护环境的产品和再生产品，减少废弃物的产生。

国家机关和使用财政资金的其他组织应当优先采购和使用节能、节水、节材等有利于保护环境的产品、设备和设施。

第三十七条 地方各级人民政府应当采取措施，组织对生活废弃物的分类处置、回收利用。

第三十八条 公民应当遵守环境保护法律法规，配合实施环境保护措施，按照规定对生活废弃物进行分类放置，减少日常生活对环境造成的损害。

第三十九条 国家建立、健全环境与健康监测、调查和风险评估制度；鼓励和组织开展环境质量对公众健康影响的研究，采取措施预防和控制与环境污染有关的疾病。

第四章 防治污染和其他公害

第四十条 国家促进清洁生产和资源循环利用。

国务院有关部门和地方各级人民政府应当采取措施，推广清洁能源的生产和使用。

企业应当优先使用清洁能源，采用资源利用率高、污染物排放量少的工艺、设备以及废弃物综合利用技术和污染物无害化处理技术，减少污染物的产生。

第四十一条 建设项目中防治污染的设施，应当与主体工程同时设计、同时施工、同时投产使用。防治污染的设施应当符合经批准的环境影响评价文件的要求，不得擅自拆除或者闲置。

第四十二条 排放污染物的企业事业单位和其他生产经营者，应当采取措施，防治在生产建设或者其他活动中产生的废气、废水、废渣、医疗废物、粉尘、恶臭气体、放射性物质以及噪声、振动、光辐射、电磁辐射等对环境的污染和危害。

排放污染物的企业事业单位，应当建立环境

保护责任制度，明确单位负责人和相关人员的责任。

重点排污单位应当按照国家有关规定和监测规范安装使用监测设备，保证监测设备正常运行，保存原始监测记录。

严禁通过暗管、渗井、渗坑、灌注或者篡改、伪造监测数据，或者不正常运行防治污染设施等逃避监管的方式违法排放污染物。

第四十三条 排放污染物的企业事业单位和其他生产经营者，应当按照国家有关规定缴纳排污费。排污费应当全部专项用于环境污染防治，任何单位和个人不得截留、挤占或者挪作他用。

依照法律规定征收环境保护税的，不再征收排污费。

第四十四条 国家实行重点污染物排放总量控制制度。重点污染物排放总量控制指标由国务院下达，省、自治区、直辖市人民政府分解落实。企业事业单位在执行国家和地方污染物排放标准的同时，应当遵守分解落实到本单位的重点污染物排放总量控制指标。

对超过国家重点污染物排放总量控制指标或者未完成国家确定的环境质量目标的地区，省级以上人民政府环境保护主管部门应当暂停审批其新增重点污染物排放总量的建设项目环境影响评价文件。

第四十五条 国家依照法律规定实行排污许可管理制度。

实行排污许可管理的企业事业单位和其他生产经营者应当按照排污许可证的要求排放污染物；未取得排污许可证的，不得排放污染物。

第四十六条 国家对严重污染环境的工艺、设备和产品实行淘汰制度。任何单位和个人不得生产、销售或者转移、使用严重污染环境的工艺、设备和产品。

禁止引进不符合我国环境保护规定的技术、设备、材料和产品。

第四十七条 各级人民政府及其有关部门和企业事业单位，应当依照《中华人民共和国突发事件应对法》的规定，做好突发环境事件的风险控制、应急准备、应急处置和事后恢复等工作。

县级以上人民政府应当建立环境污染公共监测预警机制，组织制定预警方案；环境受到污染，可能影响公众健康和环境安全时，依法及时公布预警信息，启动应急措施。

企业事业单位应当按照国家有关规定制定突发环境事件应急预案，报环境保护主管部门和有关部门备案。在发生或者可能发生突发环境事件时，企业事业单位应当立即采取措施处理，及时通报可能受到危害的单位和居民，并向环境保护主管部门和有关部门报告。

突发环境事件应急处置工作结束后，有关人民政府应当立即组织评估事件造成的环境影响和损失，并及时将评估结果向社会公布。

第四十八条 生产、储存、运输、销售、使用、处置化学物品和含有放射性物质的物品，应当遵守国家有关规定，防止污染环境。

第四十九条 各级人民政府及其农业等有关部门和机构应当指导农业生产经营者科学种植和养殖，科学合理施用农药、化肥等农业投入品，科学处置农用薄膜、农作物秸秆等农业废弃物，防止农业面源污染。

禁止将不符合农用标准和环境保护标准的固体废物、废水施入农田。施用农药、化肥等农业投入品及进行灌溉，应当采取措施，防止重金属和其他有毒有害物质污染环境。

畜禽养殖场、养殖小区、定点屠宰企业等的选址、建设和管理应当符合有关法律法规规定。从事畜禽养殖和屠宰的单位和个人应当采取措施，对畜禽粪便、尸体和污水等废弃物进行科学处置，防止污染环境。

县级人民政府负责组织农村生活废弃物的处置工作。

第五十条 各级人民政府应当在财政预算中安排资金，支持农村饮用水水源地保护、生活污水和其他废弃物处理、畜禽养殖和屠宰污染防治、土壤污染防治和农村工矿污染治理等环境保护工作。

第五十一条 各级人民政府应当统筹城乡建设污水处理设施及配套管网，固体废物的收集、运输和处置等环境卫生设施，危险废物集中处置设施、场所以及其他环境保护公共设施，并保障其正常运行。

第五十二条 国家鼓励投保环境污染责任保险。

第五章 信息公开和公众参与

第五十三条 公民、法人和其他组织依法享有获取环境信息、参与和监督环境保护的权利。

各级人民政府环境保护主管部门和其他负有环境保护监督管理职责的部门，应当依法公开环境信息、完善公众参与程序，为公民、法人和其他组织参与和监督环境保护提供便利。

第五十四条 国务院环境保护主管部门统一发布国家环境质量、重点污染源监测信息及其他重大环境信息。省级以上人民政府环境保护主管部门定期发布环境状况公报。

县级以上人民政府环境保护主管部门和其他负有环境保护监督管理职责的部门，应当依法公开环境质量、环境监测、突发环境事件以及环境行政许可、行政处罚、排污费的征收和使用情况等信息。

县级以上地方人民政府环境保护主管部门和其他负有环境保护监督管理职责的部门，应当将企业事业单位和其他生产经营者的环境违法信息记入社会诚信档案，及时向社会公布违法者名单。

第五十五条 重点排污单位应当如实向社会公开其主要污染物的名称、排放方式、排放浓度和总量、超标排放情况，以及防治污染设施的建设和运行情况，接受社会监督。

第五十六条 对依法应当编制环境影响报告书的建设项目，建设单位应当在编制时向可能受影响的公众说明情况，充分征求意见。

负责审批建设项目环境影响评价文件的部门在收到建设项目环境影响报告书后，除涉及国家秘密和商业秘密的事项外，应当全文公开；发现建设项目未充分征求公众意见的，应当责成建设单位征求公众意见。

第五十七条 公民、法人和其他组织发现任何单位和个人有污染环境和破坏生态行为的，有权向环境保护主管部门或者其他负有环境保护监督管理职责的部门举报。

公民、法人和其他组织发现地方各级人民政府、县级以上人民政府环境保护主管部门和其他负有环境保护监督管理职责的部门不依法履行职责的，有权向其上级机关或者监察机关举报。

接受举报的机关应当对举报人的相关信息予以保密，保护举报人的合法权益。

第五十八条 对污染环境、破坏生态，损害社会公共利益的行为，符合下列条件的社会组织可以向人民法院提起诉讼：

（一）依法在设区的市级以上人民政府民政部门登记；

（二）专门从事环境保护公益活动连续五年以上且无违法记录。

符合前款规定的社会组织向人民法院提起诉讼，人民法院应当依法受理。

提起诉讼的社会组织不得通过诉讼牟取经济利益。

第六章　法律责任

第五十九条 企业事业单位和其他生产经营者违法排放污染物，受到罚款处罚，被责令改正，拒不改正的，依法作出处罚决定的行政机关可以自责令改正之日的次日起，按照原处罚数额按日连续处罚。

前款规定的罚款处罚，依照有关法律法规按照防治污染设施的运行成本、违法行为造成的直接损失或者违法所得等因素确定的规定执行。

地方性法规可以根据环境保护的实际需要，增加第一款规定的按日连续处罚的违法行为的种类。

第六十条 企业事业单位和其他生产经营者超过污染物排放标准或者超过重点污染物排放总量控制指标排放污染物的，县级以上人民政府环境保护主管部门可以责令其采取限制生产、停产整治等措施；情节严重的，报经有批准权的人民政府批准，责令停业、关闭。

第六十一条 建设单位未依法提交建设项目环境影响评价文件或者环境影响评价文件未经批准，擅自开工建设的，由负有环境保护监督管理职责的部门责令停止建设，处以罚款，并可以责令恢复原状。

第六十二条 违反本法规定，重点排污单位不公开或者不如实公开环境信息的，由县级以上地方人民政府环境保护主管部门责令公开，处以罚款，并予以公告。

第六十三条 企业事业单位和其他生产经营者有下列行为之一，尚不构成犯罪的，除依照有关法律法规规定予以处罚外，由县级以上人民政府环境保护主管部门或者其他有关部门将案件移送公安机关，对其直接负责的主管人员和其他直接责任人员，处十日以上十五日以下拘留；情节较轻的，处五日以上十日以下拘留：

（一）建设项目未依法进行环境影响评价，被

责令停止建设，拒不执行的；

（二）违反法律规定，未取得排污许可证排放污染物，被责令停止排污，拒不执行的；

（三）通过暗管、渗井、渗坑、灌注或者篡改、伪造监测数据，或者不正常运行防治污染设施等逃避监管的方式违法排放污染物的；

（四）生产、使用国家明令禁止生产、使用的农药，被责令改正，拒不改正的。

第六十四条　因污染环境和破坏生态造成损害的，应当依照《中华人民共和国侵权责任法》的有关规定承担侵权责任。

第六十五条　环境影响评价机构、环境监测机构以及从事环境监测设备和防治污染设施维护、运营的机构，在有关环境服务活动中弄虚作假，对造成的环境污染和生态破坏负有责任的，除依照有关法律法规规定予以处罚外，还应当与造成环境污染和生态破坏的其他责任者承担连带责任。

第六十六条　提起环境损害赔偿诉讼的时效期间为三年，从当事人知道或者应当知道其受到损害时起计算。

第六十七条　上级人民政府及其环境保护主管部门应当加强对下级人民政府及其有关部门环境保护工作的监督。发现有关工作人员有违法行为，依法应当给予处分的，应当向其任免机关或者监察机关提出处分建议。

依法应当给予行政处罚，而有关环境保护主管部门不给予行政处罚的，上级人民政府环境保护主管部门可以直接作出行政处罚的决定。

第六十八条　地方各级人民政府、县级以上人民政府环境保护主管部门和其他负有环境保护监督管理职责的部门有下列行为之一的，对直接负责的主管人员和其他直接责任人员给予记过、记大过或者降级处分；造成严重后果的，给予撤职或者开除处分，其主要负责人应当引咎辞职：

（一）不符合行政许可条件准予行政许可的；

（二）对环境违法行为进行包庇的；

（三）依法应当作出责令停业、关闭的决定而未作出的；

（四）对超标排放污染物、采用逃避监管的方式排放污染物、造成环境事故以及不落实生态保护措施造成生态破坏等行为，发现或者接到举报未及时查处的；

（五）违反本法规定，查封、扣押企业事业单位和其他生产经营者的设施、设备的；

（六）篡改、伪造或者指使篡改、伪造监测数据的；

（七）应当依法公开环境信息而未公开的；

（八）将征收的排污费截留、挤占或者挪作他用的；

（九）法律法规规定的其他违法行为。

第六十九条　违反本法规定，构成犯罪的，依法追究刑事责任。

第七章　附　则

第七十条　本法自 2015 年 1 月 1 日起施行。

十三、中华人民共和国食品安全法

（2009年2月28日第十一届全国人民代表大会常务委员会第七次会议通过　2015年4月24日第十二届全国人民代表大会常务委员会第十四次会议修订　根据2018年12月29日第十三届全国人民代表大会常务委员会第七次会议《关于修改〈中华人民共和国产品质量法〉等五部法律的决定》第一次修正　根据2021年4月29日第十三届全国人民代表大会常务委员会第二十八次会议《关于修改〈中华人民共和国道路交通安全法〉等八部法律的决定》第二次修正）

第一章　总　　则

第一条　为了保证食品安全，保障公众身体健康和生命安全，制定本法。

第二条　在中华人民共和国境内从事下列活动，应当遵守本法：

（一）食品生产和加工（以下称食品生产），食品销售和餐饮服务（以下称食品经营）；

（二）食品添加剂的生产经营；

（三）用于食品的包装材料、容器、洗涤剂、消毒剂和用于食品生产经营的工具、设备（以下称食品相关产品）的生产经营；

（四）食品生产经营者使用食品添加剂、食品相关产品；

（五）食品的贮存和运输；

（六）对食品、食品添加剂、食品相关产品的安全管理。

供食用的源于农业的初级产品（以下称食用农产品）的质量安全管理，遵守《中华人民共和国农产品质量安全法》的规定。但是，食用农产品的市场销售、有关质量安全标准的制定、有关安全信息的公布和本法对农业投入品作出规定的，应当遵守本法的规定。

第三条　食品安全工作实行预防为主、风险管理、全程控制、社会共治，建立科学、严格的监督管理制度。

第四条　食品生产经营者对其生产经营食品的安全负责。

食品生产经营者应当依照法律、法规和食品安全标准从事生产经营活动，保证食品安全，诚信自律，对社会和公众负责，接受社会监督，承担社会责任。

第五条　国务院设立食品安全委员会，其职责由国务院规定。

国务院食品安全监督管理部门依照本法和国务院规定的职责，对食品生产经营活动实施监督管理。

国务院卫生行政部门依照本法和国务院规定的职责，组织开展食品安全风险监测和风险评估，会同国务院食品安全监督管理部门制定并公布食品安全国家标准。

国务院其他有关部门依照本法和国务院规定的职责，承担有关食品安全工作。

第六条　县级以上地方人民政府对本行政区域的食品安全监督管理工作负责，统一领导、组织、协调本行政区域的食品安全监督管理工作以及食品安全突发事件应对工作，建立健全食品安全全程监督管理工作机制和信息共享机制。

县级以上地方人民政府依照本法和国务院的规定，确定本级食品安全监督管理、卫生行政部门和其他有关部门的职责。有关部门在各自职责范围内负责本行政区域的食品安全监督管理工作。

县级人民政府食品安全监督管理部门可以在

乡镇或者特定区域设立派出机构。

第七条　县级以上地方人民政府实行食品安全监督管理责任制。上级人民政府负责对下一级人民政府的食品安全监督管理工作进行评议、考核。县级以上地方人民政府负责对本级食品安全监督管理部门和其他有关部门的食品安全监督管理工作进行评议、考核。

第八条　县级以上人民政府应当将食品安全工作纳入本级国民经济和社会发展规划，将食品安全工作经费列入本级政府财政预算，加强食品安全监督管理能力建设，为食品安全工作提供保障。

县级以上人民政府食品安全监督管理部门和其他有关部门应当加强沟通、密切配合，按照各自职责分工，依法行使职权，承担责任。

第九条　食品行业协会应当加强行业自律，按照章程建立健全行业规范和奖惩机制，提供食品安全信息、技术等服务，引导和督促食品生产经营者依法生产经营，推动行业诚信建设，宣传、普及食品安全知识。

消费者协会和其他消费者组织对违反本法规定，损害消费者合法权益的行为，依法进行社会监督。

第十条　各级人民政府应当加强食品安全的宣传教育，普及食品安全知识，鼓励社会组织、基层群众性自治组织、食品生产经营者开展食品安全法律、法规以及食品安全标准和知识的普及工作，倡导健康的饮食方式，增强消费者食品安全意识和自我保护能力。

新闻媒体应当开展食品安全法律、法规以及食品安全标准和知识的公益宣传，并对食品安全违法行为进行舆论监督。有关食品安全的宣传报道应当真实、公正。

第十一条　国家鼓励和支持开展与食品安全有关的基础研究、应用研究，鼓励和支持食品生产经营者为提高食品安全水平采用先进技术和先进管理规范。

国家对农药的使用实行严格的管理制度，加快淘汰剧毒、高毒、高残留农药，推动替代产品的研发和应用，鼓励使用高效低毒低残留农药。

第十二条　任何组织或者个人有权举报食品安全违法行为，依法向有关部门了解食品安全信息，对食品安全监督管理工作提出意见和建议。

第十三条　对在食品安全工作中做出突出贡献的单位和个人，按照国家有关规定给予表彰、奖励。

第二章　食品安全风险监测和评估

第十四条　国家建立食品安全风险监测制度，对食源性疾病、食品污染以及食品中的有害因素进行监测。

国务院卫生行政部门会同国务院食品安全监督管理等部门，制定、实施国家食品安全风险监测计划。

国务院食品安全监督管理部门和其他有关部门获知有关食品安全风险信息后，应当立即核实并向国务院卫生行政部门通报。对有关部门通报的食品安全风险信息以及医疗机构报告的食源性疾病等有关疾病信息，国务院卫生行政部门应当会同国务院有关部门分析研究，认为必要的，及时调整国家食品安全风险监测计划。

省、自治区、直辖市人民政府卫生行政部门会同同级食品安全监督管理等部门，根据国家食品安全风险监测计划，结合本行政区域的具体情况，制定、调整本行政区域的食品安全风险监测方案，报国务院卫生行政部门备案并实施。

第十五条　承担食品安全风险监测工作的技术机构应当根据食品安全风险监测计划和监测方案开展监测工作，保证监测数据真实、准确，并按照食品安全风险监测计划和监测方案的要求报送监测数据和分析结果。

食品安全风险监测工作人员有权进入相关食用农产品种植养殖、食品生产经营场所采集样品、收集相关数据。采集样品应当按照市场价格支付费用。

第十六条　食品安全风险监测结果表明可能存在食品安全隐患的，县级以上人民政府卫生行政部门应当及时将相关信息通报同级食品安全监督管理等部门，并报告本级人民政府和上级人民政府卫生行政部门。食品安全监督管理等部门应当组织开展进一步调查。

第十七条　国家建立食品安全风险评估制度，运用科学方法，根据食品安全风险监测信息、科学数据以及有关信息，对食品、食品添加剂、食品相关产品中生物性、化学性和物理性危害因素进行风险评估。

国务院卫生行政部门负责组织食品安全风险评估工作，成立由医学、农业、食品、营养、生物、环境等方面的专家组成的食品安全风险评估专家委员会进行食品安全风险评估。食品安全风险评估结果由国务院卫生行政部门公布。

对农药、肥料、兽药、饲料和饲料添加剂等的安全性评估，应当有食品安全风险评估专家委员会的专家参加。

食品安全风险评估不得向生产经营者收取费用，采集样品应当按照市场价格支付费用。

第十八条 有下列情形之一的，应当进行食品安全风险评估：

（一）通过食品安全风险监测或者接到举报发现食品、食品添加剂、食品相关产品可能存在安全隐患的；

（二）为制定或者修订食品安全国家标准提供科学依据需要进行风险评估的；

（三）为确定监督管理的重点领域、重点品种需要进行风险评估的；

（四）发现新的可能危害食品安全因素的；

（五）需要判断某一因素是否构成食品安全隐患的；

（六）国务院卫生行政部门认为需要进行风险评估的其他情形。

第十九条 国务院食品安全监督管理、农业行政等部门在监督管理工作中发现需要进行食品安全风险评估的，应当向国务院卫生行政部门提出食品安全风险评估的建议，并提供风险来源、相关检验数据和结论等信息、资料。属于本法第十八条规定情形的，国务院卫生行政部门应当及时进行食品安全风险评估，并向国务院有关部门通报评估结果。

第二十条 省级以上人民政府卫生行政、农业行政部门应当及时相互通报食品、食用农产品安全风险监测信息。

国务院卫生行政、农业行政部门应当及时相互通报食品、食用农产品安全风险评估结果等信息。

第二十一条 食品安全风险评估结果是制定、修订食品安全标准和实施食品安全监督管理的科学依据。

经食品安全风险评估，得出食品、食品添加剂、食品相关产品不安全结论的，国务院食品安全监督管理等部门应当依据各自职责立即向社会公告，告知消费者停止食用或者使用，并采取相应措施，确保该食品、食品添加剂、食品相关产品停止生产经营；需要制定、修订相关食品安全国家标准的，国务院卫生行政部门应当会同国务院食品安全监督管理部门立即制定、修订。

第二十二条 国务院食品安全监督管理部门应当会同国务院有关部门，根据食品安全风险评估结果、食品安全监督管理信息，对食品安全状况进行综合分析。对经综合分析表明可能具有较高程度安全风险的食品，国务院食品安全监督管理部门应当及时提出食品安全风险警示，并向社会公布。

第二十三条 县级以上人民政府食品安全监督管理部门和其他有关部门、食品安全风险评估专家委员会及其技术机构，应当按照科学、客观、及时、公开的原则，组织食品生产经营者、食品检验机构、认证机构、食品行业协会、消费者协会以及新闻媒体等，就食品安全风险评估信息和食品安全监督管理信息进行交流沟通。

第三章 食品安全标准

第二十四条 制定食品安全标准，应当以保障公众身体健康为宗旨，做到科学合理、安全可靠。

第二十五条 食品安全标准是强制执行的标准。除食品安全标准外，不得制定其他食品强制性标准。

第二十六条 食品安全标准应当包括下列内容：

（一）食品、食品添加剂、食品相关产品中的致病性微生物，农药残留、兽药残留、生物毒素、重金属等污染物质以及其他危害人体健康物质的限量规定；

（二）食品添加剂的品种、使用范围、用量；

（三）专供婴幼儿和其他特定人群的主辅食品的营养成分要求；

（四）对与卫生、营养等食品安全要求有关的标签、标志、说明书的要求；

（五）食品生产经营过程的卫生要求；

（六）与食品安全有关的质量要求；

（七）与食品安全有关的食品检验方法与规程；

（八）其他需要制定为食品安全标准的内容。

第二十七条　食品安全国家标准由国务院卫生行政部门会同国务院食品安全监督管理部门制定、公布，国务院标准化行政部门提供国家标准编号。

食品中农药残留、兽药残留的限量规定及其检验方法与规程由国务院卫生行政部门、国务院农业行政部门会同国务院食品安全监督管理部门制定。

屠宰畜、禽的检验规程由国务院农业行政部门会同国务院卫生行政部门制定。

第二十八条　制定食品安全国家标准，应当依据食品安全风险评估结果并充分考虑食用农产品安全风险评估结果，参照相关的国际标准和国际食品安全风险评估结果，并将食品安全国家标准草案向社会公布，广泛听取食品生产经营者、消费者、有关部门等方面的意见。

食品安全国家标准应当经国务院卫生行政部门组织的食品安全国家标准审评委员会审查通过。食品安全国家标准审评委员会由医学、农业、食品、营养、生物、环境等方面的专家以及国务院有关部门、食品行业协会、消费者协会的代表组成，对食品安全国家标准草案的科学性和实用性等进行审查。

第二十九条　对地方特色食品，没有食品安全国家标准的，省、自治区、直辖市人民政府卫生行政部门可以制定并公布食品安全地方标准，报国务院卫生行政部门备案。食品安全国家标准制定后，该地方标准即行废止。

第三十条　国家鼓励食品生产企业制定严于食品安全国家标准或者地方标准的企业标准，在本企业适用，并报省、自治区、直辖市人民政府卫生行政部门备案。

第三十一条　省级以上人民政府卫生行政部门应当在其网站上公布制定和备案的食品安全国家标准、地方标准和企业标准，供公众免费查阅、下载。

对食品安全标准执行过程中的问题，县级以上人民政府卫生行政部门应当会同有关部门及时给予指导、解答。

第三十二条　省级以上人民政府卫生行政部门应当会同同级食品安全监督管理、农业行政等部门，分别对食品安全国家标准和地方标准的执行情况进行跟踪评价，并根据评价结果及时修订食品安全标准。

省级以上人民政府食品安全监督管理、农业行政等部门应当对食品安全标准执行中存在的问题进行收集、汇总，并及时向同级卫生行政部门通报。

食品生产经营者、食品行业协会发现食品安全标准在执行中存在问题的，应当立即向卫生行政部门报告。

第四章　食品生产经营

第一节　一般规定

第三十三条　食品生产经营应当符合食品安全标准，并符合下列要求：

（一）具有与生产经营的食品品种、数量相适应的食品原料处理和食品加工、包装、贮存等场所，保持该场所环境整洁，并与有毒、有害场所以及其他污染源保持规定的距离；

（二）具有与生产经营的食品品种、数量相适应的生产经营设备或者设施，有相应的消毒、更衣、盥洗、采光、照明、通风、防腐、防尘、防蝇、防鼠、防虫、洗涤以及处理废水、存放垃圾和废弃物的设备或者设施；

（三）有专职或者兼职的食品安全专业技术人员、食品安全管理人员和保证食品安全的规章制度；

（四）具有合理的设备布局和工艺流程，防止待加工食品与直接入口食品、原料与成品交叉污染，避免食品接触有毒物、不洁物；

（五）餐具、饮具和盛放直接入口食品的容器，使用前应当洗净、消毒，炊具、用具用后应当洗净，保持清洁；

（六）贮存、运输和装卸食品的容器、工具和设备应当安全、无害，保持清洁，防止食品污染，并符合保证食品安全所需的温度、湿度等特殊要求，不得将食品与有毒、有害物品一同贮存、运输；

（七）直接入口的食品应当使用无毒、清洁的包装材料、餐具、饮具和容器；

（八）食品生产经营人员应当保持个人卫生，生产经营食品时，应当将手洗净，穿戴清洁的工作衣、帽等；销售无包装的直接入口食品时，应当使用无毒、清洁的容器、售货工具和设备；

（九）用水应当符合国家规定的生活饮用水卫生标准；

（十）使用的洗涤剂、消毒剂应当对人体安全、无害；

（十一）法律、法规规定的其他要求。

非食品生产经营者从事食品贮存、运输和装卸的，应当符合前款第六项的规定。

第三十四条 禁止生产经营下列食品、食品添加剂、食品相关产品：

（一）用非食品原料生产的食品或者添加食品添加剂以外的化学物质和其他可能危害人体健康物质的食品，或者用回收食品作为原料生产的食品；

（二）致病性微生物，农药残留、兽药残留、生物毒素、重金属等污染物质以及其他危害人体健康的物质含量超过食品安全标准限量的食品、食品添加剂、食品相关产品；

（三）用超过保质期的食品原料、食品添加剂生产的食品、食品添加剂；

（四）超范围、超限量使用食品添加剂的食品；

（五）营养成分不符合食品安全标准的专供婴幼儿和其他特定人群的主辅食品；

（六）腐败变质、油脂酸败、霉变生虫、污秽不洁、混有异物、掺假掺杂或者感官性状异常的食品、食品添加剂；

（七）病死、毒死或者死因不明的禽、畜、兽、水产动物肉类及其制品；

（八）未按规定进行检疫或者检疫不合格的肉类，或者未经检验或者检验不合格的肉类制品；

（九）被包装材料、容器、运输工具等污染的食品、食品添加剂；

（十）标注虚假生产日期、保质期或者超过保质期的食品、食品添加剂；

（十一）无标签的预包装食品、食品添加剂；

（十二）国家为防病等特殊需要明令禁止生产经营的食品；

（十三）其他不符合法律、法规或者食品安全标准的食品、食品添加剂、食品相关产品。

第三十五条 国家对食品生产经营实行许可制度。从事食品生产、食品销售、餐饮服务，应当依法取得许可。但是，销售食用农产品和仅销售预包装食品的，不需要取得许可。仅销售预包装食品的，应当报所在地县级以上地方人民政府食品安全监督管理部门备案。

县级以上地方人民政府食品安全监督管理部门应当依照《中华人民共和国行政许可法》的规定，审核申请人提交的本法第三十三条第一款第一项至第四项规定要求的相关资料，必要时对申请人的生产经营场所进行现场核查；对符合规定条件的，准予许可；对不符合规定条件的，不予许可并书面说明理由。

第三十六条 食品生产加工小作坊和食品摊贩等从事食品生产经营活动，应当符合本法规定的与其生产经营规模、条件相适应的食品安全要求，保证所生产经营的食品卫生、无毒、无害，食品安全监督管理部门应当对其加强监督管理。

县级以上地方人民政府应当对食品生产加工小作坊、食品摊贩等进行综合治理，加强服务和统一规划，改善其生产经营环境，鼓励和支持其改进生产经营条件，进入集中交易市场、店铺等固定场所经营，或者在指定的临时经营区域、时段经营。

食品生产加工小作坊和食品摊贩等的具体管理办法由省、自治区、直辖市制定。

第三十七条 利用新的食品原料生产食品，或者生产食品添加剂新品种、食品相关产品新品种，应当向国务院卫生行政部门提交相关产品的安全性评估材料。国务院卫生行政部门应当自收到申请之日起六十日内组织审查；对符合食品安全要求的，准予许可并公布；对不符合食品安全要求的，不予许可并书面说明理由。

第三十八条 生产经营的食品中不得添加药品，但是可以添加按照传统既是食品又是中药材的物质。按照传统既是食品又是中药材的物质目录由国务院卫生行政部门会同国务院食品安全监督管理部门制定、公布。

第三十九条 国家对食品添加剂生产实行许可制度。从事食品添加剂生产，应当具有与所生产食品添加剂品种相适应的场所、生产设备或者设施、专业技术人员和管理制度，并依照本法第三十五条第二款规定的程序，取得食品添加剂生产许可。

生产食品添加剂应当符合法律、法规和食品安全国家标准。

第四十条 食品添加剂应当在技术上确有必要且经过风险评估证明安全可靠，方可列入允许使用的范围；有关食品安全国家标准应当根据技术必要性和食品安全风险评估结果及时修订。

食品生产经营者应当按照食品安全国家标准

使用食品添加剂。

第四十一条 生产食品相关产品应当符合法律、法规和食品安全国家标准。对直接接触食品的包装材料等具有较高风险的食品相关产品，按照国家有关工业产品生产许可证管理的规定实施生产许可。食品安全监督管理部门应当加强对食品相关产品生产活动的监督管理。

第四十二条 国家建立食品安全全程追溯制度。

食品生产经营者应当依照本法的规定，建立食品安全追溯体系，保证食品可追溯。国家鼓励食品生产经营者采用信息化手段采集、留存生产经营信息，建立食品安全追溯体系。

国务院食品安全监督管理部门会同国务院农业行政等有关部门建立食品安全全程追溯协作机制。

第四十三条 地方各级人民政府应当采取措施鼓励食品规模化生产和连锁经营、配送。

国家鼓励食品生产经营企业参加食品安全责任保险。

第二节 生产经营过程控制

第四十四条 食品生产经营企业应当建立健全食品安全管理制度，对职工进行食品安全知识培训，加强食品检验工作，依法从事生产经营活动。

食品生产经营企业的主要负责人应当落实企业食品安全管理制度，对本企业的食品安全工作全面负责。

食品生产经营企业应当配备食品安全管理人员，加强对其培训和考核。经考核不具备食品安全管理能力的，不得上岗。食品安全监督管理部门应当对企业食品安全管理人员随机进行监督抽查考核并公布考核情况。监督抽查考核不得收取费用。

第四十五条 食品生产经营者应当建立并执行从业人员健康管理制度。患有国务院卫生行政部门规定的有碍食品安全疾病的人员，不得从事接触直接入口食品的工作。

从事接触直接入口食品工作的食品生产经营人员应当每年进行健康检查，取得健康证明后方可上岗工作。

第四十六条 食品生产企业应当就下列事项制定并实施控制要求，保证所生产的食品符合食品安全标准：

（一）原料采购、原料验收、投料等原料控制；

（二）生产工序、设备、贮存、包装等生产关键环节控制；

（三）原料检验、半成品检验、成品出厂检验等检验控制；

（四）运输和交付控制。

第四十七条 食品生产经营者应当建立食品安全自查制度，定期对食品安全状况进行检查评价。生产经营条件发生变化，不再符合食品安全要求的，食品生产经营者应当立即采取整改措施；有发生食品安全事故潜在风险的，应当立即停止食品生产经营活动，并向所在地县级人民政府食品安全监督管理部门报告。

第四十八条 国家鼓励食品生产经营企业符合良好生产规范要求，实施危害分析与关键控制点体系，提高食品安全管理水平。

对通过良好生产规范、危害分析与关键控制点体系认证的食品生产经营企业，认证机构应当依法实施跟踪调查；对不再符合认证要求的企业，应当依法撤销认证，及时向县级以上人民政府食品安全监督管理部门通报，并向社会公布。认证机构实施跟踪调查不得收取费用。

第四十九条 食用农产品生产者应当按照食品安全标准和国家有关规定使用农药、肥料、兽药、饲料和饲料添加剂等农业投入品，严格执行农业投入品使用安全间隔期或者休药期的规定，不得使用国家明令禁止的农业投入品。禁止将剧毒、高毒农药用于蔬菜、瓜果、茶叶和中草药材等国家规定的农作物。

食用农产品的生产企业和农民专业合作经济组织应当建立农业投入品使用记录制度。

县级以上人民政府农业行政部门应当加强对农业投入品使用的监督管理和指导，建立健全农业投入品安全使用制度。

第五十条 食品生产者采购食品原料、食品添加剂、食品相关产品，应当查验供货者的许可证和产品合格证明；对无法提供合格证明的食品原料，应当按照食品安全标准进行检验；不得采购或者使用不符合食品安全标准的食品原料、食品添加剂、食品相关产品。

食品生产企业应当建立食品原料、食品添加剂、食品相关产品进货查验记录制度，如实记录食品原料、食品添加剂、食品相关产品的名称、规格、数量、生产日期或者生产批号、保质期、进货日期以及供货者名称、地址、联系方式等内容，并保存相关凭证。记录和凭证保存期限不得少于产品保质期满后六个月；没有明确保质期的，保存期限不得少于二年。

第五十一条 食品生产企业应当建立食品出厂检验记录制度，查验出厂食品的检验合格证和安全状况，如实记录食品的名称、规格、数量、生产日期或者生产批号、保质期、检验合格证号、销售日期以及购货者名称、地址、联系方式等内容，并保存相关凭证。记录和凭证保存期限应当符合本法第五十条第二款的规定。

第五十二条 食品、食品添加剂、食品相关产品的生产者，应当按照食品安全标准对所生产的食品、食品添加剂、食品相关产品进行检验，检验合格后方可出厂或者销售。

第五十三条 食品经营者采购食品，应当查验供货者的许可证和食品出厂检验合格证或者其他合格证明（以下称合格证明文件）。

食品经营企业应当建立食品进货查验记录制度，如实记录食品的名称、规格、数量、生产日期或者生产批号、保质期、进货日期以及供货者名称、地址、联系方式等内容，并保存相关凭证。记录和凭证保存期限应当符合本法第五十条第二款的规定。

实行统一配送经营方式的食品经营企业，可以由企业总部统一查验供货者的许可证和食品合格证明文件，进行食品进货查验记录。

从事食品批发业务的经营企业应当建立食品销售记录制度，如实记录批发食品的名称、规格、数量、生产日期或者生产批号、保质期、销售日期以及购货者名称、地址、联系方式等内容，并保存相关凭证。记录和凭证保存期限应当符合本法第五十条第二款的规定。

第五十四条 食品经营者应当按照保证食品安全的要求贮存食品，定期检查库存食品，及时清理变质或者超过保质期的食品。

食品经营者贮存散装食品，应当在贮存位置标明食品的名称、生产日期或者生产批号、保质期、生产者名称及联系方式等内容。

第五十五条 餐饮服务提供者应当制定并实施原料控制要求，不得采购不符合食品安全标准的食品原料。倡导餐饮服务提供者公开加工过程，公示食品原料及其来源等信息。

餐饮服务提供者在加工过程中应当检查待加工的食品及原料，发现有本法第三十四条第六项规定情形的，不得加工或者使用。

第五十六条 餐饮服务提供者应当定期维护食品加工、贮存、陈列等设施、设备；定期清洗、校验保温设施及冷藏、冷冻设施。

餐饮服务提供者应当按照要求对餐具、饮具进行清洗消毒，不得使用未经清洗消毒的餐具、饮具；餐饮服务提供者委托清洗消毒餐具、饮具的，应当委托符合本法规定条件的餐具、饮具集中消毒服务单位。

第五十七条 学校、托幼机构、养老机构、建筑工地等集中用餐单位的食堂应当严格遵守法律、法规和食品安全标准；从供餐单位订餐的，应当从取得食品生产经营许可的企业订购，并按照要求对订购的食品进行查验。供餐单位应当严格遵守法律、法规和食品安全标准，当餐加工，确保食品安全。

学校、托幼机构、养老机构、建筑工地等集中用餐单位的主管部门应当加强对集中用餐单位的食品安全教育和日常管理，降低食品安全风险，及时消除食品安全隐患。

第五十八条 餐具、饮具集中消毒服务单位应当具备相应的作业场所、清洗消毒设备或者设施，用水和使用的洗涤剂、消毒剂应当符合相关食品安全国家标准和其他国家标准、卫生规范。

餐具、饮具集中消毒服务单位应当对消毒餐具、饮具进行逐批检验，检验合格后方可出厂，并应当随附消毒合格证明。消毒后的餐具、饮具应当在独立包装上标注单位名称、地址、联系方式、消毒日期以及使用期限等内容。

第五十九条 食品添加剂生产者应当建立食品添加剂出厂检验记录制度，查验出厂产品的检验合格证和安全状况，如实记录食品添加剂的名称、规格、数量、生产日期或者生产批号、保质期、检验合格证号、销售日期以及购货者名称、地址、联系方式等相关内容，并保存相关凭证。记录和凭证保存期限应当符合本法第五十条第二款的规定。

第六十条 食品添加剂经营者采购食品添加剂，应当依法查验供货者的许可证和产品合格证明文件，如实记录食品添加剂的名称、规格、数量、生产日期或者生产批号、保质期、进货日期以及供货者名称、地址、联系方式等内容，并保

存相关凭证。记录和凭证保存期限应当符合本法第五十条第二款的规定。

第六十一条 集中交易市场的开办者、柜台出租者和展销会举办者，应当依法审查入场食品经营者的许可证，明确其食品安全管理责任，定期对其经营环境和条件进行检查，发现其有违反本法规定行为的，应当及时制止并立即报告所在地县级人民政府食品安全监督管理部门。

第六十二条 网络食品交易第三方平台提供者应当对入网食品经营者进行实名登记，明确其食品安全管理责任；依法应当取得许可证的，还应当审查其许可证。

网络食品交易第三方平台提供者发现入网食品经营者有违反本法规定行为的，应当及时制止并立即报告所在地县级人民政府食品安全监督管理部门；发现严重违法行为的，应当立即停止提供网络交易平台服务。

第六十三条 国家建立食品召回制度。食品生产者发现其生产的食品不符合食品安全标准或者有证据证明可能危害人体健康的，应当立即停止生产，召回已经上市销售的食品，通知相关生产经营者和消费者，并记录召回和通知情况。

食品经营者发现其经营的食品有前款规定情形的，应当立即停止经营，通知相关生产经营者和消费者，并记录停止经营和通知情况。食品生产者认为应当召回的，应当立即召回。由于食品经营者的原因造成其经营的食品有前款规定情形的，食品经营者应当召回。

食品生产经营者应当对召回的食品采取无害化处理、销毁等措施，防止其再次流入市场。但是，对因标签、标志或者说明书不符合食品安全标准而被召回的食品，食品生产者在采取补救措施且能保证食品安全的情况下可以继续销售；销售时应当向消费者明示补救措施。

食品生产经营者应当将食品召回和处理情况向所在地县级人民政府食品安全监督管理部门报告；需要对召回的食品进行无害化处理、销毁的，应当提前报告时间、地点。食品安全监督管理部门认为必要的，可以实施现场监督。

食品生产经营者未依照本条规定召回或者停止经营的，县级以上人民政府食品安全监督管理部门可以责令其召回或者停止经营。

第六十四条 食用农产品批发市场应当配备检验设备和检验人员或者委托符合本法规定的食品检验机构，对进入该批发市场销售的食用农产品进行抽样检验；发现不符合食品安全标准的，应当要求销售者立即停止销售，并向食品安全监督管理部门报告。

第六十五条 食用农产品销售者应当建立食用农产品进货查验记录制度，如实记录食用农产品的名称、数量、进货日期以及供货者名称、地址、联系方式等内容，并保存相关凭证。记录和凭证保存期限不得少于六个月。

第六十六条 进入市场销售的食用农产品在包装、保鲜、贮存、运输中使用保鲜剂、防腐剂等食品添加剂和包装材料等食品相关产品，应当符合食品安全国家标准。

第三节 标签、说明书和广告

第六十七条 预包装食品的包装上应当有标签。标签应当标明下列事项：

（一）名称、规格、净含量、生产日期；

（二）成分或者配料表；

（三）生产者的名称、地址、联系方式；

（四）保质期；

（五）产品标准代号；

（六）贮存条件；

（七）所使用的食品添加剂在国家标准中的通用名称；

（八）生产许可证编号；

（九）法律、法规或者食品安全标准规定应当标明的其他事项。

专供婴幼儿和其他特定人群的主辅食品，其标签还应当标明主要营养成分及其含量。

食品安全国家标准对标签标注事项另有规定的，从其规定。

第六十八条 食品经营者销售散装食品，应当在散装食品的容器、外包装上标明食品的名称、生产日期或者生产批号、保质期以及生产经营者名称、地址、联系方式等内容。

第六十九条 生产经营转基因食品应当按照规定显著标示。

第七十条 食品添加剂应当有标签、说明书和包装。标签、说明书应当载明本法第六十七条第一款第一项至第六项、第八项、第九项规定的事项，以及食品添加剂的使用范围、用量、使用方法，并在标签上载明“食品添加剂”字样。

第七十一条 食品和食品添加剂的标签、说明书，不得含有虚假内容，不得涉及疾病预防、治疗功能。生产经营者对其提供的标签、说明书的内容负责。

食品和食品添加剂的标签、说明书应当清楚、明显，生产日期、保质期等事项应当显著标注，容易辨识。

食品和食品添加剂与其标签、说明书的内容不符的，不得上市销售。

第七十二条 食品经营者应当按照食品标签标示的警示标志、警示说明或者注意事项的要求销售食品。

第七十三条 食品广告的内容应当真实合法，不得含有虚假内容，不得涉及疾病预防、治疗功能。食品生产经营者对食品广告内容的真实性、合法性负责。

县级以上人民政府食品安全监督管理部门和其他有关部门以及食品检验机构、食品行业协会不得以广告或者其他形式向消费者推荐食品。消费者组织不得以收取费用或者其他牟取利益的方式向消费者推荐食品。

第四节 特殊食品

第七十四条 国家对保健食品、特殊医学用途配方食品和婴幼儿配方食品等特殊食品实行严格监督管理。

第七十五条 保健食品声称保健功能，应当具有科学依据，不得对人体产生急性、亚急性或者慢性危害。

保健食品原料目录和允许保健食品声称的保健功能目录，由国务院食品安全监督管理部门会同国务院卫生行政部门、国家中医药管理部门制定、调整并公布。

保健食品原料目录应当包括原料名称、用量及其对应的功效；列入保健食品原料目录的原料只能用于保健食品生产，不得用于其他食品生产。

第七十六条 使用保健食品原料目录以外原料的保健食品和首次进口的保健食品应当经国务院食品安全监督管理部门注册。但是，首次进口的保健食品中属于补充维生素、矿物质等营养物质的，应当报国务院食品安全监督管理部门备案。其他保健食品应当报省、自治区、直辖市人民政府食品安全监督管理部门备案。

进口的保健食品应当是出口国（地区）主管部门准许上市销售的产品。

第七十七条 依法应当注册的保健食品，注册时应当提交保健食品的研发报告、产品配方、生产工艺、安全性和保健功能评价、标签、说明书等材料及样品，并提供相关证明文件。国务院食品安全监督管理部门经组织技术审评，对符合安全和功能声称要求的，准予注册；对不符合要求的，不予注册并书面说明理由。对使用保健食品原料目录以外原料的保健食品作出准予注册决定的，应当及时将该原料纳入保健食品原料目录。

依法应当备案的保健食品，备案时应当提交产品配方、生产工艺、标签、说明书以及表明产品安全性和保健功能的材料。

第七十八条 保健食品的标签、说明书不得涉及疾病预防、治疗功能，内容应当真实，与注册或者备案的内容相一致，载明适宜人群、不适宜人群、功效成分或者标志性成分及其含量等，并声明“本品不能代替药物”。保健食品的功能和成分应当与标签、说明书相一致。

第七十九条 保健食品广告除应当符合本法第七十三条第一款的规定外，还应当声明“本品不能代替药物”；其内容应当经生产企业所在地省、自治区、直辖市人民政府食品安全监督管理部门审查批准，取得保健食品广告批准文件。省、自治区、直辖市人民政府食品安全监督管理部门应当公布并及时更新已经批准的保健食品广告目录以及批准的广告内容。

第八十条 特殊医学用途配方食品应当经国务院食品安全监督管理部门注册。注册时，应当提交产品配方、生产工艺、标签、说明书以及表明产品安全性、营养充足性和特殊医学用途临床效果的材料。

特殊医学用途配方食品广告适用《中华人民共和国广告法》和其他法律、行政法规关于药品广告管理的规定。

第八十一条 婴幼儿配方食品生产企业应当实施从原料进厂到成品出厂的全过程质量控制，对出厂的婴幼儿配方食品实施逐批检验，保证食品安全。

生产婴幼儿配方食品使用的生鲜乳、辅料等食品原料、食品添加剂等，应当符合法律、行政法规的规定和食品安全国家标准，保证婴幼儿生长发育所需的营养成分。

婴幼儿配方食品生产企业应当将食品原料、食品添加剂、产品配方及标签等事项向省、自治区、直辖市人民政府食品安全监督管理部门备案。

婴幼儿配方乳粉的产品配方应当经国务院食

品安全监督管理部门注册。注册时，应当提交配方研发报告和其他表明配方科学性、安全性的材料。

不得以分装方式生产婴幼儿配方乳粉，同一企业不得用同一配方生产不同品牌的婴幼儿配方乳粉。

第八十二条 保健食品、特殊医学用途配方食品、婴幼儿配方乳粉的注册人或者备案人应当对其提交材料的真实性负责。

省级以上人民政府食品安全监督管理部门应当及时公布注册或者备案的保健食品、特殊医学用途配方食品、婴幼儿配方乳粉目录，并对注册或者备案中获知的企业商业秘密予以保密。

保健食品、特殊医学用途配方食品、婴幼儿配方乳粉生产企业应当按照注册或者备案的产品配方、生产工艺等技术要求组织生产。

第八十三条 生产保健食品，特殊医学用途配方食品、婴幼儿配方食品和其他专供特定人群的主辅食品的企业，应当按照良好生产规范的要求建立与所生产食品相适应的生产质量管理体系，定期对该体系的运行情况进行自查，保证其有效运行，并向所在地县级人民政府食品安全监督管理部门提交自查报告。

第五章 食品检验

第八十四条 食品检验机构按照国家有关认证认可的规定取得资质认定后，方可从事食品检验活动。但是，法律另有规定的除外。

食品检验机构的资质认定条件和检验规范，由国务院食品安全监督管理部门规定。

符合本法规定的食品检验机构出具的检验报告具有同等效力。

县级以上人民政府应当整合食品检验资源，实现资源共享。

第八十五条 食品检验由食品检验机构指定的检验人独立进行。

检验人应当依照有关法律、法规的规定，并按照食品安全标准和检验规范对食品进行检验，尊重科学，恪守职业道德，保证出具的检验数据和结论客观、公正，不得出具虚假检验报告。

第八十六条 食品检验实行食品检验机构与检验人负责制。食品检验报告应当加盖食品检验机构公章，并有检验人的签名或者盖章。食品检验机构和检验人对出具的食品检验报告负责。

第八十七条 县级以上人民政府食品安全监督管理部门应当对食品进行定期或者不定期的抽样检验，并依据有关规定公布检验结果，不得免检。进行抽样检验，应当购买抽取的样品，委托符合本法规定的食品检验机构进行检验，并支付相关费用；不得向食品生产经营者收取检验费和其他费用。

第八十八条 对依照本法规定实施的检验结论有异议的，食品生产经营者可以自收到检验结论之日起七个工作日内向实施抽样检验的食品安全监督管理部门或者其上一级食品安全监督管理部门提出复检申请，由受理复检申请的食品安全监督管理部门在公布的复检机构名录中随机确定复检机构进行复检。复检机构出具的复检结论为最终检验结论。复检机构与初检机构不得为同一机构。复检机构名录由国务院认证认可监督管理、食品安全监督管理、卫生行政、农业行政等部门共同公布。

采用国家规定的快速检测方法对食用农产品进行抽查检测，被抽查人对检测结果有异议的，可以自收到检测结果时起四小时内申请复检。复检不得采用快速检测方法。

第八十九条 食品生产企业可以自行对所生产的食品进行检验，也可以委托符合本法规定的食品检验机构进行检验。

食品行业协会和消费者协会等组织、消费者需要委托食品检验机构对食品进行检验的，应当委托符合本法规定的食品检验机构进行。

第九十条 食品添加剂的检验，适用本法有关食品检验的规定。

第六章 食品进出口

第九十一条 国家出入境检验检疫部门对进出口食品安全实施监督管理。

第九十二条 进口的食品、食品添加剂、食品相关产品应当符合我国食品安全国家标准。

进口的食品、食品添加剂应当经出入境检验检疫机构依照进出口商品检验相关法律、行政法规的规定检验合格。

进口的食品、食品添加剂应当按照国家出入境检验检疫部门的要求随附合格证明材料。

第九十三条 进口尚无食品安全国家标准的

食品，由境外出口商、境外生产企业或者其委托的进口商向国务院卫生行政部门提交所执行的相关国家（地区）标准或者国际标准。国务院卫生行政部门对相关标准进行审查，认为符合食品安全要求的，决定暂予适用，并及时制定相应的食品安全国家标准。进口利用新的食品原料生产的食品或者进口食品添加剂新品种、食品相关产品新品种，依照本法第三十七条的规定办理。

出入境检验检疫机构按照国务院卫生行政部门的要求，对前款规定的食品、食品添加剂、食品相关产品进行检验。检验结果应当公开。

第九十四条 境外出口商、境外生产企业应当保证向我国出口的食品、食品添加剂、食品相关产品符合本法以及我国其他有关法律、行政法规的规定和食品安全国家标准的要求，并对标签、说明书的内容负责。

进口商应当建立境外出口商、境外生产企业审核制度，重点审核前款规定的内容；审核不合格的，不得进口。

发现进口食品不符合我国食品安全国家标准或者有证据证明可能危害人体健康的，进口商应当立即停止进口，并依照本法第六十三条的规定召回。

第九十五条 境外发生的食品安全事件可能对我国境内造成影响，或者在进口食品、食品添加剂、食品相关产品中发现严重食品安全问题的，国家出入境检验检疫部门应当及时采取风险预警或者控制措施，并向国务院食品安全监督管理、卫生行政、农业行政部门通报。接到通报的部门应当及时采取相应措施。

县级以上人民政府食品安全监督管理部门对国内市场上销售的进口食品、食品添加剂实施监督管理。发现存在严重食品安全问题的，国务院食品安全监督管理部门应当及时向国家出入境检验检疫部门通报。国家出入境检验检疫部门应当及时采取相应措施。

第九十六条 向我国境内出口食品的境外出口商或者代理商、进口食品的进口商应当向国家出入境检验检疫部门备案。向我国境内出口食品的境外食品生产企业应当经国家出入境检验检疫部门注册。已经注册的境外食品生产企业提供虚假材料，或者因其自身的原因致使进口食品发生重大食品安全事故的，国家出入境检验检疫部门应当撤销注册并公告。

国家出入境检验检疫部门应当定期公布已经备案的境外出口商、代理商、进口商和已经注册的境外食品生产企业名单。

第九十七条 进口的预包装食品、食品添加剂应当有中文标签；依法应当有说明书的，还应当有中文说明书。标签、说明书应当符合本法以及我国其他有关法律、行政法规的规定和食品安全国家标准的要求，并载明食品的原产地以及境内代理商的名称、地址、联系方式。预包装食品没有中文标签、中文说明书或者标签、说明书不符合本条规定的，不得进口。

第九十八条 进口商应当建立食品、食品添加剂进口和销售记录制度，如实记录食品、食品添加剂的名称、规格、数量、生产日期、生产或者进口批号、保质期、境外出口商和购货者名称、地址及联系方式、交货日期等内容，并保存相关凭证。记录和凭证保存期限应当符合本法第五十条第二款的规定。

第九十九条 出口食品生产企业应当保证其出口食品符合进口国（地区）的标准或者合同要求。

出口食品生产企业和出口食品原料种植、养殖场应当向国家出入境检验检疫部门备案。

第一百条 国家出入境检验检疫部门应当收集、汇总下列进出口食品安全信息，并及时通报相关部门、机构和企业：

（一）出入境检验检疫机构对进出口食品实施检验检疫发现的食品安全信息；

（二）食品行业协会和消费者协会等组织、消费者反映的进口食品安全信息；

（三）国际组织、境外政府机构发布的风险预警信息及其他食品安全信息，以及境外食品行业协会等组织、消费者反映的食品安全信息；

（四）其他食品安全信息。

国家出入境检验检疫部门应当对进出口食品的进口商、出口商和出口食品生产企业实施信用管理，建立信用记录，并依法向社会公布。对有不良记录的进口商、出口商和出口食品生产企业，应当加强对其进出口食品的检验检疫。

第一百零一条 国家出入境检验检疫部门可以对向我国境内出口食品的国家（地区）的食品安全管理体系和食品安全状况进行评估和审查，并根据评估和审查结果，确定相应检验检疫要求。

第七章 食品安全事故处置

第一百零二条 国务院组织制定国家食品安全事故应急预案。

县级以上地方人民政府应当根据有关法律、法规的规定和上级人民政府的食品安全事故应急预案以及本行政区域的实际情况，制定本行政区域的食品安全事故应急预案，并报上一级人民政府备案。

食品安全事故应急预案应当对食品安全事故分级、事故处置组织指挥体系与职责、预防预警机制、处置程序、应急保障措施等作出规定。

食品生产经营企业应当制定食品安全事故处置方案，定期检查本企业各项食品安全防范措施的落实情况，及时消除事故隐患。

第一百零三条 发生食品安全事故的单位应当立即采取措施，防止事故扩大。事故单位和接收病人进行治疗的单位应当及时向事故发生地县级人民政府食品安全监督管理、卫生行政部门报告。

县级以上人民政府农业行政等部门在日常监督管理中发现食品安全事故或者接到事故举报，应当立即向同级食品安全监督管理部门通报。

发生食品安全事故，接到报告的县级人民政府食品安全监督管理部门应当按照应急预案的规定向本级人民政府和上级人民政府食品安全监督管理部门报告。县级人民政府和上级人民政府食品安全监督管理部门应当按照应急预案的规定上报。

任何单位和个人不得对食品安全事故隐瞒、谎报、缓报，不得隐匿、伪造、毁灭有关证据。

第一百零四条 医疗机构发现其接收的病人属于食源性疾病病人或者疑似病人的，应当按照规定及时将相关信息向所在地县级人民政府卫生行政部门报告。县级人民政府卫生行政部门认为与食品安全有关的，应当及时通报同级食品安全监督管理部门。

县级以上人民政府卫生行政部门在调查处理传染病或者其他突发公共卫生事件中发现与食品安全相关的信息，应当及时通报同级食品安全监督管理部门。

第一百零五条 县级以上人民政府食品安全监督管理部门接到食品安全事故的报告后，应当立即会同同级卫生行政、农业行政等部门进行调查处理，并采取下列措施，防止或者减轻社会危害：

（一）开展应急救援工作，组织救治因食品安全事故导致人身伤害的人员；

（二）封存可能导致食品安全事故的食品及其原料，并立即进行检验；对确认属于被污染的食品及其原料，责令食品生产经营者依照本法第六十三条的规定召回或者停止经营；

（三）封存被污染的食品相关产品，并责令进行清洗消毒；

（四）做好信息发布工作，依法对食品安全事故及其处理情况进行发布，并对可能产生的危害加以解释、说明。

发生食品安全事故需要启动应急预案的，县级以上人民政府应当立即成立事故处置指挥机构，启动应急预案，依照前款和应急预案的规定进行处置。

发生食品安全事故，县级以上疾病预防控制机构应当对事故现场进行卫生处理，并对与事故有关的因素开展流行病学调查，有关部门应当予以协助。县级以上疾病预防控制机构应当向同级食品安全监督管理、卫生行政部门提交流行病学调查报告。

第一百零六条 发生食品安全事故，设区的市级以上人民政府食品安全监督管理部门应当立即会同有关部门进行事故责任调查，督促有关部门履行职责，向本级人民政府和上一级人民政府食品安全监督管理部门提出事故责任调查处理报告。

涉及两个以上省、自治区、直辖市的重大食品安全事故由国务院食品安全监督管理部门依照前款规定组织事故责任调查。

第一百零七条 调查食品安全事故，应当坚持实事求是、尊重科学的原则，及时、准确查清事故性质和原因，认定事故责任，提出整改措施。

调查食品安全事故，除了查明事故单位的责任，还应当查明有关监督管理部门、食品检验机构、认证机构及其工作人员的责任。

第一百零八条 食品安全事故调查部门有权向有关单位和个人了解与事故有关的情况，并要求提供相关资料和样品。有关单位和个人应当予以配合，按照要求提供相关资料和样品，不得拒绝。

任何单位和个人不得阻挠、干涉食品安全事故的调查处理。

第八章　监督管理

第一百零九条　县级以上人民政府食品安全监督管理部门根据食品安全风险监测、风险评估结果和食品安全状况等，确定监督管理的重点、方式和频次，实施风险分级管理。

县级以上地方人民政府组织本级食品安全监督管理、农业行政等部门制定本行政区域的食品安全年度监督管理计划，向社会公布并组织实施。

食品安全年度监督管理计划应当将下列事项作为监督管理的重点：

（一）专供婴幼儿和其他特定人群的主辅食品；

（二）保健食品生产过程中的添加行为和按照注册或者备案的技术要求组织生产的情况，保健食品标签、说明书以及宣传材料中有关功能宣传的情况；

（三）发生食品安全事故风险较高的食品生产经营者；

（四）食品安全风险监测结果表明可能存在食品安全隐患的事项。

第一百一十条　县级以上人民政府食品安全监督管理部门履行食品安全监督管理职责，有权采取下列措施，对生产经营者遵守本法的情况进行监督检查：

（一）进入生产经营场所实施现场检查；

（二）对生产经营的食品、食品添加剂、食品相关产品进行抽样检验；

（三）查阅、复制有关合同、票据、账簿以及其他有关资料；

（四）查封、扣押有证据证明不符合食品安全标准或者有证据证明存在安全隐患以及用于违法生产经营的食品、食品添加剂、食品相关产品；

（五）查封违法从事生产经营活动的场所。

第一百一十一条　对食品安全风险评估结果证明食品存在安全隐患，需要制定、修订食品安全标准的，在制定、修订食品安全标准前，国务院卫生行政部门应当及时会同国务院有关部门规定食品中有害物质的临时限量值和临时检验方法，作为生产经营和监督管理的依据。

第一百一十二条　县级以上人民政府食品安全监督管理部门在食品安全监督管理工作中可以采用国家规定的快速检测方法对食品进行抽查检测。

对抽查检测结果表明可能不符合食品安全标准的食品，应当依照本法第八十七条的规定进行检验。抽查检测结果确定有关食品不符合食品安全标准的，可以作为行政处罚的依据。

第一百一十三条　县级以上人民政府食品安全监督管理部门应当建立食品生产经营者食品安全信用档案，记录许可颁发、日常监督检查结果、违法行为查处等情况，依法向社会公布并实时更新；对有不良信用记录的食品生产经营者增加监督检查频次，对违法行为情节严重的食品生产经营者，可以通报投资主管部门、证券监督管理机构和有关的金融机构。

第一百一十四条　食品生产经营过程中存在食品安全隐患，未及时采取措施消除的，县级以上人民政府食品安全监督管理部门可以对食品生产经营者的法定代表人或者主要负责人进行责任约谈。食品生产经营者应当立即采取措施，进行整改，消除隐患。责任约谈情况和整改情况应当纳入食品生产经营者食品安全信用档案。

第一百一十五条　县级以上人民政府食品安全监督管理等部门应当公布本部门的电子邮件地址或者电话，接受咨询、投诉、举报。接到咨询、投诉、举报，对属于本部门职责的，应当受理并在法定期限内及时答复、核实、处理；对不属于本部门职责的，应当移交有权处理的部门并书面通知咨询、投诉、举报人。有权处理的部门应当在法定期限内及时处理，不得推诿。对查证属实的举报，给予举报人奖励。

有关部门应当对举报人的信息予以保密，保护举报人的合法权益。举报人举报所在企业的，该企业不得以解除、变更劳动合同或者其他方式对举报人进行打击报复。

第一百一十六条　县级以上人民政府食品安全监督管理等部门应当加强对执法人员食品安全法律、法规、标准和专业知识与执法能力等的培训，并组织考核。不具备相应知识和能力的，不得从事食品安全执法工作。

食品生产经营者、食品行业协会、消费者协会等发现食品安全执法人员在执法过程中有违反法律、法规规定的行为以及不规范执法行为的，

可以向本级或者上级人民政府食品安全监督管理等部门或者监察机关投诉、举报。接到投诉、举报的部门或者机关应当进行核实，并将经核实的情况向食品安全执法人员所在部门通报；涉嫌违法违纪的，按照本法和有关规定处理。

第一百一十七条 县级以上人民政府食品安全监督管理等部门未及时发现食品安全系统性风险，未及时消除监督管理区域内的食品安全隐患的，本级人民政府可以对其主要负责人进行责任约谈。

地方人民政府未履行食品安全职责，未及时消除区域性重大食品安全隐患的，上级人民政府可以对其主要负责人进行责任约谈。

被约谈的食品安全监督管理等部门、地方人民政府应当立即采取措施，对食品安全监督管理工作进行整改。

责任约谈情况和整改情况应当纳入地方人民政府和有关部门食品安全监督管理工作评议、考核记录。

第一百一十八条 国家建立统一的食品安全信息平台，实行食品安全信息统一公布制度。国家食品安全总体情况、食品安全风险警示信息、重大食品安全事故及其调查处理信息和国务院确定需要统一公布的其他信息由国务院食品安全监督管理部门统一公布。食品安全风险警示信息和重大食品安全事故及其调查处理信息的影响限于特定区域的，也可以由有关省、自治区、直辖市人民政府食品安全监督管理部门公布。未经授权不得发布上述信息。

县级以上人民政府食品安全监督管理、农业行政部门依据各自职责公布食品安全日常监督管理信息。

公布食品安全信息，应当做到准确、及时，并进行必要的解释说明，避免误导消费者和社会舆论。

第一百一十九条 县级以上地方人民政府食品安全监督管理、卫生行政、农业行政部门获知本法规定需要统一公布的信息，应当向上级主管部门报告，由上级主管部门立即报告国务院食品安全监督管理部门；必要时，可以直接向国务院食品安全监督管理部门报告。

县级以上人民政府食品安全监督管理、卫生行政、农业行政部门应当相互通报获知的食品安全信息。

第一百二十条 任何单位和个人不得编造、散布虚假食品安全信息。

县级以上人民政府食品安全监督管理部门发现可能误导消费者和社会舆论的食品安全信息，应当立即组织有关部门、专业机构、相关食品生产经营者等进行核实、分析，并及时公布结果。

第一百二十一条 县级以上人民政府食品安全监督管理等部门发现涉嫌食品安全犯罪的，应当按照有关规定及时将案件移送公安机关。对移送的案件，公安机关应当及时审查；认为有犯罪事实需要追究刑事责任的，应当立案侦查。

公安机关在食品安全犯罪案件侦查过程中认为没有犯罪事实，或者犯罪事实显著轻微，不需要追究刑事责任，但依法应当追究行政责任的，应当及时将案件移送食品安全监督管理等部门和监察机关，有关部门应当依法处理。

公安机关商请食品安全监督管理、生态环境等部门提供检验结论、认定意见以及对涉案物品进行无害化处理等协助的，有关部门应当及时提供，予以协助。

第九章　法律责任

第一百二十二条 违反本法规定，未取得食品生产经营许可从事食品生产经营活动，或者未取得食品添加剂生产许可从事食品添加剂生产活动的，由县级以上人民政府食品安全监督管理部门没收违法所得和违法生产经营的食品、食品添加剂以及用于违法生产经营的工具、设备、原料等物品；违法生产经营的食品、食品添加剂货值金额不足一万元的，并处五万元以上十万元以下罚款；货值金额一万元以上的，并处货值金额十倍以上二十倍以下罚款。

明知从事前款规定的违法行为，仍为其提供生产经营场所或者其他条件的，由县级以上人民政府食品安全监督管理部门责令停止违法行为，没收违法所得，并处五万元以上十万元以下罚款；使消费者的合法权益受到损害的，应当与食品、食品添加剂生产经营者承担连带责任。

第一百二十三条 违反本法规定，有下列情形之一，尚不构成犯罪的，由县级以上人民政府食品安全监督管理部门没收违法所得和违法生产经营的食品，并可以没收用于违法生产经营的工具、设备、原料等物品；违法生产经营的食品货值金额不足一万元的，并处十万元以上十五万元以下罚款；货值金额一万元以上的，并处货值金额十五倍以上三十倍以下罚款；情节严重的，吊销许可证，并可以由公安机关对其直接负责的主管人员和其他直接责任人员处五日以上十五日以下拘留：

（一）用非食品原料生产食品、在食品中添加食品添加剂以外的化学物质和其他可能危害人体健康的物质，或者用回收食品作为原料生产食品，或者经营上述食品；

（二）生产经营营养成分不符合食品安全标准的专供婴幼儿和其他特定人群的主辅食品；

（三）经营病死、毒死或者死因不明的禽、畜、兽、水产动物肉类，或者生产经营其制品；

（四）经营未按规定进行检疫或者检疫不合格的肉类，或者生产经营未经检验或者检验不合格的肉类制品；

（五）生产经营国家为防病等特殊需要明令禁止生产经营的食品；

（六）生产经营添加药品的食品。

明知从事前款规定的违法行为，仍为其提供生产经营场所或者其他条件的，由县级以上人民政府食品安全监督管理部门责令停止违法行为，没收违法所得，并处十万元以上二十万元以下罚款；使消费者的合法权益受到损害的，应当与食品生产经营者承担连带责任。

违法使用剧毒、高毒农药的，除依照有关法律、法规规定给予处罚外，可以由公安机关依照第一款规定给予拘留。

第一百二十四条 违反本法规定，有下列情形之一，尚不构成犯罪的，由县级以上人民政府食品安全监督管理部门没收违法所得和违法生产经营的食品、食品添加剂，并可以没收用于违法生产经营的工具、设备、原料等物品；违法生产经营的食品、食品添加剂货值金额不足一万元的，并处五万元以上十万元以下罚款；货值金额一万元以上的，并处货值金额十倍以上二十倍以下罚款；情节严重的，吊销许可证：

（一）生产经营致病性微生物，农药残留、兽药残留、生物毒素、重金属等污染物质以及其他危害人体健康的物质含量超过食品安全标准限量的食品、食品添加剂；

（二）用超过保质期的食品原料、食品添加剂生产食品、食品添加剂，或者经营上述食品、食品添加剂；

（三）生产经营超范围、超限量使用食品添加剂的食品；

（四）生产经营腐败变质、油脂酸败、霉变生虫、污秽不洁、混有异物、掺假掺杂或者感官性状异常的食品、食品添加剂；

（五）生产经营标注虚假生产日期、保质期或者超过保质期的食品、食品添加剂；

（六）生产经营未按规定注册的保健食品、特殊医学用途配方食品、婴幼儿配方乳粉，或者未按注册的产品配方、生产工艺等技术要求组织生产；

（七）以分装方式生产婴幼儿配方乳粉，或者同一企业以同一配方生产不同品牌的婴幼儿配方乳粉；

（八）利用新的食品原料生产食品，或者生产食品添加剂新品种，未通过安全性评估；

（九）食品生产经营者在食品安全监督管理部门责令其召回或者停止经营后，仍拒不召回或者停止经营。

除前款和本法第一百二十三条、第一百二十五条规定的情形外，生产经营不符合法律、法规或者食品安全标准的食品、食品添加剂的，依照前款规定给予处罚。

生产食品相关产品新品种，未通过安全性评估，或者生产不符合食品安全标准的食品相关产品的，由县级以上人民政府食品安全监督管理部门依照第一款规定给予处罚。

第一百二十五条 违反本法规定，有下列情形之一的，由县级以上人民政府食品安全监督管理部门没收违法所得和违法生产经营的食品、食品添加剂，并可以没收用于违法生产经营的工具、设备、原料等物品；违法生产经营的食品、食品添加剂货值金额不足一万元的，并处五千元以上五万元以下罚款；货值金额一万元以上的，并处货值金额五倍以上十倍以下罚款；情节严重的，责令停产停业，直至吊销许可证：

（一）生产经营被包装材料、容器、运输工具等污染的食品、食品添加剂；

（二）生产经营无标签的预包装食品、食品添加剂或者标签、说明书不符合本法规定的食品、食品添加剂；

（三）生产经营转基因食品未按规定进行标示；

（四）食品生产经营者采购或者使用不符合食品安全标准的食品原料、食品添加剂、食品相关产品。

生产经营的食品、食品添加剂的标签、说明书存在瑕疵但不影响食品安全且不会对消费者造成误导的，由县级以上人民政府食品安全监督管理部门责令改正；拒不改正的，处二千元以下罚款。

第一百二十六条 违反本法规定，有下列情形之一的，由县级以上人民政府食品安全监督管理部门责令改正，给予警告；拒不改正的，处五千元以上五万元以下罚款；情节严重的，责令停产停业，直至吊销许可证：

（一）食品、食品添加剂生产者未按规定对采购的食品原料和生产的食品、食品添加剂进行检验；

（二）食品生产经营企业未按规定建立食品安全管理制度，或者未按规定配备或者培训、考核食品安全管理人员；

（三）食品、食品添加剂生产经营者进货时未查验许可证和相关证明文件，或者未按规定建立并遵守进货查验记录、出厂检验记录和销售记录制度；

（四）食品生产经营企业未制定食品安全事故处置方案；

（五）餐具、饮具和盛放直接入口食品的容器，使用前未经洗净、消毒或者清洗消毒不合格，或者餐饮服务设施、设备未按规定定期维护、清洗、校验；

（六）食品生产经营者安排未取得健康证明或者患有国务院卫生行政部门规定的有碍食品安全疾病的人员从事接触直接入口食品的工作；

（七）食品经营者未按规定要求销售食品；

（八）保健食品生产企业未按规定向食品安全监督管理部门备案，或者未按备案的产品配方、生产工艺等技术要求组织生产；

（九）婴幼儿配方食品生产企业未将食品原料、食品添加剂、产品配方、标签等向食品安全监督管理部门备案；

（十）特殊食品生产企业未按规定建立生产质量管理体系并有效运行，或者未定期提交自查报告；

（十一）食品生产经营者未定期对食品安全状况进行检查评价，或者生产经营条件发生变化，未按规定处理；

（十二）学校、托幼机构、养老机构、建筑工地等集中用餐单位未按规定履行食品安全管理责任；

（十三）食品生产企业、餐饮服务提供者未按规定制定、实施生产经营过程控制要求。

餐具、饮具集中消毒服务单位违反本法规定用水，使用洗涤剂、消毒剂，或者出厂的餐具、饮具未按规定检验合格并随附消毒合格证明，或者未按规定在独立包装上标注相关内容的，由县级以上人民政府卫生行政部门依照前款规定给予处罚。

食品相关产品生产者未按规定对生产的食品相关产品进行检验的，由县级以上人民政府食品安全监督管理部门依照第一款规定给予处罚。

食用农产品销售者违反本法第六十五条规定的，由县级以上人民政府食品安全监督管理部门依照第一款规定给予处罚。

第一百二十七条 对食品生产加工小作坊、食品摊贩等的违法行为的处罚，依照省、自治区、直辖市制定的具体管理办法执行。

第一百二十八条 违反本法规定，事故单位在发生食品安全事故后未进行处置、报告的，由有关主管部门按照各自职责分工责令改正，给予警告；隐匿、伪造、毁灭有关证据的，责令停产停业，没收违法所得，并处十万元以上五十万元以下罚款；造成严重后果的，吊销许可证。

第一百二十九条 违反本法规定，有下列情形之一的，由出入境检验检疫机构依照本法第一百二十四条的规定给予处罚：

（一）提供虚假材料，进口不符合我国食品安全国家标准的食品、食品添加剂、食品相关产品；

（二）进口尚无食品安全国家标准的食品，未提交所执行的标准并经国务院卫生行政部门审查，或者进口利用新的食品原料生产的食品或者进口食品添加剂新品种、食品相关产品新品种，未通过安全性评估；

（三）未遵守本法的规定出口食品；

（四）进口商在有关主管部门责令其依照本法规定召回进口的食品后，仍拒不召回。

违反本法规定，进口商未建立并遵守食品、食品添加剂进口和销售记录制度、境外出口商或者生产企业审核制度的，由出入境检验检疫机构依照本法第一百二十六条的规定给予处罚。

第一百三十条　违反本法规定，集中交易市场的开办者、柜台出租者、展销会的举办者允许未依法取得许可的食品经营者进入市场销售食品，或者未履行检查、报告等义务的，由县级以上人民政府食品安全监督管理部门责令改正，没收违法所得，并处五万元以上二十万元以下罚款；造成严重后果的，责令停业，直至由原发证部门吊销许可证；使消费者的合法权益受到损害的，应当与食品经营者承担连带责任。

食用农产品批发市场违反本法第六十四条规定的，依照前款规定承担责任。

第一百三十一条　违反本法规定，网络食品交易第三方平台提供者未对入网食品经营者进行实名登记、审查许可证，或者未履行报告、停止提供网络交易平台服务等义务的，由县级以上人民政府食品安全监督管理部门责令改正，没收违法所得，并处五万元以上二十万元以下罚款；造成严重后果的，责令停业，直至由原发证部门吊销许可证；使消费者的合法权益受到损害的，应当与食品经营者承担连带责任。

消费者通过网络食品交易第三方平台购买食品，其合法权益受到损害的，可以向入网食品经营者或者食品生产者要求赔偿。网络食品交易第三方平台提供者不能提供入网食品经营者的真实名称、地址和有效联系方式的，由网络食品交易第三方平台提供者赔偿。网络食品交易第三方平台提供者赔偿后，有权向入网食品经营者或者食品生产者追偿。网络食品交易第三方平台提供者作出更有利于消费者承诺的，应当履行其承诺。

第一百三十二条　违反本法规定，未按要求进行食品贮存、运输和装卸的，由县级以上人民政府食品安全监督管理等部门按照各自职责分工责令改正，给予警告；拒不改正的，责令停产停业，并处一万元以上五万元以下罚款；情节严重的，吊销许可证。

第一百三十三条　违反本法规定，拒绝、阻挠、干涉有关部门、机构及其工作人员依法开展食品安全监督检查、事故调查处理、风险监测和风险评估的，由有关主管部门按照各自职责分工责令停产停业，并处二千元以上五万元以下罚款；情节严重的，吊销许可证；构成违反治安管理行为的，由公安机关依法给予治安管理处罚。

违反本法规定，对举报人以解除、变更劳动合同或者其他方式打击报复的，应当依照有关法律的规定承担责任。

第一百三十四条　食品生产经营者在一年内累计三次因违反本法规定受到责令停产停业、吊销许可证以外处罚的，由食品安全监督管理部门责令停产停业，直至吊销许可证。

第一百三十五条　被吊销许可证的食品生产经营者及其法定代表人、直接负责的主管人员和其他直接责任人员自处罚决定作出之日起五年内不得申请食品生产经营许可，或者从事食品生产经营管理工作、担任食品生产经营企业食品安全管理人员。

因食品安全犯罪被判处有期徒刑以上刑罚的，终身不得从事食品生产经营管理工作，也不得担任食品生产经营企业食品安全管理人员。

食品生产经营者聘用人员违反前两款规定的，由县级以上人民政府食品安全监督管理部门吊销许可证。

第一百三十六条　食品经营者履行了本法规定的进货查验等义务，有充分证据证明其不知道所采购的食品不符合食品安全标准，并能如实说明其进货来源的，可以免予处罚，但应当依法没收其不符合食品安全标准的食品；造成人身、财产或者其他损害的，依法承担赔偿责任。

第一百三十七条　违反本法规定，承担食品安全风险监测、风险评估工作的技术机构、技术人员提供虚假监测、评估信息的，依法对技术机构直接负责的主管人员和技术人员给予撤职、开除处分；有执业资格的，由授予其资格的主管部门吊销执业证书。

第一百三十八条　违反本法规定，食品检验机构、食品检验人员出具虚假检验报告的，由授予其资质的主管部门或者机构撤销该食品检验机构的检验资质，没收所收取的检验费用，并处检验费用五倍以上十倍以下罚款，检验费用不足一万元的，并处五万元以上十万元以下罚款；依法对食品检验机构直接负责的主管人员和食品检验人员给予撤职或者开除处分；导致发生重大食品安全事故的，对直接负责的主管人员和食品检验人员给予开除处分。

违反本法规定，受到开除处分的食品检验机构人员，自处分决定作出之日起十年内不得从事食品检验工作；因食品安全违法行为受到刑事处罚或者因出具虚假检验报告导致发生重大食品安全事故受到开除处分的食品检验机构人员，终身

不得从事食品检验工作。食品检验机构聘用不得从事食品检验工作的人员的，由授予其资质的主管部门或者机构撤销该食品检验机构的检验资质。

食品检验机构出具虚假检验报告，使消费者的合法权益受到损害的，应当与食品生产经营者承担连带责任。

第一百三十九条 违反本法规定，认证机构出具虚假认证结论，由认证认可监督管理部门没收所收取的认证费用，并处认证费用五倍以上十倍以下罚款，认证费用不足一万元的，并处五万元以上十万元以下罚款；情节严重的，责令停业，直至撤销认证机构批准文件，并向社会公布；对直接负责的主管人员和负有直接责任的认证人员，撤销其执业资格。

认证机构出具虚假认证结论，使消费者的合法权益受到损害的，应当与食品生产经营者承担连带责任。

第一百四十条 违反本法规定，在广告中对食品作虚假宣传，欺骗消费者，或者发布未取得批准文件、广告内容与批准文件不一致的保健食品广告的，依照《中华人民共和国广告法》的规定给予处罚。

广告经营者、发布者设计、制作、发布虚假食品广告，使消费者的合法权益受到损害的，应当与食品生产经营者承担连带责任。

社会团体或者其他组织、个人在虚假广告或者其他虚假宣传中向消费者推荐食品，使消费者的合法权益受到损害的，应当与食品生产经营者承担连带责任。

违反本法规定，食品安全监督管理等部门、食品检验机构、食品行业协会以广告或者其他形式向消费者推荐食品，消费者组织以收取费用或者其他牟取利益的方式向消费者推荐食品的，由有关主管部门没收违法所得，依法对直接负责的主管人员和其他直接责任人员给予记大过、降级或者撤职处分；情节严重的，给予开除处分。

对食品作虚假宣传且情节严重的，由省级以上人民政府食品安全监督管理部门决定暂停销售该食品，并向社会公布；仍然销售该食品的，由县级以上人民政府食品安全监督管理部门没收违法所得和违法销售的食品，并处二万元以上五万元以下罚款。

第一百四十一条 违反本法规定，编造、散布虚假食品安全信息，构成违反治安管理行为的，由公安机关依法给予治安管理处罚。

媒体编造、散布虚假食品安全信息的，由有关主管部门依法给予处罚，并对直接负责的主管人员和其他直接责任人员给予处分；使公民、法人或者其他组织的合法权益受到损害的，依法承担消除影响、恢复名誉、赔偿损失、赔礼道歉等民事责任。

第一百四十二条 违反本法规定，县级以上地方人民政府有下列行为之一的，对直接负责的主管人员和其他直接责任人员给予记大过处分；情节较重的，给予降级或者撤职处分；情节严重的，给予开除处分；造成严重后果的，其主要负责人还应当引咎辞职：

（一）对发生在本行政区域内的食品安全事故，未及时组织协调有关部门开展有效处置，造成不良影响或者损失；

（二）对本行政区域内涉及多环节的区域性食品安全问题，未及时组织整治，造成不良影响或者损失；

（三）隐瞒、谎报、缓报食品安全事故；

（四）本行政区域内发生特别重大食品安全事故，或者连续发生重大食品安全事故。

第一百四十三条 违反本法规定，县级以上地方人民政府有下列行为之一的，对直接负责的主管人员和其他直接责任人员给予警告、记过或者记大过处分；造成严重后果的，给予降级或者撤职处分：

（一）未确定有关部门的食品安全监督管理职责，未建立健全食品安全全程监督管理工作机制和信息共享机制，未落实食品安全监督管理责任制；

（二）未制定本行政区域的食品安全事故应急预案，或者发生食品安全事故后未按规定立即成立事故处置指挥机构、启动应急预案。

第一百四十四条 违反本法规定，县级以上人民政府食品安全监督管理、卫生行政、农业行政等部门有下列行为之一的，对直接负责的主管人员和其他直接责任人员给予记大过处分；情节较重的，给予降级或者撤职处分；情节严重的，给予开除处分；造成严重后果的，其主要负责人还应当引咎辞职：

（一）隐瞒、谎报、缓报食品安全事故；

（二）未按规定查处食品安全事故，或者接到食品安全事故报告未及时处理，造成事故扩大或者蔓延；

（三）经食品安全风险评估得出食品、食品添加剂、食品相关产品不安全结论后，未及时采取相应措施，造成食品安全事故或者不良社会影响；

（四）对不符合条件的申请人准予许可，或者超越法定职权准予许可；

（五）不履行食品安全监督管理职责，导致发生食品安全事故。

第一百四十五条 违反本法规定，县级以上人民政府食品安全监督管理、卫生行政、农业行政等部门有下列行为之一，造成不良后果的，对直接负责的主管人员和其他直接责任人员给予警告、记过或者记大过处分；情节较重的，给予降级或者撤职处分；情节严重的，给予开除处分：

（一）在获知有关食品安全信息后，未按规定向上级主管部门和本级人民政府报告，或者未按规定相互通报；

（二）未按规定公布食品安全信息；

（三）不履行法定职责，对查处食品安全违法行为不配合，或者滥用职权、玩忽职守、徇私舞弊。

第一百四十六条 食品安全监督管理等部门在履行食品安全监督管理职责过程中，违法实施检查、强制等执法措施，给生产经营者造成损失的，应当依法予以赔偿，对直接负责的主管人员和其他直接责任人员依法给予处分。

第一百四十七条 违反本法规定，造成人身、财产或者其他损害的，依法承担赔偿责任。生产经营者财产不足以同时承担民事赔偿责任和缴纳罚款、罚金时，先承担民事赔偿责任。

第一百四十八条 消费者因不符合食品安全标准的食品受到损害的，可以向经营者要求赔偿损失，也可以向生产者要求赔偿损失。接到消费者赔偿要求的生产经营者，应当实行首负责任制，先行赔付，不得推诿；属于生产者责任的，经营者赔偿后有权向生产者追偿；属于经营者责任的，生产者赔偿后有权向经营者追偿。

生产不符合食品安全标准的食品或者经营明知是不符合食品安全标准的食品，消费者除要求赔偿损失外，还可以向生产者或者经营者要求支付价款十倍或者损失三倍的赔偿金；增加赔偿的金额不足一千元的，为一千元。但是，食品的标签、说明书存在不影响食品安全且不会对消费者造成误导的瑕疵的除外。

第一百四十九条 违反本法规定，构成犯罪的，依法追究刑事责任。

第十章　附　则

第一百五十条 本法下列用语的含义：

食品，指各种供人食用或者饮用的成品和原料以及按照传统既是食品又是中药材的物品，但是不包括以治疗为目的的物品。

食品安全，指食品无毒、无害，符合应当有的营养要求，对人体健康不造成任何急性、亚急性或者慢性危害。

预包装食品，指预先定量包装或者制作在包装材料、容器中的食品。

食品添加剂，指为改善食品品质和色、香、味以及为防腐、保鲜和加工工艺的需要而加入食品中的人工合成或者天然物质，包括营养强化剂。

用于食品的包装材料和容器，指包装、盛放食品或者食品添加剂用的纸、竹、木、金属、搪瓷、陶瓷、塑料、橡胶、天然纤维、化学纤维、玻璃等制品和直接接触食品或者食品添加剂的涂料。

用于食品生产经营的工具、设备，指在食品或者食品添加剂生产、销售、使用过程中直接接触食品或者食品添加剂的机械、管道、传送带、容器、用具、餐具等。

用于食品的洗涤剂、消毒剂，指直接用于洗涤或者消毒食品、餐具、饮具以及直接接触食品的工具、设备或者食品包装材料和容器的物质。

食品保质期，指食品在标明的贮存条件下保持品质的期限。

食源性疾病，指食品中致病因素进入人体引起的感染性、中毒性等疾病，包括食物中毒。

食品安全事故，指食源性疾病、食品污染等源于食品，对人体健康有危害或者可能有危害的事故。

第一百五十一条 转基因食品和食盐的食品安全管理，本法未作规定的，适用其他法律、行政法规的规定。

第一百五十二条 铁路、民航运营中食品安全的管理办法由国务院食品安全监督管理部门会同国务院有关部门依照本法制定。

保健食品的具体管理办法由国务院食品安全

监督管理部门依照本法制定。

食品相关产品生产活动的具体管理办法由国务院食品安全监督管理部门依照本法制定。

国境口岸食品的监督管理由出入境检验检疫机构依照本法以及有关法律、行政法规的规定实施。

军队专用食品和自供食品的食品安全管理办法由中央军事委员会依照本法制定。

第一百五十三条 国务院根据实际需要，可以对食品安全监督管理体制作出调整。

第一百五十四条 本法自 2015 年 10 月 1 日起施行。

十四、中华人民共和国突发事件应对法

（2007 年 8 月 30 日第十届全国人民代表大会常务委员会第二十九次会议通过）

第一章　总　　则

第一条　为了预防和减少突发事件的发生，控制、减轻和消除突发事件引起的严重社会危害，规范突发事件应对活动，保护人民生命财产安全，维护国家安全、公共安全、环境安全和社会秩序，制定本法。

第二条　突发事件的预防与应急准备、监测与预警、应急处置与救援、事后恢复与重建等应对活动，适用本法。

第三条　本法所称突发事件，是指突然发生，造成或者可能造成严重社会危害，需要采取应急处置措施予以应对的自然灾害、事故灾难、公共卫生事件和社会安全事件。

按照社会危害程度、影响范围等因素，自然灾害、事故灾难、公共卫生事件分为特别重大、重大、较大和一般四级。法律、行政法规或者国务院另有规定的，从其规定。

突发事件的分级标准由国务院或者国务院确定的部门制定。

第四条　国家建立统一领导、综合协调、分类管理、分级负责、属地管理为主的应急管理体制。

第五条　突发事件应对工作实行预防为主、预防与应急相结合的原则。国家建立重大突发事件风险评估体系，对可能发生的突发事件进行综合性评估，减少重大突发事件的发生，最大限度地减轻重大突发事件的影响。

第六条　国家建立有效的社会动员机制，增强全民的公共安全和防范风险的意识，提高全社会的避险救助能力。

第七条　县级人民政府对本行政区域内突发事件的应对工作负责；涉及两个以上行政区域的，由有关行政区域共同的上一级人民政府负责，或者由各有关行政区域的上一级人民政府共同负责。

突发事件发生后，发生地县级人民政府应当立即采取措施控制事态发展，组织开展应急救援和处置工作，并立即向上一级人民政府报告，必要时可以越级上报。

突发事件发生地县级人民政府不能消除或者不能有效控制突发事件引起的严重社会危害的，应当及时向上级人民政府报告。上级人民政府应当及时采取措施，统一领导应急处置工作。

法律、行政法规规定由国务院有关部门对突发事件的应对工作负责的，从其规定；地方人民政府应当积极配合并提供必要的支持。

第八条　国务院在总理领导下研究、决定和部署特别重大突发事件的应对工作；根据实际需要，设立国家突发事件应急指挥机构，负责突发事件应对工作；必要时，国务院可以派出工作组指导有关工作。

县级以上地方各级人民政府设立由本级人民政府主要负责人、相关部门负责人、驻当地中国人民解放军和中国人民武装警察部队有关负责人组成的突发事件应急指挥机构，统一领导、协调本级人民政府各有关部门和下级人民政府开展突发事件应对工作；根据实际需要，设立相关类别突发事件应急指挥机构，组织、协调、指挥突发事件应对工作。

上级人民政府主管部门应当在各自职责范围内，指导、协助下级人民政府及其相应部门做好

有关突发事件的应对工作。

第九条 国务院和县级以上地方各级人民政府是突发事件应对工作的行政领导机关，其办事机构及具体职责由国务院规定。

第十条 有关人民政府及其部门作出的应对突发事件的决定、命令，应当及时公布。

第十一条 有关人民政府及其部门采取的应对突发事件的措施，应当与突发事件可能造成的社会危害的性质、程度和范围相适应；有多种措施可供选择的，应当选择有利于最大程度地保护公民、法人和其他组织权益的措施。

公民、法人和其他组织有义务参与突发事件应对工作。

第十二条 有关人民政府及其部门为应对突发事件，可以征用单位和个人的财产。被征用的财产在使用完毕或者突发事件应急处置工作结束后，应当及时返还。财产被征用或者征用后毁损、灭失的，应当给予补偿。

第十三条 因采取突发事件应对措施，诉讼、行政复议、仲裁活动不能正常进行的，适用有关时效中止和程序中止的规定，但法律另有规定的除外。

第十四条 中国人民解放军、中国人民武装警察部队和民兵组织依照本法和其他有关法律、行政法规、军事法规的规定以及国务院、中央军事委员会的命令，参加突发事件的应急救援和处置工作。

第十五条 中华人民共和国政府在突发事件的预防、监测与预警、应急处置与救援、事后恢复与重建等方面，同外国政府和有关国际组织开展合作与交流。

第十六条 县级以上人民政府作出应对突发事件的决定、命令，应当报本级人民代表大会常务委员会备案；突发事件应急处置工作结束后，应当向本级人民代表大会常务委员会作出专项工作报告。

第二章 预防与应急准备

第十七条 国家建立健全突发事件应急预案体系。

国务院制定国家突发事件总体应急预案，组织制定国家突发事件专项应急预案；国务院有关部门根据各自的职责和国务院相关应急预案，制定国家突发事件部门应急预案。

地方各级人民政府和县级以上地方各级人民政府有关部门根据有关法律、法规、规章、上级人民政府及其有关部门的应急预案以及本地区的实际情况，制定相应的突发事件应急预案。

应急预案制定机关应当根据实际需要和情势变化，适时修订应急预案。应急预案的制定、修订程序由国务院规定。

第十八条 应急预案应当根据本法和其他有关法律、法规的规定，针对突发事件的性质、特点和可能造成的社会危害，具体规定突发事件应急管理工作的组织指挥体系与职责和突发事件的预防与预警机制、处置程序、应急保障措施以及事后恢复与重建措施等内容。

第十九条 城乡规划应当符合预防、处置突发事件的需要，统筹安排应对突发事件所必需的设备和基础设施建设，合理确定应急避难场所。

第二十条 县级人民政府应当对本行政区域内容易引发自然灾害、事故灾难和公共卫生事件的危险源、危险区域进行调查、登记、风险评估，定期进行检查、监控，并责令有关单位采取安全防范措施。

省级和设区的市级人民政府应当对本行政区域内容易引发特别重大、重大突发事件的危险源、危险区域进行调查、登记、风险评估，组织进行检查、监控，并责令有关单位采取安全防范措施。

县级以上地方各级人民政府按照本法规定登记的危险源、危险区域，应当按照国家规定及时向社会公布。

第二十一条 县级人民政府及其有关部门、乡级人民政府、街道办事处、居民委员会、村民委员会应当及时调解处理可能引发社会安全事件的矛盾纠纷。

第二十二条 所有单位应当建立健全安全管理制度，定期检查本单位各项安全防范措施的落实情况，及时消除事故隐患；掌握并及时处理本单位存在的可能引发社会安全事件的问题，防止矛盾激化和事态扩大；对本单位可能发生的突发事件和采取安全防范措施的情况，应当按照规定及时向所在地人民政府或者人民政府有关部门报告。

第二十三条 矿山、建筑施工单位和易燃易爆物品、危险化学品、放射性物品等危险物品的生产、经营、储运、使用单位，应当制定具体应急预案，并对生产经营场所、有危险物品的建筑物、构筑物及周边环境开展隐患排查，及时采取措施消除隐患，防止发生突发事件。

第二十四条 公共交通工具、公共场所和其他人员密集场所的经营单位或者管理单位应当制定具体应急预案，为交通工具和有关场所配备报警装置和必要的应急救援设备、设施，注明其使用方法，并显著标明安全撤离的通道、路线，保证安全通道、出口的畅通。

有关单位应当定期检测、维护其报警装置和应急救援设备、设施，使其处于良好状态，确保正常使用。

第二十五条 县级以上人民政府应当建立健全突发事件应急管理培训制度，对人民政府及其有关部门负有处置突发事件职责的工作人员定期进行培训。

第二十六条 县级以上人民政府应当整合应急资源，建立或者确定综合性应急救援队伍。人民政府有关部门可以根据实际需要设立专业应急救援队伍。

县级以上人民政府及其有关部门可以建立由成年志愿者组成的应急救援队伍。单位应当建立由本单位职工组成的专职或者兼职应急救援队伍。

县级以上人民政府应当加强专业应急救援队伍与非专业应急救援队伍的合作，联合培训、联合演练，提高合成应急、协同应急的能力。

第二十七条 国务院有关部门、县级以上地方各级人民政府及其有关部门、有关单位应当为专业应急救援人员购买人身意外伤害保险，配备必要的防护装备和器材，减少应急救援人员的人身风险。

第二十八条 中国人民解放军、中国人民武装警察部队和民兵组织应当有计划地组织开展应急救援的专门训练。

第二十九条 县级人民政府及其有关部门、乡级人民政府、街道办事处应当组织开展应急知识的宣传普及活动和必要的应急演练。

居民委员会、村民委员会、企业事业单位应当根据所在地人民政府的要求，结合各自的实际情况，开展有关突发事件应急知识的宣传普及活动和必要的应急演练。

新闻媒体应当无偿开展突发事件预防与应急、自救与互救知识的公益宣传。

第三十条 各级各类学校应当把应急知识教育纳入教学内容，对学生进行应急知识教育，培养学生的安全意识和自救与互救能力。

教育主管部门应当对学校开展应急知识教育进行指导和监督。

第三十一条 国务院和县级以上地方各级人民政府应当采取财政措施，保障突发事件应对工作所需经费。

第三十二条 国家建立健全应急物资储备保障制度，完善重要应急物资的监管、生产、储备、调拨和紧急配送体系。

设区的市级以上人民政府和突发事件易发、多发地区的县级人民政府应当建立应急救援物资、生活必需品和应急处置装备的储备制度。

县级以上地方各级人民政府应当根据本地区的实际情况，与有关企业签订协议，保障应急救援物资、生活必需品和应急处置装备的生产、供给。

第三十三条 国家建立健全应急通信保障体系，完善公用通信网，建立有线与无线相结合、基础电信网络与机动通信系统相配套的应急通信系统，确保突发事件应对工作的通信畅通。

第三十四条 国家鼓励公民、法人和其他组织为人民政府应对突发事件工作提供物资、资金、技术支持和捐赠。

第三十五条 国家发展保险事业，建立国家财政支持的巨灾风险保险体系，并鼓励单位和公民参加保险。

第三十六条 国家鼓励、扶持具备相应条件的教学科研机构培养应急管理专门人才，鼓励、扶持教学科研机构和有关企业研究开发用于突发事件预防、监测、预警、应急处置与救援的新技术、新设备和新工具。

第三章 监测与预警

第三十七条 国务院建立全国统一的突发事件信息系统。

县级以上地方各级人民政府应当建立或者确定本地区统一的突发事件信息系统，汇集、储存、分析、传输有关突发事件的信息，并与上级人民政府及其有关部门、下级人民政府及其有关部门、专业机构和监测网点的突发事件信息系统实现互联互通，加强跨部门、跨地区的信息交流与情报合作。

第三十八条 县级以上人民政府及其有关部门、专业机构应当通过多种途径收集突发事件信息。

县级人民政府应当在居民委员会、村民委员会和有关单位建立专职或者兼职信息报告员制度。

获悉突发事件信息的公民、法人或者其他组织，应当立即向所在地人民政府、有关主管部门或者指定的专业机构报告。

第三十九条 地方各级人民政府应当按照国家有关规定向上级人民政府报送突发事件信息。县级以上人民政府有关主管部门应当向本级人民政府相关部门通报突发事件信息。专业机构、监测网点和信息报告员应当及时向所在地人民政府及其有关主管部门报告突发事件信息。

有关单位和人员报送、报告突发事件信息，应当做到及时、客观、真实，不得迟报、谎报、瞒报、漏报。

第四十条 县级以上地方各级人民政府应当及时汇总分析突发事件隐患和预警信息，必要时组织相关部门、专业技术人员、专家学者进行会商，对发生突发事件的可能性及其可能造成的影响进行评估；认为可能发生重大或者特别重大突发事件的，应当立即向上级人民政府报告，并向上级人民政府有关部门、当地驻军和可能受到危害的毗邻或者相关地区的人民政府通报。

第四十一条 国家建立健全突发事件监测制度。

县级以上人民政府及其有关部门应当根据自然灾害、事故灾难和公共卫生事件的种类和特点，建立健全基础信息数据库，完善监测网络，划分监测区域，确定监测点，明确监测项目，提供必要的设备、设施，配备专职或者兼职人员，对可能发生的突发事件进行监测。

第四十二条 国家建立健全突发事件预警制度。

可以预警的自然灾害、事故灾难和公共卫生事件的预警级别，按照突发事件发生的紧急程度、发展势态和可能造成的危害程度分为一级、二级、三级和四级，分别用红色、橙色、黄色和蓝色标示，一级为最高级别。

预警级别的划分标准由国务院或者国务院确定的部门制定。

第四十三条 可以预警的自然灾害、事故灾难或者公共卫生事件即将发生或者发生的可能性增大时，县级以上地方各级人民政府应当根据有关法律、行政法规和国务院规定的权限和程序，发布相应级别的警报，决定并宣布有关地区进入预警期，同时向上一级人民政府报告，必要时可以越级上报，并向当地驻军和可能受到危害的毗邻或者相关地区的人民政府通报。

第四十四条 发布三级、四级警报，宣布进入预警期后，县级以上地方各级人民政府应当根据即将发生的突发事件的特点和可能造成的危害，采取下列措施：

（一）启动应急预案；

（二）责令有关部门、专业机构、监测网点和负有特定职责的人员及时收集、报告有关信息，向社会公布反映突发事件信息的渠道，加强对突发事件发生、发展情况的监测、预报和预警工作；

（三）组织有关部门和机构、专业技术人员、有关专家学者，随时对突发事件信息进行分析评估，预测发生突发事件可能性的大小、影响范围和强度以及可能发生的突发事件的级别；

（四）定时向社会发布与公众有关的突发事件预测信息和分析评估结果，并对相关信息的报道工作进行管理；

（五）及时按照有关规定向社会发布可能受到突发事件危害的警告，宣传避免、减轻危害的常识，公布咨询电话。

第四十五条 发布一级、二级警报，宣布进入预警期后，县级以上地方各级人民政府除采取本法第四十四条 规定的措施外，还应当针对即将发生的突发事件的特点和可能造成的危害，采取下列一项或者多项措施：

（一）责令应急救援队伍、负有特定职责的人员进入待命状态，并动员后备人员做好参加应急救援和处置工作的准备；

（二）调集应急救援所需物资、设备、工具，准备应急设施和避难场所，并确保其处于良好状态、随时可以投入正常使用；

（三）加强对重点单位、重要部位和重要基础设施的安全保卫，维护社会治安秩序；

（四）采取必要措施，确保交通、通信、供水、排水、供电、供气、供热等公共设施的安全和正常运行；

（五）及时向社会发布有关采取特定措施避免或者减轻危害的建议、劝告；

（六）转移、疏散或者撤离易受突发事件危害的人员并予以妥善安置，转移重要财产；

（七）关闭或者限制使用易受突发事件危害的场所，控制或者限制容易导致危害扩大的公共场所的活动；

（八）法律、法规、规章规定的其他必要的防范性、保护性措施。

第四十六条 对即将发生或者已经发生的社会安全事件，县级以上地方各级人民政府及其有关主管部门应当按照规定向上一级人民政府及其有关主管部门报告，必要时可以越级上报。

第四十七条 发布突发事件警报的人民政府应当根据事态的发展，按照有关规定适时调整预警级别并重新发布。

有事实证明不可能发生突发事件或者危险已经解除的，发布警报的人民政府应当立即宣布解除警报，终止预警期，并解除已经采取的有关措施。

第四章 应急处置与救援

第四十八条 突发事件发生后，履行统一领导职责或者组织处置突发事件的人民政府应当针对其性质、特点和危害程度，立即组织有关部门，调动应急救援队伍和社会力量，依照本章的规定和有关法律、法规、规章的规定采取应急处置措施。

第四十九条 自然灾害、事故灾难或者公共卫生事件发生后，履行统一领导职责的人民政府可以采取下列一项或者多项应急处置措施：

（一）组织营救和救治受害人员，疏散、撤离并妥善安置受到威胁的人员以及采取其他救助措施；

（二）迅速控制危险源，标明危险区域，封锁危险场所，划定警戒区，实行交通管制以及其他控制措施；

（三）立即抢修被损坏的交通、通信、供水、排水、供电、供气、供热等公共设施，向受到危害的人员提供避难场所和生活必需品，实施医疗救护和卫生防疫以及其他保障措施；

（四）禁止或者限制使用有关设备、设施，关闭或者限制使用有关场所，中止人员密集的活动或者可能导致危害扩大的生产经营活动以及采取其他保护措施；

（五）启用本级人民政府设置的财政预备费和储备的应急救援物资，必要时调用其他急需物资、设备、设施、工具；

（六）组织公民参加应急救援和处置工作，要求具有特定专长的人员提供服务；

（七）保障食品、饮用水、燃料等基本生活必需品的供应；

（八）依法从严惩处囤积居奇、哄抬物价、制假售假等扰乱市场秩序的行为，稳定市场价格，维护市场秩序；

（九）依法从严惩处哄抢财物、干扰破坏应急处置工作等扰乱社会秩序的行为，维护社会治安；

（十）采取防止发生次生、衍生事件的必要措施。

第五十条 社会安全事件发生后，组织处置工作的人民政府应当立即组织有关部门并由公安机关针对事件的性质和特点，依照有关法律、行政法规和国家其他有关规定，采取下列一项或者多项应急处置措施：

（一）强制隔离使用器械相互对抗或者以暴力行为参与冲突的当事人，妥善解决现场纠纷和争端，控制事态发展；

（二）对特定区域内的建筑物、交通工具、设备、设施以及燃料、燃气、电力、水的供应进行控制；

（三）封锁有关场所、道路，查验现场人员的身份证件，限制有关公共场所内的活动；

（四）加强对易受冲击的核心机关和单位的警卫，在国家机关、军事机关、国家通讯社、广播电台、电视台、外国驻华使领馆等单位附近设置临时警戒线；

（五）法律、行政法规和国务院规定的其他必要措施。

严重危害社会治安秩序的事件发生时，公安机关应当立即依法出动警力，根据现场情况依法采取相应的强制性措施，尽快使社会秩序恢复正常。

第五十一条 发生突发事件，严重影响国民经济正常运行时，国务院或者国务院授权的有关主管部门可以采取保障、控制等必要的应急措施，保障人民群众的基本生活需要，最大限度地减轻突发事件的影响。

第五十二条 履行统一领导职责或者组织处置突发事件的人民政府，必要时可以向单位和个人征用应急救援所需设备、设施、场地、交通工具和其他物资，请求其他地方人民政府提供人力、物力、财力或者技术支援，要求生产、供应生活必需品和应急救援物资的企业组织生产、保证供给，要求提供医疗、交通等公共服务的组织提供相应的服务。

履行统一领导职责或者组织处置突发事件的人民政府，应当组织协调运输经营单位，优先运送处置突发事件所需物资、设备、工具、应急救援人员和受到突发事件危害的人员。

第五十三条 履行统一领导职责或者组织处置突发事件的人民政府，应当按照有关规定统一、准确、及时发布有关突发事件事态发展和应急处置工作的信息。

第五十四条 任何单位和个人不得编造、传播有关突发事件事态发展或者应急处置工作的虚假信息。

第五十五条 突发事件发生地的居民委员会、村民委员会和其他组织应当按照当地人民政府的决定、命令，进行宣传动员，组织群众开展自救和互救，协助维护社会秩序。

第五十六条 受到自然灾害危害或者发生事故灾难、公共卫生事件的单位，应当立即组织本单位应急救援队伍和工作人员营救受害人员，疏散、撤离、安置受到威胁的人员，控制危险源，标明危险区域，封锁危险场所，并采取其他防止危害扩大的必要措施，同时向所在地县级人民政府报告；对因本单位的问题引发的或者主体是本单位人员的社会安全事件，有关单位应当按照规定上报情况，并迅速派出负责人赶赴现场开展劝解、疏导工作。

突发事件发生地的其他单位应当服从人民政府发布的决定、命令，配合人民政府采取的应急处置措施，做好本单位的应急救援工作，并积极组织人员参加所在地的应急救援和处置工作。

第五十七条 突发事件发生地的公民应当服从人民政府、居民委员会、村民委员会或者所属单位的指挥和安排，配合人民政府采取的应急处置措施，积极参加应急救援工作，协助维护社会秩序。

第五章 事后恢复与重建

第五十八条 突发事件的威胁和危害得到控制或者消除后，履行统一领导职责或者组织处置突发事件的人民政府应当停止执行依照本法规定采取的应急处置措施，同时采取或者继续实施必要措施，防止发生自然灾害、事故灾难、公共卫生事件的次生、衍生事件或者重新引发社会安全事件。

第五十九条 突发事件应急处置工作结束后，履行统一领导职责的人民政府应当立即组织对突发事件造成的损失进行评估，组织受影响地区尽快恢复生产、生活、工作和社会秩序，制定恢复重建计划，并向上一级人民政府报告。

受突发事件影响地区的人民政府应当及时组织和协调公安、交通、铁路、民航、邮电、建设等有关部门恢复社会治安秩序，尽快修复被损坏的交通、通信、供水、排水、供电、供气、供热等公共设施。

第六十条 受突发事件影响地区的人民政府开展恢复重建工作需要上一级人民政府支持的，可以向上一级人民政府提出请求。上一级人民政府应当根据受影响地区遭受的损失和实际情况，提供资金、物资支持和技术指导，组织其他地区提供资金、物资和人力支援。

第六十一条 国务院根据受突发事件影响地区遭受损失的情况，制定扶持该地区有关行业发展的优惠政策。

受突发事件影响地区的人民政府应当根据本地区遭受损失的情况，制定救助、补偿、抚慰、抚恤、安置等善后工作计划并组织实施，妥善解决因处置突发事件引发的矛盾和纠纷。

公民参加应急救援工作或者协助维护社会秩序期间，其在本单位的工资待遇和福利不变；表现突出、成绩显著的，由县级以上人民政府给予表彰或者奖励。

县级以上人民政府对在应急救援工作中伤亡的人员依法给予抚恤。

第六十二条 履行统一领导职责的人民政府应当及时查明突发事件的发生经过和原因，总结突发事件应急处置工作的经验教训，制定改进措施，并向上一级人民政府提出报告。

第六章 法律责任

第六十三条 地方各级人民政府和县级以上各级人民政府有关部门违反本法规定，不履行法定职责的，由其上级行政机关或者监察机关责令改正；有下列情形之一的，根据情节对直接负责的主管人员和其他直接责任人员依法给予处分：

（一）未按规定采取预防措施，导致发生突发事件，或者未采取必要的防范措施，导致发生次生、衍生事件的；

（二）迟报、谎报、瞒报、漏报有关突发事件的信息，或者通报、报送、公布虚假信息，造成后果的；

（三）未按规定及时发布突发事件警报、采取预警期的措施，导致损害发生的；

（四）未按规定及时采取措施处置突发事件或者处置不当，造成后果的；

（五）不服从上级人民政府对突发事件应急处置工作的统一领导、指挥和协调的；

（六）未及时组织开展生产自救、恢复重建等善后工作的；

（七）截留、挪用、私分或者变相私分应急救援资金、物资的；

（八）不及时归还征用的单位和个人的财产，或者对被征用财产的单位和个人不按规定给予补偿的。

第六十四条　有关单位有下列情形之一的，由所在地履行统一领导职责的人民政府责令停产停业，暂扣或者吊销许可证或者营业执照，并处五万元以上二十万元以下的罚款；构成违反治安管理行为的，由公安机关依法给予处罚：

（一）未按规定采取预防措施，导致发生严重突发事件的；

（二）未及时消除已发现的可能引发突发事件的隐患，导致发生严重突发事件的；

（三）未做好应急设备、设施日常维护、检测工作，导致发生严重突发事件或者突发事件危害扩大的；

（四）突发事件发生后，不及时组织开展应急救援工作，造成严重后果的。

前款规定的行为，其他法律、行政法规规定由人民政府有关部门依法决定处罚的，从其规定。

第六十五条　违反本法规定，编造并传播有关突发事件事态发展或者应急处置工作的虚假信息，或者明知是有关突发事件事态发展或者应急处置工作的虚假信息而进行传播的，责令改正，给予警告；造成严重后果的，依法暂停其业务活动或者吊销其执业许可证；负有直接责任的人员是国家工作人员的，还应当对其依法给予处分；构成违反治安管理行为的，由公安机关依法给予处罚。

第六十六条　单位或者个人违反本法规定，不服从所在地人民政府及其有关部门发布的决定、命令或者不配合其依法采取的措施，构成违反治安管理行为的，由公安机关依法给予处罚。

第六十七条　单位或者个人违反本法规定，导致突发事件发生或者危害扩大，给他人人身、财产造成损害的，应当依法承担民事责任。

第六十八条　违反本法规定，构成犯罪的，依法追究刑事责任。

第七章　附　则

第六十九条　发生特别重大突发事件，对人民生命财产安全、国家安全、公共安全、环境安全或者社会秩序构成重大威胁，采取本法和其他有关法律、法规、规章规定的应急处置措施不能消除或者有效控制、减轻其严重社会危害，需要进入紧急状态的，由全国人民代表大会常务委员会或者国务院依照宪法和其他有关法律规定的权限和程序决定。

紧急状态期间采取的非常措施，依照有关法律规定执行或者由全国人民代表大会常务委员会另行规定。

第七十条　本法自2007年11月1日起施行。

十五、中华人民共和国行政许可法

（2003年8月27日第十届全国人民代表大会常务委员会第四次会议通过　根据2019年4月23日第十三届全国人民代表大会常务委员会第十次会议《关于修改〈中华人民共和国建筑法〉等八部法律的决定》修正）

第一章　总　　则

第一条　为了规范行政许可的设定和实施，保护公民、法人和其他组织的合法权益，维护公共利益和社会秩序，保障和监督行政机关有效实施行政管理，根据宪法，制定本法。

第二条　本法所称行政许可，是指行政机关根据公民、法人或者其他组织的申请，经依法审查，准予其从事特定活动的行为。

第三条　行政许可的设定和实施，适用本法。

有关行政机关对其他机关或者对其直接管理的事业单位的人事、财务、外事等事项的审批，不适用本法。

第四条　设定和实施行政许可，应当依照法定的权限、范围、条件和程序。

第五条　设定和实施行政许可，应当遵循公开、公平、公正、非歧视的原则。

有关行政许可的规定应当公布；未经公布的，不得作为实施行政许可的依据。行政许可的实施和结果，除涉及国家秘密、商业秘密或者个人隐私的外，应当公开。未经申请人同意，行政机关及其工作人员、参与专家评审等的人员不得披露申请人提交的商业秘密、未披露信息或者保密商务信息，法律另有规定或者涉及国家安全、重大社会公共利益的除外；行政机关依法公开申请人前述信息的，允许申请人在合理期限内提出异议。

符合法定条件、标准的，申请人有依法取得行政许可的平等权利，行政机关不得歧视任何人。

第六条　实施行政许可，应当遵循便民的原则，提高办事效率，提供优质服务。

第七条　公民、法人或者其他组织对行政机关实施行政许可，享有陈述权、申辩权；有权依法申请行政复议或者提起行政诉讼；其合法权益因行政机关违法实施行政许可受到损害的，有权依法要求赔偿。

第八条　公民、法人或者其他组织依法取得的行政许可受法律保护，行政机关不得擅自改变已经生效的行政许可。

行政许可所依据的法律、法规、规章修改或者废止，或者准予行政许可所依据的客观情况发生重大变化的，为了公共利益的需要，行政机关可以依法变更或者撤回已经生效的行政许可。由此给公民、法人或者其他组织造成财产损失的，行政机关应当依法给予补偿。

第九条　依法取得的行政许可，除法律、法规规定依照法定条件和程序可以转让的外，不得转让。

第十条　县级以上人民政府应当建立健全对行政机关实施行政许可的监督制度，加强对行政机关实施行政许可的监督检查。

行政机关应当对公民、法人或者其他组织从事行政许可事项的活动实施有效监督。

第二章　行政许可的设定

第十一条　设定行政许可，应当遵循经济和

社会发展规律，有利于发挥公民、法人或者其他组织的积极性、主动性，维护公共利益和社会秩序，促进经济、社会和生态环境协调发展。

第十二条 下列事项可以设定行政许可：

（一）直接涉及国家安全、公共安全、经济宏观调控、生态环境保护以及直接关系人身健康、生命财产安全等特定活动，需要按照法定条件予以批准的事项；

（二）有限自然资源开发利用、公共资源配置以及直接关系公共利益的特定行业的市场准入等，需要赋予特定权利的事项；

（三）提供公众服务并且直接关系公共利益的职业、行业，需要确定具备特殊信誉、特殊条件或者特殊技能等资格、资质的事项；

（四）直接关系公共安全、人身健康、生命财产安全的重要设备、设施、产品、物品，需要按照技术标准、技术规范，通过检验、检测、检疫等方式进行审定的事项；

（五）企业或者其他组织的设立等，需要确定主体资格的事项；

（六）法律、行政法规规定可以设定行政许可的其他事项。

第十三条 本法第十二条所列事项，通过下列方式能够予以规范的，可以不设行政许可：

（一）公民、法人或者其他组织能够自主决定的；

（二）市场竞争机制能够有效调节的；

（三）行业组织或者中介机构能够自律管理的；

（四）行政机关采用事后监督等其他行政管理方式能够解决的。

第十四条 本法第十二条所列事项，法律可以设定行政许可。尚未制定法律的，行政法规可以设定行政许可。

必要时，国务院可以采用发布决定的方式设定行政许可。实施后，除临时性行政许可事项外，国务院应当及时提请全国人民代表大会及其常务委员会制定法律，或者自行制定行政法规。

第十五条 本法第十二条所列事项，尚未制定法律、行政法规的，地方性法规可以设定行政许可；尚未制定法律、行政法规和地方性法规的，因行政管理的需要，确需立即实施行政许可的，省、自治区、直辖市人民政府规章可以设定临时性的行政许可。临时性的行政许可实施满一年需要继续实施的，应当提请本级人民代表大会及其常务委员会制定地方性法规。

地方性法规和省、自治区、直辖市人民政府规章，不得设定应当由国家统一确定的公民、法人或者其他组织的资格、资质的行政许可；不得设定企业或者其他组织的设立登记及其前置性行政许可。其设定的行政许可，不得限制其他地区的个人或者企业到本地区从事生产经营和提供服务，不得限制其他地区的商品进入本地区市场。

第十六条 行政法规可以在法律设定的行政许可事项范围内，对实施该行政许可作出具体规定。

地方性法规可以在法律、行政法规设定的行政许可事项范围内，对实施该行政许可作出具体规定。

规章可以在上位法设定的行政许可事项范围内，对实施该行政许可作出具体规定。

法规、规章对实施上位法设定的行政许可作出的具体规定，不得增设行政许可；对行政许可条件作出的具体规定，不得增设违反上位法的其他条件。

第十七条 除本法第十四条、第十五条规定的外，其他规范性文件一律不得设定行政许可。

第十八条 设定行政许可，应当规定行政许可的实施机关、条件、程序、期限。

第十九条 起草法律草案、法规草案和省、自治区、直辖市人民政府规章草案，拟设定行政许可的，起草单位应当采取听证会、论证会等形式听取意见，并向制定机关说明设定该行政许可的必要性、对经济和社会可能产生的影响以及听取和采纳意见的情况。

第二十条 行政许可的设定机关应当定期对其设定的行政许可进行评价；对已设定的行政许可，认为通过本法第十三条所列方式能够解决的，应当对设定该行政许可的规定及时予以修改或者废止。

行政许可的实施机关可以对已设定的行政许可的实施情况及存在的必要性适时进行评价，并将意见报告该行政许可的设定机关。

公民、法人或者其他组织可以向行政许可的设定机关和实施机关就行政许可的设定和实施提出意见和建议。

第二十一条 省、自治区、直辖市人民政府对行政法规设定的有关经济事务的行政许可，根据本行政区域经济和社会发展情况，认为通过本法第十三条所列方式能够解决的，报国务院批准后，可以在本行政区域内停止实施该行政许可。

第三章 行政许可的实施机关

第二十二条 行政许可由具有行政许可权的行政机关在其法定职权范围内实施。

第二十三条 法律、法规授权的具有管理公共事务职能的组织，在法定授权范围内，以自己的名义实施行政许可。被授权的组织适用本法有关行政机关的规定。

第二十四条 行政机关在其法定职权范围内，依照法律、法规、规章的规定，可以委托其他行政机关实施行政许可。委托机关应当将受委托行政机关和受委托实施行政许可的内容予以公告。

委托行政机关对受委托行政机关实施行政许可的行为应当负责监督，并对该行为的后果承担法律责任。

受委托行政机关在委托范围内，以委托行政机关名义实施行政许可；不得再委托其他组织或者个人实施行政许可。

第二十五条 经国务院批准，省、自治区、直辖市人民政府根据精简、统一、效能的原则，可以决定一个行政机关行使有关行政机关的行政许可权。

第二十六条 行政许可需要行政机关内设的多个机构办理的，该行政机关应当确定一个机构统一受理行政许可申请，统一送达行政许可决定。

行政许可依法由地方人民政府两个以上部门分别实施的，本级人民政府可以确定一个部门受理行政许可申请并转告有关部门分别提出意见后统一办理，或者组织有关部门联合办理、集中办理。

第二十七条 行政机关实施行政许可，不得向申请人提出购买指定商品、接受有偿服务等不正当要求。

行政机关工作人员办理行政许可，不得索取或者收受申请人的财物，不得谋取其他利益。

第二十八条 对直接关系公共安全、人身健康、生命财产安全的设备、设施、产品、物品的检验、检测、检疫，除法律、行政法规规定由行政机关实施的外，应当逐步由符合法定条件的专业技术组织实施。专业技术组织及其有关人员对所实施的检验、检测、检疫结论承担法律责任。

第四章 行政许可的实施程序

第一节 申请与受理

第二十九条 公民、法人或者其他组织从事特定活动，依法需要取得行政许可的，应当向行政机关提出申请。申请书需要采用格式文本的，行政机关应当向申请人提供行政许可申请书格式文本。申请书格式文本中不得包含与申请行政许可事项没有直接关系的内容。

申请人可以委托代理人提出行政许可申请。但是，依法应当由申请人到行政机关办公场所提出行政许可申请的除外。

行政许可申请可以通过信函、电报、电传、传真、电子数据交换和电子邮件等方式提出。

第三十条 行政机关应当将法律、法规、规章规定的有关行政许可的事项、依据、条件、数量、程序、期限以及需要提交的全部材料的目录和申请书示范文本等在办公场所公示。

申请人要求行政机关对公示内容予以说明、解释的，行政机关应当说明、解释，提供准确、可靠的信息。

第三十一条 申请人申请行政许可，应当如实向行政机关提交有关材料和反映真实情况，并对其申请材料实质内容的真实性负责。行政机关不得要求申请人提交与其申请的行政许可事项无关的技术资料和其他材料。

行政机关及其工作人员不得以转让技术作为取得行政许可的条件；不得在实施行政许可的过程中，直接或者间接地要求转让技术。

第三十二条 行政机关对申请人提出的行政许可申请，应当根据下列情况分别作出处理：

（一）申请事项依法不需要取得行政许可的，应当即时告知申请人不受理；

（二）申请事项依法不属于本行政机关职权范围的，应当即时作出不予受理的决定，并告知申请人向有关行政机关申请；

（三）申请材料存在可以当场更正的错误的，应当允许申请人当场更正；

（四）申请材料不齐全或者不符合法定形式的，应当当场或者在五日内一次告知申请人需要补正的全部内容，逾期不告知的，自收到申请材料之日起即为受理；

（五）申请事项属于本行政机关职权范围，申请材料齐全、符合法定形式，或者申请人按照本行政机关的要求提交全部补正申请材料的，应当受理行政许可申请。

行政机关受理或者不予受理行政许可申请，应当出具加盖本行政机关专用印章和注明日期的书面凭证。

第三十三条 行政机关应当建立和完善有关制度，推行电子政务，在行政机关的网站上公布行政许可事项，方便申请人采取数据电文等方式提出行政许可申请；应当与其他行政机关共享有关行政许可信息，提高办事效率。

第二节 审查与决定

第三十四条 行政机关应当对申请人提交的申请材料进行审查。

申请人提交的申请材料齐全、符合法定形式，行政机关能够当场作出决定的，应当当场作出书面的行政许可决定。

根据法定条件和程序，需要对申请材料的实质内容进行核实的，行政机关应当指派两名以上工作人员进行核查。

第三十五条 依法应当先经下级行政机关审查后报上级行政机关决定的行政许可，下级行政机关应当在法定期限内将初步审查意见和全部申请材料直接报送上级行政机关。上级行政机关不得要求申请人重复提供申请材料。

第三十六条 行政机关对行政许可申请进行审查时，发现行政许可事项直接关系他人重大利益的，应当告知该利害关系人。申请人、利害关系人有权进行陈述和申辩。行政机关应当听取申请人、利害关系人的意见。

第三十七条 行政机关对行政许可申请进行审查后，除当场作出行政许可决定的外，应当在法定期限内按照规定程序作出行政许可决定。

第三十八条 申请人的申请符合法定条件、标准的，行政机关应当依法作出准予行政许可的书面决定。

行政机关依法作出不予行政许可的书面决定的，应当说明理由，并告知申请人享有依法申请行政复议或者提起行政诉讼的权利。

第三十九条 行政机关作出准予行政许可的决定，需要颁发行政许可证件的，应当向申请人颁发加盖本行政机关印章的下列行政许可证件：

（一）许可证、执照或者其他许可证书；

（二）资格证、资质证或者其他合格证书；

（三）行政机关的批准文件或者证明文件；

（四）法律、法规规定的其他行政许可证件。

行政机关实施检验、检测、检疫的，可以在检验、检测、检疫合格的设备、设施、产品、物品上加贴标签或者加盖检验、检测、检疫印章。

第四十条 行政机关作出的准予行政许可决定，应当予以公开，公众有权查阅。

第四十一条 法律、行政法规设定的行政许可，其适用范围没有地域限制的，申请人取得的行政许可在全国范围内有效。

第三节 期 限

第四十二条 除可以当场作出行政许可决定的外，行政机关应当自受理行政许可申请之日起二十日内作出行政许可决定。二十日内不能作出决定的，经本行政机关负责人批准，可以延长十日，并应当将延长期限的理由告知申请人。但是，法律、法规另有规定的，依照其规定。

依照本法第二十六条的规定，行政许可采取统一办理或者联合办理、集中办理的，办理的时间不得超过四十五日；四十五日内不能办结的，经本级人民政府负责人批准，可以延长十五日，并应当将延长期限的理由告知申请人。

第四十三条 依法应当先经下级行政机关审查后报上级行政机关决定的行政许可，下级行政机关应当自其受理行政许可申请之日起二十日内审查完毕。但是，法律、法规另有规定的，依照其规定。

第四十四条 行政机关作出准予行政许可的决定，应当自作出决定之日起十日内向申请人颁发、送达行政许可证件，或者加贴标签、加盖检验、检测、检疫印章。

第四十五条 行政机关作出行政许可决定，依法需要听证、招标、拍卖、检验、检测、检疫、鉴定和专家评审的，所需时间不计算在本节规定的期限内。行政机关应当将所需时间书面告知申请人。

第四节 听 证

第四十六条 法律、法规、规章规定实施行政许可应当听证的事项，或者行政机关认为需要听证的其他涉及公共利益的重大行政许可事项，行政机关应当向社会公告，并举行听证。

第四十七条 行政许可直接涉及申请人与他人之间重大利益关系的，行政机关在作出行政许可决定前，应当告知申请人、利害关系人享有要求听证的权利；申请人、利害关系人在被告知听证权利之日起五日内提出听证申请的，行政机关应当在二十日内组织听证。

申请人、利害关系人不承担行政机关组织听证的费用。

第四十八条 听证按照下列程序进行：

（一）行政机关应当于举行听证的七日前将举行听证的时间、地点通知申请人、利害关系人，必要时予以公告；

（二）听证应当公开举行；

（三）行政机关应当指定审查该行政许可申请的工作人员以外的人员为听证主持人，申请人、利害关系人认为主持人与该行政许可事项有直接利害关系的，有权申请回避；

（四）举行听证时，审查该行政许可申请的工作人员应当提供审查意见的证据、理由，申请人、利害关系人可以提出证据，并进行申辩和质证；

（五）听证应当制作笔录，听证笔录应当交听证参加人确认无误后签字或者盖章。

行政机关应当根据听证笔录，作出行政许可决定。

第五节 变更与延续

第四十九条 被许可人要求变更行政许可事项的，应当向作出行政许可决定的行政机关提出申请；符合法定条件、标准的，行政机关应当依法办理变更手续。

第五十条 被许可人需要延续依法取得的行政许可的有效期的，应当在该行政许可有效期届满三十日前向作出行政许可决定的行政机关提出申请。但是，法律、法规、规章另有规定的，依照其规定。

行政机关应当根据被许可人的申请，在该行政许可有效期届满前作出是否准予延续的决定；逾期未作决定的，视为准予延续。

第六节 特别规定

第五十一条 实施行政许可的程序，本节有规定的，适用本节规定；本节没有规定的，适用本章其他有关规定。

第五十二条 国务院实施行政许可的程序，适用有关法律、行政法规的规定。

第五十三条 实施本法第十二条第二项所列事项的行政许可的，行政机关应当通过招标、拍卖等公平竞争的方式作出决定。但是，法律、行政法规另有规定的，依照其规定。

行政机关通过招标、拍卖等方式作出行政许可决定的具体程序，依照有关法律、行政法规的规定。

行政机关按照招标、拍卖程序确定中标人、买受人后，应当作出准予行政许可的决定，并依法向中标人、买受人颁发行政许可证件。

行政机关违反本条规定，不采用招标、拍卖方式，或者违反招标、拍卖程序，损害申请人合法权益的，申请人可以依法申请行政复议或者提起行政诉讼。

第五十四条 实施本法第十二条第三项所列事项的行政许可，赋予公民特定资格，依法应当举行国家考试的，行政机关根据考试成绩和其他法定条件作出行政许可决定；赋予法人或者其他组织特定的资格、资质的，行政机关根据申请人的专业人员构成、技术条件、经营业绩和管理水平等的考核结果作出行政许可决定。但是，法律、行政法规另有规定的，依照其规定。

公民特定资格的考试依法由行政机关或者行业组织实施，公开举行。行政机关或者行业组织应当事先公布资格考试的报名条件、报考办法、考试科目以及考试大纲。但是，不得组织强制性的资格考试的考前培训，不得指定教材或者其他助考材料。

第五十五条 实施本法第十二条第四项所列事项的行政许可的，应当按照技术标准、技术规范依法进行检验、检测、检疫，行政机关根据检验、检测、检疫的结果作出行政许可决定。

行政机关实施检验、检测、检疫，应当自受理申请之日起五日内指派两名以上工作人员按照技术标准、技术规范进行检验、检测、检疫。不需要对检验、检测、检疫结果作进一步技术分析即可认定设备、设施、产品、物品是否符合技术标准、技术规范的，行政机关应当当场作出行政许可决定。

行政机关根据检验、检测、检疫结果，作出不予行政许可决定的，应当书面说明不予行政许可所依据的技术标准、技术规范。

第五十六条 实施本法第十二条第五项所列事项的行政许可，申请人提交的申请材料齐全、符合法定形式的，行政机关应当当场予以登记。需要对申请材料的实质内容进行核实的，行政机关依照本法第三十四条第三款的规定办理。

第五十七条 有数量限制的行政许可，两个或者两个以上申请人的申请均符合法定条件、标准的，行政机关应当根据受理行政许可申请的先后顺序作出准予行政许可的决定。但是，法律、行政法规另有规定的，依照其规定。

第五章 行政许可的费用

第五十八条 行政机关实施行政许可和对行政许可事项进行监督检查，不得收取任何费用。但是，法律、行政法规另有规定的，依照其规定。

行政机关提供行政许可申请书格式文本，不得收费。

行政机关实施行政许可所需经费应当列入本行政机关的预算，由本级财政予以保障，按照批准的预算予以核拨。

第五十九条 行政机关实施行政许可，依照法律、行政法规收取费用的，应当按照公布的法定项目和标准收费；所收取的费用必须全部上缴国库，任何机关或者个人不得以任何形式截留、挪用、私分或者变相私分。财政部门不得以任何形式向行政机关返还或者变相返还实施行政许可所收取的费用。

第六章 监督检查

第六十条 上级行政机关应当加强对下级行政机关实施行政许可的监督检查，及时纠正行政许可实施中的违法行为。

第六十一条 行政机关应当建立健全监督制度，通过核查反映被许可人从事行政许可事项活动情况的有关材料，履行监督责任。

行政机关依法对被许可人从事行政许可事项的活动进行监督检查时，应当将监督检查的情况和处理结果予以记录，由监督检查人员签字后归档。公众有权查阅行政机关监督检查记录。

行政机关应当创造条件，实现与被许可人、其他有关行政机关的计算机档案系统互联，核查被许可人从事行政许可事项活动情况。

第六十二条 行政机关可以对被许可人生产经营的产品依法进行抽样检查、检验、检测，对其生产经营场所依法进行实地检查。检查时，行政机关可以依法查阅或者要求被许可人报送有关材料；被许可人应当如实提供有关情况和材料。

行政机关根据法律、行政法规的规定，对直接关系公共安全、人身健康、生命财产安全的重要设备、设施进行定期检验。对检验合格的，行政机关应当发给相应的证明文件。

第六十三条 行政机关实施监督检查，不得妨碍被许可人正常的生产经营活动，不得索取或者收受被许可人的财物，不得谋取其他利益。

第六十四条 被许可人在作出行政许可决定的行政机关管辖区域外违法从事行政许可事项活动的，违法行为发生地的行政机关应当依法将被许可人的违法事实、处理结果抄告作出行政许可决定的行政机关。

第六十五条 **个人和组织发现违法从事行政许可事项的活动，**有权向行政机关举报，行政机关应当及时核实、处理。

第六十六条 被许可人未依法履行开发利用自然资源义务或者未依法履行利用公共资源义务的，行政机关应当责令限期改正；被许可人在规定期限内不改正的，行政机关应当依照有关法律、行政法规的规定予以处理。

第六十七条 取得直接关系公共利益的特定行业的市场准入行政许可的被许可人，应当按照国家规定的服务标准、资费标准和行政机关依法规定的条件，向用户提供安全、方便、稳定和价格合理的服务，并履行普遍服务的义务；未经作出行政许可决定的行政机关批准，不得擅自停业、歇业。

被许可人不履行前款规定的义务的，行政机关应当责令限期改正，或者依法采取有效措施督促其履行义务。

第六十八条 对直接关系公共安全、人身健康、生命财产安全的重要设备、设施，行政机关应当督促设计、建造、安装和使用单位建立相应的自检制度。

行政机关在监督检查时，发现直接关系公共安全、人身健康、生命财产安全的重要设备、设施存在安全隐患的，应当责令停止建造、安装和使用，并责令设计、建造、安装和使用单位立即改正。

第六十九条 有下列情形之一的，作出行政许可决定的行政机关或者其上级行政机关，根据利害关系人的请求或者依据职权，可以撤销行政许可：

（一）行政机关工作人员滥用职权、玩忽职守作出准予行政许可决定的；

（二）超越法定职权作出准予行政许可决定的；

（三）违反法定程序作出准予行政许可决定的；

（四）对不具备申请资格或者不符合法定条件的申请人准予行政许可的；

（五）依法可以撤销行政许可的其他情形。

被许可人以欺骗、贿赂等不正当手段取得行政许可的，应当予以撤销。

依照前两款的规定撤销行政许可，可能对公共利益造成重大损害的，不予撤销。

依照本条第一款的规定撤销行政许可，被许可人的合法权益受到损害的，行政机关应当依法给予赔偿。依照本条第二款的规定撤销行政许可的，被许可人基于行政许可取得的利益不受保护。

第七十条 有下列情形之一的，行政机关应当依法办理有关行政许可的注销手续：

（一）行政许可有效期届满未延续的；

（二）赋予公民特定资格的行政许可，该公民死亡或者丧失行为能力的；

（三）法人或者其他组织依法终止的；

（四）行政许可依法被撤销、撤回，或者行政许可证件依法被吊销的；

（五）因不可抗力导致行政许可事项无法实施的；

（六）法律、法规规定的应当注销行政许可的其他情形。

第七章 法律责任

第七十一条 违反本法第十七条规定设定的行政许可，有关机关应当责令设定该行政许可的机关改正，或者依法予以撤销。

第七十二条 行政机关及其工作人员违反本法的规定，有下列情形之一的，由其上级行政机关或者监察机关责令改正；情节严重的，对直接负责的主管人员和其他直接责任人员依法给予行政处分：

（一）对符合法定条件的行政许可申请不予受理的；

（二）不在办公场所公示依法应当公示的材料的；

（三）在受理、审查、决定行政许可过程中，未向申请人、利害关系人履行法定告知义务的；

（四）申请人提交的申请材料不齐全、不符合法定形式，不一次告知申请人必须补正的全部内容的；

（五）违法披露申请人提交的商业秘密、未披露信息或者保密商务信息的；

（六）以转让技术作为取得行政许可的条件，或者在实施行政许可的过程中直接或者间接地要求转让技术的；

（七）未依法说明不受理行政许可申请或者不予行政许可的理由的；

（八）依法应当举行听证而不举行听证的。

第七十三条 行政机关工作人员办理行政许可、实施监督检查，索取或者收受他人财物或者谋取其他利益，构成犯罪的，依法追究刑事责任；尚不构成犯罪的，依法给予行政处分。

第七十四条 行政机关实施行政许可，有下列情形之一的，由其上级行政机关或者监察机关责令改正，对直接负责的主管人员和其他直接责任人员依法给予行政处分；构成犯罪的，依法追究刑事责任：

（一）对不符合法定条件的申请人准予行政许可或者超越法定职权作出准予行政许可决定的；

（二）对符合法定条件的申请人不予行政许可或者不在法定期限内作出准予行政许可决定的；

（三）依法应当根据招标、拍卖结果或者考试成绩择优作出准予行政许可决定，未经招标、拍卖或者考试，或者不根据招标、拍卖结果或者考试成绩择优作出准予行政许可决定的。

第七十五条 行政机关实施行政许可，擅自收费或者不按照法定项目和标准收费的，由其上级行政机关或者监察机关责令退还非法收取的费用；对直接负责的主管人员和其他直接责任人员依法给予行政处分。

截留、挪用、私分或者变相私分实施行政许可依法收取的费用的，予以追缴；对直接负责的主管人员和其他直接责任人员依法给予行政处分；构成犯罪的，依法追究刑事责任。

第七十六条 行政机关违法实施行政许可，给当事人的合法权益造成损害的，应当依照国家赔偿法的规定给予赔偿。

第七十七条 行政机关不依法履行监督职责或者监督不力，造成严重后果的，由其上级行政机关或者监察机关责令改正，对直接负责的主管人员和其他直接责任人员依法给予行政处分；构成犯罪的，依法追究刑事责任。

第七十八条 行政许可申请人隐瞒有关情况或者提供虚假材料申请行政许可的，行政机关不予受理或者不予行政许可，并给予警告；行政许可申请属于直接关系公共安全、人身健康、生命财产安全事项的，申请人在一年内不得再次申请该行政许可。

第七十九条 被许可人以欺骗、贿赂等不正当手段取得行政许可的，行政机关应当依法给予行政处罚；取得的行政许可属于直接关系公共安全、人身健康、生命财产安全事项的，申请人在三年内不得再次申请该行政许可；构成犯罪的，依法追究刑事责任。

第八十条 被许可人有下列行为之一的，行政机关应当依法给予行政处罚；构成犯罪的，依法追究刑事责任：

（一）涂改、倒卖、出租、出借行政许可证件，或者以其他形式非法转让行政许可的；

（二）超越行政许可范围进行活动的；

（三）向负责监督检查的行政机关隐瞒有关情况、提供虚假材料或者拒绝提供反映其活动情况的真实材料的；

（四）法律、法规、规章规定的其他违法行为。

第八十一条 公民、法人或者其他组织未经行政许可，擅自从事依法应当取得行政许可的活动的，行政机关应当依法采取措施予以制止，并依法给予行政处罚；构成犯罪的，依法追究刑事责任。

第八章　附　则

第八十二条 本法规定的行政机关实施行政许可的期限以工作日计算，不含法定节假日。

第八十三条 本法自 2004 年 7 月 1 日起施行。

本法施行前有关行政许可的规定，制定机关应当依照本法规定予以清理；不符合本法规定的，自本法施行之日起停止执行。

十六、中华人民共和国行政强制法

（2011年6月30日第十一届全国人民代表大会常务委员会第二十一次会议通过）

第一章　总　　则

第一条　为了规范行政强制的设定和实施，保障和监督行政机关依法履行职责，维护公共利益和社会秩序，保护公民、法人和其他组织的合法权益，根据宪法，制定本法。

第二条　本法所称行政强制，包括行政强制措施和行政强制执行。

行政强制措施，是指行政机关在行政管理过程中，为制止违法行为、防止证据损毁、避免危害发生、控制危险扩大等情形，依法对公民的人身自由实施暂时性限制，或者对公民、法人或者其他组织的财物实施暂时性控制的行为。

行政强制执行，是指行政机关或者行政机关申请人民法院，对不履行行政决定的公民、法人或者其他组织，依法强制履行义务的行为。

第三条　行政强制的设定和实施，适用本法。

发生或者即将发生自然灾害、事故灾难、公共卫生事件或者社会安全事件等突发事件，行政机关采取应急措施或者临时措施，依照有关法律、行政法规的规定执行。

行政机关采取金融业审慎监管措施、进出境货物强制性技术监控措施，依照有关法律、行政法规的规定执行。

第四条　行政强制的设定和实施，应当依照法定的权限、范围、条件和程序。

第五条　行政强制的设定和实施，应当适当。采用非强制手段可以达到行政管理目的的，不得设定和实施行政强制。

第六条　实施行政强制，应当坚持教育与强制相结合。

第七条　行政机关及其工作人员不得利用行政强制权为单位或者个人谋取利益。

第八条　公民、法人或者其他组织对行政机关实施行政强制，享有陈述权、申辩权；有权依法申请行政复议或者提起行政诉讼；因行政机关违法实施行政强制受到损害的，有权依法要求赔偿。

公民、法人或者其他组织因人民法院在强制执行中有违法行为或者扩大强制执行范围受到损害的，有权依法要求赔偿。

第二章　行政强制的种类和设定

第九条　行政强制措施的种类：

（一）限制公民人身自由；

（二）查封场所、设施或者财物；

（三）扣押财物；

（四）冻结存款、汇款；

（五）其他行政强制措施。

第十条　行政强制措施由法律设定。

尚未制定法律，且属于国务院行政管理职权事项的，行政法规可以设定除本法第九条第一项、第四项和应当由法律规定的行政强制措施以外的其他行政强制措施。

尚未制定法律、行政法规，且属于地方性事务的，地方性法规可以设定本法第九条第二项、第三项的行政强制措施。

法律、法规以外的其他规范性文件不得设定行政强制措施。

第十一条 法律对行政强制措施的对象、条件、种类作了规定的，行政法规、地方性法规不得作出扩大规定。

法律中未设定行政强制措施的，行政法规、地方性法规不得设定行政强制措施。但是，法律规定特定事项由行政法规规定具体管理措施的，行政法规可以设定除本法第九条第一项、第四项和应当由法律规定的行政强制措施以外的其他行政强制措施。

第十二条 行政强制执行的方式：

（一）加处罚款或者滞纳金；

（二）划拨存款、汇款；

（三）拍卖或者依法处理查封、扣押的场所、设施或者财物；

（四）排除妨碍、恢复原状；

（五）代履行；

（六）其他强制执行方式。

第十三条 行政强制执行由法律设定。

法律没有规定行政机关强制执行的，作出行政决定的行政机关应当申请人民法院强制执行。

第十四条 起草法律草案、法规草案，拟设定行政强制的，起草单位应当采取听证会、论证会等形式听取意见，并向制定机关说明设定该行政强制的必要性、可能产生的影响以及听取和采纳意见的情况。

第十五条 行政强制的设定机关应当定期对其设定的行政强制进行评价，并对不适当的行政强制及时予以修改或者废止。

行政强制的实施机关可以对已设定的行政强制的实施情况及存在的必要性适时进行评价，并将意见报告该行政强制的设定机关。

公民、法人或者其他组织可以向行政强制的设定机关和实施机关就行政强制的设定和实施提出意见和建议。有关机关应当认真研究论证，并以适当方式予以反馈。

第三章 行政强制措施实施程序

第一节 一般规定

第十六条 行政机关履行行政管理职责，依照法律、法规的规定，实施行政强制措施。

违法行为情节显著轻微或者没有明显社会危害的，可以不采取行政强制措施。

第十七条 行政强制措施由法律、法规规定的行政机关在法定职权范围内实施。行政强制措施权不得委托。

依据《中华人民共和国行政处罚法》的规定行使相对集中行政处罚权的行政机关，可以实施法律、法规规定的与行政处罚权有关的行政强制措施。

行政强制措施应当由行政机关具备资格的行政执法人员实施，其他人员不得实施。

第十八条 行政机关实施行政强制措施应当遵守下列规定：

（一）实施前须向行政机关负责人报告并经批准；

（二）由两名以上行政执法人员实施；

（三）出示执法身份证件；

（四）通知当事人到场；

（五）当场告知当事人采取行政强制措施的理由、依据以及当事人依法享有的权利、救济途径；

（六）听取当事人的陈述和申辩；

（七）制作现场笔录；

（八）现场笔录由当事人和行政执法人员签名或者盖章，当事人拒绝的，在笔录中予以注明；

（九）当事人不到场的，邀请见证人到场，由见证人和行政执法人员在现场笔录上签名或者盖章；

（十）法律、法规规定的其他程序。

第十九条 情况紧急，需要当场实施行政强制措施的，行政执法人员应当在二十四小时内向行政机关负责人报告，并补办批准手续。行政机关负责人认为不应当采取行政强制措施的，应当立即解除。

第二十条 依照法律规定实施限制公民人身自由的行政强制措施，除应当履行本法第十八条规定的程序外，还应当遵守下列规定：

（一）当场告知或者实施行政强制措施后立即通知当事人家属实施行政强制措施的行政机关、地点和期限；

（二）在紧急情况下当场实施行政强制措施的，在返回行政机关后，立即向行政机关负责人报告并补办批准手续；

（三）法律规定的其他程序。

实施限制人身自由的行政强制措施不得超过法定期限。实施行政强制措施的目的已经达到或者条件已经消失，应当立即解除。

第二十一条 违法行为涉嫌犯罪应当移送司法机关的，行政机关应当将查封、扣押、冻结的财物一并移送，并书面告知当事人。

第二节 查封、扣押

第二十二条 查封、扣押应当由法律、法规规定的行政机关实施，其他任何行政机关或者组织不得实施。

第二十三条 查封、扣押限于涉案的场所、设施或者财物，不得查封、扣押与违法行为无关的场所、设施或者财物；不得查封、扣押公民个人及其所扶养家属的生活必需品。

当事人的场所、设施或者财物已被其他国家机关依法查封的，不得重复查封。

第二十四条 行政机关决定实施查封、扣押的，应当履行本法第十八条规定的程序，制作并当场交付查封、扣押决定书和清单。

查封、扣押决定书应当载明下列事项：

（一）当事人的姓名或者名称、地址；

（二）查封、扣押的理由、依据和期限；

（三）查封、扣押场所、设施或者财物的名称、数量等；

（四）申请行政复议或者提起行政诉讼的途径和期限；

（五）行政机关的名称、印章和日期。

查封、扣押清单一式二份，由当事人和行政机关分别保存。

第二十五条 查封、扣押的期限不得超过三十日；情况复杂的，经行政机关负责人批准，可以延长，但是延长期限不得超过三十日。法律、行政法规另有规定的除外。

延长查封、扣押的决定应当及时书面告知当事人，并说明理由。

对物品需要进行检测、检验、检疫或者技术鉴定的，查封、扣押的期间不包括检测、检验、检疫或者技术鉴定的期间。检测、检验、检疫或者技术鉴定的期间应当明确，并书面告知当事人。检测、检验、检疫或者技术鉴定的费用由行政机关承担。

第二十六条 对查封、扣押的场所、设施或者财物，行政机关应当妥善保管，不得使用或者损毁；造成损失的，应当承担赔偿责任。

对查封的场所、设施或者财物，行政机关可以委托第三人保管，第三人不得损毁或者擅自转移、处置。因第三人的原因造成的损失，行政机关先行赔付后，有权向第三人追偿。

因查封、扣押发生的保管费用由行政机关承担。

第二十七条 行政机关采取查封、扣押措施后，应当及时查清事实，在本法第二十五条规定的期限内作出处理决定。对违法事实清楚，依法应当没收的非法财物予以没收；法律、行政法规规定应当销毁的，依法销毁；应当解除查封、扣押的，作出解除查封、扣押的决定。

第二十八条 有下列情形之一的，行政机关应当及时作出解除查封、扣押决定：

（一）当事人没有违法行为；

（二）查封、扣押的场所、设施或者财物与违法行为无关；

（三）行政机关对违法行为已经作出处理决定，不再需要查封、扣押；

（四）查封、扣押期限已经届满；

（五）其他不再需要采取查封、扣押措施的情形。

解除查封、扣押应当立即退还财物；已将鲜活物品或者其他不易保管的财物拍卖或者变卖的，退还拍卖或者变卖所得款项。变卖价格明显低于市场价格，给当事人造成损失的，应当给予补偿。

第三节 冻 结

第二十九条 冻结存款、汇款应当由法律规定的行政机关实施，不得委托给其他行政机关或者组织；其他任何行政机关或者组织不得冻结存款、汇款。

冻结存款、汇款的数额应当与违法行为涉及的金额相当；已被其他国家机关依法冻结的，不得重复冻结。

第三十条 行政机关依照法律规定决定实施冻结存款、汇款的，应当履行本法第十八条第一项、第二项、第三项、第七项规定的程序，并向金融机构交付冻结通知书。

金融机构接到行政机关依法作出的冻结通知书后，应当立即予以冻结，不得拖延，不得在冻结前向当事人泄露信息。

法律规定以外的行政机关或者组织要求冻结当事人存款、汇款的，金融机构应当拒绝。

第三十一条 依照法律规定冻结存款、汇款的，作出决定的行政机关应当在三日内向当事人交付冻结决定书。冻结决定书应当载明下列事项：

（一）当事人的姓名或者名称、地址；

（二）冻结的理由、依据和期限；

（三）冻结的账号和数额；

（四）申请行政复议或者提起行政诉讼的途径和期限；

（五）行政机关的名称、印章和日期。

第三十二条 自冻结存款、汇款之日起三十日内，行政机关应当作出处理决定或者作出解除冻结决定；情况复杂的，经行政机关负责人批准，可以延长，但是延长期限不得超过三十日。法律另有规定的除外。

延长冻结的决定应当及时书面告知当事人，并说明理由。

第三十三条 有下列情形之一的，行政机关应当及时作出解除冻结决定：

（一）当事人没有违法行为；

（二）冻结的存款、汇款与违法行为无关；

（三）行政机关对违法行为已经作出处理决定，不再需要冻结；

（四）冻结期限已经届满；

（五）其他不再需要采取冻结措施的情形。

行政机关作出解除冻结决定的，应当及时通知金融机构和当事人。金融机构接到通知后，应当立即解除冻结。

行政机关逾期未作出处理决定或者解除冻结决定的，金融机构应当自冻结期满之日起解除冻结。

第四章 行政机关强制执行程序

第一节 一般规定

第三十四条 行政机关依法作出行政决定后，当事人在行政机关决定的期限内不履行义务的，具有行政强制执行权的行政机关依照本章规定强制执行。

第三十五条 行政机关作出强制执行决定前，应当事先催告当事人履行义务。催告应当以书面形式作出，并载明下列事项：

（一）履行义务的期限；

（二）履行义务的方式；

（三）涉及金钱给付的，应当有明确的金额和给付方式；

（四）当事人依法享有的陈述权和申辩权。

第三十六条 当事人收到催告书后有权进行陈述和申辩。行政机关应当充分听取当事人的意见，对当事人提出的事实、理由和证据，应当进行记录、复核。当事人提出的事实、理由或者证据成立的，行政机关应当采纳。

第三十七条 经催告，当事人逾期仍不履行行政决定，且无正当理由的，行政机关可以作出强制执行决定。

强制执行决定应当以书面形式作出，并载明下列事项：

（一）当事人的姓名或者名称、地址；

（二）强制执行的理由和依据；

（三）强制执行的方式和时间；

（四）申请行政复议或者提起行政诉讼的途径和期限；

（五）行政机关的名称、印章和日期。

在催告期间，对有证据证明有转移或者隐匿财物迹象的，行政机关可以作出立即强制执行决定。

第三十八条 催告书、行政强制执行决定书应当直接送达当事人。当事人拒绝接收或者无法直接送达当事人的，应当依照《中华人民共和国民事诉讼法》的有关规定送达。

第三十九条 有下列情形之一的，中止执行：

（一）当事人履行行政决定确有困难或者暂无履行能力的；

（二）第三人对执行标的主张权利，确有理由的；

（三）执行可能造成难以弥补的损失，且中止执行不损害公共利益的；

（四）行政机关认为需要中止执行的其他情形。

中止执行的情形消失后，行政机关应当恢复执行。对没有明显社会危害，当事人确无能力履行，中止执行满三年未恢复执行的，行政机关不再执行。

第四十条 有下列情形之一的，终结执行：

（一）公民死亡，无遗产可供执行，又无义务承受人的；

（二）法人或者其他组织终止，无财产可供执行，又无义务承受人的；

（三）执行标的灭失的；

（四）据以执行的行政决定被撤销的；

（五）行政机关认为需要终结执行的其他情形。

第四十一条　在执行中或者执行完毕后，据以执行的行政决定被撤销、变更，或者执行错误的，应当恢复原状或者退还财物；不能恢复原状或者退还财物的，依法给予赔偿。

第四十二条　实施行政强制执行，行政机关可以在不损害公共利益和他人合法权益的情况下，与当事人达成执行协议。执行协议可以约定分阶段履行；当事人采取补救措施的，可以减免加处的罚款或者滞纳金。

执行协议应当履行。当事人不履行执行协议的，行政机关应当恢复强制执行。

第四十三条　行政机关不得在夜间或者法定节假日实施行政强制执行。但是，情况紧急的除外。

行政机关不得对居民生活采取停止供水、供电、供热、供燃气等方式迫使当事人履行相关行政决定。

第四十四条　对违法的建筑物、构筑物、设施等需要强制拆除的，应当由行政机关予以公告，限期当事人自行拆除。当事人在法定期限内不申请行政复议或者提起行政诉讼，又不拆除的，行政机关可以依法强制拆除。

第二节　金钱给付义务的执行

第四十五条　行政机关依法作出金钱给付义务的行政决定，当事人逾期不履行的，行政机关可以依法加处罚款或者滞纳金。加处罚款或者滞纳金的标准应当告知当事人。

加处罚款或者滞纳金的数额不得超出金钱给付义务的数额。

第四十六条　行政机关依照本法第四十五条规定实施加处罚款或者滞纳金超过三十日，经催告当事人仍不履行的，具有行政强制执行权的行政机关可以强制执行。

行政机关实施强制执行前，需要采取查封、扣押、冻结措施的，依照本法第三章规定办理。

没有行政强制执行权的行政机关应当申请人民法院强制执行。但是，当事人在法定期限内不申请行政复议或者提起行政诉讼，经催告仍不履行的，在实施行政管理过程中已经采取查封、扣押措施的行政机关，可以将查封、扣押的财物依法拍卖抵缴罚款。

第四十七条　划拨存款、汇款应当由法律规定的行政机关决定，并书面通知金融机构。金融机构接到行政机关依法作出划拨存款、汇款的决定后，应当立即划拨。

法律规定以外的行政机关或者组织要求划拨当事人存款、汇款的，金融机构应当拒绝。

第四十八条　依法拍卖财物，由行政机关委托拍卖机构依照《中华人民共和国拍卖法》的规定办理。

第四十九条　划拨的存款、汇款以及拍卖和依法处理所得的款项应当上缴国库或者划入财政专户。任何行政机关或者个人不得以任何形式截留、私分或者变相私分。

第三节　代履行

第五十条　行政机关依法作出要求当事人履行排除妨碍、恢复原状等义务的行政决定，当事人逾期不履行，经催告仍不履行，其后果已经或者将危害交通安全、造成环境污染或者破坏自然资源的，行政机关可以代履行，或者委托没有利害关系的第三人代履行。

第五十一条　代履行应当遵守下列规定：

（一）代履行前送达决定书，代履行决定书应当载明当事人的姓名或者名称、地址，代履行的理由和依据、方式和时间、标的、费用预算以及代履行人；

（二）代履行三日前，催告当事人履行，当事人履行的，停止代履行；

（三）代履行时，作出决定的行政机关应当派员到场监督；

（四）代履行完毕，行政机关到场监督的工作人员、代履行人和当事人或者见证人应当在执行文书上签名或者盖章。

代履行的费用按照成本合理确定，由当事人承担。但是，法律另有规定的除外。

代履行不得采用暴力、胁迫以及其他非法方式。

第五十二条　需要立即清除道路、河道、航道或者公共场所的遗洒物、障碍物或者污染物，当事人不能清除的，行政机关可以决定立即实施代履行；当事人不在场的，行政机关应当在事后立即通知当事人，并依法作出处理。

第五章　申请人民法院强制执行

第五十三条　当事人在法定期限内不申请行政复议或者提起行政诉讼，又不履行行政决定的，没有行政强制执行权的行政机关可以自期限届满之日起三个月内，依照本章规定申请人民法院强制执行。

第五十四条 行政机关申请人民法院强制执行前，应当催告当事人履行义务。催告书送达十日后当事人仍未履行义务的，行政机关可以向所在地有管辖权的人民法院申请强制执行；执行对象是不动产的，向不动产所在地有管辖权的人民法院申请强制执行。

第五十五条 行政机关向人民法院申请强制执行，应当提供下列材料：

（一）强制执行申请书；

（二）行政决定书及作出决定的事实、理由和依据；

（三）当事人的意见及行政机关催告情况；

（四）申请强制执行标的情况；

（五）法律、行政法规规定的其他材料。

强制执行申请书应当由行政机关负责人签名，加盖行政机关的印章，并注明日期。

第五十六条 人民法院接到行政机关强制执行的申请，应当在五日内受理。

行政机关对人民法院不予受理的裁定有异议的，可以在十五日内向上一级人民法院申请复议，上一级人民法院应当自收到复议申请之日起十五日内作出是否受理的裁定。

第五十七条 人民法院对行政机关强制执行的申请进行书面审查，对符合本法第五十五条规定，且行政决定具备法定执行效力的，除本法第五十八条规定的情形外，人民法院应当自受理之日起七日内作出执行裁定。

第五十八条 人民法院发现有下列情形之一的，在作出裁定前可以听取被执行人和行政机关的意见：

（一）明显缺乏事实根据的；

（二）明显缺乏法律、法规依据的；

（三）其他明显违法并损害被执行人合法权益的。

人民法院应当自受理之日起三十日内作出是否执行的裁定。裁定不予执行的，应当说明理由，并在五日内将不予执行的裁定送达行政机关。

行政机关对人民法院不予执行的裁定有异议的，可以自收到裁定之日起十五日内向上一级人民法院申请复议，上一级人民法院应当自收到复议申请之日起三十日内作出是否执行的裁定。

第五十九条 因情况紧急，为保障公共安全，行政机关可以申请人民法院立即执行。经人民法院院长批准，人民法院应当自作出执行裁定之日起五日内执行。

第六十条 行政机关申请人民法院强制执行，不缴纳申请费。强制执行的费用由被执行人承担。

人民法院以划拨、拍卖方式强制执行的，可以在划拨、拍卖后将强制执行的费用扣除。

依法拍卖财物，由人民法院委托拍卖机构依照《中华人民共和国拍卖法》的规定办理。

划拨的存款、汇款以及拍卖和依法处理所得的款项应当上缴国库或者划入财政专户，不得以任何形式截留、私分或者变相私分。

第六章　法律责任

第六十一条 行政机关实施行政强制，有下列情形之一的，由上级行政机关或者有关部门责令改正，对直接负责的主管人员和其他直接责任人员依法给予处分：

（一）没有法律、法规依据的；

（二）改变行政强制对象、条件、方式的；

（三）违反法定程序实施行政强制的；

（四）违反本法规定，在夜间或者法定节假日实施行政强制执行的；

（五）对居民生活采取停止供水、供电、供热、供燃气等方式迫使当事人履行相关行政决定的；

（六）有其他违法实施行政强制情形的。

第六十二条 违反本法规定，行政机关有下列情形之一的，由上级行政机关或者有关部门责令改正，对直接负责的主管人员和其他直接责任人员依法给予处分：

（一）扩大查封、扣押、冻结范围的；

（二）使用或者损毁查封、扣押场所、设施或者财物的；

（三）在查封、扣押法定期间不作出处理决定或者未依法及时解除查封、扣押的；

（四）在冻结存款、汇款法定期间不作出处理决定或者未依法及时解除冻结的。

第六十三条 行政机关将查封、扣押的财物或者划拨的存款、汇款以及拍卖和依法处理所得的款项，截留、私分或者变相私分的，由财政部门或者有关部门予以追缴；对直接负责的主管人

员和其他直接责任人员依法给予记大过、降级、撤职或者开除的处分。

行政机关工作人员利用职务上的便利，将查封、扣押的场所、设施或者财物据为己有的，由上级行政机关或者有关部门责令改正，依法给予记大过、降级、撤职或者开除的处分。

第六十四条 行政机关及其工作人员利用行政强制权为单位或者个人谋取利益的，由上级行政机关或者有关部门责令改正，对直接负责的主管人员和其他直接责任人员依法给予处分。

第六十五条 违反本法规定，金融机构有下列行为之一的，由金融业监督管理机构责令改正，对直接负责的主管人员和其他直接责任人员依法给予处分：

（一）在冻结前向当事人泄露信息的；

（二）对应当立即冻结、划拨的存款、汇款不冻结或者不划拨，致使存款、汇款转移的；

（三）将不应当冻结、划拨的存款、汇款予以冻结或者划拨的；

（四）未及时解除冻结存款、汇款的。

第六十六条 违反本法规定，金融机构将款项划入国库或者财政专户以外的其他账户的，由金融业监督管理机构责令改正，并处以违法划拨款项二倍的罚款；对直接负责的主管人员和其他直接责任人员依法给予处分。

违反本法规定，行政机关、人民法院指令金融机构将款项划入国库或者财政专户以外的其他账户的，对直接负责的主管人员和其他直接责任人员依法给予处分。

第六十七条 人民法院及其工作人员在强制执行中有违法行为或者扩大强制执行范围的，对直接负责的主管人员和其他直接责任人员依法给予处分。

第六十八条 违反本法规定，给公民、法人或者其他组织造成损失的，依法给予赔偿。

违反本法规定，构成犯罪的，依法追究刑事责任。

第七章 附 则

第六十九条 本法中十日以内期限的规定是指工作日，不含法定节假日。

第七十条 法律、行政法规授权的具有管理公共事务职能的组织在法定授权范围内，以自己的名义实施行政强制，适用本法有关行政机关的规定。

第七十一条 本法自 2012 年 1 月 1 日起施行。

十七、中华人民共和国行政处罚法

（1996年3月17日第八届全国人民代表大会第四次会议通过　根据2009年8月27日第十一届全国人民代表大会常务委员会第十次会议《关于修改部分法律的决定》第一次修正　根据2017年9月1日第十二届全国人民代表大会常务委员会第二十九次会议《关于修改〈中华人民共和国法官法〉等八部法律的决定》第二次修正　2021年1月22日第十三届全国人民代表大会常务委员会第二十五次会议修订）

第一章　总　　则

第一条　为了规范行政处罚的设定和实施，保障和监督行政机关有效实施行政管理，维护公共利益和社会秩序，保护公民、法人或者其他组织的合法权益，根据宪法，制定本法。

第二条　行政处罚是指行政机关依法对违反行政管理秩序的公民、法人或者其他组织，以减损权益或者增加义务的方式予以惩戒的行为。

第三条　行政处罚的设定和实施，适用本法。

第四条　公民、法人或者其他组织违反行政管理秩序的行为，应当给予行政处罚的，依照本法由法律、法规、规章规定，并由行政机关依照本法规定的程序实施。

第五条　行政处罚遵循公正、公开的原则。

设定和实施行政处罚必须以事实为依据，与违法行为的事实、性质、情节以及社会危害程度相当。

对违法行为给予行政处罚的规定必须公布；未经公布的，不得作为行政处罚的依据。

第六条　实施行政处罚，纠正违法行为，应当坚持处罚与教育相结合，教育公民、法人或者其他组织自觉守法。

第七条　公民、法人或者其他组织对行政机关所给予的行政处罚，享有陈述权、申辩权；对行政处罚不服的，有权依法申请行政复议或者提起行政诉讼。

公民、法人或者其他组织因行政机关违法给予行政处罚受到损害的，有权依法提出赔偿要求。

第八条　公民、法人或者其他组织因违法行为受到行政处罚，其违法行为对他人造成损害的，应当依法承担民事责任。

违法行为构成犯罪，应当依法追究刑事责任的，不得以行政处罚代替刑事处罚。

第二章　行政处罚的种类和设定

第九条　行政处罚的种类：

（一）警告、通报批评；

（二）罚款、没收违法所得、没收非法财物；

（三）暂扣许可证件、降低资质等级、吊销许可证件；

（四）限制开展生产经营活动、责令停产停业、责令关闭、限制从业；

（五）行政拘留；

（六）法律、行政法规规定的其他行政处罚。

第十条　法律可以设定各种行政处罚。

限制人身自由的行政处罚，只能由法律设定。

第十一条　行政法规可以设定除限制人身自由以外的行政处罚。

法律对违法行为已经作出行政处罚规定，行政法规需要作出具体规定的，必须在法律规定的给予行政处罚的行为、种类和幅度的范围内规定。

法律对违法行为未作出行政处罚规定，行政

法规为实施法律，可以补充设定行政处罚。拟补充设定行政处罚的，应当通过听证会、论证会等形式广泛听取意见，并向制定机关作出书面说明。行政法规报送备案时，应当说明补充设定行政处罚的情况。

第十二条 地方性法规可以设定除限制人身自由、吊销营业执照以外的行政处罚。

法律、行政法规对违法行为已经作出行政处罚规定，地方性法规需要作出具体规定的，必须在法律、行政法规规定的给予行政处罚的行为、种类和幅度的范围内规定。

法律、行政法规对违法行为未作出行政处罚规定，地方性法规为实施法律、行政法规，可以补充设定行政处罚。拟补充设定行政处罚的，应当通过听证会、论证会等形式广泛听取意见，并向制定机关作出书面说明。地方性法规报送备案时，应当说明补充设定行政处罚的情况。

第十三条 国务院部门规章可以在法律、行政法规规定的给予行政处罚的行为、种类和幅度的范围内作出具体规定。

尚未制定法律、行政法规的，国务院部门规章对违反行政管理秩序的行为，可以设定警告、通报批评或者一定数额罚款的行政处罚。罚款的限额由国务院规定。

第十四条 地方政府规章可以在法律、法规规定的给予行政处罚的行为、种类和幅度的范围内作出具体规定。

尚未制定法律、法规的，地方政府规章对违反行政管理秩序的行为，可以设定警告、通报批评或者一定数额罚款的行政处罚。罚款的限额由省、自治区、直辖市人民代表大会常务委员会规定。

第十五条 国务院部门和省、自治区、直辖市人民政府及其有关部门应当定期组织评估行政处罚的实施情况和必要性，对不适当的行政处罚事项及种类、罚款数额等，应当提出修改或者废止的建议。

第十六条 除法律、法规、规章外，其他规范性文件不得设定行政处罚。

第三章 行政处罚的实施机关

第十七条 行政处罚由具有行政处罚权的行政机关在法定职权范围内实施。

第十八条 国家在城市管理、市场监管、生态环境、文化市场、交通运输、应急管理、农业等领域推行建立综合行政执法制度，相对集中行政处罚权。

国务院或者省、自治区、直辖市人民政府可以决定一个行政机关行使有关行政机关的行政处罚权。

限制人身自由的行政处罚权只能由公安机关和法律规定的其他机关行使。

第十九条 法律、法规授权的具有管理公共事务职能的组织可以在法定授权范围内实施行政处罚。

第二十条 行政机关依照法律、法规、规章的规定，可以在其法定权限内书面委托符合本法第二十一条规定条件的组织实施行政处罚。行政机关不得委托其他组织或者个人实施行政处罚。

委托书应当载明委托的具体事项、权限、期限等内容。委托行政机关和受委托组织应当将委托书向社会公布。

委托行政机关对受委托组织实施行政处罚的行为应当负责监督，并对该行为的后果承担法律责任。

受委托组织在委托范围内，以委托行政机关名义实施行政处罚；不得再委托其他组织或者个人实施行政处罚。

第二十一条 受委托组织必须符合以下条件：

（一）依法成立并具有管理公共事务职能；

（二）有熟悉有关法律、法规、规章和业务并取得行政执法资格的工作人员；

（三）需要进行技术检查或者技术鉴定的，应当有条件组织进行相应的技术检查或者技术鉴定。

第四章 行政处罚的管辖和适用

第二十二条 行政处罚由违法行为发生地的行政机关管辖。法律、行政法规、部门规章另有规定的，从其规定。

第二十三条 行政处罚由县级以上地方人民政府具有行政处罚权的行政机关管辖。法律、行政法规另有规定的，从其规定。

第二十四条 省、自治区、直辖市根据当地实际情况，可以决定将基层管理迫切需要的县级人民政府部门的行政处罚权交由能够有效承接的乡镇人民政府、街道办事处行使，并定期组织评估。决定应当公布。

承接行政处罚权的乡镇人民政府、街道办事处应当加强执法能力建设，按照规定范围、依照法定程序实施行政处罚。

有关地方人民政府及其部门应当加强组织协调、业务指导、执法监督，建立健全行政处罚协调配合机制，完善评议、考核制度。

第二十五条 两个以上行政机关都有管辖权的，由最先立案的行政机关管辖。

对管辖发生争议的，应当协商解决，协商不成的，报请共同的上一级行政机关指定管辖；也可以直接由共同的上一级行政机关指定管辖。

第二十六条 行政机关因实施行政处罚的需要，可以向有关机关提出协助请求。协助事项属于被请求机关职权范围内的，应当依法予以协助。

第二十七条 违法行为涉嫌犯罪的，行政机关应当及时将案件移送司法机关，依法追究刑事责任。对依法不需要追究刑事责任或者免予刑事处罚，但应当给予行政处罚的，司法机关应当及时将案件移送有关行政机关。

行政处罚实施机关与司法机关之间应当加强协调配合，建立健全案件移送制度，加强证据材料移交、接收衔接，完善案件处理信息通报机制。

第二十八条 行政机关实施行政处罚时，应当责令当事人改正或者限期改正违法行为。

当事人有违法所得，除依法应当退赔的外，应当予以没收。违法所得是指实施违法行为所取得的款项。法律、行政法规、部门规章对违法所得的计算另有规定的，从其规定。

第二十九条 对当事人的同一个违法行为，不得给予两次以上罚款的行政处罚。同一个违法行为违反多个法律规范应当给予罚款处罚的，按照罚款数额高的规定处罚。

第三十条 不满十四周岁的未成年人有违法行为的，不予行政处罚，责令监护人加以管教；已满十四周岁不满十八周岁的未成年人有违法行为的，应当从轻或者减轻行政处罚。

第三十一条 精神病人、智力残疾人在不能辨认或者不能控制自己行为时有违法行为的，不予行政处罚，但应当责令其监护人严加看管和治疗。间歇性精神病人在精神正常时有违法行为的，应当给予行政处罚。尚未完全丧失辨认或者控制自己行为能力的精神病人、智力残疾人有违法行为的，可以从轻或者减轻行政处罚。

第三十二条 当事人有下列情形之一，应当从轻或者减轻行政处罚：

（一）主动消除或者减轻违法行为危害后果的；

（二）受他人胁迫或者诱骗实施违法行为的；

（三）主动供述行政机关尚未掌握的违法行为的；

（四）配合行政机关查处违法行为有立功表现的；

（五）法律、法规、规章规定其他应当从轻或者减轻行政处罚的。

第三十三条 违法行为轻微并及时改正，没有造成危害后果的，不予行政处罚。初次违法且危害后果轻微并及时改正的，可以不予行政处罚。

当事人有证据足以证明没有主观过错的，不予行政处罚。法律、行政法规另有规定的，从其规定。

对当事人的违法行为依法不予行政处罚的，行政机关应当对当事人进行教育。

第三十四条 行政机关可以依法制定行政处罚裁量基准，规范行使行政处罚裁量权。行政处罚裁量基准应当向社会公布。

第三十五条 违法行为构成犯罪，人民法院判处拘役或者有期徒刑时，行政机关已经给予当事人行政拘留的，应当依法折抵相应刑期。

违法行为构成犯罪，人民法院判处罚金时，行政机关已经给予当事人罚款的，应当折抵相应罚金；行政机关尚未给予当事人罚款的，不再给予罚款。

第三十六条 违法行为在二年内未被发现的，不再给予行政处罚；涉及公民生命健康安全、金融安全且有危害后果的，上述期限延长至五年。法律另有规定的除外。

前款规定的期限，从违法行为发生之日起计算；违法行为有连续或者继续状态的，从行为终了之日起计算。

第三十七条 实施行政处罚，适用违法行为发生时的法律、法规、规章的规定。但是，作出行政处罚决定时，法律、法规、规章已被修改或者废止，且新的规定处罚较轻或者不认为是违法的，适用新的规定。

第三十八条 行政处罚没有依据或者实施主体不具有行政主体资格的，行政处罚无效。

违反法定程序构成重大且明显违法的，行政处罚无效。

第五章 行政处罚的决定

第一节 一般规定

第三十九条 行政处罚的实施机关、立案依据、实施程序和救济渠道等信息应当公示。

第四十条 公民、法人或者其他组织违反行政管理秩序的行为，依法应当给予行政处罚的，行政机关必须查明事实；违法事实不清、证据不足的，不得给予行政处罚。

第四十一条 行政机关依照法律、行政法规规定利用电子技术监控设备收集、固定违法事实的，应当经过法制和技术审核，确保电子技术监控设备符合标准、设置合理、标志明显，设置地点应当向社会公布。

电子技术监控设备记录违法事实应当真实、清晰、完整、准确。行政机关应当审核记录内容是否符合要求；未经审核或者经审核不符合要求的，不得作为行政处罚的证据。

行政机关应当及时告知当事人违法事实，并采取信息化手段或者其他措施，为当事人查询、陈述和申辩提供便利。不得限制或者变相限制当事人享有的陈述权、申辩权。

第四十二条 行政处罚应当由具有行政执法资格的执法人员实施。执法人员不得少于两人，法律另有规定的除外。

执法人员应当文明执法，尊重和保护当事人合法权益。

第四十三条 执法人员与案件有直接利害关系或者有其他关系可能影响公正执法的，应当回避。

当事人认为执法人员与案件有直接利害关系或者有其他关系可能影响公正执法的，有权申请回避。

当事人提出回避申请的，行政机关应当依法审查，由行政机关负责人决定。决定作出之前，不停止调查。

第四十四条 行政机关在作出行政处罚决定之前，应当告知当事人拟作出的行政处罚内容及事实、理由、依据，并告知当事人依法享有的陈述、申辩、要求听证等权利。

第四十五条 当事人有权进行陈述和申辩。行政机关必须充分听取当事人的意见，对当事人提出的事实、理由和证据，应当进行复核；当事人提出的事实、理由或者证据成立的，行政机关应当采纳。

行政机关不得因当事人陈述、申辩而给予更重的处罚。

第四十六条 证据包括：

（一）书证；

（二）物证；

（三）视听资料；

（四）电子数据；

（五）证人证言；

（六）当事人的陈述；

（七）鉴定意见；

（八）勘验笔录、现场笔录。

证据必须经查证属实，方可作为认定案件事实的根据。

以非法手段取得的证据，不得作为认定案件事实的根据。

第四十七条 行政机关应当依法以文字、音像等形式，对行政处罚的启动、调查取证、审核、决定、送达、执行等进行全过程记录，归档保存。

第四十八条 具有一定社会影响的行政处罚决定应当依法公开。

公开的行政处罚决定被依法变更、撤销、确认违法或者确认无效的，行政机关应当在三日内撤回行政处罚决定信息并公开说明理由。

第四十九条 发生重大传染病疫情等突发事件，为了控制、减轻和消除突发事件引起的社会危害，行政机关对违反突发事件应对措施的行为，依法快速、从重处罚。

第五十条 行政机关及其工作人员对实施行政处罚过程中知悉的国家秘密、商业秘密或者个人隐私，应当依法予以保密。

第二节 简易程序

第五十一条 违法事实确凿并有法定依据，对公民处以二百元以下、对法人或者其他组织处以三千元以下罚款或者警告的行政处罚的，可以当场作出行政处罚决定。法律另有规定的，从其规定。

第五十二条 执法人员当场作出行政处罚决定的，应当向当事人出示执法证件，填写预定格式、编有号码的行政处罚决定书，并当场交付当事人。当事人拒绝签收的，应当在行政处罚决定书上注明。

前款规定的行政处罚决定书应当载明当事人的违法行为，行政处罚的种类和依据、罚款数额、时间、地点，申请行政复议、提起行政诉讼的途径和期限以及行政机关名称，并由执法人员签名或者盖章。

执法人员当场作出的行政处罚决定，应当报所属行政机关备案。

第五十三条 对当场作出的行政处罚决定，当事人应当依照本法第六十七条至第六十九条的规定履行。

第三节 普通程序

第五十四条 除本法第五十一条规定的可以当场作出的行政处罚外，行政机关发现公民、法人或者其他组织有依法应当给予行政处罚的行为的，必须全面、客观、公正地调查，收集有关证据；必要时，依照法律、法规的规定，可以进行检查。

符合立案标准的，行政机关应当及时立案。

第五十五条 执法人员在调查或者进行检查时，应当主动向当事人或者有关人员出示执法证件。当事人或者有关人员有权要求执法人员出示执法证件。执法人员不出示执法证件的，当事人或者有关人员有权拒绝接受调查或者检查。

当事人或者有关人员应当如实回答询问，并协助调查或者检查，不得拒绝或者阻挠。询问或者检查应当制作笔录。

第五十六条 行政机关在收集证据时，可以采取抽样取证的方法；在证据可能灭失或者以后难以取得的情况下，经行政机关负责人批准，可以先行登记保存，并应当在七日内及时作出处理决定，在此期间，当事人或者有关人员不得销毁或者转移证据。

第五十七条 调查终结，行政机关负责人应当对调查结果进行审查，根据不同情况，分别作出如下决定：

（一）确有应受行政处罚的违法行为的，根据情节轻重及具体情况，作出行政处罚决定；

（二）违法行为轻微，依法可以不予行政处罚的，不予行政处罚；

（三）违法事实不能成立的，不予行政处罚；

（四）违法行为涉嫌犯罪的，移送司法机关。

对情节复杂或者重大违法行为给予行政处罚，行政机关负责人应当集体讨论决定。

第五十八条 有下列情形之一，在行政机关负责人作出行政处罚的决定之前，应当由从事行政处罚决定法制审核的人员进行法制审核；未经法制审核或者审核未通过的，不得作出决定：

（一）涉及重大公共利益的；

（二）直接关系当事人或者第三人重大权益，经过听证程序的；

（三）案件情况疑难复杂、涉及多个法律关系的；

（四）法律、法规规定应当进行法制审核的其他情形。

行政机关中初次从事行政处罚决定法制审核的人员，应当通过国家统一法律职业资格考试取得法律职业资格。

第五十九条 行政机关依照本法第五十七条的规定给予行政处罚，应当制作行政处罚决定书。行政处罚决定书应当载明下列事项：

（一）当事人的姓名或者名称、地址；

（二）违反法律、法规、规章的事实和证据；

（三）行政处罚的种类和依据；

（四）行政处罚的履行方式和期限；

（五）申请行政复议、提起行政诉讼的途径和期限；

（六）作出行政处罚决定的行政机关名称和作出决定的日期。

行政处罚决定书必须盖有作出行政处罚决定的行政机关的印章。

第六十条 行政机关应当自行政处罚案件立案之日起九十日内作出行政处罚决定。法律、法规、规章另有规定的，从其规定。

第六十一条 行政处罚决定书应当在宣告后当场交付当事人；当事人不在场的，行政机关应当在七日内依照《中华人民共和国民事诉讼法》的有关规定，将行政处罚决定书送达当事人。

当事人同意并签订确认书的，行政机关可以采用传真、电子邮件等方式，将行政处罚决定书等送达当事人。

第六十二条 行政机关及其执法人员在作出行政处罚决定之前，未依照本法第四十四条、第四十五条的规定向当事人告知拟作出的行政处罚内容及事实、理由、依据，或者拒绝听取当事人的陈述、申辩，不得作出行政处罚决定；当事人明确放弃陈述或者申辩权利的除外。

第四节 听证程序

第六十三条 行政机关拟作出下列行政处罚

决定，应当告知当事人有要求听证的权利，当事人要求听证的，行政机关应当组织听证：

（一）较大数额罚款；

（二）没收较大数额违法所得、没收较大价值非法财物；

（三）降低资质等级、吊销许可证件；

（四）责令停产停业、责令关闭、限制从业；

（五）其他较重的行政处罚；

（六）法律、法规、规章规定的其他情形。

当事人不承担行政机关组织听证的费用。

第六十四条 听证应当依照以下程序组织：

（一）当事人要求听证的，应当在行政机关告知后五日内提出；

（二）行政机关应当在举行听证的七日前，通知当事人及有关人员听证的时间、地点；

（三）除涉及国家秘密、商业秘密或者个人隐私依法予以保密外，听证公开举行；

（四）听证由行政机关指定的非本案调查人员主持；当事人认为主持人与本案有直接利害关系的，有权申请回避；

（五）当事人可以亲自参加听证，也可以委托一至二人代理；

（六）当事人及其代理人无正当理由拒不出席听证或者未经许可中途退出听证的，视为放弃听证权利，行政机关终止听证；

（七）举行听证时，调查人员提出当事人违法的事实、证据和行政处罚建议，当事人进行申辩和质证；

（八）听证应当制作笔录。笔录应当交当事人或者其代理人核对无误后签字或者盖章。当事人或者其代理人拒绝签字或者盖章的，由听证主持人在笔录中注明。

第六十五条 听证结束后，行政机关应当根据听证笔录，依照本法第五十七条的规定，作出决定。

第六章 行政处罚的执行

第六十六条 行政处罚决定依法作出后，当事人应当在行政处罚决定书载明的期限内，予以履行。

当事人确有经济困难，需要延期或者分期缴纳罚款的，经当事人申请和行政机关批准，可以暂缓或者分期缴纳。

第六十七条 作出罚款决定的行政机关应当与收缴罚款的机构分离。

除依照本法第六十八条、第六十九条的规定当场收缴的罚款外，作出行政处罚决定的行政机关及其执法人员不得自行收缴罚款。

当事人应当自收到行政处罚决定书之日起十五日内，到指定的银行或者通过电子支付系统缴纳罚款。银行应当收受罚款，并将罚款直接上缴国库。

第六十八条 依照本法第五十一条的规定当场作出行政处罚决定，有下列情形之一，执法人员可以当场收缴罚款：

（一）依法给予一百元以下罚款的；

（二）不当场收缴事后难以执行的。

第六十九条 在边远、水上、交通不便地区，行政机关及其执法人员依照本法第五十一条、第五十七条的规定作出罚款决定后，当事人到指定的银行或者通过电子支付系统缴纳罚款确有困难，经当事人提出，行政机关及其执法人员可以当场收缴罚款。

第七十条 行政机关及其执法人员当场收缴罚款的，必须向当事人出具国务院财政部门或者省、自治区、直辖市人民政府财政部门统一制发的专用票据；不出具财政部门统一制发的专用票据的，当事人有权拒绝缴纳罚款。

第七十一条 执法人员当场收缴的罚款，应当自收缴罚款之日起二日内，交至行政机关；在水上当场收缴的罚款，应当自抵岸之日起二日内交至行政机关；行政机关应当在二日内将罚款缴付指定的银行。

第七十二条 当事人逾期不履行行政处罚决定的，作出行政处罚决定的行政机关可以采取下列措施：

（一）到期不缴纳罚款的，每日按罚款数额的百分之三加处罚款，加处罚款的数额不得超出罚款的数额；

（二）根据法律规定，将查封、扣押的财物拍卖、依法处理或者将冻结的存款、汇款划拨抵缴罚款；

（三）根据法律规定，采取其他行政强制执行方式；

（四）依照《中华人民共和国行政强制法》的规定申请人民法院强制执行。

行政机关批准延期、分期缴纳罚款的，申请

人民法院强制执行的期限，自暂缓或者分期缴纳罚款期限结束之日起计算。

第七十三条 当事人对行政处罚决定不服，申请行政复议或者提起行政诉讼的，行政处罚不停止执行，法律另有规定的除外。

当事人对限制人身自由的行政处罚决定不服，申请行政复议或者提起行政诉讼的，可以向作出决定的机关提出暂缓执行申请。符合法律规定情形的，应当暂缓执行。

当事人申请行政复议或者提起行政诉讼的，加处罚款的数额在行政复议或者行政诉讼期间不予计算。

第七十四条 除依法应当予以销毁的物品外，依法没收的非法财物必须按照国家规定公开拍卖或者按照国家有关规定处理。

罚款、没收的违法所得或者没收非法财物拍卖的款项，必须全部上缴国库，任何行政机关或者个人不得以任何形式截留、私分或者变相私分。

罚款、没收的违法所得或者没收非法财物拍卖的款项，不得同作出行政处罚决定的行政机关及其工作人员的考核、考评直接或者变相挂钩。除依法应当退还、退赔的外，财政部门不得以任何形式向作出行政处罚决定的行政机关返还罚款、没收的违法所得或者没收非法财物拍卖的款项。

第七十五条 行政机关应当建立健全对行政处罚的监督制度。县级以上人民政府应当定期组织开展行政执法评议、考核，加强对行政处罚的监督检查，规范和保障行政处罚的实施。

行政机关实施行政处罚应当接受社会监督。公民、法人或者其他组织对行政机关实施行政处罚的行为，有权申诉或者检举；行政机关应当认真审查，发现有错误的，应当主动改正。

第七章 法律责任

第七十六条 行政机关实施行政处罚，有下列情形之一，由上级行政机关或者有关机关责令改正，对直接负责的主管人员和其他直接责任人员依法给予处分：

（一）没有法定的行政处罚依据的；

（二）擅自改变行政处罚种类、幅度的；

（三）违反法定的行政处罚程序的；

（四）违反本法第二十条关于委托处罚的规定的；

（五）执法人员未取得执法证件的。

行政机关对符合立案标准的案件不及时立案的，依照前款规定予以处理。

第七十七条 行政机关对当事人进行处罚不使用罚款、没收财物单据或者使用非法定部门制发的罚款、没收财物单据的，当事人有权拒绝，并有权予以检举，由上级行政机关或者有关机关对使用的非法单据予以收缴销毁，对直接负责的主管人员和其他直接责任人员依法给予处分。

第七十八条 行政机关违反本法第六十七条的规定自行收缴罚款的，财政部门违反本法第七十四条的规定向行政机关返还罚款、没收的违法所得或者拍卖款项的，由上级行政机关或者有关机关责令改正，对直接负责的主管人员和其他直接责任人员依法给予处分。

第七十九条 行政机关截留、私分或者变相私分罚款、没收的违法所得或者财物的，由财政部门或者有关机关予以追缴，对直接负责的主管人员和其他直接责任人员依法给予处分；情节严重构成犯罪的，依法追究刑事责任。

执法人员利用职务上的便利，索取或者收受他人财物、将收缴罚款据为已有，构成犯罪的，依法追究刑事责任；情节轻微不构成犯罪的，依法给予处分。

第八十条 行政机关使用或者损毁查封、扣押的财物，对当事人造成损失的，应当依法予以赔偿，对直接负责的主管人员和其他直接责任人员依法给予处分。

第八十一条 行政机关违法实施检查措施或者执行措施，给公民人身或者财产造成损害、给法人或者其他组织造成损失的，应当依法予以赔偿，对直接负责的主管人员和其他直接责任人员依法给予处分；情节严重构成犯罪的，依法追究刑事责任。

第八十二条 行政机关对应当依法移交司法机关追究刑事责任的案件不移交，以行政处罚代替刑事处罚，由上级行政机关或者有关机关责令改正，对直接负责的主管人员和其他直接责任人员依法给予处分；情节严重构成犯罪的，依法追究刑事责任。

第八十三条 行政机关对应当予以制止和处罚的违法行为不予制止、处罚，致使公民、法人或者其他组织的合法权益、公共利益和社会秩序遭受损害的，对直接负责的主管人员和其他直接责任人员依法给予处分；情节严重构成犯罪的，依法追究刑事责任。

第八章 附 则

第八十四条 外国人、无国籍人、外国组织在中华人民共和国领域内有违法行为，应当给予行政处罚的，适用本法，法律另有规定的除外。

第八十五条 本法中“二日”“三日”“五日”“七日”的规定是指工作日，不含法定节假日。

第八十六条 本法自2021年7月15日起施行。

十八、中华人民共和国行政复议法

（1999年4月29日第九届全国人民代表大会常务委员会第九次会议通过　根据2009年8月27日第十一届全国人民代表大会常务委员会第十次会议《关于修改部分法律的决定》第一次修正　根据2017年9月1日第十二届全国人民代表大会常务委员会第二十九次会议《关于修改〈中华人民共和国法官法〉等八部法律的决定》第二次修正　2023年9月1日第十四届全国人民代表大会常务委员会第五次会议修订）

第一章　总　　则

第一条　为了防止和纠正违法的或者不当的行政行为，保护公民、法人和其他组织的合法权益，监督和保障行政机关依法行使职权，发挥行政复议化解行政争议的主渠道作用，推进法治政府建设，根据宪法，制定本法。

第二条　公民、法人或者其他组织认为行政机关的行政行为侵犯其合法权益，向行政复议机关提出行政复议申请，行政复议机关办理行政复议案件，适用本法。

前款所称行政行为，包括法律、法规、规章授权的组织的行政行为。

第三条　行政复议工作坚持中国共产党的领导。

行政复议机关履行行政复议职责，应当遵循合法、公正、公开、高效、便民、为民的原则，坚持有错必纠，保障法律、法规的正确实施。

第四条　县级以上各级人民政府以及其他依照本法履行行政复议职责的行政机关是行政复议机关。

行政复议机关办理行政复议事项的机构是行政复议机构。行政复议机构同时组织办理行政复议机关的行政应诉事项。

行政复议机关应当加强行政复议工作，支持和保障行政复议机构依法履行职责。上级行政复议机构对下级行政复议机构的行政复议工作进行指导、监督。

国务院行政复议机构可以发布行政复议指导性案例。

第五条　行政复议机关办理行政复议案件，可以进行调解。

调解应当遵循合法、自愿的原则，不得损害国家利益、社会公共利益和他人合法权益，不得违反法律、法规的强制性规定。

第六条　国家建立专业化、职业化行政复议人员队伍。

行政复议机构中初次从事行政复议工作的人员，应当通过国家统一法律职业资格考试取得法律职业资格，并参加统一职前培训。

国务院行政复议机构应当会同有关部门制定行政复议人员工作规范，加强对行政复议人员的业务考核和管理。

第七条　行政复议机关应当确保行政复议机构的人员配备与所承担的工作任务相适应，提高行政复议人员专业素质，根据工作需要保障办案场所、装备等设施。县级以上各级人民政府应当将行政复议工作经费列入本级预算。

第八条　行政复议机关应当加强信息化建设，运用现代信息技术，方便公民、法人或者其他组织申请、参加行政复议，提高工作质量和效率。

第九条　对在行政复议工作中做出显著成绩的单位和个人，按照国家有关规定给予表彰和奖励。

第十条 公民、法人或者其他组织对行政复议决定不服的，可以依照《中华人民共和国行政诉讼法》的规定向人民法院提起行政诉讼，但是法律规定行政复议决定为最终裁决的除外。

第二章 行政复议申请

第一节 行政复议范围

第十一条 有下列情形之一的，公民、法人或者其他组织可以依照本法申请行政复议：

（一）对行政机关作出的行政处罚决定不服；

（二）对行政机关作出的行政强制措施、行政强制执行决定不服；

（三）申请行政许可，行政机关拒绝或者在法定期限内不予答复，或者对行政机关作出的有关行政许可的其他决定不服；

（四）对行政机关作出的确认自然资源的所有权或者使用权的决定不服；

（五）对行政机关作出的征收征用决定及其补偿决定不服；

（六）对行政机关作出的赔偿决定或者不予赔偿决定不服；

（七）对行政机关作出的不予受理工伤认定申请的决定或者工伤认定结论不服；

（八）认为行政机关侵犯其经营自主权或者农村土地承包经营权、农村土地经营权；

（九）认为行政机关滥用行政权力排除或者限制竞争；

（十）认为行政机关违法集资、摊派费用或者违法要求履行其他义务；

（十一）申请行政机关履行保护人身权利、财产权利、受教育权利等合法权益的法定职责，行政机关拒绝履行、未依法履行或者不予答复；

（十二）申请行政机关依法给付抚恤金、社会保险待遇或者最低生活保障等社会保障，行政机关没有依法给付；

（十三）认为行政机关不依法订立、不依法履行、未按照约定履行或者违法变更、解除政府特许经营协议、土地房屋征收补偿协议等行政协议；

（十四）认为行政机关在政府信息公开工作中侵犯其合法权益；

（十五）认为行政机关的其他行政行为侵犯其合法权益。

第十二条 下列事项不属于行政复议范围：

（一）国防、外交等国家行为；

（二）行政法规、规章或者行政机关制定、发布的具有普遍约束力的决定、命令等规范性文件；

（三）行政机关对行政机关工作人员的奖惩、任免等决定；

（四）行政机关对民事纠纷作出的调解。

第十三条 公民、法人或者其他组织认为行政机关的行政行为所依据的下列规范性文件不合法，在对行政行为申请行政复议时，可以一并向行政复议机关提出对该规范性文件的附带审查申请：

（一）国务院部门的规范性文件；

（二）县级以上地方各级人民政府及其工作部门的规范性文件；

（三）乡、镇人民政府的规范性文件；

（四）法律、法规、规章授权的组织的规范性文件。

前款所列规范性文件不含规章。规章的审查依照法律、行政法规办理。

第二节 行政复议参加人

第十四条 依照本法申请行政复议的公民、法人或者其他组织是申请人。

有权申请行政复议的公民死亡的，其近亲属可以申请行政复议。有权申请行政复议的法人或者其他组织终止的，其权利义务承受人可以申请行政复议。

有权申请行政复议的公民为无民事行为能力人或者限制民事行为能力人的，其法定代理人可以代为申请行政复议。

第十五条 同一行政复议案件申请人人数众多的，可以由申请人推选代表人参加行政复议。

代表人参加行政复议的行为对其所代表的申请人发生效力，但是代表人变更行政复议请求、撤回行政复议申请、承认第三人请求的，应当经被代表的申请人同意。

第十六条 申请人以外的同被申请行政复议的行政行为或者行政复议案件处理结果有利害关系的公民、法人或者其他组织，可以作为第三人申请参加行政复议，或者由行政复议机构通知其作为第三人参加行政复议。

第三人不参加行政复议，不影响行政复议案件的审理。

第十七条 申请人、第三人可以委托一至二名律师、基层法律服务工作者或者其他代理人代为参加行政复议。

申请人、第三人委托代理人的，应当向行政复议机构提交授权委托书、委托人及被委托人的身份证明文件。授权委托书应当载明委托事项、权限和期限。申请人、第三人变更或者解除代理人权限的，应当书面告知行政复议机构。

第十八条 符合法律援助条件的行政复议申请人申请法律援助的，法律援助机构应当依法为其提供法律援助。

第十九条 公民、法人或者其他组织对行政行为不服申请行政复议的，作出行政行为的行政机关或者法律、法规、规章授权的组织是被申请人。

两个以上行政机关以共同的名义作出同一行政行为的，共同作出行政行为的行政机关是被申请人。

行政机关委托的组织作出行政行为的，委托的行政机关是被申请人。

作出行政行为的行政机关被撤销或者职权变更的，继续行使其职权的行政机关是被申请人。

第三节 申请的提出

第二十条 公民、法人或者其他组织认为行政行为侵犯其合法权益的，可以自知道或者应当知道该行政行为之日起六十日内提出行政复议申请；但是法律规定的申请期限超过六十日的除外。

因不可抗力或者其他正当理由耽误法定申请期限的，申请期限自障碍消除之日起继续计算。

行政机关作出行政行为时，未告知公民、法人或者其他组织申请行政复议的权利、行政复议机关和申请期限的，申请期限自公民、法人或者其他组织知道或者应当知道申请行政复议的权利、行政复议机关和申请期限之日起计算，但是自知道或者应当知道行政行为内容之日起最长不得超过一年。

第二十一条 因不动产提出的行政复议申请自行政行为作出之日起超过二十年，其他行政复议申请自行政行为作出之日起超过五年的，行政复议机关不予受理。

第二十二条 申请人申请行政复议，可以书面申请；书面申请有困难的，也可以口头申请。

书面申请的，可以通过邮寄或者行政复议机关指定的互联网渠道等方式提交行政复议申请书，也可以当面提交行政复议申请书。行政机关通过互联网渠道送达行政行为决定书的，应当同时提供提交行政复议申请书的互联网渠道。

口头申请的，行政复议机关应当当场记录申请人的基本情况、行政复议请求、申请行政复议的主要事实、理由和时间。

申请人对两个以上行政行为不服的，应当分别申请行政复议。

第二十三条 有下列情形之一的，申请人应当先向行政复议机关申请行政复议，对行政复议决定不服的，可以再依法向人民法院提起行政诉讼：

（一）对当场作出的行政处罚决定不服；

（二）对行政机关作出的侵犯其已经依法取得的自然资源的所有权或者使用权的决定不服；

（三）认为行政机关存在本法第十一条规定的未履行法定职责情形；

（四）申请政府信息公开，行政机关不予公开；

（五）法律、行政法规规定应当先向行政复议机关申请行政复议的其他情形。

对前款规定的情形，行政机关在作出行政行为时应当告知公民、法人或者其他组织先向行政复议机关申请行政复议。

第四节 行政复议管辖

第二十四条 县级以上地方各级人民政府管辖下列行政复议案件：

（一）对本级人民政府工作部门作出的行政行为不服的；

（二）对下一级人民政府作出的行政行为不服的；

（三）对本级人民政府依法设立的派出机关作出的行政行为不服的；

（四）对本级人民政府或者其工作部门管理的法律、法规、规章授权的组织作出的行政行为不服的。

除前款规定外，省、自治区、直辖市人民政府同时管辖对本机关作出的行政行为不服的行政复议案件。

省、自治区人民政府依法设立的派出机关参照设区的市级人民政府的职责权限，管辖相关行政复议案件。

对县级以上地方各级人民政府工作部门依法设立的派出机构依照法律、法规、规章规定，以派出机构的名义作出的行政行为不服的行政复议

案件，由本级人民政府管辖；其中，对直辖市、设区的市人民政府工作部门按照行政区划设立的派出机构作出的行政行为不服的，也可以由其所在地的人民政府管辖。

第二十五条 国务院部门管辖下列行政复议案件：

（一）对本部门作出的行政行为不服的；

（二）对本部门依法设立的派出机构依照法律、行政法规、部门规章规定，以派出机构的名义作出的行政行为不服的；

（三）对本部门管理的法律、行政法规、部门规章授权的组织作出的行政行为不服的。

第二十六条 对省、自治区、直辖市人民政府依照本法第二十四条第二款的规定、国务院部门依照本法第二十五条第一项的规定作出的行政复议决定不服的，可以向人民法院提起行政诉讼；也可以向国务院申请裁决，国务院依照本法的规定作出最终裁决。

第二十七条 对海关、金融、外汇管理等实行垂直领导的行政机关、税务和国家安全机关的行政行为不服的，向上一级主管部门申请行政复议。

第二十八条 对履行行政复议机构职责的地方人民政府司法行政部门的行政行为不服的，可以向本级人民政府申请行政复议，也可以向上一级司法行政部门申请行政复议。

第二十九条 公民、法人或者其他组织申请行政复议，行政复议机关已经依法受理的，在行政复议期间不得向人民法院提起行政诉讼。

公民、法人或者其他组织向人民法院提起行政诉讼，人民法院已经依法受理的，不得申请行政复议。

第三章 行政复议受理

第三十条 行政复议机关收到行政复议申请后，应当在五日内进行审查。对符合下列规定的，行政复议机关应当予以受理：

（一）有明确的申请人和符合本法规定的被申请人；

（二）申请人与被申请行政复议的行政行为有利害关系；

（三）有具体的行政复议请求和理由；

（四）在法定申请期限内提出；

（五）属于本法规定的行政复议范围；

（六）属于本机关的管辖范围；

（七）行政复议机关未受理过该申请人就同一行政行为提出的行政复议申请，并且人民法院未受理过该申请人就同一行政行为提起的行政诉讼。

对不符合前款规定的行政复议申请，行政复议机关应当在审查期限内决定不予受理并说明理由；不属于本机关管辖的，还应当在不予受理决定中告知申请人有管辖权的行政复议机关。

行政复议申请的审查期限届满，行政复议机关未作出不予受理决定的，审查期限届满之日起视为受理。

第三十一条 行政复议申请材料不齐全或者表述不清楚，无法判断行政复议申请是否符合本法第三十条第一款规定的，行政复议机关应当自收到申请之日起五日内书面通知申请人补正。补正通知应当一次性载明需要补正的事项。

申请人应当自收到补正通知之日起十日内提交补正材料。有正当理由不能按期补正的，行政复议机关可以延长合理的补正期限。无正当理由逾期不补正的，视为申请人放弃行政复议申请，并记录在案。

行政复议机关收到补正材料后，依照本法第三十条的规定处理。

第三十二条 对当场作出或者依据电子技术监控设备记录的违法事实作出的行政处罚决定不服申请行政复议的，可以通过作出行政处罚决定的行政机关提交行政复议申请。

行政机关收到行政复议申请后，应当及时处理；认为需要维持行政处罚决定的，应当自收到行政复议申请之日起五日内转送行政复议机关。

第三十三条 行政复议机关受理行政复议申请后，发现该行政复议申请不符合本法第三十条第一款规定的，应当决定驳回申请并说明理由。

第三十四条 法律、行政法规规定应当先向行政复议机关申请行政复议、对行政复议决定不服再向人民法院提起行政诉讼的，行政复议机关决定不予受理、驳回申请或者受理后超过行政复议期限不作答复的，公民、法人或者其他组织可以自收到决定书之日起或者行政复议期限届满之日起十五日内，依法向人民法院提起行政诉讼。

第三十五条 公民、法人或者其他组织依法提出行政复议申请，行政复议机关无正当理由不予受理、驳回申请或者受理后超过行政复议期限不作答复的，申请人有权向上级行政机关反映，上级行政机关应当责令其纠正；必要时，上级行政复议机关可以直接受理。

第四章　行政复议审理

第一节　一般规定

第三十六条　行政复议机关受理行政复议申请后，依照本法适用普通程序或者简易程序进行审理。行政复议机构应当指定行政复议人员负责办理行政复议案件。

行政复议人员对办理行政复议案件过程中知悉的国家秘密、商业秘密和个人隐私，应当予以保密。

第三十七条　行政复议机关依照法律、法规、规章审理行政复议案件。

行政复议机关审理民族自治地方的行政复议案件，同时依照该民族自治地方的自治条例和单行条例。

第三十八条　上级行政复议机关根据需要，可以审理下级行政复议机关管辖的行政复议案件。

下级行政复议机关对其管辖的行政复议案件，认为需要由上级行政复议机关审理的，可以报请上级行政复议机关决定。

第三十九条　行政复议期间有下列情形之一的，行政复议中止：

（一）作为申请人的公民死亡，其近亲属尚未确定是否参加行政复议；

（二）作为申请人的公民丧失参加行政复议的行为能力，尚未确定法定代理人参加行政复议；

（三）作为申请人的公民下落不明；

（四）作为申请人的法人或者其他组织终止，尚未确定权利义务承受人；

（五）申请人、被申请人因不可抗力或者其他正当理由，不能参加行政复议；

（六）依照本法规定进行调解、和解，申请人和被申请人同意中止；

（七）行政复议案件涉及的法律适用问题需要有权机关作出解释或者确认；

（八）行政复议案件审理需要以其他案件的审理结果为依据，而其他案件尚未审结；

（九）有本法第五十六条或者第五十七条规定的情形；

（十）需要中止行政复议的其他情形。

行政复议中止的原因消除后，应当及时恢复行政复议案件的审理。

行政复议机关中止、恢复行政复议案件的审理，应当书面告知当事人。

第四十条　行政复议期间，行政复议机关无正当理由中止行政复议的，上级行政机关应当责令其恢复审理。

第四十一条　行政复议期间有下列情形之一的，行政复议机关决定终止行政复议：

（一）申请人撤回行政复议申请，行政复议机构准予撤回；

（二）作为申请人的公民死亡，没有近亲属或者其近亲属放弃行政复议权利；

（三）作为申请人的法人或者其他组织终止，没有权利义务承受人或者其权利义务承受人放弃行政复议权利；

（四）申请人对行政拘留或者限制人身自由的行政强制措施不服申请行政复议后，因同一违法行为涉嫌犯罪，被采取刑事强制措施；

（五）依照本法第三十九条第一款第一项、第二项、第四项的规定中止行政复议满六十日，行政复议中止的原因仍未消除。

第四十二条　行政复议期间行政行为不停止执行；但是有下列情形之一的，应当停止执行：

（一）被申请人认为需要停止执行；

（二）行政复议机关认为需要停止执行；

（三）申请人、第三人申请停止执行，行政复议机关认为其要求合理，决定停止执行；

（四）法律、法规、规章规定停止执行的其他情形。

第二节　行政复议证据

第四十三条　行政复议证据包括：

（一）书证；

（二）物证；

（三）视听资料；

（四）电子数据；

（五）证人证言；

（六）当事人的陈述；

（七）鉴定意见；

（八）勘验笔录、现场笔录。

以上证据经行政复议机构审查属实，才能作为认定行政复议案件事实的根据。

第四十四条　被申请人对其作出的行政行为的合法性、适当性负有举证责任。

有下列情形之一的，申请人应当提供证据：

（一）认为被申请人不履行法定职责的，提供曾经要求被申请人履行法定职责的证据，但是被申请人应当依职权主动履行法定职责或者申请人因正当理由不能提供的除外；

（二）提出行政赔偿请求的，提供受行政行为侵害而造成损害的证据，但是因被申请人原因导致申请人无法举证的，由被申请人承担举证责任；

（三）法律、法规规定需要申请人提供证据的其他情形。

第四十五条 行政复议机关有权向有关单位和个人调查取证，查阅、复制、调取有关文件和资料，向有关人员进行询问。

调查取证时，行政复议人员不得少于两人，并应当出示行政复议工作证件。

被调查取证的单位和个人应当积极配合行政复议人员的工作，不得拒绝或者阻挠。

第四十六条 行政复议期间，被申请人不得自行向申请人和其他有关单位或者个人收集证据；自行收集的证据不作为认定行政行为合法性、适当性的依据。

行政复议期间，申请人或者第三人提出被申请行政复议的行政行为作出时没有提出的理由或者证据的，经行政复议机构同意，被申请人可以补充证据。

第四十七条 行政复议期间，申请人、第三人及其委托代理人可以按照规定查阅、复制被申请人提出的书面答复、作出行政行为的证据、依据和其他有关材料，除涉及国家秘密、商业秘密、个人隐私或者可能危及国家安全、公共安全、社会稳定的情形外，行政复议机构应当同意。

第三节 普通程序

第四十八条 行政复议机构应当自行政复议申请受理之日起七日内，将行政复议申请书副本或者行政复议申请笔录复印件发送被申请人。被申请人应当自收到行政复议申请书副本或者行政复议申请笔录复印件之日起十日内，提出书面答复，并提交作出行政行为的证据、依据和其他有关材料。

第四十九条 适用普通程序审理的行政复议案件，行政复议机构应当当面或者通过互联网、电话等方式听取当事人的意见，并将听取的意见记录在案。因当事人原因不能听取意见的，可以书面审理。

第五十条 审理重大、疑难、复杂的行政复议案件，行政复议机构应当组织听证。

行政复议机构认为有必要听证，或者申请人请求听证的，行政复议机构可以组织听证。

听证由一名行政复议人员任主持人，两名以上行政复议人员任听证员，一名记录员制作听证笔录。

第五十一条 行政复议机构组织听证的，应当于举行听证的五日前将听证的时间、地点和拟听证事项书面通知当事人。

申请人无正当理由拒不参加听证的，视为放弃听证权利。

被申请人的负责人应当参加听证。不能参加的，应当说明理由并委托相应的工作人员参加听证。

第五十二条 县级以上各级人民政府应当建立相关政府部门、专家、学者等参与的行政复议委员会，为办理行政复议案件提供咨询意见，并就行政复议工作中的重大事项和共性问题研究提出意见。行政复议委员会的组成和开展工作的具体办法，由国务院行政复议机构制定。

审理行政复议案件涉及下列情形之一的，行政复议机构应当提请行政复议委员会提出咨询意见：

（一）案情重大、疑难、复杂；

（二）专业性、技术性较强；

（三）本法第二十四条第二款规定的行政复议案件；

（四）行政复议机构认为有必要。

行政复议机构应当记录行政复议委员会的咨询意见。

第四节 简易程序

第五十三条 行政复议机关审理下列行政复议案件，认为事实清楚、权利义务关系明确、争议不大的，可以适用简易程序：

（一）被申请行政复议的行政行为是当场作出；

（二）被申请行政复议的行政行为是警告或者通报批评；

（三）案件涉及款额三千元以下；

（四）属于政府信息公开案件。

除前款规定以外的行政复议案件，当事人各方同意适用简易程序的，可以适用简易程序。

第五十四条 适用简易程序审理的行政复议

案件，行政复议机构应当自受理行政复议申请之日起三日内，将行政复议申请书副本或者行政复议申请笔录复印件发送被申请人。被申请人应当自收到行政复议申请书副本或者行政复议申请笔录复印件之日起五日内，提出书面答复，并提交作出行政行为的证据、依据和其他有关材料。

适用简易程序审理的行政复议案件，可以书面审理。

第五十五条 适用简易程序审理的行政复议案件，行政复议机构认为不宜适用简易程序的，经行政复议机构的负责人批准，可以转为普通程序审理。

第五节 行政复议附带审查

第五十六条 申请人依照本法第十三条的规定提出对有关规范性文件的附带审查申请，行政复议机关有权处理的，应当在三十日内依法处理；无权处理的，应当在七日内转送有权处理的行政机关依法处理。

第五十七条 行政复议机关在对被申请人作出的行政行为进行审查时，认为其依据不合法，本机关有权处理的，应当在三十日内依法处理；无权处理的，应当在七日内转送有权处理的国家机关依法处理。

第五十八条 行政复议机关依照本法第五十六条、第五十七条的规定有权处理有关规范性文件或者依据的，行政复议机构应当自行政复议中止之日起三日内，书面通知规范性文件或者依据的制定机关就相关条款的合法性提出书面答复。制定机关应当自收到书面通知之日起十日内提交书面答复及相关材料。

行政复议机构认为必要时，可以要求规范性文件或者依据的制定机关当面说明理由，制定机关应当配合。

第五十九条 行政复议机关依照本法第五十六条、第五十七条的规定有权处理有关规范性文件或者依据，认为相关条款合法的，在行政复议决定书中一并告知；认为相关条款超越权限或者违反上位法的，决定停止该条款的执行，并责令制定机关予以纠正。

第六十条 依照本法第五十六条、第五十七条的规定接受转送的行政机关、国家机关应当自收到转送之日起六十日内，将处理意见回复转送的行政复议机关。

第五章 行政复议决定

第六十一条 行政复议机关依照本法审理行政复议案件，由行政复议机构对行政行为进行审查，提出意见，经行政复议机关的负责人同意或者集体讨论通过后，以行政复议机关的名义作出行政复议决定。

经过听证的行政复议案件，行政复议机关应当根据听证笔录、审查认定的事实和证据，依照本法作出行政复议决定。

提请行政复议委员会提出咨询意见的行政复议案件，行政复议机关应当将咨询意见作为作出行政复议决定的重要参考依据。

第六十二条 适用普通程序审理的行政复议案件，行政复议机关应当自受理申请之日起六十日内作出行政复议决定；但是法律规定的行政复议期限少于六十日的除外。情况复杂，不能在规定期限内作出行政复议决定的，经行政复议机构的负责人批准，可以适当延长，并书面告知当事人；但是延长期限最多不得超过三十日。

适用简易程序审理的行政复议案件，行政复议机关应当自受理申请之日起三十日内作出行政复议决定。

第六十三条 行政行为有下列情形之一的，行政复议机关决定变更该行政行为：

（一）事实清楚，证据确凿，适用依据正确，程序合法，但是内容不适当；

（二）事实清楚，证据确凿，程序合法，但是未正确适用依据；

（三）事实不清、证据不足，经行政复议机关查清事实和证据。

行政复议机关不得作出对申请人更为不利的变更决定，但是第三人提出相反请求的除外。

第六十四条 行政行为有下列情形之一的，行政复议机关决定撤销或者部分撤销该行政行为，并可以责令被申请人在一定期限内重新作出行政行为：

（一）主要事实不清、证据不足；

（二）违反法定程序；

（三）适用的依据不合法；

（四）超越职权或者滥用职权。

行政复议机关责令被申请人重新作出行政行为的，被申请人不得以同一事实和理由作出与被申请行政复议的行政行为相同或者基本相同的行政行为，但是行政复议机关以违反法定程序为由决定撤销或者部分撤销的除外。

第六十五条 行政行为有下列情形之一的，行政复议机关不撤销该行政行为，但是确认该行政行为违法：

（一）依法应予撤销，但是撤销会给国家利益、社会公共利益造成重大损害；

（二）程序轻微违法，但是对申请人权利不产生实际影响。

行政行为有下列情形之一，不需要撤销或者责令履行的，行政复议机关确认该行政行为违法：

（一）行政行为违法，但是不具有可撤销内容；

（二）被申请人改变原违法行政行为，申请人仍要求撤销或者确认该行政行为违法；

（三）被申请人不履行或者拖延履行法定职责，责令履行没有意义。

第六十六条 被申请人不履行法定职责的，行政复议机关决定被申请人在一定期限内履行。

第六十七条 行政行为有实施主体不具有行政主体资格或者没有依据等重大且明显违法情形，申请人申请确认行政行为无效的，行政复议机关确认该行政行为无效。

第六十八条 行政行为认定事实清楚，证据确凿，适用依据正确，程序合法，内容适当的，行政复议机关决定维持该行政行为。

第六十九条 行政复议机关受理申请人认为被申请人不履行法定职责的行政复议申请后，发现被申请人没有相应法定职责或者在受理前已经履行法定职责的，决定驳回申请人的行政复议请求。

第七十条 被申请人不按照本法第四十八条、第五十四条的规定提出书面答复、提交作出行政行为的证据、依据和其他有关材料的，视为该行政行为没有证据、依据，行政复议机关决定撤销、部分撤销该行政行为，确认该行政行为违法、无效或者决定被申请人在一定期限内履行，但是行政行为涉及第三人合法权益，第三人提供证据的除外。

第七十一条 被申请人不依法订立、不依法履行、未按照约定履行或者违法变更、解除行政协议的，行政复议机关决定被申请人承担依法订立、继续履行、采取补救措施或者赔偿损失等责任。

被申请人变更、解除行政协议合法，但是未依法给予补偿或者补偿不合理的，行政复议机关决定被申请人依法给予合理补偿。

第七十二条 申请人在申请行政复议时一并提出行政赔偿请求，行政复议机关对依照《中华人民共和国国家赔偿法》的有关规定应当不予赔偿的，在作出行政复议决定时，应当同时决定驳回行政赔偿请求；对符合《中华人民共和国国家赔偿法》的有关规定应当给予赔偿的，在决定撤销或者部分撤销、变更行政行为或者确认行政行为违法、无效时，应当同时决定被申请人依法给予赔偿；确认行政行为违法的，还可以同时责令被申请人采取补救措施。

申请人在申请行政复议时没有提出行政赔偿请求的，行政复议机关在依法决定撤销或者部分撤销、变更罚款，撤销或者部分撤销违法集资、没收财物、征收征用、摊派费用以及对财产的查封、扣押、冻结等行政行为时，应当同时责令被申请人返还财产，解除对财产的查封、扣押、冻结措施，或者赔偿相应的价款。

第七十三条 当事人经调解达成协议的，行政复议机关应当制作行政复议调解书，经各方当事人签字或者签章，并加盖行政复议机关印章，即具有法律效力。

调解未达成协议或者调解书生效前一方反悔的，行政复议机关应当依法审查或者及时作出行政复议决定。

第七十四条 当事人在行政复议决定作出前可以自愿达成和解，和解内容不得损害国家利益、社会公共利益和他人合法权益，不得违反法律、法规的强制性规定。

当事人达成和解后，由申请人向行政复议机构撤回行政复议申请。行政复议机构准予撤回行政复议申请、行政复议机关决定终止行政复议的，申请人不得再以同一事实和理由提出行政复议申请。但是，申请人能够证明撤回行政复议申请违背其真实意愿的除外。

第七十五条 行政复议机关作出行政复议决定，应当制作行政复议决定书，并加盖行政复议机关印章。

行政复议决定书一经送达，即发生法律效力。

第七十六条 行政复议机关在办理行政复议案件过程中，发现被申请人或者其他下级行政机关的有关行政行为违法或者不当的，可以向其制发行政复议意见书。有关机关应当自收到行政复议意见书之日起六十日内，将纠正相关违法或者不当行政行为的情况报送行政复议机关。

第七十七条 被申请人应当履行行政复议决定书、调解书、意见书。

被申请人不履行或者无正当理由拖延履行行政复议决定书、调解书、意见书的，行政复议机关或者有关上级行政机关应当责令其限期履行，并可以约谈被申请人的有关负责人或者予以通报批评。

第七十八条 申请人、第三人逾期不起诉又不履行行政复议决定书、调解书的，或者不履行最终裁决的行政复议决定的，按照下列规定分别处理：

（一）维持行政行为的行政复议决定书，由作出行政行为的行政机关依法强制执行，或者申请人民法院强制执行；

（二）变更行政行为的行政复议决定书，由行政复议机关依法强制执行，或者申请人民法院强制执行；

（三）行政复议调解书，由行政复议机关依法强制执行，或者申请人民法院强制执行。

第七十九条 行政复议机关根据被申请行政复议的行政行为的公开情况，按照国家有关规定将行政复议决定书向社会公开。

县级以上地方各级人民政府办理以本级人民政府工作部门为被申请人的行政复议案件，应当将发生法律效力的行政复议决定书、意见书同时抄告被申请人的上一级主管部门。

第六章　法律责任

第八十条 行政复议机关不依照本法规定履行行政复议职责，对负有责任的领导人员和直接责任人员依法给予警告、记过、记大过的处分；经有权监督的机关督促仍不改正或者造成严重后果的，依法给予降级、撤职、开除的处分。

第八十一条 行政复议机关工作人员在行政复议活动中，徇私舞弊或者有其他渎职、失职行为的，依法给予警告、记过、记大过的处分；情节严重的，依法给予降级、撤职、开除的处分；构成犯罪的，依法追究刑事责任。

第八十二条 被申请人违反本法规定，不提出书面答复或者不提交作出行政行为的证据、依据和其他有关材料，或者阻挠、变相阻挠公民、法人或者其他组织依法申请行政复议的，对负有责任的领导人员和直接责任人员依法给予警告、记过、记大过的处分；进行报复陷害的，依法给予降级、撤职、开除的处分；构成犯罪的，依法追究刑事责任。

第八十三条 被申请人不履行或者无正当理由拖延履行行政复议决定书、调解书、意见书的，对负有责任的领导人员和直接责任人员依法给予警告、记过、记大过的处分；经责令履行仍拒不履行的，依法给予降级、撤职、开除的处分。

第八十四条 拒绝、阻挠行政复议人员调查取证，故意扰乱行政复议工作秩序的，依法给予处分、治安管理处罚；构成犯罪的，依法追究刑事责任。

第八十五条 行政机关及其工作人员违反本法规定的，行政复议机关可以向监察机关或者公职人员任免机关、单位移送有关人员违法的事实材料，接受移送的监察机关或者公职人员任免机关、单位应当依法处理。

第八十六条 行政复议机关在办理行政复议案件过程中，发现公职人员涉嫌贪污贿赂、失职渎职等职务违法或者职务犯罪的问题线索，应当依照有关规定移送监察机关，由监察机关依法调查处置。

第七章　附　　则

第八十七条 行政复议机关受理行政复议申请，不得向申请人收取任何费用。

第八十八条 行政复议期间的计算和行政复议文书的送达，本法没有规定的，依照《中华人民共和国民事诉讼法》关于期间、送达的规定执行。

本法关于行政复议期间有关“三日”“五日”“七日”“十日”的规定是指工作日，不含法定休假日。

第八十九条 外国人、无国籍人、外国组织在中华人民共和国境内申请行政复议，适用本法。

第九十条 本法自 2024 年 1 月 1 日起施行。

十九、中华人民共和国行政诉讼法

（1989年4月4日第七届全国人民代表大会第二次会议通过　根据2014年11月1日第十二届全国人民代表大会常务委员会第十一次会议《关于修改〈中华人民共和国行政诉讼法〉的决定》第一次修正　根据2017年6月27日第十二届全国人民代表大会常务委员会第二十八次会议《关于修改〈中华人民共和国民事诉讼法〉和〈中华人民共和国行政诉讼法〉的决定》第二次修正）

第一章　总　　则

第一条　为保证人民法院公正、及时审理行政案件，解决行政争议，保护公民、法人和其他组织的合法权益，监督行政机关依法行使职权，根据宪法，制定本法。

第二条　公民、法人或者其他组织认为行政机关和行政机关工作人员的行政行为侵犯其合法权益，有权依照本法向人民法院提起诉讼。

前款所称行政行为，包括法律、法规、规章授权的组织作出的行政行为。

第三条　人民法院应当保障公民、法人和其他组织的起诉权利，对应当受理的行政案件依法受理。

行政机关及其工作人员不得干预、阻碍人民法院受理行政案件。

被诉行政机关负责人应当出庭应诉。不能出庭的，应当委托行政机关相应的工作人员出庭。

第四条　人民法院依法对行政案件独立行使审判权，不受行政机关、社会团体和个人的干涉。

人民法院设行政审判庭，审理行政案件。

第五条　人民法院审理行政案件，以事实为根据，以法律为准绳。

第六条　人民法院审理行政案件，对行政行为是否合法进行审查。

第七条　人民法院审理行政案件，依法实行合议、回避、公开审判和两审终审制度。

第八条　当事人在行政诉讼中的法律地位平等。

第九条　各民族公民都有用本民族语言、文字进行行政诉讼的权利。

在少数民族聚居或者多民族共同居住的地区，人民法院应当用当地民族通用的语言、文字进行审理和发布法律文书。

人民法院应当对不通晓当地民族通用的语言、文字的诉讼参与人提供翻译。

第十条　当事人在行政诉讼中有权进行辩论。

第十一条　人民检察院有权对行政诉讼实行法律监督。

第二章　受案范围

第十二条　人民法院受理公民、法人或者其他组织提起的下列诉讼：

（一）对行政拘留、暂扣或者吊销许可证和执照、责令停产停业、没收违法所得、没收非法财物、罚款、警告等行政处罚不服的；

（二）对限制人身自由或者对财产的查封、扣押、冻结等行政强制措施和行政强制执行不服的；

（三）申请行政许可，行政机关拒绝或者在法定期限内不予答复，或者对行政机关作出的有关行政许可的其他决定不服的；

（四）对行政机关作出的关于确认土地、矿藏、水流、森林、山岭、草原、荒地、滩涂、海域等自然资源的所有权或者使用权的决定不服的；

（五）对征收、征用决定及其补偿决定不服的；

（六）申请行政机关履行保护人身权、财产权等合法权益的法定职责，行政机关拒绝履行或者不予答复的；

（七）认为行政机关侵犯其经营自主权或者农村土地承包经营权、农村土地经营权的；

（八）认为行政机关滥用行政权力排除或者限制竞争的；

（九）认为行政机关违法集资、摊派费用或者违法要求履行其他义务的；

（十）认为行政机关没有依法支付抚恤金、最低生活保障待遇或者社会保险待遇的；

（十一）认为行政机关不依法履行、未按照约定履行或者违法变更、解除政府特许经营协议、土地房屋征收补偿协议等协议的；

（十二）认为行政机关侵犯其他人身权、财产权等合法权益的。

除前款规定外，人民法院受理法律、法规规定可以提起诉讼的其他行政案件。

第十三条 人民法院不受理公民、法人或者其他组织对下列事项提起的诉讼：

（一）国防、外交等国家行为；

（二）行政法规、规章或者行政机关制定、发布的具有普遍约束力的决定、命令；

（三）行政机关对行政机关工作人员的奖惩、任免等决定；

（四）法律规定由行政机关最终裁决的行政行为。

第三章 管 辖

第十四条 基层人民法院管辖第一审行政案件。

第十五条 中级人民法院管辖下列第一审行政案件：

（一）对国务院部门或者县级以上地方人民政府所作的行政行为提起诉讼的案件；

（二）海关处理的案件；

（三）本辖区内重大、复杂的案件；

（四）其他法律规定由中级人民法院管辖的案件。

第十六条 高级人民法院管辖本辖区内重大、复杂的第一审行政案件。

第十七条 最高人民法院管辖全国范围内重大、复杂的第一审行政案件。

第十八条 行政案件由最初作出行政行为的行政机关所在地人民法院管辖。经复议的案件，也可以由复议机关所在地人民法院管辖。

经最高人民法院批准，高级人民法院可以根据审判工作的实际情况，确定若干人民法院跨行政区域管辖行政案件。

第十九条 对限制人身自由的行政强制措施不服提起的诉讼，由被告所在地或者原告所在地人民法院管辖。

第二十条 因不动产提起的行政诉讼，由不动产所在地人民法院管辖。

第二十一条 两个以上人民法院都有管辖权的案件，原告可以选择其中一个人民法院提起诉讼。原告向两个以上有管辖权的人民法院提起诉讼的，由最先立案的人民法院管辖。

第二十二条 人民法院发现受理的案件不属于本院管辖的，应当移送有管辖权的人民法院，受移送的人民法院应当受理。受移送的人民法院认为受移送的案件按照规定不属于本院管辖的，应当报请上级人民法院指定管辖，不得再自行移送。

第二十三条 有管辖权的人民法院由于特殊原因不能行使管辖权的，由上级人民法院指定管辖。

人民法院对管辖权发生争议，由争议双方协商解决。协商不成的，报它们的共同上级人民法院指定管辖。

第二十四条 上级人民法院有权审理下级人民法院管辖的第一审行政案件。

下级人民法院对其管辖的第一审行政案件，认为需要由上级人民法院审理或者指定管辖的，可以报请上级人民法院决定。

第四章 诉讼参加人

第二十五条 行政行为的相对人以及其他与行政行为有利害关系的公民、法人或者其他组织，有权提起诉讼。

有权提起诉讼的公民死亡，其近亲属可以提起诉讼。

有权提起诉讼的法人或者其他组织终止，承受其权利的法人或者其他组织可以提起诉讼。

人民检察院在履行职责中发现生态环境和资源保护、食品药品安全、国有财产保护、国有土地使用权出让等领域负有监督管理职责的行政机关违法行使职权或者不作为，致使国家利益或者社会公共利益受到侵害的，应当向行政机关提出检察建议，督促其依法履行职责。行政机关不依法履行职责的，人民检察院依法向人民法院提起诉讼。

第二十六条 公民、法人或者其他组织直接向人民法院提起诉讼的，作出行政行为的行政机关是被告。

经复议的案件，复议机关决定维持原行政行为的，作出原行政行为的行政机关和复议机关是共同被告；复议机关改变原行政行为的，复议机关是被告。

复议机关在法定期限内未作出复议决定，公民、法人或者其他组织起诉原行政行为的，作出原行政行为的行政机关是被告；起诉复议机关不作为的，复议机关是被告。

两个以上行政机关作出同一行政行为的，共同作出行政行为的行政机关是共同被告。

行政机关委托的组织所作的行政行为，委托的行政机关是被告。

行政机关被撤销或者职权变更的，继续行使其职权的行政机关是被告。

第二十七条 当事人一方或者双方为二人以上，因同一行政行为发生的行政案件，或者因同类行政行为发生的行政案件、人民法院认为可以合并审理并经当事人同意的，为共同诉讼。

第二十八条 当事人一方人数众多的共同诉讼，可以由当事人推选代表人进行诉讼。代表人的诉讼行为对其所代表的当事人发生效力，但代表人变更、放弃诉讼请求或者承认对方当事人的诉讼请求，应当经被代表的当事人同意。

第二十九条 公民、法人或者其他组织同被诉行政行为有利害关系但没有提起诉讼，或者同案件处理结果有利害关系的，可以作为第三人申请参加诉讼，或者由人民法院通知参加诉讼。

人民法院判决第三人承担义务或者减损第三人权益的，第三人有权依法提起上诉。

第三十条 没有诉讼行为能力的公民，由其法定代理人代为诉讼。法定代理人互相推诿代理责任的，由人民法院指定其中一人代为诉讼。

第三十一条 当事人、法定代理人，可以委托一至二人作为诉讼代理人。

下列人员可以被委托为诉讼代理人：

（一）律师、基层法律服务工作者；

（二）当事人的近亲属或者工作人员；

（三）当事人所在社区、单位以及有关社会团体推荐的公民。

第三十二条 代理诉讼的律师，有权按照规定查阅、复制本案有关材料，有权向有关组织和公民调查，收集与本案有关的证据。对涉及国家秘密、商业秘密和个人隐私的材料，应当依照法律规定保密。

当事人和其他诉讼代理人有权按照规定查阅、复制本案庭审材料，但涉及国家秘密、商业秘密和个人隐私的内容除外。

第五章 证 据

第三十三条 证据包括：

（一）书证；

（二）物证；

（三）视听资料；

（四）电子数据；

（五）证人证言；

（六）当事人的陈述；

（七）鉴定意见；

（八）勘验笔录、现场笔录。

以上证据经法庭审查属实，才能作为认定案件事实的根据。

第三十四条 被告对作出的行政行为负有举证责任，应当提供作出该行政行为的证据和所依据的规范性文件。

被告不提供或者无正当理由逾期提供证据，视为没有相应证据。但是，被诉行政行为涉及第三人合法权益，第三人提供证据的除外。

第三十五条 在诉讼过程中，被告及其诉讼代理人不得自行向原告、第三人和证人收集证据。

第三十六条 被告在作出行政行为时已经收集了证据，但因不可抗力等正当事由不能提供的，经人民法院准许，可以延期提供。

原告或者第三人提出了其在行政处理程序中没有提出的理由或者证据的，经人民法院准许，被告可以补充证据。

第三十七条 原告可以提供证明行政行为违法的证据。原告提供的证据不成立的，不免除被告的举证责任。

第三十八条 在起诉被告不履行法定职责的案件中，原告应当提供其向被告提出申请的证据。但有下列情形之一的除外：

（一）被告应当依职权主动履行法定职责的；

（二）原告因正当理由不能提供证据的。

在行政赔偿、补偿的案件中，原告应当对行政行为造成的损害提供证据。因被告的原因导致原告无法举证的，由被告承担举证责任。

第三十九条 人民法院有权要求当事人提供或者补充证据。

第四十条 人民法院有权向有关行政机关以及其他组织、公民调取证据。但是，不得为证明行政行为的合法性调取被告作出行政行为时未收集的证据。

第四十一条 与本案有关的下列证据，原告或者第三人不能自行收集的，可以申请人民法院调取：

（一）由国家机关保存而须由人民法院调取的证据；

（二）涉及国家秘密、商业秘密和个人隐私的证据；

（三）确因客观原因不能自行收集的其他证据。

第四十二条 在证据可能灭失或者以后难以取得的情况下，诉讼参加人可以向人民法院申请保全证据，人民法院也可以主动采取保全措施。

第四十三条 证据应当在法庭上出示，并由当事人互相质证。对涉及国家秘密、商业秘密和个人隐私的证据，不得在公开开庭时出示。

人民法院应当按照法定程序，全面、客观地审查核实证据。对未采纳的证据应当在裁判文书中说明理由。

以非法手段取得的证据，不得作为认定案件事实的根据。

第六章 起诉和受理

第四十四条 对属于人民法院受案范围的行政案件，公民、法人或者其他组织可以先向行政机关申请复议，对复议决定不服的，再向人民法院提起诉讼；也可以直接向人民法院提起诉讼。

法律、法规规定应当先向行政机关申请复议，对复议决定不服再向人民法院提起诉讼的，依照法律、法规的规定。

第四十五条 公民、法人或者其他组织不服复议决定的，可以在收到复议决定书之日起十五日内向人民法院提起诉讼。复议机关逾期不作决定的，申请人可以在复议期满之日起十五日内向人民法院提起诉讼。法律另有规定的除外。

第四十六条 公民、法人或者其他组织直接向人民法院提起诉讼的，应当自知道或者应当知道作出行政行为之日起六个月内提出。法律另有规定的除外。

因不动产提起诉讼的案件自行政行为作出之日起超过二十年，其他案件自行政行为作出之日起超过五年提起诉讼的，人民法院不予受理。

第四十七条 公民、法人或者其他组织申请行政机关履行保护其人身权、财产权等合法权益的法定职责，行政机关在接到申请之日起两个月内不履行的，公民、法人或者其他组织可以向人民法院提起诉讼。法律、法规对行政机关履行职责的期限另有规定的，从其规定。

公民、法人或者其他组织在紧急情况下请求行政机关履行保护其人身权、财产权等合法权益的法定职责，行政机关不履行的，提起诉讼不受前款规定期限的限制。

第四十八条 公民、法人或者其他组织因不可抗力或者其他不属于其自身的原因耽误起诉期限的，被耽误的时间不计算在起诉期限内。

公民、法人或者其他组织因前款规定以外的其他特殊情况耽误起诉期限的，在障碍消除后十日内，可以申请延长期限，是否准许由人民法院决定。

第四十九条 提起诉讼应当符合下列条件：

（一）原告是符合本法第二十五条规定的公民、法人或者其他组织；

（二）有明确的被告；

（三）有具体的诉讼请求和事实根据；

（四）属于人民法院受案范围和受诉人民法院管辖。

第五十条 起诉应当向人民法院递交起诉状，并按照被告人数提出副本。

书写起诉状确有困难的，可以口头起诉，由人民法院记入笔录，出具注明日期的书面凭证，并告知对方当事人。

第五十一条 人民法院在接到起诉状时对符合本法规定的起诉条件的，应当登记立案。

对当场不能判定是否符合本法规定的起诉条件的，应当接收起诉状，出具注明收到日期的书面凭证，并在七日内决定是否立案。不符合起诉条件的，作出不予立案的裁定。裁定书应当载明不予立案的理由。原告对裁定不服的，可以提起上诉。

起诉状内容欠缺或者有其他错误的，应当给予指导和释明，并一次性告知当事人需要补正的内容。不得未经指导和释明即以起诉不符合条件为由不接收起诉状。

对于不接收起诉状、接收起诉状后不出具书面凭证，以及不一次性告知当事人需要补正的起诉状内容的，当事人可以向上级人民法院投诉，上级人民法院应当责令改正，并对直接负责的主管人员和其他直接责任人员依法给予处分。

第五十二条 人民法院既不立案，又不作出不予立案裁定的，当事人可以向上一级人民法院起诉。上一级人民法院认为符合起诉条件的，应当立案、审理，也可以指定其他下级人民法院立案、审理。

第五十三条 公民、法人或者其他组织认为行政行为所依据的国务院部门和地方人民政府及其部门制定的规范性文件不合法，在对行政行为提起诉讼时，可以一并请求对该规范性文件进行审查。

前款规定的规范性文件不含规章。

第七章 审理和判决

第一节 一般规定

第五十四条 人民法院公开审理行政案件，但涉及国家秘密、个人隐私和法律另有规定的除外。

涉及商业秘密的案件，当事人申请不公开审理的，可以不公开审理。

第五十五条 当事人认为审判人员与本案有利害关系或者有其他关系可能影响公正审判，有权申请审判人员回避。

审判人员认为自己与本案有利害关系或者有其他关系，应当申请回避。

前两款规定，适用于书记员、翻译人员、鉴定人、勘验人。

院长担任审判长时的回避，由审判委员会决定；审判人员的回避，由院长决定；其他人员的回避，由审判长决定。当事人对决定不服的，可以申请复议一次。

第五十六条 诉讼期间，不停止行政行为的执行。但有下列情形之一的，裁定停止执行：

（一）被告认为需要停止执行的；

（二）原告或者利害关系人申请停止执行，人民法院认为该行政行为的执行会造成难以弥补的损失，并且停止执行不损害国家利益、社会公共利益的；

（三）人民法院认为该行政行为的执行会给国家利益、社会公共利益造成重大损害的；

（四）法律、法规规定停止执行的。

当事人对停止执行或者不停止执行的裁定不服的，可以申请复议一次。

第五十七条 人民法院对起诉行政机关没有依法支付抚恤金、最低生活保障金和工伤、医疗社会保险金的案件，权利义务关系明确、不先予执行将严重影响原告生活的，可以根据原告的申请，裁定先予执行。

当事人对先予执行裁定不服的，可以申请复议一次。复议期间不停止裁定的执行。

第五十八条 经人民法院传票传唤，原告无正当理由拒不到庭，或者未经法庭许可中途退庭的，可以按照撤诉处理；被告无正当理由拒不到庭，或者未经法庭许可中途退庭的，可以缺席判决。

第五十九条 诉讼参与人或者其他人有下列行为之一的，人民法院可以根据情节轻重，予以训诫、责令具结悔过或者处一万元以下的罚款、十五日以下的拘留；构成犯罪的，依法追究刑事责任：

（一）有义务协助调查、执行的人，对人民法院的协助调查决定、协助执行通知书，无故推拖、拒绝或者妨碍调查、执行的；

（二）伪造、隐藏、毁灭证据或者提供虚假证明材料，妨碍人民法院审理案件的；

（三）指使、贿买、胁迫他人作伪证或者威胁、阻止证人做证的；

（四）隐藏、转移、变卖、毁损已被查封、扣押、冻结的财产的；

（五）以欺骗、胁迫等非法手段使原告撤诉的；

（六）以暴力、威胁或者其他方法阻碍人民法院工作人员执行职务，或者以哄闹、冲击法庭等方法扰乱人民法院工作秩序的；

（七）对人民法院审判人员或者其他工作人员、诉讼参与人、协助调查和执行的人员恐吓、侮辱、诽谤、诬陷、殴打、围攻或者打击报复的。

人民法院对有前款规定的行为之一的单位，可以对其主要负责人或者直接责任人员依照前款规定予以罚款、拘留；构成犯罪的，依法追究刑事责任。

罚款、拘留须经人民法院院长批准。当事人不服的，可以向上一级人民法院申请复议一次。复议期间不停止执行。

第六十条 人民法院审理行政案件，不适用调解。但是，行政赔偿、补偿以及行政机关行使法律、法规规定的自由裁量权的案件可以调解。

调解应当遵循自愿、合法原则，不得损害国家利益、社会公共利益和他人合法权益。

第六十一条 在涉及行政许可、登记、征收、征用和行政机关对民事争议所作的裁决的行政诉讼中，当事人申请一并解决相关民事争议的，人民法院可以一并审理。

在行政诉讼中，人民法院认为行政案件的审理需以民事诉讼的裁判为依据的，可以裁定中止行政诉讼。

第六十二条 人民法院对行政案件宣告判决或者裁定前，原告申请撤诉的，或者被告改变其所作的行政行为，原告同意并申请撤诉的，是否准许，由人民法院裁定。

第六十三条 人民法院审理行政案件，以法律和行政法规、地方性法规为依据。地方性法规适用于本行政区域内发生的行政案件。

人民法院审理民族自治地方的行政案件，并以该民族自治地方的自治条例和单行条例为依据。

人民法院审理行政案件，参照规章。

第六十四条 人民法院在审理行政案件中，经审查认为本法第五十三条规定的规范性文件不合法的，不作为认定行政行为合法的依据，并向制定机关提出处理建议。

第六十五条 人民法院应当公开发生法律效力的判决书、裁定书，供公众查阅，但涉及国家秘密、商业秘密和个人隐私的内容除外。

第六十六条 人民法院在审理行政案件中，认为行政机关的主管人员、直接责任人员违法违纪的，应当将有关材料移送监察机关、该行政机关或者其上一级行政机关；认为有犯罪行为的，应当将有关材料移送公安、检察机关。

人民法院对被告经传票传唤无正当理由拒不到庭，或者未经法庭许可中途退庭的，可以将被告拒不到庭或者中途退庭的情况予以公告，并可以向监察机关或者被告的上一级行政机关提出依法给予其主要负责人或者直接责任人员处分的司法建议。

第二节 第一审普通程序

第六十七条 人民法院应当在立案之日起五日内，将起诉状副本发送被告。被告应当在收到起诉状副本之日起十五日内向人民法院提交作出行政行为的证据和所依据的规范性文件，并提出答辩状。人民法院应当在收到答辩状之日起五日内，将答辩状副本发送原告。

被告不提出答辩状的，不影响人民法院审理。

第六十八条 人民法院审理行政案件，由审判员组成合议庭，或者由审判员、陪审员组成合议庭。合议庭的成员，应当是三人以上的单数。

第六十九条 行政行为证据确凿，适用法律、法规正确，符合法定程序的，或者原告申请被告履行法定职责或者给付义务理由不成立的，人民法院判决驳回原告的诉讼请求。

第七十条 行政行为有下列情形之一的，人民法院判决撤销或者部分撤销，并可以判决被告重新作出行政行为：

（一）主要证据不足的；

（二）适用法律、法规错误的；

（三）违反法定程序的；

（四）超越职权的；

（五）滥用职权的；

（六）明显不当的。

第七十一条 人民法院判决被告重新作出行政行为的，被告不得以同一的事实和理由作出与原行政行为基本相同的行政行为。

第七十二条 人民法院经过审理，查明被告不履行法定职责的，判决被告在一定期限内履行。

第七十三条 人民法院经过审理，查明被告依法负有给付义务的，判决被告履行给付义务。

第七十四条 行政行为有下列情形之一的，人民法院判决确认违法，但不撤销行政行为：

（一）行政行为依法应当撤销，但撤销会给国家利益、社会公共利益造成重大损害的；

（二）行政行为程序轻微违法，但对原告权利不产生实际影响的。

行政行为有下列情形之一，不需要撤销或者判决履行的，人民法院判决确认违法：

（一）行政行为违法，但不具有可撤销内容的；

（二）被告改变原违法行政行为，原告仍要求确认原行政行为违法的；

（三）被告不履行或者拖延履行法定职责，判决履行没有意义的。

第七十五条 行政行为有实施主体不具有行政主体资格或者没有依据等重大且明显违法情形，原告申请确认行政行为无效的，人民法院判决确认无效。

第七十六条 人民法院判决确认违法或者无效的，可以同时判决责令被告采取补救措施；给原告造成损失的，依法判决被告承担赔偿责任。

第七十七条 行政处罚明显不当，或者其他行政行为涉及对款额的确定、认定确有错误的，人民法院可以判决变更。

人民法院判决变更，不得加重原告的义务或者减损原告的权益。但利害关系人同为原告，且诉讼请求相反的除外。

第七十八条 被告不依法履行、未按照约定履行或者违法变更、解除本法第十二条第一款第十一项规定的协议的，人民法院判决被告承担继续履行、采取补救措施或者赔偿损失等责任。

被告变更、解除本法第十二条第一款第十一项规定的协议合法，但未依法给予补偿的，人民法院判决给予补偿。

第七十九条 复议机关与作出原行政行为的行政机关为共同被告的案件，人民法院应当对复议决定和原行政行为一并作出裁判。

第八十条 人民法院对公开审理和不公开审理的案件，一律公开宣告判决。

当庭宣判的，应当在十日内发送判决书；定期宣判的，宣判后立即发给判决书。

宣告判决时，必须告知当事人上诉权利、上诉期限和上诉的人民法院。

第八十一条 人民法院应当在立案之日起六个月内作出第一审判决。有特殊情况需要延长的，由高级人民法院批准，高级人民法院审理第一审案件需要延长的，由最高人民法院批准。

第三节 简易程序

第八十二条 人民法院审理下列第一审行政案件，认为事实清楚、权利义务关系明确、争议不大的，可以适用简易程序：

（一）被诉行政行为是依法当场作出的；

（二）案件涉及款额二千元以下的；

（三）属于政府信息公开案件的。

除前款规定以外的第一审行政案件，当事人各方同意适用简易程序的，可以适用简易程序。

发回重审、按照审判监督程序再审的案件不适用简易程序。

第八十三条 适用简易程序审理的行政案件，由审判员一人独任审理，并应当在立案之日起四十五日内审结。

第八十四条 人民法院在审理过程中，发现案件不宜适用简易程序的，裁定转为普通程序。

第四节 第二审程序

第八十五条 当事人不服人民法院第一审判决的，有权在判决书送达之日起十五日内向上一级人民法院提起上诉。当事人不服人民法院第一审裁定的，有权在裁定书送达之日起十日内向上一级人民法院提起上诉。逾期不提起上诉的，人民法院的第一审判决或者裁定发生法律效力。

第八十六条 人民法院对上诉案件，应当组成合议庭，开庭审理。经过阅卷、调查和询问当事人，对没有提出新的事实、证据或者理由，合议庭认为不需要开庭审理的，也可以不开庭审理。

第八十七条 人民法院审理上诉案件，应当对原审人民法院的判决、裁定和被诉行政行为进行全面审查。

第八十八条 人民法院审理上诉案件，应当在收到上诉状之日起三个月内作出终审判决。有特殊情况需要延长的，由高级人民法院批准，高级人民法院审理上诉案件需要延长的，由最高人民法院批准。

第八十九条 人民法院审理上诉案件，按照下列情形，分别处理：

（一）原判决、裁定认定事实清楚，适用法律、法规正确的，判决或者裁定驳回上诉，维持原判决、裁定；

（二）原判决、裁定认定事实错误或者适用法律、法规错误的，依法改判、撤销或者变更；

（三）原判决认定基本事实不清、证据不足的，发回原审人民法院重审，或者查清事实后改判；

（四）原判决遗漏当事人或者违法缺席判决等严重违反法定程序的，裁定撤销原判决，发回原审人民法院重审。

原审人民法院对发回重审的案件作出判决后，当事人提起上诉的，第二审人民法院不得再次发回重审。

人民法院审理上诉案件，需要改变原审判决的，应当同时对被诉行政行为作出判决。

第五节 审判监督程序

第九十条 当事人对已经发生法律效力的判决、裁定，认为确有错误的，可以向上一级人民法院申请再审，但判决、裁定不停止执行。

第九十一条 当事人的申请符合下列情形之一的，人民法院应当再审：

（一）不予立案或者驳回起诉确有错误的；

（二）有新的证据，足以推翻原判决、裁定的；

（三）原判决、裁定认定事实的主要证据不足、未经质证或者系伪造的；

（四）原判决、裁定适用法律、法规确有错误的；

（五）违反法律规定的诉讼程序，可能影响公正审判的；

（六）原判决、裁定遗漏诉讼请求的；

（七）据以作出原判决、裁定的法律文书被撤销或者变更的；

（八）审判人员在审理该案件时有贪污受贿、徇私舞弊、枉法裁判行为的。

第九十二条 各级人民法院院长对本院已经发生法律效力的判决、裁定，发现有本法第九十一条规定情形之一，或者发现调解违反自愿原则或者调解书内容违法，认为需要再审的，应当提交审判委员会讨论决定。

最高人民法院对地方各级人民法院已经发生法律效力的判决、裁定，上级人民法院对下级人民法院已经发生法律效力的判决、裁定，发现有本法第九十一条规定情形之一，或者发现调解违反自愿原则或者调解书内容违法的，有权提审或者指令下级人民法院再审。

第九十三条 最高人民检察院对各级人民法院已经发生法律效力的判决、裁定，上级人民检察院对下级人民法院已经发生法律效力的判决、裁定，发现有本法第九十一条规定情形之一，或者发现调解书损害国家利益、社会公共利益的，应当提出抗诉。

地方各级人民检察院对同级人民法院已经发生法律效力的判决、裁定，发现有本法第九十一条规定情形之一，或者发现调解书损害国家利益、社会公共利益的，可以向同级人民法院提出检察建议，并报上级人民检察院备案；也可以提请上级人民检察院向同级人民法院提出抗诉。

各级人民检察院对审判监督程序以外的其他审判程序中审判人员的违法行为，有权向同级人民法院提出检察建议。

第八章 执 行

第九十四条 当事人必须履行人民法院发生法律效力的判决、裁定、调解书。

第九十五条 公民、法人或者其他组织拒绝履行判决、裁定、调解书的，行政机关或者第三人可以向第一审人民法院申请强制执行，或者由行政机关依法强制执行。

第九十六条 行政机关拒绝履行判决、裁定、调解书的，第一审人民法院可以采取下列措施：

（一）对应当归还的罚款或者应当给付的款额，通知银行从该行政机关的账户内划拨；

（二）在规定期限内不履行的，从期满之日起，对该行政机关负责人按日处五十元至一百元的罚款；

（三）将行政机关拒绝履行的情况予以公告；

（四）向监察机关或者该行政机关的上一级行政机关提出司法建议。接受司法建议的机关，根据有关规定进行处理，并将处理情况告知人民法院；

（五）拒不履行判决、裁定、调解书，社会影响恶劣的，可以对该行政机关直接负责的主管人员和其他直接责任人员予以拘留；情节严重，构成犯罪的，依法追究刑事责任。

第九十七条 公民、法人或者其他组织对行政行为在法定期限内不提起诉讼又不履行的，行政机关可以申请人民法院强制执行，或者依法强制执行。

第九章 涉外行政诉讼

第九十八条 外国人、无国籍人、外国组织在中华人民共和国进行行政诉讼，适用本法。法律另有规定的除外。

第九十九条 外国人、无国籍人、外国组织在中华人民共和国进行行政诉讼，同中华人民共和国公民、组织有同等的诉讼权利和义务。

外国法院对中华人民共和国公民、组织的行政诉讼权利加以限制的，人民法院对该国公民、组织的行政诉讼权利，实行对等原则。

第一百条 外国人、无国籍人、外国组织在中华人民共和国进行行政诉讼，委托律师代理诉讼的，应当委托中华人民共和国律师机构的律师。

第十章 附 则

第一百零一条 人民法院审理行政案件，关于期间、送达、财产保全、开庭审理、调解、中止诉讼、终结诉讼、简易程序、执行等，以及人民检察院对行政案件受理、审理、裁判、执行的监督，本法没有规定的，适用《中华人民共和国民事诉讼法》的相关规定。

第一百零二条 人民法院审理行政案件，应当收取诉讼费用。诉讼费用由败诉方承担，双方都有责任的由双方分担。收取诉讼费用的具体办法另行规定。

第一百零三条 本法自 1990 年 10 月 1 日起施行。

二十、中华人民共和国国家赔偿法

（1994年5月12日第八届全国人民代表大会常务委员会第七次会议通过　根据2010年4月29日第十一届全国人民代表大会常务委员会第十四次会议《关于修改〈中华人民共和国国家赔偿法〉的决定》第一次修正　根据2012年10月26日第十一届全国人民代表大会常务委员会第二十九次会议《关于修改〈中华人民共和国国家赔偿法〉的决定》第二次修正）

第一章　总　　则

第一条　为保障公民、法人和其他组织享有依法取得国家赔偿的权利，促进国家机关依法行使职权，根据宪法，制定本法。

第二条　国家机关和国家机关工作人员行使职权，有本法规定的侵犯公民、法人和其他组织合法权益的情形，造成损害的，受害人有依照本法取得国家赔偿的权利。

本法规定的赔偿义务机关，应当依照本法及时履行赔偿义务。

第二章　行政赔偿

第一节　赔偿范围

第三条　行政机关及其工作人员在行使行政职权时有下列侵犯人身权情形之一的，受害人有取得赔偿的权利：

（一）违法拘留或者违法采取限制公民人身自由的行政强制措施的；

（二）非法拘禁或者以其他方法非法剥夺公民人身自由的；

（三）以殴打、虐待等行为或者唆使、放纵他人以殴打、虐待等行为造成公民身体伤害或者死亡的；

（四）违法使用武器、警械造成公民身体伤害或者死亡的；

（五）造成公民身体伤害或者死亡的其他违法行为。

第四条　行政机关及其工作人员在行使行政职权时有下列侵犯财产权情形之一的，受害人有取得赔偿的权利：

（一）违法实施罚款、吊销许可证和执照、责令停产停业、没收财物等行政处罚的；

（二）违法对财产采取查封、扣押、冻结等行政强制措施的；

（三）违法征收、征用财产的；

（四）造成财产损害的其他违法行为。

第五条　属于下列情形之一的，国家不承担赔偿责任：

（一）行政机关工作人员与行使职权无关的个人行为；

（二）因公民、法人和其他组织自己的行为致使损害发生的；

（三）法律规定的其他情形。

第二节　赔偿请求人和赔偿义务机关

第六条　受害的公民、法人和其他组织有权要求赔偿。

受害的公民死亡，其继承人和其他有扶养关系的亲属有权要求赔偿。

受害的法人或者其他组织终止的，其权利承受人有权要求赔偿。

第七条　行政机关及其工作人员行使行政职权侵犯公民、法人和其他组织的合法权益造成损害的，该行政机关为赔偿义务机关。

两个以上行政机关共同行使行政职权时侵犯公民、法人和其他组织的合法权益造成损害的，共同行使行政职权的行政机关为共同赔偿义务机关。

法律、法规授权的组织在行使授予的行政权力时侵犯公民、法人和其他组织的合法权益造成损害的，被授权的组织为赔偿义务机关。

受行政机关委托的组织或者个人在行使受委托的行政权力时侵犯公民、法人和其他组织的合法权益造成损害的，委托的行政机关为赔偿义务机关。

赔偿义务机关被撤销的，继续行使其职权的行政机关为赔偿义务机关；没有继续行使其职权的行政机关的，撤销该赔偿义务机关的行政机关为赔偿义务机关。

第八条 经复议机关复议的，最初造成侵权行为的行政机关为赔偿义务机关，但复议机关的复议决定加重损害的，复议机关对加重的部分履行赔偿义务。

第三节 赔偿程序

第九条 赔偿义务机关有本法第三条、第四条规定情形之一的，应当给予赔偿。

赔偿请求人要求赔偿，应当先向赔偿义务机关提出，也可以在申请行政复议或者提起行政诉讼时一并提出。

第十条 赔偿请求人可以向共同赔偿义务机关中的任何一个赔偿义务机关要求赔偿，该赔偿义务机关应当先予赔偿。

第十一条 赔偿请求人根据受到的不同损害，可以同时提出数项赔偿要求。

第十二条 要求赔偿应当递交申请书，申请书应当载明下列事项：

（一）受害人的姓名、性别、年龄、工作单位和住所，法人或者其他组织的名称、住所和法定代表人或者主要负责人的姓名、职务；

（二）具体的要求、事实根据和理由；

（三）申请的年、月、日。

赔偿请求人书写申请书确有困难的，可以委托他人代书；也可以口头申请，由赔偿义务机关记入笔录。

赔偿请求人不是受害人本人的，应当说明与受害人的关系，并提供相应证明。

赔偿请求人当面递交申请书的，赔偿义务机关应当当场出具加盖本行政机关专用印章并注明收讫日期的书面凭证。申请材料不齐全的，赔偿义务机关应当当场或者在五日内一次性告知赔偿请求人需要补正的全部内容。

第十三条 赔偿义务机关应当自收到申请之日起两个月内，作出是否赔偿的决定，赔偿义务机关作出赔偿决定，应当充分听取赔偿请求人的意见，并可以与赔偿请求人就赔偿方式、赔偿项目和赔偿数额依照本法第四章的规定进行协商。

赔偿义务机关决定赔偿的，应当制作赔偿决定书，并自作出决定之日起十日内送达赔偿请求人。

赔偿义务机关决定不予赔偿的，应当自作出决定之日起十日内书面通知赔偿请求人，并说明不予赔偿的理由。

第十四条 赔偿义务机关在规定期限内未作出是否赔偿的决定，赔偿请求人可以自期限届满之日起三个月内，向人民法院提起诉讼。

赔偿请求人对赔偿的方式、项目、数额有异议的，或者赔偿义务机关作出不予赔偿决定的，赔偿请求人可以自赔偿义务机关作出赔偿或者不予赔偿决定之日起三个月内，向人民法院提起诉讼。

第十五条 人民法院审理行政赔偿案件，赔偿请求人和赔偿义务机关对自己提出的主张，应当提供证据。

赔偿义务机关采取行政拘留或者限制人身自由的强制措施期间，被限制人身自由的人死亡或者丧失行为能力的，赔偿义务机关的行为与被限制人身自由的人的死亡或者丧失行为能力是否存在因果关系，赔偿义务机关应当提供证据。

第十六条 赔偿义务机关赔偿损失后，应当责令有故意或者重大过失的工作人员或者受委托的组织或者个人承担部分或者全部赔偿费用。

对有故意或者重大过失的责任人员，有关机关应当依法给予处分；构成犯罪的，应当依法追究刑事责任。

第三章 刑事赔偿

第一节 赔偿范围

第十七条 行使侦查、检察、审判职权的机关以及看守所、监狱管理机关及其工作人员在行使职权时有下列侵犯人身权情形之一的，受害人有取得赔偿的权利：

（一）违反刑事诉讼法的规定对公民采取拘留措施的，或者依照刑事诉讼法规定的条件和程序对公民采取拘留措施，但是拘留时间超过刑事诉讼法规定的时限，其后决定撤销案件、不起诉或者判决宣告无罪终止追究刑事责任的；

（二）对公民采取逮捕措施后，决定撤销案件、不起诉或者判决宣告无罪终止追究刑事责任的；

（三）依照审判监督程序再审改判无罪，原判刑罚已经执行的；

（四）刑讯逼供或者以殴打、虐待等行为或者唆使、放纵他人以殴打、虐待等行为造成公民身体伤害或者死亡的；

（五）违法使用武器、警械造成公民身体伤害或者死亡的。

第十八条　行使侦查、检察、审判职权的机关以及看守所、监狱管理机关及其工作人员在行使职权时有下列侵犯财产权情形之一的，受害人有取得赔偿的权利：

（一）违法对财产采取查封、扣押、冻结、追缴等措施的；

（二）依照审判监督程序再审改判无罪，原判罚金、没收财产已经执行的。

第十九条　属于下列情形之一的，国家不承担赔偿责任：

（一）因公民自己故意作虚伪供述，或者伪造其他有罪证据被羁押或者被判处刑罚的；

（二）依照刑法第十七条、第十八条规定不负刑事责任的人被羁押的；

（三）依照刑事诉讼法第十五条、第一百七十三条第二款、第二百七十三条第二款、第二百七十九条规定不追究刑事责任的人被羁押的；

（四）行使侦查、检察、审判职权的机关以及看守所、监狱管理机关的工作人员与行使职权无关的个人行为；

（五）因公民自伤、自残等故意行为致使损害发生的；

（六）法律规定的其他情形。

第二节　赔偿请求人和赔偿义务机关

第二十条　赔偿请求人的确定依照本法第六条的规定。

第二十一条　行使侦查、检察、审判职权的机关以及看守所、监狱管理机关及其工作人员在行使职权时侵犯公民、法人和其他组织的合法权益造成损害的，该机关为赔偿义务机关。

对公民采取拘留措施，依照本法的规定应当给予国家赔偿的，作出拘留决定的机关为赔偿义务机关。

对公民采取逮捕措施后决定撤销案件、不起诉或者判决宣告无罪的，作出逮捕决定的机关为赔偿义务机关。

再审改判无罪的，作出原生效判决的人民法院为赔偿义务机关。二审改判无罪，以及二审发回重审后作无罪处理的，作出一审有罪判决的人民法院为赔偿义务机关。

第三节　赔偿程序

第二十二条　赔偿义务机关有本法第十七条、第十八条规定情形之一的，应当给予赔偿。

赔偿请求人要求赔偿，应当先向赔偿义务机关提出。

赔偿请求人提出赔偿请求，适用本法第十一条、第十二条的规定。

第二十三条　赔偿义务机关应当自收到申请之日起两个月内，作出是否赔偿的决定。赔偿义务机关作出赔偿决定，应当充分听取赔偿请求人的意见，并可以与赔偿请求人就赔偿方式、赔偿项目和赔偿数额依照本法第四章的规定进行协商。

赔偿义务机关决定赔偿的，应当制作赔偿决定书，并自作出决定之日起十日内送达赔偿请求人。

赔偿义务机关决定不予赔偿的，应当自作出决定之日起十日内书面通知赔偿请求人，并说明不予赔偿的理由。

第二十四条　赔偿义务机关在规定期限内未作出是否赔偿的决定，赔偿请求人可以自期限届满之日起三十日内向赔偿义务机关的上一级机关申请复议。

赔偿请求人对赔偿的方式、项目、数额有异议的，或者赔偿义务机关作出不予赔偿决定的，赔偿请求人可以自赔偿义务机关作出赔偿或者不予赔偿决定之日起三十日内，向赔偿义务机关的上一级机关申请复议。

赔偿义务机关是人民法院的，赔偿请求人可以依照本条规定向其上一级人民法院赔偿委员会申请作出赔偿决定。

第二十五条　复议机关应当自收到申请之日起两个月内作出决定。

赔偿请求人不服复议决定的，可以在收到复议决定之日起三十日内向复议机关所在地的同级人民法院赔偿委员会申请作出赔偿决定；复议机关逾期不作决定的，赔偿请求人可以自期限届满

之日起三十日内向复议机关所在地的同级人民法院赔偿委员会申请作出赔偿决定。

第二十六条 人民法院赔偿委员会处理赔偿请求，赔偿请求人和赔偿义务机关对自己提出的主张，应当提供证据。

被羁押人在羁押期间死亡或者丧失行为能力的，赔偿义务机关的行为与被羁押人的死亡或者丧失行为能力是否存在因果关系，赔偿义务机关应当提供证据。

第二十七条 人民法院赔偿委员会处理赔偿请求，采取书面审查的办法。必要时，可以向有关单位和人员调查情况、收集证据。赔偿请求人与赔偿义务机关对损害事实及因果关系有争议的，赔偿委员会可以听取赔偿请求人和赔偿义务机关的陈述和申辩，并可以进行质证。

第二十八条 人民法院赔偿委员会应当自收到赔偿申请之日起三个月内作出决定；属于疑难、复杂、重大案件的，经本院院长批准，可以延长三个月。

第二十九条 中级以上的人民法院设立赔偿委员会，由人民法院三名以上审判员组成，组成人员的人数应当为单数。

赔偿委员会作赔偿决定，实行少数服从多数的原则。

赔偿委员会作出的赔偿决定，是发生法律效力的决定，必须执行。

第三十条 赔偿请求人或者赔偿义务机关对赔偿委员会作出的决定，认为确有错误的，可以向上一级人民法院赔偿委员会提出申诉。

赔偿委员会作出的赔偿决定生效后，如发现赔偿决定违反本法规定的，经本院院长决定或者上级人民法院指令，赔偿委员会应当在两个月内重新审查并依法作出决定，上一级人民法院赔偿委员会也可以直接审查并作出决定。

最高人民检察院对各级人民法院赔偿委员会作出的决定，上级人民检察院对下级人民法院赔偿委员会作出的决定，发现违反本法规定的，应当向同级人民法院赔偿委员会提出意见，同级人民法院赔偿委员会应当在两个月内重新审查并依法作出决定。

第三十一条 赔偿义务机关赔偿后，应当向有下列情形之一的工作人员追偿部分或者全部赔偿费用：

（一）有本法第十七条第四项、第五项规定情形的；

（二）在处理案件中有贪污受贿，徇私舞弊，枉法裁判行为的。

对有前款规定情形的责任人员，有关机关应当依法给予处分；构成犯罪的，应当依法追究刑事责任。

第四章　赔偿方式和计算标准

第三十二条 国家赔偿以支付赔偿金为主要方式。

能够返还财产或者恢复原状的，予以返还财产或者恢复原状。

第三十三条 侵犯公民人身自由的，每日赔偿金按照国家上年度职工日平均工资计算。

第三十四条 侵犯公民生命健康权的，赔偿金按照下列规定计算：

（一）造成身体伤害的，应当支付医疗费、护理费，以及赔偿因误工减少的收入。减少的收入每日的赔偿金按照国家上年度职工日平均工资计算，最高额为国家上年度职工年平均工资的五倍；

（二）造成部分或者全部丧失劳动能力的，应当支付医疗费、护理费、残疾生活辅助具费、康复费等因残疾而增加的必要支出和继续治疗所必需的费用，以及残疾赔偿金。残疾赔偿金根据丧失劳动能力的程度，按照国家规定的伤残等级确定，最高不超过国家上年度职工年平均工资的二十倍。造成全部丧失劳动能力的，对其扶养的无劳动能力的人，还应当支付生活费；

（三）造成死亡的，应当支付死亡赔偿金、丧葬费，总额为国家上年度职工年平均工资的二十倍。对死者生前扶养的无劳动能力的人，还应当支付生活费。

前款第二项、第三项规定的生活费的发放标准，参照当地最低生活保障标准执行。被扶养的人是未成年人的，生活费给付至十八周岁止；其他无劳动能力的人，生活费给付至死亡时止。

第三十五条 有本法第三条或者第十七条规定情形之一，致人精神损害的，应当在侵权行为影响的范围内，为受害人消除影响，恢复名誉，赔礼道歉；造成严重后果的，应当支付相应的精神损害抚慰金。

第三十六条 侵犯公民、法人和其他组织的财产权造成损害的，按照下列规定处理：

（一）处罚款、罚金、追缴、没收财产或者违法征收、征用财产的，返还财产；

（二）查封、扣押、冻结财产的，解除对财产的查封、扣押、冻结，造成财产损坏或者灭失的，依照本条第三项、第四项的规定赔偿；

（三）应当返还的财产损坏的，能够恢复原状的恢复原状，不能恢复原状的，按照损害程度给付相应的赔偿金；

（四）应当返还的财产灭失的，给付相应的赔偿金；

（五）财产已经拍卖或者变卖的，给付拍卖或者变卖所得的价款；变卖的价款明显低于财产价值的，应当支付相应的赔偿金；

（六）吊销许可证和执照、责令停产停业的，赔偿停产停业期间必要的经常性费用开支；

（七）返还执行的罚款或者罚金、追缴或者没收的金钱，解除冻结的存款或者汇款的，应当支付银行同期存款利息；

（八）对财产权造成其他损害的，按照直接损失给予赔偿。

第三十七条 赔偿费用列入各级财政预算。

赔偿请求人凭生效的判决书、复议决定书、赔偿决定书或者调解书，向赔偿义务机关申请支付赔偿金。

赔偿义务机关应当自收到支付赔偿金申请之日起七日内，依照预算管理权限向有关的财政部门提出支付申请，财政部门应当自收到支付申请之日起十五日内支付赔偿金。

赔偿费用预算与支付管理的具体办法由国务院规定。

第五章　其他规定

第三十八条 人民法院在民事诉讼、行政诉讼过程中，违法采取对妨害诉讼的强制措施、保全措施或者对判决、裁定及其他生效法律文书执行错误，造成损害的，赔偿请求人要求赔偿的程序，适用本法刑事赔偿程序的规定。

第三十九条 赔偿请求人请求国家赔偿的时效为两年，自其知道或者应当知道国家机关及其工作人员行使职权时的行为侵犯其人身权、财产权之日起计算，但被羁押等限制人身自由期间不计算在内。在申请行政复议或者提起行政诉讼时一并提出赔偿请求的，适用行政复议法、行政诉讼法有关时效的规定。

赔偿请求人在赔偿请求时效的最后六个月内，因不可抗力或者其他障碍不能行使请求权的，时效中止。从中止时效的原因消除之日起，赔偿请求时效期间继续计算。

第四十条 外国人、外国企业和组织在中华人民共和国领域内要求中华人民共和国国家赔偿的，适用本法。

外国人、外国企业和组织的所属国对中华人民共和国公民、法人和其他组织要求该国国家赔偿的权利不予保护或者限制的，中华人民共和国与该外国人、外国企业和组织的所属国实行对等原则。

第六章　附　　则

第四十一条 赔偿请求人要求国家赔偿的，赔偿义务机关、复议机关和人民法院不得向赔偿请求人收取任何费用。

对赔偿请求人取得的赔偿金不予征税。

第四十二条 本法自1995年1月1日起施行。

二十一、中华人民共和国立法法

（2000 年 3 月 15 日第九届全国人民代表大会第三次会议通过　根据 2015 年 3 月 15 日第十二届全国人民代表大会第三次会议《关于修改〈中华人民共和国立法法〉的决定》第一次修正　根据 2023 年 3 月 13 日第十四届全国人民代表大会第一次会议《关于修改〈中华人民共和国立法法〉的决定》第二次修正）

第一章　总　　则

第一条　为了规范立法活动，健全国家立法制度，提高立法质量，完善中国特色社会主义法律体系，发挥立法的引领和推动作用，保障和发展社会主义民主，全面推进依法治国，建设社会主义法治国家，根据宪法，制定本法。

第二条　法律、行政法规、地方性法规、自治条例和单行条例的制定、修改和废止，适用本法。

国务院部门规章和地方政府规章的制定、修改和废止，依照本法的有关规定执行。

第三条　立法应当坚持中国共产党的领导，坚持以马克思列宁主义、毛泽东思想、邓小平理论、“三个代表”重要思想、科学发展观、习近平新时代中国特色社会主义思想为指导，推进中国特色社会主义法治体系建设，保障在法治轨道上全面建设社会主义现代化国家。

第四条　立法应当坚持以经济建设为中心，坚持改革开放，贯彻新发展理念，保障以中国式现代化全面推进中华民族伟大复兴。

第五条　立法应当符合宪法的规定、原则和精神，依照法定的权限和程序，从国家整体利益出发，维护社会主义法制的统一、尊严、权威。

第六条　立法应当坚持和发展全过程人民民主，尊重和保障人权，保障和促进社会公平正义。

立法应当体现人民的意志，发扬社会主义民主，坚持立法公开，保障人民通过多种途径参与立法活动。

第七条　立法应当从实际出发，适应经济社会发展和全面深化改革的要求，科学合理地规定公民、法人和其他组织的权利与义务、国家机关的权力与责任。

法律规范应当明确、具体，具有针对性和可执行性。

第八条　立法应当倡导和弘扬社会主义核心价值观，坚持依法治国和以德治国相结合，铸牢中华民族共同体意识，推动社会主义精神文明建设。

第九条　立法应当适应改革需要，坚持在法治下推进改革和在改革中完善法治相统一，引导、推动、规范、保障相关改革，发挥法治在国家治理体系和治理能力现代化中的重要作用。

第二章　法　　律

第一节　立法权限

第十条　全国人民代表大会和全国人民代表大会常务委员会根据宪法规定行使国家立法权。

全国人民代表大会制定和修改刑事、民事、国家机构的和其他的基本法律。

全国人民代表大会常务委员会制定和修改除应当由全国人民代表大会制定的法律以外的其他法律；在全国人民代表大会闭会期间，对全国人民代表大会制定的法律进行部分补充和修改，但是不得同该法律的基本原则相抵触。

全国人民代表大会可以授权全国人民代表大

会常务委员会制定相关法律。

第十一条 下列事项只能制定法律：

（一）国家主权的事项；

（二）各级人民代表大会、人民政府、监察委员会、人民法院和人民检察院的产生、组织和职权；

（三）民族区域自治制度、特别行政区制度、基层群众自治制度；

（四）犯罪和刑罚；

（五）对公民政治权利的剥夺、限制人身自由的强制措施和处罚；

（六）税种的设立、税率的确定和税收征收管理等税收基本制度；

（七）对非国有财产的征收、征用；

（八）民事基本制度；

（九）基本经济制度以及财政、海关、金融和外贸的基本制度；

（十）诉讼制度和仲裁基本制度；

（十一）必须由全国人民代表大会及其常务委员会制定法律的其他事项。

第十二条 本法第十一条规定的事项尚未制定法律的，全国人民代表大会及其常务委员会有权作出决定，授权国务院可以根据实际需要，对其中的部分事项先制定行政法规，但是有关犯罪和刑罚、对公民政治权利的剥夺和限制人身自由的强制措施和处罚、司法制度等事项除外。

第十三条 授权决定应当明确授权的目的、事项、范围、期限以及被授权机关实施授权决定应当遵循的原则等。

授权的期限不得超过五年，但是授权决定另有规定的除外。

被授权机关应当在授权期限届满的六个月以前，向授权机关报告授权决定实施的情况，并提出是否需要制定有关法律的意见；需要继续授权的，可以提出相关意见，由全国人民代表大会及其常务委员会决定。

第十四条 授权立法事项，经过实践检验，制定法律的条件成熟时，由全国人民代表大会及其常务委员会及时制定法律。法律制定后，相应立法事项的授权终止。

第十五条 被授权机关应当严格按照授权决定行使被授予的权力。

被授权机关不得将被授予的权力转授给其他机关。

第十六条 全国人民代表大会及其常务委员会可以根据改革发展的需要，决定就特定事项授权在规定期限和范围内暂时调整或者暂时停止适用法律的部分规定。

暂时调整或者暂时停止适用法律的部分规定的事项，实践证明可行的，由全国人民代表大会及其常务委员会及时修改有关法律；修改法律的条件尚不成熟的，可以延长授权的期限，或者恢复施行有关法律规定。

第二节 全国人民代表大会立法程序

第十七条 全国人民代表大会主席团可以向全国人民代表大会提出法律案，由全国人民代表大会会议审议。

全国人民代表大会常务委员会、国务院、中央军事委员会、国家监察委员会、最高人民法院、最高人民检察院、全国人民代表大会各专门委员会，可以向全国人民代表大会提出法律案，由主席团决定列入会议议程。

第十八条 一个代表团或者三十名以上的代表联名，可以向全国人民代表大会提出法律案，由主席团决定是否列入会议议程，或者先交有关的专门委员会审议、提出是否列入会议议程的意见，再决定是否列入会议议程。

专门委员会审议的时候，可以邀请提案人列席会议，发表意见。

第十九条 向全国人民代表大会提出的法律案，在全国人民代表大会闭会期间，可以先向常务委员会提出，经常务委员会会议依照本法第二章第三节规定的有关程序审议后，决定提请全国人民代表大会审议，由常务委员会向大会全体会议作说明，或者由提案人向大会全体会议作说明。

常务委员会依照前款规定审议法律案，应当通过多种形式征求全国人民代表大会代表的意见，并将有关情况予以反馈；专门委员会和常务委员会工作机构进行立法调研，可以邀请有关的全国人民代表大会代表参加。

第二十条 常务委员会决定提请全国人民代表大会会议审议的法律案，应当在会议举行的一个月前将法律草案发给代表，并可以适时组织代表研读讨论，征求代表的意见。

第二十一条 列入全国人民代表大会会议议程的法律案，大会全体会议听取提案人的说明后，由各代表团进行审议。

各代表团审议法律案时，提案人应当派人听

取意见，回答询问。

各代表团审议法律案时，根据代表团的要求，有关机关、组织应当派人介绍情况。

第二十二条 列入全国人民代表大会会议议程的法律案，由有关的专门委员会进行审议，向主席团提出审议意见，并印发会议。

第二十三条 列入全国人民代表大会会议议程的法律案，由宪法和法律委员会根据各代表团和有关的专门委员会的审议意见，对法律案进行统一审议，向主席团提出审议结果报告和法律草案修改稿，对涉及的合宪性问题以及重要的不同意见应当在审议结果报告中予以说明，经主席团会议审议通过后，印发会议。

第二十四条 列入全国人民代表大会会议议程的法律案，必要时，主席团常务主席可以召开各代表团团长会议，就法律案中的重大问题听取各代表团的审议意见，进行讨论，并将讨论的情况和意见向主席团报告。

主席团常务主席也可以就法律案中的重大的专门性问题，召集代表团推选的有关代表进行讨论，并将讨论的情况和意见向主席团报告。

第二十五条 列入全国人民代表大会会议议程的法律案，在交付表决前，提案人要求撤回的，应当说明理由，经主席团同意，并向大会报告，对该法律案的审议即行终止。

第二十六条 法律案在审议中有重大问题需要进一步研究的，经主席团提出，由大会全体会议决定，可以授权常务委员会根据代表的意见进一步审议，作出决定，并将决定情况向全国人民代表大会下次会议报告；也可以授权常务委员会根据代表的意见进一步审议，提出修改方案，提请全国人民代表大会下次会议审议决定。

第二十七条 法律草案修改稿经各代表团审议，由宪法和法律委员会根据各代表团的审议意见进行修改，提出法律草案表决稿，由主席团提请大会全体会议表决，由全体代表的过半数通过。

第二十八条 全国人民代表大会通过的法律由国家主席签署主席令予以公布。

第三节 全国人民代表大会常务委员会立法程序

第二十九条 委员长会议可以向常务委员会提出法律案，由常务委员会会议审议。

国务院、中央军事委员会、国家监察委员会、最高人民法院、最高人民检察院、全国人民代表大会各专门委员会，可以向常务委员会提出法律案，由委员长会议决定列入常务委员会会议议程，或者先交有关的专门委员会审议、提出报告，再决定列入常务委员会会议议程。如果委员长会议认为法律案有重大问题需要进一步研究，可以建议提案人修改完善后再向常务委员会提出。

第三十条 常务委员会组成人员十人以上联名，可以向常务委员会提出法律案，由委员长会议决定是否列入常务委员会会议议程，或者先交有关的专门委员会审议、提出是否列入会议议程的意见，再决定是否列入常务委员会会议议程。不列入常务委员会会议议程的，应当向常务委员会会议报告或者向提案人说明。

专门委员会审议的时候，可以邀请提案人列席会议，发表意见。

第三十一条 列入常务委员会会议议程的法律案，除特殊情况外，应当在会议举行的七日前将法律草案发给常务委员会组成人员。

常务委员会会议审议法律案时，应当邀请有关的全国人民代表大会代表列席会议。

第三十二条 列入常务委员会会议议程的法律案，一般应当经三次常务委员会会议审议后再交付表决。

常务委员会会议第一次审议法律案，在全体会议上听取提案人的说明，由分组会议进行初步审议。

常务委员会会议第二次审议法律案，在全体会议上听取宪法和法律委员会关于法律草案修改情况和主要问题的汇报，由分组会议进一步审议。

常务委员会会议第三次审议法律案，在全体会议上听取宪法和法律委员会关于法律草案审议结果的报告，由分组会议对法律草案修改稿进行审议。

常务委员会审议法律案时，根据需要，可以召开联组会议或者全体会议，对法律草案中的主要问题进行讨论。

第三十三条 列入常务委员会会议议程的法律案，各方面的意见比较一致的，可以经两次常务委员会会议审议后交付表决；调整事项较为单一或者部分修改的法律案，各方面的意见比较一致，或者遇有紧急情形的，也可以经一次常务委员会会议审议即交付表决。

第三十四条 常务委员会分组会议审议法律案时，提案人应当派人听取意见，回答询问。

常务委员会分组会议审议法律案时，根据小

组的要求，有关机关、组织应当派人介绍情况。

第三十五条 列入常务委员会会议议程的法律案，由有关的专门委员会进行审议，提出审议意见，印发常务委员会会议。

有关的专门委员会审议法律案时，可以邀请其他专门委员会的成员列席会议，发表意见。

第三十六条 列入常务委员会会议议程的法律案，由宪法和法律委员会根据常务委员会组成人员、有关的专门委员会的审议意见和各方面提出的意见，对法律案进行统一审议，提出修改情况的汇报或者审议结果报告和法律草案修改稿，对涉及的合宪性问题以及重要的不同意见应当在修改情况的汇报或者审议结果报告中予以说明。对有关的专门委员会的审议意见没有采纳的，应当向有关的专门委员会反馈。

宪法和法律委员会审议法律案时，应当邀请有关的专门委员会的成员列席会议，发表意见。

第三十七条 专门委员会审议法律案时，应当召开全体会议审议，根据需要，可以要求有关机关、组织派有关负责人说明情况。

第三十八条 专门委员会之间对法律草案的重要问题意见不一致时，应当向委员长会议报告。

第三十九条 列入常务委员会会议议程的法律案，宪法和法律委员会、有关的专门委员会和常务委员会工作机构应当听取各方面的意见。听取意见可以采取座谈会、论证会、听证会等多种形式。

法律案有关问题专业性较强，需要进行可行性评价的，应当召开论证会，听取有关专家、部门和全国人民代表大会代表等方面的意见。论证情况应当向常务委员会报告。

法律案有关问题存在重大意见分歧或者涉及利益关系重大调整，需要进行听证的，应当召开听证会，听取有关基层和群体代表、部门、人民团体、专家、全国人民代表大会代表和社会有关方面的意见。听证情况应当向常务委员会报告。

常务委员会工作机构应当将法律草案发送相关领域的全国人民代表大会代表、地方人民代表大会常务委员会以及有关部门、组织和专家征求意见。

第四十条 列入常务委员会会议议程的法律案，应当在常务委员会会议后将法律草案及其起草、修改的说明等向社会公布，征求意见，但是经委员长会议决定不公布的除外。向社会公布征求意见的时间一般不少于三十日。征求意见的情况应当向社会通报。

第四十一条 列入常务委员会会议议程的法律案，常务委员会工作机构应当收集整理分组审议的意见和各方面提出的意见以及其他有关资料，分送宪法和法律委员会、有关的专门委员会，并根据需要，印发常务委员会会议。

第四十二条 拟提请常务委员会会议审议通过的法律案，在宪法和法律委员会提出审议结果报告前，常务委员会工作机构可以对法律草案中主要制度规范的可行性、法律出台时机、法律实施的社会效果和可能出现的问题等进行评估。评估情况由宪法和法律委员会在审议结果报告中予以说明。

第四十三条 列入常务委员会会议议程的法律案，在交付表决前，提案人要求撤回的，应当说明理由，经委员长会议同意，并向常务委员会报告，对该法律案的审议即行终止。

第四十四条 法律草案修改稿经常务委员会会议审议，由宪法和法律委员会根据常务委员会组成人员的审议意见进行修改，提出法律草案表决稿，由委员长会议提请常务委员会全体会议表决，由常务委员会全体组成人员的过半数通过。

法律草案表决稿交付常务委员会会议表决前，委员长会议根据常务委员会会议审议的情况，可以决定将个别意见分歧较大的重要条款提请常务委员会会议单独表决。

单独表决的条款经常务委员会会议表决后，委员长会议根据单独表决的情况，可以决定将法律草案表决稿交付表决，也可以决定暂不付表决，交宪法和法律委员会、有关的专门委员会进一步审议。

第四十五条 列入常务委员会会议审议的法律案，因各方面对制定该法律的必要性、可行性等重大问题存在较大意见分歧搁置审议满两年的，或者因暂不付表决经过两年没有再次列入常务委员会会议议程审议的，委员长会议可以决定终止审议，并向常务委员会报告；必要时，委员长会议也可以决定延期审议。

第四十六条 对多部法律中涉及同类事项的个别条款进行修改，一并提出法律案的，经委员长会议决定，可以合并表决，也可以分别表决。

第四十七条 常务委员会通过的法律由国家

主席签署主席令予以公布。

第四节　法律解释

第四十八条　法律解释权属于全国人民代表大会常务委员会。

法律有以下情况之一的，由全国人民代表大会常务委员会解释：

（一）法律的规定需要进一步明确具体含义的；

（二）法律制定后出现新的情况，需要明确适用法律依据的。

第四十九条　国务院、中央军事委员会、国家监察委员会、最高人民法院、最高人民检察院、全国人民代表大会各专门委员会，可以向全国人民代表大会常务委员会提出法律解释要求或者提出相关法律案。

省、自治区、直辖市的人民代表大会常务委员会可以向全国人民代表大会常务委员会提出法律解释要求。

第五十条　常务委员会工作机构研究拟订法律解释草案，由委员长会议决定列入常务委员会会议议程。

第五十一条　法律解释草案经常务委员会会议审议，由宪法和法律委员会根据常务委员会组成人员的审议意见进行审议、修改，提出法律解释草案表决稿。

第五十二条　法律解释草案表决稿由常务委员会全体组成人员的过半数通过，由常务委员会发布公告予以公布。

第五十三条　全国人民代表大会常务委员会的法律解释同法律具有同等效力。

第五节　其他规定

第五十四条　全国人民代表大会及其常务委员会加强对立法工作的组织协调，发挥在立法工作中的主导作用。

第五十五条　全国人民代表大会及其常务委员会坚持科学立法、民主立法、依法立法，通过制定、修改、废止、解释法律和编纂法典等多种形式，增强立法的系统性、整体性、协同性、时效性。

第五十六条　全国人民代表大会常务委员会通过立法规划和年度立法计划、专项立法计划等形式，加强对立法工作的统筹安排。编制立法规划和立法计划，应当认真研究代表议案和建议，广泛征集意见，科学论证评估，根据经济社会发展和民主法治建设的需要，按照加强重点领域、新兴领域、涉外领域立法的要求，确定立法项目。立法规划和立法计划由委员长会议通过并向社会公布。

全国人民代表大会常务委员会工作机构负责编制立法规划、拟订立法计划，并按照全国人民代表大会常务委员会的要求，督促立法规划和立法计划的落实。

第五十七条　全国人民代表大会有关的专门委员会、常务委员会工作机构应当提前参与有关方面的法律草案起草工作；综合性、全局性、基础性的重要法律草案，可以由有关的专门委员会或者常务委员会工作机构组织起草。

专业性较强的法律草案，可以吸收相关领域的专家参与起草工作，或者委托有关专家、教学科研单位、社会组织起草。

第五十八条　提出法律案，应当同时提出法律草案文本及其说明，并提供必要的参阅资料。修改法律的，还应当提交修改前后的对照文本。法律草案的说明应当包括制定或者修改法律的必要性、可行性和主要内容，涉及合宪性问题的相关意见以及起草过程中对重大分歧意见的协调处理情况。

第五十九条　向全国人民代表大会及其常务委员会提出的法律案，在列入会议议程前，提案人有权撤回。

第六十条　交付全国人民代表大会及其常务委员会全体会议表决未获得通过的法律案，如果提案人认为必须制定该法律，可以按照法律规定的程序重新提出，由主席团、委员长会议决定是否列入会议议程；其中，未获得全国人民代表大会通过的法律案，应当提请全国人民代表大会审议决定。

第六十一条　法律应当明确规定施行日期。

第六十二条　签署公布法律的主席令载明该法律的制定机关、通过和施行日期。

法律签署公布后，法律文本以及法律草案的说明、审议结果报告等，应当及时在全国人民代表大会常务委员会公报和中国人大网以及在全国范围内发行的报纸上刊载。

在常务委员会公报上刊登的法律文本为标准文本。

第六十三条　法律的修改和废止程序，适用本章的有关规定。

法律被修改的，应当公布新的法律文本。

法律被废止的，除由其他法律规定废止该法律的以外，由国家主席签署主席令予以公布。

第六十四条 法律草案与其他法律相关规定不一致的，提案人应当予以说明并提出处理意见，必要时应当同时提出修改或者废止其他法律相关规定的议案。

宪法和法律委员会、有关的专门委员会审议法律案时，认为需要修改或者废止其他法律相关规定的，应当提出处理意见。

第六十五条 法律根据内容需要，可以分编、章、节、条、款、项、目。

编、章、节、条的序号用中文数字依次表述，款不编序号，项的序号用中文数字加括号依次表述，目的序号用阿拉伯数字依次表述。

法律标题的题注应当载明制定机关、通过日期。经过修改的法律，应当依次载明修改机关、修改日期。

全国人民代表大会常务委员会工作机构编制立法技术规范。

第六十六条 法律规定明确要求有关国家机关对专门事项作出配套的具体规定的，有关国家机关应当自法律施行之日起一年内作出规定，法律对配套的具体规定制定期限另有规定的，从其规定。有关国家机关未能在期限内作出配套的具体规定的，应当向全国人民代表大会常务委员会说明情况。

第六十七条 全国人民代表大会有关的专门委员会、常务委员会工作机构可以组织对有关法律或者法律中有关规定进行立法后评估。评估情况应当向常务委员会报告。

第六十八条 全国人民代表大会及其常务委员会作出有关法律问题的决定，适用本法的有关规定。

第六十九条 全国人民代表大会常务委员会工作机构可以对有关具体问题的法律询问进行研究予以答复，并报常务委员会备案。

第七十条 全国人民代表大会常务委员会工作机构根据实际需要设立基层立法联系点，深入听取基层群众和有关方面对法律草案和立法工作的意见。

第七十一条 全国人民代表大会常务委员会工作机构加强立法宣传工作，通过多种形式发布立法信息、介绍情况、回应关切。

第三章 行政法规

第七十二条 国务院根据宪法和法律，制定行政法规。

行政法规可以就下列事项作出规定：

（一）为执行法律的规定需要制定行政法规的事项；

（二）宪法第八十九条规定的国务院行政管理职权的事项。

应当由全国人民代表大会及其常务委员会制定法律的事项，国务院根据全国人民代表大会及其常务委员会的授权决定先制定的行政法规，经过实践检验，制定法律的条件成熟时，国务院应当及时提请全国人民代表大会及其常务委员会制定法律。

第七十三条 国务院法制机构应当根据国家总体工作部署拟订国务院年度立法计划，报国务院审批。国务院年度立法计划中的法律项目应当与全国人民代表大会常务委员会的立法规划和立法计划相衔接。国务院法制机构应当及时跟踪了解国务院各部门落实立法计划的情况，加强组织协调和督促指导。

国务院有关部门认为需要制定行政法规的，应当向国务院报请立项。

第七十四条 行政法规由国务院有关部门或者国务院法制机构具体负责起草，重要行政管理的法律、行政法规草案由国务院法制机构组织起草。行政法规在起草过程中，应当广泛听取有关机关、组织、人民代表大会代表和社会公众的意见。听取意见可以采取座谈会、论证会、听证会等多种形式。

行政法规草案应当向社会公布，征求意见，但是经国务院决定不公布的除外。

第七十五条 行政法规起草工作完成后，起草单位应当将草案及其说明、各方面对草案主要问题的不同意见和其他有关资料送国务院法制机构进行审查。

国务院法制机构应当向国务院提出审查报告和草案修改稿，审查报告应当对草案主要问题作出说明。

第七十六条 行政法规的决定程序依照中华人民共和国国务院组织法的有关规定办理。

第七十七条 行政法规由总理签署国务院令

公布。

有关国防建设的行政法规，可以由国务院总理、中央军事委员会主席共同签署国务院、中央军事委员会令公布。

第七十八条 行政法规签署公布后，及时在国务院公报和中国政府法制信息网以及在全国范围内发行的报纸上刊载。

在国务院公报上刊登的行政法规文本为标准文本。

第七十九条 国务院可以根据改革发展的需要，决定就行政管理等领域的特定事项，在规定期限和范围内暂时调整或者暂时停止适用行政法规的部分规定。

第四章 地方性法规、自治条例和单行条例、规章

第一节 地方性法规、自治条例和单行条例

第八十条 省、自治区、直辖市的人民代表大会及其常务委员会根据本行政区域的具体情况和实际需要，在不同宪法、法律、行政法规相抵触的前提下，可以制定地方性法规。

第八十一条 设区的市的人民代表大会及其常务委员会根据本市的具体情况和实际需要，在不同宪法、法律、行政法规和本省、自治区的地方性法规相抵触的前提下，可以对城乡建设与管理、生态文明建设、历史文化保护、基层治理等方面的事项制定地方性法规，法律对设区的市制定地方性法规的事项另有规定的，从其规定。设区的市的地方性法规须报省、自治区的人民代表大会常务委员会批准后施行。省、自治区的人民代表大会常务委员会对报请批准的地方性法规，应当对其合法性进行审查，认为同宪法、法律、行政法规和本省、自治区的地方性法规不抵触的，应当在四个月内予以批准。

省、自治区的人民代表大会常务委员会在对报请批准的设区的市的地方性法规进行审查时，发现其同本省、自治区的人民政府的规章相抵触的，应当作出处理决定。

除省、自治区的人民政府所在地的市，经济特区所在地的市和国务院已经批准的较大的市以外，其他设区的市开始制定地方性法规的具体步骤和时间，由省、自治区的人民代表大会常务委员会综合考虑本省、自治区所辖的设区的市的人口数量、地域面积、经济社会发展情况以及立法需求、立法能力等因素确定，并报全国人民代表大会常务委员会和国务院备案。

自治州的人民代表大会及其常务委员会可以依照本条第一款规定行使设区的市制定地方性法规的职权。自治州开始制定地方性法规的具体步骤和时间，依照前款规定确定。

省、自治区的人民政府所在地的市，经济特区所在地的市和国务院已经批准的较大的市已经制定的地方性法规，涉及本条第一款规定事项范围以外的，继续有效。

第八十二条 地方性法规可以就下列事项作出规定：

（一）为执行法律、行政法规的规定，需要根据本行政区域的实际情况作具体规定的事项；

（二）属于地方性事务需要制定地方性法规的事项。

除本法第十一条规定的事项外，其他事项国家尚未制定法律或者行政法规的，省、自治区、直辖市和设区的市、自治州根据本地方的具体情况和实际需要，可以先制定地方性法规。在国家制定的法律或者行政法规生效后，地方性法规同法律或者行政法规相抵触的规定无效，制定机关应当及时予以修改或者废止。

设区的市、自治州根据本条第一款、第二款制定地方性法规，限于本法第八十一条第一款规定的事项。

制定地方性法规，对上位法已经明确规定的内容，一般不作重复性规定。

第八十三条 省、自治区、直辖市和设区的市、自治州的人民代表大会及其常务委员会根据区域协调发展的需要，可以协同制定地方性法规，在本行政区域或者有关区域内实施。

省、自治区、直辖市和设区的市、自治州可以建立区域协同立法工作机制。

第八十四条 经济特区所在地的省、市的人民代表大会及其常务委员会根据全国人民代表大会的授权决定，制定法规，在经济特区范围内实施。

上海市人民代表大会及其常务委员会根据全国人民代表大会常务委员会的授权决定，制定浦东新区法规，在浦东新区实施。

海南省人民代表大会及其常务委员会根据法律规定，制定海南自由贸易港法规，在海南自由

贸易港范围内实施。

第八十五条 民族自治地方的人民代表大会有权依照当地民族的政治、经济和文化的特点，制定自治条例和单行条例。自治区的自治条例和单行条例，报全国人民代表大会常务委员会批准后生效。自治州、自治县的自治条例和单行条例，报省、自治区、直辖市的人民代表大会常务委员会批准后生效。

自治条例和单行条例可以依照当地民族的特点，对法律和行政法规的规定作出变通规定，但不得违背法律或者行政法规的基本原则，不得对宪法和民族区域自治法的规定以及其他有关法律、行政法规专门就民族自治地方所作的规定作出变通规定。

第八十六条 规定本行政区域特别重大事项的地方性法规，应当由人民代表大会通过。

第八十七条 地方性法规案、自治条例和单行条例案的提出、审议和表决程序，根据中华人民共和国地方各级人民代表大会和地方各级人民政府组织法，参照本法第二章第二节、第三节、第五节的规定，由本级人民代表大会规定。

地方性法规草案由负责统一审议的机构提出审议结果的报告和草案修改稿。

第八十八条 省、自治区、直辖市的人民代表大会制定的地方性法规由大会主席团发布公告予以公布。

省、自治区、直辖市的人民代表大会常务委员会制定的地方性法规由常务委员会发布公告予以公布。

设区的市、自治州的人民代表大会及其常务委员会制定的地方性法规报经批准后，由设区的市、自治州的人民代表大会常务委员会发布公告予以公布。

自治条例和单行条例报经批准后，分别由自治区、自治州、自治县的人民代表大会常务委员会发布公告予以公布。

第八十九条 地方性法规、自治条例和单行条例公布后，其文本以及草案的说明、审议结果报告等，应当及时在本级人民代表大会常务委员会公报和中国人大网、本地方人民代表大会网站以及在本行政区域范围内发行的报纸上刊载。

在常务委员会公报上刊登的地方性法规、自治条例和单行条例文本为标准文本。

第九十条 省、自治区、直辖市和设区的市、自治州的人民代表大会常务委员会根据实际需要设立基层立法联系点，深入听取基层群众和有关方面对地方性法规、自治条例和单行条例草案的意见。

第二节 规　　章

第九十一条 国务院各部、委员会、中国人民银行、审计署和具有行政管理职能的直属机构以及法律规定的机构，可以根据法律和国务院的行政法规、决定、命令，在本部门的权限范围内，制定规章。

部门规章规定的事项应当属于执行法律或者国务院的行政法规、决定、命令的事项。没有法律或者国务院的行政法规、决定、命令的依据，部门规章不得设定减损公民、法人和其他组织权利或者增加其义务的规范，不得增加本部门的权力或者减少本部门的法定职责。

第九十二条 涉及两个以上国务院部门职权范围的事项，应当提请国务院制定行政法规或者由国务院有关部门联合制定规章。

第九十三条 省、自治区、直辖市和设区的市、自治州的人民政府，可以根据法律、行政法规和本省、自治区、直辖市的地方性法规，制定规章。

地方政府规章可以就下列事项作出规定：

（一）为执行法律、行政法规、地方性法规的规定需要制定规章的事项；

（二）属于本行政区域的具体行政管理事项。

设区的市、自治州的人民政府根据本条第一款、第二款制定地方政府规章，限于城乡建设与管理、生态文明建设、历史文化保护、基层治理等方面的事项。已经制定的地方政府规章，涉及上述事项范围以外的，继续有效。

除省、自治区的人民政府所在地的市，经济特区所在地的市和国务院已经批准的较大的市以外，其他设区的市、自治州的人民政府开始制定规章的时间，与本省、自治区人民代表大会常务委员会确定的本市、自治州开始制定地方性法规的时间同步。

应当制定地方性法规但条件尚不成熟的，因行政管理迫切需要，可以先制定地方政府规章。规章实施满两年需要继续实施规章所规定的行政措施的，应当提请本级人民代表大会或者其常务委员会制定地方性法规。

没有法律、行政法规、地方性法规的依据，

地方政府规章不得设定减损公民、法人和其他组织权利或者增加其义务的规范。

第九十四条 国务院部门规章和地方政府规章的制定程序，参照本法第三章的规定，由国务院规定。

第九十五条 部门规章应当经部务会议或者委员会会议决定。

地方政府规章应当经政府常务会议或者全体会议决定。

第九十六条 部门规章由部门首长签署命令予以公布。

地方政府规章由省长、自治区主席、市长或者自治州州长签署命令予以公布。

第九十七条 部门规章签署公布后，及时在国务院公报或者部门公报和中国政府法制信息网以及在全国范围内发行的报纸上刊载。

地方政府规章签署公布后，及时在本级人民政府公报和中国政府法制信息网以及在本行政区域范围内发行的报纸上刊载。

在国务院公报或者部门公报和地方人民政府公报上刊登的规章文本为标准文本。

第五章 适用与备案审查

第九十八条 宪法具有最高的法律效力，一切法律、行政法规、地方性法规、自治条例和单行条例、规章都不得同宪法相抵触。

第九十九条 法律的效力高于行政法规、地方性法规、规章。

行政法规的效力高于地方性法规、规章。

第一百条 地方性法规的效力高于本级和下级地方政府规章。

省、自治区的人民政府制定的规章的效力高于本行政区域内的设区的市、自治州的人民政府制定的规章。

第一百零一条 自治条例和单行条例依法对法律、行政法规、地方性法规作变通规定的，在本自治地方适用自治条例和单行条例的规定。

经济特区法规根据授权对法律、行政法规、地方性法规作变通规定的，在本经济特区适用经济特区法规的规定。

第一百零二条 部门规章之间、部门规章与地方政府规章之间具有同等效力，在各自的权限范围内施行。

第一百零三条 同一机关制定的法律、行政法规、地方性法规、自治条例和单行条例、规章，特别规定与一般规定不一致的，适用特别规定；新的规定与旧的规定不一致的，适用新的规定。

第一百零四条 法律、行政法规、地方性法规、自治条例和单行条例、规章不溯及既往，但为了更好地保护公民、法人和其他组织的权利和利益而作的特别规定除外。

第一百零五条 法律之间对同一事项的新的一般规定与旧的特别规定不一致，不能确定如何适用时，由全国人民代表大会常务委员会裁决。

行政法规之间对同一事项的新的一般规定与旧的特别规定不一致，不能确定如何适用时，由国务院裁决。

第一百零六条 地方性法规、规章之间不一致时，由有关机关依照下列规定的权限作出裁决：

（一）同一机关制定的新的一般规定与旧的特别规定不一致时，由制定机关裁决；

（二）地方性法规与部门规章之间对同一事项的规定不一致，不能确定如何适用时，由国务院提出意见，国务院认为应当适用地方性法规的，应当决定在该地方适用地方性法规的规定；认为应当适用部门规章的，应当提请全国人民代表大会常务委员会裁决；

（三）部门规章之间、部门规章与地方政府规章之间对同一事项的规定不一致时，由国务院裁决。

根据授权制定的法规与法律规定不一致，不能确定如何适用时，由全国人民代表大会常务委员会裁决。

第一百零七条 法律、行政法规、地方性法规、自治条例和单行条例、规章有下列情形之一的，由有关机关依照本法第一百零八条规定的权限予以改变或者撤销：

（一）超越权限的；

（二）下位法违反上位法规定的；

（三）规章之间对同一事项的规定不一致，经裁决应当改变或者撤销一方的规定的；

（四）规章的规定被认为不适当，应当予以改变或者撤销的；

（五）违背法定程序的。

第一百零八条 改变或者撤销法律、行政法规、地方性法规、自治条例和单行条例、规章的权限是：

（一）全国人民代表大会有权改变或者撤销它的常务委员会制定的不适当的法律，有权撤销全国人民代表大会常务委员会批准的违背宪法和本法第八十五条第二款规定的自治条例和单行条例；

（二）全国人民代表大会常务委员会有权撤销同宪法和法律相抵触的行政法规，有权撤销同宪法、法律和行政法规相抵触的地方性法规，有权撤销省、自治区、直辖市的人民代表大会常务委员会批准的违背宪法和本法第八十五条第二款规定的自治条例和单行条例；

（三）国务院有权改变或者撤销不适当的部门规章和地方政府规章；

（四）省、自治区、直辖市的人民代表大会有权改变或者撤销它的常务委员会制定的和批准的不适当的地方性法规；

（五）地方人民代表大会常务委员会有权撤销本级人民政府制定的不适当的规章；

（六）省、自治区的人民政府有权改变或者撤销下一级人民政府制定的不适当的规章；

（七）授权机关有权撤销被授权机关制定的超越授权范围或者违背授权目的的法规，必要时可以撤销授权。

第一百零九条 行政法规、地方性法规、自治条例和单行条例、规章应当在公布后的三十日内依照下列规定报有关机关备案：

（一）行政法规报全国人民代表大会常务委员会备案；

（二）省、自治区、直辖市的人民代表大会及其常务委员会制定的地方性法规，报全国人民代表大会常务委员会和国务院备案；设区的市、自治州的人民代表大会及其常务委员会制定的地方性法规，由省、自治区的人民代表大会常务委员会报全国人民代表大会常务委员会和国务院备案；

（三）自治州、自治县的人民代表大会制定的自治条例和单行条例，由省、自治区、直辖市的人民代表大会常务委员会报全国人民代表大会常务委员会和国务院备案；自治条例、单行条例报送备案时，应当说明对法律、行政法规、地方性法规作出变通的情况；

（四）部门规章和地方政府规章报国务院备案；地方政府规章应当同时报本级人民代表大会常务委员会备案；设区的市、自治州的人民政府制定的规章应当同时报省、自治区的人民代表大会常务委员会和人民政府备案；

（五）根据授权制定的法规应当报授权决定规定的机关备案；经济特区法规、浦东新区法规、海南自由贸易港法规报送备案时，应当说明变通的情况。

第一百一十条 国务院、中央军事委员会、国家监察委员会、最高人民法院、最高人民检察院和各省、自治区、直辖市的人民代表大会常务委员会认为行政法规、地方性法规、自治条例和单行条例同宪法或者法律相抵触，或者存在合宪性、合法性问题的，可以向全国人民代表大会常务委员会书面提出进行审查的要求，由全国人民代表大会有关的专门委员会和常务委员会工作机构进行审查、提出意见。

前款规定以外的其他国家机关和社会团体、企业事业组织以及公民认为行政法规、地方性法规、自治条例和单行条例同宪法或者法律相抵触的，可以向全国人民代表大会常务委员会书面提出进行审查的建议，由常务委员会工作机构进行审查；必要时，送有关的专门委员会进行审查、提出意见。

第一百一十一条 全国人民代表大会专门委员会、常务委员会工作机构可以对报送备案的行政法规、地方性法规、自治条例和单行条例等进行主动审查，并可以根据需要进行专项审查。

国务院备案审查工作机构可以对报送备案的地方性法规、自治条例和单行条例，部门规章和省、自治区、直辖市的人民政府制定的规章进行主动审查，并可以根据需要进行专项审查。

第一百一十二条 全国人民代表大会专门委员会、常务委员会工作机构在审查中认为行政法规、地方性法规、自治条例和单行条例同宪法或者法律相抵触，或者存在合宪性、合法性问题的，可以向制定机关提出书面审查意见；也可以由宪法和法律委员会与有关的专门委员会、常务委员会工作机构召开联合审查会议，要求制定机关到会说明情况，再向制定机关提出书面审查意见。制定机关应当在两个月内研究提出是否修改或者废止的意见，并向全国人民代表大会宪法和法律委员会、有关的专门委员会或者常务委员会工作机构反馈。

全国人民代表大会宪法和法律委员会、有关的专门委员会、常务委员会工作机构根据前款规定，向制定机关提出审查意见，制定机关按照所提意见对行政法规、地方性法规、自治条例和单行条例进行修改或者废止的，审查终止。

全国人民代表大会宪法和法律委员会、有关

的专门委员会、常务委员会工作机构经审查认为行政法规、地方性法规、自治条例和单行条例同宪法或者法律相抵触，或者存在合宪性、合法性问题需要修改或者废止，而制定机关不予修改或者废止的，应当向委员长会议提出予以撤销的议案、建议，由委员长会议决定提请常务委员会会议审议决定。

第一百一十三条 全国人民代表大会有关的专门委员会、常务委员会工作机构应当按照规定要求，将审查情况向提出审查建议的国家机关、社会团体、企业事业组织以及公民反馈，并可以向社会公开。

第一百一十四条 其他接受备案的机关对报送备案的地方性法规、自治条例和单行条例、规章的审查程序，按照维护法制统一的原则，由接受备案的机关规定。

第一百一十五条 备案审查机关应当建立健全备案审查衔接联动机制，对应当由其他机关处理的审查要求或者审查建议，及时移送有关机关处理。

第一百一十六条 对法律、行政法规、地方性法规、自治条例和单行条例、规章和其他规范性文件，制定机关根据维护法制统一的原则和改革发展的需要进行清理。

第六章　附　　则

第一百一十七条 中央军事委员会根据宪法和法律，制定军事法规。

中国人民解放军各战区、军兵种和中国人民武装警察部队，可以根据法律和中央军事委员会的军事法规、决定、命令，在其权限范围内，制定军事规章。

军事法规、军事规章在武装力量内部实施。

军事法规、军事规章的制定、修改和废止办法，由中央军事委员会依照本法规定的原则规定。

第一百一十八条 国家监察委员会根据宪法和法律、全国人民代表大会常务委员会的有关决定，制定监察法规，报全国人民代表大会常务委员会备案。

第一百一十九条 最高人民法院、最高人民检察院作出的属于审判、检察工作中具体应用法律的解释，应当主要针对具体的法律条文，并符合立法的目的、原则和原意。遇有本法第四十八条第二款规定情况的，应当向全国人民代表大会常务委员会提出法律解释的要求或者提出制定、修改有关法律的议案。

最高人民法院、最高人民检察院作出的属于审判、检察工作中具体应用法律的解释，应当自公布之日起三十日内报全国人民代表大会常务委员会备案。

最高人民法院、最高人民检察院以外的审判机关和检察机关，不得作出具体应用法律的解释。

第一百二十条 本法自 2000 年 7 月 1 日起施行。

二十二、最高人民法院 最高人民检察院关于办理非法生产、销售、使用禁止在饲料和动物饮用水中使用的药品等刑事案件具体应用法律若干问题的解释

法释〔2002〕26号

（最高人民法院审判委员会第1237次会议、最高人民检察院第九届检察委员会第109次会议通过 2002年8月16日最高人民法院、最高人民检察院公告公布 自2002年8月23日起施行）

为依法惩治非法生产、销售、使用盐酸克仑特罗（Clenbuterol Hydrochloride，俗称“瘦肉精”）等禁止在饲料和动物饮用水中使用的药品等犯罪活动，维护社会主义市场经济秩序，保护公民身体健康，根据刑法有关规定，现就办理这类刑事案件具体应用法律的若干问题解释如下：

第一条 未取得药品生产、经营许可证件和批准文号，非法生产、销售盐酸克仑特罗等禁止在饲料和动物饮用水中使用的药品，扰乱药品市场秩序，情节严重的，依照刑法第二百二十五条第（一）项的规定，以非法经营罪追究刑事责任。

第二条 在生产、销售的饲料中添加盐酸克仑特罗等禁止在饲料和动物饮用水中使用的药品，或者销售明知是添加有该类药品的饲料，情节严重的，依照刑法第二百二十五条第（四）项的规定，以非法经营罪追究刑事责任。

第三条 使用盐酸克仑特罗等禁止在饲料和动物饮用水中使用的药品或者含有该类药品的饲料养殖供人食用的动物，或者销售明知是使用该类药品或者含有该类药品的饲料养殖的供人食用的动物的，依照刑法第一百四十四条的规定，以生产、销售有毒、有害食品罪追究刑事责任。

第四条 明知是使用盐酸克仑特罗等禁止在饲料和动物饮用水中使用的药品或者含有该类药品的饲料养殖的供人食用的动物，而提供屠宰等加工服务，或者销售其制品的，依照刑法第一百四十四条的规定，以生产、销售有毒、有害食品罪追究刑事责任。

第五条 实施本解释规定的行为，同时触犯刑法规定的两种以上犯罪的，依照处罚较重的规定追究刑事责任。

第六条 禁止在饲料和动物饮用水中使用的药品，依照国家有关部门公告的禁止在饲料和动物饮用水中使用的药物品种目录确定。

附：

农业部 卫生部 国家药品监督管理局公告的《禁止在饲料和动物饮用水中使用的药物品种目录》

一、肾上腺素受体激动剂

1. 盐酸克仑特罗(Clenbuterol Hydrochloride)：中华人民共和国药典（以下简称药典）2000 年二部 P605。β2 肾上腺素受体激动药。

2. 沙丁胺醇（Salbutamol)：药典 2000 年二部 P316。β2 肾上腺素受体激动药。

3. 硫酸沙丁胺醇（Salbutamol Sulfate)：药典 2000 年二部 P870。β2 肾上腺素受体激动药。

4. 莱克多巴胺（Ractopamine)：一种 β 兴奋剂，美国食品和药物管理局（FDA）已批准，中国未批准。

5. 盐酸多巴胺（Dopamine Hydrochloride)：药典 2000 年二部 P591。多巴胺受体激动药。

6. 西巴特罗（Cimaterol)：美国氰胺公司开发的产品，一种 β 兴奋剂，FDA 未批准。

7. 硫酸特布他林（Terbutaline Sulfate)：药典 2000 年二部 P890。β2 肾上腺受体激动药。

二、性激素

8. 己烯雌酚（Diethylstibestrol)：药典 2000 年二部 P42。雌激素类药。

9. 雌二醇（Estradiol)：药典 2000 年二部 P1005。雌激素类药。

10. 戊酸雌二醇（Estradiol Valerate)：药典 2000 年二部 P124。雌激素类药。

11. 苯甲酸雌二醇（Estradiol Benzoate)：药典 2000 年二部 P369。雌激素类药。中华人民共和国兽药典（以下简称兽药典）2000 年版一部 P109。雌激素类药。用于发情不明显动物的催情及胎衣滞留、死胎的排除。

12. 氯烯雌醚（Chlorotrianisene)：药典 2000 年二部 P919。

13. 炔诺醇（Ethinylestradiol)：药典 2000 年二部 P422。

14. 炔诺醚（Quinestrol)：药典 2000 年二部 P424。

15. 醋酸氯地孕酮（Chlormadinoneacetate)：药典 2000 年二部 P1037。

16. 左炔诺孕酮（Levonorgestrel)：药典 2000 年二部 P107。

17. 炔诺酮（Norethisterone)：药典 2000 年二部 P420。

18. 绒毛膜促性腺激素(绒促性素)(Chorionic Gonadotrophin)：药典 2000 年二部 P534。促性腺激素药。兽药典 2000 年版一部 P146。激素类药。用于性功能障碍、习惯性流产及卵巢囊肿等。

19. 促卵泡生长激素（尿促性素主要含卵泡刺激 FSHT 和黄体生成素 LH）（Menotropins)：药典 2000 年二部 P321。促性腺激素类药。

三、蛋白同化激素

20. 碘化酪蛋白（Iodinated Casein)：蛋白同化激素类，为甲状腺素的前驱物质，具有类似甲状腺素的生理作用。

21. 苯丙酸诺龙及苯丙酸诺龙注射液（Nandrolone phenylpropionate)：药典 2000 年二部 P365。

四、精神药品

22. （盐酸）氯丙嗪（Chlorpromazine Hydrochloride)：药典 2000 年二部 P676。抗精神病药。兽药典 2000 年版一部 P177。镇静药。用于强化麻醉以及使动物安静等。

23. 盐酸异丙嗪（Promethazine Hydrochloride)：药典 2000 年二部 P602。抗组胺药。兽药典 2000 年版一部 P164。抗组胺药。用于变态反应性疾病，如荨麻疹、血清病等。

24. 安定（地西泮）（Diazepam)：药典 2000 年二部 P214。抗焦虑药、抗惊厥药。兽药典 2000 年版一部 P61。镇静药、抗惊厥药。

25. 苯巴比妥（Phenobarbital)：药典 2000 年二部 P362。镇静催眠药、抗惊厥药。兽药典 2000 年版一部 P103。巴比妥类药。缓解脑炎、破伤风、士的宁中毒所致的惊厥。

26. 苯巴比妥钠（Phenobarbital Sodium）：兽药典 2000 年版一部 P105。巴比妥类药。缓解脑炎、破伤风、士的宁中毒所致的惊厥。

27. 巴比妥（Barbital）：兽药典 2000 年版一部 P27。中枢抑制和增强解热镇痛。

28. 异戊巴比妥（Amobarbital）：药典 2000 年二部 P252。催眠药、抗惊厥药。

29. 异戊巴比妥钠（Amobarbital Sodium）：兽药典 2000 年版一部 P82。巴比妥类药。用于小动物的镇静、抗惊厥和麻醉。

30. 利血平（Reserpine）：药典 2000 年二部 P304。抗高血压药。

31. 艾司唑仑（Estazolam）。

32. 甲丙氨脂（Meprobamate）。

33. 咪达唑仑（Midazolam）。

34. 硝西泮（Nitrazepam）。

35. 奥沙西泮（Oxazepam）。

36. 匹莫林（Pemoline）。

37. 三唑仑（Triazolam）。

38. 唑吡旦（Zolpidem）。

39. 其他国家管制的精神药品。

五、各种抗生素滤渣

40. 抗生素滤渣：该类物质是抗生素类产品生产过程中产生的工业“三废”，因含有微量抗生素成分，在饲料和饲养过程中使用后对动物有一定的促生长作用。但对养殖业的危害很大，一是容易引起耐药性；二是由于未做安全性试验，存在各种安全隐患。

二十三、最高人民法院 最高人民检察院关于办理危害食品安全刑事案件适用法律若干问题的解释

法释〔2021〕24 号

（2021 年 12 月 13 日最高人民法院审判委员会第 1856 次会议、2021 年 12 月 29 日最高人民检察院第十三届检察委员会第八十四次会议通过，自 2022 年 1 月 1 日起施行）

为依法惩治危害食品安全犯罪，保障人民群众身体健康、生命安全，根据《中华人民共和国刑法》《中华人民共和国刑事诉讼法》的有关规定，对办理此类刑事案件适用法律的若干问题解释如下：

第一条 生产、销售不符合食品安全标准的食品，具有下列情形之一的，应当认定为刑法第一百四十三条规定的“足以造成严重食物中毒事故或者其他严重食源性疾病”：

（一）含有严重超出标准限量的致病性微生物、农药残留、兽药残留、生物毒素、重金属等污染物质以及其他严重危害人体健康的物质的；

（二）属于病死、死因不明或者检验检疫不合格的畜、禽、兽、水产动物肉类及其制品的；

（三）属于国家为防控疾病等特殊需要明令禁止生产、销售的；

（四）特殊医学用途配方食品、专供婴幼儿的主辅食品营养成分严重不符合食品安全标准的；

（五）其他足以造成严重食物中毒事故或者严重食源性疾病的情形。

第二条 生产、销售不符合食品安全标准的食品，具有下列情形之一的，应当认定为刑法第一百四十三条规定的“对人体健康造成严重危害”：

（一）造成轻伤以上伤害的；

（二）造成轻度残疾或者中度残疾的；

（三）造成器官组织损伤导致一般功能障碍或者严重功能障碍的；

（四）造成十人以上严重食物中毒或者其他严重食源性疾病的；

（五）其他对人体健康造成严重危害的情形。

第三条 生产、销售不符合食品安全标准的食品，具有下列情形之一的，应当认定为刑法第一百四十三条规定的“其他严重情节”：

（一）生产、销售金额二十万元以上的；

（二）生产、销售金额十万元以上不满二十万元，不符合食品安全标准的食品数量较大或者生产、销售持续时间六个月以上的；

（三）生产、销售金额十万元以上不满二十万元，属于特殊医学用途配方食品、专供婴幼儿的主辅食品的；

（四）生产、销售金额十万元以上不满二十万元，且在中小学校园、托幼机构、养老机构及周边面向未成年人、老年人销售的；

（五）生产、销售金额十万元以上不满二十万元，曾因危害食品安全犯罪受过刑事处罚或者二年内因危害食品安全违法行为受过行政处罚的；

（六）其他情节严重的情形。

第四条 生产、销售不符合食品安全标准的食品，具有下列情形之一的，应当认定为刑法第一百四十三条规定的“后果特别严重”：

（一）致人死亡的；

（二）造成重度残疾以上的；

（三）造成三人以上重伤、中度残疾或者器官组织损伤导致严重功能障碍的；

（四）造成十人以上轻伤、五人以上轻度残疾或者器官组织损伤导致一般功能障碍的；

（五）造成三十人以上严重食物中毒或者其他严重食源性疾病的；

（六）其他特别严重的后果。

第五条 在食品生产、销售、运输、贮存等过程中，违反食品安全标准，超限量或者超范围滥用食品添加剂，足以造成严重食物中毒事故或者其他严重食源性疾病的，依照刑法第一百四十三条的规定以生产、销售不符合安全标准的食品罪定罪处罚。

在食用农产品种植、养殖、销售、运输、贮存等过程中，违反食品安全标准，超限量或者超范围滥用添加剂、农药、兽药等，足以造成严重食物中毒事故或者其他严重食源性疾病的，适用前款的规定定罪处罚。

第六条 生产、销售有毒、有害食品，具有本解释第二条规定情形之一的，应当认定为刑法第一百四十四条规定的“对人体健康造成严重危害”。

第七条 生产、销售有毒、有害食品，具有下列情形之一的，应当认定为刑法第一百四十四条规定的“其他严重情节”：

（一）生产、销售金额二十万元以上不满五十万元的；

（二）生产、销售金额十万元以上不满二十万元，有毒、有害食品数量较大或者生产、销售持续时间六个月以上的；

（三）生产、销售金额十万元以上不满二十万元，属于特殊医学用途配方食品、专供婴幼儿的主辅食品的；

（四）生产、销售金额十万元以上不满二十万元，且在中小学校园、托幼机构、养老机构及周边面向未成年人、老年人销售的；

（五）生产、销售金额十万元以上不满二十万元，曾因危害食品安全犯罪受过刑事处罚或者二年内因危害食品安全违法行为受过行政处罚的；

（六）有毒、有害的非食品原料毒害性强或者含量高的；

（七）其他情节严重的情形。

第八条 生产、销售有毒、有害食品，生产、销售金额五十万元以上，或者具有本解释第四条第二项至第六项规定的情形之一的，应当认定为刑法第一百四十四条规定的“其他特别严重情节”。

第九条 下列物质应当认定为刑法第一百四十四条规定的“有毒、有害的非食品原料”：

（一）因危害人体健康，被法律、法规禁止在食品生产经营活动中添加、使用的物质；

（二）因危害人体健康，被国务院有关部门列入《食品中可能违法添加的非食用物质名单》《保健食品中可能非法添加的物质名单》和国务院有关部门公告的禁用农药、《食品动物中禁止使用的药品及其他化合物清单》等名单上的物质；

（三）其他有毒、有害的物质。

第十条 刑法第一百四十四条规定的“明知”，应当综合行为人的认知能力、食品质量、进货或者销售的渠道及价格等主、客观因素进行认定。

具有下列情形之一的，可以认定为刑法第一百四十四条规定的“明知”，但存在相反证据并经查证属实的除外：

（一）长期从事相关食品、食用农产品生产、种植、养殖、销售、运输、贮存行业，不依法履行保障食品安全义务的；

（二）没有合法有效的购货凭证，且不能提供或者拒不提供销售的相关食品来源的；

（三）以明显低于市场价格进货或者销售且无合理原因的；

（四）在有关部门发出禁令或者食品安全预警的情况下继续销售的；

（五）因实施危害食品安全行为受过行政处罚或者刑事处罚，又实施同种行为的；

（六）其他足以认定行为人明知的情形。

第十一条 在食品生产、销售、运输、贮存等过程中，掺入有毒、有害的非食品原料，或者使用有毒、有害的非食品原料生产食品的，依照刑法第一百四十四条的规定以生产、销售有毒、有害食品罪定罪处罚。

在食用农产品种植、养殖、销售、运输、贮存等过程中，使用禁用农药、食品动物中禁止使用的药品及其他化合物等有毒、有害的非食品原料，适用前款的规定定罪处罚。

在保健食品或者其他食品中非法添加国家禁用药物等有毒、有害的非食品原料的，适用第一款的规定定罪处罚。

第十二条 在食品生产、销售、运输、贮存等过程中，使用不符合食品安全标准的食品包装材料、容器、洗涤剂、消毒剂，或者用于食品生产经营的工具、设备等，造成食品被污染，符合刑法第一百四十三条、第一百四十四条规定的，以生产、销售不符合安全标准的食品罪或者生产、销售有毒、有害食品罪定罪处罚。

第十三条 生产、销售不符合食品安全标准的食品，有毒、有害食品，符合刑法第一百四十三条、第一百四十四条规定的，以生产、销售不符合安全标准的食品罪或者生产、销售有毒、有害食品罪定罪处罚。同时构成其他犯罪的，依照处罚较重的规定定罪处罚。

生产、销售不符合食品安全标准的食品，无证据证明足以造成严重食物中毒事故或者其他严重食源性疾病，不构成生产、销售不符合安全标准的食品罪，但构成生产、销售伪劣产品罪，妨害动植物防疫、检疫罪等其他犯罪的，依照该其他犯罪定罪处罚。

第十四条 明知他人生产、销售不符合食品安全标准的食品，有毒、有害食品，具有下列情形之一的，以生产、销售不符合安全标准的食品罪或者生产、销售有毒、有害食品罪的共犯论处：

（一）提供资金、贷款、账号、发票、证明、许可证件的；

（二）提供生产、经营场所或者运输、贮存、保管、邮寄、销售渠道等便利条件的；

（三）提供生产技术或者食品原料、食品添加剂、食品相关产品或者有毒、有害的非食品原料的；

（四）提供广告宣传的；

（五）提供其他帮助行为的。

第十五条 生产、销售不符合食品安全标准的食品添加剂，用于食品的包装材料、容器、洗涤剂、消毒剂，或者用于食品生产经营的工具、设备等，符合刑法第一百四十条规定的，以生产、销售伪劣产品罪定罪处罚。

生产、销售用超过保质期的食品原料、超过保质期的食品、回收食品作为原料的食品，或者以更改生产日期、保质期、改换包装等方式销售超过保质期的食品、回收食品，适用前款的规定定罪处罚。

实施前两款行为，同时构成生产、销售不符合安全标准的食品罪，生产、销售不符合安全标准的产品罪等其他犯罪的，依照处罚较重的规定定罪处罚。

第十六条 以提供给他人生产、销售食品为目的，违反国家规定，生产、销售国家禁止用于食品生产、销售的非食品原料，情节严重的，依照刑法第二百二十五条的规定以非法经营罪定罪处罚。

以提供给他人生产、销售食用农产品为目的，违反国家规定，生产、销售国家禁用农药、食品动物中禁止使用的药品及其他化合物等有毒、有害的非食品原料，或者生产、销售添加上述有毒、有害的非食品原料的农药、兽药、饲料、饲料添加剂、饲料原料，情节严重的，依照前款的规定定罪处罚。

第十七条 违反国家规定，私设生猪屠宰厂（场），从事生猪屠宰、销售等经营活动，情节严重的，依照刑法第二百二十五条的规定以非法经营罪定罪处罚。

在畜禽屠宰相关环节，对畜禽使用食品动物中禁止使用的药品及其他化合物等有毒、有害的非食品原料，依照刑法第一百四十四条的规定以生产、销售有毒、有害食品罪定罪处罚；对畜禽注水或者注入其他物质，足以造成严重食物中毒事故或者其他严重食源性疾病的，依照刑法第一百四十三条的规定以生产、销售不符合安全标准的食品罪定罪处罚；虽不足以造成严重食物中毒事故或者其他严重食源性疾病，但符合刑法第一百四十条规定的，以生产、销售伪劣产品罪定罪处罚。

第十八条 实施本解释规定的非法经营行为，非法经营数额在十万元以上，或者违法所得数额在五万元以上的，应当认定为刑法第二百二十五条规定的“情节严重”；非法经营数额在五十万元以上，或者违法所得数额在二十五万元以上的，应当认定为刑法第二百二十五条规定的“情节特别严重”。

实施本解释规定的非法经营行为，同时构成生产、销售伪劣产品罪，生产、销售不符合安全标准的食品罪，生产、销售有毒、有害食品罪，生产、销售伪劣农药、兽药罪等其他犯罪的，依照处罚较重的规定定罪处罚。

第十九条 违反国家规定，利用广告对保健食品或者其他食品作虚假宣传，符合刑法第二百二十二条规定的，以虚假广告罪定罪处罚；以非法占有为目的，利用销售保健食品或者其他食品诈骗财物，符合刑法第二百六十六条规定的，以诈骗罪定罪处罚。同时构成生产、销售伪劣产品罪等其他犯罪的，依照处罚较重的规定定罪处罚。

第二十条 负有食品安全监督管理职责的国家机关工作人员，滥用职权或者玩忽职守，构成食品监管渎职罪，同时构成徇私舞弊不移交刑事案件罪、商检徇私舞弊罪、动植物检疫徇私舞弊罪、放纵制售伪劣商品犯罪行为罪等其他渎职犯罪的，依照处罚较重的规定定罪处罚。

负有食品安全监督管理职责的国家机关工作人员滥用职权或者玩忽职守，不构成食品监管渎职罪，但构成前款规定的其他渎职犯罪的，依照该其他犯罪定罪处罚。

负有食品安全监督管理职责的国家机关工作人员与他人共谋，利用其职务行为帮助他人实施危害食品安全犯罪行为，同时构成渎职犯罪和危害食品安全犯罪共犯的，依照处罚较重的规定定罪从重处罚。

第二十一条 犯生产、销售不符合安全标准的食品罪，生产、销售有毒、有害食品罪，一般应当依法判处生产、销售金额二倍以上的罚金。

共同犯罪的，对各共同犯罪人合计判处的罚金一般应当在生产、销售金额的二倍以上。

第二十二条 对实施本解释规定之犯罪的犯罪分子，应当依照刑法规定的条件，严格适用缓刑、免予刑事处罚。对于依法适用缓刑的，可以根据犯罪情况，同时宣告禁止令。

对于被不起诉或者免予刑事处罚的行为人，需要给予行政处罚、政务处分或者其他处分的，依法移送有关主管机关处理。

第二十三条 单位实施本解释规定的犯罪的，对单位判处罚金，并对直接负责的主管人员和其他直接责任人员，依照本解释规定的定罪量刑标准处罚。

第二十四条 “足以造成严重食物中毒事故或者其他严重食源性疾病”“有毒、有害的非食品原料”等专门性问题难以确定的，司法机关可以依据鉴定意见、检验报告、地市级以上相关行政主管部门组织出具的书面意见，结合其他证据作出认定。必要时，专门性问题由省级以上相关行政主管部门组织出具书面意见。

第二十五条 本解释所称“二年内”，以第一次违法行为受到行政处罚的生效之日与又实施相应行为之日的时间间隔计算确定。

第二十六条 本解释自 2022 年 1 月 1 日起施行。本解释公布实施后，《最高人民法院、最高人民检察院关于办理危害食品安全刑事案件适用法律若干问题的解释》（法释〔2013〕12 号）同时废止；之前发布的司法解释与本解释不一致的，以本解释为准。

02 第二篇 | 行政法规

一、重大动物疫情应急条例

（2005年11月18日中华人民共和国国务院令第450号发布　根据2017年10月7日《国务院关于修改部分行政法规的决定》修订）

第一章　总　　则

第一条　为了迅速控制、扑灭重大动物疫情，保障养殖业生产安全，保护公众身体健康与生命安全，维护正常的社会秩序，根据《中华人民共和国动物防疫法》，制定本条例。

第二条　本条例所称重大动物疫情，是指高致病性禽流感等发病率或者死亡率高的动物疫病突然发生，迅速传播，给养殖业生产安全造成严重威胁、危害，以及可能对公众身体健康与生命安全造成危害的情形，包括特别重大动物疫情。

第三条　重大动物疫情应急工作应当坚持加强领导、密切配合，依靠科学、依法防治，群防群控、果断处置的方针，及时发现，快速反应，严格处理，减少损失。

第四条　重大动物疫情应急工作按照属地管理的原则，实行政府统一领导、部门分工负责，逐级建立责任制。

县级以上人民政府兽医主管部门具体负责组织重大动物疫情的监测、调查、控制、扑灭等应急工作。

县级以上人民政府林业主管部门、兽医主管部门按照职责分工，加强对陆生野生动物疫源疫病的监测。

县级以上人民政府其他有关部门在各自的职责范围内，做好重大动物疫情的应急工作。

第五条　出入境检验检疫机关应当及时收集境外重大动物疫情信息，加强进出境动物及其产品的检验检疫工作，防止动物疫病传入和传出。兽医主管部门要及时向出入境检验检疫机关通报国内重大动物疫情。

第六条　国家鼓励、支持开展重大动物疫情监测、预防、应急处理等有关技术的科学研究和国际交流与合作。

第七条　县级以上人民政府应当对参加重大动物疫情应急处理的人员给予适当补助，对作出贡献的人员给予表彰和奖励。

第八条　对不履行或者不按照规定履行重大动物疫情应急处理职责的行为，任何单位和个人有权检举控告。

第二章　应急准备

第九条　国务院兽医主管部门应当制定全国重大动物疫情应急预案，报国务院批准，并按照不同动物疫病病种及其流行特点和危害程度，分别制定实施方案，报国务院备案。

县级以上地方人民政府根据本地区的实际情况，制定本行政区域的重大动物疫情应急预案，报上一级人民政府兽医主管部门备案。县级以上地方人民政府兽医主管部门，应当按照不同动物疫病病种及其流行特点和危害程度，分别制定实施方案。

重大动物疫情应急预案及其实施方案应当根据疫情的发展变化和实施情况，及时修改、完善。

第十条　重大动物疫情应急预案主要包括下列内容：

（一）应急指挥部的职责、组成以及成员单位的分工；

（二）重大动物疫情的监测、信息收集、报告和通报；

（三）动物疫病的确认、重大动物疫情的分级和相应的应急处理工作方案；

（四）重大动物疫情疫源的追踪和流行病学调查分析；

（五）预防、控制、扑灭重大动物疫情所需资金的来源、物资和技术的储备与调度；

（六）重大动物疫情应急处理设施和专业队伍建设。

第十一条 国务院有关部门和县级以上地方人民政府及其有关部门，应当根据重大动物疫情应急预案的要求，确保应急处理所需的疫苗、药品、设施设备和防护用品等物资的储备。

第十二条 县级以上人民政府应当建立和完善重大动物疫情监测网络和预防控制体系，加强动物防疫基础设施和乡镇动物防疫组织建设，并保证其正常运行，提高对重大动物疫情的应急处理能力。

第十三条 县级以上地方人民政府根据重大动物疫情应急需要，可以成立应急预备队，在重大动物疫情应急指挥部的指挥下，具体承担疫情的控制和扑灭任务。

应急预备队由当地兽医行政管理人员、动物防疫工作人员、有关专家、执业兽医等组成；必要时，可以组织动员社会上有一定专业知识的人员参加。公安机关、中国人民武装警察部队应当依法协助其执行任务。

应急预备队应当定期进行技术培训和应急演练。

第十四条 县级以上人民政府及其兽医主管部门应当加强对重大动物疫情应急知识和重大动物疫病科普知识的宣传，增强全社会的重大动物疫情防范意识。

第三章 监测、报告和公布

第十五条 动物防疫监督机构负责重大动物疫情的监测，饲养、经营动物和生产、经营动物产品的单位和个人应当配合，不得拒绝和阻碍。

第十六条 从事动物隔离、疫情监测、疫病研究与诊疗、检验检疫以及动物饲养、屠宰加工、运输、经营等活动的有关单位和个人，发现动物出现群体发病或者死亡的，应当立即向所在地的县（市）动物防疫监督机构报告。

第十七条 县（市）动物防疫监督机构接到报告后，应当立即赶赴现场调查核实。初步认为属于重大动物疫情的，应当在2小时内将情况逐级报省、自治区、直辖市动物防疫监督机构，并同时报所在地人民政府兽医主管部门；兽医主管部门应当及时通报同级卫生主管部门。

省、自治区、直辖市动物防疫监督机构应当在接到报告后1小时内，向省、自治区、直辖市人民政府兽医主管部门和国务院兽医主管部门所属的动物防疫监督机构报告。

省、自治区、直辖市人民政府兽医主管部门应当在接到报告后1小时内报本级人民政府和国务院兽医主管部门。

重大动物疫情发生后，省、自治区、直辖市人民政府和国务院兽医主管部门应当在4小时内向国务院报告。

第十八条 重大动物疫情报告包括下列内容：

（一）疫情发生的时间、地点；

（二）染疫、疑似染疫动物种类和数量、同群动物数量、免疫情况、死亡数量、临床症状、病理变化、诊断情况；

（三）流行病学和疫源追踪情况；

（四）已采取的控制措施；

（五）疫情报告的单位、负责人、报告人及联系方式。

第十九条 重大动物疫情由省、自治区、直辖市人民政府兽医主管部门认定；必要时，由国务院兽医主管部门认定。

第二十条 重大动物疫情由国务院兽医主管部门按照国家规定的程序，及时准确公布；其他任何单位和个人不得公布重大动物疫情。

第二十一条 重大动物疫病应当由动物防疫监督机构采集病料。其他单位和个人采集病料的，应当具备以下条件：

（一）重大动物疫病病料采集目的、病原微生物的用途应当符合国务院兽医主管部门的规定；

（二）具有与采集病料相适应的动物病原微生物实验室条件；

（三）具有与采集病料所需要的生物安全防护水平相适应的设备，以及防止病原感染和扩散的有效措施。

从事重大动物疫病病原分离的，应当遵守国家有关生物安全管理规定，防止病原扩散。

第二十二条 国务院兽医主管部门应当及时向国务院有关部门和军队有关部门以及各省、自治区、直辖市人民政府兽医主管部门通报重大动物疫情的发生和处理情况。

第二十三条 发生重大动物疫情可能感染人群时，卫生主管部门应当对疫区内易受感染的人群进行监测，并采取相应的预防、控制措施。卫生主管部门和兽医主管部门应当及时相互通报情况。

第二十四条 有关单位和个人对重大动物疫情不得瞒报、谎报、迟报，不得授意他人瞒报、谎报、迟报，不得阻碍他人报告。

第二十五条 在重大动物疫情报告期间，有关动物防疫监督机构应当立即采取临时隔离控制措施；必要时，当地县级以上地方人民政府可以作出封锁决定并采取扑杀、销毁等措施。有关单位和个人应当执行。

第四章 应急处理

第二十六条 重大动物疫情发生后，国务院和有关地方人民政府设立的重大动物疫情应急指挥部统一领导、指挥重大动物疫情应急工作。

第二十七条 重大动物疫情发生后，县级以上地方人民政府兽医主管部门应当立即划定疫点、疫区和受威胁区，调查疫源，向本级人民政府提出启动重大动物疫情应急指挥系统、应急预案和对疫区实行封锁的建议，有关人民政府应当立即作出决定。

疫点、疫区和受威胁区的范围应当按照不同动物疫病病种及其流行特点和危害程度划定，具体划定标准由国务院兽医主管部门制定。

第二十八条 国家对重大动物疫情应急处理实行分级管理，按照应急预案确定的疫情等级，由有关人民政府采取相应的应急控制措施。

第二十九条 对疫点应当采取下列措施：

（一）扑杀并销毁染疫动物和易感染的动物及其产品；

（二）对病死的动物、动物排泄物、被污染饲料、垫料、污水进行无害化处理；

（三）对被污染的物品、用具、动物圈舍、场地进行严格消毒。

第三十条 对疫区应当采取下列措施：

（一）在疫区周围设置警示标志，在出入疫区的交通路口设置临时动物检疫消毒站，对出入的人员和车辆进行消毒；

（二）扑杀并销毁染疫和疑似染疫动物及其同群动物，销毁染疫和疑似染疫的动物产品，对其他易感染的动物实行圈养或者在指定地点放养，役用动物限制在疫区内使役；

（三）对易感染的动物进行监测，并按照国务院兽医主管部门的规定实施紧急免疫接种，必要时对易感染的动物进行扑杀；

（四）关闭动物及动物产品交易市场，禁止动物进出疫区和动物产品运出疫区；

（五）对动物圈舍、动物排泄物、垫料、污水和其他可能受污染的物品、场地，进行消毒或者无害化处理。

第三十一条 对受威胁区应当采取下列措施：

（一）对易感染的动物进行监测；

（二）对易感染的动物根据需要实施紧急免疫接种。

第三十二条 重大动物疫情应急处理中设置临时动物检疫消毒站以及采取隔离、扑杀、销毁、消毒、紧急免疫接种等控制、扑灭措施的，由有关重大动物疫情应急指挥部决定，有关单位和个人必须服从；拒不服从的，由公安机关协助执行。

第三十三条 国家对疫区、受威胁区内易感染的动物免费实施紧急免疫接种；对因采取扑杀、销毁等措施给当事人造成的已经证实的损失，给予合理补偿。紧急免疫接种和补偿所需费用，由中央财政和地方财政分担。

第三十四条 重大动物疫情应急指挥部根据应急处理需要，有权紧急调集人员、物资、运输工具以及相关设施、设备。

单位和个人的物资、运输工具以及相关设施、设备被征集使用的，有关人民政府应当及时归还并给予合理补偿。

第三十五条 重大动物疫情发生后，县级以上人民政府兽医主管部门应当及时提出疫点、疫区、受威胁区的处理方案，加强疫情监测、流行病学调查、疫源追踪工作，对染疫和疑似染疫动物及其同群动物和其他易感染动物的扑杀、销毁进行技术指导，并组织实施检验检疫、消毒、无害化处理和紧急免疫接种。

第三十六条 重大动物疫情应急处理中，县级以上人民政府有关部门应当在各自的职责范围内，做好重大动物疫情应急所需的物资紧急调度和运输、应急经费安排、疫区群众救济、人的疫病防治、肉食品供应、动物及其产品市场监管、出入境检验检疫和社会治安维护等工作。

中国人民解放军、中国人民武装警察部队应当支持配合驻地人民政府做好重大动物疫情的应急工作。

第三十七条 重大动物疫情应急处理中，乡镇人民政府、村民委员会、居民委员会应当组织力量，向村民、居民宣传动物疫病防治的相关知识，协助做好疫情信息的收集、报告和各项应急处理措施的落实工作。

第三十八条 重大动物疫情发生地的人民政府和毗邻地区的人民政府应当通力合作，相互配合，做好重大动物疫情的控制、扑灭工作。

第三十九条 有关人民政府及其有关部门对参加重大动物疫情应急处理的人员，应当采取必要的卫生防护和技术指导等措施。

第四十条 自疫区内最后一头（只）发病动物及其同群动物处理完毕起，经过一个潜伏期以上的监测，未出现新的病例的，彻底消毒后，经上一级动物防疫监督机构验收合格，由原发布封锁令的人民政府宣布解除封锁，撤销疫区；由原批准机关撤销在该疫区设立的临时动物检疫消毒站。

第四十一条 县级以上人民政府应当将重大动物疫情确认、疫区封锁、扑杀及其补偿、消毒、无害化处理、疫源追踪、疫情监测以及应急物资储备等应急经费列入本级财政预算。

第五章　法律责任

第四十二条 违反本条例规定，兽医主管部门及其所属的动物防疫监督机构有下列行为之一的，由本级人民政府或者上级人民政府有关部门责令立即改正、通报批评、给予警告；对主要负责人、负有责任的主管人员和其他责任人员，依法给予记大过、降级、撤职直至开除的行政处分；构成犯罪的，依法追究刑事责任：

（一）不履行疫情报告职责，瞒报、谎报、迟报或者授意他人瞒报、谎报、迟报，阻碍他人报告重大动物疫情的；

（二）在重大动物疫情报告期间，不采取临时隔离控制措施，导致动物疫情扩散的；

（三）不及时划定疫点、疫区和受威胁区，不及时向本级人民政府提出应急处理建议，或者不按照规定对疫点、疫区和受威胁区采取预防、控制、扑灭措施的；

（四）不向本级人民政府提出启动应急指挥系统、应急预案和对疫区的封锁建议的；

（五）对动物扑杀、销毁不进行技术指导或者指导不力，或者不组织实施检验检疫、消毒、无害化处理和紧急免疫接种的；

（六）其他不履行本条例规定的职责，导致动物疫病传播、流行，或者对养殖业生产安全和公众身体健康与生命安全造成严重危害的。

第四十三条 违反本条例规定，县级以上人民政府有关部门不履行应急处理职责，不执行对疫点、疫区和受威胁区采取的措施，或者对上级人民政府有关部门的疫情调查不予配合或者阻碍、拒绝的，由本级人民政府或者上级人民政府有关部门责令立即改正、通报批评、给予警告；对主要负责人、负有责任的主管人员和其他责任人员，依法给予记大过、降级、撤职直至开除的行政处分；构成犯罪的，依法追究刑事责任。

第四十四条 违反本条例规定，有关地方人民政府阻碍报告重大动物疫情，不履行应急处理职责，不按照规定对疫点、疫区和受威胁区采取预防、控制、扑灭措施，或者对上级人民政府有关部门的疫情调查不予配合或者阻碍、拒绝的，由上级人民政府责令立即改正、通报批评、给予警告；对政府主要领导人依法给予记大过、降级、撤职直至开除的行政处分；构成犯罪的，依法追究刑事责任。

第四十五条 截留、挪用重大动物疫情应急经费，或者侵占、挪用应急储备物资的，按照《财政违法行为处罚处分条例》的规定处理；构成犯罪的，依法追究刑事责任。

第四十六条 违反本条例规定，拒绝、阻碍动物防疫监督机构进行重大动物疫情监测，或者发现动物出现群体发病或者死亡，不向当地动物防疫监督机构报告的，由动物防疫监督机构给予警告，并处2 000元以上5 000元以下的罚款；构成犯罪的，依法追究刑事责任。

第四十七条 违反本条例规定，不符合相应条件采集重大动物疫病病料，或者在重大动物疫病病原分离时不遵守国家有关生物安全管理规定的，由动物防疫监督机构给予警告，并处5 000元以下的罚款；构成犯罪的，依法追究刑

事责任。

第四十八条 在重大动物疫情发生期间，哄抬物价、欺骗消费者，散布谣言、扰乱社会秩序和市场秩序的，由价格主管部门、工商行政管理部门或者公安机关依法给予行政处罚；构成犯罪的，依法追究刑事责任。

第六章 附 则

第四十九条 本条例自公布之日起施行。

二、病原微生物实验室生物安全管理条例

（2004 年 11 月 12 日中华人民共和国国务院令第 424 号公布　根据 2016 年 2 月 6 日《国务院关于修改部分行政法规的决定》第一次修订　根据 2018 年 3 月 19 日《国务院关于修改和废止部分行政法规的决定》第二次修订）

第一章　总　　则

第一条　为了加强病原微生物实验室（以下称实验室）生物安全管理，保护实验室工作人员和公众的健康，制定本条例。

第二条　对中华人民共和国境内的实验室及其从事实验活动的生物安全管理，适用本条例。

本条例所称病原微生物，是指能够使人或者动物致病的微生物。

本条例所称实验活动，是指实验室从事与病原微生物菌（毒）种、样本有关的研究、教学、检测、诊断等活动。

第三条　国务院卫生主管部门主管与人体健康有关的实验室及其实验活动的生物安全监督工作。

国务院兽医主管部门主管与动物有关的实验室及其实验活动的生物安全监督工作。

国务院其他有关部门在各自职责范围内负责实验室及其实验活动的生物安全管理工作。

县级以上地方人民政府及其有关部门在各自职责范围内负责实验室及其实验活动的生物安全管理工作。

第四条　国家对病原微生物实行分类管理，对实验室实行分级管理。

第五条　国家实行统一的实验室生物安全标准。实验室应当符合国家标准和要求。

第六条　实验室的设立单位及其主管部门负责实验室日常活动的管理，承担建立健全安全管理制度，检查、维护实验设施、设备，控制实验室感染的职责。

第二章　病原微生物的分类和管理

第七条　国家根据病原微生物的传染性、感染后对个体或者群体的危害程度，将病原微生物分为四类：

第一类病原微生物，是指能够引起人类或者动物非常严重疾病的微生物，以及我国尚未发现或者已经宣布消灭的微生物。

第二类病原微生物，是指能够引起人类或者动物严重疾病，比较容易直接或者间接在人与人、动物与人、动物与动物间传播的微生物。

第三类病原微生物，是指能够引起人类或者动物疾病，但一般情况下对人、动物或者环境不构成严重危害，传播风险有限，实验室感染后很少引起严重疾病，并且具备有效治疗和预防措施的微生物。

第四类病原微生物，是指在通常情况下不会引起人类或者动物疾病的微生物。

第一类、第二类病原微生物统称为高致病性病原微生物。

第八条　人间传染的病原微生物名录由国务院卫生主管部门商国务院有关部门后制定、调整并予以公布；动物间传染的病原微生物名录由国务院兽医主管部门商国务院有关部门后制定、调整并予以公布。

第九条 采集病原微生物样本应当具备下列条件：

（一）具有与采集病原微生物样本所需要的生物安全防护水平相适应的设备；

（二）具有掌握相关专业知识和操作技能的工作人员；

（三）具有有效地防止病原微生物扩散和感染的措施；

（四）具有保证病原微生物样本质量的技术方法和手段。

采集高致病性病原微生物样本的工作人员在采集过程中应当防止病原微生物扩散和感染，并对样本的来源、采集过程和方法等作详细记录。

第十条 运输高致病性病原微生物菌（毒）种或者样本，应当通过陆路运输；没有陆路通道，必须经水路运输的，可以通过水路运输；紧急情况下或者需要将高致病性病原微生物菌（毒）种或者样本运往国外的，可以通过民用航空运输。

第十一条 运输高致病性病原微生物菌（毒）种或者样本，应当具备下列条件：

（一）运输目的、高致病性病原微生物的用途和接收单位符合国务院卫生主管部门或者兽医主管部门的规定；

（二）高致病性病原微生物菌（毒）种或者样本的容器应当密封，容器或者包装材料还应当符合防水、防破损、防外泄、耐高（低）温、耐高压的要求；

（三）容器或者包装材料上应当印有国务院卫生主管部门或者兽医主管部门规定的生物危险标识、警告用语和提示用语。

运输高致病性病原微生物菌（毒）种或者样本，应当经省级以上人民政府卫生主管部门或者兽医主管部门批准。在省、自治区、直辖市行政区域内运输的，由省、自治区、直辖市人民政府卫生主管部门或者兽医主管部门批准；需要跨省、自治区、直辖市运输或者运往国外的，由出发地的省、自治区、直辖市人民政府卫生主管部门或者兽医主管部门进行初审后，分别报国务院卫生主管部门或者兽医主管部门批准。

出入境检验检疫机构在检验检疫过程中需要运输病原微生物样本的，由国务院出入境检验检疫部门批准，并同时向国务院卫生主管部门或者兽医主管部门通报。

通过民用航空运输高致病性病原微生物菌（毒）种或者样本的，除依照本条第二款、第三款规定取得批准外，还应当经国务院民用航空主管部门批准。

有关主管部门应当对申请人提交的关于运输高致病性病原微生物菌（毒）种或者样本的申请材料进行审查，对符合本条第一款规定条件的，应当即时批准。

第十二条 运输高致病性病原微生物菌（毒）种或者样本，应当由不少于2人的专人护送，并采取相应的防护措施。

有关单位或者个人不得通过公共电（汽）车和城市铁路运输病原微生物菌（毒）种或者样本。

第十三条 需要通过铁路、公路、民用航空等公共交通工具运输高致病性病原微生物菌（毒）种或者样本的，承运单位应当凭本条例第十一条规定的批准文件予以运输。

承运单位应当与护送人共同采取措施，确保所运输的高致病性病原微生物菌（毒）种或者样本的安全，严防发生被盗、被抢、丢失、泄漏事件。

第十四条 国务院卫生主管部门或者兽医主管部门指定的菌（毒）种保藏中心或者专业实验室（以下称保藏机构），承担集中储存病原微生物菌（毒）种和样本的任务。

保藏机构应当依照国务院卫生主管部门或者兽医主管部门的规定，储存实验室送交的病原微生物菌（毒）种和样本，并向实验室提供病原微生物菌（毒）种和样本。

保藏机构应当制定严格的安全保管制度，作好病原微生物菌（毒）种和样本进出和储存的记录，建立档案制度，并指定专人负责。对高致病性病原微生物菌（毒）种和样本应当设专库或者专柜单独储存。

保藏机构储存、提供病原微生物菌（毒）种和样本，不得收取任何费用，其经费由同级财政在单位预算中予以保障。

保藏机构的管理办法由国务院卫生主管部门会同国务院兽医主管部门制定。

第十五条 保藏机构应当凭实验室依照本条例的规定取得的从事高致病性病原微生物相关实验活动的批准文件，向实验室提供高致病性病原微生物菌（毒）种和样本，并予以登记。

第十六条 实验室在相关实验活动结束后，应当依照国务院卫生主管部门或者兽医主管部门的规定，及时将病原微生物菌（毒）种和样本就地销毁或者送交保藏机构保管。

保藏机构接受实验室送交的病原微生物菌（毒）种和样本，应当予以登记，并开具接收证明。

第十七条 高致病性病原微生物菌（毒）种或者样本在运输、储存中被盗、被抢、丢失、泄漏的，承运单位、护送人、保藏机构应当采取必要的控制措施，并在2小时内分别向承运单位的主管部门、护送人所在单位和保藏机构的主管部门报告，同时向所在地的县级人民政府卫生主管部门或者兽医主管部门报告，发生被盗、被抢、丢失的，还应当向公安机关报告；接到报告的卫生主管部门或者兽医主管部门应当在2小时内向本级人民政府报告，并同时向上级人民政府卫生主管部门或者兽医主管部门和国务院卫生主管部门或者兽医主管部门报告。

县级人民政府应当在接到报告后2小时内向设区的市级人民政府或者上一级人民政府报告；设区的市级人民政府应当在接到报告后2小时内向省、自治区、直辖市人民政府报告。省、自治区、直辖市人民政府应当在接到报告后1小时内，向国务院卫生主管部门或者兽医主管部门报告。

任何单位和个人发现高致病性病原微生物菌（毒）种或者样本的容器或者包装材料，应当及时向附近的卫生主管部门或者兽医主管部门报告；接到报告的卫生主管部门或者兽医主管部门应当及时组织调查核实，并依法采取必要的控制措施。

第三章 实验室的设立与管理

第十八条 国家根据实验室对病原微生物的生物安全防护水平，并依照实验室生物安全国家标准的规定，将实验室分为一级、二级、三级、四级。

第十九条 新建、改建、扩建三级、四级实验室或者生产、进口移动式三级、四级实验室应当遵守下列规定：

（一）符合国家生物安全实验室体系规划并依法履行有关审批手续；

（二）经国务院科技主管部门审查同意；

（三）符合国家生物安全实验室建筑技术规范；

（四）依照《中华人民共和国环境影响评价法》的规定进行环境影响评价并经环境保护主管部门审查批准；

（五）生物安全防护级别与其拟从事的实验活动相适应。

前款规定所称国家生物安全实验室体系规划，由国务院投资主管部门会同国务院有关部门制定。制定国家生物安全实验室体系规划应当遵循总量控制、合理布局、资源共享的原则，并应当召开听证会或者论证会，听取公共卫生、环境保护、投资管理和实验室管理等方面专家的意见。

第二十条 三级、四级实验室应当通过实验室国家认可。

国务院认证认可监督管理部门确定的认可机构应当依照实验室生物安全国家标准以及本条例的有关规定，对三级、四级实验室进行认可；实验室通过认可的，颁发相应级别的生物安全实验室证书。证书有效期为5年。

第二十一条 一级、二级实验室不得从事高致病性病原微生物实验活动。三级、四级实验室从事高致病性病原微生物实验活动，应当具备下列条件：

（一）实验目的和拟从事的实验活动符合国务院卫生主管部门或者兽医主管部门的规定；

（二）通过实验室国家认可；

（三）具有与拟从事的实验活动相适应的工作人员；

（四）工程质量经建筑主管部门依法检测验收合格。

第二十二条 三级、四级实验室，需要从事某种高致病性病原微生物或者疑似高致病性病原微生物实验活动的，应当依照国务院卫生主管部门或者兽医主管部门的规定报省级以上人民政府卫生主管部门或者兽医主管部门批准。实验活动结果以及工作情况应当向原批准部门报告。

实验室申报或者接受与高致病性病原微生物有关的科研项目，应当符合科研需要和生物安全要求，具有相应的生物安全防护水平。与动物间传染的高致病性病原微生物有关的科研项目，应当经国务院兽医主管部门同意；与人体健康有关的高致病性病原微生物科研项目，实验室应当将立项结果告知省级以上人民政府卫生主管部门。

第二十三条 出入境检验检疫机构、医疗卫生机构、动物防疫机构在实验室开展检测、诊断工作时，发现高致病性病原微生物或者疑似高致病

病性病原微生物，需要进一步从事这类高致病性病原微生物相关实验活动的，应当依照本条例的规定经批准同意，并在具备相应条件的实验室中进行。

专门从事检测、诊断的实验室应当严格依照国务院卫生主管部门或者兽医主管部门的规定，建立健全规章制度，保证实验室生物安全。

第二十四条　省级以上人民政府卫生主管部门或者兽医主管部门应当自收到需要从事高致病性病原微生物相关实验活动的申请之日起15日内作出是否批准的决定。

对出入境检验检疫机构为了检验检疫工作的紧急需要，申请在实验室对高致病性病原微生物或者疑似高致病性病原微生物开展进一步实验活动的，省级以上人民政府卫生主管部门或者兽医主管部门应当自收到申请之时起2小时内作出是否批准的决定；2小时内未作出决定的，实验室可以从事相应的实验活动。

省级以上人民政府卫生主管部门或者兽医主管部门应当为申请人通过电报、电传、传真、电子数据交换和电子邮件等方式提出申请提供方便。

第二十五条　新建、改建或者扩建一级、二级实验室，应当向设区的市级人民政府卫生主管部门或者兽医主管部门备案。设区的市级人民政府卫生主管部门或者兽医主管部门应当每年将备案情况汇总后报省、自治区、直辖市人民政府卫生主管部门或者兽医主管部门。

第二十六条　国务院卫生主管部门和兽医主管部门应当定期汇总并互相通报实验室数量和实验室设立、分布情况，以及三级、四级实验室从事高致病性病原微生物实验活动的情况。

第二十七条　已经建成并通过实验室国家认可的三级、四级实验室应当向所在地的县级人民政府环境保护主管部门备案。环境保护主管部门依照法律、行政法规的规定对实验室排放的废水、废气和其他废物处置情况进行监督检查。

第二十八条　对我国尚未发现或者已经宣布消灭的病原微生物，任何单位和个人未经批准不得从事相关实验活动。

为了预防、控制传染病，需要从事前款所指病原微生物相关实验活动的，应当经国务院卫生主管部门或者兽医主管部门批准，并在批准部门指定的专业实验室中进行。

第二十九条　实验室使用新技术、新方法从事高致病性病原微生物相关实验活动的，应当符合防止高致病性病原微生物扩散、保证生物安全和操作者人身安全的要求，并经国家病原微生物实验室生物安全专家委员会论证；经论证可行的，方可使用。

第三十条　需要在动物体上从事高致病性病原微生物相关实验活动的，应当在符合动物实验室生物安全国家标准的三级以上实验室进行。

第三十一条　实验室的设立单位负责实验室的生物安全管理。

实验室的设立单位应当依照本条例的规定制定科学、严格的管理制度，并定期对有关生物安全规定的落实情况进行检查，定期对实验室设施、设备、材料等进行检查、维护和更新，以确保其符合国家标准。

实验室的设立单位及其主管部门应当加强对实验室日常活动的管理。

第三十二条　实验室负责人为实验室生物安全的第一责任人。

实验室从事实验活动应当严格遵守有关国家标准和实验室技术规范、操作规程。实验室负责人应当指定专人监督检查实验室技术规范和操作规程的落实情况。

第三十三条　从事高致病性病原微生物相关实验活动的实验室的设立单位，应当建立健全安全保卫制度，采取安全保卫措施，严防高致病性病原微生物被盗、被抢、丢失、泄漏，保障实验室及其病原微生物的安全。实验室发生高致病性病原微生物被盗、被抢、丢失、泄漏的，实验室的设立单位应当依照本条例第十七条的规定进行报告。

从事高致病性病原微生物相关实验活动的实验室应当向当地公安机关备案，并接受公安机关有关实验室安全保卫工作的监督指导。

第三十四条　实验室或者实验室的设立单位应当每年定期对工作人员进行培训，保证其掌握实验室技术规范、操作规程、生物安全防护知识和实际操作技能，并进行考核。工作人员经考核合格的，方可上岗。

从事高致病性病原微生物相关实验活动的实验室，应当每半年将培训、考核其工作人员的情况和实验室运行情况向省、自治区、直辖市人民政府卫生主管部门或者兽医主管部门报告。

第三十五条　从事高致病性病原微生物相关实验活动应当有2名以上的工作人员共同进行。

进入从事高致病性病原微生物相关实验活动的实验室的工作人员或者其他有关人员，应当经实验室负责人批准。实验室应当为其提供符合防护要求的防护用品并采取其他职业防护措施。从事高致病性病原微生物相关实验活动的实验室，还应当对实验室工作人员进行健康监测，每年组织对其进行体检，并建立健康档案；必要时，应当对实验室工作人员进行预防接种。

第三十六条 在同一个实验室的同一个独立安全区域内，只能同时从事一种高致病性病原微生物的相关实验活动。

第三十七条 实验室应当建立实验档案，记录实验室使用情况和安全监督情况。实验室从事高致病性病原微生物相关实验活动的实验档案保存期，不得少于20年。

第三十八条 实验室应当依照环境保护的有关法律、行政法规和国务院有关部门的规定，对废水、废气以及其他废物进行处置，并制定相应的环境保护措施，防止环境污染。

第三十九条 三级、四级实验室应当在明显位置标示国务院卫生主管部门和兽医主管部门规定的生物危险标识和生物安全实验室级别标志。

第四十条 从事高致病性病原微生物相关实验活动的实验室应当制定实验室感染应急处置预案，并向该实验室所在地的省、自治区、直辖市人民政府卫生主管部门或者兽医主管部门备案。

第四十一条 国务院卫生主管部门和兽医主管部门会同国务院有关部门组织病原学、免疫学、检验医学、流行病学、预防兽医学、环境保护和实验室管理等方面的专家，组成国家病原微生物实验室生物安全专家委员会。该委员会承担从事高致病性病原微生物相关实验活动的实验室的设立与运行的生物安全评估和技术咨询、论证工作。

省、自治区、直辖市人民政府卫生主管部门和兽医主管部门会同同级人民政府有关部门组织病原学、免疫学、检验医学、流行病学、预防兽医学、环境保护和实验室管理等方面的专家，组成本地区病原微生物实验室生物安全专家委员会。该委员会承担本地区实验室设立和运行的技术咨询工作。

第四章 实验室感染控制

第四十二条 实验室的设立单位应当指定专门的机构或者人员承担实验室感染控制工作，定期检查实验室的生物安全防护、病原微生物菌（毒）种和样本保存与使用、安全操作、实验室排放的废水和废气以及其他废物处置等规章制度的实施情况。

负责实验室感染控制工作的机构或者人员应当具有与该实验室中的病原微生物有关的传染病防治知识，并定期调查、了解实验室工作人员的健康状况。

第四十三条 实验室工作人员出现与本实验室从事的高致病性病原微生物相关实验活动有关的感染临床症状或者体征时，实验室负责人应当向负责实验室感染控制工作的机构或者人员报告，同时派专人陪同及时就诊；实验室工作人员应当将近期所接触的病原微生物的种类和危险程度如实告知诊治医疗机构。接诊的医疗机构应当及时救治；不具备相应救治条件的，应当依照规定将感染的实验室工作人员转诊至具备相应传染病救治条件的医疗机构；具备相应传染病救治条件的医疗机构应当接诊治疗，不得拒绝救治。

第四十四条 实验室发生高致病性病原微生物泄漏时，实验室工作人员应当立即采取控制措施，防止高致病性病原微生物扩散，并同时向负责实验室感染控制工作的机构或者人员报告。

第四十五条 负责实验室感染控制工作的机构或者人员接到本条例第四十三条、第四十四条规定的报告后，应当立即启动实验室感染应急处置预案，并组织人员对该实验室生物安全状况等情况进行调查；确认发生实验室感染或者高致病性病原微生物泄漏的，应当依照本条例第十七条的规定进行报告，并同时采取控制措施，对有关人员进行医学观察或者隔离治疗，封闭实验室，防止扩散。

第四十六条 卫生主管部门或者兽医主管部门接到关于实验室发生工作人员感染事故或者病原微生物泄漏事件的报告，或者发现实验室从事病原微生物相关实验活动造成实验室感染事故的，应当立即组织疾病预防控制机构、动物防疫监督机构和医疗机构以及其他有关机构依法采取下列预防、控制措施：

（一）封闭被病原微生物污染的实验室或者可能造成病原微生物扩散的场所；

（二）开展流行病学调查；

（三）对病人进行隔离治疗，对相关人员进行医学检查；

（四）对密切接触者进行医学观察；

（五）进行现场消毒；

（六）对染疫或者疑似染疫的动物采取隔离、扑杀等措施；

（七）其他需要采取的预防、控制措施。

第四十七条 医疗机构或者兽医医疗机构及其执行职务的医务人员发现由于实验室感染而引起的与高致病性病原微生物相关的传染病病人、疑似传染病病人或者患有疫病、疑似患有疫病的动物，诊治的医疗机构或者兽医医疗机构应当在2小时内报告所在地的县级人民政府卫生主管部门或者兽医主管部门；接到报告的卫生主管部门或者兽医主管部门应当在2小时内通报实验室所在地的县级人民政府卫生主管部门或者兽医主管部门。接到通报的卫生主管部门或者兽医主管部门应当依照本条例第四十六条的规定采取预防、控制措施。

第四十八条 发生病原微生物扩散，有可能造成传染病暴发、流行时，县级以上人民政府卫生主管部门或者兽医主管部门应当依照有关法律、行政法规的规定以及实验室感染应急处置预案进行处理。

第五章 监督管理

第四十九条 县级以上地方人民政府卫生主管部门、兽医主管部门依照各自分工，履行下列职责：

（一）对病原微生物菌（毒）种、样本的采集、运输、储存进行监督检查；

（二）对从事高致病性病原微生物相关实验活动的实验室是否符合本条例规定的条件进行监督检查；

（三）对实验室或者实验室的设立单位培训、考核其工作人员以及上岗人员的情况进行监督检查；

（四）对实验室是否按照有关国家标准、技术规范和操作规程从事病原微生物相关实验活动进行监督检查。

县级以上地方人民政府卫生主管部门、兽医主管部门，应当主要通过检查反映实验室执行国家有关法律、行政法规以及国家标准和要求的记录、档案、报告，切实履行监督管理职责。

第五十条 县级以上人民政府卫生主管部门、兽医主管部门、环境保护主管部门在履行监督检查职责时，有权进入被检查单位和病原微生物泄漏或者扩散现场调查取证、采集样品，查阅复制有关资料。需要进入从事高致病性病原微生物相关实验活动的实验室调查取证、采集样品的，应当指定或者委托专业机构实施。被检查单位应当予以配合，不得拒绝、阻挠。

第五十一条 国务院认证认可监督管理部门依照《中华人民共和国认证认可条例》的规定对实验室认可活动进行监督检查。

第五十二条 卫生主管部门、兽医主管部门、环境保护主管部门应当依据法定的职权和程序履行职责，做到公正、公平、公开、文明、高效。

第五十三条 卫生主管部门、兽医主管部门、环境保护主管部门的执法人员执行职务时，应当有2名以上执法人员参加，出示执法证件，并依照规定填写执法文书。

现场检查笔录、采样记录等文书经核对无误后，应当由执法人员和被检查人、被采样人签名。被检查人、被采样人拒绝签名的，执法人员应当在自己签名后注明情况。

第五十四条 卫生主管部门、兽医主管部门、环境保护主管部门及其执法人员执行职务，应当自觉接受社会和公民的监督。公民、法人和其他组织有权向上级人民政府及其卫生主管部门、兽医主管部门、环境保护主管部门举报地方人民政府及其有关主管部门不依照规定履行职责的情况。接到举报的有关人民政府或者其卫生主管部门、兽医主管部门、环境保护主管部门，应当及时调查处理。

第五十五条 上级人民政府卫生主管部门、兽医主管部门、环境保护主管部门发现属于下级人民政府卫生主管部门、兽医主管部门、环境保护主管部门职责范围内需要处理的事项的，应当及时告知该部门处理；下级人民政府卫生主管部门、兽医主管部门、环境保护主管部门不及时处理或者不积极履行本部门职责的，上级人民政府卫生主管部门、兽医主管部门、环境保护主管部门应当责令其限期改正；逾期不改正的，上级人民政府卫生主管部门、兽医主管部门、环境保护主管部门有权直接予以处理。

第六章 法律责任

第五十六条 三级、四级实验室未经批准从事某种高致病性病原微生物或者疑似高致病性病原微生物实验活动的，由县级以上地方人民政府卫生主管部门、兽医主管部门依照各自职责，责令停止有关活动，监督其将用于实验活动的病原微生物销毁或者送交保藏机构，并给予警告；造成传染病传播、流行或者其他严重后果的，由实验室的设立单位对主要负责人、直接负责的主管人员和其他直接责任人员，依法给予撤职、开除的处分；构成犯罪的，依法追究刑事责任。

第五十七条　卫生主管部门或者兽医主管部门违反本条例的规定，准予不符合本条例规定条件的实验室从事高致病性病原微生物相关实验活动的，由作出批准决定的卫生主管部门或者兽医主管部门撤销原批准决定，责令有关实验室立即停止有关活动，并监督其将用于实验活动的病原微生物销毁或者送交保藏机构，对直接负责的主管人员和其他直接责任人员依法给予行政处分；构成犯罪的，依法追究刑事责任。

因违法作出批准决定给当事人的合法权益造成损害的，作出批准决定的卫生主管部门或者兽医主管部门应当依法承担赔偿责任。

第五十八条　卫生主管部门或者兽医主管部门对出入境检验检疫机构为了检验检疫工作的紧急需要，申请在实验室对高致病性病原微生物或者疑似高致病性病原微生物开展进一步检测活动，不在法定期限内作出是否批准决定的，由其上级行政机关或者监察机关责令改正，给予警告；造成传染病传播、流行或者其他严重后果的，对直接负责的主管人员和其他直接责任人员依法给予撤职、开除的行政处分；构成犯罪的，依法追究刑事责任。

第五十九条　违反本条例规定，在不符合相应生物安全要求的实验室从事病原微生物相关实验活动的，由县级以上地方人民政府卫生主管部门、兽医主管部门依照各自职责，责令停止有关活动，监督其将用于实验活动的病原微生物销毁或者送交保藏机构，并给予警告；造成传染病传播、流行或者其他严重后果的，由实验室的设立单位对主要负责人、直接负责的主管人员和其他直接责任人员，依法给予撤职、开除的处分；构成犯罪的，依法追究刑事责任。

第六十条　实验室有下列行为之一的，由县级以上地方人民政府卫生主管部门、兽医主管部门依照各自职责，责令限期改正，给予警告；逾期不改正的，由实验室的设立单位对主要负责人、直接负责的主管人员和其他直接责任人员，依法给予撤职、开除的处分；有许可证件的，并由原发证部门吊销有关许可证件：

（一）未依照规定在明显位置标示国务院卫生主管部门和兽医主管部门规定的生物危险标识和生物安全实验室级别标志的；

（二）未向原批准部门报告实验活动结果以及工作情况的；

（三）未依照规定采集病原微生物样本，或者对所采集样本的来源、采集过程和方法等未作详细记录的；

（四）新建、改建或者扩建一级、二级实验室未向设区的市级人民政府卫生主管部门或者兽医主管部门备案的；

（五）未依照规定定期对工作人员进行培训，或者工作人员考核不合格允许其上岗，或者批准未采取防护措施的人员进入实验室的；

（六）实验室工作人员未遵守实验室生物安全技术规范和操作规程的；

（七）未依照规定建立或者保存实验档案的；

（八）未依照规定制定实验室感染应急处置预案并备案的。

第六十一条　经依法批准从事高致病性病原微生物相关实验活动的实验室的设立单位未建立健全安全保卫制度，或者未采取安全保卫措施的，由县级以上地方人民政府卫生主管部门、兽医主管部门依照各自职责，责令限期改正；逾期不改正，导致高致病性病原微生物菌（毒）种、样本被盗、被抢或者造成其他严重后果的，责令停止该项实验活动，该实验室 2 年内不得申请从事高致病性病原微生物实验活动；造成传染病传播、流行的，该实验室设立单位的主管部门还应当对该实验室的设立单位的直接负责的主管人员和其他直接责任人员，依法给予降级、撤职、开除的处分；构成犯罪的，依法追究刑事责任。

第六十二条　未经批准运输高致病性病原微生物菌（毒）种或者样本，或者承运单位经批准运输高致病性病原微生物菌（毒）种或者样本未履行保护义务，导致高致病性病原微生物菌（毒）种或者样本被盗、被抢、丢失、泄漏的，由县级以上地方人民政府卫生主管部门、兽医主管部门依照各自职责，责令采取措施，消除隐患，给予警告；造成传染病传播、流行或者其他严重后果

的，由托运单位和承运单位的主管部门对主要负责人、直接负责的主管人员和其他直接责任人员，依法给予撤职、开除的处分；构成犯罪的，依法追究刑事责任。

第六十三条 有下列行为之一的，由实验室所在地的设区的市级以上地方人民政府卫生主管部门、兽医主管部门依照各自职责，责令有关单位立即停止违法活动，监督其将病原微生物销毁或者送交保藏机构；造成传染病传播、流行或者其他严重后果的，由其所在单位或者其上级主管部门对主要负责人、直接负责的主管人员和其他直接责任人员，依法给予撤职、开除的处分；有许可证件的，并由原发证部门吊销有关许可证件；构成犯罪的，依法追究刑事责任：

（一）实验室在相关实验活动结束后，未依照规定及时将病原微生物菌（毒）种和样本就地销毁或者送交保藏机构保管的；

（二）实验室使用新技术、新方法从事高致病性病原微生物相关实验活动未经国家病原微生物实验室生物安全专家委员会论证的；

（三）未经批准擅自从事在我国尚未发现或者已经宣布消灭的病原微生物相关实验活动的；

（四）在未经指定的专业实验室从事在我国尚未发现或者已经宣布消灭的病原微生物相关实验活动的；

（五）在同一个实验室的同一个独立安全区域内同时从事两种或者两种以上高致病性病原微生物的相关实验活动的。

第六十四条 认可机构对不符合实验室生物安全国家标准以及本条例规定条件的实验室予以认可，或者对符合实验室生物安全国家标准以及本条例规定条件的实验室不予认可的，由国务院认证认可监督管理部门责令限期改正，给予警告；造成传染病传播、流行或者其他严重后果的，由国务院认证认可监督管理部门撤销其认可资格，有上级主管部门的，由其上级主管部门对主要负责人、直接负责的主管人员和其他直接责任人员依法给予撤职、开除的处分；构成犯罪的，依法追究刑事责任。

第六十五条 实验室工作人员出现该实验室从事的病原微生物相关实验活动有关的感染临床症状或者体征，以及实验室发生高致病性病原微生物泄漏时，实验室负责人、实验室工作人员、负责实验室感染控制的专门机构或者人员未依照规定报告，或者未依照规定采取控制措施的，由县级以上地方人民政府卫生主管部门、兽医主管部门依照各自职责，责令限期改正，给予警告；造成传染病传播、流行或者其他严重后果的，由其设立单位对实验室主要负责人、直接负责的主管人员和其他直接责任人员，依法给予撤职、开除的处分；有许可证件的，并由原发证部门吊销有关许可证件；构成犯罪的，依法追究刑事责任。

第六十六条 拒绝接受卫生主管部门、兽医主管部门依法开展有关高致病性病原微生物扩散的调查取证、采集样品等活动或者依照本条例规定采取有关预防、控制措施的，由县级以上人民政府卫生主管部门、兽医主管部门依照各自职责，责令改正，给予警告；造成传染病传播、流行以及其他严重后果的，由实验室的设立单位对实验室主要负责人、直接负责的主管人员和其他直接责任人员，依法给予降级、撤职、开除的处分；有许可证件的，并由原发证部门吊销有关许可证件；构成犯罪的，依法追究刑事责任。

第六十七条 发生病原微生物被盗、被抢、丢失、泄漏，承运单位、护送人、保藏机构和实验室的设立单位未依照本条例的规定报告的，由所在地的县级人民政府卫生主管部门或者兽医主管部门给予警告；造成传染病传播、流行或者其他严重后果的，由实验室的设立单位或者承运单位、保藏机构的上级主管部门对主要负责人、直接负责的主管人员和其他直接责任人员，依法给予撤职、开除的处分；构成犯罪的，依法追究刑事责任。

第六十八条 保藏机构未依照规定储存实验室送交的菌（毒）种和样本，或者未依照规定提供菌（毒）种和样本的，由其指定部门责令限期改正，收回违法提供的菌（毒）种和样本，并给予警告；造成传染病传播、流行或者其他严重后果的，由其所在单位或者其上级主管部门对主要负责人、直接负责的主管人员和其他直接责任人员，依法给予撤职、开除的处分；构成犯罪的，依法追究刑事责任。

第六十九条 县级以上人民政府有关主管部门，未依照本条例的规定履行实验室及其实验活动监督检查职责的，由有关人民政府在各自职责范围内责令改正，通报批评；造成传染病传播、流行或者其他严重后果的，对直接负责的主管人员，依法给予行政处分；构成犯罪的，依法追究刑事责任。

第七章 附 则

第七十条 军队实验室由中国人民解放军卫生主管部门参照本条例负责监督管理。

第七十一条 本条例施行前设立的实验室，应当自本条例施行之日起 6 个月内，依照本条例的规定，办理有关手续。

第七十二条 本条例自公布之日起施行。

三、中华人民共和国进出境动植物检疫法实施条例

（1996年12月2日中华人民共和国国务院令第206号发布　自1997年1月1日起施行）

第一章　总　　则

第一条　根据《中华人民共和国进出境动植物检疫法》（以下简称进出境动植物检疫法）的规定，制定本条例。

第二条　下列各物，依照进出境动植物检疫法和本条例的规定实施检疫：

（一）进境、出境、过境的动植物、动植物产品和其他检疫物；

（二）装载动植物、动植物产品和其他检疫物的装载容器、包装物、铺垫材料；

（三）来自动植物疫区的运输工具；

（四）进境拆解的废旧船舶；

（五）有关法律、行政法规、国际条约规定或者贸易合同约定应当实施进出境动植物检疫的其他货物、物品。

第三条　国务院农业行政主管部门主管全国进出境动植物检疫工作。

中华人民共和国动植物检疫局（以下简称国家动植物检疫局）统一管理全国进出境动植物检疫工作，收集国内外重大动植物疫情，负责国际进出境动植物检疫的合作与交流。

国家动植物检疫局在对外开放的口岸和进出境动植物检疫业务集中的地点设立的口岸动植物检疫机关，依照进出境动植物检疫法和本条例的规定，实施进出境动植物检疫。

第四条　国（境）外发生重大动植物疫情并可能传入中国时，根据情况采取下列紧急预防措施：

（一）国务院可以对相关边境区域采取控制措施，必要时下令禁止来自动植物疫区的运输工具进境或者封锁有关口岸；

（二）国务院农业行政主管部门可以公布禁止从动植物疫情流行的国家和地区进境的动植物、动植物产品和其他检疫物的名录；

（三）有关口岸动植物检疫机关可以对可能受病虫害污染的本条例第二条所列进境各物采取紧急检疫处理措施；

（四）受动植物疫情威胁地区的地方人民政府可以立即组织有关部门制定并实施应急方案，同时向上级人民政府和国家动植物检疫局报告。

邮电、运输部门对重大动植物疫情报告和送检材料应当优先传送。

第五条　享有外交、领事特权与豁免的外国机构和人员公用或者自用的动植物、动植物产品和其他检疫物进境，应当依照进出境动植物检疫法和本条例的规定实施检疫；口岸动植物检疫机关查验时，应当遵守有关法律的规定。

第六条　海关依法配合口岸动植物检疫机关，对进出境动植物、动植物产品和其他检疫物实行监管。具体办法由国务院农业行政主管部门会同海关总署制定。

第七条　进出境动植物检疫法所称动植物疫区和动植物疫情流行的国家与地区的名录，由国务院农业行政主管部门确定并公布。

第八条　对贯彻执行进出境动植物检疫法和本条例做出显著成绩的单位和个人，给予奖励。

第二章　检疫审批

第九条　输入动物、动物产品和进出境动植

物检疫法第五条第一款所列禁止进境物的检疫审批，由国家动植物检疫局或者其授权的口岸动植物检疫机关负责。

输入植物种子、种苗及其他繁殖材料的检疫审批，由植物检疫条例规定的机关负责。

第十条 符合下列条件的，方可办理进境检疫审批手续：

（一）输出国家或者地区无重大动植物疫情；

（二）符合中国有关动植物检疫法律、法规、规章的规定；

（三）符合中国与输出国家或者地区签订的有关双边检疫协定（含检疫协议、备忘录等，下同）。

第十一条 检疫审批手续应当在贸易合同或者协议签订前办妥。

第十二条 携带、邮寄植物种子、种苗及其他繁殖材料进境的，必须事先提出申请，办理检疫审批手续；因特殊情况无法事先办理的，携带人或者邮寄人应当在口岸补办检疫审批手续，经审批机关同意并经检疫合格后方准进境。

第十三条 要求运输动物过境的，货主或者其代理人必须事先向国家动植物检疫局提出书面申请，提交输出国家或者地区政府动植物检疫机关出具的疫情证明、输入国家或者地区政府动植物检疫机关出具的准许该动物进境的证件，并说明拟过境的路线，国家动植物检疫局审查同意后，签发《动物过境许可证》。

第十四条 因科学研究等特殊需要，引进进出境动植物检疫法第五条第一款所列禁止进境物的，办理禁止进境物特许检疫审批手续时，货主、物主或者其代理人必须提交书面申请，说明其数量、用途、引进方式、进境后的防疫措施，并附具有关口岸动植物检疫机关签署的意见。

第十五条 办理进境检疫审批手续后，有下列情况之一的，货主、物主或者其代理人应当重新申请办理检疫审批手续：

（一）变更进境物的品种或者数量的；

（二）变更输出国家或者地区的；

（三）变更进境口岸的；

（四）超过检疫审批有效期的。

第三章　进境检疫

第十六条 进出境动植物检疫法第十一条所称中国法定的检疫要求，是指中国的法律、行政法规和国务院农业行政主管部门规定的动植物检疫要求。

第十七条 国家对向中国输出动植物产品的国外生产、加工、存放单位，实行注册登记制度。具体办法由国务院农业行政主管部门制定。

第十八条 输入动植物、动植物产品和其他检疫物的，货主或者其代理人应当在进境前或者进境时向进境口岸动植物检疫机关报检。属于调离海关监管区检疫的，运达指定地点时，货主或者其代理人应当通知有关口岸动植物检疫机关。属于转关货物的，货主或者其代理人应当在进境时向进境口岸动植物检疫机关申报；到达指运地时，应当向指运地口岸动植物检疫机关报检。

输入种畜禽及其精液、胚胎的，应当在进境前30日报检；输入其他动物的，应当在进境前15日报检；输入植物种子、种苗及其他繁殖材料的，应当在进境前7日报检。

动植物性包装物、铺垫材料进境时，货主或者其代理人应当及时向口岸动植物检疫机关申报；动植物检疫机关可以根据具体情况对申报物实施检疫。

前款所称动植物性包装物、铺垫材料，是指直接用作包装物、铺垫材料的动物产品和植物、植物产品。

第十九条 向口岸动植物检疫机关报检时，应当填写报检单，并提交输出国家或者地区政府动植物检疫机关出具的检疫证书、产地证书和贸易合同、信用证、发票等单证；依法应当办理检疫审批手续的，还应当提交检疫审批单。无输出国家或者地区政府动植物检疫机关出具的有效检疫证书，或者未依法办理检疫审批手续的，口岸动植物检疫机关可以根据具体情况，作退回或者销毁处理。

第二十条 输入的动植物、动植物产品和其他检疫物运达口岸时，检疫人员可以到运输工具上和货物现场实施检疫，核对货、证是否相符，并可以按照规定采取样品。承运人、货主或者其代理人应当向检疫人员提供装载清单和有关资料。

第二十一条 装载动物的运输工具抵达口岸时，上下运输工具或者接近动物的人员，应当接受口岸动植物检疫机关实施的防疫消毒，并执行其采取的其他现场预防措施。

第二十二条 检疫人员应当按照下列规定实

施现场检疫：

（一）动物：检查有无疫病的临床症状。发现疑似感染传染病或者已死亡的动物时，在货主或者押运人的配合下查明情况，立即处理。动物的铺垫材料、剩余饲料和排泄物等，由货主或者其代理人在检疫人员的监督下，作除害处理。

（二）动物产品：检查有无腐败变质现象，容器、包装是否完好。符合要求的，允许卸离运输工具。发现散包、容器破裂的，由货主或者其代理人负责整理完好，方可卸离运输工具。根据情况，对运输工具的有关部位及装载动物产品的容器、外表包装、铺垫材料、被污染场地等进行消毒处理。需要实施实验室检疫的，按照规定采取样品。对易滋生植物害虫或者混藏杂草种子的动物产品，同时实施植物检疫。

（三）植物、植物产品：检查货物和包装物有无病虫害，并按照规定采取样品。发现病虫害并有扩散可能时，及时对该批货物、运输工具和装卸现场采取必要的防疫措施。对来自动物传染病疫区或者易带动物传染病和寄生虫病病原体并用作动物饲料的植物产品，同时实施动物检疫。

（四）动植物性包装物、铺垫材料：检查是否携带病虫害、混藏杂草种子、沾带土壤，并按照规定采取样品。

（五）其他检疫物：检查包装是否完好及是否被病虫害污染。发现破损或者被病虫害污染时，作除害处理。

第二十三条 对船舶、火车装运的大宗动植物产品，应当就地分层检查；限于港口、车站的存放条件，不能就地检查的，经口岸动植物检疫机关同意，也可以边卸载边疏运，将动植物产品运往指定的地点存放。在卸货过程中经检疫发现疫情时，应当立即停止卸货，由货主或者其代理人按照口岸动植物检疫机关的要求，对已卸和未卸货物作除害处理，并采取防止疫情扩散的措施；对被病虫害污染的装卸工具和场地，也应当作除害处理。

第二十四条 输入种用大中家畜的，应当在国家动植物检疫局设立的动物隔离检疫场所隔离检疫45日；输入其他动物的，应当在口岸动植物检疫机关指定的动物隔离检疫场所隔离检疫30日。动物隔离检疫场所管理办法，由国务院农业行政主管部门制定。

第二十五条 进境的同一批动植物产品分港卸货时，口岸动植物检疫机关只对本港卸下的货物进行检疫，先期卸货港的口岸动植物检疫机关应当将检疫及处理情况及时通知其他分卸港的口岸动植物检疫机关；需要对外出证的，由卸毕港的口岸动植物检疫机关汇总后统一出具检疫证书。

在分卸港实施检疫中发现疫情并必须进行船上熏蒸、消毒时，由该分卸港的口岸动植物检疫机关统一出具检疫证书，并及时通知其他分卸港的口岸动植物检疫机关。

第二十六条 对输入的动植物、动植物产品和其他检疫物，按照中国的国家标准、行业标准以及国家动植物检疫局的有关规定实施检疫。

第二十七条 输入动植物、动植物产品和其他检疫物，经检疫合格的，由口岸动植物检疫机关在报关单上加盖印章或者签发《检疫放行通知单》；需要调离进境口岸海关监管区检疫的，由进境口岸动植物检疫机关签发《检疫调离通知单》。货主或者其代理人凭口岸动植物检疫机关在报关单上加盖的印章或者签发的《检疫放行通知单》《检疫调离通知单》办理报关、运递手续。海关对输入的动植物、动植物产品和其他检疫物，凭口岸动植物检疫机关在报关单上加盖的印章或者签发的《检疫放行通知单》《检疫调离通知单》验放。运输、邮电部门凭单运递，运递期间国内其他检疫机关不再检疫。

第二十八条 输入动植物、动植物产品和其他检疫物，经检疫不合格的，由口岸动植物检疫机关签发《检疫处理通知单》，通知货主或者其代理人在口岸动植物检疫机关的监督和技术指导下，作除害处理；需要对外索赔的，由口岸动植物检疫机关出具检疫证书。

第二十九条 国家动植物检疫局根据检疫需要，并商输出动植物、动植物产品国家或者地区政府有关机关同意，可以派检疫人员进行预检、监装或者产地疫情调查。

第三十条 海关、边防等部门截获的非法进境的动植物、动植物产品和其他检疫物，应当就近交由口岸动植物检疫机关检疫。

第四章 出境检疫

第三十一条 货主或者其代理人依法办理动植物、动植物产品和其他检疫物的出境报检手续时，应当提供贸易合同或者协议。

第三十二条 对输入国要求中国对向其输出的动植物、动植物产品和其他检疫物的生产、加工、存放单位注册登记的，口岸动植物检疫机关可以实行注册登记，并报国家动植物检疫局备案。

第三十三条 输出动物，出境前需经隔离检疫的，在口岸动植物检疫机关指定的隔离场所检疫。输出植物、动植物产品和其他检疫物的，在仓库或者货场实施检疫；根据需要，也可以在生产、加工过程中实施检疫。

待检出境植物、动植物产品和其他检疫物，应当数量齐全、包装完好、堆放整齐、唛头标记明显。

第三十四条 输出动植物、动植物产品和其他检疫物的检疫依据：

（一）输入国家或者地区和中国有关动植物检疫规定；

（二）双边检疫协定；

（三）贸易合同中订明的检疫要求。

第三十五条 经启运地口岸动植物检疫机关检疫合格的动植物、动植物产品和其他检疫物，运达出境口岸时，按照下列规定办理：

（一）动物应当经出境口岸动植物检疫机关临床检疫或者复检；

（二）植物、动植物产品和其他检疫物从启运地随原运输工具出境的，由出境口岸动植物检疫机关验证放行；改换运输工具出境的，换证放行；

（三）植物、动植物产品和其他检疫物到达出境口岸后拼装的，因变更输入国家或者地区而有不同检疫要求的，或者超过规定的检疫有效期的，应当重新报检。

第三十六条 输出动植物、动植物产品和其他检疫物，经启运地口岸动植物检疫机关检疫合格的，运往出境口岸时，运输、邮电部门凭启运地口岸动植物检疫机关签发的检疫单证运递，国内其他检疫机关不再检疫。

第五章 过境检疫

第三十七条 运输动植物、动植物产品和其他检疫物过境（含转运，下同）的，承运人或者押运人应当持货运单和输出国家或者地区政府动植物检疫机关出具的证书，向进境口岸动植物检疫机关报检；运输动物过境的，还应当同时提交国家动植物检疫局签发的《动物过境许可证》。

第三十八条 过境动物运达进境口岸时，由进境口岸动植物检疫机关对运输工具、容器的外表进行消毒并对动物进行临床检疫，经检疫合格的，准予过境。进境口岸动植物检疫机关可以派检疫人员监运至出境口岸，出境口岸动植物检疫机关不再检疫。

第三十九条 装载过境植物、动植物产品和其他检疫物的运输工具和包装物、装载容器必须完好。经口岸动植物检疫机关检查，发现运输工具或者包装物、装载容器有可能造成途中散漏的，承运人或者押运人应当按照口岸动植物检疫机关的要求，采取密封措施；无法采取密封措施的，不准过境。

第六章 携带、邮寄物检疫

第四十条 携带、邮寄植物种子、种苗及其他繁殖材料进境，未依法办理检疫审批手续的，由口岸动植物检疫机关作退回或者销毁处理。邮件作退回处理的，由口岸动植物检疫机关在邮件及发递单上批注退回原因；邮件作销毁处理的，由口岸动植物检疫机关签发通知单，通知寄件人。

第四十一条 携带动植物、动植物产品和其他检疫物进境的，进境时必须向海关申报并接受口岸动植物检疫机关检疫。海关应当将申报或者查获的动植物、动植物产品和其他检疫物及时交由口岸动植物检疫机关检疫。未经检疫的，不得携带进境。

第四十二条 口岸动植物检疫机关可以在港口、机场、车站的旅客通道、行李提取处等现场进行检查，对可能携带动植物、动植物产品和其他检疫物而未申报的，可以进行查询并抽检其物品，必要时可以开包（箱）检查。

旅客进出境检查现场应当设立动植物检疫台位和标志。

第四十三条 携带动物进境的，必须持有输出动物的国家或者地区政府动植物检疫机关出具的检疫证书，经检疫合格后放行；携带犬、猫等宠物进境的，还必须持有疫苗接种证书。没有检疫证书、疫苗接种证书的，由口岸动植物检疫机关作限期退回或者没收销毁处理。作限期退回处理的，携带人必须在规定的时间内持口岸动植物检疫机关签发的截留凭证，领取并携带出境；逾期不领取的，作自动放弃处理。

携带植物、动植物产品和其他检疫物进境，经现场检疫合格的，当场放行；需要作实验室检疫或者隔离检疫的，由口岸动植物检疫机关签发截留凭证。截留检疫合格的，携带人持截留凭证向口岸动植物检疫机关领回；逾期不领回的，作自动放弃处理。

禁止携带、邮寄进出境动植物检疫法第二十九条规定的名录所列动植物、动植物产品和其他检疫物进境。

第四十四条　邮寄进境的动植物、动植物产品和其他检疫物，由口岸动植物检疫机关在国际邮件互换局（含国际邮件快递公司及其他经营国际邮件的单位，以下简称邮局）实施检疫。邮局应当提供必要的工作条件。

经现场检疫合格的，由口岸动植物检疫机关加盖检疫放行章，交邮局运递。需要作实验室检疫或者隔离检疫的，口岸动植物检疫机关应当向邮局办理交接手续；检疫合格的，加盖检疫放行章，交邮局运递。

第四十五条　携带、邮寄进境的动植物、动植物产品和其他检疫物，经检疫不合格又无有效方法作除害处理的，作退回或者销毁处理，并签发《检疫处理通知单》交携带人、寄件人。

第七章　运输工具检疫

第四十六条　口岸动植物检疫机关对来自动植物疫区的船舶、飞机、火车，可以登船、登机、登车实施现场检疫。有关运输工具负责人应当接受检疫人员的询问并在询问记录上签字，提供运行日志和装载货物的情况，开启舱室接受检疫。

口岸动植物检疫机关应当对前款运输工具可能隐藏病虫害的餐车、配餐间、厨房、储藏室、食品舱等动植物产品存放、使用场所和泔水、动植物性废弃物的存放场所以及集装箱箱体等区域或者部位，实施检疫；必要时，作防疫消毒处理。

第四十七条　来自动植物疫区的船舶、飞机、火车，经检疫发现有进出境动植物检疫法第十八条规定的名录所列病虫害的，必须作熏蒸、消毒或者其他除害处理。发现有禁止进境的动植物、动植物产品和其他检疫物的，必须作封存或者销毁处理；作封存处理的，在中国境内停留或者运行期间，未经口岸动植物检疫机关许可，不得启封动用。对运输工具上的泔水、动植物性废弃物及其存放场所、容器，应当在口岸动植物检疫机关的监督下作除害处理。

第四十八条　来自动植物疫区的进境车辆，由口岸动植物检疫机关作防疫消毒处理。装载进境动植物、动植物产品和其他检疫物的车辆，经检疫发现病虫害的，连同货物一并作除害处理。装运供应香港、澳门地区的动物的回空车辆，实施整车防疫消毒。

第四十九条　进境拆解的废旧船舶，由口岸动植物检疫机关实施检疫。发现病虫害的，在口岸动植物检疫机关监督下作除害处理。发现有禁止进境的动植物、动植物产品和其他检疫物的，在口岸动植物检疫机关的监督下作销毁处理。

第五十条　来自动植物疫区的进境运输工具经检疫或者经消毒处理合格后，运输工具负责人或者其代理人要求出证的，由口岸动植物检疫机关签发《运输工具检疫证书》或者《运输工具消毒证书》。

第五十一条　进境、过境运输工具在中国境内停留期间，交通员工和其他人员不得将所装载的动植物、动植物产品和其他检疫物带离运输工具；需要带离时，应当向口岸动植物检疫机关报检。

第五十二条　装载动物出境的运输工具，装载前应当在口岸动植物检疫机关监督下进行消毒处理。

装载植物、动植物产品和其他检疫物出境的运输工具，应当符合国家有关动植物防疫和检疫的规定。发现危险性病虫害或者超过规定标准的一般性病虫害的，作除害处理后方可装运。

第八章　检疫监督

第五十三条　国家动植物检疫局和口岸动植物检疫机关对进出境动植物、动植物产品的生产、加工、存放过程，实行检疫监督制度。具体办法由国务院农业行政主管部门制定。

第五十四条　进出境动物和植物种子、种苗及其他繁殖材料，需要隔离饲养、隔离种植的，在隔离期间，应当接受口岸动植物检疫机关的检疫监督。

第五十五条　从事进出境动植物检疫熏蒸、消毒处理业务的单位和人员，必须经口岸动植物检疫机关考核合格。

口岸动植物检疫机关对熏蒸、消毒工作进行监督、指导，并负责出具熏蒸、消毒证书。

第五十六条 口岸动植物检疫机关可以根据需要，在机场、港口、车站、仓库、加工厂、农场等生产、加工、存放进出境动植物、动植物产品和其他检疫物的场所实施动植物疫情监测，有关单位应当配合。

未经口岸动植物检疫机关许可，不得移动或者损坏动植物疫情监测器具。

第五十七条 口岸动植物检疫机关根据需要，可以对运载进出境动植物、动植物产品和其他检疫物的运输工具、装载容器加施动植物检疫封识或者标志；未经口岸动植物检疫机关许可，不得开拆或者损毁检疫封识、标志。

动植物检疫封识和标志由国家动植物检疫局统一制发。

第五十八条 进境动植物、动植物产品和其他检疫物，装载动植物、动植物产品和其他检疫物的装载容器、包装物，运往保税区（含保税工厂、保税仓库等）的，在进境口岸依法实施检疫；口岸动植物检疫机关可以根据具体情况实施检疫监督；经加工复运出境的，依照进出境动植物检疫法和本条例有关出境检疫的规定办理。

第九章 法律责任

第五十九条 有下列违法行为之一的，由口岸动植物检疫机关处5 000元以下的罚款：

（一）未报检或者未依法办理检疫审批手续或者未按检疫审批的规定执行的；

（二）报检的动植物、动植物产品和其他检疫物与实际不符的。

有前款第（二）项所列行为，已取得检疫单证的，予以吊销。

第六十条 有下列违法行为之一的，由口岸动植物检疫机关处3 000元以上3万元以下的罚款：

（一）未经口岸动植物检疫机关许可擅自将进境、过境动植物、动植物产品和其他检疫物卸离运输工具或者运递的；

（二）擅自调离或者处理在口岸动植物检疫机关指定的隔离场所中隔离检疫的动植物的；

（三）擅自开拆过境动植物、动植物产品和其他检疫物的包装，或者擅自开拆、损毁动植物检疫封识或者标志的；

（四）擅自抛弃过境动物的尸体、排泄物、铺垫材料或者其他废弃物，或者未按规定处理运输工具上的泔水、动植物性废弃物的。

第六十一条 依照本条例第十七条、第三十二条的规定注册登记的生产、加工、存放动植物、动植物产品和其他检疫物的单位，进出境的上述物品经检疫不合格的，除依照本条例有关规定作退回、销毁或者除害处理外，情节严重的，由口岸动植物检疫机关注销注册登记。

第六十二条 有下列违法行为之一的，依法追究刑事责任；尚不构成犯罪或者犯罪情节显著轻微依法不需要判处刑罚的，由口岸动植物检疫机关处2万元以上5万元以下的罚款：

（一）引起重大动植物疫情的；

（二）伪造、变造动植物检疫单证、印章、标志、封识的。

第六十三条 从事进出境动植物检疫熏蒸、消毒处理业务的单位和人员，不按照规定进行熏蒸和消毒处理的，口岸动植物检疫机关可以视情节取消其熏蒸、消毒资格。

第十章 附 则

第六十四条 进出境动植物检疫法和本条例下列用语的含义：

（一）“植物种子、种苗及其他繁殖材料”，是指栽培、野生的可供繁殖的植物全株或者部分，如植株、苗木（含试管苗）、果实、种子、砧木、接穗、插条、叶片、芽体、块根、块茎、鳞茎、球茎、花粉、细胞培养材料等；

（二）“装载容器”，是指可以多次使用、易受病虫害污染并用于装载进出境货物的容器，如笼、箱、桶、筐等；

（三）“其他有害生物”，是指动物传染病、寄生虫病和植物危险性病、虫、杂草以外的各种为害动植物的生物有机体、病原微生物，以及软体类、啮齿类、螨类、多足虫类动物和危险性病虫的中间寄主、媒介生物等；

（四）“检疫证书”，是指动植物检疫机关出具的关于动植物、动植物产品和其他检疫物健康或者卫生状况的具有法律效力的文件，如《动物检疫证书》《植物检疫证书》《动物健康证书》《兽医

卫生证书》《熏蒸/消毒证书》等。

第六十五条 对进出境动植物、动植物产品和其他检疫物因实施检疫或者按照规定作熏蒸、消毒、退回、销毁等处理所需费用或者招致的损失，由货主、物主或者其代理人承担。

第六十六条 口岸动植物检疫机关依法实施检疫，需要采取样品时，应当出具采样凭单；验余的样品，货主、物主或者其代理人应当在规定的期限内领回；逾期不领回的，由口岸动植物检疫机关按照规定处理。

第六十七条 贸易性动物产品出境的检疫机关，由国务院根据情况规定。

第六十八条 本条例自 1997 年 1 月 1 日起施行。

四、兽药管理条例

（2004年4月9日中华人民共和国国务院令第404号公布　根据2014年7月29日《国务院关于修改部分行政法规的决定》第一次修订　根据2016年2月6日《国务院关于修改部分行政法规的决定》第二次修订　根据2020年3月27日《国务院关于修改和废止部分行政法规的决定》第三次修订）

第一章　总　　则

第一条　为了加强兽药管理，保证兽药质量，防治动物疾病，促进养殖业的发展，维护人体健康，制定本条例。

第二条　在中华人民共和国境内从事兽药的研制、生产、经营、进出口、使用和监督管理，应当遵守本条例。

第三条　国务院兽医行政管理部门负责全国的兽药监督管理工作。

县级以上地方人民政府兽医行政管理部门负责本行政区域内的兽药监督管理工作。

第四条　国家实行兽用处方药和非处方药分类管理制度。兽用处方药和非处方药分类管理的办法和具体实施步骤，由国务院兽医行政管理部门规定。

第五条　国家实行兽药储备制度。

发生重大动物疫情、灾情或者其他突发事件时，国务院兽医行政管理部门可以紧急调用国家储备的兽药；必要时，也可以调用国家储备以外的兽药。

第二章　新兽药研制

第六条　国家鼓励研制新兽药，依法保护研制者的合法权益。

第七条　研制新兽药，应当具有与研制相适应的场所、仪器设备、专业技术人员、安全管理规范和措施。

研制新兽药，应当进行安全性评价。从事兽药安全性评价的单位应当遵守国务院兽医行政管理部门制定的兽药非临床研究质量管理规范和兽药临床试验质量管理规范。

省级以上人民政府兽医行政管理部门应当对兽药安全性评价单位是否符合兽药非临床研究质量管理规范和兽药临床试验质量管理规范的要求进行监督检查，并公布监督检查结果。

第八条　研制新兽药，应当在临床试验前向临床试验场所所在地省、自治区、直辖市人民政府兽医行政管理部门备案，并附具该新兽药实验室阶段安全性评价报告及其他临床前研究资料。

研制的新兽药属于生物制品的，应当在临床试验前向国务院兽医行政管理部门提出申请，国务院兽医行政管理部门应当自收到申请之日起60个工作日内将审查结果书面通知申请人。

研制新兽药需要使用一类病原微生物的，还应当具备国务院兽医行政管理部门规定的条件，并在实验室阶段前报国务院兽医行政管理部门批准。

第九条　临床试验完成后，新兽药研制者向国务院兽医行政管理部门提出新兽药注册申请时，应当提交该新兽药的样品和下列资料：

（一）名称、主要成分、理化性质；

（二）研制方法、生产工艺、质量标准和检测方法；

（三）药理和毒理试验结果、临床试验报告和稳定性试验报告；

（四）环境影响报告和污染防治措施。

研制的新兽药属于生物制品的，还应当提供菌（毒、虫）种、细胞等有关材料和资料。菌（毒、虫）种、细胞由国务院兽医行政管理部门指定的机构保藏。

研制用于食用动物的新兽药，还应当按照国务院兽医行政管理部门的规定进行兽药残留试验并提供休药期、最高残留限量标准、残留检测方法及其制定依据等资料。

国务院兽医行政管理部门应当自收到申请之日起 10 个工作日内，将决定受理的新兽药资料送其设立的兽药评审机构进行评审，将新兽药样品送其指定的检验机构复核检验，并自收到评审和复核检验结论之日起 60 个工作日内完成审查。审查合格的，发给新兽药注册证书，并发布该兽药的质量标准；不合格的，应当书面通知申请人。

第十条　国家对依法获得注册的、含有新化合物的兽药的申请人提交的其自己所取得且未披露的试验数据和其他数据实施保护。

自注册之日起 6 年内，对其他申请人未经已获得注册兽药的申请人同意，使用前款规定的数据申请兽药注册的，兽药注册机关不予注册；但是，其他申请人提交其自己所取得的数据的除外。

除下列情况外，兽药注册机关不得披露本条第一款规定的数据：

（一）公共利益需要；

（二）已采取措施确保该类信息不会被不正当地进行商业使用。

第三章　兽药生产

第十一条　从事兽药生产的企业，应当符合国家兽药行业发展规划和产业政策，并具备下列条件：

（一）与所生产的兽药相适应的兽医学、药学或者相关专业的技术人员；

（二）与所生产的兽药相适应的厂房、设施；

（三）与所生产的兽药相适应的兽药质量管理和质量检验的机构、人员、仪器设备；

（四）符合安全、卫生要求的生产环境；

（五）兽药生产质量管理规范规定的其他生产条件。

符合前款规定条件的，申请人方可向省、自治区、直辖市人民政府兽医行政管理部门提出申请，并附具符合前款规定条件的证明材料；省、自治区、直辖市人民政府兽医行政管理部门应当自收到申请之日起 40 个工作日内完成审查。经审查合格的，发给兽药生产许可证；不合格的，应当书面通知申请人。

第十二条　兽药生产许可证应当载明生产范围、生产地点、有效期和法定代表人姓名、住址等事项。

兽药生产许可证有效期为 5 年。有效期届满，需要继续生产兽药的，应当在许可证有效期届满前 6 个月到发证机关申请换发兽药生产许可证。

第十三条　兽药生产企业变更生产范围、生产地点的，应当依照本条例第十一条的规定申请换发兽药生产许可证；变更企业名称、法定代表人的，应当在办理工商变更登记手续后 15 个工作日内，到发证机关申请换发兽药生产许可证。

第十四条　兽药生产企业应当按照国务院兽医行政管理部门制定的兽药生产质量管理规范组织生产。

省级以上人民政府兽医行政管理部门，应当对兽药生产企业是否符合兽药生产质量管理规范的要求进行监督检查，并公布检查结果。

第十五条　兽药生产企业生产兽药，应当取得国务院兽医行政管理部门核发的产品批准文号，产品批准文号的有效期为 5 年。兽药产品批准文号的核发办法由国务院兽医行政管理部门制定。

第十六条　兽药生产企业应当按照兽药国家标准和国务院兽医行政管理部门批准的生产工艺进行生产。兽药生产企业改变影响兽药质量的生产工艺的，应当报原批准部门审核批准。

兽药生产企业应当建立生产记录，生产记录应当完整、准确。

第十七条　生产兽药所需的原料、辅料，应当符合国家标准或者所生产兽药的质量要求。

直接接触兽药的包装材料和容器应当符合药用要求。

第十八条　兽药出厂前应当经过质量检验，不符合质量标准的不得出厂。

兽药出厂应当附有产品质量合格证。

禁止生产假、劣兽药。

第十九条　兽药生产企业生产的每批兽用生物制品，在出厂前应当由国务院兽医行政管理部门指定的检验机构审查核对，并在必要时进行抽查检验；未经审查核对或者抽查检验不合格的，不得销售。

强制免疫所需兽用生物制品，由国务院兽医行政管理部门指定的企业生产。

第二十条 兽药包装应当按照规定印有或者贴有标签，附具说明书，并在显著位置注明“兽用”字样。

兽药的标签和说明书经国务院兽医行政管理部门批准并公布后，方可使用。

兽药的标签或者说明书，应当以中文注明兽药的通用名称、成分及其含量、规格、生产企业、产品批准文号（进口兽药注册证号）、产品批号、生产日期、有效期、适应证或者功能主治、用法、用量、休药期、禁忌、不良反应、注意事项、运输贮存保管条件及其他应当说明的内容。有商品名称的，还应当注明商品名称。

除前款规定的内容外，兽用处方药的标签或者说明书还应当印有国务院兽医行政管理部门规定的警示内容，其中兽用麻醉药品、精神药品、毒性药品和放射性药品还应当印有国务院兽医行政管理部门规定的特殊标志；兽用非处方药的标签或者说明书还应当印有国务院兽医行政管理部门规定的非处方药标志。

第二十一条 国务院兽医行政管理部门，根据保证动物产品质量安全和人体健康的需要，可以对新兽药设立不超过5年的监测期；在监测期内，不得批准其他企业生产或者进口该新兽药。生产企业应当在监测期内收集该新兽药的疗效、不良反应等资料，并及时报送国务院兽医行政管理部门。

第四章 兽药经营

第二十二条 经营兽药的企业，应当具备下列条件：

（一）与所经营的兽药相适应的兽药技术人员；

（二）与所经营的兽药相适应的营业场所、设备、仓库设施；

（三）与所经营的兽药相适应的质量管理机构或者人员；

（四）兽药经营质量管理规范规定的其他经营条件。

符合前款规定条件的，申请人方可向市、县人民政府兽医行政管理部门提出申请，并附具符合前款规定条件的证明材料；经营兽用生物制品的，应当向省、自治区、直辖市人民政府兽医行政管理部门提出申请，并附具符合前款规定条件的证明材料。

县级以上地方人民政府兽医行政管理部门，应当自收到申请之日起30个工作日内完成审查。审查合格的，发给兽药经营许可证；不合格的，应当书面通知申请人。

第二十三条 兽药经营许可证应当载明经营范围、经营地点、有效期和法定代表人姓名、住址等事项。

兽药经营许可证有效期为5年。有效期届满，需要继续经营兽药的，应当在许可证有效期届满前6个月到发证机关申请换发兽药经营许可证。

第二十四条 兽药经营企业变更经营范围、经营地点的，应当依照本条例第二十二条的规定申请换发兽药经营许可证；变更企业名称、法定代表人的，应当在办理工商变更登记手续后15个工作日内，到发证机关申请换发兽药经营许可证。

第二十五条 兽药经营企业，应当遵守国务院兽医行政管理部门制定的兽药经营质量管理规范。

县级以上地方人民政府兽医行政管理部门，应当对兽药经营企业是否符合兽药经营质量管理规范的要求进行监督检查，并公布检查结果。

第二十六条 兽药经营企业购进兽药，应当将兽药产品与产品标签或者说明书、产品质量合格证核对无误。

第二十七条 兽药经营企业，应当向购买者说明兽药的功能主治、用法、用量和注意事项。销售兽用处方药的，应当遵守兽用处方药管理办法。

兽药经营企业销售兽用中药材的，应当注明产地。

禁止兽药经营企业经营人用药品和假、劣兽药。

第二十八条 兽药经营企业购销兽药，应当建立购销记录。购销记录应当载明兽药的商品名称、通用名称、剂型、规格、批号、有效期、生产厂商、购销单位、购销数量、购销日期和国务院兽医行政管理部门规定的其他事项。

第二十九条 兽药经营企业，应当建立兽药保管制度，采取必要的冷藏、防冻、防潮、防虫、防鼠等措施，保持所经营兽药的质量。

兽药入库、出库，应当执行检查验收制度，并有准确记录。

第三十条　强制免疫所需兽用生物制品的经营，应当符合国务院兽医行政管理部门的规定。

第三十一条　兽药广告的内容应当与兽药说明书内容相一致，在全国重点媒体发布兽药广告的，应当经国务院兽医行政管理部门审查批准，取得兽药广告审查批准文号。在地方媒体发布兽药广告的，应当经省、自治区、直辖市人民政府兽医行政管理部门审查批准，取得兽药广告审查批准文号；未经批准的，不得发布。

第五章　兽药进出口

第三十二条　首次向中国出口的兽药，由出口方驻中国境内的办事机构或者其委托的中国境内代理机构向国务院兽医行政管理部门申请注册，并提交下列资料和物品：

（一）生产企业所在国家（地区）兽药管理部门批准生产、销售的证明文件；

（二）生产企业所在国家（地区）兽药管理部门颁发的符合兽药生产质量管理规范的证明文件；

（三）兽药的制造方法、生产工艺、质量标准、检测方法、药理和毒理试验结果、临床试验报告、稳定性试验报告及其他相关资料；用于食用动物的兽药的休药期、最高残留限量标准、残留检测方法及其制定依据等资料；

（四）兽药的标签和说明书样本；

（五）兽药的样品、对照品、标准品；

（六）环境影响报告和污染防治措施；

（七）涉及兽药安全性的其他资料。

申请向中国出口兽用生物制品的，还应当提供菌（毒、虫）种、细胞等有关材料和资料。

第三十三条　国务院兽医行政管理部门，应当自收到申请之日起 10 个工作日内组织初步审查。经初步审查合格的，应当将决定受理的兽药资料送其设立的兽药评审机构进行评审，将该兽药样品送其指定的检验机构复核检验，并自收到评审和复核检验结论之日起 60 个工作日内完成审查。经审查合格的，发给进口兽药注册证书，并发布该兽药的质量标准；不合格的，应当书面通知申请人。

在审查过程中，国务院兽医行政管理部门可以对向中国出口兽药的企业是否符合兽药生产质量管理规范的要求进行考查，并有权要求该企业在国务院兽医行政管理部门指定的机构进行该兽药的安全性和有效性试验。

国内急需兽药、少量科研用兽药或者注册兽药的样品、对照品、标准品的进口，按照国务院兽医行政管理部门的规定办理。

第三十四条　进口兽药注册证书的有效期为 5 年。有效期届满，需要继续向中国出口兽药的，应当在有效期届满前 6 个月到发证机关申请再注册。

第三十五条　境外企业不得在中国直接销售兽药。境外企业在中国销售兽药，应当依法在中国境内设立销售机构或者委托符合条件的中国境内代理机构。

进口在中国已取得进口兽药注册证书的兽药的，中国境内代理机构凭进口兽药注册证书到口岸所在地人民政府兽医行政管理部门办理进口兽药通关单。海关凭进口兽药通关单放行。兽药进口管理办法由国务院兽医行政管理部门会同海关总署制定。

兽用生物制品进口后，应当依照本条例第十九条的规定进行审查核对和抽查检验。其他兽药进口后，由当地兽医行政管理部门通知兽药检验机构进行抽查检验。

第三十六条　禁止进口下列兽药：

（一）药效不确定、不良反应大以及可能对养殖业、人体健康造成危害或者存在潜在风险的；

（二）来自疫区可能造成疫病在中国境内传播的兽用生物制品；

（三）经考查生产条件不符合规定的；

（四）国务院兽医行政管理部门禁止生产、经营和使用的。

第三十七条　向中国境外出口兽药，进口方要求提供兽药出口证明文件的，国务院兽医行政管理部门或者企业所在地的省、自治区、直辖市人民政府兽医行政管理部门可以出具出口兽药证明文件。

国内防疫急需的疫苗，国务院兽医行政管理部门可以限制或者禁止出口。

第六章　兽药使用

第三十八条　兽药使用单位，应当遵守国务院兽医行政管理部门制定的兽药安全使用规定，并建立用药记录。

第三十九条 禁止使用假、劣兽药以及国务院兽医行政管理部门规定禁止使用的药品和其他化合物。禁止使用的药品和其他化合物目录由国务院兽医行政管理部门制定公布。

第四十条 有休药期规定的兽药用于食用动物时，饲养者应当向购买者或者屠宰者提供准确、真实的用药记录；购买者或者屠宰者应当确保动物及其产品在用药期、休药期内不被用于食品消费。

第四十一条 国务院兽医行政管理部门，负责制定公布在饲料中允许添加的药物饲料添加剂品种目录。

禁止在饲料和动物饮用水中添加激素类药品和国务院兽医行政管理部门规定的其他禁用药品。

经批准可以在饲料中添加的兽药，应当由兽药生产企业制成药物饲料添加剂后方可添加。禁止将原料药直接添加到饲料及动物饮用水中或者直接饲喂动物。

禁止将人用药品用于动物。

第四十二条 国务院兽医行政管理部门，应当制定并组织实施国家动物及动物产品兽药残留监控计划。

县级以上人民政府兽医行政管理部门，负责组织对动物产品中兽药残留量的检测。兽药残留检测结果，由国务院兽医行政管理部门或者省、自治区、直辖市人民政府兽医行政管理部门按照权限予以公布。

动物产品的生产者、销售者对检测结果有异议的，可以自收到检测结果之日起 7 个工作日内向组织实施兽药残留检测的兽医行政管理部门或者其上级兽医行政管理部门提出申请，由受理申请的兽医行政管理部门指定检验机构进行复检。

兽药残留限量标准和残留检测方法，由国务院兽医行政管理部门制定发布。

第四十三条 禁止销售含有违禁药物或者兽药残留量超过标准的食用动物产品。

第七章 兽药监督管理

第四十四条 县级以上人民政府兽医行政管理部门行使兽药监督管理权。

兽药检验工作由国务院兽医行政管理部门和省、自治区、直辖市人民政府兽医行政管理部门设立的兽药检验机构承担。国务院兽医行政管理部门，可以根据需要认定其他检验机构承担兽药检验工作。

当事人对兽药检验结果有异议的，可以自收到检验结果之日起 7 个工作日内向实施检验的机构或者上级兽医行政管理部门设立的检验机构申请复检。

第四十五条 兽药应当符合兽药国家标准。

国家兽药典委员会拟定的、国务院兽医行政管理部门发布的《中华人民共和国兽药典》和国务院兽医行政管理部门发布的其他兽药质量标准为兽药国家标准。

兽药国家标准的标准品和对照品的标定工作由国务院兽医行政管理部门设立的兽药检验机构负责。

第四十六条 兽医行政管理部门依法进行监督检查时，对有证据证明可能是假、劣兽药的，应当采取查封、扣押的行政强制措施，并自采取行政强制措施之日起 7 个工作日内作出是否立案的决定；需要检验的，应当自检验报告书发出之日起 15 个工作日内作出是否立案的决定；不符合立案条件的，应当解除行政强制措施；需要暂停生产的，由国务院兽医行政管理部门或者省、自治区、直辖市人民政府兽医行政管理部门按照权限作出决定；需要暂停经营、使用的，由县级以上人民政府兽医行政管理部门按照权限作出决定。

未经行政强制措施决定机关或者其上级机关批准，不得擅自转移、使用、销毁、销售被查封或者扣押的兽药及有关材料。

第四十七条 有下列情形之一的，为假兽药：

（一）以非兽药冒充兽药或者以他种兽药冒充此种兽药的；

（二）兽药所含成分的种类、名称与兽药国家标准不符合的。

有下列情形之一的，按照假兽药处理：

（一）国务院兽医行政管理部门规定禁止使用的；

（二）依照本条例规定应当经审查批准而未经审查批准即生产、进口的，或者依照本条例规定应当经抽查检验、审查核对而未经抽查检验、审查核对即销售、进口的；

（三）变质的；

（四）被污染的；

（五）所标明的适应证或者功能主治超出规定

范围的。

第四十八条 有下列情形之一的，为劣兽药：

（一）成分含量不符合兽药国家标准或者不标明有效成分的；

（二）不标明或者更改有效期或者超过有效期的；

（三）不标明或者更改产品批号的；

（四）其他不符合兽药国家标准，但不属于假兽药的。

第四十九条 禁止将兽用原料药拆零销售或者销售给兽药生产企业以外的单位和个人。

禁止未经兽医开具处方销售、购买、使用国务院兽医行政管理部门规定实行处方药管理的兽药。

第五十条 国家实行兽药不良反应报告制度。

兽药生产企业、经营企业、兽药使用单位和开具处方的兽医人员发现可能与兽药使用有关的严重不良反应，应当立即向所在地人民政府兽医行政管理部门报告。

第五十一条 兽药生产企业、经营企业停止生产、经营超过6个月或者关闭的，由发证机关责令其交回兽药生产许可证、兽药经营许可证。

第五十二条 禁止买卖、出租、出借兽药生产许可证、兽药经营许可证和兽药批准证明文件。

第五十三条 兽药评审检验的收费项目和标准，由国务院财政部门会同国务院价格主管部门制定，并予以公告。

第五十四条 各级兽医行政管理部门、兽药检验机构及其工作人员，不得参与兽药生产、经营活动，不得以其名义推荐或者监制、监销兽药。

第八章 法律责任

第五十五条 兽医行政管理部门及其工作人员利用职务上的便利收取他人财物或者谋取其他利益，对不符合法定条件的单位和个人核发许可证、签署审查同意意见，不履行监督职责，或者发现违法行为不予查处，造成严重后果，构成犯罪的，依法追究刑事责任；尚不构成犯罪的，依法给予行政处分。

第五十六条 违反本条例规定，无兽药生产许可证、兽药经营许可证生产、经营兽药的，或者虽有兽药生产许可证、兽药经营许可证，生产、经营假、劣兽药的，或者兽药经营企业经营人用药品的，责令其停止生产、经营，没收用于违法生产的原料、辅料、包装材料及生产、经营的兽药和违法所得，并处违法生产、经营的兽药（包括已出售的和未出售的兽药，下同）货值金额2倍以上5倍以下罚款，货值金额无法查证核实的，处10万元以上20万元以下罚款；无兽药生产许可证生产兽药，情节严重的，没收其生产设备；生产、经营假、劣兽药，情节严重的，吊销兽药生产许可证、兽药经营许可证；构成犯罪的，依法追究刑事责任；给他人造成损失的，依法承担赔偿责任。生产、经营企业的主要负责人和直接负责的主管人员终身不得从事兽药的生产、经营活动。

擅自生产强制免疫所需兽用生物制品的，按照无兽药生产许可证生产兽药处罚。

第五十七条 违反本条例规定，提供虚假的资料、样品或者采取其他欺骗手段取得兽药生产许可证、兽药经营许可证或者兽药批准证明文件的，吊销兽药生产许可证、兽药经营许可证或者撤销兽药批准证明文件，并处5万元以上10万元以下罚款；给他人造成损失的，依法承担赔偿责任。其主要负责人和直接负责的主管人员终身不得从事兽药的生产、经营和进出口活动。

第五十八条 买卖、出租、出借兽药生产许可证、兽药经营许可证和兽药批准证明文件的，没收违法所得，并处1万元以上10万元以下罚款；情节严重的，吊销兽药生产许可证、兽药经营许可证或者撤销兽药批准证明文件；构成犯罪的，依法追究刑事责任；给他人造成损失的，依法承担赔偿责任。

第五十九条 违反本条例规定，兽药安全性评价单位、临床试验单位、生产和经营企业未按照规定实施兽药研究试验、生产、经营质量管理规范的，给予警告，责令其限期改正；逾期不改正的，责令停止兽药研究试验、生产、经营活动，并处5万元以下罚款；情节严重的，吊销兽药生产许可证、兽药经营许可证；给他人造成损失的，依法承担赔偿责任。

违反本条例规定，研制新兽药不具备规定的条件擅自使用一类病原微生物或者在实验室阶段前未经批准的，责令其停止实验，并处5万元以上10万元以下罚款；构成犯罪的，依法追究刑事责任；给他人造成损失的，依法承担赔偿责任。

违反本条例规定，开展新兽药临床试验应当备案而未备案的，责令其立即改正，给予警告，并处5万元以上10万元以下罚款；给他人造成损失的，依法承担赔偿责任。

第六十条 违反本条例规定，兽药的标签和说明书未经批准的，责令其限期改正；逾期不改正的，按照生产、经营假兽药处罚；有兽药产品批准文号的，撤销兽药产品批准文号；给他人造成损失的，依法承担赔偿责任。

兽药包装上未附有标签和说明书，或者标签和说明书与批准的内容不一致的，责令其限期改正；情节严重的，依照前款规定处罚。

第六十一条 违反本条例规定，境外企业在中国直接销售兽药的，责令其限期改正，没收直接销售的兽药和违法所得，并处5万元以上10万元以下罚款；情节严重的，吊销进口兽药注册证书；给他人造成损失的，依法承担赔偿责任。

第六十二条 违反本条例规定，未按照国家有关兽药安全使用规定使用兽药的、未建立用药记录或者记录不完整真实的，或者使用禁止使用的药品和其他化合物的，或者将人用药品用于动物的，责令其立即改正，并对饲喂了违禁药物及其他化合物的动物及其产品进行无害化处理；对违法单位处1万元以上5万元以下罚款；给他人造成损失的，依法承担赔偿责任。

第六十三条 违反本条例规定，销售尚在用药期、休药期内的动物及其产品用于食品消费的，或者销售含有违禁药物和兽药残留超标的动物产品用于食品消费的，责令其对含有违禁药物和兽药残留超标的动物产品进行无害化处理，没收违法所得，并处3万元以上10万元以下罚款；构成犯罪的，依法追究刑事责任；给他人造成损失的，依法承担赔偿责任。

第六十四条 违反本条例规定，擅自转移、使用、销毁、销售被查封或者扣押的兽药及有关材料的，责令其停止违法行为，给予警告，并处5万元以上10万元以下罚款。

第六十五条 违反本条例规定，兽药生产企业、经营企业、兽药使用单位和开具处方的兽医人员发现可能与兽药使用有关的严重不良反应，不向所在地人民政府兽医行政管理部门报告的，给予警告，并处5 000元以上1万元以下罚款。

生产企业在新兽药监测期内不收集或者不及时报送该新兽药的疗效、不良反应等资料的，责令其限期改正，并处1万元以上5万元以下罚款；情节严重的，撤销该新兽药的产品批准文号。

第六十六条 违反本条例规定，未经兽医开具处方销售、购买、使用兽用处方药的，责令其限期改正，没收违法所得，并处5万元以下罚款；给他人造成损失的，依法承担赔偿责任。

第六十七条 违反本条例规定，兽药生产、经营企业把原料药销售给兽药生产企业以外的单位和个人的，或者兽药经营企业拆零销售原料药的，责令其立即改正，给予警告，没收违法所得，并处2万元以上5万元以下罚款；情节严重的，吊销兽药生产许可证、兽药经营许可证；给他人造成损失的，依法承担赔偿责任。

第六十八条 违反本条例规定，在饲料和动物饮用水中添加激素类药品和国务院兽医行政管理部门规定的其他禁用药品，依照《饲料和饲料添加剂管理条例》的有关规定处罚；直接将原料药添加到饲料及动物饮用水中，或者饲喂动物的，责令其立即改正，并处1万元以上3万元以下罚款；给他人造成损失的，依法承担赔偿责任。

第六十九条 有下列情形之一的，撤销兽药的产品批准文号或者吊销进口兽药注册证书：

（一）抽查检验连续2次不合格的；

（二）药效不确定、不良反应大以及可能对养殖业、人体健康造成危害或者存在潜在风险的；

（三）国务院兽医行政管理部门禁止生产、经营和使用的兽药。

被撤销产品批准文号或者被吊销进口兽药注册证书的兽药，不得继续生产、进口、经营和使用。已经生产、进口的，由所在地兽医行政管理部门监督销毁，所需费用由违法行为人承担；给他人造成损失的，依法承担赔偿责任。

第七十条 本条例规定的行政处罚由县级以上人民政府兽医行政管理部门决定；其中吊销兽药生产许可证、兽药经营许可证，撤销兽药批准证明文件或者责令停止兽药研究试验的，由发证、批准、备案部门决定。

上级兽医行政管理部门对下级兽医行政管理部门违反本条例的行政行为，应当责令限期改正；逾期不改正的，有权予以改变或者撤销。

第七十一条 本条例规定的货值金额以违法生产、经营兽药的标价计算；没有标价的，按照

同类兽药的市场价格计算。

第九章 附 则

第七十二条 本条例下列用语的含义是：

（一）兽药，是指用于预防、治疗、诊断动物疾病或者有目的地调节动物生理机能的物质（含药物饲料添加剂），主要包括：血清制品、疫苗、诊断制品、微生态制品、中药材、中成药、化学药品、抗生素、生化药品、放射性药品及外用杀虫剂、消毒剂等；

（二）兽用处方药，是指凭兽医处方方可购买和使用的兽药；

（三）兽用非处方药，是指由国务院兽医行政管理部门公布的、不需要凭兽医处方就可以自行购买并按照说明书使用的兽药；

（四）兽药生产企业，是指专门生产兽药的企业和兼产兽药的企业，包括从事兽药分装的企业；

（五）兽药经营企业，是指经营兽药的专营企业或者兼营企业；

（六）新兽药，是指未曾在中国境内上市销售的兽用药品；

（七）兽药批准证明文件，是指兽药产品批准文号、进口兽药注册证书、出口兽药证明文件、新兽药注册证书等文件。

第七十三条 兽用麻醉药品、精神药品、毒性药品和放射性药品等特殊药品，依照国家有关规定管理。

第七十四条 水产养殖中的兽药使用、兽药残留检测和监督管理以及水产养殖过程中违法用药的行政处罚，由县级以上人民政府渔业主管部门及其所属的渔政监督管理机构负责。

第七十五条 本条例自 2004 年 11 月 1 日起施行。

五、麻醉药品和精神药品管理条例

（2005年8月3日中华人民共和国国务院令第442号公布　根据2013年12月7日《国务院关于修改部分行政法规的决定》第一次修订　根据2016年2月6日《国务院关于修改部分行政法规的决定》第二次修订）

第一章　总　　则

第一条　为加强麻醉药品和精神药品的管理，保证麻醉药品和精神药品的合法、安全、合理使用，防止流入非法渠道，根据药品管理法和其他有关法律的规定，制定本条例。

第二条　麻醉药品药用原植物的种植，麻醉药品和精神药品的实验研究、生产、经营、使用、储存、运输等活动以及监督管理，适用本条例。

麻醉药品和精神药品的进出口依照有关法律的规定办理。

第三条　本条例所称麻醉药品和精神药品，是指列入麻醉药品目录、精神药品目录（以下称目录）的药品和其他物质。精神药品分为第一类精神药品和第二类精神药品。

目录由国务院药品监督管理部门会同国务院公安部门、国务院卫生主管部门制定、调整并公布。

上市销售但尚未列入目录的药品和其他物质或者第二类精神药品发生滥用，已经造成或者可能造成严重社会危害的，国务院药品监督管理部门会同国务院公安部门、国务院卫生主管部门应当及时将该药品和该物质列入目录或者将该第二类精神药品调整为第一类精神药品。

第四条　国家对麻醉药品药用原植物以及麻醉药品和精神药品实行管制。除本条例另有规定的外，任何单位、个人不得进行麻醉药品药用原植物的种植以及麻醉药品和精神药品的实验研究、生产、经营、使用、储存、运输等活动。

第五条　国务院药品监督管理部门负责全国麻醉药品和精神药品的监督管理工作，并会同国务院农业主管部门对麻醉药品药用原植物实施监督管理。国务院公安部门负责对造成麻醉药品药用原植物、麻醉药品和精神药品流入非法渠道的行为进行查处。国务院其他有关主管部门在各自的职责范围内负责与麻醉药品和精神药品有关的管理工作。

省、自治区、直辖市人民政府药品监督管理部门负责本行政区域内麻醉药品和精神药品的监督管理工作。县级以上地方公安机关负责对本行政区域内造成麻醉药品和精神药品流入非法渠道的行为进行查处。县级以上地方人民政府其他有关主管部门在各自的职责范围内负责与麻醉药品和精神药品有关的管理工作。

第六条　麻醉药品和精神药品生产、经营企业和使用单位可以依法参加行业协会。行业协会应当加强行业自律管理。

第二章　种植、实验研究和生产

第七条　国家根据麻醉药品和精神药品的医疗、国家储备和企业生产所需原料的需要确定需求总量，对麻醉药品药用原植物的种植、麻醉药品和精神药品的生产实行总量控制。

国务院药品监督管理部门根据麻醉药品和精神药品的需求总量制定年度生产计划。

国务院药品监督管理部门和国务院农业主管部门根据麻醉药品年度生产计划，制定麻醉药品药用原植物年度种植计划。

第八条 麻醉药品药用原植物种植企业应当根据年度种植计划，种植麻醉药品药用原植物。

麻醉药品药用原植物种植企业应当向国务院药品监督管理部门和国务院农业主管部门定期报告种植情况。

第九条 麻醉药品药用原植物种植企业由国务院药品监督管理部门和国务院农业主管部门共同确定，其他单位和个人不得种植麻醉药品药用原植物。

第十条 开展麻醉药品和精神药品实验研究活动应当具备下列条件，并经国务院药品监督管理部门批准：

（一）以医疗、科学研究或者教学为目的；

（二）有保证实验所需麻醉药品和精神药品安全的措施和管理制度；

（三）单位及其工作人员 2 年内没有违反有关禁毒的法律、行政法规规定的行为。

第十一条 麻醉药品和精神药品的实验研究单位申请相关药品批准证明文件，应当依照药品管理法的规定办理；需要转让研究成果的，应当经国务院药品监督管理部门批准。

第十二条 药品研究单位在普通药品的实验研究过程中，产生本条例规定的管制品种的，应当立即停止实验研究活动，并向国务院药品监督管理部门报告。国务院药品监督管理部门应当根据情况，及时作出是否同意其继续实验研究的决定。

第十三条 麻醉药品和第一类精神药品的临床试验，不得以健康人为受试对象。

第十四条 国家对麻醉药品和精神药品实行定点生产制度。

国务院药品监督管理部门应当根据麻醉药品和精神药品的需求总量，确定麻醉药品和精神药品定点生产企业的数量和布局，并根据年度需求总量对数量和布局进行调整、公布。

第十五条 麻醉药品和精神药品的定点生产企业应当具备下列条件：

（一）有药品生产许可证；

（二）有麻醉药品和精神药品实验研究批准文件；

（三）有符合规定的麻醉药品和精神药品生产设施、储存条件和相应的安全管理设施；

（四）有通过网络实施企业安全生产管理和向药品监督管理部门报告生产信息的能力；

（五）有保证麻醉药品和精神药品安全生产的管理制度；

（六）有与麻醉药品和精神药品安全生产要求相适应的管理水平和经营规模；

（七）麻醉药品和精神药品生产管理、质量管理部门的人员应当熟悉麻醉药品和精神药品管理以及有关禁毒的法律、行政法规；

（八）没有生产、销售假药、劣药或者违反有关禁毒的法律、行政法规规定的行为；

（九）符合国务院药品监督管理部门公布的麻醉药品和精神药品定点生产企业数量和布局的要求。

第十六条 从事麻醉药品、精神药品生产的企业，应当经所在地省、自治区、直辖市人民政府药品监督管理部门批准。

第十七条 定点生产企业生产麻醉药品和精神药品，应当依照药品管理法的规定取得药品批准文号。

国务院药品监督管理部门应当组织医学、药学、社会学、伦理学和禁毒等方面的专家成立专家组，由专家组对申请首次上市的麻醉药品和精神药品的社会危害性和被滥用的可能性进行评价，并提出是否批准的建议。

未取得药品批准文号的，不得生产麻醉药品和精神药品。

第十八条 发生重大突发事件，定点生产企业无法正常生产或者不能保证供应麻醉药品和精神药品时，国务院药品监督管理部门可以决定其他药品生产企业生产麻醉药品和精神药品。

重大突发事件结束后，国务院药品监督管理部门应当及时决定前款规定的企业停止麻醉药品和精神药品的生产。

第十九条 定点生产企业应当严格按照麻醉药品和精神药品年度生产计划安排生产，并依照规定向所在地省、自治区、直辖市人民政府药品监督管理部门报告生产情况。

第二十条 定点生产企业应当依照本条例的规定，将麻醉药品和精神药品销售给具有麻醉药品和精神药品经营资格的企业或者依照本条例规定批准的其他单位。

第二十一条 麻醉药品和精神药品的标签应当印有国务院药品监督管理部门规定的标志。

第三章 经 营

第二十二条 国家对麻醉药品和精神药品实行定点经营制度。

国务院药品监督管理部门应当根据麻醉药品和第一类精神药品的需求总量，确定麻醉药品和第一类精神药品的定点批发企业布局，并应当根据年度需求总量对布局进行调整、公布。

药品经营企业不得经营麻醉药品原料药和第一类精神药品原料药。但是，供医疗、科学研究、教学使用的小包装的上述药品可以由国务院药品监督管理部门规定的药品批发企业经营。

第二十三条 麻醉药品和精神药品定点批发企业除应当具备药品管理法第十五条规定的药品经营企业的开办条件外，还应当具备下列条件：

（一）有符合本条例规定的麻醉药品和精神药品储存条件；

（二）有通过网络实施企业安全管理和向药品监督管理部门报告经营信息的能力；

（三）单位及其工作人员 2 年内没有违反有关禁毒的法律、行政法规规定的行为；

（四）符合国务院药品监督管理部门公布的定点批发企业布局。

麻醉药品和第一类精神药品的定点批发企业，还应当具有保证供应责任区域内医疗机构所需麻醉药品和第一类精神药品的能力，并具有保证麻醉药品和第一类精神药品安全经营的管理制度。

第二十四条 跨省、自治区、直辖市从事麻醉药品和第一类精神药品批发业务的企业（以下称全国性批发企业），应当经国务院药品监督管理部门批准；在本省、自治区、直辖市行政区域内从事麻醉药品和第一类精神药品批发业务的企业（以下称区域性批发企业），应当经所在地省、自治区、直辖市人民政府药品监督管理部门批准。

专门从事第二类精神药品批发业务的企业，应当经所在地省、自治区、直辖市人民政府药品监督管理部门批准。

全国性批发企业和区域性批发企业可以从事第二类精神药品批发业务。

第二十五条 全国性批发企业可以向区域性批发企业，或者经批准可以向取得麻醉药品和第一类精神药品使用资格的医疗机构以及依照本条例规定批准的其他单位销售麻醉药品和第一类精神药品。

全国性批发企业向取得麻醉药品和第一类精神药品使用资格的医疗机构销售麻醉药品和第一类精神药品，应当经医疗机构所在地省、自治区、直辖市人民政府药品监督管理部门批准。

国务院药品监督管理部门在批准全国性批发企业时，应当明确其所承担供药责任的区域。

第二十六条 区域性批发企业可以向本省、自治区、直辖市行政区域内取得麻醉药品和第一类精神药品使用资格的医疗机构销售麻醉药品和第一类精神药品；由于特殊地理位置的原因，需要就近向其他省、自治区、直辖市行政区域内取得麻醉药品和第一类精神药品使用资格的医疗机构销售的，应当经企业所在地省、自治区、直辖市人民政府药品监督管理部门批准。审批情况由负责审批的药品监督管理部门在批准后 5 日内通报医疗机构所在地省、自治区、直辖市人民政府药品监督管理部门。

省、自治区、直辖市人民政府药品监督管理部门在批准区域性批发企业时，应当明确其所承担供药责任的区域。

区域性批发企业之间因医疗急需、运输困难等特殊情况需要调剂麻醉药品和第一类精神药品的，应当在调剂后 2 日内将调剂情况分别报所在地省、自治区、直辖市人民政府药品监督管理部门备案。

第二十七条 全国性批发企业应当从定点生产企业购进麻醉药品和第一类精神药品。

区域性批发企业可以从全国性批发企业购进麻醉药品和第一类精神药品；经所在地省、自治区、直辖市人民政府药品监督管理部门批准，也可以从定点生产企业购进麻醉药品和第一类精神药品。

第二十八条 全国性批发企业和区域性批发企业向医疗机构销售麻醉药品和第一类精神药品，应当将药品送至医疗机构。医疗机构不得自行提货。

第二十九条 第二类精神药品定点批发企业可以向医疗机构、定点批发企业和符合本条例第三十一条规定的药品零售企业以及依照本条例规定批准的其他单位销售第二类精神药品。

第三十条 麻醉药品和第一类精神药品不得

零售。

禁止使用现金进行麻醉药品和精神药品交易，但是个人合法购买麻醉药品和精神药品的除外。

第三十一条 经所在地设区的市级药品监督管理部门批准，实行统一进货、统一配送、统一管理的药品零售连锁企业可以从事第二类精神药品零售业务。

第三十二条 第二类精神药品零售企业应当凭执业医师出具的处方，按规定剂量销售第二类精神药品，并将处方保存2年备查；禁止超剂量或者无处方销售第二类精神药品；不得向未成年人销售第二类精神药品。

第三十三条 麻醉药品和精神药品实行政府定价，在制定出厂和批发价格的基础上，逐步实行全国统一零售价格。具体办法由国务院价格主管部门制定。

第四章 使 用

第三十四条 药品生产企业需要以麻醉药品和第一类精神药品为原料生产普通药品的，应当向所在地省、自治区、直辖市人民政府药品监督管理部门报送年度需求计划，由省、自治区、直辖市人民政府药品监督管理部门汇总报国务院药品监督管理部门批准后，向定点生产企业购买。

药品生产企业需要以第二类精神药品为原料生产普通药品的，应当将年度需求计划报所在地省、自治区、直辖市人民政府药品监督管理部门，并向定点批发企业或者定点生产企业购买。

第三十五条 食品、食品添加剂、化妆品、油漆等非药品生产企业需要使用咖啡因作为原料的，应当经所在地省、自治区、直辖市人民政府药品监督管理部门批准，向定点批发企业或者定点生产企业购买。

科学研究、教学单位需要使用麻醉药品和精神药品开展实验、教学活动的，应当经所在地省、自治区、直辖市人民政府药品监督管理部门批准，向定点批发企业或者定点生产企业购买。

需要使用麻醉药品和精神药品的标准品、对照品的，应当经所在地省、自治区、直辖市人民政府药品监督管理部门批准，向国务院药品监督管理部门批准的单位购买。

第三十六条 医疗机构需要使用麻醉药品和第一类精神药品的，应当经所在地设区的市级人民政府卫生主管部门批准，取得麻醉药品、第一类精神药品购用印鉴卡（以下称印鉴卡）。医疗机构应当凭印鉴卡向本省、自治区、直辖市行政区域内的定点批发企业购买麻醉药品和第一类精神药品。

设区的市级人民政府卫生主管部门发给医疗机构印鉴卡时，应当将取得印鉴卡的医疗机构情况抄送所在地设区的市级药品监督管理部门，并报省、自治区、直辖市人民政府卫生主管部门备案。省、自治区、直辖市人民政府卫生主管部门应当将取得印鉴卡的医疗机构名单向本行政区域内的定点批发企业通报。

第三十七条 医疗机构取得印鉴卡应当具备下列条件：

（一）有专职的麻醉药品和第一类精神药品管理人员；

（二）有获得麻醉药品和第一类精神药品处方资格的执业医师；

（三）有保证麻醉药品和第一类精神药品安全储存的设施和管理制度。

第三十八条 医疗机构应当按照国务院卫生主管部门的规定，对本单位执业医师进行有关麻醉药品和精神药品使用知识的培训、考核，经考核合格的，授予麻醉药品和第一类精神药品处方资格。执业医师取得麻醉药品和第一类精神药品的处方资格后，方可在本医疗机构开具麻醉药品和第一类精神药品处方，但不得为自己开具该种处方。

医疗机构应当将具有麻醉药品和第一类精神药品处方资格的执业医师名单及其变更情况，定期报送所在地设区的市级人民政府卫生主管部门，并抄送同级药品监督管理部门。

医务人员应当根据国务院卫生主管部门制定的临床应用指导原则，使用麻醉药品和精神药品。

第三十九条 具有麻醉药品和第一类精神药品处方资格的执业医师，根据临床应用指导原则，对确需使用麻醉药品或者第一类精神药品的患者，应当满足其合理用药需求。在医疗机构就诊的癌症疼痛患者和其他危重患者得不到麻醉药品或者第一类精神药品时，患者或者其亲属可以向执业医师提出申请。具有麻醉药品和第一类精神药品处方资格的执业医师认为要求合理的，应当及时为患者提供所需麻醉药品或者第一类精神药品。

第四十条 执业医师应当使用专用处方开具

麻醉药品和精神药品，单张处方的最大用量应当符合国务院卫生主管部门的规定。

对麻醉药品和第一类精神药品处方，处方的调配人、核对人应当仔细核对，签署姓名，并予以登记；对不符合本条例规定的，处方的调配人、核对人应当拒绝发药。

麻醉药品和精神药品专用处方的格式由国务院卫生主管部门规定。

第四十一条 医疗机构应当对麻醉药品和精神药品处方进行专册登记，加强管理。麻醉药品处方至少保存3年，精神药品处方至少保存2年。

第四十二条 医疗机构抢救病人急需麻醉药品和第一类精神药品而本医疗机构无法提供时，可以从其他医疗机构或者定点批发企业紧急借用；抢救工作结束后，应当及时将借用情况报所在地设区的市级药品监督管理部门和卫生主管部门备案。

第四十三条 对临床需要而市场无供应的麻醉药品和精神药品，持有医疗机构制剂许可证和印鉴卡的医疗机构需要配制制剂的，应当经所在地省、自治区、直辖市人民政府药品监督管理部门批准。医疗机构配制的麻醉药品和精神药品制剂只能在本医疗机构使用，不得对外销售。

第四十四条 因治疗疾病需要，个人凭医疗机构出具的医疗诊断书、本人身份证明，可以携带单张处方最大用量以内的麻醉药品和第一类精神药品；携带麻醉药品和第一类精神药品出入境的，由海关根据自用、合理的原则放行。

医务人员为了医疗需要携带少量麻醉药品和精神药品出入境的，应当持有省级以上人民政府药品监督管理部门发放的携带麻醉药品和精神药品证明。海关凭携带麻醉药品和精神药品证明放行。

第四十五条 医疗机构、戒毒机构以开展戒毒治疗为目的，可以使用美沙酮或者国家确定的其他用于戒毒治疗的麻醉药品和精神药品。具体管理办法由国务院药品监督管理部门、国务院公安部门和国务院卫生主管部门制定。

第五章　储　　存

第四十六条 麻醉药品药用原植物种植企业、定点生产企业、全国性批发企业和区域性批发企业以及国家设立的麻醉药品储存单位，应当设置储存麻醉药品和第一类精神药品的专库。该专库应当符合下列要求：

（一）安装专用防盗门，实行双人双锁管理；

（二）具有相应的防火设施；

（三）具有监控设施和报警装置，报警装置应当与公安机关报警系统联网。

全国性批发企业经国务院药品监督管理部门批准设立的药品储存点应当符合前款的规定。

麻醉药品定点生产企业应当将麻醉药品原料药和制剂分别存放。

第四十七条 麻醉药品和第一类精神药品的使用单位应当设立专库或者专柜储存麻醉药品和第一类精神药品。专库应当设有防盗设施并安装报警装置；专柜应当使用保险柜。专库和专柜应当实行双人双锁管理。

第四十八条 麻醉药品药用原植物种植企业、定点生产企业、全国性批发企业和区域性批发企业、国家设立的麻醉药品储存单位以及麻醉药品和第一类精神药品的使用单位，应当配备专人负责管理工作，并建立储存麻醉药品和第一类精神药品的专用账册。药品入库双人验收，出库双人复核，做到账物相符。专用账册的保存期限应当自药品有效期期满之日起不少于5年。

第四十九条 第二类精神药品经营企业应当在药品库房中设立独立的专库或者专柜储存第二类精神药品，并建立专用账册，实行专人管理。专用账册的保存期限应当自药品有效期期满之日起不少于5年。

第六章　运　　输

第五十条 托运、承运和自行运输麻醉药品和精神药品的，应当采取安全保障措施，防止麻醉药品和精神药品在运输过程中被盗、被抢、丢失。

第五十一条 通过铁路运输麻醉药品和第一类精神药品的，应当使用集装箱或者铁路行李车运输，具体办法由国务院药品监督管理部门会同国务院铁路主管部门制定。

没有铁路需要通过公路或者水路运输麻醉药品和第一类精神药品的，应当由专人负责押运。

第五十二条 托运或者自行运输麻醉药品和第一类精神药品的单位，应当向所在地设区的市级药品监督管理部门申请领取运输证明。运输证

明有效期为1年。

运输证明应当由专人保管，不得涂改、转让、转借。

第五十三条 托运人办理麻醉药品和第一类精神药品运输手续，应当将运输证明副本交付承运人。承运人应当查验、收存运输证明副本，并检查货物包装。没有运输证明或者货物包装不符合规定的，承运人不得承运。

承运人在运输过程中应当携带运输证明副本，以备查验。

第五十四条 邮寄麻醉药品和精神药品，寄件人应当提交所在地设区的市级药品监督管理部门出具的准予邮寄证明。邮政营业机构应当查验、收存准予邮寄证明；没有准予邮寄证明的，邮政营业机构不得收寄。

省、自治区、直辖市邮政主管部门指定符合安全保障条件的邮政营业机构负责收寄麻醉药品和精神药品。邮政营业机构收寄麻醉药品和精神药品，应当依法对收寄的麻醉药品和精神药品予以查验。

邮寄麻醉药品和精神药品的具体管理办法，由国务院药品监督管理部门会同国务院邮政主管部门制定。

第五十五条 定点生产企业、全国性批发企业和区域性批发企业之间运输麻醉药品、第一类精神药品，发货人在发货前应当向所在地省、自治区、直辖市人民政府药品监督管理部门报送本次运输的相关信息。属于跨省、自治区、直辖市运输的，收到信息的药品监督管理部门应当向收货人所在地的同级药品监督管理部门通报；属于在本省、自治区、直辖市行政区域内运输的，收到信息的药品监督管理部门应当向收货人所在地设区的市级药品监督管理部门通报。

第七章 审批程序和监督管理

第五十六条 申请人提出本条例规定的审批事项申请，应当提交能够证明其符合本条例规定条件的相关资料。审批部门应当自收到申请之日起40日内作出是否批准的决定；作出批准决定的，发给许可证明文件或者在相关许可证明文件上加注许可事项；作出不予批准决定的，应当书面说明理由。

确定定点生产企业和定点批发企业，审批部门应当在经审查符合条件的企业中，根据布局的要求，通过公平竞争的方式初步确定定点生产企业和定点批发企业，并予公布。其他符合条件的企业可以自公布之日起10日内向审批部门提出异议。审批部门应当自收到异议之日起20日内对异议进行审查，并作出是否调整的决定。

第五十七条 药品监督管理部门应当根据规定的职责权限，对麻醉药品药用原植物的种植以及麻醉药品和精神药品的实验研究、生产、经营、使用、储存、运输活动进行监督检查。

第五十八条 省级以上人民政府药品监督管理部门根据实际情况建立监控信息网络，对定点生产企业、定点批发企业和使用单位的麻醉药品和精神药品生产、进货、销售、库存、使用的数量以及流向实行实时监控，并与同级公安机关做到信息共享。

第五十九条 尚未连接监控信息网络的麻醉药品和精神药品定点生产企业、定点批发企业和使用单位，应当每月通过电子信息、传真、书面等方式，将本单位麻醉药品和精神药品生产、进货、销售、库存、使用的数量以及流向，报所在地设区的市级药品监督管理部门和公安机关；医疗机构还应当报所在地设区的市级人民政府卫生主管部门。

设区的市级药品监督管理部门应当每3个月向上一级药品监督管理部门报告本地区麻醉药品和精神药品的相关情况。

第六十条 对已经发生滥用，造成严重社会危害的麻醉药品和精神药品品种，国务院药品监督管理部门应当采取在一定期限内中止生产、经营、使用或者限定其使用范围和用途等措施。对不再作为药品使用的麻醉药品和精神药品，国务院药品监督管理部门应当撤销其药品批准文号和药品标准，并予以公布。

药品监督管理部门、卫生主管部门发现生产、经营企业和使用单位的麻醉药品和精神药品管理存在安全隐患时，应当责令其立即排除或者限期排除；对有证据证明可能流入非法渠道的，应当及时采取查封、扣押的行政强制措施，在7日内作出行政处理决定，并通报同级公安机关。

药品监督管理部门发现取得印鉴卡的医疗机构未依照规定购买麻醉药品和第一类精神药品时，应当及时通报同级卫生主管部门。接到通报的卫生主管部门应当立即调查处理。必要时，药品监督管理部门可以责令定点批发企业中止向该医疗机构销售麻醉药品和第一类精神药品。

第六十一条 麻醉药品和精神药品的生产、经营企业和使用单位对过期、损坏的麻醉药品和精神药品应当登记造册，并向所在地县级药品监督管理部门申请销毁。药品监督管理部门应当自接到申请之日起 5 日内到场监督销毁。医疗机构对存放在本单位的过期、损坏麻醉药品和精神药品，应当按照本条规定的程序向卫生主管部门提出申请，由卫生主管部门负责监督销毁。

对依法收缴的麻醉药品和精神药品，除经国务院药品监督管理部门或者国务院公安部门批准用于科学研究外，应当依照国家有关规定予以销毁。

第六十二条 县级以上人民政府卫生主管部门应当对执业医师开具麻醉药品和精神药品处方的情况进行监督检查。

第六十三条 药品监督管理部门、卫生主管部门和公安机关应当互相通报麻醉药品和精神药品生产、经营企业和使用单位的名单以及其他管理信息。

各级药品监督管理部门应当将在麻醉药品药用原植物的种植以及麻醉药品和精神药品的实验研究、生产、经营、使用、储存、运输等各环节的管理中的审批、撤销等事项通报同级公安机关。

麻醉药品和精神药品的经营企业、使用单位报送各级药品监督管理部门的备案事项，应当同时报送同级公安机关。

第六十四条 发生麻醉药品和精神药品被盗、被抢、丢失或者其他流入非法渠道的情形的，案发单位应当立即采取必要的控制措施，同时报告所在地县级公安机关和药品监督管理部门。医疗机构发生上述情形的，还应当报告其主管部门。

公安机关接到报告、举报，或者有证据证明麻醉药品和精神药品可能流入非法渠道时，应当及时开展调查，并可以对相关单位采取必要的控制措施。

药品监督管理部门、卫生主管部门以及其他有关部门应当配合公安机关开展工作。

第八章 法律责任

第六十五条 药品监督管理部门、卫生主管部门违反本条例的规定，有下列情形之一的，由其上级行政机关或者监察机关责令改正；情节严重的，对直接负责的主管人员和其他直接责任人员依法给予行政处分；构成犯罪的，依法追究刑事责任：

（一）对不符合条件的申请人准予行政许可或者超越法定职权作出准予行政许可决定的；

（二）未到场监督销毁过期、损坏的麻醉药品和精神药品的；

（三）未依法履行监督检查职责，应当发现而未发现违法行为、发现违法行为不及时查处，或者未依照本条例规定的程序实施监督检查的；

（四）违反本条例规定的其他失职、渎职行为。

第六十六条 麻醉药品药用原植物种植企业违反本条例的规定，有下列情形之一的，由药品监督管理部门责令限期改正，给予警告；逾期不改正的，处 5 万元以上 10 万元以下的罚款；情节严重的，取消其种植资格：

（一）未依照麻醉药品药用原植物年度种植计划进行种植的；

（二）未依照规定报告种植情况的；

（三）未依照规定储存麻醉药品的。

第六十七条 定点生产企业违反本条例的规定，有下列情形之一的，由药品监督管理部门责令限期改正，给予警告，并没收违法所得和违法销售的药品；逾期不改正的，责令停产，并处 5 万元以上 10 万元以下的罚款；情节严重的，取消其定点生产资格：

（一）未按照麻醉药品和精神药品年度生产计划安排生产的；

（二）未依照规定向药品监督管理部门报告生产情况的；

（三）未依照规定储存麻醉药品和精神药品，或者未依照规定建立、保存专用账册的；

（四）未依照规定销售麻醉药品和精神药品的；

（五）未依照规定销毁麻醉药品和精神药品的。

第六十八条 定点批发企业违反本条例的规定销售麻醉药品和精神药品，或者违反本条例的规定经营麻醉药品原料药和第一类精神药品原料药的，由药品监督管理部门责令限期改正，给予警告，并没收违法所得和违法销售的药品；逾期不改正的，责令停业，并处违法销售药品货值金

额2倍以上5倍以下的罚款；情节严重的，取消其定点批发资格。

第六十九条 定点批发企业违反本条例的规定，有下列情形之一的，由药品监督管理部门责令限期改正，给予警告；逾期不改正的，责令停业，并处2万元以上5万元以下的罚款；情节严重的，取消其定点批发资格：

（一）未依照规定购进麻醉药品和第一类精神药品的；

（二）未保证供药责任区域内的麻醉药品和第一类精神药品的供应的；

（三）未对医疗机构履行送货义务的；

（四）未依照规定报告麻醉药品和精神药品的进货、销售、库存数量以及流向的；

（五）未依照规定储存麻醉药品和精神药品，或者未依照规定建立、保存专用账册的；

（六）未依照规定销毁麻醉药品和精神药品的；

（七）区域性批发企业之间违反本条例的规定调剂麻醉药品和第一类精神药品，或者因特殊情况调剂麻醉药品和第一类精神药品后未依照规定备案的。

第七十条 第二类精神药品零售企业违反本条例的规定储存、销售或者销毁第二类精神药品的，由药品监督管理部门责令限期改正，给予警告，并没收违法所得和违法销售的药品；逾期不改正的，责令停业，并处5 000元以上2万元以下的罚款；情节严重的，取消其第二类精神药品零售资格。

第七十一条 本条例第三十四条、第三十五条规定的单位违反本条例的规定，购买麻醉药品和精神药品的，由药品监督管理部门没收违法购买的麻醉药品和精神药品，责令限期改正，给予警告；逾期不改正的，责令停产或者停止相关活动，并处2万元以上5万元以下的罚款。

第七十二条 取得印鉴卡的医疗机构违反本条例的规定，有下列情形之一的，由设区的市级人民政府卫生主管部门责令限期改正，给予警告；逾期不改正的，处5 000元以上1万元以下的罚款；情节严重的，吊销其印鉴卡；对直接负责的主管人员和其他直接责任人员，依法给予降级、撤职、开除的处分：

（一）未依照规定购买、储存麻醉药品和第一类精神药品的；

（二）未依照规定保存麻醉药品和精神药品专用处方，或者未依照规定进行处方专册登记的；

（三）未依照规定报告麻醉药品和精神药品的进货、库存、使用数量的；

（四）紧急借用麻醉药品和第一类精神药品后未备案的；

（五）未依照规定销毁麻醉药品和精神药品的。

第七十三条 具有麻醉药品和第一类精神药品处方资格的执业医师，违反本条例的规定开具麻醉药品和第一类精神药品处方，或者未按照临床应用指导原则的要求使用麻醉药品和第一类精神药品的，由其所在医疗机构取消其麻醉药品和第一类精神药品处方资格；造成严重后果的，由原发证部门吊销其执业证书。执业医师未按照临床应用指导原则的要求使用第二类精神药品或者未使用专用处方开具第二类精神药品，造成严重后果的，由原发证部门吊销其执业证书。

未取得麻醉药品和第一类精神药品处方资格的执业医师擅自开具麻醉药品和第一类精神药品处方，由县级以上人民政府卫生主管部门给予警告，暂停其执业活动；造成严重后果的，吊销其执业证书；构成犯罪的，依法追究刑事责任。

处方的调配人、核对人违反本条例的规定未对麻醉药品和第一类精神药品处方进行核对，造成严重后果的，由原发证部门吊销其执业证书。

第七十四条 违反本条例的规定运输麻醉药品和精神药品的，由药品监督管理部门和运输管理部门依照各自职责，责令改正，给予警告，处2万元以上5万元以下的罚款。

收寄麻醉药品、精神药品的邮政营业机构未依照本条例的规定办理邮寄手续的，由邮政主管部门责令改正，给予警告；造成麻醉药品、精神药品邮件丢失的，依照邮政法律、行政法规的规定处理。

第七十五条 提供虚假材料、隐瞒有关情况，或者采取其他欺骗手段取得麻醉药品和精神药品的实验研究、生产、经营、使用资格的，由原审批部门撤销其已取得的资格，5年内不得提出有关麻醉药品和精神药品的申请；情节严重的，处1万元以上3万元以下的罚款，有药品生产许可证、药品经营许可证、医疗机构执业许可证的，依法吊销其许可证明文件。

第七十六条 药品研究单位在普通药品的实

验研究和研制过程中，产生本条例规定管制的麻醉药品和精神药品，未依照本条例的规定报告的，由药品监督管理部门责令改正，给予警告，没收违法药品；拒不改正的，责令停止实验研究和研制活动。

第七十七条 药物临床试验机构以健康人为麻醉药品和第一类精神药品临床试验的受试对象的，由药品监督管理部门责令停止违法行为，给予警告；情节严重的，取消其药物临床试验机构的资格；构成犯罪的，依法追究刑事责任。对受试对象造成损害的，药物临床试验机构依法承担治疗和赔偿责任。

第七十八条 定点生产企业、定点批发企业和第二类精神药品零售企业生产、销售假劣麻醉药品和精神药品的，由药品监督管理部门取消其定点生产资格、定点批发资格或者第二类精神药品零售资格，并依照药品管理法的有关规定予以处罚。

第七十九条 定点生产企业、定点批发企业和其他单位使用现金进行麻醉药品和精神药品交易的，由药品监督管理部门责令改正，给予警告，没收违法交易的药品，并处 5 万元以上 10 万元以下的罚款。

第八十条 发生麻醉药品和精神药品被盗、被抢、丢失案件的单位，违反本条例的规定未采取必要的控制措施或者未依照本条例的规定报告的，由药品监督管理部门和卫生主管部门依照各自职责，责令改正，给予警告；情节严重的，处 5 000 元以上 1 万元以下的罚款；有上级主管部门的，由其上级主管部门对直接负责的主管人员和其他直接责任人员，依法给予降级、撤职的处分。

第八十一条 依法取得麻醉药品药用原植物种植或者麻醉药品和精神药品实验研究、生产、经营、使用、运输等资格的单位，倒卖、转让、出租、出借、涂改其麻醉药品和精神药品许可证明文件的，由原审批部门吊销相应许可证明文件，没收违法所得；情节严重的，处违法所得 2 倍以上 5 倍以下的罚款；没有违法所得的，处 2 万元以上 5 万元以下的罚款；构成犯罪的，依法追究刑事责任。

第八十二条 违反本条例的规定，致使麻醉药品和精神药品流入非法渠道造成危害，构成犯罪的，依法追究刑事责任；尚不构成犯罪的，由县级以上公安机关处 5 万元以上 10 万元以下的罚款；有违法所得的，没收违法所得；情节严重的，处违法所得 2 倍以上 5 倍以下的罚款；由原发证部门吊销其药品生产、经营和使用许可证明文件。

药品监督管理部门、卫生主管部门在监督管理工作中发现前款规定情形的，应当立即通报所在地同级公安机关，并依照国家有关规定，将案件以及相关材料移送公安机关。

第八十三条 本章规定由药品监督管理部门作出的行政处罚，由县级以上药品监督管理部门按照国务院药品监督管理部门规定的职责分工决定。

第九章 附 则

第八十四条 本条例所称实验研究是指以医疗、科学研究或者教学为目的的临床前药物研究。

经批准可以开展与计划生育有关的临床医疗服务的计划生育技术服务机构需要使用麻醉药品和精神药品的，依照本条例有关医疗机构使用麻醉药品和精神药品的规定执行。

第八十五条 麻醉药品目录中的罂粟壳只能用于中药饮片和中成药的生产以及医疗配方使用。具体管理办法由国务院药品监督管理部门另行制定。

第八十六条 生产含麻醉药品的复方制剂，需要购进、储存、使用麻醉药品原料药的，应当遵守本条例有关麻醉药品管理的规定。

第八十七条 军队医疗机构麻醉药品和精神药品的供应、使用，由国务院药品监督管理部门会同中国人民解放军总后勤部依据本条例制定具体管理办法。

第八十八条 对动物用麻醉药品和精神药品的管理，由国务院兽医主管部门会同国务院药品监督管理部门依据本条例制定具体管理办法。

第八十九条 本条例自 2005 年 11 月 1 日起施行。1987 年 11 月 28 日国务院发布的《麻醉药品管理办法》和 1988 年 12 月 27 日国务院发布的《精神药品管理办法》同时废止。

六、实验动物管理条例

（1988 年 10 月 31 日国务院批准　1988 年 11 月 14 日国家科学技术委员会令第 2 号发布　根据 2011 年 1 月 8 日《国务院关于废止和修改部分行政法规的决定》第一次修订　根据 2013 年 7 月 18 日《国务院关于废止和修改部分行政法规的决定》第二次修订　根据 2017 年 3 月 1 日《国务院关于修改和废止部分行政法规的决定》第三次修订）

第一章　总　　则

第一条　为了加强实验动物的管理工作，保证实验动物质量，适应科学研究、经济建设和社会发展的需要，制定本条例。

第二条　本条例所称实验动物，是指经人工饲育，对其携带的微生物实行控制，遗传背景明确或者来源清楚的，用于科学研究、教学、生产、检定以及其他科学实验的动物。

第三条　本条例适用于从事实验动物的研究、保种、饲育、供应、应用、管理和监督的单位和个人。

第四条　实验动物的管理，应当遵循统一规划、合理分工，有利于促进实验动物科学研究和应用的原则。

第五条　国家科学技术委员会主管全国实验动物工作。

省、自治区、直辖市科学技术委员会主管本地区的实验动物工作。

国务院各有关部门负责管理本部门的实验动物工作。

第六条　国家实行实验动物的质量监督和质量合格认证制度。具体办法由国家科学技术委员会另行制定。

第七条　实验动物遗传学、微生物学、营养学和饲育环境等方面的国家标准由国家技术监督局制定。

第二章　实验动物的饲育管理

第八条　从事实验动物饲育工作的单位，必须根据遗传学、微生物学、营养学和饲育环境方面的标准，定期对实验动物进行质量监测。各项作业过程和监测数据应有完整、准确的记录，并建立统计报告制度。

第九条　实验动物的饲育室、实验室应设在不同区域，并进行严格隔离。

实验动物饲育室、实验室要有科学的管理制度和操作规程。

第十条　实验动物的保种、饲育应采用国内或国外认可的品种、品系，并持有效的合格证书。

第十一条　实验动物必须按照不同来源，不同品种、品系和不同的实验目的，分开饲养。

第十二条　实验动物分为四级：一级，普通动物；二级，清洁动物；三级，无特定病原体动物；四级，无菌动物。

对不同等级的实验动物，应当按照相应的微生物控制标准进行管理。

第十三条　实验动物必须饲喂质量合格的全价饲料。霉烂、变质、虫蛀、污染的饲料，不得用于饲喂实验动物。直接用作饲料的蔬菜、水果等，要经过清洗消毒，并保持新鲜。

第十四条　一级实验动物的饮水，应当符合城市生活饮水的卫生标准。二、三、四级实验动物的饮水，应当符合城市生活饮水的卫生标准并经灭菌处理。

第十五条 实验动物的垫料应当按照不同等级实验动物的需要，进行相应处理，达到清洁、干燥、吸水、无毒、无虫、无感染源、无污染。

第三章 实验动物的检疫和传染病控制

第十六条 对引入的实验动物，必须进行隔离检疫。

为补充种源或开发新品种而捕捉的野生动物，必须在当地进行隔离检疫，并取得动物检疫部门出具的证明。野生动物运抵实验动物处所，需经再次检疫，方可进入实验动物饲育室。

第十七条 对必须进行预防接种的实验动物，应当根据实验要求或者按照《中华人民共和国动物防疫法》的有关规定，进行预防接种，但用作生物制品原料的实验动物除外。

第十八条 实验动物患病死亡的，应当及时查明原因，妥善处理，并记录在案。

实验动物患有传染性疾病的，必须立即视情况分别予以销毁或者隔离治疗。对可能被传染的实验动物，进行紧急预防接种，对饲育室内外可能被污染的区域采取严格消毒措施，并报告上级实验动物管理部门和当地动物检疫、卫生防疫单位，采取紧急预防措施，防止疫病蔓延。

第四章 实验动物的应用

第十九条 应用实验动物应当根据不同的实验目的，选用相应的合格实验动物。申报科研课题和鉴定科研成果，应当把应用合格实验动物作为基本条件。应用不合格实验动物取得的检定或者安全评价结果无效，所生产的制品不得使用。

第二十条 供应用的实验动物应当具备下列完整的资料：

（一）品种、品系及亚系的确切名称；

（二）遗传背景或其来源；

（三）微生物检测状况；

（四）合格证书；

（五）饲育单位负责人签名。

无上述资料的实验动物不得应用。

第二十一条 实验动物的运输工作应当有专人负责。实验动物的装运工具应当安全、可靠。不得将不同品种、品系或者不同等级的实验动物混合装运。

第五章 实验动物的进口与出口管理

第二十二条 从国外进口作为原种的实验动物，应附有饲育单位负责人签发的品系和亚系名称以及遗传和微生物状况等资料。

无上述资料的实验动物不得进口和应用。

第二十三条 出口应用国家重点保护的野生动物物种开发的实验动物，必须按照国家的有关规定，取得出口许可证后，方可办理出口手续。

第二十四条 进口、出口实验动物的检疫工作，按照《中华人民共和国进出境动植物检疫法》的规定办理。

第六章 从事实验动物工作的人员

第二十五条 实验动物工作单位应当根据需要，配备科技人员和经过专业培训的饲育人员。各类人员都要遵守实验动物饲育管理的各项制度，熟悉、掌握操作规程。

第二十六条 实验动物工作单位对直接接触实验动物的工作人员，必须定期组织体格检查。对患有传染性疾病，不宜承担所做工作的人员，应当及时调换工作。

第二十七条 从事实验动物工作的人员对实验动物必须爱护，不得戏弄或虐待。

第七章 奖励与处罚

第二十八条 对长期从事实验动物饲育管理，取得显著成绩的单位或者个人，由管理实验动物工作的部门给予表彰或奖励。

第二十九条 对违反本条例规定的单位，由管理实验动物工作的部门视情节轻重，分别给予警告、限期改进、责令关闭的行政处罚。

第三十条 对违反本条例规定的有关工作人员，由其所在单位视情节轻重，根据国家有关规定，给予行政处分。

第八章 附 则

第三十一条 省、自治区、直辖市人民政府和国务院有关部门，可以根据本条例，结合具体情况，制定实施办法。

军队系统的实验动物管理工作参照本条例执行。

第三十二条 本条例由国家科学技术委员会负责解释。

第三十三条 本条例自发布之日起施行。

七、生猪屠宰管理条例

（1997年12月19日中华人民共和国国务院令第238号公布　2008年5月25日中华人民共和国国务院令第525号第一次修订　根据2011年1月8日《国务院关于废止和修改部分行政法规的决定》第二次修订　根据2016年2月6日《国务院关于修改部分行政法规的决定》第三次修订　2021年6月25日中华人民共和国国务院令第742号第四次修订）

第一章　总　　则

第一条　为了加强生猪屠宰管理，保证生猪产品质量安全，保障人民身体健康，制定本条例。

第二条　国家实行生猪定点屠宰、集中检疫制度。

除农村地区个人自宰自食的不实行定点屠宰外，任何单位和个人未经定点不得从事生猪屠宰活动。

在边远和交通不便的农村地区，可以设置仅限于向本地市场供应生猪产品的小型生猪屠宰场点，具体管理办法由省、自治区、直辖市制定。

第三条　国务院农业农村主管部门负责全国生猪屠宰的行业管理工作。县级以上地方人民政府农业农村主管部门负责本行政区域内生猪屠宰活动的监督管理。

县级以上人民政府有关部门在各自职责范围内负责生猪屠宰活动的相关管理工作。

第四条　县级以上地方人民政府应当加强对生猪屠宰监督管理工作的领导，及时协调、解决生猪屠宰监督管理工作中的重大问题。

乡镇人民政府、街道办事处应当加强生猪定点屠宰的宣传教育，协助做好生猪屠宰监督管理工作。

第五条　国家鼓励生猪养殖、屠宰、加工、配送、销售一体化发展，推行标准化屠宰，支持建设冷链流通和配送体系。

第六条　国家根据生猪定点屠宰厂（场）的规模、生产和技术条件以及质量安全管理状况，推行生猪定点屠宰厂（场）分级管理制度，鼓励、引导、扶持生猪定点屠宰厂（场）改善生产和技术条件，加强质量安全管理，提高生猪产品质量安全水平。生猪定点屠宰厂（场）分级管理的具体办法由国务院农业农村主管部门制定。

第七条　县级以上人民政府农业农村主管部门应当建立生猪定点屠宰厂（场）信用档案，记录日常监督检查结果、违法行为查处等情况，并依法向社会公示。

第二章　生猪定点屠宰

第八条　省、自治区、直辖市人民政府农业农村主管部门会同生态环境主管部门以及其他有关部门，按照科学布局、集中屠宰、有利流通、方便群众的原则，结合生猪养殖、动物疫病防控和生猪产品消费实际情况制订生猪屠宰行业发展规划，报本级人民政府批准后实施。

生猪屠宰行业发展规划应当包括发展目标、屠宰厂（场）设置、政策措施等内容。

第九条　生猪定点屠宰厂（场）由设区的市级人民政府根据生猪屠宰行业发展规划，组织农业农村、生态环境主管部门以及其他有关部门，依照本条例规定的条件进行审查，经征求省、自治区、直辖市人民政府农业农村主管部门的意见确定，并颁发生猪定点屠宰证书和生猪定点屠宰标志牌。

生猪定点屠宰证书应当载明屠宰厂（场）名称、生产地址和法定代表人（负责人）等事项。

生猪定点屠宰厂（场）变更生产地址的，应当依照本条例的规定，重新申请生猪定点屠宰证书；变更屠宰厂（场）名称、法定代表人（负责人）的，应当在市场监督管理部门办理变更登记手续后15个工作日内，向原发证机关办理变更生猪定点屠宰证书。

设区的市级人民政府应当将其确定的生猪定点屠宰厂（场）名单及时向社会公布，并报省、自治区、直辖市人民政府备案。

第十条 生猪定点屠宰厂（场）应当将生猪定点屠宰标志牌悬挂于厂（场）区的显著位置。

生猪定点屠宰证书和生猪定点屠宰标志牌不得出借、转让。任何单位和个人不得冒用或者使用伪造的生猪定点屠宰证书和生猪定点屠宰标志牌。

第十一条 生猪定点屠宰厂（场）应当具备下列条件：

（一）有与屠宰规模相适应、水质符合国家规定标准的水源条件；

（二）有符合国家规定要求的待宰间、屠宰间、急宰间、检验室以及生猪屠宰设备和运载工具；

（三）有依法取得健康证明的屠宰技术人员；

（四）有经考核合格的兽医卫生检验人员；

（五）有符合国家规定要求的检验设备、消毒设施以及符合环境保护要求的污染防治设施；

（六）有病害生猪及生猪产品无害化处理设施或者无害化处理委托协议；

（七）依法取得动物防疫条件合格证。

第十二条 生猪定点屠宰厂（场）屠宰的生猪，应当依法经动物卫生监督机构检疫合格，并附有检疫证明。

第十三条 生猪定点屠宰厂（场）应当建立生猪进厂（场）查验登记制度。

生猪定点屠宰厂（场）应当依法查验检疫证明等文件，利用信息化手段核实相关信息，如实记录屠宰生猪的来源、数量、检疫证明号和供货者名称、地址、联系方式等内容，并保存相关凭证。发现伪造、变造检疫证明的，应当及时报告农业农村主管部门。发生动物疫情时，还应当查验、记录运输车辆基本情况。记录、凭证保存期限不得少于2年。

生猪定点屠宰厂（场）接受委托屠宰的，应当与委托人签订委托屠宰协议，明确生猪产品质量安全责任。委托屠宰协议自协议期满后保存期限不得少于2年。

第十四条 生猪定点屠宰厂（场）屠宰生猪，应当遵守国家规定的操作规程、技术要求和生猪屠宰质量管理规范，并严格执行消毒技术规范。发生动物疫情时，应当按照国务院农业农村主管部门的规定，开展动物疫病检测，做好动物疫情排查和报告。

第十五条 生猪定点屠宰厂（场）应当建立严格的肉品品质检验管理制度。肉品品质检验应当遵守生猪屠宰肉品品质检验规程，与生猪屠宰同步进行，并如实记录检验结果。检验结果记录保存期限不得少于2年。

经肉品品质检验合格的生猪产品，生猪定点屠宰厂（场）应当加盖肉品品质检验合格验讫印章，附具肉品品质检验合格证。未经肉品品质检验或者经肉品品质检验不合格的生猪产品，不得出厂（场）。经检验不合格的生猪产品，应当在兽医卫生检验人员的监督下，按照国家有关规定处理，并如实记录处理情况；处理情况记录保存期限不得少于2年。

生猪屠宰肉品品质检验规程由国务院农业农村主管部门制定。

第十六条 生猪屠宰的检疫及其监督，依照动物防疫法和国务院的有关规定执行。县级以上地方人民政府按照本级政府职责，将生猪、生猪产品的检疫和监督管理所需经费纳入本级预算。

县级以上地方人民政府农业农村主管部门应当按照规定足额配备农业农村主管部门任命的兽医，由其监督生猪定点屠宰厂（场）依法查验检疫证明等文件。

农业农村主管部门任命的兽医对屠宰的生猪实施检疫。检疫合格的，出具检疫证明、加施检疫标志，并在检疫证明、检疫标志上签字或者盖章，对检疫结论负责。未经检疫或者经检疫不合格的生猪产品，不得出厂（场）。经检疫不合格的生猪及生猪产品，应当在农业农村主管部门的监督下，按照国家有关规定处理。

第十七条 生猪定点屠宰厂（场）应当建立生猪产品出厂（场）记录制度，如实记录出厂（场）生猪产品的名称、规格、数量、检疫证明号、肉品品质检验合格证号、屠宰日期、出厂（场）日期以及购货者名称、地址、联系方式等内容，并保存相关凭证。记录、凭证保存期限不得少于2年。

第十八条 生猪定点屠宰厂（场）对其生产的生猪产品质量安全负责，发现其生产的生猪产品不符合食品安全标准、有证据证明可能危害人体健康、染疫或者疑似染疫的，应当立即停止屠宰，报告农业农村主管部门，通知销售者或者委托人，召回已经销售的生猪产品，并记录通知和召回情况。

生猪定点屠宰厂（场）应当对召回的生猪产品采取无害化处理等措施，防止其再次流入市场。

第十九条 生猪定点屠宰厂（场）对病害生猪及生猪产品进行无害化处理的费用和损失，由地方各级人民政府结合本地实际予以适当补贴。

第二十条 严禁生猪定点屠宰厂（场）以及其他任何单位和个人对生猪、生猪产品注水或者注入其他物质。

严禁生猪定点屠宰厂（场）屠宰注水或者注入其他物质的生猪。

第二十一条 生猪定点屠宰厂（场）对未能及时出厂（场）的生猪产品，应当采取冷冻或者冷藏等必要措施予以储存。

第二十二条 严禁任何单位和个人为未经定点违法从事生猪屠宰活动的单位和个人提供生猪屠宰场所或者生猪产品储存设施，严禁为对生猪、生猪产品注水或者注入其他物质的单位和个人提供场所。

第二十三条 从事生猪产品销售、肉食品生产加工的单位和个人以及餐饮服务经营者、集中用餐单位生产经营的生猪产品，必须是生猪定点屠宰厂（场）经检疫和肉品品质检验合格的生猪产品。

第二十四条 地方人民政府及其有关部门不得限制外地生猪定点屠宰厂（场）经检疫和肉品品质检验合格的生猪产品进入本地市场。

第三章 监督管理

第二十五条 国家实行生猪屠宰质量安全风险监测制度。国务院农业农村主管部门负责组织制定国家生猪屠宰质量安全风险监测计划，对生猪屠宰环节的风险因素进行监测。

省、自治区、直辖市人民政府农业农村主管部门根据国家生猪屠宰质量安全风险监测计划，结合本行政区域实际情况，制定本行政区域生猪屠宰质量安全风险监测方案并组织实施，同时报国务院农业农村主管部门备案。

第二十六条 县级以上地方人民政府农业农村主管部门应当根据生猪屠宰质量安全风险监测结果和国务院农业农村主管部门的规定，加强对生猪定点屠宰厂（场）质量安全管理状况的监督检查。

第二十七条 农业农村主管部门应当依照本条例的规定严格履行职责，加强对生猪屠宰活动的日常监督检查，建立健全随机抽查机制。

农业农村主管部门依法进行监督检查，可以采取下列措施：

（一）进入生猪屠宰等有关场所实施现场检查；

（二）向有关单位和个人了解情况；

（三）查阅、复制有关记录、票据以及其他资料；

（四）查封与违法生猪屠宰活动有关的场所、设施，扣押与违法生猪屠宰活动有关的生猪、生猪产品以及屠宰工具和设备。

农业农村主管部门进行监督检查时，监督检查人员不得少于2人，并应当出示执法证件。

对农业农村主管部门依法进行的监督检查，有关单位和个人应当予以配合，不得拒绝、阻挠。

第二十八条 农业农村主管部门应当建立举报制度，公布举报电话、信箱或者电子邮箱，受理对违反本条例规定行为的举报，并及时依法处理。

第二十九条 农业农村主管部门发现生猪屠宰涉嫌犯罪的，应当按照有关规定及时将案件移送同级公安机关。

公安机关在生猪屠宰相关犯罪案件侦查过程中认为没有犯罪事实或者犯罪事实显著轻微，不需要追究刑事责任的，应当及时将案件移送同级农业农村主管部门。公安机关在侦查过程中，需要农业农村主管部门给予检验、认定等协助的，农业农村主管部门应当给予协助。

第四章 法律责任

第三十条 农业农村主管部门在监督检查中

发现生猪定点屠宰厂（场）不再具备本条例规定条件的，应当责令停业整顿，并限期整改；逾期仍达不到本条例规定条件的，由设区的市级人民政府吊销生猪定点屠宰证书，收回生猪定点屠宰标志牌。

第三十一条 违反本条例规定，未经定点从事生猪屠宰活动的，由农业农村主管部门责令关闭，没收生猪、生猪产品、屠宰工具和设备以及违法所得；货值金额不足1万元的，并处5万元以上10万元以下的罚款；货值金额1万元以上的，并处货值金额10倍以上20倍以下的罚款。

冒用或者使用伪造的生猪定点屠宰证书或者生猪定点屠宰标志牌的，依照前款的规定处罚。

生猪定点屠宰厂（场）出借、转让生猪定点屠宰证书或者生猪定点屠宰标志牌的，由设区的市级人民政府吊销生猪定点屠宰证书，收回生猪定点屠宰标志牌；有违法所得的，由农业农村主管部门没收违法所得，并处5万元以上10万元以下的罚款。

第三十二条 违反本条例规定，生猪定点屠宰厂（场）有下列情形之一的，由农业农村主管部门责令改正，给予警告；拒不改正的，责令停业整顿，处5 000元以上5万元以下的罚款，对其直接负责的主管人员和其他直接责任人员处2万元以上5万元以下的罚款；情节严重的，由设区的市级人民政府吊销生猪定点屠宰证书，收回生猪定点屠宰标志牌：

（一）未按照规定建立并遵守生猪进厂（场）查验登记制度、生猪产品出厂（场）记录制度的；

（二）未按照规定签订、保存委托屠宰协议的；

（三）屠宰生猪不遵守国家规定的操作规程、技术要求和生猪屠宰质量管理规范以及消毒技术规范的；

（四）未按照规定建立并遵守肉品品质检验制度的；

（五）对经肉品品质检验不合格的生猪产品未按照国家有关规定处理并如实记录处理情况的。

发生动物疫情时，生猪定点屠宰厂（场）未按照规定开展动物疫病检测的，由农业农村主管部门责令停业整顿，并处5 000元以上5万元以下的罚款，对其直接负责的主管人员和其他直接责任人员处2万元以上5万元以下的罚款；情节严重的，由设区的市级人民政府吊销生猪定点屠宰证书，收回生猪定点屠宰标志牌。

第三十三条 违反本条例规定，生猪定点屠宰厂（场）出厂（场）未经肉品品质检验或者经肉品品质检验不合格的生猪产品的，由农业农村主管部门责令停业整顿，没收生猪产品和违法所得；货值金额不足1万元的，并处10万元以上15万元以下的罚款；货值金额1万元以上的，并处货值金额15倍以上30倍以下的罚款；对其直接负责的主管人员和其他直接责任人员处5万元以上10万元以下的罚款；情节严重的，由设区的市级人民政府吊销生猪定点屠宰证书，收回生猪定点屠宰标志牌，并可以由公安机关依照《中华人民共和国食品安全法》的规定，对其直接负责的主管人员和其他直接责任人员处5日以上15日以下拘留。

第三十四条 生猪定点屠宰厂（场）依照本条例规定应当召回生猪产品而不召回的，由农业农村主管部门责令召回，停止屠宰；拒不召回或者拒不停止屠宰的，责令停业整顿，没收生猪产品和违法所得；货值金额不足1万元的，并处5万元以上10万元以下的罚款；货值金额1万元以上的，并处货值金额10倍以上20倍以下的罚款；对其直接负责的主管人员和其他直接责任人员处5万元以上10万元以下的罚款；情节严重的，由设区的市级人民政府吊销生猪定点屠宰证书，收回生猪定点屠宰标志牌。

委托人拒不执行召回规定的，依照前款规定处罚。

第三十五条 违反本条例规定，生猪定点屠宰厂（场）、其他单位和个人对生猪、生猪产品注水或者注入其他物质的，由农业农村主管部门没收注水或者注入其他物质的生猪、生猪产品、注水工具和设备以及违法所得；货值金额不足1万元的，并处5万元以上10万元以下的罚款；货值金额1万元以上的，并处货值金额10倍以上20倍以下的罚款；对生猪定点屠宰厂（场）或者其他单位的直接负责的主管人员和其他直接责任人员处5万元以上10万元以下的罚款。注入其他物质的，还可以由公安机关依照《中华人民共和国食品安全法》的规定，对其直接负责的主管人员和其他直接责任人员处5日以上15日以下拘留。

生猪定点屠宰厂（场）对生猪、生猪产品注水或者注入其他物质的，除依照前款规定处罚外，还应当由农业农村主管部门责令停业整顿；情节严重的，由设区的市级人民政府吊销生猪定点屠宰证书，收回生猪定点屠宰标志牌。

第三十六条 违反本条例规定，生猪定点屠宰厂（场）屠宰注水或者注入其他物质的生猪的，由农业农村主管部门责令停业整顿，没收注水或者注入其他物质的生猪、生猪产品和违法所得；货值金额不足1万元的，并处5万元以上10万元以下的罚款；货值金额1万元以上的，并处货值金额10倍以上20倍以下的罚款；对其直接负责的主管人员和其他直接责任人员处5万元以上10万元以下的罚款；情节严重的，由设区的市级人民政府吊销生猪定点屠宰证书，收回生猪定点屠宰标志牌。

第三十七条 违反本条例规定，为未经定点违法从事生猪屠宰活动的单位和个人提供生猪屠宰场所或者生猪产品储存设施，或者为对生猪、生猪产品注水或者注入其他物质的单位和个人提供场所的，由农业农村主管部门责令改正，没收违法所得，并处5万元以上10万以下的罚款。

第三十八条 违反本条例规定，生猪定点屠宰厂（场）被吊销生猪定点屠宰证书的，其法定代表人（负责人）、直接负责的主管人员和其他直接责任人员自处罚决定作出之日起5年内不得申请生猪定点屠宰证书或者从事生猪屠宰管理活动；因食品安全犯罪被判处有期徒刑以上刑罚的，终身不得从事生猪屠宰管理活动。

第三十九条 农业农村主管部门和其他有关部门的工作人员在生猪屠宰监督管理工作中滥用职权、玩忽职守、徇私舞弊，尚不构成犯罪的，依法给予处分。

第四十条 本条例规定的货值金额按照同类检疫合格及肉品品质检验合格的生猪、生猪产品的市场价格计算。

第四十一条 违反本条例规定，构成犯罪的，依法追究刑事责任。

第五章 附 则

第四十二条 省、自治区、直辖市人民政府确定实行定点屠宰的其他动物的屠宰管理办法，由省、自治区、直辖市根据本地区的实际情况，参照本条例制定。

第四十三条 本条例所称生猪产品，是指生猪屠宰后未经加工的胴体、肉、脂、脏器、血液、骨、头、蹄、皮。

第四十四条 生猪定点屠宰证书、生猪定点屠宰标志牌以及肉品品质检验合格验讫印章和肉品品质检验合格证的式样，由国务院农业农村主管部门统一规定。

第四十五条 本条例自2021年8月1日起施行。

八、中华人民共和国食品安全法实施条例

（2009年7月20日中华人民共和国国务院令第557号公布　根据2016年2月6日《国务院关于修改部分行政法规的决定》修订　2019年3月26日国务院第42次常务会议修订通过　2019年10月11日中华人民共和国国务院令第721号公布　自2019年12月1日起施行）

第一章　总　　则

第一条　根据《中华人民共和国食品安全法》（以下简称食品安全法），制定本条例。

第二条　食品生产经营者应当依照法律、法规和食品安全标准从事生产经营活动，建立健全食品安全管理制度，采取有效措施预防和控制食品安全风险，保证食品安全。

第三条　国务院食品安全委员会负责分析食品安全形势，研究部署、统筹指导食品安全工作，提出食品安全监督管理的重大政策措施，督促落实食品安全监督管理责任。县级以上地方人民政府食品安全委员会按照本级人民政府规定的职责开展工作。

第四条　县级以上人民政府建立统一权威的食品安全监督管理体制，加强食品安全监督管理能力建设。

县级以上人民政府食品安全监督管理部门和其他有关部门应当依法履行职责，加强协调配合，做好食品安全监督管理工作。

乡镇人民政府和街道办事处应当支持、协助县级人民政府食品安全监督管理部门及其派出机构依法开展食品安全监督管理工作。

第五条　国家将食品安全知识纳入国民素质教育内容，普及食品安全科学常识和法律知识，提高全社会的食品安全意识。

第二章　食品安全风险监测和评估

第六条　县级以上人民政府卫生行政部门会同同级食品安全监督管理等部门建立食品安全风险监测会商机制，汇总、分析风险监测数据，研判食品安全风险，形成食品安全风险监测分析报告，报本级人民政府；县级以上地方人民政府卫生行政部门还应当将食品安全风险监测分析报告同时报上一级人民政府卫生行政部门。食品安全风险监测会商的具体办法由国务院卫生行政部门会同国务院食品安全监督管理等部门制定。

第七条　食品安全风险监测结果表明存在食品安全隐患，食品安全监督管理等部门经进一步调查确认有必要通知相关食品生产经营者的，应当及时通知。

接到通知的食品生产经营者应当立即进行自查，发现食品不符合食品安全标准或者有证据证明可能危害人体健康的，应当依照食品安全法第六十三条的规定停止生产、经营，实施食品召回，并报告相关情况。

第八条　国务院卫生行政、食品安全监督管理等部门发现需要对农药、肥料、兽药、饲料和饲料添加剂等进行安全性评估的，应当向国务院农业行政部门提出安全性评估建议。国务院农业

行政部门应当及时组织评估，并向国务院有关部门通报评估结果。

第九条 国务院食品安全监督管理部门和其他有关部门建立食品安全风险信息交流机制，明确食品安全风险信息交流的内容、程序和要求。

第三章 食品安全标准

第十条 国务院卫生行政部门会同国务院食品安全监督管理、农业行政等部门制定食品安全国家标准规划及其年度实施计划。国务院卫生行政部门应当在其网站上公布食品安全国家标准规划及其年度实施计划的草案，公开征求意见。

第十一条 省、自治区、直辖市人民政府卫生行政部门依照食品安全法第二十九条的规定制定食品安全地方标准，应当公开征求意见。省、自治区、直辖市人民政府卫生行政部门应当自食品安全地方标准公布之日起30个工作日内，将地方标准报国务院卫生行政部门备案。国务院卫生行政部门发现备案的食品安全地方标准违反法律、法规或者食品安全国家标准的，应当及时予以纠正。

食品安全地方标准依法废止的，省、自治区、直辖市人民政府卫生行政部门应当及时在其网站上公布废止情况。

第十二条 保健食品、特殊医学用途配方食品、婴幼儿配方食品等特殊食品不属于地方特色食品，不得对其制定食品安全地方标准。

第十三条 食品安全标准公布后，食品生产经营者可以在食品安全标准规定的实施日期之前实施并公开提前实施情况。

第十四条 食品生产企业不得制定低于食品安全国家标准或者地方标准要求的企业标准。食品生产企业制定食品安全指标严于食品安全国家标准或者地方标准的企业标准的，应当报省、自治区、直辖市人民政府卫生行政部门备案。

食品生产企业制定企业标准的，应当公开，供公众免费查阅。

第四章 食品生产经营

第十五条 食品生产经营许可的有效期为5年。

食品生产经营者的生产经营条件发生变化，不再符合食品生产经营要求的，食品生产经营者应当立即采取整改措施；需要重新办理许可手续的，应当依法办理。

第十六条 国务院卫生行政部门应当及时公布新的食品原料、食品添加剂新品种和食品相关产品新品种目录以及所适用的食品安全国家标准。

对按照传统既是食品又是中药材的物质目录，国务院卫生行政部门会同国务院食品安全监督管理部门应当及时更新。

第十七条 国务院食品安全监督管理部门会同国务院农业行政等有关部门明确食品安全全程追溯基本要求，指导食品生产经营者通过信息化手段建立、完善食品安全追溯体系。

食品安全监督管理等部门应当将婴幼儿配方食品等针对特定人群的食品以及其他食品安全风险较高或者销售量大的食品的追溯体系建设作为监督检查的重点。

第十八条 食品生产经营者应当建立食品安全追溯体系，依照食品安全法的规定如实记录并保存进货查验、出厂检验、食品销售等信息，保证食品可追溯。

第十九条 食品生产经营企业的主要负责人对本企业的食品安全工作全面负责，建立并落实本企业的食品安全责任制，加强供货者管理、进货查验和出厂检验、生产经营过程控制、食品安全自查等工作。食品生产经营企业的食品安全管理人员应当协助企业主要负责人做好食品安全管理工作。

第二十条 食品生产经营企业应当加强对食品安全管理人员的培训和考核。食品安全管理人员应当掌握与其岗位相适应的食品安全法律、法规、标准和专业知识，具备食品安全管理能力。食品安全监督管理部门应当对企业食品安全管理人员进行随机监督抽查考核。考核指南由国务院食品安全监督管理部门制定、公布。

第二十一条 食品、食品添加剂生产经营者委托生产食品、食品添加剂的，应当委托取得食品生产许可、食品添加剂生产许可的生产者生产，并对其生产行为进行监督，对委托生产的食品、食品添加剂的安全负责。受托方应当依照法律、法规、食品安全标准以及合同约定进行生产，对生产行为负责，并接受委托方的监督。

第二十二条 食品生产经营者不得在食品生

产、加工场所贮存依照本条例第六十三条规定制定的名录中的物质。

第二十三条 对食品进行辐照加工，应当遵守食品安全国家标准，并按照食品安全国家标准的要求对辐照加工食品进行检验和标注。

第二十四条 贮存、运输对温度、湿度等有特殊要求的食品，应当具备保温、冷藏或者冷冻等设备设施，并保持有效运行。

第二十五条 食品生产经营者委托贮存、运输食品的，应当对受托方的食品安全保障能力进行审核，并监督受托方按照保证食品安全的要求贮存、运输食品。受托方应当保证食品贮存、运输条件符合食品安全的要求，加强食品贮存、运输过程管理。

接受食品生产经营者委托贮存、运输食品的，应当如实记录委托方和收货方的名称、地址、联系方式等内容。记录保存期限不得少于贮存、运输结束后2年。

非食品生产经营者从事对温度、湿度等有特殊要求的食品贮存业务的，应当自取得营业执照之日起30个工作日内向所在地县级人民政府食品安全监督管理部门备案。

第二十六条 餐饮服务提供者委托餐具饮具集中消毒服务单位提供清洗消毒服务的，应当查验、留存餐具饮具集中消毒服务单位的营业执照复印件和消毒合格证明。保存期限不得少于消毒餐具饮具使用期限到期后6个月。

第二十七条 餐具饮具集中消毒服务单位应当建立餐具饮具出厂检验记录制度，如实记录出厂餐具饮具的数量、消毒日期和批号、使用期限、出厂日期以及委托方名称、地址、联系方式等内容。出厂检验记录保存期限不得少于消毒餐具饮具使用期限到期后6个月。消毒后的餐具饮具应当在独立包装上标注单位名称、地址、联系方式、消毒日期和批号以及使用期限等内容。

第二十八条 学校、托幼机构、养老机构、建筑工地等集中用餐单位的食堂应当执行原料控制、餐具饮具清洗消毒、食品留样等制度，并依照食品安全法第四十七条的规定定期开展食堂食品安全自查。

承包经营集中用餐单位食堂的，应当依法取得食品经营许可，并对食堂的食品安全负责。集中用餐单位应当督促承包方落实食品安全管理制度，承担管理责任。

第二十九条 食品生产经营者应当对变质、超过保质期或者回收的食品进行显著标示或者单独存放在有明确标志的场所，及时采取无害化处理、销毁等措施并如实记录。

食品安全法所称回收食品，是指已经售出，因违反法律、法规、食品安全标准或者超过保质期等原因，被召回或者退回的食品，不包括依照食品安全法第六十三条第三款的规定可以继续销售的食品。

第三十条 县级以上地方人民政府根据需要建设必要的食品无害化处理和销毁设施。食品生产经营者可以按照规定使用政府建设的设施对食品进行无害化处理或者予以销毁。

第三十一条 食品集中交易市场的开办者、食品展销会的举办者应当在市场开业或者展销会举办前向所在地县级人民政府食品安全监督管理部门报告。

第三十二条 网络食品交易第三方平台提供者应当妥善保存入网食品经营者的登记信息和交易信息。县级以上人民政府食品安全监督管理部门开展食品安全监督检查、食品安全案件调查处理、食品安全事故处置确需了解有关信息的，经其负责人批准，可以要求网络食品交易第三方平台提供者提供，网络食品交易第三方平台提供者应当按照要求提供。县级以上人民政府食品安全监督管理部门及其工作人员对网络食品交易第三方平台提供者提供的信息依法负有保密义务。

第三十三条 生产经营转基因食品应当显著标示，标示办法由国务院食品安全监督管理部门会同国务院农业行政部门制定。

第三十四条 禁止利用包括会议、讲座、健康咨询在内的任何方式对食品进行虚假宣传。食品安全监督管理部门发现虚假宣传行为的，应当依法及时处理。

第三十五条 保健食品生产工艺有原料提取、纯化等前处理工序的，生产企业应当具备相应的原料前处理能力。

第三十六条 特殊医学用途配方食品生产企业应当按照食品安全国家标准规定的检验项目对出厂产品实施逐批检验。

特殊医学用途配方食品中的特定全营养配方食品应当通过医疗机构或者药品零售企业向消费者销售。医疗机构、药品零售企业销售特定全营养配方食品的，不需要取得食品经营许可，但是应当遵守食品安全法和本条例关于食品销售的规定。

第三十七条 特殊医学用途配方食品中的特定全营养配方食品广告按照处方药广告管理，其他类别的特殊医学用途配方食品广告按照非处方药广告管理。

第三十八条 对保健食品之外的其他食品，不得声称具有保健功能。

对添加食品安全国家标准规定的选择性添加物质的婴幼儿配方食品，不得以选择性添加物质命名。

第三十九条 特殊食品的标签、说明书内容应当与注册或者备案的标签、说明书一致。销售特殊食品，应当核对食品标签、说明书内容是否与注册或者备案的标签、说明书一致，不一致的不得销售。省级以上人民政府食品安全监督管理部门应当在其网站上公布注册或者备案的特殊食品的标签、说明书。

特殊食品不得与普通食品或者药品混放销售。

第五章　食品检验

第四十条 对食品进行抽样检验，应当按照食品安全标准、注册或者备案的特殊食品的产品技术要求以及国家有关规定确定的检验项目和检验方法进行。

第四十一条 对可能掺杂掺假的食品，按照现有食品安全标准规定的检验项目和检验方法以及依照食品安全法第一百一十一条和本条例第六十三条规定制定的检验项目和检验方法无法检验的，国务院食品安全监督管理部门可以制定补充检验项目和检验方法，用于对食品的抽样检验、食品安全案件调查处理和食品安全事故处置。

第四十二条 依照食品安全法第八十八条的规定申请复检的，申请人应当向复检机构先行支付复检费用。复检结论表明食品不合格的，复检费用由复检申请人承担；复检结论表明食品合格的，复检费用由实施抽样检验的食品安全监督管理部门承担。

复检机构无正当理由不得拒绝承担复检任务。

第四十三条 任何单位和个人不得发布未依法取得资质认定的食品检验机构出具的食品检验信息，不得利用上述检验信息对食品、食品生产经营者进行等级评定，欺骗、误导消费者。

第六章　食品进出口

第四十四条 进口商进口食品、食品添加剂，应当按照规定向出入境检验检疫机构报检，如实申报产品相关信息，并随附法律、行政法规规定的合格证明材料。

第四十五条 进口食品运达口岸后，应当存放在出入境检验检疫机构指定或者认可的场所；需要移动的，应当按照出入境检验检疫机构的要求采取必要的安全防护措施。大宗散装进口食品应当在卸货口岸进行检验。

第四十六条 国家出入境检验检疫部门根据风险管理需要，可以对部分食品实行指定口岸进口。

第四十七条 国务院卫生行政部门依照食品安全法第九十三条的规定对境外出口商、境外生产企业或者其委托的进口商提交的相关国家（地区）标准或者国际标准进行审查，认为符合食品安全要求的，决定暂予适用并予以公布；暂予适用的标准公布前，不得进口尚无食品安全国家标准的食品。

食品安全国家标准中通用标准已经涵盖的食品不属于食品安全法第九十三条规定的尚无食品安全国家标准的食品。

第四十八条 进口商应当建立境外出口商、境外生产企业审核制度，重点审核境外出口商、境外生产企业制定和执行食品安全风险控制措施的情况以及向我国出口的食品是否符合食品安全法、本条例和其他有关法律、行政法规的规定以及食品安全国家标准的要求。

第四十九条 进口商依照食品安全法第九十四条第三款的规定召回进口食品的，应当将食品召回和处理情况向所在地县级人民政府食品安全监督管理部门和所在地出入境检验检疫机构报告。

第五十条 国家出入境检验检疫部门发现已经注册的境外食品生产企业不再符合注册要求的，应当责令其在规定期限内整改，整改期间暂停进口其生产的食品；经整改仍不符合注册要求的，国家出入境检验检疫部门应当撤销境外食品生产企业注册并公告。

第五十一条 对通过我国良好生产规范、危害分析与关键控制点体系认证的境外生产企业，认证机构应当依法实施跟踪调查。对不再符合认

证要求的企业，认证机构应当依法撤销认证并向社会公布。

第五十二条　境外发生的食品安全事件可能对我国境内造成影响，或者在进口食品、食品添加剂、食品相关产品中发现严重食品安全问题的，国家出入境检验检疫部门应当及时进行风险预警，并可以对相关的食品、食品添加剂、食品相关产品采取下列控制措施：

（一）退货或者销毁处理；

（二）有条件地限制进口；

（三）暂停或者禁止进口。

第五十三条　出口食品、食品添加剂的生产企业应当保证其出口食品、食品添加剂符合进口国家（地区）的标准或者合同要求；我国缔结或者参加的国际条约、协定有要求的，还应当符合国际条约、协定的要求。

第七章　食品安全事故处置

第五十四条　食品安全事故按照国家食品安全事故应急预案实行分级管理。县级以上人民政府食品安全监督管理部门会同同级有关部门负责食品安全事故调查处理。

县级以上人民政府应当根据实际情况及时修改、完善食品安全事故应急预案。

第五十五条　县级以上人民政府应当完善食品安全事故应急管理机制，改善应急装备，做好应急物资储备和应急队伍建设，加强应急培训、演练。

第五十六条　发生食品安全事故的单位应当对导致或者可能导致食品安全事故的食品及原料、工具、设备、设施等，立即采取封存等控制措施。

第五十七条　县级以上人民政府食品安全监督管理部门接到食品安全事故报告后，应当立即会同同级卫生行政、农业行政等部门依照食品安全法第一百零五条的规定进行调查处理。食品安全监督管理部门应当对事故单位封存的食品及原料、工具、设备、设施等予以保护，需要封存而事故单位尚未封存的应当直接封存或者责令事故单位立即封存，并通知疾病预防控制机构对与事故有关的因素开展流行病学调查。

疾病预防控制机构应当在调查结束后向同级食品安全监督管理、卫生行政部门同时提交流行病学调查报告。

任何单位和个人不得拒绝、阻挠疾病预防控制机构开展流行病学调查。有关部门应当对疾病预防控制机构开展流行病学调查予以协助。

第五十八条　国务院食品安全监督管理部门会同国务院卫生行政、农业行政等部门定期对全国食品安全事故情况进行分析，完善食品安全监督管理措施，预防和减少事故的发生。

第八章　监督管理

第五十九条　设区的市级以上人民政府食品安全监督管理部门根据监督管理工作需要，可以对由下级人民政府食品安全监督管理部门负责日常监督管理的食品生产经营者实施随机监督检查，也可以组织下级人民政府食品安全监督管理部门对食品生产经营者实施异地监督检查。

设区的市级以上人民政府食品安全监督管理部门认为必要的，可以直接调查处理下级人民政府食品安全监督管理部门管辖的食品安全违法案件，也可以指定其他下级人民政府食品安全监督管理部门调查处理。

第六十条　国家建立食品安全检查员制度，依托现有资源加强职业化检查员队伍建设，强化考核培训，提高检查员专业化水平。

第六十一条　县级以上人民政府食品安全监督管理部门依照食品安全法第一百一十条的规定实施查封、扣押措施，查封、扣押的期限不得超过30日；情况复杂的，经实施查封、扣押措施的食品安全监督管理部门负责人批准，可以延长，延长期限不得超过45日。

第六十二条　网络食品交易第三方平台多次出现入网食品经营者违法经营或者入网食品经营者的违法经营行为造成严重后果的，县级以上人民政府食品安全监督管理部门可以对网络食品交易第三方平台提供者的法定代表人或者主要负责人进行责任约谈。

第六十三条　国务院食品安全监督管理部门会同国务院卫生行政等部门根据食源性疾病信息、食品安全风险监测信息和监督管理信息等，对发现的添加或者可能添加到食品中的非食品用化学物质和其他可能危害人体健康的物质，制定名录及检测方法并予以公布。

第六十四条　县级以上地方人民政府卫生行政部门应当对餐具饮具集中消毒服务单位进行监

督检查，发现不符合法律、法规、国家相关标准以及相关卫生规范等要求的，应当及时调查处理。监督检查的结果应当向社会公布。

第六十五条 国家实行食品安全违法行为举报奖励制度，对查证属实的举报，给予举报人奖励。举报人举报所在企业食品安全重大违法犯罪行为的，应当加大奖励力度。有关部门应当对举报人的信息予以保密，保护举报人的合法权益。食品安全违法行为举报奖励办法由国务院食品安全监督管理部门会同国务院财政等有关部门制定。

食品安全违法行为举报奖励资金纳入各级人民政府预算。

第六十六条 国务院食品安全监督管理部门应当会同国务院有关部门建立守信联合激励和失信联合惩戒机制，结合食品生产经营者信用档案，建立严重违法生产经营者黑名单制度，将食品安全信用状况与准入、融资、信贷、征信等相衔接，及时向社会公布。

第九章　法律责任

第六十七条 有下列情形之一的，属于食品安全法第一百二十三条至第一百二十六条、第一百三十二条以及本条例第七十二条、第七十三条规定的情节严重情形：

（一）违法行为涉及的产品货值金额 2 万元以上或者违法行为持续时间 3 个月以上；

（二）造成食源性疾病并出现死亡病例，或者造成 30 人以上食源性疾病但未出现死亡病例；

（三）故意提供虚假信息或者隐瞒真实情况；

（四）拒绝、逃避监督检查；

（五）因违反食品安全法律、法规受到行政处罚后 1 年内又实施同一性质的食品安全违法行为，或者因违反食品安全法律、法规受到刑事处罚后又实施食品安全违法行为；

（六）其他情节严重的情形。

对情节严重的违法行为处以罚款时，应当依法从重从严。

第六十八条 有下列情形之一的，依照食品安全法第一百二十五条第一款、本条例第七十五条的规定给予处罚：

（一）在食品生产、加工场所贮存依照本条例第六十三条规定制定的名录中的物质；

（二）生产经营的保健食品之外的食品的标签、说明书声称具有保健功能；

（三）以食品安全国家标准规定的选择性添加物质命名婴幼儿配方食品；

（四）生产经营的特殊食品的标签、说明书内容与注册或者备案的标签、说明书不一致。

第六十九条 有下列情形之一的，依照食品安全法第一百二十六条第一款、本条例第七十五条的规定给予处罚：

（一）接受食品生产经营者委托贮存、运输食品，未按照规定记录保存信息；

（二）餐饮服务提供者未查验、留存餐具饮具集中消毒服务单位的营业执照复印件和消毒合格证明；

（三）食品生产经营者未按照规定对变质、超过保质期或者回收的食品进行标示或者存放，或者未及时对上述食品采取无害化处理、销毁等措施并如实记录；

（四）医疗机构和药品零售企业之外的单位或者个人向消费者销售特殊医学用途配方食品中的特定全营养配方食品；

（五）将特殊食品与普通食品或者药品混放销售。

第七十条 除食品安全法第一百二十五条第一款、第一百二十六条规定的情形外，食品生产经营者的生产经营行为不符合食品安全法第三十三条第一款第五项、第七项至第十项的规定，或者不符合有关食品生产经营过程要求的食品安全国家标准的，依照食品安全法第一百二十六条第一款、本条例第七十五条的规定给予处罚。

第七十一条 餐具饮具集中消毒服务单位未按照规定建立并遵守出厂检验记录制度的，由县级以上人民政府卫生行政部门依照食品安全法第一百二十六条第一款、本条例第七十五条的规定给予处罚。

第七十二条 从事对温度、湿度等有特殊要求的食品贮存业务的非食品生产经营者，食品集中交易市场的开办者、食品展销会的举办者，未按照规定备案或者报告的，由县级以上人民政府食品安全监督管理部门责令改正，给予警告；拒不改正的，处 1 万元以上 5 万元以下罚款；情节严重的，责令停产停业，并处 5 万元以上 20 万元以下罚款。

第七十三条 利用会议、讲座、健康咨询等方式对食品进行虚假宣传的，由县级以上人民政

府食品安全监督管理部门责令消除影响，有违法所得的，没收违法所得；情节严重的，依照食品安全法第一百四十条第五款的规定进行处罚；属于单位违法的，还应当依照本条例第七十五条的规定对单位的法定代表人、主要负责人、直接负责的主管人员和其他直接责任人员给予处罚。

第七十四条 食品生产经营者生产经营的食品符合食品安全标准但不符合食品所标注的企业标准规定的食品安全指标的，由县级以上人民政府食品安全监督管理部门给予警告，并责令食品经营者停止经营该食品，责令食品生产企业改正；拒不停止经营或者改正的，没收不符合企业标准规定的食品安全指标的食品，货值金额不足1万元的，并处1万元以上5万元以下罚款，货值金额1万元以上的，并处货值金额5倍以上10倍以下罚款。

第七十五条 食品生产经营企业等单位有食品安全法规定的违法情形，除依照食品安全法的规定给予处罚外，有下列情形之一的，对单位的法定代表人、主要负责人、直接负责的主管人员和其他直接责任人员处以其上一年度从本单位取得收入的1倍以上10倍以下罚款：

（一）故意实施违法行为；

（二）违法行为性质恶劣；

（三）违法行为造成严重后果。

属于食品安全法第一百二十五条第二款规定情形的，不适用前款规定。

第七十六条 食品生产经营者依照食品安全法第六十三条第一款、第二款的规定停止生产、经营，实施食品召回，或者采取其他有效措施减轻或者消除食品安全风险，未造成危害后果的，可以从轻或者减轻处罚。

第七十七条 县级以上地方人民政府食品安全监督管理等部门对有食品安全法第一百二十三条规定的违法情形且情节严重，可能需要行政拘留的，应当及时将案件及有关材料移送同级公安机关。公安机关认为需要补充材料的，食品安全监督管理等部门应当及时提供。公安机关经审查认为不符合行政拘留条件的，应当及时将案件及有关材料退回移送的食品安全监督管理等部门。

第七十八条 公安机关对发现的食品安全违法行为，经审查没有犯罪事实或者立案侦查后认为不需要追究刑事责任，但依法应当予以行政拘留的，应当及时作出行政拘留的处罚决定；不需要予以行政拘留但依法应当追究其他行政责任的，应当及时将案件及有关材料移送同级食品安全监督管理等部门。

第七十九条 复检机构无正当理由拒绝承担复检任务的，由县级以上人民政府食品安全监督管理部门给予警告，无正当理由1年内2次拒绝承担复检任务的，由国务院有关部门撤销其复检机构资质并向社会公布。

第八十条 发布未依法取得资质认定的食品检验机构出具的食品检验信息，或者利用上述检验信息对食品、食品生产经营者进行等级评定，欺骗、误导消费者的，由县级以上人民政府食品安全监督管理部门责令改正，有违法所得的，没收违法所得，并处10万元以上50万元以下罚款；拒不改正的，处50万元以上100万元以下罚款；构成违反治安管理行为的，由公安机关依法给予治安管理处罚。

第八十一条 食品安全监督管理部门依照食品安全法、本条例对违法单位或者个人处以30万元以上罚款的，由设区的市级以上人民政府食品安全监督管理部门决定。罚款具体处罚权限由国务院食品安全监督管理部门规定。

第八十二条 阻碍食品安全监督管理等部门工作人员依法执行职务，构成违反治安管理行为的，由公安机关依法给予治安管理处罚。

第八十三条 县级以上人民政府食品安全监督管理等部门发现单位或者个人违反食品安全法第一百二十条第一款规定，编造、散布虚假食品安全信息，涉嫌构成违反治安管理行为的，应当将相关情况通报同级公安机关。

第八十四条 县级以上人民政府食品安全监督管理部门及其工作人员违法向他人提供网络食品交易第三方平台提供者提供的信息的，依照食品安全法第一百四十五条的规定给予处分。

第八十五条 违反本条例规定，构成犯罪的，依法追究刑事责任。

第十章 附 则

第八十六条 本条例自2019年12月1日起施行。

九、国务院关于加强食品等产品安全监督管理的特别规定

（2007 年 7 月 25 日国务院第 186 次常务会议通过　2007 年 7 月 26 日中华人民共和国国务院令第 503 号公布　自公布之日起施行）

第一条　为了加强食品等产品安全监督管理，进一步明确生产经营者、监督管理部门和地方人民政府的责任，加强各监督管理部门的协调、配合，保障人体健康和生命安全，制定本规定。

第二条　本规定所称产品除食品外，还包括食用农产品、药品等与人体健康和生命安全有关的产品。

对产品安全监督管理，法律有规定的，适用法律规定；法律没有规定或者规定不明确的，适用本规定。

第三条　生产经营者应当对其生产、销售的产品安全负责，不得生产、销售不符合法定要求的产品。

依照法律、行政法规规定生产、销售产品需要取得许可证照或者需要经过认证的，应当按照法定条件、要求从事生产经营活动。不按照法定条件、要求从事生产经营活动或者生产、销售不符合法定要求产品的，由农业、卫生、质检、商务、工商、药品等监督管理部门依据各自职责，没收违法所得、产品和用于违法生产的工具、设备、原材料等物品，货值金额不足 5 000 元的，并处 5 万元罚款；货值金额 5 000 元以上不足 1 万元的，并处 10 万元罚款；货值金额 1 万元以上的，并处货值金额 10 倍以上 20 倍以下的罚款；造成严重后果的，由原发证部门吊销许可证照；构成非法经营罪或者生产、销售伪劣商品罪等犯罪的，依法追究刑事责任。

生产经营者不再符合法定条件、要求，继续从事生产经营活动的，由原发证部门吊销许可证照，并在当地主要媒体上公告被吊销许可证照的生产经营者名单；构成非法经营罪或者生产、销售伪劣商品罪等犯罪的，依法追究刑事责任。

依法应当取得许可证照而未取得许可证照从事生产经营活动的，由农业、卫生、质检、商务、工商、药品等监督管理部门依据各自职责，没收违法所得、产品和用于违法生产的工具、设备、原材料等物品，货值金额不足 1 万元的，并处 10 万元罚款；货值金额 1 万元以上的，并处货值金额 10 倍以上 20 倍以下的罚款；构成非法经营罪的，依法追究刑事责任。

有关行业协会应当加强行业自律，监督生产经营者的生产经营活动；加强公众健康知识的普及、宣传，引导消费者选择合法生产经营者生产、销售的产品以及有合法标识的产品。

第四条　生产者生产产品所使用的原料、辅料、添加剂、农业投入品，应当符合法律、行政法规的规定和国家强制性标准。

违反前款规定，违法使用原料、辅料、添加剂、农业投入品的，由农业、卫生、质检、商务、药品等监督管理部门依据各自职责没收违法所得，货值金额不足 5 000 元的，并处 2 万元罚款；货值金额5 000元以上不足 1 万元的，并处 5 万元罚款；货值金额 1 万元以上的，并处货值金额 5 倍以上 10 倍以下的罚款；造成严重后果的，由原发证部门吊销许可证照；构成生产、销售伪劣商品罪的，依法追究刑事责任。

第五条 销售者必须建立并执行进货检查验收制度，审验供货商的经营资格，验明产品合格证明和产品标识，并建立产品进货台账，如实记录产品名称、规格、数量、供货商及其联系方式、进货时间等内容。从事产品批发业务的销售企业应当建立产品销售台账，如实记录批发的产品品种、规格、数量、流向等内容。在产品集中交易场所销售自制产品的生产企业应当比照从事产品批发业务的销售企业的规定，履行建立产品销售台账的义务。进货台账和销售台账保存期限不得少于2年。销售者应当向供货商按照产品生产批次索要符合法定条件的检验机构出具的检验报告或者由供货商签字或者盖章的检验报告复印件；不能提供检验报告或者检验报告复印件的产品，不得销售。

违反前款规定的，由工商、药品监督管理部门依据各自职责责令停止销售；不能提供检验报告或者检验报告复印件销售产品的，没收违法所得和违法销售的产品，并处货值金额3倍的罚款；造成严重后果的，由原发证部门吊销许可证照。

第六条 产品集中交易市场的开办企业、产品经营柜台出租企业、产品展销会的举办企业，应当审查入场销售者的经营资格，明确入场销售者的产品安全管理责任，定期对入场销售者的经营环境、条件、内部安全管理制度和经营产品是否符合法定要求进行检查，发现销售不符合法定要求产品或者其他违法行为的，应当及时制止并立即报告所在地工商行政管理部门。

违反前款规定的，由工商行政管理部门处以1 000元以上5万元以下的罚款；情节严重的，责令停业整顿；造成严重后果的，吊销营业执照。

第七条 出口产品的生产经营者应当保证其出口产品符合进口国（地区）的标准或者合同要求。法律规定产品必须经过检验方可出口的，应当经符合法律规定的机构检验合格。

出口产品检验人员应当依照法律、行政法规规定和有关标准、程序、方法进行检验，对其出具的检验证单等负责。

出入境检验检疫机构和商务、药品等监督管理部门应当建立出口产品的生产经营者良好记录和不良记录，并予以公布。对有良好记录的出口产品的生产经营者，简化检验检疫手续。

出口产品的生产经营者逃避产品检验或者弄虚作假的，由出入境检验检疫机构和药品监督管理部门依据各自职责，没收违法所得和产品，并处货值金额3倍的罚款；构成犯罪的，依法追究刑事责任。

第八条 进口产品应当符合我国国家技术规范的强制性要求以及我国与出口国（地区）签订的协议规定的检验要求。

质检、药品监督管理部门依据生产经营者的诚信度和质量管理水平以及进口产品风险评估的结果，对进口产品实施分类管理，并对进口产品的收货人实施备案管理。进口产品的收货人应当如实记录进口产品流向。记录保存期限不得少于2年。

质检、药品监督管理部门发现不符合法定要求产品时，可以将不符合法定要求产品的进货人、报检人、代理人列入不良记录名单。进口产品的进货人、销售者弄虚作假的，由质检、药品监督管理部门依据各自职责，没收违法所得和产品，并处货值金额3倍的罚款；构成犯罪的，依法追究刑事责任。进口产品的报检人、代理人弄虚作假的，取消报检资格，并处货值金额等值的罚款。

第九条 生产企业发现其生产的产品存在安全隐患，可能对人体健康和生命安全造成损害的，应当向社会公布有关信息，通知销售者停止销售，告知消费者停止使用，主动召回产品，并向有关监督管理部门报告；销售者应当立即停止销售该产品。销售者发现其销售的产品存在安全隐患，可能对人体健康和生命安全造成损害的，应当立即停止销售该产品，通知生产企业或者供货商，并向有关监督管理部门报告。

生产企业和销售者不履行前款规定义务的，由农业、卫生、质检、商务、工商、药品等监督管理部门依据各自职责，责令生产企业召回产品、销售者停止销售，对生产企业并处货值金额3倍的罚款，对销售者并处1 000元以上5万元以下的罚款；造成严重后果的，由原发证部门吊销许可证照。

第十条 县级以上地方人民政府应当将产品安全监督管理纳入政府工作考核目标，对本行政区域内的产品安全监督管理负总责，统一领导、协调本行政区域内的监督管理工作，建立健全监督管理协调机制，加强对行政执法的协调、监督；统一领导、指挥产品安全突发事件应对工作，依法组织查处产品安全事故；建立监督管理责任制，对各监督管理部门进行评议、考核。质检、工商和药品等监督管理部门应当在所在地同级人民政府的统一协调下，依法做好产品安全监督管理工作。

县级以上地方人民政府不履行产品安全监督管理的领导、协调职责，本行政区域内一年多次出现产品安全事故、造成严重社会影响的，由监察机关或者任免机关对政府的主要负责人和直接负责的主管人员给予记大过、降级或者撤职的处分。

第十一条 国务院质检、卫生、农业等主管部门在各自职责范围内尽快制定、修改或者起草相关国家标准，加快建立统一管理、协调配套、符合实际、科学合理的产品标准体系。

第十二条 县级以上人民政府及其部门对产品安全实施监督管理，应当按照法定权限和程序履行职责，做到公开、公平、公正。对生产经营者同一违法行为，不得给予2次以上罚款的行政处罚；对涉嫌构成犯罪、依法需要追究刑事责任的，应当依照《行政执法机关移送涉嫌犯罪案件的规定》，向公安机关移送。

农业、卫生、质检、商务、工商、药品等监督管理部门应当依据各自职责对生产经营者进行监督检查，并对其遵守强制性标准、法定要求的情况予以记录，由监督检查人员签字后归档。监督检查记录应当作为其直接负责主管人员定期考核的内容。公众有权查阅监督检查记录。

第十三条 生产经营者有下列情形之一的，农业、卫生、质检、商务、工商、药品等监督管理部门应当依据各自职责采取措施，纠正违法行为，防止或者减少危害发生，并依照本规定予以处罚：

（一）依法应当取得许可证照而未取得许可证照从事生产经营活动的；

（二）取得许可证照或者经过认证后，不按照法定条件、要求从事生产经营活动或者生产、销售不符合法定要求产品的；

（三）生产经营者不再符合法定条件、要求继续从事生产经营活动的；

（四）生产者生产产品不按照法律、行政法规的规定和国家强制性标准使用原料、辅料、添加剂、农业投入品的；

（五）销售者没有建立并执行进货检查验收制度，并建立产品进货台账的；

（六）生产企业和销售者发现其生产、销售的产品存在安全隐患，可能对人体健康和生命安全造成损害，不履行本规定的义务的；

（七）生产经营者违反法律、行政法规和本规定的其他有关规定的。

农业、卫生、质检、商务、工商、药品等监督管理部门不履行前款规定职责、造成后果的，由监察机关或者任免机关对其主要负责人、直接负责的主管人员和其他直接责任人员给予记大过或者降级的处分；造成严重后果的，给予其主要负责人、直接负责的主管人员和其他直接责任人员撤职或者开除的处分；其主要负责人、直接负责的主管人员和其他直接责任人员构成渎职罪的，依法追究刑事责任。

违反本规定，滥用职权或者有其他渎职行为的，由监察机关或者任免机关对其主要负责人、直接负责的主管人员和其他直接责任人员给予记过或者记大过的处分；造成严重后果的，给予其主要负责人、直接负责的主管人员和其他直接责任人员降级或者撤职的处分；其主要负责人、直接负责的主管人员和其他直接责任人员构成渎职罪的，依法追究刑事责任。

第十四条 农业、卫生、质检、商务、工商、药品等监督管理部门发现违反本规定的行为，属于其他监督管理部门职责的，应当立即书面通知并移交有权处理的监督管理部门处理。有权处理的部门应当立即处理，不得推诿；因不立即处理或者推诿造成后果的，由监察机关或者任免机关对其主要负责人、直接负责的主管人员和其他直接责任人员给予记大过或者降级的处分。

第十五条 农业、卫生、质检、商务、工商、药品等监督管理部门履行各自产品安全监督管理职责，有下列职权：

（一）进入生产经营场所实施现场检查；

（二）查阅、复制、查封、扣押有关合同、票据、账簿以及其他有关资料；

（三）查封、扣押不符合法定要求的产品，违法使用的原料、辅料、添加剂、农业投入品以及用于违法生产的工具、设备；

（四）查封存在危害人体健康和生命安全重大隐患的生产经营场所。

第十六条 农业、卫生、质检、商务、工商、药品等监督管理部门应当建立生产经营者违法行为记录制度，对违法行为的情况予以记录并公布；对有多次违法行为记录的生产经营者，吊销许可

证照。

第十七条 检验检测机构出具虚假检验报告，造成严重后果的，由授予其资质的部门吊销其检验检测资质；构成犯罪的，对直接负责的主管人员和其他直接责任人员依法追究刑事责任。

第十八条 发生产品安全事故或者其他对社会造成严重影响的产品安全事件时，农业、卫生、质检、商务、工商、药品等监督管理部门必须在各自职责范围内及时作出反应，采取措施，控制事态发展，减少损失，依照国务院规定发布信息，做好有关善后工作。

第十九条 任何组织或者个人对违反本规定的行为有权举报。接到举报的部门应当为举报人保密。举报经调查属实的，受理举报的部门应当给予举报人奖励。

农业、卫生、质检、商务、工商、药品等监督管理部门应当公布本单位的电子邮件地址或者举报电话；对接到的举报，应当及时、完整地进行记录并妥善保存。举报的事项属于本部门职责的，应当受理，并依法进行核实、处理、答复；不属于本部门职责的，应当转交有权处理的部门，并告知举报人。

第二十条 本规定自公布之日起施行。

十、饲料和饲料添加剂管理条例

（1999年5月29日中华人民共和国国务院令第266号发布　根据2001年11月29日《国务院关于修改〈饲料和饲料添加剂管理条例〉的决定》第一次修订　2011年10月26日国务院第177次常务会议修订通过　根据2013年12月7日《国务院关于修改部分行政法规的决定》第二次修订　根据2016年2月6日《国务院关于修改部分行政法规的决定》第三次修订　根据2017年3月1日《国务院关于修改和废止部分行政法规的决定》第四次修订）

第一章　总　　则

第一条　为了加强对饲料、饲料添加剂的管理，提高饲料、饲料添加剂的质量，保障动物产品质量安全，维护公众健康，制定本条例。

第二条　本条例所称饲料，是指经工业化加工、制作的供动物食用的产品，包括单一饲料、添加剂预混合饲料、浓缩饲料、配合饲料和精料补充料。

本条例所称饲料添加剂，是指在饲料加工、制作、使用过程中添加的少量或者微量物质，包括营养性饲料添加剂和一般饲料添加剂。

饲料原料目录和饲料添加剂品种目录由国务院农业行政主管部门制定并公布。

第三条　国务院农业行政主管部门负责全国饲料、饲料添加剂的监督管理工作。

县级以上地方人民政府负责饲料、饲料添加剂管理的部门（以下简称饲料管理部门），负责本行政区域饲料、饲料添加剂的监督管理工作。

第四条　县级以上地方人民政府统一领导本行政区域饲料、饲料添加剂的监督管理工作，建立健全监督管理机制，保障监督管理工作的开展。

第五条　饲料、饲料添加剂生产企业、经营者应当建立健全质量安全制度，对其生产、经营的饲料、饲料添加剂的质量安全负责。

第六条　任何组织或者个人有权举报在饲料、饲料添加剂生产、经营、使用过程中违反本条例的行为，有权对饲料、饲料添加剂监督管理工作提出意见和建议。

第二章　审定和登记

第七条　国家鼓励研制新饲料、新饲料添加剂。

研制新饲料、新饲料添加剂，应当遵循科学、安全、有效、环保的原则，保证新饲料、新饲料添加剂的质量安全。

第八条　研制的新饲料、新饲料添加剂投入生产前，研制者或者生产企业应当向国务院农业行政主管部门提出审定申请，并提供该新饲料、新饲料添加剂的样品和下列资料：

（一）名称、主要成分、理化性质、研制方法、生产工艺、质量标准、检测方法、检验报告、稳定性试验报告、环境影响报告和污染防治措施；

（二）国务院农业行政主管部门指定的试验机构出具的该新饲料、新饲料添加剂的饲喂效果、残留消解动态以及毒理学安全性评价报告。

申请新饲料添加剂审定的，还应当说明该新饲料添加剂的添加目的、使用方法，并提供该饲料添加剂残留可能对人体健康造成影响的分析评价报告。

第九条　国务院农业行政主管部门应当自受理申请之日起5个工作日内，将新饲料、新饲料

添加剂的样品和申请资料交全国饲料评审委员会，对该新饲料、新饲料添加剂的安全性、有效性及其对环境的影响进行评审。

全国饲料评审委员会由养殖、饲料加工、动物营养、毒理、药理、代谢、卫生、化工合成、生物技术、质量标准、环境保护、食品安全风险评估等方面的专家组成。全国饲料评审委员会对新饲料、新饲料添加剂的评审采取评审会议的形式，评审会议应当有9名以上全国饲料评审委员会专家参加，根据需要也可以邀请1至2名全国饲料评审委员会专家以外的专家参加，参加评审的专家对评审事项具有表决权。评审会议应当形成评审意见和会议纪要，并由参加评审的专家审核签字；有不同意见的，应当注明。参加评审的专家应当依法公平、公正履行职责，对评审资料保密，存在回避事由的，应当主动回避。

全国饲料评审委员会应当自收到新饲料、新饲料添加剂的样品和申请资料之日起9个月内出具评审结果并提交国务院农业行政主管部门；但是，全国饲料评审委员会决定由申请人进行相关试验的，经国务院农业行政主管部门同意，评审时间可以延长3个月。

国务院农业行政主管部门应当自收到评审结果之日起10个工作日内作出是否核发新饲料、新饲料添加剂证书的决定；决定不予核发的，应当书面通知申请人并说明理由。

第十条 国务院农业行政主管部门核发新饲料、新饲料添加剂证书，应当同时按照职责权限公布该新饲料、新饲料添加剂的产品质量标准。

第十一条 新饲料、新饲料添加剂的监测期为5年。新饲料、新饲料添加剂处于监测期的，不受理其他就该新饲料、新饲料添加剂的生产申请和进口登记申请，但超过3年不投入生产的除外。

生产企业应当收集处于监测期的新饲料、新饲料添加剂的质量稳定性及其对动物产品质量安全的影响等信息，并向国务院农业行政主管部门报告；国务院农业行政主管部门应当对新饲料、新饲料添加剂的质量安全状况组织跟踪监测，证实其存在安全问题的，应当撤销新饲料、新饲料添加剂证书并予以公告。

第十二条 向中国出口中国境内尚未使用但出口国已经批准生产和使用的饲料、饲料添加剂的，由出口方驻中国境内的办事机构或者其委托的中国境内代理机构向国务院农业行政主管部门申请登记，并提供该饲料、饲料添加剂的样品和下列资料：

（一）商标、标签和推广应用情况；

（二）生产地批准生产、使用的证明和生产地以外其他国家、地区的登记资料；

（三）主要成分、理化性质、研制方法、生产工艺、质量标准、检测方法、检验报告、稳定性试验报告、环境影响报告和污染防治措施；

（四）国务院农业行政主管部门指定的试验机构出具的该饲料、饲料添加剂的饲喂效果、残留消解动态以及毒理学安全性评价报告。

申请饲料添加剂进口登记的，还应当说明该饲料添加剂的添加目的、使用方法，并提供该饲料添加剂残留可能对人体健康造成影响的分析评价报告。

国务院农业行政主管部门应当依照本条例第九条规定的新饲料、新饲料添加剂的评审程序组织评审，并决定是否核发饲料、饲料添加剂进口登记证。

首次向中国出口中国境内已经使用且出口国已经批准生产和使用的饲料、饲料添加剂的，应当依照本条第一款、第二款的规定申请登记。国务院农业行政主管部门应当自受理申请之日起10个工作日内对申请资料进行审查；审查合格的，将样品交由指定的机构进行复核检测；复核检测合格的，国务院农业行政主管部门应当在10个工作日内核发饲料、饲料添加剂进口登记证。

饲料、饲料添加剂进口登记证有效期为5年。进口登记证有效期满需要继续向中国出口饲料、饲料添加剂的，应当在有效期届满6个月前申请续展。

禁止进口未取得饲料、饲料添加剂进口登记证的饲料、饲料添加剂。

第十三条 国家对已经取得新饲料、新饲料添加剂证书或者饲料、饲料添加剂进口登记证的、含有新化合物的饲料、饲料添加剂的申请人提交的其自己所取得且未披露的试验数据和其他数据实施保护。

自核发证书之日起6年内，对其他申请人未经已取得新饲料、新饲料添加剂证书或者饲料、饲料添加剂进口登记证的申请人同意，使用前款规定的数据申请新饲料、新饲料添加剂审定或者饲料、饲料添加剂进口登记的，国务院农业行政主管部门不予审定或者登记；但是，其他申请人提交其自己所取得的数据的除外。

除下列情形外，国务院农业行政主管部门不得披露本条第一款规定的数据：

（一）公共利益需要；

（二）已采取措施确保该类信息不会被不正当地进行商业使用。

第三章　生产、经营和使用

第十四条　设立饲料、饲料添加剂生产企业，应当符合饲料工业发展规划和产业政策，并具备下列条件：

（一）有与生产饲料、饲料添加剂相适应的厂房、设备和仓储设施；

（二）有与生产饲料、饲料添加剂相适应的专职技术人员；

（三）有必要的产品质量检验机构、人员、设施和质量管理制度；

（四）有符合国家规定的安全、卫生要求的生产环境；

（五）有符合国家环境保护要求的污染防治措施；

（六）国务院农业行政主管部门制定的饲料、饲料添加剂质量安全管理规范规定的其他条件。

第十五条　申请从事饲料、饲料添加剂生产的企业，申请人应当向省、自治区、直辖市人民政府饲料管理部门提出申请。省、自治区、直辖市人民政府饲料管理部门应当自受理申请之日起10个工作日内进行书面审查；审查合格的，组织进行现场审核，并根据审核结果在10个工作日内作出是否核发生产许可证的决定。

生产许可证有效期为5年。生产许可证有效期满需要继续生产饲料、饲料添加剂的，应当在有效期届满6个月前申请续展。

第十六条　饲料添加剂、添加剂预混合饲料生产企业取得生产许可证后，由省、自治区、直辖市人民政府饲料管理部门按照国务院农业行政主管部门的规定，核发相应的产品批准文号。

第十七条　饲料、饲料添加剂生产企业应当按照国务院农业行政主管部门的规定和有关标准，对采购的饲料原料、单一饲料、饲料添加剂、药物饲料添加剂、添加剂预混合饲料和用于饲料添加剂生产的原料进行查验或者检验。

饲料生产企业使用限制使用的饲料原料、单一饲料、饲料添加剂、药物饲料添加剂、添加剂预混合饲料生产饲料的，应当遵守国务院农业行政主管部门的限制性规定。禁止使用国务院农业行政主管部门公布的饲料原料目录、饲料添加剂品种目录和药物饲料添加剂品种目录以外的任何物质生产饲料。

饲料、饲料添加剂生产企业应当如实记录采购的饲料原料、单一饲料、饲料添加剂、药物饲料添加剂、添加剂预混合饲料和用于饲料添加剂生产的原料的名称、产地、数量、保质期、许可证明文件编号、质量检验信息、生产企业名称或者供货者名称及其联系方式、进货日期等。记录保存期限不得少于2年。

第十八条　饲料、饲料添加剂生产企业，应当按照产品质量标准以及国务院农业行政主管部门制定的饲料、饲料添加剂质量安全管理规范和饲料添加剂安全使用规范组织生产，对生产过程实施有效控制并实行生产记录和产品留样观察制度。

第十九条　饲料、饲料添加剂生产企业应当对生产的饲料、饲料添加剂进行产品质量检验；检验合格的，应当附具产品质量检验合格证。未经产品质量检验、检验不合格或者未附具产品质量检验合格证的，不得出厂销售。

饲料、饲料添加剂生产企业应当如实记录出厂销售的饲料、饲料添加剂的名称、数量、生产日期、生产批次、质量检验信息、购货者名称及其联系方式、销售日期等。记录保存期限不得少于2年。

第二十条　出厂销售的饲料、饲料添加剂应当包装，包装应当符合国家有关安全、卫生的规定。

饲料生产企业直接销售给养殖者的饲料可以使用罐装车运输。罐装车应当符合国家有关安全、卫生的规定，并随罐装车附具符合本条例第二十一条规定的标签。

易燃或者其他特殊的饲料、饲料添加剂的包装应当有警示标志或者说明，并注明储运注意事项。

第二十一条　饲料、饲料添加剂的包装上应当附具标签。标签应当以中文或者适用符号标明产品名称、原料组成、产品成分分析保证值、净重或者净含量、贮存条件、使用说明、注意事项、

生产日期、保质期、生产企业名称以及地址、许可证明文件编号和产品质量标准等。加入药物饲料添加剂的，还应当标明“加入药物饲料添加剂”字样，并标明其通用名称、含量和休药期。乳和乳制品以外的动物源性饲料，还应当标明“本产品不得饲喂反刍动物”字样。

第二十二条 饲料、饲料添加剂经营者应当符合下列条件：

（一）有与经营饲料、饲料添加剂相适应的经营场所和仓储设施；

（二）有具备饲料、饲料添加剂使用、贮存等知识的技术人员；

（三）有必要的产品质量管理和安全管理制度。

第二十三条 饲料、饲料添加剂经营者进货时应当查验产品标签、产品质量检验合格证和相应的许可证明文件。

饲料、饲料添加剂经营者不得对饲料、饲料添加剂进行拆包、分装，不得对饲料、饲料添加剂进行再加工或者添加任何物质。

禁止经营用国务院农业行政主管部门公布的饲料原料目录、饲料添加剂品种目录和药物饲料添加剂品种目录以外的任何物质生产的饲料。

饲料、饲料添加剂经营者应当建立产品购销台账，如实记录购销产品的名称、许可证明文件编号、规格、数量、保质期、生产企业名称或者供货者名称及其联系方式、购销时间等。购销台账保存期限不得少于2年。

第二十四条 向中国出口的饲料、饲料添加剂应当包装，包装应当符合中国有关安全、卫生的规定，并附具符合本条例第二十一条规定的标签。

向中国出口的饲料、饲料添加剂应当符合中国有关检验检疫的要求，由出入境检验检疫机构依法实施检验检疫，并对其包装和标签进行核查。包装和标签不符合要求的，不得入境。

境外企业不得直接在中国销售饲料、饲料添加剂。境外企业在中国销售饲料、饲料添加剂的，应当依法在中国境内设立销售机构或者委托符合条件的中国境内代理机构销售。

第二十五条 养殖者应当按照产品使用说明和注意事项使用饲料。在饲料或者动物饮用水中添加饲料添加剂的，应当符合饲料添加剂使用说明和注意事项的要求，遵守国务院农业行政主管部门制定的饲料添加剂安全使用规范。

养殖者使用自行配制的饲料的，应当遵守国务院农业行政主管部门制定的自行配制饲料使用规范，并不得对外提供自行配制的饲料。

使用限制使用的物质养殖动物的，应当遵守国务院农业行政主管部门的限制性规定。禁止在饲料、动物饮用水中添加国务院农业行政主管部门公布禁用的物质以及对人体具有直接或者潜在危害的其他物质，或者直接使用上述物质养殖动物。禁止在反刍动物饲料中添加乳和乳制品以外的动物源性成分。

第二十六条 国务院农业行政主管部门和县级以上地方人民政府饲料管理部门应当加强饲料、饲料添加剂质量安全知识的宣传，提高养殖者的质量安全意识，指导养殖者安全、合理使用饲料、饲料添加剂。

第二十七条 饲料、饲料添加剂在使用过程中被证实对养殖动物、人体健康或者环境有害的，由国务院农业行政主管部门决定禁用并予以公布。

第二十八条 饲料、饲料添加剂生产企业发现其生产的饲料、饲料添加剂对养殖动物、人体健康有害或者存在其他安全隐患的，应当立即停止生产，通知经营者、使用者，向饲料管理部门报告，主动召回产品，并记录召回和通知情况。召回的产品应当在饲料管理部门监督下予以无害化处理或者销毁。

饲料、饲料添加剂经营者发现其销售的饲料、饲料添加剂具有前款规定情形的，应当立即停止销售，通知生产企业、供货者和使用者，向饲料管理部门报告，并记录通知情况。

养殖者发现其使用的饲料、饲料添加剂具有本条第一款规定情形的，应当立即停止使用，通知供货者，并向饲料管理部门报告。

第二十九条 禁止生产、经营、使用未取得新饲料、新饲料添加剂证书的新饲料、新饲料添加剂以及禁用的饲料、饲料添加剂。

禁止经营、使用无产品标签、无生产许可证、无产品质量标准、无产品质量检验合格证的饲料、饲料添加剂。禁止经营、使用无产品批准文号的饲料添加剂、添加剂预混合饲料。禁止经营、使用未取得饲料、饲料添加剂进口登记证的进口饲料、进口饲料添加剂。

第三十条 禁止对饲料、饲料添加剂作具有预防或者治疗动物疾病作用的说明或者宣传。但是，饲料中添加药物饲料添加剂的，可以对所添加的药物饲料添加剂的作用加以说明。

第三十一条 国务院农业行政主管部门和省、自治区、直辖市人民政府饲料管理部门应当按照职责权限对全国或者本行政区域饲料、饲料添加剂的质量安全状况进行监测，并根据监测情况发布饲料、饲料添加剂质量安全预警信息。

第三十二条 国务院农业行政主管部门和县级以上地方人民政府饲料管理部门，应当根据需要定期或者不定期组织实施饲料、饲料添加剂监督抽查；饲料、饲料添加剂监督抽查检测工作由国务院农业行政主管部门或者省、自治区、直辖市人民政府饲料管理部门指定的具有相应技术条件的机构承担。饲料、饲料添加剂监督抽查不得收费。

国务院农业行政主管部门和省、自治区、直辖市人民政府饲料管理部门应当按照职责权限公布监督抽查结果，并可以公布具有不良记录的饲料、饲料添加剂生产企业、经营者名单。

第三十三条 县级以上地方人民政府饲料管理部门应当建立饲料、饲料添加剂监督管理档案，记录日常监督检查、违法行为查处等情况。

第三十四条 国务院农业行政主管部门和县级以上地方人民政府饲料管理部门在监督检查中可以采取下列措施：

（一）对饲料、饲料添加剂生产、经营、使用场所实施现场检查；

（二）查阅、复制有关合同、票据、账簿和其他相关资料；

（三）查封、扣押有证据证明用于违法生产饲料的饲料原料、单一饲料、饲料添加剂、药物饲料添加剂、添加剂预混合饲料，用于违法生产饲料添加剂的原料，用于违法生产饲料、饲料添加剂的工具、设施，违法生产、经营、使用的饲料、饲料添加剂；

（四）查封违法生产、经营饲料、饲料添加剂的场所。

第四章　法律责任

第三十五条 国务院农业行政主管部门、县级以上地方人民政府饲料管理部门或者其他依照本条例规定行使监督管理权的部门及其工作人员，不履行本条例规定的职责或者滥用职权、玩忽职守、徇私舞弊的，对直接负责的主管人员和其他直接责任人员，依法给予处分；直接负责的主管人员和其他直接责任人员构成犯罪的，依法追究刑事责任。

第三十六条 提供虚假的资料、样品或者采取其他欺骗方式取得许可证明文件的，由发证机关撤销相关许可证明文件，处5万元以上10万元以下罚款，申请人3年内不得就同一事项申请行政许可。以欺骗方式取得许可证明文件给他人造成损失的，依法承担赔偿责任。

第三十七条 假冒、伪造或者买卖许可证明文件的，由国务院农业行政主管部门或者县级以上地方人民政府饲料管理部门按照职责权限收缴或者吊销、撤销相关许可证明文件；构成犯罪的，依法追究刑事责任。

第三十八条 未取得生产许可证生产饲料、饲料添加剂的，由县级以上地方人民政府饲料管理部门责令停止生产，没收违法所得、违法生产的产品和用于违法生产饲料的饲料原料、单一饲料、饲料添加剂、药物饲料添加剂、添加剂预混合饲料以及用于违法生产饲料添加剂的原料，违法生产的产品货值金额不足1万元的，并处1万元以上5万元以下罚款，货值金额1万元以上的，并处货值金额5倍以上10倍以下罚款；情节严重的，没收其生产设备，生产企业的主要负责人和直接负责的主管人员10年内不得从事饲料、饲料添加剂生产、经营活动。

已经取得生产许可证，但不再具备本条例第十四条规定的条件而继续生产饲料、饲料添加剂的，由县级以上地方人民政府饲料管理部门责令停止生产、限期改正，并处1万元以上5万元以下罚款；逾期不改正的，由发证机关吊销生产许可证。

已经取得生产许可证，但未取得产品批准文号而生产饲料添加剂、添加剂预混合饲料的，由县级以上地方人民政府饲料管理部门责令停止生产，没收违法所得、违法生产的产品和用于违法生产饲料的饲料原料、单一饲料、饲料添加剂、药物饲料添加剂以及用于违法生产饲料添加剂的原料，限期补办产品批准文号，并处违法生产的产品货值金额1倍以上3倍以下罚款；情节严重的，由发证机关吊销生产许可证。

第三十九条 饲料、饲料添加剂生产企业有下列行为之一的，由县级以上地方人民政府饲料

管理部门责令改正，没收违法所得、违法生产的产品和用于违法生产饲料的饲料原料、单一饲料、饲料添加剂、药物饲料添加剂、添加剂预混合饲料以及用于违法生产饲料添加剂的原料，违法生产的产品货值金额不足1万元的，并处1万元以上5万元以下罚款，货值金额1万元以上的，并处货值金额5倍以上10倍以下罚款；情节严重的，由发证机关吊销、撤销相关许可证明文件，生产企业的主要负责人和直接负责的主管人员10年内不得从事饲料、饲料添加剂生产、经营活动；构成犯罪的，依法追究刑事责任：

（一）使用限制使用的饲料原料、单一饲料、饲料添加剂、药物饲料添加剂、添加剂预混合饲料生产饲料，不遵守国务院农业行政主管部门的限制性规定的；

（二）使用国务院农业行政主管部门公布的饲料原料目录、饲料添加剂品种目录和药物饲料添加剂品种目录以外的物质生产饲料的；

（三）生产未取得新饲料、新饲料添加剂证书的新饲料、新饲料添加剂或者禁用的饲料、饲料添加剂的。

第四十条 饲料、饲料添加剂生产企业有下列行为之一的，由县级以上地方人民政府饲料管理部门责令改正，处1万元以上2万元以下罚款；拒不改正的，没收违法所得、违法生产的产品和用于违法生产饲料的饲料原料、单一饲料、饲料添加剂、药物饲料添加剂、添加剂预混合饲料以及用于违法生产饲料添加剂的原料，并处5万元以上10万元以下罚款；情节严重的，责令停止生产，可以由发证机关吊销、撤销相关许可证明文件：

（一）不按照国务院农业行政主管部门的规定和有关标准对采购的饲料原料、单一饲料、饲料添加剂、药物饲料添加剂、添加剂预混合饲料和用于饲料添加剂生产的原料进行查验或者检验的；

（二）饲料、饲料添加剂生产过程中不遵守国务院农业行政主管部门制定的饲料、饲料添加剂质量安全管理规范和饲料添加剂安全使用规范的；

（三）生产的饲料、饲料添加剂未经产品质量检验的。

第四十一条 饲料、饲料添加剂生产企业不依照本条例规定实行采购、生产、销售记录制度或者产品留样观察制度的，由县级以上地方人民政府饲料管理部门责令改正，处1万元以上2万元以下罚款；拒不改正的，没收违法所得、违法生产的产品和用于违法生产饲料的饲料原料、单一饲料、饲料添加剂、药物饲料添加剂、添加剂预混合饲料以及用于违法生产饲料添加剂的原料，处2万元以上5万元以下罚款，并可以由发证机关吊销、撤销相关许可证明文件。

饲料、饲料添加剂生产企业销售的饲料、饲料添加剂未附具产品质量检验合格证或者包装、标签不符合规定的，由县级以上地方人民政府饲料管理部门责令改正；情节严重的，没收违法所得和违法销售的产品，可以处违法销售的产品货值金额30%以下罚款。

第四十二条 不符合本条例第二十二条规定的条件经营饲料、饲料添加剂的，由县级人民政府饲料管理部门责令限期改正；逾期不改正的，没收违法所得和违法经营的产品，违法经营的产品货值金额不足1万元的，并处2 000元以上2万元以下罚款，货值金额1万元以上的，并处货值金额2倍以上5倍以下罚款；情节严重的，责令停止经营，并通知工商行政管理部门，由工商行政管理部门吊销营业执照。

第四十三条 饲料、饲料添加剂经营者有下列行为之一的，由县级人民政府饲料管理部门责令改正，没收违法所得和违法经营的产品，违法经营的产品货值金额不足1万元的，并处2 000元以上2万元以下罚款，货值金额1万元以上的，并处货值金额2倍以上5倍以下罚款；情节严重的，责令停止经营，并通知工商行政管理部门，由工商行政管理部门吊销营业执照；构成犯罪的，依法追究刑事责任：

（一）对饲料、饲料添加剂进行再加工或者添加物质的；

（二）经营无产品标签、无生产许可证、无产品质量检验合格证的饲料、饲料添加剂的；

（三）经营无产品批准文号的饲料添加剂、添加剂预混合饲料的；

（四）经营用国务院农业行政主管部门公布的饲料原料目录、饲料添加剂品种目录和药物饲料添加剂品种目录以外的物质生产的饲料的；

（五）经营未取得新饲料、新饲料添加剂证书的新饲料、新饲料添加剂或者未取得饲料、饲料添加剂进口登记证的进口饲料、进口饲料添加剂以及禁用的饲料、饲料添加剂的。

第四十四条 饲料、饲料添加剂经营者有下列行为之一的，由县级人民政府饲料管理部门责令改正，没收违法所得和违法经营的产品，并处2 000元以上1万元以下罚款：

（一）对饲料、饲料添加剂进行拆包、分装的；

（二）不依照本条例规定实行产品购销台账制度的；

（三）经营的饲料、饲料添加剂失效、霉变或者超过保质期的。

第四十五条 对本条例第二十八条规定的饲料、饲料添加剂，生产企业不主动召回的，由县级以上地方人民政府饲料管理部门责令召回，并监督生产企业对召回的产品予以无害化处理或者销毁；情节严重的，没收违法所得，并处应召回的产品货值金额1倍以上3倍以下罚款，可以由发证机关吊销、撤销相关许可证明文件；生产企业对召回的产品不予以无害化处理或者销毁的，由县级人民政府饲料管理部门代为销毁，所需费用由生产企业承担。

对本条例第二十八条规定的饲料、饲料添加剂，经营者不停止销售的，由县级以上地方人民政府饲料管理部门责令停止销售；拒不停止销售的，没收违法所得，处1 000元以上5万元以下罚款；情节严重的，责令停止经营，并通知工商行政管理部门，由工商行政管理部门吊销营业执照。

第四十六条 饲料、饲料添加剂生产企业、经营者有下列行为之一的，由县级以上地方人民政府饲料管理部门责令停止生产、经营，没收违法所得和违法生产、经营的产品，违法生产、经营的产品货值金额不足1万元的，并处2 000元以上2万元以下罚款，货值金额1万元以上的，并处货值金额2倍以上5倍以下罚款；构成犯罪的，依法追究刑事责任：

（一）在生产、经营过程中，以非饲料、非饲料添加剂冒充饲料、饲料添加剂或者以此种饲料、饲料添加剂冒充他种饲料、饲料添加剂的；

（二）生产、经营无产品质量标准或者不符合产品质量标准的饲料、饲料添加剂的；

（三）生产、经营的饲料、饲料添加剂与标签标示的内容不一致的。

饲料、饲料添加剂生产企业有前款规定的行为，情节严重的，由发证机关吊销、撤销相关许可证明文件；饲料、饲料添加剂经营者有前款规定的行为，情节严重的，通知工商行政管理部门，由工商行政管理部门吊销营业执照。

第四十七条 养殖者有下列行为之一的，由县级人民政府饲料管理部门没收违法使用的产品和非法添加物质，对单位处1万元以上5万元以下罚款，对个人处5 000元以下罚款；构成犯罪的，依法追究刑事责任：

（一）使用未取得新饲料、新饲料添加剂证书的新饲料、新饲料添加剂或者未取得饲料、饲料添加剂进口登记证的进口饲料、进口饲料添加剂的；

（二）使用无产品标签、无生产许可证、无产品质量标准、无产品质量检验合格证的饲料、饲料添加剂的；

（三）使用无产品批准文号的饲料添加剂、添加剂预混合饲料的；

（四）在饲料或者动物饮用水中添加饲料添加剂，不遵守国务院农业行政主管部门制定的饲料添加剂安全使用规范的；

（五）使用自行配制的饲料，不遵守国务院农业行政主管部门制定的自行配制饲料使用规范的；

（六）使用限制使用的物质养殖动物，不遵守国务院农业行政主管部门的限制性规定的；

（七）在反刍动物饲料中添加乳和乳制品以外的动物源性成分的。

在饲料或者动物饮用水中添加国务院农业行政主管部门公布禁用的物质以及对人体具有直接或者潜在危害的其他物质，或者直接使用上述物质养殖动物的，由县级以上地方人民政府饲料管理部门责令其对饲喂了违禁物质的动物进行无害化处理，处3万元以上10万元以下罚款；构成犯罪的，依法追究刑事责任。

第四十八条 养殖者对外提供自行配制的饲料的，由县级人民政府饲料管理部门责令改正，处2 000元以上2万元以下罚款。

第五章　附　　则

第四十九条 本条例下列用语的含义：

（一）饲料原料，是指来源于动物、植物、微生物或者矿物质，用于加工制作饲料但不属于饲料添加剂的饲用物质；

（二）单一饲料，是指来源于一种动物、植物、微生物或者矿物质，用于饲料产品生产的

饲料；

（三）添加剂预混合饲料，是指由两种（类）或者两种（类）以上营养性饲料添加剂为主，与载体或者稀释剂按照一定比例配制的饲料，包括复合预混合饲料、微量元素预混合饲料、维生素预混合饲料；

（四）浓缩饲料，是指主要由蛋白质、矿物质和饲料添加剂按照一定比例配制的饲料；

（五）配合饲料，是指根据养殖动物营养需要，将多种饲料原料和饲料添加剂按照一定比例配制的饲料；

（六）精料补充料，是指为补充草食动物的营养，将多种饲料原料和饲料添加剂按照一定比例配制的饲料；

（七）营养性饲料添加剂，是指为补充饲料营养成分而掺入饲料中的少量或者微量物质，包括饲料级氨基酸、维生素、矿物质微量元素、酶制剂、非蛋白氮等；

（八）一般饲料添加剂，是指为保证或者改善饲料品质、提高饲料利用率而掺入饲料中的少量或者微量物质；

（九）药物饲料添加剂，是指为预防、治疗动物疾病而掺入载体或者稀释剂的兽药的预混合物质；

（十）许可证明文件，是指新饲料、新饲料添加剂证书，饲料、饲料添加剂进口登记证，饲料、饲料添加剂生产许可证，饲料添加剂、添加剂预混合饲料产品批准文号。

第五十条 药物饲料添加剂的管理，依照《兽药管理条例》的规定执行。

第五十一条 本条例自 2012 年 5 月 1 日起施行。

十一、乳品质量安全监督管理条例

（2008年10月6日国务院第28次常务会议通过　2008年10月9日中华人民共和国国务院令第536号公布　自公布之日起施行）

第一章　总　则

第一条　为了加强乳品质量安全监督管理，保证乳品质量安全，保障公众身体健康和生命安全，促进奶业健康发展，制定本条例。

第二条　本条例所称乳品，是指生鲜乳和乳制品。

乳品质量安全监督管理适用本条例；法律对乳品质量安全监督管理另有规定的，从其规定。

第三条　奶畜养殖者、生鲜乳收购者、乳制品生产企业和销售者对其生产、收购、运输、销售的乳品质量安全负责，是乳品质量安全的第一责任者。

第四条　县级以上地方人民政府对本行政区域内的乳品质量安全监督管理负总责。

县级以上人民政府畜牧兽医主管部门负责奶畜饲养以及生鲜乳生产环节、收购环节的监督管理。县级以上质量监督检验检疫部门负责乳制品生产环节和乳品进出口环节的监督管理。县级以上工商行政管理部门负责乳制品销售环节的监督管理。县级以上食品药品监督部门负责乳制品餐饮服务环节的监督管理。县级以上人民政府卫生主管部门依照职权负责乳品质量安全监督管理的综合协调、组织查处食品安全重大事故。县级以上人民政府其他有关部门在各自职责范围内负责乳品质量安全监督管理的其他工作。

第五条　发生乳品质量安全事故，应当依照有关法律、行政法规的规定及时报告、处理；造成严重后果或者恶劣影响的，对有关人民政府、有关部门负有领导责任的负责人依法追究责任。

第六条　生鲜乳和乳制品应当符合乳品质量安全国家标准。乳品质量安全国家标准由国务院卫生主管部门组织制定，并根据风险监测和风险评估的结果及时组织修订。

乳品质量安全国家标准应当包括乳品中的致病性微生物、农药残留、兽药残留、重金属以及其他危害人体健康物质的限量规定，乳品生产经营过程的卫生要求，通用的乳品检验方法与规程，与乳品安全有关的质量要求，以及其他需要制定为乳品质量安全国家标准的内容。

制定婴幼儿奶粉的质量安全国家标准应当充分考虑婴幼儿身体特点和生长发育需要，保证婴幼儿生长发育所需的营养成分。

国务院卫生主管部门应当根据疾病信息和监督管理部门的监督管理信息等，对发现添加或者可能添加到乳品中的非食品用化学物质和其他可能危害人体健康的物质，立即组织进行风险评估，采取相应的监测、检测和监督措施。

第七条　禁止在生鲜乳生产、收购、贮存、运输、销售过程中添加任何物质。

禁止在乳制品生产过程中添加非食品用化学物质或者其他可能危害人体健康的物质。

第八条　国务院畜牧兽医主管部门会同国务院发展改革部门、工业和信息化部门、商务部门，制定全国奶业发展规划，加强奶源基地建设，完善服务体系，促进奶业健康发展。

县级以上地方人民政府应当根据全国奶业发展规划，合理确定本行政区域内奶畜养殖规模，科学安排生鲜乳的生产、收购布局。

第九条 有关行业协会应当加强行业自律，推动行业诚信建设，引导、规范奶畜养殖者、生鲜乳收购者、乳制品生产企业和销售者依法生产经营。

第二章 奶畜养殖

第十条 国家采取有效措施，鼓励、引导、扶持奶畜养殖者提高生鲜乳质量安全水平。省级以上人民政府应当在本级财政预算内安排支持奶业发展资金，并鼓励对奶畜养殖者、奶农专业生产合作社等给予信贷支持。

国家建立奶畜政策性保险制度，对参保奶畜养殖者给予保费补助。

第十一条 畜牧兽医技术推广机构应当向奶畜养殖者提供养殖技术培训、良种推广、疫病防治等服务。

国家鼓励乳制品生产企业和其他相关生产经营者为奶畜养殖者提供所需的服务。

第十二条 设立奶畜养殖场、养殖小区应当具备下列条件：

（一）符合所在地人民政府确定的本行政区域奶畜养殖规模；

（二）有与其养殖规模相适应的场所和配套设施；

（三）有为其服务的畜牧兽医技术人员；

（四）具备法律、行政法规和国务院畜牧兽医主管部门规定的防疫条件；

（五）有对奶畜粪便、废水和其他固体废物进行综合利用的沼气池等设施或者其他无害化处理设施；

（六）有生鲜乳生产、销售、运输管理制度；

（七）法律、行政法规规定的其他条件。

奶畜养殖场、养殖小区开办者应当将养殖场、养殖小区的名称、养殖地址、奶畜品种和养殖规模向养殖场、养殖小区所在地县级人民政府畜牧兽医主管部门备案。

第十三条 奶畜养殖场应当建立养殖档案，载明以下内容：

（一）奶畜的品种、数量、繁殖记录、标识情况、来源和进出场日期；

（二）饲料、饲料添加剂、兽药等投入品的来源、名称、使用对象、时间和用量；

（三）检疫、免疫、消毒情况；

（四）奶畜发病、死亡和无害化处理情况；

（五）生鲜乳生产、检测、销售情况；

（六）国务院畜牧兽医主管部门规定的其他内容。

奶畜养殖小区开办者应当逐步建立养殖档案。

第十四条 从事奶畜养殖，不得使用国家禁用的饲料、饲料添加剂、兽药以及其他对动物和人体具有直接或者潜在危害的物质。

禁止销售在规定用药期和休药期内的奶畜产的生鲜乳。

第十五条 奶畜养殖者应当确保奶畜符合国务院畜牧兽医主管部门规定的健康标准，并确保奶畜接受强制免疫。

动物疫病预防控制机构应当对奶畜的健康情况进行定期检测；经检测不符合健康标准的，应当立即隔离、治疗或者做无害化处理。

第十六条 奶畜养殖者应当做好奶畜和养殖场所的动物防疫工作，发现奶畜染疫或者疑似染疫的，应当立即报告，停止生鲜乳生产，并采取隔离等控制措施，防止疫病扩散。

奶畜养殖者对奶畜养殖过程中的排泄物、废弃物应当及时清运、处理。

第十七条 奶畜养殖者应当遵守国务院畜牧兽医主管部门制定的生鲜乳生产技术规程。直接从事挤奶工作的人员应当持有有效的健康证明。

奶畜养殖者对挤奶设施、生鲜乳贮存设施等应当及时清洗、消毒，避免对生鲜乳造成污染。

第十八条 生鲜乳应当冷藏。超过 2 小时未冷藏的生鲜乳，不得销售。

第三章 生鲜乳收购

第十九条 省、自治区、直辖市人民政府畜牧兽医主管部门应当根据当地奶源分布情况，按照方便奶畜养殖者、促进规模化养殖的原则，对生鲜乳收购站的建设进行科学规划和合理布局。必要时，可以实行生鲜乳集中定点收购。

国家鼓励乳制品生产企业按照规划布局，自行建设生鲜乳收购站或者收购原有生鲜乳收购站。

第二十条 生鲜乳收购站应当由取得工商登记的乳制品生产企业、奶畜养殖场、奶农专业生产合作社开办，并具备下列条件，取得所在地县级人民政府畜牧兽医主管部门颁发的生鲜乳收购许可证：

（一）符合生鲜乳收购站建设规划布局；

（二）有符合环保和卫生要求的收购场所；

（三）有与收奶量相适应的冷却、冷藏、保鲜设施和低温运输设备；

（四）有与检测项目相适应的化验、计量、检测仪器设备；

（五）有经培训合格并持有有效健康证明的从业人员；

（六）有卫生管理和质量安全保障制度。

生鲜乳收购许可证有效期 2 年；生鲜乳收购站不再办理工商登记。

禁止其他单位或者个人开办生鲜乳收购站。禁止其他单位或者个人收购生鲜乳。

国家对生鲜乳收购站给予扶持和补贴，提高其机械化挤奶和生鲜乳冷藏运输能力。

第二十一条 生鲜乳收购站应当及时对挤奶设施、生鲜乳贮存运输设施等进行清洗、消毒，避免对生鲜乳造成污染。

生鲜乳收购站应当按照乳品质量安全国家标准对收购的生鲜乳进行常规检测。检测费用不得向奶畜养殖者收取。

生鲜乳收购站应当保持生鲜乳的质量。

第二十二条 生鲜乳收购站应当建立生鲜乳收购、销售和检测记录。生鲜乳收购、销售和检测记录应当包括畜主姓名、单次收购量、生鲜乳检测结果、销售去向等内容，并保存 2 年。

第二十三条 县级以上地方人民政府价格主管部门应当加强对生鲜乳价格的监控和通报，及时发布市场供求信息和价格信息。必要时，县级以上地方人民政府建立由价格、畜牧兽医等部门以及行业协会、乳制品生产企业、生鲜乳收购者、奶畜养殖者代表组成的生鲜乳价格协调委员会，确定生鲜乳交易参考价格，供购销双方签订合同时参考。

生鲜乳购销双方应当签订书面合同。生鲜乳购销合同示范文本由国务院畜牧兽医主管部门会同国务院工商行政管理部门制定并公布。

第二十四条 禁止收购下列生鲜乳：

（一）经检测不符合健康标准或者未经检疫合格的奶畜产的；

（二）奶畜产犊 7 日内的初乳，但以初乳为原料从事乳制品生产的除外；

（三）在规定用药期和休药期内的奶畜产的；

（四）其他不符合乳品质量安全国家标准的。

对前款规定的生鲜乳，经检测无误后，应当予以销毁或者采取其他无害化处理措施。

第二十五条 贮存生鲜乳的容器，应当符合国家有关卫生标准，在挤奶后 2 小时内应当降温至0～4℃。

生鲜乳运输车辆应当取得所在地县级人民政府畜牧兽医主管部门核发的生鲜乳准运证明，并随车携带生鲜乳交接单。交接单应当载明生鲜乳收购站的名称、生鲜乳数量、交接时间，并由生鲜乳收购站经手人、押运员、司机、收奶员签字。

生鲜乳交接单一式两份，分别由生鲜乳收购站和乳品生产者保存，保存时间 2 年。准运证明和交接单式样由省、自治区、直辖市人民政府畜牧兽医主管部门制定。

第二十六条 县级以上人民政府应当加强生鲜乳质量安全监测体系建设，配备相应的人员和设备，确保监测能力与监测任务相适应。

第二十七条 县级以上人民政府畜牧兽医主管部门应当加强生鲜乳质量安全监测工作，制定并组织实施生鲜乳质量安全监测计划，对生鲜乳进行监督抽查，并按照法定权限及时公布监督抽查结果。

监测抽查不得向被抽查人收取任何费用，所需费用由同级财政列支。

第四章 乳制品生产

第二十八条 从事乳制品生产活动，应当具备下列条件，取得所在地质量监督部门颁发的食品生产许可证：

（一）符合国家奶业产业政策；

（二）厂房的选址和设计符合国家有关规定；

（三）有与所生产的乳制品品种和数量相适应的生产、包装和检测设备；

（四）有相应的专业技术人员和质量检验人员；

（五）有符合环保要求的废水、废气、垃圾等污染物的处理设施；

（六）有经培训合格并持有有效健康证明的从业人员；

（七）法律、行政法规规定的其他条件。

质量监督部门对乳制品生产企业颁发食品生产许可证，应当征求所在地工业行业管理部门的意见。

未取得食品生产许可证的任何单位和个人，

不得从事乳制品生产。

第二十九条 乳制品生产企业应当建立质量管理制度，采取质量安全管理措施，对乳制品生产实施从原料进厂到成品出厂的全过程质量控制，保证产品质量安全。

第三十条 乳制品生产企业应当符合良好生产规范要求。国家鼓励乳制品生产企业实施危害分析与关键控制点体系，提高乳制品安全管理水平。生产婴幼儿奶粉的企业应当实施危害分析与关键控制点体系。

对通过良好生产规范、危害分析与关键控制点体系认证的乳制品生产企业，认证机构应当依法实施跟踪调查；对不再符合认证要求的企业，应当依法撤销认证，并及时向有关主管部门报告。

第三十一条 乳制品生产企业应当建立生鲜乳进货查验制度，逐批检测收购的生鲜乳，如实记录质量检测情况、供货者的名称以及联系方式、进货日期等内容，并查验运输车辆生鲜乳交接单。查验记录和生鲜乳交接单应当保存2年。乳制品生产企业不得向未取得生鲜乳收购许可证的单位和个人购进生鲜乳。

乳制品生产企业不得购进兽药等化学物质残留超标，或者含有重金属等有毒有害物质、致病性的寄生虫和微生物、生物毒素以及其他不符合乳品质量安全国家标准的生鲜乳。

第三十二条 生产乳制品使用的生鲜乳、辅料、添加剂等，应当符合法律、行政法规的规定和乳品质量安全国家标准。

生产的乳制品应当经过巴氏杀菌、高温杀菌、超高温杀菌或者其他有效方式杀菌。

生产发酵乳制品的菌种应当纯良、无害，定期鉴定，防止杂菌污染。

生产婴幼儿奶粉应当保证婴幼儿生长发育所需的营养成分，不得添加任何可能危害婴幼儿身体健康和生长发育的物质。

第三十三条 乳制品的包装应当有标签。标签应当如实标明产品名称、规格、净含量、生产日期，成分或者配料表，生产企业的名称、地址、联系方式，保质期，产品标准代号，贮存条件，所使用的食品添加剂的化学通用名称，食品生产许可证编号，法律、行政法规或者乳品质量安全国家标准规定必须标明的其他事项。

使用奶粉、黄油、乳清粉等原料加工的液态奶，应当在包装上注明；使用复原乳作为原料生产液态奶的，应当标明“复原乳”字样，并在产品配料中如实标明复原乳所含原料及比例。

婴幼儿奶粉标签还应当标明主要营养成分及其含量，详细说明使用方法和注意事项。

第三十四条 出厂的乳制品应当符合乳品质量安全国家标准。

乳制品生产企业应当对出厂的乳制品逐批检验，并保存检验报告，留取样品。检验内容应当包括乳制品的感官指标、理化指标、卫生指标和乳制品中使用的添加剂、稳定剂以及酸奶中使用的菌种等；婴幼儿奶粉在出厂前还应当检测营养成分。对检验合格的乳制品应当标识检验合格证号；检验不合格的不得出厂。检验报告应当保存2年。

第三十五条 乳制品生产企业应当如实记录销售的乳制品名称、数量、生产日期、生产批号、检验合格证号、购货者名称及其联系方式、销售日期等。

第三十六条 乳制品生产企业发现其生产的乳制品不符合乳品质量安全国家标准、存在危害人体健康和生命安全危险或者可能危害婴幼儿身体健康或者生长发育的，应当立即停止生产，报告有关主管部门，告知销售者、消费者，召回已经出厂、上市销售的乳制品，并记录召回情况。

乳制品生产企业对召回的乳制品应当采取销毁、无害化处理等措施，防止其再次流入市场。

第五章 乳制品销售

第三十七条 从事乳制品销售应当按照食品安全监督管理的有关规定，依法向工商行政管理部门申请领取有关证照。

第三十八条 乳制品销售者应当建立并执行进货查验制度，审验供货商的经营资格，验明乳制品合格证明和产品标识，并建立乳制品进货台账，如实记录乳制品的名称、规格、数量、供货商及其联系方式、进货时间等内容。从事乳制品批发业务的销售企业应当建立乳制品销售台账，如实记录批发的乳制品的品种、规格、数量、流向等内容。进货台账和销售台账保存期限不得少于2年。

第三十九条 乳制品销售者应当采取措施，保持所销售乳制品的质量。

销售需要低温保存的乳制品的，应当配备冷

藏设备或者采取冷藏措施。

第四十条 禁止购进、销售无质量合格证明、无标签或者标签残缺不清的乳制品。

禁止购进、销售过期、变质或者不符合乳品质量安全国家标准的乳制品。

第四十一条 乳制品销售者不得伪造产地，不得伪造或者冒用他人的厂名、厂址，不得伪造或者冒用认证标志等质量标志。

第四十二条 对不符合乳品质量安全国家标准、存在危害人体健康和生命安全或者可能危害婴幼儿身体健康和生长发育的乳制品，销售者应当立即停止销售，追回已经售出的乳制品，并记录追回情况。

乳制品销售者自行发现其销售的乳制品有前款规定情况的，还应当立即报告所在地工商行政管理等有关部门，通知乳制品生产企业。

第四十三条 乳制品销售者应当向消费者提供购货凭证，履行不合格乳制品的更换、退货等义务。

乳制品销售者依照前款规定履行更换、退货等义务后，属于乳制品生产企业或者供货商的责任的，销售者可以向乳制品生产企业或者供货商追偿。

第四十四条 进口的乳品应当按照乳品质量安全国家标准进行检验；尚未制定乳品质量安全国家标准的，可以参照国家有关部门指定的国外有关标准进行检验。

第四十五条 出口乳品的生产者、销售者应当保证其出口乳品符合乳品质量安全国家标准的同时还符合进口国家（地区）的标准或者合同要求。

第六章　监督检查

第四十六条 县级以上人民政府畜牧兽医主管部门应当加强对奶畜饲养以及生鲜乳生产环节、收购环节的监督检查。县级以上质量监督检验检疫部门应当加强对乳制品生产环节和乳品进出口环节的监督检查。县级以上工商行政管理部门应当加强对乳制品销售环节的监督检查。县级以上食品药品监督部门应当加强对乳制品餐饮服务环节的监督管理。监督检查部门之间，监督检查部门与其他有关部门之间，应当及时通报乳品质量安全监督管理信息。

畜牧兽医、质量监督、工商行政管理等部门应当定期开展监督抽查，并记录监督抽查的情况和处理结果。需要对乳品进行抽样检查的，不得收取任何费用，所需费用由同级财政列支。

第四十七条 畜牧兽医、质量监督、工商行政管理等部门在依据各自职责进行监督检查时，行使下列职权：

（一）实施现场检查；

（二）向有关人员调查、了解有关情况；

（三）查阅、复制有关合同、票据、账簿、检验报告等资料；

（四）查封、扣押有证据证明不符合乳品质量安全国家标准的乳品以及违法使用的生鲜乳、辅料、添加剂；

（五）查封涉嫌违法从事乳品生产经营活动的场所，扣押用于违法生产经营的工具、设备；

（六）法律、行政法规规定的其他职权。

第四十八条 县级以上质量监督部门、工商行政管理部门在监督检查中，对不符合乳品质量安全国家标准、存在危害人体健康和生命安全危险或者可能危害婴幼儿身体健康和生长发育的乳制品，责令并监督生产企业召回、销售者停止销售。

第四十九条 县级以上人民政府价格主管部门应当加强对生鲜乳购销过程中压级压价、价格欺诈、价格串通等不正当价格行为的监督检查。

第五十条 畜牧兽医主管部门、质量监督部门、工商行政管理部门应当建立乳品生产经营者违法行为记录，及时提供给中国人民银行，由中国人民银行纳入企业信用信息基础数据库。

第五十一条 省级以上人民政府畜牧兽医主管部门、质量监督部门、工商行政管理部门依据各自职责，公布乳品质量安全监督管理信息。有关监督管理部门应当及时向同级卫生主管部门通报乳品质量安全事故信息；乳品质量安全重大事故信息由省级以上人民政府卫生主管部门公布。

第五十二条 有关监督管理部门发现奶畜养殖者、生鲜乳收购者、乳制品生产企业和销售者涉嫌犯罪的，应当及时移送公安机关立案侦查。

第五十三条 任何单位和个人有权向畜牧兽医、卫生、质量监督、工商行政管理、食品药品监督等部门举报乳品生产经营中的违法行为。畜牧兽医、卫生、质量监督、工商行政管理、食品药品监督等部门应当公布本单位的电子邮件地址和举报电话；对接到的举报，应当完整地记录、保存。

接到举报的部门对属于本部门职责范围内的事项，应当及时依法处理，对于实名举报，应当及时答复；对不属于本部门职责范围内的事项，应当及时移交有权处理的部门，有权处理的部门应当立即处理，不得推诿。

第七章　法律责任

第五十四条　生鲜乳收购者、乳制品生产企业在生鲜乳收购、乳制品生产过程中，加入非食品用化学物质或者其他可能危害人体健康的物质，依照刑法第一百四十四条的规定，构成犯罪的，依法追究刑事责任，并由发证机关吊销许可证照；尚不构成犯罪的，由畜牧兽医主管部门、质量监督部门依据各自职责没收违法所得和违法生产的乳品，以及相关的工具、设备等物品，并处违法乳品货值金额15倍以上30倍以下罚款，由发证机关吊销许可证照。

第五十五条　生产、销售不符合乳品质量安全国家标准的乳品，依照刑法第一百四十三条的规定，构成犯罪的，依法追究刑事责任，并由发证机关吊销许可证照；尚不构成犯罪的，由畜牧兽医主管部门、质量监督部门、工商行政管理部门依据各自职责没收违法所得、违法乳品和相关的工具、设备等物品，并处违法乳品货值金额10倍以上20倍以下罚款，由发证机关吊销许可证照。

第五十六条　乳制品生产企业违反本条例第三十六条的规定，对不符合乳品质量安全国家标准、存在危害人体健康和生命安全或者可能危害婴幼儿身体健康和生长发育的乳制品，不停止生产、不召回的，由质量监督部门责令停止生产、召回；拒不停止生产、拒不召回的，没收其违法所得、违法乳制品和相关的工具、设备等物品，并处违法乳制品货值金额15倍以上30倍以下罚款，由发证机关吊销许可证照。

第五十七条　乳制品销售者违反本条例第四十二条的规定，对不符合乳品质量安全国家标准、存在危害人体健康和生命安全或者可能危害婴幼儿身体健康和生长发育的乳制品，不停止销售、不追回的，由工商行政管理部门责令停止销售、追回；拒不停止销售、拒不追回的，没收其违法所得、违法乳制品和相关的工具、设备等物品，并处违法乳制品货值金额15倍以上30倍以下罚款，由发证机关吊销许可证照。

第五十八条　违反本条例规定，在婴幼儿奶粉生产过程中，加入非食品用化学物质或其他可能危害人体健康的物质的，或者生产、销售的婴幼儿奶粉营养成分不足、不符合乳品质量安全国家标准的，依照本条例规定，从重处罚。

第五十九条　奶畜养殖者、生鲜乳收购者、乳制品生产企业和销售者在发生乳品质量安全事故后未报告、处置的，由畜牧兽医、质量监督、工商行政管理、食品药品监督等部门依据各自职责，责令改正，给予警告；毁灭有关证据的，责令停产停业，并处10万元以上20万元以下罚款；造成严重后果的，由发证机关吊销许可证照；构成犯罪的，依法追究刑事责任。

第六十条　有下列情形之一的，由县级以上地方人民政府畜牧兽医主管部门没收违法所得、违法收购的生鲜乳和相关的设备、设施等物品，并处违法乳品货值金额5倍以上10倍以下罚款；有许可证照的，由发证机关吊销许可证照：

（一）未取得生鲜乳收购许可证收购生鲜乳的；

（二）生鲜乳收购站取得生鲜乳收购许可证后，不再符合许可条件继续从事生鲜乳收购的；

（三）生鲜乳收购站收购本条例第二十四条规定禁止收购的生鲜乳的。

第六十一条　乳制品生产企业和销售者未取得许可证，或者取得许可证后不按照法定条件、法定要求从事生产销售活动的，由县级以上地方质量监督部门、工商行政管理部门依照《国务院关于加强食品等产品安全监督管理的特别规定》等法律、行政法规的规定处罚。

第六十二条　畜牧兽医、卫生、质量监督、工商行政管理等部门，不履行本条例规定职责、造成后果的，或者滥用职权、有其他渎职行为的，由监察机关或者任免机关对其主要负责人、直接负责的主管人员和其他直接责任人员给予记大过或者降级的处分；造成严重后果的，给予撤职或者开除的处分；构成犯罪的，依法追究刑事责任。

第八章　附　　则

第六十三条　草原牧区放牧饲养的奶畜所产的生鲜乳收购办法，由所在省、自治区、直辖市人民政府参照本条例另行制定。

第六十四条　本条例自公布之日起施行。

十二、血吸虫病防治条例

（2006 年 4 月 1 日中华人民共和国国务院令第 463 号公布　根据 2019 年 3 月 2 日《国务院关于修改部分行政法规的决定》修订）

第一章　总　　则

第一条　为了预防、控制和消灭血吸虫病，保障人体健康、动物健康和公共卫生，促进经济社会发展，根据传染病防治法、动物防疫法，制定本条例。

第二条　国家对血吸虫病防治实行预防为主的方针，坚持防治结合、分类管理、综合治理、联防联控，人与家畜同步防治，重点加强对传染源的管理。

第三条　国务院卫生主管部门会同国务院有关部门制定全国血吸虫病防治规划并组织实施。国务院卫生、农业、水利、林业主管部门依照本条例规定的职责和全国血吸虫病防治规划，制定血吸虫病防治专项工作计划并组织实施。

有血吸虫病防治任务的地区（以下称血吸虫病防治地区）县级以上地方人民政府卫生、农业或者兽医、水利、林业主管部门依照本条例规定的职责，负责本行政区域内的血吸虫病防治及其监督管理工作。

第四条　血吸虫病防治地区县级以上地方人民政府统一领导本行政区域内的血吸虫病防治工作；根据全国血吸虫病防治规划，制定本行政区域的血吸虫病防治计划并组织实施；建立健全血吸虫病防治工作协调机制和工作责任制，对有关部门承担的血吸虫病防治工作进行综合协调和考核、监督。

第五条　血吸虫病防治地区村民委员会、居民委员会应当协助地方各级人民政府及其有关部门开展血吸虫病防治的宣传教育，组织村民、居民参与血吸虫病防治工作。

第六条　国家鼓励血吸虫病防治地区的村民、居民积极参与血吸虫病防治的有关活动；鼓励共产主义青年团等社会组织动员青年团员等积极参与血吸虫病防治的有关活动。

血吸虫病防治地区地方各级人民政府及其有关部门应当完善有关制度，方便单位和个人参与血吸虫病防治的宣传教育、捐赠等活动。

第七条　国务院有关部门、血吸虫病防治地区县级以上地方人民政府及其有关部门对在血吸虫病防治工作中做出显著成绩的单位和个人，给予表彰或者奖励。

第二章　预　　防

第八条　血吸虫病防治地区根据血吸虫病预防控制标准，划分为重点防治地区和一般防治地区。具体办法由国务院卫生主管部门会同国务院农业主管部门制定。

第九条　血吸虫病防治地区县级以上地方人民政府及其有关部门应当组织各类新闻媒体开展公益性血吸虫病防治宣传教育。各类新闻媒体应当开展公益性血吸虫病防治宣传教育。

血吸虫病防治地区县级以上地方人民政府教育主管部门应当组织各级各类学校对学生开展血吸虫病防治知识教育。各级各类学校应当对学生开展血吸虫病防治知识教育。

血吸虫病防治地区的机关、团体、企业事业单位、个体经济组织应当组织本单位人员学习血

吸虫病防治知识。

第十条 处于同一水系或者同一相对独立地理环境的血吸虫病防治地区各地方人民政府应当开展血吸虫病联防联控，组织有关部门和机构同步实施下列血吸虫病防治措施：

（一）在农业、兽医、水利、林业等工程项目中采取与血吸虫病防治有关的工程措施；

（二）进行人和家畜的血吸虫病筛查、治疗和管理；

（三）开展流行病学调查和疫情监测；

（四）调查钉螺分布，实施药物杀灭钉螺；

（五）防止未经无害化处理的粪便直接进入水体；

（六）其他防治措施。

第十一条 血吸虫病防治地区县级人民政府应当制定本行政区域的血吸虫病联防联控方案，组织乡（镇）人民政府同步实施。

血吸虫病防治地区两个以上的县、不设区的市、市辖区或者两个以上设区的市需要同步实施血吸虫病防治措施的，其共同的上一级人民政府应当制定血吸虫病联防联控方案，并组织实施。

血吸虫病防治地区两个以上的省、自治区、直辖市需要同步实施血吸虫病防治措施的，有关省、自治区、直辖市人民政府应当共同制定血吸虫病联防联控方案，报国务院卫生、农业主管部门备案，由省、自治区、直辖市人民政府组织实施。

第十二条 在血吸虫病防治地区实施农业、兽医、水利、林业等工程项目以及开展人、家畜血吸虫病防治工作，应当符合相关血吸虫病防治技术规范的要求。相关血吸虫病防治技术规范由国务院卫生、农业、水利、林业主管部门分别制定。

第十三条 血吸虫病重点防治地区县级以上地方人民政府应当在渔船集中停靠地设点发放抗血吸虫基本预防药物；按照无害化要求和血吸虫病防治技术规范修建公共厕所；推行在渔船和水上运输工具上安装和使用粪便收集容器，并采取措施，对所收集的粪便进行集中无害化处理。

第十四条 县级以上地方人民政府及其有关部门在血吸虫病重点防治地区，应当安排并组织实施农业机械化推广、农村改厕、沼气池建设以及人、家畜饮用水设施建设等项目。

国务院有关主管部门安排农业机械化推广、农村改厕、沼气池建设以及人、家畜饮用水设施建设等项目，应当优先安排血吸虫病重点防治地区的有关项目。

第十五条 血吸虫病防治地区县级以上地方人民政府卫生、农业主管部门组织实施农村改厕、沼气池建设项目，应当按照无害化要求和血吸虫病防治技术规范，保证厕所和沼气池具备杀灭粪便中血吸虫卵的功能。

血吸虫病防治地区的公共厕所应当具备杀灭粪便中血吸虫卵的功能。

第十六条 县级以上人民政府农业主管部门在血吸虫病重点防治地区应当适应血吸虫病防治工作的需要，引导和扶持农业种植结构的调整，推行以机械化耕作代替牲畜耕作的措施。

县级以上人民政府农业或者兽医主管部门在血吸虫病重点防治地区应当引导和扶持养殖结构的调整，推行对牛、羊、猪等家畜的舍饲圈养，加强对圈养家畜粪便的无害化处理，开展对家畜的血吸虫病检查和对感染血吸虫的家畜的治疗、处理。

第十七条 禁止在血吸虫病防治地区施用未经无害化处理的粪便。

第十八条 县级以上人民政府水利主管部门在血吸虫病防治地区进行水利建设项目，应当同步建设血吸虫病防治设施；结合血吸虫病防治地区的江河、湖泊治理工程和人畜饮水、灌区改造等水利工程项目，改善水环境，防止钉螺滋生。

第十九条 县级以上人民政府林业主管部门在血吸虫病防治地区应当结合退耕还林、长江防护林建设、野生动物植物保护、湿地保护以及自然保护区建设等林业工程，开展血吸虫病综合防治。

县级以上人民政府交通主管部门在血吸虫病防治地区应当结合航道工程建设，开展血吸虫病综合防治。

第二十条 国务院卫生主管部门应当根据血吸虫病流行病学资料、钉螺分布以及滋生环境的特点、药物特性，制定药物杀灭钉螺工作规范。

血吸虫病防治地区县级人民政府及其卫生主管部门应当根据药物杀灭钉螺工作规范，组织实施本行政区域内的药物杀灭钉螺工作。

血吸虫病防治地区乡（镇）人民政府应当在实施药物杀灭钉螺7日前，公告施药的时间、地点、种类、方法、影响范围和注意事项。有关单位和个人应当予以配合。

杀灭钉螺严禁使用国家明令禁止使用的药物。

第二十一条 血吸虫病防治地区县级人民政府卫生主管部门会同同级人民政府农业或者兽医、水利、林业主管部门，根据血吸虫病监测等流行病学资料，划定、变更有钉螺地带，并报本级人民政府批准。县级人民政府应当及时公告有钉螺地带。

禁止在有钉螺地带放养牛、羊、猪等家畜，禁止引种在有钉螺地带培育的芦苇等植物和农作物的种子、种苗等繁殖材料。

乡（镇）人民政府应当在有钉螺地带设立警示标志，并在县级人民政府作出解除有钉螺地带决定后予以撤销。警示标志由乡（镇）人民政府负责保护，所在地村民委员会、居民委员会应当予以协助。任何单位或者个人不得损坏或者擅自移动警示标志。

在有钉螺地带完成杀灭钉螺后，由原批准机关决定并公告解除本条第二款规定的禁止行为。

第二十二条 医疗机构、疾病预防控制机构、动物防疫监督机构和植物检疫机构应当根据血吸虫病防治技术规范，在各自的职责范围内，开展血吸虫病的监测、筛查、预测、流行病学调查、疫情报告和处理工作，开展杀灭钉螺、血吸虫病防治技术指导以及其他防治工作。

血吸虫病防治地区的医疗机构、疾病预防控制机构、动物防疫监督机构和植物检疫机构应当定期对其工作人员进行血吸虫病防治知识、技能的培训和考核。

第二十三条 建设单位在血吸虫病防治地区兴建水利、交通、旅游、能源等大型建设项目，应当事先提请省级以上疾病预防控制机构对施工环境进行卫生调查，并根据疾病预防控制机构的意见，采取必要的血吸虫病预防、控制措施。施工期间，建设单位应当设专人负责工地上的血吸虫病防治工作；工程竣工后，应当告知当地县级疾病预防控制机构，由其对该地区的血吸虫病进行监测。

第三章 疫情控制

第二十四条 血吸虫病防治地区县级以上地方人民政府应当根据有关法律、行政法规和国家有关规定，结合本地实际，制定血吸虫病应急预案。

第二十五条 急性血吸虫病暴发、流行时，县级以上地方人民政府应当根据控制急性血吸虫病暴发、流行的需要，依照传染病防治法和其他有关法律的规定采取紧急措施，进行下列应急处理：

（一）组织医疗机构救治急性血吸虫病病人；

（二）组织疾病预防控制机构和动物防疫监督机构分别对接触疫水的人和家畜实施预防性服药；

（三）组织有关部门和单位杀灭钉螺和处理疫水；

（四）组织乡（镇）人民政府在有钉螺地带设置警示标志，禁止人和家畜接触疫水。

第二十六条 疾病预防控制机构发现急性血吸虫病疫情或者接到急性血吸虫病暴发、流行报告时，应当及时采取下列措施：

（一）进行现场流行病学调查；

（二）提出疫情控制方案，明确有钉螺地带范围、预防性服药的人和家畜范围，以及采取杀灭钉螺和处理疫水的措施；

（三）指导医疗机构和下级疾病预防控制机构处理疫情；

（四）卫生主管部门要求采取的其他措施。

第二十七条 有关单位对因生产、工作必须接触疫水的人员应当按照疾病预防控制机构的要求采取防护措施，并定期组织进行血吸虫病的专项体检。

血吸虫病防治地区地方各级人民政府及其有关部门对因防汛、抗洪抢险必须接触疫水的人员，应当按照疾病预防控制机构的要求采取防护措施。血吸虫病防治地区县级人民政府对参加防汛、抗洪抢险的人员，应当及时组织有关部门和机构进行血吸虫病的专项体检。

第二十八条 血吸虫病防治地区县级以上地方人民政府卫生、农业或者兽医主管部门应当根据血吸虫病防治技术规范，组织开展对本地村民、居民和流动人口血吸虫病以及家畜血吸虫病的筛查、治疗和预防性服药工作。

血吸虫病防治地区省、自治区、直辖市人民政府应当采取措施，组织对晚期血吸虫病病人的治疗。

第二十九条 血吸虫病防治地区的动物防疫监督机构、植物检疫机构应当加强对本行政区域内的家畜和植物的血吸虫病检疫工作。动物防疫

监督机构对经检疫发现的患血吸虫病的家畜，应当实施药物治疗；植物检疫机构对发现的携带钉螺的植物，应当实施杀灭钉螺。

凡患血吸虫病的家畜、携带钉螺的植物，在血吸虫病防治地区未经检疫的家畜、植物，一律不得出售、外运。

第三十条　血吸虫病疫情的报告、通报和公布，依照传染病防治法和动物防疫法的有关规定执行。

第四章　保障措施

第三十一条　血吸虫病防治地区县级以上地方人民政府应当根据血吸虫病防治规划、计划，安排血吸虫病防治经费和基本建设投资，纳入同级财政预算。

省、自治区、直辖市人民政府和设区的市级人民政府根据血吸虫病防治工作需要，对经济困难的县级人民政府开展血吸虫病防治工作给予适当补助。

国家对经济困难地区的血吸虫病防治经费、血吸虫病重大疫情应急处理经费给予适当补助，对承担血吸虫病防治任务的机构的基本建设和跨地区的血吸虫病防治重大工程项目给予必要支持。

第三十二条　血吸虫病防治地区县级以上地方人民政府编制或者审批血吸虫病防治地区的农业、兽医、水利、林业等工程项目，应当将有关血吸虫病防治的工程措施纳入项目统筹安排。

第三十三条　国家对农民免费提供抗血吸虫基本预防药物，对经济困难农民的血吸虫病治疗费用予以减免。

因工作原因感染血吸虫病的，依照《工伤保险条例》的规定，享受工伤待遇。参加城镇职工基本医疗保险的血吸虫病病人，不属于工伤的，按照国家规定享受医疗保险待遇。对未参加工伤保险、医疗保险的人员因防汛、抗洪抢险患血吸虫病的，按照县级以上地方人民政府的规定解决所需的检查、治疗费用。

第三十四条　血吸虫病防治地区县级以上地方人民政府民政、医疗保障部门对符合救助条件的血吸虫病病人进行救助。

第三十五条　国家对家畜免费实施血吸虫病检查和治疗，免费提供抗血吸虫基本预防药物。

第三十六条　血吸虫病防治地区县级以上地方人民政府应当根据血吸虫病防治工作需要和血吸虫病流行趋势，储备血吸虫病防治药物、杀灭钉螺药物和有关防护用品。

第三十七条　血吸虫病防治地区县级以上地方人民政府应当加强血吸虫病防治网络建设，将承担血吸虫病防治任务的机构所需基本建设投资列入基本建设计划。

第三十八条　血吸虫病防治地区省、自治区、直辖市人民政府在制定和实施本行政区域的血吸虫病防治计划时，应当统筹协调血吸虫病防治项目和资金，确保实现血吸虫病防治项目的综合效益。

血吸虫病防治经费应当专款专用，严禁截留或者挪作他用。严禁倒买倒卖、挪用国家免费供应的防治血吸虫病药品和其他物品。有关单位使用血吸虫病防治经费应当依法接受审计机关的审计监督。

第五章　监督管理

第三十九条　县级以上人民政府卫生主管部门负责血吸虫病监测、预防、控制、治疗和疫情的管理工作，对杀灭钉螺药物的使用情况进行监督检查。

第四十条　县级以上人民政府农业或者兽医主管部门对下列事项进行监督检查：

（一）本条例第十六条规定的血吸虫病防治措施的实施情况；

（二）家畜血吸虫病监测、预防、控制、治疗和疫情管理工作情况；

（三）治疗家畜血吸虫病药物的管理、使用情况；

（四）农业工程项目中执行血吸虫病防治技术规范情况。

第四十一条　县级以上人民政府水利主管部门对本条例第十八条规定的血吸虫病防治措施的实施情况和水利工程项目中执行血吸虫病防治技术规范情况进行监督检查。

第四十二条　县级以上人民政府林业主管部门对血吸虫病防治地区的林业工程项目的实施情况和林业工程项目中执行血吸虫病防治技术规范情况进行监督检查。

第四十三条　县级以上人民政府卫生、农业或者兽医、水利、林业主管部门在监督检查过程中，发现违反或者不执行本条例规定的，应当责令有关单位和个人及时改正并依法予以处理；属于其他部门职责范围的，应当移送有监督管理职责的部门依法处理；涉及多个部门职责的，应当共同处理。

第四十四条 县级以上人民政府卫生、农业或者兽医、水利、林业主管部门在履行血吸虫病防治监督检查职责时，有权进入被检查单位和血吸虫病疫情发生现场调查取证，查阅、复制有关资料和采集样本。被检查单位应当予以配合，不得拒绝、阻挠。

第四十五条 血吸虫病防治地区县级以上动物防疫监督机构对在有钉螺地带放养的牛、羊、猪等家畜，有权予以暂扣并进行强制检疫。

第四十六条 上级主管部门发现下级主管部门未及时依照本条例的规定处理职责范围内的事项，应当责令纠正，或者直接处理下级主管部门未及时处理的事项。

第六章 法律责任

第四十七条 县级以上地方各级人民政府有下列情形之一的，由上级人民政府责令改正，通报批评；造成血吸虫病传播、流行或者其他严重后果的，对负有责任的主管人员，依法给予行政处分；负有责任的主管人员构成犯罪的，依法追究刑事责任：

（一）未依照本条例的规定开展血吸虫病联防联控的；

（二）急性血吸虫病暴发、流行时，未依照本条例的规定采取紧急措施、进行应急处理的；

（三）未履行血吸虫病防治组织、领导、保障职责的；

（四）未依照本条例的规定采取其他血吸虫病防治措施的。

乡（镇）人民政府未依照本条例的规定采取血吸虫病防治措施的，由上级人民政府责令改正，通报批评；造成血吸虫病传播、流行或者其他严重后果的，对负有责任的主管人员，依法给予行政处分；负有责任的主管人员构成犯罪的，依法追究刑事责任。

第四十八条 县级以上人民政府有关主管部门违反本条例规定，有下列情形之一的，由本级人民政府或者上级人民政府有关主管部门责令改正，通报批评；造成血吸虫病传播、流行或者其他严重后果的，对负有责任的主管人员和其他直接责任人员依法给予行政处分；负有责任的主管人员和其他直接责任人员构成犯罪的，依法追究刑事责任：

（一）在组织实施农村改厕、沼气池建设项目时，未按照无害化要求和血吸虫病防治技术规范，保证厕所或者沼气池具备杀灭粪便中血吸虫卵功能的；

（二）在血吸虫病重点防治地区未开展家畜血吸虫病检查，或者未对感染血吸虫的家畜进行治疗、处理的；

（三）在血吸虫病防治地区进行水利建设项目，未同步建设血吸虫病防治设施，或者未结合血吸虫病防治地区的江河、湖泊治理工程和人畜饮水、灌区改造等水利工程项目，改善水环境，导致钉螺滋生的；

（四）在血吸虫病防治地区未结合退耕还林、长江防护林建设、野生动物植物保护、湿地保护以及自然保护区建设等林业工程，开展血吸虫病综合防治的；

（五）未制定药物杀灭钉螺规范，或者未组织实施本行政区域内药物杀灭钉螺工作的；

（六）未组织开展血吸虫病筛查、治疗和预防性服药工作的；

（七）未依照本条例规定履行监督管理职责，或者发现违法行为不及时查处的；

（八）有违反本条例规定的其他失职、渎职行为的。

第四十九条 医疗机构、疾病预防控制机构、动物防疫监督机构或者植物检疫机构违反本条例规定，有下列情形之一的，由县级以上人民政府卫生主管部门、农业或者兽医主管部门依据各自职责责令限期改正，通报批评，给予警告；逾期不改正，造成血吸虫病传播、流行或者其他严重后果的，对负有责任的主管人员和其他直接责任人员依法给予降级、撤职、开除的处分，并可以依法吊销有关责任人员的执业证书；负有责任的主管人员和其他直接责任人员构成犯罪的，依法追究刑事责任：

（一）未依照本条例规定开展血吸虫病防治工作的；

（二）未定期对其工作人员进行血吸虫病防治知识、技能培训和考核的；

（三）发现急性血吸虫病疫情或者接到急性血吸虫病暴发、流行报告时，未及时采取措施的；

（四）未对本行政区域内出售、外运的家畜或者植物进行血吸虫病检疫的；

（五）未对经检疫发现的患血吸虫病的家畜实施药物治疗，或者未对发现的携带钉螺的植物实施杀灭钉螺的。

第五十条　建设单位在血吸虫病防治地区兴建水利、交通、旅游、能源等大型建设项目，未事先提请省级以上疾病预防控制机构进行卫生调查，或者未根据疾病预防控制机构的意见，采取必要的血吸虫病预防、控制措施的，由县级以上人民政府卫生主管部门责令限期改正，给予警告，处5 000元以上3万元以下的罚款；逾期不改正的，处3万元以上10万元以下的罚款，并可以提请有关人民政府依据职责权限，责令停建、关闭；造成血吸虫病疫情扩散或者其他严重后果的，对负有责任的主管人员和其他直接责任人员依法给予处分。

第五十一条　单位和个人损坏或者擅自移动有钉螺地带警示标志的，由乡（镇）人民政府责令修复或者赔偿损失，给予警告；情节严重的，对单位处1 000元以上3 000元以下的罚款，对个人处50元以上200元以下的罚款。

第五十二条　违反本条例规定，有下列情形之一的，由县级以上人民政府卫生、农业或者兽医、水利、林业主管部门依据各自职责责令改正，给予警告，对单位处1 000元以上1万元以下的罚款，对个人处50元以上500元以下的罚款，并没收用于违法活动的工具和物品；造成血吸虫病疫情扩散或者其他严重后果的，对负有责任的主管人员和其他直接责任人员依法给予处分：

（一）单位未依照本条例的规定对因生产、工作必须接触疫水的人员采取防护措施，或者未定期组织进行血吸虫病的专项体检的；

（二）对政府有关部门采取的预防、控制措施不予配合的；

（三）使用国家明令禁止使用的药物杀灭钉螺的；

（四）引种在有钉螺地带培育的芦苇等植物或者农作物的种子、种苗等繁殖材料的；

（五）在血吸虫病防治地区施用未经无害化处理粪便的。

第七章　附　　则

第五十三条　本条例下列用语的含义：

血吸虫病，是血吸虫寄生于人体或者哺乳动物体内，导致其发病的一种寄生虫病。

疫水，是指含有血吸虫尾蚴的水体。

第五十四条　本条例自2006年5月1日起施行。

十三、中华人民共和国水生野生动物保护实施条例

（1993年9月17日国务院批准　1993年10月5日农业部令第1号发布　根据2011年1月8日《国务院关于废止和修改部分行政法规的决定》第一次修订　根据2013年12月7日《国务院关于修改部分行政法规的决定》第二次修订）

第一章　总　则

第一条　根据《中华人民共和国野生动物保护法》（以下简称《野生动物保护法》）的规定，制定本条例。

第二条　本条例所称水生野生动物，是指珍贵、濒危的水生野生动物；所称水生野生动物产品，是指珍贵、濒危的水生野生动物的任何部分及其衍生物。

第三条　国务院渔业行政主管部门主管全国水生野生动物管理工作。

县级以上地方人民政府渔业行政主管部门主管本行政区域内水生野生动物管理工作。

《野生动物保护法》和本条例规定的渔业行政主管部门的行政处罚权，可以由其所属的渔政监督管理机构行使。

第四条　县级以上各级人民政府及其有关主管部门应当鼓励、支持有关科研单位、教学单位开展水生野生动物科学研究工作。

第五条　渔业行政主管部门及其所属的渔政监督管理机构，有权对《野生动物保护法》和本条例的实施情况进行监督检查，被检查的单位和个人应当给予配合。

第二章　水生野生动物保护

第六条　国务院渔业行政主管部门和省、自治区、直辖市人民政府渔业行政主管部门，应当定期组织水生野生动物资源调查，建立资源档案，为制定水生野生动物资源保护发展规划、制定和调整国家和地方重点保护水生野生动物名录提供依据。

第七条　渔业行政主管部门应当组织社会各方面力量，采取有效措施，维护和改善水生野生动物的生存环境，保护和增殖水生野生动物资源。

禁止任何单位和个人破坏国家重点保护的和地方重点保护的水生野生动物生息繁衍的水域、场所和生存条件。

第八条　任何单位和个人对侵占或者破坏水生野生动物资源的行为，有权向当地渔业行政主管部门或者其所属的渔政监督管理机构检举和控告。

第九条　任何单位和个人发现受伤、搁浅和因误入港湾、河汊而被困的水生野生动物时，应当及时报告当地渔业行政主管部门或者其所属的渔政监督管理机构，由其采取紧急救护措施；也可以要求附近具备救护条件的单位采取紧急救护措施，并报告渔业行政主管部门。已经死亡的水生野生动物，由渔业行政主管部门妥善处理。

捕捞作业时误捕水生野生动物的，应当立即无条件放生。

第十条　因保护国家重点保护的和地方重点保护的水生野生动物受到损失的，可以向当地人民政府渔业行政主管部门提出补偿要求。经调查属实并确实需要补偿的，由当地人民政府按照省、自治区、直辖市人民政府有关规定给予补偿。

第十一条　国务院渔业行政主管部门和省、

自治区、直辖市人民政府，应当在国家重点保护的和地方重点保护的水生野生动物的主要生息繁衍的地区和水域，划定水生野生动物自然保护区，加强对国家和地方重点保护水生野生动物及其生存环境的保护管理，具体办法由国务院另行规定。

第三章　水生野生动物管理

第十二条　禁止捕捉、杀害国家重点保护的水生野生动物。

有下列情形之一，确需捕捉国家重点保护的水生野生动物的，必须申请特许捕捉证：

（一）为进行水生野生动物科学考察、资源调查，必须捕捉的；

（二）为驯养繁殖国家重点保护的水生野生动物，必须从自然水域或者场所获取种源的；

（三）为承担省级以上科学研究项目或者国家医药生产任务，必须从自然水域或者场所获取国家重点保护的水生野生动物的；

（四）为宣传、普及水生野生动物知识或者教学、展览的需要，必须从自然水域或者场所获取国家重点保护的水生野生动物的；

（五）因其他特殊情况，必须捕捉的。

第十三条　申请特许捕捉证的程序：

（一）需要捕捉国家一级保护水生野生动物的，必须附具申请人所在地和捕捉地的省、自治区、直辖市人民政府渔业行政主管部门签署的意见，向国务院渔业行政主管部门申请特许捕捉证；

（二）需要在本省、自治区、直辖市捕捉国家二级保护水生野生动物的，必须附具申请人所在地的县级人民政府渔业行政主管部门签署的意见，向省、自治区、直辖市人民政府渔业行政主管部门申请特许捕捉证；

（三）需要跨省、自治区、直辖市捕捉国家二级保护水生野生动物的，必须附具申请人所在地的省、自治区、直辖市人民政府渔业行政主管部门签署的意见，向捕捉地的省、自治区、直辖市人民政府渔业行政主管部门申请特许捕捉证。

动物园申请捕捉国家一级保护水生野生动物的，在向国务院渔业行政主管部门申请特许捕捉证前，须经国务院建设行政主管部门审核同意；申请捕捉国家二级保护水生野生动物的，在向申请人所在地的省、自治区、直辖市人民政府渔业行政主管部门申请特许捕捉证前，须经同级人民政府建设行政主管部门审核同意。

负责核发特许捕捉证的部门接到申请后，应当自接到申请之日起3个月内作出批准或者不批准的决定。

第十四条　有下列情形之一的，不予发放特许捕捉证：

（一）申请人有条件以合法的非捕捉方式获得国家重点保护的水生野生动物的种源、产品或者达到其目的的；

（二）捕捉申请不符合国家有关规定，或者申请使用的捕捉工具、方法以及捕捉时间、地点不当的；

（三）根据水生野生动物资源现状不宜捕捉的。

第十五条　取得特许捕捉证的单位和个人，必须按照特许捕捉证规定的种类、数量、地点、期限、工具和方法进行捕捉，防止误伤水生野生动物或者破坏其生存环境。捕捉作业完成后，应当及时向捕捉地的县级人民政府渔业行政主管部门或者其所属的渔政监督管理机构申请查验。

县级人民政府渔业行政主管部门或者其所属的渔政监督管理机构对在本行政区域内捕捉国家重点保护的水生野生动物的活动，应当进行监督检查，并及时向批准捕捉的部门报告监督检查结果。

第十六条　外国人在中国境内进行有关水生野生动物科学考察、标本采集、拍摄电影、录像等活动的，必须经国家重点保护的水生野生动物所在地的省、自治区、直辖市人民政府渔业行政主管部门批准。

第十七条　驯养繁殖国家一级保护水生野生动物的，应当持有国务院渔业行政主管部门核发的驯养繁殖许可证；驯养繁殖国家二级保护水生野生动物的，应当持有省、自治区、直辖市人民政府渔业行政主管部门核发的驯养繁殖许可证。

动物园驯养繁殖国家重点保护的水生野生动物的，渔业行政主管部门可以委托同级建设行政主管部门核发驯养繁殖许可证。

第十八条　禁止出售、收购国家重点保护的水生野生动物或者其产品。因科学研究、驯养繁殖、展览等特殊情况，需要出售、收购、利用国家一级保护水生野生动物或者其产品的，必须向省、自治区、直辖市人民政府渔业行政主管部门提出申请，经其签署意见后，报国务院渔业行政主管部门批准；需要出售、收购、利用国家二级保护水生野生动物或者其产品的，必须向省、自治区、直辖市人民政府渔业行政主管部门提出申请，并经其批准。

第十九条 县级以上各级人民政府渔业行政主管部门和工商行政管理部门，应当对水生野生动物或者其产品的经营利用建立监督检查制度，加强对经营利用水生野生动物或者其产品的监督管理。

对进入集贸市场的水生野生动物或者其产品，由工商行政管理部门进行监督管理，渔业行政主管部门给予协助；在集贸市场以外经营水生野生动物或者其产品，由渔业行政主管部门、工商行政管理部门或者其授权的单位进行监督管理。

第二十条 运输、携带国家重点保护的水生野生动物或者其产品出县境的，应当凭特许捕捉证或者驯养繁殖许可证，向县级人民政府渔业行政主管部门提出申请，报省、自治区、直辖市人民政府渔业行政主管部门或者其授权的单位批准。动物园之间因繁殖动物，需要运输国家重点保护的水生野生动物的，可以由省、自治区、直辖市人民政府渔业行政主管部门授权同级建设行政主管部门审批。

第二十一条 交通、铁路、民航和邮政企业对没有合法运输证明的水生野生动物或者其产品，应当及时通知有关主管部门处理，不得承运、收寄。

第二十二条 从国外引进水生野生动物的，应当向省、自治区、直辖市人民政府渔业行政主管部门提出申请，经省级以上人民政府渔业行政主管部门指定的科研机构进行科学论证后，报国务院渔业行政主管部门批准。

第二十三条 出口国家重点保护的水生野生动物或者其产品的，进出口中国参加的国际公约所限制进出口的水生野生动物或者其产品的，必须经进出口单位或者个人所在地的省、自治区、直辖市人民政府渔业行政主管部门审核，报国务院渔业行政主管部门批准；属于贸易性进出口活动的，必须由具有有关商品进出口权的单位承担。

动物园因交换动物需要进出口前款所称水生野生动物的，在国务院渔业行政主管部门批准前，应当经国务院建设行政主管部门审核同意。

第二十四条 利用水生野生动物或者其产品举办展览等活动的经济收益，主要用于水生野生动物保护事业。

第四章 奖励和惩罚

第二十五条 有下列事迹之一的单位和个人，由县级以上人民政府或者其渔业行政主管部门给予奖励：

（一）在水生野生动物资源调查、保护管理、宣传教育、开发利用方面有突出贡献的；

（二）严格执行野生动物保护法规，成绩显著的；

（三）拯救、保护和驯养繁殖水生野生动物取得显著成效的；

（四）发现违反水生野生动物保护法律、法规的行为，及时制止或者检举有功的；

（五）在查处破坏水生野生动物资源案件中作出重要贡献的；

（六）在水生野生动物科学研究中取得重大成果或者在应用推广有关的科研成果中取得显著效益的；

（七）在基层从事水生野生动物保护管理工作5年以上并取得显著成绩的；

（八）在水生野生动物保护管理工作中有其他特殊贡献的。

第二十六条 非法捕杀国家重点保护的水生野生动物的，依照刑法有关规定追究刑事责任；情节显著轻微危害不大的，或者犯罪情节轻微不需要判处刑罚的，由渔业行政主管部门没收捕获物、捕捉工具和违法所得，吊销特许捕捉证，并处以相当于捕获物价值10倍以下的罚款，没有捕获物的处以1万元以下的罚款。

第二十七条 违反野生动物保护法律、法规，在水生野生动物自然保护区破坏国家重点保护的或者地方重点保护的水生野生动物主要生息繁衍场所，依照《野生动物保护法》第三十四条的规定处以罚款的，罚款幅度为恢复原状所需费用的3倍以下。

第二十八条 违反野生动物保护法律、法规，出售、收购、运输、携带国家重点保护的或者地方重点保护的水生野生动物或者其产品的，由工商行政管理部门或者其授权的渔业行政主管部门没收实物和违法所得，可以并处相当于实物价值10倍以下的罚款。

第二十九条 伪造、倒卖、转让驯养繁殖许可证，依照《野生动物保护法》第三十七条的规定处以罚款的，罚款幅度为5 000元以下。伪造、倒卖、转让特许捕捉证或者允许进出口证明书，依照《野生动物保护法》第三十七条的规定处以罚款的，罚款幅度为5万元以下。

第三十条 违反野生动物保护法规，未取得驯养繁殖许可证或者超越驯养繁殖许可证规定范围，驯养繁殖国家重点保护的水生野生动物的，由渔业行政主管部门没收违法所得，处3 000元以下的罚款，可以并处没收水生野生动物、吊销驯养繁殖许可证。

第三十一条 外国人未经批准在中国境内对国家重点保护的水生野生动物进行科学考察、标本采集、拍摄电影、录像的，由渔业行政主管部门没收考察、拍摄的资料以及所获标本，可以并处5万元以下的罚款。

第三十二条 有下列行为之一，尚不构成犯罪，应当给予治安管理处罚的，由公安机关依照《中华人民共和国治安管理处罚法》的规定予以处罚：

（一）拒绝、阻碍渔政检查人员依法执行职务的；

（二）偷窃、哄抢或者故意损坏野生动物保护仪器设备或者设施的。

第三十三条 依照野生动物保护法规的规定没收的实物，按照国务院渔业行政主管部门的有关规定处理。

第五章 附 则

第三十四条 本条例由国务院渔业行政主管部门负责解释。

第三十五条 本条例自发布之日起施行。

十四、中华人民共和国陆生野生动物保护实施条例

（1992 年 2 月 12 日国务院批准　1992 年 3 月 1 日林业部发布　根据 2011 年 1 月 8 日《国务院关于废止和修改部分行政法规的决定》第一次修订　根据 2016 年 2 月 6 日《国务院关于修改部分行政法规的决定》第二次修订）

第一章　总　　则

第一条　根据《中华人民共和国野生动物保护法》（以下简称《野生动物保护法》）的规定，制定本条例。

第二条　本条例所称陆生野生动物，是指依法受保护的珍贵、濒危、有益的和有重要经济、科学研究价值的陆生野生动物（以下简称野生动物）；所称野生动物产品，是指陆生野生动物的任何部分及其衍生物。

第三条　国务院林业行政主管部门主管全国陆生野生动物管理工作。

省、自治区、直辖市人民政府林业行政主管部门主管本行政区域内陆生野生动物管理工作。自治州、县和市人民政府陆生野生动物管理工作的行政主管部门，由省、自治区、直辖市人民政府确定。

第四条　县级以上各级人民政府有关主管部门应当鼓励、支持有关科研、教学单位开展野生动物科学研究工作。

第五条　野生动物行政主管部门有权对《野生动物保护法》和本条例的实施情况进行监督检查，被检查的单位和个人应当给予配合。

第二章　野生动物保护

第六条　县级以上地方各级人民政府应当开展保护野生动物的宣传教育，可以确定适当时间为保护野生动物宣传月、爱鸟周等，提高公民保护野生动物的意识。

第七条　国务院林业行政主管部门和省、自治区、直辖市人民政府林业行政主管部门，应当定期组织野生动物资源调查，建立资源档案，为制定野生动物资源保护发展方案、制定和调整国家和地方重点保护野生动物名录提供依据。

野生动物资源普查每十年进行一次。

第八条　县级以上各级人民政府野生动物行政主管部门，应当组织社会各方面力量，采取生物技术措施和工程技术措施，维护和改善野生动物生存环境，保护和发展野生动物资源。

禁止任何单位和个人破坏国家和地方重点保护野生动物的生息繁衍场所和生存条件。

第九条　任何单位和个人发现受伤、病弱、饥饿、受困、迷途的国家和地方重点保护野生动物时，应当及时报告当地野生动物行政主管部门，由其采取救护措施；也可以就近送具备救护条件的单位救护。救护单位应当立即报告野生动物行政主管部门，并按照国务院林业行政主管部门的规定办理。

第十条　有关单位和个人对国家和地方重点保护野生动物可能造成的危害，应当采取防范措施。因保护国家和地方重点保护野生动物受到损失的，可以向当地人民政府野生动物行政主管部门提出补偿要求。经调查属实并确实需要补偿的，由当地人民政府按照省、自治区、直辖市人民政府的有关规定给予补偿。

第三章　野生动物猎捕管理

第十一条　禁止猎捕、杀害国家重点保护野生动物。

有下列情形之一，需要猎捕国家重点保护野生动物的，必须申请特许猎捕证：

（一）为进行野生动物科学考察、资源调查，必须猎捕的；

（二）为驯养繁殖国家重点保护野生动物，必须从野外获取种源的；

（三）为承担省级以上科学研究项目或者国家医药生产任务，必须从野外获取国家重点保护野生动物的；

（四）为宣传、普及野生动物知识或者教学、展览的需要，必须从野外获取国家重点保护野生动物的；

（五）因国事活动的需要，必须从野外获取国家重点保护野生动物的；

（六）为调控国家重点保护野生动物种群数量和结构，经科学论证必须猎捕的；

（七）因其他特殊情况，必须捕捉、猎捕国家重点保护野生动物的。

第十二条　申请特许猎捕证的程序如下：

（一）需要捕捉国家一级保护野生动物的，必须附具申请人所在地和捕捉地的省、自治区、直辖市人民政府林业行政主管部门签署的意见，向国务院林业行政主管部门申请特许猎捕证；

（二）需要在本省、自治区、直辖市猎捕国家二级保护野生动物的，必须附具申请人所在地的县级人民政府野生动物行政主管部门签署的意见，向省、自治区、直辖市人民政府林业行政主管部门申请特许猎捕证；

（三）需要跨省、自治区、直辖市猎捕国家二级保护野生动物的，必须附具申请人所在地的省、自治区、直辖市人民政府林业行政主管部门签署的意见，向猎捕地的省、自治区、直辖市人民政府林业行政主管部门申请特许猎捕证。

动物园需要申请捕捉国家一级保护野生动物的，在向国务院林业行政主管部门申请特许猎捕证前，须经国务院建设行政主管部门审核同意；需要申请捕捉国家二级保护野生动物的，在向申请人所在地的省、自治区、直辖市人民政府林业行政主管部门申请特许猎捕证前，须经同级政府建设行政主管部门审核同意。

负责核发特许猎捕证的部门接到申请后，应当在3个月内作出批准或者不批准的决定。

第十三条　有下列情形之一的，不予发放特许猎捕证：

（一）申请猎捕者有条件以合法的非猎捕方式获得国家重点保护野生动物的种源、产品或者达到所需目的的；

（二）猎捕申请不符合国家有关规定或者申请使用的猎捕工具、方法以及猎捕时间、地点不当的；

（三）根据野生动物资源现状不宜捕捉、猎捕的。

第十四条　取得特许猎捕证的单位和个人，必须按照特许猎捕证规定的种类、数量、地点、期限、工具和方法进行猎捕，防止误伤野生动物或者破坏其生存环境。猎捕作业完成后，应当在10日内向猎捕地的县级人民政府野生动物行政主管部门申请查验。

县级人民政府野生动物行政主管部门对在本行政区域内猎捕国家重点保护野生动物的活动，应当进行监督检查，并及时向批准猎捕的机关报告监督检查结果。

第十五条　猎捕非国家重点保护野生动物的，必须持有狩猎证，并按照狩猎证规定的种类、数量、地点、期限、工具和方法进行猎捕。

狩猎证由省、自治区、直辖市人民政府林业行政主管部门按照国务院林业行政主管部门的规定印制，县级人民政府野生动物行政主管部门或者其授权的单位核发。

狩猎证每年验证1次。

第十六条　省、自治区、直辖市人民政府林业行政主管部门，应当根据本行政区域内非国家重点保护野生动物的资源现状，确定狩猎动物种类，并实行年度猎捕量限额管理。狩猎动物种类和年度猎捕量限额，由县级人民政府野生动物行政主管部门按照保护资源、永续利用的原则提出，经省、自治区、直辖市人民政府林业行政主管部门批准，报国务院林业行政主管部门备案。

第十七条　县级以上地方各级人民政府野生动物行政主管部门应当组织狩猎者有计划地开展狩猎活动。

在适合狩猎的区域建立固定狩猎场所的，必须经省、自治区、直辖市人民政府林业行政主管部门批准。

第十八条 禁止使用军用武器、气枪、毒药、炸药、地枪、排铳、非人为直接操作并危害人畜安全的狩猎装置、夜间照明行猎、歼灭性围猎、火攻、烟熏以及县级以上各级人民政府或者其野生动物行政主管部门规定禁止使用的其他狩猎工具和方法狩猎。

第十九条 外国人在中国境内对国家重点保护野生动物进行野外考察、标本采集或者在野外拍摄电影、录像的，必须向国家重点保护野生动物所在地的省、自治区、直辖市人民政府林业行政主管部门提出申请，经其审核后，报国务院林业行政主管部门或者其授权的单位批准。

第二十条 外国人在中国境内狩猎，必须在国务院林业行政主管部门批准的对外国人开放的狩猎场所内进行，并遵守中国有关法律、法规的规定。

第四章 野生动物驯养繁殖管理

第二十一条 驯养繁殖国家重点保护野生动物的，应当持有驯养繁殖许可证。

国务院林业行政主管部门和省、自治区、直辖市人民政府林业行政主管部门可以根据实际情况和工作需要，委托同级有关部门审批或者核发国家重点保护野生动物驯养繁殖许可证。动物园驯养繁殖国家重点保护野生动物的，林业行政主管部门可以委托同级建设行政主管部门核发驯养繁殖许可证。

驯养繁殖许可证由国务院林业行政主管部门印制。

第二十二条 从国外或者外省、自治区、直辖市引进野生动物进行驯养繁殖的，应当采取适当措施，防止其逃至野外；需要将其放生于野外的，放生单位应当向所在省、自治区、直辖市人民政府林业行政主管部门提出申请，经省级以上人民政府林业行政主管部门指定的科研机构进行科学论证后，报国务院林业行政主管部门或者其授权的单位批准。

擅自将引进的野生动物放生于野外或者因管理不当使其逃至野外的，由野生动物行政主管部门责令限期捕回或者采取其他补救措施。

第二十三条 从国外引进的珍贵、濒危野生动物，经国务院林业行政主管部门核准，可以视为国家重点保护野生动物；从国外引进的其他野生动物，经省、自治区、直辖市人民政府林业行政主管部门核准，可以视为地方重点保护野生动物。

第五章 野生动物经营利用管理

第二十四条 收购驯养繁殖的国家重点保护野生动物或者其产品的单位，由省、自治区、直辖市人民政府林业行政主管部门商有关部门提出，经同级人民政府或者其授权的单位批准，凭批准文件向工商行政管理部门申请登记注册。

依照前款规定经核准登记的单位，不得收购未经批准出售的国家重点保护野生动物或者其产品。

第二十五条 经营利用非国家重点保护野生动物或者其产品的，应当向工商行政管理部门申请登记注册。

第二十六条 禁止在集贸市场出售、收购国家重点保护野生动物或者其产品。

持有狩猎证的单位和个人需要出售依法获得的非国家重点保护野生动物或者其产品的，应当按照狩猎证规定的种类、数量向经核准登记的单位出售，或者在当地人民政府有关部门指定的集贸市场出售。

第二十七条 县级以上各级人民政府野生动物行政主管部门和工商行政管理部门，应当对野生动物或者其产品的经营利用建立监督检查制度，加强对经营利用野生动物或者其产品的监督管理。

对进入集贸市场的野生动物或者其产品，由工商行政管理部门进行监督管理；在集贸市场以外经营野生动物或者其产品，由野生动物行政主管部门、工商行政管理部门或者其授权的单位进行监督管理。

第二十八条 运输、携带国家重点保护野生动物或者其产品出县境的，应当凭特许猎捕证、驯养繁殖许可证，向县级人民政府野生动物行政主管部门提出申请，报省、自治区、直辖市人民政府林业行政主管部门或者其授权的单位批准。动物园之间因繁殖动物，需要运输国家重点保护野生动物的，可以由省、自治区、直辖市人民政府林业行政主管部门授权同级建设行政主管部门

审批。

第二十九条 出口国家重点保护野生动物或者其产品的，以及进出口中国参加的国际公约所限制进出口的野生动物或者其产品的，必须经进出口单位或者个人所在地的省、自治区、直辖市人民政府林业行政主管部门审核，报国务院林业行政主管部门或者国务院批准；属于贸易性进出口活动的，必须由具有有关商品进出口权的单位承担。

动物园因交换动物需要进出口前款所称野生动物的，国务院林业行政主管部门批准前或者国务院林业行政主管部门报请国务院批准前，应当经国务院建设行政主管部门审核同意。

第三十条 利用野生动物或者其产品举办出国展览等活动的经济收益，主要用于野生动物保护事业。

第六章 奖励和惩罚

第三十一条 有下列事迹之一的单位和个人，由县级以上人民政府或者其野生动物行政主管部门给予奖励：

（一）在野生动物资源调查、保护管理、宣传教育、开发利用方面有突出贡献的；

（二）严格执行野生动物保护法规，成绩显著的；

（三）拯救、保护和驯养繁殖珍贵、濒危野生动物取得显著成效的；

（四）发现违反野生动物保护法规行为，及时制止或者检举有功的；

（五）在查处破坏野生动物资源案件中有重要贡献的；

（六）在野生动物科学研究中取得重大成果或者在应用推广科研成果中取得显著效益的；

（七）在基层从事野生动物保护管理工作五年以上并取得显著成绩的；

（八）在野生动物保护管理工作中有其他特殊贡献的。

第三十二条 非法捕杀国家重点保护野生动物的，依照刑法有关规定追究刑事责任；情节显著轻微危害不大的，或者犯罪情节轻微不需要判处刑罚的，由野生动物行政主管部门没收猎获物、猎捕工具和违法所得，吊销特许猎捕证，并处以相当于猎获物价值10倍以下的罚款，没有猎获物的处1万元以下罚款。

第三十三条 违反野生动物保护法规，在禁猎区、禁猎期或者使用禁用的工具、方法猎捕非国家重点保护野生动物，依照《野生动物保护法》第三十二条的规定处以罚款的，按照下列规定执行：

（一）有猎获物的，处以相当于猎获物价值8倍以下的罚款；

（二）没有猎获物的，处2 000元以下罚款。

第三十四条 违反野生动物保护法规，未取得狩猎证或者未按照狩猎证规定猎捕非国家重点保护野生动物，依照《野生动物保护法》第三十三条的规定处以罚款的，按照下列规定执行：

（一）有猎获物的，处以相当于猎获物价值5倍以下的罚款；

（二）没有猎获物的，处1 000元以下罚款。

第三十五条 违反野生动物保护法规，在自然保护区、禁猎区破坏国家或者地方重点保护野生动物主要生息繁衍场所，依照《野生动物保护法》第三十四条的规定处以罚款的，按照相当于恢复原状所需费用3倍以下的标准执行。

在自然保护区、禁猎区破坏非国家或者地方重点保护野生动物主要生息繁衍场所的，由野生动物行政主管部门责令停止破坏行为，限期恢复原状，并处以恢复原状所需费用2倍以下的罚款。

第三十六条 违反野生动物保护法规，出售、收购、运输、携带国家或者地方重点保护野生动物或者其产品的，由工商行政管理部门或者其授权的野生动物行政主管部门没收实物和违法所得，可以并处相当于实物价值10倍以下的罚款。

第三十七条 伪造、倒卖、转让狩猎证或者驯养繁殖许可证，依照《野生动物保护法》第三十七条的规定处以罚款的，按照5 000元以下的标准执行。伪造、倒卖、转让特许猎捕证或者允许进出口证明书，依照《野生动物保护法》第三十七条的规定处以罚款的，按照5万元以下的标准执行。

第三十八条 违反野生动物保护法规，未取得驯养繁殖许可证或者超越驯养繁殖许可证规定范围驯养繁殖国家重点保护野生动物的，由野生动物行政主管部门没收违法所得，处3 000元以下罚款，可以并处没收野生动物、吊销驯养繁殖许可证。

第三十九条 外国人未经批准在中国境内对

国家重点保护野生动物进行野外考察、标本采集或者在野外拍摄电影、录像的，由野生动物行政主管部门没收考察、拍摄的资料以及所获标本，可以并处5万元以下罚款。

第四十条 有下列行为之一，尚不构成犯罪，应当给予治安管理处罚的，由公安机关依照《中华人民共和国治安管理处罚法》的规定予以处罚：

（一）拒绝、阻碍野生动物行政管理人员依法执行职务的；

（二）偷窃、哄抢或者故意损坏野生动物保护仪器设备或者设施的；

（三）偷窃、哄抢、抢夺非国家重点保护野生动物或者其产品的；

（四）未经批准猎捕少量非国家重点保护野生动物的。

第四十一条 违反野生动物保护法规，被责令限期捕回而不捕的，被责令限期恢复原状而不恢复的，野生动物行政主管部门或者其授权的单位可以代为捕回或者恢复原状，由被责令限期捕回者或者被责令限期恢复原状者承担全部捕回或者恢复原状所需的费用。

第四十二条 违反野生动物保护法规，构成犯罪的，依法追究刑事责任。

第四十三条 依照野生动物保护法规没收的实物，按照国务院林业行政主管部门的规定处理。

第七章 附 则

第四十四条 本条例由国务院林业行政主管部门负责解释。

第四十五条 本条例自发布之日起施行。

十五、中华人民共和国濒危野生动植物进出口管理条例

（2006年4月29日中华人民共和国国务院令第465号公布　根据2018年3月19日《国务院关于修改和废止部分行政法规的决定》第一次修订　根据2019年3月2日《国务院关于修改部分行政法规的决定》第二次修订）

第一条　为了加强对濒危野生动植物及其产品的进出口管理，保护和合理利用野生动植物资源，履行《濒危野生动植物种国际贸易公约》（以下简称公约），制定本条例。

第二条　进口或者出口公约限制进出口的濒危野生动植物及其产品，应当遵守本条例。

出口国家重点保护的野生动植物及其产品，依照本条例有关出口濒危野生动植物及其产品的规定办理。

第三条　国务院林业、农业（渔业）主管部门（以下称国务院野生动植物主管部门），按照职责分工主管全国濒危野生动植物及其产品的进出口管理工作，并做好与履行公约有关的工作。

国务院其他有关部门依照有关法律、行政法规的规定，在各自的职责范围内负责做好相关工作。

第四条　国家濒危物种进出口管理机构代表中国政府履行公约，依照本条例的规定对经国务院野生动植物主管部门批准出口的国家重点保护的野生动植物及其产品、批准进口或者出口的公约限制进出口的濒危野生动植物及其产品，核发允许进出口证明书。

第五条　国家濒危物种进出口科学机构依照本条例，组织陆生野生动物、水生野生动物和野生植物等方面的专家，从事有关濒危野生动植物及其产品进出口的科学咨询工作。

第六条　禁止进口或者出口公约禁止以商业贸易为目的进出口的濒危野生动植物及其产品，因科学研究、驯养繁殖、人工培育、文化交流等特殊情况，需要进口或者出口的，应当经国务院野生动植物主管部门批准；按照有关规定由国务院批准的，应当报经国务院批准。

禁止出口未定名的或者新发现并有重要价值的野生动植物及其产品以及国务院或者国务院野生动植物主管部门禁止出口的濒危野生动植物及其产品。

第七条　进口或者出口公约限制进出口的濒危野生动植物及其产品，出口国务院或者国务院野生动植物主管部门限制出口的野生动植物及其产品，应当经国务院野生动植物主管部门批准。

第八条　进口濒危野生动植物及其产品的，必须具备下列条件：

（一）对濒危野生动植物及其产品的使用符合国家有关规定；

（二）具有有效控制措施并符合生态安全要求；

（三）申请人提供的材料真实有效；

（四）国务院野生动植物主管部门公示的其他条件。

第九条　出口濒危野生动植物及其产品的，必须具备下列条件：

（一）符合生态安全要求和公共利益；

（二）来源合法；

（三）申请人提供的材料真实有效；

（四）不属于国务院或者国务院野生动植物主管部门禁止出口的；

（五）国务院野生动植物主管部门公示的其他条件。

第十条 进口或者出口濒危野生动植物及其产品的，申请人应当按照管理权限，向其所在地的省、自治区、直辖市人民政府农业（渔业）主管部门提出申请，或者向国务院林业主管部门提出申请，并提交下列材料：

（一）进口或者出口合同；

（二）濒危野生动植物及其产品的名称、种类、数量和用途；

（三）活体濒危野生动物装运设施的说明资料；

（四）国务院野生动植物主管部门公示的其他应当提交的材料。

省、自治区、直辖市人民政府农业（渔业）主管部门应当自收到申请之日起10个工作日内签署意见，并将全部申请材料转报国务院农业（渔业）主管部门。

第十一条 国务院野生动植物主管部门应当自收到申请之日起20个工作日内，作出批准或者不予批准的决定，并书面通知申请人。在20个工作日内不能作出决定的，经本行政机关负责人批准，可以延长10个工作日，延长的期限和理由应当通知申请人。

第十二条 申请人取得国务院野生动植物主管部门的进出口批准文件后，应当在批准文件规定的有效期内，向国家濒危物种进出口管理机构申请核发允许进出口证明书。

申请核发允许进出口证明书时应当提交下列材料：

（一）允许进出口证明书申请表；

（二）进出口批准文件；

（三）进口或者出口合同。

进口公约限制进出口的濒危野生动植物及其产品的，申请人还应当提交出口国（地区）濒危物种进出口管理机构核发的允许出口证明材料；出口公约禁止以商业贸易为目的进出口的濒危野生动植物及其产品的，申请人还应当提交进口国（地区）濒危物种进出口管理机构核发的允许进口证明材料；进口的濒危野生动植物及其产品再出口时，申请人还应当提交海关进口货物报关单和海关签注的允许进口证明书。

第十三条 国家濒危物种进出口管理机构应当自收到申请之日起20个工作日内，作出审核决定。对申请材料齐全、符合本条例规定和公约要求的，应当核发允许进出口证明书；对不予核发允许进出口证明书的，应当书面通知申请人和国务院野生动植物主管部门并说明理由。在20个工作日内不能作出决定的，经本机构负责人批准，可以延长10个工作日，延长的期限和理由应当通知申请人。

国家濒危物种进出口管理机构在审核时，对申请材料不符合要求的，应当在5个工作日内一次性通知申请人需要补正的全部内容。

第十四条 国家濒危物种进出口管理机构在核发允许进出口证明书时，需要咨询国家濒危物种进出口科学机构的意见，或者需要向境外相关机构核实允许进出口证明材料等有关内容的，应当自收到申请之日起5个工作日内，将有关材料送国家濒危物种进出口科学机构咨询意见或者向境外相关机构核实有关内容。咨询意见、核实内容所需时间不计入核发允许进出口证明书工作日之内。

第十五条 国务院野生动植物主管部门和省、自治区、直辖市人民政府野生动植物主管部门以及国家濒危物种进出口管理机构，在审批濒危野生动植物及其产品进出口时，除收取国家规定的费用外，不得收取其他费用。

第十六条 因进口或者出口濒危野生动植物及其产品对野生动植物资源、生态安全造成或者可能造成严重危害和影响的，由国务院野生动植物主管部门提出临时禁止或者限制濒危野生动植物及其产品进出口的措施，报国务院批准后执行。

第十七条 从不属于任何国家管辖的海域获得的濒危野生动植物及其产品，进入中国领域的，参照本条例有关进口的规定管理。

第十八条 进口濒危野生动植物及其产品涉及外来物种管理的，出口濒危野生动植物及其产品涉及种质资源管理的，应当遵守国家有关规定。

第十九条 进口或者出口濒危野生动植物及其产品的，应当在国务院野生动植物主管部门会同海关总署指定并经国务院批准的口岸进行。

第二十条 进口或者出口濒危野生动植物及其产品的，应当按照允许进出口证明书规定的种类、数量、口岸、期限完成进出口活动。

第二十一条 进口或者出口濒危野生动植物及其产品的，应当向海关提交允许进出口证明书，接受海关监管，并自海关放行之日起30日内，将

海关验讫的允许进出口证明书副本交国家濒危物种进出口管理机构备案。

过境、转运和通运的濒危野生动植物及其产品，自入境起至出境前由海关监管。

进出保税区、出口加工区等海关特定监管区域和保税场所的濒危野生动植物及其产品，应当接受海关监管，并按照海关总署和国家濒危物种进出口管理机构的规定办理进出口手续。

进口或者出口濒危野生动植物及其产品的，应当凭允许进出口证明书向海关报检，并接受检验检疫。

第二十二条 国家濒危物种进出口管理机构应当将核发允许进出口证明书的有关资料和濒危野生动植物及其产品年度进出口情况，及时抄送国务院野生动植物主管部门及其他有关主管部门。

第二十三条 进出口批准文件由国务院野生动植物主管部门组织统一印制；允许进出口证明书及申请表由国家濒危物种进出口管理机构组织统一印制。

第二十四条 野生动植物主管部门、国家濒危物种进出口管理机构的工作人员，利用职务上的便利收取他人财物或者谋取其他利益，不依照本条例的规定批准进出口、核发允许进出口证明书，情节严重，构成犯罪的，依法追究刑事责任；尚不构成犯罪的，依法给予处分。

第二十五条 国家濒危物种进出口科学机构的工作人员，利用职务上的便利收取他人财物或者谋取其他利益，出具虚假意见，情节严重，构成犯罪的，依法追究刑事责任；尚不构成犯罪的，依法给予处分。

第二十六条 非法进口、出口或者以其他方式走私濒危野生动植物及其产品的，由海关依照海关法的有关规定予以处罚；情节严重，构成犯罪的，依法追究刑事责任。

罚没的实物移交野生动植物主管部门依法处理；罚没的实物依法需要实施检疫的，经检疫合格后，予以处理。罚没的实物需要返还原出口国（地区）的，应当由野生动植物主管部门移交国家濒危物种进出口管理机构依照公约规定处理。

第二十七条 伪造、倒卖或者转让进出口批准文件或者允许进出口证明书的，由野生动植物主管部门或者市场监督管理部门按照职责分工依法予以处罚；情节严重，构成犯罪的，依法追究刑事责任。

第二十八条 本条例自 2006 年 9 月 1 日起施行。

十六、中华人民共和国渔业法实施细则

(1987 年 10 月 14 日国务院批准　1987 年 10 月 20 日农牧渔业部发布　根据 2020 年 3 月 27 日《国务院关于修改和废止部分行政法规的决定》第一次修订　根据 2020 年 11 月 29 日《国务院关于修改和废止部分行政法规的决定》第二次修订)

第一章　总　　则

第一条　根据《中华人民共和国渔业法》(以下简称《渔业法》)第三十四条的规定，制定本实施细则。

第二条　《渔业法》及本实施细则中下列用语的含义是：

(一)“中华人民共和国的内水”，是指中华人民共和国领海基线向陆一侧的海域和江河、湖泊等内陆水域；

(二)“中华人民共和国管辖的一切其他海域”，是指根据中华人民共和国法律，中华人民共和国缔结、参加的国际条约、协定或者其他有关国际法，而由中华人民共和国管辖的海域；

(三)“渔业水域”，是指中华人民共和国管辖水域中鱼、虾、蟹、贝类的产卵场、索饵场、越冬场、洄游通道和鱼、虾、蟹、贝、藻类及其他水生动植物的养殖场所。

第二章　渔业的监督管理

第三条　国家对渔业的监督管理，实行统一领导、分级管理。

国务院划定的“机动渔船底拖网禁渔区线”外侧，属于中华人民共和国管辖海域的渔业，由国务院渔业行政主管部门及其所属的海区渔政管理机构监督管理；“机动渔船底拖网禁渔区线”内侧海域的渔业，除国家另有规定者外，由毗邻海域的省、自治区、直辖市人民政府渔业行政主管部门监督管理。

内陆水域渔业，按照行政区划由当地县级以上地方人民政府渔业行政主管部门监督管理；跨行政区域的内陆水域渔业，由有关县级以上地方人民政府协商制定管理办法，或者由上一级人民政府渔业行政主管部门及其所属的渔政监督管理机构监督管理；跨省、自治区、直辖市的大型江河的渔业，可以由国务院渔业行政主管部门监督管理。

重要的、洄游性的共用渔业资源，由国家统一管理；定居性的、小宗的渔业资源，由地方人民政府渔业行政主管部门管理。

第四条　“机动渔船底拖网禁渔区线”内侧海域的渔业，由有关省、自治区、直辖市人民政府渔业行政主管部门协商划定监督管理范围；划定监督管理范围有困难的，可划叠区或者共管区管理，必要时由国务院渔业行政主管部门决定。

第五条　渔场和鱼汛生产，应当以渔业资源可捕量为依据，按照有利于保护、增殖和合理利用渔业资源，优先安排邻近地区、兼顾其他地区的原则，统筹安排。

舟山渔场冬季带鱼汛，浙江渔场大黄鱼汛，闽东、闽中渔场大黄鱼汛，吕泗渔场大黄鱼、小黄鱼、鲳鱼汛，渤海渔场秋季对虾汛等主要渔场、鱼汛和跨海区管理线的捕捞作业，由国务院渔业行政主管部门或其授权单位安排。

第六条　国务院渔业行政主管部门的渔政渔港监督管理机构，代表国家行使渔政渔港监督管

理权。

国务院渔业行政主管部门在黄渤海、东海、南海三个海区设渔政监督管理机构；在重要渔港、边境水域和跨省、自治区、直辖市的大型江河，根据需要设渔政渔港监督管理机构。

第七条 渔政检查人员有权对各种渔业及渔业船舶的证件、渔船、渔具、渔获物和捕捞方法，进行检查。

渔政检查人员经国务院渔业行政主管部门或者省级人民政府渔业行政主管部门考核，合格者方可执行公务。

第八条 渔业行政主管部门及其所属的渔政监督管理机构，应当与公安、海监、交通、环保、工商行政管理等有关部门相互协作，监督检查渔业法规的施行。

第九条 群众性护渔管理组织，应当在当地县级以上人民政府渔业行政主管部门的业务指导下，依法开展护渔管理工作。

第三章 养 殖 业

第十条 使用全民所有的水面、滩涂，从事养殖生产的全民所有制单位和集体所有制单位，应当向县级以上地方人民政府申请养殖使用证。

全民所有的水面、滩涂在一县行政区域内的，由该县人民政府核发养殖使用证；跨县的，由有关县协商核发养殖使用证，必要时由上级人民政府决定核发养殖使用证。

第十一条 领取养殖使用证的单位，无正当理由未从事养殖生产，或者放养量低于当地同类养殖水域平均放养量60%的，应当视为荒芜。

第十二条 全民所有的水面、滩涂中的鱼、虾、蟹、贝、藻类的自然产卵场、繁殖场、索饵场及重要的洄游通道必须予以保护，不得划作养殖场所。

第十三条 国家建设征用集体所有的水面、滩涂，按照国家土地管理法规办理。

第四章 捕 捞 业

第十四条 近海渔场与外海渔场的划分：

（一）渤海、黄海为近海渔场；

（二）下列四个基点之间连线内侧海域为东海近海渔场；四个基点之间连线外侧海域为东海外海渔场。四个基点是：

1. 北纬33度，东经125度；

2. 北纬29度，东经125度；

3. 北纬28度，东经124度30分；

4. 北纬27度，东经123度。

（三）下列两条等深线之内侧海域为南海近海渔场；两条等深线之外侧海域为南海外海渔场。两条等深线是：

1. 东经112度以东之80米等深线；

2. 东经112度以西之100米等深线。

第十五条 国家对捕捞业，实行捕捞许可制度。

从事外海、远洋捕捞业的，由经营者提出申请，经省、自治区、直辖市人民政府渔业行政主管部门审核后，报国务院渔业行政主管部门批准。从事外海生产的渔船，必须按照批准的海域和渔期作业，不得擅自进入近海捕捞。

近海大型拖网、围网作业的捕捞许可证，由国务院渔业行政主管部门批准发放；近海其他作业的捕捞许可证，由省、自治区、直辖市人民政府渔业行政主管部门按照国家下达的船网工具控制指标批准发放。

内陆水域的捕捞许可证，由县级以上地方人民政府渔业行政主管部门批准发放。

捕捞许可证的格式，由国务院渔业行政主管部门制定。

第十六条 在中华人民共和国管辖水域，外商投资的渔业企业，未经国务院有关主管部门批准，不得从事近海捕捞业。

第十七条 有下列情形之一的，不得发放捕捞许可证：

（一）使用破坏渔业资源、被明令禁止使用的渔具或者捕捞方法的；

（二）未按国家规定办理批准手续，制造、更新改造、购置或者进口捕捞渔船的；

（三）未按国家规定领取渔业船舶证书、航行签证簿、职务船员证书、船舶户口簿、渔民证等证件的。

第十八条 娱乐性游钓和在尚未养殖、管理的滩涂手工采集零星水产品的，不必申请捕捞许可证，但应当加强管理，防止破坏渔业资源。具体管理办法由县级以上人民政府制定。

第十九条 因科学研究等特殊需要，在禁渔区、禁渔期捕捞，或者使用禁用的渔具、捕捞方法，或者捕捞重点保护的渔业资源品种，必须经省级以上人民政府渔业行政主管部门批准。

第五章 渔业资源的增殖和保护

第二十条 禁止使用电力、鱼鹰捕鱼和鮕作业。在特定水域确有必要使用电力或者鱼鹰捕鱼时，必须经省、自治区、直辖市人民政府渔业行政主管部门批准。

第二十一条 县级以上人民政府渔业行政主管部门，应当依照本实施细则第三条规定的管理权限，确定重点保护的渔业资源品种及采捕标准。在重要鱼、虾、蟹、贝、藻类，以及其他重要水生生物的产卵场、索饵场、越冬场和洄游通道，规定禁渔区和禁渔期，禁止使用或者限制使用的渔具和捕捞方法，最小网目尺寸，以及制定其他保护渔业资源的措施。

第二十二条 在“机动渔船底拖网禁渔区线”内侧建造人工鱼礁的，必须经有关省、自治区、直辖市人民政府渔业行政主管部门或其授权单位批准。

建造人工鱼礁，应当避开主要航道和重要锚地，并通知有关交通和海洋管理部门。

第二十三条 定置渔业一般不得跨县作业。县级以上人民政府渔业行政主管部门应当限制其网桩数量、作业场所，并规定禁渔期。海洋定置渔业，不得越出“机动渔船底拖网禁渔区线”。

第二十四条 因养殖或者其他特殊需要，捕捞鳗鲡、鲥鱼、中华绒螯蟹、真鲷、石斑鱼等有重要经济价值的水生动物苗种或者禁捕的怀卵亲体的，必须经国务院渔业行政主管部门或者省、自治区、直辖市人民政府渔业行政主管部门批准，并领取专项许可证件，方可在指定区域和时间内，按照批准限额捕捞。捕捞其他有重要经济价值的水生动物苗种的批准权，由省、自治区、直辖市人民政府渔业行政主管部门规定。

第二十五条 禁止捕捞中国对虾苗种和春季亲虾。因养殖需要中国对虾怀卵亲体的，应当限期由养殖单位自行培育，期限及管理办法由国务院渔业行政主管部门制定。

第二十六条 任何单位和个人，在鱼、虾、蟹、贝幼苗的重点产区直接引水、用水的，应当采取避开幼苗的密集期、密集区，或者设置网栅等保护措施。

第二十七条 各级渔业行政主管部门，应当对渔业水域污染情况进行监测；渔业环境保护监测网，应当纳入全国环境监测网络。因污染造成渔业损失的，应当由渔政渔港监督管理部门协同环保部门调查处理。

第二十八条 在重点渔业水域不得从事拆船业。在其他渔业水域从事拆船业，造成渔业资源损害的，由拆船单位依照有关规定负责赔偿。

第六章 罚　　则

第二十九条 依照《渔业法》第二十八条规定处以罚款的，按下列规定执行：

（一）炸鱼、毒鱼的，违反关于禁渔区、禁渔期的规定进行捕捞的，擅自捕捞国家规定禁止捕捞的珍贵水生动物的，在内陆水域处五十元至五千元罚款，在海洋处五百元至五万元罚款；

（二）鮕作业的，处一千元至五万元罚款；

（三）未经批准使用鱼鹰捕鱼的，处五十元至二百元罚款；

（四）未经批准使用电力捕鱼的，在内陆水域处二百元至一千元罚款，在海洋处五百元至三千元罚款；

（五）使用小于规定的最小网目尺寸的网具进行捕捞的，处五十元至一千元罚款。

第三十条 依照《渔业法》第二十九条规定处以罚款的，按罚款一千元以下执行。

第三十一条 依照《渔业法》第三十条规定需处以罚款的，按下列规定执行：

（一）内陆渔业非机动渔船，处五十元至一百五十元罚款；

（二）内陆渔业机动渔船和海洋渔业非机动渔船，处一百元至五百元罚款；

（三）海洋渔业机动渔船，处二百元至二万元罚款。

第三十二条 依照《渔业法》第三十一条规定需处以罚款的，按下列规定执行：

（一）内陆渔业非机动渔船，处二十五元至五十元罚款；

（二）内陆渔业机动渔船和海洋渔业非机动渔船，处五十元至一百元罚款；

（三）海洋渔业机动渔船，处五十元至三千元罚款；

（四）外海渔船擅自进入近海捕捞的，处三千元至二万元罚款。

第三十三条 买卖、出租或者以其他形式非法转让以及涂改捕捞许可证的，没收违法所得，吊销捕捞许可证，可以并处一百元至一千元罚款。

第三十四条 依照《渔业法》第二十八条、第三十条、第三十一条、第三十二条规定需处以罚款的，对船长或者单位负责人可以视情节另处一百元至五百元罚款。

第三十五条 未按《渔业法》和本实施细则有关规定，采取保护措施，造成渔业资源损失的，围湖造田或者未经批准围垦沿海滩涂的，应当依法承担责任。

第三十六条 外商投资的渔业企业，违反本实施细则第十六条规定，没收渔获物和违法所得，可以并处三千元至五万元罚款。

第三十七条 外国人、外国渔船违反《渔业法》第八条规定，擅自进入中华人民共和国管辖水域从事渔业生产或者渔业资源调查活动的，渔业行政主管部门或其所属的渔政监督管理机构应当令其离开或者将其驱逐，并可处以罚款和没收渔获物、渔具。

第三十八条 渔业行政主管部门或其所属的渔政监督管理机构进行处罚时，应当填发处罚决定书；处以罚款及没收渔具、渔获物和违法所得的，应当开具凭证，并在捕捞许可证上载明。

第三十九条 有下列行为之一的，由公安机关依照《中华人民共和国治安管理处罚条例》的规定处罚；构成犯罪的，由司法机关依法追究刑事责任：

（一）拒绝、阻碍渔政检查人员依法执行职务的；

（二）偷窃、哄抢或者破坏渔具、渔船、渔获物的。

第四十条 渔政检查人员玩忽职守或者徇私枉法的，由其所在单位或者上级主管部门给予行政处分；构成犯罪的，依法追究刑事责任。

第七章 附 则

第四十一条 本实施细则由农牧渔业部负责解释。

第四十二条 本实施细则自发布之日起施行。

十七、畜禽规模养殖污染防治条例

（2013年10月8日国务院第26次常务会议通过　2013年11月11日中华人民共和国国务院令第643号公布　自2014年1月1日起施行）

第一章　总　　则

第一条　为了防治畜禽养殖污染，推进畜禽养殖废弃物的综合利用和无害化处理，保护和改善环境，保障公众身体健康，促进畜牧业持续健康发展，制定本条例。

第二条　本条例适用于畜禽养殖场、养殖小区的养殖污染防治。

畜禽养殖场、养殖小区的规模标准根据畜牧业发展状况和畜禽养殖污染防治要求确定。

牧区放牧养殖污染防治，不适用本条例。

第三条　畜禽养殖污染防治，应当统筹考虑保护环境与促进畜牧业发展的需要，坚持预防为主、防治结合的原则，实行统筹规划、合理布局、综合利用、激励引导。

第四条　各级人民政府应当加强对畜禽养殖污染防治工作的组织领导，采取有效措施，加大资金投入，扶持畜禽养殖污染防治以及畜禽养殖废弃物综合利用。

第五条　县级以上人民政府环境保护主管部门负责畜禽养殖污染防治的统一监督管理。

县级以上人民政府农牧主管部门负责畜禽养殖废弃物综合利用的指导和服务。

县级以上人民政府循环经济发展综合管理部门负责畜禽养殖循环经济工作的组织协调。

县级以上人民政府其他有关部门依照本条例规定和各自职责，负责畜禽养殖污染防治相关工作。

乡镇人民政府应当协助有关部门做好本行政区域的畜禽养殖污染防治工作。

第六条　从事畜禽养殖以及畜禽养殖废弃物综合利用和无害化处理活动，应当符合国家有关畜禽养殖污染防治的要求，并依法接受有关主管部门的监督检查。

第七条　国家鼓励和支持畜禽养殖污染防治以及畜禽养殖废弃物综合利用和无害化处理的科学技术研究和装备研发。各级人民政府应当支持先进适用技术的推广，促进畜禽养殖污染防治水平的提高。

第八条　任何单位和个人对违反本条例规定的行为，有权向县级以上人民政府环境保护等有关部门举报。接到举报的部门应当及时调查处理。

对在畜禽养殖污染防治中作出突出贡献的单位和个人，按照国家有关规定给予表彰和奖励。

第二章　预　　防

第九条　县级以上人民政府农牧主管部门编制畜牧业发展规划，报本级人民政府或者其授权的部门批准实施。畜牧业发展规划应当统筹考虑环境承载能力以及畜禽养殖污染防治要求，合理布局，科学确定畜禽养殖的品种、规模、总量。

第十条　县级以上人民政府环境保护主管部门会同农牧主管部门编制畜禽养殖污染防治规划，报本级人民政府或者其授权的部门批准实施。畜禽养殖污染防治规划应当与畜牧业发展规划相衔接，统筹考虑畜禽养殖生产布局，明确畜禽养殖污染防治目标、任务、重点区域，明确污染治理重点设施建设，以及废弃物综合利用等污染防治

措施。

第十一条 禁止在下列区域内建设畜禽养殖场、养殖小区：

（一）饮用水水源保护区，风景名胜区；

（二）自然保护区的核心区和缓冲区；

（三）城镇居民区、文化教育科学研究区等人口集中区域；

（四）法律、法规规定的其他禁止养殖区域。

第十二条 新建、改建、扩建畜禽养殖场、养殖小区，应当符合畜牧业发展规划、畜禽养殖污染防治规划，满足动物防疫条件，并进行环境影响评价。对环境可能造成重大影响的大型畜禽养殖场、养殖小区，应当编制环境影响报告书；其他畜禽养殖场、养殖小区应当填报环境影响登记表。大型畜禽养殖场、养殖小区的管理目录，由国务院环境保护主管部门商国务院农牧主管部门确定。

环境影响评价的重点应当包括：畜禽养殖产生的废弃物种类和数量，废弃物综合利用和无害化处理方案和措施，废弃物的消纳和处理情况以及向环境直接排放的情况，最终可能对水体、土壤等环境和人体健康产生的影响以及控制和减少影响的方案和措施等。

第十三条 畜禽养殖场、养殖小区应当根据养殖规模和污染防治需要，建设相应的畜禽粪便、污水与雨水分流设施，畜禽粪便、污水的贮存设施，粪污厌氧消化和堆沤、有机肥加工、制取沼气、沼渣沼液分离和输送、污水处理、畜禽尸体处理等综合利用和无害化处理设施。已经委托他人对畜禽养殖废弃物代为综合利用和无害化处理的，可以不自行建设综合利用和无害化处理设施。

未建设污染防治配套设施、自行建设的配套设施不合格，或者未委托他人对畜禽养殖废弃物进行综合利用和无害化处理的，畜禽养殖场、养殖小区不得投入生产或者使用。

畜禽养殖场、养殖小区自行建设污染防治配套设施的，应当确保其正常运行。

第十四条 从事畜禽养殖活动，应当采取科学的饲养方式和废弃物处理工艺等有效措施，减少畜禽养殖废弃物的产生量和向环境的排放量。

第三章　综合利用与治理

第十五条 国家鼓励和支持采取粪肥还田、制取沼气、制造有机肥等方法，对畜禽养殖废弃物进行综合利用。

第十六条 国家鼓励和支持采取种植和养殖相结合的方式消纳利用畜禽养殖废弃物，促进畜禽粪便、污水等废弃物就地就近利用。

第十七条 国家鼓励和支持沼气制取、有机肥生产等废弃物综合利用以及沼渣沼液输送和施用、沼气发电等相关配套设施建设。

第十八条 将畜禽粪便、污水、沼渣、沼液等用作肥料的，应当与土地的消纳能力相适应，并采取有效措施，消除可能引起传染病的微生物，防止污染环境和传播疫病。

第十九条 从事畜禽养殖活动和畜禽养殖废弃物处理活动，应当及时对畜禽粪便、畜禽尸体、污水等进行收集、贮存、清运，防止恶臭和畜禽养殖废弃物渗出、泄漏。

第二十条 向环境排放经过处理的畜禽养殖废弃物，应当符合国家和地方规定的污染物排放标准和总量控制指标。畜禽养殖废弃物未经处理，不得直接向环境排放。

第二十一条 染疫畜禽以及染疫畜禽排泄物、染疫畜禽产品、病死或者死因不明的畜禽尸体等病害畜禽养殖废弃物，应当按照有关法律、法规和国务院农牧主管部门的规定，进行深埋、化制、焚烧等无害化处理，不得随意处置。

第二十二条 畜禽养殖场、养殖小区应当定期将畜禽养殖品种、规模以及畜禽养殖废弃物的产生、排放和综合利用等情况，报县级人民政府环境保护主管部门备案。环境保护主管部门应当定期将备案情况抄送同级农牧主管部门。

第二十三条 县级以上人民政府环境保护主管部门应当依据职责对畜禽养殖污染防治情况进行监督检查，并加强对畜禽养殖环境污染的监测。

乡镇人民政府、基层群众自治组织发现畜禽养殖环境污染行为的，应当及时制止和报告。

第二十四条 对污染严重的畜禽养殖密集区域，市、县人民政府应当制定综合整治方案，采取组织建设畜禽养殖废弃物综合利用和无害化处理设施、有计划搬迁或者关闭畜禽养殖场所等措施，对畜禽养殖污染进行治理。

第二十五条 因畜牧业发展规划、土地利用总体规划、城乡规划调整以及划定禁止养殖区域，或者因对污染严重的畜禽养殖密集区域进行综合整治，确需关闭或者搬迁现有畜禽养殖场所，致使畜禽养殖者遭受经济损失的，由县级以上地方人民政府依法予以补偿。

第四章　激励措施

第二十六条　县级以上人民政府应当采取示范奖励等措施，扶持规模化、标准化畜禽养殖，支持畜禽养殖场、养殖小区进行标准化改造和污染防治设施建设与改造，鼓励分散饲养向集约饲养方式转变。

第二十七条　县级以上地方人民政府在组织编制土地利用总体规划过程中，应当统筹安排，将规模化畜禽养殖用地纳入规划，落实养殖用地。

国家鼓励利用废弃地和荒山、荒沟、荒丘、荒滩等未利用地开展规模化、标准化畜禽养殖。

畜禽养殖用地按农用地管理，并按照国家有关规定确定生产设施用地和必要的污染防治等附属设施用地。

第二十八条　建设和改造畜禽养殖污染防治设施，可以按照国家规定申请包括污染治理贷款贴息补助在内的环境保护等相关资金支持。

第二十九条　进行畜禽养殖污染防治，从事利用畜禽养殖废弃物进行有机肥产品生产经营等畜禽养殖废弃物综合利用活动的，享受国家规定的相关税收优惠政策。

第三十条　利用畜禽养殖废弃物生产有机肥产品的，享受国家关于化肥运力安排等支持政策；购买使用有机肥产品的，享受不低于国家关于化肥的使用补贴等优惠政策。

畜禽养殖场、养殖小区的畜禽养殖污染防治设施运行用电执行农业用电价格。

第三十一条　国家鼓励和支持利用畜禽养殖废弃物进行沼气发电，自发自用、多余电量接入电网。电网企业应当依照法律和国家有关规定为沼气发电提供无歧视的电网接入服务，并全额收购其电网覆盖范围内符合并网技术标准的多余电量。

利用畜禽养殖废弃物进行沼气发电的，依法享受国家规定的上网电价优惠政策。利用畜禽养殖废弃物制取沼气或进而制取天然气的，依法享受新能源优惠政策。

第三十二条　地方各级人民政府可以根据本地区实际，对畜禽养殖场、养殖小区支出的建设项目环境影响咨询费用给予补助。

第三十三条　国家鼓励和支持对染疫畜禽、病死或者死因不明畜禽尸体进行集中无害化处理，并按照国家有关规定对处理费用、养殖损失给予适当补助。

第三十四条　畜禽养殖场、养殖小区排放污染物符合国家和地方规定的污染物排放标准和总量控制指标，自愿与环境保护主管部门签订进一步削减污染物排放量协议的，由县级人民政府按照国家有关规定给予奖励，并优先列入县级以上人民政府安排的环境保护和畜禽养殖发展相关财政资金扶持范围。

第三十五条　畜禽养殖户自愿建设综合利用和无害化处理设施、采取措施减少污染物排放的，可以依照本条例规定享受相关激励和扶持政策。

第五章　法律责任

第三十六条　各级人民政府环境保护主管部门、农牧主管部门以及其他有关部门未依照本条例规定履行职责的，对直接负责的主管人员和其他直接责任人员依法给予处分；直接负责的主管人员和其他直接责任人员构成犯罪的，依法追究刑事责任。

第三十七条　违反本条例规定，在禁止养殖区域内建设畜禽养殖场、养殖小区的，由县级以上地方人民政府环境保护主管部门责令停止违法行为；拒不停止违法行为的，处3万元以上10万元以下的罚款，并报县级以上人民政府责令拆除或者关闭。在饮用水水源保护区建设畜禽养殖场、养殖小区的，由县级以上地方人民政府环境保护主管部门责令停止违法行为，处10万元以上50万元以下的罚款，并报经有批准权的人民政府批准，责令拆除或者关闭。

第三十八条　违反本条例规定，畜禽养殖场、养殖小区依法应当进行环境影响评价而未进行的，由有权审批该项目环境影响评价文件的环境保护主管部门责令停止建设，限期补办手续；逾期不补办手续的，处5万元以上20万元以下的罚款。

第三十九条　违反本条例规定，未建设污染防治配套设施或者自行建设的配套设施不合格，也未委托他人对畜禽养殖废弃物进行综合利用和无害化处理，畜禽养殖场、养殖小区即投入生产、使用，或者建设的污染防治配套设施未正常运行的，由县级以上人民政府环境保护主管部门责令

停止生产或者使用，可以处10万元以下的罚款。

第四十条 违反本条例规定，有下列行为之一的，由县级以上地方人民政府环境保护主管部门责令停止违法行为，限期采取治理措施消除污染，依照《中华人民共和国水污染防治法》《中华人民共和国固体废物污染环境防治法》的有关规定予以处罚：

（一）将畜禽养殖废弃物用作肥料，超出土地消纳能力，造成环境污染的；

（二）从事畜禽养殖活动或者畜禽养殖废弃物处理活动，未采取有效措施，导致畜禽养殖废弃物渗出、泄漏的。

第四十一条 排放畜禽养殖废弃物不符合国家或者地方规定的污染物排放标准或者总量控制指标，或者未经无害化处理直接向环境排放畜禽养殖废弃物的，由县级以上地方人民政府环境保护主管部门责令限期治理，可以处5万元以下的罚款。县级以上地方人民政府环境保护主管部门作出限期治理决定后，应当会同同级人民政府农牧等有关部门对整改措施的落实情况及时进行核查，并向社会公布核查结果。

第四十二条 未按照规定对染疫畜禽和病害畜禽养殖废弃物进行无害化处理的，由动物卫生监督机构责令无害化处理，所需处理费用由违法行为人承担，可以处3 000元以下的罚款。

第六章 附 则

第四十三条 畜禽养殖场、养殖小区的具体规模标准由省级人民政府确定，并报国务院环境保护主管部门和国务院农牧主管部门备案。

第四十四条 本条例自2014年1月1日起施行。

03 第三篇 | 部门规章

一、动物检疫管理办法

（2022 年 8 月 22 日农业农村部第 9 次常务会议审议通过　2022 年 9 月 7 日农业农村部令 2022 年第 7 号公布　自 2022 年 12 月 1 日起施行）

第一章　总　　则

第一条　为了加强动物检疫活动管理，预防、控制、净化、消灭动物疫病，防控人畜共患传染病，保障公共卫生安全和人体健康，根据《中华人民共和国动物防疫法》，制定本办法。

第二条　本办法适用于中华人民共和国领域内的动物、动物产品的检疫及其监督管理活动。

陆生野生动物检疫办法，由农业农村部会同国家林业和草原局另行制定。

第三条　动物检疫遵循过程监管、风险控制、区域化和可追溯管理相结合的原则。

第四条　农业农村部主管全国动物检疫工作。

县级以上地方人民政府农业农村主管部门主管本行政区域内的动物检疫工作，负责动物检疫监督管理工作。

县级人民政府农业农村主管部门可以根据动物检疫工作需要，向乡、镇或者特定区域派驻动物卫生监督机构或者官方兽医。

县级以上人民政府建立的动物疫病预防控制机构应当为动物检疫及其监督管理工作提供技术支撑。

第五条　农业农村部制定、调整并公布检疫规程，明确动物检疫的范围、对象和程序。

第六条　农业农村部加强信息化建设，建立全国统一的动物检疫管理信息化系统，实现动物检疫信息的可追溯。

县级以上动物卫生监督机构应当做好本行政区域内的动物检疫信息数据管理工作。

从事动物饲养、屠宰、经营、运输、隔离等活动的单位和个人，应当按照要求在动物检疫管理信息化系统填报动物检疫相关信息。

第七条　县级以上地方人民政府的动物卫生监督机构负责本行政区域内动物检疫工作，依照《中华人民共和国动物防疫法》、本办法以及检疫规程等规定实施检疫。

动物卫生监督机构的官方兽医实施检疫，出具动物检疫证明、加施检疫标志，并对检疫结论负责。

第二章　检疫申报

第八条　国家实行动物检疫申报制度。

出售或者运输动物、动物产品的，货主应当提前三天向所在地动物卫生监督机构申报检疫。

屠宰动物的，应当提前六小时向所在地动物卫生监督机构申报检疫；急宰动物的，可以随时申报。

第九条　向无规定动物疫病区输入相关易感动物、易感动物产品的，货主除按本办法第八条规定向输出地动物卫生监督机构申报检疫外，还应当在启运三天前向输入地动物卫生监督机构申报检疫。输入易感动物的，向输入地隔离场所在地动物卫生监督机构申报；输入易感动物产品的，在输入地省级动物卫生监督机构指定的地点申报。

第十条　动物卫生监督机构应当根据动物检疫工作需要，合理设置动物检疫申报点，并向社会公布。

县级以上地方人民政府农业农村主管部门应

当采取有力措施，加强动物检疫申报点建设。

第十一条　申报检疫的，应当提交检疫申报单以及农业农村部规定的其他材料，并对申报材料的真实性负责。

申报检疫采取在申报点填报或者通过传真、电子数据交换等方式申报。

第十二条　动物卫生监督机构接到申报后，应当及时对申报材料进行审查。申报材料齐全的，予以受理；有下列情形之一的，不予受理，并说明理由：

（一）申报材料不齐全的，动物卫生监督机构当场或在三日内已经一次性告知申报人需要补正的内容，但申报人拒不补正的；

（二）申报的动物、动物产品不属于本行政区域的；

（三）申报的动物、动物产品不属于动物检疫范围的；

（四）农业农村部规定不应当检疫的动物、动物产品；

（五）法律法规规定的其他不予受理的情形。

第十三条　受理申报后，动物卫生监督机构应当指派官方兽医实施检疫，可以安排协检人员协助官方兽医到现场或指定地点核实信息，开展临床健康检查。

第三章　产地检疫

第十四条　出售或者运输的动物，经检疫符合下列条件的，出具动物检疫证明：

（一）来自非封锁区及未发生相关动物疫情的饲养场（户）；

（二）来自符合风险分级管理有关规定的饲养场（户）；

（三）申报材料符合检疫规程规定；

（四）畜禽标识符合规定；

（五）按照规定进行了强制免疫，并在有效保护期内；

（六）临床检查健康；

（七）需要进行实验室疫病检测的，检测结果合格。

出售、运输的种用动物精液、卵、胚胎、种蛋，经检疫其种用动物饲养场符合第一款第一项规定，申报材料符合第一款第三项规定，供体动物符合第一款第四项、第五项、第六项、第七项规定的，出具动物检疫证明。

出售、运输的生皮、原毛、绒、血液、角等产品，经检疫其饲养场（户）符合第一款第一项规定，申报材料符合第一款第三项规定，供体动物符合第一款第四项、第五项、第六项、第七项规定，且按规定消毒合格的，出具动物检疫证明。

第十五条　出售或者运输水生动物的亲本、稚体、幼体、受精卵、发眼卵及其他遗传育种材料等水产苗种的，经检疫符合下列条件的，出具动物检疫证明：

（一）来自未发生相关水生动物疫情的苗种生产场；

（二）申报材料符合检疫规程规定；

（三）临床检查健康；

（四）需要进行实验室疫病检测的，检测结果合格。

水产苗种以外的其他水生动物及其产品不实施检疫。

第十六条　已经取得产地检疫证明的动物，从专门经营动物的集贸市场继续出售或者运输的，或者动物展示、演出、比赛后需要继续运输的，经检疫符合下列条件的，出具动物检疫证明：

（一）有原始动物检疫证明和完整的进出场记录；

（二）畜禽标识符合规定；

（三）临床检查健康；

（四）原始动物检疫证明超过调运有效期，按规定需要进行实验室疫病检测的，检测结果合格。

第十七条　跨省、自治区、直辖市引进的乳用、种用动物到达输入地后，应当在隔离场或者饲养场内的隔离舍进行隔离观察，隔离期为三十天。经隔离观察合格的，方可混群饲养；不合格的，按照有关规定进行处理。隔离观察合格后需要继续运输的，货主应当申报检疫，并取得动物检疫证明。

跨省、自治区、直辖市输入到无规定动物疫病区的乳用、种用动物的隔离按照本办法第二十六条规定执行。

第十八条　出售或者运输的动物、动物产品取得动物检疫证明后，方可离开产地。

第四章　屠宰检疫

第十九条　动物卫生监督机构向依法设立的

屠宰加工场所派驻（出）官方兽医实施检疫。屠宰加工场所应当提供与检疫工作相适应的官方兽医驻场检疫室、工作室和检疫操作台等设施。

第二十条 进入屠宰加工场所的待宰动物应当附有动物检疫证明并加施有符合规定的畜禽标识。

第二十一条 屠宰加工场所应当严格执行动物入场查验登记、待宰巡查等制度，查验进场待宰动物的动物检疫证明和畜禽标识，发现动物染疫或者疑似染疫的，应当立即向所在地农业农村主管部门或者动物疫病预防控制机构报告。

第二十二条 官方兽医应当检查待宰动物健康状况，在屠宰过程中开展同步检疫和必要的实验室疫病检测，并填写屠宰检疫记录。

第二十三条 经检疫符合下列条件的，对动物的胴体及生皮、原毛、绒、脏器、血液、蹄、头、角出具动物检疫证明，加盖检疫验讫印章或者加施其他检疫标志：

（一）申报材料符合检疫规程规定；

（二）待宰动物临床检查健康；

（三）同步检疫合格；

（四）需要进行实验室疫病检测的，检测结果合格。

第二十四条 官方兽医应当回收进入屠宰加工场所待宰动物附有的动物检疫证明，并将有关信息上传至动物检疫管理信息化系统。回收的动物检疫证明保存期限不得少于十二个月。

第五章 进入无规定动物疫病区的动物检疫

第二十五条 向无规定动物疫病区运输相关易感动物、动物产品的，除附有输出地动物卫生监督机构出具的动物检疫证明外，还应当按照本办法第二十六条、第二十七条规定取得动物检疫证明。

第二十六条 输入到无规定动物疫病区的相关易感动物，应当在输入地省级动物卫生监督机构指定的隔离场所进行隔离，隔离检疫期为三十天。隔离检疫合格的，由隔离场所在地县级动物卫生监督机构的官方兽医出具动物检疫证明。

第二十七条 输入到无规定动物疫病区的相关易感动物产品，应当在输入地省级动物卫生监督机构指定的地点，按照无规定动物疫病区有关检疫要求进行检疫。检疫合格的，由当地县级动物卫生监督机构的官方兽医出具动物检疫证明。

第六章 官方兽医

第二十八条 国家实行官方兽医任命制度。官方兽医应当符合以下条件：

（一）动物卫生监督机构的在编人员，或者接受动物卫生监督机构业务指导的其他机构在编人员；

（二）从事动物检疫工作；

（三）具有畜牧兽医水产初级以上职称或者相关专业大专以上学历或者从事动物防疫等相关工作满三年以上；

（四）接受岗前培训，并经考核合格；

（五）符合农业农村部规定的其他条件。

第二十九条 县级以上动物卫生监督机构提出官方兽医任命建议，报同级农业农村主管部门审核。审核通过的，由省级农业农村主管部门按程序确认、统一编号，并报农业农村部备案。

经省级农业农村主管部门确认的官方兽医，由其所在的农业农村主管部门任命，颁发官方兽医证，公布人员名单。

官方兽医证的格式由农业农村部统一规定。

第三十条 官方兽医实施动物检疫工作时，应当持有官方兽医证。禁止伪造、变造、转借或者以其他方式违法使用官方兽医证。

第三十一条 农业农村部制定全国官方兽医培训计划。

县级以上地方人民政府农业农村主管部门制定本行政区域官方兽医培训计划，提供必要的培训条件，设立考核指标，定期对官方兽医进行培训和考核。

第三十二条 官方兽医实施动物检疫的，可以由协检人员进行协助。协检人员不得出具动物检疫证明。

协检人员的条件和管理要求由省级农业农村主管部门规定。

第三十三条 动物饲养场、屠宰加工场所的执业兽医或者动物防疫技术人员，应当协助官方兽医实施动物检疫。

第三十四条 对从事动物检疫工作的人员，有关单位按照国家规定，采取有效的卫生防护、医疗保健措施，全面落实畜牧兽医医疗卫生津贴等相关待遇。

对在动物检疫工作中做出贡献的动物卫生监督机构、官方兽医，按照国家有关规定给予表彰、奖励。

第七章　动物检疫证章标志管理

第三十五条　动物检疫证章标志包括：

（一）动物检疫证明；

（二）动物检疫印章、动物检疫标志；

（三）农业农村部规定的其他动物检疫证章标志。

第三十六条　动物检疫证章标志的内容、格式、规格、编码和制作等要求，由农业农村部统一规定。

第三十七条　县级以上动物卫生监督机构负责本行政区域内动物检疫证章标志的管理工作，建立动物检疫证章标志管理制度，严格按照程序订购、保管、发放。

第三十八条　任何单位和个人不得伪造、变造、转让动物检疫证章标志，不得持有或者使用伪造、变造、转让的动物检疫证章标志。

第八章　监督管理

第三十九条　禁止屠宰、经营、运输依法应当检疫而未经检疫或者检疫不合格的动物。

禁止生产、经营、加工、贮藏、运输依法应当检疫而未经检疫或者检疫不合格的动物产品。

第四十条　经检疫不合格的动物、动物产品，由官方兽医出具检疫处理通知单，货主或者屠宰加工场所应当在农业农村主管部门的监督下按照国家有关规定处理。

动物卫生监督机构应当及时向同级农业农村主管部门报告检疫不合格情况。

第四十一条　有下列情形之一的，出具动物检疫证明的动物卫生监督机构或者其上级动物卫生监督机构，根据利害关系人的请求或者依据职权，撤销动物检疫证明，并及时通告有关单位和个人：

（一）官方兽医滥用职权、玩忽职守出具动物检疫证明的；

（二）以欺骗、贿赂等不正当手段取得动物检疫证明的；

（三）超出动物检疫范围实施检疫，出具动物检疫证明的；

（四）对不符合检疫申报条件或者不符合检疫合格标准的动物、动物产品，出具动物检疫证明的；

（五）其他未按照《中华人民共和国动物防疫法》、本办法和检疫规程的规定实施检疫，出具动物检疫证明的。

第四十二条　有下列情形之一的，按照依法应当检疫而未经检疫处理处罚：

（一）动物种类、动物产品名称、畜禽标识号与动物检疫证明不符的；

（二）动物、动物产品数量超出动物检疫证明载明部分的；

（三）使用转让的动物检疫证明的。

第四十三条　依法应当检疫而未经检疫的动物、动物产品，由县级以上地方人民政府农业农村主管部门依照《中华人民共和国动物防疫法》处理处罚，不具备补检条件的，予以收缴销毁；具备补检条件的，由动物卫生监督机构补检。

依法应当检疫而未经检疫的胴体、肉、脏器、脂、血液、精液、卵、胚胎、骨、蹄、头、筋、种蛋等动物产品，不予补检，予以收缴销毁。

第四十四条　补检的动物具备下列条件的，补检合格，出具动物检疫证明：

（一）畜禽标识符合规定；

（二）检疫申报需要提供的材料齐全、符合要求；

（三）临床检查健康；

（四）不符合第一项或者第二项规定条件，货主于七日内提供检疫规程规定的实验室疫病检测报告，检测结果合格。

第四十五条　补检的生皮、原毛、绒、角等动物产品具备下列条件的，补检合格，出具动物检疫证明：

（一）经外观检查无腐烂变质；

（二）按照规定进行消毒；

（三）货主于七日内提供检疫规程规定的实验室疫病检测报告，检测结果合格。

第四十六条　经检疫合格的动物应当按照动物检疫证明载明的目的地运输，并在规定时间内到达，运输途中发生疫情的应当按有关规定报告并处置。

跨省、自治区、直辖市通过道路运输动物的，应当经省级人民政府设立的指定通道入省境或者过省境。

饲养场（户）或者屠宰加工场所不得接收未附有有效动物检疫证明的动物。

第四十七条　运输用于继续饲养或屠宰的畜禽到达目的地后，货主或者承运人应当在三日内向启运地县级动物卫生监督机构报告；目的地饲养场（户）或者屠宰加工场所应当在接收畜禽后三日内向所在地县级动物卫生监督机构报告。

第九章　法律责任

第四十八条　申报动物检疫隐瞒有关情况或者提供虚假材料的，或者以欺骗、贿赂等不正当手段取得动物检疫证明的，依照《中华人民共和国行政许可法》有关规定予以处罚。

第四十九条　违反本办法规定运输畜禽，有下列行为之一的，由县级以上地方人民政府农业农村主管部门处一千元以上三千元以下罚款；情节严重的，处三千元以上三万元以下罚款：

（一）运输用于继续饲养或者屠宰的畜禽到达目的地后，未向启运地动物卫生监督机构报告的；

（二）未按照动物检疫证明载明的目的地运输的；

（三）未按照动物检疫证明规定时间运达且无正当理由的；

（四）实际运输的数量少于动物检疫证明载明数量且无正当理由的。

第五十条　其他违反本办法规定的行为，依照《中华人民共和国动物防疫法》有关规定予以处罚。

第十章　附　　则

第五十一条　水产苗种产地检疫，由从事水生动物检疫的县级以上动物卫生监督机构实施。

第五十二条　实验室疫病检测报告应当由动物疫病预防控制机构、取得相关资质认定、国家认可机构认可或者符合省级农业农村主管部门规定条件的实验室出具。

第五十三条　本办法自 2022 年 12 月 1 日起施行。农业部 2010 年 1 月 21 日公布、2019 年 4 月 25 日修订的《动物检疫管理办法》同时废止。

二、动物防疫条件审查办法

（2022年8月22日农业农村部第9次常务会议审议通过　2022年9月7日农业农村部令2022年第8号公布　自2022年12月1日起施行）

第一章　总　　则

第一条　为了规范动物防疫条件审查，有效预防、控制、净化、消灭动物疫病，防控人畜共患传染病，保障公共卫生安全和人体健康，根据《中华人民共和国动物防疫法》，制定本办法。

第二条　动物饲养场、动物隔离场所、动物屠宰加工场所以及动物和动物产品无害化处理场所，应当符合本办法规定的动物防疫条件，并取得动物防疫条件合格证。

经营动物和动物产品的集贸市场应当符合本办法规定的动物防疫条件。

第三条　农业农村部主管全国动物防疫条件审查和监督管理工作。

县级以上地方人民政府农业农村主管部门负责本行政区域内的动物防疫条件审查和监督管理工作。

第四条　动物防疫条件审查应当遵循公开、公平、公正、便民的原则。

第五条　农业农村部加强信息化建设，建立动物防疫条件审查信息管理系统。

第二章　动物防疫条件

第六条　动物饲养场、动物隔离场所、动物屠宰加工场所以及动物和动物产品无害化处理场所应当符合下列条件：

（一）各场所之间，各场所与动物诊疗场所、居民生活区、生活饮用水水源地、学校、医院等公共场所之间保持必要的距离；

（二）场区周围建有围墙等隔离设施；场区出入口处设置运输车辆消毒通道或者消毒池，并单独设置人员消毒通道；生产经营区与生活办公区分开，并有隔离设施；生产经营区入口处设置人员更衣消毒室；

（三）配备与其生产经营规模相适应的执业兽医或者动物防疫技术人员；

（四）配备与其生产经营规模相适应的污水、污物处理设施，清洗消毒设施设备，以及必要的防鼠、防鸟、防虫设施设备；

（五）建立隔离消毒、购销台账、日常巡查等动物防疫制度。

第七条　动物饲养场除符合本办法第六条规定外，还应当符合下列条件：

（一）设置配备疫苗冷藏冷冻设备、消毒和诊疗等防疫设备的兽医室；

（二）生产区清洁道、污染道分设；具有相对独立的动物隔离舍；

（三）配备符合国家规定的病死动物和病害动物产品无害化处理设施设备或者冷藏冷冻等暂存设施设备；

（四）建立免疫、用药、检疫申报、疫情报告、无害化处理、畜禽标识及养殖档案管理等动物防疫制度。

禽类饲养场内的孵化间与养殖区之间应当设置隔离设施，并配备种蛋熏蒸消毒设施，孵化间的流程应当单向，不得交叉或者回流。

种畜禽场除符合本条第一款、第二款规定外，还应当有国家规定的动物疫病的净化制度；有动

物精液、卵、胚胎采集等生产需要的，应当设置独立的区域。

第八条 动物隔离场所除符合本办法第六条规定外，还应当符合下列条件：

（一）饲养区内设置配备疫苗冷藏冷冻设备、消毒和诊疗等防疫设备的兽医室；

（二）饲养区内清洁道、污染道分设；

（三）配备符合国家规定的病死动物和病害动物产品无害化处理设施设备或者冷藏冷冻等暂存设施设备；

（四）建立动物进出登记、免疫、用药、疫情报告、无害化处理等动物防疫制度。

第九条 动物屠宰加工场所除符合本办法第六条规定外，还应当符合下列条件：

（一）入场动物卸载区域有固定的车辆消毒场地，并配备车辆清洗消毒设备；

（二）有与其屠宰规模相适应的独立检疫室和休息室；有待宰圈、急宰间，加工原毛、生皮、绒、骨、角的，还应当设置封闭式熏蒸消毒间；

（三）屠宰间配备检疫操作台；

（四）有符合国家规定的病死动物和病害动物产品无害化处理设施设备或者冷藏冷冻等暂存设施设备；

（五）建立动物进场查验登记、动物产品出场登记、检疫申报、疫情报告、无害化处理等动物防疫制度。

第十条 动物和动物产品无害化处理场所除符合本办法第六条规定外，还应当符合下列条件：

（一）无害化处理区内设置无害化处理间、冷库；

（二）配备与其处理规模相适应的病死动物和病害动物产品的无害化处理设施设备，符合农业农村部规定条件的专用运输车辆，以及相关病原检测设备，或者委托有资质的单位开展检测；

（三）建立病死动物和病害动物产品入场登记、无害化处理记录、病原检测、处理产物流向登记、人员防护等动物防疫制度。

第十一条 经营动物和动物产品的集贸市场应当符合下列条件：

（一）场内设管理区、交易区和废弃物处理区，且各区相对独立；

（二）动物交易区与动物产品交易区相对隔离，动物交易区内不同种类动物交易场所相对独立；

（三）配备与其经营规模相适应的污水、污物处理设施和清洗消毒设施设备；

（四）建立定期休市、清洗消毒等动物防疫制度。

经营动物的集贸市场，除符合前款规定外，周围应当建有隔离设施，运输动物车辆出入口处设置消毒通道或者消毒池。

第十二条 活禽交易市场除符合本办法第十一条规定外，还应当符合下列条件：

（一）活禽销售应单独分区，有独立出入口；市场内水禽与其他家禽应相对隔离；活禽宰杀间应相对封闭，宰杀间、销售区域、消费者之间应实施物理隔离；

（二）配备通风、无害化处理等设施设备，设置排污通道；

（三）建立日常监测、从业人员卫生防护、突发事件应急处置等动物防疫制度。

第三章 审查发证

第十三条 开办动物饲养场、动物隔离场所、动物屠宰加工场所以及动物和动物产品无害化处理场所，应当向县级人民政府农业农村主管部门提交选址需求。

县级人民政府农业农村主管部门依据评估办法，结合场所周边的天然屏障、人工屏障、饲养环境、动物分布等情况，以及动物疫病发生、流行和控制等因素，实施综合评估，确定本办法第六条第一项要求的距离，确认选址。

前款规定的评估办法由省级人民政府农业农村主管部门依据《中华人民共和国畜牧法》《中华人民共和国动物防疫法》等法律法规和本办法制定。

第十四条 本办法第十三条规定的场所建设竣工后，应当向所在地县级人民政府农业农村主管部门提出申请，并提交以下材料：

（一）《动物防疫条件审查申请表》；

（二）场所地理位置图、各功能区布局平面图；

（三）设施设备清单；

（四）管理制度文本；

（五）人员信息。

申请材料不齐全或者不符合规定条件的，县级人民政府农业农村主管部门应当自收到申请材料之日起五个工作日内，一次性告知申请人需补正的内容。

第十五条 县级人民政府农业农村主管部门应当自受理申请之日起十五个工作日内完成材料审核，并结合选址综合评估结果完成现场核查，审查合格的，颁发动物防疫条件合格证；审查不合格的，应当书面通知申请人，并说明理由。

第十六条 动物防疫条件合格证应当载明申请人的名称（姓名）、场（厂）址、动物（动物产品）种类等事项，具体格式由农业农村部规定。

第四章 监督管理

第十七条 患有人畜共患传染病的人员不得在本办法第二条所列场所直接从事动物疫病检测、检验、协助检疫、诊疗以及易感染动物的饲养、屠宰、经营、隔离等活动。

第十八条 县级以上地方人民政府农业农村主管部门依照《中华人民共和国动物防疫法》和本办法以及有关法律、法规的规定，对本办法第二条所列场所的动物防疫条件实施监督检查，有关单位和个人应当予以配合，不得拒绝和阻碍。

第十九条 推行动物饲养场分级管理制度，根据规模、设施设备状况、管理水平、生物安全风险等因素采取差异化监管措施。

第二十条 取得动物防疫条件合格证后，变更场址或者经营范围的，应当重新申请办理，同时交回原动物防疫条件合格证，由原发证机关予以注销。

变更布局、设施设备和制度，可能引起动物防疫条件发生变化的，应当提前三十日向原发证机关报告。发证机关应当在十五日内完成审查，并将审查结果通知申请人。

变更单位名称或者法定代表人（负责人）的，应当在变更后十五日内持有效证明申请变更动物防疫条件合格证。

第二十一条 动物饲养场、动物隔离场所、动物屠宰加工场所以及动物和动物产品无害化处理场所，应当在每年三月底前将上一年的动物防疫条件情况和防疫制度执行情况向县级人民政府农业农村主管部门报告。

第二十二条 禁止转让、伪造或者变造动物防疫条件合格证。

第二十三条 动物防疫条件合格证丢失或者损毁的，应当在十五日内向原发证机关申请补发。

第五章 法律责任

第二十四条 违反本办法规定，有下列行为之一的，依照《中华人民共和国动物防疫法》第九十八条的规定予以处罚：

（一）动物饲养场、动物隔离场所、动物屠宰加工场所以及动物和动物产品无害化处理场所变更场所地址或者经营范围，未按规定重新办理动物防疫条件合格证的；

（二）经营动物和动物产品的集贸市场不符合本办法第十一条、第十二条动物防疫条件的。

第二十五条 违反本办法规定，动物饲养场、动物隔离场所、动物屠宰加工场所以及动物和动物产品无害化处理场所未经审查变更布局、设施设备和制度，不再符合规定的动物防疫条件继续从事相关活动的，依照《中华人民共和国动物防疫法》第九十九条的规定予以处罚。

第二十六条 违反本办法规定，动物饲养场、动物隔离场所、动物屠宰加工场所以及动物和动物产品无害化处理场所变更单位名称或者法定代表人（负责人）未办理变更手续的，由县级以上地方人民政府农业农村主管部门责令限期改正；逾期不改正的，处一千元以上五千元以下罚款。

第二十七条 违反本办法规定，动物饲养场、动物隔离场所、动物屠宰加工场所以及动物和动物产品无害化处理场所未按规定报告动物防疫条件情况和防疫制度执行情况的，依照《中华人民共和国动物防疫法》第一百零八条的规定予以处罚。

第二十八条 违反本办法规定，涉嫌犯罪的，依法移送司法机关追究刑事责任。

第六章 附 则

第二十九条 本办法所称动物饲养场是指《中华人民共和国畜牧法》规定的畜禽养殖场。

本办法所称经营动物和动物产品的集贸市场，是指经营畜禽或者专门经营畜禽产品，并取得营业执照的集贸市场。

动物饲养场内自用的隔离舍，参照本办法第八条规定执行，不再另行办理动物防疫条件合

格证。

动物饲养场、隔离场所、屠宰加工场所内的无害化处理区域，参照本办法第十条规定执行，不再另行办理动物防疫条件合格证。

第三十条 本办法自 2022 年 12 月 1 日起施行。农业部 2010 年 1 月 21 日公布的《动物防疫条件审查办法》同时废止。

本办法施行前已取得动物防疫条件合格证的各类场所，应当自本办法实施之日起一年内达到本办法规定的条件。

三、高致病性动物病原微生物实验室生物安全管理审批办法

（2005年5月20日农业部令第52号发布　根据2016年5月30日中华人民共和国农业部令2016年第3号《农业部关于废止和修改部分规章、规范性文件的决定》修正）

第一章　总　　则

第一条　为了规范高致病性动物病原微生物实验室生物安全管理的审批工作，根据《病原微生物实验室生物安全管理条例》，制定本办法。

第二条　高致病性动物病原微生物的实验室资格、实验活动和运输的审批，适用本办法。

第三条　本办法所称高致病性动物病原微生物是指来源于动物的、《动物病原微生物分类名录》中规定的第一类、第二类病原微生物。

《动物病原微生物分类名录》由农业部商国务院有关部门后制定、调整并予以公布。

第四条　农业部主管全国高致病性动物病原微生物实验室生物安全管理工作。

县级以上地方人民政府兽医行政管理部门负责本行政区域内高致病性动物病原微生物实验室生物安全管理工作。

第二章　实验室资格审批

第五条　实验室从事高致病性动物病原微生物实验活动，应当取得农业部颁发的《高致病性动物病原微生物实验室资格证书》。

第六条　实验室申请《高致病性动物病原微生物实验室资格证书》，应当具备下列条件：

（一）依法从事动物疫病的研究、检测、诊断，以及菌（毒）种保藏等活动；

（二）符合农业部颁发的《兽医实验室生物安全管理规范》；

（三）取得国家生物安全三级或者四级实验室认可证书；

（四）从事实验活动的工作人员具备兽医相关专业大专以上学历或中级以上技术职称，受过生物安全知识培训；

第七条　符合前条规定条件的，申请人应当向所在地省、自治区、直辖市人民政府兽医行政管理部门提出申请，并提交下列材料：

（一）高致病性动物病原微生物实验室资格申请表一式两份；

（二）实验室管理手册；

（三）国家实验室认可证书复印件；

（四）实验室设立单位的法人资格证书复印件；

（五）实验室工作人员学历证书或者技术职称证书复印件；

（六）实验室工作人员生物安全知识培训情况证明材料；

省、自治区、直辖市人民政府兽医行政管理部门应当自收到申请之日起10日内，将初审意见和有关材料报送农业部。

农业部收到初审意见和有关材料后，组织专家进行评审，必要时可到现场核实和评估。农业部自收到专家评审意见之日起10日内作出是否颁发《高致病性动物病原微生物实验室资格证书》的决定；不予批准的，及时告知申请人并说明

理由。

第八条 《高致病性动物病原微生物实验室资格证书》有效期为5年。有效期届满，实验室需要继续从事高致病性动物病原微生物实验活动的，应当在届满6个月前，按照本办法的规定重新申请《高致病性动物病原微生物实验室资格证书》。

第三章 实验活动审批

第九条 一级、二级实验室不得从事高致病性动物病原微生物实验活动。三级、四级实验室需要从事某种高致病性动物病原微生物或者疑似高致病性动物病原微生物实验活动的，应当经农业部或者省、自治区、直辖市人民政府兽医行政管理部门批准。

第十条 三级、四级实验室从事某种高致病性动物病原微生物或者疑似高致病性动物病原微生物实验活动的，应当具备下列条件：

（一）取得农业部颁发的《高致病性动物病原微生物实验室资格证书》，并在有效期内；

（二）实验活动限于与动物病原微生物菌（毒）种、样本有关的研究、检测、诊断和菌（毒）种保藏等。

农业部对特定高致病性动物病原微生物或疑似高致病性动物病原微生物实验活动的实验单位有明确规定的，只能在规定的实验室进行。

第十一条 符合前条规定条件的，申请人应当向所在地省、自治区、直辖市人民政府兽医行政管理部门提出申请，并提交下列材料：

（一）高致病性动物病原微生物实验活动申请表一式两份；

（二）高致病性动物病原微生物实验室资格证书复印件；

（三）从事与高致病性动物病原微生物有关的科研项目的，还应当提供科研项目立项证明材料。

从事我国尚未发现或者已经宣布消灭的动物病原微生物有关实验活动的，或者从事国家规定的特定高致病性动物病原微生物病原分离和鉴定、活病毒培养、感染材料核酸提取、动物接种试验等有关实验活动的，省、自治区、直辖市人民政府兽医行政管理部门应当自收到申请之日起7日内，将初审意见和有关材料报送农业部。农业部自收到初审意见和有关材料之日起8日内作出是否批准的决定；不予批准的，及时通知申请人并说明理由。

从事前款规定以外的其他高致病性动物病原微生物或者疑似高致病性动物病原微生物实验活动的，省、自治区、直辖市人民政府兽医行政管理部门应当自收到申请之日起15日内作出是否批准的决定，并自批准之日起10日内报农业部备案；不予批准的，应当及时通知申请人并说明理由。

第十二条 实验室申报或者接受与高致病性动物病原微生物有关的科研项目前，应当向农业部申请审查，并提交以下材料：

（一）高致病性动物病原微生物科研项目生物安全审查表一式两份；

（二）科研项目建议书；

（三）科研项目研究中采取的生物安全措施。

农业部自收到申请之日起20日内作出是否同意的决定。

科研项目立项后，需要从事与高致病性动物病原微生物有关的实验活动的，应当按照本办法第十条、第十一条的规定，经农业部或者省、自治区、直辖市人民政府兽医行政管理部门批准。

第十三条 出入境检验检疫机构、动物防疫机构在实验室开展检测、诊断工作时，发现高致病性动物病原微生物或疑似高致病性动物病原微生物，需要进一步从事这类高致病性动物病原微生物病原分离和鉴定、活病毒培养、感染材料核酸提取、动物接种试验等相关实验活动的，应当按照本办法第十条、第十一条的规定，经农业部或者省、自治区、直辖市人民政府兽医行政管理部门批准。

第十四条 出入境检验检疫机构为了检验检疫工作的紧急需要，申请在实验室对高致病性动物病原微生物或疑似高致病性动物病原微生物开展病原分离和鉴定、活病毒培养、感染材料核酸提取、动物接种试验等进一步实验活动的，应当具备下列条件，并按照本办法第十一条的规定提出申请。

（一）实验目的仅限于检疫；

（二）实验活动符合法定检疫规程；

（三）取得农业部颁发的《高致病性动物病原微生物实验室资格证书》，并在有效期内。

农业部或者省、自治区、直辖市人民政府兽医行政管理部门自收到申请之时起2小时内作出是否批准的决定；不批准的，通知申请人并说明理由。2小时内未作出决定的，出入境检验检疫机构实验室可以从事相应的实验活动。

第十五条 实验室在实验活动期间，应当按照《病原微生物实验室生物安全管理条例》的规定，做好实验室感染控制、生物安全防护、病原微生物菌（毒）种保存和使用、安全操作、实验室排放的废水和废气以及其他废物处置等工作。

第十六条 实验室在实验活动结束后，应当及时将病原微生物菌（毒）种、样本就地销毁或者送交农业部指定的保藏机构保藏，并将实验活动结果以及工作情况向原批准部门报告。

第四章 运输审批

第十七条 运输高致病性动物病原微生物菌（毒）种或者样本的，应当经农业部或者省、自治区、直辖市人民政府兽医行政管理部门批准。

第十八条 运输高致病性动物病原微生物菌（毒）种或者样本的，应当具备下列条件：

（一）运输的高致病性动物病原微生物菌（毒）种或者样本仅限用于依法进行的动物疫病的研究、检测、诊断、菌（毒）种保藏和兽用生物制品的生产等活动；

（二）接收单位是研究、检测、诊断机构的，应当取得农业部颁发的《高致病性动物病原微生物实验室资格证书》，并取得农业部或者省、自治区、直辖市人民政府兽医行政管理部门颁发的从事高致病性动物病原微生物或者疑似高致病性动物病原微生物实验活动批准文件；接收单位是兽用生物制品研制和生产单位的，应当取得农业部颁发的生物制品批准文件；接收单位是菌（毒）种保藏机构的，应当取得农业部颁发的指定菌（毒）种保藏的文件；

（三）盛装高致病性动物病原微生物菌（毒）种或者样本的容器或者包装材料应当符合农业部制定的《高致病性动物病原微生物菌（毒）种或者样本运输包装规范》。

第十九条 符合前条规定条件的，申请人应当向出发地省、自治区、直辖市人民政府兽医行政管理部门提出申请，并提交以下材料：

（一）运输高致病性动物病原微生物菌（毒）种（样本）申请表一式两份；

（二）前条第二项规定的有关批准文件复印件；

（三）接收单位同意接收的证明材料，但送交菌（毒）种保藏的除外。

在省、自治区、直辖市人民政府行政区域内运输的，省、自治区、直辖市人民政府兽医行政管理部门应当对申请人提交的申请材料进行审查，符合条件的，即时批准，发给《高致病性动物病原微生物菌（毒）种、样本准运证书》；不予批准的，应当即时告知申请人。

需要跨省、自治区、直辖市运输或者运往国外的，由出发地省、自治区、直辖市人民政府兽医行政管理部门进行初审，并将初审意见和有关材料报送农业部。农业部应当对初审意见和有关材料进行审查，符合条件的，即时批准，发给《高致病性动物病原微生物菌（毒）种、样本准运证书》；不予批准的，应当即时告知申请人。

第二十条 申请人凭《高致病性动物病原微生物菌（毒）种、样本准运证书》运输高致病性动物病原微生物菌（毒）种或者样本；需要通过铁路、公路、民用航空等公共交通工具运输的，凭《高致病性动物病原微生物菌（毒）种、样本准运证书》办理承运手续；通过民航运输的，还需经过国务院民用航空主管部门批准。

第二十一条 出入境检验检疫机构在检疫过程中运输动物病原微生物样本的，由国务院出入境检验检疫部门批准，同时向农业部通报。

第五章 附 则

第二十二条 对违反本办法规定的行为，依照《病原微生物实验室生物安全管理条例》第五十六条、第五十七条、第五十八条、第五十九条、第六十条、第六十二条、第六十三条的规定予以处罚。

第二十三条 本办法规定的《高致病性动物病原微生物实验室资格证书》《从事高致病性动物病原微生物实验活动批准文件》和《高致病性动物病原微生物菌（毒）种、样本准运证书》由农业部印制。

《高致病性动物病原微生物实验室资格申请表》《高致病性动物病原微生物实验活动申请表》《运输高致病性动物病原微生物菌（毒）种、样本申请表》和《高致病性动物病原微生物科研项目生物安全审查表》可以从中国农业信息网（http：//www. agri. gov. cn）下载。

第二十四条 本办法自公布之日起施行。

四、动物病原微生物菌（毒）种保藏管理办法

（2008 年 11 月 26 日农业部令第 16 号公布，2016 年 5 月 30 日农业部令 2016 年第 3 号、2022 年 1 月 7 日农业农村部令 2022 年第 1 号修订）

第一章　总　　则

第一条　为了加强动物病原微生物菌（毒）种和样本保藏管理，依据《中华人民共和国动物防疫法》《病原微生物实验室生物安全管理条例》和《兽药管理条例》等法律法规，制定本办法。

第二条　本办法适用于中华人民共和国境内菌（毒）种和样本的保藏活动及其监督管理。

第三条　本办法所称菌（毒）种，是指具有保藏价值的动物细菌、真菌、放线菌、衣原体、支原体、立克次氏体、螺旋体、病毒等微生物。

本办法所称样本，是指人工采集的、经鉴定具有保藏价值的含有动物病原微生物的体液、组织、排泄物、分泌物、污染物等物质。

本办法所称保藏机构，是指承担菌（毒）种和样本保藏任务，并向合法从事动物病原微生物相关活动的实验室或者兽用生物制品企业提供菌（毒）种或者样本的单位。

菌（毒）种和样本的分类按照《动物病原微生物分类名录》的规定执行。

第四条　农业农村部主管全国菌（毒）种和样本保藏管理工作。

县级以上地方人民政府畜牧兽医主管部门负责本行政区域内的菌（毒）种和样本保藏监督管理工作。

第五条　国家对实验活动用菌（毒）种和样本实行集中保藏，保藏机构以外的任何单位和个人不得保藏菌（毒）种或者样本。

第二章　保藏机构

第六条　保藏机构分为国家级保藏中心和省级保藏中心。保藏机构由农业农村部指定。

保藏机构保藏的菌（毒）种和样本的种类由农业农村部核定。

第七条　保藏机构应当具备以下条件：

（一）符合国家关于保藏机构设立的整体布局和实际需要；

（二）有满足菌（毒）种和样本保藏需要的设施设备；保藏高致病性动物病原微生物菌（毒）种或者样本的，应当具有相应级别的高等级生物安全实验室，并依法取得《高致病性动物病原微生物实验室资格证书》；

（三）有满足保藏工作要求的工作人员；

（四）有完善的菌（毒）种和样本保管制度、安全保卫制度；

（五）有满足保藏活动需要的经费。

第八条　保藏机构的职责：

（一）负责菌（毒）种和样本的收集、筛选、分析、鉴定和保藏；

（二）开展菌（毒）种和样本的分类与保藏新方法、新技术研究；

（三）建立菌（毒）种和样本数据库；

（四）向合法从事动物病原微生物实验活动的实验室或者兽用生物制品生产企业提供菌（毒）种或者样本。

第三章　菌（毒）种和样本的收集

第九条　从事动物疫情监测、疫病诊断、检验检疫和疫病研究等活动的单位和个人，应当及时将研究、教学、检测、诊断等实验活动中获得的具有保藏价值的菌（毒）种和样本，送交保藏机构鉴定和保藏，并提交菌（毒）种和样本的背景资料。

保藏机构可以向国内有关单位和个人索取需要保藏的菌（毒）种和样本。

第十条　保藏机构应当向提供菌（毒）种和样本的单位和个人出具接收证明。

第十一条　保藏机构应当在每年年底前将保藏的菌（毒）种和样本的种类、数量报农业农村部。

第四章　菌（毒）种和样本的保藏、供应

第十二条　保藏机构应当设专库保藏一、二类菌（毒）种和样本，设专柜保藏三、四类菌（毒）种和样本。

保藏机构保藏的菌（毒）种和样本应当分类存放，实行双人双锁管理。

第十三条　保藏机构应当建立完善的技术资料档案，详细记录所保藏的菌（毒）种和样本的名称、编号、数量、来源、病原微生物类别、主要特性、保存方法等情况。

技术资料档案应当永久保存。

第十四条　保藏机构应当对保藏的菌（毒）种按时鉴定、复壮，妥善保藏，避免失活。

保藏机构对保藏的菌（毒）种开展鉴定、复壮的，应当按照规定在相应级别的生物安全实验室进行。

第十五条　保藏机构应当制定实验室安全事故处理应急预案。发生保藏的菌(毒)种或者样本被盗、被抢、丢失、泄漏和实验室人员感染的，应当按照《病原微生物实验室生物安全管理条例》的规定及时报告、启动预案，并采取相应的处理措施。

第十六条　实验室和兽用生物制品生产企业需要使用菌（毒）种或者样本的，应当向保藏机构提出申请。

第十七条　保藏机构应当按照以下规定提供菌（毒）种或者样本：

（一）提供高致病性动物病原微生物菌（毒）种或者样本的，查验从事高致病性动物病原微生物相关实验活动的批准文件；

（二）提供兽用生物制品生产和检验用菌（毒）种或者样本的，查验兽药生产批准文号文件；

（三）提供三、四类菌（毒）种或者样本的，查验实验室所在单位出具的证明。

保藏机构应当留存前款规定的证明文件的原件或者复印件。

第十八条　保藏机构提供菌（毒）种或者样本时，应当进行登记，详细记录所提供的菌（毒）种或者样本的名称、数量、时间以及发放人、领取人、使用单位名称等。

第十九条　保藏机构应当对具有知识产权的菌（毒）种承担相应的保密责任。

保藏机构提供具有知识产权的菌（毒）种或者样本的，应当经原提供者或者持有人的书面同意。

第二十条　保藏机构提供的菌（毒）种或者样本应当附有标签，标明菌（毒）种名称、编号、移植和冻干日期等。

第二十一条　保藏机构保藏菌（毒）种或者样本所需费用由同级财政在单位预算中予以保障。

第五章　菌（毒）种和样本的销毁

第二十二条　有下列情形之一的，保藏机构应当组织专家论证，提出销毁菌（毒）种或者样本的建议：

（一）国家规定应当销毁的；

（二）有证据表明已丧失生物活性或者被污染，已不适于继续使用的；

（三）无继续保藏价值的。

第二十三条　保藏机构销毁一、二类菌（毒）种和样本的，应当经农业农村部批准；销毁三、四类菌（毒）种和样本的，应当经保藏机构负责人批准，并报农业农村部备案。

保藏机构销毁菌（毒）种和样本的，应当在实施销毁30日前书面告知原提供者。

第二十四条　保藏机构销毁菌（毒）种和样本的，应当制定销毁方案，注明销毁的原因、品种、数量，以及销毁方式方法、时间、地点、实施人和监督人等。

第二十五条　保藏机构销毁菌（毒）种和样本时，应当使用可靠的销毁设施和销毁方法，必要时应当组织开展灭活效果验证和风险评估。

第二十六条　保藏机构销毁菌（毒）种和样本的，应当做好销毁记录，经销毁实施人、监督人签字后存档，并将销毁情况报农业农村部。

第二十七条　实验室在相关实验活动结束后，应当按照规定及时将菌（毒）种和样本就地销毁或者送交保藏机构保管。

第六章　菌（毒）种和样本的对外交流

第二十八条　国家对菌（毒）种和样本对外交流实行认定审批制度。

第二十九条　从国外引进和向国外提供菌（毒）种或者样本的，应当报农业农村部批准。

第三十条　从国外引进菌（毒）种或者样本的单位，应当在引进菌（毒）种或者样本后6个月内，将备份及其背景资料，送交保藏机构。

引进单位应当在相关活动结束后，及时将菌（毒）种和样本就地销毁。

第三十一条　出口《生物两用品及相关设备和技术出口管制清单》所列的菌（毒）种或者样本的，还应当按照《生物两用品及相关设备和技术出口管制条例》的规定取得生物两用品及相关设备和技术出口许可证件。

第七章　罚　　则

第三十二条　违反本办法规定，保藏或者提供菌（毒）种或者样本的，由县级以上地方人民政府畜牧兽医主管部门责令其将菌（毒）种或者样本销毁或者送交保藏机构；拒不销毁或者送交的，对单位处一万元以上三万元以下罚款，对个人处五百元以上一千元以下罚款。

第三十三条　违反本办法规定，未及时向保藏机构提供菌（毒）种或者样本的，由县级以上地方人民政府畜牧兽医主管部门责令改正；拒不改正的，对单位处一万元以上三万元以下罚款，对个人处五百元以上一千元以下罚款。

第三十四条　违反本办法规定，未经农业农村部批准，从国外引进或者向国外提供菌（毒）种或者样本的，由县级以上地方人民政府畜牧兽医主管部门责令其将菌（毒）种或者样本销毁或者送交保藏机构，并对单位处一万元以上三万元以下罚款，对个人处五百元以上一千元以下罚款。

第三十五条　保藏机构违反本办法规定的，由农业农村部责令限期改正，并给予警告；造成严重后果的，由其所在单位或者其上级主管部门对主要负责人、直接负责的主管人员和其他直接责任人员依法予以处理。

第八章　附　　则

第三十六条　本办法自2009年1月1日起施行。1980年11月25日农业部发布的《兽医微生物菌种保藏管理试行办法》（农〔牧〕字第181号）同时废止。

五、动物病原微生物分类名录

（2005 年 5 月 24 日农业部令第 53 号公布）

根据《病原微生物实验室生物安全管理条例》第七条、第八条的规定，对动物病原微生物分类如下：

一、一类动物病原微生物

口蹄疫病毒、高致病性禽流感病毒、猪水泡病病毒、非洲猪瘟病毒、非洲马瘟病毒、牛瘟病毒、小反刍兽疫病毒、牛传染性胸膜肺炎丝状支原体、牛海绵状脑病病原、痒病病原。

二、二类动物病原微生物

猪瘟病毒、鸡新城疫病毒、狂犬病病毒、绵羊痘/山羊痘病毒、蓝舌病病毒、兔病毒性出血症病毒、炭疽芽孢杆菌、布氏杆菌。

三、三类动物病原微生物

多种动物共患病病原微生物：低致病性流感病毒、伪狂犬病病毒、破伤风梭菌、气肿疽梭菌、结核分枝杆菌、副结核分枝杆菌、致病性大肠杆菌、沙门氏菌、巴氏杆菌、致病性链球菌、李氏杆菌、产气荚膜梭菌、嗜水气单胞菌、肉毒梭状芽孢杆菌、腐败梭菌和其他致病性梭菌、鹦鹉热衣原体、放线菌、钩端螺旋体。

牛病病原微生物：牛恶性卡他热病毒、牛白血病病毒、牛流行热病毒、牛传染性鼻气管炎病毒、牛病毒腹泻/黏膜病病毒、牛生殖器弯曲杆菌、日本血吸虫。

绵羊和山羊病病原微生物：山羊关节炎/脑脊髓炎病毒、梅迪/维斯纳病病毒、传染性脓疱皮炎病毒。

猪病病原微生物：日本脑炎病毒、猪繁殖与呼吸综合征病毒、猪细小病毒、猪圆环病毒、猪流行性腹泻病毒、猪传染性胃肠炎病毒、猪丹毒杆菌、猪支气管败血波氏杆菌、猪胸膜肺炎放线杆菌、副猪嗜血杆菌、猪肺炎支原体、猪密螺旋体。

马病病原微生物：马传染性贫血病毒、马动脉炎病毒、马病毒性流产病毒、马鼻炎病毒、鼻疽假单胞菌、类鼻疽假单胞菌、假皮疽组织胞浆菌、溃疡性淋巴管炎假结核棒状杆菌。

禽病病原微生物：鸭瘟病毒、鸭病毒性肝炎病毒、小鹅瘟病毒、鸡传染性法氏囊病病毒、鸡马立克氏病病毒、禽白血病/肉瘤病毒、禽网状内皮组织增殖病病毒、鸡传染性贫血病毒、鸡传染性喉气管炎病毒、鸡传染性支气管炎病毒、鸡减蛋综合征病毒、禽痘病毒、鸡病毒性关节炎病毒、禽传染性脑脊髓炎病毒、副鸡嗜血杆菌、鸡毒支原体、鸡球虫。

兔病病原微生物：兔黏液瘤病病毒、野兔热土拉杆菌、兔支气管败血波氏杆菌、兔球虫。

水生动物病病原微生物：流行性造血器官坏死病毒、传染性造血器官坏死病毒、马苏大麻哈鱼病毒、病毒性出血性败血症病毒、锦鲤疱疹病毒、斑点叉尾鮰病毒、病毒性脑病和视网膜病毒、传染性胰脏坏死病毒、真鲷虹彩病毒、白鲟虹彩病毒、中肠腺坏死杆状病毒、传染性皮下和造血器官坏死病毒、核多角体杆状病毒、虾产卵死亡综合征病毒、鳖鳃腺炎病毒、Taura 综合征病毒、对虾白斑综合征病毒、黄头病病毒、草鱼

出血病毒、鲤春病毒血症病毒、鲍球形病毒、鲑鱼传染性贫血病毒。

蜜蜂病病原微生物：美洲幼虫腐臭病幼虫杆菌、欧洲幼虫腐臭病蜂房蜜蜂球菌、白垩病蜂球囊菌、蜜蜂微孢子虫、跗线螨、雅氏大蜂螨。

其他动物病病原微生物：犬瘟热病毒、犬细小病毒、犬腺病毒、犬冠状病毒、犬副流感病毒、猫泛白细胞减少综合征病毒、水貂阿留申病病毒、水貂病毒性肠炎病毒。

四、四类动物病原微生物

是指危险性小、低致病力、实验室感染机会少的兽用生物制品、疫苗生产用的各种弱毒病原微生物以及不属于第一、二、三类的各种低毒力的病原微生物。

六、病死畜禽和病害畜禽产品无害化处理管理办法

（2022年4月22日农业农村部第4次常务会议审议通过　2022年5月11日农业农村部令2022年第3号公布　自2022年7月1日起施行）

第一章　总　　则

第一条　为了加强病死畜禽和病害畜禽产品无害化处理管理，防控动物疫病，促进畜牧业高质量发展，保障公共卫生安全和人体健康，根据《中华人民共和国动物防疫法》（以下简称《动物防疫法》），制定本办法。

第二条　本办法适用于畜禽饲养、屠宰、经营、隔离、运输等过程中病死畜禽和病害畜禽产品的收集、无害化处理及其监督管理活动。

发生重大动物疫情时，应当根据动物疫病防控要求开展病死畜禽和病害畜禽产品无害化处理。

第三条　下列畜禽和畜禽产品应当进行无害化处理：

（一）染疫或者疑似染疫死亡、因病死亡或者死因不明的；

（二）经检疫、检验可能危害人体或者动物健康的；

（三）因自然灾害、应激反应、物理挤压等因素死亡的；

（四）屠宰过程中经肉品品质检验确认为不可食用的；

（五）死胎、木乃伊胎等；

（六）因动物疫病防控需要被扑杀或销毁的；

（七）其他应当进行无害化处理的。

第四条　病死畜禽和病害畜禽产品无害化处理坚持统筹规划与属地负责相结合、政府监管与市场运作相结合、财政补助与保险联动相结合、集中处理与自行处理相结合的原则。

第五条　从事畜禽饲养、屠宰、经营、隔离等活动的单位和个人，应当承担主体责任，按照本办法对病死畜禽和病害畜禽产品进行无害化处理，或者委托病死畜禽无害化处理场处理。

运输过程中发生畜禽死亡或者因检疫不合格需要进行无害化处理的，承运人应当立即通知货主，配合做好无害化处理，不得擅自弃置和处理。

第六条　在江河、湖泊、水库等水域发现的死亡畜禽，依法由所在地县级人民政府组织收集、处理并溯源。

在城市公共场所和乡村发现的死亡畜禽，依法由所在地街道办事处、乡级人民政府组织收集、处理并溯源。

第七条　病死畜禽和病害畜禽产品收集、无害化处理、资源化利用应当符合农业农村部相关技术规范，并采取必要的防疫措施，防止传播动物疫病。

第八条　农业农村部主管全国病死畜禽和病害畜禽产品无害化处理工作。

县级以上地方人民政府农业农村主管部门负责本行政区域病死畜禽和病害畜禽产品无害化处理的监督管理工作。

第九条　省级人民政府农业农村主管部门结合本行政区域畜牧业发展规划和畜禽养殖、疫病发生、畜禽死亡等情况，编制病死畜禽和病害畜禽产品集中无害化处理场所建设规划，合理布局

病死畜禽无害化处理场，经本级人民政府批准后实施，并报农业农村部备案。

鼓励跨县级以上行政区域建设病死畜禽无害化处理场。

第十条 县级以上人民政府农业农村主管部门应当落实病死畜禽无害化处理财政补助政策和农机购置补贴与应用政策，协调有关部门优先保障病死畜禽无害化处理场用地、落实税收优惠政策，推动建立病死畜禽无害化处理和保险联动机制，将病死畜禽无害化处理作为保险理赔的前提条件。

第二章 收 集

第十一条 畜禽养殖场、养殖户、屠宰厂（场）、隔离场应当及时对病死畜禽和病害畜禽产品进行贮存和清运。

畜禽养殖场、屠宰厂（场）、隔离场委托病死畜禽无害化处理场处理的，应当符合以下要求：

（一）采取必要的冷藏冷冻、清洗消毒等措施；

（二）具有病死畜禽和病害畜禽产品专用输出通道；

（三）及时通知病死畜禽无害化处理场进行收集，或自行送至指定地点。

第十二条 病死畜禽和病害畜禽产品集中暂存点应当具备下列条件：

（一）有独立封闭的贮存区域，并且防渗、防漏、防鼠、防盗，易于清洗消毒；

（二）有冷藏冷冻、清洗消毒等设施设备；

（三）设置显著警示标识；

（四）有符合动物防疫需要的其他设施设备。

第十三条 专业从事病死畜禽和病害畜禽产品收集的单位和个人，应当配备专用运输车辆，并向承运人所在地县级人民政府农业农村主管部门备案。备案时应当通过农业农村部指定的信息系统提交车辆所有权人的营业执照、运输车辆行驶证、运输车辆照片。

县级人民政府农业农村主管部门应当核实相关材料信息，备案材料符合要求的，及时予以备案；不符合要求的，应当一次性告知备案人补充相关材料。

第十四条 病死畜禽和病害畜禽产品专用运输车辆应当符合以下要求：

（一）不得运输病死畜禽和病害畜禽产品以外的其他物品；

（二）车厢密闭、防水、防渗、耐腐蚀，易于清洗和消毒；

（三）配备能够接入国家监管监控平台的车辆定位跟踪系统、车载终端；

（四）配备人员防护、清洗消毒等应急防疫用品；

（五）有符合动物防疫需要的其他设施设备。

第十五条 运输病死畜禽和病害畜禽产品的单位和个人，应当遵守下列规定：

（一）及时对车辆、相关工具及作业环境进行消毒；

（二）作业过程中如发生渗漏，应当妥善处理后再继续运输；

（三）做好人员防护和消毒。

第十六条 跨县级以上行政区域运输病死畜禽和病害畜禽产品的，相关区域县级以上地方人民政府农业农村主管部门应当加强协作配合，及时通报紧急情况，落实监管责任。

第三章 无害化处理

第十七条 病死畜禽和病害畜禽产品无害化处理以集中处理为主，自行处理为补充。

病死畜禽无害化处理场的设计处理能力应当高于日常病死畜禽和病害畜禽产品处理量，专用运输车辆数量和运载能力应当与区域内畜禽养殖情况相适应。

第十八条 病死畜禽无害化处理场应当符合省级人民政府病死畜禽和病害畜禽产品集中无害化处理场所建设规划并依法取得动物防疫条件合格证。

第十九条 畜禽养殖场、屠宰厂（场）、隔离场在本场（厂）内自行处理病死畜禽和病害畜禽产品的，应当符合无害化处理场所的动物防疫条件，不得处理本场（厂）外的病死畜禽和病害畜禽产品。

畜禽养殖场、屠宰厂（场）、隔离场在本场（厂）外自行处理的，应当建设病死畜禽无害化处理场。

第二十条 畜禽养殖场、养殖户、屠宰厂（场）、隔离场委托病死畜禽无害化处理场进行无害化处理的，应当签订委托合同，明确双方的权利、义务。

无害化处理费用由财政进行补助或者由委托方承担。

第二十一条 对于边远和交通不便地区以及畜禽养殖户自行处理零星病死畜禽的，省级人民政府农业农村主管部门可以结合实际情况和风险评估结果，组织制定相关技术规范。

第二十二条 病死畜禽和病害畜禽产品集中暂存点、病死畜禽无害化处理场应当配备专门人员负责管理。

从事病死畜禽和病害畜禽产品无害化处理的人员，应当具备相关专业技能，掌握必要的安全防护知识。

第二十三条 鼓励在符合国家有关法律法规规定的情况下，对病死畜禽和病害畜禽产品无害化处理产物进行资源化利用。

病死畜禽和病害畜禽产品无害化处理场所销售无害化处理产物的，应当严控无害化处理产物流向，查验购买方资质并留存相关材料，签订销售合同。

第二十四条 病死畜禽和病害畜禽产品无害化处理应当符合安全生产、环境保护等相关法律法规和标准规范要求，接受有关主管部门监管。

病死畜禽无害化处理场处理本办法第三条之外的病死动物和病害动物产品的，应当要求委托方提供无特殊风险物质的证明。

第四章　监督管理

第二十五条 农业农村部建立病死畜禽无害化处理监管监控平台，加强全程追溯管理。

从事畜禽饲养、屠宰、经营、隔离及病死畜禽收集、无害化处理的单位和个人，应当按要求填报信息。

县级以上地方人民政府农业农村主管部门应当做好信息审核，加强数据运用和安全管理。

第二十六条 农业农村部负责组织制定全国病死畜禽和病害畜禽产品无害化处理生物安全风险调查评估方案，对病死畜禽和病害畜禽产品收集、无害化处理生物安全风险因素进行调查评估。

省级人民政府农业农村主管部门应当制定本行政区域病死畜禽和病害畜禽产品无害化处理生物安全风险调查评估方案并组织实施。

第二十七条 根据病死畜禽无害化处理场规模、设施装备状况、管理水平等因素，推行分级管理制度。

第二十八条 病死畜禽和病害畜禽产品无害化处理场所应当建立并严格执行以下制度：

（一）设施设备运行管理制度；

（二）清洗消毒制度；

（三）人员防护制度；

（四）生物安全制度；

（五）安全生产和应急处理制度。

第二十九条 从事畜禽饲养、屠宰、经营、隔离以及病死畜禽和病害畜禽产品收集、无害化处理的单位和个人，应当建立台账，详细记录病死畜禽和病害畜禽产品的种类、数量（重量）、来源、运输车辆、交接人员和交接时间、处理产物销售情况等信息。

病死畜禽和病害畜禽产品处理场所应当安装视频监控设备，对病死畜禽和病害畜禽产品进（出）场、交接、处理和处理产物存放等进行全程监控。

相关台账记录保存期不少于二年，相关监控影像资料保存期不少于三十天。

第三十条 病死畜禽无害化处理场所应当于每年一月底前向所在地县级人民政府农业农村主管部门报告上一年度病死畜禽和病害畜禽产品无害化处理、运输车辆和环境清洗消毒等情况。

第三十一条 县级以上地方人民政府农业农村主管部门执行监督检查任务时，从事病死畜禽和病害畜禽产品收集、无害化处理的单位和个人应当予以配合，不得拒绝或者阻碍。

第三十二条 任何单位和个人对违反本办法规定的行为，有权向县级以上地方人民政府农业农村主管部门举报。接到举报的部门应当及时调查处理。

第五章　法律责任

第三十三条 未按照本办法第十一条、第十二条、第十五条、第十九条、第二十二条规定处理病死畜禽和病害畜禽产品的，按照《动物防疫法》第九十八条规定予以处罚。

第三十四条 畜禽养殖场、屠宰厂（场）、隔离场、病死畜禽无害化处理场未取得动物防疫条件合格证或生产经营条件发生变化，不再符合动物防疫条件继续从事无害化处理活动的，分别按照《动物防疫法》第九十八条、第九十九条处罚。

第三十五条　专业从事病死畜禽和病害畜禽产品运输的车辆，未经备案或者不符合本办法第十四条规定的，分别按照《动物防疫法》第九十八条、第九十四条处罚。

第三十六条　违反本办法第二十八条、第二十九条规定，未建立管理制度、台账或者进行视频监控的，由县级以上地方人民政府农业农村主管部门责令改正；拒不改正或者情节严重的，处二千元以上二万元以下罚款。

第六章　附　　则

第三十七条　本办法下列用语的含义：

（一）畜禽，是指《国家畜禽遗传资源目录》范围内的畜禽，不包括用于科学研究、教学、检定以及其他科学实验的畜禽；

（二）隔离场所，是指对跨省、自治区、直辖市引进的乳用种用动物或输入到无规定动物疫病区的相关畜禽进行隔离观察的场所，不包括进出境隔离观察场所；

（三）病死畜禽和病害畜禽产品无害化处理场所，是指病死畜禽无害化处理场以及畜禽养殖场、屠宰厂（场）、隔离场内的无害化处理区域。

第三十八条　病死水产养殖动物和病害水产养殖动物产品的无害化处理，参照本办法执行。

第三十九条　本办法自 2022 年 7 月 1 日起施行。

七、无规定动物疫病区评估管理办法

（农业部2017年第4次常务会议审议通过　2017年5月27日农业部令2017年第2号公布　自2017年7月1日起施行）

第一章　总　　则

第一条　为实施动物疫病区域化管理，规范无规定动物疫病区评估活动，有效控制和消灭动物疫病，提高动物卫生及动物产品安全水平，促进动物及动物产品贸易，根据《中华人民共和国动物防疫法》，制定本办法。

第二条　本办法适用于中华人民共和国境内无规定动物疫病区的评估管理。

第三条　本办法所称无规定动物疫病区，是指具有天然屏障或者采用人工措施，在一定期限内没有发生规定的一种或者几种动物疫病，并经评估验收合格的区域。

无规定动物疫病区的范围，可以是以下区域：

（一）省、自治区、直辖市的部分或全部地理区域；

（二）毗邻省份连片的地理区域。

无规定动物疫病区分为免疫无规定动物疫病区和非免疫无规定动物疫病区。

第四条　本办法所称无规定动物疫病区评估，是指按照《无规定动物疫病区管理技术规范》，对某一特定区域动物疫病状况及防控能力进行的综合评价。

第五条　农业部负责无规定动物疫病区评估管理工作，制定发布《无规定动物疫病区管理技术规范》和无规定动物疫病区评审细则。

农业部设立的全国动物卫生风险评估专家委员会，承担无规定动物疫病区评估工作。

第六条　无规定动物疫病区建设、评估应当符合有关国际组织确定的区域控制及风险评估的原则要求。

第二章　申　　请

第七条　无规定动物疫病区建成并符合《无规定动物疫病区管理技术规范》要求的，由省级人民政府兽医主管部门向农业部申请评估。跨省的无规定动物疫病区，由区域涉及的省级人民政府兽医主管部门共同申请。

第八条　申请无规定动物疫病区评估应当提交申请书和自我评估报告。

申请书包括以下主要内容：

（一）无规定动物疫病区概况；

（二）兽医体系建设情况；

（三）动物疫情报告体系情况；

（四）动物疫病流行情况；

（五）控制、消灭策略和措施情况；

（六）免疫措施情况；

（七）规定动物疫病的监测情况；

（八）实验室建设情况；

（九）屏障及边界控制措施情况；

（十）应急体系建设及应急反应情况；

（十一）其他需要说明的事项。

自我评估报告包括以下主要内容：

（一）评估计划和评估专家组成情况；

（二）评估程序及主要内容，评估的组织和实施情况；

（三）评估结论。

第九条　农业部自收到申请之日起10个工作

日内作出是否受理的决定，并书面通知申请单位和全国动物卫生风险评估专家委员会。

第三章 评 估

第十条 全国动物卫生风险评估专家委员会收到农业部通知后，应当在5个工作日内成立评估专家组并指定组长。评估专家组由5人以上单数组成，实行组长负责制。

第十一条 评估专家组按照《无规定动物疫病区管理技术规范》和评审细则等要求，开展评估工作。

无规定动物疫病区评估应当遵循科学、公平、公正的原则，采取书面评审和现场评审相结合的方式进行。

第十二条 评估专家组应当在10个工作日内完成书面评审。书面评审包括以下内容：

（一）申请书和自我评估报告格式是否符合规定，有无缺项、漏项；

（二）申报材料内容是否符合《无规定动物疫病区管理技术规范》的相关要求。

第十三条 书面评审不合格的，由全国动物卫生风险评估专家委员会报请农业部书面通知申请单位在规定期限内补充有关材料。逾期未报送的，按撤回申请处理。

第十四条 书面评审合格的，评估专家组应当制定现场评审方案，并在15个工作日内完成现场评审。

第十五条 现场评审应当包括下列内容：

（一）评估专家组组长主持召开会议，宣布现场评审方案和评估纪律等；

（二）听取申请单位关于无规定动物疫病区建设及管理情况的介绍；

（三）实地核查有关资料、档案和建设情况。

第十六条 评估专家组组长可以根据评审需要，召集临时会议，对评审中发现的问题进行讨论。必要时可以要求申请单位陈述有关情况。

申请单位应当如实提供评估专家组所要求的有关资料，并配合专家组开展评估。

第十七条 评估专家组应当根据评审细则确定的评审指标逐项核查，对核查结果进行综合评价，形成现场评审结果。

现场评审结果分为“建议通过”“建议整改后通过”“建议不予通过”。

现场评审结果为“建议通过”的，应当符合下列条件：

（一）现场评审指标中的关键项全部为“符合”，重点项没有“不符合”项；

（二）“符合”项占总项数80%以上（含）。其中：重点项中“基本符合”项数不超过重点项总项数的15%；普通项中“不符合”项总项数不超过普通项总项数的10%。

现场评审结果为“建议整改后通过”的，应当符合下列条件：

（一）关键项中没有“不符合”项；

（二）“符合”项总项数达到60%以上（含）但不足80%；

（三）通过限期整改可以达到“建议通过”条件。

有下列情形之一的，现场评审结果为“建议不予通过”：

（一）关键项中有“不符合”项；

（二）“符合”项总项数不足60%；

（三）申请单位隐瞒有关情况或者有其他欺骗行为。

第十八条 需要整改的，由全国动物卫生风险评估专家委员会办公室根据评估专家组建议，书面通知申请单位在规定期限内进行整改。

第十九条 申请单位在规定期限内完成整改后，将整改报告及相关证明材料报评估专家组审核，必要时进行现场核查，形成评审结果。

申请单位未在规定期限内提交整改报告及相关证明材料的，按撤回申请处理。

第二十条 评估专家组应当在现场评审或整改审核结束后20个工作日内向全国动物卫生风险评估专家委员会提交评估报告，全国动物卫生风险评估专家委员会组织召开全体委员会议或专题会议审核后报农业部。

第二十一条 评估专家组在评审过程中，应当遵守有关法律法规和工作制度，坚持原则，认真负责，廉洁自律，客观公正，对被评估单位提供的信息资料保密。评估专家组成员不得有下列行为：

（一）接受被评估单位或与被评估单位有关的中介机构或人员的馈赠；

（二）私下与上述单位或人员进行不当接触；

（三）评估结果未公布前，泄露评估结果及相关信息；

（四）其他可能影响公正评估的行为。

第四章　公　　布

第二十二条　农业部自收到评估报告后20个工作日内完成审核，并作出无规定动物疫病区是否合格的决定。

第二十三条　农业部将审核合格的无规定动物疫病区列入国家无规定动物疫病区名录，并对外公布。不合格的，书面通知申请单位并说明理由。

第二十四条　农业部根据需要向有关国际组织、国家和地区通报评估情况，并根据无规定动物疫病区所在地省级人民政府兽医主管部门的意见，申请国际评估认可。

第五章　监督管理

第二十五条　农业部对已公布无规定动物疫病区的建设维持情况开展监督检查，发现问题的，通知所在地省级人民政府兽医主管部门限期整改。

第二十六条　有下列情形之一的，农业部暂停无规定动物疫病区资格：

（一）在无规定动物疫病区内发生有限疫情，按照《无规定动物疫病区管理技术规范》在规定时间内可以建立感染控制区的；

（二）区域区划发生变化，且屏障体系不能满足区域管理要求的；

（三）兽医机构体系及财政保障能力发生重大变化，不能支持无规定动物疫病区管理、维持和运行的；

（四）监测证据不能证明规定动物疫病无疫状况的；

（五）其他不符合《无规定动物疫病区管理技术规范》要求，需要暂停的情形。

第二十七条　出现第二十六条第一项规定情形的，省级人民政府兽医主管部门应当在规定动物疫病发生后24小时内开始建设感染控制区。

有限疫情控制后，感染控制区在规定动物疫病的2个潜伏期内未再发生规定动物疫病，且符合《无规定动物疫病区管理技术规范》要求的，全国动物卫生风险评估专家委员会根据省级人民政府兽医主管部门的申请，按照《无规定动物疫病区管理技术规范》对感染控制区建设情况组织开展评估。评估合格的，农业部对外宣布建成感染控制区，并恢复感染控制区外的无规定动物疫病区资格。

感染控制区建成后，在规定时间内未发生规定动物疫病的，全国动物卫生风险评估专家委员会根据省级人民政府兽医主管部门的申请，按照《无规定动物疫病区管理技术规范》进行评估。评估合格的，农业部恢复其无规定动物疫病区资格。

第二十八条　出现第二十六条第二项至第五项规定情形的，省级人民政府兽医主管部门应当根据农业部要求限期整改，经全国动物卫生风险评估专家委员会对整改情况评估合格的，农业部恢复其无规定动物疫病区资格。

第二十九条　有下列情形之一的，农业部撤销无规定动物疫病区资格：

（一）发生规定动物疫病，且未在规定时间内建成感染控制区的；

（二）出现第二十六条第二项至第五项规定情形，且未能在规定时间内完成整改的；

（三）伪造、隐藏、毁灭有关证据或者提供虚假证明材料，妨碍无规定动物疫病区检查评估的；

（四）其他不符合《无规定动物疫病区管理技术规范》要求，需要撤销的情形。

第三十条　被撤销资格的无规定动物疫病区，重新达到《无规定动物疫病区管理技术规范》要求的，由所在地省级人民政府兽医主管部门提出申请，申请材料应包括与资格撤销原因有关的整改说明、规定动物疫病状况、疫病防控措施等。经全国动物卫生风险评估专家委员会评估通过的，农业部重新认定其无规定动物疫病区资格。

第六章　附　　则

第三十一条　境外无规定动物疫病区的无疫等效评估，参照本办法执行。

第三十二条　无规定动物疫病小区（无规定动物疫病生物安全隔离区）是指处于同一生物安全管理体系下的养殖场区，在一定期限内没有发生一种或几种规定动物疫病的若干动物养殖和其他辅助生产单元所构成的特定小型区域。无规定动物疫病小区的评估原则、程序及要求由农业部另行制定发布。

第三十三条　本办法自2017年7月1日起施行。农业部2007年1月23日发布的《无规定动物疫病区评估管理办法》（农业部令第1号）同时废止。

八、执业兽医和乡村兽医管理办法

（2022年8月22日农业农村部第9次常务会议审议通过　2022年9月7日农业农村部令2022年第6号公布　自2022年10月7日起施行）

第一章　总　　则

第一条　为了维护执业兽医和乡村兽医合法权益，规范动物诊疗活动，加强执业兽医和乡村兽医队伍建设，保障动物健康和公共卫生安全，根据《中华人民共和国动物防疫法》，制定本办法。

第二条　本办法所称执业兽医，包括执业兽医师和执业助理兽医师。

本办法所称乡村兽医，是指尚未取得执业兽医资格，经备案在乡村从事动物诊疗活动的人员。

第三条　农业农村部主管全国执业兽医和乡村兽医管理工作，加强信息化建设，建立完善执业兽医和乡村兽医信息管理系统。

农业农村部和省级人民政府农业农村主管部门制定实施执业兽医和乡村兽医的继续教育计划，提升执业兽医和乡村兽医素质和执业水平。

县级以上地方人民政府农业农村主管部门主管本行政区域内的执业兽医和乡村兽医管理工作，加强执业兽医和乡村兽医备案、执业活动、继续教育等监督管理。

第四条　鼓励执业兽医和乡村兽医接受继续教育。执业兽医和乡村兽医继续教育工作可以委托相关机构或者组织具体承担。

执业兽医所在机构应当支持执业兽医参加继续教育。

第五条　执业兽医、乡村兽医依法执业，其权益受法律保护。

兽医行业协会应当依照法律、法规、规章和章程，加强行业自律，及时反映行业诉求，为兽医人员提供信息咨询、宣传培训、权益保护、纠纷处理等方面的服务。

第六条　对在动物防疫工作中做出突出贡献的执业兽医和乡村兽医，按照国家有关规定给予表彰和奖励。

对因参与动物防疫工作致病、致残、死亡的执业兽医和乡村兽医，按照国家有关规定给予补助或者抚恤。

县级人民政府农业农村主管部门和乡（镇）人民政府应当优先确定乡村兽医作为村级动物防疫员。

第二章　执业兽医资格考试

第七条　国家实行执业兽医资格考试制度。

具备下列条件之一的，可以报名参加全国执业兽医资格考试：

（一）具有大学专科以上学历的人员或全日制高校在校生，专业符合全国执业兽医资格考试委员会公布的报考专业目录；

（二）2009年1月1日前已取得兽医师以上专业技术职称；

（三）依法备案或登记，且从事动物诊疗活动十年以上的乡村兽医。

第八条　执业兽医资格考试由农业农村部组织，全国统一大纲、统一命题、统一考试、统一评卷。

第九条　执业兽医资格考试类别分为兽医全科类和水生动物类，包含基础、预防、临床和综合应用四门科目。

第十条 农业农村部设立的全国执业兽医资格考试委员会负责审定考试科目、考试大纲，发布考试公告、确定考试试卷等，对考试工作进行监督、指导和确定合格标准。

第十一条 通过执业兽医资格考试的人员，由省、自治区、直辖市人民政府农业农村主管部门根据考试合格标准颁发执业兽医师或者执业助理兽医师资格证书。

第三章 执业备案

第十二条 取得执业兽医资格证书并在动物诊疗机构从事动物诊疗活动的，应当向动物诊疗机构所在地备案机关备案。

第十三条 具备下列条件之一的，可以备案为乡村兽医：

（一）取得中等以上兽医、畜牧（畜牧兽医）、中兽医（民族兽医）、水产养殖等相关专业学历；

（二）取得中级以上动物疫病防治员、水生物病害防治员职业技能鉴定证书或职业技能等级证书；

（三）从事村级动物防疫员工作满五年。

第十四条 执业兽医或者乡村兽医备案的，应当向备案机关提交下列材料：

（一）备案信息表；

（二）身份证明。

除前款规定的材料外，执业兽医备案还应当提交动物诊疗机构聘用证明，乡村兽医备案还应当提交学历证明、职业技能鉴定证书或职业技能等级证书等材料。

第十五条 备案材料符合要求的，应当及时予以备案；不符合要求的，应当一次性告知备案人补正相关材料。

备案机关应当优化备案办理流程，逐步实现网上统一办理，提高备案效率。

第十六条 执业兽医可以在同一县域内备案多家执业的动物诊疗机构；在不同县域从事动物诊疗活动的，应当分别向动物诊疗机构所在地备案机关备案。

执业的动物诊疗机构发生变化的，应当按规定及时更新备案信息。

第四章 执业活动管理

第十七条 患有人畜共患传染病的执业兽医和乡村兽医不得直接从事动物诊疗活动。

第十八条 执业兽医应当在备案的动物诊疗机构执业，但动物诊疗机构间的会诊、支援、应邀出诊、急救等除外。

经备案专门从事水生动物疫病诊疗的执业兽医，不得从事其他动物疫病诊疗。

乡村兽医应当在备案机关所在县域的乡村从事动物诊疗活动，不得在城区从业。

第十九条 执业兽医师可以从事动物疾病的预防、诊断、治疗和开具处方、填写诊断书、出具动物诊疗有关证明文件等活动。

执业助理兽医师可以从事动物健康检查、采样、配药、给药、针灸等活动，在执业兽医师指导下辅助开展手术、剖检活动，但不得开具处方、填写诊断书、出具动物诊疗有关证明文件。

第二十条 执业兽医师应当规范填写处方笺、病历。未经亲自诊断、治疗，不得开具处方、填写诊断书、出具动物诊疗有关证明文件。

执业兽医师不得伪造诊断结果，出具虚假动物诊疗证明文件。

第二十一条 参加动物诊疗教学实践的兽医相关专业学生和尚未取得执业兽医资格证书、在动物诊疗机构中参加工作实践的兽医相关专业毕业生，应当在执业兽医师监督、指导下协助参与动物诊疗活动。

第二十二条 执业兽医和乡村兽医在执业活动中应当履行下列义务：

（一）遵守法律、法规、规章和有关管理规定；

（二）按照技术操作规范从事动物诊疗活动；

（三）遵守职业道德，履行兽医职责；

（四）爱护动物，宣传动物保健知识和动物福利。

第二十三条 执业兽医和乡村兽医应当按照国家有关规定使用兽药和兽医器械，不得使用假劣兽药、农业农村部规定禁止使用的药品及其他化合物和不符合规定的兽医器械。

执业兽医和乡村兽医发现可能与兽药和兽医器械使用有关的严重不良反应的，应当立即向所在地人民政府农业农村主管部门报告。

第二十四条 执业兽医和乡村兽医在动物诊疗活动中，应当按照规定处理使用过的兽医器械和诊疗废弃物。

第二十五条 执业兽医和乡村兽医在动物诊

疗活动中发现动物染疫或者疑似染疫的，应当按照国家规定立即向所在地人民政府农业农村主管部门或者动物疫病预防控制机构报告，并迅速采取隔离、消毒等控制措施，防止动物疫情扩散。

执业兽医和乡村兽医在动物诊疗活动中发现动物患有或者疑似患有国家规定应当扑杀的疫病时，不得擅自进行治疗。

第二十六条 执业兽医和乡村兽医应当按照当地人民政府或者农业农村主管部门的要求，参加动物疫病预防、控制和动物疫情扑灭活动，执业兽医所在单位和乡村兽医不得阻碍、拒绝。

执业兽医和乡村兽医可以通过承接政府购买服务的方式开展动物防疫和疫病诊疗活动。

第二十七条 执业兽医应当于每年三月底前，按照县级人民政府农业农村主管部门要求如实报告上年度兽医执业活动情况。

第二十八条 县级以上地方人民政府农业农村主管部门应当建立健全日常监管制度，对辖区内执业兽医和乡村兽医执行法律、法规、规章的情况进行监督检查。

第五章 法律责任

第二十九条 违反本办法规定，执业兽医有下列行为之一的，依照《中华人民共和国动物防疫法》第一百零六条第一款的规定予以处罚：

（一）在责令暂停动物诊疗活动期间从事动物诊疗活动的；

（二）超出备案所在县域或者执业范围从事动物诊疗活动的；

（三）执业助理兽医师直接开展手术，或者开具处方、填写诊断书、出具动物诊疗有关证明文件的。

第三十条 违反本办法规定，执业兽医对患有或者疑似患有国家规定应当扑杀的疫病的动物进行治疗，造成或者可能造成动物疫病传播、流行的，依照《中华人民共和国动物防疫法》第一百零六条第二款的规定予以处罚。

第三十一条 违反本办法规定，执业兽医未按县级人民政府农业农村主管部门要求如实形成兽医执业活动情况报告的，依照《中华人民共和国动物防疫法》第一百零八条的规定予以处罚。

第三十二条 违反本办法规定，执业兽医在动物诊疗活动中有下列行为之一的，由县级以上地方人民政府农业农村主管部门责令限期改正，处一千元以上五千元以下罚款：

（一）不使用病历，或者应当开具处方未开具处方的；

（二）不规范填写处方笺、病历的；

（三）未经亲自诊断、治疗，开具处方、填写诊断书、出具动物诊疗有关证明文件的；

（四）伪造诊断结果，出具虚假动物诊疗证明文件的。

第三十三条 违反本办法规定，乡村兽医不按照备案规定区域从事动物诊疗活动的，由县级以上地方人民政府农业农村主管部门责令限期改正，处一千元以上五千元以下罚款。

第六章 附 则

第三十四条 动物饲养场、实验动物饲育单位、兽药生产企业、动物园等单位聘用的取得执业兽医资格证书的人员，可以凭聘用合同办理执业兽医备案，但不得对外开展动物诊疗活动。

第三十五条 省、自治区、直辖市人民政府农业农村主管部门根据本地区实际，可以决定执业助理兽医师在乡村独立从事动物诊疗活动，并按执业兽医师进行执业活动管理。

第三十六条 本办法所称备案机关，是指县（市辖区）级人民政府农业农村主管部门；市辖区未设立农业农村主管部门的，备案机关为上一级农业农村主管部门。

第三十七条 本办法自2022年10月7日起施行。农业部2008年11月26日公布，2013年9月28日、2013年12月31日修订的《执业兽医管理办法》和2008年11月26日公布、2019年4月25日修订的《乡村兽医管理办法》同时废止。

九、动物诊疗机构管理办法

（2022 年 8 月 22 日农业农村部第 9 次常务会议审议通过　2022 年 9 月 7 日农业农村部令 2022 年第 5 号公布　自 2022 年 10 月 7 日起施行）

第一章　总　　则

第一条　为了加强动物诊疗机构管理，规范动物诊疗行为，保障公共卫生安全，根据《中华人民共和国动物防疫法》，制定本办法。

第二条　在中华人民共和国境内从事动物诊疗活动的机构，应当遵守本办法。

本办法所称动物诊疗，是指动物疾病的预防、诊断、治疗和动物绝育手术等经营性活动，包括动物的健康检查、采样、剖检、配药、给药、针灸、手术、填写诊断书和出具动物诊疗有关证明文件等。

本办法所称动物诊疗机构，包括动物医院、动物诊所以及其他提供动物诊疗服务的机构。

第三条　农业农村部负责全国动物诊疗机构的监督管理。

县级以上地方人民政府农业农村主管部门负责本行政区域内动物诊疗机构的监督管理。

第四条　农业农村部加强信息化建设，建立健全动物诊疗机构信息管理系统。

县级以上地方人民政府农业农村主管部门应当优化许可办理流程，推行网上办理等便捷方式，加强动物诊疗机构信息管理工作。

第二章　诊疗许可

第五条　国家实行动物诊疗许可制度。从事动物诊疗活动的机构，应当取得动物诊疗许可证，并在规定的诊疗活动范围内开展动物诊疗活动。

第六条　从事动物诊疗活动的机构，应当具备下列条件：

（一）有固定的动物诊疗场所，且动物诊疗场所使用面积符合省、自治区、直辖市人民政府农业农村主管部门的规定；

（二）动物诊疗场所选址距离动物饲养场、动物屠宰加工场所、经营动物的集贸市场不少于二百米；

（三）动物诊疗场所设有独立的出入口，出入口不得设在居民住宅楼内或者院内，不得与同一建筑物的其他用户共用通道；

（四）具有布局合理的诊疗室、隔离室、药房等功能区；

（五）具有诊断、消毒、冷藏、常规化验、污水处理等器械设备；

（六）具有诊疗废弃物暂存处理设施，并委托专业处理机构处理；

（七）具有染疫或者疑似染疫动物的隔离控制措施及设施设备；

（八）具有与动物诊疗活动相适应的执业兽医；

（九）具有完善的诊疗服务、疫情报告、卫生安全防护、消毒、隔离、诊疗废弃物暂存、兽医器械、兽医处方、药物和无害化处理等管理制度。

第七条　动物诊所除具备本办法第六条规定的条件外，还应当具备下列条件：

（一）具有一名以上执业兽医师；

（二）具有布局合理的手术室和手术设备。

第八条　动物医院除具备本办法第六条规定的条件外，还应当具备下列条件：

（一）具有三名以上执业兽医师；

（二）具有X光机或者B超等器械设备；

（三）具有布局合理的手术室和手术设备。

除前款规定的动物医院外，其他动物诊疗机构不得从事动物颅腔、胸腔和腹腔手术。

第九条 从事动物诊疗活动的机构，应当向动物诊疗场所所在地的发证机关提出申请，并提交下列材料：

（一）动物诊疗许可证申请表；

（二）动物诊疗场所地理方位图、室内平面图和各功能区布局图；

（三）动物诊疗场所使用权证明；

（四）法定代表人（负责人）身份证明；

（五）执业兽医资格证书；

（六）设施设备清单；

（七）管理制度文本。

申请材料不齐全或者不符合规定条件的，发证机关应当自收到申请材料之日起五个工作日内一次性告知申请人需补正的内容。

第十条 动物诊疗机构应当使用规范的名称。未取得相应许可的，不得使用“动物诊所”或者“动物医院”的名称。

第十一条 发证机关受理申请后，应当在十五个工作日内完成对申请材料的审核和对动物诊疗场所的实地考察。符合规定条件的，发证机关应当向申请人颁发动物诊疗许可证；不符合条件的，书面通知申请人，并说明理由。

专门从事水生动物疫病诊疗的，发证机关在核发动物诊疗许可证时，应当征求同级渔业主管部门的意见。

第十二条 动物诊疗许可证应当载明诊疗机构名称、诊疗活动范围、从业地点和法定代表人（负责人）等事项。

动物诊疗许可证格式由农业农村部统一规定。

第十三条 动物诊疗机构设立分支机构的，应当按照本办法的规定另行办理动物诊疗许可证。

第十四条 动物诊疗机构变更名称或者法定代表人（负责人）的，应当在办理市场主体变更登记手续后十五个工作日内，向原发证机关申请办理变更手续。

动物诊疗机构变更从业地点、诊疗活动范围的，应当按照本办法规定重新办理动物诊疗许可手续，申请换发动物诊疗许可证。

第十五条 动物诊疗许可证不得伪造、变造、转让、出租、出借。

动物诊疗许可证遗失的，应当及时向原发证机关申请补发。

第十六条 发证机关办理动物诊疗许可证，不得向申请人收取费用。

第三章 诊疗活动管理

第十七条 动物诊疗机构应当依法从事动物诊疗活动，建立健全内部管理制度，在诊疗场所的显著位置悬挂动物诊疗许可证和公示诊疗活动从业人员基本情况。

第十八条 动物诊疗机构可以通过在本机构备案从业的执业兽医师，利用互联网等信息技术开展动物诊疗活动，活动范围不得超出动物诊疗许可证核定的诊疗活动范围。

第十九条 动物诊疗机构应当对兽医相关专业学生、毕业生参与动物诊疗活动加强监督指导。

第二十条 动物诊疗机构应当按照国家有关规定使用兽医器械和兽药，不得使用不符合规定的兽医器械、假劣兽药和农业农村部规定禁止使用的药品及其他化合物。

第二十一条 动物诊疗机构兼营动物用品、动物饲料、动物美容、动物寄养等项目的，兼营区域与动物诊疗区域应当分别独立设置。

第二十二条 动物诊疗机构应当使用载明机构名称的规范病历，包括门（急）诊病历和住院病历。病历档案保存期限不得少于三年。

病历根据不同的记录形式，分为纸质病历和电子病历。电子病历与纸质病历具有同等效力。

病历包括诊疗活动中形成的文字、符号、图表、影像、切片等内容或者资料。

第二十三条 动物诊疗机构应当为执业兽医师提供兽医处方笺，处方笺的格式和保存等应当符合农业农村部规定的兽医处方格式及应用规范。

第二十四条 动物诊疗机构安装、使用具有放射性的诊疗设备的，应当依法经生态环境主管部门批准。

第二十五条 动物诊疗机构发现动物染疫或者疑似染疫的，应当按照国家规定立即向所在地农业农村主管部门或者动物疫病预防控制机构报告，并迅速采取隔离、消毒等控制措施，防止动物疫情扩散。

动物诊疗机构发现动物患有或者疑似患有国

家规定应当扑杀的疫病时，不得擅自进行治疗。

第二十六条 动物诊疗机构应当按照国家规定处理染疫动物及其排泄物、污染物和动物病理组织等。

动物诊疗机构应当参照《医疗废物管理条例》的有关规定处理诊疗废弃物，不得随意丢弃诊疗废弃物，排放未经无害化处理的诊疗废水。

第二十七条 动物诊疗机构应当支持执业兽医按照当地人民政府或者农业农村主管部门的要求，参加动物疫病预防、控制和动物疫情扑灭活动。

动物诊疗机构可以通过承接政府购买服务的方式开展动物防疫和疫病诊疗活动。

第二十八条 动物诊疗机构应当配合农业农村主管部门、动物卫生监督机构、动物疫病预防控制机构进行有关法律法规宣传、流行病学调查和监测工作。

第二十九条 动物诊疗机构应当定期对本单位工作人员进行专业知识、生物安全以及相关政策法规培训。

第三十条 动物诊疗机构应当于每年三月底前将上年度动物诊疗活动情况向县级人民政府农业农村主管部门报告。

第三十一条 县级以上地方人民政府农业农村主管部门应当建立健全日常监管制度，对辖区内动物诊疗机构和人员执行法律、法规、规章的情况进行监督检查。

第四章 法律责任

第三十二条 违反本办法规定，动物诊疗机构有下列行为之一的，依照《中华人民共和国动物防疫法》第一百零五条第一款的规定予以处罚：

（一）超出动物诊疗许可证核定的诊疗活动范围从事动物诊疗活动的；

（二）变更从业地点、诊疗活动范围未重新办理动物诊疗许可证的。

第三十三条 使用伪造、变造、受让、租用、借用的动物诊疗许可证的，县级以上地方人民政府农业农村主管部门应当依法收缴，并依照《中华人民共和国动物防疫法》第一百零五条第一款的规定予以处罚。

第三十四条 动物诊疗场所不再具备本办法第六条、第七条、第八条规定条件，继续从事动物诊疗活动的，由县级以上地方人民政府农业农村主管部门给予警告，责令限期改正；逾期仍达不到规定条件的，由原发证机关收回、注销其动物诊疗许可证。

第三十五条 违反本办法规定，动物诊疗机构有下列行为之一的，由县级以上地方人民政府农业农村主管部门责令限期改正，处一千元以上五千元以下罚款：

（一）变更机构名称或者法定代表人（负责人）未办理变更手续的；

（二）未在诊疗场所悬挂动物诊疗许可证或者公示诊疗活动从业人员基本情况的；

（三）未使用规范的病历或未按规定为执业兽医师提供处方笺的，或者不按规定保存病历档案的；

（四）使用未在本机构备案从业的执业兽医从事动物诊疗活动的。

第三十六条 动物诊疗机构未按规定实施卫生安全防护、消毒、隔离和处置诊疗废弃物的，依照《中华人民共和国动物防疫法》第一百零五条第二款的规定予以处罚。

第三十七条 诊疗活动从业人员有下列行为之一的，依照《中华人民共和国动物防疫法》第一百零六条第一款的规定，对其所在的动物诊疗机构予以处罚：

（一）执业兽医超出备案所在县域或者执业范围从事动物诊疗活动的；

（二）执业兽医被责令暂停动物诊疗活动期间从事动物诊疗活动的；

（三）执业助理兽医师未按规定开展手术活动，或者开具处方、填写诊断书、出具动物诊疗有关证明文件的；

（四）参加教学实践的学生或者工作实践的毕业生未经执业兽医师指导开展动物诊疗活动的。

第三十八条 违反本办法规定，动物诊疗机构未按规定报告动物诊疗活动情况的，依照《中华人民共和国动物防疫法》第一百零八条的规定予以处罚。

第三十九条 县级以上地方人民政府农业农村主管部门不依法履行审查和监督管理职责，玩忽职守、滥用职权或者徇私舞弊的，依照有关规定给予处分；构成犯罪的，依法追究刑事责任。

第五章 附 则

第四十条 乡村兽医在乡村从事动物诊疗活动的，应当有固定的从业场所。

第四十一条 本办法所称发证机关，是指县（市辖区）级人民政府农业农村主管部门；市辖区未设立农业农村主管部门的，发证机关为上一级农业农村主管部门。

第四十二条 本办法自2022年10月7日起施行。农业部2008年11月26日公布，2016年5月30日、2017年11月30日修订的《动物诊疗机构管理办法》同时废止。

本办法施行前已取得动物诊疗许可证的动物诊疗机构，应当自本办法实施之日起一年内达到本办法规定的条件。

十、畜禽标识和养殖档案管理办法

（2006 年 6 月 16 日农业部第 14 次常务会议审议通过　2006 年 6 月 26 日农业部令第 67 号公布　自 2006 年 7 月 1 日起施行）

第一章　总　　则

第一条　为了规范畜牧业生产经营行为，加强畜禽标识和养殖档案管理，建立畜禽及畜禽产品可追溯制度，有效防控重大动物疫病，保障畜禽产品质量安全，依据《中华人民共和国畜牧法》《中华人民共和国动物防疫法》和《中华人民共和国农产品质量安全法》，制定本办法。

第二条　本办法所称畜禽标识是指经农业部批准使用的耳标、电子标签、脚环以及其他承载畜禽信息的标识物。

第三条　在中华人民共和国境内从事畜禽及畜禽产品生产、经营、运输等活动，应当遵守本办法。

第四条　农业部负责全国畜禽标识和养殖档案的监督管理工作。

县级以上地方人民政府畜牧兽医行政主管部门负责本行政区域内畜禽标识和养殖档案的监督管理工作。

第五条　畜禽标识制度应当坚持统一规划、分类指导、分步实施、稳步推进的原则。

第六条　畜禽标识所需费用列入省级人民政府财政预算。

第二章　畜禽标识管理

第七条　畜禽标识实行一畜一标，编码应当具有唯一性。

第八条　畜禽标识编码由畜禽种类代码、县级行政区域代码、标识顺序号共 15 位数字及专用条码组成。

猪、牛、羊的畜禽种类代码分别为 1、2、3。

编码形式为：×（种类代码）－××××××（县级行政区域代码）－××××××××（标识顺序号）。

第九条　农业部制定并公布畜禽标识技术规范，生产企业生产的畜禽标识应当符合该规范规定。

省级动物疫病预防控制机构统一采购畜禽标识，逐级供应。

第十条　畜禽标识生产企业不得向省级动物疫病预防控制机构以外的单位和个人提供畜禽标识。

第十一条　畜禽养殖者应当向当地县级动物疫病预防控制机构申领畜禽标识，并按照下列规定对畜禽加施畜禽标识：

（一）新出生畜禽，在出生后 30 天内加施畜禽标识；30 天内离开饲养地的，在离开饲养地前加施畜禽标识；从国外引进畜禽，在畜禽到达目的地 10 日内加施畜禽标识；

（二）猪、牛、羊在左耳中部加施畜禽标识，需要再次加施畜禽标识的，在右耳中部加施。

第十二条　畜禽标识严重磨损、破损、脱落后，应当及时加施新的标识，并在养殖档案中记录新标识编码。

第十三条　动物卫生监督机构实施产地检疫时，应当查验畜禽标识。没有加施畜禽标识的，不得出具检疫合格证明。

第十四条　动物卫生监督机构应当在畜禽屠

宰前，查验、登记畜禽标识。

畜禽屠宰经营者应当在畜禽屠宰时回收畜禽标识，由动物卫生监督机构保存、销毁。

第十五条　畜禽经屠宰检疫合格后，动物卫生监督机构应当在畜禽产品检疫标志中注明畜禽标识编码。

第十六条　省级人民政府畜牧兽医行政主管部门应当建立畜禽标识及所需配套设备的采购、保管、发放、使用、登记、回收、销毁等制度。

第十七条　畜禽标识不得重复使用。

第三章　养殖档案管理

第十八条　畜禽养殖场应当建立养殖档案，载明以下内容：

（一）畜禽的品种、数量、繁殖记录、标识情况、来源和进出场日期；

（二）饲料、饲料添加剂等投入品和兽药的来源、名称、使用对象、时间和用量等有关情况；

（三）检疫、免疫、监测、消毒情况；

（四）畜禽发病、诊疗、死亡和无害化处理情况；

（五）畜禽养殖代码；

（六）农业部规定的其他内容。

第十九条　县级动物疫病预防控制机构应当建立畜禽防疫档案，载明以下内容：

（一）畜禽养殖场：名称、地址、畜禽种类、数量、免疫日期、疫苗名称、畜禽养殖代码、畜禽标识顺序号、免疫人员以及用药记录等；

（二）畜禽散养户：户主姓名、地址、畜禽种类、数量、免疫日期、疫苗名称、畜禽标识顺序号、免疫人员以及用药记录等。

第二十条　畜禽养殖场、养殖小区应当依法向所在地县级人民政府畜牧兽医行政主管部门备案，取得畜禽养殖代码。

畜禽养殖代码由县级人民政府畜牧兽医行政主管部门按照备案顺序统一编号，每个畜禽养殖场、养殖小区只有一个畜禽养殖代码。

畜禽养殖代码由 6 位县级行政区域代码和 4 位顺序号组成，作为养殖档案编号。

第二十一条　饲养种畜应当建立个体养殖档案，注明标识编码、性别、出生日期、父系和母系品种类型、母本的标识编码等信息。

种畜调运时应当在个体养殖档案上注明调出和调入地，个体养殖档案应当随同调运。

第二十二条　养殖档案和防疫档案保存时间：商品猪、禽为 2 年，牛为 20 年，羊为 10 年，种畜禽长期保存。

第二十三条　从事畜禽经营的销售者和购买者应当向所在地县级动物疫病预防控制机构报告更新防疫档案相关内容。

销售者或购买者属于养殖场的，应及时在畜禽养殖档案中登记畜禽标识编码及相关信息变化情况。

第二十四条　畜禽养殖场养殖档案及种畜个体养殖档案格式由农业部统一制定。

第四章　信息管理

第二十五条　国家实施畜禽标识及养殖档案信息化管理，实现畜禽及畜禽产品可追溯。

第二十六条　农业部建立包括国家畜禽标识信息中央数据库在内的国家畜禽标识信息管理系统。

省级人民政府畜牧兽医行政主管部门建立本行政区域畜禽标识信息数据库，并成为国家畜禽标识信息中央数据库的子数据库。

第二十七条　县级以上人民政府畜牧兽医行政主管部门根据数据采集要求，组织畜禽养殖相关信息的录入、上传和更新工作。

第五章　监督管理

第二十八条　县级以上地方人民政府畜牧兽医行政主管部门所属动物卫生监督机构具体承担本行政区域内畜禽标识的监督管理工作。

第二十九条　畜禽标识和养殖档案记载的信息应当连续、完整、真实。

第三十条　有下列情形之一的，应当对畜禽、畜禽产品实施追溯：

（一）标识与畜禽、畜禽产品不符；

（二）畜禽、畜禽产品染疫；

（三）畜禽、畜禽产品没有检疫证明；

（四）违规使用兽药及其他有毒、有害物质；

（五）发生重大动物卫生安全事件；

（六）其他应当实施追溯的情形。

第三十一条　县级以上人民政府畜牧兽医行政主管部门应当根据畜禽标识、养殖档案等信息对畜禽及畜禽产品实施追溯和处理。

第三十二条 国外引进的畜禽在国内发生重大动物疫情，由农业部会同有关部门进行追溯。

第三十三条 任何单位和个人不得销售、收购、运输、屠宰应当加施标识而没有标识的畜禽。

第六章 附 则

第三十四条 违反本办法规定的，按照《中华人民共和国畜牧法》《中华人民共和国动物防疫法》和《中华人民共和国农产品质量安全法》的有关规定处罚。

第三十五条 本办法自2006年7月1日起施行，2002年5月24日农业部发布的《动物免疫标识管理办法》（农业部令第13号）同时废止。

猪、牛、羊以外其他畜禽标识实施时间和具体措施由农业部另行规定。

十一、家畜遗传材料生产许可办法

（2010 年 1 月 21 日农业部令 2010 年第 5 号公布　2015 年 10 月 30 日农业部令 2015 年第 3 号修订）

第一章　总　　则

第一条　为加强家畜冷冻精液、胚胎、卵子等遗传材料（以下简称家畜遗传材料）生产的管理，根据《中华人民共和国畜牧法》，制定本办法。

第二条　本办法所称冷冻精液，是指经超低温冷冻保存的家畜精液。

本办法所称胚胎，是指用人工方法获得的家畜早期胚胎，包括体内受精胚胎和体外受精胚胎。

本办法所称卵子，是指母畜卵巢所产生的卵母细胞，包括体外培养卵母细胞。

第三条　从事家畜遗传材料生产的单位和个人，应当依照本办法取得省级人民政府畜牧兽医行政主管部门核发的《种畜禽生产经营许可证》。

第二章　申　　报

第四条　从事家畜遗传材料生产的单位和个人，应当具备下列条件：

（一）与生产规模相适应的家畜饲养、繁育、治疗场地和家畜遗传材料生产、质量检测、产品储存、档案管理场所；

（二）与生产规模相适应的家畜饲养和遗传材料生产、检测、保存、运输等设施设备。其中，生产冷冻精液应当配备精子密度测定仪、相差显微镜、分析天平、细管精液分装机、细管印字机、精液冷冻程控仪、低温平衡柜、超低温贮存设备等仪器设备；生产胚胎和卵子应当配备超净台或洁净间、体视显微镜、超低温贮存设备等，生产体外胚胎还应当配备二氧化碳培养箱等仪器设备；

（三）种畜为通过国家畜禽遗传资源委员会审定或者鉴定的品种，或者为农业部批准引进的境外品种，并符合种用标准；

（四）体外受精取得的胚胎、使用的卵子来源明确，三代系谱清楚，供体畜符合国家规定的种畜健康标准和质量要求；

（五）饲养的种畜达到农业部规定的数量。其中，生产牛冷冻精液的合格采精种公牛数量不少于 50 头，生产羊冷冻精液的合格采精种公羊数量不少于 100 只；生产牛胚胎的一级以上基础母牛不少于 200 头，生产羊胚胎的一级以上基础母羊不少于 300 只；生产牛卵子的一级以上基础母牛不少于 100 头，生产羊卵子的一级以上基础母羊不少于 200 只；其他家畜品种的种畜饲养数量由农业部另行规定；

（六）有 5 名以上畜牧兽医技术人员。其中，主要技术负责人应当具有畜牧兽医类高级技术职称或者本科以上学历，并在本专业工作 5 年以上；产品质量检验人员应当在本专业工作 2 年以上，并经培训合格；初级以上技术职称或者大专以上学历的技术人员数量应当占技术人员总数的 80% 以上；具有提供诊疗服务的执业兽医；

（七）具备法律、行政法规和农业部规定的防疫条件；

（八）建立相应的管理规章制度，包括岗位责任制、产品质量控制和保障措施、生产销售记录制度等。

第五条　申请取得家畜遗传材料生产许可的，应当向所在地省级人民政府畜牧兽医行政主管部门提出，并提交以下材料：

（一）申请表；

（二）生产条件说明材料；

（三）家畜遗传材料供体畜的原始系谱复印件；优良种畜证书复印件；从国内引进的种畜及遗传材料提供引种场的《种畜禽生产经营许可证》复印件，从境外引进的种畜及遗传材料提供农业部审批复印件；生产卵子、提供胚胎的供体畜来源证明；

（四）仪器设备检定报告复印件；

（五）技术人员资格证书或者学历证书及培训合格证明的复印件；

（六）动物防疫条件合格证复印件；

（七）饲养、繁育、生产、质量检测、储存等管理制度；

（八）申请换发家畜遗传材料生产许可证的，应当提供近三年内家畜遗传材料的生产和销售情况；

（九）农业部规定的其他技术材料。

申请材料不齐全，或者不符合法定形式的，省级人民政府畜牧兽医行政主管部门应当当场或者自收到申请材料之日起 5 个工作日内，一次告知申请人需要补正的全部内容。

第六条 省级人民政府畜牧兽医行政主管部门自受理申请之日起 10 个工作日内完成书面审查。对通过书面审查的，组织专家现场评审。

第七条 农业部设立家畜遗传材料生产许可专家库，负责家畜遗传材料生产许可的技术支撑工作。

第三章 现场评审

第八条 现场评审实行专家组负责制。专家组由省级人民政府畜牧兽医行政主管部门指定的 5 名以上畜牧兽医专业高级技术职称人员组成，人数为单数，可以从农业部家畜遗传材料生产许可专家库中选取。

专家组组长负责现场评审的召集、组织和汇总现场评审意见等工作。

第九条 专家组应当对家畜遗传材料生产场所及布局、仪器设备、防疫等基本条件进行审查。

第十条 专家组应当根据家畜种用标准和全国畜牧总站公布的种公牛育种值，对家畜冷冻精液、胚胎、卵子的供体畜逐一进行评定。

第十一条 专家组应当对技术人员的相关法律法规、生产规程、产品技术标准等知识进行理论考核；对家畜冷冻精液、胚胎、卵子的完整生产流程进行考核，并随机抽取 3 个以上关键环节，对相关技术人员进行实际操作考核。

第十二条 专家组应当抽查 30%以上的仪器设备，对设备的性能与分辨率、完好率、操作规程、使用记录、检测情况等内容进行核查。

第十三条 申请人应当在专家组的监督下，对每头供体畜生产的冷冻精液、3%供体畜生产的胚胎和卵子进行现场随机取样封存，送具有法定资质的种畜禽质量检验机构检测。

第十四条 现场评审完成后，专家组应当形成书面评审意见，由专家组成员签字确认。

评审意见书包括以下内容：

（一）申报材料核查情况；

（二）生产基本条件审查结论；

（三）家畜遗传材料供体评定结果；

（四）技术人员理论和实际操作考核结果；

（五）家畜饲养、繁育和遗传材料生产、产品质量控制、质量检测等规章制度落实情况。

评审意见一式三份，一份交申请人保存，两份报省级人民政府畜牧兽医行政主管部门。

第十五条 现场评审应当自书面审查通过之日起 40 个工作日内完成。

第四章 审批及监督管理

第十六条 省级人民政府畜牧兽医行政主管部门自收到现场评审意见和家畜遗传材料质量检测报告后 10 个工作日内，决定是否发放《种畜禽生产经营许可证》。不予发放的，书面通知申请人，并说明理由。

第十七条 有下列情形之一的，不予发放《种畜禽生产经营许可证》：

（一）现场评审不合格的；

（二）冷冻精液质量检测合格的供体畜数量低于本办法第四条第五项规定的；

（三）送检的胚胎或者卵子质量检测不合格的。

第十八条 省级人民政府畜牧兽医行政主管部门在核发生产家畜冷冻精液的《种畜禽生产经营许可证》的同时，公布合格供体畜的编号。

家畜冷冻精液生产单位和个人在许可证有效期内新增供体畜的，应当及时向省级人民政府畜

牧兽医行政主管部门申报。省级人民政府畜牧兽医行政主管部门按照本办法的规定组织对供体畜进行现场评审及冷冻精液质量检测，符合规定条件的，公布供体畜编号。

未经公布编号的供体畜，不得投入生产。

生产单位和个人应当及时淘汰冷冻精液不合格的供体畜。拒不淘汰的，由省级人民政府畜牧兽医行政主管部门公布不合格供体畜的编号，并依法予以处罚。

第十九条 省级人民政府畜牧兽医行政主管部门核发的家畜遗传材料《种畜禽生产经营许可证》有效期3年。期满继续从事家畜遗传材料生产的，申请人应当在许可证有效期满5个月前，依照本办法规定重新提出申请。

第二十条 已取得家畜遗传材料《种畜禽生产经营许可证》的单位和个人，申请扩大家畜遗传材料生产范围时，省级人民政府畜牧兽医行政主管部门可在组织现场评审环节适当简化相关程序。

第二十一条 省级人民政府畜牧兽医行政主管部门应当自发放家畜遗传材料《种畜禽生产经营许可证》起20个工作日内，将现场评审、质量检测报告、批准发放家畜遗传材料《种畜禽生产经营许可证》公告等有关材料报农业部备案。

第二十二条 农业部可以对取得家畜遗传材料《种畜禽生产经营许可证》的单位和个人实施监督检查和质量抽查，对不符合要求的，通报所在地省级人民政府畜牧兽医行政主管部门处理，必要时由农业部依法处理。

第二十三条 县级以上人民政府畜牧兽医行政主管部门依法对家畜遗传材料生产活动实施监督检查和质量抽查，对违反本办法从事家畜遗传材料生产活动的，依照《中华人民共和国畜牧法》的有关规定处罚。

第五章 附 则

第二十四条 不从事家畜遗传材料生产、只从事经营活动的单位和个人，应当依照省级人民政府的规定取得《种畜禽生产经营许可证》。

第二十五条 本办法自2010年3月1日起施行。1998年11月5日农业部发布的《〈种畜禽生产经营许可证〉管理办法》（农业部令第4号）同时废止。

十二、兽药生产质量管理规范

（2002 年 3 月 19 日农业部常务会议审议通过　2002 年 3 月 19 日农业部令第 11 号公布　农业农村部 2020 年 4 月 2 日第 6 次常务会议审议通过　2022 年 4 月 21 日农业农村部令 2022 年第 3 号公布　自 2020 年 6 月 1 日起施行）

第一章　总　　则

第一条　为加强兽药生产质量管理，根据《兽药管理条例》，制定兽药生产质量管理规范（兽药 GMP）。

第二条　本规范是兽药生产管理和质量控制的基本要求，旨在确保持续稳定地生产出符合注册要求的兽药。

第三条　企业应当严格执行本规范，坚持诚实守信，禁止任何虚假、欺骗行为。

第二章　质量管理

第一节　原　　则

第四条　企业应当建立符合兽药质量管理要求的质量目标，将兽药有关安全、有效和质量可控的所有要求，系统地贯彻到兽药生产、控制及产品放行、贮存、销售的全过程中，确保所生产的兽药符合注册要求。

第五条　企业高层管理人员应当确保实现既定的质量目标，不同层次的人员应当共同参与并承担各自的责任。

第六条　企业配备的人员、厂房、设施和设备等条件，应当满足质量目标的需要。

第二节　质量保证

第七条　企业应当建立质量保证系统，同时建立完整的文件体系，以保证系统有效运行。

企业应当对高风险产品的关键生产环节建立信息化管理系统，进行在线记录和监控。

第八条　质量保证系统应当确保：

（一）兽药的设计与研发体现本规范的要求；

（二）生产管理和质量控制活动符合本规范的要求；

（三）管理职责明确；

（四）采购和使用的原辅料和包装材料符合要求；

（五）中间产品得到有效控制；

（六）确认、验证的实施；

（七）严格按照规程进行生产、检查、检验和复核；

（八）每批产品经质量管理负责人批准后方可放行；

（九）在贮存、销售和随后的各种操作过程中有保证兽药质量的适当措施；

（十）按照自检规程，定期检查评估质量保证系统的有效性和适用性。

第九条　兽药生产质量管理的基本要求：

（一）制定生产工艺，系统地回顾并证明其可持续稳定地生产出符合要求的产品；

（二）生产工艺及影响产品质量的工艺变更均须经过验证；

（三）配备所需的资源，至少包括：

1. 具有相应能力并经培训合格的人员；

2. 足够的厂房和空间；

3. 适用的设施、设备和维修保障；

4. 正确的原辅料、包装材料和标签；

5. 经批准的工艺规程和操作规程；

6. 适当的贮运条件。

（四）应当使用准确、易懂的语言制定操作规程。

（五）操作人员经过培训，能够按照操作规程正确操作。

（六）生产全过程应当有记录，偏差均经过调查并记录。

（七）批记录、销售记录和电子追溯码信息应当能够追溯批产品的完整历史，并妥善保存、便于查阅。

（八）采取适当的措施，降低兽药销售过程中的质量风险。

（九）建立兽药召回系统，确保能够召回已销售的产品。

（十）调查导致兽药投诉和质量缺陷的原因，并采取措施，防止类似投诉和质量缺陷再次发生。

第三节　质量控制

第十条　质量控制包括相应的组织机构、文件系统以及取样、检验等，确保物料或产品在放行前完成必要的检验，确认其质量符合要求。

第十一条　质量控制的基本要求：

（一）应当配备适当的设施、设备、仪器和经过培训的人员，有效、可靠地完成所有质量控制的相关活动；

（二）应当有批准的操作规程，用于原辅料、包装材料、中间产品和成品的取样、检查、检验以及产品的稳定性考察，必要时进行环境监测，以确保符合本规范的要求；

（三）由经授权的人员按照规定的方法对原辅料、包装材料、中间产品和成品取样；

（四）检验方法应当经过验证或确认；

（五）应当按照质量标准对物料、中间产品和成品进行检查和检验；

（六）取样、检查、检验应当有记录，偏差应当经过调查并记录；

（七）物料和成品应当有足够的留样，以备必要的检查或检验；除最终包装容器过大的成品外，成品的留样包装应当与最终包装相同。最终包装容器过大的成品应使用材质和结构一样的市售模拟包装。

第四节　质量风险管理

第十二条　质量风险管理是在整个产品生命周期中采用前瞻或回顾的方式，对质量风险进行识别、评估、控制、沟通、审核的系统过程。

第十三条　应当根据科学知识及经验对质量风险进行评估，以保证产品质量。

第十四条　质量风险管理过程所采用的方法、措施、形式及形成的文件应当与存在风险的级别相适应。

第三章　机构与人员

第一节　原　　则

第十五条　企业应当建立与兽药生产相适应的管理机构，并有组织机构图。

企业应当设立独立的质量管理部门，履行质量保证和质量控制的职责。质量管理部门可以分别设立质量保证部门和质量控制部门。

第十六条　质量管理部门应当参与所有与质量有关的活动，负责审核所有与本规范有关的文件。质量管理部门人员不得将职责委托给其他部门的人员。

第十七条　企业应当配备足够数量并具有相应能力（含学历、培训和实践经验）的管理和操作人员，应当明确规定每个部门和每个岗位的职责。岗位职责不得遗漏，交叉的职责应当有明确规定。每个人承担的职责不得过多。

所有人员应当明确并理解自己的职责，熟悉与其职责相关的要求，并接受必要的培训，包括上岗前培训和继续培训。

第十八条　职责通常不得委托给他人。确需委托的，其职责应委托给具有相当资质的指定人员。

第二节　关键人员

第十九条　关键人员应当为企业的全职人员，至少包括企业负责人、生产管理负责人和质量管理负责人。

质量管理负责人和生产管理负责人不得互相兼任。企业应当制定操作规程确保质量管理负责人独立履行职责，不受企业负责人和其他人员的干扰。

第二十条　企业负责人是兽药质量的主要责任人，全面负责企业日常管理。为确保企业实现质量目标并按照本规范要求生产兽药，企业负责人负责提供并合理计划、组织和协调必要的资源，保证质量管理部门独立履行其职责。

第二十一条　生产管理负责人

（一）资质：

生产管理负责人应当至少具有药学、兽医学、生物学、化学等相关专业本科学历（中级专业技术职称），具有至少三年从事兽药（药品）生产或质量管理的实践经验，其中至少有一年的兽药（药品）生产管理经验，接受过与所生产产品相关的专业知识培训。

（二）主要职责：

1. 确保兽药按照批准的工艺规程生产、贮存，以保证兽药质量；

2. 确保严格执行与生产操作相关的各种操作规程；

3. 确保批生产记录和批包装记录已经指定人员审核并送交质量管理部门；

4. 确保厂房和设备的维护保养，以保持其良好的运行状态；

5. 确保完成各种必要的验证工作；

6. 确保生产相关人员经过必要的上岗前培训和继续培训，并根据实际需要调整培训内容。

第二十二条 质量管理负责人

（一）资质：

质量管理负责人应当至少具有药学、兽医学、生物学、化学等相关专业本科学历（中级专业技术职称），具有至少五年从事兽药（药品）生产或质量管理的实践经验，其中至少一年的兽药（药品）质量管理经验，接受过与所生产产品相关的专业知识培训。

（二）主要职责：

1. 确保原辅料、包装材料、中间产品和成品符合工艺规程的要求和质量标准；

2. 确保在产品放行前完成对批记录的审核；

3. 确保完成所有必要的检验；

4. 批准质量标准、取样方法、检验方法和其他质量管理的操作规程；

5. 审核和批准所有与质量有关的变更；

6. 确保所有重大偏差和检验结果超标已经过调查并得到及时处理；

7. 监督厂房和设备的维护，以保持其良好的运行状态；

8. 确保完成各种必要的确认或验证工作，审核和批准确认或验证方案和报告；

9. 确保完成自检；

10. 评估和批准物料供应商；

11. 确保所有与产品质量有关的投诉已经过调查，并得到及时、正确的处理；

12. 确保完成产品的持续稳定性考察计划，提供稳定性考察的数据；

13. 确保完成产品质量回顾分析；

14. 确保质量控制和质量保证人员都已经过必要的上岗前培训和继续培训，并根据实际需要调整培训内容。

第三节 培 训

第二十三条 企业应当指定部门或专人负责培训管理工作，应当有批准的培训方案或计划，培训记录应当予以保存。

第二十四条 与兽药生产、质量有关的所有人员都应当经过培训，培训的内容应当与岗位的要求相适应。除进行本规范理论和实践的培训外，还应当有相关法规、相应岗位的职责、技能的培训，并定期评估培训实际效果。应对检验人员进行检验能力考核，合格后上岗。

第二十五条 高风险操作区（如高活性、高毒性、传染性、高致敏性物料的生产区）的工作人员应当接受专门的专业知识和安全防护要求的培训。

第四节 人员卫生

第二十六条 企业应当建立人员卫生操作规程，最大限度地降低人员对兽药生产造成污染的风险。

第二十七条 人员卫生操作规程应当包括与健康、卫生习惯及人员着装相关的内容。企业应当采取措施确保人员卫生操作规程的执行。

第二十八条 企业应当对人员健康进行管理，并建立健康档案。直接接触兽药的生产人员上岗前应当接受健康检查，以后每年至少进行一次健康检查。

第二十九条 企业应当采取适当措施，避免体表有伤口、患有传染病或其他疾病可能污染兽药的人员从事直接接触兽药的生产活动。

第三十条 参观人员和未经培训的人员不得进入生产区和质量控制区，特殊情况确需进入的，应当经过批准，并对进入人员的个人卫生、更衣等事项进行指导。

第三十一条 任何进入生产区的人员均应当按照规定更衣。工作服的选材、式样及穿戴方式应当与所从事的工作和空气洁净度级别要求相适应。

第三十二条 进入洁净生产区的人员不得化妆和佩戴饰物。

第三十三条 生产区、检验区、仓储区应当禁止吸烟和饮食，禁止存放食品、饮料、香烟和个人用品等非生产用物品。

第三十四条 操作人员应当避免裸手直接接触兽药以及与兽药直接接触的容器具、包装材料和设备表面。

第四章 厂房与设施

第一节 原 则

第三十五条 厂房的选址、设计、布局、建造、改造和维护必须符合兽药生产要求，应当能够最大限度地避免污染、交叉污染、混淆和差错，便于清洁、操作和维护。

第三十六条 应当根据厂房及生产防护措施综合考虑选址，厂房所处的环境应当能够最大限度地降低物料或产品遭受污染的风险。

第三十七条 企业应当有整洁的生产环境；厂区的地面、路面等设施及厂内运输等活动不得对兽药的生产造成污染；生产、行政、生活和辅助区的总体布局应当合理，不得互相妨碍；厂区和厂房内的人、物流走向应当合理。

第三十八条 应当对厂房进行适当维护，并确保维修活动不影响兽药的质量。应当按照详细的书面操作规程对厂房进行清洁或必要的消毒。

第三十九条 厂房应当有适当的照明、温度、湿度和通风，确保生产和贮存的产品质量以及相关设备性能不会直接或间接地受到影响。

第四十条 厂房、设施的设计和安装应当能够有效防止昆虫或其他动物进入。应当采取必要的措施，避免所使用的灭鼠药、杀虫剂、烟熏剂等对设备、物料、产品造成污染。

第四十一条 应当采取适当措施，防止未经批准人员的进入。生产、贮存和质量控制区不得作为非本区工作人员的直接通道。

第四十二条 应当保存厂房、公用设施、固定管道建造或改造后的竣工图纸。

第二节 生 产 区

第四十三条 为降低污染和交叉污染的风险，厂房、生产设施和设备应当根据所生产兽药的特性、工艺流程及相应洁净度级别要求合理设计、布局和使用，并符合下列要求：

（一）应当根据兽药的特性、工艺等因素，确定厂房、生产设施和设备供多产品共用的可行性，并有相应的评估报告。

（二）生产青霉素类等高致敏性兽药应使用相对独立的厂房、生产设施及专用的空气净化系统，分装室应保持相对负压，排至室外的废气应经净化处理并符合要求，排风口应远离其他空气净化系统的进风口。如需利用停产的该类车间分装其他产品时，则必须进行清洁处理，不得有残留并经测试合格后才能生产其他产品。

（三）生产高生物活性兽药（如性激素类等）应使用专用的车间、生产设施及空气净化系统，并与其他兽药生产区严格分开。

（四）生产吸入麻醉剂类兽药应使用专用的车间、生产设施及空气净化系统；配液和分装工序应保持相对负压，其空调排风系统采用全排风，不得利用回风方式。

（五）兽用生物制品应按微生物类别、性质的不同分开生产。强毒菌种与弱毒菌种、病毒与细菌、活疫苗与灭活疫苗、灭活前与灭活后、脱毒前与脱毒后其生产操作区域和储存设备等应严格分开。

生产兽用生物制品涉及高致病性病原微生物、有感染人风险的人兽共患病病原微生物以及芽孢类微生物的，应在生物安全风险评估基础上，至少采取专用区域、专用设备和专用空调排风系统等措施，确保生物安全。有生物安全三级防护要求的兽用生物制品的生产，还应符合相关规定。

（六）用于上述第（二）、（三）、（四）、（五）项的空调排风系统，其排风应当经过无害化处理。

（七）生产厂房不得用于生产非兽药产品。

（八）对易燃易爆、腐蚀性强的消毒剂（如固体含氯制剂等）生产车间和仓库应设置独立的建筑物。

第四十四条 生产区和贮存区应当有足够的空间，确保有序地存放设备、物料、中间产品和成品，避免不同产品或物料的混淆、交叉污染，避免生产或质量控制操作发生遗漏或差错。

第四十五条 应当根据兽药品种、生产操作要求及外部环境状况等配置空气净化系统，使生产区有效通风，并有温度、湿度控制和空气净化过滤，保证兽药的生产环境符合要求。

洁净区与非洁净区之间、不同级别洁净区之间的压差应当不低于10帕斯卡。必要时，相同洁净度级别的不同功能区域（操作间）之间也应当保持适当的压差梯度，并应有指示压差的装置和

（或）设置监控系统。

兽药生产洁净室（区）分为A级、B级、C级和D级4个级别。生产不同类别兽药的洁净室（区）设计应当符合相应的洁净度要求，包括达到“静态”和“动态”的标准。

第四十六条 洁净区的内表面（墙壁、地面、天棚）应当平整光滑、无裂缝、接口严密、无颗粒物脱落，避免积尘，便于有效清洁，必要时应当进行消毒。

第四十七条 各种管道、工艺用水的水处理及其配套设施、照明设施、风口和其他公用设施的设计和安装应当避免出现不易清洁的部位，应当尽可能在生产区外部对其进行维护。

与无菌兽药直接接触的干燥用空气、压缩空气和惰性气体应经净化处理，其洁净程度、管道材质等应与对应的洁净区的要求相一致。

第四十八条 排水设施应当大小适宜，并安装防止倒灌的装置。含高致病性病原微生物以及有感染人风险的人兽共患病病原微生物的活毒废水，应有有效的无害化处理设施。

第四十九条 制剂的原辅料称量通常应当在专门设计的称量室内进行。

第五十条 产尘操作间（如干燥物料或产品的取样、称量、混合、包装等操作间）应当保持相对负压或采取专门的措施，防止粉尘扩散、避免交叉污染并便于清洁。

第五十一条 用于兽药包装的厂房或区域应当合理设计和布局，以避免混淆或交叉污染。如同一区域内有数条包装线，应当有隔离措施。

第五十二条 生产区应根据功能要求提供足够的照明，目视操作区域的照明应当满足操作要求。

第五十三条 生产区内可设中间产品检验区域，但中间产品检验操作不得给兽药带来质量风险。

第三节 仓 储 区

第五十四条 仓储区应当有足够的空间，确保有序存放待验、合格、不合格、退货或召回的原辅料、包装材料、中间产品和成品等各类物料和产品。

第五十五条 仓储区的设计和建造应当确保良好的仓储条件，并有通风和照明设施。仓储区应当能够满足物料或产品的贮存条件（如温湿度、避光）和安全贮存的要求，并进行检查和监控。

第五十六条 如采用单独的隔离区域贮存待验物料或产品，待验区应当有醒目的标识，且仅限经批准的人员出入。

不合格、退货或召回的物料或产品应当隔离存放。

如果采用其他方法替代物理隔离，则该方法应当具有同等的安全性。

第五十七条 易燃、易爆和其他危险品的生产和贮存的厂房设施应符合国家有关规定。兽用麻醉药品、精神药品、毒性药品的贮存设施应符合有关规定。

第五十八条 高活性的物料或产品以及印刷包装材料应当贮存于安全的区域。

第五十九条 接收、发放和销售区域及转运过程应当能够保护物料、产品免受外界天气（如雨、雪）的影响。接收区的布局和设施，应当能够确保物料在进入仓储区前可对外包装进行必要的清洁。

第六十条 贮存区域应当设置托盘等设施，避免物料、成品受潮。

第六十一条 应当有单独的物料取样区，取样区的空气洁净度级别应当与生产要求相一致。如在其他区域或采用其他方式取样，应当能够防止污染或交叉污染。

第四节 质量控制区

第六十二条 质量控制实验室通常应当与生产区分开。根据生产品种，应有相应符合无菌检查、微生物限度检查和抗生素微生物检定等要求的实验室。生物检定和微生物实验室还应当彼此分开。

第六十三条 实验室的设计应当确保其适用于预定的用途，并能够避免混淆和交叉污染，应当有足够的区域用于样品处置、留样和稳定性考察样品的存放以及记录的保存。

第六十四条 有特殊要求的仪器应当设置专门的仪器室，使灵敏度高的仪器免受静电、震动、潮湿或其他外界因素的干扰。

第六十五条 处理生物样品等特殊物品的实验室应当符合国家的有关要求。

第六十六条 实验动物房应当与其他区域严格分开，其设计、建造应当符合国家有关规定，并设有专用的空气处理设施以及动物的专用通道。如需采用动物生产兽用生物制品，生产用动物房必须单独设置，并设有专用的空气处理设施以及动物的专用通道。

生产兽用生物制品的企业应设置检验用动物实验室。同一集团控股的不同生物制品生产企业，可由每个生产企业分别设置检验用动物实验室或委托集团内具备相应检验条件和能力的生产企业进行有关动物实验。有生物安全三级防护要求的兽用生物制品检验用实验室和动物实验室，还应符合相关规定。

生产兽用生物制品外其他需使用动物进行检验的兽药产品，兽药生产企业可采取自行设置检验用动物实验室或委托其他单位进行有关动物实验。接受委托检验的单位，其检验用动物实验室必须具备相应的检验条件，并应符合相关规定要求。采取委托检验的，委托方对检验结果负责。

第五节　辅 助 区

第六十七条　休息室的设置不得对生产区、仓储区和质量控制区造成不良影响。

第六十八条　更衣室和盥洗室应当方便人员进出，并与使用人数相适应。盥洗室不得与生产区和仓储区直接相通。

第六十九条　维修间应当尽可能远离生产区。存放在洁净区内的维修用备件和工具，应当放置在专门的房间或工具柜中。

第五章　设　　备

第一节　原　　则

第七十条　设备的设计、选型、安装、改造和维护必须符合预定用途，应当尽可能降低产生污染、交叉污染、混淆和差错的风险，便于操作、清洁、维护以及必要时进行的消毒或灭菌。

第七十一条　应当建立设备使用、清洁、维护和维修的操作规程，以保证设备的性能，应按规程使用设备并记录。

第七十二条　主要生产和检验设备、仪器、衡器均应建立设备档案，内容包括：生产厂家、型号、规格、技术参数、说明书、设备图纸、备件清单、安装位置及竣工图，以及检修和维修保养内容及记录、验证记录、事故记录等。

第二节　设计和安装

第七十三条　生产设备应当避免对兽药质量产生不利影响。与兽药直接接触的生产设备表面应当平整、光洁、易清洗或消毒、耐腐蚀，不得与兽药发生化学反应、吸附兽药或向兽药中释放物质而影响产品质量。

第七十四条　生产、检验设备的性能、参数应能满足设计要求和实际生产需求，并应当配备有适当量程和精度的衡器、量具、仪器和仪表。相关设备还应符合实施兽药产品电子追溯管理的要求。

第七十五条　应当选择适当的清洗、清洁设备，并防止这类设备成为污染源。

第七十六条　设备所用的润滑剂、冷却剂等不得对兽药或容器造成污染，与兽药可能接触的部位应当使用食用级或级别相当的润滑剂。

第七十七条　生产用模具的采购、验收、保管、维护、发放及报废应当制定相应操作规程，设专人专柜保管，并有相应记录。

第三节　使用、维护和维修

第七十八条　主要生产和检验设备都应当有明确的操作规程。

第七十九条　生产设备应当在确认的参数范围内使用。

第八十条　生产设备应当有明显的状态标识，标明设备编号、名称、运行状态等。运行的设备应当标明内容物的信息，如名称、规格、批号等，没有内容物的生产设备应当标明清洁状态。

第八十一条　与设备连接的主要固定管道应当标明内容物名称和流向。

第八十二条　应当制定设备的预防性维护计划，设备的维护和维修应当有相应的记录。

第八十三条　设备的维护和维修应保持设备的性能，并不得影响产品质量。

第八十四条　经改造或重大维修的设备应当进行再确认，符合要求后方可继续使用。

第八十五条　不合格的设备应当搬出生产和质量控制区，如未搬出，应当有醒目的状态标识。

第八十六条　用于兽药生产或检验的设备和仪器，应当有使用和维修、维护记录，使用记录内容包括使用情况、日期、时间、所生产及检验的兽药名称、规格和批号等。

第四节　清洁和卫生

第八十七条　兽药生产设备应保持良好的清洁卫生状态，不得对兽药的生产造成污染和交叉污染。

第八十八条　生产、检验设备及器具均应制定清洁操作规程，并按照规程进行清洁和记录。

第八十九条　已清洁的生产设备应当在清洁、

干燥的条件下存放。

第五节　检定或校准

第九十条　应当根据国家标准及仪器使用特点对生产和检验用衡器、量具、仪表、记录和控制设备以及仪器制定检定（校准）计划，检定（校准）的范围应当涵盖实际使用范围。应按计划进行检定或校准，并保存相关证书、报告或记录。

第九十一条　应当确保生产和检验使用的衡器、量具、仪器仪表经过校准，控制设备得到确认，确保得到的数据准确、可靠。

第九十二条　仪器的检定和校准应当符合国家有关规定，应保证校验数据的有效性。

自校仪器、量具应制定自校规程，并具备自校设施条件，校验人员具有相应资质，并做好校验记录。

第九十三条　衡器、量具、仪表、用于记录和控制的设备以及仪器应当有明显的标识，标明其检定或校准有效期。

第九十四条　在生产、包装、仓储过程中使用自动或电子设备的，应当按照操作规程定期进行校准和检查，确保其操作功能正常。校准和检查应当有相应的记录。

第六节　制药用水

第九十五条　制药用水应当适合其用途，并符合《中华人民共和国兽药典》的质量标准及相关要求。制药用水至少应当采用饮用水。

第九十六条　水处理设备及其输送系统的设计、安装、运行和维护应当确保制药用水达到设定的质量标准。水处理设备的运行不得超出其设计能力。

第九十七条　纯化水、注射用水储罐和输送管道所用材料应当无毒、耐腐蚀；储罐的通气口应当安装不脱落纤维的疏水性除菌滤器；管道的设计和安装应当避免死角、盲管。

第九十八条　纯化水、注射用水的制备、贮存和分配应当能够防止微生物的滋生。纯化水可采用循环，注射用水可采用70℃以上保温循环。

第九十九条　应当对制药用水及原水的水质进行定期监测，并有相应的记录。

第一百条　应当按照操作规程对纯化水、注射用水管道进行清洗消毒，并有相关记录。发现制药用水微生物污染达到警戒限度、纠偏限度时应当按照操作规程处理。

第六章　物料与产品

第一节　原　　则

第一百零一条　兽药生产所用的原辅料、与兽药直接接触的包装材料应当符合兽药标准、药品标准、包装材料标准或其他有关标准。兽药上直接印字所用油墨应当符合食用标准要求。

进口原辅料应当符合国家相关的进口管理规定。

第一百零二条　应当建立相应的操作规程，确保物料和产品的正确接收、贮存、发放、使用和销售，防止污染、交叉污染、混淆和差错。

物料和产品的处理应当按照操作规程或工艺规程执行，并有记录。

第一百零三条　物料供应商的确定及变更应当进行质量评估，并经质量管理部门批准后方可采购。必要时对关键物料进行现场考查。

第一百零四条　物料和产品的运输应当能够满足质量和安全的要求，对运输有特殊要求的，其运输条件应当予以确认。

第一百零五条　原辅料、与兽药直接接触的包装材料和印刷包装材料的接收应当有操作规程，所有到货物料均应当检查，确保与订单一致，并确认供应商已经质量管理部门批准。

物料的外包装应当有标签，并注明规定的信息。必要时应当进行清洁，发现外包装损坏或其他可能影响物料质量的问题，应当向质量管理部门报告并进行调查和记录。

每次接收均应当有记录，内容包括：

（一）交货单和包装容器上所注物料的名称；

（二）企业内部所用物料名称和（或）代码；

（三）接收日期；

（四）供应商和生产商（如不同）的名称；

（五）供应商和生产商（如不同）标识的批号；

（六）接收总量和包装容器数量；

（七）接收后企业指定的批号或流水号；

（八）有关说明（如包装状况）；

（九）检验报告单等合格性证明材料。

第一百零六条　物料接收和成品生产后应当及时按照待验管理，直至放行。

第一百零七条　物料和产品应当根据其性质有序分批贮存和周转，发放及销售应当符合先进

先出和近效期先出的原则。

第一百零八条 使用计算机化仓储管理的，应当有相应的操作规程，防止因系统故障、停机等特殊情况而造成物料和产品的混淆和差错。

第二节 原 辅 料

第一百零九条 应当制定相应的操作规程，采取核对或检验等适当措施，确认每一批次的原辅料准确无误。

第一百一十条 一次接收数个批次的物料，应当按批取样、检验、放行。

第一百一十一条 仓储区内的原辅料应当有适当的标识，并至少标明下述内容：

（一）指定的物料名称或企业内部的物料代码；

（二）企业接收时设定的批号；

（三）物料质量状态（如待验、合格、不合格、已取样）；

（四）有效期或复验期。

第一百一十二条 只有经质量管理部门批准放行并在有效期或复验期内的原辅料方可使用。

第一百一十三条 原辅料应当按照有效期或复验期贮存。贮存期内，如发现对质量有不良影响的特殊情况，应当进行复验。

第三节 中间产品

第一百一十四条 中间产品应当在适当的条件下贮存。

第一百一十五条 中间产品应当有明确的标识，并至少标明下述内容：

（一）产品名称或企业内部的产品代码；

（二）产品批号；

（三）数量或重量（如毛重、净重等）；

（四）生产工序（必要时）；

（五）产品质量状态（必要时，如待验、合格、不合格、已取样）。

第四节 包装材料

第一百一十六条 与兽药直接接触的包装材料以及印刷包装材料的管理和控制要求与原辅料相同。

第一百一十七条 包装材料应当由专人按照操作规程发放，并采取措施避免混淆和差错，确保用于兽药生产的包装材料正确无误。

第一百一十八条 应当建立印刷包装材料设计、审核、批准的操作规程，确保印刷包装材料印制的内容与畜牧兽医主管部门核准的一致，并建立专门文档，保存经签名批准的印刷包装材料原版实样。

第一百一十九条 印刷包装材料的版本变更时，应当采取措施，确保产品所用印刷包装材料的版本正确无误。应收回作废的旧版印刷模板并予以销毁。

第一百二十条 印刷包装材料应当设置专门区域妥善存放，未经批准，人员不得进入。切割式标签或其他散装印刷包装材料应当分别置于密闭容器内储运，以防混淆。

第一百二十一条 印刷包装材料应当由专人保管，并按照操作规程和需求量发放。

第一百二十二条 每批或每次发放的与兽药直接接触的包装材料或印刷包装材料，均应当有识别标志，标明所用产品的名称和批号。

第一百二十三条 过期或废弃的印刷包装材料应当予以销毁并记录。

第五节 成 品

第一百二十四条 成品放行前应当待验贮存。

第一百二十五条 成品的贮存条件应当符合兽药质量标准。

第六节 特殊管理的物料和产品

第一百二十六条 兽用麻醉药品、精神药品、毒性药品（包括药材）和放射类药品等特殊药品，易制毒化学品及易燃、易爆和其他危险品的验收、贮存、管理应当执行国家有关规定。

第七节 其 他

第一百二十七条 不合格的物料、中间产品和成品的每个包装容器或批次上均应当有清晰醒目的标志，并在隔离区内妥善保存。

第一百二十八条 不合格的物料、中间产品和成品的处理应当经质量管理负责人批准，并有记录。

第一百二十九条 产品回收需经预先批准，并对相关的质量风险进行充分评估，根据评估结论决定是否回收。回收应当按照预定的操作规程进行，并有相应记录。回收处理后的产品应当按照回收处理中最早批次产品的生产日期确定有效期。

第一百三十条 制剂产品原则上不得进行重新加工。不合格的制剂中间产品和成品一般不得进行返工。只有不影响产品质量、符合相应质量标准，且根据预定、经批准的操作规程以及对相关风险充分评估后，才允许返工处理。返工应当有相应记录。

第一百三十一条 对返工或重新加工或回收合并后生产的成品，质量管理部门应当评估对产品质量的影响，必要时需要进行额外相关项目的检验和稳定性考察。

第一百三十二条 企业应当建立兽药退货的操作规程，并有相应的记录，内容至少应包括：产品名称、批号、规格、数量、退货单位及地址、退货原因及日期、最终处理意见。同一产品同一批号不同渠道的退货应当分别记录、存放和处理。

第一百三十三条 只有经检查、检验和调查，有证据证明退货产品质量未受影响，且经质量管理部门根据操作规程评价后，方可考虑将退货产品重新包装、重新销售。评价考虑的因素至少应当包括兽药的性质、所需的贮存条件、兽药的现状、历史，以及销售与退货之间的间隔时间等因素。对退货产品质量存有怀疑时，不得重新销售。

对退货产品进行回收处理的，回收后的产品应当符合预定的质量标准和第一百二十九条的要求。

退货产品处理的过程和结果应当有相应记录。

第七章 确认与验证

第一百三十四条 企业应当确定需要进行的确认或验证工作，以证明有关操作的关键要素能够得到有效控制。确认或验证的范围和程度应当经过风险评估来确定。

第一百三十五条 企业的厂房、设施、设备和检验仪器应当经过确认，应当采用经过验证的生产工艺、操作规程和检验方法进行生产、操作和检验，并保持持续的验证状态。

第一百三十六条 企业应当制定验证总计划，包括厂房与设施、设备、检验仪器、生产工艺、操作规程、清洁方法和检验方法等，确立验证工作的总体原则，明确企业所有验证的总体计划，规定各类验证应达到的目标、验证机构和人员的职责和要求。

第一百三十七条 应当建立确认与验证的文件和记录，并能以文件和记录证明达到以下预定的目标：

（一）设计确认应当证明厂房、设施、设备的设计符合预定用途和本规范要求；

（二）安装确认应当证明厂房、设施、设备的建造和安装符合设计标准；

（三）运行确认应当证明厂房、设施、设备的运行符合设计标准；

（四）性能确认应当证明厂房、设施、设备在正常操作方法和工艺条件下能够持续符合标准；

（五）工艺验证应当证明一个生产工艺按照规定的工艺参数能够持续生产出符合预定用途和注册要求的产品。

第一百三十八条 采用新的生产处方或生产工艺前，应当验证其常规生产的适用性。生产工艺在使用规定的原辅料和设备条件下，应当能够始终生产出符合注册要求的产品。

第一百三十九条 当影响产品质量的主要因素，如原辅料、与药品直接接触的包装材料、生产设备、生产环境（厂房）、生产工艺、检验方法等发生变更时，应当进行确认或验证。必要时，还应当经畜牧兽医主管部门批准。

第一百四十条 清洁方法应当经过验证，证实其清洁的效果，以有效防止污染和交叉污染。清洁验证应当综合考虑设备使用情况、所使用的清洁剂和消毒剂、取样方法和位置以及相应的取样回收率、残留物的性质和限度、残留物检验方法的灵敏度等因素。

第一百四十一条 应当根据确认或验证的对象制定确认或验证方案，并经审核、批准。确认或验证方案应当明确职责，验证合格标准的设立及进度安排科学合理，可操作性强。

第一百四十二条 确认或验证应当按照预先确定和批准的方案实施，并有记录。确认或验证工作完成后，应当对验证结果进行评价，写出报告（包括评价与建议），并经审核、批准。验证的文件应存档。

第一百四十三条 应当根据验证的结果确认工艺规程和操作规程。

第一百四十四条 确认和验证不是一次性的行为。首次确认或验证后，应当根据产品质量回顾分析情况进行再确认或再验证。关键的生产工艺和操作规程应当定期进行再验证，确保其能够达到预期结果。

第八章 文件管理

第一节 原 则

第一百四十五条 文件是质量保证系统的基

本要素。企业应当有内容正确的书面质量标准、生产处方和工艺规程、操作规程以及记录等文件。

第一百四十六条 企业应当建立文件管理的操作规程，系统地设计、制定、审核、批准、发放、收回和销毁文件。

第一百四十七条 文件的内容应当覆盖与兽药生产有关的所有方面，包括人员、设施设备、物料、验证、生产管理、质量管理、销售、召回和自检等，以及兽药产品赋电子追溯码（二维码）标识制度，保证产品质量可控并有助于追溯每批产品的历史情况。

第一百四十八条 文件的起草、修订、审核、批准、替换或撤销、复制、保管和销毁等应当按照操作规程管理，并有相应的文件分发、撤销、复制、收回、销毁记录。

第一百四十九条 文件的起草、修订、审核、批准均应当由适当的人员签名并注明日期。

第一百五十条 文件应当标明题目、种类、目的以及文件编号和版本号。文字应当确切、清晰、易懂，不能模棱两可。

第一百五十一条 文件应当分类存放、条理分明，便于查阅。

第一百五十二条 原版文件复制时，不得产生任何差错；复制的文件应当清晰可辨。

第一百五十三条 文件应当定期审核、修订；文件修订后，应当按照规定管理，防止旧版文件的误用。分发、使用的文件应当为批准的现行文本，已撤销的或旧版文件除留档备查外，不得在工作现场出现。

第一百五十四条 与本规范有关的每项活动均应当有记录，记录数据应完整可靠，以保证产品生产、质量控制和质量保证、包装所赋电子追溯码等活动可追溯。记录应当留有填写数据的足够空格。记录应当及时填写，内容真实，字迹清晰、易读，不易擦除。

第一百五十五条 应当尽可能采用生产和检验设备自动打印的记录、图谱和曲线图等，并标明产品或样品的名称、批号和记录设备的信息，操作人应当签注姓名和日期。

第一百五十六条 记录应当保持清洁，不得撕毁和任意涂改。记录填写的任何更改都应当签注姓名和日期，并使原有信息仍清晰可辨，必要时，应当说明更改的理由。记录如需重新誊写，则原有记录不得销毁，应当作为重新誊写记录的附件保存。

第一百五十七条 每批兽药应当有批记录，包括批生产记录、批包装记录、批检验记录和兽药放行审核记录以及电子追溯码标识记录等。批记录应当由质量管理部门负责管理，至少保存至兽药有效期后一年。质量标准、工艺规程、操作规程、稳定性考察、确认、验证、变更等其他重要文件应当长期保存。

第一百五十八条 如使用电子数据处理系统、照相技术或其他可靠方式记录数据资料，应当有所用系统的操作规程；记录的准确性应当经过核对。

使用电子数据处理系统的，只有经授权的人员方可输入或更改数据，更改和删除情况应当有记录；应当使用密码或其他方式来控制系统的登录；关键数据输入后，应当由他人独立进行复核。

用电子方法保存的批记录，应当采用磁带、缩微胶卷、纸质副本或其他方法进行备份，以确保记录的安全，且数据资料在保存期内便于查阅。

第二节 质量标准

第一百五十九条 物料和成品应当有经批准的现行质量标准；必要时，中间产品也应当有质量标准。

第一百六十条 物料的质量标准一般应当包括：

（一）物料的基本信息：

1. 企业统一指定的物料名称或内部使用的物料代码；

2. 质量标准的依据。

（二）取样、检验方法或相关操作规程编号。

（三）定性和定量的限度要求。

（四）贮存条件和注意事项。

（五）有效期或复验期。

第一百六十一条 成品的质量标准至少应当包括：

（一）产品名称或产品代码；

（二）对应的产品处方编号（如有）；

（三）产品规格和包装形式；

（四）取样、检验方法或相关操作规程编号；

（五）定性和定量的限度要求；

（六）贮存条件和注意事项；

（七）有效期。

第三节 工艺规程

第一百六十二条 每种兽药均应当有经企业

批准的工艺规程，不同兽药规格的每种包装形式均应当有各自的包装操作要求。工艺规程的制定应当以注册批准的工艺为依据。

第一百六十三条 工艺规程不得任意更改。如需更改，应当按照相关的操作规程修订、审核、批准，影响兽药产品质量的更改应当经过验证。

第一百六十四条 制剂的工艺规程内容至少应当包括：

（一）生产处方：

1. 产品名称；

2. 产品剂型、规格和批量；

3. 所用原辅料清单（包括生产过程中使用，但不在成品中出现的物料），阐明每一物料的指定名称和用量；原辅料的用量需要折算时，还应当说明计算方法。

（二）生产操作要求：

1. 对生产场所和所用设备的说明（如操作间的位置、洁净度级别、温湿度要求、设备型号等）；

2. 关键设备的准备（如清洗、组装、校准、灭菌等）所采用的方法或相应操作规程编号；

3. 详细的生产步骤和工艺参数说明（如物料的核对、预处理、加入物料的顺序、混合时间、温度等）；

4. 中间控制方法及标准；

5. 预期的最终产量限度，必要时，还应当说明中间产品的产量限度，以及物料平衡的计算方法和限度；

6. 待包装产品的贮存要求，包括容器、标签、贮存时间及特殊贮存条件；

7. 需要说明的注意事项。

（三）包装操作要求：

1. 以最终包装容器中产品的数量、重量或体积表示的包装形式；

2. 所需全部包装材料的完整清单，包括包装材料的名称、数量、规格、类型；

3. 印刷包装材料的实样或复制品，并标明产品批号、有效期打印位置；

4. 需要说明的注意事项，包括对生产区和设备进行的检查，在包装操作开始前，确认包装生产线的清场已经完成等；

5. 包装操作步骤的说明，包括重要的辅助性操作和所用设备的注意事项、包装材料使用前的核对；

6. 中间控制的详细操作，包括取样方法及标准；

7. 待包装产品、印刷包装材料的物料平衡计算方法和限度。

第四节 批生产与批包装记录

第一百六十五条 每批产品均应当有相应的批生产记录，记录的内容应确保该批产品的生产历史以及与质量有关的情况可追溯。

第一百六十六条 批生产记录应当依据批准的现行工艺规程的相关内容制定。批生产记录的每一工序应当标注产品的名称、规格和批号。

第一百六十七条 原版空白的批生产记录应当经生产管理负责人和质量管理负责人审核和批准。批生产记录的复制和发放均应当按照操作规程进行控制并有记录，每批产品的生产只能发放一份原版空白批生产记录的复制件。

第一百六十八条 在生产过程中，进行每项操作时应当及时记录，操作结束后，应当由生产操作人员确认并签注姓名和日期。

第一百六十九条 批生产记录的内容应当包括：

（一）产品名称、规格、批号；

（二）生产以及中间工序开始、结束的日期和时间；

（三）每一生产工序的负责人签名；

（四）生产步骤操作人员的签名；必要时，还应当有操作（如称量）复核人员的签名；

（五）每一原辅料的批号以及实际称量的数量（包括投入的回收或返工处理产品的批号及数量）；

（六）相关生产操作或活动、工艺参数及控制范围，以及所用主要生产设备的编号；

（七）中间控制结果的记录以及操作人员的签名；

（八）不同生产工序所得产量及必要时的物料平衡计算；

（九）对特殊问题或异常事件的记录，包括对偏离工艺规程的偏差情况的详细说明或调查报告，并经签字批准。

第一百七十条 产品的包装应当有批包装记录，以便追溯该批产品包装操作以及与质量有关的情况。

第一百七十一条 批包装记录应当依据工艺规程中与包装相关的内容制定。

第一百七十二条 批包装记录应当有待包装

产品的批号、数量以及成品的批号和计划数量。原版空白的批包装记录的审核、批准、复制和发放的要求与原版空白的批生产记录相同。

第一百七十三条 在包装过程中，进行每项操作时应当及时记录，操作结束后，应当由包装操作人员确认并签注姓名和日期。

第一百七十四条 批包装记录的内容包括：

（一）产品名称、规格、包装形式、批号、生产日期和有效期。

（二）包装操作日期和时间。

（三）包装操作负责人签名。

（四）包装工序的操作人员签名。

（五）每一包装材料的名称、批号和实际使用的数量。

（六）包装操作的详细情况，包括所用设备及包装生产线的编号。

（七）兽药产品赋电子追溯码标识操作的详细情况，包括所用设备、编号。电子追溯码信息以及对两级以上包装进行赋码关联关系信息等记录可采用电子方式保存。

（八）所用印刷包装材料的实样，并印有批号、有效期及其他打印内容；不易随批包装记录归档的印刷包装材料可采用印有上述内容的复制品。

（九）对特殊问题或异常事件的记录，包括对偏离工艺规程的偏差情况的详细说明或调查报告，并经签字批准。

（十）所有印刷包装材料和待包装产品的名称、代码，以及发放、使用、销毁或退库的数量、实际产量等的物料平衡检查。

第五节 操作规程和记录

第一百七十五条 操作规程的内容应当包括：题目、编号、版本号、颁发部门、生效日期、分发部门以及制定人、审核人、批准人的签名并注明日期，标题、正文及变更历史。

第一百七十六条 厂房、设备、物料、文件和记录应当有编号（代码），并制定编制编号（代码）的操作规程，确保编号（代码）的唯一性。

第一百七十七条 下述活动也应当有相应的操作规程，其过程和结果应当有记录：

（一）确认和验证；

（二）设备的装配和校准；

（三）厂房和设备的维护、清洁和消毒；

（四）培训、更衣、卫生等与人员相关的事宜；

（五）环境监测；

（六）虫害控制；

（七）变更控制；

（八）偏差处理；

（九）投诉；

（十）兽药召回；

（十一）退货。

第九章 生产管理

第一节 原 则

第一百七十八条 兽药生产应当按照批准的工艺规程和操作规程进行操作并有相关记录，确保兽药达到规定的质量标准，并符合兽药生产许可和注册批准的要求。

第一百七十九条 应当建立划分产品生产批次的操作规程，生产批次的划分应当能够确保同一批次产品质量和特性的均一性。

第一百八十条 应当建立编制兽药批号和确定生产日期的操作规程。每批兽药均应当编制唯一的批号。除另有法定要求外，生产日期不得迟于产品成型或灌装（封）前经最后混合的操作开始日期，不得以产品包装日期作为生产日期。

第一百八十一条 每批产品应当检查产量和物料平衡，确保物料平衡符合设定的限度。如有差异，必须查明原因，确认无潜在质量风险后，方可按照正常产品处理。

第一百八十二条 不得在同一生产操作间同时进行不同品种和规格兽药的生产操作，除非没有发生混淆或交叉污染的可能。

第一百八十三条 在生产的每一阶段，应当保护产品和物料免受微生物和其他污染。

第一百八十四条 在干燥物料或产品，尤其是高活性、高毒性或高致敏性物料或产品的生产过程中，应当采取特殊措施，防止粉尘的产生和扩散。

第一百八十五条 生产期间使用的所有物料、中间产品的容器及主要设备、必要的操作室应当粘贴标签标识，或以其他方式标明生产中的产品或物料名称、规格和批号，如有必要，还应当标明生产工序。

第一百八十六条 容器、设备或设施所用标识应当清晰明了，标识的格式应当经企业相关部门批准。除在标识上使用文字说明外，还可采用不同颜色区分被标识物的状态（如待验、合格、不合格或已清洁等）。

第一百八十七条 应当检查产品从一个区域输送至另一个区域的管道和其他设备连接，确保连接正确无误。

第一百八十八条 每次生产结束后应当进行清场，确保设备和工作场所没有遗留与本次生产有关的物料、产品和文件。下次生产开始前，应当对前次清场情况进行确认。

第一百八十九条 应当尽可能避免出现任何偏离工艺规程或操作规程的偏差。一旦出现偏差，应当按照偏差处理操作规程执行。

第二节 防止生产过程中的污染和交叉污染

第一百九十条 生产过程中应当尽可能采取措施，防止污染和交叉污染，如：

（一）在分隔的区域内生产不同品种的兽药；

（二）采用阶段性生产方式；

（三）设置必要的气锁间和排风；空气洁净度级别不同的区域应当有压差控制；

（四）应当降低未经处理或未经充分处理的空气再次进入生产区导致污染的风险；

（五）在易产生交叉污染的生产区内，操作人员应当穿戴该区域专用的防护服；

（六）采用经过验证或已知有效的清洁和去污染操作规程进行设备清洁；必要时，应当对与物料直接接触的设备表面的残留物进行检测；

（七）采用密闭系统生产；

（八）干燥设备的进风应当有空气过滤器，且过滤后的空气洁净度应当与所干燥产品要求的洁净度相匹配，排风应当有防止空气倒流装置；

（九）生产和清洁过程中应当避免使用易碎、易脱屑、易发霉器具；使用筛网时，应当有防止因筛网断裂而造成污染的措施；

（十）液体制剂的配制、过滤、灌封、灭菌等工序应当在规定时间内完成；

（十一）软膏剂、乳膏剂、凝胶剂等半固体制剂以及栓剂的中间产品应当规定贮存期和贮存条件。

第一百九十一条 应当定期检查防止污染和交叉污染的措施并评估其适用性和有效性。

第三节 生产操作

第一百九十二条 生产开始前应当进行检查，确保设备和工作场所没有上批遗留的产品、文件和物料，设备处于已清洁及待用状态。检查结果应当有记录。

生产操作前，还应当核对物料或中间产品的名称、代码、批号和标识，确保生产所用物料或中间产品正确且符合要求。

第一百九十三条 应当由配料岗位人员按照操作规程进行配料，核对物料后，精确称量或计量，并作好标识。

第一百九十四条 配制的每一物料及其重量或体积应当由他人进行复核，并有复核记录。

第一百九十五条 每批产品的每一生产阶段完成后必须由生产操作人员清场，并填写清场记录。清场记录内容包括：操作间名称或编号、产品名称、批号、生产工序、清场日期、检查项目及结果、清场负责人及复核人签名。清场记录应当纳入批生产记录。

第一百九十六条 包装操作规程应当规定降低污染和交叉污染、混淆或差错风险的措施。

第一百九十七条 包装开始前应当进行检查，确保工作场所、包装生产线、印刷机及其他设备已处于清洁或待用状态，无上批遗留的产品和物料。检查结果应当有记录。

第一百九十八条 包装操作前，还应当检查所领用的包装材料正确无误，核对待包装产品和所用包装材料的名称、规格、数量、质量状态，且与工艺规程相符。

第一百九十九条 每一包装操作场所或包装生产线，应当有标识标明包装中的产品名称、规格、批号和批量的生产状态。

第二百条 有数条包装线同时进行包装时，应当采取隔离或其他有效防止污染、交叉污染或混淆的措施。

第二百零一条 产品分装、封口后应当及时贴签。

第二百零二条 单独打印或包装过程中在线打印、赋码的信息（如产品批号或有效期）均应当进行检查，确保其准确无误，并予以记录。如手工打印，应当增加检查频次。

第二百零三条 使用切割式标签或在包装线以外单独打印标签，应当采取专门措施，防止混淆。

第二百零四条 应当对电子读码机、标签计数器或其他类似装置的功能进行检查，确保其准确运行。检查应当有记录。

第二百零五条 包装材料上印刷或模压的内容应当清晰，不易褪色和擦除。

第二百零六条 包装期间，产品的中间控制检查应当至少包括以下内容：

（一）包装外观；

（二）包装是否完整；

（三）产品和包装材料是否正确；

（四）打印、赋码信息是否正确；

（五）在线监控装置的功能是否正常。

第二百零七条 因包装过程产生异常情况需要重新包装产品的，必须经专门检查、调查并由指定人员批准。重新包装应当有详细记录。

第二百零八条 在物料平衡检查中，发现待包装产品、印刷包装材料以及成品数量有显著差异时，应当进行调查，未得出结论前，成品不得放行。

第二百零九条 包装结束时，已打印批号的剩余包装材料应当由专人负责全部计数销毁，并有记录。如将未打印批号的印刷包装材料退库，应当按照操作规程执行。

第十章 质量控制与质量保证

第一节 质量控制实验室管理

第二百一十条 质量控制实验室的人员、设施、设备和环境洁净要求应当与产品性质和生产规模相适应。

第二百一十一条 质量控制负责人应当具有足够的管理实验室的资质和经验，可以管理同一企业的一个或多个实验室。

第二百一十二条 质量控制实验室的检验人员至少应当具有药学、兽医学、生物学、化学等相关专业大专学历或从事检验工作 3 年以上的中专、高中以上学历，并经过与所从事的检验操作相关的实践培训且考核通过。

第二百一十三条 质量控制实验室应当配备《中华人民共和国兽药典》、兽药质量标准、标准图谱等必要的工具书，以及标准品或对照品等相关的标准物质。

第二百一十四条 质量控制实验室的文件应当符合第八章的原则，并符合下列要求：

（一）质量控制实验室应当至少有下列文件：

1. 质量标准；

2. 取样操作规程和记录；

3. 检验操作规程和记录（包括检验记录或实验室工作记事簿）；

4. 检验报告或证书；

5. 必要的环境监测操作规程、记录和报告；

6. 必要的检验方法验证方案、记录和报告；

7. 仪器校准和设备使用、清洁、维护的操作规程及记录。

（二）每批兽药的检验记录应当包括中间产品和成品的质量检验记录，可追溯该批兽药所有相关的质量检验情况。

（三）应保存和统计（宜采用便于趋势分析的方法）相关的检验和监测数据（如检验数据、环境监测数据、制药用水的微生物监测数据）。

（四）除与批记录相关的资料信息外，还应当保存与检验相关的其他原始资料或记录，便于追溯查阅。

第二百一十五条 取样应当至少符合以下要求：

（一）质量管理部门的人员可进入生产区和仓储区进行取样及调查。

（二）应当按照经批准的操作规程取样，操作规程应当详细规定：

1. 经授权的取样人；

2. 取样方法；

3. 取样用器具；

4. 样品量；

5. 分样的方法；

6. 存放样品容器的类型和状态；

7. 实施取样后物料及样品的处置和标识；

8. 取样注意事项，包括为降低取样过程产生的各种风险所采取的预防措施，尤其是无菌或有害物料的取样以及防止取样过程中污染和交叉污染的取样注意事项；

9. 贮存条件；

10. 取样器具的清洁方法和贮存要求。

（三）取样方法应当科学、合理，以保证样品的代表性。

（四）样品应当能够代表被取样批次的产品或物料的质量状况，为监控生产过程中最重要的环节（如生产初始或结束），也可抽取该阶段样品进行检测。

（五）样品容器应当贴有标签，注明样品名称、批号、取样人、取样日期等信息。

（六）样品应当按照被取样产品或物料规定的

贮存要求保存。

第二百一十六条 物料和不同生产阶段产品的检验应当至少符合以下要求：

（一）企业应当确保成品按照质量标准进行全项检验。

（二）有下列情形之一的，应当对检验方法进行验证：

1. 采用新的检验方法；

2. 检验方法需变更的；

3. 采用《中华人民共和国兽药典》及其他法定标准未收载的检验方法；

4. 法规规定的其他需要验证的检验方法。

（三）对不需要进行验证的检验方法，必要时企业应当对检验方法进行确认，确保检验数据准确、可靠。

（四）检验应当有书面操作规程，规定所用方法、仪器和设备，检验操作规程的内容应当与经确认或验证的检验方法一致。

（五）检验应当有可追溯的记录并应当复核，确保结果与记录一致。所有计算均应当严格核对。

（六）检验记录应当至少包括以下内容：

1. 产品或物料的名称、剂型、规格、批号或供货批号，必要时注明供应商和生产商（如不同）的名称或来源；

2. 依据的质量标准和检验操作规程；

3. 检验所用的仪器或设备的型号和编号；

4. 检验所用的试液和培养基的配制批号、对照品或标准品的来源和批号；

5. 检验所用动物的相关信息；

6. 检验过程，包括对照品溶液的配制、各项具体的检验操作、必要的环境温湿度；

7. 检验结果，包括观察情况、计算和图谱或曲线图，以及依据的检验报告编号；

8. 检验日期；

9. 检验人员的签名和日期；

10. 检验、计算复核人员的签名和日期。

（七）所有中间控制（包括生产人员所进行的中间控制），均应当按照经质量管理部门批准的方法进行，检验应当有记录。

（八）应当对实验室容量分析用玻璃仪器、试剂、试液、对照品以及培养基进行质量检查。

（九）必要时检验用实验动物应当在使用前进行检验或隔离检疫。

第二百一十七条 质量控制实验室应当建立检验结果超标调查的操作规程。任何检验结果超标都必须按照操作规程进行调查，并有相应的记录。

第二百一十八条 企业按规定保存的、用于兽药质量追溯或调查的物料、产品样品为留样。用于产品稳定性考察的样品不属于留样。

留样应当至少符合以下要求：

（一）应当按照操作规程对留样进行管理。

（二）留样应当能够代表被取样批次的物料或产品。

（三）成品的留样：

1. 每批兽药均应当有留样；如果一批兽药分成数次进行包装，则每次包装至少应当保留一件最小市售包装的成品；

2. 留样的包装形式应当与兽药市售包装形式相同，大包装规格或原料药的留样如无法采用市售包装形式的，可采用模拟包装；

3. 每批兽药的留样量一般至少应当能够确保按照批准的质量标准完成两次全检（无菌检查和热源检查等除外）；

4. 如果不影响留样的包装完整性，保存期间内至少应当每年对留样进行一次目检或接触观察，如发现异常，应当调查分析原因并采取相应的处理措施；

5. 留样观察应当有记录；

6. 留样应当按照注册批准的贮存条件至少保存至兽药有效期后一年；

7. 企业终止兽药生产或关闭的，应当告知当地畜牧兽医主管部门，并将留样转交授权单位保存，以便在必要时可随时取得留样。

（四）物料的留样：

1. 制剂生产用每批原辅料和与兽药直接接触的包装材料均应当有留样。与兽药直接接触的包装材料（如安瓿瓶），在成品已有留样后，可不必单独留样。

2. 物料的留样量应当至少满足鉴别检查的需要。

3. 除稳定性较差的原辅料外，用于制剂生产的原辅料（不包括生产过程中使用的溶剂、气体或制药用水）的留样应当至少保存至产品失效后。如果物料的有效期较短，则留样时间可相应缩短。

4. 物料的留样应当按照规定的条件贮存，必要时还应当适当包装密封。

第二百一十九条 试剂、试液、培养基和检

定菌的管理应当至少符合以下要求：

（一）商品化试剂和培养基应当从可靠的、有资质的供应商处采购，必要时应当对供应商进行评估。

（二）应当有接收试剂、试液、培养基的记录，必要时，应当在试剂、试液、培养基的容器上标注接收日期和首次开口日期、有效期（如有）。

（三）应当按照相关规定或使用说明配制、贮存和使用试剂、试液和培养基。特殊情况下，在接收或使用前，还应当对试剂进行鉴别或其他检验。

（四）试液和已配制的培养基应当标注配制批号、配制日期和配制人员姓名，并有配制（包括灭菌）记录。不稳定的试剂、试液和培养基应当标注有效期及特殊贮存条件。标准液、滴定液还应当标注最后一次标化的日期和校正因子，并有标化记录。

（五）配制的培养基应当进行适用性检查，并有相关记录。应当有培养基使用记录。

（六）应当有检验所需的各种检定菌，并建立检定菌保存、传代、使用、销毁的操作规程和相应记录。

（七）检定菌应当有适当的标识，内容至少包括菌种名称、编号、代次、传代日期、传代操作人。

（八）检定菌应当按照规定的条件贮存，贮存的方式和时间不得对检定菌的生长特性有不利影响。

第二百二十条　标准品或对照品的管理应当至少符合以下要求：

（一）标准品或对照品应当按照规定贮存和使用；

（二）标准品或对照品应当有适当的标识，内容至少包括名称、批号、制备日期（如有）、有效期（如有）、首次开启日期、含量或效价、贮存条件；

（三）企业如需自制工作标准品或对照品，应当建立工作标准品或对照品的质量标准以及制备、鉴别、检验、批准和贮存的操作规程，每批工作标准品或对照品应当用法定标准品或对照品进行标化，并确定有效期，还应当通过定期标化证明工作标准品或对照品的效价或含量在有效期内保持稳定。标化的过程和结果应当有相应的记录。

第二节　物料和产品放行

第二百二十一条　应当分别建立物料和产品批准放行的操作规程，明确批准放行的标准、职责，并有相应的记录。

第二百二十二条　物料的放行应当至少符合以下要求：

（一）物料的质量评价内容应当至少包括生产商的检验报告、物料入库接收初验情况（是否为合格供应商、物料包装完整性和密封性的检查情况等）和检验结果；

（二）物料的质量评价应当有明确的结论，如批准放行、不合格或其他决定；

（三）物料应当由指定的质量管理人员签名批准放行。

第二百二十三条　产品的放行应当至少符合以下要求：

（一）在批准放行前，应当对每批兽药进行质量评价，并确认以下各项内容：

1. 已完成所有必需的检查、检验，批生产和检验记录完整；

2. 所有必需的生产和质量控制均已完成并经相关主管人员签名；

3. 确认与该批相关的变更或偏差已按照相关规程处理完毕，包括所有必要的取样、检查、检验和审核；

4. 所有与该批产品有关的偏差均已有明确的解释或说明，或者已经过彻底调查和适当处理；如偏差还涉及其他批次产品，应当一并处理。

（二）兽药的质量评价应当有明确的结论，如批准放行、不合格或其他决定。

（三）每批兽药均应当由质量管理负责人签名批准放行。

（四）兽用生物制品放行前还应当取得批签发合格证明。

第三节　持续稳定性考察

第二百二十四条　持续稳定性考察的目的是在有效期内监控已上市兽药的质量，以发现兽药与生产相关的稳定性问题（如杂质含量或溶出度特性的变化），并确定兽药能够在标示的贮存条件下，符合质量标准的各项要求。

第二百二十五条　持续稳定性考察主要针对市售包装兽药，但也需兼顾待包装产品。此外，还应当考虑对贮存时间较长的中间产品进行考察。

第二百二十六条　持续稳定性考察应当有考

察方案，结果应当有报告。用于持续稳定性考察的设备（即稳定性试验设备或设施）应当按照第七章和第五章的要求进行确认和维护。

第二百二十七条 持续稳定性考察的时间应当涵盖兽药有效期，考察方案应当至少包括以下内容：

（一）每种规格、每种生产批量兽药的考察批次数；

（二）相关的物理、化学、微生物和生物学检验方法，可考虑采用稳定性考察专属的检验方法；

（三）检验方法依据；

（四）合格标准；

（五）容器密封系统的描述；

（六）试验间隔时间（测试时间点）；

（七）贮存条件（应当采用与兽药标示贮存条件相对应的《中华人民共和国兽药典》规定的长期稳定性试验标准条件）；

（八）检验项目，如检验项目少于成品质量标准所包含的项目，应当说明理由。

第二百二十八条 考察批次数和检验频次应当能够获得足够的数据，用于趋势分析。通常情况下，每种规格、每种内包装形式至少每年应当考察一个批次，除非当年没有生产。

第二百二十九条 某些情况下，持续稳定性考察中应当额外增加批次数，如重大变更或生产和包装有重大偏差的兽药应当列入稳定性考察。此外，重新加工、返工或回收的批次，也应当考虑列入考察，除非已经过验证和稳定性考察。

第二百三十条 应当对不符合质量标准的结果或重要的异常趋势进行调查。对任何已确认的不符合质量标准的结果或重大不良趋势，企业都应当考虑是否可能对已上市兽药造成影响，必要时应当实施召回，调查结果以及采取的措施应当报告当地畜牧兽医主管部门。

第二百三十一条 应当根据获得的全部数据资料，包括考察的阶段性结论，撰写总结报告并保存。应当定期审核总结报告。

第四节　变更控制

第二百三十二条 企业应当建立变更控制系统，对所有影响产品质量的变更进行评估和管理。

第二百三十三条 企业应当建立变更控制操作规程，规定原辅料、包装材料、质量标准、检验方法、操作规程、厂房、设施、设备、仪器、生产工艺和计算机软件变更的申请、评估、审核、批准和实施。质量管理部门应当指定专人负责变更控制。

第二百三十四条 企业可以根据变更的性质、范围、对产品质量潜在影响的程度进行变更分类（如主要、次要变更）并建档。

第二百三十五条 与产品质量有关的变更由申请部门提出后，应当经评估、制定实施计划并明确实施职责，由质量管理部门审核批准后实施，变更实施应当有相应的完整记录。

第二百三十六条 改变原辅料、与兽药直接接触的包装材料、生产工艺、主要生产设备以及其他影响兽药质量的主要因素时，还应当根据风险评估对变更实施后最初至少三个批次的兽药质量进行评估。如果变更可能影响兽药的有效期，则质量评估还应当包括对变更实施后生产的兽药进行稳定性考察。

第二百三十七条 变更实施时，应当确保与变更相关的文件均已修订。

第二百三十八条 质量管理部门应当保存所有变更的文件和记录。

第五节　偏差处理

第二百三十九条 各部门负责人应当确保所有人员正确执行生产工艺、质量标准、检验方法和操作规程，防止偏差的产生。

第二百四十条 企业应当建立偏差处理的操作规程，规定偏差的报告、记录、评估、调查、处理以及所采取的纠正、预防措施，并保存相应的记录。

第二百四十一条 企业应当评估偏差对产品质量的潜在影响。质量管理部门可以根据偏差的性质、范围、对产品质量潜在影响的程度进行偏差分类（如重大、次要偏差），对重大偏差的评估应当考虑是否需要对产品进行额外的检验以及产品是否可以放行，必要时，应当对涉及重大偏差的产品进行稳定性考察。

第二百四十二条 任何偏离生产工艺、物料平衡限度、质量标准、检验方法、操作规程等的情况均应当有记录，并立即报告主管人员及质量管理部门，重大偏差应当由质量管理部门会同其他部门进行彻底调查，并有调查报告。偏差调查应当包括相关批次产品的评估，偏差调查报告应当由质量管理部门的指定人员审核并签字。

第二百四十三条 质量管理部门应当保存偏差调查、处理的文件和记录。

第六节 纠正措施和预防措施

第二百四十四条 企业应当建立纠正措施和预防措施系统，对投诉、召回、偏差、自检或外部检查结果、工艺性能和质量监测趋势等进行调查并采取纠正和预防措施。调查的深度和形式应当与风险的级别相适应。纠正措施和预防措施系统应当能够增进对产品和工艺的理解，改进产品和工艺。

第二百四十五条 企业应当建立实施纠正和预防措施的操作规程，内容至少包括：

（一）对投诉、召回、偏差、自检或外部检查结果、工艺性能和质量监测趋势以及其他来源的质量数据进行分析，确定已有和潜在的质量问题；

（二）调查与产品、工艺和质量保证系统有关的原因；

（三）确定需采取的纠正和预防措施，防止问题的再次发生；

（四）评估纠正和预防措施的合理性、有效性和充分性；

（五）对实施纠正和预防措施过程中所有发生的变更应当予以记录；

（六）确保相关信息已传递到质量管理负责人和预防问题再次发生的直接负责人；

（七）确保相关信息及其纠正和预防措施已通过高层管理人员的评审。

第二百四十六条 实施纠正和预防措施应当有文件记录，并由质量管理部门保存。

第七节 供应商的评估和批准

第二百四十七条 质量管理部门应当对生产用关键物料的供应商进行质量评估，必要时会同有关部门对主要物料供应商（尤其是生产商）的质量体系进行现场质量考查，并对质量评估不符合要求的供应商行使否决权。

第二百四十八条 应当建立物料供应商评估和批准的操作规程，明确供应商的资质、选择的原则、质量评估方式、评估标准、物料供应商批准的程序。

如质量评估需采用现场质量考查方式的，还应当明确考查内容、周期、考查人员的组成及资质。需采用样品小批量试生产的，还应当明确生产批量、生产工艺、产品质量标准、稳定性考察方案。

第二百四十九条 质量管理部门应当指定专人负责物料供应商质量评估和现场质量考查，被指定的人员应当具有相关的法规和专业知识，具有足够的质量评估和现场质量考查的实践经验。

第二百五十条 现场质量考查应当核实供应商资质证明文件。应当对其人员机构、厂房设施和设备、物料管理、生产工艺流程和生产管理、质量控制实验室的设备、仪器、文件管理等进行检查，以全面评估其质量保证系统。现场质量考查应当有报告。

第二百五十一条 必要时，应当对主要物料供应商提供的样品进行小批量试生产，并对试生产的兽药进行稳定性考察。

第二百五十二条 质量管理部门对物料供应商的评估至少应当包括：供应商的资质证明文件、质量标准、检验报告、企业对物料样品的检验数据和报告。如进行现场质量考查和样品小批量试生产的，还应当包括现场质量考察报告，以及小试产品的质量检验报告和稳定性考察报告。

第二百五十三条 改变物料供应商，应当对新的供应商进行质量评估；改变主要物料供应商的，还需要对产品进行相关的验证及稳定性考察。

第二百五十四条 质量管理部门应当向物料管理部门分发经批准的合格供应商名单，该名单内容至少包括物料名称、规格、质量标准、生产商名称和地址、经销商（如有）名称等，并及时更新。

第二百五十五条 质量管理部门应当与主要物料供应商签订质量协议，在协议中应当明确双方所承担的质量责任。

第二百五十六条 质量管理部门应当定期对物料供应商进行评估或现场质量考查，回顾分析物料质量检验结果、质量投诉和不合格处理记录。如物料出现质量问题或生产条件、工艺、质量标准和检验方法等可能影响质量的关键因素发生重大改变时，还应当尽快进行相关的现场质量考查。

第二百五十七条 企业应当对每家物料供应商建立质量档案，档案内容应当包括供应商资质证明文件、质量协议、质量标准、样品检验数据和报告、供应商检验报告、供应商评估报告、定期的质量回顾分析报告等。

第八节 产品质量回顾分析

第二百五十八条 企业应当建立产品质量回顾分析操作规程，每年对所有生产的兽药按品种进行产品质量回顾分析，以确认工艺稳定可靠性，以及原辅料、成品现行质量标准的适用性，及时发现不良趋势，确定产品及工艺改进的方向。

企业至少应当对下列情形进行回顾分析：

（一）产品所用原辅料的所有变更，尤其是来自新供应商的原辅料；

（二）关键中间控制点及成品的检验结果以及趋势图；

（三）所有不符合质量标准的批次及其调查；

（四）所有重大偏差及变更相关的调查、所采取的纠正措施和预防措施的有效性；

（五）稳定性考察的结果及任何不良趋势；

（六）所有因质量原因造成的退货、投诉、召回及调查；

（七）当年执行法规自查情况；

（八）验证评估概述；

（九）对该产品该年度质量评估和总结。

第二百五十九条 应当对回顾分析的结果进行评估，提出是否需要采取纠正和预防措施，并及时、有效地完成整改。

第九节 投诉与不良反应报告

第二百六十条 应当建立兽药投诉与不良反应报告制度，设立专门机构并配备专职人员负责管理。

第二百六十一条 应当主动收集兽药不良反应，对不良反应应当详细记录、评价、调查和处理，及时采取措施控制可能存在的风险，并按照要求向企业所在地畜牧兽医主管部门报告。

第二百六十二条 应当建立投诉操作规程，规定投诉登记、评价、调查和处理的程序，并规定因可能的产品缺陷发生投诉时所采取的措施，包括考虑是否有必要从市场召回兽药。

第二百六十三条 应当有专人负责进行质量投诉的调查和处理，所有投诉、调查的信息应当向质量管理负责人通报。

第二百六十四条 投诉调查和处理应当有记录，并注明所查相关批次产品的信息。

第二百六十五条 应当定期回顾分析投诉记录，以便发现需要预防、重复出现以及可能需要从市场召回兽药的问题，并采取相应措施。

第二百六十六条 企业出现生产失误、兽药变质或其他重大质量问题，应当及时采取相应措施，必要时还应当向当地畜牧兽医主管部门报告。

第十一章 产品销售与召回

第一节 原 则

第二百六十七条 企业应当建立产品召回系统，必要时可迅速、有效地从市场召回任何一批存在安全隐患的产品。

第二百六十八条 因质量原因退货和召回的产品，均应当按照规定监督销毁，有证据证明退货产品质量未受影响的除外。

第二节 销 售

第二百六十九条 企业应当建立产品销售管理制度，并有销售记录。根据销售记录，应当能够追查每批产品的销售情况，必要时应当能够及时全部追回。

第二百七十条 每批产品均应当有销售记录。销售记录内容应当包括：产品名称、规格、批号、数量、收货单位和地址、联系方式、发货日期、运输方式等。

第二百七十一条 产品上市销售前，应将产品生产和入库信息上传到国家兽药产品追溯系统。销售出库时，需向国家兽药产品追溯系统上传产品出库信息。

第二百七十二条 兽药的零头可直接销售，若需合箱，包装只限两个批号为一个合箱，合箱外应当标明全部批号，并建立合箱记录。

第二百七十三条 销售记录应当至少保存至兽药有效期后一年。

第三节 召 回

第二百七十四条 应当制定召回操作规程，确保召回工作的有效性。

第二百七十五条 应当指定专人负责组织协调召回工作，并配备足够数量的人员。如产品召回负责人不是质量管理负责人，则应当向质量管理负责人通报召回处理情况。

第二百七十六条 召回应当随时启动，产品召回负责人应当根据销售记录迅速组织召回。

第二百七十七条 因产品存在安全隐患决定从市场召回的，应当立即向当地畜牧兽医主管部门报告。

第二百七十八条 已召回的产品应当有标识，并单独、妥善贮存，等待最终处理决定。

第二百七十九条 召回的进展过程应当有记录，并有最终报告。产品销售数量、已召回数量

以及数量平衡情况应当在报告中予以说明。

第二百八十条　应当定期对产品召回系统的有效性进行评估。

第十二章　自　　检

第一节　原　　则

第二百八十一条　质量管理部门应当定期组织对企业进行自检，监控本规范的实施情况，评估企业是否符合本规范要求，并提出必要的纠正和预防措施。

第二节　自　　检

第二百八十二条　自检应当有计划，对机构与人员、厂房与设施、设备、物料与产品、确认与验证、文件管理、生产管理、质量控制与质量保证、产品销售与召回等项目定期进行检查。

第二百八十三条　应当由企业指定人员进行独立、系统、全面的自检，也可由外部人员或专家进行独立的质量审计。

第二百八十四条　自检应当有记录。自检完成后应当有自检报告，内容至少包括自检过程中观察到的所有情况、评价的结论以及提出纠正和预防措施的建议。有关部门和人员应立即进行整改，自检和整改情况应当报告企业高层管理人员。

第十三章　附　　则

第二百八十五条　本规范为兽药生产质量管理的基本要求。对不同类别兽药或生产质量管理活动的特殊要求，列入本规范附录，另行以公告发布。

第二百八十六条　本规范中下列用语的含义是：

（一）包装材料，是指兽药包装所用的材料，包括与兽药直接接触的包装材料和容器、印刷包装材料，但不包括运输用的外包装材料。

（二）操作规程，是指经批准用来指导设备操作、维护与清洁、验证、环境控制、生产操作、取样和检验等兽药生产活动的通用性文件，也称标准操作规程。

（三）产品生命周期，是指产品从最初的研发、上市直至退市的所有阶段。

（四）成品，是指已完成所有生产操作步骤和最终包装的产品。

（五）重新加工，是指将某一生产工序生产的不符合质量标准的一批中间产品的一部分或全部，采用不同的生产工艺进行再加工，以符合预定的质量标准。

（六）待验，是指原辅料、包装材料、中间产品或成品，采用物理手段或其他有效方式将其隔离或区分，在允许用于投料生产或上市销售之前贮存、等待作出放行决定的状态。

（七）发放，是指生产过程中物料、中间产品、文件、生产用模具等在企业内部流转的一系列操作。

（八）复验期，是指原辅料、包装材料贮存一定时间后，为确保其仍适用于预定用途，由企业确定的需重新检验的日期。

（九）返工，是指将某一生产工序生产的不符合质量标准的一批中间产品、成品的一部分或全部返回到之前的工序，采用相同的生产工艺进行再加工，以符合预定的质量标准。

（十）放行，是指对一批物料或产品进行质量评价，作出批准使用或投放市场或其他决定的操作。

（十一）高层管理人员，是指在企业内部最高层指挥和控制企业、具有调动资源的权力和职责的人员。

（十二）工艺规程，是指为生产特定数量的成品而制定的一个或一套文件，包括生产处方、生产操作要求和包装操作要求，规定原辅料和包装材料的数量、工艺参数和条件、加工说明（包括中间控制）、注意事项等内容。

（十三）供应商，是指物料、设备、仪器、试剂、服务等的提供方，如生产商、经销商等。

（十四）回收，是指在某一特定的生产阶段，将以前生产的一批或数批符合相应质量要求的产品的一部分或全部，加入另一批次中的操作。

（十五）计算机化系统，是指用于报告或自动控制的集成系统，包括数据输入、电子处理和信息输出。

（十六）交叉污染，是指不同原料、辅料及产品之间发生的相互污染。

（十七）校准，是指在规定条件下，确定测量、记录、控制仪器或系统的示值（尤指称量）或实物量具所代表的量值，与对应的参照标准量值之间关系的一系列活动。

（十八）阶段性生产方式，是指在共用生产区内，在一段时间内集中生产某一产品，再对相应的共用生产区、设施、设备、工器具等进行彻底清洁，更换生产另一种产品的方式。

（十九）洁净区，是指需要对环境中尘粒及微生物数量进行控制的房间（区域），其建筑结构、装备及其使用应当能够减少该区域内污染物的引入、产生和滞留。

（二十）警戒限度，是指系统的关键参数超出正常范围，但未达到纠偏限度，需要引起警觉，可能需要采取纠正措施的限度标准。

（二十一）纠偏限度，是指系统的关键参数超出可接受标准，需要进行调查并采取纠正措施的限度标准。

（二十二）检验结果超标，是指检验结果超出法定标准及企业制定标准的所有情形。

（二十三）批，是指经一个或若干加工过程生产的、具有预期均一质量和特性的一定数量的原辅料、包装材料或成品。为完成某些生产操作步骤，可能有必要将一批产品分成若干亚批，最终合并成为一个均一的批。在连续生产情况下，批必须与生产中具有预期均一特性的确定数量的产品相对应，批量可以是固定数量或固定时间段内生产的产品量。例如：口服或外用的固体、半固体制剂在成型或分装前使用同一台混合设备一次混合所生产的均质产品为一批；口服或外用的液体制剂以灌装（封）前经最后混合的药液所生产的均质产品为一批。

（二十四）批号，是指用于识别一个特定批的具有唯一性的数字和（或）字母的组合。

（二十五）批记录，是指用于记述每批兽药生产、质量检验和放行审核的所有文件和记录，可追溯所有与成品质量有关的历史信息。

（二十六）气锁间，是指设置于两个或数个房间之间（如不同洁净度级别的房间之间）的具有两扇或多扇门的隔离空间。设置气锁间的目的是在人员或物料出入时，对气流进行控制。气锁间有人员气锁间和物料气锁间。

（二十七）确认，是指证明厂房、设施、设备能正确运行并可达到预期结果的一系列活动。

（二十八）退货，是指将兽药退还给企业的活动。

（二十九）文件，包括质量标准、工艺规程、操作规程、记录、报告等。

（三十）物料，是指原料、辅料和包装材料等。例如：化学药品制剂的原料是指原料药；生物制品的原料是指原材料；中药制剂的原料是指中药材、中药饮片和外购中药提取物；原料药的原料是指用于原料药生产的除包装材料以外的其他物料。

（三十一）物料平衡，是指产品或物料实际产量或实际用量及收集到的损耗之和与理论产量或理论用量之间的比较，并考虑可允许的偏差范围。

（三十二）污染，是指在生产、取样、包装或重新包装、贮存或运输等操作过程中，原辅料、中间产品、成品受到具有化学或微生物特性的杂质或异物的不利影响。

（三十三）验证，是指证明任何操作规程（方法）、生产工艺或系统能够达到预期结果的一系列活动。

（三十四）印刷包装材料，是指具有特定式样和印刷内容的包装材料，如印字铝箔、标签、说明书、纸盒等。

（三十五）原辅料，是指除包装材料之外，兽药生产中使用的任何物料。

（三十六）中间控制，也称过程控制，是指为确保产品符合有关标准，生产中对工艺过程加以监控，以便在必要时进行调节而做的各项检查。可将对环境或设备控制视作中间控制的一部分。

第二百八十七条 本规范自 2020 年 6 月 1 日起施行。具体实施要求另行公告。

十三、兽药经营质量管理规范

（2010 年 1 月 15 日农业部令 2010 年第 3 号公布　2017 年 11 月 30 日农业部令 2017 年第 8 号部分修订）

第一章　总　　则

第一条　为加强兽药经营质量管理，保证兽药质量，根据《兽药管理条例》，制定本规范。

第二条　本规范适用于中华人民共和国境内的兽药经营企业。

第二章　场所与设施

第三条　兽药经营企业应当具有固定的经营场所和仓库，其面积应当符合省、自治区、直辖市人民政府兽医行政管理部门的规定。经营场所和仓库应当布局合理，相对独立。

经营场所的面积、设施和设备应当与经营的兽药品种、经营规模相适应。兽药经营区域与生活区域、动物诊疗区域应当分别独立设置，避免交叉污染。

第四条　兽药经营企业的经营地点应当与《兽药经营许可证》载明的地点一致。《兽药经营许可证》应当悬挂在经营场所的显著位置。

变更经营地点的，应当申请换发兽药经营许可证。

变更经营场所面积的，应当在变更后 30 个工作日内向发证机关备案。

第五条　兽药经营企业应当具有与经营的兽药品种、经营规模适应并能够保证兽药质量的常温库、阴凉库（柜）、冷库（柜）等仓库和相关设施、设备。

仓库面积和相关设施、设备应当满足合格兽药区、不合格兽药区、待验兽药区、退货兽药区等不同区域划分和不同兽药品种分区、分类保管、储存的要求。

变更仓库位置，增加、减少仓库数量、面积以及相关设施、设备的，应当在变更后 30 个工作日内向发证机关备案。

第六条　兽药直营连锁经营企业在同一县（市）内有多家经营门店的，可以统一配置仓储和相关设施、设备。

第七条　兽药经营企业的经营场所和仓库的地面、墙壁、顶棚等应当平整、光洁，门、窗应当严密、易清洁。

第八条　兽药经营企业的经营场所和仓库应当具有下列设施、设备：

（一）与经营兽药相适应的货架、柜台；

（二）避光、通风、照明的设施、设备；

（三）与储存兽药相适应的控制温度、湿度的设施、设备；

（四）防尘、防潮、防霉、防污染和防虫、防鼠、防鸟的设施、设备；

（五）进行卫生清洁的设施、设备等。

（六）实施兽药电子追溯管理的相关设备。

第九条　兽药经营企业经营场所和仓库的设施、设备应当齐备、整洁、完好，并根据兽药品种、类别、用途等设立醒目标志。

第三章　机构与人员

第十条　兽药经营企业直接负责的主管人员应当熟悉兽药管理法律、法规及政策规定，具备相应兽药专业知识。

第十一条　兽药经营企业应当配备与经营兽

药相适应的质量管理人员。有条件的，可以建立质量管理机构。

第十二条 兽药经营企业主管质量的负责人和质量管理机构的负责人应当具备相应兽药专业知识，且其专业学历或技术职称应当符合省、自治区、直辖市人民政府兽医行政管理部门的规定。

兽药质量管理人员应当具有兽药、兽医等相关专业中专以上学历，或者具有兽药、兽医等相关专业初级以上专业技术职称。经营兽用生物制品的，兽药质量管理人员应当具有兽药、兽医等相关专业大专以上学历，或者具有兽药、兽医等相关专业中级以上专业技术职称，并具备兽用生物制品专业知识。

兽药质量管理人员不得在本企业以外的其他单位兼职。

主管质量的负责人、质量管理机构的负责人、质量管理人员发生变更的，应当在变更后30个工作日内向发证机关备案。

第十三条 兽药经营企业从事兽药采购、保管、销售、技术服务等工作的人员，应当具有高中以上学历，并具有相应兽药、兽医等专业知识，熟悉兽药管理法律、法规及政策规定。

第十四条 兽药经营企业应当制定培训计划，定期对员工进行兽药管理法律、法规、政策规定和相关专业知识、职业道德培训、考核，并建立培训、考核档案。

第四章 规章制度

第十五条 兽药经营企业应当建立质量管理体系，制定管理制度、操作程序等质量管理文件。

质量管理文件应当包括下列内容：

（一）企业质量管理目标；

（二）企业组织机构、岗位和人员职责；

（三）对供货单位和所购兽药的质量评估制度；

（四）兽药采购、验收、入库、陈列、储存、运输、销售、出库等环节的管理制度；

（五）环境卫生的管理制度；

（六）兽药不良反应报告制度；

（七）不合格兽药和退货兽药的管理制度；

（八）质量事故、质量查询和质量投诉的管理制度；

（九）企业记录、档案和凭证的管理制度；

（十）质量管理培训、考核制度。

（十一）兽药产品追溯管理制度。

第十六条 兽药经营企业应当建立下列记录：

（一）人员培训、考核记录；

（二）控制温度、湿度的设施、设备的维护、保养、清洁、运行状态记录；

（三）兽药质量评估记录；

（四）兽药采购、验收、入库、储存、销售、出库等记录；

（五）兽药清查记录；

（六）兽药质量投诉、质量纠纷、质量事故、不良反应等记录；

（七）不合格兽药和退货兽药的处理记录；

（八）兽医行政管理部门的监督检查情况记录。

（九）兽药产品追溯记录。

记录应当真实、准确、完整、清晰，不得随意涂改、伪造和变造。确需修改的，应当签名、注明日期，原数据应当清晰可辨。

第十七条 兽药经营企业应当建立兽药质量管理档案，设置档案管理室或者档案柜，并由专人负责。

质量管理档案应当包括：

（一）人员档案、培训档案、设备设施档案、供应商质量评估档案、产品质量档案；

（二）开具的处方、进货及销售凭证；

（三）购销记录及本规范规定的其他记录。

质量管理档案不得涂改，保存期限不得少于2年；购销等记录和凭证应当保存至产品有效期后一年。

第五章 采购与入库

第十八条 兽药经营企业应当采购合法兽药产品。兽药经营企业应当对供货单位的资质、质量保证能力、质量信誉和产品批准证明文件进行审核，并与供货单位签订采购合同。

第十九条 兽药经营企业购进兽药时，应当依照国家兽药管理规定、兽药标准和合同约定，对每批兽药的包装、标签、说明书、质量合格证等内容进行检查，符合要求的方可购进。必要时，应当对购进兽药进行检验或者委托兽药检验机构进行检验，检验报告应当与产品质量档案一起保存。

兽药经营企业应当保存采购兽药的有效凭证，建立真实、完整的采购记录，做到有效凭证、账、货相符。采购记录应当载明兽药的通用名称、商品名称、批准文号、批号、剂型、规格、有效期、生产单位、供货单位、购入数量、购入日期、经手人或者负责人等内容。

第二十条 兽药入库时，应当进行检查验收，将兽药入库的信息上传兽药产品追溯系统，并做好记录。

有下列情形之一的兽药，不得入库：

（一）与进货单不符的；

（二）内、外包装破损可能影响产品质量的；

（三）没有标识或者标识模糊不清的；

（四）质量异常的；

（五）其他不符合规定的。

兽用生物制品入库，应当由两人以上进行检查验收。

第六章 陈列与储存

第二十一条 陈列、储存兽药应当符合下列要求：

（一）按照品种、类别、用途以及温度、湿度等储存要求，分类、分区或者专库存放；

（二）按照兽药外包装图示标志的要求搬运和存放；

（三）与仓库地面、墙、顶等之间保持一定间距；

（四）内用兽药与外用兽药分开存放，兽用处方药与非处方药分开存放；易串味兽药、危险药品等特殊兽药与其他兽药分库存放；

（五）待验兽药、合格兽药、不合格兽药、退货兽药分区存放；

（六）同一企业的同一批号的产品集中存放。

第二十二条 不同区域、不同类型的兽药应当具有明显的识别标识。标识应当放置准确、字迹清楚。

不合格兽药以红色字体标识；待验和退货兽药以黄色字体标识；合格兽药以绿色字体标识。

第二十三条 兽药经营企业应当定期对兽药及其陈列、储存的条件和设施、设备的运行状态进行检查，并做好记录。

第二十四条 兽药经营企业应当及时清查兽医行政管理部门公布的假劣兽药，并做好记录。

第七章 销售与运输

第二十五条 兽药经营企业销售兽药，应当遵循先产先出和按批号出库的原则。兽药出库时，应当进行检查、核对，建立出库记录，并将出库信息上传兽药产品追溯系统。兽药出库记录应当包括兽药通用名称、商品名称、批号、剂型、规格、生产厂商、数量、日期、经手人或者负责人等内容。

有下列情形之一的兽药，不得出库销售：

（一）标识模糊不清或者脱落的；

（二）外包装出现破损、封口不牢、封条严重损坏的；

（三）超出有效期限的；

（四）其他不符合规定的。

第二十六条 兽药经营企业应当建立销售记录。销售记录应当载明兽药通用名称、商品名称、批准文号、批号、有效期、剂型、规格、生产厂商、购货单位、销售数量、销售日期、经手人或者负责人等内容。

第二十七条 兽药经营企业销售兽药，应当开具有效凭证，做到有效凭证、账、货、记录相符。

第二十八条 兽药经营企业销售兽用处方药的，应当遵守兽用处方药管理规定；销售兽用中药材、中药饮片的，应当注明产地。

第二十九条 兽药拆零销售时，不得拆开最小销售单元。

第三十条 兽药经营企业应当按照兽药外包装图示标志的要求运输兽药。有温度控制要求的兽药，在运输时应当采取必要的温度控制措施，并建立详细记录。

第八章 售后服务

第三十一条 兽药经营企业应当按照兽医行政管理部门批准的兽药标签、说明书及其他规定进行宣传，不得误导购买者。

第三十二条 兽药经营企业应当向购买者提供技术咨询服务，在经营场所明示服务公约和质量承诺，指导购买者科学、安全、合理使用兽药。

第三十三条 兽药经营企业应当注意收集兽药使用信息，发现假、劣兽药和质量可疑兽药以及严重兽药不良反应时，应当及时向所在地兽医行政管理部门报告，并根据规定做好相关工作。

第九章　附　　则

第三十四条　兽药经营企业经营兽用麻醉药品、精神药品、易制毒化学药品、毒性药品、放射性药品等特殊药品，还应当遵守国家其他有关规定。

第三十五条　动物防疫机构依法从事兽药经营活动的，应当遵守本规范。

第三十六条　各省、自治区、直辖市人民政府兽医行政管理部门可以根据本规范，结合本地实际，制定实施细则，并报农业部备案。

第三十七条　本规范自2010年3月1日起施行。本规范施行前已开办的兽药经营企业，应当自本规范施行之日起24个月内达到本规范的要求，并依法申领兽药经营许可证。

十四、兽用生物制品经营管理办法

（2021 年 3 月 2 日农业农村部第 3 次常务会议审议通过　2021 年 3 月 17 日农业农村部令 2021 年第 2 号公布　自 2021 年 5 月 15 日起施行）

第一条　为了加强兽用生物制品经营管理，保证兽用生物制品质量，根据《兽药管理条例》，制定本办法。

第二条　在中华人民共和国境内从事兽用生物制品的分发、经营和监督管理，应当遵守本办法。

第三条　本办法所称兽用生物制品，是指以天然或者人工改造的微生物、寄生虫、生物毒素或者生物组织及代谢产物等为材料，采用生物学、分子生物学或者生物化学、生物工程等相应技术制成的，用于预防、治疗、诊断动物疫病或者有目的地调节动物生理机能的兽药，主要包括血清制品、疫苗、诊断制品和微生态制品等。

第四条　兽用生物制品分为国家强制免疫计划所需兽用生物制品（以下简称国家强制免疫用生物制品）和非国家强制免疫计划所需兽用生物制品（以下简称非国家强制免疫用生物制品）。

国家强制免疫用生物制品品种名录由农业农村部确定并公布。非国家强制免疫用生物制品是指农业农村部确定的强制免疫用生物制品以外的兽用生物制品。

第五条　农业农村部负责全国兽用生物制品的监督管理工作。县级以上地方人民政府畜牧兽医主管部门负责本行政区域内兽用生物制品的监督管理工作。

第六条　兽用生物制品生产企业可以将本企业生产的兽用生物制品销售给各级人民政府畜牧兽医主管部门或养殖场（户）、动物诊疗机构等使用者，也可以委托经销商销售。

发生重大动物疫情、灾情或者其他突发事件时，根据工作需要，国家强制免疫用生物制品由农业农村部统一调用，生产企业不得自行销售。

第七条　从事兽用生物制品经营的企业，应当依法取得《兽药经营许可证》。《兽药经营许可证》的经营范围应当具体载明国家强制免疫用生物制品、非国家强制免疫用生物制品等产品类别和委托的兽用生物制品生产企业名称。经营范围发生变化的，应当办理变更手续。

第八条　兽用生物制品生产企业可自主确定、调整经销商，并与经销商签订销售代理合同，明确代理范围等事项。

经销商只能经营所代理兽用生物制品生产企业生产的兽用生物制品，不得经营未经委托的其他企业生产的兽用生物制品。经销商可以将所代理的产品销售给使用者和获得生产企业委托的其他经销商。

第九条　级人民政府畜牧兽医主管部门对国家强制免疫用生物制品可以依法组织实行政府采购、分发。

承担国家强制免疫用生物制品政府采购、分发任务的单位，应当建立国家强制免疫用生物制品贮存、运输、分发等管理制度，建立真实、完整的分发和冷链运输记录，记录应当保存至制品有效期满 2 年后。

第十条　向国家强制免疫用生物制品生产企业或其委托的经销商采购自用的国家强制免疫用生物制品的养殖场（户），在申请强制免疫补助经费时，应当按要求将采购的品种、数量、生产企业及经销商等信息提供给所在地县级地方人民政府畜牧兽医主管部门。

养殖场（户）应当建立真实、完整的采购、贮存、使用记录，并保存至制品有效期满2年后。

第十一条 兽用生物制品生产、经营企业应当遵守兽药生产质量管理规范和兽药经营质量管理规范各项规定，建立真实、完整的贮存、销售、冷链运输记录，经营企业还应当建立真实、完整的采购记录。贮存记录应当每日记录贮存设施设备温度；销售记录和采购记录应当载明产品名称、产品批号、产品规格、产品数量、生产日期、有效期、供货单位或收货单位和地址、发货日期等内容；冷链运输记录应当记录起运和到达时的温度。

第十二条 兽用生物制品生产、经营企业自行配送兽用生物制品的，应当具备相应的冷链贮存、运输条件，也可以委托具备相应冷链贮存、运输条件的配送单位配送，并对委托配送的产品质量负责。冷链贮存、运输全过程应当处于规定的贮藏温度环境下。

第十三条 兽用生物制品生产、经营企业以及承担国家强制免疫用生物制品政府采购、分发任务的单位，应当按照兽药产品追溯要求及时、准确、完整地上传制品入库、出库追溯数据至国家兽药追溯系统。

第十四条 县级以上地方人民政府畜牧兽医主管部门应当依法加强对兽用生物制品生产、经营企业和使用者监督检查，发现有违反《兽药管理条例》和本办法规定情形的，应当依法做出处理决定或者报告上级畜牧兽医主管部门。

第十五条 各级畜牧兽医主管部门、兽药检验机构、动物卫生监督机构、动物疫病预防控制机构及其工作人员，不得参与兽用生物制品生产、经营活动，不得以其名义推荐或者监制、监销兽用生物制品和进行广告宣传。

第十六条 养殖场（户）、动物诊疗机构等使用者采购的或者经政府分发获得的兽用生物制品只限自用，不得转手销售。

养殖场（户）、动物诊疗机构等使用者转手销售兽用生物制品的，或者兽用生物制品经营企业超出《兽药经营许可证》载明的经营范围经营兽用生物制品的，属于无证经营，按照《兽药管理条例》第五十六条的规定处罚；属于国家强制免疫用生物制品的，依法从重处罚。

第十七条 兽用生物制品生产、经营企业未按照要求实施兽药产品追溯，以及未按照要求建立真实、完整的贮存、销售、冷链运输记录或未实施冷链贮存、运输的，按照《兽药管理条例》第五十九条的规定处罚。

第十八条 进口兽用生物制品的经营管理，还应当适用《兽药进口管理办法》。

第十九条 本办法自2021年5月15日起施行。农业部2007年3月29日发布的《兽用生物制品经营管理办法》（农业部令第3号）同时废止。

十五、兽药注册办法

（2004 年 11 月 15 日农业部第 33 次常务会议审议通过　2004 年 11 月 24 日农业部令第 44 号公布　自 2005 年 1 月 1 日起施行）

第一章　总　　则

第一条　为保证兽药安全、有效和质量可控，规范兽药注册行为，根据《兽药管理条例》，制定本办法。

第二条　在中华人民共和国境内从事新兽药注册和进口兽药注册，应当遵守本办法。

第三条　农业部负责全国兽药注册工作。

农业部兽药审评委员会负责新兽药和进口兽药注册资料的评审工作。

中国兽医药品监察所和农业部指定的其他兽药检验机构承担兽药注册的复核检验工作。

第二章　新兽药注册

第四条　新兽药注册申请人应当在完成临床试验后，向农业部提出申请，并按《兽药注册资料要求》提交相关资料。

第五条　联合研制的新兽药，可以由其中一个单位申请注册或联合申请注册，但不得重复申请注册；联合申请注册的，应当共同署名作为该新兽药的申请人。

第六条　申请新兽药注册所报送的资料应当完整、规范，数据必须真实、可靠。引用文献资料应当注明著作名称、刊物名称及卷、期、页等；未公开发表的文献资料应当提供资料所有者许可使用的证明文件；外文资料应当按照要求提供中文译本。

申请新兽药注册时，申请人应当提交保证书，承诺对他人的知识产权不构成侵权并对可能的侵权后果负责，保证自行取得的试验数据的真实性。

申报资料含有境外兽药试验研究资料的，应当附具境外研究机构提供的资料项目、页码情况说明和该机构经公证的合法登记证明文件。

第七条　有下列情形之一的新兽药注册申请，不予受理：

（一）农业部已公告在监测期，申请人不能证明数据为自己取得的兽药；

（二）经基因工程技术获得，未通过生物安全评价的灭活疫苗、诊断制品之外的兽药；

（三）申请材料不符合要求，在规定期间内未补正的；

（四）不予受理的其他情形。

第八条　农业部自收到申请之日起 10 个工作日内，将决定受理的新兽药注册申请资料送农业部兽药审评委员会进行技术评审，并通知申请人提交复核检验所需的连续 3 个生产批号的样品和有关资料，送指定的兽药检验机构进行复核检验。

申请的新兽药属于生物制品的，必要时，应对有关种毒进行检验。

第九条　农业部兽药审评委员会应当自收到资料之日起 120 个工作日内提出评审意见，报送农业部。

评审中需要补充资料的，申请人应当自收到通知之日起 6 个月内补齐有关数据；逾期未补正的，视为自动撤回注册申请。

第十条　兽药检验机构应当在规定时间内完成复核检验，并将检验报告书和复核意见送达申请人，同时报农业部和农业部兽药审评委员会。

初次样品检验不合格的，申请人可以再送样复核检验一次。

第十一条 农业部自收到技术评审和复核检验结论之日起60个工作日内完成审查；必要时，可派员进行现场核查。审查合格的，发给《新兽药注册证书》，并予以公告，同时发布该新兽药的标准、标签和说明书。不合格的，书面通知申请人。

第十二条 新兽药注册审批期间，新兽药的技术要求由于相同品种在境外获准上市而发生变化的，按原技术要求审批。

第三章 进口兽药注册

第十三条 首次向中国出口兽药，应当由出口方驻中国境内的办事机构或由其委托的中国境内代理机构向农业部提出申请，填写《兽药注册申请表》，并按《兽药注册资料要求》提交相关资料。

申请向中国出口兽用生物制品的，还应当提供菌（毒、虫）种、细胞等有关材料和资料。

第十四条 申请兽药制剂进口注册，必须提供用于生产该制剂的原料药和辅料、直接接触兽药的包装材料和容器合法来源的证明文件。原料药尚未取得农业部批准的，须同时申请原料药注册，并应当报送有关的生产工艺、质量指标和检验方法等研究资料。

第十五条 申请进口兽药注册所报送的资料应当完整、规范，数据必须真实、可靠。引用文献资料应当注明著作名称、刊物名称及卷、期、页等；外文资料应当按照要求提供中文译本。

第十六条 农业部自收到申请之日起10个工作日内组织初步审查，经初步审查合格的，予以受理，书面通知申请人。

予以受理的，农业部将进口兽药注册申请资料送农业部兽药审评委员会进行技术评审，并通知申请人提交复核检验所需的连续3个生产批号的样品和有关资料，送指定的兽药检验机构进行复核检验。

第十七条 有下列情形之一的进口兽药注册申请，不予受理：

（一）农业部已公告在监测期，申请人不能证明数据为自己取得的兽药；

（二）经基因工程技术获得，未通过生物安全评价的灭活疫苗、诊断制品之外的兽药；

（三）我国规定的一类疫病以及国内未发生疫病的活疫苗；

（四）来自疫区可能造成疫病在中国境内传播的兽用生物制品；

（五）申请资料不符合要求，在规定期间内未补正的；

（六）不予受理的其他情形。

第十八条 进口兽药注册的评审和检验程序适用本办法第九条和第十条的规定。

第十九条 申请进口注册的兽用化学药品，应当在中华人民共和国境内指定的机构进行相关临床试验和残留检测方法验证；必要时，农业部可以要求进行残留消除试验，以确定休药期。

申请进口注册的兽药属于生物制品的，农业部可以要求在中华人民共和国境内指定的机构进行安全性和有效性试验。

第二十条 农业部自收到技术评审和复核检验结论之日起60个工作日内完成审查；必要时，可派员进行现场核查。审查合格的，发给《进口兽药注册证书》，并予以公告；中国香港、澳门和台湾地区的生产企业申请注册的兽药，发给《兽药注册证书》。审查不合格的，书面通知申请人。

农业部在批准进口兽药注册的同时，发布经核准的进口兽药标准和产品标签、说明书。

第二十一条 农业部对申请进口注册的兽药进行风险分析，经风险分析存在安全风险的，不予注册。

第四章 兽药变更注册

第二十二条 已经注册的兽药拟改变原批准事项的，应当向农业部申请兽药变更注册。

第二十三条 申请人申请变更注册时，应当填写《兽药变更注册申请表》，报送有关资料和说明。涉及兽药产品权属变化的，应当提供有效证明文件。

进口兽药的变更注册，申请人还应当提交生产企业所在国家（地区）兽药管理机构批准变更的文件。

第二十四条 农业部对决定受理的不需进行技术审评的兽药变更注册申请，自收到申请之日起30个工作日内完成审查。审查合格的，批准变更注册。

需要进行技术审评的兽药变更注册申请，农

业部将受理的材料送农业部兽药审评委员会评审，并通知申请人提交复核检验所需的连续 3 个生产批号的样品和有关资料，送指定的兽药检验机构进行复核检验。

第二十五条 兽药变更注册申请的评审、检验的程序、时限和要求适用本办法新兽药注册和进口兽药注册的规定。

申请修改兽药标准变更注册的，兽药检验机构应当进行标准复核。

第二十六条 农业部自收到技术评审和复核检验结论之日起 30 个工作日内完成审查，审查合格的，批准变更注册。审查不合格的，书面告知申请人。

第五章 进口兽药再注册

第二十七条 《进口兽药注册证书》和《兽药注册证书》的有效期为 5 年。有效期届满需要继续进口的，申请人应当在有效期届满 6 个月前向农业部提出再注册申请。

第二十八条 申请进口兽药再注册时，应当填写《兽药再注册申请表》，并按《兽药注册资料要求》提交相关资料。

第二十九条 农业部在受理进口兽药再注册申请后，应当在 20 个工作日内完成审查。符合规定的，予以再注册。不符合规定的，书面通知申请人。

第三十条 有下列情形之一的，不予再注册：

（一）未在有效期届满 6 个月前提出再注册申请的；

（二）未按规定提交兽药不良反应监测报告的；

（三）经农业部安全再评价被列为禁止使用品种的；

（四）经考查生产条件不符合规定的；

（五）经风险分析存在安全风险的；

（六）我国规定的一类疫病以及国内未发生疫病的活疫苗；

（七）来自疫区可能造成疫病在中国境内传播的兽用生物制品；

（八）其他依法不予再注册的。

第三十一条 不予再注册的，由农业部注销其《进口兽药注册证书》或《兽药注册证书》，并予以公告。

第六章 兽药复核检验

第三十二条 申请兽药注册应当进行兽药复核检验，包括样品检验和兽药质量标准复核。

第三十三条 从事兽药复核检验的兽药检验机构，应当符合兽药检验质量管理规范。

第三十四条 申请人应当向兽药检验机构提供兽药复核检验所需要的有关资料和样品，提供检验用标准物质和必需材料。

申请兽药注册所需的 3 批样品，应当在取得《兽药 GMP 证书》的车间生产。每批的样品应为拟上市销售的 3 个最小包装，并为检验用量的 3～5倍。

第三十五条 兽药检验机构进行兽药质量标准复核时，除进行样品检验外，还应当根据该兽药的研究数据、国内外同类产品的兽药质量标准和国家有关要求，对该兽药的兽药质量标准、检验项目和方法等提出复核意见。

第三十六条 兽药检验机构在接到检验通知和样品后，应当在 90 个工作日内完成样品检验，出具检验报告书；需用特殊方法检验的兽药应当在 120 个工作日内完成。

需要进行样品检验和兽药质量标准复核的，兽药检验机构应当在 120 个工作日内完成；需用特殊方法检验的兽药应当在 150 个工作日内完成。

第七章 兽药标准物质的管理

第三十七条 中国兽医药品监察所负责标定和供应国家兽药标准物质。

中国兽医药品监察所可以组织相关的省、自治区、直辖市兽药监察所、兽药研究机构或兽药生产企业协作标定国家兽药标准物质。

第三十八条 申请人在申请新兽药注册和进口兽药注册时，应当向中国兽医药品监察所提供制备该兽药标准物质的原料，并报送有关标准物质的研究资料。

第三十九条 中国兽医药品监察所对兽药标准物质的原料选择、制备方法、标定方法、标定结果、定值准确性、量值溯源、稳定性及分装与包装条件等资料进行全面技术审核；必要时，进行标定或组织进行标定，并做出可否作为国家兽药质量标准物质的推荐结论，报国家兽药典委员会审查。

第四十条 农业部根据国家兽药典委员会的审查意见批准国家兽药质量标准物质，并发布兽药标准物质清单及质量标准。

第八章 罚 则

第四十一条 申请人提供虚假的资料、样品或者采取其他欺骗手段申请注册的，农业部对该申请不予批准，对申请人给予警告，申请人在一年内不得再次申请该兽药的注册。

申请人提供虚假的资料、样品或者采取其他欺骗手段取得兽药注册证明文件的，按《兽药管理条例》第五十七条的规定给予处罚，申请人在三年内不得再次申请该兽药的注册。

第四十二条 其他违反本办法规定的行为，依照《兽药管理条例》的有关规定进行处罚。

第九章 附 则

第四十三条 属于兽用麻醉药品、兽用精神药品、兽医医疗用毒性药品、放射性药品的新兽药和进口兽药注册申请，除按照本办法办理外，还应当符合国家其他有关规定。

第四十四条 根据动物防疫需要，农业部对国家兽医参考实验室推荐的强制免疫用疫苗生产所用菌（毒）种的变更实行备案制，不需进行变更注册。

第四十五条 本办法自 2005 年 1 月 1 日起施行。

十六、兽药进口管理办法

（2007 年 7 月 31 日农业部、海关总署令第 2 号公布　2019 年 4 月 25 日农业农村部令 2019 年第 2 号、2022 年 1 月 7 日农业农村部令 2022 年第 1 号修订）

第一章　总　　则

第一条　为了加强进口兽药的监督管理，规范兽药进口行为，保证进口兽药质量，根据《中华人民共和国海关法》和《兽药管理条例》，制定本办法。

第二条　在中华人民共和国境内从事兽药进口、进口兽药的经营和监督管理，应当遵守本办法。

进口兽药实行目录管理。《进口兽药管理目录》由农业农村部会同海关总署制定、调整并公布。

第三条　农业农村部负责全国进口兽药的监督管理工作。

县级以上地方人民政府兽医主管部门负责本行政区域内进口兽药的监督管理工作。

第四条　兽药应当从具备检验能力的兽药检验机构所在地口岸进口（以下简称兽药进口口岸）。兽药检验机构名单由农业农村部确定并公布。

第二章　兽药进口申请

第五条　兽药进口应当办理《进口兽药通关单》。《进口兽药通关单》由中国境内代理商向兽药进口口岸所在地省级人民政府兽医主管部门申请。申请时，应当提交下列材料：

（一）兽药进口申请表；

（二）代理合同（授权书）和购货合同复印件；

（三）工商营业执照复印件；兽药生产企业申请进口本企业生产所需原料药的，提交工商营业执照复印件；

（四）产品出厂检验报告；

（五）装箱单、提运单和货运发票复印件；

（六）产品中文标签、说明书式样。

申请兽用生物制品《进口兽药通关单》的，还应当向兽药进口口岸所在地省级人民政府兽医主管部门提交生产企业所在国家（地区）兽药管理部门出具的批签发证明。

第六条　兽药进口口岸所在地省级人民政府兽医主管部门应当自收到申请之日起 2 个工作日内完成审查。审查合格的，发给《进口兽药通关单》；不合格的，书面通知申请人，并说明理由。

《进口兽药通关单》主要载明代理商名称、有效期限、兽药进口口岸、海关商品编码、商品名称、生产企业名称、进口数量、包装规格等内容。

兽药进口口岸所在地省级人民政府兽医主管部门应当在每月上旬将上月核发的《进口兽药通关单》报农业农村部备案。

第七条　进口少量科研用兽药，应当向农业农村部申请，并提交兽药进口申请表和科研项目的立项报告、试验方案等材料。

进口注册用兽药样品、对照品、标准品、菌（毒、虫）种、细胞的，应当向农业农村部申请，并提交兽药进口申请表。

农业农村部受理申请后组织风险评估，并自收到评估结论之日起 5 个工作日内完成审查。审查合格的，发给《进口兽药通关单》；不合格的，书面通知申请人，并说明理由。

第八条 国内急需的兽药，由农业农村部指定单位进口，并发给《进口兽药通关单》。

第九条 《进口兽药通关单》实行一单一关，在30日有效期内只能一次性使用，内容不得更改，过期应当重新办理。

第三章 进口兽药经营

第十条 境外企业不得在中国境内直接销售兽药。

进口的兽用生物制品，由中国境内的兽药经营企业作为代理商销售，但外商独资、中外合资和合作经营企业不得销售进口的兽用生物制品。

兽用生物制品以外的其他进口兽药，由境外企业依法在中国境内设立的销售机构或者符合条件的中国境内兽药经营企业作为代理商销售。

第十一条 境外企业在中国境内设立的销售机构、委托的代理商及代理商确定的经销商，应当取得《兽药经营许可证》，并遵守农业农村部制定的兽药经营质量管理规范。

销售进口兽用生物制品的《兽药经营许可证》，应当载明委托的境外企业名称及委托销售的产品类别等内容。

第十二条 进口兽药销售代理商由境外企业确定、调整，并报农业农村部备案。

境外企业应当与代理商签订进口兽药销售代理合同，明确代理范围等事项。

第十三条 进口兽用生物制品，除境外企业确定的代理商及代理商确定的经销商外，其他兽药经营企业不得经营。

第十四条 进口的兽药标签和说明书应当用中文标注。

第十五条 养殖户、养殖场、动物诊疗机构等使用者采购的进口兽药只限自用，不得转手销售。

第四章 监督管理

第十六条 进口列入《进口兽药管理目录》的兽药，进口单位进口时，需持《进口兽药通关单》向海关申报，海关按货物进口管理的相关规定办理通关手续。

进口单位办理报关手续时，因企业申报不实或者伪报用途所产生的后果，由进口单位承担相应的法律责任。

第十七条 经批准以加工贸易方式进口兽药的，海关按照有关规定实施监管。进口料件或加工制成品属于兽药且无法出口的，应当按照本办法规定办理《进口兽药通关单》，海关凭《进口兽药通关单》办理内销手续。未取得《进口兽药通关单》的，由加工贸易企业所在地省级人民政府兽医主管部门监督销毁，海关凭有关证明材料办理核销手续。销毁所需费用由加工贸易企业承担。

第十八条 以暂时进口方式进口的不在中国境内销售的兽药，不需要办理《进口兽药通关单》。暂时进口期满后应当全部复运出境，因特殊原因确需进口的，依照本办法和相关规定办理进口手续后方可在境内销售。无法复运出境又无法办理进口手续的，经进口单位所在地省级人民政府兽医主管部门批准，并商进境地直属海关同意，由所在地省级人民政府兽医主管部门监督销毁，海关凭有关证明材料办理核销手续。销毁所需费用由进口单位承担。

第十九条 从境外进入保税区、出口加工区及其他海关特殊监管区域和保税监管场所的兽药及海关特殊监管区域、保税监管场所之间进出的兽药，免予办理《进口兽药通关单》，由海关按照有关规定实施监管。

从保税区、出口加工区及其他海关特殊监管区域和保税监管场所进入境内区外的兽药，应当办理《进口兽药通关单》。

第二十条 兽用生物制品进口后，代理商应当向农业农村部指定的检验机构申请办理审查核对和抽查检验手续。未经审查核对或者抽查检验不合格的，不得销售。

其他兽药进口后，由兽药进口口岸所在地省级人民政府兽医主管部门通知兽药检验机构进行抽查检验。

第二十一条 县级以上地方人民政府兽医主管部门应当将进口兽药纳入兽药监督抽检计划，加强对进口兽药的监督检查，发现违反《兽药管理条例》和本办法规定情形的，应当依法作出处理决定。

第二十二条 禁止进口下列兽药：

（一）经风险评估可能对养殖业、人体健康造成危害或者存在潜在风险的；

（二）疗效不确定、不良反应大的；

（三）来自疫区可能造成疫病在中国境内传播的兽用生物制品；

（四）生产条件不符合规定的；

（五）标签和说明书不符合规定的；

（六）被撤销、吊销《进口兽药注册证书》的；

（七）《进口兽药注册证书》有效期届满的；

（八）未取得《进口兽药通关单》的；

（九）农业农村部禁止生产、经营和使用的。

第二十三条 提供虚假资料或者采取其他欺骗手段取得进口兽药证明文件的，按照《兽药管理条例》第五十七条的规定处罚。

伪造、涂改进口兽药证明文件进口兽药的，按照《兽药管理条例》第四十七条、第五十六条的规定处理。

第二十四条 买卖、出租、出借《进口兽药通关单》的，按照《兽药管理条例》第五十八条的规定处罚。

第二十五条 养殖户、养殖场、动物诊疗机构等使用者将采购的进口兽药转手销售的，或者代理商、经销商超出《兽药经营许可证》范围经营进口兽用生物制品的，属于无证经营，按照《兽药管理条例》第五十六条的规定处罚。

第二十六条 兽药进口构成走私或者违反海关监管规定的，由海关根据《中华人民共和国海关法》及其相关法律、法规的规定处理。

第五章 附　　则

第二十七条 兽用麻醉药品、精神药品、毒性药品和放射性药品等特殊药品的进口管理，除遵守本办法的规定外，还应当遵守国家关于麻醉药品、精神药品、毒性药品和放射性药品的管理规定。

第二十八条 本办法所称进口兽药证明文件，是指《进口兽药注册证书》《进口兽药通关单》等。

第二十九条 兽药进口申请表可以从农业农村部官方网站下载。

第三十条 本办法自2008年1月1日起施行。海关总署发布的《海关总署关于验放进口兽药的通知》（〔88〕署货字第725号）、《海关总署关于明确进口人畜共用兽药有关验放问题的通知》（署法发〔2001〕276号）、中华人民共和国海关总署公告2001年第7号同时废止。

十七、新兽药研制管理办法

（2005 年 8 月 31 日农业部令第 55 号公布　2016 年 5 月 30 日农业部令 2016 年第 3 号、2019 年 4 月 25 日农业农村部令 2019 年第 2 号修订）

第一章　总　　则

第一条　为了保证兽药的安全、有效和质量，规范兽药研制活动，根据《兽药管理条例》和《病原微生物实验室生物安全管理条例》，制定本办法。

第二条　在中华人民共和国境内从事新兽药临床前研究、临床试验和监督管理，应当遵守本办法。

第三条　农业部负责全国新兽药研制管理工作，对研制新兽药使用一类病原微生物（含国内尚未发现的新病原微生物）、属于生物制品的新兽药临床试验进行审批。

省级人民政府兽医行政管理部门负责对其他新兽药临床试验审批。

县级以上地方人民政府兽医行政管理部门负责本辖区新兽药研制活动的监督管理工作。

第二章　临床前研究管理

第四条　新兽药临床前研究包括药学、药理学和毒理学研究，具体研究项目如下：

生物制品（包括疫苗、血清制品、诊断制品、微生态制品等）：菌毒种、细胞株、生物组织等起始材料的系统鉴定、保存条件、遗传稳定性、实验室安全和效力试验及免疫学研究等；

其他兽药（化学药品、抗生素、消毒剂、生化药品、放射性药品、外用杀虫剂）：生产工艺、结构确证、理化性质及纯度，剂型选择、处方筛选，检验方法、质量指标，稳定性，药理学、毒理学等；

中药制剂（中药材、中成药）：除具备其他兽药的研究项目外，还应当包括原药材的来源、加工及炮制等。

第五条　研制新兽药，应当进行安全性评价。新兽药的安全性评价系指在临床前研究阶段，通过毒理学研究等对一类新化学药品和抗生素对靶动物和人的健康影响进行风险评估的过程，包括急性毒性、亚慢性毒性、致突变、生殖毒性（含致畸）、慢性毒性（含致癌）试验以及用于食用动物时日允许摄入量（ADI）和最高残留限量（MRL）的确定。

承担新兽药安全性评价的单位应当符合《兽药非临床研究质量管理规范》的要求，执行《兽药非临床研究质量管理规范》，并参照农业部发布的有关技术指导原则进行试验。采用指导原则以外的其他方法和技术进行试验的，应当提交能证明其科学性的资料。

第六条　研制新兽药需要使用一类病原微生物的，应当按照《病原微生物实验室生物安全管理条例》和《高致病性动物病原微生物实验室生物安全管理审批办法》等有关规定，在实验室阶段前取得实验活动批准文件，并在取得《高致病性动物病原微生物实验室资格证书》的实验室进行试验。

申请使用一类病原微生物时，除提交《高致病性动物病原微生物实验室生物安全管理审批办法》要求的申请资料外，还应当提交研制单位基本情况、研究目的和方案、生物安全防范措施等书面资料。必要时，农业部指定参考试验室对病

原微生物菌（毒）种进行风险评估和适用性评价。

第七条 临床前药理学与毒理学研究所用化学药品、抗生素，应当经过结构确证确认为所需要的化合物，并经质量检验符合拟定质量标准。

第三章 临床试验审批

第八条 申请人进行临床试验，应当在试验前提出申请，并提交下列资料：

（一）《新兽药临床试验申请表》一份；

（二）申请报告一份，内容包括研制单位基本情况；新兽药名称、来源和特性；

（三）属于其他新兽药临床试验，还应当提供符合《兽药临床试验质量管理规范》要求的兽药安全评价实验室出具的安全性评价试验报告原件一份，或者提供国内外相关药理学和毒理学文献资料；

（四）委托试验合同书正本一份；

（五）本办法第四条规定的有关资料一份；

（六）试制产品生产工艺、质量标准（草案）、试制研究总结报告及检验报告。

属于生物制品的新兽药临床试验，还应当提供生物安全防范基本条件、菌（毒、虫）种名称、来源和特性方面的资料。

属于其他新兽药临床试验，还应当提供农业部认定的兽药安全评价实验室出具的安全性评价试验报告原件一份，或者提供国内外相关药理学和毒理学文献资料。

第九条 属于生物制品的新兽药临床试验，应当向农业部提出申请；其他新兽药临床试验，应当向所在地省级人民政府兽医行政管理部门提出申请。

农业部或者省级人民政府兽医行政管理部门收到新兽药临床试验申请后，应当对临床前研究结果的真实性和完整性，以及临床试验方案进行审查。必要时，可以派至少 2 人对申请人临床前研究阶段的原始记录、试验条件、生产工艺以及试制情况进行现场核查，并形成书面核查报告。

第十条 农业部或者省级人民政府兽医行政管理部门应当自受理申请之日起 60 个工作日内做出是否批准的决定，确定试验区域和试验期限，并书面通知申请人。省级人民政府兽医行政管理部门做出批准决定后，应当及时报农业部备案。

第四章 监督管理

第十一条 临床试验批准后应当在 2 年内实施完毕。逾期未完成的，可以延期一年，但应当经原批准机关批准。

临床试验批准后变更申请人的，应当重新申请。

第十二条 兽药临床试验应当执行《兽药临床试验质量管理规范》。

第十三条 兽药临床试验应当参照农业部发布的兽药临床试验技术指导原则进行。采用指导原则以外的其他方法和技术进行试验的，应当提交能证明其科学性的资料。

第十四条 临床试验用兽药应当在取得《兽药 GMP 证书》的企业制备，制备过程应当执行《兽药生产质量管理规范》。

根据需要，农业部或者省级人民政府兽医行政管理部门可以对制备现场进行考察。

第十五条 申请人对临床试验用兽药和对照用兽药的质量负责。临床试验用兽药和对照用兽药应当经中国兽医药品监察所或者农业部认定的其他兽药检验机构进行检验，检验合格的方可用于试验。

临床试验用兽药标签应当注明批准机关的批准文件号，兽药名称、含量、规格、试制日期、有效期、试制批号、试制企业名称等，并注明“供临床试验用”字样。

第十六条 临床试验用兽药仅供临床试验使用，不得销售，不得在未批准区域使用，不得超过批准期限使用。

第十七条 临床试验需要使用放射元素标记药物的，试验单位应当有严密的防辐射措施，使用放射元素标记药物的动物处理应当符合环保要求。

因试验死亡的临床试验用食用动物及其产品不得作为动物性食品供人消费，应当作无害化处理；临床试验用食用动物及其产品供人消费的，应当提供符合《兽药非临床研究质量管理规范》和《兽药临床试验质量管理规范》要求的兽药安全性评价实验室出具的对人安全并超过休药期的证明。

第十八条 临床试验应当根据批准的临床试验方案进行。如需变更批准内容的，申请人应向原批准机关报告变更后的试验方案，并说明依据和理由。

第十九条 临床试验的受试动物数量应当根据临床试验的目的，符合农业部规定的最低临床试验病例数要求或相关统计学的要求。

第二十条 因新兽药质量或其他原因导致临床试验过程中试验动物发生重大动物疫病的，试验单位和申请人应当立即停止试验，并按照国家有关动物疫情处理规定处理。

第二十一条 承担临床试验的单位和试验者应当密切注意临床试验用兽药不良反应事件的发生，并及时记录在案。

临床试验过程中发生严重不良反应事件的，试验者应当在24小时内报告所在地省级人民政府兽医行政管理部门和申请人，并报农业部。

第二十二条 临床试验期间发生下列情形之一的，原批准机关可以责令申请人修改试验方案、暂停或终止试验：

（一）未按照规定时限报告严重不良反应事件的；

（二）已有证据证明试验用兽药无效的；

（三）试验用兽药出现质量问题的；

（四）试验中出现大范围、非预期的不良反应或严重不良反应事件的；

（五）试验中弄虚作假的；

（六）违反《兽药临床试验质量管理规范》其他情形的。

第二十三条 对批准机关做出责令修改试验方案、暂停或终止试验的决定有异议的，申请人可以在5个工作日内向原批准机关提出书面意见并说明理由。原批准机关应当在10个工作日内做出最后决定，并书面通知申请人。

临床试验完成后，申请人应当向原批准机关提交批准的临床试验方案、试验结果及统计分析报告，并附原始记录复印件。

第五章 罚　　则

第二十四条 违反本办法第十五条第一款规定，临床试验用兽药和对照用兽药未经检验，或者检验不合格用于试验的，试验结果不予认可。

第二十五条 违反本办法第十七条第二款规定，依照《兽药管理条例》第六十三条的规定予以处罚。

第二十六条 申请人申请新兽药临床试验时，提供虚假资料和样品的，批准机关不予受理或者对申报的新兽药临床试验不予批准，并对申请人给予警告，一年内不受理该申请人提出的该新兽药临床试验申请；已批准进行临末试验的，撤销该新兽药临床试验批准文件，终止试验，并处5万元以上10万元以下罚款，三年内不受理该申请人提出的该新兽药临床试验申请。

农业部对提供虚假资料和样品的申请人建立不良行为记录，并予以公布。

第二十七条 兽药安全性评价单位、临床试验单位未按照《兽药非临床研究质量管理规范》或《兽药临床试验质量管理规范》规定实施兽药研究试验的，依照《兽药管理条例》第五十九条的规定予以处罚。

农业部对提供虚假试验结果和对试验结果弄虚作假的试验单位和责任人，建立不良行为记录，予以公布，并撤销相应试验的资格。

第二十八条 违反本办法的其他行为，依照《兽药管理条例》和其他行政法规予以处罚。

第六章 附　　则

第二十九条 境外企业不得在中国境内进行新兽药研制所需的临床试验和其他动物试验。

根据进口兽药注册审评的要求，需要进行临床试验的，由农业部指定的单位承担，并将临床试验方案和与受委托单位签订的试验合同报农业部备案。

第三十条 本办法自2005年11月1日起施行。

十八、兽药产品批准文号管理办法

（2015年12月3日农业部令2015年第4号公布　2019年4月25日农业农村部令2019年第2号、2022年1月7日农业农村部令2022年第1号修订）

第一章　总　　则

第一条　为加强兽药产品批准文号的管理，根据《兽药管理条例》，制定本办法。

第二条　兽药产品批准文号的申请、核发和监督管理适用本办法。

第三条　兽药生产企业生产兽药，应当取得农业农村部核发的兽药产品批准文号。

兽药产品批准文号是农业农村部根据兽药国家标准、生产工艺和生产条件批准特定兽药生产企业生产特定兽药产品时核发的兽药批准证明文件。

第四条　农业农村部负责全国兽药产品批准文号的核发和监督管理工作。

县级以上地方人民政府兽医主管部门负责本行政区域内的兽药产品批准文号的监督管理工作。

第二章　兽药产品批准文号的申请和核发

第五条　申请兽药产品批准文号的兽药，应当符合以下条件：

（一）在《兽药生产许可证》载明的生产范围内；

（二）申请前三年内无被撤销该产品批准文号的记录。

申请兽药产品批准文号连续2次复核检验结果不符合规定的，1年内不再受理该兽药产品批准文号的申请。

第六条　申请本企业研制的已获得《新兽药注册证书》的兽药产品批准文号，且新兽药注册时的复核样品系申请人生产的，申请人应当向农业农村部提交下列资料：

（一）《兽药产品批准文号申请表》一式一份；

（二）《新兽药注册证书》复印件一式一份；

（三）复核检验报告复印件一式一份；

（四）标签和说明书样本一式二份；

（五）产品的生产工艺、配方等资料一式一份。

农业农村部自受理之日起5个工作日内将申请资料送中国兽医药品监察所进行专家评审，并自收到评审意见之日起15个工作日内作出审批决定。符合规定的，核发兽药产品批准文号，批准标签和说明书；不符合规定的，书面通知申请人，并说明理由。

申请本企业研制的已获得《新兽药注册证书》的兽药产品批准文号，但新兽药注册时的复核样品非申请人生产的，分别按照本办法第七条、第九条规定办理，申请人无需提交知识产权转让合同或授权书复印件。

第七条　申请他人转让的已获得《新兽药注册证书》或《进口兽药注册证书》的生物制品类兽药产品批准文号的，申请人应当向农业农村部提交本企业生产的连续三个批次的样品和下列资料：

（一）《兽药产品批准文号申请表》一式一份；

（二）《新兽药注册证书》复印件一式一份；

（三）标签和说明书样本一式二份；

（四）所提交样品的自检报告一式一份；

（五）产品的生产工艺、配方等资料一式一份；

（六）知识产权转让合同或授权书一式一份（首次申请提供原件，换发申请提供复印件并加盖申请人公章）。

提交的样品应当由省级兽药检验机构现场抽取，并加贴封签。

农业农村部自受理之日起5个工作日内将样品及申请资料送中国兽医药品监察所按规定进行复核检验和专家评审，并自收到检验结论和评审意见之日起15个工作日内作出审批决定。符合规定的，核发兽药产品批准文号，批准标签和说明书；不符合规定的，书面通知申请人，并说明理由。

第八条 申请第六条、第七条规定之外的生物制品类兽药产品批准文号的，申请人应当向农业农村部提交本企业生产的连续三个批次的样品和下列资料：

（一）《兽药产品批准文号申请表》一式一份；

（二）标签和说明书样本一式二份；

（三）所提交样品的自检报告一式一份；

（四）产品的生产工艺、配方等资料一式一份；

（五）菌（毒、虫）种合法来源证明复印件（加盖申请人公章）一式一份。

提交的样品应当由省级兽药检验机构现场抽取，并加贴封签。

农业农村部自受理之日起5个工作日内将样品及申请资料送中国兽医药品监察所按规定进行复核检验和专家评审，并自收到检验结论和评审意见之日起15个工作日内作出审批决定。符合规定的，核发兽药产品批准文号，批准标签和说明书；不符合规定的，书面通知申请人，并说明理由。

第九条 申请他人转让的已获得《新兽药注册证书》或《进口兽药注册证书》的非生物制品类的兽药产品批准文号的，申请人应当向所在地省级人民政府兽医主管部门提交本企业生产的连续三个批次的样品和下列资料：

（一）《兽药产品批准文号申请表》一式二份；

（二）《新兽药注册证书》复印件一式二份；

（三）标签和说明书样本一式二份；

（四）所提交样品的批生产、批检验原始记录复印件及自检报告一式二份；

（五）产品的生产工艺、配方等资料一式二份；

（六）知识产权转让合同或授权书一式二份（首次申请提供原件，换发申请提供复印件并加盖申请人公章）。

省级人民政府兽医主管部门自收到有关资料和样品之日起5个工作日内将样品送省级兽药检验机构进行复核检验，并自收到复核检验结论之日起10个工作日内完成初步审查，将审查意见和复核检验报告及全部申请材料一式一份报送农业农村部。

农业农村部自收到省级人民政府兽医主管部门审查意见之日起5个工作日内送中国兽医药品监察所进行专家评审，并自收到评审意见之日起10个工作日内作出审批决定。符合规定的，核发兽药产品批准文号，批准标签和说明书；不符合规定的，书面通知申请人，并说明理由。

第十条 申请第六条、第九条规定之外的非生物制品类兽药产品批准文号的，农业农村部逐步实行比对试验管理。

实行比对试验管理的兽药品种目录及比对试验的要求由农业农村部制定。开展比对试验的检验机构应当遵守兽药非临床研究质量管理规范和兽药临床试验质量管理规范，其名单由农业农村部公布。

第十一条 第十条规定的兽药尚未列入比对试验品种目录的，申请人应当向所在地省级人民政府兽医主管部门提交下列资料：

（一）《兽药产品批准文号申请表》一式二份；

（二）标签和说明书样本一式二份；

（三）产品的生产工艺、配方等资料一式二份；

（四）《现场核查申请单》一式二份。

省级人民政府兽医主管部门应当自收到有关资料之日起5个工作日内组织对申请资料进行审查。符合规定的，应当与申请人商定现场核查时间，并自商定的现场核查日期起5个工作日内组织完成现场核查；核查结果符合要求的，当场抽取三批样品，加贴封签后送省级兽药检验机构进行复核检验。

省级人民政府兽医主管部门自资料审查、现场核查或复核检验完成之日起10个工作日内将上述有关审查意见、复核检验报告及全部申请材料一式一份报送农业农村部。

农业农村部自收到省级人民政府兽医主管部门审查意见之日起5个工作日内，将申请资料送中国兽医药品监察所进行专家评审，并自收到评审意见之日起10个工作日内作出审批决定。符合规定的，核发兽药产品批准文号，批准标签和说明书；不符合规定的，书面通知申请人，并说明理由。

第十二条 第十条规定的兽药已列入比对试验品种目录的，按照第十一条规定提交申请资料、进行现场核查、抽样和复核检验，但抽取的三批样品中应当有一批在线抽样。

省级人民政府兽医主管部门自收到复核检验结论之日起10个工作日内完成初步审查。通过初步审查的，通知申请人将相关药学研究资料及加贴封签的在线抽样样品送至其自主选定的比对试验机构。比对试验机构应当严格按照药物比对试验指导原则开展比对试验，并将比对试验报告分送省级人民政府兽医主管部门和申请人。

省级人民政府兽医主管部门将现场核查报告、复核检验报告、比对试验方案、比对试验协议、比对试验报告、相关药学研究资料及全部申请资料一式一份报农业农村部。

农业农村部自收到申请资料之日起5个工作日内送中国兽医药品监察所进行专家评审，并自收到评审意见之日起10个工作日内作出审批决定。符合规定的，核发兽药产品批准文号，批准标签和说明书；不符合规定的，书面通知申请人，并说明理由。

第十三条 资料审查、现场核查、复核检验或比对试验不符合要求的，省级人民政府兽医主管部门可根据申请人意愿将申请资料退回申请人。

第十四条 实行比对试验管理的兽药品种目录发布前已获得兽药产品批准文号的兽药，应当在规定期限内按照本办法第十二条规定补充比对试验并提供相关材料，未在规定期限内通过审查的，依照《兽药管理条例》第六十九条第一款第二项规定撤销该产品批准文号。

第十五条 农业农村部在核发新兽药的兽药产品批准文号时，可以设立不超过5年的监测期。在监测期内，不批准其他企业生产或者进口该新兽药。

生产企业应当在监测期内收集该新兽药的疗效、不良反应等资料，并及时报送农业农村部。

兽药监测期届满后，其他兽药生产企业可根据本办法第七、九或十二条的规定申请兽药产品批准文号，但应当提交与知识产权人签订的转让合同或授权书，或者对他人专利权不构成侵权的声明。

第十六条 有下列情形之一的，兽药生产企业应当按照本办法第八条或第十一条规定重新申请兽药产品批准文号，兽药产品已进行过比对试验且结果符合规定的，不再进行比对试验：

（一）迁址重建的；

（二）异地新建车间的；

（三）其他改变生产场地的情形。

第十七条 兽药产品批准文号有效期届满需要继续生产的，兽药生产企业应当在有效期届满前6个月内按原批准程序申请兽药产品批准文号的换发。

同一兽药生产许可证下同一生产地址原生产车间生产的兽药产品申请批准文号换发，在兽药产品批准文号有效期内，经省级以上人民政府兽医主管部门监督抽检不合格1批次以上的，应当进行复核检验，其他情形不需要进行复核检验。

已进行过比对试验且结果符合规定的兽药产品，兽药产品批准文号换发时不再进行比对试验。

第十八条 对有证据表明存在安全性隐患的兽药产品，农业农村部暂停受理该兽药产品批准文号的申请；已受理的，中止该兽药产品批准文号的核发。

第十九条 对国内突发重大动物疫病防控急需的兽药产品，必要时农业农村部可以核发临时兽药产品批准文号。

临时兽药产品批准文号有效期不超过2年。

第二十条 兽药检验机构应当自收到样品之日起90个工作日内完成检验，对样品应当根据规定留样观察。样品属于生物制品的，检验期限不得超过120个工作日。

中国兽医药品监察所专家评审时限不得超过30个工作日；实行比对试验的，专家评审时限不得超过90个工作日。

第三章 兽药现场核查和抽样

第二十一条 省级人民政府兽医主管部门负责组织现场核查和抽样工作，应当根据工作需要成立2～4人组成的现场核查抽样组。

第二十二条 现场核查抽样人员进行现场抽

样，应当按照兽药抽样相关规定进行，保证抽样的科学性和公正性。

样品应当按检验用量和比对试验方案载明数量的3～5倍抽取，并单独封签。《兽药封签》由抽样人员和被抽样单位有关人员签名，并加盖抽样单位兽药检验抽样专用章和被抽样单位公章。

第二十三条 现场核查应当包括以下内容：

（一）管理制度制定与执行情况；

（二）研制、生产、检验人员相关情况；

（三）原料购进和使用情况；

（四）研制、生产、检验设备和仪器状况是否符合要求；

（五）研制、生产、检验条件是否符合有关要求；

（六）相关生产、检验记录；

（七）其他需要现场核查的内容。

现场核查人员可以对研制、生产、检验现场场地、设备、仪器情况和原料、中间体、成品、研制记录等照相或者复制，作为现场核查报告的附件。

第四章 监督管理

第二十四条 县级以上地方人民政府兽医主管部门应当对辖区内兽药生产企业进行现场检查。

现场检查中，发现兽药生产企业有下列情形之一的，由县级以上地方人民政府兽医主管部门依法作出处理决定，应当撤销、吊销、注销兽药产品批准文号或者兽药生产许可证的，及时报发证机关处理：

（一）生产条件发生重大变化的；

（二）没有按照《兽药生产质量管理规范》的要求组织生产的；

（三）产品质量存在隐患的；

（四）其他违反《兽药管理条例》及本办法规定情形的。

第二十五条 县级以上地方人民政府兽医主管部门应当对上市兽药产品进行监督检查，发现有违反本办法规定情形的，依法作出处理决定，应当撤销、吊销、注销兽药产品批准文号或者兽药生产许可证的，及时报发证机关处理。

第二十六条 买卖、出租、出借兽药产品批准文号的，按照《兽药管理条例》第五十八条规定处罚。

第二十七条 有下列情形之一的，由农业农村部注销兽药产品批准文号，并予以公告：

（一）兽药生产许可证有效期届满未申请延续或者申请后未获得批准的；

（二）兽药生产企业停止生产超过6个月或者关闭的；

（三）核发兽药产品批准文号所依据的兽药国家质量标准被废止的；

（四）应当注销的其他情形。

第二十八条 生产的兽药有下列情形之一的，按照《兽药管理条例》第六十九条第一款第二项的规定撤销兽药产品批准文号：

（一）改变组方添加其他成分的；

（二）除生物制品以及未规定上限的中药类产品外，主要成分含量在兽药国家标准150%以上，或主要成分含量在兽药国家标准120%以上且累计2批次的；

（三）主要成分含量在兽药国家标准50%以下，或主要成分含量在兽药国家标准80%以下且累计2批次以上的；

（四）其他药效不确定、不良反应大以及可能对养殖业、人体健康造成危害或者存在潜在风险的情形。

第二十九条 申请人隐瞒有关情况或者提供虚假材料、样品申请兽药产品批准文号的，农业农村部不予受理或者不予核发兽药产品批准文号；申请人1年内不得再次申请该兽药产品批准文号。

第三十条 申请人提供虚假资料、样品或者采取其他欺骗手段取得兽药产品批准文号的，根据《兽药管理条例》第五十七条的规定予以处罚，申请人3年内不得再次申请该兽药产品批准文号。

第三十一条 发生兽药知识产权纠纷的，由当事人按照有关知识产权法律法规解决。知识产权管理部门生效决定或人民法院生效判决认定侵权行为成立的，由农业农村部依法注销已核发的兽药产品批准文号。

第五章 附 则

第三十二条 兽药产品批准文号的编制格式为兽药类别简称＋企业所在地省（自治区、直辖市）序号＋企业序号＋兽药品种编号。

格式如下：

（一）兽药类别简称。药物饲料添加剂的类别

简称为“兽药添字”；血清制品、疫苗、诊断制品、微生态制品等类别简称为“兽药生字”；中药材、中成药、化学药品、抗生素、生化药品、放射性药品、外用杀虫剂和消毒剂等类别简称为“兽药字”；原料药简称为“兽药原字”；农业农村部核发的临时兽药产品批准文号简称为“兽药临字”。

（二）企业所在地省（自治区、直辖市）序号用2位阿拉伯数字表示，由农业农村部规定并公告。

（三）企业序号按省排序，用3位阿拉伯数字表示，由省级人民政府兽医主管部门发布。

（四）兽药品种编号用4位阿拉伯数字表示，由农业农村部规定并公告。

第三十三条 本办法自2016年5月1日起施行，2004年11月24日农业部公布的《兽药产品批准文号管理办法》（农业部令第45号）同时废止。

十九、兽药标签和说明书管理办法

（2002 年 10 月 31 日农业部令第 22 号公布　2004 年 7 月 1 日农业部令第 38 号、2007 年 11 月 8 日农业部令第 6 号、2017 年 11 月 30 日农业部令 2017 年第 8 号修订）

第一章　总　　则

第一条　为加强兽药监督管理，规范兽药标签和说明书的内容、印制、使用活动，保障兽药使用的安全有效，根据《兽药管理条例》，制定本办法。

第二条　农业部主管全国的兽药标签和说明书的管理工作，县级以上地方人民政府畜牧兽医行政管理部门主管所辖地区的兽药标签和说明书的管理工作。

第三条　凡在中国境内生产、经营、使用的兽药的标签和说明书必须符合本办法的规定。

第二章　兽药标签的基本要求

第四条　兽药产品（原料药除外）必须同时使用内包装标签和外包装标签。

第五条　内包装标签必须注明兽用标识、兽药名称、适应证（或功能与主治）、含量/包装规格、批准文号或《进口兽药登记许可证》证号、生产日期、生产批号、有效期、生产企业信息等内容。

安瓿、西林瓶等注射或内服产品由于包装尺寸的限制而无法注明上述全部内容的，可适当减少项目，但至少须标明兽药名称、含量规格、生产批号。

第六条　外包装标签必须注明兽用标识、兽药名称、主要成分、适应证（或功能与主治）、用法与用量、含量/包装规格、批准文号或《进口兽药登记许可证》证号、生产日期、生产批号、有效期、停药期、贮藏、包装数量、生产企业信息等内容。

第七条　兽用原料药的标签必须注明兽药名称、包装规格、生产批号、生产日期、有效期、贮藏、批准文号、运输注意事项或其他标记、生产企业信息等内容。

第八条　对贮藏有特殊要求的必须在标签的醒目位置标明。

第九条　兽药有效期按年月顺序标注。年份用四位数表示，月份用两位数表示，如“有效期至 2002 年 09 月”，或“有效期至 2002.09”。

第三章　兽药说明书的基本要求

第十条　兽用化学药品、抗生素产品的单方、复方及中西复方制剂的说明书必须注明以下内容：兽用标识、兽药名称、主要成分、性状、药理作用、适应证（或功能与主治）、用法与用量、不良反应、注意事项、停药期、外用杀虫药及其他对人体或环境有毒有害的废弃包装的处理措施、有效期、含量/包装规格、贮藏、批准文号、生产企业信息等。

第十一条　中兽药说明书必须注明以下内容：兽用标识、兽药名称、主要成分、性状、功能与主治、用法与用量、不良反应、注意事项、有效期、规格、贮藏、批准文号、生产企业信息等。

第十二条　兽用生物制品说明书必须注明以下内容：兽用标识、兽药名称、主要成分及含量（型、株及活疫苗的最低活菌数或病毒滴度）、性

状、接种对象、用法与用量（冻干疫苗须标明稀释方法）、注意事项（包括不良反应与急救措施）、有效期、规格（容量和头份）、包装、贮藏、废弃包装处理措施、批准文号、生产企业信息等。

第四章　兽药标签和说明书的管理

第十三条　兽药标签和说明书应当经农业部批准后方可使用。农业部制定兽药标签和说明书编写细则、范本，作为兽药标签和说明书编制、审批和监督执法的依据。

第十四条　兽药标签和说明书必须按照本规定的统一要求印制，其文字及图案不得擅自加入任何未经批准的内容。

第十五条　兽药标签和说明书的内容必须真实、准确，不得虚假和夸大，也不得印有任何带有宣传、广告色彩的文字和标识。

第十六条　兽药标签和说明书的内容不得超出或删减规定的项目内容；不得印有未获批准的专利、兽药 GMP、商标等标识。

第十七条　兽药标签和说明书所用文字必须是中文，并使用国家语言文字工作委员会公布的现行规范化汉字。根据需要可有外文对照。

第十八条　兽药标签或最小销售包装上应当按照农业部的规定印制兽药产品电子追溯码，电子追溯码以二维码标注；已获批准的专利产品，可标注专利标记和专利号，并标明专利许可种类；注册商标应印制在标签和说明书的左上角或右上角；已获兽药 GMP 合格证的，必须按照兽药 GMP 标识使用有关规定正确地使用兽药 GMP 标识。

第十九条　兽药标签和说明书的字迹必须清晰易辨，兽用标识及外用药标识应清楚醒目，不得有印字脱落或粘贴不牢等现象，并不得用粘贴、剪切的方式进行修改或补充。

第二十条　兽药标签和说明书内容对产品作用与用途项目的表述不得违反法定兽药标准的规定，并不得有扩大疗效和应用范围的内容；其用法与用量、停药期、有效期等项目内容必须与法定兽药标准一致，并使用符合兽药国家标准要求的规范性用语。

第二十一条　兽药标签和说明书上必须标识兽药通用名称，可同时标识商品名称。商品名称不得与通用名称连写，两者之间应有一定空隙并分行。通用名称与商品名称用字的比例不得小于1∶2（指面积），并不得小于注册商标用字。

第二十二条　兽药最小销售单元的包装必须印有或贴有符合外包装标签规定内容的标签并附有说明书。兽药外包装箱上必须印有或粘贴有外包装标签。

第二十三条　凡违反本办法规定的，按照《兽药管理条例》有关规定进行处罚。兽药产品标签未按要求使用电子追溯码的，按照《兽药管理条例》第六十条第二款处罚。

第五章　附　　则

第二十四条　本办法下列用语的含义是：

兽药通用名：国家标准、农业部行业标准、地方标准及进口兽药注册的正式品名。

兽药商品名：系指某一兽药产品的专有商品名称。

内包装标签：系指直接接触兽药的包装上的标签。

外包装标签：系指直接接触内包装的外包装上的标签。

兽药最小销售单元：系指直接供上市销售的兽药最小包装。

兽药说明书：系指包含兽药有效成分、疗效、使用以及注意事项等基本信息的技术资料。

生产企业信息：包括企业名称、邮编、地址、电话、传真、电子邮址、网址等。

第二十五条　本办法由农业部负责解释。

第二十六条　本办法自 2003 年 3 月 1 日起施行。

二十、兽药广告审查发布标准

（国家工商行政管理总局局务会审议通过　2015 年 12 月 24 日国家工商行政管理总局令第 82 号公布，自 2016 年 2 月 1 日起施行）

第一条　为了保证兽药广告的真实、合法、科学，制定本标准。

第二条　发布兽药广告，应当遵守《中华人民共和国广告法》（以下简称《广告法》）及国家有关兽药管理的规定。

第三条　下列兽药不得发布广告：

（一）兽用麻醉药品、精神药品以及兽医医疗单位配制的兽药制剂；

（二）所含成分的种类、含量、名称与兽药国家标准不符的兽药；

（三）临床应用发现超出规定毒副作用的兽药；

（四）国务院农牧行政管理部门明令禁止使用的，未取得兽药产品批准文号或者未取得《进口兽药注册证书》的兽药。

第四条　兽药广告不得含有下列内容：

（一）表示功效、安全性的断言或者保证；

（二）利用科研单位、学术机构、技术推广机构、行业协会或者专业人士、用户的名义或者形象作推荐、证明；

（三）说明有效率；

（四）违反安全使用规程的文字、语言或者画面；

（五）法律、行政法规规定禁止的其他内容。

第五条　兽药广告不得贬低同类产品，不得与其他兽药进行功效和安全性对比。

第六条　兽药广告中不得含有“最高技术”、“最高科学”、“最进步制法”、“包治百病”等绝对化的表示。

第七条　兽药广告中不得含有评比、排序、推荐、指定、选用、获奖等综合性评价内容。

第八条　兽药广告不得含有直接显示疾病症状和病理的画面，也不得含有“无效退款”、“保险公司保险”等承诺。

第九条　兽药广告中兽药的使用范围不得超出国家兽药标准的规定。

第十条　兽药广告的批准文号应当列为广告内容同时发布。

第十一条　违反本标准的兽药广告，广告经营者不得设计、制作，广告发布者不得发布。

第十二条　违反本标准发布广告，《广告法》及其他法律法规有规定的，依照有关法律法规规定予以处罚。法律法规没有规定的，对负有责任的广告主、广告经营者、广告发布者，处以违法所得 3 倍以下但不超过 3 万元的罚款；没有违法所得的，处以 1 万元以下的罚款。

第十三条　本标准自 2016 年 2 月 1 日起施行。1995 年 3 月 28 日国家工商行政管理局第 26 号令公布的《兽药广告审查标准》同时废止。

二十一、兽用处方药和非处方药管理办法

（2013 年 8 月 1 日农业部第 7 次常务会议审议通过　2013 年 9 月 11 日农业部令 2013 年第 2 号发布　自2014 年 3 月 1 日起施行）

第一条　为加强兽药监督管理，促进兽医临床合理用药，保障动物产品安全，根据《兽药管理条例》，制定本办法。

第二条　国家对兽药实行分类管理，根据兽药的安全性和使用风险程度，将兽药分为兽用处方药和非处方药。

兽用处方药是指凭兽医处方笺方可购买和使用的兽药。

兽用非处方药是指不需要兽医处方笺即可自行购买并按照说明书使用的兽药。

兽用处方药目录由农业部制定并公布。兽用处方药目录以外的兽药为兽用非处方药。

第三条　农业部主管全国兽用处方药和非处方药管理工作。

县级以上地方人民政府兽医行政管理部门负责本行政区域内兽用处方药和非处方药的监督管理，具体工作可以委托所属执法机构承担。

第四条　兽用处方药的标签和说明书应当标注“兽用处方药”字样，兽用非处方药的标签和说明书应当标注“兽用非处方药”字样。

前款字样应当在标签和说明书的右上角以宋体红色标注，背景应当为白色，字体大小根据实际需要设定，但必须醒目、清晰。

第五条　兽药生产企业应当跟踪本企业所生产兽药的安全性和有效性，发现不适合按兽用非处方药管理的，应当及时向农业部报告。

兽药经营者、动物诊疗机构、行业协会或者其他组织和个人发现兽用非处方药有前款规定情形的，应当向当地兽医行政管理部门报告。

第六条　兽药经营者应当在经营场所显著位置悬挂或者张贴“兽用处方药必须凭兽医处方购买”的提示语。

兽药经营者对兽用处方药、兽用非处方药应当分区或分柜摆放。兽用处方药不得采用开架自选方式销售。

第七条　兽用处方药凭兽医处方笺方可买卖，但下列情形除外：

（一）进出口兽用处方药的；

（二）向动物诊疗机构、科研单位、动物疫病预防控制机构和其他兽药生产企业、经营者销售兽用处方药的；

（三）向聘有依照《执业兽医管理办法》规定注册的专职执业兽医的动物饲养场（养殖小区）、动物园、实验动物饲育场等销售兽用处方药的。

第八条　兽医处方笺由依法注册的执业兽医按照其注册的执业范围开具。

第九条　兽医处方笺应当记载下列事项：

（一）畜主姓名或动物饲养场名称；

（二）动物种类、年（日）龄、体重及数量；

（三）诊断结果；

（四）兽药通用名称、规格、数量、用法、用量及休药期；

（五）开具处方日期及开具处方执业兽医注册号和签章。

处方笺一式三联，第一联由开具处方药的动物诊疗机构或执业兽医保存，第二联由兽药经营者保存，第三联由畜主或动物饲养场保存。动物饲养场（养殖小区）、动物园、实验动物饲育场等单位专职执业兽医开具的处方签由专职执业兽医所在单位保存。

处方笺应当保存二年以上。

第十条 兽药经营者应当对兽医处方笺进行查验，单独建立兽用处方药的购销记录，并保存二年以上。

第十一条 兽用处方药应当依照处方笺所载事项使用。

第十二条 乡村兽医应当按照农业部制定、公布的《乡村兽医基本用药目录》使用兽药。

第十三条 兽用麻醉药品、精神药品、毒性药品等特殊药品的生产、销售和使用，还应当遵守国家有关规定。

第十四条 违反本办法第四条规定的，依照《兽药管理条例》第六十条第二款的规定进行处罚。

第十五条 违反本办法规定，未经注册执业兽医开具处方销售、购买、使用兽用处方药的，依照《兽药管理条例》第六十六条的规定进行处罚。

第十六条 违反本办法规定，有下列情形之一的，依照《兽药管理条例》第五十九条第一款的规定进行处罚：

（一）兽药经营者未在经营场所明显位置悬挂或者张贴提示语的；

（二）兽用处方药与兽用非处方药未分区或分柜摆放的；

（三）兽用处方药采用开架自选方式销售的；

（四）兽医处方笺和兽用处方药购销记录未按规定保存的。

第十七条 违反本办法其他规定的，依照《中华人民共和国动物防疫法》《兽药管理条例》有关规定进行处罚。

第十八条 本办法自 2014 年 3 月 1 日起施行。

二十二、兽用安钠咖管理规定

（1999 年 3 月 22 日农牧发〔1999〕5 号公布　2007 年 11 月 8 日农业部令第 6 号修订）

一、安钠咖属国家严格控制管理的精神药品，同时也是治疗动物疫病的兽药产品，必须加强管理，防止滥用，保护人体健康。

二、兽用安钠咖由农业部畜牧兽医局指定的生产单位按计划生产，其他任何单位和个人不得从事生产活动。根据兽医临床需求，该产品仅限于生产注射液，其他剂型的产品及含有安钠咖成分的制剂产品一律不得生产。

三、农业部畜牧兽医局负责制修订兽用安钠咖生产、经营、使用管理规定和制订产销计划工作，负责与有关部门协调兽用安钠咖原料药供应及下达制剂生产、调拨工作，并负责核发产品批准文号及全国兽用安钠咖的监督管理工作。

四、各省、自治区、直辖市畜牧（农牧、农业）厅（局）负责本辖区兽用安钠咖的监督管理工作，并确定省级总经销单位和基层定点经销单位、定点使用单位，负责核发兽用安钠咖注射液经销、使用卡。并于每年十月底前将下年度需求计划上报农业部畜牧兽医局。

五、四川成都药械厂、郑州生物药品厂、兰州生物药品厂、江苏吴县兽药厂和沈阳市兽药厂为兽用安钠咖安点生产厂。上述生产厂必须严格按农业部下达的生产和销售计划组织生产和销售，从指定的原料药生产厂按计划采购原料药。并于年底前向农业部畜牧兽医局上报实际生产数量、销售记录及库存情况，凡未按规定上报材料或擅自改变生产、销售计划的，将取消其生产资格。

六、各省畜牧（农牧、农业）厅（局）指定或变更省级兽用安钠咖总经销单位时，需报农业部畜牧兽医局备案。

七、省级总经销单位凭兽用安钠咖注射液经销、使用卡负责本辖区定点经销单位的产品供应，不得擅自扩大供应范围，严禁跨省、跨区域供应。各兽用安钠咖注射液定点经销单位需严格凭兽用安钠咖注射液经销、使用卡向本辖区兽医医疗单位供应产品，并建立相应账卡，凭当年销售记录于九月底前向省、自治区、直辖市畜牧厅（局）申报下年度需求计划。

八、兽用安钠咖注射液仅限量供应乡以上畜牧兽医站（个体兽医医疗站除外）、家畜饲养场兽医室以及农业科研教学单位所属的兽医院等兽医医疗单位临床使用，上述单位凭兽用安钠咖注射液经销、使用卡到本省指定的定点经销单位采购。各兽医医疗单位仅允许在临床医疗时使用该产品，必须建立相应的兽医处方制度和账目，并接受兽药管理部门的监督检查。

九、各生产厂、各级经销单位在经销该产品时不得搭配其他产品，不得零售或转售，并严格执行国家规定的价格，严禁乱涨价，严禁将兽用安钠咖注射液供人使用。

十、对违反以上规定，擅自改变兽用安钠咖生产计划、擅自扩大供应范围和跨省、跨区域销售的单位，由农业部通报批评并吊销其产品批准文号，由省畜牧厅（局）取消其定点经销资格；对擅自零售或转售产品的兽医医疗单位，由省畜牧厅（局）取消其使用资格；对非法生产、经管以及非法供人使用兽用安钠咖注射液的单位和个人，按《兽药管理条例》的有关规定严肃处理，构成犯罪的，由司法机关依法追究其刑事责任。

十一、本规定自发布之日起执行。

二十三、农业行政处罚程序规定

（2021 年 12 月 7 日农业农村部第 16 次常务会议审议通过　2021 年 12 月 21 日农业农村部令 2021 年第 4 号公布　自 2022 年 2 月 1 日起施行）

第一章　总　　则

第一条　为规范农业行政处罚程序，保障和监督农业农村主管部门依法实施行政管理，保护公民、法人或者其他组织的合法权益，根据《中华人民共和国行政处罚法》《中华人民共和国行政强制法》等有关法律、行政法规的规定，结合农业农村部门实际，制定本规定。

第二条　农业行政处罚机关实施行政处罚及其相关的行政执法活动，适用本规定。

本规定所称农业行政处罚机关，是指依法行使行政处罚权的县级以上人民政府农业农村主管部门。

第三条　农业行政处罚机关实施行政处罚，应当遵循公正、公开的原则，做到事实清楚，证据充分，程序合法，定性准确，适用法律正确，裁量合理，文书规范。

第四条　农业行政处罚机关实施行政处罚，应当坚持处罚与教育相结合，采取指导、建议等方式，引导和教育公民、法人或者其他组织自觉守法。

第五条　具有下列情形之一的，农业行政执法人员应当主动申请回避，当事人也有权申请其回避：

（一）是本案当事人或者当事人的近亲属；

（二）本人或者其近亲属与本案有直接利害关系；

（三）与本案当事人有其他利害关系，可能影响案件的公正处理。

农业行政处罚机关主要负责人的回避，由该机关负责人集体讨论决定；其他人员的回避，由该机关主要负责人决定。

回避决定作出前，主动申请回避或者被申请回避的人员不停止对案件的调查处理。

第六条　农业行政处罚应当由具有行政执法资格的农业行政执法人员实施。农业行政执法人员不得少于两人，法律另有规定的除外。

农业行政执法人员调查处理农业行政处罚案件时，应当主动向当事人或者有关人员出示行政执法证件，并按规定着装和佩戴执法标志。

第七条　各级农业行政处罚机关应当全面推行行政执法公示制度、执法全过程记录制度、重大执法决定法制审核制度，加强行政执法信息化建设，推进信息共享，提高行政处罚效率。

第八条　县级以上人民政府农业农村主管部门在法定职权范围内实施行政处罚。

县级以上地方人民政府农业农村主管部门内设或所属的农业综合行政执法机构承担并集中行使行政处罚以及与行政处罚有关的行政强制、行政检查职能，以农业农村主管部门名义统一执法。

第九条　县级以上人民政府农业农村主管部门依法设立的派出执法机构，应当在派出部门确定的权限范围内以派出部门的名义实施行政处罚。

第十条　上级农业农村主管部门依法监督下级农业农村主管部门实施的行政处罚。

县级以上人民政府农业农村主管部门负责监督本部门农业综合行政执法机构或者派出执法机构实施的行政处罚。

第十一条　农业行政处罚机关在工作中发现

违纪、违法或者犯罪问题线索的，应当按照《执法机关和司法机关向纪检监察机关移送问题线索工作办法》的规定，及时移送纪检监察机关。

第二章 农业行政处罚的管辖

第十二条 农业行政处罚由违法行为发生地的农业行政处罚机关管辖。法律、行政法规以及农业农村部规章另有规定的，从其规定。

省、自治区、直辖市农业行政处罚机关应当按照职权法定、属地管理、重心下移的原则，结合违法行为涉及区域、案情复杂程度、社会影响范围等因素，厘清本行政区域内不同层级农业行政处罚机关行政执法权限，明确职责分工。

第十三条 渔业行政违法行为有下列情况之一的，适用“谁查获、谁处理”的原则：

（一）违法行为发生在共管区、叠区；

（二）违法行为发生在管辖权不明确或者有争议的区域；

（三）违法行为发生地与查获地不一致。

第十四条 电子商务平台经营者和通过自建网站、其他网络服务销售商品或者提供服务的电子商务经营者的农业违法行为由其住所地县级以上农业行政处罚机关管辖。

平台内经营者的农业违法行为由其实际经营地县级以上农业行政处罚机关管辖。电子商务平台经营者住所地或者违法物品的生产、加工、存储、配送地的县级以上农业行政处罚机关先行发现违法线索或者收到投诉、举报的，也可以管辖。

第十五条 对当事人的同一违法行为，两个以上农业行政处罚机关都有管辖权的，应当由先立案的农业行政处罚机关管辖。

第十六条 两个以上农业行政处罚机关对管辖发生争议的，应当自发生争议之日起七日内协商解决，协商不成的，报请共同的上一级农业行政处罚机关指定管辖；也可以直接由共同的上一级农业行政机关指定管辖。

第十七条 农业行政处罚机关发现立案查处的案件不属于本部门管辖的，应当将案件移送有管辖权的农业行政处罚机关。受移送的农业行政处罚机关对管辖权有异议的，应当报请共同的上一级农业行政处罚机关指定管辖，不得再自行移送。

第十八条 上级农业行政处罚机关认为有必要时，可以直接管辖下级农业行政处罚机关管辖的案件，也可以将本机关管辖的案件交由下级农业行政处罚机关管辖，必要时可以将下级农业行政处罚机关管辖的案件指定其他下级农业行政处罚机关管辖，但不得违反法律、行政法规的规定。

下级农业行政处罚机关认为依法应由其管辖的农业行政处罚案件重大、复杂或者本地不适宜管辖的，可以报请上一级农业行政处罚机关直接管辖或者指定管辖。上一级农业行政处罚机关应当自收到报送材料之日起七日内作出书面决定。

第十九条 农业行政处罚机关实施农业行政处罚时，需要其他行政机关协助的，可以向有关机关发送协助函，提出协助请求。

农业行政处罚机关在办理跨行政区域案件时，需要其他地区农业行政处罚机关协查的，可以发送协查函。收到协查函的农业行政处罚机关应当予以协助并及时书面告知协查结果。

第二十条 农业行政处罚机关查处案件，对依法应当由原许可、批准的部门作出吊销许可证件等农业行政处罚决定的，应当自作出处理决定之日起十五日内将查处结果及相关材料书面报送或告知原许可、批准的部门，并提出处理建议。

第二十一条 农业行政处罚机关发现所查处的案件不属于农业农村主管部门管辖的，应当按照有关要求和时限移送有管辖权的部门处理。

违法行为涉嫌犯罪的案件，农业行政处罚机关应当依法移送司法机关，不得以行政处罚代替刑事处罚。

农业行政处罚机关应当与司法机关加强协调配合，建立健全案件移送制度，加强证据材料移交、接收衔接，完善案件处理信息通报机制。

农业行政处罚机关应当将移送案件的相关材料妥善保管、存档备查。

第三章 农业行政处罚的决定

第二十二条 公民、法人或者其他组织违反农业行政管理秩序的行为，依法应当给予行政处罚的，农业行政处罚机关必须查明事实；违法事实不清、证据不足的，不得给予行政处罚。

第二十三条 农业行政处罚机关作出农业行政处罚决定前，应当告知当事人拟作出行政处罚内容及事实、理由、依据，并告知当事人依法享有的陈述、申辩、要求听证等权利。

采取普通程序查办的案件，农业行政处罚机关应当制作行政处罚事先告知书送达当事人，并告知当事人可以在收到告知书之日起三日内进行陈述、申辩。符合听证条件的，应当告知当事人可以要求听证。

当事人无正当理由逾期提出陈述、申辩或者要求听证的，视为放弃上述权利。

第二十四条 当事人有权进行陈述和申辩。农业行政处罚机关必须充分听取当事人的意见，对当事人提出的事实、理由和证据，应当进行复核；当事人提出的事实、理由或者证据成立的，应当予以采纳。

农业行政处罚机关不得因当事人陈述、申辩而给予更重的处罚。

第一节 简易程序

第二十五条 违法事实确凿并有法定依据，对公民处以二百元以下、对法人或者其他组织处以三千元以下罚款或者警告的行政处罚的，可以当场作出行政处罚决定。法律另有规定的，从其规定。

第二十六条 当场作出行政处罚决定时，农业行政执法人员应当遵守下列程序：

（一）向当事人表明身份，出示行政执法证件；

（二）当场查清当事人的违法事实，收集和保存相关证据；

（三）在行政处罚决定作出前，应当告知当事人拟作出决定的内容及事实、理由、依据，并告知当事人有权进行陈述和申辩；

（四）听取当事人陈述、申辩，并记入笔录；

（五）填写预定格式、编有号码、盖有农业行政处罚机关印章的当场处罚决定书，由执法人员签名或者盖章，当场交付当事人；当事人拒绝签收的，应当在行政处罚决定书上注明。

前款规定的行政处罚决定书应当载明当事人的违法行为，行政处罚的种类和依据、罚款数额、时间、地点，申请行政复议、提起行政诉讼的途径和期限以及行政机关名称。

第二十七条 农业行政执法人员应当在作出当场处罚决定之日起、在水上办理渔业行政违法案件的农业行政执法人员应当自抵岸之日起二日内，将案件的有关材料交至所属农业行政处罚机关归档保存。

第二节 普通程序

第二十八条 实施农业行政处罚，除依法可以当场作出的行政处罚外，应当适用普通程序。

第二十九条 农业行政处罚机关对依据监督检查职责或者通过投诉、举报、其他部门移送、上级交办等途径发现的违法行为线索，应当自发现线索或者收到相关材料之日起七日内予以核查，由农业行政处罚机关负责人决定是否立案；因特殊情况不能在规定期限内立案的，经农业行政处罚机关负责人批准，可以延长七日。法律、法规、规章另有规定的除外。

第三十条 符合下列条件的，农业行政处罚机关应当予以立案，并填写行政处罚立案审批表：

（一）有涉嫌违反法律、法规和规章的行为；

（二）依法应当或者可以给予行政处罚；

（三）属于本机关管辖；

（四）违法行为发生之日起至被发现之日止未超过二年，或者违法行为有连续、继续状态，从违法行为终了之日起至被发现之日止未超过二年；涉及公民生命健康安全且有危害后果的，上述期限延长至五年。法律另有规定的除外。

第三十一条 对已经立案的案件，根据新的情况发现不符合本规定第三十条规定的立案条件的，农业行政处罚机关应当撤销立案。

第三十二条 农业行政处罚机关对立案的农业违法行为，必须全面、客观、公正地调查，收集有关证据；必要时，按照法律、法规的规定，可以进行检查。

农业行政执法人员在调查或者收集证据、进行检查时，不得少于两人。当事人或者有关人员有权要求农业行政执法人员出示执法证件。执法人员不出示执法证件的，当事人或者有关人员有权拒绝接受调查或者检查。

第三十三条 农业行政执法人员有权依法采取下列措施：

（一）查阅、复制书证和其他有关材料；

（二）询问当事人或者其他与案件有关的单位和个人；

（三）要求当事人或者有关人员在一定的期限内提供有关材料；

（四）采取现场检查、勘验、抽样、检验、检测、鉴定、评估、认定、录音、拍照、录像、调取现场及周边监控设备电子数据等方式进行调查取证；

（五）对涉案的场所、设施或者财物依法实施查封、扣押等行政强制措施；

（六）责令被检查单位或者个人停止违法行为，履行法定义务；

（七）其他法律、法规、规章规定的措施。

第三十四条 农业行政处罚证据包括书证、物证、视听资料、电子数据、证人证言、当事人的陈述、鉴定意见、勘验笔录和现场笔录。

证据必须经查证属实，方可作为农业行政处罚机关认定案件事实的根据。立案前依法取得或收集的证据材料，可以作为案件的证据使用。

以非法手段取得的证据，不得作为认定案件事实的根据。

第三十五条 收集、调取的书证、物证应当是原件、原物。收集、调取原件、原物确有困难的，可以提供与原件核对无误的复制件、影印件或者抄录件，也可以提供足以反映原物外形或者内容的照片、录像等其他证据。

复制件、影印件、抄录件和照片由证据提供人或者执法人员核对无误后注明与原件、原物一致，并注明出证日期、证据出处，同时签名或者盖章。

第三十六条 收集、调取的视听资料应当是有关资料的原始载体。调取原始载体确有困难的，可以提供复制件，并注明制作方法、制作时间、制作人和证明对象等。声音资料应当附有该声音内容的文字记录。

第三十七条 收集、调取的电子数据应当是有关数据的原始载体。收集电子数据原始载体确有困难的，可以采用拷贝复制、委托分析、书式固定、拍照录像等方式取证，并注明制作方法、制作时间、制作人等。

农业行政处罚机关可以利用互联网信息系统或者设备收集、固定违法行为证据。用来收集、固定违法行为证据的互联网信息系统或者设备应当符合相关规定，保证所收集、固定电子数据的真实性、完整性。

农业行政处罚机关可以指派或者聘请具有专门知识的人员或者专业机构，辅助农业行政执法人员对与案件有关的电子数据进行调查取证。

第三十八条 农业行政执法人员询问证人或者当事人，应当个别进行，并制作询问笔录。

询问笔录有差错、遗漏的，应当允许被询问人更正或者补充。更正或者补充的部分应当由被询问人签名、盖章或者按指纹等方式确认。

询问笔录经被询问人核对无误后，由被询问人在笔录上逐页签名、盖章或者按指纹等方式确认。农业行政执法人员应当在笔录上签名。被询问人拒绝签名、盖章或者按指纹的，由农业行政执法人员在笔录上注明情况。

第三十九条 农业行政执法人员对与案件有关的物品或者场所进行现场检查或者勘验，应当通知当事人到场，制作现场检查笔录或者勘验笔录，必要时可以采取拍照、录像或者其他方式记录现场情况。

当事人拒不到场、无法找到当事人或者当事人拒绝签名或盖章的，农业行政执法人员应当在笔录中注明，并可以请在场的其他人员见证。

第四十条 农业行政处罚机关在调查案件时，对需要检测、检验、鉴定、评估、认定的专门性问题，应当委托具有法定资质的机构进行；没有具有法定资质的机构的，可以委托其他具备条件的机构进行。

检验、检测、鉴定、评估、认定意见应当由检验、检测、鉴定、评估、认定人员签名或者盖章，并加盖所在机构公章。检验、检测、鉴定、评估、认定意见应当送达当事人。

第四十一条 农业行政处罚机关收集证据时，可以采取抽样取证的方法。农业行政执法人员应当制作抽样取证凭证，对样品加贴封条，并由执法人员和当事人在抽样取证凭证上签名或者盖章。当事人拒绝签名或者盖章的，应当采取拍照、录像或者其他方式记录抽样取证情况。

农业行政处罚机关抽样送检的，应当将抽样检测结果及时告知当事人，并告知当事人有依法申请复检的权利。

非从生产单位直接抽样取证的，农业行政处罚机关可以向产品标注生产单位发送产品确认通知书，对涉案产品是否为其生产的产品进行确认，并可以要求其在一定期限内提供相关证明材料。

第四十二条 在证据可能灭失或者以后难以取得的情况下，经农业行政处罚机关负责人批准，农业行政执法人员可以对与涉嫌违法行为有关的证据采取先行登记保存措施。

情况紧急，农业行政执法人员需要当场采取先行登记保存措施的，可以采用即时通信方式报请农业行政处罚机关负责人同意，并在二十四小时内补办批准手续。

先行登记保存有关证据，应当当场清点，开具清单，填写先行登记保存执法文书，由农业行政执法人员和当事人签名、盖章或者按指纹，并向当事人交付先行登记保存证据通知书和物品清单。

第四十三条 先行登记保存物品时，就地由当事人保存的，当事人或者有关人员不得使用、销售、转移、损毁或者隐匿。

就地保存可能妨害公共秩序、公共安全，或者存在其他不适宜就地保存情况的，可以异地保存。对异地保存的物品，农业行政处罚机关应当妥善保管。

第四十四条 农业行政处罚机关对先行登记保存的证据，应当自采取登记保存之日起七日内作出下列处理决定并送达当事人：

（一）根据情况及时采取记录、复制、拍照、录像等证据保全措施；

（二）需要进行技术检测、检验、鉴定、评估、认定的，送交有关机构检测、检验、鉴定、评估、认定；

（三）对依法应予没收的物品，依照法定程序处理；

（四）对依法应当由有关部门处理的，移交有关部门；

（五）为防止损害公共利益，需要销毁或者无害化处理的，依法进行处理；

（六）不需要继续登记保存的，解除先行登记保存。

第四十五条 农业行政处罚机关依法对涉案场所、设施或者财物采取查封、扣押等行政强制措施，应当在实施前向农业行政处罚机关负责人报告并经批准，由具备资格的农业行政执法人员实施。

情况紧急，需要当场采取行政强制措施的，农业行政执法人员应当在二十四小时内向农业行政处罚机关负责人报告，并补办批准手续。农业行政处罚机关负责人认为不应当采取行政强制措施的，应当立即解除。

查封、扣押的场所、设施或者财物，应当妥善保管，不得使用或者损毁。除法律、法规另有规定外，鲜活产品、保管困难或者保管费用过高的物品和其他容易损毁、灭失、变质的物品，在确定为罚没财物前，经权利人同意或者申请，并经农业行政处罚机关负责人批准，在采取相关措施留存证据后，可以依法先行处置；权利人不明确的，可以依法公告，公告期满后仍没有权利人同意或者申请的，可以依法先行处置。先行处置所得款项按照涉案现金管理。

第四十六条 农业行政处罚机关实施查封、扣押等行政强制措施，应当履行《中华人民共和国行政强制法》规定的程序和要求，制作并当场交付查封、扣押决定书和清单。

第四十七条 经查明与违法行为无关或者不再需要采取查封、扣押措施的，应当解除查封、扣押措施，将查封、扣押的财物如数返还当事人，并由农业行政执法人员和当事人在解除查封或者扣押决定书和清单上签名、盖章或者按指纹。

第四十八条 有下列情形之一的，经农业行政处罚机关负责人批准，中止案件调查，并制作案件中止调查决定书：

（一）行政处罚决定必须以相关案件的裁判结果或者其他行政决定为依据，而相关案件尚未审结或者其他行政决定尚未作出；

（二）涉及法律适用等问题，需要送请有权机关作出解释或者确认；

（三）因不可抗力致使案件暂时无法调查；

（四）因当事人下落不明致使案件暂时无法调查；

（五）其他应当中止调查的情形。

中止调查的原因消除后，应当立即恢复案件调查。

第四十九条 农业行政执法人员在调查结束后，应当根据不同情形提出如下处理建议，并制作案件处理意见书，报请农业行政处罚机关负责人审查：

（一）确有应受行政处罚的违法行为的，根据情节轻重及具体情况，建议作出行政处罚；

（二）违法事实不能成立的，建议不予行政处罚；

（三）违法行为轻微并及时改正，没有造成危害后果的，建议不予行政处罚；

（四）当事人有证据足以证明没有主观过错的，建议不予行政处罚，但法律、行政法规另有规定的除外；

（五）初次违法且危害后果轻微并及时改正的，建议可以不予行政处罚；

（六）违法行为超过追责时效的，建议不再给予行政处罚；

（七）违法行为不属于农业行政处罚机关管辖的，建议移送其他行政机关；

（八）违法行为涉嫌犯罪应当移送司法机关的，建议移送司法机关；

（九）依法作出处理的其他情形。

第五十条 有下列情形之一，在农业行政处罚机关负责人作出农业行政处罚决定前，应当由从事农业行政处罚决定法制审核的人员进行法制审核；未经法制审核或者审核未通过的，农业行政处罚机关不得作出决定：

（一）涉及重大公共利益的；

（二）直接关系当事人或者第三人重大权益，经过听证程序的；

（三）案件情况疑难复杂、涉及多个法律关系的；

（四）法律、法规规定应当进行法制审核的其他情形。

农业行政处罚法制审核工作由农业行政处罚机关法制机构负责；未设置法制机构的，由农业行政处罚机关确定的承担法制审核工作的其他机构或者专门人员负责。

案件查办人员不得同时作为该案件的法制审核人员。农业行政处罚机关中初次从事法制审核的人员，应当通过国家统一法律职业资格考试取得法律职业资格。

第五十一条 农业行政处罚决定法制审核的主要内容包括：

（一）本机关是否具有管辖权；

（二）程序是否合法；

（三）案件事实是否清楚，证据是否确实、充分；

（四）定性是否准确；

（五）适用法律依据是否正确；

（六）当事人基本情况是否清楚；

（七）处理意见是否适当；

（八）其他应当审核的内容。

除本规定第五十条第一款规定以外，适用普通程序的其他农业行政处罚案件，在作出处罚决定前，应当参照前款规定进行案件审核。审核工作由农业行政处罚机关的办案机构或其他机构负责实施。

第五十二条 法制审核结束后，应当区别不同情况提出如下建议：

（一）对事实清楚、证据充分、定性准确、适用依据正确、程序合法、处理适当的案件，拟同意作出行政处罚决定；

（二）对定性不准、适用依据错误、程序不合法或者处理不当的案件，建议纠正；

（三）对违法事实不清、证据不充分的案件，建议补充调查或者撤销案件；

（四）违法行为轻微并及时纠正没有造成危害后果的，或者违法行为超过追责时效的，建议不予行政处罚；

（五）认为有必要提出的其他意见和建议。

第五十三条 法制审核机构或者法制审核人员应当自接到审核材料之日起五日内完成审核。特殊情况下，经农业行政处罚机关负责人批准，可以延长十五日。法律、法规、规章另有规定的除外。

第五十四条 农业行政处罚机关负责人应当对调查结果、当事人陈述申辩或者听证情况、案件处理意见和法制审核意见等进行全面审查，并区别不同情况分别作出如下处理决定：

（一）确有应受行政处罚的违法行为的，根据情节轻重及具体情况，作出行政处罚决定；

（二）违法事实不能成立的，不予行政处罚；

（三）违法行为轻微并及时改正，没有造成危害后果的，不予行政处罚；

（四）当事人有证据足以证明没有主观过错的，不予行政处罚，但法律、行政法规另有规定的除外；

（五）初次违法且危害后果轻微并及时改正的，可以不予行政处罚；

（六）违法行为超过追责时效的，不予行政处罚；

（七）不属于农业行政处罚机关管辖的，移送其他行政机关处理；

（八）违法行为涉嫌犯罪的，将案件移送司法机关。

第五十五条 下列行政处罚案件，应当由农业行政处罚机关负责人集体讨论决定：

（一）符合本规定第五十九条所规定的听证条件，且申请人申请听证的案件；

（二）案情复杂或者有重大社会影响的案件；

（三）有重大违法行为需要给予较重行政处罚的案件；

（四）农业行政处罚机关负责人认为应当提交集体讨论的其他案件。

第五十六条 农业行政处罚机关决定给予行政处罚的，应当制作行政处罚决定书。行政处罚决定书应当载明以下内容：

（一）当事人的姓名或者名称、地址；

（二）违反法律、法规、规章的事实和证据；

（三）行政处罚的种类和依据；

（四）行政处罚的履行方式和期限；

（五）申请行政复议、提起行政诉讼的途径和期限；

（六）作出行政处罚决定的农业行政处罚机关名称和作出决定的日期。

农业行政处罚决定书应当加盖作出行政处罚决定的行政机关的印章。

第五十七条 在边远、水上和交通不便的地区按普通程序实施处罚时，农业行政执法人员可以采用即时通信方式，报请农业行政处罚机关负责人批准立案和对调查结果及处理意见进行审查。报批记录必须存档备案。当事人可当场向农业行政执法人员进行陈述和申辩。当事人当场书面放弃陈述和申辩的，视为放弃权利。

前款规定不适用于本规定第五十五条规定的应当由农业行政处罚机关负责人集体讨论决定的案件。

第五十八条 农业行政处罚案件应当自立案之日起九十日内作出处理决定；因案情复杂、调查取证困难等需要延长的，经本农业行政处罚机关负责人批准，可以延长三十日。案情特别复杂或者有其他特殊情况，延期后仍不能作出处理决定的，应当报经上一级农业行政处罚机关决定是否继续延期；决定继续延期的，应当同时确定延长的合理期限。

案件办理过程中，中止、听证、公告、检验、检测、鉴定等时间不计入前款所指的案件办理期限。

第三节 听证程序

第五十九条 农业行政处罚机关依照《中华人民共和国行政处罚法》第六十三条的规定，在作出较大数额罚款、没收较大数额违法所得、没收较大价值非法财物、降低资质等级、吊销许可证件、责令停产停业、责令关闭、限制从业等较重农业行政处罚决定前，应当告知当事人有要求举行听证的权利。当事人要求听证的，农业行政处罚机关应当组织听证。

前款所称的较大数额、较大价值，县级以上地方人民政府农业农村主管部门按所在省、自治区、直辖市人民代表大会及其常委会或者人民政府规定的标准执行。农业农村部规定的较大数额、较大价值，对个人是指超过一万元，对法人或者其他组织是指超过十万元。

第六十条 听证由拟作出行政处罚的农业行政处罚机关组织。具体实施工作由其法制机构或者相应机构负责。

第六十一条 当事人要求听证的，应当在收到行政处罚事先告知书之日起五日内向听证机关提出。

第六十二条 听证机关应当在举行听证会的七日前送达行政处罚听证会通知书，告知当事人及有关人员举行听证的时间、地点、听证人员名单及当事人可以申请回避和可以委托代理人等事项。

当事人可以亲自参加听证，也可以委托一至二人代理。当事人及其代理人应当按期参加听证，无正当理由拒不出席听证或者未经许可中途退出听证的，视为放弃听证权利，行政机关终止听证。

第六十三条 听证参加人由听证主持人、听证员、书记员、案件调查人员、当事人及其委托代理人等组成。

听证主持人、听证员、书记员应当由听证机关负责人指定的法制工作机构工作人员或者其他相应工作人员等非本案调查人员担任。

当事人委托代理人参加听证的，应当提交授权委托书。

第六十四条 除涉及国家秘密、商业秘密或者个人隐私依法予以保密等情形外，听证应当公开举行。

第六十五条 当事人在听证中的权利和义务：

（一）有权对案件的事实认定、法律适用及有关情况进行陈述和申辩；

（二）有权对案件调查人员提出的证据质证并提出新的证据；

（三）如实回答主持人的提问；

（四）遵守听证会场纪律，服从听证主持人指挥。

第六十六条 听证按下列程序进行：

（一）听证书记员宣布听证会场纪律、当事人的权利和义务，听证主持人宣布案由、核实听证参加人名单、宣布听证开始；

（二）案件调查人员提出当事人的违法事实、

出示证据，说明拟作出的农业行政处罚的内容及法律依据；

（三）当事人或者其委托代理人对案件的事实、证据、适用的法律等进行陈述、申辩和质证，可以当场向听证会提交新的证据，也可以在听证会后三日内向听证机关补交证据；

（四）听证主持人就案件的有关问题向当事人、案件调查人员、证人询问；

（五）案件调查人员、当事人或者其委托代理人相互辩论；

（六）当事人或者其委托代理人作最后陈述；

（七）听证主持人宣布听证结束。听证笔录交当事人和案件调查人员审核无误后签字或者盖章。

当事人或者其代理人拒绝签字或者盖章的，由听证主持人在笔录中注明。

第六十七条 听证结束后，听证主持人应当依据听证情况，制作行政处罚听证会报告书，连同听证笔录，报农业行政处罚机关负责人审查。农业行政处罚机关应当根据听证笔录，按照本规定第五十四条的规定，作出决定。

第六十八条 听证机关组织听证，不得向当事人收取费用。

第四章 执法文书的送达和处罚决定的执行

第六十九条 农业行政处罚机关送达行政处罚决定书，应当在宣告后当场交付当事人；当事人不在场的，应当在七日内依照《中华人民共和国民事诉讼法》的有关规定将行政处罚决定书送达当事人。

当事人同意并签订确认书的，农业行政处罚机关可以采用传真、电子邮件等方式，将行政处罚决定书等送达当事人。

第七十条 农业行政处罚机关送达行政执法文书，应当使用送达回证，由受送达人在送达回证上记明收到日期，签名或者盖章。

受送达人是公民的，本人不在时交其同住成年家属签收；受送达人是法人或者其他组织的，应当由法人的法定代表人、其他组织的主要负责人或者该法人、其他组织负责收件的有关人员签收；受送达人有代理人的，可以送交其代理人签收；受送达人已向农业行政处罚机关指定代收人的，送交代收人签收。

受送达人、受送达人的同住成年家属、法人或者其他组织负责收件的有关人员、代理人、代收人在送达回证上签收的日期为送达日期。

第七十一条 受送达人或者他的同住成年家属拒绝接收行政执法文书的，送达人可以邀请有关基层组织或者其所在单位的代表到场，说明情况，在送达回证上记明拒收事由和日期，由送达人、见证人签名或者盖章，把行政执法文书留在受送达人的住所；也可以把行政执法文书留在受送达人的住所，并采用拍照、录像等方式记录送达过程，即视为送达。

第七十二条 直接送达行政执法文书有困难的，农业行政处罚机关可以邮寄送达或者委托其他农业行政处罚机关代为送达。

受送达人下落不明，或者采用直接送达、留置送达、委托送达等方式无法送达的，农业行政处罚机关可以公告送达。

委托送达的，受送达人的签收日期为送达日期；邮寄送达的，以回执上注明的收件日期为送达日期；公告送达的，自发出公告之日起经过六十日，即视为送达。

第七十三条 当事人应当在行政处罚决定书确定的期限内，履行处罚决定。

农业行政处罚决定依法作出后，当事人对行政处罚决定不服，申请行政复议或者提起行政诉讼的，除法律另有规定外，行政处罚决定不停止执行。

第七十四条 除依照本规定第七十五条、第七十六条的规定当场收缴罚款外，农业行政处罚机关及其执法人员不得自行收缴罚款。决定罚款的农业行政处罚机关应当书面告知当事人在收到行政处罚决定书之日起十五日内，到指定的银行或者通过电子支付系统缴纳罚款。

第七十五条 依照本规定第二十五条的规定当场作出农业行政处罚决定，有下列情形之一，农业行政执法人员可以当场收缴罚款：

（一）依法给予一百元以下罚款的；

（二）不当场收缴事后难以执行的。

第七十六条 在边远、水上、交通不便地区，农业行政处罚机关及其执法人员依照本规定第二十五条、第五十四条、第五十五条的规定作出罚款决定后，当事人到指定的银行或者通过电子支付系统缴纳罚款确有困难，经当事人提出，农业行政处罚机关及其执法人员可以当场收缴罚款。

第七十七条 农业行政处罚机关及其执法人员当场收缴罚款的，应当向当事人出具国务院财政部门或者省、自治区、直辖市财政部门统一制发的专用票据，不出具财政部门统一制发的专用票据的，当事人有权拒绝缴纳罚款。

第七十八条 农业行政执法人员当场收缴的罚款，应当自返回农业行政处罚机关所在地之日起二日内，交至农业行政处罚机关；在水上当场收缴的罚款，应当自抵岸之日起二日内交至农业行政处罚机关；农业行政处罚机关应当自收到款项之日起二日内将罚款交至指定的银行。

第七十九条 对需要继续行驶的农业机械、渔业船舶实施暂扣或者吊销证照的行政处罚，农业行政处罚机关在实施行政处罚的同时，可以发给当事人相应的证明，责令农业机械、渔业船舶驶往预定或者指定的地点。

第八十条 对生效的农业行政处罚决定，当事人拒不履行的，作出农业行政处罚决定的农业行政处罚机关依法可以采取下列措施：

（一）到期不缴纳罚款的，每日按罚款数额的百分之三加处罚款，加处罚款的数额不得超出罚款的数额；

（二）根据法律规定，将查封、扣押的财物拍卖、依法处理或者将冻结的存款、汇款划拨抵缴罚款；

（三）依照《中华人民共和国行政强制法》的规定申请人民法院强制执行。

第八十一条 当事人确有经济困难，需要延期或者分期缴纳罚款的，应当在行政处罚决定书确定的缴纳期限届满前，向作出行政处罚决定的农业行政处罚机关提出延期或者分期缴纳罚款的书面申请。

农业行政处罚机关负责人批准当事人延期或者分期缴纳罚款后，应当制作同意延期（分期）缴纳罚款通知书，并送达当事人和收缴罚款的机构。农业行政处罚机关批准延期、分期缴纳罚款的，申请人民法院强制执行的期限，自暂缓或者分期缴纳罚款期限结束之日起计算。

第八十二条 除依法应当予以销毁的物品外，依法没收的非法财物，必须按照国家规定公开拍卖或者按照国家有关规定处理。处理没收物品，应当制作罚没物品处理记录和清单。

第八十三条 罚款、没收的违法所得或者没收非法财物拍卖的款项，必须全部上缴国库，任何行政机关或者个人不得以任何形式截留、私分或者变相私分。

罚款、没收的违法所得或者没收非法财物拍卖的款项，不得同作出农业行政处罚决定的农业行政处罚机关及其工作人员的考核、考评直接或者变相挂钩。除依法应当退还、退赔的外，财政部门不得以任何形式向作出农业行政处罚决定的农业行政处罚机关返还罚款、没收的违法所得或者没收非法财物拍卖的款项。

第五章 结案和立卷归档

第八十四条 有下列情形之一的，农业行政处罚机关可以结案：

（一）行政处罚决定由当事人履行完毕的；

（二）农业行政处罚机关依法申请人民法院强制执行行政处罚决定，人民法院依法受理的；

（三）不予行政处罚等无须执行的；

（四）行政处罚决定被依法撤销的；

（五）农业行政处罚机关认为可以结案的其他情形。

农业行政执法人员应当填写行政处罚结案报告，经农业行政处罚机关负责人批准后结案。

第八十五条 农业行政处罚机关应当按照下列要求及时将案件材料立卷归档：

（一）一案一卷；

（二）文书齐全，手续完备；

（三）案卷应当按顺序装订。

第八十六条 案件立卷归档后，任何单位和个人不得修改、增加或者抽取案卷材料，不得修改案卷内容。案卷保管及查阅，按档案管理有关规定执行。

第八十七条 农业行政处罚机关应当建立行政处罚工作报告制度，并于每年1月31日前向上级农业行政处罚机关报送本行政区域上一年度农业行政处罚工作情况。

第六章 附 则

第八十八条 本规定中的“以上”“以下”“内”均包括本数。

第八十九条 本规定中“二日”“三日”“五日”“七日”的规定是指工作日，不含法定节

假日。

“期间”以时、日、月、年计算。“期间”开始的时或者日，不计算在内。

“期间”届满的最后一日是节假日的，以节假日后的第一日为“期间”届满的日期。

行政处罚文书的送达期间不包括在路途上的时间，行政处罚文书在期满前交邮的，视为在有效期内。

第九十条 农业行政处罚基本文书格式由农业农村部统一制定。各省、自治区、直辖市人民政府农业农村主管部门可以根据地方性法规、规章和工作需要，调整有关内容或者补充相应文书，报农业农村部备案。

第九十一条 本规定自2022年2月1日起实施。2020年1月14日农业农村部发布的《农业行政处罚程序规定》同时废止。

二十四、农业农村部行政许可实施管理办法

（农业农村部2021年12月7日第16次常务会议审议通过　2021年12月14日农业农村部令第3号公布　自2022年1月15日起施行）

第一章　总　　则

第一条　为了规范农业农村部行政许可实施，维护农业农村领域市场主体合法权益，优化农业农村发展环境，根据《中华人民共和国行政许可法》《优化营商环境条例》等法律法规，制定本办法。

第二条　农业农村部行政许可条件的规定、行政许可的办理和监督管理，适用本办法。

第三条　实施行政许可应当遵循依法、公平、公正、公开、便民的原则。

第四条　农业农村部法规司（以下简称“法规司”）在行政许可实施过程中承担下列职责：

（一）组织协调行政审批制度改革，指导、督促相关单位取消和下放行政许可事项、强化事中事后监管；

（二）负责行政审批综合办公业务管理工作，审核行政许可事项实施规范、办事指南、审查细则等，适时集中公布行政许可事项办事指南；

（三）受理和督办申请人提出的行政许可投诉举报；

（四）受理申请人依法提出的行政复议申请。

第五条　行政许可承办司局及单位（以下简称“承办单位”）在行政许可实施过程中承担下列职责：

（一）起草行政许可事项实施规范、办事指南、审查细则等；

（二）按规定选派政务服务大厅窗口工作人员（以下简称“窗口人员”）；

（三）依法对行政许可申请进行审查，在规定时限内提出审查意见；

（四）对申请材料和行政许可实施过程中形成的纸质及电子文件资料及时归档；

（五）调查核实与行政许可实施有关的投诉举报，并按规定整改反馈；

（六）持续简化行政许可申请材料和办理程序，提高审批效率，提升服务水平；

（七）实施行政许可事中事后监管。

第六条　行政许可事项实行清单管理。农业农村部行政许可事项以国务院公布的清单为准，禁止在清单外以任何形式和名义设定、实施行政许可。

第二章　行政许可条件的规定和调整

第七条　部门规章可以在法律、行政法规设定的行政许可事项范围内，对实施该行政许可作出具体规定。农业农村部规范性文件可以明确行政许可条件的具体技术指标或资料要求，但不得增设违反上位法的条件和程序，不得限制申请人的权利、增加申请人的义务。

部门规章和农业农村部规范性文件应当按照法定程序起草、审查和公布，法律、行政法规、部门规章和农业农村部规范性文件以外的其他文件不得规定和调整行政许可具体条件及其技术指标或资料要求。

第八条　行政许可具体条件调整后，承办单位应当及时进行宣传、解读和培训，便于申请人及时了解、地方农业农村部门按规定实施。

第九条　行政许可具体条件及其技术指标或

资料要求调整后，承办单位应当及时修改实施规范、办事指南、审查细则等，并送法规司审核。

修改后的实施规范、办事指南、审查细则等，承办单位应当及时在农业农村部政务服务平台、国家政务服务平台等载体同源同步更新，确保信息统一。

第三章 行政许可申请和受理

第十条 申请人可以通过信函、电子数据交换和电子邮件等方式提出行政许可申请。申请书需要采用格式文本的，承办单位应当向申请人免费提供行政许可申请书格式文本。

第十一条 农业农村部行政许可的事项名称、依据、条件、数量、程序、期限以及需要提交全部材料的目录和申请书示范文本等，应当在农业农村部政务服务大厅及一体化在线政务服务平台进行公示。

申请人要求对公示内容予以说明、解释的，承办单位或者窗口人员应当说明、解释，提供准确、可靠的信息。

第十二条 除直接涉及国家安全、国家秘密、公共安全、生态环境保护，直接关系人身健康、生命财产安全以及重要涉外等情形以外，对行政许可事项要求提供的证明材料实行证明事项告知承诺制。承办单位应当提出实行告知承诺制的事项范围并制作告知承诺书格式文本，法规司统一公布实行告知承诺制的证明事项目录。

第十三条 实行告知承诺制的证明事项，申请人可以自主选择是否采用告知承诺制方式办理。

第十四条 承办单位不得要求申请人提交法律、行政法规和部门规章、农业农村部规范性文件要求范围以外的材料。

第十五条 对申请人提出的行政许可申请，应当根据下列情况分别作出处理：

（一）申请事项依法不需要取得行政许可的，应当即时告知申请人不受理及不受理的理由；

（二）申请事项依法不属于农业农村部职权范围的，应当即时作出不予受理的决定，并告知申请人向有关行政机关申请；

（三）申请材料存在可以当场更正的错误的，应当允许申请人当场更正；

（四）申请材料不齐全或者不符合法定形式的，应当当场或者在五个工作日内一次性告知申请人需要补正的全部内容，逾期不告知的，自收到申请材料之日起即为受理；

（五）申请事项属于农业农村部职权范围，申请材料齐全、符合法定形式，或者申请人按照要求提交全部补正申请材料的，应当受理行政许可申请。

受理或者不予受理行政许可申请，应当出具通知书。通知书应当加盖农业农村部行政审批专用章，并注明日期。

第十六条 申请人在行政许可决定作出前要求撤回申请的，应当书面提出，经承办单位审核同意后，由窗口人员将行政许可申请材料退回申请人。撤回的申请自始无效。

第十七条 农业农村部按照国务院要求建设一体化在线政务服务平台，强化安全保障和运营管理，拓展完善系统功能，推动行政许可全程网上办理。

第十八条 除法律、行政法规另有规定或者涉及国家秘密等情形外，农业农村部行政许可应当纳入一体化在线政务服务平台办理。

第十九条 农业农村部政务服务大厅与一体化在线政务服务平台均可受理行政许可申请，适用统一的办理标准，申请人可以自主选择。

第四章 行政许可审查和决定

第二十条 承办单位应当按规定对申请材料进行审查。

申请人提交的申请材料齐全、符合法定形式和有关要求，能够当场作出决定的，应当当场作出书面的行政许可决定。

根据法定条件和程序，需要对申请材料的实质内容进行核实的，承办单位应当指派两名以上工作人员进行核查。

第二十一条 依法应当先经省级人民政府农业农村部门审查后报农业农村部决定的行政许可，省级人民政府农业农村部门应当在法定期限内将初步审查意见和全部申请材料报送农业农村部。窗口人员和承办单位不得要求申请人重复提供申请材料。

第二十二条 承办单位审查行政许可申请，发现行政许可事项直接关系他人重大利益的，应当在作出行政许可决定前告知利害关系人。申请人、利害关系人有权进行陈述和申辩，承办单位应当听取申请人、利害关系人的意见。申请人、利害关系人依法要求听证的，承办单位应当在二十个工作日内组织听证。

第二十三条 申请人的申请符合规定条件的，应当依法作出准予行政许可的书面决定。

作出不予行政许可的书面决定的，应当说明理由，并告知申请人享有依法申请行政复议或者提起行政诉讼的权利。

第二十四条 除当场作出行政许可决定的情形外，行政许可决定应当在法定期限内按照规定程序作出。行政许可事项办事指南中明确承诺时限的，应当在承诺时限内作出行政许可决定。

第二十五条 在承诺时限内不能作出行政许可决定的，承办单位应当提出书面延期申请并说明理由，会签法规司并报该行政许可决定签发人审核同意后，将延长期限的理由告知申请人，但不得超过法定办理时限。

第二十六条 作出行政许可决定，依法需要听证、检验、检测、检疫、鉴定和专家评审的，所需时间不计算在办理期限内。承办单位应当及时安排、限时办结，并将所需时间书面告知申请人。

第二十七条 农业农村部一体化在线政务服务平台设立行政许可电子监察系统，对行政许可办理时限全流程实时监控，及时予以警示。

第二十八条 窗口人员或者承办单位应当在行政许可决定作出之日起十个工作日内，将行政许可决定通过农业农村部一体化在线政务服务平台反馈申请人，并通过现场、邮政特快专递等方式向申请人颁发、送达许可证件，或者加盖检疫印章。

第二十九条 农业农村部作出的准予行政许可决定应当公开，公众有权查阅。

第三十条 农业农村部按照国务院要求推广应用电子证照，逐步实现行政许可证照电子化。承办单位会同法规司制定电子证照标准，制作和管理电子证照，对有效期内存量纸质证照数据逐步实行电子化。

第五章　监督管理

第三十一条 已取消的行政许可事项，承办单位不得继续实施或者变相实施，不得转由其他单位或组织实施。

第三十二条 中介服务事项作为行政许可办理条件的，应当有法律、行政法规或者国务院决定依据。

承办单位不得为申请人指定或者变相指定中介服务机构；除法定行政许可中介服务事项外，不得强制或者变相强制申请人接受中介服务。

农业农村部所属事业单位、主管的社会组织，及其设立的企业，不得开展与农业农村部行政许可相关的中介服务。法律、行政法规另有规定的，依照其规定。

第三十三条 承办单位应当对实施的行政许可事项逐项明确监管主体，制定并公布全国统一、简明易行的监管规则，明确监管方式和标准。

第三十四条 已取消的行政许可事项，承办单位应当变更监管规则，加强事中事后监管；已下放的行政许可事项，承办单位应当同步调整优化监管层级，确保审批与监管权责统一。

第三十五条 承办单位负责同志、直接从事行政许可审查的工作人员，符合法定回避情形的应当回避；直接从事行政许可审查的工作人员应当定期轮岗交流。

第三十六条 承办单位及相关人员违反《中华人民共和国行政许可法》和其他有关规定，情节轻微，尚未给公民、法人或者其他组织造成严重财产损失或者严重不良社会影响的，采取通报批评、责令整改等方式予以处理。涉嫌违规违纪的，按照干部管理权限移送纪检监察机关。涉嫌犯罪的，依法移送司法机关。

第三十七条 申请人隐瞒有关情况或者提供虚假材料申请行政许可的，不予受理或者不予行政许可，并给予警告；行政许可申请属于直接关系公共安全、人身健康、生命财产安全事项的，申请人在一年内不得再次申请该行政许可。法律、行政法规另有规定的，依照其规定。

第三十八条 被许可人以欺骗、贿赂等不正当手段取得行政许可的，应当依法给予行政处罚；取得的行政许可属于直接关系公共安全、人身健康、生命财产安全事项的，申请人在三年内不得再次申请该行政许可。法律、行政法规另有规定的，依照其规定。

第六章　附　　则

第三十九条 农业农村部政务服务大厅其他政务服务事项的办理，参照本办法执行。

第四十条 本办法自 2022 年 1 月 15 日起施行。

二十五、农业综合行政执法管理办法

（2022年11月3日农业农村部第11次常务会议审议通过　2022年11月30日农业农村部令2022年第9号公布　自2023年1月1日起施行）

第一章　总　　则

第一条　为加强农业综合行政执法机构和执法人员管理，规范农业行政执法行为，根据《中华人民共和国行政处罚法》等有关法律的规定，结合农业综合行政执法工作实际，制定本办法。

第二条　县级以上人民政府农业农村主管部门及农业综合行政执法机构开展农业综合行政执法工作及相关活动，适用本办法。

第三条　农业综合行政执法工作应当遵循合法行政、合理行政、诚实信用、程序正当、高效便民、权责统一的原则。

第四条　农业农村部负责指导和监督全国农业综合行政执法工作。

县级以上地方人民政府农业农村主管部门负责本辖区内农业综合行政执法工作。

第五条　县级以上地方人民政府农业农村主管部门应当明确农业综合行政执法机构与行业管理、技术支撑机构的职责分工，健全完善线索处置、信息共享、监督抽查、检打联动等协作配合机制，形成执法合力。

第六条　县级以上地方人民政府农业农村主管部门应当建立健全跨区域农业行政执法联动机制，加强与其他行政执法部门、司法机关的交流协作。

第七条　县级以上人民政府农业农村主管部门对农业行政执法工作中表现突出、有显著成绩和贡献或者有其他突出事迹的执法机构、执法人员，按照国家和地方人民政府有关规定给予表彰和奖励。

第八条　县级以上地方人民政府农业农村主管部门及其农业综合行政执法机构应当加强基层党组织和党员队伍建设，建立健全党风廉政建设责任制。

第二章　执法机构和人员管理

第九条　县级以上地方人民政府农业农村主管部门依法设立的农业综合行政执法机构承担并集中行使农业行政处罚以及与行政处罚相关的行政检查、行政强制职能，以农业农村部门名义统一执法。

第十条　省级农业综合行政执法机构承担并集中行使法律、法规、规章明确由省级人民政府农业农村主管部门及其所属单位承担的农业行政执法职责，负责查处具有重大影响的跨区域复杂违法案件，监督指导、组织协调辖区内农业行政执法工作。

市级农业综合行政执法机构承担并集中行使法律、法规、规章规定明确由市级人民政府农业农村主管部门及其所属单位承担的农业行政执法职责，负责查处具有较大影响的跨区域复杂违法案件及其直接管辖的市辖区内一般农业违法案件，监督指导、组织协调辖区内农业行政执法工作。

县级农业综合行政执法机构负责统一实施辖区内日常执法检查和一般农业违法案件查处工作。

第十一条　农业农村部建立健全执法办案指导机制，分领域遴选执法办案能手，组建全国农业行政执法专家库。

市级以上地方人民政府农业农村主管部门应当选调辖区内农业行政执法骨干组建执法办案指导小组，加强对基层农业行政执法工作的指导。

第十二条 县级以上地方人民政府农业农村主管部门应当建立与乡镇人民政府、街道办事处执法协作机制，引导和支持乡镇人民政府、街道办事处执法机构协助农业综合行政执法机构开展日常巡查、投诉举报受理以及调查取证等工作。

县级农业行政处罚权依法交由乡镇人民政府、街道办事处行使的，县级人民政府农业农村主管部门应当加强对乡镇人民政府、街道办事处综合行政执法机构的业务指导和监督，提供专业技术、业务培训等方面的支持保障。

第十三条 上级农业农村主管部门及其农业综合行政执法机构可以根据工作需要，经下级农业农村主管部门同意后，按程序调用下级农业综合行政执法机构人员开展调查、取证等执法工作。

持有行政执法证件的农业综合行政执法人员，可以根据执法协同工作需要，参加跨部门、跨区域、跨层级的行政执法活动。

第十四条 农业综合行政执法人员应当经过岗位培训，考试合格并取得行政执法证件后，方可从事行政执法工作。

农业综合行政执法机构应当鼓励和支持农业综合行政执法人员参加国家统一法律职业资格考试，取得法律职业资格。

第十五条 农业农村部负责制定全国农业综合行政执法人员培训大纲，编撰统编执法培训教材，组织开展地方执法骨干和师资培训。

县级以上地方人民政府农业农村主管部门应当制定培训计划，组织开展本辖区内执法人员培训。鼓励有条件的地方建设农业综合行政执法实训基地、现场教学基地。

农业综合行政执法人员每年应当接受不少于60学时的公共法律知识、业务法律知识和执法技能培训。

第十六条 县级以上人民政府农业农村主管部门应当定期开展执法练兵比武活动，选拔和培养业务水平高、综合素质强的执法办案能手。

第十七条 农业综合行政执法机构应当建立和实施执法人员定期轮岗制度，培养通专结合、一专多能的执法人才。

第十八条 县级以上人民政府农业农村主管部门可以根据工作需要，按照规定程序和权限为农业综合行政执法机构配置行政执法辅助人员。

行政执法辅助人员应当在农业综合行政执法机构及执法人员的指导和监督下开展行政执法辅助性工作。禁止辅助人员独立执法。

第三章 执法行为规范

第十九条 县级以上人民政府农业农村主管部门实施行政处罚及相关执法活动，应当做到事实清楚，证据充分，程序合法，定性准确，适用法律正确，裁量合理，文书规范。

农业综合行政执法人员应当依照法定权限履行行政执法职责，做到严格规范公正文明执法，不得玩忽职守、超越职权、滥用职权。

第二十条 县级以上人民政府农业农村主管部门应当通过本部门或者本级政府官方网站、公示栏、执法服务窗口等平台，向社会公开行政执法人员、职责、依据、范围、权限、程序等农业行政执法基本信息，并及时根据法律法规及机构职能、执法人员等变化情况进行动态调整。

县级以上人民政府农业农村主管部门作出涉及农产品质量安全、农资质量、耕地质量、动植物疫情防控、农机、农业资源生态环境保护、植物新品种权保护等具有一定社会影响的行政处罚决定，应当依法向社会公开。

第二十一条 县级以上人民政府农业农村主管部门应当通过文字、音像等形式，对农业行政执法的启动、调查取证、审核决定、送达执行等全过程进行记录，全面系统归档保存，做到执法全过程留痕和可回溯管理。

查封扣押财产、收缴销毁违法物品产品等直接涉及重大财产权益的现场执法活动，以及调查取证、举行听证、留置送达和公告送达等容易引发争议的行政执法过程，应当全程音像记录。

农业行政执法制作的法律文书、音像等记录资料，应当按照有关法律法规和档案管理规定归档保存。

第二十二条 县级以上地方人民政府农业农村主管部门作出涉及重大公共利益，可能造成重大社会影响或引发社会风险，案件情况疑难复杂、涉及多个法律关系等重大执法决定前，应当依法履行法制审核程序。未经法制审核或者审核未通过的，不得作出决定。

县级以上地方人民政府农业农村主管部门应

当结合本部门行政执法行为类别、执法层级、所属领域、涉案金额等，制定本部门重大执法决定法制审核目录清单。

第二十三条 农业综合行政执法机构制作农业行政执法文书，应当遵照农业农村部制定的农业行政执法文书制作规范和农业行政执法基本文书格式。

农业行政执法文书的内容应当符合有关法律、法规和规章的规定，做到格式统一、内容完整、表述清楚、逻辑严密、用语规范。

第二十四条 农业农村部可以根据统一和规范全国农业行政执法裁量尺度的需要，针对特定的农业行政处罚事项制定自由裁量权基准。

县级以上地方人民政府农业农村主管部门应当根据法律、法规、规章以及农业农村部规定，制定本辖区农业行政处罚自由裁量权基准，明确裁量标准和适用条件，并向社会公开。

县级以上人民政府农业农村主管部门行使农业行政处罚自由裁量权，应当根据违法行为的事实、性质、情节、社会危害程度等，准确适用行政处罚种类和处罚幅度。

第二十五条 农业综合行政执法人员开展执法检查、调查取证、采取强制措施和强制执行、送达执法文书等执法时，应当主动出示执法证件，向当事人和相关人员表明身份，并按照规定要求统一着执法服装、佩戴农业执法标志。

第二十六条 农业农村部定期发布农业行政执法指导性案例，规范和统一全国农业综合行政执法法律适用。

县级以上人民政府农业农村主管部门应当及时发布辖区内农业行政执法典型案例，发挥警示和震慑作用。

第二十七条 农业综合行政执法机构应当坚持处罚与教育相结合，按照“谁执法谁普法”的要求，将法治宣传教育融入执法工作全过程。

县级农业综合行政执法人员应当采取包区包片等方式，与农村学法用法示范户建立联系机制。

第二十八条 农业综合行政执法人员依法履行法定职责受法律保护，非因法定事由、非经法定程序，不受处分。任何组织和个人不得阻挠、妨碍农业综合行政执法人员依法执行公务。

农业综合行政执法人员因故意或者重大过失，不履行或者违法履行行政执法职责，造成危害后果或者不良影响的，应当依法承担行政责任。

第二十九条 农业综合行政执法机构及其执法人员应当严格依照法律、法规、规章的要求进行执法，严格遵守下列规定：

（一）不准徇私枉法、庇护违法者；

（二）不准越权执法、违反程序办案；

（三）不准干扰市场主体正常经营活动；

（四）不准利用职务之便为自己和亲友牟利；

（五）不准执法随意、畸轻畸重、以罚代管；

（六）不准作风粗暴。

第四章 执法条件保障

第三十条 县级以上地方人民政府农业农村主管部门应当落实执法经费财政保障制度，将农业行政执法运行经费、执法装备建设经费、执法抽检经费、罚没物品保管处置经费等纳入部门预算，确保满足执法工作需要。

第三十一条 县级以上人民政府农业农村主管部门应当依托大数据、云计算、人工智能等信息技术手段，加强农业行政执法信息化建设，推进执法数据归集整合、互联互通。

农业综合行政执法机构应当充分利用已有执法信息系统和信息共享平台，全面推行掌上执法、移动执法，实现执法程序网上流转、执法活动网上监督、执法信息网上查询。

第三十二条 县级以上地方人民政府农业农村主管部门应当根据执法工作需要，为农业综合行政执法机构配置执法办公用房和问询室、调解室、听证室、物证室、罚没收缴扣押物品仓库等执法辅助用房。

第三十三条 县级以上地方人民政府农业农村主管部门应当按照党政机关公务用车管理办法、党政机关执法执勤用车配备使用管理办法等有关规定，结合本辖区农业行政执法实际，为农业综合行政执法机构合理配备农业行政执法执勤用车。

县级以上地方人民政府农业农村主管部门应当按照有关执法装备配备标准为农业综合行政执法机构配备依法履职所需的基础装备、取证设备、应急设备和个人防护设备等执法装备。

第三十四条 县级以上地方人民政府农业农村主管部门内设或所属的农业综合行政执法机构中在编在职执法人员，统一配发农业综合行政执法制式服装和标志。

县级以上地方人民政府农业农村主管部门应

当按照综合行政执法制式服装和标志管理办法及有关技术规范配发制式服装和标志，不得自行扩大着装范围和提高发放标准，不得改变制式服装和标志样式。

农业综合行政执法人员应当妥善保管制式服装和标志，辞职、调离或者被辞退、开除的，应当交回所有制式服装和帽徽、臂章、肩章等标志；退休的，应当交回帽徽、臂章、肩章等所有标志。

第三十五条 农业农村部制定、发布全国统一的农业综合行政执法标识。

县级以上地方人民政府农业农村主管部门应当按照农业农村部有关要求，规范使用执法标识，不得随意改变标识的内容、颜色、内部结构及比例。

农业综合行政执法标识所有权归农业农村部所有。未经许可，任何单位和个人不得擅自使用，不得将相同或者近似标识作为商标注册。

第五章　执法监督

第三十六条 上级农业农村部门应当对下级农业农村部门及其农业综合行政执法机构的行政执法工作情况进行监督，及时纠正违法或明显不当的行为。

第三十七条 属于社会影响重大、案情复杂或者可能涉及犯罪的重大违法案件，上级农业农村部门可以采取发函督办、挂牌督办、现场督办等方式，督促下级农业农村部门及其农业综合行政执法机构调查处理。接办案件的农业农村部门及其农业综合行政执法机构应当及时调查处置，并按要求反馈查处进展情况和结果。

第三十八条 县级以上人民政府农业农村主管部门应当建立健全行政执法文书和案卷评查制度，定期开展评查，发布评查结果。

第三十九条 县级以上地方人民政府农业农村主管部门应当定期对本单位农业综合行政执法工作情况进行考核评议。考核评议结果作为农业行政执法人员职级晋升、评优评先的重要依据。

第四十条 农业综合行政执法机构应当建立行政执法情况统计报送制度，按照农业农村部有关要求，于每年6月30日和12月31日前向本级农业农村主管部门和上一级农业综合行政执法机构报送半年、全年执法统计情况。

第四十一条 县级以上地方人民政府农业农村主管部门应当健全群众监督、舆论监督等社会监督机制，对人民群众举报投诉、新闻媒体曝光、有关部门移送的涉农违法案件及时回应，妥善处置。

第四十二条 鼓励县级以上地方人民政府农业农村主管部门会同财政、司法行政等有关部门建立重大违法行为举报奖励机制，结合本地实际对举报奖励范围、标准等予以具体规定，规范发放程序，做好全程监督。

第四十三条 县级以上人民政府农业农村主管部门应当建立领导干部干预执法活动、插手具体案件责任追究制度。

第四十四条 县级以上人民政府农业农村主管部门应当建立健全突发问题预警研判和应急处置机制，及时回应社会关切，提高风险防范及应对能力。

第六章　附　　则

第四十五条 本办法自2023年1月1日起施行。

04 第四篇 | 地方性法规

一、宁夏回族自治区动物防疫条例

（2003年4月10日宁夏回族自治区第九届人民代表大会常务委员会第二次会议通过　2012年6月20日宁夏回族自治区第十届人民代表大会常务委员会第三十次会议修订根据2021年11月30日宁夏回族自治区第十二届人民代表大会常务委员会第三十次会议《关于修改〈宁夏回族自治区行政执法监督条例〉等四件地方性法规的决定》修正）

第一章　总　　则

第一条　为了加强对动物防疫活动的管理，预防、控制、净化、消灭动物疫病，促进养殖业发展，防控人畜共患传染病，保护人民身体健康，维护公共卫生安全，根据《中华人民共和国动物防疫法》和有关法律、行政法规的规定，结合自治区实际，制定本条例。

第二条　自治区行政区域内的动物防疫及其监督管理活动，适用本条例。

第三条　县级以上人民政府农业农村主管部门主管本行政区域内的动物防疫工作，其他有关部门按照各自职责，做好动物防疫相关工作。

乡（镇）人民政府、街道办事处应当组织群众做好所辖区域内的动物疫病预防与控制工作。

第四条　县级以上人民政府应当将动物防疫工作纳入国民经济和社会发展规划，加强乡（镇）、街道办事处动物防疫组织和村级防疫员队伍建设，将动物疫病的监测、预防、控制、净化、消灭、检疫和病死动物的无害化处理，以及监督管理所需经费列入本级财政预算。

第五条　县级以上人民政府的动物卫生监督机构，负责动物、动物产品的检疫工作。

县级以上人民政府按照规定，建立动物疫病预防控制机构，承担动物疫病的监测、检测、诊断、流行病学调查、疫情报告以及其他预防、控制等技术工作；承担动物疫病净化、消灭的技术工作。

第六条　自治区对动物疫病实行区域化管理，建立无规定动物疫病区。

第二章　动物疫病的预防

第七条　自治区人民政府农业农村主管部门应当制定自治区动物疫病强制免疫计划，报自治区人民政府批准后实施。

第八条　对尚未列入国家规定的强制免疫病种名录，但严重危害养殖业和人体健康的动物疫病，自治区可以实施强制免疫。增加实施强制免疫的病种和区域，由自治区人民政府农业农村主管部门提出，报自治区人民政府批准后组织实施。

饲养动物的单位和个人应当履行动物疫病强制免疫义务。

第九条　经强制免疫的动物，应当建立免疫档案，加施畜禽标识，实施可追溯管理。

任何单位和个人不得转让、买卖、涂改、伪造畜禽标识；不得收购、屠宰、运输、销售应当加施而没有加施畜禽标识的动物。

第十条　农业农村主管部门应当根据动物疫病需要，适量储备预防、控制、净化、消灭动物疫病的有关应急物资。

动物疫病预防控制机构根据动物疫病预防计划，负责动物疫病强制免疫所需生物制品等有关物资的发放。

第十一条　开办动物饲养场和隔离场所、动物屠宰加工场所以及动物和动物产品无害化处理场所，应当符合动物防疫法规定的动物防疫条件，取得动物防疫条件合格证。

经营动物、动物产品的集贸市场，应当具备规定的动物防疫条件。

第十二条 动物饲养场、养殖小区应当按规定配备执业兽医或者乡村兽医，健全动物防疫制度，建立动物疫病防治和兽药使用档案；散养动物疫病防治档案由乡（镇）、街道办事处动物防疫组织负责建立。

第十三条 从事动物饲养、屠宰、经营、隔离以及动物产品生产、经营、加工、贮藏等活动的单位和个人，应当按照国家有关规定做好病死动物、病害动物产品的无害化处理，或者委托动物和动物产品无害化处理场所处理。

散养动物的单位和个人发现病死或者死因不明动物及其产品的，应当及时向当地动物卫生监督机构报告，由当地动物卫生监督机构监督处理；弃置在公共场所的病死或者死因不明动物及其产品，由所在地市容环境卫生主管部门、乡（镇）人民政府组织清理，并送交无害化处理场所处理。

不具备无害化处理设施的生产经营、科研教学、动物诊疗等单位，应当将需要无害化处理的动物、动物产品及其相关物品送交无害化处理场所，委托其进行处理，处理费用由委托人承担。

自治区境内的公共无害化处理场所由自治区人民政府统一规划。

第十四条 县级以上人民政府应当支持兽医社会化服务组织发展，鼓励开展动物免疫、动物诊疗、检疫技术性辅助工作、病死畜禽无害化处理等工作；鼓励执业兽医、乡村兽医和动物诊疗机构、养殖企业、兽药及饲料生产企业组建动物防疫合作组织或者技术服务团队，提供防疫服务。

推进政府购买兽医社会化服务，保证购买服务经费投入。

第十五条 运输动物和动物产品的货主、承运人在装载前或者卸载后，应当对运载工具及时进行清洗、消毒，对清除的污物按规定进行无害化处理。

运输途中不得宰杀、销售、抛弃染疫或者病死及死因不明的动物。染疫、死亡的动物及其排泄物、垫料等污物，应当按照国家有关规定处理，不得随意处置。

前两款规定的消毒、无害化处理费用由当事人承担。

第三章　动物疫病的控制

第十六条 自治区人民政府农业农村主管部门统一管理本自治区的动物疫情信息，并根据国务院农业农村主管部门的授权，公布本自治区动物疫情。

第十七条 县级以上人民政府应当制定重大动物疫情应急预案，报上一级农业农村主管部门备案。

农业农村主管部门应当根据本级人民政府制定的重大动物疫情应急预案，按照不同动物疫病病种及其流行特点和危害程度，分别制定实施方案。

第十八条 县级以上人民政府应当建立突发重大动物疫情应急队伍。突发重大动物疫情应急队伍由农业农村、卫生健康、公安、商务、市场监督管理、交通运输等主管部门的人员和有关专家组成，定期进行技术培训和应急演练。

第十九条 动物疫病预防控制机构应当对动物疫情定期进行监测，监测结果应当逐级上报，并通报同级动物卫生监督机构。

第二十条 任何单位和个人发现患有疫病或者疑似疫病的动物，应当及时向当地农业农村主管部门或者动物疫病预防控制机构报告。

接到动物疫情报告的单位，应当立即派人到现场进行调查，采取必要的控制处理措施，并按规定程序上报。

第二十一条 发生一类动物疫病或者二、三类动物疫病呈暴发性流行以及发现新的动物疫病时，农业农村主管部门应当立即派人到现场，采集病料，调查疫源，划定疫点、疫区、受威胁地区，及时报请本级人民政府启动重大动物疫情应急预案，发布封锁令，对疫点、疫区实行封锁，将疫情逐级上报，并通报毗邻地区及有关部门和单位。

第二十二条 对封锁的疫点，县级以上人民政府应当立即组织有关部门和单位采取下列措施：

（一）在疫点周围设立警示标志，配备消毒设施和消毒药品，根据扑灭动物疫情需要，对出入疫点的人员、运输工具及有关物品采取消毒或者其他限制性措施；

（二）禁止动物、动物产品流出疫点和非疫区

的动物进入疫点；

（三）对染疫、疑似染疫及易感染的同群动物，进行扑杀；

（四）在动物卫生监督机构的监督指导下对疫点内扑杀的动物和病死动物进行销毁，对动物排泄物、垫料、受污染的物品进行无害化处理，对动物运载工具、圈舍、场地进行严格消毒；

（五）对疫点内的居民进行人畜共患病检查，发放药品，进行居所及饮用水源消毒。

第二十三条　对封锁的疫区，县级以上人民政府应当立即组织有关部门和单位，采取下列措施：

（一）对染疫或者疑似染疫以及死因不明的动物，依照本条例第二十二条第三项、第四项规定处理；

（二）在出入疫区的交通路口设立防疫消毒站（点），对出入人员、运输工具及有关物品进行消毒；

（三）对易感染的动物实行圈养或者指定地点放养，进行紧急免疫接种，对役用动物限制在疫区内使用；

（四）禁止与疫情有关的动物、动物产品进出疫区；

（五）关闭与疫情有关的动物、动物产品的交易场所；

（六）对疫区内的居民进行人畜共患病排查，发放药品，进行饮用水源消毒。

第二十四条　对受疫情威胁的地区，动物疫病预防控制机构应当监测疫情动态，并采取必要的限制、隔离、消毒等预防性措施，防止动物疫病的传入和扩散。

第二十五条　疫情发生地有关部门依法设立的检查站，应当配合农业农村主管部门执行动物防疫监督检查任务；必要时，经自治区人民政府批准，可以在主要道路、车站、机场等设立临时性动物防疫检查站。

第二十六条　被封锁疫区内的动物疫病完全扑灭后，动物疫病预防控制机构对所发疫病经过一个潜伏期以上的监测，未再发现染疫动物的，彻底消毒后，经上一级农业农村主管部门验收合格，由原发布封锁令的人民政府发布解除封锁令，并通报毗邻地区及有关部门和单位。

第二十七条　发生人畜共患疫病时，卫生健康主管部门、农业农村主管部门及其他有关部门和单位应当互相通报疫情，并按照各自职责及时采取措施，控制、净化、消灭疫病。

第二十八条　疫点、疫区内的单位或者个人，应当执行县级以上人民政府及其农业农村主管部门作出的对染疫、疑似染疫、病死动物及易感染的同群动物进行扑杀、销毁或者做无害化处理的决定，不得拒绝、阻挠。

对在动物疫病预防、净化、消灭过程中强制扑杀的动物、销毁的动物产品和相关物品以及因依法实施紧急强制免疫造成动物应激死亡、流产的，县级以上人民政府应当给予补偿。对饲养的动物不按照动物疫病紧急强制免疫要求进行免疫接种的，在发生疫病时，动物被扑杀或者动物产品被销毁造成损失的，不予补偿。具体补偿办法由自治区人民政府农业农村主管部门会同财政部门制定。

第二十九条　在运输途中发现动物疫病时，动物所有人或者知情人应当立即报告当地农业农村主管部门或者动物疫病预防控制机构，并按照本条例有关规定进行处理。

第四章　动物和动物产品的检疫

第三十条　自治区动物检疫实行申报制度。

动物卫生监督机构应当合理设置动物检疫申报点，并向社会公布动物检疫申报点、检疫范围和检疫对象。县级以上人民政府农业农村主管部门应当加强动物检疫申报点的建设和管理。

第三十一条　屠宰、出售或者运输动物以及出售或者运输动物产品前，货主应当向当地动物卫生监督机构申报检疫。

动物卫生监督机构接到申报检疫后，应当及时指派官方兽医对动物、动物产品实施现场检疫；检疫合格的，出具检疫证明、加施检疫标志；检疫不合格的，出具检疫处理通知单，由货主在农业农村主管部门的监督下按照国家有关规定处理。实施现场检疫的官方兽医应当在检疫证明、检疫处理通知单上签字或者盖章，并对检疫结论负责。

第三十二条　自治区对猪、牛、羊等动物实行定点屠宰、集中检疫制度。

第三十三条　跨省收购、调运动物，应当符合国家和自治区规定的动物防疫要求。

第三十四条　从自治区外引进种用、乳用动物到达输入地后，货主应当按照国家规定对引进的种用、乳用动物进行隔离观察。

大中型动物隔离期为四十五天，小型动物隔离期为三十天，经隔离观察合格的方可混群饲养；不合格的，按照有关规定处理。隔离观察合格后需继续在自治区内运输的，货主应当向所在地动物卫生监督机构申报检疫。

第三十五条 跨省调运动物、动物产品应当从指定通道进入本自治区。非经自治区人民政府指定的通道，运载的动物、动物产品不得进入本自治区。

未经指定通道检查并取得检查签章，运入本自治区的动物、动物产品，任何单位和个人不得接收。

指定通道由自治区人民政府农业农村主管部门提出，报自治区人民政府批准后，向社会公布。

第五章 动物诊疗

第三十六条 从事动物诊疗活动的机构应当依法取得县级以上人民政府农业农村主管部门核发的《动物诊疗许可证》。

第三十七条 动物诊疗机构应当按照批准的执业项目和范围开展诊疗活动，并遵守专业技术规范。

从事动物诊疗活动的兽医专业技术人员应当依法取得执业兽医资格并向所在地县级人民政府农业农村主管部门备案后，方可从事动物诊疗、开具兽药处方等活动。

第三十八条 依法从事动物诊疗活动的单位和个人，应当履行下列义务：

（一）遵守动物诊疗操作技术规范，使用符合国家规定的兽药和兽医器械；

（二）发现患有国家和自治区规定必须扑杀的动物疫病或者其他动物疫病的，应当立即报告当地农业农村主管部门或者动物疫病预防控制机构，不得擅自进行治疗；

（三）发生紧急动物疫情时，服从农业农村主管部门统一调配，参加动物疫病防治。

第三十九条 在乡村从事动物诊疗服务活动的兽医人员应当到县级人民政府农业农村主管部门进行备案。

经备案的乡村兽医可以在乡村从事动物诊疗服务活动，并接受当地农业农村主管部门的监督管理。

第四十条 自治区人民政府农业农村主管部门根据需要，可以确定具备规定条件、具有动物防疫和诊疗质量技术鉴定资格的单位，对动物进行防疫和诊疗质量技术鉴定，出具技术鉴定报告。

第六章 监督管理

第四十一条 农业农村主管部门对动物饲养、屠宰、经营、隔离、运输以及动物产品生产、经营、加工、贮藏、运输等活动中的动物防疫实施监督管理。

第四十二条 在动物防疫监督检查中，发现未取得检疫证明的动物的，农业农村主管部门可以要求货主将其送至指定的场所进行留验、检测，并补办检疫手续。

在动物防疫监督检查中，发现检疫证明与实际物品不符、检疫证明与有关的验讫印章或者检疫标识不符、检疫证明逾期、检疫证明涂改的，农业农村主管部门可以要求货主将有关动物送指定的场所进行留验、检测，重新办理检疫手续。

经补检合格的动物，由动物卫生监督机构出具检疫证明；经补检不合格的动物，货主应当在农业农村主管部门的监督下按照国家有关规定处理。

留验、检测期间发生的相关费用，由货主承担。

第四十三条 农业农村主管部门对动物饲养场、养殖小区、动物隔离场所、动物屠宰加工场所、动物和动物产品无害化处理场所、动物和动物产品集贸市场的动物防疫条件实施监督检查，有关单位和个人应当予以配合，不得拒绝和阻碍。

第七章 法律责任

第四十四条 《中华人民共和国动物防疫法》等有关法律、行政法规对法律责任有规定的，依照有关法律、行政法规的规定执行。

第四十五条 违反本条例第三十五条规定，未经指定通道运载动物、动物产品进入本自治区的，由县级以上人民政府农业农村主管部门对运输人处五千元以上一万元以下罚款；情节严重的，处一万元以上五万元以下罚款。

第四十六条 当事人对具体行政行为不服的，可以依法申请行政复议或者向人民法院提起行政诉讼。

第四十七条 农业农村主管部门、动物卫生监督机构、动物疫病预防控制机构工作人员，滥用职权、玩忽职守、徇私舞弊的，依法给予处分；构成犯罪的，依法追究刑事责任。

第八章 附　　则

第四十八条 本条例自 2012 年 8 月 1 日起施行。

二、宁夏回族自治区畜禽屠宰管理条例

（2017年11月30日宁夏回族自治区第十一届人民代表大会常务委员会第三十四次会议通过）

第一章　总　　则

第一条　为了加强畜禽屠宰管理，保证畜禽产品质量安全，保障人民身体健康，根据有关法律、行政法规的规定，结合自治区实际，制定本条例。

第二条　在自治区行政区域内从事畜禽屠宰及其监督管理活动，适用本条例。

第三条　本条例所称畜禽，是指人工饲养的猪、牛、羊、鸡、鸭、鹅等家畜和家禽。

本条例所称畜禽产品，是指屠宰后未经加工的畜禽的肉、脂、脏器、血液、骨、头、角、蹄（爪）、翅、皮等。

第四条　自治区实行畜禽定点屠宰，集中检疫制度。

未经定点，任何单位和个人不得从事畜禽屠宰活动。农村居民自宰自食家畜家禽、城镇居民自宰自食家禽的除外。

第五条　县级以上人民政府应当建立畜禽产品质量安全追溯监管体系和畜禽屠宰监督管理工作协调机制，将畜禽屠宰监督管理所需经费纳入本级财政预算。

第六条　县级以上人民政府畜牧兽医主管部门负责本行政区域内畜禽屠宰的监督管理。

县级以上人民政府食品药品监督管理、卫生行政、环境保护、城乡规划、民族事务等主管部门，按照各自职责做好畜禽屠宰的监督管理工作。

乡（镇）人民政府、街道办事处应当协助做好畜禽屠宰监督管理工作。

第七条　自治区根据畜禽定点屠宰厂（场）的规模、生产技术条件以及质量安全状况，推行畜禽定点屠宰厂（场）分级管理制度。

自治区鼓励、扶持畜禽定点屠宰厂（场）机械化、标准化发展。

第二章　规划与设立

第八条　自治区人民政府畜牧兽医主管部门应当会同环境保护、城乡规划、民族事务等主管部门，依据自治区空间规划，按照合理布局、适当集中、有利流通、方便群众、保护环境的原则，编制畜禽定点屠宰厂（场）设置规划，报自治区人民政府批准后实施。

第九条　畜禽定点屠宰厂（场）的选址，应当远离居民聚居区、生活饮用水源保护区，避开产生有害物质的工业企业以及垃圾场、污水沟等污染源。

第十条　设立畜禽定点屠宰厂（场）应当具备下列条件：

（一）有与屠宰规模相适应、水质符合国家规定标准的水源条件；

（二）有符合国家规定要求的待宰间、屠宰间、急宰间以及畜禽屠宰设备和运载工具；

（三）有依法取得健康证明的屠宰技术人员；

（四）有肉品品质检验人员；

（五）有符合国家规定要求的检验设备、消毒设施以及符合环境保护要求的污染防治设施；

（六）有病害畜禽及畜禽产品无害化处理设施；

（七）依法取得动物防疫条件合格证。

用于清真食品的牛羊、家禽定点屠宰厂（场）

的设立，还应当符合《宁夏回族自治区清真食品管理条例》的规定。

第十一条　申请设立畜禽定点屠宰厂（场）的，申请人应当向设区的市人民政府畜牧兽医主管部门提出申请，提交相关材料；畜牧兽医主管部门自收到申请之日起三个工作日内，将申请材料报送本级人民政府。

第十二条　设区的市人民政府应当自收到设立申请之日起二十日内，组织畜牧兽医、环境保护、民族事务等主管部门，根据畜禽定点屠宰厂（场）设置规划和本条例规定的条件进行审查，经征求自治区人民政府畜牧兽医主管部门的意见，作出是否同意建设畜禽定点屠宰厂（场）的决定。

申请人取得同意建设畜禽定点屠宰厂（场）的决定，依法办理相关手续后，方可开工建设。

第十三条　畜禽定点屠宰厂（场）建成竣工后，设区的市人民政府畜牧兽医、环境保护、城乡规划、民族事务等主管部门应当进行验收。验收合格的，由设区的市人民政府颁发畜禽定点屠宰证书和畜禽定点屠宰标志牌。

畜禽定点屠宰厂（场）变更生产地址的，应当依照本条例的规定办理变更手续。

第十四条　畜禽定点屠宰证书和畜禽定点屠宰标志牌有效期为五年。有效期届满，继续从事畜禽定点屠宰活动的，畜禽屠宰厂（场）应当在有效期届满九十日前向设区的市人民政府申请延续。

第十五条　畜禽定点屠宰厂（场）应当将畜禽定点屠宰标志牌悬挂于厂（场）区的显著位置。

任何单位和个人不得出借、转让、冒用或者使用伪造的畜禽定点屠宰证书、畜禽定点屠宰标志牌。

第十六条　设区的市人民政府应当将畜禽定点屠宰厂（场）名单和地址及时向社会公布，并报自治区人民政府备案。

第三章　屠宰与检疫检验

第十七条　畜禽定点屠宰厂（场）应当对经其检验的畜禽产品的质量安全负责。

畜禽定点屠宰厂（场）应当依照法律、法规和食品安全标准从事生产经营活动，接受社会监督，承担社会责任。

第十八条　畜禽定点屠宰厂（场）屠宰的畜禽，应当依法经动物卫生监督机构检疫合格，并附有检疫证明。

畜禽屠宰的检疫及其监督，依照动物防疫法和国务院有关规定执行。

第十九条　畜禽定点屠宰厂（场）屠宰畜禽应当按照国家有关操作规程和技术规范进行。

畜禽定点屠宰厂（场）接受委托从事代宰加工的，应当与委托者签订委托代宰加工协议。

第二十条　畜禽定点屠宰厂（场）应当建立畜禽进厂（场）台账登记制度，准确完整登记屠宰畜禽的来源、种类、数量、动物检疫证明号和供货者姓名（名称）、地址、联系方式等内容，查验动物检疫合格证明、畜禽标识、休药期证明等。

第二十一条　畜禽定点屠宰厂（场）以及其他任何单位和个人不得对畜禽或者畜禽产品注水或者注入其他物质。

畜禽定点屠宰厂（场）不得屠宰注水或者注入其他物质的畜禽，不得屠宰尚在休药期内或者含有违禁药物的畜禽。

第二十二条　畜禽定点屠宰厂（场）应当建立肉品品质检验制度，对屠宰畜禽及畜禽产品实施同步检验，如实完整记录检验过程和检验结果。

畜禽定点屠宰厂（场）对经检验合格的畜禽产品加盖检验合格验讫印章或者附具检验合格标志。畜禽定点屠宰厂（场）的畜禽产品未经肉品品质检验或者经肉品品质检验不合格的，不得出厂（场）。

第二十三条　畜禽定点屠宰厂（场）屠宰的种猪、晚阉猪、种公羊、种公牛、淘汰奶牛等肉品出厂（场）时，应当加盖专用检验标识，并在检验合格标志上标明相关信息。

第二十四条　畜禽定点屠宰厂（场）应当建立畜禽产品出厂（场）查验记录制度，如实查验肉品品质检验合格标志或者合格验讫印章、专用检验标识，完整记录出厂（场）畜禽产品的名称、规格、数量、流向、检疫证明号、肉品品质检验证号、屠宰日期、销售日期以及购货者姓名（名称）、地址、联系方式等内容。

第二十五条　畜禽定点屠宰厂（场）发现其生产的畜禽产品不符合食品安全标准或者有证据证明可能危害人体健康的，应当立即停止生产，召回已经上市销售的产品，通知销售者或者委托者，如实记录通知和召回情况，并报告所在地县级人民政府食品药品监督管理部门和畜牧兽医主管部门。

畜禽定点屠宰厂（场）未按本条例规定召回的，县级以上人民政府食品药品监督管理部门应当责令其召回。

第二十六条 畜禽定点屠宰厂（场）对经检验发现或者依法召回的病害畜禽及畜禽产品，应当按照国家标准和有关规定在相关人员监督下进行无害化处理，并如实记录处理情况。无害化处理的费用和损失，由政府财政按照相关规定予以适当补贴。

第二十七条 畜禽进厂（场）台账登记记录、畜禽屠宰检验过程和畜禽产品检验结果、畜禽产品出厂（场）查验记录、畜禽产品无害化处理情况及其相关凭证保存期限不得少于二年。

第二十八条 任何单位和个人不得为未经定点从事畜禽屠宰活动的单位或者个人提供畜禽屠宰场所或者畜禽产品储存设施；不得为对畜禽、畜禽产品注水或者注入其他物质的单位或者个人提供场所。

第二十九条 从事畜禽产品销售、肉食品生产加工的单位和个人，以及餐饮服务经营者、集体用餐单位销售、使用的畜禽产品，应当是畜禽定点屠宰厂（场）经检疫和肉品品质检验合格的畜禽产品。

第三十条 畜禽定点屠宰厂（场）对未及时销售或者未及时出厂（场）的畜禽产品，应当采取冷冻或者冷藏等措施储存。

畜禽定点屠宰厂（场）运输畜禽产品应当使用符合国家卫生标准的运载工具。

第四章 监督管理

第三十一条 县级以上人民政府畜牧兽医、食品药品监督管理、卫生行政、环境保护、城乡规划、民族事务等主管部门，应当建立畜禽定点屠宰工作协调制度和信息通报制度，推行综合监管和智能化监管。

第三十二条 自治区实行畜禽屠宰质量安全风险监测和评估制度。

自治区人民政府畜牧兽医主管部门根据国家畜禽屠宰质量安全监测、评估计划，制定并实施本行政区域内畜禽屠宰质量安全监测、评估方案。

设区的市、县（市、区）人民政府畜牧兽医主管部门应当根据畜禽屠宰质量安全监测、评估结果，加强随机抽查监督，确定对畜禽定点屠宰厂（场）的监督管理重点、方式和频次。

第三十三条 县级以上人民政府畜牧兽医主管部门依法对畜禽屠宰活动进行监督检查时，可以采取下列措施：

（一）进入畜禽屠宰、畜禽产品储存等有关场所实施现场检查、取证；

（二）向有关单位和个人了解情况；

（三）查阅、复制有关记录、票据以及其他资料；

（四）查封违法畜禽屠宰活动有关的场所、设施，扣押与违法畜禽屠宰活动有关的畜禽、畜禽产品以及屠宰工具和设备；

（五）对畜禽、畜禽产品采样、留样、抽检。

第三十四条 县级以上人民政府畜牧兽医主管部门应当建立投诉举报制度，公布投诉举振电话、信箱或者电子邮箱，受理违反本条例规定行为的投诉举报，并依法及时处理。

第三十五条 畜禽定点屠宰厂（场）应当按照畜牧兽医主管部门畜禽屠宰统计报表制度的要求，及时准确报送畜禽收购、屠宰、产品销售和停业、歇业等相关信息。

第三十六条 自治区人民政府畜牧兽医主管部门对畜禽定点屠宰证书、检验合格验讫章、标志牌、专用检验标识进行统一编号。

第五章 法律责任

第三十七条 违反本条例规定，未经定点从事畜禽屠宰活动的，由县级以上人民政府畜牧兽医主管部门予以取缔，没收畜禽、畜禽产品、屠宰工具、设备以及违法所得，并处货值金额三倍以上五倍以下罚款；货值金额难以确定的，对单位并处十万元以上二十万元以下罚款，对个人并处五千元以上一万元以下罚款；构成犯罪的，依法追究刑事责任。

冒用或者使用伪造的畜禽定点屠宰证书、畜禽定点屠宰标志牌的，依照前款规定处罚。

畜禽定点屠宰厂（场）出借、转让畜禽定点屠宰证书或者畜禽定点屠宰标志牌的，由设区的市人民政府取消其畜禽定点屠宰厂（场）资格；有违法所得的，由县级以上人民政府畜牧兽医主管部门没收违法所得。

第三十八条 违反本条例规定，畜禽定点屠

宰厂（场）有下列情形之一的，由县级以上人民政府畜牧兽医主管部门责令改正，处二万元以上五万元以下罚款；逾期不改正的，责令停业整顿，并对主要负责人处五千元以上一万元以下罚款：

（一）未按照畜禽屠宰操作规程和技术规范屠宰畜禽的；

（二）未建立台账登记制度、查验记录制度或者未如实查验登记的；

（三）未建立或者实施肉品品质检验制度的；

（四）未对经检验不合格的或者依法召回的畜禽产品按照国家有关规定处理并如实记录处理情况的。

第三十九条 违反本条例规定，畜禽定点屠宰厂（场）、其他单位或者个人对畜禽、畜禽产品注水或者注入其他物质的，由县级以上人民政府畜牧兽医主管部门没收注水或者注入其他物质的畜禽、畜禽产品、注水工具和设备以及违法所得，并处货值金额三倍以上五倍以下罚款，对畜禽定点屠宰厂（场）或者其他单位主要负责人处一万元以上二万元以下罚款；货值金额难以确定的，对畜禽定点屠宰厂（场）或者其他单位并处五万元以上十万元以下罚款，对个人并处一万元以上二万元以下罚款；构成犯罪的，依法追究刑事责任。

畜禽定点屠宰厂（场）对畜禽、畜禽产品注水或者注入其他物质的，除依照前款的规定处罚外，还应当由县级以上人民政府畜牧兽医主管部门责令停业整顿；造成严重后果，或者两次以上对畜禽、畜禽产品注水或者注入其他物质的，由设区的市人民政府取消其畜禽定点屠宰厂（场）资格。

第四十条 违反本条例规定，畜禽定点屠宰厂（场）屠宰注水或者注入其他物质以及尚在休药期内或者含有违禁药物畜禽的，由县级以上人民政府畜牧兽医主管部门责令改正，没收其畜禽、畜禽产品以及违法所得，并处货值金额一倍以上三倍以下罚款，对其主要负责人处一万元以上二万元以下罚款；货值金额难以确定的，并处二万元以上五万元以下罚款；拒不改正的，责令停业整顿；造成严重后果的，由设区的市人民政府取消其畜禽定点屠宰厂（场）资格。

第四十一条 违反本条例规定，畜禽定点屠宰厂（场）出厂（场）未经肉品品质检验或者经肉品品质检验不合格的畜禽产品的，由县级以上人民政府畜牧兽医主管部门责令停业整顿，没收畜禽产品和违法所得，并处货值金额一倍以上三倍以下罚款，对其主要负责人处一万元以上二万元以下罚款；货值金额难以确定的，并处五万元以上十万元以下罚款；造成严重后果的，由设区的市人民政府取消其畜禽定点屠宰厂（场）资格；构成犯罪的，依法追究刑事责任。

第四十二条 违反本条例规定，畜禽定点屠宰厂（场）出厂（场）种猪、晚阉猪、种公羊、种公牛和淘汰奶牛等肉品未加盖专用检验标识的或者未在检验合格标志上标明相关信息的，由县级以上人民政府畜牧兽医主管部门责令改正，可以处五千元以上一万元以下罚款。

第四十三条 违反本条例规定，畜禽定点屠宰厂（场）在食品药品监督管理部门责令其召回畜禽产品后，仍拒不召回的，由县级以上人民政府食品药品监督管理部门依照《中华人民共和国食品安全法》的规定给予处罚；造成严重后果的，由设区的市人民政府取消其畜禽定点屠宰厂（场）资格。

第四十四条 违反本条例规定，为未经定点从事畜禽屠宰活动的单位或者个人提供畜禽屠宰场所或者畜禽产品储存设施的，或者为对畜禽、畜禽产品注水或者注入其他物质的单位或者个人提供场所的，由县级以上人民政府畜牧兽医主管部门责令改正，没收违法所得，对单位并处二万元以上五万元以下罚款，对个人并处五千元以上一万元以下罚款。

第四十五条 违反本条例规定，从事畜禽产品销售、肉食品生产加工的单位和个人以及餐饮服务经营者、集体用餐单位，销售、使用非畜禽定点屠宰厂（场）屠宰的畜禽产品、未经肉品品质检验或者经肉品品质检验不合格的畜禽产品以及注水或者注入其他物质的畜禽产品的，由县级以上人民政府食品药品监督管理部门没收尚未销售、使用的畜禽产品以及违法所得，并处货值金额三倍以上五倍以下罚款；货值金额难以确定的，对单位处五万元以上十万元以下罚款，对个人处一万元以上二万元以下罚款；情节严重的，由原发证照机关吊销有关证照；构成犯罪的，依法追究刑事责任。

第四十六条 违反本条例规定，畜禽定点屠宰厂（场）运输畜禽产品未使用符合国家卫生标准的运载工具的，由县级以上人民政府畜牧兽医主管部门责令改正；拒不改正的，处一万元以上三万元以下罚款。

第四十七条 县级以上人民政府畜牧兽医主管部门和其他有关部门的工作人员在畜禽定点屠宰监督管理工作中滥用职权、玩忽职守、徇私舞弊，尚不构成犯罪的，对直接负责的主管人员和其他直接责任人员依法给予处分；构成犯罪的，依法追究刑事责任。

第六章 附 则

第四十八条 本条例自 2018 年 1 月 1 日起施行。

三、天津市动物防疫条例

（2001 年 12 月 28 日天津市第十三届人民代表大会常务委员会第二十九次会议通过　根据 2004 年 12 月 21 日天津市第十四届人民代表大会常务委员会第十六次会议《关于修改〈天津市动物防疫条例〉的决定》第一次修正　根据 2010 年 9 月 25 日天津市第十五届人民代表大会常务委员会第十九次会议《关于修改部分地方性法规的决定》第二次修正　2021 年 7 月 30 日天津市第十七届人民代表大会常务委员会第二十八次会议修订）

第一章　总　　则

第一条　为了加强对动物防疫活动的管理，预防、控制、净化和消灭动物疫病，促进养殖业发展，防控人畜共患传染病，保障公共卫生安全和人体健康，根据《中华人民共和国动物防疫法》等有关法律、行政法规，结合本市实际情况，制定本条例。

第二条　本条例适用于本市行政区域内的动物防疫及其监督管理活动。

本条例所称动物防疫，是指动物疫病的预防、控制、诊疗、净化、消灭和动物、动物产品的检疫，以及病死动物、病害动物产品的无害化处理。

第三条　本市动物防疫实行预防为主，预防与控制、净化、消灭相结合的方针，建立健全政府主导、企业承担主体责任、行业自律、社会参与的工作机制。

第四条　市和区人民政府应当加强对动物防疫工作的领导，将动物防疫纳入国民经济和社会发展规划及年度计划，制定并组织实施动物疫病防治规划，强化动物防疫队伍建设，建立健全动物防疫体系。

乡镇人民政府、街道办事处组织群众做好本辖区内动物疫病预防与控制工作，村民委员会、居民委员会予以协助。

第五条　市农业农村主管部门、区农业农村主管部门或者区人民政府确定的动物防疫部门（以下统称动物防疫主管部门），负责本行政区域内动物防疫工作的组织、实施和监督检查。

发展改革、公安、财政、规划资源、城市管理、交通运输、卫生健康、应急、市场监管、林业等部门按照各自职责做好动物防疫工作。

第六条　市和区人民政府的动物卫生监督机构依照国家和本市规定，负责动物和动物产品的检疫工作。

市和区动物疫病预防控制机构承担动物疫病监测、检测、诊断、流行病学调查、疫情报告、动物防疫知识宣传以及其他预防、控制等技术工作；承担动物疫病净化、消灭的技术工作。

第七条　从事动物饲养、屠宰、经营、隔离、运输、诊疗以及动物产品生产、经营、加工、贮藏等活动的单位和个人，应当依照国家和本市相关规定，做好免疫、消毒、检测、隔离、净化、消灭、无害化处理等动物防疫工作，依法承担动物防疫相关责任。

鼓励社会力量参与免疫接种、疫病检测、无害化处理等动物防疫工作，支持单位和个人参与动物防疫的宣传教育、疫情报告、志愿服务和捐赠等活动。

动物防疫相关行业协会应当加强行业自律，按照章程建立健全行业规范和奖惩机制，推动行业诚信建设，维护会员合法权益，提供动物防疫相关信息、技术、培训等服务，宣传动物防疫知识。

第八条 本市支持和鼓励开展动物疫病的科学研究与交流合作，推广先进适用的科学研究成果，推动使用信息化、智能化、大数据等手段开展动物防疫和动物防疫信息追溯管理，加强科技人才培养，提高动物疫病防治的科学技术水平。

各级人民政府和有关部门、新闻媒体，应当加强对动物防疫法律、法规和动物防疫知识的宣传。

第九条 本市与北京市、河北省以及周边地区建立健全区域联防联控机制，在动物检疫检验、防疫风险评估、疫情分析预警、动物疫病预防和控制等方面开展协作，推进信息共享，共同做好区域动物防疫联防协作工作。

第二章 动物疫病的预防

第十条 市动物防疫主管部门会同有关部门开展动物疫病风险评估，评估结果应当及时向有关部门通报，并按照国家规定落实动物疫病预防、控制、净化、消灭措施。

第十一条 市动物防疫主管部门根据国家确定的强制免疫动物疫病病种和区域，制订和组织实施本市强制免疫计划；根据动物疫病流行和控制情况，增加实施强制免疫的动物疫病病种和区域，报市人民政府批准后执行，并报国务院农业农村主管部门备案。区动物防疫主管部门根据本市强制免疫计划，制订和组织实施本行政区域强制免疫实施方案。

饲养动物的单位和个人应当履行动物疫病强制免疫义务，按照强制免疫计划和技术规范，对动物实施免疫接种，按照国家有关规定建立免疫档案，加施畜禽标识，保证可追溯。实施强制免疫接种的动物未达到免疫质量要求，实施补充免疫接种后仍不符合免疫质量要求的，有关单位和个人应当按照国家有关规定处理。

动物防疫主管部门应当加强对强制免疫生物制品和强制免疫工作的监督管理，定期对强制免疫计划实施情况和效果进行评估，并向社会公布评估结果。

乡镇人民政府、街道办事处组织本辖区内饲养动物的单位和个人做好动物疫病强制免疫工作，协助做好监督检查；村民委员会、居民委员会协助做好相关工作。

第十二条 市和区人民政府应当建立健全动物疫病监测网络，完善监测体系和工作机制。

市动物防疫主管部门根据国家动物疫病监测计划，制定本市动物疫病监测计划。区动物防疫主管部门根据本市动物疫病监测计划，制定本行政区域动物疫病监测计划实施方案。

动物疫病预防控制机构对动物疫病的发生、流行等情况进行监测。乡镇人民政府、街道办事处按照要求组织开展动物疫情巡查排查工作；协助做好本辖区饲养动物的单位和个人采样工作。

市动物防疫主管部门根据对动物疫病发生、流行趋势的预测，及时发出动物疫情预警。各级人民政府接到动物疫情预警后，应当及时采取预防、控制措施。

第十三条 市人民政府制定并组织实施本市无规定动物疫病区建设方案，推动与北京市、河北省联合建立无规定动物疫病区。

本市支持和鼓励动物饲养场建设无规定动物疫病生物安全隔离区。

第十四条 市和区人民政府根据国家动物疫病净化、消灭规划，制定本行政区域动物疫病净化、消灭计划并组织实施。

动物疫病预防控制机构按照动物疫病净化、消灭规划、计划，开展动物疫病净化技术指导、培训，对动物疫病净化效果进行监测和评估。

鼓励和支持饲养动物的单位和个人开展动物疫病净化，达到国家规定的净化标准的，由市动物防疫主管部门予以公布。

第十五条 开办动物饲养场和隔离场所、动物屠宰加工场所以及动物和动物产品无害化处理场所，应当符合国家规定的动物防疫条件，并依法取得动物防疫条件合格证。

经营动物、动物产品的集贸市场应当具备国家规定的动物防疫条件，并接受动物防疫主管部门的监督检查。

市和区人民政府应当根据实际情况，决定禁止家畜家禽活体交易的区域和场所，并向社会公布。

第十六条 本市对猪、牛、羊实行定点屠宰、集中检疫，农村地区个人自宰自食的除外。

牛、羊定点屠宰、集中检疫的管理办法由市人民政府制定，向社会公布后实施。

第十七条 从事动物诊疗活动的机构，应当

符合国家规定的动物防疫条件，依法取得动物诊疗许可证，按照国家规定做好诊疗活动中的卫生安全防护、消毒、隔离和诊疗废弃物处置等工作。

第十八条 禁止屠宰、经营、运输下列动物和生产、经营、加工、贮藏、运输下列动物产品：

（一）封锁疫区内与所发生动物疫病有关的；

（二）疫区内易感染的；

（三）依法应当检疫而未经检疫或者检疫不合格的；

（四）染疫或者疑似染疫的；

（五）病死或者死因不明的；

（六）其他不符合国家有关动物防疫规定的。

因实施集中无害化处理需要暂存、运输动物和动物产品并按照规定采取防疫措施的，不适用前款规定。

第十九条 饲养犬只的单位和个人，应当按照规定到动物防疫主管部门指定的狂犬病免疫点对犬只进行狂犬病疫苗的免疫接种，凭犬类免疫证明向公安机关申领养犬登记证和犬牌。

已办理养犬登记的单位和个人，应当按照规定定期到动物防疫主管部门指定的狂犬病免疫点对犬只进行狂犬病疫苗的免疫接种，领取犬类免疫证明，并凭免疫证明办理养犬注册。

携带犬只出户的，应当按照规定佩戴犬牌并采取系犬绳等措施，防止犬只伤人、疫病传播。

第二十条 动物防疫主管部门应当合理设置并向社会公布狂犬病免疫点，方便就近接种。狂犬病免疫点对犬只实施免疫接种后，应当记录相关信息。

动物疫病预防控制机构或者动物诊疗机构对犬只进行健康检查时，发现犬只患有、疑似患有狂犬病或者其他严重人畜共患传染病的，应当立即报告动物防疫主管部门。

第二十一条 相关区动物防疫主管部门应当制定本行政区域农村地区饲养犬只狂犬病免疫方案。

乡镇人民政府、街道办事处应当组织农村地区养犬单位和个人做好饲养犬只的防疫工作。

第二十二条 街道办事处、乡镇人民政府应当组织协调居民委员会、村民委员会，做好本辖区内流浪犬、猫的控制和处置，防止疫病传播。

第二十三条 饲养犬只防疫管理的具体办法，由市人民政府制定，向社会公布后实施。

第三章 动物疫情的报告和通报

第二十四条 从事动物疫病监测、检测、检验检疫、研究、诊疗以及动物饲养、屠宰、经营、隔离、运输等活动的单位和个人，发现动物染疫或者疑似染疫的，应当立即向动物防疫主管部门或者动物疫病预防控制机构报告，并迅速采取隔离等控制措施，防止动物疫情扩散。其他单位和个人发现动物染疫或者疑似染疫的，应当及时报告。

任何单位和个人不得瞒报、谎报、迟报、漏报动物疫情，不得授意他人瞒报、谎报、迟报动物疫情，不得阻碍他人报告动物疫情。

第二十五条 动物防疫主管部门或者动物疫病预防控制机构接到报告后，应当立即派出专业技术人员到现场进行初步调查核实和诊断。

动物疫病预防控制机构初步认为属于可疑动物疫病的，应当及时报本级动物防疫主管部门进行动物疫情认定。动物防疫主管部门认定属于动物疫情后，应当及时按照国家规定的程序上报。

区动物疫病预防控制机构接到报告后，认为属于疑似重大动物疫情的，应当在一小时内向所在区动物防疫主管部门和市动物疫病预防控制机构报告。市动物疫病预防控制机构接到报告后，认为属于重大动物疫情的，应当在一小时内向市动物防疫主管部门和国务院农业农村主管部门所属的动物疫病预防控制机构报告。市动物防疫主管部门应当在接到报告后一小时内，向市人民政府和国务院农业农村主管部门报告。

重大动物疫情由市动物防疫主管部门认定，必要时报国务院农业农村主管部门认定。

第二十六条 动物疫情报告内容包括：

（一）疫情发生的时间、地点；

（二）染疫、疑似染疫动物的种类和数量、同群动物数量、免疫情况、死亡数量、临床症状、病理变化、诊断情况；

（三）已采取的措施；

（四）按照国家规定需要报告的其他事项。

第二十七条 接到动物疫情报告的动物防疫主管部门、动物疫病预防控制机构，在按照规定报告的同时，应当及时采取临时隔离控制等必要措施，防止延误防控时机。

在重大动物疫情报告期间，必要时，市和区

人民政府可以作出封锁决定并采取扑杀、销毁等措施。有关单位和个人应当执行。

第二十八条 动物防疫主管部门应当及时向同级卫生健康等有关部门通报重大动物疫情的发生和处置情况。

规划资源、林业主管部门发现野生动物染疫或者疑似染疫的，应当及时处置并向同级动物防疫主管部门通报。

第四章 动物疫病的控制

第二十九条 发生动物疫病时，各级人民政府、动物防疫主管部门应当按照国家有关规定采取相应控制措施。

第三十条 市和区人民政府应当根据上级重大动物疫情应急预案和本地区实际情况，制定本行政区域重大动物疫情应急预案，报上一级人民政府动物防疫主管部门备案，并抄送上一级人民政府应急管理部门。

动物防疫主管部门应当按照不同动物疫病病种及其流行特点和危害程度，分别制定重大动物疫情应急实施方案。

重大动物疫情应急预案及实施方案应当根据疫情状况及时调整。

第三十一条 市和区人民政府应当根据重大动物疫情应急需要，加强动物疫情应急专家组和应急队伍建设。

应急队伍应当定期进行培训和演练。

第三十二条 发生重大动物疫情时，动物防疫主管部门应当按照国家有关规定，立即划定疫点、疫区和受威胁区，溯源追踪，向本级人民政府提出启动重大动物疫情应急指挥系统、应急预案和对疫区实行封锁的建议。市或者区人民政府应当立即作出决定，采取应急处置措施，迅速控制、扑灭疫情。

第三十三条 疫区内的单位和个人，应当遵守市和区人民政府及其动物防疫主管部门依法作出的有关控制动物疫病的规定。

任何单位和个人不得藏匿、转移、盗掘已被依法隔离、封存、处理的动物和动物产品。

第三十四条 市和区卫生健康主管部门和同级动物防疫、规划资源、林业等主管部门应当建立人畜共患传染病防治的协作机制，及时相互通报人畜共患传染病相关情况。

发生人畜共患传染病时，卫生健康主管部门应当对疫区易感染的人群进行监测，并采取相应的预防、控制措施。

第三十五条 患有人畜共患传染病的人员不得直接从事动物疫病监测、检测、检验检疫、诊疗以及易感染动物的饲养、屠宰、经营、隔离、运输等活动。

第五章 动物和动物产品的检疫

第三十六条 动物卫生监督机构依照国家规定，对动物、动物产品实施检疫。

动物卫生监督机构的官方兽医具体实施动物、动物产品检疫。

第三十七条 动物防疫主管部门应当按照国家规定标准，合理设置动物检疫申报点，并加强管理。

动物卫生监督机构应当向动物检疫申报点派驻官方兽医，并向社会公布动物检疫申报点、检疫范围和检疫对象。

第三十八条 屠宰、出售或者运输动物以及出售或者运输动物产品前，货主应当按照规定向所在地动物卫生监督机构申报检疫。

动物卫生监督机构接到检疫申报后，应当及时指派官方兽医对动物、动物产品实施检疫。检疫合格的，出具检疫证明、加施检疫标志。

动物饲养场、屠宰企业的执业兽医或者动物防疫技术人员，应当协助官方兽医实施检疫。

第三十九条 因科研、药用、展示等特殊情形需要非食用性利用的野生动物，应当按照国家有关规定报动物卫生监督机构检疫，检疫合格的，方可利用。

第四十条 屠宰、经营、运输的动物，以及用于科研、展示、演出和比赛等非食用性利用的动物，应当附有检疫证明；经营和运输的动物产品，应当附有检疫证明、检疫标志。

第四十一条 从事动物运输的单位、个人以及车辆，应当按照国家规定向所在区动物防疫主管部门备案，妥善保存行程路线和托运人提供的动物名称、检疫证明编号、数量等信息，并按照检疫证明载明的目的地运输动物。

第四十二条 市人民政府应当确定并公布道路运输的动物进入本市的指定通道，设置引导标志；通过道路运输进入本市或者经过本市的动物，

应当通过指定通道进入或者经过本市。

第四十三条　跨省、自治区、直辖市引进本市的种用、乳用动物到达目的地后，货主应当按照国家规定对引进的种用、乳用动物进行隔离观察。

第四十四条　输入到无规定动物疫病区的动物、动物产品，货主应当按照国家规定向无规定动物疫病区所在地动物卫生监督机构申报检疫，经检疫合格的，方可进入。

第四十五条　经检疫不合格的动物、动物产品，货主应当在动物防疫主管部门的监督下按照国家有关规定处理，处理费用由货主承担。

第六章　病死动物和病害动物产品的无害化处理

第四十六条　本市建立政府主导、市场运作的病死动物和病害动物产品无害化处理机制，健全无害化收集处理体系。

病死动物和病害动物产品应当按照国家规定进行无害化处理。任何单位和个人不得收购、贩卖、屠宰、加工、随意弃置病死动物和病害动物产品。

第四十七条　市动物防疫主管部门应当会同市发展改革、规划资源等部门编制动物和动物产品集中无害化处理场所建设规划，报市人民政府批准后实施。涉及设施规划布局和建设用地的，应当纳入国土空间规划。

市动物防疫主管部门应当根据动物和动物产品集中无害化处理场所建设规划，制定建设计划并组织实施。

相关区人民政府根据动物和动物产品集中无害化处理场所建设规划和建设计划，组织建设本行政区域动物和动物产品集中无害化处理场所。

鼓励社会资本参与动物和动物产品集中无害化处理场所的建设和运营。

第四十八条　从事动物饲养、屠宰、经营、隔离以及动物产品生产、经营、加工、贮藏等活动的单位和个人，应当按照国家有关规定做好病死动物、病害动物产品的无害化处理，或者委托动物和动物产品无害化处理场所处理。

动物防疫主管部门应当为有关单位和个人提供信息咨询、技术指导等服务，加强对病死动物和病害动物产品无害化处理的监督管理。

第四十九条　在江河、湖泊、水库等水域发现的死亡畜禽，由所在区人民政府负责组织收集、处理并溯源。

在城市公共场所和乡村发现的死亡畜禽，由所在地街道办事处、乡镇人民政府组织收集、处理并溯源。

在野外环境发现的死亡野生动物，由所在区规划资源、林业部门收集、处理。

第五十条　动物和动物产品集中无害化处理场所转运病死动物和病害动物产品，应当符合下列动物防疫要求：

（一）使用符合国家标准的车辆或者专用封闭厢式运载车辆，并采取防渗措施；

（二）转运车辆应当加装车载定位系统，记录转运时间和路径等信息；

（三）转运车辆驶离暂存、养殖等场所前和卸载后，应当对车辆及相关工具等进行清洗、消毒；

（四）国家和本市规定的其他动物防疫要求。

第五十一条　市和区财政对病死动物无害化处理提供补助。具体补助标准和补助办法由财政部门会同本级动物防疫、规划资源、林业等有关部门制定。

第七章　监督和保障

第五十二条　动物防疫主管部门应当对动物饲养、屠宰、经营、隔离、运输、诊疗以及动物产品生产、经营、加工、贮藏、运输等活动中的动物防疫，依法实施监督管理。

第五十三条　动物防疫主管部门执行监督检查任务，可以采取下列措施，有关单位和个人不得拒绝或者阻碍：

（一）对动物、动物产品按照规定采样、留验、抽检；

（二）对染疫或者疑似染疫的动物、动物产品及相关物品进行隔离、查封、扣押和处理；

（三）对依法应当检疫而未经检疫的动物和动物产品，具备补检条件的实施补检，不具备补检条件的予以收缴销毁；

（四）查验检疫证明、检疫标志和畜禽标识；

（五）进入有关场所调查取证，查阅、复制与动物防疫有关的资料。

动物防疫主管部门根据动物疫病预防、控制需要，经本级人民政府批准，可以在车站、港口、机场等相关场所派驻官方兽医或者工作人员。

第五十四条 为控制动物疫病，区动物防疫主管部门应当派人在本市依法设立的动物防疫监督检查站执行监督检查任务。必要时，经市人民政府批准，区人民政府可以设立临时性的动物防疫检查站，执行监督检查任务。

第五十五条 市和区人民政府应当加强动物卫生监督机构能力建设，配备与动物、动物产品检疫工作相适应的官方兽医，保障动物检疫工作条件。

区动物防疫主管部门可以根据动物防疫工作需要，向乡镇或者特定区域派驻兽医机构或者人员。

第五十六条 市和区人民政府按照本级政府职责，将动物疫病的监测、预防、控制、净化、消灭，动物、动物产品的检疫和病死动物、病害动物产品的无害化处理，以及监督管理所需经费纳入本级预算。

第五十七条 市和区人民政府应当根据动物疫情应急处置需要，储备、更新和维护疫苗、药品、设施设备和防护用品等物资。

第五十八条 对在动物疫病预防、控制、净化、消灭过程中强制扑杀的动物、销毁的动物产品和相关物品，以及作为动物疫病监测、流行病学调查采样对象的动物、动物产品，市和区人民政府给予补偿。具体办法由市财政部门会同有关部门根据国家有关规定和我市实际制定。

第五十九条 市和区人民政府支持保险机构开发动物疫病保险产品。鼓励动物饲养单位和个人参加动物疫病保险。

第八章　法律责任

第六十条 各级人民政府、街道办事处及其工作人员未依法履行动物防疫职责的，对直接负责的主管人员和其他直接责任人员依法给予处分。

第六十一条 动物防疫主管部门及其工作人员有下列行为之一的，由本级人民政府责令改正，通报批评；对直接负责的主管人员和其他直接责任人员依法给予处分：

（一）未及时采取预防、控制、扑灭等措施的；

（二）对不符合条件的颁发动物防疫条件合格证、动物诊疗许可证，或者对符合条件的拒不颁发动物防疫条件合格证、动物诊疗许可证的；

（三）从事与动物防疫有关的经营性活动，或者违法收取费用的；

（四）其他未依照国家和本市规定履行职责的行为。

第六十二条 动物卫生监督机构及其工作人员有下列行为之一的，由本级人民政府或者动物防疫主管部门责令改正，通报批评；对直接负责的主管人员和其他直接责任人员依法给予处分：

（一）对未经检疫或者检疫不合格的动物、动物产品出具检疫证明、加施检疫标志，或者对检疫合格的动物、动物产品拒不出具检疫证明、加施检疫标志的；

（二）对附有检疫证明、检疫标志的动物、动物产品重复检疫的；

（三）从事与动物防疫有关的经营性活动，或者违法收取费用的；

（四）其他未依照国家和本市规定履行职责的行为。

第六十三条 动物疫病预防控制机构及其工作人员有下列行为之一的，由本级人民政府或者动物防疫主管部门责令改正，通报批评；对直接负责的主管人员和其他直接责任人员依法给予处分：

（一）未履行动物疫病监测、检测、评估职责或者伪造监测、检测、评估结果的；

（二）发生动物疫情时未及时进行诊断、调查的；

（三）接到染疫或者疑似染疫报告后，未及时按照国家规定采取措施、上报的；

（四）其他未依照国家和本市规定履行职责的行为。

第六十四条 本市各级人民政府、有关部门及其工作人员瞒报、谎报、迟报、漏报或者授意他人瞒报、谎报、迟报动物疫情，或者阻碍他人报告动物疫情的，由上级人民政府或者有关部门责令改正，通报批评；对直接负责的主管人员和其他直接责任人员依法给予处分。

第六十五条 对饲养的动物未按照动物疫病强制免疫计划或者免疫技术规范实施免疫接种，或者对饲养的犬只未按照规定定期进行狂犬病免疫接种的，由动物防疫主管部门责令限期改正，可以处一千元以下罚款；逾期不改正的，处一千元以上五千元以下罚款，由动物防疫主管部门委

托动物诊疗机构、无害化处理场所等代为处理，所需费用由违法行为人承担。

第六十六条 未取得动物诊疗许可证从事动物诊疗活动的，由动物防疫主管部门责令停止诊疗活动，没收违法所得，并处违法所得一倍以上三倍以下罚款；违法所得不足三万元的，并处三千元以上三万元以下罚款。

动物诊疗机构未按照规定实施卫生安全防护、消毒、隔离和处置诊疗废弃物的，由动物防疫主管部门责令改正，处一千元以上一万元以下罚款；造成动物疫病扩散的，处一万元以上五万元以下罚款；情节严重的，依法吊销动物诊疗许可证。

第六十七条 违反规定，屠宰、经营、运输动物或者生产、经营、加工、贮藏、运输动物产品的，由动物防疫主管部门责令改正、采取补救措施，没收违法所得、动物和动物产品，并处同类检疫合格动物、动物产品货值金额十五倍以上三十倍以下罚款；同类检疫合格动物、动物产品货值金额不足一万元的，并处五万元以上十五万元以下罚款；其中依法应当检疫而未检疫的，依照本条例第七十条的规定处罚。

前款规定的违法行为人及其法定代表人（负责人）、直接负责的主管人员和其他直接责任人员，自处罚决定作出之日起五年内不得从事相关活动；构成犯罪的，终身不得从事屠宰、经营、运输动物或者生产、经营、加工、贮藏、运输动物产品等相关活动。

第六十八条 不遵守市和区人民政府及其动物防疫主管部门依法作出的有关控制动物疫病规定的，或者藏匿、转移、盗掘已被依法隔离、封存、处理的动物和动物产品的，由动物防疫主管部门责令改正，处三千元以上三万元以下罚款。

第六十九条 患有人畜共患传染病的人员，直接从事动物疫病监测、检测、检验检疫，动物诊疗以及易感染动物的饲养、屠宰、经营、隔离、运输等活动的，由动物防疫主管部门或者规划资源、林业部门责令改正；拒不改正的，处一千元以上一万元以下罚款；情节严重的，处一万元以上五万元以下罚款。

第七十条 屠宰、经营、运输的动物未附有检疫证明，经营和运输的动物产品未附有检疫证明、检疫标志的，由动物防疫主管部门责令改正，处同类检疫合格动物、动物产品货值金额一倍以下罚款；对货主以外的承运人处运输费用三倍以上五倍以下罚款，情节严重的，处五倍以上十倍以下罚款。

用于科研、展示、演出和比赛等非食用性利用的动物未附有检疫证明的，由动物防疫主管部门责令改正，处三千元以上一万元以下罚款。

第七十一条 通过道路运输进入本市或者经过本市的动物，未经市人民政府确定的指定通道进入或者经过本市的，由动物防疫主管部门对运输人处五千元以上一万元以下罚款；情节严重的，处一万元以上五万元以下罚款。

第七十二条 有下列行为之一的，由动物防疫主管部门责令改正，处三千元以上三万元以下罚款；情节严重的，责令停业整顿，并处三万元以上十万元以下罚款：

（一）开办动物饲养场和隔离场所、动物屠宰加工场所以及动物和动物产品无害化处理场所，未取得动物防疫条件合格证的；

（二）经营动物、动物产品的集贸市场不具备国家规定的防疫条件的；

（三）未按照规定备案从事动物运输的；

（四）未按照规定保存行程路线和托运人提供的动物名称、检疫证明编号、数量等信息的；

（五）跨省、自治区、直辖市引进种用、乳用动物到达输入地后未按照规定进行隔离观察的；

（六）未经检疫合格，向无规定动物疫病区输入动物、动物产品的；

（七）未按照规定处理或者随意弃置病死动物、病害动物产品的。

第七十三条 从事动物疫病研究、诊疗和动物饲养、屠宰、经营、隔离、运输，以及动物产品生产、经营、加工、贮藏、无害化处理等活动的单位和个人，有下列行为之一的，由动物防疫主管部门责令改正，可以处一万元以下罚款；拒不改正的，处一万元以上五万元以下罚款，并可以责令停业整顿：

（一）发现动物染疫、疑似染疫未报告，或者未采取隔离等控制措施的；

（二）不如实提供与动物防疫有关的资料的；

（三）拒绝或者阻碍动物防疫主管部门进行监督检查的；

（四）拒绝或者阻碍动物疫病预防控制机构进行动物疫病监测、检测、评估的；

（五）拒绝或者阻碍官方兽医依法履行职责的。

第七十四条 违反本条例规定，造成人畜共患传染病传播、流行的，依法从重给予处分、处罚。

违反本条例规定，构成违反治安管理行为的，依法给予治安管理处罚；构成犯罪的，依法追究刑事责任；给他人人身、财产造成损害的，依法承担民事责任。

第九章 附 则

第七十五条 本条例自 2021 年 12 月 1 日起施行。

四、山西省动物防疫条例

（1999年8月16日山西省第九届人民代表大会常务委员会第十一次会议通过　2017年9月29日山西省第十二届人民代表大会常务委员会第四十一次会议第一次修订　2021年7月29日山西省第十三届人民代表大会常务委员会第三十次会议第二次修订）

第一条　为了加强对动物防疫活动的管理，预防、控制、净化、消灭动物疫病，促进养殖业发展，防控人畜共患传染病，保障公共卫生安全和人体健康，根据《中华人民共和国动物防疫法》等有关法律、行政法规，结合本省实际，制定本条例。

第二条　本条例适用于本省行政区域内的动物防疫及其监督管理活动。

第三条　动物防疫工作坚持预防为主、防检结合、重点控制、区域净化、逐步消灭的原则。

第四条　县级以上人民政府统一领导本行政区域内的动物防疫工作，将动物防疫工作纳入国民经济和社会发展规划，根据所辖行政区域内养殖规模，向乡（镇）人民政府、街道办事处、屠宰企业等派驻相适应的官方兽医，建立健全动物防疫体系。

县级以上人民政府农业农村主管部门主管本行政区域内的动物防疫工作，发展和改革、公安、财政、人力资源和社会保障、生态环境、住房和城乡建设、交通运输、卫生健康、应急管理、市场监督管理、林业和草原等部门，按照各自职责做好动物防疫工作。

乡（镇）人民政府、街道办事处应当落实动物防疫责任，组织群众做好本辖区的动物疫病预防与控制工作，村民委员会、居民委员会予以协助。

第五条　县级以上人民政府应当将下列动物防疫工作经费纳入本级预算：

（一）动物疫病预防、监测、检测、流行病学调查、控制、净化、消灭以及应急物资储备经费；

（二）动物疫苗冷链体系建设经费；

（三）动物防疫执法经费；

（四）动物和动物产品检疫、检测经费；

（五）病死动物以及病害动物产品无害化处理工作经费；

（六）指定通道的动物防疫监督检查站建设、维护和运行经费；

（七）动物检疫证、章、标志工本费；

（八）其他动物防疫工作经费。

第六条　县级以上人民政府应当推进动物防疫信息化建设，在养殖、防疫、检疫、屠宰、流通、监测、无害化处理等方面实现信息互通，建立可追溯体系，提升动物疫病防控能力。

第七条　从事动物饲养、屠宰、经营、隔离、运输、诊疗、科研、展示、演出、比赛、无害化处理，以及动物产品生产、经营、加工、贮藏、运输、无害化处理等活动的单位和个人应当依照法律、法规和国家有关规定，做好免疫、消毒、检测、隔离、净化、消灭、无害化处理等动物防疫工作。

第八条　县级以上人民政府农业农村主管部门应当有计划地对执业兽医、乡村兽医开展培训。

鼓励和支持动物诊疗机构等符合条件的社会组织以及执业兽医、乡村兽医，提供动物免疫、动物疫病检测、动物诊疗、病死动物和病害动物产品无害化处理、消毒以及协助官方兽医实施动物检疫等服务。

饲养动物的单位和个人应当履行动物疫病强

制免疫义务。县（市、区）人民政府可以通过政府购买服务的方式，对农民散养的畜禽实施强制免疫等工作。

第九条 县级以上人民政府卫生健康、农业农村、住房和城乡建设、市场监督管理、林业和草原等部门以及海关应当建立健全动物疫病防控协作机制和动物疫情监测网络，加强布鲁氏菌病、狂犬病、结核病、流感等人畜共患传染病防控，以及野生动物疫源疫病监测和外来动物疫病防范等方面的合作和信息共享。

第十条 省人民政府农业农村主管部门根据动物疫情形势以及保护养殖业生产和人体健康的需要，会同卫生健康、市场监督管理、林业和草原等部门开展动物疫病风险评估，落实动物疫病预防、控制、净化、消灭措施。

省人民政府农业农村主管部门根据动物疫病发生规律、流行趋势，及时发出动物疫情预警。各级人民政府接到动物疫情预警后，应当及时采取预防、控制措施。

第十一条 省人民政府农业农村主管部门根据布鲁氏菌病流行情况，制定布鲁氏菌病强制免疫计划。

种畜禁止实施布鲁氏菌病免疫。动物实施布鲁氏菌病免疫的，不得作为种畜使用。

奶畜需要实施布鲁氏菌病免疫的，应当逐级报省人民政府农业农村主管部门批准。

第十二条 禁止出售或者收购未按照规定进行布鲁氏菌病、结核病等动物疫病检测或者检测不合格的种用、乳用动物及其产品。

第十三条 本省对犬只实施狂犬病全面免疫。

犬只饲养场应当为饲养的犬只实施免疫接种，并建立免疫档案。其他犬只饲养者应当按照规定由依法设立的动物诊疗机构对犬只进行免疫接种，并且凭省人民政府农业农村主管部门监制、动物诊疗机构出具的免疫证明，向所在地养犬登记机关申请登记。

猫的狂犬病免疫参照犬只的有关规定执行。

第十四条 动物和动物产品检疫实行申报制度。县（市、区）人民政府农业农村主管部门应当向社会公布检疫申报途径和联系方式。

动物饲养场（户）出售或者运输动物的，应当按照规定时限向所在地承担动物检疫职责的机构申报检疫；收购贩运单位或者个人代为申报的，应当出具委托书，提供申报材料。

屠宰企业屠宰动物的，应当提前六小时向所在地承担动物检疫职责的机构申报检疫；急宰动物的，可以随时申报。

第十五条 申报动物产地检疫的，应当申明动物种类、来源、数量、接收单位和调出时间，并提供下列材料：

（一）养殖档案或者免疫档案；

（二）畜禽标识号码；

（三）国家规定的动物疫病检测报告；

（四）其他应当提供的材料。

第十六条 申报动物产品检疫的，应当申明动物产品种类、来源、数量、接收单位和调出时间。精液、卵、胚胎、种蛋等动物产品，还应当提供供体的健康证明等材料。

动物产品到达目的地后，需要分销的，可以凭经营单位盖章的动物检疫合格证明复印件、产品的验讫印章或者检疫标志继续运输、销售。

第十七条 承担动物检疫职责的机构接到检疫申报后，符合条件的，应当及时受理，指派官方兽医实施检疫；不符合条件的，不予受理并说明理由。

县（市、区）人民政府应当对屠宰企业派驻官方兽医，实施全流程同步检疫。对年屠宰量不满两万头、两万头以上不满十五万头、十五万头以上的生猪屠宰企业，派驻官方兽医分别不少于二人、五人、十人。其他畜禽屠宰企业，派驻官方兽医数量由省人民政府农业农村主管部门规定。

屠宰企业应当配备专业人员开展肉品品质检验，并协助官方兽医实施同步检疫。

第十八条 承担动物检疫职责的机构及其工作人员应当按照规定履行检疫职责，不得从事与动物防疫有关的经营性活动，或者违法收取费用；不得跨管辖区域出具动物检疫合格证明；不得将检疫出证账号出借他人使用；不得倒卖动物检疫证、章、标志。

第十九条 进入屠宰企业的动物应当附有动物检疫合格证明，并佩戴有国务院农业农村主管部门规定的畜禽标识。

屠宰企业对进入屠宰场的动物，应当查验动物检疫合格证明和畜禽标识。官方兽医应当填写屠宰检疫记录，回收动物检疫合格证明，动物检疫合格证明保存期限不得少于一年。

第二十条 经营动物的单位和个人不得购买或者接收应当检疫而未经检疫的动物。

第二十一条 屠宰企业应当按照国家规定开展非洲猪瘟等重大动物疫病自检，并做好检测记录。检测记录保存期限不得少于两年。

第二十二条 从事动物运输的单位、个人以及车辆，应当向所在地县（市、区）人民政府农业农村主管部门备案。

从事动物运输的单位、个人应当建立动物运输台账，详细记录检疫证明编号、动物名称、数量、联系人、电话、启运地点、到达地点、行程路线以及运输过程中染疫、病死、死因不明等信息。运输车辆应当配备车辆定位跟踪系统。相关信息记录保存期限不得少于半年。

货主或者承运人应当按照动物检疫合格证明填写的目的地运输，中途不得转运、销售、更换动物和动物产品。

第二十三条 通过道路向本省运输动物和动物产品的，应当经省人民政府设立的指定通道进入，并接受指定通道动物防疫监督检查站查验。

县（市、区）人民政府农业农村主管部门应当派人在所在地指定通道动物防疫监督检查站执行监督检查任务；查验合格的，在动物检疫合格证明上加盖指定通道专用章。

任何单位和个人不得接收未经指定通道动物防疫监督检查站查验进入本省的动物和动物产品。

第二十四条 从省外引进动物到达目的地后，货主应当将动物在隔离场或者饲养场内的隔离圈舍进行隔离观察，并在二十四小时内向所在地承担动物检疫职责的机构报告，接受监督检查；大中型种用、乳用动物隔离期为四十五天，小型种用、乳用动物隔离期为三十天。

第二十五条 设区的市、县（市、区）人民政府应当根据省人民政府动物和动物产品集中无害化处理场所建设规划，组织建设集中无害化处理场所。

集中无害化处理场所应当按照国家规定，配备具有定位跟踪系统、符合动物防疫要求的专用运输车辆，建立符合动物防疫要求的清洗消毒中心。

鼓励和支持社会资本投资建设集中无害化处理场所。

第二十六条 县级以上人民政府应当建设符合国家标准的生物安全二级兽医实验室，配备相关设施、设备和专职技术人员。

第二十七条 有下列情形之一的，县级以上人民政府应当给予补偿：

（一）在动物疫病预防、控制、净化、消灭过程中强制扑杀动物、销毁动物产品和相关物品的；

（二）依法实施疫病监测采集样品造成动物应激反应死亡的；

（三）对养殖环节产生的病死、染疫畜禽以及屠宰企业的病害产品进行无害化处理的。

未按照规定实施强制免疫，或者违法调入动物而发生疫情的，动物被扑杀造成的损失以及处理费用，由饲养动物的单位或者个人承担。

第二十八条 鼓励保险机构开发动物疫病保险产品。县级以上人民政府通过财政补贴等方式，支持动物饲养单位和个人参加动物疫病保险。

第二十九条 承担动物检疫职责的机构及其工作人员违反本条例规定，有下列行为之一的，由本级人民政府或者农业农村主管部门责令改正，通报批评；对直接负责的主管人员和其他直接责任人员依法给予处分；构成犯罪的，依法追究刑事责任：

（一）无正当理由不履行检疫职责的；

（二）对未经检疫或者检疫不合格的动物、动物产品出具检疫证明、加施检疫标志，或者对检疫合格的动物、动物产品拒不出具检疫证明、加施检疫标志的；

（三）对附有检疫证明、检疫标志的动物、动物产品重复检疫的；

（四）从事与动物防疫有关的经营性活动，或者违法收取费用的；

（五）跨管辖区域出具动物检疫合格证明的；

（六）将检疫出证账号出借他人使用的；

（七）倒卖动物检疫证、章、标志的；

（八）其他未依照法律、法规履行职责的行为。

第三十条 违反本条例规定，未按照动物检疫合格证明填写的目的地运输，中途转运、销售、更换动物和动物产品的，由县级以上人民政府农业农村主管部门责令改正，处五千元以上三万元以下罚款。

第三十一条 违反本条例规定，接收未经指定通道动物防疫监督检查站查验进入本省的动物和动物产品的，由县级以上人民政府农业农村主管部门处五千元以上一万元以下罚款；情节严重的，处一万元以上五万元以下罚款。

第三十二条 违反本条例规定，从省外引进动物未进行隔离观察的，由县级以上人民政府农业农村主管部门责令改正，处五千元以上三万元以下罚款；情节严重的，责令停业整顿，并处五万元以上十万元以下罚款。

第三十三条 违反本条例规定，经营动物的单位和个人购买应当检疫而未经检疫动物的，由县级以上人民政府农业农村主管部门责令改正，处同类检疫合格动物货值金额一倍以下罚款。

第三十四条 本条例自 2021 年 10 月 1 日起施行。

五、内蒙古自治区动物防疫条例

（2014 年 9 月 27 日内蒙古自治区第十二届人民代表大会常务委员会第十二次会议通过　根据 2022 年 9 月 28 日内蒙古自治区第十三届人民代表大会常务委员会第三十七次会议《关于修改〈内蒙古自治区动物防疫条例〉等 4 件地方性法规的决定》修正）

第一章　总　　则

第一条　为了加强对动物防疫活动的管理，预防、控制、净化、消灭动物疫病，促进养殖业发展，防控人畜共患传染病，保障公共卫生安全和人体健康，根据《中华人民共和国动物防疫法》等国家有关法律、法规，结合自治区实际，制定本条例。

第二条　自治区行政区域内从事动物防疫及其监督管理活动，适用本条例。

进出境动物、动物产品的检疫，依照国家有关法律、法规的规定执行。

第三条　旗县级以上人民政府对动物防疫工作实行统一领导，将动物防疫工作纳入国民经济和社会发展规划及年度计划，加强基层动物防疫队伍和动物防疫基础设施建设，建立健全动物防疫体系，制定并组织实施动物疫病防治规划。

苏木乡镇人民政府、街道办事处应当充分发挥综合保障和技术推广机构的作用，配备与本辖区养殖规模相适应的动物防疫人员，组织群众做好动物疫病预防与控制工作，嘎查村民委员会、居民委员会予以协助。

第四条　旗县级以上人民政府农牧主管部门负责本行政区域的动物防疫及其监督管理工作。

旗县级以上人民政府发展和改革、公安机关、财政、生态环境、交通运输、卫生健康、市场监督管理、林业和草原等部门，按照各自职责做好动物防疫相关工作。

第五条　旗县级以上人民政府的动物卫生监督机构，负责动物、动物产品的检疫工作。

旗县级以上人民政府的动物疫病预防控制机构，承担动物疫病的监测、检测、诊断、流行病学调查、疫情报告以及其他预防、控制等技术工作；承担动物疫病净化、消灭的技术工作。

第六条　旗县级人民政府应当根据动物防疫工作需要，在嘎查村设立动物防疫室，聘用嘎查村级动物防疫员，承担动物防疫工作。

第七条　各级人民政府及其有关部门、新闻媒体应当加强动物防疫法律、法规和动物防疫知识的宣传，提高公众的动物防疫意识和能力。

第八条　从事动物饲养、屠宰、经营、隔离、运输以及动物产品生产、经营、加工、贮藏等活动的单位和个人，应当依照国家和自治区相关规定，做好免疫、消毒、检测、隔离、净化、消灭、无害化处理等动物防疫工作，承担动物防疫相关责任。

第九条　支持社会力量参与动物防疫工作，鼓励相关组织和个人对动物防疫工作提供资金、技术等方面支持。

支持保险机构开展动物疫病保险业务，鼓励动物饲养场和农村牧区散养户参加动物疫病保险。

第二章　动物疫病的预防

第十条　自治区人民政府农牧主管部门依法制定自治区动物疫病强制免疫计划，并根据自治区行政区域内动物疫病流行情况增加实施强制免疫的动物疫病病种和区域，报自治区人民政府批准后执行，并报国务院农业农村主管部门备案。

第十一条 旗县级以上人民政府农牧主管部门负责组织实施动物疫病强制免疫计划，并对本行政区域内饲养动物的单位和个人履行强制免疫义务的情况进行监督检查。

苏木乡镇人民政府、街道办事处组织本辖区饲养动物的单位和个人做好强制免疫，协助做好监督检查；嘎查村民委员会、居民委员会协助做好相关工作。

旗县级以上人民政府农牧主管部门应当定期对本行政区域的强制免疫计划实施情况和效果进行评估，并向社会公布评估结果。

饲养、经营动物的单位和个人应当依法履行动物疫病强制免疫义务。

第十二条 自治区人民政府农牧主管部门应当制定自治区动物疫病监测和流行病学调查计划。盟行政公署、设区的市和旗县级人民政府农牧主管部门应当根据自治区动物疫病监测和流行病学调查计划，制定本行政区域的动物疫病监测和流行病学调查方案。

自治区建立动物防疫数字系统，依托相关平台统一收集发布动物防疫相关信息，推动部门、地区有关信息共享应用。

第十三条 旗县级以上人民政府应当组织有关部门建立人畜共患传染病防控合作机制，制定人畜共患传染病防控方案，对易感染动物和相关人群进行人畜共患传染病的监测，及时通报相关信息，并按照各自职责采取防控措施。

第十四条 动物饲养场、养殖专业合作组织等饲养动物的单位应当配备相应的设施和兽医专业技术人员，按照国家和本条例的规定做好动物疫病预防免疫、消毒、隔离、无害化处理、采样、疫情巡查、报告、免疫记录等工作。

农村牧区饲养动物的个人应当配合嘎查村级动物防疫员做好动物的免疫、采样、疫情巡查、报告等工作，并做好动物保定工作。

第十五条 单位和个人饲养犬只，应当按照规定定期免疫接种狂犬病疫苗，凭动物诊疗机构出具的免疫证明向所在地公安机关申请登记。

携带犬只出户的，应当按照规定佩戴犬牌并采取系犬绳等措施，防止犬只伤人、疫病传播。

苏木乡镇人民政府、街道办事处组织协调嘎查村民委员会、居民委员会，做好本辖区流浪犬、猫的控制和处置，防止疫病传播。

旗县级人民政府和苏木乡镇人民政府、街道办事处应当结合本地实际，做好农村牧区饲养犬只的防疫管理工作。

单位和个人饲养犬、猫等动物，应当遵守相关文明规范，妥善管理，不得随意遗弃。

第十六条 旗县级以上人民政府农牧主管部门应当建立动物疫病免疫密度和免疫质量评估制度。

免疫密度和免疫质量未达到规定标准的，相关旗县人民政府及其农牧主管部门和苏木乡镇人民政府、街道办事处应当按照职责组织制定整改措施，要求饲养动物的单位和个人重新免疫或者补免。

第十七条 旗县级以上人民政府农牧主管部门应当加强畜禽标识以及养殖档案信息管理，完善信息采集传输、数据分析处理等相关设施，实施动物、动物产品可追溯管理。

从事动物饲养的单位和个人应当按照国家有关规定建立规范的养殖档案，并对其饲养的动物加施畜禽标识。

第十八条 任何单位和个人不得销售、收购、运输、屠宰应当加施畜禽标识而没有加施畜禽标识的动物；不得经营、运输没有粘贴检疫合格标志的动物产品。

第十九条 自治区对动物疫病实施区域化管理。自治区人民政府应当制定并组织实施本行政区域的无规定动物疫病区建设方案，逐步建立无规定动物疫病区。

第三章　重大动物疫情的处理

第二十条 旗县级以上人民政府应当设立动物疫情应急指挥部，统一领导、指挥动物疫情应急处理工作。

应急指挥部的办事机构设在本级人民政府农牧主管部门，负责动物疫情应急处理的日常工作。

第二十一条 旗县级以上人民政府应当根据重大动物疫情应急需要，按照国家规定成立重大动物疫情专家组和应急预备队。苏木乡镇人民政府、街道办事处应当确定重大动物疫情应急处置预备人员。

应急预备队和应急处置预备人员应当定期进行技术培训和应急演练。

第二十二条 旗县级以上人民政府以及有关部门应当建立健全重大动物疫情应急物资储备制度，根据重大动物疫情应急预案的要求，确保应急处理所需物资的储备。

第二十三条 动物饲养场、动物隔离场所、动物屠宰加工场所、动物和动物产品集贸市场应当按照重大动物疫情应急预案的要求，制定本单位重大动物疫情应急工作方案，确定重大动物疫情应急处置预备人员，储备必要的应急处理所需物资。

第二十四条 自治区人民政府农牧主管部门根据授权公布动物疫情，其他单位和个人不得发布动物疫情。

从事动物疫情监测、检验检疫、疫病研究与诊疗以及动物饲养、屠宰、经营、隔离、运输等活动的单位和个人，发现动物染疫或者疑似染疫的，应当立即向所在地人民政府农牧主管部门或者动物疫病预防控制机构报告，并采取隔离等控制措施，防止动物疫情扩散。农牧主管部门或者动物疫病预防控制机构应当将联系地址和联系方式向社会公布。

接到动物疫情报告的单位，应当及时采取必要的控制处理措施，并按照国家规定程序逐级上报。

海关、林业和草原等部门发现动物疫情，应当及时向所在地人民政府农牧主管部门通报。

第二十五条 旗县级以上动物疫病预防控制机构接到动物疫情报告后，立即派人进行现场调查。疑似重大动物疫情的，应当及时采集病料送自治区动物疫病预防控制机构进行诊断。

第二十六条 在重大动物疫情报告期间，旗县级以上人民政府农牧主管部门应当立即采取临时隔离控制等相关措施。必要时，旗县级以上人民政府可以作出封锁决定，并采取扑杀、销毁等措施。

第二十七条 重大动物疫情由自治区人民政府农牧主管部门认定；必要时，报国务院农业农村主管部门认定。

第二十八条 重大动物疫情确认后，旗县级以上人民政府应当启动应急预案，依据国家有关动物疫病防治技术规范采取封锁、隔离、扑杀、无害化处理、消毒、紧急免疫、疫情监测、流行病学调查等措施，并组织有关部门做好重大动物疫情应急所需的物资紧急调度和运输、应急经费安排、疫区群众救济、人的疫病防治、肉食品供应以及动物和动物产品市场监管等工作；公安机关负责疫区封锁、社会治安和安全保卫，并协助、参与动物扑杀；卫生健康部门负责做好相关人群的疫情监测；市场监督管理部门负责关闭相关动物和动物产品交易市场；其他行政管理部门依据各自职责，协同做好相关工作。

第四章 动物和动物产品检疫

第二十九条 动物卫生监督机构依法对动物、动物产品实施检疫，签发检疫合格证明，加施检疫标志。

第三十条 动物检疫实行申报制度。

屠宰、出售或者运输动物以及出售或者运输动物产品前，货主应当向所在地动物卫生监督机构申报检疫。

第三十一条 旗县级以上人民政府农牧主管部门应当加强动物检疫申报点的建设和管理。

动物卫生监督机构应当根据动物养殖规模、分布和地域环境合理设置动物检疫申报点，并向社会公布动物检疫申报点、检疫范围和检疫对象。

第三十二条 自治区对猪、牛、羊、禽等动物实行定点屠宰，但农村牧区自宰自食的除外。

旗县级动物卫生监督机构应当向定点屠宰加工场所派驻官方兽医，实施集中检疫。

第五章 动物诊疗

第三十三条 自治区实行动物诊疗许可制度。

从事动物诊疗活动的机构，应当具备法定条件，取得旗县级以上人民政府农牧主管部门核发的动物诊疗许可证，并在规定的诊疗活动范围内开展动物诊疗活动。

第三十四条 执业兽医从事动物诊疗等经营活动或者乡村兽医在苏木乡镇、嘎查村从事动物诊疗活动的，应当向所在地旗县级人民政府农牧主管部门备案。

第三十五条 动物诊疗机构应当严格执行有关动物诊疗操作技术规范，使用符合国家规定的兽药和兽医器械，做好诊疗活动中的卫生安全防护、消毒、隔离、诊疗废弃物处置以及诊疗记录等工作。

第三十六条 动物诊疗机构不得有下列行为：

（一）聘用未取得执业兽医资格证书或者未办理备案手续的人员从事动物诊疗活动；

（二）随意抛弃病死动物、动物病理组织或者医疗废弃物等；

（三）排放未经无害化处理或者处理不达标的诊疗废水；

（四）使用假、劣兽药和国家禁用的药品以及其他化合物；

（五）经营或者违反国家规定使用兽用生物制品；

（六）无诊疗和用药记录；

（七）其他违反国家法律、法规的行为。

第三十七条 动物诊疗机构和乡村兽医发现动物染疫或者疑似染疫的，应当立即向所在地人民政府农牧主管部门或者动物疫病预防控制机构报告，并迅速采取隔离等控制措施，防止动物疫情扩散。

动物诊疗机构和乡村兽医发现动物患有或者疑似患有国家规定应当扑杀的疫病时，不得擅自进行治疗。

第六章 动物和动物产品调运的防疫监督

第三十八条 自治区人民政府根据动物防疫和检疫的需要，指定动物、动物产品运输通道及道口，设立动物卫生监督检查站，并向社会公布。

旗县级以上人民政府应当按照国家有关规定，规范建设指定通道的道路、铁路、水路、航空动物卫生监督检查站。

第三十九条 旗县级以上人民政府应当在自治区指定运输通道以外的乡级以上道路自治区界道口，设立动物、动物产品运输禁行标志。

第四十条 输入自治区境内的动物、动物产品，应当到指定通道动物卫生监督检查站接受查证、验物、签章和车辆消毒等。未经检查和消毒的，不得进入。

任何单位和个人不得接收未经指定通道动物卫生监督检查站检查输入自治区境内的动物、动物产品。

第四十一条 运输用于继续饲养或者屠宰的畜禽到达目的地后，货主或者承运人应当在三日内向启运地旗县级动物卫生监督机构报告；目的地饲养场户或者屠宰加工场所应当在接收畜禽后三日内向所在地旗县级动物卫生监督机构报告。

第七章 病死动物无害化处理

第四十二条 旗县级人民政府应当按照统筹规划、合理布局的原则，组织建设病死动物无害化处理公共设施，确定运营单位及其相应责任，落实运营经费。

旗县级以上人民政府农牧主管部门应当加强对病死动物无害化处理公共设施运营的监督管理，并将运营单位的责任区域和位置、联系方式向社会公布。

自治区鼓励社会投资建设病死动物无害化处理公共设施。

第四十三条 动物饲养场、动物隔离场所、动物屠宰加工场所应当具有符合国务院农业农村主管部门规定要求的病死动物无害化处理设施，对其病死动物进行无害化处理。

不具有病死动物无害化处理设施的科研教学单位、动物诊疗机构等，应当将其病死动物委托无害化处理公共设施运营单位处理。处理费用由委托人承担。

第四十四条 城镇和农村牧区饲养动物的个人应当将其病死动物运送至无害化处理公共设施运营单位，或者向无害化处理公共设施运营单位报告。

不具备集中无害化处理条件的农村牧区饲养动物的个人应当在指定区域通过深埋等方式对其病死动物进行无害化处理。

第四十五条 无害化处理公共设施运营单位接到报告后应当及时收运病死动物，并进行无害化处理。

收运病死动物和无害化处理不得向城镇、农村牧区饲养动物的个人收取费用。

第四十六条 旗县级人民政府应当制定病死动物无害化处理管理办法，建立病死动物无害化处理监督管理责任制度、重点场所巡查制度和举报奖励制度，督促有关部门履行无害化处理的监督管理职责。

第八章 保障措施

第四十七条 旗县级以上人民政府按照本级政府职责，将动物疫病的监测、预防、控制、净

化、消灭，动物、动物产品的检疫和病死动物的无害化处理，以及监督管理所需经费纳入本级预算。

第四十八条 旗县级以上人民政府农牧主管部门应当加强动物疫病预防控制生物制品冷链建设和使用管理，适量储备预防、控制和扑灭动物疫病所需的药品、生物制品和其他有关物资。

第四十九条 对在动物疫病预防、控制、净化、消灭过程中强制扑杀的动物、销毁的动物产品和相关物品，旗县级以上人民政府应当给予补偿。具体补偿标准按照国家和自治区有关规定执行。

第五十条 旗县级以上人民政府应当加强嘎查村级动物防疫员队伍建设，采取有效措施，保障嘎查村级动物防疫员履行动物防疫职责。嘎查村级动物防疫员的工作补贴、养老保险、医疗保险等待遇和监督管理的具体办法由自治区人民政府制定。

第五十一条 对从事动物疫病免疫、检疫、监测、检测、诊断、监督检查、现场处理疫情以及在工作中接触动物疫病病原体的人员，有关单位应当按照国家和自治区有关规定，采取有效的卫生防护、医疗保健措施，给予畜牧兽医医疗卫生津贴等相关待遇。

第五十二条 发生动物疫情时，航空、铁路、道路、水路等运输部门应当优先组织运送控制、扑灭疫病的人员和有关物资，为动物疫病预防、控制、扑灭工作提供便利条件。

第九章　法律责任

第五十三条 违反本条例规定的行为，《中华人民共和国动物防疫法》《重大动物疫情应急条例》等国家有关法律、法规已经作出具体处罚规定的，从其规定。

第五十四条 违反本条例规定，未经指定通道动物卫生监督检查站检查、消毒或者接收未经指定通道动物卫生监督检查站检查输入自治区境内的动物、动物产品的，由旗县级以上人民政府农牧主管部门处5 000元以上1万元以下罚款；情节严重的，处1万元以上5万元以下罚款。

第五十五条 违反本条例规定，运输用于继续饲养或者屠宰的畜禽到达目的地后，未按照规定向启运地动物卫生监督机构报告的，由旗县级以上人民政府农牧主管部门处1 000元以上3 000元以下罚款；情节严重的，处3 000元以上3万元以下罚款。

第十章　附　　则

第五十六条 本条例中下列用语的含义：

（一）动物保定，是指应用人力、器械或者药物来控制动物的活动，以便于采样、诊断、治疗、免疫等；

（二）无规定动物疫病区，是指具有天然屏障或者采取人工措施，在一定期限内没有发生规定的一种或者几种动物疫病，并经验收合格的区域；

（三）执业兽医，是指具备兽医相关技能，依照国家相关规定取得兽医执业资格，依法从事动物诊疗和动物保健等经营活动的兽医；

（四）乡村兽医，是指尚未取得执业兽医资格，经备案在乡村从事动物诊疗活动的人员。

第五十七条 本条例自2014年12月1日起施行。2002年9月27日内蒙古自治区第九届人民代表大会常务委员会第三十二次会议通过的《内蒙古自治区动物防疫条例》同时废止。

六、吉林省无规定动物疫病区建设管理条例

（2002年5月31日吉林省第九届人民代表大会常务委员会第三十次会议通过　2011年7月28日吉林省第十一届人民代表大会常务委员会第二十七次会议修订　2021年11月25日吉林省第十三届人民代表大会常务委员会第三十一次会议修订）

第一章　总　　则

第一条　为加强无规定动物疫病区的建设管理，预防、控制、净化、消灭动物疫病，促进养殖业发展，防控人畜共患传染病，维护公共卫生安全，保护人体健康，根据《中华人民共和国动物防疫法》等有关法律法规，结合本省实际，制定本条例。

第二条　在本省行政区域内从事动物饲养、屠宰、经营、隔离、无害化处理、运输，动物产品生产、加工、经营、运输、贮藏以及参与无规定动物疫病区建设管理相关活动的单位或者个人，适用本条例。

第三条　本条例所称动物，是指家畜家禽和人工饲养、捕获的其他动物。

本条例所称动物产品，是指动物的肉、生皮、原毛、绒、脏器、脂、血液、精液、卵、胚胎、骨、蹄、头、角、筋以及可能传播动物疫病的奶、蛋等。

本条例所称规定动物疫病，是指国家和省规定重点控制或者消灭的口蹄疫、非洲猪瘟、猪瘟、高致病性禽流感、新城疫、炭疽、布鲁氏菌病等一、二、三类动物疫病，并根据国务院农业农村主管部门制定公布的名录予以调整。

本条例所称动物防疫，是指动物疫病的预防、控制、诊疗、净化、消灭，动物、动物产品的检疫和病死动物、病害动物产品的无害化处理。

第四条　本条例所称无规定动物疫病区，是指具有天然屏障或者采取人工措施，在一定期限内没有发生国家规定的一种或者几种动物疫病，并经国务院农业农村主管部门验收合格的区域。

本条例所称无规定动物疫病生物安全隔离区，是指处于同一生物安全管理体系下，在一定期限内没有发生规定的一种或者几种动物疫病的若干动物饲养场及其辅助生产场所构成的，并经验收合格的特定小型区域。

第五条　无规定动物疫病区建设管理实行预防为主、防治结合、统一规划、依法治理的原则，促进畜牧业高质量发展。

第六条　县级以上人民政府负责对无规定动物疫病区建设管理工作的统一领导，建立健全动物疫病预防控制机构、动物卫生监督机构和乡镇人民政府、涉及畜牧兽医工作的街道办事处的畜牧兽医机构；加强基层动物防疫队伍建设，保障人员编制落实；加强动物防疫体系建设，采取有效措施，稳定基层机构队伍，制定并组织实施动物疫病防治规划。

乡镇人民政府、涉及畜牧兽医工作的街道办事处组织群众做好本辖区内的动物疫病预防与控制工作，村民委员会、居民委员会予以协助。

第七条　省人民政府畜牧兽医主管部门负责全省动物防疫和无规定动物疫病区建设管理工作。

县级以上人民政府畜牧兽医主管部门负责本行政区域内动物防疫和无规定动物疫病区建设管理工作。

县级以上人民政府成立防治动物重大疫病指挥机构，发展改革、公安、财政、交通运输、卫

生健康、林草、市场监管、海关、畜牧兽医等成员单位按照各自职责做好相关工作。

县级以上人民政府的动物卫生监督机构，负责动物、动物产品的检疫工作。

县级以上人民政府设立的动物疫病预防控制机构，承担动物疫病的监测、检测、诊断、流行病学调查、疫情报告以及其他预防、控制等技术工作；承担动物疫病净化、消灭的技术工作。

第八条 乡镇人民政府、涉及畜牧兽医工作的街道办事处的畜牧兽医机构应当配合县级以上人民政府畜牧兽医主管部门做好本辖区的动物疫病预防控制、动物检疫、重大动物疫情处理、畜牧兽医行业政策宣传和技术推广等工作。

第九条 各级人民政府支持和鼓励动物防疫的科学研究工作，推广先进适用的科学研究成果，普及动物防疫科学知识，提高动物疫病防治的科学技术水平。

第十条 各级人民政府及其有关部门应当采取多种形式，广泛宣传无规定动物疫病区建设管理和动物防疫相关法律法规，鼓励、支持社会组织、企事业单位等社会各方面参与无规定动物疫病区建设管理和动物防疫相关活动。

对在无规定动物疫病区建设管理和动物防疫工作中做出显著贡献的单位和个人，各级人民政府及有关部门应当按照国家和省有关规定给予表彰、奖励。

有关单位应当依照法律规定为动物防疫人员缴纳工伤保险费。对因参与动物防疫工作致病、致残、死亡的人员，按照国家有关规定给予补助或者抚恤。

第二章 无规定动物疫病区建设

第十一条 省人民政府应当编制全省无规定动物疫病区建设规划，具体由省人民政府畜牧兽医主管部门组织开展。

市（州）、县（市、区）人民政府应当按照全省无规定动物疫病区建设规划，编制本行政区域的无规定动物疫病区建设规划，报省人民政府备案。

第十二条 无规定动物疫病区建设应当按照国务院农业农村主管部门规定的标准组织实施，并报国务院农业农村主管部门评估验收。

以市（州）或县（市、区）为单位建设（或联建）无规定动物疫病区，应当按照国务院农业农村主管部门规定的标准组织实施，由省人民政府畜牧兽医主管部门验收合格并申请国务院农业农村主管部门评估验收。

第十三条 无规定动物疫病区的区域范围和界限应当由县级以上人民政府畜牧兽医主管部门依据法律法规、自然地理或人工屏障情况划定。

第十四条 县级以上人民政府畜牧兽医主管部门按照“防疫实现无疫、监测证明无疫、监管保障无疫、应急恢复无疫”的总体要求，加强动物疫病强制免疫体系、动物疫病监测预警体系、动物卫生监督监管体系和应急管理体系建设。

第十五条 进入无规定动物疫病区的动物、动物产品应当走指定通道并接受监督检查。

省人民政府根据无规定动物疫病区建设需要，确定指定通道和动物卫生监督检查站，具体由省人民政府畜牧兽医主管部门会同省人民政府交通运输主管部门提出，报省人民政府批准后，由省人民政府发布。

进出无规定动物疫病区内的主要道口应当设立警示标志。

畜牧兽医、交通运输、公安主管部门应当建立运输动物车辆管理、监控协作机制。

第十六条 省人民政府应当按照无规定动物疫病区建设规划，加强引进动物的隔离场所的建设，建设标准应当符合国家和省的有关规定。

第三章 规定动物疫病的预防

第十七条 省人民政府畜牧兽医主管部门建立动物疫病风险评估制度，对规定动物疫病状况进行风险评估。

省人民政府畜牧兽医主管部门根据国内外动物疫情，以及保护养殖业生产和人体健康的需要，及时会同省卫生健康等有关部门对全省动物疫病进行风险评估，依据风险评估结果制定规定动物疫病的预防、控制、净化、消灭措施。

市（州）、县（市、区）人民政府畜牧兽医主管部门会同本级人民政府卫生健康等有关部门对本行政区域内的规定动物疫病进行风险评估，并落实动物疫病预防、控制、净化、消灭措施。

无规定动物疫病生物安全隔离区建设的企业，根据无规定动物疫病生物安全隔离区及其周边区域规定动物疫病的状况，结合规定动物疫病的流行病学特征，开展规定动物疫病风险评估，依据风险评估结果修订生物安全计划。

第十八条 省人民政府畜牧兽医主管部门根据国家规定制定全省规定动物疫病强制免疫计划，实施强制免疫。未列入强制免疫计划的规定动物疫病，省人民政府畜牧兽医主管部门应当根据危害程度制定免疫计划，报省人民政府批准后，实施计划免疫。

动物疫病预防控制机构应当对强制和计划免疫效果进行监测，对免疫效果未达到国家规定标准的，饲养动物的单位和个人应当进行补免或者强化免疫。

第十九条 饲养动物的单位和个人应当依法履行规定动物疫病的强制免疫义务。任何单位和个人不得拒绝、阻碍免疫。

县级以上人民政府畜牧兽医主管部门负责组织实施本行政区域规定动物疫病的免疫计划，对饲养动物的单位和个人履行强制免疫义务的情况进行监督检查。

乡镇人民政府、涉及畜牧兽医工作的街道办事处负责组织本辖区饲养动物的单位和个人做好动物疫病的强制免疫工作，协助做好监督检查；村民委员会、居民委员会协助做好相关工作。

经强制免疫的动物，应当按照国家有关规定建立免疫档案，加施畜禽标识，实施可追溯管理。

第二十条 县级以上人民政府应当建立健全动物疫病监测网络，加强动物疫病监测。边境市(州)、县（市、区）人民政府根据防范外来动物疫病需要，合理设置动物疫病监测站或测报站。

县级以上人民政府畜牧兽医主管部门与野生动物保护主管部门，以及海关部门应定期交流预警信息，紧急情况及时通报。

县级以上人民政府畜牧兽医主管部门应当根据国家及省动物疫病监测与流行病学调查计划和要求制定本级动物疫病监测和流行病学调查方案。

各级动物疫病预防控制机构应当按照国家规定对规定动物疫病的发生、流行等情况进行监测。

从事动物饲养、屠宰、经营、隔离、运输以及动物产品生产、经营、加工、贮藏、无害化处理等活动的单位和个人对本条前款规定的监测活动，不得拒绝或者阻碍。

省人民政府畜牧兽医主管部门负责发布动物疫情预警信息，各级人民政府接到动物疫情预警信息后，应及时制定和落实规定动物疫病的预防和控制措施。

第二十一条 动物饲养场、动物隔离场所、动物屠宰加工场所、动物和动物产品无害化处理场所，应当符合国家有关动物防疫条件规定，由其开办单位或个人向县级以上人民政府畜牧兽医主管部门提出申请，并取得动物防疫条件合格证。

动物饲养场、动物隔离场所、动物屠宰加工场所、动物和动物产品无害化处理场所开办的单位或个人，应当在每年 1 月底前将上一年的动物防疫条件情况和防疫制度执行情况向发证机关报告。

经营动物、动物产品的集贸市场，应当具备国务院农业农村主管部门规定的动物防疫条件，并接受县级以上人民政府畜牧兽医主管部门的监督检查。

第二十二条 种用、乳用动物应当符合国务院农业农村主管部门规定的健康标准。

饲养种用、乳用动物的单位和个人，应当按照国务院农业农村主管部门的要求，定期开展动物疫病检测；检测不合格的，应当在当地人民政府畜牧兽医主管部门的监督下按照国家和省的有关规定予以处理。

第二十三条 本省行政区域内饲养的家畜家禽应当实行舍饲圈养或者定点放养。饲养家畜家禽的单位和个人，应采取相应防疫措施，防止动物疫病传播。

第四章 规定动物疫病的控制

第二十四条 县级以上人民政府应当根据上级重大动物疫情应急预案和本地实际情况，制定本行政区域的重大动物疫情应急预案，报上一级人民政府畜牧兽医主管部门备案，并抄送上一级人民政府应急管理部门。县级以上人民政府畜牧兽医主管部门按照不同动物疫病病种、流行特点和危害程度，分别制定实施方案。

重大动物疫情应急预案和实施方案根据疫情状况及时调整。

第二十五条 重大动物疫情发生后，县级以上人民政府畜牧兽医主管部门应当立即划定疫点、疫区和受威胁区，调查疫源，并向本级人民政府提出启动重大动物疫情应急指挥系统、应急预案和对疫区实行封锁的建议，有关人民政府应当立即作出决定。

对重大动物疫情应急处理实行属地管理、分级负责，按照应急预案确定的疫情等级，由县级以上人民政府对疫点、疫区和受威胁区采取相应的应急控制措施。

第二十六条 从事动物疫病监测、检测、检验检疫、研究、诊疗以及动物饲养、屠宰、经营、隔离、运输等活动的单位和个人，发现动物染疫或者疑似染疫的，应当立即向所在地人民政府畜牧兽医主管部门或者动物疫病预防控制机构报告，并迅速采取隔离等控制措施，防止动物疫情扩散。其他单位和个人发现动物染疫或者疑似染疫的，应当及时报告。

接到动物疫情报告的单位，应当及时采取必要的控制处理措施，并按照有关规定的程序上报。

任何单位和个人不得瞒报、谎报、迟报、漏报动物疫情，不得授意他人瞒报、谎报、迟报动物疫情，不得阻碍他人报告动物疫情。

第二十七条 省人民政府畜牧兽医主管部门根据国务院农业农村主管部门授权，发布本省动物疫情。其他单位和个人不得发布动物疫情。

第二十八条 县级以上人民政府畜牧兽医、卫生健康、野生动物保护等主管部门应当建立健全人畜共患传染病防治协作机制。具体协作机制由省人民政府畜牧兽医主管部门牵头制定。

发生人畜共患传染病疫情时，县级以上人民政府畜牧兽医主管部门应当及时处置畜间疫情；卫生健康、野生动物保护主管部门按照法律法规规定及时处置，并及时与同级畜牧兽医主管部门相互通报。

第二十九条 患有人畜共患传染病的人员不得直接从事动物疫病监测、检测、检验检疫、诊疗以及易感染动物的饲养、屠宰、经营、隔离、运输等活动。

第三十条 采集、保存、运输动物病料或者病原微生物以及从事病原微生物研究、教学、检测、诊断等活动，应当遵守国家有关病原微生物实验室生物安全管理的规定。

第三十一条 疫区内有关单位和个人，应当遵守县级以上人民政府及其畜牧兽医主管部门依法作出的有关控制动物疫病的规定。

任何单位和个人不得藏匿、转移、盗掘已被依法隔离、封存、处理的动物和动物产品。

第三十二条 发生重大动物疫情后，由有关防治动物重大疫病指挥机构决定，设置临时动物防疫检查站，采取隔离、扑杀、销毁、消毒、紧急免疫接种等控制措施，有关单位和个人必须服从；拒不服从的，由公安机关协助执行。

第三十三条 发生重大动物疫情后，乡镇人民政府、涉及畜牧兽医工作的街道办事处、村民委员会、居民委员会应当组织力量，向公众宣传动物疫病防控的相关知识，协助做好疫情信息的收集、报告和各项应急处理措施的落实工作。

重大动物疫情发生地的人民政府和毗邻地区的人民政府应当做好重大动物疫情的控制工作。

第三十四条 当封锁期结束或一个以上潜伏期结束，未再发现该动物疫病新病例时，划定疫点、疫区和受威胁区的畜牧兽医主管部门应当按照国务院农业农村主管部门规定的标准和程序对疫情控制情况进行评估，评估后达到国家规定的控制标准的，由原决定机关决定并宣布撤销疫点、疫区和受威胁区。如果疫区封锁的，应同时报请本级人民政府解除疫区封锁，由发布封锁令的人民政府决定，并向社会公布。

第五章 动物和动物产品的检疫

第三十五条 动物卫生监督机构依据法律法规和有关规定对动物、动物产品实施检疫。动物卫生监督机构的官方兽医依法具体实施动物、动物产品的检疫，出具检疫证明，加施检疫标志。

动物卫生监督机构可以根据检疫工作需要，指定兽医专业人员协助官方兽医实施动物检疫。

动物饲养场、屠宰企业的执业兽医或者动物防疫技术人员，应当协助官方兽医对本场所或企业的动物或动物产品实施检疫。

第三十六条 屠宰、出售或者运输动物以及出售或者运输动物产品前，货主应当按照国家和省的有关规定向当地动物卫生监督机构申报检疫，取得检疫证明。

动物卫生监督机构接到检疫申报后，应当及时指派官方兽医对动物、动物产品实施检疫，检疫合格的，出具检疫证明、加施检疫标志，并对检疫结论负责。

第三十七条 县级以上动物卫生监督机构依法向屠宰加工场所派驻（出）官方兽医实施检疫。

屠宰加工场所应当提供与屠宰规模相适应的官方兽医驻场检疫室和检疫操作台等设施设备。

屠宰加工场所不得屠宰未经检疫或者检疫不

合格的动物。

进场动物应当附有检疫证明，并佩戴有国务院农业农村主管部门规定的畜禽标识。官方兽医应当监督屠宰加工场所对检疫证明和畜禽标识进行检查，并检查待宰动物健康状况，对疑似染疫的动物进行隔离观察。

出场的动物产品应当经官方兽医检疫合格，加施检疫标志，并附有检疫证明。

第三十八条 食用农产品交易市场开办者发现未附有检疫证明和检疫标志的食用动物产品进入市场销售，应当及时向当地市场监管部门报告。

进入牲畜交易市场的动物应当附有检疫证明和畜禽标识，牲畜交易市场开办者应当拒绝未附有检疫证明、未佩戴畜禽标识的动物进场交易。

第三十九条 从省外引进的种用、乳用动物到达目的地后，货主应当持检疫证明向当地人民政府畜牧兽医主管部门报告，并按照有关规定进行隔离观察。

第四十条 输入到无规定动物疫病区内的易感动物、动物产品，货主应当按照国务院农业农村主管部门的规定向当地动物卫生监督机构申报检疫，经检疫合格的，方可进入。

通过公路从省外输入动物、动物产品的，货主或者承运人应当向输入地省人民政府设置在指定通道的公路动物卫生监督检查站报验；通过水路、航空、铁路从省外输入动物、动物产品的，应当向当地动物卫生监督机构或者派驻机构报验。

接受报验的动物卫生监督机构应当及时查验，并将查验情况进行登记。

任何单位和个人不得接收未经指定道口检查并取得道口检查签章的动物、动物产品。

第四十一条 经检疫不合格的动物、动物产品，货主应当在畜牧兽医主管部门监督下按照有关规定处理，并做好记录备查。处理费用由货主承担。

第六章 病死动物和病害动物产品的无害化处理

第四十二条 病死动物和病害动物产品无害化处理应遵循政府主导，市场运作，财政补助，保险联动的原则，建立定点收集暂存，封闭运输，全程监管的无害化处理机制。

第四十三条 从事动物饲养、屠宰、经营、隔离以及动物产品生产、经营、加工、贮藏等活动的单位和个人，应当按照国家有关规定做好病死动物、病害动物产品的无害化处理，或者委托动物和动物产品无害化处理场所进行处理。

从事动物、动物产品运输的单位和个人，应当配合做好病死动物和病害动物产品的无害化处理，不得在途中擅自弃置和处理有关动物和动物产品。

任何单位和个人不得买卖、加工、随意弃置病死动物和病害动物产品。

第四十四条 无害化处理场应建立独立的洗消中心，安装视频监控设备。配备与生产规模相适应的执业兽医或者动物防疫技术人员。对相关人员进行有关法律法规、专业技术、安全防护等相关知识和技能的培训。

第四十五条 无害化处理场应当建立管理制度和操作规程，对病死动物和病害动物产品及时进行无害化处理，并建立台账，如实记录病死动物和病害动物产品的收集、登记、处理和处理后产品流向等信息，保存期限不少于2年。

第七章 动物诊疗

第四十六条 县级以上人民政府畜牧兽医主管部门负责本行政区域内动物诊疗机构的管理和监督执法工作。

第四十七条 从事动物诊疗活动的机构，应当取得动物诊疗许可证，并在规定的诊疗活动范围内开展动物诊疗活动。

第四十八条 从事动物诊疗活动的机构，应当具备下列条件：

（一）有与动物诊疗活动相适应并符合动物防疫条件的场所；

（二）有与动物诊疗活动相适应的执业兽医；

（三）有与动物诊疗活动相适应的兽医器械和设备；

（四）有完善的管理制度。

符合上述条件的单位和个人，应当向县级以上畜牧兽医主管部门申请动物诊疗许可证，市辖区未设立畜牧兽医主管部门的，发证机关为上一级人民政府畜牧兽医主管部门。

畜牧兽医主管部门受理申请后，应当在7个工作日内完成对申请材料的审核和对动物诊疗场所的实地考察。符合规定条件的，发证机关应当向申请人颁发动物诊疗许可证；不符合条件的，书面通知申请人，并说明理由。

第四十九条 动物诊疗机构、执业兽医、乡村兽医在从事动物诊疗和动物诊疗服务活动中，发现动物染疫或者疑似染疫的，应当按照有关规定立即采取隔离等控制措施，并向当地人民政府畜牧兽医主管部门或者动物疫病预防控制机构报告，不得擅自治疗或者处理。

动物诊疗活动应当按照有关规定做好卫生安全防护、消毒、隔离工作，处理病死动物、动物病理组织、废弃物和污染物。

第五十条 动物诊疗机构应当于每年 3 月底前将上年度的内部管理制度执行、使用兽药、病历、诊疗废弃物及病死动物处理等动物诊疗活动情况向发证机关报告。

第八章 兽医管理

第五十一条 本省行政区域实行官方兽医任命制度。官方兽医由县级以上人民政府畜牧兽医主管部门按照国务院农业农村主管部门的有关规定和程序报省人民政府畜牧兽医主管部门确认后任命。

第五十二条 县级以上人民政府畜牧兽医主管部门制定本行政区域官方兽医培训计划，在省人民政府畜牧兽医主管部门的指导下，定期对官方兽医进行培训和考核。

第五十三条 官方兽医依法履行动物、动物产品检疫职责，任何单位和个人不得拒绝或者阻碍。

第五十四条 违反检疫程序，出具虚假检疫证明的和弄虚作假取得官方兽医资格的，由原任命机关撤销对官方兽医的任命。

第五十五条 通过执业兽医资格考试的人员，由省人民政府畜牧兽医主管部门颁发执业兽医资格证书。

执业兽医从事动物诊疗、经营活动应当向所在地县级人民政府畜牧兽医主管部门备案。

第五十六条 执业兽医开具的处方应当亲自诊断，并对诊断结论负责。执业兽医在诊疗、经营活动中违反有关规定，由县级以上人民政府畜牧兽医主管部门按照国务院农业农村主管部门有关规定处理。

第五十七条 符合下列条件之一的，可以向县级人民政府畜牧兽医主管部门申请乡村兽医备案：

（一）具备中等以上兽医、畜牧（畜牧兽医）、中兽医（民族兽医）或水产养殖专业学历的；

（二）具备中级以上动物疫病防治员、水生动物病害防治员职业技能鉴定证书的；

（三）国务院农业农村主管部门实行乡村兽医备案管理前已取得乡村兽医登记证书的；

（四）经县级人民政府畜牧兽医主管部门培训合格的。

乡村兽医可以在乡村从事动物诊疗服务活动。

第五十八条 执业兽医、乡村兽医应当按照当地人民政府和畜牧兽医主管部门的要求，参加动物疫病预防、控制和扑灭动物疫情的活动，其所在单位不得拒绝、阻碍。

第九章 监督和管理

第五十九条 省级人民政府畜牧兽医主管部门每年对全省无规定动物疫病区和无规定动物疫病生物安全隔离区运行维护情况进行评估，并将评估结果报送国务院农业农村主管部门。对各市（州）、县（市、区）在无规定动物疫病区建设管理方面存在的问题提出整改意见并监督落实。

第六十条 畜牧兽医主管部门根据动物疫病预防、控制需要，经当地县级以上人民政府批准，可以在车站、港口、机场等场所派驻官方兽医和工作人员。

第六十一条 县级以上人民政府畜牧兽医主管部门工作人员执行监督检查任务时应当出示行政执法证件，佩戴统一标志。可以采取下列措施：

（一）对动物、动物产品按照规定采样、留验、抽检；

（二）对染疫或者疑似染疫的动物、动物产品及相关物品进行隔离、查封、扣押和处理；

（三）对依法应当检疫而未经检疫的动物和动物产品，具备补检条件的实施补检，不具备补检条件的予以收缴销毁；

（四）查验检疫证明、检疫标志和畜禽标识；

（五）进入有关场所调查取证，查阅、复制与动物防疫有关的资料。

对检查中发现应当进行无害化处理的动物、动物产品进行无害化处理，所需费用由货主承担；当事人不提供货主的，由当事人承担。

第六十二条 经道路、铁路、水路、航空运输动物、动物产品的，承运人应当凭检疫证明承运，检疫证明应当随货同行，并接受畜牧兽医主管部门查验。

第六十三条 动物卫生监督机构应当使用国务院农业农村主管部门统一制作的检疫证明和检疫标志。

任何单位和个人不得转让、伪造或者变造检疫证明和检疫标志。

第六十四条 官方兽医在实施动物检疫工作时，应当着装整齐，出示有效证件。

第十章　保障措施

第六十五条 县级以上人民政府应当将动物防疫工作纳入本级国民经济和社会发展规划及年度计划。

无规定动物疫病区建设用地应当纳入全省国土空间规划。

第六十六条 县级人民政府和乡镇人民政府、涉及畜牧兽医工作的街道办事处应当采取有效措施，加强基层动物防疫队伍建设，保障村级防疫员合理劳务报酬，逐步提高基层动物防疫人员待遇。

对从事动物疫病预防、检疫、监督检查、现场处理疫情以及在工作中接触动物疫病病原体的人员，有关单位按照国家规定，采取有效的卫生防护、医疗保健措施，给予畜牧兽医医疗卫生津贴等相关待遇。

第六十七条 县级以上人民政府按照本级政府职责，将无规定动物疫病区建设和运行、动物疫病的监测、预防、控制、净化、消灭，动物、动物产品的检疫和病死动物的无害化处理，以及监督管理、应急物资储备所需经费纳入本级预算。

第六十八条 对在动物疫病预防、控制、净化、消灭过程中强制扑杀的动物、销毁的动物产品和相关物品，县级以上人民政府按照国家规定给予补偿。

第六十九条 防治动物重大疫病指挥机构根据应急处理需要，可以紧急调集人员、物资、运输工具以及相关设施设备。

单位和个人的物资、运输工具以及相关设施设备被征集使用的，有关人民政府应当及时归还并给予合理补偿。

第七十条 县级以上人民政府应当采取措施，鼓励和支持社会力量参与动物防疫活动，动物防疫社会化组织和个人可以从事免疫注射、清洗消毒、检测诊断、无害化处理和协助动物检疫等活动。

第十一章　法律责任

第七十一条 县级以上人民政府畜牧兽医主管部门及其工作人员、动物卫生监督机构及其工作人员、动物疫病预防控制机构及其工作人员，以及其他参与动物疫病防控的工作人员，在无规定动物疫病区建设管理和动物防疫工作中，违反《中华人民共和国动物防疫法》及本条例规定的，由其主管部门责令改正，通报批评；对直接负责的主管人员和其他直接责任人员依法给予处分。

第七十二条 违反本条例第十九条第一款规定的，未履行规定动物疫病的强制免疫义务，由县级以上人民政府畜牧兽医主管部门责令限期改正，可以处一千元以下罚款；逾期不改正的，处一千元以上五千元以下罚款，由县级以上人民政府畜牧兽医主管部门委托动物诊疗机构、无害化处理场所等代为处理，所需费用由违法行为人承担。

违反本条例第十九条第四款，未按规定建立免疫档案，由县级以上人民政府畜牧兽医主管部门责令限期改正，可以处一万元以下罚款，未加施畜禽标识的，由县级以上人民政府畜牧兽医主管部门责令改正，可以处二千元以下罚款。

违反本条例第四十五条规定的，未按规定建立无害化处理台账，由县级以上人民政府畜牧兽医主管部门责令限期改正，可以处一万元以下罚款。

第七十三条 违反本条例第二十条第五款规定的，拒绝或者阻碍动物疫病预防控制机构及其工作人员对规定动物疫病监测活动的，由县级以上人民政府畜牧兽医主管部门责令改正，可以处一万元以下罚款；拒不改正的，处一万元以上五万元以下罚款，并可以责令停业整顿。

第七十四条 违反本条例第二十一条第二款、第五十条规定，连续两年未向发证机关报告年度动物防疫条件情况和防疫制度执行情况或者年度动物诊疗活动情况的，由县级以上人民政府畜牧兽医主管部门依法吊销其动物防疫条件合格证或

者动物诊疗许可证。

第七十五条　违反本条例第二十二条第二款规定的，饲养种用、乳用动物的单位和个人，未按照国务院农业农村主管部门的要求，定期开展动物疫病检测的，或者经检测不合格而未按照规定处理的，由县级以上人民政府畜牧兽医主管部门责令限期改正，可以处一千元以下罚款；逾期不改正的，处一千元以上五千元以下罚款。

第七十六条　违反本条例第二十三条规定的，未实行舍饲圈养或者定点放养的，由县级人民政府畜牧兽医主管部门责令限期改正；逾期未改正的，处五百元以上二千元以下罚款；情节严重的，处二千元以上五千元以下罚款。

第七十七条　违反本条例第三十一条第二款规定的，藏匿、转移、盗掘已被依法隔离、封存、处理的动物和动物产品的单位和个人，由县级以上人民政府畜牧兽医主管部门处三千元以上三万元以下罚款。

第七十八条　违反本条例第三十九条规定的，从省外引进的种用、乳用动物，未向当地人民政府畜牧兽医主管部门报告，未按照有关规定进行隔离观察的，由县级以上人民政府畜牧兽医主管部门责令改正，处三千元以上三万元以下罚款；情节严重的，责令停业整顿，并处三万元以上十万元以下罚款。

第七十九条　违反本条例第四十条第二款规定的，从省外输入动物、动物产品未按照有关规定向输入地动物卫生监督机构报验的，由县级以上人民政府畜牧兽医主管部门责令其到最近的动物卫生监督机构报验，可以处三千元以上一万元以下罚款。

第八十条　违反本条例第四十条第四款规定的，接收未经指定道口检查并取得道口检查签章的动物、动物产品的，由县级以上人民政府畜牧兽医主管部门，处五千元以上一万元以下罚款，情节严重的，处一万元以上五万元以下罚款。

第八十一条　动物诊疗机构违反本条例第四十九条第二款规定的，未按照要求处理病死动物、动物病理组织、废弃物和污染物的，由县级以上人民政府畜牧兽医主管部门责令改正，处一千元以上一万元以下罚款。

动物诊疗机构违反本条例规定，造成动物疫病扩散的，由县级以上人民政府畜牧兽医主管部门，处一万元以上五万元以下罚款；情节严重的，由发证机关吊销动物诊疗许可证。

第十二章　附　　则

第八十二条　本条例自 2022 年 1 月 1 日起施行。

七、黑龙江省动物防疫条例

（2016年10月21日黑龙江省第十二届人民代表大会常务委员会第二十九次会议通过　根据2018年4月26日黑龙江省第十三届人民代表大会常务委员会第三次会议《黑龙江省人民代表大会常务委员会关于废止和修改〈黑龙江省统计监督处罚条例〉等72部地方性法规的决定》修正　2021年10月29日黑龙江省第十三届人民代表大会常务委员会第二十八次会议修订）

第一章　总　　则

第一条　为了加强对动物防疫活动的管理，预防、控制、净化、消灭动物疫病，促进养殖业发展，防控人畜共患传染病，保障公共卫生安全和人体健康，根据《中华人民共和国动物防疫法》等有关法律、行政法规的规定，结合本省实际，制定本条例。

第二条　本条例适用于本省行政区域内的动物防疫及其监督管理活动。

进出境动物、动物产品的检疫，适用《中华人民共和国进出境动植物检疫法》《中华人民共和国进出境动植物检疫法实施条例》等有关法律、法规的规定。

第三条　动物防疫实行预防为主，预防与控制、净化、消灭相结合的方针。

第四条　县级以上人民政府对动物防疫工作实行统一领导，将动物防疫工作纳入国民经济和社会发展规划，建立健全动物防疫体系，制定并组织实施动物疫病防治规划，充实县、乡级动物防疫专业力量，建设与养殖规模、屠宰规模和工作任务相适应的动物防疫队伍。

乡级人民政府、街道办事处应当组织做好本辖区的动物疫病预防与控制工作。村民委员会、居民委员会应当配合开展免疫、消毒、应急处置等动物防疫工作，督促、引导村（居）民自觉履行动物防疫义务。

第五条　县级以上人民政府农业农村主管部门主管本行政区域内的动物防疫工作。

县级以上人民政府卫生健康、林业和草原、生态环境、交通运输、市场监督管理、公安、财政等有关部门，应当在各自职责范围内做好动物防疫工作。

第六条　县级以上动物卫生监督机构负责本行政区域内的动物、动物产品检疫工作，可以接受本级农业农村主管部门委托，承担行政执法以外的动物防疫相关工作。

县级以上人民政府按照国务院的规定，根据统筹规划、合理布局、综合设置的原则建立动物疫病预防控制机构。

县级以上动物疫病预防控制机构承担动物疫病的监测、检测、诊断、流行病学调查、疫情报告以及其他预防、控制等技术工作；承担动物疫病净化、消灭的技术工作。

第七条　县级以上人民政府应当推进动物防疫信息化建设和推广应用，加强动物防疫信息采集、传输、汇总、分析和评估工作，建立动物防疫信息可追溯体系。

第二章　动物疫病的预防和控制

第八条　省人民政府农业农村主管部门会同本级人民政府卫生健康等有关部门开展全省动物疫病风险评估，并落实动物疫病预防、控制、净

化、消灭措施。

第九条 饲养动物的单位和个人应当依法履行动物疫病强制免疫义务。

市、县、乡级人民政府可以通过购买社会化服务或者聘用动物防疫员等形式，对个人散养的动物实施强制免疫。

第十条 县级以上动物疫病预防控制机构应当根据强制免疫密度和抗体水平，对本行政区域强制免疫效果进行评价。对经评价未达到规定标准的，市、县级人民政府农业农村主管部门应当责令相关责任人及时补充免疫。

第十一条 省人民政府农业农村主管部门应当根据国家动物疫病监测计划，制定全省动物疫病监测计划。市、县级人民政府农业农村主管部门应当根据全省动物疫病监测计划，制定本行政区域的动物疫病监测方案并组织实施。

县级以上动物疫病预防控制机构依法对动物疫病的发生、流行等情况进行监测，有关单位和个人应当予以配合。

县级以上人民政府林业和草原主管部门、农业农村主管部门，按照职责分工负责本行政区域野生动物疫源疫病监测，强化野外巡查，分析研判野生动物疫情动态。

第十二条 省人民政府以及边境市、县级人民政府应当对依法设置在边境县（市、区）的动物疫病监测站点配备必要的设施设备和专业技术人员，健全监测工作机制，防范境外动物疫病传入。有关部门应当加强外来动物疫病联防联控，按照各自职责做好动物疫病监测、预警工作。

第十三条 省人民政府制定并组织实施本省无规定动物疫病区建设方案。市、县级人民政府应当按照方案要求，加强对无规定动物疫病区的建设和管理。

鼓励动物饲养场建设无规定动物疫病生物安全隔离区。

第十四条 县级以上人民政府应当根据国务院农业农村主管部门动物疫病净化、消灭规划，逐级制定并组织实施净化、消灭计划。

县级以上人民政府应当鼓励、支持饲养动物的单位和个人开展动物疫病净化，对达到国务院农业农村主管部门规定的净化标准的单位和个人，在农业项目上优先予以支持。

第十五条 饲养犬只的单位和个人，应当按照规定对犬只定期免疫接种狂犬病疫苗。

动物诊疗机构对犬只实施免疫接种狂犬病疫苗后，应当向饲养犬只的单位和个人出具免疫证明。没有动物诊疗机构的乡镇，由乡级人民政府组织实施犬只免疫接种狂犬病疫苗工作，出具免疫证明。

犬只免疫证明应当载明犬只主人、犬只种类、疫苗厂家、免疫时间等相关信息，并加盖出具免疫证明单位的印章。

鼓励饲养猫的单位和个人，对猫定期免疫接种狂犬病疫苗。

第十六条 动物疫情的认定、报告、通报和公布，按照法律规定执行。

发生重大动物疫情时，县级以上人民政府应当启动相应等级应急预案，采取封锁、隔离、扑杀、销毁、消毒、无害化处理、紧急免疫、疫情监测、流行病学调查等措施，并做好社会治安维护、易感人群监测、肉食品供应以及动物、动物产品市场监管等工作。

第十七条 县级以上人民政府应当组织卫生健康、农业农村、林业和草原等部门建立人畜共患传染病防治的协作机制。

发生人畜共患传染病、野生动物疫情时，县级以上人民政府卫生健康、农业农村、林业和草原等部门应当及时相互通报相关信息，并按照各自职责采取预防、控制措施。

第十八条 县级以上人民政府统一领导、指挥、协调动物疫情应急管理工作，成立相关职能部门组成的动物疫情应急指挥机构，加强动物疫情专业应急队伍建设，明确应急处置措施；制定本行政区域的重大动物疫情应急预案，报上一级人民政府农业农村主管部门备案，并抄送上一级人民政府应急管理部门。

县级以上人民政府农业农村主管部门应当根据重大动物疫情应急预案和不同动物疫病病种、流行特点、危害程度，分别制定重大动物疫情应急实施方案，开展动物疫情防控技术培训和应急演练，做好应对突发动物疫情工作。

第十九条 重大动物疫情发生后，疫情发生地县级人民政府应当组织农业农村、卫生健康、公安、市场监督管理等部门开展溯源调查和追踪调查等流行病学调查。

省、市级人民政府农业农村等部门应当派出专家组指导流行病学调查等工作。

第三章　动物及动物产品检疫

第二十条　县级以上人民政府应当按照国家规定，配备与当地动物、动物产品检疫工作相适应的官方兽医。官方兽医依法履行动物、动物产品检疫职责，任何单位和个人不得拒绝或者阻碍。

县级人民政府农业农村主管部门可以根据动物防疫工作需要，向乡、镇或者特定区域派驻兽医机构或者专业工作人员。

县级动物卫生监督机构根据动物检疫工作需要，可以组织乡（镇）的官方兽医实施检疫。

动物饲养场、屠宰企业的执业兽医或者动物防疫技术人员，应当协助官方兽医实施检疫。

第二十一条　动物、动物产品的检疫依法实行申报制度。

动物饲养场（户）出售或者运输动物的，应当按照规定时限向所在地县级动物卫生监督机构申报检疫。屠宰企业屠宰动物的，应当提前六个小时向所在地县级动物卫生监督机构申报检疫；紧急屠宰动物的，可以随时申报。

第二十二条　县级动物卫生监督机构应当根据动物养殖规模以及分布情况，合理设置动物检疫申报点，并将动物检疫申报点、检疫范围、检疫对象和联系电话等有关事项向社会公布。

鼓励通过互联网平台方式申报检疫。对到检疫申报点申报检疫的，县级动物卫生监督机构以及官方兽医不得以任何理由拒绝。

第二十三条　县级动物卫生监督机构应当向定点屠宰企业派驻官方兽医，官方兽医应当依法履行职责并对检疫结论负责。

定点屠宰企业应当配合官方兽医实施检疫，为官方兽医开展检疫提供人员协助和必要条件。

第四章　病死动物和病害动物产品的无害化处理

第二十四条　从事动物饲养、屠宰、经营、隔离以及动物产品生产、经营、加工、贮藏等活动的单位和个人，应当依法履行病死动物、病害动物产品无害化处理责任，出现病死动物或者病害动物产品，应当及时向所在地县级人民政府农业农村主管部门报告，并按照国家有关规定及时处理。

在水域、城市公共场所、乡村以及野外环境发现死亡动物的收集处理按照国家有关规定执行。

第二十五条　市、县级人民政府应当根据全省动物和动物产品集中无害化处理场所建设规划和动物防疫、环境保护等规定，组织建设无害化处理场所；依托动物饲养场、屠宰场，以及专业合作组织、畜牧兽医站等建设病死动物、病害动物产品收集网点、暂存设施。

第二十六条　无害化处理场所应当建立管理制度和操作规程，对病死动物、病害动物产品及时进行无害化处理，并建立台账，如实记录病死动物、病害动物产品的收集、登记、处理方式和处理后产品流向等信息。

无害化处理场所应当按照国家规定，配备具有定位系统、符合动物防疫要求的专用运输车辆，建设符合动物防疫要求的清洗消毒设施。

无害化处理场所应当向社会公布地址、联系方式等信息，并向所在地县级人民政府农业农村主管部门定期报告病死动物、病害动物产品的无害化处理情况。

第五章　监督管理

第二十七条　省人民政府确定并公布道路运输动物的指定通道，设置引导标志。

进入或者途经本省运输动物的车辆，应当在指定通道通行。

第二十八条　县级人民政府农业农村主管部门应当派执法人员在所在地依法设立的检查站执行动物防疫监督检查任务，对运输的动物进行查验；查验合格的，在《动物检疫合格证明》上加盖指定通道专用章。必要时，经省人民政府批准，可以设立临时动物防疫检查站，执行监督检查任务，同级人民政府交通运输、公安等部门应当按照职责予以协助。

任何单位和个人不得接收《动物检疫合格证明》未加盖指定通道专用章的动物。

第二十九条　运输动物或者动物产品的，货主以及承运人应当按照《动物检疫合格证明》填写的目的地运抵，中途不得转运、销售、更换动物或者动物产品。

第三十条　从事动物饲养、屠宰、经营、隔离、运输和动物产品生产、经营、加工、贮藏的单位和个人，应当详细记录动物以及动物产品种类、数量、来源、流向等信息，并保证信息真实准确。

县级以上人民政府农业农村主管部门应当依法对记录情况进行监督检查。

第三十一条 任何单位和个人不得购买或者接收依法应当检疫而未经检疫或者检疫不合格的动物用于经营。

禁止出售或者购买未按照规定进行布鲁氏菌病、结核病等动物疫病检测或者检测不合格的种用、乳用动物及其产品。

第三十二条 鼓励单位或者个人举报动物防疫违法行为。对提供动物防疫重大违法案件关键线索或者证据的举报人，由县级以上人民政府按照有关规定给予奖励。

县级以上人民政府农业农村主管部门应当向社会公布举报方式，接到举报应当及时处理。

第六章 保障措施

第三十三条 县级以上人民政府应当按照财政事权和支出责任相适应原则，建立健全动物防疫经费投入保障机制，将应当由政府承担的动物疫病监测、预防、控制、净化、消灭、动物和动物产品检疫、病死动物和病害动物产品无害化处理、监督管理等所需经费纳入本级政府有关部门预算统筹保障。

第三十四条 省人民政府应当制定动物疫情应急处置防疫物资分级储备标准。

县级以上人民政府应当按照标准储备动物疫情应急处置防疫物资，并适时更新和补充。

第三十五条 对动物疫病监测采样过程中造成动物应激死亡的，由县级以上人民政府参照国家强制扑杀动物补助标准给予补偿。

第三十六条 各级人民政府应当扶持动物防疫社会化服务组织发展，鼓励兽医行业协会、执业兽医、乡村兽医等单位和个人提供动物防疫服务并参与动物防疫工作。

县、乡级人民政府应当发挥村级动物防疫员公益性服务作用，保障合理劳动报酬，提供劳动保护。

第七章 法律责任

第三十七条 各级人民政府及其工作人员未按照《中华人民共和国动物防疫法》和本条例规定履行职责的，由有权机关对直接负责的主管人员和其他直接责任人员依法给予处分。

县级以上人民政府有关部门及其工作人员、县级以上动物卫生监督机构及其工作人员、县级以上动物疫病预防控制机构及其工作人员未按照《中华人民共和国动物防疫法》和本条例规定履行职责的，由有权机关责令改正，通报批评；对直接负责的主管人员和其他直接责任人员依法给予处分。

第三十八条 违反本条例规定，无害化处理场所未按照规定建立无害化处理台账的，由县级以上人民政府农业农村主管部门责令改正；拒不改正的，处一千元以上三千元以下罚款。

第三十九条 违反本条例规定，货主在运输途中未按照《动物检疫合格证明》要求，擅自转运、销售、更换动物或者动物产品的，由县级以上人民政府农业农村主管部门责令改正，处同类检疫合格动物、动物产品货值金额百分之十以上百分之五十以下罚款；对货主以外的运输人处运输费用一倍以上三倍以下罚款。

第四十条 违反本条例规定，通过道路跨省运输动物，未经省人民政府设立的指定通道入省境或者过省境，或者未经动物防疫监督检查站在《动物检疫合格证明》上加盖指定通道专用章的，由县级以上人民政府农业农村主管部门对运输人处五千元以上一万元以下罚款；情节严重的，处一万元以上五万元以下罚款。

接收动物的《动物检疫合格证明》上未加盖指定通道专用章的，由县级以上人民政府农业农村主管部门对接收人处五千元以上一万元以下罚款。

第八章 附　　则

第四十一条 法律、行政法规对动物防疫有规定的，从其规定。

第四十二条 本条例自 2022 年 1 月 1 日起施行。

八、贵州省动物防疫条例

（2017年11月30日贵州省第十二届人民代表大会常务委员会第三十二次会议通过　2022年5月25日贵州省第十三届人民代表大会常务委员会第三十二次会议修订）

第一章　总　　则

第一条　为了预防、控制、净化和消灭动物疫病，促进养殖业健康发展，防控人畜共患传染病，保护人体健康，维护公共卫生安全，根据《中华人民共和国动物防疫法》和有关法律、法规的规定，结合本省实际，制定本条例。

第二条　本条例适用于本省行政区域内的动物防疫及其监督管理活动。

第三条　本条例所称动物，是指家畜家禽和人工饲养、捕获的其他动物。

本条例所称动物产品，是指动物的肉、生皮、原毛、绒、脏器、脂、血液、精液、卵、胚胎、骨、蹄、头、角、筋以及可能传播动物疫病的奶、蛋等。

本条例所称动物疫病，是指动物传染病，包括寄生虫病。

本条例所称动物防疫，是指动物疫病的预防、控制、诊疗、净化、消灭和动物、动物产品的检疫，以及病死动物、病害动物产品的无害化处理。

第四条　县级以上人民政府应当将动物防疫工作纳入国民经济和社会发展规划，制定并组织实施动物疫病防治规划，将动物防疫经费纳入同级财政预算。加强动物防疫机构队伍和基础设施建设，完善动物疫情应急预案，做好动物防疫物资的应急储备和保障供给工作。

第五条　乡镇人民政府、街道办事处根据动物防疫工作需要配备专职动物防疫管理人员，主要承担以下动物疫病预防与控制职责：

（1）组织本辖区内饲养动物的单位和个人做好强制免疫，协助县级以上人民政府农业农村主管部门做好监督检查工作；

（2）组织协调居民委员会、村民委员会，做好本辖区流浪犬、猫的控制和处置，防止疫病传播；

（3）结合本地实际，做好农村地区饲养犬只的防疫管理工作；

（4）发生三类动物疫病时，按照国务院农业农村主管部门的规定组织防治；

（5）对在城市公共场所和乡村发现的死亡畜禽，负责组织收集、处理并溯源；

（6）动物防疫相关法律法规规定的其他职责。

村民委员会、居民委员会应当协助做好本辖区内的动物防疫工作，引导村民、居民依法履行动物防疫义务。

第六条　县级以上人民政府农业农村主管部门负责本行政区域内的动物防疫工作。

县级以上人民政府发展改革、财政、公安、卫生健康、林业、市场监管、交通运输、生态环境、商务、城市管理等有关部门在各自职责范围内做好动物防疫工作。

第七条　县级以上人民政府动物卫生监督机构负责本行政区域内的动物、动物产品检疫工作，并承担动物防疫监督相关事务性、技术性工作。

县级以上人民政府动物疫病预防控制机构承担动物疫病的监测、检测、诊断、流行病学调查、疫情报告、重大疫情风险评估以及其他预防、控制等技术工作；承担动物疫病净化、消灭的技术工作。

县级人民政府农业农村主管部门可以根据动物防疫工作需要，向乡镇或者特定区域派驻兽医机构或者工作人员。

第八条　省人民政府组织制定基层动物防疫人才引进、培养以及生活待遇保障等制度，对长期在基层服务的动物防疫人员在聘用以及职称评审、晋升中予以政策倾斜。

第九条　鼓励和引导相关科研院校、动物诊疗机构以及其他企事业单位、社会组织等开展动物防疫社会化服务。

鼓励和支持社会资本参与动物防疫基础设施建设。

鼓励和支持大型的动物饲养场建立生物安全隔离区。

鼓励和支持饲养动物的单位和个人参加养殖业保险。

第二章　动物疫病的预防、控制、净化和消灭

第十条　对严重危害养殖业生产和人体健康的动物疫病实施强制免疫。

省人民政府农业农村主管部门根据国家动物疫病强制免疫计划，制定全省动物疫病强制免疫计划，报省人民政府批准后执行，并报国务院农业农村主管部门备案。

市州、县级人民政府农业农村主管部门根据省动物疫病强制免疫计划，制定和实施本行政区域的强制免疫实施方案。

乡镇人民政府、街道办事处组织本辖区内饲养动物的单位和个人做好强制免疫、消毒、畜禽标识加施等工作，协助做好监督检查；村民委员会、居民委员会协助做好相关工作。

第十一条　省人民政府农业农村主管部门制定全省动物疫病监测和流行病学调查计划。

市州、县级人民政府农业农村主管部门根据省动物疫病监测和流行病学调查计划，制定和实施本行政区域的动物疫病监测和流行病学调查方案。

动物疫病预防控制机构按照规定和动物疫病监测计划对动物疫病的发生、流行等情况进行监测和调查，从事动物饲养、屠宰、经营、隔离、运输以及动物产品生产、经营、加工、贮藏、无害化处理等活动的单位和个人不得拒绝或者阻碍。

第十二条　动物饲养场应当按照规定自行实施免疫、疫病检测等动物疫病预防工作，并定期向所在地县级人民政府动物疫病预防控制机构报告。

饲养动物的个人，不具备自行实施动物免疫条件的，应当主动配合乡镇人民政府、街道办事处做好集中强制免疫措施和疫病检测等动物疫病预防工作。

第十三条　种用、乳用动物应当符合国家规定的健康标准。

饲养种用、乳用动物的单位和个人，应当定期开展动物疫病和人畜共患传染病检测；不具备检测条件的，应当委托具备资质的机构进行检测。饲养种用、乳用动物的单位和个人应当定期向所在地县级人民政府动物疫病预防控制机构报告检测情况。

经监测或者检测的种用、乳用动物不合格的，应当按照国家有关规定予以处理。

第十四条　对饲养的犬只实行狂犬病强制免疫。饲养人应当定期携带犬只到所在地的动物疫病预防控制机构、动物诊疗机构或者乡镇人民政府指定的地点注射兽用狂犬疫苗，领取免疫证明。免疫证明由省人民政府农业农村主管部门监制。

饲养人凭免疫证明向所在地养犬登记机关申请登记，并领取犬牌。养犬登记机关由县级人民政府指定。

动物疫病预防控制机构、动物诊疗机构应当建立犬只免疫档案，鼓励有条件的市州运用大数据对免疫档案进行管理。

携带犬只出户的，应当按照规定为犬只佩戴犬牌并采取系犬绳等措施，防止犬只伤人、疫病传播。

第十五条　动物饲养场、活畜禽交易市场、动物隔离场、动物诊疗机构、屠宰厂（场、点）以及动物产品加工场所等应当建立健全动物防疫制度，配备清洗消毒设施设备，对场地、设施设备以及交通工具进行清洗、消毒。

活畜禽交易市场的开办者应当制定并实行定期清洗、消毒制度，按照有关规定对市场进行每日清洗、每周消毒。

活畜禽交易市场的开办者应当建立清洗、消毒档案，保存期限不得少于1年。

第十六条　县级以上人民政府农业农村、卫生健康和野生动物保护等主管部门应当建立人畜

共患传染病联防联控机制，对易感动物和易感人群进行人畜共患传染病监测，定期通报监测结果；发生人畜共患传染病时，应当及时通报相关信息，并按照各自职责采取相应防控措施。

野生动物保护主管部门按照职责分工做好野生动物疫源疫病监测等工作，并定期互通情况，紧急情况及时上报。

第十七条 发生重大动物疫情时，县级以上人民政府应当依照法律和国务院的规定以及应急预案，采取封锁、扑杀、消毒、隔离、销毁、紧急免疫接种、无害化处理等措施，并做好动物产品市场监管等工作。

乡镇人民政府、街道办事处应当协助做好疫情处置工作。

重大动物疫情处置完毕后，县级以上人民政府农业农村主管部门应当组织有关专家进行疫情风险评估和损失评估，生态环境主管部门应当进行环境风险评估。对在动物疫病预防、控制、净化、消灭过程中强制扑杀的动物、销毁的动物产品和相关物品，县级以上人民政府按照国家有关规定给予合理补偿。

第十八条 省人民政府农业农村主管部门统一管理本省动物疫情信息，并根据国务院农业农村主管部门授权，公布本省动物疫情。其他单位和个人不得发布动物疫情。

第十九条 强制免疫后的动物，因发生疫情被强制扑杀的，按照国家有关规定给予补偿；因饲养者逃避、拒绝强制免疫或者未按照规定调运动物引发动物疫情的，动物被强制扑杀的损失以及处理费用，由饲养者承担。

第三章 动物和动物产品的检疫监督

第二十条 动物卫生监督机构负责对动物和动物产品实施检疫，实施检疫的人员应当为官方兽医。

动物卫生监督机构的官方兽医在执行动物防疫、检查任务时，应当出示工作证件。

第二十一条 屠宰、出售、运输动物以及出售、运输动物产品前，货主应当按照规定向所在地动物卫生监督机构或者其派驻机构申报检疫。

第二十二条 屠宰、经营、运输的动物，以及用于科研、教学、药用、展示、演出和比赛等非食用性利用的动物，应当附有检疫证明；经营、运输的动物产品，应当附有检疫证明和检疫标志。

第二十三条 禁止屠宰、经营、运输应当加施而未加施畜禽标识的动物。

第二十四条 省人民政府确定并公布道路运输的动物进入本省的指定通道，设置符合道路交通安全相关技术规范的引导标志。跨省通过道路运输动物的，应当经省人民政府设立的指定通道入省境或者过省境，并向指定通道所在地依法设立的检查站申报检查。

从事动物饲养、屠宰、经营、隔离、运输等活动的单位和个人，不得接收未按照前款规定经过检查或者检查不合格的动物。

第二十五条 跨省引进的种用、乳用动物到达输入地后，货主应当按照规定对引进的种用、乳用动物进行隔离观察，并在24小时内向所在地县级人民政府动物卫生监督机构报告。

第二十六条 县级人民政府动物卫生监督机构对定点屠宰厂（场、点）派驻官方兽医，监督屠宰厂（场、点）做好动物防疫、无害化处理等工作。

屠宰厂（场、点）屠宰的动物应当经官方兽医查验合格。

除国家另有规定外，禁止将运达屠宰厂（场、点）内的动物外运出场。

第二十七条 屠宰厂（场、点）、交易市场、冷冻动物产品贮藏场所等的经营者，应当对入场动物、动物产品查验检疫证明、畜禽标识或者检疫标志。未经查验或者经查验不符合规定的动物、动物产品不得入场。

第二十八条 销售动物以及动物产品实行检疫证明明示制度，经营者应当将销售的动物以及动物产品检疫证明明示，接受社会监督。

第四章 病死动物和病害动物产品的无害化处理

第二十九条 市州、县级人民政府应当依据省人民政府制定的动物和动物产品集中无害化处理场所建设规划，按照统筹规划、合理布局的原则，制定无害化处理场所建设方案，建立健全无害化处理体系和机制，保障运行经费。

第三十条 实行病死动物集中无害化处理制度。动物饲养场、活畜禽交易市场、屠宰厂（场、

点）、动物隔离场所应当配备与其规模相适应且符合环保要求的无害化处理设施设备，或者病死动物暂贮的冷藏冷冻设施设备。

第三十一条 从事动物饲养、屠宰、经营、隔离以及动物产品生产、经营、加工、贮藏等活动的单位和个人，应当按照国家有关规定做好病死动物、病害动物产品的无害化处理，或者委托动物和动物产品无害化处理场所处理。不具备无害化处理能力的，应当委托动物和动物产品无害化处理场所处理，处理费用由委托人按照规定承担。

任何单位和个人不得买卖、加工、随意弃置病死动物和病害动物产品。

从事无害化处理的单位和个人应当建立处理情况档案。

第三十二条 禁止藏匿、转移、盗挖已被依法隔离、封存、扣押、处理的动物和动物产品。

禁止为染疫、疑似染疫、病死、死因不明的动物或者动物产品提供加工设备、运载工具、贮藏场所。

第五章 法律责任

第三十三条 违反本条例第十五条第一款规定，未对场地、设施设备以及交通工具进行清洗、消毒的，由县级以上人民政府农业农村主管部门、市场监督管理部门依据各自职责责令限期改正，可处以200元以上1 000元以下罚款；逾期不改正的，处以1 000元以上5 000元以下罚款。

第三十四条 违反本条例第十五条第二款、第三款规定，有下列行为之一的，由县级以上人民政府农业农村主管部门、市场监督管理部门依据各自职责责令改正，处以3 000元以上3万元以下罚款；情节严重的，责令停业整顿，并处以3万元以上10万元以下罚款：

（一）未按照规定对市场进行清洗、消毒的；

（二）未建立清洗、消毒档案或者建立虚假清洗、消毒档案的。

第三十五条 违反本条例第二十三条规定的，由县级以上人民政府农业农村主管部门责令改正，可处以200元以上2 000元以下罚款。

第三十六条 违反本条例第二十四条第一款规定，未经省人民政府设立的指定通道入省境或者过省境的，由县级以上人民政府农业农村主管部门对运输人处以5 000元以上1万元以下罚款，情节严重的，处以1万元以上5万元以下罚款；未向指定通道所在地依法设立的检查站申报检查的，由县级以上人民政府农业农村主管部门责令改正，处以3 000元以上3万元以下罚款。

第三十七条 违反本条例第二十四条第二款规定的，由县级以上人民政府农业农村主管部门责令改正，处以5 000元以上3万元以下罚款。

第三十八条 违反本条例第二十五条规定，跨省引进的种用、乳用动物到达输入地后，未按照规定对跨省引进的种用、乳用动物进行隔离观察的，由县级以上人民政府农业农村主管部门责令改正，处以3 000元以上3万元以下罚款；情节严重的，责令停业整顿，并处以3万元以上10万元以下罚款。

第三十九条 违反本条例第二十六条第三款规定，擅自将屠宰厂（场、点）内的动物外运出场的，由县级以上人民政府农业农村主管部门责令改正，处以2 000元以上2万元以下罚款。

第四十条 违反本条例第二十七条规定的，由县级以上人民政府农业农村主管部门、市场监督管理部门依据各自职责，责令改正；拒不改正的，处以5 000元以上2万元以下罚款。

第四十一条 违反本条例第三十二条规定的，由县级以上人民政府农业农村主管部门责令改正，处以3 000元以上3万元以下罚款。

第四十二条 各级人民政府及其工作人员未依照本条例规定履行职责的，对直接负责的主管人员和其他直接责任人员依法给予处分。

第四十三条 违反本条例规定的其他行为，法律、法规有处罚规定的，从其规定。

第六章 附　　则

第四十四条 进出境动物、动物产品的检疫，依照有关进出境动物检疫法律、法规的规定执行。

水生动物防疫工作由县级以上人民政府渔业主管部门按照国家有关规定执行。

第四十五条 本条例自2022年9月1日起施行。

九、西藏自治区动物防疫条例

（2005年7月29日西藏自治区第八届人民代表大会常务委员会第十九次会议通过　2022年11月15日西藏自治区第十一届人民代表大会常务委员会第四十二次会议修订通过《西藏自治区动物防疫条例》）

第一条　为了加强对动物防疫活动的管理，预防、控制、净化、消灭动物疫病，促进养殖业发展，防控人畜共患传染病，保障公共卫生安全和人体健康，根据《中华人民共和国动物防疫法》等法律、法规，结合自治区实际，制定本条例。

第二条　本条例适用于在自治区行政区域内的动物防疫及其监督管理活动。

第三条　动物防疫实行预防为主，预防与控制、净化、消灭相结合的方针。自治区建立政府主导、企业主责、行业自律和社会参与的工作机制。

第四条　从事动物饲养、屠宰、经营、隔离、运输以及动物产品生产、经营、加工、贮藏等活动的单位和个人，依照法律、法规和国务院农业农村主管部门的规定，做好免疫、消毒、检测、隔离、净化、消灭、无害化处理等动物防疫工作，承担动物防疫相关责任。

第五条　县级以上人民政府对动物防疫工作实行统一领导，建立健全动物防疫体系，加强动物防疫能力基础设施建设，制定并组织实施动物疫病防治规划。

县级以上人民政府采取有效措施稳定基层机构队伍，加强动物防疫检疫队伍建设，充实基层畜牧兽医队伍，建立健全装备保障机制，配备与养殖规模和工作任务相适应的防疫检疫专业技术人员，并将其工作绩效纳入职称评审考核范围。

乡镇人民政府、街道办事处组织群众做好本辖区的动物疫病预防与控制工作，村民委员会、居民委员会予以协助。

第六条　县级以上人民政府农业农村主管部门主管本行政区域的动物防疫工作。

县级以上人民政府卫生健康、住房城乡建设、城市管理、市场监督管理、林业草原、交通运输、科技等有关部门以及海关在各自职责范围内做好动物防疫工作。

县级以上人民政府的动物卫生监督机构依法负责动物、动物产品的检疫工作。

县级以上人民政府的动物疫病预防控制机构承担动物疫病的监测、检测、诊断、流行病学调查、疫情报告以及其他预防、控制等技术工作；承担动物疫病净化、消灭的技术工作。

第七条　自治区鼓励和支持动物防疫领域新技术、新设备、新产品等科学技术研究开发。

各级人民政府和有关部门、新闻媒体，应当加强对动物防疫法律、法规和动物防疫知识的宣传。

第八条　县级以上人民政府农业农村主管部门会同本级人民政府卫生健康、住房城乡建设、城市管理、市场监督管理、林业草原、交通运输等有关部门以及海关应当建立健全动物疫病防控协作机制，加强重大动物疫病、人畜共患传染病防控，以及野生动物疫源疫病监测和外来动物疫病防范等方面的合作和信息共享。

县级以上人民政府农业农村主管部门应当推进动物防疫信息化建设，实现饲养、防疫、检疫、屠宰、经营、隔离、运输、无害化处理等信息数据实时互通共享，建立全链条可追溯体系。

第九条　自治区人民政府农业农村主管部门

会同本级人民政府卫生健康、林业草原等有关部门成立重大动物疫病风险评估专家委员会，开展动物疫病风险评估，并依据风险评估结果及时发出动物疫情预警。

各级人民政府和有关部门应当根据动物疫情预警，及时落实动物疫病预防、控制、净化、消灭措施。

第十条 自治区人民政府农业农村主管部门根据国家动物疫病强制免疫计划和自治区动物疫病流行情况，制定自治区动物疫病强制免疫计划；根据自治区动物疫病流行情况增加实施强制免疫的动物疫病病种和区域，报自治区人民政府批准后执行，并报国务院农业农村主管部门备案。

县级以上人民政府农业农村主管部门负责组织实施动物疫病强制免疫计划，定期对本行政区域的强制免疫计划实施情况和效果进行评估并向社会公布评估结果，对饲养动物的单位和个人履行强制免疫义务的情况进行监督检查。

乡镇人民政府、街道办事处组织本辖区饲养动物的单位和个人做好强制免疫，协助做好监督检查；村民委员会、居民委员会协助做好相关工作。

县级以上人民政府可以通过政府购买服务或者聘用动物防疫技术人员等形式对个人散养的动物实施强制免疫。

第十一条 自治区人民政府农业农村主管部门对国家强制免疫用生物制品可以依法组织实行政府采购、分发。

承担国家强制免疫用生物制品政府采购、分发任务的单位，应当建立国家强制免疫用生物制品贮存、运输、分发等管理制度，建立真实、完整的分发和冷链运输记录，记录应当保存至制品有效期满二年后。

养殖场（户）可以按照规定自主采购疫苗、自行开展免疫，免疫合格后申请财政直接补贴。

第十二条 县级以上人民政府建立健全动物疫病监测网络，完善监测体系，加强动物疫病监测。

自治区人民政府农业农村主管部门根据国家动物疫病监测计划，制定自治区动物疫病监测计划；地（市）行署（人民政府）农业农村主管部门根据自治区动物疫病监测计划，制定本行政区域的动物疫病监测方案并组织实施。

动物疫病预防控制机构实施动物疫病监测计划、方案，及时汇总、分析、评估、会商和上报监测信息；从事动物饲养、屠宰、经营、隔离、运输以及动物产品生产、经营、加工、贮藏、无害化处理等活动的单位和个人，配合做好动物疫病监测工作，不得拒绝或者阻碍。

第十三条 自治区人民政府根据动物疫病防控需要，在边境县合理设置动物疫病监测站点，建立健全监测工作机制，防范境外动物疫病传入。

边境县人民政府应当建立外来动物疫病联防联控合作机制。林业草原、科技、海关等部门按照各自职责做好防控工作，并定期与农业农村主管部门互通信息，紧急情况及时通报。

第十四条 县级以上人民政府应当完善野生动物疫源疫病监测体系和工作机制，根据需要合理布局监测站点；林业草原、农业农村主管部门按照职责分工做好野生动物疫源疫病监测等工作，并定期互通情况，紧急情况及时通报。

县级以上人民政府林业草原部门应当强化野外巡查，开展野生动物疫病采样、检测，分析研判野生动物疫情动态。

第十五条 自治区人民政府推动建立无规定动物疫病区，制定并组织实施自治区的无规定动物疫病区建设方案。鼓励动物饲养场建设无规定动物疫病生物安全隔离区。

自治区人民政府农业农村主管部门建立健全动物疫病净化管理体制机制，重点推进种畜禽场、奶畜场垂直传播性动物疫病、人畜共患传染病和重大动物疫病的净化。

第十六条 县级以上人民政府应当对厨余垃圾实施全链条监管，农业农村、住房城乡建设、城市管理部门分别负责养殖环节和统一收集、无害化处理环节监管工作。

禁止使用未经高温处理的餐馆、食堂的泔水饲喂家畜，禁止在垃圾场或者使用垃圾场中的物质饲养畜禽。

第十七条 饲养犬只的单位和个人应当按照规定对犬只定期免疫接种狂犬病疫苗，凭动物诊疗机构出具的免疫证明向所在地养犬登记机关申请登记，并实施驱虫、排泄物处置等疫病预防措施。

携带犬、猫等宠物进入自治区行政区域的，必须出具动物检疫合格证明或者动物诊疗机构出具的免疫证明；携带犬只出户的，应当按照规定佩戴犬牌并采取系犬绳等措施，防止犬只伤人、疫病传播。

地（市）行署（人民政府）、县（区）人民政府有关部门以及乡镇人民政府、街道办事处应当按照规定职责做好流浪犬、猫的控制、收容、处置以及包虫病防治、狂犬病免疫接种等工作。

猫的狂犬病免疫参照犬只的有关规定执行。

第十八条 从事动物疫病监测、检测、检验检疫、研究、诊疗以及动物饲养、屠宰、经营、隔离、运输等活动的单位和个人，发现动物染疫或者疑似染疫的，应当立即向所在地农业农村主管部门或者动物疫病预防控制机构报告，并迅速采取隔离等控制措施，防止动物疫情扩散。其他单位和个人发现动物染疫或者疑似染疫的，应当及时报告。

接到动物疫情报告的单位，应当及时采取临时隔离控制等必要措施，防止延误防控时机，并及时按照国家规定的程序上报。

任何单位和个人不得瞒报、谎报、迟报、漏报动物疫情，不得授意他人瞒报、谎报、迟报动物疫情，不得阻碍他人报告动物疫情。

县级以上人民政府应当设立重大动物疫情应急指挥部，依法制定并备案本行政区域的重大动物疫情应急预案，加强应急队伍建设，开展技术培训和应急演练，储备应急物资。发生重大动物疫情时，按照法律和国务院的规定以及应急预案采取应急处置措施。

第十九条 屠宰、出售或者运输动物以及出售或者运输动物产品前，货主应当按照国务院农业农村主管部门的规定向所在地动物卫生监督机构申报检疫。动物卫生监督机构接到检疫申报后，应当及时指派官方兽医实施检疫。实施检疫的官方兽医应当在检疫证明、检疫标志上签字或者盖章，并对检疫结论负责。动物饲养场、屠宰企业的执业兽医或者动物防疫技术人员，应当协助官方兽医实施检疫。

经检疫合格的，出具检疫证明并加施检疫标志；检疫不合格的，货主应当在农业农村主管部门的监督下按照国家规定处理，处理费用由货主承担。

第二十条 县级以上人民政府农业农村主管部门应当根据检疫工作需要、动物养殖规模、分布和地域环境，合理设置动物检疫申报点，加强动物检疫申报点的建设和管理，并向社会公布动物检疫申报点、检疫范围、检疫对象。

农牧民个人自宰自食的动物在屠宰前向动物卫生监督机构申报检疫的，动物卫生监督机构受理检疫申报后，应当派出官方兽医到现场或者指定地点实施检疫；不予受理的，应当说明理由。

第二十一条 从事动物运输的单位、个人以及车辆，应当向所在地县级人民政府农业农村主管部门备案，妥善保存行程路线和托运人提供的动物名称、检疫证明编号、数量等信息。

从事动物、动物产品运输的单位、个人应当按照动物检疫合格证明载明的目的地在有效期内运抵，中途不得转运、销售、更换动物和动物产品。

通过道路运输鲜肉、冷却肉、冻肉等冷藏、冷冻动物产品的，应当具有冷藏冷冻设施，并符合温度控制要求。

第二十二条 通过道路向自治区运输动物和动物产品的，应当经自治区人民政府设立的指定通道进入或者经过，并接受指定通道动物防疫监督检查站的查验。

任何单位和个人不得接收未经指定通道动物防疫监督检查站查验的动物和动物产品。

指定通道动物防疫监督检查站所在地县级人民政府应当组织农业农村、公安、交通运输等有关部门开展联合执法。

第二十三条 从区外引进的种用、乳用动物到达输入地后，货主应当按照国务院农业农村主管部门的规定对引进的种用、乳用动物进行隔离观察。经隔离观察合格的，方可混群饲养；不合格的，按照国家有关规定进行处理。

第二十四条 自治区人民政府农业农村主管部门结合自治区畜牧业发展规划和动物养殖、疫病发生、动物死亡等情况，编制病死动物和病害动物产品集中无害化处理场所建设规划，合理布局病死动物和病害动物产品无害化处理场，经自治区人民政府批准后实施，并报国务院农业农村主管部门备案。鼓励跨县级以上行政区域建设病死动物和病害动物产品无害化处理场。

对于边远和交通不便地区以及养殖户自行处理零星病死动物的，自治区人民政府农业农村主管部门可以结合实际情况和风险评估结果，组织制定相关技术规范。

鼓励和支持社会资本投资建设无害化处理场和资源化利用设施。无害化处理设施设备可以纳入农机具购置补贴范围。

第二十五条 从事动物饲养、屠宰、经营、隔离以及动物产品生产、经营、加工、贮藏等活动的单位和个人，应当按照国家有关规定做好病死动物和病害动物产品的无害化处理，或者委托动物和动物产品无害化处理场所处理。

从事动物、动物产品运输的单位和个人，应当配合做好病死动物和病害动物产品的无害化处理，不得在途中擅自弃置和处理有关动物和动物产品。

县级以上人民政府农业农村、林业草原、市场监督管理等有关部门应当将执法中查获的死亡动物、病害动物产品等按照国家有关规定进行无害化处理，或者委托有关单位进行无害化处理。

任何单位和个人不得买卖、加工和随意弃置病死动物和病害动物产品。

第二十六条 动物饲养场、隔离场所和动物屠宰加工场所以及动物和动物产品无害化处理场所，应当符合法律规定的动物防疫条件，取得动物防疫条件合格证。

病死动物和病害动物产品无害化处理场所应当建立并严格执行设施设备运行管理制度、清洗消毒制度、人员防护制度、生物安全制度、安全生产和应急处理制度。

从事动物饲养、屠宰、经营、隔离以及病死动物和病害动物产品收集、无害化处理的单位和个人，应当建立台账，记录病死动物和病害动物产品的来源、种类、数量（重量）、运输车辆、交接人员和交接时间、处置方式、处理产物销售情况等信息。无害化处理场所应当安装视频监控设备，对病死动物和病害动物产品进（出）场、交接、处理和处理产物存放等进行全程监控。相关台账记录保存期不少于二年，相关监控影像资料保存期不少于三十天。

第二十七条 从事动物诊疗活动的机构，应当具备法律规定的条件，取得县级以上人民政府农业农村主管部门核发的动物诊疗许可证，并在规定的诊疗活动范围内开展动物诊疗活动。

第二十八条 取得执业兽医资格证书并向所在地县级人民政府农业农村主管部门备案的执业兽医，方可在动物诊疗机构从事动物诊疗、开具兽药处方等活动，并对诊疗结论负责。

在乡村从事动物诊疗活动的乡村兽医应当符合国家规定的条件，并向所在地县级人民政府农业农村主管部门备案。

从事动物诊疗活动，应当遵守有关动物诊疗的操作技术规范，严格管理和使用符合国家规定的兽药和兽医器械，如实记录用药情况，并做好诊疗活动中的卫生安全防护、消毒、隔离和诊疗废弃物处置等工作。

第二十九条 县级以上人民政府按照本级政府职责建立动物防疫工作财政保障机制，将下列经费纳入本级财政预算：

（一）动物疫病的监测、预防、控制、净化、消灭保障经费以及应急物资储备经费；

（二）动物疫苗冷链体系建设经费；

（三）动物防疫执法经费；

（四）动物及动物产品检疫、检测经费；

（五）病死动物以及病害动物产品无害化处理工作经费；

（六）指定通道动物防疫监督检查站运行经费；

（七）边境动物疫情观测哨所设施设备配置及运行经费；

（八）政府购买动物防疫服务经费；

（九）其他动物防疫工作经费。

第三十条 县级以上人民政府财政部门应当保障村级动物防疫员基本报酬。

县级以上人民政府农业农村主管部门制定防疫检疫专业技术人员培训计划，提供培训条件，定期对防疫检疫专业技术人员进行培训和考核。

第三十一条 县级以上人民政府财政部门会同本级人民政府农业农村、林业草原等有关部门制定病死动物无害化处理具体补助标准和办法。

对在动物疫病预防、控制、净化、消灭过程中强制扑杀的动物、销毁的动物产品和相关物品，以及依法实施强制免疫造成动物应激死亡的，县级以上人民政府应当按照国家有关规定给予补偿。

第三十二条 违反本条例规定，从事动物、动物产品运输的单位、个人未按照动物检疫合格证明载明的目的地和时限运输动物和动物产品的，由县级以上人民政府农业农村主管部门处一千元以上三千元以下罚款；情节严重的，处三千元以上三万元以下罚款。

第三十三条 违反本条例规定，接收未经指定通道动物防疫监督检查站查验的动物和动物产品的，由县级以上人民政府农业农村主管部门给予警告，并处五千元以上一万元以下罚款；情节严重的，处一万元以上五万元以下罚款。

第三十四条 违反本条例规定，未建立管理制度、台账或者未进行视频监控的，由县级以上人民政府农业农村主管部门责令改正；拒不改正或者情节严重的，处二千元以上二万元以下罚款。

第三十五条 县级以上人民政府农业农村主管部门、有关部门及其工作人员未按照本条例规定履行职责的，对直接负责的主管人员和其他直接责任人员依法给予处分。

第三十六条 违反本条例规定的其他行为，法律、法规已有处罚规定的，从其规定。

第三十七条 本条例自 2023 年 3 月 1 日起施行。2005 年 7 月 29 日西藏自治区第八届人民代表大会常务委员会第十九次会议通过的《西藏自治区实施〈中华人民共和国动物防疫法〉办法》同时废止。

十、安徽省实施《中华人民共和国动物防疫法》办法

（2001 年 11 月 22 日安徽省第九届人民代表大会常务委员会第二十六次会议通过　2021 年 9 月 29 日安徽省第十三届人民代表大会常务委员会第二十九次会议修订）

第一条　根据《中华人民共和国动物防疫法》和有关法律、行政法规，结合本省实际，制定本办法。

第二条　本办法适用于本省行政区域内的动物防疫及其监督管理活动。

第三条　县级以上人民政府应当制定和组织实施动物疫病防治规划，健全动物防疫体系，建立动物防疫责任制，并采取有效措施稳定基层机构队伍，加强动物防疫队伍建设。

乡镇人民政府、街道办事处应当组织村级防疫员、养殖户以及其他群众做好本辖区的动物疫病预防与控制工作，村民委员会、居民委员会予以协助。

第四条　县级以上人民政府农业农村主管部门主管本行政区域的动物防疫工作。

县级以上人民政府公安、财政、生态环境、交通运输、卫生健康、市场监督管理、林业、城市管理等有关部门，在各自职责范围内做好动物防疫工作。

第五条　县级以上人民政府的动物卫生监督机构负责动物、动物产品的检疫工作。

县级以上人民政府设立的动物疫病预防控制机构承担动物疫病的监测、检测、诊断、流行病学调查、疫情报告以及其他预防、控制等技术工作；承担动物疫病净化、消灭的技术工作。

县级以上人民政府农业农村主管部门设立的农业综合行政执法机构承担动物防疫行政处罚以及与行政处罚相关的行政检查、行政强制工作，以农业农村主管部门的名义统一执法。

县级以上人民政府农业农村主管部门应当建立动物卫生监督、动物疫病预防控制、行政执法协调配合机制，形成动物防疫工作合力。

第六条　从事动物饲养、屠宰、经营、隔离、运输、展示、展演、比赛以及动物产品生产、经营、加工、贮藏等活动的单位和个人，依照国家和省有关规定，做好免疫、消毒、检测、隔离、净化、消灭、无害化处理等动物防疫工作，承担动物防疫相关责任。

第七条　省人民政府农业农村主管部门应当制定本行政区域的强制免疫计划。

县级以上人民政府农业农村主管部门负责组织实施动物疫病强制免疫计划，并对饲养动物的单位和个人履行强制免疫义务的情况进行监督检查。

第八条　省人民政府农业农村主管部门对强制免疫用生物制品可以依法组织实施政府采购。

饲养动物的单位可以按照规定自主采购疫苗、自行开展强制免疫接种；自主采购疫苗、自行开展强制免疫接种达到国家规定免疫质量要求的，按照国家和省有关规定给予补助。

第九条　饲养动物的单位和个人应当履行动物疫病强制免疫义务，按照强制免疫计划和技术规范，对动物实施免疫接种，并按照国家有关规定建立免疫档案、加施畜禽标识，保证可追溯。

实施强制免疫接种的动物未达到国家规定免疫质量要求的，应当实施补充免疫接种；补充免

疫接种后仍不符合免疫质量要求的，有关单位和个人应当按照国家有关规定处理。

对必须进行预防接种的实验动物，应当根据实验要求或者按照《中华人民共和国动物防疫法》的有关规定，进行预防接种，但用作生物制品原料的实验动物除外。

第十条 开办动物饲养场和隔离场所、动物屠宰加工场所以及动物和动物产品无害化处理场所，应当符合国家规定的动物防疫条件，并取得县级以上人民政府农业农村主管部门核发的动物防疫条件合格证。

经营动物、动物产品的集贸市场应当具备国家规定的动物防疫条件，并接受农业农村主管部门的监督检查。

县级以上人民政府应当根据本地动物防疫、市场供应等情况，决定在城市集贸市场、超市等特定区域或者动物疫病高发期等特定时期，禁止家畜家禽活体交易。

第十一条 单位和个人饲养犬只，应当按照规定定期免疫接种狂犬病疫苗，凭动物诊疗机构出具的免疫证明向所在地养犬登记机关申请登记。

携带犬只出户的，应当按照规定佩戴犬牌并采取系犬绳等措施，防止犬只伤人、疫病传播。

街道办事处、乡镇人民政府组织协调居民委员会、村民委员会，做好本辖区流浪犬、猫的控制和处置，防止疫病传播。

第十二条 县级以上人民政府农业农村、卫生健康、林业、生态环境、交通运输、市场监督管理等部门以及海关应当建立重大动物疫病、人畜共患传染病、野生动物疫病等联防联控机制，加强部门联动，建立完善生物安全风险监测预警体系，及时相互通报疫情的发生和处置情况。

发生人畜共患传染病时，卫生健康部门应当对疫区易感染的人群进行监测，并依法及时公布疫情，采取相应的预防、控制措施；必要时，可以联合开展人畜共患传染病疫情调查处置，防止动物源性传染病传播。

第十三条 任何单位和个人发现动物疫病的，应当及时向有关专业机构或者部门报告。

发生重大动物疫情的，各级人民政府统一履行本行政区域内疫情防控职责，加强组织领导，开展群防群控、医疗救治，动员和鼓励社会力量依法有序参与疫情防控工作。

第十四条 县级人民政府应当为动物卫生监督机构配备与动物、动物产品检疫工作相适应的官方兽医，保障检疫工作条件。

县级人民政府农业农村主管部门可以根据动物饲养量和动物防疫工作需要，向乡、镇或者特定区域派驻兽医机构或者工作人员。

动物卫生监督机构可以根据检疫工作需要，指定兽医专业人员协助官方兽医实施动物检疫。

第十五条 动物饲养场、屠宰企业应当为官方兽医实施检疫提供与养殖、屠宰规模相适应的驻场检疫室、检疫操作台等设施。

动物饲养场、屠宰企业的执业兽医、动物防疫技术人员或者兽医卫生检验等有关人员，应当协助官方兽医实施检疫。

第十六条 县级以上人民政府应当加强畜禽集中屠宰、检验场所建设，推行畜禽冷链运输、冰鲜上市。

对生猪等动物实行定点屠宰、集中检疫，其种类、区域范围由省人民政府规定。

第十七条 省人民政府制定动物和动物产品集中无害化处理场所建设规划，建立政府主导、市场运作的无害化处理机制。

县级以上人民政府应当根据动物和动物产品集中无害化处理场所建设规划，以及本地区畜禽养殖、疫病发生和畜禽死亡等情况，统筹规划病死动物和病害动物产品无害化收集处理体系，组织建设覆盖饲养、屠宰、经营、运输等环节的动物和动物产品集中无害化处理场所。

对动物和动物产品集中无害化处理场所建设，县级以上人民政府应当按照规定给予用地、用电、农机购置等政策支持。

第十八条 任何单位和个人对因病死亡或者死因不明的动物和病害动物产品，应当按照国家有关规定做好无害化处理，或者委托动物和动物产品无害化处理场所处理，不得买卖、加工、随意弃置。

第十九条 通过道路运输动物进入省境的，应当经省人民政府设立的指定通道，并接受查证、验物、消毒、签章后，方可进入本省。

任何单位和个人不得接收未经指定通道运入本省的动物。

第二十条 县级以上人民政府应当加强基层畜牧兽医技术推广体系建设，发展社会化服务组织，健全社会化服务体系。

鼓励和支持执业兽医、乡村兽医和动物诊疗

机构、养殖企业、兽药及饲料生产企业和其他相关社会力量组建动物防疫服务团队，提供防疫服务。

鼓励和支持大型养殖企业、屠宰企业、农产品批发市场、集贸市场等建设检测实验室，提供动物疫病检测、畜产品质量安全快速检测检验等第三方服务。

第二十一条 县级以上人民政府农业农村主管部门应当鼓励和支持大数据、人工智能、云计算、物联网、移动互联网等信息技术在动物防疫中的应用，提高动物疫病监测、检测和监管等智能化水平和效率。

第二十二条 县级以上人民政府按照本级政府职责，将动物疫病的监测、预防、控制、净化、消灭，动物、动物产品的检疫和病死动物的无害化处理，以及监督管理所需经费纳入本级预算，保障检测、监测采样、检查站建设运行等动物防疫工作需要，并储备动物疫情应急处置所需的防疫物资。

县级以上人民政府对在动物疫病预防、控制、净化、消灭过程中强制扑杀的动物、销毁的动物产品和相关物品，按照规定给予补偿。

第二十三条 有关单位应当依法为动物防疫人员缴纳工伤保险费。对因参与动物防疫工作致病、致残、死亡的人员，按照国家有关规定给予补助或者抚恤。

对直接参与国内传染病类突发公共卫生事件的动物防疫一线工作人员，按照国家规定发放临时性工作补助。

第二十四条 县级以上人民政府农业农村主管部门和其他有关部门及其工作人员违反《中华人民共和国动物防疫法》和本办法规定，滥用职权、玩忽职守、徇私舞弊的，由本级人民政府或者有关部门责令改正；对直接负责的主管人员和其他直接责任人员依法给予处分。

第二十五条 违反本办法规定的行为，有关法律、行政法规已有行政处罚规定的，依照其规定执行；构成犯罪的，依法追究刑事责任。

第二十六条 本办法自 2021 年 12 月 1 日起施行。

十一、上海市动物防疫条例

（2005年12月29日上海市第十二届人民代表大会常务委员会第二十五次会议通过根据2010年5月27日上海市第十三届人民代表大会常务委员会第十九次会议《关于修改〈上海市动物防疫条例〉的决定》修正2022年10月28日上海市第十五届人民代表大会常务委员会第四十五次会议修订）

第一条 为了加强对动物防疫活动的管理，预防、控制、净化、消灭动物疫病，促进养殖业健康发展，防控人畜共患传染病，保障公共卫生安全和人体健康，根据《中华人民共和国动物防疫法》等法律、行政法规的规定，结合本市实际，制定本条例。

第二条 本条例适用于本市行政区域内动物防疫及其监督管理活动。

进出境动物、动物产品的检疫，适用《中华人民共和国进出境动植物检疫法》等相关法律、行政法规的规定。国家对实验动物防疫有特殊要求的，按照实验动物管理的有关规定执行。

第三条 动物防疫实行预防为主，预防与控制、净化、消灭相结合的工作方针，坚持综合防治、依法检疫、重点控制、全程监管的工作原则。

第四条 市、区人民政府对动物防疫工作实行统一领导，将动物防疫工作纳入国民经济和社会发展规划及年度计划，采取有效措施，稳定基层机构队伍，加强动物防疫队伍建设，建立健全动物防疫体系，制定并组织实施动物疫病防治规划。

乡镇人民政府、街道办事处应当组织群众做好本辖区的动物疫病预防与控制工作，并配备相应的动物防疫管理人员。村民委员会、居民委员会协助做好动物防疫工作，引导村民、居民依法履行动物防疫义务。

第五条 市、区农业农村部门是本行政区域内动物防疫工作的行政主管部门。未设置农业农村部门的相关区的动物防疫工作由区市场监督管理部门负责。市、区农业农村部门和相关区市场监督管理部门统称为动物防疫主管部门。市动物防疫主管部门应当加强对区动物防疫主管部门的业务指导、技术支持和工作监督。

发展改革、市场监管、卫生健康、绿化市容、商务、公安、交通、城管执法、财政、规划资源、生态环境、海关等有关部门在各自职责范围内，做好动物防疫工作。

第六条 市、区人民政府应当明确承担动物卫生监督和动物疫病预防控制工作职责的机构。

动物卫生监督机构负责动物、动物产品的检疫工作。

动物疫病预防控制机构承担动物疫病的监测、检测、诊断、流行病学调查、疫情报告以及其他预防、控制等技术工作；承担动物疫病净化、消灭的技术工作。

动物防疫主管部门应当加强对动物卫生监督机构、动物疫病预防控制机构的指导和监督。

第七条 市、区人民政府应当将动物疫病的监测、预防、控制、净化、消灭，动物、动物产品的检疫和无害化处理，流浪犬、猫的管控和处置，以及监督管理等所需经费纳入本级财政预算。

第八条 从事动物饲养、屠宰、经营、隔离、运输以及动物产品生产、经营、加工、贮藏等与动物和动物产品相关活动的单位和个人，应当依照国家和本市的规定，做好免疫、消毒、检测、隔离、净化、消灭、无害化处理等动物防疫工作，承担动物防疫相关责任，防止疫病传播。

第九条 本市鼓励科研院所、高等学校、企

业等创新研发动物疫病诊断、净化、防控技术，开展针对常见、多发动物疫病的新型生物兽药、兽用中药和兽用疫苗等的研制，为提升动物疫病防控水平提供技术支撑。

本市完善基层动物防疫人才培养、引进以及生活待遇保障等制度，对长期在基层服务的动物防疫人员在职称评审、晋升以及聘用中予以政策倾斜。

第十条 本市推动建立长江三角洲区域以及与其他省市动物防疫工作协同机制，在动物检验检疫、防疫风险评估、疫情分析预警、无规定动物疫病区和无规定动物疫病生物安全隔离区建设等方面，开展协作及信息交流，保障区域公共卫生安全。

市域外农场行政管理机构、市动物防疫主管部门应当加强与农场所在地政府沟通，推进落实域外农场的动物防疫工作。

第十一条 市动物防疫主管部门根据国内外和本市动物疫情以及保护养殖业发展和人体健康的需要，可以会同市卫生健康、绿化市容、海关等部门开展本市动物疫病风险评估，并落实动物疫病预防、控制、净化、消灭等措施。

市动物防疫主管部门可以根据国家要求或者风险评估情况，作出禁止或者限制特定动物、动物产品调入或者调出本市的决定。对于禁止或者限制的特定动物、动物产品，任何单位和个人不得擅自调入或者调出本市。

第十二条 市动物防疫主管部门按照国家规定，制定本市动物疫病强制免疫计划；根据本市动物疫病流行情况，以及对养殖业和人体健康的危害程度，提出增加实施强制免疫的动物疫病病种和区域，报市人民政府批准后执行，并报国务院农业农村主管部门备案。

动物防疫主管部门负责组织实施动物疫病强制免疫计划，对饲养动物的单位和个人履行强制免疫义务的情况进行监督检查，评估本行政区域的强制免疫计划实施情况和效果，并将评估结果向社会公布。乡镇人民政府、街道办事处组织本辖区饲养动物的单位和个人做好强制免疫，协助做好监督检查；村民委员会、居民委员会协助做好相关工作。

饲养动物的单位和个人应当履行动物疫病强制免疫义务，按照强制免疫计划和技术规范，对动物实施免疫接种，并按照国家有关规定，建立免疫档案、加施畜禽标识，确保可追溯。

第十三条 市动物防疫主管部门应当根据国家动物疫病监测计划，结合本市动物疫病流行特点，制定本市动物疫病监测计划。区动物防疫主管部门结合本行政区域实际情况，制定动物疫病监测计划实施方案。

绿化市容部门应当根据国家和本市有关规定，对候鸟等野生动物携带病原体的情况实施监测。

动物防疫、卫生健康、海关等部门按照各自职责，共同做好动物疫病或者人畜共患传染病的监测预警工作。

第十四条 本市支持动物饲养场建设无规定动物疫病生物安全隔离区，支持饲养动物的单位和个人开展动物疫病净化。

对于通过国家或者市级无规定动物疫病生物安全隔离区评估或者达到国家规定的净化标准的，市、区人民政府可以给予政策支持和经费补助。

第十五条 动物饲养场所、动物隔离场所、动物屠宰加工场所、动物和动物产品无害化处理场所应当符合国家规定的动物防疫条件，开办者应当提前向所在地的区动物防疫主管部门提出申请，提交相关材料，经审查合格的可以依法取得动物防疫条件合格证。进境动物隔离场所还应当符合海关的要求。

动物饲养场所、动物隔离场所、动物屠宰加工场所、动物和动物产品无害化处理场所应当通过建立车辆清洗消毒烘干中心等方式，保证运输动物、动物产品的车辆符合国家规定的动物防疫要求。

第十六条 本市对饲养的犬只实施狂犬病强制免疫。

区动物防疫主管部门应当按照合理布局、方便接种的原则设置狂犬病免疫点。狂犬病免疫点应当与动物诊疗区域有物理隔离，相对独立。

狂犬病免疫点对犬只实施免疫接种，应当建立免疫档案，记录相关信息，出具市动物疫病预防控制机构统一制式的狂犬病免疫证明。

饲养犬只的单位和个人凭狂犬病免疫证明向所在地公安部门办理养犬登记。携带犬只出户的，应当按照规定佩戴犬牌并采取系犬绳等措施，防止犬只伤人、疫病传播。

鼓励对饲养的猫实施狂犬病免疫，具体要求参照犬只的有关规定执行。

第十七条 区公安、动物防疫等部门应当按照本市有关犬类管理的规定，做好本辖区流浪犬的相关管理工作。

街道办事处、乡镇人民政府组织协调居民委

员会、村民委员会，采取必要措施，做好本辖区流浪犬、猫的管控和处置，防止疫病传播。区公安、动物防疫等部门加强对流浪犬、猫管控和处置的指导和支持。

鼓励相关行业协会、物业服务企业等参与对流浪犬、猫的管理。

第十八条 在商场等公共场所开设室内动物展示及互动体验场馆，提供观赏、接触、投喂动物等经营服务，按照国家和本市规定应当取得行政许可、办理相关手续的，应当依法办理，并接受相关部门的检查；其中涉及受保护野生动物的，还应当取得人工繁育许可证。

室内动物展示及互动体验场馆的经营者应当按照国家和本市规定，取得相关动物的检疫证明或者进境动物检疫合格证明，确保饲养动物的区域与其他区域相对独立，并根据动物的规模和种类，配备必要的专业防疫人员、设施设备和药物耗材，对动物采取免疫、检测、消毒、驱虫、隔离、防逃逸等有效防疫措施，避免动物传播疫病。

行政许可证、动物检疫证明等材料应当在经营场所的显著位置予以公示。

商场等公共场所的经营者应当对行政许可证、动物检疫证明等材料进行核实。

第十九条 从事动物疫病监测、检测、检验检疫、研究、诊疗以及动物饲养、屠宰、经营、隔离、运输等活动的单位和个人发现动物染疫或者疑似染疫的，应当立即向所在地的区动物防疫主管部门或者动物疫病预防控制机构报告，并迅速采取隔离等控制措施，防止动物疫情扩散。其他单位和个人发现动物染疫或者疑似染疫的，应当及时报告。

任何单位和个人不得瞒报、谎报、迟报、漏报动物疫情，不得授意他人瞒报、谎报、迟报动物疫情，不得阻碍他人报告动物疫情。

第二十条 市、区人民政府应当根据上级重大动物疫情应急预案和本地区的实际情况，分别制定市、区重大动物疫情应急预案，定期开展培训和演练。动物防疫主管部门按照不同动物疫病病种及其流行特点和危害程度，结合本行政区域实际，分别制定实施方案。

动物防疫主管部门应当根据重大动物疫情应急预案的要求，科学储备应对重大动物疫情所需的生物制品、诊断试剂、消毒药物、防护用品、防疫器械、交通和通信工具等应急物资，并建立相应的管理制度，保障应急物资的及时供应。

第二十一条 重大动物疫情发生后，市、区人民政府根据重大动物疫情应急预案，成立市级或者区级重大动物疫情应急处置指挥部，统一领导、指挥本市或者本区的重大动物疫情应急处置工作。

市动物防疫主管部门综合协调本市重大动物疫情的应急处置工作；公安、卫生健康、绿化市容、商务、市场监管、海关等有关部门和相关区人民政府、乡镇人民政府、街道办事处应当按照各自职责，共同做好重大动物疫情应急所需的物资紧急调度和运输、应急经费安排、疫区群众救济、人的疫病防治、动物及其产品市场监管、出入境检验检疫等工作。

第二十二条 区人民政府应当根据当地畜禽养殖规模和消费习惯，合理布局畜禽屠宰加工场所，引导畜禽屠宰企业在符合动物防疫要求的情况下，整合屠宰资源，调整优化屠宰工艺和布局，满足饲养场（户）对于不同畜禽的屠宰需求。

第二十三条 市、区人民政府可以根据重大动物疫病疫情防控工作需要，在一定区域、一定时间内禁止畜禽活体交易。

第二十四条 本市支持畜禽就近屠宰，采用冷链物流运输动物产品。除种畜、仔畜和符合“点对点”调运条件的畜禽外，逐步减少跨省份调运活畜禽。

畜禽调运应当直接运抵动物检疫合格证明标明的目的地，途中不得销售、调换、增减或者无正当理由转运。

第二十五条 通过道路向本市运输动物、动物产品的，应当经市人民政府设立的指定通道进入，并接受查证、验物、消毒等监督检查措施，经检查合格盖章后，方可进入本市。未经指定通道检查的，任何单位和个人不得接收。市动物防疫主管部门负责指定通道的管理，配备与指定通道监督检查工作相适应的执法人员以及辅助人员。

在非指定通道发现运输动物、动物产品的，由公安检查站、交通运政检查站交所在地的区动物防疫主管部门处理。非指定通道未设任何检查站的，由所在地的区人民政府设置公告牌、指示牌和禁令牌，必要时落实相关人员进行值勤检查。

第二十六条 市人民政府应当制定动物和动物产品集中无害化处理场所建设规划，统筹布局无害化处理场所，建立政府主导、公益为主兼顾市场运作的无害化处理机制。

区人民政府根据动物和动物产品集中无害化处理场所建设规划，以及本行政区域内畜禽养殖、宠物饲养等情况，合理设置区域性病死动物和病害动物产品收集场点。

市动物防疫主管部门统筹协调全市的病死动物和病害动物产品的处理工作，市动物无害化处理机构具体组织实施。

第二十七条 动物饲养场（户）、动物隔离场所的病死动物由区动物防疫主管部门负责组织统一收集，送交动物和动物产品无害化处理场所处理。

动物饲养场因开展无规定动物疫病生物安全隔离区建设或者动物疫病净化，需要自行集中处理病死动物的，经区动物防疫主管部门批准，可以建设符合相关规定的自用的无害化处理场所。

不具备无害化处理能力的生产经营、科研教学、动物诊疗等单位，应当按照国家和本市有关规定，将需要无害化处理的动物、动物产品及其相关物品送交相关无害化处理场所，委托其进行处理。委托进行无害化处理的，相关单位应当与无害化处理场所签订合同，明确双方的权利义务。

任何单位和个人不得买卖、屠宰、加工、随意弃置病死动物、病害动物产品。

第二十八条 财政对养殖环节的死亡动物、屠宰环节的病死动物和病害动物产品的无害化处理提供补助。具体补助标准和办法，由财政部门会同动物防疫主管部门制定。

对其他需要无害化处理的病死动物和病害动物产品，由处理场所按一定标准向委托人收取费用，收费标准应当公开，实行明码标价。

第二十九条 从事动物诊疗活动的机构，应当具备国家规定的条件，并取得区动物防疫主管部门颁发的动物诊疗许可证。

动物诊疗机构应当在诊疗场所的显著位置悬挂动物诊疗许可证，公示从业人员基本情况和诊疗收费标准，并定期向颁发动物诊疗许可证的部门报告动物疫病诊疗情况。

动物诊疗机构应当按照规定落实防疫措施，做好诊疗活动中的安全防护、检验检测、消毒卫生、隔离、病死动物和诊疗废弃物处置等工作，不得在动物诊疗区域内从事动物销售、美容、寄养等其他经营活动。

本市对动物诊疗机构实施监督量化分级管理，具体办法由市动物防疫主管部门制定。

第三十条 本市按照国家规定实行官方兽医任命制度。官方兽医由市动物防疫主管部门按照程序确认，由动物防疫主管部门任命。官方兽医依法履行动物、动物产品检疫职责，任何单位和个人不得拒绝或者阻碍。

本市推进兽医社会化服务发展，支持执业兽医、乡村兽医以及取得相应资质的机构和组织依法参与动物免疫、动物诊疗、检疫辅助等工作。

动物防疫主管部门可以根据工作需要和有关要求，购买兽医社会化服务。

第三十一条 本市依托政务服务“一网通办”和城市运行“一网统管”平台，推进动物防疫工作数字化转型，实现饲养、屠宰、经营、运输、无害化处理等全链条可追溯，以及动物疫病监测、重大动物疫情和人畜共患传染病疫情处置、动物防疫违法行为等信息互通与共享，提高动物疫病防控工作效能。

第三十二条 各有关部门应当按照国家和本市有关规定，将动物防疫违法行为予以记录，并依法向本市公共信用信息服务平台归集。

对存在动物防疫失信行为的单位和个人，相关部门应当实行重点监管，并由有关行政机关依法采取惩戒措施。

第三十三条 违反本条例规定的行为，法律、法规已有处理规定的，从其规定。

第三十四条 违反本条例第十一条第二款规定，擅自将禁止或者限制的特定动物、动物产品调入或者调出本市的，由区动物防疫主管部门责令改正，可以处一万元以上十万元以下罚款。

第三十五条 违反本条例第十六条第三款规定，狂犬病免疫点未建立狂犬病免疫档案，未记录相关信息，或者未出具统一制式狂犬病免疫证明的，由区动物防疫主管部门责令限期改正；逾期不改正的，处三千元以上三万元以下罚款。

第三十六条 违反本条例第二十五条第一款规定，未经本市指定通道运载动物产品进入本市的，由动物防疫主管部门对承运人处五千元以上一万元以下罚款；情节严重的，处一万元以上五万元以下罚款。

违反本条例第二十五条第一款规定，接收未经指定通道检查的动物、动物产品的，由动物防疫主管部门对接收单位或者个人予以警告，并处一万元以上十万元以下罚款。

第三十七条 本条例自 2022 年 12 月 1 日起施行。

十二、江苏省动物防疫条例

（2002 年 8 月 20 日江苏省第九届人民代表大会常务委员会第三十一次会议通过　根据 2004 年 4 月 16 日江苏省第十届人民代表大会常务委员会第九次会议《关于修改〈江苏省动物防疫条例〉的决定》第一次修正　2012 年 11 月 29 日江苏省第十一届人民代表大会常务委员会第三十一次会议修订　根据 2017 年 6 月 3 日江苏省第十二届人民代表大会常务委员会第三十次会议《关于修改〈江苏省固体废物污染环境防治条例〉等二十六件地方性法规的决定》第二次修正　根据 2021 年 7 月 29 日江苏省第十三届人民代表大会常务委员会第二十四次会议《关于修改〈江苏省动物防疫条例〉的决定》第三次修正）

第一章　总　　则

第一条　为了预防、控制和扑灭动物疫病，促进养殖业发展，保护人体健康，维护公共卫生安全，根据《中华人民共和国动物防疫法》、国务院《重大动物疫情应急条例》等法律、行政法规，结合本省实际，制定本条例。

第二条　本条例适用于在本省行政区域内的动物疫病的预防、控制、扑灭，动物、动物产品的检疫，动物防疫监督以及其他与动物防疫有关的活动。

第三条　县级以上地方人民政府应当加强动物防疫工作，将动物防疫工作纳入国民经济和社会发展规划以及年度计划，制定并组织实施动物疫病防治规划，建立动物防疫责任制度，加强动物防疫队伍建设，建立健全动物防疫体系，做好动物防疫物资储备，组织、协调有关部门、乡（镇）人民政府、街道办事处及时控制和扑灭疫情。

县级以上地方人民政府应当将动物疫病预防、控制、扑灭、监测、检疫、监督、基层动物防疫工作补助以及动物防疫基础设施建设等所需经费纳入本级财政预算。

第四条　县级以上地方人民政府农业农村主管部门主管本行政区域内的动物防疫工作。公安、卫生健康、交通运输、住房城乡建设、市场监督管理、财政、发展改革、商务、生态环境、林业等部门和海关按照各自职责，协同做好动物防疫相关工作。

县级以上地方人民政府设立的动物卫生监督机构，负责动物、动物产品的检疫工作；设立的动物疫病预防控制机构，负责重大动物疫病强制免疫计划的实施，承担动物疫病的监测、检测、诊断、流行病学调查、疫情报告以及其他预防、控制等技术工作。

县级以上地方人民政府设立的水生动物卫生监督机构，负责水产苗种产地检疫工作和水生动物防疫的监督管理执法工作；设立的水生动物疫病预防控制机构，承担水生动物疫病的监测、检测、诊断、流行病学调查、疫情报告以及其他预防、控制等技术工作。

县级人民政府农业农村主管部门可以根据动物防疫工作需要，向乡镇（街道）或者特定区域派驻畜牧兽医（水产）机构，承担动物防疫、公益性技术推广服务职能。

乡（镇）人民政府、街道办事处负责组织本辖区内动物疫病的预防、控制和扑灭工作，根据动物疫病防控工作需要，加强村动物防疫员队伍建设。村民委员会、居民委员会协助做好相关工作。

第五条　地方各级人民政府及其有关部门应

当加强动物防疫知识和法律法规宣传普及，对在动物防疫工作、动物防疫科学研究中做出突出成绩和贡献的单位和个人给予奖励。

第六条 支持保险机构开展动物疫病保险业务，鼓励动物饲养场和农村散养户参加动物疫病保险。

保险机构应当依据本省农业保险政策，落实动物养殖业保险措施，并依据保险合同及时赔偿动物饲养场和农村散养户承保范围内的损失。

第二章 动物疫病的预防

第七条 省人民政府农业农村主管部门根据国家动物疫病强制免疫计划，制订本行政区域的强制免疫计划；根据本行政区域内动物疫病流行情况增加实施强制免疫的动物疫病病种和区域，报本级人民政府批准后执行，并报国务院农业农村主管部门备案。

省人民政府农业农村主管部门应当根据动物疫病强制免疫计划，按照规定做好强制免疫兽用生物制品以及畜禽标识的采购、调拨和使用管理。

设区的市、县（市、区）人民政府农业农村主管部门应当根据国家和省动物疫病强制免疫计划，制定本行政区域动物疫病强制免疫实施方案并组织实施。

乡（镇）人民政府、街道办事处应当按照动物疫病强制免疫实施方案，组织本辖区内饲养动物的单位和个人做好动物疫病强制免疫工作。村民委员会、居民委员会协助做好相关工作。

第八条 农业农村主管部门应当定期对本行政区域内的强制免疫计划实施情况和效果进行评估，并向社会公布评估结果。

农业农村主管部门应当建立畜禽标识以及动物产品的可追溯制度，实施动物和动物产品质量安全可追溯管理。

第九条 饲养动物的单位和个人应当依法履行动物疫病强制免疫义务，按照农业农村主管部门的规定做好动物疫病强制免疫工作。

饲养动物的单位和个人应当按照国务院和省人民政府农业农村主管部门的规定建立养殖档案，对其饲养的动物加施畜禽标识，建立免疫档案，并按照规定归档。

动物饲养场（养殖小区）应当按照国家规定配备执业兽医或者聘用乡村兽医，建立健全动物防疫制度，落实动物疫病强制免疫、消毒等措施，并按照规定向当地动物疫病预防控制机构或者乡镇（街道）畜牧兽医站报告动物防疫相关信息。

第十条 县级以上地方人民政府应当建立健全动物疫情监测网络，加强动物疫情监测。

省人民政府农业农村主管部门应当根据国家动物疫病监测计划，制定本行政区域的动物疫病监测计划并组织实施。

设区的市、县（市、区）人民政府农业农村主管部门应当根据省动物疫病监测计划，制定本行政区域的动物疫病监测方案并组织实施。

从事动物饲养、屠宰、经营、隔离、运输以及动物产品生产、经营、加工、贮藏、无害化处理等活动的单位和个人，应当配合动物疫病监测工作，不得拒绝或者阻碍。

第十一条 动物饲养场（养殖小区）和隔离场所，动物屠宰加工厂（场），以及动物和动物产品无害化处理场所，应当符合《中华人民共和国动物防疫法》规定的动物防疫条件，取得动物防疫条件合格证。

经营动物、动物产品的集贸市场应当具备国务院农业农村主管部门规定的动物防疫条件，并接受农业农村主管部门的监督检查。

第十二条 县级以上地方人民政府应当推进动物疫病的区域化管理，逐步建立无规定动物疫病区或者无规定动物疫病生物安全隔离区，加强和完善动物防疫基础设施建设，提高动物疫病的预防、控制和扑灭水平，推进畜禽原种场、种畜（禽）场和大型饲养场实行动物疫病区域化管理。

第十三条 动物、动物产品的运载工具、垫料、包装物、容器等应当符合国务院农业农村主管部门规定的动物防疫要求，在装前和卸后应当进行清扫、洗刷、消毒。

染疫动物及其排泄物、染疫动物产品、运载工具中的动物排泄物以及垫料、包装物、容器等污染物，应当按照国家有关规定处理，禁止在运输途中抛弃染疫动物、染疫动物产品、粪便、垫料和污物等。清洗后的废污水应当进行消毒和无害化处理，严禁擅自排入水体。

第十四条 单位和个人饲养犬只，应当按照规定定期免疫接种狂犬病疫苗，凭动物诊疗机构出具的免疫证明向所在地养犬登记机关申请登记。

携带犬只出户的，应当按照规定佩戴犬牌并采取系犬绳等措施，防止犬只伤人、疫病传播，并即时清除犬只在道路和其他公共场地排放的粪便。

乡（镇）人民政府、街道办事处组织协调村民委员会、居民委员会，做好本辖区流浪犬、猫的控制和处置，防止疫病传播。

县级人民政府和乡（镇）人民政府、街道办事处应当结合本地实际，做好农村地区饲养犬只的防疫管理工作。

第三章　动物疫病的控制和扑灭

第十五条　县级以上地方人民政府应当制定本行政区域的重大动物疫情应急预案，并报上一级人民政府农业农村主管部门备案。重大动物疫情应急预案应当适时修改、完善。

县级以上地方人民政府根据重大动物疫情应急需要，可以成立应急预备队。乡（镇）人民政府、街道办事处应当确定重大动物疫情应急处置预备人员。应急预备队和应急处置预备人员应当进行培训和演练。

县级以上地方人民政府及其有关部门应当建立健全重大动物疫情应急物资储备制度，建立重大动物疫情应急处理预备金制度，根据重大动物疫情应急预案的要求，确保应急处理所需物资以及资金的储备。

乡（镇）人民政府、街道办事处应当建立防控重大动物疫病协调机制，负责本辖区重大动物疫情应急处置工作。

第十六条　动物饲养场（养殖小区）、动物隔离场所、动物屠宰加工厂（场）、经营动物的集贸市场应当按照重大动物疫情应急预案的要求，制定重大动物疫情应急工作方案，确定重大动物疫情应急预备人员，储备必要的应急处理所需物资。

第十七条　重大动物疫情的报告、认定、通报和公布，依照国家法律、法规执行。

第十八条　重大动物疫情确认期间，农业农村主管部门应当立即采取临时隔离控制措施；必要时，县级以上地方人民政府可以作出封锁决定，并采取扑杀、销毁等措施。

重大动物疫情确认后，农业农村主管部门应当依法划定疫点、疫区和受威胁区，立即向本级人民政府提出启动重大动物疫情应急指挥系统、应急预案和对疫区实行封锁的建议，并通报毗邻地区。县级以上地方人民政府应当启动相应等级的应急预案，采取封锁、隔离、扑杀、无害化处理、消毒、紧急免疫、疫情监测、流行病学调查等措施，并做好社会治安维护、人的疫病防治、肉食品供应以及动物、动物产品市场监管等工作。

第十九条　重大动物疫情发生后，根据县级以上地方人民政府的统一部署，公安部门负责疫区封锁、社会治安和安全保卫，并协助、参与动物扑杀；市场监督管理部门负责关闭相关动物、动物产品交易市场；卫生健康部门负责做好相关人群的疫情监测；其他行政管理部门依据各自职责，协同做好相关工作。

第二十条　对封锁的疫点、疫区，应当采取下列措施：

（一）对染疫、病死动物以及易感染的同群动物，进行扑杀、销毁或者作无害化处理；

（二）禁止易感染的动物、动物产品运出疫区以及易感染的动物进入疫区；

（三）对易感染的动物进行疫病普查、监测，并按照规定实施紧急免疫注射；

（四）疫点出入口和出入疫区的交通要道应当设置明显标志、配备消毒设施，对出入疫点、疫区的人员、运载工具和有关物品进行消毒；

（五）疫点、疫区内的动物运载工具、用具、圈舍、场地以及动物粪便、垫料、受污染的物品，应当作消毒等无害化处理；

（六）停止与疫情有关的动物屠宰和动物、动物产品的交易。

封锁疫点、疫区所采取的措施应当符合环境保护的要求。

第二十一条　受威胁区的当地人民政府应当组织有关单位和个人采取免疫接种、消毒等紧急预防措施。

第二十二条　疫点、疫区、受威胁区的撤销和疫区封锁的解除，按照国务院农业农村主管部门规定的标准和程序评估后，由原决定机关决定并宣布。

第二十三条　省人民政府批准设立的临时性动物卫生监督检查站作为省外动物进入本省境内的指定通道。运载动物进入本省，应当凭有效检疫证明以及检疫标识，经指定通道接受动物卫生监督检查站查证、验物和消毒。运载的动物在取得通道检查签章后，方可进入本省。检查站所需经费纳入财政预算。

未经指定通道检查、消毒、签章的动物，不

得运入本省。任何单位和个人不得接收未经指定通道检查签章运入本省的动物。

第二十四条 对在动物疫病预防和控制、扑灭过程中强制扑杀的动物、销毁的动物产品和相关物品，以及因依法实施强制免疫造成动物应激死亡的，应当按照国家规定给予补偿。因饲养单位和个人未按照规定实施强制免疫而发生疫情的，动物被扑杀的损失以及处理费用，由饲养单位和个人承担。

第二十五条 发生动物疫病，尚未构成重大动物疫情的，应当依照国家法律、行政法规采取控制和扑灭措施。

第四章 动物和动物产品检疫

第二十六条 经营、屠宰、运输的动物，以及用于科研、展示、演出和比赛等非食用性利用的动物，应当附有检疫证明。经营、加工、运输和贮藏动物产品，应当附有检疫证明、检疫标志。

对依法应当检疫的动物、动物产品，货主应当按照国家规定向当地动物卫生监督机构申报检疫。

动物卫生监督机构受理检疫申报后，应当按照国家规定指派官方兽医到现场或者指定地点实施检疫；不予受理的，应当说明理由。

第二十七条 从省外引进的乳用、种用动物到达输入地后，货主应当按照国家规定对引进的乳用、种用动物进行隔离观察。

从省外引进水产苗种到达目的地后，货主或承运人应当按照国家规定报告，并接受当地水生动物卫生监督机构的监督检查。

第二十八条 禁止出售或者收购未经结核、布鲁氏菌监测或者监测不合格的乳用动物及其产品。

第二十九条 经检疫不合格的动物、动物产品，或者结核、布鲁氏菌监测不合格的乳用动物及其产品，货主应当在农业农村主管部门的监督下按照国家有关规定处理，处理费用由货主承担。

检疫过程中发现动物、动物产品属于重大动物疫病的，按照国家有关规定处理。

第五章 监督管理

第三十条 农业农村主管部门在执行监督检查任务，履行下列相关职责时，有关单位和个人应当予以支持、配合，不得阻挠、拒绝：

（一）对动物饲养、经营、隔离场所和动物产品生产、运输、贮藏、经营场所进行检查；

（二）对动物、动物产品采样、留验、抽检；

（三）对染疫或者疑似染疫的动物、动物产品以及相关物品进行隔离、查封、扣押和处理；

（四）对与动物防疫活动有关的证明、合同、发票、账册等资料进行查阅、复制、拍摄、登记保存；

（五）法律、行政法规规定的其他职权。

第三十一条 禁止将屠宰动物运达目的地后再分销；禁止将动物屠宰加工场所内的动物外运出场。

第三十二条 畜禽标识和检疫证、章、标志的格式和管理，按照国家规定执行。

任何单位和个人不得转让、出借、涂改、伪造或者变造畜禽标识和检疫证、章、标志，不得持有、使用伪造或者变造的畜禽标识和检疫证、章、标志。

第三十三条 动物诊疗机构应当符合《动物诊疗机构管理办法》规定，执行有关动物诊疗操作技术规范，使用符合国家规定的兽药和兽医器械，做好诊疗活动中的卫生安全防护、消毒、隔离和诊疗废弃物处置等工作。

第三十四条 从事动物诊疗和动物保健活动的人员应当按照国家规定取得执业兽医资格，并向县级人民政府农业农村主管部门备案。

在乡村从事动物诊疗活动的乡村兽医应当符合国家规定的条件，并向县级人民政府农业农村主管部门备案。

第三十五条 从事动物饲养、屠宰、经营、隔离以及动物产品生产、经营、加工、贮藏等活动的单位和个人，应当按照国家有关规定做好病死动物、病害动物产品的无害化处理，或者委托动物和动物产品无害化处理场所处理。

从事动物、动物产品运输的单位和个人，应当配合做好病死动物和病害动物产品的无害化处理，不得在途中擅自弃置和处理有关动物和动物产品。

禁止出售、收购、加工、随意弃置病死动物和病害动物产品。

第三十六条 动物饲养场（养殖小区）、动物隔离场所、动物屠宰加工厂（场）、经营动物的集贸市场等，应当具有符合国家规定的无害化处理设施、设备。

第三十七条 县级以上地方人民政府应当按照统筹规划、合理布局的原则组织建设病死动物和病害动物产品无害化处理公共设施。

第六章 法律责任

第三十八条 违反本条例第九条第三款规定，未向当地动物疫病预防控制机构或者乡镇（街道）畜牧兽医站报告动物防疫信息的，由农业农村主管部门责令改正，处二百元以上一千元以下罚款。

第三十九条 违反本条例第十一条第二款规定，经营动物、动物产品的集贸市场不具备规定的动物防疫条件的，由农业农村主管部门责令改正，处三千元以上三万元以下罚款；情节严重的，责令停业整顿，并处三万元以上十万元以下罚款。

第四十条 违反本条例第十四条第一款规定，对饲养的犬只未按照规定定期进行狂犬病免疫接种的，由农业农村主管部门责令限期改正，可以处一千元以下罚款；逾期不改正的，处一千元以上五千元以下罚款，由农业农村主管部门委托动物诊疗机构、无害化处理场所等代为处理，所需费用由违法行为人承担。

违反本条例第十四条第二款规定，未即时清除犬只粪便的，由城市管理部门责令改正，可以处二百元以下罚款。

第四十一条 违反本条例第二十三条第一款规定，省外动物未经指定通道进入本省的，由农业农村主管部门对承运人处五千元以上一万元以下罚款；情节严重的，处一万元以上五万元以下罚款。

违反本条例第二十三条第二款规定，接收未经指定通道检查签章运入本省动物的，由农业农村主管部门对接收单位或者个人处五千元以上一万元以下罚款；情节严重的，处一万元以上五万元以下罚款。

第四十二条 违反本条例第二十七条第二款规定，未按照国家规定报告的，由农业农村主管部门责令改正，处一千元以上三千元以下罚款。

第四十三条 违反本条例第二十八条规定，出售或者收购未经结核、布鲁氏菌监测或者监测不合格的乳用动物及其产品的，由农业农村主管部门责令改正，并处一千元以上一万元以下罚款；情节严重的，处一万元以上五万元以下罚款。

第四十四条 违反本条例第三十一条规定，将屠宰动物运达目的地后再分销的，或者擅自将动物屠宰加工场所内的动物外运出场的，由农业农村主管部门责令改正，处二千元以上二万元以下罚款。

第四十五条 违反本条例第三十二条第二款规定，转让、出借、涂改、伪造、变造畜禽标识和检疫证、章、标志的，由农业农村主管部门没收违法所得和检疫证明、检疫标志或者畜禽标识，并处五千元以上五万元以下罚款。

违反本条例第三十二条第二款规定，持有、使用伪造或者变造畜禽标识和检疫证、章、标志的，由农业农村主管部门没收检疫证明、检疫标志、畜禽标识和对应的动物、动物产品，并处三千元以上三万元以下罚款。

第四十六条 违反本条例第三十四条第二款规定，在乡村从事动物诊疗活动的乡村兽医未备案的，由县级人民政府农业农村主管部门责令改正，处五百元以上一千元以下罚款。

第四十七条 违反本条例第三十五条第三款规定，随意弃置病死动物和病害动物产品的，由农业农村主管部门责令改正，处三千元以上三万元以下罚款；情节严重的，责令停业整顿，并处三万元以上十万元以下罚款。

第四十八条 违反本条例第三十六条规定，未配备国家规定的病死动物和病害动物产品无害化处理设施、设备的，由农业农村主管部门责令改正，处一千元以上一万元以下罚款。

第四十九条 农业农村主管部门以及有关部门的工作人员，玩忽职守、滥用职权、徇私舞弊的，依法给予处分；构成犯罪的，依法追究刑事责任。

第七章 附 则

第五十条 本条例自 2013 年 3 月 1 日起施行。

十三、浙江省动物防疫条例

（2010 年 11 月 25 日浙江省第十一届人民代表大会常务委员会第二十一次会议通过　根据 2011 年 11 月 25 日浙江省第十一届人民代表大会常务委员会第二十九次会议《关于修改〈浙江省专利保护条例〉等十四件地方性法规的决定》第一次修正　根据 2017 年 11 月 30 日浙江省第十二届人民代表大会常务委员会第四十五次会议《关于修改〈浙江省水资源管理条例〉等十九件地方性法规的决定》第二次修正　2021 年 7 月 30 日浙江省第十三届人民代表大会常务委员会第三十次会议修订）

第一条　为了加强对动物防疫活动的管理，预防、控制、净化、消灭动物疫病，促进养殖业发展，防控人畜共患传染病，保障公共卫生安全和人体健康，根据《中华人民共和国动物防疫法》《重大动物疫情应急条例》和其他有关法律、行政法规，结合本省实际，制定本条例。

第二条　本省行政区域内的动物防疫及其监督管理，适用本条例。

第三条　县级以上人民政府对本行政区域内的动物防疫工作实行统一领导，建立完善动物防疫工作责任制度；人民政府主要负责人是动物防疫属地管理的第一责任人。

县级以上人民政府应当依法设立动物卫生监督机构和动物疫病预防控制机构，按照标准配备官方兽医，采取有效措施稳定基层队伍，加强动物防疫基础设施建设，保障动物防疫体系有效运行。

县级以上人民政府应当将动物疫病监测、预防、控制、净化、消灭，动物、动物产品的检疫，病死动物、病害动物产品的无害化处理，动物防疫基础设施和数字化建设，动物防疫科学技术研究，动物防疫宣传和社会化服务，以及监督管理所需经费纳入本级预算。

第四条　县级以上人民政府农业农村主管部门主管本行政区域内的动物防疫工作。

县级以上人民政府其他有关部门应当按照各自职责，协同做好动物防疫相关工作。

乡镇人民政府、街道办事处组织群众做好本辖区的动物防疫工作，村（居）民委员会应当予以协助。

第五条　县级以上人民政府应当制定并组织实施动物疫病防治规划，将人畜共患传染病防治纳入公共卫生体系，同步规划、同步建设、同步实施。

县级以上人民政府卫生健康、农业农村、野生动物保护等部门应当建立人畜共患传染病信息共享机制和防治协作机制。

第六条　省农业农村主管部门应当建立全省统一、高效、兼容、便捷、安全的动物防疫数字系统，依托省公共数据平台推进相关部门和地区之间信息共享和应用，提高动物防疫数字化管理水平，推进动物防疫整体智治。

动物饲养场和隔离场所、动物屠宰加工场所以及动物和动物产品无害化处理场所，应当按照国家和省规定将动物防疫相关信息录入省动物防疫数字系统。

鼓励动物饲养场和隔离场所、动物屠宰加工场所以及动物和动物产品无害化处理场所，研发应用动物防疫领域的新技术、新设备、新产品，加强数字化改造，提升动物防疫的信息化、数字化水平。

第七条　省农业农村主管部门应当对省内动物疫病以及省外调入动物、动物产品的动物疫病进行风险评估。根据动物疫病风险评估结果，省农业农村主管部门可以作出禁止或者限制从省外动物疫病风险区域调入或者从省内动物疫病风险区域调出特定动物、动物产品的决定。

动物疫病风险评估的具体办法，由省农业农村主管部门会同省卫生健康主管部门制定，报省人民政府同意后实施。

第八条 县级以上人民政府农业农村主管部门应当健全动物疫病监测网络，建立完善动物疫病监测信息网络直报机制，根据对动物疫病发生、流行趋势的预测，按照规定权限及时发出动物疫情预警。

从事动物疫病监测、检测、检验检疫、研究、诊疗以及动物饲养、屠宰、经营、隔离、运输等活动的单位和个人，发现动物染疫或者疑似染疫的，应当立即向所在地农业农村主管部门或者动物疫病预防控制机构报告，并迅速采取隔离等控制措施，防止动物疫情扩散。

第九条 设区的市、县（市、区）农业农村主管部门，应当根据省农业农村主管部门制定的强制免疫计划，制定本行政区域动物疫病强制免疫实施方案并组织实施。

饲养动物的单位和个人应当履行动物疫病强制免疫义务，按照强制免疫计划和技术规范，对动物实施免疫接种。

县（市、区）农业农村主管部门、乡镇人民政府、街道办事处，可以通过购买服务或者聘用动物防疫员等方式对动物饲养场以外的动物实施免疫接种。

第十条 本省对犬只实施狂犬病免费免疫。县（市、区）农业农村主管部门应当确定并公布狂犬病免疫接种点，由免疫接种点对犬只实施免疫接种。县（市、区）农业农村主管部门或者乡镇人民政府、街道办事处可以聘用动物防疫员，对农村地区的犬只上门实施免疫接种。

犬只饲养人应当按照规定定期对犬只实施狂犬病免疫接种。

设区的市、县（市、区）人民政府有关部门以及乡镇人民政府、街道办事处，应当按照规定职责做好流浪犬、猫的控制、收容以及狂犬病免疫接种等工作。

第十一条 支持设区的市、县（市、区）建立无规定动物疫病区，鼓励动物饲养场建设成为无规定动物疫病生物安全隔离区。

动物饲养场通过国家或者省级无规定动物疫病生物安全隔离区评估的，县级以上人民政府应当给予政策支持。

第十二条 县级以上人民政府应当制定并组织实施本行政区域的动物疫病净化、消灭计划，支持饲养动物的单位和个人开展动物疫病净化，按照规定对重点动物疫病净化费用给予补助。

第十三条 开办动物饲养场和隔离场所、动物屠宰加工场所以及动物和动物产品无害化处理场所，应当依照《中华人民共和国动物防疫法》的规定取得动物防疫条件合格证。

前款规定的场所建设前，开办者可以就场所选址、布局等涉及动物防疫条件的事项，向县级以上人民政府农业农村主管部门书面征询意见；农业农村主管部门应当在七个工作日内将意见书面告知开办者。

第十四条 动物屠宰加工场所、动物和动物产品无害化处理场所以及较大规模的动物饲养场，应当配备病原检测设备和检测人员，按照规定开展动物疫病检测。

本条例所称较大规模的动物饲养场，其规模标准由省农业农村主管部门规定。

第十五条 饲养种用、乳用动物的单位和个人，应当按照国家和省规定定期开展动物疫病检测；检测不合格的，应当按照国家和省规定处理。

第十六条 设区的市、县（市、区）应当按照国家和省规定实施生猪定点屠宰和集中检疫。

设区的市人民政府应当根据当地牛、羊养殖规模以及生猪定点屠宰厂（场）分布等情况，合理规划牛、羊定点屠宰加工场所，在本条例施行之日起两年内实施牛、羊定点屠宰和集中检疫，农村地区个人自宰自食的除外。

独立设置的牛、羊定点屠宰厂（场），其设置条件和审批程序由省人民政府规定；结合已有生猪定点屠宰厂（场）增设的牛、羊屠宰加工场所，其设置条件和审批程序由省农业农村主管部门参照《生猪屠宰管理条例》相关规定制定，报省人民政府同意后实施。

家禽定点屠宰和集中检疫，按照省人民政府规定执行。

第十七条 用于屠宰的动物经产地检疫合格后，应当运送至检疫证明标示的动物屠宰加工场所。任何单位和个人不得将运达动物屠宰加工场所的动物外运出场；因特殊情况需要外运出场的，应当经所在地农业农村主管部门同意。

第十八条 县级以上人民政府应当制定本行政区域的重大动物疫情应急预案，加强应急队伍建设，开展技术培训和应急演练，储备应急物资，提高重大动物疫情应急处置能力。

动物屠宰加工场所、动物和动物产品无害化处理场所以及较大规模的动物饲养场，应当按照重大动物疫情应急预案的要求，制定重大动物疫情应急工作方案，确定重大动物疫情应急人员，储备必要的应急物资。

重大动物疫情发生后，县级以上人民政府设立的重大动物疫情应急指挥部统一领导、指挥重大动物疫情应急工作，根据动物疫情应急需要采取隔离、扑杀、销毁、消毒、紧急免疫接种等控制、扑灭措施。

第十九条 根据动物检疫工作需要，经设区的市、县（市、区）人民政府同意，动物卫生监督机构可以配备符合规定条件的检疫辅助人员，协助官方兽医实施动物、动物产品检疫。动物检疫辅助人员的具体管理办法，由省农业农村主管部门会同省财政、人力资源社会保障等部门制定。

设区的市、县（市、区）人民政府应当按照国家标准，给予动物检疫辅助人员畜牧兽医医疗卫生津贴等相关待遇。

第二十条 动物饲养场、屠宰企业的执业兽医或者动物防疫技术人员应当协助官方兽医做好动物临床健康检查、动物疫病检测、动物屠宰同步检疫、动物检疫标识加施等检疫协助工作。

第二十一条 生产加工、批发、零售、餐饮等经营环节的食用动物产品经营者应当按照规定查验、记录、保存食用动物产品检验检疫信息，并录入省食品安全追溯系统。

县级以上人民政府市场监督管理部门应当加强对食用动物产品的食品安全日常监管，监督经营者落实食用动物产品检验检疫信息的查验、记录、保存和录入工作。

第二十二条 从省外调入动物、动物产品的，经营者应当在调入动物、动物产品前三个工作日内，通过省动物防疫数字系统向调入地县（市、区）农业农村主管部门备案。备案内容包括调入动物、动物产品的种类、数量、产地、用途、入省路线、接收单位等。

从省外调入动物用于饲养、屠宰或者跨县（市、区）调入动物用于饲养的，经营者应当在到达目的地后二十四小时内，通过省动物防疫数字系统向调入地县（市、区）农业农村主管部门报告。

第二十三条 通过公路从省外调入动物、动物产品的，经营者应当按照备案的指定通道进入本省，并向省人民政府批准设立的公路动物防疫检查站报验。公路动物防疫检查站应当查验调入动物、动物产品以及检疫证明、检疫标志等有关证章标志，对运输工具、包装物等进行消毒。

县级以上人民政府农业农村主管部门应当根据动物疫病防控情况，加强对省外调入动物、动物产品的抽检，并将抽检情况作为动物疫病风险评估的重要依据。

公路动物防疫检查站实施查验，以及农业农村主管部门实施抽检，不得向经营者收取费用。

第二十四条 动物诊疗机构应当在诊疗场所的显著位置悬挂动物诊疗许可证，公示从业人员基本情况和诊疗收费标准，并定期向动物诊疗许可证发证机关报告动物疫病诊疗情况。

动物诊疗机构应当按照规定落实防疫措施，不得在动物诊疗区域内从事动物销售、美容、寄养等其他经营活动。

动物诊疗从业人员从事动物诊疗活动时，应当佩戴工作标牌。动物需要手术治疗的，动物诊疗机构应当将治疗方案、预后情况等书面告知动物饲养人。

第二十五条 设区的市、县（市、区）人民政府应当统筹规划建设动物和动物产品无害化处理公共设施，合理布局收集转运点，建立收集转运网络，并将无害化处理场所和收集转运点的运营单位名称、位置、服务范围、联系方式等向社会公布。

第二十六条 从事动物饲养、屠宰、经营、运输、隔离、科研、诊疗以及动物产品生产、经营、运输、加工、贮藏等活动的单位和个人，应当按照国家和省规定对病死动物、病害动物产品进行无害化处理，或者委托动物和动物产品无害化处理场所处理，不得违反规定处理或者弃置有关动物、动物产品。

零散饲养动物的城乡居民可以将其死亡动物运送至动物和动物产品无害化处理场所、收集转运点，或者向动物和动物产品无害化处理场所报告，由动物和动物产品无害化处理场所收集、处理。动物和动物产品无害化处理场所不得向零散饲养动物的城乡居民收取费用。

第二十七条 县级以上人民政府公安、农业农村、市场监督管理、综合行政执法、野生动物保护等部门，应当将执法中查获的死亡动物、病害动物产品、走私动物产品等委托动物和动物产品无害化处理场所处理。

在江河、湖泊、水库等水域发现的死亡动物，由负责水域环境卫生的管理部门收集、处理并溯源；在野外环境发现的死亡动物，由野生动物保护主管部门收集、处理；在其他场所发现的死亡动物，由市容环境卫生主管部门、乡镇人民政府、街道办事处等按照县（市、区）人民政府规定的职责收集、处理并溯源。有关单位和部门应当按照国家和省规定对死亡动物进行无害化处理，或者委托动物和动物产品无害化处理场所处理。

第二十八条 动物和动物产品无害化处理场所对病死动物、病害动物产品进行无害化处理，应当符合国家和省无害化处理技术规范，并如实记录日常无害化处理、动物疫病检测、消毒等情况。

第二十九条 县级以上人民政府应当通过财政补贴等方式鼓励饲养动物的单位和个人参加政策性农业保险。

畜禽养殖保险享受政府保费补贴的，投保人主张保险理赔时，应当提供病死动物无害化处理凭据。

第三十条 违反本条例规定的行为，法律、行政法规已有法律责任规定的，从其规定。

第三十一条 违反本条例第六条第二款规定，经营者未按照规定将动物防疫相关信息录入省动物防疫数字系统的，由县级以上人民政府农业农村主管部门责令改正；拒不改正的，处一千元以上一万元以下罚款。

第三十二条 违反本条例第七条第一款规定，经营者从动物疫病风险区域调入、调出特定动物、动物产品的，由县级以上人民政府农业农村主管部门责令改正，处一万元以上十万元以下罚款。

第三十三条 违反本条例第十七条规定，擅自将运达动物屠宰加工场所的动物外运出场的，由县级以上人民政府农业农村主管部门责令改正，处五千元以上五万元以下罚款。

第三十四条 违反本条例第二十一条第一款规定，经营者未按照规定将食用动物产品检验检疫信息录入省食品安全追溯系统的，由县级以上人民政府市场监督管理部门责令改正；拒不改正的，处一千元以上一万元以下罚款。

第三十五条 违反本条例第二十二条第一款规定，经营者从省外调入动物、动物产品未按照规定备案的，由县级以上人民政府农业农村主管部门责令改正，处三千元以上三万元以下罚款。

违反本条例第二十二条第二款规定，经营者未按照规定报告动物调入情况的，由县级以上人民政府农业农村主管部门责令改正；拒不改正的，处一千元以上一万元以下罚款。

第三十六条 违反本条例第二十三条第一款规定，经营者通过公路从省外调入动物、动物产品，未向公路动物防疫检查站报验的，由县级以上人民政府农业农村主管部门责令改正，处五千元以上五万元以下罚款。

第三十七条 违反本条例第二十四条规定，动物诊疗机构有下列行为之一的，由县级以上人民政府农业农村主管部门责令改正；拒不改正的，处一千元以上五千元以下罚款：

（一）未按照规定悬挂动物诊疗许可证，公示从业人员基本情况和诊疗收费标准的；

（二）未按照规定报告动物疫病诊疗情况的；

（三）在动物诊疗区域内从事动物销售、美容、寄养等其他经营活动的。

第三十八条 实验动物防疫有特殊要求的，按照实验动物管理的有关规定执行。

第三十九条 本条例自 2021 年 10 月 1 日起施行。

十四、福建省动物防疫条例

（2022年7月28日福建省第十三届人民代表大会常务委员会第三十四次会议通过）

第一章　总　　则

第一条　为了加强对动物防疫活动的管理，预防、控制、净化、消灭动物疫病，促进养殖业发展，防控人畜共患传染病，保障公共卫生安全和人体健康，根据《中华人民共和国动物防疫法》等有关法律、行政法规，结合本省实际，制定本条例。

第二条　本条例适用于本省行政区域内的动物防疫及其监督管理活动。

第三条　动物防疫实行预防为主，预防与控制、净化、消灭相结合的方针。

第四条　县级以上地方人民政府统一领导动物防疫工作，将动物防疫纳入国民经济和社会发展规划以及年度计划，建立健全动物防疫体系，加强动物防疫基础设施和机构队伍建设，动物防疫所需经费纳入本级财政预算。

乡（镇）人民政府、街道办事处应当落实动物防疫责任，组织群众做好本辖区的动物疫病预防与控制工作，村（居）民委员会予以协助。

第五条　县级以上地方人民政府农业农村和渔业主管部门（以下统称动物防疫主管部门）按照各自职责负责本行政区域内的动物防疫工作。

县级以上地方人民政府发展改革、公安、财政、卫生健康、交通运输、林业、城市管理、商务、市场监督管理等主管部门以及海关在各自职责范围内做好动物防疫工作。

第六条　县级以上地方人民政府应当制定并组织实施动物疫病防治规划，将人畜共患传染病防治纳入公共卫生体系，同步规划、同步建设、同步实施。

县级以上地方人民政府卫生健康、农业农村、野生动物保护等主管部门以及海关应当建立动物防疫协作机制，加强人畜共患传染病防控，以及野生动物疫源疫病监测和外来动物疫病防范等方面合作和信息共享。

县级以上地方人民政府卫生健康主管部门应当加强对动物和动物产品生产经营等活动从业人员的健康监测，预防人畜共患传染病的传播。

第七条　鼓励保险机构开发动物疫病保险产品。

县级以上地方人民政府可以通过财政补贴等方式，支持饲养动物的单位和个人参加动物疫病保险。

第八条　县级以上地方人民政府动物防疫主管部门、乡（镇）人民政府、街道办事处可以通过政府购买服务方式，开展动物防疫工作。

鼓励兽医社会化服务组织发展，支持兽医社会化服务组织通过承接政府购买服务等方式参与提供动物防疫公益性服务。

第九条　省人民政府动物防疫主管部门应当建立健全动物防疫数字化系统，完善动物检疫、病死畜禽无害化处理等数字化平台建设，实现畜禽从养殖到屠宰全流程监管。

县级以上地方人民政府及其有关部门应当鼓励和支持开展动物疫病科学研究与交流合作，加强科技人才培养，推广科学研究成果，应用信息化手段开展动物防疫工作，在养殖、防疫、检疫、屠宰、流通、无害化处理等方面实现信息共享，建立可追溯体系，提高动物疫病防治的科学技术水平。

第二章　动物疫病的预防与控制

第十条　省人民政府动物防疫主管部门应当制定全省动物疫病强制免疫计划。

设区的市、县（市、区）人民政府动物防疫主管部门，应当根据省人民政府动物防疫主管部门制定的动物疫病强制免疫计划，制定本行政区域强制免疫实施方案，并组织实施。

第十一条　县级以上地方人民政府动物防疫主管部门应当依法加强对国家强制免疫用生物制品的生产、经营、采购、储存、分发和使用的管理。

养殖场（户）、动物诊疗机构等使用者采购的或者经政府分发获得的国家强制免疫用生物制品只限自用，不得转手销售。

第十二条　县级以上地方人民政府动物防疫主管部门应当建立健全动物疫病强制免疫评估制度。

免疫密度和免疫质量未达到本省规定要求的，设区的市、县（市、区）人民政府动物防疫主管部门和乡（镇）人民政府、街道办事处应当按照职责采取相应的整改措施，饲养动物的单位和个人应当按照规定落实防疫主体责任。

第十三条　省人民政府制定并组织实施全省无规定动物疫病区建设方案，确定建设范围和实施区域化管理的病种。设区的市、县（市、区）人民政府应当根据全省无规定动物疫病区建设方案，制定本行政区域的无规定动物疫病区建设方案并组织实施。

县级以上地方人民政府应当支持动物饲养场建设无规定动物疫病生物安全隔离区。

第十四条　县级以上地方人民政府应当引导规模化养殖，制定并组织实施本行政区域的动物疫病净化、消灭计划，支持饲养动物的单位和个人开展动物疫病净化，按照本省有关规定对重点动物疫病净化费用给予补助。

种用、乳用动物养殖场应当建立动物疫病净化制度，按照有关规定要求开展重点动物疫病净化工作。

第十五条　种用、乳用动物禁止实施布鲁氏菌病免疫。动物实施布鲁氏菌病免疫的，不得作为种畜使用，所产生鲜乳不得作为液态奶生产原料。

第十六条　活禽交易场所（交易点）应当建立健全清洗、消毒、休市制度，按照国家有关活禽交易市场管理规定对交易场所（交易点）进行每日清洗、每周消毒，并根据疫情防控需要进行休市。

活畜交易场所（交易点）依照执行。

第十七条　重大动物疫情发生后，所在地县级以上地方人民政府应当启动应急预案，采取封锁、隔离、扑杀、销毁、消毒、无害化处理、紧急免疫接种等应急处理措施，迅速扑灭疫情，并做好肉食品供应、动物和动物产品市场监管、社会治安维护等工作。

乡（镇）人民政府、街道办事处应当根据重大动物疫情应急处置要求，落实无害化处理场地，协助做好疫情信息的收集、报告和各项应急处置工作。

第十八条　疫点、疫区和受威胁区内有关单位和个人，应当遵守县级以上地方人民政府及其动物防疫主管部门依法作出的有关控制动物疫病的规定。

第十九条　对在动物疫病预防、控制、净化、消灭过程中强制扑杀的动物、销毁的动物产品和相关物品，县级以上地方人民政府应当依法给予补偿。

第二十条　设区的市应当制定散养畜禽管理制度，建立散养畜禽数字化登记管理系统，做好本辖区散养畜禽防疫管理工作。

第二十一条　县（市、区）人民政府动物防疫主管部门应当合理设置并公布动物狂犬病免疫点，加强监督管理。

饲养犬只的单位和个人不得随意弃养。携带犬只出户的，应当及时清除犬只排泄的粪便，防止疫病传播。

设区的市应当根据当地实际情况制定犬只管理办法，确定登记、管理部门，建立数字化登记管理系统，做好本辖区犬只防疫管理工作。

第三章　动物和动物产品的检疫

第二十二条　承担动物卫生监督职责的机构可以根据动物检疫工作需要，聘用兽医专业人员协助官方兽医实施动物和动物产品检疫技术工作，所需经费由同级财政承担。

第二十三条　从事动物和动物产品经营的单

位、个人或者承运人应当按照动物检疫合格证明填写的目的地运输，中途不得销售、更换动物和动物产品。

第二十四条　从省外调入畜禽和畜禽产品的单位、个人以及车辆应当至少提前一个工作日，通过省动物检疫合格证明电子出证平台或者省动物防疫主管部门确定的其他方式进行登记。

在重大动物疫病防控应急期间，饲养、经营动物的单位和个人跨县（市、区）调入与该类动物疫病传播相关动物和动物产品的，应当至少提前一个工作日，通过省动物检疫合格证明电子出证平台或者省动物防疫主管部门确定的其他方式进行登记。

从省外调入畜禽或者在重大动物疫病防控应急期间跨县（市、区）调入与该类动物疫病传播相关动物用于饲养的，应当在到达目的地后二十四小时内，通过省动物检疫合格证明电子出证平台或者省动物防疫主管部门确定的其他方式，向调入地县（市、区）承担动物卫生监督职责的机构报告。

第二十五条　通过道路运输进入本省的动物和动物产品，应当经省人民政府设立的指定通道进入，并主动接受指定通道检查站的监督检查。

县级人民政府应当为指定通道检查站配备与工作需要相适应的监督执法人员，提供必要的工作条件和工作经费。

第二十六条　从事动物经营的单位和个人，应当建立包括动物产地、饲养者、检疫证明编号、购销日期和数量等事项的档案，确保动物信息可追溯。

从事动物运输的单位和个人，应当遵守指定通道制度，妥善保存行程路线和托运人提供的动物名称、检疫证明编号、数量等信息，并按照有关规定向所在地县级人民政府动物防疫主管部门备案。

第二十七条　为控制动物疫病，县级人民政府动物防疫主管部门在依法设立的现有检查站或者高速收费站执行监督检查任务，公安、交通运输等部门应当提供便利条件。必要时，经省人民政府批准，可以设立临时性的动物防疫检查站，执行监督检查任务。

临时性动物防疫检查站执行监督检查任务的具体时间，由省人民政府动物防疫主管部门根据动物疫情实际情况确定。

第二十八条　屠宰厂（场、点）应当遵守以下规定：

（一）建立动物进厂（场、点）检查登记制度，经查证验物合格的，方可进厂（场、点），进厂（场、点）动物按照种类、产地等分类送入待宰圈，不同货主、不同批次的动物不得混群；

（二）提供动物检疫申报点专用场所，配置与屠宰规模相适应的官方兽医检疫室和检疫操作台等设施设备；

（三）回收畜禽标识并交承担动物卫生监督职责的机构处置；

（四）每日对屠宰车间和待宰栏进行清洗、消毒；

（五）对检疫不合格的动物和动物产品按照规定进行处理；

（六）禁止将厂（场、点）内待宰的动物外运出厂（场、点）；

（七）建立动物进入、动物产品运出、死亡动物和病害动物产品无害化处理以及消毒等记录台账；

（八）法律、法规规定的其他事项。

第四章　病死动物和病害动物产品的无害化处理

第二十九条　下列动物和动物产品应当按照国家规定进行处理，任何单位和个人不得随意处置：

（一）动物饲养、屠宰、经营、隔离以及运输活动中染疫、病死或者死因不明的动物；

（二）动物产品生产、经营、加工、贮藏以及运输活动中的染疫、病害动物产品；

（三）动物诊疗、教学科研活动中死亡的动物和产生的病理组织；

（四）其他可能造成动物疫病传播的动物和动物产品。

第三十条　动物饲养场、动物隔离场所、动物屠宰加工场所以及动物诊疗、教学科研机构，自行无害化处理病死、死因不明动物和病害动物产品的，应当及时、如实做好处理记录并保存，保存期限不少于两年。

动物和动物产品集中无害化处理场所应当将动物尸体、病害动物产品的来源、数量以及无害化处理方式和无害化处理后产品的处置情况，及时、如实、详细记录并保存，保存期限不少于两年。

第三十一条 在无害化处理前，能够按照国家病死以及病害动物处理技术规范，确保相关动物和动物产品不外运、动物疫病不传播扩散的，可以将不同批次动物和动物产品集中进行无害化处理。

第三十二条 设区的市、县（市、区）人民政府应当统筹规划建设动物和动物产品无害化处理公共设施，合理布局收集转运点，建立健全无害化处理体系。

集中无害化处理场所应当按照国家规定，配备符合动物防疫要求的专用运输车辆。

鼓励和支持社会资本投资建设集中无害化处理场所。

第三十三条 单位和个人非法生产经营病死、死因不明或者染疫动物和动物产品的，多次或者大量弃置动物尸体的，县级以上地方人民政府及其有关部门应当向社会公布。

第五章 动物诊疗

第三十四条 从事动物诊疗活动的机构，应当依法取得所在地县级以上地方人民政府动物防疫主管部门核发的动物诊疗许可证，并在规定的诊疗活动范围内开展动物诊疗活动。

动物诊疗许可证不得伪造、变造、转让、出租和出借。

第三十五条 动物诊疗机构兼营宠物用品、宠物食品以及宠物美容等与诊疗无关的项目，兼营区域与动物诊疗区域，应当经过物理分隔，分别独立设置。

第三十六条 依法取得执业兽医资格证书并从事动物诊疗等经营活动的，应当向所在地县级人民政府动物防疫主管部门备案。

执业兽医开具兽医处方应当经本人诊断，并对诊断结论负责。执业助理兽医师在执业兽医师指导下协助开展兽医执业活动，但不得开具处方、填写诊断书和出具有关证明文件。

乡村兽医应当具备国家规定的条件，并向所在地县级人民政府兽医主管部门备案。

第三十七条 动物诊疗机构从业人员从事动物诊疗活动时，应当佩戴载有本人姓名、照片、执业地点和执业等级等内容的标牌。

第三十八条 从事动物诊疗活动，应当遵守有关动物诊疗的操作技术规范。不得有下列行为：

（一）聘用未取得执业兽医资格证书或者未办理备案的人员从事动物诊疗活动；

（二）随意抛弃动物的尸体、器官组织或者诊疗废弃物；

（三）排放未经无害化处理或者处理不达标的诊疗废水；

（四）使用假、劣兽药和国家禁用的药品以及其他化合物；

（五）使用假、劣兽医医疗器械；

（六）销售或者违反国家规定使用精神药品、麻醉药品和兽用生物制品；

（七）未做诊疗记录；

（八）在动物诊疗场所从事动物交易、寄养活动；

（九）法律、法规禁止的其他行为。

第六章 法律责任

第三十九条 违反本条例规定，法律、行政法规已有法律责任规定的，从其规定。

第四十条 国家机关及其工作人员违反本条例规定，造成人畜共患传染病传播、流行的，由县级以上地方人民政府及其有关部门对责任单位责令改正、通报批评、给予警告；对直接负责的主管人员和其他直接责任人员，依法从重给予处分；构成犯罪的，依法追究刑事责任。

第四十一条 违反本条例第十一条规定，养殖场（户）、动物诊疗机构等使用者转手销售国家强制免疫用生物制品的，按照无证经营处理。

第四十二条 违反本条例第十四条规定，种用、乳用动物养殖场未按照要求开展重点动物疫病净化工作的，由县级以上地方人民政府动物防疫主管部门责令改正，处六千元以上三万元以下罚款；情节严重的，责令停业整顿，并处三万元以上十万元以下罚款；构成犯罪的，依法追究刑事责任。

第四十三条 违反本条例第十六条规定，活畜禽交易场所（交易点）未执行清洗、消毒、休市制度的，由县级以上地方人民政府动物防疫主管部门责令限期改正，逾期未改正的，处二千元以上一万元以下罚款；情节严重的，责令停业整顿，并处一万元以上五万元以下罚款。

第四十四条 违反本条例第二十一条规定，单位和个人随意弃养犬只，造成动物疫病传播的，由县级以上地方人民政府动物防疫主管部门处二千元以上一万元以下罚款；未及时清除犬只排泄的粪便的，由县级以上地方人民政府市容环境卫生行政主管部门或者其委托的单位责令改正，拒不改正的，处一百元以上五百元以下罚款。

第四十五条 违反本条例第二十三条规定，不按照动物检疫合格证明填写的目的地运输，或者中途销售、更换的，由县级以上地方人民政府动物防疫主管部门责令改正，处六千元以上三万元以下罚款；情节严重的，责令停业整顿，并处三万元以上十万元以下罚款。

第四十六条 违反本条例第二十四条规定，跨省调入畜禽和畜禽产品未在规定时间内进行登记，或者调入畜禽用于饲养未向调入地承担动物卫生监督职责的机构报告的，由县级以上地方人民政府动物防疫主管部门给予警告，处五千元以上一万元以下罚款；情节严重的，处一万元以上五万元以下罚款。

违反本条例第二十四条规定，在重大动物疫病防控应急期间，跨县（市、区）调入相关动物和动物产品未在规定时间内进行登记，或者调入相关动物用于饲养未向调入地承担动物卫生监督职责的机构报告的，由县级以上地方人民政府动物防疫主管部门对调入的动物和动物产品进行隔离、封存和处理，无隔离、封存条件的，进行无害化处理，可以处六千元以上三万元以下罚款；情节严重的，处三万元以上十万元以下罚款。

第四十七条 违反本条例第二十八条规定，未提供动物检疫申报点专用场所，或者未配置与屠宰规模相适应的设施设备的，由县级以上地方人民政府动物防疫主管部门责令改正；拒不改正或者整改后仍不合格的，责令停业整顿。

违反本条例第二十八条规定，未回收畜禽标识并交承担动物卫生监督职责的机构处置的，由县级以上地方人民政府动物防疫主管部门责令改正，可以处五百元以上二千元以下罚款。

违反本条例第二十八条规定，未每日对屠宰车间和待宰栏进行清洗、消毒的，由县级以上地方人民政府动物防疫主管部门责令限期改正，逾期不改正的，处一千元以上五千元以下罚款。

违反本条例第二十八条规定，将厂（场、点）内待宰的动物外运出厂（场、点）的，由县级以上地方人民政府动物防疫主管部门责令改正，处二千元以上一万元以下罚款；情节严重的，处一万元以上三万元以下罚款。

第四十八条 违反本条例第三十五条规定，兼营区域与动物诊疗区域未经过物理隔离、分别独立设置的，由县级以上地方人民政府动物防疫主管部门责令改正，给予警告；拒不改正或者整改后仍不合格的，处二千元以上一万元以下罚款。

第四十九条 违反本条例第三十七条规定，动物诊疗机构从业人员从事动物诊疗活动时，未按照规定佩戴标牌的，由县级以上地方人民政府动物防疫主管部门责令改正，给予警告；拒不改正的，处二百元以上一千元以下罚款。

第五十条 动物诊疗机构违反本条例第三十八条规定，聘用未取得执业兽医资格证书的人员从事动物诊疗活动，或者在动物诊疗场所从事动物交易、寄养活动的，由县级以上地方人民政府动物防疫主管部门责令改正，给予警告，处一万元以上五万元以下罚款；拒不改正的，处五万元以上十万元以下罚款。

动物诊疗机构从业人员违反本条例第三十八条规定，未做诊疗记录的，由县级以上地方人民政府动物防疫主管部门给予警告，责令改正；拒不改正的，责令暂停六个月以上一年以下动物诊疗活动。

第七章　附　　则

第五十一条 本条例自 2022 年 10 月 1 日起施行。

十五、山东省动物防疫条例

（2017年1月18日山东省第十二届人民代表大会常务委员会第二十五次会议通过　根据2021年12月3日山东省第十三届人民代表大会常务委员会第三十二次会议《关于修改〈山东省动物防疫条例〉等七件地方性法规的决定》修正）

第一章　总　　则

第一条　为了预防、控制、净化、消灭动物疫病，促进养殖业发展，保护人体健康，维护公共卫生安全，根据《中华人民共和国动物防疫法》等法律、行政法规，结合本省实际，制定本条例。

第二条　本条例适用于本省行政区域内的动物防疫及其监督管理活动。

进出境动物、动物产品的检疫，依照有关进出境动植物检疫的法律、行政法规执行。

第三条　县级以上人民政府应当加强动物防疫工作的统一领导，将动物防疫工作纳入国民经济和社会发展规划以及年度计划，制定并组织实施动物疫病防治规划，加强动物防疫基础设施和信息化建设，强化动物防疫队伍建设，采取措施稳定基层机构队伍，健全动物疫病防控机制和重大动物疫情应急处置体系，保障动物防疫工作经费。

乡镇人民政府、街道办事处应当组织群众做好本辖区内的动物疫病预防与控制工作。

村（居）民委员会应当督促和引导村（居）民依法履行动物防疫义务，配合政府以及有关部门做好动物防疫工作。

第四条　县级以上人民政府主管动物防疫工作的部门（以下统称动物防疫主管部门）负责本行政区域内的动物防疫工作。

县级以上人民政府发展改革、公安、财政、自然资源、生态环境、交通运输、卫生健康、林业、市场监督管理和海关等部门按照各自职责，做好动物防疫有关工作。

第五条　县级以上人民政府设立的有关机构（以下简称动物检疫机构）依照《中华人民共和国动物防疫法》规定，负责动物、动物产品的检疫工作。

县级以上人民政府的动物疫病预防控制机构负责动物疫病的监测、检测、诊断、流行病学调查、疫情报告、预警预报以及其他预防、控制、净化、消灭等技术工作。

第六条　县级以上人民政府及其有关部门应当鼓励、支持动物防疫技术与产品的研究、开发，推广先进适用的科学研究成果，提高动物疫病防治的科技创新能力和水平。

县级以上人民政府有关部门、新闻媒体应当加强动物防疫法律法规的宣传，普及动物疫病防控知识，提高社会公众的动物防疫意识。

第七条　对在动物防疫工作、动物防疫科学研究中作出成绩和贡献的单位和个人，以及提供动物防疫重大违法案件关键线索或者证据的举报人，县级以上人民政府及其有关部门应当给予奖励。

第二章　动物疫病的预防

第八条　县级以上人民政府动物防疫主管部门应当建立风险评估机制，组织对本行政区域内的动物疫病状况以及风险因素进行评估，并根据评估结果制定或者调整动物疫病预防、控制措施。

第九条 县级以上人民政府应当建立健全动物疫病监测网络，加强动物疫病监测和流行病学调查。

县级以上人民政府动物防疫主管部门应当制定本行政区域内动物疫病监测和流行病学调查计划，并组织实施；有关单位和个人应当予以配合，不得拒绝或者阻碍。

第十条 县级以上人民政府动物防疫主管部门应当根据动物疫病监测和流行病学调查结果，利用现代信息技术，科学分析疫病的流行趋势，及时提出动物疫情预警，并报本级人民政府。

县级以上人民政府接到动物疫情预警后，应当采取相应的预防、控制措施。

第十一条 省人民政府动物防疫主管部门应当会同有关部门，根据国家确定的强制免疫动物疫病病种、区域，以及动物疫病流行情况，制定全省动物疫病强制免疫计划，报省人民政府批准后执行。

第十二条 省人民政府动物防疫主管部门应当会同有关部门制定强制免疫病种调整机制，根据动物疫病防控需要，提出增加或者退出强制免疫病种和区域的方案，报省人民政府批准后执行，并报国务院农业农村主管部门备案。

第十三条 设区的市、县（市、区）人民政府动物防疫主管部门应当按照上级人民政府动物防疫主管部门制定的强制免疫计划，结合本行政区域内动物疫病流行情况，制定动物疫病强制免疫计划实施方案，并组织实施。

乡镇人民政府、街道办事处应当按照动物疫病强制免疫实施方案，组织本辖区内饲养动物的单位和个人做好动物疫病强制免疫、消毒等工作，协助动物防疫主管部门做好监督检查。

饲养动物的单位和个人应当履行动物疫病强制免疫义务，按照强制免疫计划和技术规范，对动物实施免疫接种，并按照国家有关规定建立免疫档案、加施畜禽标识，保证可追溯。

第十四条 县级以上人民政府动物防疫主管部门根据本级人民政府动物疫病防治计划，制定本行政区域的动物疫病净化方案，并组织动物疫病预防控制机构实施。鼓励和支持饲养动物的单位和个人，开展动物疫病净化。

第十五条 从事动物饲养、屠宰、经营、隔离、运输、诊疗、演出、比赛、展示、研究实验以及动物产品生产、经营、加工、贮藏、运输等活动的单位和个人，应当依法做好免疫、消毒、检测、隔离、净化、消灭、无害化处理等动物防疫工作，承担动物防疫相关责任。

第十六条 县级以上人民政府动物防疫主管部门应当建立强制免疫质量定期评估制度，并向社会公布评估结果。经评估，强制免疫密度和免疫效果未达到规定要求的，所在地动物防疫主管部门应当责令有关单位和个人采取补免等补救措施。

第十七条 动物饲养场和隔离场所、动物屠宰加工场所以及动物和动物产品无害化处理场所，应当符合国家规定的动物防疫条件，依法取得动物防疫条件合格证，并按照规定报告动物防疫条件变化情况和防疫制度执行情况。

第十八条 经营动物、动物产品的集贸市场应当符合国家规定的动物防疫条件，及时做好清洗、消毒、无害化处理等动物疫病预防工作。

动物、动物产品的经营者应当在其经营场所的显著位置公示动物检疫合格证明等信息。

第十九条 种用、乳用动物和宠物应当符合国务院农业农村主管部门规定的健康标准，并按照有关规定实施免疫。

种畜禽场、乳用动物饲养场应当按照动物防疫主管部门制定的动物疫病监测、净化方案开展动物疫病净化工作。

禁止出售或者收购未经布鲁氏菌病、结核病等动物疫病检测或者检测不合格的乳用动物及其产品。

第二十条 动物诊疗活动实行许可制度。从事动物诊疗活动的机构，应当依法取得动物诊疗许可证；从事动物诊疗和诊疗辅助活动的人员应当按照国家规定取得相应的执业资格。

乡村兽医应当具备国家规定的条件，经所在地县级人民政府动物防疫主管部门备案后，方可在规定范围内从事动物诊疗活动。

第二十一条 县级以上人民政府应当推行无规定动物疫病区建设，对动物疫病实行区域化管理，提高动物防疫水平。

鼓励、支持大型动物饲养场所建立生物安全隔离区。

第三章　动物疫病的报告与处置

第二十二条 从事动物疫情监测、检验检疫、疫病研究与诊疗以及动物饲养、屠宰、经营、隔离、运输、演出、比赛、展示等活动的单位和个人，发现动物染疫或者疑似染疫的，应当立即向所在地动物防疫主管部门或者动物检疫机构、动物疫病预防控制机构报告，并采取隔离等控制措施，防止动物疫情扩散。其他单位和个人发现动物染疫或者疑似染疫的，应当及时报告。

接到报告的单位，应当及时进行核查，采取必要的控制处理措施，并按照规定程序上报。

第二十三条 经流行病学调查、临床检查、实验室检测等手段诊断为动物疫病的，应当依照法律、法规和有关规定采取隔离、治疗、消毒、免疫、扑杀等控制措施。

第二十四条 动物疫情由县级以上人民政府动物防疫主管部门认定，并按照规定上报；其中重大动物疫情由省人民政府动物防疫主管部门认定，必要时报国务院农业农村主管部门认定。

省人民政府动物防疫主管部门统一管理本省的动物疫情信息，并根据国务院农业农村主管部门授权向社会公布动物疫情；其他单位、个人不得发布动物疫情。

任何单位和个人不得瞒报、谎报、迟报或者漏报动物疫情，不得授意他人瞒报、谎报或者迟报动物疫情，不得阻碍他人报告动物疫情。

第二十五条 县级以上人民政府应当组织有关部门制定本行政区域内的重大动物疫情应急预案。

县级以上人民政府动物防疫主管部门应当会同有关部门，按照动物疫病流行特点和危害程度，制定专项重大动物疫情应急预案，报本级人民政府批准后实施。

第二十六条 发生重大动物疫情时，县级以上人民政府应当立即启动应急预案，采取封锁、隔离、扑杀、消毒、无害化处理、紧急免疫、紧急流行病学调查等控制措施，及时做好应急处置工作。其他动物疫情，按照国家有关规定和技术规范进行处置。

第二十七条 县级以上人民政府应当设立重大动物疫情应急指挥部，组建动物防疫应急预备队伍，定期开展技术培训和应急演练，建立健全应急物资储备和应急处理预备金制度，并配置用于控制动物疫病的指挥、消毒、无害化处理车辆。

第二十八条 县级以上人民政府卫生健康主管部门和动物防疫、野生动物保护等主管部门，建立布鲁氏菌病、结核病、狂犬病等人畜共患传染病防治的协作机制，组织开展易感动物和相关人群的人畜共患传染病监测工作，定期通报监测结果；发生人畜共患传染病时，应当及时相互通报信息，并按照各自职责采取相应的防控措施。

第四章　动物和动物产品的检疫

第二十九条 动物检疫机构依照《中华人民共和国动物防疫法》和国务院农业农村主管部门的规定对动物、动物产品实施检疫。

县级以上人民政府应当配备与动物、动物产品检疫工作相适应的官方兽医，保障检疫工作条件。官方兽医对动物、动物产品实施检疫，并对检疫结论负责。

动物检疫机构可以根据检疫工作需要，指定兽医专业人员协助官方兽医实施动物、动物产品检疫。

第三十条 出售、屠宰或者运输动物以及出售、运输动物产品前，货主应当按照国家有关规定向所在地动物检疫机构申报检疫。

动物检疫机构应当合理设置动物检疫申报点，向社会公布，并在显著位置公示检疫程序、检疫范围和检疫对象等内容。

第三十一条 动物检疫机构受理检疫申报后，应当指派官方兽医依照国家标准、技术规程等实施检疫。

检疫合格的，由官方兽医按照国家规定出具动物检疫合格证明，对动物产品加施检疫标志；检疫不合格的，出具检疫处理通知单，并由货主在动物防疫主管部门监督下处理，相关费用由货主承担。

第三十二条 动物、动物产品的检疫信息，应当与动物检疫合格证明标注的数量、种类、标识、用途、生产单位、启运地、到达地等信息一致。

第三十三条 调运动物运抵目的地后，需要跨县级行政区域再调运的，货主应当在调运前向所在地县级动物检疫机构重新申报检疫。符合下列条件的，动物检疫机构应当及时核发动物检疫合格证明：

（一）具有原始有效的动物检疫合格证明，且证物相符；

（二）临床检查健康；

（三）需要进行兽医实验室检测的，检测结果符合要求；

（四）法律、法规规定的其他条件。

第三十四条 从事动物、动物产品收购、运输、销售的单位和个人，应当持有动物检疫合格证明并建立台账，记录动物、动物产品的产地、种类、生产者、检疫证明编号、购入日期和数量、畜禽标识以及运输、销售去向等信息。台账至少保存二年。

第三十五条 对向无规定动物疫病区输入易感动物、动物产品的，无规定动物疫病区县级动物检疫机构应当实行输出地动物疫病风险评估。

向无规定动物疫病区输入易感动物、动物产品的，应当在调入前依法向所在地县级动物检疫机构申报检疫。动物应当经隔离检疫合格并按照省人民政府公布的指定通道进入；动物产品应当经检疫合格后进入。

第三十六条 屠宰厂（场）应当建立严格的肉品品质检验管理制度，配备兽医卫生检验人员，按照有关屠宰检验规程实施检验，记录检验过程和结果，出具肉品品质检验合格证。

屠宰的动物产品应当经官方兽医依法检疫。未经检验、检疫或者经检验、检疫不合格的，不得出厂（场）。

第五章 病死动物和病害动物产品的无害化处理

第三十七条 从事动物饲养、屠宰、经营、隔离、运输以及动物产品生产、经营、加工、贮藏、运输等活动的单位和个人，应当对下列动物、动物产品进行无害化处理：

（一）病死、毒死或者死因不明的动物；

（二）染疫、检疫不合格的动物、动物产品；

（三）其他有病害的动物产品。

任何单位和个人不得非法收购、贩卖、屠宰和随意抛弃前款规定的病死动物和病害动物产品。

第三十八条 县级以上人民政府应当制定病死动物和病害动物产品无害化处理规划，组织建设无害化处理设施和收集体系，明确运营单位和相关责任，建立无害化处理补贴机制。

鼓励、支持社会资本投资建设无害化处理和资源化利用设施。

第三十九条 屠宰厂（场）、动物饲养场、动物隔离场等场所应当配备与其生产规模相适应的无害化处理设施设备，对产生的病死动物和病害动物产品进行无害化处理，也可以委托无害化处理运营单位集中处理。

其他单位和个人应当按照规定对其产生的病死动物和病害动物产品自行进行无害化处理，或者委托无害化处理运营单位集中处理。

第四十条 在河流、湖泊、水库等水域发现的病死动物和病害动物产品，由所在地县级人民政府组织水利、生态环境、卫生健康、动物防疫等主管部门收集处理；在城市公共场所以及乡村发现的病死动物和病害动物产品，由所在地街道办事处或者乡镇人民政府组织收集处理。

第四十一条 无害化处理运营单位应当建立管理制度和操作规程，对病死动物和病害动物产品及时进行无害化处理，并建立台账，真实记录病死动物和病害动物产品的收集、登记、处理和处理后产品流向等信息，防止流入食品加工领域。

无害化处理运营单位应当向社会公布责任区域、地理位置、联系方式等基本信息，并向所在地县级人民政府动物防疫主管部门报告无害化处理情况。

第六章 监督与保障

第四十二条 县级以上人民政府动物防疫主管部门应当依法对动物饲养、屠宰、隔离、运输以及动物产品生产、运输等活动中的动物防疫实施监督管理，依法查处违法违规行为。

官方兽医执行动物检疫和防疫监督检查时，应当统一着装，出示行政执法证件。

第四十三条 经省人民政府批准，在本省主要交通道口、港口、机场设立的动物卫生监督检查站，实施动物卫生监督检查和防疫消毒。

动物卫生监督检查站应当配备必要的检疫、消毒、隔离、无害化处理等设施设备。

第四十四条 动物卫生监督检查站对经过的动物、动物产品，应当按照下列规定查验相关资料：

（一）运输动物的，查验动物检疫合格证明、畜禽标识；

（二）运输动物产品的，查验动物检疫合格证明、检疫标志。

第四十五条 动物检疫合格证明、检疫标志、畜禽标识等动物卫生证章标志实行统一管理，任何单位和个人不得伪造、变造、转让和非法生产、使用。

县级以上人民政府动物防疫主管部门应当加强动物防疫追溯体系建设，对动物、动物产品实施可追溯管理。

第四十六条 县级以上人民政府动物防疫主管部门应当运用现代信息技术，加强强制免疫、疫情监测预警、疫情应急指挥、动物卫生监督执法、动物标识等监管平台建设，提升动物疫病防治信息化管理水平。

第四十七条 县级以上人民政府应当将动物防疫基础设施、信息化建设和动物疫病免疫、监测、预防、控制、净化、消灭、检疫、监督管理、无害化处理等所需经费纳入本级财政预算。

对在动物疫病预防、控制、净化、消灭过程中强制扑杀的动物、销毁的动物产品和依法征收征用的物品，以及因疫病监测采样等造成动物应激死亡的，县级以上人民政府应当按照规定给予补偿。

第四十八条 对从事动物疫病预防、检疫、监督检查、现场处理疫情以及在工作中接触动物疫病病原体的人员，有关单位应当采取有效的卫生防护和医疗保健措施，并按照国家规定给予特殊岗位津贴。

第四十九条 县级以上人民政府应当因地制宜，采取政府购买服务等方式，引导社会力量为动物防疫工作提供相关服务。

县级以上人民政府应当采取政策性措施支持保险机构开展动物疫病保险业务，逐步扩大承保的动物疫病种类和范围。

第七章　法律责任

第五十条 违反本条例规定的行为，法律、法规已规定法律责任的，从其规定；法律、法规未规定法律责任的，依照本条例的规定执行。

第五十一条 违反本条例规定，拒绝或者阻碍动物疫病流行病学调查的，由县级以上人民政府动物防疫主管部门责令改正，可以处二千元以上一万元以下罚款；拒不改正的，处一万元以上五万元以下罚款，并可以责令停业整顿。

第五十二条 违反本条例规定，从事动物饲养、屠宰、经营、隔离、运输、诊疗、演出、比赛、展示、研究实验以及动物产品生产、经营、加工、贮藏、运输等活动的单位和个人，未按照规定做好免疫、消毒、检测、隔离、净化、消灭、清洗等工作的，由县级以上人民政府动物防疫主管部门责令限期改正，处五百元以上一千元以下罚款；逾期不改正的，处一千元以上五千元以下罚款。

第五十三条 违反本条例规定，出售或者收购未经布鲁氏菌病、结核病等动物疫病检测或者检测不合格的乳用动物及其产品的，由县级以上人民政府动物防疫主管部门责令改正，采取补救措施，没收违法所得和乳用动物及其产品，并处同类检测合格乳用动物及其产品货值金额一倍以上五倍以下罚款。

第五十四条 违反本条例规定，动物、动物产品的检疫信息，与动物检疫合格证明标注的数量、种类、标识、用途、生产单位、启运地、到达地等信息不一致的，由县级以上人民政府动物防疫主管部门责令改正，处同类检疫合格动物、动物产品货值金额一倍以下罚款；对货主以外的承运人处运输费用三倍以上五倍以下罚款，情节严重的，处五倍以上十倍以下罚款。

第五十五条 违反本条例规定，输入本省的乳用、种用动物到达输入地后，货主未按照国家规定履行隔离观察义务的，由县级以上人民政府动物防疫主管部门责令改正，处三千元以上三万元以下罚款；情节严重的，责令停业整顿，并处三万元以上十万元以下罚款。

第五十六条 违反本条例规定，调运动物运抵目的地后跨县级行政区域再调运，货主未重新申报检疫的，由县级以上人民政府动物防疫主管部门责令改正，处同类检疫合格动物货值金额一倍以下罚款；对货主以外的承运人处运输费用三倍以上五倍以下罚款，情节严重的，处五倍以上十倍以下罚款。

第五十七条 违反本条例规定，从事动物、动物产品收购、运输、销售的单位和个人，未按照规定建立台账的，由县级以上人民政府动物防疫主管部门责令改正，处三千元以上三万元以下罚款；情节严重的，责令停业整顿，并处三万元以上十万元以下罚款。涉及食品安全监督管理的，由市场监督管理部门依法处理。

第五十八条 违反本条例规定，向无规定动物疫病区输入易感动物，未经隔离或者未经指定

通道进入的，由县级以上人民政府动物防疫主管部门责令改正，处三千元以上三万元以下罚款；情节严重的，责令停业整顿，并处三万元以上十万元以下罚款。

第五十九条 违反本条例规定，屠宰厂（场）出厂（场）的动物产品未经肉品品质检验或者检验不合格的，由县级以上人民政府动物防疫主管部门责令停业整顿，没收动物产品和违法所得，货值金额不足一万元的，并处十万元以上十五万元以下罚款；货值金额一万元以上的，并处货值金额十五倍以上三十倍以下罚款；对其直接负责的主管人员和其他直接责任人员并处五万元以上十万元以下罚款；情节严重的，由原发证机关吊销屠宰许可证。

第六十条 违反本条例规定，未对病死动物和病害动物产品进行无害化处理或者随意抛弃病死动物和病害动物产品的，由县级以上人民政府动物防疫主管部门责令进行无害化处理，所需处理费用由行为人承担，处三千元以上三万元以下罚款；情节严重的，责令停业整顿，并处三万元以上十万元以下罚款。

违反本条例规定，非法收购、贩卖、屠宰病死动物和病害动物产品的，由县级以上人民政府动物防疫主管部门责令改正、采取补救措施，没收违法所得、动物和动物产品，并处同类检疫合格动物、动物产品货值金额十五倍以上三十倍以下罚款；同类检疫合格动物、动物产品货值金额不足一万元的，并处五万元以上十五万元以下罚款。

本条第二款规定的违法行为人及其法定代表人（负责人）、直接负责的主管人员和其他直接责任人员，自处罚决定作出之日起五年内不得从事相关活动；构成犯罪的，终身不得从事相关活动。

第六十一条 违反本条例规定，屠宰厂（场）、动物饲养场、动物隔离场等场所未按照规定配备与其生产规模相适应的无害化处理设施设备，并且未委托无害化处理运营单位集中处理本厂（场）病死动物和病害动物产品的，由县级以上人民政府动物防疫主管部门责令改正，处二万元以上五万元以下罚款。

第六十二条 违反本条例规定，无害化处理运营单位未按照规定处理病死动物和病害动物产品的，由县级以上人民政府动物防疫主管部门责令改正，处一万元以上五万元以下罚款；情节严重的，责令停业整顿，处五万元以上十万元以下罚款。

无害化处理运营单位未按照规定建立台账的，由县级以上人民政府动物防疫主管部门责令改正，处三千元以上三万元以下罚款；情节严重的，责令停业整顿，并处三万元以上十万元以下罚款。

第六十三条 各级人民政府和有关部门及其工作人员违反本条例规定，有下列情形之一的，由上级主管机关责令改正，对直接负责的主管人员和其他直接责任人员依法给予处分；构成犯罪的，依法追究刑事责任：

（一）未按照规定健全动物疫病防控机制和重大动物疫情应急处置体系的；

（二）未按照规定组织实施强制免疫计划的；

（三）瞒报、谎报、迟报、漏报动物疫情的；

（四）未按照规定对动物、动物产品实施检疫监督的；

（五）未按照规定查处动物防疫违法行为的；

（六）其他滥用职权、玩忽职守、徇私舞弊的行为。

第八章 附　　则

第六十四条 水生动物防疫工作，由县级以上人民政府渔业行政主管部门按照国家有关规定执行。

第六十五条 本条例自2017年5月1日起施行。2001年12月1日山东省第九届人民代表大会常务委员会第二十四次会议通过的《山东省动物防疫条例》同时废止。

十六、广东省动物防疫条例

（2001年12月3日广东省第九届人民代表大会常务委员会第二十九次会议通过 根据2010年7月23日广东省第十一届人民代表大会常务委员会第二十次会议《关于修改部分地方性法规的决定》第一次修正 2016年12月1日广东省第十二届人民代表大会常务委员会第二十九次会议第一次修订 根据2019年9月25日广东省第十三届人民代表大会常务委员会第十四次会议《关于修改〈广东省食品安全条例〉等十项地方性法规的决定》第二次修正 2021年12月1日广东省第十三届人民代表大会常务委员会第三十七次会议第二次修订）

第一章 总 则

第一条 为了加强对动物防疫活动的管理，促进养殖业发展，防控人畜共患传染病，保障公共卫生安全和人体健康，根据《中华人民共和国动物防疫法》等法律、行政法规，结合本省实际，制定本条例。

第二条 本条例适用于本省行政区域内动物防疫及其监督管理活动。

本条例所称动物防疫，是指动物疫病的预防、控制、诊疗、净化、消灭和动物、动物产品的检疫，以及病死动物、病害动物产品的无害化处理。

进出境动物、动物产品的检疫，按照《中华人民共和国进出境动植物检疫法》的规定执行。

第三条 县级以上人民政府对动物防疫工作实行统一领导，建立健全动物防疫体系，完善运作机制，制定并组织实施动物疫病防治规划。

县级以上人民政府应当采取有效措施，完善基层动物卫生监督机构和动物疫病预防控制机构，配备官方兽医等与工作任务相适应的兽医专业技术人员。兽医专业技术人员配备标准由省人民政府农业农村主管部门会同机构编制、财政、人力资源社会保障等主管部门研究确定。

县级以上人民政府应当建立健全动物防疫队伍装备保障机制，储备预防、控制、净化、消灭动物疫病所需的药物、器械等应急防疫物资，加强乡镇和村级动物防疫队伍建设。

县级以上人民政府应当依法建立健全动物防疫经费保障机制，为动物防疫工作经费、畜牧兽医医疗卫生津贴、签约兽医相关经费，以及动物防疫检查站点、无规定动物疫病区建设运行资金等提供保障。

第四条 县级以上人民政府农业农村主管部门主管本行政区域内的动物防疫工作。

卫生健康、林业、科技、市场监督管理、公安、交通运输、海关等有关部门在各自职责范围内做好动物防疫工作。

第五条 县级以上人民政府的动物卫生监督机构，依法负责本行政区域内动物、动物产品的检疫工作，对执行动物防疫相关制度情况实施监督。

动物卫生监督机构可以向乡镇或者街道派驻官方兽医实施动物、动物产品检疫相关工作，也可以委托有官方兽医的乡镇人民政府或者街道办事处实施。

第六条 县级以上人民政府设立的动物疫病预防控制机构，依法承担动物疫病的监测、检测、诊断、流行病学调查、疫情报告以及其他预防、控制等技术工作；承担动物疫病净化、消灭的技术工作。

动物疫病预防控制机构应当建设具备二类以

上动物疫病检测能力的兽医实验室，配备相关设施设备、采样专用车辆和专职技术人员，开展相关工作。

第七条 乡镇人民政府、街道办事处应当根据动物疫病预防与控制需要，组织做好动物防疫知识宣传、动物强制免疫指导、动物疫情控制消灭，以及病死动物、病害动物产品无害化处理等工作。

村民委员会、居民委员会协助做好免疫、消毒、应急处置等动物防疫工作，引导、督促群众依法履行动物防疫相关义务。

第八条 本省依法实施官方兽医任命制度。

官方兽医应当具备国家规定的条件，由省人民政府农业农村主管部门按照国家和省规定的程序确认，也可以委托地级以上市人民政府农业农村主管部门确认，并由所在地县级以上人民政府农业农村主管部门任命。

具备官方兽医条件的乡镇人民政府、街道办事处动物防疫工作人员，可以按照规定的程序依法被任命为官方兽医。

县级以上人民政府农业农村主管部门和乡镇人民政府、街道办事处可以根据工作需要，聘用具备兽医专业知识和技术的人员作为签约兽医协助开展动物防疫相关工作。

第九条 支持社会力量参与动物防疫工作，鼓励相关组织和个人对动物防疫工作提供资金、技术等方面的支持。

县级以上人民政府及其有关部门和乡镇人民政府、街道办事处可以依法向符合条件的组织和个人购买免疫注射、清洗消毒、检测、诊疗和无害化处理等动物防疫服务。

第十条 本省建立动物防疫数字系统，依托相关平台统一收集发布动物防疫相关信息，推动部门、地区有关信息共享应用。

县级以上人民政府应当加强动物防疫相关信息收集、传输、汇总、分析和评估工作。

第二章 动物疫病预防与控制

第十一条 县级以上人民政府应当依法执行动物疫病风险评估、动物疫病监测和疫情预警、动物防疫条件审查、动物疫情通报等制度，制定重大动物疫情应急预案，做好动物疫病预防与控制工作。

第十二条 省人民政府农业农村主管部门根据养殖和屠宰产业布局、动物疫病风险等情况，采取禁止或者限制调运特定动物、推动调运动物向调运动物产品转变等措施，对动物疫病实施分区防控，降低动物疫病传播风险。

县级以上人民政府应当加强无规定动物疫病区建设，支持动物饲养场、养殖小区建立无规定动物疫病生物安全隔离区。

无规定动物疫病区的无疫区、保护区和生物安全通道所在地的人民政府应当做好相关区域的管理和协调工作，并在人员、技术、设施、设备等方面予以保障。

第十三条 动物饲养场、养殖小区、畜禽定点屠宰或者集中屠宰企业，应当自行或者委托具有资质的机构，依法开展动物疫病检测，并定期向所在地动物疫病预防控制机构报告检测情况。

第十四条 动物饲养场、养殖小区、动物隔离场所、动物屠宰加工场所、病死动物和病害动物产品无害化处理场所应当依法取得动物防疫条件合格证，并向发证机关报告上一年度动物防疫条件情况和防疫制度执行情况。

动物诊疗机构应当依法取得动物诊疗许可证，并向发证机关报告上一年度动物诊疗活动情况。

省人民政府农业农村主管部门应当对报告的时间、形式和内容等予以规范并公布。

第十五条 发现疑似重大动物疫情，县级以上人民政府农业农村主管部门应当立即派人到现场采集病料，并送有关机构进行检测。

第十六条 重大动物疫情认定之前，出现疫病迅速传播，给养殖业生产安全造成严重威胁、危害，或者可能对公众身体健康与生命安全造成危害的，县级以上人民政府必要时可以作出封锁决定，并采取扑杀动物、销毁动物产品和相关物品等措施。扑杀、销毁的，县级以上人民政府应当依法给予补偿。

第三章 人畜共患传染病防控

第十七条 县级以上人民政府卫生健康、农业农村、野生动物保护等主管部门应当建立健全人畜共患传染病防治协作机制，制定人畜共患传染病防控方案，组织对相关职业人群和易感动物进行人畜共患传染病的监测和风险评估，及时通报和共享相关信息，并在各自职责范围内采取防控措施。

省人民政府卫生健康、农业农村、野生动物保护主管部门应当根据人畜共患传染病防控需要，按照职责分工设立省级监测点，收集和分析疫情资料，掌握流行规律。

第十八条 发生人畜共患传染病疫情时，县级以上人民政府农业农村主管部门与本级人民政府卫生健康、野生动物保护等主管部门以及当地海关应当及时相互通报。

发生人畜共患传染病时，卫生健康主管部门应当对疫区易感染的人群进行监测，并按照传染病防治法律法规的规定及时公布疫情，采取相应的预防、控制措施。

第十九条 开展动物疫病监测、检测、检验检疫、诊疗以及易感染动物的饲养、屠宰、经营、隔离、运输等活动的组织和个人，应当建立并执行从业人员健康管理制度。

患有人畜共患传染病的人员不得直接从事前款规定的有关活动。

第四章　动物和动物产品检疫

第二十条 动物卫生监督机构应当根据检疫工作需要，合理设置检疫申报点，向社会公布检疫申报点名称、地址、检疫范围和检疫对象等。

动物卫生监督机构应当按照国家规定的动物检疫范围、对象和规程开展检疫工作。

官方兽医可以通过动物卫生监督机构规定的现代信息技术实施动物、动物产品检疫工作。

第二十一条 本省实行生猪定点屠宰制度，推行牛、羊定点屠宰或者集中屠宰制度，活禽经营限制区内实行活禽集中屠宰制度。定点屠宰或者集中屠宰的畜禽，应当集中检疫。

动物卫生监督机构依法向畜禽定点屠宰或者集中屠宰场所派驻或者派出官方兽医实施屠宰检疫，并监督相关组织和个人做好肉品品质检验、病死动物和病害动物产品无害化处理等工作。

省、地级以上市人民政府应当根据畜禽养殖、消费、防疫等情况，统筹制定畜禽屠宰行业发展规划。县级以上人民政府应当根据本地情况，决定在城市特定区域禁止家畜家禽活体交易。

第二十二条 动物卫生监督机构应当依照国家有关部门制定的野生动物检疫办法的规定实施检疫。

因科研、药用、展示等特殊情形需要非食用性利用的野生动物，应当按照国家有关规定报动物卫生监督机构检疫，检疫合格的，方可利用。

人工捕获的野生动物，应当按照国家有关规定报捕获地动物卫生监督机构检疫，检疫合格的，方可饲养、经营和运输。

第二十三条 动物饲养场、养殖小区、畜禽定点屠宰或者集中屠宰企业的执业兽医或者动物防疫技术人员，应当按照国家相关检疫规程协助官方兽医实施检疫，并如实提供协助检疫的资料。

第二十四条 本省流通的动物产品，已经检疫合格且满足可追溯条件的，不再实施检疫。调出本省的动物产品的检疫，按照国家有关规定执行。

畜禽定点屠宰或者集中屠宰企业应当建立并遵守动物产品出厂（场）记录制度，如实记录动物来源和动物产品的种类、数量、生产日期、肉品品质检验合格证号、动物产品检疫合格证号、销售日期以及购货者名称、地址、联系方式等内容，相关记录保存期限不得少于二年。

第五章　动物调运管理

第二十五条 县级人民政府农业农村主管部门或者动物卫生监督机构应当派工作人员，在入省动物指定通道、输入无疫区动物及动物产品指定通道依法设立的现有检查站执行查验任务。

第二十六条 经道路输入本省、过境本省的动物，以及输入无疫区的动物、动物产品，应当经指定通道检查站查验；以铁路、航空、航运等运输方式输入动物的，货主或者承运人应当提供相关运输凭证以备查验。

任何组织和个人不得接收未经指定通道检查站查验或者未提供铁路、航空、航运等运输凭证输入的动物、动物产品。

第二十七条 经检疫合格的生猪，应当直接运抵动物检疫合格证明标明的目的地。种猪和仔猪应当直接运抵饲养场所种用或者育肥，肉猪应当直接运抵定点屠宰企业屠宰。

生猪运输途中，不得销售、调换或者无正当理由转运。

第二十八条 对动物调运过程中未经检疫的动物、动物产品，具备补检条件的依法实施补检，经补检合格的，可以继续运输、销售；不具备补

检条件的，由县级以上人民政府农业农村主管部门依法予以收缴销毁。

第六章 病死动物和病害动物产品的无害化处理

第二十九条 县级以上人民政府应当根据畜禽养殖、屠宰、防疫等情况，合理规划、设立区域性动物和动物产品集中无害化处理场所，推进病死动物和病害动物产品统一收集和集中无害化处理。

区域性动物和动物产品集中无害化处理场所可以跨行政区域收集处理病死动物和病害动物产品。收运病死动物和病害动物产品，应当按照规定采取防止疫病扩散的措施。

第三十条 从事动物饲养、屠宰、经营、隔离以及动物产品生产、经营、加工、贮藏等活动的组织和个人，应当按照国家有关规定做好病死动物、病害动物产品的无害化处理；不具备无害化处理能力的，应当委托有处理能力的单位处理。

第三十一条 县级以上人民政府农业农村、市场监督管理、公安等有关执法部门在查处动物防疫违法行为过程中，对可能造成动物疫病传播的病死或者死因不明的动物，染疫或者疑似染疫的动物、动物产品以及相关物品，应当采取必要措施防范风险，经法定程序留取证据后，委托有关单位进行无害化处理。

第七章 法律责任

第三十二条 违反本条例第十四条规定，未向发证机关报告上一年度动物防疫条件情况、防疫制度执行情况或者动物诊疗活动情况的，由县级以上人民政府农业农村主管部门责令改正；拒不改正的，处三千元以上一万元以下的罚款。

第三十三条 违反本条例第二十一条规定，在实行牛、羊定点屠宰的地区未经定点从事牛、羊屠宰活动的，由农业农村主管部门责令关闭，没收牛羊、牛羊产品、屠宰工具和设备以及违法所得；货值金额不足一万元的，并处五万元以上十万元以下的罚款；货值金额一万元以上的，并处货值金额十倍以上二十倍以下的罚款。

第三十四条 违反本条例第二十四条第二款规定，活禽集中屠宰企业，牛、羊定点屠宰或者集中屠宰企业未建立并遵守动物产品出厂（场）记录制度的，由县级以上人民政府农业农村主管部门责令改正；拒不改正的，处五千元以上五万元以下的罚款；情节严重的，由原发证机关吊销定点屠宰证书。

第三十五条 违反本条例第二十六条第一款规定，动物、动物产品输入本省、过境本省或者输入无疫区，未经指定通道检查站查验，或者不能提供铁路、航空、航运等运输凭证的，由县级以上人民政府农业农村主管部门处五千元以上一万元以下的罚款；情节严重的，处一万元以上五万元以下的罚款。

第三十六条 违反本条例第二十七条规定，运输途中销售、调换或者无正当理由转运生猪的，由县级以上人民政府农业农村主管部门对货主处生猪货值金额百分之五十以下的罚款；对货主以外的承运人处运输费用一倍以上三倍以下的罚款。

第三十七条 动物防疫主管部门及有关部门、动物卫生监督机构、动物疫病预防控制机构及其工作人员违反本条例规定，有下列行为之一的，依法给予处分：

（一）未按照规定组织开展动物疫病预防与控制工作的；

（二）未按照规定实施人畜共患传染病防控的；

（三）未按照规定开展动物和动物产品检疫的；

（四）未按照规定实施动物调运管理的；

（五）未按照规定对病死动物和病害动物产品无害化处理进行监督的；

（六）其他未按照本条例规定履行职责的。

第八章 附 则

第三十八条 本条例自 2022 年 3 月 1 日起施行。

十七、海南省无规定动物疫病区管理条例

（2006年12月29日海南省第三届人民代表大会常务委员会第二十七次会议通过　2012年5月30日海南省第四届人民代表大会常务委员会第三十次会议修订　根据2017年11月30日海南省第五届人民代表大会常务委员会第三十三次会议《关于修改〈海南省红树林保护规定〉等八件法规的决定》第一次修正　根据2021年9月29日海南省第六届人民代表大会常务委员会第三十次会议《关于修改〈海南省生活垃圾管理条例〉等六件法规的决定》第二次修正）

第一条　为了加强无规定动物疫病区的建设和管理，有效预防、控制和扑灭动物疫病，促进畜牧业发展，保障人体健康，根据《中华人民共和国动物防疫法》和有关法律法规，结合本省实际，制定本条例。

第二条　本条例所称无规定动物疫病区（以下简称无疫区），是指具有天然屏障或者采取人工措施，在一定期限内没有发生国家规定的一种或者几种动物疫病，并经国务院农业农村主管部门评估验收合格的区域。

第三条　本省行政区域纳入无疫区，并按照国家规定的条件和标准进行建设和管理。

在本省行政区域内从事动物饲养、屠宰、运输、销售和动物产品、动物排泄物的生产、经营、运输、储藏以及与无疫区建设、管理有关的活动，应当遵守本条例。

第四条　无疫区建设和管理工作坚持预防为主、综合防控的方针，实行全面规划、统一标准、属地管理的原则。

第五条　省人民政府农业农村主管部门是全省无疫区建设和管理的主管部门。市、县（区）、自治县人民政府农业农村主管部门负责本行政区域内无疫区的建设和管理工作。

县级以上人民政府其他有关部门按照各自的职责做好无疫区建设和管理的有关工作。

第六条　县级以上人民政府的动物卫生监督机构负责动物、动物产品的检疫工作。

县级以上人民政府应当按照国家规定建立动物疫病预防控制机构，承担动物疫病的监测、检测、诊断、流行病学调查、疫情报告以及其他预防、控制等技术工作。

动物卫生监督机构、动物疫病预防控制机构的人员配备和设施设备的配置应当符合国家和本省规定。

第七条　市、县（区）、自治县人民政府农业农村主管部门可以根据动物防疫工作需要，向乡镇或者特定区域派驻兽医机构。

市、县（区）、自治县人民政府应当建立健全乡镇畜牧兽医公共服务机构和村级动物防疫员队伍。

第八条　县级以上人民政府应当加强对无疫区建设和管理工作的领导，将无疫区建设纳入当地国民经济和社会发展规划。

省人民政府农业农村主管部门应当会同有关部门编制全省无疫区建设规划，报省人民政府批准后组织实施。市、县、自治县人民政府农业农村主管部门应当根据全省无疫区建设规划，结合当地实际情况，编制本地区无疫区建设规划，经本级人民政府批准后组织实施，并报省人民政府农业农村主管部门备案。

县级以上人民政府应当将动物及动物产品检疫、动物卫生监督管理执法、动物疫病监测、动物产品质量安全检测、流行病学调查、动物疫病诊断、强制免疫、畜禽标识及动物产品追溯、疫

情应急处理和应急物资储备等所需经费，纳入本级财政预算。

第九条 县级以上人民政府应当建立健全动物疫情监测网络，加强动物疫情监测，组织制定重大动物疫情应急预案，报上一级人民政府农业农村主管部门备案。

县级以上人民政府农业农村主管部门应当根据本级人民政府制定的重大动物疫情应急预案，按照不同病种及其流行特点和危害程度，分别制定实施方案。

县级以上人民政府及其有关部门应当根据重大动物疫情应急预案的要求，确保重大动物疫病应急处理所需的疫苗等兽用生物制品、药品、设施设备、防护用品和交通及通信工具等动物防疫物资储备。

第十条 县级以上人民政府农业农村主管部门应当建立健全动物疫情风险评估制度，定期对影响本区域的动物疫病状况以及动物卫生状况进行风险评估，并根据评估结果及时做出预警预报，制定相应的预防、控制措施。

第十一条 县级以上人民政府农业农村主管部门应当制定和实施官方兽医、执业兽医、乡村兽医和村级动物防疫人员素质培训规划，建立健全培训和考核机制。

官方兽医、执业兽医、乡村兽医的管理依照国家有关规定执行。

第十二条 从事动物疫情监测、检验检疫、疫病研究与诊疗以及动物饲养、屠宰、经营、隔离、运输等活动的单位和个人，发现动物染疫或者疑似染疫的，应当立即向当地农业农村主管部门或者动物疫病预防控制机构报告，并采取隔离等控制措施，防止动物疫情扩散。

农业农村主管部门或者动物疫病预防控制机构接到动物疫情报告后，应当及时采取必要的控制处理措施，并按照规定程序上报。发现人畜共患传染病的，县级以上人民政府农业农村主管部门与同级卫生行政主管部门应当及时相互通报。

省人民政府农业农村主管部门可以根据国务院农业农村主管部门的授权，发布动物疫情。其他任何单位和个人不得发布动物疫情。

第十三条 兴办动物饲养场（养殖小区）、动物屠宰加工场所、动物隔离场所、动物和动物产品无害化处理场所的，市、县（区）、自治县人民政府农业农村主管部门应当自收到申请之日起二十个工作日内完成材料和现场审查，审查合格的，颁发《动物防疫条件合格证》；审查不合格的，应当书面通知申请人，并说明理由。

经营动物、动物产品的集贸市场，动物种苗孵化场和动物产品储藏场所应当具备国家和本省规定的动物防疫条件，并接受农业农村主管部门的监督检查。

规划主管部门在对动物及动物产品交易市场和动物屠宰厂（场、点）建设项目进行规划审批时，应当征求同级农业农村主管部门的意见。

第十四条 从事兽药、饲料的生产、销售以及动物饲养的单位与个人，生产、销售、使用的兽药、饲料（含动物源性饲料）、饲料添加剂应当符合国家标准，遵守国家禁用药物和休药期规定。

禁止动物饲养单位和个人在饲料、动物饮用水中添加国家规定禁止使用的物质以及对人体具有直接或者潜在危害的其他物质，或者直接使用上述物质养殖动物。

县级以上人民政府农业农村主管部门应当对生产、销售、使用的兽药、饲料（含动物源性饲料）、饲料添加剂实施监督抽查，抽查不合格的，不得生产、销售、使用。

第十五条 各级人民政府应当引导和促进动物饲养业向规模化、标准化、现代化饲养方式转变，改善防疫条件，降低发生重大动物疫病风险。在动物饲养主产区，应当统筹规划，积极稳妥地发展养殖小区和规模饲养场，实行统一的防疫和管理制度。

第十六条 本省对口蹄疫、高致病性禽流感、猪瘟、鸡新城疫、高致病性猪蓝耳病、狂犬病等六种动物疫病实施强制免疫，免疫密度和免疫效果应当达到国家和本省规定的标准。省人民政府农业农村主管部门可以根据动物疫病的防疫需要增加强制免疫病种，报省人民政府批准后施行。

前款动物疫病强制免疫所需疫苗等兽用生物制品费用全部由政府财政负担。除按照国家有关规定由中央财政负担的兽用生物制品费用以外，地方财政负担的兽用生物制品费用实行省和市、县（区）、自治县财政共同负担的原则。省人民政府和市、县（区）、自治县人民政府应当保证强制免疫所需兽用生物制品经费及时足额到位并加强监管。具体办法由省人民政府农业农村主管部门会同财政部门制定。

动物疫病强制免疫所需兽用生物制品由省人

民政府农业农村主管部门依照政府采购的有关规定组织订购，并由省动物疫病预防控制机构负责发放使用。

第十七条 市、县（区）、自治县人民政府农业农村主管部门负责本辖区动物疫病强制免疫计划的组织实施，并对动物疫病强制免疫工作进行监督检查。

饲养场（养殖小区）负责对其饲养动物的强制免疫；乡镇人民政府、街道办事处负责组织以其他方式饲养的动物的强制免疫；对用于展览、比赛、演艺、观赏的动物以及宠物类动物，由饲养单位或者个人按照农业农村主管部门的要求做好强制免疫接种工作。

经强制免疫的猪、牛、羊、犬等动物，应当建立免疫档案，加施畜禽标识，实施可追溯管理。

第十八条 动物饲养场（养殖小区）应当配备疫苗等兽用生物制品冷冻（冷藏、储藏）设备、消毒和诊疗等防疫设备以及与其生产规模相适应的无害化处理、污水污物处理设施设备和兽医专业技术人员，并按照规定做好动物疫病强制免疫和动物疫病监测、消毒、治疗、无害化处理等工作。

第十九条 动物饲养单位和个人应当按照国家有关畜禽标识管理的规定，对其所饲养的动物加施畜禽标识。农业农村主管部门提供畜禽标识不得收费，所需费用列入省人民政府财政预算。

动物饲养场（养殖小区）应当按照国家有关规定建立养殖档案。

市、县（区）、自治县动物疫病预防控制机构负责建立规模饲养动物的畜禽防疫档案。乡镇畜牧兽医公共服务机构负责建立散养动物的畜禽防疫档案。

第二十条 对在动物疫病预防、控制和扑灭过程中被强制扑杀的动物、销毁的动物产品和相关物品，因强制免疫、采样监测造成动物应激死亡以及养殖环节病死动物无害化处理的，应当按照国家和本省规定给予补偿。

第二十一条 市、县（区）、自治县农业农村主管部门应当按照国家和本省的规定，设置动物检疫申报点，并将动物检疫申报点及其检疫范围和检疫对象向社会公布。

屠宰、出售、运输动物以及出售、运输动物产品前，货主应当按照国家有关规定向当地农业农村主管部门申报检疫。农业农村主管部门接到检疫申报后，应当派出官方兽医到场（户）或者指定地点实施现场检疫。检疫合格的，官方兽医应当出具动物检疫合格证明，加施检疫标志；检疫不合格的，官方兽医应当出具检疫处理通知单，并监督货主按照国家和本省有关规定进行处理。

官方兽医应当按照国家规定的检疫规程实施检疫，在动物检疫合格证明、检疫处理通知单、检疫标志上签字或者盖章，并对检疫结论负责。

第二十二条 生猪实行定点屠宰、集中检疫。生猪以外的需要实行定点屠宰、集中检疫的动物种类，以及从省外引入需要实行集中屠宰的动物种类，由省人民政府农业农村主管部门拟定，报省人民政府批准施行。

定点屠宰厂（场、点）屠宰的动物由农业农村主管部门派驻官方兽医按照国家有关规定实施检疫。定点屠宰厂（场、点）应当为农业农村主管部门实施检疫提供固定工作场所等便利条件。

第二十三条 定点屠宰厂（场、点）应当对进场待宰动物进行检查登记，并按照国家规定申报检疫。

官方兽医应当查验进场待宰动物的动物检疫合格证明、畜禽标识的佩戴情况，检查动物屠宰前的健康状况和国家禁用药物检测情况。经查验合格的，准予屠宰。

官方兽医应当按照国家规定，在动物屠宰过程中实施全流程同步检疫和必要的实验室疫病检测。检疫合格的，由官方兽医出具动物检疫合格证明，加施检疫标志；检疫不合格的，出具检疫处理通知单，并监督屠宰场（厂、点）或者货主按照国家和本省有关规定进行处理。

第二十四条 染疫动物及其排泄物、染疫动物产品，病死或者死因不明的动物尸体，运载工具中的动物排泄物以及垫料、包装物、容器等污染物，应当按照国家和本省有关规定处理，不得随意处置。

第二十五条 经营动物、动物产品的单位和个人在购进动物、动物产品时，应当查验动物检疫合格证明、检疫标志，并建立货物来源、数量和检疫等情况的登记档案。登记档案的保存期限应当不少于一年。

第二十六条 省人民政府农业农村主管部门根据动物防疫工作需要并报经省人民政府批准，在本省的机场、港口、车站设立省际动物卫生监督检查站，负责对从省外引入的动物、动物产品

实施动物卫生监督检查。

机场、港口、车站等单位应当为农业农村主管部门实施检疫提供固定工作场所等便利条件。

动物、动物产品运抵本省机场、港口、车站时，空运、水运、铁路运输承运人应当向驻地省际动物卫生监督检查站报告，协同做好动物疫病防控工作。

省际动物卫生监督检查站对有关运输车辆、船舶、货仓等运输工具和储藏场所进行检查时，机场、港口、车站等单位及有关承运人应当予以配合。

第二十七条 从事引入省外动物、动物产品的单位和个人，应当具有符合国家规定的动物防疫条件的运载工具、储藏场所和有关设施，并接受农业农村主管部门的监督检查。

第二十八条 禁止从省外引入动物排泄物和以动物排泄物为原料的肥料。

第二十九条 省外疫区或者疫情威胁区的动物、动物产品，不得引入本省。限制引入的产地区域及有关动物、动物产品，由省人民政府农业农村主管部门按照国家和本省的有关规定确定。

从事引入省外动物、动物产品的单位和个人，应当事前向省农业农村主管部门书面申请查询引入产地是否属于可以引入的区域，查询申请书应当载明引入产地、品种、数量、时间、运输方式和抵达地点等事项。省农业农村主管部门应当自接到查询申请书之日起三个工作日内书面答复申请人。

第三十条 引入省外动物、动物产品，应当从省人民政府农业农村主管部门公布的机场、港口、车站等指定口岸的指定通道进入。

引入的省外动物、动物产品在运抵本省机场、港口、车站等指定口岸时，货主或者承运人应当向省际动物卫生监督检查站报检。省际动物卫生监督检查站依法查验相关证明、消毒，并可以对报检物采样、留验、抽检。检查合格的，予以放行；检查不合格的，按照国家和本省的有关规定进行隔离、封存、消毒或者无害化处理。

个人从省外携带少量动物及动物产品自养自用的，应当按照前两款的规定执行。

第三十一条 引入到本省的动物、动物产品，经检查合格予以放行的，省际动物卫生监督检查站在出具动物检疫合格证明的同时，还应当通知引入地市、县（区）、自治县农业农村主管部门。

第三十二条 引入到本省继续饲养的动物，应当在农业农村主管部门指定的动物隔离场所按照国家规定期限进行隔离检疫，经隔离检疫合格，并经官方兽医出具动物检疫合格证明后，方可混群饲养；检疫不合格的，依法处理。

第三十三条 当省外发生重大动物疫情，对本省无疫区造成或者可能造成威胁时，省人民政府农业农村主管部门可以宣布暂停引入省外动物、动物产品；必要时，省人民政府农业农村主管部门还可以按照规定的权限和程序前移检疫关口，或者经省人民政府批准，封锁引入口岸。

第三十四条 禁止屠宰、销售、收购、运输下列动物和生产、销售、收购、加工、储藏、运输下列动物产品：

（一）来自疫区或者疫情威胁区的；

（二）依法应当检疫而未经检疫或者检疫不合格的；

（三）染疫或者疑似染疫的；

（四）病死或者死因不明的；

（五）应当加施畜禽标识而未加施的；

（六）其他不符合国家有关动物防疫规定的。

第三十五条 新闻媒体应当开展无疫区动物防疫工作的公益性宣传。

任何单位和个人发现危害或者可能危害无疫区安全的行为，应当及时向农业农村主管部门或者动物疫病预防控制机构举报。

第三十六条 兴办动物饲养场（养殖小区）和隔离场所、动物屠宰加工场所以及动物、动物产品无害化处理场所，未按照规定取得《动物防疫条件合格证》的，由县级以上人民政府农业农村主管部门责令改正，处三千元以上三万元以下罚款；情节严重的，责令停业整顿，并处三万元以上十万元以下罚款。

第三十七条 生产、销售、使用不合格的兽药、饲料（含动物源性饲料）、饲料添加剂的，由县级以上人民政府农业农村主管部门责令停止生产、经营、使用，没收违法生产、经营、使用的产品和违法所得，并依照国家兽药、饲料和饲料添加剂的法律法规予以处罚。

第三十八条 不履行动物疫病强制免疫义务，或者对动物、动物产品的运载工具在装载前和卸载后没有及时清洗、消毒的，由县级以上人民政府农业农村主管部门责令限期改正，可以处一千元以下罚款；逾期不改正的，处一千元以上五千元以下罚款，由县级以上人民政府农业农村主管部门委托动物诊疗机构、无害化处理场所等代为处理，所需费用由违法行为人承担。

第三十九条 动物饲养单位和个人，对染疫动物及其排泄物、染疫动物产品或者被染疫动物、动物产品污染的运载工具、垫料、包装物、容器等未按照规定处置的，由县级以上人民政府农业农村主管部门责令限期处理；逾期不处理的，由县级以上人民政府农业农村主管部门委托有关单位代为处理，所需费用由违法行为人承担，处五千元以上五万元以下罚款。

动物饲养单位和个人，未按照规定处理或者随意弃置病死动物、病害动物产品的，由县级以上人民政府农业农村主管部门责令改正，处三千元以上三万元以下罚款；情节严重的，责令停业整顿，并处三万元以上十万元以下罚款。

造成环境污染或者生态破坏的，依照环境保护有关法律法规进行处罚。

第四十条 违反本条例规定，不建立养殖档案或者保存养殖档案的，由县级以上人民政府农业农村主管部门责令改正，并可处一千元以上一万元以下的罚款。

第四十一条 违反本条例规定，屠宰、经营、运输的动物未附有动物检疫合格证明，或者经营和运输的动物产品未附有动物检疫合格证明、检疫标志的，由县级以上人民政府农业农村主管部门责令改正，处同类检疫合格动物、动物产品货值金额一倍以下罚款；对货主以外的承运人处运输费用三倍以上五倍以下罚款，情节严重的，处五倍以上十倍以下罚款。

违反本条例规定，参加科研、展览、演出和比赛等非食用性利用的动物未附有动物检疫合格证明的，由县级以上人民政府农业农村主管部门责令改正，处三千元以上一万元以下罚款。

第四十二条 违反本条例规定，引入省外动物排泄物和以动物排泄物为原料的肥料，或者从省外疫区、疫情威胁区引入动物、动物产品的，由农业农村主管部门没收产品及违法所得，并处五千元以上三万元以下的罚款；违法所得超过三万元的，处违法所得一倍以上三倍以下的罚款。

第四十三条 违反本条例规定，引入省外动物、动物产品，不依照规定申报检疫，或者申报检疫的货物与实际不符的，由县级以上人民政府农业农村主管部门处二千元以上一万元以下罚款；情节严重的，处一万元以上十万元以下罚款。

违反本条例规定，引入省外动物、动物产品，不从公布的机场、港口、车站等指定引入口岸的指定通道进入的，由县级以上人民政府农业农村主管部门对运输人处五千元以上一万元以下罚款；情节严重的，处一万元以上五万元以下罚款。

第四十四条 违反本条例规定，屠宰、销售、收购、运输下列动物或者生产、销售、收购、加工、储藏、运输下列动物产品的，由县级以上人民政府农业农村主管部门责令改正、采取补救措施，没收违法所得和动物、动物产品，并处同类检疫合格动物、动物产品货值金额十五倍以上三十倍以下的罚款；同类检疫合格动物、动物产品货值金额不足一万元的，并处五万元以上十五万元以下罚款。

（一）来自疫区或者疫情威胁区的；

（二）检疫不合格的；

（三）染疫或者疑似染疫的；

（四）病死或者死因不明的；

（五）其他不符合国家有关动物防疫规定的。

有上述情形，法律、行政法规规定对违法行为人及有关人员实行从业限制的，执行其规定。

违反本条例规定，对依法应当检疫而未检疫的动物或者动物产品进行屠宰、生产、加工、销售、收购、储藏或者运输的，依照本条例第四十一条的规定处罚。

违反本条例规定，对应当加施畜禽标识而未加施的动物进行屠宰、销售、收购、运输的，由县级以上人民政府农业农村主管部门责令改正，可以处二千元以下的罚款。

第四十五条 拒绝、阻碍农业农村主管部门或者动物疫病预防控制机构工作人员依法执行职务的，依照《中华人民共和国治安管理处罚法》给予处罚；构成犯罪的，依法追究刑事责任。

第四十六条 农业农村主管部门、动物疫病预防控制机构及其工作人员有下列行为之一的，由所在单位或者上级主管部门对直接负责的主管人员和其他直接责任人员给予处分；构成犯罪的，依法追究刑事责任：

（一）违反检疫操作规程的；

（二）出具虚假动物检疫合格证明或者检验报告的；

（三）对符合条件应当发放《动物防疫条件合

格证》《动物检疫合格证》《动物诊疗许可证》而不发放的；

（四）倒卖《动物检疫合格证》的；

（五）不按照规定建立畜禽防疫档案的；

（六）不履行动物防疫、检疫，动物疫病监测、检测责任的；

（七）违反国家和本省有关规定重复收费或者少收费的；

（八）违反规定擅自处理没收、封存的物品的；

（九）其他玩忽职守、滥用职权、徇私舞弊的行为。

第四十七条 各级人民政府及其有关职能部门在无疫区建设和管理中，不依法履行职责的，由其上级行政机关或者监察机关责令改正，予以通报批评，并对直接负责的主管人员和其他直接责任人员依法给予处分；构成犯罪的，依法追究刑事责任。

第四十八条 违反本条例的行为，本条例未设定处罚但其他法律法规已设定处罚规定的，依照有关法律法规的规定处罚。

对无规定动物疫病区管理，本条例未作规定的，依照《中华人民共和国动物防疫法》和其他法律法规的规定执行。

第四十九条 从境外引入的动物、动物产品的检验、检疫及监督管理，根据国家有关法律、行政法规的规定执行。

第五十条 本规定规定的违法行为，根据国家和本省规定已实施综合行政执法管理的，由市、县、自治县综合执法行政机构处理。

第五十一条 本条例具体应用中的问题由省人民政府负责解释。

第五十二条 本条例自 2012 年 8 月 1 日起施行。

十八、湖北省动物防疫条例

（2011年8月3日湖北省第十一届人民代表大会常务委员会第二十五次会议通过　根据2014年9月25日湖北省第十二届人民代表大会常务委员会第十一次会议《关于集中修改、废止部分省本级地方性法规的决定》第一次修正　根据2016年12月1日湖北省第十二届人民代表大会常务委员会第二十五次会议《关于集中修改、废止部分省本级地方性法规的决定》第二次修正　根据2017年11月29日湖北省第十二届人民代表大会常务委员会第三十一次会议《关于集中修改、废止部分省本级地方性法规的决定》第三次修正　2021年11月26日湖北省第十三届人民代表大会常务委员会第二十七次会议修订）

第一章　总　　则

第一条　为了加强对动物防疫活动的管理，预防、控制、净化、消灭动物疫病，促进养殖业发展，防控人畜共患传染病，保障公共卫生安全和人体健康，根据《中华人民共和国动物防疫法》等法律、行政法规，结合本省实际，制定本条例。

第二条　本条例适用于本省行政区域内的动物防疫及其监督管理活动。

进出境动物、动物产品的检疫以及实验动物防疫，其他法律法规有规定的，从其规定。

第三条　动物防疫实行预防为主，预防与控制、净化、消灭相结合的方针，建立政府主导、行业自律和社会共治的工作机制。

第四条　县级以上人民政府对本行政区域内的动物防疫工作实行统一领导，建立健全动物防疫体系和动物防疫公共服务机构，加强动物防疫队伍建设，制定并组织实施动物疫病防治规划，将动物防疫工作纳入目标责任制考核。

县级以上人民政府应当将人畜共患传染病防治纳入公共卫生体系，同步规划、同步建设、同步实施。

乡镇人民政府、街道办事处应当组织做好本辖区的动物饲养情况调查和强制免疫以及病死动物、病害动物产品的无害化处理，并协助做好动物疫情应急处置和控制工作，村民委员会、居民委员会予以协助。

第五条　县级以上人民政府农业农村主管部门负责对本行政区域内的动物防疫工作进行统筹协调、服务指导和监督管理。

县级以上人民政府发展改革、公安、财政、生态环境、城市管理、交通运输、商务、卫生健康、市场监督管理、野生动物保护等部门在各自职责范围内做好动物防疫工作。

第六条　县级以上人民政府的动物卫生监督机构依法负责动物、动物产品的检疫及相关监督管理工作。

县级以上人民政府的动物疫病预防控制机构承担动物疫病的监测、检测、诊断、流行病学调查、疫情报告以及其他预防、控制等技术工作；承担动物疫病净化、消灭的技术工作。

第七条　从事动物饲养、屠宰、经营、隔离、运输、诊疗以及动物产品生产、经营、加工、贮藏、运输等活动的单位和个人，依照法律、法规和国家有关规定，做好免疫、消毒、检测、隔离、净化、消灭、无害化处理、疫情报告以及相关信息记录等工作，承担动物防疫相关责任。

第八条　县级以上人民政府农业农村等部门应当加强对动物防疫相关行业组织的支持、指导和服务。

动物防疫相关行业组织应当加强行业自律，

健全行业规范，指导会员依法从事动物防疫、诊疗以及动物和动物产品生产经营等活动，推进行业诚信建设。

第九条 各级人民政府及有关部门应当加强动物防疫相关法律法规和知识宣传普及，支持单位和个人参与动物防疫的宣传教育、疫情报告、志愿服务和捐赠等活动。

第二章 动物疫病的预防

第十条 县级以上人民政府应当加强动物疫病监测网络体系建设，健全动物疫病监测信息网络直报、应急响应、防控协作等工作机制。

省人民政府农业农村主管部门应当依据国家动物疫病监测计划，科学布局、合理设置监测点，制定本省动物疫病监测计划并组织实施。

动物疫病预防控制机构负责协助农业农村主管部门组织实施动物疫病监测计划，及时汇总、分析、评估、会商和上报监测信息；相关单位和个人应当配合动物疫病监测工作，不得拒绝或者阻碍。

第十一条 省人民政府农业农村主管部门应当会同卫生健康、生态环境、野生动物保护等部门以及科研院所等单位，建立动物疫病风险评估制度，成立重大动物疫病风险评估专家组，定期开展动物疫病风险评估。

动物疫病风险评估应当对疫情流行病学调查、监测点监测、实验室检测、防疫检疫工作等情况进行分析研究，研判疫情风险，并根据对动物疫病发生、流行趋势的预测，及时发出动物疫情预警。

县级以上人民政府及相关部门应当根据动物疫情预警，及时落实相应的动物疫病预防、控制、净化、消灭措施。

第十二条 省人民政府农业农村主管部门应当制定本省的强制免疫计划；根据本省动物疫病流行情况增加实施强制免疫的动物疫病病种和区域，报省人民政府批准后执行，并报国务院农业农村主管部门备案。

市（州）、县级人民政府农业农村主管部门根据省年度强制免疫计划制定本级的年度强制免疫实施计划，并负责组织实施，按照规定做好实施效果评估。

第十三条 饲养动物的单位和个人应当履行动物疫病强制免疫义务，按照强制免疫计划和技术规范，对动物实施免疫接种，并按照国家有关规定建立免疫档案、加施畜禽标识，保证可追溯。

县级以上人民政府农业农村主管部门应当对饲养动物的单位和个人履行强制免疫义务的情况进行监督检查，对未依法实施免疫接种或者免疫未达到质量要求的，及时督促整改。

第十四条 免疫档案应当载明畜禽养殖场（户）名称、地址、畜禽种类、数量、免疫日期、疫苗名称、畜禽标识标号、免疫人员以及用药记录等内容。

畜禽标识由饲养动物的单位和个人按照国家和省有关规定申领并加施。加施的畜禽标识严重磨损、破损、脱落的，应当及时加施新的标识，确保免疫后的畜禽可追溯。

第十五条 县级以上人民政府应当推进动物防疫信息化建设，在饲养、防疫、监测、检疫、屠宰、流通、无害化处理等方面实现信息互通、数据共享，建立可追溯体系，提升动物疫病防控能力。

第十六条 省人民政府应当组织农业农村、发展改革、公安、财政、生态环境、交通运输、卫生健康、市场监督管理、野生动物保护等部门制定本省的无规定动物疫病区建设方案，并组织实施。

第十七条 县级以上人民政府根据动物疫病净化、消灭规划，制定并组织实施本行政区域的动物疫病净化、消灭计划。

鼓励和支持饲养动物的单位和个人开展动物疫病净化。对达到国务院农业农村主管部门规定的净化标准的，由县级以上人民政府给予政策、项目、资金等方面的支持。

第十八条 饲养犬只的单位和个人应当按照规定定期到狂犬病免疫点为犬只实施狂犬病免疫接种，取得省人民政府农业农村主管部门监制的免疫证明后向所在地养犬登记机关申请登记。

县级人民政府农业农村主管部门应当确定并公布狂犬病免疫点，并加强监督检查，依法查处出具虚假狂犬病免疫证明和使用假、劣狂犬病疫苗等违法违规行为。

县级人民政府和乡镇人民政府、街道办事处应当结合本地实际，做好农村地区饲养犬只的防疫管理工作。

第十九条 携犬只出户的，应当按照规定佩戴犬牌并束犬链牵引，及时清除犬只排泄物；进入电梯等密闭空间或者人员密集场所的，应当为犬只戴嘴套或者将犬只装入犬袋、犬笼，防止犬只伤人、传播疫病。

禁止遗弃饲养的犬、猫。县级人民政府应当组织做好弃养、流浪、无主、没收的犬和猫的收容、防疫、无害化处理等工作。

禁止饲养烈性犬、大型犬，特殊犬只按照国家相关规定管理。本省饲养犬只防疫管理的具体办法由省人民政府制定。

第二十条 动物诊疗机构应当建立健全内部管理制度，按照规定做好诊疗活动中与动物疫病医源性感染有关的危险因素的监测、安全防护、消毒、隔离、动物疫情报告和医疗废弃物处置等工作，不得有下列行为：

（一）聘用未取得执业兽医资格证书或者未办理备案的人员从事动物诊疗活动；

（二）随意抛弃病死动物、动物病理组织或者医疗废弃物；

（三）排放未经无害化处理或者处理不达标的诊疗废水、废液；

（四）使用假、劣兽药；

（五）无兽药经营许可证从事兽药经营活动；

（六）使用不规范的兽医处方笺或者无诊疗记录；

（七）其他违反国家有关规定的行为。

动物诊疗机构依法兼营动物用品、动物美容、动物寄养等项目的，兼营区域与动物诊疗区域应当物理分隔、独立设置。

第二十一条 动物屠宰加工场所、动物和动物产品无害化处理场所、较大规模的动物饲养场等，应当具备病原检测设备和检测能力，按照规定开展动物疫病的免疫和检测；及时对畜禽粪便、废水和其他废弃物进行收集、清运和消毒，保障生产环境符合防疫要求。

第二十二条 从事动物和动物产品生产、经营、加工、贮藏、运输、无害化处理等活动的单位和个人，应当按照国家规定处理相关运载工具、垫料、包装物、容器等被污染的物品，不得随意处置。

第三章 动物疫情的报告和动物疫病的控制

第二十三条 任何单位和个人发现动物染疫或者疑似染疫的，应当立即向所在地农业农村主管部门或者动物疫病预防控制机构报告。

接到动物疫情报告的单位，应当及时采取临时隔离控制等必要措施，按照国家规定的程序上报，并向同级卫生健康、野生动物保护等有关部门通报。

第二十四条 经初步认定，发生口蹄疫、高致病性禽流感、小反刍兽疫、非洲猪瘟等符合国家规定快报情形的，县级动物疫病预防控制机构应当按照规定启动快报程序，在规定时间内逐级报告省级动物疫病预防控制机构，并同时报告所在地人民政府农业农村主管部门和卫生健康部门。

第二十五条 县级以上人民政府野生动物保护部门发现野生动物染疫或者疑似染疫的，应当及时处置并向同级农业农村主管部门和卫生健康部门通报。符合快报规定情形的，应当在规定时间内逐级报告省人民政府野生动物保护部门，由其及时通报同级农业农村主管部门和卫生健康部门。

第二十六条 县级以上人民政府应当建立人畜共患传染病信息共享和防治协作机制，健全定期会商制度。

县级以上人民政府卫生健康、农业农村、野生动物保护、市场监督管理等相关部门应当按照各自职责做好布鲁氏菌病、狂犬病、结核病、流感等人畜共患传染病的流行病学调查、监测、检测等工作；发生人畜共患传染病时应当按照规定及时相互通报，并按照各自职责采取相应的预防、控制措施。

第二十七条 动物疫情的认定、发布以及重大动物疫情报告期间的应急处置措施依照国家有关规定执行。

县级以上人民政府应当依法制定并备案本行政区域的重大动物疫情应急预案，加强应急队伍建设，开展技术培训和应急演练，储备应急物资，做好应对突发动物疫情工作。

重大动物疫情确认后，县级以上人民政府应当启动相应等级的应急预案；县级以上人民政府设立的重大动物疫情应急指挥部统一领导、指挥动物疫情应急工作，根据动物疫情应急需要采取封锁、隔离、扑杀、销毁、消毒、紧急免疫接种、流行病学调查、无害化处理等控制、扑灭措施。

第二十八条 对在动物疫病预防、控制、净化、消灭过程中强制扑杀的动物、销毁的动物产

品和相关物品，由县级以上人民政府根据国家规定给予补偿。

未按照规定实施强制免疫，或者违法调入动物、动物产品而发生疫情的，动物扑杀、动物产品销毁等相关损失以及处理费用，由责任单位和个人承担。

第四章 动物、动物产品的检疫和无害化处理

第二十九条 动物和动物产品检疫实行申报制度。对依法应当检疫的动物、动物产品，相关单位和个人应当按照国家规定向所在地动物卫生监督机构申报检疫。

县级动物卫生监督机构应当根据检疫工作需要和动物养殖规模及分布等情况，合理设置动物检疫申报点，并将动物检疫申报点、检疫范围、检疫对象和申报方式等向社会公布。

第三十条 县级动物卫生监督机构应当依法向定点屠宰场所派驻官方兽医实施检疫；检疫合格的，出具检疫证明、加施检疫标志。实施检疫的官方兽医应当在检疫证明、检疫标志上签字或者盖章，并对检疫结论负责。

定点屠宰场所应当提供与屠宰规模相适应的检疫室和检疫操作台等设施设备，按照规定开展动物疫病自检和肉品品质检验，并配合官方兽医做好动物临床健康检查、动物疫病检测、动物屠宰同步检疫等检疫协助工作。

生产加工、冷链运输、冷库贮藏、批发、零售、餐饮等经营环节的食用动物产品经营者应当按照规定查验、记录、保存食用动物产品检验检疫信息。

县级以上人民政府交通运输、农业农村、商务、市场监督管理等部门应当加强对食用动物产品冷链运输、冷库贮藏、批发、零售等的全程管理，督促经营者落实动物防疫及相关疫情防控要求。

第三十一条 从事动物经营活动的，经营者应当提供有效的动物检疫证明。不得购买或者接收未经检疫的动物。

从事动物运输的单位和个人以及车辆，应当按照规定备案并保存行程路线和托运人提供的动物名称、检疫证明编号、数量等信息。

货主或者承运人应当按照动物检疫证明填写的目的地运抵，中途不得转运、销售、更换、增加动物和动物产品。

第三十二条 从事动物饲养、屠宰、经营、隔离、运输、诊疗以及动物产品生产、经营、加工、贮藏、运输等活动的单位和个人，应当按照国家有关规定做好病死动物、病害动物产品的无害化处理，或者向动物和动物产品无害化处理场所报告，委托其收集和处理。

任何单位和个人不得买卖、屠宰、加工、随意弃置病死动物、病害动物产品。

动物饲养场、屠宰加工场所、动物隔离场所应当建立病死畜禽无害化处理情况档案并至少保存两年。

第三十三条 动物和动物产品无害化处理场所应当严格按照国家规定实施病死动物、病害动物产品无害化处理，向所在地县级人民政府农业农村主管部门如实报告收集、处理和动物疫病检测、消毒等情况，建立收集、暂存、运输、处理、产物流向等档案并至少保存两年。

动物和动物产品无害化处理场所应当按照规定，配备符合动物防疫要求的专用运输车辆，建立符合动物防疫要求的清洗消毒中心。

第三十四条 省人民政府应当统筹规划动物和动物产品集中无害化处理场所建设布局，建立政府主导、市场运作、部门监管的无害化处理机制。

县级人民政府应当根据省人民政府动物和动物产品集中无害化处理场所建设规划，组织建设集中无害化处理场所，合理布局收集转运点，建立健全收集转运体系，并将集中无害化处理场所和收集转运点的运营单位名称、位置、服务范围、联系方式等向社会公布。

鼓励和支持社会力量按照国家规定投资建设动物和动物产品集中无害化处理场所，向社会提供无害化处理服务。

第五章 保障措施和监督管理

第三十五条 县级以上人民政府应当建立健全动物防疫工作财政保障机制，将动物疫病预防、控制、监测、净化、消灭及应急物资储备，动物和动物产品检疫检测，病死动物和病害动物产品无害化处理，指定通道及动物防疫检查站建设、维护和运行，以及监督管理等所需经费纳入本级

财政预算。

第三十六条 县级以上人民政府应当采取有效措施，健全乡镇动物防疫体系，加强官方兽医、执业兽医、乡村兽医以及村级防疫员等队伍建设，充实和保障基层动物防疫机构、人员力量。

第三十七条 县级人民政府应当按照标准足额配备官方兽医，加强兽医实验室等设施和设备建设，保障检疫检测工作条件和人员力量。

县级人民政府应当保障村级防疫员合理劳务报酬，提供劳动保护。

村级防疫员负责协助做好动物防疫知识宣传、动物饲养情况调查、动物强制免疫、疫情观察报告与处置、违法行为报告与制止、病死畜禽无害化处理等动物疫病防治工作。

第三十八条 动物病原微生物实验室应当符合生物安全国家标准和要求，严格遵守国家有关标准和实验室技术规范、操作规程，落实安全防范措施。

县级以上人民政府农业农村主管部门应当会同卫生健康部门加强本行政区域内动物病原微生物实验室及其实验活动的生物安全、动物伦理和日常运行的监督管理，依法查处未经批准从事高致病性动物病原微生物实验活动等违法行为。

第三十九条 省人民政府农业农村主管部门应当会同交通运输部门统一规划入省境和过省境运输动物的指定通道，报省人民政府批准后向社会公布。必要时，经省人民政府批准，可以在其他交通道口设立临时性的动物防疫检查站。

外地运输动物入省境和过省境的，货主或者承运人应当向指定通道或者动物防疫检查站申报查验，经检查合格并签章、登记后放行。

第六章　法律责任

第四十条 违反本条例规定，法律、法规已有规定的，从其规定。

第四十一条 违反本条例第十九条第一款规定，未束犬链牵引、戴嘴套或者装入犬袋犬笼的，由养犬登记机关责令改正；拒不改正的，处 500 元以上 1 000 元以下罚款；情节恶劣或者造成严重后果的，没收犬只。

违反本条例第十九条第二款规定，遗弃饲养的犬只的，由养犬登记机关收容犬只，并处 1 千元以上 5 000 元以下罚款。

违反本条例第十九条第三款规定，违规饲养烈性犬、大型犬的，由养犬登记机关没收犬只，并处 5 000 元以上 1 万元以下罚款。

第四十二条 违反本条例第三十一条第三款规定，货主或者承运人中途转运、销售、更换、增加动物和动物产品的，由县级以上人民政府农业农村主管部门责令改正，并处 5 000 元以上 3 万元以下罚款。

第四十三条 违反本条例第三十二条第三款、第三十三条第一款规定，屠宰加工场所、动物隔离场所、动物和动物产品无害化处理场所未建立相关档案并按照规定保存的，由县级以上人民政府农业农村主管部门责令限期改正；逾期不改正的，可以处 1 000 元以上 5 000 元以下罚款。

第四十四条 违反本条例第三十九条第二款规定，货主或者承运人未向指定通道或者动物防疫检查站申报查验的，由县级以上人民政府农业农村主管部门处 5 000 元以上 1 万元以下罚款；情节严重的，处 1 万元以上 5 万元以下罚款。

第四十五条 国家机关及其工作人员在动物防疫工作中玩忽职守、滥用职权、徇私舞弊的，依法予以处分；构成犯罪的，依法追究刑事责任。

第七章　附　　则

第四十六条 本条例自 2022 年 3 月 1 日起施行。

十九、陕西省实施《中华人民共和国动物防疫法》办法

（2004 年 6 月 4 日陕西省第十届人民代表大会常务委员会第十一次会议通过 2022 年 5 月 25 日陕西省第十三届人民代表大会常务委员会第三十四次会议修订）

第一章　总　　则

第一条　为了实施《中华人民共和国动物防疫法》，结合本省实际，制定本办法。

第二条　本省行政区域内从事动物疫病的预防、控制、诊疗、净化、消灭，动物和动物产品的检疫，病死动物和病害动物产品的无害化处理及其监督管理活动，适用本办法。

进出境动物、动物产品的检疫，依照《中华人民共和国进出境动植物检疫法》的规定办理。

经检疫合格作为食品的动物、动物产品，其卫生检验、监督，依照《中华人民共和国食品安全法》的规定办理。

第三条　县级以上人民政府对动物防疫工作实行统一领导，将动物防疫工作纳入国民经济和社会发展规划及年度计划，制定并组织实施动物疫病防治规划、突发重大动物疫情应急预案，建立动物疫病联防联控工作机制，健全动物防疫体系，落实动物防疫责任。

乡（镇）人民政府、街道办事处组织群众做好本辖区的动物疫病预防与控制工作，村（居）民委员会予以协助。

第四条　县级以上人民政府农业农村行政主管部门主管本行政区域的动物防疫工作。

县级以上人民政府卫生健康行政主管部门负责人畜共患传染病易感染人群的监测、防治、宣传等工作。

县级以上人民政府林业行政主管部门负责陆生野生动物疫源疫病监测、疫情处置等工作。

县级以上人民政府市场监督管理行政主管部门负责动物源性食品流通、餐饮环节监管等工作。

县级以上人民政府其他有关行政主管部门在各自职责范围内做好动物防疫工作。

第五条　县级以上农业农村行政主管部门综合执法机构负责动物防疫行政执法工作。

县级以上动物卫生监督机构负责本行政区域动物、动物产品的检疫等工作。

县级以上动物疫病预防控制机构承担动物疫病的监测、检测、诊断、流行病学调查、疫情报告以及其他预防、控制、净化、消灭等技术工作。

第六条　从事动物饲养、屠宰、经营、隔离、运输以及动物产品生产、经营、加工、贮藏等活动的单位和个人，依照国家和本省有关规定，做好免疫、消毒、检测、隔离、净化、消灭、无害化处理等动物防疫工作，承担动物防疫相关责任。

第七条　各级人民政府和有关部门、新闻媒体，应当加强对动物防疫法律法规和动物防疫知识的宣传。

第八条　各级人民政府和有关部门对在动物防疫、相关科学研究和技术推广工作中做出显著成绩的单位和个人，按照国家有关规定给予表彰、奖励。

有关单位应当依法为动物防疫人员缴纳工伤

保险费。对因参与动物防疫工作致病、致残、死亡的人员，按照国家有关规定给予补助或者抚恤。

第二章　动物疫病的预防

第九条　省农业农村行政主管部门会同省卫生健康等有关行政主管部门开展本省的动物疫病风险评估，根据动物疫情风险等级，实施和调整动物疫病防控措施。

第十条　省农业农村行政主管部门应当根据国家和省人民政府确定的强制免疫动物疫病病种和区域，制定并组织实施本省动物疫病强制免疫计划。

设区的市、县（市、区）农业农村行政主管部门应当根据本省动物疫病强制免疫计划，制定本行政区域的强制免疫计划实施方案并组织实施。

乡（镇）人民政府、街道办事处组织本辖区饲养动物的单位和个人做好动物疫病强制免疫接种，协助有关部门做好监督检查；村（居）民委员会协助做好相关工作。

第十一条　饲养动物的单位和个人应当依法履行动物疫病强制免疫义务。对动物实施强制免疫应当达到国家规定的免疫密度和抗体水平；对未达标的，应当及时实施补充免疫接种或者强化免疫，保证免疫动物符合免疫质量要求。

第十二条　动物强制免疫实行畜禽标识和档案管理制度。

饲养动物的单位和个人应当按照国家和本省动物防疫信息化管理的有关规定，对实施免疫接种的动物加施畜禽标识，建立免疫档案，上传动物免疫等防疫信息，保证可追溯。

畜禽标识由省农业农村行政主管部门负责统一组织，免费供应。

第十三条　省农业农村行政主管部门应当根据国家动物疫病监测计划，制定本省动物疫病监测计划。

设区的市、县（市、区）农业农村行政主管部门应当根据本省动物疫病监测计划制定本行政区域动物疫病监测方案并组织实施。

县级以上人民政府应当建立健全动物疫病监测网络，加强动物疫病监测。动物疫病预防控制机构按照国家和本省农业农村行政主管部门有关规定对动物疫病的发生、流行等情况进行监测，并实行动物疫病监测信息网络直报。

县级以上人民政府应当完善野生动物疫源疫病监测体系和工作机制，根据野生动物疫病流行特点和地理环境等特征合理设置监测站点。林业、农业农村行政主管部门按照职责分工做好野生动物疫源疫病监测等工作，并定期互通情况，紧急情况及时通报。

第十四条　省农业农村行政主管部门根据对动物疫病发生、流行趋势的预测，及时发出动物疫情预警。各级人民政府接到动物疫情预警后，应当及时采取预防、控制措施。

第十五条　县级以上人民政府及其农业农村行政主管部门应当建立区域防控、无规定动物疫病区、生物安全隔离区、动物疫病净化场等动物疫病分区管理制度，鼓励支持无规定动物疫病区和动物饲养场无规定动物疫病生物安全隔离区建设。

按照国家规定落实禁止或者限制特定动物、动物产品跨区域调运等管控措施，防止动物疫病传播。

第十六条　从事动物运输的单位、个人以及车辆，应当向所在地县级农业农村行政主管部门备案，建立健全运输台账，详细记录检疫证明编号、畜禽名称、畜禽数量、运输时间、启运地点、到达地点、运输路线、车辆清洗、消毒以及运输活动中死亡、染疫或者疑似染疫畜禽的处置等信息。道路运输动物的车辆应当符合国家有关规定。跨省运输畜禽的备案车辆卫星定位系统相关信息记录保存期限不得少于三个月。

动物、动物产品承运人应当验明托运人提供的检疫证明，并按照检疫证明规定的时间运抵目的地，中途不得转运、销售或者更换动物、动物产品。

邮政企业、快递企业应当依法验视寄递的动物产品。

第十七条　道路运输动物的车辆进入或者途经本省行政区域的，应当经由省人民政府确定并公布的指定通道通行，并接受动物防疫检查站查验。

动物防疫检查站的官方兽医应当查验动物以及检疫证明等有关证章标识，检查合格的，消毒、签章后，准予通行。

任何单位和个人不得接收未经道路运输动物指定通道动物防疫检查站签章的动物。

第十八条　跨省引进种用、乳用等需要继续饲养的动物到达输入地后，货主应当在 24 小时内

向所在地县级农业农村行政主管部门报告，并按照国家规定进行隔离观察；隔离观察期满健康的，可混群饲养。不合格的，按照有关规定进行处理。

在隔离观察期间，货主应当按照动物防疫信息化管理规定，录入动物的健康状况和畜禽标识等信息。

第十九条　禁止屠宰、经营、运输下列动物和生产、经营、加工、贮藏、运输下列动物产品：

（一）封锁疫区内与所发生动物疫病有关的；

（二）疫区内易感染的；

（三）依法应当检疫而未经检疫或者检疫不合格的；

（四）染疫或者疑似染疫的；

（五）病死或者死因不明的；

（六）其他不符合国家有关动物防疫规定的。

因实施集中无害化处理需要暂存、运输动物和动物产品并按照规定采取防疫措施的，不适用前款规定。

第二十条　县级以上卫生健康行政主管部门和农业农村、林业等有关行政主管部门，应当建立健全人畜共患传染病防治的协作机制，组织开展易感动物和相关人群的人畜共患传染病监测工作，定期通报监测结果；发生人畜共患传染病时，应当及时相互通报信息，并按照各自职责采取相应的防控措施。

第二十一条　饲养犬只的单位和个人应当按照犬只狂犬病免疫程序，定期到动物诊疗机构或者免疫接种点对犬只接种狂犬病疫苗，凭免疫证明向所在地养犬登记机关申请登记。

县级人民政府和乡（镇）人民政府、街道办事处应当做好农村地区饲养犬只的防疫管理工作。动物防疫人员入户进行犬只狂犬病免疫接种的，村（居）民委员会应当予以配合，饲养犬只的单位和个人应当做好犬只保定。

第二十二条　乡（镇）人民政府、街道办事处应当组织协调村（居）民委员会采取有效措施，宣传狂犬病的危害及防控知识，提高狂犬病防控知晓率，做好本辖区流浪犬、猫的收容处置，防止狂犬病传播。县级人民政府有关部门配合做好相关工作。

第三章　动物疫病的控制

第二十三条　从事动物疫病监测、检测、检验检疫、研究、诊疗以及动物饲养、屠宰、经营、隔离、运输等活动的单位和个人，发现动物染疫或者疑似染疫的，应当立即向所在地县级农业农村行政主管部门或者动物疫病预防控制机构报告，并迅速采取隔离等控制措施，防止动物疫情扩散。其他单位和个人发现动物染疫或者疑似染疫的，应当及时报告。

县级以上农业农村行政主管部门和动物疫病预防控制机构应当向社会公布动物疫情报告电话、地点、网址等信息。

第二十四条　县级以上农业农村行政主管部门或者动物疫病预防控制机构接到动物染疫、疑似染疫或者不明原因大批死亡的报告后，应当及时派兽医人员到现场进行核查，开展临床诊断和流行病学调查，采取临时隔离控制等措施；必要时，采集病料送动物疫病预防控制机构进行检测。

第二十五条　发生重大动物疫情以及发现新的动物疫病时，县级以上农业农村行政主管部门应当依法划定疫点、疫区和受威胁区，并报请本级人民政府启动相应等级的应急预案。

县级以上人民政府应当根据应急预案的等级组织协调有关部门依法采取封锁、隔离、扑杀、销毁、消毒、无害化处理、紧急免疫、疫情监测、流行病学调查等措施，并做好社会治安维护、易感人群监测、肉食品供应以及动物、动物产品市场监管等工作，及时控制和扑灭疫情。

第二十六条　为控制动物疫病，县级农业农村行政主管部门应当派人在所在地依法设立的现有检查站执行监督检查任务；必要时，经省人民政府批准，可以设立临时性动物防疫检查站，对运输的动物和动物产品进行监督检查。

第四章　动物和动物产品的检疫

第二十七条　动物检疫实行申报制度。

县级以上人民政府应当制定动物检疫申报点建设规划，加强动物检疫申报点的建设，为其配备必要的设备。

动物卫生监督机构应当向社会公布动物检疫申报点、检疫范围和检疫对象。

第二十八条　出售或者运输动物、动物产品的，货主为检疫申报主体；委托收购贩运单位或者个人代为申报检疫的，货主应当出具委托书；

屠宰动物的，屠宰企业为检疫申报主体。

出售或者运输动物、动物产品前，货主应当提前三天向所在地动物卫生监督机构申报检疫；屠宰动物的，屠宰企业应当提前六小时向所在地动物卫生监督机构申报检疫；急宰动物的，可以随时申报。

用于科学研究、药用、展示等非食用性利用的野生动物，人工捕获的野生动物应当按照国家和本省有关规定申报检疫。

第二十九条 动物卫生监督机构接到检疫申报后，应当及时指派官方兽医按照国家标准、行业标准、检疫规程对动物、动物产品实施检疫，检疫合格的，出具检疫证明、加施检疫标志。实施检疫的官方兽医应当在检疫证明、检疫标志上签字或者盖章，并对检疫结论负责。

养殖场、屠宰企业的执业兽医或者动物防疫技术人员以及乡村兽医、动物防疫员应当协助官方兽医实施检疫。

第三十条 对猪、牛、羊等动物实行定点屠宰，集中检疫。

县级动物卫生监督机构可以对依法设立的定点屠宰企业派驻官方兽医，组织实施屠宰检疫。

运输动物进入屠宰企业，官方兽医应当监督屠宰企业查验动物检疫合格证明、畜禽标识；对跨省进入的动物，还应当查验道路运输动物指定通道动物防疫检查站的签章，并收缴检疫合格证明。证物相符、临床检查合格的，准予进入屠宰企业。

对未实行定点屠宰的其他动物，县级动物卫生监督机构在受理检疫申报后，应当参照定点屠宰动物的检疫规定组织实施检疫。

动物屠宰后，屠宰企业应当按照畜禽标识相关管理规定卸去佩戴的标识，上传注销信息，在官方兽医监督下销毁标识。

第三十一条 农村地区个人自养自宰自食的猪、牛、羊等动物在屠宰前，应当向所在地动物卫生监督机构申报检疫；动物卫生监督机构接到检疫申报后，应当派官方兽医到现场实施检疫。

第三十二条 对检疫不合格的动物、动物产品，动物卫生监督机构应当及时出具检疫处理通知单，并报告同级农业农村行政主管部门。

农业农村行政主管部门接到报告后，应当及时派执法人员到现场，监督货主按照国家有关规定处理，处理费用由货主承担。

第五章 病死动物和病害动物产品的无害化处理

第三十三条 省人民政府应当制定动物、动物产品集中无害化处理场所建设规划，建立政府主导、市场运作的无害化处理机制。

设区的市、县（市、区）人民政府应当根据动物、动物产品集中无害化处理场所建设规划以及本行政区域动物养殖、疫病发生和动物死亡等情况，统筹规划病死动物和病害动物产品无害化处理体系，组织建设覆盖饲养、屠宰、经营、运输等环节的动物、动物产品集中无害化处理场所。

县（市、区）、乡（镇）人民政府和街道办事处应当依托动物养殖场、屠宰企业、动物和动物产品无害化处理场所等，建设病死动物收集网点，并配备必要的收储设备和运输工具。

鼓励和支持社会资本投资建设动物、动物产品集中无害化处理场所。

第三十四条 从事动物饲养、屠宰、经营、隔离以及动物产品生产、经营、加工、贮藏等活动的单位和个人，应当按照国家规定做好病死动物、病害动物产品的无害化处理，或者委托动物和动物产品无害化处理场所处理，建立无害化处理档案，并及时向乡（镇）人民政府、街道办事处或者县级农业农村行政主管部门报告动物死亡及处理情况。

从事动物、动物产品运输的单位和个人，应当配合做好病死动物和病害动物产品的无害化处理，不得在途中擅自弃置和处理有关动物和动物产品。

任何单位和个人不得买卖、加工、随意弃置病死动物和病害动物产品。

第三十五条 发生重大动物疫情或者人畜共患传染病时，对病死动物和依法扑杀的动物，应当按照相关动物疫病应急预案和防治技术规范就近进行无害化处理。

临时动物防疫检查站和指定通道动物防疫检查站在监督检查中发现的病死动物和依法扑杀的动物，按照国家有关规定进行无害化处理。

第三十六条 鼓励大型养殖场、屠宰企业建设病死动物、病害动物产品无害化处理设施。

建设有病死动物、病害动物产品无害化处理

设施的企业，可以接受委托，有偿对政府组织收集的和其他生产经营者的病死动物、病害动物产品进行无害化处理。

第三十七条　支持研究应用新型、高效、环保的病死动物和病害动物产品无害化处理技术和装备，大力推广化制、发酵等资源化利用工艺技术。

第六章　动物诊疗和兽医管理

第三十八条　从事动物诊疗活动的机构，应当取得县级以上农业农村行政主管部门颁发的动物诊疗许可证。

动物诊疗机构应当按照动物诊疗许可证载明的范围开展诊疗活动，执行相关专业技术规范。

动物诊疗机构应当依法从事动物诊疗活动，建立健全诊疗程序、病历登记、免疫登记、检查化验、兽药采购使用记录、麻醉及精神药品保管与使用、卫生消毒、疫情报告、病死动物及医疗废弃物无害化处理等制度。诊疗废弃物应当送专门的处置单位统一进行处理。病死动物尸体、病料等，应当委托无害化处理机构处理。对于诊疗过程中产生的污水，应当无害化处理后再行排放。

第三十九条　乡村兽医从事动物诊疗服务活动，应当在备案的区域内从业，有固定的从业场所和必要的兽医器械，执行相关专业技术规范。

第四十条　动物诊疗机构和乡村兽医在动物诊疗活动中发现动物患有或者疑似患有国家规定应当扑杀的疫病时，不得擅自进行治疗；不得随意弃置病死动物尸体、病料。

第四十一条　县级以上农业农村行政主管部门应当按照国家有关规定加强官方兽医、乡村兽医业务知识、法律法规等培训，每年至少组织开展一次官方兽医培训，每两年至少开展一次乡村兽医培训。

执业兽医所在机构应当支持执业兽医参加继续教育。

第四十二条　执业兽医、乡村兽医应当按照所在地人民政府和农业农村行政主管部门的要求，参加动物疫病预防、控制和动物疫情扑灭等活动。

第四十三条　乡（镇）人民政府、街道办事处应当明确承担动物防疫职责的机构，配备专业人员开展动物疫病防控工作。根据畜禽养殖量和防疫工作需要，可以通过政府购买服务方式开展免疫接种、疫情观察、无害化处理等工作。

第七章　监督与保障

第四十四条　县级以上农业农村行政主管部门依法对动物饲养、屠宰、经营、隔离、运输以及动物产品生产、经营、加工、贮藏、运输等活动的动物防疫实施监督管理，查处违法违规行为。

指定通道动物防疫检查站和临时性的动物防疫检查站所在地县级人民政府可以根据实际情况统筹相关执法力量，在指定通道动物防疫检查站和临时性的动物防疫检查站开展联合执法。

第四十五条　县级以上人民政府应当将动物疫病的预防、控制、净化、消灭，动物、动物产品的检疫和病死动物的无害化处理以及监督管理所需经费纳入本级财政预算，并按照国家和本省有关规定储备动物疫情应急处置所需的疫苗、药品、设施设备和防护用品等防疫物资，保障动物防疫检疫工作需要。

第四十六条　县级人民政府应当为动物卫生监督机构配备与动物、动物产品检疫工作相适应的官方兽医。

县级农业农村行政主管部门可以根据动物防疫工作需要，向乡（镇）、街道办事处或者特定区域派驻兽医机构或者工作人员。

第四十七条　县级以上农业农村行政主管部门应当加强对动物病原微生物实验室生物安全的监督管理。

设立生物安全三级、四级动物病原微生物实验室，应当按照国家有关规定取得批准并向省农业农村行政主管部门备案。设立生物安全一级、二级动物病原微生物实验室，应当符合生物安全国家标准和要求，并向设区的市农业农村行政主管部门备案。

从事动物病原微生物实验活动，应当在相应等级的实验室进行，严格遵守有关国家标准和实验室技术规范、操作规程，采取安全防范措施，做好实验废弃物的无害化处理。

从事高致病性或者疑似高致病性病原微生物样本采集、保藏、运输活动，应当具备相应条件，符合生物安全管理规范。

第四十八条　省农业农村行政主管部门应当建立完善本省动物卫生监督管理平台，加强动物防疫信息化、数字化建设。

设区的市、县（市、区）农业农村行政主管部门应当组织实施动物防疫信息化监督管理工作，推行动物免疫、畜禽标识、检疫出证、屠宰监管、无害化处理等数字化、智能化管理，实现动物从养殖到屠宰全链条可追溯。

第四十九条 饲养动物的单位和个人自主采购疫苗、自行开展强制免疫接种，达到国家规定免疫质量要求的，按照国家和本省有关规定给予补助。

第五十条 对在动物疫病预防、控制、净化、消灭过程中强制扑杀的动物、销毁的动物产品和相关物品，由县级以上人民政府按照国家和本省有关规定给予补偿。

第五十一条 县级以上人民政府应当对病死动物无害化处理给予补助。具体补助标准和办法由县级以上农业农村、林业等有关行政主管部门会同本级财政部门制定。

第五十二条 对从事动物疫病预防、检疫、监督检查、现场处理疫情以及在工作中接触动物疫病病原体的人员，有关单位应当按照国家规定，采取有效的卫生防护、医疗保健措施，保障畜牧兽医医疗卫生津贴等相关待遇。

第五十三条 鼓励保险机构开展动物保险业务。

县级以上人民政府可以通过财政补贴等方式，支持饲养动物的单位和个人参加动物疫病保险。

第八章　法律责任

第五十四条 各级人民政府、县级以上农业农村等有关行政主管部门和机构的国家工作人员在动物防疫工作中违反本办法规定，滥用职权、玩忽职守、徇私舞弊的，对直接负责的主管人员和其他直接责任人员依法给予处分；构成犯罪的，依法追究刑事责任。

第五十五条 违反本办法第十九条规定，屠宰、经营、运输动物或者生产、经营、加工、贮藏、运输动物产品的，由县级以上农业农村行政主管部门责令改正、采取补救措施，没收违法所得、动物和动物产品，并处同类检疫合格动物、动物产品货值金额十五倍以上三十倍以下罚款；同类检疫合格动物、动物产品货值金额不足一万元的，并处五万元以上十五万元以下罚款；其中依法应当检疫而未检疫的，由县级以上农业农村行政主管部门责令改正，处同类检疫合格动物、动物产品货值金额一倍以下罚款；对货主以外的承运人处运输费用三倍以上五倍以下罚款，情节严重的，处五倍以上十倍以下罚款。

前款规定的违法行为人及其法定代表人（负责人）、直接负责的主管人员和其他直接责任人员，自处罚决定作出之日起五年内不得从事相关活动；构成犯罪的，终身不得从事屠宰、经营、运输动物或者生产、经营、加工、贮藏、运输动物产品等相关活动。

第五十六条 违反本办法第二十一条第二款规定，动物防疫人员入户进行犬只狂犬病免疫接种，饲养犬只的单位和个人不进行犬只保定的，由县级以上农业农村行政主管部门责令改正，给予警告；违反《中华人民共和国治安管理处罚法》的，由公安机关依法给予治安处罚。

第五十七条 违反本办法第三十四条第二款、第三款，未按照规定处理或者随意弃置病死动物、病害动物产品的，由县级以上农业农村行政主管部门责令改正，处五千元以上三万元以下罚款；情节严重的，责令停业整顿，并处五万元以上十万元以下罚款。

第五十八条 违反本办法规定的其他行为，法律、法规已有处罚规定的，从其规定。

第九章　附　　则

第五十九条 犬只、猫等动物防疫管理的具体办法由省人民政府制定。

第六十条 本办法自2022年9月1日起施行。

二十、甘肃省动物防疫条例

（2013年11月29日甘肃省第十二届人民代表大会常务委员会第六次会议通过　2021年11月26日甘肃省第十三届人民代表大会常务委员会第二十七次会议修订）

第一章　总　　则

第一条　为了加强对动物防疫活动的管理，预防、控制、净化、消灭动物疫病，促进养殖业发展，防控人畜共患传染病，保障公共卫生安全和人体健康，根据《中华人民共和国动物防疫法》和国务院《重大动物疫情应急条例》等法律、行政法规，结合本省实际，制定本条例。

第二条　本条例适用于本省行政区域内动物疫病的预防、控制、净化、消灭，动物、动物产品的检疫，动物防疫监督管理以及其他与动物防疫有关的活动。

法律、行政法规对动物防疫及其监督管理活动已有规定的，依照其规定执行。

第三条　县级以上人民政府统一领导本行政区域内的动物防疫工作，将动物防疫工作纳入国民经济和社会发展规划及年度计划，并纳入考核体系，采取有效措施稳定基层机构队伍，加强动物防疫队伍和基础设施建设，建立健全动物防疫体系，实行动物疫病防控责任制度，制定并组织实施动物疫病防治规划。

乡（镇）人民政府、街道办事处组织群众做好本辖区内的动物疫病预防控制工作，村民委员会、居民委员会予以协助。

第四条　县级以上人民政府农业农村或者畜牧兽医主管部门负责本行政区域内的动物防疫工作。

县级以上人民政府发展改革、公安、财政、生态环境、住建、交通运输、商务、卫生健康、林草、市场监管等部门，在各自职责范围内做好动物防疫相关工作。

第五条　县级以上人民政府按照国家规定，根据统筹规划、合理布局、综合设置的原则建立动物疫病预防控制机构。

县级以上人民政府的动物疫病预防控制机构承担免疫、监测、检测、诊断、流行病学调查、疫情报告以及其他动物疫病预防、控制等技术工作；承担动物疫病净化、消灭的技术工作。

县级以上人民政府的动物卫生监督机构，负责本行政区域内的动物、动物产品的检疫，承担动物防疫的日常监督管理工作。

乡（镇）、街道办事处畜牧兽医机构承担本辖区动物防疫、公益性技术推广服务和动物、动物产品的检疫。

第六条　从事动物饲养、屠宰、经营、隔离、运输以及动物产品生产、经营、加工、贮藏等活动的单位和个人，应当依照国家规定，做好免疫、消毒、检测、隔离、净化、消灭、无害化处理等动物防疫工作，承担动物防疫相关责任。

第七条　县级以上人民政府按照本级政府职责，将动物疫病的监测、预防、控制、净化、消灭，动物、动物产品的检疫和病死动物的无害化处理，以及监督管理所需经费纳入本级预算。

县级以上人民政府组织村级防疫员参加动物防疫工作的，应当保障村级防疫员合理劳务报酬。

第八条　县级以上人民政府应当推进动物防疫信息化建设，实现饲养、防疫、检疫、屠宰、流通、无害化处理等信息数据实时互通共享，建立全链条可追溯体系，提高动物疫病防控工作效能。

第九条 县级以上人民政府及其农业农村或者畜牧兽医主管部门应当加强动物防疫法律法规和动物防疫知识的普及和宣传教育；动物疫病预防控制机构、动物卫生监督机构应当做好动物防疫知识的技术咨询和技术培训工作。

报刊、广播、电视、互联网等媒体应当加强动物防疫法律法规和动物防疫知识的宣传，增强全社会对动物疫病的防范意识。

第十条 各级人民政府和有关部门应当对在动物防疫工作、动物防疫相关科学研究、技术推广、动物疫情扑灭中做出显著成绩的单位和个人，按照国家规定给予表彰奖励。

有关单位应当依法为动物防疫人员缴纳工伤保险费。对因参与动物防疫工作致病、致残、死亡的人员，按照国家有关规定给予补助或者抚恤。

第二章　动物疫病的预防

第十一条 省人民政府农业农村主管部门应当建立动物疫病风险评估和预警制度，会同本级人民政府卫生健康等有关部门开展本行政区域的动物疫病风险评估，根据动物疫病发生、流行趋势预测，及时发出动物疫情预警，分病种、分区域、分阶段预防、控制、净化、消灭动物疫病。

各级人民政府接到动物疫情预警后，应当及时采取预防、控制措施。

第十二条 县级以上人民政府应当实施动物疫病的区域化管理，落实国家禁止或者限制特定动物、动物产品跨区域调运等动物疫病分区防控措施；加强无规定动物疫病区建设和管理，鼓励和支持动物饲养场建设无规定动物疫病生物安全隔离区。

县级以上人民政府应当根据本地情况，决定在城市特定区域禁止家畜家禽活体交易。

县级以上人民政府可以根据疫病防控、环境保护等需要，决定在本辖区特定区域、特定时段，禁止家畜家禽现场宰杀。

第十三条 县级以上人民政府卫生健康、林草、农业农村或者畜牧兽医等主管部门应当加强信息沟通，建立人畜共患传染病防治的协作机制。

发生人畜共患传染病时，卫生健康主管部门应当对疫区易感人群进行监测，依法及时公布疫情，采取相应的预防、控制措施；林草、农业农村或者畜牧兽医主管部门按照各自职责组织对易感染动物开展监测，对感染动物实施扑杀、无害化处理等措施。

患有人畜共患传染病的人员不得直接从事动物疫病监测、检测、检验检疫、诊疗以及易感染动物的饲养、屠宰、经营、隔离、运输等活动。

第十四条 严重危害养殖业生产和人体健康的动物疫病应当实施强制免疫。

省人民政府农业农村主管部门应当会同相关部门，根据国家强制免疫计划，制定本省动物疫病强制免疫计划。根据动物疫病流行风险，经省人民政府批准，报国务院农业农村主管部门备案，可以在全省或者特定区域适时增加强制免疫动物疫病病种。

市（州）、县（市、区）人民政府农业农村或者畜牧兽医主管部门应当根据全省动物疫病强制免疫计划，组织实施本行政区域动物疫病强制免疫工作。乡（镇）人民政府、街道办事处应当按照动物疫病强制免疫计划，组织本辖区饲养动物的单位和个人做好强制免疫工作；村民委员会、居民委员会协助做好相关工作。

县级以上人民政府可以通过购买社会化服务等形式，对散养的动物实施强制免疫。

第十五条 动物疫病预防控制机构应当按照动物疫病监测计划和本行政区域内动物疫病发生和流行状况，组织开展动物疫病监测和流行病学调查；定期对强制免疫病种的免疫密度和免疫效果进行检测和评价。

从事动物饲养、屠宰、经营、隔离、运输以及动物产品生产、经营、加工、贮藏、无害化处理等活动的单位和个人，对动物疫病监测工作应当予以配合，不得拒绝或者阻碍。

第十六条 动物饲养场和动物隔离场所、动物屠宰加工场所以及动物和动物产品无害化处理场所应当具备动物防疫条件，取得县（市、区）人民政府农业农村或者畜牧兽医主管部门颁发的动物防疫条件合格证。

动物防疫条件合格证持证人应当按年度报告防疫制度执行情况，并在动物防疫条件发生变化时及时向发证机关报告。

第十七条 动物饲养场和动物隔离场所、动物屠宰加工场所以及动物和动物产品无害化处理场所应当建立健全动物防疫制度，落实动物疫病强制免疫、消毒、检测、隔离、净化、消灭、无

害化处理等措施，配备与其规模相适应的执业兽医或者动物防疫技术人员。

种畜禽场、乳用动物养殖场除前款规定外，还应当定期开展动物疫病检测，接受动物疫病预防控制机构的健康监测，对检测不合格的种用、乳用动物，按照国家有关规定处理。

第十八条 禁止畜禽养殖场、养殖小区利用未经无害化处理的厨余垃圾饲喂畜禽。

县级以上人民政府及其相关部门应当加强对餐厨废弃物的全程监管，防范通过餐厨废弃物传播动物疫病。

第十九条 经营动物、动物产品的集贸市场应当具备国家规定的防疫条件。动物集贸市场应当实行定期休市消毒或者市场区域轮休消毒制度。动物屠宰加工场所应当每日及时清空活体动物及其排泄物，并做好消毒和消毒登记。

动物集贸市场、动物屠宰加工场所，应当提供动物运载工具消毒的场地和设施设备。承运人应当对动物运载工具在装载前、卸载后进行消毒。

第二十条 饲养动物的单位和个人应当履行动物疫病强制免疫义务，按照强制免疫计划和技术规范，对动物实施免疫接种，并按照国家有关规定对其饲养的动物加施畜禽标识，建立免疫档案，保证可追溯。

第二十一条 犬猫等动物的饲养者应当对其饲养的动物实施免疫接种、驱虫、排泄物处置等疫病预防措施。

第二十二条 县级以上人民政府农业农村或者畜牧兽医主管部门应当加强兽医实验室建设，提高疫病诊断技术能力和管理水平。

省动物疫病预防控制机构承担本行政区域内从事病原微生物研究、教学、检测、诊断等活动的兽医实验室的生物安全评估。

第二十三条 禁止屠宰、经营、运输下列动物和生产、经营、加工、贮藏、运输下列动物产品：

（一）封锁疫区内与所发生动物疫病有关的；

（二）疫区内易感染的；

（三）依法应当检疫而未经检疫或者检疫不合格的；

（四）染疫或者疑似染疫的；

（五）病死或者死因不明的；

（六）其他不符合国家有关动物防疫规定的。

因实施集中无害化处理需要暂存、运输动物和动物产品并按照规定采取防疫措施的，不适用前款规定。

第三章　动物疫病的控制和扑灭

第二十四条 从事动物疫病监测、检测、检验检疫、研究、诊疗以及动物饲养、屠宰、经营、隔离、运输等活动的单位和个人，发现动物染疫或者疑似染疫的，应当立即向所在地农业农村或者畜牧兽医主管部门、动物疫病预防控制机构报告，并迅速采取隔离等控制措施，防止动物疫情扩散。其他单位和个人发现动物染疫或者疑似染疫的，应当及时报告。

接到动物疫情报告的单位，应当及时采取必要的控制处理措施，并按照规定的程序逐级上报。

任何单位和个人不得瞒报、谎报、迟报、漏报动物疫情，不得授意他人瞒报、谎报、迟报动物疫情，不得阻碍他人报告动物疫情。

第二十五条 动物疫情由县级以上人民政府农业农村或者畜牧兽医主管部门认定；其中重大动物疫情由省人民政府农业农村主管部门认定，必要时报国务院农业农村主管部门认定。

省人民政府农业农村主管部门根据国务院农业农村主管部门授权公布动物疫情，其他单位和个人不得发布动物疫情。

第二十六条 县级以上人民政府应当根据上级重大动物疫情应急预案和本地区的实际情况，制定本行政区域的重大动物疫情应急预案，报上一级人民政府农业农村或者畜牧兽医主管部门备案，并抄送上一级人民政府应急管理部门。

第二十七条 县级以上人民政府防治重大动物疫病指挥协调机构统一指挥重大动物疫病防控工作，日常工作由同级农业农村或者畜牧兽医主管部门承担。

第二十八条 县级以上人民政府应当健全完善重大动物疫情应急管理制度，加强应急专业队伍建设，定期开展培训和应急演练，储备动物疫情应急处置所需的防疫物资。

第二十九条 发生重大动物疫情，以及发现新的动物疫病时，县级以上人民政府农业农村或者畜牧兽医主管部门应当按照疫情预警标准，报请本级人民政府启动重大动物疫情应急预案。

其他动物疫情发生时，县（市、区）人民政府农业农村或者畜牧兽医主管部门应当采取控制和扑灭措施。

疫区内有关单位和个人，应当遵守县级以上人民政府及其农业农村或者畜牧兽医主管部门依法作出的有关控制动物疫病的规定。任何单位和个人不得藏匿、转移、盗掘已被依法隔离、封存、处理的动物和动物产品。

第三十条 发生重大动物疫情时，在封锁期间，禁止染疫、疑似染疫和易感染的动物、动物产品流出疫区，禁止非疫区的易感染动物进入疫区，并根据需要对出入疫区的人员、运输工具及有关物品采取消毒和其他限制性措施；根据国家划定的动物疫病风险区，禁止或者限制特定动物、动物产品由高风险区向低风险区调运。

第三十一条 县级以上人民政府对在动物疫病预防、控制、净化、消灭过程中强制扑杀的动物、销毁的动物产品和相关物品，应当按照国家规定给予补偿。

因依法实施强制免疫、疫病监测采样造成动物应激死亡的，应当给予补偿。具体补偿标准和办法由省人民政府财政部门会同农业农村主管部门制定。

第四章　动物和动物产品的检疫

第三十二条 县（市、区）人民政府应当为动物卫生监督机构配备与动物、动物产品检疫工作相适应的官方兽医，保障检疫工作条件。

县（市、区）人民政府动物卫生监督机构可以聘用兽医专业人员协助官方兽医实施检疫申报受理、查验资料和畜禽标识、临床检查等工作。动物饲养场、屠宰企业的执业兽医或者动物防疫技术人员，应当协助官方兽医实施检疫。

第三十三条 县级以上人民政府农业农村或者畜牧兽医主管部门应当加强动物检疫申报点的建设和管理。动物卫生监督机构应当根据动物养殖规模、分布和地域环境合理设置动物检疫申报点，并向社会公布动物检疫申报点、检疫范围和检疫对象。

第三十四条 屠宰、出售或者运输动物以及出售或者运输动物产品前，货主应当按照国家规定向所在地动物卫生监督机构申报检疫，并对申报内容的真实性负责。

动物饲养者委托收购贩运单位或者个人代为申报检疫的，应当出具委托书，提供申报材料。

第三十五条 本省行政区域内对生猪、牛、羊实行定点屠宰和集中检疫，逐步实施家禽定点屠宰和集中检疫。任何单位和个人不得在定点场所外从事屠宰活动，农村个人自宰自食的除外。

市（州）人民政府负责制定本行政区域内动物屠宰加工场所的建设规划，并组织实施。

第三十六条 动物屠宰加工场所的经营者应当做好下列工作：

（一）设置动物、动物产品检疫必要的场所和设施；

（二）凭有效的动物检疫合格证明、畜禽标识接收动物；

（三）对检疫检验确认为不可食用的动物和动物产品进行无害化处理；

（四）开展规定动物疫病、违禁物质及肉品水分等检测，接受驻场官方兽医监督。

第三十七条 检疫合格的动物、动物产品应当按照检疫证明载明的目的地运输，不得转运他地。

第三十八条 因科研、药用、展示等特殊情形需要非食用性利用的野生动物，应当按照国家有关规定报动物卫生监督机构检疫，检疫合格的，方可利用。

人工捕获的野生动物，应当按照国家有关规定报捕获地动物卫生监督机构检疫，检疫合格的，方可饲养、经营和运输。

第三十九条 禁止转让、伪造或者变造检疫证明、检疫标志或者畜禽标识。

禁止持有、使用伪造或者变造的检疫证明、检疫标志或者畜禽标识。

第五章　动物诊疗与兽医管理

第四十条 从事动物诊疗活动的机构，应当取得县级以上人民政府农业农村或者畜牧兽医主管部门核发的动物诊疗许可证，并在规定的范围内开展动物诊疗活动。

第四十一条 动物诊疗机构应当具备下列条件：

（一）有与动物诊疗活动相适应并符合动物防疫条件的场所；

（二）有与动物诊疗活动相适应的执业兽医；

（三）有与动物诊疗活动相适应的兽医器械和设备；

（四）有完善的管理制度。

动物诊疗机构包括动物医院、动物诊所以及其他提供动物诊疗服务的机构。

第四十二条　动物诊疗机构应当严格依照国家有关规定使用和管理兽用麻醉药品、精神药品、毒性药品和放射性药品等特殊药品。

第四十三条　省人民政府农业农村主管部门按照国家规定确认官方兽医资格人员并公布；县级以上人民政府农业农村或者畜牧兽医主管部门按照规定条件任命辖区官方兽医。

第四十四条　执业兽医经所在地县（市、区）人民政府农业农村或者畜牧兽医主管部门备案后，方可在规定的执业范围内从事动物诊疗活动。

第四十五条　乡村兽医应当在县（市、区）人民政府农业农村或者畜牧兽医主管部门备案后，依法从事动物诊疗服务活动，在《乡村兽医基本用药目录》范围内使用兽药，并建立诊疗记录和兽药使用记录。

第四十六条　执业兽医、乡村兽医应当按照当地人民政府和农业农村或者畜牧兽医主管部门的要求，参加动物疫病预防、控制和动物疫情扑灭等活动。

第四十七条　县级以上人民政府农业农村或者畜牧兽医主管部门应当制定计划，定期对官方兽医、执业兽医和乡村兽医进行培训。

第六章　监督管理

第四十八条　县级以上人民政府农业农村或者畜牧兽医主管部门依法对动物饲养、屠宰、经营、隔离、运输以及动物产品生产、经营、加工、贮藏、运输等活动中的动物防疫实施监督管理。

第四十九条　省人民政府农业农村主管部门负责组织对从有疫情风险的区域拟调入的动物、动物产品进行风险评估。发生重大动物疫情时，省人民政府农业农村主管部门根据风险评估情况，可以采取暂停特定区域和限制特定单位和个人跨区域调入动物、动物产品等预防控制措施。

第五十条　公路运输动物应当从省人民政府确定并公布的指定通道进入本省或者过省境。

动物防疫检查站依法执行动物防疫监督检查任务，根据动物疫病预防、控制需要，动物防疫检查站所在地人民政府应当组织公安、交通运输、农业农村或者畜牧兽医等部门开展联合执法。

未经指定通道输入本省的动物，任何单位和个人不得接收。

第五十一条　养殖者从省外调入用于饲养的动物，应当在引进前五个工作日，向调入地县（市、区）人民政府动物卫生监督机构或者乡（镇）、街道办事处畜牧兽医机构报告。

调入的动物到达目的地后，应当在二十四小时内向所在地县（市、区）人民政府动物卫生监督机构或者乡（镇）、街道办事处畜牧兽医机构报告，并按规定进行隔离观察。

第五十二条　从事动物运输的单位和个人以及运输车辆，应当向所在地县（市、区）人民政府农业农村或者畜牧兽医主管部门备案，建立动物运输台账，如实填写动物种类、来源、数量、流向以及检疫证明编号等信息。动物运输车辆行程路线的信息应当妥善保存。

未经备案或者不符合备案条件的运输车辆不得运载动物。

第五十三条　县级以上人民政府应当加强对病死动物和病害动物产品无害化处理工作的领导，统筹规划建设病死动物和病害动物产品无害化处理设施，建立无害化处理机制。

从事动物饲养、屠宰、经营、隔离以及动物产品生产、经营、加工、贮藏等活动的单位和个人，应当按照国家规定对病死动物、病害动物产品进行无害化处理。从事运输动物、动物产品的单位和个人应当配合监管部门和无害化处理场所做好无害化处理，不得在途中擅自弃置和处理有关动物和动物产品。

任何单位和个人不得买卖、加工、随意弃置病死动物和病害动物产品。

第五十四条　在江河、湖泊、水库等水域发现的死亡畜禽，由所在地县（市、区）人民政府组织收集、处理并溯源。

在城市公共场所和乡村发现的死亡畜禽，由所在地街道办事处、乡（镇）人民政府组织收集、处理并溯源。

在野外环境发现的死亡野生动物，由所在地林草主管部门收集、处理。

第七章　法律责任

第五十五条　农业农村或者畜牧兽医主管部

门和有关部门的工作人员在履行动物防疫监督管理职责中滥用职权、玩忽职守、徇私舞弊的，由所在单位或者上级行政主管机关对直接负责的主管人员和其他直接责任人员依法给予处分；构成犯罪的，依法追究刑事责任。

第五十六条 法律、行政法规对动物防疫违法行为已有处罚规定的，依照其规定执行。

第八章 附 则

第五十七条 本条例自 2022 年 1 月 1 日起施行。

二十一、新疆维吾尔自治区实施《中华人民共和国动物防疫法》办法

（2012 年 11 月 29 日新疆维吾尔自治区第十一届人民代表大会常务委员会第三十九次会议通过 2022 年 7 月 29 日新疆维吾尔自治区第十三届人民代表大会常务委员会第三十四次会议修订）

第一条 根据《中华人民共和国动物防疫法》、国务院《重大动物疫情应急条例》和有关法律法规，结合自治区实际，制定本办法。

第二条 本办法适用于自治区行政区域内的动物防疫及其监督管理活动。

进出境动物、动物产品的检疫，依照相关法律法规的规定执行。

第三条 动物防疫实行预防为主，预防与控制、净化、消灭相结合的方针。自治区建立政府主导、部门联动、行业自律、社会共治的动物防疫工作机制。

第四条 县级以上人民政府对动物防疫工作实行统一领导、属地管理，将动物防疫工作纳入本级国民经济和社会发展规划及年度计划，制定动物疫病防治规划并组织实施，建立健全动物防疫体系，完善动物卫生监督机构和动物疫病预防控制机构，采取有效措施稳定基层机构队伍。

乡镇人民政府、街道办事处应当组织村级防疫员、群众做好本辖区内的动物疫病预防与控制工作，村民委员会、居民委员会协助做好有关工作。

第五条 县级以上人民政府负责动物防疫工作的部门（以下简称动物防疫主管部门）主管本行政区域的动物防疫及其监督管理工作。

县级以上人民政府卫生健康、野生动物保护、交通运输、市场监管、公安、财政等部门以及海关，按照各自职责做好动物防疫相关工作。

第六条 县级以上人民政府的动物卫生监督机构负责动物及动物产品的检疫工作。

县级以上人民政府设置的动物疫病预防控制机构承担动物疫病的监测、检测、诊断、流行病学调查、疫情报告以及其他预防、控制等技术工作；承担动物疫病净化、消灭的技术工作。

县级以上人民政府农业农村主管部门依法设立的综合行政执法机构承担动物防疫执法监督职能。

第七条 从事动物饲养、屠宰、经营、隔离、运输以及动物产品生产、经营、加工、贮藏等活动的单位和个人，应当依照法律法规和国家有关规定，做好免疫、消毒、检测、隔离、净化、消灭、无害化处理等动物防疫工作，承担动物防疫相关责任。

第八条 各级人民政府及有关部门、新闻媒体应当加强动物防疫法律法规和动物防疫知识的宣传，提高社会公众对动物防疫和公共卫生安全的意识。

每年一月第二周为自治区动物防疫法治宣传周。

第九条 县级以上人民政府应当建立动物防疫数字系统，推动部门、地区有关信息共享应用，加强动物防疫相关信息的收集、汇总、分析和评估工作，提高动物防疫数字化管理水平。

第十条 县级以上人民政府应当将动物疫病的监测、预防、控制、净化、消灭、检疫、无害化处理、应急、信息化建设，以及监督管理所需经费纳入本级预算。

第十一条 自治区人民政府动物防疫主管部门根据国家有关规定和本行政区域内的动物疫病防控情况，制定动物疫病监测计划，开展动物疫病风险评估，及时发出动物疫情预警。

地方各级人民政府接到动物疫情预警后，应当及时采取预防、控制措施。

第十二条 州（市、地）、县（市、区）人民政府动物防疫主管部门应当根据上一级人民政府动物防疫主管部门制定的动物疫病强制免疫计划，制定本行政区域动物疫病强制免疫实施方案并组织实施。

饲养动物的单位和个人应当履行动物疫病强制免疫义务，按照强制免疫计划和技术规范，对动物实施免疫接种，并按照国家有关规定建立免疫档案、加施畜禽标识，保证可追溯。

对于符合国家、自治区规定条件的，饲养动物的单位和个人应当采购符合国家质量标准的疫苗，自行开展强制免疫接种；达到国家规定免疫质量要求的，按照国家和自治区有关规定给予补助。

第十三条 州（市、地）、县（市、区）人民政府动物防疫主管部门应当根据上一级人民政府动物防疫主管部门制定的动物疫病监测计划，制定本行政区域动物疫病监测实施方案并组织实施。

野生动物疫源疫病的监测、预报等工作由县级以上人民政府野生动物保护、动物防疫主管部门按照职责分工负责。

第十四条 自治区人民政府应当制定并组织实施无规定动物疫病区建设方案，建立无规定动物疫病区。县级以上人民政府应当做好无规定动物疫病区的管理，鼓励动物饲养场建设无规定动物疫病生物安全隔离区。

第十五条 县级以上人民政府应当制定并组织实施本行政区域的动物疫病净化、消灭计划，支持饲养动物的单位和个人开展动物疫病净化，按照规定对重点动物疫病净化费用给予补助。

第十六条 自治区人民政府根据动物疫病防控需要，合理设置动物疫病边境监测站点，健全监测工作机制，防范境外动物疫病传入。

第十七条 县级以上人民政府应当组织动物防疫、卫生健康、野生动物保护、交通运输、市场监督管理等部门以及海关建立完善动物疫病防控协作机制，及时通报动物疫病的监测、预警、发生、流行以及疫情处置等情况。

第十八条 县级以上人民政府应当加强对人畜共患传染病防控工作的统一领导。县级以上人民政府卫生健康、动物防疫、野生动物保护等部门应当加强信息沟通，建立人畜共患传染病防治的协作机制。

发生人畜共患传染病时，卫生健康部门应当对疫区易感染人群进行监测，依法及时公布疫情，采取相应的预防、控制措施；必要时，可以联合有关部门开展人畜共患传染病流行病学调查，防止疫病传播。

第十九条 从事动物疫病监测、检测、检验检疫、研究、诊疗以及动物饲养、屠宰、经营、隔离、运输等活动的单位和个人，发现动物染疫或者疑似染疫的，应当立即向所在地动物防疫主管部门或者动物疫病预防控制机构报告，并迅速采取隔离等控制措施，防止动物疫情扩散。其他单位和个人发现动物染疫或者疑似染疫的，应当及时报告。

接到动物疫情报告的单位，应当及时采取临时隔离控制等必要措施，并按照规定的程序逐级上报。

任何单位和个人不得瞒报、谎报、迟报、漏报动物疫情，不得授意他人瞒报、谎报、迟报动物疫情，不得阻碍他人报告动物疫情。

第二十条 重大动物疫情发生后，所在地县级以上人民政府应当依照法律、法规和国家有关规定以及动物疫情应急预案启动相应级别的响应，组织有关部门和单位采取控制措施做好疫情处置和保障工作。

第二十一条 县级以上人民政府动物卫生监督机构可以根据工作需要向乡镇或者街道派驻官方兽医实施动物、动物产品的检疫相关工作，也可以委托有官方兽医的乡镇人民政府或者街道办事处实施。

官方兽医应当按照动物防疫法律法规等规定，履行动物、动物产品检疫，出具动物检疫证明等检疫职责，并对检疫结论负责。官方兽医依法履行检疫职责受法律保护。

第二十二条 县级人民政府动物卫生监督机构可以根据需要在乡镇、村区域内设立检疫申报点，接受检疫申报。

申报动物检疫，应当按照国务院农业农村主管部门的规定提交相关材料。

第二十三条 县级人民政府动物防疫主管部

门应当按照国家和自治区有关规定，为畜禽定点屠宰厂（场）配备官方兽医。

县级人民政府动物防疫主管部门应当监督畜禽定点屠宰厂（场）落实入场查验、待宰巡查等制度。

为防止动物疫病传播，已进入屠宰场所的动物禁止外运出场。因不可抗力等特殊情况确需外运出场的，应当经所在地动物防疫主管部门同意。

第二十四条 从自治区外调入动物用于饲养、屠宰的单位或者个人，应当在调入动物前五个工作日内，向调入地县级人民政府动物卫生监督机构备案。备案内容包括调入动物的种类、数量、产地、用途、运输路线、接收单位等。

从自治区外调入动物用于饲养、屠宰的，到达目的地后，调入动物的单位或者个人应当在二十四小时之内报告县级人民政府动物卫生监督机构。

县级人民政府动物卫生监督机构应当依托动物防疫数字系统，为调入动物的单位和个人提供技术支持和其他便利条件。

运输、经营、屠宰经检疫合格的动物，发生重大动物疫情扑杀后，按照国家有关规定给予补偿。

第二十五条 县级以上人民政府动物防疫主管部门应当对动物防疫检查站工作开展指导和监督。

为控制动物疫病，县级人民政府动物防疫主管部门应当派员在所在地依法设立的现有检查站执行监督检查任务。必要时，检查站所在地人民政府应当组织动物防疫、公安、交通运输等相关部门开展联合执法。

第二十六条 经公路运输动物、动物产品的，沿途公路动物防疫检查站应当依法开展查验，运输人应当主动接受查验。

经检疫合格的动物、动物产品，运输人应当按照动物检疫证明载明的目的地运输，并在载明的时间内到达。

第二十七条 动物到达目的地后，需要继续调运的，按照国务院农业农村主管部门的规定执行。

用于屠宰的动物，应当按照动物检疫证明载明的目的地和用途执行。

第二十八条 动物产品到达目的地后，需跨县（市）调运或者分割加工后经营运输的，货主应当在调运前或者分割加工前，向动物产品所在地县级人民政府动物卫生监督机构提交原始动物检疫证明、动物产品入库记录，换领动物检疫证明。

第二十九条 县级人民政府动物卫生监督机构收到换领动物检疫证明相关材料后，应当在三日内进行现场查验，对原始动物检疫证明真实、动物检疫标志完整且在国家规定的保质期内的动物产品，出具动物检疫证明。

第三十条 自治区人民政府应当按照统筹规划与属地负责相结合、政府主导与市场运作相结合、财政补助与保险联动相结合、集中处理与自行处理相结合的原则，建立覆盖饲养、屠宰、经营、运输等各环节的病死畜禽无害化处理体系，构建科学完备、运转高效的病死畜禽无害化处理机制。

第三十一条 从事动物饲养、屠宰、经营、隔离以及动物产品生产、经营、加工、贮藏等活动的单位和个人是无害化处理的第一责任人，应当依法对病死动物、病害动物产品进行处理，并向所在地动物防疫主管部门报告处理情况。

从事动物、动物产品运输的单位和个人，应当配合做好病死动物和病害动物产品的无害化处理，不得在途中擅自弃置和处理有关动物和动物产品。

不具备无害化处理公共设施条件的地区，无害化处理责任人应当按照国家和自治区的有关技术规范对病死动物、病害动物产品进行无害化处理。

第三十二条 自治区鼓励符合国家规定条件的人员考取执业兽医资格证书；取得执业兽医资格证书的人员从事动物诊疗等经营活动的，应当按照国家有关规定向所在地县级人民政府动物防疫主管部门备案。

第三十三条 行政机关、动物卫生监督机构、动物疫病预防控制机构未依照本办法规定履行职责的，对直接负责的主管人员和其他直接责任人员，依法给予处分。

第三十四条 违反本办法第二十三条第三款规定，未经所在地动物防疫主管部门同意将进入屠宰场所的动物外运出场的，由农业农村主管部门责令改正，处同类检疫合格动物货值金额一倍以下罚款。

第三十五条 违反本办法第二十四条第一款规定，从自治区外调入动物用于饲养、屠宰的单位或者个人未按规定进行调运前备案的，由农业农村主管部门责令改正，处一千元以上一万元以下罚款。

第三十六条 违反本办法第二十四条第二款规定，从自治区外调入动物用于饲养、屠宰的，到达目的地后，调入动物的单位或者个人未按规定报告的，由农业农村主管部门责令改正；拒不改正的，处一千元以上一万元以下罚款。

第三十七条 违反本办法第二十六条第一款规定，经公路运输动物、动物产品途经公路动物防疫检查站不接受查验的，由农业农村主管部门对运输人处五千元以上一万元以下罚款；情节严重的，处一万元以上五万元以下罚款。

违反本办法第二十六条第二款规定，运输检疫合格的动物、动物产品，未按照动物检疫证明载明的目的地运输，或者未在载明的时间内到达的，由农业农村主管部门按照国家有关规定处罚。

第三十八条 违反本办法第二十七条第二款规定，用于屠宰的动物变更用途的，由农业农村主管部门责令改正、采取补救措施，处一千元以上三千元以下罚款；情节严重的，处三千元以上三万元以下罚款。

第三十九条 违反本办法第三十一条规定，未对病死动物和病害动物产品进行无害化处理或者擅自弃置病死动物和病害动物产品的，由农业农村主管部门责令进行无害化处理，所需处理费用由行为人承担，处三千元以上三万元以下罚款；情节严重的，责令停业整顿，并处三万元以上十万元以下罚款。

第四十条 违反本办法第三十二条规定，未经执业兽医备案从事动物诊疗等经营活动的，由农业农村主管部门责令停止动物诊疗活动，没收违法所得，并处三千元以上三万元以下罚款；对其所在的动物诊疗机构处一万元以上五万元以下罚款。

第四十一条 违反本办法规定，应当承担法律责任的其他行为，依照有关法律、法规的规定执行。

第四十二条 本办法自2022年9月1日起施行。

05 第五篇 规范性法律文件

第一节 国务院

一、国家突发公共事件总体应急预案

（国务院 2006 年 1 月 8 日发布）

1 总则

1.1 编制目的

提高政府保障公共安全和处置突发公共事件的能力，最大程度地预防和减少突发公共事件及其造成的损害，保障公众的生命财产安全，维护国家安全和社会稳定，促进经济社会全面、协调、可持续发展。

1.2 编制依据

依据宪法及有关法律、行政法规，制定本预案。

1.3 分类分级

本预案所称突发公共事件是指突然发生，造成或者可能造成重大人员伤亡、财产损失、生态环境破坏和严重社会危害，危及公共安全的紧急事件。

根据突发公共事件的发生过程、性质和机理，突发公共事件主要分为以下四类：

（1）自然灾害。主要包括水旱灾害，气象灾害，地震灾害，地质灾害，海洋灾害，生物灾害和森林草原火灾等。

（2）事故灾难。主要包括工矿商贸等企业的各类安全事故，交通运输事故，公共设施和设备事故，环境污染和生态破坏事件等。

（3）公共卫生事件。主要包括传染病疫情，群体性不明原因疾病，食品安全和职业危害，动物疫情，以及其他严重影响公众健康和生命安全的事件。

（4）社会安全事件。主要包括恐怖袭击事件，经济安全事件和涉外突发事件等。

各类突发公共事件按照其性质、严重程度、可控性和影响范围等因素，一般分为四级：Ⅰ级（特别重大）、Ⅱ级（重大）、Ⅲ级（较大）和Ⅳ级（一般）。

1.4 适用范围

本预案适用于涉及跨省级行政区划的，或超出事发地省级人民政府处置能力的特别重大突发公共事件应对工作。

本预案指导全国的突发公共事件应对工作。

1.5 工作原则

（1）以人为本，减少危害。切实履行政府的社会管理和公共服务职能，把保障公众健康和生命财产安全作为首要任务，最大程度地减少突发公共事件及其造成的人员伤亡和危害。

（2）居安思危，预防为主。高度重视公共安全工作，常抓不懈，防患于未然。增强忧患意识，坚持预防与应急相结合，常态与非常态相结合，做好应对突发公共事件的各项准备工作。

（3）统一领导，分级负责。在党中央、国务院的统一领导下，建立健全分类管理、分级负责，条块结合、属地管理为主的应急管理体制，在各级党委领导下，实行行政领导责任制，充分发挥专业应急指挥机构的作用。

（4）依法规范，加强管理。依据有关法律和行政法规，加强应急管理，维护公众的合法权益，使应对突发公共事件的工作规范化、制度化、法制化。

（5）快速反应，协同应对。加强以属地管理为主的应急处置队伍建设，建立联动协调制度，充分动员和发挥乡镇、社区、企事业单位、社会团体和志愿者队伍的作用，依靠公众力量，形成统一指挥、反应灵敏、功能齐全、协调有序、运转高效的应急管理机制。

（6）依靠科技，提高素质。加强公共安全科学研究和技术开发，采用先进的监测、预测、预警、预防和应急处置技术及设施，充分发挥专家队伍和专业人员的作用，提高应对突发公共事件的科技水平和指挥能力，避免发生次生、衍生事件；加强宣传和培训教育工作，提高公众自救、互救和应对各类突发公共事件的综合素质。

1.6 应急预案体系

全国突发公共事件应急预案体系包括：

（1）突发公共事件总体应急预案。总体应急预案是全国应急预案体系的总纲，是国务院应对特别重大突发公共事件的规范性文件。

（2）突发公共事件专项应急预案。专项应急预案主要是国务院及其有关部门为应对某一类型或某几种类型突发公共事件而制定的应急预案。

（3）突发公共事件部门应急预案。部门应急预案是国务院有关部门根据总体应急预案、专项应急预案和部门职责为应对突发公共事件制定的预案。

（4）突发公共事件地方应急预案。具体包括：省级人民政府的突发公共事件总体应急预案、专项应急预案和部门应急预案；各市（地）、县（市）人民政府及其基层政权组织的突发公共事件应急预案。上述预案在省级人民政府的领导下，按照分类管理、分级负责的原则，由地方人民政府及其有关部门分别制定。

（5）企事业单位根据有关法律法规制定的应急预案。

（6）举办大型会展和文化体育等重大活动，主办单位应当制定应急预案。

各类预案将根据实际情况变化不断补充、完善。

2 组织体系

2.1 领导机构

国务院是突发公共事件应急管理工作的最高行政领导机构。在国务院总理领导下，由国务院常务会议和国家相关突发公共事件应急指挥机构（以下简称相关应急指挥机构）负责突发公共事件的应急管理工作；必要时，派出国务院工作组指导有关工作。

2.2 办事机构

国务院办公厅设国务院应急管理办公室，履行值守应急、信息汇总和综合协调职责，发挥运转枢纽作用。

2.3 工作机构

国务院有关部门依据有关法律、行政法规和各自的职责，负责相关类别突发公共事件的应急管理工作。具体负责相关类别的突发公共事件专项和部门应急预案的起草与实施，贯彻落实国务院有关决定事项。

2.4 地方机构

地方各级人民政府是本行政区域突发公共事件应急管理工作的行政领导机构，负责本行政区域各类突发公共事件的应对工作。

2.5 专家组

国务院和各应急管理机构建立各类专业人才库，可以根据实际需要聘请有关专家组成专家组，为应急管理提供决策建议，必要时参加突发公共事件的应急处置工作。

3 运行机制

3.1 预测与预警

各地区、各部门要针对各种可能发生的突发公共事件，完善预测预警机制，建立预测预警系统，开展风险分析，做到早发现、早报告、早处置。

3.1.1 预警级别和发布

根据预测分析结果，对可能发生和可以预警的突发公共事件进行预警。预警级别依据突发公共事件可能造成的危害程度、紧急程度和发展势

态，一般划分为四级：Ⅰ级（特别严重）、Ⅱ级（严重）、Ⅲ级（较重）和Ⅳ级（一般），依次用红色、橙色、黄色和蓝色表示。

预警信息包括突发公共事件的类别、预警级别、起始时间、可能影响范围、警示事项、应采取的措施和发布机关等。

预警信息的发布、调整和解除可通过广播、电视、报刊、通信、信息网络、警报器、宣传车或组织人员逐户通知等方式进行，对老、幼、病、残、孕等特殊人群以及学校等特殊场所和警报盲区应当采取有针对性的公告方式。

3.2 应急处置

3.2.1 信息报告

特别重大或者重大突发公共事件发生后，各地区、各部门要立即报告，最迟不得超过4小时，同时通报有关地区和部门。应急处置过程中，要及时续报有关情况。

3.2.2 先期处置

突发公共事件发生后，事发地的省级人民政府或者国务院有关部门在报告特别重大、重大突发公共事件信息的同时，要根据职责和规定的权限启动相关应急预案，及时、有效地进行处置，控制事态。

在境外发生涉及中国公民和机构的突发事件，我驻外使领馆、国务院有关部门和有关地方人民政府要采取措施控制事态发展，组织开展应急救援工作。

3.2.3 应急响应

对于先期处置未能有效控制事态的特别重大突发公共事件，要及时启动相关预案，由国务院相关应急指挥机构或国务院工作组统一指挥或指导有关地区、部门开展处置工作。

现场应急指挥机构负责现场的应急处置工作。

需要多个国务院相关部门共同参与处置的突发公共事件，由该类突发公共事件的业务主管部门牵头，其他部门予以协助。

3.2.4 应急结束

特别重大突发公共事件应急处置工作结束，或者相关危险因素消除后，现场应急指挥机构予以撤销。

3.3 恢复与重建

3.3.1 善后处置

要积极稳妥、深入细致地做好善后处置工作。对突发公共事件中的伤亡人员、应急处置工作人员，以及紧急调集、征用有关单位及个人的物资，要按照规定给予抚恤、补助或补偿，并提供心理及司法援助。有关部门要做好疫病防治和环境污染消除工作。保险监管机构督促有关保险机构及时做好有关单位和个人损失的理赔工作。

3.3.2 调查与评估

要对特别重大突发公共事件的起因、性质、影响、责任、经验教训和恢复重建等问题进行调查评估。

3.3.3 恢复重建

根据受灾地区恢复重建计划组织实施恢复重建工作。

3.4 信息发布

突发公共事件的信息发布应当及时、准确、客观、全面。事件发生的第一时间要向社会发布简要信息，随后发布初步核实情况、政府应对措施和公众防范措施等，并根据事件处置情况做好后续发布工作。

信息发布形式主要包括授权发布、散发新闻稿、组织报道、接受记者采访、举行新闻发布会等。

4 应急保障

各有关部门要按照职责分工和相关预案做好突发公共事件的应对工作，同时根据总体预案切实做好应对突发公共事件的人力、物力、财力、交通运输、医疗卫生及通信保障等工作，保证应急救援工作的需要和灾区群众的基本生活，以及恢复重建工作的顺利进行。

4.1 人力资源

公安（消防）、医疗卫生、地震救援、海上搜救、矿山救护、森林消防、防洪抢险、核与辐射、环境监控、危险化学品事故救援、铁路事故、民航事故、基础信息网络和重要信息系统事故处置，以及水、电、油、气等工程抢险救援队伍是应急救援的专业队伍和骨干力量。地方各级人民政府和有关部门、单位要加强应急救援队伍的业务培训和应急演练，建立联动协调机制，提高装备水平；动员社会团体、企事业单位以及志愿者等各种社会力量参与应急救援工作；增进国际的交流与合作。要加强以乡镇和社区为单位的公众应急能力建设，发挥其在应对突发公共事件中的重要作用。

中国人民解放军和中国人民武装警察部队是处置突发公共事件的骨干和突击力量，按照有关规定参加应急处置工作。

4.2 财力保障

要保证所需突发公共事件应急准备和救援工作资金。对受突发公共事件影响较大的行业、企事业单位和个人要及时研究提出相应的补偿或救助政策。要对突发公共事件财政应急保障资金的使用和效果进行监管和评估。

鼓励自然人、法人或者其他组织（包括国际组织）按照《中华人民共和国公益事业捐赠法》等有关法律、法规的规定进行捐赠和援助。

4.3 物资保障

要建立健全应急物资监测网络、预警体系和应急物资生产、储备、调拨及紧急配送体系，完善应急工作程序，确保应急所需物资和生活用品的及时供应，并加强对物资储备的监督管理，及时予以补充和更新。

地方各级人民政府应根据有关法律、法规和应急预案的规定，做好物资储备工作。

4.4 基本生活保障

要做好受灾群众的基本生活保障工作，确保灾区群众有饭吃、有水喝、有衣穿、有住处、有病能得到及时医治。

4.5 医疗卫生保障

卫生部门负责组建医疗卫生应急专业技术队伍，根据需要及时赴现场开展医疗救治、疾病预防控制等卫生应急工作。及时为受灾地区提供药品、器械等卫生和医疗设备。必要时，组织动员红十字会等社会卫生力量参与医疗卫生救助工作。

4.6 交通运输保障

要保证紧急情况下应急交通工具的优先安排、优先调度、优先放行，确保运输安全畅通；要依法建立紧急情况社会交通运输工具的征用程序，确保抢险救灾物资和人员能够及时、安全送达。

根据应急处置需要，对现场及相关通道实行交通管制，开设应急救援“绿色通道”，保证应急救援工作的顺利开展。

4.7 治安维护

要加强对重点地区、重点场所、重点人群、重要物资和设备的安全保护，依法严厉打击违法犯罪活动。必要时，依法采取有效管制措施，控制事态，维护社会秩序。

4.8 人员防护

要指定或建立与人口密度、城市规模相适应的应急避险场所，完善紧急疏散管理办法和程序，明确各级责任人，确保在紧急情况下公众安全、有序的转移或疏散。

要采取必要的防护措施，严格按照程序开展应急救援工作，确保人员安全。

4.9 通信保障

建立健全应急通信、应急广播电视保障工作体系，完善公用通信网，建立有线和无线相结合、基础电信网络与机动通信系统相配套的应急通信系统，确保通信畅通。

4.10 公共设施

有关部门要按照职责分工，分别负责煤、电、油、气、水的供给，以及废水、废气、固体废弃物等有害物质的监测和处理。

4.11 科技支撑

要积极开展公共安全领域的科学研究；加大公共安全监测、预测、预警、预防和应急处置技术研发的投入，不断改进技术装备，建立健全公共安全应急技术平台，提高我国公共安全科技水平；注意发挥企业在公共安全领域的研发作用。

5 监督管理

5.1 预案演练

各地区、各部门要结合实际，有计划、有重点地组织有关部门对相关预案进行演练。

5.2 宣传和培训

宣传、教育、文化、广电、新闻出版等有关

部门要通过图书、报刊、音像制品和电子出版物、广播、电视、网络等，广泛宣传应急法律法规和预防、避险、自救、互救、减灾等常识，增强公众的忧患意识、社会责任意识和自救、互救能力。各有关方面要有计划地对应急救援和管理人员进行培训，提高其专业技能。

5.3 责任与奖惩

突发公共事件应急处置工作实行责任追究制。

对突发公共事件应急管理工作中做出突出贡献的先进集体和个人要给予表彰和奖励。

对迟报、谎报、瞒报和漏报突发公共事件重要情况或者应急管理工作中有其他失职、渎职行为的，依法对有关责任人给予行政处分；构成犯罪的，依法追究刑事责任。

6 附则

6.1 预案管理

根据实际情况的变化，及时修订本预案。

本预案自发布之日起实施。

二、国家突发重大动物疫情应急预案

（国务院2006年2月27日发布）

1 总则

1.1 编制目的

及时、有效地预防、控制和扑灭突发重大动物疫情，最大程度地减轻突发重大动物疫情对畜牧业及公众健康造成的危害，保持经济持续稳定健康发展，保障人民身体健康安全。

1.2 编制依据

依据《中华人民共和国动物防疫法》《中华人民共和国进出境动植物检疫法》和《国家突发公共事件总体应急预案》，制定本预案。

1.3 突发重大动物疫情分级

根据突发重大动物疫情的性质、危害程度、涉及范围，将突发重大动物疫情划分为特别重大（Ⅰ级）、重大（Ⅱ级）、较大（Ⅲ级）和一般（Ⅳ级）四级。

1.4 适用范围

本预案适用于突然发生，造成或者可能造成畜牧业生产严重损失和社会公众健康严重损害的重大动物疫情的应急处理工作。

1.5 工作原则

（1）统一领导，分级管理。各级人民政府统一领导和指挥突发重大动物疫情应急处理工作；疫情应急处理工作实行属地管理；地方各级人民政府负责扑灭本行政区域内的突发重大动物疫情，各有关部门按照预案规定，在各自的职责范围内做好疫情应急处理的有关工作。根据突发重大动物疫情的范围、性质和危害程度，对突发重大动物疫情实行分级管理。

（2）快速反应，高效运转。各级人民政府和兽医行政管理部门要依照有关法律、法规，建立和完善突发重大动物疫情应急体系、应急反应机制和应急处置制度，提高突发重大动物疫情应急处理能力；发生突发重大动物疫情时，各级人民政府要迅速作出反应，采取果断措施，及时控制和扑灭突发重大动物疫情。

（3）预防为主，群防群控。贯彻预防为主的方针，加强防疫知识的宣传，提高全社会防范突发重大动物疫情的意识；落实各项防范措施，做好人员、技术、物资和设备的应急储备工作，并根据需要定期开展技术培训和应急演练；开展疫情监测和预警预报，对各类可能引发突发重大动物疫情的情况要及时分析、预警，做到疫情早发现、快行动、严处理。突发重大动物疫情应急处理工作要依靠群众，全民防疫，动员一切资源，做到群防群控。

2 应急组织体系及职责

2.1 应急指挥机构

农业部在国务院统一领导下，负责组织、协

调全国突发重大动物疫情应急处理工作。

县级以上地方人民政府兽医行政管理部门在本级人民政府统一领导下，负责组织、协调本行政区域内突发重大动物疫情应急处理工作。

国务院和县级以上地方人民政府根据本级人民政府兽医行政管理部门的建议和实际工作需要，决定是否成立全国和地方应急指挥部。

2.1.1 全国突发重大动物疫情应急指挥部的职责

国务院主管领导担任全国突发重大动物疫情应急指挥部总指挥，国务院办公厅负责同志、农业部部长担任副总指挥，全国突发重大动物疫情应急指挥部负责对特别重大突发动物疫情应急处理的统一领导、统一指挥，作出处理突发重大动物疫情的重大决策。指挥部成员单位根据突发重大动物疫情的性质和应急处理的需要确定。

指挥部下设办公室，设在农业部。负责按照指挥部要求，具体制定防治政策，部署扑灭重大动物疫情工作，并督促各地各有关部门按要求落实各项防治措施。

2.1.2 省级突发重大动物疫情应急指挥部的职责

省级突发重大动物疫情应急指挥部由省级人民政府有关部门组成，省级人民政府主管领导担任总指挥。省级突发重大动物疫情应急指挥部统一负责对本行政区域内突发重大动物疫情应急处理的指挥，作出处理本行政区域内突发重大动物疫情的决策，决定要采取的措施。

2.2 日常管理机构

农业部负责全国突发重大动物疫情应急处理的日常管理工作。

省级人民政府兽医行政管理部门负责本行政区域内突发重大动物疫情应急的协调、管理工作。

市（地）级、县级人民政府兽医行政管理部门负责本行政区域内突发重大动物疫情应急处置的日常管理工作。

2.3 专家委员会

农业部和省级人民政府兽医行政管理部门组建突发重大动物疫情专家委员会。

市（地）级和县级人民政府兽医行政管理部门可根据需要，组建突发重大动物疫情应急处理专家委员会。

2.4 应急处理机构

2.4.1 动物防疫监督机构：主要负责突发重大动物疫情报告，现场流行病学调查，开展现场临床诊断和实验室检测，加强疫病监测，对封锁、隔离、紧急免疫、扑杀、无害化处理、消毒等措施的实施进行指导、落实和监督。

2.4.2 出入境检验检疫机构：负责加强对出入境动物及动物产品的检验检疫、疫情报告、消毒处理、流行病学调查和宣传教育等。

3 突发重大动物疫情的监测、预警与报告

3.1 监测

国家建立突发重大动物疫情监测、报告网络体系。农业部和地方各级人民政府兽医行政管理部门要加强对监测工作的管理和监督，保证监测质量。

3.2 预警

各级人民政府兽医行政管理部门根据动物防疫监督机构提供的监测信息，按照重大动物疫情的发生、发展规律和特点，分析其危害程度、可能的发展趋势，及时做出相应级别的预警，依次用红色、橙色、黄色和蓝色表示特别严重、严重、较重和一般四个预警级别。

3.3 报告

任何单位和个人有权向各级人民政府及其有关部门报告突发重大动物疫情及其隐患，有权向上级政府部门举报不履行或者不按照规定履行突发重大动物疫情应急处理职责的部门、单位及个人。

3.3.1 责任报告单位和责任报告人

（1）责任报告单位

a. 县级以上地方人民政府所属动物防疫监督机构；

b. 各动物疫病国家参考实验室和相关科研院校；

c. 出入境检验检疫机构；

d. 兽医行政管理部门；

e. 县级以上地方人民政府；

f. 有关动物饲养、经营和动物产品生产、经营的单位，各类动物诊疗机构等相关单位。

（2）责任报告人

执行职务的各级动物防疫监督机构、出入境检验检疫机构的兽医人员；各类动物诊疗机构的兽医；饲养、经营动物和生产、经营动物产品的人员。

3.3.2 报告形式

各级动物防疫监督机构应按国家有关规定报告疫情；其他责任报告单位和个人以电话或书面形式报告。

3.3.3 报告时限和程序

发现可疑动物疫情时，必须立即向当地县（市）动物防疫监督机构报告。县（市）动物防疫监督机构接到报告后，应当立即赶赴现场诊断，必要时可请省级动物防疫监督机构派人协助进行诊断，认定为疑似重大动物疫情的，应当在2小时内将疫情逐级报至省级动物防疫监督机构，并同时报所在地人民政府兽医行政管理部门。省级动物防疫监督机构应当在接到报告后1小时内，向省级兽医行政管理部门和农业部报告。省级兽医行政管理部门应当在接到报告后的1小时内报省级人民政府。特别重大、重大动物疫情发生后，省级人民政府、农业部应当在4小时内向国务院报告。

认定为疑似重大动物疫情的应立即按要求采集病料样品送省级动物防疫监督机构实验室确诊，省级动物防疫监督机构不能确诊的，送国家参考实验室确诊。确诊结果应立即报农业部，并抄送省级兽医行政管理部门。

3.3.4 报告内容

疫情发生的时间、地点、发病的动物种类和品种、动物来源、临床症状、发病数量、死亡数量、是否有人员感染、已采取的控制措施、疫情报告的单位和个人、联系方式等。

4 突发重大动物疫情的应急响应和终止

4.1 应急响应的原则

发生突发重大动物疫情时，事发地的县级、市（地）级、省级人民政府及其有关部门按照分级响应的原则作出应急响应。同时，要遵循突发重大动物疫情发生发展的客观规律，结合实际情况和预防控制工作的需要，及时调整预警和响应级别。要根据不同动物疫病的性质和特点，注重分析疫情的发展趋势，对势态和影响不断扩大的疫情，应及时升级预警和响应级别；对范围局限、不会进一步扩散的疫情，应相应降低响应级别，及时撤销预警。

突发重大动物疫情应急处理要采取边调查、边处理、边核实的方式，有效控制疫情发展。

未发生突发重大动物疫情的地方，当地人民政府兽医行政管理部门接到疫情通报后，要组织做好人员、物资等应急准备工作，采取必要的预防控制措施，防止突发重大动物疫情在本行政区域内发生，并服从上一级人民政府兽医行政管理部门的统一指挥，支援突发重大动物疫情发生地的应急处理工作。

4.2 应急响应

4.2.1 特别重大突发动物疫情（Ⅰ级）的应急响应

确认特别重大突发动物疫情后，按程序启动本预案。

（1）县级以上地方各级人民政府

a. 组织协调有关部门参与突发重大动物疫情的处理。

b. 根据突发重大动物疫情处理需要，调集本行政区域内各类人员、物资、交通工具和相关设施、设备参加应急处理工作。

c. 发布封锁令，对疫区实施封锁。

d. 在本行政区域内采取限制或者停止动物及动物产品交易、扑杀染疫或相关动物，临时征用房屋、场所、交通工具；封闭被动物疫病病原体污染的公共饮用水源等紧急措施。

e. 组织铁路、交通、民航、质检等部门依法在交通站点设置临时动物防疫监督检查站，对进出疫区、出入境的交通工具进行检查和消毒。

f. 按国家规定做好信息发布工作。

g. 组织乡镇、街道、社区以及居委会、村委会，开展群防群控。

h. 组织有关部门保障商品供应，平抑物价，严厉打击造谣传谣、制假售假等违法犯罪和扰乱社会治安的行为，维护社会稳定。

必要时，可请求中央予以支持，保证应急处理工作顺利进行。

（2）兽医行政管理部门

a. 组织动物防疫监督机构开展突发重大动物疫情的调查与处理；划定疫点、疫区、受威胁区。

b. 组织突发重大动物疫情专家委员会对突发重大动物疫情进行评估，提出启动突发重大动物疫情应急响应的级别。

c. 根据需要组织开展紧急免疫和预防用药。

d. 县级以上人民政府兽医行政管理部门负责对本行政区域内应急处理工作的督导和检查。

e. 对新发现的动物疫病，及时按照国家规定，开展有关技术标准和规范的培训工作。

f. 有针对性地开展动物防疫知识宣教，提高群众防控意识和自我防护能力。

g. 组织专家对突发重大动物疫情的处理情况进行综合评估。

（3）动物防疫监督机构

a. 县级以上动物防疫监督机构做好突发重大动物疫情的信息收集、报告与分析工作。

b. 组织疫病诊断和流行病学调查。

c. 按规定采集病料，送省级实验室或国家参考实验室确诊。

d. 承担突发重大动物疫情应急处理人员的技术培训。

（4）出入境检验检疫机构

a. 境外发生重大动物疫情时，会同有关部门停止从疫区国家或地区输入相关动物及其产品；加强对来自疫区运输工具的检疫和防疫消毒；参与打击非法走私入境动物或动物产品等违法活动。

b. 境内发生重大动物疫情时，加强出口货物的查验，会同有关部门停止疫区和受威胁区的相关动物及其产品的出口；暂停使用位于疫区内的依法设立的出入境相关动物临时隔离检疫场。

c. 出入境检验检疫工作中发现重大动物疫情或者疑似重大动物疫情时，立即向当地兽医行政管理部门报告，并协助当地动物防疫监督机构做好疫情控制和扑灭工作。

4.2.2 重大突发动物疫情（Ⅱ级）的应急响应

确认重大突发动物疫情后，按程序启动省级疫情应急响应机制。

（1）省级人民政府

省级人民政府根据省级人民政府兽医行政管理部门的建议，启动应急预案，统一领导和指挥本行政区域内突发重大动物疫情应急处理工作。组织有关部门和人员扑疫；紧急调集各种应急处理物资、交通工具和相关设施设备；发布或督导发布封锁令，对疫区实施封锁；依法设置临时动物防疫监督检查站查堵疫源；限制或停止动物及动物产品交易、扑杀染疫或相关动物；封锁被动物疫源污染的公共饮用水源等；按国家规定做好信息发布工作；组织乡镇、街道、社区及居委会、村委会，开展群防群控；组织有关部门保障商品供应，平抑物价，维护社会稳定。必要时，可请求中央予以支持，保证应急处理工作顺利进行。

（2）省级人民政府兽医行政管理部门

重大突发动物疫情确认后，向农业部报告疫情。必要时，提出省级人民政府启动应急预案的建议。同时，迅速组织有关单位开展疫情应急处置工作。组织开展突发重大动物疫情的调查与处理；划定疫点、疫区、受威胁区；组织对突发重大动物疫情应急处理的评估；负责对本行政区域内应急处理工作的督导和检查；开展有关技术培训工作；有针对性地开展动物防疫知识宣教，提高群众防控意识和自我防护能力。

（3）省级以下地方人民政府

疫情发生地人民政府及有关部门在省级人民政府或省级突发重大动物疫情应急指挥部的统一指挥下，按照要求认真履行职责，落实有关控制措施。具体组织实施突发重大动物疫情应急处理工作。

（4）农业部

加强对省级兽医行政管理部门应急处理突发重大动物疫情工作的督导，根据需要组织有关专家协助疫情应急处置；并及时向有关省份通报情况。必要时，建议国务院协调有关部门给予必要的技术和物资支持。

4.2.3 较大突发动物疫情（Ⅲ级）的应急响应

（1）市（地）级人民政府

市（地）级人民政府根据本级人民政府兽医行政管理部门的建议，启动应急预案，采取相应的综合应急措施。必要时，可向上级人民政府申请资金、物资和技术援助。

（2）市（地）级人民政府兽医行政管理部门

对较大突发动物疫情进行确认，并按照规定向当地人民政府、省级兽医行政管理部门和农业部报告调查处理情况。

（3）省级人民政府兽医行政管理部门

省级兽医行政管理部门要加强对疫情发生地疫情应急处理工作的督导，及时组织专家对地方疫情应急处理工作提供技术指导和支持，并向本省有关地区发出通报，及时采取预防控制措施，防止疫情扩散蔓延。

4.2.4　一般突发动物疫情（Ⅳ级）的应急响应

县级地方人民政府根据本级人民政府兽医行政管理部门的建议，启动应急预案，组织有关部门开展疫情应急处置工作。

县级人民政府兽医行政管理部门对一般突发重大动物疫情进行确认，并按照规定向本级人民政府和上一级兽医行政管理部门报告。

市（地）级人民政府兽医行政管理部门应组织专家对疫情应急处理进行技术指导。

省级人民政府兽医行政管理部门应根据需要提供技术支持。

4.2.5　非突发重大动物疫情发生地区的应急响应

应根据发生疫情地区的疫情性质、特点、发生区域和发展趋势，分析本地区受波及的可能性和程度，重点做好以下工作：

（1）密切保持与疫情发生地的联系，及时获取相关信息。

（2）组织做好本区域应急处理所需的人员与物资准备。

（3）开展对养殖、运输、屠宰和市场环节的动物疫情监测和防控工作，防止疫病的发生、传入和扩散。

（4）开展动物防疫知识宣传，提高公众防护能力和意识。

（5）按规定做好公路、铁路、航空、水运交通的检疫监督工作。

4.3　应急处理人员的安全防护

要确保参与疫情应急处理人员的安全。针对不同的重大动物疫病，特别是一些重大人畜共患病，应急处理人员还应采取特殊的防护措施。

4.4　突发重大动物疫情应急响应的终止

突发重大动物疫情应急响应的终止需符合以下条件：疫区内所有的动物及其产品按规定处理后，经过该疫病的至少一个最长潜伏期无新的病例出现。

特别重大突发动物疫情由农业部对疫情控制情况进行评估，提出终止应急措施的建议，按程序报批宣布。

重大突发动物疫情由省级人民政府兽医行政管理部门对疫情控制情况进行评估，提出终止应急措施的建议，按程序报批宣布，并向农业部报告。

较大突发动物疫情由市（地）级人民政府兽医行政管理部门对疫情控制情况进行评估，提出终止应急措施的建议，按程序报批宣布，并向省级人民政府兽医行政管理部门报告。

一般突发动物疫情，由县级人民政府兽医行政管理部门对疫情控制情况进行评估，提出终止应急措施的建议，按程序报批宣布，并向上一级和省级人民政府兽医行政管理部门报告。

上级人民政府兽医行政管理部门及时组织专家对突发重大动物疫情应急措施终止的评估提供技术指导和支持。

5　善后处理

5.1　后期评估

突发重大动物疫情扑灭后，各级兽医行政管理部门应在本级政府的领导下，组织有关人员对突发重大动物疫情的处理情况进行评估，提出改进建议和应对措施。

5.2　奖励

县级以上人民政府对参加突发重大动物疫情应急处理作出贡献的先进集体和个人，进行表彰；对在突发重大动物疫情应急处理工作中英勇献身的人员，按有关规定追认为烈士。

5.3　责任

对在突发重大动物疫情的预防、报告、调查、控制和处理过程中，有玩忽职守、失职、渎职等违纪违法行为的，依据有关法律法规追究当事人的责任。

5.4　灾害补偿

按照各种重大动物疫病灾害补偿的规定，确定数额等级标准，按程序进行补偿。

5.5　抚恤和补助

地方各级人民政府要组织有关部门对因参与

应急处理工作致病、致残、死亡的人员，按照国家有关规定，给予相应的补助和抚恤。

5.6 恢复生产

突发重大动物疫情扑灭后，取消贸易限制及流通控制等限制性措施。根据各种重大动物疫病的特点，对疫点和疫区进行持续监测，符合要求的，方可重新引进动物，恢复畜牧业生产。

5.7 社会救助

发生重大动物疫情后，国务院民政部门应按《中华人民共和国公益事业捐赠法》和《救灾救济捐赠管理暂行办法》及国家有关政策规定，做好社会各界向疫区提供的救援物资及资金的接收，分配和使用工作。

6 突发重大动物疫情应急处置的保障

突发重大动物疫情发生后，县级以上地方人民政府应积极协调有关部门，做好突发重大动物疫情处理的应急保障工作。

6.1 通信与信息保障

县级以上指挥部应将车载电台、对讲机等通信工具纳入紧急防疫物资储备范畴，按照规定做好储备保养工作。

根据国家有关法规对紧急情况下的电话、电报、传真、通信频率等予以优先待遇。

6.2 应急资源与装备保障

6.2.1 应急队伍保障

县级以上各级人民政府要建立突发重大动物疫情应急处理预备队伍，具体实施扑杀、消毒、无害化处理等疫情处理工作。

6.2.2 交通运输保障

运输部门要优先安排紧急防疫物资的调运。

6.2.3 医疗卫生保障

卫生部门负责开展重大动物疫病（人畜共患病）的人间监测，作好有关预防保障工作。各级兽医行政管理部门在做好疫情处理的同时应及时通报疫情，积极配合卫生部门开展工作。

6.2.4 治安保障

公安部门、武警部队要协助做好疫区封锁和强制扑杀工作，做好疫区安全保卫和社会治安管理。

6.2.5 物资保障

各级兽医行政管理部门应按照计划建立紧急防疫物资储备库，储备足够的药品、疫苗、诊断试剂、器械、防护用品、交通及通信工具等。

6.2.6 经费保障

各级财政部门为突发重大动物疫病防治工作提供合理而充足的资金保障。

各级财政在保证防疫经费及时、足额到位的同时，要加强对防疫经费使用的管理和监督。

各级政府应积极通过国际、国内等多渠道筹集资金，用于突发重大动物疫情应急处理工作。

6.3 技术储备与保障

建立重大动物疫病防治专家委员会，负责疫病防控策略和方法的咨询，参与防控技术方案的策划、制定和执行。

设置重大动物疫病的国家参考实验室，开展动物疫病诊断技术、防治药物、疫苗等的研究，作好技术和相关储备工作。

6.4 培训和演习

各级兽医行政管理部门要对重大动物疫情处理预备队成员进行系统培训。

在没有发生突发重大动物疫情状态下，农业部每年要有计划地选择部分地区举行演练，确保预备队扑灭疫情的应急能力。地方政府可根据资金和实际需要的情况，组织训练。

6.5 社会公众的宣传教育

县级以上地方人民政府应组织有关部门利用广播、影视、报刊、互联网、手册等多种形式对社会公众广泛开展突发重大动物疫情应急知识的普及教育，宣传动物防疫科普知识，指导群众以科学的行为和方式对待突发重大动物疫情。要充分发挥有关社会团体在普及动物防疫应急知识、科普知识方面的作用。

7 各类具体工作预案的制定

农业部应根据本预案，制定各种不同重大动物疫病应急预案，并根据形势发展要求，及时进

行修订。

国务院有关部门根据本预案的规定，制定本部门职责范围内的具体工作方案。

县级以上地方人民政府根据有关法律法规的规定，参照本预案并结合本地区实际情况，组织制定本地区突发重大动物疫情应急预案。

8 附则

8.1 名词术语和缩写语的定义与说明

重大动物疫情：是指陆生、水生动物突然发生重大疫病，且迅速传播，导致动物发病率或者死亡率高，给养殖业生产安全造成严重危害，或者可能对人民身体健康与生命安全造成危害的，具有重要经济社会影响和公共卫生意义。

我国尚未发现的动物疫病：是指疯牛病、非洲猪瘟、非洲马瘟等在其他国家和地区已经发现，在我国尚未发生过的动物疫病。

我国已消灭的动物疫病：是指牛瘟、牛肺疫等在我国曾发生过，但已扑灭净化的动物疫病。

暴发：是指一定区域，短时间内发生波及范围广泛、出现大量患病动物或死亡病例，其发病率远远超过常年的发病水平。

疫点：患病动物所在的地点划定为疫点，疫点一般是指患病禽类所在的禽场（户）或其他有关屠宰、经营单位。

疫区：以疫点为中心的一定范围内的区域划定为疫区，疫区划分时注意考虑当地的饲养环境、天然屏障（如河流、山脉）和交通等因素。

受威胁区：疫区外一定范围内的区域划定为受威胁区。

本预案有关数量的表述中，“以上”含本数，“以下”不含本数。

8.2 预案管理与更新

预案要定期评审，并根据突发重大动物疫情的形势变化和实施中发现的问题及时进行修订。

8.3 预案实施时间

本预案自印发之日起实施。

三、关于促进畜牧业高质量发展的意见

（2020 年 9 月 14 日　国务院办公厅国办发〔2020〕31 号发布）

各省、自治区、直辖市人民政府，国务院各部委、各直属机构：

畜牧业是关系国计民生的重要产业，肉蛋奶是百姓“菜篮子”的重要品种。近年来，我国畜牧业综合生产能力不断增强，在保障国家食物安全、繁荣农村经济、促进农牧民增收等方面发挥了重要作用，但也存在产业发展质量效益不高、支持保障体系不健全、抵御各种风险能力偏弱等突出问题。为促进畜牧业高质量发展、全面提升畜禽产品供应安全保障能力，经国务院同意，现提出如下意见。

一、总体要求

（一）指导思想。以习近平新时代中国特色社会主义思想为指导，全面贯彻党的十九大和十九届二中、三中、四中全会精神，认真落实党中央、国务院决策部署，牢固树立新发展理念，以实施乡村振兴战略为引领，以农业供给侧结构性改革为主线，转变发展方式，强化科技创新、政策支持和法治保障，加快构建现代畜禽养殖、动物防疫和加工流通体系，不断增强畜牧业质量效益和竞争力，形成产出高效、产品安全、资源节约、环境友好、调控有效的高质量发展新格局，更好地满足人民群众多元化的畜禽产品消费需求。

（二）基本原则。坚持市场主导。以市场需求为导向，充分发挥市场在资源配置中的决定性作用，消除限制畜牧业发展的不合理壁垒，增强畜牧业发展活力。

坚持防疫优先。将动物疫病防控作为防范畜牧业产业风险和防治人畜共患病的第一道防线，着力加强防疫队伍和能力建设，落实政府和市场主体的防疫责任，形成防控合力。

坚持绿色发展。统筹资源环境承载能力、畜禽产品供给保障能力和养殖废弃物资源化利用能力，协同推进畜禽养殖和环境保护，促进可持续发展。

坚持政策引导。更好发挥政府作用，优化区域布局，强化政策支持，加快补齐畜牧业发展的短板和弱项，加强市场调控，保障畜禽产品有效供给。

（三）发展目标。畜牧业整体竞争力稳步提高，动物疫病防控能力明显增强，绿色发展水平显著提高，畜禽产品供应安全保障能力大幅提升。猪肉自给率保持在95%左右，牛羊肉自给率保持在85%左右，奶源自给率保持在70%以上，禽肉和禽蛋实现基本自给。到2025年畜禽养殖规模化率和畜禽粪污综合利用率分别达到70%以上和80%以上，到2030年分别达到75%以上和85%以上。

二、加快构建现代养殖体系

（四）加强良种培育与推广。继续实施畜禽遗传改良计划和现代种业提升工程，健全产学研联合育种机制，重点开展白羽肉鸡育种攻关，推进瘦肉型猪本土化选育，加快牛羊专门化品种选育，逐步提高核心种源自给率。实施生猪良种补贴和牧区畜牧良种补贴，加快优良品种推广和应用。强化畜禽遗传资源保护，加强国家级和省级保种场、保护区、基因库建设，推动地方品种资源应保尽保、有序开发。（农业农村部、国家发展改革委、科技部、财政部等按职责分工负责，地方人民政府负责落实。以下均需地方人民政府落实，不再列出）

（五）健全饲草料供应体系。因地制宜推行粮改饲，增加青贮玉米种植，提高苜蓿、燕麦草等紧缺饲草自给率，开发利用杂交构树、饲料桑等新饲草资源。推进饲草料专业化生产，加强饲草料加工、流通、配送体系建设。促进秸秆等非粮饲料资源高效利用。建立健全饲料原料营养价值数据库，全面推广饲料精准配方和精细加工技术。加快生物饲料开发应用，研发推广新型安全高效饲料添加剂。调整优化饲料配方结构，促进玉米、豆粕减量替代。（农业农村部、国家发展改革委、科技部、财政部、国务院扶贫办等按职责分工负责）

（六）提升畜牧业机械化水平。制定主要畜禽品种规模化养殖设施装备配套技术规范，推进养殖工艺与设施装备的集成配套。落实农机购置补贴政策，将养殖场（户）购置自动饲喂、环境控制、疫病防控、废弃物处理等农机装备按规定纳入补贴范围。遴选推介一批全程机械化养殖场和示范基地。提高饲草料和畜禽生产加工等关键环节设施装备自主研发能力。（农业农村部、国家发展改革委、工业和信息化部、财政部等按职责分工负责）

（七）发展适度规模经营。因地制宜发展规模化养殖，引导养殖场（户）改造提升基础设施条件，扩大养殖规模，提升标准化养殖水平。加快养殖专业合作社和现代家庭牧场发展，鼓励其以产权、资金、劳动、技术、产品为纽带，开展合作和联合经营。鼓励畜禽养殖龙头企业发挥引领带动作用，与养殖专业合作社、家庭牧场紧密合作，通过统一生产、统一服务、统一营销、技术共享、品牌共创等方式，形成稳定的产业联合体。完善畜禽标准化饲养管理规程，开展畜禽养殖标准化示范创建。（农业农村部负责）

（八）扶持中小养殖户发展。加强对中小养殖户的指导帮扶，不得以行政手段强行清退。鼓励新型农业经营主体与中小养殖户建立利益联结机制，带动中小养殖户专业化生产，提升市场竞争力。加强基层畜牧兽医技术推广体系建设，健全社会化服务体系，培育壮大畜牧科技服务企业，为中小养殖户提供良种繁育、饲料营养、疫病检测诊断治疗、机械化生产、产品储运、废弃物资源化利用等实用科技服务。（农业农村部、科技部等按职责分工负责）

三、建立健全动物防疫体系

（九）落实动物防疫主体责任。依法督促落实畜禽养殖、贩运、屠宰加工等各环节从业者动物防疫主体责任。引导养殖场（户）改善动物防疫条件，严格按规定做好强制免疫、清洗消毒、疫情报告等工作。建立健全畜禽贩运和运输车辆监管制度，对运输车辆实施备案管理，落实清洗消毒措施。督促指导规模养殖场（户）和屠宰厂（场）配备相应的畜牧兽医技术人员，依法落实疫病自检、报告等制度。加强动物疫病防控分类指导和技术培训，总结推广一批行之有效的防控模式。（农业农村部、交通运输部等按职责分工负责）

（十）提升动物疫病防控能力。落实地方各级人民政府防疫属地管理责任，完善部门联防联控机制。强化重大动物疫情监测排查，建立重点区域和场点入场抽检制度。健全动物疫情信息报告制度，加强养殖、屠宰加工、无害化处理等环节动物疫病信息管理。完善疫情报告奖惩机制，对疫情报告工作表现突出的给予表彰，对瞒报、漏报、迟报或阻碍他人报告疫情的依法依规严肃处理。实施重大动物疫病强制免疫计划，建立基于

防疫水平的养殖场（户）分级管理制度。加强口岸动物疫情防控工作，进一步提升口岸监测、检测、预警和应急处置能力。严厉打击收购、贩运、销售、随意丢弃病死畜禽等违法违规行为，构成犯罪的，依法追究刑事责任。（农业农村部、公安部、交通运输部、海关总署等按职责分工负责）

（十一）建立健全分区防控制度。加快实施非洲猪瘟等重大动物疫病分区防控，落实省际联席会议制度，统筹做好动物疫病防控、畜禽及畜禽产品调运监管和市场供应等工作。统一规划实施畜禽指定通道运输。支持有条件的地区和规模养殖场（户）建设无疫区和无疫小区。推进动物疫病净化，以种畜禽场为重点，优先净化垂直传播性动物疫病，建设一批净化示范场。（农业农村部、国家发展改革委、交通运输部等按职责分工负责）

（十二）提高动物防疫监管服务能力。加强动物防疫队伍建设，采取有效措施稳定基层机构队伍。依托现有机构编制资源，建立健全动物卫生监督机构和动物疫病预防控制机构，加强动物疫病防控实验室、边境监测站、省际公路检查站和区域洗消中心等建设。在生猪大县实施乡镇动物防疫特聘计划。保障村级动物防疫员合理劳务报酬。充分发挥执业兽医、乡村兽医作用，支持其开展动物防疫和疫病诊疗活动。鼓励大型养殖企业、兽药及饲料生产企业组建动物防疫服务团队，提供"一条龙"、"菜单式"防疫服务。（农业农村部、中央编办、国家发展改革委、财政部、人力资源社会保障部等按职责分工负责）

四、加快构建现代加工流通体系

（十三）提升畜禽屠宰加工行业整体水平。持续推进生猪屠宰行业转型升级，鼓励地方新建改建大型屠宰自营企业，加快小型屠宰场点撤停并转。开展生猪屠宰标准化示范创建，实施生猪屠宰企业分级管理。鼓励大型畜禽养殖企业、屠宰加工企业开展养殖、屠宰、加工、配送、销售一体化经营，提高肉品精深加工和副产品综合利用水平。推动出台地方性法规，规范牛羊禽屠宰管理。（农业农村部、国家发展改革委等按职责分工负责）

（十四）加快健全畜禽产品冷链加工配送体系。引导畜禽屠宰加工企业向养殖主产区转移，推动畜禽就地屠宰，减少活畜禽长距离运输。鼓励屠宰加工企业建设冷却库、低温分割车间等冷藏加工设施，配置冷链运输设备。推动物流配送企业完善冷链配送体系，拓展销售网络，促进运活畜禽向运肉转变。规范活畜禽跨区域调运管理，完善"点对点"调运制度。倡导畜禽产品安全健康消费，逐步提高冷鲜肉品消费比重。（农业农村部、国家发展改革委、交通运输部、商务部等按职责分工负责）

（十五）提升畜牧业信息化水平。加强大数据、人工智能、云计算、物联网、移动互联网等技术在畜牧业的应用，提高圈舍环境调控、精准饲喂、动物疫病监测、畜禽产品追溯等智能化水平。加快畜牧业信息资源整合，推进畜禽养殖档案电子化，全面实行生产经营信息直联直报。实现全产业链信息化闭环管理。支持第三方机构以信息数据为基础，为养殖场（户）提供技术、营销和金融等服务。（农业农村部、国家发展改革委、国家统计局等按职责分工负责）

（十六）统筹利用好国际国内两个市场、两种资源。扩大肉品进口来源国和进口品种，适度进口优质安全畜禽产品，补充和调剂国内市场供应。稳步推进畜牧业对外投资合作，开拓多元海外市场，扩大优势畜禽产品出口。深化对外交流，加强先进设施装备、优良种质资源引进，开展动物疫苗科研联合攻关。（农业农村部、国家发展改革委、科技部、商务部、海关总署等按职责分工负责）

五、持续推动畜牧业绿色循环发展

（十七）大力推进畜禽养殖废弃物资源化利用。支持符合条件的县（市、区、旗）整县推进畜禽粪污资源化利用，鼓励液体粪肥机械化施用。对畜禽粪污全部还田利用的养殖场（户）实行登记管理，不需申领排污许可证。完善畜禽粪污肥料化利用标准，支持农民合作社、家庭农场等在种植业生产中施用粪肥。统筹推进病死猪牛羊禽等无害化处理，完善市场化运作模式，合理制定补助标准，完善保险联动机制。（农业农村部、国家发展改革委、生态环境部、银保监会等按职责分工负责）

（十八）促进农牧循环发展。加强农牧统筹，将畜牧业作为农业结构调整的重点。农区要推进种养结合，鼓励在规模种植基地周边建设农牧循环型畜禽养殖场（户），促进粪肥还田，加强农副产品饲料化利用。农牧交错带要综合利用饲草、秸秆等资源发展草食畜牧业，加强退化草原生态修复，恢复提升草原生产能力。草原牧区要坚持以草定畜，科学合理利用草原，鼓励发展家庭生态牧场和生态牧业合作社。南方草山草坡地区要加强草地改良和人工草地建植，因地制宜发展牛羊养殖。（农业农村部、国家发展改革委、生态环境部、国家林草局等按职责分工负责）

（十九）全面提升绿色养殖水平。科学布局畜禽养殖，促进养殖规模与资源环境相匹配。缺水地区要发展羊、禽、兔等低耗水畜种养殖，土地资源紧缺地区要采取综合措施提高养殖业土地利用率。严格执行饲料添加剂安全使用规范，依法加强饲料中超剂量使用铜、锌等问题监管。加强兽用抗菌药综合治理，实施动物源细菌耐药性监测、药物饲料添加剂退出和兽用抗菌药使用减量化行动。建立畜牧业绿色发展评价体系，推广绿色发展配套技术。（农业农村部、自然资源部、生态环境部等按职责分工负责）

六、保障措施

（二十）严格落实省负总责和“菜篮子”市长负责制。各省（自治区、直辖市）人民政府对本地区发展畜牧业生产、保障肉蛋奶市场供应负总责，制定发展规划，强化政策措施，不得超越法律法规规定禁养限养。加强“菜篮子”市长负责制考核。鼓励主销省份探索通过资源环境补偿、跨区合作建立养殖基地等方式支持主产省份发展畜禽生产，推动形成销区补偿产区的长效机制。（国家发展改革委、农业农村部等按职责分工负责）

（二十一）保障畜牧业发展用地。按照畜牧业发展规划目标，结合地方国土空间规划编制，统筹支持解决畜禽养殖用地需求。养殖生产及其直接关联的畜禽粪污处理、检验检疫、清洗消毒、病死畜禽无害化处理等农业设施用地，可以使用一般耕地，不需占补平衡。畜禽养殖设施原则上不得使用永久基本农田，涉及少量永久基本农田确实难以避让的，允许使用但须补划。加大林地对畜牧业发展的支持，依法依规办理使用林地手续。鼓励节约使用畜禽养殖用地，提高土地利用效率。（自然资源部、农业农村部、国家林草局等按职责分工负责）

（二十二）加强财政保障和金融服务。继续实施生猪、牛羊调出大县奖励政策。通过政府购买服务方式支持动物防疫社会化服务。落实畜禽规模养殖、畜禽产品初加工等环节用水、用电优惠政策。通过中央财政转移支付等现有渠道，加强对生猪屠宰标准化示范创建和畜禽产品冷链运输配送体系建设的支持。银行业金融机构要积极探索推进土地经营权、养殖圈舍、大型养殖机械抵押贷款，支持具备活体抵押登记、流转等条件的地区按照市场化和风险可控原则，积极稳妥开展活畜禽抵押贷款试点。大力推进畜禽养殖保险，鼓励有条件的地方自主开展畜禽养殖收益险、畜产品价格险试点，逐步实现全覆盖。鼓励社会资本设立畜牧业产业投资基金和畜牧业科技创业投资基金。（财政部、银保监会、国家发展改革委、农业农村部等按职责分工负责）

（二十三）强化市场调控。依托现代信息技术，加强畜牧业生产和畜禽产品市场动态跟踪监测，及时、准确发布信息，科学引导生产和消费。完善政府猪肉储备调节机制，缓解生猪生产和市场价格周期性波动。各地根据需要研究制定牛羊肉等重要畜产品保供和市场调控预案。（国家发展改革委、财政部、农业农村部、商务部等按职责分工负责）

（二十四）落实“放管服”改革措施。推动修订畜牧兽医相关法律法规，提高畜牧业法制化水平。简化畜禽养殖用地取得程序以及环境影响评价、动物防疫条件审查、种畜禽进出口等审批程序，缩短审批时间，推进“一窗受理”，强化事中事后监管。（司法部、自然资源部、生态环境部、农业农村部、海关总署等按职责分工负责）

四、关于加强非洲猪瘟防控工作的意见

（2019 年 6 月 22 日　国务院办公厅国办发〔2019〕31 号发布）

各省、自治区、直辖市人民政府，国务院各部委、各直属机构：

党中央、国务院高度重视非洲猪瘟防控工作。2018 年 8 月非洲猪瘟疫情发生后，各地区各有关部门持续强化防控措施，防止疫情扩散蔓延，取得了阶段性成效。但同时也要看到，生猪产业链

监管中还存在不少薄弱环节，有的地区使用餐厨废弃物喂猪现象仍然比较普遍，生猪调运管理不够严格，屠宰加工流通环节非洲猪瘟检测能力不足，基层动物防疫体系不健全，防疫能力仍存在短板，防控形势依然复杂严峻。为加强非洲猪瘟防控工作，全面提升动物疫病防控能力，经国务院同意，现提出以下意见。

一、加强养猪场（户）防疫监管

（一）提升生物安全防护水平。严格动物防疫条件审查，着力抓好养猪场（户）特别是种猪场和规模猪场防疫监管。深入推进生猪标准化规模养殖，逐步降低散养比例，督促落实封闭饲养、全进全出等饲养管理制度，提高养猪场（户）生物安全防范水平。综合运用信贷保险等手段，引导养猪场（户）改善动物防疫条件，完善清洗消毒、出猪间（台）等防疫设施设备，不断提升防疫能力和水平。督促养猪场（户）建立完善养殖档案，严格按规定加施牲畜标识，提高生猪可追溯性。（农业农村部、国家发展改革委、银保监会等负责，地方人民政府负责落实。以下均需地方人民政府落实，不再列出）

（二）落实关键防控措施。指导养猪场（户）有效落实清洗消毒、无害化处理等措施，严格出入场区的车辆和人员管理。鼓励养猪场（户）自行开展非洲猪瘟检测，及早发现和处置隐患。督促养猪场（户）严格规范地报告疫情，做好疫情处置，严防疫情扩散。开展专项整治行动，严厉打击收购、贩运、销售、随意丢弃病死猪的违法违规行为，依法实行顶格处罚。加强病死猪无害化处理监管，指导自行处理病死猪的规模养猪场（户）配备处理设施，确保清洁安全、不污染环境。（农业农村部、公安部、生态环境部等负责）

二、加强餐厨废弃物管理

（三）严防餐厨废弃物直接流入养殖环节。推动尽快修订相关法律法规，进一步明确禁止直接使用餐厨废弃物喂猪，完善罚则。各地要对餐厨废弃物实行统一收集、密闭运输、集中处理、闭环监管，严防未经无害化处理的餐厨废弃物流入养殖环节。督促有关单位做好餐厨废弃物产生、收集、运输、存储、处理等全链条的工作记录，强化监督检查和溯源追踪。按照政府主导、企业参与、市场运作原则，推动建立产生者付费、处理者受益的餐厨废弃物无害化处理和资源化利用长效机制。（农业农村部、住房城乡建设部、市场监管总局、国家发展改革委、司法部、交通运输部、商务部等负责）

（四）落实餐厨废弃物管理责任。各地要尽快逐级明确餐厨废弃物管理牵头部门，细化完善餐厨废弃物全链条管理责任，建立完善全链条监管机制。加大对禁止直接使用餐厨废弃物喂猪的宣传力度，对养猪场（户）因使用餐厨废弃物喂猪引发疫情或造成疫情扩散的，不给予强制扑杀补助，并追究各环节监管责任。（农业农村部、住房城乡建设部、市场监管总局、国家发展改革委、财政部等负责）

三、规范生猪产地检疫管理

（五）严格实施生猪产地检疫。按照法律法规规定和检疫规程，合理布局产地检疫报检点。动物卫生监督机构要严格履行检疫程序，确保生猪检疫全覆盖。研究建立产地检疫风险评估机制，强化资料审核查验、临床健康检查等关键检疫环节，发现疑似非洲猪瘟症状的生猪，要立即采取控制措施并及时按程序报告。加大产地检疫工作宣传力度，落实货主产地检疫申报主体责任。官方兽医要严格按照要求，规范填写产地检疫证明。（农业农村部等负责）

（六）严肃查处违规出证行为。各地要加强对检疫出证人员的教育培训和监督管理，提高其依法履职能力。进一步规范产地检疫证明使用和管理，明确出证人员的权限和责任，严格执行产地检疫证明领用管理制度。对开具虚假检疫证明、不检疫就出证、违规出证以及违规使用、倒卖产地检疫证明等动物卫生证章标志的，依法依规严肃追究有关人员责任。（农业农村部、公安部等负责）

四、加强生猪及生猪产品调运管理

（七）强化运输车辆管理。完善生猪运输车辆备案管理制度，鼓励使用专业化、标准化、集装化的运输工具运输生猪等活畜禽。严格落实有关动物防疫条件要求，完善运输工具清洗消毒设施设备，坚决消除运输工具传播疫情的风险。（农业农村部、交通运输部等负责）

（八）加强运输过程监管。建立生猪指定通道运输制度，生猪调运必须经指定通道运输。在重点养殖区域周边、省际以及指定通道道口，结合公路检查站等设施，科学设立临时性动物卫生监督检查站，配齐相关检测仪器设施设备。严格生猪及生猪产品调运环节查验，重点查验产地检疫

证明、运输车辆备案情况、生猪健康状况等，降低疫病扩散风险。（农业农村部、交通运输部、公安部等负责）

五、加强生猪屠宰监管

（九）落实屠宰厂（场）自检制度。严格执行生猪定点屠宰制度。督促指导生猪屠宰厂（场）落实各项防控措施，配齐非洲猪瘟检测仪器设备，按照批批检、全覆盖原则，全面开展非洲猪瘟检测，切实做好疫情排查和报告。建立生猪屠宰厂（场）暂存产品抽检制度，强化溯源追踪，严格处置风险隐患。（农业农村部等负责）

（十）落实驻场官方兽医制度。各地要在生猪屠宰厂（场）足额配备官方兽医，大型、中小型生猪屠宰厂（场）和小型生猪屠宰点分别配备不少于10人、5人和2人，工作经费由地方财政解决。生猪屠宰厂（场）要为官方兽医开展检疫提供人员协助和必要条件。探索建立签约兽医或协检员制度。官方兽医要依法履行检疫和监管职责，严格按照规程开展屠宰检疫并出具动物检疫合格证；严格监督屠宰厂（场）查验生猪产地检疫证明和健康状况、落实非洲猪瘟病毒批批检测制度，确保检测结果（报告）真实有效。（农业农村部、财政部、人力资源社会保障部等负责）

（十一）严格屠宰厂（场）监管。督促指导生猪屠宰厂（场）严格履行动物防疫和生猪产品质量安全主体责任，坚决防止病死猪和未经检疫、检疫不合格的生猪进入屠宰厂（场），对病死猪实施无害化处理。生猪屠宰厂（场）要规范做好生猪入场、肉品品质检验、生猪产品出厂及病死猪无害化处理等关键环节记录，强化各项防控措施落实。加大生猪屠宰厂（场）资格审核清理力度，对环保不达标、不符合动物防疫等条件的，或因检测不到位、造假等原因导致非洲猪瘟疫情扩散的，依法吊销生猪定点屠宰证。加快修订生猪屠宰管理条例，加大对私屠滥宰的处罚力度。持续打击私屠滥宰、注水注药、屠宰贩卖病死猪等违法违规行为，依法予以严厉处罚，涉嫌犯罪的，依法从严追究刑事责任。（农业农村部、公安部、司法部、生态环境部等负责）

六、加强生猪产品加工经营环节监管

（十二）实施加工经营主体检查检测制度。督促猪肉制品加工企业、生猪产品经营者严格履行进货查验和记录责任，严格查验动物检疫合格证、肉品品质检验合格证和非洲猪瘟病毒检测结果（报告），确保生猪产品原料来自定点屠宰厂（场）；采购的进口生猪产品应附有合法的入境检验检疫证明。督促猪肉制品加工企业对未经非洲猪瘟病毒检测的生猪产品原料，自行或委托具有资质的单位开展非洲猪瘟病毒检测并做好记录。未经定点屠宰厂（场）屠宰并经检疫合格的猪肉以及未附有合法的入境检验检疫证明的进口猪肉，均不得进入市场流通和生产加工。（市场监管总局、海关总署等负责）

（十三）强化加工经营环节监督检查。市场监管部门要加强对猪肉制品加工企业、食用农产品集中交易市场、销售企业和餐饮企业的监督检查，并依法依规组织对生猪产品和猪肉制品开展抽检。市场监管部门和畜牧兽医部门要加强沟通联系，明确非洲猪瘟病毒检测方法和相关要求。对非洲猪瘟病毒复检为阳性的，所在地人民政府应组织畜牧兽医部门、市场监管部门及时进行处置并开展溯源调查。加大对流通环节违法违规行为的打击力度。（市场监管总局、农业农村部、公安部、财政部等负责）

七、加强区域化和进出境管理

（十四）加快实施分区防控。制定实施分区防控方案，建立协调监管机制和区域内省际联席会议制度，促进区域内生猪产销大体平衡，降低疫情跨区域传播风险。各地要推进区域联防联控，统筹抓好疫病防控、调运监管和市场供应等工作，科学规划生猪养殖屠宰加工等产业布局，尽快实现主产区出栏生猪就近屠宰。有条件的地方可通过奖补、贴息等政策，支持企业发展冷链物流配送，变“运猪”为“运肉”。加快推进分区防控试点工作，及时总结推广试点经验。（农业农村部、国家发展改革委、财政部、交通运输部、商务部等负责）

（十五）支持开展无疫区建设。加强区域内动物疫病监测、动物卫生监督、防疫屏障和应急处置体系建设，优化流通控制模式，严格易感动物调入监管。制定非洲猪瘟无疫区和无疫小区建设评估标准。鼓励具有较好天然屏障条件的地区和具有较高生物安全防护水平的生猪养殖屠宰一体化企业创建非洲猪瘟无疫区和无疫小区，提升区域防控能力。研究制定非洲猪瘟无疫区、无疫小区生猪及生猪产品调运政策。（农业农村部、国家发展改革委等负责）

（十六）强化进出境检验检疫和打击走私。密

切关注国际非洲猪瘟疫情态势，加强外来动物疫病监视监测网络运行管理，强化风险评估预警，完善境外疫情防堵措施。严格进出境检验检疫，禁止疫区产品进口。进口动物及动物产品，应取得海关部门检验检疫合格证。加大对国际运输工具、国际邮寄物、旅客携带物查验检疫力度，规范处置风险物品，完善疫情监测和通报机制。严格边境查缉堵截，强化打击走私生猪产品国际合作，全面落实反走私综合治理各项措施，持续保持海上、关区、陆路边境等打击走私高压态势。全面落实供港澳生猪及生猪产品生产企业防疫主体责任，进一步强化监管措施，动态调整供港澳生猪通道。强化野猪监测巡查，实现重点区域全覆盖，严防野猪传播疫情。（海关总署、公安部、农业农村部、国家林草局、中国海警局等负责）

八、加强动物防疫体系建设

（十七）稳定基层机构队伍。县级以上地方人民政府要高度重视基层动物防疫和市场监管队伍建设，采取有效措施稳定基层机构队伍。依托现有机构编制资源，建立健全动物卫生监督机构和动物疫病预防控制机构，明确工作职责，巩固和加强工作队伍，保障监测、预防、控制、扑灭、检疫、监督等动物防疫工作经费和专项业务经费；加强食品检查队伍的专业化、职业化建设，保障其业务经费。切实落实动物疫病防控技术人员和官方兽医有关津贴。强化执法队伍动物防疫专业力量，加强对畜牧兽医行政执法工作的指导。（农业农村部、市场监管总局、中央编办、财政部、人力资源社会保障部等负责）

（十八）完善动物防疫体系。推进实施动植物保护能力提升工程建设规划，补齐动物防疫设施设备短板，加快病死畜禽无害化处理场所、动物卫生监督检查站、动物检疫申报点、活畜禽运输指定通道等基础设施建设。支持畜牧大县建设生猪运输车辆洗消中心。加强部门信息系统共享，对非洲猪瘟防控各环节实行“互联网＋”监管，用信息化、智能化、大数据等手段提高监管效率和水平。完善病死畜禽无害化处理补助政策，地方人民政府结合当地实际加大支持力度。进一步完善扑杀补助机制，对在国家重点动物疫病预防、控制、扑灭过程中强制扑杀的动物给予补助，加快补助发放进度。加快构建高水平科研创新平台，尽快在防控关键技术和产品上取得突破。（农业农村部、国家发展改革委、科技部、工业和信息化部、财政部、市场监管总局等负责）

九、加强动物防疫责任落实

（十九）明确各方责任。落实地方各级人民政府对本地区非洲猪瘟等动物疫病防控工作负总责、主要负责人是第一责任人的属地管理责任，对辖区内防控工作实施集中统一指挥，加强工作督导，将工作责任明确到人、措施落实到位。落实各有关部门动物防疫监管责任，逐项明确各环节监管责任单位和职责分工，进一步强化部门联防联控机制。依法督促落实畜禽养殖、贩运、交易、屠宰、加工等各环节从业者动物防疫主体责任，加强宣传教育和监督管理。设立非洲猪瘟疫情有奖举报热线，鼓励媒体、单位和个人对生猪生产、屠宰、加工流通等环节进行监督。完善非洲猪瘟疫情统一规范发布制度，健全部门联动和协商机制，涉及疫情相关信息的，由农业农村部会同有关部门统一发布，如实向社会公开疫情。（农业农村部、市场监管总局等负责）

（二十）严肃追责问责。层层压实地方责任，对责任不落实、落实不到位的严肃追责，并向全社会通报。加强对关键防控措施落实情况的监督检查，确保各项措施落实落细。严肃查处动物防疫工作不力等行为，对因隐瞒不报、不及时报告或处置措施不到位等问题导致疫情扩散蔓延的，从严追责问责。加强警示教育和提醒，坚决查处失职渎职等违法违规行为，涉及犯罪的，移交有关机关严肃处理。对在非洲猪瘟等动物疫病防控工作中作出突出贡献的单位和个人，按有关规定予以表彰。（农业农村部、市场监管总局、人力资源社会保障部等负责）

十、稳定生猪生产发展

（二十一）落实“菜篮子”市长负责制。地方各级人民政府要承担当地生猪市场保供稳价主体责任，切实提高生猪生产能力、市场流通能力、质量安全监管能力和调控保障能力。加强市场信息预警，引导养猪场（户）增养补栏。科学划定禁养区，对超范围划定禁养区、随意扩大禁养限养范围等问题，要限期整改。维持生猪市场正常流通秩序，不得层层加码禁运限运、设置行政壁垒，一经发现，在全国范围内通报并限期整改。（农业农村部、国家发展改革委、生态环境部、商务部、市场监管总局等负责）

（二十二）加大对生猪生产发展的政策支持力度。省级财政要通过生猪生产稳定专项补贴等措施，对受影响较大的生猪调出大县的规模化养猪场（户）实行临时性生产救助。金融机构要稳定预期、稳定信贷、稳定支持，不得对养猪场（户）、屠宰加工企业等盲目停贷限贷。省级农业信贷担保机构要在做好风险评估防控的基础上，简化流程、降低门槛，为规模养猪场（户）提供信贷担保支持。各地可根据实际，统筹利用中央财政农业生产发展资金、自有财力等渠道，对符合条件的规模养猪场（户）给予短期贷款贴息支持。落实能繁母猪和育肥猪保险政策，适当提高保险保额，增强风险防范能力。（财政部、农业农村部、银保监会等负责）

（二十三）加快生猪产业转型升级。构建标准化生产体系，继续创建一批高质量的标准化示范场。支持畜牧大县规模养猪场（户）开展粪污资源化利用，适时研究将非畜牧大县规模养猪场（户）纳入项目实施范围。完善设施农用地政策，合理规划、切实保障规模养猪场（户）发展及相关配套设施建设的土地供应。支持生猪养殖企业在省域或区域化管理范围内全产业链发展。调整优化生猪产业布局，生猪自给率低的销区要积极扩大生猪生产，逐步提高生猪自给率。因环境容量等客观条件限制，确实无法满足自给率要求的省份，要主动对接周边省份，合作建立养殖基地，提升就近保供能力。（农业农村部、国家发展改革委、财政部、自然资源部、生态环境部等负责）

五、国务院办公厅关于建立病死畜禽无害化处理机制的意见

（2014 年 10 月 20 日　国务院办公厅国办发〔2014〕47 号发布）

各省、自治区、直辖市人民政府，国务院各部委、各直属机构：

我国家畜家禽饲养数量多，规模化养殖程度不高，病死畜禽数量较大，无害化处理水平偏低，随意处置现象时有发生。为全面推进病死畜禽无害化处理，保障食品安全和生态环境安全，促进养殖业健康发展，经国务院同意，现就建立病死畜禽无害化处理机制提出以下意见。

一、总体思路

按照推进生态文明建设的总体要求，以及时处理、清洁环保、合理利用为目标，坚持统筹规划与属地负责相结合、政府监管与市场运作相结合、财政补助与保险联动相结合、集中处理与自行处理相结合，尽快建成覆盖饲养、屠宰、经营、运输等各环节的病死畜禽无害化处理体系，构建科学完备、运转高效的病死畜禽无害化处理机制。

二、强化生产经营者主体责任

从事畜禽饲养、屠宰、经营、运输的单位和个人是病死畜禽无害化处理的第一责任人，负有对病死畜禽及时进行无害化处理并向当地畜牧兽医部门报告畜禽死亡及处理情况的义务。鼓励大型养殖场、屠宰场建设病死畜禽无害化处理设施，并可以接受委托，有偿对地方人民政府组织收集及其他生产经营者的病死畜禽进行无害化处理。对零星病死畜禽自行处理的，各地要制定处理规范，确保清洁安全、不污染环境。任何单位和个人不得抛弃、收购、贩卖、屠宰、加工病死畜禽。

三、落实属地管理责任

地方各级人民政府对本地区病死畜禽无害化处理负总责。在江河、湖泊、水库等水域发现的病死畜禽，由所在地县级政府组织收集处理；在城市公共场所以及乡村发现的病死畜禽，由所在地街道办事处或乡镇政府组织收集处理。在收集处理同时，要及时组织力量调查病死畜禽来源，并向上级政府报告。跨省流入的病死畜禽，由农业部会同有关地方和部门组织调查；省域内跨市（地）、县（市）流入的，由省级政府责令有关地方和部门调查。在完成调查并按法定程序作出处理决定后，要及时将调查结果和对生产经营者、监管部门及地方政府的处理意见向社会公布。重要情况及时向国务院报告。

四、加强无害化处理体系建设

县级以上地方人民政府要根据本地区畜禽养殖、疫病发生和畜禽死亡等情况，统筹规划和合理布局病死畜禽无害化收集处理体系，组织建设覆盖饲养、屠宰、经营、运输等各环节的病死畜禽无害化处理场所，处理场所的设计处理能力应高于日常病死畜禽处理量。要依托养殖场、屠宰场、专业合作组织和乡镇畜牧兽医站等建设病死畜禽收集网点、暂存设施，并配备必要的运输工具。鼓励跨行政区域建设病死畜禽专业无害化处理场。处理设施应优先采用化制、发酵等既能实

现无害化处理又能资源化利用的工艺技术。支持研究新型、高效、环保的无害化处理技术和装备。有条件的地方也可在完善防疫设施的基础上，利用现有医疗垃圾处理厂等对病死畜禽进行无害化处理。

五、完善配套保障政策

按照“谁处理、补给谁”的原则，建立与养殖量、无害化处理率相挂钩的财政补助机制。各地区要综合考虑病死畜禽收集成本、设施建设成本和实际处理成本等因素，制定财政补助、收费等政策，确保无害化处理场所能够实现正常运营。将病死猪无害化处理补助范围由规模养殖场（区）扩大到生猪散养户。无害化处理设施建设用地要按照土地管理法律法规的规定，优先予以保障。无害化处理设施设备可以纳入农机购置补贴范围。从事病死畜禽无害化处理的，按规定享受国家有关税收优惠。将病死畜禽无害化处理作为保险理赔的前提条件，不能确认无害化处理的，保险机构不予赔偿。

六、加强宣传教育

各地区、各有关部门要向广大群众普及科学养殖和防疫知识，增强消费者的识别能力，宣传病死畜禽无害化处理的重要性和病死畜禽产品的危害性。要建立健全监督举报机制，鼓励群众和媒体对抛弃、收购、贩卖、屠宰、加工病死畜禽等违法行为进行监督和举报。

七、严厉打击违法犯罪行为

各地区、各有关部门要按照动物防疫法、食品安全法、畜禽规模养殖污染防治条例等法律法规，严肃查处随意抛弃病死畜禽、加工制售病死畜禽产品等违法犯罪行为。农业、食品监管等部门在调查抛弃、收购、贩卖、屠宰、加工病死畜禽案件时，要严格依照法定程序进行。加强行政执法与刑事司法的衔接，对涉嫌构成犯罪、依法需要追究刑事责任的，要及时移送公安机关，公安机关应依法立案侦查。对公安机关查扣的病死畜禽及其产品，在固定证据后，有关部门应及时组织做好无害化处理工作。

八、加强组织领导

地方各级人民政府要加强组织领导和统筹协调，明确各环节的监管部门，建立区域和部门联防联动机制，落实各项保障条件。切实加强基层监管力量，提升监管人员素质和执法水平。建立责任追究制，严肃追究失职渎职工作人员责任。各地区、各有关部门要及时研究解决工作中出现的新问题，确保病死畜禽无害化处理的各项要求落到实处。

六、国务院关于进一步贯彻实施《中华人民共和国行政处罚法》的通知

（2021年11月15日 国务院国发〔2021〕26号发布）

各省、自治区、直辖市人民政府，国务院各部委、各直属机构：

《中华人民共和国行政处罚法》（以下简称行政处罚法）已经十三届全国人大常委会第二十五次会议修订通过。为进一步贯彻实施行政处罚法，现就有关事项通知如下：

一、充分认识贯彻实施行政处罚法的重要意义

行政处罚法是规范政府行为的一部重要法律。贯彻实施好新修订的行政处罚法，对推进严格规范公正文明执法，保障和监督行政机关有效实施行政管理，优化法治化营商环境，保护公民、法人或者其他组织的合法权益，加快法治政府建设，推进国家治理体系和治理能力现代化，具有重要意义。新修订的行政处罚法体现和巩固了近年来行政执法领域取得的重大改革成果，回应了当前的执法实践需要，明确了行政处罚的定义，扩充了行政处罚种类，完善了行政处罚程序，强化了行政执法责任。各地区、各部门要从深入学习贯彻习近平法治思想，加快建设法治国家、法治政府、法治社会的高度，充分认识新修订的行政处罚法施行的重要意义，采取有效措施，作出具体部署，扎实做好贯彻实施工作。

二、加强学习、培训和宣传工作

（一）开展制度化规范化常态化培训。行政机关工作人员特别是领导干部要带头认真学习行政处罚法，深刻领会精神实质和内在要求，做到依法行政并自觉接受监督。各地区、各部门要将行

政处罚法纳入行政执法培训内容，作为行政执法人员的必修课，使行政执法人员全面理解和准确掌握行政处罚法的规定，依法全面正确履行行政处罚职能。各地区、各部门要于2022年6月前通过多种形式完成对现有行政执法人员的教育培训，并持续做好新上岗行政执法人员培训工作。

（二）加大宣传力度。各地区、各部门要将行政处罚法宣传纳入本地区、本部门的“八五”普法规划，面向社会广泛开展宣传，增强全民法治观念，提高全民守法意识，引导各方面监督行政处罚行为、维护自身合法权益。要按照“谁执法谁普法”普法责任制的要求，落实有关属地管理责任和部门主体责任，深入开展行政执法人员、行政复议人员等以案释法活动。

三、依法规范行政处罚的设定

（三）加强立法释法有关工作。起草法律、法规、规章草案时，对违反行政管理秩序的公民、法人或者其他组织，以减损权益或者增加义务的方式实施惩戒的，要依法设定行政处罚，不得以其他行政管理措施的名义变相设定，规避行政处罚设定的要求。对上位法设定的行政处罚作出具体规定的，不得通过增减违反行政管理秩序的行为和行政处罚种类、在法定幅度之外调整罚款上下限等方式层层加码或者“立法放水”。对现行法律、法规、规章中的行政管理措施是否属于行政处罚有争议的，要依法及时予以解释答复或者提请有权机关解释答复。

（四）依法合理设定罚款数额。根据行政处罚法规定，尚未制定法律、行政法规的，国务院部门规章对违反行政管理秩序的行为，可以按照国务院规定的限额设定一定数额的罚款。部门规章设定罚款，要坚持过罚相当，罚款数额要与违法行为的事实、性质、情节以及社会危害程度相当，该严的要严，该轻的要轻。法律、行政法规对违法行为已经作出罚款规定的，部门规章必须在法律、行政法规规定的给予行政处罚的行为、种类和幅度的范围内规定。尚未制定法律、行政法规，因行政管理迫切需要依法先以部门规章设定罚款的，设定的罚款数额最高不得超过10万元，且不得超过法律、行政法规对相似违法行为的罚款数额，涉及公民生命健康安全、金融安全且有危害后果的，设定的罚款数额最高不得超过20万元；超过上述限额的，要报国务院批准。上述情况下，部门规章实施一定时间后，需要继续实施其所设定的罚款且需要上升为法律、行政法规的，有关部门要及时报请国务院提请全国人大及其常委会制定法律，或者提请国务院制定行政法规。本通知印发后，修改部门规章时，要结合实际研究调整罚款数额的必要性，该降低的要降低，确需提高的要严格依照法定程序在限额范围内提高。地方政府规章设定罚款的限额，依法由省、自治区、直辖市人大常委会规定。

（五）强化定期评估和合法性审核。国务院部门和省、自治区、直辖市人民政府及其有关部门要认真落实行政处罚定期评估制度，结合立法计划规划每5年分类、分批组织一次评估。对评估发现有不符合上位法规定、不适应经济社会发展需要、明显过罚不当、缺乏针对性和实用性等情形的行政处罚规定，要及时按照立法权限和程序自行或者建议有权机关予以修改、废止。要加强行政规范性文件合法性审核，行政规范性文件不得设定行政处罚；违法规定行政处罚的，相关规定一律无效，不得作为行政处罚依据。

四、进一步规范行政处罚的实施

（六）依法全面正确履行行政处罚职能。行政机关要坚持执法为民，通过行政处罚预防、纠正和惩戒违反行政管理秩序的行为，维护公共利益和社会秩序，保护公民、法人或者其他组织的合法权益，不得违法实施行政处罚，不得为了处罚而处罚，坚决杜绝逐利执法，严禁下达罚没指标。财政部门要加强对罚缴分离、收支两条线等制度实施情况的监督，会同司法行政等部门按规定开展专项监督检查。要持续规范行政处罚行为，推进事中事后监管法治化、制度化、规范化，坚决避免运动式执法等执法乱象。

（七）细化管辖、立案、听证、执行等程序制度。各地区、各部门要严格遵守法定程序，结合实际制定、修改行政处罚配套制度，确保行政处罚法的有关程序要求落到实处。要进一步完善地域管辖、职能管辖等规定，建立健全管辖争议解决机制。两个以上行政机关属于同一主管部门，发生行政处罚管辖争议、协商不成的，由共同的上一级主管部门指定管辖；两个以上行政机关属于不同主管部门，发生行政处罚管辖争议、协商不成的，司法行政部门要会同有关单位进行协调，在本级人民政府领导下做好指定管辖工作。要建立健全立案制度、完善立案标准，对违反行政管理秩序的行为，按规定及时立案并严格遵守办案

时限要求，确保案件得到及时有效查处。确需通过立法对办案期限作出特别规定的，要符合有利于及时查清案件事实、尽快纠正违法行为、迅速恢复正常行政管理秩序的要求。要建立健全行政处罚听证程序规则，细化听证范围和流程，严格落实根据听证笔录作出行政处罚决定的规定。要逐步提高送达地址确认书的利用率，细化电子送达工作流程，大力推进通过电子支付系统缴纳罚款，加强信息安全保障和技术支撑。

（八）规范电子技术监控设备的设置和使用。行政机关设置电子技术监控设备要确保符合标准、设置合理、标志明显，严禁违法要求当事人承担或者分摊设置电子技术监控设备的费用，严禁交由市场主体设置电子技术监控设备并由市场主体直接或者间接收取罚款。除有证据证明当事人存在破坏或者恶意干扰电子技术监控设备、伪造或者篡改数据等过错的，不得因设备不正常运行给予其行政处罚。要定期对利用电子技术监控设备取证的行政处罚决定进行数据分析；对同一区域内的高频违法行为，要综合分析研判原因，推动源头治理，需要改进行政管理行为的，及时采取相应措施，杜绝以罚代管。要严格限制电子技术监控设备收集信息的使用范围，不得泄露或者向他人非法提供。

（九）坚持行政处罚宽严相济。各地区、各部门要全面推行行政裁量基准制度，规范行政处罚裁量权，确保过罚相当，防止畸轻畸重。行政机关不得在未查明违法事实的情况下，对一定区域、领域的公民、法人或者其他组织“一刀切”实施责令停产停业、责令关闭等行政处罚。各地区、各部门要按照国务院关于复制推广自由贸易试验区改革试点经验的要求，全面落实“初次违法且危害后果轻微并及时改正的，可以不予行政处罚”的规定，根据实际制定发布多个领域的包容免罚清单；对当事人违法行为依法免予行政处罚的，采取签订承诺书等方式教育、引导、督促其自觉守法。要加大食品药品、公共卫生、自然资源、生态环境、安全生产、劳动保障等关系群众切身利益的重点领域执法力度。发生重大传染病疫情等突发事件，行政机关对违反突发事件应对措施的行为依法快速、从重处罚时，也要依法合理保护当事人的合法权益。

（十）健全法律责任衔接机制。各地区、各部门要细化责令退赔违法所得制度，依法合理保护利害关系人的合法权益；当事人主动退赔，消除或者减轻违法行为危害后果的，依法予以从轻或者减轻行政处罚。要全面贯彻落实《行政执法机关移送涉嫌犯罪案件的规定》，加强行政机关和司法机关协调配合，按规定畅通案件移送渠道，完善案件移送标准和证据认定保全、信息共享、工作协助等机制，统筹解决涉案物品归口处置和检验鉴定等问题。积极推进行政执法与刑事司法衔接信息平台建设。对有案不移等，情节严重构成犯罪的，依法追究刑事责任。

五、持续改革行政处罚体制机制

（十一）纵深推进综合行政执法体制改革。省、自治区、直辖市人民政府要统筹协调推进综合行政执法改革工作，建立健全配套制度，组织编制并公开本地区综合行政执法事项清单。有条件的地区可以在统筹考虑综合性、专业性以及防范风险的基础上，积极稳妥探索开展更大范围、更多领域集中行使行政处罚权以及与之相关的行政检查权、行政强制权。建立健全综合行政执法机关与业务主管部门、其他行政机关行政执法信息互联互通共享、协作配合工作机制。同时实施相对集中行政许可权和行政处罚权的，要建立健全相关制度机制，确保有序衔接，防止出现监管真空。

（十二）积极稳妥赋权乡镇街道实施行政处罚。省、自治区、直辖市根据当地实际情况，采取授权、委托、相对集中行政处罚权等方式向能够有效承接的乡镇人民政府、街道办事处赋权，要注重听取基层意见，关注基层需求，积极稳妥、科学合理下放行政处罚权，成熟一批、下放一批，确保放得下、接得住、管得好、有监督；要定期组织评估，需要调整的及时调整。有关市、县级人民政府及其部门要加强对乡镇人民政府、街道办事处行政处罚工作的组织协调、业务指导、执法监督，建立健全评议考核等配套制度，持续开展业务培训，研究解决实际问题。乡镇人民政府、街道办事处要不断加强执法能力建设，依法实施行政处罚。

（十三）规范委托行政处罚。委托行政处罚要有法律、法规、规章依据，严格依法采用书面委托形式，委托行政机关和受委托组织要将委托书向社会公布。对已经委托行政处罚，但是不符合行政处罚法要求的，要及时清理；不符合书面委托规定、确需继续实施的，要依法及时完善相关手续。委托行政机关要向本级人民政府或者实行垂直管理的上级行政机关备案委托书，司法行政等部门要加强指导、监督。

（十四）提升行政执法合力。逐步完善联合执法机制，复制推广“综合查一次”经验，探索推行多个行政机关同一时间、针对同一执法对象开展联合检查、调查，防止执法扰民。要健全行政处罚协助制度，明确协助的实施主体、时限要求、工作程序等内容。对其他行政机关请求协助、属于自身职权范围内的事项，要积极履行协助职责，不得无故拒绝、拖延；无正当理由拒绝、拖延的，由上级行政机关责令改正，对相关责任人员依法依规予以处理。要综合运用大数据、物联网、云计算、区块链、人工智能等技术，先行推进高频行政处罚事项协助，实现违法线索互联、监管标准互通、处理结果互认。有关地区可积极探索跨区域执法一体化合作的制度机制，建立健全行政处罚预警通报机制，完善管辖、调查、执行等方面的制度机制，为全国提供可复制推广的经验。

六、加强对实施行政处罚的监督

（十五）强化行政执法监督。要加快建设省市县乡四级全覆盖的行政执法协调监督工作体系，创新监督方式，强化全方位、全流程监督，提升行政执法质量。要完善执法人员资格管理、执法行为动态监测、行政处罚案卷评查、重大问题调查督办、责任追究等制度机制，更新行政处罚文书格式文本，完善办案信息系统，加大对行政处罚的层级监督力度，切实整治有案不立、有案不移、久查不结、过罚不当、怠于执行等顽瘴痼疾，发现问题及时整改；对行政处罚实施过程中出现的同类问题，及时研究规范。要完善评议考核、统计分析制度，不得以处罚数量、罚没数额等指标作为主要考核依据。要综合评估行政处罚对维护经济社会秩序，保护公民、法人或者其他组织合法权益，提高政府管理效能的作用，探索建立行政处罚绩效评估制度。各级人民政府要不断加强行政执法协调监督队伍建设，确保力量配备、工作条件、能力水平与工作任务相适应。

各地区、各部门要把贯彻实施好新修订的行政处罚法作为当前和今后一段时期加快建设法治政府的重要抓手，切实加强和改进相关行政立法，规范行政执法，强化行政执法监督，不断提高依法行政的能力和水平。要梳理总结贯彻实施行政处罚法的经验做法，及时将重要情况和问题报送司法部。司法部要加强统筹协调监督，指导各地区、各部门抓好贯彻实施工作，组织开展行政处罚法贯彻实施情况检查，重大情况及时报国务院。此前发布的国务院文件有关规定与本通知不一致的，以本通知为准。

（此件公开发布）

第二节　农业农村部

七、一、二、三类动物疫病病种名录（修订）

（2022年6月23日　农业农村部公告第573号发布，农业部公告2008年第1125号、2011年第1663号和2013年第1950号同时废止）

一、二、三类动物疫病病种名录

一类动物疫病（11种）

口蹄疫、猪水疱病、非洲猪瘟、尼帕病毒性脑炎、非洲马瘟、牛海绵状脑病、牛瘟、牛传染性胸膜肺炎、痒病、小反刍兽疫、高致病性禽流感

二类动物疫病（37种）

多种动物共患病（7种）：狂犬病、布鲁氏菌病、炭疽、蓝舌病、日本脑炎、棘球蚴病、日本血吸虫病

牛病（3种）：牛结节性皮肤病、牛传染性鼻气管炎（传染性脓疱外阴阴道炎）、牛结核病

绵羊和山羊病（2种）：绵羊痘和山羊痘、山羊传染性胸膜肺炎

马病（2种）：马传染性贫血、马鼻疽

猪病（3种）：猪瘟、猪繁殖与呼吸综合征、猪流行性腹泻

禽病（3种）：新城疫、鸭瘟、小鹅瘟

兔病（1种）：兔出血症

蜜蜂病（2种）：美洲蜜蜂幼虫腐臭病、欧洲蜜蜂幼虫腐臭病

鱼类病（11种）：鲤春病毒血症、草鱼出血病、传染性脾肾坏死病、锦鲤疱疹病毒病、刺激隐核虫病、淡水鱼细菌性败血症、病毒性神经坏死病、传染性造血器官坏死病、流行性溃疡综合征、鲫造血器官坏死病、鲤浮肿病

甲壳类病（3种）：白斑综合征、十足目虹彩病毒病、虾肝肠胞虫病

三类动物疫病（126种）

多种动物共患病（25种）：伪狂犬病、轮状病毒感染、产气荚膜梭菌病、大肠杆菌病、巴氏杆菌病、沙门氏菌病、李氏杆菌病、链球菌病、溶血性曼氏杆菌病、副结核病、类鼻疽、支原体病、衣原体病、附红细胞体病、Q热、钩端螺旋体病、东毕吸虫病、华支睾吸虫病、囊尾蚴病、片形吸虫病、旋毛虫病、血矛线虫病、弓形虫病、伊氏锥虫病、隐孢子虫病

牛病（10种）：牛病毒性腹泻、牛恶性卡他热、地方流行性牛白血病、牛流行热、牛冠状病毒感染、牛赤羽病、牛生殖道弯曲杆菌病、毛滴虫病、牛梨形虫病、牛无浆体病

绵羊和山羊病（7种）：山羊关节炎/脑炎、梅迪－维斯纳病、绵羊肺腺瘤病、羊传染性脓疱皮炎、干酪性淋巴结炎、羊梨形虫病、羊无浆体病

马病（8种）：马流行性淋巴管炎、马流感、马腺疫、马鼻肺炎、马病毒性动脉炎、马传染性子宫炎、马媾疫、马梨形虫病

猪病（13种）：猪细小病毒感染、猪丹毒、猪传染性胸膜肺炎、猪波氏菌病、猪圆环病毒病、格拉瑟病、猪传染性胃肠炎、猪流感、猪丁型冠状病毒感染、猪塞内卡病毒感染、仔猪红痢、猪痢疾、猪增生性肠病

禽病（21种）：禽传染性喉气管炎、禽传染

性支气管炎、禽白血病、传染性法氏囊病、马立克病、禽痘、鸭病毒性肝炎、鸭浆膜炎、鸡球虫病、低致病性禽流感、禽网状内皮组织增殖病、鸡病毒性关节炎、禽传染性脑脊髓炎、鸡传染性鼻炎、禽坦布苏病毒感染、禽腺病毒感染、鸡传染性贫血、禽偏肺病毒感染、鸡红螨病、鸡坏死性肠炎、鸭呼肠孤病毒感染

兔病（2 种）：兔波氏菌病、兔球虫病

蚕、蜂病（8 种）：蚕多角体病、蚕白僵病、蚕微粒子病、蜂螨病、瓦螨病、亮热厉螨病、蜜蜂孢子虫病、白垩病

犬猫等动物病（10 种）：水貂阿留申病、水貂病毒性肠炎、犬瘟热、犬细小病毒病、犬传染性肝炎、猫泛白细胞减少症、猫嵌杯病毒感染、猫传染性腹膜炎、犬巴贝斯虫病、利什曼原虫病

鱼类病（11 种）：真鲷虹彩病毒病、传染性胰脏坏死病、牙鲆弹状病毒病、鱼爱德华氏菌病、链球菌病、细菌性肾病、杀鲑气单胞菌病、小瓜虫病、粘孢子虫病、三代虫病、指环虫病

甲壳类病（5 种）：黄头病、桃拉综合征、传染性皮下和造血组织坏死病、急性肝胰腺坏死病、河蟹螺原体病

贝类病（3 种）：鲍疱疹病毒病、奥尔森派琴虫病、牡蛎疱疹病毒病

两栖与爬行类病（3 种）：两栖类蛙虹彩病毒病、鳖腮腺炎病、蛙脑膜炎败血症

八、人畜共患传染病名录

（2022 年 8 月 19 日 农业农村部公告第 571 号发布）

牛海绵状脑病、高致病性禽流感、狂犬病、炭疽、布鲁氏菌病、弓形虫病、棘球蚴病、钩端螺旋体病、沙门氏菌病、牛结核病、日本血吸虫病、日本脑炎（流行性乙型脑炎）、猪链球菌Ⅱ型感染、旋毛虫病、囊尾蚴病、马鼻疽、李氏杆菌病、类鼻疽、片形吸虫病、鹦鹉热、Q 热、利什曼原虫病、尼帕病毒性脑炎、华支睾吸虫病。

九、农业农村部会同海关总署修订并发布《中华人民共和国进境动物检疫疫病名录》

（2020 年 7 月 3 日 农业农村部公告第 256 号发布）

为防范动物传染病、寄生虫病传入，保护我国畜牧业及渔业生产安全、动物源性食品安全和公共卫生安全，根据《中华人民共和国动物防疫法》《中华人民共和国进出境动植物检疫法》等法律法规，农业农村部会同海关总署组织修订了《中华人民共和国进境动物检疫疫病名录》（以下简称《名录》），并予以发布。该《名录》自发布之日起生效，2013 年 11 月 28 日发布的《中华人民共和国进境动物检疫疫病名录》（农业部、国家质量监督检验检疫总局联合公告第 2013 号）同时废止。

农业农村部和海关总署将在风险评估的基础上对《名录》实施动态调整。

中华人民共和国进境动物检疫疫病名录

List of Quarantine Diseases for the Animals Imported to the People’s Republic of China

一类传染病、寄生虫病（16 种）List A diseases

口蹄疫 Infection with foot and mouth disease virus

猪水泡病 Swine vesicular disease

猪瘟 Infection with classical swine fever virus

非洲猪瘟 Infection with African swine fever virus

尼帕病 Nipah virus encephalitis

非洲马瘟 Infection with African horse sickness virus

牛传染性胸膜肺炎 Infection with Mycoplasma mycoides subsp. mycoides SC (contagious bovine pleuropneumonia)

牛海绵状脑病 Bovine spongiform encepha-

lopathy

牛结节性皮肤病 Infection with lumpy skin disease virus

痒病 Scrapie

蓝舌病 Infection with bluetongue virus

小反刍兽疫 Infection with peste des petits ruminants virus

绵羊痘和山羊痘 Sheep pox and Goat pox

高致病性禽流感 Infection with highly pathogenic avian influenza

新城疫 Infection with Newcastle disease virus

埃博拉出血热 Ebola haemorrhagic fever

二类传染病、寄生虫病（154 种）List B diseases

共患病（29 种） Multiple species diseases

狂犬病 Infection with rabies virus

布鲁氏菌病 Infection with Brucella abortus，Brucella melit-ensis and Brucella suis

炭疽 Anthrax

伪狂犬病 Aujeszky' s disease（Pseudorabies）

魏氏梭菌感染 Clostridium perfringens infections

副结核病 Paratuberculosis（Johne' s disease）

弓形虫病 Toxoplasmosis

棘球蚴病 Infection with Echinococcus granulosus，Infection with Echinococcus multilocularis

钩端螺旋体病 Leptospirosis

施马伦贝格病 Schmallenberg disease

梨形虫病 Piroplasmosis

日本脑炎 Japanese encephalitis

旋毛虫病 Infection with Trichinella spp.

土拉杆菌病 Tularemia

水泡性口炎 Vesicular stomatitis

西尼罗热 West Nile fever

裂谷热 Infection with Rift Valley fever virus

结核病 Infection with Mycobacterium tuberculosis complex

新大陆螺旋蝇蛆病（嗜人锥蝇） New world screwworm（Cochliomyia hominivorax）

旧大陆螺旋蝇蛆病（倍赞氏金蝇） Old world screwworm（Chrysomya bezziana）

Q 热 Q Fever

克里米亚刚果出血热 Crimean Congo hemorrhagic fever

伊氏锥虫感染（包括苏拉病） Trypanosoma Evansi infection（including Surra）

利什曼原虫病 Leishmaniasis

巴氏杆菌病 Pasteurellosis

心水病 Heartwater

类鼻疽 Malioidosis

流行性出血病感染 Infection with epizootic haemorrhagic dis ease

小肠结肠炎耶尔森菌病 （Yersinia enterocolitica）

牛病（11 种） Bovine diseases

牛传染性鼻气管炎/传染性脓疱性阴户阴道炎 Infectious bo-vine rhinotracheitis/Infectious pustular vulvovaginitis

牛恶性卡他热 Malignant catarrhal fever

牛白血病 Enzootic bovine leukosis

牛无浆体病 Bovine anaplasmosis

牛生殖道弯曲杆菌病 Bovine genital campylobacteriosis

牛病毒性腹泻/黏膜病 Bovine viral diarrhoea/Mucosal disease

赤羽病 Akabane disease

牛皮蝇蛆病 Cattle Hypodermosis

牛巴贝斯虫病 Bovine babesiosis

出血性败血症 Haemorrhagic septicaemia

泰勒虫病 Theileriosis

马病（11 种） Equine diseases

马传染性贫血 Equine infectious anaemia

马流行性淋巴管炎 Epizootic lymphangitis

马鼻疽 Infection with Burkholderia mallei（Glanders）

马病毒性动脉炎 Infection with equine arteritis virus

委内瑞拉马脑脊髓炎 Venezuelan equine encephalomyelitis

马脑脊髓炎（东部和西部） Equine encephalomyelitis（East-ern and Western）

马传染性子宫炎 Contagious equine metritis

亨德拉病 Hendra virus disease

马腺疫 Equine strangles

溃疡性淋巴管炎 Equine ulcerative lymphangitis

疱疹病毒-Ⅰ型感染 Infection with equid herpesvirus-Ⅰ（EHV-1）

猪病（16 种） Swine diseases

猪繁殖与呼吸道综合征 Infection with porcine reproductive and respiratory syndrome virus

猪细小病毒感染 Porcine parvovirus infection

猪丹毒 Swine erysipelas

猪链球菌病 Swine streptococosis

猪萎缩性鼻炎 Atrophic rhinitis of swine

猪支原体肺炎 Mycoplasmal hyopneumonia

猪圆环病毒感染 Porcine circovirus infection

革拉泽氏病（副猪嗜血杆菌） Glaesser's disease（Haemoph-ilus parasuis）

猪流行性感冒 Swine influenza

猪传染性胃肠炎 Transmissible gastroenteritis of swine

猪铁士古病毒性脑脊髓炎（原称猪肠病毒脑脊髓炎、捷申或塔尔凡病）Teschovirus encephalomyelitis（previously Enterovirus encephalomyelitis or Teschen/Talfan disease）

猪密螺旋体痢疾 Swine dysentery

猪传染性胸膜肺炎 Infectious pleuropneumonia of swine

猪带绦虫感染＼猪囊虫病 Infection with Taenia solium（Porcine cysticercosis）

塞内卡病毒病 Infection with Seneca virus

猪δ冠状病毒（德尔塔冠状病毒） Porcine deltacorona virus（PDCoV）

禽病（21 种） Avian diseases

鸭病毒性肠炎（鸭瘟） Duck virus enteritis

鸡传染性喉气管炎 Avian infectious laryngotracheitis

鸡传染性支气管炎 Avian infectious bronchitis

传染性法氏囊病 Infectious bursal disease

马立克氏病 Marek's disease

鸡产蛋下降综合征 Avian egg drop syndrome

禽白血病 Avian leukosis

禽痘 Fowl pox

鸭病毒性肝炎 Duck virus hepatitis

鹅细小病毒感染（小鹅瘟） Goose parvovirus infection

鸡白痢 Pullorum disease

禽伤寒 Fowl typhoid

禽支原体病（鸡败血支原体、滑液囊支原体） Avian mycoplasmosis（Mycoplasma Gallisepticum，M. synoviae）

低致病性禽流感 Infection with Low pathogenic avian influenza

禽网状内皮组织增殖症 Reticuloendotheliosis

禽衣原体病（鹦鹉热） Avian chlamydiosis

鸡病毒性关节炎 Avian viral arthritis

禽螺旋体病 Avian spirochaetosis

住白细胞原虫病（急性白冠病） Leucocytozoonosis

禽副伤寒 Avian paratyphoid

火鸡鼻气管炎（禽偏肺病毒感染） Turkey rhinotracheitis（avian metapneumovirus）

羊病（4 种） Sheep and goat diseases

山羊关节炎/脑炎 Caprine arthritis/encephalitis

梅迪-维斯纳病 Maedi-visna

边界病 Border disease

羊传染性脓疱皮炎 Contagious pustular dermertitis（Contagious Echyma）

水生动物病（43 种） Aquatic animal diseases

鲤春病毒血症 Infection with spring viraemia of carp virus

流行性造血器官坏死病 Epizootic haematopoietic necrosis

传染性造血器官坏死病 Infection with infectious haematopoietic necrosis

病毒性出血性败血症 Infection with viral haemorrhagic septicaemia virus

流行性溃疡综合征 Infection with Aphanomyces invadans（epizootic ulcerative syndrome）

鲑鱼三代虫感染 Infection with Gyrodactylus Salaris

真鲷虹彩病毒病 Infection with red sea bream iridovirus

锦鲤疱疹病毒病 Infection with koi herpesvirus

鲑传染性贫血 Infection with HPR-deleted or HPRO infectious salmon anaemia virus

病毒性神经坏死病 Viral nervous necrosis

斑点叉尾鮰病毒病 Channel catfish virus disease

鲍疱疹样病毒感染 Infection with abalone herpesvirus

牡蛎包拉米虫感染 Infection with Bonamia Ostreae

杀蛎包拉米虫感染 Infection with Bonamia Exitiosa

折光马尔太虫感染 Infection with Marteilia Refringens

奥尔森派琴虫感染 Infection with Perkinsus Olseni

海水派琴虫感染 Infection with Perkinsus Marinus

加州立克次体感染 Infection with Xenohaliotis Californiensis

白斑综合征 Infection with white spot syndrome virus

传染性皮下和造血器官坏死病 Infection with infectious hypodermal and haematopoietic necrosis virus

传染性肌肉坏死病 Infection with infectious myonecrosis virus

桃拉综合征 Infection with Taura syndrome virus

罗氏沼虾白尾病 Infection with Macrobrachium rosenbergii nodavirus (white tail disease)

黄头病 Infection with yellow head virus genotype 1

螯虾瘟 Infection with Aphanomyces astaci (crayfish plague)

箭毒蛙壶菌感染 Infection with Batrachochytrium Dendrobatidis

蛙病毒感染 Infection with Ranavirus species

异尖线虫病 Anisakiasis

坏死性肝胰腺炎 Infection with Hepatobacter penaei (necrotising hepatopancreatitis)

传染性脾肾坏死病 Infectious spleen and kidney necrosis

刺激隐核虫病 Cryptocaryoniasis

淡水鱼细菌性败血症 Freshwater fish bacteria septicemia

鮰类肠败血症 Enteric septicaemia of catfish

迟缓爱德华氏菌病 Edwardsiellasis

鱼链球菌病 Fish streptococcosis

蛙脑膜炎败血金黄杆菌病 Chryseobacterium meningsepticum of frog (Rana spp)

鲑鱼甲病毒感染 Infection with salmonid alphavirus

蝾螈壶菌感染 Infection with Batrachochytrium salamandrivorans

鲤浮肿病毒病 Carp edema virus disease

罗非鱼湖病毒病 Tilapia Lake virus disease

细菌性肾病 Bacterial kidney disease

急性肝胰腺坏死 Acute hepatopancreatic necrosis disease

十足目虹彩病毒Ⅰ感染 Infection with Decapod iridescent virus Ⅰ

蜂病（6 种）Bee diseases

蜜蜂盾螨病 Acarapisosis of honey bees

美洲蜂幼虫腐臭病 Infection of honey bees with Paenibacillus larvae (American foulbrood)

欧洲蜂幼虫腐臭病 Infection of honey bees with Melissococcus plutonius (European foulbrood)

蜜蜂瓦螨病 Varroosis of honey bees

蜂房小甲虫病（蜂窝甲虫）Small hive beetle infestation (Aethina tumida)

蜜蜂亮热厉螨病 Tropilaelaps infestation of honey bees

其他动物病（13 种）Diseases of other animals

鹿慢性消耗性疾病 Chronic wasting disease of deer

兔黏液瘤病 Myxomatosis

兔出血症 Rabbit haemorrhagic disease

猴痘 Monkey pox

猴疱疹病毒Ⅰ型（B 病毒）感染症 Cercopithecine Herpesvirus Type Ⅰ (B virus) infectious diseases

猴病毒性免疫缺陷综合征 Simian virus immunodeficiency syndrome

马尔堡出血热 Marburg haemorrhagic fever

犬瘟热 Canine distemper

犬传染性肝炎 Infectious canine hepatitis

犬细小病毒感染 Canine parvovirus infection

水貂阿留申病 Mink aleutian disease

水貂病毒性肠炎 Mink viral enteritis

猫泛白细胞减少症（猫传染性肠炎） Feline panleucopenia（Feline infectious enteritis）

其他传染病、寄生虫病（41种）Other diseases

共患病（9种）Multiple species diseases

大肠杆菌病　Colibacillosis

李斯特菌病　Listeriosis

放线菌病　Actinomycosis

肝片吸虫病　Fasciolasis

丝虫病　Filariasis

附红细胞体病　Eperythrozoonosis

葡萄球菌病 Staphylococcosis

吸虫病　Schistosomiasis

疥癣　Mange

牛病（5种）Bovine diseases

牛流行热　Bovine ephemeral fever

毛滴虫病　Trichomonosis

中山病　Chuzan disease

茨城病　Ibaraki disease

嗜皮菌病　Dermatophilosis

马病（3种）Equine diseases

马流行性感冒　Equine influenza

马媾疫　Dourine

马副伤寒（马流产沙门氏菌）Equine paratyphoid（Salmonella Abortus Equi.）

猪病（2种）Swine diseases

猪副伤寒　Swine salmonellosis

猪流行性腹泻 Porcine epizootic diarrhea

禽病（5种）Avian diseases

禽传染性脑脊髓炎　Avian infectious encephalomyelitis

传染性鼻炎　Infectious coryza

禽肾炎　Avian nephritis

鸡球虫病　Avian coccidiosis

鸭疫里默氏杆菌感染（鸭浆膜炎）Riemerella anatipestifer infection

绵羊和山羊病（7种）Sheep and goat diseases

羊肺腺瘤病　Ovine pulmonary adenocarcinoma

干酪性淋巴结炎　Caseous lymphadenitis

绵羊地方性流产（绵羊衣原体病）Infection with Chlamydophila abortus（Enzootic abortion of ewes，ovine chlamydiosis）

传染性无乳症　Contagious agalactia

山羊传染性胸膜肺炎　Contagious caprine pleuropneumonia

羊沙门氏菌病（流产沙门氏菌）Salmonellosis（S. abortusovis）

内罗毕羊病　Nairobi sheep disease

蜂病（2种）Bee diseases

蜜蜂孢子虫病 Nosemosis of honey bees

蜜蜂白垩病 Chalkbrood of honey bees

其他动物病（8种）Diseases of other animals

兔球虫病 Rabbit coccidiosis

骆驼痘 Camel pox

家蚕微粒子病　Pebrine disease of Chinese silkworm

蚕白僵病　Bombyx mori white muscardine

淋巴细胞性脉络丛脑膜炎　Lymphocytic choriomeningitis

鼠痘　Mouse pox

鼠仙台病毒感染症　Sendai virus infectious disease

小鼠肝炎　Mouse hepatitis

十、口蹄疫防控应急预案

（2010年3月27日 农业部农医发〔2010〕16号发布）

1　总则

1.1　目的

为及时、有效地预防、控制和扑灭牲畜口蹄疫疫情，确保养殖业持续发展和公共卫生安全，维护社会稳定，依据《动物防疫法》《重大动物疫情应急条例》《国家突发公共事件总体应急预案》《国家突发重大动物疫情应急预案》等法律法规，制定本预案。

1.2　工作原则

坚持预防为主，坚持加强领导、密切配合，依靠科学、依法防治，群防群控、果断处置的方针，及早发现，快速反应，严格处理，减少损失。

1.3 适用范围

本预案规定了口蹄疫的预防和应急准备、监测与预警、应急响应和善后的恢复重建等应急管理措施。

本预案适用于我国口蹄疫防控应急管理与处置工作。

2 疫情监测与预警

2.1 监测与报告

2.1.1 各级兽医主管部门要整合监测信息资源，建立健全口蹄疫监测制度，建立和完善相关基础信息数据库。要做好隐患排查整改工作，及时汇总分析突发疫情隐患信息，预测疫情发生的可能性，对可能发生疫情及次生、衍生事件和可能造成的影响进行综合分析。发现问题，及时整改，消除隐患。必要时，要立即向上级兽医主管部门报告，并向可能受到危害的毗邻或相关地区的兽医主管部门通报。

2.1.2 各级动物疫病预防控制机构要加强口蹄疫疫情监测工作。任何单位和个人发现疑似口蹄疫疫情时，要立即向当地兽医主管部门、动物卫生监督机构或动物疫病预防控制机构报告。

2.1.3 当地动物疫病预防控制机构接到报告后，认定为临床怀疑疫情的，应在2小时内将疫情逐级报省级动物疫病预防控制机构，并同时报所在地人民政府兽医主管部门。必要时，请国家口蹄疫参考实验室派人协助、指导采样。

2.1.4 省级动物疫病预防控制机构确认为疑似疫情的，应在1小时内向省级兽医主管部门和中国动物疫病预防控制中心报告。

2.1.5 省级兽医主管部门应当在接到报告后1小时内报省级人民政府和农业部。

农业部确认为口蹄疫疫情的，应在4小时内向国务院报告。

2.2 疫情确认

口蹄疫疫情按程序认定。

（1）现场临床诊断。动物疫病预防控制机构接到疫情报告后，立即派出两名以上具备相关资格的防疫人员到现场进行临床诊断，符合口蹄疫典型症状的可确认为疑似病例。

（2）省级实验室或国家口蹄疫参考实验室确诊。对疑似病例或症状不够典型的病例，当地动物疫病预防控制机构应当及时采集病料送省级动物疫病预防控制机构实验室进行检测，检测结果为阳性的，可认定为确诊病例，同时将病料送国家口蹄疫参考实验室复核。省级动物疫病预防控制机构实验室对难以确诊的病例，必须派专人将病料送口蹄疫国家参考实验室检测，进行确诊。

（3）农业部根据省级动物疫病预防控制机构实验室或口蹄疫国家参考实验室的最终确诊结果，确认口蹄疫疫情。

2.3 疫情分级

口蹄疫疫情分为四级。

2.3.1 有下列情况之一的，为Ⅰ级（特别重大）疫情

（1）在14日内，5个以上（含）省份连片发生疫情。

（2）20个以上县（区）连片发生，或疫点数达到30个以上。

（3）农业部认定的其他特别严重口蹄疫疫情。

确认Ⅰ级疫情后，按程序启动《国家突发重大动物疫情应急预案》和本预案。

2.3.2 有下列情况之一的，为Ⅱ级（重大）疫情

（1）在14日内，在1个省级行政区域内有2个以上（含）相邻地（市）的相邻区域或者5个以上（含）县（区）发生疫情；或有新的口蹄疫亚型病毒引发的疫情。

（2）农业部认定的其他重大口蹄疫疫情。

确认为Ⅱ级疫情后，按程序启动《国家突发重大动物疫情应急预案》和本预案。

2.3.3 有下列情况之一的，为Ⅲ级（较大）疫情

（1）在14日内，在1个地（市）行政区域内2个以上（含）县（区）发生疫情或者疫点数达到5个以上（含）。

（2）农业部认定的其他较大口蹄疫疫情。

2.3.4 有下列情况之一的，为Ⅳ级（一般）疫情

（1）在1个县（区）行政区域内发生疫情。

（2）农业部认定的其他一般口蹄疫疫情。

发生口蹄疫疫情时，疫情发生地的县级、市（地）级、省级人民政府及其有关部门按照属地管理、分级响应的原则作出应急响应。同时，根据疫情趋势，及时调整疫情响应级别。

2.4 疫情预警

农业部和省、自治区、直辖市人民政府兽医主管部门应当根据对口蹄疫发生、流行趋势的预测，及时发出疫情预警，地方各级人民政府接到预警后，应当立即采取相应的预防、控制措施。

按照口蹄疫疫情紧急程度、发展态势和可能造成的危害，将口蹄疫疫情的预警由高到低划分为四级预警，分别为特别严重（一级）、严重（二级）、较大（三级）和一般（四级）四个级别，并依次用红色、橙色、黄色和蓝色表示。

2.4.1 特别严重（一级）预警

发生特别重大口蹄疫疫情（Ⅰ级）确定为特别严重（一级）预警；由农业部和疫情发生地省级兽医主管部门向该省份发出预警，并由农业部向发生疫情省份的周边省份及经评估与疫情存在关联的省份发出预警。根据农业部预警或疫情发生地省级兽医主管部门的疫情通报，毗邻省区可启动应急响应，对本省内与疫情省（或疫情发生地）交界的毗邻地区和受威胁地区发出预警。

2.4.2 严重（二级）预警

发生重大口蹄疫疫情（Ⅱ级）时，以及口蹄疫病毒种发生丢失时，确定为严重（二级）预警；由农业部和疫情发生地省级兽医主管部门向该省份发出预警。根据疫情发生地省级兽医主管部门的疫情通报，毗邻省区可启动应急响应，对本省内与疫情省（或疫情发生地）交界的毗邻地区和受威胁地区发出预警。

2.4.3 较大（三级）预警

发生一般口蹄疫疫情（Ⅳ级）或周边地（市）发生较大口蹄疫疫情（Ⅲ级）时，确定为较大（三级）预警；由农业部和疫情发生地省级兽医主管部门针对疫情发生区域发出预警。

2.4.4 一般（四级）预警

有下列情况之一的，可确定为一般（四级）预警，由农业部和疫情发生地省级兽医主管部门针对疫情发生区域发出预警。

（1）在监测中发现口蹄疫病原学监测阳性样品，根据流行调查和分析评估，有可能出现疫情暴发流行的。

（2）周边县（市、区）发生一般口蹄疫疫情（Ⅳ级）时。

3 应急指挥系统和部门分工

3.1 应急指挥机构

农业部在国务院统一领导下，负责组织、协调全国口蹄疫防控应急管理工作，并根据突发口蹄疫疫情应急处置工作的需要，向国务院提出启动国务院重大动物疫情防控应急指挥部应急响应建议。

地方各级人民政府兽医主管部门在本级人民政府统一领导下，负责组织、协调本行政区域内口蹄疫防控应急管理与处置工作，并根据突发口蹄疫疫情应急处置工作需要，向本级人民政府提出启动地方突发重大动物疫情应急指挥部应急响应建议。

各级人民政府兽医主管部门要加强与其他部门的协调和配合，建立健全部门合作机制，形成多部门共同参与的联防联控机制。

3.2 部门分工

各应急指挥机构成员单位应当依据本预案及《动物防疫法》《重大动物疫情应急条例》《国家突发事件应急预案》和《国家突发重大动物疫情应急预案》等有关法律法规，在各自的职责范围内负责做好口蹄疫疫情的应急处置工作。人民解放军、武警部队应当支持和配合驻地人民政府做好疫情防治的应急工作。

4 应急响应

4.1 临时处置

在发生疑似疫情时，根据流行病学调查结果，分析疫源及其可能扩散、流行的情况。在疑似疫情报告同时，对发病场（户）实施隔离、监控，禁止家畜及畜产品、饲料及有关物品移动，进行严格消毒等临时处置措施。对可能存在的传染源，以及在疫情潜伏期和发病期间售出的动物及其产品、对被污染或可疑污染物的物品（包括粪便、垫料、饲料），立即开展追踪调查，并按规定进行彻底消毒等无害化处理。

必要时采取封锁、扑杀等措施。

4.2 划定疫点、疫区和受威胁区

疫点为发病动物或野生动物所在的地点。相

对独立的规模化养殖场/户，以病畜所在的养殖场/户为疫点；散养畜以病畜所在的自然村为疫点；放牧畜以病畜所在的牧场、野生动物驯养场及其活动场地为疫点；病畜在运输过程中发生疫情，以运载病畜的车、船、飞机等为疫点；在市场发生疫情，以病畜所在市场为疫点；在屠宰加工过程中发生疫情，以屠宰加工厂（场）为疫点。

疫区由疫点边缘向外延伸 3 公里内的区域。新的口蹄疫亚型病毒引发疫情时，疫区范围为疫点边缘向外延伸 5 公里的区域。

受威胁区由疫区边缘向外延伸 10 公里的区域。新的口蹄疫亚型病毒引发疫情时，受威胁区范围为疫区边缘向外延伸 30 公里的区域。

在划定疫区、受威胁区时，应考虑当地饲养环境、天然屏障（如河流、山脉等）、人工屏障（道路、围栏等）、野生动物栖息情况，以及疫情溯源和分析评估结果。

4.3　封锁

疫情发生所在地县级以上兽医主管部门报请同级人民政府对疫区实行封锁，人民政府在接到报告后，应在 24 小时内发布封锁令。

跨行政区域发生疫情时，由共同上一级兽医行政主管部门报请同级人民政府对疫区实行封锁，或者由各有关行政区域的上一级人民政府共同对疫区实行封锁。必要时，上级人民政府可以责成下级人民政府对疫区实行封锁。

4.4　对疫点采取的措施

4.4.1　扑杀并销毁疫点内所有病畜及同群畜，并对病死畜、被扑杀畜及其产品按国家规定标准进行无害化处理。

4.4.2　对被污染或可疑污染的粪便、垫料、饲料、污水等按规定进行无害化处理。

4.4.3　对被污染或可疑污染的交通工具、用具、圈舍、场地进行严格彻底消毒。

4.4.4　对发病前 14 天售出的家畜及其产品进行追踪，并作扑杀和无害化处理。

4.5　对疫区采取的措施

4.5.1　在疫区周围设立警示标志，在出入疫区的交通路口设置动物检疫消毒站，执行监督检查任务，对出入人员和车辆及有关物品进行消毒。

4.5.2　对疫区内的易感动物进行隔离饲养，加强疫情持续监测和流行病学调查，积极开展风险评估，并根据易感动物的免疫健康状况开展紧急免疫，建立完整的免疫档案。一旦出现临床症状和监测阳性，立即按国家规定标准实施扑杀并作无害化处理。

4.5.3　对排泄物或可疑受污染的饲料和垫料、污水等按规定进行无害化处理；可疑被污染的物品、交通工具、用具、圈舍、场地进行严格彻底消毒。

4.5.4　对交通工具、圈舍、用具及场地进行彻底消毒。

4.5.5　关闭生猪、牛、羊等牲畜交易市场，禁止易感动物及其产品出入疫区。

4.6　对受威胁区采取的措施

根据易感动物的免疫健康状况开展紧急免疫，并建立完整的免疫档案。加强对牲畜养殖场、屠宰场、交易市场的监测，及时掌握疫情动态。

4.7　野生动物控制

了解疫区、受威胁区及周边地区易感动物分布状况和发病情况，根据流行病学调查和监测结果，采取相应措施，避免野猪、黄羊等野生偶蹄兽与人工饲养牲畜接触。当地林业部门应定期向兽医主管部门通报有关信息。

4.8　解除封锁

4.8.1　解除封锁的条件

疫区解除封锁条件：要求疫点内最后一头病畜死亡或扑杀后，经过 14 天以上连续观察，未发现新的病例。根据疫区、受威胁区内易感动物免疫状况进行紧急免疫，且疫情监测为阴性，对疫点完成终末消毒。

新的口蹄疫亚型病毒引发疫情的疫区解除封锁条件：要求疫点内最后一头病畜死亡或扑杀后，必须经过 14 天以上连续监测，未发现新的病例。对疫区、受威胁区内所有易感动物按要求进行紧急免疫，且疫情监测为阴性，对疫点完成终末消毒。

4.8.2　解除封锁的程序

经当地动物疫病预防控制机构验收合格后，由当地兽医主管部门向发布封锁令的人民政府申请解除封锁。新的口蹄疫亚型病毒引发疫情时，必须经省级动物疫病预防控制机构验收合格后，由当地兽医主管部门向发布封锁令的人民政府申请解除封锁，由该人民政府发布解除封锁令。

必要时，请国家口蹄疫参考实验室参与验收。

4.9 处理记录与档案

各级人民政府兽医行政主管部门必须对处理疫情的全过程做好完整翔实的记录，并做好相关资料归档工作。记录保存年限应符合国家规定要求。

4.10 非疫区应采取的措施

加强检疫监管，禁止从疫区调入生猪、牛、羊等易感动物及其产品。加强疫情监测，及时掌握疫情发生风险，做好防疫各项工作，防止疫情发生。

做好疫情防控知识宣传，提高养殖户防控意识。

4.11 疫情跟踪

对疫情发生前14天内，从疫点输出的易感动物及其产品、被污染饲料垫料和粪便、运输车辆及密切接触人员的去向进行跟踪调查，分析疫情扩散风险。必要时，对接触的易感动物进行隔离观察，对相关动物及其产品进行消毒处理。

4.12 疫情溯源

对疫情发生前14天内，所有引入疫点的易感动物、相关产品来源及运输工具进行追溯性调查，分析疫情来源。必要时，对来自原产地猪、牛、羊等牲畜群或接触猪、牛、羊等牲畜群进行隔离观察，对动物产品进行消毒处理。

5. 善后处理

5.1 后期评估

突发重大动物疫情扑灭后，各级兽医行政主管部门应在本级政府的领导下，组织有关人员对突发重大动物疫情的处理情况进行评估。评估的内容应包括：疫情基本情况、疫情发生的经过、现场调查及实验室检测的结果；疫情发生的主要原因分析、结论；疫情处理经过、采取的防治措施及效果；应急过程中存在的问题与困难；以及针对本次疫情的暴发流行原因、防治工作中存在的问题与困难等，提出改进建议和应对措施。

评估报告上报本级人民政府，同时报省级人民政府兽医行政主管部门。

5.2 奖励

县级以上人民政府对参加重大口蹄疫疫情应急处理做出贡献的先进集体和个人，进行表彰；对在突发重大动物疫情应急处理工作中表现突出而英勇献身的人员，按有关规定追认为烈士。

5.3 责任

对在口蹄疫疫情的预防、报告、调查、控制和处理过程中，有玩忽职守、失职、渎职等违纪违法行为的，依据有关法律法规追究当事人的责任。

5.4 灾害补偿

按照口蹄疫疫情灾害补偿的规定，确定数额等级标准，按程序进行补偿。补偿的对象是为扑灭或防止口蹄疫疫情传播其牲畜或财产受损失的单位和个人；补偿标准和办法由财政部会同农业部制定。

5.5 抚恤和补助

各级人民政府要组织有关部门对因参与应急处理工作致病、致残、死亡的人员，按照国家有关规定，给予相应的补助和抚恤。

5.6 恢复生产

口蹄疫疫情扑灭后，取消贸易限制及流通控制等限制性措施。根据各种重大动物疫病的特点，对疫点和疫区进行持续监测，符合要求的，方可重新引进动物，恢复畜牧业生产。

5.7 社会救助

发生口蹄疫疫情后，县级以上人民政府及有关部门应按《中华人民共和国公益事业捐赠法》和《救灾救济捐赠管理暂行办法》及国家有关政策规定，做好社会各界向疫区提供的救援物资及资金的接收，分配和使用工作。

6 保障措施

6.1 物资保障

建立国家级和省级动物防疫物资储备制度，储备相应足量的防治口蹄疫应急物资。储备物资应存放在交通方便，具备贮运条件的安全区域。

6.1.1 储备应急物资应包括疫情处理用防护

用品、消毒药品、消毒设备、疫苗、诊断试剂、封锁设施和设备等。

6.1.2 养殖规模较大的地（市）、县也要根据需要做好有关防疫物品的储备。相关实验室应做好诊断试剂储备。

6.2 资金保障

口蹄疫防控和应急处置所需经费要纳入各级财政预算。扑杀病畜及同群畜由国家给予合理补贴；强制免疫费用由国家负担，所需资金由中央和地方财政按规定比例分别承担。

6.3 法律保障

国务院有关部门和地方各级人民政府及有关部门要严格执行《突发事件应对法》《动物防疫法》《重大动物疫情应急条例》《国家突发公共事件总体应急预案》和《国家突发重大动物疫情应急预案》等规定，并根据本预案要求，严格履行职责，实行责任制。对履行职责不力，造成工作损失的，要追究有关当事人的责任。

6.4 技术保障

6.4.1 国家设立口蹄疫参考实验室，负责跟踪口蹄疫病毒变异和相关疫苗与诊断试剂的研发，以及口蹄疫病毒分离和鉴定、诊断技术指导工作；各省（区、市）设立口蹄疫诊断实验室，负责辖区内口蹄疫的检测、诊断及技术指导工作。

6.4.2 国家口蹄疫参考实验室必须达到三级生物安全水平，省级诊断实验室必须达到二级以上生物安全水平，取得从事口蹄疫实验活动资格，并经农业部或省级兽医主管部门批准。

6.4.3 国家有关专业实验室和地方各级兽医诊断实验室应逐步提高口蹄疫诊断监测技术能力。

6.5 人员保障

6.5.1 县级或地（市）级设立口蹄疫现场诊断专家组，负责口蹄疫疫情的现场诊断、提出控制技术方案建议。

6.5.2 地方各级人民政府要组建口蹄疫疫情应急预备队。应急预备队按照本级指挥部的要求，加强培训和演练，具体实施疫情应急处理工作。应急预备队由当地畜牧兽医人员、有关专家、执业兽医、卫生防疫人员等组成。公安机关、武警部队应依法予以协助执行任务。

6.6 社会公众的宣传教育

县级以上地方人民政府应组织有关部门利用广播、报刊、互联网、手机短信等多种形式，对社会公众开展口蹄疫防疫和应急处置知识的普及教育，要充分发挥有关社会团体在普及相关防疫知识和科普知识的作用，依靠广大群众，对口蹄疫实行群防群控，有效防止疫情发生，及时控制和扑灭疫情，最大限度地减少疫情造成的损失。

7. 附则

7.1 名词术语

口蹄疫（Foot and Mouth Disease，FMD）是由口蹄疫病毒感染引起的以偶蹄动物为主的急性、热性、高度传染性疫病，具有O、A、C、SAT1、SAT2、SAT3和亚洲Ⅰ型7个血清型。世界动物卫生组织（OIE）将其列为法定报告动物传染病，我国将其列为一类动物疫病。

7.2 本预案由农业部组织制定，由农业部负责解释与组织实施。农业部根据需要及时评估、修订本预案。

7.3 县级以上地方人民政府所属的畜牧兽医行政主管部门等要按照本预案的规定履行职责，并制定、完善相应的应急预案。

7.4 本预案自印发之日起实施。

十一、小反刍兽疫防控应急预案

（2007年8月3日 农业部农医发〔2007〕16号发布）

一、总则

（一）小反刍兽疫是我国一类动物疫病，为及时、有效地预防、控制和扑灭小反刍兽疫，确保畜牧业健康发展，维护社会安定，依据《中华人民共和国动物防疫法》《重大动物疫情应急条例》以及《国家突发重大动物疫情应急预案》，制定本预案。

（二）小反刍兽疫应急与防治工作应当坚持加强领导、密切配合，依靠科学、依法防治，群防群控、果断处置的方针，及时发现，快速反应，严格处理，减少损失。

（三）发生疫情或存在疫情发生风险时，各地兽医行政部门应及时报请同级人民政府，实行政府统一领导、部门分工负责，建立责任制，做好小反刍兽疫监测、调查、预防、控制、扑灭等应急工作。

二、疫情监测与报告

（一）中国动物卫生与流行病学中心要密切监视国际疫情动态，科学评估疫情发生风险，定期发布预警信息。

（二）各级动物疫病预防控制机构要加强小反刍兽疫疫情监测工作。与周边国家接壤的省份要密切监视边境地区山羊、绵羊以及野羊等小反刍兽疫情动态。林业部门发现羚羊、黄羊等异常死亡，要立即通知兽医部门采样检测。

（三）任何单位和个人发现以发热、口炎、腹泻为特征，发病率、病死率较高的山羊和绵羊疫情时，应立即向当地动物疫病预防控制机构报告。

（四）县级动物疫病预防控制机构接到报告后，应立即赶赴现场诊断，认定为疑似小反刍兽疫疫情的，应在2小时内将疫情逐级报省级动物疫病预防控制机构，并同时报所在地人民政府兽医行政管理部门。

（五）省级动物疫病预防控制机构接到报告后1小时内，向省级兽医行政管理部门和中国动物疫病预防控制中心报告。

（六）省级兽医行政管理部门应当在接到报告后1小时内报省级人民政府和国务院兽医行政管理部门。省级人民政府和国务院兽医行政管理部门应当在4小时内向国务院报告。

三、疫情确认

（一）动物疫病预防控制机构接到疫情报告后，立即派出2名以上具备资格的防疫人员到现场进行临床诊断，根据小反刍兽疫防治技术规范，提出初步诊断意见。

（二）初步判定为疑似疫情的，必须指派专人按规范采集病料，送国家外来动物疫病诊断中心或农业部指定的实验室，进行最终确诊。

（三）国务院兽医行政管理部门根据确诊结果，确认小反刍兽疫疫情。

四、疫情分级与响应

小反刍兽疫疫情分为两级。

（一）有下列情况之一的，为Ⅰ级（特别重大）疫情：

1. 两个或多个省份发生疫情；

2. 在1个省有3个以上（含）地（市）发生疫情；

3. 特殊情况需要划为Ⅰ级疫情的。

确认Ⅰ级疫情后，按程序启动《国家突发重大动物疫情应急预案》。

（二）在1个省2个以下（含）地（市）行政区域内发生疫情的，为Ⅱ级（重大）疫情。

确认Ⅱ级疫情后，按程序启动省级疫情应急响应机制。

五、应急处置

（一）疑似疫情的应急处置

1. 对发病场（户）实施隔离、监控，禁止家畜、畜产品、饲料及有关物品移动，并对其内、外环境进行严格消毒。必要时，采取封锁、扑杀等措施。

2. 疫情溯源。对疫情发生前30天内，所有引入疫点的易感动物、相关产品来源及运输工具进行追溯性调查，分析疫情来源。必要时，对原产地羊群或接触羊群（风险羊群）进行隔离观察，对羊乳和乳制品进行消毒处理。

3. 疫情跟踪。对疫情发生前21天内以及采取隔离措施前，从疫点输出的易感动物、相关产品、运输车辆及密切接触人员的去向进行跟踪调查，分析疫情扩散风险。必要时，对风险羊群进行隔离观察，对羊乳和乳制品进行消毒处理。

（二）确诊疫情的应急处置

按照“早、快、严”的原则，坚决扑杀、彻底消毒，严格封锁、防止扩散。

1. 划定疫点、疫区和受威胁区疫点。

疫点。相对独立的牧户或养殖场（户），以病死畜所在的场（户）为疫点；放牧畜以病死畜放牧场为疫点；散养畜以病死畜所在的自然村为疫点；家畜在运输过程中发生疫情的，以运载病畜的车、船、飞机等为疫点；在市场发生疫情的，以病死畜所在市场为疫点；在屠宰加工过程中发生疫情的，以屠宰加工厂（场）为疫点。

疫区。由疫点边缘向外延伸3公里范围的区域划定为疫区。

受威胁区。由疫区边缘向外延伸10公里的区

域划定为受威胁区。

划定疫区、受威胁区时，应根据当地天然屏障（如河流、山脉等）、人工屏障（道路、围栏等）、野生动物栖息地存在情况，以及疫情溯源及跟踪调查结果，适当调整范围。

2. 封锁。疫情发生地所在地县级以上兽医行政管理部门报请同级人民政府对疫区实行封锁，跨行政区域发生疫情的，由共同上级兽医行政管理部门报请同级人民政府对疫区发布封锁令。

3. 疫点内应采取的措施

（1）扑杀疫点内的所有山羊和绵羊，并对所有病死羊、被扑杀羊及其产品按国家规定标准进行无害化处理；

（2）对排泄物、被污染或可能污染饲料和垫料、污水等按规定进行无害化处理；

（3）对被污染的物品、交通工具、用具、禽舍、场地进行严格彻底消毒；

（4）出入人员、车辆和相关设施要进行消毒；

（5）禁止羊、牛等反刍动物出入。

4. 疫区内应采取的措施

（1）在疫区周围设立警示标志，在出入疫区的交通路口设置动物检疫消毒站，对出入的人员和车辆进行消毒；必要时，经省级人民政府批准，可设立临时监督检查站，执行监督检查任务。动物检疫消毒站和临时监督检查站应按照国家有关规定规范设置。

（2）禁止羊、牛等反刍动物出入；

（3）关闭羊、牛交易市场和屠宰场，停止活羊、牛展销活动；

（4）禁止运出反刍动物产品，运出动物产品时必须进行严格检疫；

（5）对易感动物进行疫情监测，对羊舍、用具及场地消毒；

（6）必要时，对羊进行免疫。

5. 受威胁区应采取的措施

（1）加强检疫监管，禁止活羊调入、调出，反刍动物产品调运必须进行严格检疫；

（2）加强对羊饲养场、屠宰场、交易市场的监测，及时掌握疫情动态；

（3）必要时，对羊群进行免疫，建立免疫隔离带。

6. 野生动物控制加强疫区、受威胁区及周边地区野生易感动物分布状况调查和发病情况监测，并采取措施，避免野生羊、鹿等与人工饲养的羊群接触。当地兽医行政管理部门与林业部门应定期通报有关情况。

7. 解除封锁。疫点内最后一只羊死亡或扑杀，并按规定进行消毒和无害化处理后至少 21 天，疫区、受威胁区经监测没有新发病例时，经当地动物疫病防控机构审验合格，由兽医行政管理部门向原发布封锁令的人民政府申请解除封锁，由该人民政府发布解除封锁令。

8. 处理记录各级人民政府兽医行政管理部门必须完整详细地记录疫情应急处理过程。

9. 非疫区应采取的措施

（1）加强检疫监管，禁止从疫区调入活羊及其产品；

（2）做好疫情防控知识宣传，提高养殖户防控意识；

（3）加强疫情监测，及时掌握疫情发生风险，做好防疫的各项工作，防止疫情发生。

六、保障措施

（一）物资保障

各地要建立健全动物防疫物资储备制度，做好消毒用品、封锁设施设备、疫苗、诊断试剂等防疫物资储备。

（二）资金保障

小反刍兽疫应急所需扑杀、无害化处理、环境消毒以及免疫等防控经费要纳入各级财政预算。扑杀病羊及同群羊由国家给予适当补贴，强制免疫费用由国家负担，所需资金由中央和地方财政按规定的比例分担。

（三）技术保障

国家外来动物疫病诊断中心设立小反刍兽疫参考实验室，协同有关技术单位尽快研制和生产诊断试剂、疫苗等防疫物资，并对各地有关人员开展技术培训。国家有关专业实验室和地方各级兽医诊断实验室逐步提高诊断监测技术能力。

（四）人员保障

1. 国家和省级分别设立小反刍兽疫防控专家组，负责疫情现场诊断、流行病学调查工作，提出应急控制技术方案建议。

2. 各地应组建应急预备队，按照本级指挥部的要求，具体实施疫情处置工作。

3. 各地重大动物疫病应急指挥机构应协调边防、林业、质检、工商、交通、公安、武警等成员单位依照本预案及国家有关规定，共同做好小反刍兽疫防治工作。

十二、农业部门应对人间发生高致病性禽流感疫情应急预案

（2005年11月15日　农业部农医发〔2005〕29号发布）

一、总则

（一）目的

为在人间发生高致病性禽流感疫情时，及时有效预防、控制和扑灭高致病性禽流感疫情，协助卫生部门做好人间禽流感防控工作，最大程度地减少疫情对公众健康和社会造成的危害，确保经济发展和社会稳定，保障人民身体健康安全，特制定本预案。

（二）工作原则

在各级人民政府统一领导下，各级兽医行政管理部门应按照预案规定和职能分工，协助卫生部门做好人间禽流感疫情应急处置工作，同时做好家禽高致病性禽流感疫情的应对准备和应急处理工作，及时发现，快速反应，严格处理，减少损失。

（三）编制依据

依据《中华人民共和国动物防疫法》《中华人民共和国传染病防治法》《国家突发重大动物疫情应急预案》和《全国高致病性禽流感应急预案》等法律法规编制。

（四）适用范围

本预案适用于人间发生高致病性禽流感疫情后，各级人民政府兽医行政管理部门协助卫生部门查找病源，防止疫情扩散蔓延，同时做好预防、控制和扑灭家禽高致病性禽流感疫情时应急处理工作。

二、突发人间高致病性禽流感疫情预警和监测

（一）监测

1. 组织当地动物防疫监督机构，对人病例所在地3公里范围及其近期活动区域的禽类进行紧急监测，同时，采集野禽粪便、池塘污水等样本，及时了解家禽和野禽感染带毒和环境病毒污染情况。

2. 协助卫生部门，开展对人病例的流行病学和临床特征调查，并了解最近是否接触病死家禽、野鸟和境外旅游等活动史，及时查找病源，排查疫情。

3. 利用农业、卫生部门重大人畜共患病信息和交流合作机制，及时互通疫情监测信息通报，加强沟通，共享信息资源。

（二）预警

1. 组织农业、卫生等部门专家共同研究分析，提出疫情形势分析和评估报告，预测疫情发展态势，拟定相应对策。

2. 及时向社会发布高致病性禽流感疫情预警。

三、应急处置

（一）发现高致病性禽流感或疑似高致病性禽流感疫情的，立即按照《国家突发重大动物疫情应急预案》和《全国高致病性禽流感应急预案》规定，启动应急预案。未发现高致病性禽流感或疑似高致病性禽流感疫情的，对人病例所在地周围8公里范围内的家禽进行紧急免疫和消毒。

（二）对人病例所在县的家禽和猪加大监测范围和比例，对当地养殖户逐户排查，对禽类及其产品加强检疫监管。

（三）组织对人病例所在县的高致病性禽流感疫情进行评估，并完成评估报告。

（四）加强与卫生、科技等部门禽流感防控技术的交流与合作，共同开展快速诊断、病毒分离株的基因分析，查找病源，提出应对措施，发布预警。

（五）加强对兽医人员及相关人员的自身防护，并协助卫生部门加强对家禽养殖场饲养、扑杀（屠宰）人员等高风险人员的检测和医学观察。

（六）开展防控禽流感科普知识的宣传，提高群众自我防护意识。

（七）加强与联合国粮农组织（FAO）、世界卫生组织（WHO）、世界动物卫生组织（OIE）等有关国际组织的信息交流与合作。

四、应急响应

一旦人间发生高致病性禽流感疫情后，按规定农业部门启动本预案，并按照以下应急响应原则，及时启动相应应急响应。

人间发生突发重大动物疫情时，当地县级以上地方人民政府兽医行政管理部门在配合做好人禽流感防控工作同时，按照国家规定，启动相应

级别的应急响应。根据疫情性质和特点，及时分析疫情的发展趋势，提出维持、撤销、降级或升级预警和响应级别。

未发生高致病性禽流感的地方，要组织做好人员、物资等应急准备工作，采取必要的防范措施，防止疫情发生。

在各级人民政府的支持下，各级兽医行政主管部门积极争取落实疫情处置、人员培训、宣传教育、疫情监测、疫情调查等工作所需的经费，确保各项经费及时足额到位，保障各项防控措施得以落实和疫情应急处理工作得以全面开展。

五、附则

（一）各省（区、市）人民政府兽医行政管理部门根据本预案，结合本地实际情况，制定本预案实施方案。

（二）本预案由农业部负责解释。

（三）本预案自公布之日起施行。

十三、农业农村部关于做好动物疫情报告等有关工作的通知

（2018 年 6 月 20 日　农业农村部农医发〔2018〕22 号发布）

各省、自治区、直辖市及计划单列市畜牧兽医（农牧、农业）厅（局、委、办），新疆生产建设兵团畜牧兽医局，部属有关事业单位，各有关单位：

为规范动物疫情报告、通报和公布工作，加强动物疫情管理，提升动物疫病防控工作水平，根据《中华人民共和国动物防疫法》《重大动物疫情应急条例》等法律法规规定，现将有关事项通知如下。

一、职责分工

我部主管全国动物疫情报告、通报和公布工作。县级以上地方人民政府兽医主管部门主管本行政区域内的动物疫情报告和通报工作。中国动物疫病预防控制中心及县级以上地方人民政府建立的动物疫病预防控制机构，承担动物疫情信息的收集、分析预警和报告工作。中国动物卫生与流行病学中心负责收集境外动物疫情信息，开展动物疫病预警分析工作。国家兽医参考实验室和专业实验室承担相关动物疫病确诊、分析和报告等工作。

二、疫情报告

动物疫情报告实行快报、月报和年报。

（一）快报

有下列情形之一，应当进行快报：

1. 发生口蹄疫、高致病性禽流感、小反刍兽疫等重大动物疫情；

2. 发生新发动物疫病或新传入动物疫病；

3. 无规定动物疫病区、无规定动物疫病小区发生规定动物疫病；

4. 二、三类动物疫病呈暴发流行；

5. 动物疫病的寄主范围、致病性以及病原学特征等发生重大变化；

6. 动物发生不明原因急性发病、大量死亡；

7. 我部规定需要快报的其他情形。

符合快报规定情形，县级动物疫病预防控制机构应当在 2 小时内将情况逐级报至省级动物疫病预防控制机构，并同时报所在地人民政府兽医主管部门。省级动物疫病预防控制机构应当在接到报告后 1 小时内，报本级人民政府兽医主管部门确认后报至中国动物疫病预防控制中心。中国动物疫病预防控制中心应当在接到报告后 1 小时内报至我部兽医局。

快报应当包括基础信息、疫情概况、疫点情况、疫区及受威胁区情况、流行病学信息、控制措施、诊断方法及结果、疫点位置及经纬度、疫情处置进展以及其他需要说明的信息等内容。

进行快报后，县级动物疫病预防控制机构应当每周进行后续报告；疫情被排除或解除封锁、撤销疫区，应当进行最终报告。后续报告和最终报告按快报程序上报。

（二）月报和年报

县级以上地方动物疫病预防控制机构应当每月对本行政区域内动物疫情进行汇总，经同级人民政府兽医主管部门审核后，在次月 5 日前通过动物疫情信息管理系统将上月汇总的动物疫情逐级上报至中国动物疫病预防控制中心。中国动物疫病预防控制中心应当在每月 15 日前将上月汇总分析结果报我部兽医局。中国动物疫病预防控制中心应当于 2 月 15 日前将上年度汇总分析结果报我部兽医局。

月报、年报包括动物种类、疫病名称、疫情县数、疫点数、疫区内易感动物存栏数、发病数、病死数、扑杀与无害化处理数、急宰数、紧急免疫数、治疗数等内容。

三、疫病确诊与疫情认定

疑似发生口蹄疫、高致病性禽流感和小反刍兽疫等重大动物疫情的，由县级动物疫病预防控制机构负责采集或接收病料及其相关样品，并按要求将病料样品送至省级动物疫病预防控制机构。省级动物疫病预防控制机构应当按有关防治技术规范进行诊断，无法确诊的，应当将病料样品送相关国家兽医参考实验室进行确诊；能够确诊的，应当将病料样品送相关国家兽医参考实验室作进一步病原分析和研究。

疑似发生新发动物疫病或新传入动物疫病，动物发生不明原因急性发病、大量死亡，省级动物疫病预防控制机构无法确诊的，送中国动物疫病预防控制中心进行确诊，或者由中国动物疫病预防控制中心组织相关兽医实验室进行确诊。

动物疫情由县级以上人民政府兽医主管部门认定，其中重大动物疫情由省级人民政府兽医主管部门认定。新发动物疫病、新传入动物疫病疫情以及省级人民政府兽医主管部门无法认定的动物疫情，由我部认定。

四、疫情通报与公布

发生口蹄疫、高致病性禽流感、小反刍兽疫、新发动物疫病和新传入动物疫病疫情，我部将及时向国务院有关部门和军队有关部门以及省级人民政府兽医主管部门通报疫情的发生和处理情况；依照我国缔结或参加的条约、协定，向世界动物卫生组织、联合国粮农组织等国际组织及有关贸易方通报动物疫情发生和处理情况。

发生人畜共患传染病疫情，县级以上人民政府兽医主管部门应当按照《中华人民共和国动物防疫法》要求，与同级卫生主管部门及时相互通报。

我部负责向社会公布全国动物疫情，省级人民政府兽医主管部门可以根据我部授权公布本行政区域内的动物疫情。

五、疫情举报和核查

县级以上地方人民政府兽医主管部门应当向社会公布动物疫情举报电话，并由专门机构受理动物疫情举报。我部在中国动物疫病预防控制中心设立重大动物疫情举报电话，负责受理全国重大动物疫情举报。动物疫情举报受理机构接到举报，应及时向举报人核实其基本信息和举报内容，包括举报人真实姓名、联系电话及详细地址，举报的疑似发病动物种类、发病情况和养殖场（户）基本信息等；核实举报信息后，应当及时组织有关单位进行核查和处置；核查处置完成后，有关单位应当及时按要求进行疫情报告并向举报受理部门反馈核查结果。

六、其他要求

中国动物卫生与流行病学中心应当定期将境外动物疫情的汇总分析结果报我部兽医局。国家兽医参考实验室和专业实验室在监测、病原研究等活动中，发现符合快报情形的，应当及时报至中国动物疫病预防控制中心，并抄送样品来源省份的省级动物疫病预防控制机构；国家兽医参考实验室、专业实验室和有关单位应当做好国内外期刊、相关数据库中有关我国动物疫情信息的收集、分析预警，发现符合快报情形的，应当及时报至中国动物疫病预防控制中心。中国动物疫病预防控制中心接到上述报告后，应当在1小时内报至我部兽医局。

各地动物疫情报告工作情况将纳入我部重大动物疫病防控工作延伸绩效考核。各地也应将动物疫情报告工作情况作为对市县兽医部门考核的重要内容，加强考核。

自本通知印发之日起，我部于1999年10月发布的《动物疫情报告管理办法》（农牧发〔1999〕18号）同时废止。我部此前对动物疫情报告、通报和公布工作规定与本通知要求不一致的，以本通知为准。

十四、国家兽医参考实验室管理办法

（2005年2月25日　农业部农医发〔2005〕5号发布）

第一条　为了规范国家兽医参考实验室（以下称参考实验室）的管理，制定本办法。

第二条　参考实验室由农业部指定，并对外公布。

第三条 参考实验室的职责是：

（一）承担国家动物疫病防治基础研究与应用研究，解决动物疫病防治工作中的重大和关键性技术难题。

（二）研究动物疫病诊断、预防、控制和扑灭等方面的技术。

（三）负责对规定动物疫病作出最终诊断结论，并将诊断结论报告农业部兽医局。

（四）负责提供规定动物疫病诊断试剂标样。

（五）负责筛选、推荐国家强制免疫疫苗生产所用菌（毒）种、株，按要求及时向农业部指定的菌（毒）种保藏机构无偿提供。

（六）收集、整理、分析规定动物疫病的流行病学信息，及时向农业部兽医局报告。

（七）负责对兽医实验室规定动物疫病的诊断、监测进行技术指导、培训。

（八）受农业部兽医局的委托对兽医实验室规定动物疫病的诊断、监测进行校准。

第四条 各级兽医行政管理部门所属的兽医实验室有义务向参考实验室提供规定动物疫病的相关资料。

第五条 参考实验室实行所在单位领导下的主任负责制。参考实验室主任应当在全国同一专业领域具有较高的影响。参考实验室主任由所在单位聘任，并报农业部兽医局备案。

第六条 参考实验室应当设立专家委员会。专家委员会对参考实验室的发展方向、重大科研计划、年度工作和参考实验室的管理提出建议。专家委员会由相关领域的知名专家组成，其中本参考实验室和所在单位的专家委员不超过总人数的二分之一。专家委员会每年至少召开一次会议。

第七条 参考实验室应当建立健全质量保证体系，加强质量管理，并应当依法取得相应的资质证书。

第八条 参考实验室及其工作人员应当严格遵守国家有关疫情监测和信息发布等方面的法律、法规和规章。参考实验室提交有关国际国内学术会议的学术报告，以及向外提供与相关实验室开展研究和技术交流合作等活动取得的研究成果中涉及动物疫情的，应当符合国家有关法律、行政
2 法规和规章的规定。

第九条 参考实验室未经送样单位和个人同意，不得书面或口头发表任何与接收样本有关的信息，不得擅自将样本用于产品开发和转让。

第十条 每年一月底前，参考实验室应当将上年度工作情况报农业部兽医局。

第十一条 农业部兽医局定期对参考实验室进行评估。对评估达不到要求的，提出限期整改意见，经整改不合格的，取消参考实验室资格。

第十二条 参考实验室命名为“国家XXX参考实验室”，英文名称为：“National XXX Reference Laboratory”。

第十三条 本办法自发布之日起施行。

十五、兽医系统实验室考核管理办法

（2009年8月11日 农业部农医发〔2009〕15号发布）

第一条 为加强兽医实验室管理，提高兽医实验室技术水平和工作能力，制定本办法。

第二条 本办法所称兽医实验室是指隶属于各级兽医主管部门，并承担动物疫病诊断、监测和检测等任务的国家级区域兽医实验室、省级兽医实验室、地（市）级兽医实验室和县（市）级兽医实验室。

第三条 国家实行兽医实验室考核制度。兽医实验室经考核合格并取得兽医实验室考核合格证的，方可承担动物疫病诊断、监测和检测等任务。

兽医实验室考核不合格、未取得兽医实验室考核合格证的，该行政区域内动物疫病诊断、监测和检测等任务应当委托取得兽医实验室考核合格证的兽医实验室承担。

第四条 农业部负责国家级区域兽医实验室和省级兽医实验室考核，具体工作由中国动物疫病预防控制中心承担。

省、自治区、直辖市兽医主管部门负责本辖区内地（市）级兽医实验室和县（市）级兽医实验室考核工作。

第五条 兽医实验室应当具备下列条件：

（一）有能力承担本行政区域及授权范围内的动物疫病诊断、监测、检测、流行病学调查以及

其他与动物防疫相关的技术工作，为动物防疫工作提供技术支持；

（二）实验室建设符合兽医实验室建设标准，具有与所承担任务相适应的实验场所、仪器设备，且仪器设备配备率和完好率达到100%；

（三）具有与所承担任务相适应的专业技术人员和熟悉实验室管理法律法规标准的管理人员，专业技术人员比例不得少于80%；

（四）从事动物疫病诊断、监测和检测活动的人员参加省级以上兽医主管部门组织的技术培训，并培训合格；

（五）建立与所承担任务相适应的质量管理体系和生物安全管理制度，并运行正常；

（六）近两年内完成上级兽医主管部门规定的诊断、监测和检测任务；

（七）建立科学、合理的实验室程序文件，严格按照技术标准、实验室操作规程和有关规定开展检测工作，实验室记录和检测报告统一规范；

（八）建立健全实验活动原始记录，实验档案管理规范，整理成卷，统一归档。

第六条 具备本办法第五条规定条件的兽医实验室，可以向农业部或者省、自治区、直辖市人民政府兽医主管部门申请兽医实验室考核。

第七条 申请兽医实验室考核应当提交以下材料：

（一）兽医实验室考核申请表一式两份；

（二）近两年年度业务工作总结；

（三）现行实验室质量管理手册；

（四）保存或者使用的动物病原微生物菌（毒）种名录；

（五）实验室平面布局图；

（六）实验室仪器设备清单和实验室人员情况表；

（七）其他有关资料。

第八条 农业部或者省、自治区、直辖市人民政府兽医主管部门应当在收到申请材料之日起15日内进行审查。经审查，材料齐全、符合要求的，农业部或者省、自治区、直辖市人民政府兽医主管部门应当组织进行现场考核；材料不齐全或者不符合要求的，应当通知申请单位在5日内补齐。

第九条 现场考核由中国动物疫病预防控制中心或者省、自治区、直辖市兽医主管部门从兽医实验室管理专家库中抽取的专家考核组负责。

专家考核组由3～5人组成。专家考核组应当制订考核方案，报中国动物疫病预防控制中心或者省、自治区、直辖市兽医主管部门备案。

中国动物疫病预防控制中心或者省、自治区、直辖市兽医主管部门应当提前3日将考核时间、内容和日程等通知申请单位。

第十条 现场考核实行组长负责制。组长由中国动物疫病预防控制中心或者省、自治区、直辖市兽医主管部门指定。

第十一条 现场考核采取以下方式进行：

（一）听取申请单位的工作汇报；

（二）现场检查有关实验室情况；

（三）查阅相关资料、档案等；

（四）对实验室人员进行理论考试和技术考核；

（五）随机抽取所检项目进行现场操作考核，可采用盲样检测或者比对的方式进行，考查检测流程、操作技能和检测结果的可靠性；

（六）按照实验室考核标准逐项考核。

第十二条 在现场考核过程中，考核专家组应当详细记录考核中发现的问题和不符合项，并进行评议汇总，全面、公正、客观地撰写考核报告，提出评审意见。评审意见应当由专家考核组全体成员签字确认；有不同意见的，应当予以注明。

评审意见分为“合格”、“整改”和“不合格”三类。

第十三条 专家考核组应当在现场考核结束后10日内将评审意见和考核记录报中国动物疫病预防控制中心或者省、自治区、直辖市兽医主管部门。

第十四条 中国动物疫病预防控制中心应当在收到专家考核组评审意见之日起20日内提出考核建议，并报农业部审查。农业部应当在收到考核建议15日内作出考核结论。

省、自治区、直辖市兽医主管部门应当在收到专家考核组评审意见之日起15日内作出考核结论。

第十五条 对考核“合格”的兽医实验室，由农业部或者省、自治区、直辖市兽医主管部门颁发由农业部统一印制的兽医实验室考核合格证。

对需要“整改”的兽医实验室，申请单位应当在3个月内完成整改工作，并将整改报告报农业部或者省、自治区、直辖市兽医主管部门，经

再审查或者现场考核合格的，颁发兽医实验室考核合格证。

对考核“不合格”的兽医实验室，应当在6个月后按照本办法的规定重新提出考核申请。

第十六条 申请单位对考核结果有异议的，可向农业部或者省、自治区、直辖市兽医主管部门提出复评申请。

农业部或者省、自治区、直辖市兽医主管部门原则上实行材料复评，必要时进行实地复核，提出最终考核意见。

第十七条 省、自治区、直辖市兽医主管部门应当将考核合格的地（市）级和县（市）级兽医实验室情况报农业部备案。

第十八条 兽医实验室考核合格证有效期五年。有效期届满，兽医实验室需要继续承担动物疫病诊断、监测、检测等任务的，应当在有效期届满前6个月内申请续展。

第十九条 取得兽医实验室考核合格证的兽医实验室，应当于每年1月31日前将上年实验室工作情况报农业部或者省、自治区、直辖市人民政府兽医主管部门。

第二十条 取得兽医实验室考核合格证的兽医实验室，实验室条件和实验能力发生改变，不再符合本办法规定的，由原发证部门责令限期整改。整改期满后仍不符合要求的，撤销其兽医实验室考核合格证。

以欺骗等不正当手段取得兽医实验室考核合格证的，由原发证部门撤销兽医实验室考核合格证。

撤销兽医实验室考核合格证的，应当予以通报。

第二十一条 县级以上兽医主管部门应当加强兽医实验室管理，对兽医实验室执行国家法律、法规、标准和规范等情况进行监督检查。

第二十二条 对工作出色或有突出贡献的兽医实验室，由农业部或者省、自治区、直辖市兽医主管部门给予表彰。

第二十三条 本办法自2010年1月1日起施行。

本办法施行前设立的兽医实验室，应当自本办法施行之日起12个月内，依照本办法的规定，办理兽医实验室考核合格证。

十六、活禽经营市场高致病性禽流感防控管理办法

（2006年12月18日　农业部、卫生部、国家工商行政管理总局　农医发〔2006〕11号发布）

第一条 为了加强活禽经营市场管理，规范活禽经营行为，预防和控制高致病性禽流感等重大动物疫病，保护人体健康和公共卫生安全，根据《国务院办公厅关于整顿和规范活禽经营市场秩序加强高致病性禽流感防控工作的意见》[国办发〔2006〕89号]，制定本办法。

第二条 活禽经营市场以及在市场内从事活禽经营的单位和个人应当遵守本办法。

第三条 本办法所称活禽是指鸡、鸭、鹅及其他禽类。

本办法所称活禽经营是指市场中活禽交易与宰杀加工等行为。

本办法所称活禽经营市场是指活禽专业批发市场、有活禽经营的城市农贸市场和农村集贸市场等。

第四条 法律、法规对活禽经营行为另有规定的，从其规定。

第五条 兽医行政管理部门负责活禽经营市场的动物卫生监督管理。

卫生行政管理部门负责活禽经营市场从业人员公共卫生管理。

工商行政管理部门负责活禽经营市场活禽经营行为监管。

第六条 活禽经营市场应符合以下要求：

（一）市场建设应当统筹规划，合理布局；

（二）经营场所应当符合动物防疫等要求。

第七条 活禽专业批发市场应具备以下条件：

（一）选址应远离水源保护区和饮用水取水口，避开居民住宅区、公共场所等人口密集区，距离养殖场3公里以上；

（二）水禽经营区域与其他活禽经营区域应相对隔离，活禽宰杀区域相对封闭，活禽销售区、宰杀加工区与消费者之间应实施物理隔离；

（三）设有排风及照明装置，地面设下水明沟，墙面铺设瓷砖，配备与经营规模相适应的冲水龙头和消毒设施；

（四）活禽宰杀加工区域设置专用盛血桶、热水器、流动水浸烫池、加盖的废弃物盛放桶等设施设备。

第八条 有活禽经营的城市农贸市场活禽经营区域应具备以下条件：

（一）活禽经营区域要与其他产品的经营区域分开，有独立的出入口。

（二）水禽经营区域与其他活禽经营区域应相对隔离，活禽宰杀区域相对封闭，活禽销售区、宰杀加工区与消费者之间应实施物理隔离。

（三）设有排风及照明装置，地面设下水明沟，墙面铺设瓷砖，配备与经营规模相适应的冲水龙头和消毒设施。

（四）配备固定禽笼，禽笼底部应距离地面15厘米以上。

（五）活禽宰杀加工区域设置专用盛血桶、热水器、流动水浸烫池、加盖的废弃物盛放桶等设施设备。

第九条 农村集贸市场应具备以下条件：

（一）活禽经营区域要与其他产品的经营区域分开。

（二）水禽经营区域与其他活禽经营区域应当相对隔离。

第十条 市场主办者应当遵守相关法律法规，建立健全市场内部管理制度，并承担下列责任：

（一）市场主办者作为经营活动的相应责任人，应当建立市场经营管理制度，指导、督促禽类及禽类产品经营者建立进货检查验收、索证索票、购销台账、质量安全承诺等制度；制定活禽经营市场高致病性禽流感防控应急预案。

（二）向市场经营者宣传有关法律法规，督促经营者执行相关制度，并对其经营活动进行日常管理；引导经营者加强自律，倡导诚信经营。

（三）建立经营者档案，记载经营者基本情况、进货渠道、信用状况等；设专人每天对活禽经营情况进行巡查。

（四）建立消毒、无害化处理等制度，配备相应设施设备。对禽类及禽类产品的运载工具进行消毒，每天收市后对禽类经营场所及设备、设施进行清洗、消毒，对废弃物和物理性原因致死的禽类集中收集并进行无害化处理。

（五）从事批发经营的市场，应当加强对禽类的入市检查，核对检疫证明，防止不合格禽类进入市场。

（六）设置禽类及禽类产品安全信息公示栏，及时向消费者公示相关信息，进行消费警示和提示，接受社会监督；建立专门的投诉受理点，处理消费者投诉，解决经营纠纷。

（七）为动物卫生监督机构执法人员提供必要的监督场所和工作条件。

第十一条 市场内活禽经营者应承担以下责任：

（一）经营的活禽应当有检疫证明。

（二）应根据销量购进活禽，避免在市场内大量积压、滞留活禽。

（三）应建立购销台账。如实记录进货时间、来源、名称、数量等内容；从事批发业务的，还应记录销售的禽类及禽类产品名称、流向、时间、数量等内容。

（四）应在经营地点公示活禽产地和检疫证明等。检疫证明应保存六个月以上。

（五）每天收市后对禽类存放、宰杀、销售摊位等场所和笼具、宰杀器具等用具进行清洗，并配合市场主办方实施消毒和废弃物的无害化处理。

第十二条 从业人员应当掌握基本防护知识。

从业人员在进行活禽经营和宰杀过程中，应当按照卫生部《人感染高致病性禽流感应急预案》相关要求采取个人防护。

第十三条 活禽经营市场实行休市消毒或市场区域轮休消毒制度。

活禽经营市场应按照当地政府的统一部署，轮流休市或安排市场内区域轮休。在休市或轮休期间，对活禽经营场所、活禽笼具、宰杀器具等进行彻底的清洗消毒。

第十四条 兽医行政管理部门组织对辖区内活禽经营市场的家禽进行高致病性禽流感疫情监测。

卫生行政管理部门组织对辖区内活禽经营市场中从业人员进行高致病性禽流感疫情监测。

兽医行政管理部门应和卫生行政管理部门建立情况通报机制。

第十五条 活禽经营市场出现禽只异常死亡或有高致病性禽流感可疑临床症状，市场主办者和经营者应立即向当地兽医行政管理部门报告。

对家禽病原学监测结果呈阳性的，市场主办者应立即启动活禽经营市场高致病性禽流感

防控应急预案，配合兽医部门做好有关应急处置工作。

活禽经营市场发生禽只感染高致病性禽流感时，兽医行政管理部门应当立即启动应急预案，按国家规定处置疫情。

活禽经营市场从业人员出现发热伴咳嗽、呼吸困难等呼吸道症状时，市场主办者和经营者应当立即将病人送医疗机构就诊，并说明其从业情况。医疗机构根据卫生部门相关规定进行诊治、排查和报告。

第十六条 禁止生产、加工、销售和购入病、死禽只以及无检疫证明的活禽和禽肉。禁止在活禽经营市场经营野生禽鸟，禁止在市场外经营活禽。

第十七条 工商行政管理部门依职权对活禽经营市场主办者和经营者的经营行为实施日常监督管理，检查督促市场主办者和经营者履行国家关于禽类和禽类产品经营管理各项规定，指导、监督市场主办者建立健全经营管理自律制度。

第十八条 动物卫生监督机构应当做好活禽经营市场禽类产品安全监管工作，对运离市场的活禽实施有效检疫监管。要加强对活禽经营市场的监督检查，对不符合动物防疫要求的市场，责令市场主办者和经营者按期改正。拒不改正的，由工商行政管理部门予以查处。

兽医行政管理部门应组织做好对活禽经营市场消毒、无害化处理的技术指导工作。

第十九条 违反本办法规定的，按照国家有关法律法规的规定进行处理和处罚。

第二十条 本办法自发布之日起施行。

十七、农业部关于进一步规范高致病性动物病原微生物实验活动审批工作的通知

（2008 年 12 月 12 日 农医发〔2008〕27 号发布）

各省、自治区、直辖市畜牧兽医（农业、农牧）厅（局、办、委），新疆生产建设兵团农业局

为进一步规范高致病性动物病原微生物实验活动审批行为，加强动物病原微生物实验室生物安全管理，现就有关事项通知如下。

一、严格掌握高致病动物病原微生物实验活动审批条件

高致病性动物病原微生物实验活动，事关重大动物疫病防控，事关实验室工作人员及广大人民群众身体健康和生命安全。省级以上兽医主管部门要高度重视高致病性动物病原微生物实验活动管理，认真贯彻实施《病原微生物实验室生物安全管理条例》，按照《高致病性动物病原微生物实验室生物安全管理审批办法》规定的条件，严格高致病性动物病原微生物实验活动审批。

（一）高致病性动物病原微生物实验活动所需实验室生物安全级别。按照《病原微生物实验室生物安全管理条例》和《高致病性动物病原微生物实验室生物安全管理审批办法》规定，一级、二级实验室不得从事高致病性动物病原微生物实验活动；三级、四级实验室需要从事某种高致病性动物病原微生物或者疑似高致病性动物病原微生物实验活动的，应当经农业部或者省、自治区、直辖市人民政府兽医主管部门批准。经省级以上兽医主管部门批准的高致病性动物病原微生物实验活动，必须按照《动物病原微生物实验活动生物安全要求细则》（附件）的要求，在相应生物安全级别的实验室内开展有关实验活动。

（二）高致病性动物病原微生物实验活动审批条件。三级、四级实验室从事高致病性动物病原微生物或者疑似高致病性动物病原微生物实验活动的，应当具备下列条件：一是必须取得农业部颁发的《高致病性动物病原微生物实验室资格证书》，并在有效期内；二是实验活动仅限于与动物病原微生物菌（毒）种或者样本有关的研究、检测、诊断和菌（毒）种保藏等；三是科研项目立项前必须经农业部批准。

二、严格规范高致病性动物病原微生物实验活动审批程序

省级以上兽医主管部门应当按照《高致病性动物病原微生物实验室生物安全管理审批办法》和农业部第 898 号公告规定的审批主体、审批程

序，做好高致病性动物病原微生物实验活动审批工作。

（一）审批主体。从事下列高致病性动物病原微生物实验活动的，应当报农业部审批：一是猪水泡病病毒、非洲猪瘟病毒、非洲马瘟病毒、牛海绵状脑病病原和痒病病原等我国尚未发现的动物病原微生物；二是牛瘟病毒、牛传染性胸膜肺炎丝状支原体等我国已经宣布消灭的动物病原微生物；三是高致病性禽流感病毒、口蹄疫病毒、小反刍兽疫病毒等烈性动物传染病病毒。从事其他高致病性动物病原微生物实验活动的，由省、自治区、直辖市人民政府兽医主管部门审批。

（二）审批程序。实验室申请从事高致病性动物病原微生物实验活动的，应当向所在地省、自治区、直辖市人民政府兽医主管部门提出申请，并提交下列材料：一是高致病性动物病原微生物实验活动申请表一式两份；二是高致病性动物病原微生物实验室资格证书复印件；三是从事与高致病性动物病原微生物有关的科研项目，还应当提供科研项目立项证明材料。省级以上兽医主管部门按照职责分工，应当在收到申请材料之日起15日内做出是否审批的决定。

三、切实加强高致病性动物病原微生物实验活动监督管理

高致病性动物病原微生物实验活动管理是实验室生物安全监管的重点内容。各级兽医主管部门一定要认真贯彻实施《病原微生物实验室生物安全管理条例》的各项规定，采取切实有效措施，对高致病性动物病原微生物实验活动实行全程监管，确保实验室生物安全，确保实验室工作人员和广大人民群众身体健康。

（一）严肃查处违法从事实验活动的行为。各级兽医主管部门要严格执行高致病性动物病原微生物实验活动事前审批制度。对未经批准从事高致病性动物病原微生物实验活动的，要依法严肃查处，三年内不再批准该实验室从事任何高致病性动物病原微生物实验活动。

（二）加强实验活动监督检查。各级兽医主管部门要定期组织实验活动监督检查。重点检查实验室是否按照有关国家标准、技术规范和操作规程从事实验活动，及时纠正违规操作行为。要督促实验室加强内部管理，制定并落实安全管理、安全防护、感染控制和生物安全事故应急预案等规章制度。

（三）严格执行实验活动报告制度。经批准的实验活动，实验室应当每半年将实验活动情况报原批准机关。实验活动结束后，应当及时将实验结果以及工作总结报原批准机关。未及时报告的，兽医主管部门要责令改正，并给予警告处罚。

附件：

动物病原微生物实验活动生物安全要求细则

序号	动物病原微生物名称	危害程度分类	实验活动所需实验室生物安全级别				f运输包装要求	备 注
			a病原分离培养	b动物感染实验	c未经培养的感染性材料实验	d灭活材料实验		
1	口蹄疫病毒	第一类	BSL-3	ABSL-3	BSL-2	BSL-2	UN2900（仅培养物）	C实验的感染性材料的处理要在Ⅱ级生物安全柜中进行
2	高致病性禽流感病毒	第一类	BSL-3	ABSL-3	BSL-2	BSL-2	UN2814（仅培养物）	C实验的感染性材料的处理要在Ⅱ级生物安全柜中进行
3	猪水疱病病毒	第一类	BSL-3	ABSL-3	BSL-2	BSL-2	UN2900（仅培养物）	C实验的感染性材料的处理要在Ⅱ级生物安全柜中进行
4	非洲猪瘟病毒	第一类	BSL-3	ABSL-3	BSL-3	BSL-3	UN2900	

（续）

序号	动物病原微生物名称	危害程度分类	实验活动所需实验室生物安全级别				f运输包装要求	备注
			a病原分离培养	b动物感染实验	c未经培养的感染性材料实验	d灭活材料实验		
5	非洲马瘟病毒	第一类	BSL-3	ABSL-3	BSL-3	BSL-3	UN2900	
6	牛瘟病毒	第一类	BSL-3	ABSL-3	BSL-3	BSL-3	UN2900	
7	小反刍兽疫病毒	第一类	BSL-3	ABSL-3	BSL-3	BSL-3	UN2900	
8	牛传染性胸膜肺炎丝状支原体	第一类	BSL-3	ABSL-3	BSL-3	BSL-3	UN2900	
9	牛海绵状脑病病原	第一类	BSL-3	ABSL-3	BSL-3	BSL-3	UN3373	
10	痒病病原	第一类	BSL-3	ABSL-3	BSL-3	BSL-3	UN3373	
11	猪瘟病毒	第二类	BSL-3	ABSL-3	BSL-2	BSL-2	UN2900（仅培养物）	
12	鸡新城疫病毒	第二类	BSL-3	ABSL-3	BSL-2	BSL-2	UN2900（仅培养物）	
13	狂犬病病毒	第二类	BSL-3	ABSL-3	BSL-3	BSL-2	UN2814（仅培养物）	
14	绵羊痘/山羊痘病毒	第二类	BSL-3	ABSL-3	BSL-2	BSL-2	UN2900（仅培养物）	
15	蓝舌病病毒	第二类	BSL-3	ABSL-3	BSL-2	BSL-2	UN2900（仅培养物）	
16	兔病毒性出血症病毒	第二类	BSL-3	ABSL-3	BSL-2	BSL-2	UN2900（仅培养物）	
17	炭疽芽孢杆菌	第二类	BSL-3	ABSL-3	BSL-3	BSL-2	UN2814（仅培养物）	
18	布鲁氏菌	第二类	BSL-3	ABSL-3	BSL-2	BSL-2	UN2814（仅培养物）	
19	低致病性流感病毒	第三类	BSL-2	ABSL-2	BSL-2	BSL-1	UN3373	
20	伪狂犬病病毒	第三类	BSL-2	ABSL-2	BSL-2	BSL-1	UN3373	
21	破伤风梭菌	第三类	BSL-2	ABSL-2	BSL-2	BSL-1	UN3373（仅培养物）	
22	气肿疽梭菌	第三类	BSL-2	ABSL-2	BSL-2	BSL-1	UN2900（仅培养物）	
23	结核分枝杆菌	第三类	BSL-3	ABSL-3	BSL-2	BSL-1	UN2814（仅培养物）	C实验的感染性材料处理要在Ⅱ级生物安全柜中进行
24	副结核分枝杆菌	第三类	BSL-2	ABSL-2	BSL-1	BSL-1	UN3373	
25	致病性大肠杆菌	第三类	BSL-2	ABSL-2	BSL-1	BSL-1	UN2814（仅培养物）	
26	沙门氏菌	第三类	BSL-2	ABSL-2	BSL-1	BSL-1	UN3373（仅培养物）	
27	巴氏杆菌	第三类	BSL-2	ABSL-2	BSL-1	BSL-1	UN3373	
28	致病性链球菌	第三类	BSL-2	ABSL-2	BSL-2	BSL-1	UN2814（仅培养物）	
29	李氏杆菌	第三类	BSL-2	ABSL-2	BSL-1	BSL-1	UN2814（仅培养物）	

（续）

序号	动物病原微生物名称	危害程度分类	实验活动所需实验室生物安全级别				f运输包装要求	备　注
			a病原分离培养	b动物感染实验	c未经培养的感染性材料实验	d灭活材料实验		
30	产气荚膜梭菌	第三类	BSL-2	ABSL-2	BSL-1	BSL-1	UN3373	
31	嗜水气单胞菌	第三类	BSL-2	ABSL-2	BSL-1	BSL-1	UN3373	
32	肉毒梭状芽孢杆菌	第三类	BSL-2	ABSL-2	BSL-2	BSL-1	UN2814（仅培养物）	
33	腐败梭菌和其他致病性梭菌	第三类	BSL-2	ABSL-2	BSL-1	BSL-1	UN3373	
34	鹦鹉热衣原体	第三类	BSL-2	ABSL-2	BSL-2	BSL-1	UN2814	
35	放线菌	第三类	BSL-2	ABSL-2	BSL-1	BSL-1	UN3373	
36	钩端螺旋体	第三类	BSL-2	ABSL-2	BSL-1	BSL-1	UN3373（仅培养物）	
37	牛恶性卡他热病毒	第三类	BSL-2	ABSL-2	BSL-2	BSL-1	UN3373	
38	牛白血病病毒	第三类	BSL-2	ABSL-2	BSL-2	BSL-1	UN3373	
39	牛流行热病毒	第三类	BSL-2	ABSL-2	BSL-2	BSL-1	UN3373	
40	牛传染性鼻气管炎病毒	第三类	BSL-2	ABSL-2	BSL-2	BSL-1	UN3373	
41	牛病毒腹泻/黏膜病病毒	第三类	BSL-2	ABSL-2	BSL-2	BSL-1	UN3373	
42	牛生殖器弯曲杆菌	第三类	BSL-2	ABSL-2	BSL-2	BSL-1	UN3373	
43	日本血吸虫	第三类	BSL-2	ABSL-2	BSL-1	BSL-1	UN3373	
44	山羊关节炎/脑脊髓炎病毒	第三类	BSL-2	ABSL-2	BSL-2	BSL-1	UN3373	
45	梅迪/维斯纳病病毒	第三类	BSL-2	ABSL-2	BSL-2	BSL-1	UN3373	
46	传染性脓疱皮炎病毒	第三类	BSL-2	ABSL-2	BSL-2	BSL-1	UN3373	
47	日本脑炎病毒	第三类	BSL-2	ABSL-2	BSL-2	BSL-1	UN2814（仅培养物）	
48	猪繁殖与呼吸综合征病毒	第三类	BSL-2	ABSL-2	BSL-2	BSL-1	UN3373	
49	猪细小病毒	第三类	BSL-2	ABSL-2	BSL-2	BSL-1	UN3373	
50	猪圆环病毒	第三类	BSL-2	ABSL-2	BSL-2	BSL-1	UN3373	
51	猪流行性腹泻病毒	第三类	BSL-2	ABSL-2	BSL-2	BSL-1	UN3373	
52	猪传染性胃肠炎病毒	第三类	BSL-2	ABSL-2	BSL-2	BSL-1	UN3373	
53	猪丹毒杆菌	第三类	BSL-2	ABSL-2	BSL-1	BSL-1	UN3373	
54	猪支气管败血波氏杆菌	第三类	BSL-2	ABSL-2	BSL-1	BSL-1	UN3373	
55	猪胸膜肺炎放线杆菌	第三类	BSL-2	ABSL-2	BSL-1	BSL-1	UN3373	
56	副猪嗜血杆菌	第三类	BSL-2	ABSL-2	BSL-1	BSL-1	UN3373	
57	猪肺炎支原体	第三类	BSL-2	ABSL-2	BSL-1	BSL-1	UN3373	
58	猪密螺旋体	第三类	BSL-2	ABSL-2	BSL-1	BSL-1	UN3373	
59	马传染性贫血病毒	第三类	BSL-2	ABSL-2	BSL-2	BSL-1	UN3373	
60	马动脉炎病毒	第三类	BSL-2	ABSL-2	BSL-2	BSL-1	UN3373	
61	马病毒性流产病毒	第三类	BSL-2	ABSL-2	BSL-2	BSL-1	UN3373	
62	马鼻炎病毒	第三类	BSL-2	ABSL-2	BSL-2	BSL-1	UN3373	
63	鼻疽假单胞菌	第三类	BSL-2	ABSL-2	BSL-2	BSL-1	UN2814（仅培养物）	

（续）

序号	动物病原微生物名称	危害程度分类	实验活动所需实验室生物安全级别				f 运输包装要求	备 注
			a 病原分离培养	b 动物感染实验	c 未经培养的感染性材料实验	d 灭活材料实验		
64	类鼻疽假单胞菌	第三类	BSL-2	ABSL-2	BSL-2	BSL-1	UN2814（仅培养物）	
65	假皮疽组织胞浆菌	第三类	BSL-2	ABSL-2	BSL-1	BSL-1	UN3373	
66	溃疡性淋巴管炎假结核棒状杆菌	第三类	BSL-2	ABSL-2	BSL-1	BSL-1	UN3373	
67	鸭瘟病毒	第三类	BSL-2	ABSL-2	BSL-2	BSL-1	UN3373	
68	鸭病毒性肝炎病毒	第三类	BSL-2	ABSL-2	BSL-2	BSL-1	UN3373	
69	小鹅瘟病毒	第三类	BSL-2	ABSL-2	BSL-2	BSL-1	UN3373	
70	鸡传染性法氏囊病病毒	第三类	BSL-2	ABSL-2	BSL-2	BSL-1	UN3373	
71	鸡马立克氏病病毒	第三类	BSL-2	ABSL-2	BSL-1	BSL-1	UN3373	
72	禽白血病/肉瘤病毒	第三类	BSL-2	ABSL-2	BSL-1	BSL-1	UN3373	
73	禽网状内皮组织增殖病病毒	第三类	BSL-2	ABSL-2	BSL-1	BSL-1	UN3373	
74	鸡传染性贫血病毒	第三类	BSL-2	ABSL-2	BSL-2	BSL-1	UN3373	
75	鸡传染性喉气管炎病毒	第三类	BSL-2	ABSL-2	BSL-2	BSL-1	UN3373	
76	鸡传染性支气管炎病毒	第三类	BSL-2	ABSL-2	BSL-2	BSL-1	UN3373	
77	鸡减蛋综合征病毒	第三类	BSL-2	ABSL-2	BSL-2	BSL-1	UN3373	
78	禽痘病毒	第三类	BSL-2	ABSL-2	BSL-1	BSL-1	UN3373	
79	鸡病毒性关节炎病毒	第三类	BSL-2	ABSL-2	BSL-2	BSL-1	UN3373	
80	禽传染性脑脊髓炎病毒	第三类	BSL-2	ABSL-2	BSL-2	BSL-1	UN3373	
81	副鸡嗜血杆菌	第三类	BSL-2	ABSL-2	BSL-1	BSL-1	UN3373	
82	鸡毒支原体	第三类	BSL-2	ABSL-2	BSL-1	BSL-1	UN3373	
83	鸡球虫	第三类	BSL-2	ABSL-2	BSL-1	BSL-1	UN3373	
84	兔黏液瘤病病毒	第三类	BSL-2	ABSL-2	BSL-2	BSL-1	UN3373	
85	野兔热土拉杆菌	第三类	BSL-2	ABSL-2	BSL-2	BSL-1	UN3373	
86	兔支气管败血波氏杆菌	第三类	BSL-2	ABSL-2	BSL-1	BSL-1	UN3373	
87	兔球虫	第三类	BSL-2	ABSL-2	BSL-1	BSL-1	UN3373	
水生动物病原微生物								
88	流行性造血器官坏死病毒	第三类	BSL-2	ABSL-2	BSL-1	BSL-1	UN3373	
89	传染性造血器官坏死病毒	第三类	BSL-2	ABSL-2	BSL-1	BSL-1	UN3373	
90	马苏大麻哈鱼病毒	第三类	BSL-2	ABSL-2	BSL-1	BSL-1	UN3373	
91	病毒性出血性败血症病毒	第三类	BSL-2	ABSL-2	BSL-1	BSL-1	UN3373	
92	锦鲤疱疹病毒	第三类	BSL-2	ABSL-2	BSL-1	BSL-1	UN3373	
93	斑点叉尾鮰病毒	第三类	BSL-2	ABSL-2	BSL-1	BSL-1	UN3373	
94	病毒性脑病和视网膜病毒	第三类	BSL-2	ABSL-2	BSL-1	BSL-1	UN3373	
95	传染性胰脏坏死病毒	第三类	BSL-2	ABSL-2	BSL-1	BSL-1	UN3373	
96	真鲷虹彩病毒	第三类	BSL-2	ABSL-2	BSL-1	BSL-1	UN3373	
97	白鲟虹彩病毒	第三类	BSL-2	ABSL-2	BSL-1	BSL-1	UN3373	
98	中肠腺坏死杆状病毒	第三类	BSL-2	ABSL-2	BSL-1	BSL-1	UN3373	

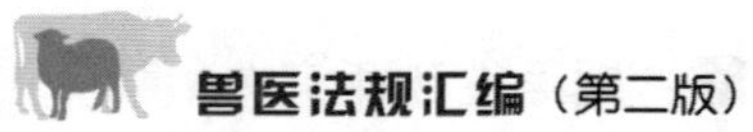

（续）

序号	动物病原微生物名称	危害程度分类	实验活动所需实验室生物安全级别				f运输包装要求	备　注
			a病原分离培养	b动物感染实验	c未经培养的感染性材料实验	d灭活材料实验		
99	传染性皮下和造血器官坏死病毒	第三类	BSL-2	ABSL-2	BSL-1	BSL-1	UN3373	
100	核多角体杆状病毒	第三类	BSL-2	ABSL-2	BSL-1	BSL-1	UN3373	
101	虾产卵死亡综合征病毒	第三类	BSL-2	ABSL-2	BSL-1	BSL-1	UN3373	
102	鳖鳃腺炎病毒	第三类	BSL-2	ABSL-2	BSL-1	BSL-1	UN3373	
103	Taura综合征病毒	第三类	BSL-2	ABSL-2	BSL-1	BSL-1	UN3373	
104	对虾白斑综合征病毒	第三类	BSL-2	ABSL-2	BSL-1	BSL-1	UN3373	
105	黄头病病毒	第三类	BSL-2	ABSL-2	BSL-1	BSL-1	UN3373	
106	草鱼出血病毒	第三类	BSL-2	ABSL-2	BSL-1	BSL-1	UN3373	
107	鲤春病毒血症病毒	第三类	BSL-2	ABSL-2	BSL-1	BSL-1	UN3373	
108	鲍球形病毒	第三类	BSL-2	ABSL-2	BSL-1	BSL-1	UN3373	
109	鲑鱼传染性贫血病毒	第三类	BSL-2	ABSL-2	BSL-1	BSL-1	UN3373	
蜜蜂病病原微生物								
110	美洲幼虫腐臭病幼虫杆菌	第三类	BSL-2	ABSL-2	BSL-1	BSL-1	UN3373	
111	欧洲幼虫腐臭病蜂房蜜蜂球菌	第三类	BSL-2	ABSL-2	BSL-1	BSL-1	UN3373	
112	白垩病蜂球囊菌	第三类	BSL-2	ABSL-2	BSL-1	BSL-1	UN3373	
113	蜜蜂微孢子虫	第三类	BSL-2	ABSL-2	BSL-1	BSL-1	UN3373	
114	跗腺螨	第三类	BSL-2	ABSL-2	BSL-1	BSL-1	UN3373	
115	雅氏大蜂螨	第三类	BSL-2	ABSL-2	BSL-1	BSL-1	UN3373	
其他动物病原微生物								
116	犬瘟热病毒	第三类	BSL-2	ABSL-2	BSL-2	BSL-1	UN3373	
117	犬细小病毒	第三类	BSL-2	ABSL-2	BSL-2	BSL-1	UN3373	
118	犬腺病毒	第三类	BSL-2	ABSL-2	BSL-2	BSL-1	UN3373	
119	犬冠状病毒	第三类	BSL-2	ABSL-2	BSL-2	BSL-1	UN3373	
120	犬副流感病毒	第三类	BSL-2	ABSL-2	BSL-2	BSL-1	UN3373	
121	猫泛白细胞减少综合征病毒	第三类	BSL-2	ABSL-2	BSL-2	BSL-1	UN3373	
122	水貂阿留申病病毒	第三类	BSL-2	ABSL-2	BSL-2	BSL-1	UN3373	
123	水貂病毒性肠炎病毒	第三类	BSL-2	ABSL-2	BSL-2	BSL-1	UN3373	
124	第四类动物病原微生物	BSL-1	BSL-1	BSL-1	BSL-1	UN3373		

备注：

a. 病原分离培养：是指实验材料中未知病原微生物的选择性培养增殖，以及用培养物进行的相关实验活动。

b. 动物感染实验：是指用活的病原微生物或感染性材料感染动物的实验活动。

c. 未经培养的感染性材料的实验：是指用未经培养增殖的感染性材料进行的抗原检测、核酸检测、血清学检测和理化分析等实验活动。

d. 灭活材料的实验：是指活的病原微生物或感染性材料在采用可靠的方法灭活后进行的病原微生物的抗原检测、核酸检测、血清学检测和理化分析等实验活动。

f. 运输包装分类：通过民航运输动物病原微生物和病料的，按国际民航组织文件Doc9284《危险品航空安全运输技术细则》要求分类包装，联合国编号分别为UN2814、UN2900和UN3373。若表中未注明"仅培养物"，则包括涉及该病原的所有材料；对于注明"仅培养物"的感染性物质，则病原培养物按表中规定的要求包装，其他标本按UN3373要求进行包装；未确诊的动物病料按UN3373要求进行包装。通过其他交通工具运输的动物病原微生物和病料的，按照《高致病性病原微生物菌（毒）种或者样本运输包装规范》（农业部公告第503号）进行包装。

十八、由农业部审批的高致病性动物病原微生物实验活动范围

（2007 年 08 月 20 日 农业部公告第 898 号发布）

根据《病原微生物实验室生物安全管理条例》第二十二条第一款和《高致病性动物病原微生物实验室生物安全管理审批办法》第十一条第二款的规定，从事下列高致病性动物病原微生物实验活动的，应当报农业部审批。

（一）猪水泡病病毒、非洲猪瘟病毒、非洲马瘟病毒、牛海绵状脑病病原和痒病病原等我国尚未发现的动物病原微生物；

（二）牛瘟病毒、牛传染性胸膜肺炎丝状支原体等我国已经宣布消灭的动物病原微生物；

（三）高致病性禽流感病毒、口蹄疫病毒、小反刍兽疫病毒。

特此公告

十九、高致病性动物病原微生物菌（毒）种或者样本运输包装规范

（2005 年 5 月 24 日 农业部公告第 503 号公布）

运输高致病性动物病原微生物菌（毒）种或者样本的，其包装应当符合以下要求：

一、内包装

（一）必须是不透水、防泄漏的主容器，保证完全密封；

（二）必须是结实、不透水和防泄漏的辅助包装；

（三）必须在主容器和辅助包装之间填充吸附材料。吸附材料必须充足，能够吸收所有的内装物。多个主容器装入一个辅助包装时，必须将它们分别包装；

（四）主容器的表面贴上标签，表明菌（毒）种或样本类别、编号、名称、数量等信息；

（五）相关文件，例如菌（毒）种或样本数量表格、危险性声明、信件、菌（毒）种或样本鉴定资料、发送者和接收者的信息等应当放入一个防水的袋中，并贴在辅助包装的外面。

二、外包装

（一）外包装的强度应当充分满足对于其容器、重量及预期使用方式的要求；

（二）外包装应当印上生物危险标识并标注“高致病性动物病原微生物，非专业人员严禁拆开！”的警告语。

生物危险标识如下图：

三、包装要求

（一）冻干样本

主容器必须是火焰封口的玻璃安瓿或者是用金属封口的胶塞玻璃瓶。

（二）液体或者固体样本

1. 在环境温度或者较高温度下运输的样本：只能用玻璃、金属或者塑料容器作为主容器，向容器中罐装液体时须保留足够的剩余空间，同时采用可靠的防漏封口，如热封、带缘的塞子或者金属卷边封口。如果使用旋盖，必须用胶带加固。

2. 在制冷或者冷冻条件下运输的样本：冰、干冰或者其他冷冻剂必须放在辅助包装周围，或者按照规定放在由一个或者多个完整包装件组成的合成包装件中。内部要有支撑物，当冰或者干冰消耗掉以后，仍可以把辅助包装固定在原位置上。如果使用冰，包装必须不透水；如果使用干冰，外包装必须能排出二氧化碳气体；如果使用冷冻剂，主容器和辅助包装必须保持良好的性能，

在冷冻剂消耗完以后，应仍能承受运输中的温度和压力。

四、民用航空运输特殊要求

通过民用航空运输的，应当符合《中国民用航空危险品运输管理规定》（CCAR276）和国际民航组织文件 Doc9284《危险物品航空安全运输技术细则》中的有关包装要求。

二十、可以从事高致病性禽流感实验活动的实验室名单

（2009 年 2 月 28 日　农业部公告第 1167 号公布）

根据《高致病性动物病原微生物实验室生物安全管理审批办法》第十条第二款的规定，现公布可以从事高致病性禽流感实验活动的实验室（名单附后）。实验室从事高致病性禽流感实验活动的，应当按照《病原微生物实验室生物安全管理条例》第二十二条第一款的规定，报我部批准。

特此公告

附件：

可以从事高致病性禽流感实验活动的实验室名单

1. 中国农业科学院哈尔滨兽医研究所生物安全三级实验室

2. 中国动物卫生与流行病学中心国家外来动物疫病诊断中心 ABSL－3 实验室

3. 华南农业大学农业部养禽与禽病防治重点开放实验室生物安全三级实验室

4. 扬州大学农业部畜禽传染病学重点开放实验室动物生物安全三级实验室

二十一、畜禽标识质量检验办法

（2010 年 7 月 16 日　农业部办公厅农办医〔2010〕66 号发布）

畜禽标识质量检验办法

第一条　为规范畜禽标识质量检验工作，提高畜禽标识质量，制定本办法。

第二条　农业部负责畜禽标识质量检验管理工作。

县级以上地方人民政府兽医主管部门和动物卫生监督机构负责本地区畜禽标识质量管理，并监督检验样品的采集工作。

第三条　畜禽标识检验项目和判定标准依据农业部有关技术规范和相关规定执行。

第四条　畜禽标识检验工作由农业部确定的具备相应检验资质条件的检验机构承担。检验机构依法独立开展检验工作。

第五条　畜禽标识质量检验抽取的样品，由被检验单位无偿提供。检验费用由农业部承担，检验机构不得向被检查单位收取检验费用。

第六条　畜禽标识质量监督检验分为定期抽检和不定期抽检两种。

第七条　定期抽检样品由各省级动物卫生监督机构按要求提供，样品来源应当覆盖全部生产企业。

第八条　不定期抽检时，抽样人员应当填写采样单。采样单中单位名称、规格型号、生产日期、抽样日期、抽样数量、样品状态、标识号码、采样地点等内容需逐项填写清楚。抽样人员封样时，应当有防拆封措施，以保证样品的真实性。

第九条　不定期抽检的采样单由抽样人员、当地动物卫生监督机构人员及被抽样单位负责人签字，并加盖被采样单位公章。采样单一式三份，分别交采样单位、被采样单位留存和随样品封存。

第十条　检验机构应当按照国家有关规定和农业部有关技术规范实施检验工作，保证检验工作科学、准确、公正，并对检验结论负责。

检验机构应当制定样品接收、入库、领用、检验、保存及处理程序规定，并严格执行。

检验原始记录应当如实、准确、清楚填写，不得涂改，并保存 2 年以上。检验后的样品残品应当保存 2 年以上。

第十一条　定期抽检的样品检验工作应当在样品送达后一个月内检测完毕，并出具完整、翔实的检验报告。不定期抽检的样品应当按要

求时限完成，同时出具完整、翔实的检验报告。

第十二条 对检验不合格的产品，农业部对相应生产企业发出《畜禽标识抽查检验结果通知单》，生产企业对检验结果有异议的，可以在收到检验结果之日起15日内向农业部申请复检。农业部组织复检并做出复检结论。

第十三条 农业部负责发布畜禽标识质量检验结果通报。对通报相应产品检测一次不合格的企业，农业部停止受理该企业该类型牲畜耳标生产专用号码申请，期限为1年；对通报相应产品检测两次（含一次通报两种类型产品）以上不合格的企业，农业部停止受理该企业全部牲畜耳标生产专用号码申请，期限为3年。

拒绝接受抽检企业视为产品检测两次以上不合格企业。

第十四条 各省不得采购抽查检验不合格类型产品，不得采购抽查检验存在两类（猪、牛、羊标）以上不合格产品企业生产的所有产品，不得采购拒绝接受抽检企业的所有产品。

第十五条 本办法自印发之日起实施。

抄送：各省、自治区、直辖市动物卫生监督机构、动物疫病预防控制机构，各有关企业。

本部发送：中国动物疫病预防控制中心、中国兽医药品监察所。

附件：

溯源标识及设备采样单

被采样单位：____________________

通信地址：____________________ 电话：________ 邮编：________

样品名称	规格及型号（包/个）	数量（个）	样品状态（新/旧）	标识或设备号码	采样地点

采样人签名：__________ 被采样人签名：__________ __________

省级单位经办人签名：________________ 被采样单位盖章

年 月 日

备注：本采样单一式三联，一联留采样单位，一联交被采样单位，一联与被采样品封在一起。

二十二、农业部办公厅关于加强动物耳标识读器招标管理工作的通知

（2007年11月1日 农业部农医发〔2007〕41号发布）

各省、自治区、直辖市及计划单列市畜牧兽医（农业、农牧）厅（局、委、办），新疆生产建设兵团农业局：

为贯彻落实中央一号文件精神和《中华人民共和国畜牧法》《中华人民共和国动物防疫法》等法律法规和国家有关规定，进一步推进动物标识及疫病可追溯体系建设，现就动物耳标移动智能识读器（以下简称耳标识读器）招标管理工作通知如下：

一、高度重视耳标识读器招标管理工作

随着各地牲畜耳标招标和佩戴工作全面开展，及时配置和使用耳标识读器成为进一步推进动物标识及疫病可追溯体系建设，加强执法监管的一项重要工作。2004年以来，我部根据《全国动物防疫体系建设规划（2004—2008）》，先后向各省（区、市）下达了耳标识读器投资

计划。一些省份启动了招标工作，北京、上海、广东等省（市）还自筹资金购置耳标识读器。从前段时间一些省份试点情况看，耳标识读器还存在质量不稳定、技术指标不一致、投标产品与实际供应产品有质量差异等问题。严格耳标识读器招标管理，既是加强农业基本建设项目监管，尽快完成国家投资计划的紧迫任务，又是确保耳标识读器质量，保证动物标识及疫病可追溯体系正常运行的根本要求，各地和有关单位务必予以高度重视。

二、依法开展耳标识读器招标工作

耳标识读器招标工作涉及面广，责任大。各地要严格依照《中华人民共和国招标投标法》和我部《农业基本建设项目招标投标管理规定》（农计发〔2004〕10号）等规定及时组织开展耳标识读器招标工作，确保招到合法合格的产品。要坚持公开、公平、公正的原则，规范招投标活动，保证招标工作质量。严禁任何单位和个人特别是各级领导干部非法干预招标活动，影响评标过程和结果，保证招标工作顺利进行。

三、严格控制耳标识读器质量标准要求

对耳标识读器在试点过程中存在的质量和技术等问题，在下一步招标和生产过程中应及时加以改进和完善。针对耳标识读器在牲畜养殖、流通、监管等环节使用的特点和特殊环境要求，为保证产品质量稳定可靠，降低维护成本，保证追溯体系有效运行，各地要严格按照国家有关规定和《移动智能识读器技术规格及要求（试行）》（见附件1），对投标产品规定明确的技术要求。要严格按照《招投标法》有关规定，认真审查投标企业应提供的各项检测技术报告。中标企业应免费提供耳标识读器使用培训。

四、及时完善耳标识读器有关管理制度

耳标识读器由省级兽医主管部门负责统一组织招标采购，根据工作需要分配到各有关业务部门使用。在组织开展耳标识读器招标工作的同时，各地要根据推进动物标识及疫病可追溯体系建设的总体部署和要求，抓紧制定和完善耳标识读器使用和管理制度，认真总结耳标识读器使用过程中出现的新问题，及时提出改进措施和建议。省级兽医主管部门要指导动物疫病预防控制机构加快省级畜禽标识信息管理系统建设，保证标识信息传送和执法监管工作的顺利开展。

五、切实加强耳标识读器招标工作的组织领导

各省（区、市）兽医主管部门要切实加强对耳标识读器招标各项工作的组织协调，健全制度，明确责任，强化监督，保证招标工作有序开展。要严格执行2004年以来我部和国家发改委下达的投资计划，严禁挤占和挪用项目资金。招标工作结束后应及时将有关情况报我部。部内有关主管司局和单位要加强对各地耳标识读器招标工作的监督和指导。各地对耳标识读器招标工作中出现的有关问题和相关建议，请及时反馈我部兽医局和发展计划司，并抄送农业部动物标识及疫病可追溯体系建设工作领导小组办公室。

请各地及时组织开展招标工作，有关要求以此为准。业务票据打印机的招标工作（技术规格及要求见附件2、3）可按照本通知要求与耳标识读器招标同时进行。农办医〔2007〕38号同时废止。

特此通知

附件：1. 移动智能识读器技术规格及要求（试行）

2. 便携式票据打印机技术规格及要求（试行）

3. 台式票据打印机技术规格及要求（试行）

附件1

移动智能识读器技术规格及要求
（试行）

一、主机硬件系统

中国移动公司是本项目的网络服务商，货物必须按照满足中国移动运营服务相关硬件技术规格要求进行设计。

样机：样机是由掌上电脑（含2.8吋以上液晶触摸屏）、摄像头、IC卡读写设备、符合中国移动公司认可的无线通讯模块构成的一体机；并包含充电器、备用电池、PC连接电缆、挂带、护套等附件。设备要求整体能单手操作。

1. 主机系统

1）CPU主频不低于200MHZ；

2）用户可用存储空间不小于32MB；

3）至少有一个Client USB接口；

4）有一个IC卡插槽；

5）有一个RS232串口；

6）主机操作系统必须使用非定制的通用系统（如 Windows CE、开放式 Linux 嵌入系统等）；

7）产品需具有防掉电数据安全保护措施；

8）可选功能：

①红外短距离无线传输模块；

②SD 接口。

2. 显示屏

1）分辨率不低于 240×320；

2）支持不低于 16 位真彩色；

3）对比度不低于 150∶1；亮度不低于 170cd/m^2；

4）支持触摸屏功能；

5）背光照明。

3. 摄像头

1）有效光学像素不低于 30 万；

2）感光器件为 CCD 或 CMOS；

3）图像刷新帧速率为每秒 25 帧以上；

4）扫描距离：（15±10）cm；

5）识别亮度：无补光时不低于 13lx，有补光时不低于 0.3lx；

6）有光学定位指示和补光功能。

4. 智能 IC 卡读写设备

1）符合《中国金融集成电路 IC 卡规范及应用规范》及《中国金融 PSAM 卡应用规范》；

2）支持读写接触式智能 IC 卡；

3）读写器与设备集成为一体；

4）提供智能 IC 读写器在设备所用操作系统上的完整开发包。

5. 通信模块

1）能在全国范围内有中国移动 GPRS 信号覆盖的无线网络中进行通讯；

2）GPRS 要求支持多时隙（class 10，GPRS class B）。支持 GPRS 编码方式 CS-1，CS-2，CS-3，CS-4。

6. 充电器

1）旅行和线式充电器两种，电源为 AC 220V；

2）有过电保护功能。

二、整机性能

1. 设备总重量小于 400g；

2. 电池电量　在电池充满之后，连续识读（每 5 秒识读 1 次）不低于 2 小时，待机时间不低于 120 小时；

3. 充电时间　小于 4h；

4. 电池寿命　充放电 500 次以上；

5. 产品的抗扰度限值　应符合 GB/T 17618—1998 的要求；

6. 产品的无线电骚扰限值　应符合 GB/T 9254—1998 信息技术设备的无线电骚扰限值和测试方法（B 级）；

7. 产品的外壳防护　应符合 GB/T 4208—1993 要求（IP54），特别是对全机密封要求，以达到防水防尘效果；

8. 产品的安全　应符合 GB/T 18220—2000 手持式个人信息处理设备通用规范的规定。

三、外观及结构要求

1. 按键、开关操作灵活可靠，零部件应紧固无松动；

2. 外观无腐蚀，无涂覆层脱落，无明显划伤、裂痕、毛刺等机械损伤，标志清晰；

3. 外壳：承受 60N 时，表面不应产生永久性变形和损坏。应符合 GB/T 4208 规定的 IP54 防护等级。

4. 底层软件及基本功能要求

1）支持手写输入；

2）支持中文拼音输入；

3）中文字符集：支持 GB 18030。

5. 产品适应性

1）正常使用环境条件

环境温度：－10℃～50℃；

相对湿度：最大 90%；

大气压力：86kPa～106kPa。

2）气候环境适应性要求

移动智能识读器应能耐受下列规定气候条件的各项试验，每项试验后检查基本功能应符合本招标文件规定的要求。

GB 2423.1—89 电工电子产品基本环境试验规程 试验 A：低温试验方法；

GB 2423.2—89 电工电子产品基本环境试验规程 试验 A：高温试验方法；

GB/T 2423.3—93 电工电子产品基本环境试验规程 试验 Ca：恒定温热试验方法。

3）机械环境适应性要求

移动智能识读器应能耐受下列规定条件的各项试验，每项试验后检查基本功能应符合本招标文件规定的要求。

GB/T 2423.6—1995 电工电子产品环境试验 第 2 部分：试验方法 试验 Eb 和导则：碰撞；

GB/T 2423.6—1995 电工电子产品环境试验 试验 Ea-冲击试验方法。

附件 2

便携式票据打印机技术规格及要求（试行）

1. 版式要求

宽 80mm。

2. 打印介质

长效热敏。

3. 接口标准

支持标准 RS232 串行通信端口（PS2 或 DB9）；

支持 IrDA 或原始红外等短距离无线传输协议；

支持中文字符集：支持 GB231218030；

支持点阵图像打印。

4. 充电器

1）普通充电器电源为 220V；

2）充电时间小于 4h。

5. 整体性能

设备总重量小于 400g。

6. 电池电量　在电池充满之后，能在 8h 工作时间内打印 500 份以上票据，充电时间小于 4h。

7. 其他要求

7.1　产品的抗扰度限值 应符合 GB/T 17618 的要求

7.2　安全 产品的安全要求应符合 GB 4943 的规定

7.3　其他 产品要有良好的防雨

7.4　外观及结构要求

7.4.1　按键、开关操作灵活可靠，零部件应紧固无松动；

7.4.2　外观无腐蚀，无涂覆层脱落，无明显划伤、裂痕、毛刺等机械损伤，标志清晰；

7.4.3　外壳应有足够的机械强度和刚度。外壳：承受 60N 时，表面不应产生永久性变形和损坏。应符合 GB/T 4208 规定的 IP54 防护等级。外壳承受 60N 时，表面不应产生永久性变形和损坏。

8. 产品适应性

8.1　正常使用环境条件

环境温度：－10～50℃

相对湿度：10％～90％

大气压力：86～106kPa

8.2　气候环境适应性要求

便携式票据打印机应能耐受表 1 规定的气候条件的各项试验。每项试验后检查基本功能，应符合 2.1 规定的要求。

表 1　环境适应性要求

高温试验	温度	+50℃	工作状态
	持续时间	2h	
低温试验	温度	－5℃	工作状态
	持续时间	2h	
恒定湿热试验	相对湿度	90％	非工作状态
	温度	40℃	
	持续时间	48h	
低温贮存	温度	－20℃	非工作状态
	持续时间	16h	

8.3　机械环境适应性

机械环境适应性见表 2、表 3、表 4。

表 2　振动适应性

试验项目	试验内容	指标
初始和最后振动响应检查	频率范围（Hz）	5～35
	扫频速度（oct/min）	≤1
	驱动振幅或加速度	0.15mm

（续）

试验项目	试验内容	指标
定频耐久试验	驱动振幅或加速度	0.15mm
	持续时间（min）	10±0.5
扫频耐久试验	频率范围（Hz）	5～35～5
	驱动振幅或加速度	0.15mm
	扫频速度（oct/min）	≤1
	循环次数	2

注：表中驱动振幅为峰值。

表 3 冲击适应性

峰值加速度（m/s^2）	脉冲持续时间（ms）	冲击波形
150	11	半正弦波或后峰锯齿波或梯形波

注：产品标准中应规定具体的冲击波形。

表 4 碰撞适应性

峰值加速度（m/s^2）	脉冲持续时间（m/s^2）	碰撞次数	碰撞波形
100	16	500	半正弦波

8.4 投标方应提供产品符合上述要求的有效证明或检测报告

9. 售后服务

1）验收合格后免费保修期一年，保修范围包括硬件和软件的完善；

2）中标方在产品保修期内免费提供所购产品总数2%的备机；

3）在免费保修期内产品在7日内无法修复的，中标方应予以免费更换；

4）中标方应在各省（区、市）设立常驻维修机构。

附件 3

台式票据打印机技术规格及要求（试行）

1. 版式要求

4in。

2. 接口标准

1）支持标准RS232串行通信端口（PS2或DB9）；

2）支持中文字符集：支持GB 231218030；

3）支持点阵图像打印。

3. 整体性能

1）产品抗扰度限值应符合GB/T 17618要求；

2）产品的安全应符合GB 4943的规定；

3）产品要有良好的防摔性；

4）打印头寿命：脉冲次数1 000万次。

4. 外观及结构要求

4.1 按键、开关操作灵活可靠，零部件应紧固无松动；

4.2 外观无腐蚀，无涂覆层脱落，无明显划伤、裂痕、毛刺等机械损伤，标志清晰；

4.3 外壳应有足够的机械强度和刚度。外壳：承受60N力时，表面不应产生永久性变形和损坏。应符合GB/T 4208规定的IP54防护等级。外壳承受60N时，表面不应产生永久性变形和损坏。

5. 产品适应性

5.1 正常使用环境条件

环境温度：－10～50℃

相对湿度：10%～90%

大气压力：86～106kPa

5.2 气候环境适应性要求

台式票据打印机应能耐受下列规定的气候条件的各项试验。每项试验后检查基本功能应符合本技术规格和要求。

5.2.1 GB 2423.1—89电工电子产品基本环境试验规程 试验A：低温试验方法。

5.2.2　GB 2423.2—89 电工电子产品基本环境试验规程 试验 A：高温试验方法。

5.2.3　GB/T 2423.3—93 电工电子产品基本环境试验规程 试验 Ca：恒温湿热试验方法。

5.3　机械环境适应性要求

便携式票据打印机应能耐受下列规定条件的各项试验，每项试验后检查基本功能应符合 8.1.2 规定的要求。

5.3.1　GB/T 2423.6—1995 电工电子产品环境试验 第 2 部分：实验方法 试验 Eb 和导则：碰撞。

5.3.2　GB/T 2423.6—1995 电工电子产品环境试验 第 2 部分：实验方法 试验 Ea-冲击试验方法。

投标人产品应符合上述要求，并出具国家相关法定检测机构的检测报告。

6. 售后服务

6.1　验收合格后免费保修期一年，保修范围包括硬件和软件的完善，不包括易损件。

6.2　中标方在产品保修期内免费提供所购产品总数 2%的备机。

6.3　免费保修期内产品在交修之日起 7 日内无法修复的，中标方应予以免费更换。

6.4　中标方应在各省（区、市）设立常驻维修机构。

二十三、国家动物疫情测报站和边境动物疫情监测站管理规范

（2010 年 7 月 23 日　农业部农医发〔2010〕34 号发布）

第一章　总　　则

第一条　为加强国家动物疫情测报站和边境动物疫情监测站的管理，规范动物疫情测报工作，提疫情监测和预警预报能力，根据《中华人民共和国动物防疫法》等法律法规的规定，制定本规范。

第二条　本规范适用于农业部在全国设立的国家动物疫情测报站和边境动物疫情监测站。

第三条　农业部主管全国范围内国家动物疫情测报站和边境动物疫情监测站的管理工作，对国家动物疫情测报站和边境动物疫情监测站实行动态管理，制定和发布监测计划、建设规划。各级方人民政府兽医主管部门负责本行政区域内国家动物疫情测报站和边境动物疫情监测站的管理工作。

第四条　中国动物疫病预防控制中心具体负责组织实施国家动物疫情测报站和边境动物疫情监测站的业务指导、技术培训、考核评价和监督管理等工作，中国动物卫生与流行病学中心参与实施。

各省级动物疫病预防控制机构负责本行政区域内的国家动物疫情测报站和边境动物疫情监测站的业务指导、技术培训等工作。

第二章　职责任务

第五条　国家动物疫情测报站的职责：

（一）承担农业部和所在省级兽医主管部门下达的动物疫情监测和流行病学调查任务；

（二）承担指定区域内动物疫病发生、病原分布的实时监控，定期开展动物疫病发生动态与疫情形势分析评估工作；

（三）承担指定区域内动物疫情监测和流行病学调查结果的汇总、分析和报送工作；

（四）承担指定区域内动物疫情报告点的设立、管理和业务指导等工作；（五）承担上级行政和业务主管部门安排的其他任务。

第六条　边境动物疫情监测站的职责：

在承担国家动物疫情测报站职责的基础上，还应当承担以下工作任务：

（一）针对相邻国家或地区动物疫情发生情况，承担边境区域内相关动物疫情监测和流行病学调查等任务；

（二）及时收集掌握相邻国家或地区的动物疫情信息，分析和评估动物疫情发生动态与形势，并适时提出防控建议。

第三章　机构人员

第七条　剑国家动物疫情测报站和边境动物疫情监测站应当建立与其承担工作相适应的实验室、疫情测报分析室和疫情测报点等。

第八条　国家动物疫情测报站和边境动物疫情监测站应当设置疫情测报、实验室检测和档案

管理等岗位，并配备相应人员，以确保样品采集、疫情监测、实验室检测、流行病学调查和疫情信息分评估等相关业务工作有效开展。

第九条　管理人员应当具有兽医或相关专业大学本科以上学历或中级以上职称，有5年以上兽工作经验，具有组织管理和业务技术能力，能对动物疫情测报与分析结果负责。

第十条　技术人员配备应当符合《兽医系统实验室考核管理办法》中对地（市）级兽医实验室的相关要求。

第十一条　国家动物疫情测报站和边境动物疫情监测站应当设3名以上专职动物疫情测报人员。从事动物疫情测报的人员应当符合以下条件：

（一）熟悉国家有关法律法规和政策，爱岗敬业，责任心强；

（二）具有兽医专业大专以上学历或中级以上职称，专业知识扎实，熟练掌握动物疫情监测和流行病学调查等技术，能够熟练应用计算机进行疫情监测报告信息的统计和传报；

（三）经专业技能培训合格，持证上岗。

第十二条　从事动物疫情监测报告岗位的人员应当定期参加兽医法律法规、标准规范、诊断监测技术等专业知识和操作技能的培训，不断提高业务工作能力。

第四章　实设施建设

第十三条　动物疫情测报工作所必需的办公场所和设备设施应当符合国家有关规定，确保疫情测报工作的正常开展。

第十四条　实验室建设标准应当达到《兽医系统实验室考核管理办法》中对地（市）级兽医实验室的相关要求，仪器设备配备率和完好率达到100％。

第十五条　动物疫情信息报告网络应当采用专机、专网，并配置必要设施，确保网络安全。疫测报信息处理和报送应当设专用房间，并配备专用计算机、打印机、不间断电源（UPS）等设备以及防火、防盗等设施。专用计算机应当安装正版杀毒安全软件。

第十六条　设立动物疫情测报档案室，安全保存动物疫情测报资料。

第五章　质量管理

第十七条　应当加强动物疫情测报工作的规范管理，建立与动物疫情测报工作相适应的、符合《兽医系统实验室考核管理办法》要求的质量管理体系和生物安全管理制度，并保证有效执行。加强生物安全管理工作，确保测报工作中人员安全和实验室生物安全。鼓励国家动物疫情测报站和边境物疫情监测站通过实验室计量认证考核并取得证书。

第十八条　除《兽医系统实验室考核管理办法》规定的各项管理制度外，还应当建立动物疫情测报管理制度、疫情网络传输系统使用管理制度、疫情档案资料管理制度、经费使用管理制度等相关制度。建立健全动物疫情监测、实验室检测、疫情报告和流行病学调查等原始记录和技术资料档案规范填写，长期保存。

第十九条　按照技术标准、操作规程和农业部有关规定制定测报工作程序文件，科学开展动物理情测报工作。

第六章　疫情监测

第二十条　根据测报工作任务要求，按照国家标准、技术规范或农业部规定，使用符合国家标准或规范要求的技术方法、试剂与材料，在指定区域内开展样品采集、疫情监测、实验室检测、流行病学调查等工作，并承担上级行政、业务主管部门下达的紧急任务。

第二十一条　根据国家和省级动物疫病监测计划、流行病学调查方案和其他任务要求，制订年度工作计划和实施方案，并组织实施。

第二十二条　规范测报工作程序和工作流程，如实填写原始记录，科学评价监测结果；对动物疫情监测和流行病学调查结果及时进行汇总、分析和总结。

第七章　信息报告

第二十三条　各国家动物疫情测报站和边境动物疫情监测站应当坚持“实事求是、科学准确、统一规范、依法报告”的原则，按照农业部规定的格式、内容和要求，及时报送有关信息。

第二十四条　信息报告系统应当设置不同权限，分级管理、分级负责，疫情测报人员不得泄露报告信息、报告系统操作账号与密码。

第八章　监督管理

第二十五条　中国动物疫病预防控制中心负

责建立国家动物疫情测报站和边境动物疫情监测站考核制度，并组织实施。考核工作与兽医实验室考核一并实施。

考核“合格”的，颁发农业部统一制作的兽医实验室考核合格证和“国家动物疫情测报站”或“国家边境动物疫情监测站”牌匾。

考核“不合格”的，限期整改后再次进行考核，考核“合格”的，颁发相应的牌匾；考核仍“不合格”的，参照本规范第二十八条之规定处理。

第二十六条 中国动物疫病预防控制中心和省级动物疫病预防控制机构应当对国家动物疫情测报站和边境动物疫情监测站工作开展、任务完成情况，以及测报数据结果的科学性、真实性等情况进行不定期监督检查。

第二十七条 对在动物疫情测报工作中做出突出成绩的国家动物疫情测报站和边境动物疫情监测站及其工作人员，由农业部和省级兽医主管部门给予表彰，并相应增加工作经费。

第二十八条 对不履行或不按规定履行动物疫情测报工作职责的，视其情节给予通报批评、警告，限期整改；情节严重的，由省级动物疫病预防控制机构提出建议，经中国动物疫病预防控制中审核，报农业部兽医局批准后，取消其国家动物疫情测报站或边境动物疫情监测站资格

第九章 保障措施

第二十九条 国家动物疫情测报站和边境动物疫情监测站所在地市、县级兽医主管部门应当按照国家规定建立健全动物疫情测报体系，落实工作人员，创造工作条件，保障测报体系的有效运行。

第三十条 国家动物疫情测报站和边境动物疫情监测站的基本建设、设备购置、修缮更新等建设项目列入国家动物防疫体系建设规划。

第三十一条 农业部根据国家动物疫情测报站和边境动物疫情监测站的任务完成情况，给予必要的工作经费补助，各级地方财政应当按比例配套。

第十章 附　　则

第三十二条 本规范有农业部负责解释。

第三十三条 本规范自 2010 年 9 月 1 日起实施。

二十四、农业部关于推进兽医社会化服务发展的指导意见

（2017 年 12 月 15 日　*农业部农医发〔2017〕35 号发布*）

各省、自治区、直辖市畜牧兽医（农业、农牧）厅（局、委、办），新疆生产建设兵团畜牧兽医局：

为贯彻落实党的十九大对“三农”工作部署要求，提升我国兽医卫生服务能力和水平，按照《中共中央、国务院关于深入推进农业供给侧结构性改革加快培育农业农村发展新动能的若干意见》《国务院办公厅关于政府向社会力量购买服务的指导意见》《国家中长期动物疫病防治规划（2012－2020 年）》和《全国兽医卫生事业发展规划（2016－2020 年）》工作部署以及《农业部、国家发展改革委、财政部关于加快发展农业生产性服务业的指导意见》有关要求，现就推进兽医社会化服务发展提出以下意见。

一、充分认识推进兽医社会化服务发展的重要性和紧迫性

党的十九大提出实施乡村振兴战略，健全农业社会化服务体系，对兽医工作提出了更高要求。兽医社会化服务是农业社会化服务的重要组成部分，是兽医服务的重要实现形式。推进兽医社会化服务发展既是落实党的十九大精神、加快转变政府职能、改善公共服务的根本要求，又是深化兽医领域供给侧结构性改革、创新兽医服务供给方式的着力点，有利于整合运用社会资源，形成全社会共同参与的兽医工作新模式；有利于提高我国兽医服务能力水平，进一步满足养殖业转型升级对专业化、组织化兽医服务的迫切需求，巩固乡村振兴的产业基础。党的十八大以来，各地初步探索了一些兽医社会化服务模式，取得了积极成效，但总体上仍存在覆盖不全面、服务不专业、机制不完善等问题。当前，我国兽医卫生事业处于新的发展环境，迎来可以大有作为的战略机遇，要在准确把握维护养殖业生产安全、动物产品质量安全、公共卫生安全和生态安全这一新

时期兽医工作定位的基础上，持续推进兽医社会化服务发展，更好满足全社会多层次多样化的兽医服务需求。各级兽医主管部门一定要站在战略和全局的高度，充分认识兽医社会化服务发展的重要性和紧迫性，主动适应新形势新任务新要求，创新思路，主动作为，积极采取有力措施，扎实推进兽医社会化服务实现突破性发展，为提高我国兽医工作整体水平、构建具有中国特色的现代化兽医卫生治理体系打下坚实基础。

二、指导思想、基本原则和总体目标

（一）指导思想

深入贯彻落实党的十九大精神，坚持以习近平新时代中国特色社会主义思想为指导，牢固树立“创新、协调、绿色、开放、共享”的发展理念，紧紧围绕实施乡村振兴战略和维护“四个安全”兽医工作定位，全面落实兽医法律法规赋予政府、畜禽养殖经营者及相关社会主体的法定责任，以促进新型兽医制度建设为核心，以引导、扶持、发展、壮大各类兽医服务组织为重点，积极推动兽医社会化服务机制创新，全面构建主体多元、供给充足、服务专业、机制灵活的兽医社会化服务发展格局。

（二）基本原则

坚持需求导向。聚焦兽医服务供需矛盾突出领域，发挥市场在资源配置中的决定性作用和政府的扶持引导作用，激发社会力量参与兽医服务的意愿和活力，引导人才、技术、资金等要素合理流动，促进兽医社会化服务供给和服务需求有效对接。

坚持创新驱动。拓展多层次多样化兽医社会化服务空间，拓宽兽医社会化服务收入渠道，推动兽医社会化服务机制创新、业态升级，不断提升兽医服务的质量和效果，为养殖业发展提供更为优质的保障。

坚持因地制宜。密切结合本地区实际，先行先试，积极实践，大胆探索兽医社会化服务供给新模式，研究创设兽医社会化服务发展扶持政策，总结推广行之有效的经验做法。

坚持有序发展。认真履行政府部门在制度建设、标准制定、市场监管等方面的职责，加强监督管理，规范兽医社会化服务组织设立、运行等环节，严厉打击扰乱市场秩序的行为，维护兽医服务行业的正常秩序和健康发展。

（三）总体目标

力争通过5年的发展，政府主导的公益性兽医服务和市场主导的经营性兽医服务相结合的兽医社会化服务新格局建设初见成效，以执业兽医、乡村兽医为主体，其他兽医从业人员和社会力量为补充的兽医社会化服务队伍基本成形，兽医社会化服务业态趋于完善，服务质量明显提升，全社会对兽医服务的需求得到较好满足。

三、推进兽医社会化服务发展的主要任务

（一）聚焦服务需求，拓展服务内容。立足于强化从养殖到屠宰全链条兽医卫生治理能力和服务养殖业产前、产中、产后全产业链发展的需求，切实发挥政府部门引领带动作用，充分激发社会力量提供兽医服务的积极性和创造力，大力发展兽医社会化服务。继续扶持执业兽医、乡村兽医及相关机构、组织在乡村开展动物防疫、动物诊疗等服务，鼓励社会力量参与检疫技术性辅助工作和小型屠宰场点肉品品质检验、病死畜禽和废弃兽药无害化处理以及兽医继续教育、咨询论证等多种兽医服务。

（二）壮大服务力量，创新服务方式。按照专业化、市场化、多元化的原则，推动各类兽医社会化服务组织发展壮大，创建供给充足、灵活多样的兽医社会化服务方式。

——充分发挥执业兽医、乡村兽医在基层动物疫病防控中的作用，鼓励其在乡村开展动物诊疗活动，创办动物防疫合作组织或技术服务公司，通过兽医托管、签约服务等方式，为畜禽养殖户提供优质的动物诊疗、免疫注射等服务；

——鼓励大型畜禽养殖企业、大型兽药生产企业组建以执业兽医为主体的技术服务团队，面向签约养殖场户、产品用户提供“一条龙式”或“菜单式”兽医服务；

——支持具备条件的事业单位、科研院所、大专院校以及行业协会、学会等组织，面向社会开展动物疫病防治技术咨询、评估论证以及业务培训、兽医继续教育等兽医服务；

——鼓励动物诊疗机构、兽药经营企业等市场主体实行连锁式经营、品牌化运作，扩大服务半径，提高服务质量和经济效益；

——支持专业化服务组织收集处理病死畜禽以及养殖环节废弃过期兽药产品、兽药包装物；

——鼓励取得相应资质的兽医机构和服务组织，向畜禽养殖场、小型屠宰场点等提供动物疫病检测、肉品品质检验等专业兽医服务。

（三）制定服务标准，规范服务行为。各地要结合兽医工作实际，发扬基层首创精神，研究制定兽医社会化服务相关制度、标准，规范服务行为，提高服务质量，避免出现无序竞争、低水平重复等情况。支持兽医行业协会制定团体标准，开展行业自律。引导兽医社会化服务组织执行国家有关规定，合理确定服务收费标准。加强兽医社会化服务从业入口管理，从事动物诊疗活动的，必须是依法注册备案的执业兽医或登记的乡村兽医；从事检测检验的，应当取得相应实验室资质；承接政府购买服务的，应当符合承接主体一般条件和政府部门根据购买内容确定的具体条件。

（四）转变工作方式，落实主体责任。各地要通过培育兽医社会化服务组织，发展壮大兽医服务供给侧能力，逐步实现兽医服务多层次、高质量、全方位供给，在解决好“谁来打针”问题的基础上，促使畜禽养殖经营者在观念上从“要我防”逐步转变为“我要防”。当前，要推动规模养殖场动物疫病强制免疫工作由其自身承担或通过自行向兽医社会化服务组织购买服务予以解决；散养户动物疫病强制免疫工作通过政府购买服务予以解决，并逐步由政府购买服务向养殖者购买服务转变，最终实现落实动物防疫主体责任的目标。同时，要积极引导畜禽养殖场特别是中小规模养殖场主动购买疫病防治、检验检测等兽医服务，解决自身办不了、办不好、办起来不合算的问题。

四、加强兽医社会化服务发展的组织保障

（一）加强组织领导。各地要高度重视兽医社会化服务发展，研究制定推进本地区兽医社会化服务发展的实施意见，明确责任分工，抓好组织落实。加强宣传引导，总结推广好的经验做法，营造有利于兽医社会化服务健康发展的良好氛围。加强工作指导和调查研究，及时研究解决工作中出现的问题，不断丰富、完善发展兽医社会化服务的法律制度和政策措施。

（二）加强政策支持。综合运用农业领域现有财政支持政策和金融杠杆等市场化手段，积极争取创设新的支持政策。支持银行、保险公司、金融服务机构参与兽医社会化服务，充分发挥上述机构在信贷资金、农业保险、服务网络、涉农征信和风险管理等方面的优势，努力破解兽医社会化服务发展过程中的融资和征信难题。积极稳妥推进政府购买服务，将动物疫病强制免疫、检疫技术性辅助工作等兽医服务纳入政府购买服务指导性目录，合理测算安排政府购买服务所需支出，保证购买服务经费投入，支持兽医社会化服务组织参与提供兽医公益性服务。鼓励信息化服务市场主体搭建兽医服务供需信息平台，提供个性化市场信息定制服务，提高兽医服务的精准性和有效性。

（三）加强人才支撑。依托新型职业农民培育工程和农村实用人才带头人培训项目，将动物防疫合作社、动物防疫服务公司、畜禽养殖龙头企业等新型经营主体带头人、兽医社会化服务人员纳入培训计划，培养爱农业、懂技术、善经营的兽医专业服务人才。鼓励高校、科研院所等事业单位专业技术人员到畜禽养殖龙头企业、动物诊疗机构、兽医社会化服务组织兼职，充分挖掘兽医服务创新潜力。支持不具备执业兽医报考条件的基层兽医服务人员，积极参加职业技能培训，取得中级以上动物疫病防治员、水生物病害防治员职业资格，并登记成为乡村兽医，不断提升自身专业能力和服务水平。引导取得执业兽医资格的人员到乡村从事动物诊疗活动，不断壮大基层兽医社会化服务技术力量。

（四）引导规范发展。坚持需求导向，有序发展兽医社会化服务，激发兽医服务组织内生动力和经营服务能力。加强监督管理，调动第三方、公众、媒体等监督力量，形成社会力量共同参与治理的格局。建立兽医服务领域信用记录和退出机制，对严重违法失信主体，按照有关规定实施联合惩戒。农业部将把推动兽医社会化服务发展情况纳入加强重大动物疫病防控延伸绩效管理指标体系，各地也要强化工作考核，抓好督促落实。

二十五、高致病性禽流感疫情应急实施方案（2020年版）

（2020年2月29日　农业农村部农牧发〔2020〕12号发布）

为及时、有效地预防、控制和扑灭高致病性禽流感，确保养殖业持续发展和人民健康安全，维护经济发展和社会稳定，根据《中华人民共和国动物防疫法》《中华人民共和国进出境动植物检

疫法》《重大动物疫情应急条例》《国家突发重大动物疫情应急预案》《全国高致病性禽流感应急预案》等有关规定，制定本实施方案。

一、疫情报告与确认

任何单位和个人发现禽类出现发病急、传播迅速、死亡率高等异常情况，应及时向当地畜牧兽医主管部门、动物卫生监督机构或动物疫病预防控制机构报告。

县级以上动物疫病预防控制机构接到报告后，应立即派出2名以上防疫人员到现场进行临床诊断，符合高致病性禽流感诊断技术规范（附件1）可疑病例标准的，应判定为可疑疫情，及时采样并组织开展检测，符合疑似病例标准的，应判定为疑似疫情；经省级动物疫病预防控制机构检测，符合确诊病例标准的，应判定为确诊疫情，同时将病料送国家禽流感参考实验室进行复核和定型等分析。省级动物疫病预防控制机构难以确诊的，需送国家禽流感参考实验室确诊。相关单位在开展疫情报告、调查以及样品采集、送检、检测等工作时，要及时做好记录备查。

省级动物疫病预防控制机构将确诊疫情信息或无法确诊的疑似疫情信息按快报要求报中国动物疫病预防控制中心。由国家禽流感参考实验室确诊的疫情，国家禽流感参考实验室需按规定同时将确诊结果通报样品来源省级动物疫病预防控制机构和中国动物疫病预防控制中心。中国动物疫病预防控制中心按程序将有关信息报农业农村部，同时抄送中国动物卫生与流行病学中心。

在家禽运输过程中发现的高致病性禽流感疫情，对没有合法或有效检疫证明等违法违规运输的，按照《中华人民共和国动物防疫法》有关规定处理；对有合法检疫证明且在有效期之内的，疫情处置、扑杀补助费用分别由疫情发生地、输出地所在地方按规定承担。疫情由发生地负责报告、处置，计入输出地。

各地海关、交通、林业和草原、卫生健康等部门发现可疑情况的，要及时通报所在地省级畜牧兽医主管部门。所在地省级畜牧兽医主管部门按照有关规定及时组织开展流行病学调查、样品采集、检测、诊断、信息上报等工作，按职责分工，与海关、交通、林业和草原、卫生健康等部门共同做好疫情处置工作。

农业农村部根据确诊结果和流行病学调查信息，确认并公布疫情。必要时，可授权相关省级畜牧兽医主管部门确认并公布疫情。

二、疫情响应

（一）疫情响应分级

根据疫情流行特点、危害程度和涉及范围，将高致病性禽流感疫情响应分为四级：特别重大（Ⅰ级）、重大（Ⅱ级）、较大（Ⅲ级）和一般（Ⅳ级）。

1. 特别重大（Ⅰ级）

21天内，有下列情况之一的：

（1）在相邻省份的相邻区域有10个以上县发生疫情；

（2）在1个省有20个以上县发生或者10个以上县连片发生疫情；

（3）在数省内呈多发态势的疫情；

（4）特殊情况需要启动Ⅰ级响应的。

2. 重大（Ⅱ级）

21天内，有下列情况之一的：

（1）在1个省级行政区域内有2个以上市（地）连片发生疫情；

（2）在1个省级行政区域内有20个疫点或者5个以上10个以下县连片发生疫情；

（3）在相邻省份的相邻区域有10个以下县发生疫情；

（4）特殊情况需要启动Ⅱ级响应的。

3. 较大（Ⅲ级）

21天内，有下列情况之一的：

（1）在1个省级行政区域内有1个市（地）2个以上5个以下县发生疫情；

（2）在1个省级行政区域内有1个县内出现5个以上10个以下疫点；

（3）特殊情况需要启动Ⅲ级响应的。

4. 一般（Ⅳ级）

21天内，有下列情况之一的：

（1）在1个市（县）行政区域发生疫情；

（2）常规监测中，同一地方行政区域内未发生禽只异常死亡病例但多点检出高致病性禽流感病原学阳性；

（3）特殊情况需要启动Ⅳ级响应的。

必要时，农业农村部可根据防控实际对突发高致病性禽流感疫情具体级别进行认定。

（二）疫情预警

农业农村部和省级畜牧兽医主管部门应当根据对高致病性禽流感发生、流行趋势的预测，及时发出疫情预警。地方各级人民政府接到动物疫情预警后，应当采取相应的预防、控制措施。

（三）分级响应

发生高致病性禽流感疫情时，各地、各有关部门按照属地管理、分级响应的原则作出应急响应。

1. Ⅰ级响应

农业农村部根据疫情形势和风险评估结果，报请国务院启动Ⅰ级应急响应，启动国家应急指挥机构；或经国务院授权，由农业农村部启动Ⅰ级应急响应，并牵头启动多部门组成的应急指挥机构。

全国所有省份的省、市（地）、县级人民政府立即启动应急指挥机构，实施防控工作日报告制度，组织开展紧急流行病学调查和应急监测等工作。对发现的疫情及时采取应急处置措施。各有关部门按照职责分工共同做好疫情防控工作。

2. Ⅱ级响应

发生疫情省份的省、市、县级人民政府立即启动Ⅱ级应急响应，并启动应急指挥机构工作，实施防控工作日报告制度，组织开展紧急流行病学调查和应急监测工作。对发现的疫情及时采取应急处置措施。各有关部门按照职责分工共同做好疫情防控工作。

农业农村部加强对发生疫情省份应急处置工作的督导，根据需要组织有关专家协助开展疫情处置，并及时向有关省份通报情况。必要时，建议国务院协调有关部门给予必要的技术和物资支持。

3. Ⅲ级响应

发生疫情的市（地）、县级人民政府立即启动Ⅲ级应急响应，并启动应急指挥机构工作，实施防控工作日报告制度，组织开展紧急流行病学调查和应急监测工作。对发现的疫情及时采取应急处置措施。各有关部门按照职责分工共同做好疫情防控工作。

省级畜牧兽医主管部门要加强对发生疫情地应急处置工作的督导，根据需要组织有关专家协助开展疫情处置，并向有关地区通报情况。及时采取预防控制措施，防止疫情扩散蔓延。

4. Ⅳ级响应

发生疫情的市（县）或检出阳性样品所在地的县级人民政府立即启动Ⅳ级应急响应，并启动应急指挥机构工作，组织开展紧急流行病学调查、应急监测和风险分析，及时采取应急处置措施。各有关部门按照职责分工共同做好防控工作。

市（地）级人民政府畜牧兽医主管部门应组织专家对应急处置工作进行技术指导，省级人民政府畜牧兽医主管部门应根据需要提供技术支持。

上述级别应急响应期间，要严格限制家禽及其产品由高风险区向低风险区调运，对家禽与家禽产品调运实施差异化管理，关闭相关区域的家禽交易场所，具体调运监管方案由农业农村部另行制定发布并适时调整。

（四）响应级别调整与终止

根据疫情形势和防控实际，农业农村部或相关省级畜牧兽医主管部门组织对疫情形势进行评估分析，及时提出调整响应级别或终止应急响应的建议。由原启动响应机制的人民政府或应急指挥机构调整响应级别或终止应急响应。

三、应急处置

（一）可疑和疑似疫情的应急处置

对发生可疑和疑似疫情的相关场点（划定同疫点）实施严格的隔离、监控，并对该场点及有流行病学关联的养殖场（户）进行采样检测。禁止易感动物及其产品、饲料及垫料、废弃物、运载工具、有关设施设备等移动，并对其内外环境进行严格消毒。必要时可采取封锁、扑杀等措施。

屠宰、交易场点发生疑似疫情时，应立即停止生产经营活动。

（二）确诊疫情的应急处置

疫情确诊后，县级以上畜牧兽医主管部门应当立即划定疫点、疫区和受威胁区，开展追溯追踪等紧急流行病学调查，向本级人民政府提出启动相应级别应急响应的建议，由当地人民政府依法作出决定。

1. 划定疫点、疫区和受威胁区

疫点：发病禽所在的地点。对规模养殖场，一般以发病禽所在养殖场为疫点；对具备良好生物安全防护水平、免疫抗体检测合格的规模养禽场，发病栋舍与其他栋舍有效隔离，经风险评估无交叉污染风险的，可以发病栋舍为疫点。对其他养殖场（户），如周边养殖场（户）隔离和免疫措施有效落实，可以发病禽所在的养殖场（户）为疫点；如发病禽所在场（户）与周边养殖场（户）发生交叉污染或具有交叉污染风险，以病禽所在养殖小区、自然村或病禽所在养殖场（户）及流行病学关联场（户）为疫点。对放养禽，以发病禽活动场地为疫点。在运输过程中发现疫情

的，以运载病禽的车辆、船只、飞机等运载工具为疫点。在交易场所发生疫情的，以该场所为疫点。在屠宰加工过程中发生疫情的，以该屠宰加工厂（场）为疫点。

疫区：一般是指由疫点边缘向外延伸 3 公里的区域。

受威胁区：一般是指由疫区边缘向外延伸 5 公里的区域。

划定疫点、疫区和受威胁区时，应根据当地天然屏障（如河流、山脉等）、人工屏障（道路、围栏等）、行政区划、饲养环境、家禽免疫情况、野禽分布与活动范围等情况，以及流行病学调查和风险分析结果，综合评估后划定。

2. 封锁

疫情发生所在地的县级畜牧兽医主管部门报请本级人民政府对疫区实行封锁，由当地人民政府依法发布封锁令。疫区跨行政区域时，由有关行政区域共同的上一级人民政府对疫区实行封锁，或者由各有关行政区域的上一级人民政府共同对疫区实行封锁。必要时，上级人民政府可以责成下级人民政府对疫区实行封锁。

3. 疫点内应采取的措施

疫情发生所在地的县级人民政府应当依法及时组织扑杀疫点内的所有禽只。对所有病死禽、被扑杀禽及其产品进行无害化处理。对排泄物、被污染或可能被污染的饲料和垫料、污水等进行无害化处理。对被污染或可能被污染的物品、交通工具、用具、禽舍、场地环境等进行彻底清洗消毒并采取防鸟、灭鼠、灭蝇等措施。出入人员、运载工具和相关设施设备要按规定进行消毒。

4. 疫区应采取的措施

疫情发生所在地的县级以上人民政府应按照程序和要求，组织设立警示标志，设置临时检查消毒站，对出入的相关人员和车辆进行消毒。禁止易感动物出入和相关产品调出，关闭活禽交易场所并进行彻底消毒。对疫区内养殖场（户）特别是与发病禽群具有流行病学关联性的禽群进行严密隔离观察，加强应急监测和风险评估，根据评估结果开展紧急免疫。对经评估生物安全、免疫状况良好且高致病性禽流感病原学抽样检测阴性的规模养殖场，可按照指定路线运至就近屠宰场屠宰。

疫区内的家禽屠宰场点，应暂停屠宰等生产经营活动，在官方兽医监督指导下采集样品送检，并进行彻底清洗消毒。必要时，检测结果为阴性、取得《动物防疫条件合格证》的屠宰厂（场），经疫情发生所在县的上一级畜牧兽医主管部门组织开展风险评估通过后，可恢复生产。

封锁期内，疫区再次发现疫情或检出病原学阳性的，应参照疫点内的处置措施进行处置。经流行病学调查和风险评估，认为无疫情扩散风险的，可不再扩大疫区范围。

对疫点、疫区内扑杀的禽，原则上应当就地进行无害化处理，确需运出疫区进行无害化处理的，须在当地畜牧兽医部门监管下，使用密封装载工具（车辆）运出，严防遗撒渗漏；启运前和卸载后，应当对装载工具（车辆）进行彻底清洗消毒。

5. 受威胁区应采取的措施

关闭活禽交易场所。对受威胁区内养殖场（户）加强应急监测和风险评估，根据评估结果开展紧急免疫。

6. 运输途中发现疫情应采取的措施

疫情发生所在地的县级人民政府依法及时组织扑杀运输的所有禽，对所有病死禽、被扑杀禽及其产品进行无害化处理，对运载工具实施暂扣，并进行彻底清洗消毒，不得劝返。当地可根据风

险评估结果，确定是否需划定疫区并采取相应处置措施。

（三）活禽交易市场监管

疫点所在市（地）、县要立即关闭辖区内所有活禽交易场所，并进行彻底清洗消毒。

（四）紧急流行病学调查

1. 发病情况调查

掌握疫点、疫区、受威胁区及当地所有易感禽类养殖情况、免疫情况、环境状况及野禽分布状况；根据诊断技术规范（附件 1），在疫区和受威胁内进行病例搜索，寻找首发病例，查明发病顺序，统计发病家禽种类、发病数量、死亡数量，收集相关信息，分析疫病发生情况。

2. 追踪和追溯调查

对首发病例出现前 21 天内以及疫情发生后采取隔离措施前，从疫点输出的易感家禽、相关产品、运载工具及密切接触人员的去向进行追踪调查，对有流行病学关联的养殖、屠宰加工场所进行采样检测，评估疫情扩散风险。

对首发病例出现前21天内，引入疫点的所有易感家禽、相关产品、运输工具和人员往来情况等进行追踪调查，对有流行病学关联的相关场所、运载工具进行采样检测，分析疫情来源。

疫情追踪调查过程中发现异常情况的，应根据风险分析情况及时采取隔离观察、抽样检测等处置措施。

（五）应急监测

疫点所在地（市）、县要立即对所有养殖场所开展应急监测，对重点区域、关键环节和异常死亡的家禽加大监测力度，及时发现疫情隐患。要加大对家禽交易场所、屠宰场所、无害化处理厂的巡查力度，有针对性地开展监测。要高度关注家禽、野禽的异常死亡情况，应急监测中发现异常情况的，必须按规定立即采取隔离观察、抽样检测等处置措施。

（六）野禽控制

当地畜牧兽医主管部门应向林业和草原部门及时通报有关信息，指导养殖场（户）强化生物安全防护措施，避免饲养的家禽与野禽接触。

（七）健康监测和人员防护

加强对疫情处置人员的安全防护（附件2）。当地畜牧兽医主管部门要协助卫生健康部门加强对家禽饲养、扑杀等高风险人员的医学观察。

（八）解除封锁和恢复生产

疫点内所有禽类及其产品按规定进行无害化处理完毕21天后，对疫点和屠宰场所、市场等流行病学关联场点抽样检测阴性的，经疫情发生所在县的上一级畜牧兽医主管部门组织验收合格后，由所在地县级畜牧兽医主管部门向原发布封锁令的人民政府申请解除封锁，由该人民政府发布解除封锁令，并通报毗邻地区和有关部门。解除封锁后，可以恢复家禽生产经营活动。

（九）扑杀补助

对强制扑杀的家禽，符合补助规定的，按照有关规定给予补助，扑杀补助经费由中央财政和地方财政按比例承担。

四、信息发布和科普宣传

及时发布疫情信息和防控工作进展，同步向卫生健康等相关部门和国际社会通报情况。未经农业农村部授权，地方各级人民政府及各部门不得擅自发布发生疫情信息和排除疫情信息。坚决打击造谣、传谣行为。

坚持正面宣传、科学宣传，第一时间发出权威解读和主流声音，做好防控宣传工作。科学宣传普及防控知识，加强与卫生健康部门的交流与合作，针对生产者和消费者的疑虑和关切，及时答疑解惑，引导公众科学认知禽流感，增强防疫和防护意识，消除恐慌心理，理性消费禽产品。

五、善后处理

（一）后期评估

应急响应结束后，疫情发生地畜牧兽医主管部门组织有关单位对应急处置情况进行系统总结，可结合体系效能评估，找出差距和改进措施，报告同级人民政府和上级畜牧兽医主管部门。较大（Ⅲ级）疫情的，应上报至省级畜牧兽医主管部门；重大（Ⅱ级）以上疫情的，应逐级上报至农业农村部。

（二）表彰奖励

疫情应急处置结束后，对应急工作中态度坚决、行动果断、协调顺畅、配合紧密、措施有力的单位，以及积极主动、勇于担当并发挥重要作用的个人，县级以上人民政府应予以表彰、奖励和通报表扬。

（三）责任追究

在疫情处置过程中，发现禽类养殖、贩运、交易、屠宰等环节从业者存在防疫主体责任落实不到位，以及相关部门工作人员存在玩忽职守、失职、渎职等违纪违法行为的，依据有关法律法规严肃追究当事人责任。

（四）抚恤补助

地方各级人民政府要组织有关部门对因参与应急处置工作致病、致残、死亡的人员，按照有关规定，给予相应的补助和抚恤。

六、附则

（一）本实施方案适用于所有亚型高致病性禽流感疫情的处置。

（二）本实施方案有关数量的表述中，“以上”含本数，“以下”不含本数。

（三）针对供港澳家禽及其产品的防疫监管，涉及本方案中有关要求的，由农业农村部、海关总署另行商定。

（四）野禽发生疫情的，根据流行病学调查和风险评估结果，参照本方案采取相关处置措施，防止野禽疫情向家禽扩散。

（五）监测中发现家禽感染H5和H7亚型流感的，应立即隔离观察，开展紧急流行病学调查并及时采取相应处置措施。该阳性禽群过去21日内出现异常死亡、经省级复核仍呈病原学阳性的，按疫情处置。过去21日内无异常死亡、经省级复核仍呈病原学阳性的，扑杀阳性禽及其同群禽，并采集样品送国家禽流感参考实验室复核分析。对检测阳性的信息，应按要求快报至中国动物疫病预防控制中心。

（六）动物隔离场、动物园、野生动物园、保种场、实验动物场所发生疫情的，应按本方案进行相应处置。必要时，可根据流行病学调查、实验室检测、风险评估结果，报请省级有关部门并经省级畜牧兽医主管部门同意，合理确定扑杀范围。

（七）本实施方案由农业农村部负责解释。

（八）本实施方案自公布之日起施行。

附件：1. 高致病性禽流感诊断技术规范

2. 人员防护技术规范

附件1：

高致病性禽流感诊断技术规范

一、流行病学

（一）传染源

主要为病禽（野鸟）和带毒禽（野鸟）。病毒可在污染的粪便、水等环境中存活较长时间。

（二）传播途径

主要为接触传播和呼吸道传播。感染禽（野鸟）及其分泌物和排泄物，污染的饲料、水、蛋托（箱）、垫草、种蛋、鸡胚和精液等媒介以及气溶胶，都可传播禽流感病毒。

（三）易感动物

鸡、火鸡、鸭、鹅、鹌鹑、雉鸡、鹧鸪、鸵鸟、孔雀等多种禽类易感，多种野鸟也可感染发病。

（四）潜伏期

病毒毒力、家禽免疫情况、品种和抵抗力、饲养管理和营养状况、环境卫生及应激因素等都会影响潜伏期。潜伏期可从数小时到数天，最长可达21天。世界动物卫生组织《陆生动物卫生法典》将高致病性禽流感的潜伏期定为21天。

（五）发病率和病死率

与宿主、感染毒株和禽群免疫状况等因素密切相关，最高可达100%。

（六）季节性

没有明显的季节性，但冬春多发。

二、临床表现

（一）饮水量异常变化、采食量下降。

（二）精神沉郁，嗜睡，可见扭颈等神经症状；呼吸困难，有呼吸道症状。

（三）冠髯发绀、发紫，脚鳞或有出血。

（四）产蛋突然下降，软壳蛋、畸形蛋增多。

（五）发病率高，发病急、死亡快。

（六）鸭、鹅等水禽可见腹泻和神经症状，有时可见角膜发红、充血、有分泌物，甚至失明。

三、剖检变化

（一）气管弥漫性充血、出血，有少量黏液；肺部有炎性症状；

（二）腹腔有浑浊的炎性分泌物；肠道可见卡他性炎症；输卵管内有浑浊的炎性分泌物，卵泡充血、出血、萎缩、破裂，有的可见卵黄性腹膜炎；胰腺边缘有出血、坏死；

（三）心冠及腹部脂肪出血；腺胃肌胃交界处可见带状出血，腺胃乳头可见出血；盲肠扁桃体肿大出血；直肠黏膜及泄殖腔出血。

急性死亡家禽有时无明显剖检变化。

四、实验室诊断

（一）样品的采集、运输和保存

尽量在发病初期采集具有典型临床症状的禽只样品。采样过程中应避免交叉污染，并规范填写采样登记表。

1. 血清样品的采集

无菌采集禽类的血液，每只约2mL，编号并填写相应采样单。待血液凝固，血清析出后，收集血清用于血凝抑制（HI）检测。

2. 病原学样品的采集

活禽可采集咽喉和/或泄殖腔拭子样品，病死禽可采集气管、肺和脑等组织样品。

拭子样品。取咽喉拭子时将拭子深入喉头及上颚裂来回刮2～3次并旋转，取分泌液；取泄殖腔。

拭子时将拭子深入泄殖腔旋转一圈并蘸取少量粪便；将采样后的拭子分别放入盛有1.2mL采样缓冲液的2mL采样管中，编号并填写相应采样单。

组织样品。发病禽可无菌采集气管、肺、脑、肠（包括内容物）、肝、脾、肾、心等组织脏器，装入无菌采样袋或其他灭菌容器，编号并填写相应采样单。

3. 样品保存、包装和运输

样品采集后置保温箱中，加入预冷的冰袋，密封，尽量24小时内送到实验室。样品的包装和运输应符合农业农村部《高致病性动物病原微生物菌（毒）种或者样本运输包装规范》等规定。

样品运抵后应尽快处理。病原学样品4℃存放不得超过4天，否则应在－70℃下保存；在样品保存过程中，应避免反复冻融；尽量避免在－20℃下保存。血清学样品在一周内能检测，则保存在4℃环境中，否则应在－20℃下保存。

（二）血清学检测

采用HI试验，检测血清中H5或H7亚型禽流感病毒血凝素抗体。HI抗体水平≥24，结果判定为阳性。

（三）病原学检测

1. 病原学快速检测。采用反转录－聚合酶链式反应（RT－PCR）或实时荧光定量RT－PCR等方法。

2. 血凝素基因裂解位点序列测定。对血凝素基因裂解位点的核苷酸序列进行测定，与高致病性禽流感病毒基因序列比对。

3. 病毒分离与鉴定。采用鸡胚接种或细胞培养分离鉴定病毒。从事高致病性禽流感病毒分离鉴定，必须经农业农村部批准。

4. 致病性测定。静脉内接种致病指数（IVPI）大于1.2或用0.2mL 1∶10稀释的无菌感染流感病毒的鸡胚尿囊液，经静脉注射接种8只4～8周龄的易感鸡，在接种后10天内，能致6～7只或8只鸡死亡，即死亡率≥75%。

五、结果判定

（一）可疑病例

禽群发病率、死亡率超出正常范围，且符合下述标准之一的，判定为可疑病例。

1. 临床判断标准

（1）脚鳞出血。

（2）冠髯发绀，头部和面部水肿。

（3）产蛋突然下降，软壳蛋、畸形蛋增多。

（4）出现神经症状。

符合上述条件之一的，判定为符合临床标准。

2. 剖检病变标准

（1）消化道、呼吸道黏膜广泛充血、出血。

（2）心冠及腹部脂肪出血。

（3）卵泡充血、出血，可见卵黄性腹膜炎。

（4）腺胃肌胃交界处可见带状出血。

符合上述条件之一的，判定为符合剖检病变标准。

（二）疑似病例

对临床可疑病例，经市（地）、县级动物疫病预防控制机构实验室检测为H5或H7亚型禽流感病毒核酸阳性的，判定为疑似病例。

（三）确诊病例

对疑似病例，省级动物疫病预防控制机构经RT－PCR或实时荧光定量RT－PCR方法复核阳性，且测序证实含有高致病性禽流感病毒分子特征的病毒核酸或病毒分离鉴定为高致病性禽流感病毒的，可判定为确诊病例。

附件2：

人员防护技术规范

一、疫情处置人员

（一）进入疫情处置相关场所时，疫情处置人员应穿防护服和胶靴，佩戴橡胶手套、N95口罩、护目镜。

（二）离开疫情处置相关场所时，应在出口处脱掉防护用品，交工作人员进行集中处理，并在换衣区域进行消毒，回到驻地后要洗浴。

二、饲养人员

饲养人员一般不参与疫情处置工作，特殊情况下参与疫情处置工作的，应采取适当的防护措施：

（一）与可能感染的家禽及其粪便等污染物品接触前，必须戴口罩、手套和护目镜，穿防护服和胶靴。

（二）工作完毕后，脱掉防护用品，交工作人员进行集中处理，并洗浴。同时，要对可能污染的衣物须用70℃以上的热水浸泡5分钟或用消毒剂浸泡，然后再用肥皂水洗涤，于太阳下晾晒。

三、健康监测

（一）免疫功能低下、60岁以上和有慢性心脏和肺脏疾病的人员原则上不应参与与家禽接触的疫情处置工作。

（二）疫情处置人员和家禽饲养人员应及时报告健康异常情况。

（三）所有暴露于感染或可能感染场所的人员均应接受卫生健康部门监测。

（四）出现呼吸道感染症状的人员及其家人应尽快接受卫生健康部门检查。

二十六、非洲猪瘟防控强化措施指引

（2020年5月21日　农业农村部发布）

当前，我国非洲猪瘟防控工作取得了积极成效，但病毒已在我国定殖并形成较大污染面，疫情发生风险依然较高，稍有松懈就可能反弹扩散，必须建立健全常态化防控措施。各地要切实增强打持久战的思想认识，深入贯彻预防为主方针，在落实好现行有效防控措施基础上，着力解决瞒报疫情、调运监管不力等突出问题，全面提高生猪全产业链风险闭环管理水平，重点强化十二项工作措施。

一、组织开展重点区域和场点入场采样检测

农业农村部制定科学的入场检测技术规范和标准，组织对生猪调出大县、规模猪场和其他高风险区域进行入场采样检测。落实到人到场监督责任制，做好入场抽样检测。对年出栏2 000头以上的规模猪场开展一次全覆盖检测，对年出栏500～2 000头的规模猪场随机抽样检测。

二、建立疫情分片包村包场排查工作机制

县级畜牧兽医主管部门组织对非洲猪瘟疫情实施包村包场监测排查，确保不漏一场一户。逐村逐场明确排查责任人，建立排查对象清单和工作任务台账，发现异常情况即时上报。养殖场户要明确排查报告员，每天向包村包场责任人报告生猪存栏、发病、死亡及检出阳性等情况。对不按要求报告或弄虚作假的，列为重点监控场户，其生猪出栏报检时要求加附第三方出具的非洲猪瘟检测报告。农业农村部和省级、地市畜牧兽医主管部门成立相应专班，负责统筹协调疫情排查报告。各省级农业农村部门抓紧组织实施本省份动物防疫专员特聘计划，力争8月底前在全国498个生猪调出大县先配齐1万人的队伍，努力做到一个乡镇特聘一名动物防疫专员。

三、完善疫情报告奖惩机制

基层相关单位和工作人员及时报告、果断处置疫情是成绩，不得追责，绩效考核还应当加分。要推广一些地方县级人民政府进行及时奖励的好做法，对疫情报告、处置工作表现突出的给予表彰。明确瞒报、谎报、迟报、阻碍他人报告等情形认定标准，对生产经营主体瞒报的，依法从严追究法律责任；对各级政府和部门瞒报或阻碍他人报告的，从严追责；造成疫情扩散蔓延的，从重处罚并予以通报。

四、规范自检阳性处置

养殖场户自检发现阳性的，必须按规定及时报告。经复核确认为阳性且生猪无异常死亡的，按阳性场点处置，不按疫情对待，可精准扑杀、定点清除，只扑杀阳性猪及其同群猪，其余猪群隔离观察无异常且检测阴性后，可正常饲养。及时报告检测阳性的，扑杀生猪给予补助；不及时报告的，不予补助，并严肃追究法律责任。

五、健全疫情有奖举报制度

各级畜牧兽医主管部门要建立完善非洲猪瘟疫情有奖举报制度，及时核查举报线索，查实的及时兑现奖励。省级畜牧兽医主管部门要定期对有奖举报制度落实情况进行督查，有关情况按月报中国动物疫病预防控制中心。

六、建立黑名单制度

将瞒报、谎报、迟报疫情和检测阳性信息，以及售卖屠宰病死猪、违规调运生猪、逃避检疫监管的生产经营主体纳入黑名单，实施重点监管。特别是对恶意抛售染疫生猪的，一律顶格处罚，坚决追究有关主体的责任并通报。

七、加强养殖场户风险警示

建立养殖场户风险预警机制，根据疫情形势、生产安排、市场变化等因素，广泛运用讲座、视频、短信、微信、挂图等多种形式，加强生产和疫情风险警示。特别要提醒养殖场户不要引进价格异常便宜的生猪，不要采购没有动物检疫证明、运输车辆未备案、无耳标或耳标不全的生猪；生猪进场后，严格执行隔离检疫。地方各级畜牧兽医主管部门指定专人负责信息动态监测，密切关注生猪交易价格明显偏低、保险理赔与无害化处理数量异常等情况，及时调查核实。

八、严格生猪出栏检疫

动物卫生监督机构要履职尽责，督促养殖场户依法申报检疫。出栏生猪每批次工作人员必须到现场，认真查验生猪健康状况、牲畜耳标和运输车辆备案情况，确保运出生猪证物相符。出具检疫证后，要及时上传共享，逐步实现全国范围内可在线查验。规范动物卫生监督行为，对于个别“隔山开证”、开假证的“害群之马”，坚决清除出队伍。

九、强化运输车辆备案和收购贩运管理

严格执行生猪运输车辆备案制度，未备案的不得运猪；实施动态管理，发现涉嫌违法违规调运的，立即取消备案。严厉打击使用未备案车辆运猪的行为，一经发现立即对生猪进行检测，未检出阳性的就近屠宰，检出阳性的就地无害化处理并不给予补助。各级畜牧兽医主管部门定期对生猪运输备案车辆开展非洲猪瘟检测，检出阳性的，暂停备案；整改不到位的，一律取消备案。要求生猪调出大县建设洗消中心，建立健全车辆洗消管理制度。会同交通运输部门制定生猪运输车辆标准。加强对生猪收购贩运单位和个人的管理，强化信息化动态管理。

十、强化屠宰环节风险管控

开展屠宰环节“两项制度”执行情况“回头查”，确保足额配备官方兽医，批批检测非洲猪瘟，实现全覆盖。建立完善追溯制度，查清问题猪的来源。建立屠宰企业非洲猪瘟检测日报告制度，要求驻场官方兽医每天报告屠宰检疫、非洲猪瘟自检、阳性处置等情况，对驻场官方兽医履职情况进行考核。建立飞行检查制度和定期抽检制度，对自检措施落实不到位的，列为重点监控对象，对检测弄虚作假、检出阳性不报告不处置的，关停整改 15 天，情节严重的取缔生产经营资格。

十一、加强病死猪无害化处理风险管控

督促从事病死猪收集、运输和无害化处理的单位和个人健全台账，详细记录病死猪来源、数量、处理量等信息，每天上报县级畜牧兽医主管部门备案。要求无害化处理厂定期采样送检，调查检测阳性样品来源。

十二、继续推进分区防控

总结中南区试点经验，进一步扩大试点范围，2020 年在北部区和东部区推进分区防控，建立区域内防控信息共享、突发疫情协同处置、疫情监测排查等制度。从 2021 年 4 月 1 日起，逐步限制活猪调运，除种猪仔猪外，其他活猪原则上不出大区，出大区的活猪必须按规定抽检合格后，经指定路线“点对点”调运。指导养猪场分阶段开展非洲猪瘟净化，创建无疫小区，提升综合防控能力。

二十七、农业农村部非洲猪瘟疫情有奖举报暂行办法

（2019 年 11 月 22 日　农业农村部公告第 233 号发布）

为加强非洲猪瘟防控工作，充分发挥“群防群治”力量，有效打击违反非洲猪瘟防控相关规定的行为，根据《中华人民共和国动物防疫法》《国务院办公厅关于加强非洲猪瘟防控工作的意见》（国办发〔2019〕31 号）《国务院办公厅关于稳定生猪生产促进转型升级的意见》（国办发〔2019〕44 号）等的规定，制定本暂行办法。

一、适用范围

社会公众举报非洲猪瘟疫情以及违反非洲猪瘟相关防控规定情形的线索，经查证举报属实给予相应奖励的，适用本办法。

二、奖励条件范围

（一）举报内容

存在以下情况导致非洲猪瘟疫情发生或扩散的：

1. 养殖场（户）直接使用餐厨废弃物（泔水）喂猪。

2. 养殖场（户）发现生猪异常死亡不予报告。

3. 未及时报告畜牧兽医主管部门，擅自处理不明原因死亡的生猪。

4. 藏匿、转移、盗掘已被依法隔离、封存、处理的生猪及其产品。

5. 开具虚假检疫证明、不检疫就出证、违规出证以及违规使用、倒卖产地检疫证明等动物卫生证章标志。

6. 私屠滥宰或屠宰、加工、销售病死生猪及其产品。

7. 生产、销售、屠宰、加工、贮藏、运输未经检验检疫的生猪及其产品。

8. 故意丢弃死猪并制造和传播养殖场（户）

发生疫情舆论，借机大幅压低价格收购生猪等方式从事“炒猪”牟取暴利。

9. 违法违规生产、经营、使用非洲猪瘟防治药物（包括任何形式的疫苗）。

10. 其他引发疫情或违反法定非洲猪瘟防控措施的行为。

（二）举报要件

1. 有明确的举报对象和具体的举报事实及证据。

2. 举报内容事先未被畜牧兽医主管部门掌握。

3. 举报情况经畜牧兽医主管部门记录，并查证属实。

三、举报方式

各级畜牧兽医主管部门应通过设立并公布举报电话等方式，受理举报。

举报人可以通过电话等方式向当地畜牧兽医主管部门或农业农村部举报。农业农村部受理举报电话为：010-59194768。

举报内容由受理举报部门为主组织核查。对核查发现的问题，依据有关规定由相关责任部门进行处理。

四、举报奖励

（一）奖励原则

1. 对经查证属实的举报，给予奖励。

2. 举报人举报的事项应客观真实，不得捏造、歪曲事实，不得诬告、陷害他人。

3. 对同一行为由两人及以上举报的，只奖励符合本办法有关要求的第一时间举报人（以受理举报时间为准）；对同一举报人向不同部门举报的同一事项，不重复奖励。

4. 最终认定的违法违规事实与举报事项不一致的，不予奖励；举报人提供线索与非洲猪瘟防控无关、举报事项已发现或正在查处的，不予奖励。

5. 各级畜牧兽医主管部门工作人员或者依照相关法律法规及规定负有法定监督、报告违法行为义务人员进行的举报，不予奖励。

（二）奖励标准

由农业农村部受理经查证属实并符合奖励原则的举报，农业农村部给予举报人每次 3 000～10 000元（税前）不等的奖励。具体的奖励标准另行规定。

举报为防控非洲猪瘟作出特别重大贡献的，可一次性给予举报人高于前款规定标准并不超过 30 000 元（税前）的奖励。

五、奖励程序

（一）举报事项查证核实并全部处理完毕后，对于符合本办法规定奖励条件的，由举报受理部门在 15 个工作日内向举报人反馈办理结果，并根据举报人意愿启动奖励程序。

（二）举报人应当在被告知奖励决定之日起 30 个工作日内，由本人凭有效身份证明领取奖励。委托他人代领的，受托人需同时持有举报人授权委托书、举报人和受托人的有效身份证明。举报人无正当理由逾期未领取奖金的，视为放弃奖励。

（三）奖励资金的支付，按照国库集中支付制度有关规定执行。具备非现金支付条件的，奖励资金应当采取非现金支付方式支付。

（四）举报人无法现场领取奖金且无受托人的，可及时说明情况并提供举报人身份证明、银行账号，由举报奖励部门将奖金汇至指定账户，提供的账户名应当与举报人姓名一致。

六、监督管理

（一）各级畜牧兽医主管部门应当建立健全举报奖励档案，并做好汇总统计工作。

（二）各级畜牧兽医主管部门应当依法保护举报人的合法权益，不得泄露举报人的相关信息。

（三）各级畜牧兽医主管部门工作人员在实施举报奖励过程中有下列情形的，视情节轻重给予行政处分；构成犯罪的，移送司法机关依法追究刑事责任：

1. 伪造或者教唆、伙同他人伪造举报材料，冒领举报奖金的。

2. 未经举报人同意，泄露举报人相关信息的。

3. 贪污、挪用、私分、截留奖励资金的。

4. 其他应当依法承担法律责任的行为。

（四）举报人故意捏造事实诬告他人，或者弄虚作假骗取奖励的，依法承担相应责任；构成犯罪的，移送司法机关处理。

七、附则

（一）各地可依据本办法，制定本行政区域内的举报奖励办法，对奖励的决定、审批、发放程序及资金安排等作出具体规定。

（二）本办法自发布之日起实行。

附件：1. 非洲猪瘟防控有奖举报信息登记表

2. 非洲猪瘟防控有奖举报领取登记表

附件 1：

非洲猪瘟防控有奖举报信息登记表

编号：

<table>
<tr><td rowspan="3">被举报对象信息</td><td>姓名</td><td></td><td>养殖规模</td><td></td></tr>
<tr><td>单位名称</td><td colspan="3"></td></tr>
<tr><td>单位地址</td><td colspan="3"></td></tr>
<tr><td>举报违法违规
主要内容</td><td colspan="4"></td></tr>
<tr><td rowspan="3">举报人基本信息</td><td>姓名</td><td></td><td>职业</td><td></td></tr>
<tr><td>电话</td><td></td><td>身份证号</td><td></td></tr>
<tr><td>地址</td><td colspan="3"></td></tr>
<tr><td>登记时间</td><td colspan="2">年　月 日</td><td>登记人签名</td><td></td></tr>
<tr><td>违法违规行为
查实结果</td><td colspan="4"></td></tr>
<tr><td>核查时间</td><td colspan="2">年　月　日</td><td>核查人签名</td><td></td></tr>
</table>

备注：编号共 14 位数字，分为三部分，例如××××××××××××××，第一部分为各省行政代码，第二部分为受理日期，第三部分为举报信息登记序号。

附件 2：

非洲猪瘟防控有奖举报领取登记表

时间	登记表编号	姓名	身份证件号	银行卡号	开户行	查实 情况	奖励 金额	签字

二十八、农业农村部关于进一步加强非洲猪瘟防控有关事项的公告

（2020 年 03 月 26 日　农业农村部公告第 285 号发布）

为进一步加强非洲猪瘟防控，健全完善生猪全产业链防控责任制，切实落实各项政策措施，规范开展疫情防控和处置工作，严厉打击违法违规行为，现将有关规定重申如下。

一、不得隐瞒疫情

生猪养殖、运输、屠宰等生产经营主体发现生猪染疫或疑似染疫的，应当立即报告当地畜牧兽医部门。畜牧兽医部门要及时规范报告疫情，严禁瞒报、谎报、迟报、漏报，以及阻碍他人报告疫情。

二、不得销售疑似染疫生猪

不得收购、贩运、销售、丢弃疑似染疫生猪。发现疑似染疫生猪的，要立即采取隔离、限制移动等措施。

三、不得直接使用餐厨废弃物喂猪

对违规使用餐厨废弃物饲喂生猪引发疫情或导致疫情扩散蔓延的，扑杀的生猪不予纳入中央财政强制扑杀补助范围。

四、不得非法使用非洲猪瘟疫苗

对使用非法疫苗免疫接种的生猪，经检测为阳性的，视为非洲猪瘟感染，要及时扑杀，并不得给予补助。

五、不得“隔山开证”

动物卫生监督机构要严格产地检疫申报受理，不得超管辖范围、超检疫范围受理申报，不得拒不受理应当受理的申报。动物检疫人员要严格检疫出证，禁止不检疫就出证、倒卖动物卫生证章标志、违规收费等行为。

六、不得使用未备案车辆运输生猪

畜牧兽医部门要严格生猪运输车辆备案管理，督促货主或承运人使用经备案的车辆运输生猪。发现生猪运输车辆未备案或备案过期的，要责令有关责任人及时整改。

七、不得擅自更改生猪运输目的地

货主和承运人要严格按照动物检疫合格证明载明的目的地运输生猪，装载前、卸载后要对车辆严格清洗、消毒。

八、不得屠宰问题生猪

生猪屠宰场要认真核查生猪来源，不得屠宰来源不明、未附有动物检疫合格证明、未佩戴耳标或耳标不全的生猪。落实非洲猪瘟自检制度，不得隐瞒、篡改检测结果。

九、不得随意丢弃病死猪

畜牧兽医部门要做好病死猪收集、运输、处理等环节监管。无害化处理厂要严格无害化处理，落实处理设施和病死猪运输工具清洗、消毒制度。

十、不得违规处置疫情

畜牧兽医主管部门要按要求科学划定疫点、疫区、受威胁区，及时组织做好疑似疫点的隔离、封锁。严格落实扑杀、无害化处理等疫情处置措施。

特此公告。

二十九、农业农村部办公厅关于在农技推广服务特聘计划中设立特聘动物防疫专员的通知

（2020 年 3 月 31 日　农业农村部办公厅农办牧 17 号发布）

各省、自治区、直辖市及计划单列市农业农村（农牧、畜牧兽医）厅（局、委），新疆生产建设兵团农业农村局：

为贯彻落实中央 1 号文件“在生猪大县实施乡镇动物防疫特聘计划”的要求，缓解基层动物防疫力量严重不足的矛盾，保障非洲猪瘟等重大动物疫病防控措施的有效落实，我部决定在农技推广服务特聘计划中设立特聘动物防疫专员。现将有关事宜通知如下。

一、总体思路

通过政府购买服务等方式，从科研教学单位一线兽医服务人员、优秀执业兽医和乡村兽医、养殖屠宰兽药饲料诊疗企业兽医技术骨干中招募一批特聘动物防疫专员，培养一支热爱动物防疫工作、解决动物防疫难题、保障养殖业健康发展的服务力量，为有效防控非洲猪瘟等重大动物疫病提供有力支撑。

二、实施区域

2020 年起，先行在生猪调出大县全面实施。其他有意愿的地方可以自行决定，经省级农业农村（畜牧兽医）部门同意后，按照本通知规定组织实施。

三、组织管理

（一）特聘动物防疫专员服务期管理。特聘动物防疫专员实施县（以下简称实施县）的县级农业农村（畜牧兽医）主管部门负责特聘动物防疫专员的招募、使用、管理和考核，按照《特聘农技员招募办法》《特聘农技员考核管理办法》等规章制度规定，结合特聘动物防疫专员特点，加强招募、使用、考核等工作的规范管理。特聘动物防疫专员服务期限按年度实施。服务期间，以服务对象的满意率、解决动物防疫实际问题等为主要考核指标，采取量化打分和实地测评相结合的方式，定期对特聘动物防疫专员服务效果进行绩效考核。建立以结果为导向的激励约束机制，考核不合格的及时解除服务协议；对考核优秀的特聘动物防疫专员，服务期满后可优先继续招募，服务所在乡镇政府有编制的，经相关考核考试合格，可择优招录作为政府正式工作人员。

（二）特聘动物防疫专员招募条件。招募对象

须具备以下条件：有较高的技术专长和专业素质；有丰富的动物防疫实践经验；热爱畜牧兽医工作，责任心、服务意识和协调能力较强。特聘动物防疫专员主要从以下三类群体中招募：一是畜牧兽医科研教学单位一线兽医服务人员；二是具有大专以上学历并从业3年以上的养殖、屠宰、兽药、饲料、诊疗企业兽医技术骨干；三是具有大专以上学历并从事动物防疫工作3年（含）以上的执业兽医、乡村兽医。国家机关、事业单位在编在岗人员不纳入特聘动物防疫专员招募范围。

（三）特聘动物防疫专员招募程序。实施县的县级农业农村（畜牧兽医）主管部门根据本地畜牧业产业基础、动物防疫工作需要等，合理确定特聘动物防疫专员招募数量和招募标准，每个县招募特聘动物防疫专员原则上不超过20名。按照发布需求、个人申请、技能考核、研究公示、确定人选、签订服务协议（或服务合同）等程序，面向全社会开展特聘动物防疫专员招募工作。特聘动物防疫专员招募要全程公开透明，通过多种方式向全社会进行公示公告，时间不少于5个工作日。

（四）特聘动物防疫专员服务任务。实施县的县级农业农村（畜牧兽医）主管部门按照有效落实动物防疫工作、保障畜牧业健康发展等要求，明确特聘动物防疫专员服务任务，主要包括以下四类：一是为县域动物防疫工作提供技术指导与咨询服务；二是为畜禽养殖场户提供动物防疫技术帮扶；三是与乡村兽医、村防疫员结对开展技术服务，增强乡村兽医、村防疫员专业技能和实操水平；四是为县乡畜牧兽医部门动物防疫工作提供指定的专业服务。要在与特聘动物防疫专员签订的服务协议（或服务合同）中，明确服务内容、服务对象、服务数量、服务效果等。

四、保障措施

（一）加强组织领导。各有关省级农业农村（畜牧兽医）主管部门要积极争取地方政府支持，加强沟通协调，落实工作责任，形成工作合力，确保特聘动物防疫专员相关工作顺利实施；加强对实施县实施情况的监督指导，强化情况调度，并于2020年6月底、11月底前，将实施情况报我部畜牧兽医局。实施县的县级农业农村（畜牧兽医）主管部门要牵头建立特聘动物防疫专员实施工作领导协调机制，加强管理，妥善解决工作开展中遇到的困难与问题。

（二）强化政策支持。有关省份和实施县的县级农业农村（畜牧兽医）主管部门应对特聘动物防疫专员给予补助，具体标准结合特聘动物防疫专员的工作任务、工作量等确定，原则上不低于同等人员工资水平。各地可结合农技推广服务特聘计划统筹支持，鼓励有关省份和实施县争取其他渠道资金，加大经费支持力度。

（三）加强总结宣传。各地要及时总结特聘动物防疫专员实施中的好做法好经验，形成一批可复制可推广的典型模式，利用广播、电视、报刊、网络等媒体，大力宣传优秀特聘动物防疫专员的先进事迹，扩大影响成效，营造支持特聘动物防疫专员服务基层、创业富民的良好氛围。

三十、农业农村部办公厅　财政部办公厅　中国银保监办公厅关于公布病死猪无害化处理与保险联动机制建设试点县名单的通知

（2022年03月21日　农业农村部办公厅农办计财〔2022〕8号发布）

各省、自治区、直辖市及计划单列市农业农村（农牧）、畜牧兽医厅（局、委）、财政厅（局），各银保监局，新疆生产建设兵团农业农村局、财政局：

按照《农业农村部办公厅、财政部办公厅、银保监会办公厅关于开展病死猪无害化处理与保险联动机制建设试点工作的通知》（农办计财〔2021〕19号），经对申报县试点方案进行备案审查，拟将17个省份（兵团）的69个县（市、区）纳入试点范围。现将试点县名单予以公布（见附件1），并就有关事项通知如下。

一、完善试点方案

有关省份（兵团）要组织试点县对试点方案进行修改完善，重点确定试点县生猪保险覆盖率和病死猪集中无害化处理覆盖率目标及保障措施，详细说明各级财政政策性保险和病死猪无害化处

理补助资金数量、下达时间和方式等，提出病死猪收集处理体系改造提升的具体要求，明确农业农村部门和保险公司的具体合作方式，严格执行有关监管规定，进一步增强试点方案的可操作性。试点时间可根据实际情况延长到2024年。请有关省份（兵团）于4月底前将修改后的试点方案、试点县能繁母猪和育肥猪保险条款分别报送农业农村部、财政部有关司局，并启动试点。保险机构应按照农险产品报备程序将上述条款向保险监督管理机构备案，并将试点方案作为备案材料。

二、做好信息填报

自2022年第二季度起，农业农村部畜牧兽医局依托全国病死畜禽无害化处理信息管理系统，按季度汇总分析试点县病死猪无害化处理情况，调度病死猪无害化处理与保险联动机制建设试点进展情况（见附件2），有关信息向财政部金融司和中国银保监会财险部共享。试点县要将责任落实到人，及时做好信息填报工作，加强信息审核把关上季度情况。每季度首月末前，请有关省份（兵团）通过信息管理系统或以书面文件形式将上季度情况报送农业农村部，将地方统筹使用有关中央财政资金情况及出现的问题报送财政部。

三、加强组织领导

农业农村部、财政部、中国银保监会有关司局将通过现场调研等方式，加强对试点县的工作指导，及时完善相关政策措施。试点县所在省份（兵团）要加强对本地区试点工作的指导协调和政策支持，及时研究解决试点工作中出现的问题和偏差，确保试点工作规范有序开展。试点县要加强组织领导，落实政策资金，加强工作协调，扎实开展试点工作。

四、联系方式

农业农村部计划财务司 010-59193269

农业农村部畜牧兽医局 010-59193371

财政部金融司 010-68551078

中国银保监会财险部 010-66286675

附件：1. 病死猪无害化处理与保险联动机制建设试点县名单

2. 病死猪无害化处理与保险联动机制建设试点进展表

农业农村部办公厅 财政部办公厅 中国银保监会办公厅

附件1

病死猪无害化处理与保险联动机制建设试点县名单

序号	省份（兵团）	试点县	序号	省份（兵团）	试点县
1	天津（2个）	宝坻区、宁河区	10	山东（16个）	济南市章丘区、商河县、淄博市临淄区、沂源县、烟台市蓬莱区、诸城市、高密市、寿光市、昌邑市、昌乐县、泗水县、宁阳县、威海市文登区、日照市岚山区、齐河县、阳谷县
2	河北（7个）	定州市、辛集市、正定县、新乐市、晋州市、昌黎县、秦皇岛市抚宁区	11	河南（2个）	辉县市、临颍县
3	辽宁（8个）	康平县、北票市、法库县、朝阳县、建平县、绥中县、义县、阜蒙县	12	湖北（3个）	安陆市、麻城市、枣阳市
4	吉林（1个）	伊通县	13	湖南（4个）	益阳市赫山区、武冈市、慈利县、桃江县
5	黑龙江（3个）	甘南县、依安县、肇东市	14	广东（2个）	遂溪县、怀集县
6	江苏（5个）	如东县、海安市、泰兴市、邳州市、南通市海门区	15	重庆（4个）	垫江县、忠县、荣昌区、万州区
7	浙江（2个）	江山市、缙云县	16	陕西（2个）	澄城县、榆林市榆阳区
8	安徽（2个）	泗县、霍邱县	17	新疆生产建设兵团（3个）	第八师石河子市、第六师五家渠市、第七师胡杨河市
9	福建（3个）	龙岩市新罗区、南平市延平区、云霄县	合计	69个	

附件 2

病死猪无害化处理与保险联动机制建设试点进展表

填表单位：　　　　　　　　202＿年第＿季度

试点县	本季度生猪养殖情况（头）			本季度生猪无害化处理数量（头）				其中：本季度生猪集中无害化处理数量（头）				本季度生猪无害化处理补助资金落实情况（元）				其中：本季度生猪集中无害化处理补助资金落实情况（元）				本季度新增生猪投保数量（元）				本季度签单的生猪保费金额（元）				本季度生猪保险理赔数量（元）				本季度生猪保险理赔金额（元）			
	期末生猪存栏量	期末母猪存栏量	生猪出栏量	母猪	仔猪	育肥猪	种公猪	母猪	仔猪	育肥猪	种公猪	中央资金	省级资金	市级资金	县级资金	中央资金	省级资金	市级资金	县级资金	母猪	仔猪	育肥猪	种公猪	母猪	仔猪	育肥猪	种公猪	母猪	仔猪	育肥猪	种公猪	母猪	仔猪	育肥猪	种公猪

填表人：　　　　　　　　联系电话：

备注：1. 生猪存栏量，母猪存栏量、生猪出栏量填写统计局数据，生猪存栏量包括母猪存栏量。

2. 本季度新增生猪投保数量、本季度签单的生猪保费金额、本季度生猪保险理赔数量、本季度生猪保险理赔金额中的仔猪仅指仔猪单独投保的情况，如果从仔猪出生到育肥猪出栏为一个保单的，数量和金额在育肥猪中统计。

3. 本季度生猪无害化处理数量、本季度生猪无害化处理补助资金落实情况包括集中处理和自行处理。

三十一、农业农村部关于推进动物疫病净化工作的意见

（2021 年 10 月 28 日　农业农村部农牧发〔2021〕29 号发布）

各省、自治区、直辖市及计划单列市农业农村（农牧）、畜牧兽医厅（局、委），新疆生产建设兵团农业农村局，农业农村部直属有关事业单位：

为贯彻落实《中华人民共和国动物防疫法》（以下简称《动物防疫法》）有关要求，推进动物疫病净化工作，不断提高养殖环节生物安全管理水平，促进畜牧业高质量发展，现提出以下意见。

一、重要意义

实施动物疫病净化消灭，是动物疫病防控的重要路径，也是动物疫病防控的最终目标。我国是畜牧业大国，动物疫病病种多、病原复杂、流行范围广、防控难度大，特别是非洲猪瘟传入我国后，传统的防控手段和措施受到了前所未有的挑战。2021 年 5 月 1 日修订施行的《动物防疫法》，明确将“净化消灭”纳入动物防疫的方针和要求。当前和今后一段时期，开展动物疫病净化，是深入贯彻落实《动物防疫法》，强化养殖场生物安全管理，推进动物防疫工作转型升级的重要举措；是减少环境病原和死淘畜禽量，降低资源消耗和兽药使用量，促进畜牧业高质量发展的必然要求；是提高畜禽生产性能和产品质量，促进产业提质增效和农牧民增产增收，助力乡村振兴战略实施的重要抓手。

二、总体要求

（一）指导思想

以习近平新时代中国特色社会主义思想为指导，完整、准确、全面理解和贯彻新发展理念，在全国范围内深入开展动物疫病净化，以种畜禽场为核心，以垂直传播性动物疫病、人畜共患病和重大动物疫病为重点，集成示范综合技术措施，建立健全净化管理体制机制，通过示范创建、引导支持，以点带面、逐步推开，不断提高养殖环节生物安全管理水平，促进动物防疫由重点控制向全面净化转变，推进畜禽种业振兴和畜牧业高质量发展。

（二）主要目标

力争通过 5 年时间，在全国建成一批高水平的动物疫病净化场，80％的国家畜禽核心育种场（站、基地）通过省级或国家级动物疫病净化场评估；建立动物疫病净化场分级评估管理制度，构建多种疫病净化模式，健全多方合作、协同推进的动物疫病净化机制；猪伪狂犬病、猪瘟、猪繁殖与呼吸综合征、禽白血病、禽沙门氏菌病等垂直传播性动物疫病，布鲁氏菌病、牛结核病等人畜共患病，以及非洲猪瘟、高致病性禽流感、口蹄疫等重大动物疫病净化工作取得明显成效。

（三）基本原则

——坚持企业主体，政府支持。以市场为导向，调动发挥养殖场户和企业主体作用，加大政策配套支持力度，发挥政府引导保障作用。

——坚持因地制宜，分类施策。采取“一地一策略、一病一做法、一场一方案”的方式，合理选择净化病种和范围，实施分类净化。

——坚持点面结合，整体推进。以养殖场为基本单元开展动物疫病净化，鼓励具备条件的地区和企业组织开展连片净化，以点带面，逐步推开。

三、主要任务

（一）明确净化范围。以种畜禽场为重点，扎实开展猪伪狂犬病、猪瘟、猪繁殖与呼吸综合征、禽白血病、禽沙门氏菌病等垂直传播性疫病净化，从源头提高畜禽健康安全水平。以种畜场、奶畜场和规模养殖场为对象，稳步推进布鲁氏菌病、牛结核病等人畜共患病净化，实现人病兽防、源头防控。以种畜禽场和规模养殖场为切入点，探索进行非洲猪瘟、高致病性禽流感、口蹄疫等重大动物疫病净化。

（二）集成净化技术。开展动物疫病净化关键技术集成和应用，推广免疫、监测、检疫、隔离、消毒、淘汰、扑杀、无害化处理等净化综合技术措施。完善重点疫病净化技术标准和规范，建立健全适用于不同场区、不同病种和不同阶段的净化技术方案。推进重点疫病净化关键技术攻关，强化新型疫苗和诊断技术研发，建立完善检测方法和诊断试剂筛选评价规范。

（三）完善净化模式。结合地域特征、养殖情况、疫病特点及流行状况，优先选择有自然或人工屏障优势以及工作基础较好的地区和养殖场户开展净化，通过净化一种或多种疫病提升区域动物疫病综合防控水平。探索构建点、线、面相结合的动物疫病净化组织形式，推广垂直净化和水平净化、免疫净化和非免疫净化、单病种净化和多病种协同净化等多种净化模式，培育一批先进典型净化场，打造一批动物疫病净化品牌。

（四）做好净化指导。各级动物疫病预防控制机构要做好动物疫病净化技术指导和培训。支持各类兽医技术服务单位、动物疫病诊断检测机构、兽药生产经营企业等延伸服务内容，提供动物疫病净化相关的免疫、监测、消毒、无害化处理等社会化服务。通过多种媒体载体渠道，大力宣传动物疫病净化工作进展和成效，扩大社会影响，营造良好氛围。

（五）开展净化评估。农业农村部组织制定有关评估标准规范和评估程序，开展国家级动物疫病净化场评估，公布和动态调整国家级净化场名单。省级农业农村部门负责省级动物疫病净化场评估并公布名单，组织国家级动物疫病净化场申报。各级动物疫病预防控制机构对动物疫病净化效果进行监测和评估，建立健全动物疫病净化场评估管理制度，巩固扩大净化成果。

四、保障措施

（一）强化组织领导。农业农村部负责全国动物疫病净化工作。中国动物疫病预防控制中心具体组织实施，制定发布净化评估技术规范和评估管理指南等。省级农业农村部门负责本辖区动物疫病净化工作，成立动物疫病净化工作领导小组，明确责任机构和分工安排，组建技术专家队伍，确定协调联络人员。各级农业农村部门要积极向党委政府汇报，加强与有关部门沟通，协调解决动物防疫检疫机构队伍、仪器设备、基础设施、经费保障等关键问题。

（二）强化政策支持。通过省级以上评估的动物疫病净化场，优先纳入国家动物疫病无疫区和无疫小区建设评估范围。将动物疫病净化与畜牧业发展支持政策结合，申请种畜禽生产经营许可证、申报畜禽养殖标准化示范场、实施国家畜禽遗传改良计划等，优先考虑通过动物疫病净化评估的养殖场。各级农业农村部门在统筹安排涉农项目资金时，优先支持开展动物疫病净化相关工作。鼓励各地实施动物疫病净化补助，对通过评估的动物疫病净化场进行先建后补、以奖代补。

（三）强化评估管理。指导养殖场户和企业落实防疫主体责任，建立健全净化工作制度，组建专门工作团队，确保各项措施落实到位。省级农业农村部门要落实属地管理责任，建立健全净化评估评价机制，开展抽样检测，落实管理措施。对不符合要求的动物疫病净化场，要及时提出整改意见并限期整改；经整改仍不符合要求的，从净化场名单中剔除。农业农村部将重点针对国家级动物疫病净化场，组织开展抽样检测。

五、联系方式

推进动物疫病净化工作中有关问题和意见建议，请及时与农业农村部畜牧兽医局和中国动物疫病预防控制中心反馈联系。

（一）农业农村部畜牧兽医局

联系人：张存瑞　张昱

联系电话：010-59191402，59191739

传真：010-59192861

（二）中国动物疫病预防控制中心

联系人：张倩 邴国霞

联系电话：010-59194601，59194665

传真：010-59194711

三十二、畜间布鲁氏菌病防控五年行动方案（2022—2026年）

（2022年3月30日　农业农村部农牧发〔2022〕13号发布）

布鲁氏菌病（以下简称“布病”）是由布鲁氏菌属细菌感染引起的人畜共患传染病，是当前我国重点防控的人畜共患传染病之一。为加强畜间布病防控，降低流行率和传播风险，促进畜牧业高质量发展，维护人民群众身体健康，制定本方案。

一、总体要求

（一）指导思想

贯彻习近平总书记关于加强国家生物安全风险防控和治理体系建设指示精神，坚持人民至上、生命至上，实行积极防御、系统治理，有效控制传染源、阻断传播途径、提高抗病能力，切实做

好布病源头防控工作，维护畜牧业生产安全、公共卫生安全和生物安全。

（二）基本原则

——源头防控，突出重点。坚持人病兽防、关口前移，重点抓好种牛、种羊、奶牛、奶山羊和肉羊的布病防控，统筹抓好肉牛、猪、鹿、骆驼和犬等其他易感动物的布病防控，切实降低流行率，有效防范传播风险。

——因地制宜，综合施策。坚持一地一策，根据各地布病流行形势，以县为基本单位连片推进布病防控，免疫区以实施持续免疫为主，非免疫区以实施持续监测剔除为主，有效落实各项基础性、综合性防控措施。

——技术创新，强化支撑。坚持科技引领，推动畜间布病快速鉴别诊断技术和防控模式创新应用，加强基层防控能力建设，统筹利用国家兽医实验室、疫控机构、科研教学单位、龙头企业等技术力量，不断提高布病防控技术支撑水平。

——健全机制，持续推进。坚持夯实基础，不断强化基层动物防疫体系建设，压实属地管理、部门监管和生产经营者主体责任，注重布病防控与各项支持政策相衔接，构建系统化、规范化、长效化政策制度和工作推进机制。

（三）主要目标

总体目标：到2026年，全国畜间布病总体流行率有效降低，牛羊群体健康水平明显提高，个体阳性率控制在0.4%以下，群体阳性率控制在7%以下。

免疫指标：布病强制免疫工作有效开展，免疫地区免疫密度常年保持在90%以上，免疫建档率100%，免疫奶牛场备案率100%，免疫评价工作开展率100%。

净化指标：布病净化和无疫小区建设工作扎实推进，内蒙古20%以上，辽宁、四川、陕西、甘肃、新疆50%以上，其他省份80%以上的牛羊种畜场（站）建成省级或国家级布病净化场、无疫小区；各省份30%以上的规模奶牛场达到净化或无疫标准；平均每省份每年建成3个以上（含3个）省级或国家级布病净化场、无疫小区。

宣传培训指标：从事养殖、运输、屠宰、加工等相关重点职业人群的布病防治知识知晓率达90% 以上，基层动物防疫检疫人员的布病防治知识普及覆盖面达95% 以上。

能力建设指标：90%以上的县级动物疫病预防控制机构具备开展布病血清学确诊检测能力；河北、山西、内蒙古、辽宁、吉林、黑龙江、山东、河南、陕西、甘肃、青海、宁夏、新疆、新疆生产建设兵团等重点省份省级和市级动物疫病预防控制机构，年度采样监测覆盖100%的牛羊调出大县和牛羊养殖大县（各省份自行确定养殖大县名单）。

二、重点任务

（一）监测排查。各地按照监测计划要求加强布病日常监测，根据流行程度确定监测数量和频次，扩大覆盖面，及早发现并剔除阳性个体。建立日常排查制度，对调入牛羊、引起人感染布病和高流产率畜群以及其他可疑情况，及时开展排查、隔离、采样、检测和报告等工作。对阳性场群，有针对性地持续开展全群跟踪监测，确保覆盖区域内所有存在阳性个体和造成人感染情况的场群。

（二）强制免疫。制定完善本省份布病强制免疫计划，扎实做好牛羊场群免疫工作，强化备案管理，健全免疫档案，开展免疫评价，确保免疫密度和效果，提升群体抵抗力，切实打牢布病防控基础。指导地方和养殖场户按照《家畜布鲁氏菌病防治技术规范》要求开展强制免疫，加强重点区域和场户免疫情况监督抽检。支持和引导第三方社会化服务组织参与布病免疫等防疫工作。

（三）消毒灭源。定期集中组织开展牛羊养殖、运输、屠宰、无害化处理等关键场所和环节“大清洗、大消毒”专项行动，有效消灭传染源。指导牛羊养殖场、屠宰场等场所建立健全生物安全管理制度，强化人员、物流隔离和消毒措施，及时对污染的场所、用具、物品进行彻底清洗，不断提高生物安全水平。

（四）净化无疫。按照《农业农村部关于推进动物疫病净化工作的意见》等文件要求，以种畜场、奶畜场和规模牛羊场为重点，全面开展布病净化场和无疫小区建设，每年建成评估一批高水平的布病净化场和无疫小区。优先支持国家级牛羊养殖标准化示范场、休闲观光牧场等开展布病净化。鼓励具备条件的地区和企业，开展连片净化和无疫小区建设，通过以点带面，逐步推开，全面提升养殖环节布病防控能力和区域布病综合防控水平。

（五）检疫监督。建立防疫检疫工作联动机制，推动监测排查、强制免疫等情况与检疫申报有效衔接。利用“牧运通”等信息化载体和手段，深入推行智慧检疫，实现检疫监督全链条信息闭环管理。规范检疫出证，强化检疫监管，监督养殖主体和贩运人严格落实动物检疫申报、落地报告制度，实现动物调运启运地、途经地、目的地全程可追溯。有序推进牛羊集中或定点屠宰，强化检疫检验，建立牛羊及其产品进出台账，记录来源和流向，确保可追溯。

（六）调运监管。全面实施畜禽运输车辆和人员备案制度，充分发挥动物防疫指定通道作用，加强活畜跨区域调运监管，防止畜间布病跨区域传播。按照农业农村部公告第 2 号要求，除布病无疫区、无疫小区、净化场，以及用于屠宰和种用乳用外，跨省调运活畜时，禁止布病易感动物从高风险区域（免疫区）向低风险区域（非免疫区）调运。切实理顺地方行业监管和农业综合执法关系，推进行刑衔接，加大对违法违规调运行为的打击力度。

（七）疫情处置。严格按照《家畜布鲁氏菌病防治技术规范》要求处置疫情，对发病和监测阳性动物进行扑杀，对同群动物进行隔离监测，对病畜圈舍环境、集中放牧区域、被污染的场地等进行规范消毒，对扑杀动物、流产物、被污染物等进行无害化处理。对阳性率较高的场群，应及时剔除阳性动物、开展免疫或整群淘汰。在确保生物安全的前提下，积极稳妥探索开展阳性动物集中无害化处理和资源化利用试点。

（八）宣传培训。会同卫生健康、林草等有关部门利用多种手段进行布病防治政策和措施宣传，科普布病防治知识。对消费群体，倡导养成健康消费习惯，不食用未加热成熟的牛羊肉，不饮用未消毒杀菌的生奶。对从事养殖、运输、屠宰、加工等重点人群开展专门宣传，不断强化防范意识，指导做好消毒、隔离等防护措施。对动物防疫检疫人员，组织开展集中培训，熟练掌握布病疫苗接种和防护用品使用要领，确保操作规范，防护到位。

（九）效果评估。省级农业农村部门要定期对辖区内布病防控效果进行评估，根据评估结果及时调整防控策略和措施。定期开展畜间布病流行病学调查，掌握本地区布病疫情发生规律、流行趋势和风险因素，对免疫状况、调运情况、流行动态和监测结果进行汇总分析，及时对疫情进行预警。对布病防控措施落实不到位、防控效果较差的地区，及时予以通报、督促抓好整改，对防控成效突出的单位和个人进行表彰。

三、保障措施

（一）强化组织指导。各地要健全工作机制，压实属地管理责任，成立由农业农村部门牵头的畜间布病防控领导小组，加强组织领导和统筹协调，分解目标任务，强化督促指导，确保各项防控措施落地见效。农业农村部将结合春秋防检查，定期调度和通报有关情况，并将结果与动物防疫补助等项目经费分配挂钩。

（二）强化经费保障。各地要将畜间布病防控所需经费纳入本级财政预算，合理安排和使用中央财政动物防疫补助经费，重点保障强制免疫、监测净化、消毒灭源、宣传培训、评估指导等工作需要。将布病防控与畜牧业发展支持政策结合，在统筹安排涉农涉牧项目资金时，优先支持开展布病防控相关工作，对通过评估的布病无疫区、无疫小区和净化场进行先建后补、以奖代补。积极探索开展奶牛布病保险，作为强制扑杀补助的有效补充。

专栏　重点支持政策项目

1. 强制免疫补助：主要用于开展布病等动物疫病强制免疫疫苗采购、储存、接种及免疫效果监测评价、疫病监测和净化、人员防护等相关防控工作，对实施强制免疫和购买动物防疫服务予以补助等。

2. 强制扑杀补助：主要用于对在布病预防、控制、净化、消灭过程中强制扑杀的羊、肉牛、奶牛等动物及销毁的动物产品和相关物品的所有者给予适当补偿。

3. 陆生动物疫病病原学监测区域中心建设：在畜禽养殖密集、动物疫病流行状况复杂、防控任务重的地区，依托地市级动物疫病预防控制机构，更新改造升级病原学监测实验室，提升病原学监测能力，及时准确掌握相关病种的流行态势和病原分布状况，提升监测调查和预警分析能力。

4. 边境动物疫情监测站建设：为加强边境动物及陆生野生动物的疫病监测预警和风险防范能力，在外来病传入高风险区的内陆边境县建设边境动物疫情监测站，承担边境地区布病等优先防治病种以及重点防范外来病的监测、流行病学调查、巡查监视和信息直报任务。

5. 动物防疫指定通道建设：对经省级人民政府批准设立的动物防疫指定通道相关设施设备进行更新或改造，配备监督执法和信息化装备设施，提升查证验物能力，堵截染疫动物，控制流通环节动物疫病传播扩散风险。

6. 牧区动物防疫专用设施建设：在牧区县和半牧区县建设牧区动物防疫专用设施，有效解决牧区防疫工作中由于放牧大动物数量多导致的家畜不易保定、免疫监测工作难开展等问题，提高工作效率，降低工作强度，确保布病免疫、监测、诊断等防控工作有效开展，提高防疫工作质量和效果。

（三）强化技术支持。中国动物疫病预防控制中心要做好布病疫情监测、强制免疫指导、防控技术推广服务和防控效果评估。布病国家参考实验室、专业实验室和其他国家兽医实验室要深入开展布病诊断技术及疫苗免疫程序和效果研究，在快速鉴别诊断技术、试剂和疫苗研发方面取得突破。各地农业农村部门要组建布病防控技术专家团队，建立防控专家咨询机制，定期组织开展疫情风险研判；组建布病防控应急专业队伍，加强技术人员培养，提高防治水平和服务能力。

（四）强化措施联动。各级农业农村部门要积极与卫生健康、林草、市场监管、公安等相关部门协调，建立联防联控机制和联席会议制度，加强工作交流，强化疫情会商、信息沟通、措施联动。建立疫情联合调查和处置机制，定期对布病防治工作情况进行巡查检查，发现问题及时解决，有效推动各项工作开展。

（五）强化进展反馈。各地要根据本方案细化各项措施，制定本省份布病防控行动方案，确定并公开免疫县、免疫奶牛场名单，于今年7月30日前将行动方案、免疫县和免疫奶牛场名单报农业农村部畜牧兽医局备案。每年1月底前，将上一年度布病防控工作进展情况报农业农村部畜牧兽医局，免疫县、免疫奶牛场名单变化情况一同报送。

三十三、种用动物健康标准

（2022年6月24日　农业农村部公告第574号发布）

为了提高种用动物健康水平，促进畜牧业高质量发展，依据《中华人民共和国动物防疫法》，特制定本标准。

1　适用范围

本标准规定了与动物疫病相关的种用动物健康标准和检查方法。

本标准适用于中华人民共和国境内饲养的种用动物。

2　定义

本标准所指种用动物，是指经过选育、具有种用价值、适于繁殖后代的种猪、种牛、种羊、种马（驴）、种禽（鸡、鸭、番鸭、鹅）等动物。

本标准所指健康标准，是指根据《中华人民共和国动物防疫法》适用范围和相关定义，种用动物在动物疫病方面应符合的要求。

3　防疫条件要求

3.1　饲养场符合农业农村部规定的动物防疫条件（选址距离按照所在省、自治区、直辖市有关规定要求执行），并取得县级以上地方人民政府农业农村主管部门颁发的《动物防疫条件合格证》《种畜禽生产经营许可证》。

3.2　按国家规定开展重大动物疫病强制免疫工作，免疫抗体合格率达到国家规定要求，免疫档案齐全。

3.3　调出种用动物的，应当严格执行检疫制度；引进种用动物的，应当严格执行隔离观察制度。

3.4　开展定期消毒、灭鼠杀虫，有防止鸟类等野生动物传入疫病的设施和措施。

3.5　按国家规定加施畜禽标识，养殖档案齐全。

3.6　按照国家动物疫病监测计划开展动物疫病监测，监测结果符合规定要求。

4　种猪健康标准

4.1　未发生口蹄疫、非洲猪瘟、布鲁氏菌病、炭疽、猪瘟、猪繁殖与呼吸综合征、伪狂犬病、猪丹毒、猪肺疫。

4.2　临床健康。

4.3　对口蹄疫、非洲猪瘟、猪瘟、猪繁殖与呼吸综合征、伪狂犬病进行监测，病原学监测结果为阴性。

5　种牛健康标准

5.1　未发生口蹄疫、布鲁氏菌病、牛结核病、炭疽、棘球蚴病、牛结节性皮肤病、牛病毒性腹泻、牛传染性鼻气管炎。

5.2 临床健康。

5.3 对口蹄疫、布鲁氏菌病、牛结核病、牛结节性皮肤病进行监测。口蹄疫、牛结节性皮肤病病原学监测结果为阴性，布鲁氏菌病血清学检测应为抗体阴性，结核病经变态反应或γ-干扰素体外检测法检测为阴性。

6 种羊健康标准

6.1 未发生口蹄疫、小反刍兽疫、布鲁氏菌病、炭疽、棘球蚴病、绵羊痘和山羊痘、山羊传染性胸膜肺炎。

6.2 临床健康。

6.3 对口蹄疫、小反刍兽疫、布鲁氏菌病进行监测。口蹄疫病原学监测结果为阴性，小反刍兽疫病原学监测结果表明无病毒感染，布鲁氏菌病血清学检测应为抗体阴性。

7 种马（驴）健康标准

7.1 未发生非洲马瘟、马传染性贫血、马鼻疽。

7.2 临床健康。

7.3 对非洲马瘟、马传染性贫血、马鼻疽进行监测，病原学监测结果为阴性。

8 种禽健康标准

8.1 未发生高致病性禽流感、新城疫、禽白血病、鸡白痢、鸭瘟、小鹅瘟。

8.2 临床健康。

8.3 对高致病性禽流感、新城疫、禽白血病进行监测，病原学监测结果为阴性。

9 检测方法

9.1 口蹄疫

按《口蹄疫诊断技术》（GB/T 18935）执行。

9.2 非洲猪瘟

按《非洲猪瘟诊断技术》（GB/T 18648）执行。

9.3 布鲁氏菌病

按《动物布鲁氏菌病诊断技术》（GB/T 18646）执行。

9.4 炭疽

按《动物炭疽诊断技术》（NY/T 561）执行。

9.5 猪瘟

按《猪瘟诊断技术》（GB/T 16551）执行。

9.6 猪繁殖与呼吸综合征

按《猪繁殖与呼吸综合征诊断方法》（GB/T 18090）执行。

9.7 伪狂犬病

按《伪狂犬病诊断方法》（GB/T 18641）、《伪狂犬病病毒荧光PCR检测方法》（GB/T 35911）执行。

9.8 猪丹毒

按《猪丹毒诊断技术》（NY/T 566）执行。

9.9 猪肺疫

按《猪巴氏杆菌病诊断技术》（NY/T 564）执行。

9.10 结核病

按《动物结核病诊断技术》（GB/T 18645）、《结核病病原菌实时荧光PCR检测方法》（GB/T 27639）执行。

9.11 棘球蚴病

按《动物棘球蚴病诊断技术》（NY/T 1466）执行。

9.12 牛结节性皮肤病

按《牛结节性皮肤病诊断技术》（GB/T 39602）执行。

9.13 牛病毒性腹泻

按《牛病毒性腹泻/黏膜病诊断技术规范》（GB/T 18637）执行。

9.14 牛传染性鼻气管炎

按《牛传染性鼻气管炎诊断技术》（NY/T 575）执行。

9.15 小反刍兽疫

按《小反刍兽疫诊断技术》（GB/T 27982）执行。

9.16 绵羊痘和山羊痘

按《绵羊痘和山羊痘诊断技术》（NY/T 576）执行。

9.17 山羊传染性胸膜肺炎

按《山羊接触传染性胸膜肺炎诊断技术》（GB/T 34720）执行。

9.18 非洲马瘟

按《非洲马瘟诊断技术》(GB/T 21675) 执行。

9.19 马传染性贫血

按《马传染性贫血病琼脂凝胶免疫扩散试验方法》(NY/T 569) 执行。

9.20 马鼻疽

按《马鼻疽诊断技术》(NY/T 557) 执行。

9.21 高致病性禽流感

按《高致病性禽流感诊断技术》(GB/T 18936) 执行。

9.22 新城疫

按《新城疫诊断技术》(GB/T 16550) 执行。

9.23 禽白血病

按《禽白血病诊断技术》(GB/T 26436) 执行。

9.24 鸡白痢

按《鸡伤寒和鸡白痢诊断技术》(NY/T 536) 执行。

9.25 鸭瘟

按《鸭病毒性肠炎诊断技术》(GB/T 22332) 执行。

9.26 小鹅瘟

按《小鹅瘟诊断技术》(NY/T 560) 执行。

三十四、全国畜间人兽共患病治规划（2022—2030 年）

（2022 年 9 月 14 日　农业农村部农牧发〔2022〕31 号发布）

为贯彻落实 2022 年中央 1 号文件要求，做好人兽共患病源头防控，保障畜牧业生产安全、公共卫生安全和国家生物安全，按照《中华人民共和国动物防疫法》等有关法律法规规定，我部制定了《全国畜间人兽共患病防治规划（2022—2030 年）》。现印发你们，请结合本地实际，认真组织实施。

全国畜间人兽共患病防治规划（2022—2030 年）人兽共患病防治工作事关畜牧业高质量发展和人民群众身体健康，事关公共卫生安全和国家生物安全，是贯彻落实乡村振兴战略和健康中国战略的重要内容，是政府社会管理和公共服务的重要职责。为落实习近平总书记关于“人病兽防、关口前移”的重要指示精神，加强畜间人兽共患病防治工作，依据《中华人民共和国动物防疫法》《中华人民共和国传染病防治法》《中华人民共和国进出境动植物检疫法》《中华人民共和国生物安全法》等法律法规，编制本规划。

一、防治形势

（一）防治成效

近年来，国家出台一系列政策措施，推进畜间人兽共患病防治工作，取得显著成效。法律法规不断健全，修订动物防疫法，颁布生物安全法，实施国家中长期动物疫病防治规划，完善畜间人兽共患病防治配套规章、应急预案和技术标准规范。防治机制不断优化，落实地方政府属地管理、部门监管和生产经营者主体责任，健全强制免疫、监测流调、应急处置、区域化管理、联防联控等制度。防疫体系不断完善，推进动物防疫行政管理、监督执法和技术支撑体系建设，改善动物疫病监测、检疫监督等基础设施和装备条件。疫情形势总体稳定，高致病性禽流感等畜间人兽共患病得到有效控制，全国基本消灭了马鼻疽，日本血吸虫病、棘球蚴病（包虫病）、狂犬病等得到稳定控制，畜间流行率显著降低。

（二）困难挑战

我国畜禽饲养基数大，动物疫病种类多、分布广，部分疫病在局部地区出现反弹，防治形势依然复杂严峻。一是畜间人兽共患病种类多，病原复杂，流行范围广。高致病性禽流感疫情随候鸟迁徙传播的风险持续存在，布鲁氏菌病（以下简称“布病”）疫情在一些地区居高不下，局部地区牛结核病和包虫病疫情形势依然严峻，炭疽病原感染及传播途径更趋复杂。二是基层动物防疫体系职能淡化、力量弱化、支持虚化等问题比较突出。一些地方对畜间人兽共患病防治重视不够，经费保障不足，设施设备陈旧老化，基层机构大量撤并，专业技术人员匮乏，动物防疫、检疫和监管工作存在短板漏洞。三是畜禽养殖总量大，规模化程度总体不高，生物安全水平较低。中小规模养殖场户占比高，生物安全防护意识和能力参差不齐，部分养殖场户对畜间人兽共患病危害认识不足，防疫主体责任落实不到位。活畜禽长途调运和市场交易频繁，传统的养殖、流通和消费方式在短期内难以根本改变，疫病发生和跨区域传播扩散风险持续存在。四是周边及主要贸易国家和地区动物疫情频发，多种外部风险因素相互交织，防治任务繁重艰巨。随着全球化进程加快，动物及动物产品跨境流动频繁，外来畜间人兽共患病传入风险不断加大。野生动物疫源疫病跨种传播感染人和畜禽的情况时有发生，气候环境和生态系统变化以及极端天气增多，进一步加大畜间人兽共患病发生、传播和扩散风险。

（三）面临机遇

习近平总书记在十九届中央政治局第三十三次集体学习时对畜间人兽共患病防治提出明确要求，强调要坚持人病兽防、关口前移，从源头前端阻断人兽共患病的传播途径。2022 年中央 1 号文件明确提出，要做好人兽共患病源头防控。随着经济社会发展和人民生活水平的提高，人民群众对畜牧业生产安全、动物产品质量安全和公共卫生安全的要求不断提升，为做好畜间人兽共患病防治奠定了良好社会基础。当前，我国正开启全面建设社会主义现代化国家新征程，全面实施乡村振兴战略和健康中国战略，推动构建“人类卫生健康共同体”，为兽医卫生事业全面融入国家公共卫生体系，推动畜间人兽共患病防治工作再上新台阶提供了重要战略机遇。国家颁布实施生物安全法，修订实施动物防疫法等法律法规，为加强畜间人兽共患病防治知识宣传教育、落实关键防治措施、实施科学精准防治和有效防控提供了有力法治保障。

二、总体思路

（一）指导思想

以习近平新时代中国特色社会主义思想为指导，深入贯彻落实党中央、国务院关于全面加强国家生物安全风险防控和治理体系建设的决策部署，坚持人民至上、生命至上，实行积极防御、系统治理，健全完善畜间人兽共患病防治体制机制，全面夯实基层基础，提升风险防范和综合防治能力，有计划地控制、净化和消灭若干种严重危害畜牧业生产和人民群众健康安全的畜间人兽共患病，维护畜牧业生产安全、公共卫生安全和国家生物安全。

（二）基本原则

1. 源头防治，突出重点。坚持人病兽防、关口前移，实行预防为主、预防与控制净化消灭相结合的方针，聚焦重点病种，织密筑牢防治畜间人兽共患病的第一道防线，从前端阻断传播路径，切实降低流行率，有效防范传播风险。

2. 政府主导，多方参与。严格落实地方各级人民政府属地管理、部门监管和生产经营者主体责任，采取监督指导和激励相结合的措施，调动从业者主动防疫的内生动力，鼓励和引导社会力量广泛参与，形成政府、部门、社会组织和生产经营者分工明确、各司其职的防治机制。

3. 因地制宜，因病施策。实行一病一策、分类指导，分病种、分区域、分阶段采取差异化防治策略，根据不同病种的流行规律、传播特点和防治现状，制定实施有针对性的防治措施，精准防治，逐步实现从场群、区域到整体的控制、净化和消灭目标。

4. 协调配合，统筹推进。有效整合现有畜间人兽共患病防治资源，理顺防治体制机制，明确各方事权，协调各方力量，强化联防联控和群防群控，形成防控合力。确定国家重点防治病种，突出重点区域、聚焦重点环节、落实重点措施，统筹推进各项防治工作。

（三）防治目标

到 2030 年，逐步形成有效保障畜牧业高质量发展和人民群众身体健康的畜间人兽共患病防治能力，动物防疫机构队伍、法律法规和基础设施更加完善，应急响应机制更加健全，快速感知和识别新发突发疫病能力不断提高，全社会协同防范能力和水平显著提升。重点防治病种得到有效控制，畜间布病、牛结核病、包虫病等病种流行率明显下降，高致病性禽流感稳定控制，炭疽疫情保持平稳，马鼻疽实现消灭，犬传人狂犬病逐步消除，日本血吸虫病实现消除。常规防治病种流行率稳定控制在较低水平。重点防范的外来疫病传入和扩散风险有效降低。

专栏 1　实施防治防范的主要畜间人兽共患病

病种分类	病种
重点防治（8 种）	高致病性禽流感、布病、牛结核病、狂犬病、炭疽、包虫病、日本血吸虫病、马鼻疽
常规防治（14 种）	弓形虫病、钩端螺旋体病、沙门氏菌病、日本脑炎（流行性乙型脑炎）、猪链球菌Ⅱ型感染、旋毛虫病、囊尾蚴病、李氏杆菌病、类鼻疽、片形吸虫病、鹦鹉热、Q 热、利什曼原虫病、华支睾吸虫病

（续）

病种分类	病种
外来防范（2种）	牛海绵状脑病、尼帕病毒性脑炎。

专栏2 重点畜间人兽共患病防治目标

病种	到2025年	到2030年
高致病性禽流感	全国达到控制标准，部分区域达到免疫无疫标准	全国维持控制标准，进一步扩大免疫无疫区域
布病	50%以上的牛羊种畜场（站）和25%以上的规模奶畜场达到净化或无疫标准	75%以上的牛羊种畜场（站）和50%以上的规模奶畜场达到净化或无疫标准
日本血吸虫病（预期性）	有效控制和消除危害，全国达到传播阻断标准	全国达到消除标准
包虫病	98%以上的流行县家犬及家畜病原学监测个体阳性率控制在5%以下	100%的流行县家犬及家畜病原学监测个体阳性率控制在5%以下
狂犬病	注册犬免疫密度达90%以上，免疫犬100%建立免疫档案	注册犬免疫密度达95%以上，免疫犬100%建立免疫档案
牛结核病	25%以上的规模奶牛养殖场达到净化或无疫标准	50%以上的规模奶牛养殖场达到净化或无疫标准
炭疽	重点地区应免家畜免疫密度达90%以上，畜间疫情保持点状低发	重点地区应免家畜免疫密度达95%以上，畜间疫情保持点状低发
马鼻疽	全国消灭	维持全国消灭

三、策略措施

对重点防治病种，国家制定防治技术规范、标准，根据防控需要制定应急实施方案，实行全国统防、部门联防，一病一策、精准治理，区域协同、有效防控。对境外流行、尚未传入的畜间人兽共患病，加强风险防范、监测预警和应急准备，加强口岸和边境防控，强化联防联控。

（一）高致病性禽流感

目前我国高致病性禽流感防控形势总体平稳，要继续落实免疫、监测、扑杀等综合防治措施。重点防治措施。一是做好强制免疫。坚持预防为主，全面开展家禽强制免疫和抗体监测，确保家禽群体免疫保护水平。有条件的地区，可根据监测评估结果和防治实际探索建立免疫退出机制。二是加强监测预警。组织实施家禽和野禽监测计划，密切监视禽流感病毒流行动态、毒株变异、致病力变化情况。三是严格检疫监管和市场准入。严禁未经检疫、来源不明的家禽及产品入市销售，严格执行活禽市场防疫管理制度，加强疫病监测，发现禽流感病毒污染立即采取休市、消毒等应急处置措施。县级以上地方人民政府应当根据本地情况，依法决定在城市特定区域禁止活禽交易。倡导健康消费理念，加快推进“规模养殖、集中屠宰、冷链运输、冰鲜上市”的生产消费模式。四是推进区域化管理。鼓励、支持各地及养殖场户开展高致病性禽流感净化场、无疫小区和无疫区建设，不断提高家禽养殖场所生物安全水平。

（二）布病

目前我国布病防控形势严峻，对牛羊健康养殖和公共卫生安全构成较大威胁，要继续坚持免疫与净化相结合，严格落实各项综合防治措施，逐步降低畜间流行率。重点防治措施。一是实施专项防控行动。实施畜间布病防控五年行动方案，强化条件保障，做好技术支持，加强督促指导，全面落实监测、免疫、扑杀、消毒、无害化处理、人员防护等关键措施。二是推进区域化管理。各地根据布病流行状况和畜牧业产业布局，以县为单位确定免疫区和非免疫区，免疫区严格规范开展布病强制免疫，非免疫区强化日常监测和剔除，加大对高风险畜群、地区和环节监测力度。积极推进布病净化场、无疫小区、无疫区建设，提升养殖环节生物安全水平。三是强化牛羊调运监管。严格落实牛羊产地检疫和落地报告制度，做好隔离观察。全面实施畜禽运输车辆和主体备案制度，加强活畜跨区域调运监管，严格指定通道管理。

除布病净化场、无疫小区、无疫区，以及用于屠宰和种用乳用外，跨省调运活畜时，禁止布病易感动物从高风险区域向低风险区域调运。四是加强奶畜风险监测。支持奶畜养殖场户开展布病自检，探索建立生鲜乳布病等病原微生物风险监测评估制度。

专栏3　布病防控五年行动

农业农村部印发《畜间布鲁氏菌病防控五年行动方案（2022—2026年）》（农牧发〔2022〕13号），按照源头防控突出重点、因地制宜综合施策、技术创新强化支撑、健全机制持续推进的基本原则，全面落实监测排查、强制免疫、消毒灭源、净化无疫、检疫监督、调运监管、疫情处置、宣传培训、效果评估等9项重点任务，强化组织指导、经费保障、技术支持、措施联动、进展反馈等5项保障措施。力争通过5年时间，有效降低畜间布病总体流行率，提升牛羊群体健康水平，建成一批高水平的牛羊布病净化场和无疫小区。

（三）牛结核病

我国牛结核病在奶牛群体中仍有一定程度流行，防控形势不容乐观，要坚持预防为主，严格落实监测净化、检疫监管、无害化处理等综合防治措施。重点防治措施。一是加强监测。加大养殖场、屠宰场和交易市场监测力度，及时准确掌握病原分布和疫情动态，科学评估风险，逐步建立完善奶牛个体档案和可追溯标识，对感染牛及时追踪溯源，并对溯源牛群进行持续监测。二是加快推进净化工作。制定净化实施方案，分区域、分步骤统筹推进牛结核病净化工作。对养殖场户实行分类指导、一场一策、逐步净化，有计划地开展防治工作。三是加强生物安全管理。指导养殖场户加强生物安全防控，落实日常消毒措施，提高生物安全水平，及时扑杀牛结核病感染牛，并进行无害化处理。四是加强奶牛群体风险监测。支持奶牛养殖场户开展牛结核病自检，探索建立生鲜乳牛结核病等病原微生物风险监测评估制度。

（四）狂犬病

狂犬病是我国法定报告传染病中病死率最高的人兽共患病，要强化免疫、监测流调、疫情处置等关键防治措施落实。重点防治措施。一是严格实施犬只免疫。指导犬只饲养单位和个人要切实履行法定义务，定期为犬只接种狂犬病疫苗，确保构筑有效免疫屏障。各地可根据狂犬病流行情况、监测评估结果和当地实际，将犬只狂犬病纳入地方动物疫病强制免疫病种。推进狂犬病免疫接种点建设，规范动物诊疗机构接种管理，对免疫犬只建立免疫档案。二是开展监测流调。对出现异常攻击行为或发生不明原因死亡的疑似患病动物及时开展病原学监测，发现确诊病例及时开展疫情溯源和流行病学调查。三是做好应急处置。发生疑似动物狂犬病疫情，及时划定高风险场所或区域，落实传染源调查、高风险区犬只紧急免疫等应急处置措施，严格按规定对染疫动物进行无害化处理。四是加强流浪犬和农村犬只防疫管理。按照动物防疫法规定，指导乡镇人民政府、街道办事处、村（居）民委员会做好本辖区流浪犬的控制和处置，防止疫病传播；县级人民政府和乡级人民政府、街道办事处要结合本地实际做好农村地区饲养犬只的防疫管理工作。

（五）炭疽

目前我国炭疽疫情总体呈点状发生态势，有明显的季节性、区域性，以老疫点和疫源地为高发地区，要强化监测排查、应急处置、针对性免疫、检疫监管等综合防治措施。重点防治措施。一是做好监测报告。加强高发季节高风险地区监测预警，及早发现和报告疫情。二是严格规范处置疫情。按照“早、快、严、小”原则做好疫情处置，对病畜进行无血扑杀和无害化处理，掩埋点设立永久性警示标志，疫源地周边禁止放牧。三是做好针对性免疫。根据疫情动态和风险评估结果制定重点地区免疫计划，适时开展家畜免疫。四是加强动物卫生监管。严格检疫和调运监管，严厉打击收购、加工、贩运、销售病死动物及其产品等违法违规行为，对死亡动物严格执行“四不准一处理”（不准宰杀、不准食用、不准出售、不准转运，对死亡动物进行无害化处理）措施。加强日常监管，重点地区要加强病死草食动物无害化处理专项整治，根据防控需要配备可移动大动物尸体焚化设备。

（六）包虫病

目前我国包虫病疫情总体比较平稳，四川、西藏、青海等地区疫情相对较重，要实施以控制传染源为主、中间宿主防控与病人查治相结合的综合防治策略。重点防治措施。一是做好家犬驱虫。包虫病流行区强化家犬登记管理，按户建立家犬驱虫登记卡。全面实行家犬拴养，因地制宜

实施限养。根据当地实际定期开展犬驱虫。做好犬粪深埋、焚烧等无害化处理工作。二是加强流浪犬管控。乡镇人民政府、街道办事处、村（居）民委员会要采取措施控制并减少流浪犬数量，在流浪犬聚集场所或经常出没区域定期投放驱虫药饵，并集中收集犬粪进行无害化处理。三是加强综合防疫管理。做好家畜免疫，每年对新生羔羊和新补栏羊进行免疫接种，有条件的地区可对牦牛等进行免疫接种。做好易感动物监测，对牛、羊及家犬做好病原学监测，对免疫动物开展抗体监测。强化家畜屠宰管理，规范开展屠宰检疫，做好病变内脏的无害化处理，不得随意丢弃家畜脏器。四是加强流行区宣传教育。对牧民和养殖、屠宰、交易等环节从业者做好防治知识宣传，引导养成良好卫生习惯，不随意丢弃家畜内脏，不用生鲜内脏喂犬，对病变内脏进行无害化处理。

（七）日本血吸虫病

日本血吸虫病是严重危害人体健康的重大畜间人兽共患病，要坚持以控制传染源为主的综合防治策略，实施人畜同步查治。重点防治措施。一是开展家畜疫情监测。开展家畜血吸虫病疫情监测，每年按照国家动物疫病监测与流行病学调查计划进行家畜查治，控制家畜感染，实行网络化和信息化管理，掌握疫情动态。二是加强家畜传染源管理。大力推进农业耕作机械化，逐步淘汰耕牛或以机耕代牛耕，在暂未淘汰耕牛的流行区逐步推行家畜集中圈养。鼓励有条件的流行区发展替代养殖业，减少易感动物饲养量。加强家畜粪便管理，在血吸虫病疫区实施沼气池建设，对人、畜粪便进行无害化处理，通过发酵等方式杀灭虫卵，减少直接排放污染环境，有效切断传播途径。做好流行区易感家畜的检疫工作。三是实施农业灭螺工程。结合农业种植结构调整，对符合条件的水田实施水改旱或者水旱轮作。在有钉螺分布的低洼沼泽地带（非基本农田）开挖池塘、实施标准化池塘改造，发展优质水产养殖业，实行蓄水灭螺。

（八）其他畜间人兽共患病

针对畜间人兽共患病传播流行的三个环节（传染源、传播途径、易感动物），实施综合防治措施，积极开展病媒生物防制和消杀，加强饲养管理，不断提高养殖场所生物安全水平。重点防治措施。对马鼻疽，继续实施消灭计划，严格落实监测、扑杀、无害化处理、移动控制等关键措施。对日本脑炎（流行性乙型脑炎）、猪链球菌Ⅱ型感染和鹦鹉热，在流行区域对猪、马、牛、羊等易感家畜进行疫苗接种。对旋毛虫病、囊尾蚴病，以屠宰场为重点，严格宰后检疫检验，做好污染肉品的无害化处理。对其他常规防治病种，加强饲养管理、环境消毒、无害化处理、药物治疗、疫病净化，加强人员防护和个人卫生。对牛海绵状脑病、尼帕病毒性脑炎等外来病种，加强国际疫情监视，做好传入风险分析和预警；加强联防联控，健全跨部门协作机制，强化入境检疫和边境监管措施，提高人兽共患病发现识别和防控能力；在边境、口岸等高风险区域开展应急演练，提高应急处置能力。

四、重点任务

（一）完善防治措施深入推进畜间人兽共患病强制免疫先打后补改革，完善以养殖场户为责任主体，以企业执业兽医、乡村兽医、村级防疫员和特聘防疫专员等社会化服务队伍为技术依托的强制免疫网络。严格落实疫情报告制度，明确疫情报告责任和标准，健全疫情报告体系。完善畜间人兽共患病应急预案和应急响应机制，加强应急物资和能力储备。加强牛羊屠宰管理，有序推进牛羊集中或定点屠宰，健全入场动物查证验物、待宰采样检测和检验检疫制度，建立牛羊屠宰场基础信息系统，强化与动物检疫电子出证系统对接，实现牛羊从产地到屠宰的全程闭环监管。有条件的省份，省级农业农村主管部门在严格确保生物安全的前提下，可探索开展布病、包虫病、牛结核病监测阳性动物集中无害化处理和资源化利用试点。

（二）抓好监测净化完善监测预警体系，健全以国家兽医实验室和省市县三级动物疫病预防控制机构为主体的畜间人兽共患病监测预警网络。加强专项监测，有针对性地开展常规监测、净化监测和无疫监测，做到及时发现、快速感知、准确识别。加强宠物疫病、野生动物疫源疫病、外来动物疫病监测预警。强化同卫生健康、海关、林草等部门沟通协调和资源共享，及时相互通报监测信息。强化畜间人兽共患病净化工作，推进防治工作从有效控制向净化消灭转变。建立完善相关奖补政策和激励机制，加快推进畜间人兽共患病净化场、无疫小区和无疫区的建设，建成一批高水平畜间人兽共患病净化场和无疫小区。通过示范带动、典型引领，不断提升养殖环节生物安全水平。

专栏4　畜间人兽共患病净化

农业农村部印发《农业农村部关于推进动物疫病净化工作的意见》（农牧发〔2021〕29号），按照企业主体政府支持、因地制宜分类施策、点面结合整体推进的基本原则，通过明确净化范围、集成净化技术、完善净化模式、做好净化指导、开展净化评估等措施，以种畜场、奶畜场和规模养殖场为对象，稳步推进布病、牛结核病等畜间人兽共患病净化；以种畜禽场和规模养殖场为切入点，探索开展高致病性禽流感等重大动物疫病净化。

（三）强化科技支撑

积极支持有条件的单位开展畜间人兽共患病防治相关技术研究和推广，实施新发畜间人兽共患病应急科研攻关储备项目。建设国家人畜共患传染病防控技术研究中心、国家动物疫病防控技术集成创新中心和区域动物疫病防控技术集成基地，组织开展多部门、跨学科联合攻关，加强动物疫病预防控制机构、科研院所和企业科研资源集成融合，构建基础性、前沿性、实用性技术研究、集成创新和示范推广平台，增强防治技术原始创新、集成推广和引进吸收转化能力，解决制约防治工作的关键技术问题。加强畜间人兽共患病检测试剂、标准样品、仪器设备、治疗药物、中医药技术等方面的研发推广，加快推进新型疫苗和快速诊断与鉴别诊断技术产品的引进、研发、注册和应用，完善相关畜间人兽共患病诊断检测标准，健全畜间人兽共患病菌毒种库、疫苗和诊断制品标准物质库。

（四）推进智慧防治

实施智慧防疫能力提升行动，全面提升畜间人兽共患病系统治理能力。运用互联网、大数据、人工智能、区块链等现代信息技术，织牢织密监测预警网络。建立以动物移动监管为核心的全链条智慧监管体系，建成覆盖养殖场户、屠宰企业、指定通道、无害化处理场、交易市场的智能监控信息系统，开展动物养殖、运输、交易、屠宰、无害化处理等全链条精细化监管，实现养殖档案电子化、检疫证明无纸化、运输监管闭环化。将信息系统配备及与政府监管系统对接情况，纳入养殖场、屠宰场等标准化示范创建，以及动物疫病净化场、无疫小区和无疫区建设评估验收内容，不断提高智慧监管能力水平。

专栏5　全国智慧防疫能力提升行动

以规模养殖场和畜禽屠宰场点为关键控制节点，以直联直报系统、牧运通APP及省级畜牧兽医信息平台等为支撑，建立健全养殖、运输、屠宰全链条防疫、检疫监管智慧信息系统。逐步建设覆盖全国所有规模养殖场和畜禽屠宰场的视频监控系统，对规模养殖场实施电子养殖档案管理，逐步实现养殖档案电子化、屠宰管理标准化、检疫证明无纸化。

（五）加强宣传教育

制定畜间人兽共患病防控培训计划，对动物养殖、屠宰加工、动物疫病防控等高风险从业人员，加强畜间人兽共患病防治技术培训，分类编制畜间人兽共患病防治指南，定期组织开展专项健康教育。监督相关单位建立健全人员防护制度，采取有效的卫生防护、医疗保健措施，定期组织工作人员开展健康检查。利用多种方式和重要节点，开展形式多样的主题宣传活动，广泛宣传畜间人兽共患病防治政策和知识，倡导健康饮食和良好生活习惯，提高社会公众防范意识。

（六）完善服务体系

着力培育多元兽医社会化服务组织，完善以执业兽医、乡村兽医为主体，其他兽医从业人员和社会力量为补充的兽医社会化服务体系。鼓励社会化服务体系为生产经营主体提供疫病检测、诊断和治疗等防治服务。积极推进将强制免疫、采样监测、协助检疫等兽医公益服务事项交由社会化服务体系承担。建立完善兽医社会化服务相关制度和标准，强化监督管理，加快构建政府主导的公益性兽医社会化服务与市场主导的经营性兽医社会化服务深度融合的长效机制。

（七）夯实基层基础

加强基层动物防疫体系建设，开展基层动物防疫体系运行效能评估，重点强化市县级动物疫病预防控制机构和动物卫生监督机构，明确机构设置和职能定位，充实畜间人兽共患病防控力量，足额配齐配强乡镇专业人员，实行定责定岗定人，完善工作机制，提升专业能力。各级农业农村部门要加强统筹协调和工作调度，指导动物疫病预防控制机构、动物卫生监督机

构、农业综合行政执法机构加强协调配合，共同做好畜间人兽共患病防治工作。协调建立分级投入、分级管理机制，推动地方财政加大兽医实验室投入，加强对不同生物安全级别的实验室的建设和管理。

五、组织保障

（一）强化责任落实

省级农业农村部门要报请省级人民政府，成立畜间人兽共患病防治工作领导小组，加强组织协调和统筹调度，分解目标任务，明确各方责任。结合本地畜间人兽共患病流行情况和经济社会发展状况，制定实施本行政区域的畜间人兽共患病防治规划。全面落实政府属地管理责任、部门监管责任和生产经营者主体责任，确保畜间人兽共患病防治规划各项目标任务和措施落到实处。

（二）强化条件保障

省级农业农村部门要统筹使用中央财政动物防疫补助等经费项目，协调加大省级财政支持力度，全面推进免疫、监测、流调、扑杀、净化、评估、检疫监督、无害化处理、应急处置、人员防护等畜间人兽共患病防治工作。县级以上地方人民政府要采取措施稳定畜间人兽共患病防控队伍，将畜间人兽共患病防治经费纳入本级财政预算，保障公益性事业经费支出，落实畜牧兽医医疗卫生津贴等相关待遇，确保畜间人兽共患病防治责有人负、活有人干、事有人管。

专栏6　重点支持政策项目

1. 强制免疫补助：主要用于开展动物疫病强制免疫、免疫效果监测评价、疫病监测和净化、人员防护等相关防控措施，以及实施强制免疫计划、购买防疫服务等方面。对符合条件的养殖场户实行强制免疫“先打后补”，在2025年年底前逐步全面停止政府招标采购强制免疫疫苗；对暂不符合条件的养殖场户，继续实行省级集中招标采购强制免疫疫苗。

2. 强制扑杀和销毁补助：主要用于预防、控制和扑灭动物疫病过程中，被强制扑杀动物的补助和农业农村部门组织实施销毁的动物产品和相关物品的补助等方面。补助对象为被依法强制扑杀动物的所有者、被依法销毁动物产品及相关物品的所有者。

3. 养殖环节无害化处理补助：主要用于养殖环节病死猪无害化处理等方面。按照“谁处理，补给谁”的原则，补助对象为承担无害化处理任务的实施者。

4. 陆生动物疫病病原学监测区域中心建设：在畜禽养殖密集、动物疫病流行状况复杂、防控任务重的地区，依托地市级动物疫病预防控制机构，更新改造升级病原学监测实验室，提升病原学监测能力，及时准确掌握相关病种的流行态势和病原分布状况，提升监测调查和预警分析能力。

5. 边境动物疫情监测站建设：为加强边境动物及陆生野生动物的疫病监测预警和风险防范能力，在外来病传入高风险区的内陆边境县建设边境动物疫情监测站，承担边境地区优先防治病种以及重点防范外来病的监测、流行病学调查、巡查监视和信息直报任务。

6. 动物防疫指定通道建设：对经省级人民政府批准设立的动物防疫指定通道相关设施设备进行更新或改造，配备监督执法和信息化装备设施，提升查证验物能力，堵截染疫动物，控制流通环节动物疫病传播扩散风险。

7. 牧区动物防疫专用设施建设：在牧区县和半牧区县建设牧区动物防疫专用设施，解决牧区防疫工作中由于放牧大动物数量多导致的家畜不易保定、免疫监测工作难开展等问题，确保免疫、监测、诊断等防控工作有效开展，提高动物防疫工作质量和效果。

（三）强化机制创新

理顺畜间人兽共患病防治工作机制，健全行政管理、技术支撑和监督执法体系，明确各类工作机构职能定位，加强协调配合，增强防治合力。完善农业农村、卫生健康、海关、林草等部门参与的畜间人兽共患病防治协作机制，建立情况通报、联合会商、分析研判、风险评估等工作制度，加强信息沟通和措施联动。探索利用大数据信息、人工智能技术确定重点人群和对象，精准推送畜间人兽共患病防治信息，及时发布疫病监测情况和风险提示，增强相关从业者和社会公众的防疫意识和能力。

（四）强化督促指导

省级农业农村部门要会同有关部门，依据本规划制定畜间人兽共患病防治任务清单和监测指标，组织开展督促指导和跟踪评价。对在动物防疫工作、相关科学研究、动物疫情扑灭中做出贡献的单位和个人，各级人民政府和有关部门按照国家有关规定给予表彰、奖励。要将职务职级晋升和职称评定、表彰奖励向业绩突出、考核优秀的基层动物防疫人员倾斜。农业农村部将组织对规划实施情况开展阶段性评估指导，结合春防秋防检查，定期调度和通报有关情况，并将结果与动物防疫补助等经费项目费分配挂钩。

抄送：国家卫生健康委、海关总署、国家林草局，各省、自治区、直辖市及计划单列市人民政府。

三十五、农业农村部办公厅关于进一步加强动物病原微生物实验室生物安全管理工作的通知

（2021年5月13日　农业农村部办公厅农办牧〔2021〕23号发布）

各省、自治区、直辖市农业农村（农牧）、畜牧兽医厅（局、委），新疆生产建设兵团农业农村局，中国动物疫病预防控制中心、中国兽医药品监察所、中国动物卫生与流行病学中心，中国农业科学院各有关研究所，各有关高校、科研单位：

为加强动物病原微生物实验室生物安全管理，有效防范化解实验室生物安全风险，依据《中华人民共和国生物安全法》（以下简称《生物安全法》）《中华人民共和国动物防疫法》《病原微生物实验室生物安全管理条例》等法律法规，现就进一步做好动物病原微生物实验室生物安全管理工作通知如下。

一、深化对动物病原微生物实验室生物安全工作的认识

动物病原微生物实验室生物安全是国家生物安全的重要组成部分，事关养殖业生产安全、动物源性食品安全和公共卫生安全。近年来，各地持续加强管理，动物病原微生物实验室生物安全水平明显提高，但新建、改建或者扩建一级、二级实验室未及时进行备案、违规开展高致病性动物病原微生物实验活动等问题时有发生。要以高度的政治责任感，深入贯彻落实《生物安全法》等法律法规要求，积极开展宣传培训，掌握核心要义，指导做好实验室生物安全管理工作，督促健全实验室管理制度，增强生物安全意识，提高生物安全风险防范能力。

二、强化动物病原微生物实验室备案管理

各地要依照相关法律法规要求，做好新建、改建或者扩建一级、二级实验室在内的动物病原微生物实验室的备案管理。要积极探索制定备案管理办法，建立完善实验室电子备案及信息化系统，做到底数清、情况明，应备尽备，不留死角，不落下一个动物病原微生物实验室。

三、进一步规范高致病性动物病原微生物行政审批

各地要落实“放管服”要求，进一步规范高致病性动物病原微生物行政审批，参照我部相关行政审批办事指南，编制省级办事指南，细化审批条件，严格审批要求，规范审批流程，按时办结并及时将申请材料和初审意见报送我部，不得由申请人代为邮寄。

四、严格动物病原微生物菌（毒）种和样本保藏管理

国家对具有保藏价值的实验活动用动物病原微生物菌（毒）种和样本实行集中保藏，除我部指定的菌（毒）种保藏机构和相关专业实验室外，其他单位和个人不得保藏菌（毒）种和样本。各地要切实履行监督职责，对违规保存菌（毒）种和样本的实验室，监督其就地销毁或送我部指定的保藏机构保存。

五、加强动物病原微生物实验室及实验活动常态化监督检查

要落实属地管理责任，加强对辖区内动物病原微生物实验室及其实验活动的生物安全监督管理，做好常态化监管工作。要严格监督执法，对未经批准从事高致病性动物病原微生物实验活动的，坚决依法严肃查处，对由此产生的科研成果不予认可。对实验室能力条件发生变化，不再符合国家标准或相关规定的，要及时暂停或取消实验活动许可。

六、严格科研成果发表管理

各地要按照《科技部教育部农业部卫生部中科院中国科协关于加强我国病毒研究成果发表管理的通知》（国科发社〔2012〕921号）要求，加强对所属科研院所、大专院校、出版机构高致病性病原微生物研究成果发表的管理，将实验室生物安全管理情况纳入相关绩效评价工作。

七、切实做好值班和应急处置工作

各地应当制定并组织、指导和督促相关动物病原微生物实验室设立单位制定生物安全事件应急预案，加强应急准备、人员培训和应急演练，做到“早发现、早报告、早处置”。督促指导菌

（毒）种保藏机构和从事动物病原微生物实验活动的实验室设立单位，建立健全安全保卫制度和应急值班制度，严格安全保卫措施。一旦发生高致病性动物病原微生物被盗、被抢、丢失、泄漏等情况，要按规定报告，并及时采取必要的控制措施。

三十六、农业农村部　中央机构编制委员会办公室关于加强基层动植物防疫体系建设的意见

（2022年1月7日　农业农村部农人发〔2022〕1号发布）

各省、自治区、直辖市农业农村（农牧）、畜牧兽医厅（局、委），新疆生产建设兵团农业农村局：

当前，一些地方基层动植物疫病防控机构被撤并、人员被削减，影响动植物疫病监测预警、防控指导、检疫监管和应急处置等防控工作的正常开展。今年1月，农业农村部、中央机构编制委员会办公室联合印发《关于加强基层动植物疫病防控体系建设的意见》（以下简称《意见》），要求各地压实属地责任，统筹调整基层农业农村部门工作力量，优化存量、补充增量，配齐配强专业人员，全链条做好动植物疫病防控各项工作。为贯彻落实《意见》要求，现就有关工作通知如下。

一、全面摸清底数

省级农业农村部门要对基层动植物疫病防控体系基本情况进行全面调查摸底，重点了解县级农业农村部门及其动物疫病预防控制机构、动物卫生监督机构、植物保护机构的编制和人员情况，以及乡镇负责动植物疫病防控工作的机构、编制和人员等情况，连同省、市两级动植物疫病防控机构、人员情况，于4月中旬前通过中国动物疫病预防控制中心、全国农业技术推广服务中心网络平台填报（具体要求另发）。后续机构、人员调整变动情况，请实时在平台上更新。

二、科学制定方案

省级农业农村部门要根据基层动植物疫病防控职能职责，综合考虑本地畜禽养殖数量、养殖密度、农作物种植面积、病虫害发生种类、防控指导区域面积等因素，合理测算基层动植物疫病防控所需机构、编制数量。在此基础上，会同机构编制部门制定基层动植物疫病防控体系建设工作方案，明确具体措施、工作步骤、责任分工以及时限要求等，于4月底前按程序报批后组织实施，并报农业农村部备案。

三、及时调度进展

省、市两级农业农村部门要成立主要负责同志任组长、同级机构编制等相关部门参加的领导小组，每月至少召开一次领导小组会，调度工作进展；要抽调精干力量，设立工作专班，分管负责同志亲自抓，按照工作方案要求，倒排工期，确保各项工作按时推进。县级农业农村部门要会同机构编制部门细化责任分工，列出时间表、进度图，落实好各项具体任务，并及时向省级农业农村部门报告工作进展。请各省级农业农村部门于9月底前将基层动植物疫病防控体系建设情况报我部。

四、加强工作指导

地方各级农业农村部门要及时将《意见》精神向本地党委、政府主要负责同志汇报，争取党委、政府重视和支持，将动植物疫病防控工作纳入乡村振兴和基层治理一体谋划。要按照《意见》要求，积极协调机构编制部门，采取切实有效措施，健全体系、完善机构、配齐人员，确保“活有人干、事有人管”。对体系建设进展缓慢的，省级农业农村部门要会同机构编制部门进行专门指导。我部将定期开展调研指导工作。

联系方式：

农业农村部畜牧兽医局行业发展处　王中力，负责动物疫病防控体系建设工作，电话：010-59192875

农业农村部种植业管理司植保植检处　王建强，负责植物保护体系建设工作，电话：010-5919183

三十七、财政部　农业农村部关于修订农业相关转移支付资金管理办法的通知

（2022 年 4 月 1 日　财政部财农〔2022〕25 号发布）

各省、自治区、直辖市、计划单列市财政厅（局）、农业农村（农牧、畜牧兽医、渔业）厅（委、局），新疆生产建设兵团财政局、农业农村局，北大荒农垦集团有限公司、广东省农垦总局：

为进一步规范和加强中央财政农业生产发展资金、农业资源及生态保护补助资金、动物防疫等补助经费等三项农业相关转移支付资金管理，提高资金使用效益，服务乡村振兴战略，我们对《财政部 农业农村部关于修订印发农业相关转移支付管理资金办法的通知》（财农〔2020〕10 号）进行了修订。现将修订后的管理办法予以印发，请遵照执行。此前印发的办法同时废止。

附件：1. 农业生产发展资金管理办法

2. 农业生产发展资金分配测算方法及标准

3. 农业资源及生态保护补助资金管理办法

4. 农业资源及生态保护补助资金分配测算方法及标准

5. 动物防疫等补助经费管理办法

6. 动物防疫等补助经费分配测算方法及标准

附件 1

农业生产发展资金管理办法

第一章　总　　则

第一条　为加强和规范农业生产发展资金管理，推进资金统筹使用，提高资金使用效益，增强农业综合生产能力，根据《中华人民共和国预算法》《中共中央 国务院关于全面实施预算绩效管理的意见》《国务院关于探索建立涉农资金统筹整合长效机制的意见》（国发〔2017〕54 号）等有关法律法规和制度规定，制定本办法。

第二条　本办法所称农业生产发展资金，是指中央财政安排用于促进农业生产、优化产业结构、推动产业融合、提高农业效益等的共同财政事权转移支付资金。

第三条　农业生产发展资金的分配、使用、管理和监督适用本办法。

第四条　在编制年度预算前或预算执行中，财政部会同农业农村部根据政策实施情况和工作需要，开展相关评估工作，根据评估结果完善资金管理政策。

农业生产发展资金实施期限至 2025 年，到期前由财政部会同农业农村部评估确定是否继续实施。

第五条　农业生产发展资金由财政部会同农业农村部按照“政策目标明确、分配办法科学、支出方向协调、绩效结果导向”的原则分配、使用和管理。

财政部负责农业生产发展资金中期财政规划和年度预算编制，会同农业农村部分配及下达资金预算，组织实施全过程预算绩效管理，对资金使用情况进行监督。

农业农村部负责相关产业发展规划编制，指导、推动和监督开展农业生产发展工作，会同财政部下达年度工作任务清单，做好资金测算、任务完成情况监督，对相关基础数据的真实性、准确性负责，按规定开展预算绩效管理工作，加强绩效管理结果应用等工作。

地方财政部门主要负责农业生产发展资金的预算分解下达、资金审核拨付、本地区预算绩效管理以及资金使用监督。

地方农业农村部门主要负责农业生产发展资金相关规划或实施方案编制、项目组织实施和监督等，研究提出资金和任务清单分解安排建议方案，做好本地区预算执行和绩效目标管理、绩效监控和绩效评价等工作。

第二章　资金支出范围

第六条　农业生产发展资金主要用于以下方面：

（一）耕地地力保护支出。主要用于支持保护耕地地力。对已作为畜牧养殖场使用的耕地、林地、草地、成片粮田转为设施农业用地、非农征（占）用耕地等已改变用途的耕地，以及抛荒地、

占补平衡中“补”的面积和质量达不到耕种条件的耕地等不予补贴。

（二）农机购置与应用补贴支出。主要用于支持购置与应用先进适用农业机械，以及开展报废更新和相关创新试点等方面。

（三）农业绿色发展与技术服务支出。主要用于支持重点作物绿色高质高效、基层农技推广体系改革与建设、良种良法技术推广等方面。

（四）农业经营方式创新支出。主要用于支持新型农业经营主体培育、农业生产社会化服务、高素质农民培育、农产品产地冷藏保鲜设施建设、农业信贷担保业务补奖等方面。

（五）农业产业发展支出。主要用于支持优势特色产业集群、国家现代农业产业园和农业产业强镇等农村一、二、三产业融合发展，以及奶业振兴行动和畜禽健康养殖、种业发展、地理标志农产品保护等方面。

（六）党中央、国务院确定的支持农业生产发展的其他重点工作。

农业生产发展资金不得用于兴建楼堂馆所、弥补预算支出缺口等与农业生产发展无关的支出。

第七条 农业生产发展资金的支持对象主要是农民，新型农业经营主体，以及承担项目任务的单位和个人。

第八条 农业生产发展资金可以采取直接补助、政府购买服务、先建后补、以奖代补、资产折股量化、贷款贴息、担保补助等支持方式。具体由省级财政部门商农业农村部门确定。

第三章 资金分配和预算下达

第九条 农业生产发展资金主要采取因素法测算分配，并可根据绩效评价结果、地方财政支农投入、资金监督管理等因素进行适当调节。分配因素包括：

（一）基础资源因素，包括耕地面积、主要农产品产量、农作物播种面积、农林牧渔业产值等。

（二）政策任务因素，分为约束性任务和指导性任务，约束性任务主要包括党中央、国务院明确要求的涉及国计民生的事项、重大规划任务、新设试点任务以及对农牧民直接补贴等，其他任务为指导性任务。

（三）脱贫地区因素，包括832个脱贫县（原国家扶贫开发工作重点县和连片特困地区县）粮食播种面积和所在省脱贫人口等。

基础资源、政策任务、脱贫地区因素根据相关支出方向具体确定，并可根据党中央、国务院有关决策部署和农业发展实际需

要适当调整。实行项目管理、承担的相关试点或据实结算的任务，以及计划单列市、新疆生产建设兵团、北大荒农垦集团有限公司、广东省农垦总局可根据需要采取定额测算分配方式。

第十条 财政部应当在全国人民代表大会审查批准中央预算后30日内将农业生产发展资金预算下达省级财政部门，同时抄送农业农村部、省级农业农村部门和财政部当地监管局，并同步下达区域绩效目标，作为开展绩效监控、绩效评价的依据。财政部应在每年10月31日前将下一年度农业生产发展资金预计数提前下达省级财政部门，同时抄送农业农村部、省级农业农村部门和财政部当地监管局。农业生产发展资金分配结果在资金预算下达文件印发后20日内向社会公开，涉及国家秘密的除外。

第十一条 农业生产发展资金的支付，按照国库集中支付制度有关规定执行。属于政府采购管理范围的，按照政府采购法律制度规定执行。用于耕地地力保护的资金，按规定通过粮食风险基金专户下达拨付。

第四章 资金使用和管理

第十二条 农业生产发展资金实行“大专项＋任务清单”管理方式，并实施年度动态调整。任务清单主要包括农业生产发展资金支持的年度重点工作、支持方向、具体任务等，与资金预算同步下达。下达预算时可明确约束性任务对应资金额度。各地在完成约束性任务的前提下，可根据当地发展需要，区分轻重缓急，在农业生产发展资金项目内调剂使用资金，但不得跨转移支付项。

目整合资金，不得超出任务清单范围安排资金，不得将中央财政资金直接切块用于省级及以下地方性政策任务。

第十三条 各级财政、农业农村部门应当加快预算执行，提高资金使用效益。结转结余的农业生产发展资金，按照《中华人民共和国预算法》和财政部有关结转结余资金管理的相关规定处理。

第十四条 省级财政部门会同农业农村部门，根据本办法和财政部、农业农村部下达的工作任务清单与绩效目标，结合本地区农业生产发展实

际情况，制定本省年度资金使用方案，于每年6月30日前以正式文件报财政部、农业农村部备案，抄送财政部当地监管局。纳入直达资金管理范围的，按照有关要求做好备案工作。

第十五条 各级农业农村部门应当组织核实资金支持对象的资格、条件，督促检查工作任务清单完成情况，为财政部门按规定标准分配、审核拨付资金提供依据，对不符合法律、行政法规等有关规定，政策到期，以及已从中央基建投资等其他渠道获得中央财政资金支持的项目严格审核，不得申请农业生产发展资金支持。

第十六条 安排给832个脱贫县（原国家扶贫开发工作重点县和连片特困地区县）和国家乡村振兴重点帮扶县的资金，按照财政部等11部门《关于继续支持脱贫县统筹整合使用财政涉农资金工作的通知》（财农〔2021〕22号）有关规定执行。

第五章 监督和绩效管理

第十七条 各级财政、农业农村部门应当加强对农业生产发展资金分配、使用、管理情况的监督，发现问题及时纠正。财政部各地监管局根据农业生产发展资金的年度工作任务清单和区域绩效目标，加强资金预算执行监管，根据财政部计划安排开展监督和绩效评价，形成监管报告报送财政部，同时跟踪发现问题的整改情况并督促落实。

各级财政、农业农村部门应当按照防范和化解财政风险要求，强化流程控制、依法合规分配和使用资金，实行不相容岗位（职责）分离控制。

第十八条 农业生产发展资金实行全过程预算绩效管理，各级财政、农业农村部门按照《农业相关转移支付资金绩效管理办法》（财农〔2019〕48号）等有关制度规定，设定资金绩效目标、开展绩效目标执行情况监控和绩效评价等工作，绩效评价结果作为农业生产发展资金分配的重要依据。

第十九条 各级财政、农业农村部门及其工作人员在资金分配、审核等工作中，存在违反规定分配资金、向不符合条件的单位、个人（或项目）分配资金或者擅自超出规定的范围、标准分配或使用资金，以及存在其他滥用职权、玩忽职守、徇私舞弊等。

违法违规行为的，依法追究相应责任；涉嫌犯罪的，依法移送有关机关处理。

第二十条 资金使用单位和个人虚报冒领、骗取套取、挤占挪用农业生产发展资金，以及存在其他违反本办法规定行为的，依法追究相应责任。

第六章 附　　则

第二十一条 省级财政部门应当会同省级农业农村部门根据本办法制定实施细则，报送财政部和农业农村部备案，抄送财政部当地监管局。

第二十二条 本办法所称省是指省、自治区、直辖市、计划单列市、新疆生产建设兵团以及北大荒农垦集团有限公司、广东省农垦总局等。农业农村部门是指农业农村、农牧、畜牧兽医、渔业等行政主管部门。

第二十三条 本办法由财政部会同农业农村部负责解释。

第二十四条 本办法自印发之日起施行。

附件2

农业生产发展资金分配测算方法及标准

——耕地地力保护补贴。为约束性任务。根据基期年度资金规模（90%）、基础资源（10%）等因素测算，其中基础资源因素包括耕地面积、粮食产量等，并可根据各省资金结余情况等进行调节。

计算方法：补助经费＝耕地地力保护补贴资金规模×（基期年度资金规模占比×90%＋基础因素×10%）

——农机购置与应用补贴。为约束性任务。主要采用因素法测算分配，包括基础资源因素（85%）、政策任务因素（10%）、脱贫地区因素（5%）。其中基础资源因素包括粮食播种面积、棉花播种面积、油料播种面积、甘蔗播种面积、蔬菜播种面积、果园面积、主要畜禽（猪、牛、羊）年末存栏量、淡水养殖面积等，政策任务因素包括农作物耕种收综合机械化率等。结合预计执行情况，可以根据粮食产量、原粮净调出量、绩效评价结果等因素进行适当调节。可以对粮食主产省、棉花产量较大的省、甘蔗产量较大的省等予以适当倾斜。可以通过定额补助支持实施党中央、国务院确定的政策任务。省级财政应当依法履行支出责任。

计算方法：补助经费＝农机购置与应用补贴资金规模×（基础资源因素×85%＋政策任务因素×10%＋脱贫地区因素×5%）

——农业绿色发展与技术服务支出。约束性任务：良种良法技术推广，按具体任务实施定额

补助；特定试点任务是按照党中央、国务院部署确定的试点任务。指导性任务：包括重点作物绿色高质高效、基层农技推广体系改革与建设等政策任务。主要根据基础资源（40%）、政策任务（55%）、脱贫地区（5%）等因素测算。其中基础资源因素包括粮食产量、农作物播种面积、农林牧渔业产值等；政策任务因素包括重点作物绿色高质高效创建县数量、基层农技推广体系改革与建设项目任务县数量等。

计算方法：补助经费＝良种良法技术推广任务面积×定额补助金额＋承担特定试点任务的定额资金量＋∑农业绿色发展与技术服务指导性任务资金规模×（基础资源因素×40%＋政策任务因素×55%＋脱贫地区因素×5%）

——农业经营方式创新支出。约束性任务：农业信贷担保业务补奖，根据各省级农担公司新增政策性业务担保金额对账面净资产放大倍数、首担和续担业务额、代偿和解保额等因素，按照规定的比例进行补奖，并实行总额上限管理，补奖比例可结合农业信贷担保体系发展实际进行适当调整。指导性任务：包括新型农业经营主体培育、农业生产社会化服务、农产品产地冷藏保鲜设施建设、高素质农民培育等政策任务。主要根据基础资源（40%）、政策任务（55%）、脱贫地区（5%）等因素测算。其中基础资源因素包括粮食产量、农作物播种面积、农林牧渔业产值等；政策任务因素包括新型农业经营主体数量、农业生产社会化服务面积、冷藏保鲜设施数量、农民培训数量等。

计算方法：补助经费＝［省级农担公司放大倍数5倍以内且担保期限6个月以上的新增政策性业务（首担金额×1.5%＋续担金额×0.5%）＋5倍以上且担保期限6个月以上的新增政策性业务担保金额×0.3%＋Min（代偿金额，解保金额×1%）］×补奖系数＋∑农业经营方式创新指导性任务资金规模×（基础资源因素×40%＋政策任务因素×55%＋脱贫地区因素×5%）

——农业产业发展支出。约束性任务：农村一、二、三产业融合发展，包括优势特色产业集群、国家现代农业产业园和农业产业强镇，按每个优势特色产业集群、国家现代农业产业园和农业产业强镇实施定额补助。指导性任务：包括奶业振兴行动和畜禽健康养殖、种业发展、地理标志农产品保护等政策任务。按照基础资源（40%）、政策任务（55%）、脱贫地区（5%）等因素测算。其中基础资源因素包括主要农产品产量、农作物播种面积、农林牧渔业产值、任务实施条件基础等；政策任务因素主要包括奶业生产能力提升任务县数量、肉牛肉羊提质增量试点数量、饲草收储量、生产性能测定任务数量、地理标志农产品保护数量等。

计算方法：补助经费＝优势特色产业集群数量×相应定额补贴资金＋国家现代农业产业园数量×相应定额补贴资金＋农业产业强镇数量×相应定额补贴资金＋∑农业产业发展指导性任务资金规模×（基础资源因素×40%＋政策任务因素×55%＋脱贫地区因素×5%）

注：除对农牧民直接补贴、采取项目法管理、实行定额补助等任务资金外，其他资金测算原则上应根据绩效评价结果等合理设置调节系数进行适当调节。

附件3

农业资源及生态保护补助资金管理办法

第一章　总　　则

第一条　为加强和规范农业资源及生态保护补助资金使用管理，推进资金统筹使用，提高资金使用效益，促进农业可持续发展，根据《中华人民共和国预算法》《中共中央　国务院关于全面实施预算绩效管理的意见》《国务院关于探索建立涉农资金统筹整合长效机制的意见》（国发〔2017〕54号）等有关法律法规和制度规定，制定本办法。

第二条　本办法所称农业资源及生态保护补助资金，是中央财政安排用于农业资源养护、生态保护及利益补偿等的共同财政事权转移支付资金。

第三条　农业资源及生态保护补助资金的分配、使用、管理和监督适用本办法。

第四条　在编制年度预算前或预算执行中，财政部会同农业农村部根据政策实施情况和工作需要，开展相关评估工作，根据评估结果完善资金管理政策。

农业资源及生态保护补助资金实施期限至2025年，到期前由财政部会同农业农村部评估确定是否继续实施。

第五条　农业资源及生态保护补助资金由财政部会同农业农村部按照“政策目标明确、分配办法科学、支出方向协调、绩效结果导向”的原则分配、使用和管理。

财政部负责农业资源及生态保护补助资金中

期财政规划和年度预算编制，会同农业农村部分配及下达资金预算，组织实施全过程预算绩效管理，对资金使用情况进行监督。

农业农村部负责农业资源及生态保护相关规划编制，指导、推动和监督开展农业资源及生态保护工作，会同财政部下达年度工作任务清单，做好资金测算、任务完成情况监督，对相关基础数据的真实性、准确性负责，按规定开展预算绩效管理工作，加强绩效管理结果应用等工作。

地方财政部门主要负责农业资源及生态保护补助资金的预算分解下达、资金审核拨付、本地区预算绩效管理以及资金使用监督。

地方农业农村部门主要负责农业资源及生态保护补助资金相关规划或实施方案编制、项目组织实施和监督等，研究提出资金和任务清单分解安排建议方案，做好本地区预算执行和绩效目标管理、绩效监控和绩效评价等工作。

第二章　资金支出范围

第六条　农业资源及生态保护补助资金主要用于以下方面：

（一）耕地资源保护支出。主要用于支持东北黑土地保护及保护性耕作、耕地轮作休耕等农业结构调整、耕地保护与质量提升、耕地深松等方面。

（二）渔业资源保护支出。主要用于支持渔业增殖放流等方面。

（三）草原生态保护补助奖励支出。主要用于支持对按照有关规定实施草原禁牧和草畜平衡的农牧民予以补助奖励。

（四）农业废弃物资源化利用支出。主要用于农作物秸秆综合利用、地膜科学使用回收以及绿色种养循环农业等方面。

（五）党中央、国务院确定的支持农业资源及生态保护的其他重点工作。

农业资源及生态保护补助资金不得用于兴建楼堂馆所、弥补预算支出缺口等与农业资源及生态保护无关的支出。

第七条　农业资源及生态保护补助资金的支持对象主要是农民、牧民、渔民，新型农业经营主体，以及承担项目任务的单位和个人。

第八条　农业资源及生态保护补助资金可以采取直接补助、政府购买服务、先建后补、以奖代补、贷款贴息、资产折股量化等方式。具体由省级财政部门商农业农村部门确定。

第三章　资金分配和预算下达

第九条　农业资源及生态保护补助资金主要按支出方向采取因素法测算分配，并可根据绩效评价结果、地方财政支农投入、资金监督管理等因素进行适当调节。分配因素包括：

（一）基础资源因素，包括耕地草原及渔业水域面积、农业废弃物资源量等。

（二）政策任务因素，分为约束性任务和指导性任务，约束性任务主要包括党中央、国务院明确要求的涉及国计民生的事项、重大规划任务、新设试点任务以及对农牧渔民直接补贴等，其他任务为指导性任务。

（三）脱贫地区因素，包括832个脱贫县（原国家扶贫开发工作重点县和连片特困地区县）粮食播种面积和所在省脱贫人口等。

基础资源、政策任务、脱贫地区因素根据相关支出方向具体确定，并可根据党中央、国务院有关决策部署和农业发展实际需要适当调整。实行项目管理、承担的相关试点或据实结算的任务，以及计划单列市、新疆生产建设兵团、北大荒农垦集团有限公司、广东省农垦总局可根据需要采取定额测算分配方式。

第十条　财政部应当在全国人民代表大会审查批准中央预算后30日内将农业资源及生态保护补助资金预算下达省级财政部门，同时抄送农业农村部、省级农业农村部门和财政部当地监管局，并同步下达区域绩效目标，作为开展绩效监控、绩效评价的依据。财政部应在每年10月31日前将下一年度农业资源及生态保护补助资金预计数提前下达省级财政部门，同时抄送农业农村部、省级农业农村部门和财政部当地监管局。农业资源及生态保护补助资金分配结果在资金预算下达文件印发后20日内向社会公开，涉及国家秘密的除外。

第十一条　农业资源及生态保护补助资金的支付，按照国库集中支付制度有关规定执行。属于政府采购管理范围的，按照政府采购法律制度规定执行。

第四章　资金使用和管理

第十二条　农业资源及生态保护补助资金实行“大专项＋任务清单”管理方式，并实施年度动态调整。任务清单主要包括农业资源及生态保护补

助资金支持的年度重点工作、支持方向、具体任务指标等，与资金预算同步下达。下达预算时可明确约束性任务对应资金额度。各地在完成约束性任务的前提下，可根据当地发展需要，区分轻重缓急，在农业资源及生态保护补助资金项目内调剂使用资金，但不得跨转移支付项目整合资金，不得超出任务清单范围安排资金，不得将中央财政资金直接切块用于省级及以下地方性政策任务。

第十三条 各级财政、农业农村部门应当加快预算执行，提高资金使用效益。结转结余的农业资源及生态保护补助资金，按照《中华人民共和国预算法》和财政部有关结转结余资金管理的相关规定处理。

第十四条 省级财政部门会同农业农村部门，根据本办法和财政部、农业农村部下达的工作任务清单与绩效目标，结合本地区农业资源及生态保护实际情况，制定本省年度资金使用方案，于每年6月30日前以正式文件报财政部、农业农村部备案，抄送财政部当地监管局。纳入直达资金管理范围的，按照有关要求做好备案工作。

第十五条 各级农业农村部门应当组织核实资金支持对象的资格、条件，督促检查工作任务清单完成情况，为财政部门按规定标准分配、审核拨付资金提供依据，对不符合法律、行政法规等有关规定，政策到期，以及已从中央基建投资等其他渠道获得中央财政资金支持的项目严格审核，不得申请农业资源及生态保护补助资金支持。

第十六条 安排给832个脱贫县（原国家扶贫开发工作重点县和连片特困地区县）和国家乡村振兴重点帮扶县的资金，按照财政部等11部门《关于继续支持脱贫县统筹整合使用财政涉农资金工作的通知》（财农〔2021〕22号）有关规定执行。

第五章 监督和绩效管理

第十七条 各级财政、农业农村部门应当加强对农业资源及生态保护补助资金分配、使用、管理情况的监督，发现问题及时纠正。财政部各地监管局根据农业资源及生态保护补助资金的年度工作任务清单和区域绩效目标，加强资金预算执行监管，根据财政部计划安排开展监督和绩效评价，形成监管报告报送财政部，同时跟踪发现问题的整改情况并督促落实。

各级财政、农业农村部门应当按照防范和化解财政风险要求，强化流程控制、依法合规分配和使用资金，实行不相容岗位（职责）分离控制。

第十八条 农业资源及生态保护补助资金实行全过程预算绩效管理，各级财政、农业农村部门按照《农业相关转移支付资金绩效管理办法》（财农〔2019〕48号）等有关制度规定，设定资金绩效目标、开展绩效目标执行情况监控和绩效评价等工作，绩效评价结果作为农业资源及生态保护补助资金分配的重要依据。

第十九条 各级财政、农业农村部门及其工作人员在资金分配、审核等工作中，存在违反规定分配资金、向不符合条件的单位、个人（或项目）分配资金或者擅自超出规定的范围、标准分配或使用资金，以及存在其他滥用职权、玩忽职守、徇私舞弊等违法违规行为的，依法追究相应责任；涉嫌犯罪的，依法移送有关机关处理。

第二十条 资金使用单位和个人虚报冒领、骗取套取、挤占挪用农业资源及生态保护补助资金，以及存在其他违反本办法规定行为的，依法追究相应责任。

第六章 附　　则

第二十一条 省级财政部门应当会同省级农业农村部门根据本办法制定实施细则，报财政部和农业农村部备案，抄送财政部当地监管局。

第二十二条 本办法所称省是指省、自治区、直辖市、计划单列市、新疆生产建设兵团以及北大荒农垦集团有限公司、广东省农垦总局等。农业农村部门是指农业农村、农牧、畜牧兽医、渔业等行政主管部门。

第二十三条 本办法由财政部会同农业农村部解释。

第二十四条 本办法自印发之日起施行。

附件4

农业资源及生态保护补助资金分配测算方法及标准

——耕地资源保护支出。约束性任务：东北黑土地保护利用，对每个黑土地保护利用项目县实施定额补助；东北黑土地保护性耕作，根据保护性耕作实施区域任务面积测算；轮作休耕等农业结构调整，根据任务面积、补助标准以及承担地下水超采区综合治理等特定试点任务的定额资金量测算，补助标准按照有关规定执行；特定试点任务是按照党中央、国务院部署确定的试点任务。指导性任务：包括耕地保护与质量提升、耕地深松等，根据基础资源（40%）、政策任务（55%）、脱贫地区（5%）等因素测算。其中基础资源因素包括耕地面积、粮食产量、适宜深松农作物面积、农林牧渔业产值等，政策任务因素包括退化耕地治理实施面积、承担耕地深松任务面积等。

计算方法：补助经费＝黑土地保护项目县数量×定额补助金额＋保护性耕作试点面积×试点补助标准＋轮作面积×补助标准＋休耕面积×补助标准＋承担特定试点任务的定额资金量＋∑耕地资源保护指导性任务资金规模×（基础资源因素×40%＋政策任务因素×55%＋脱贫地区因素×5%）

——渔业资源保护支出。为指导性任务，渔业增殖放流根据基础资源（40%）、政策任务（55%）、脱贫地区（5%）等因素测算。其中基础资源因素包括适宜放流水域面积、水生生物保护区面积、水生生物保护区数量等，政策任务因素包括放流水生动物物种数量等。

计算方法：补助经费＝渔业增殖放流资金规模×（基础资源因素×40%＋政策任务因素×55%＋脱贫地区因素×5%）

——草原生态保护补助奖励支出。为约束性任务，草原禁牧补助与草畜平衡奖励根据禁牧面积、草畜平衡面积和补助标准测算，补助标准依据有关规定执行。

计算方法：补助经费＝禁牧面积×补助标准＋草畜平衡面积×补助标准

——农业废弃物资源化利用支出。约束性任务：秸秆综合利用，根据基础资源因素（70%）、政策任务因素（30%）测算，基础资源因素包括秸秆综合利用量等，政策任务因素包括秸秆综合利用重点县数、重点难点地区等。地膜科学使用回收，根据推广应用面积测算。特定试点任务是按照党中央、国务院部署确定的试点任务。绿色种养循环农业试点，按每个试点县实施定额补助。

计算方法：补助经费＝秸秆综合利用资金规模×（基础资源因素×70%＋政策任务因素×30%）＋地膜科学使用回收面积×补助标准＋承担特定试点任务的定额资金量＋绿色种养循环农业试点县数量×定额补助金额

注：除对农牧民直接补贴、采取项目法管理、实行定额补助等任务资金外，其他资金测算原则上应根据绩效评价结果等合理设置调节系数进行适当调节。

附件 5

动物防疫等补助经费管理办法

第一章　总　　则

第一条　为加强动物防疫等补助经费的管理和监督，提高资金使用效益，强化重大动物疫病防控工作，根据《中华人民共和国预算法》《中华人民共和国动物防疫法》《中共中央　国务院关于全面实施预算绩效管理的意见》《国务院关于探索建立涉农资金统筹整合长效机制的意见》（国发〔2017〕54 号）等有关法律法规和制度规定，制定本办法。

第二条　本办法所称动物防疫等补助经费，是中央财政安排用于重点动物疫病国家强制免疫补助、强制扑杀补助、销毁动物产品和相关物品补助、养殖环节无害化处理补助的共同财政事权转移支付资金。

第三条　动物防疫等补助经费的分配、使用、管理和监督适用本办法。

第四条　国家建立强制免疫、强制扑杀补助病种、销毁动物产品和相关物品种类动态调整机制，在编制年度预算前或预算执行中，财政部会同农业农村部适时开展评估并作出调整。动物疠疫等补助经费政策实施期限至 2025 年，到期前由财政部会同农业农村部评估确定是否继续实施。

第五条　动物防疫等补助经费由财政部会同农业农村部按照“政策目标明确、分配办法科学、支出方向协调、绩效结果导向”的原则分配和使用。财政部负责动物防疫等补助经费中期财政规划和年度预算编制，会同农业农村部分配及下达资金预算，组织实施全过程预算绩效管理，对资金使用情况进行监督。农业农村部负责动物防疫的行业规划编制，指导、推动和监督开展动物疠疫方面工作，会同财政部下达年度工作任务清单，做好资金测算、任务完成情况监督，对相关基础数据的真实性、准确性负责，按规定开展预算绩效管理工作，加强绩效管理结果应用等工作。地方财政部门主要负责动物防疫等补助经费的预算分解下达、资金审核拨付、本地区预算绩效管理以及资金使用监督。地方农业农村部门主要负责动物防疫等补助经费相关规划或实施方案编制、项目组织实施和监督等，研究提出资金和任务清单分解安排建议方案，做好本地区预算执行和绩

效目标管理、绩效监控和绩效评价等工作。

第二章 资金支出范围

第六条 动物防疫等补助经费主要用于以下方面：

（一）强制免疫补助。主要用于国家重点动物疫病开展强制免疫、免疫效果监测评价、疫病监测和净化、人员防护等相关防控措施，以及实施强制免疫计划、购买防疫服务等方面。允许按程序对符合条件的养殖场户实行强制免疫“先打后补”，逐步实现养殖场户自主采购，财政直补；对暂不符合条件的养殖场户，强制免疫疫苗继续实行省级集中招标采购，探索以政府购买服务的形式实施强制免疫。

（二）强制扑杀和销毁补助。主要用于预防、控制和扑灭国家重点动物疫病过程中，被强制扑杀动物的补助和农业农村部门组织实施销毁的动物产品和相关物品的补助等方面。补助对象分别为被依法强制扑杀动物的所有者、被依法销毁动物产品及相关物品的所有者。

（三）养殖环节无害化处理补助。主要用于养殖环节病死猪无害化处理等方面。按照“谁处理补给谁”的原则，补助对象为承担无害化处理任务的实施者。

（四）党中央、国务院确定的支持动物防疫的其他重点工作。涉及重大事项调整或突发动物疫情防控，经国务院或有关部门批准后，补助经费可用于相应防疫工作支出。动物防疫等补助经费不得用于兴建楼堂馆所、弥补预算支出缺口等与动物防疫无关的支出。

第三章 资金分配和预算下达

第七条 动物防疫等补助经费按支出方向采取因素法测算分配，并可根据绩效评价结果、资金监督管理等因素进行适当调节。分配因素包括：

（一）基础数据因素，包括畜禽饲养量、单个畜禽补助标准、地区补助系数等情况。

（二）政策任务因素，分为约束性任务和指导性任务，约束性任务主要包括党中央、国务院明确要求的涉及国计民生的事项、重大规划任务、新设试点任务以及对农牧民直接补贴等，其他任务为指导性任务。基础资源、政策任务因素根据相关支出方向具体确定，并可根据党中央、国务院有关决策部署和农业发展实际需要适当调整。实行项目管理、承担的相关试点或据实结算的任务，以及计划单列市、新疆生产建设兵团、北大荒农垦集团有限公司、广东省农垦总局可根据需要采取定额测算分配方式。

第八条 农业农村部根据国家动物防疫补助政策确定的实施范围、畜禽饲养量和各省申请文件等，提出年度资金分配建议，会同财政部根据资金管理需要，制定实施指导性意见，细化管理要求。

第九条 财政部应当在全国人民代表大会审查批准中央预算后 30 日内将动物防疫等补助经费预算下达省级财政部门，同时抄送农业农村部、省级农业农村部门和财政部当地监管局，并同步下达区域绩效目标，作为开展绩效监控、绩效评价的依据。财政部应在每年 10 月 31 日前将下一年度动物防疫等补助经费预计数提前下达省级财政部门，同时抄送农业农村部、省级农业农村部门和财政部当地监管局。动物防疫等补助经费分配结果在资金预算下达文件印发后 20 日内向社会公开，涉及国家秘密的除外。

第十条 动物防疫等补助经费的支付，按照国库集中支付制度有关规定执行。属于政府采购管理范围的，按照政府采购法律制度规定执行。

第十一条 各省应根据疫苗实际招标价格、需求数量及动物防疫工作实际需求，结合中央财政补助资金，据实安排强制免疫省级财政补助资金，确保动物防疫工作需要。

第十二条 强制扑杀补助、销毁动物产品和相关物品补助根据扑杀畜禽实际数量、销毁的动物产品和相关物品实际重量，按补助标准据实结算。省级农业农村部门会同财政部门应于每年 3 月 15 日前，向农业农村部和财政部报送上一年度 3 月 1 日至当年 2 月底期间的强制扑杀、销毁的动物产品和相关物品实施情况，以及各级财政补助经费的测算情况，作为强制扑杀、销毁动物产品和相关物品补助经费测算依据。各省级财政部门可会同农业农村部门根据畜禽大小、品种等因素细化补助标准。

第四章 资金使用和管理

第十三条 动物防疫等补助经费实行“大专项＋任务清单”管理方式，并实施年度动态调整。任务清单主要包括动物防疫等补助经费支持的年度重点工作、支持方向、具体任务指标等，与资金预算同步下达。下达预算时可明确约束性任务对应资金额度。各地在完成约束性任务的前提下，可根据当地产业发展需要，区分轻重缓急，在动物防疫等补助经费项目内调剂使用资金，但不得跨转移支付项目整合资金，不得超出任务清单范围安排资金，不得将中央财政资金直接切块用于省级及以下地方性政策任务。

第十四条 各级财政、农业农村部门应当加快预算执行，提高资金使用效益。结转结余的动物防疫等补助经费，按照《中华人民共和国预算法》和财政部有关结转结余资金管理的相关规定处理。

第十五条 省级财政部门会同农业农村部门，根据本办法和财政部、农业农村部下发的工作任务清单和绩效目标，结合本地区动物防疫实际情况，制定本省年度资金使用方案，于每年6月30日前以正式文件报财政部、农业农村部备案，抄送财政部当地监管局。纳入直达资金管理范围的，按照有关要求做好备案工作。

第十六条 各级农业农村部门应当组织核实资金支持对象的资格、条件，督促检查工作任务清单完成情况，为财政部门按规定标准分配、审核拨付资金提供依据，对不符合法律、行政法规等有关规定，政策到期，以及已从中央基建投资等其他渠道获得中央财政资金支持的项目严格审核，不得申请动物防疫等补助经费支持。

第五章　监督和绩效管理

第十七条 各级财政、农业农村部门应当加强对动物防疫等补助经费分配、使用、管理情况的监督，发现问题及时纠正。财政部各地监管局根据动物防疫等补助经费的年度工作任务清单或区域绩效目标，加强动物防疫等补助经费预算执行情况监管，根据财政部计划安排开展监督和绩效评价，形成监管报告报送财政部，同时跟踪发现问题的整改情况并督促落实。各级财政、农业农村部门应当按照防范和化解财政风险要求，强化流程控制、依法合规分配和使用资金，实行不相容岗位（职责）分离控制。

第十八条 动物防疫等补助经费实行全过程预算绩效管理，各级财政、农业农村部门按照《农业相关转移支付资金绩效管理办法》（财农〔2019〕48号）等有关制度规定，设定绩效目标、开展绩效目标执行情况监控和绩效评价等工作，绩效评价结果作为动物防疫等补助经费分配的重要依据。

第十九条 各级财政、农业农村部门及其工作人员在资金分配、审核等工作中，存在违反规定分配资金、向不符合条件的单位、个人（或项目）分配资金或者擅自超出规定的范围、标准分配或使用资金，以及存在其他滥用职权、玩忽职守、徇私舞弊等违法违规行为的，依法追究相应责任；涉嫌犯罪的，依法移送有关机关处理。

第二十条 资金使用单位和个人滞留截留、虚报冒领、挤占挪用动物防疫等补助经费，以及存在其他违反本办法规定行为的，依法追究相应责任。

第六章　附　　则

第二十一条 省级财政部门应当会同省级农业农村部门根据本办法制定实施细则，报送财政部和农业农村部备案，并抄送财政部当地监管局。

第二十二条 本办法所称省是指省、自治区、直辖市、计划单列市、新疆生产建设兵团以及北大荒农垦集团有限公司、广东省农垦总局等。农业农村部门是指农业农村、农牧、畜牧兽医等行政主管部门。

第二十三条 本办法由财政部会同农业农村部负责解释。

第二十四条 本办法自印发之日起施行。

附件6

动物防疫等补助经费分配测算方法及标准

——强制免疫补助。为指导性任务。根据畜禽饲养量、单个畜禽免疫补助标准、地区补助系数测算，其中强制免疫补助标准和地区补助系数按照有关规定执行计算方法：补助经费＝∑某类畜禽饲养量×单个畜禽免疫补助标准×地区补劫系数

——强制扑杀和销毁补助。为约束性任务。根据强制扑杀畜禽数量、单个畜禽扑杀补助标准、销毁的动物产品和相关物品的实际重量、单种动物产品和物品销毁补助标准、地区补助系数测算，其中扑杀和销毁补助标准、地区补助系数按照有关规定执行。计算方法：补助经费＝∑强制扑杀某类畜禽数量×单个畜禽扑杀补助标准×地区补助系数＋∑销毁某种动物产品重量×单种产品销毁补助标准×地区补助系数＋∑销毁某种相关物品重量×单种物品销毁补助标准×地区补助系数

——养殖环节无害化处理补助。为指导性任务。根据基础资源（5%）、政策任务（95%）因

素测算，其中基础资源因素包括生猪养殖量等，政策任务因素包括病死猪无害化处理量、专业无害化处理场集中处理数量等。计算方法：补助经费=养殖环节无害化处理补助资金规模×（基础资源因素×5%+政策任务因素×95%）注：除强制扑杀和销毁补助资金外，其他资金测算原则上应根据绩效评价结果等合理设置调节系数进行适当调节。

三十八、《动物疫病净化场评估管理指南（2023）版》和《动物疫病净化场评估技术规范（2023版）》

动物疫病净化场评估管理指南

第一条 为做好动物疫病净化场评估工作，规范动物疫病净化场评估管理，根据《农业农村部关于推进动物疫病净化工作的意见》（农牧发〔2021〕29号，以下简称《意见》），经农业农村部畜牧兽医局同意，制定本指南。

第二条 农业农村部负责全国动物疫病净化工作，中国动物疫病预防控制中心具体组织实施，制定发布净化评估技术规范和评估管理指南等。

第三条 本指南所称“动物疫病净化场”是指通过农业农村部或省级农业农村主管部门组织的统一评估，达到特定动物疫病净化标准的养殖场。

第四条 申请国家级动物疫病净化场评估的养殖场，需通过省级动物疫病净化场评估，并按《国家级动物疫病净化场申报书》（附件1）要求，逐级向省级农业农村主管部门提交相关申请材料；省级农业农村主管部门统一组织向农业农村部畜牧兽医局申请评估。

第五条 农业农村部畜牧兽医局对申报材料进行初审，由中国动物疫病预防控制中心具体组织专家组对通过初审的单位进行材料评估，按照30%的比例现场抽检评估部分养殖场，申请数量不足3家的省份，申请养殖场全部进行现场评估。

第六条 中国动物疫病预防控制中心负责组建国家级动物疫病净化评估专家库，制定并发布《动物疫病净化评估技术规范》。

第七条 现场评估实行专家组长负责制。评估专家由中国动物疫病预防控制中心从国家级动物疫病净化评估专家库中随机抽取，专家组由3—5人组成，专家组组长由中国动物疫病预防控制中心指定。农业农村部畜牧兽医局根据工作需要派观察员参加现场评估。

第八条 现场评估包括实地查看和实验室检测两部分，评估专家组负责实地查看、现场采样监督和实验室检测结果的确认。

中国动物疫病预防控制中心指定实验室开展实验室检测并出具检测报告，养殖场所在地的各级动物疫病预防控制机构负责协助完成各项工作。

第九条 现场评估专家组应根据《动物疫病净化评估技术规范》相关要求逐项进行现场评审、监督采样，如实记录检查结果和存在的问题，并依据现场评审和检测结果，提出评估意见。

第十条 评估意见分为通过、限期整改和不通过三种。

需限期整改的养殖场应在规定的时限内完成整改，并将整改报告报评估专家组。评估专家组对整改报告进行审核，必要时可进行现场复核，并提出评估意见。

评估专家组组长对评估结果进行确认，完成评估报告。

第十一条 在完成材料评估和现场评估的基础上，召开专家评审会议，确定国家级动物疫病净化场建议名单，报农业农村部畜牧兽医局审核，审核通过的按程序以农业农村部文件发布。

第十二条 未通过评估的养殖场，可按照国家级动物疫病净化场评估工作安排和要求重新提出申请。

第十三条 自农业农村部发布之日起，国家级动物疫病净化场的有效期：种畜禽场、奶畜场为5年，规模养殖场为3年（不含种畜禽场、奶畜场）。动物疫病净化场应按照统一制式（附件2）悬挂牌匾。

国家级动物疫病净化场应在有效期到期前6个月以上提出复评估申请，复评估按初次评估规定的评估程序执行。

第十四条 国家级动物疫病净化场实行动态监测制度。中国动物疫病预防控制中心受委托对国家级动物疫病净化场进行现场调研和抽样检测，发现不符合净化要求的，将结果报告农业农村部畜牧兽医局，建议暂停或取消其国家级动物疫病净化场资格。

第十五条 有下列情形之一的，暂停国家级动物疫病净化场资格：

（一）生物安全管理体系不能正常运行的；

（二）监测证据不能证明达到相关疫病净化标准的；

（三）当地畜牧兽医机构不能对动物疫病净化场实施有效监管的；

（四）其他需要暂停的情形。

第十六条 被暂停资格的国家级动物疫病净化场应在12个月内完成整改，并向省级畜牧兽医部门申请评估。省级评估合格后，向农业农村部畜牧兽医局提出恢复申请。经农业农村部畜牧兽医局组织评估合格的，由农业农村部畜牧兽医局发文恢复资格；未按期完成整改或未通过评估的，由农业农村部发文取消资格。被取消资格的国家级动物疫病净化场两年内不得重新申报。

第十七条 各地要落实《意见》要求和属地管理责任，对辖区内国家级动物疫病净化场开展日常监督管理和抽样检测，发现问题及时提出暂停或者取消资格的建议，报农业农村部畜牧兽医局并抄送中国动物疫病预防控制中心。

第十八条 本指南由中国动物疫病预防控制中心负责解释。

各地可参照本指南制定本辖区动物疫病净化场评估的相关规定和申报要求，组织开展动物疫病净化场评估工作。

第十九条 本指南自发布之日起施行。

附件1：国家级动物疫病净化场申报书

附件2：动物疫病净化场牌匾制式

附件1

国家级动物疫病净化场申报书

养殖场名称（公章）：

养殖场类型：

养殖场地址：

申请评估病种：

申请日期：

联系人：

联系方式：

填写说明

1. 本申报书由中国动物疫病预防控制中心统一编制，编号由中国动物疫病预防控制中心统一编写。

2. 本申报书由申请单位填写，经县、市、省级农业农村主管部门审核后由省级农业农村主管部门统一报送。

3. 本申报书通过系统进行申报，纸质版同时寄送至农业农村部畜牧兽医局防疫处（北京市朝阳区农展南里11号，010-59191402）和中国动物疫病预防控制中心创新中心工作组（北京市大兴区天贵大街17号，010-59198881）。

4. 填报内容必须客观真实。

5. 申报材料目录第1～9项由申请单位填写，第10项由审核机构填写。

6. 申报材料目录第11～15项由申报单位提供，第16～24项由县级农业农村主管部门核对原件后复印并加盖公章。

7. 需要提交的材料按顺序装订成册。

申报材料目录

序号	材料名称	材料内容	备注
1	表1　基本信息登记表	根据申报养殖场畜禽类别不同填写相应内容	系统申报并提供纸质材料
2	表2　生产情况汇总表		
3	表3　种源管理情况表		
4	表4　免疫情况表		
5	表5　消毒及无害化处理措施		
6	表6　本年度主要疫病监测计划		
7	表7　近三年疫病监测情况汇总表	至少提供在申报评审前三年的自行检测或委托其他检测机构检测的检测报告，由县级农业农村主管部门现场审核报告原件并核实表7（不需提供检测报告复印件）；根据申报养殖场畜禽类别不同，提供相应的内容	
8	表8　人员情况（主要管理人员、技术人员名单）	名单列表	
9	表9　技术规程与管理制度清单	提供清单目录	
10	表10　国家级动物疫病净化场资格评审意见表	根据申报类型不同填写相应表格	

（续）

序号	材料名称	材料内容	备注
11	申请单位基本情况介绍	集团企业概况，本场概况（包括场址选择与周围环境）、生产能力（养殖品种、来源及规模；种畜禽生产技术水平情况；生产及配套设施情况；生产经营管理、档案管理等制度制订情况）、防疫情况（设施建设，免疫程序执行情况，消毒、无害化处理设施设备购置和运行等）、技术水平（管理及技术人员配备情况、管理及技术人员学历职称等）、经济效益等	系统申报并提供纸质材料
12	养殖场布局平面图	场址位置平面图和场内各功能区平面布局图，要求标注各分区及栋舍号	
13	净化技术方案	场内本底情况、净化的病种，采取的技术路线和措施；如申报多个病种，将各疫病分开写	
14	净化工作总结	净化背景、组织实施、基础保障、净化进展（疫病状况、生产性能、经济效益等）、当前面临的难点问题及今后的思路	
15	声明	承诺近两年内未发生过重大动物疫情及净化病种（病名）的流行，自查符合《动物疫病净化评估技术规范》，所提供材料真实可信，本场承担未如实报告的责任和后果（法定代表人签字、公章、日期）	
16	近一年内有资质的兽医实验室动物疫病检测合格报告复印件	提供报告复印件及资质证明	系统申报并提供纸质材料，县级农业农村主管部门审核原件后在复印件加盖公章
17	《种畜禽生产经营许可证》复印件	奶牛场、规模场除外	
18	《动物防疫条件合格证》复印件		
19	营业执照复印件		
20	法人或业主身份证明复印件		
21	本场专职兽医人员执业兽医资格证书		
22	省级动物疫病净化场证明复印件	包括主管部门发文、省级净化场评估报告、近一年内有资质的兽医实验室评估检测合格报告（含抽样方案）	
23	现场审查证明材料	依据现场审查评分表，逐项提供证明材料	
24	养殖场自评报告	提供养殖场自评表及自评报告	

表 1－1　基本信息登记表

一、基础信息					
名称			场址		
纬度（°′″）		经度（°′″）		海拔（m）	
动物种类		场点类型		启用时间	
企业性质		投资（万元）		上年度销售额（万元）	
占地总面积（m^2）		生产区面积（m^2）		辅助区面积（m^2）	
总建筑面积（m^2）		生产建筑面积（m^2）		辅助建筑面积（m^2）	
二、联系方式					
法人代表		联系电话		邮箱	
场长		联系电话		邮箱	
净化负责人		联系电话		邮箱	
三、人员情况（职工总数　　人）					
管理人员总数		技术员总数		饲养员总数	
硕士及以上人数		本科生人数		大专生人数	
高级职称人数		中级职称人数		初级职称人数	

（续）

四、卫生防疫情况调查			
项目	内容	结果	备注
基本条件	本场是否有专职驻场兽医		
	3公里内是否有其他养殖场、交易市场或者屠宰场		
	是否与主要交通干道有效隔离		
	生活区、生产区是否完全分开		
	栋舍情况（开放、半开放、全封闭）		
	生产区、无害化处理区是否完全分开		
	是否为全进全出生产模式		
	全进全出饲养模式（按舍/按场）		
	是否有独立产房		
	饮水来源		
	饲料来源		
无害化处理	栋舍粪污处理方式		
	病死动物处理方式		
	粪便处理方式		
消毒	饲料进入场区是否有专用通道		
	人员进入场区是否有专用通道		
	外售动物是否有专用通道		
	是否有废弃物出场专用通道		
	车辆、人员进出场区是否消毒		
	饮用水是否消毒		
	饲料是否消毒		
种源	本场是否从场外其他地方引种		
	引种来源		
	最近一次引种时间		
	本场引进种畜禽/精液是否对其进行疫病病原学检测		
	引进种畜禽是否进行隔离		
	引进种畜禽隔离方式		
	本场对外销售动物或精液的方式		
监测净化	本场是否定期进行免疫抗体检测		
	本场是否定期进行病原监测		
	本场是否自行开展血清学监测		
	本场开展疫病净化的时间		
	开展的主要净化病种		
	最希望开展净化的病种		
防疫支出	上年度疫病检测费用支出（万元）		
	上年度消毒药支出（万元）		
	上年度疫苗支出（万元）		
	上年度兽药支出（不含疫苗）（万元）		
	上年度防疫设施建设支出（万元）		

（续）

生产效益	净化规模（头/只）		
	净化投入（万元）		
	净化收益（万元）		
	净化减少损失（万元）		
	总经济效益（万元）		

注：1. 净化投入可依据本年度用于净化的设施设备投资金额、畜舍用具损耗投资金额、净化后多生新仔猪成本、淘汰死猪损失费、净化用额外水电费、淘汰死猪无害化处理费、净化用额外消耗品（工作服、帽子、鞋等）、疫苗费用（元）、检测费、消毒药费等进行测算。

2. 净化收益可依据成活生猪净收益、净化后销售价格的净提高、政府补贴等进行测算。

3. 净化减少损失可依据疫苗节约、医疗费节约、母猪淘汰减低的节约、母猪流产降低的节约、淘汰猪残值、感染其他传染病节约等进行测算。

表 1－2　基本信息登记表

一、基础信息					
名称			场址		
纬度（°′″）		经度（°′″）		海拔（m）	
动物种类		场点类型		启用时间	
企业性质		投资（万元）		上年度销售额（万元）	
占地总面积（m^2）		生产区面积（m^2）		辅助区面积（m^2）	
总建筑面积（m^2）		生产建筑面积（m^2）		辅助建筑面积（m^2）	
二、联系方式					
法人代表		联系电话		邮箱	
场长		联系电话		邮箱	
净化负责人		联系电话		邮箱	
三、人员情况（职工总数　　人）					
管理人员总数		技术员总数		饲养员总数	
硕士及以上人数		本科生人数		大专生人数	
高级职称人数		中级职称人数		初级职称人数	
四、卫生防疫情况调查					
项目	内容			结果	备注
基本条件	本场是否有专职驻场兽医				
	3公里内是否有其他养殖场、交易市场或者屠宰场				
	是否与主要交通干道有效隔离				
	生活区、生产区是否完全分开				
	栋舍情况（开放、半开放、全封闭）				
	生产区、无害化处理区是否完全分开				
	是否为全进全出生产模式				
	全进全出饲养模式（按舍/按场）				
	是否有独立产房				
	饮水来源				
	饲料来源				

（续）

无害化处理	栋舍粪污处理方式		
	病死动物处理方式		
	粪便处理方式		
消毒	饲料进入场区是否有专用通道		
	人员进入场区是否有专用通道		
	外售动物是否有专用通道		
	是否有废弃物出场专用通道		
	车辆、人员进出场区是否消毒		
	饮用水是否消毒		
	饲料是否消毒		
调入	本场是否从场外其他地方调入		
	调入来源		
	最近一次调入时间		
	本场调入畜禽是否对其进行疫病病原学检测		
	调入畜禽是否进行隔离		
	调入畜禽隔离方式		
	本场对外销售动物及其产品的方式		
监测净化	本场是否定期进行免疫抗体检测		
	本场是否定期进行病原监测		
	本场是否自行开展血清学监测		
	本场开展疫病净化的时间		
	开展的主要净化病种		
	最希望开展净化的病种		
防疫支出	上年度疫病检测费用支出（万元）		
	上年度消毒药支出（万元）		
	上年度疫苗支出（万元）		
	上年度兽药支出（不含疫苗）（万元）		
	上年度防疫设施建设支出（万元）		
生产效益	净化规模（头/只）		
	净化投入（万元）		
	净化收益（万元）		
	净化减少损失（万元）		
	总经济效益（万元）		

注：1. 净化投入可依据本年度用于净化的设施设备投资金额、畜舍用具损耗投资金额、净化后多生新仔猪成本、淘汰死猪损失费、净化用额外水电费、淘汰死猪无害化处理费、净化用额外消耗品（工作服、帽子、鞋等）、疫苗费用（元）、检测费、消毒药费等进行测算。

2. 净化收益可依据成活生猪净收益、净化后销售价格的净提高、政府补贴等进行测算。

3. 净化减少损失可依据疫苗节约、医疗费节约、母猪淘汰减低的节约、母猪流产降低的节约、淘汰猪残值、感染其他传染病节约等进行测算。

表 2-1 生产情况汇总表（种猪场）

统计周期：______年______月到______年______月　　　　　　填报时间：

		种公猪	种母猪	后备猪	保育猪	生长猪	哺乳仔猪	合计
生产规模	上年末存栏数（头）							
	目前总存栏数（头）							
	统计周期出栏数							
	生产母猪存栏数（头）	头胎母猪	2～3 胎	4～6 胎	6 胎以上	总计	——	——
生产指标	母猪配种受胎率（%）				母猪配种分娩率（%）		平均每窝产仔数（头）	
	平均窝产活仔数（头）				平均窝产健仔数（头）		初生仔猪成活率（%）	
	断奶仔猪成活率（%）				保育阶段成活率（%）		育成阶段成活率（%）	
	种公猪死亡数（头）				种公猪淘汰数（不含死亡数）		种公猪年更新率（%）	
	生产母猪死亡数（头）				生产母猪淘汰数（不含死亡数）		生产母猪年更新率（%）	
	后备母猪死亡数				后备母猪淘汰数（不含死亡数）		后备母猪淘汰率（%）	
饲养品种	品种名称	种公猪			种母猪	后备公猪	后备母猪	合计
栋舍分布	栋舍号	栏位数			设计存栏量	生产阶段	存栏数（产房只填写母猪数）	产房仔猪数

注：栋舍分布存栏数一栏产房母猪数、仔猪数分开填写。

表 2-2 生产情况汇总表（种鸡场）

统计周期：______年______月到______年______月　　　　　　填报时间：

		曾祖代	祖代（套）	父母代（套）	商品代（套）	合计
生产规模	上年末存栏数（套）					
	当前总存栏数（套）					
	养殖方式（平养/笼养）		备注			

生产指标	本批次（世代）	引入时间		淘汰时间		引入套数	
		平均死亡率（%）		育成期之前死亡率（%）		育成期后死亡率（%）	
		育雏成活率（%）		平均淘汰率（%）		产蛋期月死淘率（%）	
		总平均产蛋率（%）		种用公鸡死亡数（只）		种用公鸡淘汰数（不含死亡数）	
		高峰期产蛋率（%）		种用母鸡死亡数（只）		种用母鸡淘汰数（不含死亡数）	
	上批次（世代）	引入时间		淘汰时间		饲养周期（d）	
		平均死亡率（%）		育成期之前死亡率（%）		育成期后死亡率（%）	
		育雏成活率（%）		平均淘汰率（%）		产蛋期月死淘率（%）	
		总平均产蛋率（%）		种用公鸡死亡数（只）		种用公鸡淘汰数（不含死亡数）	
		高峰期产蛋率（%）		种用母鸡死亡数（只）		种用母鸡淘汰数（不含死亡数）	

（续）

	品种名称	曾祖代	祖代（套）	父母代（套）	——	——
主要饲养品种					——	——
					——	——
					——	——
栋舍分布	栋舍号	笼位数（栏数）	设计存栏量	周龄	生产阶段	存栏数

表 2-3　生产情况汇总表（种牛场）

统计周期：______年______月到______年______月　　　　填报时间：

		种公牛	种母牛	青年牛	犊牛	合计
生产规模	上年末存栏数（头）					
	目前总存栏数（头）					
生产指标	配种母牛头		数情期受胎母牛数		流产母牛数	
	产犊数		犊牛死亡数		——	——
	公畜死亡数（头）		公畜淘汰数（不含死亡数）		公畜年更新率（%）	
	母畜死亡数（头）		母畜淘汰数（不含死亡数）		母畜更新率（%）	
饲养品种	品种名称	种公牛	种母牛	青年牛	合计	
栋舍分布	栋舍号	栏位数	设计存栏量	生产阶段	现存栏数	

表 2-4 生产情况汇总表（奶牛场）

统计周期：______年______月到______年______月　　　　　　　　　　　　　填报时间：

		生产母牛	育成牛	种公牛	犊牛	合计
生产规模	上年末存栏数（头）					
	目前总存栏数（头）					
生产指标	总产奶量		每头每天平均产奶量［万 L/（头·d）］		最高产奶牛年产奶量（万 L）	
	配种母牛头数		情期受胎母牛数		产犊数	
	流产母牛数		生乳体细胞数（周平均数）		生乳细菌总数（周平均数）	
	公畜死亡数（头）		公畜淘汰数（不含死亡数）		公畜年更新率（%）	
	母畜死亡数（头）		母畜淘汰数（不含死亡数）		母畜更新率（%）	
饲养品种	品种名称	生产母牛	青年牛	种公牛	合计	
栋舍分布	栋舍号	栏位数	设计存栏量	生产阶段	现存栏数	

表 2-5 生产情况汇总表（种羊场）

统计周期：______年______月到______年______月　　　　　　　　　　　　　填报时间：

		种公羊	种母羊	青年羊	羔羊	合计
生产规模	上年末存栏数（只）					
	目前总存栏数（只）					
生产指标	母羊配种只数		母羊分娩只数		母羊流产只数	
	产羔数		羔羊死亡数		—	—
	种用公羊死亡数（只）		种用公羊淘汰数（不含死亡数）		种用公羊年更新率（%）	
	种用母羊死亡数（只）		种用母羊淘汰数（不含死亡数）		种用母羊年更新率（%）	
饲养品种	品种名称	种公羊	种母羊	青年羊	合计	

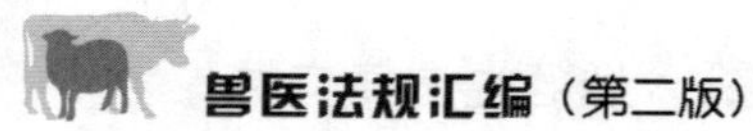

（续）

	栋舍号	栏位数	设计存栏量	生产阶段	现存栏数
栋舍分布					

表 2-6　生产情况汇总表（种公猪站）

统计周期：______年______月到______年______月　　填报时间：

		基础种公猪	后备种公猪	合计	
生产规模	上年末存栏数（头）				
	目前总存栏数（头）				
生产指标	种公猪年更新率（%）			后备种公猪来源	
	引入种公猪数（头）				
	种公猪淘汰数（不含死亡数）				
	种公猪死亡数（头）				
	年提供精液数量				
饲养品种	品种名称	基础种公猪	后备种公猪	合计	
栋舍分布	栋舍号	栏位数	设计存栏量	生产阶段	存栏数

表 2-7　生产情况汇总表（种公牛站）

统计周期：______年______月到______年______月　　填报时间：

		基础种公牛	后备种公牛	合计	
生产规模	上年末存栏数（头）				
	目前总存栏数（头）				
生产指标	种公牛年更新率（%）			更新种公牛来源	
	引入种公牛数（头）				
	种公牛淘汰数（不含死亡数）				
	种公牛死亡数（头）				
	年提供精液数量				

（续）

	品种名称	基础种公牛	后备种公牛	合计	
饲养品种					

	栋舍号	栏位数	设计存栏量	生产阶段	存栏数
栋舍分布					

表 2-8 生产情况汇总表（规模猪场）

统计周期：______年______月到______年______月　　　　填报时间：

		种公猪	种母猪	后备猪	保育猪	育肥猪	哺乳仔猪	合计
生产规模	上年末存栏数（头）							
	目前总存栏数（头）							
	统计周期出栏数							
	生产母猪存栏数（头）	头胎母猪	2～3 胎	4～6 胎	6 胎以上	总计	—	—
							—	—

			母猪配种分娩率（%）		平均每窝产仔数（头）	
生产指标	母猪配种受胎率（%）		母猪配种分娩率（%）		平均每窝产仔数（头）	
	平均窝产活仔数（头）		平均窝产健仔数（头）		初生仔猪成活率（%）	
	断奶仔猪成活率（%）		保育阶段成活率（%）		育肥阶段成活率（%）	
	种公猪死亡数（头）		种公猪淘汰数（不含死亡数）		种公猪年更新率（%）	
	生产母猪死亡数（头）		生产母猪淘汰数（不含死亡数）		生产母猪年更新率（%）	
	后备母猪死亡数		后备母猪淘汰数（不含死亡数）		后备母猪淘汰率（%）	
	平均出栏日龄（d）		平均出栏体重（kg）		料肉比	

	品种名称	种公猪	种母猪	后备公猪	后备母猪	育肥猪	合计
饲养品种							

	栋舍号	栏位数	设计存栏量	生产阶段	存栏数（产房只填写母猪数）	产房仔猪数
栋舍分布						

注：栋舍分布存栏数一栏产房母猪数、仔猪数分开填写。

表 2-9　生产情况汇总表（规模鸡场）

统计周期：______年______月到______年______月　　　　　　　　　　　　　　填报时间：

生产规模	商品蛋鸡	当前存栏量			上年末存栏量		
		育雏期	育成期	产蛋期	育雏期	育成期	产蛋期
	商品肉鸡	当前存栏量		今年出栏量		上年出栏量	
		育雏期	育肥期	出栏批次数	出栏鸡数量	出栏批次数	出栏鸡数量
	养殖方式（平养/笼养）			备注			
生产指标	商品蛋鸡	进场日龄		开产日龄		整群淘汰日龄	
		平均死亡率（%）		育成期之前死亡率（%）		育成期后死亡率（%）	
		产蛋期月死亡率（%）		产蛋期月淘汰率（%）		是否存在强制换羽情况	
		总平均产蛋率（%）		总平均料蛋比		出现的蛋品质异常情况有哪些	
		高峰期产蛋率（%）		高峰期持续时间		高峰期料蛋比	
	商品肉鸡	进场日龄（天）		出栏日龄（d）		一年出栏几批鸡	
		平均死亡率（%）		育雏期死亡率（%）		育肥期死亡率（%）	
		平均淘汰率（%）		出现的淘汰情况有哪些			
		平均出栏体重（kg）		料肉比		欧洲效益指数	
主要饲养品种		品种名称	饲养量	—	—	—	—
栋舍分布		栋舍号	笼位数（栏数）	设计存栏量	周龄	生产阶段	存栏数

表 2-10　生产情况汇总表（规模牛场）

统计周期：______年______月到______年______月　　　　　　　　　　　　　　填报时间：

		种公牛	种母牛	成年牛	犊牛	合计
生产规模	上年末存栏数（头）					
	目前总存栏数（头）					
生产指标	配种母牛头数		情期受胎母牛数		流产母牛数	
	产犊数		犊牛死亡率（%）		育肥死亡率（%）	
	公畜死亡数（头）		公畜淘汰数（不含死亡数）		公畜年更新率（%）	
	母畜死亡数（头）		母畜淘汰数（不含死亡数）		母畜更新率（%）	
	平均出栏日龄（d）		平均出栏体重（kg）		料肉比	

（续）

	品种名称	种公牛	种母牛	成年牛	合计	
饲养品种						
栋舍分布	栋舍号	栏位数	设计存栏量	生产阶段	现存栏数	

表 2-11 生产情况汇总表（规模羊场）

统计周期：______年______月到______年______月　　　　填报时间：

		种公羊	种母羊	成年羊	羔羊	合计
生产规模	上年末存栏数（只）					
	目前总存栏数（只）					
生产指标	母羊配种只数		母羊分娩只数		母羊流产只数	
	产羔数		羔羊死亡数		成年羊死亡率（%）	
	种用公羊死亡数（只）		种用公羊淘汰数（不含死亡数）		种用公羊年更新率（%）	
	种用母羊死亡数（只）		种用母羊淘汰数（不含死亡数）		种用母羊年更新率（%）	
	平均出栏日龄（d）		平均出栏体重（kg）		料肉比	
	泌乳羊平均日产奶量（kg）		年平均泌乳天数（d）		平均产毛量（kg）	
饲养品种	品种名称	种公羊	种母羊	成年羊	合计	
栋舍分布	栋舍号	栏位数	设计存栏量	生产阶段	现存栏数	

表 3-1　种源管理情况表

1. 引种情况

	引入时间	品种	数量	性别	引种来源		
					国家	省	公司名称
本场外引入种畜禽							
本场外引入精液							

2. 近一年内提供种用动物情况

年/月	提供种用公畜数量（头）	提供种用母畜数量（头）	提供精液数量（mL）	提供种禽数量（套）	销售范围	主要销售地点
					□本集团公司 □本省内 □国内其他省 □国外	

3. 种源动物疫病监测情况

疫病检测项目	检测范围				检测机构名称	检测范围	检测方法	检测方式
	引进种畜禽	引入精液	外售种畜禽	外售精液				

注：种畜禽场填写。自繁自养场点需填写建场以来主要引种情况，其他场点填写近三年引种情况。

表 3-2　调入管理情况表

1. 调入情况

	调入时间	品种	数量	性别	来源		
					国家	省	公司名称
本场调入畜禽							

（续）

本场外引入精液							

2. 近一年内外售动物及其产品情况

年/月	畜禽（头/只）	鸡蛋（枚）	乳制品（t）	其他______	销售范围	主要销售地点
					□本省内 □国内其他省 □国外 □国外	

3. 调入动物疫病监测情况

疫病检测项目	检测范围				检测机构名称	检测范围	检测方法	检测方式
	调入畜禽		外售种畜禽及其产品					

注：自繁自养场点需填写建场以来主要引种情况，其他场点填写近三年引种情况。

表 4　免疫情况登记表

	免疫病种	疫苗名称/亚型	疫苗生产厂家	疫苗类型	疫苗来源	疫苗成本（元/头份）
疫苗使用						

（续）

本场免疫程序	（详细描述本场疫病免疫程序，包括免疫时间、使用疫苗及数量、免疫阶段，可另附页）

表 5　消毒及无害化处理措施

	消毒对象	消毒方式	消毒频次	消毒药更换频次	消毒药名称	生产厂家	备注
消毒	入场消毒池						
	入场车辆						
	入场人员						
	人员进入生产区						
	栋舍						
	环境						
	其他______						
	其他______						
	其他______						
无害化处理	处理对象	处理方式		处理能力		设施设备	备注
	粪便						
	污水						
	病死动物						
	场区垃圾						

表 6　本年度主要疫病监测计划

监测项目	监测动物群体	检测方法	备注（检测方法选择“其他”的需填写）	检测频率（次/年）	抽样方式	每次检测数量（头/只）	每次检测数占所在群比例（%）

（续）

监测项目	监测动物群体	检测方法	备注（检测方法选择"其他"的需填写）	检测频率（次/年）	抽样方式	每次检测数量（头/只）	每次检测数占所在群比例（%）

注：监测项目一栏填写需具体到某种疫病的某个项目，例如猪瘟病原、猪瘟抗体、禽流感抗体、禽流感病原等。

表 7－1　近三年疫病监测情况汇总表（猪场）

报告编号	检测日期	检测类型	检测机构	采样群体	采样群体存栏量	采样数量	检测项目及结果																							
							猪瘟抗体		猪蓝耳病抗体		口蹄疫O型抗体		口蹄疫A型抗体		口蹄疫非结构蛋白抗体		猪伪狂犬病gB抗体		猪伪狂犬病gE抗体		非洲猪瘟病原		猪瘟病原		猪蓝耳病病原		猪口蹄疫病原		其他＿＿	
							检测数	阳性数	检测数	阳性数	检测数	阳性数	检测数	阳性数	检测数	阳性数	检测数	阳性数	检测数	阳性数	检测数	阳性数	检测数	阳性数	检测数	阳性数	检测数	阳性数	检测数	阳性数
汇总																														
平均阳性率/合格率																														

注：以每次检测为单元填写本表，检测类型包括自检（本场自行检测或者本场所在集团公司实验室进行的监测）、委托检验（由本场送样，委托第三方机构进行的检测）、监督检验（由兽医行政相关部门自行采样或者监督采样进行的检验）；本表最后两行自动统计，请勿修改；若一页不够，可复制本表填写。

表 7-2 近三年疫病监测情况汇总表（鸡场）

报告编号	检测日期	检测类型	检测机构	采样群体	采样群体存栏量	采样数量	检测项目及结果																											
							禽流感免疫抗体（H5）		禽流感免疫抗体（H7）		新城疫免疫抗体		禽流感病原（H5）		禽流感病原（H7）		新城疫病原		禽白血病病毒分离		禽白血病p27抗原		禽白血病J亚群抗体		禽白血病A/B亚群抗体		鸡白痢抗体		支原体抗体		支原体病原		其他_____	
							检测数	阳性数	检测数	阳性数	检测数	阳性数	检测数	阳性数	检测数	阳性数	检测数	阳性数	检测数	阳性数	检测数	阳性数	检测数	阳性数	检测数	阳性数	检测数	阳性数	检测数	阳性数	检测数	阳性数	检测数	阳性数
汇总																																		
平均阳性率/合格率																																		

注：以每次检测为单元填写本表，检测类型包括自检（本场自行检测或者本场所在集团公司实验室进行的监测）、委托检验（由本场送样，委托第三方机构进行的检测）、监督检验（由兽医行政相关部门自行采样或者监督采样进行的检验）；本表最后两行自动统计，请勿修改；若一页不够，可复制本表填写。

表7-3　近三年疫病监测情况汇总表（牛场）

报告编号	检测日期	检测类型	检测机构	采样群体	采样群体存栏量	采样数量	检测项目及结果																	
							口蹄疫O型抗体		口蹄疫A型抗体		口蹄疫非结构蛋白抗体		口蹄疫病原		布鲁氏菌病抗体		布鲁氏菌病病原		结核菌素γ干扰		素结核菌素变态反应		其他____	
							检测数	阳性数	检测数	阳性数	检测数	阳性数	检测数	阳性数	检测数	阳性数	检测数	阳性数	检测数	阳性数	检测数	阳性数	检测数	阳性
汇总																								
平均阳性率/合格率																								

注：以每次检测为单元填写本表，检测类型包括自检（本场自行检测或者本场所在集团公司实验室进行的监测）、委托检验（由本场送样，委托第三方机构进行的检测）、监督检验（由兽医行政相关部门自行采样或者监督采样进行的检验）；本表最后两行自动统计，请勿修改；若一页不够，可复制本表填写。

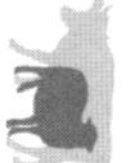

表 7-4　近三年疫病监测情况汇总表（羊场）

报告编号	检测日期	检测类型	检测机构	采样群体	采样群体存栏量	采样数量	检测项目及结果																	
							口蹄疫 O 型抗体		口蹄疫 A 型抗体		口蹄疫非结构蛋白抗体		口蹄疫病原		布鲁氏菌病抗体		布鲁氏菌病病原		小反刍兽疫抗体		小反刍兽疫病原		其他______	
							检测数	阳性数	检测数	阳性数	检测数	阳性数	检测数	阳性数	检测数	阳性数	检测数	阳性数	检测数	阳性数	检测数	阳性数	检测数	阳性
汇总																								
平均阳性率/合格率																								

注：以每次检测为单元填写本表，检测类型包括自检（本场自行检测或者本场所在集团公司实验室进行的监测）、委托检验（由本场送样，委托第三方机构进行的检测）、监督检验（由兽医行政相关部门自行采样或者监督采样进行的检验）；本表最后两行自动统计，请勿修改；若一页不够，可复制本表填写。

表8　主要管理人员、技术人员和获证特有工种人员名单

序号	姓名	性别	出生年月	本场职务	在本场工作时间	从事的本岗位的时间	职称	学历	毕业院校
1									
2									
3									
4									
5									
6									
7									
8									
9									
10									
11									
12									
13									
14									
15									
16									
17									
18									
19									
20									

表9　技术规程与管理制度清单

序号	技术规程/管理制度名称	制定时间	备注
1			
2			
3			
4			
5			
6			
7			
8			
9			
10			
11			
12			
13			
14			
15			
16			
17			
18			
19			
20			

注：包括种畜禽饲养、防疫、管理等技术规程和制度等；仅提供制度名称，不需要提供制度内容和文件。

表 10 国家级动物疫病净化场资格评审意见表

县级农业农村主管部门审核意见	负责人签字：　　　　公章： 日期：
市级农业农村主管部门复核意见	负责人签字：　　　　公章： 日期：
省级农业农村主管部门初评及推荐意见	负责人签字：　　　　公章：日期：
备注	

附件 2

动物疫病净化场牌匾制式

一、国家级动物疫病净化场牌匾制式

（一）样式及说明

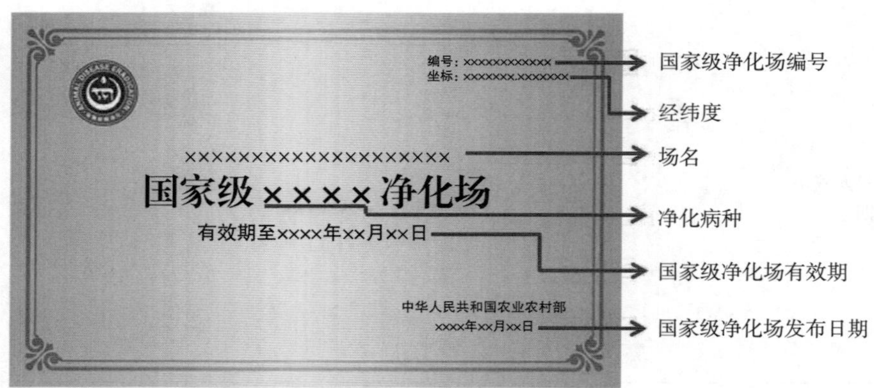

（二）制式及说明

材质：铝合金板
工艺：主画面“UV平面彩印”，花纹边框“蚀刻烤漆”
尺寸：600mm×380mm
厚度：平面双折2cm

编号与坐标字体规范：
字体：思源黑体 Regular　字号：33pt　色号：C:0 M:0 Y:0 K:100
（编号与坐标需左对齐）
31 mm　67 mm　30 mm
边框宽度规范：
外圈粗边：3.52mm
内圈细边：1.63mm
22 mm　16 mm
编号：××××××××××××
坐标：×××××××.×××××××
logo色号规范：
绿色号：C:70 M:0 Y:100 K:0
蓝色号：C:85 M:50 Y:0 K:0
小标题字体规范：
字体：思源宋体 Bold　字号：44pt　色号：C:0 M:0 Y:0 K:100
××××××××××××××××××××
大标题字体规范：
字体：思源宋体 Heavy　字号：98pt　色号：C:0 M:100 Y:0 K:100
国家级××××净化场
有效期字体规范：
字体：思源黑体 Mdeium　字号：54pt　色号：C:0 M:0 Y:0 K:100
有效期至××××年××月××日
（编号、坐标与单位、年份需右对齐）
中华人民共和国农业农村部
××××年××月××日
日期字体规范：
字体：思源黑体 Mefium　字号：37.5pt　色号：C:0 M:0 Y:0 K:100
（单位与年份城居中对齐）
32 mm
105mm　105mm
（中间文字标题需居中对齐）

（三）编号规则

1. 编号示例及说明

2. 净化病种及编号

猪伪狂犬病：1

猪瘟：2

猪繁殖与呼吸综合征：3

禽白血病：4

牛布鲁氏菌病：5

牛结核病：6

羊布鲁氏菌病：7

非洲猪瘟：8

猪口蹄疫：9

牛口蹄疫：10

羊口蹄疫：11

高致病性禽流感：12

鸡白痢：13

新城疫：14

支原体：15

(四)牌匾示例

二、省级动物疫病净化场牌匾制式

(一) 样式及说明

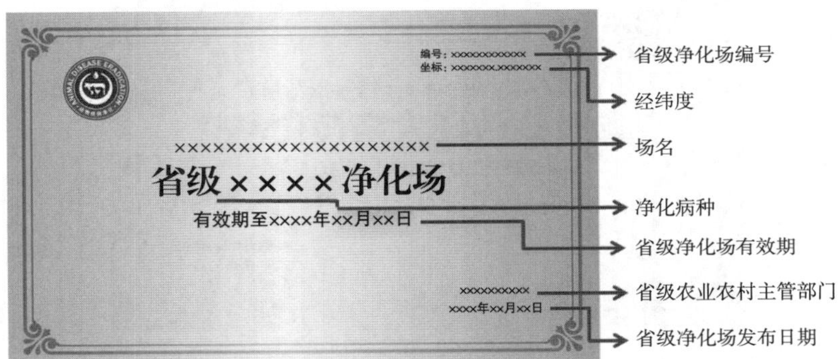

(二) 制式及说明

材质：铝合金板

工艺：主画面“UV平面彩印”，花纹边框“蚀刻烤漆”

尺寸：600mm×380mm

厚度：平面双折2cm

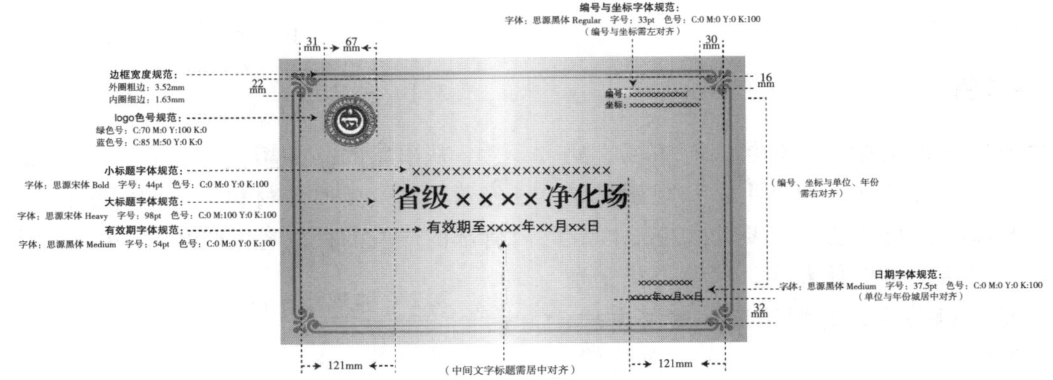

（三）编号规则

1. 编号示例及说明

2. 净化病种及编号

猪伪狂犬病：1

猪瘟：2

猪繁殖与呼吸综合征：3

禽白血病：4

牛布鲁氏菌病：5

牛结核病：6

羊布鲁氏菌病：7

非洲猪瘟：8

猪口蹄疫：9

牛口蹄疫：10

羊口蹄疫：11

高致病性禽流感：12

鸡白痢：13

新城疫：14

支原体：15

（四）示例

动物疫病净化场评估技术规范（2023 版）

1 总则

为了规范种猪场、种鸡场、种牛场、奶牛场、种羊场、种公猪站、种公牛站和规模养殖场（不含种畜禽场、奶畜场）主要动物疫病净化标准及评估技术过程特制定本规范。

2 评估范围

本规范适用于种猪场、种鸡场、种牛场、奶牛场、种羊场、种公猪站、种公牛站和规模养殖场（不含种畜禽场、奶畜场）主要动物疫病净化效果的评估。包括：猪伪狂犬病、猪瘟、猪繁殖与呼吸综合征、口蹄疫、非洲猪瘟、禽白血病、鸡白痢、新城疫、支原体病、高致病性禽流感、布鲁氏菌病、牛结核病净化应达到的标准，抽样方案及现场综合审查要点。本规范未涉及的场点类型的主要疫病净化评估标准，今后将结合动物疫病净化工作进展情况持续完善。

3 术语和定义

下列术语和定义适用于本文件。

3.1 种猪场

从事猪的品种培育、选育、资源保护和生产经营种猪及其遗传材料，并取得畜牧兽医行政主管部门颁发的种畜禽生产经营许可证的养猪场。

3.2 种鸡场

从事鸡的品种培育、选育、资源保护和生

产经营种鸡及其遗传材料，并取得畜牧兽医行政主管部门颁发的种畜禽生产经营许可证的养鸡场。

3.3 种牛场

从事牛的品种培育、选育、资源保护和生产经营种牛及其遗传材料，并取得畜牧兽医行政主管部门颁发的种畜禽生产经营许可证的养牛场。

3.4 奶牛场

从事奶牛的品种培育、选育、饲养并生产牛奶原料的养殖场。

3.5 种羊场

从事羊的品种培育、选育、资源保护和生产经营种羊及其遗传材料，并取得畜牧兽医行政主管部门颁发的种畜禽生产经营许可证的养羊场。

3.6 种公猪站

具有一定规模的种公猪，专门从事种猪精液生产，并取得畜牧兽医行政主管部门颁发的种畜禽生产经营许可证的种公猪站。

3.7 种公牛站

从事种公牛的品种培育、选育、资源保护和生产经营种牛及其遗传材料，并取得畜牧兽医行政主管部门颁发的种畜禽生产经营许可证的种公牛站。

3.8 规模养殖场

依法取得《动物防疫条件合格证》，从事猪、鸡、牛、羊等畜禽的生产经营，具备一定规模并具有独立法人资格的养殖场（不含种畜禽场、奶畜场）。

3.9 动物疫病净化

动物疫病净化是指有计划地在特定区域或场所对特定动物疫病，通过免疫、监测、检疫、隔离、消毒、淘汰、扑杀、无害化处理等一系列技术和管理措施，消灭和清除病原，最终达到并维持在该范围内动物个体不发病和无感染状态的过程。

4 种猪场主要疫病净化标准

4.1 猪伪狂犬病净化标准

4.1.1 净化标准

4.1.1.1 同时满足以下要求，视为达到免疫净化标准：

（1）生产母猪和后备种猪抽检，猪伪狂犬病病毒 gB 抗体阳性率大于 90%；

（2）种公猪、生产母猪和后备种猪抽检，猪伪狂犬病病毒 gE 抗体检测均为阴性；

（3）连续两年以上无临床病例；

（4）现场综合审查通过。

4.1.1.2 同时满足以下要求，视为达到非免疫净化标准：

（1）种公猪、生产母猪和后备种猪抽检，猪伪狂犬病病毒抗体检测均为阴性；

（2）停止免疫两年以上，无临床病例；

（3）现场综合审查通过。

4.1.2 抽样检测方法

净化评估专家负责设计抽样方案并监督抽样，所在地各级动物疫病预防控制机构配合完成。

表 1 免疫净化评估实验室检测方法

检测项目	检测方法	抽样种群	抽样数量	样本类型
抗体检测	gE-ELISA	种公猪	生产公猪存栏 50 头以下，100%采样；生产公猪存栏 50 头以上，按照证明无疫公式计算（$CL=95\%$，$P=3\%$）	血清
		生产母猪 后备种猪	按照证明无疫公式计算（$CL=95\%$，$P=3\%$）；随机抽样，覆盖不同猪群	血清
抗体检测	gB-ELISA	生产母猪	按照预估期望值公式计算（$CL=95\%$，$P=90\%$，$e=10\%$）	血清
		后备种猪	按照预估期望值公式计算（$CL=95\%$，$P=90\%$，$e=10\%$）	血清

表 2　非免疫净化评估实验室检测方法

检测项目	检测方法	抽样种群	抽样数量	样本类型
抗体检测	ELISA	种公猪	生产公猪存栏 50 头以下，100%采样；生产公猪存栏 50 头以上，按照证明无疫公式计算（$CL=95\%$，$P=3\%$）	血清
		生产母猪 后备种猪	按照证明无疫公式计算（$CL=95\%$，$P=3\%$）；随机抽样，覆盖不同猪群	血清

4.2　猪瘟净化标准

4.2.1　净化标准

4.2.1.1　同时满足以下要求，视为达到免疫净化标准：

（1）生产母猪、后备种猪抽检，猪瘟免疫抗体阳性率 90%以上；

（2）种公猪、生产母猪和后备种猪抽检，猪瘟病原学检测均为阴性；

（3）连续两年以上无临床病例；

（4）现场综合审查通过。

4.2.1.2　同时满足以下要求，视为达到非免疫净化标准：

（1）种公猪、生产母猪和后备种猪抽检，猪瘟病毒抗体检测均为阴性；

（2）停止免疫两年以上，无临床病例；

（3）现场综合审查通过。

4.2.2　抽样检测方法

净化评估专家负责设计抽样方案并监督抽样，所在地各级动物疫病预防控制机构配合完成。

表 3　免疫净化评估实验室检测方法

检测项目	检测方法	抽样种群	抽样数量	样本类型
病原学检测	荧光 PCR	种公猪	生产公猪存栏 50 头以下，100%采样；生产公猪存栏 50 头以上，按照证明无疫公式计算（$CL=95\%$，$P=3\%$）	扁桃体
		生产母猪 后备种猪	按照证明无疫公式计算（$CL=95\%$，$P=3\%$）；随机抽样，覆盖不同猪群	
抗体检测	ELISA	生产母猪	按照预估期望值公式计算（$CL=95\%$，$P=90\%$，$e=10\%$）	血清
		后备种猪	按照预估期望值公式计算（$CL=95\%$，$P=90\%$，$e=10\%$）	

表 4　非免疫净化评估实验室检测方法

检测项目	检测方法	抽样种群	抽样数量	样本类型
抗体检测	ELISA	种公猪	生产公猪存栏 50 头以下，100%采样；生产公猪存栏 50 头以上，按照证明无疫公式计算（$CL=95\%$，$P=3\%$）	血清
		生产母猪 后备种猪	按照证明无疫公式计算（$CL=95\%$，$P=3\%$）；随机抽样，覆盖不同猪群	

4.3　猪繁殖与呼吸综合征净化标准

4.3.1　净化标准

4.3.1.1　同时满足以下要求，视为达到免疫净化标准：

（1）生产母猪和后备种猪抽检，猪繁殖与呼吸综合征免疫抗体阳性率 90%以上；种公猪抗体抽检均为阴性；

（2）种公猪、生产母猪和后备种猪抽检，猪繁殖与呼吸综合征病原学检测均为阴性；

（3）连续两年以上无临床病例；

（4）现场综合审查通过。

4.3.1.2　同时满足以下要求，视为达到非免疫净化标准：

（1）种公猪、生产母猪、后备种猪抽检，猪繁殖与呼吸综合征病毒抗体检测均为阴性；

（2）停止免疫两年以上，无临床病例；

（3）现场综合审查通过。

4.3.2　抽样检测方法

净化评估专家负责设计抽样方案并监督抽样，所在地各级动物疫病预防控制机构配合完成。

表 5 免疫净化评估实验室检测方法

检测项目	检测方法	抽样种群	抽样数量	样本类型
抗体检测	ELISA	种公猪	生产公猪存栏 50 头以下，100%采样；生产公猪存栏 50 头以上，按照证明无疫公式计算（*CL*=95%，*P*=3%）	血清
病原学检测	PCR	生产母猪 后备种猪	按照证明无疫公式计算（*CL*=95%，*P*=3%）；随机抽样，覆盖不同猪群	扁桃体
抗体检测	ELISA	生产母猪	按照预估期望值公式计算（*CL*=95%，*P*=90%，*e*=10%）	血清
		后备种猪	按照预估期望值公式计算（*CL*=95%，*P*=90%，*e*=10%）	

表 6 非免疫净化评估实验室检测方法

检测项目	检测方法	抽样种群	抽样数量	样本类型
抗体检测	ELISA	种公猪	生产公猪存栏 50 头以下，100%采样；生产公猪存栏 50 头以上，按照证明无疫公式计算（*CL*=95%，*P*=3%）	血清
		生产母猪 后备种猪	按照证明无疫公式计算（*CL*=95%，*P*=3%）；随机抽样，覆盖不同猪群	血清

4.4 口蹄疫净化标准

4.4.1 净化标准

同时满足以下要求，视为达到免疫净化标准：

（1）生产母猪和后备种猪抽检，口蹄疫免疫抗体合格率 90%以上；

（2）种公猪、生产母猪、后备种猪抽检，口蹄疫病原学检测阴性；

（3）连续两年以上无临床病例；

（4）现场综合审查通过。

4.4.2 抽样检测方法

净化评估专家负责设计抽样方案并监督抽样，所在地各级动物疫病预防控制机构配合完成。

表 7 免疫净化评估实验室检测方法

检测项目	检测方法	抽样种群	抽样数量	样本类型
病原学检测	PCR	种公猪	生产公猪存栏 50 头以下，100%采样；生产公猪存栏 50 头以上，按照证明无疫公式计算（*CL*=95%，*P*=3%）	扁桃体
		生产母猪 后备种猪	按照证明无疫公式计算（CL=95%，P=3%）；随机抽样，覆盖不同猪群	
抗体检测	ELISA	生产母猪	按照预估期望值公式计算（*CL*=95%，*P*=90%，*e*=10%）	血清
		后备种猪	按照预估期望值公式计算（*CL*=95%，*P*=90%，*e*=10%）	血清

4.5 非洲猪瘟净化标准

4.5.1 净化标准

同时满足以下要求，视为达到净化标准：

（1）种公猪、生产母猪、后备种猪抽检，非洲猪瘟病原学检测均为阴性；

（2）连续两年以上无临床病例；

（3）现场综合审查通过。

4.5.2 抽样检测方法

净化评估专家负责设计抽样方案并监督抽样，所在地各级动物疫病预防控制机构配合完成。

表 8 净化评估实验室检测方法

检测项目	检测方法	抽样种群	抽样数量	样本类型
病原学检测	荧光 PCR	种公猪	生产公猪存栏 50 头以下，100%采样；生产公猪存栏 50 头以上，按照证明无疫公式计算（*CL*=95%，*P*=3%）	全血
		生产母猪 后备种猪	按照证明无疫公式计算（*CL*=95%，*P*=3%）；随机抽样，覆盖不同猪群	

4.6 现场综合审查

4.6.1 国家级动物疫病净化场现场综合审查

依据 4.6.3 开展现场综合审查并打分。必备条件全部满足，总分不低于 90 分，且关键项（*项）全部满分，为国家级动物疫病净化场现场综合审查通过。

4.6.2 省级动物疫病净化场现场综合审查

依据 4.6.3 开展现场综合审查并打分。必备条件全部满足，总分不低于 80 分，且关键项（*项）全部满分，为省级动物疫病净化场现场综合审查通过。

4.6.3 种猪场主要疫病净化现场审查评分表

类别	编号	具体内容及评分标准	关键项	分值	得分	合计
必备条件	Ⅰ	土地使用应符合相关法律法规与区域内土地使用规划，场址选择应符合《中华人民共和国畜牧法》和《中华人民共和国动物防疫法》有关规定		必备条件		
	Ⅱ	应具有县级以上畜牧兽医主管部门备案登记证明，并按照农业农村部《畜禽标识和养殖档案管理办法》要求，建立养殖档案				
	Ⅲ	应具有县级以上畜牧兽医主管部门颁发的《动物防疫条件合格证》，两年内无重大疫病和产品质量安全事件发生记录				
	Ⅳ	种畜禽养殖企业应具有县级以上畜牧兽医主管部门颁发的《种畜禽生产经营许可证》				
	Ⅴ	应有病死动物和粪污无害化处理设施设备或有效措施				
	Ⅵ	种猪场生产母猪存栏 500 头以上（地方保种场除外）				
人员管理5分	1	应建立净化工作团队，并有名单和责任分工等证明材料，有员工管理制度		1		
	2	全面负责疫病防治工作的技术负责人应具有畜牧兽医相关专业本科以上学历或中级以上职称，从事养猪业三年以上		1		
	3	应有员工疫病防治培训制度和培训计划，有近 1 年的员工培训考核记录		1		
	4	从业人员应有健康证明		1		
	5	本场专职兽医技术人员至少 1 名获得《执业兽医师资格证书》，并有专职证明材料（如社保或工资发放证明等）		1		
结构布局8分	6	场区位置独立，与主要交通干道、居民生活区、生活饮用水源地、屠宰厂（场）、交易市场隔离距离要求见《动物防疫条件审查办法》		1		
	7	场区周围应有围墙、防风林、灌木、防疫沟或其他物理屏障等隔离设施或措施		1		
	8	养殖场应有防疫警示标语、警示标牌等防疫标志		1		
	9	种猪、生长猪等宜按照饲养阶段分别饲养在不同地点，每个地点相对独立且相隔一定距离		1		
	10	办公区、生产区、生活区、粪污处理区和无害化处理区应严格分开，界限分明；生产区距离其他功能区 50m 以上或通过物理屏障有效隔离；场内出猪台与生产区应相距 50m 以上或通过物理屏障有效隔离		1		
	11	场内净道与污道应分开，如存在部分交叉，应有规定使用时间和科学有效的消毒措施等		1		
	12	应在距离养殖场合适的位置设置独立的、符合生物安全要求的出猪中转站及内部专用转运车辆		2		
栏舍设置6分	13	应有独立的引种隔离舍		2		
	14	可设预售种猪观察舍		1		
	15	每栋猪舍均应有自动饮水系统，保育舍应有可控的饮水加药系统		1		
	16	猪舍通风、换气和温控等设施应运转良好		1		
	17	应有称重装置、装（卸）平台等设施		1		

（续）

类别	编号	具体内容及评分标准	关键项	分值	得分	合计
卫生环保8分	18	场区应无垃圾及杂物堆放		1		
	19	场区实行雨污分流，符合NY/T682的要求		1		
	20	生产区具备有效的预防鼠、防虫媒、防犬猫、防鸟进入的设施或措施		2		
	21	场区禁养其他动物，并应有防止周围其他动物进入场区的设施或措施		1		
	22	应有固定的猪粪贮存、堆放设施设备和场所，存放地点有防雨、防渗漏、防溢流措施		1		
	23	水质检测应符合人畜饮水卫生标准		1		
	24	应具有县级以上环保行政主管部门的环评验收报告或许可		1		
无害化处理8分	25	应有粪污无害化处理制度，场区内应有与生产规模相匹配的粪污处理设施设备，宜采用堆肥发酵方式对粪污进行无害化处理，处理结果应符合NY/T1168的要求		2		
	26	应有病死猪无害化处理制度，无害化处理措施见《病死及病害动物无害化处理技术规范》		1		
	27	栏舍内病死猪的收集、包裹、运输、储存、交接等过程符合生物安全要求		1		
	28	病死猪无害化处理设施或措施运转应有效并符合生物安全要求		2		
	29	应有病死猪淘汰、诊疗、无害化处理等相关记录		2		
消毒管理12分	30	在场区外设置独立的入场车辆洗消中心/站，洗消中心/站的设置、布局、建设、运行管理等应符合生物安全要求		2		
	31	场区入口应设置车辆消毒池、覆盖全车的消毒设施以及人员消毒设施		1		
	32	有车辆及人员出入场区消毒及管理制度和岗位操作规程，并对车辆及人员出入和消毒情况进行记录		1		
	33	生产区入口应设置人员消毒、淋浴、更衣设施，消毒、淋浴、更衣室布局科学合理		2		
	34	应有本场职工、外来人员进入生产区消毒及管理制度，有出入登记制度，对人员出入和消毒情况进行记录		2		
	35	每栋猪舍入口应设置消毒设施，人员有效消毒后方可进入猪舍		1		
	36	栋舍、生产区内部有定期消毒措施，有消毒制度和岗位操作规程，对栋舍、生产区内部消毒情况进行记录		1		
	37	应有消毒液配制和管理制度，有消毒液配制及更换记录		1		
	38	应开展消毒效果评估，并有近一年评估记录		1		
生产管理9分	39	产房、保育舍和生长舍应实现猪群全进全出		1		
	40	应制定投入品（含饲料、兽药、生物制品）使用管理制度，应有投入品使用记录		2		
	41	应将投入品分类分开储藏，标识清晰		1		
	42	应有配种、妊检、产仔、哺育、保育与生长等生产记录		1		
	43	应有健康巡查制度及记录		1		
	44	根据当年生产报表，母猪配种分娩率（分娩母猪/同期配种母猪）应在80%（含）以上		1		
	45	各类种群成活率应在90%以上		2		
防疫管理12分	46	应建立适合本场的卫生防疫制度和针对特定动物疫病、符合本场实际的突发传染病应急预案		3		
	47	应有独立兽医室，兽医室具备正常开展临床诊疗、采样、高压灭菌、消毒等设施，有兽医诊疗与用药记录		3		
	48	应有动物发病记录、阶段性疫病流行记录和符合本场实际并具有防控指导意义的定期猪群健康状态分析总结		3		
	49	应有免疫制度、计划、程序和记录		3		

（续）

类别	编号	具体内容及评分标准	关键项	分值	得分	合计
种源管理12分	50	应有引种管理制度和引种记录		2		
	51	应有引种隔离管理制度和引种隔离观察记录		1		
	52	国内引种应来源于有《种畜禽生产经营许可证》的种猪场；外购精液应有《动物检疫合格证明》；国外引进种猪、精液应有国务院农业农村或畜牧兽医行政主管部门签发的审批意见及海关相关部门出具的检测报告		1		
	53	引种种猪应具有种畜禽合格证、动物检疫合格证明、种猪系谱证		1		
	54	引入种猪入场前、外购供体/精液使用前、本场供体/精液使用前有非洲猪瘟病原检测报告且结果为阴性		1		
	55	引入种猪入场前、外购供体/精液使用前、本场供体/精液使用前应有猪口蹄疫、猪伪狂犬病、猪瘟、猪繁殖与呼吸综合征病原或感染抗体检测报告且结果为阴性	*	4		
	56	本场销售种猪或精液应有非洲猪瘟、猪口蹄疫、猪伪狂犬病、猪瘟、猪繁殖与呼吸综合征抽检记录，并附具《动物检疫合格证明》		1		
	57	应有近3年完整的种猪销售记录		1		
监测净化11分	58	应有符合本场实际且科学合理的非洲猪瘟、猪口蹄疫、猪伪狂犬病、猪瘟、猪繁殖与呼吸综合征年度（或更短周期）等监测净化方案、检测报告和记录	*	4		
	59	应根据监测净化方案开展疫病净化，检测、淘汰记录能追溯到种猪及后备猪群的唯一性标识（如耳标号）	*	2		
	60	应有3年以上的净化工作实施记录，记录保存3年以上	*	2		
	61	应有定期净化效果评估和分析报告（生产性能、发病率、病死率、阳性率、用药投入、提高的直接经济效益等）		2		
	62	实际检测数量与应检测数量基本一致，检测试剂购置数量或委托检测凭证与检测量相符		1		
场群健康9分	应具有近一年内有资质的兽医实验室检验检测报告（每次抽检数不少于30头）并且结果符合：					
	63	猪伪狂犬病净化场：符合净化标准；其他病种净化场：种猪群或后备猪群猪伪狂犬病免疫抗体阳性率≥80%，病原或感染抗体阳性率≤10%	*	1/5#		
	64	猪瘟净化场：符合净化标准；其他病种净化场：种猪群或后备猪群猪瘟免疫抗体阳性率≥80%，近两年内无猪瘟临床病例	*	1/5#		
	65	猪繁殖与呼吸综合征净化场：符合净化标准；其他病种净化场：近两年内猪繁殖与呼吸综合征无临床病例	*	1/5#		
	66	口蹄疫净化场：符合净化标准；其他病种净化场：口蹄疫免疫抗体阳性率≥70%，病原或感染抗体阳性率≤10%，近两年内无口蹄疫临床病例	*	1/5#		
	67	非洲猪瘟净化场：符合净化标准；其他病种净化场：近两年内无非洲猪瘟临床病例	*	1/5#		
总分				100		

注：#申报评估的病种该项分值为5分，其余病种为1分。

5 种鸡场主要疫病净化标准

5.1 禽白血病净化标准

5.1.1 净化标准

同时满足以下要求，视为达到净化标准：

（1）种鸡群抽检，禽白血病病原学检测均为阴性；

（2）连续两年以上无临床病例；

（3）现场综合审查通过。

5.1.2 抽样检测方法

净化评估专家负责设计抽样方案并监督抽样，所在地各级动物疫病预防控制机构配合完成。

表 1 净化评估抽样检测方法

检测项目	检测方法	抽样种群	抽样数量	样本类型
病原学检测	p27 抗原 ELISA	产蛋鸡群	500 枚种蛋（随机抽样，覆盖不同栋鸡群）	种蛋
	病毒分离（DF-1 细胞）	种鸡群	单系 50 份（随机抽样，覆盖不同栋鸡群）	全血

备注：p27 抗原检测全部为阴性，实验室检测通过；p27 抗原检测阳性率高于 1%，实验室检测不通过；检出 p27 抗原阳性且阳性率 1%以内，采用病毒分离进行复测，病毒分离全部为阴性，实验室检测通过，病毒分离出现阳性，实验室检测不通过。

5.2 鸡白痢净化标准

5.2.1 净化标准

同时满足以下要求，视为达到净化标准：

（1）血清学抽检，祖代以上养殖场阳性率低于 0.2%，父母代场阳性率低于 0.5%；

（2）连续两年以上无临床病例；

（3）现场综合审查通过。

5.2.2 抽样检测方法

净化评估专家负责设计抽样方案并监督抽样，所在地各级动物疫病预防控制机构配合完成。

表 2 净化评估实验室检测方法

检测项目	检测方法	抽样种群	抽样数量	样本类型
抗体检测	平板凝集	种鸡群	按照证明无疫公式计算（$CL=95\%$，$P=0.5\%$）；随机抽样，覆盖不同栋鸡群	血清

5.3 高致病性禽流感净化标准

5.3.1 净化标准

同时满足以下要求，视为达到免疫净化标准：

（1）种鸡群抽检，H5 和 H7 亚型禽流感免疫抗体合格率 90%以上；

（2）种鸡群抽检，H5 和 H7 亚型禽流感病原学检测均为阴性；

（3）连续两年以上无临床病例；

（4）现场综合审查通过。

5.3.2 抽样检测方法

净化评估专家负责设计抽样方案并监督抽样，所在地各级动物疫病预防控制机构配合完成。

表 3 免疫净化评估实验室检测方法

检测项目	检测方法	抽样种群	抽样数量	样本类型
病原学检测	RT-PCR（H5/H7）	种鸡群	按照证明无疫公式计算（$CL=95\%$，$P=1\%$）；随机抽样，覆盖不同栋舍鸡群	咽喉和泄殖腔拭子
抗体检测	HI（H5/H7）	种鸡群	按照预估期望值公式计算（$CL=95\%$，$P=90\%$，$e=10\%$）；随机抽样，覆盖不同栋鸡群	血清

5.4 新城疫净化标准

5.4.1 净化标准

同时满足以下要求，视为达到免疫净化标准：

（1）种鸡群抽检，鸡新城疫免疫抗体合格率 90%以上；

（2）种鸡群抽检，鸡新城疫病原学检测均为阴性；

（3）连续两年以上无临床病例；

（4）现场综合审查通过。

5.4.2 抽样检测方法净化评估专家负责设计抽样方案并监督抽样，所在地各级动物疫病预防控制机构配合完成。

表 4 免疫净化评估实验室检测方法

检测项目	检测方法	抽样种群	抽样数量	样本类型
病原学检测	RT-PCR 及序列分析	种鸡群	按照证明无疫公式计算（$CL=95\%$，$P=1\%$）；随机抽样，覆盖不同栋舍鸡群	咽喉和泄殖腔拭子
抗体检测	HI	种鸡群	按照预估期望值公式计算（$CL=95\%$，$P=90\%$，$e=10\%$）；随机抽样，覆盖不同栋鸡群	血清

5.5 支原体病净化标准

5.5.1 净化标准

同时满足以下要求，视为达到净化标准：

（1）血清学抽检，祖代以上养殖场滑液囊支原体抗体和鸡毒支原体阳性率低于0.2%，父母代场滑液囊支原体抗体和鸡毒支原体阳性率低于0.5%；

（2）病原学检测均为阴性；

（3）连续两年以上无临床病例；

（4）现场综合审查通过。

5.5.2 抽样检测方法净化评估专家负责设计抽样方案并监督抽样，所在地各级动物疫病预防控制机构配合完成。

表5 净化评估实验室检测方法

检测项目	检测方法	抽样种群	抽样数量	样本类型
滑液囊支原体和鸡毒支原体抗体检测	ELISA	种鸡群	按照证明无疫公式计算（$CL=95\%$，$P=0.5\%$）；随机抽样，覆盖不同栋鸡群	血清
滑液囊支原体和鸡毒支原体病原检测	PCR	种鸡群	按照证明无疫公式计算（$CL=95\%$，$P=0.5\%$）；随机抽样，覆盖不同栋鸡群	咽喉拭子

5.6 现场综合审查

5.6.1 国家级动物疫病净化场现场综合审查

依据5.6.3开展现场综合审查并打分。必备条件全部满足，总分不低于90分，且关键项（*项）全部满分，为国家级动物疫病净化场现场综合审查通过。

5.6.2 省级动物疫病净化场现场综合审查

依据5.6.3开展现场综合审查并打分。必备条件全部满足，总分不低于80分，且关键项（*项）全部满分，为省级动物疫病净化场现场综合审查通过。

5.6.3 种鸡场主要疫病净化现场审查评分表

类别	编号	具体内容及评分标准	关键项	分值	得分	合计
必备条件	Ⅰ	土地使用应符合相关法律法规与区域内土地使用规划，场址选择应符合《中华人民共和国畜牧法》和《中华人民共和国动物防疫法》有关规定		必备条件		
	Ⅱ	应具有县级以上畜牧兽医主管部门备案登记证明，并按照农业农村部《畜禽标识和养殖档案管理办法》要求，建立养殖档案				
	Ⅲ	应具有县级以上畜牧兽医主管部门颁发的《动物防疫条件合格证》，两年内无重大疫病和产品质量安全事件发生记录				
	Ⅳ	种畜禽养殖企业应具有县级以上畜牧兽医主管部门颁发的《种畜禽生产经营许可证》				
	Ⅴ	应有病死动物和粪污无害化处理设施设备，或有效措施				
	Ⅵ	祖代禽场种禽存栏2万套以上，父母代种禽场种禽存栏5万套以上（地方保种场除外）				
人员管理5分	1	应建立净化工作团队，并有名单和责任分工等证明材料，有员工管理制度		1		
	2	全面负责疫病防治工作的技术负责人应具有畜牧兽医相关专业本科以上学历或中级以上职称，从事养禽业三年以上		1		
	3	应有员工疫病防治培训制度和培训计划，有员工培训考核记录		1		
	4	养殖场从业人员应有健康证明		1		
	5	本场专职兽医技术人员至少1名获得《执业兽医师资格证书》，并有专职证明材料（如社保或工资发放证明等）		1		

（续）

类别	编号	具体内容及评分标准	关键项	分值	得分	合计
结构布局8分	6	场区位置独立，与主要交通干道、居民生活区、生活饮用水源地、屠宰厂（场）、交易市场隔离距离要求见《动物防疫条件审查办法》		1		
	7	场区周围应有围墙、防风林、灌木、防疫沟或其他物理屏障等隔离设施或措施		1		
	8	养殖场应有防疫警示标语、警示标牌等防疫标志		1		
	9	办公区、生活区、生产区、粪污处理区和无害化处理区应严格分开，界限分明；生产区距离其他功能区 50m 以上或通过物理屏障有效隔离		2		
	10	应有独立的孵化厅，布局结构和人员的流动应符合生物安全要求		2		
	11	场内净道与污道应分开，如存在部分交叉，应有规定使用时间和科学有效的消毒措施等		1		
栏舍设置6分	12	鸡舍应为全封闭式		2		
	13	鸡舍通风、换气和温控等设施应运转良好		2		
	14	鸡舍应有饮水消毒设施及可控的自动加药系统		1		
	15	笼养方式养殖场应有自动清粪系统		1		
卫生环保8分	16	场区应无垃圾及杂物堆放		1		
	17	场区实行雨污分流，符合 NY/T682 的要求		1		
	18	生产区应具备防鸟、防鼠、防虫媒、防犬猫进入的设施或措施		2		
	19	场区禁养其他动物，并应有防止其他动物进入场区的设施或措施	1			
	20	应有固定的鸡粪贮存、堆放设施设备和场所，存放地点有防雨、防渗漏、防溢流措施		1		
	21	水质检测应符合人畜饮水卫生标准		1		
	22	应具有县级以上环保行政主管部门的环评验收报告或许可		1		
无害他处理8分	23	应有粪污无害化处理制度，场区内应有与生产规模相匹配的粪污处理设施设备，宜采用堆肥发酵方式对粪污进行无害化处理，处理结果应符合 NY/T1168 的要求		2		
	24	应有病死鸡无害化处理制度，无害化处理措施见《病死及病害动物无害化处理技术规范》		1		
	25	栏舍内病死鸡的收集、包裹、运输、储存、交接等过程符合生物安全要求		1		
	26	病死鸡无害化处理设施或措施应运转有效并符合生物安全要求		2		
	27	应有完整的病死鸡无害化处理记录并具有可追溯性		2		
消毒管理12分	28	场区入口应设置车辆消毒池、覆盖全车的消毒设施以及人员消毒设施		1		
	29	应有车辆及人员出入场区消毒及管理制度和岗位操作规程，并对车辆及人员出入和消毒情况进行记录		2		
	30	生活区、生产区入口应设置人员消毒、淋浴、更衣设施，消毒、淋浴、更衣室布局科学合理		1		
	31	有本场职工、外来人员进入生产区消毒及管理制度，有出入登记制度，对人员出入和消毒情况进行记录		2		
	32	每栋鸡舍入口应设置消毒设施，应有执行良好记录		1		
	33	栋舍、生产区内部有定期消毒措施，有消毒制度和岗位操作规程，对栋舍、生产区内部消毒情况进行记录		1		
	34	应有种蛋孵化入孵和出雏消毒及管理制度，并对消毒情况进行记录		1		
	35	应有种蛋收集、储存库和种蛋的消毒及管理制度，并对消毒情况进行记录		1		
	36	应有消毒液配制和管理制度，有消毒液配制及更换记录		1		
	37	应开展消毒效果评估，并有近一年评估记录		1		

（续）

类别	编号	具体内容及评分标准	关键项	分值	得分	合计
生产管理9分	38	应采用按区或按栋全进全出饲养模式		2		
	39	应制定投入品（含饲料、兽药、生物制品）使用管理制度，应有投入品使用记录		1		
	40	应将投入品分类分开储藏，标识清晰		1		
	41	生产记录应完整，有日产蛋、日死亡淘汰、日饲料消耗、饲料添加剂使用记录		1		
	42	种蛋孵化管理应有良好的管理规范，记录完整		1		
	43	应有健康巡查制度及记录		1		
	44	根据当年生产报表，育雏成活率应在95%（含）以上		1		
	45	根据当年生产报表，育成率应在95%（含）以上		1		
防疫管理12分	46	应建立适合本场的卫生防疫制度和针对特定动物疫病、符合本场实际的突发传染病应急预案		3		
	47	应有独立兽医室，兽医室具备正常开展临床诊疗、采样、高压灭菌、消毒等设施，有兽医诊疗与用药记录		2		
	48	所用活疫苗应有外源病毒的检测证明（自检或委托第三方）		2		
	49	应有动物发病记录、阶段性疫病流行记录和符合本场实际并具有防控指导意义的定期鸡群健康状态分析总结		3		
	50	应有免疫制度、计划、程序和记录		2		
种源管理12分	51	应有引种管理制度和引种记录		1		
	52	应有引种隔离管理制度和引种隔离观察记录		1		
	53	种源应来源于有《种畜禽生产经营许可证》的种禽场或符合相关规定国外进口的种禽或种蛋		1		
	54	引进禽苗/种蛋应具有动物检疫合格证明、种禽合格证、系谱证等证件		2		
	55	引进种禽/种蛋入场前应有高致病性禽流感、新城疫、禽白血病、鸡白痢、支原体病原或感染抗体抽样检测报告且结果均为阴性	*	4		
	56	应有近3年完整的种雏/种蛋销售记录		1		
	57	本场销售种禽/种蛋应有高致病性禽流感、新城疫、禽白血病、鸡白痢、支原体抽检记录，并附具《动物检疫合格证明》		2		
监测净化11分	58	应有符合本场实际且科学合理的高致病性禽流感、新城疫、禽白血病、鸡白痢、支原体等年度（或更短周期）监测净化方案、监测报告和记录	*	4		
	59	应根据监测净化方案开展疫病净化，育种核心群的检测记录能追溯到种鸡及后备鸡群的唯一性标识（如翅号、笼号、脚号等）	*	2		
	60	应有3年以上的净化工作实施记录，保存3年以上	*	2		
	61	应有定期净化效果评估和分析报告（生产性能、每个世代的发病率、病死率、阳性率、用药投入、提高的直接经济效益等）		2		
	62	实际检测数量应与应检测数量基本一致，检测试剂购置数量或委托检测凭证应与检测量相符		1		

（续）

类别	编号	具体内容及评分标准	关键项	分值	得分	合计
场群健康9分	应具有近一年内有资质的兽医实验室检验检测报告（每次抽检数不少于200羽份）并且结果符合：					
	63	禽白血病净化场：符合净化标准；其他病种净化场：禽白血病P27抗原阳性率≤10%；	*	1/5#		
	64	鸡白痢净化场：符合净化标准；其他病种净化场：鸡白痢平板凝集试验抗体阳性率≤3%或沙门氏菌属和鸡白痢沙门氏菌抗原PCR检测阳性率≤1%	*	1/5#		
	65	高致病性禽流感净化场：符合净化标准；其他病种净化场：高致病性禽流感免疫抗体合格率≥90%，近两年内无高致病性禽流感临床病例	*	1/5#		
	66	新城疫净化场：符合净化标准；其他病种净化场：新城疫免疫抗体合格率≥90%，近两年内无新城疫临床病例	*	1/5#		
	67	支原体净化场：符合净化标准；其他病种净化场：支原体（滑液囊支原体和鸡毒支原体）抗体阳性率≤3%或支原体（滑液囊支原体和鸡毒支原体）抗原PCR检测阳性率≤1%，近两年内无支原体病临床病例	*	1/5#		
总分				100		

6　种牛场主要疫病净化标准

6.1　布鲁氏菌病净化标准

6.1.1　净化标准

同时满足以下要求，视为达到净化标准：

（1）种牛群抽检，布鲁氏菌抗体检测阴性；

（2）连续两年以上无临床病例；

（3）现场综合审查通过。

6.1.2　抽样检测方法

净化评估专家负责设计抽样方案并监督抽样，所在地各级动物疫病预防控制机构配合完成。

表1　净化评估实验室检测方法

检测项目	检测方法	抽样种群	抽样数量	样本类型
抗体检测	虎红平板凝集试验初筛（或iELISA试验初筛）及试管凝集试验确诊（或cELISA试验确诊）	成年牛	按照证明无疫公式计算（$CL=95\%$，$P=3\%$）；随机抽样，覆盖不同栋牛群	血清

6.2　牛结核病净化标准

6.2.1　净化标准

同时满足以下要求，视为达到净化标准：

（1）种牛群抽检，牛结核菌素皮内变态反应阴性；

（2）连续两年以上无临床病例；

（3）现场综合审查通过。

6.2.2　抽样检测方法

净化评估专家负责设计抽样方案并监督抽样，所在地各级动物疫病预防控制机构配合完成。

表2　净化评估实验室检测方法

检测项目	检测方法	抽样种群	抽样数量	样本类型
免疫反应	牛结核菌素皮内变态反应（或γ-干扰素体外检测法）	成年牛	按照证明无疫公式计算（$CL=95\%$，$P=3\%$）；随机抽样，覆盖不同栋牛群	牛体（或肝素钠抗凝全血）

6.3　口蹄疫净化标准

6.3.1　净化标准

同时满足以下要求，视为达到免疫净化标准：

（1）种牛群抽检，口蹄疫免疫抗体合格率90%以上；

（2）种牛群抽检，口蹄疫病原学检测均为阴性；

（3）连续两年以上无临床病例；

（4）现场综合审查通过。

6.3.2　抽样检测方法

净化评估专家负责设计抽样方案并监督抽样，所在地各级动物疫病预防控制机构配合完成。

表3　免疫净化评估实验室检测方法

检测项目	检测方法	抽样种群	抽样数量	样本类型
病原学检测	PCR	成年牛	按照证明无疫公式计算（$CL=95\%$，$P=3\%$）；随机抽样，覆盖不同栋牛群	O－P液
抗体检测	ELISA	成年牛	按照预估期望值公式计算（$CL=95\%$，$P=90\%$，误差 $e=10\%$）；随机抽样，覆盖不同栋牛群	血清

6.4　现场综合审查

6.4.1　国家级动物疫病净化场现场综合审查

依据6.4.3开展现场综合审查并打分。必备条件全部满足，总分不低于90分，且关键项（＊项）全部满分，为国家级动物疫病净化场现场综合审查通过。

6.4.2　省级动物疫病净化场现场综合审查

依据6.4.3开展现场综合审查并打分。必备条件全部满足，总分不低于80分，且关键项（＊项）全部满分，为省级动物疫病净化场现场综合审查通过。

6.4.3　种牛场主要疫病净化现场审查评分表

类别	编号	具体内容及评分标准	关键项	分值	得分	合计
必备条件	Ⅰ	土地使用应符合相关法律法规与区域内土地使用规划，场址选择应符合《中华人民共和国畜牧法》和《中华人民共和国动物防疫法》有关规定		必备条件		
	Ⅱ	应具有县级以上畜牧兽医主管部门备案登记证明，并按照农业农村部《畜禽标识和养殖档案管理办法》要求，建立养殖档案				
	Ⅲ	应具有县级以上畜牧兽医主管部门颁发的《动物防疫条件合格证》，两年内无重大疫病和产品质量安全事件发生记录				
	Ⅳ	种畜禽养殖企业应具有县级以上畜牧兽医主管部门颁发的《种畜禽生产经营许可证》				
	Ⅴ	应有病死动物和粪污无害化处理设施设备，或有效措施				
	Ⅵ	种牛存栏500头以上				
人员管理5分	1	应建立净化工作团队，并有名单和明确责任分工等证明材料，应有员工管理制度		1		
	2	全面负责疫病防治工作的技术负责人应具有畜牧兽医相关专业本科以上学历或中级以上职称，从事养牛业三年以上		1		
	3	应有员工疫病防治培训制度和培训计划，有员工培训考核记录		1		
	4	养殖场从业人员应有（布鲁氏菌病、结核病）健康证明		1		
	5	本场专职兽医技术人员至少1名获得《执业兽医师资格证书》，并有专职证明性材料（如社保或工资发放证明等）		1		
结构布局8分	6	场区位置独立，与主要交通干道、居民生活区、生活饮用水源地、屠宰厂（场）、交易市场距离要求见《动物防疫条件审查办法》		2		
	7	场区周围应有围墙、防风林、灌木、防疫沟或其他物理屏障等隔离设施或措施		1		
	8	养殖场明显位置应有防疫警示标语、警示标牌等防疫标志		1		
	9	办公区、生活区、生产区、粪污处理区和无害化处理区应严格分开，界限分明；生产区距离其他功能区50m以上或通过物理屏障有效隔离		2		
	10	场内净道与污道应分开，如存在部分交叉，应有规定使用时间和科学有效的消毒措施		2		

（续）

类别	编号	具体内容及评分标准	关键项	分值	得分	合计
栏舍设置6分	11	生产区有基础母牛舍、后备母牛舍、育成牛舍和犊牛舍，各栋舍之间距离5m以上或有隔离设施		1		
	12	应有独立的后备牛专用舍或隔离栏舍，用于选种或引种过程中牛只隔离		1		
	13	应有与生产区间隔300m以上或通过物理屏障有效隔离的病牛专用隔离治疗舍		1		
	14	应有装牛台和预售牛观察设施		1		
	15	有独立产房，配置产圈或产栏，面积16m²/头以上		1		
	16	牛舍通风、换气和温控等设施运转良好		1		
卫生环保8分	17	场区应无杂物堆放		1		
	18	生产区具备防鼠、防虫媒、防犬猫进入的设施或措施		1		
	19	场区禁养其他动物，并应有防止周围其他动物进入场区的设施或措施		1		
	20	应有固定的牛粪贮存、堆放设施设备和场所，存放地点有防雨、防渗漏、防溢流措施		2		
	21	牛舍废污排放应符合环保要求		1		
	22	水质检测应符合人畜饮水卫生标准		1		
	23	应具有县级以上环保行政主管部门的环评验收报告或许可		1		
无害化处理8分	24	应有粪污无害化处理制度，场区内应有与生产规模相匹配的粪污处理设施设备，宜采用堆肥发酵方式对粪污进行无害化处理，处理结果应符合NY/T 1168要求		3		
	25	应有病死牛及流产物无害化处理制度，无害化处理措施见《病死及病害动物无害化处理技术规范》		2		
	26	有病死牛隔离、淘汰、诊疗、无害化处理等相关记录		2		
	27	病死牛无害化处理设施或措施应运转有效并符合生物安全要求		1		
消毒管理12分	28	场区入口应设置车辆消毒池、覆盖全车的消毒设施以及人员消毒设施		2		
	29	应有车辆及人员出入场区消毒及管理制度和岗位操作规程，并对车辆及人员出入和消毒情况进行记录		2		
	30	生活区、生产区入口应设置人员消毒、淋浴、更衣设施，消毒、淋浴、更衣室布局科学合理		1		
	31	有本场职工、外来人员进入生产区消毒及管理制度，有出入登记制度，对人员出入和消毒情况进行记录		2		
	32	栋舍、生产区内部应消毒设施设备齐全，运行良好；有定期消毒措施，有消毒制度和岗位操作规程，对栋舍、生产区内部消毒情况进行记录		2		
	33	应有消毒液配制和管理制度，有消毒液配制及更换记录		2		
	34	应开展消毒效果评估，并有近一年评估记录		1		
生产管理9分	35	应制定投入品（含饲料、兽药、生物制品）使用管理制度，有投入品使用记录		2		
	36	应将投入品分类分开储藏，标识清晰		2		
	37	应有生长记录、发病治疗淘汰记录、日饲料消耗记录和饲料添加剂使用记录		1		
	38	应有健康巡查制度及记录		2		
	39	年流产率应不高于5%		1		
	40	应有种牛饲养管理、卫生保健技术规程		1		
防疫管理12分	41	应建立适合本场的卫生防疫制度和针对特定动物疫病、符合本场实际的突发传染病应急预案		2		
	42	应有独立兽医室，兽医室具备正常开展临床诊疗、采样、高压灭菌、消毒等设施，有兽医诊疗与用药记录		2		
	43	病死动物剖检场所应符合生物安全要求，有完整的病死动物剖检记录及剖检场所消毒记录		1		
	44	应有口蹄疫、布鲁氏菌病、牛结核病防控技术规程，及蹄病等普通多发病治疗和处理方案		2		
	45	对流产牛及时隔离并进行布鲁氏菌病检测，检测记录完整		1		
	46	应有动物发病记录、阶段性疫病流行记录和符合本场实际并具有防控指导意义的定期牛群健康状态分析总结		2		
	47	应有免疫制度、计划、程序和记录		2		

（续）

类别	编号	具体内容及评分标准	关键项	分值	得分	合计
种源管理12分	48	应有引种管理制度和引种记录		2		
	49	应有引种隔离管理制度和引种隔离观察记录		2		
	50	引入种牛、精液、胚胎，应有动物检疫合格证明、种畜禽合格证、系谱证		1		
	51	引入种牛应有隔离观察记录		1		
	52	国外引进种牛、精液、胚胎，应有国务院农业农村或畜牧兽医行政主管部门签发的审批意见及海关相关部门出具的检测报告		1		
	53	留用精液/供体牛应有牛口蹄疫、布鲁氏菌病、牛结核病病原或感染抗体检测报告且结果为阴性	*	3		
	54	应有近3年完整的种牛销售记录		1		
	55	本场供给种牛、精液、胚胎应有牛口蹄疫、布鲁氏菌病、牛结核病病原或感染抗体检测报告且结果为阴性		1		
监测净化13分	56	应有符合本场实际且科学合理的口蹄疫、布鲁氏菌病、牛结核病年度（或更短周期）等监测净化方案、监测报告和记录	*	3		
	57	应根据监测净化方案开展疫病净化，检测、淘汰记录能追溯到相关动物的唯一性标识（如耳标号）	*	3		
	58	应有3年以上的净化工作实施记录，保存3年以上	*	3		
	59	应有定期净化效果评估和分析报告（生产性能、流产率、病死率、阳性率、用药投入、提高的直接经济效益等）		2		
	60	实际检测数量应与应检测数量基本一致，检测试剂购置数量或委托检测凭证应与检测量相符		2		
场群健康7分	应具有近一年内有资质的兽医实验室检验检测报告（每次抽检数不少于30头）并且结果符合：					
	61	布鲁氏菌病净化场：符合净化标准；其他病种净化场：布鲁氏菌病阳性检出率≤0.5%，近两年内无布鲁氏菌病临床病例	*	1/5#		
	62	结核病净化场：符合净化标准；其他病种净化场：结核病阳性检出率≤0.5%，近两年内无结核病临床病例	*	1/5#		
	63	口蹄疫净化场：符合净化标准；其他病种净化场：口蹄疫免疫抗体合格率≥80%，近两年内无口蹄疫临床病例	*	1/5#		
总分				100		

注：#申报评估的病种该项分值为5分，其余病种为1分。

7 奶牛场主要疫病净化标准

7.1 布鲁氏菌病净化标准

7.1.1 净化标准

同时满足以下要求，视为达到净化标准：

（1）奶牛群抽检，布鲁氏菌抗体检测阴性；

（2）连续两年以上无临床病例；

（3）现场综合审查通过。

7.1.2 抽样检测方法

净化评估专家负责设计抽样方案并监督抽样，所在地各级动物疫病预防控制机构配合完成。

表1 净化评估实验室检测方法

检测项目	检测方法	抽样种群	抽样数量	样本类型
抗体检测	虎红平板凝集试验初筛（或IELISA试验初筛）及试管凝集试验确诊（或cELISA试验确诊）	成年牛	按照证明无疫公式计算（$CL=95\%$，$P=3\%$）；随机抽样，覆盖不同栋牛群	血清

7.2 牛结核病净化标准

7.2.1 净化标准

同时满足以下要求，视为达到净化标准：

（1）奶牛群抽检，牛结核菌素皮内变态反应阴性；

（2）连续两年以上无临床病例；

（3）现场综合审查通过。

7.2.2 抽样检测方法

净化评估专家负责设计抽样方案并监督抽样，所在地各级动物疫病预防控制机构配合完成。

表2 净化评估实验室检测方法

检测项目	检测方法	抽样种群	抽样数量	样本类型
免疫反应	牛结核菌素皮内变态反应（或γ-干扰素体外检测法）	成年牛	按照证明无疫公式计算（$CL=95\%$，$P=3\%$）；随机抽样，覆盖不同栋牛群	牛体（或肝素钠抗凝全血）

7.3 口蹄疫净化标准

7.3.1 净化标准

同时满足以下要求，视为达到免疫净化标准：

1. 奶牛群抽检，口蹄疫免疫抗体合格率90%以上；

2. 奶牛群抽检，口蹄疫病原学检测均为阴性；

3. 连续两年以上无临床病例；

4. 现场综合审查通过。

7.3.2 抽样检测方法

净化评估专家负责设计抽样方案并监督抽样，所在地各级动物疫病预防控制机构配合完成。

表3 免疫净化评估实验室检测方法

检测项目	检测方法	抽样种群	抽样数量	样本类型
病原学检测	PCR	成年牛	按照证明无疫公式计算（$CL=95\%$，$P=3\%$）；随机抽样，覆盖不同栋牛群	O—P液
抗体检测	ELISA	成年牛	按照预估期望值公式计算（$CL=95\%$，$P=90\%$，误差$e=10\%$）；随机抽样，覆盖不同栋牛群	血清

7.4 现场综合审查

7.4.1 国家级动物疫病净化场现场综合审查

依据7.4.3开展现场综合审查并打分。必备条件全部满足，总分不低于90分，且关键项（*项）全部满分，为国家级动物疫病净化场现场综合审查通过。

7.4.2 省级动物疫病净化场现场综合审查

依据7.4.3开展现场综合审查并打分。必备条件全部满足，总分不低于80分，且关键项（*项）全部满分，为省级动物疫病净化场现场综合审查通过。

7.4.3 奶牛场主要疫病净化现场审查评分表

类别	编号	具体内容及评分标准	关键项	分值	得分	合计
必备条件	Ⅰ	土地使用　应符合相关法律法规与区域内土地使用规划，场址选择应符合《中华人民共和国畜牧法》和《中华人民共和国动物防疫法》有关规定		必备条件		
	Ⅱ	应具有县级以上畜牧兽医主管部门备案登记证明，并按照农业农村部《畜禽标识和养殖档案管理办法》要求，建立养殖档案				
	Ⅲ	应具有县级以上畜牧兽医主管部门颁发的《动物防疫条件合格证》，两年内无重大疫病和产品质量安全事件发生记录				
	Ⅳ	应有病死动物和粪污无害化处理设施设备，或有效措施				
	Ⅴ	奶牛存栏500头以上				
人员管理5分	1	应建立净化工作团队，并有名单和明确责任分工等证明材料，应有员工管理制度		1		
	2	全面负责疫病防治工作的技术负责人应具有畜牧兽医相关专业本科以上学历或中级以上职称，从事养牛业三年以上		1		
	3	应有员工疫病防治培训制度和培训计划，有员工培训考核记录		1		
	4	养殖场从业人员应有（布鲁氏菌病、结核病）健康证明		1		
	5	本场专职兽医技术人员至少1名获得《执业兽医师资格证书》，并有专职证明性材料（如社保或工资发放证明等）		1		

（续）

类别	编号	具体内容及评分标准	关键项	分值	得分	合计
结构布局8分	6	场区位置独立，与主要交通干道、居民生活区、生活饮用水源地、屠宰厂（场）、交易市场距离要求见《动物防疫条件审查办法》		1		
	7	场区周围应有围墙、防风林、灌木、防疫沟或其他物理屏障等隔离设施或措施		1		
	8	养殖场明显位置应有防疫警示标语、警示标牌等防疫标志		1		
	9	办公区、生活区、生产区、粪污处理区和无害化处理区应严格分开，界限分明；生产区距离其他功能区50m以上或通过物理屏障有效隔离		2		
	10	应有独立的挤奶厅或自动化挤奶设施设备		2		
	11	场内净道与污道应分开，如存在部分交叉，应有规定使用时间和科学有效的消毒措施等		1		
栏舍设置6分	12	生产区有犊牛舍、育成（青年）牛舍、泌乳牛舍、干奶牛舍，各栋舍之间距离5m以上或有隔离设施		1		
	13	犊牛舍设置合理，出生至断奶前犊牛宜采用犊牛岛饲养		1		
	14	应有独立的后备牛专用舍或隔离栏舍，用于选种或引种过程中牛只隔离		1		
	15	应有与生产区间隔300m以上或通过物理屏障有效隔离的病牛专用隔离治疗舍		1		
	16	有独立产房，配置产圈或产栏，面积16m^2/头以上		1		
	17	牛舍通风、换气和温控等设施运转良好		1		
卫生环保8分	18	场区应无杂物堆放		1		
	19	生产区具备防鼠、防虫媒、防犬猫进入的设施或措施		2		
	20	场区禁养其他动物，并应有防止周围其他动物进入场区的设施或措施		1		
	21	应有固定的牛粪贮存、堆放设施设备和场所，存放地点有防雨、防渗漏、防溢流措施		1		
	22	牛舍废污排放应符合环保要求		1		
	23	水质检测应符合人畜饮水卫生标准		1		
	24	应具有县级以上环保行政主管部门的环评验收报告或许可		1		
无害化处理8分	25	应有粪污无害化处理制度，场区内应有与生产规模相匹配的粪污处理设施设备，宜采用堆肥发酵方式对粪污进行无害化处理，处理结果应符合NY/T 1168要求		3		
	26	应有病死牛及流产物无害化处理制度，无害化处理措施见《病死及病害动物无害化处理技术规范》		2		
	27	有病死奶牛隔离、淘汰、诊疗、无害化处理等相关记录		2		
	28	病死牛无害化处理设施或措施应运转有效并符合生物安全要求		1		
消毒管理12分	29	场区入口应设置车辆消毒池、覆盖全车的消毒设施以及人员消毒设施		2		
	30	应有车辆及人员出入场区消毒及管理制度和岗位操作规程，并对车辆及人员出入和消毒情况进行记录		2		
	31	生活区、生产区入口应设置人员消毒、淋浴、更衣设施，消毒、淋浴、更衣室布局科学合理		1		
	32	有本场职工、外来人员进入生产区消毒及管理制度，有出入登记制度，对人员出入和消毒情况进行记录		2		
	33	栋舍、生产区内部应消毒设施设备齐全，运行良好；有定期消毒措施，有消毒制度和岗位操作规程，对栋舍、生产区内部消毒情况进行记录		2		
	34	应有消毒液配制和管理制度，有消毒液配制及更换记录		2		
	35	应开展消毒效果评估，并有近一年评估记录		1		

（续）

类别	编号	具体内容及评分标准	关键项	分值	得分	合计
生产管理9分	36	应制定投入品（含饲料、兽药、生物制品）使用管理制度，有投入品使用记录		1		
	37	应将投入品分类分开储藏，标识清晰		1		
	38	应有生长记录、发病治疗淘汰记录、日饲料消耗记录和饲料添加剂使用记录		1		
	39	应有健康巡查制度及记录		2		
	40	年流产率应不高于5%		1		
	41	应开展DHI生产性能测定，结果符合要求		1		
	42	应有奶牛饲养管理、卫生保健技术规程		1		
	43	应有挤奶操作制度，有完整的生鲜乳卫生检测记录		1		
防疫管理12分	44	应建立适合本场的卫生防疫制度和针对特定动物疫病、符合本场实际的突发传染病应急预案		2		
	45	应有独立兽医室，兽医室具备正常开展临床诊疗、采样、高压灭菌、消毒等设施，有兽医诊疗与用药记录		2		
	46	病死动物剖检场所应符合生物安全要求，有完整的病死动物剖检记录及剖检场所消毒记录		1		
	47	应有口蹄疫、布鲁氏菌病、牛结核病防控技术规程，及普通多发病如乳腺炎、蹄病等治疗和处理方案		1		
	48	应有非正常生鲜乳处理规定和处理记录，有抗生素使用隔离、解除制度和记录		2		
	49	对流产牛及时隔离并进行布鲁氏菌病检测，检测记录完整		1		
	50	应有动物发病记录、阶段性疫病流行记录和符合本场实际并具有防控指导意义的定期牛群健康状态分析总结		2		
	51	应有免疫制度、计划、程序和记录		1		
种源管理12分	52	应有引种管理制度和引种记录		1		
	53	应有引种隔离管理制度和引种隔离观察记录		2		
	54	引入奶牛、精液、胚胎，应有动物检疫合格证明、系谱证		2		
	55	引入奶牛应有隔离观察记录		1		
	56	国外引进奶牛、精液、胚胎，应有国务院农业农村或畜牧兽医行政主管部门签发的审批意见及海关相关部门出具的检测报告		1		
	57	留用精液/供体牛应有牛口蹄疫、布鲁氏菌病、牛结核病病原或感染抗体检测报告且结果为阴性	*	1		
	58	应有近3年完整的奶牛销售记录		3		
		59 本场供给奶牛、精液、胚胎应有牛口蹄疫、布鲁氏菌病、牛结核病病原或感染抗体检测报告且结果为阴性		1		
监测净化13分	60	应有符合本场实际且科学合理的口蹄疫、布鲁氏菌病、牛结核病等年度（或更短周期）监测净化方案、监测报告和记录	*	3		
	61	应根据监测净化方案开展疫病净化，检测、淘汰记录能追溯到相关动物的唯一性标识（如耳标号）	*	3		
	62	应有3年以上的净化工作实施记录，保存3年以上	*	3		
	63	应有定期净化效果评估和分析报告（生产性能、流产率、阳性率、用药投入、提高的直接经济效益等）		2		
	64	实际检测数量应与应检测数量基本一致，检测试剂购置数量或委托检测凭证应与检测量相符		2		
场群健康7分	应具有近一年内有资质的兽医实验室检验检测报告（每次抽检数不少于30头）并且结果符合：					
	65	布鲁氏菌病净化场：符合净化标准；其他病种净化场：布鲁氏菌病阳性检出率≤0.5%，近两年内无布鲁氏菌病临床病例	*	1/5#		
	66	结核病净化场：符合净化标准；其他病种净化场：结核病阳性检出率≤0.5%，近两年内无结核病临床病例	*	1/5#		
	67	口蹄疫净化场：符合净化标准；其他病种净化场：口蹄疫免疫抗体合格率≥80%，近两年内无口蹄疫临床病例	*	1/5#		
总分				100		

注：#申报评估的病种该项分值为5分，其余病种为1分。

8　种羊场主要疫病净化标准

8.1　布鲁氏菌病净化标准

8.1.1　净化标准

同时满足以下要求，视为达到净化标准：

（1）种羊群抽检，布鲁氏菌抗体检测阴性；

（2）连续两年以上无临床病例；

（3）现场综合审查通过。

8.1.2　抽样检测方法

净化评估专家负责设计抽样方案并监督抽样，所在地各级动物疫病预防控制机构配合完成。

表1　净化评估实验室检测方法

检测项目	检测方法	抽样种群	抽样数量	样本类型
抗体检测	虎红平板凝集试验初筛（或 iELISA 试验初筛）及试管凝集试验确诊（或 cELISA 试验确诊）	种羊	按照证明无疫公式计算（$CL=95\%$，$P=3\%$）；随机抽样，覆盖不同栋羊群	血清

8.2　口蹄疫净化标准

8.2.1　净化标准

同时满足以下要求，视为达到免疫净化标准：

（1）种羊群抽检，口蹄疫免疫抗体合格率85%以上；

（2）种羊群抽检，口蹄疫病原学检测阴性；

（3）连续两年以上无临床病例；

（4）现场综合审查通过。

8.2.2　抽样检测方法

净化评估专家负责设计抽样方案并监督抽样，所在地各级动物疫病预防控制机构配合完成。

表2　免疫净化评估实验室检测方法

检测项目	检测方法	抽样种群	抽样数量	样本类型
病原学检测	PCR	种羊	按照证明无疫公式计算（$CL=95\%$，$P=3\%$）；随机抽样，覆盖不同栋羊群	O—P 液
抗体检测	ELISA	种羊	按照预估期望值公式计算（$CL=95\%$，$P=85\%$，$e=10\%$）；随机抽样，覆盖不同栋羊群	血清

8.3　现场综合审查

8.3.1　国家级动物疫病净化场现场综合审查

依据 8.3.3 开展现场综合审查并打分。必备条件全部满足，总分不低于 90 分，且关键项（*项）全部满分，为国家级动物疫病净化场现场综合审查通过。

8.3.2　省级动物疫病净化场现场综合审查

依据 8.3.3 开展现场综合审查并打分。必备条件全部满足，总分不低于 80 分，且关键项（*项）全部满分，为省级动物疫病净化场现场综合审查通过。

8.3.3　种羊场主要疫病净化现场审查评分表

类别	编号	具体内容及评分标准	关键项	分值	得分	合计
必备条件	Ⅰ	土地使用应符合相关法律法规与区域内土地使用规划，场址选择应符合《中华人民共和国畜牧法》和《中华人民共和国动物防疫法》有关规定		必备条件		
	Ⅱ	应具有县级以上畜牧兽医主管部门备案登记证明，并按照农业农村部《畜禽标识和养殖档案管理办法》要求，建立养殖档案				
	Ⅲ	应具有县级以上畜牧兽医主管部门颁发的《动物防疫条件合格证》，两年内无重大疫病和产品质量安全事件发生记录				
	Ⅳ	种畜禽养殖企业应具有县级以上畜牧兽医主管部门颁发的《种畜禽生产经营许可证》				
	Ⅴ	应有病死动物和粪污无害化处理设施设备，或有效措施				
	Ⅵ	种羊场存栏 500 只以上（地方保种场除外）				

（续）

类别	编号	具体内容及评分标准	关键项	分值	得分	合计
人员管理5分	1	应建立净化工作团队，并有名单和明确的责任分工等证明材料，有员工管理制度		1		
	2	全面负责疫病防治工作的技术负责人应从事养羊业三年以上		1		
	3	应有员工疫病防治培训制度和培训计划，有员工培训考核记录		1		
	4	养殖场从业人员应有（有关布鲁氏菌病）健康证明		1		
	5	本场专职兽医技术人员至少1名获得《执业兽医师资格证书》，并有专职证明材料（如社保或工资发放证明等）		1		
结构布局8分	6	场区位置独立，与主要交通干道、居民生活区、生活饮用水源地、屠宰厂（场）、交易市场隔离距离要求见《动物防疫条件审查办法》		1		
	7	场区周围应有围墙、防风林、灌木、防疫沟或其他物理屏障等隔离设施或措施		1		
	8	养殖场明显位置应有防疫警示标语、警示标牌等防疫标志		1		
	9	办公区、生活区、生产区、粪污处理区和无害化处理区应严格分开，界限分明；生产区距离其他功能区50m以上或通过物理屏障有效隔离		2		
	10	生产区内种羊、母羊、羔羊、育成（育肥）羊应分开饲养或有相应羊舍		2		
	11	场内净道与污道应分开，如存在部分交叉，应有规定使用时间和科学有效的消毒措施等		1		
栏舍设置8分	12	应有封闭式、半开放式或开放式羊舍		1		
	13	羊舍内有专用饲槽，牧区羊场应设有围栏，并有防鼠害及其他野生动物装置		1		
	14	羊舍内宜有通风、换气和温控等设施设备		1		
	15	应有独立的后备羊专用舍或隔离栏舍		1		
	16	有与生产区间隔300m以上或通过物理屏障有效隔离的病羊专用隔离治疗舍		1		
	17	有预售种羊观察舍或称重装置、装（卸）平台等设施		1		
	18	应有专用分娩舍或栋舍内有专用分娩栏		1		
	19	应有与养殖规模相适应的青贮设施及设备和干草棚		1		
卫生环保8分	20	场区应无垃圾及杂物堆放		1		
	21	生产区应具备防鼠、防虫媒、防犬猫进入的设施或措施		2		
	22	场区禁养其他动物，并应有防止周围其他动物进入场区的设施措施		1		
	23	应有固定的羊粪贮存、堆放设施设备和场所，存放地点有防雨、防渗漏、防溢流措施		2		
	24	水质检测应符合人畜饮水卫生标准		1		
	25	应具有县级以上环保行政主管部门的环评验收报告或许可		1		
无害化处理8分	26	应有粪污无害化处理制度，场区内应有与生产规模相匹配的粪污处理设施设备，宜采用堆肥发酵方式对粪污进行无害化处理，处理结果应符合NY/T1168要求		1		
	27	应有病死羊无害化处理制度，无害化处理措施见《病死及病害动物无害化处理技术规范》		1		
	28	病死羊无害化处理设施或措施应运转有效并符合生物安全要求		1		
	29	有病死羊隔离、淘汰、诊疗、无害化处理等相关记录		1		
	30	应按《布鲁氏菌病防治技术规范》等规定处置监测到的阳性动物并进行记录		2		
	31	应对流产物实施无害化处理并记录		2		

（续）

类别	编号	具体内容及评分标准	关键项	分值	得分	合计
消毒管理12分	32	场区入口应设置车辆消毒池、覆盖全车的消毒设施以及人员消毒设施		2		
	33	有车辆及人员出入场区消毒及管理制度和岗位操作规程，并对车辆及人员出入和消毒情况进行记录		2		
	34	生活区、生产区入口应设置人员消毒、淋浴、更衣设施，消毒、淋浴、更衣室布局科学合理		1		
	35	有本场职工、外来人员进入生产区消毒及管理制度，有出入登记制度，对人员出入和消毒情况进行记录		2		
	36	每栋羊舍（棚圈）应设置消毒器材或设施，人员进入羊舍前应执行良好		1		
	37	栋舍、生产区内部有定期消毒措施，有消毒制度和岗位操作规程，对栋舍、生产区内部消毒情况进行记录		1		
	38	有羊只分娩后消毒措施		1		
	39	应有消毒液配制和管理制度，有消毒液配制及更换记录		1		
	40	应开展消毒效果评估，并有近一年评估记录		1		
生产管理9分	41	应制定投入品（含饲料、兽药、生物制品）使用管理制度，应有投入品使用记录		2		
	42	应有饲料库		1		
	43	应有生长记录、发病治疗淘汰记录、日饲料消耗记录和饲料添加剂使用记录		2		
	44	应有健康巡查制度及记录		2		
	45	年流产率应不高于5%		2		
防疫管理12分	46	应建立适合本场的卫生防疫制度和针对特定动物疫病、符合本场实际的突发传染病应急预案		2		
	47	应有配套的兽医室，兽医室具备正常开展临床诊疗、采样、高压灭菌、消毒等设施		2		
	48	应有兽医诊疗与用药记录		1		
	49	应有预防、治疗羊常见病的规程或方案		1		
	50	病死动物剖检场所应符合生物安全要求，有完整的病死动物剖检记录及剖检场所消毒记录		1		
	51	应对流产羊进行隔离并开展布鲁氏菌病检测		2		
	52	应有动物发病记录、阶段性疫病流行记录和符合本场实际并具有防控指导意义的定期羊群健康状态分析总结		2		
	53	应有免疫制度、计划、程序和记录		1		
种源管理12分	54	应有引种管理制度和引种记录		2		
	55	应有引种隔离管理制度和引种隔离观察记录		2		
	56	国内引种应来源于有《种畜禽生产经营许可证》的种羊场；国外引进种羊或精液应有国务院农业农村或牧兽医行政主管部门签发的审批意见及海关相关部门出具的检测报告		2		
	57	引种种羊、精液或胚胎应具有种畜禽合格证、动物检疫合格证明、种羊系谱证		1		
	58	留用种羊/精液应有羊口蹄疫、小反刍兽疫、布鲁氏菌病病原或感染抗体检测报告且结果为阴性	*	3		
	59	有近3年完整的种羊销售记录		1		
	60	本场销售种羊、胚胎或精液应有羊口蹄疫、小反刍兽疫、布鲁氏菌病抽检记录，并附具《动物检疫合格证明》		1		
监测净化12分	61	应有符合本场实际且科学合理的口蹄疫、布鲁氏菌病等年度（或更短周期）监测净化方案、监测报告和记录		2		
	62	应根据监测净化方案开展疫病净化，检测、淘汰记录能追溯到种羊及后备羊群的唯一性标识（如耳标号）	*	3		
	63	有3年以上的净化工作实施记录，记录保存3年以上	*	3		
	64	应有定期净化效果评估和分析报告（生产性能、发病率、阳性率等）		2		
	65	实际检测数量与应检测数量基本一致，检测试剂购置数量或委托检测凭证与检测量相符		2		

（续）

类别	编号	具体内容及评分标准	关键项	分值	得分	合计
场群健康6分	应具有近一年内有资质的兽医实验室检验检测报告（每次抽检数不少于30只）并且结果符合：					
	66	布鲁氏菌病净化场：符合净化标准；其他病种净化场：布鲁氏菌病阳性检出率≤0.5%，近两年内无布鲁氏菌病临床病例	*	1/5#		
	67	口蹄疫净化场：符合净化标准；其他病种净化场：口蹄疫免疫抗体合格率≥70%，近两年内无口蹄疫临床病例	*	1/5#		
总分				100		

注：#申报评估的病种该项分值为5分，其余病种为1分。

9 种公猪站主要疫病净化标准

9.1 猪伪狂犬病净化标准

9.1.1 净化标准

同时满足以下要求，视为达到净化标准：

（1）采精公猪、后备种猪抽检，猪伪狂犬病病毒抗体检测阴性；

（2）停止免疫两年以上，无临床病例；

（3）现场综合审查通过。

9.1.2 抽样检测方法

净化评估专家负责设计抽样方案并监督抽样，所在地各级动物疫病预防控制机构配合完成。

表1 净化评估实验室检测方法

检测项目	检测方法	抽样种群	抽样数量	样本类型
抗体检测	ELISA	采精公猪	存栏200头以下，100%采样；存栏200头以上，按照证明无疫公式计算（$CL=95\%$，$P=3\%$）；随机抽样，覆盖不同猪群	血清
		后备种猪	100%抽样	

9.2 猪瘟净化标准

9.2.1 净化标准

满足以下要求，视为达到净化标准：

（1）采精公猪、后备种猪抽检，猪瘟病毒抗体检测阴性；

（2）停止免疫两年以上，无临床病例；

（3）现场综合审查通过。

9.2.2 抽样检测方法

净化评估专家负责设计抽样方案并监督抽样，所在地各级动物疫病预防控制机构配合完成。

表2 净化评估实验室检测方法

检测项目	检测方法	抽样种群	抽样数量	样本类型
抗体检测	ELISA	采精公猪	存栏200头以下，100%采样；存栏200头以上，按照证明无疫公式计算（$CL=95\%$，$P=3\%$）；随机抽样，覆盖不同猪群	血清
		后备种猪	100%抽样	

9.3 猪繁殖与呼吸综合征净化标准

9.3.1 净化标准

满足以下要求，视为达到净化标准：

（1）采精公猪、后备种猪抽检，猪繁殖与呼吸综合征病毒抗体阴性；

（2）停止免疫两年以上，无临床病例；

（3）现场综合审查通过。

9.3.2 抽样检测方法

净化评估专家负责设计抽样方案并监督抽样，所在地各级动物疫病预防控制机构配合完成。

表3 净化评估实验室检测方法

检测项目	检测方法	抽样种群	抽样数量	样本类型
抗体检测	ELISA	采精公猪	存栏200头以下，100%采样；存栏200头以上，按照证明无疫公式计算（$CL=95\%$，$P=3\%$）；随机抽样，覆盖不同猪群	血清
		后备种猪	100%抽样	

9.4 口蹄疫净化标准

9.4.1 净化标准

同时满足以下要求，视为达到免疫净化标准：

（1）采精公猪、后备种猪抽检，口蹄疫免疫抗体合格率90%以上；

（2）采精公猪、后备种猪抽检，口蹄疫病原学检测阴性；

（3）连续两年以上无临床病例；

（4）现场综合审查通过。

9.4.2 抽样检测方法

净化评估专家负责设计抽样方案并监督抽样，所在地各级动物疫病预防控制机构配合完成。

表4 免疫净化评估实验室检测方法

检测项目	检测方法	抽样种群	抽样数量	样本类型
病原学检测	PCR	采精公猪	存栏200头以下，100%采样；存栏200头以上，按照证明无疫公式计算（$CL=95\%$，$P=3\%$）；随机抽样，覆盖不同猪群	扁桃体
		后备种猪	100%抽样	
抗体检测	ELISA	采精公猪	按照预估期望值公式计算（$CL=95\%$，$P=90\%$，$e=10\%$）；随机抽样，覆盖不同猪群	血清

9.5 非洲猪瘟净化标准

9.5.1 净化标准

同时满足以下要求，视为达到净化标准：

（1）种公猪、后备种猪抽检，非洲猪瘟病原学检测均为阴性；

（2）连续两年以上无临床病例；

（3）现场综合审查通过。

9.5.2 抽样检测方法

净化评估专家负责设计抽样方案并监督抽样，所在地各级动物疫病预防控制机构配合完成。

表5 净化评估实验室检测方法

检测项目	检测方法	抽样种群	抽样数量	样本类型
病原学检测	荧光PCR	采精公猪	存栏200头以下，100%采样；存栏200头以上，按照证明无疫公式计算（$CL=95\%$，$P=3\%$）；随机抽样，覆盖不同猪群	全血
		后备种猪	100%抽样	

9.6 现场综合审查

9.6.1 国家级动物疫病净化场现场综合审查

依据9.6.3开展现场综合审查并打分。必备条件全部满足，总分不低于90分，且关键项（*项）全部满分，为国家级动物疫病净化场现场综合审查通过。

9.6.2 省级动物疫病净化场现场综合审查

依据9.6.3开展现场综合审查并打分。必备条件全部满足，总分不低于80分，且关键项（*项）全部满分，为省级动物疫病净化场现场综合审查通过。

9.6.3 种公猪站主要疫病净化现场审查评分表

类别	编号	具体内容及评分标准	关键项	分值	得分	合计
必备条件	Ⅰ	土地使用应符合相关法律法规与区域内土地使用规划，场址选择应符合《中华人民共和国畜牧法》和《中华人民共和国动物防疫法》有关规定		必备条件		
	Ⅱ	具有县级以上畜牧兽医行政主管部门备案登记证明，并按照农业农村部《畜禽标识和养殖档案管理办法》要求，建立养殖档案				
	Ⅲ	应具有县级以上畜牧兽医行政主管部门颁发的《动物防疫条件合格证》，两年内无重大疫病发生记录				
	Ⅳ	应具有畜牧兽医行政主管部门颁发的《种畜禽生产经营许可证》				
	Ⅴ	应有病死动物和粪污无害化处理设施或措施				
	Ⅵ	存栏采精公猪不少于30头				

（续）

类别	编号	具体内容及评分标准	关键项	分值	得分	合计
人员管理6分	1	应建立净化工作团队，并有名单和责任分工等证明材料，有员工管理制度		1		
	2	有专职的精液分装检验人员		1		
	3	技术人员应经过专业培训并取得相关证明		1		
	4	应有员工疫病防治培训制度和培训计划，有近1年的员工培训考核记录		1		
	5	从业人员应有健康证明		1		
	6	本站专职兽医技术人员至少1名获得《执业兽医师资格证书》，并有专职证明材料（如社保或工资发放证明等）		1		
结构布局8分	7	站区位置独立，与主要交通干道、居民生活区、生活饮用水源地、屠宰厂（场）、交易市场隔离距离要求见《动物防疫条件审查办法》		1		
	8	站区周围应有围墙、防风林、灌木、防疫沟或其他物理屏障等隔离设施或措施		1		
	9	种公猪站应有防疫警示标语、警示标牌等防疫标志		1		
	10	办公区、生产区、生活区、粪污处理区和无害化处理区应严格分开，界限分明；生产区距离其他功能区50m以上或通过物理屏障有效隔离		2		
	11	应有独立的采精室、精液制备室和精液销售区，且功能室布局合理		2		
	12	站内净道与污道应分开，如存在部分交叉，应有规定使用时间和科学有效的消毒措施等		1		
栏舍设置6分	13	应有独立的引种隔离舍或后备培育舍		1		
	14	猪舍通风、换气和温控等设施设备应运转良好，宜有独立高效空气过滤系统		1		
	15	采精室和精液制备室应有效隔离，分别有独立的淋浴、更衣室		1		
	16	采精室、精液制备室、精液质量检测室应有控温、通风换气和消毒设备，且运转良好		1.5		
	17	精液制备室、精液质量检测室洁净级别应达到万级，精液分装区域洁净级别应达到百级		1.5		
卫生环保8分	18	站区应无垃圾及杂物堆放		1		
	19	站区实行雨污分流，符合NY/T 682的要求		1		
	20	应有固定的猪粪贮存、堆放场所和设施设备，存放地点有防雨、防渗漏、防溢流措施		1		
	21	站区禁养其他动物，并应有防止周围其他动物进入场区的设施或措施		1		
	22	生产区应具备防鼠、防虫媒、防犬猫、防鸟进入的设施或措施		2		
	23	水质检测应符合人畜饮水卫生标准		1		
	24	应具有县级以上环保行政主管部门的环评验收报告或许可		1		
无害化处理8分	25	应有粪污无害化处理制度，站区内应有与生产规模相匹配的粪污处理设施设备，宜采用堆肥发酵方式对粪污进行无害化处理，处理结果应符合NY/T 1168的要求		3		
	26	应有病死猪无害化处理制度，无害化处理措施见《病死及病害动物无害化处理技术规范》		2		
	27	病死猪无害化处理设施或措施应运转有效并符合生物安全要求		1		
	28	有病死猪淘汰、诊疗、无害化处理等相关记录		2		
消毒管理12分	29	在场区外设置独立的入场车辆洗消中心/站，洗消中心/站的设置、布局、建设、运行管理等应符合生物安全要求		1		
	30	站区入口应设置车辆消毒池、覆盖全车的消毒设施以及人员消毒设施		1		
	31	有车辆及人员出入场区消毒及管理制度和岗位操作规程，并对车辆及人员出入和消毒情况进行记录		1		
	32	设立人员进场前一二三级洗消隔离点，可对入场人员进行消毒、洗浴及必要的病原微生物检测		1		
	33	生活区、生产区入口应设置人员消毒、淋浴、更衣设施，消毒、淋浴、更衣室布局科学合理		1		

（续）

类别	编号	具体内容及评分标准	关键项	分值	得分	合计
消毒管理12分	34	应有本场职工、外来人员进入生产区消毒及管理制度，有出入登记制度，对人员出入和消毒情况进行记录		1		
	35	每栋猪舍入口应设置消毒设施，人员有效消毒后方可进入猪舍		1		
	36	生产区内部有定期消毒措施，有消毒制度和岗位操作规程，对生产区内部消毒情况进行记录		1		
	37	精液采集、传递、配制、储存等各生产环节应符合生物安全要求，并按照操作规程执行		1		
	38	采精及各功能室及生产用器具应定期消毒，记录完整		1		
	39	应有消毒液配制和管理制度，有消毒液配制及更换记录		1		
	40	应开展消毒效果评估，并有近一年评估记录		1		
生产管理8分	41	应制定投入品（含饲料、兽药、生物制品）使用管理制度，应有投入品使用记录		2		
	42	应将投入品分类分开储藏，标识清晰		1		
	43	应有本场专用的饲料厂或定期专用的饲料生产线，应使用采用高温制粒工艺生产的饲料，有本场专用的封闭饲料运输车辆及司机，并根据风险评估制定专门运输路线。		1		
	44	应有种公猪精液生产技术、精液质量检测技术、饲养管理技术规程并遵照执行，档案记录完整		2		
	45	采精和精液分装应由不同的工作人员完成		1		
	46	应有日常健康巡查制度及记录		2		
防疫管理12分	47	应建立适合本场的卫生防疫制度和针对特定动物疫病、符合本场实际的突发传染病应急预案		3		
	48	应有独立兽医室，兽医室具备正常开展临床诊疗、采样、高压灭菌、消毒等设施，有兽医诊疗与用药记录		2		
	49	应有动物发病记录、阶段性疫病流行记录和符合本场实际并具有防控指导意义的定期猪群健康状态分析总结		2		
	50	应有病死猪死亡原因分析		3		
	51	应有免疫制度、计划、程序和记录		2		
种源管理12分	52	应有引种管理制度和引种记录		1		
	53	应有引种隔离管理制度和引种隔离观察记录		1		
	53	国内引种应来源于有《种畜禽生产经营许可证》的种猪场；国外引进种猪、精液应有国务院农业农村或畜牧兽医行政主管部门签发的审批意见及海关相关部门出具的检测报告		1		
	54	引种种猪应具有种畜禽合格证、动物检疫合格证明、种猪系谱证		1		
	55	引入种猪入场前应有非洲猪瘟、猪口蹄疫、猪伪狂犬病、猪瘟、猪繁殖与呼吸综合征病原或感染抗体检测报告且结果为阴性	*	5		
	56	应有3年以上的精液销售、使用记录		1		
	57	本场销售精液应有非洲猪瘟、猪口蹄疫、猪伪狂犬病、猪瘟、猪繁殖与呼吸综合征抽检记录		2		
监测净化10分	58	应有符合本场实际且科学合理的非洲猪瘟、猪口蹄疫、猪伪狂犬病、猪瘟、猪繁殖与呼吸综合征等年度（或更短周期）监测净化方案、检测报告和记录	*	5		
	59	应根据监测净化方案开展疫病净化，检测、淘汰记录能追溯到种公猪个体的唯一性标识（如耳标号）	*	3		
	60	应有检测试剂购置、委托检验凭证或其他与检验报告相符的证明材料，实际检测数量与应检测数量基本一致		2		

（续）

类别	编号	具体内容及评分标准	关键项	分值	得分	合计
场群健康9分		应具有近三年内有资质的兽医实验室检验检测报告（每次抽检数不少于30头）并且结果符合：				
	61	猪伪狂犬病净化场：符合净化标准；其他病种净化场：种猪群或后备猪群猪伪狂犬病免疫抗体阳性率≥80%，病原或感染抗体阳性率≤10%，近两年内无猪伪狂犬病临床病例	*	1/5#		
	62	猪瘟净化场：符合净化标准；其他病种净化场：种猪群或后备猪群猪瘟免疫抗体阳性率≥80%，近两年内无猪瘟临床病例	*	1/5#		
	63	猪繁殖与呼吸综合征净化场：符合净化标准；其他病种净化场：近两年内猪繁殖与呼吸综合征无临床病例，近两年内无非洲猪瘟临床病例	*	1/5#		
	64	口蹄疫净化场：符合净化标准；其他病种净化场：口蹄疫免疫抗体阳性率≥70%，病原或感染抗体阳性率≤10%，近两年内无猪繁殖与呼吸综合征临床病例	*	1/5#		
	65	非洲猪瘟净化场：符合净化标准；其他病种净化场：近两年内无非洲猪瘟临床病例	*	1/5#		
总分				100		

注：#申报评估的病种该项分值为5分，其余病种为1分。

10 种公牛站主要疫病净化标准

10.1 布鲁氏菌病净化标准

10.1.1 净化标准

同时满足以下要求，视为达到净化标准：

（1）采精公牛、后备公牛抽检，布鲁氏菌抗体检测均为阴性；

（2）连续两年以上无临床病例；

（3）现场综合审查通过。

10.1.2 抽样检测方法

净化评估专家负责设计抽样方案并监督抽样，所在地各级动物疫病预防控制机构配合完成。

表1 净化评估实验室检测方法

检测项目	检测方法	抽样种群	抽样数量	样本类型
抗体检测	虎红平板凝集试验初筛（或IELISA试验初筛）及试管凝集试验确诊（或cELISA试验确诊）	采精公牛	存栏50头以下，100%采样；存栏50头以上，按照证明无疫公式计算（$CL=95\%$，$P=3\%$）；随机抽样，覆盖不同栋舍牛群	血清
		后备公牛	100%抽样	

10.2 牛结核病净化标准

10.2.1 净化标准

同时满足以下要求，视为达到净化标准：

（1）采精公牛、后备公牛抽检，牛结核菌素皮内变态反应阴性；

（2）连续两年以上无临床病例；

（3）现场综合审查通过。

10.2.2 抽样检测方法

净化评估专家负责设计抽样方案并监督抽样，所在地各级动物疫病预防控制机构配合完成。

表2 净化评估实验室检测方法

检测项目	检测方法	抽样种群	抽样数量	样本类型
免疫反应	牛结核菌素皮内变态反应（或γ-干扰素体外检测法）	采精公牛	存栏50头以下，100%采样；存栏50头以上，按照证明无疫公式计算（$CL=95\%$，$P=3\%$）；随机抽样，覆盖不同栋舍牛群	牛体（或肝素钠抗凝全血）
		后备公牛	100%抽样	

10.3 口蹄疫净化标准

10.3.1 净化标准

同时满足以下要求，视为达到免疫净化标准：

（1）采精公牛、后备公牛抽检，口蹄疫免疫抗体合格率90%以上；

（2）采精公牛、后备公牛抽检，口蹄疫病原学检测均为阴性；

(3) 连续两年以上无临床病例；

(4) 现场综合审查通过。

10.3.2 抽样检测方法

净化评估专家负责设计抽样方案并监督抽样，所在地各级动物疫病预防控制机构配合完成。

表 3 免疫净化评估实验室检测方法

检测项目	检测方法	抽样种群	抽样数量	样本类型
病原学检测	PCR	采精公牛	存栏 50 头以下，100%采样；存栏 50 头以上，按照证明无疫公式计算（$CL=95\%$，$P=3\%$）；随机抽样，覆盖不同栋舍牛群	O－P 液
		后备公牛	100%抽样	
抗体检测	ELISA	采精公牛	按照预估期望值公式计算（$CL=95\%$，$P=90\%$，$e=10\%$）；随机抽样，覆盖不同栋舍牛群	血清
		后备公牛	100%抽样	

10.4 现场综合审查

10.4.1 国家级动物疫病净化场现场综合审查

依据 10.4.3 开展现场综合审查并打分。必备条件全部满足，总分不低于 90 分，且关键项（* 项）全部满分，为国家级动物疫病净化场现场综合审查通过。

10.4.2 省级动物疫病净化场现场综合审查

依据 10.4.3 开展现场综合审查并打分。必备条件全部满足，总分不低于 80 分，且关键项（* 项）全部满分，为省级动物疫病净化场现场综合审查通过。

10.4.3 种公牛站主要疫病净化现场审查评分表

类别	编号	具体内容及评分标准	关键项	分值	得分	合计
必备条件	Ⅰ	土地使用应符合相关法律法规与区域内土地使用规划，场址选择应符合《中华人民共和国畜牧法》和《中华人民共和国动物防疫法》有关规定		必备条件		
	Ⅱ	应具有县级以上畜牧兽医行政主管部门备案登记证明，并按照农业农村部《畜禽标识和养殖档案管理办法》要求，建立养殖档案				
	Ⅲ	应具有县级以上畜牧兽医部门颁发的《动物防疫条件合格证》，两年内无重大疫病和产品质量安全事件发生记录				
	Ⅳ	种畜禽养殖企业应具有省级以上畜牧兽医部门颁发的《种畜禽生产经营许可证》				
	Ⅴ	应有病死动物和粪污无害化处理设施设备或有效措施				
	Ⅵ	存栏采精种用公牛不少于 50 头				
人员管理 5分	1	应建立净化工作团队，并有名单和明确责任分工等证明材料，应有员工管理制度		1		
	2	全面负责疫病防治工作的技术负责人应具有畜牧兽医相关专业本科以上学历或中级以上职称，从事养牛业三年以上		1		
	3	应有员工疫病防治培训制度和培训计划，有员工培训考核记录		1		
	4	养殖场从业人员应有（布鲁氏菌病、结核病）健康证明		1		
	5	本场专职兽医技术人员至少 1 名获得《执业兽医师资格证书》，并有专职证明性材料（如社保或工资发放证明等）		1		
结构布局 8分	6	场区位置独立，与主要交通干道、居民生活区、屠宰厂（场）、交易市场距离要求见《动物防疫条件审查办法》		1		
	7	场区周围应有围墙、防风林、灌木、防疫沟或其他物理屏障等隔离设施或措施		1		
	8	养殖场应有防疫警示标语、警示标牌等防疫标志		1		
	9	办公区、生活区、生产区、生活饮用水源地、粪污处理区和无害化处理区应严格分开，界限分明；生产区距离其他功能区 50m 以上或通过物理屏障有效隔离		2		

（续）

类别	编号	具体内容及评分标准	关键项	分值	得分	合计
结构布局8分	10	应有独立的采精室、精液制备室和精液销售区，且功能室布局合理，有专用的精液销售区		2		
	11	场内净道与污道应分开，如存在部分交叉，应有规定使用时间和科学有效的消毒措施等		1		
栏舍设置6分	12	应有独立的后备牛专用舍或隔离栏舍，用于选种或引种过程中牛只隔离，有与生产区间隔300m以上或通过物理屏障有效隔离的病牛专用隔离治疗舍，有装牛台和预售牛观察设施		1		
	13	生产区圈舍布局合理，种牛舍、运动场应设钢管围栏将种公牛隔开；种牛舍及运动场应用围墙与生活区及管理区隔离；种牛运动场内应设置荫棚		1		
	14	牛舍通风、换气和温控等设施应运转良好		1		
	15	采精室和精液制备室应有效隔离，分别有独立的淋浴、更衣室		2		
	16	精液生产室应有控温、通风换气和消毒设施设备		1		
卫生环保8分	17	场区应无杂物堆放		1		
	18	场区禁养其他动物，并应有效防止周围其他动物进入场区的设施措施		1		
	19	生产区具备有效的防鼠、防虫媒、防犬猫进入的设施或措施		2		
	20	应有固定的牛粪贮存、堆放场所和设施设备，存放地点有防雨、防渗漏、防溢流措施		2		
	21	水质检测应符合人畜饮水卫生标准		1		
	22	应具有县级以上环保行政主管部门的环评验收报告或许可		1		
无害化处理8分	23	应有粪污无害化处理制度，场区内应有与生产规模相匹配的粪污处理设施设备，宜采用堆肥发酵方式对粪污进行无害化处理，处理结果应符合NY/T 1168要求		2		
	24	应有病死牛无害化处理制度，无害化处理措施见《病死及病害动物无害化处理技术规范》		2		
	25	病死牛无害化处理设施或措施应运转有效并符合生物安全要求		2		
	26	有病死牛隔离、淘汰、诊疗、无害化处理等相关记录		2		
消毒管理12分	27	场区入口应设置车辆消毒池、覆盖全车的消毒设施以及人员消毒设施		2		
	28	有车辆及人员出入场区消毒及管理制度和岗位操作规程，并对车辆及人员出入和消毒情况进行记录		2		
	29	生活区、生产区入口应设置人员消毒、淋浴、更衣设施，消毒、淋浴、更衣室布局科学合理		1		
	30	有本场职工、外来人员进入生产区消毒及管理制度，有出入登记制度，对人员出入和消毒情况进行记录		2		
	31	栋舍、生产区内部有定期消毒措施，有消毒制度和岗位操作规程，对栋舍、生产区内部消毒情况进行记录		2		
	32	采精各功能室及生产用器具应定期消毒，有消毒记录		1		
	33	应有消毒液配制和管理制度，有消毒液配制及更换记录		1		
	34	应开展消毒效果评估，并有近一年评估记录		1		
生产管理9分	35	应制定投入品（含饲料、兽药、生物制品）使用管理制度，应有投入品使用记录		2		
	36	应将投入品分类分开储藏，标识清晰		1		
	37	应有精液生产技术规程、精液质量检测技术规程和种公牛饲养管理技术规程，有完整执行记录		2		
	38	精液采集、传递、配制、储存等各生产环节符合GB/T 4143的要求；计量器具应通过检定合格或校准		3		
	39	应有健康巡查制度及记录		1		

（续）

类别	编号	具体内容及评分标准	关键项	分值	得分	合计
防疫管理12分	40	应建立适合本站的卫生防疫制度和针对特定动物疫病、符合本场实际的突发传染病应急预案		2		
	41	应有独立兽医室，兽医室具备正常开展临床诊疗、采样、高压灭菌、消毒等设施，有兽医诊疗与用药记录		2		
	42	应有常见疫病防治规程或方案		2		
	43	应有动物发病记录、阶段性疫病流行记录和符合本场实际并具有防控指导意义的定期牛群健康状态分析总结		2		
	44	应有病死牛死亡原因分析		2		
	45	应有免疫制度、计划、程序和记录		2		
种源管理12分	46	应有引种管理制度和引种记录		2		
	47	应有引种隔离管理制度和引种隔离记录		2		
	48	国内购进种公牛、精液、胚胎，应来源于有《种畜禽生产经营许可证》的单位，国外进口的种牛、胚胎或精液应有国务院农业农村或畜牧兽医行政主管部门签发的审批意见及海关相关部门出具的检测报告		2		
	49	引入种牛应有牛口蹄疫、布鲁氏菌病、牛结核病病原或感染抗体检测报告且结果为阴性	*	3		
	50	应有3年以上的精液及种牛销售记录		1		
	51	本场供给种牛/精液应有牛口蹄疫、布鲁氏菌病、牛结核病病原或感染抗体检测报告且结果为阴性		2		
监测净化13分	52	应有符合本场实际且科学合理的口蹄疫、布鲁氏菌病、牛结核病等年度（或更短周期）监测净化方案、监测报告和记录	*	6		
	53	应根据监测净化方案开展疫病净化，检测、淘汰记录能追溯到相关动物的唯一性标识（如耳标号）	*	4		
	54	应有检测试剂购置、委托检验凭证或其他与检验报告相符的证明材料，实际检测数量与应检测数量基本一致	3			
场群健康7分	应具有近三年内有资质的兽医实验室检验检测报告（每次抽检数不少于30头）并且结果符合：					
	55	布鲁氏菌病净化场：符合净化标准；其他病种净化场：布鲁氏菌病阳性检出率≤0.5%，近两年内无布鲁氏菌病临床病例	*	1/5#		
	56	结核病净化场：符合净化标准；其他病种净化场：结核病阳性检出率≤0.5%，近两年内无结核病临床病例	*	1/5#		
	57	口蹄疫净化场：符合净化标准；其他病种净化场：口蹄疫免疫抗体合格率≥80%，近两年内无口蹄疫临床病例	*	1/5#		
		总分		100		

注：# 申报评估的病种该项分值为5分，其余病种为1分。

11 规模猪场主要疫病净化标准

11.1 猪伪狂犬病净化标准

11.1.1 净化标准

11.1.1.1 同时满足以下要求，视为达到免疫净化标准：

（1）各类种群抽检，猪伪狂犬病病毒gB抗体阳性率大于80%；

（2）各类种群抽检，猪伪狂犬病病毒gE抗体检测均为阴性；

（3）连续两年以上无临床病例；

（4）现场综合审查通过。

11.1.1.2 同时满足以下要求，视为达到非免疫净化标准：

（1）各类种群抽检，猪伪狂犬病病毒抗体检测均为阴性；

（2）停止免疫两年以上，无临床病例；

（3）现场综合审查通过。

11.1.2 抽样检测方法

净化评估专家负责设计抽样方案并监督抽样，所在地各级动物疫病预防控制机构配合完成。

表 1　免疫净化评估实验室检测方法

检测项目	检测方法	抽样种群	抽样数量	样本类型
抗体检测	gE-ELISA	各类种群	按照证明无疫公式计算（$CL=95\%$，$P=3\%$）；随机抽样，覆盖不同猪群	血清
抗体检测	gB-ELISA	各类种群	按照预估期望值公式计算（$CL=95\%$，$P=80\%$，$e=10\%$）；随机抽样，覆盖不同猪群	血清

表 2　非免疫净化评估实验室检测方法

检测项目	检测方法	抽样种群	抽样数量	样本类型
抗体检测	ELISA	各类种群	按照证明无疫公式计算（$CL=95\%$，$P=3\%$）；随机抽样，覆盖不同猪群	血清

11.2　猪瘟净化标准

11.2.1　净化标准

11.2.1.1　同时满足以下要求，视为达到免疫净化标准：

（1）各类种群抽检，猪瘟免疫抗体阳性率80%以上；

（2）各类种群抽检，猪瘟病原学检测均为阴性；

（3）连续两年以上无临床病例；

（4）现场综合审查通过。

11.2.1.2　同时满足以下要求，视为达到非免疫净化标准：

（1）各类种群抽检，猪瘟病毒抗体检测均为阴性；

（2）停止免疫两年以上，无临床病例；

（3）现场综合审查通过。

11.2.2　抽样检测方法

净化评估专家负责设计抽样方案并监督抽样，所在地各级动物疫病预防控制机构配合完成。

表 3　免疫净化评估实验室检测方法

检测项目	检测方法	抽样种群	抽样数量	样本类型
病原学检测	荧光 PCR	各类种群	按照证明无疫公式计算（$CL=95\%$，$P=3\%$）；随机抽样，覆盖不同猪群	扁桃体
抗体检测	ELISA	各类种群	按照预估期望值公式计算（$CL=95\%$，$P=80\%$，$e=10\%$）；随机抽样，覆盖不同猪群	血清

表 4　非免疫净化评估实验室检测方法

检测项目	检测方法	抽样种群	抽样数量	样本类型
抗体检测	ELISA	各类种群	按照证明无疫公式计算（$CL=95\%$，$P=3\%$）；随机抽样，覆盖不同猪群	血清

11.3　猪繁殖与呼吸综合征净化标准

11.3.1　净化标准

11.3.1.1　同时满足以下要求，视为达到免疫净化标准：

（1）各类种群抽检，猪繁殖与呼吸综合征免疫抗体阳性率80%以上；

（2）各类种群抽检，猪繁殖与呼吸综合征病原学检测均为阴性；

（3）连续两年以上无临床病例；

（4）现场综合审查通过。

11.3.1.2　同时满足以下要求，视为达到非免疫净化标准：

（1）各类种群抽检，猪繁殖与呼吸综合征病毒抗体检测均为阴性；

（2）停止免疫两年以上，无临床病例；

（3）现场综合审查通过。

11.3.2　抽样检测方法

净化评估专家负责设计抽样方案并监督抽样，所在地各级动物疫病预防控制机构配合完成。

表 5　免疫净化评估实验室检测方法

检测项目	检测方法	抽样种群	抽样数量	样本类型
病原学检测	PCR	各类种群	按照证明无疫公式计算（$CL=95\%$，$P=3\%$）；随机抽样，覆盖不同猪群	扁桃体

（续）

检测项目	检测方法	抽样种群	抽样数量	样本类型
抗体检测	ELISA	各类种群	按照预估期望值公式计算（$CL=95\%$，$P=80\%$，$e=10\%$）；随机抽样，覆盖不同猪群	血清

表6　非免疫净化评估实验室检测方法

检测项目	检测方法	抽样种群	抽样数量	样本类型
抗体检测	ELISA	各类种群	按照证明无疫公式计算（$CL=95\%$，$P=3\%$）；随机抽样，覆盖不同猪群	血清

11.4　口蹄疫净化标准

11.4.1　净化标准

同时满足以下要求，视为达到免疫净化标准：

（1）各类种群抽检，口蹄疫免疫抗体合格率80%以上；

（2）各类种群抽检，口蹄疫病原学检测阴性；

（3）连续两年以上无临床病例；

（4）现场综合审查通过。

11.4.2　抽样检测方法

净化评估专家负责设计抽样方案并监督抽样，所在地各级动物疫病预防控制机构配合完成。

表7　免疫净化评估实验室检测方法

检测项目	检测方法	抽样种群	抽样数量	样本类型
病原学检测	PCR	各类种群	按照证明无疫公式计算（$CL=95\%$，$P=3\%$）；随机抽样，覆盖不同猪群	扁桃体
抗体检测	ELISA	各类种群	按照预估期望值公式计算（$CL=95\%$，$P=80\%$，e=10%）；随机抽样，覆盖不同猪群	血清

11.5　非洲猪瘟净化标准

11.5.1　净化标准

同时满足以下要求，视为达到净化标准：

（1）各类种群抽检，非洲猪瘟病原学检测均为阴性；

（2）连续两年以上无临床病例；

（3）现场综合审查通过。

11.5.2　抽样检测方法

净化评估专家负责设计抽样方案并监督抽样，所在地各级动物疫病预防控制机构配合完成。

表8　净化评估实验室检测方法

检测项目	检测方法	抽样种群	抽样数量	样本类型
病原学检测	荧光PCR	各类种群	按照证明无疫公式计算（$CL=95\%$，$P=3\%$）；随机抽样，覆盖不同猪群	全血

11.6　现场综合审查

11.6.1　国家级动物疫病净化场现场综合审查

依据11.6.3开展现场综合审查并打分。必备条件全部满足，总分不低于90分，且关键项（*项）全部满分，为国家级动物疫病净化场现场综合审查通过。

11.6.2　省级动物疫病净化场现场综合审查

依据11.6.3开展现场综合审查并打分。必备条件全部满足，总分不低于80分，且关键项（*项）全部满分，为省级动物疫病净化场现场综合审查通过。

11.6.3　规模猪场主要疫病净化现场审查评分表

类别	编号	具体内容及评分标准	关键项	分值	得分	合计
必备条件	Ⅰ	土地使用应符合相关法律法规与区域内土地使用规划，场址选择应符合《中华人民共和国畜牧法》和《中华人民共和国动物防疫法》有关规定		必备条件		
	Ⅱ	应具有县级以上畜牧兽医主管部门备案登记证明，并按照农业农村部《畜禽标识和养殖档案管理办法》要求，建立养殖档案				
	Ⅲ	应具有县级以上畜牧兽医主管部门颁发的《动物防疫条件合格证》，两年内无重大疫病和产品质量安全事件发生记录				
	Ⅳ	应有病死动物和粪污无害化处理设施设备或有效措施				
	Ⅴ	年出栏商品肉猪5000头以上且生产母猪存栏200头以上				
人员管理5分	1	应建立净化工作团队，并有名单和责任分工等证明材料，有员工管理制度		1		
	2	全面负责疫病防治工作的技术负责人应具有畜牧兽医相关专业本科以上学历或中级以上职称，从事养猪业三年以上		1		
	3	应有员工疫病防治培训制度和培训计划，有近1年的员工培训考核记录		1		
	4	从业人员应有健康证明		1		
	5	本场专职兽医技术人员至少1名获得《执业兽医师资格证书》，并有专职证明材料（如社保或工资发放证明等）		1		
结构布局8分	6	场区位置独立，与主要交通干道、居民生活区、生活饮用水源地、屠宰厂（场）、交易市场隔离距离要求见《动物防疫条件审查办法》		1		
	7	场区周围应有围墙、防风林、灌木、防疫沟或其他物理屏障等隔离设施或措施		1		
	8	养殖场应有防疫警示标语、警示标牌等防疫标志		1		
	9	保育猪、生长猪、育肥猪等宜按照饲养阶段分别饲养在不同地点，每个地点相对独立且相隔一定距离		2		
	10	办公区、生产区、生活区、粪污处理区和无害化处理区应严格分开，界限分明；生产区距离其他功能区50m以上或通过物理屏障有效隔离；场内出猪台与生产区应相距50m以上或通过物理屏障有效隔离		1		
	11	场内净道与污道应分开，如存在部分交叉，应有规定使用时间和科学有效的消毒措施等		1		
	12	应在距离养殖场合适的位置设置独立的、符合生物安全要求的出猪中转站及内部专用转运车辆		1		
栏舍设置6分	13	应有独立的引种隔离舍		2		
	14	每栋猪舍均应有自动饮水系统，保育舍应有可控的饮水加药系统		1		
	15	猪舍通风、换气和温控等设施应运转良好		2		
	16	应有称重装置、装（卸）平台等设施		1		
卫生环保8分	17	场区应无垃圾及杂物堆放		1		
	18	场区实行雨污分流，符合NY/T 682的要求		1		
	19	生产区具备有效的预防鼠、防虫媒、防犬猫、防鸟进入的设施或措施		2		
	20	场区禁养其他动物，并应有防止周围其他动物进入场区的设施或措施		1		
	21	应有固定的猪粪贮存、堆放设施设备和场所，存放地点有防雨、防渗漏、防溢流措施		1		
	22	水质检测应符合人畜饮水卫生标准		1		
	23	应具有县级以上环保行政主管部门的环评验收报告或许可		1		
无害化处理8分	24	应有粪污无害化处理制度，场区内应有与生产规模相匹配的粪污处理设施设备，宜采用堆肥发酵方式对粪污进行无害化处理，处理结果应符合NY/T 1168的要求		2		
	25	应有病死猪无害化处理制度，无害化处理措施见《病死及病害动物无害化处理技术规范》		1		
	26	栏舍内病死猪的收集、包裹、运输、储存、交接等过程符合生物安全要求		1		
	27	病死猪无害化处理设施或措施运转应有效并符合生物安全要求		2		
	28	应有病死猪隔离、淘汰、诊疗、无害化处理等相关记录		2		

（续）

类别	编号	具体内容及评分标准	关键项	分值	得分	合计
消毒管理12分	29	在场区外设置独立的入场车辆洗消中心/站，洗消中心/站的设置、布局、建设、运行管理等应符合生物安全要求		1		
	30	场区入口应设置车辆消毒池、覆盖全车的消毒设施以及人员消毒设施		2		
	31	有车辆及人员出入场区消毒及管理制度和岗位操作规程，并对车辆及人员出入和消毒情况进行记录		1		
	32	生产区入口应设置人员消毒、淋浴、更衣设施，消毒、淋浴、更衣室布局科学合理		1		
	33	应有本场职工、外来人员进入生产区消毒及管理制度，有出入登记制度，对人员出入和消毒情况进行记录		2		
	34	每栋猪舍入口应设置消毒设施，人员有效消毒后方可进入猪舍		1		
	35	栋舍、生产区内部有定期消毒措施，有消毒制度和岗位操作规程，对栋舍、生产区内部消毒情况进行记录		1		
	36	应有消毒液配制和管理制度，有消毒液配制及更换记录		2		
	37	应开展消毒效果评估，并有近一年评估记录		1		
生产管理8分	38	产房、保育舍和生长舍应实现猪群全进全出		2		
	39	应制定投入品（含饲料、兽药、生物制品）使用管理制度，应有投入品使用记录		1		
	40	应将投入品分类分开储藏，标识清晰		2		
	41	应有配种、妊检、产仔、哺育、保育与生长等生产记录		1		
	42	应有健康巡查制度及记录		2		
防疫管理12分	43	应建立适合本场的卫生防疫制度和针对特定动物疫病、符合本场实际的突发传染病应急预案		3		
	44	应有独立兽医室，兽医室具备正常开展临床诊疗、采样、高压灭菌、消毒等设施，有兽医诊疗与用药记录		3		
	45	应有动物发病记录、阶段性疫病流行记录或定期猪群健康状态分析总结		3		
	46	应有免疫制度、计划、程序和记录		3		
调入管理12分	47	如需调入商品代肉猪，应来自相同净化病种的国家级/省级动物疫病净化场	*	3		
	48	应有调入和隔离管理制度、调入和隔离观察记录		1		
	49	国内调入种猪、精液应来源于有《种畜禽生产经营许可证》的种猪场；外购精液应有《动物检疫合格证明》；国外调入种猪、精液应有国务院农业农村或畜牧兽医行政主管部门签发的审批意见及海关相关部门出具的检测报告		1		
	50	调入种猪应具有动物检疫合格证和种畜禽合格证		1		
	51	调入种猪入场前、外购供体/精液使用前、本场供体/精液使用前有非洲猪瘟病原检测报告且结果为阴性		2		
	52	调入种猪入场前、外购供体/精液使用前、本场供体/精液使用前应有猪口蹄疫、猪伪狂犬病、猪瘟、猪繁殖与呼吸综合征病原或感染抗体检测报告且结果为阴性	*	2		
	53	本场销售商品肉猪应有非洲猪瘟、猪口蹄疫、猪伪狂犬病、猪瘟、猪繁殖与呼吸综合征抽检记录，并附具《动物检疫合格证明》		1		
	54	应有近2年完整的商品猪/淘汰种猪销售记录		1		
监测净化12分	55	应有符合本场实际且科学合理的非洲猪瘟、猪口蹄疫、猪伪狂犬病、猪瘟、猪繁殖与呼吸综合征等年度（或更短周期）监测净化方案、检测报告和记录	*	4		
	56	应根据监测净化方案开展疫病净化，检测、淘汰记录能追溯到猪群的唯一性标识（如耳标号）	*	2		
	57	应有2年以上的净化工作实施记录，记录保存2年以上	*2			
	58	应有定期净化效果评估和分析报告（生产性能、发病率、病死率、阳性率、用药投入、提高的直接经济效益等）		2		
	59	实际检测数量与应检测数量基本一致，检测试剂购置数量或委托检测凭证与检测量相符		2		

（续）

类别	编号	具体内容及评分标准	关键项	分值	得分	合计
场群健康9分		应具有近一年内有资质的兽医实验室检验检测报告（每次抽检数不少于30头）并且结果符合：				
	60	猪伪狂犬病净化场：符合净化标准；其他病种净化场：近两年内无猪伪狂犬病临床病例	*	1/5#		
	61	猪瘟净化场：符合净化标准；其他病种净化场：近两年内无猪瘟临床病例	*	1/5#		
	62	猪繁殖与呼吸综合征净化场：符合净化标准；其他病种净化场：近两年内无猪繁殖与呼吸综合征临床病例	*	1/5#		
	63	口蹄疫净化场：符合净化标准；其他病种净化场：口蹄疫免疫抗体阳性率≥80%，近两年内无口蹄疫临床病例	*	1/5#		
	64	非洲猪瘟净化场：符合净化标准；其他病种净化场：近两年内无非洲猪瘟临床病例	*	1/5#		
总分				100		

注：#申报评估的病种该项分值为5分，其余病种为1分。

12 规模鸡场主要疫病净化标准

12.1 规模蛋鸡场禽白血病净化标准

12.1.1 净化标准

同时满足以下要求，视为达到净化标准：

（1）产蛋鸡群抽检，禽白血病病原学检测均为阴性；

（2）连续两年以上无临床病例；

（3）现场综合审查通过。

12.1.2 抽样检测方法

净化评估专家负责设计抽样方案并监督抽样，所在地各级动物疫病预防控制机构配合完成。

表1 净化评估抽样检测方法

检测项目	检测方法	抽样种群	抽样数量	样本类型
病原学检测	p27抗原ELISA	产蛋鸡群	500枚鸡蛋（随机抽样，覆盖不同栋鸡群）	鸡蛋
	病毒分离（DF-1细胞）	产蛋鸡群	50份（随机抽样，覆盖不同栋鸡群）	全血

备注：p27抗原检测全部为阴性，实验室检测通过；p27抗原检测阳性率高于1%，实验室检测不通过；检出p27抗原阳性且阳性率1%以内，采用病毒分离进行复测，病毒分离全部为阴性，实验室检测通过，病毒分离出现阳性，实验室检测不通过。

12.2 鸡白痢净化标准

12.2.1 净化标准

同时满足以下要求，视为达到净化标准：

（1）各类种群抽检，鸡白痢血清学检测阳性率低于0.5%；

（2）连续两年以上无临床病例；

（3）现场综合审查通过。

12.2.2 抽样检测方法

净化评估专家负责设计抽样方案并监督抽样，所在地各级动物疫病预防控制机构配合完成。

表2 净化评估实验室检测方法

检测项目	检测方法	抽样种群	抽样数量	样本类型
抗体检测	平板凝集	各类种群	按照证明无疫公式计算（$CL=95\%$，$P=0.5\%$）；随机抽样，覆盖不同栋鸡群	血清

12.3 高致病性禽流感净化标准

12.3.1 净化标准

同时满足以下要求，视为达到免疫净化标准：

（1）各类种群抽检，H5和H7亚型禽流感免疫抗体合格率80%以上；

（2）各类种群抽检，H5和H7亚型禽流感病原学检测均为阴性；

（3）连续两年以上无临床病例；

（4）现场综合审查通过。

12.3.2 抽样检测方法

净化评估专家负责设计抽样方案并监督抽样，所在地各级动物疫病预防控制机构配合完成。

表3 免疫净化评估实验室检测方法

检测项目	检测方法	抽样种群	抽样数量	样本类型
病原学检测	RT-PCR（H5/H7）	各类种群	按照证明无疫公式计算（$CL=95\%$，$P=1\%$）；随机抽样，覆盖不同栋舍鸡群	咽喉和泄殖腔拭子
抗体检测	HI（H5/H7）	各类种群	按照预估期望值公式计算（$CL=95\%$，$P=80\%$，$e=10\%$）；随机抽样，覆盖不同栋鸡群	血清

12.4 新城疫净化标准

12.4.1 净化标准

同时满足以下要求，视为达到免疫净化标准：

（1）各类种群抽检，鸡新城疫免疫抗体合格率80%以上；

（2）各类种群抽检，鸡新城疫病原学检测均为阴性；

（3）连续两年以上无临床病例；

（4）现场综合审查通过。

12.4.2 抽样检测方法

净化评估专家负责设计抽样方案并监督抽样，所在地各级动物疫病预防控制机构配合完成。

表4 免疫净化评估实验室检测方法

检测项目	检测方法	抽样种群	抽样数量	样本类型
病原学检测	RT-PCR及序列分析	各类种群	按照证明无疫公式计算（$CL=95\%$，$P=1\%$）；随机抽样，覆盖不同栋舍鸡群	咽喉和泄殖腔拭子
抗体检测	HI	各类种群	按照预估期望值公式计算（$CL=95\%$，$P=80\%$，$e=10\%$）；随机抽样，覆盖不同栋鸡群	血清

12.5 支原体病净化标准

12.5.1 净化标准

同时满足以下要求，视为达到净化标准：

（1）血清学抽检，滑液囊支原体抗体和鸡毒支原体抗体阳性率低于0.5%；

（2）病原学检测均为阴性；

（3）连续两年以上无临床病例；

（4）现场综合审查通过。

12.5.2 抽样检测方法

净化评估专家负责设计抽样方案并监督抽样，所在地各级动物疫病预防控制机构配合完成。

表5 净化评估实验室检测方法

检测项目	检测方法	抽样种群	抽样数量	样本类型
鸡毒支原体和鸡毒支原体抗体检测	ELISA	各类种群	按照证明无疫公式计算（$CL=95\%$，$P=0.5\%$）；随机抽样，覆盖不同栋鸡群	血清
鸡毒支原体和鸡毒支原体病原检测	PCR	各类种群	按照证明无疫公式计算（$CL=95\%$，$P=0.5\%$）；随机抽样，覆盖不同栋鸡群 咽喉拭子	咽喉拭子

12.6 现场综合审查

12.6.1 国家级动物疫病净化场现场综合审查

依据12.6.3开展现场综合审查并打分。必备条件全部满足，总分不低于90分，且关键项（*项）全部满分，为国家级动物疫病净化场现场综合审查通过。

12.6.2 省级动物疫病净化场现场综合审查

依据12.6.3开展现场综合审查并打分。必备条件全部满足，总分不低于80分，且关键项（*项）全部满分，为省级动物疫病净化场现场综合审查通过。

12.6.3 规模鸡场主要疫病净化现场审查评分表

类别	编号	具体内容及评分标准	关键项	分值	得分	合计
必备条件	Ⅰ	土地使用应符合相关法律法规与区域内土地使用规划，场址选择应符合《中华人民共和国畜牧法》和《中华人民共和国动物防疫法》有关规定		必备条件		
	Ⅱ	应具有县级以上畜牧兽医主管部门备案登记证明，并按照农业农村部《畜禽标识和养殖档案管理办法》要求，建立养殖档案				
	Ⅲ	应具有县级以上畜牧兽医主管部门颁发的《动物防疫条件合格证》，两年内无重大疫病和产品质量安全事件发生记录				
	Ⅳ	应有病死动物和粪污无害化处理设施设备，或有效措施				
	Ⅴ	蛋鸡存栏1万只以上，肉鸡存栏10万只以上				
人员管理5分	1	应建立净化工作团队，并有名单和责任分工等证明材料，有员工管理制度		1		
	2	全面负责疫病防治工作的技术负责人应具有畜牧兽医相关专业本科以上学历或中级以上职称，从事养禽业三年以上		1		
	3	应有员工疫病防治培训制度和培训计划，有员工培训考核记录		1		
	4	养殖场从业人员应有健康证明		1		
	5	本场专职兽医技术人员至少1名获得《执业兽医师资格证书》，并有专职证明材料（如社保或工资发放证明等）		1		
结构布局8分	6	场区位置独立，与主要交通干道、居民生活区、生活饮用水源地、屠宰厂(场)、交易市场隔离距离要求见《动物防疫条件审查办法》		2		
	7	场区周围应有围墙、防风林、灌木、防疫沟或其他物理屏障等隔离设施或措施		1		
	8	养殖场应有防疫警示标语、警示标牌等防疫标志		1		
	9	办公区、生活区、生产区、粪污处理区和无害化处理区应严格分开，界限分明；生产区距离其他功能区50m以上或通过物理屏障有效隔离		2		
	10	场内净道与污道应分开，如存在部分交叉，应有规定使用时间和科学有效的消毒措施等		2		
栏舍设置6分	11	鸡舍应为全封闭式		2		
	12	鸡舍通风、换气和温控等设施应运转良好		2		
	13	鸡舍应有饮水消毒设施及可控的自动加药系统		1		
	14	笼养方式养殖场应有自动清粪系统		1		
卫生环保8分	15	场区应无垃圾及杂物堆放		1		
	16	场区实行雨污分流，符合NY/T 682的要求		1		
	17	生产区应具备防鸟、防鼠、防虫媒、防犬猫进入的设施或措施		2		
	18	场区禁养其他动物，并应有防止其他动物进入场区的设施或措施		1		
	19	应有固定的鸡粪贮存、堆放设施设备和场所，存放地点有防雨、防渗漏、防溢流措施		1		
	20	水质检测应符合人畜饮水卫生标准		1		
	21	应具有县级以上环保行政主管部门的环评验收报告或许可		1		
无害化处理8分	22	应有粪污无害化处理制度，场区内应有与生产规模相匹配的粪污处理设施设备，宜采用堆肥发酵方式对粪污进行无害化处理，处理结果应符合NY/T 1168的要求		2		
	23	应有病死鸡无害化处理制度，无害化处理措施见《病死及病害动物无害化处理技术规范》		2		
	24	病死鸡无害化处理设施或措施应运转有效并符合生物安全要求		2		
	25	应有完整的病死鸡无害化处理记录并具有可追溯性		2		
消毒管理12分	26	场区入口应设置车辆消毒池、覆盖全车的消毒设施以及人员消毒设施		2		
	27	应有车辆及人员出入场区消毒及管理制度和岗位操作规程，并对车辆及人员出入和消毒情况进行记录		2		

（续）

类别	编号	具体内容及评分标准	关键项	分值	得分	合计
消毒管理12分	28	生活区、生产区入口应设置人员消毒、淋浴、更衣设施，消毒、淋浴、更衣室布局科学合理		2		
	29	有本场职工、外来人员进入生产区消毒及管理制度，有出入登记制度，对人员出入和消毒情况进行记录		2		
	30	每栋鸡舍入口应设置消毒设施，应有执行良好记录		1		
	31	栋舍、生产区内部有定期消毒措施，有消毒制度和岗位操作规程，对栋舍、生产区内部消毒情况进行记录		2		
	32	应有消毒液配制和管理制度，有消毒液配制及更换记录		1		
生产管理9分	33	应采用按区或按栋全进全出饲养模式		2		
	34	应制定投入品（含饲料、兽药、生物制品）使用管理制度，应有投入品使用记录		2		
	35	应将投入品分类分开储藏，标识清晰		1		
	36	生产记录应完整，有日产蛋、日死亡淘汰、日饲料消耗、饲料添加剂使用记录		2		
	37	应有健康巡查制度及记录		2		
防疫管理12分	38	应建立适合本场的卫生防疫制度和针对特定动物疫病、符合本场实际的突发传染病应急预案		3		
	39	应有独立兽医室，兽医室具备正常开展临床诊疗和采样设施，有兽医诊疗与用药记录		2		
	40	所用活疫苗应有外源病毒的检测证明（自检或委托第三方）		2		
	41	应有动物发病记录、阶段性疫病流行记录和符合本场实际并具有防控指导意义的定期鸡群健康状态分析总结		3		
	42	应有免疫制度、计划、程序和记录		2		
调入管理12分	43	如需调入商品代肉鸡，应来自相同净化病种的国家级/省级动物疫病净化场	*	3		
	44	应有调入、隔离管理制度和调入、隔离观察记录		1		
	45	应调入来源于有《种畜禽生产经营许可证》的种禽场或符合相关规定国外进口的种禽/种蛋		1		
	46	调入种禽/种蛋应具有动物检疫合格证明和种禽合格证		2		
	47	调入种禽/种蛋入场前应有高致病性禽流感、新城疫、禽白血病、鸡白痢、支原体病原或感染抗体抽样检测报告且结果均为阴性	*	2		
	48	应有近2年完整的商品鸡/蛋销售记录		1		
	49	本场销售商品鸡/蛋应有符合本场实际且科学合理的高致病性禽流感、新城疫、禽白血病、鸡白痢、支原体抽检记录，并附具《动物检疫合格证明》		2		
监测净化11分	50	应有高致病性禽流感、新城疫、禽白血病、鸡白痢、支原体年度（或更短周期）监测净化方案和监测报告	*	4		
	51	应根据监测净化方案开展疫病净化，检测记录能追溯到鸡群的唯一性标识（如翅号、笼号、脚号等）	*	2		
	52	应有2年以上的净化工作实施记录，保存2年以上	*	2		
	53	应有定期净化效果评估和分析报告（生产性能、发病率、病死率、阳性率、用药投入、提高的直接经济效益等）		2		
	54	实际检测数量应与应检测数量基本一致，检测试剂购置数量或委托检测凭证应与检测量相符		1		
场群健康9分		应具有近一年内有资质的兽医实验室检验检测报告（每次抽检数不少于200羽份）并且结果符合：				
	55	禽白血病净化场：符合净化标准；其他病种净化场：近两年内无禽白血病临床病例；	*	1/5#		
	56	鸡白痢净化场：符合净化标准；其他病种净化场：近两年内无鸡白痢临床病例	*	1/5#		
	57	高致病性禽流感净化场：符合净化标准；其他病种净化场：高致病性禽流感免疫抗体合格率≥80%，近两年内无高致病性禽流感临床病例	*	1/5#		
	58	新城疫净化场：符合净化标准；其他病种净化场：新城疫免疫抗体合格率≥80%，近两年内无新城疫临床病例	*	1/5#		
	59	支原体净化场：符合净化标准；其他病种净化场：支原体（滑液囊支原体和鸡毒支原体）抗体阳性率≤3%或支原体（滑液囊支原体和鸡毒支原体）抗原PCR检测阳性率≤1%，近两年内无支原体病临床病例	*	1/5#		
总分				100		

注：#申报评估的病种该项分值为5分，其余病种为1分。

13 规模牛场主要疫病净化标准

13.1 布鲁氏菌病净化标准

13.1.1 净化标准

同时满足以下要求，视为达到净化/免疫净化标准：

（1）非免疫场各类种群布鲁氏菌抗体检测阴性，免疫场成年牛布鲁氏菌抗体检测阴性；

（2）连续两年以上无临床病例；

（3）现场综合审查通过。

13.1.2 抽样检测方法

净化评估专家负责设计抽样方案并监督抽样，所在地各级动物疫病预防控制机构配合完成。

表1 净化评估实验室检测方法

检测项目	检测方法	抽样种群	抽样数量	样本类型
抗体检测	虎红平板凝集试验初筛（或 IELISA 试验初筛）及试管凝集试验确诊（或 cELISA 试验确诊）	非免疫场各类种群/免疫场成年牛	按照证明无疫公式计算（$CL=95\%$，$P=3\%$）；随机抽样，覆盖不同栋牛群	血清

13.2 牛结核病净化标准

13.2.1 净化标准

同时满足以下要求，视为达到净化标准：

（1）各类种群抽检，牛结核菌素皮内变态反应阴性；

（2）连续两年以上无临床病例；

（3）现场综合审查通过。

13.2.2 抽样检测方法

净化评估专家负责设计抽样方案并监督抽样，所在地各级动物疫病预防控制机构配合完成。

表2 净化评估实验室检测方法

检测项目	检测方法	抽样种群	抽样数量	样本类型
免疫反应	牛结核菌素皮内变态反应（或γ-干扰素体外检测法）	各类种群	按照证明无疫公式计算（$CL=95\%$，$P=3\%$）；随机抽样，覆盖不同栋牛群	牛体（或肝素钠抗凝全血）

13.3 口蹄疫净化标准

13.3.1 净化标准

同时满足以下要求，视为达到免疫净化标准：

（1）各类种群抽检，口蹄疫免疫抗体合格率80%以上；

（2）各类种群抽检，口蹄疫病原学检测均为阴性；

（3）连续两年以上无临床病例；

（4）现场综合审查通过。

13.3.2 抽样检测方法

净化评估专家负责设计抽样方案并监督抽样，所在地各级动物疫病预防控制机构配合完成。

表3 免疫净化评估实验室检测方法

检测项目	检测方法	抽样种群	抽样数量	样本类型
病原学检测	PCR	各类种群	按照证明无疫公式计算（$CL=95\%$，$P=3\%$）；随机抽样，覆盖不同栋牛群	O—P 液
抗体检测	ELISA	各类种群	按照预估期望值公式计算（$CL=95\%$，$P=80\%$，误差 $e=10\%$）；随机抽样，覆盖不同栋牛群	血清

13.4 现场综合审查

13.4.1 国家级动物疫病净化场现场综合审查

依据 13.4.3 开展现场综合审查并打分。必备条件全部满足，总分不低于 90 分，且关键项（＊项）全部满分，为国家级动物疫病净化场现场综合审查通过。

13.4.2 省级动物疫病净化场现场综合审查

依据 13.4.3 开展现场综合审查并打分。必备条件全部满足，总分不低于 80 分，且关键项（＊项）全部满分，为省级动物疫病净化场现场综合审查通过。

13.4.3 规模牛场主要疫病净化现场审查评分表

类别	编号	具体内容及评分标准	关键项	分值	得分	合计
必备条件	Ⅰ	土地使用应符合相关法律法规与区域内土地使用规划，场址选择应符合《中华人民共和国畜牧法》和《中华人民共和国动物防疫法》有关规定		必备条件		
	Ⅱ	应具有县级以上畜牧兽医主管部门备案登记证明，并按照农业农村部《畜禽标识和养殖档案管理办法》要求，建立养殖档案				
	Ⅲ	应具有县级以上畜牧兽医主管部门颁发的《动物防疫条件合格证》，两年内无重大疫病和产品质量安全事件发生记录				
	Ⅳ	应有病死动物和粪污无害化处理设施设备，或有效措施				
	Ⅴ	肉牛存栏 500 头以上				
人员管理5分	1	应建立净化工作团队，并有名单和明确责任分工等证明材料，应有员工管理制度		1		
	2	全面负责疫病防治工作的技术负责人应具有畜牧兽医相关专业本科以上学历或中级以上职称，从事养牛业三年以上		1		
	3	应有员工疫病防治培训制度和培训计划，有员工培训考核记录		1		
	4	养殖场从业人员应有（布鲁氏菌病、结核病）健康证明		1		
	5	本场专职兽医技术人员至少 1 名获得《执业兽医师资格证书》，并有专职证明性材料（如社保或工资发放证明等）		1		
结构布局8分	6	场区位置独立，与主要交通干道、居民生活区、生活饮用水源地、屠宰厂（场）、交易市场距离要求见《动物防疫条件审查办法》		2		
	7	场区周围应有围墙、防风林、灌木、防疫沟或其他物理屏障等隔离设施或措施		1		
	8	养殖场明显位置应有防疫警示标语、警示标牌等防疫标志		1		
	9	办公区、生活区、生产区、粪污处理区和无害化处理区应严格分开，界限分明；生产区距离其他功能区 50m 以上或通过物理屏障有效隔离		2		
	10	场内净道与污道应分开，如存在部分交叉，应有规定使用时间和科学有效的消毒措施等		2		
栏舍设置6分	11	生产区各栋舍之间距离 5m 以上或有隔离设施		2		
	12	应有独立的引种隔离舍		1		
	13	应有与生产区间隔 300m 以上或通过物理屏障有效隔离的病牛专用隔离治疗舍		1		
	14	应有称重装置、装（卸）平台等设施		1		
	15	牛舍通风、换气和温控等设施运转良好		1		
卫生环保8分	16	场区应无杂物堆放		1		
	17	生产区具备防鼠、防虫媒、防犬猫进入的设施或措施		1		
	18	场区禁养其他动物，并应有防止周围其他动物进入场区的设施或措施		1		
	19	应有固定的牛粪贮存、堆放设施设备和场所，存放地点有防雨、防渗漏、防溢流措施		2		
	20	牛舍废污排放应符合环保要求		1		
	21	水质检测应符合人畜饮水卫生标准		1		
	22	应具有县级以上环保行政主管部门的环评验收报告或许可		1		
无害化处理8分	23	应有粪污无害化处理制度，场区内应有与生产规模相匹配的粪污处理设施设备，宜采用堆肥发酵方式对粪污进行无害化处理，处理结果应符合 NY/T 1168 要求		3		
	24	应有病死牛及流产物无害化处理制度，无害化处理措施见《病死及病害动物无害化处理技术规范》		2		
	25	有病死牛隔离、淘汰、诊疗、无害化处理等相关记录		2		
	26	病死牛无害化处理设施或措施应运转有效并符合生物安全要求		1		

（续）

类别	编号	具体内容及评分标准	关键项	分值	得分	合计
消毒管理12分	27	场区入口应设置车辆消毒池、覆盖全车的消毒设施以及人员消毒设施		2		
	28	应有车辆及人员出入场区消毒及管理制度和岗位操作规程，并对车辆及人员出入和消毒情况进行记录		2		
	29	生活区、生产区入口应设置人员消毒、更衣设施，消毒、淋浴、更衣室布局科学合理		2		
	30	有本场职工、外来人员进入生产区消毒及管理制度，有出入登记制度，对人员出入和消毒情况进行记录		2		
	31	栋舍、生产区内部应消毒设施设备齐全，运行良好；有定期消毒措施，有消毒制度和岗位操作规程，对栋舍、生产区内部消毒情况进行记录		2		
	32	应有消毒液配制和管理制度，有消毒液配制及更换记录		2		
生产管理9分	33	应制定投入品（含饲料、兽药、生物制品）使用管理制度，有投入品使用记录		2		
	34	应将投入品分类分开储藏，标识清晰		2		
	35	应有生长记录、发病治疗淘汰记录、日饲料消耗记录和饲料添加剂使用记录		2		
	36	应有健康巡查制度及记录		2		
	37	应有牛饲养管理、卫生保健技术规程		1		
防疫管理12分	38	应建立适合本场的卫生防疫制度和针对特定动物疫病、符合本场实际的突发传染病应急预案		2		
	39	应有独立兽医室，兽医室具备正常开展临床诊疗、采样、高压灭菌、消毒等设施，有兽医诊疗与用药记录		2		
	40	病死动物剖检场所应符合生物安全要求，有完整的病死动物剖检记录及剖检场所消毒记录		1		
	41	应有口蹄疫、布鲁氏菌病、牛结核病防控技术规程，及蹄病等普通多发病治疗和处理方案		2		
	42	对流产牛及时隔离并进行布鲁氏菌病检测，检测记录完整		1		
	43	应有动物发病记录、阶段性疫病流行记录和符合本场实际并具有防控指导意义的定期牛群健康状态分析总结		2		
	44	应有免疫制度、计划、程序和记录		2		
调入管理12分	45	如需调入商品代肉牛，应来自相同净化病种的国家级/省级动物疫病净化场	*	2		
	46	应有调入、隔离管理制度和调入、隔离观察记录		2		
	47	调入种牛应具有动物检疫合格证明和种畜禽合格证		1		
	48	国外调入种牛、精液，应有国务院农业农村或畜牧兽医行政主管部门签发的审批意见及海关相关部门出具的检测报告		1		
	49	留用精液/供体牛应有牛口蹄疫、布鲁氏菌病、牛结核病病原或感染抗体检测报告且结果为阴性	*	2		
	50	应有近2年完整的商品牛/淘汰种牛销售记录		1		
	51	本场供给商品牛应有牛口蹄疫、布鲁氏菌病、牛结核病病原或感染抗体抽检报告且结果为阴性		3		
监测净化13分	52	应有符合本场实际且科学合理的口蹄疫、布鲁氏菌病、牛结核病等年度（或更短周期）监测净化方案、监测报告和记录	*	3		
	53	应根据监测净化方案开展疫病净化，检测、淘汰记录能追溯到相关动物的唯一性标识（如耳标号）	*	3		
	54	应有2年以上的净化工作实施记录，保存2年以上	*	3		
	55	应有定期净化效果评估和分析报告（生产性能、流产率、病死率、阳性率、用药投入、提高的直接经济效益等）		2		
	56	实际检测数量应与应检测数量基本一致，检测试剂购置数量或委托检测凭证应与检测量相符		2		

（续）

类别	编号	具体内容及评分标准	关键项	分值	得分	合计
场群健康7分		应具有近一年内有资质的兽医实验室检验检测报告（每次抽检数不少于30头）并且结果符合：				
	57	布鲁氏菌病净化场：符合净化标准；其他病种净化场：布鲁氏菌病阳性检出率≤0.5%，近两年内无布鲁氏菌病临床病例	*	1/5#		
	58	结核病净化场：符合净化标准；其他病种净化场：结核病阳性检出率≤0.5%，近两年内无结核病临床病例	*	1/5#		
	59	口蹄疫净化场：符合净化标准；其他病种净化场：口蹄疫免疫抗体合格率≥80%，近两年内无口蹄疫临床病例	*	1/5#		
总分				100		

注：#申报评估的病种该项分值为5分，其余病种为1分。

14 规模羊场主要疫病净化标准

14.1 布鲁氏菌病净化标准

14.1.1 净化标准

同时满足以下要求，视为达到净化/免疫净化标准：

（1）非免疫场各类种群布鲁氏菌抗体检测阴性，免疫场成年羊布鲁氏菌抗体检测阴性；

（2）连续两年以上无临床病例；

（3）现场综合审查通过。

14.1.2 抽样检测方法

净化评估专家负责设计抽样方案并监督抽样，所在地各级动物疫病预防控制机构配合完成。

表1 净化评估实验室检测方法

检测项目	检测方法	抽样种群	抽样数量	样本类型
抗体检测	虎红平板凝集试验初筛（或IELISA试验初筛）及试管凝集试验确诊（或cELISA试验确诊）	非免疫场各类种群/免疫场成年羊	按照证明无疫公式计算（$CL=95\%$，$P=3\%$）；随机抽样，覆盖不同栋羊群	血清

14.2 口蹄疫净化标准

14.2.1 净化标准

同时满足以下要求，视为达到免疫净化标准：

（1）各类种群抽检，口蹄疫免疫抗体合格率80%以上；

（2）各类种群抽检，口蹄疫病原学检测阴性；

（3）连续两年以上无临床病例；

（4）现场综合审查通过。

14.2.2 抽样检测方法

净化评估专家负责设计抽样方案并监督抽样，所在地各级动物疫病预防控制机构配合完成。

表2 免疫净化评估实验室检测方法

检测项目	检测方法	抽样种群	抽样数量	样本类型
病原学检测	PCR	各类种群	按照证明无疫公式计算（$CL=95\%$，$P=3\%$）；随机抽样，覆盖不同栋羊群	O—P液
抗体检测	ELISA	各类种群	按照预估期望值公式计算（$CL=95\%$，$P=80\%$，$e=10\%$）；随机抽样，覆盖不同栋羊群	血清

14.3 现场综合审查

14.3.1 国家级动物疫病净化场现场综合审查

依据14.3.3开展现场综合审查并打分。必备条件全部满足，总分不低于90分，且关键项（*项）全部满分，为国家级动物疫病净化场现场综合审查通过。

14.3.2 省级动物疫病净化场现场综合审查

依据14.3.3开展现场综合审查并打分。必备条件全部满足，总分不低于80分，且关键项（*项）全部满分，为省级动物疫病净化场现场综合审查通过。

14.3.3 规模羊场主要疫病净化现场审查评分表

类别	编号	具体内容及评分标准	关键项	分值	得分	合计
必备条件	Ⅰ	土地使用应符合相关法律法规与区域内土地使用规划，场址选择应符合《中华人民共和国畜牧法》和《中华人民共和国动物防疫法》有关规定		必备条件		
	Ⅱ	应具有县级以上畜牧兽医主管部门备案登记证明，并按照农业农村部《畜禽标识和养殖档案管理办法》要求，建立养殖档案				
	Ⅲ	应具有县级以上畜牧兽医主管部门颁发的《动物防疫条件合格证》，两年内无重大疫病和产品质量安全事件发生记录				
	Ⅳ	应有病死动物和粪污无害化处理设施设备，或有效措施				
	Ⅴ	存栏肉羊 500 只以上				
人员管理 5分	1	应建立净化工作团队，并有名单和明确的责任分工等证明材料，有员工管理制度		1		
	2	全面负责疫病防治工作的技术负责人应从事养羊业三年以上		1		
	3	应有员工疫病防治培训制度和培训计划，有员工培训考核记录		1		
	4	养殖场从业人员应有（有关布鲁氏菌病）健康证明		1		
	5	本场专职兽医技术人员至少 1 名获得《执业兽医师资格证书》，并有专职证明材料（如社保或工资发放证明等）		1		
结构布局 10分	6	场区位置独立，与主要交通干道、居民生活区、生活饮用水源地、屠宰厂（场）、交易市场隔离距离要求见《动物防疫条件审查办法》		2		
	7	场区周围应有围墙、防风林、灌木、防疫沟或其他物理屏障等隔离设施或措施		2		
	8	养殖场明显位置应有防疫警示标语、警示标牌等防疫标志		2		
	9	办公区、生活区、生产区、粪污处理区和无害化处理区应严格分开，界限分明；生产区距离其他功能区 50m 以上或通过物理屏障有效隔离		2		
	10	场内净道与污道应分开，如存在部分交叉，应有规定使用时间和科学有效的消毒措施等		2		
栏舍设置 9分	11	应有封闭式、半开放式或开放式羊舍		2		
	12	羊舍内有专用饲槽，牧区羊场应设有围栏		2		
	13	羊舍内宜有通风、换气和温控等设施设备		2		
	14	有与生产区间隔 300m 以上或通过物理屏障有效隔离的病羊专用隔离治疗舍		2		
	15	应有与养殖规模相适应的青贮设施及设备和干草棚		1		
卫生环保 7分	16	场区应无垃圾及杂物堆放		1		
	17	生产区应具备防鼠、防虫媒、防犬猫进入的设施或措施		1		
	18	场区禁养其他动物，并应有防止周围其他动物进入场区的设施措施		1		
	19	应有固定的羊粪贮存、堆放设施设备和场所，存放地点有防雨、防渗漏、防溢流措施		2		
	20	水质检测应符合人畜饮水卫生标准		1		
	21	应具有县级以上环保行政主管部门的环评验收报告或许可		1		
无害化处理 10分	22	应有粪污无害化处理制度，场区内应有与生产规模相匹配的粪污处理设施设备，宜采用堆肥发酵方式对粪污进行无害化处理，处理结果应符合 NY/T 1168 要求		2		
	23	应有病死羊及流产物无害化处理制度，无害化处理措施见《病死及病害动物无害化处理技术规范》		2		
	24	病死羊无害化处理设施或措施应运转有效并符合生物安全要求		2		
	25	有病死羊隔离、淘汰、诊疗、无害化处理等相关记录		2		
	26	应按《布鲁氏菌病防治技术规范》等规定处置监测到的阳性动物并进行记录		2		

（续）

类别	编号	具体内容及评分标准	关键项	分值	得分	合计
消毒管理11分	27	场区入口应设置车辆消毒池、覆盖全车的消毒设施以及人员消毒设施		1		
	28	有车辆及人员出入场区消毒及管理制度和岗位操作规程，并对车辆及人员出入和消毒情况进行记录		2		
	29	生产区入口应设置人员消毒、更衣设施，消毒、淋浴、更衣室布局科学合理		2		
	30	有本场职工、外来人员进入生产区消毒及管理制度，有出入登记制度，对人员出入和消毒情况进行记录		2		
	31	每栋羊舍（棚圈）应设置消毒器材或设施，人员进入羊舍前应执行良好		1		
	32	栋舍、生产区内部有定期消毒措施，有消毒制度和岗位操作规程，对栋舍、生产区内部消毒情况进行记录		2		
	33	应有消毒液配制和管理制度，有消毒液配制及更换记录		1		
生产管理8分	34	应制定投入品（含饲料、兽药、生物制品）使用管理制度，应有投入品使用记录		2		
	35	应有饲料库		1		
	36	应有生长记录、发病治疗淘汰记录、日饲料消耗记录和饲料添加剂使用记录		2		
	37	应有健康巡查制度及记录		3		
防疫管理10分	38	应建立适合本场的卫生防疫制度和针对特定动物疫病、符合本场实际的突发传染病应急预案		1		
	39	应有配套的兽医室，兽医室具备正常开展临床诊疗、采样、高压灭菌、消毒等设施		2		
	40	应有兽医诊疗与用药记录		1		
	41	应有预防、治疗羊常见病的规程或方案		2		
	42	病死动物剖检场所应符合生物安全要求，有完整的病死动物剖检记录及剖检场所消毒记录		1		
	43	应对流产羊进行隔离并开展布鲁氏菌病检测		2		
	44	应有免疫制度、计划、程序和记录		1		
调入管理10分	45	如需调入商品代肉羊，应来自相同净化病种的国家级/省级动物疫病净化场	*	2		
	46	应有调入、隔离管理制度和调入、隔离观察记录		1		
	47	国内调入种羊或精液应来源于有《种畜禽生产经营许可证》的种羊场；国外调入种羊或精液应有国务院农业农村或牧兽医行政主管部门签发的审批意见及海关相关部门出具的检测报告	2			
	48	调入种羊应具有动物检疫合格证和种畜禽合格证		1		
	49	留用种羊/精液应有羊口蹄疫、小反刍兽疫、布鲁氏菌病病原或感染抗体检测报告且结果为阴性	*	2		
	50	有近2年完整的商品羊/淘汰种羊销售记录		1		
	51	本场销售商品羊应有羊口蹄疫、小反刍兽疫、布鲁氏菌病抽检记录，并附具《动物检疫合格证明》		1		
监测净化14分	52	应有符合本场实际且科学合理的口蹄疫、布鲁氏菌病等年度（或更短周期）监测净化方案、监测报告和记录		4		
	53	应根据监测净化方案开展疫病净化，检测、淘汰记录能追溯到羊群的唯一性标识（如耳标号）	*	3		
	54	有2年以上的净化工作实施记录，记录保存2年以上	*	3		
	55	应有定期净化效果评估和分析报告（生产性能、发病率、病死率、阳性率、用药投入、提高的直接经济效益等）		2		
	56	实际检测数量与应检测数量基本一致，检测试剂购置数量或委托检测凭证与检测量相符		2		

（续）

类别	编号	具体内容及评分标准	关键项	分值	得分	合计
场群健康6分		应具有近一年内有资质的兽医实验室检验检测报告（每次抽检数不少于30只）并且结果符合：				
	57	布鲁氏菌病净化场：符合净化标准；其他病种净化场：布鲁氏菌病阳性检出率≤0.5%，近两年内无布鲁氏菌病临床病例	*	1/5#		
	58	口蹄疫净化场：符合净化标准；其他病种净化场：口蹄疫免疫抗体合格率≥80%，近两年内无口蹄疫临床病例	*	1/5#		
总分				100		

修订说明

为进一步贯彻落实《农业农村部关于推进动物疫病净化工作的意见》和我部2023年畜牧兽医重点工作部署，纵深推进动物疫病净化工作，对2021年制定的《动物疫病净化场评估管理指南》《动物疫病净化场评估技术规范》进行修订，修订的主要内容说明如下。

一、修订必要性

《动物疫病净化场评估管理指南》《动物疫病净化场评估技术规范》印发后，对指导动物疫病净化场评估、引导种畜禽养殖企业开展疫病净化发挥了重要作用。目前，全国已有127家种畜禽场通过国家级动物疫病净化场评估、337家种畜禽场通过省级动物疫病净化场评估。随着各地工作力度持续加大，申报评估的企业数量逐年增多，且除种畜禽场外，越来越多的商品代规模养殖场咨询申报净化场评估事宜。因此，有必要对《动物疫病净化场评估管理指南》和《动物疫病净化场评估技术规范》进行修订，进一步梳理工作程序，细化针对不同类型养殖场的动物疫病净化评估标准。

二、修订原则

一是按照《动物防疫法》《农业农村部关于推进动物疫病净化工作的意见》等法律和文件精神，完善评估管理指南和评估技术规范，健全评估病种和场点类型，纵深推进动物疫病净化工作；二是满足养殖企业申报需求，适应评估数量不断增加趋势，优化工作流程，提高工作效率；三是体现指导性和可操作性，细化评估标准，完善综合审查评分表，明确评估指标和评分赋值。

三、主要修订内容

（一）《动物疫病净化场评估管理指南》

1. 根据材料审查结果现场抽查部分养殖场

近年来，国家级动物疫病净化场申报数量逐年增加，现场评估工作量逐年加大。同时，根据近两年评估情况，参与申报的养殖场均为省级动物疫病净化场，净化工作开展比较扎实，现场评估通过率90%以上。因此，为提高工作效率，评估工作程序修改为在材料评估基础上，按照30%的比例现场评估部分养殖场，申请数量不足3家的省份，申请养殖场全部进行现场评估。

2. 增加暂停和恢复国家级净化场资格相关要求

加强对动物疫病净化场的管理，对动态监测中不符合净化要求的，报告农业农村部畜牧兽医局，建议暂停或取消其国家级动物疫病净化场资格；被暂停资格的国家级动物疫病净化场应在12个月内完成整改，经省级评估合格后，向农业农村部畜牧兽医局提出恢复申请。经农业农村部畜牧兽医局组织评估合格后，发文恢复资格。

3. 完善国家级净化场申报书

为满足商品代规模化养殖场申报需求，在原申报书基础上增加规模场基本信息表、各畜种生产情况汇总表和规模场调入管理情况表。

（二）《动物疫病净化场评估技术规范》

1. 种鸡场增加支原体病净化标准

鸡支原体病是由于感染败血支原体或者滑液囊支原体而发生的一种接触性传染疾病，感染鸡群可出现生长发育迟缓、饲养期延长、产蛋率下降、种蛋受精率和孵化率下降，且能够继发或者并发一些其他传染病，是困扰养禽业的重要疫病之一。种鸡场可通过种源净化、高温孵化、单只净化等技术，探索建立支原体阴性群，逐步实现全场净化。种鸡场支原体净化标准是，血清学抽检祖代以上养殖场阳性率低于0.2%，父母代场阳性率低于0.5%，病原学检测均为阴性，连续两年以上无临床病例，综合审查通过。

2. 增加规模场主要疫病净化标准

明确和细化了规模养殖场（不含种畜禽场、

奶畜场）主要疫病净化标准，结合病种的病原特点、流行病学、诊断技术、控制措施等方面，确定各项评估指标。规模猪场主要疫病净化标准包括猪伪狂犬病、猪瘟、猪繁殖与呼吸综合征、口蹄疫、非洲猪瘟等5个病种，规模鸡场主要疫病净化标准包括禽白血病、鸡白痢、高致病性禽流感、新城疫和支原体病等5个病种，规模牛场主要疫病净化标准包括布鲁氏菌病、牛结核病和口蹄疫等3个病种，规模羊场主要疫病净化标准包括布鲁氏菌病和口蹄疫2个病种。针对每个病种，设置了净化标准和抽样检测方法两方面内容；针对规模场的生物安全和管理措施，制定了综合审查评分表，包括人员管理、结构布局、栏舍设置、无害化处理、消毒管理、生产管理、防疫管理、种源管理、监测净化等部分，针对每个部分，建立了二级细分指标。

3. 增加规模牛/羊场布鲁氏菌病免疫净化标准

为落实《农业农村部关于印发〈畜间布鲁氏菌病防控五年行动方案（2022—2026年）〉的通知》等文件要求，做好布鲁氏菌病净化场评估工作，本次修订增加了规模牛羊场布鲁氏菌病免疫净化标准。对于免疫的畜群来说，在不能有效区分感染抗体和免疫抗体的情况下，养殖场可在停止免疫且成年牛/羊群检测符合标准后申请布鲁氏菌病免疫净化场评估。

三十九、指定中国兽医药品监察所相关实验室为国家牛瘟参考实验室；指定中国农业科学院哈尔滨兽医研究所相关实验室为国家牛传染性胸膜肺炎参考实验室

（2019年11月29日　农业农村部公告第237号发布）

为贯彻落实《国家防治动物疫病中长期规划（2012—2020年）》，进一步加强国家兽医实验室体系建设，强化牛瘟、牛传染性胸膜肺炎病毒保藏等技术支撑及国际合作，根据《国家兽医参考实验室管理办法》《农业部关于进一步加强国家兽医参考实验室管理的通知》（农医发〔2016〕13号），在原农业部2002年11月发布国家兽医参考实验室名单（第一批）通知基础上，我部指定中国兽医药品监察所相关实验室为国家牛瘟参考实验室；指定中国农业科学院哈尔滨兽医研究所相关实验室为国家牛传染性胸膜肺炎参考实验室。上述实验室要严格按照有关法律法规和农业农村部相关规定开展有关实验工作。

现予以公告。

国家牛瘟参考实验室和国家牛传染性胸膜肺炎参考实验室

一、国家牛瘟参考实验室

所在单位：中国兽医药品监察所

地址：北京市海淀区中关村南大街8号

邮编：100081

二、国家牛传染性胸膜肺炎参考实验室

所在单位：中国农业科学院哈尔滨兽医研究所

地址：黑龙江省哈尔滨市香坊区哈平路678号

邮编：150069

四十、农业农村部办公厅关于落实《关于加强基层动物疫病防控体系建设的意见》有关工作通知

（2022年02月11日　农业农村部办公厅农办牧〔2022〕4号发布）

各省、自治区、直辖市农业农村（农牧）、畜牧兽医厅（局、委），新疆生产建设兵团农业农村局：

当前，一些地方基层动植物疫病防控机构被撤

并、人员被削减，影响动植物疫病监测预警、防控指导、检疫监管和应急处置等防控工作的正常开展。今年1月，农业农村部、中央机构编制委员会办公室联合印发《关于加强基层动植物疫病防控体系建设的意见》（以下简称《意见》），要求各地压实属地责任，统筹调整基层农业农村部门工作力量，优化存量、补充增量，配齐配强专业人员，全链条做好动植物疫病防控各项工作。为贯彻落实《意见》要求，现就有关工作通知如下。

一、全面摸清底数

省级农业农村部门要对基层动植物疫病防控体系基本情况进行全面调查摸底，重点了解县级农业农村部门及其动物疫病预防控制机构、动物卫生监督机构、植物保护机构的编制和人员情况，以及乡镇负责动植物疫病防控工作的机构、编制和人员等情况，连同省、市两级动植物疫病防控机构、人员情况，于4月中旬前通过中国动物疫病预防控制中心、全国农业技术推广服务中心网络平台填报（具体要求另发）。后续机构、人员调整变动情况，请实时在平台上更新。

二、科学制定方案

省级农业农村部门要根据基层动植物疫病防控职能职责，综合考虑本地畜禽养殖数量、养殖密度、农作物种植面积、病虫害发生种类、防控指导区域面积等因素，合理测算基层动植物疫病防控所需机构、编制数量。在此基础上，会同机构编制部门制定基层动植物疫病防控体系建设工作方案，明确具体措施、工作步骤、责任分工以及时限要求等，于4月底前按程序报批后组织实施，并报农业农村部备案。

三、及时调度进展

省、市两级农业农村部门要成立主要负责同志任组长、同级机构编制等相关部门参加的领导小组，每月至少召开一次领导小组会，调度工作进展；要抽调精干力量，设立工作专班，分管负责同志亲自抓，按照工作方案要求，倒排工期，确保各项工作按时推进。县级农业农村部门要会同机构编制部门细化责任分工，列出时间表、进度图，落实好各项具体任务，并及时向省级农业农村部门报告工作进展。请各省级农业农村部门于9月底前将基层动植物疫病防控体系建设情况报我部。

四、加强工作指导

地方各级农业农村部门要及时将《意见》精神向本地党委、政府主要负责同志汇报，争取党委、政府重视和支持，将动植物疫病防控工作纳入乡村振兴和基层治理一体谋划。要按照《意见》要求，积极协调机构编制部门，采取切实有效措施，健全体系、完善机构、配齐人员，确保“活有人干、事有人管”。对体系建设进展缓慢的，省级农业农村部门要会同机构编制部门进行专门指导。我部将定期开展调研指导工作。

联系方式：

农业农村部畜牧兽医局行业发展处王中力，负责动物疫病防控体系建设工作，电话：010-59192875

农业农村部种植业管理司植保植检处王建强，负责植物保护体系建设工作，电话：010-59191835

四十一、农业部　食品药品监管总局关于加强食用农产品质量安全监督管理工作的意见

（2014年10月31日　农业部农质发〔2014〕14号发布）

为深入贯彻中央农村工作会议精神，认真落实《国务院机构改革和职能转变方案》《国务院关于地方改革完善食品药品监督管理体制的指导意见》（国发〔2013〕18号）和《国务院办公厅关于加强农产品质量安全监管工作的通知》（国办发〔2013〕106号）要求，现就加强食用农产品质量安全监督管理工作衔接，强化食用农产品质量安全全程监管，提出以下意见。

一、严格落实食用农产品监管职责

食用农产品是指来源于农业活动的初级产品，即在农业活动中获得的、供人食用的植物、动物、微生物及其产品。“农业活动”既包括传统的种植、养殖、采摘、捕捞等农业活动，也包括设施农业、生物工程等现代农业活动。“植物、动物、微生物及其产品”是指在农业活动中直接获得的以及经过分拣、去皮、剥壳、粉碎、清洗、切割、冷冻、打

蜡、分级、包装等加工，但未改变其基本自然性状和化学性质的产品。食用农产品质量安全监管体制调整后，《农产品质量安全法》规定的食用农产品进入批发、零售市场或生产加工企业后的质量安全监管职责由食品药品监管部门依法履行，农业行政主管部门不再履行食用农产品进入市场后的相应质量安全监管职责。现行的食用农产品质量安全分段监管，不包括农业生产技术、动植物疫病防控和转基因生物安全监督管理。农业部门根据监管工作需要，可进入批发、零售市场开展食用农产品质量安全风险评估和风险监测工作。

农业、食品药品监管部门要严格执行《食品安全法》《农产品质量安全法》等相关法律法规和各级政府及编制委员会确定的部门监管职责分工，认真履行法定的监管职责。农业部门要切实履行好食用农产品从种植养殖到进入批发、零售市场或生产加工企业前的监管职责；食品药品监管部门要切实履行好食用农产品进入批发、零售市场或生产加工企业后的监管职责，不断提升对食用农产品质量安全的保障水平。省级农业、食品药品监管部门要联合推动市县两级政府抓紧落实食用农产品质量安全属地管理责任，将食用农产品质量安全监管纳入县、乡政府绩效考核范围，建立相应的考核规范和评价机制。每年要组织开展一次食用农产品质量安全监管工作联合督查，切实推动监管责任落实。

二、加快构建食用农产品全程监管制度

各地农业、食品药品监管部门要在地方政府统一领导下，共同研究解决食用农产品质量安全监管中职能交叉和监管空白问题，进一步厘清监管职责，细化任务分工，消除监管空白，形成监管合力。对于现行法律法规和规章制度尚未完全明确的监管职责和监管事项，要在统筹协调的基础上，提请地方政府因地制宜明确监管部门，出台相应的监管措施，避免出现监管漏洞和盲区。农业部门要依法抓紧完善并落实农业投入品监管、产地环境管理、种植养殖过程控制、包装标识、食用动物及其产品检验检疫等制度规范；食品药品监管部门要研究制定食用农产品进入批发、零售市场或生产加工企业后的管理制度，落实好监管职责。

三、稳步推行食用农产品产地准出和市场准入管理

农业部门和食品药品监管部门共同建立以食用农产品质量合格为核心内容的产地准出管理与市场准入管理衔接机制。农业部门要抓紧建立食用农产品产地准出制度，因地制宜地按照产品类别和生产经营主体类型，将有效期内“三品一标”质量标志、动植物病虫害检疫合格证明及规模化生产经营主体（逐步实现覆盖全部生产经营主体）出具的食用农产品产地质量检测报告等质量合格证明作为食用农产品产地准出的基础条件；食品药品监管部门要着手建立与食用农产品产地准出制度相对接的市场准入制度，将查验农业行政主管部门认可的作为食用农产品产地准出基础条件的质量合格证明作为食用农产品进入批发、零售市场或生产加工企业的基本条件。农业部门和食品药品监管部门要依托基层执法监管和技术服务机构，加强督导巡查和监督管理，确保产地准出和市场准入过程中的质量合格证明真实、有效。

四、加快建立食用农产品质量追溯体系

农业部门要按照职责分工，加快建立食用农产品质量安全追溯体系，可率先在“菜篮子”产品主产区推动农业产业化龙头企业、农民专业合作社、家庭农场开展质量追溯试点，优先将生猪和“三品一标”食用农产品纳入追溯试点范围，推动食用农产品从生产到进入批发、零售市场或生产加工企业前的环节可追溯。食品药品监管部门要在有序推进食品安全追溯体系建设的同时，积极配合农业部门推进食用农产品质量安全追溯体系的建设，并通过监督食用农产品经营者建立并严格落实进货查验和查验记录制度，做好与农业部门建设的食用农产品质量安全追溯体系的有机衔接，逐步实现食用农产品生产、收购、销售、消费全链条可追溯。

五、深入推进突出问题专项整治

农业、食品药品监管部门要针对食用农产品在生产、收购、销售和消费过程中存在的突出问题，有计划、有步骤、有重点地联合开展专项治理整顿。始终保持高压态势，严厉惩处各类违法违规行为。在专项整治和执法监管过程中需要联合行动的，要统筹协调、统一调度和统一行动；在各环节查处的违法违规案件，该移交的要依法按程序及时移交；需要相互配合的，要及时跟进。

六、加强监管能力建设和监管执法合作

农业、食品药品监管部门要不断推进食用农产品质量安全监管机构和食品安全监管机构的建设与人员配备，并抓紧与编制、发改、财政等部

门衔接沟通，加快建立健全基层食用农产品质量安全监管和食品安全监管队伍，将基层监管能力建设纳入年度财政预算和基本建设计划，采取多项措施，着力提高基层食用农产品质量安全和食品安全监管能力。农业、食品药品监管部门要建立食用农产品质量安全监管信息共享制度，定期和不定期互换食用农产品质量安全监管中的相关信息。建立风险评估结果共享制度，加强食用农产品质量安全风险交流合作。建立违法案件信息相互通报制度，密切行政执法的协调与协作。加强应急管理方面的合作，开展食用农产品质量安全（食品安全）突发事件应急处置合作和经验交流。共同建立、完善食用农产品质量安全监管统计制度，强化统计数据共享。可根据需要就食用农产品质量安全和食品安全领域重大问题开展联合调研，为解决食用农产品质量安全和食品安全领域突出问题提供政策建议。

七、强化检验检测资源共享

各地要按照《国务院办公厅关于印发国家食品安全监管体系“十二五”规划的通知》（国办发〔2012〕36号）、《国务院办公厅转发中央编办、质检总局关于整合检验检测认证机构实施意见的通知》（国办发〔2014〕8号）、《国务院办公厅关于印发2014年食品安全重点工作安排的通知》（国办发〔2014〕20号）要求，在地方人民政府的统一领导下，共同做好县级食用农产品质量安全检验检测资源整合和食品安全检验检测资源整合工作，逐步解决基层检验检测资源分散、低水平重复建设、活力不强等问题。当前，根据农业、食品药品监管部门新的职能分工和监管工作需要，由农业部门和食品药品监管部门共同对已经建立的批发、零售市场（含超市、专营店等食用农产品销售单位）食用农产品质量安全检验检测资源（包括机构、人员、设备设施等）实施指导管理。建在市场外的食用农产品质量安全检验检测资源，以农业部门为主进行监督管理和技术指导；建在市场内的食用农产品质量安全检验检测资源，以食品药品监管部门为主进行监督管理和技术指导。农业部门和食品药品监管部门根据食用农产品质量安全监管和食品安全监管工作需要，可共享农业系统和食品药品监管系统建立的农产品质量安全检测机构和食品安全检验机构。

八、加强舆情监测和应急处置。农业、食品药品监管部门要加强食用农产品质量安全突发事件、重大舆情跟踪监测，建立重大舆情会商分析和信息通报机制，及时联合研究处置突发事件和相关舆情热点问题。两部门要根据科普宣传工作的需要，加强食用农产品质量安全和食品安全科技知识培训和法制宣传。重大节日和节庆期间，要适时联合开展食用农产品质量安全宣传活动，全面普及食品科学知识，指导公众放心消费。

九、建立高效的合作会商机制。农业部、食品药品监管总局建立部际合作会商机制，成立分别由两部门主管食用农产品质量安全监管工作的部级领导任组长的领导小组，积极推动和明确食用农产品质量安全监管工作的协调与合作事宜。各地要参照农业部和食品药品监管总局的做法，尽快建立两部门合作机制，明确对口的协调联络处（局、办），加强食用农产品质量安全监管工作的协作配合。

食用农产品质量安全监管涉及的品种多、链条长，两部门要在依法依规认真履职的基础上，密切协作、加强配合，构建“从农田到餐桌”全程监管的制度和机制。各地在食用农产品质量安全监管工作中遇到的问题和有关意见、建议，请及时与农业部农产品质量安全监管局和食品药品监管总局食品安全监管二司联系。

四十二、非洲猪瘟疫情应急实施方案（第五版）

（农业农村部2021年3月17日发布，非洲猪瘟疫情应急实施方案（2020年第二版）及之前版本同时废止）

非洲猪瘟疫情应急实施方案（第五版）

非洲猪瘟疫情属重大动物疫情，一旦发生，死亡率高，是我国生猪产业生产安全最大威胁。当前，我国非洲猪瘟防控取得了积极成效，但是病毒已在我国定殖并形成较大污染面，疫情发生风险依然较高。为扎实打好非洲猪瘟防控持久战，切实维护养猪业稳定健康发展，有效保障猪肉产品供给，依据《中华人民共和国动物防疫法》《中华人民共和国进出境动植物检疫法》《重大动物疫情应急条例》《国家突发重大动物疫情应急预案》等有关法律法规和规定，制定本方案。

一、疫情报告与确认

任何单位和个人，发现生猪、野猪出现疑似非洲猪瘟症状或异常死亡等情况，应立即向所在地农业农村（畜牧兽医）主管部门或动物疫病预防控制机构报告，有关单位接到报告后应立即按规定采取必要措施并上报信息，按照“可疑疫情—疑似疫情—确诊疫情”的程序认定和报告疫情。

（一）可疑疫情

县级以上动物疫病预防控制机构接到信息后，应立即指派两名中级以上技术职称人员到场，开展现场诊断和流行病学调查，符合《非洲猪瘟诊断规范》（附件1）可疑病例标准的，应判定为可疑病例，并及时采样送检。

县级以上地方人民政府农业农村（畜牧兽医）主管部门应根据现场诊断结果和流行病学调查信息，认定可疑疫情。

（二）疑似疫情

可疑病例样品经县级以上动物疫病预防控制机构实验室，或经省级人民政府农业农村（畜牧兽医）主管部门认可的第三方实验室检出非洲猪瘟病毒核酸的，应判定为疑似病例。

县级以上地方人民政府农业农村（畜牧兽医）主管部门根据实验室检测结果和流行病学调查信息，认定疑似疫情。

（三）确诊疫情

疑似病例样品经省级动物疫病预防控制机构复检，或经省级人民政府农业农村（畜牧兽医）主管部门授权的地市级动物疫病预防控制机构实验室复检，检出非洲猪瘟病毒核酸的，应判定为确诊病例。有条件的省级动物疫病预防控制机构应有针对性地开展病原鉴别检测。

省级人民政府农业农村（畜牧兽医）主管部门根据确诊结果和流行病学调查信息，认定确诊疫情；疫区、受威胁区涉及两个以上省份的疫情，由农业农村部认定。

疫情发布前，确诊疫情所在地的省级动物疫病预防控制机构应按疫情快报要求将有关信息上报至中国动物疫病预防控制中心，并将样品和流行病学调查信息送中国动物卫生与流行病学中心。中国动物疫病预防控制中心按照程序向农业农村部报送疫情信息。农业农村部按规定报告和通报疫情后，由疫情所在地省级人民政府农业农村（畜牧兽医）主管部门发布疫情信息。其他任何单位和个人不得发布疫情和排除疫情信息。

相关单位在开展疫情报告、调查以及样品采集、送检、检测等工作时，应及时做好记录备查。

在生猪运输过程中发现的非洲猪瘟疫情，由疫情发现地负责报告、处置，计入生猪输出地。

确诊疫情所在地的省级动物疫病预防控制机构应按疫情快报要求，做好后续报告和最终报告；疫情所在地省级人民政府农业农村（畜牧兽医）主管部门应向农业农村部及时报告疫情处置重要情况和总结。

二、疫情响应

根据非洲猪瘟流行特点、危害程度和影响范围，将疫情应急响应分为四级。

（一）特别重大（Ⅰ级）疫情响应

21天内多数省份发生疫情，且新发疫情持续增加、快速扩散，对生猪产业发展和经济社会运行构成严重威胁时，农业农村部根据疫情形势和风险评估结果，报请国务院启动Ⅰ级疫情响应，启动国家应急指挥机构；或经国务院授权，由农业农村部启动Ⅰ级疫情响应，并牵头启动多部门组成的应急指挥机构，各有关部门按照职责分工共同做好疫情防控工作。

启动Ⅰ级疫情响应后，农业农村部负责向社会发布疫情预警。县级以上地方人民政府应立即启动应急指挥机构，组织各部门依据职责分工共同做好疫情应对；实施防控工作每日报告制度，组织开展紧急流行病学调查和应急监测等工作；对发现的疫情及时采取应急处置措施。

（二）重大（Ⅱ级）疫情响应

21天内9个以上省份发生疫情，且疫情有进一步扩散趋势时，应启动Ⅱ级疫情响应。

疫情所在地县级以上地方人民政府应立即启动应急指挥机构工作，组织各有关部门依据职责分工共同做好疫情应对；实施防控工作每日报告制度，组织开展紧急流行病学调查和应急监测工作；对发现的疫情及时采取应急处置措施。

农业农村部加强对全国疫情形势的研判，对发生疫情省份开展应急处置督导，根据需要派专家组指导处置疫情；向社会发布预警，并指导做好疫情应对。

（三）较大（Ⅲ级）疫情响应

21天内4个以上、9个以下省份发生疫情，或3

个相邻省份发生疫情时，应启动Ⅲ级疫情响应。

疫情所在地的市、县人民政府应立即启动应急指挥机构，组织各有关部门依据职责分工共同做好疫情应对；实施防控工作每日报告制度，组织开展紧急流行病学调查和应急监测；对发现的疫情及时采取应急处置措施。疫情所在地的省级人民政府农业农村（畜牧兽医）主管部门对疫情发生地开展应急处置督导，及时组织专家提供技术支持；向本省有关地区、相关部门通报疫情信息，指导做好疫情应对。

农业农村部向相关省份发布预警。

（四）一般（Ⅳ级）疫情响应

21 天内 4 个以下省份发生疫情的，应启动Ⅳ级疫情响应。

疫情所在地的县级人民政府应立即启动应急指挥机构，组织各有关部门依据职责分工共同做好疫情应对；实施防控工作每日报告制度，组织开展紧急流行病学调查和应急监测工作；对发现的疫情及时采取应急处置措施。

疫情所在地的市级人民政府农业农村（畜牧兽医）主管部门对疫情发生地开展应急处置督导，及时组织专家提供技术支持；向本市有关县区、相关部门通报疫情信息，指导做好疫情应对。

省级人民政府农业农村（畜牧兽医）主管部门应根据需要对疫情处置提供技术支持，并向相关地区发布预警信息。

（五）各地应急响应分级标准及响应措施的细化和调整

省级人民政府或应急指挥机构要结合辖区内工作实际，科学制定和细化应急响应分级标准和响应措施，并指导市、县两级逐级明确和落实。原则上，地方制定的应急响应分级标准和响应措施，应不低于国家制定的标准和措施。省级在调低响应级别前，省级农业农村（畜牧兽医）主管部门应将有关情况报农业农村部备案。

（六）国家层面应急响应级别调整

农业农村部根据疫情形势和防控实际，组织开展评估分析，及时提出调整响应级别或终止应急响应的建议或意见。由原启动响应机制的人民政府或应急指挥机构调整响应级别或终止应急响应。

三、应急处置

对发生可疑和疑似疫情的相关场点，所在地县级人民政府农业农村（畜牧兽医）主管部门和乡镇人民政府应立即组织采取隔离观察、采样检测、流行病学调查、限制易感动物及相关物品进出、环境消毒等措施。必要时可采取封锁、扑杀等措施。

疫情确诊后，县级以上地方人民政府农业农村（畜牧兽医）主管部门应立即划定疫点、疫区和受威胁区，向本级人民政府提出启动相应级别应急响应的建议，由本级人民政府依法作出决定。影响范围涉及两个以上行政区域的，由有关行政区域共同的上一级人民政府农业农村（畜牧兽医）主管部门划定，或者由各有关行政区域的上一级人民政府农业农村（畜牧兽医）主管部门共同划定。

（一）疫点划定与处置

1. 疫点划定。对具备良好生物安全防护水平的规模养殖场，发病猪舍与其他猪舍有效隔离的，可将发病猪舍划为疫点；发病猪舍与其他猪舍未能有效隔离的，以该猪场为疫点，或以发病猪舍及流行病学关联猪舍为疫点。

对其他养殖场（户），以病猪所在的养殖场（户）为疫点；如已出现或具有交叉污染风险，以病猪所在养殖场（户）和流行病学关联场（户）为疫点。

对放养猪，以病猪活动场地为疫点。

在运输过程中发现疫情的，以运载病猪的车辆、船只、飞机等运载工具为疫点。

在牲畜交易和隔离场所发生疫情的，以该场所为疫点。

在屠宰过程中发生疫情的，以该屠宰加工场所（不含未受病毒污染的肉制品生产加工车间、冷库）为疫点。

2. 应采取的措施。县级人民政府应依法及时组织扑杀疫点内的所有生猪，并参照《病死及病害动物无害化处理技术规范》等相关规定，对所有病死猪、被扑杀猪及其产品，以及排泄物、餐厨废弃物、被污染或可能被污染的饲料和垫料、污水等进行无害化处理；按照《非洲猪瘟消毒规范》（附件 2）等相关要求，对被污染或可能被污染的人员、交通工具、用具、圈舍、场地等进行严格消毒，并强化灭蝇、灭鼠等媒介生物控制措施；禁止易感动物出入和相关产品调出。疫点为生猪屠宰场所的，还应暂停生猪屠宰等生产经营活动，并对流行病学关联车辆进行清洗消毒。运输途中发现疫情的，应对运载工具进行彻底清洗消毒，不得劝返。

（二）疫区划定与处置

1. 疫区划定。对生猪生产经营场所发生的疫情，应根据当地天然屏障（如河流、山脉等）、人工屏障（道路、围栏等）、行政区划、生猪存栏密度和饲养条件、野猪分布等情况，综合评估后划定。具备良好生物安全防护水平的场所发生疫情时，可将该场所划为疫区；其他场所发生疫情时，可视情将病猪所在自然村或疫点外延 3 公里范围内划为疫区。运输途中发生疫情，经流行病学调查和评估无扩散风险的，可以不划定疫区。

2. 应采取的措施。县级以上地方人民政府农业农村（畜牧兽医）主管部门报请本级人民政府对疫区实行封锁。当地人民政府依法发布封锁令，组织设立警示标志，设置临时检查消毒站，对出入的相关人员和车辆进行消毒；关闭生猪交易场所并进行彻底消毒，对场所内的生猪及其产品予以封存；禁止生猪调入、生猪及其产品调出疫区，经检测合格的出栏肥猪可经指定路线就近屠宰；监督指导养殖场户隔离观察存栏生猪，增加清洗消毒频次，并采取灭蝇、灭鼠等媒介生物控制措施。

疫区内的生猪屠宰加工场所，应暂停生猪屠宰活动，进行彻底清洗消毒，经当地县级人民政府农业农村（畜牧兽医）主管部门组织对其环境样品和生猪产品检测合格的，由疫情所在县的上一级人民政府农业农村（畜牧兽医）主管部门组织开展风险评估通过后可恢复生产；恢复生产后，经检测、检验、检疫合格的生猪产品，可在所在地县级行政区内销售。

封锁期内，疫区内发现疫情或检出核酸阳性的，应参照疫点处置措施处置。经流行病学调查和风险评估，认为无疫情扩散风险的，可不再扩大疫区范围。

（三）受威胁区划定与处置

1. 受威胁区划定。受威胁区应根据当地天然屏障（如河流、山脉等）、人工屏障（道路、围栏等）、行政区划、生猪存栏密度和饲养条件、野猪分布等情况，综合评估后划定。没有野猪活动的地区，一般从疫区边缘向外延伸 10 公里；有野猪活动的地区，一般从疫区边缘向外延伸 50 公里。

2. 应采取的措施。所在地县级以上地方人民政府应及时关闭生猪交易场所；农业农村（畜牧兽医）主管部门应及时组织对生猪养殖场（户）全面排查，必要时采样检测，掌握疫情动态，强化防控措施。禁止调出未按规定检测、检疫的生猪；经检测、检疫合格的出栏肥猪，可经指定路线就近屠宰；对取得《动物防疫条件合格证》、按规定检测合格的养殖场（户），其出栏肥猪可与本省符合条件的屠宰企业实行“点对点”调运，出售的种猪、商品仔猪（重量在 30 公斤及以下且用于育肥的生猪）可在本省范围内调运。

受威胁区内的生猪屠宰加工场所，应彻底清洗消毒，在官方兽医监督下采样检测，检测合格且由疫情所在县的上一级人民政府农业农村（畜牧兽医）主管部门组织开展风险评估通过后，可继续生产。

封锁期内，受威胁区内发现疫情或检出核酸阳性的，应参照疫点处置措施处置。经流行病学调查和风险评估，认为无疫情扩散风险的，可不再扩大受威胁区范围。

（四）紧急流行病学调查

1. 初步调查。在疫点、疫区和受威胁区内搜索可疑病例，寻找首发病例，查明发病顺序；调查了解当地地理环境、易感动物养殖和野猪分布情况，分析疫情潜在扩散范围。

2. 追踪调查。对首发病例出现前至少 21 天内以及疫情发生后采取隔离措施前，从疫点输出的易感动物、风险物品、运载工具及密切接触人员进行追踪调查，对有流行病学关联的养殖、屠宰加工场所进行采样检测，评估疫情扩散风险。

3. 溯源调查。对首发病例出现前至少 21 天内，引入疫点的所有易感动物、风险物品、运输工具和人员进出情况等进行溯源调查，对有流行病学关联的相关场所、运载工具、兽药等进行采样检测，分析疫情来源。

流行病学调查过程中发现异常情况的，应根据风险分析情况及时采取隔离观察、抽样检测等处置措施。

（五）应急监测

疫情所在县、市要立即组织对所有养殖场所开展应急排查，对重点区域、关键环节和异常死亡的生猪加大监测力度，及时发现疫情隐患。加大对生猪交易场所、屠宰加工场所、无害化处理场所的巡查力度，有针对性地开展监测。加大入境口岸、交通枢纽周边地区以及货物卸载区周边的监测力度。高度关注生猪、野猪的异常死亡情况，指导生猪养殖场（户）强化生物安全防护，避免饲养的生猪与野猪接触。应急监测中发现异常情况的，必须按规定立即采取隔离观察、抽样检测等处置措施。

（六）解除封锁和恢复生产

在各项应急措施落实到位并达到下列规定条件时，当地县级人民政府农业农村（畜牧兽医）主管部门向上一级人民政府农业农村（畜牧兽医）主管部门申请组织验收，合格后，向原发布封锁令的人民政府申请解除封锁，由该人民政府发布解除封锁令，并组织恢复生产。

1. 疫点为养殖场（户）的。应进行无害化处理的所有猪按规定处理后21天内，疫区、受威胁区未出现新发疫情；所在县的上一级人民政府农业农村（畜牧兽医）主管部门组织对疫点和屠宰场所、市场等流行病学关联场点抽样检测合格；解除封锁后，符合下列条件之一的可恢复生产：（1）具备良好生物安全防护水平的规模养殖场，引入哨兵猪饲养至少21天，经检测无非洲猪瘟病毒感染，经再次彻底清洗消毒且环境抽样检测合格；（2）空栏5个月且环境抽样检测合格；（3）引入哨兵猪饲养至少45天，经检测无非洲猪瘟病毒感染。

2. 疫点为生猪屠宰加工场所的。对屠宰加工场所主动排查报告的疫情，所在县的上一级政府农业农村（畜牧兽医）主管部门组织对其环境样品和生猪产品检测合格后，48小时内疫区、受威胁区无新发病例。对农业农村（畜牧兽医）部门排查发现的疫情，所在县的上一级政府农业农村（畜牧兽医）主管部门组织对其环境样品和生猪产品检测合格后，21天内疫区、受威胁区无新发病例。

封锁令解除后，生猪屠宰加工企业可恢复生产。对疫情发生前生产的生猪产品，经抽样检测合格后，方可销售或加工使用。

四、监测阳性的处置

在疫情防控检查、监测排查、流行病学调查和企业自检等活动中，检出非洲猪瘟核酸阳性，但样品来源地存栏生猪无疑似临床症状或无存栏生猪的，为监测阳性。

（一）养殖场（户）监测阳性

应当按规定及时报告，经县级以上动物疫病预防控制机构复核确认为阳性且生猪无异常死亡的，应扑杀阳性猪及其同群猪。对其余猪群，应隔离观察21天。隔离观察期满无异常且检测阴性的，可就近屠宰或继续饲养；隔离观察期内有异常且检测阳性的，按疫情处置。

对不按要求报告自检阳性或弄虚作假的，还应列为重点监控场户，其生猪出栏时具备县级以上动物疫病预防控制机构实验室或第三方实验室出具的非洲猪瘟检测报告，可正常出栏。

（二）屠宰加工场所监测阳性

屠宰场所自检发现阳性的，应当按规定及时报告，暂停生猪屠宰活动，全面清洗消毒，对阳性产品进行无害化处理后，在官方兽医监督下采集环境样品和生猪产品送检，经县级以上动物疫病预防控制机构检测合格的，可恢复生产。该屠宰场所在暂停生猪屠宰活动前，尚有待宰生猪的，应进行隔离观察，隔离观察期内无异常且检测阴性的，可在恢复生产后继续屠宰；有异常且检测阳性的，按疫情处置。

地方各级人民政府农业农村（畜牧兽医）主管部门组织抽检发现阳性的，应当按规定及时上报，暂停该屠宰场所屠宰加工活动，全面清洗消毒，对阳性产品进行无害化处理48小时后，经县级以上人民政府农业农村（畜牧兽医）主管部门组织采样检测合格，方可恢复生产。该屠宰场所在暂停生猪屠宰活动前，尚有同批待宰生猪的，一般应予扑杀；如不扑杀，须进行隔离观察，隔离观察期内无异常且检测阴性的，可在恢复生产后继续屠宰；有异常且检测阳性的，按疫情处置。

地方各级人民政府农业农村（畜牧兽医）主管部门发现屠宰场所不报告自检阳性的，应立即暂停该屠宰场所屠宰加工活动，扑杀所有待宰生猪并进行无害化处理。该屠宰场所全面落实清洗消毒、无害化处理等相关措施15天后，经县级以上人民政府农业农村（畜牧兽医）主管部门组织采样检测合格，方可恢复生产。

（三）其他环节的监测阳性

在生猪运输环节检出阳性的，扑杀同一运输工具上的所有生猪并就近无害化处理，对生猪运输工具进行彻底清洗消毒，追溯污染来源。

在饲料及其添加剂、生猪产品和制品中检出阳性的，应立即封存，经评估有疫情传播风险的，对封存的相关饲料及其添加剂、生猪产品和制品予以销毁。

在无害化处理场所检出阳性的，应彻底清洗消毒，查找发生原因，强化风险管控。

养殖、屠宰、运输和无害化处理环节发现阳性的，当地县级人民政府农业农村（畜牧兽医）主管部门应组织开展紧急流行病学调查，将监测阳性信息按快报要求逐级报送至中国动物疫病预防控制中心，将阳性样品和流行病学调查信息送中国动物卫生与流行病学中心，并及时向当地生产经营者通报有关信息。

五、善后处理

（一）落实生猪扑杀补助

对强制扑杀的生猪及人工饲养的野猪，符合补助规定的，按照有关规定给予补助，扑杀补助经费由中央财政和地方财政按比例承担。对运输环节发现的疫情，疫情处置由疫情发生地承担，扑杀补助费用由生猪输出地按规定承担。

（二）开展后期评估

应急响应结束后，疫情发生地县级以上人民政府农业农村（畜牧兽医）主管部门组织有关单位对应急处置情况进行系统总结，可结合体系效能评估，找出差距和改进措施，报告同级人民政府和上级人民政府农业农村（畜牧兽医）主管部门，并逐级上报至农业农村部。

（三）表彰奖励

县级以上人民政府及其部门对参加疫情应急处置作出贡献的先进集体和个人，进行表彰和及时奖励；对在疫情应急处置工作中英勇献身的人员，按有关规定追认为烈士。

（四）责任追究

在疫情处置过程中，发现违反有关法律法规规章行为的，以及国家工作人员有玩忽职守、失职、渎职等违法违纪行为的，依法、依规、依纪严肃追究当事人的责任。

（五）抚恤和补助

地方各级人民政府要组织有关部门对因参与应急处置工作致病、致残、死亡的人员，按照有关规定给予相应的补助和抚恤。

六、保障措施

各级地方人民政府加强对本地疫情防控工作的领导，强化联防联控机制建设，压实相关部门职责，建立重大动物疫情应急处置预备队伍，落实应急资金和物资，对非洲猪瘟疫情迅速作出反应、依法果断处置。

各级地方人民政府农业农村（畜牧兽医）主管部门要加强机构队伍和能力作风建设，做好非洲猪瘟防控宣传，建立疫情分片包村包场排查工作机制，强化重点场点和关键环节监测，提升疫情早期发现识别能力；强化养殖、屠宰、经营、运输、病死动物无害化处理等环节风险管控，推动落实生产经营者主体责任。综合施策，切实化解疫情发生风险。

七、附则

（一）本方案有关数量的表述中，“以上”含本数，“以下”不含本数。

（二）野猪发生疫情的，根据流行病学调查和风险评估结果，参照本方案采取相关处置措施，防止野猪疫情向家猪扩散。

（三）动物隔离场所、动物园、野生动物园、保种场、实验动物场所发生疫情的，应按本方案进行相应处置。必要时，可根据流行病学调查、实验室检测、风险评估结果，报请省级人民政府有关部门并经省级人民政府农业农村（畜牧兽医）主管部门同意，合理确定扑杀范围。

（四）本方案由农业农村部负责解释。

附件：1. 非洲猪瘟诊断规范

2. 非洲猪瘟消毒规范

3. 非洲猪瘟疫情处置职责任务分工

4. 非洲猪瘟疫情应急处置流程图

5. 非洲猪瘟监测阳性处置流程图

附件 1：

非洲猪瘟诊断规范

一、流行病学

（一）传染源

感染非洲猪瘟病毒的家猪、野猪和钝缘软蜱等为主要传染源。

（二）传播途径

主要通过接触非洲猪瘟病毒感染猪或非洲猪瘟病毒污染物（餐厨废弃物、饲料、饮水、圈舍、垫草、衣物、用具、车辆等）传播，消化道和呼吸道是最主要的感染途径；也可经钝缘软蜱等媒介昆虫叮咬传播。气溶胶传播非洲猪瘟的风险很低。

（三）易感动物

家猪和欧亚野猪高度易感，无明显的品种、日龄和性别差异。非洲野猪，例如疣猪、丛林猪、红河猪和巨林猪，感染后很少或者不出现临床症状，是病毒的储存宿主。

（四）潜伏期

因毒株、宿主和感染途径的不同，潜伏期有所差异，一般为 5～19 天，最长可达 21 天。世界动物卫生组织《陆生动物卫生法典》将潜伏期定为 15 天。

（五）发病率和病死率

不同毒株致病性有所差异，强毒力毒株感染

猪的发病率、病死率均可达100%；中等毒力毒株造成的病死率一般为30%～50%，低毒力毒株仅引起少量猪死亡。

（六）季节性

该病季节性不明显。

二、临床表现

（一）最急性：无明显临床症状突然死亡。

（二）急性：体温可高达42℃，沉郁，厌食，耳、四肢、腹部皮肤有出血点，可视黏膜潮红、发绀。眼、鼻有黏液脓性分泌物；呕吐；便秘，粪便表面有血液和黏液覆盖；腹泻，粪便带血。共济失调或步态僵直，呼吸困难，病程延长则出现瘫痪、抽搐等其他神经症状。妊娠母猪流产。病死率可达100%。病程4～10天。

（三）亚急性：症状与急性相同，但病情较轻，病死率较低。体温波动无规律，一般高于40.5℃。仔猪病死率较高。病程5～30天。

（四）慢性：波状热，呼吸困难，湿咳。消瘦或发育迟缓，体弱，毛色暗淡。关节肿胀，皮肤溃疡。死亡率低。病程2～15个月。

三、病理变化

典型的病理变化包括浆膜表面充血、出血，肾脏、肺脏表面有出血点，心内膜和心外膜有大量出血点，胃、肠道黏膜弥漫性出血，胆囊、膀胱出血；肺脏肿大，切面流出泡沫性液体，气管内有血性泡沫样黏液；脾脏肿大、易碎，呈暗红色至黑色，表面有出血点，边缘钝圆，有时出现边缘梗死；颌下淋巴结、腹腔淋巴结肿大，严重出血。最急性型的个体可能不出现明显的病理变化。

四、实验室诊断

非洲猪瘟临床症状与古典猪瘟、高致病性猪蓝耳病、猪丹毒等疫病相似，必须通过实验室检测进行诊断。

（一）样品的采集、运输和保存可采集发病动物或同群动物的血清样品和病原学样品。样品的包装和运输应符合农业农村部《高致病性动物病原微生物菌（毒）种或者样本运输包装规范》等规定。

1. 血清学样品

无菌采集5mL血液样品，室温放置12h至24h，收集血清，冷藏运输。到达检测实验室后，立即进行非洲猪瘟抗体检测或冷冻储存备用。

2. 病原学样品

（1）抗凝血样品。无菌采集5mL乙二胺四乙酸抗凝血，冷藏运输。到达检测实验室后，立即进行非洲猪瘟病原检测或冷冻储存备用。

（2）组织样品。首选脾脏，其次为淋巴结、扁桃体、肾脏、骨髓等，冷藏运输。到达检测实验室后，立即进行非洲猪瘟病原检测或冷冻储存备用。

（二）病原检测

可采用荧光PCR、PCR、核酸等温扩增、双抗夹心ELISA、试纸条等方法。

（三）抗体检测

可采用阻断ELISA、间接ELISA、抗原夹心ELISA、间接免疫荧光等方法。

五、结果判定

（一）可疑病例

猪群符合下述流行病学、临床症状、剖检病变标准之一的，判定为可疑病例。

1. 流行病学标准

（1）已经按照程序规范免疫猪瘟、高致病性猪蓝耳病等疫苗，但猪群发病率、病死率依然超出正常范围；

（2）饲喂餐厨废弃物的猪群，出现高发病率、高病死率；

（3）调入猪群、更换饲料、外来人员和车辆进入猪场、畜主和饲养人员购买生猪产品等可能风险事件发生后，21天内出现高发病率、高死亡率；

（4）野外放养有可能接触垃圾的猪出现发病或死亡。符合上述4条之一的，判定为符合流行病学标准。

2. 临床症状标准

（1）发病率、病死率超出正常范围或无前兆突然死亡；

（2）皮肤发红或发紫；

（3）出现高热或结膜炎症状；

（4）出现腹泻或呕吐症状；

（5）出现神经症状。

符合第（1）条，且符合其他条之一的，判定为符合临床症状标准。

3. 剖检病变标准

（1）脾脏异常肿大；

（2）脾脏有出血性梗死；

（3）下颌淋巴结出血；

（4）腹腔淋巴结出血。

符合上述任何一条的，判定为符合剖检病变

标准。

（二）疑似病例

对临床可疑病例，经县级以上动物疫病预防控制机构实验室或经认可的第三方实验室检出非洲猪瘟病毒核酸的，判定为疑似病例。

（三）确诊病例

对疑似病例，按有关要求经省级动物疫病预防控制机构实验室或省级人民政府畜牧兽医主管部门授权的地市级动物疫病预防控制机构实验室复检，检出非洲猪瘟病毒核酸的，判定为确诊病例。

附件 2：

非洲猪瘟消毒规范

一、消毒产品推荐种类与应用范围

应用范围		推荐种类
道路、车辆	生产线道路、疫区及疫点道路	氢氧化钠（火碱）、氢氧化钙（生石灰）
	车辆及运输工具	酚类、戊二醛类、季铵盐类、复方含碘类（碘、磷酸、硫酸复合物）、过氧乙酸类
	大门口及更衣室消毒池、脚踏垫	氢氧化钠
生产、加工区	畜舍建筑物、围栏、木质结构、水泥表面、地面	氢氧化钠、酚类、戊二醛类、二氧化氯类、过氧乙酸类
	生产、加工设备及器具	季铵盐类、复方含碘类（碘、磷酸、硫酸复合物）、过硫酸氢钾类
	环境及空气消毒	过硫酸氢钾类、二氧化氯类、过氧乙酸类
	饮水消毒	季铵盐类、过硫酸氢钾类、二氧化氯类、含氯类
	人员皮肤消毒	含碘类
	衣、帽、鞋等可能被污染的物品	过硫酸氢钾类
办公、生活区	疫区范围内办公、饲养人员宿舍、公共食堂等场所	二氧化氯类、过硫酸氢钾类、含氯类
人员、衣物	出入人员，隔离服、胶鞋等	过硫酸氢钾类

备注：1. 氢氧化钠、氢氧化钙消毒剂，可采用1%工作浓度；2. 戊二醛类、季铵盐类、酚类、二氧化氯类消毒剂，可参考说明书标明的工作浓度使用，饮水消毒工作浓度除外；3. 含碘类、含氯类、过硫酸氢钾类消毒剂，可参考说明书标明的高工作浓度使用。

二、场地及设施设备消毒

（一）消毒前准备

1. 消毒前必须彻底清洗，清除有机物、污物、粪便、饲料、垫料等。

2. 按需选择合适的消毒产品。

3. 备有喷雾器、火焰喷射枪、消毒车辆、消毒防护用具（如口罩、手套、防护靴等）、消毒容器等。

（二）消毒方法

1. 对金属设施设备，可采用火焰、熏蒸和冲洗等方式消毒。

2. 对圈舍、车辆、屠宰加工、贮藏等场所，可采用消毒液清洗、喷洒等方式消毒。

3. 对养殖场（户）的饲料、垫料，可采用堆积发酵或焚烧等方式处理，对粪便等污物，作化学处理后采用深埋、堆积发酵或焚烧等方式处理。

4. 对办公室、宿舍、食堂等场所，可采用喷洒方式消毒。

5. 对消毒产生的污水应进行无害化处理。

（三）人员及物品消毒

1. 饲养及管理人员可采取淋浴和更衣方式消毒。

2. 对衣服、鞋等可能被污染的物品，可采取消毒液浸泡、高压灭菌等方式消毒。

（四）消毒频率

疫点每天消毒 3～5 次，连续 7 天，之后每天消毒 1 次，持续消毒 21 天；疫区临时消毒站做好出入车辆人员消毒工作，直至解除封锁。

三、消毒效果评价

最后一次消毒后，针对金属设施设备、车辆、圈舍、屠宰加工和储藏场所，以及办公室、宿舍、食堂等场所，采集环境样品，进行非洲猪瘟病毒核酸检测。核酸检测结果为阴性，表明消毒效果合格；核酸检测结果为阳性，需要继续进行清洗消毒。

附件3：

非洲猪瘟疫情处置职责任务分工

序号	主体/政府/部门		主要职责任务
1	各类生产经营主体	养殖场户	1. 发现生猪及其产品染疫或疑似染疫时，及时报告 2. 做好隔离观察、清洗消毒等处置工作 3. 配合做好监测排查、流行病学调查、封锁、扑杀、无害化处理等应急处置活动
2		屠宰场	
3		无害化处理厂	
4		生猪交易市场	
5		收购、贩运主体	
6	县级政府及相关管理部门	县级人民政府	1. Ⅰ级、Ⅱ级和Ⅲ级疫情响应时，疫情所在县应立即启动应急指挥机构，组织各有关部门依据职责分工共同做好疫情处置；其他响应县应启动应急指挥机构，组织各有关部门依据职责分工共同做好疫情应对 2. Ⅳ级疫情响应时，根据县级畜牧兽医主管部门的建议，启动应急指挥机构，组织各有关部门依据职责分工共同做好疫情处置；实施防控工作每日报告制度，组织开展紧急流行病学调查和应急监测工作；对发现的疫情及时采取应急处置措施。必要时，可请求上级政府予以支持保证应急处理工作顺利进行 3. 对作出贡献的先进集体和个人进行表彰和奖励；对因参与应急处置工作致病、致残、死亡的人员，按照有关规定给予相应的补助和抚恤
7		县级畜牧兽医主管部门	1. 组织开展病例诊断和流行病学调查，认定可疑和疑似疫情，并及时报送有关信息；疫情确诊后，向本级人民政府提出疫情响应建议 2. 划定疫点、疫区、受威胁区，报请同级人民政府实施封锁；组织开展疫情监测、检测、流行病学调查、检疫、消毒、无害化处理等工，为扑杀等疫情处置工作提供技术指导 3. 向上一级畜牧兽医主管部门申请组织验收，合格后向原发布封锁令的人民政府申请解除封锁 4. 组织开展应急处置情况总结，查找工作差距，报同级人民政府和上级畜牧兽医主管部门
8		联防联控机制其他部门	发展改革、财政、交通运输、公安、市场监管、海关、林草等应急指挥机构成员单位，应当在各自的职责范围内负责做好应急所需的物资储备、应急处理经费落实、应急物资运输、社会治安维护、动物及其产品市场监管、口岸检疫、防疫知识宣传等工作
9	市级政府及相关管理部门	市级人民政府	1. Ⅰ级和Ⅱ级疫情响应时，疫情所在市应立即启动应急指挥机构，组织各有关部门依据职责分工共同做好疫情处置；其他响应市应启动应急指挥机构，组织各有关部门依据职责分工共同做好疫情应对 2. Ⅲ级疫情响应时，根据市级畜牧兽医主管部门的建议，启动应急指挥机构，组织各有关部门依据职责分工共同做好疫情处置；实施防控工作每日报告制度，组织开展紧急流行病学调查和应急监测工作；对发现的疫情及时采取应急处置措施。必要时，可请求上级政府予以支持，保证应急处理工作顺利进行 3. 对作出贡献的先进集体和个人进行表彰和奖励；对因参与应急处置工作致病、致残、死亡的人员，按照有关规定给予相应的补助和抚恤
10		市级畜牧兽医主管部门	1. 认定可疑疫情和疑似疫情，并及时上报 2. Ⅰ级和Ⅱ级应急响应时，按照职责分工，做好疫情防控工作 3. 向本级人民政府提出启动Ⅲ级疫情应急响应的建议，组织开展非洲猪瘟疫情的调查与处理；划定疫点、疫区、受威胁区；负责对本行政区域内应急处理工作的督导和检查；开展有关技术培训工作；有针对性地开展动物防疫知识宣教；组织开展疫情形势评估，及时提出调整响应级别或终止应急响应的建议或意见。疫情处置结束，组织有关单位对应急处置情况进行系统总结，查找工作差距，按要求报告同级人民政府，并报上级畜牧兽医主管部门 4. N级疫情响应时，对疫情发生地开展应急处置督导，及时组织专家提供技术支持；向本币有关县区、相关部门通报疫情，指导做好疫情应对
11		联防联控机制其他部门	发展改革、财政、交通运输、公安、市场监管、海关、林草等应急指挥机构成员单位，应当在各自的职责范围内负责做好应急所需的物资储备、应急处理经费落实、应急物资运输、社会治安维护、动物及其产品市场监管、口岸检疫、防疫知识宣传等工作

（续）

序号	主体/政府/部门		主要职责任务
12	省级政府及相关管理部门	省级人民政府	1. Ⅰ级疫情响应，应立即启动应急指挥机构，组织各有关部门依据职责分工共同做好疫情应对，对发现的疫情及时采取应急处置措施 2. Ⅱ级疫情响应时，根据省级畜牧兽医行政管理部门的建议，立即启动应急指挥机构工作，组织有关部门依据职责分工共同做好疫情应对，实施防控工作每日报告制度，组织开展紧急流行病学调查和应急监测工作；对发现的疫情及时采取应急处置措施。必要时，可请求中央予以支持，保证应急处理工作顺利进行 3. 对作出贡献的先进集体和个人进行表彰和奖励；对因参与应急处置工作致病、致残、死亡的人员，按照有关规定给予相应的补助和抚恤
13	应对非洲猪瘟疫情联防联控工作机制	省级畜牧兽医主管部门	1. 认定非洲猪瘟疫情，并按规定及时上报 2. Ⅰ级疫情响应时，按照职责分工，做好疫情防控工作 3. 向省级人民政府提出启动Ⅱ级疫情响应建议，组织开展非洲猪瘟疫情的调查与处理；划定疫点、疫区、受威胁区；负责对本行政区域内应急处理工作的督导和检查；开展有关技术培训工作；有针对性地开展动物防疫知识宣教；组织开展疫情形势评估，及时提出调整响应级别或终止应急响应的建议或意见；疫情处置结束，组织有关单位对应急处置情况进行系统总结，查找工作差距，按要求报告同级人民政府，并上报农业农村部 4. Ⅲ级疫情响应时，省级人民政府畜牧兽医主管部门对疫情发生地开展应急处置，及时组织专家提供技术支持；向本省有关地区、相关部门通报疫情信息，指导做好疫情应对 5. Ⅳ级疫情响应时，根据需要对疫情处置提供技术支持，并向相关地区发布预警信息 6. 授权符合条件的地市级动物疫病预防控制机构实验室开展非洲猪瘟确诊工作
14		联防联控机制其他部门	发展改革、财政、交通运输、公安、市场监管、海关、林草等应急指挥机构成员单位，应当在各自的职责范围内负责做好应急所需的物资储备、应急处理经费落实、应急物资运输、社会治安维护、动物及其产品市场监管、口岸检疫、防疫知识宣传等工作
15		农业农村部	1. 认定和发布疫情信息 2. 报请国务院启动Ⅰ级疫情响应，启动国家应急指挥机构；或经国务院授权，由农业农村部启动Ⅰ级疫情响应，并牵头启动多部门组成的应急指挥机构，按照职责分工做好疫情防控工作；实施防控工作每日报告制度，组织开展紧急流行病学调查和应急监测工作；对发现的疫情及时采取应急处置措施 3. Ⅱ级疫情响应时，加强对全国疫情形势的研判，对发生疫情省份开展应急处置督导，根据需要派专家组指导处置疫情；向社会发布预警，并指导做好疫情应对 4. Ⅲ级疫情响应时，向相关省份发布预警
16		应对非洲猪瘟疫情联防联控工作机制其他部门和单位	中央宣传部、外交部、发展改革委、工业和信息化部、公安部、财政部、住房城乡建设部、交通运输部、商务部、卫生健康委、应急部、海关总署、市场监管总局、银保监会、林草局、民航局、邮政局、中央军委后勤保障部、国家铁路集团有限公司等成员单位按照职责分工，负责组织做好疫情监测报告、野猪巡查及监测、应急处置、运输监管、境外疫情防堵、餐厨废弃物管理、案件侦办、社会治安管理、市场调控和监管、基础设施建设保障、财政经费保障、宣传引导等工作，落实信息共享、工作会商、督办检查等制度

附件4：

非洲猪瘟疫情应急处置流程图

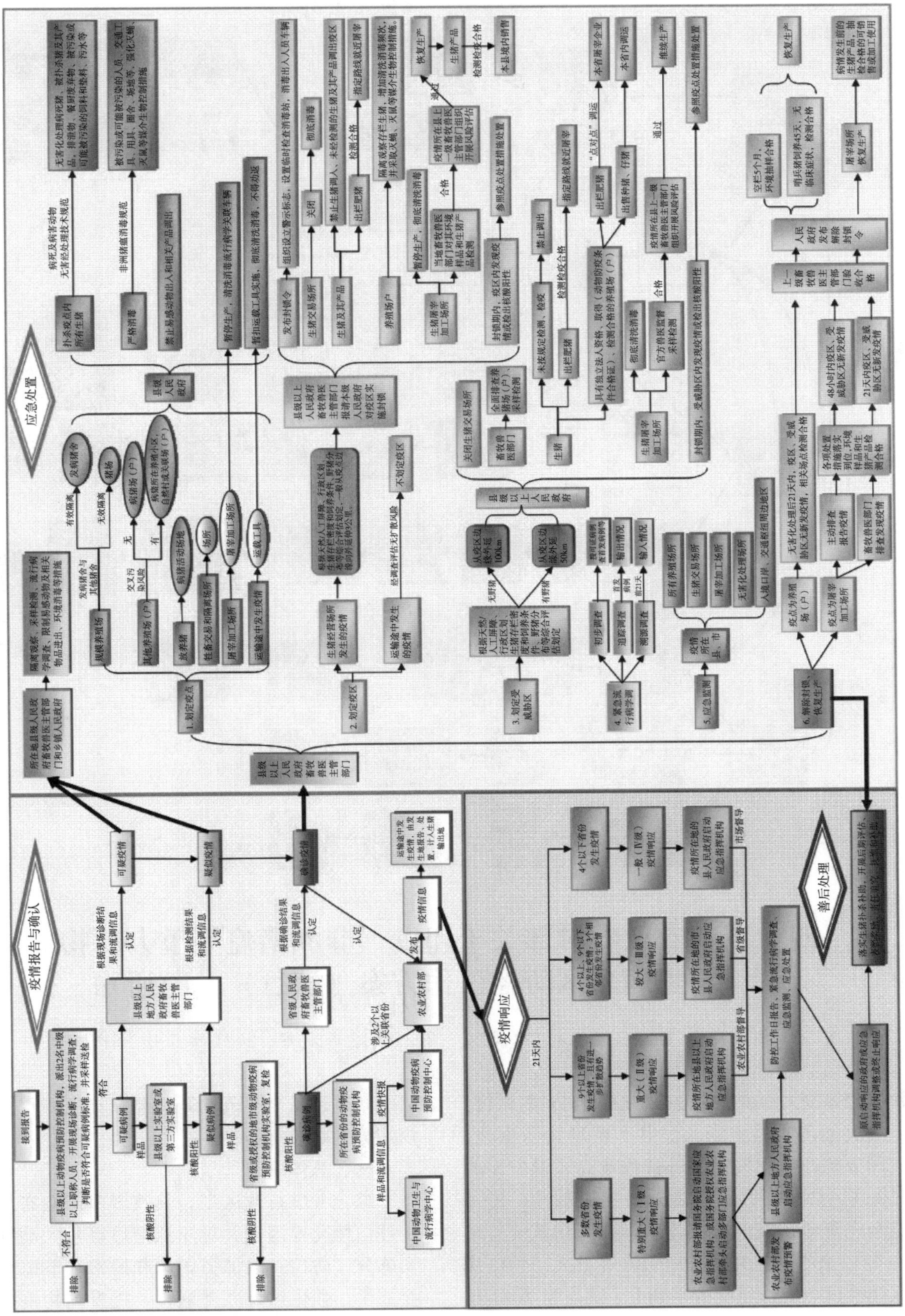

疫情报告与确认

接到报告

县级以上动物疫病预防控制机构，派出2名中级以上职称人员，开展现场诊断、流行病学调查，判断是否符合可疑病例标准，并采样送检

不符合 → 排除

符合 → 可疑病例

样品 → 县级以上实验室或第三方实验室

核酸阴性 → 排除

核酸阳性 → 疑似病例

样品 → 省级或授权的地市级动物疫病预防控制机构实验室，复检

核酸阴性 → 排除

核酸阳性 → 确诊病例

县级以上地方人民政府畜牧兽医主管部门

根据现场诊断结果和流调信息 认定 → 可疑疫情

根据检测结果和流调信息 认定 → 疑似疫情

省级人民政府畜牧兽医主管部门

根据确诊结果和流调信息 认定 → 确诊疫情

所在省份的动物疫病预防控制机构

样品和流调信息 → 中国动物卫生与流行病学中心

疫情快报 → 中国动物疫病预防控制中心

涉及2个以上关联省份 → 农业农村部

认定

农业农村部 发布 → 疫情信息

运输途中发生疫情，由发生地报告、处置，计入生猪输出地

疫情响应

21天内

多数省份发生疫情 → 特别重大（Ⅰ级）疫情响应 → 农业农村部报请国务院启动国家应急指挥机构，或国务院授权农业农村部牵头启动多部门应急指挥机构 → 农业农村部发布疫情预警；县级以上地方人民政府启动应急指挥机构

9个以上省份发生疫情，且有进一步扩散趋势 → 重大（Ⅱ级）疫情响应 → 疫情所在地县以上地方人民政府启动应急指挥机构

4个以上、9个以下省份发生疫情；3个相邻省份发生疫情 → 较大（Ⅲ级）疫情响应 → 疫情所在地的市、县人民政府启动应急指挥机构

4个以下省份发生疫情 → 一般（Ⅳ级）疫情响应 → 疫情所在地的县人民政府启动应急指挥机构

农业农村部督导　省级督导　市场督导

防控工作日报告、紧急流行病学调查、应急监测、应急处置

善后处理

原启动响应的政府或应急指挥机构调整或终止响应

落实生猪扑杀补助，开展后期评估、表彰奖励、责任追究、抚恤和补助

应急处置

所在地县级人民政府畜牧兽医主管部门和乡镇人民政府 → 隔离观察、采样检测、流行病学调查、限制易感动物及相关物品进出、环境消毒等措施

县级以上人民政府畜牧兽医主管部门

1. 划定疫点
- 规模养殖场：发病猪舍与其他猪舍 — 有效隔离 → 发病猪舍；无效隔离 → 猪场
- 其他养殖场（户）：交叉污染风险 — 无 → 病猪场（户）；有 → 病猪所在养殖小区、自然村或关联场（户）
- 放养猪 → 病猪活动场地
- 牲畜交易和隔离场所 → 场所
- 屠宰加工场所 → 屠宰加工场所
- 运输途中发生疫情 → 运载工具

县级人民政府
- 扑杀疫点内所有生猪 — 病死及病害动物无害化处理技术规范 → 无害化处理病死猪、被扑杀猪及其产品，排泄物、餐厨废弃物、被污染或可能被污染的饲料和垫料、污水等
- 严格消毒 — 非洲猪瘟消毒规范 → 被污染或可能被污染的人员、交通工具、用具、圈舍、场地等，强化灭蝇、灭鼠等媒介生物控制措施
- 禁止易感动物出入和相关产品调出
- 暂停生产，清洗消毒流行病学关联车辆
- 暂扣运载工具实施，彻底清洗消毒，不得劫返

2. 划定疫区
- 生猪经营场所发生的疫情 → 根据天然/人工屏障、行政区划、生猪存栏密度和饲养条件、野猪分布等综合评估划定，一般从疫点边缘向外延伸3公里。 → 县级以上人民政府畜牧兽医主管部门报请本级人民政府对疫区实施封锁
- 运输途中发生的疫情 → 经调查评估无扩散风险 → 不划定疫区

封锁措施：
- 发布封锁令 → 组织设立警示标志，设置临时检查消毒站，消毒出入人员车辆
- 生猪交易场所 → 关闭 → 彻底消毒
- 生猪及其产品 → 禁止生猪调入、未经检测的生猪及其产品调出疫区；出栏肥猪 — 检测合格 → 指定路线就近屠宰
- 养殖场户 → 隔离观察存栏生猪，增加清洗消毒频次，并采取灭蝇、灭鼠等媒介生物控制措施。
- 生猪屠宰加工场所 → 暂停生产，彻底清洗消毒；当地畜牧兽医部门对其环境样品和生猪产品检测 — 合格 → 疫情所在县上一级畜牧兽医主管部门组织开展风险评估 — 通过 → 恢复生产 → 生猪产品 — 检测检疫合格 → 本县境内销售
- 封锁期内，疫区内发现疫情或检出核酸阳性 → 参照疫点处置措施处置

3. 划定受威胁区
- 根据天然/人工屏障、行政区划、生猪存栏密度和饲养条件、野猪分布等综合评估划定 — 无野猪 → 从疫区边缘外延100km；有野猪 → 从疫区边缘外延50km → 县级以上人民政府
- 关闭生猪交易场所
- 畜牧兽医部门 → 全面排查养猪场（户）、采样检测
- 生猪 → 未按规定检测、检疫 → 禁止调出；出栏肥猪 — 检测检疫合格 → 指定路线就近屠宰；具有独立法人资格、取得《动物防疫条件合格证》、检测合格的养猪场（户） → 出栏肥猪 — “点对点”调运 → 本省屠宰企业；出售种猪、仔猪 → 本省内调运
- 生猪屠宰加工场所 → 彻底清洗消毒；官方兽医监督采样检测 — 合格 → 疫情所在县上一级畜牧兽医主管部门组织开展风险评估 — 通过 → 维续生产
- 封锁期内，受威胁区内发现疫情或检出核酸阳性 → 参照疫点处置措施处置

4. 紧急流行病学调查
- 初步调查 → 搜可证病例查首发病例等
- 追踪调查 — 首发病例 → 输出情况
- 溯源调查 — 前21天 → 输入情况

5. 应急监测
- 疫情所在县、市 → 所有养殖场所；生猪交易场所；屠宰加工场所；无害化处理场所；入境口岸、交通枢纽周边地区

6. 解除封锁、恢复生产
- 疫点为养殖场（户） → 无害化处理后21天内，疫区、受威胁区无新发疫情，相关场点检测合格
- 疫点为屠宰加工场所 → 主动排查报告疫情；畜牧兽医部门排查发现疫情 → 各项处置措施落实到位，环境样品和生猪产品检测合格 → 48小时内疫区、受威胁区无新发疫情；21天内疫区、受威胁区无新发疫情
- → 上一级畜牧兽医主管部门验收合格 → 人民政府发布解除封锁令
- 空栏5个月，环境抽样合格；哨兵猪饲养45天，无临床症状，检测合格 → 恢复生产
- 屠宰场所恢复生产 → 病情发生前的生猪产品，抽检合格的可销售或加工使用

附件5：

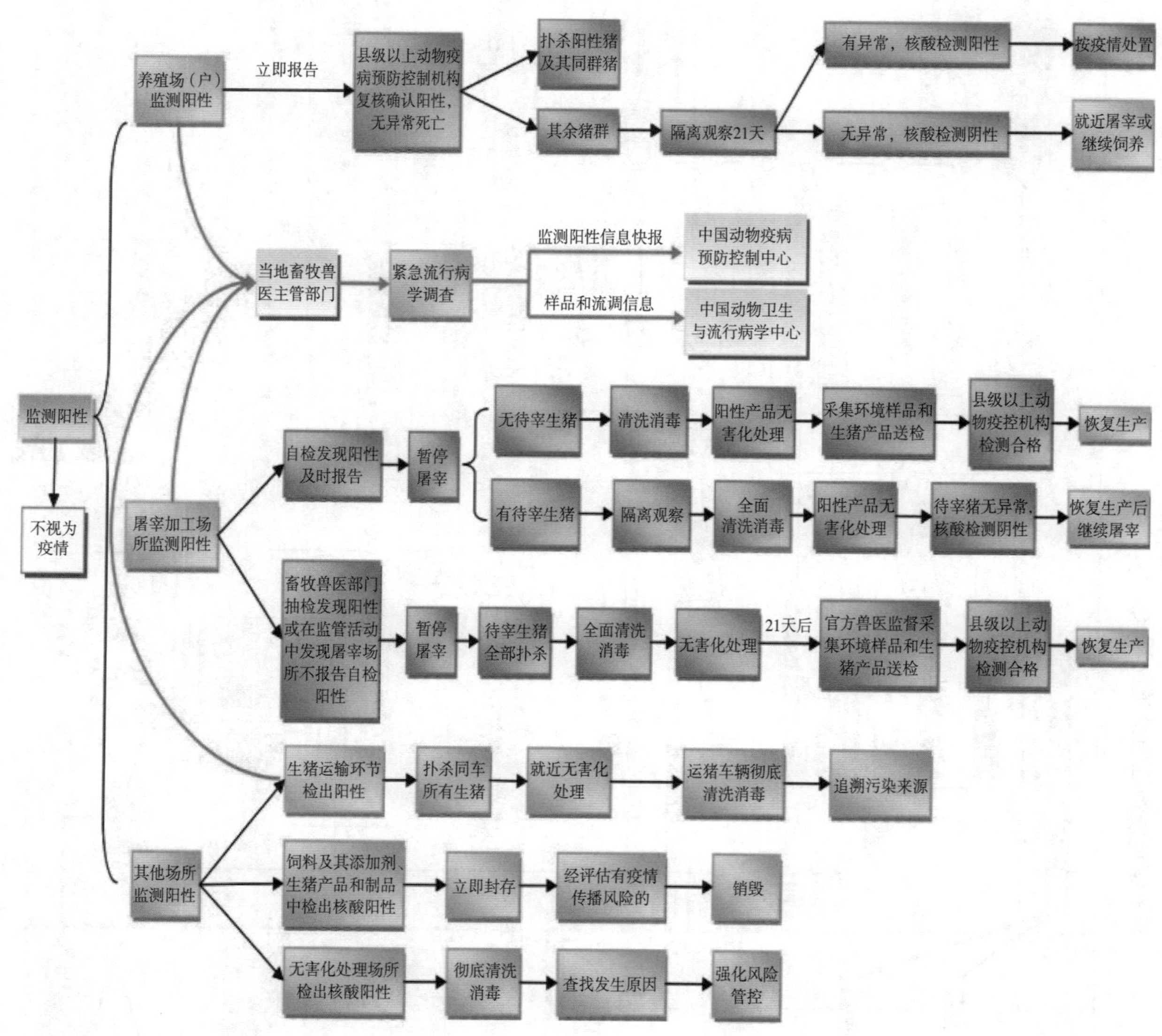

四十三、农业农村部关于印发《非洲猪瘟等重大动物疫病分区防控工作方案（试行）》的通知

（2021年4月16日　农业农村部农牧发〔2021〕12号发布　2021年5月1日试行）

非洲猪瘟等重大动物疫病分区防控工作方案（试行）

为贯彻落实《中华人民共和国动物防疫法》和《国务院办公厅关于促进畜牧业高质量发展的意见》（国办发〔2020〕31号）有关要求，进一步健全完善动物疫病防控体系，我部在系统总结2019年以来中南区开展非洲猪瘟等重大动物疫病分区防控试点工作经验的基础上，决定自2021年5月1日起在全国范围开展非洲猪瘟等重大动物疫病分区防控工作。

一、总体思路

综合考虑行政区划、养殖屠宰产业布局、风险评估情况等因素，对非洲猪瘟等重大动物疫病实施分区防控。以加强调运和屠宰环节监管为主要抓手，强化区域联防联控，提升动物疫病防控

能力。统筹做好动物疫病防控、生猪调运和产销衔接等工作，引导各地优化产业布局，推动养殖、运输和屠宰行业提档升级，促进上下游、产供销有效衔接，保障生猪等重要畜产品安全有效供给。

二、工作原则

防疫优先，分区推动。以防控非洲猪瘟为重点，兼顾其他重大动物疫病，构建分区防控长效机制。根据各大区动物疫病防控实际和产业布局等情况，有针对性地制定并落实分区防控实施细化方案，有效防控非洲猪瘟等重大动物疫病。

联防联控，降低风险。加强区域联动，强化部门协作，形成工作合力。坚持现行有效防控措施，不断创新方式方法，提升生猪等重要畜产品全产业链风险管控能力，降低动物疫病跨区域传播风险。

科学防控，保障供给。坚持依法科学防控，根据重大动物疫病防控形势变化，动态调整防控策略和重点措施；加快推动构建现代养殖、屠宰和流通体系，不断提升生猪等重要畜产品安全供给保障能力。

三、区域划分

将全国划分为5个大区开展分区防控工作。具体如下：

（一）北部区。包括北京、天津、河北、山西、内蒙古、辽宁、吉林、黑龙江等8省（自治区、直辖市）。

（二）东部区。包括上海、江苏、浙江、安徽、山东、河南等6省（直辖市）。

（三）中南区。包括福建、江西、湖南、广东、广西、海南等6省（自治区）。

（四）西南区。包括湖北、重庆、四川、贵州、云南、西藏等6省（自治区、直辖市）。

（五）西北区。包括陕西、甘肃、青海、宁夏、新疆等5省（自治区）和新疆生产建设兵团。

各大区牵头省份由大区内各省份轮流承担，轮值顺序和年限由各大区重大动物疫病分区防控联席会议（以下简称分区防控联席会议）研究决定，轮值年限原则上不少于1年。北部、东部、西南和西北4个大区第一轮牵头省份由各大区生猪主产省承担，分别是辽宁、山东、四川和陕西省。

四、工作机制

农业农村部设立重大动物疫病分区防控办公室（以下统称分区办），负责统筹协调督导各大区落实非洲猪瘟等重大动物疫病分区防控任务，建立健全大区间分区防控工作机制。分区办下设5个分区防控指导组，分别由全国畜牧总站、中国动物疫病预防控制中心、中国兽医药品监察所、中国动物卫生与流行病学中心等单位负责同志、业务骨干、相关专家组成，在分区办统一协调部署下，负责指导协调督促相关大区落实分区防控政策措施。

各大区建立分区防控联席会议制度，负责统筹推进大区内非洲猪瘟等重大动物疫病分区防控工作。主要职责包括：贯彻落实国家关于重大动物疫病分区防控各项决策部署；推动大区内各省份落实重大动物疫病防控和保障生猪供应各项政策措施；协调大区内生猪产销对接，促进生猪产品供需基本平衡；研究建立大区非洲猪瘟等重大动物疫病防控专家库、诊断实验室网络以及省际联合执法和应急协同处置等机制；建立大区内防控工作机制，定期组织开展技术交流、相关风险评估等工作。分区防控联席会议由大区内各省级人民政府分管负责同志担任成员，牵头省份政府分管负责同志担任召集人。分区防控联席会议定期召开，遇重大问题可由召集人或成员提议随时召开。

分区防控联席会议下设办公室，办公室设在轮值省份农业农村（畜牧兽医）部门，该部门主要负责同志为主任，成员由大区内各省级农业农村（畜牧兽医）部门分管负责同志等组成。办公室负责分区防控联席会议组织安排、协调联络、议定事项的督导落实，以及动物疫情信息通报等日常工作。

非洲猪瘟等重大动物疫病分区防控不改变现有动物疫病防控工作的管理体制和职责分工。动物疫病防控工作坚持属地化管理原则，地方各级人民政府对本地区动物疫病防控工作负总责，主要负责人是第一责任人。

五、主要任务

（一）优先做好动物疫病防控。

1. 开展联防联控。建立大区定期会商制度，组织研判大区内动物疫病防控形势，互通共享动物疫病防控和生猪等重要畜产品生产、调运、屠宰、无害化处理等信息，研究协商采取协调一致措施。建立大区重大动物疫病防控与应急处置协同机制，探索建立疫情联合溯源追查制度，必要时进行跨省应急支援。

2. 强化技术支撑。及时通报和共享动物疫病检测数据和资源信息，推动检测结果互认。完善专家咨询机制，组建大区重大动物疫病防控专家智库，定期组织开展重大动物疫病风险分析评估，研究提出分区防控政策措施建议。

3. 推动区域化管理。推动大区内非洲猪瘟等重大动物疫病无疫区、无疫小区和净化示范场创建，鼓励连片建设无疫区，全面提升区域动物疫病防控能力和水平。

（二）加强生猪调运监管。

1. 完善区域调运监管政策。规范生猪调运，除种猪、仔猪以及非洲猪瘟等重大动物疫病无疫区、无疫小区生猪外，原则上其他生猪不向大区外调运，推进“运猪”向“运肉”转变。分步完善实施生猪跨区、跨省“点对点”调运政策，必要时可允许检疫合格的生猪在大区间“点对点”调运。

2. 推进指定通道建设。协调推进大区内指定通道建设，明确工作任务和方式，开展区域动物指定通道检查站规范化创建。探索推进相邻大区、省份联合建站，资源共享。

3. 强化全链条信息化管理。推动落实大区内生猪等重要畜产品养殖、运输、屠宰和无害化处理全链条数据资源与国家平台有效对接，实现信息数据的实时共享，提高监管效能和水平。

4. 加强大区内联合执法。密切大区内省际动物卫生监督协作，加强线索通报和信息会商，探索建立联合执法工作机制，严厉打击违法违规运输动物及动物产品等行为。严格落实跨区跨省调运种猪的隔离观察制度和生猪落地报告制度。

（三）推动优化布局和产业转型升级。

1. 优化生猪产业布局。科学规划生猪养殖布局，加强大区内省际生猪产销规划衔接。探索建立销区补偿产区的长效机制，进一步调动主产省份发展生猪生产的积极性。推进生猪养殖标准化示范创建，科学配备畜牧兽医人员，提高养殖场生物安全水平。探索建立养殖场分级管理标准和制度，采取差异化管理措施。

2. 加快屠宰行业转型升级。加强大区内屠宰产能布局优化调整，提升生猪主产区屠宰加工能力和产能利用率，促进生猪就地就近屠宰，推动养殖屠宰匹配、产销衔接。开展屠宰标准化创建。持续做好屠宰环节非洲猪瘟自检和驻场官方兽医“两项制度”落实。

3. 加强生猪运输和冷链物流基础设施建设。鼓励引导使用专业化、标准化、集装化的生猪运输工具，强化生猪运输车辆及其生物安全管理。逐步构建产销高效对接的冷链物流基础设施网络，加快建立冷鲜肉品流通和配送体系，为推进“运猪”向“运肉”转变提供保障。

六、保障措施

（一）加强组织领导。各地要高度重视非洲猪瘟等重大动物疫病分区防控工作，将其作为动物防疫和生猪等重要畜产品稳产保供工作的重要组成部分，认真落实分区防控联席会议制度，充分发挥各省级重大动物疫病联防联控机制作用，统筹研究、同步推进，确保形成合力。

（二）强化支持保障。各地要加强基层动物防疫体系建设，加大对分区防控的支持力度，组织精干力量，切实保障正常履职尽责。各大区牵头省份要成立工作专班，保障分区防控工作顺利开展。

（三）抓好方案落实。各大区要加强统筹协调，按照本方案要求，尽快建立健全分区防控联席会议等各项制度，并结合本地区实际抓紧制定分区防控实施细化方案，做好组织实施，确保按要求完成各项工作任务。农业农村部各分区防控指导组和相应分区防控联席会议办公室要建立健全高效顺畅的联络工作机制。

（四）做好宣传引导。各地要面向生猪等重要畜产品养殖、运输、屠宰等生产经营主体和广大消费者，加强非洲猪瘟等重大动物疫病分区防控政策解读和宣传，为推进分区防控工作营造良好的社会氛围。

各大区牵头省份应于2021年5月1日前将本大区分区防控实施细化方案报我部备案，每年7月1日和12月1日前分别将阶段性工作进展情况送我部分区办。

四十四、农业农村部加强生猪运输车辆监管

（2018年10月31日　农业农村部公告第79号发布）

根据《中华人民共和国动物防疫法》《重大动物疫情应急条例》《国家突发重大动物疫情应急预案》《国务院办公厅关于进一步做好非洲猪瘟防控工作的通知》（国办发明电〔2018〕12号）等规

定，为做好非洲猪瘟疫情防控工作，现就非洲猪瘟疫情应急响应期间，加强生猪运输车辆监管，有关事项公告如下。

一、生猪运输车辆应当符合以下条件

（一）采用专用机动车辆，车辆载重、空间等与所运输的生猪大小、数量相适应；

（二）厢壁及底部耐腐蚀、防渗漏；

（三）具有防止动物粪便和垫料等渗漏、遗撒的设施，便于清洗、消毒；

（四）随车配有简易清洗、消毒设备；

（五）具有其他保障动物防疫的设施设备。

二、生猪运输车辆应当在承运人所在地县级畜牧兽医主管部门备案，备案时应当提交下列材料的原件及复印件：

（一）车辆所有人的身份证或工商营业执照；

（二）备案申请人的道路运输经营许可证；

（三）备案车辆的机动车行驶证；

（四）备案车辆的车辆营运证。

三、畜牧兽医主管部门办理备案时，应当留存相关证件复印件，及时到现场检查生猪运输车辆，核实相关信息和车辆条件。生猪运输车辆符合条件的，出具生猪运输车辆备案表，并将有关信息录入全国动物检疫电子出证系统；不符合的，应当通知申请人并说明理由。

四、生猪运输车辆备案时，应当准确记录生猪运输车辆品牌、颜色、型号、牌照、车辆所有者、运载量等信息，并规范编号。生猪运输车辆备案表的样式见附件。

五、跨省、自治区、直辖市运输生猪的车辆，以及发生疫情省份及其相邻省份内跨县调运生猪的车辆，应当配备车辆定位跟踪系统，相关信息记录保存半年以上。

六、承运人通过公路运输生猪的，应当使用已经备案的生猪运输车辆，并严格按照动物检疫证明载明的目的地、数量等内容承运生猪；未提供动物检疫证明的，承运人不得承运。

七、承运人运输生猪时，应当为生猪提供必要的饲喂饮水条件，通过隔离使生猪密度符合要求，每栏生猪的数量不能超过 15 头，装载密度不能超过 $265kg/m^2$。当运输途经地温度高于 25℃或者低于 5℃时，应当采取必要措施避免生猪发生应激反应。停车期间应当观察生猪健康状况，必要时对通风和隔离进行适当调整。

八、承运人应当在装载前和卸载后及时对运输车辆进行清洗、消毒。详细记录检疫证明号码、生猪数量、运载时间、启运地点、到达地点、运载路径、车辆清洗、消毒以及运输过程中染疫、病死、死因不明生猪处置等情况。

九、动物卫生监督机构及其官方兽医接到生猪产地检疫申报后应当严格查验运输车辆备案情况，发现运输车辆未备案的，应当责令改正，通报畜牧兽医主管部门。

十、发现运输车辆有未按规定进行清洗、消毒，承运未附有动物检疫证明生猪，以及未按规定备案等情形的，由动物卫生监督机构按照《中华人民共和国动物防疫法》有关规定处理。

十一、本公告自 2018 年 12 月 1 日起施行。

特此公告。

（注：本公告内容与农业农村部 2024 年 8 月 28 日发布的第 821 号公告内容不一致的，以第 821 号公告内容为准）

附件：生猪运输车辆备案表（样式）

生猪运输车辆备案表（样式）

编号：

车牌号码			
车辆所有者名称			
核定最大运载量（吨）			
有效期	自　　年　月　日	备案机关	
	至　　年　月　日	备案时间	年　月　日

编号由“发证机关所在行政区域代码”＋“四位数字顺序号”组成；“发证机关所在行政区域代码”按照 GB/T 2260—2007 执行。

四十五、生猪屠宰环节非洲猪瘟常态化防控

（2024年8月28日　农业农村部第821号公告发布）

根据《中华人民共和国动物防疫法》《重大动物疫情应急条例》《生猪屠宰管理条例》《生猪屠宰质量管理规范》等法律法规及有关规定，进一步做好生猪屠宰环节非洲猪瘟常态化防控工作，落实生猪屠宰环节清洗消毒制度，降低非洲猪瘟病毒扩散风险，切实保障生猪产业健康发展，现就有关事项公告如下。

一、生猪屠宰厂（场）应按照有关法律法规和规范要求，严格做好非洲猪瘟排查、检测、疫情报告、清洗消毒等工作，并主动接受农业农村（畜牧兽医）部门监督检查；严格落实生猪进厂（场）查验登记、待宰巡查等要求。

二、生猪屠宰厂（场）应建立并实施严格的清洗消毒制度，配备适用的清洗消毒设施，使用合格有效的消毒剂，做好清洗消毒记录。在生猪运输车辆出入口处设置消毒池，配置消毒喷雾器或设置消毒通道，对进出的生猪运输车辆进行消毒。设置专用的生猪运输车辆清洗消毒区域，生猪屠宰厂（场）、运输车辆承运人应对卸载后的生猪运输车辆进行全面清洗消毒。鼓励配备烘干设施设备，对清洗消毒后的车辆进行烘干处理。

三、生猪屠宰厂（场）应加强对厂区、生产车间、设施设备等的清洁卫生管理，每日屠宰结束后，对待宰间（空圈）、急宰间、屠宰间等场地和屠宰生产线等设施设备进行彻底清洗消毒；生猪及其产品无害化处理后，对无害化处理间及有关设施进行彻底清洗消毒。做好清洗消毒污水处理。

四、生猪屠宰厂（场）应每月至少开展一次生猪运输车辆消毒效果检测评价工作。在对生猪运输车辆清洗消毒后，采集生猪运输车辆环境样品，进行非洲猪瘟病原学检测，做好检测记录。检测结果为阳性的，要及时向当地农业农村（畜牧兽医）部门报告。当地农业农村（畜牧兽医）部门要做好检测结果记录，通知运输车辆承运人，要求其暂停生猪运输活动，指导做好全面清洗消毒后，恢复生猪运输活动。

五、生猪屠宰厂（场）应每周至少一次在待宰圈、血槽、内脏处理区、生猪运输车辆出入口处等高风险区域采集环境样品，进行非洲猪瘟病原学检测。检测结果为阳性的，应暂停生猪屠宰活动，并按第六条规定进一步处理。

六、环境样品检测中发现非洲猪瘟病原学检测阳性，生猪屠宰厂（场）内和屠宰线上没有生猪的，做好清洗消毒后恢复屠宰活动；厂（场）内和屠宰线上有生猪的，按同群运输或待宰饲养的批次采集生猪样品进行非洲猪瘟病原学检测。生猪样品检测结果为阴性的，做好清洗消毒后恢复屠宰活动，生猪产品可上市销售；检测结果为阳性的，按照《非洲猪瘟疫情应急实施方案》要求处置。

七、生猪屠宰厂（场）应当主动向驻场官方兽医提供非洲猪瘟病原学检测结果。生猪样品非洲猪瘟病原学检测结果为阳性的，驻场官方兽医不得对该批次相关生猪产品出具动物检疫证明。

八、各地农业农村（畜牧兽医）部门应建立生猪屠宰厂（场）和生猪运输车辆清洗消毒效果抽检制度，每月至少一次（冬季适当加大频次）采集生猪屠宰厂（场）环境样品和生猪运输车辆环境样品进行非洲猪瘟病原学检测。生猪屠宰厂（场）环境样品非洲猪瘟病原学检测结果为阳性的，按照第五条、第六条规定进行处置。生猪运输车辆环境样品非洲猪瘟病原学检测结果为阳性的，按照第四条规定处理；同一车辆累计3次非洲猪瘟病原学检测结果为阳性的，由当地农业农村（畜牧兽医）部门指导做好相应车辆全面清洗消毒，检测合格后方可恢复生猪运输活动。

九、生猪屠宰厂（场）和生猪运输车辆环境样品病原学检测应在采样后12小时内完成。开展非洲猪瘟病原学检测，应当采用《非洲猪瘟诊断技术》（GB/T 18648—2020）规定的检测方法和农业农村部批准的检测试剂。

十、本公告自2024年10月1日起执行。《中华人民共和国农业农村部公告第119号》同时废止。

四十六、严格动物及动物产品运输监管

（2022年2月23日 农业农村部公告第531号发布）

为规范动物检疫工作，严格动物及动物产品运输监管，夯实动物疫病防控基础，促进畜牧业高质量发展，根据《中华人民共和国动物防疫法》《动物检疫管理办法》等规定，现就强化动物检疫监督工作有关事项公告如下。

一、动物卫生监督机构应当加强官方兽医管理，结合动物检疫申报点设置，明确官方兽医工作地点、管理范围、出证权限，实现官方兽医与检疫申报点关联管理。禁止“多车一证”，对使用不同车辆运输的动物及动物产品，官方兽医应当分别出具检疫证明。

二、从事畜禽运输的单位和个人应当向所在地县级人民政府农业农村主管部门备案。备案时应当在“牧运通”信息系统提交单位营业执照、个人身份证明等材料。患有人畜共患传染病的人员不得直接从事动物运输活动。

畜禽运输车辆应当向所在地县级人民政府农业农村主管部门备案。备案时应当在“牧运通”信息系统提交车辆所有权人的营业执照、运输车辆行驶证、运输车辆照片。

三、畜禽运输车辆应当符合下列条件：

（一）车厢壁及底部、隔离地板应当耐腐蚀、防渗漏、耐高温，便于清洗、消毒和烘干；

（二）具有防止动物排泄物等污物渗漏、遗撒的设施设备；

（三）随车配有清洗、消毒设备和消毒药品；

（四）跨省、自治区、直辖市运输的，应当配备符合交通运输部要求的卫星定位系统车载终端；

（五）具有其他保障动物防疫的设施设备。

四、农业农村主管部门办理备案时，应当核实相关材料信息。备案材料符合要求的，及时予以备案；不符合要求的，应当一次性告知备案人补正相关材料。

五、从事畜禽运输的单位和个人应当建立健全运输台账，详细记录检疫证明编号、畜禽名称、畜禽数量、运输时间、启运地点、到达地点、运输路线、车辆清洗、消毒以及运输活动中死亡、染疫或者疑似染疫畜禽的处置等情况。跨省运输畜禽的备案车辆卫星定位系统相关信息记录保存期限不得少于二个月。

六、动物卫生监督机构及其官方兽医接到产地检疫申报后，应当了解运输车辆、承运单位、个人以及车辆驾驶员的备案情况。发现未备案的，应当及时向农业农村主管部门报告。

七、农业农村主管部门应当加强信息化建设，推进检疫监管与养殖、运输、屠宰等信息互联互通，实现动物检疫监督全链条智慧监管。要加快完善养殖场（户）、屠宰厂（场）基础数据库，实现货主、启运地、目的地等信息“菜单式”管理；建立检疫信息落地反馈功能，对一定时限内未确认到达，或者确认到达的信息与检疫证明信息不符的，系统要能够及时发出警示提醒；健全检疫信息智能纠错功能，对信息填写不规范、数据错误等异常情况设置智能提醒。

八、跨省调运活禽、活羊的检疫和调运管理，不再执行《中华人民共和国农业部公告第2516号》《农业部办公厅关于加强活羊跨省调运监管工作的通知》（农办医〔2014〕35号）有关要求，严格按照动物检疫规程执行。

九、本公告自2022年4月1日起施行。我部原公布实施的生猪运输车辆备案管理规定与本公告不一致的，以本公告为准。

特此公告。

四十七、病死及病害动物无害化处理技术规范

（2017年7月3日 农业部农医发〔2017〕25号发布 农业部农医发〔2013〕34号病死动物无害化处理技术规范同时废止）

病死及病害动物无害化处理技术规范

为贯彻落实《中华人民共和国动物防疫法》《生猪屠宰管理条例》《畜禽规模养殖污染防治条例》等有关法律法规，防止动物疫病传播扩散，

保障动物产品质量安全，规范病死及病害动物和相关动物产品无害化处理操作技术，制定本规范。

1　适用范围

本规范适用于国家规定的染疫动物及其产品、病死或者死因不明的动物尸体，屠宰前确认的病害动物、屠宰过程中经检疫或肉品品质检验确认为不可食用的动物产品，以及其他应当进行无害化处理的动物及动物产品。

本规范规定了病死及病害动物和相关动物产品无害化处理的技术工艺和操作注意事项，处理过程中病死及病害动物和相关动物产品的包装、暂存、转运、人员防护和记录等要求。

2　引用规范和标准

GB 19217　医疗废物转运车技术要求（试行）
GB 18484　危险废物焚烧污染控制标准
GB 18597　危险废物贮存污染控制标准
GB 16297　大气污染物综合排放标准
GB 14554　恶臭污染物排放标准
GB 8978　污水综合排放标准
GB 5085.3　危险废物鉴别标准
GB/T 16569　畜禽产品消毒规范
GB 19218　医疗废物焚烧炉技术要求(试行)
GB/T 19923　城市污水再生利用工业用水水质

当上述标准和文件被修订时，应使用其最新版本。

3　术语和定义

3.1　无害化处理

本规范所称无害化处理，是指用物理、化学等方法处理病死及病害动物和相关动物产品，消灭其所携带的病原体，消除危害的过程。

3.2　焚烧法

焚烧法是指在焚烧容器内，使病死及病害动物和相关动物产品在富氧或无氧条件下进行氧化反应或热解反应的方法。

3.3　化制法

化制法是指在密闭的高压容器内，通过向容器夹层或容器内通入高温饱和蒸汽，在干热、压力或蒸汽、压力的作用下，处理病死及病害动物和相关动物产品的方法。

3.4　高温法

高温法是指常压状态下，在封闭系统内利用高温处理病死及病害动物和相关动物产品的方法。

3.5　深埋法

深埋法是指按照相关规定，将病死及病害动物和相关动物产品投入深埋坑中并覆盖、消毒，处理病死及病害动物和相关动物产品的方法。

3.6　硫酸分解法

硫酸分解法是指在密闭的容器内，将病死及病害动物和相关动物产品用硫酸在一定条件下进行分解的方法。

4　病死及病害动物和相关动物产品的处理

4.1　焚烧法

4.1.1　适用对象

国家规定的染疫动物及其产品、病死或者死因不明的动物尸体，屠宰前确认的病害动物、屠宰过程中经检疫或肉品品质检验确认为不可食用的动物产品，以及其他应当进行无害化处理的动物及动物产品。

4.1.2　直接焚烧法

4.1.2.1　技术工艺

4.1.2.1.1　可视情况对病死及病害动物和相关动物产品进行破碎等预处理。

4.1.2.1.2　将病死及病害动物和相关动物产品或破碎产物，投至焚烧炉本体燃烧室，经充分氧化、热解，产生的高温烟气进入二次燃烧室继续燃烧，产生的炉渣经出渣机排出。

4.1.2.1.3　燃烧室温度应≥850℃。燃烧所产生的烟气从最后的助燃空气喷射口或燃烧器出口到换热面或烟道冷风引射口之间的停留时间应≥2s。焚烧炉出口烟气中氧含量应为6%～10%(干气)。

4.1.2.1.4　二次燃烧室出口烟气经余热利用系统、烟气净化系统处理，达到GB 16297要求后排放。

4.1.2.1.5　焚烧炉渣与除尘设备收集的焚烧飞灰应分别收集、贮存和运输。焚烧炉渣按一般固体废物处理或作资源化利用；焚烧飞灰和其他尾气净化装置收集的固体废物需按 GB 5085.3 要求作危险废物鉴定，如属于危险废物，则按 GB 18484 和 GB 18597 要求处理。

4.1.2.2　操作注意事项

4.1.2.2.1　严格控制焚烧进料频率和重量，使病死及病害动物和相关动物产品能够充分与空气接触，保证完全燃烧。

4.1.2.2.2　燃烧室内应保持负压状态，避免焚烧过程中发生烟气泄露。

4.1.2.2.3　二次燃烧室顶部设紧急排放烟囱，应急时开启。

4.1.2.2.4　烟气净化系统，包括急冷塔、引风机等设施。

4.1.3　炭化焚烧法

4.1.3.1　技术工艺

4.1.3.1.1　病死及病害动物和相关动物产品投至热解炭化室，在无氧情况下经充分热解，产生的热解烟气进入二次燃烧室继续燃烧，产生的固体炭化物残渣经热解炭化室排出。

4.1.3.1.2　热解温度应≥600℃，二次燃烧室温度≥850℃，焚烧后烟气在 850℃以上停留时间≥2s。

4.1.3.1.3　烟气经过热解炭化室热能回收后，降至 600℃左右，经烟气净化系统处理，达到 GB 16297 要求后排放。

4.1.3.2　操作注意事项

4.1.3.2.1　应检查热解炭化系统的炉门密封性，以保证热解炭化室的隔氧状态。

4.1.3.2.2　应定期检查和清理热解气输出管道，以免发生阻塞。

4.1.3.2.3　热解炭化室顶部需设置与大气相连的防爆口，热解炭化室内压力过大时可自动开启泄压。

4.1.3.2.4　应根据处理物种类、体积等严格控制热解的温度、升温速度及物料在热解炭化室里的停留时间。

4.2　化制法

4.2.1　适用对象

不得用于患有炭疽等芽孢杆菌类疫病，以及牛海绵状脑病、痒病的染疫动物及产品、组织的处理。其他适用对象同 4.1.1。

4.2.2　干化法

4.2.2.1　技术工艺

4.2.2.1.1　可视情况对病死及病害动物和相关动物产品进行破碎等预处理。

4.2.2.1.2　病死及病害动物和相关动物产品或破碎产物输送入高温高压灭菌容器。

4.2.2.1.3　处理物中心温度≥140℃，压力≥0.5MPa（绝对压力），时间≥4h（具体处理时间随处理物种类和体积大小而设定）。

4.2.2.1.4　加热烘干产生的热蒸汽经废气处理系统后排出。

4.2.2.1.5　加热烘干产生的动物尸体残渣传输至压榨系统处理。

4.2.2.2　操作注意事项

4.2.2.2.1　搅拌系统的工作时间应以烘干剩余物基本不含水分为宜，根据处理物量的多少，适当延长或缩短搅拌时间。

4.2.2.2.2　应使用合理的污水处理系统，有效去除有机物、氨氮，达到 GB 8978 要求。

4.2.2.2.3　应使用合理的废气处理系统，有效吸收处理过程中动物尸体腐败产生的恶臭气体，达到 GB 16297 要求后排放。

4.2.2.2.4　高温高压灭菌容器操作人员应符合相关专业要求，持证上岗。

4.2.2.2.5　处理结束后，需对墙面、地面及其相关工具进行彻底清洗消毒。

4.2.3　湿化法

4.2.3.1　技术工艺

4.2.3.1.1　可视情况对病死及病害动物和相关动物产品进行破碎预处理。

4.2.3.1.2　将病死及病害动物和相关动物产品或破碎产物送入高温高压容器，总质量不得超过容器总承受力的五分之四。

4.2.3.1.3　处理物中心温度≥135℃，压力≥0.3MPa（绝对压力），处理时间≥30min（具体处理时间随处理物种类和体积大小而设定）。

4.2.3.1.4　高温高压结束后，对处理产物进行初次固液分离。

4.2.3.1.5　固体物经破碎处理后，送入烘干系统；液体部分送入油水分离系统处理。

4.2.3.2　操作注意事项

4.2.3.2.1　高温高压容器操作人员应符合相

关专业要求，持证上岗。

4.2.3.2.2 处理结束后，需对墙面、地面及其相关工具进行彻底清洗消毒。

4.2.3.2.3 冷凝排放水应冷却后排放，产生的废水应经污水处理系统处理，达到 GB 8978 要求。

4.2.3.2.4 处理车间废气应通过安装自动喷淋消毒系统、排风系统和高效微粒空气过滤器（HEPA 过滤器）等进行处理，达到 GB 16297 要求后排放。

4.3 高温法

4.3.1 适用对象

同 4.2.1。

4.3.2 技术工艺

4.3.2.1 可视情况对病死及病害动物和相关动物产品进行破碎等预处理。处理物或破碎产物体积（长×宽×高）≤125cm³（5cm×5cm×5cm）。

4.3.2.2 向容器内输入油脂，容器夹层经导热油或其他介质加热。

4.3.2.3 将病死及病害动物和相关动物产品或破碎产物输送入容器内，与油脂混合。常压状态下，维持容器内部温度≥180℃，持续时间≥2.5h（具体处理时间随处理物种类和体积大小而设定）。

4.3.2.4 加热产生的热蒸汽经废气处理系统后排出。

4.3.2.5 加热产生的动物尸体残渣传输至压榨系统处理。

4.3.3 操作注意事项

同 4.2.2.2。

4.4 深埋法

4.4.1 适用对象

发生动物疫情或自然灾害等突发事件时病死及病害动物的应急处理，以及边远和交通不便地区零星病死畜禽的处理。不得用于患有炭疽等芽孢杆菌类疫病，以及牛海绵状脑病、痒病的染疫动物及产品、组织的处理。

4.4.2 选址要求

4.4.2.1 应选择地势高燥，处于下风向的地点。

4.4.2.2 应远离学校、公共场所、居民住宅区、村庄、动物饲养和屠宰场所、饮用水源地、河流等地区。

4.4.3 技术工艺

4.4.3.1 深埋坑体容积以实际处理动物尸体及相关动物产品数量确定。

4.4.3.2 深埋坑底应高出地下水位 1.5m 以上，要防渗、防漏。

4.4.3.3 坑底洒一层厚度为 2～5cm 的生石灰或漂白粉等消毒药。

4.4.3.4 将动物尸体及相关动物产品投入坑内，最上层距离地表 1.5m 以上。

4.4.3.5 生石灰或漂白粉等消毒药消毒。

4.4.3.6 覆盖距地表 20～30cm，厚度不少于 1～1.2m 的覆土。

4.4.4 操作注意事项

4.4.4.1 深埋覆土不要太实，以免腐败产气造成气泡冒出和液体渗漏。

4.4.4.2 深埋后，在深埋处设置警示标识。

4.4.4.3 深埋后，第一周内应每日巡查 1 次，第二周起应每周巡查 1 次，连续巡查 3 个月，深埋坑塌陷处应及时加盖覆土。

4.4.4.4 深埋后，立即用氯制剂、漂白粉或生石灰等消毒药对深埋场所进行 1 次彻底消毒。第一周内应每日消毒 1 次，第二周起应每周消毒 1 次，连续消毒三周以上。

4.5 化学处理法

4.5.1 硫酸分解法

4.5.1.1 适用对象

同 4.2.1。

4.5.1.2 技术工艺

4.5.1.2.1 可视情况对病死及病害动物和相关动物产品进行破碎等预处理。

4.5.1.2.2 将病死及病害动物和相关动物产品或破碎产物，投至耐酸的水解罐中，按每吨处理物加入水 150～300kg，后加入 98%的浓硫酸 300～400kg（具体加入水和浓硫酸量随处理物的含水量而设定）。

4.5.1.2.3 密闭水解罐，加热使水解罐内升至 100～108℃，维持压力≥0.15MPa，反应时间≥4h，至罐体内的病死及病害动物和相关动物产品完全分解为液态。

4.5.1.3 操作注意事项

4.5.1.3.1 处理中使用的强酸应按国家危险化学品安全管理、易制毒化学品管理有关规定执

行，操作人员应做好个人防护。

4.5.1.3.2 水解过程中要先将水加入耐酸的水解罐中，然后加入浓硫酸。

4.5.1.3.3 控制处理物总体积不得超过容器容量的70%。

4.5.1.3.4 酸解反应的容器及储存酸解液的容器均要求耐强酸。

4.5.2 化学消毒法

4.5.2.1 适用对象

适用于被病原微生物污染或可疑被污染的动物皮毛消毒。

4.5.2.2 盐酸食盐溶液消毒法

4.5.2.2.1 用2.5%盐酸溶液和15%食盐水溶液等量混合，将皮张浸泡在此溶液中，并使溶液温度保持在30℃左右，浸泡40h，$1m^2$ 的皮张用10L消毒液（或按100mL 25%食盐水溶液中加入盐酸1mL配制消毒液，在室温15℃条件下浸泡48h，皮张与消毒液之比为1∶4）。

4.5.2.2.2 浸泡后捞出沥干，放入2%（或1%）氢氧化钠溶液中，以中和皮张上的酸，再用水冲洗后晾干。

4.5.2.3 过氧乙酸消毒法

4.5.2.3.1 将皮毛放入新鲜配制的2%过氧乙酸溶液中浸泡30min。

4.5.2.3.2 将皮毛捞出，用水冲洗后晾干。

4.5.2.4 碱盐液浸泡消毒法

4.5.2.4.1 将皮毛浸入5%碱盐液（饱和盐水内加5%氢氧化钠）中，室温（18～25℃）浸泡24h，并随时加以搅拌。

4.5.2.4.2 取出皮毛挂起，待碱盐液流净，放入5%盐酸液内浸泡，使皮上的酸碱中和。

4.5.2.4.3 将皮毛捞出，用水冲洗后晾干。

5 收集转运要求

5.1 包装

5.1.1 包装材料应符合密闭、防水、防渗、防破损、耐腐蚀等要求。

5.1.2 包装材料的容积、尺寸和数量应与需处理病死及病害动物和相关动物产品的体积、数量相匹配。

5.1.3 包装后应进行密封。

5.1.4 使用后，一次性包装材料应作销毁处理，可循环使用的包装材料应进行清洗消毒。

5.2 暂存

5.2.1 采用冷冻或冷藏方式进行暂存，防止无害化处理前病死及病害动物和相关动物产品腐败。

5.2.2 暂存场所应能防水、防渗、防鼠、防盗，易于清洗和消毒。

5.2.3 暂存场所应设置明显警示标识。

5.2.4 应定期对暂存场所及周边环境进行清洗消毒。

5.3 转运

5.3.1 可选择符合GB 19217条件的车辆或专用封闭厢式运载车辆。车厢四壁及底部应使用耐腐蚀材料，并采取防渗措施。

5.3.2 专用转运车辆应加施明显标识，并加装车载定位系统，记录转运时间和路径等信息。

5.3.3 车辆驶离暂存、养殖等场所前，应对车轮及车厢外部进行消毒。

5.3.4 转运车辆应尽量避免进入人口密集区。

5.3.5 若转运途中发生渗漏，应重新包装、消毒后运输。

5.3.6 卸载后，应对转运车辆及相关工具等进行彻底清洗、消毒。

6 其他要求

6.1 人员防护

6.1.1 病死及病害动物和相关动物产品的收集、暂存、转运、无害化处理操作的工作人员应经过专门培训，掌握相应的动物防疫知识。

6.1.2 工作人员在操作过程中应穿戴防护服、口罩、护目镜、胶鞋及手套等防护用具。

6.1.3 工作人员应使用专用的收集工具、包装用品、转运工具、清洗工具、消毒器材等。

6.1.4 工作完毕后，应对一次性防护用品作销毁处理，对循环使用的防护用品消毒处理。

6.2 记录要求

6.2.1 病死及病害动物和相关动物产品的收集、暂存、转运、无害化处理等环节应建有台账和记录。有条件的地方应保存转运车辆行车信息和相关环节视频记录。

6.2.2　台账和记录

6.2.2.1　暂存环节

6.2.2.1.1　接收台账和记录应包括病死及病害动物和相关动物产品来源场（户）、种类、数量、动物标识号、死亡原因、消毒方法、收集时间、经办人员等。

6.2.2.1.2　运出台账和记录应包括运输人员、联系方式、转运时间、车牌号、病死及病害动物和相关动物产品种类、数量、动物标识号、消毒方法、转运目的地以及经办人员等。

6.2.2.2　处理环节

6.2.2.2.1　接收台账和记录应包括病死及病害动物和相关动物产品来源、种类、数量、动物标识号、转运人员、联系方式、车牌号、接收时间及经手人员等。

6.2.2.2.2　处理台账和记录应包括处理时间、处理方式、处理数量及操作人员等。

6.2.3　涉及病死及病害动物和相关动物产品无害化处理的台账和记录至少要保存两年。

四十八、执业兽医资格考试管理办法（2022年修订）

（2022年11月11日　农业农村部公告第617号发布）

执业兽医资格考试管理办法（2022年修订）

第一章　总　　则

第一条　为规范执业兽医资格考试管理，根据《中华人民共和国动物防疫法》《执业兽医和乡村兽医管理办法》，制定本办法。

第二条　本办法所称执业兽医资格考试，是指评价申请执业兽医资格人员是否具备执业所必需的知识和技能的考试。

执业兽医资格考试由农业农村部组织，全国统一大纲、统一命题、统一考试、统一评卷。

第三条　执业兽医资格考试类别分为兽医全科类和水生动物类，包含基础、预防、临床和综合应用四门科目。

第四条　执业兽医资格考试原则上每年举行一次，具体考试报名、时间、类别、方式等由农业农村部设立的全国执业兽医资格考试委员会确定，并在考试举行三个月前向社会公布。

第二章　组织管理

第五条　全国执业兽医资格考试委员会负责审定考试科目、考试大纲，发布考试公告、确定考试试卷等。

农业农村部畜牧兽医局承担全国执业兽医资格考试委员会的日常工作，负责拟定考试政策，监督、指导和协调各项考试管理工作，提出考试合格标准建议等。

第六条　中国动物疫病预防控制中心在全国执业兽医资格考试委员会领导下，具体负责执业兽医资格考试技术性工作。具体职责是：

（一）拟订考试大纲、试卷蓝图，开展命题、组卷相关工作；

（二）建设、管理执业兽医资格考试信息管理系统和考试题库；

（三）承担制卷、发送试卷、回收作答结果、阅卷评分等考务工作；

（四）统计分析考试试题、成绩等相关信息；

（五）指导考区和考点的考务工作；

（六）遴选和培训命题专家；

（七）向全国执业兽医资格考试委员会报告考试工作；

（八）承办全国执业兽医资格考试委员会交办的其他工作。

第七条　以各省（自治区、直辖市）为考区，省级人民政府农业农村主管部门负责本考区执业兽医资格考试管理工作。具体职责是：

（一）组织实施本考区执业兽医资格考试；

（二）指导、监督和检查本考区执业兽医资格考试工作；

（三）发布本考区全国执业兽医资格考试公告；

（四）制定本考区执业兽医资格考试实施方案；

（五）指导考点做好考试保障工作；

（六）颁发执业兽医资格证书；

（七）向全国执业兽医资格考试委员会报告考试工作。

考区下设考试办公室，具体负责本考区执业

兽医资格考试的事务性工作。

第八条 以设区的市或者直辖市的区（县）为考点。设区的市或者直辖市的区（县）人民政府农业农村主管部门负责本考点执业兽医资格考试相关工作。

第九条 考区、考点执业兽医资格考试考务工作可以委托第三方机构具体承担。

将考试考务工作委托第三方机构承担的，应当签订委托协议，明确双方的权利和义务，并对其进行指导和监督。

第十条 中国动物疫病预防控制中心以及考区、考点应当有计划地开展考试考务培训。

第三章 命题组卷

第十一条 执业兽医资格考试命题专家是指参与执业兽医资格考试试题命制、试题审定和试卷审定工作的专家。

执业兽医资格考试命题专家经中国动物疫病预防控制中心遴选，由全国执业兽医资格考试委员会聘任。

试题命制、试题审定阶段，每个学科专家不得少于两人；试卷审定阶段，每个考试类别专家不得多于三人。

第十二条 命题专家应当符合以下条件：

（一）具有良好的职业道德和较高的业务素质；

（二）具有本科（含本科）以上学历，在本学科或专业领域工作十年以上，取得高级专业技术职称或者具有同等专业水平；

（三）身体健康，有精力和时间承担命题工作；

（四）全国执业兽医资格考试委员会规定的其他条件。

第十三条 试题范围应当以全国执业兽医资格考试委员会公布的考试大纲为依据。

命题应当采取入闱方式，符合保密要求。

第十四条 试卷应当以全国执业兽医资格考试委员会批准的试卷蓝图为依据。

试卷蓝图应当根据实际情况及时调整。

第十五条 执业兽医资格考试试题（含副题）、试题双向细目表、标准答案和评分标准，启用前应当保密。

第四章 考试报名

第十六条 具有大学专科以上学历的人员或全日制高校在校生，专业符合全国执业兽医资格考试委员会公布的报考专业目录的，可以报名参加执业兽医资格考试。

2009 年 1 月 1 日前取得兽医师以上专业技术职称的，可以报名参加执业兽医资格考试。

依法备案或登记，且从事动物诊疗服务十年以上的乡村兽医，可以报名参加执业兽医资格考试。

具有大学专科以上学历，且专业符合全国执业兽医资格考试委员会公布的报考专业目录的港澳台居民，可以在内地（大陆）任一考区报名参加执业兽医资格考试。

第十七条 全国执业兽医资格考试委员会以及考区、考点应当及时向社会发布考试信息。

第十八条 执业兽医资格考试采取网络报名的方式。参加执业兽医资格考试的，应当在全国执业兽医资格考试委员会以及考区公告规定的时间内报名。

因不可抗力因素无法进行网络报名的，应当逐级上报全国执业兽医资格考试委员会同意后，由考区组织现场报名。

第十九条 考生凭《全国执业兽医资格考试准考证》和有效身份证件参加考试。

报名和参加考试时使用的有效身份证件应当一致。

第五章 考试内容

第二十条 执业兽医资格考试内容以考试当年全国执业兽医资格考试委员会发布的考试大纲为准。

第二十一条 执业兽医资格考试采取闭卷考试方式，考试试题为客观题。

第二十二条 执业兽医资格考试各门科目考查内容包括：

基础科目考查与临床实践相关的基本理论和法律法规知识；

预防科目考查常发和多发的动物疫病及人畜共患病知识；

临床科目考查常见和多发普通病的诊断和治疗；

综合应用科目考查常发重大疾病的处置、防控与治疗的知识和能力，以及水生动物养殖、生态和饲料与营养有关知识。

第六章 巡　　考

第二十三条 全国执业兽医资格考试委员会以及考区、考点应当在考试期间开展巡考。

第二十四条 巡考人员主要职责：

（一）检查考试规章制度贯彻落实情况；

（二）检查考前工作落实情况，包括考试组织领导、考试宣传发动、考务培训等；

（三）检查考试实施情况，包括考场布置、考务人员配备、考试现场组织、考风考纪、安保医疗等；

（四）指导做好突发事件和违纪违规等行为的处理。

第二十五条 全国执业兽医资格考试委员会以及考区、考点应当加强本级巡考人员培训，使其熟悉和掌握考试的有关政策和规定。

第二十六条 巡考人员应对巡考过程中发现的问题提出整改要求，问题严重的要及时上报。

第七章 成绩发布与证书颁发

第二十七条 执业兽医资格考试合格标准由全国执业兽医资格考试委员会确定，并向社会公告。

第二十八条 参加执业兽医资格考试的，按照全国执业兽医资格考试委员会公告的时间和方式查询考试成绩。不符合报名条件的，考试成绩无效。

第二十九条 通过执业兽医资格考试的，可以申请执业兽医资格。其中，全日制高校在校生应取得兽医相关专业大学专科以上学历后方可申请执业兽医资格。

第三十条 执业兽医资格证书采用纸质证书和电子证书形式，证书全国统一编号。

第三十一条 执业兽医资格证书由各省（自治区、直辖市）人民政府农业农村主管部门颁发。

第八章 附　　则

第三十二条 执业兽医资格考试保密管理规定、违纪行为处理办法、突发事件应急预案等由农业农村部另行规定。

第三十三条 外国人参加执业兽医资格考试的办法由农业农村部另行规定。

第三十四条 本办法由农业农村部负责解释。

第三十五条 本办法自2023年1月1日起施行。原《执业兽医资格考试管理办法》（农业部公告第2537号）《港澳台居民参加全国执业兽医资格考试及执业管理规定》（农业部公告第2539号）《执业兽医资格考试巡视工作管理规定》（农医发〔2012〕20号）同时废止。

四十九、执业兽医资格考试违纪行为处理暂行办法

（2009年3月6日　农业部公告第1174号发布）

执业兽医资格考试违纪行为处理暂行办法

第一条 为加强执业兽医资格考试管理，严肃考试纪律，保证考试顺利实施，根据《执业兽医管理办法》和《执业兽医资格考试管理暂行办法》，制定本办法。

第二条 本办法适用于执业兽医资格考试应试人员和考务人员。

第三条 兽医主管部门依据本办法对执业兽医资格考试应试人员、考务人员的违纪行为进行处理。

监考员依据兽医主管部门的委托和本办法的规定对应试人员违纪行为进行处理的，应当接受兽医主管部门的监督。

第四条 处理违纪行为，应当事实清楚，证据确凿，程序规范，适用规定准确。

第五条 应试人员有下列情形之一，由所在考场监考员给予其口头警告，并责令其改正；经警告仍不改正的，监考员应当立即报告考点兽医主管部门，由考点兽医主管部门决定给予其终止本场考试并责令离开考场的处理：

（一）违反规定随身携带书籍、资料、笔记、报纸等与考试内容有关的文字材料、纸张或者具有通讯、存储、录放等功能的电子产品进入考场的；

（二）在考试开始信号发出前答题或者在考试结束信号发出后继续答题的；

（三）考试期间与其他应试人员相互交谈、随意站立或者随意走动的；

（四）在考场内喧哗、吸烟或者有其他影响考场秩序行为的；

（五）未在本人应坐位置答题的；

（六）有其他违纪行为的。

应试人员有前款第（一）项情形的，监考员应当责令其将有关物品交由监考员统一保管。

第六条 应试人员在考试期间有下列情形之一，所在考场的监考员应当立即报告考点兽医主管部门，由考点兽医主管部门决定给予其责令离开考场以及本场考试成绩无效的处理：

（一）夹带或者查看与考试有关资料的；

（二）使用具有通信、存储、录放等功能的电子产品的；

（三）抄袭他人答案或者同意、默许他人抄袭的；

（四）以口头、书面或者肢体语言等方式传递答题信息的；

（五）交换试卷、答题卡的；

（六）在试卷、答题卡非署名处署名或者作标记的；

（七）故意损毁试卷、答题卡或者将试卷、答题卡带出考场的；

（八）有其他作弊行为的。

第七条 应试人员有下列情形之一，所在考场的监考员应当立即报告考点兽医主管部门，由考点兽医主管部门决定给予其责令离开考场的处理，并报考区兽医主管部门决定给予其当年考试成绩无效、两年内不得报名参加执业兽医资格考试的处理：

（一）由他人冒名代替或者代替他人参加考试的；

（二）与其他考场应试人员或者考场外人员串通作弊的；

（三）以打架斗殴等方式严重扰乱考场秩序的；

（四）以威胁、侮辱、殴打等方式妨碍考试工作人员履行职责的；

（五）有其他违纪行为的。

应试人员有前款第（三）项、第（四）项所列行为，违反《治安管理处罚法》的，移交公安机关处理。

第八条 应试人员有下列情形之一，由考区兽医主管部门决定给予其当年考试成绩无效、三年不得报名参加执业兽医资格考试的处理：

（一）参与有组织作弊的；

（二）有其他特别严重违纪作弊行为的。

当场发现前款所列行为的，由所在考点兽医主管部门决定给予其责令离开考场的处理，并报农业部决定给予前款规定的处理。

第九条 通过提供虚假证明材料或者以其他违法手段获得准考证并参加考试的，由考区兽医主管部门决定给予其当年考试成绩无效的处理；已经取得执业兽医资格证的，由农业部给予确认资格证无效的处理。

第十条 考务人员有下列情形之一的，农业部、考区兽医主管部门或者考点兽医主管部门应当停止其继续参与考务工作，视情况给予处分或者建议其所在单位给予相应处理；构成犯罪的，依法追究刑事责任：

（一）违反相关规定擅自参加考试的；

（二）命题人员从事与当年执业兽医资格考试有关的授课、答疑、辅导等活动的；

（三）发现报考人员有提供虚假证明或者证件等行为而隐瞒不报的；

（四）擅自为应试人员调换座位及考场的；

（五）考试期间擅自将试卷、答题卡带出或者传出考场的；

（六）纵容、包庇应试人员作弊的；

（七）提示或者暗示应试人员试题答案的；

（八）在接送、保管试卷和答题卡，巡考、监考、阅卷等环节丢失、严重损毁试卷或者答题卡的；

（九）外传、截留、窃取、擅自开拆未开试卷或者已密封答题卡的；

（十）泄露试题内容的；

（十一）偷换、涂改答题卡或者私自变更考试成绩的；

（十二）组织或者参与考试作弊的；

（十三）利用考试工作便利索贿、受贿或者谋取其他私利的；

（十四）对应试人员进行挟私报复或者故意诬陷的；

（十五）未按规定履行职责或者有其他违纪行为的。

第十一条 因考点管理混乱或者考务人员玩忽职守，造成考点或者考场秩序混乱，作弊现象严重的，由农业部宣布相应范围考试成绩无效，并由考区兽医主管部门取消该考点承办执业兽医资格考试的资格。

考点、考场出现大规模作弊的，由有关部门

对考点及所属考区负责人依法给予相应的处分；构成犯罪的，依法追究刑事责任。

第十二条 考务人员在考试过程中发现应试人员有本办法所列违纪行为的，应当在考场记录单中写明违纪行为的具体情况和采取的处理措施，由两名以上（含两名）监考员、考点办公室负责人和考点兽医主管部门负责人签字。

对应试人员用于作弊的材料、工具等，考点办公室应当及时采取必要措施保全证据，并填写清单。

第十三条 考点兽医主管部门、考区兽医主管部门或者农业部根据本办法对应试人员给予本场考试成绩无效、当年考试成绩无效、不得报名参加执业兽医资格考试、确认执业兽医资格证无效的处理或者对考务人员违纪行为进行处理的，应当以书面方式作出违纪处理决定，并将有关证据材料存档备查。

第十四条 对于应试人员或者考务人员因违纪行为受到处理的有关情况，农业部或者考区兽医主管部门认为必要时可以通报其所在单位。

第十五条 应试人员对违纪处理决定不服的，可以依法申请行政复议或者提起行政诉讼。

第十六条 本办法自 2009 年 4 月 1 日起施行。

五十、执业兽医资格考试命题专家管理办法（2022 年修订）

（2022 年 11 月 15 日　农业农村部公告第 621 号发布）

执业兽医资格考试命题专家管理办法（2022 年修订）

第一章　总　　则

第一条 为加强执业兽医资格考试命题管理，规范专家命题行为，提高命题工作质量，根据《执业兽医和乡村兽医管理办法》《执业兽医资格考试管理办法》，制定本办法。

第二条 本办法所称命题，是指执业兽医资格考试的试题编制、审定，试卷组配、审定等活动。

第三条 本办法所称命题专家，是指符合本办法规定的条件，并经全国执业兽医资格考试委员会审核合格，以独立身份从事和参加执业兽医资格考试命题工作的人员。

第二章　命题专家遴选

第四条 命题专家应当具备下列条件：

（一）具有良好的职业道德和较高的业务素质；

（二）具有本科（含本科）以上学历，在本学科或专业领域工作十年以上，取得高级专业技术职称或者具有同等专业水平；

（三）身体健康，有精力和时间承担命题工作；

（四）全国执业兽医资格考试委员会规定的其他条件。

第五条 中国动物疫病预防控制中心负责组织命题专家候选人的遴选、申报和初审工作。命题专家候选人由相关单位推荐。

第六条 中国动物疫病预防控制中心按照本办法第四条规定的条件进行资格初审，初审合格的，报全国执业兽医资格考试委员会审核。经审核合格的命题专家，由全国执业兽医资格考试委员会发放聘书，聘用有效期为 4 年。

第七条 中国动物疫病预防控制中心应当对聘任的命题专家进行日常管理，建立和管理全国执业兽医资格考试命题专家库（以下简称“专家库”）。

第三章　命题专家的职责

第八条 命题专家负责拟定考试大纲、划定试题双向细目表、编制审定试题、审定试卷、进行试题分析评价。

第九条 命题专家和命题专职工作人员应遵守相关保密规定，不得向外界透露命题专家身份和泄露任何与命题活动有关的内容，不得以任何形式向其所在单位汇报命题工作情况。

第十条 命题专家应遵守命题入闱工作纪律，命题期间不得会客、私自外出或者擅自离会。

第十一条 命题专家发现其他命题专家在命题活动中或者在聘任期间有违反本办法规定行为的，应当及时向中国动物疫病预防控制中心反映。

第十二条 命题专家在聘任期间应当接受农业农村部畜牧兽医局和中国动物疫病预防控制中

心的监督和管理。

第四章 命题专家管理

第十三条 中国动物疫病预防控制中心根据相关规定和要求从专家库中遴选专家，指定命题专职工作人员参与当年执业兽医资格考试命题工作。

第十四条 命题专家聘期内不得参加与执业兽医资格考试有关培训、辅导或者讲座，不得编写相关复习资料，不得发表与执业兽医资格考试有关的文章。

第十五条 有配偶或者直系亲属参加当年执业兽医资格考试的，命题专家应当主动回避，不得参加当年执业兽医资格考试命题工作。

第十六条 参加当年命题工作的命题专家和命题专职工作人员应与中国动物疫病预防控制中心签订《执业兽医资格考试命题工作保密责任承诺书》。

第十七条 参加当年命题工作的命题专家有获得相应劳务报酬的权利，由中国动物疫病预防控制中心支付咨询费。

第十八条 发现已聘任的命题专家不能胜任命题工作的，由中国动物疫病预防控制中心报告全国执业兽医资格考试委员会同意后，解除聘任。

第十九条 命题专家违反本办法规定的，解除聘任，并通报所在单位；涉嫌犯罪的，依法移送司法机关追究刑事责任。

第五章 附 则

第二十条 本办法自 2023 年 1 月 1 日起施行。《执业兽医资格考试命题专家管理办法（试行）》（农业部公告第 1221 号）同时废止。

五十一、执业兽医资格考试保密管理规定(2017 年修订)

（2017 年 6 月 12 日 农业部农医发〔2017〕19 号公布）

执业兽医资格考试保密管理规定（2017 年修订）

第一章 总 则

第一条 为加强执业兽医资格考试保密工作，根据《中华人民共和国保守国家秘密法》《执业兽医管理办法》和《农业工作国家秘密范围的规定》，制定本规定。

第二条 执业兽医资格考试保密工作实行分级管理、逐级负责制度。

第三条 执业兽医资格考试保密工作，坚持积极防范、突出重点、既做好保密工作又方便考试开展的原则。

第四条 执业兽医资格考试启用前的试题试卷（含副题）、试题双向细目表、标准答案和评分标准，属于秘密级国家秘密。

执业兽医资格考试命题工作及参与人员的有关情况、试题试卷命制工作方案、题型题量分布表和尚未公布的考试合格标准，属于工作秘密，未经农业部批准不得公开。

执业兽医资格考试命题工作及参与人员的有关情况、试题试卷命制工作方案、题型题量分布表和尚未公布的考试合格标准，属于工作秘密，未经农业部批准不得公开。

第二章 保密工作机构与职责

第五条 农业部成立全国执业兽医资格考试保密领导小组，负责指导、监督和检查全国执业兽医资格考试保密工作。

全国执业兽医资格考试保密领导小组下设办公室，承担全国执业兽医资格考试保密领导小组日常事务。办公室设在中国动物疫病预防控制中心。

第六条 中国动物疫病预防控制中心承担命题，试卷的印制、保管、交接和运送，答题卡的回收和保管，以及阅卷评分、考试结果公布过程中的保密工作。

第七条 考区、考点兽医主管部门应当建立本辖区的执业兽医资格考试保密管理制度，监督检查保密规定执行情况，组织对相关人员进行保密培训。

考区、考点兽医主管部门负责本行政区域内试卷、答题卡的运送、交接和保管，试卷的启用，以及答题卡的回收和保管等环节的保密工作。

第八条 本人或者法律上规定的近亲属参加当年执业兽医资格考试的，不得参加当年考试命题，试卷监印、运送、保管、接收，监考，评卷以及考试保密管理工作。

第三章　命题及试卷印制

第九条　命题应当采取入闱方式，实行全过程保密监督和管理。

第十条　命题用计算机、移动存储等设备，以及命题过程中形成的试题试卷、标准答案、评分标准等所有纸质材料和电子文档的存放和运送应当符合保密要求。

第十一条　命题人员应当签订《执业兽医资格考试保密责任书》，并严格遵守下列规定：

（一）不得向任何人透露、暗示有关试题试卷、标准答案的内容及其他命题工作信息；

（二）未经批准，不得相互了解、交换、接触各自负责命制的试题试卷、标准答案及其他命题工作信息；

（三）不得对外擅自泄露本人参与命题的信息及其他命题人员名单及身份；

（四）在考试前不得参与或者授意他人进行与本专业考试命题有关的培训工作；

（五）不得参与编写、出版相关辅导用书和资料。

第十二条　执业兽医资格考试试卷应当在国家保密局批准的国家统一考试试卷定点印制单位印制。中国动物疫病预防控制中心应当与试卷定点印制单位签订试卷印制保密协议。

第十三条　中国动物疫病预防控制中心应当与试卷定点印制单位履行试卷交印手续。

第十四条　试卷清样、试卷的包装封面应当标明秘密级标识。包装应当使用专用密封签密封。

第十五条　涉及考试的光电磁介质的制作、交接应当在符合保密要求的场所进行。

第四章　试卷运送和保管

第十六条　试卷应当通过机要或者直接押运方式逐级运送。

第十七条　试卷采用直接押运方式运送的，应当符合以下要求：

（一）指定专人负责运送全程监控；单车运送时三人以上押运，两辆车以上运送时每车不得少于两人押运；

（二）专车运送，严禁搭乘与试卷运送无关的人员，严禁搭载与运送工作无关的物品；

（三）押运过程中做到人不离卷、卷不离人，随时报告运送途中情况；发生异常情况时，及时向同级兽医主管部门、公安、保密部门报告，并立即上报中国动物疫病预防控制中心。

第十八条　以火车、航空等其他方式运送的，应当报中国动物疫病预防控制中心，经批准后方可实施。

第十九条　试卷接收单位应当对试卷数量、密封情况进行清点查验，并与运送单位办理交接手续。

第二十条　在接收试卷后至每场考试开考前，应当将试卷存放在符合国家保密规定的场所保管，该场所可以同时用于保管答题卡。

第二十一条　试卷保管应当实行24小时双人守卫值班制度。保管人员应当遵守相关保密规定。

第五章　试卷的领取、分发和销毁

第二十二条　考点兽医主管部门应当指派保密工作人员，负责对试卷的领取、分发和销毁过程实施保密监督。

第二十三条　考点兽医主管部门应当指派两名以上工作人员负责试卷的领取、点验和分发，并与监考员办理分发登记手续。

保密工作人员应当对试卷的领取、点验和分发过程进行现场监督，并对试卷袋密封情况进行查验。

第二十四条　考点兽医主管部门应当在考试结束后安排专人对试卷、备用试卷、答题卡进行清点、封装、移交和保管。备用试卷和答题卡应当专门存放和保管。

保密工作人员应当对试卷、答题卡的清点、封装、移交和保管场所进行现场监督。

第二十五条　考点兽医主管部门应当在考试结束后二日内，将备用试卷和答题卡通过机要或者直接押运方式送交考区兽医主管部门，考区兽医主管部门应当在收到备用试卷和答题卡后二日内，通过机要或者直接押运方式送交中国动物疫病预防控制中心。

第二十六条　试卷应当在考试结束后一个月内按照国家保密规定全部销毁，填写销毁记录。

第六章　阅卷评分

第二十七条　试卷标准答案、评分标准正式拆封启用前，任何单位和个人不得以任何理由启封。

第二十八条 阅卷应当在相对封闭的场所进行，并全程监控。阅卷数据应当及时备份。

第二十九条 成绩数据库由中国动物疫病预防控制中心管理。

第七章 保密责任

第三十条 考试工作人员有违反国家保密法律、法规及本规定行为的，应当立即停止其承担的相关工作，并根据其性质、情节依法给予相应处分；涉嫌犯罪的，移送司法机关处理。

第三十一条 参与考试命题、印制、运送、监考、评卷等环节工作的其他人员，有违反国家保密法律、法规及本规定行为的，应当立即停止其承担的相关工作，并视其性质、情节向其所在单位提出处理建议。涉嫌犯罪的，移送司法机关处理。

第三十二条 将考务工作委托专业考试机构承担的，应当签订保密协议，明确保密责任。

第八章 附 则

第三十三条 本规定由农业部负责解释。

第三十四条 本规定自 2017 年 7 月 1 日起施行。农业部 2011 年 5 月 16 日印发的《执业兽医资格考试保密管理规定》（农医发〔2011〕12 号）同时废止。

五十二、全国执业兽医资格考试考务工作规则（2021 年修订）

（2021 年 6 月 15 日 农业农村部办公厅农办牧〔2021〕29 号发布）

全国执业兽医资格考试考务工作规则(2021 年修订)

第一条 为规范全国执业兽医资格考试（以下简称“考试”）考务工作，确保考试顺利开展，根据《执业兽医资格考试管理办法》，制定本规则。

第二条 考试考务工作是指除命题外，与考试组织实施有关的各项工作。

第三条 考试考务工作遵循科学严谨、规范有序的原则。

第四条 考试考务工作在全国执业兽医资格考试委员会统一领导下进行，农业农村部畜牧兽医局承担考试委员会日常工作，负责拟定考试政策，统筹考试考务工作。中国动物疫病预防控制中心具体指导考试考务组织实施工作。考区、考点组织实施本辖区内考试考务工作。

第五条 考区、考点应当制定与各自职责相匹配的工作规程、违纪行为处理和突发事件应急处置方案。

第六条 考区、考点应当配备与考务工作相适应的考试工作人员。考试工作人员应当明确工作职责，熟悉工作业务，保证考试工作组织严密、程序严谨、标准严格、纪律严明。考试工作人员不得从事兽医相关专业教学或考试培训。

第七条 中国动物疫病预防控制中心、考区、考点应当按要求完成相关人员资质审核。

第八条 考区应按规定向报考人员收取考试费，收费标准、时间、方式等信息在考区考试公告中发布。

采取现场收费方式的，应根据缴费人数合理安排工作人员，保证缴费顺利进行。

第九条 中国疫病预防控制中心、考区应当及时向社会公布报考咨询电话。

第十条 报名和缴费截止后，不得更改、替换、新增报考人员。

第十一条 考区根据考生人数及分布情况，按照方便考生、便于管理和实施的原则，确定承办考试的考点。

考点应建立健全考试组织实施的工作机制，具备突发事件的应急处置能力，有符合要求的考试学校。

考试学校应当选取设施完善、环境优良、交通便利的院校或机构。考试机位分布应相对集中，考场设置和考试工作人员配备符合要求。

第十二条 考点应当在考试前一天按要求完成考试学校和考场的布置、验收，并封闭考场。

第十三条 中国动物疫病预防控制中心应当在考试当天按程序下发、回收、保存考试数据。

第十四条 中国动物疫病预防控制中心、考区及承办考试的考点应当在考试实施期间落实值班及报告制度。

第十五条 考试期间，考试工作人员不得携带通信工具等电子产品进入考场，不得擅自从事与本职工作无关的行为。

第十六条 监考员应当按照监考工作程序主持本考场考试，维护考场秩序。如发现考生有违纪行为的，应当及时制止，并根据相关规定作出处理。

第十七条 中国动物疫病预防控制中心应当按要求做好阅卷评分工作，确保数据准确安全。

第十八条 阅卷中发现疑似违纪线索的，由相关考区按照要求进行查处。

第十九条 任何单位和个人不得改动考生成绩。

第二十条 全国执业兽医资格考试不进行成绩核查。

第二十一条 任何单位和个人未经批准不得发布考试报名、考场设置、考试成绩、合格人员等信息。

第二十二条 本规则自发布之日起施行。《农业部办公厅关于印发〈执业兽医资格考试考务工作规则〉的通知》（农办医〔2015〕26号）、《农业农村部办公厅关于印发〈2018年全国执业兽医资格考试计算机考试试点工作方案〉〈全国执业兽医资格考试计算机考试应急预案（试行）〉和〈全国执业兽医资格考试计算机考试考务工作规则（试行）〉的通知》（农办医〔2018〕23号）中的《全国执业兽医资格考试计算机考试考务工作规则（试行）》同时废止。

附件：1. 全国执业兽医资格考试工作人员及职责

2. 全国执业兽医资格考试考场设置规则

3. 全国执业兽医资格考试监考工作程序

4. 全国执业兽医资格考试考生须知

5. 全国执业兽医资格考试考场指令

附件1

全国执业兽医资格考试工作人员及职责

序号	岗位	职责	配备要求
1	主考	统管其所在学校考试考务工作，接受技术副主考汇报，负责考试违纪和应急处理等	由考点主管部门派出。每个考试学校配备1名
2	技术副主考	管理技术支持员，向主考、技术指挥中心汇报	每个考试学校配1名
3	技术支持员	培训监考员，检查验收考场技术封场情况，管理考试系统，处理技术问题，向技术副主考汇报	每个考试学校按每200名考生配备1名技术支持员
4	机房管理员	管理机房、监考机、考试机等硬件设施设备，保障网络通畅	按实际情况配备
5	考务副主考	管理监考员、巡考员等工作人员，向主考汇报违纪、应急等事项	每个考试学校配备1名
6	巡考员	巡查楼层各考场，监督监考员履职情况；就需要请示的违纪、应急等事项，向考务副主考汇报；如遇技术问题，联系技术支持员解决	每3个考场配备1名，且需保证每个楼层至少1名
7	监考员	按照监考工作程序主持本考场考试，维护考场秩序，操作考试软件，向楼层巡考员汇报	50人以下（含50人）考场配备2名，每增加25人增加配备1名
8	后勤保障人员	提供考试期间电力维护、紧急医疗、安全保障、设施设备维护等服务	根据考生人数、分布以及学校实际配备

附件2

全国执业兽医资格考试考场设置规则

一、考场条件

（一）考场设置应当安全、安静、通风，考试期间实行相对封闭管理。

（二）每个考试学校应当设置考生休息室，配备50人以上的备用考场及相应的监考员。

（三）考试学校应当在醒目位置悬挂“××××年全国执业兽医资格考试”横幅，设置指示标识、考场平面示意图、考场分布表，并公示执业兽医资格考试违纪行为处理暂行办法、考生须知等。其中，路线指示标识应当指示连贯明确，方便查找考场、考务办公室具体位置；考场

平面示意图应当标明考试所在楼位置；考场分布表应当标明考场、各考场内准考证号范围及考务办公室在全楼的分布情况，保证考生准确查找相关场所和信息。

（四）每个楼层楼梯口处应当张贴考场指示信息，考务办公室和每个考场门上应当张贴醒目标识。

（五）按照方便考生和保证考场安全的原则，根据考场具体情况设置警戒线。

（六）每个楼层或教室醒目位置应当标明考试科目、时间、考试监督电话等，考场入口处张贴座位分布图，保证考生知晓相关信息。

（七）每个考场应当设置物品存放处，用于安全存放考生个人物品。

（八）考试机应当配备防窥设施设备。机位干净整洁，桌椅、墙面等地方不得张贴或写有与考试有关的内容。

二、考场设备及网络条件

（一）网络

每个考场都应当接入互联网，网络带宽应当达到 20M 独享或光纤接入至监考机。开考后考试局域网应断开互联网，原则上断开办公局域网。严禁与考试无关的终端接入，严禁在局域网内使用无线网络传输设备。

1. 网络交换机应当是主流产品，稳定可靠，通风散热良好。采用 TCP/IP 协议的网络。

2. 所有终端计算机应至少保证与监考机以 100M 网速相连，网络稳定、顺畅。

3. 原则上各网络节点网线规范，拓扑清晰。

（二）设备

1. 每个考试学校应当配置一台服务器，确保考试学校所有考场监考机能够通过网络访问该服务器，该服务器配置不低于监考机的要求。

2. 每个考场应当配备视频监控和无线信号屏蔽设备。监控设备应当采用市场主流视频监控产品，监控范围确保考场无盲区，清晰度达到设备最佳，无线信号屏蔽设备应当保证本考场范围内有效屏蔽手机、Wi－Fi 等无线信号。

3. 每个考场配备至少 1 台监考机和身份证识别仪等签到设备，考生人数较多的，应当酌情在入口处增加专用签到机，保证考生能够在规定时间内完成签到。

4. 每个考场应当配备 1 台备用监考机和 5％的备用考试机。

5. 考场应当达到消防要求，配备消防器材，有稳定的电源。

（三）监考机配置

设备名称	配置
CPU	主频双核 2.0GHz 及以上
内存	4GB 及以上
硬盘	20GB 以上空闲空间，无还原卡保护或关闭还原卡保护功能
显示分辨率	1024＊768 及以上
网卡	100M 双工网卡一个
USB2.0 接口	至少两个
操作系统	Windows 7 或 Windows 10
IE 浏览器	IE9、IE10 或 IE11
系统环境	安装有效的防病毒软件；安装监考软件时如杀毒软件阻止，应当选择“允许通过”
局域网	与本考场考试机在一个局域网内，能够网络互通
互联网	考前能够访问互联网，开考后不能访问互联网

（四）考试机配置

设备名称	配置
CPU	主频 2GHz 及以上

（续）

设备名称	配置
内存	2GB及以上
硬盘	10G以上空闲空间，不得使用无盘工作站
显示分辨率	1024 * 768及以上，推荐1024 * 768
网卡	100M双工网卡一个，禁用多余的网卡
USB2.0接口	至少一个
操作系统	Windows 7或Windows 10
IE浏览器	IE9、IE10或IE11
还原卡	考试前必须关闭还原卡的保护功能
系统环境	系统干净，安装有效的防病毒软件；安装考试软件时如杀毒软件阻止，应当选择“允许通过”
局域网	与考场服务器在一个局域网内
互联网	考试期间不能访问互联网

附件3

全国执业兽医资格考试监考工作程序

时间	工作要点	工作内容
考前30分钟	考生进场	1. 入场信号发出后，监考员组织考生入场。监考员通过监考机、身份证识别仪等设备逐一核验考生准考证和有效身份证件原件，两证不全、不一致或证件过期者严禁入场 2. 监考员提醒考生将个人物品放置到物品存放处，按准考证上的座位号入座，将准考证及有效身份证件放置在桌面 3. 监考员提醒考生登录考试软件，阅读《考生须知》和《操作指南》
考前15分钟	考生签到	监考员对就座考生进行身份二次核查，并请考生在准考证存根上签字
考前10分钟	宣读考生须知	1. 监考员宣读考场指令A段 2. 监考员宣读考场指令B段 3. 监考员在监考机上关注考生登录状态，及时处理异常问题
考试开始	考试开始宣读指令	1. 考试开始信号发出，监考员宣读考场指令C段 2. 监考员密切关注考试状态，及时处理异常问题
开考20分钟后	缺考确认填写记录表	1. 禁止迟到考生进入考场 2. 监考机自动记录和汇总考生缺考信息 3. 监考员将缺考情况记录在《考场记录表》上
考试开始至考试结束	考场监考	1. 巡视考场，避免监考视线出现死角，严防作弊现象发生 2. 监考员不得对试题内容做任何解释 3. 发现违纪行为立即制止，需上报处理的，通过巡考员逐级报告主考处理，在《违纪情况记录表》上如实记录，由2名监考员和主考签字确认 4. 监考员在监考机上记录违纪信息 5. 考试结束前不得交卷离场
考试结束前15分钟	时间提示	监考员宣读考场指令D段，提醒距离考试结束还有15分钟
考试结束	数据核查备份	1. 考试结束信号发布，监考员宣布考场指令E段，指导考生离场 2. 监考员等待技术支持员完成本考场数据上传，确认无误后，方可离开考场 3. 监考员上交《考场记录表》和《违纪情况记录表》至考务副主考

附件 4

全国执业兽医资格考试考生须知

第一条 考生应当于考前 30 分钟凭本人准考证和有效身份证件原件进入考场，携带证件须与报名时填写证件一致，其他证件均属无效。身份证件应当在有效期内，过期无效。无准考证和有效身份证件原件的，不得参加考试。

第二条 考生进入考场时，除本人准考证和有效身份证件外，不得随身携带手机、智能手表等具有存储、通讯、录放功能的电子产品及纸张、书籍等物品进入考场。上述物品应当存放在监考员指定的物品存放处，违者按违纪处理。

第三条 考生对号入座后，应当将准考证和有效身份证件放置在桌面，以备检查。在考试系统登录界面输入准考证号和有效身份证件号进行考试登录，登录后认真核对考试机屏幕显示的本人信息，等待考试开始。遇有无法登录、计算机系统或网络通信故障、信息错误等情形的，考生应当及时向监考员报告。

第四条 考试开始后，考生应关注考试界面、时间窗口和答题要求，掌握考试时间。

第五条 考试开始 20 分钟后，迟到考生不得进入考场参加考试。

第六条 考生应当遵守考场秩序，保持考场安静，自觉接受监考员的监督和检查，遇到问题应当举手向监考员示意。

第七条 考生应当按照监考员的指令和规定的步骤操作计算机，在规定的答题区域内答题，不得进行其他操作。

第八条 考试期间，考生不得要求监考员解释试题。如出现试题内容显示不全、识别率低、切换缓慢等情形的，可以举手报告，经监考员同意后询问。

第九条 考试期间，考生不得擅自关闭计算机、调整计算机显示屏摆放位置和角度、搬动主机箱、更换键盘和鼠标等外接设备，不得在考试机上插入硬件和安装软件。

第十条 考试期间，如出现网络故障、电力故障、设备故障等非考生自身原因导致的突发情况，考生应当及时向监考员报告，服从监考员安排。需要进行补时或补考的，按照突发事件应急处置有关规定进行处理。

第十一条 考生没有按照要求进行登录、答题，导致系统不能正确记录相关信息的，或因自身原因导致电子试卷下载延迟、题目漏答、考试设备损毁、电子答题数据上传有误的，应当自行承担责任。

第十二条 考生在考试过程中不得随意离场，如确有特殊情况需要暂时离开考场，必须经监考员同意并由指定的工作人员陪同。考生在考试中途暂离考场，其离场时间计入本人的考试时间。

第十三条 考生不得提前交卷离场。考试结束后，不得关闭考试机，监考员发出离场指令后应当立即退场，不得在考场附近逗留、交谈或喧哗。

第十四条 考生在考场内不准交头接耳、传递物品、扰乱考场秩序；不准夹带考试相关资料、抄袭他人答案或为他人抄袭提供方便；不得参与有组织作弊；不准替考。

第十五条 考生不得将试题内容带出考场，不得传播、扩散试题内容。

第十六条 考生应严格遵守考试纪律，对违规违纪的，按照违纪行为处理有关规定进行处理。

附件 5

全国执业兽医资格考试考场指令

A 段：

大家好！欢迎大家参加执业兽医资格考试××科目考试。

我们所在的是××考区××考点××学校第××考场，请考生核对自己准考证上的座位号与考试机上的是否一致，如不一致，请立即离开。如开考后发现，以违纪论处。

现在我宣布考场纪律：

1. 考生应当遵守考场秩序，保持考场安静，自觉接受监考员的监督和检查，遇到问题应当举手向监考员示意。

2. 考生应当按照监考员的指令和规定的步骤操作计算机，在规定的答题区域内答题，不得进行其他操作。

3. 考试期间，考生不得擅自关闭计算机、调整计算机显示屏摆放位置和角度、搬动主机箱、更换键盘和鼠标等外接设备，不得在考试机上插入硬件和安装软件。

4. 考试期间，考生不得要求监考员解释试题。如出现试题内容显示不全、识别率低、切换缓慢等情形的，可以举手报告，经监考员同意后询问。

5. 考试期间，如出现网络故障、电力故障、设备故障等非考生自身原因导致的异常情况，考生应当及时向监考员报告，服从监考员安排。需要进行补时或补考的，按照突发事件应急处置有关规定进行处理。

6. 考生没有按照要求进行登录、答题，导致系统不能正确记录相关信息的，或因自身原因导致电子试卷下载延迟、题目漏答、考试设备损毁、电子答题数据上传有误的，应当自行承担责任。

7. 考生在考试过程中不得随意离场，如确有特殊情况需要暂时离开考场，必须经监考员同意并由指定的工作人员陪同。考生在考试中途暂离考场，其离场时间计入本人的考试时间。

8. 考生不得提前交卷离场。考试结束后，不得关闭考试机，监考员发出离场指令后应当立即退场，不得在考场附近逗留、交谈或喧哗。

9. 考生在考场内不准交头接耳、传递物品、扰乱考场秩序；不准夹带考试相关资料、抄袭他人答案或为他人抄袭提供方便；不得参与有组织作弊；不准替考。

10. 考生不得将试题内容带出考场，不得传播、扩散试题内容。

11. 考生应严格遵守考试纪律，对违规违纪的，按照违纪行为处理有关规定进行处理。

B 段：

1. 请在考试机上输入准考证号和有效身份证件号进行考试登录，登录后认真核对考试机屏幕显示的照片、姓名、座位号、准考证号、有效身份证件号、考试类别、考试科目等信息，如有问题马上举手示意。（停顿 1 分钟）

2. 请仔细阅读《考生须知》和《操作指南》，等待考试开始。

C 段：（考试铃响，监考员宣读）现在开始答题。

D 段：现在离考试结束还有 15 分钟，请考生抓紧时间。

E 段：（考试铃响，监考员宣读）

考试现在结束，请大家不要关闭电脑，有序离场，谢谢各位的合作。

五十三、关于兽医诊断制品注册分类及注册资料要求的公告（2020 年修订）

（2020 年 9 月 29 日　农业农村部公告第 342 号发布）

为进一步提高兽医诊断制品研制积极性，促进商业化生产和应用，提高制品质量，进一步满足动物疫病诊断和监测等工作需要，我部组织修订了《兽医诊断制品注册分类及注册资料要求》，现予发布，自 2020 年 10 月 15 日起施行，并就有关事项公告如下。

一、纳入兽药注册管理的兽医诊断制品仅指用于动物疫病诊断或免疫监测的诊断制品。

二、自 2020 年 10 月 15 日起，新的兽医诊断制品注册申请应由具有相应 GMP 条件并进行中试生产的企业单独提出或联合其他研究单位提出。经评审认为符合注册要求的创新型兽医诊断制品，核发《新兽药注册证书》；经评审认为符合注册要求的改良型兽医诊断制品，核准制品生产工艺、质量标准、标签和说明书，由中试生产企业按《兽药产品批准文号管理办法》第六条规定的情形向我部申请核发兽药产品批准文号，并免除其提交《新兽药注册证书》的要求。

三、对体内兽医诊断制品的临床试验管理要求，与预防治疗类兽用生物制品相同。体外兽医诊断制品的临床试验无需审批，有关临床试验单位不需报告和接受兽药 GCP 监督检查。

四、2020 年 10 月 15 日前已申请的兽医诊断制品，按照原注册资料要求执行。

特此公告。

附件

兽医诊断制品注册分类及注册资料要求

一、注册分类创新型兽医诊断制品：首次应用新诊断方法研制、具有临床使用价值且未在国内上市销售的兽医诊断制品。改良型兽医诊断制品：与已在国内上市销售的兽医诊断制品相比，

在敏感性、特异性、稳定性、便捷性或适用性等方面有所改进的兽医诊断制品。

二、注册资料项目及其说明

（一）一般资料

1. 诊断制品的名称。包括通用名、英文名。通用名应符合“兽用生物制品命名原则”的规定。

2. 证明性文件。

（1）申请人合法登记的证明文件。

（2）对他人的知识产权不构成侵权的保证书。

（3）研究中使用了高致病性动物病原微生物的，应当提供有关实验活动审批的批准性文件复印件。

3. 生产工艺规程、质量标准及其起草说明，附各主要成品检验项目的标准操作程序。

4. 说明书和标签文字样稿。

5. 申报创新型兽医诊断制品的，应提供创新性说明。

（二）生产用菌（毒、虫）种或其他抗原的研究资料

6. 来源和特性。包括来源、血清学特性、生物学特性、纯粹或纯净性等研究资料。

7. 使用合成肽或表达产物作为抗原的，应提供抗原选择的依据。

8. 对于分子生物学类制品，应明确引物、探针等的选择依据。

（三）主要原辅材料的来源、质量标准和检验报告等

9. 对生产中使用的细胞、单克隆抗体、血清、核酸材料、酶标板、酶标抗体、酶等原辅材料，应明确来源，建立企业标准，提交检验报告。有国家标准的，应符合国家标准要求。

（四）生产工艺研究资料

10. 主要制造用材料、组分、配方、工艺流程等资料及生产工艺的研究资料。

（1）抗原、抗体、核酸、多肽等主要物质的制备和检验报告。

（2）阴、阳性对照品的制备和检验报告。

（3）制品组分、配方和组装流程等资料。

（五）质控样品的制备、检验、标定等研究资料

11. 成品检验所用质控样品的研究、制备、检验、标定等资料。包括检验标准、检验报告、标定方法和标定报告等。使用国际或国家标准品/参考品作为质控样品的，仅需提供其来源证明材料。

（六）制品的质量研究资料。

12. 用于各项质量研究的制品批数、批号、批量，试验负责人和执行人签名，试验时间和地点。

13. 诊断方法的建立和最适条件确定的研究资料。

14. 敏感性研究报告。包括对已知弱阳性、阳性样品检出的阳性率，最低检出量（灵敏度）等。如检测标的物包含多种血清型/基因型，应提供制品对主要流行血清型/基因型样品检测的研究报告。

15. 特异性研究报告。包括对已知阴性样品、可能有交叉反应的抗原或抗体样品进行检测的阴性率等。

16. 重复性研究报告。至少 3 批诊断制品的批间和批内可重复性研究报告。

17. 至少 3 批诊断制品成品的保存期试验报告。

18. 符合率研究报告。与其他诊断方法比较的试验报告。

19. 对于体内诊断制品，应提供 3 批制品对靶动物的化学物质残留、不良反应等安全性研究报告。上述研究中，涉及多血清型/基因型/致病型等病原体或国内尚未发生的疫病病原体的，如需用到的病原体样品难以获得，可使用生物信息学方法等进行分析。

（七）中试生产报告和批记录

20. 兽医诊断制品的中试生产应在申请人的相应 GMP 生产线进行。中试生产报告应经生产负责人和质量负责人签名，主要内容包括：

（1）中试时间、地点和生产过程。

（2）制品批数（至少连续 3 批）、批号、批量。

（3）制品生产和检验报告。

（4）中试过程中发现的问题及解决措施等。

21. 至少连续 3 批中试产品的批生产和批检验记录。

（八）临床试验报告

22. 应详细报告已经进行的临床试验的详细情况，包括不符合预期的所有试验数据。临床试验中使用的制品应不少于 3 批。每种靶动物临床样品检测数量应不少于 1 000 份；若为犬猫等宠物样品，检测数量应不少于 500 份；若为难以获

得的动物疫病临床样品，检测数量应不少于50份。至少10%的临床样品检测结果需用其他方法（最好是金标准方法）确认。临床样品中应包括阴性样品、阳性样品（阳性样品一般应不少于10%）。

（九）以下注册资料要求适用于创新型兽医诊断制品

23. 中试生产批数和临床试验样品数量要求加倍。

24. 由不少于3家兽医实验室（分布于不同省份）对3批诊断制品进行适应性检测（包括敏感性、特异性，所用样品应包括阳性、弱阳性、阴性等各类临床样品或质控样品），并出具评价报告（含批内、批间差异分析）。

三、进口注册资料项目及其说明

（一）进口注册资料项目

1. 一般资料。

（1）证明性文件。

（2）生产纲要、质量标准，附各项主要成品检验项目的标准操作程序。

（3）说明书和标签样稿。

2. 生产用菌（毒、虫）种或其他抗原的研究资料。

3. 主要原辅材料的来源、质量标准和检验报告等。

4. 生产工艺研究资料。

5. 质控样品的制备、检验、标定等研究资料。

6. 制品的质量研究资料。

7. 至少3批制品的批生产和检验报告、批生产和检验记录。

8. 临床试验报告。

（二）进口注册资料的说明

1. 申请进口注册时，应报送资料项目1～8。

（1）生产企业所在国家（地区）有关管理部门批准生产、销售的证明文件，颁发的符合兽药生产质量管理规范的证明文件，上述文件应当经公证或认证后，再经中国使领馆确认。

（2）由境外企业驻中国代表机构办理注册事务的，应当提供《外国企业常驻中国代表机构登记证》复印件。

（3）由境外企业委托中国代理机构代理注册事务的，应当提供委托文书及其公证文件，中国代理机构的《营业执照》复印件。

（4）申请的制品或使用的处方、工艺等专利情况及其权属状态说明，以及对他人的专利不构成侵权的保证书。

（5）该制品在其他国家注册情况的说明。

2. 用于申请进口注册的试验数据，应为申请人在中国境外获得的试验数据。未经批准，不得为进口注册目的在中国境内进行试验。在注册过程中，如经评审认为有必要，可要求申请人提交由我国有关单位进行的临床验证试验报告。体内诊断试剂的临床验证试验应符合我国《兽药临床试验质量管理规范》的要求。

3. 进口注册申报资料应当使用中文并附原文，原文非英文的资料应翻译成英文，原文和英文附后作为参考，中、英文译文应当与原文一致。

4. 进口注册申报资料的其他要求原则上与国内制品注册申报资料相应要求一致。

五十四、农业部兽医处方格式及应用规范

（2016年10月8日　农业部公告2450号发布　凡与本规范不符的处方笺自2017年1月1日起不得使用）

兽医处方格式及应用规范

为规范兽医处方管理，根据《中华人民共和国动物防疫法》及《执业兽医管理办法》《动物诊疗机构管理办法》《兽用处方药和非处方药管理办法》，制定本规范。

一、基本要求

1. 本规范所称兽医处方，是指执业兽医师在动物诊疗活动中开具的，作为动物用药凭证的文书。

2. 执业兽医师根据动物诊疗活动的需要，按照兽药使用规范，遵循安全、有效、经济的原则开具兽医处方。

3. 执业兽医师在注册单位签名留样或者专用签章备案后，方可开具处方。兽医处方经执业兽医师签名或者盖章后有效。

4. 执业兽医师利用计算机开具、传递兽医处

方时，应当同时打印出纸质处方，其格式与手写处方一致；打印的纸质处方经执业兽医师签名或盖章后有效。

5. 兽医处方限于当次诊疗结果用药，开具当日有效。特殊情况下需延长有效期的，由开具兽医处方的执业兽医师注明有效期限，但有效期最长不得超过3天。

6. 除兽用麻醉药品、精神药品、毒性药品和放射性药品外，动物诊疗机构和执业兽医师不得限制动物主人持处方到兽药经营企业购药。

二、处方笺格式

兽医处方笺规格和样式（见附件）由农业部规定，从事动物诊疗活动的单位应当按照规定的规格和样式印制兽医处方笺或者设计电子处方笺。兽医处方笺规格如下：

1. 兽医处方笺一式三联，可以使用同一种颜色纸张，也可以使用三种不同颜色纸张。

2. 兽医处方笺分为两种规格，小规格为长210mm、宽148mm；大规格为长296mm、宽210mm。

三、处方笺内容

兽医处方笺内容包括前记、正文、后记三部分，要符合以下标准：

1. 前记：对个体动物进行诊疗的，至少包括动物主人姓名或者动物饲养单位名称、档案号、开具日期和动物的种类、性别、体重、年（日）龄。对群体动物进行诊疗的，至少包括饲养单位名称、档案号、开具日期和动物的种类、数量、年（日）龄。

2. 正文：包括初步诊断情况和Rp（拉丁文Recipe“请取”的缩写）。Rp应当分列兽药名称、规格、数量、用法、用量等内容；对于食品动物还应当注明休药期。

3. 后记：至少包括执业兽医师签名或盖章和注册号、发药人签名或盖章。

四、处方书写要求

兽医处方书写应当符合下列要求：

1. 动物基本信息、临床诊断情况应当填写清晰、完整，并与病历记载一致。

2. 字迹清楚，原则上不得涂改；如需修改，应当在修改处签名或盖章，并注明修改日期。

3. 兽药名称应当以兽药国家标准载明的名称为准。兽药名称简写或者缩写应当符合国内通用写法，不得自行编制兽药缩写名或者使用代号。

4. 书写兽药规格、数量、用法、用量及休药期要准确规范。

5. 兽医处方中包含兽用化学药品、生物制品、中成药的，每种兽药应当另起一行。

6. 兽药剂量与数量用阿拉伯数字书写。剂量应当使用法定计量单位：质量以千克（kg）、克（g）、毫克（mg）、微克（μg）、纳克（ng）为单位；容量以升（L）、毫升（mL）为单位；有效量单位以国际单位（IU）、单位（U）为单位。

7. 片剂、丸剂、胶囊剂以及单剂量包装的散剂、颗粒剂分别以片、丸、粒、袋为单位；多剂量包装的散剂、颗粒剂以g或kg为单位；单剂量包装的溶液剂以支、瓶为单位，多剂量包装的溶液剂以mL或L为单位；软膏及乳膏剂以支、盒为单位；单剂量包装的注射剂以支、瓶为单位，多剂量包装的注射剂以mL或L、g或kg为单位，应当注明含量；兽用中药自拟方应当以剂为单位。

8. 开具处方后的空白处应当画一斜线，以示处方完毕。

9. 执业兽医师注册号可采用印刷或盖章方式填写。

五、处方保存

1. 兽医处方开具后，第一联由从事动物诊疗活动的单位留存，第二联由药房或者兽药经营企业留存，第三联由动物主人或者饲养单位留存。

2. 兽医处方由处方开具、兽药核发单位妥善保存二年以上。保存期满后，经所在单位主要负责人批准、登记备案，方可销毁。

附件

兽医处方笺样式

<table>
<tr><td colspan="2">×××××××处方笺
动物主人/饲养单位
动物种类
年（日）龄</td><td>动物性别
开具日期</td><td>档案号.
体重/数量</td><td rowspan="3">第一联从事动物诊疗活动的单位留存</td></tr>
<tr><td>诊　断：</td><td colspan="3">Rp：</td></tr>
<tr><td colspan="2">执业兽医师</td><td>注册号.</td><td>发药人</td></tr>
</table>

注：“×××××××处方笺”中，“×××××××”为从事动物诊疗活动的单位名称。

五十五、农业农村部办公厅关于进一步规范畜禽屠宰检疫有关工作的通知

（2022年11月11日　农业农村部办公厅农办牧〔2022〕31号发布）

各省、自治区、直辖市农业农村（农牧）、畜牧兽医厅（局、委），新疆生产建设兵团农业农村局：

为进一步规范畜禽屠宰检疫工作，方便畜禽产品流通，现就新修订的《动物检疫管理办法》施行后，屠宰检疫以及出具动物检疫证明（以下简称“出证”）有关事项通知如下。

一、对到达目的地后分销的畜禽产品，不再重复出证。

二、对经检疫合格的畜禽胴体及生皮、原毛、绒、脏器、血液、蹄、头、角等直接从屠宰线生产的畜禽产品出证。

三、已经实施畜禽产品无纸化出证并实现电子证照互通互认的地区，对取得动物检疫证明的畜禽产品，继续在本屠宰企业内分割加工的，不再重复出证，附具动物检疫证明电子证照加注件。

四、尚未实施畜禽产品无纸化出证并实现电子证照互通互认的地区，暂时对在本屠宰企业内分割加工的畜禽产品继续出证。

五、各地农业农村部门要按照《国务院关于加快推进政务服务标准化规范化便利化的指导意见》（国发〔2022〕5号）要求，在我部指导下加快动物检疫信息化进程，在2025年底前全面实施无纸化出证，推动实现动物检疫证明电子证照全国互通互认。

六、应当检疫出证的畜禽胴体包括畜禽经宰杀、放血后除去毛、内脏、头、尾及四肢（腕及关节以下）后的躯体部分，也包括家畜躯体部分的二分体、四分体。

五十六、生猪屠宰厂（场）飞行检查办法

（2017年4月19日　农业部公告第2521号发布）

生猪屠宰厂（场）飞行检查办法

第一章　总　　则

第一条　为加强生猪屠宰厂（场）的监督管理，根据《生猪屠宰管理条例》，制定本办法。

第二条　本办法所称生猪屠宰厂（场）飞行检查（以下简称“飞行检查”），是指畜牧兽医主管部门根据监管工作需要，针对生猪屠宰厂（场）组织开展的不预先告知的特定监督检查。

第三条　农业部负责组织实施全国范围内的飞行检查。设区的市级以上地方人民政府畜牧兽医主管部门负责组织实施本行政区域内的飞行检查。

第四条　飞行检查应当遵循依法、客观、公平的原则。

第五条　生猪屠宰厂（场）对飞行检查应当予以配合，不得拒绝或者阻碍。

第六条　参与飞行检查的有关工作人员应当严格遵守有关法律法规、廉政纪律和工作要求，不得向被检查生猪屠宰厂（场）提出与检查无关的要求，不得泄露飞行检查相关情况、投诉举报人信息及生猪屠宰厂（场）商业秘密。

第二章　飞行检查的启动

第七条　在日常随机抽查基础上，对有下列情形之一的生猪屠宰厂（场），畜牧兽医主管部门可以组织开展飞行检查：

（一）投诉举报或者其他来源的线索表明可能存在屠宰违法行为的；

（二）曾经发生肉品质量安全事件或者因屠宰违法行为受到过行政处罚的；

（三）其他需要开展飞行检查的情形。

第八条　决定对生猪屠宰厂（场）开展飞行检查的，畜牧兽医主管部门应当制定检查方案，明确被检查对象、检查内容、检查方式、检查时间、检查组人员构成等事项，并明确飞行检查工作要求。

第九条　检查组应当由3人以上单数组成，实行组长负责制。检查组成员应当从执法人员库中随机抽取。根据检查工作需要，畜牧兽医主管部门可以请相关领域专家参加飞行检查。

检查组成员和专家应当签署无利益冲突声明和廉政承诺书；所从事的检查活动与其个人利益之间可能发生矛盾或者冲突的，应当主动提出回避。

第十条　畜牧兽医主管部门组织飞行检查时，可以适时将检查组到达时间告知被检查生猪屠宰厂（场）所在地畜牧兽医主管部门。

被检查生猪屠宰厂（场）所在地畜牧兽医主管部门应当派执法人员协助开展检查，协助检查的执法人员应当服从检查组的安排。

第三章　飞行检查的实施

第十一条　检查组到达生猪屠宰厂（场）后，应当出示执法证件和飞行检查通知单。

第十二条　被检查生猪屠宰厂（场）应当按照检查组要求，明确检查现场负责人，配合开展检查，提供真实、完整的证照、文件、记录、票据、电子数据等相关材料，如实回答检查组的询问。

第十三条　检查过程中，检查组应当根据情况收集或者复印相关文件资料，记录或者拍摄发现的问题，采集样品以及询问有关人员等。

检查组应当及时、准确、客观记录检查情况，包括检查时间、地点、现场情况、发现的问题等。

第十四条　需要采集样品进行检验的，检查组应当按照规定采集样品。采集的样品应当送有资质的检测机构进行检验，费用由组织实施飞行检查的畜牧兽医主管部门承担。

第十五条　检查过程中发现需要采取证据先行登记保存或者行政强制措施的，由被检查生猪屠宰厂（场）所在地畜牧兽医主管部门依法实施。

第十六条　飞行检查过程中形成的记录以及依法收集的相关资料、实物等，可以作为行政处罚中认定事实的依据。

第十七条　检查结束前，检查组应当向被检查生猪屠宰厂（场）通报检查相关情况。被检查生猪屠宰厂（场）有异议的，可以陈述和申辩，检查组应当如实记录。生猪屠宰厂（场）负责人、检查组成员应当在检查记录表上签字。

第十八条 检查结束后，检查组应当撰写检查报告。检查报告的内容包括：检查过程、发现问题、相关证据、检查结论和处理建议等。

检查组应当在检查结束后5个工作日内（样品检测时间不计入在内），将检查报告、检查记录、相关证据材料等报组织实施飞行检查的畜牧兽医主管部门，并抄送被检查生猪屠宰厂（场）所在地畜牧兽医主管部门。

第四章 飞行检查结果的处理

第十九条 飞行检查发现生猪屠宰厂（场）存在质量安全风险隐患的，生猪屠宰厂（场）所在地畜牧兽医主管部门应当依法采取约谈、限期整改、监督召回产品，以及暂停生产、销售等风险控制措施。质量安全风险隐患消除后，应当及时解除相关风险控制措施。

第二十条 飞行检查发现生猪屠宰厂（场）存在违法行为的，组织飞行检查的畜牧兽医主管部门应当立案查处或者责成被检查生猪屠宰厂（场）所在地畜牧兽医主管部门查处。

由所在地畜牧兽医主管部门查处的，应当及时将查处的结果报送组织飞行检查的畜牧兽医主管部门。

第二十一条 飞行检查发现生猪屠宰厂（场）违法行为涉嫌犯罪的，应当依法移送公安机关处理。

第二十二条 被检查生猪屠宰厂（场）有下列情形之一的，视为拒绝、阻碍检查：

（一）拖延、限制、拒绝检查人员进入生猪屠宰厂（场），或者限制检查时间的；

（二）无正当理由不提供或者延迟提供与检查相关的证照、文件、记录、票据、电子数据等材料的；

（三）以声称工作人员不在、故意停止屠宰生产经营活动等方式欺骗、误导、逃避检查的；

（四）拒绝或者限制拍摄、复印、采样等取证工作的；

（五）其他不配合检查的情形。

检查组对被检查生猪屠宰厂（场）拒绝、阻碍飞行检查的行为应当进行书面记录，责令改正并及时报告组织实施飞行检查的畜牧兽医主管部门。

第二十三条 被检查生猪屠宰厂（场）阻碍检查组依法执行公务，涉嫌违反治安管理的，由畜牧兽医主管部门移交公安机关依法处理。

第二十四条 畜牧兽医主管部门及有关工作人员有下列情形之一的，应当依法依纪处理：

（一）泄露飞行检查信息的；

（二）泄露投诉举报人信息的；

（三）出具虚假检查报告或者检验报告的；

（四）干扰、拖延检查或者拒绝立案查处的；

（五）有其他违规行为的。

第五章 附 则

第二十五条 本办法自2017年6月1日起施行。

附件：1. 生猪屠宰厂（场）飞行检查记录表

2. 生猪屠宰厂（场）飞行检查现场采样单

3. 飞行检查通知单

附件1

生猪屠宰厂（场）飞行检查记录表

被检查生猪屠宰厂（场）		法定代表人	
地　址		屠宰证号	
检查事由			
检查时间			
检查情况（包括现场状况、存在问题等）：			
处理建议：			

（续）

生猪屠宰厂（场）意见：
生猪屠宰厂（场）负责人签名（盖章）： 年　月　日
检查组成员签名： 年　月　日

注：检查情况可另附纸填写，但需检查组和被检查生猪屠宰厂（场）负责人签字。

附件 2

生猪屠宰厂（场）飞行检查现场采样单

生猪屠宰厂（场）		屠宰证号	
地　址			
联系人		联系电话	
采样方式		采样日期	
样品编号	样品名称	采样数量	检疫证号
生猪屠宰企业经办人和采样人应当仔细阅读下面文字，确认后签字			
本人认真负责地填写（提供）了以上内容，确认所填写内容及采集样品真实。 经办人： 年　月　日 （生猪屠宰厂（场）盖章）			本次采样已按要求执行完毕，样品经双方人员共同确认，并做记录如上。 采 样 人： 采样单位： 年　月　日
备注			

注：此单一式三联，第一联飞行检查组织单位保存；第二联随样品交检验单位；第三联交被采样生猪屠宰厂（场）保存。

附件 3

飞行检查通知单

____________________：

根据《生猪屠宰管理条例》及《生猪屠宰厂（场）飞行检查办法》等有关规定，现派__________（组长）等______人组成检查组前往你厂（场），于______年____月____日至____月____日对你厂（场）实施飞行检查。

请按照检查组要求，明确检查现场负责人，配合开展检查，提供真实、完整的证照、文件、记录、票据、电子数据等相关材料，如实回答检查组的询问。

特此通知。

检查组人员名单：

飞行检查组织部门（盖章）

年　月　日

五十七、关于规范动物检疫验讫证章和相关标志样式等有关要求的通知

（2019 年 3 月 20 日 农业农村部办公厅农办牧〔2019〕28 号发布）

各省、自治区、直辖市农业农村（畜牧兽医、农牧）厅（局、委），新疆生产建设兵团畜牧兽医局：

加强动物检疫证章标志管理是规范动物检疫和畜产品质量安全的重要手段。为进一步规范动物检疫证章标志使用和管理，强化检疫监管行为，我部根据各地的意见建议，组织相关省份认真研究，设计了部分新的动物检疫验讫证章和相关标志样式，现印发给你们，并就有关事项通知如下。

一、启用生猪屠宰检疫验讫印章

为解决生猪胴体上检疫验讫印章规格大小、印油颜色不一致等问题，我部组织对各地目前使用的生猪屠宰检疫验讫印章进行了研究，在基本保持原有样式基础上，对尺寸等进行了统一规范，自本通知印发之日起启用（样式见附件 1）。同时规定，对检疫合格肉品加盖的验讫印章印油，颜色统一使用蓝色；对检疫不合格的肉品加盖的“高温”或“销毁”章印油，颜色统一使用红色。印油必须使用符合食品级标准的原料。已经得到批准使用针刺检疫验讫印章、激光灼刻检疫验讫印章的，其印章印迹应与本通知规定的检疫验讫印章的尺寸、规格、内容一致，所用原材料材质必须符合国家规定，不能对生猪产品产生污染。

二、启用牛羊肉塑料卡环式检疫验讫标志

为解决牛羊肉检疫后不易加盖检疫验讫印章问题，2016 年以来，我部在部分地方开展了牛羊肉塑料卡环式检疫验讫标志使用试点工作，该验讫标志参照了国际标准，并设计了防伪识别码，能有效防止伪造变造。目前该检疫验讫标志已通过鉴定，自本通知印发之日起启用（样式见附件 2）。

三、启用新型动物产品检疫粘贴标志

为解决动物产品检疫粘贴标志遇水脱落等问题，我部指导部分省份开展相关研究并做了大量实践，设计了新型标志。新型标志增加了防水珠光膜，具有经冷冻不易脱落、不褪色等优点。该新型动物产品检疫粘贴标志正面与原标志相同，背面增加了图案设计，提高了防伪水平。新型标志自本通知印发之日起启用（背面样式见附件 3），各省份可根据实际情况，选择加施新型标志或者继续加施原标志。

四、变更动物检疫证明及标识监制章

由于农业农村部组建后不再保留农业部，动物检疫证明及相关标识监制章上的“中华人民共和国农业部监制章”变更为“中华人民共和国农业农村部监制章”，自本通知印发之日起启用。请各省份到我部畜牧兽医局领取监制章样模。

五、工作要求

请各省级畜牧兽医部门认真做好动物检疫证章标志规范工作，严格按照规定样式组织生产和使用新的动物检疫验讫证章和相关标志，原有的生猪检疫验讫印章、牛羊检疫验讫印章和加盖原监制章的动物检疫证明及相关标识可以使用至 2019 年 12 月 31 日。

附件：1. 生猪屠宰检疫验讫印章样式

2. 牛羊肉塑料卡环式检疫验讫标志样式

3. 新型动物产品检疫粘贴标志背面样式

附件 1

生猪屠宰检疫验讫印章样式

1. 生猪屠宰检疫验讫印章的组成及结构

生猪屠宰检疫验讫印章由验讫印章和无害化处理印章“高温”“销毁”组成。其中，验讫印章由手柄、印章滚轮、支架、储墨筒四部分连接组成。

1.1 手柄

手柄经螺杆固定在支架上。

1.2 印章滚轮

滚轮是环保型 PVC 材料，上面承载省份、检疫验讫、地市代码、屠宰场编码及日期等信息。

1.3 支架

支架为 2mm 不锈钢冲压成形。

1.4 储油筒

储油筒材质是环保 PVC 材料，油筒外层用密质海绵包裹。

2. 生猪屠宰检疫验讫印章的形状与规格

2.1 手柄

手柄形状为：曲线型圆柱体，长 128mm，直径 28mm，经二次注塑成型。

2.2 生猪屠宰检疫滚印滚轮

筒章体直径 52.5mm，印模展开圆周长度 165mm，印模宽度 68mm，两边边线宽 2mm，边线为间断式线条。

2.2.1 表明省份的汉字为黑体，字高 18mm，两字排列总宽度 42mm，系活动字块，镶嵌在章体的凹槽内。（省名为三个字的，为变形黑体字，字高 18mm，三字排列总宽度 42mm。）

2.2.2 用字母和数字表明地市代码和屠宰场编号，字母和数字为单个活动字块，镶嵌在章体凹槽内，便于使用者组合，字高 16mm，四个字排列总宽度为 42mm，具体代码和编号由主管行政部门确定。

2.2.3 “检疫”“验讫”四个汉字分两排排列，为固定式，与章体同时注塑而成，字体为黑体，字高 18mm，两字排列宽度为 42mm。

2.2.4 表明年份的四个数字为黑体，字高 12mm，排列总宽度 37mm，数字为单个活动字块，镶嵌在章体凹槽内。

2.2.5 表明月份和日期的四个数字，为黑体，字高 12mm，排列总宽度 43mm，数字为单个活动字块，便于月份和日期变动进行调整组合，镶嵌在章体凹槽内。

所有字块材料均为环保型柔性 PVC，经注塑而成。

2.2.6 表明省份与编码的文字行距为 11mm，表明编码与检疫汉字的文字行距为 10mm，检疫与验讫汉字的行距为 12mm，验讫汉字与表明年份的数字码行距为 11mm，表明年份与日期的数字码行距为 11mm，表明日期与省份的文字行距为 16mm，印模展开周长 165mm。

2.3 储墨筒

储墨筒与滚轮印章并排固定在支架内，外圆紧密接触，形状同为圆柱体，靠印章滚筒摩擦带动储墨筒转动，着墨方式为自动上墨，储墨量为 50 克。

2.4 附件

2.4.1 该章配有附件无害化处理印章“销毁”和“高温”章各一枚。

2.4.2 该章配有阿拉伯数字 0—9 字块四组，英文字母 26 个字块。

2.4.3 印章章盒自带锁扣，便于携带和用后保管。章体及所有附件、油墨瓶均盛装盒内。

滚筒章印模尺寸

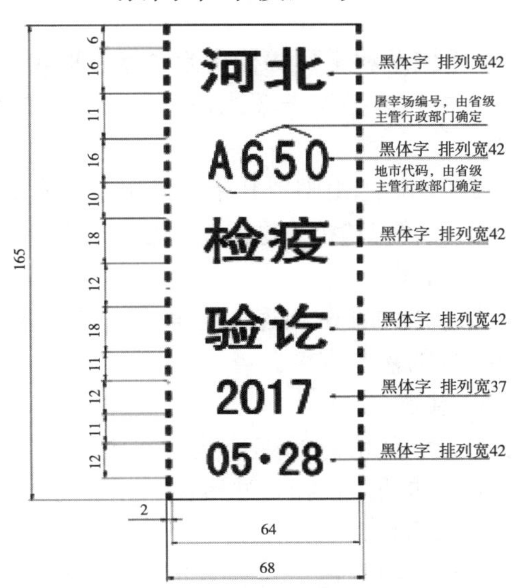

2.5 无害化处理印章

2.5.1 销毁标记

章体材料：环保柔性 PVC

规格：为长方形，长 90mm，宽 45mm，夹角 53 度

“销毁”字样，字体为黑体

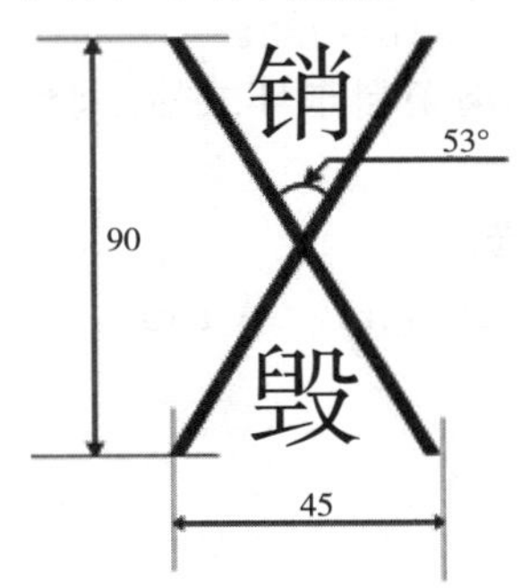

销毁印章印模示意图

2.5.2 高温处理标记

章体材料：环保柔性 PVC

规格：等边三角形，边长 90mm，边线宽 2mm

“高温”字样，字体为黑体

高温印章印模标意图

附件2

牛羊肉塑料卡环式检疫验讫标志样式

1. 牛羊肉塑料卡环式检疫验讫标志的组成及结构

检疫验讫标志由塑料扎带、锁扣、标牌（见附图1）和动物产品检疫验讫标签（见附图2）组成。

1.1 扎带

扎带与锁扣紧密相连，上面有齿状卡位，用于调整扎带的松紧程度。

1.2 锁扣

锁扣与承载信息标牌连接，连接部位为三角形，扎带弯曲插入锁扣，并留在锁扣孔内。

1.3 标牌

标牌与锁扣相连，为长方形，用于粘贴检疫验讫标签。

扎带、锁扣、标牌三部分为一整体，在同一轴心线上。

1.4 标签

检疫验讫标签贴在标牌部位，上面承载产品的编码信息具有防伪功能。

2. 牛羊肉塑料卡环式检疫验讫标志的形状与规格

2.1 扎带

扎带总长300mm，厚1mm，宽5mm，扎带齿距4mm，齿厚为2.9mm，扎带最下端的手牵部分长70mm。

2.2 锁扣

形状为：不规则，外部尺寸为：9mm×10mm×15mm，锁扣进开口尺寸为：3.2mm×5.5mm，锁扣内舌片长4.5mm，舌片距出口距离3mm，锁扣出开口尺寸为：5.7mm×4mm。

2.3 标牌

标牌形状为：长方形，规格为：34mm×38mm，厚1mm。

2.4 标签

检疫验讫标签形状为：正方形，规格为：32mm×32mm，标志上面印有“中国动物卫生监督”字样，字体为黑体，字号为7.6号，下面印有“动物产品检疫验讫”字样，字体为黑体，字号为8.8；标签左边为中国动物卫生监督标志图徽，直径为11.5mm；右边为二维码，尺寸为10mm×10mm；其下为各省简称后加10位数字的流水号码，字体为黑体，字号为8号；标签整个底纹为浅蓝色。

附图1

塑料卡环式检疫验讫标志扎带、锁扣、标牌示意图

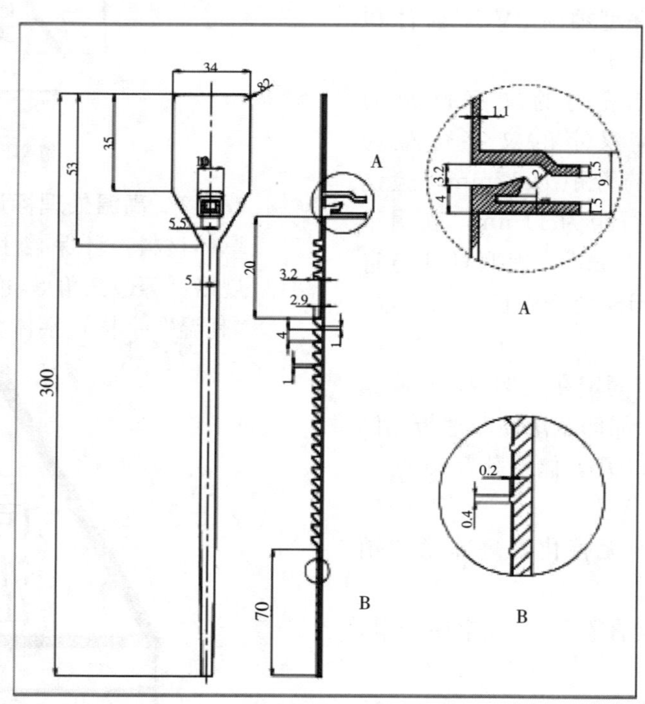

（单位：毫米）

附图 2

动物产品检疫验讫标签示意图

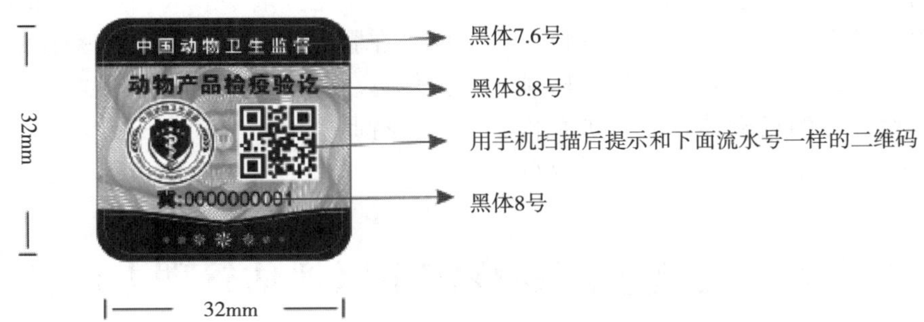

（单位：毫米）

附件 3

新型动物产品检疫粘贴标志背面样式

新型动物产品检疫粘贴标志背面设计采用团花版纹防伪，团花周边有防伪微缩文字“中国农业农村部监制”；团花中间为各省份监督所公章；公章左右为黑体“检疫专用，仿冒必究”字样，公章下方印刷防伪荧光字样“××专用”(例如:山东专用)。

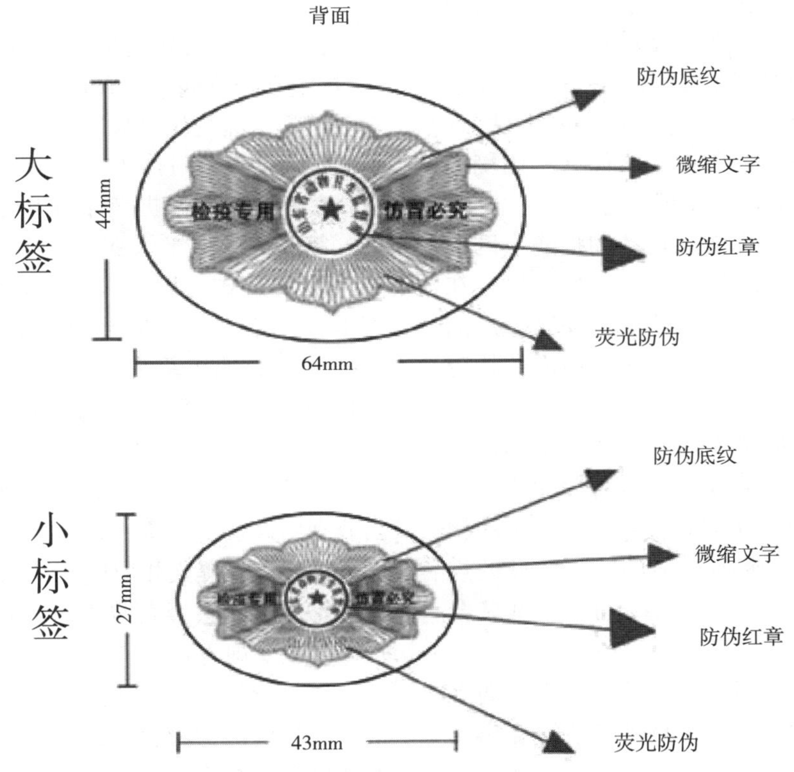

五十八、肉品品质检验

（2018 年 4 月 16 日 农业农村部公告第 10 号发布）

为进一步加强生猪屠宰质量安全监管工作，规范生猪屠宰行为，根据《生猪屠宰管理条例》，现将有关事项公告如下。

生猪定点屠宰厂（场）应当按照国家规定的

肉品品质检验规程进行检验。肉品品质检验应当与生猪屠宰同步进行，包括宰前检验和宰后检验，检验内容包括健康状况、传染性疾病和寄生虫病以外的疾病、注水或者注入其他物质、有害物质、有害腺体、白肌肉（PSE 肉）或黑干肉（DFD 肉）、种猪及晚阉猪以及国家规定的其他检验项目。经肉品品质检验合格的猪胴体，应当加盖肉品品质检验合格验讫章，并附具《肉品品质检验合格证》后方可出厂（场）；检验合格的其他生猪产品（含分割肉品）应当附具《肉品品质检验合格证》。

生猪定点屠宰厂（场）屠宰的种猪和晚阉猪，应当在胴体和《肉品品质检验合格证》上标明相关信息。

特此公告。

五十九、无规定动物疫病小区评估管理办法

（2019 年 12 月 17 日 农业农村部公告第 242 号发布）

第一章 总 则

第一条 为推进动物疫病区域化管理，规范实施无规定动物疫病小区建设和评估活动，有效控制和消灭动物疫病，提高动物卫生及动物产品安全水平，促进动物及动物产品贸易，根据《中华人民共和国动物防疫法》《无规定动物疫病区评估管理办法》等，制定本办法。

第二条 本办法适用于中华人民共和国境内无规定动物疫病小区的评估管理。

第三条 本办法所称无规定动物疫病小区是指处于同一生物安全管理体系下的养殖场区，在一定期限内没有发生一种或几种规定动物疫病的若干动物养殖和其他辅助生产单元所构成的特定小型区域。

第四条 本办法所称无规定动物疫病小区评估，是指按照《无规定动物疫病小区管理技术规范》，对处于同一生物安全管理体系下的若干动物养殖场及其辅助生产单元所构成的特定区域的规定动物疫病状况和生物安全管理能力的综合评价。

第五条 农业农村部负责无规定动物疫病小区评估管理工作，制定发布《无规定动物疫病小区管理技术规范》。

农业农村部设立的全国动物卫生风险评估专家委员会（以下简称风险评估委员会）承担无规定动物疫病小区评估工作。

省级人民政府畜牧兽医主管部门应当设立省级动物卫生风险评估专家委员会，承担无规定动物疫病小区自评估工作。

第六条 无规定动物疫病小区建设和评估应当符合有关国际组织确定的生物安全隔离区划及风险评估的总体要求，遵循政府引导、企业建设、行业监管、专家评估的原则。

第二章 申 请

第七条 无规定动物疫病小区建成并符合《无规定动物疫病小区管理技术规范》要求的，由企业填报《无规定动物疫病小区评估申请书（基本样式）》（见附件 1），向所在地县级人民政府畜牧兽医主管部门提交评估申请。

第八条 县级人民政府畜牧兽医主管部门对申请书格式、内容及规定动物疫病状况报告等审核合格后，连同县级畜牧兽医机构监管情况报告，经地市级人民政府畜牧兽医主管部门审核同意后报省级人民政府畜牧兽医主管部门。

跨县（市、区）的无规定动物疫病小区，应当分别由涉及的县级人民政府畜牧兽医主管部门进行审核，并提交相应监管情况报告。

第九条 县级畜牧兽医机构监管情况报告包括以下主要内容：

（一）畜牧兽医机构体系（包括实验室）建设情况，包括机构设置、人员配备、经费保障、制度建设等基本情况；

（二）所在县（市、区）规定动物疫病状况及规定动物疫病监测情况；

（三）畜牧兽医机构对无规定动物疫病小区的监管情况；

（四）规定动物疫病应急预案、应急储备、应急演练和疫情报告体系等基本情况；

（五）其他需要说明的事项。

第十条 省级人民政府畜牧兽医主管部门接到申请后，应当根据本办法和《无规定动物疫病小区管理技术规范》要求，开展省级评估，并形成评估报告。评估报告应包括评估方案、实施情况及评估结论等内容。

第十一条 省级评估合格的，省级人民政府畜牧兽医主管部门向农业农村部提出评估申请，申请材料应包括：

（一）企业申请书；

（二）县级畜牧兽医机构监管情况报告及地级畜牧兽医机构审核意见；

（三）省级评估报告；

（四）其他需要说明的事项。

第十二条 农业农村部自收到申请之日起10个工作日内作出是否受理的决定，并书面通知申请单位和风险评估专家委员会办公室。

第三章 评 估

第十三条 风险评估委员会办公室收到农业农村部通知后，应当在5个工作日内组建评估专家组并指定组长。评估专家组由3人以上单数组成，实行组长负责制。

风险评估专家委员会办公室派出观察员和工作人员指导、协助评估工作。

第十四条 评估专家组按照本办法和《无规定动物疫病小区管理技术规范》要求，制定评估方案，开展评估工作。

无规定动物疫病小区评估应当遵循科学、公平、公正的原则，采取书面评审和现场评审相结合的方式。

第十五条 评估专家组应当在5个工作日内完成书面评审。书面评审应当包括以下主要内容：

（一）申请报告格式是否规范，有无缺项、漏项；

（二）申报材料内容是否符合《无规定动物疫病小区管理技术规范》要求。

第十六条 书面评审不合格的，由风险评估委员会办公室报请农业农村部书面通知申请单位在规定期限内补充有关材料。逾期未报送的，视同撤回申请。

第十七条 书面评审合格的，评估专家组应当制定现场评审方案，并在5个工作日内完成现场评审。

第十八条 现场评审应当包括以下主要内容：

（一）宣布现场评审方案和评估纪律等；

（二）听取畜牧兽医部门关于监管情况的介绍；

（三）听取申请单位关于建设情况的介绍；

（四）现场核查。

第十九条 现场核查场点按照随机的原则抽取。

种畜禽养殖场和商品畜禽养殖场应按以下原则分别进行抽样：养殖场数量在10个以上的，抽取比例不应少于30%；在10个以内的，抽取数量不少于3个；在3个（含）以内的，全部抽取。

每种辅助生产单元至少抽取1个。

第二十条 评估专家组根据《无规定动物疫病小区管理技术规范》要求及《无规定动物疫病小区现场评审表》（见附件2）中的评审要素，逐项进行现场核查。

现场核查方法包括召开会议、听取汇报、座谈交流、查阅文件档案、实地查看等。

评估专家组组长根据现场评审需要，可就评审过程中发现的问题，召集临时会议并座谈，必要时可要求相关方书面说明有关情况。

第二十一条 申请单位应当如实提供评估专家组所要求的有关资料，配合专家组开展评审。

第二十二条 现场评审遵循“木桶原理”，对评审要素逐项进行评判，给出符合、基本符合、不符合的评审意见；如果评审要素在有关场点不存在，则判为“不适用”。

评估专家组现场评审结果分为“建议通过”“建议整改后通过”和“建议不予通过”。

第二十三条 现场评审结果为“建议通过”的，应当符合下列条件：

（一）现场评审指标中的关键项全部为“符合”，重点项没有“不符合”项；

（二）“符合”项占总项数80%（含）以上。其中，重点项中“基本符合”项数不超过重点项总项数的15%；普通项中“不符合”项总项数不超过普通项总项数的10%。

第二十四条 现场评审结果为“建议整改后通过”的，应当符合下列条件：

（一）关键项中没有“不符合”项；

（二）“符合”项总项数达到60%（含）以上但不足80%；

（三）通过限期整改可以达到“建议通过”条件。

第二十五条 有下列情形之一的，现场评审结果为“建议不予通过”：

（一）关键项中有“不符合”项；

（二）“符合”项总项数不足60%；

（三）申请单位实际状况与申请资料描述严重不符。

第二十六条 需要整改的，由风险评估委员会办公室根据评估专家组建议，书面通知申请单位在规定期限内完成整改。

第二十七条 申请单位在规定期限内完成整改后，将整改报告及相关证明材料报评估专家组审核，必要时评估专家组可进行现场核查，形成评审结果。

申请单位未在规定期限内提交整改报告及相关证明材料的，视同撤回申请。

第二十八条 评估专家组应当在现场评审或整改审核结束后20个工作日内向风险评估委员会办公室提交评估报告，经风险评估委员会审核后报农业农村部。

第二十九条 在评审过程中，评估专家组应当严格遵守有关法律法规和工作制度，坚持原则，客观公正，认真负责，廉洁自律，对申请单位提供的信息资料保密。

第四章 公　　布

第三十条 农业农村部自收到评估报告后20个工作日内完成审核，并作出是否合格的决定。

第三十一条 农业农村部将审核合格的无规定动物疫病小区列入国家无规定动物疫病小区名录并对外公布；不合格的，书面通知申请单位并说明理由。

第三十二条 对通过评估验收的无规定动物疫病小区，农业农村部适时向有关国际组织、国家或地区通报。

第五章 监督管理

第三十三条 农业农村部对已公布的无规定动物疫病小区开展监督抽查。

县级畜牧兽医机构负责对辖区内无规定动物疫病小区进行日常监管。

第三十四条 有下列情形之一的，暂停无规定动物疫病小区资格：

（一）生物安全管理体系不能正常运行的；

（二）监测证据不能证明规定动物疫病无疫状况的；

（三）当地畜牧兽医机构不能对无规定动物疫病小区实施有效监管的；

（四）其他需要暂停的情形。

第三十五条 被暂停资格的无规定动物疫病小区，应当在规定期限内完成整改，并向农业农村部提交整改报告。经风险评估委员会评估合格的，农业农村部恢复其无规定动物疫病小区资格。

第三十六条 有下列情形之一的，撤销无规定动物疫病小区资格：

（一）发生规定动物疫病的；

（二）出现第三十四条规定情形，且未能在规定时间内完成整改的；

（三）其他需要撤销的情形。

第三十七条 无规定动物疫病小区被撤销资格后，重新达到《无规定动物疫病小区管理技术规范》要求的，所在地省级人民政府畜牧兽医主管部门向农业农村部提出恢复申请。申请材料应当包括与资格撤销原因有关的整改说明、规定动物疫病状况、生物安全管理体系运行情况等。经风险评估委员会评估通过的，农业农村部重新认定其无规定动物疫病小区资格。

第三十八条 通过评估的无规定动物疫病小区需要新增生产单元或变更生产单元用途的，经自评估合格后，由省级人民政府畜牧兽医主管部门向农业农村部提出变更申请。

经风险评估委员会评估通过的，农业农村部重新认定其无规定动物疫病小区生产单元的数量、名称和地理位置，并对外公布。

第六章 附　　则

第三十九条 境外无规定动物疫病小区的等效评估，参照本办法执行。

附件：1. 无规定动物疫病小区评估申请书（基本样式）

2. 无规定动物疫病小区现场评审表

附件 1：

无规定动物疫病小区评估申请书
（基本样式）

无规定动物疫病小区名称：__________

申请时间：__________年____月____日

中华人民共和国农业农村部制

填写说明

1. 本申请书用于向农业农村部申请无规定动物疫病小区评估。

2. 申请评估的无规定动物疫病小区应符合本办法及《无规定动物疫病小区管理技术规范》等国家有关规定的要求。

3. 无规定动物疫病小区命名方式：企业名称＋动物种类＋无规定动物疫病病种＋小区，例如：××公司肉鸡无高致病性禽流感小区。

4. 申请书文本包括基本信息、摘要和正文。

5. 申请书用A4纸打印，连续编页；手写部分用钢笔、签字笔填写，字迹清楚。

6. 本申请书一式10份，经申请企业和所在地各级畜牧兽医主管部门审核并经负责人签字、加盖公章。

基本信息

<table>
<tr><td rowspan="4">申请企业</td><td>企业名称</td><td colspan="5"></td></tr>
<tr><td>联系人</td><td></td><td>电话</td><td></td><td>传真</td><td></td></tr>
<tr><td>地　　址</td><td colspan="3"></td><td>邮编</td><td></td></tr>
<tr><td colspan="6">法人签名：
（公章）
年　　月　　日</td></tr>
<tr><td rowspan="2">无规定动物疫病小区</td><td>所在县（市、区）</td><td colspan="5"></td></tr>
<tr><td>组成生产单元种类及数量</td><td colspan="5">□种畜禽场________个　□商品畜禽场________个
□屠宰（加工）厂________个　□饲料加工厂________个
□孵化场________个　□其他________</td></tr>
<tr><td>县级畜牧兽医主管部门</td><td colspan="6">审核意见：
负责人：
（公章）
年　　月　　日</td></tr>
<tr><td>地市级畜牧兽医主管部门</td><td colspan="6">审核意见：
负责人：
（公章）
年　　月　　日</td></tr>
<tr><td rowspan="3">省级畜牧兽医主管部门</td><td>联系人</td><td></td><td>电话</td><td></td><td>传真</td><td></td></tr>
<tr><td>地　　址</td><td colspan="3"></td><td>邮编</td><td></td></tr>
<tr><td colspan="6">省级评估结果意见：
负责人：
（公章）
年　　月　　日</td></tr>
</table>

注：如无规定动物疫病小区范围涉及2个及以上县（区、市），可增加所在县级畜牧兽医主管部门表栏。

摘　要

1. 简述无规定动物疫病小区组成情况（包括申请企业名称、主要生产单元种类及数量、所在行政区域等）；

2. 简述无规定动物疫病小区规定动物疫病历史状况及规定动物疫病监测情况；

3. 简述无规定动物疫病小区生物安全管理情况；

4. 企业自评估情况。

正文部分

一、企业基本情况

（一）企业概况，包括企业名称、主要生产经营范围、生产方式和体系、主要业务、分/子公司情况、获得荣誉等。

（二）企业畜禽及其产品生产规模及产品销售情况（包括主要输入输出地、内外销数量等）。

（三）企业生产单元所在地地理气候特点、周边地形地貌、行政区划、交通路网以及易感野生动物分布数量情况等。

（四）无规定动物疫病小区建设情况。

二、无规定动物疫病小区基本情况

（一）无规定动物疫病小区所有组成生产单元的名称、数量、具体地理位置及经纬度，并在地图上标示。

（二）各生产单元的生产能力情况，包括：

1. 种畜禽场数量、种畜禽（种蛋、胚胎）品种、来源及数量等；

2. 商品畜禽养殖场数量、饲养模式、存量和出栏量、成活率等；

3. 屠宰加工的方式和数量等；

4. 饲料的来源、数量、加工和运输方式等。

（三）各生产单元资质情况，主要包括与规划、防疫、环保管理等相关的资质证明情况，如畜禽养殖代码、动物防疫条件合格证、种畜禽生产许可证、环评等。

（四）标识追溯管理情况，包括标识的种类、范围、方法等。

三、生物安全管理情况

（一）生物安全管理小组设置情况，包括人员组成、资质、职责任务、培训情况等。

（二）各生产单元的自然地理屏障、人工物理屏障和缓冲区设置情况。

（三）风险评估实施和生物安全计划制定情况。

（四）各组成生产单元的基础防疫条件和生物安全管理实施情况，包括：

1. 养殖场（含孵化场），包括选址布局、防疫设施设备、人员管理、生物安全管理制度的制定和生物安全措施的落实情况等；

2. 屠宰场（厂），包括选址布局、防疫设施设备、人员管理、生物安全管理制度的制定和生物安全措施的落实情况等；

3. 饲料厂，包括动物防疫的基础条件和设施设备，防疫制度的制定和落实情况等；

4. 流通运输，包括运输工具、运输方式，运输管理制度的制定和落实情况等；

5. 无害化处理，包括无害化处理方式、方法和处理数量等；

6. 其他。

（五）规定动物疫病免疫实施情况及免疫效果监测情况。

（六）应急反应实施方案、应急储备、应急演练和疫情报告体系基本情况。

（七）生物安全管理体系内部审核和改进情况。

四、规定动物疫病状况

（一）规定动物疫病历史状况。

（二）监测情况。

1. 监测方案（计划）情况；

2. 监测实验室（包括企业实验室、畜牧兽医机构实验室或第三方实验室）的基本情况；

3. 监测情况，包括监测组织、实施、实验室检测等；

4. 监测结果。

五、附件

（一）所在地省级畜牧兽医主管部门关于无规定动物疫病小区建设的批复文件。

（二）有关无规定动物疫病小区建设管理的地方法规、规范和标准等。

（三）企业法人营业执照复印件。

（四）无规定动物疫病小区组成生产单元一览表，包括各生产单元的名称、详细地址、规模，有关许可证明编号(包括动物防疫条件合格证、种畜禽生产经营许可证和饲料生产企业审查合格证等）等。

（五）无规定动物疫病小区各生产单元分布图，按比例尺标明所有组成生产单元的具体名称及详细位置（包括地理位置和经纬度）等。

（六）生物安全管理手册，包括生物安全计划、标准操作程序和有关记录表格，以及生物安全管理小组人员一览表等。

（七）规定动物疫病免疫方案（实施规定动物疫病免疫时）。

（八）规定动物疫病监测计划及方案。

（九）实验室相关资质证明材料。

（十）其他有关材料。

附件 2：

无规定动物疫病小区现场评审表

序号	评审内容	评审意见					备注
		符合	基本符合	不符合	不适用	存在问题及缺陷	
1	无规定动物疫病小区						
1.1	基本要求						
1.1.1 ※	具有所在地省级畜牧兽医主管部门的无规定动物疫病小区建设批复文件						
1.1.2 ☆	建立无规定动物疫病小区的企业为独立的法人实体或者企业集团						
1.1.3	遵循良好饲养管理规范的原则要求，实施健康养殖						
1.1.4	各生产单元建有围墙或其他能够与外界进行物理隔离的屏障						
1.1.5 ☆	当养殖场周边存在其他易感动物（含野生动物），存在较大的规定动物疫病传播风险时，应沿养殖场物理屏障向外设立 3 公里的环形缓冲区						
1.1.6	各生产单元地理位置相对集中，原则上处于同一县级行政区域内，或位于同一地市级行政区域毗邻县内方圆 200 公里的地理区域内						
1.1.7☆	各生产单元取得有效的动物防疫条件合格证、畜禽养殖代码和/或其他必要的资质条件						
1.1.8☆	建立了畜禽标识和可追溯系统，各生产单元标识追溯信息完整，能对所有生产环节中的畜禽及其产品、生产资料实施可追溯管理						
1.1.9	养殖、屠宰、产品贮存和流通运输环节应有明显的标识，能与非无规定动物疫病小区的畜禽及其产品进行有效区分						
1.1.10☆	建立了统一的无害化处理体系或制度，能对病死畜禽及其产品进行无害化处理						
1.1.11☆	所有生产单元粪便、垫料、污水、污物及废弃物的运输处理等应符合生物安全要求						
1.1.12☆	生产单元生产及生物安全管理记录，以及官方畜牧兽医机构工作和相关监管等记录，填写规范，真实完整，保存期不少于规定时间						
1.2	生物安全管理						
1.2.1 ※	制定了统一的覆盖到所有生产单元的生物安全管理文件						
1.2.2	设有生物安全管理小组，成员及其职责明确；各生产单元配有生物安全管理员						
1.2.3	建立人员培训计划，实施生物安全管理工作的相关人员在上岗前都进行了相应的培训						
1.2.4	有与企业生产规模相适应的兽医人员，兽医人员取得执业兽医师资格或执业助理兽医师资格，并定期参加相关培训						
1.2.5※	定期对无规定动物疫病小区开展风险评估工作，风险评估的方法、内容、过程和结果等，应符合《无规定动物疫病小区管理技术规范》的要求						
1.2.6※	建有科学、合理，符合《无规定动物疫病小区管理技术规范》要求的生物安全计划						

（续）

序号	评审内容	评审意见					备注
		符合	基本符合	不符合	不适用	存在问题及缺陷	
1.2.7☆	根据生物安全计划，制定相应的生物安全措施和标准操作程序（SOP）						
1.2.8※	各生产单元应定期对规定动物疫病发生、传播和扩散的风险因素进行评估，根据风险评估结果，合理制定生物安全措施						
1.2.9☆	各生产单元的生物安全措施应科学、合理，符合《无规定动物疫病小区管理技术规范》的要求，并得到了有效落实						
1.2.10☆	各生产单元的选址、布局、基础设施条件等，应符合动物防疫条件的基本要求						
1.2.11☆	各生产单元建立了基于风险的生物安全管理制度，严格限制外来人员、车辆等进入						
1.2.12☆	具有洗消中心或洗消点，清洗消毒设施设备符合要求，各生产单元应建立严格的消毒制度，对生产场区、进场车辆、人员等进行消毒处理，消毒方法应符合《无规定动物疫病小区管理技术规范》的要求						
1.2.13	各生产单元畜禽饮用水、生产用水等应符合《生活饮用水卫生标准》的要求						
1.2.14	养殖（含孵化）、屠宰等场所的工作人员应取得健康证明，工作人员进入生产区前进行淋浴、消毒、更换衣帽和鞋子等						
1.2.15☆	养殖场具有防范野生易感动物的设施和措施，未混合饲养其他动物						
1.2.16※	商品畜禽养殖场原则上，只能从同一生物安全管理体系的养殖场（种畜禽场）或同类无规定动物疫病小区引进畜禽；必要时，从其他养殖场引入种畜禽或种蛋、精液、胚胎应按《动物检疫管理办法》的有关规定进行隔离检疫						
1.2.17☆	养殖场对饲料来源及使用采取了有效的生物安全管理措施；饲料储藏室保持清洁、干燥，并有防鸟、防鼠等措施						
1.2.18☆	实施免疫无疫的无规定动物疫病小区，养殖场对规定动物疫病的免疫符合要求						
1.2.19☆	实施非免疫无疫的无规定动物疫病小区，对规定动物不得实施规定疫病免疫						
1.2.20	孵化场（孵化车间）配备种蛋熏蒸消毒设施，孵化间人流和物流为单向流程，没有交叉或者回流						
1.2.21	孵化场具有疫情报告、消毒、无害化处理等制度，并得到有效实施						
1.2.22☆	养殖、屠宰环节应对出现异常临床症状和死亡的畜禽进行临床检查和/或实验室检测，并按照相关技术规范及时处理						
1.2.23☆	有无规定动物疫病小区专用屠宰场或建立了专用屠宰生产线，专用屠宰生产线不得同时屠宰无规定动物疫病小区和非无规定动物疫病小区的畜禽						
1.2.24	屠宰场（厂）获得了以HACCP原理为基础的质量控制体系认证，能有效运行						
1.2.25	屠宰场（厂）建立了相关管理制度，不得屠宰运输过程中死亡、染疫或疑似染疫、无《动物检疫合格证明》的畜禽						
1.2.26	屠宰场（厂）畜禽来源、屠宰日期、数量、班次、活畜禽运输车辆牌照、屠宰加工、储存场所、产品去向、消毒、冷库温度及出入库记录等记录规范完整						

（续）

序号	评审内容	评审意见					备注
		符合	基本符合	不符合	不适用	存在问题及缺陷	
1.2.27☆	有无规定动物疫病小区专用饲料厂或建立了专用饲料生产线，专用生产线有明显的标志与其他饲料生产区域进行区分						
1.2.28	无规定动物疫病小区使用的饲料原料、饲料添加剂来源符合国家有关规定，饲料加工工艺或流程应能保障避免病原污染，保证饲料质量品质						
1.2.29	饲料及原料贮存场所应具有防鸟、防鼠的设施与措施						
1.2.30	无规定动物疫病小区使用的饲料原料来源、质量检验、生产和产品流向等记录，应规范完整						
1.2.31☆	建立对各生产单元间的流通运输进行控制的制度和措施，并有效实施						
1.2.32	根据有关监测和流行病学调查结果确定仔畜雏禽、饲料、商品畜禽等的运输路线，并保证按指定路线运输						
1.2.33	运输畜禽及饲料的车辆须经当地兽医部门备案，采用封闭式运输车运输仔畜雏禽和饲料、种蛋等，使用专用运输工具运输供屠宰畜禽						
1.2.34☆	运输工具（车辆）在运输前后实施了有效清洗、消毒，有消毒记录						
1.2.35	饲养、经营、屠宰、加工、贮藏和运输动物及动物产品的从业人员了解和掌握疫情报告内容及途径						
1.2.36	无规定动物疫病小区发生重大动物疫情时，能按《重大动物疫情应急条例》及国家有关规定，及时上报疫情，并采取强化的生物安全措施，防止疫情扩散						
1.2.37	建立了规定动物疫病应急预案，应急物资等储备充足，有应急反应演练记录						
1.2.38	无规定动物疫病小区内发生疫情时，应及时启动应急预案，进行疫情处置						
1.2.39	缓冲区或毗邻地区发生相关重大动物疫情时，能按照应急预案的要求，采取强化的生物安全措施，防止疫情传入无规定动物疫病小区						
1.2.40※	定期对生物安全管理体系以及规定动物疫病状况等进行内部审核和评估，并根据结果进行改进						
2	官方畜牧兽医机构						
2.1	基本要求						
2.1.1☆	无规定动物疫病小区所在县级畜牧兽医机构设置符合国家规定，职能明确，能够满足工作需要						
2.1.2	官方畜牧兽医机构人员经费、工作经费和设施运转经费全额纳入财政预算						
2.1.3	官方畜牧兽医机构具有一定比例的专业技术人员，并进行定期培训						
2.1.4	具有规定动物疫病防控规划、计划和实施方案						
2.1.5	官方畜牧兽医机构建立了免疫、检疫监管、疫病监测、疫情报告及应急处置等相关制度						
2.1.6☆	具有与规定动物疫病控制相适应的监测体系，从事监测工作的实验室有相应资质和检测能力，实验室人员、设施设备、生物安全管理、操作规范和记录等符合国家要求						

（续）

序号	评审内容	评审意见					备注
		符合	基本符合	不符合	不适用	存在问题及缺陷	
2.1.7	省、市、县疫情报告系统有效运行						
2.1.8	有规定动物疫病的应急预案，应急队伍建设及应急物资储备能满足工作需要						
2.2	监管要求						
2.2.1	畜牧兽医机构准确掌握区域及周边区域动物饲养、屠宰加工、交易等场所分布情况，以及易感动物种类、数量、分布等情况						
2.2.2☆	畜牧兽医机构应建立无规定动物疫病小区监管制度，对其实施有效监管，并建立相关档案记录						
2.2.3	对生物安全管理人员的设置和资质，从业人员健康证明持证情况和相关生物安全知识培训情况，以及执业兽医及其资格等内容进行了有效监管						
2.2.4	对养殖场的动物防疫条件、养殖档案、追溯体系、饲料和兽药使用、免疫、监测、诊疗、疫情报告、消毒、无害化处理和检疫申报等内容进行了有效监管						
2.2.5	对屠宰加工厂的动物防疫条件、消毒、无害化处理、追溯体系等内容进行了有效监管						
2.2.6	对动物及相关投入品流通运输实施监管，掌握运输线路和运输过程中的生物安全措施落实情况						
2.2.7	对其他环节的防疫条件、生物安全管理措施制定及落实情况进行监管						
2.2.8	对相关场所的监管频次要符合《无规定动物疫病小区管理技术规范》的要求，有相关监管记录						
3	动物疫病状况						
3.1	监测						
3.1.1	无规定动物疫病小区内的养殖、屠宰场所具备与其生产规模相适应的兽医室（实验室）						
3.1.2	官方监测由畜牧兽医机构实验室或畜牧兽医机构指定的第三方实验室承担						
3.1.3☆	承担检测和诊断工作的实验室具备相应资质，具有规定动物疫病检测和诊断能力						
3.1.4※	企业和官方畜牧兽医机构应建立规定疫病监测体系，有科学、合理的监测计划（方案）						
3.1.5☆	规定动物疫病监测范围、监测频率和样品数量符合要求						
3.1.6	样品采集、保存、运输符合要求						
3.1.7	检测方法、诊断试剂符合规定						
3.1.8	监测记录及结果真实、完整，档案齐全，检测结果按规定报告						
3.2	规定疫病状况						
3.2.1☆	掌握无规定动物疫病小区规定动物疫病的历史状况						
3.2.2☆	了解毗邻地区以及流行病学关联地区规定动物疫病的历史状况						
3.2.3※	无规定动物疫病小区在规定时间内没有发生规定动物疫病						
3.2.4※	有监测证据表明无规定动物疫病小区在规定时间内没有发现规定动物疫病病原						

注：1.※为关键项，☆为重点项，未标注的为普通项。2. 无规定动物疫病小区现场评审表共分为3大部分，80项。其中关键项10项，重点项28项，普通项42项。

六十、中国动物疫病预防控制中心关于印发《兽医卫生综合信息平台数据共享技术方案》的通知

（2022 年 7 月 22 日中国动物疫病预防控制中心疫控信〔2022〕89 号发布）

各省（自治区、直辖市）动物疫病预防控制机构、动物卫生监督机构及新疆生产建设兵团畜牧兽医工作总站，各相关单位：

为加快构建从养殖到屠宰和无害化处理的动物疫病防控全链条信息平台，完善部省两级平台功能，实现数据资源整合共享，形成跨部门、跨层级、跨区域的疫病防控协同工作机制，推动畜牧兽医监管监测一体化，促进畜牧业高质量发展，保障公共卫生安全，根据中华人民共和国农业农村部令 2022 年第 3 号、中华人民共和国农业农村部公告第 531 号、农业农村部重大动物疫病分区防控办公室关于进一步规范分区防控信息化管理工作的通知（农牧便函〔2022〕119 号）、农业农村部畜牧兽医局关于开展畜牧兽医生产经营主体统一赋码及相关信息采集试点工作的通知（农牧便函〔2022〕356 号）要求，中国动物疫病预防控制中心对照我中心印发的《兽医卫生综合信息平台大数据关键指标体系》，在原有与省级电子出证系统数据共享技术方案的基础上制定此方案。

方案在原有基础上增加免疫、检测和无害化处理环节数据共享内容；增加检测疫病代码，对常见免疫和检测疫病进行编码，全国统一使用；增加疫苗基础信息表，统一共享给各省使用；按照部畜牧兽医局生产经营主体赋码试点工作要求，完善生产经营主体基础信息，在免疫、检测、检疫、屠宰和无害化处理环节使用主体代码，联通各环节数据。

请各单位参照方案要求，完善省级平台功能。我中心将根据实际情况与各单位开展数据共享工作。联系人王芳，电话 010—59198879。

附件：兽医卫生综合信息平台数据共享技术方案

中国动物疫病预防控制中心
（农业农村部屠宰技术中心）
2022 年 7 月 22 日

附件

兽医卫生综合信息平台
数据共享技术方案

中国动物疫病预防控制中心
2022 年 7 月

目　录

更新说明

序号	版本	时间	更新说明
1	v1.1	2019-11-08	log _ fs 表新增 record 字段，jyz _ dd 和 jyz _ dds 表中的 clgj 字段类型改为 mediumtext
2	v1.2	2019-11-11	35（jyz _ dds）、36（jyz _ dd）表新增 jyzqqhdm、jyzdqhdm 字段。4（log _ fs）bnr 字段类型改为 longtext，record 字段类型改为 longblob。所有表检疫证号字段加长到 16 位
3	v1.3	2019-11-13	21（mc _ syrys）bh 字段长度改为 20，51（tz _ dws）字段说明修改
4	v1.4	2019-11-29	新增 26（mc _ szqyxx）国家已公告生猪屠宰企业信息表、22、23、24、25、26、35、36 表中 sm 字段类型改为 text32、38、34、31、37、33 表中 bz 字段改为 text

（续）

序号	版本	时间	更新说明
5	v1.5	2020-3-25	41、42号表增加字段
6	v1.6	2020-5-26	通用代码表（jc _ tym）中，用途代码新增14“种猪”、15“仔猪”
7	v1.7	2020-6-29	新增：27（mc _ fyztxxs）本省贩运人信息发送表、28（mc _ fyztxx）全国贩运人信息接收表、61（wf _ fyrs）本省贩运人违规信息发送表、62（wf _ fyr）全国贩运人违规信息接收表
8	v1.8	2020-07-30	1. 增加车辆不能重复备案规则，按照车牌号判断，一辆车只能备案一次，不能在多省备案 2. 省级车辆备案系统增加车辆取消备案功能。增加取消类别、取消时间、取消原因字段。因为违法违规被取消备案的，不允许重新申请备案 3. 车辆备案对接数据增加取消备案车辆信息。已取消备案车辆在各省出证系统中不能继续运输
9	v2.0	2022-7-6	①修改数据共享目的。②数据表22、24由检查站改为机构表。③数据表21、22、24、31、32、33、34、35、36、37、38增加字段。④新增表16检测类型代码表、71、72管理相对个人基本信息表、73强制免疫疫苗信息表、74、75兽医人员基本信息附表、76、77企业基本信息附表、78、79承运主体基本信息附表、53动物免疫信息发送表、54检测信息发送表、55、56无害化处理动物及产品信息表。⑤取消41本省备案运输车辆发送表

1 数据共享目的

为加快构建从养殖到无害化的动物疫病防控全链条信息平台，进一步完善部省两级平台功能，实现数据资源整合共享，形成跨部门、跨层级、跨区域的疫病防控协同工作机制，推动畜牧兽医监管监测一体化，促进畜牧业高质量发展，保障公共卫生安全，根据中华人民共和国农业农村部令2022年第3号、中华人民共和国农业农村部公告第531号、农业农村部畜牧兽医局关于开展畜牧兽医生产经营主体统一赋码及相关信息采集试点工作的通知（农牧便函〔2022〕356号）要求，中国动物疫病预防控制中心（以下简称国家疫控中心）对照我中心印发的《兽医卫生综合信息平台大数据关键指标体系》，在原有与省级电子出证系统数据共享技术方案的基础上制定此方案。

2 任务分工

2.1 省级工作

1. 按照业务工作要求，参考对接技术方案，完善省级系统功能。

2. 使用国家疫控中心统一的数据交换服务软件和数据库，监测前置机数据交换服务软件，确保软件正常，不关闭。

3. 按照方案要求，及时准确完整地将数据从本省系统推送至前置机，读取兽医卫生综合信息平台交换至前置机的共享数据并应用。

4. 监测前置机中的数据校验信息，及时发现发送失败数据，查找原因，修改后重新上传。

2.2 国家疫控中心工作

1. 根据业务工作需求和各省兽医卫生信息化建设情况，制定完善兽医卫生综合信息平台数据共享技术方案。

2. 按照方案要求，升级完善全国统一的数据共享交换软件和数据库，供各省使用。

3. 获取各省前置机共享数据并校验，合格数据同步到兽医卫生综合信息平台，不合格将错误原因和错误数据写入校验表。将数据从兽医卫生综合信息平台共享至对应省级前置机。

4. 根据各省需求，提供数据共享服务。

3 共享数据及说明

数据库平台采用mysql，数据库实例名称为sywsdb。

3.1 数据库表说明

分类	编号	表名称	类型	功能说明	同步
基础日志	1	log _ jc	设定	省前置机设置参数表	
	2	log _ tz	收	通知表，国家疫控中心大数据平台通知或公告	实时
	3	log _ xt	收	错误日志表（同步数据程序错误或网络错误）	
	4	log _ fs	收	本省发送数据校验返回表（国家中心收到本省的数据，经过校验后，校验正确的数据同步到国家疫控中心数据库并返回本省，校验错误的返回本省，并附加错误说明）	
	5	log _ tj	收	系统数据日志表	

（续）

<table>
<tr><th>分类</th><th>编号</th><th>表名称</th><th>类型</th><th>功能说明</th><th>同步</th></tr>
<tr><td>基础</td><td>11</td><td>jc _ qhdms</td><td>加改</td><td>本省行政区划代码发送表</td><td>实时</td></tr>
<tr><td rowspan="5">代码</td><td>12</td><td>jc _ qhdm</td><td>收</td><td>全国行政区划代码接收表</td><td rowspan="5">每日</td></tr>
<tr><td>13</td><td>jc _ dwzl</td><td>收</td><td>动物种类代码接收表（国家疫控中心发布）</td></tr>
<tr><td>14</td><td>jc _ dwcp</td><td>收</td><td>动物产品代码接收表（国家疫控中心发布）</td></tr>
<tr><td>15</td><td>jc _ tym</td><td>收</td><td>通用代码接收表（国家疫控中心发布）</td></tr>
<tr><td>16</td><td>jc _ ybm</td><td>收</td><td>检测类型代码接收表（国家疫控中心发布）</td></tr>
<tr><td rowspan="20">名称数据</td><td>21</td><td>mc _ syrys</td><td>发</td><td>本省兽医人员基本信息发送表</td><td rowspan="4">实时</td></tr>
<tr><td>211</td><td>mc _ syry</td><td>收</td><td>本省兽医人员基本信息接收表</td></tr>
<tr><td>22</td><td>mc _ jczs</td><td>发</td><td>本省机构基本信息发送表</td></tr>
<tr><td>23</td><td>mc _ qyxxs</td><td>发</td><td>本省企业基本信息发送</td></tr>
<tr><td>24</td><td>mc _ jcz</td><td>收</td><td>本省机构基本信息接收表</td><td rowspan="3">每日</td></tr>
<tr><td>25</td><td>mc _ qyxx</td><td>收</td><td>全国企业基本信息接收表</td></tr>
<tr><td>26</td><td>mc _ szqyxx</td><td>收</td><td>国家已公示生猪屠宰企业信息接收表</td></tr>
<tr><td>27</td><td>mc _ fyztxxs</td><td>发</td><td>本省贩运主体信息发送表</td><td rowspan="4">实时</td></tr>
<tr><td>28</td><td>mc _ fyztxx</td><td>收</td><td>全国贩运主体信息接收表</td></tr>
<tr><td>71</td><td>mc _ grxxs</td><td>加改</td><td>本省管理相对个人基本信息发送表</td></tr>
<tr><td>72</td><td>mc _ grxx</td><td>收</td><td>全国管理相对个人基本信息接收表</td></tr>
<tr><td>73</td><td>mc _ ymxx</td><td>收</td><td>强制免疫疫苗信息接收表</td><td>每日</td></tr>
<tr><td>74</td><td>mc _ syrys _ att</td><td>发</td><td>本省兽医人员基本信息附表发送表</td><td rowspan="6">实时</td></tr>
<tr><td>75</td><td>mc _ syry _ att</td><td>收</td><td>本省兽医人员基本信息附表接收表</td></tr>
<tr><td>76</td><td>mc _ qyxxs _ att</td><td>发</td><td>本省企业基本信息附表发送表</td></tr>
<tr><td>77</td><td>mc _ qyxx _ att</td><td>收</td><td>全国企业基本信息附表接收表</td></tr>
<tr><td>78</td><td>mc _ qycyzts _ att</td><td>发</td><td>本省承运主体基本信息附表发送表</td></tr>
<tr><td>79</td><td>mc _ qycyzt _ att</td><td>收</td><td>全国承运主体基本信息附表接收表</td></tr>
<tr><td>101</td><td>mc _ yzcxxs _ att</td><td>发</td><td>养殖场信息附表-发送表</td><td></td></tr>
<tr><td rowspan="8">检疫证</td><td>31</td><td>jyz _ jyzsdwa</td><td>发</td><td>本省检疫证动物 a 证发送表（包括本省新开出的全部检疫证动物 a 证，国家疫控中心收到后清除记录，校验后返回 log _ fs 表）</td><td rowspan="8">实时</td></tr>
<tr><td>32</td><td>jyz _ jyzscpa</td><td>发</td><td>本省检疫证产品 a 证发送表（包括本省新开出的全部检疫证产品 a 证，国家疫控中心收到后清除记录，校验后返回 log _ fs 表）</td></tr>
<tr><td>33</td><td>jyz _ jyzsdwb</td><td>发</td><td>本省检疫证动物 b 证发送表（包括本省新开出的全部检疫证动物 b 证，国家疫控中心收到后清除记录，校验后返回 log _ fs 表）</td></tr>
<tr><td>34</td><td>jyz _ jyzscpb</td><td>发</td><td>本省检疫证产品 b 证发送表（包括本省新开出的全部检疫证产品 b 证，国家疫控中心收到后清除记录，校验后返回 log _ fs 表）</td></tr>
<tr><td>35</td><td>jyz _ dds</td><td>发</td><td>全国检疫证到达本省信息发送表（全国开出的检疫证，包括本省的 a、b 证，外省 a 证到达本省检查站、途中地点或最终目的地时录入到达信息发送表，国家疫控中心收到后清除记录，校验后返回 log _ fs 表）</td></tr>
<tr><td>36</td><td>jyz _ dd</td><td>收</td><td>全国检疫证到达信息接收表（本省开出的 a 证和外省到达本省的 a 证，实际到达情况表）</td></tr>
<tr><td>37</td><td>jyz _ jyzqgdwa</td><td>收</td><td>全国检疫证动物 a 证目的地为本省信息表（全国其他省开出的检疫证，目的地是本省）</td></tr>
<tr><td>38</td><td>jyz _ jyzqgcpa</td><td>收</td><td>全国检疫证产品 a 证目的地为本省信息接收表（全国其他省开出的检疫证，目的地是本省）</td></tr>
<tr><td rowspan="2">备案车辆</td><td>41</td><td>cl _ bas</td><td>发</td><td>本省备案运输车辆发送表该表取消</td><td rowspan="2">实时</td></tr>
<tr><td>42</td><td>cl _ ba</td><td>收</td><td>全国备案运输车辆接收表</td></tr>
</table>

（续）

分类	编号	表名称	类型	功能说明	同步
屠宰	51	tz _ dws	发	本省屠宰场动物屠宰和无害化发送表（国家疫控中心收到后清除记录，校验后返回 log _ fs 表）	实时
	52	tz _ cps	发	本省屠宰场产品出场发送表（国家疫控中心收到后清除记录，校验后返回 log _ fs 表）	
免疫	53	my _ mys	发	本省动物免疫信息发送表	实时
检测	54	jc _ jcxxs	发	本省检测信息发送表	实时
无害化处理	55	whh _ dwcps	发	本省无害化处理动物或产品发送表	实时
	56	whh _ dwcp	收	本省无害化处理动物或产品接收表	
违法信息	61	wf _ fyrs	发	本省贩运主体违规信息发送表	实时
	62	wf _ fyr	收	全国贩运主体违规信息接收表	

3.2　数据表字段及校验说明

3.2.1　基础日志

1. 前置机设置参数表 01（log _ jc）

字段	类型	长度	字段名	约束	校验/说明
sqhdm	char	2	省区划代码	必填	省级区划代码，如内蒙古为 15
smc	char	100	省名称	必填	省名称
ms	char	40	省密钥	必填	国家中心发布给省的唯一密码，用于省前置机和国家中心通讯的凭据
sz1	char	10	设定参数 1		
sz2	char	10	设定参数 2		
sz3	char	10	设定参数 3		

2. 通知表 02（log _ tz）

字段	类型	长度	字段名	约束	校验/说明
id	char	40	主键	必填	uid
rq	d	通知日期	必填		
tz	text		通知内容	必填	用于国家疫控中心向省系统管理人员发布相关通知

3. 错误日志表 03（log _ xt）

字段	类型	长度	字段名	约束	校验/说明
id	char	40	主键	必填	uid
rq	d		错误日期	必填	
zt	char	1	错误代号	必填	1 网络错误 2 程序错误 3 表错误 4 同步错误
cwsm	text		错误说明		提示错误信息

4. 本省发送数据校验返回表 04（log _ fs）

字段	类型	长度	字段名	约束	校验/说明
id	char	40	主键	必填	uid
rq	d		插入日期	必填	
bbh	char	3	表编号	必填	对应发送数据表的编号（见数据库表说明）

（续）

字段	类型	长度	字段名	约束	校验/说明
bid	char	40	表 id	必填	对应发送表记录的 uid
zt	char	1	校验状态	必填	1 校验正确 0 校验错误
fszt	char	1	发送状态	必填	0 未发送 1 到达中心 2 到达目的省份
bcw	text		错误提示		校验正确为空，校验错误时提示错误信息
bnr	longte xt		表行内容	必填	表行内容，以表的字段为节点的 json 格式字符串
record	longbl ob		数据记录		用来保存原始数据，发送完成后置空
flow _ id	int	11	同步 id		

5. 系统数据日志表 05（log _ tj）

字段	类型	长度	字段名	约束	校验/说明
id	char	40	主键	必填	uid
flow _ id	int	11	同步 id		
sqhdm	varchar	16	区划代码		
bbh	varchar	3	表编号		
rq	date		日期		
zt	int	11	状态		
number	int	11	数据量		

3.2.2 业务数据

6. 本省行政区划代码发送表 11（jc _ qhdms）全国行政区划代码接收表 12（jc _ qhdm）

字段	类型	长度	字段名	约束	校验/说明
qhdm	char	6	区划代码	主键必填	a、6 位数字，前两位省级代码，中间两位地市级代码，后两位旗县区级代码，省和地市级后面补足 0（例如：内蒙古自治区 150000） b、检疫证启运地和目的地代码必须输入旗县区级代码，不能输入省级和地市级代码，校验后两位非 0 c、不可有重复区划代码
qhjb	char	1	区划级别	必填	1 省级 2 地市级 3 旗县区级
mc	char	100	区划名称	必填	地区名称，名称必须包括省市县全称，不能只输县名称，也不能输简称（例如：内蒙古自治区呼和浩特市赛罕区）
jc	char	100	区划简称	必填	地区简称，（例如：内蒙古自治区呼和浩特市赛罕区，只输入赛罕区）。
rq	d		更新日期	必填	新增插入日期或修改更新日期，修改区划名称只能是原名称录入错误或原地区名称改名，不能修改为别的地区名，国家同步时根据本日期选择性接收数据
zt	char	1	状态	必填	0 停用 1 使用（已用过的代码不能删除）

7. 动物种类代码接收表 13（jc _ dwzl）

字段	类型	长度	字段名	约束	校验/说明
flmc	char	20	分类名称	必填	动物分类名称（原一级名称）
dwdm	char	5	动物代码	主键必填	必须是 5 位数字，检疫证明使用时必须是本表列出的代码，原二级码补 00（本表不含原一二级码），有小类的必须开小类，不能开者，必须明确小类 不可有重复代码

（续）

字段	类型	长度	字段名	约束	校验/说明
dwmc	char	20	动物名称	必填	动物名称
zt	char	1	状态	必填	0 停用 1 使用（已用过的代码不能删除）

8. 动物产品代码接收表 14（jc _ dwcp）

字段	类型	长度	字段名	约束	校验/说明
flmc	char	20	分类名称	必填	分类名称
cpdm	char	3	产品代码	主键	必须是 3 位数字，检疫证明使用时必须是本表列出的代码不可有重复代码
cpmc	char	20	产品名称	必填	动物产品名称
zt	char	1	状态	必填	0 停用 1 使用（已用过的代码不能删除）

9. 通用代码接收表 15（jc _ tym）

字段	类型	长度	字段名	约束	校验/说明
id	char	40	主键	必填	uid
dmfl	char	1	代码分类	必填	1 监管企业类型 2 计量单位 3 运输方式 4 用途 5 检疫证有效期 6 兽医工作机构类型 7 监管个人类型 8 学历 9 职称
dm	char	2	代码	必填	必须是 2 位数字，相同代码分类内不可重复
mc	char	10	名称	必填	所属代码的名称
zt	char	1	状态	必填	0 停用 1 使用（已用过的代码不能删除）

10. 检测类型代码接收表 16（jc _ ybm）

字段	类型	长度	字段名	约束	校验/说明
id	char	40	主键	必填	uid
jclx	char	20	检测类型	必填	类型分类，病毒、细菌、其他微生物、寄生虫、化学物质
jcdm	char	5	检测代码	必填	5 位数字，第 1 位分类代码（1 病毒类 2 细菌类 3 其他微生物 4 寄生虫）后 4 位为亚型或序号，不可重复
jcmc	char	50	检测名称	必填	检测疫病名称（如口蹄疫、沙门氏菌）
gjz	char	50	关键字		该名称的关键字
zt	char	1	状态	必填	0 停用 1 使用（已用过的代码不能删除）
rq	d		日期		更新日期

11. 本省兽医人员基本信息发送表 21（mc _ syrys）本省兽医人员基本信息接收表 211（mc _ syry）

字段	类型	长度	字段名	约束	校验/说明
id	char	40	主键	必填	uid 全国兽医人员唯一标识
zt1	char	2	官方兽医	必填	0 无官方兽医角色，1 出 b 证官方兽医，2 出 a 证和 b 证官方兽医 3 不出证的官方兽医
zt2	char	2	执业兽医	必填	0 无执业兽医角色，1 执业兽医角色
zt3	char	2	乡村兽医	必填	0 无乡村兽医角色，1 乡村兽医角色
zt4	char	2	防疫员	必填	0 无防疫员角色，1 防疫员角色
zt5	char	2	协检员	必填	0 无协检员角色，1 协检员角色
zt6	char	2	实验室人员	必填	0 无检验员角色，1 检验员角色 2 审核员 3 签发人员

（续）

字段	类型	长度	字段名	约束	校验/说明
zt9	char	2	监管人员	必填	0 无监管人角色，1 监管人角色
bh	char	20	编号		人员编号或证件号，10 位数字，要求前 2 位为省代码，后 8 位数字各省确定，号码不能重复，如内蒙古 1500000001
sfzh	char	20	身份证号	必填	18 位数字，符合身份证号码规则，身份证号码不可重复
xm	char	20	姓名	必填	姓名必须大于 1 个字符小于 20 字符
xb	char	2	性别		只能输入男或女
dh	char	20	手机号	必填	11 位数字，符合手机号规则
qhdm	char	6	区划代码	必填	所在地行政区划代码
rq	datime		备案日期		备案日期
zp	varchar	150	照片		照片路径，要能访问
xl	char	2	学历		使用通用代码表中类型为 8 的学历代码
zc	char	2	职称		使用通用代码表中类型为 9 的职称代码
jglx	char	2	机构类型		从业类型 1 兽医工作单位或机构 2 企业
jgid	char	40	所在机构 id		对应不同从业机构类型。本省机构基本信息发送表 22（mc _ jczs）的 id，本省企业基本信息发送表 23（mc _ qyxxs）的 id
jgmc	char	40	所在机构名称		机构名称
zymc	char	40	专业名称		专业名称
byyx	varchar	150	毕业院校名称		毕业院校名称
sjcrsj	d		更新日期	必填	新增插入日期或修改更新日期，国家同步时根据本日期选择性接收数据

12. 本省兽医人员基本信息附表-发送表 74（mc _ syrys _ att）本省兽医人员基本信息附表 一接收表 75（mc _ syry _ att）

字段	类型	长度	字段名	约束	校验/说明
id	char	40	主键	必填	uid 本省兽医人员基本信息唯一标识 12
zid	char	40	主表 id	必填	本省兽医人员基本信息发送表 21（mc _ syrys）uid，该附表信息对应人员的 uid
zzmm	char	2	政治面貌		官方兽医必填 1 中共党员 2 民主党派 3 群众
cjgz	datetime	参加工作时间			官方兽医必填
zyzh	char	20	证书号码		官方兽医必填
zw	char	10	职务		官方兽医必填
zj	char	10	职级		官方兽医必填
gzgw	char	20	岗位		官方兽医必填 1 检疫 2 监管 3 检疫监管 9 其他
dz	varchar	50	居住地址		执业兽医乡村兽医必填
lxdm	varchar	10	从业类别代码		官方兽医乡村兽医必填 1 兽医全科 2 水生动物
cydd	varchar	50	从业地点		乡村兽医必填
cynx	varchar	10	从业年限		乡村兽医必填
sfbn	char	2	是否编内人员		官方兽医必填
cjfyy	char	2	是否村级防疫员		乡村兽医必填 1 为是，0 为否
zfzbh	varchar	20	执法证编号		官方兽医

（续）

字段	类型	长度	字段名	约束	校验/说明
bzqk	char	2	财务补助情况		官方兽医 1 财政补助 2 经费自理
zyzsh	char	20	执业证书编号		
zgzsh	char	20	资格证书编号		
zyfw	varchar	30	执业范围		执业兽医必填企业、村内、乡镇内、县内
jkzk	varchar	30	健康状况		执业兽医必填
jgyb	varchar	30	邮编		执业兽医必填
sjcrsj	d		更新日期	必填	新增插入日期或修改更新日期，国家同步时根据本日期选择性接收数据

13. 本省机构基本信息发送表 22（mc _ jczs）、本省机构基本信息接收表 24（mc _ jcz）

字段	类型	长度	字段名	约束	校验/说明
id	char	40	主键	必填	uid，全国唯一标识
jb	char	1	机构级别	必填	1 国家 2 省 3 地市 4 县 5 乡镇
qhdm	char	6	地区代码	必填	机构所在地行政区划代码（6 位县级区划代码）
lx	char	2	机构类型代码	必填	2 位数字，必须为通用代码表 15 内的 6 兽医工作机构类型代码
xydm	char	20	信用代码		机构社会信用代码，派出机构填上级机构的信用代码加一位数字序号，不能重复
mc	char	100	名称	必填	机构名称，字符大于 2 小于 100 机构名称不可重复
dh	char	50	联系电话	必填	固话或手机号
fzr	char	10	负责人姓名	必填	姓名必须大于 1 个字符小于 10 字符
dz	char	50	地址	必填	填县以下具体地址
zbx	decimal	10，6	经度		所在地位置坐标
zby	decimal	10，6	纬度		所在地位置坐标
sm	text	200	说明		机构介绍或说明
zt	char	1	状态	必填	0 停止运行或撤销 1 正常运行（曾经运行过不能删除）
rq	d		更新日期	必填	新增插入日期或修改更新日期，国家同步时根据本日期选择性接收数据

14. 本省企业基本信息发送表 23（mc _ qyxxs）、全国企业基本信息接收表 25（mc _ qyxx）

字段	类型	长度	字段名	约束	校验/说明
id	char	40	主键	必填	uid，全国企业唯一标识 14
qylx	char	2	场所类型	必填	必须为通用代码表 15 内的 1 监管企业类型代码内容
qybm	char	20	企业编码	必填	省信息系统的企业唯一编号或代码
xydm	char	20	信用代码	必填	企业社会信用代码，分厂无信用代码的填主企业信用代码加一位数字序号，不能重复
ztdm	char	15	生产经营主体代码		畜牧兽医生产经营主体代码
qhdm	char	6	地区编码	必填	企业所在地或备案、登记所在地行政区划代码，必须输入旗县区级代码，不能输入省级和地市级代码
mc	char	100	企业名称	必填	企业名称，字符大于 2 小于 100 企业名称不可重复，同一企业的不同养殖场加上 * * 分场，以地址区分

（续）

字段	类型	长度	字段名	约束	校验/说明
dh	char	50	联系电话	必填	固话或手机号
fzr	char	10	负责人姓名	必填	姓名必须大于 1 个字符小于 10 字符
dwdm	char	100	动物代码		企业所经营的主要动物，5 位动物代码的倍数，如屠宰场屠宰牛、羊、猪，填 102001030010100
dz	char	100	地址	必填	企业地址，填县以下具体地址
xzm	char	30	乡镇名称		
cm	char	30	村名称		
zbx	decimal	10，6	经度	必填	所在地位置坐标
zby	decimal	10，6	纬度	必填	所在地位置坐标
rq	d	登记日期		登记日期	
sm	text	200	说明		企业特点的必要说明
zt	char	1	状态	必填	0 停止运营或关闭 1 正常运行（曾经运行过不能删除）
sjcrsj	d		更新日期	必填	新增插入日期或修改更新日期，国家同步时根据本日期选择性接收数据

15. 本省企业基本信息附表-发送表 76（mc _ qyxxs _ att）、全国企业基本信息表附表-接收表 77（mc _ qyxx _ att）

字段	类型	长度	字段名	约束	校验/说明
id	char	40	主键	必填	uid，唯一标识
zid	char	40	主表 uid	必填	企业基本信息发送表 23（mc _ qyxxs）uid
sfzh	char	10	法人身份证号		诊疗机构必填
csmj	decimal	10，2	场所面积		诊疗机构必填，场所总占地面积
hdfw	char	50	活动范围		诊疗机构必填
zh1	char	20	动物诊疗许可证号		诊疗机构必填
syry	char	40	执业兽医人员 uid		诊疗机构必填，主要执业兽医。绑定人
sjcrsj	d		更新日期	必填	新增插入日期或修改更新日期，国家同步时根据本日期选择性接收数据

16. 本省养殖场信息附表 一发送表 80（mc _ yzcxxs _ att）用于畜牧兽医生产经营主体赋码试点省份发送企业和个人类型养殖场附表信息

字段	类型	长度	字段名	约束	校验/说明
id	char	40	主键	必填	uid，唯一标识
zl	char	1	养殖场种类	必填	1 企业 2 规模场，有信用代码为养殖企业，无为规模场，只选一个
zid	char	40	主表 uid	必填	1 本省企业基本信息发送表 23（mc _ qyxxs）uid 2 本省管理相对个人基本信息发送表（mc _ grxxs）uid
xydmq	datati me		统一社会信用代码有效期起		养殖企业必填
xydmz	datati me		统一社会信用代码有效期止		养殖企业必填

（续）

字段	类型	长度	字段名	约束	校验/说明
zh1	char	20	防疫条件合格证号		
zh2	char	20	种畜禽生产经营许可证号		种畜禽场必填
zxqq	datati me		种畜禽生产经营许可证有效期起		种畜禽场必填
zxqz	datati me		种畜禽生产经营许可证有效期止		种畜禽场必填
zmj	decima l	10，2	总占地面积		单位平方米，包括生产区域、办公及生活用房、绿化隔离带等保障正常运转的总面积
yzssmj	decima l	10，2	畜禽养殖设施用地面积		单位平方米，养殖场内与生产直接相关的生产设施和辅助设施用地面积
dlsx	char	1	地类属性		按照土地属性填写，只选一个。1 耕地 2 林地 3 草地 4 建设用地
dwdm	char	5	养殖畜种		5 位数字，必须是动物种类代码接收表 13（jc _ dwzl）中的代码
pz	char	20	主要品种		具体养殖品种
lx	char	1	养殖场类型		只选一个，1 种畜场 2 商品场
scmj	decima l	10，2	饲草料地面积		单位平方米，奶牛、肉牛养殖场必填
scsx	char	1	饲草料地地类属性		只选一个，1 耕地 2 林地 3 草地 4 建设用地。奶牛、肉牛养殖场必填
jcl	int	8	设计存栏规模		
jql	int	8	设计年出栏规模		
scl	int	8	实际存栏数		年底实际存栏数
sql	int	8	实际年出栏数		一年内出栏动物数，包括自食
czs	int	8	检疫出证数		一年内本场检疫证开具动物总数量
zcl	int	8	种畜禽存栏		年底实际存栏数
sldw	char	2	数量单位	必填	必须是通用代码接收表 15（jc _ tym）中的 2 计量单位代码中的数字
dc	char	1	代次类别		只选一个，1 祖代 2 父母代 3 商品代
fwclly	char	1	粪污处理和利用方式		只选一个，1 还田利用 2 达标排放 3 作为灌溉用水 4 其他
gtfwly	char	20	固体粪污利用方式		
lsqyid	char	40	隶属企业 id		隶属总公司 id，本省企业基本信息发送表 23（mc _ qyxxs）中 UID
sjcrsj	d		更新日期	必填	新增插入日期或修改更新日期，国家同步时根据本日期选择性接收数据

17. 本省承运主体基本信息附表 一发送表 78（mc _ cyztxxs _ att）全国承运主体基本信息附表 一接收表 79（mc _ cyztxx _ att）

字段	类型	长度	字段名	约束	校验/说明
id	char	40	主键	必填	uid 唯一标识

（续）

字段	类型	长度	字段名	约束	校验/说明
lx	char	1	承运主体类型	必填	1 企业 2 个人
zid	char	40	主表 uid	必填	1 本省企业基本信息发送表 23（mc _ qyxxs）uid　2 本省管理相对个人基本信息发送表 71（mc _ grxxs）
lsqy	char	40	隶属企业 id		本省企业基本信息发送表 23（mc _ qyxxs）中企业 uid
qxsj	dateti me		取消时间	取消必填	取消备案时间
qxyy	varcha r	500	取消原因	取消必填	取消备案的详细原因
qxr	char	40	取消人 id	取消必填	关联本省兽医人员基本信息发送表 21（mc _ syrys）中的监管人 id
bajgid	char	15	备案机构 id		备案机构，本省机构基本信息发送表 23（mc _ jczs）中 UID。承运主体必填
sjcrsj	d		日期	必填	插入日期或更新日期，国家同步时根据本日期选择性接收数据

18. 国家已公布生猪屠宰企业信息接收表 26（mc _ szqyxx）

字段	类型	长度	字段名	约束	校验/说明
id	char	40	主键	必填	uid，唯一 uid
qylx	char	2	场所类型	必填	必须为通用代码接收表 15 内的 1 监管企业类型代码内容，屠宰场 02
qybm	char	20	企业编码	必填	省信息系统的企业唯一编号或代码
tzzh	char	20	定点屠宰证号	必填	定点屠宰证号
ztdm	char	15	生产经营主体代码		畜牧兽医生产经营主体代码
qhdm	char	6	地区编码	必填	企业所在地行政区划代码，必须输入旗县区级代码，不能输入省级和地市级代码
mc	char	100	企业名称	必填	企业名称，字符大于 2 小于 100 企业名称不可重复
dh	char	50	联系电话	必填	固话或手机号
fzr	char	10	负责人姓名	必填	姓名必须大于 1 个字符小于 10 字符
dwdm	char	100	动物代码	必填	5 位动物代码的倍数，如屠宰场屠宰牛、羊、猪，填 102001030010100
dz	char	100	地址	必填	
zbx	decima l	10，6	经度		地理位置坐标（格式：117.342341）
zby	decima l	10，6	纬度		地理位置坐标（格式：117.342341）
sm	text	200	说明	必填	企业特点的必要说明
zt	char	1	状态	必填	取消备案 1 正常运行
rq	d		日期	必填	

19. 本省贩运主体信息发送表 27（mc _ fyztxxs）、全国贩运主体信息接收表 28（mc _ fyztxx）

字段	类型	长度	字段名	约束	校验/说明
id	char	40	主键	必填	uid，为贩运主体唯一 uid
fyrlx	char	1	贩运主体类型	必填	1=自行运输生猪等动物或产品养殖场户 2=从事生猪等动物或产品收购贩运个人 3=自行收购运输的生猪等动物或产品的企业屠宰场（厂） 4 从事生猪等动物或产品收购贩运企业
fyrzl	char	1	贩运主体种类	必填	1=个人 2=单位
fylx	char	1	贩运类型	必填	1 动物 2 产品

（续）

字段	类型	长度	字段名	约束	校验/说明
fyrmc	char	60	贩运主体名称	必填	个人姓名/单位名称
fyrxb	char	1	贩运主体性别		当 zl=1 时填写，1=男 2=女
fyrbh	char	50	畜牧兽医生产经营主体代码	必填	贩运人主体代码
fyrhm	char	50	贩运主体号码	必填	当 zl=1 时，填写身份证号；当 zl=2 时，填写企业信用代码
fyrdh	char	60	贩运主体电话	必填	当前贩运主体的联系电话
qhdm	char	6	区划代码	必填	贩运主体所属区划代码
fyrdz	char	100	地址	必填	乡镇街道地址
djrq	d		登记日期	必填	登记日期
fydw	char	100	贩运动物	必填	5 位动物代码的倍数，如贩运牛、羊、猪，填 102001030010100
zt	char	1	是否有效	必填	1=有效；0=暂停登记。默认状态为 1，2 次违规登记，状态自动改成 0
sjcrsj	d		日期	必填	插入日期或更新日期，国家同步时根据本日期选择性接收数据

20. 本省管理相对个人基本信息发送表 71（mc_grxxs）、全国管理相对个人基本信息接收表 72（mc_grxx）

字段	类型	长度	字段名	约束	校验/说明
id	char	40	主键	必填	uid，为养殖个人唯一 uid
lx	char	1	个人类型	必填	通用代码中的 7 个人类型代码
dwdm	char	100	动物代码	必填	个人从业涉及的动物代码，若涉及多种动物，填写主要种类。使用动物种类代码中尾号为 00 的动物种类代码。5 位动物代码的倍数，如养殖牛、羊、猪，填 102001030010100
ztdm	char	15	生产经营主体代码		
sfzh	char	20	身份证号码	必填	身份证号码符合身份证号码规则
xm	char	20	姓名	必填	个人姓名 2～10 个字符
xb	char	1	性别		只能填男或女
dh	char	20	电话	必填	本人手机号
qhdm	char	6	工作地区划代码	必填	从事养殖、贩运所在地或备案、登记地区划代码，必须是县级，填写当前主要工作地区
dz	char	100	地址		乡镇街道地址（不加县级及以上名称），无工作具体地址填个人住址
xzm	char	30	乡镇名称		
cm	char	30	村名称		
zbx	decima l	10，6	经度		养殖场户必填
zby	decima l	10，6	纬度		养殖场户必填
djrq	d		登记日期	必填	登记日期
zt	char	1	人员状态		1 从业 0 停业
sjcrsj	d		日期	必填	插入日期或更新日期，国家同步时根据本日期选择性接收数据

21. 强制免疫疫苗信息接收表 73（mc_ymxx）此表从兽医卫生综合信息平台统一下发各省。

字段	类型	长度	字段名	约束	校验/说明
id	char	40	主键	必填	uid

（续）

字段	类型	长度	字段名	约束	校验/说明
lx	char	1	疫苗类型	必填	1 灭活疫苗 2 活疫苗 3 合成肽疫苗 4 基因工程疫苗
dwdm	char	100	动物代码		疫苗标称主要免疫动物，5 位动物代码的倍数，如免疫牛、羊、猪，填 102001030010100
ybjcdm	char	100	检测类型代码表代码	必填	5 位代码倍数。检测类型代码接收表 16（jc _ ybjcm）的 dm，表示该疫苗针对的疫病名称
myff	char	1	主要免疫方法		1 肌肉注射 2 皮下注射 3 口服 4 滴鼻 5 点眼 6 刺种 7 涂肛 8 气雾 9 其他，只选一个
mc	char	100	疫苗名称	必填	疫苗名称 2～100 个字符
pzwh	char	50	批准文号/进口文号	必填	国家疫苗批准文号
gg	char	30	疫苗规格		疫苗产品规格
sccj	char	50	生产厂家	必填	生产厂家名称
yxq	int		免疫有效期		厂家标称免疫保护有效期，单位月
sm	char	text	说明		疫苗说明
sjcrsj	d		日期	必填	插入日期或更新日期，国家同步时根据本日期选择性接收数据同一疫苗，根据时间，存储多条信息

22. 本省检疫证动物 a 证发送表 31（jyz _ jyzsdwa）、全国检疫证动物 a 证目的地为本省信息表 37（jyz _ jyzqgdwa）、本省检疫证动物 b 证发送表 33（jyz _ jyzsdwb）

字段	类型	长度	字段名	约束	校验/说明
id	char	40	主键	必填	uid，为全国检疫证唯一标识
zbh	char	16	检疫证号	必填	检疫证印刷编号，10 位数字，（每一种检疫证内部不可重复，动物 a，产品 a，动物 b，产品 b）
ewm	char	100	二维码		省平台生成二维码信息
rq	d		出证日期	必填	检疫证签发日期
gfsyid	char	40	官方兽医 id		本省兽医人员基本信息发送表（mc _ syrys）中出证官方兽医的 uid
gfsyxm	char	20	官方兽医姓名	必填	签发检疫证官方兽医姓名
xjyid	char	40	协检员 id		本省兽医人员基本信息发送表 21（mc _ syrys）中协检员的 uid（如果没有协检为空）
xjyxm	char	20	协检员姓名		协检员姓名（如果没有协检为空）
gfdh	char	20	签发人电话	必填	签发官方兽医电话或签发单位电话
qfdwid	char	40	签发单位 id		本省机构基本信息发送表（mc _ jczs）中签章单位 uid
qfdw	char	100	签发单位	必填	签章单位名称，动物卫生监督所、分所或报检点名称
zddyxq	char	2	证到达天数代码	必填	必须输入通用代码表 15 中 5 检疫证有效到达的代码
hzlx	char	1	货主类型		1 企业 2 个人
hzid	char	40	货主 id		1. 本省企业基本信息发送表 23（mc _ qyxxs）的 uid 2. 本省管理相对个人信息发送表 71（mc _ grxxs）uid
hzztdm	char	15	货主生产经营主体代码		货主的畜牧兽医生产经营主体代码
hz	char	100	货主	必填	货主名称，企业名称或个人姓名

（续）

字段	类型	长度	字段名	约束	校验/说明
hzdh	char	20	货主电话	必填	货主联系电话
dwdm	char	5	动物代码	必填	5位数字，必须是动物种类代码接收表13（jc _ dwzl）中的代码，产品证填产品所属动物代码
dwmc	char	20	动物名称	必填	填写动物具体名称，如果是野生动物填具体动物名称
sl	int	8	数量	必填	必须大于0，动物填写动物数量整数
sldw	char	2	数量单位	必填	必须是通用代码接收表15（jc _ tym）中的2计量单位代码中的数字
jcbg	text		检测信息id		本省检测信息发送表54（jy _ jybgs）id，多个检测信息用半角逗号隔开A证
qqhdm	char	6	启运地区划代码	必填	6位数字，启运地区划代码，必须输入旗县区级代码，不能输入省级和地市级代码，必须是全国区划代码表中有的代码
qlbdm	char	2	启运地点类别代码	必填	必须输入通用代码接收表15中1场所类型的代码
qqydm	char	40	启运企业代码		如果是启运企业，输入本省企业基本信息发送表23（mc _ qyxxs）的企业uid，如果没有或是非企业为空
qztdm	char	15	启运企业生产经营主体代码		启运企业的畜牧兽医生产经营主体代码
qdmc	char	100	启运地名称	必填	如果是企业填企业名称，如果是行政地区填街道、乡镇或村名称，前面不要加省市县名称
dqhdm	char	6	到达地区划代码	必填	6位数字，到达地区划代码，必须输入旗县区级代码，不能输入省级和地市级代码，必须是全国区划代码表中有的代码
dlbdm	char	3	到达地点类别代码	必填	必须输入通用代码接收表15中1场所类型的代码
dqydm	char	40	到达企业代码		如果到达企业，输入全国企业基本信息接收表25（mc _ qyxx）的企业uid，如果全国企业基本信息接收表25没有或是非企业为空，如果到达生猪屠宰企业，必须选择国家公示生猪屠宰企业基本信息表26（mc _ szqyxx）中的屠宰企业id
dztdm	char	15	到达企业生产经营主体代码		到达企业的畜牧兽医生产经营主体代码
ddmc	char	100	到达地名称	必填	如果是企业填企业名称，如果是行政地区街道、填乡镇或村名称，前面不要加省市县名称
cyrdm	char	40	承运人代码		全国管理相对个人基本信息接收表72（mc _ grxx）中的承运人uid，若运输方式为道路，必填
cyrztdm	char	15	承运人生产经营主体代码		承运人的畜牧兽医生产经营主体代码
ysmc	char	100	承运人名称	必填	如运输方式为公路，填承运个人姓名
ysdh	char	20	承运人电话	必填	承运人联系电话
ysfs	char	2	运输方式代码	必填	必须输入通用代码接收表15（jc _ tym）中3运输方式的代码
ysph	char	100	运输工具牌号	必填	运输方式为道路，填运输车辆牌号及挂车号
ysxd	char	100	运输工具消毒	必填	运输工具消毒情况，包括消毒方法，消毒药，消毒计量
bz	text	200	备注		
dytdm	char	2	用途代码	必填	动物检疫证，必须输入通用代码接收表（jc _ tym）15中4用途的代码
debh	text		动物耳标号码	必填	动物检疫证，必须输入耳标号
sbd	char	40	申报点id		本省机构基本信息发送表22（mc _ jczs）中机构uid
sjcrsj	d		数据插入时间	必填	当前时间，自动生成

23. 本省检疫证产品 a 证发送表 32（jyz _ jyzscpa）、全国检疫证产品 a 证目的地为本省信息表 38（jyz _ jyzqgcpa）、本省检疫证产品 b 证发送表 34（jyz _ jyzscpb）

字段	类型	长度	字段名	约束	校验/说明
id	char	40	主键	必填	uid，为全国检疫证唯一标识
zbh	char	16	检疫证号	必填	检疫证印刷编号，10 位数字，（每一种检疫证内部不可重复，动物 a，产品 a，动物 b，产品 b）
ewm	char	100	二维码		省平台生成二维码信息
rq	d		出证日期	必填	检疫证签发日期
gfsyid	char	40	官方兽医 id		本省兽医人员基本信息发送表 21（mc _ syrys）中出证官方兽医的 uid
gfsyxm	char	20	官方兽医姓名	必填	签发检疫证官方兽医姓名
qfdh	char	20	签发人电话	必填	签发官方兽医电话或签发单位电话
qfdwid	char	40	签发单位 id		本省机构基本信息发送表 22（mc _ jczs）中签章单位 uid
qfdw	char	100	签发单位	必填	签章单位名称，动物卫生监督所、分所或报检点名称
zddyxq	char	2	证到达天数代码	必填	必须输入通用代码接收表 15（jc _ tym）中 5 检疫证有效到达天数的代码
hz	char	100	货主	必填	货主名称，企业名称或个人姓名
hzdh	char	20	货主电话	必填	货主联系电话
dwdm	char	5	动物代码	必填	5 位数字，必须是动物种类代码表 13 中的代码，填产品所属动物代码
sl	n	20，2	数量	必填	必须大于 0，填写产品数量保留两位小数
sldw	char	2	数量单位	必填	必须是通用代码接收表 15（jc _ tym）中的 2 计量单位代码中的数字
jcbg	text		检测信息 id		本省检测信息发送表 54（jc _ jcxxs）id，多个检测信息用半角逗号隔开
qqhdm	char	6	启运地区划代码	必填	6 位数字，启运地区划代码，必须输入旗县区级代码，不能输入省级和地市级代码，必须是全国区划代码接收表 12（jc _ qhdm）中有的代码
qlbdm	char	2	启运地点类别代码	必填	必须输入通用代码接收表 15（jc _ tym）中 1 场所类型的代码
qqydm	char	40	启运企业代码		如果是启运企业，输入全国企业基本信息接收表 25（mc _ qyxx）的企业 uid，如果全国企业基本信息接收表 25 没有或是非企业为空
qztdm	char	15	启运企业生产经营主体代码		启运企业的畜牧兽医生产经营主体代码
qdmc	char	100	启运地名称	必填	如果是企业填企业名称，如果是行政地区填街道、乡镇或村名称，前面不要加省市县名称
dqhdm	char	6	到达地区划代码	必填	6 位数字，到达地区划代码，必须输入旗县区级代码，不能输入省级和地市级代码，必须是全国区划代码接收表 12（jc _ qhdm）中有的代码
dlbdm	char	3	到达地点类别代码	必填	必须输入通用代码接收表 15（jc _ tym）中 1 场所类型的代码
dqydm	char	40	到达企业代码		如果到达企业，输入全国企业基本信息接收表 25（mc _ qyxx）的企业 uid，如果全国企业基本信息接收表 25 没有或是非企业为空，如果是生猪屠宰企业，必须选择全国公示生猪屠宰企业信息接收表中的屠宰企业
dztdm	char	15	到达企业生产经营主体代码		到达企业的畜牧兽医生产经营主体代码

（续）

字段	类型	长度	字段名	约束	校验/说明
ddmc	char	100	到达地名称	必填	如果是企业填企业名称，如果是行政地区街道、填乡镇或村名称，前面不要加省市县名称
ysmc	char	100	承运人名称	必填	企业填企业名称，个人填姓名
ysdh	char	20	承运人电话	必填	承运人联系电话
ysfs	char	2	运输方式代码	必填	必须输入通用代码接收表15（jc_tym）中3运输方式的代码
ysph	char	100	运输工具牌号	必填	运输方式为公路，填写运输车辆牌号及挂车号
ysxd	char	100	运输工具消毒	必填	运输工具消毒情况，包括消毒方法，消毒药，消毒计量
bz	text	200	备注		
cplx	char	20	产品类型名称	必填	产品类型具体名称，如肉类，不能填写猪肉类
cplxdm	char	3	产品类型代码	必填	产品检疫证，必须输入动物产品代码接收表14（jc_dwcp）中的代码，3位数字
cpscqhb dm	char	6	产品生产单位地区代码	必填	产品检疫证，必须输入旗县区级代码，不能输入省级和地市级代码，必须是全国区划代码接收表12（jc_qhdm）中有的代码
cpscid	char	40	产品生产单位 id		产品检疫证，必须输入全国企业基本信息接收表25（mc_qyxx）的屠宰企业 uid，生猪屠宰企业必须使用全国公示生猪屠宰企业表中 ID
scztdm	char	15	产品生产单位生产经营主体	代码	产品生产单位的畜牧兽医生产经营主体代码
cpscmc	char	100	产品生产单位名称	必填	产品检疫证，必须输入屠宰加工厂企业名称
cpscdz	char	100	产品生产单位地址	必填	产品检疫证，填街道、乡镇或村名称地址，前面不要加省市县名称
cpjybz	char	20	产品检疫标志号		产品检疫证，填写检疫标志号或空
cpyjyz	char	40	产品原检疫证		产品检疫证，如果有分销的上位检疫证填写原产品检疫证 uid，如果无为空
sjcrsj	d		数据插入时间	必填	当前时间，自动生成

24. 全国检疫证到达本省信息发送表35（jyz_dds）、全国检疫证到达信息接收表36（jyz_dd）

字段	类型	长度	字段名	约束	校验/说明
id	char	40	主键	必填	uid，为全国检疫证到达信息唯一 uid
jyzid	char	40	检疫证 id	必填	检疫证 uid，为全国检疫证唯一标识
jyzh	char	16	检疫证号	必填	检疫证印刷编号
jyzqqh dm	char	6	检疫证启运地点行政区划代码	必填	检疫证启运地行政区划代码，必须输入旗县区级代码，不能输入省级和地市级代码，必须是全国区划代码接收表12（jc_qhdm）中有的代码
jyzdqh dm	char	6	检疫证目的地行政区划代码	必填	检疫证目的地行政区划代码，必须输入旗县区级代码，不能输入省级和地市级代码，必须是全国区划代码接收表12（jc_qhdm）中有的代码
jyzlx	char	1	检疫证类型	必填	1动物检疫证 2产品检疫证
rq	d	日期	必填		操作日期或到达日期
lx	char	1	到达类型	必填	0检疫证作废或取消运输，以下字段除监管人姓名外可空 1检疫证已经超过有效期未到达检疫证目的地或其他最终目的地 2到达检查站或到达目的地，已经有到达信息的不能检疫证作废或取消运输 3录入备案车辆轨迹文本，以下字段除运输轨迹外可空

（续）

字段	类型	长度	字段名	约束	校验/说明
jgryid	char	40	监管人 id	必填	本省兽医人员基本信息发送表 21（mc _ syrys）中出证官方兽医或监管人的 uid
jgryxm	char	10	监管人姓名	必填	监管人员或官方兽医姓名
dqhdm	char	6	检疫证当前到达地区划代码		检疫证当前到达地行政区划代码，必须输入旗县区级代码，不能输入省级和地市级代码，必须是全国区划代码接收表 12（jc _ qhdm）中有的代码
dlx	char	2	到达地类型代码		0 检查站，其他地点必须输入通用代码接收表 15（jc _ tym）中 1 场所类型的代码
ddid	char	40	到达地 id		到达地 id，输入本省机构基本信息发送表 22（mc _ jczs 中）检查站或本省企业基本信息发送表 23（mc _ qyxxs）到达企业 id
dztdm	char	15	到达地主体代码		到达地畜牧兽医生产经营单位主体代码
dmc	char	100	到达地名称		输入检查站名称，企业名称，或其他输入街道、乡镇或村名称，前面不要加省市县名称
jyzsl	n	20，2	检疫证数量		检疫证开具的数量
ddsl	n	20，2	到达数量		到达时监管的实际数量
sm	text	200	监管说明		监管时相关说明
clgj	medium text		运输轨迹		轨迹文本，备案车辆到达最终目的地时或检疫证有效期到时上传，开证时间-到达时间。可以随时还原该检疫证运输车辆轨迹，无需备案的车辆为空
sjcrsj	d		数据插入时间	必填	当前时间，自动生成

轨迹文件格式：车牌号 &exp 开始时间 &exp 结束时间
定位时间　服务器时间　经度　维度　方向
蒙 dnq012&exp2019－06－20　00：00：00&exp2019－06－27　00：00：00
2019－06－20　00：00：23　2019－06－20　00：00：25　120.660245　42.226561　53
2019－06－20　00：05：24　2019－06－20　00：05：25　120.660245　42.226561　53
2019－06－20　00：10：24　2019－06－20　00：10：25　120.660245　42.226561　53

25. 全国备案运输车辆接收表 42（cl _ ba）

字段	类型	长度	字段名	约束	校验/说明
id	char	40	主键	必填	uid，为全国备案运输车辆唯一 uid
ph	char	50	车辆牌号	必填	备案车辆牌号，本省备案车牌号不能重复
cz	char	100	车主	必填	车辆所有者，姓名或单位名称
dh	char	20	车主电话	必填	车主联系电话
cllx	char	200	车辆型号	必填	车辆型号
zzl	n	10，2	载重量	必填	车辆载重量（吨）
qhdm	char	6	备案地区划代码	必填	备案地县级行政区划代码，6 位数字，必须是全国区划代码接收表 12（jc _ qhdm）29 中有的代码
dw	char	100	备案单位	必填	备案单位名称，（备案单位应按要求留存身份证、营业执照、道路运营许可证、车辆行驶证等复印件备查，此处不录入）
zt	char	1	备案状态	必填	0 取消备案 1 备案有效（曾经备案过的车辆不能删除）
rq	d		日期	必填	插入日期或更新日期，国家同步时根据本日期选择性接收数据
bh	varchar	15	备案编号	必填	备案编号，6 位行政代码＋4 位顺序号
phlx	smallin t	2	车牌类型	必填	牌照类型 0 未知 1 蓝牌 2 黄牌 3 小黄牌 4 农用车 5 三轮车 6 新能源

（续）

字段	类型	长度	字段名	约束	校验/说明
clpp	varchar	30	车辆品牌	必填	车辆品牌
zl	decimal	10，2	总质量（吨）	必填	4.5 吨以上需要填写道路经营许可证、道路运输证
ys	varchar	20	颜色	必填	车辆颜色
dwqbh	varchar	50	定位器编号	跨省车辆必填	定位器设备编号，11 到 15 位数字，跨省必填
czlx	varchar	1	车主类型	必填	车主类型 1 个人 2 企业
sfzh	varchar	20	身份证/统一社会信用代码	必填	车主身份证/统一社会信用代码，身份证 18 位，信用代码 18 位，身份证一定要按照规则效验
xkzh	varchar	30	道路经营许可证		道路运输经营许可证编号，12 位数字
yszh	varchar	30	道路运输证		道路运输证，12 位数字
yxqq	varchar	20	备案有效期起	停用	备案证有效期（起）yyyy—mm—dd
yxqz	varchar	20	备案有效期止	停用	备案证有效期（止）yyyy—mm—dd
ysfw	varchar	1	运输范围	必填	运输范围 0 县内 2 省内 3 跨省
clzp	varchar	150	车辆照片	必填	车辆照片绝对路径，要能访问，用于下载
xdzp	varchar	150	车辆清洗消毒设备照片	必填	车辆清洗消毒设备照片绝对路径，要能访问，用于下载
qxsj	datetime		取消时间	被取消时必填	车辆取消备案时间
qxlb	varchar	1	取消类别	被取消时必填	车辆取消备案的类别：1 车辆违规运输（违规时候选择），违规被取消备案资格车辆不允许重新申请备案。2 车辆出售转让（其他原因选择，如车辆转让，不再运输了），取消后还可以重新申请备案
qxyy	varchar	500	取消原因	被取消时必填	车辆取消备案的详细原因

26. 本省屠宰场动物屠宰和无害化发送表 51（tz _ dws）

字段	类型	长度	字段名	约束	校验/说明
id	char	40	主键	必填	uid
tzcid	char	40	屠宰场 id	必填	必须输入本省企业基本信息发送表 23（mc _ syry）的屠宰企业 uid。生猪屠宰企业输入国家公示屠宰企业表 26（mc _ szqyxx）中 uid
ztdm	char	15	生产经营主体代码		屠宰企业畜牧兽医生产经营主体代码
qhdm	char	6	屠宰场区划代码	必填	必须输入屠宰场所在地旗县区级代码，不能输入省级和地市级代码，必须是全国区划代码接收表 12（jc _ qhdm）中有的代码
jyzid	char	40	动物检疫证 id	必填	动物检疫证 uid，为全国检疫证唯一标识
qqhdm	char	6	启运地区划代码	必填	本动物检疫证启运地区划代码，必须是全国区划代码接收表 12（jc _ qhdm）中有的代码
dwdm	char	5	动物代码	必填	5 位数字，本动物检疫证所填的动物代码
jyzsl	int	8	检疫数量	必填	本动物检疫证上开具的动物数量
ddsl	int	8	屠宰数量	必填	本动物检疫证实际屠宰数量
clsl	int	8	无害化处理数量	必填	本动物检疫证无害化处理动物数量，没有无害化处理填 0

（续）

字段	类型	长度	字段名	约束	校验/说明
sldw	char	2	数量单位	必填	本动物检疫证所填的数量单位代码
jyyid	char	40	检疫员 id	必填	兽医人员基本信息发送表 21 中出证官方兽医或协检员的 uid
jyyxm	char	10	检疫员姓名	必填	屠宰检疫员或屠宰检疫官方兽医姓名
tzrq	char	8	屠宰日期	必填	8 位数字，日期格式 20190812，与出场产品关联，达到按天追溯
sjcrsj	d		数据插入时间	必填	当前时间，自动生成

27. 本省屠宰场产品出场发送表 52（tz _ cps）

字段	类型	长度	字段名	约束	校验/说明
id	char	40	主键	必填	uid
tzcid	char	40	屠宰场 id	必填	必须输入全国企业基本信息接收表 25（mc _ qyxx）的屠宰企业 uid
ztdm	char	15	生产经营主体代码		屠宰企业畜牧兽医生产经营主体代码
qhdm	char	6	屠宰场区划代码	必填	必须输入屠宰场所在地旗县区级代码，不能输入省级和地市级代码，必须是全国区划代码接收表 12（jc _ qhdm）中有的代码
tzrq	char	8	屠宰日期	必填	所销售产品的动物屠宰日期，8 位数字，日期格式 20190812，与入场检疫证关联，达到按天追溯
jyzid	char	40	产品检疫证 id	必填	所销产品检疫证 uid，为全国检疫证唯一标识，每个检疫证只能录入一次
dwdm	char	5	产品动物代码	必填	5 位数字，本产品检疫证所填的动物代码，必须是动物种类代码接收表 13（jc _ dwzl）中的代码
cplxdm	char	3	产品类型代码	必填	3 位数字，本产品检疫证所填的产品类型代码，必须输入动物产品代码接收表 14（jc _ dwcp）中的代码
sl	decimal	20，2	产品数量	必填	本产品检疫证所填的产品数量
sldw	char	2	数量单位	必填	本产品检疫证所填的产品数量单位代码
dqhdm	char	6	到达地区划代码	必填	本产品疫证所填到达地区划代码，必须是全国区划代码接收表 12（jc _ qhdm）中有的代码
ccrq	d		出场日期	必填	产品出场日期
sjcrsj	d		数据插入时间	必填	当前时间，自动生成

28. 本省动物免疫信息发送表 53（my _ mys）

字段	类型	长度	字段名	约束	校验/说明
id	char	40	主键	必填	uid
lx	char	1	类型	必填	养殖者类型 1 企业 2 个人
ymcglx	char	1	疫苗采购		类型 1 政采 2 自采
yzid	char	40	养殖场户 id	必填	1、本省企业基本信息发送表（mc _ qyxxs）养殖企业 id 2、本省管理相对基本个人信息发送表（mc _ grxxs）id
ztdm	char	15	生产经营主体代码		养殖企业、养殖场户的畜牧兽医生产经营主体代码
ymid	char	40	疫苗 id	必填	强制免疫疫苗信息接收表 73（mc _ ymxx）id
ymph	char	50	疫苗批号	必填	疫苗生产批号
dwdm	char	5	动物代码	必填	免疫动物代码，5 位数，动物种类代码接收表 13（jc _ dwzl）
mysl	int	8	免疫数量	必填	免疫动物数量，大于 0

（续）

字段	类型	长度	字段名	约束	校验/说明
ymsl	decimal	20，2	疫苗使用数量		必须大于0，可保留两位小数
ymdw	char	1	疫苗单位		1. 头份 2. 毫升 3. 羽份
mylx	char	1	免疫类型	必填	1. 政府免疫 2. 自行免疫
fyyid	char	40	防疫员 id	必填	1. 政府免疫，填写免疫工作负责人 id，本省兽医人员基本信息发送表 21（mc _ syrys）id 2. 养殖企业自行免疫，填写本省企业基本信息发送表（mc _ qyxxs）中养殖企业 id 3. 养殖场户自行免疫，填写本省管理相对个人基本信息发送表（mc _ grxxs）养殖场户 id
myrq	d		免疫日期	必填	实施免疫的日期时间
sjcrsj	d		数据插入时间	必填	当前时间，自动生成

29. 本省检测信息发送表 54（jc _ jcxxs）

字段	类型	长度	字段名	约束	校验/说明
id	char	40	主键	必填	uid
lx	char	1	类型	必填	检测机构类型 1 事业单位 2 企业
jgid	char	40	检测机构 id	必填	1. 本省机构基本信息发送表 22（mc _ jczs）实验室 id 2. 本省企业基本信息发送表 23（mc _ qyxxs）实验室 id
jcztdm	char	15	检测机构生产经营主体代码		检测机构的畜牧兽医生产经营主体代码
qfrid	char	40	报告签发人 id		本省兽医人员基本信息发送表 21（mc _ syrys）实验室人员 id
qfrq	d		签发日期	必填	报告签发日期时间
bgbh	char	20	报告编号		报告编号，10～20 位数字，同一样品多个检测项目可用相同编号，以便生成一张报告单（用于省纸质报告打印）
qhdm	char	6	区划代码	必填	采样地区划代码（6 位县级区划代码），必须是全国区划代码接收表 12（jc _ qhdm）中有的代码
cydlb	char	1	采样地类别	必填	采样地类别 1 企业 2 个人 3 其他地区
cydid	char	50	采样地 id	必填	1. 本省企业基本信息发送表 23（mc _ qyxxs）id 2. 管理相对个人基本信息发送表 71（mc _ grxxs）id 3. 乡镇村名称
cydztdm	char	15	采样地生产经营主体代码		采样地的生产经营主体代码
cyrid	char	40	采样人 id	必填	采样负责人 id，本省兽医人员基本信息发送表 21（mc _ syrys）id
cyrq	d		采样日期	必填	采样日期时间
yplx	char	1	样品类型	必填	动物血液类，动物组织类，分泌物，排泄物，兽药、生物制品，饲料，水，环境样品，其他，只选一个
ypmc	char	30	样品名称	必填	具体样品名称，如血清、脊髓
dwdm	char	5	动物代码		动物代码，5 位数，必须是动物种类代码接收表 13（jc _ dwzl）中代码
sl	int	8	检测样品数量	必填	样品实际检测数量，大于 0

（续）

字段	类型	长度	字段名	约束	校验/说明
jclx	char	1	检测类别	必填	检测抗体，检测抗原、基因或病原，变态反应
jclxdm	char	5	检测类型代码	必填	使用检测类型代码中检测类型 5 位代码，一种检测类型一个采样地一种样品，对应一条检测信息
jcff	char	100	检测方法	必填	具体检测方法，如细胞中和实验、平板凝集实验
sjcj	char	100	试剂厂家		主要检测试剂生产厂家及批号
pdbz	char	1	判定标准	必填	1. 阳性、检出或检出大于一定量为合格 2. 阴性、未检出或检出小于一定量为合格
yxsl	int	8	不合格样品数量	必填	根据相应标准，检测结果判定为确诊疫病、不合格、超标的数量，数量应大于等于 0，小于等于检测样品数量
sjcrsj	d		数据插入时间	必填	当前时间，自动生成

30. 本省无害化处理动物及产品发送表 55（whh _ dwcps）、本省无害化处理动物或产品接收表 56（whh _ dwcp）

字段	类型	长度	字段名	约束	校验/说明
id	char	40	主键	必填	uid
cllx	char	1	处理类型	必填	动物，产品，只选一个
hzlx	char	1	货主类型	必填	病死动物来源类型 1 企业 2 个人 3 其他
hzid	char	40	货主 id		1. 本省企业基本信息发送表 23（mc _ qyxxs）养殖企业 id 2. 本省管理相对个人基本信息发送表 71（mc _ grxxs）id 3. 不明来源填 0。无法确定的都是不明来源
hzztdm	char	15	货主生产经营主体代码		货主的生产经营主体代码
hzmc	char	40	货主名称	必填	
dwdm	char	5	动物代码		处理动物代码，5 位数，动物种类代码表 13（jc _ dwzl）处理动物必填，处理产品可为空
sjsj	d		收集时间		该批处理动物的收集时间
sjdzt	char	1	收集单状态		1 正常 0 作废
clyy	char	1	无害化处理原因		1 染疫死亡 2 因病死亡 3 死因不明 4 经检验检疫不合格 5 应急处置，9 其他
jcbg	char	40	检测信息 id		检测信息发送表（jc _ jcxxs）id
clsl	decimal	10，2	无害化处理数量	必填	无害化处理动物或产品数量，大于 0
btsl	decimal	10，2	无害化补贴数量		无害化处理补贴动物数量
debh	text		耳标号码		无害化处理猪牛羊的耳标号码
sldw	char	1	数量单位	必填	头（只），千克，只选一个
cljglx	char	1	处理机构类型	必填	无害化处理机构：企业、事业单位
cljgid	char	40	无害化处理机构 id	必填	1. 本省企业基本信息发送表 23（mc _ qyxxs）养殖场、无害化处理厂 id 2. 本省机构基本信息发送表 22（mc _ jczs）机构 id
clztdm	char	15	处理企业主体代码		无害化处理企业主体代码
clff	char	1	处理方法	必填	1 焚烧 2 化制 3 高温 4 深埋 5 化学处理法 6 其他。只选一个

（续）

字段	类型	长度	字段名	约束	校验/说明
jgrid	char	40	监管人 id	必填	无害化处理监管负责人 id，本省兽医人员基本信息发送表 21（mc _ syrys）id
clrq	d		处理日期	必填	无害化处理的日期时间
zfbt	decimal	7，2	政府补贴		政府补贴数，单位元/头，大于等于 0
sjcrsj	d		数据插入时间	必填	当前时间，自动生成

31. 本省贩运主体违规信息发送表 61（wg _ fyzts）、全国贩运主体违规信息接收表 62（wg _ fyzt）

字段	类型	长度	字段名	约束	校验/说明
id	char	40	主键	必填	uid，违规记录唯一 uid
fyrid	char	40	贩运主体 id	必填	对应贩运主体信息表（mc _ fyr）中的 id
wgdm	char	100	违规代码	必填	下表 2 位违法代码的倍数
wgtk	char	800	违规条款	必填	违规条款见下文，可多选以“，”为分隔符
wgbz	char	500	违规备注		备注信息
wgsj	d		违规时间	必填	违规时间
clrmc	char	50	处理人姓名	必填	处理人姓名
clrdwmc	char	100	处理单位	必填	处理人所属单位名称
cldqhdm	char	6	处理地区划代码	必填	必须输入旗县区级代码，不能输入省级和地市级代码
lrrmc	char	50	录入人名称	必填	记录违规信息的录入人名称
lrrq	d		录入日期	必填	
zt	char	1	是否有效	必填	1=有效；0=无效
qxyy	char	500	取消违规原因		取消违规
qxrq	d		取消违规日期		取消违规时间
sjcrsj	d		日期	必填	插入日期或更新日期，国家同步时根据本日期选择性接收数据

常用违规内容列表

序号	违规内容
01	使用未备案车辆运输生猪
02	未按规定处置染疫生猪及其排泄物，病死或者死因不明的生猪尸体，经检疫不合格的生猪
03	购买或出售依法应当检疫而未经检疫或者检疫不合格的生猪
04	购买或出售病死或者死因不明的生猪
05	购买或出售染疫或者疑似染疫的生猪
06	购买或出售非洲猪瘟疫区内未经检测的生猪
07	瞒报、谎报、迟报、漏报动物疫情或阻碍他人报告动物疫情
08	出售的生猪未附有检疫证明、无耳标或耳标不齐全
09	转让、伪造或者变造检疫证明、检疫标志或者畜禽标识
10	未办理审批手续，跨省、自治区、直辖市引进种猪及其精液
11	跨省、自治区、直辖市引进用于饲养的非种猪到达目的地后，在未出售的情况下，未向所在地动物卫生监督机构报告
12	跨省、自治区、直辖市引进的种猪到达输入地后，在未出售的情况下，未按规定进行隔离观察
13	未按照动物检疫合格证明载明的目的地运输生猪
14	具有其他不符合国务院畜牧兽医主管部门有关动物防疫规定的行为

省级出证系统需新增贩运主体违规登记模块。当贩运主体发生违规时，管理员可对贩运主体进行违规登记，登记违规事项见上表，并满足本省贩运主体违规信息发送表（wg _ fyzts）的效验要求。取消违规登记操作必须由登记违规登记人员取消，并记录取消原因、取消时间

3.2.3 基础代码表

32. 行政区划代码表样式 11、12（jc _ qhdms、jc _ qhdm）

qhdm	qhjb	mc	jc	rq	zt
150000	1	内蒙古自治区	内蒙古自治区 2019/9/25	1	
150100	2	内蒙古自治区呼和浩特市	呼和浩特市 2019/9/25	1	
150105	3	内蒙古自治区呼和浩特市赛罕区	赛罕区 2019/9/25	1	
150125	3	内蒙古自治区呼和浩特市武川县	武川县 2019/9/25	1	
		……			
		（每一行必须为省市县全称）			

33. 动物种类代码接收表 13（jc _ dwzl）

flmc	fwdm	fwmc	zt
家畜	10100	猪	1
家畜	10101	生猪	0
家畜	10102	仔猪	1
家畜	10103	种公猪	0
家畜	10104	种母猪	0
家畜	10105	藏猪	0
家畜	10106	商品猪	1
家畜	10107	种猪	1
家畜	10199	其他猪	1
家畜	10200	牛	1
家畜	10201	肉牛	1
家畜	10202	奶牛	1
家畜	10203	役用牛	0
家畜	10204	种公牛	1
家畜	10205	黄牛	0
家畜	10206	牦牛	0
家畜	10207	水牛	0
家畜	10299	其他牛	1
家畜	10300	羊	1
家畜	10301	绵羊	1
家畜	10302	山羊	1
家畜	10303	奶山羊	1
家畜	10304	种羊	1
家畜	10305	滩羊	0
家畜	10399	其他羊	1
家畜	10400	马	1
家畜	10500	驴	1
家畜	10600	骡	1

（续）

flmc	fwdm	fwmc	zt
家畜	10700	兔	1
家畜	10800	猫	0
家畜	10900	犬	0
家畜	11000	鹿	0
家畜	11100	骆驼	1
家畜	19900	其他家畜	1
家禽	20100	鸡	1
家禽	20101	肉鸡	1
家禽	20102	蛋鸡	1
家禽	20103	雏鸡	1
家禽	20104	种鸡	1
家禽	20105	藏鸡	0
家禽	20199	其他鸡	1
家禽	20200	鸭	1
家禽	20201	肉鸭	1
家禽	20202	蛋鸭	1
家禽	20203	雏鸭	1
家禽	20204	种鸭	1
家禽	20299	其他鸭	1
家禽	20300	鹅	1
家禽	20301	肉鹅	1
家禽	20302	蛋鹅	1
家禽	20303	雏鹅	1
家禽	20304	种鹅	1
家禽	20399	其他鹅	1
家禽	20400	鸽	1
家禽	20500	鹌鹑	1
家禽	29900	其他家禽	1
蜂	30100	蜜蜂	1
蜂	39900	其他蜂	0
水生动物	40100	淡水鱼	1
水生动物	40200	海水鱼	1
水生动物	40300	虾	1
水生动物	40400	蟹	1
水生动物	40500	贝	1
水生动物	49900	其他水生动物	1
实验动物	50100	鼠	1

（续）

flmc	fwdm	fwmc	zt
实验动物	50101	小鼠	1
实验动物	50102	大鼠	1
实验动物	50103	豚鼠	1
实验动物	50104	地鼠	1
实验动物	50199	其他鼠	1
实验动物	50200	实验用兔	1
实验动物	50300	实验用犬	1
实验动物	50400	猴	1
实验动物	50500	实验用鸡	1
实验动物	59900	其他实验动物	1
其他养殖动物	60100	狐	0
其他养殖动物	60200	狸	0
其他养殖动物	60300	水貂（非食用）	1
其他养殖动物	60400	貉（非食用）	1
其他养殖动物	60500	羊驼	1
其他养殖动物	60600	火鸡	1
其他养殖动物	60700	珍珠鸡	1
其他养殖动物	60800	雉鸡	1
其他养殖动物	60900	鹧鸪	1
其他养殖动物	61000	番鸭	1
其他养殖动物	61100	绿头鸭	1
其他养殖动物	61200	鸵鸟	1
其他养殖动物	61300	鸸鹋	1
其他养殖动物	61400	银狐（非食用）	1
其他养殖动物	61500	北极狐（非食用）	1
其他养殖动物	61600	鹿	1
其他养殖动物	61601	梅花鹿	1
其他养殖动物	61602	马鹿	1
其他养殖动物	61603	驯鹿	1
其他养殖动物	69900	其他	1
野生动物	70100	野生哺乳类动物	1
野生动物	70200	野生禽鸟类动物	1
野生动物	79900	其他野生动物	1
犬	80000		1
猫	90000		1

34. 动物产品代码接收表 14（jc _ dwcp）

flmc	cpdm	cpmc	zt
肉类	100	肉类产品	0

（续）

flmc	cpdm	cpmc	zt
肉类	101	胴体/白条	1
肉类	102	分割肉	1
副产品	200	可食用副产品	0
副产品	201	脏器	1
副产品	202	毛/绒	0
副产品	203	脂	1
副产品	204	血液	1
副产品	205	骨	1
副产品	206	蹄	1
副产品	207	头	1
副产品	208	角	1
副产品	209	筋	1
副产品	210	商品蛋	1
副产品	211	乳类	1
副产品	298	其他副产品	1
副产品	299	非食用副产品	0
生皮/原毛/绒	300	生皮	1
生皮/原毛/绒	301	原毛	1
生皮/原毛/绒	302	绒	1
其他产品	401	精液	1
其他产品	402	卵	1
其他产品	403	胚胎	1
其他产品	404	种蛋	1

35. 通用代码接收表 15（jc _ tym）

id	dmfl	dm	mc	zt
	1	01	养殖企业	1
	1	02	屠宰企业	1
	1	03	动物交易市场	1
	1	04	养殖户/村	0
	1	05	养殖小区	1
	1	06	其他	1
	1	07	冷库/产品销售场所	1
	1	08	动物产品加工厂	1
	1	09	无害化处理场	1
	1	10	检测实验室	1
	1	11	承运企业	1
	1	12	诊疗机构	1

（续）

id	dmfl	dm	mc	zt
	1	13	兽药生产企业	1
	1	14	兽药经营企业	1
	1	15	隔离场	1
	1	16	合作社	1
	1	17	兽医社会化服务组织	1
	2	01	头	1
	2	02	只	1
	2	03	车	0
	2	04	千克（公斤）	1
	2	05	吨	0
	2	06	斤	0
	2	07	张	1
	2	08	枚	1
	2	09	剂	1
	2	10	万粒	1
	2	11	羽	1
	2	12	匹	1
	2	13	箱	1
	2	14	尾	1
	3	01	道路	1
	3	02	水路	1
	3	03	铁路	1
	3	04	航空	1
	3	05	其他	0
	4	02	饲养	1
	4	01	屠宰	1
	4	03	育肥	0
	4	05	种用	1
	4	08	乳用	1
	4	04	役用	1
	4	06	宠用	1
	4	09	实验	1
	4	10	展览	1
	4	11	演出	1
	4	12	比赛	1
	4	07	其他	1
	4	13	交易（销售）	0
	4	14	种猪	0
	4	15	仔猪	0
	5	01	壹	1
	5	02	贰	1

（续）

id	dmfl	dm	mc	zt
	5	03	叁	1
	5	04	肆	1
	5	05	伍	1
	5	06	陆	1
	5	07	柒	1
	5	08	壹佰捌拾	1
	6	01	农业行政主管部门	1
	6	02	动物疫病预防控制机构	1
	6	03	动物卫生监督机构	1
	6	04	国家兽医实验室	1
	6	05	农业综合执法机构	1
	6	06	乡镇农业综合服务机构	1
	6	07	检查站	1
	6	08	指定通道检查站	1
	6	09	检疫申报点	1
	7	01	动物养殖场/户/村	1
	7	02	承运人	1
	8	01	博士	1
	8	02	硕士	1
	8	03	本科	1
	8	04	大专	1
	8	05	中专	1
	8	06	高中	1
	8	07	其他	1
	9	01	初级	1
	9	02	中级	1
	9	03	副高	1
	9	04	正高	1
	9	05	无	1

1. 检测类型代码接收表 16（jc _ ybm）

将免疫、检测用的疫病和化学物质名称统一代码化。

jclx	jcdm	jcmc	gjz	zt
病毒	10100	口蹄疫	口蹄疫	1
病毒	10101	口蹄疫 O 型	口蹄疫 O 型、口蹄疫 O 型、	1
病毒	10102	口蹄疫 A 型	口蹄疫、A 型	1
病毒	10103	口蹄疫亚洲 I 型	亚洲 I 型、亚洲 1 型、亚洲 I 型	1
病毒	10200	禽流感	禽流感	1

（续）

jclx	jcdm	jcmc	gjz	zt
病毒	10201	H5 亚型禽流感	禽流感、H5、H5N1	1
病毒	10202	H7 亚型禽流感	禽流感、H7	1
病毒	10203	H9 亚型禽流感	禽流感、H9	1
病毒	10300	非洲猪瘟	没有疫苗	1
病毒	10400	小反刍兽疫	小反刍	1
病毒	12100	猪瘟	猪瘟	1
病毒	12200	高致病性猪蓝耳病	高致病性猪繁殖与呼吸综合征、猪繁殖与呼吸综合征	1
病毒	12300	猪圆环病毒	病猪圆环病毒	1
病毒	12400	猪伪狂犬病	伪狂犬	1
病毒	13100	牛结节性皮肤病		1
病毒	13200	羊痘	羊痘	1
病毒	14100	新城疫	新城疫	1
病毒	14200	小鹅瘟	小鹅瘟	1
病毒	14300	禽白血病	白血病	1
病毒	15100	狂犬病	狂犬病	1
病毒	15200	非洲马瘟		1
病毒	15300	马传染性贫血		1
细菌	20100	布鲁氏菌病	布鲁氏菌、布氏菌	1
细菌	20200	炭疽	炭疽	1
细菌	20300	牛结核病		1
细菌	20400	马鼻疽		1

4. 数据校验标准

1. 基础代码中表 13 动物代码、14 产品代码、15 通用代码、16 检测类型代码由国家疫控中心公布并共享，各省要严格按照公布代码使用，（zt＝0 的停用代码禁止使用）。

2. 各省区划信息通过本省行政区划代码发送表向兽医卫生综合信息平台共享，综合信息平台汇总全国区划信息后，推送给各省前置机中全国行政区划代码接收表，检疫证使用的区划代码严格按照公布的可用区划代码（zt＝1）校验。

3. 各省企业信息通过本省企业基本信息表向中央平台共享，其中生猪屠宰企业信息由中央平台向全国推送，各省开具检疫证时可直接选择调入省份具体屠宰企业，取代手动输入，确保检疫证目的地更准确，达到有效追踪。其他企业信息由各省向中央平台推送，中央平台汇总，各省可根据需要共享。

4. 各省出证系统出证时需对动物种类或产品种类进行校验，动物代码必须是动物种类代码表中的代码，动物名称可以输入动物具体名称，但要与动物代码对应，不能输入家畜、家禽等原一级名称。野生哺乳类动物代码为 70100，野生动物名称可以输入具体动物名称如：虎、豹等。对于其他共享数据，需按照方案要求加强各项数据校验，对于校验不合格数据，综合信息平台将不再接收。

六十一、兽用麻醉药品的供应、使用、管理办法

（农业部 卫生部 国家医药管理总局1980年11月20日发布）

一、麻醉药品的供应

1. 兽用麻醉药品的供应，由国家指定的中国医药公司的麻醉药品供应点统一供应，每季度限购一次。

2. 县级以上兽医医疗单位（包括动物园、牧场）和科研大专院校等部门，可向当地畜牧（农业）局办理申请手续，经地区（市、州）畜牧（农业）局批准，核定供应级别后，发给“麻醉药品购用印鉴卡”，购用时需填写与印鉴卡相符的“麻醉药品订购单”一式三份（印鉴卡、订购单可参照卫生部门的式样）。

教学、科研临时需用的麻醉药品，由需用单位填写“科研、教学单位申请购用麻醉药品审批单”，一式三份，报经地区以上畜牧（农业）局批准后，向麻醉药品供应点购用。

3. 每季购用麻醉药品的数量，按“兽用麻醉药品品种范围及每季购用限量表”的规定办理，每季的储存量，不得超过限量标准。

有特殊需要（如接羔等）者，应专项报请地区畜牧（农业）局，说明原因和数量，经核实确属需要后，再行批准，由指定的麻醉药品供应点供应。购用单位在使用完了时，应向批准单位列表报销备查。

二、麻醉药品的使用

1. 兽用麻醉药品，只能用于畜、禽医疗、教学和科研上的正当需要，严禁以兽用名义，给人使用。

2. 使用麻醉药品的人员，必须是经本单位领导审查批准的有一定临床经验的兽医（大专院校毕业有2年以上临床经验的、中专毕业有5年以上临床经验和相当学历的兽医）。必须直接使用于病畜，严禁交给畜主使用。

3. 麻醉药品的每张处方用量，不能超过1日量。麻醉药品必须用单独处方，并应书写完整，签全名，以资核查。

4. 兽医医疗队携带的麻醉药品，应由所在地的畜牧（农业）局指定兽医医疗单位供应。

三、麻醉药品的管理

1. 购用麻醉药品的单位，要指定专人负责（可兼任），加强质量管理，严格保管并建立领发制度。

2. 麻醉药品要有专柜加锁、专用账册、单独处方，专册登记。处方应保存5年。

3. 对霉变坏损的麻醉药品，使用单位每年报损一次，由本单位领导审核批准，报上级主管部门监督就地销毁，并向当地畜牧（农业）局报销备查。

4. 对违反条例和本办法者，应严肃处理，并根据情节轻重，进行行政处分，经济制裁或依法惩处。

附表一 兽用麻醉药品品种范围及每季购用限量表

类别	品名	限量	二级限量［20～50头（日平均住院、门诊数）］	三级限量［50头以上（日平均住院、门诊数）］
阿片类	阿片粉	10g	30g	40g
	阿片酊1%，10%			
吗啡类	盐酸吗啡注射液0.1	1g	2g	4g
阿扑吗啡类	盐酸阿扑吗啡注射液0.1	根据医疗需要购用		
可待因类	磷酸可待因粉	3g	9g	15g
	磷酸可待因注射液0.015			
合成药类	杜冷汀注射液0.05，0.1	6g	25g	40g
	安依痛注射液0.02	0.4g	1g	3g
	美散痛注射液0.007 5	0.01g	0.05g	0.1g
	枸橼酸芬太尼注射液0.000 1			

六十二、兽药生产质量管理规范检查验收办法

（2010 年 7 月 23 日　农业部公告第 1427 号公布，2015 年 5 月 25 日　农业部公告第 2262 号修订）

第一章　总　　则

第一条　为规范兽药生产质量管理规范（以下简称“兽药 GMP”）检查验收活动，根据《兽药管理条例》和《兽药生产质量管理规范》的规定，制定本办法。

第二条　农业部负责制定兽药 GMP 及其检查验收评定标准，负责全国兽药 GMP 检查验收工作的指导和监督，具体工作由农业部兽药 GMP 工作委员会办公室承担。

省级人民政府兽医主管部门负责本辖区兽药 GMP 检查验收申报资料的受理和审查、组织现场检查验收、省级兽药 GMP 检查员培训和管理及企业兽药 GMP 日常监管工作。

第二章　申报与审查

第三条　新建、复验、原址改扩建、异地扩建和迁址重建企业应当提出兽药 GMP 检查验收申请。复验企业应当在《兽药生产许可证》有效期届满 6 个月前提交申请。

第四条　申请验收企业应当填报《兽药 GMP 检查验收申请表》（表 1），并按以下要求报送申报资料（电子文档，但《兽药 GMP 检查验收申请表》及第 4、5、8、14 目资料还需提供书面材料）。

新建企业须提供第 1 至第 13 目资料；原址改扩建、复验、异地扩建和迁址重建企业须提供第 1 目至第 17 目资料，迁址重建企业还须提供迁址后试生产产品的第 12、13 目资料；中药提取企业须提供第 18 目资料。

1. 企业概况；

2. 企业组织机构图（须注明各部门名称、负责人、职能及相互关系）；

3. 企业负责人、部门负责人简历；专业技术人员及生产、检验、仓储等工作人员登记表（包括文化程度、学历、职称等），并标明所在部门及岗位；高、中、初级技术人员占全体员工的比例情况表；

4. 企业周边环境图、总平面布置图、仓储平面布置图、质量检验场所（含检验动物房）平面布置图及仪器设备布置图；

5. 生产车间（含生产动物房）概况及工艺布局平面图（包括更衣室、盥洗间、人流和物流通道、气闸等，人流、物流流向及空气洁净级别）；空气净化系统的送风、回风、排风平面布置图；工艺设备平面布置图；

6. 生产的关键工序、主要设备、制水系统、空气净化系统及产品工艺验证情况；

7. 检验用计量器具（包括仪器仪表、量具、衡器等）校验情况；

8. 申请验收前 6 个月内由空气净化检测资质单位出具的洁净室（区）检测报告；

9. 生产设备设施、检验仪器设备目录（需注明规格、型号、主要技术参数）；

10. 所有兽药 GMP 文件目录、具体内容及与文件相对应的空白记录、凭证样张；

11. 兽药 GMP 运行情况报告；

12. （拟）生产兽药类别、剂型及产品目录（每条生产线应当至少选择具有剂型代表性的 2 个品种作为试生产产品；少于 2 个品种或者属于特殊产品及原料药品的，可选择 1 个品种试生产，每个品种至少试生产 3 批）；

13. 试生产兽药国家标准产品的工艺流程图、主要过程控制点和控制项目；

14. 《兽药生产许可证》和法定代表人授权书；

15. 企业自查情况和 GMP 实施情况；

16. 企业近 3 年产品质量情况，包括被抽检产品的品种与批次，不合格产品的品种与批次，被列为重点监控企业的情况或接受行政处罚的情况，以及整改实施情况与整改结果；

17. 已获批准生产的产品目录和产品生产、质量管理文件目录（包括产品批准文号批件、质量标准目录等）；所生产品种的工艺流程图、主要过程控制点和控制项目；

18. 中药提取工艺方法和与提取工艺相应的厂房设施清单及各类文件、标准和操作规程。

第五条　省级人民政府兽医主管部门应当自

受理之日起30个工作日内组织完成申请资料技术审查。申请资料不符合要求的，书面通知申请人在20个工作日内补充有关资料；逾期未补充的或补充材料不符合要求的，退回申请。通过审查的，20个工作日内组织现场检查验收。

申请资料存在弄虚作假的，退回申请并在一年内不受理其验收申请。

第六条　对涉嫌或存在违法行为的企业，在行政处罚立案调查期间或消除不良影响前，不受理其兽药GMP检查验收申请。

第三章　现场检查验收

第七条　申请资料通过审查的，省级人民政府兽医主管部门向申请企业发出《现场检查验收通知书》，同时通知企业所在地市、县人民政府兽医主管部门和检查组成员。

第八条　检查组成员从农业部兽药GMP检查员库或省级兽药GMP检查员库中遴选，必要时，可以特邀有关专家参加。检查组由3—7名检查员组成，设组长1名，实行组长负责制。

申请验收企业所在地市、县人民政府兽医主管部门可以派1名观察员参加验收活动，但不参加评议工作。

第九条　现场检查验收开始前，检查组组长应当主持召开首次会议，明确《兽药GMP现场检查验收工作方案》（表2），确认检查验收范围，宣布检查验收纪律和注意事项，告知检查验收依据，公布举报电话。申请验收企业应当提供相关资料，如实介绍兽药GMP实施情况。

现场检查验收结束前，检查组组长应当主持召开末次会议，宣布综合评定结论和缺陷项目。企业对综合评定结论和缺陷项目有异议的，可以向省级人民政府兽医主管部门反映或上报相关材料。验收工作结束后，企业应当填写《检查验收组工作情况评价表》（表3），直接寄送省级人民政府兽医主管部门。

必要时，检查组组长可以召集临时会议，对检查发现的缺陷项目及问题进行充分讨论，并听取企业的陈述及申辩。

第十条　检查组应当按照本办法和《兽药GMP检查验收评定标准》开展现场检查验收工作，并对企业主要岗位工作人员进行现场操作技能、理论基础和兽药管理法规、兽药GMP主要内容、企业规章制度的考核。

第十一条　检查组发现企业存在违法违规问题、隐瞒有关情况或提供虚假材料、不如实反映兽药GMP运行情况的，应当调查取证并暂停验收活动，及时向省级人民政府兽医主管部门报告，由省级人民政府兽医主管部门作出相应处理决定。

第十二条　现场检查验收时，所有生产线应当处于生产状态。

由于正当原因生产线不能全部处于生产状态的，应启动检查组指定的生产线。但注射剂生产线应当全部处于生产状态；无注射剂生产线的，最高洁净级别的生产线应当处于生产状态。

第十三条　检查员应当如实记录检查情况和存在问题。组长应当组织综合评定，填写《兽药GMP现场检查验收缺陷项目表》（表4），撰写《兽药GMP现场检查验收报告》（表5），作出“推荐”或“不推荐”的综合评定结论。

《兽药GMP现场检查验收缺陷项目表》应当明确存在的问题。《兽药GMP现场检查验收报告》应当客观、真实、准确地描述企业实施兽药GMP的概况以及需要说明的问题。

《兽药GMP现场检查验收报告》和《兽药GMP现场检查验收缺陷项目表》应当经检查组成员和企业负责人签字。企业负责人拒绝签字的，检查组应当注明。

第十四条　检查组长应当在现场检查验收后10个工作日内将《兽药GMP现场检查验收工作方案》《兽药GMP现场检查验收报告》和《兽药GMP现场检查验收缺陷项目表》《兽药GMP检查验收评定标准》《检查员自查表》（表6）及其他有关资料各一份报省级人民政府兽医主管部门。

《兽药GMP现场检查验收报告》和《兽药GMP现场检查验收缺陷项目表》等资料分别由省级人民政府兽医主管部门、被检查验收企业和市、县人民政府兽医主管部门留存。

第十五条　对作出“推荐”评定结论，但存在缺陷项目须整改的，企业应当提出整改方案并组织落实。企业整改完成后应将整改报告寄送检查组组长。

检查组组长负责审核整改报告，填写《兽药GMP整改情况审核表》（表7），必要时，可以进行现场核查，并在5个工作日内将整改报告和《兽药GMP整改情况审核表》报省级人民政府兽医主管部门。

第十六条　对作出“不推荐”评定结论的，

省级人民政府兽医主管部门向申报企业发出检查不合格通知书。收到检查不合格通知书3个月后，企业可以再次提出验收申请。连续两次做出“不推荐”评定结论的，一年内不受理企业兽药GMP检查验收申请。

第四章　审批与管理

第十七条　省级人民政府兽医主管部门收到所有兽药GMP现场检查验收报告并经审核符合要求后，应当将验收结果在本部门网站上进行公示，公示期不少于15日。

第十八条　公示期满无异议或异议不成立的，省级人民政府兽医主管部门根据有关规定和检查验收结果核发《兽药GMP证书》和《兽药生产许可证》，并予公开。

第十九条　企业停产6个月以上或关闭、转产的，由省级人民政府兽医主管部门依法收回、注销《兽药GMP证书》和《兽药生产许可证》，并报农业部注销其兽药产品批准文号。

第五章　附　　则

第二十条　兽药生产企业申请验收（包括复验、原址改扩建和异地扩建）时，可以同时将所有生产线（包括不同时期通过验收且有效期未满的生产线）一并申请验收。

第二十一条　对已取得《兽药生产许可证》后新增生产线、部分复验并通过验收的，换发的《兽药GMP证书》与此前已取得的其他兽药GMP证书（指最早核发并在有效期内）的有效期一致；换发的《兽药生产许可证》有效期限保持不变。

第二十二条　在申请验收过程中试生产的产品经申报取得兽药产品批准文号的，可以在产品有效期内销售、使用。

第二十三条　新建兽用生物制品企业，首先申请静态验收，再动态验收；兽用生物制品企业部分生产线在《兽药生产许可证》有效期内从未组织过相关产品生产的，验收时对该生产线实行先静态验收，后动态验收。

静态验收符合规定要求的，申请企业凭《现场检查验收通知书》组织相关产品试生产。其中，每条生产线应当至少生产1个品种，每个品种至少生产3批。试生产结束后，企业应当及时申请动态验收，省级人民政府兽医主管部门根据动态验收结果核发或换发《兽药生产许可证》，并予公开。

第二十四条　兽用粉剂、散剂、预混剂生产线和转瓶培养生产方式的兽用细胞苗生产线的验收，还应当符合农业部公告第1708号要求。

第二十五条　本办法自公布之日起施行。

六十三、食品动物用兽药产品注册要求补充规定

（2015年3月2日　中华人民共和国农业部公告 第222号发布）

为加强兽药管理，保障动物源性食品安全，根据《兽药管理条例》《兽药注册办法》规定，现就食品动物用兽药产品注册要求补充规定如下。

一、在我国申请注册用于食品动物的兽药产品，其有效成分尚无国家兽药残留限量标准和兽药残留检测方法标准的，注册申报时应提交兽药残留限量标准和兽药残留检测方法标准建议草案。批准兽药注册时，兽药残留限量标准（试行）和兽药残留检测方法标准（试行）与兽药质量标准一并发布实施。

二、兽药注册申请单位在提交兽药残留检测方法标准研究资料时，除提交兽药残留检测方法标准草案、起草说明及相关数据，还应提交2家有资质单位出具的该兽药残留检测方法标准验证试验报告及其说明。

新兽药注册类应在农业部公告第442号中《化学药品注册分类及注册资料要求》项目32“残留检测方法及文献资料”项下提交有关材料；进口兽药注册类应在补充材料中提交有关材料。

三、在兽药产品注册复核检验的同时，中国兽医药品监察所应对兽药残留检测方法标准实施复核检验，并出具复核检验报告及其说明。

四、在新兽药监测期内或进口兽药注册证书有效期内，兽药注册申请单位应向全国兽药残留专家委员会办公室提交兽药残留限量标准（试行）、兽药残留检测方法标准（试行）转为国家标准的申请及其相关材料，并通过全国兽药残留专家委员会的技术审查。监测期内或有效期届满前

未通过全国兽药残留专家委员会审查的，应暂停生产或进口该产品。自暂停生产或暂停进口之日起2年内，仍未通过全国兽药残留专家委员会审查的，注销该产品质量标准、兽药残留限量标准（试行）和兽药残留检测方法标准（试行），并注销该产品已取得的产品批准文号或进口兽药注册证书。

五、拟申报或已进入兽药评审程序的产品，按本公告规定执行。

六、本公告自发布之日起执行。

六十四、兽药GMP检查员管理办法

（2007年3月28日　农业部办公厅农办医〔2007〕8号发布）

第一章　总　　则

第一条　为加强兽药GMP检查员（以下简称检查员）管理，规范有关活动，根据《兽药管理条例》和《兽药生产质量管理规范检查验收办法》规定，制定本办法。

第二条　农业部兽医局负责检查员的遴选、培训和监督管理，农业部兽药GMP工作委员会办公室（以下简称GMP办公室）承办具体事务。

第三条　本办法所称的检查员，是指根据本办法聘任并委派，对申请兽药GMP检查验收的企业进行现场检查的人员。

第二章　检查员的聘任和解聘

第四条　检查员应具备以下条件：

（一）具有国家承认的大专以上（含大专）学历；

（二）具有与兽药监督管理或兽药生产和检验相关的5年以上工作经历；

（三）具有相应专业技术领域的基本理论知识和实践经验；

（四）掌握有关兽药管理的法律法规、技术规范；

（五）熟悉兽药产品质量标准、检验方法；

（六）熟悉兽药质量管理基本理论，掌握有关产品质量控制的关键环节；

（七）掌握检查验收方法和评定标准，能够结合产品特点对生产企业质量控制能力进行检查；

（八）身体健康，年龄不超过60周岁，在职；担任组长的检查员须具备2年以上检查员资格，且原则上参加不少于12个兽药生产企业的GMP检查验收工作；

（九）服从安排，能胜任并积极参加现场检查工作；

（十）遵纪守法、廉洁奉公、坚持原则、实事求是、公平公正。

第五条　检查员遴选入库程序：

（一）根据工作需要，兽医局向省级兽医行政管理部门下发推荐检查员通知；各部门负责推荐候选人；

（二）候选人如实填写《农业部兽药GMP检查员候选人基本情况表》，并附有关证明文件；

（三）候选人所在单位填写推荐意见后报所在地省级兽医行政管理部门审核，审核合格的，报GMP办公室；

（四）GMP办公室对候选人基本情况进行审核，并组织专家对审核符合条件的候选人进行培训、考核，考核合格的报农业部兽医局审批；

（五）农业部兽医局批准候选人入选检查员库，并向其颁发证书。

第六条　检查员的聘任期限为5年，期满后自动解聘。

第七条　有下列情况之一者，取消检查员资格：

（一）违反检查验收纪律和本办法有关规定的；

（二）在兽药GMP检查验收中，违反兽药管理法规或科学规律，造成严重失误或给兽药监督管理造成不良影响的；

（三）验收质量不符合要求或考核不合格的；

（四）违反廉洁自律有关规定的；

（五）因其他原因不适合参加检查验收工作的。

第三章　检查员的权利与义务

第八条　根据要求，参加兽药GMP现场检查验收及兽药GMP飞行检查工作。

第九条　在现场检查验收工作中，不受任何单位和个人干涉，有权独立发表意见，对现场检查验收直接提出意见，也可以直接向主管部门反映情况，提出意见和建议。

第十条 参加有关兽药GMP会议和有关培训。

第十一条 积极收集有关兽药GMP方面的信息、资料，并及时提交农业部和GMP办公室。

第四章 检查员工作纪律

第十二条 应按照农业部和GMP办公室的要求参加有关工作，不得无故推辞；在被安排参加可能不胜任的检查活动时，应预先提出建议。

第十三条 应严格按照《兽药GMP检查验收纪律》要求开展工作。

第十四条 应客观公正地开展工作，不受任何单位和个人影响出具公正结论。

第十五条 与被验收企业有利害关系，或存在可能影响检查验收工作公正性的其他情况时，应主动提请回避。

第十六条 不得私下与被验收企业或与其有关中介机构、人员进行接触，并有义务向农业部举报试图给予检查员馈赠或与其进行接触的企业或个人。

第十七条 由于健康及其他原因不能参加已经安排的检查验收任务时，应及时向GMP办公室报告，并说明理由。

第十八条 不得以检查员的名义从事任何商业活动。

第五章 附 则

第十九条 本办法自发布之日起实施。

六十五、国家兽药残留基准实验室管理规定

（2008年1月2日 农业部农医发〔2008〕1号发布）

第一章 总 则

第一条 为加强兽药残留监控工作，规范国家兽药残留基准实验室（以下简称基准实验室）活动，根据《兽药管理条例》规定，制定本办法。

第二条 基准实验室是承担兽药残留技术标准研究、检验、监测、培训的国家级主要技术支撑机构。

第三条 农业部兽医局负责基准实验室资格认定及监督管理工作。全国兽药残留专家委员会办公室（简称残留办）承担基准实验室的技术协调工作。

第二章 基准实验室职能

第四条 基准实验室主要职能是：

（一）起草相关兽药（药物）品种残留检测方法；

（二）参与制定国家兽药残留监控计划；

（三）负责兽药（药物）残留检测最终仲裁检验；

（四）提供兽药（药物）残留检测基准物质；

（五）对省级残留检测实验室进行技术指导；

（六）定期有针对性地组织比对试验；

（七）承担相应残留检测技术培训工作；

（八）负责收集、整理、分析和报告所承担品种的国内外残留监控信息；

（九）参与农业部组织的相关国际标准制定工作；

（十）为主管部门提供相关的技术咨询意见和建议；

（十一）完成主管部门交办的其他任务。

第三章 基准实验室条件

第五条 基准实验室除应通过国家认可委员会的实验室资格认定外，还必须通过农业部组织的检查验收。

第六条 基准实验室应建立完善的行政组织结构，具有较高水平的学科带头人，配备足够的、具有相应专业资格和工作经验、能胜任残留分析工作的专职工作人员。

专职人员应当接受相关培训，熟练掌握实验操作技能，数量不得少于15人。

第七条 基准实验室应具备相应的实验场所，配备相应的仪器设备和设施，建立配套的基础保障条件。

第八条 基准实验室应建立并执行健全的规章制度，严格遵守相关技术规范和标准，保证兽药残留检测方法的可靠性和可操作性，保证检测

结果的客观公正。基准实验室应建立员工工作经历和技术培训档案。

第四章 基准实验室工作规则

第九条 基准实验室应当保证兽药残留检测工作科学、客观、公正，不受任何部门、经济利益等的影响，应对出具的检测结果和意见负责。

第十条 基准实验室主任由基准实验室依托单位聘任，每届任期五年，并报农业部兽医局备案。根据工作需要，主任可以提名并报请依托单位聘任副主任1—2人。基准实验室实行主任负责制，主任在依托单位领导下全面负责实验室的人员、财务、行政和业务等管理工作。

第十一条 基准实验室应当指定专人（专职/兼职）负责检验质量和实验室安全管理。

第十二条 基准实验室应建立和完善质量保证体系，制定相应的质量体系建设规范。

第十三条 应保证其员工对涉密问题和信息交流保守机密。

第五章 基准实验室管理

第十四条 农业部兽医局负责制定、发布基准实验室检查验收办法和评定标准，并组织实施基准实验室检查验收工作。检查验收活动每五年一次。

第十五条 基准实验室承担的兽药（药物）品种范围，由农业部兽医局确定并公布。

第十六条 对不能履行工作职责的基准实验室，农业部兽医局视情况作出通报批评或提出变更基准实验室主任的意见。

第十七条 农业部兽医局定期对基准实验室进行绩效评估，对成绩突出的单位和个人，给予表彰和奖励。

第十八条 基准实验室应于每年十二月底前向农业部兽医局和残留办提交年度工作报告、存在问题和下年度工作计划和建议。

第六章 附　　则

第十九条 基准实验室统一命名为“国家兽药残留基准实验室（依托单位全称）”。

第二十条 基准实验室英文名称：National Reference Laboratory of Veterinary Drug Residues (IVDC，etc)。

第二十一第 本办法自发布之日起施行。

六十六、关于发布《中华人民共和国动物及动物源食品中残留物质监控计划》和《官方取样程序》的通知

（1999年5月11日　农业部农牧发〔1999〕8号公布）

为加强兽药管理，提高我国畜产品质量和促进畜产品出口贸易，保证人体健康，我部与国家出入境检验检疫局共同制定了“中华人民共和国动物及动物源食品中残留物质监控计划”及“官方取样程序”，现予发布，请遵照执行。

附件1：中华人民共和国动物及动物源食品中残留物质监控计划

附件2：官方取样程序

附件1

中华人民共和国动物及动物源食品中残留物质监控计划

1　总论

中华人民共和国政府认识到动物源性产品及其他食品中的某些物质及其残留对消费者有害，并影响动物源性产品的质量，同时不当地使用某些兽药将严重影响人体健康。

鉴于我国已经制定了多部有关涉及安全卫生和进出口商品检验、动物防疫等方面的法律和有关兽药使用和管理、出口肉品加工企业注册管理等方面的专业性法规，但仍需在原有的法律框架下对有关残留监控的重点环节制定明确的专门条款，对出口动物及其产品的生产尤为必要。政府有关部门对有关物质进行监控是残留监控体系的必要措施。

中国政府制定了动物源食品中农药、兽药及其他有害化学物质的最高残留限量。

中国政府禁止使用某些具有激素或甲状腺素样作用的物质，并于1999年1月1日起禁止使用诸如己烯雌酚或类固醇类物质及具有促蛋白合成作用的β-受体激动剂等。

残留监控体系对农、兽药生产、分销、零售

及使用进行监控，并对动物饲养和动物源性初级产品的生产过程进行监控。中华人民共和国有关主管部门通过监管和检验来全面、系统地对禁用物质及其残留进行监控。为保证该监控系统有效的运行，以达到在全国范围内对残留问题进行有效的控制和检测，有必要制定专门的条款来协调检验检疫部门、农牧兽医部门等主管部门之间的合作；

鉴于为迅速、有效的统一实施控制，需将有关各项监控的规则和措施集中于一单独文本，特制定本监控规划。

该文件主要包括：

1）与残留监控的有关法律、法规以及有关受监控物质的禁用或允许使用、销售管理规定；

2）监控体系中主管部门和有关部门的组织结构；

3）实验室检测网络及其检测能力；

4）企业自控和官方控制措施；

5）官方抽样细则；

6）准备检测的物质，分析方法，准备抽取的样品数量及理由；抽样水平和频率以及准备抽取的官方样品的数量；

7）对违规的动物或产品的处理措施。

中华人民共和国的管理体系明确区分了用于内销和出口的动物及动物产品的生产。通过采取监控措施确保只有在符合出口标准的饲养场饲养的动物及上述动物在符合出口标准的加工厂中加工后的动物源性产品才允许出口。

本残留监控计划是结合中国国情并参考了96/22/EC理事会指令和96/23/EC理事会指令而制定，适用于出口动物及动物源性产品的生产。

2　范围和概念

2.1　本监控规划在于制定措施以监控附件所列的物质和各组残留

2.2　有关概念

2.2.1　动物源性食品（Animal Derived Food）：全部可食用的动物组织以及蛋和奶。

2.2.2　禽类（Poultry）：系指包括鸡、鸭、火鸡、鹅、鸽等在内的家养的禽。

2.2.3　饲养动物（Farm Animal）：指牛、猪、绵羊和山羊、家养奇蹄兽、骆驼和养殖鱼类；

2.2.4　家养及野生野味：兔、家养及野生野味，如野鸡和珍珠鸡等；

2.2.5　治疗处理（Therapeutic Treatment）：根据兽药使用管理规定，经兽医诊断后，对单个饲养动物施用经许可的物质以处理繁殖方面的问题，包括中止不需要的妊娠，对于β—受体激动剂，用于引起因牛和非肉用饲养马的分娩以及治疗呼吸方面的问题；

2.2.6　动物技术处理（Animal technical Treatment）：指对单个家养动物施用根据兽药使用管理规定许可的物质，在兽医检查后，用于同期发情以及为胚胎移植，准备移植体和受体；对于水产养殖动物，在兽医指导和监督下，对一群育种动物进行性别转化；

2.2.7　非法处理（Illegal Treatment）：指使用未经许可的物质或产品或虽经有关法规许可，但不是用于许可的用途或不是在许可的条件下施用。

2.2.8　禁用的物质或制品（Unauthorized Substances or Products）：指我国兽药使用管理规定和有关贸易国法规禁止施用于动物的物质或制品；

2.2.9　残留（Residue）：指具有药物作用的物质及其代谢产物和其他传播至动物制品并可能危害人类健康的物质的残留；

2.2.10　主管当局（Competent Authority）：指国务院授权机构；

2.2.11　官方样品（Official Sample）：指为检测违禁物质或残留由主管当局指定检测机构抽取的标明品种类型、有关数量、抽样方法和动物性别以及动物或动物制品来源等具体识别特性的样品；

2.2.12　批准的实验室（Approved Laboratory）：指为检测官方样品中的残留，经我国主管当局批准的实验室；

2.2.13　一批动物（Batch of Animals）：指一组在同一饲养场、同时期、相同条件下饲养、同一年龄段、同一品种的动物；

2.2.14　β-受体激动剂（Beta-agonist）：指β肾上腺素受体兴奋剂类物质。

3　法律和法规（Law and Regulations）

3.1　有关法律、法规

《兽药管理条例》

《饲料管理条例》

《中华人民共和国食品卫生法》

《中华人民共和国动物防疫法》

《中华人民共和国进出口商品检验法》

《中华人民共和国产品质量法》

3.2 有关规定

《允许作饲料药物添加剂的兽药品种及使用规定》

《饲料添加剂允许使用品种目录》

《动物性食品中兽药最高残留限量》

《出口食品生产企业向国外卫生注册管理规定》

《进出口商品检验实验室认可管理办法》

《进出口商品抽查检验管理办法》

《出口畜禽肉及其制品加工企业注册卫生规范》

《出口水产品加工企业注册卫生规范》

《出口鳗鱼养殖场登记管理方法》

本监控计划的建立与实施除以我国的有关法律、法规和兽药使用规定为依据外，也尽量符合进口国法规要求，并通过相应的行政指令予以保证。

4 管理与组织机构

我国的动物及动物源食品残留物监控工作由农业部及所属机构承担，国家出入境检验检疫局及其分支机构承担进出口动物源性食品的残留的检测工作。其年度报告将于次年7月1日前发表。

农业部和国家出入境检验检疫局成立专家协调工作组，负责全国有害物质残留监控规划及年度监控计划，并负责有关监控信息的交流，根据监控结果准备并起草年度监控报告。

农业部邀请其他有关部门专家，成立全国药物残留监控专家委员会。

4.1 全国药物残留监控专家委员会职责

全国药物残留监控专家委员会根据

（1）国内药品使用情况及有关环保监控信息；

（2）地方残留监控机构的数据及农、兽药销售和使用等方面信息；评估残留监控计划的效果及效率，进行必要调整；

该委员会同时负责与相关国际专业组织进行对话，并负责拟订、审议和修改全国残留年度监控计划。

4.2 农业部负责全国兽药在动物性食品中的残留控制工作；制定、修订有关兽药残留法规、规定；发布兽药残留限量标准、检验方法等技术规定；发布兽药残留监控计划和年度监控计划；负责兽药残留工作的组织、协调、监督等管理工作。

4.3 国家出入境检验检疫局负责制定国家进出口动物产品的药物残留检测方法的标准、进出口动物产品的检测和监督管理。制订国家残留监控计划中针对进出口动物及动物产品的残留监控计划，并负责对进出口动物产品检验和监管工作。

4.4 地方残留监控机构

4.4.1 地方畜牧部门

1）各省（市）、自治区农牧厅（局）负责协调本辖区的残留监控计划的实施；

2）各省（市）、自治区兽药监察所及动物防疫部门负责：

——执行国内消费的动物和动物产品中残留检测任务；

——对本地兽药和饲料药物添加剂生产厂进行检查和监督；

——在当地农场进行残留监控和检查；

——采集国内市场的农场和屠宰厂样品。

4.4.2 地方检验检疫部门（地方CIQ）

经国家出入境检验检疫局批准，地方检验检疫机构执行残留监控计划的以下方面：

——从出口屠宰厂中采集官方样品；

——对出口动物产品进行残留检查；

——对进口动物产品进行检验和监管；

——对出口动物产品进行检验，并对出口屠宰厂进行监管；

——对动物源性食品中的残留进行对比检验；

——对当地出口屠宰厂使用的动物用药情况进行检查和监管，并向国家局提供有关监控数据。

4.5 实验室分析能力

包括农业系统和检验检疫系统实验室，以及农业部和国家出入境检验检疫局认可的学术机构的实验室。

实验室按ISO/IEC导则25－1990等标准，编制了体系文件，并进行规范化管理，实验室定期参加国际水平测试，并组织国内协同试验，比对实验等活动。

所有检验人员需按实验室管理要求，经考核获得上岗证书，才能从事有关的检验。所有认可实验室都具备从事其检验工作的大型精密仪器等资源。

5 企业的协同责任

5.1 任何从事动物产品生产和/或动物饲养的企业（个人或法人）必须遵守国内的有关管理规定，对生产出口产品的企业，遵守有关贸易国的规则。

5.2 最初加工动物源性初级产品的企业，应采取必要的措施，确保加工生产者，能够保证只接受停药期的动物；通过检验或检查，使自己确信进厂的动物或产品，残留不超过最高限量；不含有禁用物质或制品。

5.3 所有出口企业（个人或法人）应确保生产和出口，未使用过未经认可的物质或制品的动物，或未接受非法处理的动物；使用过认可物质或制品，但其停药期得以遵守的动物；及其以上动物的制品。

5.4 经农业部认可的官方兽药应负责对饲养条件以及用药情况进行监控和认可。兽医应在养殖场记录上处理或投药日期和种类，接受治疗的动物身份和相应停药期。

5.5 动物产品加工企业应设立相对独立的质量管理部门和一定规模的实验室，配备必要的检测仪器、设备和相应检测试剂，应建立相应的监控制度，并制定当某环节失控时的纠正措施。

5.6 动物产品加工企业应具有供药、防疫和技术监控的资料，每一个环节都应建立相应的质量文件并保持记录。

5.7 有关企业生产出口动物源性食品的出口产品必须接受检验检疫部门的监督检查，厂方有责任向主管当局提供有关信息。

5.8 检验检疫部门的驻厂人员应加强对商标和卫生标识的监控。

5.9 饲料厂必须向主管部门申报饲料添加剂和添加的药物以及各种营养成分配方，应详细记录饲料添加剂和药物成分的来源。

5.10 商品畜禽养殖场在饲养过程中使用的药品必须是有关法规允许使用的药物，并认真填写“用药登记”内容至少包括用药名称、用药方式、剂量、停药日期。并将处方保留五年以作证据。严防使用违禁药物。

5.11 商品畜禽养殖场饲养的商品动物应按规定停药期出栏，屠宰厂应认真检查动物的用药卡与检疫证明。

6 官方控制措施（Official control measures）

6.1 控制的范围和内容

6.1.1 地方残留监控机构在实施年度监控计划过程中，可以在下列情形下随机进行官方检查：

（1）属于A组（具有合成作用的物质和未经许可的物质）的生产、搬运、储存、运输、分发、销售或购买过程中；

（2）在动物饲料生产和分发的各个环节；

（3）在本指令涉及的动物源性原料和动物的整个生产过程中；

（4）对关键控制的违禁药物进行宰前检测，扣留可疑动物以便确定，并立即向有关部门报告阳性结果。

6.1.2 以上检查或检测是针对是否拥有或出现准备用于动物育肥或非法处理的违禁物质或制品而进行的。

6.1.3 如果有迹象表明，或怀疑有欺诈行为，并且在检查中出现阳性结果的情况下，则对检测出残留的组织或动物按国家有关规定处理。

6.1.4 主管部门执行的所有检查必须在不预先通知的情况下进行。所有被检单位有义务为宰前检验提供方便，协助进行必要的操作。

6.1.5 在发现问题时，应采取以下措施：

（1）在怀疑有非法处理时，要求饲养场负责人或兽医提供材料，以证明处理的性质；

（2）如果经质询证实确有非法处理或使用了未经许可的物质或制品或有理由怀疑这种使用应进行：

——对原生产场进行抽样检查，主要是检测由于非法使用而导致的残留；

——必要时对饮用水和饲料进行官方抽样；

——必要时对水产养殖动物的捕获水源或水源进行抽样检查；

——对违禁药物的生产、搬运、储存、运输、分发、销售或购买过程进行检查；

——为确定违禁物质或制品的来源或被处理动物的来源所需的任何检查；

（3）如果超出进口贸易国制定的最高限量或国内法规制定的限量，可采取任何必要的措施或进行任何必要的调查。

6.2 基准实验室

6.2.1 农业部在中国兽药监察所和中国农业大学设立基准实验室，国家出入境检验检疫局在中国进出口商品检验技术研究所等单位设立残留物监控的基准实验室。每一试验室及其他拟建立的实验室应专门针对某一物质或某一组物质进行检验。

6.2.1.1 基准实验室职责：

（1）基准实验室负责协调残留分析实验室的

工作，尤其是协调每种残留或残留组分析方法和标准；

（2）协助主管当局制定残留监控计划和组织实施；

（3）定期有针对性地组织进行比对试验；

（4）保证国内实验室遵守制定的限量；

（5）普及国际有关残留量监控信息；

（6）保证有关检验监督人员能够参加国际有关组织的进一步培训，以利有关人员专业水平的发展。

6.2.2 国家在各省（市）兽药残留检测机构和有关单位设立残留检测认可实验室，实施国家残留检测计划。

6.3 化合物评价和分类方法

肉食动物在生长周期中可能接触并被摄入残留在其家畜、家禽产品中的化合物主要包括：

6.3.1 化学杀虫剂。被允许直接用于家畜或家禽或农作物，或用于饲养场的环境消毒，灭蝇虫的一些化学杀虫剂。

6.3.2 兽药，指用于预防、治疗、诊断畜禽等动物疾病，有目的地调节其生理机能并规定作用、用途、用法、用量的物质（含饲料药物添加剂）。包括：

1）血清、菌（疫）苗诊断液等生物制品；

2）兽用的中药材、中成药、化学原料及其制剂；

3）抗生素、生化药品、放射性药品。

6.3.3 环境污染物。包括不可避免的污染物，不当使用农药和兽药，所产生环境污染在屠宰动物的可食组织中产生的不可接受的残留量。重点监控的违禁药物见附表1。

6.3.4 对残留物进行监控的判断标准

某一类残留物往往包括多种残留，根据中国的国情，对所有的化合物残留均进行检验，是行不通也是不必要的。因此，与本文本规定有关抽样细则不相抵触，根据在不同的地区的环境条件下，各类化合物的生产、销售、使用等有关信息，以确定这些化合物可能产生的残留及其危害的程度，并在此基础上，选择适当的方法，对当前具有最大潜在危险的化合物实施检验。

6.3.5 分类方法：

根据以下因素对每种化合物进行综合评价，以判断动物接触化合物后，产生的潜在危险对人类健康的影响。

（1）是否使用有关化合物；

（2）实际使用量或大概使用量；

（3）有无滥用及其产生有害残留的潜在危险；

（4）在动物、植物体内和外界中吸收、分布、代谢、排泄情况包括代谢物残留的生物效力和持续性；

（5）残留物的化学性质及其毒性。

综合这些因素进行评价，将这些化合物划分为A、B、C、D四个种类，以A、B、C、D来表示在动物屠宰时发生潜在的有害残留量的递降顺序（A、B、C表示化合物承担作用的最大或最小的价值，"D"表示"无关紧要"或"还未被列入"）。

6.4 抽样方法和抽样细则

残留物控制计划旨在调查发现饲养场，屠宰场、奶场、水产品加工厂、蛋类收购站等动物源性食品中残留危害的原因。

我国官方抽样方法将参照国际通行的抽样水平和抽样频率，制定并执行；出口动物产品的官方抽样参照贸易国的规定，如欧盟96/23/EC和96/23/EC指令。

6.5 检验方法：

建立检验方法的执行标准，任何达到该标准的方面均可用于检验。

6.5.1 AOAC法定方法：

（1）可直接采用；

（2）由三位化验师（二个或三个实验室）研究——验证，可将方法，扩大到其他分析物、组织、种类和产品；

（3）扩大到早期研究的分析物相同基质的其他类似的分析物。

6.5.2 中华人民共和国农业部兽药残留检测方法。

6.5.3 国家出入境检验检疫局制定的出口动物产品兽药残留检测方法。

6.5.4 有关贸易国认可的常规方法和标准方法。

6.5.5 美国《联邦注册》中发表并收编在美国联邦法规中的分析方法。FDA方法。FSIS方法。

6.6 标准物质

采用国际认可的标准物质。

6.7 官方样品

官方样品必须按本文本抽样方针和抽样水平和频率的要求抽取以在认可实验室检测。

当批准允许销售某种兽药用于拟供人类食用的动物时，农业部应同时发布相应的常规分析方法以进行残留检测。

如果对分析结果有异议，其结果必须由指定的该物质或残留的有关监测实验室进行验证。

6.8 发现违规时所应采取的措施

6.8.1 如果官方抽样检查出现阳性结果，表明有非法处理，农业部等有关部门应及时采取必要的措施。

（1）获取所有必要的信息以验明有关动物的原始饲养场或输出场；

（2）检查全部详情及其结果，如果一个省（市）采取的控制措施表明需要在一个或多个省（市）进行调查，或需要在其他相关部门（系统）进行、调查，如果证明调查有必要，国家出入境检验检疫局与农业部应协调在其他省（市）部门采取适当的措施；

6.8.2 有关机构应：

（1）适当时对原始或输出场进行调查，以找出残留出现的原因；

（2）对于出现非法处理，适当时在生产、加工、储存、运输、施用分发或销售等环节，对有关物质或制品的来源进行调查；

（3）该机构认为必要的任何其他的进一步调查；对于出口加工生产厂

（4）当有关调查涉及授权出口的加工厂时，主管部门应立即对该出口加工厂的其他动物或动物产品进行取样。对样品所采集的动物群要进行识别并立即通知有关农牧部门。在此情况下，检查结果未出来之前，任何动物都不能离开养殖场。如果证实进行了非法处理，应立即将检验结果为阳性的动物群置于官方监控，并立即停止出口，吊销其生产、加工许可证。国家检验检疫局将尽力识别和追回可能受到影响的其他动物或动物制品。

（5）如果证明出现滥用许可药物的现象或未遵守停药期规定，应要求相关企业采取适当的预防措施改正其错误。该养殖场应受到更为严格的相关残留的检查。如果再次违规将吊销其出口注册许可证。

对国内产品

1）如果有证据表明允许使用的药物或制品的残留量超出最高限量，主管部门应适当地对原始养殖场或输出场进行调查，以确定超出限量的原因，根据调查结果，采取一切必要的措施以保证公共卫生，禁止动物离开饲养场一段时间。如果确实进行了非法处理，主管部门必须保证将有关家畜禽立即置于官方控制之下，并进行官方标识，并依据动物性产品抽样细则抽取具有代表性的样品数量。

2）如有关动物性产品多次超出最高限量，农业部等有关部门必须至少在六个月内加强对有关养殖场/企业的动物和制品的检查，在对样品的分析结果出来之前扣留有关制品或胴体，只要有结果表明残留超出最高限量，对有关制品或胴体必须宣布为不适于人类食用。

3）凡涉及出现阳性结果或非法处理的一切检查分析和调查费用应由生产者或动物所有者承担。

6.8.3 **对违规企业的处罚措施**

当未被授权的个人发现拥有非授权物质或产品，或该文件附录中所列的A组及B组（1）、（2）类产品，这些非授权物质或产品应由官方控制直至有关主管采取相应措施，不管将对违规者采取任何处罚。

如果发现任何农场使用任何违禁药品，除在官方监控下，涉案农场的动物不能离开所其原产农场或转交给任何个人。主管部门应根据所发现的物质的特性采取适当的预防措施。

如果主管部门怀疑或有证据表明相关动物接受过允许的处理方法，但不符合停药期规定，主管部门应推迟对上述动物的屠宰直至确认残留量未超过允许值，特别是对按许可方式接受过β一受体激动剂治疗的动物，其停药期应不低于28天。

根据国家残留监控计划的要求实施检查和抽样工作中，并按本计划规定进行调查和核查过程中，如不配合或阻挠主管部门的工作将导致有关政府主管部门对此采取适当的刑事或行政处罚。

对持有或对外提供国家规定禁止使用的药物或产品的个人，或对动物使用此类药物或产品的个人，将采取合适的政府行政处罚措施。

附件2

官方取样程序

1 概况

官方取样程序是根据“中华人民共和国动物及动物源食品中残留物质监控计划”而制定，是基于中国国情并参照欧盟98/179/EC指令和FAO/WHO农药残留法典委员会所推荐的取样

方法制定的。

本取样程序的目的是从一批样品中获得有代表性的样品。该取样程序的主要方针是为查取由于违禁药品的使用和准用药品的滥用后造成的动物和动物产品残留超标。为保证样品的代表性，取样应按随机原则进行。取样应考虑特定的环境或季节性使用的某些药物。

为确立官方取样程序和官方样品处理的公正性、合法性和科学性，特制定以下规定。

2 职责

2.1 取样人员

官方取样人员应由主管机构指派，负责取样、分样、封装和标记，并在适当条件下将样品运送到指定的检测单位。

2.2 认可实验室

样品的分析应由主管机构认可的官方残留检测实验室独立完成。这些实验室必须参加由主管当局或基准实验室组织的必要的水平测试。

3 取样

3.1 要求

取样应采取必要的保密措施，事先不得通知被检单位，确保取样的真实性。

3.2 取样方针

3.2.1 发现所有非法用药

3.2.2 按照中国规定的兽药、农药或环境污染物的最高残留限量和进出口国最高残留限量进行控制。

3.2.3 调查和揭示动物源食品中兽药和农残等残留超过标准的有关信息。

3.3 定义

3.3.1 目标样品

目标样品是按照上述3.2定义的取样规则采取的样品。

3.3.2 可疑样品

从发现明显的被污染状况，或极易发现和鉴别出污染物的整批货物中所采集的样品。

3.3.3 随机样品

随机样品是从统计考虑能提供代表性数据的样品。

3.4 养殖场（厂）取样

取样时应考虑动物的品种、性别、年（日）龄和饲养管理，所用药物的品种及用量等因素。此外，还应考虑以下情况：

——有使用过违禁药品或有毒、有害物质的迹象；

——第二性征及行为异常变化；

——畜禽种群发育水平与体态异常。

3.4.1 血样

对牛、羊、猪等家畜，应从颈静脉或前腔静脉取全血加抗凝剂。取样量为：

牛：50～100mL；

羊和猪：20～50mL。

3.4.2 尿样

收集清晨饲喂前的尿液100～200mL。

3.4.3 饲料和饮水

从料槽或水槽中取样，取样量不少于500g。

3.4.4 初级产品

蛋：从产蛋架上抽取，取样量不少于10枚；

奶：从全场混合奶中取，取样量不少于1 000mL；

蜂蜜：从每个蜂场抽取10%的蜂群，每一群随机取1张未封蜂脾，用分蜜机分离后取1 000g。

鱼：将活鱼击毙，洗净，沿脊背剖开取背肌，每尾10～50g，总量500g。

3.5 屠宰加工厂（场）取样

在屠宰线上，根据屠宰厂（场）的规模，按屠宰数量取样。抽取的样品不得进行任何洗涤或处理。

3.6 在蜂蜜加工厂（场）取样

3.6.1 检验批

以不超过1 000件为一检验批。同一检验批的商品应具有相同的特征，如包装、标志、产地、规格和等级等等。

3.6.2 取样数量

批量（件）	最低取样数（件）
<50	5
50～100	10
101～500	每增加100，增取5
>501	每增加100，增取2

3.6.3 取样工具

3.6.3.1 取样器：不锈钢管，长约115cm，直径约2.5cm。

3.6.3.2 混样器：搪瓷桶（或杯）

3.6.3.3 单套杆：不锈钢制

3.6.3.4 样品瓶：500mL磨砂盖广口玻璃瓶。

3.6.4 取样方法

按3.6.2规定的取样件数随机抽取，逐件开启。将取样器缓放入，吸取样品。如遇蜂蜜结晶时，则用单套杆或取样器插到底，吸取样品，每件取至少 300 克倾入混样器。将所取样品混合均匀，缩分至 1 公斤后装人清洁干燥的样品瓶内，加封标识。

3.7 从冷库取样

如货物批量较大，以不超过 2 500 件（箱）为一检验批。如货物批量较小，少于 2 500 件时，均按下述抽取样品数，每件（箱）抽取一包，每包抽取样品不少于 50g，总量应不少于 1kg。

检验批量（件）	最少取样数（件）
1～25	1
26～100	5
101～250	10
251～500	15
501～1 000	17
100 1～2 500	20

或批货重量（kg）	取样（件）
＜50	3
51～500	5
501～2 000	10
＞2 000	15

每件取样量一般为 50～300g，总量不少于 500g。

3.8 缩分小样

为保证样品检验结果的可重复性或能进一步仲裁，每个样品都应分成至少两个相同的小样，每个小样的数量都能满足每次进行完整分析的需要。分样可以在采样点或检验部门的实验室进行。分样时，必须避免污染或任何能引起残留物含量变化因素的产生。

3.9 样品容器

样品应装于合适的清洁干燥容器中，以保持样品的完整性和可追溯性。可采用聚乙烯塑料容器、玻璃制品等惰性材料容器（不允许用橡胶制品）盛装样品，然后放人较大干净容器中密封装运，必要时可在容器盖下衬一张铝箔以防止各种可能的污染。若发现货品有污染迹象，应将所取样品单独装入另外的容器中，分别化验。

3.10 封识

每个样品应在容器外表贴上标签，标签注明样品名、样品编号、生产批号、取样日期、取样地点、堆位、取样人等。容器应由取样人员或其他官方人员封口以防止被替换、交叉污染和降解。

3.11 取样单

取样时应作好记录并编号，填写取样单一式四份，分别由取样单位、被取样单位、检验单位和主管部门各保留一份。对可能被污染的货品的堆位及数量做详细记录，并特别注意记录：

——动物来源、品种、年龄、性别和养殖体系；

——关于养殖生产者的情况；

——屠宰前 4 周使用药物或药物添加剂的情况。

应避免从一个养殖生产者多重取样。

4 贮存和运输

为确保被分析物的稳定性和样品的完整性，采集的样品应由专人妥善保存，并在规定时间内送达检测单位。

贮存和运输应按以下要求操作：

——取样后样品应立即在－18℃以下保存（蜂蜜－10℃保存）；在 0～5℃条件下 48 小时内送达检测单位。

——运输工具应保持清洁无污染；

——防止贮存地点和装卸地点可能造成的污染。

5 样品交接

检测机构接样时，应由接样人签名、清点数量、入库保存于－18℃以下待检，并填写相关单据。

6 样品送检

样品送交检验人员时，样品保管人员应填写样品送检单。

六十七、关于兽药商品名称有关问题的通知

（2006 年 10 月 10 日　农业部办公厅农办医〔2006〕48 号发布）

为规范兽药商品名称命名和审批工作，现就有关事项通知如下。

一、我部组织制定了《兽药商品名称命名原则》（以下简称《命名原则》，见附件），自本通知

发布之日起施行，原《关于加强兽药名称管理的通知》（农牧发〔1998〕3号）中“兽药专用商品名命名原则，同时废止。兽药生产企业要按照《命名原则》命名兽药商品名称，兽医行政管理部门要按照此《命名原则》审查和审批兽药商品名称。

二、为维护行政审批工作的严肃性，经研究，现调整兽药商品名称审批有关规定。自2006年11月15日起，产品批准文号申表中“商品名称”一栏，每种兽药可同时填写三个商品名称，供审过程中备选；三个商品名称均不符合命名原则的同时，产品批准号有效期内不再受理增加兽药商品名称等变更申请。2006年月15日前受理的申请，如需要增加兽药商品名称，申请人应2006年12月31日前按有关规定将申请材料报我部，逾期不再理此项申请。

三、请各省（区、市）兽医行政管理部门及时将本通知内容通知辖区内兽药生产企业。

附件：

兽药商品名称命名原则

一、由汉字组成，不得使用图形、字母、数字、符号等标志。

二、不得使用同中华人民共和国国家名称相同或者近似的，以及同中央国家机关所在地特定地点名称或者标志性建筑物名称相同的文字。

三、不得使用同外国国家名称相同或者近似的文字，但该国政府同意的除外。

四、不得使用同政府间国际组织名称相同或者近似的文字，但经该组织同意或者不易误导公众的除外。

五、不得使用带有民族歧视性的文字。

六、不得使用夸大宣传或带有欺骗性的文字。

七、不得使用有害于社会主义道德风尚或者有其他不良影响的文字。

八、不得使用国际非专利药名（INN）中文译名及其主要字词的文字。

九、不得使用不科学地表示功效、扩大或者夸大产品疗效的文字。

十、不得使用明示或暗示适应所有病症的文字。

十一、不得使用直接表示产品剂型、原料的文字。

十二、不得使用与兽药通用名称音似或者形似的文字。

十三、不得使用兽药习用名称或者曾用名称。

十四、不得使用人名、地名或者其他有特定含义的文字。

十五、不同品种兽药不得使用同一商品名称。

十六、同一兽药生产企业生产的同一种兽药，成分相同但剂或规格不同的，应当使用同一商品名称。

六十八、禁止在饲料和动物饮水中使用的药物品种目录

（2002年2月9日　农业部公告第176号发布）

为加强饲料、兽药和人用药品管理，防止在饲料生产、经营、使用和动物饮用水中超范围、超剂量使用兽药和饲料添加剂，杜绝滥用违禁药品的行为，根据《饲料和饲料添加剂管理条例》《兽药管理条例》《药品管理法》的有关规定，现公布《禁止在饲料和动物饮用水中使用的药物品种目录》，并就有关事项公告如下：

一、凡生产、经营和使用的营养性饲料添加剂和一般饲料添加剂，均应属于《允许使用的饲料添加剂品种目录》（农业部公告第105号）中规定的品种及经审批公布的新饲料添加剂，生产饲料添加剂的企业需办理生产许可证和产品批准文号，新饲料添加剂需办理新饲料添加剂证书，经营企业必须按照《饲料和饲料添加剂管理条例》第十六条的规定从事经营活动，不得经营和使用未经批准生产的饲料添加剂。

二、凡生产含有药物饲料添加剂的饲料产品，必须严格执行《饲料药物添加剂使用规范》（农业部公告第168号，以下简称《规范》）的规定，不得添加《规范》附录二中的饲料药物添加剂。凡生产含有《规范》附录一中的饲料药物添加剂的饲料产品，必须执行《饲料标签》标准的规定。

三、凡在饲养过程中使用药物饲料添加剂，需按照《规范》规定执行，不得超范围、超剂量

使用药物饲料添加剂。使用药物饲料添加剂必须遵守休药期、配伍禁忌等有关规定。

四、人用药品的生产、销售必须遵守《药品管理法》及相关法规的规定。未办理兽药、饲料添加剂审批手续的人用药品，不得直接用于饲料生产和饲养过程。

五、生产、销售《禁止在饲料和动物饮用水中使用的药物品种目录》所列品种的医药企业或个人，违反《药品管理法》第四十八条规定，向饲料企业和养殖企业（或个人）销售的，由药品监督管理部门按照《药品管理法》第七十四条的规定给予处罚；生产、销售《禁止在饲料和动物饮用水中使用的药物品种目录》所列品种的兽药企业或个人，向饲料企业销售的，由兽药行政管理部门按照《兽药管理条例》第四十二条的规定给予处罚；违反《饲料和饲料添加剂管理条例》第十七条、第十八条、第十九条规定，生产、经营、使用《禁止在饲料和动物饮用水中使用的药物品种目录》所列品种的饲料和饲料添加剂生产企业或个人，由饲料管理部门按照《饲料和饲料添加剂管理条例》第二十五条、第二十八条、第二十九的规定给予处罚。其他单位和个人生产、经营、使用《禁止在饲料和动物饮用水中使用的药物品种目录》所列品种，用于饲料生产和饲养过程中的，上述有关部门按照谁发现谁查处的原则，依据各自法律法规予以处罚；构成犯罪的，要移送司法机关，依法追究刑事责任。

六、各级饲料、兽药、食品和药品监督管理部门要密切配合，协同行动，加大对饲料生产、经营、使用和动物饮用水中非法使用违禁药物违法行为的打击力度。

七、各级饲料、兽药和药品监督管理部门要进一步加强新闻宣传和科普教育。要将查处饲料和饲养过程中非法使用违禁药物列为宣传工作重点，充分利用各种新闻媒体宣传饲料、兽药和人用药品的管理法规，追踪大案要案，普及饲料、饲养和安全使用兽药知识，努力提高社会各方面对兽药使用管理重要性的认识，为降低药物残留危害，保证动物性食品安全创造良好的外部环境。

附件：

禁止在饲料和动物饮用水中使用的药物品种目录

一、肾上腺素受体激动剂

1. 盐酸克仑特罗（Clenbuterol Hydrochloride）：中华人民共和国药典（以下简称药典）2000年二部P605。β2-肾上腺素受体激动药。

2. 沙丁胺醇（Salbutamol）：药典2000年二部P316。β2-肾上腺素受体激动药。

3. 硫酸沙丁胺醇（Salbutamol Sulfate）：药典2000年二部P870。β2-肾上腺素受体激动药。

4. 莱克多巴胺（Ractopamine）：一种β-兴奋剂，美国食品和药物管理局（FDA）已批准，中国未批准。

5. 盐酸多巴胺（Dopamine Hydrochloride）：药典2000年二部P591。多巴胺受体激动药。

6. 西巴特罗（Cimaterol）：美国氰胺公司开发的产品，一种β—兴奋剂，FDA未批准。

7. 硫酸特布他林（Terbutaline Sulfate）：药典2000年二部P890。β2—肾上腺受体激动药。

二、性激素

8. 己烯雌酚（Diethylstibestrol）：药典2000年二部P42。雌激素类药。

9. 雌二醇（Estradiol）：药典2000年二部P1005。雌激素类药。

10. 戊酸雌二醇（Estradiol Valcrate）：药典2000年二部P124。雌激素类药。

11. 苯甲酸雌二醇（Estradiol Benzoate）：药典2000年二部P369。雌激素类药。中华人民共和国兽药典（以下简称兽药典）2000年版一部P109。雌激素类药。用于发情不明显动物的催情及胎衣滞留、死胎的排除。

12. 氯烯雌醚（Chlorotrianisene）：药典2000年二部P919。

13. 炔诺醇（Ethinylestradiol）：药典2000年二部P422。

14. 炔诺醚（Quinestrol）：药典2000年二部P424。

15. 醋酸氯地孕酮（Chlormadinone Acetate）：药典2000年二部P1037。

16. 左炔诺孕酮（Levonorgestrel）：药典2000年二部P107。

17. 炔诺酮（Norethisterone）：药典2000年二部P420。

18. 绒毛膜促性腺激素（绒促性素）（Chorionic Gonadotrophin）：药典2000年二部P534。促性腺激素药。兽药典2000年版一部P146。激素类药。用于性功能障碍、习惯性流产及卵巢囊肿等。

19. 促卵泡生长激素（尿促性素主要含卵泡刺激 FSHT 和黄体生成素 LH）（Menotropins）：药典 2000 年二部 P321。促性腺激素类药。

三、蛋白同化激素

20. 碘化酪蛋白（Iodinated Casein）：蛋白同化激素类，为甲状腺素的前驱物质，具有类似甲状腺素的生理作用。

21. 苯丙酸诺龙及苯丙酸诺龙注射液（Nandrolone Phenylpropionate）：药典 2000 年二部 P365。

四、精神药品

22. （盐酸）氯丙嗪（Chlorpromazine Hydrochloride）：药典 2000 年二部 P676。抗精神病药。兽药典 2000 年版一部 P177。镇静药。用于强化麻醉以及使动物安静等。

23. 盐酸异丙嗪（Promethazine Hydrochloride）：药典 2000 年二部 P602。抗组胺药。兽药典 2000 年版一部 P164。抗组胺药。用于变态反应性疾病，如荨麻疹、血清病等。

24. 安定（地西泮）（Diazepam）：药典 2000 年二部 P214。抗焦虑药、抗惊厥药。兽药典 2000 年版一部 P61。镇静药、抗惊厥药。

25. 苯巴比妥（Phenobarbital）：药典 2000 年二部 P362。镇静催眠药、抗惊厥药。兽药典 2000 年版一部 P103。巴比妥类药。缓解脑炎、破伤风、士的宁中毒所致的惊厥。

26. 苯巴比妥钠（Phenobarbital Sodium）：兽药典 2000 年版一部 P105。巴比妥类药。缓解脑炎、破伤风、士的宁中毒所致的惊厥。

27. 巴比妥（Barbital）：兽药典 2000 年版二部 P27。中枢抑制和增强解热镇痛。

28. 异戊巴比妥（Amobarbital）：药典 2000 年二部 P252。催眠药、抗惊厥药。

29. 异戊巴比妥钠（Amobarbital Sodium）：兽药典 2000 年版一部 P82。巴比妥类药。用于小动物的镇静、抗惊厥和麻醉。

30. 利血平（Reserpine）：药典 2000 年二部 P304。抗高血压药。

31. 艾司唑仑（Estazolam）。

32. 甲丙氨脂（Meprobamate）。

33. 咪达唑仑（Midazolam）。

34. 硝西泮（Nitrazepam）。

35. 奥沙西泮（Oxazepam）。

36. 匹莫林（Pemoline）。

37. 三唑仑（Triazolam）。

38. 唑吡旦（Zolpidem）。

39. 其他国家管制的精神药品。

五、各种抗生素滤渣

40. 抗生素滤渣：该类物质是抗生素类产品生产过程中产生的工业三废，因含有微量抗生素成分，在饲料和饲养过程中使用后对动物有一定的促生长作用。但对养殖业的危害很大，一是容易引起耐药性，二是由于未做安全性试验，存在各种安全隐患。

六十九、新兽药监测期期限

（2005 年 1 月 7 日　农业部公告第 449 号发布）

根据《兽药管理条例》的规定，经研究，我部确定了不同类别新兽药的监测期期限（见附件），现予发布，自 2005 年 1 月 15 日起施行。2004 年 11 月 1 日至 2005 年 1 月 14 日批准的新兽药的监测期，我部将根据本公告的规定确定，并予公布。

附件：

新兽药监测期期限表

监测期期　限	预防用兽用生物制品	治疗用兽用生物制品	兽医诊断制品	化学药品（抗生素）	中兽药、天然药物	兽用消毒剂
5年	1. 未在国内外上市销售的制品	1. 未在国内外上市销售的制品	1. 未在国内外上市销售的诊断制品	1. 国内外未上市销售的原料及其制剂 1.1. 通过合成或者半合成的方法制得的原料及其制剂 1.2. 天然物质中提取或者通过发酵提取的新的有效单体及其制剂 1.3. 用拆分或者合成等方法制得的已知药物中的光学异构体及其制剂	1. 未在国内上市销售的原药及其制剂 1.1. 从中药、天然药物中提取的有效成分及其制剂 1.2. 来源于植物、动物、矿物等药用物质及其制剂 1.3. 中药材代用品	1. 未在国内外上市销售的兽用消毒剂 1.1. 通过合成或者半合成的方法制得的原料药及其制剂 1.2. 天然物质中提取的新的有效单体及其制剂 1.3. 新的复方消毒剂
4年	2. 已在国外上市销售但未在国内上市销售的制品	2. 已在国外上市销售但未在国内上市销售的制品	2. 已在国外上市销售但未在国内上市销售的诊断制品	1.4. 由已上市销售的多组分药物制备为较少组分的原料及其制剂	2. 未在国内上市销售的部位及其制剂 2.1. 中药材新的药用部位制成的制剂 2.2. 从中药、天然药物中提取的有效部位制成的制剂	2. 已在国外上市销售但尚未在国内上市销售的兽用消毒剂 2.1. 通过合成或者半合成的方法制得的原料药及其制剂 2.2. 天然物质中提取的新的有效单体及其制剂 2.3. 新的复方消毒剂
3年	3. 对已在国内上市销售的制品使用的菌（毒、虫）株、抗原、主要原材料或生产工艺等有根本改变的制品 3.1. 已在国内上市销售但采用新的菌(毒、虫)株生产的制品 3.2. 已在国内上市销售但保护性抗原谱、DNA、多肽序列等不同的制品 3.3. 已在国内上市销售但表达体系或细胞基质不同的制品 3.4. 由已在国内上市销售的非纯化或全细胞（细菌、病毒等）疫苗改为纯化或组分疫苗 3.5. 采用国内已上市销售的疫苗制备的联苗 3.6. 已在国内上市销售但改变靶动物、给药途径的疫苗 3.7. 已在国内上市销售但改变佐剂、保护剂或其他重要生产工艺的疫苗	3 对已在国内上市销售的制品使用的菌（毒、虫）株、抗原、主要原材料或生产工艺等有根本改变的制品 3.1. 已在国内上市销售但采用新的菌（毒、虫）株、抗原或工艺生产的血清或抗体 3.2. 已在国内上市销售但采用新的杂交瘤细胞株生产的单克隆抗体 3.3. 已在国内上市销售但采用新的方法生产的干扰素 3.4. 已在国内上市销售但使用新的菌株生产的微生态制剂 3.5. 已在国内上市销售但改变靶动物、给药途径的制品	3. 与我国已批准上市销售的同类诊断制品相比，在敏感性、特异性等方面有根本改进的诊断制品。	2. 国外已上市销售但在国内未上市销售的原料及其制剂 3. 改变国内外已上市销售的原料及其制剂 3.1. 改变药物的酸根、碱基（或者金属元素） 3.2. 改变药物的成盐、成酯 3.3. 人用药物转为兽药 4. 国内外未上市销售的制剂 4.1. 复方制剂，包括以西药为主的中、西兽药复方制剂 4.2. 单方制剂 5. 国外已上市销售但在国内未上市销售的制剂 5.1. 复方制剂，包括以西药为主的中、西兽药复方制剂 5.2. 单方制剂	3. 未在国内上市销售的制剂 3.1. 传统中兽药复方制剂 3.2. 现代中兽药复方制剂，包括以中药为主的中西兽药复方制剂 3.3. 兽用天然药物复方制剂 3.4. 由中药、天然药物制成的注射剂	3. 改变已在国内外上市销售的消毒剂的处方的

（续）

监测期期　限	预防用兽用生物制品	治疗用兽用生物制品	兽医诊断制品	化学药品（抗生素）	中兽药、天然药物	兽用消毒剂
不设	4. 已在国内上市销售但改变剂型、免疫剂量的疫苗	4. 已在国内上市销售但改变剂型的制品		2. 已在国外上市销售但尚未在国内上市销售的原料药（其制剂已在国内上市销售）	4. 改变国内已上市销售产品的制剂 4.1. 改变剂型的制剂 4.2. 改变工艺的制剂	4. 改变已在国内外上市销售的消毒剂的剂型

七十、农业部（淘汰兽药品种目录）

（2007年4月4日　农业部公告第839号发布）

为加强兽药标准管理，保证兽药安全有效和动物性食品安全，根据《兽药管理条例》规定，中国兽药典委员会对历版《中华人民共和国兽药典》《兽药规范》中的71种兽药品种进行了风险评估和安全评价，并形成评审意见。鉴于甘汞等48种产品不同程度存在毒性大、疗效不确切、环境污染、质量不可控等问题，目前已有替代品种提供临床应用，淘汰使用该类产品时机成熟。经审核，现公布《淘汰兽药品种目录》（附件1，以下简称《目录》），并就有关事项公告如下：

一、自本公告发布之日起，列入淘汰《目录》的兽药品种，废止其质量标准，并停止生产、经营、使用，违者按经营、使用假兽药处理。

二、自本公告发布之日起，农业部472号公告中与《目录》同品种的兽药品种编号同时废止。

三、本公告所称淘汰品种，仅指列入《目录》的产品和剂型，不涉及与此相关的其他产品。

四、为加强兽药安全评价工作，我部制定了《兽药安全评价品种目录》（附件2）。按照工作计划，2010年前组织完成风险评估和安全评价工作，并根据评价结果公布淘汰品种。未公布前，不限制《兽药安全评价品种目录》所列品种的生产、经营和使用。

附件：1. 淘汰兽药品种目录

2. 兽药安全评价品种目录

附件1：

淘汰兽药品种目录

序号	品名	标准归属
1	阿拉伯胶	1965GF
2	白陶土敷剂	1965GF
3	滴滴涕	1965GF
4	滴滴涕粉剂	1965GF
5	二硫化碳	1965GF
6	甘氨酸钠注射液	1965GF
7	甘汞	1965GF
8	汞溴红	1965GF
9	汞溴红溶液	1965GF
10	哈拉宗	1965GF
11	哈拉宗片	1965GF
12	含醇樟脑注射液	1965GF

（续）

序号	品名	标准归属
13	氯仿醑	1965GF
14	凝血质	1965GF
15	凝血质注射液	1965GF
16	氰乙酰肼	1965GF
17	三磺片	1965GF
18	四氯化碳	1965GF
19	四氯化碳胶丸	1965GF
20	四氯化碳注射液	1965GF
21	四氯乙烯	1965GF
22	四氯乙烯胶丸	1965GF
23	亚砷酸钾溶液	1965GF
24	乙酰苯胺	1965GF
25	注射用盐酸二氯苯胂	1965GF
26	注射用盐酸金霉素	1965GF
27	安溴注射液	1978GF
28	复方醋酸铅散剂	1978GF
29	黄氧化汞眼膏（黄降汞眼膏）	1978GF
30	火棉胶	1978GF
31	硫柳汞	1978GF
32	硫溴酚	1978GF
33	六氯对二甲苯	1978GF
34	六氯对二甲苯片	1978GF
35	六氯乙烷	1978GF
36	煤焦油皂溶液（臭药水）	1978GF
37	升汞（二氯化汞）	1978GF
38	升汞毒片	1978GF
39	水合氯醛硫酸镁注射液	1978GF
40	水合氯醛乙醇注射液	1978GF
41	水杨酸钠可可碱（利尿素）	1978GF
42	乌拉坦	1978GF
43	液化苯酚	1978GF
44	樟脑注射液	1978GF
45	阿片酊	1990CVP
46	阿片粉	1990CVP
47	复方樟脑酊	1992GF
48	注射用土霉素粉	部文保留

注：GF 代表《兽药规范》。
CVP 代表《中国兽药典》。
ZB 代表《兽药质量标准》。

附件 2：

兽药安全评价品种目录

序号	品名	标准归属	淘汰理由
1	升华硫	1990CVP	
2	维生素 AD 注射液	1990CVP	工艺不稳定
3	维生素 D_2 胶性钙注射液	1990CVP	工艺不稳定
4	复方甘草合剂	1992GF	含阿片酊，有用作毒品的危险
5	结晶磺胺	1992GF	外用磺胺药已不用，有更好的代替
6	灭菌结晶磺胺	1992GF	外用作创伤撒布，现已不用，有更好的代替
7	盐酸噻咪唑	1992GF	为左旋咪唑混旋体，作用弱，毒性大、已为左旋咪唑取代
8	盐酸噻咪唑片	1992GF	为左旋咪唑混旋体，作用弱，毒性大、已为左旋咪唑取代
9	盐酸噻咪唑注射液（驱虫净注射液）	1978GF	为左旋咪唑混旋体，作用弱，毒性大、已为左旋咪唑取代
10	地美硝唑预混剂	2000CVP	建议为粉剂
11	巴胺磷	2003ZB	毒性大，有替代品种
12	巴胺磷溶液	2003ZB	毒性大，有替代品种
13	甲磺酸培氟沙星	2003ZB	人用重要抗菌药、兽用产生耐药性可能导致人类疾病治疗失败
14	甲磺酸培氟沙星颗粒	2003ZB	人用重要抗菌药、兽用产生耐药性可能导致人类疾病治疗失败
15	甲磺酸培氟沙星可溶性粉	2003ZB	人用重要抗菌药、兽用产生耐药性可能导致人类疾病治疗失败
16	甲磺酸培氟沙星注射液	2003ZB	人用重要抗菌药、兽用产生耐药性可能导致人类疾病治疗失败
17	盐酸洛美沙星可溶性粉	2003ZB	人用重要抗菌药、兽用产生耐药性可能导致人类疾病治疗失败
18	盐酸洛美沙星片	2003ZB	人用重要抗菌药、兽用产生耐药性可能导致人类疾病治疗失败
19	盐酸洛美沙星注射液	2003ZB	人用重要抗菌药、兽用产生耐药性可能导致人类疾病治疗失败
20	氧氟沙星可溶性粉	2003ZB	人用重要抗菌药、兽用产生耐药性可能导致人类疾病治疗失败
21	氧氟沙星片	2003ZB	人用重要抗菌药、兽用产生耐药性可能导致人类疾病治疗失败
22	氧氟沙星溶液（碱性）	2003ZB	人用重要抗菌药、兽用产生耐药性可能导致人类疾病治疗失败
23	氧氟沙星溶液（酸性）	2003ZB	人用重要抗菌药、兽用产生耐药性可能导致人类疾病治疗失败
24	氧氟沙星注射液	2003ZB	人用重要抗菌药、兽用产生耐药性可能导致人类疾病治疗失败
25	乙酰甲喹注射液（0.5%）	老部标准	浓度低，稳定性不良，待完善标准

注：GF 代表《兽药规范》。
CVP 代表《中国兽药典》。
ZB 代表《兽药质量标准》。

七十一、农业部兽药标签和说明书编写细则

（2003 年 1 月 22 日　农业部公告第 242 号发布）

为贯彻落实《兽药标签和说明书管理办法》（农业部第 22 号令，以下简称 22 号令），保证清理整顿兽药标签和说明书工作的质量与进度，针对近期各地普遍反映的问题，我部组织制定了《兽药标签和说明书编写细则》（见附件），现予发布，请各地遵照执行，并就有关事项通知如下：

一、严格兽药标签和说明书管理是保证安全合理用药，保证动物性食品安全的重要举措，各地要高度重视，积极组织实施农业部第 22 号令和第 233 号公告，认真做好兽药标签和说明书的规范化管理工作，按我部安排的时间进度认真做好违规标签和说明书的清理工作。

二、各地不得以任何借口曲解、变更《兽药标签和说明书编写细则》标准规定要求，不得通过兽药名称夸大疗效、误导消费；不得擅自增加适应证和减少不良反应内容；不得在标签或包装上印制不健康、误导消费的背景图案和成分；不得印制未经批准的文字、图案；一个产品仅限使用一种标签和说明书。

三、凡生产省级兽药管理部门批准生产的产品，生产企业应按照《兽药标签和说明书编写细则》的要求将草拟的产品标签和说明书草案报所在省兽药管理机关审查批准。凡生产我部批准生产的兽药产品，生产企业应按照《兽药标签和说明书编写细则》的要求将草拟的产品标签和说明书草案，报送农业部兽药审评委员会办公室（传真：010-68977536，E-mail CVP@ivdc.gov.cn），由该办公室组织进行审查，审查合格后报我部畜牧兽医局批准。

附件：

兽药标签和说明书编写细则

一、有关标识

1. 兽用标识　所有兽药（包括蚕用、水产用、蜂用等）必须标识汉字“兽用”，其字体应与兽药通用名相仿。

2. 外用药标识　所有外用兽药（包括消毒防腐剂、杀虫剂等）必须标识汉字“外用药”，字体应与兽药通用名相仿。

3. 专利标识　已获专利的，可标识专利标记、专利号、专利许可种类，其字体不得大于兽药通用名。

4. 兽药 GMP 标识　已取得《兽药 GMP 合格证》的，可在产品标签或说明书上标识“兽药 GMP 验收通过企业”或“兽药 GMP 验收通过车间”字样，并标注合格证证号，其字体不得大于兽药通用名。

二、兽药名称

1. 兽药通用名

兽药通用名必须采用法定兽药质量标准（兽药国家标准、专业标准、地方标准）名称，剂型名称应与现行《兽药典》一致。

2. 商品名

系指兽药管理部门批准的某一兽药产品的专有商品名称，其命名原则按照《关于加强兽药名称管理的通知》（农牧发〔1998〕3 号）执行。商品名实行企业自愿原则，一个产品仅准予使用一个商品名，不得同时使用两个或两个以上商品名。

三、性状

性状是记载兽药产品的色泽和外表的感观描述，所有产品性状的描述方式必须严格按照兽药国家标准、专业标准、地方标准的有关规定执行。

四、药理作用

包括药效学和药动学等。

药效学：包括药理作用和主要作用机制。

药动学：包括吸收、分布、蛋白结合率、代谢、作用开始时间、血药峰值、达峰时间、峰值持续时间、时效、$T_{1/2}$（半衰期）及排泄（包括透析时的排泄概况）等。重点写血药浓度变化、峰浓度、峰时及有效浓度维持时间。如有药动学参数资料，可列出靶动物的消除半衰期（$T_{1/2}$）、表观分布容积（Vd）、生物利用度（F）等。

药物相互作用：列出具有兽医临床意义的药物相互作用，包括药剂学、药效学和药动学方面的药物相互作用。应以相互作用的重要性依次排列（1）、（2）、（3）。

注：目前本项目尚不明确的，可暂不标注。

五、适应证或功能与主治

依照法定兽药质量标准或兽药管理部门批准的适应证（或功能与主治）书写，不得擅自扩大应用范围。含有同一有效成分的地方兽药标准产品，以兽药国家标准和专业标准有关内容为准，编制时要注意其疾病、病理学、症状的文字规范化，并注意区分治疗××疾病、缓解××疾病或作为××疾病的辅助治疗的不同。

注：对于症状的描述必须与病因学（纯中药制剂产品除外）结合进行，不得将疾病临床症状作为唯一表述方式。

六、用法与用量

必须依照法定兽药质量标准编写，含有同一有效成分的地方兽药标准产品，以兽药国家标准和专业标准有关内容为准，须明确、详细地列出该药的给药方法及给药剂量。

常用给药方法：方法排序为：内服、混饲、混饮、皮下注射、肌内注射、静脉滴注、外用、喷雾吸入等。

动物排列顺序为：马、牛、羊、猪、犬、猫、兔、禽（鸡、鸭、鹅等）、野生动物、水生动物、蚕、蜂等。

幼畜表述方式：驹、犊、羔羊、仔猪、雏鸡（鸭、鹅等）。

用药剂量：应准确地列出用药的剂量、计量方法、用药次数以及疗程期限，并特别注意与制剂规格的关系。

用量在 0.1g 以上的，用“g”表示，用量在“0.1g”以下的，用“mg”表示，溶液以“L”“mL”表示。同一品种项下，不宜出现两种计量单位。

按体重计算给药剂量时，以“××动物（或其他动物）每 1kg 体重××g（或 mg）”表示。

通过混饲、混饮给药时，以“每 1 000kg 饲料（或 1L 水）××g（或 mg）表示”。必要时，用法与用量除单位含量外，还应使用“一次×片”；“一次×支”；“一日×次”等表示方式。

七、不良反应

系指靶动物在常规剂量下出现的与治疗无关的副作用、毒性和过敏反应，可按其严重程度、发生的频率或症状的系统性列出。如明确无影响，应注明“无”。

注：目前本项目尚不明确的，可暂不标注。

八、注意

系指使用该兽药时必须注意的问题，如影响兽药疗效的因素；需要慎用的情况；用药对于临床检验指标的影响等。

以 1、2、3……表示排列次序。内容及排列次序依此为：使用兽药前，需特殊处理的事项；禁忌证；禁用、慎用畜种；中毒与解救；使用者注意事项；外用杀虫剂及其他对人体或环境有毒有害的废弃包装的处理措施等。

九、停药期

以法定兽药质量标准规定的停药期为准，法定兽药质量标准未规定的，食品动物的肉、脂肪和内脏执行 28 天停药期；奶执行 7 天停药期；蛋执行 7 天停药期；水产品执行 500 度日（水温×天数＝500）停药期。

十、有效期

指该兽药被批准的使用期限，以法定兽药质量标准规定的有效期为准。法定兽药质量标准未规定的品种，企业可根据产品稳定性试验结果确定临时有效期，但最长时间不得超过 2 年。

注：凡法定兽药质量标准未明确有效期的，各生产企业应在 2003 年底前按照《兽药稳定性试验技术规范》完成有关试验，提出有效期申请，报省级兽药管理部门核准，并报农业部兽药审评委员会办公室备案。

十一、规格

列出经批准生产的本产品的含量规格。制剂的含量规格是指每片（针剂为每支、预混剂为每个包装）含主药的量，液体制剂应注明每支的容量。

注：主要成分标注要求。

1. 化学药品及抗生素制剂产品，必须标注所有有效成分及含量。

2. 纯中兽药制剂产品，必须标注成方中前五味（五味以下的全部标注）主药成分，含量表示方法按照现行《兽药典》执行。

3. 中西复方制剂产品，必须标注成方中前五味主药成分和西药成分、含量。

十二、包装

包装是指每个包装内所含产品的片数、支数、公斤数或包数、盒数等。

十三、贮藏

系指产品的保存条件（如温度、干湿、明暗），其表示方法按现行《兽药典》要求摘抄。对有特殊要求的，须在醒目位置上标明。

注：1. 由于包装材料或尺寸的原因，致使产

品最小销售单元的包装不宜分别标识标签和说明书内容的，可以将外包装标签和说明书内容进行合并，但项目及内容不得少于合并前的所有项目内容。

2. 标签和说明书中同一项目的表述内容须一致。

七十二、兽药注册分类及注册资料要求

（2004年12月22日　农业部公告第442号发布）

根据《兽药管理条例》和《兽药注册办法》的规定，我部制定了《兽用生物制品注册分类及注册资料要求》《化学药品注册分类及注册资料要求》《中兽药、天然药物分类及注册资料要求》《兽医诊断制品注册分类及注册资料要求》《兽用消毒剂分类及注册资料要求》《兽药变更注册事项及申报资料要求》和《进口兽药再注册申报资料项目》，现予以发布，自2005年1月1日起施行。

附件1

兽用生物制品注册分类及注册资料要求

第一部分　预防用兽用生物制品

一、新制品注册分类

第一类　未在国内外上市销售的制品。

第二类　已在国外上市销售但未在国内上市销售的制品。

第三类　对已在国内上市销售的制品使用的菌（毒、虫）株、抗原、主要原材料或生产工艺等有根本改变的制品。

1. 已在国内上市销售但采用新的菌（毒、虫）株生产的制品；

2. 已在国内上市销售但保护性抗原谱、DNA、多肽序列等不同的制品；

3. 已在国内上市销售但表达体系或细胞基质不同的制品；

4. 由已在国内上市销售的非纯化或全细胞（细菌、病毒等）疫苗改为纯化或组分疫苗；

5. 采用国内已上市销售的疫苗制备的联苗；

6. 已在国内上市销售但改变靶动物、给药途径、剂型、免疫剂量的疫苗；

7. 已在国内上市销售但改变佐剂、保护剂或其他重要生产工艺的疫苗。

二、新制品注册资料项目

（一）一般资料

1. 生物制品的名称。

2. 证明性文件。

3. 制造及检验试行规程（草案）、质量标准及其起草说明，附各项主要检验的标准操作程序。

4. 说明书、标签和包装设计样稿。

（二）生产与检验用菌（毒、虫）种的研究资料

5. 生产用菌（毒、虫）种来源和特性。

6. 生产用菌（毒、虫）种种子批建立的有关资料。

7. 生产用菌（毒、虫）种基础种子的全面鉴定报告。

8. 生产用菌（毒、虫）种最高代次范围及其依据。

9. 检验用强毒株代号和来源。

10. 检验用强毒株纯净、毒力、含量测定、血清学鉴定等试验的详细方法和结果。

（三）生产用细胞的研究资料

11. 来源和特性：生产用细胞的代号、来源、历史（包括细胞系的建立、鉴定和传代等），主要生物学特性、核型分析等研究资料。

12. 细胞库：生产用细胞原始细胞库、基础细胞库建库的有关资料，包括各细胞库的代次、制备、保存及生物学特性、核型分析、外源因子检验、致癌/致肿瘤试验等。

13. 代次范围及其依据。

（四）主要原辅材料选择的研究资料

14. 来源、检验方法和标准、检验报告等。

（五）生产工艺的研究资料

15. 主要制造用材料、组分、配方、工艺流程等。

16. 制造用动物或细胞的主要标准。

17. 构建的病毒或载体的主要性能指标（稳定性、生物安全）。

18. 疫苗原液生产工艺的研究。

（六）产品的质量研究资料

19. 成品检验方法的研究及其验证资料。

20. 与同类制品的比较研究报告。

21. 用于实验室试验的产品检验报告。

22. 实验室产品的安全性研究报告。

23. 实验室产品的效力研究报告。

24. 至少 3 批产品的稳定性（保存期）试验报告。

（七）中间试制研究资料

25. 由中间试制单位出具的中间试制报告。

（八）临床试验研究资料

26. 临床试验研究资料。

27. 临床试验期间进行的有关改进工艺、完善质量标准等方面的工作总结及试验研究资料。

三、新制品注册资料的说明

（一）一般资料

1. 新制品的名称包括通用名、英文名、汉语拼音和商品名。通用名应符合“兽用生物制品命名原则”的规定。必要时，应提出命名依据。

2. 证明性文件包括：

（1）申请人合法登记的证明文件、中间试制单位的《兽药生产许可证》《兽药 GMP 合格证》、基因工程产品的安全审批书、实验动物合格证、实验动物使用许可证、临床试验批准文件等证件的复印件；

（2）申请的新制品或使用的配方、工艺等专利情况及其权属状态的说明，以及对他人的专利不构成侵权的保证书；

（3）研究中使用了一类病原微生物的，应当提供批准进行有关实验室试验的批准性文件复印件；

（4）直接接触制品的包装材料和容器合格证明的复印件。

3. 制造及检验试行规程（草案）、质量标准，应参照有关要求进行书写。起草说明中应详细阐述各项主要标准的制定依据和国内外生产使用情况。各项检验的标准操作程序应详细并具有可操作性。

4. 说明书、标签和包装设计样稿，应按照国家有关规定进行书写和制作。

（二）生产与检验用菌（毒、虫）种的研究资料

1. 生产用菌（毒、虫）种来源和特性：原种的代号、来源、历史（包括分离、鉴定、选育或构建过程等），感染滴度，血清学特性或特异性，细菌的形态、培养特性、生化特性，病毒对细胞的适应性等研究资料。

2. 生产用菌（毒、虫）种种子批：生产用菌（毒、虫）种原始种子批、基础种子批建立的有关资料，包括各种子批的传代方法、数量、代次、制备、保存方法。

3. 生产用菌（毒、虫）种基础种子的全面鉴定报告（附各项检验的详细方法），包括：外源因子检测、鉴别检验、感染滴度、免疫原性、血清学特性或特异性、纯粹或纯净性、毒力稳定性、安全性、免疫抑制特性等。

4. 检验用强毒株包括试行规程（草案）中规定的强毒株以及研制过程中使用的各个强毒株。对已有国家标准强毒株的，应使用国家标准强毒株。

（三）生产用菌（毒、虫）种和生产用细胞研究资料的免报

细菌类疫苗一般可免报资料项目 11、12、13。DNA 疫苗和合成肽疫苗一般可免报资料项目 5、6、7、8 和 11、12、13。

（四）主要原辅材料选择的研究资料

对生产中使用的原辅材料，如国家标准中已经收载，则应采用相应的国家标准，如国家标准中尚未收载，则建议采用相应的国际标准。牛源材料符合国家有关规定的资料。

（五）生产工艺的研究资料

资料项目 18 中应包括优化生产工艺的主要技术参数：

1. 细菌（病毒或寄生虫等）的接种量、培养或发酵条件、灭活或裂解工艺的条件（可能不适用）；

2. 活性物质的提取和纯化；

3. 对动物体有潜在毒性物质的去除（可能不适用）；

4. 联苗中各活性组分的配比和抗原相容性研究资料；

5. 乳化工艺研究（可能不适用）；

6. 灭活剂、灭活方法、灭活时间和灭活检验方法的研究（可能不适用）。

（六）产品的质量研究资料

1. 资料项目 20 仅适用于第三类制品。根据（毒、虫）株、抗原、主要原材料或生产工艺改变的不同情况，可能包括下列各项中的一项或数项中部分或全部内容：

（1）与原制品的安全性、效力、免疫期、保

存期比较研究报告；

（2）与已上市销售的其他同类疫苗的安全性、效力、免疫期、保存期比较研究报告；

（3）联苗与各单苗的效力、保存期比较研究报告。

2. 资料项目 22 应包括：

（1）用于实验室安全试验的实验室产品的批数、批号、批量，试验负责人和执行人，试验时间和地点，主要试验内容和结果；

（2）对非靶动物、非使用日龄动物的安全试验（可能不适用）；

（3）疫苗的水平传播试验（可能不适用）；

（4）对最小使用日龄靶动物、各种接种途径的一次单剂量接种的安全试验；

（5）对靶动物单剂量重复接种的安全性；

（6）至少 3 批制品对靶动物一次超剂量接种的安全性；

（7）对怀孕动物的安全性（可能不适用）；

（8）疫苗接种对靶动物免疫学功能的影响（可能不适用）；

（9）对靶动物生产性能的影响（可能不适用）；

（10）根据疫苗的使用动物种群、疫苗特点、免疫剂量、免疫程序等，提供有关的制品毒性试验研究资料。必要时提供休药期的试验报告。

3. 资料项目 23 应包括：

（1）用于实验室效力试验的实验室产品的批数、批号、批量，试验负责人和执行人，试验时间和地点，主要试验内容和结果；

（2）至少 3 批制品通过每种接种途径对每种靶动物接种的效力试验；

（3）抗原含量与靶动物免疫攻毒保护结果相关性的研究（可能不适用）；

（4）血清学效力检验与靶动物免疫攻毒保护结果相关性的研究（可能不适用）；

（5）实验动物效力检验与靶动物效力检验结果相关性的研究（可能不适用）；

（6）不同血清型或亚型间的交叉保护试验研究（可能不适用）；

（7）免疫持续期试验；

（8）子代通过母源抗体获得被动免疫力的效力和免疫期试验（可能不适用）；

（9）接种后动物体内抗体消长规律的研究；

（10）免疫接种程序的研究资料。

（七）中间试制报告

中间试制报告应由中间试制单位出具，应包括以下内容：

1. 中间试制的生产负责人和质量负责人、试制时间和地点；

2. 生产产品的批数（连续 5～10 批）、批号、批量；

3. 每批中间试制产品的详细生产和检验报告；

4. 中间试制中发现的问题等。

（八）临床试验研究资料

1. 应按照有关技术指导原则的要求提出拟进行的临床试验的详细方案，并报告已经进行的临床试验的详细情况。

2. 临床试验中应使用至少 3 批经检验合格的中间试制产品进行较大范围、不同品种的使用对象动物试验，进一步观察制品的安全性和效力。

3. 临床试验中每种靶动物的数量应符合下列要求：

大动物	1 000 头
中小动物	10 000 头（只）
禽类	20 000 羽（只）
鱼	20 000 尾

注：（1）第一类制品的临床试验动物数量应加倍；

（2）数量较少、饲养分散的特殊动物的数量可酌情减少；

（3）大动物系指牛、马、骡、驴、骆驼等；

（4）中小动物系指猪、羊、犬、狐、鹿、麝、兔、猪、貂、獭等；

（5）禽类系指鸡、鸭、鹅、鸽等。

四、新制品注册资料项目表

资料分类	资料项目	注册分类及资料项目要求		
		第一类	第二类	第三类
一般资料	1	+	+	+
	2	+	+	+
	3	+	+	+
	4	+	+	+
生产与检验用菌（毒、虫）种的研究资料	5	+	+	+
	6	+	+	+
	7	+	+	+
	8	+	+	+
	9	+	+	+
	10	+	+	+
生产用细胞的研究资料	11	+	+	+
	12	+	+	+
	13	+	+	+
主要原辅料选择的研究资料	14	+	+	+
生产工艺的研究资料	15	+	+	+
	16	+	+	+
	17	+	+	+
	18	+	+	+
产品的质量研究资料	19	+	+	+
	20	+	+	+
	21	+	+	+
	22	+	+	+
	23	+	+	+
	24	+	+	+
中间试制研究资料	25	+	+	+
	26	+	+	+
	27	+	+	+

注："+"：指必须报送的资料。

五、进口注册资料的项目及其说明

（一）进口注册的申报资料项目

1. 一般资料。

（1）生物制品名称；

（2）证明性文件；

（3）生产纲要、质量标准，附各项主要检验的标准操作程序；

（4）说明书、标签和包装设计样稿。

2. 生产用菌（毒、虫）种的研究资料。

3. 检验用强毒株的研究资料。

4. 生产用细胞的研究资料。

5. 主要原辅材料的来源、检验方法和标准、检验报告等。牛源材料符合有关规定的资料。

6. 生产工艺的研究资料。

7. 产品的质量研究资料。

8. 至少3批产品的生产和检验报告。

9. 临床试验报告。

（二）进口注册资料的说明

1. 申请进口注册时，应报送资料项目1～9。

2. 证明性文件包括：

（1）生产企业所在国家（地区）政府和有关机构签发的企业注册证、产品许可证、GMP合格证复印件和产品自由销售证明。上述文件必须经公证或认证后，再经中国使领馆确认；

（2）由境外企业驻中国代表机构办理注册事务的，应当提供《外国企业常驻中国代表机构登记证》复印件；

（3）由境外企业委托中国代理机构代理注册事务的，应当提供委托文书及其公证文件，中国代理机构的《营业执照》复印件；

（4）申请的制品或使用的处方、工艺等专利情况及其权属状态说明，以及对他人的专利不构成侵权的保证书；

（5）该制品在其他国家注册情况的说明，并提供证明性文件或注册编号。

3. 用于申请进口注册的试验数据，应为申报单位在中国境外获得的试验数据。未经许可，不得为进口注册在中国境内进行试验。

4. 全部申报资料应当使用中文并附原文，原文非英文的资料应翻译成英文，原文和英文附后作为参考。中、英文译文应当与原文内容一致。

5. 进口注册资料的其他要求与国内新制品注册资料的相应要求一致。

第二部分　治疗用兽用生物制品

一、新制品注册分类

第一类　未在国内外上市销售的制品。

第二类　已在国外上市销售但未在国内上市销售的制品。

第三类　对已在国内上市销售的制品使用的菌（毒、虫）株、抗原、主要原材料或生产工艺等有根本改变的制品。

1. 已在国内上市销售但采用新的菌（毒、虫）株、抗原或工艺生产的血清或抗体；

2. 已在国内上市销售但采用新的杂交瘤细胞株生产的单克隆抗体；

3. 已在国内上市销售但采用新的方法生产的干扰素；

4. 已在国内上市销售但使用新的菌株生产的微生态制剂；

5. 已在国内上市销售但改变靶动物、给药途径、剂型的制品。

注：通过免疫学方法有目的地调节动物生理机能的制品，亦作为治疗用兽用生物制品管理。

二、新制品注册资料项目

（一）一般资料

1. 生物制品的名称。

2. 证明性文件。

3. 制造及检验试行规程（草案）、质量标准及其起草说明，附各项主要检验的标准操作程序。

4. 说明书、标签和包装设计样稿。

（二）生产用原材料研究资料

5. 生产用动物、生物组织或细胞、原料血浆的来源、收集及质量控制等研究资料。

6. 生产用细胞的来源、构建（或筛选）过程及鉴定等研究资料。

7. 菌（毒、虫）种、细胞种子库的建立、检验、保存及传代稳定性资料。

8. 生产用其他原材料的来源及质量标准。

（三）检验用强毒株的研究资料

9. 代号和来源。

10. 纯净、毒力、含量测定、血清学鉴定等试验的详细方法和结果。

（四）生产工艺研究资料

11. 原液或原料生产工艺的研究资料。

12. 制品配方及工艺的研究资料。

13. 辅料的来源和质量标准。

（五）制品质量研究资料

14. 成品检验方法的研究及其验证资料。

15. 与同类制品的比较研究报告。

16. 用于实验室试验的产品检验报告。

17. 至少3批实验室产品的安全性研究报告。

18. 至少3批实验室产品的疗效研究报告。

19. 至少3批产品的稳定性（保存期）试验报告。

（六）中间试制报告

20. 由中间试制单位出具的中间试制报告。

（七）临床试验研究资料

21. 临床试验研究资料。

22. 临床试验期间进行的有关改进工艺、完善质量标准等方面的工作总结及试验研究资料。

三、新制品注册资料的说明

（一）一般资料

1. 新制品的名称包括通用名、英文名、汉语拼音和商品名。通用名应符合“兽用生物制品命名原则”的规定。必要时，应提出命名依据。

2. 证明性文件包括：

（1）申请人合法登记的证明文件、中间试制单位的《兽药生产许可证》《兽药GMP证书》、基因工程产品的安全审批书、实验动物合格证、实验动物使用许可证等证件的复印件；

(2) 申请的新制品或使用的配方、工艺等专利情况及其权属状态的说明，以及对他人的专利不构成侵权的保证书；

(3) 研究中使用了一类病原微生物的，应当提供批准进行有关实验室试验的批准性文件复印件；

(4) 直接接触制品的包装材料和容器合格证明的复印件。

3. 制造及检验试行规程（草案）、质量标准，应参照有关要求进行书写。起草说明中应详细阐述各项主要标准的制定依据和国内外生产使用情况。各项检验的标准操作程序应详细并具有可操作性。

4. 说明书、标签和包装设计样稿，应按照国家有关规定进行书写和制作。

（二）生产用原材料研究资料

制品的生产中涉及菌（毒、虫）种或细胞株时，则应按照“预防用兽用生物制品”申报资料中的有关要求提交生产用菌（毒、虫）种或生产用细胞的研究资料。

（三）检验用强毒株的研究资料

检验用强毒株包括试行规程（草案）中规定的强毒株以及研制过程中使用的各个强毒株。对已有国家标准强毒株的，应使用国家标准强毒株。

（四）原液或原料生产工艺的研究资料

1. 细菌（病毒或寄生虫等）的接种量、培养或发酵条件、灭活或裂解工艺的条件（可能不适用）。

2. 活性物质的提取和纯化。

3. 制品中可能存在对动物有潜在毒性的物质时，应提供生产工艺去除效果的验证资料，制定产品中的限量标准并提供依据。

4. 各活性组分的配比和相容性研究资料。

（五）辅料的来源和质量标准

对生产中使用的辅料，如国家标准中已经收载，则应采用相应的国家标准，如国家标准中尚未收载，则建议采用相应的国际标准。

（六）制品质量研究资料

1. 资料项目15仅适用于第三类制品。根据（毒、虫）株、抗原、细胞、主要原材料或生产工艺改变的不同情况，可能包括下列各项中的一项或数项中部分或全部内容：

(1) 与原制品的安全性、疗效等的比较研究报告；

(2) 与已上市销售的其他同类制品的安全性、疗效等的比较研究报告。

2. 资料项目17应包括：

(1) 用于实验室安全试验的实验室产品的批数、批号、批量，试验负责人和执行人，试验时间和地点，主要试验内容和结果；

(2) 对最小使用日龄靶动物、各种使用途径的一次单剂量使用的安全试验；

(3) 对靶动物单剂量重复使用的安全性；

(4) 至少3批产品对靶动物一次超剂量使用的安全性；

(5) 对怀孕动物的安全性（可能不适用）；

(6) 根据制品的使用动物种群、制品特点、使用剂量、使用程序等，提供有关的毒性试验研究资料。

3. 资料项目18应包括：

(1) 用于实验室疗效试验的实验室产品的批数、批号、批量，试验负责人和执行人，试验时间和地点，主要试验内容和结果；

(2) 至少3批产品通过每种使用途径对每种靶动物使用的疗效试验；

(3) 使用程序的研究资料。

（七）中间试制报告

中间试制报告应由中间试制单位出具，应包括以下内容：

1. 中间试制的生产负责人和质量负责人、试制时间和地点；

2. 生产产品的批数（连续5～10批）、批号、批量；

3. 每批中间试制产品的详细生产和检验报告；

4. 中间试制中发现的问题等。

（八）临床试验研究资料

1. 应按照有关技术指导原则的要求提出拟进行的临床试验的详细方案，并报告已经进行的临床试验的详细情况；

2. 临床试验中应使用至少3批经检验合格的中间试制产品进行较大范围、不同品种的使用对象动物试验，进一步观察制品的安全性和效力；

3. 临床试验中每种靶动物的数量应符合下列要求：

大动物	1 000 头
中小动物	10 000 头（只）
禽类	20 000 羽（只）
鱼	20 000 尾

注：(1) 第一类制品的临床试验动物数量应加倍；
(2) 数量较少、饲养分散的特殊动物的数量可酌情减少；
(3) 大动物系指牛、马、骡、驴、骆驼等；
(4) 中小动物系指猪、羊、犬、狐、鹿、麝、兔、猪、貂、獭等；
(5) 禽类系指鸡、鸭、鹅、鸽等。

四、新制品注册资料项目表

资料分类	资料项目	注册分类及资料项目要求		
		第一类	第二类	第三类
一般资料	1	+	+	+
	2	+	+	+
	3	+	+	+
	4	+	+	+
生产用原材料研究资料	5	+	+	+
	6	+	+	+
	7	+	+	+
	8	+	+	+
检验用强毒株研究资料	9	+	+	+
	10	+	+	+
生产工艺研究资料	11	+	+	+
	12	+	+	+
	13	+	+	+
制品质量研究资料	14	+	+	+
	15	+	+	+
	16	+	+	+
	17	+	+	+
	18	+	+	+
	19	+	+	+
中间试制研究治疗	20	+	+	+
临床试验研究资料	21	+	+	+
	22	+	+	+

注："+"：指必须报送的资料；

五、进口注册资料项目及其说明

（一）进口注册的申报资料项目

1. 一般资料。

（1）生物制品的名称；

（2）证明性文件；

（3）生产纲要、质量标准，附各项主要检验的标准操作程序；

（4）说明书、标签和包装设计样稿。

2. 生产用原材料研究资料。

3. 检验用强毒株的研究资料。

4. 原液或原料生产工艺的研究资料。

5. 制品配方及工艺的研究资料，辅料的来源和质量标准。

6. 制品质量研究资料。

7. 至少3批产品的生产和检验报告。

8. 临床试验报告。

（二）进口注册资料的说明

1. 申请进口注册时，应报送资料项目1～8。

2. 证明性文件包括：

（1）生产企业所在国家（地区）政府和有关机构签发的企业注册证、产品许可证、GMP合格证复印件和产品自由销售证明。上述文件必须经公证或认证后，再经中国使领馆确认；

（2）由境外企业驻中国代表机构办理注册事务的，应当提供《外国企业常驻中国代表机构登记证》复印件；

（3）由境外企业委托中国代理机构代理注册事务的，应当提供委托文书及其公证文件，中国代理机构的《营业执照》复印件；

（4）申请的制品或使用的处方、工艺等专利情况及其权属状态说明，以及对他人的专利不构成侵权的保证书；

（5）该制品在其他国家注册情况的说明，并提供证明性文件或注册编号。

3. 用于申请进口注册的试验数据，应为申报单位在中国境外获得的试验数据。未经许可，不得为进口注册在中国境内进行试验。

4. 全部申报资料应当使用中文并附原文，原文非英文的资料应翻译成英文，原文和英文附后作为参考。中、英文译文应当与原文内容一致。

5. 进口注册资料的其他要求与国内制品申报资料的相应要求一致。

附件2

化学药品注册分类及注册资料要求

一、注册分类

第一类　国内外未上市销售的原料及其制剂。

1. 通过合成或者半合成的方法制得的原料及其制剂；

2. 天然物质中提取或者通过发酵提取的新的有效单体及其制剂；

3. 用拆分或者合成等方法制得的已知药物中的光学异构体及其制剂；

4. 由已上市销售的多组分药物制备为较少组份的原料及其制剂；

5. 其他。

第二类　国外已上市销售但在国内未上市销售的原料及其制剂。

第三类　改变国内外已上市销售的原料及其制剂。

1. 改变药物的酸根、碱基（或者金属元素）；

2. 改变药物的成盐、成酯；

3. 人用药物转为兽药。

第四类　国内外未上市销售的制剂。

1. 复方制剂，包括以西药为主的中、西兽药复方制剂；

2. 单方制剂。

第五类　国外已上市销售但在国内未上市销售的制剂。

1. 复方制剂，包括以西药为主的中、西兽药复方制剂；

2. 单方制剂。

二、注册资料项目

（一）综述资料

1. 兽药名称。

2. 证明性文件。

3. 立题目的与依据。

4. 对主要研究结果的总结及评价。

5. 兽药说明书样稿、起草说明及最新参考文献。

6. 包装、标签设计样稿。

（二）药学研究资料

7. 药学研究资料综述。

8. 确证化学结构或者组份的试验资料及文献资料。

9. 原料药生产工艺的研究资料及文献资料。

10. 制剂处方及工艺的研究资料及文献资料；辅料的来源及质量标准。

11. 质量研究工作的试验资料及文献资料。

12. 兽药标准草案及起草说明。

13. 兽药标准品或对照物质的制备及考核材料。

14. 药物稳定性研究的试验资料及文献资料。

15. 直接接触兽药的包装材料和容器的选择依据及质量标准。

16. 样品的检验报告书。

（三）药理毒理研究资料

17. 药理毒理研究资料综述。

18. 主要药效学试验资料。（药理研究试验资料及文献资料）

19. 安全药理学研究的试验资料及文献资料。

20. 微生物敏感性试验资料及文献资料。

21. 药代动力学试验资料及文献资料。

22. 急性毒性试验资料及文献资料。

23. 亚慢性毒性试验资料及文献资料。

24. 致突变试验资料及文献资料。

25. 生殖毒性试验（含致畸试验）资料及文献资料。

26. 慢性毒性(含致癌试验)资料及文献资料。

27. 过敏性(局部、全身和光敏毒性)、溶血性和局部(血管、皮肤、粘膜、肌肉等）刺激性等主要与局部、全身给药相关的特殊安全性试验资料。

（四）临床试验资料

28. 国内外相关的临床试验资料综述。

29. 临床试验批准文件，试验方案、临床试验资料。

30. 靶动物安全性试验资料。

（五）残留试验资料

31. 国内外残留试验资料综述。

32. 残留检测方法及文献资料。

33. 残留消除试验研究资料，包括试验方案。

（六）生态毒性试验资料

34. 生态毒性试验资料及文献资料。

三、注册资料项目说明

1. 资料项目1兽药名称：包括通用名、化学名、英文名、汉语拼音，并注明其化学结构式、分子量、分子式等。新制定的名称，应当说明命名依据。

2. 资料项目2证明性文件：

（1）申请人合法登记证明文件、《兽药生产许可证》复印件。提交申请新兽药注册的样品时应当提供样品制备车间的《兽药GMP证书》复印件；

（2）申请的兽药或者使用的处方、工艺等专利情况及其权属状态说明，以及对他人的专利不构成侵权的保证书；

(3)《兽药临床试验批准文件》；

（4）直接接触兽药的包装材料和容器符合药用要求的证明性文件。

3. 资料项目3立题目的与依据：包括国内外有关该兽药研发、上市销售现状及相关文献资料或者生产、使用情况的综述，复方制剂的组方依据等。

4. 资料项目4对研究结果的总结及评价：包括申请人对主要研究结果进行的总结，并从安全性、有效性、质量可控性等方面对所申报品种进行综合评价。

5. 资料项目5兽药说明书样稿、起草说明及最新参考文献：包括按农业部有关规定起草的说明书样稿、说明书各项内容的起草说明，相关最新文献或原发厂商最新版的正式说明书原文及中文译文。

6. 资料项目7药学研究资料综述：是指所申请兽药的药学研究（合成工艺、结构确证、剂型选择、处方筛选、质量研究和质量标准制定、稳定性研究等）的试验和国内外文献资料的综述。

7. 资料项目9原料药生产工艺的研究资料：包括工艺流程和化学反应式、起始原料和有机溶媒、反应条件（温度、压力、时间、催化剂等）和操作步骤、精制方法及主要理化常数，并注明投料量和收率以及工艺过程中可能产生或夹杂的杂质或其他中间产物。

8. 资料项目11质量研究工作的试验资料及文献资料：包括理化性质、纯度检查、溶出度、含量测定及方法学研究和验证等。

9. 资料项目12兽药标准草案及起草说明：质量标准应当符合《中国兽药典》现行版的格式，并使用其术语和计量单位。所用试药、试液、缓冲液、滴定液等，应当采用《中国兽药典》现行版收载的品种及浓度，有不同的，应详细说明。兽药标准起草说明应当包括标准中控制项目的选定、方法选择、检查及纯度和限度范围等的制定依据。

10. 资料项目13兽药标准物品或对照物质的制备及考核资料：提供标准物质或对照物质，并说明其来源、理化常数、纯度、含量及其测定方法和数据。

11. 资料项目14药物稳定性研究的试验资料：包括直接接触药物的包装材料和容器共同进行的稳定性试验。

12. 资料项目16样品的检验报告书：指申报样品的自检报告，应提供连续3批样品的自检报告。

13. 资料项目17药理毒理研究资料综述：是指所申请兽药的药理毒理研究（包括药效学、作用机制、安全药理、毒理等）的试验和国内外文献资料的综述。

14. 资料项目20微生物敏感性试验资料及文献资料：是指所申请的兽药为抗感染药物或抗球

虫药物时，必须提供抗微生物或抗寄生虫药物对历史和现行临床分离的细菌和寄生虫的敏感性比较研究。

15. 资料项目28国内外相关的临床试验资料综述：是指国内外有关该品种临床研究的文献、摘要及近期追踪报道的综述。

16. 资料项目31国内外残留试验资料综述：是指研究申请的兽药或代谢物在给药动物组织是否产生残留，残留的程度和残留时间。该资料应说明兽药的残留标识物，残留靶组织，每日允许摄入量，最高残留限量，残留检测方法和休药期等。

17. 资料项目33残留消除试验研究资料：是指通过研究申请的兽药在靶动物的体内消除过程，以确定是否在推荐的使用条件下在给药的动物组织中是否产生残留，并确定需要遵守的休药期。用于动物微生物或寄生虫感染的药物还应提供残留物对人肠道菌群丛的潜在作用，评价对食品加工业的影响。

18. 资料项目34生态毒性试验资料：是指通过研究申请的兽药在靶动物体内的代谢和排泄情况，研究排出体外的兽药及代谢物在环境中的各种降解途径，对环境潜在的影响，并提出为减少这种影响而需要采取的必要预防措施。同时还需要提供盛装药物的容器、未使用完的药物或废弃物对环境、水生生物、植物和其它非靶动物的影响和有效的处理方法。

四、注册资料项目表及说明

（一）注册资料项目表

资料分类	资料项目	注册分类及资料项目要求				
		第一类	第二类	第三类	第四类	第五类
综述资料	1	+	+	+	+	+
	2	+	+	+	+	+
	3	+	+	+	+	+
	4	+	+	+	+	+
	5	+	+	+	+	+
	6	+	+	+	+	+
药学研究资料	7	+	+	+	+	+
	8	+	+	+	−	−
	9	+	+	+	−	−
	10	+	+	+	+	+
	11	+	+	+	+	+
	12	+	+	+	+	+
	13	+	+	+	+	+
	14	+	+	+	+	+
	15	+	+	+	+	+
	16	+	+	+	+	+
药理毒理研究资料	17	+	+	+	+	+
	18	+	±	*8	*9	*9
	19	+	±	*8	*9	*9
	20	+	±	*8	*9	*9
	21	+	±	+	*11	*11
	22	+	±	*8	−	−
	23	+	±	±	−	−
	24	+	±	±	−	−
	25	+	±	±	−	−
	26	*5	*5	*5	−	−
	27	*10	*10	*10	*10	*10

（续）

资料分类	资料项目	注册分类及资料项目要求				
		第一类	第二类	第三类	第四类	第五类
临床试验资料	28	+	+	+	+	+
	29	+	5－3	5－3	5－4	5－4
	30	+	5－3	5－3	5－4	5－4
残留试验资料	31	+	+	+	+	+
	32	+	+	*12	*13	*13
	33	+	+	*12	*13	*13
生态毒性试验资料	34	+	+	±	±	±

注：(1)"+"：指必须报送的资料；
(2)"±"：指可以用文献综述代替试验资料；
(3)"－"：指可以免报的资料；
(4)"*"：按照说明的要求报送资料，如*4，指见说明之第4条。

（二）说明

1. 申请用于食品动物的新兽药注册，按照《注册资料项目表》的要求报送资料项目，并按申报资料项目顺序排列；申请用于非食品动物的新兽药注册，可以免报资料项目31～33，资料项目34仅需提供盛装药物的容器、未使用完的药物或废弃物对环境、水生生物、植物和其它非靶动物的影响和有效的处理方法。

2. 单独申请药物制剂，必须提供原料药的合法来源证明文件，包括原料药生产企业的《营业执照》、《兽药生产许可证》、《兽药GMP证书》、销售发票、检验报告书、兽药标准等资料复印件。使用进口原料药的，应当提供《进口兽药注册证书》或者《兽药注册证书》、检验报告书、兽药标准等复印件。所用原料药不具有兽药批准文号、《进口兽药注册证书》或者《兽药注册证书》的，必须经农业部批准。

3. 同一活性成份制成的小水针、粉针剂、大输液之间互相改变的兽药注册申请，应当由具备相应剂型生产范围的兽药生产企业申报。

4. 下列新兽药应当报送致癌试验资料：

(1) 新兽药或其代谢产物的结构与已知致癌物质的结构相似的；

(2) 在长期毒性试验中发现有细胞毒作用或者对某些脏器、组织细胞生长有异常促进作用的；

(3) 致突变试验结果为阳性的。

5. 属于注册分类一类的新药，可以在重复给药毒性试验过程中进行毒代动力学研究。

6. 属于注册分类一类中3的兽药，应当报送消旋体与单一异构体比较的药效学、药代动力学和毒理学（一般为急性毒性）研究资料或者相关文献资料。在其消旋体安全范围较小、已有相关资料可能提示单一异构体的非预期毒性（与药理作用无关）明显增加时，还应当根据其临床疗程和剂量、适应症等因素综合考虑，提供单一异构体的重复给药毒性（一般为3个月以内）或者其他毒理研究资料（如生殖毒性）。

7. 属于注册分类一类中4的兽药，如其组份中不含有本说明4所述物质，可以免报资料项目23～25。

8. 属于注册分类三类的新兽药，应当提供与已上市销售药物比较的靶动物药代动力学、主要药效学、安全药理学和急性毒性试验资料，以反映改变前后的差异，必要时还应当提供重复给药毒性和其他药理毒理研究资料。如果改变后的此类药物已在国外上市销售，则按注册分类2的申报资料要求办理。

9. 属于注册分类四～五类中的复方制剂，应当提供复方制剂的主要药效学试验资料或者文献资料、安全药理研究的试验资料或者文献资料，复方抗微生物药物的敏感性试验资料或者文献资料，靶动物药代动力学试验资料或者文献资料。

属于注册分类四～五类中的单方制剂，只须提供靶动物药代动力学试验资料或者文献资料。

10. 局部用药除按所属注册分类及项目报送相应资料外，应当报送资料项目27，必要时应当进行局部吸收试验。

11. 速释、缓释、控释制剂应当同时提供与

普通制剂比较的单次或者多次给药的靶动物药代动力学研究资料。

12. 注册分类三类中3人用药物转兽用的，用于食品动物，需要提供残留检测方法、残留消除试验。

13. 注册分类四、五用于食用动物的制剂，如果能进行生物等效试验，仅需制订残留检测方法，不需要进行残留消除试验；否则需要制订残留检测方法，并进行残留消除试验；复方制剂则应当建立复方中各有效成分残留的检测方法，并进行复方制剂残留消除试验。注册分类四、五中新的复方制剂，复方制剂中的多种成份药效、毒性、药代动力学相互影响的试验资料及文献资料本附件未作要求。

五、临床试验要求

1. 申请新兽药注册，应当进行临床试验。新兽药的临床试验包括Ⅰ、Ⅱ和Ⅲ期临床试验。

Ⅰ期临床试验：其目的是观察靶动物对于新药的耐受程度和药代动力学，测定可以耐受的剂量范围，明确按照推荐的给药途径给药时适宜的安全范围和不能耐受的临床症状，为制定给药方案提供依据。

Ⅱ期临床试验：其目的是初步评价兽药对靶动物目标适应症的防治作用和安全性，确定合理的给药剂量方案。此阶段的研究设计可以根据具体的研究目的，采用人工发病模型或自然病例，进行随机对照临床试验。

Ⅲ期临床试验：其目的是进一步验证兽药对靶动物目标适应症的防治作用和安全性，评价利益与风险关系，最终为兽药注册申请获得批准提供充分的依据。试验应为具有足够样本量的随机盲法对照试验。

2. 临床试验的动物数应当符合统计学要求和最低动物数要求。各种临床试验的最低动物数（每个试验组）要求见具体试验指导原则。

3. 属于注册分类二至三类的新兽药，应当进行靶动物药代动力学试验和临床试验。

4. 属于注册分类四至五类的新兽药，临床试验按照下列原则进行：

（1）改变给药途径的新单方制剂，需进行靶动物的药代动力学和临床试验。

（2）仅改变已上市销售的兽药，但不改变给药途径的新单方制剂，按以下原则进行：

口服制剂可仅进行血药生物等效性试验；

难以进行血药生物等效性试验的口服制剂，可进行临床生物等效性试验；

速释、缓释、控释制剂应当进行单次和多次给药的临床试验；

同一活性成份制成的小水针、粉针剂、大输液之间互相改变的兽药注册申请，给药途径和方法、剂量等与原剂型药物一致的，一般可以免临床试验。

（3）其他，应进行需进行靶动物的药代动力学和临床试验。

5. 临床试验对照用兽药应当是已在国内上市销售的兽药。

六、残留试验要求

1. 申请注册用于食用动物的兽药，应当进行残留试验。残留试验包括建立残留检测方法和确定休药期的残留消除试验。

2. 在进行残留试验前，应根据实验动物的毒理学研究结果，确定最大无作用剂量，根据国际通行的规则制定出人每日允许摄入量，再分别计算出各种可食组织中的最高残留限量。

3. 根据拟定的最高残留限量，研究建立相应的残留定性和定量检测方法。

4. 根据临床试验确定的有效使用剂量，研究推荐剂量下兽药在靶动物组织中的代谢，以确定残留标示物和残留检测靶组织；研究在靶动物组织中的残留消除，以确定休药期。

5. 残留消除试验的动物数应当符合统计学要求和最低动物数要求，残留消除试验的最低动物数（每个试验组）要求见具体试验指导原则。

七、进口注册资料和要求

（一）注册资料项目要求

1. 申报资料按照化学药品《申报资料项目》要求报送。申请未在国内外获准上市销售的兽药，按照注册分类一类的规定报送资料；其他品种按照注册分类二类的规定报送资料。

2. 资料项目5兽药说明书样稿、起草说明及最新参考文献，尚需提供生产企业所在国家（地区）兽药管理部门核准的原文说明书，在生产企业所在国家或者地区上市使用的说明书实样，并附中文译本。资料项目6尚需提供该兽药在生产企业所在国家或者地区上市使用的包装、标签实样。

3. 资料项目28应当报送该兽药在生产企业所在国家或者地区为申请上市销售而进行的全部临床研究的资料。

4. 资料项目 31 应当报送该兽药在生产企业所在国家或者地区为申请上市销售而进行的全部残留研究的资料。

5. 资料项目 34 应当报送该兽药在生产企业所在国家或者地区为申请上市销售而进行的全部生态毒性研究的资料。

6. 全部申报资料应当使用中文并附原文，原文非英文的资料应翻译成英文，原文和英文附后作为参考。中、英文译文应当与原文内容一致。

7. 兽药标准的中文本，必须符合中国兽药标准的格式。

（二）资料项目 2 证明性文件的要求和说明

1. 资料项目 2 证明性文件包括以下资料：

（1）生产企业所在国家（地区）兽药管理部门出具的允许兽药上市销售及该兽药生产企业符合兽药生产质量管理规范的证明文件、公证文书及其中文译本。

申请未在国内外获准上市销售的药物，本证明文件可于完成在中国进行的临床研究后，与临床研究报告一并报送。

（2）由境外兽药生产企业常驻中国代表机构办理注册事务的，应当提供《外国企业常驻中国代表机构登记证》复印件。

境外兽药生产企业委托中国代理机构代理申报的，应当提供委托文书、公证文书及其中文译本，以及中国代理机构的《营业执照》复印件。

（3）申请的药物或者使用的处方、工艺等专利情况及其权属状态说明，以及对他人的专利不构成侵权的保证书。

2. 说明：

（1）生产企业所在国家（地区）兽药管理部门出具的允许兽药上市销售及该兽药生产企业符合兽药生产质量管理规范的证明文件应当符合世界卫生组织推荐的统一格式。其他格式的文件，必须经所在国公证机关公证及驻所在国中国使领馆认证。

（2）在一地完成制剂生产由另一地完成包装的，应当提供制剂厂和包装厂所在国家（地区）兽药管理部门出具的该兽药生产企业符合兽药生产质量管理规范的证明文件。

（3）未在生产企业所在国家或者地区获准上市销售的，可以提供在其他国家或者地区获准上市销售的证明文件，并须经农业部兽医行政管理机关认可。但该兽药生产企业符合兽药生产质量管理规范的证明文件须由生产企业所在国家（地区）兽药管理部门出具。

（4）原料药可提供生产企业所在国家（地区）兽药管理部门出具的允许兽药上市销售及该兽药生产企业符合兽药生产质量管理规范的证明文件。

（三）在中国进行临床药效试验的要求

1. 申请未在国内外获准上市销售的药物，应当按照注册分类 1 的规定进行临床试验。所申请的药物，应当是在国外已完成临床试验的兽药。

2. 其他申请，应当按照注册分类二类的规定进行临床药效试验。

3. 单独申请进口尚无中国兽药标准的原料药，应当使用其制剂进行临床药效试验。

（四）在中国进行残留试验的要求

1. 申请未在国内外获准上市销售的兽药，应当按照注册分类一类的规定进行残留消除试验。所申请的兽药，应当是在国外已完成残留消除试验的兽药。

2. 其他申请，应当按注册分类二类的规定进行残留消除试验。

3. 单独申请进口尚无中国兽药标准的原料药，应当使用其制剂进行靶动物药代动力学和残留消除试验。

附件 3

中兽药、天然药物分类及注册资料要求

一、注册分类及说明

（一）注册分类

第一类　未在国内上市销售的原药及其制剂。

1. 从中药、天然药物中提取的有效成分及其制剂；

2. 来源于植物、动物、矿物等药用物质及其制剂；

3. 中药材代用品。

第二类　未在国内上市销售的部位及其制剂。

1. 中药材新的药用部位制成的制剂；

2. 从中药、天然药物中提取的有效部位制成的制剂。

第三类　未在国内上市销售的制剂。

1. 传统中兽药复方制剂；

2. 现代中兽药复方制剂，包括以中药为主的中西兽药复方制剂；

3. 兽用天然药物复方制剂；

4. 由中药、天然药物制成的注射剂。

第四类　改变国内已上市销售产品的制剂。

1. 改变剂型的制剂；

2. 改变工艺的制剂。

（二）说明

1. 第一类 1是指兽药国家标准中未收载的从中药、天然药物中得到的未经过化学修饰的单一成分及其制剂。

2. 第一类 2是指未被兽药国家标准收载的中药材及天然药物制成的兽用制剂。

3. 第一类 3是指用来代替中药材某些功能的药用物质，包括：

（1）已被兽药国家标准收载的中药材；

（2）未被兽药国家标准收载的药用物质。

4. 第二类 1是指具有兽药国家标准的中药材原动、植物新的药用部位制成的制剂。

5. 第二类 2是指从中药、天然药物中提取的一类或数类成分制成的制剂。

6. 第三类 1传统中兽药复方制剂是指中兽医理论下组方，功能主治用传统的中医理论表述，传统工艺制成的复方制剂。

7. 第三类 2现代中兽药复方制剂是指中兽医理论下组方，包括中兽医理论下使用非传统药材，功能主治与中兽医理论相关，工艺不做要求。

8. 第三类 3兽用天然药物复方制剂传统中兽药复方制剂是指不按中兽医理论组方制成的制剂。

9. 第三类 4包括水针、粉针之间的相互改变及其他剂型改成的注射剂。

10. 第四类 1是指在给药途径不变的情况下改变剂型的制剂。

11. 第四类 2包括：

（1）工艺有质的改变的制剂；

（2）工艺无质的改变的制剂。

工艺有质的改变主要是指在生产过程中改变提取溶媒、纯化工艺或其他制备工艺条件等，使提取物的成分发生较大变化。

二、注册资料项目

（一）综述资料

1. 兽药名称。

2. 证明性文件。

3. 立题目的与依据。

4. 对主要研究结果的总结及评价。

5. 兽药说明书样稿、起草说明及最新参考文献。

6. 包装、标签设计样稿。

（二）药学研究资料

7. 药学研究资料综述。

8. 药材来源及鉴定依据。

9. 药材生态环境、生长特征、形态描述、栽培或培植（培育）技术、产地加工和炮制方法等。

10. 药材性状、组织特征、理化鉴别等研究资料（方法、数据、图片和结论）及文献资料。

11. 提供植、矿物标本，植物标本应当包括花、果实、种子等。

12. 生产工艺的研究资料及文献资料，辅料来源及质量标准。

13. 确证化学结构或组分的试验资料及文献资料。

14. 质量研究工作的试验资料及文献资料。

15. 兽药质量标准草案及起草说明，并提供兽药标准物质的有关资料。

16. 样品及检验报告书。

17. 药物稳定性研究的试验资料及文献资料。

18. 直接接触兽药的包装材料和容器的选择依据及质量标准。

（三）药理毒理研究资料

19. 药理毒理研究资料综述。

20. 主要药效学试验资料及文献资料。

21. 安全药理研究的试验资料及文献资料。

22. 急性毒性试验资料及文献资料。

23. 长期毒性试验资料及文献资料。

24. 致突变试验资料及文献资料。

25. 生殖毒性试验资料及文献资料。

26. 致癌试验资料及文献资料。

27. 过敏性（局部、全身和光敏毒性）、溶血性和局部（血管、皮肤、黏膜、肌肉等）刺激性等主要与局部、全身给药相关的特殊安全性试验资料和文献资料。

（四）临床研究资料

28. 临床研究资料综述。

29. 临床研究计划与研究方案。

30. 临床研究及试验报告。

31. 靶动物药代动力学和残留试验资料及文献资料。

三、注册资料项目说明

1. 资料项目1兽药名称包括：兽药的中文名、汉语拼音、英文名及命名依据。

2. 资料项目2证明性文件包括：

（1）申请人合法登记证明文件、《兽药生产许可证》《兽药 GMP 证书》复印件。申请新兽药注册时应当提供样品制备车间的《兽药 GMP 证书》复印件；

（2）申请的兽药或者使用的处方、工艺等专利情况及其权属状态情况说明，以及对他人的已有专利不构成侵权的保证书；

（3）兽用麻醉药品、精神药品、毒性药品研制立项批复文件复印件；

（4）直接接触兽药的包装材料（或容器）应符合药用包装材料的有关规定。

如为进口申请，还应提供：

（1）生产国家（地区）兽药管理机构出具的允许申请的该兽药上市销售及该兽药生产企业符合兽药生产质量管理规范的证明文件、公证文书；出口国物种主管当局同意出口的证明；

（2）由境外生产企业常驻中国代表机构办理注册事务的，应当提供《外国企业常驻中国代表机构登记证》复印件；境外生产企业委托中国代理机构代理申报的，应当提供委托文书、公证文书以及中国代理机构的《营业执照》复印件；

（3）安全性试验资料应当提供相应的药物非临床研究质量管理规范（GLP）证明文件；临床及其他试验用样品应当提供相应的药品或兽药生产质量管理规范（GMP）证明文件。

3. 资料项目 3 立题目的与依据：中药材、天然药物应当提供有关古、现代文献资料综述。中兽药、天然药物制剂应当提供处方来源和选题依据，有关传统中兽医或中医理论、古籍文献资料、国内外研究现状或生产、使用情况的综述，以及对该品种创新性、可行性等的分析，包括和已有兽药国家标准的同类品种的比较（具体要求另行制定）。

4. 资料项目 4 对研究结果的总结及评价：包括申请人对主要研究结果进行的总结，及从安全性、有效性、质量可控性等方面对所申报品种进行的综合评价。

5. 资料项目 5 兽药说明书样稿、起草说明及最新参考文献：包括按有关规定起草的兽药说明书样稿、说明书各项内容的起草说明、有关安全性和有效性等方面的最新文献。

6. 资料项目 16 样品的检验报告是指对申报样品的自检报告。报送资料时应提供连续 3 批样品的自检报告及样品。

7. 进口申请提供的生产国家（地区）政府证明文件及全部技术资料应当是中文本并附原文；其中质量标准的中文本必须按《中国兽药典》标准规定的格式整理报送。

8. 由于新兽药品种的多样性和复杂性，在申报时，应当结合具体品种的特点进行必要的相应研究。如果申请减免试验，应当充分说明理由。

四、注册资料项目表及说明

（一）中兽药、天然药物注册资料项目表

资料分类	资料项目	注册分类及资料项目要求									
		第一类			第二类		第三类				第四类
		(1)	(2)	(3)	(1)	(2)	(1)	(2)	(3)	(4)	
综述资料	1	+	+	+	+	+	+	+	+	+	+
	2	+	+	+	+	+	+	+	+	+	+
	3	+	+	+	+	+	+	+	+	+	+
	4	+	+	+	+	+	+	+	+	+	+
	5	+	+	+	+	+	+	+	+	+	+
	6	+	+	+	+	+	+	+	+	+	+
药学资料	7	+	+	+	+	+	+	+	+	+	+
	8	+	+	+	+	+	+	+	+	+	+
	9	−	+	▲	−	▲	−	▲	▲	▲	−
	10	−	+	▲	−	▲	−	▲	▲	▲	−
	11	−	+	▲	−	▲	−	▲	▲	▲	−
	12	+	+	▲	+	+	+	+	+	+	+
	13	+	+	□	□	□	−	*6	*7	□	−
	14	+	+	□	□	□	□	□	□	□	□
	15	+	+	▲	+	+	+	+	+	+	+
	16	+	+	+	+	+	+	+	+	+	+
	17	+	+	▲	+	+	+	+	+	+	+
	18	+	+	+	+	+	+	+	+	+	+

（续）

资料分类	资料项目	注册分类及资料项目要求									
		第一类			第二类		第三类				第四类
		(1)	(2)	(3)	(1)	(2)	(1)	(2)	(3)	(4)	
药理毒理资料	19	+	+	□2	+	+	*5	+	+	+	□11
	20	+	+	□2	+	+	—	+	+	+	□11
	21	+	+	□2	+	+	—	*6	*7	+	—
	22	+	+	□2	+	+	*5	+	+	+	□11
	23	+	+	□2	+	+	*5	+	+	+	□11
	24	+	+	▲	+	▲	—	*6	*7	▲	—
	25	+	+	▲	+	▲	—	*6	*7	▲	—
	26#	+	+	▲	+	▲	—	*6	*7	▲	—
	27	□9	□9	□9	□9	□9	*9	□9	□9	+	□9
临床资料	28	+	+	+	+	+	+	+	+	+	+
	29	+	+	+	+	+	+	+	+	+	□11
	30	+	+	+	+	+	+	+	+	+	□11
	31	+	—	□□2	—	—	—	*6	*7	—	—

注："+"：指必须报送的资料；

"±"：指可以用文献综述代替试验研究的资料；

"—"：指可以免报的资料；

"□"：按照说明的要求报送的资料，如□7，指见说明之第7条；

"26#"：与已知致癌物质有关、代谢产物与已知致癌物质相似的新兽药，在长期毒性试验中发现有细胞毒作用或对某些脏器、组织细胞有异常显著促进作用的新兽药，致突变试验阳性的新兽药，均需报送致癌试验资料；

"▲"：具有兽药国家标准的中药材、天然药物（除"#"所标示的情况外）可以不提供，否则必须提供资料。

（二）说明

1. 申请新兽药注册，按照《注册资料项目表》的要求报送资料项目1～31的资料。

2. 中药材的代用品如果未被兽药国家标准收载，除按注册分类第一类2的要求提供申报资料外，还应当与被替代药材进行药效、毒理的对比试验，并通过相关制剂进行临床等效性研究；中药材的代用品如果已被兽药国家标准收载，应当通过相关制剂进行临床等效性研究。中药材的代用品获得批准后，申请使用该代用品的制剂应当按补充申请办理，但应严格限定在被批准的可替代的功能范围内。如果代用品为单一成分，应当提供动物药代动力学试验资料及文献资料，用于食品动物时应当提供残留试验资料，并制定休药期。

3. 未在国内上市销售的中药、天然药物中提取的有效成分及制剂，其单一成分的含量应当占总提取物的90%以上，固体制剂同时还需提供溶出度的试验资料。

4. 未在国内上市销售的中药、天然药物中提取的有效部位制成的制剂，其有效部位的含量应占总提取物的50%以上。有效部位的制剂除按要求提供申报资料外，尚需提供以下资料：

（1）申报资料项目第12项中需提供有效部位筛选的研究资料或文献资料；申报资料项目第13项中需提供有效部位主要化学成分研究资料及文献资料（包括与含量测定有关的对照品的相关资料）；

（2）由数类成分组成的有效部位，应当测定每类成分的含量，并对每类成分中的代表成分进行含量测定且规定下限（对有毒性的成分增加上限控制）。申请由同类成分组成的有效部位制成的制剂，如其中含有已上市销售的从中药、天然药物中提取的有效成分，且功能主治相同，则应当与该有效成分进行药效学及其他方面的比较，以证明其优势和特点。

5. 传统中兽药复方制剂，处方中药材必须具有兽药国家标准，并且该制剂的主治病证在国家中成药标准中没有收载，可免做药效、毒理研究。但是，如果有下列情况之一者需要做毒理试验：①含有兽药国家标准中标示有毒性（剧毒或有毒）及现代毒理学证明有毒性的药材；②含有十八反、十九畏的配伍禁忌。

6. 现代中兽药复方制剂，处方中使用的药用物质应当具有兽药国家标准，如果处方中含有无兽药国家标准的药用物质，应当参照注册分类中第一类2的要求提供临床前的相应申报资料；如果处方中含有天然药物、有效成分或化学药品，则应当对上述药用物质在药理、毒理方面的相互作用（增效、减毒或互补作用）进行相应的研究；如处方中含有化学药品并用于食品动物时应当提供残留试验资料，并制定休药期。

7. 兽用天然药物复方制剂应当提供多组分药效、毒理相互影响的试验资料及文献资料，处方中如果含有无兽药国家标准的药用物质，还应当参照注册分类中第一类2的要求提供临床前的相应申报资料。

8. 进口中兽药、天然药物制剂按注册分类中的相应要求提供申报资料。

9. 局部用药的制剂尚须报送局部用药毒性研究的试验资料及文献资料。

10. 中兽药、天然药物注射剂的主要成分应当基本清楚。鉴于对中兽药、天然药物注射剂安全性和质量控制复杂性的考虑，对其技术要求另行制定。

11. 改变剂型应当说明新制剂的优势和特点。新制剂的适应证原则上应当同原制剂。其中某些适应证疗效不明显或无法通过药效或临床试验证实的，应当提供相应的研究资料。

改变剂型或改变生产工艺时，如果生产工艺有质的改变，申报资料应当提供新制剂与原制剂在制备工艺、剂型、质量标准、稳定性、药效学、临床等方面的对比试验及毒理学的研究资料。

改变剂型或改变生产工艺时，如果生产工艺无质的改变，可减免药理、毒理和临床的申报资料。

改变工艺的制剂，仅限于有该品种批准文号的生产企业申报，其中工艺无质的改变，按照补充申请办理。

12. 按新兽药申请的药物应当按照兽药临床试验指导原则的要求进行临床试验。

13. 中药材代用品的功能替代研究应当从兽药国家标准中选取能够充分反映被代用药材功效特征的中兽药制剂作为对照药进行比较研究，每个功效或适应证需经过两种以上中药制剂进行验证。

14. 改变给药途径、改变剂型或者工艺有质的改变的制剂。

（1）应当根据兽药的特点，设计不同目的的临床试验；

（2）进行生物等效性试验的兽药，可以免临床试验；

（3）缓释、控释制剂，应当进行动物药代动力学研究和临床试验。临床前研究工作应当包括缓释、控释制剂与其普通制剂在药学和生物学方面的比较研究，以提示此类制剂特殊释放的特点。

附件4

兽医诊断制品注册分类及注册资料要求

具体内容详见“五十三、关于兽医诊断制品注册分类及注册要求的公告（2020年修订）”。

附件5

兽用消毒剂分类及注册资料要求

一、注册分类

第一类　未在国内外上市销售的兽用消毒剂。

1. 通过合成或者半合成的方法制得的原料药及其制剂；

2. 天然物质中提取的新的有效单体及其制剂；

3. 新的复方消毒剂。

第二类　已在国外上市销售但尚未在国内上市销售的兽用消毒剂。

1. 通过合成或者半合成的方法制得的原料药及其制剂；

2. 天然物质中提取的新的有效单体及其制剂；

3. 新的复方消毒剂。

第三类　改变已在国内外上市销售的处方、剂型等的消毒剂。

二、注册资料项目

（一）综述资料

1. 消毒剂名称。

2. 证明性文件。

3. 立题目的与依据。

4. 对主要研究结果的总结及评价。

5. 消毒剂说明书样稿、起草说明及最新参考文献。

6. 包装、标签设计样稿。

（二）药学研究资料

7. 消毒剂生产工艺的研究资料及文献资料。

8. 确证化学结构或者组分的试验资料及文献资料。

9. 质量研究工作的试验资料及文献资料。

10. 兽药标准草案及起草说明，并提供兽药标准品或对照物质。

11. 辅料的来源及质量标准。

12. 样品的理化指标检验报告书。

13. 药物稳定性研究的试验资料及文献资料。

14. 直接接触兽药的包装材料和容器的选择依据。

（三）毒理研究资料

15. 毒理研究综述资料及文献资料。

16. 急性毒性研究的试验资料及文献资料。

17. 长期毒性试验资料及文献资料。

18. 致突变试验资料及文献资料。

19. 生殖毒性试验资料及文献资料。

20. 致癌试验资料及文献资料。

21. 过敏性（局部和全身）和局部（皮肤、黏膜等）刺激性等主要与局部消毒相关的特殊安全性试验研究及文献资料。

22. 复方消毒剂中多种成分消毒效果、毒性相互影响的试验资料及文献资料。

（四）消毒试验和残留研究资料

23. 样品杀灭微生物效果试验资料。

24. 环境毒性试验资料及文献资料。

25. 残留研究资料。

三、注册资料项目说明

1. 消毒剂分为环境消毒剂和带畜消毒剂。环境消毒剂不需要提供资料项目25。

2. 资料项目1兽用消毒剂名称：包括通用名、化学名、英文名、汉语拼音，并注明其化学结构式、分子量、分子式等。新制定的名称，应当说明命名依据。

3. 资料项目2证明性文件：

（1）申请人合法登记证明文件、《兽药生产许可证》《兽药GMP证书》复印件；

（2）申请的消毒剂或者使用的处方、工艺等专利情况及其权属状态说明，以及对他人的专利不构成侵权的保证书；

4. 资料项目3立题目的与依据：包括国内外有关该消毒剂研发、使用及相关文献资料或者生产、使用情况的综述。

5. 资料项目4对研究结果的总结及评价：包括申请人对主要研究结果进行的总结，并从安全性、有效性、质量可控性等方面对所申报品种进行综合评价。

6. 资料项目5消毒剂说明书样稿、起草说明及最新参考文献：包括按农业部有关规定起草的说明书样稿、说明书各项内容的起草说明，相关最新文献或原发明厂商最新版的正式说明书原文及中文译文。

7. 资料项目7原料药生产工艺的研究资料及文献资料：包括工艺流程和化学反应式、起始原料和有机溶媒、反应条件（温度、压力、时间、催化剂等）和操作步骤、精制方法及主要理化常数，并注明投料量和收率以及工艺过程中可能产生或夹杂的杂质或其他中间产物。制剂应提供消毒剂的配方和依据。

8. 资料项目9质量研究工作的试验资料及文献资料：包括理化性质、纯度检查、含量测定及方法学研究和验证等。

9. 资料项目10兽药标准草案及起草说明，并提供标准物质或对照物质：质量标准应当符合《中国兽药典》现行版的格式，并使用其术语和计量单位。所用试药、试液、缓冲液、滴定液等，应当采用《中国兽药典》现行版收载的品种及浓度，有不同的，应详细说明。提供的标准品或对照品应另附资料，说明其来源、理化常数、纯度、含量及其测定方法和数据。兽药标准起草说明应当包括标准中控制项目的选定、方法选择、检查及纯度和限度范围等的制定依据。

10. 资料项目12样品理化的指标检验报告书：指申报样品的检验报告，包括有效成分含量测定结果，pH测定结果，化学稳定性检测结果，金属腐蚀性检测结果。

11. 资料项目13药物稳定性研究的试验资料：包括采用直接接触药物的包装材料和容器共同进行的定性试验。

12. 资料项目15～20消毒剂毒理学安全性试验资料：参照《消毒剂鉴定技术指导原则》。包括（1）急性经口毒性试验，（2）急性吸入毒性试验，（3）急性皮肤刺激试验，（4）急性眼刺激试验，（5）皮肤变态反应试验，（6）亚急性毒性试验资料，（7）致突变试验，（8）亚慢性毒性试验，（9）致畸试验，（10）慢性毒性试验，（11）致癌试验。

13. 资料项目23样品杀灭微生物效果试验资

料：包括（1）实验室微生物杀灭效果试验资料，（2）各种因素（如温度、pH、有机物等）对微生物杀灭效果影响试验资料，（3）生物稳定性试验资料，（4）现场试验资料和模拟现场试验资料，（5）能量试验资料。

14. 资料项目 24 环境毒性试验资料及文献资料：是指申请药物对环境、水生生物、植物和其他非靶动物的影响。

15. 资料项目 25 残留研究资料；是指用于食品动物或带畜消毒的消毒剂在给药动物组织中是否产生残留，残留的程度和残留时间。应说明兽药的残留标识物，残留靶组织，每日允许摄入量，最高残留限量。同时应注明在推荐的使用条件下在给药的动物组织中是否产生残留，并确定需要遵守的休药期，及残留检测方法。

四、注册资料项目表及说明

（一）注册资料项目表

资料分类	资料项目	环境消毒剂注册分类			食品动物体表或带畜消毒剂		
		1	2	3	1	2	3
综述资料	1	+	+	+	+	+	+
	2	+	+	+	+	+	+
	3	+	+	+	+	+	+
	4	+	+	+	+	+	+
	5	+	+	+	+	+	+
	6	+	+	+	+	+	+
药学研究资料	7	+	+	+	+	+	+
	8	+	+	+	+	+	+
	9	+	+	+	+	+	+
	10	+	+	+	+	+	+
	11	+	+	+	+	+	+
	12	+	+	+	+	+	+
	13	+	+	+	+	+	+
	14	+	+	+	+	+	+
毒理研究资料	15	+	+	+	+	+	+
	16	+	±	—	+	±	—
	17	+	±	—	+	±	—
	18	+	±	—	+	±	—
	19	+	±	—	+	±	—
	20	+	±	—	+	±	—
	21	—	—	—	*5	*5	*5
	22	*4	*4	—	*4	*4	—
消毒试验和残留研究资料资料	23	+	+	+	+	+	+
	24	+	±	—	+	±	—
	25	—	—	—	+	±	—

注：（1）“+”：指必须报送的资料；
（2）“±”：指可以用文献综述代替试验资料；
（3）“—”：指可以免报的资料；
（4）“*”：按照说明的要求报送资料，如*5，指见说明之第 5 条。

（二）说明

1. 消毒剂分环境消毒剂和食品动物体表或带畜消毒剂，它们的注册分类相同。

2. 按申报资料项目顺序排列，申请注册环境用新消毒剂，按照《申报资料项目表》的要求报送资料项目 1～20、22～24；申请注册用于食品

动物体表消毒或带畜消毒的消毒剂，应提供资料项目1～25。

3. 单独申请制剂，必须提供消毒剂原料药的合法来源证明文件，包括原料药生产企业的《营业执照》《兽药生产许可证》《兽药 GMP 证书》、销售发票、检验报告书、兽药标准等资料复印件。使用进口原料药的，应当提供《进口兽药注册证书》或者《兽药注册证书》、检验报告、兽药标准等复印件。

4. 属注册分类 1、2 中“新的复方消毒剂”，应当报送资料项目 22。

5. 局部用药除按所属注册分类及项目报送相应资料外，应当报送资料项目 21，同时应提供局部刺激性试验。

五、进口注册资料的要求

（一）注册项目资料要求

1. 申报资料按照消毒剂《申报资料项目》要求报送。不受理未在国外获准上市销售的消毒剂的申请；其他品种的申请按照注册分类 2 的规定报送资料。

2. 资料项目 5 消毒剂说明书样稿、起草说明及最新参考文献，尚需提供生产企业所在国家（地区）兽药管理机构核准的原文说明书，在生产企业所在国家（地区）上市使用的说明书实样，并附中文译本。资料项目 6 尚需提供该消毒剂在生产企业所在国家（地区）上市使用的包装、标签实样。

3. 资料项目 24 应当报送该兽药在生产企业所在国家（地区）为申请上市销售而进行的全部环境毒性研究的资料。

4. 全部申报资料应当使用中文并附原文，原文非英文的资料应翻译成英文，原文和英文附后作为参考。中、英文译文应当与原文内容一致。

5. 兽药质量标准的中文版，必须符合中国兽药标准的格式。

（二）资料项目 2 证明性文件的要求和说明

1. 资料项目 2 证明性文件包括以下资料：

（1）生产企业所在国家（地区）兽药管理机构出具的允许消毒剂上市销售及该兽药生产企业符合兽药生产质量管理规范的证明文件、公证文书及其中文译本；

（2）由境外生产企业常驻中国代表机构办理注册事务的，应当提供《外国企业常驻中国代表机构登记证》复印件。境外生产企业委托中国代理机构代理申报的，应当提供委托文书、公证文书及其中文译本，以及中国代理机构的《营业执照》复印件；

（3）申请的消毒剂或者使用的处方、工艺等专利情况及其权属状态说明，以及对他人的专利不构成侵权的保证书。

2. 说明：

（1）生产企业所在国家（地区）兽药管理机构出具的允许消毒剂上市销售及该兽药生产企业符合兽药生产质量管理规范的证明文件应当符合世界卫生组织推荐的统一格式。其他格式的文件，必须经生产企业所在国家（地区）公证机关公证及驻生产企业所在国家（地区）中国使领馆认证；

（2）在一地完成制剂生产由另一地完成包装的，应当提供制剂厂和包装厂所在国家（地区）兽药管理机构出具的该兽药生产企业符合兽药生产质量管理规范的证明文件；

（3）未在生产企业所在国家（地区）获准上市销售的，可以提供在其他国家（地区）获准上市销售的证明文件，但须经农业部认可。但该兽药生产企业符合兽药生产质量管理规范的证明文件由生产企业所在国家（地区）兽药管理机构出具；

（4）原料药可提供生产企业所在国家（地区）兽药管理机构出具的允许消毒剂上市销售及该兽药生产企业符合兽药生产质量管理规范的证明文件。

附件 6

兽药变更注册事项及申报资料要求

一、注册事项

（一）不需要进行审评的变更注册事项

1. 变更进口兽药批准证明文件的登记项目。
2. 变更国内兽药生产企业名称。
3. 变更进口兽药注册代理机构。
4. 变更兽药商品名称。
5. 变更兽药的包装规格。
6. 修改兽药包装标签式样。
7. 补充完善兽药说明书的安全性内容。
8. 改变兽药外观，但不改变兽药标准的。
9. 兽药生产企业内部变更兽药生产场地。
10. 根据国家兽药质量标准或者农业部的要求修改兽药说明书。

（二）需要进行审评的变更注册事项

11. 增加靶动物。

12. 增加兽药新的适应症或者功能主治。

13. 变更兽药含量规格。

14. 改变兽药生产工艺。

15. 变更兽药处方中已有药用要求的辅料。

16. 变更兽药制剂的原料药产地。

17. 修改兽药注册标准。

18. 改变进口兽药制剂的原料药产地。

19. 变更兽药有效期。

20. 变更直接接触兽药的包装材料或者容器。

21. 改变进口兽药的产地。

二、申报资料项目

1. 兽药批准证明文件及其附件的复印件。

2. 证明性文件：

（1）申请人是兽药生产企业的，应当提供《兽药生产许可证》《营业执照》《兽药 GMP 证书》复印件。申请人不是兽药生产企业的，应当提供其机构合法登记证明文件的复印件。

由境外制药厂商常驻中国代表机构办理注册事务的，应当提供外国企业常驻中国代表机构登记证复印件。

境外制药厂商委托中国代理机构代理申报的，应当提供委托文书、公证文书及其中文译本，以及中国代理机构的营业执照复印件；

（2）对于不同申请事项，应当按照“申报资料项目表”要求分别提供有关证明文件；

（3）对于进口兽药，应当提交其生产国家或者地区兽药管理机构出具的允许兽药变更的证明文件、公证文书及其中文译本。其格式应当符合中药、天然药物、化学兽药、生物制品申报资料项目中对有关证明性文件的要求。

3. 修订的兽药说明书样稿，并附详细修订说明。

4. 修订的兽药包装标签样稿，并附详细修订说明。

5. 药学研究资料。

6. 药理毒理研究资料。

7. 临床研究资料：需要进行临床研究的，应当按照中药、天然药物、化学兽药、生物制品申报资料项目中的要求，在临床研究前后分别提交所需项目资料。要求提供临床研究资料，但不需要进行临床研究的，可提供有关的临床研究文献。

8. 残留研究资料。

9. 兽药实样。

三、申报资料项目表

申报资料项目

注册事项	1	2			3	4	5	6	7	8	9
		①	②	③							
1. 变更进口兽药批准文件的登记项目，如兽药名称、制药厂商名称、注册地址、兽药包装规格等	+	+	−	+	+	+	−	−	−	−	+
2. 变更国内兽药生产企业名称	+	+	*8	−	+	+	−	−	−	−	−
3. 改变进口兽药注册代理机构	+	+	*14	−	−	−	−	−	−	−	−
4. 变更兽药商品名称	+	+	*2	+	+	+	−	−	−	−	−
5. 变更兽药包装规格	+	+	−	−	+	+	−	−	−	−	+
6. 修改药品包装标签式样	+	+	−	+	−	+	−	−	−	−	−
7. 补充完善兽药说明书的安全性内容	+	+	−	+	+	+	−	*11	*12	−	−
8. 改变兽药外观，但不改变兽药标准的	+	+	−	+	+	*3	+	−	−	−	+
9. 国内兽药生产企业内部变更兽药生产场地	+	+	*9	−	*3	*3	*1	−	−	−	+
10. 根据国家兽药标准或者农业部的要求修改兽药说明书	+	+	*10	−	+	+	−	−	−	−	−
11. 增加靶动物	+	+	−	+	+	+	−	−	*15	*16	−
12. 增加兽药新的适应症或者功能主治	+	+	−	+	+	+	−	#4	#4	#5	−

（续）

注册事项	1	2			3	4	5	6	7	8	9
		①	②	③							
13. 变更兽药含量规格	+	+	−	+	+	+	+	−	−	−	+
14. 改变兽药生产工艺	+	+	−	+	*3	*3	+	#7	#7	−	+
15. 变更兽药处方中已有药用要求的辅料	+	+	−	+	*3	*3	+	−	−	−	+
16. 改变兽药制剂的原料药产地	+	+	−	−	−	*3	*13	−	−	−	+
17. 改变进口兽药制剂的原料药产地	+	+	−	+	−	−	+	−	−	−	+
18. 修改兽药注册标准	+	+	−	+	*3	*3	*4	−	−	−	−
19. 变更兽药有效期	+	+	−	+	+	+	*5	−	−	−	−
20. 变更直接接触药品的包装材料或者容器	+	+	−	+	*3	*3	*6	−	−	−	+
21. 改变进口兽药的产地	+	+	−	+	+	+	+	−	−	−	+

注：*1. 仅提供连续3个批号的样品检验报告书。

*2. 提供商标查询、受理或注册证明。

*3. 如有修改的应当提供。

*4. 仅提供质量研究工作的试验资料及文献资料、兽药标准草案及起草说明、连续3个批号的样品检验报告书。

*5. 仅提供兽药稳定性研究的试验资料和连续3个批号的样品检验报告书。

*6. 仅提供连续3个批号的样品检验报告书、药物稳定性研究的试验资料、直接接触兽药的包装材料和容器的选择依据及质量标准。

*7. 同时提供经审评通过的原新药申报资料综述和药学研究部分及其有关审查意见。

*8. 提供有关管理机构同意更名的文件，兽药权属证明文件，更名前与更名后的营业执照、兽药生产许可证、兽药生产质量管理规范认证证书。

*9. 提供有关管理机构同意兽药生产企业的生产车间异地建设的证明文件。

*10. 提供新的国家兽药标准或者国务院畜牧兽医行政管理部门要求修改兽药说明书的文件。

*11. 可提供毒理研究的试验资料或者文献资料。

*12. 可提供文献资料。

*13. 仅提供原料药的批准证明文件及其合法来源证明、制剂1个批号的检验报告书。

*14. 提供境外制药厂商委托新的中国代理机构代理申报的委托文书、公证文书及其中文译本，中国代理机构的营业执照复印件，原代理机构同意放弃代理的文件或者有效证明文件。

*15. 提供临床研究资料包括国内外相关的临床试验资料综述，临床试验批准文件、试验方案和临床试验资料以及靶动物安全性试验资料。

*16. 提供残留研究资料包括国内外残留试验资料综述，残留检测方法及文献资料和残留消除试验研究资料以及试验方案。

“#”：见“注册事项、申报资料项目说明及有关要求”中对应编号。

四、注册事项、申报资料项目说明及有关要求

1. 注册事项2，变更国内兽药生产企业名称，是指国内的兽药生产企业经批准变更企业名称以后，申请将其已注册的兽药生产企业名称作相应变更。

2. 注册事项4，兽药商品名称仅适用于新化学兽药、新生物制品。

3. 注册事项11，增加靶动物，仅适用于已批准生产该品种企业的补充申请。

4. 注册事项12，增加兽药新的适应症或者功能主治，其药理毒理研究和临床研究应当按照下列进行：

（1）增加新的适应症或者功能主治，需延长用药周期或者增加剂量者，应当提供主要药效学试验资料及文献资料、一般药理研究的试验资料或者文献资料、急性毒性试验资料或者文献资料、长期毒性试验资料或者文献资料，局部用药应当提供有关试验资料。并须进行临床试验；

（2）增加新的适应症，国外已有同品种获准使用此适应症者，应当提供主要药效学试验资料或者文献资料，并须进行临床试验；

（3）增加新的适应症或者功能主治，国内已有同品种获准使用此适应症者，须进行临床试验，或者进行以获准使用此适应症的同品种为对照的生物等效性试验。

5. 注册事项12，增加兽药新的适应症或者功

能主治，如果增加剂量，需进行残留研究。

6. 注册事项13，变更兽药含量规格，如果改变用法用量或者适用人群，应当提供相应依据，必要时须进行临床研究。

7. 注册事项14，改变兽药生产工艺的，其生产工艺的改变不应导致药用物质基础的改变，中药、生物制品必要时应当提供药效、急性毒性试验的对比试验资料，根据需要也可以要求进行临床试验。

8. 注册事项16，改变国内生产兽药制剂的原料药产地，是指国内兽药生产企业改换其生产兽药制剂所用原料药的生产厂，该原料药必须具有《兽药产品批准文号》或者《进口兽药注册证书》，并提供获得该原料药的合法性资料。

附件7

进口兽药再注册申报资料项目

一、证明性文件：

1.《进口兽药注册证书》或者《兽药注册证书》原件及农业部批准有关变更注册批件的复印件；

2. 兽药生产国或地区兽药管理机构出具的允许该兽药上市销售及该兽药生产企业符合《兽药生产质量管理规范》的证明文件、公证文书及其中文译本；

3. 兽药生产国或地区兽药管理机构允许兽药进行变更的证明文件、公证文书及其中文译本；

4. 由境外制药厂商常驻中国代表机构办理注册事务的，应当提供《外国企业常驻中国代表机构登记证》复印件；

5. 境外制药厂商委托中国代理机构代理申报的，应当提供委托文书、公证文书及其中文译本，以及中国代理机构的《营业执照》复印件。

二、5年内在中国进口、销售情况的总结报告，对于不合格情况应当作出说明。

三、兽药进口销售5年来临床使用及不良反应情况的总结报告。

四、再注册兽药有下列情形的，应当提供相应资料或者说明：

1. 需要进行IV期临床试验的，应当提供IV期临床试验总结报告；

2. 兽药批准证明文件或者再注册批准文件中要求继续完成工作的，应当提供工作总结报告，并附相应资料。

五、提供兽药处方、生产工艺、兽药标准和检验方法。凡兽药处方、生产工艺、兽药标准和检验方法与上次注册内容有改变的，应当指出具体改变内容，并提供批准证明文件。并按照兽药变更注册事项中的相关要求提供资料，进行变更注册申请。

六、生产兽药制剂所用原料药的来源。改变原料药来源的，应当提供批准证明文件，并按照兽药变更注册事项中的相关要求提供资料，进行变更注册申请。

七、在中国市场销售兽药最小销售单元的包装、标签和说明书实样。

八、兽药生产国或地区兽药管理机构批准的现行说明书原文及其中文译本。如改变已批准的标签说明书中安全性内容或样式，应进行变更注册申请，并提供相应资料。

七十三、农业部兽药品种编号

（2005年3月11日　农业部公告第472号发布）

为加强兽药质量监管，规范兽药产品审批活动，根据《兽药管理条例》和《兽药产品批准文号管理办法》的规定，我部组织编制了兽药品种编号，现予公布，并将有关事项公告如下：

一、兽药品种编号是兽药产品批准文号的重要组成部分，自2005年起核发的产品批准文号的编制格式应符合《兽药产品批准文号管理办法》规定，其品种编号应与公布的兽药品种编号一致。

二、本公告公布的兽药品种编号均为兽药国家标准收载的品种，对新增兽药国家标准或新增规格（含量或包装）的品种编号按品种分类及顺序编号，我部将定期公布。

三、兽药品种编号中的兽药品种未注明规格的，以我部发布的该品种质量标准或兽药典载明的规格为准。

四、兽药地方标准不实行品种编号。自2005年起我部不受理兽药地方标准产品批准文号的申请，该类产品批准文号有效期满后企业应停止生产，企业所在地省级兽医行政管理部门应及时注销其产品批准文号。

五、经兽药安全评价确定淘汰或禁用的品种，我部将公布废止该品种质量标准和品种编号的清单，并限期停止生产、经营、使用。

六、从2005年4月1日起，我部将利用中国兽药信息网定期公布《兽药生产企业许可证》、兽药产品批准文号等相关信息。请各级兽医行政管理部门注重信息的收集、利用，并依照公布的信息组织开展兽药监督执法工作。

七十四、进口兽药管理目录

（2009年12月31日　农业部、海关总署联合公告第1312号发布，2022年1月28日　农业农村部、海关总署公告第507号修订）

根据《兽药管理条例》和《兽药进口管理办法》规定，农业农村部会同海关总署修订了《进口兽药管理目录》，现予发布，自2022年2月10日起施行。《中华人民共和国农业农村部、中华人民共和国海关总署公告第369号》同时废止。

兽药进口单位进口兽药时，应向农业农村部或省级人民政府畜牧兽医主管部门申请《进口兽药通关单》。进口单位凭《进口兽药通关单》向海关办理进口手续。

特此公告。

附件：进口兽药管理目录

附件：

进口兽药管理目录

序号	兽药名称	税则号列	商品编号
1	兽用血清制品	3002.1200	30021200.30
2	兽用疫苗	3002.4200	30024200.00
3	兽用免疫学体内诊断制品（已配剂量的）	3002.1500	30021500.40
4	其他兽用体内诊断制品（已配剂量的）	3004.9090	30049090.84
5	兽用体外诊断制品（用于一、二、三类动物疫病诊断的诊断试剂盒、试纸条）	3822.1900	38221900.10
6	兽用已配剂量的阿莫西林制剂	3004.1012	30041012.10
7	兽用已配剂量的普鲁卡因青霉素制剂	3004.1019	30041019.10
8	兽用已配剂量的奈夫西林钠制剂	3004.1019	30041019.10
9	兽用已配剂量的苄星氯唑西林制剂	3004.1019	30041019.10
10	兽用已配剂量的头孢氨苄制剂	3004.2019	30042019.20
11	兽用已配剂量的头孢噻呋钠制剂	3004.2019	30042019.20
12	兽用已配剂量的头孢噻呋晶体制剂	3004.2019	30042019.20
13	兽用已配剂量的盐酸头孢噻呋制剂	3004.2019	30042019.20
14	兽用已配剂量的硫酸头孢喹肟制剂	3004.2019	30042019.20
15	兽用已配剂量的头孢维星钠制剂	3004.2019	30042019.20
16	兽用已配剂量的土霉素制剂	3004.2090	30042090.20
17	兽用已配剂量的延胡索酸泰妙菌素制剂	3004.2090	30042090.20
18	兽用已配剂量的泰拉霉素制剂	3004.2090	30042090.20
19	兽用已配剂量的替米考星制剂	3004.2090	30042090.20
20	兽用已配剂量的泰乐菌素制剂	3004.2090	30042090.20
21	兽用已配剂量的泰万菌素制剂	3004.2090	30042090.20
22	兽用已配剂量的氟苯尼考制剂	3004.2090	30042090.20
23	兽用已配剂量的硫酸双羟链霉素制剂	3004.2090	30042090.20
24	兽用已配剂量的硫酸庆大霉素制剂	3004.2090	30042090.20

（续）

序号	兽药名称	税则号列	商品编号
25	兽用已配剂量的阿维拉霉素制剂	3004.2090	30042090.20
26	兽用已配剂量的维吉尼亚霉素制剂	3004.2090	30042090.20
27	兽用已配剂量的莫能菌素制剂	3004.2090	30042090.20
28	兽用已配剂量的盐霉素制剂	3004.2090	30042090.20
29	兽用已配剂量的拉沙洛西钠制剂	3004.2090	30042090.20
30	兽用已配剂量的甲基盐霉素制剂	3004.2090	30042090.20
31	兽用已配剂量的倍他米松戊酸酯制剂	3004.3200	30043200.61
32	兽用已配剂量的氢化可的松醋丙酯制剂	3004.3200	30043200.61
33	兽用已配剂量的醋酸曲普瑞林制剂	3004.3900	30043900.40
34	兽用已配剂量的乙酸地洛瑞林制剂	3004.3900	30043900.40
35	兽用血促性素、绒促性素制剂	3004.3900	30043900.40
36	兽用黄体酮制剂	3004.3900	30043900.40
37	兽用垂体促卵泡素制剂	3004.3900	30043900.40
38	兽用已配剂量的氨基丁三醇前列腺素制剂（不用于人体）	3004.3900	30043900.40
39	兽用已配剂量的氯前列醇钠制剂	3004.3900	30043900.40
40	兽用已配剂量的烯丙孕素制剂	3004.3900	30043900.40
41	兽用已配剂量的吡虫啉制剂	3004.4900	30044900.80
42	兽用已配剂量的磺胺嘧啶制剂	3004.9010	30049010.10
43	兽用已配剂量的马来酸奥拉替尼制剂	3004.9090	30049010.10
44	兽用已配剂量的二嗪农制剂	3004.9090	30049090.84
45	兽用已配剂量的双甲脒制剂	3004.9090	30049090.84
46	兽用已配剂量的辛硫磷制剂	3004.9090	30049090.84
47	兽用已配剂量的溴氰菊酯制剂	3004.9090	30049090.84
48	兽用已配剂量的氟氯苯氰菊酯制剂	3004.9090	30049090.84
49	兽用已配剂量的烯啶虫胺制剂	3004.9090	30049090.84
50	兽用已配剂量的非泼罗尼制剂	3004.9090	30049090.84
51	兽用已配剂量的米尔贝肟制剂	3004.9090	30049090.84
52	兽用已配剂量的双羟萘酸噻嘧啶制剂	3004.9090	30049090.84
53	兽用已配剂量的非班太尔制剂	3004.9090	30049090.84
54	兽用已配剂量的吡喹酮制剂	3004.9090	30049090.84
55	兽用已配剂量的芬苯达唑制剂	3004.9090	30049090.84
56	兽用已配剂量的伊维菌素制剂	3004.9090	30049090.84
57	兽用已配剂量的莫昔克丁制剂	3004.9090	30049090.84
58	兽用已配剂量的赛拉菌素制剂	3004.9090	30049090.84
59	兽用已配剂量的多杀霉素制剂	3004.9090	30049090.84
60	兽用已配剂量的加米霉素制剂	3004.9090	30049090.84
61	兽用已配剂量的多拉菌素制剂	3004.9090	30049090.84
62	兽用已配剂量的恩诺沙星制剂	3004.9090	30049090.84
63	兽用已配剂量的马波沙星制剂	3004.9090	30049090.84
64	兽用已配剂量的右旋糖酐铁制剂	3004.9090	30049090.84

（续）

序号	兽药名称	税则号列	商品编号
65	兽用已配剂量的布他磷制剂	3004.9090	30049090.84
66	兽用已配剂量的盐酸替来他明制剂	3004.9090	30049090.84
67	兽用已配剂量的盐酸阿替美唑制剂	3004.9090	30049090.84
68	兽用已配剂量的枸橼酸马罗匹坦制剂	3004.9090	30049090.84
69	兽用已配剂量的西米考昔制剂	3004.9090	30049090.84
70	兽用已配剂量的非罗考昔制剂	3004.9090	30049090.84
71	兽用已配剂量的替米沙坦制剂	3004.9090	30049090.84
72	兽用已配剂量的匹莫苯丹制剂	3004.9090	30049090.84
73	兽用已配剂量的硝碘酚腈制剂	3004.9090	30049090.84
74	兽用已配剂量的氟尼辛葡甲胺制剂	3004.9090	30049090.84
75	兽用已配剂量的美洛昔康制剂	3004.9090	30049090.84
76	兽用已配剂量的托芬那酸制剂	3004.9090	30049090.84
77	兽用已配剂量的卡洛芬制剂	3004.9090	30049090.84
78	兽用已配剂量的氟雷拉纳制剂	3004.9090	30049090.84
79	兽用已配剂量的阿福拉纳制剂	3004.9090	30049090.84
80	兽用已配剂量的尼卡巴嗪制剂	3004.9090	30049090.84
81	兽用已配剂量的托曲珠利制剂	3004.9090	30049090.84
82	兽用已配剂量的奥美拉唑制剂	3004.9090	30049090.84
83	兽用已配剂量的盐酸贝那普利制剂	3004.9090	30049090.84
84	兽用已配剂量的碱式碳酸铋制剂	3004.9090	30049090.84
85	兽用已配剂量的泰地罗新制剂	3004.9090	30049090.84
86	兽用已配剂量的克霉唑制剂	3004.9090	30049090.84
87	兽用已配剂量的碘，戊二醛，癸甲溴铵，甲醛，过硫酸氢钾复合物消毒剂，复方煤焦油酸溶液消毒防腐药	3808.9400	38089400.40
88	兽用已配剂量的氯已定制剂	3808.9400	38089400.40

注：《进口兽药管理目录》中商品范围以兽药名称为准，税则号列及商品编号仅供通关参考。

七十五、农业部禁止在饲料和动物饮水中使用的物质

（2010 年 12 月 27 日　农业部公告第 1519 号发布）

禁止在饲料和动物饮水中使用的物质

1. 苯乙醇胺 A（Phenylethanolamine A）：β-肾上腺素受体激动剂。

2. 班布特罗（Bambuterol）：β-肾上腺素受体激动剂。

3. 盐酸齐帕特罗（Zilpaterol Hydrochloride）：β-肾上腺素受体激动剂。

4. 盐酸氯丙那林（Clorprenaline Hydrochloride）：药典 2010 版二部 P783。β-肾上腺素受体激动剂。

5. 马布特罗（Mabuterol）：β-肾上腺素受体激动剂。

6. 西布特罗（Cimbuterol）：β-肾上腺素受体激动剂。

7. 溴布特罗（Brombuterol）：β-肾上腺素受体激动剂。

8. 酒石酸阿福特罗（Arformoterol Tartrate）：长效型β-肾上腺素受体激动剂。

9. 富马酸福莫特罗（Formoterol Fumatrate）：长效型β-肾上腺素受体激动剂。

10. 盐酸可乐定（Clonidine Hydrochloride）：药典2010版二部P645。抗高血压药。

11. 盐酸赛庚啶（Cyproheptadine Hydrochloride）：药典2010版二部P803。抗组胺药。

七十六、农业部停止受理兽用粉剂、散剂、预混剂生产线和转瓶培养生产方式的兽用细胞生产线

（2012年1月5日　农业部公告1708号发布）

根据《产业结构调　整指导目录（2011年本）》（国家发展和改革委员会令第9号），兽用粉剂、散剂、预混剂生产线和转瓶培养生产方式的兽用细胞苗生产线已列入该指导目录限制类项目管理。按照《兽药管理条例》第十一条规定，经研究决定，停止受理上述生产线项目兽药GMP验收申请。现就有关事宜公告如下。

一、自2012年2月1日起，各省级兽医行政管理部门停止受理新建兽用粉剂、散剂、预混剂生产线项目和转瓶培养生产方式的兽用细胞苗生产线项目兽药GMP验收申请。

二、有下列情形之一的，可以继续受理：

（一）持有兽用粉剂、散剂、预混剂产品或转瓶培养生产方式兽用细胞苗产品新兽药注册证书的；

（二）兽用粉剂、散剂、预混剂具有从投料到分装全过程自动化控制、密闭式生产工艺的；

（三）采用动物、动物组织或胚胎等培养方式改为转瓶培养方式生产兽用细胞苗的；

（四）在原批准生产范围内复验、改扩建、重建的。

三、本公告发布之日前已开工建设但尚未完工的兽用粉剂、散剂、预混剂生产线项目和转瓶培养生产方式的兽用细胞苗生产线项目，经企业所在地省级兽医行政主管部门核实后，停止受理时间可延长至2012年6月30日。

特此公告。

七十七、新兽药监测期等有关问题公告

（2013年2月16日　农业部公告第1899号发布）

为加强兽药管理，保证兽药安全有效，根据《兽药管理条例》规定，现就新兽药监测期等有关问题公告如下。

一、新兽药监测期自新兽药批准生产之日起计算。

二、监测期内的新兽药，每个品种，包括同一品种的不同规格，只能由新兽药注册企业生产，但最多不超过3家（必要时，按注册排序确定）；新兽药注册单位中无相应生产条件的，可以转让1家其他企业生产。

三、在产品监测期内，生产企业应当收集该新兽药的疗效、不良反应等资料，每满1年向农业部兽药评审中心报送一次监测情况总结报告，直至监测期结束。报告内容应当真实、完整、准确。

四、农业部兽药评审中心对收到的监测情况总结报告进行评价，并及时提出评价意见报农业部。农业部根据评价意见，可以要求企业开展药品安全性、有效性相关研究，提供相关材料；对发现药效不确定、不良反应大以及可能对养殖业、人体健康造成危害的兽药，依法撤销产品批准文号。

五、国内动物疫病防控急需兽药，依照现有法规规定执行。

六、生产企业违反监测期管理规定的，依据《兽药管理条例》有关规定实施处罚。

本公告自公布之日起执行。此前已获新兽药证书的，监测期内企业文号的申领仍按原有规定执行。

七十八、兽用处方药品种目录

（2013 年 9 月 30 日 农业部公告第 1997 号发布）

根据《兽药管理条例》和《兽用处方药和非处方药管理办法》规定，我部组织制定了《兽用处方药品种目录（第一批）》，现予发布，自 2014 年 3 月 1 日起施行。

特此公告。

附件：《兽用处方药品种目录（第一批）》

附件：

一、抗微生物药

（一）抗生素类

1. β-内酰胺类：注射用青霉素钠、注射用青霉素钾、氨苄西林混悬注射液、氨苄西林可溶性粉、注射用氨苄西林钠、注射用氯唑西林钠、阿莫西林注射液、注射用阿莫西林钠、阿莫西林片、阿莫西林可溶性粉、阿莫西林克拉维酸钾注射液、阿莫西林硫酸黏菌素注射液、注射用苯唑西林钠、注射用普鲁卡因青霉素、普鲁卡因青霉素注射液、注射用苄星青霉素。

2. 头孢菌素类：注射用头孢噻呋、盐酸头孢噻呋注射液、注射用头孢噻呋钠、头孢氨苄注射液、硫酸头孢喹肟注射液。

3. 氨基糖苷类：注射用硫酸链霉素、注射用硫酸双氢链霉素、硫酸双氢链霉素注射液、硫酸卡那霉素注射液、注射用硫酸卡那霉素、硫酸庆大霉素注射液、硫酸安普霉素注射液、硫酸安普霉素可溶性粉、硫酸安普霉素预混剂、硫酸新霉素溶液、硫酸新霉素粉（水产用）、硫酸新霉素预混剂、硫酸新霉素可溶性粉、盐酸大观霉素可溶性粉、盐酸大观霉素盐酸林可霉素可溶性粉。

4. 四环素类：土霉素注射液、长效土霉素注射液、盐酸土霉素注射液、注射用盐酸土霉素、长效盐酸土霉素注射液、四环素片、注射用盐酸四环素、盐酸多西环素粉（水产用）、盐酸多西环素可溶性粉、盐酸多西环素片、盐酸多西环素注射液。

5. 大环内酯类：红霉素片、注射用乳糖酸红霉素、硫氰酸红霉素可溶性粉、泰乐菌素注射液、注射用酒石酸泰乐菌素、酒石酸泰乐菌素可溶性粉、酒石酸泰乐菌素磺胺二甲嘧啶可溶性粉、磷酸泰乐菌素磺胺二甲嘧啶预混剂、替米考星注射液、替米考星可溶性粉、替米考星预混剂、替米考星溶液、磷酸替米考星预混剂、酒石酸吉他霉素可溶性粉。

6. 酰胺醇类：氟苯尼考粉、氟苯尼考粉（水产用）、氟苯尼考注射液、氟苯尼考可溶性粉、氟苯尼考预混剂、氟苯尼考预混剂（50%）、甲砜霉素注射液、甲砜霉素粉、甲砜霉素粉（水产用）、甲砜霉素可溶性粉、甲砜霉素片、甲砜霉素颗粒。

7. 林可胺类：盐酸林可霉素注射液、盐酸林可霉素片、盐酸林可霉素可溶性粉、盐酸林可霉素预混剂、盐酸林可霉素硫酸大观霉素预混剂。

8. 其他：延胡索酸泰妙菌素可溶性粉。

（二）合成抗菌药

1. 磺胺类药：复方磺胺嘧啶预混剂、复方磺胺嘧啶粉（水产用）、磺胺对甲氧嘧啶二甲氧苄啶预混剂、复方磺胺对甲氧嘧啶粉、磺胺间甲氧嘧啶粉、磺胺间甲氧嘧啶预混剂、复方磺胺间甲氧嘧啶可溶性粉、复方磺胺间甲氧嘧啶预混剂、磺胺间甲氧嘧啶钠粉（水产用）、磺胺间甲氧嘧啶钠可溶性粉、复方磺胺间甲氧嘧啶钠粉、复方磺胺间甲氧嘧啶钠可溶性粉、复方磺胺二甲嘧啶粉（水产用）、复方磺胺二甲嘧啶可溶性粉、复方磺胺甲噁唑粉、复方磺胺甲噁唑粉（水产用）、复方磺胺氯达嗪钠粉、磺胺氯吡嗪钠可溶性粉、复方磺胺氯吡嗪钠预混剂、磺胺喹噁啉二甲氧苄啶预混剂、磺胺喹啉钠可溶性粉。

2. 喹诺酮类药：恩诺沙星注射液、恩诺沙星粉（水产用）、恩诺沙星片、恩诺沙星溶液、恩诺沙星可溶性粉、恩诺沙星混悬液、盐酸恩诺沙星可溶性粉、乳酸环丙沙星可溶性粉、乳酸环丙沙星注射液、盐酸环丙沙星注射液、盐酸环丙沙星可溶性粉、盐酸环丙沙星盐酸小檗碱预混剂、维生素C磷酸酯镁盐酸环丙沙星预混剂、盐酸沙拉沙星注射液、盐酸沙拉沙星片、盐酸沙拉沙星可溶性粉、盐酸沙拉沙星溶液、甲磺酸达氟沙星注射液、甲磺酸达氟沙星溶液、甲磺酸达氟沙星粉、甲磺酸培氟沙星可溶性粉、甲磺酸培氟沙星注射液、甲磺酸培氟沙星颗粒、盐酸二氟沙星片、盐酸二氟沙星注射液、盐酸二氟沙星粉、盐酸二氟沙星溶液、诺氟沙星粉（水产用）、诺氟沙星盐酸小檗碱预混剂（水产用）、乳酸诺氟沙星可溶性粉（水产用）、乳酸诺氟沙星注射液、烟酸诺氟沙星注射液、烟酸诺氟沙星可溶性粉、烟酸诺氟沙星溶液、烟酸诺氟沙星预混剂（水产用）、噁喹酸散、噁喹酸混悬液、噁喹酸溶液、氟甲喹可溶性粉、氟甲喹粉、盐酸洛美沙星片、盐酸洛美沙星可溶性粉、盐酸洛美沙星注射液、氧氟沙星片、氧氟沙星可溶性粉、氧氟沙星注射液、氧氟沙星溶液（酸性）、氧氟沙星溶液（碱性）。

3. 其他：乙酰甲喹片、乙酰甲喹注射液。

二、抗寄生虫药

（一）抗蠕虫药

阿苯达唑硝氯酚片、甲苯咪唑溶液（水产用）、硝氯酚伊维菌素片、阿维菌素注射液、碘硝酚注射液、精制敌百虫片、精制敌百虫粉（水产用）。

（二）抗原虫药

注射用三氮脒、注射用喹嘧胺、盐酸吖啶黄注射液、甲硝唑片、地美硝唑预混剂。

（三）杀虫药

辛硫磷溶液（水产用）、氯氰菊酯溶液（水产用）、溴氰菊酯溶液（水产用）。

三、中枢神经系统药物

（一）中枢兴奋药

安钠咖注射液、尼可刹米注射液、樟脑磺酸钠注射液、硝酸士的宁注射液、盐酸苯噁唑注射液。

（二）镇静药与抗惊厥药

盐酸氯丙嗪片、盐酸氯丙嗪注射液、地西泮片、地西泮注射液、苯巴比妥片、注射用苯巴比妥钠。

（三）麻醉性镇痛药

盐酸吗啡注射液、盐酸哌替啶注射液。

（四）全身麻醉药与化学保定药注射用硫喷妥钠、注射用异戊巴比妥钠、盐酸氯胺酮注射液、复方氯胺酮注射液、盐酸赛拉嗪注射液、盐酸赛拉唑注射液、氯化琥珀胆碱注射液。

四、外周神经系统药物

（一）拟胆碱药

氯化氨甲酰甲胆碱注射液、甲硫酸新斯的明注射液。

（二）抗胆碱药

硫酸阿托品片、硫酸阿托品注射液、氢溴酸东莨菪碱注射液。

（三）拟肾上腺素药

重酒石酸去甲肾上腺素注射液、盐酸肾上腺素注射液。

（四）局部麻醉药

盐酸普鲁卡因注射液、盐酸利多卡因注射液。

五、抗炎药

氢化可的松注射液、醋酸可的松注射液、醋酸氢化可的松注射液、醋酸泼尼松片、地塞米松磷酸钠注射液、醋酸地塞米松片、倍他米松片。

六、泌尿生殖系统药物

丙酸睾酮注射液、苯丙酸诺龙注射液、苯甲酸雌二醇注射液、黄体酮注射液、注射用促黄体释放激素A2、注射用促黄体释放激素A3、注射用复方鲑鱼促性腺激素释放激素类似物、注射用复方绒促性素A型、注射用复方绒促性素B型。

七、抗过敏药

盐酸苯海拉明注射液、盐酸异丙嗪注射液、马来酸氯苯那敏注射液。

八、局部用药物

注射用氯唑西林钠、头孢氨苄乳剂、苄星氯唑西林注射液、氯唑西林钠氨苄西林钠乳剂（泌乳期）、氨苄西林氯唑西林钠乳房注入液（泌乳期）、盐酸林可霉素硫酸新霉素乳房注入剂（泌乳期）、盐酸林可霉素乳房注入剂、盐酸吡利霉素乳房注入剂。

九、解毒药

（一）金属络合剂

二巯丙醇注射液、二巯丙磺钠注射液。

（二）胆碱酯酶复活剂

碘解磷定注射液。

（三）高铁血红蛋白还原剂

亚甲蓝注射液。

（四）氰化物解毒剂

亚硝酸钠注射液。

（五）其他解毒剂

乙酰胺注射液。

七十九、停止在食品动物中使用洛美沙星等4种原料药的各种盐、脂及各种制剂的公告

（2015年9月1日 农业部公告第2292号发布）

为保障动物产品质量安全和公共卫生安全，我部组织开展了部分兽药的安全性评价工作。经评价，认为洛美沙星、培氟沙星、氧氟沙星、诺氟沙星4种原料药的各种盐、酯及其各种制剂可能对养殖业、人体健康造成危害或者存在潜在风险。根据《兽药管理条例》第六十九条规定，我部决定在食品动物中停止使用洛美沙星、培氟沙星、氧氟沙星、诺氟沙星4种兽药，撤销相关兽药产品批准文号。现将有关事项公告如下。

一、自本公告发布之日起，除用于非食品动物的产品外，停止受理洛美沙星、培氟沙星、氧氟沙星、诺氟沙星4种原料药的各种盐、酯及其各种制剂的兽药产品批准文号的申请。

二、自2015年12月31日起，停止生产用于食品动物的洛美沙星、培氟沙星、氧氟沙星、诺氟沙星4种原料药的各种盐、酯及其各种制剂，涉及的相关企业的兽药产品批准文号同时撤销。2015年12月31日前生产的产品，可以在2016年12月31日前流通使用。

三、自2016年12月31日起，停止经营、使用用于食品动物的洛美沙星、培氟沙星、氧氟沙星、诺氟沙星4种原料药的各种盐、酯及其各种制剂。

八十、新兽用生物制品研发临床试验靶动物数量调整

（2015年11月24日 农业部公告第2326号发布）

为加强新兽药注册管理，鼓励兽用生物制品研发创新，根据我国实际情况和《兽药管理条例》《新兽药研制管理办法》规定，现就农业部公告第442号规定的新兽用生物制品研发临床试验靶动物数量做出如下调整。

一、预防及治疗用生物制品临床试验应在不少于3个省（自治区、直辖市）进行。靶动物总数最少应满足：牛1 000头；马属动物、鹿300匹（只）；猪5000头，种猪500头；羊3 000只；中小经济动物（狐狸、水貂、獭、兔、犬等）1 000头（只）；鸡、鸭1 0000只，鹅、鸽2 000只；宠物犬猫200只；鱼10 000尾。申请制品为一类新兽药的，临床试验动物数量加倍。

二、兽医诊断制品临床样品检测数量不少于1 000份，犬猫等宠物样品检测数量不少于500份。

三、上述未规定的其他类别动物或样品数量一般情况下应不少于100例。临床上特别不容易获得的野生动物、稀有动物的数量应满足统计学要求。

特此公告。

八十一、兽医诊断制品生产质量管理规范

（2015年12月9日 农业部公告第2334号发布）

为加强兽医诊断制品管理，规范兽医诊断制品生产活动，根据《兽药管理条例》规定，我部组织制定了《兽医诊断制品生产质量管理规范》和《兽医诊断制品生产质量管理规范检查验收评定标准》，现予公布，自公布之日起施行。

特此公告。

附件：1. 兽医诊断制品生产质量管理规范

2. 兽医诊断制品生产质量管理规范检查验收

评定标准

附件 1：

兽医诊断制品生产质量管理规范

第一章 总 则

第一条 为规范兽医诊断制品生产、质量管理，根据《兽药管理条例》规定，制定本规范。

第二条 本规范是兽医诊断制品生产和质量管理的基本准则，适用于兽医诊断制品生产全过程的管理。从事兽医诊断制品的生产单位应具有独立的法人资格。

第三条 本规范所称的兽医诊断制品（以下简称“制品”），是指用于动物体外疫病诊断或免疫监测的试剂（盒）。体内诊断制品的生产按《兽药生产质量管理规范》管理。

第四条 制品生产中涉及使用动物病原微生物制备抗原、抗体等可自制或委托加工。

自制涉及三、四类动物病原微生物的，应在符合本规范要求的生产线进行；自制涉及一、二类动物病原微生物的，制备场所应具有与所涉及动物病原微生物相适应的兽药 GMP 证书，或者具有《高致病性动物病原微生物实验室资格证书》等证明文件。委托加工的，应委托具备相应生产条件的兽用生物制品 GMP 企业或具备相应实验室生物安全资格证书的实验室，并签订委托加工合同。

第五条 制品生产中涉及非动物病原微生物操作的，参照本规范规定的四类动物病原微生物操作要求执行。

第二章 机构与人员

第六条 生产单位应建立生产和质量管理机构，各类机构和人员职责应明确，并配备一定数量的与制品生产和质量管理相适应的专业管理人员和技术人员。

第七条 生产单位主管制品生产管理的负责人和质量管理的负责人，应具有兽医学或相关专业大专以上学历，具有相应制品生产和质量管理的实践经验。

第八条 生产管理部门的负责人和质量管理部门的负责人，应具有兽医学或相关专业大专以上学历，具有相关制品生产和质量管理的实践经验。

生产管理部门负责人和质量管理部门负责人均应由专职人员担任，不得互相兼任。

第九条 从事制品生产操作的人员应具有相关制品生产的基础理论知识和实际操作技能，质量检验人员应为专职人员，应当具有专业知识背景或相关行业从业经验，符合所从事的岗位要求。质量管理部门负责人的任命和变更应报企业所在地省级兽医主管部门备案。

第十条 生产单位应制订人员培训计划，按本规范要求对事制品生产的各类人员进行培训，合格后，方可上岗。

对高生物活性、高毒性、强传染性、高致病性等有特殊要求的制品，其生产操作人员和质量检验人员应经相应专业的技术培训和生物安全培训。

第三章 厂房与设施

第十一条 生产单位必须有整洁的生产环境，其空气、场地、水质应符合生产要求。厂区周围不应有影响产品质量的污染源；厂区的地面、路面及运输等不应对制品生产造成污染；生产、仓储、行政和辅助区的总体布局应合理，不得互相妨碍。

第十二条 厂房应按生产工艺流程及所要求的空气洁净度级别进行合理布局，同一厂房内以及相邻厂房之间的生产操作不得相互妨碍。厂房设计、建设及布局应符合以下要求：

（一）生产区域和检验区域应相对分开设置；

（二）生产区域的布局要顺应工艺流程，明确划分各操作区域，减少生产流程的迂回、往返；

（三）洁净度级别高的房间宜设在靠近人员最少到达、干扰少的位置。洁净度级别相同的房间要相对集中。洁净室（区）内不同房间之间相互联系应符合品种和工艺的需要，必要时要有防止交叉污染的措施；

（四）洁净室（区）与非洁净室（区）之间应设缓冲室、气闸室或空气吹淋等防止污染的设施；

（五）洁净厂房中人员及物料的出入应分开设置，物料传递路线应尽量缩短；

（六）人员和物料进入洁净厂房要有各自的净化用室（传递窗）和设施，净化用室（传递窗）的设置和要求应与生产区的洁净度级别相适应；

（七）操作区内仅允许放置与操作有关的物料，设置必要的工艺设备，用于生产、贮存的区域不得用作非区域内工作人员的通道；

（八）分子生物学类制品的生产应有独立区

域，阳性组分操作与阴性组分操作的功能间及其人流、物流应分开设置；其中阳性对照组分生产操作间的空调净化系统或生物安全柜的排风应采取直排，不能回风循环；

（九）核酸电泳操作应有独立的房间，有排风和核酸污染物处理设施，并设置缓冲间，不能设在生产区域。

第十三条 生产中涉及三、四类动物病原微生物操作的，其厂房设计、建设及布局还应符合以下要求：

（一）动物病原微生物的操作应在专门的区域内进行，并根据动物病原微生物分类进行相应环境的生物安全控制；

（二）不同抗原的生产可以交替使用同一生产区，可以交替使用同一灌装间和灌装、冻干设施，但必须在一种抗原生产、分装或冻干后进行清场和有效的清洁、消毒，清洁消毒效果应定期验证；

（三）密闭系统生物发酵罐生产抗原的可以在同一区域同时生产；

（四）活菌（毒）操作区与非活菌（毒）操作区应有各自独立的空气净化系统。来自动物病原微生物操作区的空气如需循环使用，则仅限在同一区域内再循环；

（五）强毒菌种与弱毒菌种、生产用菌毒种与非生产用菌毒种、生产用细胞与非生产用细胞、灭活前与灭活后、脱毒前与脱毒后应分开储存；

（六）用于加工处理活生物体的生产操作区和设备应便于清洁和去除污染，能耐受熏蒸消毒；

（七）生产、检验用动物设施与饲养管理应符合实验动物管理规定；

（八）应具有对生产、检验过程中产生的污水、废弃物、动物粪便、垫草、带毒尸体等进行无害化处理的相应设施。

第十四条 进入洁净室（区）的空气必须净化，并根据生产工艺要求划分空气洁净级别，洁净级别参数按照现行《兽药生产质量管理规范》执行。洁净室（区）内空气的微生物数和尘粒数应定期监测，监测结果应记录存档。

第十五条 配制分装阶段的洁净级别应符合以下要求。

（一）抗原、血清等的处理操作应当在10 000级环境下或在100 000级净化环境下设置的超净台或生物安全柜中进行。质粒/核酸等的处理操作与相邻区域应保持相对负压，应当在10 000级环境下或在100 000级净化环境下设置的生物安全柜中进行。

（二）酶联免疫吸附试验试剂、免疫荧光试剂、免疫发光试剂、聚合酶链反应（PCR）试剂、金标试剂、干化学法试剂、细胞培养基、标准物质、酶类、抗体和其他活性类组分的配液、包被、分装、点膜、干燥、切割、贴膜等工艺环节，至少应在100 000级净化环境中进行操作。

第十六条 生产中涉及三、四类动物病原微生物操作的，应在10 000级背景下的局部100级的负压环境进行或在10 000级净化环境下设置的生物安全柜中进行。

第十七条 厂房及仓储区应有防止昆虫、鼠类及其他动物进入的设施。

第十八条 厂房应便于进行清洁工作。厂房的地面、墙壁、天棚等内表面应平整、清洁、无污迹，易清洁。

第十九条 根据需要，厂房内应划分生产区和仓储区，具有与生产规模相适应的面积和空间，便于生产操作和安置设备以及存放物料、中间产品、待检品和成品，并应最大限度地减少差错和交叉污染。

第二十条 物料进入洁净室（区）前必须进的房间。无菌生产所需的物料，应经无菌处理后再从传递窗或缓冲室中传递。

第二十一条 洁净室（区）内各种管道、灯具、风口以及其他公用设施，在设计、安装和使用时应考虑避免出现不易清洁的部位。

第二十二条 洁净室（区）内应根据生产要求提供足够的照明。主要工作室的最低照度不得低于150勒克斯，对照度有特殊要求的生产部位可设置局部照明。厂房应有应急照明设施。厂房内其他区域的最低照度不得低于100勒克斯。

第二十三条 洁净室（区）的窗户、天棚及进入室内的管道、风口、灯具与墙壁或天棚的连接部位均应密封。空气洁净度级别不同的相邻洁净室（区）之间的静压差应大于5帕。洁净室（区）与非洁净室（区）之间的静压差应大于10帕。洁净室（区）与室外大气（含与室外直接相通的区域）的静压差应大于12帕，并应有指示压差的装置或设置监控报警系统。

第二十四条 洁净室（区）的温度和相对湿度应与制品生产工艺要求相适应。无特殊要求时，温度应控制在18～26℃，相对湿度控制在30%～

65%。有特殊要求的，功能间应增加相应设施。

第二十五条 洁净室（区）内安装的水池、地漏不得对制品产生污染。百级洁净室（区）内不得设置地漏。

第二十六条 不同空气洁净度级别的洁净室（区）之间的人员及物料出入，应有防止交叉污染的措施。

第二十七条 应按制品类别不同分别设置生产线。

第二十八条 工艺用水的制备、储存和使用应满足生产需要。

第二十九条 与制品直接接触的干燥用空气、压缩空气和惰性气体应经净化处理，其洁净程度应与洁净室（区）内的洁净级别相同。

第三十条 仓储区建筑应符合防潮、防火的要求，仓储面积应适用于物料及产品的分类、有序存放。待检、合格、不合格物料及产品应严格分库、分区或分设备贮存，并有易于识别的明显标记。

对温度、湿度有特殊要求的物料或产品应置于能保证其稳定性的仓储条件下储存。

易燃易爆的危险品、废品应分别在特殊的或隔离的仓库内保存。毒性药品、麻醉药品、精神药品、易制毒化学品等应按有关规定保存。

第三十一条 仓储区应保持清洁和干燥，照明、通风等设施及温度、湿度的控制应符合储存要求并定期监测。

第三十二条 质量管理部门应根据需要设置检验、留样观察以及其他各类实验室，能根据需要对实验室洁净度、温湿度进行控制。检验中涉及动物病原微生物操作的，应在符合生物安全要求的实验室进行。

第三十三条 对环境有特殊要求的仪器设备，应放置在专门的仪器室内，并有防止外界因素影响的设施。

第三十四条 动物实验室应与其他区域严格分开，其设计建造应符合国家有关规定。生产单位可自行设置动物实验室或委托其他单位进行有关动物实验，被委托实验单位的动物实验室必须具备相应的条件和资质，并应符合规定要求。

第四章 设 备

第三十五条 生产单位必须具备与所生产产品相适应的生产和检验设备，其性能和主要技术参数应能保证生产和产品质量控制的需要。

第三十六条 设备的设计、选型、安装应符合生产要求，易于清洗、消毒或灭菌，便于生产操作和维修、保养，并能防止差错和减少污染。

第三十七条 工艺用水的制备、储存和分配系统应能防止微生物的滋生和污染。

第三十八条 用于生产和检验的仪器、仪表、量器、衡器等的适用范围和精密度应符合生产和检验的要求，有明显的合格标志和唯一性标识，并定期经法定计量部门校验。

第三十九条 涉及动物病原微生物操作的，设备还应符合以下要求。

（一）人畜共患病病原、芽孢菌应在专门的厂房内的隔离或密闭系统内进行，其生产设备须专用，并有符合相应规定的防护措施和消毒灭菌、防散毒设施。对生产操作结束后的污染物品应在原位消毒、灭菌后，方可移出生产区；

（二）如设备专用于生产孢子形成体，当加工处理一种制品时应集中生产。在某一设施或一套设施中分期轮换生产芽孢菌制品时，在规定时间内只能生产一种制品；

（三）管道系统、阀门和通气过滤器应便于清洁和灭菌；

（四）生产过程中污染病原体的物品和设备均要与未用过的灭菌物品和设备分开，并有明显标识。

第四十条 生产设备应有明显的状态标识，并定期维修、保养和验证。设备安装、维修、保养的操作不得影响产品的质量。

第四十一条 生产、检验设备及器具均应制定使用、维修、清洁、保养规程，定期检查、清洁、保养与维修，并由专人进行管理和记录。

第四十二条 主要生产和检验设备、仪器、衡器均应建立设备档案，内容包括：生产厂家、型号、规格、技术参数、说明书、设备图纸、备件清单、安装位置及施工图，以及检修和维修保养内容及记录、验证记录、事故记录等。

第五章 物料和标准物质

第四十三条 物料和标准物质的购入、验收、贮存、发放、使用等应制定管理制度或操作规程，并有记录。

第四十四条 物料应符合兽药国家标准或药品标准、包装材料标准等，并应建立单位内控质量标准。所用物料不得对制品的质量产生不良影响。

第四十五条 应建立符合要求的物料供应商评估制度，委托加工的应提供委托加工合同，供应商的确定及变更应当进行质量评估，并经质量管理部门批准后方可采购。所用物料应从合法或符合规定条件的单位购进，签订固定的供需合同和按规定入库，并保存对合格供应商的评估记录。

第四十六条 主要物料的采购应能够进行追溯，应当按照采购控制文件的要求保存供方的资质证明、采购合同或加工技术协议、采购发票、供方提供的产品质量证明、批进货检验（验收）报告或试样生产及检验报告。

第四十七条 外购的标准物质应能证明来源和溯源性。应记录其名称、来源、批号、制备日期（如有）、有效期（如有）、溯源途径、主要技术指标（含量或效价等）、保存条件和状态等信息。应制定标准物质使用和管理程序，并做好记录。

第四十八条 自制已有国家标准物质的工作标准物质的，每批工作标准物质应当用国家标准物质进行溯源比对和标定，合格后才能使用。标定的过程和结果应当有相应的记录。

第四十九条 自制尚无国家标准物质的工作标准物质的，应当建立制备技术规范，制定工作标准物质的质量标准以及制备、鉴别、检验、批准和贮存的标准操作规程，并由 3 人或 3 家单位以上比对或协作标定合格后才能使用。其技术规范应至少包括标准物质原材料筛选、样本量、协作标定方案及统计分析方法等。标定的过程和结果应当有相应的记录。

第五十条 使用标准物质应能对量值进行溯源。对检测中使用的自制工作标准物质应当建立台账及使用记录。应记录其来源、批号、制备日期、有效期、溯源途径、主要技术指标（含量或效价等）、保存条件和状态等信息。应当定期对其特性值进行持续稳定性检测并保存有关记录。

第五十一条 应具备检验所需的各种标准菌（毒、虫）种，应说明标准菌（毒、虫）种来源、特性，并有鉴定记录及报告。

第五十二条 生产中涉及动物病原微生物培养的，应建立基础种子批，并提供种子批制备、鉴定记录、鉴定报告及保管记录。

第五十三条 应建立生产用细胞库，并提供细胞制备、鉴定记录及鉴定报告。

第五十四条 待检、合格、不合格物料应严格管理，有易于识别的明显标识和防止混淆的措施，并建立物料保存账、物、卡和流转账卡制度。不合格的物料应专区或在专门的冰箱、冰柜存放，并按有关规定及时处理。

第五十五条 对温度、湿度或其他条件有特殊要求的物料、中间产品和成品，应按规定条件贮存。固体、液体原料应分开贮存；挥发性物料应注意避免污染其他物料。生产用菌毒种子批和细胞库，应在规定储存条件下，专库存放，并指定专人负责。

第五十六条 兽用麻醉药品、精神药品、毒性药品、易燃易爆、易制毒化学品和其他危险品的验收、贮存、保管、使用、销毁应严格执行国家有关规定。菌毒种的验收、贮存、保管、使用、销毁应执行国家有关动物病原微生物菌种保管的规定。

第五十七条 物料应按规定的使用期限贮存，未规定使用期限的，其贮存期限一般不超过三年，期满后应复验。贮存期内如有应及时复验。

第五十八条 制品的标签和说明书应符合国家关于标签和说明书管理有关规定，并与兽医行政管理部门批准的内容、式样、文字相一致。

必要时标签和说明书内容可同时印制在制品包装盒、袋上。

标签和说明书应经单位质量管理部门校对无误后印刷、发放、使用。

第五十九 标签、使用说明书应由专人保管、领用，并符合以下要求：

（一）标签、使用说明书均应按品种、规格专柜或专库存放，由专人验收、保管、发放、领用，并凭批包装指令发放，按实际需要量领取；

（二）标签要计数发放，领用人核对、签名，使用数、残损数及剩余数之和应与领用数相符，印有批号的残损或剩余标签及包装材料应由专人负责计数销毁；

（三）标签发放、使用、销毁应有记录。

第六章 卫 生

第六十条 单位应有防止污染的卫生措施，制定环境、工艺、厂房、人员等各项卫生管理制度，并由专人负责。

第六十一条 生产车间、工序、岗位均应按生产和空气洁净度级别的要求制定厂房、设备、管道、容器等清洁操作规程，内容应包括：清洁方法、程序、间隔时间，使用的清洁剂或消毒剂，清洁的清洁方法和存放地点等。

第六十二条 生产区内不得吸烟及存放非生产物品和个人杂物，生产中的废弃物应及时处理。

第六十三条 更衣室、浴室及厕所的设置及卫生环境不得对洁净室（区）产生不良影响。

第六十四条 工作服的选材、式样及穿戴方式应与生产操作和空气洁净度级别要求相适应，不同级别洁净室（区）的工作服应有明显标识，并不得混用。

洁净工作服的质地应光滑、不产生静电、不脱落纤维和颗粒性物质。无菌工作服必须包盖全部头发、胡须及脚部，并能最大限度地阻留人体脱落物。

不同空气洁净度级别使用的工作服应分别清洗、整理，必要时消毒或灭菌。工作服洗涤、灭菌时不应带入附加的颗粒物质。应制定工作服清洗制度，确定清洗周期。进行病原微生物培养或操作区域内使用的工作服应消毒后清洗。

第六十五条 洁净室（区）内人员数量应严格控制，仅限于该区域生产操作人员和经批准的人员进入。

第六十六条 洁净室（区）内应使用无脱落物、易清洗、易消毒的卫生工具，卫生工具应存放于对产品不造成污染的指定地点，并应限定使用区域。洁净室（区）应定期消毒，使用的消毒剂不得对设备、物料和成品产生污染。消毒剂品种应定期更换，防止产生耐药菌株。

第六十七条 生产检验中产生的不涉及动物病原微生物的废弃物应进行无害化处理。涉及动物病原微生物的废弃物或生产检验用动物尸体的处理应按照《兽药生产质量管理规范》有关规定执行。

第六十八条 在生产日内，未采取明确规定的去污染措施，生产人员不得由操作活微生物或动物的区域进入到操作其他制品或微生物的区域。与生产过程无关的人员不应进入生产控制区，必须进入时，应按规定程序进入。

第六十九条 生产人员应建立健康档案。直接接触制品的生产人员每年至少体检一次。传染病、皮肤病患者和体表有伤口者不得从事直接接触制品的生产。从事人畜共患病的病原微生物操作及动物饲养的人员，应接种相应疫苗并定期进行体检。

第七十条 进入洁净室（区）的人员不得化妆和佩戴饰物，不得裸手直接接触制品。

第七章 验　　证

第七十一条 生产验证应包括厂房、设施及设备的安装确认、运行确认、性能确认、模拟生产验证和产品验证及仪器仪表的校验。

第七十二条 产品的生产工艺及关键设施、设备应按验证方案进行验证。当影响产品质量的主要因素，如工艺、质量控制方法、主要原辅料、主要生产设备或主要生产介质等发生改变时，以及生产一定周期后，应进行再验证。

第七十三条 应根据验证对象提出验证项目，并制订工作程序和验证方案。验证工作程序包括：提出验证要求、建立验证组织、完成验证方案的审批和组织实施。

第七十四条 验证方案主要内容包括：验证目的、要求、标准、实施所需要的条件、测试方法、时间进度表等。验证工作完成后应写出验证报告，由验证工作负责人审核、批准。

第七十五条 验证过程中的数据和分析内容应以文件形式归档保存。验证文件应包括验证方案、验证报告、评价和建议、批准人等。

第八章 文　　件

第七十六条 生产单位应有完整的生产管理、质量管理文件和各类管理制度、记录。

第七十七条 各类制度及记录内容应包括：

（一）单位管理、生产管理、质量管理、生产辅助部门的各项管理制度；

（二）厂房、设施和设备的使用、维护、保养、检修等制度和记录；

（三）物料采购、验收、发放管理制度和记录；标准物资管理规程及记录；

（四）生产操作、质量检验、产品销售、用户投诉等制度和记录；

（五）批次划分及中间产品、成品管理制度；

（六）环境、厂房、人员、工艺等卫生管理制度和记录；

（七）检测仪器管理及计量器具周期检定制度和记录；

（八）不合格品管理、物料退库和报废、紧急情况处理、三废处理等制度和记录；

（九）本规范和专业技术培训等制度和记录；

（十）质量检验数据及质量控制趋势数据统计与分析控制程序。

第七十八条 产品生产管理文件主要包括生产工艺规程、岗位操作法或标准操作规程、批生产记录等。

（一）生产工艺规程内容包括：品名，处方，生产工艺的操作要求，物料、中间产品、成品的质量标准和技术参数及贮存注意事项，物料平衡的计算方法，成品容器，内包装材料的要求等；

（二）岗位操作法内容包括：生产操作方法和要点，重点操作的复核、复查，中间产品质量标准及控制，安全和劳动保护，设备维修、清洗，异常情况处理和报告，工艺卫生和环境卫生等；

（三）标准操作规程内容包括：题目、编号、制定人及制定日期、审核人及审核日期、批准人及批准日期、颁发部门、生效日期、分发部门、标题及正文；

（四）成品批生产记录内容包括：产品名称、各成分规格、所用容器和内包装标签及包装材料的说明、生产批号、生产日期、操作者、复核者签名及日期，有关操作与设备、产品数量、物料平衡的计算、生产过程的控制记录、清场记录和合格证、检验结果及特殊情况处理记录及中间产品相关记录或追溯信息，并附产品标签、使用说明书。

第七十九条 产品质量管理文件主要包括：

（一）产品的申请和审批文件；

（二）物料、中间产品和成品质量标准、单位内控标准及其检验操作规程；

（三）产品质量稳定性考察；

（四）批检验记录，并附检验原始记录和检验报告单；

（五）标准物资管理规程及记录。

第八十条 生产单位应建立文件的起草、修订、审查、批准、撤销、印刷和保管的管理制度。分发、使用的文件应为批准的现行文本，已撤销和过时的文件除留档备查外，不得在工作现场出现。

第八十一条 生产管理文件和质量管理文件应符合以下要求：

（一）文件标题应能清楚地说明文件的性质；

（二）各类文件应有便于识别其文本、类别的系统编号和日期；

（三）文件数据的填写应真实、清晰，不得任意涂改，若确需修改，需签名和标明日期，并应使原数据仍可辨认；

（四）文件不得使用手抄件；

（五）文件制定、审查和批准的责任应明确，并有责任人签名。

第九章 生产管理

第八十二条 生产单位应制订生产工艺规程、岗位操作法或标准操作规程，并不得任意更改。如需更改时应按原文件制订程序办理有关手续。

第八十三条 生产操作前，操作人员应检查生产环境、设施、设备、容器的清洁卫生状况和主要设备的运行状况，并认真核对物料、中间产品数量及检验报告单。

第八十四条 如果同一品种的多种组分由同一组人在同一天分别处理（标定、稀释、分装等），应按照防止组分交叉污染的原则，合理安排组分的操作顺序，其中阴性组分的操作要先于阳性组分。

第八十五条 可在同一功能间划分不同的操作区域，分别进行同一品种的不同环节操作，但不能同时进行。

第八十六条 同一生产线有多个功能间分别用于不同品种生产的，在不共用功能间情况下，可同时生产。

第八十七条 应当对每批产品中关键物料进行物料平衡检查，如有显著差异，必须查明原因，在得出合理解释、确认无潜在质量事故后，方可按正常产品处理。

第八十八条 批生产记录应及时填写，做到字迹清晰、内容真实、数据完整，并由操作人及复核人签名。记录应保持整洁，不得撕毁和任意涂改；更改时应在更改处签名，并使原数据仍可辨认。

批生产记录应按批号归档，保存至制品有效期后一年，成品记录可与各组分制备记录分开保存。

第八十九条 每批产品均应编制生产批号。在同一时间内采用同一批次组分生产出来的一定数量的制品为一批。

第九十条 生产操作应采取以下措施：

（一）生产前应确认生产环境中无上次生产遗留物；

（二）不同品种、同品种不同规格的生产操作不得在同一生产操作间同时进行；

（三）生产过程应按工艺、质量控制要点进行中间检查，并填写生产记录；

（四）生产过程中应防止物料及产品所产生的气体、蒸汽、喷雾物或生物体等引起的交叉污染；

（五）每一生产操作间或生产用设备、容器应有所生产的产品或物料名称、批号、数量等状态标识。

第九十一条 配液、标定、分装、组装等区域的生产操作，应在前一道工艺结束后或前一种产品或组分生产操作结束后进行清场，确认合格后进行其他操作。清场后应填写清场记录，内容应包括：工序、品名、生产批号、清场人签名等。

第十章 质量管理

第九十二条 生产单位质量管理部门负责制品生产全过程的质量管理和检验，受单位负责人直接领导。质量管理部门应配备一定数量的质量管理和检验人员，并有与制品生产规模、品种、检验要求相适应的场所、仪器、设备。

第九十三条 质量管理部门的主要职责：

（一）制订单位质量责任制和质量管理及检验人员的职责；

（二）负责组织自检工作；

（三）负责验证方案的审核；

（四）制修订物料、中间产品、成品、标准物质的内控标准和检验操作规程，制定取样和留样观察制度；

（五）制订检验用设施、设备、仪器的使用及管理办法；制订实验动物管理办法及消毒剂使用管理办法等；

（六）决定物料和中间产品的使用；

（七）负责标准物质的制备、采购、保管与使用；

（八）审核成品发放前批生产记录，决定成品发放；

（九）审核不合格品处理程序；

（十）对物料、标签、中间产品、成品、标准物质进行取样、检验、留样，并出具检验报告；

（十一）定期监测洁净室（区）的尘粒数和微生物数及工艺用水的质量；

（十二）评价原料、中间产品及成品的质量稳定性，为确定物料贮存期、制品有效期提供数据；

（十三）负责产品质量指标的统计考核及总结报送工作；

（十四）负责建立产品质量档案工作。产品质量档案内容应包括：产品简介；质量标准沿革；主要原辅料、中间产品、成品质量标准；历年质量情况及留样观察情况；与国内外同类产品对照情况；重大质量事故的分析、处理情况；用户访问意见、检验方法变更情况、提高产品质量的试验总结等；

（十五）负责组织质量管理、检验人员的专业技术及本规范的培训、考核及总结工作；

（十六）会同单位有关部门对主要物料供应商质量体系进行评估；

（十七）负责汇总、统计、分析质量检验数据及质量控制趋势。

第十一章 产品销售与收回

第九十四条 每批成品均应有销售记录。根据销售记录能追查每批制品的售出情况，必要时应能及时全部追回。销售记录内容应包括：品名、批号、规格、数量、收货单位和地址、发货日期等。

第九十五条 销售记录应保存至制品有效期后一年。

第九十六条 制品生产单位应建立制品退货和收回的书面程序，并有记录。制品退货和收回记录内容应包括：品名、批号、规格、数量、退货和收回单位及地址、退货和收回原因及日期、处理意见。

因质量原因退货和收回的制品，应在单位质量管理部门监督下销毁，涉及其他批号时，应同时处理。

第十二章 投诉与报告

第九十七条 对用户的产品质量投诉应详细记录和调查处理，并连同原投诉材料存档备查。

第九十八条 制品生产、使用中出现重大质量问题和严重的安全问题时，应立即停止生产和销售，并及时向事发地兽医行政管理部门报告。

第十三章 自 检

第九十九条 制品生产单位应制定自检工作程序和自检周期，设立自检工作组，并定期组织

自检。自检工作组应由质量、生产、销售等管理部门中熟悉专业及本规范的人员组成。自检工作每年至少一次。

第一百条 自检工作应按自检工作程序对人员、厂房、设备、文件、生产、质量控制、制品销售、用户投诉和产品收回的处理等项目和记录定期进行检查，以证实与本规范的一致性。

第一百零一条 自检应有记录。自检完成后应形成自检报告，内容包括自检结果、评价结论、整改措施和建议等，自检报告和记录应归档。

附件 2：

兽医诊断制品生产质量管理规范 检查验收评定标准说明

1. 根据《兽医诊断制品生产质量管理规范》制定本标准。

2. 检查验收项目共 206 项，其中关键项目 28 项（条款号前加“＊”），一般项目 178 项。检查项目分布（关键项/检查项）：机构与人员 3/14；厂房与设施 8/54；设备 1/15；物料和标准物质 5/28；卫生 0/14；验证 1/12；文件 1/13；生产管理 3/20；质量管理 4/22；产品销售与收回1/6；投诉与报告 0/2；自检 1/6。

3. 检查验收应以申请验收范围确定相应的检查项目，应对所列项目及涵盖内容进行全面检查，并逐项作出评定。

4. 评定方式：评定结果分为“N”“Y”两档以及“/”（不涉及）。凡某项目符合要求的，评定结果标为“Y”；凡某项目不符合要求的，评定结果标为“N”，其中关键项目不符合要求的为“严重缺陷”，一般项目不符合要求的为“一般缺陷”。凡某项目不适用的，评定结果标为“/”。

5. 项目分类：条款序号前标“A”的，表明该项目仅适用于“自制涉及动物病原微生物培养的”（A 类），未标记字母的，说明该项目适用于所有情况。但所有项目在应用到某一具体现场检查时，仍可能有不涉及情况出现。

6. 结果评定：（1）未发现严重缺陷，且一般缺陷＜20%（缺陷项目数量/涉及的一般项目数量，下同）的，通过 GMP 检查验收，作出“推荐”结论。（2）发现严重缺陷或一般缺陷＞20%的，不通过 GMP 检查验收，作出“不推荐”结论。

兽医诊断制品生产质量管理规范检查验收评定标准

序号	章节	条款内容	结果
＊001	机构与人员	应建立生产和质量管理机构，明确各类机构和人员的职责	
002		应建立生产管理和质量管理人员的个人档案	
003		单位主管生产管理的负责人和质量管理的负责人应具有兽医、生物制药等相关专业大专以上学历，并具有生产、质量管理工作经验	
＊004		生产管理部门的负责人和质量管理部门的负责人应具有兽医、生物制药等相关专业大专以上学历，有兽医生物制品生产、质量管理经验	
005		生产管理和质量管理负责人应由专职人员担任，不得相互兼任	
006		直接从事生产操作的人员应具备高中以上文化程度，其基础理论知识和实际操作技能应符合制品生产需要	
007		应制定年度人员培训计划，并应根据人员、制品、法律法规变化等实际情况调整培训内容	
008		从事与高风险性微生物和高毒性物质有关制品的生产、检验人员，应经相应专业的技术培训	
009		生产、检验人员应经相应技能培训，经考核合格后持证上岗	
010		单位负责人和部门负责人应定期接受有关法律、法规培训	
011		质量检验人员应为专职检验人员，具备高中以上文化程度，并经卫生学、微生物学等培训，具有基础理论知识和实际操作技能，持有中国兽医药品监察所核发的培训合格证	
012		专职质量检验人员数量应符合制品检验和有关管理需要	
＊013		有关人员的理论考核和现场操作考核结果应符合要求	
014		质量管理部门负责人任命、变更应报企业所在地省级兽医主管部门备案	

（续）

序号	章节	条款内容	结果
015	厂房与设施	区周围不应有影响产品质量的污染源；单位生产环境应整洁，其地面、路面、空气、场地、水质等应符合要求	
016		生产、仓储、行政、生活和辅助区的总体布局应合理，不得相互妨碍	
017		生产区域的布局要顺应工艺流程，明确划分各操作区域，减少生产流程的迂回、往返，人流、物流应分开，走向应合理	
018		同一厂房内不同生产区域之间的生产操作应不相互妨碍	
019		生产区域和检验区域应相对分开设置	
020		生产区域和检验区域应相对分开设置	
021		洁净区内不同操作间之间相互联系应符合工艺需要，必要时要有防止交叉污染的措施	
022		洁净室（区）与非洁净室（区）之间应设缓冲室、气闸室或空气吹淋等防止污染的设施	
023		人员和物料进入洁净厂房，要有各自的净化用室和设施，净化用室的设置和要求应与生产区的洁净度级别相适应	
024		洁净厂房中人员及物料的出入应分开设置，物料传递路线应尽量缩短	
025		无菌生产所需物料应经无菌处理后从传递窗或缓冲室传递	
026		操作区内仅允许放置与操作有关的物料，设置必要的工艺设备	
*027		分子生物学类诊断制品的生产应有独立区域，阳性组分的操作与阴性组分操作的功能间及人流、物流应分开设置；其中阳性对照组分生产操作间的空调净化系统或生物安全柜的排风应采取直排，不能回风循环	
*028		核酸电泳操作应有独立的房间，有排风和核酸污染物处理设施，并设置缓冲间，不能设在生产区域	
029		厂房及仓储区应有防止昆虫、鼠类及其他动物进入的设施	
030		厂房（区）地面、天棚、墙壁等内表面应平整、清洁、无污迹、易清洁	
031		生产区应有与生产规模相适应的面积和空间，应便于生产操作	
032		物料进入洁净室（区）前应进行清洁或消毒处理	
033		洁净室（区）和厂房内的照度应与生产要求相适应，厂房内应有应急照明设施	
*034		进入洁净室（区）的空气应净化，洁净室（区）的洁净度级别应符合生产工艺要求	
035		洁净室（区）内空气的微生物数和尘粒数应按规定监测，监测结果应记录存档	
A036		活菌（毒）操作区与非活菌（毒）操作区应有各自独立的空气净化系统。来自病原体操作区的空气如需循环使用，则仅限在同一区域内再循环	
037		空气净化系统应按规定清洁、维修、保养并作记录	
038		洁净室（区）内各种管道、灯具、风口等公用设施的安装应合理、易于清洁。洁净室（区）的窗户、天棚及进入室内的管道、风口、灯具与墙壁或天棚的连接部位应密封	
039		空气洁净度级别不同的相邻区域之间应根据需要设置压差装置或监控报警系统	
040		洁净室（区）与非洁净室（区）之间的静压差应大于10帕；洁净度级别不同的相邻洁净室（区）之间的静压差应大于5帕；洁净室（区）与室外大气（含与室外直接相通的区域）的静压差应大于12帕	
041		配制分装阶段的抗原、血清等的处理操作应当在10 000级环境下或在100 000级净化环境下设置的超净台或生物安全柜中进行。质粒/核酸等的处理操作与相邻区域应保持相对负压，应当在10 000级环境下或在100 000级净化环境下设置的生物安全柜中进行	
042		酶联免疫吸附试验试剂、免疫荧光试剂、免疫发光试剂、聚合酶链反应（PCR）试剂、金标试剂、干化学法试剂、细胞培养基、标准物质、酶类、抗体和其他活性类组分的配液、包被、分装、点膜、干燥、切割、贴膜等工艺环节，至少应在100 000级净化环境中进行操作	
*A043		自制涉及三、四类动物病原微生物的，应在符合本规范要求的生产线进行；自制涉及一、二类动物病原微生物的，制备场所应具有与所涉及病原微生物相适应的兽药GMP证书，或者具有生物安全三级及以上实验室认可证书和《高致病性动物病原微生物实验室资格证书》等证明文件	

（续）

序号	章节	条款内容	结果
*044	厂房与设施	采取委托加工方式的，应委托具备相应生产条件的兽用生物制品GMP企业或具备相应实验室生物安全资格证书的实验室，并签订委托加工合同	
A045		生产中涉及三、四类动物病原微生物操作的，应在10 000级背景下的局部100级的负压环境进行或在10 000级净化环境下设置的生物安全柜中进行	
046		洁净室（区）的温度和湿度应与制品生产工艺相适应，无特殊要求时，温度应控制在18℃～26℃；相对湿度应控制在30%～65%。有特殊要求的，功能间应增加相应设施	
047		洁净室（区）内设置的水池、地漏应有防止对生物制品产生污染的措施；百级洁净室（区）内不得设置地漏	
048		不同空气洁净度级别的洁净室（区）之间的人员和物料出入，应有防止交叉污染的措施	
*049		应按制品类别不同分别设置生产线	
050		病原微生物的操作应在专门的区域内进行，并根据病原微生物分类进行相应环境的生物安全控制	
A*051		强毒菌种与弱毒菌种、生产用菌毒种与非生产用菌毒种、生产用细胞与非生产用细胞、灭活前与灭活后、脱毒前与脱毒后应分开储存	
052		生产用种子批和细胞库，应在规定储存条件下专库存放，并有专人保管	
A053		不同抗原等的生产可以交替使用同一生产区，可以交替使用同一灌装间和灌装、冻干设施，但必须在一种抗原生产、分装或冻干后进行清场和有效的清洁、消毒，清洁消毒效果应定期验证	
054		用于加工处理活生物体的生产操作区和设备应便于清洁和去除污染，能耐受熏蒸消毒	
055		生产、检验用动物设施与饲养管理应符合实验动物管理规定	
A056		应具有对生产、检验过程中产生的污水、废弃物、动物粪便、垫草、带毒尸体等进行无害化处理相应设施	
057		工艺用水的制备、储存和使用应满足生产需要	
058		与制品直接接触的干燥用空气、压缩空气和惰性气体应经净化处理	
059		仓储区建筑应符合防潮、防火要求	
060		仓储区的温度、湿度控制措施应符合储存要求，并按规定定期监测和记录。对温度、湿度有特殊要求的物料或产品应置于能保证其稳定性的仓储条件下储存。仓储区或冷藏、冷冻等储藏设备内待检、合格、不合格物料及产品应严格分库、分区或分设备贮存，有防止混淆和交叉污染的措施	
061		生产、检验中需使用易燃、易爆等危险品时，应建有危险品库	
062		仓储区应保持清洁和干燥；其照明和通风设施应符合要求	
063		质量管理部门应根据需要设置检验、留样观察以及其他各类实验室，能根据需要对实验室洁净度、温湿度进行控制	
064		检验中涉及动物病原微生物操作的，应在符合生物安全要求的实验室进行	
065		对环境有特殊要求的仪器和设备应放在符合要求的专用仪器室内	
A066		动物实验室应和其他区域严格分开，其设计应符合规定	
067		生产、检验用动物的饲养管理应符合规定	
068		委托其他单位进行有关动物实验的，被委托实验单位的动物实验室必须具备相应条件和资质	
*069	设备	应具备与所生产制品相适应的生产和检验设备，主要生产、检验设备的技术参数、性能应能满足生产、检验需要	
070		生产设备的安装应便于生产操作、维修和保养，易于清洗、消毒或灭菌，能防止差错和减少污染	
071		灭菌柜、冻干机等的安装、性能及容量应与生产工艺相符。	

（续）

序号	章节	条款内容	结果
072	设备	管道系统、阀门和通气过滤器应便于清洁和灭菌	
073		工艺用水的制备、储存和分配系统应能防止微生物的滋生和污染	
074		生产和检验用仪器、仪表、量器、衡器等的适用范围和精密度应符合生产和检验要求，并定期校验，粘贴明显的合格标志和唯一性标识	
075		对冰箱、冷库等冷藏冷冻设备温度应定期记录和及时维护	
A076		人畜共患病病原、芽孢菌应在专门的厂房内的隔离或密闭系统内进行，其生产设备须专用，并有符合相应规定的防护措施和消毒灭菌、防散毒设施。对生产操作结束后的污染物品应在原位消毒、灭菌后，方可移出生产区	
077		如设备专用于生产孢子形成体，当加工处理一种制品时应集中生产。在某一设施或一套设施中分期轮换生产芽孢菌制品时，在规定时间内只能生产一种制品	
078		生产过程中污染病原体的物品和设备应与未用过的灭菌物品和设备分开存放、使用	
079		生产设备应定期维修和保养，并有明显的状态标识	
080		设备的安装、维修和保养的操作应不影响制品质量	
081		应制定生产、检验设备及器具使用、维修、清洁、保养规程，其内容应符合要求	
082		应定期对生产、检验设备及器具进行检查、清洁、保养和维修，并有专人管理和记录	
083		生产和检验设备、仪器、衡器均应登记造册，建立档案，档案内容应符合要求	
084	物料和标准物质	应制定所用物料和标准物质的购入、储存、发放、使用等管理制度或操作规程，内容应符合要求，并有记录	
085		原料、辅料应按品种、规格、批号分别存放	
086		物料应符合《中国兽药典》和制品规程标准或药品标准、包装材料标准和其他有关标准，并应建立单位内控标准。所用物料应不对制品质量产生不良影响	
087		应从合法或符合规定条件的单位购进物料，签订固定的供需合同和按规定入库，并保存对合格供应商的评估记录	
088		应建立符合要求的供应商质量评估制度，委托加工的应提供委托加工合同，供应商的确定及变更应当进行质量评估，并经质量管理部门批准后方可采购	
089		主要物料的采购资料应能够进行追溯，应当按照采购控制文件的要求保存供方的资质证明、采购合同或加工技术协议、采购发票、供方提供的产品质量证明、批进货检验（验收）报告或试样生产及检验报告	
090		外购的标准物质应能证明来源和溯源性。应记录其名称、来源、批号、制备日期（如有）、有效期（如有）、溯源途径、主要技术指标（含量或效价等）、保存条件和状态等信息	
091		使用标准物质应能对量值进行溯源。对检测中使用的自制工作标准物质应当建立台账及使用记录。应记录其来源、批号、制备日期、有效期、溯源途径、主要技术指标（含量或效价等）、保存条件和状态等信息。应当定期对其特性值进行持续稳定性检测并保存有关记录	
*092		自制已有国家标准物质的工作标准物质的，每批工作标准物质应当用国家标准物质进行溯源比对和标定	
*093		自制尚无国家标准物质的工作标准物质的，应当建立制备技术规范，制定工作标准物质的质量标准以及制备、鉴别、检验、批准和贮存的标准操作规程，并由3人或3个单位比对或协作标定	
094		自制尚无国家标准物质的工作标准物质的，其技术规范应至少包括标准物质原材料如何筛选、样本量是否足够、协作标定方案及统计分析方法等。标定的过程和结果应当有相应的记录	
095		应具备检验所需的各种标准菌（毒、虫）种，应说明标准菌（毒、虫）种来源、特性，并有鉴定记录及报告	
096		待验、合格、不合格物料应严格管理，有易于识别的明显标识和防止混淆的措施，并建立物料流转账卡	

（续）

序号	章节	条款内容	结果
097	物料和标准物质	不合格的物料应专区或专柜存放，并按有关规定及时处理	
098		对温、湿度或其他条件有特殊要求的物料、中间产品和成品，应在规定条件下储存	
099		固体原料和液体原料应分开储存，储存挥发性物料时，应有避免污染其他物料的措施	
*100		生产用动物应符合《中国兽药典》和制品规程规定的标准	
A*101		生产中涉及动物病原微生物培养的，应建立基础种子批，并提供种子批制备、鉴定记录、鉴定报告及保管记录	
102		应建立生产用细胞库，并提供细胞制备、鉴定记录及鉴定报告	
103		易燃、易爆、毒性药品、麻醉药品、精神药品、易制毒化学品等和其他危险品等应严格按照国家规定进行验收、储存、保管、使用和销毁。菌毒种的验收、贮存、保管、使用、销毁应执行国家有关动物病原微生物菌种保管的规定	
104		应按规定的使用期限储存物料，期满后应按规定复验；储存期内如有特殊情况应及时复验	
*105		标签和说明书应符合国家关于标签和说明书管理有关规定，并与农业部批准的内容、式样和文字等相一致	
106		印有与标签内容相同的包装物，应按标签管理。必要时标签与产品说明书内容可同时印制在产品包装盒、袋上	
107		标签和说明书应经单位质量管理部门核对无误后印制、发放和使用	
108		标签和说明书应由专人验收、保管发放和领用，记录应符合要求	
109		标签和说明书应按品种、规格专柜（库）存放，按批包装指令发放，按实际需要量领取	
110		标签应计数发放，使用数、残损数及剩余数之和应与领用数相符	
111		印有批号的残损标签、剩余标签和包装物应由专人负责计数销毁	
112	卫生	单位应有防止污染的卫生措施，并制定环境、厂房、设备、设施、人员等各项卫生管理制度，并由专人负责	
113		应按生产和空气洁净度级别的要求制定厂房、设备、管道、容器具等清洁操作规程	
114		生产区不得吸烟和存放非生产物品和个人杂物，生产检验中产生的不涉毒废弃物应进行无害化处理。涉毒废弃物或生产检验用动物尸体的处理应符合国家有关规定	
115		更衣室、浴室和厕所的设置和卫生环境不得对洁净室（区）产生不良影响	
116		工作服的选材、式样和穿戴方式等应与生产操作和空气洁净度级别要求相一致，并不得混用	
117		不同空气洁净度级别使用的工作服应分别清洗、整理，进行消毒或灭菌，按要求存放	
118		病原微生物培养或操作区域内使用的工作服应先消毒再清洗	
119		洁净室（区）应仅限于该区域生产操作人员和经批准的人员进入。对临时进入人员应进行指导和监督	
120		在生产日内，没有经过明确规定的去污染措施，生产人员不得由操作活微生物或实验动物的区域进入到操作其他制品或微生物的区域	
121		进入洁净室（区）的人员不得化妆和佩戴饰物，不得裸手直接接触制品	
122		洁净室（区）应使用无脱落物、易清洗、易消毒的卫生工具，并存放于对制品不造成污染的指定地点	
123		洁净室（区）应定期消毒，消毒剂品种应定期更换，并不得对设备、物料和制品产生污染	
124		直接从事生产和检验的人员每年应至少体检一次，体检结果纳入健康档案。传染病、皮肤病患者和体表有伤口者不得直接从事制品的生产和检验	
A125		从事人畜共患病抗原生产、维修、检验和动物饲养的操作人员和管理人员，应根据需要配备防护工具（如防护服、目镜等），接种相应疫苗，并定期进行体检	

（续）

序号	章节	条款内容	结果
126	验证	应设立常设机构或验证领导小组负责验证管理工作	
127		验证程序应包括建立验证小组、制定验证计划、提出验证项目、制定验证方案、组织实施、验证报告审批和验证文件归档	
128		验证对象应包括空气净化系统	
129		验证对象应包括生产、检验用设备	
130		验证对象应包括生产、检验用仪器仪表	
131		验证工作对象应包括清洁验证	
*132		关键设备的验证应全面、合理	
133		应根据验证方案进行验证	
134		影响制品质量的主要因素发生变化或生产一定周期后应进行再验证	
135		验证方案应全面、合理	
136		验证工作完成后应写出验证报告，由验证工作负责人审核、批准	
137		验证文件归档应符合要求	
138	文件	应有完整的生产管理、质量管理文件和各类管理制度、记录	
139		生产管理文件应包括生产工艺规程、岗位操作法或标准操作规程、批生产记录等	
140		生产工艺规程、岗位操作法或标准操作规程内容应符合要求	
141		设计的批生产记录内容应符合要求	
142		制品的申请和审批文件应齐全	
*143		物料、中间产品、成品、标准物质的质量标准、单位内控标准应符合要求	
144		应制定标准物质使用和管理程序	
145		检验操作规程应符合要求	
146		批检验记录应符合要求，并附有原始记录	
147		应建立文件的起草、修订、审查、批准、撤销、印刷和保管的管理制度，并按制度执行	
148		分发、使用的文件应为批准的现行文本，已撤销和过时的文件除留档备查外，不得在工作现场出现	
149		文件的标题、系统编号等应符合规定，便于识别	
150		文件制定、审查和批准的责任应明确，并有责任人签名	
*151	生产管理	生产单位应按照兽药国家标准制订生产工艺规程、岗位操作法或标准操作规程，并不得任意更改。如需更改，应按原文件制订程序办理有关手续	
*152		生产单位应严格按照制定的生产工艺规程、岗位操作法或标准操作规程进行生产和操作	
153		生产操作前，操作人员应进行例行检查，并进行有关核对工作	
154		如果同一品种的多种成分由同一组人在同一天分别处理（标定、稀释、分装等），则应注重组分处理的顺序，只能先操作阴性成分，最后再操作阳性成分，以防止阳性物料污染	
155		可在同一功能间划分不同的操作区域，分别进行同一品种的不同环节操作，但不能同时进行	
156		应建立批生产记录，内容应完整	
157		批生产记录的填写应规范	
158		批生产记录应按照批号归档，批生产记录的保存时间应符合要求	
159		每批产品均应编制生产批号。在同一时间内采用同一批次组分生产出来的一定数量的制品为一批	
160		生产前应确认无上次生产遗留物	
*161		主要成分在使用前必须进行标定、检验。标定的过程和结果应当有相应的记录	

（续）

序号	章节	条款内容	结果
A162	生产管理	不同产品品种、规格的生产操作不得在同一生产操作间同时进行，应在一种操作完成后，进行有效的清洁、消毒，并进行验证	
163		生产过程中应按照工艺、质量控制要点进行质量检测，并填写记录	
164		应当对每批产品中关键物料进行物料平衡检查，如有显著差异，必须查明原因，在得出合理解释、确认无潜在质量事故后，方可按正常产品处理	
165		应制定工艺查证制度并组织实施	
166		应有防止物料及制品所产生的气体、蒸汽、喷雾物或生物体等引起交叉污染的措施	
167		直接接触制品的内包装材料、设备和其他物品应按规定清洗、干燥、灭菌，对灭菌物品应规定使用时限	
168		每一生产操作间或生产用设备、容器应有所生产的制品或物料的名称、批号、数量等状态标识	
169		配液、标定、分装、组装等区域的生产操作，应在前一道工艺结束后或前一种产品或组分生产操作结束后进行清场，确认合格后进行其他操作	
170		清场后应填写清场记录，内容应包括：工序、品名、生产批号、清场人签名等	
171	质量管理	质量管理部门应受单位负责人直接领导	
172		质量管理和检验人员数量应与制品生产、检验规模相适应	
*173		检验场所、仪器、设备等应与生产规模、制品品种和检验要求等相匹配	
*174		质量管理部门应履行生产全过程的质量管理和检验的职责	
175		质量管理部门应建立制品批检验记录制度，批检验记录应符合要求	
176		质量管理部门应负责建立制品质量档案，质量档案内容应符合要求	
177		质量管理部门应履行制订单位质量责任制和质量管理及检验人员职责的职责	
178		质量管理部门应履行组织自检工作的职责	
179		质量管理部门应履行审核验证方案的职责	
180		质量管理部门应履行制修订物料、中间产品、成品、标准物质的内控标准和检验操作规程的职责	
181		质量管理部门应负责制定取样和留样观察制度，内容应符合要求	
182		质量管理部门应负责制订检验用设施、设备、仪器、试剂、试液、标准物质、滴定液、培养基、实验动物、消毒剂的使用及管理办法	
*183		质量管理部门应履行决定物料和中间产品使用的职责	
184		质量管理部门应负责标准物质的制备、采购、保管与使用	
185		质量管理部门应负责汇总、统计、分析质量检验数据及质量控制趋势	
*186		质量管理部门应履行成品发放前审核职责，审核情况应符合要求	
187		出厂前应经批签发	
188		质量管理部门应履行审核不合格品处理程序的职责	
189		质量管理部门应根据规程对物料、标签、中间产品、成品、标准物质等进行取样、留样和检验，并出具检验报告	
190		质量管理部门应定期监测洁净室（区）的尘粒数和微生物数	
191		质量管理部门应会同有关部门对主要物料供应商的质量体系进行评估	
192		质量管理部门应履行评价原料、中间产品和成品质量稳定性的职责，为确定物料贮存期、制品有效期提供数据	

（续）

序号	章节	条款内容	结果
193	产品销售与收回	应制定产品销售管理制度，内容应符合要求	
*194		每批产品均应有销售记录，销售记录应具有可追溯性	
195		销售记录最少应保存至制品有效期后一年	
196		应建立制品退货的书面程序，并有记录，记录内容应符合要求	
197		应建立制品收回的书面程序，并有记录，记录内容应符合要求	
198		对退货和收回的制品，处理程序应符合要求	
199	投诉与记录	对用户的投诉，应有详细记录，并进行妥善的调查处理	
200		生产、使用中出现重大的质量问题和严重的安全问题时，应立即停止生产和销售，并及时向事发地兽医行政管理部门报告	
201	自检	应制定自检工作程序和自检周期	
202		应设立自检工作组，自检工作组人员组成应符合要求	
203		应定期组织自检，每年至少一次	
*204		自检工作程序和工作情况应符合要求	
205		应针对自检中发现的缺陷及时整改，并形成整改报告	
206		自检记录和报告应符合要求	

八十二、兽药非临床研究质量管理规范

（2015年12月9日 农业部公告第2336号发布）

第一章 总 则

第一条 为提高兽药非临床研究质量，确保实验资料的真实性、完整性和可靠性，保证兽药的安全性，根据《兽药管理条例》，制定本规范。

第二条 本规范适用于为申请兽药注册而进行的非临床研究。兽药非临床安全性评价研究机构应当遵循本规范。

第二章 组织机构和人员

第三条 兽药非临床安全性评价研究机构应具有独立的法人资格或经法人代表授权，并建立完善的组织管理体系，具有机构负责人、质量保证部门负责人、项目负责人和相应的工作人员。

第四条 兽药非临床安全性评价研究机构的人员，应符合以下要求：

（一）具备严谨的科学作风和良好的职业道德以及相应的学历，经过专业培训，具备所承担的研究工作需要的知识结构、工作经验和业务能力；

（二）熟悉本规范的基本内容，严格履行各自职责，熟练掌握并严格执行与所承担工作有关的标准操作规程；

（三）及时、准确和清楚地进行试验观察记录，对实验中发生的可能影响实验结果的任何情况应及时向项目负责人书面报告；

（四）根据工作岗位的需要着装，确保受试品、对照品和实验系统不受污染；

（五）定期进行体检，遵守健康检查制度，患有影响研究结果疾病的，不得参加研究工作；

（六）经过培训、考核，并取得上岗资格。

第五条 兽药非临床安全性评价研究机构负责人应具备兽医、药学、生物等相关专业本科以上学历及高级专业技术职称，具有兽药非临床研究经验并在本领域工作5年以上。机构负责人职责为：

（一）全面负责兽药非临床安全性评价研究机构的建设和组织管理；

（二）负责工作人员学历、专业培训、健康状况及专业工作经历的档案材料的建立；

（三）确保各种设施、设备和实验条件符合

要求；

（四）确保有足够数量的工作人员，并按规定履行其职责；

（五）任命质量保证部门的负责人，并确保其履行职责；

（六）组织制定主计划表，掌握各项研究工作的进展；

（七）组织制定、修订和废止标准操作规程，并确保工作人员掌握相关的标准操作规程；

（八）每项研究工作开始前，指定项目负责人。如有更换，应记录更换的原因和时间；

（九）审查批准实验方案和总结报告；

（十）及时处理质量保证部门的报告，详细记录采取的措施；

（十一）负责应急预案的制定及实施；

（十二）确保受试品、对照品的质量和稳定性符合要求；

（十三）与委托或协作单位签订书面合同。

第六条 兽药非临床安全性评价研究机构应设立独立的质量保证部门，其人员的数量根据兽药非临床安全性评价研究机构的规模而定。质量保证部门负责人应具备兽医学、药学、生物学等相关专业本科以上学历及相应的业务素质、工作能力和工作经验。

质量保证部门负责人的职责为：

（一）保存兽药非临床安全性评价研究机构的主计划表、实验方案和总结报告的副本；

（二）审核实验方案、实验记录和总结报告；

（三）对每项研究实施检查，并根据其内容和持续时间制定审查和检查计划，详细记录检查的内容、发现的问题、采取的措施等，并在记录上签名，保存备查；

（四）定期检查动物饲养设施、实验仪器和档案管理；

（五）向机构负责人和/或项目负责人书面报告检查发现的问题及建议；

（六）参与标准操作规程的制定，保存标准操作规程的副本。

第七条 每项研究工作必须指定项目负责人。项目负责人应具备兽医、药学、生物等相关专业本科以上学历，具有高级职称或10年以上相关工作经验，组织或参加过兽药非临床研究。项目负责人职责为：

（一）全面负责该项研究工作的运行管理；

（二）制定并严格执行实验方案，分析研究结果，撰写总结报告；

（三）执行标准操作规程的规定，及时提出修订或补充相应的标准操作规程的建议；

（四）确保参与研究的工作人员明确所承担的工作，并掌握相应的标准操作规程；

（五）负责研究具体涉及的技术问题；

（六）掌握研究工作的进展，检查各种实验记录，确保其及时、直接、准确和清楚；

（七）详细记录实验中出现的意外情况和采取的措施；

（八）实验结束后，归档保存实验方案、原始资料、应保存的标本、各种有关记录文件和总结报告等资料文件；

（九）及时处理质量保证部门提出的问题，确保研究工作各环节符合要求。

第三章 实验设施

第八条 根据所从事的非临床研究需要，建设相应的实验设施。各种实验设施应保持清洁卫生，运转正常；各类设施布局应合理，防止交叉污染；环境条件及其调控应符合不同设施的要求。

第九条 具备设计合理、配置适当的动物饲养设施，并能根据需要调控温度、湿度、空气洁净度、氨浓度、压差、通风和照明等环境条件。实验动物设施条件应与所使用的实验动物级别相符，应符合实验动物相关规定。动物饲养设施主要包括以下几方面：

（一）所需种属动物或实验系统的饲养和管理设施；

（二）动物的检疫和患病动物的隔离治疗设施；

（三）收集和处置动物尸体、试验废弃物的设施；

（四）清洗消毒设施；

（五）受试品和对照品含有挥发性、放射性或生物危害性等物质时，应设置相应的饲养设施。

第十条 具备饲料、垫料、笼具及其他动物用品的存放设施。各类设施的配置应合理，防止与实验系统相互污染。易腐败变质的动物用品应有适当的保管措施。

第十一条 具有受试品和对照品的处置设施：

（一）接收和贮藏受试品和对照品的设施；

（二）受试品和对照品配制设施及配置物贮存的设施；

（三）对受试品浓度、稳定性、均匀性等质量参数进行分析测定的仪器设施。

第十二条 根据工作需要设立相应的实验室；使用有生物危害性的动物、微生物、放射性等材料应设立专门实验室，并应符合国家有关管理规定。

第十三条 具备保管实验方案、各类标本、原始记录、总结报告及有关文件档案的设施。

第十四条 根据工作需要配备相应的环境调控设施。

第四章 仪器设备和实验材料

第十五条 根据研究工作需要配备相应的仪器设备，放置地点合理，并有专人负责保管，定期进行检查、清洁保养、测试、检定/校准，确保仪器设备的性能稳定可靠。

第十六条 实验室内应备有相应仪器设备保养、校正及使用方法的标准操作规程。对仪器设备的使用、检查、测试、校正及故障修理，应详细记录日期、有关情况及操作人员的姓名等。

第十七条 受试品和对照品的管理应符合以下要求：

（一）实验用的受试品和对照品，应有专人保管，有完善的接收、登记、分发和返还的手续及记录，受试品和对照品的批号、稳定性、含量或浓度、纯度及其他理化性质应有记录，对照品为市售商品时，可用其标签或其他标示内容；

（二）受试品和对照品的贮存保管条件应符合要求，贮存的容器应贴有标签，标明品名、缩写名、代号、批号、有效期和贮存条件；

（三）受试品和对照品在分发过程中应避免污染或变质，分发的受试品和对照品应及时贴上准确的标签，并按批号记录分发、归还的日期和数量；

（四）需要将受试品和对照品与介质混合时，应在给药前测定其混合的均匀性，必要时还应定期测定混合物中受试品和对照品的浓度和稳定性，混合物中任一组分有失效期的，应在容器标签上标明，两种以上组分均有失效日期的，以最早的失效日期为准；

（五）每个批次的受试品都应保留足够用于分析的样品量，留样期限应与实验的原始数据和留样样本的保留期限相同；

（六）特殊药品的贮存、保管和使用应符合要求。

第十八条 实验室的试剂和溶液等均应贴有标签，标明品名、浓度、贮存条件、配制人、配制日期、启用日期及有效期等，并建立相应的配制及使用记录台账。试验中不得使用变质或过期的试剂和溶液。

第十九条 动物的饲料和垫料应贴有标签，标明来源、购入日期和有效期等。

第二十条 动物的饲料和饮水应定期检验，确保其符合营养和卫生标准。影响实验结果的污染因素应低于规定的限度，检验结果应作为原始资料保存。

第二十一条 动物饲养室内使用的清洁剂、消毒剂及杀虫剂等，不得影响实验结果，并应详细记录其名称、浓度、使用方法及使用的时间等。

第二十二条 实验动物机构或其主管部门应设立相应的实验动物管理/伦理委员会，实验动物的使用应经由该委员会的论证批准。

第二十三条 使用的实验动物应符合实验要求。

第二十四条 体外实验材料（微生物、细胞、组织、器官等）应有明确来源，其保存和使用应符合要求，并有记录。

第五章 标准操作规程

第二十五条 制定与实验工作相适应的标准操作规程。需要制定的标准操作规程主要包括但不限于以下方面：

（一）标准操作规程的制修订管理；

（二）质量保证程序；

（三）受试品和对照品的接收、标识、保存、分发、返还、处理、配制、领用及取样分析；

（四）动物房和实验室的准备及环境因素的调控；

（五）实验设施和仪器设备的使用、维护、保养、校正和管理；

（六）计算机系统的操作和管理；

（七）实验动物的运输、检疫、编号及饲养管理；

（八）实验动物的观察记录及实验操作；

（九）各种实验样品的采集、各种指标的检查和测定等操作技术；

（十）濒死或已死亡动物的检查处理；

（十一）动物的尸检、组织病理学检查；

（十二）实验标本的采集、编号和检验；

（十三）各种实验数据的管理和处理；

（十四）工作人员培训、考核及健康检查制度；

（十五）动物尸体及其他废弃物的处理；

（十六）需要制定标准操作规程的其他工作。

第二十六条 标准操作规程经质量保证部门审查确认和机构负责人批准后生效。标准操作规程的修订，应经质量保证部门负责人审查确认，机构负责人书面批准。废止的标准操作规程除一份存档之外应及时销毁。

第二十七条 标准操作规程的制定、修订、生效日期及分发、销毁情况应记录并归档。

第二十八条 标准操作规程的存放应方便使用。研究过程中任何偏离标准操作规程的操作，都应经项目负责人批准，并加以记录。

第六章 研究工作的实施

第二十九条 每项研究均应有项目名称或代号，并在有关文件资料及实验记录中统一使用该名称或代号。

第三十条 实验中所采集的各种标本应标明项目名称或代号、动物编号和收集日期。

第三十一条 项目负责人应制定实验方案，经质量保证部门审查，机构负责人批准后方可执行，批准日期为研究的起始日期，总结报告签署的日期为研究的结束日期。采集第一次研究数据的日期为实验的起始日期，采集最后一次研究数据的日期为实验。

结束日期。接受委托的研究实验方案应经委托单位认可。

第三十二条 研究工作按实验方案实施，实验方案的主要内容如下：

（一）研究项目的名称或代号及研究目的；

（二）兽药非临床安全性评价研究机构和委托单位的名称、地址及联系方式；

（三）项目负责人和参加实验的工作人员信息；

（四）受试品和对照品的名称、缩写名、代号、批号、有关理化性质及生物特性；

（五）实验系统及选择理由；

（六）实验动物的种、系、数量、年龄、性别、体重范围、来源和等级；

（七）实验动物的识别方法；

（八）实验动物饲养管理的环境条件；

（九）饲料名称或代号、来源、批号；

（十）实验用溶媒、乳化剂及其他介质名称和质量要求；

（十一）受试品和对照品的给药途径、方法、剂量、频率和用药期限及选择的理由；

（十二）所用安全性研究指导原则的文件及文献；

（十三）各种指标的检测方法和频率；

（十四）数据统计处理方法及统计软件；

（十五）实验资料的保存地点。

第三十三条 研究过程中需要修改实验方案时，应经质量保证部门审查，委托单位认可，机构负责人批准。变更的内容、理由及日期，应记入档案，并与原实验方案一起保存。

第三十四条 项目负责人全面负责研究项目的运行管理。参加实验的工作人员，应严格执行实验方案和相应的标准操作规程，发现异常现象时应及时向项目负责人报告。

第三十五条 偏离实验方案和标准操作规程的操作应经项目负责人批准，偏离的操作及原因应有记录。

第三十六条 所有数据的记录应做到及时、准确、清晰并不易消除，并应注明记录日期，记录者签名。记录的数据需要修改时，应保持原记录清楚可辨，并注明修改的理由及修改日期，修改者签名。所有错误或遗漏的改正或注明经试验人员签名并注明日期。

第三十七条 动物出现非受试品引起的疾病或出现干扰研究目的的异常情况时，应立即隔离或剔除。需要用药物治疗时，应经项目负责人批准，并详细记录治疗的理由、批准手续、检查情况、药物处方、治疗日期和结果等。治疗措施不得干扰研究。

第三十八条 研究工作结束后，项目负责人应及时写出总结报告，签名后交质量保证部门负责人审查和签署意见，机构负责人批准。

第三十九条 总结报告主要内容如下：

（一）研究项目的名称或代号及研究目的；

（二）兽药非临床安全性评价研究机构和委托单位的名称、地址和联系方式，如涉及协作单位的应注明；

（三）研究及实验起止日期；

（四）受试品和对照品的名称、缩写名、代号、批号、稳定性、含量、浓度、纯度、组分及其他特性；

（五）实验动物的种、系、数量、年龄、性别、体重范围、来源、合格证号及签发单位、接收日期和饲养条件；

（六）动物饲料、饮水和垫料的种类、来源、批号和质量情况；

（七）受试品和对照品的给药途径、剂量、方法、频率和给药期限；

（八）受试品和对照品的剂量设计依据；

（九）影响研究可靠性和造成研究工作偏离实验方案的异常情况；

（十）各种指标检测方法和频率；

（十一）项目负责人和所有参加工作的人员相关信息和承担的工作内容；

（十二）试验数据；分析数据所采用的统计方法及统计软件；

（十三）实验结果分析和结论；

（十四）原始资料和标本的保存地点。

第四十条 总结报告经机构负责人签字后，需要修改或补充时，有关人员应详细说明修改或补充的内容、理由和日期，经项目负责人认可，并经质量保证部门负责人审查和机构负责人批准。

第七章 资料档案

第四十一条 研究工作结束后，项目负责人应将实验方案、标本、原始资料、文字记录和总结报告的所有原件、与实验有关的各种书面文件、质量保证部门的检查记录和报告等按标准操作规程的要求整理、编号和归档。

第四十二条 研究项目被取消或中止时，项目负责人应书面说明取消或中止原因，并将上述实验资料整理归档。

第四十三条 资料档案室应有专人负责，按标准操作规程的要求进行管理。

第四十四条 实验方案、标本、原始资料、文字记录、总结报告及其他资料应保存至实验结束后至少7年，期满后移交申请人保存。申请人应保存资料至兽药被批准上市后5年。如果中止开发的，保存至实验结束后2年。

第四十五条 质量容易变化的标本，如组织器官、电镜标本、血液涂片及繁殖毒性试验标本等，应以能够进行质量评价为保存时限。

第八章 附 则

第四十六条 本规范所用术语定义如下：

（一）兽药非临床研究，系指为评价兽药安全性，在实验室条件下，用实验系统进行的各种毒性试验［急性毒性试验、亚慢性毒性试验、繁殖毒性试验（含致畸试验）、遗传毒性试验、慢性毒性试验（含致癌试验）、局部毒性试验、安全性药理试验、毒代动力学试验及放射性或生物危害性药物毒性试验等］等及与评价兽药安全性有关的其他试验。

（二）兽药非临床安全性评价研究机构，系指从事兽药非临床研究的实验单位。

（三）实验系统，系指用于毒性试验的动物、植物、微生物以及器官、组织、细胞、基因等。

（四）质量保证部门，系指兽药非临床安全性评价研究机构内履行有关非临床研究工作质量保证职能的部门。

（五）项目负责人，系指负责组织实施某项研究工作的人员。

（六）受试品，系指供非临床研究的兽药或拟开发为兽药的物质。

（七）对照品，系指非临床研究中与受试品作比较的物质。

（八）原始资料，系指记载研究工作的原始观察记录和有关文书材料，包括工作记录、各种照片、缩微胶片、缩微复制品、计算机打印资料、磁性载体、自动化仪器记录材料等。

（九）标本，系指采自实验系统用于分析观察和测定的任何材料。

（十）委托单位，系指委托兽药非临床安全性评价研究机构进行非临床研究的单位。

（十一）批号，系指用于识别“批”的一组数字或字母加数字，以保证受试品或对照品的可追溯性。

兽医法规汇编

（第二版）

下　册

《兽医法规汇编》（第二版）编委会　编

中国农业出版社
北　京

目　　录

上　册

第二篇　行政法规/ 183

第三篇　部门规章/ 283

下　册

八十三、兽药临床试验质量管理规范

（2015 年 12 月 9 日 农业部公告第 2337 号发布）

第一章 总 则

第一条 为规范兽药临床试验过程，确保试验数据的真实性、完整性和准确性，根据《兽药管理条例》制定本规范。

第二条 兽药临床试验质量管理规范（以下简称“兽药 GCP”）是临床试验全过程的标准规定，包括方案设计、组织实施、检查监督、记录、分析总结和报告等。

第三条 实施兽药临床试验，应保障环境安全和人员安全，对试验动物的安全处置应符合国家有关规定。

第四条 实施兽药临床试验，应当遵循本规范。

第五条 从事兽药临床试验的机构、部门和人员，应按本规范执行。

第二章 兽药临床试验机构与人员

第六条 兽药临床试验机构应具有独立的法人资格或经法人代表授权，其组织和管理结构明确，并设置有相应的管理部门，且具有实验动物管理/伦理委员会。

第七条 兽药临床试验机构各部门应职能明确，运转有序，配备与临床试验相适应的管理人员、技术人员和办公设施。

第八条 兽药临床试验机构应具有相对独立、功能明确的实验室，能够满足检测和分析流程要求。

第九条 兽药临床试验机构应具有满足临床试验要求的动物试验设施、检测仪器设备、处置动物及产品的设备设施和储藏设施。

第十条 兽药临床试验机构应具有完整的管理制度及标准操作规程（以下简称“SOP”），包括临床试验实验室部分和动物试验部分，并符合相关试验设计技术要求规范。

第十一条 兽药临床试验机构设有专门部门负责试验合同的签署，样品的接收、设盲、揭盲，报告的编制、印刷，印章和资料的管理等工作。

第十二条 兽药临床试验机构负责人应具备下列条件：

（一）应为法人代表或经法人代表授权；

（二）具有相应的专业知识及高级专业技术职称；

（三）具有兽药临床试验经验并在本领域工作 5 年以上；

（四）熟悉申请人所提供的与临床试验有关的资料与文献；

（五）有权任命、指定试验项目试验者，支配、调配各项试验所需的设施设备；

（六）经过临床试验技术培训和兽药 GCP 培训。

第十三条 兽药临床试验项目负责人应具备下列条件：

（一）兽医、药学、生物等相关专业本科以上学历；

（二）兽医、药学、生物等专业高级职称或 10 年以上相关工作经验，组织或参加过兽药临床试验；

（三）经过临床试验技术培训和兽药 GCP 培训；

（四）能够指导和解决兽药临床试验中发生的突发事件或问题；

（五）有权支配参与该项试验的人员和使用该项试验所需的设施设备。

第十四条 从事兽药临床试验的技术人员应具备下列条件：

（一）兽医、生物、药学、分析等专业本科及以上学历；

（二）具有临床试验的经历；

（三）参加过临床试验技术培训和兽药 GCP 培训；

（四）具有完整实施生物样品测试经历和实施样品分析的能力；

（五）熟练操作相关设备设施，熟练运用有关分析仪器和数据处理软件，熟练处理图谱操作及相关数据；

（六）熟悉应急处理和紧急救治突发临床事件 SOP。

第十五条　临床试验机构负责人和试验项目负责人发生变更的，应向农业部兽药GCP工作委员会办公室申请资格确认。

第三章　试 验 者

第十六条　试验者必须详细阅读和了解试验方案的内容，并严格按照方案执行。

第十七条　试验者应熟悉受试兽药的性质、作用、有效性及安全性，发现并掌握与该兽药有关的新信息，并负责临床试验进行期间试验用兽药的管理。

第十八条　试验者必须选择使用满足试验需要的仪器设备和设施进行试验。

第十九条　试验者应经过兽药GCP培训，试验时由具备资质的人员参加，包括实验室试验和动物试验。试验前应了解有关试验的资料、规定和职责，以保证符合试验方案和管理要求。

第二十条　试验者应确保有足够数量和符合试验方案的试验动物进行临床试验，负责对临床试验期间试验动物的管理或指导试验点有关人员对临床试验期间试验动物进行管理，并告知动物主人所应承担的责任和义务，记录对动物的照料及步骤、动物健康的变化，或明显的环境变化。

第二十一条　试验者在临床试验机构以外的其他动物试验场所开展临床试验的，应征得动物试验场所所在单位的同意，保证按方案规定完成临床试验。

第二十二条　试验者应保证将数据真实、准确、完整、及时、规范地写入试验记录及报告。

第二十三条　试验者应接受申请人派遣的协查员和兽医行政管理部门的检查，确保临床试验的质量。

第二十四条　试验者应及时向申请人通报试验方案的偏离。

第二十五条　临床试验进行期间，试验者应密切观察试验动物不良反应，发生严重不良事件时，应立即中止试验，并及时向申请人通报。

第二十六条　试验者因其他原因中止临床试验必须征得申请人同意。

第二十七条　临床试验完成后，试验者必须写出试验报告，临床试验机构负责人签字、注明日期并加盖兽药临床试验机构公章后送申请人。

第四章　申 请 人

第二十八条　申请人负责申请、组织、检查临床试验，并提供试验经费。申请人按照有关规定，向农业部或申请人所在地省级人民政府兽医行政管理部门递交临床试验的申请。

第二十九条　申请人应选择经农业部监督检查符合要求的兽药临床试验机构。

第三十条　申请人应提供与试验相关的受试兽药的性质、作用、临床前研究总结以及与该兽药有关的新信息。

第三十一条　申请人与试验者共同设计临床试验方案，明确在方案实施、数据管理、统计分析、结果报告等方面的职责及分工。签署双方同意的试验方案及合同（协议）。

第三十二条　申请人应提供具有易于识别、编号正确、质量合格并贴有特殊标签的受试兽药、标准品，并按试验方案的需要对受试兽药进行适当包装、保存。申请人应建立受试兽药的管理制度和记录系统。

第三十三条　申请人应建立临床试验质量控制和质量保证系统，可组织开展临床试验检查工作，保证试验质量。

第三十四条　申请人应选派合格的协查员。

第三十五条　临床试验过程中发生严重不良事件时，申请人应立即终止试验，并及时报告试验实施所在地省级人民政府兽医行政管理部门。同时，向涉及同一兽药临床试验的其他试验者通报。

第三十六条　申请人因其他原因提前终止临床试验的，应当通知试验者并报临床试验原批准机构，说明终止临床试验的理由。

第三十七条　试验者不遵从已批准的方案或有关法规进行临床试验时，申请人应及时指出并予以纠正，逾期不纠正且情况严重的，则应终止与试验者的合同并向临床试验原批准部门报告。

第五章　协 查 员

第三十八条　协查员是申请人与试验者之间的主要联系人。协查员应有兽医、药学或相关专业学历，并经过必要的培训，熟悉兽药管理有关法规、试验用兽药的有关信息、临床试验方案和SOP等相关文件。

第三十九条　协查员督促试验者遵循有关法规，按SOP和已批准的试验方案进行临床试验，以保证试验记录与报告数据真实、准确、完整、无误。具体内容包括：

（一）试验前确认试验承担机构是否具有适当的条件，包括人员配备与培训、实验室设备和运转情况，确认是否具备各种与试验有关的条件，是否具备符合条件的试验场所及参与试验人员是否熟悉试验方案等情况；

（二）试验过程中检查试验者对试验方案的执行情况及试验的进展状况，确认有足够数量并符合要求的试验动物；

（三）确认所有数据的记录与报告正确完整，所有试验记录表格或病例报告表填写正确，并与原始资料一致。所有错误或遗漏的改正或注明经试验者签名并注明日期。确认试验动物的给药方案调整、联合用药、疾病发生、检查遗漏等记录情况；

（四）确认所有不良事件均记录在案，严重不良事件在规定时间内做出报告并记录在案；

（五）核实试验用兽药按照有关规定进行供应、贮藏、分发、收回，并做相应的记录；

（六）如实记录试验者未进行的试验、未做的检查项目，以及是否对错误、遗漏作出纠正；

（七）每次检查后书面报告申请人，报告应包括检查日期、时间、发现的问题以及采取的措施等。

第六章　临床试验前的准备与必要条件

第四十条　实施兽药临床试验必须有充分的科学依据。临床试验前，必须有完整、充分的临床前研究数据。临床试验应周密考虑试验的目的及要解决的问题，选择临床试验方法必须科学。

第四十一条　临床试验受试兽药和对照兽药分别由申请人和临床试验机构提供。申请人应向临床试验机构提供受试兽药的临床前研究总结，包括配方组成和质量检验报告。临床试验机构应根据受试兽药的类别和用途，选择已批准的与受试兽药作用相同的兽药作为对照兽药。

申请人所提供的临床前资料必须符合进行临床试验的要求，需进行多点试验时，还应提供受试兽药已完成和其他地区正在进行与临床试验有关的有效性和安全性资料。

第四十二条　兽药临床试验机构的设施、条件、试验动物应满足安全有效地进行相应临床试验的需要。具备承担相关试验项目的实验室及仪器设备条件，动物试验设施设备可按试验项目以合同（协议）的方式委托有关动物试验场。动物试验场的变更应向农业部申请核查。

所有试验人员都应具备承担该项临床试验的专业特长、资格和能力，并经过培训。临床试验开始前，试验者和申请人应就试验方案、试验的检查和 SOP 以及试验中的职责分工等达成书面协议。

第七章　试验方案

第四十三条　临床试验开始前应制定试验方案，该方案应由申请人与试验者共同商定，并加盖兽药临床试验机构公章。属于新兽药研制的，还应获得农业部或省级人民政府兽医行政管理部门批准后方可实施。

第四十四条　临床试验方案应符合有关试验指导原则，一般应包括以下内容：

（一）试验项目名称；

（二）试验目的、试验背景、临床前研究中有临床意义的发现及与该临床试验有关的试验结果、已知对试验动物的可能危害及受试兽药对不同种类和状态的试验动物可能存在的差异；

（三）申请人的名称和地址，进行临床试验的场所，试验者的姓名、资格和地址；

（四）试验总体设计及类型，如试验动物的感染方式、对照方法、随机化分组方法、设盲水平、试验单元的选择与依据等；

（五）试验动物的入选、排除和剔除标准，选择步骤，分配方法；

（六）根据统计学原理计算或按照相关规定达到试验预期目的所需的试验动物数；

（七）试验用兽药的剂型、剂量、给药途径、给药方法、给药次数、疗程和有关联合用药的规定，以及对包装和标签的说明；

（八）临床和实验室检查的项目、测定的次数与分析方法等，试验中所用的仪器和设备，以及使用前后校准要求；

（九）试验用兽药的登记与使用记录、递送、分发方式及贮藏条件；

（十）临床观察、登记与记录、保证动物主人依从性的措施；

（十一）中止临床试验的标准、结束临床试验的规定；

（十二）试验评定标准，包括评定参数的方法、观察时间、记录与分析；

（十三）试验动物的编号与标识、随机数字表及病例报告表的保存。设盲试验中，试验动物的处理分组编号应作为盲底由申请人和试验者分别保存；

（十四）不良事件的记录要求和严重不良事件的报告方法、处理措施；

（十五）观察的时间、方式和转归；

（十六）试验用兽药编号的建立和保存、揭盲方法和紧急情况下破盲的规定；

（十七）统计分析计划、统计分析数据集的定义和选择、数据统计分析方法；

（十八）数据管理和数据可溯源性的规定；

（十九）临床试验的质量控制与质量保证；

（二十）动物饲养管理与环境条件；

（二十一）生物安全措施；

（二十二）试验动物及产品的处置、可食用的条件，以及后续应用的其他限制；

（二十三）临床试验预期的进度和完成日期；

（二十四）各方承担的职责及其他有关规定；

（二十五）参考文献。

第四十五条 临床试验中，如需变更试验方案中已批准内容的，申请人应向原批准机关报告变更后的试验方案，并说明依据和理由。

第八章 记录与报告

第四十六条 试验记录表格或病例报告表作为临床试验的原始文件，应完整保存。试验中的任何观察和检查结果均应及时、准确、完整、规范、真实地写入病历和试验记录，不得随意更改。确因填写错误需更正时，由更正者签名，注明时间，并保持原记录清晰可辨。

第四十七条 临床试验中各种试验数据均应记录或将原始报告复印件粘贴在试验记录表格或病例报告表上，在正常范围内的数据也应具体记录。对显著偏离或在临床可接受范围以外的数据须加以核实。检测项目应注明所采用的计量单位。

第四十八条 临床试验总结报告内容应与试验方案要求一致，并着重对试验结论进行分析与讨论。包括：

（一）随机进入各组的实际病例数，脱落和剔除的病例及其理由；

（二）不同组间的基线特征比较，以确定可比性；

（三）对全部有效性评价指标进行统计分析和临床意义分析；

（四）安全性评价应包括临床不良事件和实验室指标合理的统计分析，对严重不良事件应详细描述和评价；

（五）综合评价多点试验的有效性与安全性，并分析各试验点间存在的差异及其原因；

（六）对受试兽药的有效性和安全性以及风险和受益之间的关系做出简要概述和讨论。

第四十九条 临床试验中的资料应按规定保存及管理。兽药临床试验机构应保存临床试验资料至临床试验终止后7年，期满后移交申请人保存。申请人应保存临床试验资料至试验兽药被批准上市后5年。如果中止试验的，保存至试验结束后2年。

第九章 数据管理与统计分析

第五十条 数据管理的目的是把试验数据迅速、完整、无误地纳入报告，所有涉及数据统计与分析的步骤均需记录在案，以便对数据质量及试验实施进行检查。

第五十一条 临床试验中试验动物分配应按试验设计确定的随机分配方案进行，设盲试验中规定揭盲的条件和执行揭盲的程序，以及紧急情况下对个别试验动物紧急破盲接受治疗的理由，应在试验记录表格或病例报告表上说明。

第五十二条 临床试验资料的统计分析过程及其结果的表达应采用规范的统计学方法。临床试验方案中应有统计分析计划，并在统计分析前加以确认和细化。如需作中期分析，应说明理由及操作规程。对结果的评价应将可信区间与假设检验的结果一并考虑。所选用的统计分析数据以及遗漏、未用或多余的资料需加以说明。

第十章 试验用兽药的管理

第五十三条 临床试验用兽药的制备，应当符合《兽药生产质量管理规范》要求。

第五十四条 申请人负责对临床试验受试兽药作适当的包装与标签，并标明“供临床试验用”。在设盲临床试验中，受试兽药与对照兽药在外形、气味、包装、标签和其他特征上尽可能一致。

第五十五条 试验用兽药的使用记录应包括数量、装运、接受、分配、剩余兽药的回收与销毁等方面的信息。

第五十六条 试验用兽药的使用由试验者负

责并设专人管理。试验者应保证所有试验用兽药仅用于该临床试验的试验动物，其剂量与用法应遵照试验方案，剩余试验用兽药退回申请人。上述过程应记录在案。试验者不得把试验用兽药转交与临床试验无关人员。

第五十七条 试验用兽药的供给、使用、贮藏及剩余兽药的处理过程应接受相关人员的检查。

第五十八条 临床试验用兽药不得转交他人使用或销售。

第十一章 试验动物的选择与管理

第五十九条 制定试验动物入选、排除和淘汰的原则。

第六十条 明确试验动物的来源、数量、标识及动物的质量标准。

第六十一条 试验动物的环境控制（如：温湿度、通风和换气次数、噪声、采光照明、饲养空间、生物安全级别以及养殖用水的理化指标等）应符合相关的国家（行业）标准及动物的生长需求。

第六十二条 具备适合试验动物的饲养设备设施，如笼圈舍、平放养场地、池塘及网箱、水族箱、蜂箱、蚕室等饲养设施。

第六十三条 设施应与试验动物生活习性相适应，符合相关动物的饲养管理要求。

第六十四条 试验结束后，试验动物及其产品应按有关规定处理并记录备查。

第十二章 质量保证与质量控制

第六十五条 申请人及试验者均应履行各自职责，并严格遵循临床试验方案，采用 SOP，以保证临床试验的质量控制和质量保证系统的实施。

第六十六条 临床试验中全部相关观察结果和发现都应加以核实，在数据处理的每一阶段应进行质量控制，以保证数据完整、准确、真实、可靠。

第六十七条 申请人可以对临床试验相关活动和文件进行检查，以评价试验是否按试验方案、SOP 要求进行，试验数据记录是否及时、真实、准确、完整。

第六十八条 兽医行政管理部门可对试验者和申请人在实施试验中各自的任务与执行状况进行检查，也可对参加临床试验机构有关资料及文件进行核查。

第十三章 多点试验

第六十九条 多点试验是由试验者按同一试验方案、在一个以上试验点或单位进行的临床试验。

第七十条 多点试验的计划和组织实施应考虑到以下各点：

（一）多点试验方案由试验者与申请人共同讨论、认定后执行；

（二）在临床试验的开始及中期，应组织各试验点参加试验的人员召开会议，研究讨论试验中相关事宜；

（三）各试验点临床试验样本大小及各试验点间的分配，应符合统计分析要求；

（四）保证在不同试验点以相同程序管理试验用兽药，包括分发和贮藏；

（五）根据同一试验方案培训该试验的参加人员；

（六）建立标准化的评价方法，试验中所采用的实验室和临床评价方法均应有统一的质量控制；

（七）数据资料应集中管理与分析，建立数据传递、管理、核查与查询程序；

（八）保证各试验点试验人员遵从试验方案，在违背方案时终止其参加试验。

第七十一条 多点试验应当根据参加试验的试验点数目和试验的要求建立管理系统。

第十四章 附 则

第七十二条 本规范下列用语的含义是：

临床试验，在靶动物进行的兽药系统性研究，以证实或揭示试验兽药的作用、不良反应和/或试验兽药的吸收、分布、代谢和排泄，确定试验兽药的有效性与安全性。

试验方案，叙述试验的背景、理论基础和目的，试验设计、方法和组织，统计学考虑、试验执行和完成条件的文件。

试验者，组织并实施临床试验并对临床试验质量负责的临床试验项目负责人及技术人员（能够独立出具试验数据的人员，不包括辅助人员）。

申请人，发起临床试验的单位。

协查员，由申请人选派并对申请人负责，具备相关知识的人员，其职责是检查和报告试验的进行情况和核实数据。

试验用兽药，供临床试验使用的产品，包括

受试兽药、对照兽药。

对照兽药，临床试验中用于与受试兽药进行比较的或评价的安慰剂或按标签说明书使用的已批准产品。

不良事件，临床试验试验动物接受兽药后出现的各种不利的、非预期表现，但并不一定与用药有因果关系。

严重不良事件，引起死亡或者对生命有危险；致癌、致畸胎、致出生缺陷；导致动物或人体永久的或显著的伤残；对器官功能产生永久损伤；动物群体用药，不良反应发生率超过正常预期的事件。

标准操作规程（SOP），为有效地实施和完成某一临床试验中每项工作所拟定的标准和详细的书面规程。

设盲，一种设计为让指定的试验人员不知道治疗分配以减少潜在偏差的程序。

揭盲，揭示治疗分配程序的过程。

八十四、兽医诊断制品注册规定（修订）

（2015 年 12 月 10 日 农业部公告第 2335 号发布）

为进一步加强兽医诊断制品（以下简称诊断制品）注册评审工作，满足动物疫病诊断、监测、检疫和评估等工作需要，现对兽医诊断制品注册要求规定如下。

一、严格执行诊断制品注册分类的规定。凡与我国已批准上市销售、检测方法和检测标的物相同的同类诊断制品比较，在敏感性、特异性、稳定性和便捷性等方面无根本改进的诊断制品不作为新兽药审批。

二、体外诊断制品应在注册资料中提供临床检测数据和总结报告，不再要求进行临床试验审批。

三、对无国家标准的试验用动物，研制者应当制定动物质量标准和检测方法，可不提供实验动物合格证和实验动物使用许可证等证件的复印件。

四、诊断制品的中试应在 GMP 车间或符合生物安全要求的实验室进行。

五、加强诊断制品生产及检验用菌（毒、虫）种和细胞等主要原材料的管理。申请人提出兽药注册申请时，应提交菌（毒、虫）种基础种子批的制备和鉴定记录、菌（毒、虫）种的标准、鉴定报告，以及基础细胞种子批的制备和鉴定记录、细胞种子的标准、鉴定报告等资料。

六、加强诊断制品所用对照品（包括标准抗原、标准血清等质控标准物质）以及成品的敏感性、特异性和重复性检验用样品盘的制备、检验、标定管理。必要时，标定工作由研究单位委托中国兽医药品监察所进行。

七、加强诊断制品的比对试验研究。应在不少于 3 家实验室进行诊断制品的比对试验。承担比对试验的实验室应为农业部考核合格的省级以上兽医主管部门设置的兽医实验室。有国家兽医参考实验室或农业部指定的专业实验室的，应至少选择 1 家国家参考实验室或农业部指定的专业实验室实施比对试验。

八、涉及《国家中长期动物疫病防治规划（2012—2020 年）》明确的 16 种优先防治动物疫病的诊断制品，如研究单位参加了国际参考实验室组织的国际比对，或采用国际、国家参考实验室提供的标准样品或试剂作为平行对照检测研究的，应提交相应比对结果或试验报告。

九、申报单位在提出注册申请前，应将全部研究报告、原始记录等资料归档备查。

十、本公告自发布之日起施行，农业部公告第 442 号中的《兽医诊断制品注册分类及注册资料要求》同时废止。

附件：兽医诊断制品注册分类及注册资料要求

附件：

兽医诊断制品注册分类及注册资料要求

一、注册分类

第一类未在国内外上市销售的诊断制品。

第二类已在国外上市销售但未在国内上市销售的诊断制品。

第三类我国已批准上市销售的但在敏感性、特异性、稳定性和便捷性等方面有根本改进的诊断制品。

二、注册资料项目

（一）一般资料

1. 诊断制品的名称。

2. 证明性文件。

3. 制造及检验试行规程（草案）、质量标准及其起草说明，附各项主要检验的标准操作程序。

4. 说明书、内包装标签和包装设计样稿。

（二）生产用菌（毒、虫）种的研究资料

5. 来源和特性。

6. 种子批的建立。包括基础种子批的制备和鉴定记录、菌（毒、虫）种的标准、鉴定报告、保藏证明等资料。

（三）生产用细胞的研究资料

7. 来源和特性。

8. 细胞库的建立。

（四）主要原辅材料的来源、检验方法和标准、检验报告等

（五）生产工艺研究资料

9. 主要制造用材料、组分、配方、工艺流程等资料。

10. 诊断制品生产工艺的研究资料。

（六）对照品（抗原、血清等）的制备、检验、标定等研究资料

（七）制品的质量研究资料

11. 成品检验方法的研究和验证资料。包括成品检验样品盘组成，样品盘各样品的制备、检测标准和验证方法，检测记录和检验报告，验证记录和验证报告。

12. 诊断方法的建立和最适条件确定的研究资料。

13. 用于实验室试验（和临床样品检测）的制品生产和检验报告。

14. 敏感性研究报告。包括用阴性、已知感染动物样品、已知的弱阳性、阳性样品检出的阳性率，最低检出量，与已有方法的敏感性比较等。

15. 特异性研究报告。包括用已知未感染动物样品、常规免疫动物的样品检出的阳性率，与有关病原或抗原（如培养基质、动物组织）及抗体的交叉反应等。

16. 重复性和可靠性研究报告。至少 3 批诊断制品的批间和批内可重复性试验报告。不少于 3 个不同实验室检测的比对试验研究结果。

17. 至少 3 批诊断制品的保存期试验报告。包括各主要试剂的保存期试验报告。

18. 符合率研究报告。与其他诊断方法、特别是与金标准方法比较的试验报告。

19. 与已批准上市销售的同类诊断制品进行比较的研究。

（八）中间试制报告

（九）临床样品检测情况及总结报告

（十）临床样品检测情况及总结报告

三、注册资料说明

（一）一般资料

1. 诊断制品的名称包括通用名、英文名、汉语拼音和商品名。通用名应符合" 兽用生物制品命名原则" 的规定。必要时，应提出命名依据。

2. 证明性文件包括：

(1) 申请人合法登记的证明文件、实验动物合格证、实验动物使用许可证等证件的复印件；如使用非本单位动物实验设施的，应提供使用合同及相关单位实验动物使用许可证、实验动物合格证复印件等。

(2) 申请的诊断制品或使用的配方、工艺等专利情况及其权属状态的说明，以及对他人的专利不构成侵权的保证书；

(3) 研究中使用了一类病原微生物的，应当提供批准进行有关实验室试验的批准性文件复印件；

3. 制造及检验试行规程（草案）、质量标准，应参照有关要求进行书写。起草说明中应详细阐述各项主要标准的制定依据和国内外生产使用情况。各项检验的标准操作程序应详细并具有可操作性。

4. 说明书、内包装标签和包装设计样稿，应按照国家有关规定进行书写和制作。

（二）生产用菌（毒、虫）种的研究资料

1. 来源和特性：原种的代号、来源、历史，含量，血清学特性或特异性，纯粹或纯净性，毒力或安全性，细菌的形态、培养特性、生化特性等研究资料；

2. 种子批：基础种子批建立的有关资料，包括基础种子批批号、规格、数量、保存和供应单位，传代方法、代次范围、制备、保存条件和时间、外源因子检测、鉴别检验、含量、血清学特性或特异性、纯粹或纯净性等。

（三）生产用细胞的研究资料

1. 来源和特性：生产用细胞的代号、来源、历史（包括杂交瘤细胞株的建立、鉴定和传代

等），主要生物学特性、外源因子检验等研究资料；

2. 细胞库：主细胞库建库的有关资料，包括基础细胞库细胞批号、规格、数量、保存和供应单位，代次、制备、保存及生物学特性、外源因子检验等研究资料。

（四）主要原辅材料的来源、检验方法和标准、检验报告等

对生产中使用的原辅材料，如国家标准中已经收载，则应采用相应的国家标准，如国家标准中尚未收载，则建议采用相应的国际标准。

（五）生产工艺研究资料

1. 细菌（病毒或寄生虫等）的接种量、培养或发酵条件、灭活或裂解工艺的条件（可能不适用）；

2. 抗原、抗体、核酸等主要活性物质的制备、提取和纯化；

3. 某些特殊原材料的制备（可能不适用）；

4. 灭活剂、灭活方法、灭活时间和灭活检验方法的研究（可能不适用）；

5. 制品的制备流程；

6. 试剂盒的组装。

（六）对照品（抗原、血清等）的制备、检验、标定等研究资料。

应包括制品检验和制品使用过程中必须使用的对照品、参比品等的研究、制备、检验、标定等资料。包括检验标准，标定方法，检验记录和检验报告，标定记录标定报告等。

（七）制品的质量研究资料应包括用于各项实验室试验的制品批数、批号、批量，试验负责人和执行人，试验时间和地点，详细试验内容和结果。

（八）中间试制前的研究工作总结报告应对中间试制前的各项试验内容进行简要而系统的总结。

（九）中间试制报告中间试制报告应由中间试制单位出具，应包括：

1. 中间试制的生产负责人和质量负责人、试制时间和地点；

2. 生产产品的批数（连续5～10批）、批号、批量；

3. 每批中间试制产品的详细生产和检验报告；

4. 中间试制中发现的问题等。

（十）临床样品检测情况及总结报告应按照有关技术指导原则的要求详细报告已经进行的临床试验的详细情况。临床试验中使用的制品应不少于3批，临床样品检测数量不少于1 000份，犬猫等宠物样品检测数量不少于500份，临床样品中应包括阴性样品、阳性、弱阳性样品，其检测结果需用其他方法确认。

四、进口注册资料项目及其说明

（一）进口注册资料项目

1. 一般资料。

（1）证明性文件；

（2）生产纲要、质量标准，附各项主要检验的标准操作程序；

（3）说明书、内包装标签和包装设计样稿。

2. 生产用菌（毒、虫）种的研究资料。

3. 生产用细胞的研究资料。

4. 主要原辅材料的来源、检验方法和标准、检验报告等。

5. 生产工艺研究资料。

6. 对照品（抗原、血清等）的制备、检验、标定等研究资料。

7. 制品的质量研究资料。

8. 至少3批产品的生产和检验报告。

9. 临床样品检测情况及总结报告。

（二）进口注册资料的说明

1. 申请进口注册时，应报送资料项目1～9。

（1）生产企业所在国家（地区）政府和有关机构签发的企业注册证、产品许可证、GMP合格证复印件和产品自由销售证明。上述文件必须经公证或认证后，再经中国使领馆确认；

（2）由境外企业驻中国代表机构办理注册事务的，应当提供《外国企业常驻中国代表机构登记证》复印件；

（3）由境外企业委托中国代理机构代理注册事务的，应当提供委托文书及其公证文件，中国代理机构的《营业执照》复印件；

（4）申请的制品或使用的处方、工艺等专利情况及其权属状态说明，以及对他人的专利不构成侵权的保证书；

（5）该制品在其他国家注册情况的说明，并提供证明性文件或注册编号。

2. 用于申请进口注册的试验数据，应为申报单位在中国境外获得的试验数据。未经许可，不得为进口注册在中国境内进行试验。

3. 全部申报资料应当使用中文并附原文，原

文非英文的资料应翻译成英文，原文和英文附后作为参考。中、英文译文应当与原文内容一致。

4. 进口注册申报资料的其他要求与国内新制品申报资料的相应要求一致。

八十五、农业部办公厅关于印发《兽药比对试验要求》和《兽药比对试验目录（第一批）》的通知

（2016 年 5 月 5 日 农业部办公厅农办医〔2016〕32 号发布）

为保证新修订《兽药产品批准文号管理办法》（农业部令 2015 年第 4 号）顺利实施，我部组织制定了《兽药比对试验要求》和《兽药比对试验目录（第一批）》，现予发布，请遵照执行。

附件：

兽药比对试验要求

按照《兽药产品批准文号管理办法》规定，申请兽药产品批准文号需要实施的比对试验包括生物等效性试验和休药期验证试验。生物等效性试验应按照农业部发布的《兽用化学药品生物等效性试验指导原则》进行；休药期验证试验应按照农业部颁布的《兽药残留试验技术规范（试行）》进行。

一、基本原则

按照科学合理、分类实施、逐步推进的思路，依据产品注册情况以及兽药剂型性质与特点，分期、分类实施比对，具体品种以农业部发布的比对试验目录为准。首先对进口兽药和 2016 年 5 月 1 日起监测期满的新兽药实施比对试验，之后再分步对其他兽药实施比对试验。

原则上，受试品应与参比品最高含量规格实施比对，其他低含量规格不再实施比对。若受试品有多个规格，而参比品只有一个规格的，则只与参比品批准的规格实施比对。

二、参比品、受试品的选择与要求

参比品原则上应为原研发生产企业的产品。若原研发生产企业的产品不再销售，则应选择市售合格的该品种主导产品，并由农业部公布。参比品由比对试验实施机构负责购买，经中国兽医药品监察所检验合格后方可进行比对试验。

受试品应为符合兽药国家标准的产品，并在兽药 GMP 生产线上抽取，经省级兽药检验机构检验合格后方可用于比对试验。

三、试验动物的种类要求

原则上应为参比品批准使用的靶动物。其中批准使用的靶动物为多种动物的，畜禽应分别开展试验，家畜优先选择猪，家禽优先选择鸡，宠物优先选择狗。只有牛羊的，优先选择羊。

四、血药浓度法生物等效性试验要求

能够用血药浓度法进行生物等效性试验的制剂品种，应优先进行血药浓度法生物等效性试验。进行生物等效性试验除应遵循农业部发布的《兽用化学药品生物等效性试验指导原则》之外，还应注意以下几点：

（一）试验设计

用家畜作为试验动物的，一般选择交叉设计。若药物有很长的消除半衰期或者交叉设计时两阶段间的清洗期持续时间太长，以至试验动物出现明显的生理变化时，可选用平行设计。用鸡作为试验动物的，一般选择平行设计。选择平行设计的，试验动物数量每组不少于 30 头（只）。

（二）给药剂量

一般只做单剂量试验。给药剂量应与临床单次用药剂量一致，通常选用参比品的最高给药剂量进行试验。

（三）其他注意事项

有关生物样品采集、样品分析方法的建立与确证、数据处理与统计分析、结果评价和研究报告内容等按农业部发布的《兽用化学药品生物等效性试验指导原则》执行。

五、临床疗效验证试验要求

不能采用血药浓度法进行生物等效性试验的兽药品种，应进行临床疗效验证试验。要求如下：

（一）发病动物模型

一般使用人工发病动物。无法人工发病的，可使用自然发病动物进行试验。

（二）试验设计

一般采用 3 个处理的平行设计，即分为参比品组（阳性对照组）、受试品组（试验组）和发病不给药组（阴性对照组）。

（三）其他注意事项

每组动物数量、观察指标、统计分析和结果判断按相关药物类（抗菌药物、抗寄生虫药物）的Ⅱ期临床药效评价试验指导原则有关规定执行。用于乳腺炎防治的药物可按抗菌药物Ⅲ期临床试验指导原则的要求进行临床疗效验证试验。

六、休药期验证试验要求

生物等效性试验反映的是制剂产品中活性药物的吸收过程，不能反映药物代谢及药物/代谢物的消除。虽然两个产品生物等效，也不能直接采用参比品的休药期。因此，用于食品动物的产品还应验证受试品的休药期是否与参比品相同或少于参比品休药期天数。用于宠物的产品不必进行。

对于需要休药期验证品种，注射剂需包含注射部位肌肉休药期验证，用猪或其他动物代替奶牛做比对试验的产品，需增加奶牛弃奶期验证。

休药期验证试验可采用单一时间点法进行，即按照参比品的休药期，设计一个受试品组，设置动物数 10 头（只），在参比品休药期时间点宰杀全部动物，测定靶组织中残留标示物的残留量。弃奶期验证试验与休药期验证试验相同，可采用单一时间点法进行，设置奶牛 20 头，按照《兽药残留试验技术规范（试行）》取样，测定牛奶中残留标示物的残留量。

有关生物样品采集、样品分析方法的建立与确证、数据处理与统计分析、结果评价和研究报告内容等按农业部发布的《兽药残留试验技术规范（试行）》执行。

七、在线抽样量说明

受试品应在产品生产线上抽取。抽样量应满足产品质量检验、生物等效性和休药期验证 3 个试验的用量。

兽药比对试验目录（第一批）

一、进口注册兽药产品

序号	兽药名称	生产厂家	农业部公告号	血药法（BE）	临床疗效验证	休药期验证	备注
1	阿莫西林、克拉维酸钾注液 Amoxicillin and Clavulanate Potassium Injection	意大利 Haupt Pharma 生产厂 Haupt Pharma Latina S. R. L	1974	√		√	
2	阿莫西林可溶性粉 Amoxicillin Soluble Powder	法国维克有限公司（Virbac. S. A）	2193	/	/	/	
3	阿莫西林可溶性粉 Amoxicillin Soluble Powder	英特威国际有限公司意大利生产厂 Intervet Productions S. r. 1	2117	/	/	/	
4	阿莫西林克拉维酸钾片 Amoxicillin and Clavulanate Potassium Tablets	意大利豪普特制药厂 Haupt Pharma Latina s. r. 1	1987	√			需新兽药过监测期后才能申报
5	阿莫西林注射液 Amoxicillin Injection	法国诗华动物保健公司 Ceva Santé Animale S. A	2125				本品为仿制药，需用原研品进行比对
6	阿莫西林注射液 Amoxicillin Injection	意大利 Haupt Pharma 生产厂 Haupt Pharma Latina s. r. 1	1953	√		√	
7	阿维拉霉素预混剂 Avilamycin Premix	美国礼来公司英国 DISTA 生产厂 EIA Lilly and Company Limited	2060				按附录要求申报
8	氨基丁三醇前列腺素 F2α 注射液 Prostaglandin F2α Tromethamine Injection	法玛西亚比利时生产厂 Pfizer Manufacturing Belgium NV	2060				无合法原料

（续）

序号	兽药名称	生产厂家	农业部公告号	血药法（BE）	临床疗效验证	休药期验证	备注
9	吡虫啉莫昔克丁滴剂（猫用）Imidacloprid andMoxidectin Spot- on Solutions for Cats	KVP Kiel 有限责任公司 KVP Pharma+Veterinar Produkte GmbH	2152	/	/	/	
10	吡虫啉莫昔克丁滴剂（犬用）Imidacloprid and Moxidectin Spot- on Solutions for Dogs	KVP Kiel 有限责任公司 KVP Pharma+Veterinar Produkte GmbH	2152	/	/	/	
11	苄星氯唑西林乳房注入剂（干乳期）Cloxacillin Benzathine Intramammary Infusion（Dry Cow）	意大利豪普特制药厂 Haupt Pharma Latina s. r. 1	2279		√	√	
12	地克珠利混悬液 Diclazuril Suspension	Lusomedicamenta 药业技术有限公司 Lusomedicamenta-Technical Pharmaceutical Society.，A. S	2357		√	√	
13	地克珠利预混剂 0.5% Diclazuril Premix	比利时杨森制药公司 Janssen Pharmaceutica N. V	1638	/	/	/	
14	碘甘油混合溶液 DeLaval N. V	利拉伐 N. V. 公司 DeLaval N. V	2232	/		/	
15	碘混合溶液 Iodine Mixed Solution	利拉伐 N V. 公司 DeLavalNV	2238	/	/	/	
16	碘酸混合溶液 Iodine and Acid Mixed Solution	英国 Evans 生产厂 Evans Vanodine International PLC	2125	/		/	
17	多拉菌素注射液 Doramectin Injection	美国辉瑞公司巴西生产厂 Laboratorios Pfizer LTDA	1864	√		√	
18	多杀霉素咀嚼片 Spinosad Chewable Tablets	美国艾伯维公司 AbbVie，Inc	2253				无合法原料
19	恩诺沙星 Enrofloxacin	KVP Kiel 有限责任公司 KVPPharma+Veterinar Produkte GmbH	2117	/	/	/	
20	恩诺沙星片（宠物用）Enrofloxacin Tablets	KVP Kiel 有限责任公司 KVP Pharma+Veterinar Produkte GmbH	2152	√			
21	恩诺沙星注射液（10%）Enrofloxacin Injection	KVP Kiel 有限责任公司 KVP Pharma+Veterinaer Produkte GmbH	2238	√		√	
22	恩诺沙星注射液（5%）EnrofloxacinInjection	KVP Kiel 有限责任公司 KVP Pharma+Veterinaer Produkte GmbH	2238	√		√	
23	二氯苯醚菊酯吡虫啉滴剂 Permethrin and Imidacloprid Spot-on	KVP Kiel 有限责任公司 KVP Pharma+Veterinar Produkte GmbH	2003	/	/	/	
24	二嗪农项圈（15%）Dimpylate Collar	法国维克有限公司 Virbac S. A.	1830		/	/	
25	非罗考昔咀嚼片 Firocoxib Chewable Tablets	梅里亚有限公司法国吐鲁兹生产厂 MERIAL Toulouse	2232				无合法原料
26	非泼罗尼滴剂（猫用）Fipronil Spot On Cats	梅里亚有限公司法国吐鲁兹生产厂 MERIAL Toulouse	1994	/	/		需新兽药过监测期后才能申报

（续）

序号	兽药名称	生产厂家	农业部公告号	血药法（BE）	临床疗效验证	休药期验证	备注
27	非泼罗尼滴剂（犬用）Fipronil Spot On Dogs	梅里亚有限公司法国吐鲁兹生产厂 MERIAL Toulouse	1994	/			需新兽药过监测期后才能申报
28	非泼罗尼甲氧普烯双甲脒滴剂 Fipronil Methoprene and Amitraz Spot On Solutions	梅里亚有限公司法国吐鲁兹生产厂 MERIAL Toulouse	1987				无合法原料
29	非泼罗尼喷剂 Fipronil Spray	梅里亚有限公司法国吐鲁兹生产厂 MERIAL，Toulouse	2077	/	/	/	需新兽药过监测期后才能申报
30	芬苯达唑粉 Fenbendazole Powder	英特威国际有限公司法国生产 Intervet Production SA	2060	√		√	
31	芬苯达唑粉 4% Fenbendazole Powder	法国维克有限公司 Virbac S. A.	1933	√		√	
32	氟苯达唑预混剂（原氟苯咪唑预混剂）Flubendazole Premix	比利时杨森制药公司 Janssen Pharmaceutica N. V	1717				无合法原料
33	氟苯尼考溶液（2.3%）Florfenicol Solution	先灵葆雅布雷生产厂 Schering-plough（Bray）	1552	√		√	灌胃给药
34	氟苯尼考预混剂（2%）Florfenicol Premix	英特威国际有限公司墨西哥厂 Intervet Mexico，S. A. DE. C. V	1830	/	/	/	
35	氟苯尼考预混剂（50%）Florfenicol Premix（50%）	先灵葆雅动物保健公司美国工厂 Schering-Plough Animal Health Corporation	1721	/		/	
36	氟苯尼考注射液 Florfenicol Iniection	先灵葆雅动物保健公司法国厂 Schering-Plough Sante Animale	1933	√		√	
37	氟苯尼考注射液 Florfenicol Injection	西班牙海博莱生物大药厂 Laboratorios HIPRA，S. A	2219				本品为仿制药，需用原研品进行比对
38	氟尼辛葡甲胺注射液 Flunixin Meglumine Injection	西班牙海博莱生物大药厂 LaboratoriosHIPRA，S. A	2149	/	/	/	
39	氟尼辛葡甲胺注射液 Flunixin Meglumine Injection	先灵葆雅动物保健品公司法国生产）Schering-Plough Sante Animale	2252	/	/	/	
40	复方阿莫西林乳房注入剂（泌乳期）Compound Amoxicillin Intramammary Infusion（Lactating Cow）	意大利豪普特制药生产厂 Haupt Pharma Latina s. r. 1	2329		√	√	
41	复方布他磷注射液 Compound Butaphosphan Injection（Catosal）	KVP Kiel 有限责任公司 KVPPharma＋Veterinar Produkte GmbH	1700				无合法原料
42	复方非班太尔片 Compound Febantel Tablet	KVP Kiel 有限责任公司 KVP Pharma＋Veterinar Produkte GmbH	2001				无合法原料
43	复方非泼罗尼滴剂（猫用）Compound Fipronil-Spot On for Cats	梅里亚有限公司法国吐鲁兹生产厂 MERIAL SAS France，Toulouse	1702	/	/	/	无合法原料
44	复方非泼罗尼滴剂（犬用）Compound Fipronil Spot-On for Dogs	梅里亚有限公司法国吐鲁兹生产厂 MERIAL SAS France，Toulouse	1702	/	/	/	无合法原料

（续）

序号	兽药名称	生产厂家	农业部公告号	血药法（BE）	临床疗效验证	休药期验证	备注
45	复方酚溶液 Compound Phenols Solution	安德国际有限公司 Antec International Limited	2149	/	/	/	
46	复方磺胺嘧啶混悬液 Compound Sulfadiazine Suspension	法国维克有限公司 Virbac S. A. France	2030	√		√	
47	复方磺胺嘧啶混悬液 Compound Sulfadiazine Suspension	德国弗里索伊特兽医制药股份有限公司 Vet Pharma Friesoythe GmbH	2030				本品为仿制药，需用原研品进行比对
48	复方季铵盐戊二醛溶液 Compound Quaternary Ammonium salts and Glutaral Solution	法国苏吉华股份有限公司 S. A. SOGEVAL	2238	/	/	/	
49	复方甲醛溶液 Compound Formaldehyde Solution	世德来有限公司 CID Lines NV/SA	1933	/	/	/	
50	复方克霉素唑软膏 Compound Clotrimazole Ointment	先灵葆雅动物保健公司加拿大厂 Schering-Plough Animal Health Corp Canada	1912	/	/	/	
51	复方咪康唑滴耳液 Compound Miconazole Ear Drops	法国维克有限公司 Virbac S. A	2232	/	/	/	
52	复方戊二醛溶液 Compound Glutaral Solution	英国考文垂化学药品有限公司 Coventry Chemicals Limited，United Kingdom	1717	/	/	/	
53	复方制霉菌素软膏 Compound Nystatin Ointment	法国威隆制药股份有限公司 VETOQUINOL France	1680	/	/	/	
54	枸橼酸、苹果酸粉 Citric Acid and Malic Acid Powder	韩国 RNL 科技公司 （RNL Natural Co.，Ltd.）	1830	/	/	/	
55	癸甲溴铵溶液 Deciquam Solution	中国派斯德股份有限公司	2369	/	/	/	
56	癸氧喹酯预混剂 Decoquinate Premix	硕腾公司美国芝加哥海茨生产厂 Zoetis Inc，Chicago Heights，USA	2076	/	/	/	
57	过硫酸氢钾复合盐粉 Compound Potassium Peroxymonosulphate Powder	安德国际有限公司 Antec International Limited	2357	/	/	/	
58	黄霉素预混剂 Bambermycin Premix	保加利亚标伟特股份有限公司 BIOVET Joint Stock Company-Peshtera Bulgaria	1788				按附录要求申报
59	黄体酮阴道缓释剂 Intravaginal Progesterone Insert	新西兰 DEC 国际有限公司 DEC International，NZ，Ltd	2279	/	/	/	
60	甲基盐霉素、尼卡巴嗪预混剂 Narasin and Nicarbazin Premix	美国礼来公司美国生产厂 Eli Lilly and Company	2097				无合法原料
61	甲基盐霉素预混剂 Narasin Premix	美国礼来公司美国生产厂 A Division of Eli Lilly and Company U. S. A	2016				无合法原料

（续）

序号	兽药名称	生产厂家	农业部公告号	血药法（BE）	临床疗效验证	休药期验证	备注
62	酒石酸泰乐菌素可溶性粉 Tylosin Tartrate Soluble Powder	美国礼来公司英国生产厂 Eli Lilly and Company Limited	2117	/			
63	酒石酸泰乐菌素可溶性粉 Tylosin Tartrate Soluble Powder	保加利亚标伟特股份有限公司 Biovet Jiont Stock Company	1750	/		/	
64	酒石酸泰万菌素可溶性粉 Tylvalosin Tartrate Soluble Powder	英国伊科动物保健有限公司 ECO Animal Health Ltd	1680	/			
65	酒石酸泰万菌素预混剂 Tylvalosin Tartrate Premix	英国伊科动物保健有限公司 ECO Animal Health Ltd	1680	/		/	
66	拉沙洛西钠 Lasalocid Sodium	硕腾公司美国威洛岛（Willow Island）生产厂 Zoetis Inc. Willow Island. USA	1767	/	/	/	
67	拉沙洛西钠预混剂 Lasalocid Sodium Premix	硕腾公司美国威洛岛（Willow Island）生产厂 Zoetis Inc.，Willow Island. USA	1767	/	/	/	需要原料取得合法文号
68	磷酸泰乐菌素预混剂 Tylosin Phosphate Premix	美国礼来公司美国生产厂 Elanco Animal Health，A Division of Eli Lilly and Company	2301	/	/	/	
69	磷酸泰乐菌素预混剂（100g：10g）Tylosin Phosphate Premix	保加利亚标伟特股份有限公司 BIOVET Joint Stock Company-Peshtera Bulgaria	1754	/	/	/	
70	硫酸安普霉素预混剂 Apramycin Sulfate Premix	美国礼来公司英国生产厂 Eli Lilly and Company Limited	2369	/	/	/	
71	硫酸大观霉素 Spectinomycin Sulfate	辉瑞集团法玛西亚·普强公司 Pharmacia & Upjohn Company，ADivision of Pfizer Inc	1772	/	/	/	
72	硫酸黏菌素预混剂 Colistin Sulfate Premix	日本明治制果株式会社泰国生产厂 Thai Meiji Pharmaceutical Co.，Ltd	1594	/	/	/	
73	硫酸头孢喹肟注射液 Cefquinome sulfate Injection	英特威国际有限公司 Intervet International GmbH	1594	√		√	
74	氯前列醇钠注射液 Cloprostenol Sodium Injection	德国弗里索伊特兽医制药股份有限公司（Vet Pharma Friesoythe GmbH）	2177	/	/	/	
75	马波沙星片 Marbofloxacin Tablets	法国威隆制药股份有限公司 Vetoquinol S. A	2329	√			需新兽药过监测期后才能申报
76	美洛昔康注射液 MeloxicamInjection	Labiana 生命科学制药厂 Labiana Life Sciences S. A	2097	√		√	
77	莫能菌素预混剂 Monensin Premix	美国礼来公司动物保健部 Elanco AnimalHealth，A Division of Eli Lilly and Company，U. S. A.	2125				按附录要求申报
78	莫能菌素预混剂 Monensin Premix	保加利亚标伟特股份有限公司 Biovet Jiont Stock Company	1912				按附录要求申报
79	尼卡巴嗪预混剂 Nicarbazin Premix	美国辉宝有限公司以色列生产厂 Phibro Corporation Limited（Koffolk（1949）Ltd.）	1830	/	/	/	

（续）

序号	兽药名称	生产厂家	农业部公告号	血药法（BE）	临床疗效验证	休药期验证	备注
80	葡萄糖甘氨酸补液盐可溶性粉 Glucose，Glycine and Electrolyte for Oral Hydration Powder	辉瑞动物保健品有限公司 Pfizer Animal Health，A Division of Pfizer，Inc	1837	/	/	/	
81	普鲁卡因青霉素、萘夫西林钠、硫酸双氢链霉素乳房注入剂（干奶期）Procaine benzylpenicillin and Nafcillin Sodium and00 Dihydrostreptomycin Sulphate Intramammary Ointment（Dry cow）	英特威国际有限公司 Intervet International B. V	2177			√	
82	氢化可的松醋丙酯喷剂 HydrocortisoneAceponate Spray	法国维克有限公司 Virbac S. A.	1933				无合法原料
83	赛拉菌素溶液 Selamectin Solution	硕腾公司美国卡拉玛祖生产厂 Zoetis P&U，LLC，Kalamazoo，USA	2232	/	/		需新兽药过监测期后才能申报
84	双甲脒溶液 Solution（Taktic 12.5%）	Amitraz 英特威法国生产厂 Intervet Productions	1646	/	/	/	
85	双甲脒项圈 Amitraz Collar	法国维克有限公司 Virbac S. A	1855	/	/		
86	泰拉霉素注射液 Tulathromycin Injection	辉瑞动物保健品公司法国Amboise生产厂 Pfizer PGM，Amboise，France	1837				参照新兽药申报原料和制剂注册，不核发新兽药证书
87	泰乐菌素注射液 Tylosin Injection	爱尔兰百美达化学兽药厂 Bimeda Chemicals Export	2263	√		√	
88	泰乐菌素注射液（50ml：2.5g） Tylosin Injection	保加利亚标伟特股份有限公司 Biovet Joint Stock Company Peshtera Bulgaria	1725	√			
89	替米考星溶液 Tilmicosin Solution	美国礼来公司意大利生产厂 C. O. C. Farmaceutici s. r. l	2060	√		√	灌胃给药
90	替米考星预混剂 Tilmicosin Premix	美国礼来公司英国生产厂 Eli Lilly and Company Limited	2089	/	/	/	
91	替米考星预混剂 Tilmicosin Premix	保加利亚标伟特股份有限公司 BIOVET JOINT STOCK COMPANY PESHTERABULGARIA	2042	/	/	/	
92	头孢氨苄单硫酸卡那霉素乳房注入剂 Cefalexin and Kanamycin Monosulfate Intramammary Infusion	爱尔兰 Univet 生产厂 Univet Ltd	1933		√	√	
93	头孢氨苄片 CefalexinTablets	法国维克有限公司 Virbac S. A	2089	√			需新兽药过监测期后才能申报
94	头孢噻呋晶体 Ceftiofur Crystalline Free Acid	硕腾公司美国卡拉马祖（Kalamazoo）生产厂 Zoetis P&U，LLC.，Kalamazoo，USA	2003	/	/	/	
95	头孢噻呋晶体注射液（牛用） Ceftiofur Crystalline Free Acid Injection	硕腾公司美国卡拉马祖（Kalamazoo）生产厂 Zoetis P&U，LLC.，Kalamazoo，USA	2003	√		√	需要原料先取得文号
96	头孢噻呋晶体注射液（猪用） Ceftiofur Crystalline Free Acid Injection	硕腾公司美国卡拉马祖（Kalamazoo）生产厂 Zoetis P&U，LLC.，Kalamazoo，USA	2003	√		√	需要原料先取得文号
97	土霉素注射液 Oxytetracycline Injection	荷兰优诺威动物保健公司 Eurovet Animal Health BV	2076				本品为仿制药，需用原研品进行比对

（续）

序号	兽药名称	生产厂家	农业部公告号	血药法（BE）	临床疗效验证	休药期验证	备注
98	土霉素注射液 Oxytetracycline Injection	拜耳动物保健公司美国生产厂 Bayer HealthCare LLC, Bayer Animal Health Division	2329				本品为仿制药，需用原研品进行比对
99	托芬那酸片 Tolfenamic acid Tablets	法国威隆制药股份有限公司 VETOQUINOL France	1909	√			
100	托芬那酸注射液 Tolfenamic Acid Injection	法国威隆制药股份有限公司 Vetoquinol S. A	2351	√			
101	托曲珠利 Toltrazuril	KVP Kiel 有限责任公司 KVP Pharma+Veterinar Produkte GmbH	2117	/	/	/	
102	托曲珠利混悬液 Toltrazuril Suspension	KVP Kiel 有限责任公司 KVP Pharma+Veterinar Produkte GmbH	2158		√	√	灌胃给药
103	维吉尼亚霉素 Virginiamycin	美国辉宝有限公司巴西生产厂 Phibro Saude Animal Internacional Ltd	1788	/	/	/	
104	维吉尼亚霉素预混剂 Virginiamycin Premix	美国辉宝有限公司加拿大生产厂 Phibro Animal Health Corporation Ltd	1818	/		/	需要原料取得合法文号
105	戊二醛溶液 Glutaral Solution	泰国 MC 农用化学品有限公司 MC AGRO-CHEMICALS CO. LTD	2252	/	/		
106	烯啶虫胺 Nitenpyram	Dottikon 合成有限公司 Dottikon Exclusive Synthesis AG	1912	/		/	
107	烯啶虫胺片 Nitenpyram Tablets	诺华动物保健公司法国生产厂 Novartis Sante Animale S. A. S	1912	√			需要原料取得合法文号
108	硝碘酚腈注射液 50ml：12.5g Nitroxinil Iniection	梅里亚有限公司法国生产厂 Merial SAS. France	1909	√		√	
109	辛硫磷浇泼溶液 Phoxim Pour-on Solution	KVP Kiel 有限责任公司 KVP Pharma+Veterinar Produkte GmbH	1672	/	/	/	
110	溴氰菊酯溶液 Deltamethrin Solution	英特威公司法国生产厂 Intervet Productions S. A	1864	/	/	/	
111	延胡索酸泰妙菌素 Tiamulin Fumarate	瑞士诺华公司意大利 Sandoz 生产厂 Sandoz Industrial Products S. P. A	1594	/	/	/	
112	延胡索酸泰妙菌素预混剂 Tiamulin Fumarate Premix	保加利亚标伟特股份有限公司 BIOVET Joint Stock Company	1748	/	/	/	
113	延胡索酸泰妙菌素预混剂 Tiamulin Fumarate Premix	瑞士诺华公司奥地利 Sandoz 生产厂 Novartis Animal Health GmbH	1575	/	/	/	
114	盐酸阿替美唑原料 Atipamezole Hydrochloride	芬兰 Fermion Oy 制药厂 Oulu 生产厂 Fermion Oy Oulu Plant	1700	/	/	/	
115	盐酸阿替美唑注射液（10ml：50mg）Atipamezole Hydrochloride Injection (Antisedan)	芬兰 Orion 制药厂 Espoo 生产厂 Orion Corporation, Orion Pharma Espoo site	1700	/	/		

（续）

序号	兽药名称	生产厂家	农业部公告号	血药法（BE）	临床疗效验证	休药期验证	备注
116	盐酸头孢噻呋乳房注入剂（泌乳期）Ceftiofur Hydrochloride Intramammary Infusion（Lactating Cow）（Spectramast LC）	硕腾公司美国卡拉马祖（Kalamazoo）生产厂 Zoetis P&U，LLC.，Kalamazoo，USA	1638		√	√	需新兽药过监测期后才能申报
117	盐酸头孢噻呋注射液（100ml：5g）Ceftiofur Hydrochloride Injection	西班牙海博莱生物大药厂 Laboratorios HIPRA S. A	1901				本品为仿制药，需用原研品进行比对
118	盐酸头孢噻呋注射液 5%Ceftiofur Hydrochloride Injection 5%（Excenel⑧ RTU Sterile Suspension）	硕腾公司美国卡拉马祖（Kalamazoo）生产厂 Zoetis P&U，LLC.，Kalamazoo，USA	1581	√		√	
119	盐酸土霉素注射液 Oxytetracycline Hydrochloride Injection	英特威国际有限公司 Intervet International GmbH	1795	√		√	
120	盐酸右美托咪定原料 Dexmedetomidine Hydrochloride	芬兰 Fermion Oy 制药厂 Oulu 生产厂 Fermion Oy Oulu Plant	1700	/	/	/	
121	盐酸右美托咪定注射液（10ml：5ml）Dexmedetomidine Hydrochloride Injection（Dexdomitor）	芬兰 Orion 制药厂 Espoo 生产厂 Orion Corporation，Orion Pharma Espoo site	1700	/	/	/	
122	伊维菌素双羟奈酸噻嘧啶咀嚼片 Ivermectin and Pyrantel Pamoate Chewable Tablets	默沙东公司 MERCK SHARP & DOHME DE PUERTO RICO INC	2149	√			
123	伊维菌素双羟萘酸噻嘧啶咀嚼片 Ivermectin and Pyrantel Pamoate Chewable Tablets	英国伊科动物保健有限公司法姆西大工厂 ECO Animal Health Ltd Pharmaserve Limited	1613				本品为仿制药，需用原研品进行比对
124	伊维菌素预混剂 0.6% Ivermectin Premix（IVOMEC⑧）	都法玛制药 Dopharma B. V.	1638	/	/	/	
125	伊维菌素注射液 Ivermectin Injection	英国伊科动物保健有限公司 ECO AnimalHealth Ltd	1754				本品为仿制药，需用原研品进行比对
126	伊维菌素注射液 Ivermectin Injection	梅里亚有限公司巴西生产厂 Merial Saude Animal Ltda	2219	√		√	
127	右旋糖酐铁注射液 Iron Dextran Injection	法国维克有限公司 Virbac S. A.	2279	/	/	/	
128	右旋糖酐铁注射液 Iron Dextran Injection	丹麦 Pharmacosmos A/S 公司 Pharmacosmos A/S，Denmark	1914	/		/	
129	长效土霉素注射液 Oxytetracycline Long Acting Injection	美国辉瑞动物保健品有限公司巴西生产厂 Laboratorios Pfizer LTDA	1830	√		√	
130	中性电解氧化水 Neutralized Electrolyzed Oxidized Water（Microcyn AH）	欧库鲁斯创新科学公司 Oculus Innovative Sciences. Inc	2263	/	/	/	
131	注射用垂体促卵泡素 Follicle Stimulating Hormone-Pituitary for Injection	贝尔默实验室有限公司 Bell-More Labs Inc	2351	/	/	/	

（续）

序号	兽药名称	生产厂家	农业部公告号	血药法（BE）	临床疗效验证	休药期验证	备注
132	注射用头孢噻呋钠 Ceftiofur Sodium For Injection	硕腾公司美国卡拉马祖（Kalamazoo）生产厂 Zoetis P&U，LLC.，Kalamazoo，USA	1795	/	/	/	
133	注射用头孢噻呋钠 Ceftiofur Sodium for Injection	韩国 CTCBIO 有限公司 CTCBIO INC	1941	/	/	/	
134	注射用头孢维星钠 Cefovecin Sodium for Injection	硕腾公司美国卡拉马祖（Kalamazoo）生产厂 Zoetis P&U，LLC.，Kalamazoo，USA	1855				无合法原料
135	注射用血促性素、绒促性素 Serum Gonadotrophin and Chorionic Gonadotrophin for Injection（PG600）	英特威国际有限公司 Intervet International B. V	1581	/	/	/	
136	注射用血促性素绒促性素 Serum Gonadotrophin and Chorionic Gonadotrophin for Injection	西班牙海博莱生物大药厂 Laboratorios HIPRA，S. A	2125	/	/	/	
137	注射用盐酸替来他明盐酸唑拉西泮 TiletamineHydrochloride and Zolazepam Hydrochloride for Injection	法国维克有限公司 Virbac S. A.	2301				无合法原料

二、新兽药注册产品（监测期在 2016 年 5 月 1 日至 2017 年 12 月 31 日到期的新兽药）

序号	兽药名称	生产单位	公告号	血药法（BE）	临床疗效验证	休药期验证	备注
138	复方达克罗宁滴耳液	北京众诚方源制药有限公司	1765		/		
139	盐酸多西环素注射液	洛阳惠中兽药有限公司	1904	√		√	
140	复方阿莫西林乳房注入剂	齐鲁动物保健品有限公司	1908		√	√	
141	阿莫西林硫酸黏菌素可溶性粉	江苏恒丰强生物技术有限公司	1923				
142	磺胺氯吡嗪钠二甲氧苄啶溶液	青岛康地恩动物药业有限公司	1998	√			灌胃给药
143	米尔贝肟片	浙江海正动物保健品有限公司	1998	√			
144	癸氧喹酯干混悬剂	瑞普（天津）生物药业有限公司	2035	√		√	灌胃给药
145	复方氟康唑乳膏	南京金盾动物药业有限责任公司	2049	/	/	/	
146	复合亚氯酸钠粉	张家口市绿洁环保化工技术开发有限公司	2059	/	/	/	
147	硫酸头孢喹肟乳房注入剂（泌乳期）	佛山市南海东方澳龙制药有限公司	2059		√	√	
148	利福昔明乳房注入剂（干乳期	齐鲁动物保健品有限公司	2084				
149	戊二醛苯扎溴铵溶液	洛阳惠中兽药有限公司	2096				
150	盐酸头孢噻呋乳房注入剂（干乳期）	齐鲁动物保健品有限公司	2102		√	√	
151	过硫酸氢钾复合盐泡腾片	镇江威特药业有限责任公司	2115	/			
152	枸橼酸碘溶液	佛山市正典生物技术有限公司	2115	/			

三、其他

序号	兽药名称	生产单位	公告号	血药法(BE)	临床研究	休药期验证	备注
153	恩拉霉素预混剂	海正药业股份有限公司	2271				按附录要求申报
154	那西肽预混剂	甘肃汇能生物工程有限公司、山东齐发药业有限公司、安徽皖北药业股份有限公司、新疆天富阳光生物科技有限公司、江苏赛奥生化有限公司、濮阳鸿天威药业有限公司	2382				按附录要求申报
155	亚甲基水杨酸杆菌肽预混剂	浦城绿康生化有限公司	1998				按附录要求申报，新增靶动物猪、鸭监测期2016年9月30日到期
156	杆菌肽锌预混剂	绿康生化股份有限公司	2023				按附录要求申报
157	杆菌肽锌预混剂	天津市新星兽药厂					按附录要求申报
158	莫能菌素预混剂	浙江升华拜克生物股份有限公司、山东齐发胜利生物工程有限公司、山东胜利生物工程有限公司	1986				按附录要求申报
159	盐霉素预混剂	浙江升华拜克生物股份有限公司、山东齐发胜利生物工程有限公司、山东胜利生物工程有限公司、荷泽鲁抗舍里乐药业有限公司	1986				按附录要求申报

注：1. 备注栏中标注某公司产品为仿制药的，采用该公司同品种产品开展比对试验的，试验结果无效。

2. 进口兽药产品再注册后，执行农业部颁布的最新进口兽药质量标准。

3. 相应栏中打‘√’的，表示开展相应的试验；相应栏中打‘/’的，表示不需要开展比对试验。无合法原料的，表示无原料质量标准，不能开展比对试验，按新兽药注册。

附录

全发酵工艺生产的兽药产品药学研究等资料要求

为确保全发酵工艺生产抗生素产品的质量和安全，根据《兽药产品批准文号管理办法》规定，列入比对试验目录的该类产品，其产品批准文号申报资料中药学研究、生产工艺、配方等资料应包括以下内容。由兽药生产企业自己开展相关试验研究，不再送样品至比对试验机构开展试验。

一、生产用菌种的来源和选育指标。包括菌种形态、摇瓶效价、连续5代的传代稳定性和组分检查等资料，相关资质单位出具的菌种鉴定报告。

二、发酵工艺和工艺优化的研究资料。至少10批实验室生产、3批中试生产的试验数据，包括发酵周期、效价、组分检查、pH、含油量等发酵液放罐具体指标。

三、质量研究工作的试验资料。包括至少10批次差异较大发酵单位样品检测情况、有关物质或组分检查情况和HPLC法进行组分检查的方法学研究资料、试验数据和图谱等资料，以及按《中国兽药典》（2010年版）中内服给药制剂的要求进行微生物限度检查，并提供方法学验证资料。

四、企业现行内控标准。包括企业对发酵单位、有关物质、组分限度等指标的修订建议。辅料的来源及质量标准。国际上最新的产品质量标准以及其产品与之检测项目对应的检验报告。

五、标准品或对照品来源、制备及考核材料。

六、近年来生产异常情况（包括染菌情况）的统计报告，及异常情况的实际处理方法。

七、6个月的加速稳定性试验和长期稳定性试验资料，包括检验结果、图谱等。

八、样品的检验报告书。

九、大鼠至少6个月的饲喂试验资料。如果有证据表明产品具有潜在的迟发毒性，则进行更长时间的饲喂研究。视毒理学试验要求在线抽取一定浓度的样品进行相关试验，并经检验符合要求。试验单位符合农业部GLP要求并经过检查合格。

十、残留试验资料。国家无该产品残留限量标准、兽药残留检测方法标准的，按照农业部公告第2223号公告提供相关资料。

十一、不良反应报告。

八十六、停止硫酸黏菌素作为药物饲料添加剂使用

（2016年7月26日农业部公告第2428号发布）

为保障动物产品质量安全和公共卫生安全，根据《兽药管理条例》规定，我部组织开展了硫酸黏菌素安全性评价工作。根据评价结果，我部决定停止硫酸黏菌素用于动物促生长。现将有关事项公告如下。

一、发布修订后的硫酸黏菌素预混剂和硫酸黏菌素预混剂（发酵）的质量标准、标签和说明书，自2016年11月1日起执行。我部原发布的同品种质量标准同时废止（农业部公告第1594号同品种质量标准除外）。

二、2016年11月1日前，已申报硫酸黏菌素预混剂和硫酸黏菌素预混剂（发酵）批准文号且兽药检验机构已完成样品检验的，兽药检验报告标注的执行标准可为原兽药质量标准。

三、按原兽药质量标准取得产品批准文号的，兽药生产企业应按照本公告发布的标签和说明书样稿自行修改标签和说明书内容。2016年11月1日起生产的产品，应使用新的产品标签和说明书。

四、2016年10月31日（含）前生产的产品，可在2017年4月30日前继续流通使用。

五、删除农业部公告第168号附录1产品目录中的“硫酸黏菌素预混剂”。

六、已取得硫酸黏菌素预混剂和硫酸黏菌素预混剂（发酵）批准文号的兽药生产企业，应于2016年11月1日前将批准文号批件送至我部兽医局，统一将“兽药添字”更换为“兽药字”，其他批准信息不变。

特此公告。

附件：1. 质量标准

2. 标签和说明书

附件1

硫酸黏菌素预混剂和硫酸黏菌素预混剂（发酵）质量标准

一、硫酸黏菌素预混剂质量标准

硫酸黏菌素预混剂 Liusuan Nian junsu Yuhunji Colistin Sulfate Prem ix

本品为硫酸黏菌素与小麦粉、淀粉等配制而成。含黏菌素应为标示量的90.0%～110.0%。

【鉴别】取本品适量，加水制成每1ml中含黏菌素0.5mg的溶液，超声10分钟，离心，取上清液，照硫酸黏菌素可溶性粉项下的鉴别试验，显相同结果。

【检查】粒度本品应全部通过二号筛。

干燥失重取本品，在105℃干燥至恒重，减失重量不得过10.0%（《中国兽药典》附录0831）。

其他应符合预混剂项下有关的各项规定（《中国兽药典》附录0109）。

【含量测定】精密称取本品适量，加磷酸盐缓冲液（pH6.0）适量，超声30分钟使硫酸黏菌素溶解，放冷，用磷酸盐缓冲液（pH6.0）定量稀释制成每1mL中约含1万单位的溶液，离心，取上清液，照硫酸黏菌素项下的方法测定，即得。

【作用与用途】多肽类抗生素。主要用于治疗敏感革兰氏阴性菌引起的牛、猪、鸡肠道感染。

【用法与用量】以黏菌素计。混饲：每1 000kg饲料，牛、猪、鸡75～100g，连用3～5天。

【注意事项】

（1）蛋鸡产蛋期禁用。

（2）超剂量使用可能引起肾功能损伤。

（3）本品经口给药吸收极少，不宜用作全身感染性疾病的治疗。

【休药期】牛、猪、鸡7日。

【规格】（1）100g：2g（0.6亿单位）（2）100g：4g（1.2亿单位）（3）100g：5g（1.5亿单位）（4）100g：10g（3亿单位）（5）100g：20g（6亿单位）

【贮藏】遮光，密封，在干燥处保存。

二、硫酸黏菌素预混剂（发酵）质量标准

硫酸黏菌素预混剂（发酵）Liusuan Nian junsu Yuhunji Colistin Sulfate Prem ix

本品为黏菌素发酵滤液成盐后的喷干粉与小麦粉、淀粉、脱脂米糠等配制而成。含黏菌素应为标示量的90.0%～110.0%。

【鉴别】(1) 取本品0.5g，加水10mL，充分振摇，滤过，滤液应显硫酸盐鉴别反应（《中国兽药典》附录0301）。

(2) 取本品适量，加流动相超声处理使溶解并稀释制成每1mL约含黏菌素0.5～0.6mg的溶液，滤过，取续滤液，作为供试品溶液；另取标准品适量，加流动相使溶解并稀释制成 每1mL约含黏菌素0.5～0.6mg的溶液，作为标准品溶液。照高效液相色谱法（《中国兽药典》附录0512）试验，用十八烷基硅烷键合硅胶为填充剂，乙腈-磷酸盐缓冲液（0.025mol/L磷酸二氢铵溶液和0.025mol/L磷酸溶液，用三乙胺调pH至2.1±0.05）（19∶81）为流动相，柱温（35±0.5)℃，检测波长217nm，理论板数按黏菌素峰计算应不低于2 000。取供试品溶液和标准品溶液各20μL注入液相色谱仪，记录色谱图。供试品溶液两主峰的保留时间应与标准品溶液相应两主峰的保留时间一致。

【检查】酸度取本品适量，加水制成每1mL约含0.1g的溶液，依法测定（《中国兽药典》附录0631)，pH应为2.0～5.5。

粒度 本品应全部通过二号筛。

干燥 失重取本品适量，在105℃干燥4小时，减失重量不得过10.0%（《中国兽药典》附录0831)。

重金属 取本品1.0g，依法检查（《中国兽药典》附录0821第二法)，含重金属不得过百万分之二十。

砷盐 取本品1.0g，加氢氧化钙1.0g混合，加少量水搅拌均匀，干燥后用小火炽灼使炭化，置500～600℃炽灼至完全灰化，放冷，加盐酸5mL与水23mL使溶解，依法检查（《中国兽药典》附录0822第一法)，应符合规定(0.000 2%)。

其他应符合预混剂项下有关的各项规定(《中国兽药典》附录0109)。

【含量测定】精密称取本品适量，加（1→10）盐酸溶液15mL，超声处理30分钟，加磷酸盐缓冲液（pH6.0）定量稀释制成每1mL中约含10 000单位的溶液，离心，取上清液，用磷酸盐缓冲液（pH6.0）定量稀释制成浓度范围为每1mL中含800～1 600单位的溶液，照抗生素微生物检定法（《中国兽药典》附录1201）测定。30 000黏菌素单位相当于1mg黏菌素。

【作用与用途】抗生素类药。主要用于治疗敏感革兰氏阴性菌引起的牛、猪、鸡肠道感染。

【用法与用量】以黏菌素计。混饲：每1 000kg饲料，牛、猪、鸡75～100g，连用3～5天。

【注意事项】

(1) 蛋鸡产蛋期禁用。

(2) 超剂量使用可能引起肾功能损伤。

(3) 本品经口给药吸收极少，不宜用作全身感染性疾病的治疗。

【休药期】 牛、猪、鸡7日。

【规格】 100g∶10g（3亿单位）

【贮藏】 遮光，密封，在干燥处保存。

试验菌：大肠埃希菌［CMCC（B）44103或CVCC2801］

培养基胨8g，牛肉浸出粉3g，酵母浸出粉5g，氯化钠45g，磷酸氢二钾3.3g，磷酸二氢钾1g，葡萄糖2.5g，琼脂12～14g，加水至1 000mL，灭菌后pH为7.2～7.4。

附件2

硫酸黏菌素预混剂和硫酸黏菌素预混剂（发酵）

说明书和标签

一、硫酸黏菌素预混剂说明书和标签

（一）硫酸黏菌素预混剂说明书

兽用

【兽药名称】

通用名称： 硫酸黏菌素预混剂

商品名称：

英文名称： Colistin Sulfate Prem ix

汉语拼音： Liusuan Nian junsu Yuhunji

【主要成分】 黏菌素

【药理作用】 药效学黏菌素属多肽类，是一种碱性阳离子表面活性剂，通过与细菌细胞膜内的磷脂相互作用，渗入细菌细胞膜内，破坏其结构，进而引起膜通透性发生变化，导致细菌死亡，产生杀菌作用。本品对需氧菌、大肠杆菌、嗜血杆菌、克雷伯氏菌、巴氏杆菌、铜绿假单胞菌、沙门氏菌、志贺氏菌等革兰氏阴性菌有较强的抗菌作用。革兰氏阳性菌通常不敏感。与多黏菌素B之间有完全交叉耐药性，但与其他抗菌药物之

间无交叉耐药性。

药动学经口给药几乎不吸收，但非胃肠道给药吸收迅速。进入体内的药物可迅速分布进入心、肺、肝、肾和骨骼肌，但不易进入脑脊髓、胸腔、关节腔和感染病灶。主要经肾排泄。

【药物相互作用】（1）与杆菌肽锌 1∶5 配合有协同作用。

（2）与肌松药和氨基糖苷类等神经肌肉阻滞剂合用可能引起肌无力和呼吸暂停。

（3）与螯合剂（EDTA）和阳离子清洁剂对铜绿假单胞菌有协同作用，常联合用于局部感染的治疗。

（4）与能损伤肾功能的药物合用，可增强其肾毒性。

【作用与用途】多肽类抗生素。主要用于治疗敏感革兰氏阴性菌引起的牛、猪、鸡肠道感染。

【用法与用量】以黏菌素计。混饲：每1 000kg饲料，牛、猪、鸡 75～100g，连用 3～5 天。

【不良反应】黏菌素类在内服或局部给药时动物能很好耐受，全身应用可引起肾毒性、神经毒性和神经肌肉阻断效应，黏菌素的毒性比多黏菌素 B 小。

【注意事项】

（1）蛋鸡产蛋期禁用。

（2）超剂量使用可能引起肾功能损伤。

（3）本品经口给药吸收极少，不宜用作全身感染性疾病的治疗。

【休药期】牛、猪、鸡 7 日。

【规格】　（1）100g∶2g（0.6 亿单位）（2）100g∶4g（1.2 亿单位）　（3）100g∶5g（1.5 亿单位）　（4）100g∶10g（3 亿单位）（5）100g∶20g（6 亿单位）

【包装】

【贮藏】遮光，密封，在干燥处保存。

【有效期】

【批准文号】

【生产企业】

（二）硫酸黏菌素预混剂标签

内外标签

兽用

【兽药名称】

通用名称：　硫酸黏菌素预混剂

商品名称：

汉语拼音：　Liusuan Nian junsu Yuhunji

【主要成分】　黏菌素

【性状】

【作用与用途】　主要用于治疗敏感革兰氏阴性菌引起的牛、猪、鸡肠道感染。

【用法与用量】　以黏菌素计。混饲：每1 000kg饲料，牛、猪、鸡 75～100g，连用 3～5 天。

【规格】　（1）100g∶2g（0.6 亿单位）（2）100g∶4g（1.2 亿单位）　（3）100g∶5g（1.5 亿单位）　（4）100g∶10g（3 亿单位）（5）100g∶20g（6 亿单位）

【批准文号】

【生产日期】

【生产批号】

【有效期】　至

【贮藏】　遮光，密封，在干燥处保存。

【包装】

【生产企业】

二、硫酸黏菌素预混剂（发酵）说明书和标签

（一）硫酸黏菌素预混剂（发酵）说明书

兽用

【兽药名称】

通用名称：硫酸黏菌素预混剂（发酵）

商品名称：

英文名称：　Colistin Sulfate Plem ix

汉语拼音：　Liusuan Nian junsu Yuhunji

【主要成分】　黏菌素

药效学黏菌素属多肽类，是一种碱性阳离子表面活性剂，通过与细菌细胞膜内的磷脂相互作用，渗入细菌细胞膜内，破坏其结构，进而引起膜通透性发生变化，导致细菌死亡，产生杀菌作用。本品对需氧菌、大肠杆菌、嗜血杆菌、克雷伯氏菌、巴氏杆菌、铜绿假单胞菌、沙门氏菌、志贺氏菌等革兰氏阴性菌有较强的抗菌作用。革兰氏阳性菌通常不敏感。与多黏菌素 B 之间有完全交叉耐药性，但与其他抗菌药物之间无交叉耐药性。

药动学经口给药几乎不吸收，但非胃肠道给药吸收迅速。进入体内的药物可迅速分布进入心、肺、肝、肾和骨骼肌，但不易进入脑脊髓、胸腔、关节腔和感染病灶。主要经肾排泄。

【药物相互作用】（1）与杆菌肽锌 1∶5 配合有协同作用。

（2）与肌松药和氨基糖苷类等神经肌肉阻滞剂合用可能引起肌无力和呼吸暂停。

（3）与螯合剂（EDTA）和阳离子清洁剂对

铜绿假单胞菌有协同作用，常联合用于局部感染的治疗。

（4）与能损伤肾功能的药物合用，可增强其肾毒性。

【作用与用途】　多肽类抗生素。主要用于治疗敏感革兰氏阴性菌引起的牛、猪、鸡肠道感染。

【用法与用量】　以黏菌素计。混饲：每1 000kg饲料，牛、猪、鸡 75～100g，连用 3～5 天。

【不良反应】　黏菌素类在内服或局部给药时动物能很好耐受，全身应用可引起肾毒性、神经毒性和神经肌肉阻断效应，黏菌素的毒性比多黏菌素 B 小。

【注意事项】

（1）蛋鸡产蛋期禁用。

（2）超剂量使用可能引起肾功能损伤。

（3）本品经口给药吸收极少，不宜用作全身感染性疾病的治疗。

【休药期】　牛、猪、鸡 7 日。

【规格】　100g∶10g（3 亿单位）

【包装】

【贮藏】　遮光，密封，在干燥处保存。

【有效期】

【批准文号】

【生产企业】

（二）硫酸黏菌素预混剂（发酵）标签

内外标签

兽用

【兽药名称】

通用名称：　硫酸黏菌素预混剂（发酵）

商品名称：

汉语拼音：　Liusuan Nian junsu Yuhunji

【主要成分】　黏菌素

【性状】

【作用与用途】　主要用于治疗敏感革兰氏阴性菌引起的牛、猪、鸡肠道感染。

【用法与用量】　以黏菌素计。混饲：每1 000kg饲料，牛、猪、鸡 75～100g，连用 3～5 天。

【规格】100g：10g（3 亿单位）

【批准文号】

【生产日期】

【生产批号】

【有效期】至

【贮藏】遮光，密封，在干燥处保存。

【包装】

【生产企业】

八十七、兽药非临床研究质量管理规范监督检查标准、兽药临床试验质量管理规范监督检查标准及其监督检查相关要求

（2016 年 10 月 27 日 农业部公告第 2464 号发布）

为切实做好兽药非临床研究和临床试验监督检查工作，根据《兽药管理条例》和《兽药非临床研究质量管理规范》《兽药临床试验质量管理规范》《兽药非临床研究与临床试验质量管理规范监督检查办法》，我部组织制定了《兽药非临床研究质量管理规范监督检查标准》《兽药临床试验质量管理规范监督检查标准》及其监督检查相关要求（见附件），现予发布，自发布之日起施行。有关事项公告如下。

一、首次开展兽药安全性评价的单位、已开展兽药安全性评价但尚未接受过我部兽药非临床研究质量管理规范或兽药临床试验质量管理规范监督检查的单位，应向中国兽医药品监察所提交报告及有关资料，并接受监督检查。

二、兽药非临床研究的所有安全性评价试验，应由与新兽药研制单位无隶属或者其他利害关系的兽药安全性评价单位承担。

三、兽药产品批准文号核发工作涉及的临床验证、生物等效性和休药期验证等比对试验，应由与兽药产品批准文号申报企业无隶属或者其他利害关系的兽药安全性评价单位（包括比对试验机构）承担。

四、未经我部监督检查或监督检查不合格的兽药安全性评价单位（包括比对试验机构），其完

成的研究、试验数据资料不得用于兽药产品批准文号申请。

五、兽药安全性评价单位于2017年12月31日前完成的研究、试验数据资料且已出具评价报告的，可继续用于兽药注册申请。自2018年1月1日起，未经我部监督检查或监督检查不合格的兽药安全性评价单位，其完成的研究、试验数据资料不得用于兽药注册申请。

六、兽药安全性评价单位应严格按照《兽药管理条例》和《兽药非临床研究质量管理规范》《兽药临床试验质量管理规范》《兽药非临床研究与临床试验质量管理规范监督检查办法》等有关规定开展相关工作，切实规范研究活动。

特此公告。

附件：1. 兽药非临床研究质量管理规范监督检查标准

2. 兽药非临床研究质量管理规范监督检查相关要求

3. 兽药临床试验质量管理规范监督检查标准（化药、中药）

4. 兽药临床试验质量管理规范监督检查标准（兽用生物制品）

5. 兽药临床试验质量管理规范监督检查相关要求

6. 兽药非临床研究及临床试验质量管理规范监督检查工作纪律

附件1：

兽药非临床研究质量管理规范监督检查标准

使用说明：

1. 根据《兽药非临床研究质量管理规范》（以下简称兽药GLP）制定本标准。

2. 本标准共涉及检查条款285项，关键条款（条款后加“*”）75条，一般条款210条。

3. 在实施兽药GLP监督检查时，须确定相应的检查项目。根据检查项目分别进行评定，在对应项目下填写评定结果。

4. 评定方式：评定结果分为“Y”“Y－”“N”3档。凡某条款得分在75分以上的，判定为符合要求，评定结果标为“Y”；凡某条款得分在50—75分之间的，判定为基本符合要求，评定结果标为“Y－”；凡某条款得分在50分以下的，判定为不符合要求，评定结果标为“N”。对于不涉及的条款，标为“/”。

5. 结果统计：一般条款中，1个“N”折合成3个“Y－”，关键条款的“N”不折合为“Y－”，结果按下表统计。

6. 结果评定		
关键条款缺陷	一般条款缺陷	结论
N<1且Y－≤2	Y－≤32	基本符合兽药GLP要求
N≥1		不符合兽药GLP要求
N<1且Y－>2		
	Y－>32	

被检查单位名称： 检查时间：

试验项目名称：

序号	检查项目		评定结果									
			H1 急性毒性试验	H2 亚慢性毒性试验	H3 繁殖毒性试验	H4 遗传毒性试验	H5 慢性毒性试验	H6 局部毒性试验	H7 安全性药理试验	H8 毒代动力学试验	H9 放射性或生物危害性	其他毒性试验
	A. 组织机构和人员											
	A1	组织管理体系										
1	A1.1*	组织机构设置合理										
2	A1.2*	人员职责分工明确										
	A2	人员										
3	A2.1*	经过GLP培训，熟悉GLP的内容										
4	A2.2*	经过专业培训，具备所承担的研究工作需要的知识结构、工作经验和业务能力										
5	A2.3	经过考核，并取得上岗资格										
6	A2.4	严格履行各自职责										

（续）

序号		检查项目	评定结果									
			H1 急性毒性试验	H2 亚慢性毒性试验	H3 繁殖毒性试验	H4 遗传毒性试验	H5 慢性毒性试验	H6 局部毒性试验	H7 安全性药理试验	H8 毒代动力学试验	H9 放射性或生物危害性	其他毒性试验
7	A2.5	熟练掌握所承担工作有关的标准操作规程										
8	A2.6*	严格执行与所承担工作有关的标准操作规程										
9	A2.7	对实验中发生的可能影响实验结果的任何情况应及时向项目负责人报告										
10	A2.8	着装符合所从事工作的需要										
11	A2.9	确保受试品、对照品和实验系统不受污染										
12	A2.10	定期体检，遵守个人卫生和健康规定，无影响研究结果可靠性的患病者参加研究工作										
	A3	机构负责人										
13	A3.1	具备兽医学、药学、生物学等相关专业本科以上学历										
14	A3.2	具有高级专业技术职称										
15	A3.3	具有兽药非临床研究经验										
16	A3.4	本领域工作5年以上										
17	A3.5*	能够全面负责本机构的建设和管理										
18	A3.6	建有工作人员学历的档案资料										
19	A3.7	建有工作人员专业培训和GLP培训的档案资料										
20	A3.8	建有工作人员专业工作经历的档案资料										
21	A3.9	建有工作人员健康档案资料										
22	A3.10	负责突发事件应急预案的制定及实施										
23	A3.11*	确保有足够数量的合格人员，并按规定履行其职责										
24	A3.12	任命质量保证部门的负责人，并确保其履行职责										
25	A3.13	制订主计划表，掌握各项研究工作的进展										
26	A3.14	在每项研究工作开始前，指定项目负责人										
27	A3.15	如存在更换项目负责人的情况，有更换的原因和时间的记录										
28	A3.16	组织制定、修订、废止标准操作规程										
29	A3.17	审查批准实验方案										
30	A3.18	审查批准总结报告										
31	A3.19	及时处理质量保证部门的报告，提出处理意见										
32	A3.20	确保受试品、对照品的质量和稳定性符合要求										
33	A3.21	与委托或协作单位签订书面合同										
	A4	质量保证部门（QAU）										

（续）

序号		检查项目	评定结果									
			H1 急性毒性试验	H2 亚慢性毒性试验	H3 繁殖毒性试验	H4 遗传毒性试验	H5 慢性毒性试验	H6 局部毒性试验	H7 安全性药理试验	H8 毒代动力学试验	H9 放射性或生物危害性	其他毒性试验
34	A4.1	具有独立的质量保证部门										
35	A4.2	质量保证部门负责人具备兽医学、药学、生物学等相关专业本科以上学历										
36	A4.3*	具备相应的业务素质、工作能力和工作经验，能够独立履行质量保证职责										
37	A4.4	人员数量和非临床研究机构的规模相适应										
38	A4.5	保存本机构主计划表的副本										
39	A4.6	保存本机构正在进行的实验方案的副本										
40	A4.7	保存本机构未归档的总结报告的副本										
41	A4.8	审核实验方案										
42	A4.9	审核实验记录										
43	A4.10	审核总结报告										
44	A4.11*	对每项研究项目实施检查，并制订检查计划										
45	A4.12*	检查记录完整，包括检查的内容、发现的问题、采取的措施、跟踪复查情况等										
46	A4.13	定期检查动物饲养等实验设施										
47	A4.14	定期检查实验仪器设备										
48	A4.15	定期检查档案管理工作										
49	A4.16	向机构负责人和/或项目负责人书面报告检查发现的问题及建议										
50	A4.17	参与制定并确认标准操作规程										
51	A4.18	保存所有标准操作规程的副本										
	A5	项目负责人（SD）										
52	A5.1	具备兽医学、药学、生物学等相关专业本科以上学历										
53	A5.2	具有高级职称或10年以上相关工作经验										
54	A5.3	组织或参加过兽药非临床研究										
55	A5.4*	全面负责所承担项目的运行、质量和管理										
56	A5.5	制订并严格执行实验方案										
57	A5.6	分析研究结果，撰写总结报告										
58	A5.7	及时提出修订或补充相应的标准操作规程的建议										
59	A5.8	确保参与工作人员明确职责										
60	A5.9*	保证实验人员掌握并严格执行标准操作规程										
61	A5.10	负责研究具体涉及的技术问题										
62	A5.11	掌握研究工作的进展，检查各种实验记录，确保记录及时、直接、准确和清楚										

（续）

序号		检查项目	评定结果									
			H1 急性毒性试验	H2 亚慢性毒性试验	H3 繁殖毒性试验	H4 遗传毒性试验	H5 慢性毒性试验	H6 局部毒性试验	H7 安全性药理试验	H8 毒代动力学试验	H9 放射性或生物危害性	其他毒性试验
63	A5.12	详细记录实验中出现的意外情况和采取的措施										
64	A5.13	妥善保管实验过程中的有关资料和标本										
65	A5.14	实验结束后，将实验方案、原始资料、应保存的标本、各种有关的文件和总结报告及时归档										
66	A5.15	及时处理质量保证部门提出的问题，确保研究工作的各环节符合要求										
	A6	其他岗位负责人										
67	A6.1	受试品管理负责人符合岗位职能要求										
68	A6.2	动物饲育管理负责人符合岗位职能要求										
69	A6.3	临床检验负责人符合岗位职能要求										
70	A6.4	病理负责人符合岗位职能要求										
71	A6.5	标本保管负责人符合岗位职能要求										
72	A6.6	档案管理负责人符合岗位职能要求										
73	A6.7	实验设施保障负责人符合岗位职能要求										
	B. 实验设施与管理											
	B1	实验设施										
74	B1.1*	具有与申报的安全性试验项目相适应的实验设施，实验室须通过计量认证或实验室认可，且证书在有效期内										
75	B1.2	各类实验设施保持清洁卫生										
76	B1.3*	实验设备设施运转正常										
77	B1.4*	实验设施布局合理，防止交叉污染										
78	B1.5	配备相应的环境调控设施										
79	B1.6	实验设施周边环境条件（有害化学品、花粉、噪声、粉尘、污染源、绿化面积、居民区等）符合相关要求										
80	B1.7	具备排污设备设施和处理措施										
81	B1.8	具备双路供电系统（或备用电源）										
	B2	实验动物饲养管理设施										
82	B2.1*	动物饲养设施设计合理、配置适当，试验动物饲养设施与所使用的试验动物级别相符合，应具有《实验动物使用许可证》。试验场所须自建，不得租用										
83	B2.2*	饲养设施能够根据需要调控温度、湿度、空气洁净度、氨浓度、通风和照明等环境条件										
84	B2.3	具有监测温度、湿度和压差等环境条件的设备设施										

（续）

序号		检查项目	评定结果									
			H1 急性毒性试验	H2 亚慢性毒性试验	H3 繁殖毒性试验	H4 遗传毒性试验	H5 慢性毒性试验	H6 局部毒性试验	H7 安全性药理试验	H8 毒代动力学试验	H9 放射性或生物危害性	其他毒性试验
85	B2.4	根据实验动物级别，饲养设施内的不同区域保持合理的温度、湿度、压力梯度等环境条件										
86	B2.5	具备所需实验系统的饲养和管理设施										
87	B2.6	具备所需种属动物的饲养和管理设施										
88	B2.7	用于不同研究的实验动物不应饲养于同一饲养室，必须饲养于同一饲养室内的，应有适当的分隔及标记措施										
89	B2.8	动物设施条件与所使用的实验动物级别相符合										
90	B2.9	具有动物的检疫和患病动物的隔离治疗设施										
91	B2.10	具备收集和处置动物尸体、试验废弃物的设施和处理措施										
92	B2.11	具有清洗消毒设施										
93	B2.12*	具备饲料、垫料、笼具及其他动物用品的存放设施，各类设施的配置合理，防止与实验系统相互污染										
94	B2.13	具备易腐败变质的动物用品的保管措施										
	B3	受试品和对照品的处置设施										
95	B3.1*	具备接收和贮藏受试品、对照品的设施										
96	B3.2	具备受试品、对照品的配制设施和配制物贮存设施										
97	B3.3	具有对受试品的浓度、稳定性、均匀性等质量参数的分析测定的仪器设备或措施										
98	B3.4	受试品和对照品含有挥发性、放射性和生物危害性等物质时，设置相应的实验、储存、配制和处置设施等应符合国家有关规定										
	B4	实验资料保管设施										
99	B4.1	具备文字资料的保管设施										
100	B4.2	具备各类标本的保管设施										
101	B4.3	具备电子数据存储保管的设施										
102	B4.4	具备防火、防潮和防盗等安全保管措施										
	C. 仪器设备和实验材料											
	C1	仪器设备										
103	C1.1*	配备与研究工作相适应的仪器设备										
104	C1.2	放置地点合理										
105	C1.3	专人负责保管										
106	C1.4	定期进行检查、维护保养										
107	C1.5	定期进行校正或自检										
108	C1.6	需要进行计量检定的仪器，有计量检定证明										

（续）

序号		检查项目	评定结果									
			H1 急性毒性试验	H2 亚慢性毒性试验	H3 繁殖毒性试验	H4 遗传毒性试验	H5 慢性毒性试验	H6 局部毒性试验	H7 安全性药理试验	H8 毒代动力学试验	H9 放射性或生物危害性	其他毒性试验
109	C1.7	实验室内备有本实验室仪器设备保养、校正及使用方法的标准操作规程										
110	C1.8	具有仪器的状态标识和编号										
111	C1.9*	仪器设备具有购置、安装、验收、使用、检查、测试、保养、校正及故障修理的详细记录并存档										
112	C1.10	根据仪器性能的要求定期进行操作和性能验证，安装、操作、性能验证（IQ/0Q/PQ）的数据和记录应存档。										
	C2	受试品和对照品										
113	C2.1	专人保管										
114	C2.2*	有完善的接收、登记、分发和返还记录										
115	C2.3	有批号、稳定性、含量或浓度、纯度及其他理化性质的记录										
116	C2.4	贮存保管条件应符合要求										
117	C2.5*	贮存的容器贴有标签，标示品名、缩写名、代号、批号、有效期和贮存条件										
118	C2.6	分发过程中避免污染或变质的措施										
119	C2.7	分发时应贴有准确的标签										
120	C2.8	按批号记录分发、归还的日期和数量										
121	C2.9	受试品和对照品与介质混合时，应定期测定混合物中受试品和对照品的浓度和稳定性										
122	C2.10	受试品和对照品与介质混合后，混合物标签标识准确并注明有效期										
123	C2.11	每个批次的受试品都应保留足够用于分析的样品量，留样期限应与实验的原始数据和留样样本的保留期限相同										
124	C2.12*	特殊药品的贮存、保管和使用符合有关规定										
	C3	实验室的试剂和溶液										
125	C3.1*	实验室的试剂和溶液均贴有标签，标明品名、浓度、贮存条件、配制人、配制日期、启用日期及有效期等，并建立相应的配制及使用记录台账										
126	C3.2	试验中未使用变质或过期的试剂和溶液										
	C4	动物的饲养和使用										
127	C4.1	动物的饲料和饮水定期检验，确保其符合营养和卫生标准										
128	C4.2	动物的饲料和饮水中污染物质的含量符合国家相关规定										
129	C4.3	动物的垫料污染物质的含量符合规定										

（续）

序号		检查项目	评定结果									
			H1 急性毒性试验	H2 亚慢性毒性试验	H3 繁殖毒性试验	H4 遗传毒性试验	H5 慢性毒性试验	H6 局部毒性试验	H7 安全性药理试验	H8 毒代动力学试验	H9 放射性或生物危害性	其他毒性试验
130	C4.4	动物的饲料和垫料应贴有标签，标明来源、购入日期、有效期等										
131	C4.5	动物的饲料、饮水和垫料的定期检验结果作为原始资料保存										
132	C4.6	动物饲养室内使用的清洁剂、消毒剂及杀虫剂应符合要求，不影响实验结果，并详细记录其名称、浓度、使用方法和使用的时间等										
133	C4.7	实验动物的使用应经由动物伦理委员会及技术委员会的论证批准										
134	C4.8*	使用健康无病、无人畜共患疾病病原体的动物										
	C5	体外实验材料（微生物、细胞、组织、器官等）										
135	C5.1	体外实验使用材料有明确的来源										
136	C5.2	体外实验使用材料的保存和使用条件适当										
137	C5.3	体外实验使用材料的保存和使用记录完整										
	D. 标准操作规程（SOP）											
	D1	SOP 的制订										
138	D1.1*	制订有与实验工作相适应的 SOP										
139	D1.2	SOP 的制订、修改、销毁和管理的 SOP										
140	D1.3	质量保证的 SOP										
141	D1.4	受试品和对照品接收、登记、标识、保存、分发、返还的 SOP										
142	D1.5	受试品和对照品处理、配制、领用的 SOP										
143	D1.6	受试品和对照品取样分析的 SOP										
144	D1.7	动物实验设施管理和环境调控的 SOP										
145	D1.8	功能实验室管理和环境调控的 SOP										
146	D1.9	实验设施和仪器设备使用、维护、保养、校正和管理的 SOP										
147	D1.10	计算机系统操作和管理的 SOP										
148	D1.11	实验动物运输与接收的 SOP										
149	D1.12	实验动物检疫的 SOP										
150	D1.13	实验动物分组与识别的 SOP										
151	D1.14	实验动物饲养管理的 SOP										
152	D1.15	实验动物的观察记录及实验操作的 SOP										
153	D1.16	各种实验样品采集、各种指标的检查和测定等操作技术的 SOP										
154	D1.17	濒死或已死亡动物检查处理的 SOP										
155	D1.18	动物尸检以及组织病理学检查的 SOP										

（续）

序号		检查项目	评定结果									
			H1急性毒性试验	H2亚慢性毒性试验	H3繁殖毒性试验	H4遗传毒性试验	H5慢性毒性试验	H6局部毒性试验	H7安全性药理试验	H8毒代动力学试验	H9放射性或生物危害性	其他毒性试验
156	D1.19	实验标本的采集、编号和检验的SOP										
157	D1.20	各种实验数据管理和统计处理的SOP										
158	D1.21	工作人员培训、考核及健康检查制度的SOP										
159	D1.22	动物尸体及其他废弃物处理的SOP										
160	D1.23	资料档案管理的SOP										
161	D1.24	其他工作的SOP										
	D2	SOP的管理和实施										
162	D2.1	SOP的制定和修订经质量保证部门负责人审查确认										
163	D2.2	SOP的制定和修订经机构负责人书面批准										
164	D2.3	废止的SOP除一份存档之外均应及时销毁										
165	D2.4*	具有SOP的制定、修改、生效日期及分发、销毁记录并归档										
166	D2.5	SOP的存放应方便使用										
	E. 研究工作的实施											
	E1	项目名称与代号										
167	E1.1	每项研究均有项目名称或代号，并在有关资料及实验记录中统一使用该名称或代号										
168	E1.2	实验中所采集的各种标本均标明项目名称或代号、动物编号和收集日期										
	E2	实验方案的制定										
169	E2.1	经项目负责人签名										
170	E2.2	经质量保证部门负责人审查签名										
171	E2.3	经机构负责人批准并签名										
172	E2.4	接受委托的研究实验方案应经委托单位认可										
	E3	实验方案的内容										
173	E3.1	研究项目的名称或代号及研究目的										
174	E3.2	非临床研究机构和委托单位的名称、地址及联系方式										
175	E3.3	项目负责人和参加实验的工作人员信息										
176	E3.4	受试品和对照品的名称、缩写名、代号、批号、有关理化性质及生物特性等										
177	E3.5	实验系统及选择理由										
178	E3.6	实验动物的种、系、数量、年龄、性别、体重范围、来源和等级										
179	E3.7	实验动物的识别方法										
180	E3.8	实验动物饲养管理的环境条件										

（续）

序号		检查项目	评定结果									
			H1 急性毒性试验	H2 亚慢性毒性试验	H3 繁殖毒性试验	H4 遗传毒性试验	H5 慢性毒性试验	H6 局部毒性试验	H7 安全性药理试验	H8 毒代动力学试验	H9 放射性或生物危害性	其他毒性试验
181	E3.9	饲料名称或代号、来源、批号										
182	E3.10	实验用溶媒、乳化剂及其他介质名称和质量要求										
183	E3.11	受试品和对照品的给药途径、方法、剂量、频率和用药期限及选择的理由										
184	E3.12	所用安全性研究指导原则的文件及文献										
185	E3.13	各种指标的检测方法和频率										
186	E3.14	数据统计处理方法及统计软件										
187	E3.15	实验资料的保存地点										
	E4	研究过程中实验方案的修改										
188	E4.1	经质量保证部门审查										
189	E4.2	经委托单位认可、机构负责人批准										
190	E4.3	有变更的内容、理由及日期的记录并保存										
	E5	实验操作与记录										
191	E5.1*	参加实验的工作人员，执行实验方案										
192	E5.2*	参加实验的工作人员，执行相应的 SOP										
193	E5.3	发现异常时及时记录并向项目负责人报告										
194	E5.4	偏离 SOP 的操作经项目负责人批准										
195	E5.5	研究过程中偏离 SOP 和实验方案的操作及原因有记录										
196	E5.6*	记录及时、准确、清晰并不易消除										
197	E5.7	注明记录日期，记录者签名										
198	E5.8	数据修改符合要求										
	E6	动物出现与受试品无关的异常反应的处理										
199	E6.1	动物出现非受试品引起的疾病或出现干扰研究目的的异常情况时，应立即隔离或处死，及时报告项目负责人并采取措施										
200	E6.2	需要用药物治疗时，治疗措施不得干扰研究结果的可靠性，并经项目负责人批准										
201	E6.3	详细记录治疗的理由、批准手续、检查情况、药物处方、治疗日期和结果等										
	E7	总结报告										
202	E7.1	经项目负责人签名										
203	E7.2	经质量保证部门负责人审查和签署意见										
204	E7.3	经机构负责人批准										
	E8	总结报告的内容										
205	E8.1	研究项目的名称或代号及研究目的										

（续）

序号		检查项目	评定结果									
			H1 急性毒性试验	H2 亚慢性毒性试验	H3 繁殖毒性试验	H4 遗传毒性试验	H5 慢性毒性试验	H6 局部毒性试验	H7 安全性药理试验	H8 毒代动力学试验	H9 放射性或生物危害性	其他毒性试验
206	E8.2	非临床研究机构和委托单位的名称、地址和联系方式										
207	E8.3	研究及实验起止日期										
208	E8.4	受试品和对照品的名称、缩写名、代号、批号、稳定性、含量、浓度、纯度、组分及其他特性										
209	E8.5*	实验动物的种、系、数量、年龄、性别、体重范围、来源、合格证号及签发单位、接收日期和饲养条件										
210	E8.6	动物饲料、饮水和垫料的种类、来源、批号和质量情况										
211	E8.7	受试品和对照品的给药途径、剂量、方法、频率和给药期限										
212	E8.8	受试品和对照品的剂量设计依据										
213	E8.9*	影响研究可靠性和造成研究工作偏离实验方案的异常情况										
214	E8.10	各种指标检测方法和频率										
215	E8.11	项目负责人和所有参加工作的人员相关信息和承担的工作内容										
216	E8.12	试验数据；分析数据所用的统计方法及统计软件										
217	E8.13	实验结果分析和结论										
218	E8.14	原始资料和标本的保存地点										
	E9	研究报告的修改										
219	E9.1	总结报告经机构负责人签字后，需要修改或补充时注明修改或补充的内容、理由和日期										
220	E9.2	经项目负责人认可										
221	E9.3	经质量保证部门负责人审查										
222	E9.4	经机构负责人批准										
	F. 资料档案											
	F1	试验项目归档材料										
223	F1.1	实验方案（如有修改，同时保存修改前的方案）										
224	F1.2	标本（归档应符合要求）										
225	F1.3*	原始资料（包括电子数据）										
226	F1.4	总结报告的原件										
227	F1.5	与实验有关的各种书面文件										
228	F1.6	质量保证部门的检查记录和报告										
229	F1.7	取消或中止实验的原因的书面说明										

（续）

序号		检查项目	评定结果									
			H1 急性毒性试验	H2 亚慢性毒性试验	H3 繁殖毒性试验	H4 遗传毒性试验	H5 慢性毒性试验	H6 局部毒性试验	H7 安全性药理试验	H8 毒代动力学试验	H9 放射性或生物危害性	其他毒性试验
230	F1.8*	完成此次申报兽药GLP试验项目1次以上（近5年）										
	F2	档案管理符合要求										
231	F2.1*	资料档案室有专人负责，并按SOP的要求进行管理										
232	F2.2	实验方案保存至实验结束后至少7年										
233	F2.3	标本保存至实验结束后至少7年										
234	F2.4	原始资料保存至实验结束后至少7年										
235	F2.5	总结报告及其他资料的保存至实验结束后至少7年										
236	F2.6	申请人应保存资料至兽药被批准上市后5年										
237	F2.7	如果中止开发的，保存至实验结束后2年										
238	F2.8	质量容易变化的标本，如组织器官、电镜标本、血液涂片及繁殖毒性试验标本等的保存期，应以能够进行质量评价为保存时限										
	F3	其他归档资料完整										
239	F3.1	人员档案（包括体检、人员履历、培训记录等）										
240	F3.2	实验设施、仪器设备档案资料或复印件										
241	F3.3	其他需要存档的资料										
	G. 其他											
	G1	实验技术现场考核（抽查）										
242	G1.1	称量、配制、给药、动物解剖等										
243	G1.2	盲样测试（病理诊断、样品检测等）										
244	G2	计算机管理系统										
245	G3	数据采集系统										
246	G4*	未发现弄虚作假行为										
247	G5*	现场检查中无干扰或不配合检查行为										
248	G6	按照兽药GLP的要求完成此次申报试验项目的兽药安全性评价研究										
	H. 申请的试验项目											
	H1	急性毒性试验										
249	H1.1*	项目负责人数量和能力能够满足试验项目的需要										
250	H1.2*	专业人员的数量和能力能够满足该试验项目的需要										
251	H1.3*	具有相适应的试验设施										
252	H1.4*	仪器设备能够满足该试验项目的需要										

（续）

序号		检查项目	评定结果									
			H1急性毒性试验	H2亚慢性毒性试验	H3繁殖毒性试验	H4遗传毒性试验	H5慢性毒性试验	H6局部毒性试验	H7安全性药理试验	H8毒代动力学试验	H9放射性或生物危害性	其他毒性试验
	H2	亚慢性毒性试验										
253	H2.1*	项目负责人数量和能力能够满足试验项目的需要										
254	H2.2*	专业人员的数量和能力能够满足该试验项目的需要										
255	H2.3*	具有相适应的试验设施										
256	H2.4*	仪器设备满足试验项目的需要										
	H3	繁殖毒性试验（含致畸试验）										
257	H3.1*	项目负责人数量和能力能够满足试验项目的需要										
258	H3.2*	专业人员的数量和能力能够满足试验项目的需要										
259	H3.3*	具有相适应的试验设备设施										
260	H3.4*	仪器设备满足试验项目的需要										
	H4	遗传毒性试验										
261	H4.1*	项目负责人数量和能力能够满足试验项目的需要										
262	H4.2*	专业人员的数量和能力能够满足试验项目的需要										
263	H4.3*	具有相适应的试验设备设施										
264	H4.4*	仪器设备满足试验项目的需要										
	H5	慢性毒性试验（含致癌试验）										
265	H5.1*	项目负责人数量和能力能够满足试验项目的需要										
266	H5.2*	专业人员的数量和能力能够满足试验项目的需要										
267	H5.3*	具有相适应的试验设备设施										
268	H5.4*	仪器设备满足试验项目的需要										
	H6	局部毒性试验										
269	H6.1*	项目负责人数量和能力能够满足试验项目的需要										
270	H6.2*	专业人员的数量和能力能够满足试验项目的需要										
271	H6.3*	具有相适应的试验设备设施										
272	H6.4*	仪器设备满足试验的需要										
	H7	安全性药理试验										
273	H7.1*	项目负责人数量和能力能够满足试验项目的需要										

（续）

序号		检查项目	评定结果									
			H1 急性毒性试验	H2 亚慢性毒性试验	H3 繁殖毒性试验	H4 遗传毒性试验	H5 慢性毒性试验	H6 局部毒性试验	H7 安全性药理试验	H8 毒代动力学试验	H9 放射性或生物危害性	其他毒性试验
274	H7.2*	专业人员的数量和能力能够满足试验项目的需要										
275	H7.3*	具有相适应的试验设备设施										
276	H7.4*	仪器设备满足试验项目的需要										
	H8	毒代动力学试验										
277	H8.1*	项目负责人数量和能力能够满足试验项目的需要										
278	H8.2*	专业人员的数量和能力能够满足试验项目的需要										
279	H8.3*	具有相适应的试验设备设施										
280	H8.4*	仪器设备满足试验项目的需要										
	H9	放射性或生物危害性药物毒性试验										
281	H9.1*	项目负责人数量和能力能够满足试验项目的需要										
282	H9.2*	从事放射性同位素实验或生物危害性实验技术人员的专业知识、防护知识、教育培训、健康条件和上岗考核等符合国家有关规定，专业人员数量能够满足试验项目的需要										
283	H9.3*	放射性同位素的使用、射线装置的安全和防护设施和其他生物安全防护设施等符合国家有关规定										
284	H9.4*	具有相适应的试验设备设施，实验场所、设施和设备符合相关国家标准、职业卫生标准和安全防护等要求										
285	H9.5*	仪器设备满足试验项目的需要										
	H10	其他毒性试验										

××试验项目评定结果

章节	条款数量	不涉及项	实际数量	实际数量						
				关键条款			一般条款			
				Y	—	N	Y	Y	N	
A	组织机构和人员	73								
B	实验设施与管理	29								
C	仪器设备和实验材料	35								
D	标准操作规程	29								
E	研究工作的实施	56								
F	资料档案	19								
G	其他	7								
H	申请的试验项目									
	总计									
	综合评定结果	（见使用说明）								
	检查组成员签名	年　月　日								

备注：请将一般条款的N折合成Y—计算。

附件2：

兽药非临床研究质量管理规范
监督检查相关要求

一、兽药GLP监督检查报告表

编号：

兽药非临床研究质量管理规范
监督检查报告表

单位名称：　　　　（公章）

报告日期（年/月/日）：

中华人民共和国农业部制

填表说明

一、本表的内容填写应准确完整，字迹清晰，不得使用没有规定的符号、代码和缩写。

二、单位名称：应填写具有独立法人资格的单位全称。例如：×××大学，×××公司。

三、隶属机构：填写本单位上一级主管部门，无上级主管部门的可以不填写。

四、单位类型：在对应的“□”内打“√”选择。企业法人单位应在企业登记注册类型名称对应的“□”内打“√”选择。

五、组织机构代码：按照《中华人民共和国组织机构代码证》上的代码填写。

六、类别：在对应的“□”内打“√”。

七、单位人数：填写实际从事兽药非临床安全性评价研究机构的总人数。

八、安全性评价研究试验项目：在对应试验项目名称“□”内打“√”。如选择“其他毒性试验”，应填写具体内容。

九、联系电话、传真号码均应填写电话区位号。

十、报告表和其他资料应分别装订，可使用A4规格纸张打印或复印。

十一、报告表封面编号由农业部填写。

十二、报告表首页应加盖法人机构的公章。

十三、请同时提交纸质版报告资料和电子版报告资料各一份。

单位名称						
隶属机构						
单位地址						
动物试验地址						
单位类型	事业单位			企业		其他
企业类型		内资企业		外资企业		中外合资企业
统一社会信用代码（组织机构代码）						
类别		首次报告		增加试验项目		□其他
单位人数		按兽药GLP要求开始运行的时间				年　月　日
通讯地址					邮编	
法定代表人	姓名		职称		所学专业	
单位负责人（机构负责人）	姓名		职称		所学专业	
	电子信箱				电话	
质量保证部门负责人	姓名		职称		所学专业	
	电子信箱				电话	
联系人	姓名		职称		传真	
	电子信箱				电话	

此次报告的试验项目	急性毒性试验 □亚慢性毒性试验 繁殖毒性试验（含致畸试验） □遗传毒性试验 （□Ames、口微核、□染色体畸变、□小鼠淋巴瘤试验、□显性致死试验、□精子畸形试验） 慢性毒性试验（含致癌试验） □局部毒性试验 □安全性药理试验 □毒代动力学试验 □放射性或生物危害性药物毒性试验其他毒性试验：
资料目录（具体资料以附件形式后）	□1 法人资格证明文件 □2 申报单位概要 □3 组织机构设置与职责 □4 人员构成情况、人员基本情况以及参加培训情况 □5 机构主要人员情况 □6 动物饲养区域及动物试验区域情况 □7 机构主要仪器设备一览表 □8 检验仪器、仪表、量具、衡器等校验和分析仪器验证情况 □9 标准操作规程目录 □10 计算机系统运行和管理情况 □11 兽药安全性评价研究实施情况 □12 实施《兽药非临床研究质量管理规范》的自查报告 □13 既往接受兽药 GLP 和相关检查的情况 14 其他有关资料
备注	

二、兽药 GLP 监督检查资料要求

（一）法人资格证明文件。企业单位提交企业法人登记证复印件和企业法人营业执照复印件；事业单位提交事业单位法人登记证复印件和上级主管部门签发的有效证明文件原件或复印件；其他依法成立的机构提交上级主管部门或具有法人资格的挂靠单位签发的有效证明文件等复印件。

（二）单位概要。1. 单位发展概况（包括历史沿革，开展兽药安全性评价试验和按兽药 GLP 开展兽药安全性评价试验的基本情况等）；2. 组织机构框架图（说明各部门名称、相互关系、各部门负责人等）；3. 实验设施地址及平面图（包括实验设施所在地址、整体平面图和外观照片，兽药 GLP 与非兽药 GLP 区域平面图，实验室、动物饲养室、管理区域等平面图及各区域的面积等）。

（三）组织机构的设置与职责。包括机构管理部门的设置情况，受试品保管、动物饲养与管理、病理检查及质量保证等部门职能概要。

（四）人员情况。包括人员构成情况、人员基本情况以及参加培训情况（见表 1、2、3）。

（五）主要人员情况。包括机构负责人、质量保证部门负责人、项目负责人、动物饲养管理负责人、组织病理学检查部门负责人、资料保管负责人、受试品管理负责人及其他负责人（见表 4）。

（六）动物饲养区域及动物试验区域情况。1. 动物设施面积和动物收容能力情况（见表 5）；2. 各动物饲养区的平面图（包括动物饲养设施、动物用品供给设施、试验操作区、污物处理区域等）；3. 动物饲养区人流、动物流、物品流、污物流、空气流等流向图（可结合平面图绘制），空气净化系统的送风、回风和排气平面布局图；4. 环境条件，包括动物饲养室的温度、湿度、压力差、照度、噪声、洁净度、氨浓度等环境条件的控制方法、监控程序或方法以及发生异常时的应急预案；实验动物设施温度、湿度、压力梯度、微生物等环境条件的年度检查报告和检测数据等（见表 6）；5. 饲料、饮水、垫料等动物用品的来源与检测频次（包括饲料生产厂家、营养学分析、有害物质的分析、卫生学等检测结果以及饮水的检测结果等）；6. 功能实验室、化学及生物污染特殊区域的环境控制状况；7. 清洁剂、消毒剂、杀虫剂使用情况（表 7）；8. 实验动物的来源、质量合格证明和检疫情况。用于兽药非临床安全性评价研究的实验动物应说明来自具有国家统一核发实验动物生产许可证的具体单位名称并提供相关证明资料，检疫情况包括动物种群的近期健康及病原微生物检测结果等。

（七）机构主要仪器设备一览表。见表 8。

（八）仪器、仪表、量具、衡器等计量检定情况和分析仪器验证情况。

（九）标准操作规程。包括 SOP 的制订、修订及废弃的 SOP 和 SOP 标题。

（十）计算机系统运行和管理情况。

（十一）兽药安全性评价研究实施情况。1. 兽药安全性评价试验实施程序（安全性评价试验流程图）；2. 列表说明近三年来开展兽药安全性评价试验工作情况（包括按照兽药 GLP 要求或非兽药 GLP 条件开展的研究项目的名称、项目负责人姓名、试验起止时间、通过新药审评情况等）。

（十二）实施兽药 GLP 的自查报告。报告内容应包括自查时间、参加人员、自查依据、自查内容、自查结果、发现的问题及整改情况等。

（十三）既往接受兽药 GLP 和相关检查的情况。包括由省级人民政府兽医行政管理部门组织的日常监督检查；农业部组织的各项检查或接受行政处罚的情况，以及整改实施情况与整改结果。

（十四）其他有关资料。

表 1　单位人员构成情况

人员情况	单位负责人（机构负责人）			临床检验技术人员	
				病理诊断人员	
	质量保证部门			动物饲养管理人员	
	项目负责人		姓名	负责项目名称	备注
		1			
		2			
		3			
	其他人员数量				
	人员总数				

	专业 人数	工作分工				学历				职称			
		管理人员	质量保证人员	项目负责人	技术人员	博士	硕士	本科	大专	正高	副高	中级	初级
专业背景	医学												
	药学												
	生物学												
	医学技术												
	动物医学												
	统计学												
	电子信息科学												
	其他												
	占总人数比例（%）												
	小计												
	合计												

注：其他未列出的人员、专业可根据人员实际情况填写。

表 2　单位人员基本情况

序号	姓名	性别	出生年月	学历	毕业时间	专业/方向	职称	工作部门 与岗位	进入本机 构时间	从事安评 年限（年）

注：人员基本情况内容可根据实际情况补充。

表 3　单位人员参加培训情况

外部培训			
姓名	工作岗位	培训内容和地点	培训时间
内部培训			
时间	主讲人/举办单位	培训内容	参加人员

表 4　主要人员情况

岗位名称							
姓名		性别		职称		职务	
学历		专业		出生年月			
教育经历及专业							
工作经历							
从事安全性评价研究情况							
参加新药研究情况							
发表文章或论著							
备注							

注：项目负责人应说明参与完成的安全性评价试验项目名称、试验项目个数，并在括号内注明其中作为项目负责人的试验项目个数。例如：完成急性毒性试验 3 项（1）。

表 5　动物设施面积和试验动物的收容能力情况

试验和动物设施面积（m^2）			
总占地面积		办公用房建筑面积	
功能实验室总建筑面积		动物房总建筑面积	

（续）

屏障系统建筑面积		其他	
普通级动物房建筑面积			

试验动物收容能力

动物种类	级别	面积（m^2）	房间数	最大收容量（只）	备注
小鼠	屏障系统				
大鼠	屏障系统				
豚鼠	屏障系统				
	普通级				
兔	屏障系统				
	普通级				
犬	屏障系统				
	普通级				
鸡	屏障系统				
	普通级				
小型猪	屏障系统				
	普通级				
其他					

注：以上内容按照实际情况填写，不适用的项目可以为空。

表 6　动物实验设施环境条件指标（静态）参考表

项目	指标		
	小鼠、大鼠、豚鼠、地鼠	犬、鸡、兔、猫、猪	
	屏障环境	普通环境	屏障环境
温度,℃	20～26	18～28	
日温差,℃≤	3	5	
相对湿度,%	40～70		
换气次数，次/h	10～15		15～20
气流速度，m/s	0.1～0.2		
压强梯度，Pa	20		20
空气洁净度，级	10 000		10 000
落下菌数个/皿≤*	3	30	3
氨浓度，mg/m^3≤*	14		
噪声，dB≤	60		
光照度，lx	150～300		
昼夜明暗交替时间，h	12/12 或 10/14		

注：*：直径 9cm 培养皿（血琼脂培养基）敞开放置 30 分钟，置 37℃温箱培养 48 小时。

**：氨浓度指标为动态指标。

表 7　清洁剂、消毒剂、杀虫剂使用情况

清洁剂使用情况

名称	目的	浓度	使用范围	使用方法	来源	使用频率

（续）

消毒剂使用情况						
名称	目的	浓度	使用范围	使用方法	来源	使用频率

杀虫剂使用情况						
名称	目的	浓度	使用范围	使用方法	来源	使用频率

表 8 主要试验仪器设备一览表

序号	编号	名称	数量	型号	生产厂商	购置日期	金额（元）	计量检定/校验/验证周期和频次	进行计量检定/校验/验证单位	使用状态

三、兽药 GLP 监督检查工作方案

根据《兽药非临床研究质量管理规范》《兽药非临床研究与临床试验质量管理规范监督检查办法》和《兽药非临床研究质量管理规范监督检查标准》，现对×××实施现场检查。检查方案如下：

（一）单位概况和检查项目

此次实施监督检查的单位地址位于×××，动物试验地址位

于×××，此次报告×××试验项目，属于第×××次检查。

（二）检查时间和检查程序

检查时间： 年 月 日至 年 月 日

检查程序：

第一阶段

首次会议，双方见面

简要汇报按兽药 GLP 实施情况

检查组宣读检查纪律、确认检查项目

检查组介绍检查要求和注意事项

第二阶段

软件和设施及硬件和设施的管理

检查报告单位的周围环境、总体布局

检查报告单位的设施、设备情况

第三阶段

查看文件

检查人员配备、培训情况

设备、检测仪器的管理、验证或校验

现场考核

第四阶段

检查组综合评定，撰写检查报告

末次会议

检查组宣读综合评定意见

（三）检查组成员

组长：×××

组员：×××、×××、×××

四、兽药 GLP 监督检查缺陷项目表

单位名称	
试验项目名称	
类型	□首次报告　增加试验项目　口其他
关键条款缺陷： 一般条款缺陷：	
检查组成员签名： 年　月　日	
单位负责人签名： 年　月　日	

注：1个检查项目填写1份《兽药GLP监督检查缺陷项目表》。

五、兽药GLP监督检查报告

单位名称	
单位地址	
动物试验地址	
试验项目名称	
类型	□首次报告　□增加试验项目　口其他
检查时间	
综合评定： 受农业部委派，检查组按照预定的检查方案，对该单位实施兽药GLP管理情况进行了检查。涉及检查条款共××条，其中关键条款××条，一般条款××条。 总体情况如下： 该单位人员和组织机构是否基本健全，职能是否明确，人员结构、素质和培训情况是否符合要求；周围环境、总体布局是否符合要求，设施、设备情况是否符合要求，管理制度、标准操作规程和记录等文件是否符合要求。 根据《兽药非临床研究质量管理规范监督检查标准》，现场检查发现××试验项目关键条款中符合要求（Y）××条，基本符合要求（Y）××条，不符合要求（N）××条；一般条款符合要求（Y）××条，基本符合要求（Y）××条，不符合要求（N）××条。经检查组综合评定，结果如下：该单位的××试验项目基本符合/不符合兽药GLP要求。基本符合要求的，对于缺陷项目应于3个月内全部完成整改。	
检查组成员	年　月　日
单位负责人 （机构负责人）	年　月　日
备注	

注：1个检查项目填写1份《兽药GLP监督检查报告》。

附件3：

兽药临床试验质量管理规范监督检查标准（化药、中药）

使用说明：

1. 本标准根据《兽药临床试验质量管理规范》（以下简称兽药GCP）制定。

2. 本标准共涉及条款235条，A表、B表和C表3部分。A表（监督检查综合标准）涉及条款57条，关键条款（条款号前加“*”）20条，一般条款37条；B表（试验项目监督检查标准）涉及条款151条，关键条款66条，一般条款85

条；C表（实验项目关键仪器设备监督检查标准）涉及条款27条，全部为关键条款，按具体试验项目选择对应条款使用。

3. 在实施监督检查时，须确定相应的检查范围和内容，按照试验项目进行评定。例如：报告3个试验项目，需使用A表1份，B表3份（分别对3个具体试验项目进行评定）。C表的关键条款按照申请项目对应使用，结果记入试验项目评定表中。

4. 评定方式：评定结果分为“N”、“Y－”和“Y”3档。凡某条款得分在75分以上的，判定为符合要求，评定结果标为“Y”；凡某条款得分在50—75分之间的，判定为基本符合要求，评定结果标为“Y－”；凡某条款得分在50分以下的，判定为不符合要求，评定结果标为“N”。对于不涉及的条款，标为“—”。

5. 结果统计：一般条款中，1个“N”折合成3个“Y－”，关键条款的“N”不折合为“Y－”，结果按下表统计。

6. A表评定意见为不符合要求的，不再对具体试验项目进行评定。

7. 结果评定

A表基本表

关键条款的缺陷项目数量	一般条款的缺陷项目数量	评定意见
N<1且Y－≤2	Y－≤6	基本符合要求，可对申请项目进行评定
N≥1		不符合要求，不再对具体申报项目进行评定
N<1且Y－>2		
	Y－>6	

B表项目评定标准表

关键条款的缺陷项目数量	般条款的缺陷项目数量	评定意见
N<1且Y－≤2	Y－≤13	该试验项目基本符合兽药GCP要求
N≥1		该试验项目不符合兽药GCP要求
N<1且Y－>2		
	Y－>13	

A表一兽药GCP监督检查综合标准

序号	章节	条款编号	条款内容
1	A01 组织机构	A0101*	具有独立的法人资格或有法人代表授权
2		A0102	设置合理的组织机构，各部门职能明确、运行有序
3		A0103	配备与临床试验相适应的管理人员和技术人员
4		A0104	动物管理委员会/伦理委员会
5	A02 组织机构负责人	A0201*	相关专业本科以上学历
6		A0202*	相关专业高级职称
7		A0203	经过临床试验技术和GCP培训
8		A0204	组织或参加过兽药临床试验
9		A0205	本领域工作5年以上
10		A0206*	机构负责人变更的，应提供农业部相关机构提供的资格确认有关资料
11		A0207*	熟悉申请人所提供的与临床试验有关的资料与文献

（续）

序号	章节	条款编号	条款内容
12	A03 兽药临床试验机构办公室负责人及设施	A0301	设立兽药临床试验机构办公室并配备指定负责人
13		A0302	具有兽医、生物、药学等相关专业基本知识
14		A0303	具有参加或组织过兽药临床试验的专业经历
15		A0304	经过临床试验技术和 GCP 培训
16		A0305	按照兽药临床试验管理运行模式进行工作
17		A0306	掌握 GCP 内容和相关法律法规及兽药临床试验管理技术
18		A0307	能协调和解决药物临床试验过程中出现的问题
19		A0308	专用办公室、符合档案管理要求的专用资料档案室、文件柜（带锁）、传真机等办公设备
20		A0309*	样品接收、设盲和揭盲室
21	A04 兽药临床试验管理制度	A0401	兽药临床试验运行管理制度（包括机构办公室工作制度、项目审批制度和临床试验资料归档管理制度等）
22		A0402*	项目的试验用兽药（包括受试兽药和对照兽药）及试验用品的管理制度
23		A0403	设备管理制度
24		A0404*	生物安全防范制度
25		A0405	剧毒品、危险化学品、易制毒化学品安全管理制度
26		A0406*	临床实验动物及废弃物处理制度
27		A0407	动物福利和伦理相关管理制度
28		A0408*	质量控制与质量管理制度
29		A0409	设施与环境控制制度
30		A0410*	试验记录与报告管理制度
31		A0411	实验动物的饲养与管理制度
32		A0412	实验动物房管理制度
33		A0413*	人员培训制度
34		A0414	文件管理制度
35		A0415	合同管理制度
36		A0416	财务等其他相关的管理制度
37		A0417*	防范和处理兽药临床试验中突发事件的应急预案
38	A05 试验设计技术要求	A0501	临床试验方案内容符合有关试验指导原则规定，并经相关负责人批准
39		A0502	兽药临床试验方案设计规范
40		A0503	经试验项目负责人和申请人签字的临床试验方案
41		A0504	经多方签署的多中心临床试验协议
42		A0505	病例记录或试验记录设计规范
43		A0506*	病例报告表全部记录的内容可追溯
44		A0507	兽药临床试验总结报告规范
45		A0508	其他相关试验设计技术要求规范

（续）

序号	章节	条款编号	条款内容
46	A06 标准操作规程(SOP)	A0601	盲底保存 SOP
47		A0602*	原始资料记录 SOP
48		A0603*	试验数据记录 SOP
49		A0604*	病例报告表记录 SOP
50		A0605*	兽药临床试验数据管理 SOP
51		A0606*	不良事件及严重不良事件处理 SOP
52		A0607	严重不良事件报告 SOP
53		A0608	实验室检测及质量控制 SOP
54		A0609	对各兽药临床试验项目的质量控制 SOP
55		A0610	试验资料和文件归档管理 SOP
56		A0611	应具有其他相关 SOP
57	A07 已完成兽药临床试验情况	A0701*	完成此次申报的兽药临床试验项目 1 次以上（近 5 年）

B 表一兽药 GCP 试验项目监督检查标准

序号	章节	条款编号	条款内容
1	B01 试验项目负责人	B0101*	兽医、药学等专业本科以上学历
2		B0102*	兽医、药学等专业高级职称或 10 年以上相关工作经验
3		B0103	经过临床试验技术培训和兽药 GCP 培训（培训证书）
4		B0104	组织或参加过兽药临床试验
5		B0105	应有权支配参与该项试验的人员和使用该项试验所需的设施设备
6		B0106*	试验项目负责人变更的，应提供农业部相关机构提供的资格确认有关资料
7	B02 兽药临床试验方案	B0201*	兽药临床试验方案由试验项目负责人和申请人签字及公章
8		B0202	兽药临床试验方案内容符合 GCP
9		B0203	实验动物主人知情同意书由试验项目负责人与试验动物主人或法定代理人签署
10	B03 试验用兽药的管理	B0301*	试验用兽药（包括受试兽药和对照兽药）的生产应符合兽药 GMP，并有质量合格报告
11		B0302	试验用兽药（包括受试兽药和对照兽药）不得转交他人使用或销售
12		B0303*	试验用兽药（包括受试兽药和对照兽药）的各种记录完整（含设盲、揭盲等记录）
13		B0304*	试验用兽药（包括受试兽药和对照兽药）的剂量和用法与试验方案一致
14		B0305	剩余的试验用兽药（包括受试兽药和对照兽药）退回申请人
15		B0306*	专人管理试验用兽药（包括受试兽药和对照兽药）
16		B0307	剩余临床试验兽药的处理记录
17		B0308	试验用兽药（包括受试兽药和对照兽药）仅用于该临床试验的试验动物
18	B04 数据统计与统计分析	B0401*	数据管理的各种步骤记录在案
19		B0402	具有适当的程序保证数据库的保密性
20		B0403*	实验动物分配与试验设计确定的方案一致
21		B0404	紧急情况破盲述明理由

实验室部分

（续）

序号	章节	条款编号	条款内容
22	B05 实验室 技术人员	B0501*	3名以上兽医、药学、分析等专业本科及以上学历或中级及以上专业技术职称技术人员
23		B0502*	经过临床试验技术和GCP培训（培训证书）
24		B0503	参加过临床相关试验
25		B0504*	主要测试人员具有完整实施生物样品测试经历和实施样品分析的能力
26		B0505*	熟练操作样本分析仪器
27		B0506	熟练运用专业分析软件处理图谱及相关数据
28		B0507	熟练操作数据分析处理软件
29	B06 现场测试	B0601	GCP知识测试（随机抽查）
30		B0602	SOP相关内容操作测试（随机抽查）
31	B07 实验室条件及办公设施	B0701*	实验室须通过计量认证或实验室认可，且证书在有效期内，满足相对独立、功能明确，符合检测和分析流程的要求
32		B0702	具有样本分离、储存以及运输的基本设备
33		B0703	制备样品的专用工作台及通风设备
34		B0704	试验用药品及试验用品专用储藏设施
35		B0705*	实验室计量仪器设备已通过计量检定，并在有效期内
36		B0706	根据需要准备的急救兽药
37	B08 实验室配备常规仪器设备	B0801	应具有能满足试验项目要求的检验、检测仪器设备
38		B0802	规格齐全的微量加样器
39		B0803	分析仪专用计算机及数据分析处理软件
40		B0804	仪器和实验设备处于可使用的正常状态
41		B0805	仪器和实验设备使用和维修记录完整
42	B09 临床试验 实验室 管理制度	B0901	临床试验实验室人员管理制度
43		B0902	试验用兽药（包括受试兽药和对照兽药）管理制度
44		B0903	专用仪器设备管理制度
45		B0904	对放射标记兽药的管理制度
46		B0905	放射标记试验样品的处置与保管制度
47		B0906	临床试验实验室质量保证体系
48		B0907	临床试验结果分析质量控制体系
49		B0908	临床试验实验室工作流程
50	B10 临床试验 实验室标 准操作规 程（SOP）	B1001	各项检查参数检验SOP
51		B1002	试验数据审核SOP
52		B1003	制定抽查及整改SOP
53		B1004	计量仪器校正SOP
54		B1005	实验室仪器操作SOP
55	B10 临床试验 实验室标 准操作规 程（SOP）	B1006	试验数据采集、处理和统计分析SOP
56		B1007	数据和分析结果的打印和保存SOP
57		B1008	测试图谱打印和保存SOP
58		B1009	试验结果和药代参数分析结果打印和保存SOP
59		B1010	试验质量控制SOP（包括实验动物的剔除，结果筛选）
60		B1011	质量控制用样本的制备与分析SOP
61		B1012	电子文档保存SOP
62		B1013	样本测试SOP

（续）

序号	章节	条款编号	条款内容
63	B10 临床试验实验室标准操作规程（SOP）	B1014	样品预处理 SOP
64		B1015	分析测试方法学考察 SOP
65		B1016	样本特定编码 SOP
66		B1017	样本接收、保存和安全处置 SOP
67		B1018	临床试验实验室其他相关 SOP
68	B11 质量保证措施	B1101*	建立临床试验实验室质量保证体系
69		B1102*	建立临床试验结果分析质控体系
70		B1103*	遵循兽药临床试验方案
71		B1104*	执行各种标准操作规程
72		B1105*	接受监察员的监查并记录在案
73	B12 试验记录	B1201*	试验记录及时、准确、规范、完整、真实
74		B1202*	原始资料保存完整
75		B1203*	病例报告表保存完整
76		B1204*	病例报告表中的数据与原始资料一致
77		B1205*	病例报告表附有实验室原始数据报告记录复印件
78		B1206*	兽药临床试验资料保存至临床试验终止后 7 年
79		B1207*	试验总结报告与兽药临床试验方案要求一致
80		B1208*	试验总结报告内容符合 GCP 规定
81		B1209	监察记录保存完整
动物试验部分			
82	B13 动物试验技术人员	B1301*	3 人以上承担试验项目相关专业中级或以上职称动物试验技术人员
83		B1302	经过动物实验技术岗前培训
84		B1303*	经过临床试验技术和 GCP 培训（培训证书）
85		B1304	熟悉应急处理和紧急救治突发临床事件 SOP
86		B1305*	参加过临床试验
87		B1306*	能熟练操作各项设备设施
88	B14 现场测试	B1401	GCP 知识测试（随机抽查）
89		B1402	SOP 相关内容测试（随机抽查）
90	B15 动物试验管理制度及 SOP	B1501	动物试验工作人员管理制度
91		B1502	动物试验用兽药（包括受试兽药和对照兽药）管理制度
92		B1503	抢救用兽药管理制度
93		B1504	动物试验仪器设备管理制度
94		B1505	动物试验资料管理制度
95		B1506*	对放射标记兽药试验动物的管理制度
96		B1507*	对放射标记兽药试验的动物尸体和组织的处置制度
97		B1508*	应建立兽医防疫制度
98		B1509	应建立饲料及饲料添加剂管理制度
99		B1510	应建立饲养管理制度
100		B1511	应建立饲养区清洁卫生与消毒制度及 SOP，详细记录清洁剂、消毒剂和杀虫剂名称、浓度、使用方法和使用的时间等信息
101		B1512	实验动物的分隔与标识制度及 SOP

（续）

序号	章节	条款编号	条款内容
102	B15 动物试验管理制度及 SOP	B1513	动物笼具及其他用品的消毒制度及 SOP
103		B1514*	饲料和饮水定期检验制度及记录
104		B1515	实验动物的检疫和隔离制度及 SOP
105		B1516	制定各种仪器、设备操作 SOP
106		B1517*	制定试验动物筛选与入选 SOP
107	B15 动物试验管理制度及 SOP	B1518*	制定不良事件及严重不良事件处理 SOP
108		B1519	制定严重不良事件报告 SOP
109		B1520	制定试验用兽药（包括受试兽药和对照兽药）接收、保存、分发、回收、返还 SOP，并具有可操作性
110		B1521*	制定原始资料归档和保存 SOP，并具有可操作性
111		B1522*	制定样本采集、分离、保存、运送和交接 SOP
112		B1523	制定样本特定编码 SOP
113		B1524*	建立兽药临床实验动物试验质量保证体系
114	B16 试验设施与动物的管理	B1601*	动物试验场所须具备合法的生产营业执照，具有《动物防疫条件合格证》/《实验动物使用许可证》
115		B1602*	租用的动物试验场所的，应签订长期合同。动物试验场变更的应提供通过核查的有关资料
116		B1603*	实验动物饲养设施与所使用的试验动物级别相符合，应能够根据需要调控温度、湿度、空气洁净度、氨浓度、通风和照明等环境条件
117		B1604*	需要攻毒试验的，应具有与试验项目相符的生物安全设施，试验应符合国家生物安全有关规定
118		B1605	承担临床试验项目要求的功能间（检疫隔离室、动物饲养室、动物解剖室、临床检验室、样品采集室、微生物实验室、病理室）
119		B1606*	饲养场周围一定范围内应无其他饲养场、牲畜（活禽）交易市场、屠宰场、生活水源地和居民居住区
120		B1607*	临床实验动物来源、健康证明和资料应完整保存
121		B1608*	实验动物的种类、品系、性别、年龄、体重、营养状况、健康等级等应有相应记录
122		B1609	实验动物级别及检测报告，可追溯供应商的生产许可证
123		B1610	检疫观察期对观察项目做详细记录并保留存档
124	B16 试验设施与动物的管理	B1611*	进入饲养区的人员进出登记记录
125		B1612	饲料、饮水的质量符合国家相关规定
126		B1613	饲料应贴有标签，标明来源、购入日期、有效期等
127		B1614	饲料和饮水定期检验结果作为原始资料保存
128		B1615*	临床实验动物样品采集、处理与贮存条件
129		B1616*	具备动物尸体及试验废弃物收集、处置的设施和无害化处置措施
130		B1617*	对感染性试验的动物尸体和组织具备高压灭菌设施和处理措施
131		B1618*	对放射标记药物试验的动物尸体和组织的处置设施和措施
132		B1619	实验动物及其产品可供人消费的限制性条件及措施
133		B1620	试验用兽药（包括受试兽药和对照兽药）及试验用品专用配置及储藏设施
134		B1621	根据需要准备的急救兽药及存放设施
135	B17 质量保证实施情况	B1701*	临床试验过程执行各种标准操作规程
136		B1702*	接受监察员的监察并记录在案
137	B18 试验记录	B1801*	试验记录及时、准确、规范、完整、真实
138		B1802*	原始资料保存完整
139		B1803*	病例报告表保存完整
140		B1804*	病例报告表中的数据与原始资料一致
141		B1805*	病例报告表上附实验室原始数据报告记录复印件

（续）

序号	章节	条款编号	条款内容
142	B18 试验记录	B1806*	兽药临床试验资料保存至临床试验终止后7年
143		B1807*	试验总结报告与试验方案要求一致
144		B1808*	试验总结报告内容符合GCP规定
145		B1809	监察记录保存完整
146	B19 不良事件	B1901	对实验动物安全采取必要的保护措施
147		B1902	保证不良事件发生的试验动物及时得到适当的治疗
148		B1903*	所有不良事件记录在案
149		B1904	严重不良事件按规定报告
150	B20 多中心 试验	B2001*	临床试验遵循多中心统一的兽药临床试验方案
151		B2002	临床试验开始及进行中期组织或参加试验项目负责人会议

C表一兽药GCP试验项目关键仪器设备监督检查标准

序号	试验项目	条款编号	条款内容
1	C01 药效评价试验（Ⅱ期临床试验）	C0101*	超净工作台/生物安全柜、二氧化碳培养箱、生化培养箱、高压灭菌器、恒温培养箱、光学显微镜（配置照相系统）、酶标仪、血球分类计数仪、生化分析仪、尿常规分析仪、 抗菌药物或消毒剂对奶牛乳房炎的防治试验：奶牛体细胞计数仪 靶动物生殖系统疾病或调控方面的试验：B超仪 靶动物呼吸道疾病的X光诊断；X光机 采用分子生物学方法鉴定病原菌种类：PCR仪、电泳仪、凝胶成像仪
2	C02 药效评价田间试验（Ⅲ期临床试验）	C0201*	畜禽、宠物同C0101
3		C0202*	水产：同C0101，另加水质分析仪
4		C0203*	蚕药：生物显微镜、恒温培养箱、超净工作台、高压灭菌器、高速冷冻离心机、小型喷雾器等
5		C0204*	蜂药：调温调湿培养箱、光学显微镜、倒置显微镜、超净工作台、二氧化碳培养箱、高压灭菌器、PCR仪、酶标仪、电泳仪、高速冷冻离心机、凝胶成像仪等
6	C03 药代动力学试验	C0301*	畜禽用药：液相色谱-四级杆多重串联质谱/（超）高效液相色谱仪/气相色谱一质谱联用仪/气相色谱仪、氮吹仪/旋转蒸发仪、涡旋仪、匀浆机、超声波清洗仪、离心机、高速冷冻离心机
7		C0302*	水产用药：水质分析仪，其余同C0301
8		C0303*	宠物用药：同C0301
9	C04 药物代谢试验	C0301*	畜禽用药：液相色谱-四级杆多重串联质谱/（超）高效液相色谱仪/气相色谱-质谱联用仪/气相色谱仪、氮吹仪/旋转蒸发仪、涡旋仪、匀浆机、超声波清洗仪、动物代谢笼
10		C0302*	水产用药：水质分析仪，其余同C0301
11		C0303*	宠物用药：同C0301
12	C05 生物等效性试验（血药法）	C0401*	畜禽用药：液相色谱-四级杆多重串联质谱/（超）高效液相色谱仪/气相色谱-质谱联用仪/气相色谱仪、氮吹仪/旋转蒸发仪、涡旋仪、匀浆机、超声波清洗仪、离心机、高速冷冻离心机
13		C0402*	水产用药：水质分析仪，其余同C0401
14		C0403*	宠物用药：同C0401
15	C06 残留消除试验	C0501*	畜禽用药：液相色谱-四级杆多重串联质谱/高效液相色谱仪/气相色谱-质谱联用仪/气相色谱仪、氮吹仪/旋转蒸发仪、涡旋仪、匀浆机、超声波清洗仪、离心机、高速冷冻离心机
16		C0502*	水产用药：水质分析仪，其余同C0501
17		C0503*	宠物用药：不涉及
18		C0505*	蜂药：同C0501
19	C07 靶动物安全试验	C0701*	畜禽用药：血球分类计数仪、生化分析仪、尿常规分析仪、切片机、包埋机
20		C0702*	水产用药：水质分析仪、血球分类计数仪、生化分析仪、切片机
21		C0703*	宠物用药：同C0701
22		C0704*	蚕药：生物显微镜、恒温培养箱、超净工作台、高压灭菌器、高速冷冻离心机、小型喷雾器等
23		C0705*	蜂药：调温调湿培养箱、光学显微镜、倒置显微镜、超净工作台、二氧化碳培养箱、高压灭菌器、高速冷冻离心机等

（续）

序号	试验项目	条款编号	条款内容
24	C08 消毒剂试验（实验室消毒试验和现场消毒试验）	C0801*	超净工作台/生物安全柜、二氧化碳培养箱、生化培养箱、高压灭菌锅、恒温培养箱、显微镜、倒置显微镜、细胞培养箱
25		C0802*	水产用药：水质分析仪，其余同C0801
26		C0803*	蚕药：生物显微镜、恒温培养箱、超净工作台、高压灭菌器、高速冷冻离心机、小型喷雾器等
27		C0804*	蜂药：调温调湿培养箱、光学显微镜、超净工作台、二氧化碳培养箱、高压灭菌器、电泳仪、高速冷冻离心机等

兽药GCP监督检查综合标准评定表（化药、中药）

被检查单位名称：　　　　　　　　　　检查时间：

试验项目名称：

条款序号	评定结果	评定原因	条款序号	评定结果	评定原因
1			27		
2			28		
3			29		
4			30		
5			31		
6			32		
7			33		
8			34		
9			35		
10			36		
11			37		
12			38		
13			39		
14			40		
15			41		
16			42		
17			43		
18			44		
19			45		
20			46		
21			47		
22			48		
23			49		
24			50		
25			51		
26			52		
53			56		
54			57		
55					
Y的数量：					
Y的数量：					

（续）

条款序号	评定结果	评定原因	条款序号	评定结果	评定原因
N 的数量：					
检查组成员签名：					
填写评定意见		（见使用说明）			

备注：请将一般条款的 N 折合成 Y−。

兽药 GCP 监督检查试验项目评定表（化药、中药）

被检查单位名称					
试验项目名称				项目代码	
条款序号	评定结果	评定原因	条款序号	评定结果	评定原因
1			33		
2			34		
3			35		
4			36		
5			37		
6			38		
7			39		
8			40		
9			41		
10			42		
11			43		
12			44		
13			45		
14			46		
15			47		
16			48		
17			49		
18			50		
19			51		
20			52		
21			53		
22			54		
23			55		
24			56		
25			57		
26			58		
27			59		
28			60		
29			61		
30			62		
31			63		
32			64		

（续）

条款序号	评定结果	评定原因	条款序号	评定结果	评定原因
65			107		
66			108		
67			109		
68			110		
69			111		
70			112		
71			113		
72			114		
73			115		
74			116		
75			117		
76			118		
77			119		
78			120		
79			121		
80			122		
81			123		
82			124		
83			125		
84			126		
85			127		
86			128		
87			129		
88			130		
89			131		
90			132		
91			133		
92			134		
93			135		
94			136		
95			137		
96			138		
97			139		
95			140		
99			141		
100			142		
101			143		
102			144		
103			145		
104			146		
105			147		
106			148		

（续）

条款序号	评定结果	评定原因	条款序号	评定结果	评定原因
149			151		
150			C表条款		
C表条款			C表条款		
C表条款			C表条款		
Y的数量：					
Y的数量：					
N的数量：					
检查组成员签名：					
填写评定意见	（见使用说明）				

备注：请将一般条款的N折合成Y−。

附件4：

兽药临床试验质量管理规范监督检查标准（兽用生物制品）

使用说明：

1. 本标准根据《兽药临床试验质量管理规范》（以下简称兽药GCP）制定。

2. 本标准共涉及条款190条，A表、B表2部分。A表（监督检查综合标准）涉及条款58条，关键条款（条款号前加“*”）15条，一般条款43条；B表（试验项目监督检查标准）涉及条款132条，关键条款33条，一般条款99条。

3. 在实施兽药GCP监督检查时，须确定相应的检查范围和内容，按照试验项目进行打分。例如：报告3个试验项目，需使用A表1份，B表3份，分别对3个具体试验项目进行评定。

4. 评定方式：评定结果分为“N”、“Y−”和“Y”3档。凡某条款得分在75分以上的，判定为符合要求，评定结果标为“Y”；凡某条款得分在50−75分之间的，判定为基本符合要求，评定结果标为“Y−”；凡某条款得分在50分以下的，判定为不符合要求，评定结果标为“N”。对于不涉及的条款，标为“−”。

5. 结果统计：一般条款中，1个“N”折合成3个“Y−”，关键条款的“N”不折合为“Y−”，结果按下表统计。

6. A表评定意见为不符合要求的，不再对具体试验项目进行评定。

7. 结果评定

A表基本表

关键条款的缺陷项目数量	一般条款的缺陷项目数量	评定意见
N<1且Y−≤2	Y−≤6	基本符合要求，可对试验项目进行评定
N≥1		不符合要求，不再对具体试验项目进行评定
N<1且Y−>2		
	Y−>6	

B表项目评定标准表

B表项目评定标准表

关键条款的缺陷项目数量	一般条款的缺陷项目数量	评定意见
N<1且Y−≤2	Y−≤15	该试验项目基本符合兽药GCP要求
N≥1		该试验项目不符合兽药GCP要求
N<1且Y−>2		
	Y−>15	

A 表—监督检查综合标准

序号	章节	条款编号	条款内容
1	A01 组织机构	A0101*	应具有独立的法人资格或有法人代表授权
2		A0102	应设置合理的组织机构，各部门职能明确、运行有序
3		A0103	应配备与临床试验相适应的管理人员和技术人员
4		A0104	动物管理委员会/伦理委员会
5	A02 单位 负责人	A0201*	兽医、生物、药学等相关专业本科以上学历
6		A0202*	兽医、生物、药学等相关专业高级职称
7		A0203	经过临床试验技术和兽药 GCP 培训
8		A0204	组织过兽药临床试验
9		A0205	参加过兽药临床试验
10		A0206*	机构负责人变更的，应提供农业部相关机构提供的资格确认有关资料
11		A0207*	熟悉申请人所提供的与临床试验有关的资料与文献
12	A03 兽药临床 试验机构 办公室 负责人及 设施	A0301	设立兽药临床试验机构办公室并指定负责人
13		A0302	具有兽医、生物、药学等相关专业基本知识
14		A0303	具有参加或组织过兽药临床试验的专业经历
15		A0304	经过临床试验技术和 GCP 培训
16		A0305	能够按照兽药临床试验管理运行模式进行工作
17		A0306	掌握 GCP 内容和相关法律法规及兽药临床试验管理技术
18		A0307	能协调和解决药物临床试验过程中出现的问题
19		A0308	专用办公室、符合档案管理要求的专用资料档案室、文件柜（带锁）、传真机等办公设备
20		A0309*	样品接收、设盲和揭盲室
21	A04 兽药临床 试验管理 制度	A0401	兽药临床试验运行管理制度（包括机构办公室工作制度、项目审批制度和临床试验资料归档管理制度等）
22		A0402*	项目的试验用兽药（包括受试兽药和对照兽药）及试验用品的管理制度
23		A0403	设备管理制度
24		A0404	菌毒种管理制度
25		A0405*	生物安全防范制度
26		A0406	剧毒品、危险化学品、易制毒化学品安全管理制度
27		A0407*	临床实验动物及废弃物处理制度
28		A0408	动物福利和伦理相关管理制度
29		A0409*	质量控制与质量管理制度
30	A04 兽药临床 试验管理 制度	A0410	设施与环境控制制度
31		A0411*	试验记录与报告管理制度
32		A0412	试验动物的饲养与管理制度
33		A0413	试验动物房管理制度
34		A0414*	人员培训制度
35		A0415	文件管理制度
36		A0416	合同管理制度
37		A0417	财务等其他相关的管理制度
38		A0418*	防范和处理兽药临床试验中突发事件的应急预案
39	A05 试验设计 技术要求	A0501	临床试验方案内容应符合有关试验指导原则规定，并经相关负责人批准
40		A0502	实验动物主人知情同意书应由试验项目负责人与试验动物主人或法定代理人签署
41		A0503	应有经试验项目负责人和申请人签字的临床试验方案

（续）

序号	章节	条款编号	条款内容
42	A05 试验设计 技术要求	A0504	应有经多方签署的多中心临床试验协议
43		A0505	病例记录或试验记录设计规范
44		A0506*	病例报告表全部记录的内容可追溯
45		A0507	兽药临床试验总结报告规范
46		A0508	其他相关试验设计技术要求规范
47	A06 标准操作 规程 （SOP）	A0601	盲底保存 SOP
48		A0602	原始资料记录 SOP
49		A0603	试验数据记录 SOP
50		A0604	病例报告表记录 SOP
51		A0605	兽药临床试验数据管理 SOP
52		A0606	不良事件及严重不良事件处理 SOP
53		A0607	严重不良事件报告 SOP
54		A0608	实验室检测及质量控制 SOP
55		A0609	对各兽药临床试验项目的质量控制 SOP
56		A0610	试验资料和文件归档管理 SOP
57		A0611	应具有其他相关 SOP
58	A07 已完成兽 药临床试 验情况	A0701*	完成此次申报兽药临床试验项目 1 次以上（近 5 年）

B 表-试验项目监督检查标准

序号	章节	条款编号	条款内容
1	B01* 试验项目 负责人	B0101*	兽医、药学等专业本科以上学历
2		B0102*	兽医、药学等专业高级职称或 10 年以上相关工作经验
3		B0103*	经过临床试验技术培训和 GCP 培训（培训证书）
4		B0104*	组织过兽药临床试验
5		B0105*	参加过兽药临床试验
6		B0106	应有权支配参与该项试验的人员和使用该项试验所需的设施设备
7		B0107*	试验项目负责人变更的，应提供农业部相关机构提供的资格确认有关资料
8	B02* 兽药临床 试验方案	B0201*	兽药临床试验方案由试验项目负责人和申请人签字及公章
9		B0202*	兽药临床试验方案内容符合 GCP（题目、目的、统计要求、质控等）
10	B03 试验用兽 药的管理	B0301*	试验用兽药（包括受试兽药和对照兽药）的生产应符合兽药 GMP，并有质量合格报告
11		B0302	试验用兽药（包括受试兽药和对照兽药）不得转交他人使用或销售
12		B0303*	试验用兽药（包括受试兽药和对照兽药）的各种记录完整（含设盲、揭盲等记录）
13		B0304*	试验用兽药（包括受试兽药和对照兽药）的剂量和用法与试验方案一致
14		B0305	剩余的试验用兽药（包括受试兽药和对照兽药）退回申请人
15		B0306*	专人管理试验用兽药（包括受试兽药和对照兽药）
16		B0307	剩余临床试验兽药的处理记录
17		B0308	试验用兽药（包括受试兽药和对照兽药）仅用于该临床试验的实验动物
18	B04 数据统计 与 统计分析	B0401*	数据管理的各种步骤记录在案
19		B0402	具有适当的程序保证数据库的保密性
20		B0403*	实验动物分配与试验设计确定的方案一致
21		B0404	紧急情况破盲述明理由

（续）

序号	章节	条款编号	条款内容
	实验室部分		
22	B05 实验室 技术人员	B0501	应具有2名以上兽医、生物等相关专业专科以上学历技术人员
23		B0502	应经过临床试验技术和GCP培训
24		B0503	应参加过临床相关试验
25		B0504	主要测试人员应具有完整实施生物样品测试经历和实施样品分析的能力
26		B0505	应具有熟练操作样本检测仪器的能力
27		B0506	应具有熟练操作数据处理、分析软件的能力
28	B06 现场测试	B0601	GCP知识测试（随机抽查）应符合要求
29		B0602	SOP相关内容操作测试（随机抽查）应符合要求
30	B07 实验室条 件及设施	B0701*	实验室须通过计量认证或实验室认可，且证书在有效期内，满足相对独立、功能明确，符合检测和分析流程的要求
31		B0702*	实验室计量仪器设备已通过计量检定，并在有效期内
32		B0703	应具有样本分离、储存以及运输的基本设备
33		B0704	应具有检测样品的专用超净工作台、生物安全柜
34		B0705	应具有试验用兽药、菌毒种及试验用品专用储藏设施或设备
35	B08 实验室配 备常规仪 器设备	B0801	应具有能满足试验项目要求的检验、检测仪器设备
36		B0802	规格齐全的微量加样器
37		B0803	分析仪专用计算机及数据分析处理软件
38		B0804	仪器和实验设备应处于可使用的正常状态
39		B0805	仪器和实验设备使用和维修记录应完整
40	B09 临床试验 实验室 管理制度	B0901	应建立临床试验实验室人员管理制度
41		B0902	试验用兽药（包括标准对照品）管理制度
42		B0903	应建立专用仪器设备管理制度
43		B0906	应建立临床试验实验室质量保证体系
44		B0907	应建立临床试验结果分析质量控制体系
45		B0908	应建立临床试验实验室工作流程
46	B10 临床试验 实验室 标准 操作规程 （SOP）	B1001	应具有各项检查参数检验SOP
47		B1002	应具有试验数据审核SOP
48		B1003	应具有计量仪器校正SOP
49		B1004	应具有实验室仪器操作SOP
50		B1005	应具有试验数据采集、处理和统计分析SOP
51		B1006	应具有试验质量控制SOP（包括实验动物的剔除，结果筛选）
52		B1007	应具有电子文档保存SOP
53		B1008	应具有样本接收、保存和安全处置SOP
54		B1009	应具有临床试验实验室其他相关SOP
55	B11 质量保证 措施	B1101	应建立临床试验实验室质量保证体系
56		B1102	应建立临床试验结果分析质控体系
57		B1103	临床试验过程应遵循兽药临床试验方案
58		B1104	临床试验过程应执行各种标准操作规程
59		B1105	接受监察员的监察并记录在案
60	B12 试验记录	B1201	试验记录应及时、准确、规范、完整、真实
61		B1202	原始资料应保存完整
62		B1203	病例报告表应保存完整

（续）

序号	章节	条款编号	条款内容
63	B12 试验记录	B1204	病例报告表中的数据应与原始资料一致
64		B1205	病例报告表应附有实验室原始数据报告记录复印件
65		B1206	兽药临床试验资料应保存至临床试验终止后7年
66		B1207	试验总结报告应与兽药临床试验方案要求一致
67		B1208	试验总结报告内容应符合GCP规定
68		B1209	监察记录应保存完整
动物试验部分			
69	B13 动物试验 技术人员	B1301	应具有3人以上承担试验项目相关专业中级或以上职称动物试验技术人员
70		B1302	应持有《动物实验从业人员岗位证书》
71		B1303	应经过临床试验技术、GCP培训和生物安全相关知识的培训
72		B1304	具有完整参与临床试验经历的人员
73		B1305	能熟练操作各项设备设施
74	B14 现场测试	B1401	GCP知识测试（随机抽查）应符合规定
75		B1402	SOP相关内容测试（随机抽查）应符合规定
76	B15 兽药临床 试验管理 制度及 SOP	B1501	应建立兽药临床试验工作人员管理制度
77		B1502*	应建立兽药临床试验用兽药管理制度
78		B1503	应建立临床试验抢救用兽药管理制度
79		B1504	应建立临床试验仪器设备管理制度
80		B1505	应建立临床试验资料管理制度
81		B1506*	应建立兽医防疫制度
82		B1507	应建立饲料及饲料添加剂管理制度
83		B1508	应建立动物疫病监控制度
84		B1509	应建立卫生防疫制度
85		B1510	应建立饲养管理制度
86		B1511	应建立试验动物的隔离观察制度及SOP
87		B1512	应建立饲养区域清洁卫生与消毒制度及SOP
88		B1513	应制定各种仪器、设备操作SOP
89	B15 兽药临床 试验管理 制度及 SOP	B1514	应制定实验动物筛选与入选SOP
90		B1515	应制定不良事件及严重不良事件处理SOP
91		B1516	应制定严重不良事件报告SOP
92		B1517	应制定试验用兽药接收、保存、分发、回收、返还SOP，并具有可操作性
93		B1518	应制定原始资料归档和保存SOP，并具有可操作性
94		B1519	应制定样本采集、分离、保存、运送和交接SOP
95		B1520	应制定样本特定编码SOP
96		B1521	应建立本项目兽药临床实验动物试验质量保证体系
97	B16 试验设施 与动物的 管理	B1601*	动物试验场所须具备合法的生产营业执照，具有《动物防疫条件合格证》/《实验动物使用许可证》
98		B1602*	租用的动物试验场所的，应签订长期合同。动物试验场变更的应提供通过核查的有关资料
99		B1603*	需要攻毒试验的，应具有与试验项目相符的生物安全设施，试验应符合国家生物安全有关规定
100		B1604*	试验动物饲养设施与所使用的试验动物级别相符合。饲养设施应设计合理、配置适当，布局合理，防止交叉污染（人流、物流、动物流平面布局等）

（续）

序号	章节	条款编号	条款内容
101	B16 试验设施与动物的管理	B1605	根据防疫需要一般应有动物隔离舍、兽医室、动物解剖室、无害化处理间等功能间
102		B1606	饲养场周围一定范围内应无其他饲养场、牲畜（活禽）交易市场、屠宰场、生活水源地和居民居住区
103		B1607	应具备排污设备设施和处理措施
104		B1608	应具有清洗消毒设施
105		B1609	试验动物及其产品可供人消费的限制性条件及措施
106		B1610 *	应具备收集和处置动物尸体、试验废弃物的设施和无害化处理措施
107		B1611 *	对感染性动物试验的动物尸体和组织具备高压灭菌设施和处理措施
108		B1612	饲养设施应能够根据需要调控温度、湿度、空气洁净度、氨浓度、通风和照明等环境条件
109	B16 试验设施与动物的管理	B1613 *	应具有与所承担试验项目相适应的养殖规模，一般应符合以下要求： 猪存栏 500 头以上 种猪存栏 100 头以上 牛、羊 100 头以上 鸡、鸭 5 000 只以上，其他禽类 500 只以上 兔、水貂、狐狸等原则上不少于 500 只 鱼不少于 5 000 尾 其他动物数量根据试验情况确定
110		B1614 *	临床实验动物来源、健康检疫证明和资料应完整保存
111		B1615 *	实验动物的种类、品系、性别、年龄、体重、营养状况、健康等级等应有相应记录
112		B1616 *	观察期对观察项目应做详细记录并保留存档
113		B1617 *	进入饲养区的人员进出应登记记录
114		B1618 *	动物的饲料和饮水应定期检验，确保其符合营养和卫生标准
115		B1619	动物的饲料和饮水污染物质的含量应符合国家相关规定
116		B1620 *	动物饲料应标明来源、购入日期、效期等并记录
117		B1621 *	动物的饲料和饮水定期检验结果作为原始资料保存
118		B1622 *	动物饲养室内使用的清洁剂、消毒剂及杀虫剂符合要求（不影响实验结果），并详细记录其名称、浓度、使用方法和使用的时间等
119	B17 质量保证实施情况	B1701	临床试验过程应执行各种标准操作规程
120		B1702	应接受监察员的监察并记录在案
121	B18 试验记录	B1801	试验记录应及时、准确、规范、完整、真实
122		B1802	原始资料应保存完整
123		B1803	兽药临床试验资料应保存至临床试验终止后 7 年
124	B19 数据统计与统计分析	B1901	试验总结报告应与试验方案要求一致
125		B1902	试验总结报告内容应符合 GCP 规定
126		B1903	监察记录应保存完整
127		B1904	数据管理的各种步骤应记录在案
128		B1905	应具有适当的程序保证数据库的保密性
129	B20 多中心试验	B2001	试验动物的分配应与试验设计确定的方案一致
130		B2002	紧急情况破盲应述明理由
131		B2003	临床试验应遵循多中心统一的兽药临床试验方案
132		B2004	临床试验开始及进行中期应组织或参加试验项目负责人会议

监督检查综合标准评定表（兽用生物制品）

被检查单位名称：　　　　　　　　　　　　　　　　　　　　　　　　检查时间：

试验项目名称：

条款序号	评定结果	评定原因	条款序号	评定结果	评定原因
1			30		
2			31		
3			32		
4			33		
5			34		
6			35		
7			36		
8			37		
9			38		
10			39		
11			40		
12			41		
13			42		
14			43		
15			44		
16			45		
17			46		
18			47		
19			48		
20			49		
21			50		
22			51		
23			52		
24			53		
25			54		
26			55		
27			56		
28			57		
29			58		
Y的数量：					
Y的数量：					
N的数量：					
检查组成员签名：					
填写评定意见			（见使用说明）		

备注：请将一般条款的N折合成Y。

兽药临床试验项目评定表（兽用生物制品）

被检查单位名称					
试验项目名称				项目代码	
条款序号	评定结果	评定原因	条款序号	评定结果	评定原因
1			2		
3			45		

（续）

条款序号	评定结果	评定原因	条款序号	评定结果	评定原因
4			46		
5			47		
6			48		
7			49		
8			50		
9			51		
10			52		
11			53		
12			54		
13			55		
14			56		
15			57		
16			58		
17			59		
18			60		
19			61		
20			62		
21			63		
22			64		
23			65		
24			66		
25			67		
26			68		
27			69		
28			70		
29			71		
30			72		
31			73		
32			74		
33			75		
34			76		
35			77		
36			78		
37			79		
38			80		
39			81		
40			82		
41			83		
42			84		
43			85		
44			86		

（续）

条款序号	评定结果	评定原因	条款序号	评定结果	评定原因
87			110		
88			111		
89			112		
90			113		
91			114		
92			115		
93			116		
94			117		
95			118		
96			119		
97			120		
98			121		
99			122		
100			123		
101			124		
102			125		
103			126		
104			127		
105			128		
106			129		
107			130		
108			131		
109			132		
Y 的数量：					
Y 的数量：					
N 的数量：					
检查组成员签名：					
填写评定意见		（见使用说明）			

备注：请将一般条款的 N 折合成 Y−。

附件 5：

兽药临床试验质量管理规范
监督检查相关要求

一、兽药 GCP 监督检查报告表

编号：

兽药临床试验质量管理规范
监督检查报告表

单位名称：

（公章）
报告日期（年/月/日）：

中华人民共和国农业部制

填表说明：

一、本表的填写应准确完整，字迹清晰，不得使用没有规定的符号、代码和缩写。

二、单位名称应为独立法人单位名称。

三、单位类型应与法人单位资质证书有关内容相一致。

四、选择项目的填写，请在所选择项前□中打“～”。

五、试验项目代码：由靶动物＋试验项目名称构成。可根据项目内容自行增加表单中相应行目。

靶动物从下面 13 项中选择：

A. 马 B. 牛 C. 羊 D. 猪 E. 宠物类（猫、犬） F. 兔 G. 禽类（鸡、鸭、鹅、鸽）

H. 水生动物 I. 蚕 J. 蜂 K. 狐狸 L. 水貂 M. 其他动物（鹿、驴、骡、骆驼、麝、獭）

化药、中药试验项目从下面 8 个中选择：

01. 药效评价试验（Ⅱ期临床试验）02. 药效评价田间试验（Ⅲ期临床试验、临床验证试验）

03. 生物等效性试验 04. 残留消除试验（休药期验证试验）

05. 药代动力学试验 06. 药物代谢试验 07. 靶动物安全性试验

08. 消毒剂试验（实验室消毒试验、现场消毒试验）

兽用生物制品试验项目从下面 2 个中选择：

01. 安全性试验 02. 有效性试验

有效性试验包括：常规效力试验以及诊断制品的灵敏性、特异性等，免疫制品的临床免疫效力、治疗制品的临床疗效、体内诊断制品的临床检测试验。

示例：

化药、中药：D02 代表猪的生物等效性试验

兽用生物制品：D02 代表猪的有效性试验

六、联系人：负责资料报告有关事宜的人员信息。

七、试验项目负责人情况表：各试验项目的负责人员，负责试验项目代码参照填表说明第六条的要求填写。

八、动物试验场所名称与地址表：可根据项目内容自行增加表单中相应行目。

九、请同时提交纸质版资料和电子版资料各一份。

<table>
<tr><td>单位名称</td><td colspan="5"></td></tr>
<tr><td>单位地址</td><td colspan="3"></td><td>邮编</td><td></td></tr>
<tr><td>单位类型</td><td colspan="2">□企业□事业单位</td><td>法定代表人</td><td colspan="2"></td></tr>
<tr><td rowspan="2">统一社会信用代码（组织机构代码）</td><td rowspan="2"></td><td colspan="4">企业类型</td></tr>
<tr><td colspan="4">□内资企业 外资企业 中外合资企业</td></tr>
<tr><td>实验室地址</td><td colspan="5"></td></tr>
<tr><td rowspan="2">单位总人数</td><td>高级职称人数</td><td></td><td colspan="3" rowspan="2"></td></tr>
<tr><td>中级职称人数</td><td></td></tr>
<tr><td>类型</td><td colspan="5">□首次报告 □增加试验项目 □其他</td></tr>
<tr><td>此次报告开展试验项目数</td><td colspan="2"></td><td rowspan="2">按兽药 GCP 要求开始运行的时间</td><td colspan="2" rowspan="2">年 月 日</td></tr>
<tr><td>已通过监督检查的项目数</td><td colspan="2"></td></tr>
<tr><td rowspan="5">此次报告试验项目代码（可根据填写内容自行增加行目）</td><td colspan="2">兽用化药、中药</td><td colspan="3">兽用生物制品</td></tr>
<tr><td>例如：D02</td><td>D03</td><td>例如：D02</td><td colspan="2"></td></tr>
<tr><td></td><td></td><td></td><td colspan="2"></td></tr>
<tr><td></td><td></td><td></td><td colspan="2"></td></tr>
<tr><td></td><td></td><td></td><td colspan="2"></td></tr>
<tr><td colspan="3">法人代表</td><td>单位负责人（机构负责人）</td><td colspan="2"></td></tr>
</table>

（续）

姓名				姓名	
职称				职称	
专业				专业	
联系人					
姓名		工作部门		传真	
电子邮件		手机		办公电话	
资料目录	□1. 单位法人资格证明文件。 □2. 单位概况和组织结构图（各部门名称、负责人、职能及相互关系）。□3. 单位（机构）负责人和试验项目负责人简历（表 1）及情况表（表 2）。 □4. 其他管理人员、技术人员等工作人员登记表（表 3）。 □5. 有关人员参加兽药临床试验技术要求和法规培训的情况（表 4）。 □6. 实验室和动物试验场周边环境图、实验室各功能间仪器设备布置图和动物试验场平面布置图。 □7. 按试验项目提供实验室分析检验关键仪器设备及检验用计器具的检定与校验情况（表 5）。 □8. 动物试验场所（含委托的动物实验场所）的动物饲养设备设施目录，动物试验场租赁合同。 □9. 组织或参与完成的兽药临床试验项目的有关证明性资料。 □10. 开展的兽药临床试验项目主要风险点及控制措施。 □11. 防范和处理突发事件的预案。 □12. 按兽药 GCP 标准运行的情况报告。 □13. 近 3 年实施兽药临床试验工作情况。 □14. 如开展临床试验单位为动物医院的，提交年均门诊诊疗及入出院动物种类和数量。				
备注					

表 1　单位（机构）负责人和试验项目负责人简历表

岗位名称							
姓名		性别		职称		职务	
学历		专业		出生年月			
教育经历及专业							
工作经历							
从事安全性评价研究情况							
参加新药研究情况							
发表文章或论著							
备注							

表 2　试验项目负责人情况表（可根据试验项目负责人数量增加空白行）

所负责试验项目（代码）	姓名	专业	职称	从事兽药临床试验工作年限
×××				

（续）

所负责试验项目（代码）	姓名	专业	职称	从事兽药临床试验工作年限

表 3　其他管理人员、技术人员等工作人员登记表

序号	姓名	性别	出生年月	学历	毕业时间	专业/方向	职称	工作部门与岗位	进入本机构时间	从事安评年限（年）

注：人员基本情况内容可根据实际情况补充。

表 4　单位人员参加培训情况

外部培训

姓名	工作岗位	培训内容和地点	培训时间

内部培训

时间	主讲人/举办单位	培训内容	参加人员

表5 ××××××试验项目主要试验仪器设备一览表

序号	编号	名称	数量	型号	生产厂商	购置日期	金额（元）	计量检定/校验/验证周期和频次	进行计量检定/校验/验证单位	使用状态

表6 动物试验场所名称与地址表（可根据申请试验项目增加）

试验项目（代码）：×××（××）

<table>
<tr><td>动物试验场所1名称</td><td colspan="3"></td></tr>
<tr><td>地址</td><td colspan="3"></td></tr>
<tr><td rowspan="2">动物试验场所联系人</td><td rowspan="2"></td><td rowspan="2">联系电话</td><td>固定电话：</td></tr>
<tr><td>手机：</td></tr>
<tr><td>动物试验场所营业执照
统一社会信用代码（组织机构代码）</td><td colspan="3"></td></tr>
<tr><td>动物试验场所2名称</td><td colspan="3"></td></tr>
<tr><td>地址</td><td colspan="3"></td></tr>
<tr><td rowspan="2">动物试验场所联系人</td><td rowspan="2"></td><td rowspan="2">联系电话</td><td>固定电话：</td></tr>
<tr><td>手机：</td></tr>
<tr><td>动物试验场所营业执照
统一社会信用代码（组织机构代码）</td><td colspan="3"></td></tr>
</table>

二、兽药GCP监督检查工作方案

根据《兽药临床试验质量管理规范》《兽药非临床研究与临床试验质量管理规范监督检查办法》和《兽药临床试验质量管理规范检查标准》，现对×××实施监督检查。

检查方案如下：

（一）单位概况和监督检查试验项目

此次实施监督检查的单位实验室地址位于×××，动物试验地址位于×××。该单位此次共报告×××个试验项目，属于第×××次检查。试验项目名称：×××，代码：×××。

（二）检查时间和检查程序

检查时间：　　年　月　　日至　　年　月　　日

检查程序：

第一阶段：首次会议

被检查单位简要汇报按兽药GCP标准实施临床试验的情况检查组宣读检查纪律、确认检查项目检查组介绍检查要求和注意事项。

第二阶段：软件和设施及硬件和设施的管理检查报告单位的周围环境、总体布局检查报告单位的实验室设施、设备情况检查试验动物试验场所的设施、设备情况。

第三阶段：查看兽药临床试验管理制度、标准操作规程和试验记录等文件设备、检测仪器的管理、验证或校验检查机构与人员配备、培训情况现场测试。

第四阶段：检查组综合评定，撰写检查报告末次会议检查组宣读现场评定意见。

（三）检查组成员

组长：××

组员：××、××、××

三、兽药 GCP 监督检查缺陷项目表

A 表缺陷项目表

单位名称	
类型	首次报告　　增加试验项目　　其他
关键条款缺陷项目（可根据填写内容自行增加行目）	
一般条款缺陷项目（可根据填写内容自行增加行目）	
检查组成员签字： 年　月　日	
单位负责人签字： 年　月　日	

注：此表签字复印件无效。

B 表试验项目缺陷表

单位名称	
类型	□首次报告　□增加试验项目　□其他
试验项目代码	试验项目名称（靶动物＋试验项目名称）
×××	××＋　××
关键条款缺陷项目（可根据填写内容自行增加行目）	
一般条款缺陷项目（可根据填写内容自行增加行目）	
试验项目代码	试验项目名称（靶动物＋试验项目名称）
×××	××　＋　××
关键条款缺陷项目（可根据填写内容自行增加行目）	
一般条款缺陷项目（可根据填写内容自行增加行目）	
检查组成员签字： 年　月　日	
单位负责人签字： 年　月　日	

注：此表签字复印件无效。

四、兽药 GCP 监督检查报告

<table>
<tr><td>单位名称</td><td colspan="2"></td></tr>
<tr><td>类型</td><td colspan="2">□首次报告　□增加试验项目　口其他</td></tr>
<tr><td>检查时间</td><td colspan="2"></td></tr>
<tr><td colspan="3">综合评定：
受农业部委派，检查组按照预定的检查方案，对该单位实施兽药 GCP 管理情况进行了全面检查。涉及检查条款共×××项，其中关键条款×××条，一般条款×××条。总体情况如下：
该单位人员和组织机构是否基本健全，职能是否明确，人员结构、素质和培训情况是否符合要求；检查报告单位的周围环境、总体布局是否符合要求，检查报告单位的实验室设施、设备情况是否符合要求，试验动物试验场所的设施、设备是否符合要求，查看兽药临床试验管理制度、标准操作规程和试验记录等文件是否符合要求。
根据《兽药临床试验质量管理规范监督检查标准（化药、中药）》，现场检查发现 A 表关键条款中符合要求（Y）××条，基本符合要求（Y）××条，不符合要求（N）××条；发现一般条款符合要求（Y）××条，基本符合要求（Y）××条，不符合要求（N）××条。经检查组讨论，评定结果如下：
×××单位基本/不符合要求，可/不再对项目进行评定。此次报告试验项目评定意见如下：（可根据填写内容自行增加行目）</td></tr>
<tr><td>试验项目代码</td><td colspan="2">试验项目名称（靶动物＋试验项目名称）</td></tr>
<tr><td>×××</td><td colspan="2">××　＋　××</td></tr>
<tr><td>评定意见</td><td colspan="2">关键条款中符合要求（Y）××条，基本符合要求（Y）××条，不符合要求（N）××条；一般条款符合要求（Y）××条，基本符合要求（Y）××条，不符合要求××条。
××试验项目基本符合/不符合兽药 GCP 要求。对于缺陷项目，应于 3 个月内完成全部缺陷项目整改。</td></tr>
<tr><td>试验项目代码</td><td colspan="2">试验项目名称（靶动物＋试验项目名称）</td></tr>
<tr><td>×××</td><td colspan="2">××　＋　××</td></tr>
<tr><td>评定意见</td><td colspan="2">关键条款中符合要求（Y）××条，基本符合要求（Y）××条，不符合要求（N）××条；一般条款符合要求（Y）××条，基本符合要求（Y）××条，不符合要求××条。
××试验项目基本符合/不符合兽药 GCP 要求。对于缺陷项目，应于 3 个月内完成全部缺陷项目整改。</td></tr>
<tr><td>试验项目代码</td><td colspan="2">试验项目名称（靶动物＋试验项目名称）</td></tr>
<tr><td>×××</td><td colspan="2">××　＋　××</td></tr>
<tr><td>评定意见</td><td colspan="2">关键条款中符合要求（Y）××条，基本符合要求（Y）××条，不符合要求（N）××条；一般条款符合要求（Y）××条，基本符合要求（Y）××条，不符合要求××条。
××试验项目基本符合/不符合兽药 GCP 要求。对于缺陷项目，应于 3 个月内完成全部缺陷项目整改。</td></tr>
<tr><td>检查组成员签名</td><td colspan="2">
年　月　日</td></tr>
<tr><td>单位负责人签名</td><td colspan="2">
年　月　日</td></tr>
<tr><td>备　注</td><td colspan="2"></td></tr>
</table>

附件 6：

兽药非临床研究及临床试验质量管理规范监督检查工作纪律

一、严格按照《兽药非临床研究质量管理规范》《兽药临床试验质量管理规范》《兽药非临床研究与临床试验质量管理规范监督检查办法》实施兽药非临床研究及临床试验监督检查工作。

二、认真执行农业部的监督检查工作安排。

三、遵纪守法、廉洁正派、坚持原则、公平公正、文明礼貌。

四、客观反映现场检查情况，如实记录检查项目，公正评价被检查单位。

五、不得向被检查单位索取与现场检查无关的技术资料。

六、对被检查单位提供的信息资料负保密责任，不得提前泄露检查结果，不得泄露被检查单位的商业秘密和技术秘密。

七、检查期间严格按照有关规定标准食宿。

八、检查期间不准参加被检查单位安排的经营性娱乐活动。不准接受被检查单位或利益关系人的现金、有价证券和礼品馈赠。

检查组成员签名：

被检查单位负责人签名：　　（公章）

年　　月　　日

八十八、兽药产品说明书范本

（2016 年 10 月 27 日农业部公告第 2465 号发布）

为做好《中国兽药典（2015 年版）》实施工作，我部组织制定了《中国兽药典（2015 年版）》一部、二部、三部收载兽药制剂品种的说明书范本，现予发布，自 2016 年 11 月 15 日起施行，农业部公告第 2002 号同时废止。有关事宜公告如下。

一、兽药产品说明书范本（以下简称“范本”）是兽药产品标签和说明书编制、审批和监督执法的依据。

二、自 2016 年 11 月 15 日起，兽药生产企业申报《中国兽药典（2015 年版）》收载品种的兽药产品批准文号，应当按照范本内容编制相应产品的标签和说明书，标签内容不得超出说明书规定内容范围。

三、已获得批准的《中国兽药典（2015 年版）》收载品种的兽药产品标签和说明书，其内容不符合范本要求的，兽药生产企业应当按照范本内容自行修改，印制新的标签和说明书。原标签和说明书，兽药生产企业可继续使用至 2017 年 6 月 30 日，此前使用原标签和说明书生产的兽药产品，在产品有效期内可继续销售使用。四、范本具体内容可在中国兽药信息网“国家兽药基础信息查询系统”中“兽药标签说明书数据”查询。

特此公告。

附件：1.《中国兽药典（2015 年版）》一部收载兽药制剂品种说明书范本

2.《中国兽药典（2015 年版）》二部收载兽药制剂品种说明书范本

3.《中国兽药典（2015 年版）》三部收载兽药制剂品种说明书范本

附件：《中国兽药典（2015 年版）》一部、二部、三部收载兽药制剂品种的说明书范本共计 792 项，详见“国家兽药基础信息查询系统”中“兽药标签说明书数据”，可按“2015”为关键词检索，如下图。

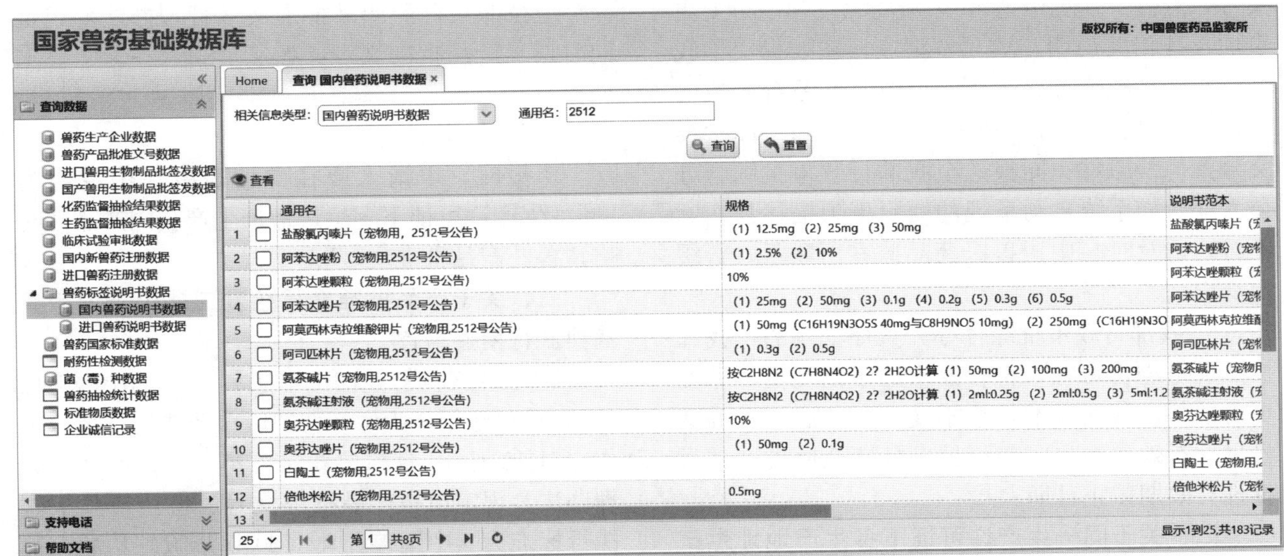

八十九、农业部兽药产品批准文号批件变更工作要求

（2016 年 12 月 21 日 农业部公告第 2481 号发布）

为进一步做好兽药产品批准文号核发工作，现就兽药产品批准文号批件变更等有关工作公告如下。

一、关于兽药产品批准文号批件变更内容、办理程序和要求

（一）变更内容

取得兽药产品批准文号后，存在以下情形的，可向我部申请变更产品批准文号批件上的相关信息。

1. 实际生产地址未发生改变，仅兽药生产企业名称或生产地址域名发生改变的；

2. 品种编号未发生改变，仅执行的兽药质量标准中兽药产品通用名称或者同一规格描述方式发生改变的；

3. 兽用生物制品质量标准和品种编号未发生改变，仅规格发生改变的；

4. 除商品名称外，其他仅需变更产品批准文号批件中相应事项、不需重新核发产品批准文号的。

（二）办理程序和要求

1. 兽药生产企业名称、兽药产品通用名称等有关信息批准变更后，我部将及时更新兽药产品批准文号核发系统中的数据库信息。

2. 申请人在兽药产品批准文号核发系统企业端“已批准”项目中选择拟变更的兽药产品批准文号，点击“变更申请”，系统将自动呈现可变更事项及其相关说明，填写申请表，在线提交给我部行政审批综合办公大厅。同时打印系统生成的《兽药产品批准文号申请表》，与《兽药产品批准文号批件》原件一同报送至我部行政审批综合办公大厅。如系统自动呈现的变更事项描述与实际不符，请及时与中国兽医药品监察所联系，暂缓提交申请。

3. 我部行政审批综合办公大厅受理后，我部按照规定进行审查，符合要求的予以变更。除变更事项外，其他批准信息不变，变更后的批准文号批件有效期为本次变更批准日期至原批准文号批件有效期截止日期。

二、关于同一生产许可证下多生产地址生产相同产品申请产品批准文号的办理要求

（一）多生产地址首次同时申请的。

申请人应按照《兽药产品批准文号管理办法》和我部 2401 号公告有关规定提交申请材料，并在《兽药产品批准文号申请表》中详细写出相应的生产地址。

在线申报时，应在兽药产品批准文号核发系统的生产地址栏中同时选择多个生产地址。需进行现场核查、抽样和复核检验的，应按照生产地址分别进行现场核查、抽样和复核检验，每个生产地址分别抽样检验 3 批。

（二）已有兽药产品批准文号，从生产地址 A 变更为生产地址 B 的。

按照兽药产品批准文号换发要求执行，需进行现场核查、抽样和复核检验的，应进行现场核查、抽样和复核检验。换发后的批准文号批件生产地址由 A 变更为 B。

（三）已有兽药产品批准文号，由生产地址 A 增加生产地址 B 的。

按照兽药产品批准文号换发要求执行，需进行现场核查、抽样和复核检验的，只需对生产地址 B 进行现场核查、抽样和复核检验。换发后的批准文号批件生产地址由 A 变更为 A 和 B。

（四）多生产地址兽药产品批准文号有效期届满需要继续生产的。

应按照《兽药产品批准文号管理办法》规定同时换发产品批准文号，参照“二（一）”要求操作。

（五）注意事项。

申报时，申请人应在申请表备注中说明为“同一生产许可证下多生产地址生产相同产品同时申请兽药产品批准文号”。

三、关于产品批准文号核发工作中新旧版兽药典施行衔接事宜

《中国兽药典（2015 年版）》于 2016 年 11 月 15 日起施行。为做好新旧版兽药典施行衔接工作，对 11 月 15 日前按新《兽药产品批准文号管理办法》规定申报产品批准文号、兽药检验报告执行标准为《中国兽药典（2010 年版）》的，被退回再次申报时，原检验报告在 2017 年 7 月 31 日前可继续使用。

九十、宠物用兽药说明书范本

（2017 年 4 月 1 日 农业部公告第 2512 号发布）

为满足宠物用药需求，提高宠物用兽药质量，我部组织制定了《宠物用兽药说明书范本》（以下简称《范本》），现予发布，自 2017 年 4 月 15 日起施行。有关事宜公告如下。

一、《范本》是兽药产品标签和说明书编制、审批及相关监督执法工作的依据。

二、《范本》收载品种均有兽药国家标准，并继续执行。

三、与通用说明书相比，宠物用说明书主要为宠物适用的内容。

四、自 2017 年 4 月 15 日起，兽药生产企业申报《范本》收载品种的兽药产品批准文号，如同时生产通用产品和宠物用产品，应当按照相应的《范本》分别编制标签和说明书，同时提供两种标签和说明书；如仅生产通用产品或宠物用产品，应当按照相应的《范本》编制相应的标签和说明书，仅提供拟申请的产品标签和说明书。

五、标签内容不得超出说明书规定内容范围。

六、2017 年 4 月 15 日前已申报、取得产品批准文号的，如增加生产宠物用产品，生产企业应当按照《范本》内容自行编制、印刷宠物用产品标签和说明书。

七、《范本》具体内容可在中国兽药信息网“国家兽药基础信息查询系统”中“兽药标签说明书数据”查询。

特此公告

附件：宠物用兽药说明书范本

附件说明：宠物用兽药说明书范本共计 183 项，详见“国家兽药基础信息查询系统”中“兽药标签说明书数据”，按“宠物或 2512 号公告”为关键词检索，如下图。

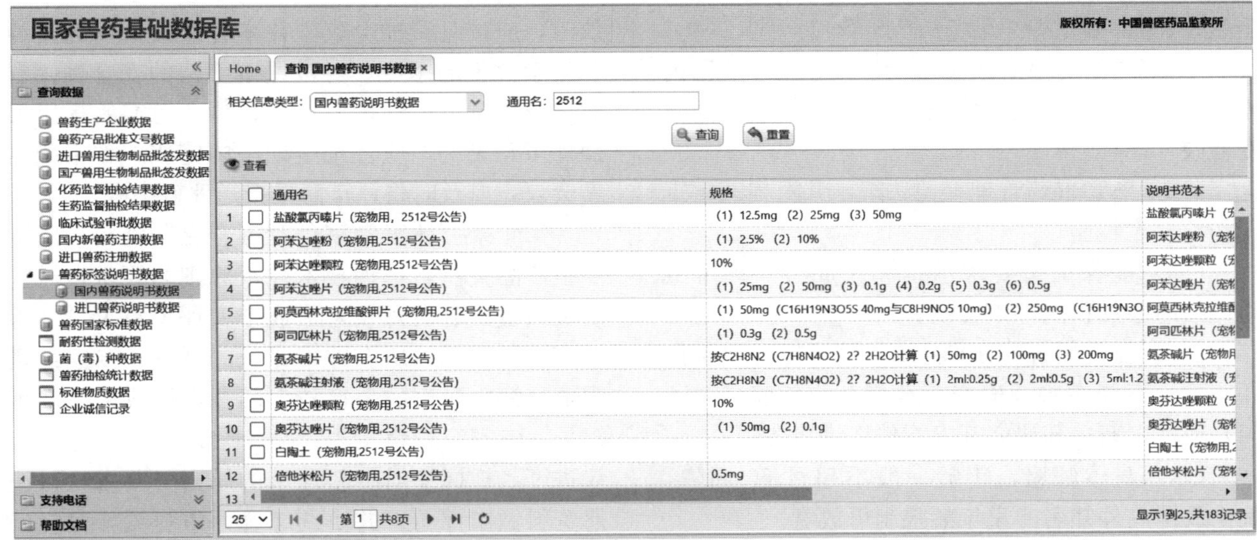

九十一、农业部兽药评审专家管理办法（修订）

（2017 年 6 月 2 日 农业部公告第 2507 号发布）

为做好兽药评审工作，保证兽药评审质量，根据《兽药管理条例》《兽药注册办法》，我部修订了《农业部兽药评审专家管理办法》，并遴选了农业部第七届兽药评审专家库专家。现发布修订后的《农业部兽药评审专家管理办法》，以及入选农业部第七届兽药评审专家库的专家名单，自发布之日起执行。

附件：1. 农业部兽药评审专家管理办法

2. 农业部第七届兽药评审专家库入选专家名单（略）

附件 1：

农业部兽药评审专家管理办法

第一章　总　　则

第一条　为做好兽药评审工作，保证兽药评审工作科学、公正，公开、公平，根据《兽药管理条例》有关规定，设立农业部兽药评审专家库（以下简称"评审专家库"）。

第二条　评审专家库由兽医临床、科研、检验、教学等方面的专家组成。

第三条　农业部兽药评审中心（以下简称"评审中心"）负责评审专家库的日常管理，负责承办具体事务。

第二章　基本条件和遴选程序

第四条　评审专家应具备以下基本条件：

（一）坚持原则，作风正派，认真负责，廉洁公正；

（二）在本专业有较深造诣、熟悉本专业国内外情况，具有一定的知名度和权威性，具有高级专业技术职称；

（三）熟悉兽药管理有关法规，并对兽药评审工作有一定经验；

（四）能保证按要求承担和完成兽药评审工作，按时参加兽药评审会议；

（五）在担任兽药评审专家期间，除在本单位任职外，不能在兽药生产、经营企业任职（含顾问）或从事新兽药研究开发有偿咨询事务；

（六）身体健康，年龄一般不超过 60 周岁，院士及国内外知名专家年龄限制可放宽。

第五条　评审专家遴选程序：

（一）评审中心根据农业部安排，印发评审专家库遴选通知。各相关单位负责组织本单位专家的推荐和申报工作；

（二）凡被推荐选入评审专家库的专家需填写"农业部兽药评审专家推荐表"，经所在单位审查盖章后报评审中心；

（三）评审中心汇总、遴选被推荐专家，报农业部审批；

（四）入选评审专家库的专家名单由农业部发布；

（五）对于兽药评审工作中特需的专家，经农业部批准，可直接入选专家库。

第六条　入选评审专家库的专家任期 5 年，任期满后自行解聘出库。出库专家符合条件的可按入库遴选程序重新申请入选评审专家库。

第七条　有下列情况之一的，经农业部批准，解聘出库取消其评审专家资格。

（一）不符合评审专家应具备的基本条件的；

（二）违反评审规定和纪律的；

（三）被通知参加评审会议无故不出席或连续三次不能出席评审会议的；

（四）在为企业或企业产品进行商业性宣传、鉴定、评价以及其他活动中，违反兽药管理法规或科学规律，给兽药监督管理造成不良影响的；

（五）因其他原因不适合参加评审工作的。

第八条　根据需要，可临时聘请农业部兽药评审专家库以外的专家参加评审工作。

第三章　权利、义务和纪律

第九条　评审专家在被选定参加兽药评审会议时，应按时参加会议，并本着认真负责的精神和科学公正的态度，对被评审兽药的安全性、有效性及质量可控性做出科学评价。对需要提出书面评审意见的，应在规定期限内完成。如不能出席会议，应及时将评审意见报送评审中心。

第十条　评审专家负责审查注册资料，确定申报产品类型，把握技术评审原则与要求，对注册资料做出客观评价，形成个人评审意见；主审专家还负责总结所有评审专家的结论；专家组负责解释评审过程的关键技术问题，形成最终评审意见。专家组长负责主持评审会议，掌握评审会议进度，把握注册资料评审的原则与要求，对注册资料做出评价，并协调综合评审意见，对会议的最终意见签字负责。

第十一条　评审专家在被选定参加兽药评审会议时，在会议期间经批准有权通过评审中心调阅履行职责所必需的有关申报资料；有权独立发表评审意见，就有关问题进行表决，不受任何单位和个人的干涉；有权对兽药评审过程进行监督，直接向农业部反映情况，提出意见和建议。

第十二条　评审专家有权对已批准上市使用的兽药，根据新的药效、安全性、残留和不良反

应等信息，向农业部提出再评价建议。评审专家应结合自己的专业特长，提出我国新兽药研制开发方向和相关政策建议，参加拟定新兽药技术审查标准、研制技术要求和农业部兽医局、评审中心安排的其他技术评审相关工作。

第十三条 评审专家应在每次评审会议前签订保密承诺书，遵守国家保密要求，保守申报单位的商业机密，对送审的资料不得摘录、引用和外传；不得在每次评审会议前公开本人参加会议的身份或透露其他参加评审会议的专家名单以及评审品种、会议日程等；对评审中讨论的情况及评审意见及其他有关情况予以保密。

第十四条 评审专家若系被评审兽药的研制参与者、指导者或为研制单位的工作人员或参与了相同品种的研制开发等，应主动向评审中心申明并在评审中回避；若与被评审兽药的申报单位有任何其他利害关系，以及存在可能影响到科学、公正评审的其他情况时，也应在审评中回避。评审专家在每次评审会议前应签订回避承诺书，评审中心应定期将每次评审会议中专家回避情况书面报告农业部。

第十五条 评审专家不得接受申报单位、与申报单位有关的中介机构或有关人员的馈赠，不得私下与上述单位或人员进行可能影响到公正评审的接触，并有义务向农业部举报任何上述单位或个人试图给予馈赠或者与之进行接触的情况。

第十六条 由于健康及其他原因预期不能参与兽药评审工作和参加评审会议的，应及时向评审中心报告，并说明不能参加评审工作的理由和时限。被通知参加评审会议但因故不能出席的，应向评审中心请假。

第十七条 农业部定期对评审专家进行必要的考核、监督和培训，对在兽药评审工作中做出突出成绩的可给以表彰或奖励；对违反纪律的予以解聘出库，终身不再聘用。

第四章 附 则

第十八条 本办法由农业部负责解释。

第十九条 本办法自 2017 年 6 月 2 日起施行，原《农业部兽药评审专家管理办法》（农医发〔2005〕3 号文）同时废止。

九十二、兽药生产企业飞行检查管理办法

（2017 年 11 月 21 日 农业部公告第 2611 号发布）

第一章 总 则

第一条 为了强化对兽药生产企业的监督检查，进一步加强兽药质量监督管理，根据《兽药管理条例》和《兽药生产质量管理规范》规定，制定本办法。

第二条 本办法适用于农业部组织开展的兽药生产企业飞行检查。

第三条 本办法所称兽药生产企业飞行检查（以下简称飞行检查）是指兽医行政管理部门根据监管工作需要，对兽药生产企业实施的不预先告知的监督检查。

第四条 农业部负责飞行检查工作的组织领导，中国兽医药品监察所（以下简称中监所）负责飞行检查工作的具体实施。省级兽医行政管理部门负责协助开展飞行检查，并承担被检查兽药生产企业（以下简称被检查企业）整改情况现场核查和后续行政执法工作。

第五条 被检查企业对飞行检查工作应当予以配合，不得拒绝、逃避或者阻碍。

第二章 组织检查

第六条 在日常随机监督检查基础上，兽药生产企业有下列情形之一的，农业部可以启动飞行检查：

（一）投诉举报或者其他来源的线索表明可能存在严重违法生产行为的；

（二）发现可能存在重大质量安全风险的；

（三）产品批准文号申报资料或样品涉嫌造假的；

（四）涉嫌严重违反兽药生产质量管理规范（以下简称兽药 GMP）要求的；

（五）其他需要开展飞行检查的情形。

第七条 开展飞行检查，应当成立检查组，检查组一般由兽药 GMP 检查员和兽药执法人员组成，实行组长负责制。中监所应根据工作需要

确定被检查企业和重点检查内容，按照随机原则组织选派至少2名检查员，其中1名为检查组组长。根据工作需要，可以邀请相关专业领域的专家参加飞行检查工作。省级兽医行政管理部门应组织选派至少2名兽药执法人员加入检查组。

第八条 开展飞行检查前，检查组应当制定检查方案，明确检查内容、时间、人员组成和检查方式等。必要时，可以通过省级兽医行政管理部门商请公安机关等有关部门联合开展飞行检查。涉及举报等情况的飞行检查，检查组应尽可能与举报人取得联系。

第九条 中监所应适时将检查组到达时间通知被检查企业所在地省级兽医行政管理部门。检查组应适时将飞行检查书面通知交被检查企业所在地省级兽医行政管理部门。

第三章 现场检查

第十条 检查组到达被检查企业后，应向企业出示相关工作证件和飞行检查书面通知，告知检查要求及被检查单位的权利和义务。检查组应第一时间直接进入检查现场，直接针对可能存在的问题开展检查。

第十一条 被检查企业应当及时按照检查组要求，明确检查现场相关负责人，开放相关场所或者区域，配合对相关设施设备的检查，保持日常生产经营状态，提供真实、有效、完整的文件、记录、票据、凭证、电子数据等相关材料，如实回答检查组的询问。

第十二条 检查组应根据检查方案开展检查工作，根据实际情况收集或者复印相关文件资料，拍摄相关设施设备及物料等实物和现场情况，采集实物并对有关人员进行询问。由检查员和执法人员共同填写《飞行检查询问记录》（附件1），应当及时、准确、完整，客观真实反映现场检查情况，并经被询问对象逐页签字或者按指纹。被询问对象拒绝签字的，应当记入笔录。飞行检查过程中形成的记录及依法收集的相关资料、实物等，可以作为行政处罚中认定事实的证据。对需要抽取成品及其他物料进行检验的，检查组或者省级兽医行政管理部门可以按照相关规定抽样。抽取的样品应当由农业部指定的兽药检验机构或技术机构进行检验或者鉴定，该项检验纳入农业部兽药质量监督抽检工作任务。检查组认为证据可能灭失或者以后难以取得的，以及需要采取行政强制措施的，应当及时通知省级兽医行政管理部门。省级兽医行政管理部门应当依法组织采取证据固化或者行政强制等相应措施。

第十三条 需要增加检查人员或者延伸检查范围的，检查组应当立即报中监所。需要采取产品召回或者暂停生产、销售、使用等风险控制措施的，被检查企业应当按照要求采取相应措施。需要立案查处或者涉嫌犯罪需要移送公安机关的，检查组应当填写《飞行检查立案查处建议单》（附件2）并交被检查企业所在地省级兽医行政管理部门。省级兽医行政管理部门应当组织当地兽医行政管理部门在20个工作日内做出是否立案决定，并将立案以及移交公安等情况报农业部，抄送中监所；未立案的应当说明原因。

第十四条 检查组有权进入被检查企业研制、生产、经营等场所进行检查。被检查企业有下列情形之一的，视为拒绝、逃避检查：

（一）拖延、限制、拒绝检查人员进入被检查场所、区域，或者限制检查时间的；

（二）无正当理由不提供或者延迟提供与检查相关的文件、记录、票据、凭证、电子数据等材料的；

（三）以声称工作人员不在、故意停止生产经营等方式欺骗、误导、逃避检查的；

（四）拒绝或者限制拍摄、复印、抽样等取证工作的；

（五）其他不配合检查的情形。

检查组对被检查企业拒绝、逃避检查的行为应当进行书面记录，责令改正并及时报告中监所。经责令改正后仍不改正、造成无法完成检查工作的，检查结论判定为不符合相关质量管理规范或者其他相关要求。

第十五条 现场检查结束后，检查组应当向被检查企业通报检查情况。发现缺陷项目的，填写《飞行检查缺陷项目表》（附件3），被检查企业负责人或相关负责人应当在《飞行检查缺陷项目表》上签字，拒绝签字的，检查组应予注明。被检查企业对检查结果有异议的，可以提交书面说明和相关证据。检查组应当如实记录，并签字确认。

发现违法违规行为并决定立案的，省级兽医行政管理部门负责组织开展并监督后续行政执法工作，并及时将行政处罚决定和处罚结果等报农业部，抄送中监所。

第十六条　飞行检查结束后，检查组应及时撰写《飞行检查报告》（附件4）。检查报告包括：检查内容、检查过程、发现问题、相关证据、检查结论和处理建议等。检查组应在飞行检查结束后5个工作日内，将飞行检查方案、《飞行检查报告》《飞行检查缺陷项目表》《飞行检查询问记录》、企业的书面说明、《飞行检查立案查处建议单》及相关证据资料报中监所。《飞行检查缺陷项目表》同时报省级兽医行政管理部门。

第四章　审核与处理

第十七条　中监所对飞行检查方案、《飞行检查报告》《飞行检查缺陷项目表》《飞行检查询问记录》《飞行检查立案查处建议单》等资料进行审核后提出处理意见，并在10个工作日内将签署意见的飞行检查报告报农业部。

第十八条　被检查企业对飞行检查缺陷项目一般应在20个工作日内完成整改，特殊情形的按照检查组确定的整改期限完成，并向所在地省级兽医行政管理部门报送整改报告。

省级兽医行政管理部门负责对被检查企业整改情况进行现场检查及审核，填写《飞行检查整改情况核查表》（附件5），并在收到企业整改报告后的10个工作日内，将企业整改报告和《飞行检查整改情况核查表》送中监所。

第十九条　中监所收到企业整改报告和《飞行检查整改情况核查表》后10个工作日内，完成审核工作，填写《飞行检查整改情况审核表》（附件6），并将审核意见报农业部。审核不通过的，中监所应书面告知省级兽医行政管理部门。省级兽医行政管理部门应要求被检查企业在原整改期限内继续整改，并按前述程序和要求完成后续相关工作。逾期不改正的，按照《兽药管理条例》第五十九条有关规定执行。

第二十条　根据飞行检查和整改结果，被检查企业涉嫌违法违规的，省级兽医行政管理部门应当按照《兽药管理条例》有关规定处理；采取风险控制措施的，风险因素消除后，应及时解除相关风险控制措施。

第二十一条　农业部按规定公开飞行检查结果，并将拒绝、逃避检查的企业列入农业部兽药生产失信企业名单。

第五章　检查工作纪律

第二十二条　组织和实施飞行检查的有关人员应严格遵守有关法律法规、工作纪律，不得向被检查企业提出与检查无关的要求，不得泄露飞行检查有关情况和举报人信息。对违反工作纪律和廉政规定的，按有关规定处理。

第二十三条　检查员应按照农业部和中监所的要求认真开展飞行检查工作，由于特殊情况不能参加已经安排的现场检查任务时，应及时向中监所报告，并说明理由。

第二十四条　检查组成员与被检查单位有利害关系，或存在可能影响现场检查工作公正性的其他情况时，应主动提请回避。

第二十五条　检查组应客观公正地开展工作，如实记录，出具公正结论，不受任何单位和个人影响。

第二十六条　检查组成员不得事先告知被检查企业检查行程和检查内容，不得泄露检查过程中的进展情况、发现的违法线索等相关信息。

第二十七条　检查组成员应严格遵守国家廉洁纪律和工作纪律等要求；不准参加被检查企业安排的娱乐活动；不准接受被检查企业或利益关系人的用餐邀请、现金、有价证券和礼品馈赠等；不准有任何损害检查公平、公正的行为。

第六章　附　　则

第二十八条　检查人员差旅费用由飞行检查组织选派单位承担，具体按照国家和组织选派单位相关规定执行。

第二十九条　各省级兽医行政管理部门可以参照本办法制定本辖区的飞行检查有关规定。

第三十条　本办法自发布之日起施行，《农业部兽药GMP飞行检查程序》（农办医〔2006〕59号）同时废止。

附件：1. 飞行检查询问记录
　　　2. 飞行检查立案查处建议单
　　　3. 飞行检查缺陷项目表
　　　4. 飞行检查报告
　　　5. 飞行检查整改情况核查表
　　　6. 飞行检查整改情况审核表

附件1

飞行检查询问记录

询问时间：年月日时分至时分企业名称：询问地点：

询问人：检查员

执法人员执法证件号

记录人：

被询问人：姓名性别年龄

身份证号．联系电话

工作单位职务

从事岗位住址问：我们是农业部飞行检查员和省（区、市）市（县）兽药执法人员（出示相关证件和飞行检查书面通知），现依法向你进行询问调查。你应当如实回答我们的询问并协助调查，作伪证要承担法律责任，你听清楚了吗？

答：

问：

答：

被询问人签名或盖章：

（第　　页　共　　页）

笔录纸

被询问人签名或盖章：

记录人员签名或盖章：询问人员签名或盖章：

（第　　页　共　　页）

附件 2

飞行检查立案查处建议单

被检查企业名称：

检查发现的涉嫌违法的情形	
检查组结论性意见和建议	经现场检查，上述情形涉嫌违反《兽药管理条例》、农业部公告第 2071 号有关规定，建议立案查处。 □无兽药产品批准文号。 □生产经营假劣兽药。 □未在批准的兽药 GMP 车间生产兽药，经限期整改而逾期不更正或经责令限期整改后再犯。 □提供虚假材料或样品取得兽药生产许可证或者兽药产品批准证明文件。 □买卖、出租、出借兽药生产许可证和兽药批准证明文件。 □未按照规定实施兽药生产质量管理规范，且逾期不改正或情节严重。 □兽药的标签和说明书未经批准擅自修改，限期改正后再犯的。口将原料药销售给养殖场（户）。 □其他：
检查组成员签名	组长（签名）：组员（签名）：年　　月　　日

注：本建议单一式二份，被检查企业所在地省级兽医行政管理部门一份，另一份由检查组报中监所。

附件 3

飞行检查缺陷项目表

企业名称	
检查范围	
缺陷项目	
检查组成员签名： 年　　月　　日	
企业负责人签名： 年　　月　　日	

注：1. 表中空间不够可附页；2. 此表签字复印件无效。

附件 4

飞行检查报告

被检查企业名称：

检查内容	
检查过程	
发现的问题及核实情况	
检查组结论性意见和建议	
检查组成员签名	组长（签名）：组员（签名）： 年　　月　　日
备注	

注：本检查报告可附页，共　　页。

附件 5

飞行检查整改情况核查表

企业名称			
检查日期		整改材料接收日期	
缺陷项目	整改结果		

（续）

企业名称		
整改情况核查人	签名： 年　月　日	核查单位（公章） 年　月　日
备注		

附件 6

飞行检查整改情况审核表

企业名称			
检查日期		整改材料接收日期	
审核意见			
审核结论	签名： 年　月　日		
备注			

九十三、农业农村部兽药产品追溯管理

（2019 年 5 月 24 日 农业农村部公告第 174 号发布）

为切实做好兽药产品追溯管理工作，强化兽药风险管控，着力提升兽药质量安全水平，我部决定在前期工作基础上，进一步规范兽药生产企业追溯数据，对兽药经营活动全面实施追溯管理，在养殖场组织开展兽药使用追溯试点。现就有关事项公告如下。

一、兽药产品电子追溯码要求

（一）根据《兽药标签和说明书管理办法》相关规定，兽药产品电子追溯码以二维码标注。兽药产品追溯二维码（以下简称“兽药二维码”）由国家兽药产品追溯系统随机产生的追溯码构成，应符合国标 GB/T 18284—2000 的快速响应矩阵码（QR Code）符号的编码，码制为 QR 码，字符编码采用 UTF-8。追溯码由 24 位数字构成，第 1～8 位为追溯码申请日期，第 9～13 位为企业标识，第 14～24 位为随机位。

（二）兽药二维码具有唯一性，一个二维码对应唯一一个销售包装单位。各级包装按照包装级别赋码，并对两级以上（包含两级）包装建立关联关系。

（三）兽药二维码颜色为黑色，背景色为白色。外观检测应无脱墨、污点、断线；模块边缘清晰，无发毛、虚晕或弯曲现象；深浅模块色差分明；无明显变形或缺陷。位置和大小的选择应以标识不易变形、便于扫描操作和识读为准则。

二、兽药生产企业实施追溯的要求

（四）实施追溯主要流程：用户注册→注册信息审核后用户得到户名和密码，下载国家兽药综合查询 APP 扫码登录→添加兽药产品→申请兽药二维码→审核通过后下载兽药二维码文件→企业印刷带有兽药二维码的包材……采集入库产品二维码数据→上传入库数据文件（系统自动审核）→采集出库产品二维码数据→上传出库数据文件（系统自动审核）→发货销售。

（五）兽药生产企业免费申请和下载使用兽药二维码，负责兽药二维码的印刷，不得伪造或者冒用兽药二维码，要确保识读率，保证兽药二维码数据安全、不外流，保证兽药二维码在兽药全链条各个环节正常使用。

（六）根据《兽药标签和说明书管理办法》相关规定，兽药生产企业生产的在我国市场销售的所有兽药产品，应在兽药产品标签或最小销售包装上按照我部规定印制兽药二维码。6～20mL（包括20mL）包装的兽药产品，自2020年1月1日起，产品标签或最小销售包装原则上也应按要求加印统一的兽药二维码，并上传入库信息和出库信息。因技术原因无法在产品标签或最小销售包装上加印兽药二维码的，应在最小销售包装的上一级包装上加印统一的兽药二维码，涉及的具体产品由兽药生产企业提出申请，企业所在地省级畜牧兽医行政管理部门审查确认，确认结果抄报我部畜牧兽医局。

（七）安瓿、5mL及5mL以下的西林瓶或属于异型瓶等特殊情况的产品，因包装尺寸的限制无法在产品标签或最小销售包装上加印兽药二维码的，应在最小销售包装的上一级包装上加印统一的兽药二维码。其中属于异型瓶的产品，由兽药生产企业提出申请，企业所在地省级畜牧兽医行政管理部门审查确认，确认结果抄报我部畜牧兽医局。

（八）兽药产品追溯信息上传为兽药GMP工作内容之一。自2019年9月1日起，境内外兽药生产企业应按照附件1要求，及时、规范、准确上传兽药产品入库和出库数据信息至国家兽药产品追溯系统，追溯系统将不再接收按旧标准上传的入库和出库文件。9月1日前，为新旧标准并行期，新旧标准的入库和出库文件追溯系统均可接收。

（九）国内兽药生产企业在产品生产下线后应及时将兽药产品入库信息（新增追溯设备厂商代码和包装规格信息）上传到国家兽药产品追溯系统，并应在产品上市销售前将兽药产品出库信息（新增追溯设备厂商代码）上传到国家兽药产品追溯系统，其中收货单位为兽药经营企业的，应为已在国家兽药产品追溯系统中注册入网的合法兽药经营企业。

（十）获得《进口兽药注册证书》的境外兽药生产企业，应指定一家在我国境内设立的公司、办事机构或产品代理商作为兽药追溯工作的代理机构，承担境外兽药生产企业兽药二维码申请、数据上传及相关工作，并在我部畜牧兽医局备案。进口兽药产品赋码时应对两级以上（包含两级）包装建立关联关系，在产品通关后及时将产品入库信息（新增追溯设备厂商代码和包装规格信息）上传到国家兽药产品追溯系统，并在产品上市销售前将产品出库信息（新增追溯设备厂商代码）上传到国家兽药产品追溯系统，其中收货单位为兽药经营企业的，应为已在国家兽药产品追溯系统中注册入网的合法兽药经营企业。

三、兽药经营企业实施追溯的要求

（十一）采用国家兽药产品追溯系统实施兽药二维码追溯的主要流程：用户注册（已注册用户需登记企业社会统一信用代码或营业执照注册号）→注册信息审核后得到户名和密码……兽药入库时，采集入库产品二维码数据→上传入库信息（新增追溯设备厂商代码）→兽药出库时，采集出库产品二维码数据→上传出库信息（新增追溯设备厂商代码）。

（十二）自2019年9月1日起，兽药经营企业应按照附件1或2要求上传兽药追溯数据信息至国家兽药产品追溯系统，追溯系统将不再接收按旧标准上传的入库和出库文件。9月1日前，为新旧标准并行期，新旧标准的入库和出库文件追溯系统均可接收。

四、兽药使用追溯试点养殖场实施追溯的要求

（十三）兽药使用追溯试点单位实施兽药二维码追溯主要流程：试点单位用户打开国家兽药产品追溯系统→选择“注册”→选择“我是使用者”→同意并继续→填写完善信息→监管单位审核通过→完成注册（通过注册邮箱获取用户名密码）→使用用户名密码登录试点配套APP（可在国家兽药产品追溯系统登录页面扫码下载）或者自行购买已备案登记追溯设备厂商的终端设备→扫描采购入库兽药产品二维码→入库上传兽药追溯信息→系统自动审核→查看入库数据上传结果。

五、兽药监管单位实施追溯监管的要求

（十四）省级畜牧兽医主管部门自建兽药监管系统的，根据附件2进行备案登记，并与国家兽药产品追溯系统标准统一，做到信息互联互通，保证本辖区兽药生产经营企业、试点养殖场的产品入出库数据信息及时上传。

（十五）2019年6月30日前，各省（自治区、直辖市）所有负责兽药监管工作的单位应在国家兽药产品追溯系统中入网（注册并被审核通过），切实做好本辖区兽药生产、经营和使用环节的兽药追溯工作。

（十六）各省级畜牧兽医主管部门要切实加强监督检查，督促兽药生产企业按照要求及时、规范做好兽药产品赋码和入库、出库追溯数据上传工作。加大兽药经营企业实施追溯工作力度，2019年年底前兽药经营企业实施追溯力争达到100%。未按照规定实施追溯的，按照《兽药管理条例》第五十九条相关规定处罚。

（十七）各省级畜牧兽医主管部门要组织辖区内规模养殖场开展兽药使用追溯试点，其中兽用抗菌药使用减量化行动试点养殖场优先参加。2019年，存栏量（根据国家统计局上一年度统计数据）前10名的省份，参加兽药使用追溯试点的养殖场不少于5个；存栏量11～20名的省份，参加兽药使用追溯试点的养殖场不少于3个；存栏量21名以后（含21名）的省份，参加兽药使用追溯试点的养殖场不少于2个。有条件的省份，可鼓励动物诊疗机构参加兽药使用追溯试点。

（十八）各级畜牧兽医行政管理部门要高度重视兽药使用追溯试点工作，积极争取有关支持政策，对实施兽药追溯的养殖场户给予支持。认真做好组织实施、试点单位注册信息审核和宣传培训工作，组织本辖区内的试点单位按时做好入网注册、购买的兽药扫码入库上传以及兽药使用信息记录等相关工作，确保兽药使用追溯试点工作顺利实施。

六、追溯设备厂商的要求

（十九）2019年9月1日起，追溯设备厂商应在国家兽药产品追溯系统中备案登记，方可获得接口开展兽药二维码数据采集工作。追溯设备厂商请于9月1日前完成在追溯系统中的备案登记以及软件升级工作，以免影响追溯设备使用。

七、组织管理

（二十）我部畜牧兽医局负责全国兽药追溯工作的组织管理。中国兽医药品监察所负责全国兽药追溯技术服务和培训指导。各省级畜牧兽医行政管理部门负责本辖区兽药追溯管理、培训、试点和实施。国家兽药产品追溯系统为国家兽药监管公益服务系统，在中国兽药信息网（www.ivdc.org.cn）上运行，可接收所有按照附件1和2所采集的规范数据。此前关于兽药追溯的相关规定与本公告内容相冲突的，以本公告为准。

附件：1. 国家兽药产品追溯系统数据交换文件规范

2. 国家兽药产品追溯系统备案登记和接口调用规范

附件1：

国家兽药产品追溯系统数据交换文件规范

1. 范围

本标准主要规定了国家兽药产品追溯系统追溯码及数据交换文件规范。

本标准适用于国家兽药产品追溯系统的各类数据采集及交换。

2. 概述

本规范根据兽药监管信息化建设的需要，围绕兽药产品从出厂到使用全程追溯，规范国家兽药产品追溯系统所涉及的追溯码及数据交换文件接口标准。

本规范详细说明国家兽药产品追溯系统的追溯码及数据交换文件，除“追溯码文件”采用指定的文本文件格式外，其他的接口均采用XML1.0的国际标准文件格式进行数据交换。

3. 追溯码文件规范说明

追溯码文件是把国家兽药产品追溯系统生成的追溯码数据下载成文件，以供生产企业使用。追溯码文件生成的规范为TXT文件，然后被压缩为ZIP文件供用户下载。

4. 数据交换文件规范说明

数据交换文件规范定义参考xml schema的格式进行定义，但不同于xml schema的语法规则，元素节点规则如下：

＜节点1名称　属性1名称（属性1中文名称 属性1类型 可选/必选），

属性2名称（属性2中文名称 属性2类型 可选/必选），

…

＞

＜节点2名称 属性定义…＞

….

＜/节点2名称＞

….

<节点 n 名称 …/>
</节点 1 名称>

每个节点都可以包含多个属性，也可以包含下级节点。

5. 追溯码文件

5.1 追溯码编码规则

兽药产品追溯码是国家兽药产品追溯系统随机产生 24 位数字，编码规范满足唯一性、稳定性的原则。兽药产品追溯码生成二维码的码制是 QR 码，字符编码采用 UTF－8。

5.2 追溯码编码示意

兽药产品追溯码示意如下：

201902190000000000330132

5.3 追溯码文件名称定义

追溯码默认文件名称是系统自动生成，生成规则是：追溯码文件为“申请号 _ 产品名 . TXT”；如果用户为追溯码申请设置了大于 1 级的文件分割记录，则追溯码文件为“申请号 _ 产品名 _ 级数 . TXT”。压缩后的追溯码文件名为“申请号 _ 产品名 . ZIP”。

例：201901290038 _ 副猪嗜血杆菌病灭活疫苗 . txt。压缩文件名为：201901290038 _ 副猪嗜血杆菌病灭活疫苗 . zip。

201901290038 _ 鸡新城疫灭活疫苗（La Sota 株） _ 1. txt，201901290038 _ 鸡新城疫灭活疫苗（La Sota 株）_ 2. txt。压缩文件名为：201901290038 _ 鸡新城疫灭活疫苗（La Sota 株）. zip。

5.4 追溯码文件规范

追溯码文件为 txt 文本文件，其文件内容格式如下：

第一行：^生产企业名称^产品名称^审批通过码数量^此分割文件中的码数量^版本号

其他行：追溯码

其中第一行为头信息，其他行为二维码信息数据，头信息行以英文“^”开头，各属性以英文“^”隔开；其他行以全角“，”隔开。

属性含义解释如下：

（1）生产企业名称：提出追溯码申请的企业名称；

（2）产品名称：申请的追溯码所属的产品的名称；

（3）审批通过码数量：审批人员批准的追溯码数量；

（4）分割文件中的码数量：如果所属追溯码申请没有分割，则此值等于审批通过的码数量；否则等于此级数分割文件记录中的码数量。

（5）版本号：标识追溯码文件的版本信息，目前为固定值“1.0”。

文件总行数应该为：此分割文件中的码数量＋1。

5.5 追溯码文件示例

追溯码文件（201901290038 _ 副猪嗜血杆菌病灭活疫苗 . txt）内容：

^XXX 公司^副猪嗜血杆菌病灭活疫苗^1000^1000^1.0
201902190000000000380158
201902190000000000390106
……
201902190000000000400740
201902190000000000430103

6. 数据交换文件

数据交换文件是兽药产品入库数据文件和兽药产品出库数据文件两类。

6.1 兽药产品入库数据文件

该文件为使用追溯系统的企业导出兽药产品入库数据给追溯系统时使用。根据使用对象分为两类：生产企业入库文件、其他企业入库文件。

6.1.1 生产企业入库文件

（1）生产企业入库文件规范

规范定义如下：

<? xml version=" 1.0" encoding=" UTF－8"? >

<DataList corpName（入库企业名称 字符型 必选）manCode（追溯设备厂商代码 字符型 必选）datatype（数据类型 字符型 必选 固定值" wareHouseIn" ）version（文件版本号 字符型 必选 目前为固定值“1.0” ）xmlns: xsi = " http://www.w3.org/2001/XMLSchema-instance " xsi: noNamespaceSchemaLocation = " 兽药产品入库数据 _ 生产企业 . xsd" >

<Product productName（产品通用名 字符型 必选）pzwh（产品批准文号 字符型 必选）packing（最小贴码单位的包装规格［包含单位］［例如 质量单位：kg、g、mg；体积单位：l、mL；疫苗单位：头份、羽份等］字符型 必选）>

<Batch batchNo（批号 字符型 必选）specification（产品规格［包含单位］字符型 必选）minPackUnit（最小包装单位 字符型 必选）minTagUnit（最小贴码单位 字符型 必选）tagPackRatio（最小贴码单位与最小包装单位的比例值 字符型 可选）tagRatio（贴码包装比例 字符型 必选）produceDate（生产日期 字符型 必

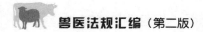

选）operator（入库操作员 字符型 可选）oprDate（入库日期 字符型 必选）count（入库数量 整型 可选）countUnit（数量单位 字符型 可选）>

<Data code（入库追溯码 字符型 必选）/>

……

</Batch>

……

</Product>

……

</DataList>

（2）XML Schema 规范

兽药产品入库数据（生产企业）的 XML 文件的 Schema 规范，结构如下：

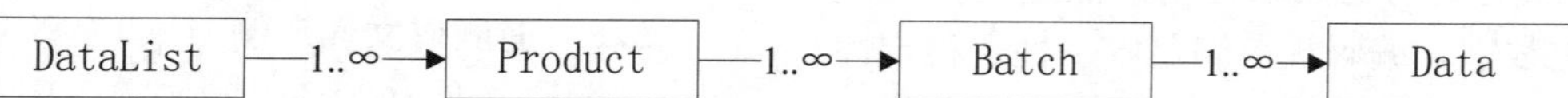

各节点注释如下表：

节点名称	节点含义	节点属性	下级节点
DataList	文档根节点	corpName：入库企业名称，必选 manCode：追溯设备厂商代码，必选 dataType：数据类型，只能为“wareHouseIn”，必选 version：版本号，默认 1.0，必选	Product
Product	DataList 子节点，可出现多次，必须至少出现一次。其子元素为不同批号产品入库数据	productName：产品通用名，必选 pzwh：产品批准文号，必选 packing：包装规格，必选，[例如 质量单位：kg、g、mg；体积单位：l、ml；疫苗单位：头份、羽份等]	Batch
Batch	Product 子节点，可出现多次，必须至少出现一次。其子元素为当前批号产品入库数据记录	batchNo：批号，必选 specification：产品规格［包含单位］，必选 minPackUnit：最小包装单位，必选 minTagUnit：最小贴码单位，必选 tagPackRatio：最小贴码单位与最小包装单位的比例值，可选 tagRatio：贴码包装比例，必选 produceDate:：生产日期，必选，样式为：YYYY/MM/DD operator：入库操作员，可选 oprDate：入库日期，必选，样式为：YYYY/MM/DD count：入库数量，可选 countUnit：数量单位。1—最小包装单位；2—最小贴码单位，可选	Data
Data	Batch 子节点，可出现多次，必须至少出现一次。表示产品入库数据记录	code：入库追溯码，必选	

（3）生产企业入库文件示例

```
<? xml version=" 1.0" encoding=" UTF-8"? >
<DataList corpName=" 兽药生产企业 A" manCode=" 12345678" dataType=" wareHouseIn" version=" 1.0" xmlns: xsi=" http: //www. w3. org/2001/XMLSchema-instance" xsi: noNamespaceSchemaLocation=" 兽药产品入库数据 _ 生产企业 . xsd" >
<Product productName=" 兽药产品 A" pzwh=" 兽药生字（2011）011230124" packing=" 5g" >
    < Batch batchNo = " 20121225" specification = " 10ml" minPackUnit = " 瓶" minTagUnit = " 瓶" tagPackRatio=" 1" tagRatio=" 1: 4: 40" produceDate=" 2012/12/25" operator=" 张三" oprDate=" 2012/12/25" >
        <Data code=" 20190219000000000004730163" />
        ……
  <Data code=" 20190219000000000009402444" />
        <Data code=" 20190219000000000000480125" />
        <Data code=" 20190219000000000000510248" />
        ……
        <Data code=" 20190219000000000000520213" />
        <Data code=" 20190219000000000000550123" />
        <Data code=" 20190219000000000000540143" />
        ……
```

```
            <Data code=" 20190219000000000000530330" />
            <Data code=" 20190219000000000000570162" />
            <Data code=" 20190219000000000000580590" />
            ……
            <Data code=" 20190219000000000000610500" />
            <Data code=" 20190219000000000000620310" />
            <Data code=" 20190219000000000000630235" />
            <Data code=" 20190219000000000000640690" />
            ……
            <Data code=" 20190219000000000000600198" />
            <Data code=" 20190219000000000000650177" />
            <Data code=" 20190219000000000000660156" />
            ……
            <Data code=" 20190219000000000000680241" />
            <Data code=" 20190219000000000000690500" />
            <Data code=" 20190219000000000000700128" />
        </Batch>
    </Product>
    <Product productName=" 兽药产品 B" pzwh=" 兽药生字（2011）011230126" packing=" 5g" >
        < Batch batchNo = " 20121225 " specification = " 10ml " minPackUnit = " 瓶 " minTagUnit = " 瓶 " tagPackRatio=" 10" tagRatio=" 1：4" produceDate=" 2012/12/25" operator=" 李四" oprDate=" 2012/12/25" >
            <Data code=" 20190219000000000000730173" />
            <Data code=" 20190219000000000000740300" />
            <Data code=" 20190219000000000000750247" />
            <Data code=" 20190219000000000000760218" />
            <Data code=" 20190219000000000000770460" />
        </Batch>
    </Product>
</DataList>
```

6.1.2 其他企业入库文件

其他企业含有经营企业、养殖场等非生产企业用户。

（1）其他企业入库文件规范

规范定义如下：

<? xmlversion=" 1.0" encoding=" UTF−8"? >

<DataList corpName（入库企业名称 字符型 必选）manCode（追溯设备厂商代码 字符型 必选）datatype（数据类型 字符型 必选 固定值"wareHouseIn"）version（文件版本号 字符型 必选 目前为固定值"1.1"）xmlns：xsi = " http：//www.w3.org/2001/XMLSchema-instance " xsi：noNamespaceSchemaLocation=" 兽药产品入库数据 _ 其他企业 1.1.xsd" >

<Product>

<Batch batchNo（批号/流水号 字符型 可选）operator（入库操作员 字符型 可选）oprDate（入库日期 字符型 必选）>

<Data code（入库追溯码 字符型 必选）/>

……

</Batch>

……

</Product>

</DataList>

（2）XML Schema 规范

兽药产品入库数据（其他企业）的 XML 文件的 Schema 规范，结构如下：

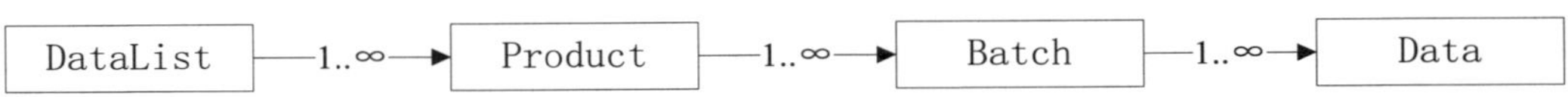

各节点注释如下表：

节点名称	节点含义	节点属性	下级节点
DataList	文档根节点	corpName：入库企业名称，必选 manCode：追溯设备厂商代码，必选 dataType：数据类型，只能为“wareHouseIn”，必选 version：版本号，默认 1.1，必选	Product
Product	DataList 子节点，必须至少出现一次		Batch
Batch	Product 子节点，可出现多次，必须至少出现一次。其子元素为企业入库数据记录	batchNo：批号/流水号，可选 operator：入库操作员，可选 oprDate：入库日期，必选，样式为：YYYY/MM/DD	Data
Data	Batch 子节点，可出现多次，必须至少出现一次。表示产品入库数据记录	code：入库追溯码，必选	

（3）其他企业入库文件示例

<? xml version=" 1.0" encoding=" UTF－8"? >

< DataList corpName = " 兽药经营企业 A" manCode = " 12345678 " dataType = " wareHouseIn " version = " 1.1 " xmlns：xsi = " http：//www.w3.org/2001/XMLSchema － instance " xsi：noNamespaceSchemaLocation=" 兽药产品入库数据_其他企业 1.1.xsd" >

<Product>

<Batch batchNo=" 1" operator=" 张三" oprDate=" 2012/12/25" >

< Data code = " 20190219000000000780183" />

</Batch>

<Batch batchNo=" 2" operator=" 张三" oprDate=" 2012/12/25" >

< Data code = " 20190219000000000810197" />

</Batch>

</Product>

</DataList>

6.2　兽药产品出库数据文件

该接口文件为兽药生产企业、经营企业等用户导出兽药产品出库数据给追溯系统时使用。根据使用对象分为两类，生产企业出库文件、经营企业出库文件

（1）兽药产品出库数据文件规范

规范定义如下：

<? xml version=" 1.0" encoding=" UTF－8"? >

<DataList corpName（出库企业名称 字符型 必选）toUnitType（收货单位种类［1；2］［1－经营企业；2－其他］字符型 必选）manCode（追溯设备厂商代码 字符型 必选）datatype（数据类型 字符型 必选 固定值" wareHouseOut" ）version（文件版本号 字符型 必选 目前为固定值“1.1”）xmlns：xsi = " http：//www.w3.org/2001/XMLSchema － instance " xsi：noNamespaceSchemaLocation = " 兽药产品出库数据 1.1.xsd" >

<Product>

<Batch batchNo（批号 字符型 可选）operator（出库操作员 字符型 可选）oprDate（出库日期 字符型 必选）toProvince（收货省份 字符型 视收货单位种类确定是否必选）toCity（收货市 字符型 视收货单位种类确定是否必选）toCounty（收货县 字符型 视收货单位种类确定是否必选）toUnit（具体收货单位 字符型 视收货单位种类确定是否必选）toUnitcode 收货单位代码 字符型 视收货单位种类确定是否必选 >

<Data code（入库追溯码 字符型 必选）/>

……

</Batch>

……

</Product>

……

</DataList>

（2）XML Schema 规范

兽药产品出库数据的 XML 文件的 Schema 规范，结构如下：

DataList —1..∞→ Product —1..∞→ Batch —1..∞→ Data

各节点注释如下表：

节点名称	节点含义	节点属性	下级节点
DataList	文档根节点	corpName：出库企业名称，必选 toUnitType：收货单位种类，必选，1为经营企业；2为其他 manCode：追溯设备厂商代码，必选 dataType：数据类型，只能为"wareHouseOut"，必选 version：版本号，默认1.1，必选	Product
Product	DataList子节点，必须至少出现一次		Batch
Batch	Product子节点，可出现多次，必须至少出现一次。其子元素为企业出库数据记录	batchNo：批号，可选 operator：出库操作员，可选 oprDate：出库日期，必选，样式为：YYYY/MM/DD toProvince：收货省份 toCity：收货市 toCounty：收货县 toUnit：具体收货单位 toUnitcode：具体收货单位代码 当toUnitType：收货单位种类为1时，toProvince、toCity、toCounty、toUnit、toUnitcode为必填；当toUnitType：收货单位种类为2时toProvince、toCity、toCounty、toUnit必填；toUnitcode非必选	Data
Data	Batch子节点，可出现多次，必须至少出现一次。表示产品出库数据记录	code：出库追溯码，必选	

（3）兽药产品出库数据文件示例

兽药生产企业产品出库数据文件示例（收货单位为经营企业）：

```
<? xml version=" 1.0" encoding=" UTF-8"? >
<DataList corpName=" 兽药生产企业 A" toUnitType =" 1" manCode=" 12345678" dataType =" wareHouseOut" version=" 1.1" xmlns：xsi=" http：//www.w3.org/2001/XMLSchema-instance" xsi：noNamespaceSchemaLocation=" 兽药产品出库数据 1.1.xsd" >
    <Product>
        <Batch batchNo =" 1" operator =" 张三" oprDate =" 2012/12/29" toUnit =" 经营企业 A" toUnitcode=" 8dh08ufj3209fhds" >
            <Data code=" 19012900034444541O327222" />
        </Batch>
        <Batch batchNo =" 2" operator =" 张三" oprDate =" 2012/12/30" toUnit =" 经营企业 B" toUnitcode=" ci39fc5qr7rs30s4" >
            <Data code=" 20190219000000000820232" />
            <Data code=" 20190219000000000830280" />
        </Batch>
    </Product>
</DataList >
```

兽药生产企业产品出库数据文件示例（收货单位为其他）：

```
<? xml version=" 1.0" encoding=" UTF-8"? >
<DataList corpName=" 兽药生产企业 A" toUnitType=" 2" manCode=" 12345678" dataType=" wareHouseOut"
```

```xml
version="1.1" xmlns:xsi="http://www.w3.org/2001/XMLSchema-instance" xsi:noNamespaceSchemaLocation="兽药产品出库数据1.1.xsd">
        <Product>
            <Batch batchNo="1" operator="张三" oprDate="2012/12/29" toProvince="新疆" toCity="喀什市" toCounty="叶城县" toUnit="养殖场A">
                <Data code="19012900034444541032722"/>
            </Batch>
            <Batch batchNo="2" operator="张三" oprDate="2012/12/30" toProvince="新疆" toCity="喀什市" toCounty="叶城县" toUnit="养殖场B">
            <Data code="2019021900000000000820232"/>
            <Data code="2019021900000000000830280"/>
          </Batch>
        </Product>
    </DataList>
```


兽药经营企业产品出库数据文件示例：


```xml
<?xml version="1.0" encoding="UTF-8"?>
<DataList corpName="兽药经营企业A" manCode="12345678" dataType="wareHouseOut" version="1.1" xmlns:xsi="http://www.w3.org/2001/XMLSchema-instance" xsi:noNamespaceSchemaLocation="兽药产品出库数据1.1.xsd">
        <Product>
            <Batch batchNo="1" operator="张三" oprDate="2012/12/29" toProvince="新疆" toCity="喀什市" toCounty="叶城县" toUnit="养殖场A">
                <Data code="2019021900000000000850700"/>
            </Batch>
            <Batch batchNo="2" operator="张三" oprDate="2012/12/30" toProvince="新疆" toCity="喀什市" toCounty="叶城县" toUnit="养殖场B">
                <Data code="2019021900000000000860107"/>
                <Data code="2019021900000000000890242"/>
            </Batch>
        </Product>
    </DataList>
```


附件2：

国家兽药产品追溯系统备案登记和接口调用规范

1. 范围

本标准规定追溯设备厂商、各省自建兽药监管系统与国家兽药产品追溯系统间的接口交互方式；

本标准适用于追溯设备厂商、各省自建兽药监管系统在国家兽药产品追溯系统进行备案，获取备案编码密钥、备案编码、对应类型接口文档。

2. 概述

本标准根据兽药监管信息化建设的需要，围绕兽药产品从出厂到使用全程兽药产品追溯，规范国家兽药产品追溯系统所涉及的追溯设备厂商、各省自建兽药监管系统国家兽药产品追溯系统间的接口交互方式。

本标准的第3部分给出数据采集设备和追溯系统服务端接口的通信方式；具体接口的描述和定义，函数名称，入口和出口参数描述，在追溯设备厂商、各省自建兽药监管系统备案成功后会将对应类型接口文档以邮件形式发送至备案时填写的邮箱。

3. 通信方式

数据采集设备和追溯系统平台服务端接口遵循webservice协议，采用标准的webservice协议定义描述双方调用的服务函数的入口参数和出口参数，双方均按照wsdl相关协议解析信息，服务地址及名称在中国兽药信息网—国家兽药产品追溯系统首页公布，采用一个服务，多个函数的方式提供给追溯设备厂商调用。

4. 备案和接口调用

国家兽药产品追溯系统使用环境推荐：Windows7 操作系统以上，谷歌（Chrome）浏览器。

4.1 备案步骤

打开国家兽药产品追溯系统的备案登记登录页面。此前已有备案编码的追溯设备厂商、各省自建兽药监管系统监管单位不需要再次备案。

选择用户所属单位的类型【追溯设备厂商、各省自建兽药监管系统监管单位】，点击【下一步】。点击【同意并继续】，进入备案页面。

选择身份后，填写相关信息（省市区为 PDA 追溯设备厂商、各省自建兽药监管系统监管单位所在地地址），星号＊项为必填项，点击【备案】，备案成功后系统会向备案时所填写的邮箱，发送备案编码密钥、备案代码、对应类型接口文档。注意请勿泄露备案编码密钥！

4.2 调用接口

WSDL 地址：

在中国兽药信息网一国家兽药产品追溯系统首页公布

新增 code 参数：备案编码密钥（必填）

示意：

调用函数时，需要在网络请求的 header 中设置 code 的值

SOAP UI 调用方式：

【新建 SOAP Project】，如下图。

New soapUI Project
New soapUI Project
Creates a new soapUI Project in this workspace
Project Name: test
Initial WSDL/WADL: i.ivdc.org.cn:88/eplatform-sy-web/SyZs/SyzsWsPort?wsdl Browse...
Create Requests: Create sample requests for all operations?
Create TestSuite: Creates a TestSuite for the imported WSDL or WADL
Create MockService: Creates a Web Service Simulation of the imported WSDL
Add REST Service: Opens dialog to create REST Service
Relative Paths: Stores all file paths in project relatively to project file (requires save)
Create Web TestCase: Creates a TestCase with a Web Recording session for functional web testing
OK Cancel

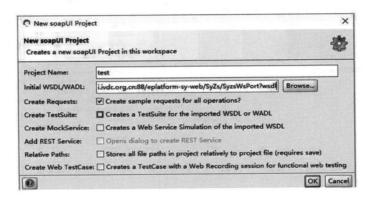

WSDL 地址必须添加正确的 code 参数（备案编码密钥），否则视为无效的 WSDL 地址。进入调用方法，以 getZsmLevel 方法为例，如下图。

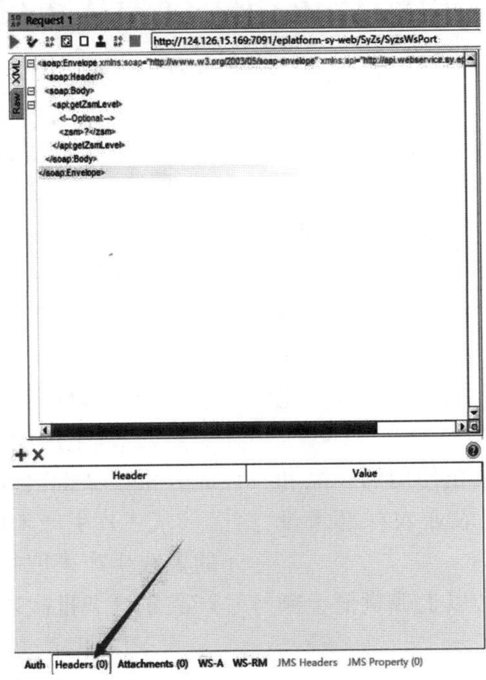

在调用方法的页面，点击 headers，点击加号添加正确的参数 code（备案编码密钥），如下图。

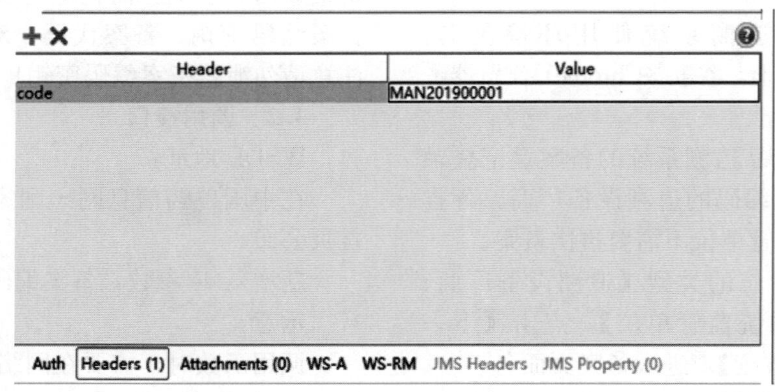

调用成功：

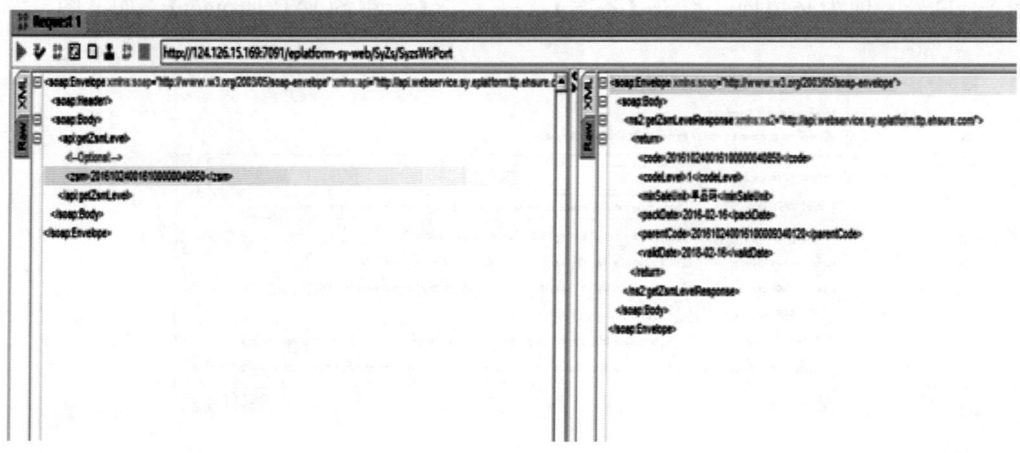

九十四、兽药严重违法行为从重处罚情形

（2018 年 12 月 4 日 农业农村部公告第 97 号发布）

为加强兽药管理，严厉打击兽药违法行为，保障动物产品质量安全，根据《兽药管理条例》有关规定，现就兽药严重违法行为从重处罚情形，公告如下。

一、无兽药生产许可证生产兽药，有下列情形之一的，按照《兽药管理条例》第五十六条“情节严重的”规定处理，按上限罚款，并没收生产设备：

（一）生产的兽药添加国家禁止使用的药品和其他化合物，或添加人用药品等农业农村部未批准使用的其他成分的；

（二）生产的兽药累计 2 批次以上或货值金额 2 万元以上的；

（三）生产兽用疫苗的；

（四）其他情节严重的情形。

二、持有兽药生产、经营许可证的兽药生产、经营者有下列情形之一的，按照《兽药管理条例》第五十六条“情节严重的”规定处理，按上限罚款，并吊销兽药生产、经营许可证：

（一）生产的兽药添加国家禁止使用的药品和其他化合物，或添加人用药品等农业农村部未批准使用的其他成分的；

（二）生产的兽药擅自改变组方添加其他兽药成分累计 2 批次以上的；

（三）生产未取得兽药产品批准文号兽用疫苗的，或生产未取得兽药产品批准文号的其他兽药产品累计 2 批次以上的；

（四）生产兽用疫苗擅自更换菌（毒、虫）种，或者非法添加其他菌（毒、虫）种的；

（五）生产主要成分含量在国家标准上限

150%以上或下限50%以下的劣兽药累计3个品种以上或5批次以上的；

（六）生产的兽用疫苗未经批签发或批签发不合格即销售累计2批次以上的；

（七）生产假兽药货值金额5万元以上的；

（八）兽药经营者未审核并保存兽药批准证明文件材料以及购买凭证，经营假、劣兽药货值金额2万元以上的。

三、持有兽药生产、经营许可证的兽药生产、经营者有下列情形之一的，按照《兽药管理条例》第五十九条“情节严重的”规定处理，吊销兽药生产、经营许可证：

（一）兽药生产者未在批准的兽药GMP车间生产兽药累计2批次以上的；

（二）未在批准的生产线生产兽药累计2批次以上的；

（三）兽药出厂前未按规定进行质量检验，或检验不合格即出厂销售累计5批次以上的；

（四）无兽药生产、检验记录或编造、伪造生产、检验记录累计3批次以上的；

（五）编造、伪造兽用疫苗批签发材料累计3批次以上的；

（六）监督检查和飞行检查发现兽药生产者有2个以上关键项不符合兽药GMP要求的。

四、兽药生产、经营者将原料药销售给养殖场（户）的，按照《兽药管理条例》第六十七条“情节严重的”规定处理，没收违法所得，按上限罚款，并吊销兽药生产、经营许可证。

五、生产或进口的兽药有下列情形之一的，按照《兽药管理条例》第六十九条规定处理，撤销兽药产品批准文号或者吊销进口兽药注册证书：

（一）抽查检验连续2次或累计3批次以上不合格的；

（二）改变组方添加其他兽药成分的；

（三）主要成分含量在国家标准上限150%以上或下限50%以下的；

（四）主要成分含量在国家标准上限120%以上或下限80%以下，累计2批次以上的；

（五）擅自改变工艺对产品质量产生严重不良影响的；

（六）进口兽用疫苗无进口兽药通关单、未经批签发或批签发不合格即销售的。生产的兽药同时存在前款情形2种以上的，按照《兽药管理条例》第五十六条“情节严重的”规定处理，按上限罚款，并依法吊销兽药生产许可证。

六、兽药产品标签和说明书未经批准擅自修改，限期改正后再犯的，属于《兽药管理条例》第六十条“逾期不改正”的情形，按生产、经营假兽药处罚。

七、兽药使用单位违反国家有关兽药安全使用规定，明知是假兽用疫苗或者应当经审查批准而未经审查批准即生产、进口的兽用疫苗，仍非法使用的，按照《兽药管理条例》第六十二条处理，按上限罚款；给他人造成损失的，依法承担赔偿责任。

八、有本公告第一、二、三条规定违法情形的，对生产、经营者主要负责人和直接负责的主管人员按照《兽药管理条例》第五十六条规定处理，终身不得从事兽药的生产、经营活动。

九、兽药违法行为涉嫌犯罪的，移送司法机关追究刑事责任。

十、本公告涉及从重处罚的“兽药”不包括兽用诊断制品；所称的“累计”计算时间为2年内。

十一、本公告自公布之日起施行，原农业部公告第2071号同时废止。

九十五、停止生产、进口、经营、使用部分药物饲料添加剂

（2019年7月9日　农业农村部公告第194号发布）

根据《兽药管理条例》《饲料和饲料添加剂管理条例》有关规定，按照《遏制细菌耐药国家行动计划（2016—2020年）》和《全国遏制动物源细菌耐药行动计划（2017—2020年）》部署，为维护我国动物源性食品安全和公共卫生安全，我部决定停止生产、进口、经营、使用部分药物饲料添加剂，并对相关管理政策作出调整。现就有关事项公告如下。

一、自2020年1月1日起，退出除中药外的所有促生长类药物饲料添加剂品种，兽药生产企业停止生产、进口兽药代理商停止进口相应兽药产品，同时注销相应的兽药产品批准文号和进口

兽药注册证书。此前已生产、进口的相应兽药产品可流通至 2020 年 6 月 30 日。

二、自 2020 年 7 月 1 日起，饲料生产企业停止生产含有促生长类药物饲料添加剂（中药类除外）的商品饲料。此前已生产的商品饲料可流通使用至 2020 年 12 月 31 日。

三、2020 年 1 月 1 日前，我部组织完成既有促生长又有防治用途品种的质量标准修订工作，删除促生长用途，仅保留防治用途。

四、改变抗球虫和中药类药物饲料添加剂管理方式，不再核发"兽药添字"批准文号，改为"兽药字"批准文号，可在商品饲料和养殖过程中使用。2020 年 1 月 1 日前，我部组织完成抗球虫和中药类药物饲料添加剂品种质量标准和标签说明书修订工作。

五、2020 年 7 月 1 日前，完成相应兽药产品"兽药添字"转为"兽药字"批准文号变更工作。

六、自 2020 年 7 月 1 日起，原农业部公告第 168 号和第 220 号废止。

九十六、停止生产、进口、经营、使用部分药物饲料添加剂相关兽药产品质量标准修订和批准文号变更等有关事项

（2019 年 12 月 19 日　农业农村部公告第 246 号发布）

根据《兽药管理条例》《饲料和饲料添加剂管理条例》有关规定，按照《遏制细菌耐药国家行动计划（2016—2020 年）》和《全国遏制动物源细菌耐药行动计划（2017—2020 年）》部署，我部已发布农业农村部公告第 194 号，停止生产、进口、经营、使用部分药物饲料添加剂。现就相关兽药产品质量标准修订和批准文号变更等有关事项公告如下。

一、自 2020 年 1 月 1 日起，废止仅有促生长用途的药物饲料添加剂等品种质量标准（目录见附件 1），注销相关兽药产品批准文号和进口兽药注册证书（目录见附件 2）。

二、我部已完成既有促生长又有防治用途药物饲料添加剂、抗球虫和中药类药物饲料添加剂品种的质量标准和说明书范本修订工作，现发布修订后的质量标准和说明书范本（见附件 3），自 2020 年 1 月 1 日起执行，原我部发布的同品种质量标准和说明书范本同时废止。相关兽药生产企业按照修订后的说明书范本自行修改相关产品标签和说明书内容，标签内容不得超过说明书规定内容范围。标签和说明书上的产品批准文号由"兽药添字"变为"兽药字"，其他信息不变。

三、我部已完成抗球虫类药物饲料添加剂相关进口兽药品种的质量标准、标签和说明书样稿修订工作，现发布修订后的质量标准、标签和说明书样稿（见附件 4），自 2020 年 1 月 1 日起执行，原我部发布的同品种质量标准、标签和说明书样稿同时废止。相关进口兽药生产企业按照修订后的标签和说明书样稿印制相关产品标签和说明书，标签和说明书上的进口兽药注册证书号不变。

四、2020 年 1 月 15 日前，我部统一组织完成相关兽药产品"兽药添字"转"兽药字"批准文号批件变更和发放工作。

特此公告。

附件：1. 废止的药物饲料添加剂质量标准目录

2. 注销的相关兽药产品批准文号和进口兽药注册证书目录

3. 金霉素预混剂等 15 个兽药产品质量标准和说明书范本

4. 拉沙洛西钠预混剂等 5 个进口兽药产品质量标准和标签、说明书样稿

附件 1：

废止的药物饲料添加剂质量标准目录

序号	标准名称	标准来源
1	土霉素预混剂	2017 版《兽药质量标准》
2	土霉素钙预混剂	2017 版《兽药质量标准》

（续）

序号	标准名称	标准来源
3	亚甲基水杨酸杆菌肽预混剂	农业部公告第 1998 号
4	那西肽预混剂	2017 版《兽药质量标准》
5	那西肽预混剂	农业部公告第 2382 号
6	杆菌肽锌预混剂	2015 年版《中国兽药典》
7	杆菌肽锌预混剂	农业部公告第 2023 号
8	杆菌肽锌预混剂	农业部公告第 2338 号
9	杆菌肽锌预混剂	农业部公告第 2528 号
10	恩拉霉素预混剂	农业部公告第 2271 号
11	喹烯酮预混剂	2017 版《兽药质量标准》
12	黄霉素预混剂（发酵）	2017 版《兽药质量标准》
13	黄霉素预混剂	2017 版《兽药质量标准》
14	黄霉素预混剂	农业部公告第 2503 号
15	维吉尼亚霉素预混剂	农业部公告第 2582 号

附件 2：

注销的相关兽药产品批准文号和进口兽药注册证书目录

一、注销的相关兽药产品批准文号目录					
序号	企业名称	通用名称	规格	商品名	批准文号
1	山东大禹动物药业有限公司	土霉素预混剂	100g：土霉素 3g（300 万单位）	无	兽药字（2014）151716001
2	江西天正动物药业有限公司	土霉素预混剂	100g：土霉素 7.5g（750 万单位）	无	兽药字（2014）140476121
3	上海申广动物保健品有限公司阜阳分公司	土霉素预混剂	100g：土霉素 3g（300 万单位）	无	兽药字（2014）120146001
4	茌平元亨兽药有限公司	土霉素预混剂	100g：土霉素 50g（5 000 万单位）	元亨保炎康	兽药字（2014）150896002
5	山东大禹动物药业有限公司	土霉素预混剂	100g：土霉素 7.5g（750 万单位）	大禹助长健	兽药字（2014）151716121
6	佛山市正典生物技术有限公司	土霉素预混剂	100g：土霉素 50g（5 000 万单位）	无	兽药字（2014）190466002
7	山东大禹动物药业有限公司	土霉素预混剂	100g：土霉素 50g（5 000 万单位）	大禹助长健	兽药字（2014）151716002
8	四川省共创动物营养保健品有限公司	土霉素预混剂	500g：土霉素 2.5g（250 万单位）	无	兽药字（2015）220786003
9	江西万康生物科技有限公司	土霉素预混剂	500g：土霉素 2.5g（250 万单位）	无	兽药字（2015）140666003
10	四川新辉煌动物药业有限公司	土霉素预混剂	100g：土霉素 50g（5 000 万单位）	无	兽药字（2015）220776002
11	四川新辉煌动物药业有限公司	土霉素预混剂	500g：土霉素 2.5g（250 万单位）	无	兽药字（2015）220776003
12	江西友道药业有限公司	土霉素预混剂	100g：土霉素 3g（300 万单位）	无	兽药字（2015）140626001
13	郑州普罗动物药业有限公司	土霉素预混剂	100g：土霉素 50g（5 000 万单位）	无	兽药字（2015）162746002
14	潍坊中和动物药业有限公司	土霉素预混剂	100g：土霉素 50g（5 000 万单位）	中和之星	兽药字（2015）152126002
15	青岛百慧智业生物科技有限公司	土霉素预混剂	100g：土霉素 50g（5 000 万单位）	优特健	兽药字（2015）150646002
16	江西傲新生物科技有限公司	土霉素预混剂	100g：土霉素 50g（5 000 万单位）	普优康	兽药字（2015）140826002
17	江西省特邦动物药业有限公司	土霉素预混剂	100g：土霉素 50g（5 000 万单位）	易诺红	兽药字（2015）140346002
18	四川省七大洲动物药业有限公司	土霉素预混剂	500g：土霉素 2.5g（250 万单位）	无	兽药字（2015）220656003
19	北京中农劲腾生物技术有限公司	土霉素预混剂	100g：土霉素 7.5g（750 万单位）	劲特先	兽药字（2015）010496121
20	重庆正通生物发展有限公司	土霉素预混剂	100g：土霉素 50g（5 000 万单位）	无	兽药字（2015）230316002
21	许昌天马药业有限公司	土霉素预混剂	100g：土霉素 50g（5 000 万单位）	无	兽药字（2015）161046002
22	山西兆益生物有限公司	土霉素预混剂	100g：土霉素 50g（5 000 万单位）	无	兽药字（2015）041106002
23	安徽卫星中兽药有限公司	土霉素预混剂	500g：土霉素 2.5g（250 万单位）	无	兽药字（2015）120096003
24	安徽卫星中兽药有限公司	土霉素预混剂	100g：土霉素 50g（5 000 万单位）	无	兽药字（2015）120096002
25	山东鲁港福友药业有限公司	土霉素预混剂	100g：土霉素 50g（5 000 万单位）	无	兽药字（2015）153596002

（续）

26	河南牧一动物药业有限公司	土霉素预混剂	100g：土霉素50g（5 000万单位）	无	兽药字（2015）162996002
27	山东鲁港福友药业有限公司	土霉素预混剂	100g：土霉素3g（300万单位）	无	兽药字（2015）153596001
28	四川显华动物药业有限公司	土霉素预混剂	100g：土霉素50g（5 000万单位）	无	兽药字（2015）220856002
29	重庆科慧隆动物药业有限公司	土霉素预混剂	100g：土霉素50g（5 000万单位）	无	兽药字（2015）230266002
30	广州中冠动物药业有限公司	土霉素预混剂	100g：土霉素7.5g（750万单位）	益服灵	兽药字（2015）191076121
31	浙江博信药业有限公司	土霉素预混剂	100g：土霉素7.5g（750万单位）	无	兽药字（2015）110686121
32	山西福瑞沃农大生物技术工程有限公司	土霉素预混剂	100g：土霉素50g（5 000万单位）	瑞沃福可舒	兽药字（2015）041046002
33	四川省博腾动物药业有限公司	土霉素预混剂	500g：土霉素2.5g（250万单位）	无	兽药字（2015）220876003
34	北京金海动物药业有限公司	土霉素预混剂	100g：土霉素50g（5 000万单位）	无	兽药字（2015）010606002
35	新乡市百医百顺动物药业有限公司	土霉素预混剂	100g：土霉素50g（5 000万单位）	高米先	兽药字（2015）162736002
36	四川通达动物保健科技有限公司	土霉素预混剂	100g：土霉素3g（300万单位）	无	兽药字（2015）220176001
37	四川乾兴动科药业有限公司	土霉素预混剂	100g：土霉素3g（300万单位）	无	兽药字（2015）221286001
38	桐城市金润药业有限公司	土霉素预混剂	100g：土霉素50g（5 000万单位）	无	兽药字（2016）120396002
39	合肥新科信动物药业有限公司	土霉素预混剂	500g：土霉素2.5g（250万单位）	无	兽药字（2016）120036003
40	江西博莱大药厂有限公司	土霉素预混剂	100g：土霉素3g（300万单位）	无	兽药字（2016）140066001
41	江西牧旺生物科技有限公司	土霉素预混剂	100g：土霉素7.5g（750万单位）	无	兽药字（2016）140736121
42	江西牧旺生物科技有限公司	土霉素预混剂	100g：土霉素3g（300万单位）	无	兽药字（2016）140736001
43	四川省万鑫动物药业有限公司	土霉素预混剂	100g：土霉素7.5g（750万单位）	氟土	兽药字（2016）220156121
44	四川正泰动物制药有限公司	土霉素预混剂	100g：土霉素3g（300万单位）	无	兽药字（2016）220936001
45	四川积善之家药业有限公司	土霉素预混剂	500g：土霉素2.5g（250万单位）	无	兽药字（2016）221296003
46	四川积善之家药业有限公司	土霉素预混剂	100g：土霉素3g（300万单位）	过奶母安子康	兽药字（2016）221296001
47	上海公谊药业有限公司	土霉素预混剂	100g：土霉素50g（5 000万单位）	宝乐健	兽药字（2016）090056002
48	合肥中龙神力动物药业有限公司	土霉素预混剂	100g：土霉素7.5g（750万单位）	无	兽药字（2016）120156121
49	武威牛满加药业有限责任公司	土霉素预混剂	500g：土霉素2.5g（250万单位）	无	兽药字（2016）280146003
50	江西响当当生物药业有限公司	土霉素预混剂	100g：土霉素7.5g（750万单位）	无	兽药字（2016）140466121
51	河南正牧动物药业有限公司	土霉素预混剂	100g：土霉素50g（5 000万单位）	畜乐健	兽药字（2016）162176002
52	河南中盛动物药业有限公司	土霉素预混剂	100g：土霉素50g（5 000万单位）	无	兽药字（2016）161856002
53	山东牛点生物科技有限公司	土霉素预混剂	500g：土霉素2.5g（250万单位）	红漠	兽药字（2016）153746003
54	河南中牧联合制药有限公司	土霉素预混剂	100g：土霉素50g（5 000万单位）	无	兽药字（2016）162116002
55	杨凌正大生物科技有限公司	土霉素预混剂	100g：土霉素7.5g（750万单位）	无	兽药字（2016）270326121
56	成都中牧生物药业有限公司	土霉素预混剂	100g：土霉素7.5g（750万单位）	牧多西	兽药字（2016）220986121
57	江西利德菲生物药业有限公司	土霉素预混剂	100g：土霉素50g（5 000万单位）	加益添	兽药字（2016）140856002
58	山东惠民德赛克生物科技有限公司	土霉素预混剂	100g：土霉素50g（5 000万单位）	无	兽药字（2016）152156002
59	河南华北生科动物药业有限公司	土霉素预混剂	100g：土霉素50g（5 000万单位）	无	兽药字（2016）161476002
60	四川省飞天动物药业有限公司	土霉素预混剂	100g：土霉素3g（300万单位）	牧立康	兽药字（2016）220196001
61	青岛安惠仕生物制药有限公司	土霉素预混剂	100g：土霉素50g（5 000万单位）	劳素乐	兽药字（2016）153706002
62	太原市奥福莱动物药业有限公司	土霉素预混剂	100g：土霉素50g（5 000万单位）	沃德肥	兽药字（2016）040276002
63	四川省简阳爱迪饲料药物有限公司	土霉素预混剂	100g：土霉素3g（300万单位）	爱迪附乐美	兽药字（2016）220116001
64	河北中贝佳美生物科技有限公司	土霉素预混剂	100g：土霉素3g（300万单位）	爽特先	兽药字031486001
65	乐山市瑞和祥动物保健药业有限公司	土霉素预混剂	100g：土霉素50g（5 000万单位）	土肥钙	兽药字220456002
66	乐山市瑞和祥动物保健药业有限公司	土霉素预混剂	100g：土霉素7.5g（750万单位）	土肥钙	兽药字220456121
67	江西高胜动物保健品有限公司	土霉素预混剂	100g：土霉素50g（5 000万单位）	无	兽药字140386002

（续）

68	四川省雄丰动物药业有限公司	土霉素预混剂	100g：土霉素 50g（5 000 万单位）	红贝泰	兽药字 220806002
69	济南正源动物保健品有限公司	土霉素预混剂	100g：土霉素 50g（5 000 万单位）	无	兽药字 152256002
70	赣州华医动物药业有限公司	土霉素预混剂	100g：土霉素 3g（300 万单位）	无	兽药字 140076001
71	泰安市山农大药业有限公司	土霉素预混剂	100g：土霉素 3g（300 万单位）	舒克	兽药字 150986001
72	山东鲁西兽药股份有限公司	土霉素预混剂	100g：土霉素 50g（5 000 万单位）	无	兽药字 150516002
73	河北汇源药业有限公司	土霉素预混剂	100g：土霉素 50g（5 000 万单位）	无	兽药字 030076002
74	南昌中科动物保健品有限公司	土霉素预混剂	100g：土霉素 7.5g（750 万单位）	无	兽药字 140326121
75	浙江新三和动物保健品有限公司	土霉素预混剂	100g：土霉素 50g（5 000 万单位）	无	兽药字 110056002
76	广州市和生堂动物药业有限公司	土霉素预混剂	100g：土霉素 50g（5 000 万单位）	无	兽药字 190526002
77	四川省泰信动物药业有限公司	土霉素预混剂	100g：土霉素 7.5g（750 万单位）	无	兽药字 220446121
78	四川吉星动物药业有限公司	土霉素预混剂	100g：土霉素 7.5g（750 万单位）	无	兽药字 220126121
79	四川维尔康动物药业有限公司	土霉素预混剂	100g：土霉素 50g（5 000 万单位）	无	兽药字 220186002
80	泰兴市东兴动物保健品有限公司	土霉素预混剂	100g：土霉素 50g（5 000 万单位）	东兴牧乐	兽药字 100166002
81	大理金明动物药业有限公司	土霉素预混剂	500g：土霉素 2.5g（250 万单位）	无	兽药字 250136003
82	成都中牧生物药业有限公司	土霉素预混剂	100g：土霉素 50g（5 000 万单位）	牧多西	兽药字 220986002
83	北京赛孚制药股份有限公司	土霉素预混剂	100g：土霉素 50g（5 000 万单位）	无	兽药字 010286002
84	河南金美亚兽药有限公司	土霉素预混剂	100g：土霉素 7.5g（750 万单位）	牧无优	兽药字 163246121
85	四川金瑞克动物药业有限公司	土霉素预混剂	500g：土霉素 2.5g（250 万单位）	无	兽药字 220236003
86	遂宁市中通实业集团动物药业有限公司	土霉素预混剂	100g：土霉素 50g（5 000 万单位）	无	兽药字 220326002
87	华北制药集团动物保健品有限责任公司	土霉素预混剂	100g：土霉素 50g（5 000 万单位）	华北牧康宁	兽药字 030206002
88	乌鲁木齐高新技术产业开发区方正动物药品厂	土霉素预混剂	100g：土霉素 50g（5 000 万单位）	无	兽药字 310026002
89	广东容大生物股份有限公司	土霉素预混剂	100g：土霉素 50g（5 000 万单位）	无	兽药字 190146002
90	青岛中仁动物药品有限公司	土霉素预混剂	100g：土霉素 50g（5 000 万单位）	乐土	兽药字 150946002
91	广东省天宝生物制药有限公司	土霉素预混剂	100g：土霉素 50g（5 000 万单位）	无	兽药字 190656002
92	株洲市神农动物药业有限公司	土霉素预混剂	100g：土霉素 3g（300 万单位）	无	兽药字 180106001
93	河南伟龙兽药有限公司	土霉素预混剂	100g：土霉素 50g（5 000 万单位）	无	兽药字 160606002
94	济宁市万生乐药业有限公司	土霉素预混剂	100g：土霉素 3g（300 万单位）	无	兽药字 150116001
95	湖北武当动物药业有限责任公司	土霉素预混剂	100g：土霉素 50g（5 000 万单位）	无	兽药字 170086002
96	武汉九州神农药业有限责任公司	土霉素预混剂	100g：土霉素 7.5g（750 万单位）	无	兽药字 170076121
97	中牧南京动物药业有限公司	土霉素预混剂	100g：土霉素 50g（5 000 万单位）	无	兽药字 100016002
98	山东正邦生物科技有限公司	土霉素预混剂	100g：土霉素 50g（5 000 万单位）	无	兽药字 152716002
99	泰兴市东兴动物保健品有限公司	土霉素预混剂	100g：土霉素 3g（300 万单位）	东兴牧乐	兽药字 100166001
100	德州红日药业有限公司	土霉素预混剂	100g：土霉素 3g（300 万单位）	杆败宁	兽药字 152586001
101	北京三江汇生物科技有限公司	土霉素预混剂	100g：土霉素 7.5g（750 万单位）	无	兽药字 010586121
102	四川省万鑫动物药业有限公司	土霉素预混剂	100g：土霉素 50g（5 000 万单位）	氟土	兽药字 220156002
103	江西亿圆生物药业有限公司	土霉素预混剂	500g：土霉素 2.5g（250 万单位）	无	兽药字 140616003
104	杭州爱力迈动物药业有限公司	土霉素预混剂	100g：土霉素 50g（5 000 万单位）	爱乐强	兽药字 110016002
105	江西人为峰药业有限公司	土霉素预混剂	100g：土霉素 50g（5 000 万单位）	无	兽药字 140456002
106	四川佳泰动物药业有限公司	土霉素预混剂	500g：土霉素 2.5g（250 万单位）	无	兽药字 220766003
107	无锡正大生物股份有限公司动物保健品厂	土霉素预混剂	100g：土霉素 50g（5 000 万单位）	牧多康	兽药字 100756002
108	河北新世纪药业有限公司	土霉素预混剂	100g：土霉素 50g（5 000 万单位）	无	兽药字 030296002
109	广州天科动物保健品有限公司	土霉素预混剂	100g：土霉素 50g（5 000 万单位）	无	兽药字 190616002

（续）

110	杭州新港动物药业有限公司	土霉素预混剂	500g：土霉素 2.5g（250 万单位）	无	兽药字 110746003
111	河北正大鸿福动物药业有限公司	土霉素预混剂	100g：土霉素 50g（5 000 万单位）	无	兽药字 030496002
112	潍坊富邦药业有限公司	土霉素预混剂	100g：土霉素 7.5g（750 万单位）	米乐先	兽药字 152596121
113	四川省简阳爱迪饲料药物有限公司	土霉素预混剂	100g：土霉素 50g（5 000 万单位）	无	兽药字 220116002
114	赣州百灵动物药业有限公司	土霉素预混剂	100g：土霉素 50g（5 000 万单位）	无	兽药字 140046002
115	四川省川龙动科药业有限公司	土霉素预混剂	100g：土霉素 50g（5 000 万单位）	无	兽药字 220366002
116	四川省川龙动科药业有限公司	土霉素预混剂	100g：土霉素 7.5g（750 万单位）	无	兽药字 220366121
117	江西旭虹药业有限公司	土霉素预混剂	100g：土霉素 50g（5 000 万单位）	无	兽药字 140786002
118	四川金瑞克动物药业有限公司	土霉素预混剂	100g：土霉素 50g（5 000 万单位）	无	兽药字 220236002
119	四川渴望生物科技有限公司	土霉素预混剂	100g：土霉素 3g（300 万单位）	无	兽药字 220716001
120	广州森亚动物药业有限公司	土霉素预混剂	100g：土霉素 50g（5 000 万单位）	无	兽药字 190016002
121	武汉养康生物科技有限公司	土霉素预混剂	100g：土霉素 7.5g（750 万单位）	见康	兽药字 170426121
122	成都乾坤动物药业股份有限公司	土霉素预混剂	100g：土霉素 3g（300 万单位）	无	兽药字 220226001
123	成都乾盛昌生物科技有限公司	土霉素预混剂	100g：土霉素 3g（300 万单位）	无	兽药字 221066001
124	四川渴望生物科技有限公司	土霉素预混剂	100g：土霉素 50g（5 000 万单位）	无	兽药字 220716002
125	山西畅达药业有限公司	土霉素预混剂	100g：土霉素 50g（5 000 万单位）	无	兽药字 040846002
126	江苏欧克动物药业有限公司	土霉素预混剂	100g：土霉素 50g（5 000 万单位）	无	兽药字 100576002
127	四川恒通动物制药有限公司	土霉素预混剂	100g：土霉素 3g（300 万单位）	无	兽药字 220386001
128	四川恒通动物制药有限公司	土霉素预混剂	100g：土霉素 50g（5 000 万单位）	无	兽药字 220386002
129	江西省特邦动物药业有限公司	土霉素预混剂	100g：土霉素 7.5g（750 万单位）	无	兽药字 140346121
130	江西汇奇峰生物科技有限公司	土霉素预混剂	100g：土霉素 7.5g（750 万单位）	无	兽药字 140106121
131	四川国泰生物科技有限公司	土霉素预混剂	100g：土霉素 3g（300 万单位）	无	兽药字 220546001
132	江西省创欣药业集团有限公司	土霉素预混剂	100g：土霉素 50g（5 000 万单位）	无	兽药字 140096002
133	江西兴鼎科技有限公司	土霉素预混剂	500g：土霉素 2.5g（250 万单位）	无	兽药字 140676003
134	江西兴鼎科技有限公司	土霉素预混剂	100g：土霉素 50g（5 000 万单位）	无	兽药字 140676002
135	四川新家园动物保健科技有限公司	土霉素预混剂	100g：土霉素 3g（300 万单位）	无	兽药字 220826001
136	湖南润邦生物工程有限公司	土霉素预混剂	100g：土霉素 3g（300 万单位）	无	兽药字 180256001
137	湖南润邦生物工程有限公司	土霉素预混剂	100g：土霉素 7.5g（750 万单位）	无	兽药字 180256121
138	河南华伦科技有限公司	土霉素预混剂	100g：土霉素 3g（300 万单位）	无	兽药字 163396001
139	广东万士达动物药业有限公司	土霉素预混剂	100g：土霉素 50g（5 000 万单位）	无	兽药字 190756002
140	广东科润生物制药有限公司	土霉素预混剂	100g：土霉素 50g（5 000 万单位）	克痢喘	兽药字 191326002
141	西乡长江动物药品有限责任公司	土霉素预混剂	100g：土霉素 50g（5 000 万单位）	无	兽药字 270156002
142	洛阳牧野药业有限公司	土霉素预混剂	100g：土霉素 50g（5 000 万单位）	乐道	兽药字 162326002
143	江西省火红动物保健品有限公司	土霉素预混剂	100g：土霉素 50g（5 000 万单位）	无	兽药字 140246002
144	四川畜科生物发展有限公司	土霉素预混剂	100g：土霉素 50g（5 000 万单位）	无	兽药字 220926002
145	重庆永健生物技术有限责任公司	土霉素预混剂	500g：土霉素 2.5g（250 万单位）	维爽	兽药字（2015）230106003
146	南通沃尔牧生物技术有限公司	土霉素预混剂	100g：土霉素 50g（5 000 万单位）	无	兽药字 100556002
147	江西鸿图动物药业有限公司	土霉素预混剂	100g：土霉素 7.5g（750 万单位）	无	兽药字 140026121
148	天津市中升挑战生物科技有限公司	土霉素预混剂	100g：土霉素 50g（5 000 万单位）	金诺米先	兽药字 020116002
149	四川康而好动物药业有限公司	土霉素预混剂	100g：土霉素 3g（300 万单位）	无	兽药字 220566001
150	四川康而好动物药业有限公司	土霉素预混剂	100g：土霉素 7.5g（750 万单位）	无	兽药字 220566121
151	四川康而好动物药业有限公司	土霉素预混剂	500g：土霉素 2.5g（250 万单位）	无	兽药字 220566003

（续）

152	广州市百山制药有限公司	土霉素预混剂	100g：土霉素 3g（300 万单位）	无	兽药字 190486001
153	河南九盛堂生物科技有限公司	土霉素预混剂	100g：土霉素 3g（300 万单位）	利不怕	兽药字 163106001
154	山东亚康药业股份有限公司	土霉素预混剂	100g：土霉素 50g（5 000 万单位）	无	兽药字 150676002
155	山西新世纪生物制药有限公司	土霉素预混剂	100g：土霉素 50g（5 000 万单位）	无	兽药字 040516002
156	江西汇奇峰生物科技有限公司	土霉素预混剂	100g：土霉素 3g（300 万单位）	无	兽药字 140106001
157	河南亚卫动物药业有限公司	土霉素预混剂	100g：土霉素 7.5g（750 万单位）	无	兽药字 160396121
158	北京中农奥美生物制药有限公司	土霉素预混剂	100g：土霉素 50g（5 000 万单位）	拌拌康	兽药字 010406002
159	四川省环亚生物科技有限公司	土霉素预混剂	100g：土霉素 3g（300 万单位）	环亚附红弓链净	兽药字 221036001
160	邳州正康生物技术有限公司	土霉素预混剂	100g：土霉素 50g（5 000 万单位）	无	兽药字 101336002
161	重庆综艺制药有限公司	土霉素预混剂	100g：土霉素 50g（5 000 万单位）	无	兽药字 230216002
162	山东优维药业有限公司	土霉素预混剂	100g：土霉素 50g（5 000 万单位）	优维康	兽药字 152546002
163	四川饲宝动物药业有限公司	土霉素预混剂	100g：土霉素 50g（5 000 万单位）	无	兽药字 220956002
164	四川饲宝动物药业有限公司	土霉素预混剂	100g：土霉素 3g（300 万单位）	无	兽药字 220956001
165	山东谊源动物药业有限公司	土霉素预混剂	100g：土霉素 50g（5 000 万单位）	无	兽药字 152406002
166	山东优信生物科技有限公司	土霉素预混剂	500g：土霉素 2.5g（250 万单位）	无	兽药字 153926003
167	烟台海研制药有限公司	土霉素预混剂	500g：土霉素 2.5g（250 万单位）	海利舒	兽药字 152836003
168	山西沃德华兽生物技术有限公司	土霉素预混剂	100g：土霉素 50g（5 000 万单位）	无	兽药字 041156002
169	长沙新起点保健品有限公司	土霉素预混剂	100g：土霉素 50g（5 000 万单位）	无	兽药字 180356002
170	贵港市康大动物药业有限公司	土霉素预混剂	100g：土霉素 3g（300 万单位）	无	兽药字 200236001
171	四川渴望生物科技有限公司	土霉素预混剂	500g：土霉素 2.5g（250 万单位）	无	兽药字 220716003
172	四川永久畜牧药业有限公司	土霉素预混剂	100g：土霉素 3g（300 万单位）	快长乐	兽药字 220756001
173	重庆方通动物药业有限公司	土霉素预混剂	100g：土霉素 50g（5 000 万单位）	无	兽药字 230036002
174	山东圣地宝药业有限公司	土霉素预混剂	100g：土霉素 50g（5 000 万单位）	无	兽药字 150056002
175	青岛鼎晟牧业科技有限公司	土霉素预混剂	500g：土霉素 2.5g（250 万单位）	鼎利	兽药字 152626003
176	江西一领药业有限公司	土霉素预混剂	100g：土霉素 50g（5 000 万单位）	无	兽药字 140436002
177	山东恩康药业有限公司	土霉素预混剂	100g：土霉素 50g（5 000 万单位）	无	兽药字 150886002
178	山东德信生物科技有限公司	土霉素预混剂	100g：土霉素 50g（5 000 万单位）	无	兽药字 153186002
179	天津艾森生物工程有限公司	土霉素预混剂	100g：土霉素 50g（5 000 万单位）	无	兽药字 020146002
180	宜昌三峡制药有限公司	土霉素预混剂	100g：土霉素 50g（5 000 万单位）	妥它	兽药字 170136002
181	锦州华龙动物药品有限公司	土霉素预混剂	100g：土霉素 50g（5 000 万单位）	无	兽药字 060096002
182	河北呈盛堂动物药业有限公司	土霉素预混剂	100g：土霉素 50g（5 000 万单位）	优克先	兽药字 031436002
183	山东晟阳生物工程有限公司	土霉素预混剂	100g：土霉素 50g（5 000 万单位）	无	兽药字 152046002
184	江门市侨丹动物药业有限公司	土霉素预混剂	100g：土霉素 3g（300 万单位）	无	兽药字 191086001
185	江西正邦动物保健品有限公司	土霉素预混剂	100g：土霉素 50g（5 000 万单位）	无	兽药字 140166002
186	郑州农大兽药有限公司	土霉素预混剂	100g：土霉素 50g（5 000 万单位）	无	兽药字 160406002
187	江西邦诚动物药业有限公司	土霉素预混剂	100g：土霉素 50g（5 000 万单位）	无	兽药字 140696002
188	自贡市天翔动物药业有限公司	土霉素预混剂	500g：土霉素 2.5g（250 万单位）	无	兽药字 220946003
189	成都兴旺动物药业有限公司	土霉素预混剂	100g：土霉素 50g（5 000 万单位）	无	兽药字 220336002
190	安徽康牧兽药饲料有限公司	土霉素预混剂	100g：土霉素 3g（300 万单位）	无	兽药字 120046001
191	广州农丰动物药业有限公司	土霉素预混剂	100g：土霉素 3g（300 万单位）	无	兽药字 190186001
192	山西新开元动物药业有限公司	土霉素预混剂	100g：土霉素 50g（5 000 万单位）	开元美添	兽药字 040456002

（续）

193	广东温氏大华农生物科技有限公司动物保健品厂	土霉素预混剂	100g：土霉素 50g（5 000 万单位）	大华农喘痢康	兽药字 190176002
194	四川恒通动保生物科技有限公司	土霉素预混剂	100g：土霉素 3g（300 万单位）	无	兽药字 221386001
195	四川恒通动保生物科技有限公司	土霉素预混剂	100g：土霉素 50g（5 000 万单位）	无	兽药字 221386002
196	广州市汇鑫动物药业有限公司	土霉素预混剂	100g：土霉素 50g（5 000 万单位）	无	兽药字 190976002
197	四川省缔一动物药业有限公司	土霉素预混剂	100g：土霉素 50g（5 000 万单位）	无	兽药字 220706002
198	哈尔滨市道外区宏达动物药品厂	土霉素预混剂	500g：土霉素 2.5g（250 万单位）	无	兽药字 080026003
199	湖南佳锐思丹维生物科技有限公司	土霉素预混剂	500g：土霉素 2.5g（250 万单位）	无	兽药字（2016）180096003
200	湖南佳锐思丹维生物科技有限公司	土霉素预混剂	100g：土霉素 3g（300 万单位）	/	兽药字（2015）180096001
201	山东联达畜牧科技有限公司	土霉素预混剂	100g：土霉素 50g（5 000 万单位）	/	兽药字（2015）152506002
202	四川显华动物药业有限公司	土霉素预混剂	100g：土霉素 3g（300 万单位）	无	兽药字 220856001
203	辽宁九康动物药业有限公司	土霉素预混剂	100g：土霉素 50g（5 000 万单位）	无	兽药字 060536002
204	江西省火红动物保健品有限公司	土霉素预混剂	100g：土霉素 3g（300 万单位）	无	兽药字 140246001
205	四川伴农动保生物技术有限公司	土霉素预混剂	100g：土霉素 3g（300 万单位）	无	兽药字 221116001
206	湖南泰丰动物药业有限公司	土霉素预混剂	100g：土霉素 50g（5 000 万单位）	安替得利	兽药字 180286002
207	江西新天地药业有限公司	土霉素预混剂	100g：土霉素 50g（5 000 万单位）	无	兽药字 140366002
208	上海同仁药业股份有限公司上海兽药厂	土霉素预混剂	100g：土霉素 50g（5 000 万单位）	无	兽药字 090246002
209	浙江博信药业股份有限公司	土霉素预混剂	100g：土霉素 50g（5 000 万单位）	无	兽药字 110686002
210	河北宝典药业有限公司	土霉素预混剂	100g：土霉素 50g（5 000 万单位）	无	兽药字 031046002
211	江苏日升昌药业有限公司	土霉素预混剂	100g：土霉素 50g（5 000 万单位）	无	兽药字 101566002
212	芮城县同仁兽药有限公司	土霉素预混剂	100g：土霉素 50g（5 000 万单位）	同仁途观	兽药字 040836002
213	沈阳市春华动物药业有限公司	土霉素预混剂	100g：土霉素 50g（5 000 万单位）	无	兽药字 060246002
214	江西九信药业有限公司	土霉素预混剂	100g：土霉素 50g（5 000 万单位）	尼可乐	兽药字 140716002
215	广西健龙动物药业有限公司	土霉素预混剂	100g：土霉素 3g（300 万单位）	无	兽药字 200216001
216	长沙巨龙生物科技有限公司	土霉素预混剂	100g：土霉素 50g（5 000 万单位）	巨龙喘利康	兽药字 180466002
217	广州环球生物药品有限公司	土霉素预混剂	100g：土霉素 3g（300 万单位）	无	兽药字 190116001
218	四川省川龙动科药业有限公司	土霉素预混剂	100g：土霉素 3g（300 万单位）	无	兽药字 220366001
219	上海骑骠动物保健品有限公司	土霉素预混剂	100g：土霉素 50g（5 000 万单位）	土保康	兽药字 090166002
220	杭州新港动物药业有限公司	土霉素预混剂	100g：土霉素 50g（5 000 万单位）	无	兽药字 110746002
221	辽宁天鹏生物科技有限公司	土霉素预混剂	100g：土霉素 50g（5 000 万单位）	无	兽药字 060156002
222	四川联美生物药业有限公司	土霉素预混剂	100g：土霉素 3g（300 万单位）	无	兽药字 221096001
223	江西英特科胜动保科技有限公司	土霉素预混剂	100g：土霉素 3g（300 万单位）	无	兽药字 140646001
224	四川吉星动物药业有限公司	土霉素预混剂	100g：土霉素 3g（300 万单位）	过奶止痢欣	兽药字 220126001
225	四川省飞天动物药业有限公司	土霉素预混剂	100g：土霉素 50g（5 000 万单位）	无	兽药字 220196002
226	江西牧旺生物科技有限公司	土霉素预混剂	100g：土霉素 50g（5 000 万单位）	米先得乐	兽药字 140736002
227	江西友道药业有限公司	土霉素预混剂	100g：土霉素 50g（5 000 万单位）	美乐先	兽药字 140626002
228	广东温氏大华农生物科技有限公司动物保健品厂	土霉素预混剂	100g：土霉素 7.5g（750 万单位）	大华农喘痢康	兽药字 190176121
229	湖南长沙远达牧业科技有限公司	土霉素预混剂	500g：土霉素 2.5g（250 万单位）	无	兽药字 180406003
230	四川齐全红动物药业有限公司	土霉素预混剂	100g：土霉素 7.5g（750 万单位）	诸厉方	兽药字 220976121
231	河南普旺生物工程有限公司	土霉素预混剂	100g：土霉素 50g（5 000 万单位）	无	兽药字 162386002
232	河南省健达动保有限公司	土霉素预混剂	100g：土霉素 50g（5 000 万单位）	无	兽药字 161526002
233	厦门兴牧威动物保健品有限公司	土霉素预混剂	100g：土霉素 50g（5 000 万单位）	牧威锐克	兽药字 130206002
234	河南省健达动保有限公司	土霉素预混剂	100g：土霉素 7.5g（750 万单位）	聚态舒	兽药字 161526121

（续）

235	芮城县方宏动物药业有限公司	土霉素预混剂	100g：土霉素 50g（5 000 万单位）	无	兽药字 040616002
236	湖南泰丰动物药业有限公司	土霉素预混剂	100g：土霉素 3g（300 万单位）	安替得利	兽药字 180286001
237	成都博大金点生物技术有限公司	土霉素预混剂	500g：土霉素 2.5g（250 万单位）	无	兽药字 220596003
238	四川蓝晟制药有限公司	土霉素预混剂	100g：土霉素 50g（5 000 万单位）	无	兽药字 221236002
239	广东海泰达生物科技有限公司	土霉素预混剂	100g：土霉素 3g（300 万单位）	利肠安	兽药字 190856001
240	金河牧星（重庆）生物科技有限公司	土霉素预混剂	100g：土霉素 50g（5 000 万单位）	无	兽药字 230176002
241	哈尔滨摩天农科兽药有限公司	土霉素预混剂	100g：土霉素 50g（5 000 万单位）	无	兽药字 080136002
242	湖南威亚牧业科技有限公司	土霉素预混剂	100g：土霉素 7.5g（750 万单位）	无	兽药字 180166121
243	广州市百山制药有限公司	土霉素预混剂	100g：土霉素 50g（5 000 万单位）	无	兽药字 190486002
244	南昌科王兽药厂	土霉素预混剂	100g：土霉素 7.5g（750 万单位）	无	兽药字 140296121
245	菏泽鸿升药业有限公司	土霉素预混剂	500g：土霉素 2.5g（250 万单位）	无	兽药字 151016003
246	海南育奇药业有限公司	土霉素预混剂	100g：土霉素 50g（5 000 万单位）	瑞康达	兽药字 210016002
247	滨州华诚动物药品有限公司	土霉素预混剂	100g：土霉素 50g（5 000 万单位）	无	兽药字 150766002
248	四川德润通生物科技有限公司	土霉素预混剂	100g：土霉素 3g（300 万单位）	无	兽药字 221136001
249	江苏星海生物科技有限公司	土霉素预混剂	100g：土霉素 50g（5 000 万单位）	畜菌净	兽药字 100136002
250	驻马店华中正大有限公司	土霉素钙预混剂	按土霉素计算 1 000g：100g（1 亿单位）	/	兽药添字（2015）160304654
251	驻马店华中正大有限公司	土霉素钙预混剂	按土霉素计算 1 000g：200g（2 亿单位）	/	兽药添字（2015）160304655
252	内蒙古开盛生物科技有限公司	土霉素钙预混剂	按土霉素计算 1 000g：100g（1 亿单位）	//	兽药添字（2015）050114654
253	内蒙古开盛生物科技有限公司	土霉素钙预混剂	按土霉素计算 1 000g：200g（2 亿单位）	//	兽药添字（2015）050114655
254	内蒙古开盛生物科技有限公司	土霉素钙预混剂	按土霉素计算 1 000g：50g（5 000 万单位）	//	兽药添字（2015）050114653
255	衡水兴鼎生物技术有限公司	土霉素钙预混剂	按土霉素计算 1 000g：200g（2 亿单位）	无	兽药添字（2015）031734655
256	衡水兴鼎生物技术有限公司	土霉素钙预混剂	按土霉素计算 1 000g：100g（1 亿单位）	无	兽药添字（2015）031734654
257	江苏兴鼎生物工程有限公司	土霉素钙预混剂	按土霉素计算 1 000g：200g（2 亿单位）	肠敏钙	兽药添字（2016）101474655
258	江苏兴鼎生物工程有限公司	土霉素钙预混剂	按土霉素计算 1 000g：100g（1 亿单位）	肠敏钙	兽药添字（2016）101474654
259	甘肃瑞和祥生物科技有限公司	土霉素钙预混剂	按土霉素计算 1 000g：50g（5 000 万单位）	实乐	兽药添字（2016）280154653
260	甘肃瑞和祥生物科技有限公司	土霉素钙预混剂	按土霉素计算 1 000g：200g（2 亿单位）	实乐	兽药添字（2016）280154655
261	甘肃瑞和祥生物科技有限公司	土霉素钙预混剂	按土霉素计算 1 000g：100g（1 亿单位）	实乐	兽药添字（2016）280154654
262	福建和泉生物科技有限公司	土霉素钙预混剂	按土霉素计算 1 000g：200g（2 亿单位）	无	兽药添字 130304655
263	金河生物科技股份有限公司	土霉素钙预混剂	按土霉素计算 1 000g：100g（1 亿单位）	无	兽药添字 050084654
264	金河生物科技股份有限公司	土霉素钙预混剂	按土霉素计算 1 000g：200g（2 亿单位）	无	兽药添字 050084655

（续）

265	甘肃汇能生物工程有限公司	土霉素钙预混剂	按土霉素计算 1 000g：100g（1 亿单位）	无	兽药添字 280114654
266	甘肃汇能生物工程有限公司	土霉素钙预混剂	按土霉素计算 1 000g：200g（2 亿单位）	无	兽药添字 280114655
267	河北圣雪大成制药有限责任公司	土霉素钙预混剂	按土霉素计算 1 000g：300g（3 亿单位）	无	兽药添字 030952943
268	江苏兴鼎生物工程有限公司	土霉素钙预混剂	按土霉素计算 1 000g：300g（3 亿单位）	肠敏钙	兽药添字 101472943
269	山东齐发药业有限公司	土霉素钙预混剂	按土霉素计算 1 000g：200g（2 亿单位）	无	兽药添字 150464655
270	山东齐发药业有限公司	土霉素钙预混剂	按土霉素计算 1 000g：300g（3 亿单位）	无	兽药添字 150462943
271	驻马店华中正大有限公司	土霉素钙预混剂	按土霉素计算 1 000g：300g（3 亿单位）	无	兽药添字 160302943
272	河北圣雪大成唐山制药有限责任公司	土霉素钙预混剂	按土霉素计算 1 000g：200g（2 亿单位）	无	兽药添字 031194655
273	金河生物科技股份有限公司	土霉素钙预混剂	按土霉素计算 1 000g：300g（3 亿单位）	无	兽药添字 050082943
274	浦城正大生化有限公司	土霉素钙预混剂	按土霉素计算 1 000g：100g（1 亿单位）	无	兽药添字 130024654
275	浦城正大生化有限公司	土霉素钙预混剂	按土霉素计算 1 000g：200g（2 亿单位）	无	兽药添字 130024655
276	河北圣雪大成唐山制药有限责任公司	土霉素钙预混剂	按土霉素计算 1 000g：300g（3 亿单位）	无	兽药添字 031192943
277	山东齐发药业有限公司	土霉素钙预混剂	按土霉素计算 1 000g：100g（1 亿单位）	无	兽药添字 150464654
278	山东鲁抗生物制造有限公司	土霉素钙预混剂	按土霉素计算 1 000g：200g（2 亿单位）	无	兽药添字 153334655
279	宜昌三峡制药有限公司	土霉素钙预混剂	按土霉素计算 1 000g：50g（5 000 万单位）	安达素	兽药添字 170134653
280	宜昌三峡制药有限公司	土霉素钙预混剂	按土霉素计算 1 000g：200g（2 亿单位）	安达素	兽药添字 170134655
281	宜昌三峡制药有限公司	土霉素钙预混剂	按土霉素计算 1 000g：100g（1 亿单位）	安达素	兽药添字 170134654
282	甘肃瑞和祥生物科技有限公司	土霉素钙预混剂	按土霉素计算 1 000g：300g（3 亿单位）	实乐	兽药添字 280152943
283	牡丹江佰佳信生物科技有限公司	土霉素钙预混剂	按土霉素计算 1 000g：100g（1 亿单位）	土泰	兽药添字 080564654
284	牡丹江佰佳信生物科技有限公司	土霉素钙预混剂	按土霉素计算 1 000g：200g（2 亿单位）	土泰	兽药添字 080564655
285	绿康生化股份有限公司	亚甲基水杨酸杆菌肽预混剂	1g：150mg（6 000 单位）	必恩迪	兽药添字 130012425
286	绿康生化股份有限公司	亚甲基水杨酸杆菌肽预混剂	1g：100mg（4 000 单位）	必恩迪	兽药添字 130012426
287	齐鲁制药（内蒙古）有限公司	亚甲基水杨酸杆菌肽预混剂	1g：100mg（4 000 单位）	无	兽药添字 050242426

（续）

288	齐鲁制药（内蒙古）有限公司	亚甲基水杨酸杆菌肽预混剂	1g：150mg（6 000 单位）	无	兽药添字 050242425
289	深州万嘉生物科技有限公司	亚甲基水杨酸杆菌肽预混剂	1g：150mg（6 000 单位）	无	兽药添字 031062425
290	深州万嘉生物科技有限公司	亚甲基水杨酸杆菌肽预混剂	1g：100mg（4 000 单位）	无	兽药添字 031062426
291	新宇药业股份有限公司	那西肽预混剂	1 000g：20g（2 000 万单位）	无	兽药添字（2016）120272867
292	新宇药业股份有限公司	那西肽预混剂	1 000g：40g（4 000 万单位）	无	兽药添字（2016）120272868
293	新宇药业股份有限公司	那西肽预混剂	1 000g：10g（1 000 万单位）	无	兽药添字（2016）120272866
294	新宇药业股份有限公司	那西肽预混剂	1 000g：5.0g（500 万单位）	无	兽药添字（2016）120272865
295	新宇药业股份有限公司	那西肽预混剂	1 000g：2.5g（250 万单位）	无	兽药添字（2016）120272864
296	山东胜利生物工程有限公司	那西肽预混剂	1 000g：5.0g（500 万单位）	胜乐壮	兽药添字（2016）151772865
297	山东胜利生物工程有限公司	那西肽预混剂	1 000g：10g（1 000 万单位）	胜乐壮	兽药添字（2016）151772866
298	山东胜利生物工程有限公司	那西肽预混剂	1 000g：20g（2 000 万单位）	胜乐壮	兽药添字（2016）151772867
299	山东胜利生物工程有限公司	那西肽预混剂	1 000g：40g（4 000 万单位）	胜乐壮	兽药添字（2016）151772868
300	山东胜利生物工程有限公司	那西肽预混剂	1 000g：80g（8 000 万单位）	胜乐壮	兽药添字（2016）151772869
301	山东齐发药业有限公司	那西肽预混剂	1 000g：5.0g（500 万单位）	无	兽药添字 150462865
302	山东齐发药业有限公司	那西肽预混剂	1 000g：10g（1 000 万单位）	无	兽药添字 150462866
303	山东齐发药业有限公司	那西肽预混剂	1 000g：20g（2 000 万单位）	无	兽药添字 150462867
304	山东齐发药业有限公司	那西肽预混剂	1 000g：40g（4 000 万单位）	无	兽药添字 150462868
305	山东齐发药业有限公司	那西肽预混剂	1 000g：2.5g（250 万单位）	无	兽药添字 150462864
306	甘肃汇能生物工程有限公司	那西肽预混剂	1 000g：80g（8 000 万单位）	威农	兽药添字 280112869
307	甘肃汇能生物工程有限公司	那西肽预混剂	1 000g：40g（4 000 万单位）	威农	兽药添字 280112868
308	甘肃汇能生物工程有限公司	那西肽预混剂	1 000g：20g（2 000 万单位）	威农	兽药添字 280112867
309	甘肃汇能生物工程有限公司	那西肽预混剂	1 000g：10g（1 000 万单位）	威农	兽药添字 280112866
310	甘肃汇能生物工程有限公司	那西肽预混剂	1 000g：5.0g（500 万单位）	威农	兽药添字 280112865
311	甘肃汇能生物工程有限公司	那西肽预混剂	1 000g：2.5g（250 万单位）	威农	兽药添字 280112864
312	浙江汇能生物股份有限公司	那西肽预混剂	1 000g：2.5g（250 万单位）	诺农	兽药添字 110482052
313	浙江汇能生物股份有限公司	那西肽预混剂	1 000g：5g（500 万单位）	诺农	兽药添字 110482281
314	浙江汇能生物股份有限公司	那西肽预混剂	1 000g：10g（1 000 万单位）	诺农	兽药添字 110482282
315	新宇药业股份有限公司	那西肽预混剂	1 000g：2.5g（250 万单位）	无	兽药添字 120542864
316	新宇药业股份有限公司	那西肽预混剂	1 000g：5.0g（500 万单位）	无	兽药添字 120542865
317	新宇药业股份有限公司	那西肽预混剂	1 000g：10g（1 000 万单位）	无	兽药添字 120542866
318	新宇药业股份有限公司	那西肽预混剂	1 000g：20g（2 000 万单位）	无	兽药添字 120542867
319	新宇药业股份有限公司	那西肽预混剂	1 000g：40g（4 000 万单位）	无	兽药添字 120542868
320	新宇药业股份有限公司	那西肽预混剂	1 000g：80g（8 000 万单位）	无	兽药添字 120542869
321	甘肃汇能生物工程有限公司	那西肽预混剂	1 000g：2.5g（250 万单位）	无	兽药添字 280112052
322	甘肃汇能生物工程有限公司	那西肽预混剂	1 000g：5g（500 万单位）	无	兽药添字 280112281
323	甘肃汇能生物工程有限公司	那西肽预混剂	1 000g：10g（1 000 万单位）	无	兽药添字 280112282
324	甘肃汇能生物工程有限公司	那西肽预混剂	1 000g：20g（2 000 万单位）	无	兽药添字 280112434
325	甘肃汇能生物工程有限公司	那西肽预混剂	1 000g：40g（4 000 万单位）	无	兽药添字 280112435
326	甘肃汇能生物工程有限公司	那西肽预混剂	1 000g：80g（8 000 万单位）	无	兽药添字 280112436
327	浙江汇能生物股份有限公司	那西肽预混剂	1 000g：20g（2 000 万单位）	诺农	兽药添字 110482434

（续）

328	浙江汇能生物股份有限公司	那西肽预混剂	1 000g：40g（4 000 万单位）	诺农	兽药添字 110482435
329	浙江汇能生物股份有限公司	那西肽预混剂	1 000g：80g（8 000 万单位）	诺农	兽药添字 110482436
330	山东胜利生物工程有限公司	那西肽预混剂	1 000g：5g（500 万单位）	无	兽药添字 151772281
331	山东胜利生物工程有限公司	那西肽预混剂	1 000g：20g（2 000 万单位）	无	兽药添字 151772434
332	山东胜利生物工程有限公司	那西肽预混剂	1 000g：40g（4 000 万单位）	无	兽药添字 151772435
333	山东胜利生物工程有限公司	那西肽预混剂	1 000g：80g（8 000 万单位）	无	兽药添字 151772436
334	山东胜利生物工程有限公司	那西肽预混剂	1 000g：10g（1 000 万单位）	无	兽药添字 151772282
335	濮阳泓天威药业有限公司	那西肽预混剂	1 000g：10g（1 000 万单位）	泓福康	兽药添字 160012866
336	濮阳泓天威药业有限公司	那西肽预混剂	1 000g：20g（2 000 万单位）	泓福康	兽药添字 160012867
337	濮阳泓天威药业有限公司	那西肽预混剂	1 000g：40g（4 000 万单位）	泓福康	兽药添字 160012868
338	新疆浙大阳光生物科技有限公司	那西肽预混剂	1 000g：10g（1 000 万单位）	无	兽药添字 310082866
339	新疆浙大阳光生物科技有限公司	那西肽预混剂	1 000g：5.0g（500 万单位）	无	兽药添字 310082865
340	新疆浙大阳光生物科技有限公司	那西肽预混剂	1 000g：20g（2 000 万单位）	无	兽药添字 310082867
341	新疆浙大阳光生物科技有限公司	那西肽预混剂	1 000g：40g（4 000 万单位）	无	兽药添字 310082868
342	郑州联美利华生物科技有限公司	杆菌肽锌预混剂	以杆菌肽计 100g：15g（60 万单位）	杆肽乐	兽药添字（2015）160991185
343	绿康生化股份有限公司	杆菌肽锌预混剂	100g：15g（60 万单位）	梭安	兽药添字（2015）130012447
344	绿康生化股份有限公司	杆菌肽锌预混剂	100g：10g（40 万单位）	无	兽药添字（2016）130012446
345	天津市新星兽药厂	杆菌肽锌预混剂	100g：10g（40 万单位）	无	兽药添字 020232927
346	天津市新星兽药厂	杆菌肽锌预混剂	100g：15g（60 万单位）	无	兽药添字 020232928
347	深州万嘉生物科技有限公司	杆菌肽锌预混剂	100g：10g（40 万单位）	无	兽药添字 031062951
348	深州万嘉生物科技有限公司	杆菌肽锌预混剂	100g：15g（60 万单位）	无	兽药添字 031062952
349	河北华尔生物科技有限公司	杆菌肽锌预混剂	按杆菌肽计算 100g：15g（60 万单位）	无	兽药添字 031091185
350	天津市中升挑战生物科技有限公司	杆菌肽锌预混剂	按杆菌肽计算 100g：15g（60 万单位）	泰之康	兽药添字 020111185
351	齐鲁制药（内蒙古）有限公司	杆菌肽锌预混剂	100g：10g（40 万单位）	无	兽药添字 050242446
352	齐鲁制药（内蒙古）有限公司	杆菌肽锌预混剂	100g：15g（60 万单位）	无	兽药添字 050242447
353	浙江海正药业股份有限公司	恩拉霉素预混剂	100g：4g（400 万单位）	/	兽药添字（2015）110272817
354	浙江海正药业股份有限公司	恩拉霉素预混剂	100g：8g（800 万单位）	/	兽药添字（2015）110272818
355	山东齐发药业有限公司	恩拉霉素预混剂	100g：4g（400 万单位）	无	兽药添字 150462817
356	山东齐发药业有限公司	恩拉霉素预混剂	100g：8g（800 万单位）	无	兽药添字 150462818
357	江苏兴鼎生物工程有限公司	恩拉霉素预混剂	100g：4g（400 万单位）	安来素	兽药添字 101472817
358	江苏兴鼎生物工程有限公司	恩拉霉素预混剂	100g：8g（800 万单位）	安来素	兽药添字 101472818
359	山东胜利生物工程有限公司	恩拉霉素预混剂	100g：4g（400 万单位）	胜恩鼎	兽药添字 151772817
360	山东胜利生物工程有限公司	恩拉霉素预混剂	100g：8g（800 万单位）	胜恩鼎	兽药添字 151772818
361	安徽普洛生物科技有限公司	恩拉霉素预混剂	100g：8g（800 万单位）	无	兽药添字 120502818
362	安徽普洛生物科技有限公司	恩拉霉素预混剂	100g：4g（400 万单位）	无	兽药添字 120502817
363	牡丹江佰佳信生物科技有限公司	恩拉霉素预混剂	100g：4g（400 万单位）	牡佳宝	兽药添字 080562817
364	齐鲁制药（内蒙古）有限公司	恩拉霉素预混剂	100g：8g（800 万单位）	无	兽药添字 050242818
365	牡丹江佰佳信生物科技有限公司	恩拉霉素预混剂	100g：8g（800 万单位）	牡佳宝	兽药添字 080562818
366	齐鲁制药（内蒙古）有限公司	恩拉霉素预混剂	100g：4g（400 万单位）	无	兽药添字 050242817
367	四川省飞天动物药业有限公司	喹烯酮预混剂	5%	成长乐	兽药添字（2014）220192190
368	兰州正丰药业有限责任公司	喹烯酮预混剂	50%	/	兽药添字（2014）280032406
369	兰州正丰药业有限责任公司	喹烯酮预混剂	25%	/	兽药添字（2014）280032405

（续）

370	山东大禹动物药业有限公司	喹烯酮预混剂	50%	大禹助壮康	兽药添字（2014）151712406
371	北京立时达药业有限公司	喹烯酮预混剂	25%	///	兽药添字（2014）010052405
372	江西纵横生物科技有限公司	喹烯酮预混剂	5%	/	兽药添字（2015）140272190
373	江西新天地药业有限公司	喹烯酮预混剂	5%	/	兽药添字（2015）140362190
374	江西友道药业有限公司	喹烯酮预混剂	5%	/	兽药添字（2015）140622190
375	山西省芮城科龙兽药有限公司	喹烯酮预混剂	25%	/	兽药添字（2015）040192405
376	江西博莱大药厂有限公司	喹烯酮预混剂	5%	//	兽药添字（2015）140062190
377	芮城天通动保药业有限公司	喹烯酮预混剂	50%	/	兽药添字（2015）040662406
378	禹州华邈动物药业有限公司	喹烯酮预混剂	5%	/	兽药添字（2015）162352190
379	浙江明珠动物保健品有限公司	喹烯酮预混剂	50%	快得乐	兽药添字（2015）110462406
380	江西博莱大药厂有限公司	喹烯酮预混剂	50%	/	兽药添字（2015）140062406
381	浙江东贸药业有限公司	喹烯酮预混剂	5%	东贸痢长素	兽药添字（2015）110842190
382	广东紫金正天药业有限公司	喹烯酮预混剂	50%	/	兽药添字（2015）190782406
383	南阳市理邦制药有限公司	喹烯酮预混剂	5%	/	兽药添字（2015）160112190
384	南阳市理邦制药有限公司	喹烯酮预混剂	25%	/	兽药添字（2015）160112405
385	四川华蜀动物药业有限公司	喹烯酮预混剂	5%	/	兽药添字（2015）220262190
386	山西兆益生物有限公司	喹烯酮预混剂	50%	健长乐	兽药添字（2015）041102406
387	河南正牧动物药业有限公司	喹烯酮预混剂	5%	美多健	兽药添字（2015）162172190
388	成都中牧生物药业有限公司	喹烯酮预混剂	5%	牧性源	兽药添字（2015）220982190
389	南阳市理邦制药有限公司	喹烯酮预混剂	50%	/	兽药添字（2015）160112406
390	四川成康动物药业有限公司	喹烯酮预混剂	5%	/	兽药添字（2015）221152190
391	芮城县方宏动物药业有限公司	喹烯酮预混剂	25%	///	兽药添字（2015）040612405
392	芮城县方宏动物药业有限公司	喹烯酮预混剂	5%	///	兽药添字（2015）040612190
393	芮城县方宏动物药业有限公司	喹烯酮预混剂	50%	/	兽药添字（2015）040612406
394	芮城县维尔富兽药有限公司	喹烯酮预混剂	25%	/	兽药添字（2015）040372405
395	芮城县维尔富兽药有限公司	喹烯酮预混剂	50%	/	兽药添字（2015）040372406
396	乐山市瑞和祥动物保健药业有限公司	喹烯酮预混剂	50%	/	兽药添字（2015）220452406
397	四川正泰动物制药有限公司	喹烯酮预混剂	5%	无	兽药添字（2015）220932190
398	成都博大金点生物技术有限公司	喹烯酮预混剂	5%	无	兽药添字（2015）220592190
399	桐城市金润药业有限公司	喹烯酮预混剂	5%	无	兽药添字（2016）120392190
400	四川豪士动物保健药业有限公司	喹烯酮预混剂	25%	无	兽药添字（2016）220832405
401	成都三阳科技实业有限公司	喹烯酮预混剂	25%	无	兽药添字（2016）220552405
402	上海公谊药业有限公司	喹烯酮预混剂	5%	魁利乐	兽药添字（2016）090052190
403	沈阳伟嘉牧业技术有限公司	喹烯酮预混剂	5%	必快克	兽药添字（2016）060042190
404	芮城县金馥康生物药业有限公司	喹烯酮预混剂	25%	无	兽药添字（2016）040952405
405	武汉大农人生物科技有限公司	喹烯酮预混剂	25%	无	兽药添字（2016）170522405
406	江西快康动物保健品有限公司	喹烯酮预混剂	25%	无	兽药添字（2016）140492405
407	内蒙古金河动物药业有限公司	喹烯酮预混剂	50%	金牧肥	兽药添字（2016）050222406
408	内蒙古金河动物药业有限公司	喹烯酮预混剂	25%	金牧肥	兽药添字（2016）050222405
409	安吉丰牧兽药有限公司	喹烯酮预混剂	5%	无	兽药添字（2016）110072190
410	杭州新港动物药业有限公司	喹烯酮预混剂	5%	利胜	兽药添字（2016）110742190
411	潍坊华牧动物药业有限公司	喹烯酮预混剂	50%	无	兽药添字（2016）150902406

（续）

412	邳州正康生物技术有限公司	喹烯酮预混剂	50%	快喜康	兽药添字（2016）101332406
413	河北润普兽药有限公司	喹烯酮预混剂	5%	田力	兽药添字（2016）031002190
414	青岛安惠仕生物制药有限公司	喹烯酮预混剂	50%	耐瑞定	兽药添字（2016）153702406
415	江西核工业瑞丰生物药业有限公司	喹烯酮预混剂	5%	无	兽药添字（2016）140112190
416	山西双鹰动物药业有限公司	喹烯酮预混剂	50%	无	兽药添字（2016）040152406
417	山西双鹰动物药业有限公司	喹烯酮预混剂	25%	无	兽药添字（2016）040152405
418	成都乾坤动物药业有限公司	喹烯酮预混剂	5%	无	兽药添字（2016）220222190
419	杭州爱力迈动物药业有限公司	喹烯酮预混剂	50%	牧旺希	兽药添字（2016）110012406
420	安徽中升药业有限公司	喹烯酮预混剂	25%	喹可欣	兽药添字（2016）120312405
421	芮城县同仁兽药有限公司	喹烯酮预混剂	5%	益木酮	兽药添字 040832190
422	江西博大动物保健品有限公司	喹烯酮预混剂	5%	益生健	兽药添字 140182190
423	四川新辉煌动物药业有限公司	喹烯酮预混剂	5%	无	兽药添字 220772190
424	四川新辉煌动物药业有限公司	喹烯酮预混剂	25%	无	兽药添字 220772405
425	赣州百灵动物药业有限公司	喹烯酮预混剂	5%	无	兽药添字 140042190
426	山东牛点生物科技有限公司	喹烯酮预混剂	5%	无	兽药添字 153742190
427	江西纵横生物科技有限公司	喹烯酮预混剂	5%	无	兽药添字 140882190
428	中牧实业股份有限公司黄冈动物药品厂	喹烯酮预混剂	5%	无	兽药添字 170302190
429	泰兴市东兴动物保健品有限公司	喹烯酮预混剂	5%	东兴痢净	兽药添字 100162190
430	杭州爱力迈动物药业有限公司	喹烯酮预混剂	5%	牧旺希	兽药添字 110012190
431	中牧实业股份有限公司黄冈动物药品厂	喹烯酮预混剂	25%	无	兽药添字 170302405
432	中牧实业股份有限公司黄冈动物药品厂	喹烯酮预混剂	50%	无	兽药添字 170302406
433	河北高盛动物药业有限公司	喹烯酮预混剂	5%	乐肥	兽药添字 031522190
434	哈尔滨千合动物药品制造有限公司	喹烯酮预混剂	5%	倍利得	兽药添字 080192190
435	河南金大众生物工程有限公司	喹烯酮预混剂	5%	子特健	兽药添字 163322190
436	山西省芮城科龙兽药有限公司	喹烯酮预混剂	5%	牧康乐	兽药添字 040192190
437	江西天佳动物药业有限公司	喹烯酮预混剂	25%	佳酮富	兽药添字 140562405
438	广东容大生物股份有限公司	喹烯酮预混剂	25%	无	兽药添字 190142405
439	广东容大生物股份有限公司	喹烯酮预混剂	50%	肠卫健	兽药添字 190142406
440	广东容大生物股份有限公司	喹烯酮预混剂	5%	无	兽药添字 190142190
441	哈尔滨绿达生动物药业有限公司	喹烯酮预混剂	5%	无	兽药添字 080152190
442	哈尔滨绿达生动物药业有限公司	喹烯酮预混剂	25%	无	兽药添字 080152405
443	山东超悦生物科技有限公司	喹烯酮预混剂	5%	无	兽药添字（2016）153672190
444	揭阳市龙阳动物药业有限公司	喹烯酮预混剂	5%	常乐舒	兽药添字 190682190
445	浙江道格凯特实业有限公司	喹烯酮预混剂	5%	无	兽药添字（2015）110432190
446	德州红日药业有限公司	喹烯酮预混剂	5%	立可欣	兽药添字 152582190
447	四川康四海动物药业有限公司	喹烯酮预混剂	5%	肠利健	兽药添字 220532190
448	广州南方动物保健药厂	喹烯酮预混剂	25%	南方肥肥乐	兽药添字 190732405
449	河北正大鸿福动物药业有限公司	喹烯酮预混剂	5%	兴牧欣	兽药添字 030492190
450	四川康而好动物药业有限公司	喹烯酮预混剂	5%	无	兽药添字 220562190
451	江西旭虹药业有限公司	喹烯酮预混剂	50%	无	兽药添字 140782406
452	赣州百灵动物药业有限公司	喹烯酮预混剂	50%	无	兽药添字 140042406
453	郑州威兰动物药业有限公司	喹烯酮预混剂	5%	诺尔美	兽药添字 162292190

（续）

454	湖州安宝兽药有限公司	喹烯酮预混剂	5%	无	兽药添字 110942190
455	广州农丰动物药业有限公司	喹烯酮预混剂	25%	无	兽药添字 190182405
456	广州农丰动物药业有限公司	喹烯酮预混剂	50%	佳利佳	兽药添字 190182406
457	河南省亮点动物药业有限公司	喹烯酮预混剂	25%	泻倍特	兽药添字 162342405
458	江西欣特生物制药有限公司	喹烯酮预混剂	5%	无	兽药添字 140082190
459	河南孟成生物药业股份有限公司	喹烯酮预混剂	25%	肥可佳	兽药添字 160102405
460	河南孟成生物药业股份有限公司	喹烯酮预混剂	50%	肥可佳	兽药添字 160102406
461	江西九信药业有限公司	喹烯酮预混剂	25%	达力壮	兽药添字（2014）140712405
462	江西九信药业有限公司	喹烯酮预混剂	50%	达力壮	兽药添字（2014）140712406
463	江西省特邦动物药业有限公司	喹烯酮预混剂	5%	无	兽药添字 140342190
464	江西新天地药业有限公司	喹烯酮预混剂	25%	无	兽药添字 140362405
465	江西新天地药业有限公司	喹烯酮预混剂	50%	无	兽药添字 140362406
466	广东万士达动物药业有限公司	喹烯酮预混剂	5%	无	兽药添字 190752190
467	河南金华农动物药业有限公司	喹烯酮预混剂	5%	稀必舒	兽药添字 163162190
468	河南益华动物药业有限公司	喹烯酮预混剂	5%	益华肠可净	兽药添字 163132190
469	河南大华生物技术有限公司	喹烯酮预混剂	25%	速益长	兽药添字 162822405
470	河南中盛动物药业有限公司	喹烯酮预混剂	5%	肠克净	兽药添字 161852190
471	成都中牧生物药业有限公司	喹烯酮预混剂	25%	益肠欣	兽药添字 220982405
472	成都中牧生物药业有限公司	喹烯酮预混剂	50%	益肠欣	兽药添字 220982406
473	佛山市正典生物技术有限公司	喹烯酮预混剂	25%	无	兽药添字 190462405
474	佛山市正典生物技术有限公司	喹烯酮预混剂	50%	无	兽药添字 190462406
475	广东科润生物制药有限公司	喹烯酮预混剂	50%	富酮	兽药添字 191322406
476	山东百德生物科技有限公司	喹烯酮预混剂	5%	常安立长	兽药添字 152862190
477	无锡正大生物股份有限公司动物保健品厂	喹烯酮预混剂	5%	牧普康	兽药添字 100752190
478	无锡正大生物股份有限公司动物保健品厂	喹烯酮预混剂	25%	牧普康	兽药添字 100752405
479	无锡正大生物股份有限公司动物保健品厂	喹烯酮预混剂	50%	牧普康	兽药添字 100752406
480	北京科尔兴药业有限公司	喹烯酮预混剂	5%	无	兽药添字 010132190
481	浙江万方生物科技有限公司	喹烯酮预混剂	50%	康安肥	兽药添字 110872406
482	成都天牧生物技术有限公司	喹烯酮预混剂	5%	无	兽药添字 221022190
483	长沙新起点保健品有限公司	喹烯酮预混剂	50%	无	兽药添字 180352406
484	上海骑骠动物保健品有限公司	喹烯酮预混剂	5%	无	兽药添字 090162190
485	广东海纳川生物科技股份有限公司	喹烯酮预混剂	50%	肠乐康	兽药添字 190412406
486	广东海纳川生物科技股份有限公司	喹烯酮预混剂	5%	肠乐康	兽药添字 190412190
487	广东科润生物制药有限公司	喹烯酮预混剂	25%	富酮	兽药添字 191322405
488	双胞胎（集团）股份有限公司	喹烯酮预混剂	50%	无	兽药添字 140722406
489	湖南现代资源生物科技有限公司	喹烯酮预混剂	5%	快乐肥	兽药添字 180452190
490	北京科尔兴药业有限公司	喹烯酮预混剂	25%	无	兽药添字 010132405
491	河南森隆兽药有限公司	喹烯酮预混剂	5%	无	兽药添字 160282190
492	河南华牧生物科技有限公司	喹烯酮预混剂	25%	无	兽药添字 162872405
493	铁岭中宝天然生物科技发展有限公司	喹烯酮预混剂	50%	多益促长宁	兽药添字 060602406
494	江苏天成保健品有限公司	喹烯酮预混剂	5%	无	兽药添字 100522190
495	江苏天成保健品有限公司	喹烯酮预混剂	25%	无	兽药添字 100522405

（续）

496	江苏天成保健品有限公司	喹烯酮预混剂	50%	无	兽药添字 100522406
497	洛阳牧野药业有限公司	喹烯酮预混剂	25%	无	兽药添字 162322405
498	新乡市百医百顺动物药业有限公司	喹烯酮预混剂	5%	猪利乐	兽药添字 162732190
499	上海骑骠动物保健品有限公司	喹烯酮预混剂	25%	无	兽药添字 090162405
500	河南新经典生物科技有限公司	喹烯酮预混剂	25%	无	兽药添字 160192405
501	湖州安宝兽药有限公司	喹烯酮预混剂	50%	爱肥乐	兽药添字 110942406
502	天津市中升挑战生物科技有限公司	喹烯酮预混剂	50%	乐多安	兽药添字 020112406
503	南通市第二兽药厂有限公司	喹烯酮预混剂	50%	无	兽药添字 100372406
504	江西天佳动物药业有限公司	喹烯酮预混剂	5%	佳酮富	兽药添字 140562190
505	广州格雷特生物科技有限公司	喹烯酮预混剂	25%	雷酮	兽药添字 191132405
506	广州格雷特生物科技有限公司	喹烯酮预混剂	50%	雷酮	兽药添字 191132406
507	广州拓普思动物药业有限公司	喹烯酮预混剂	5%	无	兽药添字 190322190
508	广州拓普思动物药业有限公司	喹烯酮预混剂	25%	无	兽药添字 190322405
509	广州农丰动物药业有限公司	喹烯酮预混剂	5%	无	兽药添字 190182190
510	自贡市天翔动物药业有限公司	喹烯酮预混剂	5%	无	兽药添字 220942190
511	湖北博大生物股份有限公司	喹烯酮预混剂	5%	博大富烔	兽药添字 170462190
512	江苏光大动物药业有限公司	喹烯酮预混剂	5%	无	兽药添字 100232190
513	浙江汇能生物股份有限公司	喹烯酮预混剂	5%	康通	兽药添字 110482190
514	浙江汇能生物股份有限公司	喹烯酮预混剂	50%	康通	兽药添字 110482406
515	浙江汇能生物股份有限公司	喹烯酮预混剂	25%	康通	兽药添字 110482405
516	湛江市保生皇药业有限公司	喹烯酮预混剂	5%	无	兽药添字 191352190
517	济南鲁发兽药有限公司	喹烯酮预混剂	5%	无	兽药添字 152132190
518	芮城县同仁兽药有限公司	喹烯酮预混剂	50%	无	兽药添字 040832406
519	江西高胜动物保健品有限公司	喹烯酮预混剂	50%	力壮素	兽药添字 140382406
520	四川省自贡倍乐饲料有限公司	喹烯酮预混剂	5%	无	兽药添字 220672190
521	四川省自贡倍乐饲料有限公司	喹烯酮预混剂	25%	无	兽药添字 220672405
522	四川省自贡倍乐饲料有限公司	喹烯酮预混剂	50%	无	兽药添字 220672406
523	江西友道药业有限公司	喹烯酮预混剂	50%	无	兽药添字 140622406
524	四川吉星动物药业有限公司	喹烯酮预混剂	5%	喹稀宁	兽药添字 220122190
525	河南赛尔加农动物药业有限公司	喹烯酮预混剂	5%	无	兽药添字 163502190
526	湖南现代资源生物科技有限公司	喹烯酮预混剂	50%	无	兽药添字 180452406
527	湖北博大生物股份有限公司	喹烯酮预混剂	50%	博大富烔	兽药添字 170462406
528	江西天佳动物药业有限公司	喹烯酮预混剂	50%	佳酮富	兽药添字 140562406
529	山西大禹生物工程股份有限公司	喹烯酮预混剂	5%	无	兽药添字 041292190
530	四川恒通动保生物科技有限公司	喹烯酮预混剂	5%	无	兽药添字 221382190
531	广州市兴达动物药业有限公司	喹烯酮预混剂	5%	无	兽药添字 190582190
532	广州市汇鑫动物药业有限公司	喹烯酮预混剂	50%	无	兽药添字 190972406
533	四川齐全红动物药业有限公司	喹烯酮预混剂	25%	无	兽药添字 220972405
534	河南创鑫生物科技有限公司	喹烯酮预混剂	5%	无	兽药添字 162762190
535	江西兴鼎科技有限公司	喹烯酮预混剂	5%	无	兽药添字 140672190
536	江西兴鼎科技有限公司	喹烯酮预混剂	25%	无	兽药添字 140672405
537	江西兴鼎科技有限公司	喹烯酮预混剂	50%	无	兽药添字 140672406

（续）

538	河南世农生物制药有限公司	喹烯酮预混剂	25%	美尔肥	兽药添字 163462405
539	江西汇奇峰生物科技有限公司	喹烯酮预混剂	5%	无	兽药添字 140102190
540	安徽科尔药业有限公司	喹烯酮预混剂	50%	无	兽药添字 120102406
541	安徽科尔药业有限公司	喹烯酮预混剂	5%	无	兽药添字 120102190
542	大连奥普动物药业有限公司	喹烯酮预混剂	5%	无	兽药添字 060562190
543	湖北博大生物股份有限公司	喹烯酮预混剂	25%	无	兽药添字 170462405
544	湖北武当动物药业有限责任公司	喹烯酮预混剂	25%	促长乐	兽药添字 170082405
545	内蒙古中牧生物药业有限公司	黄霉素预混剂	100g：12g（1 200 万单位）	牧乐旺	兽药添字（2015）050092706
546	山东胜利生物工程有限公司	黄霉素预混剂	100g：12g（1 200 万单位）	胜乐旺	兽药添字（2016）151772706
547	山东胜利生物工程有限公司	黄霉素预混剂	100g：8g（800 万单位）	胜乐旺	兽药添字（2016）151772187
548	山东胜利生物工程有限公司	黄霉素预混剂	100g：4g（400 万单位）	胜乐旺	兽药添字（2016）151772186
549	山东齐发药业有限公司	黄霉素预混剂（发酵）	100g：12g（1 200 万单位）	无	兽药添字 150462706
550	山东齐发药业有限公司	黄霉素预混剂（发酵）	100g：4g（400 万单位）	无	兽药添字 150462186
551	山东齐发药业有限公司	黄霉素预混剂（发酵）	100g：8g（800 万单位）	无	兽药添字 150462187
552	绿康生化股份有限公司	黄霉素预混剂（发酵）	100g：8g（800 万单位）	康乐旺	兽药添字 130012187
553	绿康生化股份有限公司	黄霉素预混剂（发酵）	100g：12g（1 200 万单位）	康乐旺	兽药添字 130012706
554	内蒙古中牧生物药业有限公司	黄霉素预混剂（发酵）	100g：4g（400 万单位）	无	兽药添字 050092186
555	内蒙古中牧生物药业有限公司	黄霉素预混剂（发酵）	100g：8g（800 万单位）	无	兽药添字 050092187
556	新疆浙大阳光生物科技有限公司	黄霉素预混剂（发酵）	100g：8g（800 万单位）	无	兽药添字 310082187
557	新疆浙大阳光生物科技有限公司	黄霉素预混剂（发酵）	100g：12g（1 200 万单位）	无	兽药添字 310082706
558	新疆浙大阳光生物科技有限公司	黄霉素预混剂（发酵）	100g：4g（400 万单位）	无	兽药添字 310082186

二、注销的相关进口兽药注册证书目录

序号	企业名称	通用名称	规格	进口兽药注册证书
1	浩卫制药股份有限公司	黄霉素预混剂	100g：4g（400 万单位）	（2017）外兽药证字 12 号
2	浩卫制药股份有限公司	黄霉素预混剂	100g：8g（800 万单位）	（2017）外兽药证字 13 号
3	美国辉宝有限公司	维吉尼亚霉素预混剂	100g：50g（5 000 万单位）	（2017）外兽药证字 68 号

附件 3：

金霉素预混剂等 15 个兽药产品质量标准和说明书范本

1. 金霉素预混剂质量标准与说明书范本
2. 吉他霉素预混剂质量标准与说明书范本
3. 二硝托胺预混剂质量标准与说明书范本
4. 马度米星铵预混剂质量标准与说明书范本
5. 盐酸氯苯胍预混剂质量标准与说明书范本
6. 盐酸氨丙啉乙氧酰胺苯甲酯预混剂质量标准与说明书范本
7. 盐酸氨丙啉乙氧酰胺苯甲酯磺胺喹噁啉预混剂质量标准与说明书范本
8. 海南霉素钠预混剂质量标准与说明书范本
9. 氯羟吡啶预混剂质量标准与说明书范本
10. 地克珠利预混剂质量标准与说明书范本

11. 盐霉素钠预混剂质量标准与说明书范本
12. 盐霉素预混剂质量标准与说明书范本
13. 莫能菌素预混剂质量标准与说明书范本
14. 博落回散质量标准与说明书范本
15. 山花黄芩提取物散质量标准与说明书范本

1. 金霉素预混剂质量标准与说明书范本

金霉素预混剂

Jinmeisu Yuhunji

Chlortetracycline Premix

本品为金霉素产生菌的全发酵液与适量碳酸钙配制而成。含金霉素（$C_{22}H_{23}ClN_2O_8$）应为标示量的90.0%～115.0%。

【性状】本品为棕色或棕褐色粉末或颗粒，无结块发霉，无臭。

【鉴别】（1）取本品适量（约相当于金霉素50mg），加0.1mol/L盐酸溶液10mL，浸泡，充分搅拌15分钟，离心或滤过，取上清液或续滤液1mL，加三氯化铁试液与乙醇的混合液（1→10）2滴，即显深褐色。

（2）取鉴别（1）项下的上清液或续滤液适量，置水浴中蒸发至干，冷却后，滴加硫酸2滴，即显蓝色，渐变为橄榄绿色，加水后，显金黄色或棕黄色。

（3）取鉴别（1）项下的上清液或续滤液5mL，加0.1mol/L氢氧化钠溶液10mL，置100℃水浴中加热1分钟，置紫外光灯（365nm）下检视，应显蓝色荧光（必要时可滤过后检视）。

【检查】酸碱度取本品适量，加水制成10%的混悬液，依法测定（附录0631），pH应为5.0～7.5。

干燥失重取本品，在105℃干燥至恒重，减失重量不得过7.0%（附录0831）。

重金属取本品1.0g，缓缓炽灼至完全炭化，放冷，加硫酸使恰湿润，用低温加热至硫酸除尽后，加硝酸0.5mL，蒸干，至氧化氮气除尽后，放冷，再在500～600℃炽灼，完全灰化，取遗留残渣，依法检查（附录0821第二法），含重金属不得过百万分之二十。

砷盐取本品1.0g，先经小火烧灼至炭化，再在600℃炽灼使完全灰化，取遗留残渣，依法检查（附录0822第一法），应符合规定（0.000 2%）。

其他应符合预混剂项下有关的各项规定（附录0109）。

【含量测定】取本品适量，精密称定，每50mg加盐酸溶液（18→100）1mL，充分搅拌15～30分钟，加灭菌水定量稀释成每1mL中约含1 000单位金霉素溶液，取上清液或滤液用灭菌磷酸盐缓冲液（pH6.0）稀释。照抗生素微生物检定法（附录1201）测定。1 000金霉素单位相当于1mg的$C_{22}H_{23}ClN_2O_8$。

【作用与用途】抗生素类药。用于治疗断奶仔猪腹泻；治疗猪气喘病、增生性肠炎等。

【用法与用量】以金霉素计。混饲：每1 000 kg饲料，猪400～600g。连用7日。

【注意事项】在猪丹毒疫苗接种前2日和接种后10日内，不得使用金霉素。

【休药期】猪7日。

【规格】按金霉素计算(1)1 000g：100g(1亿单位)(2)1 000g：150g(1.5亿单位)(3)1 000g：200g(2亿单位)(4)1 000g：250g(2.5亿单位)(5)1 000 g:300 g(3亿单位)

【贮藏】遮光，密封，在干燥处保存。

金霉素预混剂说明书

兽用处方药

【兽药名称】

通用名称：金霉素预混剂

商品名称：

英文名称：Chlortetracycline Premix

汉语拼音：Jinmeisu Yuhunji

【主要成分】金霉素

【性状】本品为棕色或棕褐色粉末或颗粒，无结块发霉，无臭。

【药理作用】金霉素属于四环素类广谱抗生素，对葡萄球菌、溶血性链球菌、炭疽杆菌、破伤风梭菌和梭状芽孢杆菌等革兰氏阳性菌作用较强，但不如β-内酰胺类。对大肠埃希菌、沙门氏菌、布鲁氏菌和巴氏杆菌等革兰氏阴性菌较敏感，但不如氨基糖苷类和酰胺醇类抗生素。本品对立克次体、衣原体、支原体、螺旋体、放线菌和某些原虫也有抑制作用。

【药物相互作用】金霉素能与镁、钙、铝、铁、锌、锰等多价金属离子形成难溶性的络合物，从而影响药物的吸收。因此，它不宜与含上述多价金属离子的药物、饲料及乳制品共服。

【作用与用途】抗生素类药。用于治疗断奶仔猪腹泻；治疗猪气喘病、增生性肠炎等。

【用法与用量】以本品计。混饲：每 1 000 kg 饲料，猪 4～6kg。连用 7 日。

【不良反应】按规定的用法与用量使用尚未见不良反应。

【注意事项】在猪丹毒疫苗接种前 2 日和接种后 10 日内，不得使用金霉素。

【休药期】猪 7 日。

【规格】按金霉素计算 1 000 g：100 g（1 亿单位）

【包装】

【贮藏】遮光，密封，在干燥处保存。

【有效期】

【批准文号】

【生产企业】

金霉素预混剂说明书

兽用处方药

【兽药名称】

通用名称：金霉素预混剂

商品名称：

英文名称：Chlortetracycline Premix

汉语拼音：Jinmeisu Yuhunji

【主要成分】金霉素

【性状】本品为棕色或棕褐色粉末或颗粒，无结块发霉，无臭。

【药理作用】金霉素属于四环素类广谱抗生素，对葡萄球菌、溶血性链球菌、炭疽杆菌、破伤风梭菌和梭状芽孢杆菌等革兰氏阳性菌作用较强，但不如 β-内酰胺类。对大肠埃希菌、沙门氏菌、布鲁氏菌和巴氏杆菌等革兰氏阴性菌较敏感，但不如氨基糖苷类和酰胺醇类抗生素。本品对立克次体、衣原体、支原体、螺旋体、放线菌和某些原虫也有抑制作用。

【药物相互作用】金霉素能与镁、钙、铝、铁、锌、锰等多价金属离子形成难溶性的络合物，从而影响药物的吸收。因此，它不宜与含上述多价金属离子的药物、饲料及乳制品共服。

【作用与用途】抗生素类药。用于治疗断奶仔猪腹泻；治疗猪气喘病、增生性肠炎等。

【用法与用量】以本品计。混饲：每 1 000 kg 饲料，猪 2.67～4kg。连用 7 日。

【不良反应】按规定的用法与用量使用尚未见不良反应。

【注意事项】在猪丹毒疫苗接种前 2 日和接种后 10 日内，不得使用金霉素。

【休药期】猪 7 日。

【规格】按金霉素计算 1 000 g：150 g（1.5 亿单位）

【包装】

【贮藏】遮光，密封，在干燥处保存。

【有效期】

【批准文号】

【生产企业】

金霉素预混剂说明书

兽用处方药

【兽药名称】

通用名称：金霉素预混剂

商品名称：

英文名称：Chlortetracycline Premix

汉语拼音：Jinmeisu Yuhunji

【主要成分】金霉素

【性状】本品为棕色或棕褐色粉末或颗粒，无结块发霉，无臭。

【药理作用】金霉素属于四环素类广谱抗生素，对葡萄球菌、溶血性链球菌、炭疽杆菌、破伤风梭菌和梭状芽孢杆菌等革兰氏阳性菌作用较强，但不如 β-内酰胺类。对大肠埃希菌、沙门氏菌、布鲁氏菌和巴氏杆菌等革兰氏阴性菌较敏感，但不如氨基糖苷类和酰胺醇类抗生素。本品对立克次体、衣原体、支原体、螺旋体、放线菌和某些原虫也有抑制作用。

【药物相互作用】金霉素能与镁、钙、铝、铁、锌、锰等多价金属离子形成难溶性的络合物，从而影响药物的吸收。因此，它不宜与含上述多价金属离子的药物、饲料及乳制品共服。

【作用与用途】抗生素类药。用于治疗断奶仔猪腹泻；治疗猪气喘病、增生性肠炎等。

【用法与用量】以本品计。混饲：每 1 000 kg 饲料，猪 2～3kg。连用 7 日。

【不良反应】按规定的用法与用量使用尚未见不良反应。

【注意事项】在猪丹毒疫苗接种前 2 日和接种后 10 日内，不得使用金霉素。

【休药期】猪 7 日。

【规格】按金霉素计算 1 000 g：200 g（2 亿单位）

【包装】

【贮藏】遮光，密封，在干燥处保存。

【有效期】

【批准文号】

【生产企业】

金霉素预混剂说明书

兽用处方药

【兽药名称】

通用名称：金霉素预混剂

商品名称：

英文名称：Chlortetracycline Premix

汉语拼音：Jinmeisu Yuhunji

【主要成分】金霉素

【性状】本品为棕色或棕褐色粉末或颗粒，无结块发霉，无臭。

【药理作用】金霉素属于四环素类广谱抗生素，对葡萄球菌、溶血性链球菌、炭疽杆菌、破伤风梭菌和梭状芽孢杆菌等革兰氏阳性菌作用较强，但不如β-内酰胺类。对大肠埃希菌、沙门氏菌、布鲁氏菌和巴氏杆菌等革兰氏阴性菌较敏感，但不如氨基糖苷类和酰胺醇类抗生素。本品对立克次体、衣原体、支原体、螺旋体、放线菌和某些原虫也有抑制作用。

【药物相互作用】金霉素能与镁、钙、铝、铁、锌、锰等多价金属离子形成难溶性的络合物，从而影响药物的吸收。因此，它不宜与含上述多价金属离子的药物、饲料及乳制品共服。

【作用与用途】抗生素类药。用于治疗断奶仔猪腹泻；治疗猪气喘病、增生性肠炎等。

【用法与用量】以本品计。混饲：每 1 000 kg 饲料，猪 1.6～2.4kg。连用 7 日。

【不良反应】按规定的用法与用量使用尚未见不良反应。

【注意事项】在猪丹毒疫苗接种前 2 日和接种后 10 日内，不得使用金霉素。

【休药期】猪 7 日。

【规格】按金霉素计算 1 000 g：250 g（2.5 亿单位）

【包装】

【贮藏】遮光，密封，在干燥处保存。

【有效期】

【批准文号】

【生产企业】

金霉素预混剂说明书

兽用处方药

【兽药名称】

通用名称：金霉素预混剂

商品名称：

英文名称：Chlortetracycline Premix

汉语拼音：Jinmeisu Yuhunji

【主要成分】金霉素

【性状】本品为棕色或棕褐色粉末或颗粒，无结块发霉，无臭。

【药理作用】金霉素属于四环素类广谱抗生素，对葡萄球菌、溶血性链球菌、炭疽杆菌、破伤风梭菌和梭状芽孢杆菌等革兰氏阳性菌作用较强，但不如β-内酰胺类。对大肠埃希菌、沙门氏菌、布鲁氏菌和巴氏杆菌等革兰氏阴性菌较敏感，但不如氨基糖苷类和酰胺醇类抗生素。本品对立克次体、衣原体、支原体、螺旋体、放线菌和某些原虫也有抑制作用。

【药物相互作用】金霉素能与镁、钙、铝、铁、锌、锰等多价金属离子形成难溶性的络合物，从而影响药物的吸收。因此，它不宜与含上述多价金属离子的药物、饲料及乳制品共服。

【作用与用途】抗生素类药。用于治疗断奶仔猪腹泻；治疗猪气喘病、增生性肠炎等。

【用法与用量】以本品计。混饲：每 1 000 kg 饲料，猪 1.33～2kg。连用 7 日。

【不良反应】按规定的用法与用量使用尚未见不良反应。

【注意事项】在猪丹毒疫苗接种前 2 日和接种后 10 日内，不得使用金霉素。

【休药期】猪 7 日。

【规格】按金霉素计算 1 000 g：300 g（3 亿单位）

【包装】

【贮藏】遮光，密封，在干燥处保存。

【有效期】

【批准文号】

【生产企业】

2. 吉他霉素预混剂质量标准与说明书范本

吉他霉素预混剂

Jitameisu Yuhunji

Kitasamycin Premix

本品含吉他霉素应为标示量的 90.0%～110.0%。

【鉴别】（1）取本品适量（约相当于吉他霉素 10mg），加硫酸 5mL，缓缓摇匀，溶液显红

褐色。

（2）在吉他霉素组分测定项下记录的色谱图中，供试品溶液应出现四个与吉他霉素标准品溶液中 A_5、A_4、A_1、A_{13} 峰保留时间一致的色谱峰。

【检查】粒度本品应全部通过二号筛。

吉他霉素组分取本品适量，精密称定，加流动相溶解并定量稀释制成每 1mL 中约含吉他霉素 2 500单位的溶液，滤过，取续滤液照吉他霉素项下方法测定，柱温为 40～60℃，按下式分别计算，吉他霉素 A_5应为标示量的 35%～70%，A_4应为标示量的 5%～25%，A_1、A_{13}均应为标示量的 3%～15%。

吉他霉素 A_5（A_4、A_1、A_{13}）含量% =

$$\frac{A_T \times W_S \times P \times 标准品效价}{A_S \times W_T \times 标示量} \times 100\%$$

式中 A_T 为供试品色谱图中吉他霉素 A_5（A_4、A_1、A_{13}）的峰面积；

A_S为标准品色谱图中吉他霉素 A_5的峰面积；

W_T为供试品的重量；

W_S为标准品的重量；

P 为标准品中吉他霉素 A_5的百分含量。

干燥失重取本品，在 105℃干燥至恒重，减失重量不得过 10.0%（有机辅料）或 3.0%（无机辅料）（附录 0831）。

其他应符合预混剂项下有关的各项规定（附录 0109）。

【含量测定】取本品适量，精密称定，加乙醇适量（每 2mg 加乙醇 1mL）使吉他霉素溶解，用灭菌水定量制成每 1mL 中约含吉他霉素 1 000 单位的混悬液，静置，精密量取上清液，照吉他霉素项下的方法测定。

【作用与用途】大环内酯类抗生素。主要用于治疗革兰氏阳性菌、支原体及钩端螺旋体等感染。

【用法与用量】以吉他霉素计。混饲，猪80～300g（8 000 万～30 000 万单位）；鸡 100～300g（10 000 万～30 000 万单位）；连用 5～7 日。

【不良反应】动物内服后可出现剂量依赖性胃肠道功能紊乱（如呕吐、腹泻、腹痛等），发生率较红霉素低。

【注意事项】蛋鸡产蛋期禁用。

【休药期】猪、鸡 7 日。

【规格】（1）100g：10g（1 000 万单位）（2）100g：30g（3 000 万单位）（3）100g：50g（5 000 万单位）

【贮藏】遮光，密闭，在干燥处保存。

吉他霉素预混剂说明书

兽用处方药

【兽药名称】

通用名称：吉他霉素预混剂

商品名称：

英文名称：Kitasamycin Premix

汉语拼音：Jitameisu Yuhunji

【主要成分】吉他霉素

【性状】

【药理作用】药效学吉他霉素属大环内酯类抗菌药，抗菌谱近似红霉素，作用机理与红霉素相同。敏感的革兰氏阳性菌有金黄色葡萄球菌（包括耐青霉素金黄色葡萄球菌）、肺炎球菌、链球菌、炭疽杆菌、猪丹毒杆菌、李斯特菌、腐败梭菌、气肿疽梭菌等。敏感的革兰氏阴性菌有流感嗜血杆菌、脑膜炎双球菌、巴氏杆菌等。此外，对支原体也有良好作用。对大多数革兰氏阳性菌的抗菌作用略逊于红霉素，对支原体的抗菌作用近似泰乐菌素，对某些革兰氏阴性菌、立克次体、螺旋体也有效，对耐药金黄色葡萄球菌的作用优于红霉素和四环素。

药动学内服吸收良好，2 小时后达血药峰浓度。广泛分布于主要脏器，其中以肝、肺、肾、肌肉中浓度较高，常超过血药浓度。主要经肝胆系统排泄，在胆汁和粪中浓度高。少量经肾排泄。

【药物相互作用】（1）吉他霉素与其他大环内酯类、林可胺类和氯霉素因作用靶点相同，不宜同时使用。

（2）与 β-内酰胺类合用表现为拮抗作用。

【作用与用途】大环内酯类抗生素。用于治疗革兰氏阳性菌、支原体及钩端螺旋体等感染。

【用法与用量】以本品计。混饲，每 1 000kg 饲料，猪 800～3 000g（8 000 万～30 000 万单位）；鸡 1 000～3 000g（10 000 万～30 000 万单位），连用 5～7 日。

【不良反应】动物内服后可出现剂量依赖性胃肠道功能紊乱（呕吐、腹泻、肠疼痛等），发生率较红霉素低。

【注意事项】蛋鸡产蛋期禁用。

【休药期】猪、鸡 7 日。

【规格】100g：10g（1 000 万单位）

【包装】

【贮藏】遮光，密闭，在干燥处保存。

【有效期】

【批准文号】

【生产企业】

吉他霉素预混剂说明书

兽用处方药

【兽药名称】

通用名称：吉他霉素预混剂

商品名称：

英文名称：Kitasamycin Premix

汉语拼音：Jitameisu Yuhunji

【主要成分】吉他霉素

【性状】

【药理作用】药效学吉他霉素属大环内酯类抗菌药，抗菌谱近似红霉素，作用机理与红霉素相同。敏感的革兰氏阳性菌有金黄色葡萄球菌（包括耐青霉素金黄色葡萄球菌）、肺炎球菌、链球菌、炭疽杆菌、猪丹毒杆菌、李斯特菌、腐败梭菌、气肿疽梭菌等。敏感的革兰氏阴性菌有流感嗜血杆菌、脑膜炎双球菌、巴氏杆菌等。此外，对支原体也有良好作用。对大多数革兰氏阳性菌的抗菌作用略逊于红霉素，对支原体的抗菌作用近似泰乐菌素，对某些革兰氏阴性菌、立克次体、螺旋体也有效，对耐药金黄色葡萄球菌的作用优于红霉素和四环素。

药动学内服吸收良好，2 小时后达血药峰浓度。广泛分布于主要脏器，其中以肝、肺、肾、肌肉中浓度较高，常超过血药浓度。主要经肝胆系统排泄，在胆汁和粪中浓度高。少量经肾排泄。

【药物相互作用】（1）吉他霉素与其他大环内酯类、林可胺类和氯霉素因作用靶点相同，不宜同时使用。

（2）与β-内酰胺类合用表现为拮抗作用。

【作用与用途】大环内酯类抗生素。用于治疗革兰氏阳性菌、支原体及钩端螺旋体等感染。

【用法与用量】以本品计。混饲，每 1 000kg 饲料：猪 267～1 000g（8 000 万～30 000 万单位）；鸡 333～1 000g（10 000 万～30 000 万单位），连用 5～7 日。

【不良反应】动物内服后可出现剂量依赖性胃肠道功能紊乱（呕吐、腹泻、肠疼痛等），发生率较红霉素低。

【注意事项】蛋鸡产蛋期禁用。

【休药期】猪、鸡 7 日。

【规格】100g：30g（3 000 万单位）

【包装】

【贮藏】遮光，密闭，在干燥处保存。

【有效期】

【批准文号】

【生产企业】

吉他霉素预混剂说明书

兽用处方药

【兽药名称】

通用名称：吉他霉素预混剂

商品名称：

英文名称：Kitasamycin Premix

汉语拼音：Jitameisu Yuhunji

【主要成分】吉他霉素

【性状】

【药理作用】药效学吉他霉素属大环内酯类抗菌药，抗菌谱近似红霉素，作用机理与红霉素相同。敏感的革兰氏阳性菌有金黄色葡萄球菌（包括耐青霉素金黄色葡萄球菌）、肺炎球菌、链球菌、炭疽杆菌、猪丹毒杆菌、李斯特菌、腐败梭菌、气肿疽梭菌等。敏感的革兰氏阴性菌有流感嗜血杆菌、脑膜炎双球菌、巴氏杆菌等。此外，对支原体也有良好作用。对大多数革兰氏阳性菌的抗菌作用略逊于红霉素，对支原体的抗菌作用近似泰乐菌素，对某些革兰氏阴性菌、立克次体、螺旋体也有效，对耐药金黄色葡萄球菌的作用优于红霉素和四环素。

药动学内服吸收良好，2 小时后达血药峰浓度。广泛分布于主要脏器，其中以肝、肺、肾、肌肉中浓度较高，常超过血药浓度。主要经肝胆系统排泄，在胆汁和粪中浓度高。少量经肾排泄。

【药物相互作用】（1）吉他霉素与其他大环内酯类、林可胺类和氯霉素因作用靶点相同，不宜同时使用。

（2）与β-内酰胺类合用表现为拮抗作用。

【作用与用途】大环内酯类抗生素。用于治疗革兰氏阳性菌、支原体及钩端螺旋体等感染。

【用法与用量】以本品计。混饲，每 1 000kg 饲料，猪 160～600g（8 000 万～30 000 万单位）；鸡200～600g（10 000 万～30 000 万单位），连用 5～7 日。

【不良反应】动物内服后可出现剂量依赖性胃肠道功能紊乱（呕吐、腹泻、肠疼痛等），发生率较红霉素低。

【注意事项】蛋鸡产蛋期禁用。

【休药期】猪、鸡 7 日。

【规格】100g：50g（5 000 万单位）

【包装】

【贮藏】遮光，密闭，在干燥处保存。

【有效期】

【批准文号】

【生产企业】

3. 二硝托胺预混剂质量标准与说明书范本

二硝托胺预混剂

Erxiaotuo'an Yuhunji

Dinitolmide Premix

本品为二硝托胺与轻质碳酸钙配制而成。含二硝托胺（$C_8H_7N_3O_5$）应为标示量的 90.0%～110.0%。

【鉴别】（1）取本品约 0.2g，加丙酮 20mL，振摇，滤过，滤液置水浴上蒸发至约 5mL，加乙二胺 1.5mL，摇匀，即显紫色。

（2）在含量测定项下记录的色谱图中，供试品溶液主峰的保留时间应与对照品溶液主峰的保留时间一致。

【检查】粒度本品应全部通过九号筛。

干燥失重取本品，在 105℃干燥 4 小时，减失重量不得过 3.0%（附录 0831）。

其他应符合预混剂项下有关的各项规定（附录 0109）。

【含量测定】照高效液相色谱法（附录 0512）测定。

色谱条件与系统适用性试验用十八烷基硅烷键合硅胶为填充剂；甲醇一水（1：1）为流动相；检测波长为 240nm。理论板数按二硝托胺峰计算不低于 1 000。

测定法取本品适量（约相当于二硝托胺 0.2g），精密称定，置 100mL 量瓶中，加甲醇 65mL，置 60℃水浴中加热 5 分钟，不时转动，超声处理 15 分钟，加水至近刻度，再超声处理 30 秒，放冷，用水稀释至刻度，摇匀，放置；精密量取上清液 5mL，置 50mL 量瓶中，用流动相稀释至刻度，摇匀，滤过，精密量取续滤液 10μL，注入液相色谱仪，记录色谱图；另取二硝托胺对照品，同法测定。按外标法以峰面积计算，即得。

【作用与用途】抗球虫药。用于鸡球虫病。

【用法与用量】以本品计。混饲：每 1 000 kg 饲料，鸡 500 g。

【注意事项】（1）可在商品饲料和养殖过程中使用。

（2）蛋鸡产蛋期禁用。

（3）停药过早，常致球虫病复发，因此肉鸡宜连续应用。

（4）二硝托胺粉末颗粒的大小会影响抗球虫作用，应为极微细粉末。

（5）饲料中添加量超过 250 mg/kg（以二硝托胺计）时，若连续饲喂 15 日以上可抑制雏鸡增重。

【休药期】鸡 3 日。

【规格】25%

【贮藏】密闭保存。

二硝托胺预混剂说明书

兽用非处方药

【兽药名称】

通用名称：二硝托胺预混剂

商品名称：

英文名称：Dinitolmide Premix

汉语拼音：Erxiaotuo'an Yuhunji

【主要成分】二硝托胺

【性状】

【药理作用】二硝托胺抗球虫的活性作用峰期是在感染后第 3 天，且对卵囊的孢子形成亦有作用。主要用于治疗鸡、火鸡和兔球虫病。使用推荐剂量不影响鸡对球虫产生免疫力，故适用于蛋鸡和肉用种鸡。有报道，连用本品 6 天，仅对球虫表现抑制作用，如果长期应用则对球虫有杀灭作用。

鸡内服二硝托胺后，在体内迅速代谢，停药 24 小时后肌肉的残留量即低于 100μg/kg。

【作用与用途】抗球虫药。用于鸡球虫病。

【用法与用量】以本品计。混饲：每 1 000kg 饲料，鸡 500 g。

【不良反应】按规定的用法用量使用尚未见不良反应。

【注意事项】（1）可在商品饲料和养殖过程中使用。

（2）蛋鸡产蛋期禁用。

（3）停药过早，常致球虫病复发，因此肉鸡宜连续应用。

（4）二硝托胺粉末颗粒的大小会影响抗球虫

作用，应为极微细粉末。

（5）饲料中添加量超过250mg/kg（以二硝托胺计）时，若连续饲喂15日以上可抑制雏鸡增重。

【休药期】鸡3日。

【规格】25％

【包装】

【贮藏】密闭保存。

【有效期】

【批准文号】

【生产企业】

4. 马度米星铵预混剂质量标准与说明书范本

马度米星铵预混剂

Madumixing'an Yuhunji

Maduramicin Ammonium Premix

本品含马度米星（$C_{47}H_{80}O_{17}$）应为标示量的90.0％～110.0％。

【鉴别】取本品，照马度米星铵项下的鉴别（1）或（2）项试验，显相同的结果。

【检查】粒度本品二号筛通过率应大于95％，五号筛通过率应小于10％。

干燥失重取本品，以五氧化二磷为干燥剂，在60℃减压干燥4小时，减失重量不得过10.0％（附录0831）。

其他应符合预混剂项下有关的各项规定（附录0109）。

【含量测定】方法一精密称取本品适量（约相当于马度米星0.16g），精密加乙腈50mL，搅拌30分钟使马度米星铵溶解，滤过，取续滤液，照马度米星铵项下的方法一测定，即得。

方法二精密称取本品适量（约相当于马度米星2.5mg），精密加乙腈25mL，超声10分钟，使马度米星铵溶解，放冷，滤过，取续滤液，照马度米星铵项下的方法二测定，即得。

以上两种方法可选做一种，以方法二为仲裁方法。

【作用与用途】抗球虫药。用于预防鸡球虫病。

【用法与用量】以本品计。混饲：每1 000 kg饲料，鸡500g。

【不良反应】毒性较大，安全范围窄，较高浓度（7 mg/kg饲料）混饲即可引起鸡不同程度的中毒甚至死亡。

【注意事项】（1）可在商品饲料和养殖过程中使用。

（2）蛋鸡产蛋期禁用。

（3）用药时必需精确计量，并使药料充分拌匀，勿随意加大使用浓度。

（4）鸡喂马度米星后的粪便切不可再加工作动物饲料，否则会引动物中毒，甚至死亡。

【休药期】鸡5日。

【规格】按$C_{47}H_{80}O_{17}$计算1％

【贮藏】密闭，在干燥处保存。

马度米星铵预混剂说明书

兽用非处方药

【兽药名称】

通用名称：马度米星铵预混剂

商品名称：

英文名称：Maduramicin Ammonium Premix

汉语拼音：Madumixing' an Yuhunji

【主要成分】马度米星铵

【性状】

【药理作用】马度米星铵为一价单糖苷离子载体抗球虫药，抗球虫谱广。对鸡的毒害、巨型、柔嫩、堆型、布氏、变位等艾美耳球虫有高效，而且对其他聚醚类抗球虫药耐药的虫株也有效。马度米星能干扰球虫生活史的早期阶段，即球虫发育的子孢子期和第一代裂殖体，不仅能抑制球虫生长，且能杀灭球虫。马度米星铵给鸡混饲（5 mg/kg饲料），在肝、肾、肌肉、皮肤、脂肪等组织中的消除半衰期约24小时。

【作用与用途】抗球虫药。用于预防鸡球虫病。

【用法与用量】以本品计。混饲：每1 000 kg饲料，鸡500g。

【不良反应】毒性较大，安全范围窄，较高浓度（7mg/kg饲料）混饲即可引起鸡不同程度的中毒甚至死亡。

【注意事项】（1）可在商品饲料和养殖过程中使用。

（2）蛋鸡产蛋期禁用。

（3）用药时必需精确计量，并使药料充分搅匀，勿随意加大使用浓度。

（4）鸡喂马度米星后的粪便切不可再加工作动物饲料，否则会引起动物中毒，甚至死亡。

【休药期】鸡5日。

【规格】按 $C_{47}H_{80}O_{17}$ 计算 1%
【包装】
【贮藏】密闭，在干燥处保存。
【有效期】
【批准文号】
【生产企业】

5. 盐酸氯苯胍预混剂质量标准与说明书范本

盐酸氯苯胍预混剂

Yansuan Lübengua Yuhunji

Robenidine Hydrochloride Premix

本品含盐酸氯苯胍（$C_{15}H_{13}Cl_2N_5 \cdot HCl$）应为标示量的 90.0%～110.0%。

【鉴别】取本品，照盐酸氯苯胍片项下的鉴别试验，显相同的结果。

【检查】干燥失重取本品，在 105℃干燥 4 小时，减失重量不得过 10.0%（有机辅料）或 3.0%（无机辅料）（附录 0831）。

其他应符合预混剂项下有关的各项规定（附录 0109）。

【含量测定】取本品适量（约相当于盐酸氯苯胍 25mg），精密称定，照盐酸氯苯胍片项下的方法测定，即得。

【作用与用途】抗球虫药。用于禽、兔球虫病。

【用法与用量】以本品计。混饲：每 1 000 kg 饲料，鸡 300～600 g；兔 1 000～1 500g。

【注意事项】(1) 可在商品饲料和养殖过程中使用。

(2) 蛋鸡产蛋期禁用。

(3) 长期或高浓度（60 mg/kg 饲料）混饲，可引起鸡肉、鸡蛋异臭。低浓度（<30 mg/kg 饲料）不会产生上述现象。

(4) 应用本品防治某些球虫病时停药过早，常导致球虫病复发，应连续用药。

【休药期】鸡 5 日，兔 7 日。
【规格】10%
【贮藏】遮光，密封，在干燥处保存。

盐酸氯苯胍预混剂说明书

兽用非处方药

【兽药名称】
通用名称：盐酸氯苯胍预混剂
商品名称：
英文名称：Robenidine Hydrochloride Premix
汉语拼音：Yansuan Lübengua Yuhunji
【主要成分】盐酸氯苯胍
【性状】

【药理作用】本品对鸡的柔嫩、毒害、布氏、巨型、堆型及和缓艾美耳球虫等有良效，且对其他抗球虫药产生耐药性的球虫仍有效。主要抑制球虫第一代裂殖体的生殖，对第二代裂殖体亦有作用，其作用峰期在感染后的第 3 天。对兔的各种球虫也有效。本品的作用机理是干扰虫体胞浆中的内质网，影响虫体蛋白质代谢，使内质网和高尔基体肿胀、氧化磷酸化反应和 ATP 被抑制。球虫对本品易产生耐药性。

鸡内服后，在体内代谢为对氯甲苯等 9 种代谢产物。一次给药后，24 小时排出的量占给药剂量的 82%，6 天后排出 99%。

【作用与用途】抗球虫药。用于禽、兔球虫病。

【用法与用量】以本品计。混饲：每 1 000 kg 饲料，鸡 300～600 g；兔 1 000～1 500g。

【不良反应】按规定的用法用量使用尚未见不良反应。

【注意事项】(1) 可在商品饲料和养殖过程中使用。

(2) 蛋鸡产蛋期禁用。

(3) 长期或高浓度（60 mg/kg 饲料）混饲，可引起鸡肉、鸡蛋异臭。但较低浓度（<30 mg/kg 饲料）不会产生上述现象。

(4) 应用本品防治某些球虫病时停药过早，常导致球虫病复发，应连续用药。

【休药期】鸡 5 日，兔 7 日。
【规格】10%
【包装】
【贮藏】遮光，密封，在干燥处保存。
【有效期】
【批准文号】
【生产企业】

6. 盐酸氨丙啉乙氧酰胺苯甲酯预混剂质量标准与说明书范本

盐酸氨丙啉乙氧酰胺苯甲酯预混剂

Yansuan Anbinglin Yiyangxian' an Benjiazhi Yuhunji

Amprolium Hydrochloride and Ethopabate Premix

本品含盐酸氨丙啉（$C_{14}H_{19}ClN_4 \cdot HCl$）与乙氧酰胺苯甲酯（$C_{12}H_{15}NO_4$）均应为标示量的90.0%～110.0%。

【处方】

盐酸氨丙啉 250g

乙氧酰胺苯甲酯 16g

辅料适量制成 1 000g

【鉴别】在含量测定项下记录的色谱图中，供试品溶液两主峰的保留时间应与对照品溶液两主峰的保留时间一致。

【检查】干燥失重取本品，在 105℃干燥 4 小时，减失重量不得过 10.0%（有机辅料）或 3.0%（无机辅料）（附录 0831）。

其他应符合预混剂项下有关的各项规定（附录 0109）。

【含量测定】照高效液相色谱法（附录 0512）测定。

色谱条件与系统适用性试验用十八烷基硅烷键合硅胶为填充剂；以 0.2%硝酸一甲醇（1∶1）为流动相；检测波长为 267nm。理论板数按氨丙啉峰计算不低于 1 500，氨丙啉峰与乙氧酰胺苯甲酯峰的分离度应符合要求。

测定法取本品约 0.2g，精密称定，置 100mL 量瓶中，加流动相 80mL，超声 20 分钟使盐酸氨丙啉和乙氧酰胺苯甲酯溶解，用流动相稀释至刻度，摇匀，滤过，取续滤液作为供试品溶液，精密量取 20μL，注入液相色谱仪，记录色谱图；另取盐酸氨丙啉对照品与乙氧酰胺苯甲酯对照品，精密称定，分别加流动相溶解并定量稀释制成每 1mL 中含 0.5mg 和 32μg 的溶液，同法测定。按外标法以峰面积计算，即得。

【作用与用途】抗球虫药。用于鸡球虫病。

【用法与用量】以本品计。混饲：每 1 000 kg 饲料，鸡 500 g。

【注意事项】（1）可在商品饲料和养殖过程中使用。

（2）蛋鸡产蛋期禁用。

（3）饲料中的维生素 B_1 含量在 10 mg/kg 以上时，能对本品的抗球虫作用产生明显的拮抗作用。

【休药期】鸡 3 日。

【贮藏】遮光，密封，在干燥处保存。

盐酸氨丙啉乙氧酰胺苯甲酯预混剂说明书

兽用非处方药

【兽药名称】

通用名称：盐酸氨丙啉乙氧酰胺苯甲酯预混剂

商品名称：

英文名称：Amprolium Hydrochloride and Ethopabate Premix

汉语拼音：Yansuan Anbinglin Yiyangxian'an Benjiazhi Yuhunji

【主要成分】盐酸氨丙啉与乙氧酰胺苯甲酯

【性状】

【药理作用】盐酸氨丙啉对鸡的各种球虫均有作用，其中对柔嫩与堆型艾美耳球虫的作用最强，对毒害、布氏、巨型、和缓艾美耳球虫的作用较弱。主要作用于球虫第 1 代裂殖体，阻止其形成裂殖子，作用峰期在感染后的第 3 天。此外，对有性繁殖阶段和子孢子亦有抑制作用。可用于预防和治疗球虫病。盐酸氨丙啉与磺胺喹噁啉或乙氧酰胺苯甲酯合用，可扩大抗球虫范围，增强疗效。盐酸氨丙啉对犊牛、羔羊艾美耳球虫亦有效。本品为广谱抗球虫药，其作用机理是因为氨丙啉的化学结构与硫胺素相似，可竞争性地抑制球虫对硫胺素（维生素 B_1）的摄取，从而阻碍虫体细胞内的糖代谢过程，抑制了球虫的发育。

乙氧酰胺苯甲酯对氨丙啉、磺胺喹噁啉的抗球虫活性有增效作用。其作用机理与抗菌增效剂相似，能阻断球虫四氢叶酸的合成。乙氧酰胺苯甲酯对巨型和布氏艾美耳球虫及其他小肠球虫具有较强的作用，从而弥补了氨丙啉对这些球虫作用不强的缺点，而乙氧酰胺苯甲酯对柔嫩艾美耳球虫缺乏活性的缺点亦可为氨丙啉的作用特点所补偿，这是乙氧酰胺苯甲酯不能单独应用而多与氨丙啉合用的主要原因。作用峰期在球虫生活史周期（感染后）的第 4 天。

【药物相互作用】由于氨丙啉与维生素 B_1 能产生竞争性拮抗作用。若混饲浓度过高，可导致雏鸡出现维生素 B_1 缺乏症。当饲料中的维生素 B_1 含量超过 10 mg/kg 时，其抗球虫效果减弱。

【作用与用途】抗球虫药。用于鸡球虫病。

【用法与用量】以本品计。混饲：每 1 000 kg 饲料，鸡 500 g。

【不良反应】按规定的用法用量使用尚未见不良反应。

【注意事项】（1）可在商品饲料和养殖过程中使用。

（2）蛋鸡产蛋期禁用。

（3）饲料中的维生素 B_1 含量在 10 mg/kg 以上时，能对本品的抗球虫作用产生明显的拮抗作用。

【休药期】鸡 3 日。

【规格】

【包装】

【贮藏】遮光，密封，在干燥处保存。

【有效期】

【批准文号】

【生产企业】

7. 盐酸氨丙啉乙氧酰胺苯甲酯磺胺喹噁啉预混剂

质量标准与说明书范本

盐酸氨丙啉乙氧酰胺苯甲酯磺胺喹噁啉预混剂

Yansuan Anbinglin Yiyangxian' an Benjiazhi Huang' an Kui' elin Yuhunji

Amprolium Hydrochloride Ethopabate and Sulfaquinoxaline Premix

本品含盐酸氨丙啉（$C_{14}H_{19}ClN_4 \cdot HCl$）、乙氧酰胺苯甲酯（$C_{12}H_{15}NO_4$）与磺胺喹噁啉（$C_{14}H_{12}N_4O_2S$）均应为标示量的 90.0%～110.0%。

【处方】

盐酸氨丙啉 200g

乙氧酰胺苯甲酯 10g

磺胺喹噁啉 120g

辅料适量制成 1 000g

【鉴别】在含量测定项下记录的色谱图中，供试品溶液三主峰的保留时间应与对照品溶液三主峰的保留时间一致。

【检查】干燥失重取本品，在 105℃干燥 4 小时，减失重量不得过 10.0%（有机辅料）或 3.0%（无机辅料）（附录 0831）。

含量均匀度照含量测定项下的方法，依法测定乙氧酰胺苯甲酯含量，应符合规定（附录 0941）。

其他应符合预混剂项下有关的各项规定（附录 0109）。

【含量测定】照高效液相色谱法（附录 0512）测定。

色谱条件与系统适用性试验用十八烷基硅烷键合硅胶为填充剂；以乙腈－0.02mol/L 磷酸二氢钾溶液－三乙胺（40∶60∶0.5）（用磷酸调节 pH 至 3.0±0.1）为流动相；检测波长为 260nm。理论板数按磺胺喹噁啉峰计算不低于 2 000，氨丙啉峰、乙氧酰胺苯甲酯峰与磺胺喹噁啉峰的分离度应符合要求。

测定法取本品约 0.3g，精密称定，置 100mL 量瓶中，加乙腈 50mL，振摇 15 分钟，加水 15mL 和 0.1mol/L 氢氧化钠溶液 2mL，振摇 5 分钟，用水稀释至刻度，摇匀，滤过，精密量取续滤液 1mL，置 25mL 量瓶中，用流动相稀释至刻度，摇匀，作为供试品溶液，精密量取 20μL，注入液相色谱仪，记录色谱图；另取盐酸氨丙啉对照品约 60mg、磺胺喹噁啉对照品约 36mg，精密称定，置 100mL 量瓶中，加水 15mL 和 0.1mol/L 氢氧化钠溶液 2mL，振摇使溶解，用水稀释至刻度；另取乙氧酰胺苯甲酯对照品，精密称定，加乙腈溶解并稀释制成每 1mL 中约含 30μg 的溶液。精密量取上述两种溶液各 1mL，置 25mL 量瓶中，用流动相稀释至刻度，摇匀，同法测定。按外标法以峰面积计算，即得。

【作用与用途】抗球虫药。用于鸡球虫病。

【用法与用量】以本品计。混饲：每 1 000 kg 饲料，鸡 500 g。

【注意事项】（1）可在商品饲料和养殖过程中使用。

（2）蛋鸡产蛋期禁用。

（3）饲料中的维生素 B_1 含量在 10 mg/kg 以上时，能对本品的抗球虫作用产生明显的拮抗作用。

（4）连续饲喂不得超过 5 日。

【休药期】鸡 7 日。

【贮藏】遮光，密封，在干燥处保存。

盐酸氨丙啉乙氧酰胺苯甲酯磺胺喹噁啉预混剂说明书

兽用非处方药

【兽药名称】

通用名称：盐酸氨丙啉乙氧酰胺苯甲酯磺胺喹噁啉预混剂

商品名称：

英文名称：Amprolium Hydrochloride Ethopabate and Sulfaquinoxaline Premix

汉语拼音：Yansuan Anbinglin Yiyangxian'an Benjiazhi Huang' an Kui' elin Yuhunji

【主要成分】盐酸氨丙啉、乙氧酰胺苯甲酯与磺胺喹噁啉

【性状】

【药理作用】盐酸氨丙啉对鸡的各种球虫均有作用，其中对柔嫩与堆型艾美耳球虫的作用最强，对毒害、布氏、巨型、和缓艾美耳球虫的作用较弱。主要作用于球虫第1代裂殖体，阻止其形成裂殖子，作用峰期在感染后的第3天。此外，对有性繁殖阶段和子孢子亦有抑制作用。可用于预防和治疗球虫病。盐酸氨丙啉与磺胺喹噁啉或乙氧酰胺苯甲酯合用，可扩大抗球虫范围，增强疗效。盐酸氨丙啉对犊牛、羔羊艾美耳球虫亦有效。本品为广谱抗球虫药，其作用机理是因为氨丙啉的化学结构与硫胺素相似，可竞争性地抑制球虫对硫胺素（维生素B_1）的摄取，从而阻碍虫体细胞内的糖代谢过程，抑制了球虫的发育。

乙氧酰胺苯甲酯对氨丙啉、磺胺喹噁啉的抗球虫活性有增效作用，多配成复方制剂使用。其作用机理与抗菌增效剂相似，能阻断球虫四氢叶酸的合成。乙氧酰胺苯甲酯对巨型和布氏艾美耳球虫及其他小肠球虫具有较强的作用，从而弥补了氨丙啉对这些球虫作用不强的缺点，而乙氧酰胺苯甲酯对柔嫩艾美耳球虫缺乏活性的缺点亦可为氨丙啉的作用特点所补偿，这是乙氧酰胺苯甲酯不能单独应用而多与氨丙啉合用的主要原因。作用峰期在球虫生活史周期（感染后）的第4天。

磺胺喹噁啉为治疗球虫病的专用磺胺类药。对鸡的巨型、布氏和堆型艾美耳球虫作用最强，对柔嫩和毒害艾美耳球虫作用较弱，需用较高剂量才能见效。常与氨丙啉或二甲氧苄啶合用，以增强药效。磺胺喹噁啉的作用峰期在第2代裂殖体（球虫感染第3～4天），不影响禽产生球虫免疫力。有一定的抑菌活性，可预防球虫病的继发感染。主要用于治疗鸡、火鸡的球虫病，对家兔、羔羊、犊牛球虫病也有效。与其他磺胺类药物之间容易产生交叉耐药性。

【药物相互作用】由于氨丙啉与维生素B_1能产生竞争性拮抗作用。若混饲浓度过高，可导致雏鸡出现维生素B_1缺乏症。当饲料中的维生素B_1含量超过10 mg/kg时，其抗球虫效果减弱。

【作用与用途】抗球虫药。用于鸡球虫病。

【用法与用量】以本品计算。混饲：每1 000 kg饲料，鸡500 g。

【不良反应】按规定的用法用量使用尚未见不良反应。

【注意事项】（1）可在商品饲料和养殖过程中使用。

（2）蛋鸡产蛋期禁用。

（3）饲料中的维生素B_1含量在10 mg/kg以上时，能对本品的抗球虫作用产生明显的拮抗作用。

（4）连续饲喂不得超过5日。

【休药期】鸡7日。

【规格】

【包装】

【贮藏】遮光，密封，在干燥处保存。

【有效期】

【批准文号】

【生产企业】

8. 海南霉素钠预混剂质量标准与说明书范本

海南霉素钠预混剂

Hainanmeisuna Yuhunji

Hainanmycin Sodium Premix

本品为海南霉素钠与麸皮配制而成，含海南霉素应为标示量的90.0%～110.0%。

【性状】本品为浅褐色粉末。

【鉴别】取本品适量，加乙酸乙酯制成每1mL中约含1mg海南霉素的溶液，充分搅拌，取清液，作为供试品溶液，另取海南霉素标准品，加乙酸乙酯制成每1mL中含1mg的溶液，作为标准品溶液。照薄层色谱法（附录0502）试验。吸取上述两种溶液各5μL，分别点于同一硅胶H薄层板上，以乙酸乙酯－苯－丙酮－乙酸异戊酯（4∶4∶3∶1）为展开剂，展开后，晾干，喷以香草醛试液，在110℃干燥5分钟，使显色，供试品溶液所显主斑点的位置和颜色应与标准品溶液的主斑点相同。

【检查】粒度本品应全部通过二号筛。

干燥失重取本品，在105℃干燥至恒重，减失重量不得过7.0%（附录0831）。

其他应符合预混剂项下有关的各项规定（附录0109）。

【含量测定】精密称取本品适量，加无水乙醇使海南霉素钠溶解并定量稀释制成每1mL中约含1 000单位的溶液，搅拌15分钟，取清液，照海南霉素钠项下的方法二测定，计算，即得。

【作用与用途】聚醚类抗球虫药。用于防治鸡球虫病。

【用法与用量】以海南霉素计。混饲：每1 000kg饲料，鸡5～7.5g。

【注意事项】（1）可在商品饲料和养殖过程中使用。

（2）蛋鸡产蛋期禁用。

（3）鸡使用海南霉素后的粪便切勿用作其他动物饲料，更不能污染水源。

（4）仅用于鸡，其他动物禁用。

【休药期】鸡7日。

【规格】（1）100g：海南霉素1g（100万单位）（2）100g：海南霉素2g（200万单位）

【贮藏】遮光、密闭，在干燥处保存。

海南霉素钠预混剂说明书

兽用非处方药

【兽药名称】

通用名称：海南霉素钠预混剂

商品名称：

英文名称：Hainanmycin Sodium Premix

汉语拼音：Hainanmeisuna Yuhunji

【主要成分】海南霉素钠

【性状】本品为浅褐色粉末。

【药理作用】海南霉素钠属于聚醚类抗球虫药，具有广谱抗球虫作用，对鸡的柔嫩、毒害、堆型、巨型、和缓艾美耳球虫等有高效。

【药物相互作用】禁与其他抗球虫药物合用。

【作用与用途】聚醚类抗球虫药。用于防治鸡球虫病。

【用法与用量】以本品计。混饲：每1 000 kg饲料，鸡500～750 g。

【不良反应】按规定的用法与用量使用尚未见不良反应。

【注意事项】（1）可在商品饲料和养殖过程中使用。

（2）蛋鸡产蛋期禁用。

（3）鸡使用海南霉素后的粪便切勿用作其他动物饲料，更不能污染水源。

（4）仅用于鸡，其他动物禁用。

【休药期】鸡7日。

【规格】100g：海南霉素1g（100万单位）

【包装】

【贮藏】遮光、密闭，在干燥处保存。

【有效期】

【批准文号】

【生产企业】

海南霉素钠预混剂说明书

兽用非处方药

【兽药名称】

通用名称：海南霉素钠预混剂

商品名称：

英文名称：Hainanmycin Sodium Premix

汉语拼音：Hainanmeisuna Yuhunji

【主要成分】海南霉素钠

【性状】本品为浅褐色粉末。

【药理作用】海南霉素钠属于聚醚类抗球虫药，具有广谱抗球虫作用，对鸡的柔嫩、毒害、堆型、巨型、和缓艾美耳球虫等有高效。

【药物相互作用】禁与其他抗球虫药物合用。

【作用与用途】聚醚类抗球虫药。用于防治鸡球虫病。

【用法与用量】以本品计。混饲：每1 000 kg饲料，鸡250～375 g。

【不良反应】按规定的用法与用量使用尚未见不良反应。

【注意事项】（1）可在商品饲料和养殖过程中使用。

（2）蛋鸡产蛋期禁用。

（3）鸡使用海南霉素后的粪便切勿用作其他动物饲料，更不能污染水源。

（4）仅用于鸡，其他动物禁用。

【休药期】鸡7日。

【规格】100g：海南霉素2g（200万单位）

【包装】

【贮藏】遮光、密闭，在干燥处保存。

【有效期】

【批准文号】

【生产企业】

9. 氯羟吡啶预混剂质量标准与说明书范本

氯羟吡啶预混剂

Lüqiangbiding Yuhunji

Clopidol Premix

本品含氯羟吡啶（$C_7H_7Cl_2NO$）应为标示量的90.0%～110.0%。

【鉴别】取含量测定项下的溶液，照氯羟吡啶项下鉴别（1）项试验，显相同的结果。

【检查】干燥失重取本品，在105℃干燥4小时，减失重量不得过 10.0%（有机辅料）或 3.0%（无机辅料）（附录 0831）。

其他应符合预混剂项下有关的各项规定（附录 0109）。

【含量测定】取本品适量（约相当于氯羟吡啶 0.15g），精密称定，置 100mL 量瓶中，加甲醇 50mL 和 0.5mol/L 氢氧化钠溶液 20mL，振摇 10 分钟，用甲醇稀释至刻度，摇匀；静置，取上清液，滤过，精密量取续滤液 2mL，置 200mL 量瓶中，用甲醇稀释至刻度，摇匀。照紫外—可见分光光度法（附录 0401），在 249nm 的波长处测定吸光度。按 $C_7H_7Cl_2NO$ 的吸收系数（$E_{1cm}^{1\%}$）为 429 计算，即得。取 0.5mol/L 氢氧化钠溶液 0.2mL，加甲醇至 100mL，摇匀，作为空白对照溶液。

【作用与用途】抗球虫药。主要用于预防禽、兔球虫病。

【用法与用量】以本品计，混饲：每 1 000 kg 饲料，鸡 500 g，兔 800 g。

【注意事项】（1）可在商品饲料和养殖过程中使用。

（2）蛋鸡产蛋期禁用。

（3）本品能抑制鸡对球虫产生免疫力，停药过早易导致球虫病暴发。

（4）后备鸡群可以连续喂至 16 周龄。

（5）对本品产生耐药球虫的鸡场，不能换用喹啉类抗球虫药，如癸氧喹酯等。

【休药期】鸡 5 日，兔 5 日。

【规格】25%

【贮藏】遮光，密封，在干燥处保存。

氯羟吡啶预混剂说明书

兽用非处方药

【兽药名称】

通用名称：氯羟吡啶预混剂

商品名称：

英文名称：Clopidol Premix

汉语拼音：Lüqiangbiding Yuhunji

【主要成分】氯羟吡啶

【性状】

【药理作用】本品对鸡的柔嫩、毒害、布氏、巨型、堆型、和缓和早熟艾美耳球虫等有效，特别是对柔嫩艾美耳球虫作用最强，对兔球虫亦有一定的效果。氯羟吡啶对球虫的作用峰期是子孢子期，即感染后第 1 天，主要对其产生抑制作用。在用药后 60 日内，可使子孢子在肠上皮细胞内不能发育。因此，必须在雏鸡感染球虫前或感染同时给药，才能充分发挥抗球虫作用。氯羟吡啶适用于预防用药，对球虫病治疗无意义。本品能抑制鸡对球虫产生免疫力，过早停药易导致球虫病暴发。球虫对氯羟吡啶易产生耐药性。

氯羟吡啶以 125 mg/kg 混饲，停药后 2 日，鸡组织中的残留量降至 100μg/kg 以下。对于笼养鸡，停药 5 日后，组织残留量低于 10μg/kg。但平养鸡停药 5 日后，组织残留量仍可达到约 600μg/kg，这是由于氯羟吡啶经粪便排出留在垫草中，使鸡再度摄入所致。

【作用与用途】抗球虫药。主要用于预防禽、兔球虫病。

【用法与用量】以本品计。混饲：每 1 000 kg 饲料，鸡 500g；兔 800g。

【不良反应】按规定的用法用量使用尚未见不良反应。

【注意事项】（1）可在商品饲料和养殖过程中使用。

（2）蛋鸡产蛋期禁用。

（3）本品能抑制鸡对球虫产生免疫力，停药过早易导致球虫病暴发。

（4）后备鸡群可以连续喂至 16 周龄。

（5）对本品产生耐药球虫的鸡场，不能换用喹啉类抗球虫药，如癸氧喹酯等。

【休药期】鸡 5 日，兔 5 日。

【规格】25%

【包装】

【贮藏】遮光，密封，在干燥处保存。

【有效期】

【批准文号】

【生产企业】

10. 地克珠利预混剂质量标准与说明书范本

地克珠利预混剂

Dikezhuli Yuhunji

Diclazuril Premix

本品为地克珠利与豆粕粉或麸皮、淀粉配制而成。含地克珠利（$C_{17}H_9Cl_3N_4O_2$）应为标示量的 90.0%～110.0%。

【鉴别】（1）取含量测定项下的供试品溶液 1mL，加 10%氢氧化四丁基铵溶液 2～3 滴，即显金黄色。

（2）在含量测定项下记录的色谱图中，供试品溶液主峰的保留时间应与对照品溶液主峰的保留时间一致。

【检查】有关物质取本品适量，用二甲基甲酰胺稀释制成每1mL中含地克珠利0.2mg的溶液，作为供试品溶液；精密量取1mL，置100mL量瓶中，用二甲基甲酰胺稀释至刻度，摇匀，作为对照溶液。照含量测定项下的色谱条件试验，精密量取二甲基甲酰胺、供试品溶液与对照溶液各20μL，分别注入液相色谱仪，记录色谱图至主峰保留时间的5倍。供试品溶液色谱图中如有杂质峰，各杂质峰面积的和不得大于对照溶液主峰面积的3.0倍（3.0%）。

干燥失重取本品，在105℃干燥4小时，减失重量不得过10.0%（附录0831）。

其他应符合预混剂项下有关的各项规定（附录0109）。

【含量测定】精密称取本品适量（约相当于地克珠利5mg），置具塞锥形瓶中，精密加入二甲基甲酰胺50mL，磁力搅拌15分钟，滤过，取续滤液作为供试品溶液，照地克珠利项下的方法测定，即得。

【作用与用途】抗球虫药。用于预防禽、兔球虫病。

【用法与用量】以地克珠利计。混饲：每1 000kg饲料，禽、兔1g。

【注意事项】（1）可在商品饲料和养殖过程中使用。

（2）蛋鸡产蛋期禁用。

（3）本品药效期短，停药1日，抗球虫作用明显减弱，2日后作用基本消失。因此，必须连续用药以防球虫病再度暴发。

（4）本品混料浓度极低，药料应充分拌匀，否则影响疗效。

【休药期】鸡5日，兔14日。

【规格】（1）0.2%（2）0.5%（3）5%

【贮藏】遮光，密闭，在干燥处保存。

地克珠利预混剂说明书

兽用非处方药

【兽药名称】

通用名称：地克珠利预混剂

商品名称：

英文名称：Diclazuril Premix

汉语拼音：Dikezhuli Yuhunji

【主要成分】地克珠利

【性状】

【药理作用】地克珠利为三嗪类广谱抗球虫药，主要抑制子孢子和裂殖体增殖，对球虫的活性峰期在子孢子和第一代裂殖体（即球虫生命周期的最初2天）。具有杀球虫作用，对球虫发育的各个阶段均有效。对鸡的柔嫩、堆型、毒害、布氏、巨型等艾美耳球虫，鸭和兔的球虫均有良好的效果。地克珠利给鸡混饲后，少部分被消化道吸收，但因为用量小，吸收总量很少，所以组织中药物残留少。以1mg/kg剂量混饲，于最后一次给药后第7天，测得鸡组织中的平均残留量低于0.063mg/kg。地克珠利毒性小，对畜禽都很安全。本品长期用药易诱导耐药性产生，故应穿梭用药或短期使用。本品作用时间短，停药2日后作用基本消失。

【作用与用途】抗球虫药。用于预防禽、兔球虫病。

【用法与用量】以本品计。混饲：每1 000kg饲料，禽、兔500g。

【不良反应】按规定的用法用量使用尚未见不良反应。

【注意事项】（1）可在商品饲料和养殖过程中使用。

（2）蛋鸡产蛋期禁用。

（3）本品药效期短，停药1日，抗球虫作用明显减弱，2日后作用基本消失。因此，必须连续用药以防球虫病再度暴发。

（4）本品混料浓度极低，药料应充分拌匀，否则影响疗效。

【休药期】鸡5日，兔14日。

【规格】0.2%

【包装】

【贮藏】遮光，密闭，在干燥处保存。

【有效期】

【批准文号】

【生产企业】

地克珠利预混剂说明书

兽用非处方药

【兽药名称】

通用名称：地克珠利预混剂

商品名称：

英文名称：Diclazuril Premix

汉语拼音：Dikezhuli Yuhunji

【主要成分】地克珠利

【性状】

【药理作用】地克珠利为三嗪类广谱抗球虫药，主要抑制子孢子和裂殖体增殖，对球虫的活性峰期在子孢子和第一代裂殖体（即球虫生命周期的最初 2 天）。具有杀球虫作用，对球虫发育的各个阶段均有效。对鸡的柔嫩、堆型、毒害、布氏、巨型等艾美耳球虫，鸭和兔的球虫均有良好的效果。地克珠利给鸡混饲后，少部分被消化道吸收，但因为用量小，吸收总量很少，所以组织中药物残留少。以 1mg/kg 剂量混饲，于最后一次给药后第 7 天，测得鸡组织中的平均残留量低于 0.063mg/kg。地克珠利毒性小，对畜禽都很安全。本品长期用药易诱导耐药性产生，故应穿梭用药或短期使用。本品作用时间短，停药 2 日后作用基本消失。

【作用与用途】抗球虫药。用于预防禽、兔球虫病。

【用法与用量】以本品计。混饲：每 1 000kg 饲料，禽、兔 200g。

【不良反应】按规定的用法用量使用尚未见不良反应。

【注意事项】（1）可在商品饲料和养殖过程中使用。

（2）蛋鸡产蛋期禁用。

（3）本品药效期短，停药 1 日，抗球虫作用明显减弱，2 日后作用基本消失。因此，必须连续用药以防球虫病再度暴发。

（4）本品混料浓度极低，药料应充分拌匀，否则影响疗效。

【休药期】鸡 5 日，兔 14 日。

【规格】0.5%

【包装】

【贮藏】遮光，密闭，在干燥处保存。

【有效期】

【批准文号】

【生产企业】

地克珠利预混剂说明书

兽用非处方药

【兽药名称】

通用名称：地克珠利预混剂

商品名称：

英文名称：Diclazuril Premix

汉语拼音：Dikezhuli Yuhunji

【主要成分】地克珠利

【性状】

【药理作用】地克珠利为三嗪类广谱抗球虫药，主要抑制子孢子和裂殖体增殖，对球虫的活性峰期在子孢子和第一代裂殖体（即球虫生命周期的最初 2 天）。具有杀球虫作用，对球虫发育的各个阶段均有效。对鸡的柔嫩、堆型、毒害、布氏、巨型等艾美耳球虫，鸭和兔的球虫均有良好的效果。地克珠利给鸡混饲后，少部分被消化道吸收，但因为用量小，吸收总量很少，所以组织中药物残留少。以 1mg/kg 剂量混饲，于最后一次给药后第 7 天，测得鸡组织中的平均残留量低于 0.063mg/kg。地克珠利毒性小，对畜禽都很安全。本品长期用药易诱导耐药性产生，故应穿梭用药或短期使用。本品作用时间短，停药 2 日后作用基本消失。

【作用与用途】抗球虫药。用于预防禽、兔球虫病。

【用法与用量】以本品计。混饲：每 1 000 kg 饲料，禽、兔 20g。

【不良反应】按规定的用法用量使用尚未见不良反应。

【注意事项】（1）可在商品饲料和养殖过程中使用。

（2）蛋鸡产蛋期禁用。

（3）本品药效期短，停药 1 日，抗球虫作用明显减弱，2 日后作用基本消失。因此，必须连续用药以防球虫病再度暴发。

（4）本品混料浓度极低，药料应充分拌匀，否则影响疗效。

【休药期】鸡 5 日，兔 14 日。

【规格】5%

【包装】

【贮藏】遮光，密闭，在干燥处保存。

【有效期】

【批准文号】

【生产企业】

11. 盐霉素钠预混剂质量标准与说明书范本

盐霉素钠预混剂

Yanmeisuna Yuhunji

Salinomycin Sodium Premix

本品含盐霉素（$C_{42}H_{70}O_{11}$）应为标示量的 90.0%～110.0%。

【鉴别】取本品，加乙醇制成每1mL中含盐霉素3mg的溶液，摇匀，静置，取上清液2mL，加香草醛试液1mL，摇匀，溶液即显红色。

【检查】粒度本品应全部通过二号筛。

有关物质取本品，加乙醇溶解并定量稀释制成每1mL中含盐霉素1mg的溶液，振摇，滤过，作为供试品溶液；另取盐霉素标准品，加乙醇溶解并定量稀释制成相同浓度的溶液，作为标准品溶液。照薄层色谱法（附录0502）试验，吸取上述两种溶液各5μL，分别点于同一硅胶G薄层板上，以乙酸乙酯-乙腈（2∶1）为展开剂，展开，晾干，喷以1%香草醛盐酸溶液，置100℃加热10分钟，供试品溶液所显主斑点的位置与颜色应与标准品溶液主斑点相同，并不得有其他杂质斑点。

干燥失重取本品，在105℃干燥4小时，减失重量不得过8.0%（附录0831）。

其他应符合预混剂项下有关的各项规定（附录0109）。

【含量测定】精密称取本品适量，按盐霉素每10mg加乙醇2mL，充分振摇30分钟，加灭菌水溶解并定量稀释制成每1mL中约含1 000单位的溶液，摇匀，静置；精密量取上清液适量，照盐霉素钠项下的方法测定，即得。

【作用与用途】抗球虫药。用于禽球虫病。

【用法与用量】以盐霉素计。混饲：每1 000 kg饲料，鸡60 g。

【注意事项】（1）可在商品饲料和养殖过程中使用。

（2）蛋鸡产蛋期禁用。

（3）对成年火鸡、鸭和马属动物毒性大，禁用。

（4）禁与泰妙菌素、竹桃霉素及其他抗球虫药合用。

（5）本品安全范围较窄，应严格控制混饲浓度。

【休药期】鸡5日。

【规格】（1）100g：10g（1 000万单位）（2）500 g：50g（5 000万单位）

【贮藏】密闭，在干燥处保存。

盐霉素钠预混剂说明书

兽用非处方药

【兽药名称】

通用名称：盐霉素钠预混剂

商品名称：

英文名称：Salinomycin Sodium Premix

汉语拼音：Yanmeisuna Yuhunji

【主要成分】盐霉素钠

【性状】

【药理作用】本品为聚醚类离子载体抗球虫药，其杀球虫作用机理是通过干扰球虫细胞内K^+、Na^+的正常渗透，使大量的Na^+进入细胞内。为了平衡渗透压，大量的水分进入球虫细胞，引起肿胀而死亡。对鸡的毒害、柔嫩、巨型、和缓、堆型、布氏等艾美耳属球虫均有作用，尤其对巨型及布氏艾美耳球虫效果最强。对鸡球虫的子孢子、第一、二代裂殖子均有明显作用。

鸡内服盐霉素在胃肠道吸收很少。在肝、胃、小肠内含量较高，其他组织中含量极微。进入体内的药物，在肝脏内迅速代谢，并由小肠分泌经粪便排出体外。给药后48小时内排出量占给药剂量的94.6%，72小时超过97%。

【药物相互作用】盐霉素禁与泰妙菌素合用，因后者能阻止盐霉素代谢而导致体重减轻，甚至死亡。必须应用时，至少应间隔7日。

【作用与用途】抗球虫药。用于禽球虫病。

【用法与用量】以本品计。混饲：每1 000 kg饲料，鸡600 g。

【不良反应】按规定的用法用量使用尚未见不良反应。

【注意事项】（1）可在商品饲料和养殖过程中使用。

（2）蛋鸡产蛋期禁用。

（3）对成年火鸡、鸭和马属动物毒性大，禁用。

（4）禁与泰妙菌素及其他抗球虫药合用。

（5）本品安全范围较窄，应严格控制混饲浓度。

【休药期】鸡5日。

【规格】（1）100g：10g（1 000万单位）（2）500g：50g（5 000万单位）

【贮藏】密闭，在干燥处保存。

【有效期】

【批准文号】

【生产企业】

12. 盐霉素预混剂质量标准与说明书范本

盐霉素预混剂

Yanmeisu Yuhunji

Salinomycin Premix

本品为盐霉素全发酵液与碳酸钙制备而成。含盐霉素（$C_{42}H_{70}O_{11}$）应为标示量的90.0%～110.0%。

【鉴别】在盐霉素A检查项下记录的色谱图中，供试品溶液主峰的保留时间应与标准品溶液主峰的保留时间一致。

【检查】粒度本品二号筛通过率应大于95%。

盐霉素A取本品适量（约相当于盐霉素15mg），置50mL量瓶中，加90%甲醇溶液40mL，超声30分钟，使盐霉素溶解，放冷，用90%甲醇溶液稀释至刻度，摇匀，滤过，取续滤液作为供试品溶液；另取盐霉素标准品适量，加90%甲醇溶液溶解并稀释制成每1mL中约含0.3mg的溶液，作为标准品溶液。照高效液相色谱法（附录0512）测定，用十八烷基硅烷键合硅胶为填充剂；以甲醇-水-冰醋酸（92∶8∶0.1）为流动相；以甲醇-硫酸-香草醛（95∶2∶3）（*v*/*v*/*w*）为衍生化试剂（注意：取硫酸，沿烧杯壁缓缓加入甲醇中，混匀，冷却后加入香草醛）；流动相和衍生化试剂的流速均为每分钟0.7mL，柱后衍生反应线圈为2mL，衍生反应温度为98℃；检测波长为520nm。盐霉素A峰的拖尾因子不大于1.4。量取标准品溶液与供试品溶液各20μL注入液相色谱仪，记录色谱图至盐霉素A峰保留时间的2倍。按峰面积归一化法计算，盐霉素A应大于85.0%。任何小于供试品溶液主峰面积0.05%的杂质峰忽略不计。

有关物质盐霉素A项下记录的供试品溶液色谱图中，如有杂质峰，按峰面积归一化法计算，任何单个杂质的峰面积不得过5.0%，各杂质和不得过10.0%。任何小于供试品溶液主峰面积0.05%的杂质峰忽略不计。

干燥失重取本品，在105℃干燥3小时（附录0831），减失重量不得过8.0%。

重金属取本品1.0g，依法检查（附录0821第二法），含重金属不得过百万分之二十。

砷盐取本品1.0g，先用小火灼烧使炭化，放冷，加盐酸5mL与水23mL，使溶解，依法检查（附录0822第一法），应符合规定（0.000 2%）。

【含量测定】取本品适量，精密称定，加乙醇制成每1mL中约含1 000单位的溶液，振摇30分钟，取上清液，用灭菌磷酸盐缓冲溶液（pH7.8）稀释，照抗生素微生物检定法（附录1201）测定，即得。

【作用与用途】抗球虫药。用于预防鸡球虫病。

【用法与用量】以盐霉素计。混饲：每1 000 kg饲料，鸡60g。

【注意事项】（1）可在商品饲料和养殖过程中使用。

（2）禁与泰妙菌素、竹桃霉素及其他抗球虫药配伍使用。

（3）对成年火鸡和马毒性大，禁用。

（4）蛋鸡产蛋期禁用。

（5）本品安全范围较窄，应严格控制混饲浓度。

【休药期】鸡5日。

【规格】 （1）100g：10g（1 000万单位）（2）100g：12g（1 200万单位）（3）100g：24g（2 400万单位）

【贮藏】密闭，在干燥处保存。

盐霉素预混剂说明书

兽用非处方药

【兽药名称】

通用名称：盐霉素预混剂

商品名称：

英文名称：Salinomycin Premix

汉语拼音：Yanmeisu Yuhunji

【主要成分】盐霉素

【性状】

【药理作用】本品为聚醚类离子载体类抗球虫药，其作用峰期是在球虫生活周期的最初二日，对子孢子及第一代裂殖体都有抑制作用。其杀球虫作用机理是通过干扰球虫细胞内K^+、Na^+的正常渗透，使大量的Na^+和水分进入细胞内，引起肿胀而死亡。对鸡的毒害、柔嫩、巨型、和缓、堆型、布氏等艾美耳球虫均有作用，尤其对巨型及布氏艾美耳球虫效果最强。对鸡球虫的子孢子、第一、二代裂殖子均有明显作用。

【作用与用途】抗球虫药。用于预防鸡球虫病。

【用法与用量】以本品计。混饲：每1 000 kg饲料，鸡600g。

【不良反应】按规定的用法与用量使用尚未见不良反应。

【注意事项】（1）可在商品饲料和养殖过程中使用。

（2）禁与泰妙菌素、竹桃霉素及其他抗球虫

药配伍使用。

(3) 对成年火鸡和马毒性大，禁用。

(4) 蛋鸡产蛋期禁用。

(5) 本品安全范围较窄，应严格控制混饲浓度。

【休药期】鸡 5 日。

【规格】100g：10g（1 000 万单位）

【包装】

【贮藏】密闭，在干燥处保存。

【有效期】

【批准文号】

【生产企业】

盐霉素预混剂说明书

兽用非处方药

【兽药名称】

通用名称：盐霉素预混剂

商品名称：

英文名称：Salinomycin Premix

汉语拼音：Yanmeisu Yuhunji

【主要成分】盐霉素

【性状】

【药理作用】本品为聚醚类离子载体类抗球虫药，其作用峰期是在球虫生活周期的最初二日，对子孢子及第一代裂殖体都有抑制作用。其杀球虫作用机理是通过干扰球虫细胞内 K^+、Na^+ 的正常渗透，使大量的 Na^+ 和水分进入细胞内，引起肿胀而死亡。对鸡的毒害、柔嫩、巨型、和缓、堆型、布氏等艾美耳球虫均有作用，尤其对巨型及布氏艾美耳球虫效果最强。对鸡球虫的子孢子、第一、二代裂殖子均有明显作用。

【作用与用途】抗球虫药。用于预防鸡球虫病。

【用法与用量】以本品计。混饲：每 1 000 kg 饲料，鸡 500g。

【不良反应】按规定的用法与用量使用尚未见不良反应。

【注意事项】(1) 可在商品饲料和养殖过程中使用。

(2) 禁与泰妙菌素、竹桃霉素及其他抗球虫药配伍使用。

(3) 对成年火鸡和马毒性大，禁用。

(4) 蛋鸡产蛋期禁用。

(5) 本品安全范围较窄，应严格控制混饲浓度。

【休药期】鸡 5 日。

【规格】100g：12g（1 200 万单位）

【包装】

【贮藏】密闭，在干燥处保存。

【有效期】

【批准文号】

【生产企业】

盐霉素预混剂说明书

兽用非处方药

【兽药名称】

通用名称：盐霉素预混剂

商品名称：

英文名称：Salinomycin Premix

汉语拼音：Yanmeisu Yuhunji

【主要成分】盐霉素

【性状】

【药理作用】本品为聚醚类离子载体类抗球虫药，其作用峰期是在球虫生活周期的最初二日，对子孢子及第一代裂殖体都有抑制作用。其杀球虫作用机理是通过干扰球虫细胞内 K^+、Na^+ 的正常渗透，使大量的 Na^+ 和水分进入细胞内，引起肿胀而死亡。对鸡的毒害、柔嫩、巨型、和缓、堆型、布氏等艾美耳球虫均有作用，尤其对巨型及布氏艾美耳球虫效果最强。对鸡球虫的子孢子、第一、二代裂殖子均有明显作用。

【作用与用途】抗球虫药。用于预防鸡球虫病。

【用法与用量】以本品计。混饲：每 1 000 kg 饲料，鸡 250g。

【不良反应】按规定的用法与用量使用尚未见不良反应。

【注意事项】(1) 可在商品饲料和养殖过程中使用。

(2) 禁与泰妙菌素、竹桃霉素及其他抗球虫药配伍使用。

(3) 对成年火鸡和马毒性大，禁用。

(4) 蛋鸡产蛋期禁用。

(5) 本品安全范围较窄，应严格控制混饲浓度。

【休药期】鸡 5 日。

【规格】100g：24g（2 400 万单位）

【包装】

【贮藏】密闭，在干燥处保存。

【有效期】

【批准文号】

【生产企业】

13. 莫能菌素预混剂质量标准与说明书范本

莫能菌素预混剂

Monengjunsu Yuhunji

Monensin Premix

本品为莫能菌素全发酵液与碳酸钙制备而成。含莫能菌素应为标示量的90.0%～110.0%。

【鉴别】在含量测定项下记录的色谱图中，供试品溶液莫能菌素A峰和B峰的保留时间应与对照品溶液莫能菌素A峰和B峰的保留时间一致。

【检查】粒度本品二号筛通过率应大于95%。

莫能菌素A和莫能菌素（A+B）照含量测定项下的方法，含莫能菌素A不得少于莫能菌素的90.0%；含莫能菌素A与莫能菌素B的和不得少于莫能菌素的95.0%。

干燥失重取本品，在105℃干燥3小时，减失重量不得过8.0%（附录0831）。

重金属取本品1.0g，依法检查（附录0821第二法），含重金属不得过百万分之二十。

砷盐取本品1.0g，先用小火灼烧使炭化，放冷，加盐酸5mL与水23mL，使溶解，依法检查（附录0822第一法），应符合规定（0.000 2%）。

其他应符合预混剂项下有关的各项规定（附录0109）。

【含量测定】照高效液相色谱法（附录0512）测定。

色谱条件与系统适用性试验用十八烷基硅烷键合硅胶为填充剂；以甲醇－水－冰醋酸（94∶6∶0.1）为流动相；以甲醇－硫酸－香草醛（95∶2∶3）（$v/v/w$）为衍生化试剂（注意：取硫酸，沿烧杯壁缓缓加入甲醇中，混匀，冷却后加入香草醛）；流动相和衍生化试剂的流速均为每分钟0.7mL，柱后衍生反应线圈为2mL，衍生反应温度为98℃；检测波长为520nm。取莫能菌素和甲基盐霉素适量，用中性甲醇溶液（取碳酸氢钠0.5g，加甲醇2 000mL，混合，滤过，即得）溶解并稀释制成每1mL中含莫能菌素1mg和甲基盐霉素3mg的混合溶液，作为系统适用性试验溶液，取20μL注入液相色谱仪，记录色谱图，莫能菌素B、甲基盐霉素A、甲基盐霉素(I)峰相对于莫能菌素A的保留时间分别约为0.9、1.3和1.5。莫能菌素A与莫能菌素B峰的分离度应大于1.25，莫能菌素A与甲基盐霉素A峰的分离度应大于3.5，莫能菌素A的拖尾因子应不大于1.4，重复进样峰面积的相对标准偏差不大于2.0%。

测定法取本品适量（约相当于莫能菌素250mg），精密称定，置250mL量瓶中，加90%甲醇溶液200mL，振荡1小时，用90%甲醇溶液稀释至刻度，摇匀；过滤，精密量取续滤液适量，加90%甲醇溶液定量稀释制成每1mL中约含莫能菌素0.2mg的溶液，摇匀；精密量取20μL注入液相色谱仪，记录色谱图。另取莫能菌素对照品适量，精密称定，同法测定。以峰面积按下式计算：

$$莫能菌素组分（i）的量 = \frac{A_{供(i)}}{A_{对(A)}} \times \frac{W_{对} \times Q_{对(A)} \times P_{对}}{W_{供}} \times \frac{D_{供}}{D_{对}} \times 100\%$$

式中：i 分别代表莫能菌素组分 A 或 B 或 C/D；$A_{供(i)}$ 分别代表供试品中莫能菌素组分 A、B、C/D 的峰面积；$A_{对(A)}$ 为对照品中莫能菌素 A 的峰面积；$W_{对}$ 为对照品的重量；$W_{供}$ 为供试品的重量；$Q_{对(A)}$ 为对照品中莫能菌素 A 的百分含量；$P_{对}$ 为对照品中莫能菌素的含量（单位/mg）；$D_{对}$ 为对照品的稀释倍数；$D_{供}$ 为供试品的稀释倍数。

莫能菌素的含量（P）$=A+0.28B+1.5C/D$

【作用与用途】抗球虫药。用于预防鸡球虫病。

【用法与用量】以莫能菌素计。混饲：每1 000 kg饲料，鸡90～110g。

【不良反应】饲料中添加量超过120mg/kg时，可引起鸡增长率和饲料转化率下降。

【注意事项】（1）可在商品饲料和养殖过程中使用。

（2）10周龄以上火鸡、珍珠鸡及鸟类对本品较敏感，不宜应用；超过16周龄的鸡禁用。蛋鸡产蛋期禁用。

（3）饲喂前必须将莫能菌素与饲料混匀，禁止直接饲喂未经稀释的莫能菌素。

（4）禁止与泰妙菌素、竹桃霉素同时使用，以免发生中毒。

（5）马属动物禁用。

（6）搅拌配料时防止与人的皮肤、眼睛接触。

【休药期】鸡5日。

【规格】 (1) 100g：10g（1 000 万单位） (2) 100g：20g（2 000 万单位） (3) 100g：40g（4 000万单位）

【贮藏】密闭，在干燥处保存。

莫能菌素预混剂说明书

兽用非处方药

【兽药名称】

通用名称：莫能菌素预混剂

商品名称：

英文名称：Monensin Premix

汉语拼音：Monengjunsu Yuhunji

【主要成分】莫能菌素

【性状】

【药理作用】本品为单价离子载体类广谱抗球虫药。对鸡的毒害、柔嫩、巨型、变位、堆型、布氏艾美耳球虫等均有很好的杀灭效果。对火鸡腺艾美耳球虫和火鸡艾美耳球虫、鹌鹑的分散和莱泰艾美耳球虫、羔羊雅氏、阿撒地艾美耳球虫亦有效。莫能菌素的作用峰期是在球虫生活周期的最初二日，对子孢子及第一代裂殖体都有抑制作用。其杀球虫作用机理是通过干扰球虫细胞内 K^+、Na^+ 的正常渗透，使大量的 Na^+ 和水分进入细胞内，引起肿胀而死亡。

【作用与用途】抗球虫药。用于预防鸡球虫病。

【用法与用量】以本品计。混饲：每 1 000 kg 饲料，鸡 900～1 100g。

【不良反应】饲料中添加量超过 120mg/kg 时，可引起鸡增长率和饲料转化率下降。

【注意事项】(1) 可在商品饲料和养殖过程中使用。

(2) 10 周龄以上火鸡、珍珠鸡及鸟类对本品较敏感，不宜应用；超过 16 周龄的鸡禁用。蛋鸡产蛋期禁用。

(3) 饲喂前必须将莫能菌素与饲料混匀，禁止直接饲喂未经稀释的莫能菌素。

(4) 禁止与泰妙菌素、竹桃霉素同时使用，以免发生中毒。

(5) 马属动物禁用。

(6) 搅拌配料时防止与人的皮肤、眼睛接触。

【休药期】鸡 5 日。

【规格】100g：10g（1 000 万单位）

【包装】

【贮藏】密闭，在干燥处保存。

【有效期】

【批准文号】

【生产企业】

莫能菌素预混剂说明书

兽用非处方药

【兽药名称】

通用名称：莫能菌素预混剂

商品名称：

英文名称：Monensin Premix

汉语拼音：Monengjunsu Yuhunji

【主要成分】莫能菌素

【性状】

【药理作用】本品为单价离子载体类广谱抗球虫药。对鸡的毒害、柔嫩、巨型、变位、堆型、布氏艾美耳球虫等均有很好的杀灭效果。对火鸡腺艾美耳球虫和火鸡艾美耳球虫、鹌鹑的分散和莱泰艾美耳球虫、羔羊雅氏、阿撒地艾美耳球虫亦有效。莫能菌素的作用峰期是在球虫生活周期的最初二日，对子孢子及第一代裂殖体都有抑制作用。其杀球虫作用机理是通过干扰球虫细胞内 K^+、Na^+ 的正常渗透，使大量的 Na^+ 和水分进入细胞内，引起肿胀而死亡。

【作用与用途】抗球虫药。用于预防鸡球虫病。

【用法与用量】以本品计。混饲：每 1 000 kg 饲料，鸡 450～550g。

【不良反应】饲料中添加量超过 120mg/kg 时，可引起鸡增长率和饲料转化率下降。

【注意事项】(1) 可在商品饲料和养殖过程中使用。

(2) 10 周龄以上火鸡、珍珠鸡及鸟类对本品较敏感，不宜应用；超过 16 周龄的鸡禁用。蛋鸡产蛋期禁用。

(3) 饲喂前必须将莫能菌素与饲料混匀，禁止直接饲喂未经稀释的莫能菌素。

(4) 禁止与泰妙菌素、竹桃霉素同时使用，以免发生中毒。

(5) 马属动物禁用。

(6) 搅拌配料时防止与人的皮肤、眼睛接触。

【休药期】鸡 5 日。

【规格】100g：20g（2 000 万单位）

【包装】

【贮藏】密闭，在干燥处保存。

【有效期】

【批准文号】

【生产企业】

莫能菌素预混剂说明书

兽用非处方药

【兽药名称】

通用名称：莫能菌素预混剂

商品名称：

英文名称：Monensin Premix

汉语拼音：Monengjunsu Yuhunji

【主要成分】莫能菌素

【性状】

【药理作用】本品为单价离子载体类广谱抗球虫药。对鸡的毒害、柔嫩、巨型、变位、堆型、布氏艾美耳球虫等均有很好的杀灭效果。对火鸡腺艾美耳球虫和火鸡艾美耳球虫、鹌鹑的分散和莱泰艾美耳球虫、羔羊雅氏、阿撒地艾美耳球虫亦有效。莫能菌素的作用峰期是在球虫生活周期的最初二日，对子孢子及第一代裂殖体都有抑制作用。其杀球虫作用机理是通过干扰球虫细胞内K^+、Na^+的正常渗透，使大量的Na^+和水分进入细胞内，引起肿胀而死亡。

【作用与用途】抗球虫药。用于预防鸡球虫病。

【用法与用量】以本品计。混饲：每 1 000 kg 饲料，鸡 225～275g。

【不良反应】饲料中添加量超过 120mg/kg 时，可引起鸡增长率和饲料转化率下降。

【注意事项】(1) 可在商品饲料和养殖过程中使用。

(2) 10 周龄以上火鸡、珍珠鸡及鸟类对本品较敏感，不宜应用；超过 16 周龄的鸡禁用。蛋鸡产蛋期禁用。

(3) 饲喂前必须将莫能菌素与饲料混匀，禁止直接饲喂未经稀释的莫能菌素。

(4) 禁止与泰妙菌素、竹桃霉素同时使用，以免发生中毒。

(5) 马属动物禁用。

(6) 搅拌配料时防止与人的皮肤、眼睛接触。

【休药期】鸡 5 日。

【规格】100g：40g（4 000 万单位）

【包装】

【贮藏】密闭，在干燥处保存。

【有效期】

【批准文号】

【生产企业】

14. 博落回散质量标准与说明书范本

博落回散

Boluohui San

本品为博落回提取物经加工制成的散剂。

【制法】取博落回提取物，粉碎，加入淀粉适量，过筛，混匀，即得。

【性状】本品为淡橘黄色至橘黄色的粉末；有刺激性。

【鉴别】 (1) 取本品约 1mg，加变色酸约 1mg，加硫酸 5～10 滴，在 50～60℃的水浴中加热数分钟，即显紫色。

(2) 在【含量测定】项下记录的色谱图中，供试品溶液血根碱和白屈菜红碱 2 个峰的保留时间应与相应对照品峰的保留时间一致。

【检查】粒度应全部通过四号筛。

有关物质取本品，照【含量测定】项下的方法测定，按峰面积归一化法计算，除血根碱和白屈菜红碱之外的其他成分峰面积之和不得过 10%。

其他应符合散剂项下有关的各项规定（附录 0101）。

【特征图谱】照高效液相色谱法（附录 0512）测定。

色谱条件与系统适用性试验以十八烷基硅烷键合硅胶为填充剂（柱长为 25cm，内径为 4.6mm，粒径为 5μm）；以乙腈为流动相 A，以 0.2%三乙胺溶液（磷酸调节 pH 至 2.5）为流动相 B，按下表进行梯度洗脱；柱温为 35℃；流速为 0.8mL/分钟；检测波长为 270nm。理论板数按血根碱峰计算应不低于 5 000。

时间（分钟）	流动相 A（%）	流动相 B（%）
0	25	75
14	25	75
27	60	40
29	25	75
35	25	75

参照物溶液的制备取血根碱对照品、白屈菜红碱对照品适量，精密称定，加甲醇－1.0%盐酸溶液（50 ∶ 50）溶解，制成每 1mL 含血根碱 0.1mg、白屈菜红碱 0.05mg 的混合溶液，即得。

供试品溶液的制备取本品 0.7g，精密称定，置 100mL 量瓶中，加甲醇—1.0%盐酸溶液（50∶50）80mL，超声处理 30 分钟，取出，放冷，加上述溶液稀释至刻度，摇匀，滤过，取续滤液，即得。

测定法分别精密吸取参照物溶液和供试品溶液各 10μL，注入液相色谱仪，测定，记录色谱图，即得。

供试品特征图谱中应有 4 个特征峰，其中血根碱和白屈菜红碱 2 个峰应分别与相应的参照物峰保留时间相同，与血根碱参照物峰相应的峰为 S 峰，计算特征峰 1、特征峰 2 的相对保留时间，其相对保留时间应在规定值的±5%之内，规定值为 0.81（峰 1）、0.95（峰 2）。

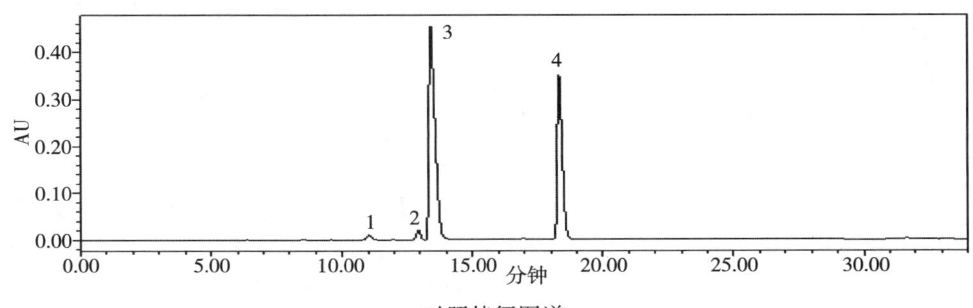

对照特征图谱

峰 3（S）：血根碱峰 4：白屈菜红碱

【积分参数】峰宽为 0.1；最小峰高为 0。

【含量测定】照高效液相色谱法（附录 0512）测定。

色谱条件与系统适用性试验同【特征图谱】项下。

对照品溶液的制备取血根碱对照品及白屈菜红碱对照品适量，精密称定，加甲醇—1.0%盐酸溶液（50∶50）溶解，制成每 1mL 含血根碱 0.01mg、白屈菜红碱 0.005mg 的混合溶液（规格 1）；每 1mL 含血根碱 0.03 mg、白屈菜红碱 0.02mg 的混合溶液（规格 2）；每 1mL 含血根碱 0.1mg、白屈菜红碱 0.05 mg 的混合溶液（规格 3），即得。

供试品溶液的制备同【特征图谱】项下供试品溶液的制备。

测定法分别精密吸取对照品溶液与供试品溶液各 10μL，注入液相色谱仪，测定，即得。

本品含血根碱（$C_{20}H_{14}NO_4^+$）和白屈菜红碱（$C_{21}H_{18}NO_4^+$）的总量不得少于 0.225%，其中血根碱不得少于 0.15%（规格 1）；

本品含血根碱（$C_{20}H_{14}NO_4^+$）和白屈菜红碱（$C_{21}H_{18}NO_4^+$）的总量不得少于 0.75%，其中血根碱不得少于 0.5%（规格 2）；

本品含血根碱（$C_{20}H_{14}NO_4^+$）和白屈菜红碱（$C_{21}H_{18}NO_4^+$）的总量不得少于 2.25%，其中血根碱不得少于 1.50%（规格 3）；

【功能】抗菌消炎，开胃，促生长。

【主治】用于促进猪、鸡、肉鸭，淡水鱼类、虾、蟹和龟、鳖生长。

【用法与用量】混饲：每 1kg 饲料，猪 200～500 mg；仔鸡 300～500 mg，成年鸡 200～300 mg；肉鸭 200～300 mg；草鱼、青鱼、鲤鱼、鲫鱼、鳊鱼、鳝、鳗、泥鳅、虾、蟹、龟、鳖 300～600mg（规格 1）。

混饲：每 1kg 饲料，猪 60～150 mg；仔鸡 90～150 mg，成年鸡 60～90 mg；肉鸭 60～90 mg；草鱼、青鱼、鲤鱼、鲫鱼、鳊鱼、鳝、鳗、泥鳅、虾、蟹、龟、鳖 90～180 mg（规格 2）。

混饲：每 1kg 饲料，猪 20～50 mg；仔鸡 30～50 mg，成年鸡 20～30 mg；肉鸭 20～30 mg；草鱼、青鱼、鲤鱼、鲫鱼、鳊鱼、鳝、鳗、泥鳅、虾、蟹、龟、鳖 30～60 mg（规格 3）。

【注意事项】可在商品饲料和养殖过程中使用。

【规格】（1）100g：0.375g（2）100g：1.25g（3）100g：3.75g

【贮藏】密封，避光。

博落回散规格 1（100g∶0.375g）说明书

兽用非处方药

【兽药名称】

通用名称：博落回散

商品名称：

汉语拼音：Boluohui San

【主要成分】博落回提取物。

【性状】本品为淡橘黄色至橘黄色的粉末；有刺激性。

【功能与主治】抗菌消炎，开胃，促生长。用于促进猪、鸡、肉鸭，淡水鱼类、虾、蟹和龟、鳖生长。

【用法与用量】混饲：每1kg饲料，猪200～500 mg；仔鸡300～500 mg，成年鸡200～300 mg；肉鸭200～300 mg；草鱼、青鱼、鲤鱼、鲫鱼、鳊鱼、鳝、鳗、泥鳅、虾、蟹、龟、鳖300～600mg。

【不良反应】暂未发现不良反应。

【注意事项】可在商品饲料和养殖过程中使用。

【规格】100g：0.375g

【包装】

【贮藏】密封，避光。

【有效期】

【批准文号】

【生产企业】

博落回散规格2（100g：1.25g）说明书

兽用非处方药

【兽药名称】

通用名称：博落回散

商品名称：

汉语拼音：Boluohui San

【主要成分】博落回提取物。

【性状】本品为淡橘黄色至橘黄色的粉末；有刺激性。

【功能与主治】抗菌消炎，开胃，促生长。用于促进猪、鸡、肉鸭，淡水鱼类、虾、蟹和龟、鳖生长。

【用法与用量】混饲：每1kg饲料，猪60～150 mg；仔鸡90～150 mg，成年鸡60～90 mg；肉鸭60～90 mg；草鱼、青鱼、鲤鱼、鲫鱼、鳊鱼、鳝、鳗、泥鳅、虾、蟹、龟、鳖90～180 mg。

【不良反应】暂未发现不良反应。

【注意事项】可在商品饲料和养殖过程中使用。

【规格】100g：1.25g

【包装】

【贮藏】密封，避光。

【有效期】

【批准文号】

【生产企业】

博落回散规格3（100g：3.75g）说明书

兽用非处方药

【兽药名称】

通用名称：博落回散

商品名称：

汉语拼音：Boluohui San

【主要成分】博落回提取物。

【性状】本品为淡橘黄色至橘黄色的粉末；有刺激性。

【功能与主治】抗菌消炎，开胃，促生长。用于促进猪、鸡、肉鸭，淡水鱼类、虾、蟹和龟、鳖生长。

【用法与用量】混饲：每1kg饲料，猪20～50 mg；仔鸡30～50 mg，成年鸡20～30 mg；肉鸭20～30 mg；草鱼、青鱼、鲤鱼、鲫鱼、鳊鱼、鳝、鳗、泥鳅、虾、蟹、龟、鳖30～60 mg。

【不良反应】暂未发现不良反应。

【注意事项】可在商品饲料和养殖过程中使用。

【规格】100g：3.75g

【包装】

【贮藏】密封，避光。

【有效期】

【批准文号】

【生产企业】

15. 山花黄芩提取物散质量标准与说明书范本

山花黄芩提取物散

Shanhua Huangqin Tiquwu San

【处方】山银花提取物（以绿原酸计）2.4g

黄芩提取物（以黄芩苷计）24g

【制法】以上2味，加入葡萄糖适量，混匀，制成1 000g，即得。

【性状】本品为淡黄色至棕黄色的粉末。

【鉴别】（1）取本品0.25g，加60%乙醇10mL，摇匀，滤过，滤液作为供试品溶液。另取黄芩苷对照品、绿原酸对照品，加60%乙醇分别制成每1mL含0.6mg、0.06mg的溶液，作为对照品溶液。照薄层色谱法（附录0502）试验，吸取上述三种溶液各8μL，分别点于同一聚酰胺薄膜上，以醋酸为展开剂，展开，取出，晾干，置紫外光灯（365nm）下检视。供试品色谱中，在与对照品色谱相应的位置上，显相同颜色的荧光斑点。喷以2%三氯化铁乙醇溶液，供试品色谱

中，在与对照品色谱相应的位置上，显相同颜色的斑点。

（2）取本品3g，加甲醇10mL，超声处理10分钟，滤过，滤液作为供试品溶液。另取山银花对照药材0.5g，加甲醇10mL，超声处理10分钟，滤过，滤液作为对照药材溶液。再取灰毡毛忍冬皂苷乙对照品、川续断皂苷乙对照品，分别加甲醇制成每1mL含1mg的溶液，作为对照品溶液。照薄层色谱法（附录0502）试验，吸取上述四种溶液各6μL，分别点于同一硅胶G薄层板上，以三氯甲烷－甲醇－水（6：4：1）为展开剂，展开，取出，晾干，喷以10%硫酸乙醇溶液，在105℃加热至斑点显色清晰。供试品色谱中，在与对照药材色谱和对照品色谱相应的位置上，显相同颜色的斑点。

【检查】水分不得过5.0%（附录0832第一法）。

其他应符合散剂项下有关的各项规定（附录0101）。

【含量测定】照高效液相色谱法（附录0512）测定。

色谱条件与系统适用性试验以十八烷基硅烷键合硅胶为填充剂；以0.4%磷酸溶液为流动相A，以乙腈为流动相B，按下表进行梯度洗脱；流速为每分钟1mL；检测波长为327nm。理论板数按绿原酸峰计算应不低于2 000，按黄芩苷峰计算应不低于2 500。

时间（分钟）	流动相A（%）	流动相B（%）
0～13	88	12
13～16	88→73	12→27
16～27	73	27
27～30	73→88	27→12
30～35	88	12

对照品溶液的制备取绿原酸对照品、黄芩苷对照品适量，精密称定，加50%甲醇制成每1mL含绿原酸10μg、黄芩苷100μg的混合溶液，即得。

供试品溶液的制备取本品1g，精密称定，置50mL棕色量瓶中，加50%甲醇使溶解并稀释至刻度，摇匀，精密量取2mL，置10mL棕色量瓶中，加50%甲醇稀释至刻度，摇匀，滤过，取续滤液，即得。

测定法分别精密吸取对照品溶液和供试品溶液各20μL，注入液相色谱仪，测定，即得。

本品每1g含山银花提取物以绿原酸（$C_{16}H_{18}O_9$）计，不得少于2.20mg；每1g含黄芩提取物以黄芩苷（$C_{21}H_{18}O_{11}$）计，不得少于22.0mg。

【功能】抗炎、抑菌，促生长。

【主治】促进肉鸡、断奶仔猪生长。

【用法与用量】混饲：每1kg饲料，鸡，0.5g。每1kg饲料，断奶仔猪0.5g，连用2个月。

【注意事项】可在商品饲料和养殖过程中使用。

【规格】

【贮藏】密封，避光。

附：

1. 山银花提取物质量标准

山银花提取物

【制法】取山银花，加水煎煮三次，每次加6倍量水，第一、二次各1小时，第三次0.5小时，滤过，合并滤液，减压浓缩至相对密度为1.13～1.18（70℃）的清膏，喷雾干燥，即得。

【性状】本品为淡黄色至棕黄色的粉末；气微，味微苦。

【鉴别】（1）取本品0.2g，加60%乙醇10mL使溶解，作为供试品溶液。另取绿原酸对照品，加60%乙醇制成每1mL含1mg的溶液，作为对照品溶液。照薄层色谱法（附录0502）试验，吸取上述两种溶液各2μL，分别点于同一聚酰胺薄膜上，以醋酸为展开剂，展开，取出，晾干，置紫外光灯（365nm）下检视。供试品色谱中，在与对照品色谱相应的位置上，显相同颜色的荧光斑点。

（2）取本品0.4g，加甲醇10mL使溶解，作为供试品溶液。另取灰毡毛忍冬皂苷乙和川续断皂苷乙对照品，分别加甲醇制成每1mL含1mg的溶液，作为对照品溶液。照薄层色谱法（附录0502）试验，吸取上述三种溶液各6μL，分别点于同一硅胶G薄层板上，以三氯甲烷－甲醇－水（6：4：1）为展开剂，展开，取出，晾干，喷以10%硫酸乙醇溶液，在105℃加热至斑点显色清晰。供试品色谱中，在与对照品色谱相应的位置上，显相同颜色的斑点。

【检查】水分不得过5.0%（附录0832第一法）。

【含量测定】照高效液相色谱法（附录0512）测定。

色谱条件与系统适用性试验以十八烷基硅烷键合硅胶为填充剂；以乙腈-0.4%磷酸溶液（10：90）为流动相；检测波长为327nm。理论板数按绿原酸峰计算应不低于2 000。

对照品溶液的制备取绿原酸对照品适量，精密称定，置棕色量瓶中，加50%甲醇制成每1mL含40μg的溶液，即得（10℃以下保存）。

供试品溶液的制备取本品0.1g，精密称定，置100mL棕色量瓶中，加50%甲醇适量，超声处理（功率500W，频率40kHz）30分钟，冷却至室温，加50%甲醇稀释至刻度，摇匀，滤过，取续滤液，即得。

测定法分别精密吸取对照品溶液和供试品溶液各10μL，注入液相色谱仪，测定，即得。

本品按干燥品计，含绿原酸（$C_{16}H_{18}O_9$）不得少于5.0%。

【贮藏】密封，遮光。

【制剂】山花黄芩提取物散

2. 黄芩提取物质量标准

黄芩提取物

【制法】取黄芩，加水煎煮2次，第一次加8倍量水煎煮1.5小时，第二次加6倍量水煎煮1.5小时，合并煎液，浓缩至每1mL含生药1g，用2mol/L盐酸溶液调节pH至1.0～2.0，80℃保温30分钟，静置12小时，滤过，沉淀物加适量水搅匀，用40%氢氧化钠溶液调节pH至7.0，加等量乙醇，搅拌使溶解，滤过，滤液用盐酸调节pH至1.0～2.0，60℃保温30分钟，静置12小时，滤过，沉淀依次用适量水、20%乙醇、50%乙醇、75%乙醇洗至pH至7.0，挥尽乙醇，减压干燥，即得。

【性状】本品为淡黄色至棕黄色的粉末；味淡，微苦。

【鉴别】取本品1mg，加甲醇1mL使溶解，作为供试品溶液。另取黄芩苷对照品，加甲醇制成每1mL含1mg的溶液，作为对照品溶液。照薄层色谱法（附录0502）试验，吸取上述两种溶液各2μL，分别点于同一聚酰胺薄膜上，以醋酸为展开剂，展开，取出，晾干，置紫外光灯（365nm）下检视。供试品色谱中，在与对照品色谱相应的位置上，显相同颜色的斑点。

【检查】水分不得过5.0%（附录0832第一法）。

炽灼残渣不得过0.8%（附录0841）。

重金属取炽灼残渣项下遗留的残渣，依法检查（附录0821第二法），不得过百万分之二十。

【含量测定】照高效液相色谱法（附录0512）测定。

色谱条件与系统适用性试验以十八烷基硅烷键合硅胶为填充剂；以甲醇-水-磷酸（47：53：0.2）为流动相；检测波长为280nm。理论板数按黄芩苷峰计算应不低于2 500。

对照品溶液的制备取黄芩苷对照品适量，精密称定，加甲醇制成每1mL含60μg的溶液，即得。

供试品溶液的制备取本品10mg，精密称定，置25mL量瓶中，加甲醇适量使溶解，再加甲醇稀释至刻度，摇匀，精密量取5mL，置25mL量瓶中，加甲醇至刻度，摇匀，滤过，取续滤液，即得。

测定法分别精密吸取对照品溶液和供试品溶液各10μL，注入液相色谱仪，测定，即得。

本品按干燥品计，含黄芩苷（$C_{21}H_{18}O_{11}$）不得少于85.0%。

【贮藏】密封，置阴凉干燥处。

【制剂】山花黄芩提取物散

山花黄芩提取物散说明书

兽用非处方药

【兽药名称】

通用名称：山花黄芩提取物散

商品名称：

汉语拼音：Shanhua Huangqin Tiquwu San

【主要成分】山银花提取物、黄芩提取物。

【性状】本品为淡黄色至棕黄色的粉末。

【功能与主治】抗炎、抑菌，促生长。用于促进肉鸡、断奶仔猪生长。

【用法与用量】混饲：每1kg饲料，鸡，0.5g。每1kg饲料，断奶仔猪0.5g，连用2个月。

【不良反应】暂未发现不良反应。

【注意事项】可在商品饲料和养殖过程中使用。

【规格】
【包装】
【贮藏】密封，避光。
【有效期】
【批准文号】
【生产企业】

附件 4：

拉沙洛西钠预混剂等 5 个进口兽药产品质量标准和标签、说明书样稿

1. 拉沙洛西钠预混剂标签和说明书样稿
2. 甲基盐霉素尼卡巴嗪预混剂标签和说明书样稿
3. 甲基盐霉素预混剂标签和说明书样稿
4. 尼卡巴嗪预混剂标签和说明书样稿
5. 莫能菌素预混剂标签和说明书样稿

（备注：相关进口兽药产品质量标准略。）

1. 拉沙洛西钠预混剂标签和说明书样稿

拉沙洛西钠预混剂标签

兽用

【兽药名称】
通用名称：拉沙洛西钠预混剂
商品名称：球安（Avatec）
英文名称：Lasalocid Sodium Premix
汉语拼音：Lashaluoxina Yuhunji
【主要成分】拉沙洛西钠
【性状】本品为浅褐色至褐色粉末；有特臭。
【适应证】用于预防肉鸡球虫病。
【用法与用量】以拉沙洛西钠计。混饲：每 1 000 kg饲料，肉鸡 75～125g。
【规格】（1）15%（2）20%
【进口兽药注册证号】
【生产日期】
【生产批号】
【有效期】至
【休药期】肉鸡 3 日。
【贮藏】遮光，密闭，在干燥处保存。
【包装】
【生产企业】硕腾公司美国索尔兹伯里（Salisbury）生产厂（Zoetis Inc.，Salisbury，USA）
地址：601 Beam Street，Salisbury，Maryland，U. S. A.

拉沙洛西钠预混剂说明书

兽用

【兽药名称】
通用名称：拉沙洛西钠预混剂
商品名称：球安（Avatec）
英文名称：Lasalocid Sodium Premix
汉语拼音：Lashaluoxina Yuhunji
【主要成分】拉沙洛西钠
【性状】本品为浅褐色至褐色粉末；有特臭。
【药理作用】拉沙洛西钠为畜禽专用聚醚类抗生素类抗球虫药。拉沙洛西钠与二价金属离子形成络合物，干扰球虫体内正常离子的平衡和转运，从而起到抑制球虫的效果。
【适应证】用于预防肉鸡球虫病。
【用法与用量】以拉沙洛西钠计。混饲：每 1 000 kg饲料，肉鸡 75～125g。
【不良反应】按推荐剂量使用，未见不良反应。
【注意事项】1. 应根据球虫感染严重程度和疗效及时调整用药浓度。
2. 严格按规定浓度使用，饲料中药物浓度超过 150mg/kg（以拉沙洛西钠计）会导致鸡生长抑制和中毒。高浓度混料对饲养在潮湿鸡舍的雏鸡，能增加热应激反应，使死亡率增高。
3. 拌料时应注意防护，避免本品与眼、皮肤接触。
4. 马属动物禁用。
5. 可在商品饲料和养殖过程中使用。
【休药期】肉鸡 3 日。
【规格】（1）15%（2）20%
【包装】（1）20kg/袋（2）25kg/袋
【贮藏】遮光，密闭，在干燥处保存。
【有效期】24 个月。
【进口兽药注册证号】
【生产企业】硕腾公司美国索尔兹伯里（Salisbury）生产厂（Zoetis Inc.，Salisbury，USA）
地址：601 Beam Street，Salisbury，Maryland，U. S. A.

2. 甲基盐霉素尼卡巴嗪预混剂标签和说明书样稿

甲基盐霉素尼卡巴嗪预混剂标签

兽用

【兽药名称】
通用名称：甲基盐霉素尼卡巴嗪预混剂

商品名称：猛安（Maxiban）

英文名称：Narasin and Nicarbazin Premix

汉语拼音：Jiajiyanmeisu Nikabaqin Yuhunji

【主要成分】甲基盐霉素尼卡巴嗪

【性状】本品为黄色或棕褐色颗粒；微有特臭。

【适应证】用于预防鸡球虫病。

【用法与用量】以本品计。混饲：每1 000 kg饲料，肉鸡375～625g。

【规格】100g：甲基盐霉素8g＋尼卡巴嗪8g。

【进口兽药注册证号】

【生产日期】

【生产批号】

【有效期】至

【休药期】鸡5日。

【包装】

【贮藏】密闭，在干燥处保存。

【生产企业】美国礼来公司美国生产厂（Eli Lilly and Company）

地址：10500 South State Road 63，Clinton，Indiana 47842－0099 USA

甲基盐霉素尼卡巴嗪预混剂说明书

兽用

【兽药名称】

通用名称：甲基盐霉素尼卡巴嗪预混剂

商品名称：猛安（Maxiban）

英文名称：Narasin and Nicarbazin Premix

汉语拼音：Jiajiyanmeisu Nikabaqin Yuhunji

【主要成分】甲基盐霉素尼卡巴嗪

【性状】本品为黄色或棕褐色颗粒；微有特臭。

【药理作用】抗球虫药。甲基盐霉素属单价聚醚类离子载体抗球虫药。甲基盐霉素其抗球虫效应与盐霉素大致相同，能维持畜禽消化道中菌群的平衡。

尼卡巴嗪对鸡的多种艾美耳球虫均有良好的防治效果。主要抑制球虫第二个无性增殖期裂殖体的生长繁殖，作用峰期是感染后第4天。

【适应证】用于预防鸡球虫病。

【用法与用量】以本品计。混饲：每1 000 kg饲料，肉鸡375～625g。

【不良反应】1. 本品毒性较大，超剂量使用，会引起鸡的死亡。

2. 高温季节使用本品时，会出现热应激反应，甚至死亡。

【注意事项】1. 防止与人眼、皮肤接触。

2. 禁止与泰妙菌素、竹桃霉素合用。

3. 火鸡及马属动物禁用。

4. 仅用于肉鸡。

5. 可在商品饲料和养殖过程中使用。

【休药期】鸡5日。

【规格】100g：甲基盐霉素8g＋尼卡巴嗪8g

【包装】

【贮藏】密闭，在干燥处保存。

【有效期】24个月

【进口兽药注册证号】

【生产企业】美国礼来公司美国生产厂（Eli Lilly and Company）

地址：10500 South State Road 63，Clinton，Indiana 47842－0099 USA

3. 甲基盐霉素预混剂标签和说明书样稿

甲基盐霉素预混剂标签

兽用

【兽药名称】

通用名称：甲基盐霉素预混剂

商品名称：禽安©（Monteban© 100）

英文名称：Narasin Premix

汉语拼音：Jiajiyanmeisu Yuhunji

【主要成分】甲基盐霉素

【性状】本品为黄色至淡棕色颗粒状粉末。

【适应证】用于防治鸡球虫病。

【用法与用量】以本品计。混饲：每1 000 kg饲料，鸡600～800g。

【规格】10%

【进口兽药注册证号】

【生产日期】

【生产批号】

【有效期】至

【休药期】鸡5日；蛋鸡禁用。

【贮藏】密闭，在干燥处保存。

【包装】

【生产企业】美国礼来公司美国生产厂（A Division of Eli Lilly and Company U. S. A.）

地址：10500 South State Road 63，Clinton，Indiana，47842 U. S. A.

甲基盐霉素预混剂说明书

兽用

【兽药名称】

通用名称：甲基盐霉素预混剂

商品名称：禽安（Monteban100）

英文名称：Narasin Premix

汉语拼音：Jiajiyanmeisu Yuhunji

【主要成分】甲基盐霉素

【性状】本品为黄色至淡棕色颗粒状粉末。

【药理作用】抗球虫药。甲基盐霉素其抗球虫效应与盐霉素大致相同，能维持畜禽消化道中菌群的平衡，抑制有害细菌的生长，提高饲料转化率。

【适应证】用于防治鸡球虫病。

【用法与用量】以本品计。混饲：每 1 000 kg 饲料，鸡 600～800g。

【不良反应】本品毒性比盐霉素更强，对鸡的安全范围较窄，超剂量使用，会引起鸡的死亡。

【注意事项】

1. 使用时必须精确计算用量。

2. 本品仅限用于肉鸡，蛋鸡、火鸡及其他鸟类禁用；马属动物禁用。

3. 本品对鱼类毒性较大，防止用药后的鸡粪及残留药物的用具污染水源。

4. 禁止与泰妙菌素、竹桃霉素合用。

5. 操作人员须注意防护，应戴手套和口罩，如不慎溅入眼睛，需立即用水冲洗。

6. 可在商品饲料和养殖过程中使用。

【休药期】鸡 5 日。

【规格】10%

【包装】

【贮藏】密闭，在干燥处保存。

【有效期】24 个月。

【进口兽药注册证号】

【生产企业】美国礼来公司美国生产厂（A Division of Eli Lilly and Company U. S. A.）

地址：10500 South State Road 63，Clinton，Indiana，47842 U. S. A.

4. 尼卡巴嗪预混剂标签和说明书样稿

尼卡巴嗪预混剂标签

兽用

【兽药名称】

通用名称：尼卡巴嗪预混剂

商品名称：尼卡球（Koffozin）

英文名称：Nicarbazin Premix

汉语拼音：Nikabaqin Yuhunji

【主要成分】尼卡巴嗪

【性状】本品为黄色粉末。

【适应证】用于预防鸡球虫病。

【用法与用量】以尼卡巴嗪计。混饲：每 1 000kg饲料，鸡 100～125g。

【规格】25%

【进口兽药注册证号】

【生产日期】

【生产批号】

【有效期】至

【休药期】鸡 4 日；蛋鸡和种鸡禁用。

【贮藏】遮光，密闭保存。

【包装】

【生产企业】美国辉宝有限公司以色列生产厂{Phibro Corporation Limited［Koffolk（1949）Ltd.］}

地址：7 Hamagshimim Str. Kiryat Matalon，Petach Tikva.

尼卡巴嗪预混剂说明书

兽用

【兽药名称】

通用名称：尼卡巴嗪预混剂

商品名称：尼卡球（Koffozin）

英文名称：Nicarbazin Premix

汉语拼音：Nikabaqin Yuhunji

【主要成分】尼卡巴嗪

【性状】本品为黄色粉末。

【药理作用】药理学抗球虫药。本品对鸡的多种艾美尔球虫，如柔嫩、脆弱、毒害、巨型、堆型、布氏艾美尔球虫有良好的防治效果。主要抑制第二个无性增殖期裂殖体的生长繁殖，其作用峰期是感染后第 4 日。主要用于鸡、火鸡球虫病。球虫对本品不易产生耐药性，故常用于更换给药方案。此外，对其他抗球虫药耐药的球虫，使用尼卡巴嗪多数仍然有效。尼卡巴嗪对蛋的质量和孵化率有一定影响。

药效学本品能由消化道吸收，并广泛分布于机体组织及体液中，以推荐剂量给鸡饲喂 11 日，停药 2 日后，血液及可食用组织仍可检测到残留药物。

【适应证】用于预防鸡球虫病。

【用法与用量】以尼卡巴嗪计。混饲：每 1 000 kg饲料，鸡 100～125g。

【不良反应】1. 夏天高温季节使用本品时，会增加应激和死亡率。

2. 本品能使产蛋率、受精率及鸡蛋质量下降和棕色蛋壳色泽变浅。

【注意事项】1. 夏天高温季节慎用。

2. 蛋鸡和种鸡禁用。

3. 鸡球虫病爆发时禁用作治疗。

4. 可在商品饲料和养殖过程中使用。

【休药期】鸡 4 日。

【规格】25%

【包装】

【贮藏】遮光，密闭保存。

【有效期】24 个月。

【进口兽药注册证号】

【生产企业】美国辉宝有限公司以色列生产厂{Phibro Corporation Limited［Koffolk（1949）Ltd.］}

地址：7 Hamagshimim Str. Kiryat Matalon, Petach Tikva.

5. 莫能菌素预混剂标签和说明书样稿

莫能菌素预混剂标签

兽用

【兽药名称】

通用名称：莫能菌素预混剂

商品名称：保利猛© 20%（POULCOX© 20%）

英文名称：Monensin Premix

汉语拼音：Monengjunsu Yuhunji

【主要成分】莫能菌素

【性状】本品为米色粉末。

【适应证】预防由柔嫩艾美耳球虫、堆型艾美耳球虫、布氏艾美耳球虫、巨型艾美耳球虫、毒害艾美耳球虫和变位艾美耳球虫引起的鸡球虫病。

【用法与用量】以莫能菌素计。混饲：每 1 000 kg饲料，鸡 100～125g。

【规格】100g：20g（2 000 万单位）

【进口兽药注册证号】

【生产日期】

【生产批号】

【有效期】至

【休药期】鸡 5 日；蛋鸡产蛋期禁用。

【贮藏】遮光、密闭，在干燥处保存。

【包装】

【生产企业】保加利亚标伟特股份有限公司（Biovet Joint Stock Company）

地址：No. 39 Petar Rakov ST., Peshtera 4550, Bulgaria

莫能菌素预混剂说明书

兽用

【兽药名称】

通用名称：莫能菌素预混剂

商品名称：保利猛© 20%（POULCOX© 20%）

英文名称：Monensin Premix

汉语拼音：Monengjunsu Yuhunji

【主要成分】莫能菌素

【性状】本品为米色粉末。

【药理作用】抗球虫药。本品为单价聚醚类离子载体抗球虫药，具有广谱抗球虫作用。其杀球虫作用机理是通过干扰球虫细胞内 K^+、Na^+的正常渗透，使大量的 Na^+进入细胞内。为了渗透压平衡，大量的水分进入球虫细胞，引起肿胀死亡。莫能菌素的作用峰期是在球虫生活周期的最初 2 天，对子孢子及第一代裂殖体都有抑制作用，在球虫感染后第 2 天用药效果更好。莫能菌素在正常家禽的肠道内吸收很少，经粪便排泄的药物及代谢产物约占给药剂量的 99%。

【适应证】预防由柔嫩艾美耳球虫、堆形艾美耳球虫、布氏艾美耳球虫、巨型艾美耳球虫、毒害艾美耳球虫和变位艾美耳球虫引起的鸡球虫病。

【用法与用量】以莫能菌素计。混饲：每 1 000kg 饲料，鸡 100～125g。

【不良反应】

1. 饲料中添加量超过 120mg/kg 时，可引起鸡增长率和饲料转化率下降。

2. 饲喂前必须将莫能菌素与饲料混匀，禁止直接饲喂未经稀释的莫能菌素。

【注意事项】

1. 10 周龄以上火鸡、珍珠鸡及鸟类对本品较敏感，不宜应用；超过 16 周龄的鸡禁用。

2. 马属动物禁用。

3. 禁止与泰妙菌素、竹桃霉素同时使用，以免发生中毒。

4. 搅拌配料时防止与人的皮肤、眼睛接触。

5. 蛋鸡产蛋期禁用。

6. 可在商品饲料和养殖过程中使用。

【休药期】鸡 5 日。

【规格】100g：20g（2 000 万单位）

【包装】

【贮藏】遮光、密闭，在干燥处保存。

【有效期】24 个月。

【进口兽药注册证号】

【生产企业】保加利亚标伟特股份有限公司（Biovet Joint Stock Company）

地址：No. 39 Petar Rakov ST.，Pes

九十七、食品动物中禁止使用的药品及其他化合物

（2019 年 12 月 27 日 农业农村部公告第 250 号发布）

为进一步规范养殖用药行为，保障动物源性食品安全，根据《兽药管理条例》有关规定，我部修订了食品动物中禁止使用的药品及其他化合物清单，现予以发布，自发布之日起施行。食品动物中禁止使用的药品及其他化合物以本清单为准，原农业部公告第 193 号、235 号、560 号等文件中的相关内容同时废止。

附件：食品动物中禁止使用的药品及其他化合物清单

附件

食品动物中禁止使用的药品及其他化合物清单

序号	药品及其他化合物名称
1	酒石酸锑钾（Antimony potassium tartrate）
2	β-兴奋剂（β-agonists）类及其盐、酯
3	汞制剂：氯化亚汞（甘汞）（Calomel）、醋酸汞（Mercurous acetate）、硝酸亚汞（Mercurous nitrate）、吡啶基醋酸汞（Pyridyl mercurous acetate）
4	毒杀芬（氯化烯）（Camahechlor）
5	卡巴氧（Carbadox）及其盐、酯
6	呋喃丹（克百威）（Carbofuran）
7	氯霉素（Chloramphenicol）及其盐、酯
8	杀虫脒（克死螨）（Chlordimeform）
9	氨苯砜（Dapsone）
10	硝基呋喃类：呋喃西林（Furacilinum）、呋喃妥因（Furadantin）、呋喃它酮（Furaltadone）、呋喃唑酮（Furazolidone）、呋喃苯烯酸钠（Nifurstyrenate sodium）
11	林丹（Lindane）
12	孔雀石绿（Malachite green）
13	类固醇激素：醋酸美仑孕酮（Melengestrol Acetate）、甲基睾丸酮（Methyltestosterone）、群勃龙（去甲雄三烯醇酮）（Trenbolone）、玉米赤霉醇（Zeranal）
14	安眠酮（Methaqualone）
15	硝呋烯腙（Nitrovin）
16	五氯酚酸钠（Pentachlorophenol sodium）
17	硝基咪唑类：洛硝达唑（Ronidazole）、替硝唑（Tinidazole）
18	硝基酚钠（Sodium nitrophenolate）
19	己二烯雌酚（Dienoestrol）、己烯雌酚（Diethylstilbestrol）、己烷雌酚（Hexoestrol）及其盐、酯
20	锥虫砷胺（Tryparsamile）
21	万古霉素（Vancomycin）及其盐、酯

九十八、无菌兽药等5类兽药生产质量管理要求

（2020年4月30日 农业农村部公告第292号发布）

根据《兽药生产质量管理规范（2020年修订）》第二百八十五条规定，现发布无菌兽药、非无菌兽药、兽用生物制品、原料药、中药制剂等5类兽药生产质量管理的特殊要求，作为《兽药生产质量管理规范（2020年修订）》配套文件，自2020年6月1日起施行。

特此公告。

附件：1. 无菌兽药生产质量管理的特殊要求

2. 非无菌兽药生产质量管理的特殊要求

3. 兽用生物制品生产质量管理的特殊要求

4. 原料药生产质量管理的特殊要求

5. 中药制剂生产质量管理的特殊要求

附件1：

无菌兽药生产质量管理的特殊要求

第一章 范 围

第一条 无菌兽药是指法定兽药标准中列有无菌检查项目的制剂和原料药，包括无菌制剂和无菌原料药。

第二条 本要求适用于无菌制剂生产全过程以及无菌原料药的灭菌和无菌生产过程。

第二章 原则

第三条 无菌兽药的生产须满足其质量要求，应当最大限度降低微生物、各种微粒和热原的污染。生产人员的技能、所接受的培训及其工作态度是达到上述目标的关键因素，无菌兽药的生产应当严格按照设计并经验证的方法及规程进行，产品的无菌或其他质量特性绝不能只依赖于任何形式的最终处理或成品检验（包括无菌检查）。

第四条 无菌兽药按生产工艺可分为两类：采用最终灭菌工艺的为最终灭菌产品；部分或全部工序采用无菌生产工艺的为非最终灭菌产品。

第五条 无菌兽药生产的人员、设备和物料应通过气锁间进入洁净区，采用机械连续传输物料的，应当用正压气流保护并监测压差。

第六条 物料准备、产品配制和灌装（灌封）或分装等操作应当在洁净区内分区域（室）进行。

第七条 应当根据产品特性、工艺和设备等因素，确定无菌兽药生产用洁净区的级别。每一步生产操作的环境都应当达到适当的动态洁净度标准，尽可能降低产品或所处理的物料被微粒或微生物污染的风险。

第三章 洁净度级别与监测

第八条 洁净区的设计应当符合相应的洁净度要求，包括达到“静态”和“动态”的标准。

第九条 无菌兽药生产所需的洁净区可分为以下4个级别：

A级：高风险操作区，如灌装区、放置胶塞桶和与无菌制剂直接接触的敞口包装容器的区域及无菌装配或连接操作的区域，应当用单向流操作台（罩）维持该区的环境状态。单向流系统在其工作区域应当均匀送风，风速为0.45m/s，不均匀度不超过±20%（指导值）。应当有数据证明单向流的状态并经过验证。

在密闭的隔离操作器或手套箱内，可使用较低的风速。

B级：指无菌配制和灌装等高风险操作A级洁净区所处的背景区域。

C级和D级：指无菌兽药生产过程中重要程度较低操作步骤的洁净区。

以上各级别空气悬浮粒子的标准规定如下表：

第十条 应当按以下要求对洁净区的悬浮粒子进行动态监测：

（一）根据洁净度级别和空气净化系统确认的结果及风险评估，确定取样点的位置并进行日常动态监控。

（二）在关键操作的全过程中，包括设备组装操作，应当对A级洁净区进行悬浮粒子监测。生产过程中的污染（如活生物）可能损坏尘埃粒子计数器时，应当在设备调试操作和模拟操作期间进行测试。A级洁净区监测的频率及取样量，应能及时发现所有人为干预、偶发事件及任何系统的损坏。灌装或分装时，由于产品本身产生粒子

洁净度级别	悬浮粒子最大允许数/m³			
	静态		动态[3]	
	≥0.5μm	≥5.0μm[2]	≥0.5μm	≥5.0μm
A级[1]	3 520	不做规定	3 520	不做规定
B级	3 520	不做规定	352 000	2 900
C级	352 000	2 900	3 520 000	29 000
D级	3 520 000	29 000	不做规定	不做规定

注：(1) A级洁净区（静态和动态）、B级洁净区（静态）空气悬浮粒子的级别为ISO5，以≥0.5μm的悬浮粒子为限度标准。B级洁净区（动态）的空气悬浮粒子的级别为ISO7。对于C级洁净区（静态和动态）而言，空气悬浮粒子的级别分别为ISO7和ISO8。对于D级洁净区（静态）空气悬浮粒子的级别为ISO8。测试方法可参照ISO14644－1。

(2) 在确认级别时，应当使用采样管较短的便携式尘埃粒子计数器，避免≥5.0μm悬浮粒子在远程采样系统的长采样管中沉降。在单向流系统中，应当采用等动力学的取样头。

(3) 动态测试可在常规操作、培养基模拟灌装过程中进行，证明达到动态的洁净度级别，但培养基模拟灌装试验要求在“最差状况”下进行动态测试。

或液滴，允许灌装点≥5.0μm的悬浮粒子出现不符合标准的情况。

（三）在B级洁净区可采用与A级洁净区相似的监测系统。可根据B级洁净区对相邻A级洁净区的影响程度，调整采样频率和采样量。

（四）悬浮粒子的监测系统应当考虑采样管的长度和弯管的半径对测试结果的影响。

（五）日常监测的采样量可与洁净度级别和空气净化系统确认时的空气采样量不同。

（六）在A级洁净区和B级洁净区，连续或有规律地出现少量≥5.0μm的悬浮粒子时，应当进行调查。

（七）生产操作全部结束、操作人员撤出生产现场并经15～20分钟（指导值）自净后，洁净区的悬浮粒子应当达到表中的“静态”标准。

（八）应当按照质量风险管理的原则对C级洁净区和D级洁净区（必要时）进行动态监测。监控要求、警戒限度和纠偏限度可根据操作的性质确定，但自净时间应当达到规定要求。

（九）应当根据产品及操作的性质制定温度、相对湿度等参数，这些参数不应对规定的洁净度造成不良影响。

第十一条 应当对微生物进行动态监测，评估无菌生产的微生物状况。监测方法有沉降菌法、定量空气浮游菌采样法和表面取样法（如棉签擦拭法和接触碟法）等。动态取样应当避免对洁净区造成不良影响。成品批记录的审核应当包括环境监测的结果。

对表面和操作人员的监测，应当在关键操作完成后进行。在正常的生产操作监测外，可在系统验证、清洁或消毒等操作完成后增加微生物监测。

洁净区微生物监测的动态标准[1]如下：

洁净度级别	浮游菌 cfu/m³	沉降菌（∅90mm）cfu/4小时[2]	表面微生物	
			接触（ϕ55mm）cfu/碟	5指手套 cfu/手套
A级	<1	<1	<1	<1
B级	10	5	5	5
C级	100	50	25	—
D级	200	100	50	—

注：(1) 表中各数值均为平均值。

(2) 单个沉降碟的暴露时间可以少于4小时，同一位置可使用多个沉降碟连续进行监测并累积计数。

第十二条 应当制定适当的悬浮粒子与微生物监测警戒限度和纠偏限度。操作规程中应当详细说明结果超标时需采取的纠偏措施。

第十三条 无菌兽药的生产操作环境可参照表格中的示例进行选择。

洁净度级别	最终灭菌产品生产操作示例
C级背景下的局部A级	大容量（≥50毫升）静脉注射剂（含非PVC多层共挤膜）的灌封；容易长菌、灌装速度慢、灌装用容器为广口瓶、容器须暴露数秒后方可密封的高污染风险产品的灌装（或灌封）

（续）

洁净度级别	最终灭菌产品生产操作示例
C级	大容量非静脉注射剂、小容量注射剂、注入剂和眼用制剂等产品的稀配、过滤、灌装（或灌封）；容易长菌、配制后需等待较长时间方可灭菌或不在密闭系统中配制的高污染风险产品的配制和过滤；直接接触兽药的包装材料最终处理后的暴露环境
D级	轧盖；灌装前物料的准备；大容量非静脉注射剂、小容量注射剂、乳房注入剂、子宫注入剂和眼用制剂等产品的配制（指浓配或采用密闭系统的稀配）和过滤；直接接触兽药的包装材料和器具的最后一次精洗
B级背景下的局部A级	注射剂、注入剂等产品处于未完全密封[(1)]状态下的操作和转运，如产品灌装（或灌封）、分装、压塞、轧盖[(2)]等；注射剂、注入剂等药液或产品灌装前无法除菌过滤的配制；直接接触兽药的包装材料、器具灭菌后的装配以及处于未完全密封状态下的转运和存放；无菌原料药的粉碎、过筛、混合、分装
B级	注射剂、注入剂等产品处于未完全密封[(1)]状态下置于完全密封容器内的转运
C级	注射剂、注入剂等药液或产品灌装前可除菌过滤的配制、过滤；直接接触兽药的包装材料、器具灭菌后处于密闭容器内的转运和存放
D级	直接接触兽药的包装材料、器具的最终清洗、装配或包装、灭菌

注：

（1）轧盖前产品视为处于未完全密封状态。

（2）根据已压塞产品的密封性、轧盖设备的设计、铝盖的特性等因素，轧盖操作可选择在C级或D级背景下的A级送风环境中进行。A级送风环境应当至少符合A级区的静态要求。

第四章　隔离操作技术

第十四条　高污染风险的操作宜在隔离操作器中完成。隔离操作器及其所处环境的设计，应当能够保证相应区域空气的质量达到设定标准。传输装置可设计成单门或双门，也可是同灭菌设备相连的全密封系统。

物品进出隔离操作器应当特别注意防止污染。

隔离操作器所处环境取决于其设计及应用，无菌生产的隔离操作器所处的环境至少应为D级洁净区。

第十五条　隔离操作器只有经过适当的确认后方可投入使用。确认时应当考虑隔离技术的所有关键因素，如隔离系统内部和外部所处环境的空气质量、隔离操作器的消毒、传递操作以及隔离系统的完整性。

第十六条　隔离操作器和隔离用袖管或手套系统应当进行常规监测，包括经常进行必要的检漏试验。

第五章　吹灌封技术

第十七条　用于生产非最终灭菌产品的吹灌封设备至少应当安装在C级洁净区环境中，设备自身应当装有A级空气风淋装置，操作人员着装应当符合A/B级洁净区的式样。在静态条件下，此环境的悬浮粒子和微生物均应当达到标准，在动态条件下，此环境的微生物应当达到标准。

用于生产最终灭菌产品的吹灌封设备至少应当安装在D级洁净区环境中。

第十八条　因吹灌封技术的特殊性，应当特别注意设备的设计和确认、在线清洁和在线灭菌的验证及结果的重现性、设备所处的洁净区环境、操作人员的培训和着装，以及设备关键区域内的操作，包括灌装开始前设备的无菌装配。

第六章　人　　员

第十九条　洁净区内的人数应当严加控制，检查和监督应当尽可能在无菌生产的洁净区外进行。

第二十条　凡在洁净区工作的人员（包括清洁工和设备维修工）应当定期培训，使无菌兽药的操作符合要求。培训的内容应当包括卫生和微生物方面的基础知识。未受培训的外部人员（如外部施工人员或维修人员）在生产期间需进入洁净区时，应当对其进行特别详细的指导和监督。

第二十一条　从事动物组织加工处理的人员或者从事与当前生产无关的微生物培养的工作人员通常不得进入无菌兽药生产区，不可避免时，应当严格执行相关的人员净化操作规程。

第二十二条　从事无菌兽药生产的员工应当随时报告任何可能导致污染的异常情况，包括污染的类型和程度。当员工由于健康状况可能导致微生物污染风险增大时，应当由指定的人员采取

适当的措施。

第二十三条 应当按照操作规程更衣和洗手，尽可能减少对洁净区的污染或将污染物带入洁净区。

第二十四条 工作服及其质量应当与生产操作的要求及操作区的洁净度级别相适应，其式样和穿着方式应当能够满足保护产品和人员的要求。各洁净区的着装要求规定如下：

D级洁净区：应当将头发、胡须等相关部位遮盖；穿合适的工作服和鞋子或鞋套；采取适当措施，以避免带入洁净区外的污染物。

C级洁净区：应当将头发、胡须等相关部位遮盖，戴口罩；穿手腕处可收紧的连体服或衣裤分开的工作服，并穿适当的鞋子或鞋套。工作服应当不脱落纤维或微粒。

A/B级洁净区：应当用头罩将所有头发以及胡须等相关部位全部遮盖，头罩塞进衣领内；戴口罩以防散发飞沫，必要时戴防护目镜；戴经灭菌且无颗粒物（如滑石粉）散发的橡胶或塑料手套，穿经灭菌或消毒的脚套，裤腿塞进脚套内，袖口塞进手套内。工作服应为灭菌的连体工作服，不脱落纤维或微粒，并能滞留身体散发的微粒。

第二十五条 个人外衣不得带入通向B级或C级洁净区的更衣室。每位员工每次进入A/B级洁净区，应当更换无菌工作服；或每班至少更换一次，但应当用监测结果证明这种方法的可行性。操作期间应当经常消毒手套，并在必要时更换口罩和手套。

第二十六条 洁净区所用工作服的清洗和处理方式应当能够保证其不携带有污染物，不会污染洁净区。应当按照相关操作规程进行工作服的清洗、灭菌，洗衣间最好单独设置。

第七章　厂　　房

第二十七条 兽药生产应有专用的厂房。洁净厂房的设计，应当尽可能避免管理或监控人员不必要的进入。B级洁净区的设计应当能够使管理或监控人员从外部观察到内部的操作。

第二十八条 为减少尘埃积聚并便于清洁，洁净区内货架、柜子、设备等不得有难清洁的部位。门的设计应当便于清洁。

第二十九条 无菌生产的A/B级洁净区内禁止设置水池和地漏。在其他洁净区内，水池或地漏应当有适当的设计、布局和维护，并安装易于清洁且带有空气阻断功能的装置以防倒灌。同外部排水系统的连接方式应当能够防止微生物的侵入。

第三十条 应当按照气锁方式设计更衣室，使更衣的不同阶段分开，尽可能避免工作服被微生物和微粒污染。更衣室应当有足够的换气次数。更衣室后段的静态级别应当与其相应洁净区的级别相同。必要时，可将进入和离开洁净区的更衣间分开设置。一般情况下，洗手设施只能安装在更衣的第一阶段。

第三十一条 气锁间两侧的门不得同时打开。可采用连锁系统或光学或（和）声学的报警系统防止两侧的门同时打开。

第三十二条 在任何运行状态下，洁净区通过适当的送风应当能够确保对周围低级别区域的正压，维持良好的气流方向，保证有效的净化能力。

应当特别保护已清洁的与产品直接接触的包装材料、器具，以及产品直接暴露的操作区域。

当使用或生产某些有致病性、剧毒或活病毒、活细菌的物料与产品时，空气净化系统的送风和压差应当适当调整，防止有害物质外溢。必要时，生产操作的设备及该区域的排风应进行去污染处理（如排风口安装过滤器）。

第三十三条 应当能够证明所用气流方式不会导致污染风险并有记录（如烟雾试验的录像）。

第三十四条 应设送风机组故障的报警系统。应当在压差十分重要的相邻级别区之间安装压差表。压差数据应当定期记录或者归入有关文档中。

第三十五条 轧盖会产生大量微粒，原则上应当设置单独的轧盖区域和适当的抽风装置。不单独设置轧盖区域的，应当能够证明轧盖操作对产品质量没有不利影响。

第八章　设　　备

第三十六条 除传送带本身能连续灭菌（如隧道式灭菌设备）外，传送带不得在A/B级洁净区与低级别洁净区之间穿越。

第三十七条 生产设备及辅助装置的设计和安装，应当尽可能便于在洁净区外进行操作、保养和维修。需灭菌的设备应当尽可能在完全装配后进行灭菌。

第三十八条 无菌兽药生产的洁净区空气净化系统应当保持连续运行，维持相应的洁净度级别。因故停机再次开启空气净化系统，应当进行必要的测试以确认仍能达到规定的洁净度级别要求。

第三十九条 在洁净区内进行设备维修时，如洁净度或无菌状态遭到破坏，应当对该区域进行必要的清洁、消毒或灭菌，待监测合格方可重新开始生产操作。

第四十条 关键设备（如灭菌柜、空气净化系统和工艺用水系统等）应当经过确认并进行计划性维护，经批准方可使用。

第四十一条 过滤器应当尽可能不脱落纤维。严禁使用含石棉的过滤器。过滤器不得因与产品发生反应、释放物质或吸附作用而对产品质量造成不利影响。

第四十二条 进入无菌生产区的生产用气体（如压缩空气、氮气，但不包括可燃性气体）均应经过除菌过滤，应当定期检查除菌过滤器和呼吸过滤器的完整性。

第九章 消 毒

第四十三条 应当按照操作规程对洁净区进行清洁和消毒。一般情况下，所采用消毒剂的种类应当多于一种。不得用紫外线消毒替代化学消毒。应当定期进行环境监测，及时发现耐受菌株及污染情况。

第四十四条 应当监测消毒剂和清洁剂的微生物污染状况，配制后的消毒剂和清洁剂应当存放在清洁容器内，存放期不得超过规定时限。A/B级洁净区应当使用无菌的或经无菌处理的消毒剂和清洁剂。

第四十五条 必要时，可采用熏蒸或其他方法降低洁净区内卫生死角的微生物污染，应当验证熏蒸剂的残留水平。

第十章 生产管理

第四十六条 生产的每个阶段（包括灭菌前的各阶段）应当采取措施降低污染。

第四十七条 无菌生产工艺的验证应当包括培养基模拟灌装试验。

应当根据产品的剂型、培养基的选择性、澄清度、浓度和灭菌的适用性选择培养基。应当尽可能模拟常规的无菌生产工艺，包括所有对无菌结果有影响的关键操作，以及生产中可能出现的各种干预和最差条件。

培养基模拟灌装试验的首次验证，每班次应当连续进行3次合格试验。空气净化系统、设备、生产工艺及人员重大变更后，应当重复进行培养基模拟灌装试验。通常应当每班次半年进行1次培养基模拟灌装试验，每次至少一批。

培养基灌装容器的数量应当足以保证评价的有效性。批量较小的产品，培养基灌装的数量应当至少等于产品的批量。培养基模拟灌装试验的目标是零污染，应当遵循以下要求：

（一）灌装数量少于5 000支时，不得检出污染品。

（二）灌装数量在5 000～10 000支时：

1. 有1支污染，需调查，可考虑重复试验；

2. 有2支污染，需调查后进行再验证。

（三）灌装数量超过10 000支时：

1. 有1支污染，需调查；

2. 有2支污染，需调查后进行再验证。

（四）发生任何微生物污染时，均应当进行调查。

第四十八条 应当采取措施确保验证不会对生产造成不良影响。

第四十九条 无菌原料药精制、无菌兽药配制、直接接触兽药的包装材料和器具等最终清洗、A/B级洁净区内消毒剂和清洁剂配制的用水应当符合注射用水的质量标准。

第五十条 必要时，应当定期监测制药用水的细菌内毒素，保存监测结果及所采取纠偏措施的相关记录。

第五十一条 当无菌生产正在进行时，应当特别注意减少洁净区内的各种活动。应当减少人员走动，避免剧烈活动散发过多的微粒和微生物。由于所穿工作服的特性，环境的温湿度应当保证操作人员的舒适性。

第五十二条 应当尽可能减少物料的微生物污染程度。必要时，物料的质量标准中应当包括微生物限度、细菌内毒素或热源检查项目。

第五十三条 洁净区内应当避免使用易脱落纤维的容器和物料；在无菌生产的过程中，不得使用此类容器和物料。

第五十四条 应当采取各种措施减少最终产品的微粒污染。

第五十五条 最终清洗后，包装材料、容器和设备的处理应当避免被再次污染。

第五十六条 应当尽可能缩短包装材料、容

器和设备的清洗、干燥和灭菌的间隔时间，以及灭菌至使用的间隔时间。应当建立规定贮存条件下的间隔时间控制标准。

第五十七条 应当尽可能缩短药液从开始配制到灭菌（或除菌过滤）的间隔时间。应当根据产品的特性及贮存条件建立相应的间隔时间控制标准。

第五十八条 应当根据所用灭菌方法的效果确定灭菌前产品微生物污染水平的监控标准，并定期监控。必要时，还应当监控热原或细菌内毒素。

第五十九条 无菌生产所用的包装材料、容器、设备和任何其他物品都应当灭菌，并通过双扉灭菌柜进入无菌生产区，或以其他方式进入无菌生产区，但应当避免引入污染。

第六十条 除另有规定外，无菌兽药批次划分的原则如下：

（一）大（小）容量注射剂以同一配液罐、最终一次配制的药液所生产的均质产品为一批；同一批产品如用不同的灭菌设备或同一灭菌设备分次灭菌的，应当可以追溯；

（二）粉针剂以一批无菌原料药、在同一连续生产周期内生产的均质产品为一批；

（三）冻干产品以同一批配制的药液使用同一台冻干设备、在同一生产周期内生产的均质产品为一批；

（四）眼用制剂、软膏剂、乳剂和混悬剂等以同一配制罐、最终一次配制所生产的均质产品为一批。

第十一章　灭菌工艺

第六十一条 无菌兽药应当尽可能采用加热方式进行最终灭菌，最终灭菌产品中的微生物存活概率（即无菌保证水平，SAL）不得高于10－6。采用湿热灭菌方法进行最终灭菌的，通常标准灭菌时间F0值应当大于8分钟，流通蒸汽处理不属于最终灭菌。

对热不稳定的产品，可采用无菌生产操作或过滤除菌的替代方法。

第六十二条 可采用湿热、干热、离子辐射、环氧乙烷或过滤除菌的方式进行灭菌。每一种灭菌方式都有其特定的适用范围，灭菌工艺应当与注册批准的要求相一致，且应当经过验证。

第六十三条 任何灭菌工艺在投入使用前，应当采用物理检测手段和生物指示剂，验证其对产品或物品的适用性及所有部位达到了灭菌效果。

第六十四条 应当定期对灭菌工艺的有效性进行再验证（每年至少一次）。设备重大变更后，须进行再验证。应当保存再验证记录。

第六十五条 所有的待灭菌物品均须按规定要求处理，以获得良好的灭菌效果，灭菌工艺的设计应当保证符合灭菌要求。

第六十六条 应当通过验证确认灭菌设备腔室内待灭菌产品和物品的装载方式。

第六十七条 应当按照供应商的要求保存和使用生物指示剂，并通过阳性对照试验确认其质量。

使用生物指示剂时，应当采取严格管理措施，防止由此所致的微生物污染。

第六十八条 应当有明确区分已灭菌产品和待灭菌产品的方法。每一车（盘或其他装载设备）产品或物料均应贴签，清晰地注明品名、批号并标明是否已经灭菌。必要时，可用湿热灭菌指示带加以区分。

第六十九条 每一次灭菌操作应当有灭菌记录，并作为产品放行的依据之一。

第十二章　灭菌方法

第七十条 热力灭菌通常有湿热灭菌和干热灭菌，应当符合以下要求：

（一）在验证和生产过程中，用于监测或记录的温度探头与用于控制的温度探头应当分别设置，设置的位置应当通过验证确定。每次灭菌均应记录灭菌过程的时间-温度曲线。

采用自控和监测系统的，应当经过验证，保证符合关键工艺的要求。自控和监测系统应当能够记录系统以及工艺运行过程中出现的故障，并有操作人员监控。应当定期将独立的温度显示器的读数与灭菌过程中记录获得的图谱进行对照。

（二）可使用化学或生物指示剂监控灭菌工艺，但不得替代物理测试。

（三）应当监测每种装载方式所需升温时间，且从所有被灭菌产品或物品达到设定的灭菌温度后开始计算灭菌时间。

（四）应当有措施防止已灭菌产品或物品在冷却过程中被污染。除非能证明生产过程中可剔除任何渗漏的产品或物品，任何与产品或物品相接触的冷却用介质（液体或气体）应当经过灭菌或除菌处理。

第七十一条 湿热灭菌应当符合以下要求：

（一）湿热灭菌工艺监测的参数应当包括灭菌时间、温度或压力。

腔室底部装有排水口的灭菌柜，必要时应当测定并记录该点在灭菌全过程中的温度数据。灭菌工艺中包括抽真空操作的，应当定期对腔室作检漏测试。

（二）除已密封的产品外，被灭菌物品应当用合适的材料适当包扎，所用材料及包扎方式应当有利于空气排放、蒸汽穿透并在灭菌后能防止污染。在规定的温度和时间内，被灭菌物品所有部位均应与灭菌介质充分接触。

第七十二条 干热灭菌符合以下要求：

（一）干热灭菌时，灭菌柜腔室内的空气应当循环并保持正压，阻止非无菌空气进入。进入腔室的空气应当经过高效过滤器过滤，高效过滤器应当经过完整性测试。

（二）干热灭菌用于去除热原时，验证应当包括细菌内毒素挑战试验。

（三）干热灭菌过程中的温度、时间和腔室内、外压差应当有记录。

第七十三条 辐射灭菌应当符合以下要求：

（一）经证明对产品质量没有不利影响的，方可采用辐射灭菌。辐射灭菌应当符合《中华人民共和国兽药典》和注册批准的相关要求。

（二）辐射灭菌工艺应当经过验证。验证方案应当包括辐射剂量、辐射时间、包装材质、装载方式，并考察包装密度变化对灭菌效果的影响。

（三）辐射灭菌过程中，应当采用剂量指示剂测定辐射剂量。

（四）生物指示剂可作为一种附加的监控手段。

（五）应当有措施防止已辐射物品与未辐射物品的混淆。在每个包装上均应有辐射后能产生颜色变化的辐射指示片。

（六）应当在规定的时间内达到总辐射剂量标准。

（七）辐射灭菌应当有记录。

第七十四条 环氧乙烷灭菌应当符合以下要求：

（一）环氧乙烷灭菌应当符合《中华人民共和国兽药典》和注册批准的相关要求。

（二）灭菌工艺验证应当能够证明环氧乙烷对产品不会造成破坏性影响，且针对不同产品或物料所设定的排气条件和时间，能够保证所有残留气体及反应产物降至设定的合格限度。

（三）应当采取措施避免微生物被包藏在晶体或干燥的蛋白质内，保证灭菌气体与微生物直接接触。应当确认被灭菌物品的包装材料的性质和数量对灭菌效果的影响。

（四）被灭菌物品达到灭菌工艺所规定的温、湿度条件后，应当尽快通入灭菌气体，保证灭菌效果。

（五）每次灭菌时，应当将适当的、一定数量的生物指示剂放置在被灭菌物品的不同部位，监测灭菌效果，监测结果应当纳入相应的批记录。

（六）每次灭菌记录的内容应当包括完成整个灭菌过程的时间、灭菌过程中腔室的压力、温度和湿度、环氧乙烷的浓度及总消耗量。应当记录整个灭菌过程的压力和温度，灭菌曲线应当纳入相应的批记录。

（七）灭菌后的物品应当存放在受控的通风环境中，以便将残留的气体及反应产物降至规定的限度内。

第七十五条 非最终灭菌产品的过滤除菌应当符合以下要求：

（一）可最终灭菌的产品不得以过滤除菌工艺替代最终灭菌工艺。如果兽药不能在其最终包装容器中灭菌，可用 0.22μm（更小或相同过滤效力）的除菌过滤器将药液滤入预先灭菌的容器内。由于除菌过滤器不能将病毒或支原体全部滤除，可采用热处理方法来弥补除菌过滤的不足。

（二）应当采取措施降低过滤除菌的风险。宜安装第二台已灭菌的除菌过滤器再次过滤药液，最终的除菌过滤滤器应当尽可能接近灌装点。

（三）除菌过滤器使用后，应当采用适当的方法立即对其完整性进行检查并记录。常用的方法有起泡点试验、扩散流试验或压力保持试验。

（四）过滤除菌工艺应当经过验证，验证中应当确定过滤一定量药液所需时间及过滤器两侧的压力。任何明显偏离正常时间或压力的情况应当有记录并进行调查，调查结果应当归入批记录。

（五）同一规格和型号的除菌过滤器使用时限应当经过验证，一般不得超过一个工作日。

第十三章　无菌兽药的最终处理

第七十六条 小瓶压塞后应当尽快完成轧盖，

轧盖前离开无菌操作区或房间的，应当采取适当措施防止产品受到污染。

第七十七条 无菌兽药包装容器的密封性应当经过验证，避免产品遭受污染。

熔封的产品（如玻璃安瓿或塑料安瓿）应当作100%的检漏试验，其他包装容器的密封性应当根据操作规程进行抽样检查。

第七十八条 在抽真空状态下密封的产品包装容器，应当在预先确定的适当时间后，检查其真空度。

第七十九条 应当逐一对无菌兽药的外部污染或其他缺陷进行检查。如采用灯检法，应当在符合要求的条件下进行检查，灯检人员连续灯检时间不宜过长。应当定期检查灯检人员的视力。如果采用其他检查方法，该方法应当经过验证，定期检查设备的性能并记录。

第十四章 质量控制

第八十条 无菌检查的取样计划应当根据风险评估结果制定，样品应当包括微生物污染风险最大的产品。无菌检查样品的取样至少应当符合以下要求：

（一）无菌灌装产品的样品应当包括最初、最终灌装的产品以及灌装过程中发生较大偏差后的产品；

（二）最终灭菌产品应当从可能的灭菌冷点处取样；

（三）同一批产品经多个灭菌设备或同一灭菌设备分次灭菌的，样品应当从各个/次灭菌设备中抽取。

第十五章 术 语

第八十一条 下列用语的含义是：

（一）吹灌封设备，是指将热塑性材料吹制成容器并完成灌装和密封的全自动机器，可连续进行吹塑、灌装、密封（简称吹灌封）操作。

（二）动态，是指生产设备按预定的工艺模式运行并有规定数量的操作人员在现场操作的状态。

（三）单向流，是指空气朝着同一个方向，以稳定均匀的方式和足够的速率流动。单向流能持续清除关键操作区域的颗粒。

（四）隔离操作器，是指配备B级（ISOS级）或更高洁净度级别的空气净化装置，并能使其内部环境始终与外界环境（如其所在洁净室和操作人员）完全隔离的装置或系统。

（五）静态，是指所有生产设备均已安装就绪，但没有生产活动且无操作人员在场的状态。

（六）密封，是指将容器或器具用适宜的方式封闭，以防止外部微生物侵入。

附件2：

非无菌兽药生产质量管理的特殊要求

第一章 范围

第一条 非无菌兽药是指法定兽药标准中未列有无菌检查项目的制剂。

第二条 本要求适用于非无菌制剂生产全过程。其中，第四章粉剂、散剂、预混剂的生产要求仅适用于符合原农业部公告第1708号第二项第（一）（四）款规定的新建及在原批准范围内的复验、改扩建、重建生产线。

第二章 原 则

第三条 兽药生产应有专用的厂房。非无菌兽药的生产环境要求可分为三类：

第一类：片剂、颗粒剂、胶囊剂、丸剂、口服溶液剂、酊剂、软膏剂、滴耳剂、栓剂、中药浸膏剂与流浸膏剂、兽医手术器械消毒制剂等暴露工序的生产环境，应当按照附件1中D级洁净区的要求设置。

第二类：粉剂、预混剂（含发酵类预混剂）、散剂、蚕用溶液剂、蚕用胶囊剂、搽剂等及第一类非无菌兽药产品一般生产工序的生产环境，需符合一般生产区要求，门窗应能密闭，并有除尘净化设施或除尘、排湿、排风、降温等设施，人员、物料进出及生产操作和各项卫生管理措施应参照洁净区管理。

第三类：杀虫剂、消毒剂等的生产环境，需符合一般生产区要求，门窗一般不宜密闭，并有排风、降温等设施，人员、物料进出及生产操作和各项卫生管理措施应参照洁净区管理。

第四条 非无菌兽药的生产须满足其质量和预定用途的要求。

质量标准有微生物限度检查等要求或对生产环境有温湿度要求的产品，应有与其要求相适应的生产环境和设施。

第五条 非无菌兽药批次划分原则：

（一）固体、半固体制剂：在成型或分装前使用同一台混合设备一次混合量所生产的均质产品为一批。

（二）液体制剂：以灌装（封）前经最后混合的药液所生产的均质产品为一批。

第三章　非无菌兽药的通用要求

第六条　非无菌兽药所使用的原料，应当符合兽药标准、药品标准或其他有关标准。

第七条　非无菌兽药所使用的辅料（杀虫剂、消毒剂等除外），应当符合兽药标准、药品标准或其他有关标准。

第八条　非无菌兽药所使用的与兽药直接接触的包装材料应与产品的预期用途相适应，并以风险评估为基础进行确定，不得对兽药质量产生不良影响。

第九条　产品上直接印字所用油墨应当符合食用标准要求，可能会与产品接触的润滑油也应采用食用级。

第十条　直接接触兽药的包装材料最终处理的暴露工序洁净度级别应与其兽药生产环境相同。

第十一条　非无菌兽药生产、仓储区应避免啮齿动物、鸟类、昆虫和其他害虫的侵害，并建立虫害控制程序。

第十二条　产尘操作间（如干燥物料或产品的取样、称量、混合、包装等操作间）应当保持相对负压或采取专门的措施，防止粉尘扩散、避免交叉污染并便于清洁。

第十三条　产尘量大的洁净室（区）经捕尘处理仍不能避免交叉污染时，其空气净化系统不得利用回风。

第十四条　干燥设备的进风应当有空气过滤器，进风的洁净度应与兽药生产要求相同，排风应当有防止空气倒流装置。

第十五条　软膏剂、栓剂等剂型的生产配制和灌装生产设备、管道应方便清洗和消毒。

第十六条　有微生物限度检查要求的产品，其生产配料工艺用水及直接接触兽药的设备、器具和包装材料最后一次洗涤用水应符合纯化水质量标准。

第十七条　无微生物限度检查要求的产品，其工艺用水及直接接触兽药的设备、器具和包装材料最后一次洗涤用水应符合饮用水质量标准。

第十八条　生产过程中应避免使用易碎、易脱屑、易长霉的器具、洁具；使用筛网时应有防止因筛网断裂而造成污染的措施。

第十九条　液体制剂的配制、滤过、灌封、灭菌等过程应在规定时间内完成。

第二十条　非无菌兽药生产过程中的中间产品应规定储存期和储存条件。

第四章　粉剂、预混剂、散剂的生产要求

第二十一条　粉剂、预混剂、散剂生产线从投料到分装应采用密闭式生产工艺，尽可能实现生产过程自动化控制。

第二十二条　散剂车间生产工序应从中药材拣选、清洗、干燥、粉碎等前处理开始，并根据中药材炮制、提取的需要，设置相应的功能区，配置相应设备。

第二十三条　粉剂、预混剂可共用车间，但应与散剂车间分开。

第二十四条　生产车间应当按照生产工序及设备、工艺进行合理布局，干湿功能区相对分离，以减少污染。中药材仓库应独立设置，并配置相应的防潮、通风、防霉等设施。

第二十五条　粉剂、预混剂、散剂车间应设置独立的中央除尘系统，在粉尘产生点配备有效除尘装置，称量、投料等操作应在单独除尘控制间中进行。中药粉碎应设置独立除尘及捕尘设施。

第二十六条　最终混合设备容积：粉剂、中药提取物制成的散剂不小于 1 立方米，其他散剂、预混剂一般不小于 2 立方米。混合设备应具备良好的混合性能，混合、干燥、粉碎、暂存、主要输送管道等与物料直接接触的设施设备内表层，均应使用具有较强抗腐蚀性能的材质，并在设备确认时进行检查。

第二十七条　分装工序应根据产品特性，配置符合各类制剂装量控制要求的自动上料、分装、密封等自动化联动设备，并配置适宜的装量监控装置。

第二十八条　应根据设备、设施等不同情况，配置相适应的清洗系统（设施），应能保证清洗后的药物残留对下批产品无影响。

第五章　全发酵制剂的生产要求

第二十九条　本要求适用于采用传统发酵工艺生产的兽药制剂，从生产用菌种取得开始，到发酵产品收获、干燥、混合和分装的生产过程。在发酵生产结束前的生产过程中，应当采取措施

防止微生物污染。

第三十条 发酵工艺控制应当重点考虑以下内容：

（一）工作菌种的维护；

（二）接种和扩增培养的控制；

（三）发酵过程中关键工艺参数的监控；

（四）菌体生长、产率的监控；

（五）收集和纯化工艺过程需保护兽药不受污染；

（六）在适当的生产阶段进行微生物污染监控。

第三十一条 菌种维护和记录保存：

（一）只有经授权的人员方能进入菌种存放的场所；

（二）菌种的贮存条件应当能够保持菌种生长能力达到要求水平，并防止污染；

（三）菌种的使用和贮存条件应当有记录；

（四）应当对菌种定期监控，以确定其适用性；

（五）必要时应当进行菌种鉴别。

第三十二条 菌种培养或发酵：

（一）在无菌操作条件下添加细胞基质、培养基、缓冲液和气体，应当采用密闭或封闭系统。初始容器接种、转种或加料（培养基、缓冲液）使用敞口容器操作的，应当有控制措施避免污染；

（二）当微生物污染对兽药质量有影响时，敞口容器的操作应当在适当的控制环境下进行；

（三）操作人员应当穿着适宜的工作服，并在处理培养基时采取特殊的防护措施；

（四）应当对关键工艺参数（如温度、pH、搅拌速度、通气量、压力）进行监控，保证与规定的工艺一致。必要时，还应当对菌体生长、产率进行监控；

（五）必要时，发酵设备应当清洁、消毒或灭菌；

（六）菌种培养基使用前应当灭菌；

（七）应当制定监测各工序微生物污染的操作规程，并规定所采取的措施，包括评估微生物污染对产品质量的影响，确定消除污染使设备恢复到正常的生产条件。处理被污染的生产物料时，应当对发酵过程中检出的外源微生物进行鉴别，必要时评估其对产品质量的影响；

（八）应当保存所有微生物污染和处理的记录；

（九）更换品种生产时，应当对清洁后的共用设备进行必要的检测，将交叉污染的风险降到最低程度。

第三十三条 收获、干燥、混合和分装：

（一）收获工序应当通过厂房、设施和设备等的设计，将污染风险降到最低程度；

（二）收获步骤应当制定相应的操作规程，采取措施减少产品的降解和污染，保证所得产品具有持续稳定的质量；

（三）收获、干燥、混合和分装工序应尽可能采用生产过程自动化控制，并采用相对密闭式生产工艺；

（四）干燥、混合和分装工序应设置除尘系统，在粉尘产生点配备有效除尘装置。

第六章 杀虫剂、消毒剂的生产要求

第三十四条 杀虫剂、消毒剂车间在选址上应注意远离其他兽药制剂生产线，并处于常年下风口位置。

第三十五条 杀虫剂、消毒剂车间的厂房建筑和设施，可采用耐腐蚀材料建设。

第三十六条 应根据产品特性，配置良好的通风条件以及避免环境污染的设施。

第三十七条 杀虫剂、消毒剂的生产设备应耐腐蚀，不与兽药发生化学变化。

第三十八条 杀虫剂可与消毒剂共用生产车间，但生产设备原则上不能共用。生产固体含氯消毒剂等易燃易爆产品，生产车间应设置为独立建筑物，可为开放式。

第三十九条 杀虫剂、消毒剂生产所使用的原辅料应优先选用兽药标准、药品标准收载的品种。如兽药标准、药品标准未收载的，可选用化工级及其他标准，但不得对兽药质量产生不良影响。

第四十条 杀虫剂、消毒剂生产所使用的与兽药直接接触的包装材料，应注意不能与产品发生化学反应，不得对兽药质量产生不良影响。

第四十一条 杀虫剂、消毒剂原辅料及成品的贮存，应符合相关物料管理的要求，并注意在避光、通风条件下存放。

第四十二条 本附件所称传统发酵，是指利用自然界存在的微生物或用传统方法（如辐照或化学诱变）改良的微生物来生产兽药的工艺。

附件3：

兽用生物制品生产质量管理的特殊要求

第一章 范 围

第一条 兽用生物制品（以下简称制品）系指以天然或人工改造的微生物、寄生虫、生物毒素或生物组织及代谢产物等为材料，采用生物学、分子生物学或生物化学、生物工程等相应技术制成，用于预防、治疗、诊断动物疫病或改变动物生产性能的制品。

第二条 本要求适用于除动物疫病体外诊断或免疫监测制品外的其他制品。

第三条 制品的生产和质量控制应当符合本要求和国家相关规定。

第二章 原 则

第四条 兽药生产应有专用的厂房。制品生产的人员、设备和物料应通过气锁间进入洁净区，采用机械连续传输物料的，应当用正压气流保护并监测压差。

第五条 制品生产中物料准备、产品配制和灌装（灌封）或分装等操作应在洁净区内分区域（室）进行。

第六条 制品生产中应对原辅材料、包装材料、生产过程和中间产品等进行控制。生产中涉及活的微生物时，应采取有效的防护措施，确保生物安全。

第三章 人 员

第七条 从事制品生产、质量保证、质量控制及相关岗位的人员（包括清洁、维修人员），均应根据其生产的制品和所从事的生产操作进行专业知识和安全防护要求的培训和考核。

第八条 应当根据生产和检验所涉及病原微生物安全风险评估的结果，对从事生产、维修、检验、动物饲养的操作和管理等相关人员采取有效的生物安全防护措施，并定期进行专项体检，必要时，接种相应的疫苗。

第九条 生产期间，未采用规定的去污染措施，生产人员不得由操作活微生物或动物的区域进入到操作其他制品或微生物的区域。

第十条 从事生产操作的人员与动物饲养人员不得兼任。

第四章 厂房与设备

第十一条 制品生产环境的空气洁净度级别应当与产品和生产操作相适应，厂房与设施不应对原料、中间产品和成品造成污染。

第十二条 生产过程中涉及高危因子的操作，其空气净化系统等设施还应当符合特殊要求。

第十三条 制品的生产操作应当在符合下表中规定的相应级别的洁净区内进行，未列出的操作可参照下表在适当级别的洁净区内进行

洁净度级别	制品生产操作示例
B级背景下的局部A级	有开口暴露操作的细胞的制备、半成品制备中的接种、收获；灌装前不经除菌过滤制品的混合、配制；分装（灌封）、冻干、加塞；在暴露情况下添加稳定剂、佐剂、灭活剂等
C级背景下的局部A级	胚苗的半成品制备；组织苗的半成品制备（含脏器组织的采集）
C级	半成品制备中的培养过程，包括细胞的培养、接种后鸡胚的孵化、细菌的培养；灌装前需经除菌过滤制品的配制、精制、除菌过滤、超滤等
D级	采用生物反应器密闭系统；可通过密闭管道对接添加且可在线灭菌、无暴露环节的生产操作；鸡胚的前孵化、溶液或稳定剂的配制与灭菌；血清等的提取、合并、非低温提取和分装前的巴氏消毒；卵黄抗体生产中的蛋黄分离过程；球虫苗的制备、配制、分装过程；口服制剂的制备、分装、冻干等过程；轧盖(2)；制品最终容器的精洗、消毒等

注：(1) A、B、C、D4个级别相关标准见附件1。(2) 指轧盖前产品处于较好密封状态下。如处于非完全密封状态，则轧盖活动需设置在与分装或灌装活动相同的洁净度级别下。

第十四条 操作高致病性病原微生物、牛分枝杆菌以及特定微生物（如高致病性禽流感灭活疫苗生产用毒株）应在专用的厂房内进行，其生产设备须专用，并有符合相应规定的防护措施和消毒灭菌、防散毒设施。生产操作结束后的污染物品应在原位消毒灭菌后，方可移出生产区。

第十五条 布氏菌病活疫苗生产操作区（含细菌培养、疫苗配制、分装、冻干、轧盖）应使用专用设备和功能区，生产操作区应设为负压，空气排放应经高效过滤，回风不得循环使用，培

养应使用密闭系统，通气培养、冻干、高压灭菌过程中产生的废气应经除菌过滤或经验证确认有效的方式处理后排放。疫苗瓶在进入贴签间前，应有对疫苗瓶外表面进行消毒的设施设备。

第十六条　芽孢菌类微生态制剂、干粉制品应当使用专用的车间，产尘量大的工序应经捕尘处理。

第十七条　生产炭疽芽孢疫苗应当使用专用设施设备。致病性芽孢菌（如肉毒梭状芽孢杆菌、破伤风梭状芽孢杆菌）操作直至灭活过程完成前应当使用专用设施设备。

第十八条　涉及芽孢菌生产操作结束后的污染物品应在原位消毒、灭菌后，方可移出生产区。

第十九条　除有其他规定外，灭活疫苗（包括重组 DNA 产品）、类毒素及细胞提取物的半成品的生产可以交替使用同一生产区，在其灭活或消毒后可以交替使用同一灌装间和灌装、冻干设施设备，但应当在一种制品生产、分装或冻干后进行有效的清洁和消毒，清洁消毒效果应定期验证。

第二十条　除有其他规定外，活疫苗可以交替使用同一生产区、同一灌装间或灌装、冻干设施设备，但应当在一种制品生产、分装或冻干完成后进行有效的清洁和消毒，清洁和消毒的效果应定期验证。

第二十一条　以动物血、血清或脏器、组织为原料生产的制品的特有生产阶段应当使用专用区域和设施设备，与其他制品的生产严格分开。

第二十二条　如设备专用于生产孢子形成体，当加工处理一种制品时应集中生产。在某一设施或一套设施中分期轮换生产芽孢菌制品时，在规定时间内只能生产一种制品。

第二十三条　使用密闭系统生物反应器生产同一类别的制品可以在同一区域同时生产。

第二十四条　操作一、二、三类动物病原微生物应在专门的区域内进行，并保持绝对负压，空气应通过高效过滤后排放，滤器的性能应定期检查。生产操作结束后的污染物品应在原位消毒、灭菌后，方可移出生产区。

第二十五条　有菌（毒）操作区与无菌（毒）操作区应有各自独立的空气净化系统且人流、物流应分开设置。来自一、二、三类动物病原微生物操作区的空气不得再循环或仅在同一区内再循环。

第二十六条　用于加工处理活生物体的生产操作区和设备应当便于清洁和去污染，清洁和去污染的有效性应当经过验证。

第二十七条　应具有对制品生产、检验过程中产生的污水、废弃物等进行无害化处理的设施设备。产生的含活微生物的废水应收集在密闭的罐体内进行无害化处理。

第二十八条　密闭容器（如发酵罐）、管道系统、阀门和呼吸过滤器应便于清洁和灭菌，宜采用在线清洁、在线灭菌系统。

第二十九条　生产过程中被污染的物品和设备应当与未使用过的灭菌物品和设备分开，并有明显标志。

第三十条　洁净区内设置的冷库和温室，应当采取有效的隔离和防止污染的措施，避免对生产区造成污染。

第三十一条　制品生产的 A/B 级洁净区内禁止设置水池和地漏。在其他洁净区内设置的水池或地漏，应当有适当的设计、布局和维护，安装易于清洁且带有空气阻断功能的装置以防倒灌。同外部排水系统的连接方式应当能够防止微生物的侵入。

第三十二条　生产设备跨越两个洁净级别不同的区域时应采取密封的隔离装置。除传送带本身能连续灭菌（如隧道式灭菌设备）外，传送带不得在 A/B 级洁净区与低级别洁净区之间穿越。

第三十三条　质量管理部门应根据需要设置检验、留样观察以及其他各类实验室，能根据需要对实验室洁净度、温湿度进行控制。检验中涉及病原微生物操作的，应在符合生物安全要求的实验室内进行。

第三十四条　分子生物学的检验操作应在单独的区域内进行，其设计和功能间的设置应符合相关规定，并有防止气溶胶等造成交叉污染的设施设备。

第三十五条　布氏菌病活疫苗涉及活菌的实验室检验操作应在检验实验室的生物安全柜中进行；不能在生物安全柜中进行的，应对检验实验室采取防扩散措施。

第五章　动物房及相关事项

第三十六条　制品的检验用动物实验室和生产车间应当分开设置，且不在同一建筑物内。检验用动物实验室应根据检验需要设置安全检验、免疫接种和强毒攻击区。动物房的设计、建造等，应当符合国家标准和实验动物管理的相关规定。

第三十七条 布氏菌病活疫苗安全检验应在带有负压独立通风笼具（IVC）的负压动物实验室内进行。

第三十八条 应当对生产及检验用动物的健康状况进行监控并有相应详细记录，内容至少包括动物来源、动物繁殖和饲养条件、动物健康情况等。动物饲养管理等应当符合国家相关规定。

第三十九条 生产和检验用动物应当符合《中华人民共和国兽药典》的要求。

第六章 物 料

第四十条 物料应符合《中华人民共和国兽药典》和制品规程标准、包装材料标准和其他有关标准，不对制品质量产生不良影响。

第四十一条 生产用菌（毒、虫）种应当建立完善的种子批系统（基础种子批和生产种子批）。菌（毒、虫）种种子批系统的建立、维护、保存和检定应当符合《中华人民共和国兽药典》的要求。

第四十二条 生产用细胞需建立完善的细胞库系统（基础细胞库和生产细胞库）。细胞库系统的建立、维护和检定应当符合《中华人民共和国兽药典》的要求。

第四十三条 应当通过连续批次产品的一致性确认种子批、细胞库的适用性。种子批和细胞库建立、保存和使用的方式，应当能够避免污染或变异的风险。

第四十四条 种子批或细胞库和成品之间的传代数目（倍增次数、传代次数）应当与已批准注册资料中的规定一致，不得随生产规模变化而改变。

第四十五条 应当在适当受控环境下建立种子批和细胞库，以保护种子批、细胞库以及操作人员。在建立种子批和细胞库的过程中，操作人员不得在同一区域同时处理不同活性或具有传染性的物料（如病毒、细菌、细胞）。

第四十六条 种子批与细胞库的来源、制备、贮存、领用及其稳定性和复苏情况应当有记录。储藏容器应当在适当温度下保存，并有明确的标签。冷藏库的温度应当有连续记录，液氮贮存条件应当有适当的监测。任何偏离贮存条件的情况及纠正措施都应记录。库存台账应当长期保存。

第四十七条 不同种子批或细胞库的贮存方式应当能够防止差错、混淆或交叉污染。

第四十八条 在贮存期间，基础种子批贮存条件应不低于生产种子批贮存条件；基础细胞库贮存条件应不低于生产细胞库贮存条件。一旦取出使用，不得再返回库内贮存。

第四十九条 应按规定对菌（毒、虫）种、种细胞、标准物质进行使用和销毁。

第五十条 生产用动物源性原材料的来源应有详细记录。

第五十一条 用于禽类活疫苗生产的鸡和鸡胚应符合 SPF 级标准。

第七章 生产管理

第五十二条 应按照农业农村部批准的制品生产工艺制定企业的生产工艺规程和标准操作规程，并在生产过程中严格执行。生产工艺不得随意更改，如需更改，应按有关规定办理相关手续。

第五十三条 应有防止物料及制品所产生的气体、蒸汽、喷雾物或生物体等引起交叉污染的措施。

第五十四条 当中间产品的检验周期较长时，除灭活检验外，允许其他检验完成前投入使用，但只有全部检验结果均符合要求时，成品才能放行。

第五十五条 应当按照《中华人民共和国兽药典》中的“兽用生物制品的组批与分装规定”进行分批并编制批号。

第五十六条 向生物反应器或其他容器中加料或从中取样时，应当检查并确保管路连接正确，并在严格控制的条件下进行，确保不发生污染和差错。

第五十七条 应当对制品生产中的离心或混合操作采取隔离措施，防止操作过程中产生的悬浮微粒导致的活性微生物扩散。

第五十八条 向发酵罐或反应罐中通气以及添加培养基、酸、碱、消泡剂等成分所使用的过滤器宜在线灭菌。

第五十九条 应当采用经过验证的工艺进行病毒去除或灭活处理，操作过程中应当采取措施防止已处理的产品被污染。

第六十条 应当按照操作规程对洁净区进行清洁和消毒。所用消毒剂品种应定期更换，防止产生耐药菌株。应当定期进行环境监测，及时发

现耐受菌株及污染情况。

第八章 质量管理

第六十一条 应当按照《中华人民共和国兽药典》《兽用生物制品规程》或农业农村部批准的质量标准对制品原辅料、中间产品和成品进行检验，并对生产过程进行质量控制。

第六十二条 必要时，中间产品应当留样，以满足复试或对中间控制确认的需要，留样数量应当充足，并在适宜条件下贮存。

第六十三条 应当对生产过程中某些工艺（如发酵工艺）的相关参数进行连续监控，连续监控数据应当纳入批记录。

第六十四条 采用连续培养工艺（如微载体培养）生产的，应当根据工艺特点制定相应的质量控制要求。

第六十五条 应对疫苗产品质量进行趋势分析，及时处置并全面分析工艺偏差及质量差异，对发生的偏差应如实记录并定期回顾。

附件4:

原料药生产质量管理的特殊要求

第一章 范　围

第一条 本要求适用于非无菌原料药生产及无菌原料药生产中非无菌生产工序的操作。原料药生产的起点及工序应当从起始物料开始，并覆盖生产的全过程。

第二章 厂房与设施

第二条 兽药生产应有专用的厂房。非无菌原料药精制、干燥、粉碎、包装等生产操作的暴露环境应当按照D级洁净区的要求设置。

仅用于生产杀虫剂、消毒剂等制剂的原料药，其精制、干燥、粉碎、包装等生产操作的暴露环境可按照一般生产区的要求设置。

法定兽药质量标准规定可在商品饲料和养殖过程中使用的兽药制剂的原料药，其精制、干燥、粉碎、包装等生产操作的暴露环境可按照一般生产区的要求设置。

第三条 质量标准中有热原或细菌内毒素等检验项目的，厂房的设计应当特别注意防止微生物污染，根据产品的预定用途、工艺要求采取相应的控制措施。

第四条 质量控制实验室通常应当与生产区分开。当生产操作不影响检验结果的准确性，且检验操作对生产也无不利影响时，中间控制实验室可设在生产区内。

第三章 设　备

第五条 设备所需的润滑剂、加热或冷却介质等，应当避免与中间产品或原料药直接接触，以免影响中间产品或原料药的质量。当任何偏离上述要求的情况发生时，应当进行评估和恰当处理，保证对产品的质量和用途无不良影响。

第六条 生产宜使用密闭设备；密闭设备、管道可以安置于室外。使用敞口设备或打开设备操作时，应当有避免污染的措施。

第七条 使用同一设备生产多种中间体或原料药品种的，应当说明设备可以共用的合理性，并有防止交叉污染的措施。

第八条 难以清洁的设备或部件应当专用。

第九条 设备的清洁应当符合以下要求：

（一）同一设备连续生产同一原料药或阶段性生产连续数个批次时，宜间隔适当的时间对设备进行清洁，防止污染物（如降解产物、微生物）的累积。如有影响原料药质量的残留物，更换批次时，应当对设备进行彻底的清洁。

（二）非专用设备更换品种生产前，应当对设备（特别是从粗品精制开始的非专用设备）进行彻底的清洁，防止交叉污染。

（三）对残留物的可接受标准、清洁操作规程和清洁剂的选择，应当有明确规定并说明理由。

第十条 非无菌原料药精制工艺用水至少应当符合纯化水的质量标准。

用于杀虫剂、消毒剂以及法定兽药质量标准规定可在商品饲料和养殖过程中使用的兽药制剂的原料药精制工艺用水至少应符合饮用水的质量标准。

第四章 物　料

第十一条 进厂物料应当有正确清晰的标识。经取样（或检验合格）后，可与现有的库存（如储槽中的溶剂或物料）混合。经放行后，混合物料方可使用。应当有防止将物料错放到现有库存中的操作规程。

第十二条 采用非专用槽车运送的大宗物料，应当采取适当措施避免槽车造成的交叉污染。

第十三条 大的贮存容器及其所附配件、进料管路和出料管路都应当有适当的标识。

第十四条 应当对每批物料至少做一项鉴别试验。如原料药生产企业有供应商审计系统时，供应商的检验报告可以用来替代其他试验项目的测试。

第十五条 工艺助剂、有害或有剧毒的原料、其他特殊物料或来自本企业另一生产场地的物料可以免检，但应当取得供应商的检验报告，且检验报告显示这些物料符合规定的质量标准，还应当对其容器、标签和批号进行目检予以确认。免检应当说明理由并有正式记录。

第十六条 应当对首次采购的最初三批物料全检合格后，方可对后续批次进行部分项目的检验，但应当定期进行全检，并与供应商的检验报告比较。应当定期评估供应商检验报告的可靠性、准确性。

第十七条 对易燃易爆、强氧化性等特殊物料，应当建立专用的独立库房。可在室外存放的物料，应当存放在适当容器和环境中，根据物料特性有清晰的标识，在开启和使用前应当进行适当清洁。

第十八条 必要时（如长期存放或贮存在热或潮湿的环境中），应当根据情况重新评估物料的质量，确定其适用性。

第五章 验 证

第十九条 应当在工艺验证前，根据研发阶段或历史资料和数据确定产品的关键质量属性、影响产品关键质量属性的关键工艺参数、工艺控制及范围，通过验证证明工艺操作的重现性。

第二十条 验证应当包括对原料药质量（尤其是纯度和杂质等）有重要影响的关键操作。

第二十一条 验证的方式：

（一）原料药生产工艺的验证方法一般应为前验证。因原料药不经常生产、批数不多或生产工艺已有变更等原因，难以从原料药的重复性生产获得现成的数据时，可进行同步验证。

（二）如没有发生因原料、设备、系统、设施或生产工艺改变而对原料药质量有影响的重大变更时，可例外进行回顾性验证。该验证方法适用于下列情况：

1. 关键质量属性和关键工艺参数均已确定；

2. 已设定合适的中间控制项目和合格标准；

3. 除操作人员失误或设备故障外，从未出现较大的工艺或产品不合格的问题；

4. 已明确原料药的杂质情况。

第二十二条 验证计划：

（一）应当根据生产工艺的复杂性和工艺变更的类别决定工艺验证的运行次数。前验证和同步验证通常采用连续的三个合格批次，但在某些情况下（如复杂的或周期很长的原料药生产工艺），需要更多的批次才能保证工艺的一致性。

（二）工艺验证期间，应当对关键工艺参数进行监控。与质量无关的参数（如与节能或设备使用相关控制的参数），无需列入工艺验证中。

（三）工艺验证应当证明每种原料药中的关键质量属性均符合预定要求，杂质均在规定的限度内，并与工艺研发阶段或者关键的临床和毒理研究批次确定的质量属性或杂质限度的数据相当。

第二十三条 清洁验证：

（一）清洁操作规程通常应当进行验证。清洁验证一般应当针对污染物、所用物料对原料药质量有最大风险的状况及工艺步骤。

（二）清洁操作规程的验证应当反映设备实际的使用情况。如果多个原料药或中间产品共用同一设备生产，且采用同一操作规程进行清洁的，可选择有代表性的中间产品或原料药作为清洁验证的参照物。应当根据溶解度、难以清洁的程度以及残留物的限度来选择清洁参照物，残留物的限度需根据活性、毒性和稳定性确定。

（三）清洁验证方案应当详细描述需清洁的对象、清洁操作规程、选用的清洁剂、可接受限度、需监控的参数以及检验方法。该方案还应当说明样品类型（化学或微生物）、取样位置、取样方法和样品标识。使用专用生产设备且产品质量稳定的，可采用目检法确定可接受限度。

（四）取样方法包括擦拭法、淋洗法或其他方法（如直接萃取法），以对不溶性和可溶性残留物进行检验。

（五）应当采用经验证的灵敏度高的分析方法检测残留物或污染物。每种分析方法的检测限应当足够灵敏，能达到检测残留物或污染物的限度标准。应当确定分析方法可达到的回收率。残留物的限度标准应当切实可行，并根据最有害的残留物来确定，可根据原料药的药理、毒理或生理活性来确定，也可根据原料药生产中最有害的组分来确定。

（六）对需控制热原或细菌内毒素污染水平的生产工艺，应当在设备清洁验证中进行效果确认。

（七）清洁操作规程经验证后应当按验证中设定的检验方法定期进行监测，保证日常生产中操作规程的有效性。

第二十四条 应当根据工艺及清洁工艺的运行变化评估情况，定期进行再验证。

第六章 文　件

第二十五条 企业应当根据生产工艺要求、对产品质量的影响程度、物料的特性以及对供应商的质量评估情况，确定合理的物料质量标准。

第二十六条 中间产品或原料药生产中使用的某些材料，如工艺助剂、垫圈或其他材料，可能对质量有重要影响时，也应当制定相应材料的质量标准。

第二十七条 原料药的生产工艺规程应当包括：

（一）所生产的中间产品或原料药名称。

（二）标有名称和代码的原料和中间产品的完整清单。

（三）准确陈述每种原料或中间产品的投料量或投料比，包括计量单位。如果投料量不固定，应当注明每种批量或产率的计算方法。如有正当理由，可制定投料量合理变动的范围。

（四）生产地点、主要设备（型号及材质等）。

（五）生产操作的详细说明，包括：

1. 操作顺序；

2. 所用工艺参数的范围；

3. 取样方法说明，所用原料、中间产品及成品的质量标准；

4. 完成单个步骤或整个工艺过程的时限（如适用）；

5. 按生产阶段或时限计算的预期收率范围；

6. 必要时，需遵循的特殊预防措施、注意事项或有关参照内容；

7. 可保证中间产品或原料药适用性的贮存要求，包括标签、包装材料和特殊贮存条件以及期限。

第七章 生产管理

第二十八条 生产操作：

（一）原料应当在适宜的条件下称量，以免影响其适用性。称量的装置应当具有与使用目的相适应的精度。

（二）如将物料分装后用于生产的，应当使用适当的分装容器。分装容器应当有标识并标明以下内容：

1. 物料的名称或代码；

2. 接收批号或流水号；

3. 分装容器中物料的重量或数量；

4. 必要时，标明复验或重新评估日期。

（三）关键的称量或分装操作应当有复核或有类似的控制手段。使用前，生产人员应当核实所用物料正确无误。

（四）应当将生产过程中指定步骤的实际收率与预期收率比较。预期收率的范围应当根据以前的实验室、中试或生产的数据来确定。应当对关键工艺步骤收率的偏差进行调查，确定偏差对相关批次产品质量的影响或潜在影响。

（五）应当遵循工艺规程中有关时限控制的规定。发生偏差时，应当做记录并进行评价。如反应终点或加工步骤的完成是根据中间控制的取样和检验来确定的，则不适用时限控制。

（六）需进一步加工的中间产品应当在适宜的条件下存放，确保其适用性。

第二十九条 生产的中间控制和取样：

（一）应当综合考虑所生产原料药的特性、反应类型、工艺步骤对产品质量影响的大小等因素来确定控制标准、检验类型和范围。前期生产的中间控制严格程度可较低，越接近最终工序（如分离和纯化）中间控制越严格。

（二）有资质的生产部门人员可进行中间控制，并可在质量管理部门事先批准的范围内对生产操作进行必要的调整。在调整过程中发生的中间控制检验结果超标通常不需要进行调查。

（三）应当制定操作规程，详细规定中间产品和原料药的取样方法。

（四）应当按照操作规程进行取样，取样后样品密封完好，防止所取的中间产品和原料药样品被污染。

第三十条 病毒的去除或灭活：

（一）应当按照经验证的操作规程进行病毒去除和灭活。

（二）应当采取必要的措施，防止病毒去除和灭活操作后可能的病毒污染。敞口操作区应当与其他操作区分开，并设独立的空气净化系统。

（三）同一设备通常不得用于不同产品或同一

产品不同阶段的纯化操作。如果使用同一设备，应当采取适当的清洁和消毒措施，防止病毒通过设备或环境由前次纯化操作带入后续纯化操作。

第三十一条 原料药或中间产品的混合：

（一）本条中的混合指将符合同一质量标准的原料药或中间产品合并，以得到均一产品的工艺过程。将来自同一批次的各部分产品（如同一结晶批号的中间产品分数次离心）在生产中进行合并，或将几个批次的中间产品合并在一起作进一步加工，可作为生产工艺的组成部分，不视为混合。

（二）不得将不合格批次与其他合格批次混合。

（三）拟混合的每批产品均应当按照规定的工艺生产、单独检验，并符合相应质量标准。

（四）混合操作可包括：

1. 将数个小批次混合以增加批量；

2. 将同一原料药的多批零头产品混合成为一个批次。

（五）混合过程应当加以控制并有完整记录，混合后的批次应当进行检验，确认其符合质量标准。

（六）混合的批记录应当能够追溯到参与混合的每个单独批次。

（七）物理性质至关重要的原料药（如用于口服固体制剂或混悬剂的原料药），其混合工艺应当进行验证，验证包括证明混合批次的质量均一性及对关键特性（如粒径分布、松密度和堆密度）的检测。

（八）混合可能对产品的稳定性产生不利影响的，应当对最终混合的批次进行稳定性考察。

（九）混合批次的有效期应当根据参与混合的最早批次产品的生产日期确定。

第三十二条 生产批次的划分原则：

（一）连续生产的原料药，在一定时间间隔内生产的在规定限度内的均质产品为一批。

（二）间歇生产的原料药，可由一定数量的产品经最后混合所得的在规定限度内的均质产品为一批。

第三十三条 污染的控制：

（一）同一中间产品或原料药的残留物带入后续数个批次中的，应当严格控制。带入的残留物不得引入降解物或微生物污染，也不得对原料药的杂质分布产生不利影响。

（二）生产操作应当能够防止中间产品或原料药被其他物料污染。

（三）原料药精制后的操作，应当特别注意防止污染。

（四）精制用的溶剂应当过滤。

第三十四条 原料药或中间产品的包装：

（一）容器应当能够保护中间产品和原料药，使其在运输和规定的贮存条件下不变质、不受污染。容器不得因与产品发生反应、释放物质或吸附作用而影响中间产品或原料药的质量。

（二）应当对容器进行清洁，如中间产品或原料药的性质有要求时，还应当进行消毒，确保其适用性。

（三）应当按照操作规程对可以重复使用的容器进行清洁，并去除或涂毁容器上原有的标签。

（四）应当对需外运的中间产品或原料药的容器采取适当的封装措施，便于发现封装状态的变化。

第八章 不合格中间品或原料药的处理

第三十五条 不合格的中间产品和原料药可按第三十六条、第三十七条的要求进行返工或重新加工。不合格物料的最终处理情况应当有记录。

第三十六条 返工：

（一）不符合质量标准的中间产品或原料药可重复既定生产工艺中的步骤，进行重结晶等其他物理、化学处理，如蒸馏、过滤、层析、粉碎方法。

（二）多数批次都要进行的返工，应当作为一个工艺步骤列入常规的生产工艺中。

（三）除已列入常规生产工艺的返工外，应当对将未反应的物料返回至某一工艺步骤并重复进行化学反应的返工进行评估，确保中间产品或原料药的质量未受到生成副产物和过度反应物的不利影响。

（四）经中间控制检测表明某一工艺步骤尚未完成，仍可按正常工艺继续操作，不属于返工。

第三十七条 重新加工：

(1) 应当对重新加工的批次进行评估、检验及必要的稳定性考察，并有完整的文件和记录，证明重新加工后的产品与原工艺生产的产品质量相同。可采用同步验证的方式确定重新加工的操作规程和预期结果。

（二）应当按照经验证的操作规程进行重新加工，将重新加工的每个批次的杂质分布与正常工

艺生产的批次进行比较。常规检验方法不足以说明重新加工批次特性的，还应当采用其他的方法。

第三十八条 物料和溶剂的回收：

（一）回收反应物、中间产品或原料药（如从母液或滤液中回收），应当有经批准的回收操作规程，且回收的物料或产品符合与预定用途相适应的质量标准。

（二）溶剂可以回收。回收的溶剂在同品种相同或不同的工艺步骤中重新使用的，应当对回收过程进行控制和监测，确保回收的溶剂符合适当的质量标准。回收的溶剂用于其他品种的，应当证明不会对产品质量有不利影响。

（三）未使用过和回收的溶剂混合时，应当有足够的数据表明其对生产工艺的适用性。

（四）回收的母液和溶剂以及其他回收物料的回收与使用，应当有完整、可追溯的记录，并定期检测杂质。

第九章 质量管理

第三十九条 原料药质量标准应当包括对杂质的控制（如有机杂质、无机杂质、残留溶剂）。原料药有微生物或细菌内毒素控制要求的，还应当制定相应的限度标准。

第四十条 按受控的常规生产工艺生产的每种原料药应当有杂质档案。杂质档案应当描述产品中存在的已知和未知的杂质情况，注明观察到的每一杂质的鉴别或定性分析指标（如保留时间）、杂质含量范围，以及已确认杂质的类别（如有机杂质、无机杂质、溶剂）。杂质分布一般与原料药的生产工艺和所用起始原料有关，从植物或动物组织制得的原料药、发酵生产的原料药的杂质档案通常不一定有杂质分布图。

第四十一条 应当定期将产品的杂质分析资料与注册申报资料中的杂质档案，或与以往的杂质数据相比较，查明原料、设备运行参数和生产工艺的变更所致原料药质量的变化。

第四十二条 原料药的持续稳定性考察：

（一）稳定性考察样品的包装方式和包装材质应当与上市产品相同或相仿；

（二）正常批量生产的最初三批产品应当列入持续稳定性考察计划，以进一步确认有效期；

（三）有效期短的原料药，在进行持续稳定性考察时应适当增加检验频次。

第四十三条 产品质量审核：

原料药的定期质量审核应当以证实工艺的一致性为目的来实施。此种审核通常应每年进行一次并记录，其内容至少应当包括：

（一）对关键中间过程控制及关键原料药检验结果的审核；

（二）所有不符合已经确定的质量标准批次的审核；

（三）所有关键偏差或违规行为，以及相关调查的审核；

（四）任何对工艺或分析方法实施的变更的审核；

（五）稳定性监测的审核；

（六）所有与质量相关的退货、投诉和召回的审核；

（七）整改措施适当性的审核和对上一年度整改措施的回顾确认。

第十章 采用传统发酵工艺生产原料药的特殊要求

第四十四条 采用传统发酵工艺生产原料药的，应当在生产过程中采取防止微生物污染的措施。

第四十五条 工艺控制应当重点考虑以下内容：

（一）工作菌种的维护；

（二）接种和扩增培养的控制；

（三）发酵过程中关键工艺参数的确定和监控；

（四）菌体生长、产率的监控；

（五）收集和纯化工艺过程需保护中间产品和原料药不受污染；

（六）在适当的生产阶段进行微生物污染水平监控，必要时进行细菌内毒素监测。

第四十六条 必要时，应当验证培养基、宿主蛋白、其他与工艺、产品有关的杂质和污染物的去除效果。

第四十七条 菌种的维护和记录的保存：

（一）只有经授权的人员方能进入菌种存放的场所；

（二）菌种的贮存条件应当能够保持菌种生长能力达到要求水平，并防止污染；

（三）菌种的使用和贮存条件应当有记录；

（四）应当对菌种定期监控，以确定其适用性；

（五）必要时应当进行菌种鉴别。

第四十八条 菌种培养或发酵：

（一）在无菌操作条件下添加细胞基质、培养基、缓冲液和气体，应当采用密闭或封闭系统。初始容器接种、转种或加料（培养基、缓冲液）使用敞口容器操作的，应当有控制措施避免污染；

（二）当微生物污染对原料药质量有影响时，敞口容器的操作应当在适当的控制环境下进行；

（三）操作人员应当穿着适宜的工作服，并在处理培养基时采取特殊的防护措施；

（四）应当对工艺参数（如温度、pH、搅拌速度、通气量、压力）进行监控，保证与规定的工艺一致。必要时，还应当对菌体生长、产率进行监控；

（五）必要时，发酵设备应当清洁、消毒或灭菌；

（六）菌种培养基使用前应当灭菌；

（七）应当制定监测各工序微生物污染的操作规程，并规定所采取的措施，包括评估微生物污染对产品质量的影响，确定消除污染使工艺恢复到正常的生产条件；

（八）应当保存所有微生物污染和处理的记录；

（九）更换品种生产时，应当对清洁后的共用设备进行必要的检测，将交叉污染的风险降到最低程度。

第四十九条 收获、分离和纯化：

（一）收获步骤中的破碎后除去菌体或菌体碎片、收集菌体组分的操作区和所用设备的设计，应当能够将污染风险降到最低程度；

（二）包括菌体灭活、菌体碎片或培养基组分去除在内的收获及纯化，应当制定相应的操作规程，采取措施减少产品的降解和污染，保证所得产品具有持续稳定的质量；

（三）分离和纯化采用敞口操作的，其环境应当能够保证产品质量；

（四）设备用于多个产品的收获、分离、纯化时，应进行清洁，并增加相应的控制措施，如使用专用的层析介质或进行额外的检验。

第十一章 术 语

第五十条 本附件中下列用语的含义是：

（一）传统发酵，是指利用自然界存在的微生物或用传统方法（如辐照或化学诱变）改良的微生物来生产原料药的工艺。用“传统发酵”生产的原料药通常是小分子产品，如抗生素、氨基酸、维生素和糖类；

（二）非无菌原料药，是指法定兽药标准中未列有无菌检查项目的原料药；

（三）关键质量属性，是指某种物理、化学、生物学或微生物学的性质，应当有适当限度、范围或分布，保证预期的产品质量；

（四）工艺助剂，是指在原料药或中间产品生产中起辅助作用、本身不参与化学或生物学反应的物料（如助滤剂、活性炭，但不包括溶剂）；

（五）母液，是指结晶或分离后剩下的残留液；

（六）起始物料，是指用在原料药生产中，以主要结构单元被并入该原料药的原料、中间体或原料药。原料药的起始物料通常有特定的化学特性和结构。

附件5：

中药制剂生产质量管理的特殊要求

第一章 范 围

第一条 本要求适用于中药材前处理、中药提取和中药制剂的生产、质量控制、贮存、发放和运输。

第二章 原 则

第二条 中药制剂的质量与中药材和中药饮片的质量、中药材前处理和中药提取工艺密切相关。应当对中药材和中药饮片的质量以及中药材前处理、中药提取工艺严格控制。在中药材前处理以及中药提取、贮存和运输过程中，应当采取措施控制微生物污染，防止变质。

第三条 中药材来源应当相对稳定，尽可能采用规范化生产的中药材。

第三章 机构与人员

第四条 企业的质量管理部门应当有专人负责中药材和中药饮片的质量管理。

第五条 专职负责中药材和中药饮片质量管理的人员应当至少具备以下条件：

（一）具有中药学、生药学或相关专业大专以上学历，并至少有三年从事中药生产、质量管理的实际工作经验；或具有专职从事中药材和中药饮片鉴别工作五年以上的实际工作经验；

（二）具备鉴别中药材和中药饮片真伪优劣的能力；

（三）具备中药材和中药饮片质量控制的实际能力；

（四）根据所生产品种的需要，熟悉相关毒性中药材和中药饮片的管理与处理要求。

第六条 专职负责中药材和中药饮片质量管理的人员主要从事以下工作：

（一）中药材和中药饮片的取样；

（二）中药材和中药饮片的鉴别、质量评价与放行；

（三）负责中药材、中药饮片（包括毒性中药材和中药饮片）专业知识的培训；

（四）中药材和中药饮片标本的收集、制作和管理。

第四章 厂房与设施

第七条 兽药生产应有专用的厂房。中药材和中药饮片的取样、筛选、称重等操作易产生粉尘的，应当采取有效措施，以控制粉尘扩散，避免污染和交叉污染，如安装捕尘设备、排风设施等。

第八条 直接入药的中药材和中药饮片的粉碎，应设置专用厂房（车间），其门窗应能密闭，并有捕尘、除湿、排风、降温等设施，且应与中药制剂生产线完全分开。

第九条 中药材前处理的厂房内应当设拣选工作台，工作台表面应当平整、易清洁，不产生脱落物；根据生产品种所用中药材前处理工艺流程的需要，还应配备洗药池或洗药机、切药机、干燥机、粗碎机、粉碎机和独立的除尘系统等。

第十条 中药提取、浓缩等厂房应当与其生产工艺要求相适应，有良好的排风、防止污染和交叉污染等设施；含有机溶剂提取工艺的，厂房应有防爆设施及有机溶剂监测报警系统。

第十一条 中药提取、浓缩、收膏工序宜采用密闭系统进行操作，并在线进行清洁，以防止污染和交叉污染；对生产两种以上（含两种）剂型的中药制剂或生产有国家标准的中药提取物的，应在中药提取车间内设置独立的、功能完备的收膏间，其洁净度级别应不低于其制剂配制操作区的洁净度级别。

第十二条 中药提取设备应与其产品生产工艺要求相适应，提取单体罐容积不得小于3立方米。

第十三条 中药提取后的废渣如需暂存、处理时，应当有专用区域。

第十四条 浸膏的配料、粉碎、过筛、混合等操作，其洁净度级别应当与其制剂配制操作区的洁净度级别一致。中药饮片经粉碎、过筛、混合后直接入药的，上述操作的厂房应当能够密闭，有良好的通风、除尘等设施，人员、物料进出及生产操作应当参照洁净区管理。

第十五条 中药标本室应当与生产区分开。

第五章 物　料

第十六条 对每次接收的中药材均应当按产地、采收时间、采集部位、药材等级、药材外形（如全株或切断）、包装形式等进行分类，分别编制批号并管理。

第十七条 接收中药材、中药饮片和中药提取物时，应当核对外包装上的标识内容。中药材外包装上至少应当标明品名、规格、产地、采收（加工）时间、调出单位、质量合格标志；中药饮片外包装上至少应当标明品名、规格、产地、产品批号、生产日期、生产企业名称、质量合格标志；中药提取物外包装上至少应当标明品名、规格、批号、生产日期、贮存条件、生产企业名称、质量合格标志。

第十八条 中药材、中药饮片和提取物应当贮存在单独设置的库房中；贮存鲜活中药材应当有适当的设施（如冷藏设施）。

第十九条 毒性和易串味的中药材和中药饮片应当分别设置专库（柜）存放。

第二十条 仓库内应当配备适当的设施，并采取有效措施，保证中药材和中药饮片、中药提取物以及中药制剂按照法定标准的规定贮存，符合其温、湿度或照度的特殊要求，并进行监控。

第二十一条 贮存的中药材和中药饮片应当定期养护管理，仓库应当保持空气流通，应当配备相应的设施或采取安全有效的养护方法，防止昆虫、鸟类或啮齿类动物等进入，防止任何动物随中药材和中药饮片带入仓储区而造成污染和交叉污染。

第二十二条 在运输过程中，应当采取有效可靠的措施，防止中药材和中药饮片、中药提取物以及中药制剂发生变质。

第六章 文件管理

第二十三条 应当制定控制产品质量的生产

工艺规程和其他标准文件：

（一）制定中药材和中药饮片养护制度，并分类制定养护操作规程；

（二）制定每种中药材前处理、中药提取、中药制剂的生产工艺和工序操作规程，各关键工序的技术参数应当明确，如：标准投料量、提取、浓缩、精制、干燥、过筛、混合、贮存等要求，并明确相应的贮存条件及期限；

（三）根据中药材和中药饮片质量、投料量等因素，制定每种中药提取物的收率限度范围；

（四）制定每种经过前处理后的中药材、中药提取物、中间产品、中药制剂的质量标准和检验方法。

第二十四条　应当对从中药材的前处理到中药提取物整个生产过程中的生产、卫生和质量管理情况进行记录，并符合下列要求：

（一）当几个批号的中药材和中药饮片混合投料时，应当记录本次投料所用每批中药材和中药饮片的批号和数量。

（二）中药提取各生产工序的操作至少应当有以下记录：

1. 中药材和中药饮片名称、批号、投料量及监督投料记录；

2. 提取工艺的设备编号、相关溶剂、浸泡时间、升温时间、提取时间、提取温度、提取次数、溶剂回收等记录；

3. 浓缩和干燥工艺的设备编号、温度、浸膏干燥时间、浸膏数量记录；

4. 精制工艺的设备编号、溶剂使用情况、精制条件、收率等记录；

5. 其他工序的生产操作记录；

6. 中药材和中药饮片废渣处理的记录。

第七章　生产管理

第二十五条　中药材应当按照规定进行拣选、整理、剪切、洗涤、浸润或其他炮制加工。未经处理的中药材不得直接用于提取加工。

第二十六条　鲜用中药材采收后应当在规定的期限内投料，可存放的鲜用中药材应当采取适当的措施贮存，贮存的条件和期限应当有规定并经验证，不得对产品质量和预定用途有不利影响。

第二十七条　在生产过程中应当采取以下措施防止微生物污染：

（一）处理后的中药材不得直接接触地面，不得露天干燥；

（二）应当使用流动的工艺用水洗涤拣选后的中药材，用过的水不得用于洗涤其他药材，不同的中药材不得同时在同一容器中洗涤。

第二十八条　毒性中药材和中药饮片的操作应当有防止污染和交叉污染的措施。

第二十九条　中药材洗涤、浸润、提取用水的质量标准不得低于饮用水标准，无菌制剂的提取用水应当采用纯化水。

第三十条　中药提取用溶剂需回收使用的，应当制定回收操作规程。回收后溶剂的再使用不得对产品造成交叉污染，不得对产品的质量和安全性有不利影响。

第八章　质量管理

第三十一条　中药材和中药饮片的质量应当符合兽药国家标准或药品标准及省（自治区、直辖市）中药材标准和中药炮制规范，并在现有技术条件下，根据对中药制剂质量的影响程度，在相关的质量标准中增加必要的质量控制项目。

第三十二条　中药材和中药饮片的质量控制项目应当至少包括：

（一）鉴别；

（二）中药材和中药饮片中所含有关成分的定性或定量指标；

（三）外购的中药饮片可增加相应原药材的检验项目；

（四）兽药国家标准或药品标准及省（自治区、直辖市）中药材标准和中药炮制规范中包含的其他检验项目。

第三十三条　中药提取、精制过程中使用有机溶剂的，如溶剂对产品质量和安全性有不利影响时，应当在中药提取物和中药制剂的质量标准中增加残留溶剂限度。

第三十四条　应当制定与回收溶剂预定用途相适应的质量标准。

第三十五条　应当建立生产所用中药材和中药饮片的标本，如原植（动、矿）物、中药材使用部位、经批准的替代品、伪品等标本。

第三十六条　对使用的每种中药材和中药饮片应当根据其特性和贮存条件，规定贮存期限和复验期。

第三十七条　应当根据中药材、中药饮片、中药提取物、中间产品的特性和包装方式以及稳

定性考察结果，确定其贮存条件和贮存期限。

第三十八条 每批中药材或中药饮片应当留样，留样量至少能满足鉴别的需要，留样时间应当有规定；用于中药注射剂的中药材或中药饮片的留样，应当保存至使用该批中药材或中药饮片生产的最后一批制剂产品放行后一年。

第三十九条 中药材和中药饮片贮存期间各种养护操作应当有记录。

九十九、人用化学药品转宠物用化学药品注册资料要求、废止的药物饲料添加剂品种增加治疗用途注册资料要求

（2020 年 9 月 7 日 农业农村部公告第 330 号发布）

为加快推进宠物用兽药等注册工作，进一步合理利用现有药物资源，促进技术创新，更好地满足预防、治疗动物疾病需求，我部组织研究制定了《人用化学药品转宠物用化学药品注册资料要求》《废止的药物饲料添加剂品种增加治疗用途注册资料要求》，现予发布，自发布之日起施行，并就有关兽药注册事宜公告如下。

一、已批准上市的人用化学药品拟转宠物用的，按照《人用化学药品转宠物用化学药品注册资料要求》（见附件 1）提交产品注册资料。但处于药品监测期、行政保护期内的人用化学药品以及人用关键抗菌药物不得转为宠物用。

二、农业农村部公告第 246 号废止了仅有促生长作用药物作为饲料添加剂的产品质量标准。被废止标准的品种如增加治疗用途，应重新申请兽药注册或进口兽药注册，按照《废止的药物饲料添加剂品种增加治疗用途注册资料要求》（见附件 2）提交产品注册资料。符合注册要求的境内兽药注册，予以公告，发布或核准兽药质量标准和标签说明书，不核发新兽药注册证书，生产企业按照《兽药产品批准文号管理办法》有关规定申请核发兽药产品批准文号。符合注册要求的进口兽药注册，予以公告，发布兽药质量标准和标签说明书，核发进口兽药注册证书。

三、现行《中国兽药典》《兽药质量标准》收载的兽药品种，其中无知识产权单位的或虽有知识产权单位但非产权单位征得产权单位授权同意的，在承诺不侵犯他人知识产权和不改变兽药检验标准的情况下，已取得相应品种产品批准文号的兽药生产企业，可向我部提出增加靶动物、适应证或功能主治、规格或改变用法用量、保存条件、保存期等的注册申请，参照农业部公告第 442 号中变更注册相关要求提交注册资料。符合注册要求的，予以公告。其中新增靶动物的，执行 3 年监测期。

四、为鼓励支持蜂、蚕、鸽子、赛马等少数动物用药研发工作，满足用药需求，其临床试验承担单位可不需报告和接受兽药 GCP 监督检查，但试验方案、过程和原始记录等应按照兽药 GCP 要求实施。

附件：1. 人用化学药品转宠物用化学药品注册资料要求

2. 废止的药物饲料添加剂品种增加治疗用途注册资料要求

附件 1：

人用化学药品转宠物用化学药品注册资料要求

为解决当前兽医临床上宠物用药的短缺问题，推动宠物用化学药品的研发和上市，在保证安全、有效、质量可控的前提下，借鉴相关评审评价方法，制定人用化学药品转宠物用化学药品注册资料要求。

一、人用化学药品的范围

本要求所指人用化学药品，包括《中国药典》或国家药品标准（不含试行标准）收载的原料药和制剂。

二、原料药注册要求

（一）药理毒理研究资料要求

农业部公告第 442 号化学药品注册分类及注册资料要求中 22 急性毒性试验资料及文献资料、23 亚慢性毒性试验资料及文献资料、24 致突变试验资料及文献资料、25 生殖毒性试验（含致畸试验）资料及文献资料、26 慢性毒性（含致癌试验）资料及文献资料、27 过敏性（局部、全身和光敏毒性）、溶血性和局部（血管、皮肤、黏膜、肌肉等）刺激性等主要与局部、全身给药相关的特殊安全性试验资料免报。

（二）残留试验资料

不需要提供确定最大无作用剂量（NOEL）、

人每日允许摄入量（ADI）、可食组织中的最高残留限量（MRL）的依据等资料。农业部公告第442号化学药品注册分类及注册资料要求中31国内外残留试验资料综述、32残留检测方法及文献资料、33残留消除试验研究资料免报。

（三）生态毒性试验资料农业部公告第442号化学药品注册分类及注册资料要求中34生态毒性试验资料及文献资料免报。

（四）获得原料药品生产企业的授权和技术转让的药学资料要求仅需提供原料药品生产企业的授权和技术转让的证明性文件、国家药品监督管理局批准的原料药生产工艺、药品注册标准、工艺验证资料及自检报告。

三、制剂注册要求

（一）药学资料要求

应提供与药品原研产品或通过一致性评价的产品的药学比对研究资料，具体内容参照《农业部办公厅关于印发〈兽药比对试验产品药学研究等资料要求〉的通知》（农办医〔2016〕60号）。

（二）药理毒理研究资料要求

农业部公告第442号化学药品注册分类及注册资料要求中22急性毒性试验资料及文献资料、23亚慢性毒性试验资料及文献资料、24致突变试验资料及文献资料、25生殖毒性试验（含致畸试验）资料及文献资料、26慢性毒性（含致癌试验）资料及文献资料免报。

（三）残留试验资料

农业部公告第442号化学药品注册分类及注册资料要求中31国内外残留试验资料综述、32残留检测方法及文献资料、33残留消除试验研究资料免报。

（四）生态毒性试验资料

农业部公告第442号化学药品注册分类及注册资料要求中34生态毒性试验资料及文献资料免报。

（五）单独申报制剂时的原料部分药学资料要求

根据《兽药注册办法》和农业部442号公告的要求，国内企业申报人用药物转兽用注册时，需要同时注册原料药。考虑到原料药已经被药品主管部门批准，其生产工艺、质量标准、临床前药理毒理等已得到评价，作为兽药使用，仅需评价制剂在靶动物上的安全性、有效性和质量可控性即可。原料可以不注册，但应提供原料生产企业《药品生产许可证》《药品GMP证书》、原料药批件的复印件（以上复印件需要加盖原料生产企业公章）、采购合同、发票、检验报告的复印件、原料药检验报告。

（六）获得药品制剂生产企业的授权和技术转让的药学资料要求仅需提供药品制剂生产企业的授权和技术转让的证明性文件、国家药品监督管理局批准的制剂处方及生产工艺、药品注册标准、工艺验证资料及自检报告。

四、其他要求同农业部公告第442号、农业农村部公告第261号。

附件2：

废止的药物饲料添加剂品种增加治疗用途注册资料要求

一、在农业农村部公告246号废止标准目录中的企业（简称“目录企业”）申请新兽药注册或进口兽药注册，若药学部分（处方、生产工艺、兽药标准、检验方法、原辅料来源、包材等）与批准内容相比没有改变的（进口兽药与最近一次再注册比较），可简化提交申报资料。

（一）综述资料部分按农业部公告第442号要求提供，进口兽药注册还应提供生产企业所在国家（地区）兽药管理机构批准变更的证明性文件及公证文书。

（二）药学部分提供药学研究资料综述（处方、生产工艺、检验方法、原辅料来源、标准品信息、稳定性等）、质量标准、最近1～3批样品检验报告。不再提供批生产记录。

（三）药理毒理部分仅提供药理毒理部分综述资料。

（四）临床和残留部分按农业部公告第442号要求提供详细完整的Ⅰ期临床试验（药动学、剂量筛选）、Ⅱ期临床试验、Ⅲ期临床试验（包括致病菌临床分离株敏感性研究资料）、靶动物安全和残留部分研究资料。

（五）生态毒性部分免报。

二、未在农业农村部公告246号废止标准目录中的企业（简称：“非目录企业”）申请，或目录企业药学部分有改变的。境内注册按农业部公告第442号4类兽药注册资料要求提交申报资料，进口兽药注册按照进口兽药注册资料要求提交资料。

三、对目录企业的注册申请，视改变的风险决定是否进行复核检验。对非目录企业的注册申请，全部进行复核检验。

一百、关于加强水产养殖用投入品监管的通知

（2021年1月6日　农业农村部农渔发〔2021〕1号发布）

各省、自治区、直辖市及计划单列市农业农村（农牧、畜牧兽医）厅（局、委），福建省海洋与渔业局，青岛市海洋发展局、厦门市海洋发展局、深圳市海洋渔业局，新疆生产建设兵团农业农村局：

为加强水产养殖用兽药、饲料和饲料添加剂等投入品管理，依法打击生产、进口、经营和使用假、劣水产养殖用兽药、饲料和饲料添加剂等违法行为，保障养殖水产品质量安全，加快推进水产养殖业绿色发展，根据《渔业法》《农产品质量安全法》《兽药管理条例》《饲料和饲料添加剂管理条例》《农药管理条例》《水产养殖质量安全管理规定》等法律法规和规章有关规定，现就加强水产养殖用投入品监管有关事项通知如下。

一、准确把握水产养殖用兽药、饲料和饲料添加剂含义

各级地方农业农村（畜牧兽医、渔业）主管部门要准确把握水产养殖用兽药、饲料和饲料添加剂的含义及管理范畴，依法履行监管职责。依照《兽药管理条例》第七十二条规定，用于预防、治疗、诊断水产养殖动物疾病或者有目的地调节水产养殖动物生理机能的物质，主要包括：血清制品、疫苗、诊断制品、微生态制品、中药材、中成药、化学药品、抗生素、生化药品、放射性药品及外用杀虫剂、消毒剂等，应按兽药监督管理。依照《饲料和饲料添加剂管理条例》第二条规定，经工业化加工、制作的供水产养殖动物食用的产品，包括单一饲料、添加剂预混合饲料、浓缩饲料、配合饲料和精料补充料，应按饲料监督管理；在水产养殖用饲料加工、制作、使用过程中添加的少量或者微量物质，包括营养性饲料添加剂和一般饲料添加剂，应按饲料添加剂监督管理。各地对无法界定的相关产品，应及时向上级主管部门请求明确。

二、强化水产养殖用兽药、饲料和饲料添加剂等投入品管理

各地要依法加强对水产养殖用兽药、饲料和饲料添加剂的生产、进口、经营和使用等环节的管理，压实属地责任，形成监管合力。水产养殖用投入品，应当按照兽药、饲料和饲料添加剂管理的，无论冠以“××剂”的名称，均应依法取得相应生产许可证和产品批准文号，方可生产、经营和使用。水产养殖用兽药的研制、生产、进口、经营、发布广告和使用等行为，应严格依照《兽药管理条例》监督管理。未经审查批准，不得生产、进口、经营水产养殖用兽药和发布水产养殖用兽药广告。市售所谓“水质改良剂”“底质改良剂”“微生态制剂”等产品中，用于预防、治疗、诊断水产养殖动物疾病或者有目的地调节水产养殖动物生理机能的，应按照兽药监督管理。禁止生产、进口、经营和使用假、劣水产养殖用兽药，禁止使用禁用药品及其他化合物、停用兽药、人用药和原料药。水产养殖用饲料和饲料添加剂的审定、登记、生产、经营和使用等行为，应严格按照《饲料和饲料添加剂管理条例》监督管理。依照《农药管理条例》有关规定，水产养殖中禁止使用农药。

三、整治水产养殖用兽药、饲料和饲料添加剂相关违法行为

我部决定2021—2023年连续三年开展水产养殖用兽药、饲料和饲料添加剂相关违法行为的专项整治，各级地方农业农村（畜牧兽医、渔业）主管部门要将专项整治列入重点工作，落实责任，常抓不懈。县级以上地方农业农村（畜牧兽医、渔业）主管部门要设立有奖举报电话，加大对生产、进口、经营和使用假、劣水产养殖用兽药，未取得许可证明文件的水产养殖用饲料、饲料添加剂，以及使用禁用药品及其他化合物、停用兽药、人用药、原料药和农药等违法行为的打击力度，重点查处故意以所谓“非药品”“动保产品”“水质改良剂”“底质改良剂”“微生态制剂”等名义生产、经营和使用假兽药，逃避兽药监管的违法行为。县级以上地方农业农村（畜牧兽医、渔业）主管部门以及农业综合执法机构、渔政执法机构要依法、依职能，对生产、进口、经营和使用假、劣水产养殖用兽药，以及未取得许可证明文件的水产养殖用饲料、饲料添加剂，使用禁用药品及其他化合物、停用兽药、人用药、原料药和农药等违法行为实施行政处罚，涉嫌违法犯罪的，依法移送司法机关处理。各地要强化对专项整治工作的监督和考核，我部将对各地工作情况进行督导检查。

四、试行水产养殖用投入品使用白名单制度

我部决定在全国试行水产养殖用投入品使用白名单制度。白名单制度是指：将国务院农业农村主管部门批准的水产养殖用兽药、饲料和饲料添加剂，及其制定的饲料原料目录和饲料添加剂品种目录所列物质纳入水产养殖用投入品白名单，实施动态管理。水产养殖生产过程中除合法使用水产养殖用兽药、饲料和饲料添加剂等白名单投入品外，不得非法使用其他投入品，否则依法予以查处或警示。对发现养殖者使用白名单以外投入品养殖食用水产养殖动物的，由地方各级农业农村（渔业）主管部门以及农业综合执法机构、渔政执法机构依法、依职能进行查处，涉嫌犯罪的移交司法机关追究刑事责任；同时各级地方农业农村（渔业）主管部门公开发布其养殖产品可能存在质量安全风险隐患的警示信息。

五、提升普法宣传教育和行政审批服务水平

县级以上地方农业农村（畜牧兽医、渔业）主管部门，要积极为兽药、饲料和饲料添加剂生产、经营企业在相关行政审批业务，以及水产养殖者在规范使用兽药、饲料和饲料添加剂等方面提供服务，优化审批流程，引导其规范生产、经营和使用。要进一步加强法律普及和政策宣传工作，地方相关行政管理人员应准确把握兽药含义，不被部分生产者宣传的所谓“非药品”“动保产品”“水质改良剂”“底质改良剂”“微生态制剂”等名称蒙蔽。要在兽药、饲料和饲料添加剂生产（进口）企业、经营门店和水产养殖场等场所广泛开展宣传。教育相关企业不生产、进口和经营假、劣水产养殖用兽药，以及未取得许可证明文件的水产养殖用饲料和饲料添加剂。教育养殖者应使用国家批准的水产养殖用兽药、饲料和饲料添加剂，使用自行配制饲料严格遵守国务院农业农村主管部门制定的自行配制饲料使用规范。教育养殖者应认准兽药标签上的兽药产品批准文号（进口兽药注册证书号）和二维码标识，饲料和饲料添加剂的产品标签、生产许可证、质量标准、质量检验合格证等信息，拒绝购买和使用禁用药品及其他化合物，停用兽药，假、劣兽药，人用药，原料药，农药和未赋兽药二维码的兽药，以及禁用的、无产品标签等信息的饲料和饲料添加剂。相关行业协会要加强行业自律，教育相关企业杜绝生产假、劣兽药等违法行为，依法科学规范生产、销售和使用水产养殖用投入品。

各省、自治区、直辖市及计划单列市和新疆生产建设兵团的工作实施方案，请于2021年3月31日前同时报我部畜牧兽医局、渔业渔政管理局。2021—2023年，每年开展专项整治和白名单制度试行等工作情况的总结，请于当年11月30日前同时报我部畜牧兽医局、渔业渔政管理局。工作中如有问题和建议，请及时与我部相关司局联系。

畜牧兽医局联系电话：010-59191430（兽药），010-59192831（饲料）渔业渔政管理局联系电话：010-59192976

一百零一、农业农村部兽药注册评审工作程序（修订）

［2021年1月21日 农业农村部公告第392号发布，原《兽药注册评审工作程序》（农业部公告第2599号）同时废止］

兽药注册评审工作程序

为范兽药注册评审工作，根据《兽药管理条例》《兽药注册办法》等有关规定，制定本工作程序。

一、职责分工

（一）农业农村部畜牧兽医局主管全国兽药注册评审工作。

（二）农业农村部兽药评审中心（以下简称“评审中心”）负责兽药注册申请的技术评审、现场核查、技术评审标准制修订以及注册评审资料的档案保存等工作；制定并公布开展评审专家咨询工作原则以及对生产用菌毒种进行检验的指导原则；接受申请人有关咨询。

（三）中国兽医药品监察所（以下简称“中监所”）负责拟定制定并公布兽药注册复核检验规则，组织开展样品检验工作，出具检验报告书，并对质量标准草案能否控制产品质量、检验方法是否具有可操作性等提出复核意见；负责菌毒种检验工作；接受申请人有关咨询。

（四）专家职责。评审中心专家应为评审中心人员并由评审中心确定，负责对申请注册兽药的安全性、有效性、质量可控性等提出评审意见，兽药注册评审专家库中的其他专家根据评审中心要求参与技术审查并提出咨询意见。

二、评审工作方式

（一）一般评审。常规兽药注册均采取一般评审方式。

（二）优先评审。符合以下情形的兽药，采取优先评审方式：针对口蹄疫、高致病性禽流感、猪瘟、新城疫、布鲁氏菌病、狂犬病、包虫病、猪繁殖与呼吸综合征等优先防治的疫病，可实现鉴别诊断的且具有配套诊断方法或制品的疫苗；临床急需、市场短缺的赛马和宠物专用兽药以及特种经济动物、蜂、蚕和水产养殖用兽药；未在中国境内外上市销售的创新兽用化学药品；重大动物疫病防疫急需兽药等。评审中心对符合上述情形的兽药注册申请，第一时间进行评审，第一时间报出评审意见和评审结论；中监所第一时间安排复核检验。优先评审技术要求不降低，评审步骤不减少，评审流程同一般评审。

（三）应急评价。对重大动物疫病应急处置所需的兽药，农业农村部可启动应急评价。评审中心按照农业农村部畜牧兽医局要求开展应急评价，重点把握兽药产品安全性、有效性、质量可控性，非关键资料可暂不提供。经评价建议可应急使用的，农业农村部畜牧兽医局根据评审中心评价意见提出审核意见，报分管部领导批准后发布技术标准文件。有关兽药生产企业按《兽药产品批准文号管理办法》规定申请临时兽药产品批准文号。

（四）备案审查。根据动物防疫需要，强制免疫用疫苗生产所用菌毒种的变更可采取备案审查方式。具体评审流程和要求见《高致病性禽流感和口蹄疫疫苗生产毒种变更备案工作程序》及变更技术资料要求。

三、一般评审工作流程和要求

（一）申报资料接收和受理。农业农村部政务服务大厅（以下简称“政务服务大厅”）接收兽药注册申报资料。评审中心按照农业农村部行政审批办事指南的办事条件、兽药注册资料相关要求，对接收的申报资料进行形式审查，并将形式审查意见报农业农村部畜牧兽医局和政务服务大厅。政务服务大厅根据形式审查意见办理予以受理或不予受理手续，并书面通知申请人和评审中心。申请人应在受理后登录农业农村部兽药评审系统提交电子申报资料。

（二）申报资料技术评审。评审中心收到受理的申报资料后，应在法定评审时限内提出评审结论，并报农业农村部畜牧兽医局。评审中心应建立实施评审中心专家主审与兽药注册评审专家库其他专家咨询相结合的兽药注册评审工作机制。评审过程通常分为初次评审和复评审，原则上，对每个兽药注册申请的评审，初次评审和复评审均不超过一次。经初次评审即可得出评审结论的，可不进行复评审。评审中心专家对受理的申报资料进行技术评审，提出评审意见。根据工作需要，并按照开展评审专家咨询工作原则，可咨询兽药注册评审专家库中其他专家的意见。咨询时可采取现场或远程咨询会、函审/网审咨询等方式。参加技术评审的所有评审专家均应提出书面审查意见。召开评审专家咨询会时，由评审中心专家任产品主审专家，介绍注册资料和审查意见，并提出需要咨询的事项和问题。评审中心咨询专家意见时，按照评审中心制定的专家选取原则从兽药注册评审专家库中遴选专家，对于涉及不同专业的品种或有疑难问题的品种，可分别或同时向不同专业的专家进行咨询。根据需要，也可向专家库以外的专家进行咨询。评审专家咨询会议由评审中心有关人员主持。评审中心可根据注册申请人的申请安排沟通交流。评审中应按照兽药注册资料要求、指导原则、技术规范以及相关技术评审标准对申报资料进行科学评审。原则上，初次评审应一次性提出全面审查意见，并明确是否进行验证试验、复核检验和现场核查等。申请的兽药属于疫苗的，基于风险管理原则，必要时可提出对生产用菌毒种进行检验的要求。评审中心可根据注册申请人的申请安排沟通交流。根据初次评审意见，申请人一次性提交补充资料。收到申请人的补充资料后，评审中心进行复评审。如初次评审意见要求开展验证试验、复核检验、现场核查等，应在收到有关报告后一并进行复评审。

未能一次性提交补充资料或者补充资料明显不符合评审意见要求的，予以退审。对拟退审的，评审中心应将退审意见反馈申请人。如申请人有异议，应在收到意见后10个工作日内以书面形式提出，逾期未提出视为无异议。

（三）兽药质量标准复核和样品注册检验。技术评审期间需开展兽药质量标准复核和样品检验的，申请人应在收到评审中心复核检验通知后 6 个月内，向中监所提交复核检验所需样品及相关资料和材料。产品复核检验质量标准经申请人确认后，不得修改。中监所根据评审意见，按照《兽药注册办法》等相关规定开展兽药质量标准复核和样品检验工作，并在法定检验时限内完成，将检验报告书和复核意见送达申请人，同时报评审中心。中监所在收到评审中心复核检验通知后或者发出第一次复核检验不合格报告后 6 个月内，未收到申请人复核样品、相关资料或材料不全导致无法开展检验的，中监所应向评审中心说明具体情况，评审中心根据说明对该项注册申请按自动撤回处理。第二次送样的复核检验应重新进行检验计时。

根据评审意见对疫苗菌毒种进行检验的，可与产品复核检验同步进行。中监所将菌毒种检验结果和结论报农业农村部畜牧兽医局和评审中心。

（四）补充资料及提交有关物质等。技术评审期间需补充资料、确认技术标准、提交标准物质以及菌毒种和细胞等的，评审中心以书面形式通知申请人。申请人按照评审意见应在规定时限内一次性提交补充资料、确认技术标准、向中监所提交标准物质等。

（五）审批。农业农村部畜牧兽医局根据评审中心的技术评审意见和结论以及中监所的复核检验结论，提出审批方案。建议予以批准的，报分管部领导审批，并根据分管部领导审批意见印发公告、制作注册证书等；建议不予批准的，由农业农村部畜牧兽医局局长审签。

（六）办结。政务服务大厅根据审批结论办结，并书面通知申请人。

（七）有关要求。农业农村部畜牧兽医局应加强兽药注册评审和检验工作的管理和指导。评审中心、中监所应加强内部管理，健全完善兽药注册评审和检验工作机制，制定并公开技术评审标准、工作制度和规范等，明确内部各环节办理时限，细化兽药注册评审承办人、评审中心专家的工作职责和要求；建立完善沟通交流和咨询机制，根据要求组织召开评审意见答疑会。评审专家应按照《农业部兽药评审专家管理办法》有关规定履行职责和义务，保守申报单位的商业秘密，严格执行回避制度，严格遵守评审纪律和廉洁规定。应急评价和备案审查的技术评价工作方式参照一般评审执行。

四、暂停评审计时

评审过程中需暂停评审计时的，按以下程序办理。

（一）申请人应自收到注册申请事项受理通知后 20 个工作日内，向评审中心提交注册评审纸质材料 10 份，评审中心收到材料和资料后，告知政务服务大厅启动评审计时。

（二）根据评审意见，需申请人提交补充资料和复核检验样品、检验用标准物质等材料和资料时，评审中心向政务服务大厅提出暂停评审计时 6 个月（132 个工作日）申请。政务服务大厅收到申请人提交的补充资料，以及已向中监所提交了复核检验样品等证明后，恢复评审计时。使用水貂、狐狸等季节性生产的动物进行检验的制品，确因动物供应原因不能完成检验而影响送样的，申请人可提前向农业农村部畜牧兽医局提出延期申请，中监所根据批准的延期时限向政务服务大厅提出暂停检验计时申请。

（三）在开展复核检验期间，因检验用动物、特殊检验设施与设备或标准物质无法获得等特殊原因造成复核检验无法进行且申请人不能提供有效帮助的，中监所应向政务服务大厅提出暂停计时申请。待检验条件成熟时，中监所告知政务服务大厅恢复计时。

（四）需进行现场核查的，评审中心向政务服务大厅提出暂停评审计时 40 个工作日申请。评审中心应在 35 个工作日内组织完成现场核查，并在完成现场核查后 5 个工作日内向政务服务大厅提出恢复评审计时申请。进口兽药注册需进行现场核查的，核查工作时限根据实际需要确定。

（五）需申请人确认生产与检验规程、质量标准、标签、说明书等标准性文件的，评审中心向政务服务大厅提出暂停评审计时 60 个工作日申请。申请人应在 60 个工作日内完成确认工作，政务服务大厅收到申请人无异议的确认函后恢复评审计时。

（六）进口兽药注册期间，需申请人在中国境内进行临床验证试验或兽药残留检测方法验证试验时，评审中心向政务服务大厅提出暂停评审计时 6 个月（132 个工作日）申请。申请人应在 6 个月（132 个工作日）内完成相关试验，政务服务大厅收到申请人临床验证试验结果报告原件或兽药残留检测方法验证试验报告原件后，恢复评审计时。

（七）受动物疫病防控政策或兽药管理政策调整等因素影响需暂停计时的，农业农村部畜牧兽医局致函农业农村部法规司暂停评审计时，并明确暂停计时时间。

（八）对有规定时限的所有情形，如提交补充资料、菌毒种、复核检验样品、确认标准、提交验证试验报告等，申请人逾期未完成的，均作为自动撤回申请处理。但因不可抗力原因造成无法在规定时限内完成的，申请人可提前向农业农村部畜牧兽医局提出延期申请，评审中心（中监所）根据批准的延期时限向政务服务大厅提出暂停评审（检验）计时申请。

一百零二、兽药生产企业洁净区静态检测相关要求

（2021 年 1 月 19 日　农业农村部公告第 389 号发布）

为进一步落实国务院“放管服”改革精神，严格执行《兽药生产质量管理规范（2020 年修订）》（以下简称新版兽药 GMP）有关要求，切实做好兽药生产企业洁净区检测工作，规范检测行为，我部组织制定了《兽药生产企业洁净区静态检测相关要求》，现予发布，并将有关事项公告如下。

一、凡取得国家认证认可监督管理委员会或省级市场监督管理部门颁发的检验检测机构计量认证证书（CMA）或取得中国合格评定国家认可委员会颁发的实验室认可证书（CNAS），并具有附件中洁净室领域检测能力范围的洁净检测机构（以下简称洁净检测机构），在证书有效期内均可开展兽药生产企业洁净区检测工作。

二、洁净检测机构要及时向拟开展洁净区检测业务的兽药生产企业所在地省级畜牧兽医主管部门报告，内容包括检测机构简介（含管理体系运行情况、计量标准管理等）、统一社会信用代码证书、计量认证证书或实验室认可证书（含证书附件）复印件等有效证明材料。

三、洁净检测机构要严格执行兽药 GMP、兽用疫苗生产企业生物安全三级防护标准、空气净化检测以及生物安全等相关要求，按照规定的检测项目、检测方法和评价依据，在静态（非生产状态）下对兽药生产企业洁净区进行检测，出具洁净检测报告，确保检测项目完整、检测数据真实准确。要加强内部管理，严禁检测人员未经检测机构安排和未达到相关资质要求开展检测工作。要严格管理原始检测数据（记录），检测记录应有检测人员和核验人员的亲笔签名，并妥善保存 6 年以上。

四、洁净检测机构要加强现场检测活动管理，开展检测前，要对涉及生物安全活动的场所进行有效消毒，相关人员要做好安全防护。检测过程中，要严格按照规范和标准操作，准确详细记录相关内容。检测结束后，规范出具检测报告，不得对已发出的检测报告进行修改，如确需修改或补充，应出具题为《对编号 * * * 检测报告的补充（更正）》的检测报告，对检测结果负责，承担相应责任。要及时将检测报告同时发送兽药生产企业及其所在地省级畜牧兽医主管部门。

五、兽药生产企业要按照新版兽药 GMP 有关要求，切实做好洁净区日常监测工作。要根据农业部第 2262 号公告规定，在申请兽药 GMP 检查验收前委托符合资质要求并具备相应检测能力的检测机构进行洁净区检测，并向有关部门提供符合要求的检测报告。

六、省级畜牧兽医主管部门和中国兽医药品监察所要加强对洁净检测机构的检查指导，重点检查体系运行质量、计量标准管理、检测报告质量等情况，确保其规范开展检测工作。出具虚假报告、超范围出具报告的检测机构，一经查实，不得再从事兽药生产企业洁净区检测活动，对其出具的检测报告不予认可，并在中国兽药信息网通报。

七、各地在组织开展兽药 GMP 检查验收和日常监管时，要认真核对洁净检测机构出具的检测报告和企业日常监测数据，对检测项目不全、不符合规定要求的检测报告不予认可，并及时报告有关情况。

本公告自发布之日起施行，《农业部办公厅关于加强兽药生产企业洁净室（区）检测工作的通知》（农办医〔2011〕32 号）《农业部办公厅关于公布兽药 GMP 洁净度检测资质单位的通知》（农办医〔2010〕86 号）《农业部办公厅关于指定兽药 GMP 洁净室（区）检测单位的通知》（农办医〔2004〕20 号）以及《农业部兽医局关于确定辽宁省药品检验所为兽药 GMP 洁净度检测单位的函》（农医药便函〔2006〕330 号）同时废止；此前相关文件中与公告内容不一致的，以本公告为准。

附件：兽药生产企业洁净区静态检测相关要求

兽药生产企业洁净区静态检测相关要求

序号	检测项目	检测范围	检测方法依据	检测结果评价依据	适用对象
1	换气次数（必测）	全检	GB 50591—2010《洁净室施工及验收规范》附录 E. 1，或 ISO 14644—3：2019《洁净室及相关受控环境第 3 部分：检测方法》附录 B. 2，或 GB/T 25915. 3—2010《洁净室及相关受控环境第 3 部分：检测方法》附录 B. 4，或 GB 50073—2013《洁净厂房设计规范》附录 A. 3. 1	GB 50073—2013《洁净厂房设计规范》条款 6. 3. 3	
2	新风量（必测）	全检	GB 50591—2010《洁净室施工及验收规范》附录 E. 1	GB 50073—2013《洁净厂房设计规范》条款 6. 1. 5，或 GB 50457—2019《医药工业洁净厂房设计标准》条款 9. 1. 4	
3	温度（必测）	全检	GB 50591—2010《洁净室施工及验收规范》附录 E. 5，或 ISO 14644—3：2019《洁净室及相关受控环境第 3 部分：检测方法》附录 B. 5，或 GB/T 25915. 3—2010《洁净室及相关受控环境第 3 部分：检测方法》附录 B. 8. 2	GB 50457—2019《医药工业洁净厂房设计标准》条款 3. 2. 4	
4	相对湿度（必测）	全检	GB 50591—2010《洁净室施工及验收规范》附录 E. 5，或 ISO 14644—3：2019《洁净室及相关受控环境第 3 部分：检测方法》附录 B. 6，或 GB/T 25915. 3—2010《洁净室及相关受控环境第 3 部分：检测方法》附录 B. 9	GB 50457—2019《医药工业洁净厂房设计标准》条款 3. 2. 4	兽药正压生产线和非生物安全三级防护类负压生产线
5	照度（必测）	全检	GB 50591—2010《洁净室施工及验收规范》附录 E. 7	GB 50457—2019《医药工业洁净厂房设计标准》条款 3. 2. 6	
6	噪声（必测）	全检	GB 50591—2010《洁净室施工及验收规范》附录 E. 6	GB 50073—2013《洁净厂房设计规范》条款 4. 4. 1，或 GB 50457—2019《医药工业洁净厂房设计标准》条款 3. 2. 7	
7	A 级区风速（适用时必测）	全检	GB 50591—2010《洁净室施工及验收规范》附录 E. 1，或 ISO 14644—3：2019《洁净室及相关受控环境第 3 部分：检测方法》附录 B. 2，或 GB/T 25915. 3—2010《洁净室及相关受控环境第 3 部分：检测方法》附录 B. 4，或 GB 50073—2013《洁净厂房设计规范》附录 A. 3. 1	农业农村部公告第 292 号《兽药生产质量管理规范（2020 年修订）》配套文件附件 1 第九条	
8	风速不均匀度（必测）	全检	GB 50591—2010《洁净室施工及验收规范》附录 E. 3，或 ISO 14644—3：2019《洁净室及相关受控环境第 3 部分：检测方法》附录 B. 2. 2. 3，或 GB/T 25915. 3—2010《洁净室及相关受控环境第 3 部分：检测方法》附录 B. 4，或 GB 50073—2013《洁净厂房设计规范》附录 A. 3. 1	农业农村部公告第 292 号《兽药生产质量管理规范（2020 年修订）》配套文件附件 1 第九条	
9	A 级区气流流型（适用时必测）	全检	GB 50591—2010《洁净室施工及验收规范》附录 E. 12，或 ISO 14644—3：2019《洁净室及相关受控环境第 3 部分：检测方法》附录 B. 3. 3，或 GB/T 25915. 3—2010《洁净室及相关受控环境第 3 部分：检测方法》附录 B. 7. 3	农业农村部公告第 292 号《兽药生产质量管理规范（2020 年修订）》配套文件附件 1 第九条、第三十三条	兽药正压生产线和非生物安全三级防护类负压生产线
10	静压差（必测）	全检	GB 50591—2010《洁净室施工及验收规范》附录 E. 2，或 ISO 14644—3：2019《洁净室及相关受控环境第 3 部分：检测方法》附录 B. 1. 2，或 GB/T 25915. 3—2010《洁净室及相关受控环境第 3 部分：检测方法》附录 B. 5. 2，或 GB 50073－2013《洁净厂房设计规范》附录 A. 3. 2	农业农村部令 2020 年第 3 号《兽药生产质量管理规范（2020 年修订）》第四十五条，未涉及部分应满足设计和工艺要求	

（续）

序号	检测项目	检测范围	检测方法依据	检测结果评价依据	适用对象
11	悬浮粒子（必测）	全检	GB 50591—2010《洁净室施工及验收规范》附录 E. 4，或 GB/T 16292—2010《医药工业洁净室（区）悬浮粒子的测试方法》，或 ISO 14644—3：2019《洁净室及相关受控环境第 3 部分：检测方法》条款 4. 1，或 GB/T 25915. 1—2010《洁净室及相关受控环境第 1 部分：空气洁净度等级》附录 B，或 ISO 14644—1：2015《洁净室及相关受控环境第 1 部分：空气洁净度等级》附录 A，或 GB 50073—2013《洁净厂房设计规范》附录 A. 3. 5	农业农村部公告第 292 号《兽药生产质量管理规范（2020 年修订）》配套文件附件 1 第九条	兽药正压生产线和非生物安全三级防护类负压生产线
12	自净时间（必测）	B 级全检、C 级主要操作间中换气次数最小房间抽检	GB 50591—2010《洁净室施工及验收规范》附录 E. 11，或 ISO 14644—3：2019《洁净室及相关受控环境第 3 部分：检测方法》附录 B. 4，或 GB/T 25915. 3—2010《洁净室及相关受控环境第 3 部分：检测方法》附录 B. 12	农业农村部公告第 292 号《兽药生产质量管理规范（2020 年修订）》配套文件附件 1 第十条（七）	
13	送风高效过滤器检漏（必测）	A 和 B 级全检、C 和 D 级抽检	GB 50591—2010《洁净室施工及验收规范》附录 D. 3，或 ISO 14644—3：2019《洁净室及相关受控环境第 3 部分：检测方法》附录 B. 7，或 GB/T 25915. 3—2010《洁净室及相关受控环境第 3 部分：检测方法》附录 B. 6	GB 50591—2010《洁净室施工及验收规范》附录 D. 3. 8	
14	排风高效过滤器检漏（适用时必测）	全检	GB 50591—2010《洁净室施工及验收规范》附录 D. 3，或 GB 50346—2011《生物安全实验室建筑技术规范》附录 D. 4，或 ISO 14644—3：2019《洁净室及相关受控环境第 3 部分：检测方法》附录 B. 7，或 GB/T 25915. 3—2010《洁净室及相关受控环境第 3 部分：检测方法》附录 B. 6	GB 50591—2010《洁净室施工及验收规范》附录 D. 3. 8，或 50346—2011《生物安全实验室建筑技术规范》附录 10. 1. 7	
在包含 1—14 项的同时增加的检测项目或评价依据					生物安全三级防护类生产线及配套活毒废水处理系统
15	静压差（必测）	全检	GB 50591—2010《洁净室施工及验收规范》附录 E. 2	农业部公告第 2573 号《兽用疫苗生产企业生物安全三级防护标准》条款 3. 1. 1. 3 和 3. 1. 5. 6	
16	围护结构严密性（必测）	全检	GB 50591—2010《洁净室施工及验收规范》附录 G，或 GB 19489—2008《实验室生物安全通用要求》附录 A	农业部公告第 2573 号《兽用疫苗生产企业生物安全三级防护标准》条款 3. 1. 2. 3	
17	高效过滤空调箱漏风率（适用时必测）	全检	GB/T 14294—2008《组合式空调机组》条款 7. 5. 4	农业部公告第 2573 号《兽用疫苗生产企业生物安全三级防护标准》条款 3. 1. 3. 10	
18	排风高效过滤装置密封性（适用时必测）	全检	JG/T 497—2016《排风高效过滤装置》附录 A. 2，或 ISO 10648—2《隔离器—第二部分按照密封性分级和相关检测方法》条款 5. 2	农业部公告第 2573 号《兽用疫苗生产企业生物安全三级防护标准》条款 3. 1. 3. 9	
19	排风高效过滤装置高效过滤器检漏（必测）	全检	GB 50591—2010《洁净室施工及验收规范》附录 D. 3，或 JG/T 497—2016《排风高效过滤装置》条款 7. 5. 2，7. 5. 3	GB 50346—2011《生物安全实验室建筑技术规范》条款 10. 1. 7	

（续）

序号	检测项目	检测范围	检测方法依据	检测结果评价依据	适用对象
20	排水管呼吸过滤装置密封性（适用时必测）	全检	JG/T 497—2016《排风高效过滤装置》附录 A.2，或 ISO 10648—2《隔离器—第二部分按照密封性分级和相关检测方法》条款 5.2	农业部公告第 2573 号《兽用疫苗生产企业生物安全三级防护标准》条款 3.1.3.9	生物安全三级防护类生产线及配套活毒废水处理系统
21	排水管呼吸过滤单元高效过滤器检漏（适用时必测）	全检	GB 50591—2010《洁净室施工及验收规范》附录 D.3，或 JG/T 497—2016《排风高效过滤装置》条款 7.5.2，7.5.3	GB 50346—2011《生物安全实验室建筑技术规范》条款 10.1.7	
在包含 1—21 项的同时增加的检测项目或评价依据					生物安全三级防护类检验用动物房效检攻毒区域
22	静压差（必测）	全检	GB 50591—2010《洁净室施工及验收规范》附录 E.2	农业部公告第 2573 号《兽用疫苗生产企业生物安全三级防护标准》条款 3.2.12	
23	核心工作间及相邻缓冲围护结构气密性（必测）	全检	GB 50591—2010《洁净室施工及验收规范》附录 G，或 GB 19489—2008《实验室生物安全通用要求》附录 A	农业部公告第 2573 号《兽用疫苗生产企业生物安全三级防护标准》条款 3.2.18	
24	送风高效过滤器检漏（必测）	全检	GB 50591—2010《洁净室施工及验收规范》附录 D.3	GB 50346—2011《生物安全实验室建筑技术规范》条款 10.1.8	
在包含 1—21 项的同时增加的评价依据					《兽用疫苗生产企业生物安全三级防护标准》（农业部公告第 2573 号）中涉及活病原微生物操作质检室区域
25	静压差（必测）	全检	GB 50591—2010《洁净室施工及验收规范》附录 E.2	农业部公告第 2573 号《兽用疫苗生产企业生物安全三级防护标准》条款 3.3	
生物安全柜性能验证（适用时必测）					常规关键防护设备（生物安全三级防护类生产线、检验用动物房效检攻毒区、涉及活病原微生物操作质检室）
26	送/排风高效过滤器完整性	全检	GB 50346—2011《生物安全实验室建筑技术规范》附录 D.4，或 YY 0569—2011《Ⅱ级生物安全柜》条款 6.3.2.4	RB/T 199—2015《实验室设备生物安全性能评价技术规范》条款 4.1.4.4	
27	噪声	全检	GB 50346—2011《生物安全实验室建筑技术规范》条款 10.2.8，或 YY 0569—2011《Ⅱ级生物安全柜》条款 6.3.3	YY 0569—2011《Ⅱ级生物安全柜》条款 5.4.3	
28	照度	全检	GB 50346—2011《生物安全实验室建筑技术规范》条款 10.2.9，或 YY 0569—2011《Ⅱ级生物安全柜》条款 6.3.4	YY 0569—2011《Ⅱ级生物安全柜》条款 5.4.4	
29	气流流速	全检	GB 50346—2011《生物安全实验室建筑技术规范》条款 10.2.4 及 10.2.6，或 YY 0569—2011《Ⅱ级生物安全柜》条款 6.3.7，6.3.8	RB/T 199—2015《实验室设备生物安全性能评价技术规范》条款 4.1.4.1 及 4.1.4.3	
30	气流烟雾模式	全检	GB 50346—2011《生物安全实验室建筑技术规范》条款 10.2.5，或 YY 0569—2011《Ⅱ级生物安全柜》条款 6.3.9	RB/T 199—2015《实验室设备生物安全性能评价技术规范》条款 4.1.4.2	
31	工作区洁净度	全检	GB 50346—2011《生物安全实验室建筑技术规范》条款 10.2.7	GB 50346—2011《生物安全实验室建筑技术规范》条款 10.2.7	

（续）

序号	检测项目	检测范围	检测方法依据	检测结果评价依据	适用对象
手套箱式隔离器性能验证（适用时必测）					常规关键防护设备（生物安全三级防护类生产线、检验用动物房效检攻毒区、涉及活病原微生物操作质检室）
32	手套口气流	全检	GB 50346—2011《生物安全实验室建筑技术规范》条款 10.2.14	RB/T 199—2015《实验室设备生物安全性能评价技术规范》条款 4.2.4.2	
33	送/排风高效过滤器完整性	全检	GB 50346—2011《生物安全实验室建筑技术规范》附录 D.4，或 GB 50591—2010《洁净室施工及验收规范》附录 D.3	RB/T 199—2015《实验室设备生物安全性能评价技术规范》条款 4.2.4.3	
34	静压差	全检	GB 50346—2011《生物安全实验室建筑技术规范》条款 10.2.12	RB/T 199—2015《实验室设备生物安全性能评价技术规范》条款 4.2.4.4	
35	隔离器密封性	全检	ISO 10648—2《隔离器—第二部分按照密封性分级和相关检测方法》条款 5.2，5.3	RB/T 199—2015《实验室设备生物安全性能评价技术规范》条款 4.2.4.5	
独立通风笼具（IVC）性能验证（适用时必测）					
36	气流速度	全检	RB/T 199—2015《实验室设备生物安全性能评价技术规范》条款 4.3.3.1	RB/T 199—2015《实验室设备生物安全性能评价技术规范》条款 4.3.4.1	
37	压差	全检	RB/T 199—2015《实验室设备生物安全性能评价技术规范》条款 4.3.3.2	RB/T 199—2015《实验室设备生物安全性能评价技术规范》条款 4.3.4.2	
38	风量/换气次数	全检	RB/T 199—2015《实验室设备生物安全性能评价技术规范》条款 4.3.3.3	RB/T 199—2015《实验室设备生物安全性能评价技术规范》条款 4.3.4.3	
39	气密性	全检	RB/T 199—2015《实验室设备生物安全性能评价技术规范》条款 4.3.3.4	RB/T 199—2015《实验室设备生物安全性能评价技术规范》条款 4.3.4.4	
40	送/排风高效过滤器完整性	全检	GB 50346—2011《生物安全实验室建筑技术规范》附录 D.4，或 GB 50591—2010《洁净室施工及验收规范》附录 D.3	RB/T 199—2015《实验室设备生物安全性能评价技术规范》条款 4.3.4.5	

注：1. 检测方法和检测结果评价的依据应为现行有效版标准。
2. 全检是指兽药生产企业各洁净区内的所有房间、走廊、缓冲间等，涉及该检测项目的，都应进行检测。
3. 适用时必测是指法规要求应有相应条件时，必须测定的项目。
4. 主要操作间是指用于承担生产或检验过程中关键工序的房间。
5. 送风高效过滤器检漏：C 和 D 级抽检是指按照每套通风空调系统对应高效送风口数量不少于 10%进行抽查检测，且每套系统不少于 3 个。
6. 涉及生物安全三级防护类车间、检验用动物房效检攻毒区及活病原微生物操作质检室的检测项目，除进行对应区域所需检测项目外，还应进行“工况转换可靠性验证”、“系统启停可靠性验证”、“备用机组切换可靠性验证”、“电气、自控和故障报警系统可靠性验证”，验证结果应符合《兽用疫苗生产企业生物安全三级防护标准》（农业部公告第 2573 号）条款 3.1.6、3.1.7 和 3.1.8 的要求。

一百零三、农业农村部办公厅关于进一步做好新版兽药 GMP 实施工作的通知

（2021 年 9 月 14 日　农业农村部办公厅农办牧〔2021〕35 号发布）

为进一步做好《兽药生产质量管理规范（2020 年修订）》（以下简称新版兽药 GMP）贯彻实施工作，依据《兽药管理条例》、新版兽药 GMP 和农业农村部公告第 292 号有关要求，针对实施过程中存在的技术难点等问题，我部组织研究制定了《兽药生产许可管理和兽药 GMP 检查验收有关细化要求》，现印发你们，请遵照执行。

请各省级畜牧兽医主管部门切实加强组织领导，周密部署安排，严格执行检查验收标准，确保一个标准验到底、一把尺子量到底；要切实加强兽药 GMP 检查员管理，保障兽药 GMP 检查验收等工作经费需求，不断加快新版兽药 GMP 实施步伐。同时，我部将持续加强对各地实施新版兽药 GMP 的指导，对执行标准不严格、落实工作不到位的单位和企业进行通报。

本通知自发布之日起施行，《农业部办公厅关

于印发〈兽药GMP检查验收评定标准补充要求〉的通知》（农办医〔2013〕26号）同时废止；此前相关文件中与本通知内容不一致的，以本通知为准。

附件：兽药生产许可管理和兽药GMP检查验收有关细化要求

兽药生产许可管理和兽药GMP检查验收有关细化要求

一、总体要求

（一）兽药生产企业在《兽药生产许可证》有效期届满前未申请延期或虽提出申请但未经批准同意、并于有效期届满后提交核发《兽药生产许可证》申请的，按照新建企业要求开展兽药GMP检查验收；符合规定的，由审批部门重新编号核发《兽药生产许可证》，企业依法重新申请核发兽药产品批准文号。

（二）兽药生产企业迁址重建、《兽药生产许可证》注销或被吊销、《兽药生产许可证》有效期届满未申请验收、《兽药生产许可证》有效期届满后不再从事兽药生产活动，以及《兽药生产许可证》有效期内缩小生产范围的，省级畜牧兽医主管部门应通过“国家兽药生产许可证信息管理系统”填报企业相关信息，在系统中明确文号注销范围并上传相关证明性文件，由我部注销相关兽药产品批准文号，并予以公告。

（三）新建兽用生物制品生产企业、兽用生物制品生产企业部分生产线在《兽药生产许可证》有效期内从未组织过相关产品生产以及新增生产范围的，涉及的生产线均需先通过兽药GMP静态检查验收，再申请动态检查验收；其他情形可直接申请动态检查验收。属于抗原委托生产的体外诊断制品生产线（B类），且生产过程不涉及微生物相关操作的，可直接申请兽药GMP动态检查验收。兽用生物制品生产企业在通过兽药GMP静态检查验收并自《现场检查验收通知书》出具之日起1年内申请动态检查验收的，只需提供《兽药GMP检查验收申请表》、试生产GMP运行情况报告和产品批生产检验记录；对在《现场检查验收通知书》出具之日起1年后申请动态检查验收的，按照农业部公告第2262号第四条要求提供全项申报资料。

（四）生产车间部分功能间、检验用动物实验室进行改造或主要设备发生变化，此类不涉及生产范围改变但对产品质量可能产生重大影响的变更，兽药生产企业应在变更后10个工作日内向省级畜牧兽医主管部门提交变更情况报告，涉及洁净区改造的还应同时提交洁净检测机构出具的检测报告。省级畜牧兽医主管部门应加强对变更情况的监督检查。其中，涉及无菌兽药、兽用生物制品生产车间主要功能间、主要生产设备或攻毒用检验动物实验室发生改变的，省级畜牧兽医主管部门应在收到变更报告后20个工作日内对企业改造情况开展监督检查。

二、厂区（厂房）布局要求

兽药生产企业厂房的选址、布局、建造应符合兽药GMP要求。新版兽药GMP和本文中关于厂房与建筑物的表述为同等含义。

具体要求如下：

（一）兽药生产（兽医体外诊断制品生产除外）应具备专用的厂房，生产厂房不得用于生产非兽药产品。体外诊断制品执行《兽医诊断制品生产质量管理规范》要求，在不影响产品质量的前提下，允许使用多层厂房中的一层或多层进行生产、检验等活动。

（二）不同兽药生产企业不得在同一厂房内进行兽药生产、仓储、检验等活动。

（三）不同类型的危险物料、理化性质不稳定的物料应隔离储存。

三、车间布局要求

存在多产品共用生产车间、设施设备的，企业应对共用可行性进行评估，并随着兽药行业和GMP水平的提升，对共用方式及时进行调整和改进。

（一）应按照兽药GMP要求对生产车间进行合理布局，不得随意改变洁净级别；确需提高洁净级别的，应采取有效的控制措施，避免人物流、生产操作及清洁灭菌等对产品、环境造成污染、交叉污染以及生物安全风险。

（二）最终灭菌大容量静脉注射剂应设置专用的生产车间。

（三）最终灭菌无菌注射剂不得与非最终灭菌无菌注射剂共用生产车间；乳房注入剂或子宫注入剂不得与注射剂共用生产车间；口服溶液剂不得与注入剂或非最终灭菌无菌注射剂共用生产车间；口服制剂不得与外用制剂共用生产车间；中药片剂、中药颗粒剂不得与粉剂、预混剂共用生产车间；化药片剂、化药颗粒剂不得与散剂共用

生产车间。

（四）口服溶液剂与最终灭菌小容量注射剂、最终灭菌大容量非静脉注射剂如存在共用生产车间的，口服溶液剂与注射剂的称量间、配液间、药液输送管道和灌装间均应各自专门设置。

（五）中药可溶性粉的生产条件遵照散剂要求，在生产过程中应进行微生物控制。

（六）生产有国家标准的中药提取物，其中药提取收膏车间应具备与所生产提取物相适应的功能间和设施设备，不得在中药制剂车间内进行中药提取物的干燥、粉碎、混合等操作。

（七）中药可溶性粉、经中药提取制成的散剂等产品，其属于制剂生产工艺范畴的粉碎、混合、分装等生产工序，不得设置在中药提取收膏车间内。

（八）质量标准有微生物限度检查要求的产品，其生产环境应按照D级洁净区的要求设置。

（九）用于兽医手术器械消毒、乳头浸泡消毒以及有微生物限度检查要求的消毒剂，生产环境应按照D级洁净区的要求设置；环境用消毒剂如与需洁净区生产的消毒剂产品共用生产车间，生产环境应按照D级洁净区的要求设置，并应做好环境用消毒剂对D级洁净区的污染控制和风险评估。

四、设施设备要求

（一）粉剂、预混剂、散剂的称量、投料后的工序应使用密闭式设备生产，或采用密闭管道、密闭式移动料仓等方式输送物料；料斗等设备存放应与清洗分开，清洗间不得开门直接通向称量投料、混合、分装等功能间。

（二）生产过程中不得利用空调回风代替除尘系统，对产尘量大的生产区域，应设置专用的除尘系统，防止粉尘扩散，避免交叉污染。

（三）无菌兽药和兽用生物制品生产过程中产生的废弃物出口不得与物料进口合用一个气锁间或传递窗（柜）。

（四）无菌兽药的物料取样不得采用“一般区+采样车”的方式，应在相应洁净级别区域进行取样。

（五）应根据所生产品种的检验要求，设置用于无菌检查、微生物限度检查、抗生素微生物检定以及阳性菌操作等微生物实验室。微生物实验的各项工作应在专属的区域进行，以降低交叉污染。各操作区域的布局设置、设施设备和环境监测等要求应符合《中国兽药典》附录《兽药微生物实验室质量管理指导原则》《兽药洁净实验室微生物监测和控制指导原则》等相关规定。

五、验证与记录要求

（一）采用无菌生产工艺的产品（如非最终灭菌无菌兽药、有关兽用生物制品等）应进行培养基模拟灌装试验。

（二）兽药批包装记录中应有本批产品赋电子追溯码标识操作的详细情况，如包装数量、赋码设备编号、赋码数量、追溯码信息（24位数字）等，追溯码信息以及对两级以上包装进行赋码关联关系信息等记录可采用电子方式保存。

一百零四、进口兽药通关单核发管理系统

（2021年11月25日　农业农村部公告第496号发布）

为贯彻落实《国务院办公厅关于进一步优化营商环境更好服务市场主体的实施意见》（国办发〔2020〕24号）有关要求，实现进口兽药通关单通过国际贸易“单一窗口”一口受理，方便申请人“一站式”办理业务，农业农村部会同海关总署依托国际贸易“单一窗口”建设进口兽药通关单核发管理系统（以下简称“核发系统”）。现将有关事项公告如下。

一、核发系统自2021年11月29日起正式启用。申请人通过国际贸易“单一窗口”在线申领进口兽药通关单，农业农村部和各级农业农村部门通过核发系统核发进口兽药通关单。

二、进口兽药通关单核发后，相关电子数据将直接发送至海关联网核查系统，报关时录入通关单编号即可进行联网核查。

三、国际贸易“单一窗口”为互联网平台，访问地址https：//www.singlewindow.cn。申请人实名注册登录后，点击“标准版应用”，选择“许可证件”项下“进口兽药通关单”进入管理系统申请端进行申领，用户手册可在国际贸易“单一窗口”首页“服务指南”项下载。各相关管理部门通过密钥（USBkey）登录核发系统审批端办

理业务，用户手册可在审批端下载。

四、各相关管理部门要加强经办人员技术培训，梳理掌握核发系统操作流程，确保通关单核发工作顺利开展。

五、各相关管理部门要积极协调解决现行系统与“单一窗口”核发系统切换过程中遇到的具体问题，推动核发系统启用工作顺利开展。

核发系统使用过程中遇到的问题及改进建议请及时反馈我部畜牧兽医局（联系电话：010—59192829）。

特此公告。

一百零五、兽药产品批准文号复核检验工作指导原则

（2022 年 3 月 1 日　农业农村部办公厅农办牧〔2022〕7 号发布）

为深化兽药行政审批“放管服”改革，进一步提高兽药产品批准文号核发工作效率，根据《兽药产品批准文号管理办法》有关规定，我部组织修订了《兽药产品批准文号复核检验工作指导原则》，现印发给你们，自发布之日起施行，并就有关事项通知如下。

一、本通知发布之日前已开展复核检验的，可按照本指导原则开展复核检验。

二、本通知发布之日起开展复核检验的，应按照本指导原则开展复核检验。

三、原《兽药产品批准文号复核检验工作指导原则》（农办医〔2017〕29 号）自本通知发布之日起废止。

附件：兽药产品批准文号复核检验工作指导原则

兽药产品批准文号复核检验工作指导原则

按照“突出重点、把控关键”原则，根据《兽药产品批准文号管理办法》有关规定，现对兽药产品批准文号（以下简称“文号”）核发过程中的复核检验工作规定如下。

一、基本原则

（一）兽用中药、化学药品和国家强制免疫疫苗首次申请文号、注销或被撤销文号的兽药产品重新申请文号、文号有效期内监督抽检不合格产品换发文号的，3 批样品总的复核检验项目应覆盖兽药质量标准中所有检验项目。

（二）国家强制免疫疫苗以外的兽用生物制品首次申请文号、文号过期后重新申请文号的以及异地扩建、迁址重建、原址重建企业原生产地址取得过文号的产品申请文号的，从抽样的 3 批样品中随机抽取 1 批，按下述复核检验项目指导原则选择相应检验项目进行复核检验；如文号有效期内有监督抽检不合格记录，应按照上述（一）中的要求进行复核检验。

二、复核检验项目指导原则

（一）兽用中药、化学药品类

除该类产品必检项目外，还应从关键项目中选择至少 2 项进行复核检验。必检项目中，以“、”分隔的项目均为必检项目；以“/”分隔的检验项目，应根据该产品质量标准中的检验项目选择其中的 1 个适用项目。

必检项目：1. 产品质量标准中包含“微生物限度”检验项目的，此项目为必检项目。

2. 产品质量标准中包含“无菌”检验项目的，此项目为必检项目。

3. 其他剂型必检项目：

（1）可溶性粉剂：溶解性。

（2）片剂：溶出度/释放度/崩解时限。

（3）胶囊剂：溶出度/释放度/崩解时限。

（4）丸剂：溶散时限。

（5）注射剂：可见异物（如涉及）、细菌内毒素/热原（如涉及）、不溶性微粒（如涉及）。

（6）眼用制剂：可见异物/金属性异物、渗透压摩尔浓度（如涉及）。

（7）栓剂：融变时限。

（8）阴道用制剂：释放度/释放速率、发泡量（如涉及）。

（9）颗粒剂：溶化性。

关键项目：鉴别、含量测定、有关物质、组分检查、抑菌剂、无机离子和含量均匀度。

（二）兽用生物制品类

除该类制品必检项目外，还应从关键项目中选择至少 2 项（关键项目不超过 2 项时，则应全选）进行检验。必检项目中，以“、”分隔的项目均为必检项目；以“/”分隔的检验项目，应根据

该产品质量标准中的检验项目选择其中至少1个项目。

1. 病毒类活疫苗

必检项目：病毒含量测定/蚀斑计数、耐老化试验。

关键项目：无菌检验、支原体检验、剩余水分测定、真空度测定、安全检验、效力检验（替代法）、效力检验（靶动物免疫攻毒法）等质量标准项目。

2. 细菌类活疫苗

必检项目：活菌计数/芽孢计数/卵囊计数、耐老化试验。

关键项目：纯粹检验、运动性检查、荚膜检查、鉴别检验、剩余水分测定、真空度测定、安全检验、效力检验（替代法）、效力检验（靶动物免疫攻毒法）等质量标准项目。

3. 病毒类灭活疫苗

必检项目：146S含量测定、效力检验/安全检验。

关键项目：性状、无菌检验、鉴别检验、内毒素含量、总蛋白含量、甲醛残留量测定、汞类防腐剂残留量测定、抗原含量测定、灭活检验、氢氧化铝含量测定、黏度测定等质量标准项目。

4. 细菌类灭活疫苗

必检项目：效力检验/安全检验。

关键项目：性状、无菌检验、鉴别检验、重量差异限度、甲醛残留量测定、汞类防腐剂残留量测定、苯酚残留量测定、灭活检验、氢氧化铝含量测定、黏度测定等质量标准项目。

5. 诊断制品

必检项目：效价测定、特异性检验、敏感性检验。

关键项目：灵敏度检验、型特异性鉴定。

6. 抗体、干扰素、转移因子及其他制品

必检项目：无菌检验、效价测定。

关键项目：甲醛残留量测定、辛酸含量测定、汞类防腐剂残留量测定、苯酚残留量测定、剩余水分测定、真空度测定、鉴别检验、效力检验等质量项目标准。

基因工程类等其他兽用生物制品，根据生产工艺和成品特性参照相关类别制品的检验项目执行。

一百零六、农业农村部办公厅关于进一步创新优化兽药审批服务的通知

（2022年6月8日 农办牧〔2022〕18号发布）

为贯彻落实全国稳住经济大盘电视电话会议精神，积极应对新冠肺炎疫情影响，我部决定进一步加大兽药领域“放管服”改革力度，采取创新方式、优化流程、压减时限等措施，促进兽药产业持续健康发展。现将有关事项通知如下。

一、实行兽药生产质量管理规范远程视频检查验收

省级畜牧兽医主管部门依法办理兽药生产许可时，可采取远程视频方式，对兽药生产企业（生产线）是否符合兽药生产质量管理规范（以下简称“兽药GMP”）进行检查验收，具体参照我部畜牧兽医局制定的《兽药GMP远程视频检查验收技术指南》和有关要求执行，不得降低检查验收标准。布鲁氏菌病活疫苗和涉及兽用疫苗生物安全三级防护的新建、原址改扩建、异地扩建、迁址重建生产线，以及原料药、无菌制剂、中药提取、含氯固体消毒剂的新建生产线，不适用远程视频检查验收。

二、实行兽药生产许可证核发告知承诺制

受新冠肺炎疫情影响，无法及时开展兽药GMP检查验收的省份，对体外兽医诊断制品的生产许可，以及除粉剂、散剂、预混剂、原料药、无菌制剂、中药提取、含氯固体消毒剂以外的兽用中化药类生产许可，省级畜牧兽医主管部门可根据工作实际，依法依规对兽药生产许可证核发实施告知承诺制。在实施告知承诺时，省级畜牧兽医主管部门应重点审查企业提交的兽药GMP检查验收申请资料和符合兽药GMP检查验收标准承诺书，对材料符合规定要求的，即可按相关规定核发《兽药生产许可证》；发证后3个月内，要及时组织检查验收，对不符合发证要求的，根据《中华人民共和国行政许可法》等有关规定，依法撤销其兽药生产许可。新建兽药生产企业及新增兽药生产范围的生产许可，不适用告知承

诺制。

三、优化兽药产品批准文号核发现场核查抽样流程

省级畜牧兽医主管部门组织开展兽药GMP检查验收时，对符合兽药GMP要求的生产线，可同时对试生产产品开展现场核查抽样，按规定填写相关核查抽样表单，做好相应记录，并通过农业农村部兽药产品批准文号核发系统提交现场核查抽样情况说明及相关表单资料。

四、扩大兽药产品批准文号核发免除复核检验情形

在新冠肺炎疫情防控期间，对异地扩建、迁址重建、原址改扩建、原址重建兽药生产企业，已取得兽药产品批准文号的兽药产品，再次申请产品批准文号的，或批准文号过期后再次申请的，省级畜牧兽医主管部门按时组织开展现场核查抽样，非兽用生物制品类样品留存省级兽药检验机构备查、兽用生物制品类样品留存批签发留样库备查，免除样品的复核检验。符合上述规定，已申请批准文号正在进行质量复核检验的，企业可向兽药检验机构申请终止检验。如上述兽药产品在批准文号有效期内，经省级以上人民政府兽医行政管理部门监督抽检不合格1批次以上的，不适用免除复核检验情形。

五、压减兽药审批事项办理工作时限

在新冠肺炎疫情防控期间，各级畜牧兽医主管部门要切实加大工作力度、提高工作效率，对非兽用生物制品类兽药的产品批准文号复核检验，将检验时限由90个工作日至少压减至60个工作日；对兽用生物制品的产品批准文号复核检验，将检验时限由120个工作日至少压减至100个工作日。同时，将兽药GMP检查验收结果公示期由不少于15日调整为不少于7日。

六、做好兽药审批事后监管

对开展远程视频检查验收的企业，省级畜牧兽医主管部门要适时组织现场监督检查，发现不符合兽药GMP要求的，依据《兽药管理条例》第五十九条规定处理处罚；发现严重不符合兽药GMP要求的，依法撤销其兽药生产许可。各级畜牧兽医主管部门要进一步加强兽药生产经营企业的监督检查，严格实施兽药产品二维码追溯监管，加大免除复核检验兽药产品的跟踪抽检力度，确保兽药生产安全和兽药产品质量安全。

附件：

兽药GMP远程视频检查验收实施指南

1 目的

为规范兽药GMP远程视频检查验收工作，保证远程视频检查结果的完整性和有效性，确保检查过程、检查要求和检查方法的一致性，特编制本指南。

2 适用范围

本指南适用于省级畜牧兽医主管部门组织对申请企业开展的兽药GMP远程视频检查验收工作，包括省级畜牧兽医主管部门、申请企业、检查组在检查前准备、现场视频检查、文件审查、结果报告及不符合项跟踪检查的全过程。

3 远程视频检查验收的准备

3.1 申请企业

申请企业按照要求配置远程视频检查验收硬件设备和网络条件（见附件1），安排专人与各检查员对接，并按照检查员要求准备电子版文件（优先采用PDF格式）及影音录像资料。申请企业提交的所有电子版文件与现场纸质版文件、记录及实际操作情况一致，提供申请企业承诺的一致性声明。

3.2 省级畜牧兽医主管部门

省级畜牧兽医主管部门将申请企业提交的符合农业部公告第2262号要求的电子版资料发送给检查员。确定远程视频检查会议平台，可优先选择申请企业建议的有安全保障的资料网盘及视频会议平台。组织检查组和申请企业对视频检查的通信方式进行测试。

3.3 检查组

实施组长负责制。检查组组长负责远程视频检查的总体策划，在风险分析基础上制定检查验收工作方案（见附件2）和检查验收工作日程安排，明确检查组成员的详细分工。检查组组长至少在正式远程视频检查的前3天将检查验收工作方案和检查验收工作日程安排告知省级畜牧兽医主管部门、申请企业和检查组成员。检查组成员根据检查验收工作方案，提出所负责领域的检查验收内容及要求，包括需要查阅的文件、计划、报告、记录等（见附件3）。检查组共同拟定现场考核的操作项目。检查组与申请企业确认资料提供的方式，如需提前录制视频的，告知申请企业拍摄内容、录制时间、地点等要求。

4 远程视频检查验收实施

4.1 首次会议

参加人员至少包括检查组全体成员、观察员、企业负责人和相关部门负责人。会议上宣读检查验收纪律，确认检查验收范围，介绍检查验收要求和注意事项，听取申请企业简要汇报兽药GMP实施情况，与申请企业确认电子信息数据的传输、存储和使用的保密性要求和规定。

4.2 远程视频现场检查

根据检查组工作方案安排，企业人员提前分组进入指定生产、检验、仓储和污水处理等区域，通过实时视频交流方式向检查组展示厂区周围环境、总体布局；生产厂房（车间）的设施、设备情况；生产车间的生产管理与质量控制；仓储设施、设备及物料的配置、流转与质量控制；工艺用水的制备与质量控制；空调系统的使用、维护与管理；质检室设施与管理；污水处理情况等。检查组在实时视频检查过程中，随时向企业人员进行询问。

4.3 查看文件与记录

申请企业需提前制作机构与人员、厂房及设施、设备、物料管理、确认与验证、文件管理、生产管理、质量管理、产品销售与收回、投诉与不良反应、自检等文件及相关记录的电子版材料。检查组成员查看企业提供的电子版文件和记录，检查文件和记录是否齐全、内容是否符合要求。对于检查期间需企业补充提交的材料，企业积极安排人员协助查找和提供，回答检查员提出的问题。

4.4 人员考核

被考核人员包括企业负责人和检查组指定的关键岗位人员。分为现场实操考核和理论知识考核。

现场实操考核：检查组根据生产、检验情况，对生产和检验人员采用实时视频方式进行考核。考核过程要确保检查组能够观察到现场操作的重点环节和整体情况。当现场实际情况不适合进行实时视频考核时，企业根据与检查组事先商定的录制要求，向检查组展示实操视频。企业将实操报告和原始记录通过扫描件发给检查组确认。

理论知识考核：检查组根据总体检查情况，对申请企业相关人员掌握国家法规、技术标准以及企业制度情况进行现场视频提问考核。每位检查员根据查看文件和视频现场检查中发现的问题，有针对性的提问，对企业人员兽药GMP的理解和掌握情况进行评估。

4.5 检查组内部会

检查组在检查期间可采用多种方式多次就检查内容和检查进展等情况召开内部工作会，讨论检查发现的问题，了解检查工作开展情况，及时调整检查员的工作任务，调控检查工作整体进度。

4.6 检查组与企业沟通

检查组可通过视频会议等方式，随时与企业人员沟通了解相关情况。对检查验收过程中发现的企业缺陷，检查组与企业相关负责人进行充分沟通，听取企业的情况说明和解释。

4.7 结果评定

检查组根据视频现场检查、文件记录查阅及人员考核等情况，对申请企业兽药GMP运行整体情况进行综合评定，并按《兽药生产质量管理规范检查验收办法》《兽药生产质量管理规范（2020年修订）》《兽药生产质量管理规范检查验收评定标准（XX类，2020年修订）》或《兽医诊断制品生产质量管理规范》和《兽医诊断制品生产质量管理规范检查验收评定标准》要求逐条打分，确定缺陷项目，撰写检查验收报告。

4.8 末次会议

参加人员至少包括检查组全体成员、观察员、企业负责人和相关部门负责人。检查组宣读《兽药GMP现场检查验收缺陷项目表》和《兽药GMP现场检查验收报告》，并告知企业整改要求和整改时限。检查组将签名后的缺陷项目表和验收报告发给企业负责人签字确认。企业负责人确认签名后，将签名扫描件发给检查组组长，纸质版随同整改材料邮寄给省级畜牧兽医主管部门。

5 远程视频检查中相关要求

5.1 省级畜牧兽医主管部门、申请企业和检查组尽力保障远程视频会议及视频检查验收过程中周围环境的安静和不被打扰。

5.2 申请企业有专人负责视频检查时的互联网接入、会议系统使用、远程会议室的预订等技术保障工作，并在每次远程视频会议时向检查员介绍参会人员。

5.3 申请企业如对远程视频检查验收任一环节有保密要求，提前告知省级畜牧兽医主管部门和检查组。当保密要求可能影响视频检查有效性时，检查组可终止本次远程视频检查。

5.4 远程视频检查验收涉及的会议、现场检查、理论和实操考核，由申请企业负责录制视频影像，验收结束后形成内容清单，经检查组和企业双方确认后，所有视频资料连同清单一并交由省级畜牧兽医主管部门保管。

5.5 检查组在验收过程中要求申请企业提交的相关电子版材料，由申请企业形成清单，经与检查组确认后，加盖企业公章，作为验收资料提交省级畜牧兽医主管部门保管。

6 远程视频检查的终止

检查过程中遇到以下情况之一，检查组与省级畜牧兽医主管部门汇报后可终止检查。省级畜牧兽医主管部门待相关条件成熟后，重新启动检查工作。

6.1 远程视频检查设备故障

发生短期内无法解决的异常情况，如申请企业及检查组的远程视频检查设备损坏、通信网络发生故障而无法正常工作，或检查组评估的其他可能影响检查效果的情况等。

6.2 申请企业准备不足

申请企业不能熟练操作远程视频检查软件而影响检查质量、不能按照检查组要求及时提供所需资料或提供的文件、记录等资料模糊不清影响检查进度，以及保密及信息安全无法达到双方之前的约定等。

7 远程视频检查后续工作

7.1 申请企业

按兽药GMP要求及时完成整改，并向省级畜牧兽医主管部门提交整改报告。建议留存远程视频检查过程中可作为符合性证据的所有电子材料至少5年。

7.2 省级畜牧兽医主管部门

对申请企业整改情况及整改报告进行审核。审核通过后将整改报告提交检查组组长。妥善保存申请企业提交的远程视频检查符合性证据资料，建议保存期至少5年，以便后续核查。

7.3 检查组

检查工作结束后，检查组全体成员删除在检查过程中获取与申请企业有关的文件、记录、照片、视频、录音等资料。企业完成整改后，由检查组组长确认整改情况是否达到兽药GMP要求。必要时，检查组与省级畜牧兽医主管部门沟通，可要求再次进行远程或者现场核实确认。

8 相关附件

附件1 远程视频检查验收硬件设备及网络配置要求

附件2 兽药GMP远程视频检查验收工作方案（示例）

附件3 申请企业提供的材料清单（检查组参考使用）

附件1：

远程视频检查验收网络配置及硬件设备要求

一、网络覆盖和平台要求

1. 网络覆盖要求：厂区、生产区（含生产动物房）、质量检验区（含检验用动物房）、能源动力区、仓储区、污水处理区和办公区等区域实现网络全覆盖，有稳定的信号传输。网络带宽≥50M或4G以上网络，必要时可租借通信运营商的小型信号基站。

2. 平台要求：采用支持远程会议或具有远程音频视频功能的软件或平台（客户端），如腾讯会议、小鱼易连、Wechat、Webex、Teams等。

二、远程视频设备需求

1. 申请企业会议室设备需求：整体界面视频摄像头（会议室无死角拍摄）；发言人视频摄像头；3个以上可收音、降噪的移动摄像头或配备带有降噪配件且与基站信号相符的智能手机；3个以上防抖支架或云台稳定器，视频全向麦克风；可投屏的高清像素扫描仪一台，电脑。

2. 申请企业现场录制设备需求：2个以上可收音、降噪的移动摄像头或配备带有降噪配件且与基站信号相符的智能手机；每条生产线至少配置2个防抖动支架或云台稳定器。

3. 检查员：智能手机、带有视频语音功能的电脑或其他电子设备等。

附件2：

兽药GMP远程视频检查验收工作方案

（示例）

受××委派，根据《兽药生产质量管理规范检查验收办法》和《兽药生产质量管理规范（2020年修订）》《兽药生产质量管理规范检查验收评定标准（××类，2020年修订）》，结合《农业农村部畜牧兽医局关于试行开展新版兽药GMP远程视频检查验收的通知》（农牧便函〔2022〕271号），现对××公司实施远程GMP检

查验收，检查方案如下。

一、企业概况和检查范围

××公司位于×××（生产地址），公司于××年××月正式投产，设有××生产线。该次申请的验收属于第×次验收。

此次检查验收范围：×××

二、检查验收时间和检查程序

（一）检查时间：　年　月　日至　年　月　日

（二）检查程序

1. 远程视频调试会议

（1）测试远程验收各个环节软硬件条件是否具备远程验收的要求。

（2）双方对远程验收通信方式进行调试，确保所使用的××软件（平台）视频会议的兼容性和网络的畅通性，能够满足双方要求。

2. 远程验收预备会议

（1）检查组确定申请企业需提前准备的材料清单。

（2）检查组确定实操考核项目，由组长与申请企业沟通确认。

（3）检查组对验收要求统一认识，达成共识。

3. 首次会议

参加人员：检查组全体成员、观察员及企业负责人、相关部门负责人等。通过××软件（平台）视频的方式进行。

会议主要内容：

（1）检查组宣读检查验收纪律，确认检查验收范围。

（2）介绍检查验收要求和注意事项，共同确定对电子信息数据的传输、存储和使用的保密性。

（3）申请企业简要汇报兽药GMP实施情况。

4. 视频现场检查

检查厂区周围环境、总体布局；检查生产厂房（车间）的设施、设备情况；生产车间的生产管理与质量控制；仓储设施、设备及物料的配置、流转与质量控制；工艺用水的制备与质量控制；空调系统的使用、维护与管理；质检室设施与管理；动物房设施与管理；污水处理情况等。

5. 查看文件与记录

检查各类GMP管理文件和记录，查看文件和记录是否齐全、内容是否符合要求，包括质量控制与质量保证、机构与人员、厂房与设施、设备、物料与产品、卫生、确认与验证、文件管理、生产管理、产品销售与收回、投诉与不良反应、自检等文件。

6. 人员考核

视频现场实操考核：检查组根据生产、检验情况，对生产操作人员开展××操作等×个项目考核，对质检室检验员进行××操作等×个项目考核。

视频理论知识考核：检查组根据总体检查情况，对参加考核人员掌握国家法规、技术标准以及企业管理文件程度进行考核。每位检查员根据现场检查和查看文件中出现的问题，有针对性的提问，对人员整体情况进行评估。

7. 结果评定

检查组根据现场检查、文件查阅及人员考核等情况，对该企业兽药GMP运行整体情况进行综合评定，并按《兽药生产质量管理规范（2020年修订）》和《兽药生产质量管理规范检查验收评定标准（××类，2020年修订）》要求逐条打分，撰写验收报告、确定缺陷项目。

8. 末次会议

参加人员：检查组全体成员、观察员及企业负责人、相关部门负责人等。通过××软件（平台）视频会议的方式进行。

检查组宣读《兽药GMP现场检查验收报告》和《兽药GMP现场检查验收缺陷项目表》，并与企业负责人共同签字确认。

三、检查组成员及分工

（一）检查组成员

组长：×××

组员：×××、×××、×××

观察员：×××、×××、×××

（二）分工

×××：负责此次远程验收的全过程，包括制定验收方案、任务分工、远程调试、现场协调等；承担《兽药生产质量管理规范检查验收评定标准（××类），2020年修订》（以下检查《评定标准》）中×××等检查任务，提出负责部分所需要的材料清单；组织完成打分评定工作。

×××：协助组长解决此次视频检查过程中遇到的问题；承担××条生产线和《评定标准》中××等检查任务，提出负责部分所需要的材料清单；配合完成打分评定工作。

×××：协助组长总结、汇总验收材料；承担××条生产线和《评定标准》中××等检查任务，提出负责部分所需要的材料清单；配合完成打分评定工作。

检查组共同撰写《兽药GMP现场检查验收工作方案》《兽药GMP现场检查验收缺陷项目表》和《兽药GMP现场检验查验收报告》。

附件3：

申请企业提供的材料清单
（检查组参考使用）

章节	需提供的材料
质量管理	提供质量目标
	文件体系目录
	质量风险评估报告
机构与人员	提供组织机构图
	管理和操作人员名单，注明各岗位；质量管理部门的职责
	××管理负责人履历和培训情况
	××年培训计划；××人员的培训情况
	卫生操作规程
厂房及设施	企业厂区总体布局与生产环境情况
	非洁净区与洁净区厂房内部装修及维护情况；厂房、公用设施、固定管道建造或改造后的竣工图纸
	生产场所与工艺流程符合性；防止人流、物流，交叉污染的设施及措施；防火、防爆、防虫等设施；洁净（区）室的设置；洁净室墙、地面维护及水池、地漏装置；洁净室各种管道、灯具、风口及其他备用设施的安装和维护；洁净室空气、人员、物料、净化设施及处理方法；洁净室综合措施（温湿度、照度、压差、悬浮粒子、微生物数等）及主要指标监测记录
	仓储环境、设施及温湿度监测装置及相关记录；仓储区物料存放情况及相应的标识、记录；特殊物品（易燃易爆危险品、兽用麻醉药品、精神药品、毒性药品、标签、说明书）存放区域情况；取样区的空气洁净度级别
	各类实验室布局、使用情况；仪器室环境；实验动物房的设置及使用情况
	（如涉及时）β-内酰胺结构类、性激素、吸入麻醉剂等特殊兽药生产情况；中药材的前处理，提取、浓缩与其他制剂生产的隔离及通风除尘设施情况；动物脏器、组织的洗涤处理与其他制剂生产隔离情况
设备	设备管理的规章制度
	主要设备档案
	预防性维修保养计划及相应记录；设备（包括纯化水、注射水系统，空调系统）的运行记录；设备的使用记录（内容包括日期、时间、所生产及检验的兽药名称、规格和批号、使用情况等）；设备的清洁记录
	状态标识、校验标识及与设备连接的主要固定管道的标识；生产、检验设备符合工艺生产技术要求程序；纯化水、注射用水设备符合工艺要求程度（材质、内部结构等）；关键设备的验证情况及记录（如灭菌设备、灌装设备等）
物料管理	物料购入、贮存、发放等管理制度）及相应的操作规程（物料接收操作规程、退货操作规程）
	物料的质量标准和检验报告
	对供货单位的质量审计情况及合格供应商名单；主要物料供应商档案
	料接收记录、样表；生产区、仓库物料定置区域划分；物料及中间产品、成品管理的账、物、卡相符情况及状态标识；不合格物料及召回产品的管理；贮存条件及仓储区温湿度监测装置及记录；计算机仓储管理的操作规程；特殊物料的管理：对温度、湿度、洁净度或其他条件有特殊要求物料的管理；易燃易爆和其他危险品的验收、贮存、保管、使用销毁情况；兽药标签、说明书的管理；先进先出执行情况；物料保存期限及复验情况
	包装材料设计、审核、批准的操作规程及原版实样；包装材料变更的流程；仓库标签的验收、保管、发放、领用及记录；包装车间标签发放、使用、销毁记录
确认与验证	确认与验证管理制度、各类验证的指导原则
	验证总计划：包括厂房与设施、设备、检验仪器、生产工艺、操作规程、清洁方法和检验方法等，确立验证工作的总体原则，明确企业所有验证的总体计划
	清洁验证
	再验证情况

（续）

章节	需提供的材料
文件管理	文件管理制度
	生产和质量管理文件清单、记录清单及具体文件
	各类文件制度的起草、审核、批准、发放、使用、保管等
生产管理	生产工艺规程的执行情况
	生产岗位操作法、SOP的执行情况
	生产过程按工艺质量控制点要求进行中间检查情况
	批生产及包装记录的管理情况
	生产工艺用水定期检查情况
	生产现场环境卫生，工艺卫生执行情况
	清场制度执行情况及清场记录
	不合格品处理情况
	断电等突发事故的处理情况
	原辅料及包装材料的领取使用、管理情况
质量管理、质量控制与质量保证	各种质量管理制度、质量标准（原辅料、包装材料、中间产品、成品）及产品内控质量标准、检验操作规程，仪器使用规程、工艺用水质量标准
	质量管理部门主要职责及执行情况：包括自检工作开展及相关记录、报告；验证工作开展及相应材料；供应商评价开展及主要材料；工艺用水及洁净室定期监测报告；产品投诉及不良反应管理及处理相关证据；退货、不合格品的管理及处置记录、台账；标准品、检定菌、管理及相应记录；物料检验及放行工作；偏差处理台账及记录；变更控制台账及记录；质量风险管理及记录；取样方法及抽样记录；各种检验仪器的校验标识、校准记录；检验记录及检验报告单；评价原料、中间产品及成品质量稳定性方法及相应检查记录；质量培训材料及培训情况；实验室管理及实验动物房管理及相应制度记录；产品标识和可追溯性管理制度及检查
产品销售和召回	销售管理制度及执行情况抽检
	销售记录及二维码上传情况
	产品召回系统的有效性评估及召回记录
	退货及召回产品的管理

一百零七、兽药生产许可证、兽药经营许可证、兽药GMP证书新版启用

（2022年7月15日　农业农村部公告第581号发布）

为进一步完善兽药生产、经营许可证核发工作，加强兽药生产、经营环节监管，我部修订了《兽药生产许可证》《兽药经营许可证》《兽药GMP证书》样式，现予以发布，自2022年9月1日起启用，并就有关事项公告如下。

一、新版《兽药生产许可证》《兽药经营许可证》设立正本、副本，具有同等法律效力，是兽药生产或经营企业取得相应许可的合法凭证，正本悬挂和摆放在生产或经营场所显著位置，副本用于记载企业相关内容的变更情况。

二、新版《兽药生产许可证》证号格式为“兽药生产证字×××××号”，其中数字为5位，由企业所在省份序号（2位，以原农业部公告第452号公布的省份序号为准）和企业序号（3位，省份内排序）组成。新版《兽药经营许可证》证号格式为“兽药经营证字×××××××××号”，其中数字为9位，由企业所在省份序号（2位，以原农业部公告第452号公布的省份序号为准）、县级以上行政区域序号（4位，各省份统一编制并发布）及企业序号（3位，县级行政区域内排序）组成。新版《兽药GMP证书》证号格式继续按照农办医〔2015〕11号文件执行。

三、新版《兽药经营许可证》的经营范围表述应为：兽用中药、化学药品；兽用生物制品（应载明国家强制免疫用生物制品或非国家强制免疫用生物制品）；兽用特殊药品（兽用麻醉药品、兽用精神药品、兽用易制毒化学药品、兽用毒性药品、兽用放射性药品等）；兽用原料药。

四、此前各级农业农村部门核发的旧版《兽药生产许可证》《兽药经营许可证》《兽药GMP证书》，在换发前继续有效。

证书印制要求

新版《兽药GMP证书》《兽药生产许可证》《兽药经营许可证》已经批准发布，现将印制要求明确如下：

1. 新版《兽药生产许可证》《兽药经营许可证》正本为B3幅面，尺寸为宽353mm×长500mm；

2. 新版《兽药GMP证书》《兽药生产许可证》副本、《兽药经营许可证》副本为A4幅面，尺寸为宽210mm×长297mm；

3. 证书用纸由各省根据实际情况自行确定。

4. 证书电子样式图已按要求尺寸进行调整，各省可直接使用，如有问题请联系010—59193267。

一百零八、停止在食品动物中使用喹乙醇、氨苯胂酸、洛克沙胂等3种兽药

（2018年1月11日　农业部公告第2638号发布）

为保障动物产品质量安全，维护公共卫生安全和生态安全，我部组织对喹乙醇预混剂、氨苯胂酸预混剂、洛克沙胂预混剂3种兽药产品开展了风险评估和安全再评价。评价认为喹乙醇、氨苯胂酸、洛克沙胂等3种兽药的原料药及各种制剂可能对动物产品质量安全、公共卫生安全和生态安全存在风险隐患。根据《兽药管理条例》第六十九条规定，我部决定停止在食品动物中使用喹乙醇、氨苯胂酸、洛克沙胂等3种兽药。现将有关事项公告如下。

一、自本公告发布之日起，我部停止受理喹乙醇、氨苯胂酸、洛克沙胂等3种兽药的原料药及各种制剂兽药产品批准文号的申请。

二、自2018年5月1日起，停止生产喹乙醇、氨苯胂酸、洛克沙胂等3种兽药的原料药及各种制剂，相关企业的兽药产品批准文号同时注销。2018年4月30日前生产的产品，可在2019年4月30日前流通使用。

三、自2019年5月1日起，停止经营、使用喹乙醇、氨苯胂酸、洛克沙胂等3种兽药的原料药及各种制剂。

一百零九、关于发布兽用生物制品技术标准文件编写要求的通知

（2021年12月2日　农业农村部兽药评审中心部评审生〔442〕号发布）

为深入贯彻落实国务院“放管服”改革精神，进一步提高兽药注册评审工作效率，促进兽药产业创新发展，按照农业农村部畜牧兽医局有关要求，我中心研究制定了《兽用生物制品技术标准文件编写要求》（以下简称《编写要求》），现予以公布，请各有关单位参照执行。现就有关事项通知如下。

一、自本通知公布之日起，新申请兽用生物制品注册（含进口注册产品）的，应按照《编写要求》编制相关技术标准文件。

二、兽用生物制品（含进口注册产品）已受理并在注册评审过程中的，应根据《编写要求》修改技术标准文件并报农业农村部兽药评审中心。

三、本《编写要求》将根据注册法规、技术资料要求有关调整变化，适时进行更新。

四、本《编写要求》由农业农村部兽药评审中心负责解释。

附件：兽用生物制品技术标准文件编写要求

兽用生物制品技术标准文件编写要求

按照“科学合理、把控关键、促进创新”的原则，优化、简化兽药注册质量标准等技术标准文件（包括质量标准、工艺规程、说明书和内包装标签，下同）内容。现将兽用生物制品（以下简称“制品”）技术标准文件编写要求说明如下。

一、质量标准编写要求

质量标准为产品注册标准，是注册检验和监督检验的依据，是制品有效期内应符合的标准。

（一）质量标准项目和内容。申请人根据制品特性、工艺特点、质量控制要求，参照现行《中国兽药典》等收载的同类制品质量标准项目，自行确定相关项目和内容。

1. 预防、治疗用制品一般应包括：制品名称、概述、性状、装量检查、无菌检验/纯粹检验、支原体检验、外源病毒检验、鉴别检验、安全检验、效力检验、剩余水分测定、真空度测定、甲醛和汞类防腐剂残留量测定等。可根据产品特性进行增减。

2. 兽医诊断制品一般应包括：制品名称、概述、性状、敏感性检验、特异性检验等。根据产品特性设定必要组分的无菌检验。装量检查一般不要求。可根据产品特性适当增加检验项目。

3. 质量标准中的“作用与用途、用法与用量/用法与判定、注意事项、规格、贮藏与有效期”等内容，与说明书中相关内容相同的，质量标准中不再重复编写。

（二）具体要求。

1. 质量标准效力检验项下，原则上均应有本动物攻毒检验法（与替代检验法同时使用或者选择使用）。当替代检验方法已得到公认或已证实替代检验方法与本动物攻毒检验方法具有十分可靠的平行关系或同品种《中国兽药典》标准中无本动物攻毒检验法时，可仅列替代检验方法，无需本动物攻毒检验法。

2. 质量标准中涉及的检验方法，如所用方法《中国兽药典》已收载，附注中不再列出；如为特殊方法的，应在附注中列出。如该方法只适用于生产企业，监督检验、注册检验时并不使用，可不编写或简要编写检验方法和判定标准。

3. 兽医诊断制品质量标准中敏感性和特异性检验等项目涉及“用法与判定”等说明书内容的，可描述为：按《说明书》中“用法与判定”进行操作。

4. 兽医诊断制品质量标准附注中，不再列敏感性质控品、特异性质控品的质量标准，敏感性质控品的制备及检验标准应列在工艺规程中。

二、工艺规程编写要求

此项要求暂不适用于进口注册产品。

（一）工艺规程项目和内容。工艺规程重点包括主要工艺过程、主要技术参数及关键控制指标，由申请人根据 GMP 条件下中试生产实际确定。申请人根据制品特性、工艺特点、质量控制要求，自行确定相关项目和内容。

1. 预防、治疗用制品主要包括：概述、生产与检验用菌毒虫种和细胞标准、各主要组分制备（主要工艺过程和关键控制指标）、半成品检验、配制、成品出厂检验及附注等。

2. 兽医诊断制品主要包括：概述、制造抗原/抗体用菌毒种和细胞标准、各组分制备与检验、组装、成品出厂检验和附注等。

（二）具体要求。

1. 将原“制造及检验试行规程”名称修改为“工艺规程”。

2. 生产、检验用菌毒虫种来源和标准，一般应包括形态和生化特性、培养特性、血清学特性、含量、毒力/安全性、免疫原性、特异性、纯粹/纯净、代次等。购自中国兽医药品监察所的生产、检验用标准菌毒虫种，仅写明来源不需列菌毒虫种标准和代次。免疫原性标准应采用最小免疫剂量进行。菌毒虫种基础代次原则上不超过 3 代，最好为 1 代，不需列保存期。

3. 生产用细胞来源与标准，一般包括无菌检验、外源病毒检验、支原体检验、代次等规定。对核型、致瘤性检验等内容，工艺规程中不需列出。细胞系使用代次原则上不超过 20 代，不需列保存期。

4. 应明确配方、配比等关键指标。疫苗配制时的抗原含量应为定值。配方中含佐剂的，应写明佐剂名称、组分等关键要素。配方中含冻干保护剂的，应明确冻干保护剂主要组分名称及含量。

5. “半成品检验”项可只列检验方法和标准，无需以附注形式列出具体检验操作步骤。

6. 原“成品检验”改为“成品出厂检验”。成品出厂检验标准为批签发审核依据。出厂检验标准可与“质量标准”（注册标准）不同。对活疫苗、采用抗原含量测定的灭活疫苗以及紧急治疗用抗体类制品，应根据有效期内的最低标准要求和长期稳定性试验结果，制定其出厂检验标准。灭活疫苗的出厂效力检验，鼓励采用经试验证明与本动物攻毒检验方法有平行关系的替代效力检验方法。若本动物攻毒检验和替代检验两种检验方法具有可靠的平行关系，成品出厂检验中“效力检验”项下可仅采用替代方法或“两种方法任选其一”；若二者平行关系尚不十分明确，应同时使用两种方法检验。

7. 灭活疫苗中规格只保留项目，可不写内容。

8. 检验用标准物质如为购买的国家标准品或国际标准品，仅需写明来源；如为其他商品化或自制的，应列出简单制备过程和质量控制标准等。

三、说明书和内包装标签编写要求

（一）说明书一般包括：兽药名称（通用名、商品名、英文名、汉语拼音）、主要成分与含量、性状、作用与用途、用法与用量/用法与判定、不良反应、注意事项、规格、贮藏与有效期、包装、批准文号、生产企业等。预防用制品的作用与用途项，原则上应明确免疫产生期和持续期。

（二）内包装标签一般包括：制品名称、批号、生产日期/有效期至、用法与用量/用法与判定、贮藏与有效期、生产企业。

一百一十、兽药质量监督抽查检验管理办法

（2023 年 2 月 5 日　农业农村部公告第 645 号发布）

第一章　总　　则

第一条　为规范兽药质量监督抽查检验工作，根据《中华人民共和国农产品质量安全法》《兽药管理条例》，制定本办法。

第二条　农业农村主管部门在中华人民共和国境内组织开展兽药质量监督抽查检验相关工作，适用本办法。

兽药质量监督抽查检验是落实兽药监督管理的重要措施，应当遵循科学、规范、合法、公正的基本原则。

第三条　农业农村部负责组织全国兽药质量监督抽查检验工作，制定国家年度兽药质量监督抽查检验计划，根据需要对全国生产、经营、使用环节的兽药组织开展抽查检验，指导协调地方兽药质量监督抽查检验工作。

省级农业农村主管部门负责本行政区域兽药质量监督抽查检验工作，承担农业农村部下达的监督抽查检验任务，制定实施本行政区域年度兽药质量监督抽查检验计划；组织查处监督抽查检验结果不符合规定的兽药和发现的违法违规行为。

市县级农业农村主管部门负责本行政区域内兽药质量监督抽查工作，承担上级农业农村主管部门下达的监督抽查检验任务；查处监督抽查检验结果不符合规定的兽药和发现的违法违规行为。

第四条　兽药检验机构承担兽药质量监督抽查的检验任务。中国兽医药品监察所负责全国兽药质量监督抽查检验信息采集、统计分析和信息系统建设维护等工作。

第五条　兽药质量监督抽查检验所需费用（包括样品的购买和邮寄费用、检验费用、人员差旅费用等），由下达计划任务或组织实施相应任务的农业农村主管部门从各级财政列支。

第二章　兽药抽样

第六条　各级农业农村主管部门负责组织抽样工作，或者委托具有相应资质和能力的兽药检验机构进行抽样。

第七条　抽样人员应当熟悉兽药管理规定，具有相应的兽药专业知识，掌握抽样工作程序和抽样操作技术，并经相关培训。

第八条　现场抽样人员不得少于 2 人，抽样时应当向被抽样单位说明抽样任务来源，并出示执法证件或抽样通知、抽查检验计划等相关文件。

第九条　抽样场所由抽样人员根据被抽样单位的类型确定。兽药生产企业的抽样场所一般为兽药成品库（区），兽药经营企业的抽样场所一般为兽药仓库和经营场所，养殖场、动物诊疗机构等兽药使用单位的抽样场所一般为药房。

对明确标识为待验、退货或不符合规定的兽药不予抽样。

第十条　坚持抽查检验和监督检查相结合，在抽样过程中发现违法违规线索时，及时报告抽样所在地农业农村部门依法进行调查处理；发现未赋兽药追溯二维码、兽药追溯二维码无法识读或查询不到追溯信息的兽药，依据《兽药管理条

例》及配套规章有关规定进行处理，不得上市销售，并进行抽查检验，农业农村主管部门凭检验结果依法进行处理。

第十一条 被抽样单位应当配合抽样人员进行抽样，并根据抽查检验工作要求，提供生产、经营资质证明性材料和抽取样品的合格证明、生产销售和库存量、购货凭证、供货单位等资料。

被抽样单位为兽药经营企业和兽药使用单位的，抽样人员应当复印购货发票、收据或结算单等购货凭证，留存备查，并对现场核实复印资料负保密义务。

第十二条 具体抽样数量根据检验需求确定，原则上应当为监督抽查检验所需量的 3 倍。抽取同一企业相同品种原则上每次不超过 3 批次。

第十三条 抽样人员在抽样时，应当对兽药贮藏条件和温湿度记录等开展现场核查，发现未按批准的贮藏要求进行存储等影响兽药质量问题的，应当固定证据，继续抽取样品送检，并由被抽样单位所在地有关监管部门依法进行处置。

第十四条 抽样时，抽样人员应当检查所抽样品的外观、贮藏条件和有效期等情况，确定通用名称、生产批号、批准文号、数量、包装状况等信息准确无误，并通过国家兽药产品追溯系统核实样品。对经营、使用环节抽样，应当核实供货单位信息。对近效期的兽药，应当能满足检验、结果确认和复检等工作时限需要，否则不得抽样。

第十五条 抽样时，原则上应当抽取兽药的最小独立包装。对于包装规格较大的兽药，在保证取样条件符合要求的前提下，可从原包装中抽取适量样品，抽样操作应当规范、迅速、安全，样品和被拆包装的兽药应当尽快密封，不得影响兽药质量。

第十六条 抽样人员应当准确、规范、完整地填写农业农村部规定的兽药质量监督抽查抽样单（附件 1）和兽药样品封签（附件 2），由抽样人员和被抽样方负责人签名，并加盖抽样单位和被抽样单位公章。

抽样单一式 3 份，1 份交被抽样方作抽样凭证，1 份封存于样品包装内，1 份由抽样单位保存备查。

采用电子化信息系统填写抽样单的，兽药质量监督抽查抽样单和兽药样品封签上应当有抽样人员和被抽样方负责人的电子签名。

第十七条 抽样人员应当使用兽药样品封签签封样品。样品一般分成 3 份，1 份作为检验样品，2 份作为兽药检验机构的留样。

第十八条 抽样单位应当按规定时限将样品、兽药质量监督抽查抽样单等相关资料送达或寄送至承担检验任务的兽药检验机构。抽取的样品应当按照其规定的贮藏条件进行储运，特殊管理兽药的储运按照有关规定执行。

第十九条 抽样人员在抽样过程中不得有下列行为：

（一）样品签封后擅自拆封或更换样品；

（二）泄露被抽样单位商业秘密；

（三）其他影响抽样公正性的行为。

第三章 兽药检验

第二十条 兽药检验机构应当对检验工作负责，坚持科学、独立、客观、公正原则，按照兽药质量标准和检验技术要求开展检验。

第二十一条 兽药检验机构接收样品时应当检查、记录样品的外观、状态、兽药样品封签有无破损及其他可能对检验结果或者综合判定产生影响的情况，并在确认样品与兽药质量监督抽查抽样单的记录相符、兽药样品封签完整等情况下予以收检。

有下列情形之一的，兽药检验机构可拒绝接收：

（一）样品包装破损、污染的；

（二）样品封签不完整或未在规定签封部位签封，可能影响样品公正性的；

（三）兽药质量监督抽查抽样单填写信息不准确、不完整，或与样品实物明显不符的；

（四）样品批号或品种混淆的；

（五）包装容器不符合规定、可能影响检验结果的；

（六）有证据证明储运条件不符合规定，可能影响样品质量的；

（七）样品数量明显不符合检验要求的；

（八）品种类别与当次抽查检验工作任务不符的；

（九）样品效期不能满足检验等工作时限需要的；

（十）其他可能影响样品质量和检验结果情形的。

兽药检验机构拒绝接收样品的，兽药检验机构应当以书面形式向抽样单位说明理由，退回样品，并及时向质量监督抽查检验任务下达单位报告。

第二十二条 兽药检验机构应当对签收样品逐一登记并加贴标识，分别用于检验、留样，留样应当按贮藏要求妥善保存。

兽药检验机构自收到样品之日起，兽用生物制品类样品应当在60个工作日内出具检验报告，按照有关规定需重检的应当在90个工作日内出具检验报告；非兽用生物制品类样品应当在30个工作日内出具检验报告；因特殊原因需延期的，应当报下达监督抽查检验任务的农业农村主管部门批准。

第二十三条 兽药质量检验结果符合规定的样品，留存期应当为检验报告发出之日起3个月；检验结果不符合规定的样品，应当保存至有效期结束，但最长不超过2年。

第二十四条 兽药检验机构原则上不得将承担的兽药检验任务委托给其他检验机构；对不具备资质的检验项目或因其他不可抗力因素导致无法按时完成检验任务的，报下达监督抽查检验任务的农业农村主管部门批准后，可委托具有相应资质的其他检验机构承担。

第二十五条 兽药检验机构应当对出具的兽药质量检验报告负法律责任，检验报告应当格式规范、内容真实齐全、数据准确、结论明确。

检验原始记录、检验报告的保存期限不得少于6年。

第二十六条 兽药检验机构应当具备健全的质量管理体系；应当加强对检验人员、仪器设备、实验物料、检测方法、检测环境等质量要素的管理，强化检验过程质量控制；做到原始记录详细、准确、完整，保证检验结果准确、检验过程可追溯。

第二十七条 兽药检验机构和检验人员在检验过程中，不得有下列行为：

（一）更换样品；

（二）隐瞒、篡改检验数据或出具虚假检验报告；

（三）泄露当事人技术秘密；

（四）擅自发布抽查检验信息；

（五）其他影响检验结果公正性的行为。

第二十八条 兽药检验机构在检验过程中发现下列情形时，应当立即向下达监督抽查检验任务的农业农村主管部门报告，不得迟报漏报：

（一）兽药存在严重质量安全风险需采取控制措施的；

（二）涉嫌存在非法添加其他药物成分的；

（三）涉嫌存在违法违规生产行为的；

（四）同一企业3批次以上产品检验结果不符合规定的；

（五）其他可能存在严重风险隐患的情形。

第二十九条 兽药检验机构应当按照规定时间报送检验报告。检验结果不符合规定的，应当在自检验报告签发盖章之日起5个工作日内将报告送被抽样单位所在地省级农业农村主管部门。省级农业农村主管部门收到检验报告之日起5个工作日内，应当通知被抽样单位。

从经营、使用环节抽查检验的兽药，检验结果为违法添加其他药物成分或产品有效成分含量为0等严重不符合规定的情形，兽药检验机构还应当将检验报告发送标称兽药生产企业所在地省级农业农村主管部门。农业农村主管部门收到检验报告之日起5个工作日内送达标称兽药生产企业。

第三十条 被抽样单位或标称兽药生产企业收到检验结果不符合规定检验报告后，应当对抽查检验结果等情况进行确认，对检验结果有异议的，可以自收到检验报告之日起7个工作日内，向实施检验的兽药检验机构或其上级农业农村主管部门设立的兽药检验机构申请复检，说明复检理由。未确认也未申请复检的，视为认可检验结果。

第三十一条 申请复检的，应当一次性交齐以下资料：

（一）加盖申请单位公章的复检申请书；

（二）申请复检的项目及理由；

（三）兽药检验机构出具的检验报告复印件。

第三十二条 兽药检验机构应当自收到复检申请后7个工作日内作出是否受理的决定，如不受理应当出具不予受理复检的书面意见，逾期未回复的视为受理。

涉及下列情形的，不予复检：

（一）兽药国家标准中规定不得复试或重检的检验项目；

（二）重（装）量差异、最低装量、无菌、热原、细菌内毒素、微生物限度等不宜复检的检验项目；

（三）无正当理由未在规定期限内提出复检申请或已进行过复检的；

（四）其他不能复检的情形。

第三十三条　受理复检申请的兽药检验机构应当及时安排复检，检验时限等检验要求与首次检验要求一致。自复检报告签发盖章之日起5个工作日内，将检验报告发送申请复检单位、下达监督抽查检验任务的农业农村主管部门、被抽样单位所在地省级农业农村主管部门，必要时还应当发送标称兽药生产企业所在地省级农业农村主管部门。因特殊原因需要延期的，应当报下达监督抽查检验任务的农业农村主管部门批准。

复检机构出具的复检结论为最终检验结论。

第三十四条　复检费用按照国家有关法律法规和相关部门规定执行。

第四章　监督管理

第三十五条　抽样单位在抽样的同时，应当对被抽样兽药生产企业、经营企业、使用单位实施监督检查，对发现的假、劣兽药及其他违法违规行为进行调查处理，或者交由所在地农业农村主管部门调查处理。

第三十六条　抽样地农业农村主管部门、标称兽药生产企业所在地省级农业农村主管部门依法、依职责，对不符合规定兽药涉及的相关责任单位进行调查处理，符合立案条件的要按规定进行立案查处；对于符合农业农村部规定的兽药严重违法行为从重处罚情形的，应当予以从重处罚。涉嫌犯罪的，依法移交司法机关处理。

第三十七条　标称兽药生产企业否认其生产的，标称兽药生产企业所在地和被抽样单位所在地省级农业农村主管部门应当分别组织对标称生产企业和被抽样单位进行调查核实，核实结果报农业农村部。

第三十八条　确认为假、劣兽药的或查明属于假、劣兽药的，被抽样单位或标称兽药生产企业不得擅自转移、使用、销毁该批次兽药及相关材料，并履行以下义务：

（一）召回已销售的假、劣兽药，并在农业农村主管部门监督下销毁假、劣兽药；

（二）立即深入进行自查，开展质量调查和风险评估；

（三）根据调查评估情况采取必要的风险控制措施，实施整改。

第三十九条　农业农村部建立兽药生产企业重点监控制度，对监督抽查检验中发现存在严重违法等情形的企业实施重点监控，监控期1年。重点监控期间，农业农村主管部门应加大监督检查和抽查力度。

第四十条　农业农村主管部门应当监督有关企业和单位做好问题兽药处置、原因分析及整改等工作。

自实施重点监控之日起，兽药生产企业应当停止生产抽查检验结果不符合规定的兽药产品；属于兽用生物制品的，还应当暂停该产品的批签发。

省级农业农村主管部门应当对实施重点监控的兽药生产企业整改情况进行核查，并报农业农村部审核。审核通过后，恢复该兽药产品的生产以及批签发活动。

第四十一条　省级以上农业农村主管部门应当根据监督抽查检验结果和风险监测情况，采取相应的风险控制和监管措施，并根据需要组织开展跟踪抽查检验。

第四十二条　从事兽药生产、经营、使用活动的单位或个人，不得干扰、阻挠或拒绝抽查检验工作，不得转移、藏匿兽药，不得拒绝提供证明材料或故意提供虚假资料，否则应当承担相应的法律责任。无正当理由拒绝接受兽药质量监督抽查检验的，农业农村部和被抽样单位所在地省级农业农村主管部门应当将其列入失信企业名单。

第四十三条　农业农村主管部门根据兽药质量监督抽查检验结果对有关单位进行处罚和信息公开后，因抽样、检验、复检等工作出现差错导致有关单位正当利益受损的，由相关抽样、检验、复检机构承担相应法律责任。

第五章　信息公开

第四十四条　组织兽药质量监督抽查检验的省级以上农业农村主管部门应当根据兽药质量监督抽查检验结果，按照有关规定公开兽药质量监督抽查检验情况。

第四十五条　兽药质量监督抽查检验情况公开内容应当包括抽查检验兽药的通用名称、抽样环节、被抽样单位、标称生产企业、生产批号、批准文号、检验机构、检验结论、不符合规定项目等。对有证据证实导致兽药质量不符合规定原因的，可以在公开信息中备注说明。

省级以上农业农村主管部门公开监督抽查检验结果不当的，发布部门应当自确认有关情况公开不当之日起5日内，在原公开信息范围内予以更正。

第四十六条　农业农村主管部门应当及时公开抽样过程中发现的假、劣兽药等信息，评估本行政区域兽药质量信息，为加强兽药质量监管提供依据。

第六章　附　　则

第四十七条　本办法下列术语的含义是：

（一）复检，是指当事人对兽药检验机构出具的检验报告提出异议，由原兽药检验机构或者上级农业农村主管部门设立的兽药检验机构，对监督抽查检验抽取样品的留样采用相同检验方法进行的检测。

（二）包装，是指兽药容器密封系统或包装系统，由包含保护剂型的所有包装组件组成。

（三）兽药样品封签，是指粘贴在抽查兽药样品外包装上表示封闭的标签。

第四十八条　因专项检查、风险监测、案件查处等工作需要开展抽样、检验的，不受抽样数量、地点、样品状态等限制，具体程序可参考本办法。

第四十九条　中国兽医药品监察所负责制定发布抽样技术指南。省级农业农村主管部门可结合本地实际情况，根据本办法制定实施细则。

第五十条　本办法自发布之日起实施。

一百一十一、关于印发畜禽养殖场（户）兽药使用记录样式的通知

（2022 年 3 月 11 日　农业农村部畜牧兽医局农牧便函〔2022〕177 号发布）

依据《中华人民共和国畜牧法》《中华人民共和国农产品质量安全法》《兽药管理条例》有关规定，我局组织制定了畜禽养殖场（户）兽药使用记录样式，现印发你们。请结合辖区养殖用药和监管工作实际，参照记录样式编印本行政区域畜禽养殖场（户）兽药使用记录，记录内容不得少于记录样式规定项目。

附件：畜禽养殖场（户）兽药使用记录（样式）

畜禽养殖场（户）兽药使用记录

（样式）

养殖场（户）名称：（盖章）　　　　　　　　　　　　畜禽品种：

使用日期	兽药通用名称	产品批准文号	产品批号	群体用药			个体用药		使用方法	使用总量（毫升或克）	休药期	停药日期
				圈号	数量	日龄	日龄	编号				

备注：1. 本记录适用于兽用化学药品、兽用中药的使用。记录内容可纸质填写，也可电子方式记录，作为兽药使用记录凭证提供给屠宰企业、监管部门等主体时，应打印并加盖养殖单位公章或由养殖户负责人签名确认。2. 使用方法：填写饮水、混饲、肌注、输液等方式。3. 使用总量：按照兽药标签说明书规定的使用量计算当天用药量。4. 休药期：以兽药产品质量标准或说明书标签标注的时期为准。5. 停药日期：以该品种兽药使用的最后时间为准，用药过程中可在该栏目填写“用药第 * 天”。6. 兽用疫苗的使用按照《中华人民共和国动物防疫法》有关规定，做好免疫记录档案。

一百一十二、关于印发兽药质量监督抽样单和兽药封签样式的通知

（2022 年 3 月 11 日　农业农村部畜牧兽医局农牧便函〔2022〕178 号发布）

为进一步规范兽药质量监督抽样和检验工作，根据《中华人民共和国农产品质量安全法》《兽药管理条例》和《兽药质量监督抽样规定》有关规定，结合实施年度兽药质量监督抽检计划的工作实际，我局组织制定了兽药质量监督抽查抽样单和兽药样品封签样式，现印发你们，请参照执行。鼓励各地以电子记录方式填写抽样单，并打印、盖章、签字。

附件：1. 兽药质量监督抽查抽样单（样式）

　　　2. 兽药样品封签（样式）

附件 1：

兽药质量监督抽查抽样单

（样式）

抽样单编号：

<table>
<tr><td>通用名称</td><td colspan="2"></td><td>商品名称</td><td></td></tr>
<tr><td>产品批准文号</td><td></td><td>含量规格</td><td colspan="2"></td></tr>
<tr><td>生产批号</td><td></td><td>包装规格</td><td colspan="2"></td></tr>
<tr><td>生产日期</td><td>年　月　日</td><td>有效期至</td><td colspan="2">年　月　日</td></tr>
<tr><td>标称生产企业名称</td><td></td><td>兽药追溯二维码</td><td colspan="2">是否标示：□有，□无；
能否追溯：□能，□不能。</td></tr>
<tr><td>样品标示
贮藏条件</td><td></td><td>样品存放现场
是否与标示一致</td><td colspan="2">□是，□否。</td></tr>
<tr><td>生产/购进数量</td><td></td><td>抽样基数</td><td colspan="2"></td></tr>
<tr><td>监督抽样依据</td><td></td><td>抽样数量</td><td colspan="2"></td></tr>
<tr><td>抽样环节</td><td colspan="4">①生产环节（□成品库，□原料库）；
②经营企业（□门市，□库房，□互联网经营的线下库房，□其他__）；
③使用环节［□养殖场（户）的药房，□动物诊疗机构的药房，□其他__］。</td></tr>
<tr><td>联系方式</td><td colspan="4">被抽样单位名称：
被抽样单位地址：
联系电话：　　　　邮政编码：
联系人：</td></tr>
<tr><td colspan="2">抽样单位（盖章）：

抽样人（至少 2 人签名）：
年____月____日</td><td colspan="3">被抽样单位（盖章）：

经手人（签名）：
年____月____日</td></tr>
<tr><td>备　注</td><td colspan="4"></td></tr>
</table>

注：此单一式三份，一份抽样单位留存；一份交被抽样单位；一份随样品。

附件 2：

兽药样品封签

（样式）

<table>
<tr><td>兽
药
样
品

封
签</td><td>抽样单编号：

样品标识贮存条件
□常温□阴凉□冷藏
□冷冻□避光□
抽样日期：

抽样单位（盖章）

抽样人：

被样单位（盖章）
经手人：</td></tr>
</table>

一百一十三、关于试行开展新版兽药GMP远程视频检查验收的通知

（2022年4月8日　农业农村部畜牧兽医局农牧便函〔2022〕271号发布）

为切实做好《兽药生产质量管理规范（2020年修订）》（以下简称新版兽药GMP）检查验收工作，对受新冠肺炎疫情影响兽药GMP检查员无法赴现场开展检查验收的企业，我局鼓励支持各地试行开展新版兽药GMP远程视频检查验收（以下简称远程视频检查验收）。现将有关事宜通知如下。

一、远程视频检查验收的适用情形

上年度和本年内在农业农村部组织开展的兽药质量监督抽检中，生产环节抽检无不合格产品，且具备远程视频检查验收条件的兽药生产企业，适用远程视频检查验收。新建兽药生产企业、兽药生产企业部分生产线在《兽药生产许可证》有效期内从未组织过相关产品生产的、兽药生产企业新增生产范围的，以及布氏杆菌病疫苗生产线，不适用远程视频检查验收。

二、远程视频检查验收的有关要求

（一）各省级畜牧兽医主管部门要根据本地区新冠肺炎疫情防控要求，结合辖区兽药生产企业实际，确需采取远程视频方式开展检查验收的，应制定远程视频检查验收实施方案，明确视频检查软硬件条件、视频检查重点以及查看的电子文件，细化视频检查具体要求，狠抓措施落实，确保远程视频检查验收工作取得实效。同时，请及时将出台的实施方案报我局备案。

（二）依兽药生产企业申请，省级畜牧兽医主管部门组织开展远程视频检查验收。对不符合远程视频检查验收情形的，一律开展现场检查验收。

（三）各省级畜牧兽医主管部门要严把远程视频检查验收质量，不得降低检查验收标准。原则上，省级畜牧兽医主管部门管理人员和本辖区兽药GMP检查员，应在现场开展检查验收，不能赴现场的省外兽药GMP检查员以远程视频方式开展检查验收。如因新冠肺炎疫情原因，省级畜牧兽医主管部门管理人员和本辖区兽药GMP检查员无法赴现场、所有兽药GMP检查人员均以远程视频方式开展检查验收的，企业所在地市级或县级畜牧兽医主管部门应派员在现场协助开展检查验收，同时检查验收组组长应为部级兽药GMP检查员库中的检查组长、组员至少1人为部级兽药GMP检查员。

（四）各级兽药GMP检查员所在单位要全力支持本单位兽药GMP检查员参加各地检查验收工作，保证工作时间和检查验收质量。兽药GMP检查员及相关人员在远程视频检查验收过程中，要按照检查任务分工，全程参加检查活动，不得擅自脱离岗位；要履行保密责任和义务，不得泄露企业相关技术、商业等信息，维护公平公正市场环境。

（五）各省级畜牧兽医主管部门要加强兽药生产许可证信息报送管理，确保信息准确无误。对于采用远程视频方式通过新版兽药GMP检查验收的生产企业，应明确标注为远程视频检查验收。

三、加强兽药生产企业事后监管

各省级畜牧兽医主管部门要加强事后监督检查，对采用远程视频方式通过新版兽药GMP检查验收的生产企业，在新冠肺炎疫情平稳后，要对这类企业全部实施现场监督检查，发现不符合新版兽药GMP要求的，依据《兽药管理条例》第五十九条要求进行处理处罚；发现严重不符合新版兽药GMP要求的，依法撤销兽药生产许可。我部将重点对这类企业进行监督抽查，对不符合新版兽药GMP要求的兽药生产企业和省份进行通报，并明确整改要求；对严重不符合新版兽药GMP要求的兽药生产企业，责令省级畜牧兽医主管部门依法撤销其相关兽药生产许可。

一百一十四、关于启用兽药产品批准文号核发新系统有关事宜的通知

（2022年11月15日　农业农村部畜牧兽医局农牧便函〔2022〕781号发布）

为进一步完善兽药产品批准文号核发系统功能，提高文号核发效率，我局组织对现行兽药产品批准文号核发系统（以下简称“旧系统”）进行了优化升级，增加了容缺受理、证明资料补传等功能，9月20日已就新系统功能进行了在线演示培训。现就新系统上线启用有关事宜通知如下。

一、自2022年11月15日起，旧系统申请端关闭，新系统启用。申请人登录新系统的登录地址、登录方式保持不变，申请人输入现有账号和密码后，将自动进入新系统。登录新系统后，申请人可正常填报申请新文号。

二、申请人已在旧系统中填报的文号申请，需请省级畜牧兽医主管部门分类进行处理。

1. 文号申请处于省级初审和现场核查阶段，尚未提交农业农村部政务服务大厅的，请省级畜牧兽医主管部门务必在11月16日17点前，登录旧系统中对相关文号申请作“置为无效”处理。处理完成后，省级畜牧兽医主管部门不再使用旧系统。处理过程中遇到操作问题，请与中国兽医药品监察所质量监督处联系，电话010－62103535。（旧系统登录网址：http：//202.127.42.42：8080登录方式：U盾登录）

11月17日，系统后台将把“置为无效”的文号申请信息迁移到新系统中。11月18日起，申请人可在新系统增设的“退回事项”栏目查询到“置为无效”的文号申请。申请人可登录新系统中重新提交相关文号申请，省级畜牧兽医主管部门在新系统中继续办理。新系统登录遇到技术问题，请与农业农村部政务服务平台技术人员联系，电话010－59191821。（新系统登录网址：https：//syjg. agri. cn/登录方式：账号密码登录）

2. 农业农村部政务服务大厅已受理的文号申请，省级畜牧兽医主管部门无需进行操作处理，文号申请将继续在旧系统中完成审批。后续申请人可在新系统中查询审批结果。

一百一十五、农业农村部关于进一步深化“放管服”改革的意见

（2022年4月6日　农业农村部农法发〔2022〕2号发布）

为进一步深化农业农村领域“放管服”改革、持续优化营商环境，深入贯彻《国务院关于加快推进政务服务标准化规范化便利化的指导意见》（国发〔2022〕5号）、《国务院办公厅关于全面实行行政许可事项清单管理的通知》（国办发〔2022〕2号）和《国务院办公厅关于加快推进电子证照扩大应用领域和全国互通互认的意见》（国办发〔2022〕3号）部署要求，现提出以下意见。

一、总体要求

（一）指导思想。深化农业农村领域“放管服”改革工作，要以习近平新时代中国特色社会主义思想为指导，全面贯彻党的十九大和十九届历次全会精神，认真贯彻党中央、国务院决策部署，不断推进政府治理体系和治理能力现代化，严格落实行政许可事项清单管理，加强事前事中事后全链条全领域监管，持续推进政务服务标准化、规范化、便利化，更大激发市场活力和社会创造力，切实增强农业农村领域市场主体的获得感，助推乡村振兴战略全面实施。

（二）工作目标。2022年底前，构建形成全国统筹、分级负责、事项统一、权责清晰的农业农村领域行政许可事项清单体系，依法设定的行政许可事项全部纳入清单管理，对清单内事项逐项编制发布实施规范；编制农业农村领域政务服务事项基本目录，政务服务平台服务能力显著增强；制定完善农业农村领域常用证照的电子证照标准，推动电子证照应用和共享。到2025年，实现同一行政许可事项在不同地区和层级同要素管理、同标准办理；政务服务线上线下协调发展，标准化、规范化、便利化水平大幅提升；电子证

照应用制度规则逐步健全，实现跨层级、跨地域、跨部门共享互认互信。

二、基本原则

（一）坚持便民高效。强化服务意识，创新服务方式，从企业和群众的需求出发，破除束缚企业发展的不合理障碍，便利企业群众生产经营与办事创业，践行全心全意为人民服务的宗旨。

（二）坚持市场导向。处理好政府和市场的关系，使市场在资源配置中起决定性作用和更好发挥政府作用，为市场主体营造稳定、公平、透明、可预期的环境，激发市场活力和社会创造力。

（三）坚持法治引领。强化法治思维，依法保护各类市场主体合法权益，用法治巩固和深化"放管服"改革成果，提高监管的精准性、有效性，使改革与建设法治政府、推进依法行政协同推进，相辅相成。

（四）坚持系统推进。建立完善协同高效的"放管服"改革工作推进机制，分级负责、协同联动，将简政放权、放管结合、优化服务与全面实施乡村振兴战略紧密衔接、整体谋划、统筹推进。

三、严格落实行政许可事项清单管理

（一）依法编制行政许可事项清单。编制并公布国家、省、市、县四级行政许可事项清单，形成清单体系。地方各级农业农村部门要按照清单编制的责任、程序和要求，梳理上级设定、本地区实施的行政许可事项和本地区地方性法规、省级政府规章设定的行政许可事项，编制本部门行政许可事项清单，逐项明确事项名称、主管部门、实施机关、设定和实施依据等基本要素。上级设定、本地区实施的行政许可事项及其基本要素，不得超出上级清单的范围，确保事项同源、统一规范。各级农业农村部门在起草或修改法律、法规、规章草案时拟新设或者调整行政许可的，应当充分研究论证，并在起草说明中专门作出说明。因修改法律、法规、规章或深化行政审批制度改革需要调整行政许可事项清单的，应当按照相关程序提出调整申请。上级清单作出动态调整的，下级清单要及时相应调整。行政许可事项清单调整时，要同步申请调整政务服务事项基本目录，实现政务服务事项数据同源、动态更新、联动管理。

（二）科学制定行政许可实施规范。农业农村部行政审批相关司局对《法律、行政法规、国务院决定设定的行政许可事项清单（2022 年版，农业农村部门）》（以下简称"农业农村部门清单"，见附件）中的行政许可事项，要逐项制定实施规范。按照依法行政、利企便民、准确规范的原则，逐一确定子项、办理项，明确许可条件、申请材料、中介服务、审批程序、审批时限、收费、许可证件、数量限制、年检年报等内容，防止出现漏项、错项、含义模糊等情况。相关司局于 2022 年 5 月底前将实施规范报农业农村部法规司审查后，报送国务院办公厅政府职能转变办公室审核，6 月底前通过农业农村部网站、全国一体化政务服务平台集中向社会公布，接受社会监督。各地农业农村部门应当根据本地区统一部署，制定地方性法规、省级政府规章设定的行政许可事项实施规范。对于地区间实施规范存在差异的事项，农业农村部行政审批相关司局应当及时了解、及时解决，制定衔接办法，推动行政许可事项在不同地区和层级同要素管理、同标准办理。

（三）优化完善行政许可办事指南。农业农村部行政审批相关司局要依据行政许可实施规范，优化完善部本级实施的行政许可事项办事指南，于 2022 年 8 月底前报农业农村部法规司审核，9 月底前通过农业农村部网站、全国一体化政务服务平台向社会公布。办事指南不得随意增加许可条件、申请材料、中介服务、审批环节、收费、数量限制等内容，但可以作出有利于行政相对人的合理优化调整。

（四）依法依规实施行政许可。实施规范和办事指南一经公布，各级农业农村部门应当严格遵照执行，建立健全监督机制，防止在审批过程中出现违规增设条件和材料、超期审批、吃拿卡要等违法违规行为。严格落实清单之外一律不得违法实施行政许可的要求，清理整治以备案、证明、目录、计划、规划、指定、认证、年检等名义实施的变相许可。加强《农业农村部行政许可实施管理办法》的宣传培训和贯彻落实，规范行政许可条件的设定和调整，严格行政许可申请、受理、审查、决定程序要求，严查行政许可实施中的不规范行为。

四、加强事前事中事后全链条全领域监管

（一）明确监管重点。对列入农业农村部门清单的事项，各级农业农村部门要实施有针对性、差异化的监管政策，提升监管的精准性和有效性。对直接涉及公共安全、公众健康，以及潜在风险大、社会风险高的重点领域，要依法依规重点监管，守牢质量和安全底线。与行政许可事项对应的监管事项，要纳入"互联网＋监管"平台监管事项动态管理系统。

（二）落实监管主体。各级农业农村部门要严格依照法律法规和“三定”规定确定监管主体，法律法规和“三定”规定未明确监管职责的，按照“谁审批、谁监管，谁主管、谁监管”的原则确定监管主体。实行相对集中行政许可权改革的地区，按照改革方案确定监管职责。

（三）完善监管规则标准。农业农村部行政审批相关司局要围绕农业农村部门清单，按照事项或领域逐一制定并公布全国统一、简明易行、科学合理的监管规则和标准。地方农业农村部门应根据本地区有关部门统一部署，制定地方性法规、省级政府规章设定的行政许可事项的监管规则和标准。对已经取消和下放的行政许可事项要继续深入梳理，对监管层级、监管部门不明确，以及监管规则、标准缺失或者难以适应当前形势需要的，要及时补充完善。

五、持续推进政务服务标准化规范化便利化

（一）编制政务服务事项基本目录。政务服务事项包括依申请办理的行政权力事项和公共服务事项，行政权力事项主要是指行政许可、行政确认、行政裁决、行政给付、行政奖励、行政备案等。农业农村部相关司局负责编制本司局职责范围内由农业农村部实施的和指定地方实施的政务服务事项基本目录，于2022年10月底前报农业农村部法规司审查后，报送国务院办公厅审核并统一公布。地方农业农村部门根据国家政务服务事项基本目录和本地实际，修订完善本地区政务服务事项基本目录。

（二）推进政务服务标准化。农业农村部相关司局要依据农业农村领域政务服务事项目录，明确政务服务事项拆分标准，在推进名称、编码、依据、类型等基本要素“四级四同”基础上，推动逐步实现同一政务服务事项受理条件、服务对象、办理流程、申请材料、法定办结时限、办理结果等要素在全国范围内统一，形成政务服务事项实施清单。

（三）推进政务服务规范化。各级农业农村部门应当严格按照政务服务事项实施清单提供办事服务，不得额外增加或变相增加办理环节和申请材料，对中介服务、现场勘验、技术审查、听证论证等程序实施清单化管理。规范政务服务场所设立、窗口设置及业务办理，统筹网上办事入口，规范网上办事指引，提升网上办事深度。

（四）推进政务服务便利化。除直接涉及国家安全、国家秘密、公共安全、生态环境保护，直接关系人身健康、生命财产安全，以及重要涉外等风险较大、纠错成本较高、损害难以挽回的政务服务事项外，各级农业农村部门要按照最大限度利企便民原则，采取告知承诺制方式办理。完善容缺受理服务机制，依法依规编制并公布可容缺受理的政务服务事项清单，明确事项名称、主要申请材料和可容缺受理的材料。

（五）推动电子证照扩大应用范围。各级农业农村部门要按照国务院统一部署，加快制定完善农业农村领域电子证照有关标准和签发规则；抓紧推动有效期内存量实体证照电子化，明确实体证照数据要素缺失、颁发机构调整等情况的处理方式，统筹建设完善电子证照库，按照“应归尽归”原则将电子证照信息汇聚至国家政务服务平台，不断提高电子证照数据完整性、准确性和共享实效性。在办理行政许可事项过程中，凡是通过电子证照可以获取的信息，不再要求企业和群众提供相应材料。

六、保障措施

（一）加强组织领导。充分发挥农业农村部推进职能转变和“放管服”改革工作领导小组在组织推动落实、解决重大问题等方面的作用，形成推动农业农村领域“放管服”改革发展合力。地方各级农业农村部门要健全工作机制，强化责任落实，扎实推进各项工作。

（二）加强统筹协调。农业农村部推进职能转变和“放管服”改革工作领导小组各成员单位要主动协调、督促指导地方行政许可事项清单管理、电子证照应用、政务服务优化等工作。省级农业农村部门要加强与部内有关司局的沟通衔接，化解工作中遇到的问题，总结典型经验和做法。

（三）加强督促落实。各级农业农村部门要加强对行政许可事项清单实施情况的动态评估和全程监督，确保电子证照应用工作安全有序推进。畅通投诉举报渠道，依托“12345政务服务便民热线”、政务服务“好差评”系统、部门门户网站等接受社会监督。

（四）加强培训宣传。各级农业农村部门要认真学习、深刻领会党中央、国务院关于深化“放管服”改革、优化营商环境的一系列决策部署要求，将其列入行业培训的重要内容。加大对行政许可事项清单实施、电子证照应用等工作的宣传力度，及时回应社会关切，营造良好氛围。

附件：法律、行政法规、国务院决定设定的行政许可事项清单

法律、行政法规、国务院决定设定的行政许可事项清单

（2022年版，农业农村部门）

序号	中央主管部门	许可事项名称	实施机关	设定依据
1	农业农村部	农药登记	农业农村部（部分由省级农业农村部门受理）	《农药管理条例》
2	农业农村部	农药登记试验单位认定	农业农村部	《农药管理条例》
3	农业农村部	农药生产许可	省级农业农村部门	《农药管理条例》
4	农业农村部	农药经营许可	省级、设区的市级、县级农业农村部门	《农药管理条例》
5	农业农村部	农药广告审查	省级农业农村部门	《中华人民共和国广告法》
6	农业农村部	肥料登记	农业农村部（由省级农业农村部门受理）；省级农业农村部门	《中华人民共和国土壤污染防治法》《肥料登记管理办法》（农业部令2000年第32号公布，农业部令2017年第8号、农业农村部令2022年第1号修正）
7	农业农村部	新饲料、新饲料添加剂证书核发	农业农村部	《饲料和饲料添加剂管理条例》
8	农业农村部	进口饲料和饲料添加剂登记	农业农村部	《饲料和饲料添加剂管理条例》
9	农业农村部	饲料添加剂产品批准文号核发	省级农业农村部门	《饲料和饲料添加剂管理条例》
10	农业农村部	从事饲料、饲料添加剂生产的企业审批	省级农业农村部门	《饲料和饲料添加剂管理条例》
11	农业农村部	新兽药研制、注册审批	农业农村部	《兽药管理条例》
12	农业农村部	兽药产品批准文号核发及标签、说明书审批	农业农村部	《兽药管理条例》
13	农业农村部	兽药生产许可	省级畜牧兽医部门	《兽药管理条例》
14	农业农村部	兽药经营许可	省级、设区的市级、县级畜牧兽医部门	《兽药管理条例》
15	农业农村部	进口兽药注册和兽药进口审批	农业农村部	《兽药管理条例》
16	农业农村部	兽医微生物菌、毒种进出口审批	农业农村部	《国务院对确需保留的行政审批项目设定行政许可的决定》《动物病原微生物菌（毒）种保藏管理办法》（农业部令2008年第16号公布，农业部令2016年第3号修正）
17	农业农村部	兽药广告审批	农业农村部；省级畜牧兽医部门	《中华人民共和国广告法》《兽药管理条例》
18	农业农村部	国家重点保护的天然种质资源的采集、采伐批准	省级农业农村部门	《中华人民共和国种子法》
19	农业农村部	农作物种子生产经营许可	农业农村部；省级、设区的市级、县级农业农村部门	《中华人民共和国种子法》《农业转基因生物安全管理条例》
20	农业农村部	食用菌菌种生产经营许可	省级农业农村部门（由县级农业农村部门受理）；县级农业农村部门	《中华人民共和国种子法》《食用菌菌种管理办法》（农业部令2006年第62号公布，农业部令2015年第1号修正）
21	农业农村部	农作物种子、食用菌菌种质量检验机构资质认定	省级农业主管部门	《中华人民共和国种子法》

（续）

序号	中央主管部门	许可事项名称	实施机关	设定依据
22	农业农村部	对外提供种质资源与农作物种子、食用菌菌种进出口审批	农业农村部；省级农业农村部门	《中华人民共和国种子法》
23	农业农村部	向外国人转让农业植物新品种申请权或品种权审批	农业农村部	《中华人民共和国植物新品种保护条例》
24	农业农村部	使用低于国家或地方规定的种用标准的农作物种子审批	省级、设区的市级、县级政府（由农业农村部门承办）	《中华人民共和国种子法》
25	农业农村部	畜禽、蜂、蚕遗传资源引进、输出、对外合作研究审批	农业农村部［由省级农业农村（蜂业、蚕业）部门受理］；省级农业农村（蜂业、蚕业）部门	《中华人民共和国畜牧法》《蚕种管理办法》（农业部令2006年第68号）
26	农业农村部	培育新的畜禽品种、配套系中间试验审批	省级畜牧兽医部门	《中华人民共和国畜牧法》
27	农业农村部	新选育或引进蚕品种中间试验审批	省级农业农村（蚕业）部门	《中华人民共和国畜牧法》《蚕种管理办法》（农业部令2006年第68号）
28	农业农村部	种畜禽生产经营许可	农业农村部；省级、设区的市级、县级农业农村部门	《中华人民共和国畜牧法》《农业转基因生物安全管理条例》《养蜂管理办法（试行）》（农业部公告第1692号）
29	农业农村部	蚕种生产经营许可	省级农业农村（蚕业）部门［由设区的市级、县级农业农村（蚕业）部门受理］	《中华人民共和国畜牧法》《蚕种管理办法》（农业部令2006年第68号）
30	农业农村部	从国外引进农业种子、苗木检疫审批	农业农村部（由省级农业农村部门或者其所属的植物检疫机构受理）；省级农业农村部门或者其所属的植物检疫机构	《植物检疫条例》《植物检疫条例实施细则（农业部分）》（农业部令1995年第5号公布，农业部令2007年第6号修正）
31	农业农村部	农业植物检疫证书核发	省级、设区的市级、县级农业农村部门或者其所属的植物检疫机构	《植物检疫条例》
32	农业农村部	农业植物产地检疫合格证签发	省级、设区的市级、县级农业农村部门或者其所属的植物检疫机构	《植物检疫条例》
33	农业农村部	出口国家重点保护的农业野生植物或进出口中国参加的国际公约限制进出口的农业野生植物审批	省级农业农村部门	《中华人民共和国野生植物保护条例》
34	农业农村部	农业野生植物采集、出售、收购、野外考察审批	省级农业农村部门或者其授权机构（采集国家二级保护野生植物的，由县级农业农村部门受理）	《中华人民共和国野生植物保护条例》
35	农业农村部	农业转基因生物研究、试验、加工、进口和广告审批	农业农村部；省级农业农村部门	《农业转基因生物安全管理条例》《农业转基因生物进口安全管理办法》（农业部令2002年第9号公布，农业部令2017年第8号修正）《农业转基因生物加工审批办法》（农业部令2006年第59号）

（续）

序号	中央主管部门	许可事项名称	实施机关	设定依据
36	农业农村部	运输高致病性病原微生物菌、毒种或者样本审批	农业农村部（由省级畜牧兽医部门受理）；省级畜牧兽医部门	《病原微生物实验室生物安全管理条例》
37	农业农村部	高致病性或疑似高致病性病原微生物实验活动审批	农业农村部（实验活动由省级畜牧兽医部门受理）；省级畜牧兽医部门	《病原微生物实验室生物安全管理条例》
38	农业农村部	动物及动物产品检疫合格证核发	省级、设区的市级、县级动物卫生监督机构	《中华人民共和国动物防疫法》《动物检疫管理办法》（农业部令 2010 年第 6 号公布，农业农村部令 2019 年第 2 号修正）
39	农业农村部	动物防疫条件合格证核发	省级、设区的市级、县级农业农村部门	《中华人民共和国动物防疫法》
40	农业农村部	向无规定动物疫病区输入易感动物、动物产品的检疫审批	省级动物卫生监督机构	《中华人民共和国动物防疫法》《动物检疫管理办法》（农业部令 2010 年第 6 号公布，农业农村部令 2019 年第 2 号修正）
41	农业农村部	动物诊疗许可	设区的市级、县级农业农村部门	《动物诊疗机构管理办法》（农业部令 2008 年第 19 号公布，农业部令 2017 年第 8 号修正）
42	农业农村部	执业兽医资格认定	省级农业农村部门	《中华人民共和国动物防疫法》《国家职业资格目录（2021 年版）》
43	农业农村部	家畜繁殖员职业资格认定	农业农村部	《中华人民共和国畜牧法》《国家职业资格目录(2021年版)》
44	农业农村部	生猪定点屠宰厂（场）设置审查	设区的市级政府（由农业农村部门承办）	《生猪屠宰管理条例》
45	农业农村部	生鲜乳收购站许可	县级畜牧兽医部门	《乳品质量安全监督管理条例》
46	农业农村部	生鲜乳准运证明核发	县级畜牧兽医部门	《乳品质量安全监督管理条例》
47	农业农村部	拖拉机和联合收割机驾驶证核发	县级农业农村部门	《中华人民共和国道路交通安全法》《农业机械安全监督管理条例》
48	农业农村部	拖拉机和联合收割机登记	县级农业农村部门	《中华人民共和国道路交通安全法》《农业机械安全监督管理条例》
49	农业农村部	农产品质量安全检测机构考核	农业农村部；省级农业农村部门	《中华人民共和国农产品质量安全法》《农产品质量安全检测机构考核办法》（农业部令 2007 年第 7 号公布，农业部令 2017 年第 8 号修正）
50	农业农村部	工商企业等社会资本通过流转取得土地经营权审批	省级、设区的市级、县级、乡镇政府（由农业农村部门或者农村经营管理部门承办）	《中华人民共和国农村土地承包法》《农村土地经营权流转管理办法》（农业农村部令 2021 年第 1 号）
51	农业农村部	农村村民宅基地审批	乡镇政府	《中华人民共和国土地管理法》
52	农业农村部	猎捕国家重点保护水生野生动物审批	农业农村部（由省级渔业部门受理）；省级渔业部门	《中华人民共和国野生动物保护法》《中华人民共和国水生野生动物保护实施条例》

（续）

序号	中央主管部门	许可事项名称	实施机关	设定依据
53	农业农村部	出售、购买、利用国家重点保护水生野生动物及其制品审批	农业农村部（由省级渔业部门受理）；省级渔业部门	《中华人民共和国野生动物保护法》《中华人民共和国水生野生动物保护实施条例》《国家林业局、农业部公告（2017年第14号）》
54	农业农村部	人工繁育国家重点保护水生野生动物审批	农业农村部（由省级渔业部门受理）；省级渔业部门	《中华人民共和国野生动物保护法》《中华人民共和国水生野生动物利用特许办法》（农业部令1999年第15号公布，农业部令2017年第8号修正）《国家林业局、农业部公告（2017年第14号）》
55	农业农村部	水生野生动物或者其制品进出口审批	农业农村部	《中华人民共和国野生动物保护法》
56	农业农村部	外国人在我国对国家重点保护水生野生动物进行野外考察或者在野外拍摄电影、录像等活动审批	省级渔业部门	《中华人民共和国野生动物保护法》
57	农业农村部	建设禁渔区线内侧的人工鱼礁审批	省级渔业部门或者其授权单位	《中华人民共和国渔业法实施细则》
58	农业农村部	渔业船舶船员证书核发	省级、设区的市级、县级渔业部门	《中华人民共和国渔港水域交通安全管理条例》《中华人民共和国渔业船员管理办法》（农业部令2014年第4号公布，农业部令2017年第8号修正）《国家职业资格目录（2021年版）》
59	农业农村部	水产苗种进出口审批	农业农村部（由省级渔业部门受理）；省级渔业部门	《中华人民共和国渔业法》《水产苗种管理办法》（农业部令2005年第46号）
60	农业农村部	水产苗种生产经营审批	农业农村部；省级、设区的市级、县级渔业部门	《中华人民共和国渔业法》《水产苗种管理办法》（农业部令2005年第46号）《农业转基因生物安全管理条例》
61	农业农村部	水域滩涂养殖证核发	省级、设区的市级、县级政府（由渔业部门承办）	《中华人民共和国渔业法》
62	农业农村部	围垦沿海滩涂审批	省级、设区的市级、县级政府（由其指定部门承办）	《中华人民共和国渔业法》
63	农业农村部	渔业船网工具指标审批	农业农村部（由省级渔业部门受理）；省级、设区的市级、县级渔业部门	《中华人民共和国渔业法》《渔业捕捞许可管理规定》（农业农村部令2018年第1号）
64	农业农村部	渔业捕捞许可	农业农村部（部分由省级渔业部门受理）；省级、设区的市级、县级渔业部门	《中华人民共和国渔业法》《中华人民共和国渔业法实施细则》《渔业捕捞许可管理规定》（农业农村部令2018年第1号）
65	农业农村部	远洋渔业审批	农业农村部	《中华人民共和国渔业法》《国务院关于深化“证照分离”改革进一步激发市场主体发展活力的通知》（国发〔2021〕7号）

（续）

序号	中央主管部门	许可事项名称	实施机关	设定依据
66	农业农村部	专用航标的设置、撤除、位置移动和其他状况改变审批	省级、设区的市级、县级渔业部门	《中华人民共和国航标条例》《渔业航标管理办法》（农业部令2008年第13号）
67	农业农村部	渔港内新建、改建、扩建设施或者其他水上、水下施工审批	省级、设区的市级、县级渔业部门	《中华人民共和国渔港水域交通安全管理条例》
68	农业农村部	渔港内易燃、易爆、有毒等危险品装卸审批	省级、设区的市级、县级渔业部门	《中华人民共和国渔港水域交通安全管理条例》
69	农业农村部	渔业船舶国籍登记	省级、设区的市级、县级渔业部门	《中华人民共和国船舶登记条例》《中华人民共和国渔港水域交通安全管理条例》《中华人民共和国渔业船舶登记办法》（农业部令2012年第8号公布，农业部令2013年第5号修正）

一百一十六、农业农村部关于印发《农业行政执法文书制作规范》和农业行政执法基本文书格式的通知

（2023年10月25日　农业农村部农法发〔2023〕3号发布）

各省、自治区、直辖市农业农村（农牧）厅（局、委），新疆生产建设兵团农业农村局：

为贯彻落实新修订的《中华人民共和国行政处罚法》《中华人民共和国行政复议法》《农业行政处罚程序规定》等法律法规，进一步规范农业行政执法行为，提高农业行政执法文书制作水平，结合基层办案实际情况，我部对2020年印发的《农业行政执法文书制作规范》和农业行政执法基本文书格式进行了修订，现印发给你们，自2024年1月1日起施行。《农业农村部关于印发〈农业行政执法文书制作规范〉和农业行政执法基本文书格式的通知》（农法发〔2020〕4号）同时废止。

附件：1. 农业行政执法文书制作规范

2. 农业行政执法基本文书格式

农业农村部

2023年10月25日

附件1

农业行政执法文书制作规范

目　录

第一章　总　　则

第一条　为规范农业行政执法行为，提高农业行政执法文书制作水平，根据《农业行政处罚程序规定》，结合农业行政执法工作实际，制定本规范。

第二条　本规范适用于农业行政处罚机关在实施行政处罚及其相关的行政执法活动中所使用的农业行政执法文书的制作。

本规范所称农业行政处罚机关，是指依法行使行政处罚权的县级以上人民政府农业农村主管部门。

第三条　农业行政执法文书的内容应当符合有关法律、法规和规章的规定，做到格式统一、内容完整、表述清楚、逻辑严密、用语规范。

第四条　农业行政执法文书分为内部文书和外部文书。

内部文书，是指农业行政处罚机关内部使用，记录内部工作内容及流程，规范执法工作运转程

序的文书。

外部文书，是指农业行政处罚机关对外使用，对农业行政处罚机关和行政相对人均具有法律效力的文书。

第二章 文书制作基本要求

第五条 农业行政执法文书应当按照规定的格式填写或者打印制作。

填写制作文书应当使用蓝黑色、黑色签名笔或者钢笔，做到字迹清楚、文面整洁。

适用普通程序作出的行政处罚决定书应当打印制作。

第六条 文书设定的栏目，应当按要求逐项填写，不得遗漏和随意修改；不需要填写的栏目或者空白处，应当用斜线划去；有选择项的应当将非选择项用斜线划去。

第七条 文书中出现误写、误算或者其他笔误的，未送达的应当重新制作，已送达的应当及时书面补正。

第八条 引用法律、法规、规章和规范性文件应当书写全称并加书名号。新法生效后，需要引用旧法的，应当在书名号后用圆括号注明。并列引用多个法律规范的，应当按照法律及法律解释、行政法规、地方性法规、自治条例或者单行条例、规章、规范性文件的顺序引用；同时引用两部以上法律的，应当先引用基本法律，后引用基本法律以外的其他法律；引用包括实体法和程序法的，应当先引用实体法，后引用程序法。

引用法律、法规、规章和规范性文件条文有序号的，书写序号应当与法律、法规、规章和规范性文件正式文本中的写法一致。

引用法律、法规、规章以外的其他公文应当先用书名号引标题，后用圆括号引文号；引用外文应当注明中文译文。

第九条 文书中结构层次序数按实际需要依次以"一、""（一）""1.""（1）"写明。"（一）"和"（1）"之后不加顿号，结构层次序数中的阿拉伯数字右下用圆点，不用逗号或者顿号。

第十条 文书中表述数字，根据国家相关规定和行政执法文书的特点，视不同情况可以分别使用阿拉伯数字或者汉字数字，但应当保持相对统一。

行政处罚决定书主文需要列条的序号，应当使用汉字数字，如："一""二"。

下列情况，应当使用阿拉伯数字：

（一）公历世纪、年代、年、月、日及时、分、秒；

（二）文书中的案号，如："延农（农药）立〔2023〕1号"；

（三）文书中物理量的量值，即表示长度、质量、电流、热力学温度、物质的量和发光强度量等的量值，如：856.80千米、500克；

（四）文书中非物理量（日常生活中使用的量）的数量，如：48.60元、18岁、10个月；

（五）文书中的证件号码、地址门牌号码；

（六）用"多""余""左右""上下""约"等表示的约数，如：60余次、约60次。

其他数字的用法应当符合出版物上数字用法国家标准。

第十一条 文书标点符号的用法应当符合相关国家标准，避免产生歧义。

第十二条 文书中计量单位应当依照《中华人民共和国法定计量单位》的规定执行，符合以下要求：

（一）长度单位使用"米""海里""千米（公里）"等，不得使用"公分""尺""寸""分""吋（英寸）"；

（二）质量单位使用"克""千克""吨"等，不得使用"两""斤"；

（三）时间单位使用"秒""分""时""日""周""月""年"，不得使用"点""刻"；

（四）体（容）积单位使用"升""立方米"，不得使用"公升"。当事人使用的计量单位不符合前款规定的，应当在文书中据实记录，并在其后注明转换的标准计量单位，用圆括号括起，如：3斤（1.5千克）。

第十三条 文书中案件名称应当填写为："当事人姓名（名称）＋违法行为性质＋案"，如："某某无农药登记证生产农药案"。

立案和调查取证阶段的文书，案件名称应当填写为："当事人姓名（名称）＋涉嫌＋违法行为性质＋案"，如："某某涉嫌无农药登记证生产农药案"。

第十四条 农业行政执法基本文书应当按照文书格式的要求编注案号。

第十五条 本规范所称案号，是指用于区分办理案件的农业行政处罚机关、执法类别、行为种类和次序的简要标识，由中文汉字、阿拉伯数字及括号组成。

案号的基本要素为行政区划简称、执法机关简称、执法类别简称、行为种类简称、收案年度和收案序号。

案号各基本要素的编排规格为："行政区划简称＋执法机关简称＋执法类别简称（如种子、农药、兽药、肥料等）＋行为种类简称（如立、告、罚等）＋收案年度＋收案序号"。如：北京市延庆区农业农村局制作的《行政处罚立案审批表》，案号是"延农（农药）立〔2023〕1号"。特殊情况下，"执法类别"可以省略。

第十六条　文书中当事人情况应当按以下要求填写：

（一）根据案件情况确定"个人/个体工商户"或者"单位"，"个人/个体工商户"、"单位"两栏不能同时填写；

（二）当事人是自然人的，应当按照身份证或者其他有效证件记载事项填写其姓名、性别、出生年月日、民族、工作单位和职务、住所；当事人工作单位和职务不明确或者没有的，可以不填写；当事人以其户籍所在地为住所，离开户籍所在地有经常居住地的，经常居住地为住所；现住址与住所不一致的，还应当记载其现住址；连续两个当事人的住所相同的，应当分别完整表述，不得使用"住所同上"的表述；

（三）当事人是个体工商户的，按照本款第二项的要求写明经营者的基本信息；有字号的，以营业执照上登记的字号为当事人，并写明该字号经营者的基本信息；有统一社会信用代码或者注册码的，应当填写统一社会信用代码或者注册码；

（四）当事人是起字号的个人合伙的，在其姓名后应当用圆括号注明"系……（写明字号）合伙人"；

（五）当事人是法人的，写明名称、统一社会信用代码、住所以及法定代表人的姓名和职务；

（六）当事人是其他组织的，写明名称、统一社会信用代码、住所以及负责人的姓名和职务。

个体工商户、个人合伙、法人、其他组织的名称应当写全称，以其注册登记文件记载的内容为准。

法人或者其他组织的住所，是指法人或者其他组织的主要办事机构所在地；主要办事机构所在地不明确的，法人或者其他组织的注册地或者登记地为住所。

第十七条　文书首页不够记录时，可以附纸记录，但应当注明页码，由执法人员和当事人逐页签名，并注明日期。

第十八条　文书中执法机构、法制机构、农业行政处罚机关的审核或者审批意见应当表述明确，没有歧义。

第十九条　直接送达、留置送达、转交送达、委托送达当事人的法律文书应当使用送达回证。

第二十条　文书中注明加盖农业行政处罚机关印章的地方应当有农业行政处罚机关名称，加盖印章应当清晰、端正，并"骑年盖月"。

前款规定的印章，包括农业行政处罚机关依照有关规定制作的行政执法或者行政处罚专用章。

第三章　文书类型及制作

第二十一条　《指定管辖通知书》是上级农业行政处罚机关依法指定下级农业行政处罚机关对具体案件行使管辖权时使用的文书。

下级农业行政处罚机关依法报请上级农业行政处罚机关直接管辖或者指定管辖，上级农业行政处罚机关决定仍由报请的下级农业行政处罚机关管辖的，不适用本文书。

第二十二条　《案件交办通知书》是上级农业行政处罚机关依法将本机关管辖的案件交由下级农业行政处罚机关管辖时使用的文书。

《案件交办通知书》应当附有违法案件线索、证据等相关材料。所附材料、证据可以作为附件逐一列明，也可以另附清单。

第二十三条　《协助函》是农业行政处罚机关实施农业行政处罚时，依法向农业行政处罚机关以外的其他机关提出协助请求时使用的文书。

《协助函》应当写明案件名称、请求协助事项，并附有关材料。

第二十四条　《协查函》是农业行政处罚机关在办理跨行政区域案件时，需要其他地区农业行政处罚机关协助调查与案件有关的特定事项时使用的文书。

《协查函》应当写明案件名称、需要协助调查的原因、请求协助调查的事项，并附有关材料。

第二十五条　《协查结果告知函》是协助调查案件的农业行政处罚机关告知请求协助调查的农业行政处罚机关协助调查结果时使用的文书。

第二十六条 《案件移送函》是农业行政处罚机关依法将案件移送有管辖权的行政机关处理时使用的文书。

《案件移送函》应当写明移送的原因和依据，包括法律、法规、规章等关于执法职责、地域管辖、级别管辖、特殊管辖等具体规定。

《案件移送函》应当附上与案件相关的全部材料。所附材料可以作为附件逐一列明，也可以另附清单。

第二十七条 《涉嫌犯罪案件移送书》是农业行政处罚机关在查处违法行为过程中发现违法行为涉嫌犯罪，依法将案件移送公安机关时使用的文书。

《涉嫌犯罪案件移送书》应当附有涉嫌犯罪案件情况调查报告、涉案物品清单、有关检验报告或者鉴定意见及其他有关涉嫌犯罪的全部证据材料。

农业行政处罚机关在向公安机关移送涉嫌犯罪证据材料时，应当复制并保存相关证据和全部案卷材料。

《涉嫌犯罪案件移送书》应当送达受移送的公安机关，抄送同级人民检察院。

第二十八条 《当场行政处罚决定书》是农业行政处罚机关依照行政处罚简易程序的相关规定，依法对违法行为人当场作出行政处罚决定时使用的文书。

执法人员当场作出行政处罚决定的，应当向当事人出示执法证件，填写《当场行政处罚决定书》并当场交付当事人。

"违法事实"栏应当写明违法行为的发生时间和地点、违法情节、违法行为的定性等情况。

"处罚依据及内容"栏应当写明作出处罚所依据的法律、法规和规章的全称并具体到条、款、项、目以及处罚的具体内容。

书写罚没款金额应当填写正确，不得涂改。罚款缴纳方式为交至代收机构的，应当写明代收机构名称、地址等。

第二十九条 《立案/不予立案审批表》是农业行政处罚机关依照行政处罚普通程序的相关规定，依法对案件作出立案或者不予立案决定，由执法机构提请农业行政处罚机关负责人审批时使用的文书。

"简要案情及立案（不予立案）理由"栏应当写明当事人涉嫌违法的事实、证据等简要情况，涉嫌违反的相关法律规定以及立案或者不予立案的建议并说明理由。

第三十条 《撤销立案审批表》是农业行政处罚机关在立案调查后，根据新的情况发现相关案件不符合立案条件，依法撤销已经立案案件时使用的文书。

"简要案情及撤销立案理由"栏应当写明农业行政处罚机关调查的基本情况，撤销立案的事实、证据等简要情况和撤销立案的建议并说明理由。

第三十一条 《责令改正通知书》是农业行政处罚机关依据有关法律、法规、规章的规定，责令当事人改正违法行为时使用的文书。

《责令改正通知书》应当写明所依据的法律、法规、规章的具体条款。法律、法规、规章对逾期不改正、拒不改正的后果有规定的，应当填写相应规定。

没有法律、法规、规章明确规定的责令改正规定，但农业行政处罚机关在实施行政处罚时，按照《中华人民共和国行政处罚法》有关规定，责令当事人改正违法行为的，可以在行政处罚决定书或者不予行政处罚决定书中一并表述，不必单独制作本文书。

《责令改正通知书》在不立案时单独使用的，不写案号。

第三十二条 《限期提供材料通知书》是农业行政处罚机关在开展监督检查或者调查取证过程中，依法要求当事人或者有关单位、人员在一定期限内提供相关材料时使用的文书。

当事人或者其他有关单位、人员依照前款规定向农业行政处罚机关提供材料时，应当在有关材料上逐页签名或者盖章。

第三十三条 《证据提取单》是农业行政处罚机关在调查取证过程中，依法收集、调取书证、物证、视听资料、电子数据等证据时所使用的文书。

收集、调取的书证、物证应当是原件、原物。收集、调取原件、原物确有困难的，可以提供与原件核对无误的复制件、影印件或者抄录件，也可以提供足以反映原物外形或者内容的照片、录像等其他证据。复制件、影印件、抄录件和照片由证据提供人或者执法人员核对无误后注明与原件、原物一致，并注明出证日期、证据出处，同时签名或者盖章。

收集、调取的视听资料应当是有关资料的原

始载体。调取原始载体确有困难的，可以提供复制件，并注明制作方法、制作时间、制作人和证明对象等。声音资料应当附有该声音内容的文字记录。

收集、调取的电子数据证据应当是有关数据的原始载体。收集电子数据原始载体确有困难的，可以采用拷贝复制、委托分析、书式固定、拍照录像等方式取证，并注明制作方法、制作时间、制作人等。

第三十四条 《电子数据证据提取笔录》是农业行政处罚机关依法采用拷贝复制、委托分析、书式固定、拍照录像等方式对电子数据进行取证所使用的文书。

电子数据原始存储介质名称及状态应当列明相关存储介质的名称、存放地点、信号开闭状况及是否采取强制措施等情况。提取方法和过程应当列明提取的方法、过程、提取后电子数据的存储介质名称等内容。提取的电子数据内容应当列明提取电子数据的名称、类别、文件格式等内容。电子数据的完整性校验值应当根据技术要求，结合案件情况填写。

《电子数据证据提取笔录》应当当场交被检查人核对或者向被检查人宣读，并由被检查人逐页签名、盖章或者按指印。被检查人拒绝签名、盖章或者按指印的，执法人员应当在笔录上注明原因，并采取拍照、录像或者其他方式记录现场情况和电子数据提取过程；有其他人在场的，可由其作为见证人在笔录上逐页签名、盖章或者按指印。笔录需要更正或者补充的，被检查人、见证人应当在更正或者补充部分单独签名、盖章或者按指印确认。

执法人员、电子数据证据提取人应当在《电子数据证据提取笔录》上签名。笔录最后一行文字后如有空白，应当在最后一行文字后注明“以下空白”字样。

第三十五条 《询问笔录》是农业行政处罚机关为查明案件事实，收集证据，依法向当事人或者其他相关人员调查、询问并记录有关案件情况时使用的文书。

询问应当个别进行，询问时应当有两名以上具有行政执法资格的执法人员在场，每份询问笔录对应一个被询问人。询问人提出的问题，如果被询问人不回答或者拒绝回答的，应当写明被询问人的态度，如“不回答”或者“沉默”等，并用括号标记。

《询问笔录》应当当场交被询问人核对或者向被询问人宣读，并由被询问人逐页签名、盖章或者按指印。被询问人拒绝签名、盖章或者按指印的，执法人员应当在笔录上注明原因。笔录需要更正或者补充的，被询问人应当在更正或者补充部分单独签名、盖章或者按指印。

执法人员应当在《询问笔录》上签名。笔录最后一行文字后如有空白，应当在最后一行文字后注明“以下空白”字样。

第三十六条 《现场检查（勘验）笔录》是农业行政处罚机关依法对与案件有关的物品或者场所进行现场检查或者勘验，制作现场检查笔录或者勘验笔录时使用的文书。

《现场检查（勘验）笔录》应当对所检查的物品名称、数量、包装形式、规格或者所勘验的现场具体地点、范围、状况等作全面、客观、准确的记录。需要绘制勘验图的，可另附纸。

现场绘制的勘验图、拍摄的照片和摄像、录音等资料，应当在笔录中注明。

执法人员进行现场检查或者勘验，应当通知当事人到场，《现场检查（勘验）笔录》应当当场交当事人核对或者向其宣读，并由其在笔录上逐页签名、盖章或者按指印。当事人不到场以及拒绝在笔录上签名、盖章或者按指印的，执法人员应当在笔录上注明原因，并采取拍照、录像或者其他方式记录现场情况和检查（勘验）过程；有其他人在场的，可由其他人员作为见证人在笔录上逐页签名、盖章或者按指印。笔录需要更正或者补充的，当事人、见证人应当在更正或者补充部分单独签名、盖章或者按指印确认。

执法人员应当在《现场检查（勘验）笔录》上逐页签名。笔录最后一行文字后如有空白，应当在最后一行文字后注明“以下空白”字样。

第三十七条 《抽样取证凭证》是农业行政处罚机关在案件查办过程中依法采取抽样取证措施收集证据，对抽样取证过程、样品、封样等情况进行记录时所使用的文书。

被抽样产品及抽样情况填写应当完整、准确。抽样凭证中各栏目信息，应当按照抽样物品或者其外包装、说明书上记载的内容填写；没有或者无法确定其中某项内容的，应当注明。抽取样品数量包括检验样品数量以及备用样品数量；抽样基数是被抽样同批次产品的总量。样品封样情况写明被抽样品加封情况、备用样品封存地点。

执法人员应当对样品加贴封条，封条应当标明封样日期，并加盖执法机关印章。执法人员和当事人应当在《抽样取证凭证》上签名或者盖章。当事人拒绝在《抽样取证凭证》上签名、盖章确认的，执法人员应当采取拍照、录像或者其他方式记录抽样取证情况，必要时可请有关人员到场作为见证人签名、盖章或者按指印确认，并在备注栏注明见证人身份信息等情况。

法律、行政法规、农业农村部规章对抽样取证方式、标准等有特别规定的，应当按照有关规定执行。

第三十八条 《产品确认通知书》是农业行政处罚机关从非生产单位取得样品后，为确认样品的真实生产单位，向样品标签、包装等标注的生产单位进行确认时使用的文书。

《产品确认通知书》中各栏目信息，应当按照产品外包装、标签、说明书上记载的内容填写，并附照片；没有或者无法确定其中某项内容的，应当注明。

《产品确认通知书》应当写明要求生产单位确认的期限。

第三十九条 《检测/检验/鉴定/评估/认定委托书》是农业行政处罚机关在案件调查过程中，依法委托具有法定资质的机构或者其他具备相应条件的机构对专门事项进行检测、检验、鉴定、评估、认定时所使用的文书。

农业行政处罚机关使用本文书时，应当在标题及正文中对检测、检验、鉴定、评估、认定事项进行选择。

正文物品清单中写不下的，可另附页。

本文书可以直接附抽样取证凭证及《场所/设施/财物清单》。必要时，执法人员可以制作物品状况笔录，对物品的外观状态、包装情况、材料情况及解封过程等进行详细记录，由委托方和受委托方双方签名。

第四十条 《检测/检验/鉴定/评估/认定结果告知书》是农业行政处罚机关将检测、检验、鉴定、评估、认定结果告知当事人时所使用的文书。

农业行政处罚机关在制作本文书时，应当在标题及正文中对检测、检验、鉴定、评估、认定进行选择。

依据相关法律、法规、规章的规定，当事人享有复检、复鉴、复评权利，且客观上具备复检、复鉴、复评条件的，农业行政处罚机关应当依法告知当事人复检、复鉴、复评权利，以及申请复检、复鉴、复评的期限和受理单位。

第四十一条 《证据先行登记保存通知书》是农业行政处罚机关在案件调查过程中，在证据可能灭失或者以后难以取得的情况下，对与涉嫌违法行为有关的证据采取登记保存措施时使用的文书。

农业行政处罚机关应当根据需要选择就地或者异地保存。被登记保存物品状况应当在通知书所附《场所/设施/财物清单》中逐项详细记录，登记保存地点应当表述准确、清晰。执法人员应当在《场所/设施/财物清单》上逐页签名。

农业行政处罚机关可以对证据登记保存的相关物品和场所加贴封条。封条应当标明日期，加盖执法机关印章。

第四十二条 《先行登记保存物品处理通知书》是农业行政处罚机关在规定的期限内对被先行登记保存的证据作出处理决定并告知当事人时使用的文书。

执法人员应当在《先行登记保存物品处理通知书》所附《场所/设施/财物清单》中详细记录被登记保存物品状况，登记保存地点要表述明确、清楚。

第四十三条 《查封（扣押）决定书》是农业行政处罚机关在案件调查过程中，依法对涉案场所、设施或者财物采取行政强制措施，实施查封（扣押）时使用的文书。

农业行政处罚机关实施查封（扣押）应当有法律、法规依据，填写《查封（扣押）决定书》时应当写明所依据的具体条款。

查封（扣押）期限应当明确具体，不得超过30日；情况复杂的，经农业行政处罚机关负责人批准可以延长，但是延长期限不得超过30日。法律、行政法规另有规定的除外。

执法人员实施查封（扣押）时，可以对相关场所、设施或者财物加贴封条。封条应当标明日期，并加盖农业行政处罚机关印章。

第四十四条 《查封（扣押）现场笔录》是农业行政处罚机关在案件调查过程中，依法对涉案场所、设施或者财物采取查封、扣押等行政强制措施时，对实施查封（扣押）以及其他现场情况进行记录时使用的文书。

《查封（扣押）现场笔录》应当对实施查封（扣押）的物品名称、数量、包装形式、规格等作全面、客观、准确的记录，并记录查封（扣押）决定书及财物清单送达、当事人到场、实施查封（扣押）过程、当事人陈述申辩以及其他有关情况。

《查封（扣押）现场笔录》应当当场交当事人核对或者向当事人宣读，并由当事人逐页签名、盖章或者按指印。当事人拒绝签名、盖章或者按指印的，执法人员应当在笔录上注明原因，并采取拍照、录像或者其他方式记录现场情况和查封（扣押）过程；有其他人在场的，可由其作为见证人在笔录上逐页签名、盖章或者按指印。笔录需要更正或者补充的，当事人应当在更正或者补充部分单独签名、盖章或者按指印确认。

执法人员应当在《查封（扣押）现场笔录》上逐页签名。笔录最后一行文字后如有空白，应当在最后一行文字后注明“以下空白”字样。

第四十五条 《查封（扣押）处理决定书》是农业行政处罚机关对已实施查封（扣押）措施的场所、设施或者财物，作出依法解除行政强制措施、销毁全部或者部分扣押物品处理决定时使用的文书。

查封（扣押）期限经批准延长的，应当载明延长行政强制措施决定的理由和相应内容。

部分解除查封（扣押）措施的，应当另行制作《场所/设施/财物清单》，写明解除场所、设施、财物的名称、规格、型号及数量等，并由办案人员和当事人在《场所/设施/财物清单》上签名或者盖章。

部分销毁查封（扣押）物品的，应当另行制作《场所/设施/财物清单》，写明销毁物品的名称、规格、型号及数量等，并由办案人员和当事人在《场所/设施/财物清单》上签名或者盖章。

第四十六条 《场所/设施/财物清单》是农业行政处罚机关在办案过程中，依法采取或者解除先行登记保存措施，实施或者解除查封（扣押）、销毁查封（扣押）物品等行政强制措施，以及委托检测、检验、鉴定、评估、认定等情形下，对涉案场所、设施、财物进行详细登记造册的书面凭证。

使用本文书时，由执法人员按照登记造册的场所、设施、财物在标题上选择相应类别。设施、财物的生产厂家、生产日期、单价、批号、包装情况、物品状态等事项，以及场所的相关事项，需要详细记载的可以在备注栏予以注明。

当事人核对无误后，可由其在清单末尾写明“上述内容经核对无误”。清单应当由当事人逐页签名、盖章或者按指印确认。执法人员应当在清单上逐页签名。

第四十七条 《查封（扣押）财物移送告知书》是农业行政处罚机关依法将查封（扣押）财物移送公安机关或者其他有关部门并告知当事人时使用的文书。

第四十八条 《先行处置物品确认书》是农业行政处罚机关依法对不宜长期保存的物品，请权利人确认先行处置有关事项时所使用的文书。

先行处置物品前，应当采取相关措施留存证据。

先行处置物品，不得违反相关法律、法规规定，且应当经权利人同意或者申请。权利人不明确，需要依法公告的，不使用本文书。

先行处置所得款项按照涉案现金管理。

第四十九条 《先行处置物品公告》是农业行政处罚机关对依法先行处置的物品因权利人不明确予以公告时所使用的文书。

公告的方式，可以在农业行政处罚机关公告栏和物品所在地张贴公告，也可以在当地主要报纸或者农业行政处罚机关官方网站等刊登公告。在农业行政处罚机关公告栏和物品所在地张贴公告的，应当采取拍照、录像等方式记录张贴过程。

公告期间由农业行政处罚机关根据涉案物品实际情况，以及权利人知晓公告内容、提出意见所需的合理期限等因素确定，一般不少于7个工作日。

第五十条 《案件中止调查决定书》是农业行政处罚机关依法决定中止调查案件时使用的文书。

第五十一条 《恢复案件调查决定书》是农业行政处罚机关依法决定恢复调查案件时使用的文书。

第五十二条 《法制审核（案件审核）表》是农业行政处罚机关的法制审核机构（人员）或者案件审核机构（人员）对农业行政执法机构提交的案件调查终结报告及其他案件材料，依法进

行案件审核或者法制审核时所使用的文书。

审核机构（人员）应当根据案件实际情况对审核内容逐项进行选择，“其他”栏填写审核发现的其他意见。

审核机构（人员）审核后，应当根据《农业行政处罚程序规定》有关规定在“审核意见和建议”栏中填写明确的审核意见和建议。

第五十三条 《案件处理意见书》是在案件调查结束后，执法人员就案件调查经过、证据材料、调查结论及处理意见报请农业行政处罚机关负责人审批时使用的文书。

“案件名称”栏按照“当事人姓名（名称）＋涉嫌＋违法行为性质＋案”的方式表述。

“案件调查过程”栏，可以写明案件线索来源、核查及立案的时间以及采取的证据先行登记保存、行政强制措施、现场检查、抽样取证等案件调查情况。

“涉嫌违法事实及证据材料”栏，填写调查认定的事实的证据，列举的证据应当符合证据的基本要素，根据证据规则应当能够认定案件事实。必要时可以将证据与所证明的事实对应列明。

“调查结论及处理意见”栏，应当由执法人员根据案件调查情况和有关法律、法规、规章的规定提出处理意见，包括建议给予行政处罚、予以撤销案件、不予行政处罚、移送其他行政管理部门处理、移送司法机关等。据以立案的违法事实不存在的，应当写明建议终结调查并结案等内容。对依法应给予行政处罚的，应当写明给予行政处罚的种类、幅度及法律依据等。从重、从轻或者减轻处罚的，应当写明理由。

“执法机构意见”栏由执法机构负责人填写。

“法制审核（案件审核）意见”栏由法制审核（案件审核）机构或者人员根据审核情况简要填写审核结论，报审时应当将《法制审核（案件审核）表》附本表后。

“农业行政处罚机关负责人意见”栏由农业行政处罚机关负责人根据《农业行政处罚程序规定》规定的情形填写。

第五十四条 《行政处罚事先告知书（适用非听证案件）》是农业行政处罚机关在适用非听证程序作出行政处罚决定前，依法告知当事人拟作出行政处罚决定的事实、理由、依据、处罚内容和当事人所享有的陈述权、申辩权时使用的文书。

《行政处罚事先告知书（适用听证案件）》是农业行政处罚机关在作出较大数额罚款、没收较大数额违法所得、没收较大价值非法财物、降低资质等级、责令停产停业、吊销许可证件、责令关闭、限制从业等较重的行政处罚决定前，依法告知当事人拟作出行政处罚决定的事实、理由、依据及处罚内容和当事人所享有的陈述权、申辩权、听证权时使用的文书。

行政处罚事先告知书应当针对当事人涉嫌违法行为写明拟处罚的内容及事实、理由和依据，引用法律依据时应当写明法律、法规、规章的具体条款。

第五十五条 《陈述申辩笔录》是记录当事人口头提出陈述、申辩意见时使用的文书。当事人书面提交陈述、申辩意见的，不使用本文书。

陈述申辩内容应当写明当事人陈述、申辩的具体请求和依据的事实、理由。

《陈述申辩笔录》应当当场交当事人核对或者向当事人宣读，并由其逐页签名、盖章或者按指印。笔录需要更正或者补充的，当事人应当在更正或者补充部分单独签名、盖章或者按指印。

第五十六条 《行政处罚听证会通知书》是农业行政处罚机关举行听证会前依法通知当事人举行听证的时间、地点、相关人员姓名以及其他相关事项时使用的文书。

第五十七条 《听证笔录》是农业行政处罚机关根据当事人的申请，就行政处罚案件举行听证，由书记员对听证会全过程进行记录时使用的文书。

《听证笔录》应当如实记录案件调查人员提出的当事人的违法事实、证据、拟作出行政处罚的内容及法律依据，当事人及其委托代理人的陈述和申辩、证人证言、各方质证、辩论情况及最后意见。

《听证笔录》应当经听证参加人核对无误后，由其在笔录上逐页签名、盖章或者按指印，证人应当在记录其证言之页签名、盖章或者按指印。当事人或者其委托代理人、证人拒绝签名、盖章或者按指印的，听证主持人应当在听证笔录中注明原因。笔录需要更正或者补充的，要求更正的人员应当在更正或者补充部分单独签名、盖章或者按指印。

第五十八条　《行政处罚听证会报告书》是农业行政处罚机关在行政处罚案件听证会结束后，听证主持人向农业行政处罚机关负责人报告听证会情况和处理意见建议时使用的文书。

《行政处罚听证会报告书》应当内容完整，重点突出，包括以下内容：听证案由；听证人员和其他听证参加人；听证的时间、地点；听证的基本情况；处理意见及建议；需要报告的其他事项。

听证主持人向农业行政处罚机关负责人提交听证会报告书时，应当附听证笔录。

第五十九条　《行政处罚案件集体讨论记录》是记录农业行政处罚机关负责人集体讨论对情节复杂或者重大违法行为给予行政处罚时所使用的文书。

集体讨论记录应当真实、准确、完整，如实、简明记录参加讨论的全体人员的身份、职务和主要意见，重点包括对案件事实认定、定性、适用法律等方面的意见。

参加讨论的人员应当在记录上签名。

第六十条　《行政处罚决定审批表》是农业行政执法机构在案件调查终结之后，将案件情况和处理意见报请农业行政处罚机关负责人审查时使用的文书。

"案件名称"栏按照"当事人姓名（名称）+违法行为性质+案"的方式表述，由执法机构填写。"陈述、申辩或者听证情况"栏填写当事人陈述、申辩或者听证情况，由执法机构填写。

"执法机构意见"栏由执法机构负责人填写。

"法制审核（案件审核）意见"栏由法制审核（案件审核）机构（人员）根据审核情况简要填写审核结论，报审时应当将《法制审核（案件审核）表》附本表后。

"集体讨论情况"栏仅适用符合《农业行政处罚程序规定》第五十五条规定的案件，根据农业行政处罚机关负责人集体讨论情况填写集体讨论的结论或者决定，报审时应当将《行政处罚案件集体讨论记录》附本表后。

"农业行政处罚机关意见"栏，由农业行政处罚机关负责人填写；符合《农业行政处罚程序规定》第五十五条规定情形的，由农业行政处罚机关主要负责人根据集体讨论决定填写。

第六十一条　《不予行政处罚决定书》是农业行政处罚机关对符合法定不予处罚情形依法作出不予行政处罚决定时使用的文书。违法事实不成立、不予行政处罚的情形不适用本文书。

"案件来源及调查经过及采取查封（扣押）的情况"部分，可以写明案件线索来源、核查及立案的时间，以及采取的先行登记保存、行政强制措施、现场检查、抽样取证等案件调查情况。

"违反法律、法规或者规章的事实"部分，应当准确表述查明的案件事实，包括违法行为的时间、地点、目的、手段、情节、违法所得、危害结果、主观过错等。

"相关证据及证明事项"部分，应当将认定案件事实所依据的证据列举清楚，所列举证据应当符合证据规则，能够认定案件事实。必要时可以将证据与所证明的事实分类列明。

"行政处罚告知及当事人陈述、申辩、听证及采纳情况"部分，如已履行行政处罚告知、听取当事人陈述、申辩，或者组织听证的，应当记载行政处罚告知或者行政处罚听证告知送达情况，当事人申述、申辩、申请听证的意见理由等相关情况。

"违法行为性质、不予行政处罚的决定和理由"部分，写明对当事人违法行为的定性及依据，以及不予行政处罚的理由及依据。决定责令当事人改正违法行为，未单独制作责令改正文书的，可以在本文书中一并表述。

第六十二条　《行政处罚决定书》是农业行政处罚机关适用普通程序办理行政处罚案件，依法对当事人作出行政处罚决定时使用的文书。

"案件来源"部分，可写明案件线索来源、核查及立案的时间；"调查经过"部分，可写明询问、抽样取证、现场检查或者勘验、检验检测、证据先行登记保存等调查过程；"采取查封（扣押）的情况"部分，可写明采取查封（扣押）行政强制措施情况。

"违反法律、法规或者规章的事实"部分，应当写明从事违法行为的时间、地点、情节、危害结果等。

"相关证据及证明事项"部分，应当将认定案件事实所依据的证据列举清楚，所列举证据应当符合证据的基本要素，根据证据规则能够认定案件事实。

"当事人陈述、申辩情况，当事人陈述、申辩的采纳情况及理由；行政处罚告知、行政处罚听证告知情况，以及复核、听证过程及意见"部分，应当写明行政处罚告知或者行政处罚听证告知送

达情况，以及对当事人陈述、申辩意见的复核程序和听证程序，说明农业行政处罚机关的复核意见以及采纳或者不予采纳的理由。经过听证的案件，还应当写明听证意见。

“违法行为性质及定性、处罚依据、裁量的依据和理由，以及行政处罚的内容和依据”部分，应当写明行政处罚的依据，包括违法行为的定性依据和处罚依据，列明有关法律、法规、规章的具体条款；应当从违法案件的具体事实、性质、情节、社会危害程度等方面，结合当事人的主观过错，阐明行政处罚自由裁量的依据和理由，以及对当事人从重、或者从轻、减轻处罚的情形；应当写明行政处罚的内容，包括对当事人给予处罚的种类和数额，有多项的应当分项写明。

第六十三条 《送达回证》是农业行政处罚机关依法向当事人送达法律文书，记载相关文书送达情况时使用的文书。

“受送达人”指案件当事人。

“送达时间”应当精确到日，也可根据实际情况精确到“××月××日××时××分”。“送达单位”指农业行政处罚机关。

“送达地点”应当填写街道、楼栋、单元、门牌号等完整信息。

“送达方式”应当填写直接送达、留置送达、邮寄送达、委托送达及其他合理的送达方式。

“收件人”应当签名、盖章或者按指印，并填写收件时间；收件人不是当事人时，应当在备注栏中注明其身份和与当事人的关系。

“送达人”指农业行政处罚机关的执法人员或者执法机构委托的有关人员。

第六十四条 《送达地址确认书》是农业行政处罚机关经当事人同意，对法律文书的送达地址进行确认时使用的文书。

农业行政处罚机关使用本文书时，应当事先征得当事人同意，并由其签名、盖章或者按指印予以确认。

《送达地址确认书》载明的地址可以是受送达人的住所、单位所在地址、代收人地址、电子邮件地址或者其他可以接收法律文书的地址。

第六十五条 《送达公告》是农业行政处罚机关依法采取公告方式送达行政处罚事先告知书、行政处罚决定书、履行行政处罚决定催告书等有关文书时使用的文书。

公告内容应当说明送达文书的名称、文号和主要内容，当事人依法享有陈述、申辩、申请听证、行政复议、诉讼等权利的，应当一并公告。

公告送达前，应当先采取直接送达、留置送达、邮寄送达、委托送达及其他合理的送达方式。

公告送达的，可以在农业行政处罚机关公告栏和受送达人住所地张贴公告，也可以在报纸或者农业农村部门门户网站等刊登公告。在农业行政处罚机关公告栏和受送达人住所地张贴公告的，应当采取拍照、录像等方式记录张贴过程。

第六十六条 《履行行政处罚决定催告书》是农业行政处罚机关依法申请人民法院强制执行之前，催告当事人履行行政处罚决定书时使用的文书。

《履行行政处罚决定催告书》应当写明作出行政处罚决定的日期和送达情况，有延期（分期）缴纳罚款的，写明作出延期（分期）缴纳罚款决定的日期，告知当事人履行期限届满，催告其履行行政处罚决定。逾期不履行的，行政处罚机关将依法申请人民法院强制执行。

第六十七条 《强制执行申请书》是农业行政处罚机关依法申请人民法院强制执行时使用的文书。

《强制执行申请书》应当写明申请人及被申请人基本情况、采取行政措施或者作出行政处罚决定情况、申请执行内容、送达情况和催告等有关情况，由农业行政处罚机关负责人签名并加盖农业行政处罚机关印章。

第六十八条 《延期（分期）缴纳罚款通知书》是当事人确有经济困难，需要延期或者分期缴纳罚款，向农业行政处罚机关提出书面申请，农业行政处罚机关负责人依法批准同意后，告知当事人时使用的文书。

本文书使用时，应当根据实际情况在标题中对延期或者分期进行选择，同时选择相应的正文内容。

同意延期缴纳的，应当明确缴纳的最后期限；同意分期缴纳的，应当明确每期缴纳的金额和期限。

第六十九条 《罚没物品处理记录》是农业行政处罚机关对依法没收的非法财物进行处理时使用的文书。

《罚没物品处理记录》应当载明对罚没物品处

理的时间、地点、方式，参与处理的执法人员及执法机构负责人应当在记录上签名。根据实际情况，可附物品处理过程的照片、录像等全过程记录资料。

第七十条 《罚没物品清单》是农业行政处罚机关依法没收非法财物时使用的文书。

当事人核对无误后，可由其在清单末尾写明“上述内容经核对无误”。清单应当由当事人逐页签名、盖章或者按指印确认。执法人员应当在清单上逐页签名。

第七十一条 《行政处罚结案报告》是案件终结后，执法机构报请农业行政处罚机关负责人批准结案时使用的文书。

“案件名称”栏按照“当事人姓名（名称）＋违法行为性质＋案”的方式表述。案件终止调查、违法事实不能成立、立案调查后移送其他行政管理部门或者司法机关处理的，按照“当事人姓名（名称）＋涉嫌＋违法行为性质＋案”的方式表述。

《行政处罚结案报告》应当对案件的办理情况进行总结，给予行政处罚的，写明处罚决定的内容及执行方式；不予行政处罚的应当写明理由；予以撤销案件的，写明撤销的理由。

案件终止调查或者违法事实不能成立的，不需填写“处理决定文书”栏。

罚没物品处置情况应当写明罚没物品的处置时间、方式及结果。

第四章 文书归档及管理

第七十二条 农业行政处罚机关应当严格按照《中华人民共和国行政处罚法》《中华人民共和国档案法》《农业行政处罚程序规定》《机关文件材料归档范围和文书档案保管期限规定》和本规范的要求，做好立卷归档工作。

立卷归档，是指农业行政处罚机关对行政处罚等行政执法活动中形成的、能反映案件真实情况、有保存价值的各种文字、图标、声像、证物等，按照行政执法的客观进程和形成文书时间的自然顺序进行收集、整理的过程。

第七十三条 农业行政处罚机关各类文书，应当按照利于保密、方便利用的原则，分别立为正卷和副卷。

普通程序案件应当按年度、一案一号的原则，单独立卷。简易程序案件可以多案合并组卷，每卷不超过50个案件。

案卷归档一般包括材料整理、排序编号、填写卷宗封面、卷内目录、卷内备考表和装订入盒等步骤。

第七十四条 行政处罚简易程序案件归档材料包括：

（一）当场处罚决定书；

（二）罚款收据；

（三）其他文件材料。

第七十五条 行政处罚普通程序案件归档材料包括：

（一）立案材料，包括举报投诉信函、受理记录、案件移送函、立案审批表等；

（二）调查取证材料；

（三）审查决定材料，包括案件处理意见书、行政处罚事先（听证）告知书、陈述申辩笔录、听证笔录、法制审核（案件审核）表、重大行政处罚决定集体讨论记录、行政处罚决定书等；

（四）处罚执行材料，包括罚款收据、执行情况记录、行政决定履行催告书、强制执行决定书、罚没物品处理记录、结案报告等。

当事人提起行政复议或者行政诉讼形成的文件材料，可以合并入原案卷保管，或者另行立卷保管。

第七十六条 案件结案后，立卷人应当及时将案件处理过程中形成的各种文书和材料进行收集整理。材料整理应当符合下列规定：

（一）能够采用原件的材料应当采用原件，不得以复印件代替原件存档；

（二）整理时应当拆除文件上的金属物，超大纸张应当折叠成A4纸大小，已破损的文件应当修整，字迹模糊或者易褪色的文件、热敏传真纸文件应当复制；

（三）横印文件材料应当字头朝装订线摆放；

（四）文件材料装订部分过窄或者有字的，用纸加宽装订，纸张小于卷面的用A4纸进行托裱；

（五）需要附卷保存的信封，应当打开展平后加贴衬纸或者复制留存，邮票不得撕揭；卷内文书材料应当齐全完整，无重份或者多余材料。

第七十七条 案件材料整理后，按照下列规定进行排序编号：

（一）简易程序案卷，同一案件按当场处罚决定书、罚款收据（现场收缴的将收据号码登记在行政处罚决定书上）、其他案卷材料的顺序排列，

不同案件按结案时间先后顺序排列；

（二）普通程序案卷，行政处罚决定书应当放在卷内目录之后、卷内文件之首，其他案卷材料按照执法办案流程的时间先后顺序排列（档案管理部门另有规定的，从其规定）；

（三）卷内文件材料以阿拉伯数字依次编号。正面编号在文件的右上角，背面编号在文件的左上角，背面无信息内容的不编号。

第七十八条　农业行政执法案卷由卷宗封面、卷内目录、卷内文件材料、卷内备考表、封底组成。

卷宗封面包括立卷单位、案号、案件名称、年度、页数、保管期限。

卷内目录包括序号、文号、文件材料名称、页号、备注。

卷内备考表包括本卷情况说明、立卷人、检查人、立卷时间。

第七十九条　案卷装订入盒时应当符合下列要求：

（一）装订时左边和下边取齐，采用三孔一线的方法在左边装订，装订要牢固、整齐，不压字迹，便于翻阅；

（二）案卷背面装订线处用封条封装，并加盖单位公章；

（三）将案卷置于规格统一的卷盒中，并在卷盒盒脊填写所存案卷的年份、保管期限、起止卷号。

第八十条　对于难以入卷保存的物证、视听资料、电子数据等证据材料，可以拍摄、冲洗或者打印后入卷，相关证据材料装入证据袋另行保存，并在卷内备考表注明。

第八十一条　简易程序案卷保管期限为10年。普通程序案卷保管期限为30年。案件涉及行政复议、行政诉讼的，保管期限为永久。

保管期限从案卷装订成册次年1月1日起计算。

第八十二条　正在办理中、尚未立卷归档的农业行政执法案件的材料，由农业行政执法机构负责保管；已经归档整理完毕的农业行政执法案卷，应当及时移交农业行政处罚机关档案管理机构或档案管理人员按照国家档案管理的有关规定管理。

案卷归档，不得私自增加或者抽取案卷材料，不得修改案卷内容。

第五章　附　　则

第八十三条　本规范由农业农村部法规司负责解释。

附件 2

农业行政执法基本文书格式

目　　录

37. 陈述申辩笔录
38. 行政处罚听证会通知书
39. 听证笔录
40. 行政处罚听证会报告书
41. 行政处罚案件集体讨论记录
42. 行政处罚决定审批表
43. 不予行政处罚决定书
44. 行政处罚决定书
45. 送达回证
46. 送达地址确认书
47. 送达公告
48. 履行行政处罚决定催告书
49. 强制执行申请书
50. 延期（分期）缴纳罚款通知书
51. 罚没物品处理记录
52. 罚没物品清单
53. 行政处罚结案报告

文书格式 1

农业行政处罚机关全称
指定管辖通知书

____农指定〔　　〕____号

__________________：

关于__________________一案管辖权问题，经本机关研究，依据《中华人民共和国行政处罚法》第二十五条第二款、《农业行政处罚程序规定》第十六条/第十七条/第十八条的规定，现指定该案由__________________管辖。请接到此通知后及时办理案件相关材料的移交手续。

联 系 人：______________联系电话：_________

联系地址：__________________________________

农业行政处罚机关（印章）

年　月　日

文书格式 2

农业行政处罚机关全称
案件交办通知书

____农交办〔　　〕____号

____________________：

依据《农业行政处罚程序规定》第十八条第一款的规定，现将________________________________一案交由你机关管辖。请依法调查处理，并将处理结果及时报送本机关。

联 系 人：____________联系电话：________

联系地址：______________________________

附件：（相关材料）

农业行政处罚机关（印章）

年　月　日

文书格式 3

农业行政处罚机关全称
协助函

____农协助〔　　〕____号

__________________：

本机关在办理________________________________一案中，因____，需要你单位给予协助。依据《中华人民共和国行政处罚法》第二十六条、《农业行政处罚程序规定》第十九条第一款的规定，请你单位协助以下事项：__________________________

请你单位提供协助并及时将结果书面告知本单位。

联 系 人：___________联系电话：_____________

联系地址：___________________________________

农业行政处罚机关（印章）

年　月　日

文书格式 4

农业行政处罚机关全称
协查函

____农协查〔　　〕____号

________________：

本机关在办理________________________________一案中，因______________________，依据《中华人民共和国行政处罚法》第二十六条、《农业行政处罚程序规定》第十九条第二款的规定，请你单位协助调查以下事项：__________

请你单位在收到本函后____日内将调查结果加盖公章，连同相关证据材料寄送本机关。需要延期完成的，请于期限届满前告知本机关。

联 系 人：__________联系电话：__________

联系地址：______________________________

农业行政处罚机关（印章）

年　月　日

文书格式 5

农业行政处罚机关全称
协查结果告知函

____农协查告〔　　〕____号

__________________：

你单位在办理______________________________一案中，因____________________，请我单位协助调查，现已调查终结。依据《农业行政处罚程序规定》第十九条第二款的规定，将协助调查结果告知如下：

联 系 人：__________联系电话：__________

联系地址：______________________________

附件：（相关材料）

农业行政处罚机关（印章）

年　月　日

文书格式 6

农业行政处罚机关全称
案件移送函

____农案移〔　　〕____号

________________：

________________________________一案/违法线索，经调查核实，依法不属于本机关管辖。依据《农业行政处罚程序规定》第十七条的规定，现将该案移送你单位处理。你单位对管辖权有异议的，请依法报请你单位与本机关共同的上一级农业行政处罚机关指定管辖。

联 系 人：____________联系电话：__________

联系地址：__________________________________

附件：（相关材料）

农业行政处罚机关（印章）

年　月　日

文书格式 7

农业行政处罚机关全称
案件移送函

_____农案移〔 〕_____号

____________________：

____________________________________一案/违法线索，经调查核实，依法不属于本机关管辖。依据《农业行政处罚程序规定》第二十一条第一款的规定，现将该案移送你单位处理。

联 系 人：________________联系电话：____________

联系地址：____

附件：（相关材料）

农业行政处罚机关（印章）

年 月 日

文书格式 8

农业行政处罚机关全称
涉嫌犯罪案件移送书

____农涉刑移送〔　　〕____号

__________________：

____________________一案/案件线索，经调查，当事人的行为涉嫌犯罪。依据《中华人民共和国行政处罚法》第二十七条、《行政处罚机关移送涉嫌犯罪案件的规定》第三条、《农业行政处罚程序规定》第二十一条第二款的规定，现将该案移送你单位。

联 系 人：_____________联系电话：_____________

联系地址：______________________________________

附件：（相关材料）

农业行政处罚机关（印章）

年　月　日

抄送：___________人民检察院

文书格式 9

农业行政处罚机关全称
当场行政处罚决定书

____农简罚〔 〕____号

<table>
<tr><td rowspan="8">当事人</td><td rowspan="5">个人或个体工商户</td><td>姓名</td><td></td><td>性别</td><td></td><td>民族</td><td></td><td>出生日期</td><td></td></tr>
<tr><td colspan="2">身份证(其他有效证件)号码</td><td colspan="2"></td><td colspan="2">工作单位和职务</td><td colspan="2"></td></tr>
<tr><td colspan="2">住所</td><td colspan="2"></td><td colspan="2">联系电话</td><td colspan="2"></td></tr>
<tr><td colspan="2">字号名称</td><td colspan="2"></td><td colspan="2">统一社会信用代码(注册码)</td><td colspan="2"></td></tr>
<tr style="display:none"></tr>
<tr><td rowspan="3">单位</td><td colspan="2">名称</td><td colspan="2"></td><td colspan="2">统一社会信用代码</td><td colspan="2"></td></tr>
<tr><td colspan="2">法定代表人(负责人)</td><td colspan="2"></td><td colspan="2">联系电话</td><td colspan="2"></td></tr>
<tr><td colspan="2">住所</td><td colspan="6"></td></tr>
</table>

<table>
<tr><td>违法事实</td><td></td></tr>
<tr><td>处罚依据及内容</td><td>你（单位）________的行为，违反了________的规定。依据《中华人民共和国行政处罚法》第二十八条第一款、第五十一条和《农业行政处罚程序规定》第二十五条以及____的规定，现责令你（单位）〔□立即/□于__年_月_日之前〕改正上述违法行为，并作出如下行政处罚：
□警告；
□罚款____元
罚款按照下列方式缴纳：
□当场缴纳；
□即日起15日内，通过________缴纳罚款。
逾期不缴纳的，根据《中华人民共和国行政诉讼法》第七十二条的规定，本机关将每日按罚款数额的百分之三加处罚款，并且依法申请人民法院强制执行；</td></tr>
</table>

告知事项	你（单位）如对本处罚决定不服的，应当在收到本处罚决定书之日起60日内向____________申请行政复议；对行政复议决定不服的，收到行政复议决定书之日起15日内向____________人民法院提起行政诉讼。

本行政处罚决定作出前，本机关执法人员已向你（单位）出示执法证件，告知你（单位）拟作出的行政处罚内容及事实、理由、依据，并告知你（单位）有权进行陈述和申辩。

处罚地点：____________________

执法人员：____________________执法证件号：____________

执法人员：____________________执法证件号：____________

当事人确认及签收：____________________

签收时间：__年__月__日

农业行政处罚机关（印章）

年 月 日

文书格式 10

农业行政处罚机关全称
立案/不予立案审批表

____农立/不立〔　　〕____号

<table>
<tr><td colspan="2">案件名称</td><td colspan="3"></td><td>受案时间</td><td colspan="4"></td></tr>
<tr><td rowspan="7">当事人</td><td rowspan="4">个人或个体工商户</td><td>姓名</td><td></td><td>性别</td><td></td><td>民族</td><td></td><td>出生日期</td><td></td></tr>
<tr><td colspan="2">身份证(其他有效证件)号码</td><td colspan="2"></td><td colspan="2">工作单位和职务</td><td colspan="2"></td></tr>
<tr><td colspan="2">住所</td><td colspan="2"></td><td colspan="2">联系电话</td><td colspan="2"></td></tr>
<tr><td colspan="2">字号名称</td><td colspan="2"></td><td colspan="2">统一社会信用代码(注册码)</td><td colspan="2"></td></tr>
<tr><td rowspan="3">单位</td><td colspan="2">名称</td><td colspan="2"></td><td colspan="2">统一社会信用代码</td><td colspan="2"></td></tr>
<tr><td colspan="2">法定代表人(负责人)</td><td colspan="2"></td><td colspan="2">联系电话</td><td colspan="2"></td></tr>
<tr><td colspan="2">住所</td><td colspan="6"></td></tr>
</table>

<table>
<tr><td>简要案情及立案/不予立案理由</td><td>

经办人：
年　月　日</td></tr>
<tr><td>执法机构负责人意见</td><td>
执法机构负责人：
年　月　日</td></tr>
<tr><td>农业行政处罚机关负责人意见</td><td>
农业行政处罚机关负责人：
年　月　日</td></tr>
<tr><td>备　注</td><td></td></tr>
</table>

文书格式 11

农业行政处罚机关全称
撤销立案审批表

____农撤立〔　　〕____号

<table>
<tr><td colspan="2">案件名称</td><td colspan="3"></td><td>受案时间</td><td colspan="4"></td></tr>
<tr><td rowspan="7">当事人</td><td rowspan="4">个人或个体工商户</td><td>姓名</td><td></td><td>性别</td><td></td><td>民族</td><td></td><td>出生日期</td><td></td></tr>
<tr><td colspan="2">身份证（其他有效证件）号码</td><td colspan="2"></td><td colspan="2">工作单位和职务</td><td colspan="2"></td></tr>
<tr><td colspan="2">住所</td><td colspan="2"></td><td colspan="2">联系电话</td><td colspan="2"></td></tr>
<tr><td colspan="2">字号名称</td><td colspan="2"></td><td colspan="2">统一社会信用代码（注册码）</td><td colspan="2"></td></tr>
<tr><td rowspan="3">单位</td><td colspan="2">名称</td><td colspan="2"></td><td colspan="2">统一社会信用代码</td><td colspan="2"></td></tr>
<tr><td colspan="2">法定代表人（负责人）</td><td colspan="2"></td><td colspan="2">联系电话</td><td colspan="2"></td></tr>
<tr><td colspan="2">住所</td><td colspan="6"></td></tr>
</table>

简要案情及撤销立案理由	经办人： 年 月 日
执法机构负责人意见	执法机构负责人： 年 月 日
农业行政处罚机关负责人意见	农业行政处罚机关负责人： 年 月 日
备 注	

文书格式 12

农业行政处罚机关全称
责令改正通知书

____农责改〔　　〕____号

____________________：

经查，你（单位）______________的行为，违反____________________。依据《中华人民共和国行政处罚法》第二十八条第一款及________的规定，现责令你（单位）（立即予以改正/于____年____月____日之前）按下列要求改正违法行为____________________。（责令改正依法前置时适用：拒不改正的，本机关将依据____________的规定，____________）

如对本决定不服，可以自收到本通知书之日起60日内向______________申请行政复议；也可以在6个月内依法向____________人民法院提起行政诉讼。

联 系 人：____________联系电话：____________

联系地址：__________________________________

农业行政处罚机关（印章）

年　月　日

文书格式 13

农业行政处罚机关全称
限期提供材料通知书

____农限提〔　　〕____号

________________________：

为调查了解______________，依据《农业行政处罚程序规定》第三十三条第三项的规定，请你（单位）自收到本通知书后____________日内向本机关提供以下材料，并在材料上逐页签名或者盖章。逾期不提供或者拒绝提供相关材料的，将依法承担法律责任。

1. ____________________

2. ____________________

3. ____________________

……

联 系 人：______________联系电话：______________

联系地址：______________________________________

农业行政处罚机关（印章）

年　月　日

文书格式 14

农业行政处罚机关全称
证据提取单

<table>
<tr><td>证据名称</td><td></td></tr>
<tr><td>取证时间</td><td></td></tr>
<tr><td>取证地点</td><td></td></tr>
<tr><td colspan="2">证据内容：
（证据粘贴处。如证据较多，可在此处说明数量、证明对象等信息，证据附后并加盖骑缝章）</td></tr>
<tr><td colspan="2">执法人员：________执法证号：__________　年　月　日
执法人员：________执法证号：__________　年　月　日
见 证 人：____________________　年　月　日</td></tr>
<tr><td colspan="2">证据核对意见：

证据提供人：______________　年　月　日</td></tr>
</table>

文书格式 15

农业行政处罚机关全称
电子数据证据提取笔录

时间：______年____月____日__时__分至__时__分

地点：____

被检查人：____________________________________

提取人：______________________________________

执法人员：________________执法证件号：______________

　　　　　________________执法证件号：______________

提取的电子数据原始存储介质名称及状态：______________

____

____

____

提取方法和过程：____________________________________

____

____

____

____

被检查人签名（盖章或者按指印）：________　　年　　月　　日

（见证人签名（盖章或者按指印）：________　　年　　月　　日）

（第 1 页　共　页）

提取的电子数据内容：________________________________

____

____

____

____

____

电子数据的完整性校验值：____________________________

____

____

____

____

____

____

____

被检查人签名（盖章或者按指印）：______　　年　月　日

（见证人签名（盖章或者按指印）：______　　年　月　日）

电子数据提取人签名：________________　　年　月　日

执法人员签名：____________________　　年　月　日

____________________　　年　月　日

（第　页　共　页）

文书格式 16

农业行政处罚机关全称
询问笔录

询问时间：__________年____月____日__时__分至__时__分

询问地点：______________询问机关：__________________

询问人：________________执法证件号：________________

________________执法证件号：________________

被询问人：姓名____性别____身份证号__________________

联系电话________工作单位__________________

职务________住所__________________________

询问人：我们是____________执法人员（出示执法证件），已向你出示了我们的执法证件。你是否看清楚？

被询问人：____

询问人：我们依法就________有关问题进行调查，请予配合。依照法律规定，你有权进行陈述和申辩。如果你认为调查人员与本案有直接利害关系的，依法有申请回避的权利，你是否申请调查人员回避？

被询问人：____

被询问人签名（盖章或者按指印）：______　年　月　日

（第 1 页　共　页）

询问人：你应当如实回答询问，并协助调查，不得阻挠。你是否明白？

被询问人：____

____

____

____

____

____

____

____

____

询问人：以上是本次询问情况记录，请核对/已向你宣读。如果与你所述一致，请签名、盖章或者按指印；如果有错误或遗漏你可以更正或者补充。

被询问人：____

被询问人签名（盖章或者按指印）：________ 年 月 日

询问人签名：________________________ 年 月 日

________________________ 年 月 日

（第 页 共 页）

文书格式 17

农业行政处罚机关全称
现场检查（勘验）笔录

时间：______年____月____日__时__分至__时__分

检查（勘验）地点：________________________________

当事人：____

检查（勘验）机关：________________________________

检查（勘验）人员：____________执法证件号：__________

检查（勘验）人员：____________执法证件号：__________

记录人：____

现场检查（勘验）情况：____________________________

____

____

____

____

____

当事人签名（盖章或者按指印）：________年　月　日

（见证人签名（盖章或者按指印）：________年　月　日）

（第 1 页　共　页）

（尾页）

____

____

____

____

____

____

____

____

____

____

____

以上笔录记载情况，已交当事人核对/已向当事人宣读。

当事人签名（盖章或者按指印）：__________ 年　月　日

（见证人签名（盖章或者按指印）：__________ 年　月　日）

检查（勘验）人员签名：______________ 年　月　日

______________ 年　月　日

（第　页　共　页）

文书格式 18

农业行政处罚机关全称
抽样取证凭证

当事人：＿＿＿＿＿＿＿＿＿＿＿＿＿＿＿＿＿＿＿＿＿＿

抽样时间：＿＿＿＿＿＿＿＿＿＿＿＿＿＿＿＿＿＿＿＿＿

抽样地点：＿＿＿＿＿＿＿＿＿＿＿＿＿＿＿＿＿＿＿＿＿

因你（单位）涉嫌＿＿＿＿＿＿＿＿＿＿本机关依法对你（单位）下列物品抽样取证。

物品名称			
商标			
生产单位			
产品许可号			
单位许可号			
生产日期（批号）			
样品规格			
抽样数量			
样本基数			

抽样人员签名：__________执法证件号：__________

抽样人员签名：__________执法证件号：__________

当事人签名（盖章或者按指印）：________ 年 月 日

（见证人签名（盖章或者按指印）：______ 年 月 日）

农业行政处罚机关（印章）

年 月 日

文书格式 19

农业行政处罚机关全称
产品确认通知书

____农确通〔　　〕____号

______________：

本机关____年____月____日在______发现标称为你单位生产的产品，基本情况如下。

产品名称			
商　　标			
标称生产单位			
产品许可号			
单位许可号			
生产日期（批号）			
规　　格			

依据《农业行政处罚程序规定》第四十一条第三款的规定，请你（单位）于____年__月__日前确认上述产品是否为

你单位生产。如非你单位生产，请书面说明理由并提供相关证明材料。

联 系 人：__________联系电话：__________

联系地址：______________________________

附件：待确认产品的照片、包装、进货凭证等

农业行政处罚机关（印章）

年　月　日

文书格式 20

农业行政处罚机关全称
检测/检验/鉴定/评估/认定委托书

____农检/鉴/评/认委〔　　〕____号

______________________：

根据《农业行政处罚程序规定》第四十条第一款的规定，本机关现委托你单位对____________________进行检测/检验/鉴定/评估/认定。

请你单位于____年____月____日前，向本机关提交由检测/检验/鉴定/评估/认定人员签名或盖章，并加盖你单位公章的报告____份，并在报告中载明以下内容：本机关向你单位提供的相关材料，检测/检验/鉴定/评估/认定的内容、依据、使用的科学技术手段、过程及明确结论，以及你单位及检测/检验/鉴定/评估/认定人员的资质证明。

联 系 人：____________联系电话：__________

联系地址：________________________________

附件：（相关材料）

农业行政处罚机关（印章）

年　月　日

文书格式 21

农业行政处罚机关全称
检测/检验/鉴定/评估/认定结果告知书

____农检/鉴/评/认告〔　　〕____号

____________________：

本机关于____年____月____日依法委托__________机构对你单位下列__________进行检测/检验/鉴定/评估/认定。

1. ____

2. ____

3. ____

检测/检验/鉴定/评估/认定结果如下：__________
____
____

（依据相关法律、法规、规章的规定，当事人享有申请复检、复鉴、复评权利时适用：你（单位）如对上述结果有异议，可自接到本告知书之日起____日内，依法向________书面申请复检、复鉴或复评。）

联 系 人：____________联系电话：__________

联系地址：______________________________

附件：检测/检验/鉴定/评估/认定报告书____份（编号：________）

农业行政处罚机关（印章）

年　月　日

文书格式 22

农业行政处罚机关全称
证据先行登记保存通知书

____农先登〔　　〕____号

当事人：________________________

主体资格证照名称：________________

统一社会信用代码：________________

住所（住址）：____________________

因你（单位）涉嫌________________，本机关依照《中华人民共和国行政处罚法》第五十六条、《农业行政处罚程序规定》第四十二条的规定，对你（单位）在____的下列物品（详见《场所/设施/财物清单》文书编号：____）采取先行登记保存措施。

□就地存放于______________。登记保存期间，你（单位）或者有关人员不得使用、销售、转移、损毁、销毁证据。

□异地保存于____________________________。

本机关将在 7 个工作日内对先行登记保存的证据依法作出处理决定。逾期未作出处理决定的，先行登记保存措施自动解除。

联系人：____________联系电话：__________________

联系地址：____

附件：《场所/设施/财物清单》（文书编号：________）

农业行政处罚机关（印章）

年 月 日

文书格式 23

农业行政处罚机关全称
先行登记保存物品处理通知书

____农先处〔　　〕____号

________________________：

本机关于__年__月__日作出《证据先行登记保存通知书》（____农先登〔　〕__号），现根据《中华人民共和国行政处罚法》第五十六条、《农业行政处罚程序规定》第四十四条的规定，对你（单位）先行登记保存的物品【详见《场所/设施/财物清单》（文书编号：______）】作出如下处理决定：____

联　系　人：______________联系电话：______________

联系地址：____

附件：《场所/设施/财物清单》（文书编号：______）

农业行政处罚机关（印章）

年　月　日

文书格式 24

农业行政处罚机关全称
查封（扣押）决定书

____农封（扣）〔　　〕____号

当事人：________________

经查，因你（单位）涉嫌__________，现依据《中华人民共和国行政强制法》第二十四条、《农业行政处罚程序规定》第四十五条、第四十六的规定，本机关决定对你（单位）有关财物【详见《场所/设施/财物清单》（文书编号：________）】查封/扣押_____日。

查封（扣押）期间，你（单位）应当妥善保管查封/扣押的场所/设施/财物，任何人不得使用、销售、转移、损毁、隐匿。

如对本决定不服，可以在收到本决定书之日起 60 日内向_______申请行政复议；也可以 6 个月内向_______人民法院提起行政诉讼。行政复议和行政诉讼期间，本决定不停止执行。

联 系 人：________________　联系电话：________________

联系地址：____

附件：《场所/设施/财物清单》（文书编号：________）

农业行政处罚机关（印章）

年　月　日

文书格式 25

农业行政处罚机关全称
查封（扣押）现场笔录

时间：____年__月__日__时__分至__时__分

地点：____________________________________

当事人：____________________________________

执法机关：__________________________________

执法人员：____________执法证件号：____________

____________执法证件号：____________

记录人：

现场情况：__________________________________

____

____

当事人签名（盖章或者按指印）：________ 年 月 日

（见证人签名（盖章或者按指印）：______ 年 月 日）

（第 1 页 共 页）

当事人签名（盖章或者按指印）：________ 年 月 日

（见证人签名（盖章或者按指印）：______ 年 月 日）

（第 页 共 页）

以上笔录记载情况，已交当事人核对/已向当事人宣读。

当事人签名（盖章或者按指印）：________　年　月　日

（见证人签名（盖章或者按指印）：________　年　月　日）

执法人员签名：________________　年　月　日

________________　年　月　日

（第　页　共　页）

文书格式 26

农业行政处罚机关全称
查封（扣押）处理决定书

____农封（扣）处〔　　〕____号

________________________：

本机关于____年____月______日作出查封（扣押）决定书（____农封（扣）〔　　〕____号），对你（单位）有关场所/设施/财物采取查封/扣押的强制措施。

根据《中华人民共和国行政强制法》第二十七条的规定，本机关决定自__年__月__日对你（单位）全部/部分场所/设施/财物【详见《场所/设施/财物清单》（文书编号：________）】解除查封/扣押强制措施。

根据《中华人民共和国行政强制法》第二十七条的规定，本机关决定对全部/部分物品【详见《场所/设施/财物清单》　（文书编号：______）】予以销毁。

根据《中华人民共和国行政强制法》第二十七条的规定，本机关决定对非法财物【详见《场所/设施/财物清单》（文书编号：______）】予以没收。

联 系 人：____________联系电话：__________

联系地址：________________________________

附件：《场所/设施/财物清单》（文书编号：____）

农业行政处罚机关（印章）

年　月　日

文书格式 27

场所/设施/财物清单

编号：________

序号	名称/场所	规格（型号）/场所地址	单位	数量	备注

当事人签名（盖章或者按指印）：________　年　月　日

（见证人签名（盖章或者按指印）：________　年　月　日）

执法人员签名：________________　年　月　日

________________　年　月　日

文书格式 28

农业行政处罚机关全称
查封（扣押）财物移送告知书

____农物移〔　　〕____号

____________________：

____年____月____日，本机关根据查封（扣押）决定书（__封（扣）〔　〕__号）对你（单位）场所/设施/财物实施了查封/扣押行政强制措施。

因违法行为涉嫌犯罪，依据《中华人民共和国行政处罚法》第二十一条、《农业行政处罚程序规定》第二十一条第二款的规定，本机关依法已将案件移送____________，相关场所/设施/财物清单【详见《场所/设施/财物清单》（文书编号：______）】已于____年____月____日一并移送。

联 系 人：____________ 联系电话：______________

联系地址：______________________________________

附件：《场所/设施/财物清单》（文书编号：______）

农业行政处罚机关（印章）

年　月　日

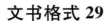

文书格式 29

农业行政处罚机关全称
先行处置物品确认书

____农先处确〔　　〕____号

权利人	
告知事项	依据《农业行政处罚程序规定》第四十五条第三款的规定，告知如下：查封、扣押的场所、设施或者财物，应当妥善保管，不得使用或者损毁。除法律、法规另有规定外，鲜活产品、保管困难或者保管费用过高的物品和其他容易损毁、灭失、变质的物品，在确定为罚没财物前，经权利人同意或者申请，并经农业行政处罚机关负责人批准，在采取相关措施留存证据后，可以依法先行处置。权利人不明确的，可以依法公告，公告期满后仍没有权利人同意或者申请的，可以依法先行处置。先行处置所得款项按照涉案现金管理。
先行处置物品范围	□依据《查封（扣押）决定书》（__封（扣）〔　〕__号），查封/扣押的全部物品（详见《场所/设施/财物清单》文书编号：______）；□依据《查封（扣押）决定书》（__封（扣）〔　〕__号），查封/扣押的物品中的下列物品：____________________（详见《场所/设施/财物清单》文书编号：______）
先行处置方式	□委托____________________依法进行拍卖； □通过____________________方式进行变卖； □通过____________________。
执法人员联系方式	联系人：______________ 联系电话：____________ 联系地址：____________
权利人确认	上述物品属于《农业行政处罚程序规定》第四十五条第三款规定的不宜长期保存的物品，本人（单位）清楚了解先行处置的内容及后果，为防止造成不必要的损失，本人（单位）同意按照上述处置方式先行处置。 权利人签名或盖章： 年　月　日
备注	

文书格式 30

农业行政处罚机关全称
先行处置物品公告

____农先处告〔　　〕____号

本机关于__年__月__日作出查封（扣押）决定书（__封（扣）〔　〕__号），查封/扣押了存放于__________的涉案物品____。为防止造成不必要的损失，本机关依法拟对______先行处置，处置方式为：____

因上述物品权利人不明确，依据《农业行政处罚程序规定》第四十五条第三款的规定，本机关予以公告，公告期间为自本公告发布之日起至__年__月__日。请物品权利人在公告期间内向本机关提出意见或者申请。公告期满后仍没有权利人提出意见或者申请的，本机关将依照上述处置方式予以处置。

联 系 人：____________联系电话：____________

联系地址：______________________________

农业行政处罚机关（印章）

年　月　日

文书格式 31

农业行政处罚机关全称
案件中止调查决定书

____农中调〔　　〕____号

______________________：

你（单位）因涉嫌________________________，本机关于____年____月____日予以立案调查。因______（简述中止调查事实理由），根据《农业行政处罚程序规定》第四十八条第一款的规定，现决定自____年____月____日起，对你（单位）中止案件调查。

联 系 人：______________联系电话：____________

联系地址：____________________________________

农业行政处罚机关（印章）

年　月　日

文书格式 32

农业行政处罚机关全称
恢复案件调查决定书

____农恢调〔　　〕____号

______________________：

你（单位）因涉嫌______________________，本机关于____年____月____日予以立案调查，并于____年____月____日，对你（单位）中止案件调查。

因________________（简述恢复调查事实理由），根据《农业行政处罚程序规定》第四十八条第二款的规定，现决定自____年____月____日起，对你（单位）恢复案件调查。

联 系 人：______________联系电话：____________

联系地址：____________________________________

农业行政处罚机关（印章）

年　月　日

文书格式 33

农业行政处罚机关全称
法制审核（案件审核）表

<table>
<tr><td>案件名称</td><td colspan="3"></td></tr>
<tr><td>执法机构</td><td colspan="3"></td></tr>
<tr><td>送审时间</td><td>__年__月__日</td><td>退卷时间</td><td>__年__月__日</td></tr>
<tr><td>审核内容</td><td colspan="3">□本机关是否具有管辖权；
□程序是否合法；
□案件事实是否清楚，证据是否确实、充分；
□定性是否准确；
□适用法律依据是否正确；
□当事人基本情况是否清楚；
□处理意见是否适当；
□其他__________。</td></tr>
<tr><td>审核意见
和建议</td><td colspan="3">审核机构或审核人员：
年 月 日</td></tr>
<tr><td>备 注</td><td colspan="3"></td></tr>
</table>

文书格式 34

农业行政处罚机关全称
案件处理意见书

<table>
<tr><td colspan="2">案件名称</td><td colspan="8"></td></tr>
<tr><td rowspan="7">当事人</td><td rowspan="4">个人或个体工商户</td><td>姓名</td><td></td><td>性别</td><td></td><td>民族</td><td></td><td>出生日期</td><td></td></tr>
<tr><td colspan="2">身份证（其他有效证件）号码</td><td colspan="2"></td><td colspan="2">工作单位和职务</td><td colspan="2"></td></tr>
<tr><td colspan="2">住所</td><td colspan="2"></td><td colspan="2">联系电话</td><td colspan="2"></td></tr>
<tr><td colspan="2">字号名称</td><td colspan="2"></td><td colspan="2">统一社会信用代码（注册码）</td><td colspan="2"></td></tr>
<tr><td rowspan="3">单位</td><td colspan="2">名称</td><td colspan="2"></td><td colspan="2">统一社会信用代码</td><td colspan="2"></td></tr>
<tr><td colspan="2">法定代表人（负责人）</td><td colspan="2"></td><td colspan="2">联系电话</td><td colspan="2"></td></tr>
<tr><td colspan="2">住所</td><td colspan="6"></td></tr>
<tr><td>案件调查过程</td><td colspan="9"></td></tr>
</table>

涉嫌违法事实及证据材料	
调查结论及处理意见	执法人员： 年 月 日
执法机构意见	执法机构负责人： 年 月 日
法制审核（案件审核）意见	年 月 日
农业行政处罚机关负责人意见	农业行政处罚机关负责人： 年 月 日

文书格式 35

农业行政处罚机关全称
行政处罚事先告知书
（适用非听证案件）

____农罚告〔　　〕____号

____________________：

经调查，你（单位）______一案，本机关已调查终结。

根据《中华人民共和国行政处罚法》第四十四条、《农业行政处罚程序规定》第二十三条的规定，现将本机关对你（单位）拟作出行政处罚的内容及事实、理由、依据告知如下：____

____

根据《中华人民共和国行政处罚法》第四十四条、第四十五条，以及《农业行政处罚程序规定》第二十三条的规定，你（单位）可在收到本告知书之日起3个工作日内向本机关进行陈述、申辩。无正当理由逾期提出陈述、申辩的，视为放弃上述权利。

联 系 人：______________联系电话：____________

联系地址：____________________________________

农业行政处罚机关（印章）

年　月　日

文书格式 36

农业行政处罚机关全称
行政处罚事先告知书

（适用听证案件）

____农罚告听〔　　〕____号

________________：

经调查，你（单位）________________________________一案，本机关已经调查终结。依据《中华人民共和国行政处罚法》第四十四条、《农业行政处罚程序规定》第二十三条的规定，现将本机关对你（单位）拟作出行政处罚的内容及事实、理由、依据告知如下：________________________________

____

根据《中华人民共和国行政处罚法》第四十四条、第四十五条、第六十三条、第六十四条第一项，以及《农业行政处罚程序规定》第二十三条、第五十九条的规定，你（单位）有权自收到本告知书之日起3个工作日内进行陈述、申辩，并可自收到告知书之日起5个工作日内申请听证。无正当理由逾期提出陈述、申辩或者要求听证的，视为放弃上述权利。

联 系 人：________________联系电话：______________

联系地址：________________________________

农业行政处罚机关（印章）

年　月　日

文书格式 37

农业行政处罚机关全称
陈述申辩笔录

案件名称：________________

陈述、申辩人：________________

时间：____年____月____日____时____分至____时____分

地点：________________

执法人员：________________记录人：________________

陈述申辩请求：________________

陈述申辩内容：________________

____

____

以上笔录记载情况，已交陈述身边人核对/已向陈述申辩人宣读。

陈述申辩人：________________　　年　月　日

执 法 人 员：________________　　年　月　日

记　录　人：________________　　年　月　日

（第 1 页　共　页）

文书格式 38

农业行政处罚机关全称
行政处罚听证会通知书

____农听通〔 〕____号

______________________：

根据你（单位）的申请，本机关决定于____年__月__日__时__分在______对你（单位）______一案，公开/不公开举行听证，请准时出席。如无正当理由不到场听证的，本机关将依法终止听证。

本次听证会由________担任听证主持人，________担任听证员，________担任听证记录员，______担任翻译人员。依据《中华人民共和国行政处罚法》第六十四条第四项，《农业行政处罚程序规定》第五条的规定，如认为上述人员与案件有直接利害关系或者有其他关系可能影响公正执法的，你（单位）有申请回避的权利。你（单位）申请回避的，应当在收到本通知书之日起3个工作日内提出。

如果委托代理人（1至2人）代为参加听证，请提交由委托人签名或者盖章的授权委托书，委托书应当载明委托事项及权限。委托代理人代为放弃行使陈述权、申辩权和质证权的，必须有委托人的明确授权。

请参加人员携带有效身份证件原件，委托代理人员还应当携带授权委托书。

联 系 人：__________ 联系电话：__________

联系地址：______________________________

农业行政处罚机关（印章）

年 月 日

文书格式 39

农业行政处罚机关全称
听证笔录

案件名称：

时间：____年__月__日__时__分至__时__分

地点：________听证主持人：________【听证员：______】

记录员：________【翻译人员：____________】

办案人员：________________办案人员：________________

当事人：__________【委托代理人：________】

【第三人：______委托代理人：______其他参加人：______】

记录员：经查，听证参加人__已到场，现在宣布听证纪律：(一）服从听证主持人的指挥，未经听证主持人允许不得发言、提问；（二）未经听证主持人允许不得录音、录像和摄影；（三）听证参加人未经听证主持人允许不得退场；（四）不得大声喧哗，不得鼓掌、哄闹或者进行其他妨碍听证秩序的活动。报告听证主持人，听证准备就绪。

当事人签名（盖章或按指印）：____________ 年 月 日

委托代理人签名（盖章或按指印）：________ 年 月 日

其他听证参加人签名（盖章或按指印）：____ 年 月 日

（第 1 页 共 页）

听证主持人：现在核对听证参加人。

当事人及委托代理人：________办案人员：________

【第三人及委托代理人：________其他参加人：______】

听证主持人：已核对当事人（委托代理人）【第三人、委托代理人、其他参加人】和办案人员的身份。现在宣布听证会开始进行。

本机关于____年__月__日依法向当事人送达了《行政处罚听证通知书》（农听通〔 〕____号）。经___申请举行__________一案听证会。本次听证主持人____，听证员____，记录员________【翻译人员________】。

现告知听证参加人在听证中的权利义务。

当事人享有以下权利：1. 有权放弃听证；2. 有权申请听证主持人、听证员、记录员、翻译人员回避；3. 有权当场提出证明自己主张的证据；4. 有权进行陈述和申辩；5. 经听证主持人允许，可以对相关证据进行质证；6. 经听证主持人允许，可以向到场的证人、鉴定人、勘验人发问；7. 有权对听证笔录进行审核，认为无误后签名或者盖章。

当事人签名（盖章或按指印）：____________ 年 月 日

委托代理人签名（盖章或按指印）：________ 年 月 日

其他听证参加人签名（盖章或按指印）：____ 年 月 日

（第 页 共 页）

【第三人享有以下权利：1. 有权当场提出证明自己主张的证据；2. 有权进行陈述；3. 经听证主持人允许，可以对相关证据进行质证；4. 经听证主持人允许，可以向到场的证人、鉴定人、勘验人发问；5. 有权对听证笔录进行审核，认为无误后签名或者盖章。】

听证参加人承担以下义务：1. 遵守听证纪律；2. 在审核无误的听证笔录上签名或者盖章。

当事人（委托代理人）是否申请听证主持人、记录员、听证员、翻译人员回避？

当事人（委托代理人）：______________________________

听证主持人：现在请办案人员提出当事人违法的事实、证据、行政处罚建议及依据。

办案人员：____________________________________

听证主持人：现在请当事人（委托代理人）进行陈述和申辩。

当事人（委托代理人）：______________________________

____

当事人签名（盖章或按指印）：______________ 年 月 日

委托代理人签名（盖章或按指印）：_________ 年 月 日

其他听证参加人签名（盖章或按指印）：____ 年 月 日

（第 页 共 页）

【听证主持人：现在请第三人（委托代理人）进行陈述。

____】

听证主持人：现在开始质证。请办案人员出示相关证据，并说明证明目的。

____

____

听证主持人：现在请当事人（委托代理人）发表质证意见。

____

【听证主持人：请第三人（委托代理人）发表质证意见。

____

____】

听证主持人：现在开始辩论。请办案人员发表辩论意见。

____

____

听证主持人：请当事人（委托代理人）发表辩论意见。

____

当事人签名（盖章或按指印）：__________ 年 月 日

委托代理人签名（盖章或按指印）：________ 年 月 日

其他听证参加人签名（盖章或按指印）：____ 年 月 日

（第 页 共 页）

【听证主持人：请第三人（委托代理人）发表辩论意见。】

____

听证主持人：请办案人员陈述最后意见。

____

____

听证主持人：请当事人（委托代理人）陈述最后意见。

____

____

【听证主持人：请第三人（委托代理人）陈述最后意见。

____

____】

听证主持人：现在宣布听证结束。请听证参加人核对听证笔录，确认无误后请签名、盖章或按指印。如有更正或补充请在更正或补充之处单独签名、盖章或者按指印确认。

听证主持人：______________ 听证员：__________

记录员：______________ 翻译人员：__________

办案人员：______________

当事人签名（盖章或按指印）：__________ 年 月 日

委托代理人签名（盖章或按指印）：________ 年 月 日

其他听证参加人签名（盖章或按指印）：____ 年 月 日

（第 页共 页）

文书格式 40

农业行政处罚机关全称
行政处罚听证会报告书

案件名称：________________

执法人员：______ 执法证件号：______

执法人员：______ 执法证件号：______

主持听证机关：________________

听证主持人：________________ 听证员：________________

听证记录员：__________ 【翻译人员：________】

听证时间：________________________________

听证地点：________________________________

申请人：________________ 委托代理人：________________

其他参加人：________________

听证会基本情况：________________________________

____

____

____

____

（第 1 页 共 页）

双方意见、理由及依据：________________________________

____

____

____

____

处理意见及建议：____________________________________

____

____

____

【需要报告的其他事项】__________________________

____

____

____

听证主持人签名：__________ 年 月 日

听证员签名：______________ 年 月 日

（第 页 共 页）

文书格式 41

农业行政处罚机关全称
行政处罚案件集体讨论记录

案件名称：______________________________

讨论时间：______________________________

讨论地点：______________________________

主持人：______________职务：____________

出席人员：____________职务：____________

____________职务：____________

____________职务：____________

列席人员：______________________

记录人：________________________

讨论记录：（讨论一般按下列顺序进行：1. 执法机构（负责人或办案人员）汇报案件调查情况，包括违法事实、证据、处罚依据、裁量理由、处罚建议、存在问题或分歧意见等；2. 法制审核（案件审核）机构（人员）汇报审核意见；3. 出席人员询问案件有关问题并进行集体讨论；4. 出席人员依次发表意见；5. 主持人提出处理意见。）______________

____

（第 1 页　共　页）

处理意见：

出席人员签名：

（第　页　共　页）

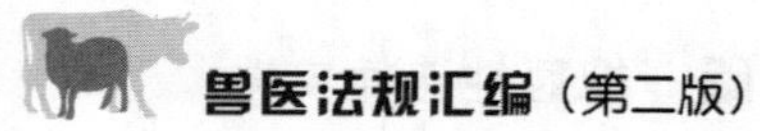

文书格式 42

农业行政处罚机关全称
行政处罚决定审批表

<table>
<tr><td>案件名称</td><td colspan="8"></td></tr>
<tr><td rowspan="8">当事人</td><td rowspan="5">个人或个体工商户</td><td>姓名</td><td></td><td>性别</td><td></td><td>民族</td><td></td><td>出生日期</td><td></td></tr>
<tr><td colspan="2">身份证（其他有效证件）号码</td><td colspan="2"></td><td colspan="2">工作单位和职务</td><td colspan="2"></td></tr>
<tr><td colspan="2">住所</td><td colspan="2"></td><td colspan="2">联系电话</td><td colspan="2"></td></tr>
<tr><td colspan="2">字号名称</td><td colspan="2"></td><td colspan="2">统一社会信用代码（注册码）</td><td colspan="2"></td></tr>
<tr><td colspan="8"></td></tr>
<tr><td rowspan="3">单位</td><td colspan="2">名称</td><td colspan="2"></td><td colspan="2">统一社会信用代码</td><td colspan="2"></td></tr>
<tr><td colspan="2">法定代表人（负责人）</td><td colspan="2"></td><td colspan="2">联系电话</td><td colspan="2"></td></tr>
<tr><td colspan="2">住所</td><td colspan="6"></td></tr>
<tr><td>陈述申辩或者听证情况</td><td colspan="9"></td></tr>
</table>

执法机构意见	执法机构负责人： 年　月　日
法制审核（案件审核）意见	年　月　日
集体讨论情况（集体讨论决定案件适用）	
农业行政处罚机关意见	农业行政处罚机关负责人： 年　月　日

文书格式 43

农业行政处罚机关全称
不予行政处罚决定书

____农不罚〔　　〕____号

当事人：________________________________

主体资格证照名称：________________________

统一社会信用代码：________________________

住所（住址）：____________________________

法定代表人（负责人、经营者）：______________

身份证件号码：____________________________

（主要包括案件来源、调查经过及采取查封（扣押）的情况）____

____

____

经查（违反法律、法规或者规章的事实）__________

____

____

上述事实，主要有以下证据证明（相关证据及证明事项）：____

____

____

____

（行政处罚告知及当事人陈述、申辩、听证及采纳情况）

____

____

（违法行为性质、不予行政处罚的决定和理由）______

____

____

【依据《中华人民共和国行政处罚法》第三十三条第三款的规定，对你（单位）进行教育，具体内容如下：

1. ____

2. ____】

如对本决定不服，可以在收到本决定书之日起60日内向______________人民政府申请行政复议；也可以6个月内向______________人民法院提起行政诉讼。

农业行政处罚机关（印章）

年 月 日

文书格式 44

农业行政处罚机关全称
行政处罚决定书

____农罚〔　　〕____号

当事人：________________________________

主体资格证照名称：________________________

统一社会信用代码：________________________

住所（住址）：____________________________

法定代表人（负责人、经营者）：______________

身份证件号码：____________________________

当事人______________一案，经本机关依法调查，现查明（主要包括案件来源、调查经过、采取查封（扣押）的情况）：________________________________

____

____

经查（违反法律、法规或者规章的事实）________

____

____

上述事实，主要有以下证据证明（相关证据及证明事项）：________________________________

____

____

（当事人陈述、申辩情况，当事人陈述、申辩的采纳情况及理由；行政处罚告知、行政处罚听证告知情况，以及复核、听证过程及意见）______________________________

____

____

____

____

（违法行为性质及定性、处罚依据、裁量的依据和理由）

____

____

____

____

____

本机关认为：____________________________________

____

____

____

____________（案件处罚内容、理由与依据）。

依照____

______________________________________（法条原文）之规定，本机关（责令_______________），并作出如下处罚决定：

1. ____

2. ____

3. ____

当事人必须在收到本处罚决定书之日起15日内持本决定书到______________缴纳罚（没）款。逾期不按规定缴纳罚款的，每日按罚款数额的百分之三加处罚款。

当事人对本处罚决定不服的，可以在收到本处罚决定书之日起60日内向________申请行政复议；或者6个月内向人民法院提起行政诉讼。行政复议和行政诉讼期间，本处罚决定不停止执行。

当事人逾期不申请行政复议或者提起行政诉讼，也不履行本行政处罚决定的，本机关将依法申请人民法院强制执行。

农业行政处罚机关（印章）

年　月　日

文书格式 45

农业行政处罚机关全称
送达回证

送达文书名称及文号	
受送达人	
送达时间	年　　月　　日　　时　　分
送达地点	
送达方式	
收件人	（注明收件人与受送达人的关系） 收件人（签字或盖章）： 年　月　日
送达人	送达人（签字或盖章）： 年　月　日
备注	

文书格式 46

农业行政处罚机关全称
送达地址确认书

<table>
<tr><td>受送达人</td><td colspan="2"></td></tr>
<tr><td>告知事项</td><td colspan="2">依据《农业行政处罚程序规定》第六十九条第二款的规定，告知如下：
一、为便于及时收到农业行政处罚机关的相关文书，保证案件调查的顺利进行，农业行政处罚机关可以要求受送达人签署送达地址确认书，送达至受送达人确认的地址，即视为送达。
二、受送达人送达地址发生变更的，应当及时书面告知农业行政处罚机关；未及时告知的，农业行政处罚机关按原地址送达，视为依法送达。
三、因受送达人提供的送达地址不准确、送达地址变更未书面告知农业行政处罚机关，导致执法文书未能被受送达人实际接收的，直接送达的，执法文书留在该地址之日为送达之日；邮寄送达的，执法文书被退回之日为送达之日。
四、经受送达人同意，可以采用手机短信、传真、电子邮件、即时通讯账号等能够确认其收悉的电子方式送达执法文书，手机短信、传真、电子邮件、即时通讯信息等到达受送达人特定系统的日期为送达日期。</td></tr>
<tr><td rowspan="5">送达地址及送达方式</td><td>是否接受电子送达
□是□否</td><td>□手机号码：
□传真号码：
□电子邮件地址：
□即时通讯账号：
以传真、电子邮件等到达本人特定系统的日期为送达日期。</td></tr>
<tr><td>送达地址</td><td></td></tr>
<tr><td>收件人</td><td></td></tr>
<tr><td>收件人联系电话</td><td></td></tr>
<tr><td>邮政编码</td><td></td></tr>
</table>

受送达人确认	本人已经阅读（已向本人宣读）上述告知事项，保证以上送达地址及送达方式准确、有效，清楚了解并同意本确认书内容及法律意义。 受送达人（委托代理人）： 年 月 日
备注	

文书格式 47

农业行政处罚机关全称
送达公告

____农送告〔　　〕____号

____________________：

本机关于______年______月______日依法对你（单位）作出__________________，依据《农业行政处罚程序规定》第七十二条的规定，本机关决定依法向你（单位）公告送达____，内容为：____。

请你（单位）自本公告发布之日起 30 日内到本机关领取，逾期不领取即视为送达。

（告知当事人陈述、申辩、复议、诉讼等权利）

联 系 人：________联系电话：________

联系地址：__________________________

农业行政处罚机关（印章）

年　月　日

文书格式 48

农业行政处罚机关全称
履行行政处罚决定催告书

____农执催〔 〕____号

________________________：

本机关于____年____月____日依法对你（单位）作出行政处罚决定（____农罚〔 〕____号），并已依法送达。本机关于____年____月____日依法对你（单位）作出了延期（分期）缴纳罚款的决定。现履行期限届满，你（单位）尚未履行行政处罚决定。

依据《中华人民共和国行政强制法》第五十四条的规定，本机关决定依法催告你（单位）自收到本催告书之日起10个工作日内依法履行行政处罚决定。无正当理由逾期不履行的，本机关将依法申请人民法院强制执行。

联 系 人：__________联系电话：__________

联系地址：________________________________

农业行政处罚机关（印章）

年 月 日

文书格式 49

农业行政处罚机关全称
强制执行申请书

____农执申〔　〕____号

申请人：________________

住所（住址）：________________

法定代表人（负责人、经营者）：________________

身份证件号码：________________

被申请人：________________

（个人）身份证件号码：________________

（单位）法定代表人（负责人）：________________

统一社会信用代码：________________

联系电话：________________

请求事项：________________

申请________人民法院强制执行。

1. 被申请人未依法履行的《行政处罚决定书》（____农罚〔　〕____号）

2. 加处罚款____元，计算方式为______。

申请强制执行的事实和理由：

申请人于____年____月____日对被申请人______案依法作出《行政处罚决定书》（______农罚〔　〕__号），并已于

____年__月__日送达被申请人，被申请人在法定期限内未履行行政处罚决定，也未申请行政复议或者提起行政诉讼。

本机关于____年__月__日向被申请人送达了《行政处罚决定履行催告书》（__农执催〔 〕__号），被申请人在规定期限内仍未履行行政处罚决定。根据《中华人民共和国行政强制法》第五十三条、第五十四条的规定，特向人民法院申请强制执行。

联 系 人：________联系电话：________

联系地址：____________________

附件：1.《行政处罚决定书》（____农罚〔 〕__号）

2.《行政处罚决定履行催告书》（__农执催〔 〕__号）

3.法定代表人身份证明，授权委托书

4.当事人意见及其他材料

农业行政处罚机关（印章）

年 月 日

文书格式 50

农业行政处罚机关全称
延期（分期）缴纳罚款通知书

____农延/分通〔　　〕____号

______________________：

本机关于______年__月__日对你（单位）作出《农业行政处罚决定书》（__农处罚〔　〕__号）中所处以下罚款（大写）__________（¥____________）。你（单位）于____年____月____日向本机关提出延期/分期缴纳罚款的申请。

根据《中华人民共和国行政处罚法》第六十六条、《农业行政处罚程序规定》第八十一条的规定，本机关同意你（单位）暂缓/分期缴纳：（以下内容区分延期或者分期缴纳的情形选择性填写）

□暂缓缴纳的罚款，限你（单位）于______年__月__日前缴清。

□分期缴纳的罚款，限你（单位）于______年__月__日前分______期缴清。

于______年__月__日前缴纳第一期（大写）________（¥______________）；

于______年__月__日前缴纳（大写）______________

（¥______________）；

于______年__月__日前缴纳（大写）______________

（¥______________）。

到期不缴纳罚款，依据《中华人民共和国行政处罚法》第七十二条的规定，本机关将按照每日按罚款数额的百分之三加处罚款，并依法申请人民法院强制执行。

农业行政处罚机关（印章）

年 月 日

文书格式 51

农业行政处罚机关全称
罚没物品处理记录

处理物品：见《罚没物品清单》（文书编号：__________）

____

物品来源：________________________________

处理时间：________________________________

处理地点：________________________________

执行人：__________________________________

记录人：__________________________________

处理情况：________________________________

（第 1 页　共　页）

____

____

____

执法人员签名：__________　　　　　　　　年　月　日

执法人员签名：__________　　　　　　　　年　月　日

执法机构负责人签名：__________　　　　　年　月　日

（第　页　共　页）

文书格式 52

农业行政处罚机关全称
罚没物品清单

文书编号：

序号	财物名称	规格	生产日期（批号）	生产经营单位	数量

当事人签名（盖章或按指印）：__________ 年 月 日

（见证人签名、盖章或按指印：__________ 年 月 日）

执法人员签名：______执法证件号：______年 月 日

执法人员签名：______执法证件号：______年 月 日

文书格式 53

农业行政处罚机关全称
行政处罚结案报告

<table>
<tr><td>案件名称</td><td colspan="3"></td></tr>
<tr><td>立案日期</td><td></td><td>办案人员</td><td></td></tr>
<tr><td>处理决定文书</td><td></td><td>处理决定日期</td><td></td></tr>
<tr><td>结案情形</td><td colspan="3">□行政处罚决定由当事人履行完毕
□依法申请人民法院强制执行行政处罚决定，人民法院依法受理的
□依法不予行政处罚
□行政处罚决定被依法撤销
□移送其他行政管理部门
□移送司法机关
□其他：</td></tr>
<tr><td>行政处罚内容</td><td colspan="3"></td></tr>
</table>

行政处罚决定的执行方式	□主动履行 □强制执行 其他：	罚没物品处置情况	
执法机构意见	执法机构负责人： 年　月　日		
农业行政处罚机关负责人意见	农业行政处罚机关负责人： 年　月　日		
备注			

农业农村部办公厅　　　　2023 年 10 月 31　日印发

一百一十七、农业农村部关于印发《农业综合行政执法事项指导目录（2020年版）》的通知

（2020年5月27日 农业农村部农法发〔2020〕2号发布）

各省、自治区、直辖市人民政府：

根据深化党和国家机构改革有关安排部署，为贯彻落实《国务院办公厅关于农业综合行政执法有关事项的通知》（国办函〔2020〕34号）要求，扎实推进农业综合行政执法改革，经国务院批准，现将《农业综合行政执法事项指导目录（2020年版）》及说明印发给你们，请认真贯彻执行。

附件：农业综合行政执法事项指导目录（2020年版）及说明（PDF格式）

农业综合行政执法事项指导目录（2020年版）

序号	事项名称	职权类型	实施依据	实施主体	
				法定实施主体	第一责任层级建议
1	对未经批准擅自从事农业转基因生物环境释放、生产性试验等行为的行政处罚	行政处罚	1.《农业转基因生物安全管理条例》 第四十三条：违反本条例规定，未经批准擅自从事环境释放、生产性试验的，已获批准但未按照规定采取安全管理、防范措施的，或者超过批准范围进行试验的，由国务院农业行政主管部门或者省、自治区、直辖市人民政府农业行政主管部门依据职权，责令停止试验，并处1万元以上5万元以下的罚款 2.《农业转基因生物安全评价管理办法》 第四十条：违反本办法规定，未经批准擅自从事环境释放、生产性试验的，或已获批准但未按照规定采取安全管理防范措施的，或者超过批准范围和期限进行试验的，按照《条例》第四十三条的规定处罚	农业农村主管部门	国务院主管部门或省级
2	对在生产性试验结束后未取得农业转基因生物安全证书擅自将农业转基因生物投入生产和应用的行政处罚	行政处罚	1.《农业转基因生物安全管理条例》 第四十四条：违反本条例规定，在生产性试验结束后，未取得农业转基因生物安全证书，擅自将农业转基因生物投入生产和应用的，由国务院农业行政主管部门责令停止生产和应用，并处2万元以上10万元以下的罚款 2.《农业转基因生物安全评价管理办法》 第四十一条：违反本办法规定，在生产性试验结束后，未取得农业转基因生物安全证书，擅自将农业转基因生物投入生产和应用的，按照《条例》第四十四条的规定处罚	农业农村主管部门	国务院主管部门
3	对未经批准生产、加工农业转基因生物或者未按照批准的品种、范围、安全管理要求和技术标准生产、加工的行政处罚	行政处罚	《农业转基因生物安全管理条例》 第四十六条：违反本条例规定，未经批准生产、加工农业转基因生物或者未按照批准的品种、范围、安全管理要求和技术标准生产、加工的，由国务院农业行政主管部门或者省、自治区、直辖市人民政府农业行政主管部门依据职权，责令停止生产或者加工，没收违法生产或者加工的产品及违法所得；违法所得10万元以上的，并处违法所得1倍以上5倍以下的罚款；没有违法所得或者违法所得不足10万元的，并处10万元以上20万元以下的罚款	农业农村主管部门	国务院主管部门或省级

（续）

序号	事项名称	职权类型	实施依据	实施主体	
				法定实施主体	第一责任层级建议
4	对生产、经营转基因植物种子、种畜禽、水产苗种的单位和个人，未按照规定制作、保存生产、经营档案的行政处罚	行政处罚	《农业转基因生物安全管理条例》 第四十七条：违反本条例规定，转基因植物种子、种畜禽、水产苗种的生产、经营单位和个人，未按照规定制作、保存生产、经营档案的，由县级以上人民政府农业行政主管部门依据职权，责令改正，处 1 000 元以上 1 万元以下的罚款	农业农村主管部门	设区的市或县级
5	对未经国务院农业主管部门批准擅自进口农业转基因生物的行政处罚	行政处罚	《农业转基因生物安全管理条例》 第四十八条：违反本条例规定，未经国务院农业行政主管部门批准，擅自进口农业转基因生物的，由国务院农业行政主管部门责令停止进口，没收已进口的产品和违法所得；违法所得 10 万元以上的，并处违法所得 1 倍以上 5 倍以下的罚款；没有违法所得或者违法所得不足 10 万元的，并处 10 万元以上 20 万元以下的罚款	农业农村主管部门	国务院主管部门
6	对违反农业转基因生物标识管理规定的行政处罚	行政处罚	1.《农业转基因生物安全管理条例》 第五十条：违反本条例关于农业转基因生物标识管理规定的，由县级以上人民政府农业行政主管部门依据职权，责令限期改正，可以没收非法销售的产品和违法所得，并可以处 1 万元以上 5 万元以下的罚款 2.《农业转基因生物标识管理办法》 第十二条：违反本方法规定的，按《条例》第五十条规定予以处罚	农业农村主管部门	设区的市或县级
7	对假冒、伪造、转让或者买卖农业转基因生物有关证明文书的行政处罚	行政处罚	1.《农业转基因生物安全管理条例》 第五十一条：假冒、伪造、转让或者买卖农业转基因生物有关证明文书的，由县级以上人民政府农业行政主管部门依据职权，收缴相应的证明文书，并处 2 万元以上 10 万元以下的罚款；构成犯罪的，依法追究刑事责任 2.《农业转基因生物安全评价管理办法》 第四十二条：假冒、伪造、转让或者买卖农业转基因生物安全证书、审批书以及其他批准文件的，按照《条例》第五十一条的规定处罚	农业农村主管部门	设区的市或县级
8	对农作物品种测试、试验和种子质量检测机构伪造测试、试验、检验数据或出具虚假证明的行政处罚	行政处罚	1.《中华人民共和国种子法》 第七十二条：品种测试、试验和种子质量检验机构伪造测试、试验、检验数据或者出具虚假证明的，由县级以上人民政府农业、林业主管部门责令改正，对单位处五万元以上十万元以下罚款，对直接负责的主管人员和其他直接责任人员处一万元以上五万元以下罚款；有违法所得的，并处没收违法所得；给种子使用者和其他种子生产经营者造成损失的，与种子生产经营者承担连带责任；情节严重的，由省级以上人民政府有关主管部门取消种子质量检验资格 2.《主要农作物品种审定办法》 第五十一条：品种测试、试验、鉴定机构伪造试验数据或者出具虚假证明的，按照《种子法》第七十二条及有关法律行政法规的规定进行处罚	农业农村主管部门	设区的市或县级

（续）

序号	事项名称	职权类型	实施依据	实施主体	
				法定实施主体	第一责任层级建议
9	对侵犯农作物植物新品种权行为的行政处罚	行政处罚	《中华人民共和国种子法》 第七十三条第五款：县级以上人民政府农业、林业主管部门处理侵犯植物新品种权案件时，为了维护社会公共利益，责令侵权人停止侵权行为，没收违法所得和种子；货值金额不足五万元的，并处一万元以上二十五万元以下罚款；货值金额五万元以上的，并处货值金额五倍以上十倍以下罚款	农业农村主管部门	设区的市或县级
10	对假冒农作物授权品种的行政处罚	行政处罚	《中华人民共和国种子法》 第七十三条第六款：假冒授权品种的，由县级以上人民政府农业、林业主管部门责令停止假冒行为，没收违法所得和种子；货值金额不足五万元的，并处一万元以上二十五万元以下罚款；货值金额五万元以上的，并处货值金额五倍以上十倍以下罚款	农业农村主管部门	设区的市或县级
11	对生产经营农作物假种子的行政处罚	行政处罚	《中华人民共和国种子法》 第四十九条第一、二款：禁止生产经营假、劣种子。农业、林业主管部门和有关部门依法打击生产经营假、劣种子的违法行为，保护农民合法权益，维护公平竞争的市场秩序。下列种子为假种子：（一）以非种子冒充种子或者以此种品种种子冒充其他品种种子的；（二）种子种类、品种与标签标注的内容不符或者没有标签的 第七十五条第一款：违反本法第四十九条规定，生产经营假种子的，由县级以上人民政府农业、林业主管部门责令停止生产经营，没收违法所得和种子，吊销种子生产经营许可证；违法生产经营的货值金额不足一万元的，并处一万元以上十万元以下罚款；货值金额一万元以上的，并处货值金额十倍以上二十倍以下罚款	农业农村主管部门	设区的市或县级
12	对生产经营农作物劣种子的行政处罚	行政处罚	《中华人民共和国种子法》 第四十九条第一、三款：禁止生产经营假、劣种子。农业、林业主管部门和有关部门依法打击生产经营假、劣种子的违法行为，保护农民合法权益，维护公平竞争的市场秩序。下列种子为劣种子：（一）质量低于国家规定标准的；（二）质量低于标签标注指标的；（三）带有国家规定的检疫性有害生物的 第七十六条第一款：违反本法第四十九条规定，生产经营劣种子的，由县级以上人民政府农业、林业主管部门责令停止生产经营，没收违法所得和种子；违法生产经营的货值金额不足一万元的，并处五千元以上五万元以下罚款；货值金额一万元以上的，并处货值金额五倍以上十倍以下罚款；情节严重的，吊销种子生产经营许可证	农业农村主管部门	设区的市或县级
13	对未取得农作物种子生产经营许可证生产经营种子等行为的行政处罚	行政处罚	《中华人民共和国种子法》 第三十二条：申请取得种子生产经营许可证的，应当具有与种子生产经营相适应的生产经营设施、设备及专业技术人员，以及法规和国务院农业、林业主管部门规定的其他条件。从事种子生产的，还应当同时具有繁殖种子的隔离和培育	农业农村主管部门	设区的市或县级

（续）

序号	事项名称	职权类型	实施依据	实施主体	
				法定实施主体	第一责任层级建议
			条件，具有无检疫性有害生物的种子生产地点或者县级以上人民政府林业主管部门确定的采种林。申请领取具有植物新品种权的种子生产经营许可证的，应当征得植物新品种权所有人的书面同意 第三十三条：种子生产经营许可证应当载明生产经营者名称、地址、法定代表人、生产种子的品种、地点和种子经营的范围、有效期限、有效区域等事项。前款事项发生变更的，应当自变更之日起三十日内，向原核发许可证机关申请变更登记。除本法另有规定外，禁止任何单位和个人无种子生产经营许可证或者违反种子生产经营许可证的规定生产、经营种子。禁止伪造、变造、买卖、租借种子生产经营许可证 第七十七条第一款：违反本法第三十二条、第三十三条规定，有下列行为之一的，由县级以上人民政府农业、林业主管部门责令改正，没收违法所得和种子；违法生产经营的货值金额不足一万元的，并处三千元以上三万元以下罚款；货值金额一万元以上的，并处货值金额三倍以上五倍以下罚款；可以吊销种子生产经营许可证：（一）未取得种子生产经营许可证生产经营种子的；（二）以欺骗、贿赂等不正当手段取得种子生产经营许可证的；（三）未按照种子生产经营许可证的规定生产经营种子的；（四）伪造、变造、买卖、租借种子生产经营许可证的		
14	对应当审定未经审定的农作物品种进行推广、销售等行为的行政处罚	行政处罚	1.《中华人民共和国种子法》 第二十一条：审定通过的农作物品种和林木良种出现不可克服的严重缺陷等情形不宜继续推广、销售的，经原审定委员会审核确认后，撤销审定，由原公告部门发布公告，停止推广、销售 第二十二条：国家对部分非主要农作物实行品种登记制度。列入非主要农作物登记目录的品种在推广前应当登记。实行品种登记的农作物范围应当严格控制，并根据保护生物多样性、保证消费安全和用种安全的原则确定。登记目录由国务院农业主管部门制定和调整。申请者申请品种登记应当向省、自治区、直辖市人民政府农业主管部门提交申请文件和种子样品，并对其真实性负责，保证可追溯，接受监督检查。申请文件包括品种的种类、名称、来源、特性、育种过程以及特异性、一致性、稳定性测试报告等。省、自治区、直辖市人民政府农业主管部门自受理品种登记申请之日起二十个工作日内，对申请者提交的申请文件进行书面审查，符合要求的，报国务院农业主管部门予以登记公告。对已登记品种存在申请文件、种子样品不实的，由国务院农业主管部门撤销该品种登记，并将该申请者的违法信息记入社会诚信档案，向社会公布；给种子使用者和其他种子生产经营者造成损失的，依法承担赔偿责任。对已登记品种出现不可克服的严重缺陷等情形的，由国务院农业主管部门撤销登记，并发布公告，停止推广。非主要农作物品种登记办法由国务院农业主管部门规定	农业农村主管部门	设区的市或县级

（续）

序号	事项名称	职权类型	实施依据	实施主体	
				法定实施主体	第一责任层级建议
			第二十三条：应当审定的农作物品种未经审定的，不得发布广告、推广、销售。应当审定的林木品种未经审定通过的，不得作为良种推广、销售，但生产确需使用的，应当经林木品种审定委员会认定。应当登记的农作物品种未经登记的，不得发布广告、推广，不得以登记品种的名义销售 第七十八条第一款第一、三、四、五项：违反本法第二十一条、第二十二条、第二十三条规定，有下列行为之一的，由县级以上人民政府农业、林业主管部门责令停止违法行为，没收违法所得和种子，并处二万元以上二十万元以下罚款：（一）对应当审定未经审定的农作物品种进行推广、销售的；（二）推广、销售应当停止推广、销售的农作物品种或者林木良种的；（三）对应当登记未经登记的农作物品种进行推广，或者以登记品种的名义进行销售的；（四）对已撤销登记的农作物品种进行推广，或者以登记品种的名义进行销售的 2.《非主要农作物品种登记办法》 第二十八条：有下列行为之一的，由县级以上人民政府农业主管部门依照《种子法》第七十八条规定，责令停止违法行为，没收违法所得和种子，并处二万元以上二十万元以下罚款：（一）对应当登记未经登记的农作物品种进行推广，或者以登记品种的名义进行销售的；（二）对已撤销登记的农作物品种进行推广，或者以登记品种的名义进行销售的		
15	对未经许可进出口农作物种子等行为的行政处罚	行政处罚	《中华人民共和国种子法》 第五十八条：从事种子进出口业务的，除具备种子生产经营许可证外，还应当依照国家有关规定取得种子进出口许可。从境外引进农作物、林木种子的审定权限，农作物、林木种子的进口审批办法，引进转基因植物品种的管理办法，由国务院规定 第六十条：为境外制种进口种子的，可以不受本法第五十八条第一款的限制，但应当具有对外制种合同，进口的种子只能用于制种，其产品不得在境内销售。从境外引进农作物或者林木试验用种，应当隔离栽培，收获物也不得作为种子销售 第六十一条：禁止进出口假、劣种子以及属于国家规定不得进出口的种子 第七十九条：违反本法第五十八条、第六十条、第六十一条规定，有下列行为之一的，由县级以上人民政府农业、林业主管部门责令改正，没收违法所得和种子；违法生产经营的货值金额不足一万元的，并处三千元以上三万元以下罚款；货值金额一万元以上的，并处货值金额三倍以上五倍以下罚款；情节严重的，吊销种子生产经营许可证：（一）未经许可进出口种子的；（二）为境外制种的种子在境内销售的；（三）从境外引进农作物或者林木种子进行引种试验的收获物作为种子在境内销售的；（四）进出口假、劣种子或者属于国家规定不得进出口的种子的	农业农村主管部门	设区的市或县级

（续）

序号	事项名称	职权类型	实施依据	实施主体	
				法定实施主体	第一责任层级建议
16	对销售的农作物种子应当包装而没有包装等行为的行政处罚	行政处罚	《中华人民共和国种子法》 第三十六条：种子生产经营者应当建立和保存包括种子来源、产地、数量、质量、销售去向销售日期和有关责任人员等内容的生产经营档案，保证可追溯。种子生产经营档案的具体载明事项，种子生产经营档案及种子样品的保存期限由国务院农业、林业主管部门规定 第三十八条：种子生产经营许可证的有效区域由发证机关在其管辖范围内确定。种子生产经营者在种子生产经营许可证载明的有效区域设立分支机构的，专门经营不再分装的包装种子的，或者受具有种子生产经营许可证的种子生产经营者以书面委托生产、代销其种子的，不需要办理种子生产经营许可证，但应当向当地农业、林业主管部门备案。实行选育生产经营相结合，符合国务院农业、林业主管部门规定条件的种子企业的生产经营许可证的有效区域为全国 第四十条：销售的种子应当加工、分级、包装。但是不能加工、包装的除外。大包装或者进口种子可以分装；实行分装的，应当标注分装单位，并对种子质量负责 第四十一条：销售的种子应当符合国家或者行业标准，附有标签和使用说明。标签和使用说明标注的内容应当与销售的种子相符。种子生产经营者对标注内容的真实性和种子质量负责。标签应当标注种子类别、品种名称、品种审定或者登记编号、品种适宜种植区域及季节、生产经营者及注册地、质量指标、检疫证明编号、种子生产经营许可证编号和信息代码，以及国务院农业、林业主管部门规定的其他事项。销售授权品种种子的，应当标注品种权号。销售进口种子的，应当附有进口审批文号和中文标签。销售转基因植物品种种子的，必须用明显的文字标注，并应当提示使用时的安全控制措施。种子生产经营者应当遵守有关法律、法规的规定，诚实守信，向种子使用者提供种子生产者信息、种子的主要性状、主要栽培措施、适应性等使用条件的说明、风险提示与有关咨询服务，不得作虚假或者引人误解的宣传。任何单位和个人不得非法干预种子生产经营者的生产经营自主权 第八十条：违反本法第三十六条、第三十八条、第四十条、第四十一条规定，有下列行为之一的，由县级以上人民政府农业、林业主管部门责令改正，处二千元以上二万元以下罚款：（一）销售的种子应当包装而没有包装的；（二）销售的种子没有使用说明或者标签内容不符合规定的；（三）涂改标签的；（四）未按规定建立、保存种子生产经营档案的；（五）种子生产经营者在异地设立分支机构、专门经营不再分装的包装种子或者受委托生产、代销种子，未按规定备案的	农业农村主管部门	设区的市或县级

（续）

序号	事项名称	职权类型	实施依据	实施主体	
				法定实施主体	第一责任层级建议
17	对侵占、破坏农作物种质资源、私自采集或者采伐国家重点保护的天然农作物种质资源的行政处罚	行政处罚	1.《中华人民共和国种子法》 第八条：国家依法保护种质资源，任何单位和个人不得侵占和破坏种质资源。禁止采集或者采伐国家重点保护的天然种质资源。因科研等特殊情况需要采集或者采伐的，应当经国务院或者省、自治区、直辖市人民政府的农业、林业主管部门批准 第八十一条：违反本法第八条规定，侵占、破坏种质资源，私自采集或者采伐国家重点保护的天然种质资源的，由县级以上人民政府农业、林业主管部门责令停止违法行为，没收种质资源和违法所得，并处五千元以上五万元以下罚款；造成损失的，依法承担赔偿责任 2.《农作物种质资源管理办法》 第三十八条：违反本办法规定，未经批准私自采集或者采伐国家重点保护的天然种质资源的，按照《种子法》第六十一条的规定予以处罚。（对应修订后的《种子法》第八十一条）	农业农村主管部门	设区的市或县级
18	对未经批准向境外提供或者从境外引进农作物种质资源或者与境外机构、个人开展合作研究利用农作物种质资源的行政处罚	行政处罚	1.《中华人民共和国种子法》 第十一条：国家对种质资源享有主权，任何单位和个人向境外提供种质资源，或者与境外机构、个人开展合作研究利用种质资源的，应当向省、自治区、直辖市人民政府农业、林业主管部门提出申请，并提交国家共享惠益的方案；受理申请的农业、林业主管部门经审核，报国务院农业、林业主管部门批准。从境外引进种质资源的，依照国务院农业、林业主管部门的有关规定办理 第八十二条：违反本法第十一条规定，向境外提供或者从境外引进种质资源，或者与境外机构、个人开展合作研究利用种质资源的，由国务院或者省、自治区、直辖市人民政府的农业、林业主管部门没收种质资源和违法所得，并处二万元以上二十万元以下罚款。未取得农业、林业主管部门的批准文件携带、运输种质资源出境的，海关应当将该种质资源扣留，并移送省、自治区、直辖市人民政府农业、林业主管部门处理 2.《农作物种质资源管理办法》 第四十条：违反本办法规定，未经批准向境外提供或者从境外引进种质资源的，按照《种子法》第六十三条的规定予以处罚。（对应修订后的《种子法》第八十二条）	农业农村主管部门	省级
19	对农作物种子企业审定试验数据造假行为的行政处罚	行政处罚	1.《中华人民共和国种子法》 第十七条：实行选育生产经营相结合，符合国务院农业、林业主管部门规定条件的种子企业，对其自主研发的主要农作物品种、主要林木品种可以按照审定办法自行完成试验，达到审定标准的，品种审定委员会应当颁发审定证书。种子企业对试验数据的真实性负责，保证可追溯，接受省级以上人民政府农业、林业主管部门和社会的监督 第八十五条：违反本法第十七条规定，种子企业有造假行为的，由省级以上人民政府农业、林	农业农村主管部门	省级

（续）

序号	事项名称	职权类型	实施依据	实施主体	
				法定实施主体	第一责任层级建议
			业主管部门处一百万元以上五百万元以下罚款；不得再依照本法第十七条的规定申请品种审定；给种子使用者和其他种子生产经营者造成损失的，依法承担赔偿责任 2.《主要农作物品种审定办法》 第五十二条：育繁推一体化种子企业自行开展品种试验和申请审定有造假行为的，由省级以上人民政府农业主管部门处一百万元以上五百万元以下罚款；不得再自行开展品种试验；给种子使用者和其他种子生产经营者造成损失的，依法承担赔偿责任		
20	对在农作物种子生产基地进行检疫性有害生物接种试验的行政处罚	行政处罚	《中华人民共和国种子法》 第五十四条：从事品种选育和种子生产经营以及管理的单位和个人应当遵守有关植物检疫法律、行政法规的规定，防止植物危险性病、虫、杂草及其他有害生物的传播和蔓延。禁止任何单位和个人在种子生产基地从事检疫性有害生物接种试验 第八十七条：违反本法第五十四条规定，在种子生产基地进行检疫性有害生物接种试验的，由县级以上人民政府农业、林业主管部门责令停止试验，处五千元以上五万元以下罚款	农业农村主管部门	设区的市或县级
21	对拒绝、阻挠农业主管部门依法实施监督检查的行政处罚	行政处罚	《中华人民共和国种子法》 第五十条：农业、林业主管部门是种子行政执法机关。种子执法人员依法执行公务时应当出示行政执法证件。农业、林业主管部门依法履行种子监督检查职责时，有权采取下列措施：（一）进入生产经营场所进行现场检查；（二）对种子进行取样测试、试验或者检验；（三）查阅、复制有关合同、票据、账簿、生产经营档案及其他有关资料；（四）查封、扣押有证据证明违法生产经营的种子，以及用于违法生产经营的工具、设备及运输工具等；（五）查封违法从事种子生产经营活动的场所。农业、林业主管部门依照本法规定行使职权，当事人应当协助、配合，不得拒绝、阻挠。农业、林业主管部门所属的综合执法机构或者受其委托的种子管理机构，可以开展种子执法相关工作 第八十八条：违反本法第五十条规定，拒绝、阻挠农业、林业主管部门依法实施监督检查的，处二千元以上五万元以下罚款，可以责令停产停业整顿；构成违反治安管理行为的，由公安机关依法给予治安管理处罚	农业农村主管部门	设区的市或县级
22	对销售农作物授权品种未使用其注册登记的名称的行政处罚	行政处罚	《中华人民共和国植物新品种保护条例》 第四十二条：销售授权品种未使用其注册登记的名称的，由县级以上人民政府农业、林业行政部门依据各自的职权责令限期改正，可以处1 000元以下的罚款。	农业农村主管部门	设区的市或县级
23	对农业机械维修者未按规定填写维修记录和报送年度维修情况统计表的行政处罚	行政处罚	《农业机械维修管理规定》 第二十三条：农业机械维修者未按规定填写维修记录和报送年度维修情况统计表的，由农业机械化主管部门给予警告，限期改正；逾期拒不改正的，处100元以下罚款	农业农村主管部门	设区的市或县级

（续）

序号	事项名称	职权类型	实施依据	实施主体	
				法定实施主体	第一责任层级建议
24	对使用不符合农业机械安全技术标准的配件维修农业机械，或者拼装、改装农业机械整机等行为的行政处罚	行政处罚	1.《农业机械安全监督管理条例》 第四十九条：农业机械维修经营者使用不符合农业机械安全技术标准的配件维修农业机械，或者拼装、改装农业机械整机，或者承揽维修已经达到报废条件的农业机械的，由县级以上地方人民政府农业机械化主管部门责令改正，没收违法所得，并处违法经营额1倍以上2倍以下罚款；拒不改正的，处违法经营额2倍以上5倍以下罚款 2.《农业机械维修管理规定》 第九条第二款第二、五项：禁止农业机械维修者和维修配件销售者从事下列活动：（二）使用不符合国家技术规范强制性要求的维修配件维修农业机械；（五）承揽已报废农业机械维修业务 第二十二条：违反本规定第九条第二款第一、三、四项的，由工商行政管理部门依法处理；违反本规定第九条第二款第二、五项的，由农业机械化主管部门处500元以上1 000元以下罚款	农业农村主管部门	设区的市或县级
25	对未按照规定办理登记手续并取得相应的证书和牌照，擅自将拖拉机、联合收割机投入使用等行为的行政处罚	行政处罚	《农业机械安全监督管理条例》 第五十条第一款：未按照规定办理登记手续并取得相应的证书和牌照，擅自将拖拉机、联合收割机投入使用，或者未按照规定办理变更登记手续的，由县级以上地方人民政府农业机械化主管部门责令限期补办相关手续；逾期不补办的，责令停止使用；拒不停止使用的，扣押拖拉机、联合收割机，并处200元以上2 000元以下罚款	农业农村主管部门	设区的市或县级
26	对伪造、变造或者使用伪造、变造的拖拉机、联合收割机证书和牌照等行为的行政处罚	行政处罚	《农业机械安全监督管理条例》 第五十一条：伪造、变造或者使用伪造、变造的拖拉机、联合收割机证书和牌照的，或者使用其他拖拉机、联合收割机的证书和牌照的，由县级以上地方人民政府农业机械化主管部门收缴伪造、变造或者使用的证书和牌照，对违法行为人予以批评教育，并处200元以上2 000元以下罚款	农业农村主管部门	设区的市或县级
27	对未取得拖拉机、联合收割机操作证件而操作拖拉机、联合收割机的行政处罚	行政处罚	《农业机械安全监督管理条例》 第五十二条：未取得拖拉机、联合收割机操作证件而操作拖拉机、联合收割机的，由县级以上地方人民政府农业机械化主管部门责令改正，处100元以上500元以下罚款	农业农村主管部门	设区的市或县级
28	对于操作与本人操作证件规定不相符的拖拉机、联合收割机，或者操作未按照规定登记、检验或者检验不合格、安全设施不全、机件失效的拖拉机、联合收割机等行为的处罚	行政处罚	《农业机械安全监督管理条例》 第五十三条：拖拉机、联合收割机操作人员操作与本人操作证件规定不相符的拖拉机、联合收割机，或者操作未按照规定登记、检验或者检验不合格、安全设施不全、机件失效的拖拉机、联合收割机，或者使用国家管制的精神药品、麻醉品后操作拖拉机、联合收割机，或者患有妨碍安全操作的疾病操作拖拉机、联合收割机的，由县级以上地方人民政府农业机械化主管部门对违法行为人予以批评教育，责令改正；拒不改正的，处100元以上500元以下罚款；情节严重的，吊销有关人员的操作证件	农业农村主管部门	设区的市或县级

（续）

序号	事项名称	职权类型	实施依据	实施主体	
				法定实施主体	第一责任层级建议
29	对跨区作业中介服务组织不配备相应的服务设施和技术人员等行为的行政处罚	行政处罚	《联合收割机跨区作业管理办法》 第二十八条：跨区作业中介服务组织不配备相应的服务设施和技术人员，没有兑现服务承诺，只收费不服务或者多收费少服务的，由县级以上农机管理部门给予警告，责令退还服务费，可并处500元以上1 000元以下的罚款；违反有关收费标准的，由县级以上农机管理部门配合价格主管部门依法查处	农业农村主管部门	设区的市或县级
30	对拖拉机、联合收割机违规载人的行政处罚	行政处罚	1.《中华人民共和国农业机械化促进法》 第三十一条：农业机械驾驶、操作人员违反国家规定的安全操作规程，违章作业的，责令改正，依照有关法律、行政法规的规定予以处罚；构成犯罪的，依法追究刑事责任 2.《农业机械安全监督管理条例》 第五十四条第一款：使用拖拉机、联合收割机违反规定载人的，由县级以上地方人民政府农业机械化主管部门对违法行为人予以批评教育，责令改正；拒不改正的，扣押拖拉机、联合收割机的证书、牌照；情节严重的，吊销有关人员的操作证件。非法从事经营性道路旅客运输的，由交通主管部门依照道路运输管理法律、行政法规处罚	农业农村主管部门	设区的市或县级
31	对拖拉机驾驶培训机构等违反规定的行政处罚	行政处罚	《拖拉机驾驶培训管理办法》 第二十四条：对违反本规定的单位和个人，由县级以上地方人民政府农机主管部门按以下规定处罚：（一）未取得培训许可擅自从事拖拉机驾驶培训业务的，责令停办，有违法所得的，处违法所得三倍以下罚款，但最高不超过三万元；无违法所得的，处一万元以下罚款；（二）未按统一的教学计划、教学大纲和规定教材进行培训的，责令改正，处二千元以下罚款；（三）聘用未经省级人民政府农机主管部门考核合格的人员从事拖拉机驾驶员培训教学工作的，责令改正，处五千元以下罚款	农业农村主管部门	设区的市或县级
32	对农业机械存在事故隐患拒不纠正的行政处罚	行政处罚	《农业机械安全监督管理条例》 第五十五条第一款：经检验、检查发现农业机械存在事故隐患，经农业机械化主管部门告知拒不排除并继续使用的，由县级以上地方人民政府农业机械化主管部门对违法行为人予以批评教育，责令改正；拒不改正的，责令停止使用；拒不停止使用的，扣押存在事故隐患的农业机械	农业农村主管部门	设区的市或县级
33	对擅自处理受保护的畜禽遗传资源，造成畜禽遗传资源损失的行政处罚	行政处罚	《中华人民共和国畜牧法》 第十三条第二款：享受中央和省级财政资金支持的畜禽遗传资源保种场、保护区和基因库，未经国务院畜牧兽医行政主管部门或者省级人民政府畜牧兽医行政主管部门批准，不得擅自处理受保护的畜禽遗传资源 第五十八条：违反本法第十三条第二款规定，擅自处理受保护的畜禽遗传资源，造成畜禽遗传资源损失的，由省级以上人民政府畜牧兽医行政主管部门处五万元以上五十万元以下罚款	农业农村主管部门	省级

（续）

序号	事项名称	职权类型	实施依据	实施主体	
				法定实施主体	第一责任层级建议
34	对未经审核批准，从境外引进畜禽遗传资源、开展对外合作研究利用列入保护名录的畜禽遗传资源等行为的行政处罚	行政处罚	1.《中华人民共和国畜牧法》 第五十九条：违反本法有关规定，有下列行为之一的，由省级以上人民政府畜牧兽医行政主管部门责令停止违法行为，没收畜禽遗传资源和违法所得，并处一万元以上五万元以下罚款：（一）未经审核批准，从境外引进畜禽遗传资源的；（二）未经审核批准，在境内与境外机构、个人合作研究利用列入保护名录的畜禽遗传资源的；（三）在境内与境外机构、个人合作研究利用未经国家畜禽遗传资源委员会鉴定的新发现的畜禽遗传资源的 2.《中华人民共和国畜禽遗传资源进出境和对外合作研究利用审批办法》第二十五条：未经审核批准，从境外引进畜禽遗传资源，或者在境内与境外机构、个人作研究利用列入畜禽遗传资源保护名录的畜禽遗传资源，或者在境内与境外机构、个人合作研究利用未经国家畜禽遗传资源委员会鉴定的新发现的畜禽遗传资源的，依照《中华人民共和国畜牧法》的有关规定追究法律责任 3.《蚕种管理办法》 第三十条：未经审批开展对外合作研究利用蚕遗传资源的，由省级以上人民政府农业（蚕业）行政主管部门责令停止违法行为，没收蚕遗传资源和违法所得，并处一万元以上五万元以下罚款。未经审批向境外提供蚕遗传资源的，依照《中华人民共和国海关法》的有关规定追究法律责任	农业农村主管部门	省级
35	对销售、推广未经审定或者鉴定的畜禽（蚕种）品种等行为的行政处罚	行政处罚	1.《中华人民共和国畜牧法》 第六十一条：违反本法有关规定，销售、推广未经审定或者鉴定的畜禽品种的，由县级以上人民政府畜牧兽医行政主管部门责令停止违法行为，没收畜禽和违法所得；违法所得在五万元以上的，并处违法所得一倍以上三倍以下罚款；没有违法所得或者违法所得不足五万元的，并处五千元以上五万元以下罚款 2.《蚕种管理办法》 第十一条第二款：未经审定或者审定未通过的蚕品种，不得生产、经营或者发布广告推广 第三十一条第一款：违反本办法第十一条第二款的规定，销售、推广未经审定蚕种的，由县级以上人民政府农业（蚕业）行政主管部门责令停止违法行为，没收蚕种和违法所得；违法所得在五万元以上的，并处违法所得一倍以上三倍以下罚款；没有违法所得或者违法所得不足五万元的，并处五千元以上五万元以下罚款	农业农村主管部门	设区的市或县级
36	对种畜禽（蚕种）生产经营者无许可证或者违反许可证的规定生产经营种畜禽（蚕种）等行为的行政处罚	行政处罚	1.《中华人民共和国畜牧法》 第六十二条：违反本法有关规定，无种畜禽生产经营许可证或者违反种畜禽生产经营许可证的规定生产经营种畜禽的，转让、租借种畜禽生产经营许可证的，由县级以上人民政府畜牧兽医行政主管部门责令停止违法行为，没收违法所得；违法所得在三万元以上的，并处违法所得一倍以	农业农村主管部门	设区的市或县级

（续）

序号	事项名称	职权类型	实施依据	实施主体	
				法定实施主体	第一责任层级建议
			上三倍以下罚款；没有违法所得或者违法所得不足三万元的，并处三千元以上三万元以下罚款。违反种畜禽生产经营许可证的规定生产经营种畜禽或者转让、租借种畜禽生产经营许可证，情节严重的，并处吊销种畜禽生产经营许可证。《蚕种管理办法》 第三十二条：违反本办法有关规定，无蚕种生产、经营许可证或者违反蚕种生产、经营许可证的规定生产经营蚕种，或者转让、租借蚕种生产、经营许可证的，由县级以上人民政府农业（蚕业）行政主管部门责令停止违法行为，没收违法所得；违法所得在三万元以上的，并处违法所得一倍以上三倍以下罚款；没有违法所得或者违法所得不足三万元的，并处三千元以上三万元以下罚款。违反蚕种生产、经营许可证的规定生产经营蚕种或者转让、租借蚕种生产、经营许可证，情节严重的，并处吊销蚕种生产、经营许可证		
37	对使用的种畜禽不符合种用标准的行政处罚	行政处罚	《中华人民共和国畜牧法》 第六十四条：违反本法有关规定，使用的种畜禽不符合种用标准的，由县级以上地方人民政府畜牧兽医行政主管部门责令停止违法行为，没收违法所得；违法所得在五千元以上的，并处违法所得一倍以上二倍以下罚款；没有违法所得或者违法所得不足五千元的，并处一千元以上五千元以下罚款	农业农村主管部门	设区的市或县级
38	对以其他畜禽品种、配套系冒充所销售的种畜禽（蚕种）品种、配套系等行为的处罚	行政处罚	1.《中华人民共和国畜牧法》 第三十条第一、二、三、四项：销售种畜禽，不得有下列行为：（一）以其他畜禽品种、配套系冒充所销售的种畜禽品种、配套系；（二）以低代别种畜禽冒充高代别种畜禽；（三）以不符合种用标准的畜禽冒充种畜禽；（四）销售未经批准进口的种畜禽 第六十五条：销售种畜禽有本法第三十条第一项至第四项违法行为之一的，由县级以上人民政府畜牧兽医行政主管部门或者工商行政管理部门责令停止销售，没收违法销售的畜禽和违法所得；违法所得在五万元以上的，并处违法所得一倍以上五倍以下罚款；没有违法所得或者违法所得不足五万元的，并处五千元以上五万元以下罚款；情节严重的，并处吊销种畜禽生产经营许可证或者营业执照 2.《蚕种管理办法》 第二十三条第一、二项：禁止销售下列蚕种：（一）以不合格蚕种冒充合格的蚕种；（二）冒充其他企业（种场）名称或者品种的蚕种 第三十四条：违反本办法第二十三条第一项至第二项规定的，由县级以上地方人民政府农业（蚕业）行政主管部门责令停止销售，没收违法销售的蚕种和违法所得；违法所得在五万元以上的，并处违法所得一倍以上五倍以下罚款；没有违法所得或者违法所得不足五万元的，并处五千元以上五万元以下罚款；情节严重的，并处吊销蚕种生产、经营许可证	农业农村主管部门	设区的市或县级

（续）

序号	事项名称	职权类型	实施依据	实施主体	
				法定实施主体	第一责任层级建议
39	对申请人在畜禽新品种配套系审定和畜禽遗传资源鉴定中隐瞒有关情况或者提供虚假材料的行政处罚	行政处罚	1.《中华人民共和国畜牧法》 第十九条：培育的畜禽新品种、配套系和新发现的畜禽遗传资源在推广前，应当通过国家畜禽遗传资源委员会审定或者鉴定，并由国务院畜牧兽医行政主管部门公告。畜禽新品种、配套系的审定办法和畜禽遗传资源的鉴定办法，由国务院畜牧兽医行政主管部门制定。审定或者鉴定所需的试验、检测等费用由申请者承担，收费办法由国务院财政、价格部门会同国务院畜牧兽医行政主管部门制定。培育新的畜禽品种、配套系进行中间试验，应当经试验所在地省级人民政府畜牧兽医行政主管部门批准。畜禽新品种、配套系培育者的合法权益受法律保护 2.《畜禽新品种配套系审定和畜禽遗传资源鉴定办法》 第二十条：申请人隐瞒有关情况或者提供虚假材料的，不予受理，并给予警告，一年之内不得再次申请审定或者鉴定。已通过审定或者鉴定的，收回并注销证书，申请人三年之内不得再次申请审定或者鉴定	农业农村主管部门	国务院主管部门
40	对畜禽养殖场未建立养殖档案或未按照规定保存养殖档案的行政处罚	行政处罚	1.《中华人民共和国畜牧法》 第四十一条：畜禽养殖场应当建立养殖档案，载明以下内容：(一) 畜禽的品种、数量、繁殖记录、标识情况、来源和进出场日期；(二) 饲料、饲料添加剂、兽药等投入品的来源、名称、使用对象、时间和用量；(三) 检疫、免疫、消毒情况；(四) 畜禽发病、死亡和无害化处理情况；(五) 国务院畜牧兽医行政主管部门规定的其他内容 第六十六条：违反本法第四十一条规定，畜禽养殖场未建立养殖档案的，或者未按照规定保存养殖档案的，由县级以上人民政府畜牧兽医行政主管部门责令限期改正，可以处一万元以下罚款 2.《中华人民共和国动物防疫法》 第七十四条：违反本法规定，对经强制免疫的动物未按照国务院兽医主管部门规定建立免疫档案、加施畜禽标识的，依照《中华人民共和国畜牧法》的有关规定处罚	农业农村主管部门	设区的市或县级
41	对销售的种畜禽未附具种畜禽合格证明、检疫合格证明、家畜系谱等行为的行政处罚	行政处罚	《中华人民共和国畜牧法》 第六十八条第一款：违反本法有关规定，销售的种畜禽未附具种畜禽合格证明、检疫合格证明、家畜系谱的，销售、收购国务院畜牧兽医行政主管部门规定应当加施标识而没有标识的畜禽的，或者重复使用畜禽标识的，由县级以上地方人民政府畜牧兽医行政主管部门或者工商行政管理部门责令改正，可以处二千元以下罚款。《中华人民共和国动物防疫法》 第七十四条：违反本法规定，对经强制免疫的动物未按照国务院兽医主管部门规定建立免疫档案、加施畜禽标识的，依照《中华人民共和国畜牧法》的有关规定处罚	农业农村主管部门	设区的市或县级
42	对使用伪造、变造的畜禽标识的行政处罚	行政处罚	《中华人民共和国畜牧法》 第六十八条第二款：违反本法有关规定，使用伪造、变造的畜禽标识的，由县级以上人民政府畜牧兽医行政主管部门没收伪造、变造的畜禽标识和违法所得，并处三千元以上三万元以下罚款	农业农村主管部门	设区的市或县级

（续）

序号	事项名称	职权类型	实施依据	实施主体	
				法定实施主体	第一责任层级建议
43	对销售不符合国家技术规范的强制性要求的畜禽的行政处罚	行政处罚	《中华人民共和国畜牧法》 第六十九条：销售不符合国家技术规范的强制性要求的畜禽的，由县级以上地方人民政府畜牧兽医行政主管部门或者工商行政管理部门责令停止违法行为，没收违法销售的畜禽和违法所得，并处违法所得一倍以上三倍以下罚款；情节严重的，由工商行政管理部门并处吊销营业执照	农业农村主管部门	设区的市或县级
44	对申请从境外引进畜禽遗传资源等隐瞒有关情况或者提供虚假资料的行政处罚	行政处罚	《中华人民共和国畜禽遗传资源进出境和对外合作研究利用审批办法》 第二十三条：申请从境外引进畜禽遗传资源，向境外输出或者在境内与境外机构、个人合作研究利用列入畜禽遗传资源保护名录的畜禽遗传资源的单位，隐瞒有关情况或者提供虚假资料的，由省、自治区、直辖市人民政府畜牧兽医行政主管部门给予警告，3年内不再受理该单位的同类申请	农业农村主管部门	省级
45	对以欺骗、贿赂等不正当手段取得批准从境外引进畜禽遗传资源等行为的行政处罚	行政处罚	《中华人民共和国畜禽遗传资源进出境和对外合作研究利用审批办法》 第二十四条：以欺骗、贿赂等不正当手段取得批准从境外引进畜禽遗传资源，向境外输出或者在境内与境外机构、个人合作研究利用列入畜禽遗传资源保护名录的畜禽遗传资源的，由国务院畜牧兽医行政主管部门撤销批准决定，没收有关畜禽遗传资源和违法所得，并处以1万元以上5万元以下罚款，10年内不再受理该单位的同类申请；构成犯罪的，依法追究刑事责任	农业农村主管部门	国务院主管部门
46	对提供虚假的资料、样品或者采取其他欺骗方式取得许可证明文件的行政处罚	行政处罚	《饲料和饲料添加剂管理条例》 第三十六条：提供虚假的资料、样品或者采取其他欺骗方式取得许可证明文件的，由发证机关撤销相关许可证明文件，处5万元以上10万元以下罚款，申请人3年内不得就同一事项申请行政许可。以欺骗方式取得许可证明文件给他人造成损失的，依法承担赔偿责任	农业农村主管部门	国务院主管部门或省级
47	对假冒、伪造或者买卖许可证明文件的行政处罚	行政处罚	《饲料和饲料添加剂管理条例》 第三十七条：假冒、伪造或者买卖许可证明文件的，由国务院农业行政主管部门或者县级以上地方人民政府饲料管理部门按照职责权限收缴或者吊销、撤销相关许可证明文件；构成犯罪的，依法追究刑事责任	农业农村主管部门	国务院主管部门或者设区的市或县级
48	对未取得生产许可证生产饲料、饲料添加剂的行政处罚	行政处罚	1.《饲料和饲料添加剂管理条例》 第三十八条第一款：未取得生产许可证生产饲料、饲料添加剂的，由县级以上地方人民政府饲料管理部门责令停止生产，没收违法所得、违法生产的产品和用于违法生产饲料的饲料原料、单一饲料、饲料添加剂、药物饲料添加剂、添加剂预混合饲料以及用于违法生产饲料添加剂的原料，违法生产的产品货值金额不足1万元的，并处1万元以上5万元以下罚款，货值金额1万元以上的，并处货值金额5倍以上10倍以下罚款；情节严重的，没收其生产设备，生产企业的主要	农业农村主管部门	设区的市或县级

（续）

序号	事项名称	职权类型	实施依据	实施主体	
				法定实施主体	第一责任层级建议
			负责人和直接负责的主管人员10年内不得从事饲料、饲料添加剂生产、经营活动 2.《宠物饲料管理办法》 第十七条：未取得饲料生产许可证生产宠物配合饲料、宠物添加剂预混合饲料的，依据《饲料和饲料添加剂管理条例》第三十八条进行处罚 3.《饲料和饲料添加剂生产许可管理办法》 第二十条：饲料、饲料添加剂生产企业有下列情形之一的，依照《饲料和饲料添加剂管理条例》第三十八条处罚：（一）超出许可范围生产饲料、饲料添加剂的；（二）生产许可证有效期届满后，未依法续展继续生产饲料、饲料添加剂的		
49	对已经取得生产许可证，但不再具备规定的条件而继续生产饲料、饲料添加剂的行政处罚	行政处罚	《饲料和饲料添加剂管理条例》 第十四条：设立饲料、饲料添加剂生产企业，应当符合饲料工业发展规划和产业政策，并具备下列条件：（一）有与生产饲料、饲料添加剂相适应的厂房、设备和仓储设施；（二）有与生产饲料、饲料添加剂相适应的专职技术人员；（三）有必要的产品质量检验机构、人员、设施和质量管理制度；（四）有符合国家规定的安全、卫生要求的生产环境；（五）有符合国家环境保护要求的污染防治措施；（六）国务院农业行政主管部门制定的饲料、饲料添加剂质量安全管理规范规定的其他条件 第三十八条第二款：已经取得生产许可证，但不再具备本条例第十四条规定的条件而继续生产饲料、饲料添加剂的，由县级以上地方人民政府饲料管理部门责令停止生产、限期改正，并处1万元以上5万元以下罚款；逾期不改正的，由发证机关吊销生产许可证	农业农村主管部门	设区的市或县级
50	对已经取得生产许可证，但未按照规定取得产品批准文号而生产饲料添加剂的行政处罚	行政处罚	1.《饲料和饲料添加剂管理条例》 第三十八条第三款：已经取得生产许可证，但未取得产品批准文号而生产饲料添加剂、添加剂预混合饲料的，由县级以上地方人民政府饲料管理部门责令停止生产，没收违法所得、违法生产的产品和用于违法生产饲料的饲料原料、单一饲料、饲料添加剂、药物饲料添加剂以及用于违法生产饲料添加剂的原料，限期补办产品批准文号，并处违法生产的产品货值金额1倍以上3倍以下罚款；情节严重的，由发证机关吊销生产许可证 2.《饲料添加剂和添加剂预混合饲料产品批准文号管理办法》第十七条第一款：饲料添加剂、添加剂预混合饲料生产企业违反本办法规定，向定制企业以外的其他饲料、饲料添加剂生产企业、经营者或养殖者销售定制产品的，依照《饲料和饲料添加剂管理条例》第三十八条处罚 3.《国务院关于取消和下放一批行政许可事项的决定》（国发〔2019〕6号）附件1《国务院决定取消的行政许可事项目录》第18项：饲料添加剂预混合饲料、混合型饲料添加剂产品批准文号核发	农业农村主管部门	设区的市或县级

（续）

序号	事项名称	职权类型	实施依据	实施主体	
				法定实施主体	第一责任层级建议
51	对饲料、饲料添加剂生产企业不遵守规定使用限制使用的饲料原料、单一饲料、饲料添加剂、药物饲料添加剂、添加剂预混合饲料生产饲料等行为的行政处罚	行政处罚	《饲料和饲料添加剂管理条例》 第三十九条：饲料、饲料添加剂生产企业有下列行为之一的，由县级以上地方人民政府饲料管理部门责令改正，没收违法所得、违法生产的产品和用于违法生产饲料的饲料原料、单一饲料、饲料添加剂、药物饲料添加剂、添加剂预混合饲料以及用于违法生产饲料添加剂的原料，违法生产的产品货值金额不足1万元的，并处1万元以上5万元以下罚款，货值金额1万元以上的，并处货值金额5倍以上10倍以下罚款；情节严重的，由发证机关吊销、撤销相关许可证明文件，生产企业的主要负责人和直接负责的主管人员10年内不得从事饲料、饲料添加剂生产、经营活动；构成犯罪的，依法追究刑事责任：（一）使用限制使用的饲料原料、单一饲料、饲料添加剂、药物饲料添加剂、添加剂预混合饲料生产饲料，不遵守国务院农业行政主管部门的限制性规定的；（二）使用国务院农业行政主管部门公布的饲料原料目录、饲料添加剂品种目录和药物饲料添加剂品种目录以外的物质生产饲料的；（三）生产未取得新饲料、新饲料添加剂证书的新饲料、新饲料添加剂或者禁用的饲料、饲料添加剂的	农业农村主管部门	设区的市或县级
52	对饲料、饲料添加剂生产企业不按规定和有关标准对采购的饲料原料、单一饲料、饲料添加剂、药物饲料添加剂、添加剂预混合饲料和用于饲料添加剂生产的原料进行查验或者检验等行为的行政处罚	行政处罚	《饲料和饲料添加剂管理条例》 第四十条：饲料、饲料添加剂生产企业有下列行为之一的，由县级以上地方人民政府饲料管理部门责令改正，处1万元以上2万元以下罚款；拒不改正的，没收违法所得、违法生产的产品和用于违法生产饲料的饲料原料、单一饲料、饲料添加剂、药物饲料添加剂、添加剂预混合饲料以及用于违法生产饲料添加剂的原料，并处5万元以上10万元以下罚款；情节严重的，责令停止生产，可以由发证机关吊销、撤销相关许可证明文件：（一）不按照国务院农业行政主管部门的规定和有关标准对采购的饲料原料、单一饲料、饲料添加剂、药物饲料添加剂、添加剂预混合饲料和用于饲料添加剂生产的原料进行查验或者检验的；（二）饲料、饲料添加剂生产过程中不遵守国务院农业行政主管部门制定的饲料、饲料添加剂质量安全管理规范和饲料添加剂安全使用规范的；（三）生产的饲料、饲料添加剂未经产品质量检验的	农业农村主管部门	设区的市或县级
53	对饲料、饲料添加剂生产企业不依照规定实行采购、生产、销售记录制度或者产品留样观察制度的行政处罚	行政处罚	《饲料和饲料添加剂管理条例》 第四十一条第一款：饲料、饲料添加剂生产企业不依照本条例规定实行采购、生产、销售记录制度或者产品留样观察制度的，由县级以上地方人民政府饲料管理部门责令改正，处1万元以上2万元以下罚款；拒不改正的，没收违法所得、违法生产的产品和用于违法生产饲料的饲料原料、单一饲料、饲料添加剂、药物饲料添加剂、添加剂预混合饲料以及用于违法生产饲料添加剂的原料，处2万元以上5万元以下罚款，并可以由发证机关吊销、撤销相关许可证明文件	农业农村主管部门	设区的市或县级

（续）

序号	事项名称	职权类型	实施依据	实施主体	
				法定实施主体	第一责任层级建议
54	对饲料、饲料添加剂生产企业销售未附具产品质量检验合格证或者包装、标签不符合规定的饲料、饲料添加剂的行政处罚	行政处罚	《饲料和饲料添加剂管理条例》 第四十一条第二款：饲料、饲料添加剂生产企业销售的饲料、饲料添加剂未附具产品质量检验合格证或者包装、标签不符合规定的，由县级以上地方人民政府饲料管理部门责令改正；情节严重的，没收违法所得和违法销售的产品，可以处违法销售的产品货值金额30%以下罚款	农业农村主管部门	设区的市或县级
55	对不符合规定条件经营饲料、饲料添加剂的行政处罚	行政处罚	《饲料和饲料添加剂管理条例》 第二十二条：饲料、饲料添加剂经营者应当符合下列条件：（一）有与经营饲料、饲料添加剂相适应的经营场所和仓储设施；（二）有具备饲料、饲料添加剂使用、贮存等知识的技术人员；（三）有必要的产品质量管理和安全管理制度 第四十二条：不符合本条例第二十二条规定的条件经营饲料、饲料添加剂的，由县级人民政府饲料管理部门责令限期改正；逾期不改正的，没收违法所得和违法经营的产品，违法经营的产品货值金额不足1万元的，并处2 000元以上2万元以下罚款，货值金额1万元以上的，并处货值金额2倍以上5倍以下罚款；情节严重的，责令停止经营，并通知工商行政管理部门，由工商行政管理部门吊销营业执照	农业农村主管部门	县级
56	经营者对饲料、饲料添加剂进行再加工或者添加物质等行为的行政处罚	行政处罚	1.《饲料和饲料添加剂管理条例》 第四十三条：饲料、饲料添加剂经营者有下列行为之一的，由县级人民政府饲料管理部门责令改正，没收违法所得和违法经营的产品，违法经营的产品货值金额不足1万元的，并处2 000元以上2万元以下罚款，货值金额1万元以上的，并处货值金额2倍以上5倍以下罚款；情节严重的，责令停止经营，并通知工商行政管理部门，由工商行政管理部门吊销营业执照；构成犯罪的，依法追究刑事责任：（一）对饲料、饲料添加剂进行再加工或者添加物质的；（二）经营无产品标签、无生产许可证、无产品质量检验合格证的饲料、饲料添加剂的；（三）经营无产品批准文号的饲料添加剂、添加剂预混合饲料的；（四）经营用国务院农业行政主管部门公布的饲料原料目录、饲料添加剂品种目录和药物饲料添加剂品种目录以外的物质生产的饲料的；（五）经营未取得新饲料、新饲料添加剂证书的新饲料、新饲料添加剂或者未取得饲料、饲料添加剂进口登记证的进口饲料、进口饲料添加剂以及禁用的饲料、饲料添加剂的 2.《饲料添加剂和添加剂预混合饲料产品批准文号管理办法》第十七条第二款：定制企业违反本办法规定，向其他饲料、饲料添加剂生产企业、经营者和养殖者销售定制产品的，依照《饲料和饲料添加剂管理条例》第四十三条处罚 3.《国务院关于取消和下放一批行政许可事项的决定》（国发〔2019〕6号）附件1《国务院决定取消的行政许可事项目录》第18项：饲料添加剂预混合饲料、混合型饲料添加剂产品批准文号核发	农业农村主管部门	县级

（续）

序号	事项名称	职权类型	实施依据	实施主体	
				法定实施主体	第一责任层级建议
57	经营者对饲料、饲料添加剂进行拆包、分装等行为的行政处罚	行政处罚	《饲料和饲料添加剂管理条例》 第四十四条：饲料、饲料添加剂经营者有下列行为之一的，由县级人民政府饲料管理部门责令改正，没收违法所得和违法经营的产品，并处2 000元以上1万元以下罚款：（一）对饲料、饲料添加剂进行拆包、分装的；（二）不依照本条例规定实行产品购销台账制度的；（三）经营的饲料、饲料添加剂失效、霉变或者超过保质期的	农业农村主管部门	县级
58	对饲料和饲料添加剂生产企业发现问题产品不主动召回的行政处罚	行政处罚	《饲料和饲料添加剂管理条例》 第二十八条第一款：饲料、饲料添加剂生产企业发现其生产的饲料、饲料添加剂对养殖动物、人体健康有害或者存在其他安全隐患的，应当立即停止生产，通知经营者、使用者，向饲料管理部门报告，主动召回产品，并记录召回和通知情况。召回的产品应当在饲料管理部门监督下予以无害化处理或者销毁 第四十五条第一款：对本条例第二十八条规定的饲料、饲料添加剂，生产企业不主动召回的，由县级以上地方人民政府饲料管理部门责令召回，并监督生产企业对召回的产品予以无害化处理或者销毁；情节严重的，没收违法所得，并处应召回的产品货值金额1倍以上3倍以下罚款，可以由发证机关吊销、撤销相关许可证明文件；生产企业对召回的产品不予以无害化处理或者销毁的，由县级人民政府饲料管理部门代为销毁，所需费用由生产企业承担	农业农村主管部门	设区的市或县级
59	对饲料、饲料添加剂经营者发现问题产品不停止销售的行政处罚	行政处罚	《饲料和饲料添加剂管理条例》 第二十八条第二款：饲料、饲料添加剂经营者发现其销售的饲料、饲料添加剂具有前款规定情形的，应当立即停止销售，通知生产企业、供货者和使用者，向饲料管理部门报告，并记录通知情况 第四十五条第二款：对本条例第二十八条规定的饲料、饲料添加剂，经营者不停止销售的，由县级以上地方人民政府饲料管理部门责令停止销售；拒不停止销售的，没收违法所得，处1 000元以上5万元以下罚款；情节严重的，责令停止经营，并通知工商行政管理部门，由工商行政管理部门吊销营业执照	农业农村主管部门	设区的市或县级
60	对在生产、经营过程中，以非饲料、非饲料添加剂冒充饲料、饲料添加剂或者以此种饲料、饲料添加剂冒充他种饲料、饲料添加剂等行为的行政处罚	行政处罚	《饲料和饲料添加剂管理条例》 第四十六条：饲料、饲料添加剂生产企业、经营者有下列行为之一的，由县级以上地方人民政府饲料管理部门责令停止生产、经营，没收违法所得和违法生产、经营的产品，违法生产、经营的产品货值金额不足1万元的，并处2 000元以上2万元以下罚款，货值金额1万元以上的，并处货值金额2倍以上5倍以下罚款；构成犯罪的，依法追究刑事责任：（一）在生产、经营过程中，以非饲料、非饲料添加剂冒充饲料、饲料添加剂或者以此种饲料、饲料添加剂冒充他种饲料、饲料添加剂的；（二）生产、经营无产品质量标准或者不符合产品质量标准的饲料、饲料添加剂的；（三）生产、经营的饲料、饲料添加剂	农业农村主管部门	设区的市或县级

（续）

序号	事项名称	职权类型	实施依据	实施主体	
				法定实施主体	第一责任层级建议
			与标签标示的内容不一致的。饲料、饲料添加剂生产企业有前款规定的行为，情节严重的，由发证机关吊销、撤销相关许可证明文件；饲料、饲料添加剂经营者有前款规定的行为，情节严重的，通知工商行政管理部门，由工商行政管理部门吊销营业执照		
61	对养殖者使用未取得新饲料、新饲料添加剂证书的新饲料、新饲料添加剂或者未取得饲料、饲料添加剂进口登记证的进口饲料、进口饲料添加剂等行为的行政处罚	行政处罚	1.《饲料和饲料添加剂管理条例》 第四十七条第一款：养殖者有下列行为之一的，由县级人民政府饲料管理部门没收违法使用的产品和非法添加物质，对单位处1万元以上5万元以下罚款，对个人处5 000元以下罚款；构成犯罪的，依法追究刑事责任：（一）使用未取得新饲料、新饲料添加剂证书的新饲料、新饲料添加剂或者未取得饲料、饲料添加剂进口登记证的进口饲料、进口饲料添加剂的；（二）使用无产品标签、无生产许可证、无产品质量标准、无产品质量检验合格证的饲料、饲料添加剂的；（三）使用无产品批准文号的饲料添加剂、添加剂预混合饲料的；（四）在饲料或者动物饮用水中添加饲料添加剂，不遵守国务院农业行政主管部门制定的饲料添加剂安全使用规范的；（五）使用自行配制的饲料，不遵守国务院农业行政主管部门制定的自行配制饲料使用规范的；（六）使用限制使用的物质养殖动物，不遵守国务院农业行政主管部门的限制性规定的；（七）在反刍动物饲料中添加乳和乳制品以外的动物源性成分的 2.《国务院关于取消和下放一批行政许可事项的决定》（国发〔2019〕6号）附件1《国务院决定取消的行政许可事项目录》第18项：饲料添加剂预混合饲料、混合型饲料添加剂产品批准文号核发	农业农村主管部门	县级
62	对养殖者在饲料或者动物饮用水中添加国务院农业行政主管部门公布禁用的物质以及对人体具有直接或者潜在危害的其他物质，或者直接使用上述物质养殖动物的行政处罚	行政处罚	《饲料和饲料添加剂管理条例》 第四十七条第二款：在饲料或者动物饮用水中添加国务院农业行政主管部门公布禁用的物质以及对人体具有直接或者潜在危害的其他物质，或者直接使用上述物质养殖动物的，由县级以上地方人民政府饲料管理部门责令其对饲喂了违禁物质的动物进行无害化处理，处3万元以上10万元以下罚款；构成犯罪的，依法追究刑事责任	农业农村主管部门	设区的市或县级
63	对养殖者对外提供自行配制的饲料的行政处罚	行政处罚	《饲料和饲料添加剂管理条例》 第四十八条：养殖者对外提供自行配制的饲料的，由县级人民政府饲料管理部门责令改正，处2 000元以上2万元以下罚款	农业农村主管部门	县级
64	对生鲜乳收购者、乳制品生产企业在生鲜乳收购、乳制品生产过程中，加入非食品用化学物质或者其他可能危害人体健康的物质的行政处罚	行政处罚	《乳品质量安全监督管理条例》 第五十四条：生鲜乳收购者、乳制品生产企业在生鲜乳收购、乳制品生产过程中，加入非食品用化学物质或者其他可能危害人体健康的物质，依照刑法第一百四十四条的规定，构成犯罪的，依法追究刑事责任，并由发证机关吊销许可证照；尚不构成犯罪的，由畜牧兽医主管部门、质量监督部门依据各自职责没收违法所得和违法生产的乳品，以及相关的工具、设备等物品，并处违法乳品货值金额15倍以上30倍以下罚款，由发证机关吊销许可证照	农业农村主管部门	设区的市或县级

（续）

序号	事项名称	职权类型	实施依据	实施主体	
				法定实施主体	第一责任层级建议
65	对生产、销售不符合乳品质量安全国家标准的乳品的行政处罚	行政处罚	《乳品质量安全监督管理条例》 第五十五条：生产、销售不符合乳品质量安全国家标准的乳品，依照刑法第一百四十三条的规定，构成犯罪的，依法追究刑事责任，并由发证机关吊销许可证照；尚不构成犯罪的，由畜牧兽医主管部门、质量监督部门、工商行政管理部门依据各自职责没收违法所得、违法乳品和相关的工具、设备等物品，并处违法乳品货值金额10倍以上20倍以下罚款，由发证机关吊销许可证照	农业农村主管部门	设区的市或县级
66	对奶畜养殖者、生鲜乳收购者在发生乳品质量安全事故后未报告、处置的行政处罚	行政处罚	《乳品质量安全监督管理条例》 第五十九条：奶畜养殖者、生鲜乳收购者、乳制品生产企业和销售者在发生乳品质量安全事故后未报告、处置的，由畜牧兽医、质量监督、工商行政管理、食品药品监督等部门依据各自职责，责令改正，给予警告；毁灭有关证据的，责令停产停业，并处10万元以上20万元以下罚款；造成严重后果的，由发证机关吊销许可证照；构成犯罪的，依法追究刑事责任	农业农村主管部门	设区的市或县级
67	对未取得生鲜乳收购许可证收购生鲜乳等行为的行政处罚	行政处罚	《乳品质量安全监督管理条例》 第六十条：有下列情形之一的，由县级以上地方人民政府畜牧兽医主管部门没收违法所得、违法收购的生鲜乳和相关的设备、设施等物品，并处违法乳品货值金额5倍以上10倍以下罚款；有许可证照的，由发证机关吊销许可证照：(一）未取得生鲜乳收购许可证收购生鲜乳的；(二）生鲜乳收购站取得生鲜乳收购许可证后，不再符合许可条件继续从事生鲜乳收购的；(三）生鲜乳收购站收购本条例第二十四条规定禁止收购的生鲜乳的	农业农村主管部门	设区的市或县级
68	对依法应当检疫而未经检疫动物产品，不具备补检条件的行政处罚	行政处罚	《中华人民共和国动物防疫法》 第五十九条第一款第四项：动物卫生监督机构执行监督检查任务，可以采取下列措施，有关单位和个人不得拒绝或者阻碍：（四）对依法应当检疫而未经检疫的动物产品，具备补检条件的实施补检，不具备补检条件的予以没收销毁	农业农村主管部门	设区的市或县级
69	对饲养的动物不按照动物疫病强制免疫计划进行免疫接种等行为的行政处罚	行政处罚	《中华人民共和国动物防疫法》 第七十三条：违反本法规定，有下列行为之一的，由动物卫生监督机构责令改正，给予警告；拒不改正的，由动物卫生监督机构代作处理，所需处理费用由违法行为人承担，可以处一千元以下罚款：(一）对饲养的动物不按照动物疫病强制免疫计划进行免疫接种的；(二）种用、乳用动物未经检测或者经检测不合格而不按照规定处理的；（三）动物、动物产品的运载工具在装载前和卸载后没有及时清洗、消毒的	农业农村主管部门	设区的市或县级

（续）

序号	事项名称	职权类型	实施依据	实施主体	
				法定实施主体	第一责任层级建议
70	对不按照规定处置染疫动物及其排泄物，染疫动物产品等行为的行政处罚	行政处罚	1.《中华人民共和国动物防疫法》 第七十五条：违反本法规定，不按照国务院兽医主管部门规定处置染疫动物及其排泄物，染疫动物产品，病死或者死因不明的动物尸体，运载工具中的动物排泄物以及垫料、包装物、容器等污染物以及其他经检疫不合格的动物、动物产品的，由动物卫生监督机构责令无害化处理，所需处理费用由违法行为人承担，可以处三千元以下罚款 2.《畜禽规模养殖污染防治条例》 第四十二条：未按照规定对染疫畜禽和病害畜禽养殖废弃物进行无害化处理的，由动物卫生监督机构责令无害化处理，所需处理费用由违法行为人承担，可以处3 000元以下的罚款 3.《动物诊疗机构管理办法》 第二十四条：动物诊疗机构不得随意抛弃病死动物、动物病理组织和医疗废弃物，不得排放未经无害化处理或者处理不达标的诊疗废水。 第三十四条：动物诊疗机构违反本办法第二十四条规定的，由动物卫生监督机构按照《中华人民共和国动物防疫法》第七十五条的规定予以处罚	农业农村主管部门	设区的市或县级
71	对屠宰、经营、运输动物或者生产、经营、加工、贮藏、运输不符合动物防疫规定的动物产品等行为的处罚	行政处罚	《中华人民共和国动物防疫法》 第二十五条：禁止屠宰、经营、运输下列动物和生产、经营、加工、贮藏、运输下列动物产品：（一）封锁疫区内与所发生动物疫病有关的；（二）疫区内易感染的；（三）依法应当检疫而未经检疫或者检疫不合格的；（四）染疫或者疑似染疫的；（五）病死或者死因不明的；（六）其他不符合国务院兽医主管部门有关动物防疫规定的 第七十六条：违反本法第二十五条规定，屠宰、经营、运输动物或者生产、经营、加工、贮藏、运输动物产品的，由动物卫生监督机构责令改正、采取补救措施，没收违法所得和动物、动物产品，并处同类检疫合格动物、动物产品货值金额一倍以上五倍以下罚款；其中依法应当检疫而未检疫的，依照本法第七十八条的规定处罚	农业农村主管部门	设区的市或县级
72	对兴办动物饲养场（养殖小区）和隔离场所，动物屠宰加工场所，以及动物和动物产品无害化处理场所，未取得动物防疫条件合格证等行为的行政处罚	行政处罚	1.《中华人民共和国动物防疫法》 第七十七条：违反本法规定，有下列行为之一的，由动物卫生监督机构责令改正，处一千元以上一万元以下罚款；情节严重的，处一万元以上十万元以下罚款：（一）兴办动物饲养场（养殖小区）和隔离场所，动物屠宰加工场所，以及动物和动物产品无害化处理场所，未取得动物防疫条件合格证的；（二）未办理审批手续，跨省、自治区、直辖市引进乳用动物、种用动物及其精液、胚胎、种蛋的；（三）未经检疫，向无规定动物疫病区输入动物、动物产品的 2.《动物防疫条件审查办法》 第三十一条：本办法第二条第一款所列场所在取得《动物防疫条件合格证》后，变更场址或者经营范围的，应当重新申请办理《动物防疫条件合格证》，由原发证机关予以注销。变更布局、	农业农村主管部门	设区的市或县级

（续）

序号	事项名称	职权类型	实施依据	实施主体	
				法定实施主体	第一责任层级建议
			设施设备和制度，可能引起动物防疫条件发生变化的，应当提前30日向原发证机关报告。发证机关应当在20日内完成审查，并将审查结果通知申请人。变更单位名称或者其负责人的，应当在变更后15日内持有效证明申请变更《动物防疫条件合格证》 第三十六条第一款：违反本办法第三十一条第一款规定，变更场所地址或者经营范围，未按规定重新申请《动物防疫条件合格证》的，按照《中华人民共和国动物防疫法》第七十七条规定予以处罚		
73	对屠宰、经营、运输的动物未附有检疫证明，经营和运输的动物产品未附有检疫证明、检疫标志的行政处罚	行政处罚	《中华人民共和国动物防疫法》 第七十八条第一款：违反本法规定，屠宰、经营、运输的动物未附有检疫证明，经营和运输的动物产品未附有检疫证明、检疫标志的，由动物卫生监督机构责令改正，处同类检疫合格动物、动物产品货值金额百分之十以上百分之五十以下罚款；对货主以外的承运人处运输费用一倍以上三倍以下罚款	农业农村主管部门	设区的市或县级
74	对参加展览、演出和比赛的动物未附有检疫证明的行政处罚	行政处罚	《中华人民共和国动物防疫法》 第七十八条第二款：违反本法规定，参加展览、演出和比赛的动物未附有检疫证明的，由动物卫生监督机构责令改正，处一千元以上三千元以下罚款	农业农村主管部门	设区的市或县级
75	对转让、伪造或者变造检疫证明、检疫标志或者畜禽标识的行政处罚	行政处罚	《中华人民共和国动物防疫法》 第七十九条：违反本法规定，转让、伪造或者变造检疫证明、检疫标志或者畜禽标识的，由动物卫生监督机构没收违法所得，收缴检疫证明、检疫标志或者畜禽标识，并处三千元以上三万元以下罚款	农业农村主管部门	设区的市或县级
76	对不遵守县级以上人民政府及其兽医主管部门依法作出的有关控制、扑灭动物疫病规定等行为的行政处罚	行政处罚	《中华人民共和国动物防疫法》 第八十条：违反本法规定，有下列行为之一的，由动物卫生监督机构责令改正，处一千元以上一万元以下罚款：（一）不遵守县级以上人民政府及其兽医主管部门依法作出的有关控制、扑灭动物疫病规定的；（二）藏匿、转移、盗掘已被依法隔离、封存、处理的动物和动物产品的；（三）发布动物疫情的	农业农村主管部门	设区的市或县级
77	对未取得动物诊疗许可证从事动物诊疗活动的行政处罚	行政处罚	《中华人民共和国动物防疫法》 第八十一条第一款：违反本法规定，未取得动物诊疗许可证从事动物诊疗活动的，由动物卫生监督机构责令停止诊疗活动，没收违法所得；违法所得在三万元以上的，并处违法所得一倍以上三倍以下罚款；没有违法所得或者违法所得不足三万元的，并处三千元以上三万元以下罚款	农业农村主管部门	设区的市或县级
78	对动物诊疗机构造成动物疫病扩散的行政处罚	行政处罚	《中华人民共和国动物防疫法》 第八十一条第二款：动物诊疗机构违反本法规定，造成动物疫病扩散的，由动物卫生监督机构责令改正，处一万元以上五万元以下罚款；情节严重的，由发证机关吊销动物诊疗许可证	农业农村主管部门	设区的市或县级

（续）

序号	事项名称	职权类型	实施依据	实施主体	
				法定实施主体	第一责任层级建议
79	对执业兽医违反有关动物诊疗的操作技术规范，造成或者可能造成动物疫病传播、流行等行为的行政处罚	行政处罚	《中华人民共和国动物防疫法》 第八十二条第二款：执业兽医有下列行为之一的，由动物卫生监督机构给予警告，责令暂停六个月以上一年以下动物诊疗活动；情节严重的，由发证机关吊销注册证书：（一）违反有关动物诊疗的操作技术规范，造成或者可能造成动物疫病传播、流行的；（二）使用不符合国家规定的兽药和兽医器械的；（三）不按照当地人民政府或者兽医主管部门要求参加动物疫病预防、控制和扑灭活动的	农业农村主管部门	设区的市或县级
80	对从事动物疫病研究与诊疗和动物饲养、屠宰、经营、隔离、运输，以及动物产品生产、经营、加工、贮藏等活动的单位和个人不履行动物疫情报告义务等行为的行政处罚	行政处罚	《中华人民共和国动物防疫法》 第八十三条：违反本法规定，从事动物疫病研究与诊疗和动物饲养、屠宰、经营、隔离、运输，以及动物产品生产、经营、加工、贮藏等活动的单位和个人，有下列行为之一的，由动物卫生监督机构责令改正；拒不改正的，对违法行为单位处一千元以上一万元以下罚款，对违法行为个人可以处五百元以下罚款：（一）不履行动物疫情报告义务的；（二）不如实提供与动物防疫活动有关资料的；（三）拒绝动物卫生监督机构进行监督检查的；（四）拒绝动物疫病预防控制机构进行动物疫病监测、检测的	农业农村主管部门	设区的市或县级
81	对拒绝阻碍重大动物疫情监测、不报告动物群体发病死亡情况的行政处罚	行政处罚	《重大动物疫情应急条例》 第四十六条：违反本条例规定，拒绝、阻碍动物防疫监督机构进行重大动物疫情监测，或者发现动物出现群体发病或者死亡，不向当地动物防疫监督机构报告的，由动物防疫监督机构给予警告，并处2 000元以上5 000元以下的罚款；构成犯罪的，依法追究刑事责任	农业农村主管部门	设区的市或县级
82	对不符合条件采集重大动物疫病病料，或者在重大动物疫病病原分离时不遵守国家有关生物安全管理规定行政处罚	行政处罚	《重大动物疫情应急条例》 第四十七条：违反本条例规定，不符合相应条件采集重大动物疫病病料，或者在重大动物疫病病原分离时不遵守国家有关生物安全管理规定的，由动物防疫监督机构给予警告，并处5 000元以下的罚款；构成犯罪的，依法追究刑事责任	农业农村主管部门	设区的市或县级
83	对未经定点从事生猪屠宰活动等行为的行政处罚	行政处罚	《生猪屠宰管理条例》 第二十四条第一、二款：违反本条例规定，未经定点从事生猪屠宰活动的，由畜牧兽医行政主管部门予以取缔，没收生猪、生猪产品、屠宰工具和设备以及违法所得，并处货值金额3倍以上5倍以下的罚款；货值金额难以确定的，对单位并处10万元以上20万元以下的罚款，对个人并处5 000元以上1万元以下的罚款；构成犯罪的，依法追究刑事责任。冒用或者使用伪造的生猪定点屠宰证书或者生猪定点屠宰标志牌的，依照前款的规定处罚	农业农村主管部门	设区的市或县级

（续）

序号	事项名称	职权类型	实施依据	实施主体	
				法定实施主体	第一责任层级建议
84	对生猪定点屠宰厂（场）出借、转让生猪定点屠宰证书或者生猪定点屠宰标志牌的行政处罚	行政处罚	《生猪屠宰管理条例》 第二十四条第三款：生猪定点屠宰厂（场）出借、转让生猪定点屠宰证书或者生猪定点屠宰标志牌的，由设区的市级人民政府取消其生猪定点屠宰厂（场）资格；有违法所得的，由畜牧兽医行政主管部门没收违法所得	农业农村主管部门	设区的市或县级
85	对生猪定点屠宰厂（场）不符合国家规定的操作流程和技术要求屠宰生猪等行为的行政处罚	行政处罚	《生猪屠宰管理条例》 第二十五条：生猪定点屠宰厂（场）有下列情形之一的，由畜牧兽医行政主管部门责令限期改正，处2万元以上5万元以下的罚款；逾期不改正的，责令停业整顿，对其主要负责人处5 000元以上1万元以下的罚款：（一）屠宰生猪不符合国家规定的操作规程和技术要求的；（二）未如实记录其屠宰的生猪来源和生猪产品流向的；（三）未建立或者实施肉品品质检验制度的；（四）对经肉品品质检验不合格的生猪产品未按照国家有关规定处理并如实记录处理情况的	农业农村主管部门	设区的市或县级
86	对生猪定点屠宰厂（场）出厂（场）未经肉品品质检验或者经肉品品质检验不合格的生猪产品的行政处罚	行政处罚	《生猪屠宰管理条例》 第二十六条：生猪定点屠宰厂（场）出厂（场）未经肉品品质检验或者经肉品品质检验不合格的生猪产品的，由畜牧兽医行政主管部门责令停业整顿，没收生猪产品和违法所得，并处货值金额1倍以上3倍以下的罚款，对其主要负责人处1万元以上2万元以下的罚款；货值金额难以确定的，并处5万元以上10万元以下的罚款；造成严重后果的，由设区的市级人民政府取消其生猪定点屠宰厂（场）资格；构成犯罪的，依法追究刑事责任	农业农村主管部门	设区的市或县级
87	对生猪定点屠宰厂（场）、其他单位或者个人对生猪、生猪产品注水或者注入其他物质的行政处罚	行政处罚	《生猪屠宰管理条例》 第二十七条：生猪定点屠宰厂（场）、其他单位或者个人对生猪、生猪产品注水或者注入其他物质的，由畜牧兽医行政主管部门没收注水或者注入其他物质的生猪、生猪产品、注水工具和设备以及违法所得，并处货值金额3倍以上5倍以下的罚款，对生猪定点屠宰厂（场）或者其他单位的主要负责人处1万元以上2万元以下的罚款；货值金额难以确定的，对生猪定点屠宰厂（场）或者其他单位并处5万元以上10万元以下的罚款，对个人并处1万元以上2万元以下的罚款；构成犯罪的，依法追究刑事责任。生猪定点屠宰厂（场）对生猪、生猪产品注水或者注入其他物质的，除依照前款的规定处罚外，还应当由畜牧兽医行政主管部门责令停业整顿；造成严重后果，或者两次以上对生猪、生猪产品注水或者注入其他物质的，由设区的市级人民政府取消其生猪定点屠宰厂（场）资格	农业农村主管部门	设区的市或县级
88	对生猪定点屠宰厂（场）屠宰注水或者注入其他物质的生猪的行政处罚	行政处罚	《生猪屠宰管理条例》 第二十八条：生猪定点屠宰厂（场）屠宰注水或者注入其他物质的生猪的，由畜牧兽医行政主管部门责令改正，没收注水或者注入其他物质的生猪、生猪产品以及违法所得，并处货值金额1倍以上3倍以下的罚款，对其主要负责人处1万	农业农村主管部门	设区的市或县级

（续）

<table>
<tr><th rowspan="2">序号</th><th rowspan="2">事项名称</th><th rowspan="2">职权类型</th><th rowspan="2">实施依据</th><th colspan="2">实施主体</th></tr>
<tr><th>法定实施主体</th><th>第一责任层级建议</th></tr>
<tr><td></td><td></td><td></td><td>元以上2万元以下的罚款；货值金额难以确定的，并处2万元以上5万元以下的罚款；拒不改正的，责令停业整顿；造成严重后果的，由设区的市级人民政府取消其生猪定点屠宰厂（场）资格</td><td></td><td></td></tr>
<tr><td>89</td><td>对为未经定点违法从事生猪屠宰活动的单位或者个人提供生猪屠宰场所或者生猪产品储存设施等行为的行政处罚</td><td>行政处罚</td><td>《生猪屠宰管理条例》
第三十条：为未经定点违法从事生猪屠宰活动的单位或者个人提供生猪屠宰场所或者生猪产品储存设施，或者为对生猪、生猪产品注水或者注入其他物质的单位或者个人提供场所的，由畜牧兽医行政主管部门责令改正，没收违法所得，对单位并处2万元以上5万元以下的罚款，对个人并处5 000元以上1万元以下的罚款</td><td>农业农村主管部门</td><td>设区的市或县级</td></tr>
<tr><td>90</td><td>对无兽药生产许可证、兽药经营许可证生产、经营兽药的，或者虽有兽药生产许可证、兽药经营许可证，生产、经营假、劣兽药的，或者兽药经营企业经营人用药品等行为的行政处罚</td><td>行政处罚</td><td>1.《兽药管理条例》
第五十六条：违反本条例规定，无兽药生产许可证、兽药经营许可证生产、经营兽药的，或者虽有兽药生产许可证、兽药经营许可证，生产、经营假、劣兽药的，或者兽药经营企业经营人用药品的，责令其停止生产、经营，没收用于违法生产的原料、辅料、包装材料及生产、经营的兽药和违法所得，并处违法生产、经营的兽药（包括已出售的和未出售的兽药，下同）货值金额2倍以上5倍以下罚款，货值金额无法查证核实的，处10万元以上20万元以下罚款；无兽药生产许可证生产兽药，情节严重的，没收其生产设备；生产、经营假、劣兽药，情节严重的，吊销兽药生产许可证、兽药经营许可证；构成犯罪的，依法追究刑事责任；给他人造成损失的，依法承担赔偿责任。生产、经营企业的主要负责人和直接负责的主管人员终身不得从事兽药的生产、经营活动。擅自生产强制免疫所需兽用生物制品的，按照无兽药生产许可证生产兽药处罚
第七十条第一款：本条例规定的行政处罚由县级以上人民政府兽医行政管理部门决定；其中吊销兽药生产许可证、兽药经营许可证、撤销兽药批准证明文件或者责令停止兽药研究试验的，由发证、批准、备案部门决定
2.《兽药进口管理办法》
第二十五条第二款：伪造、涂改进口兽药证明文件进口兽药的，按照《兽药管理条例》
第四十七条、第五十六条的规定处理
第二十七条：养殖户、养殖场、动物诊疗机构等使用者将采购的进口兽药转手销售的，或者代理商、经销商超出《兽药经营许可证》范围经营进口兽用生物制品的，属于无证经营，按照《兽药管理条例》第五十六条的规定处罚
3.《兽用生物制品经营管理办法》
第十六条：养殖户、养殖场、动物诊疗机构等使用者转手销售兽用生物制品的，或者兽药经营者超出《兽药经营许可证》载明的经营范围经营兽用生物制品的，属于无证经营，按照《兽药管理条例》第五十六条的规定处罚</td><td>农业农村主管部门</td><td>设区的市或县级</td></tr>
</table>

（续）

序号	事项名称	职权类型	实施依据	实施主体	
				法定实施主体	第一责任层级建议
91	对提供虚假的资料、样品或者采取其他欺骗手段取得兽药生产许可证、兽药经营许可证或者兽药批准证明文件的行政处罚	行政处罚	1.《兽药管理条例》 第五十七条：违反本条例规定，提供虚假的资料、样品或者采取其他欺骗手段取得兽药生产许可证、兽药经营许可证或者兽药批准证明文件的，吊销兽药生产许可证、兽药经营许可证或者撤销兽药批准证明文件，并处5万元以上10万元以下罚款；给他人造成损失的，依法承担赔偿责任。其主要负责人和直接负责的主管人员终身不得从事兽药的生产、经营和进出口活动 第七十条第一款：本条例规定的行政处罚由县级以上人民政府兽医行政管理部门决定；其中吊销兽药生产许可证、兽药经营许可证、撤销兽药批准证明文件或者责令停止兽药研究试验的，由发证、批准、备案部门决定 2.《兽药进口管理办法》 第二十五条第一款：提供虚假资料或者采取其他欺骗手段取得进口兽药证明文件的，按照《兽药管理条例》第五十七条的规定处罚	农业农村主管部门	设区的市或县级
92	对买卖、出租、出借兽药生产许可证、兽药经营许可证或者兽药批准证明文件等行为的行政处罚	行政处罚	1.《兽药管理条例》 第五十八条：买卖、出租、出借兽药生产许可证、兽药经营许可证和兽药批准证明文件的，没收违法所得，并处1万元以上10万元以下罚款；情节严重的，吊销兽药生产许可证、兽药经营许可证或者撤销兽药批准证明文件；构成犯罪的，依法追究刑事责任；给他人造成损失的，依法承担赔偿责任 第七十条第一款：本条例规定的行政处罚由县级以上人民政府兽医行政管理部门决定；其中吊销兽药生产许可证、兽药经营许可证、撤销兽药批准证明文件或者责令停止兽药研究试验的，由发证、批准、备案部门决定 2.《兽药进口管理办法》 第二十六条：买卖、出租、出借《进口兽药通关单》的，按照《兽药管理条例》第五十八条的规定处罚 3.《兽药产品批准文号管理办法》 第二十六条：买卖、出租、出借兽药产品批准文号的，按照《兽药管理条例》第五十八条规定处罚	农业农村主管部门	设区的市或县级
93	对兽药安全性评价单位、临床试验单位、生产和经营企业未按照规定实施兽药研究试验、生产、经营质量管理规范，未按照规定开展新兽药临床试验备案的行政处罚	行政处罚	1.《兽药管理条例》 第五十九条第一款：违反本条例规定，兽药安全性评价单位、临床试验单位、生产和经营企业未按照规定实施兽药研究试验、生产、经营质量管理规范的，给予警告，责令其限期改正；逾期不改正的，责令停止兽药研究试验、生产、经营活动，并处5万元以下罚款；情节严重的，吊销兽药生产许可证、兽药经营许可证；给他人造成损失的，依法承担赔偿责任 第五十九条第三款：违反本条例规定，开展新兽药临床试验应当备案而未备案的，责令其立即改正，给予警告，并处5万元以上10万元以下罚款；给他人造成损失的，依法承担赔偿责任 第七十条第一款：本条例规定的行政处罚由县	农业农村主管部门	设区的市或县级

（续）

序号	事项名称	职权类型	实施依据	实施主体	
				法定实施主体	第一责任层级建议
			级以上人民政府兽医行政管理部门决定；其中吊销兽药生产许可证、兽药经营许可证、撤销兽药批准证明文件或者责令停止兽药研究试验的，由发证、批准、备案部门决定 2.《兽用处方药和非处方药管理办法》 第十六条：违反本办法规定，有下列情形之一的，依照《兽药管理条例》第五十九条第一款的规定进行处罚：（一）兽药经营者未在经营场所明显位置悬挂或者张贴提示语的；（二）兽用处方药与兽用非处方药未分区或分柜摆放的；（三）兽用处方药采用开架自选方式销售的；（四）兽医处方笺和兽用处方药购销记录未按规定保存的 3.《新兽药研制管理办法》 第二十七条第一款：兽药安全性评价单位、临床试验单位未按照《兽药非临床研究质量管理规范》或《兽药临床试验质量管理规范》规定实施兽药研究试验的，依照《兽药管理条例》第五十九条的规定予以处罚		
94	对研制新兽药不具备规定的条件擅自使用一类病原微生物或者在实验室阶段前未经批准的行政处罚	行政处罚	《兽药管理条例》 第五十九条第二款：违反本条例规定，研制新兽药不具备规定的条件擅自使用一类病原微生物或者在实验室阶段前未经批准的，责令其停止实验，并处5万元以上10万元以下罚款；构成犯罪的，依法追究刑事责任；给他人造成损失的，依法承担赔偿责任 第七十条第一款：本条例规定的行政处罚由县级以上人民政府兽医行政管理部门决定；其中吊销兽药生产许可证、兽药经营许可证、撤销兽药批准证明文件或者责令停止兽药研究试验的，由发证、批准、备案部门决定	农业农村主管部门	设区的市或县级
95	对兽药的标签和说明书未经批准；兽药包装上未附有标签和说明书或者标签和说明书与批准的内容不一致的行政处罚	行政处罚	1.《兽药管理条例》 第六十条：违反本条例规定，兽药的标签和说明书未经批准的，责令其限期改正；逾期不改正的，按照生产、经营假兽药处罚；有兽药产品批准文号的，撤销兽药产品批准文号；给他人造成损失的，依法承担赔偿责任。兽药包装上未附有标签和说明书，或者标签和说明书与批准的内容不一致的，责令其限期改正；情节严重的，依照前款规定处罚 第七十条第一款：本条例规定的行政处罚由县级以上人民政府兽医行政管理部门决定；其中吊销兽药生产许可证、兽药经营许可证、撤销兽药批准证明文件或者责令停止兽药研究试验的，由发证、批准、备案部门决定 2.《兽用处方药和非处方药管理办法》 第十四条：违反本办法第四条规定的，依照《兽药管理条例》第六十条第二款的规定进行处罚 3.《兽药标签和说明书管理办法》 第二十三条：凡违反本办法规定的，按照《兽药管理条例》有关规定进行处罚。兽药产品标签未按要求使用电子追溯码的，按照《兽药管理条例》第六十条第二款处罚	农业农村主管部门	设区的市或县级

（续）

序号	事项名称	职权类型	实施依据	实施主体	
				法定实施主体	第一责任层级建议
96	对境外企业在中国直接销售兽药的行政处罚	行政处罚	《兽药管理条例》 第六十一条：违反本条例规定，境外企业在中国直接销售兽药的，责令其限期改正，没收直接销售的兽药和违法所得，并处5万元以上10万元以下罚款；情节严重的，吊销进口兽药注册证书；给他人造成损失的，依法承担赔偿责任 第七十条第一款：本条例规定的行政处罚由县级以上人民政府兽医行政管理部门决定；其中吊销兽药生产许可证、兽药经营许可证、撤销兽药批准证明文件或者责令停止兽药研究试验的，由发证、批准、备案部门决定	农业农村主管部门	设区的市或县级
97	对未按照国家有关兽药安全使用规定使用兽药等行为的行政处罚	行政处罚	《兽药管理条例》 第六十二条：违反本条例规定，未按照国家有关兽药安全使用规定使用兽药的、未建立用药记录或者记录不完整真实的，或者使用禁止使用的药品和其他化合物的，或者将人用药品用于动物的，责令其立即改正，并对饲喂了违禁药物及其他化合物的动物及其产品进行无害化处理；对违法单位处1万元以上5万元以下罚款；给他人造成损失的，依法承担赔偿责任 第七十条第一款：本条例规定的行政处罚由县级以上人民政府兽医行政管理部门决定；其中吊销兽药生产许可证、兽药经营许可证、撤销兽药批准证明文件或者责令停止兽药研究试验的，由发证、批准、备案部门决定	农业农村主管部门	设区的市或县级
98	对进入批发、零售市场或者生产加工企业前销售尚在用药期、休药期内的动物及其产品用于食品消费等行为的行政处罚	行政处罚	《兽药管理条例》 第六十三条：违反本条例规定，销售尚在用药期、休药期内的动物及其产品用于食品消费的，或者销售含有违禁药物和兽药残留超标的动物产品用于食品消费的，责令其对含有违禁药物和兽药残留超标的动物产品进行无害化处理，没收违法所得，并处3万元以上10万元以下罚款；构成犯罪的，依法追究刑事责任；给他人造成损失的，依法承担赔偿责任 第七十条第一款：本条例规定的行政处罚由县级以上人民政府兽医行政管理部门决定；其中吊销兽药生产许可证、兽药经营许可证、撤销兽药批准证明文件或者责令停止兽药研究试验的，由发证、批准、备案部门决定	农业农村主管部门	设区的市或县级
99	对擅自转移、使用、销毁、销售被查封或者扣押的兽药及有关材料的行政处罚	行政处罚	《兽药管理条例》 第六十四条：违反本条例规定，擅自转移、使用、销毁、销售被查封或者扣押的兽药及有关材料的，责令其停止违法行为，给予警告，并处5万元以上10万元以下罚款 第七十条第一款：本条例规定的行政处罚由县级以上人民政府兽医行政管理部门决定；其中吊销兽药生产许可证、兽药经营许可证、撤销兽药批准证明文件或者责令停止兽药研究试验的，由发证、批准、备案部门决定	农业农村主管部门	设区的市或县级

（续）

序号	事项名称	职权类型	实施依据	实施主体	
				法定实施主体	第一责任层级建议
100	对兽药生产企业、经营企业、兽药使用单位和开具处方的兽医人员不按规定报告兽药严重不良反应等行为的行政处罚	行政处罚	《兽药管理条例》 第六十五条：违反本条例规定，兽药生产企业、经营企业、兽药使用单位和开具处方的兽医人员发现可能与兽药使用有关的严重不良反应，不向所在地人民政府兽医行政管理部门报告的，给予警告，并处 5 000 元以上 1 万元以下罚款。生产企业在新兽药监测期内不收集或者不及时报送该新兽药的疗效、不良反应等资料的，责令其限期改正，并处 1 万元以上 5 万元以下罚款；情节严重的，撤销该新兽药的产品批准文号 第七十条第一款：本条例规定的行政处罚由县级以上人民政府兽医行政管理部门决定；其中吊销兽药生产许可证、兽药经营许可证、撤销兽药批准证明文件或者责令停止兽药研究试验的，由发证、批准、备案部门决定	农业农村主管部门	设区的市或县级
101	对未经兽医开具处方销售、购买、使用兽用处方药的行政处罚	行政处罚	《兽药管理条例》 第六十六条：违反本条例规定，未经兽医开具处方销售、购买、使用兽用处方药的，责令其限期改正，没收违法所得，并处 5 万元以下罚款；给他人造成损失的，依法承担赔偿责任 第七十条第一款：本条例规定的行政处罚由县级以上人民政府兽医行政管理部门决定；其中吊销兽药生产许可证、兽药经营许可证、撤销兽药批准证明文件或者责令停止兽药研究试验的，由发证、批准、备案部门决定	农业农村主管部门	设区的市或县级
102	对兽药生产、经营企业把原料药销售给兽药生产企业以外的单位和个人等行为的行政处罚	行政处罚	《兽药管理条例》 第六十七条：违反本条例规定，兽药生产、经营企业把原料药销售给兽药生产企业以外的单位和个人的，或者兽药经营企业拆零销售原料药的，责令其立即改正，给予警告，没收违法所得，并处 2 万元以上 5 万元以下罚款；情节严重的，吊销兽药生产许可证、兽药经营许可证；给他人造成损失的，依法承担赔偿责任 第七十条第一款：本条例规定的行政处罚由县级以上人民政府兽医行政管理部门决定；其中吊销兽药生产许可证、兽药经营许可证、撤销兽药批准证明文件或者责令停止兽药研究试验的，由发证、批准、备案部门决定	农业农村主管部门	设区的市或县级
103	对直接将原料药添加到饲料及动物饮用水中或者饲喂动物的行政处罚	行政处罚	《兽药管理条例》 第六十八条：违反本条例规定，在饲料和动物饮用水中添加激素类药品和国务院兽医行政管理部门规定的其他禁用药品，依照《饲料和饲料添加剂管理条例》的有关规定处罚；直接将原料药添加到饲料及动物饮用水中，或者饲喂动物的，责令其立即改正，并处 1 万元以上 3 万元以下罚款；给他人造成损失的，依法承担赔偿责任 第七十条第一款：本条例规定的行政处罚由县级以上人民政府兽医行政管理部门决定；其中吊销兽药生产许可证、兽药经营许可证、撤销兽药批准证明文件或者责令停止兽药研究试验的，由发证、批准、备案部门决定	农业农村主管部门	设区的市或县级

（续）

序号	事项名称	职权类型	实施依据	实施主体	
				法定实施主体	第一责任层级建议
104	对抽查检验连续2次不合格等行为的行政处罚	行政处罚	1.《兽药管理条例》 第六十九条：有下列情形之一的，撤销兽药的产品批准文号或者吊销进口兽药注册证书：（一）抽查检验连续2次不合格的；（二）药效不确定、不良反应大以及可能对养殖业、人体健康造成危害或者存在潜在风险的；（三）国务院兽医行政管理部门禁止生产、经营和使用的兽药。被撤销产品批准文号或者被吊销进口兽药注册证书的兽药，不得继续生产、进口、经营和使用。已经生产、进口的，由所在地兽医行政管理部门监督销毁，所需费用由违法行为人承担；给他人造成损失的，依法承担赔偿责任 第七十条第一款：本条例规定的行政处罚由县级以上人民政府兽医行政管理部门决定；其中吊销兽药生产许可证、兽药经营许可证、撤销兽药批准证明文件或者责令停止兽药研究试验的，由发证、批准、备案部门决定 2《兽药产品批准文号管理办法》 第二十八条：生产的兽药有下列情形之一的，按照《兽药管理条例》第六十九条第一款第二项的规定撤销兽药产品批准文号：（一）改变组方添加其他成分的；（二）除生物制品以及未规定上限的中药类产品外，主要成分含量在兽药国家标准150%以上，或主要成分含量在兽药国家标准120%以上且累计2批次的；（三）主要成分含量在兽药国家标准50%以下，或主要成分含量在兽药国家标准80%以下且累计2批次以上的；（四）其他药效不确定、不良反应大以及可能对养殖业、人体健康造成危害或者存在潜在风险的情形	农业农村主管部门	国务院主管部门
105	对三级、四级实验室未经批准从事某种高致病性病原微生物或者疑似高致病性病原微生物实验活动的行政处罚	行政处罚	《病原微生物实验室生物安全管理条例》 第五十六条：三级、四级实验室未经批准从事某种高致病性病原微生物或者疑似高致病性病原微生物实验活动的，由县级以上地方人民政府卫生主管部门、兽医主管部门依照各自职责，责令停止有关活动，监督其将用于实验活动的病原微生物销毁或者送交保藏机构，并给予警告；造成传染病传播、流行或者其他严重后果的，由实验室的设立单位对主要负责人、直接负责的主管人员和其他直接责任人员，依法给予撤职、开除的处分；构成犯罪的，依法追究刑事责任	农业农村主管部门	设区的市或县级
106	对在不符合相应生物安全要求的实验室从事病原微生物相关实验活动的行政处罚	行政处罚	《病原微生物实验室生物安全管理条例》 第五十九条：违反本条例规定，在不符合相应生物安全要求的实验室从事病原微生物相关实验活动的，由县级以上地方人民政府卫生主管部门、兽医主管部门依照各自职责，责令停止有关活动，监督其将用于实验活动的病原微生物销毁或者送交保藏机构，并给予警告；造成传染病传播、流行或者其他严重后果的，由实验室的设立单位对主要负责人、直接负责的主管人员和其他直接责任人员，依法给予撤职、开除的处分；构成犯罪的，依法追究刑事责任	农业农村主管部门	设区的市或县级

（续）

序号	事项名称	职权类型	实施依据	实施主体	
				法定实施主体	第一责任层级建议
107	对病原微生物实验室违反实验室日常管理规范和要求的行政处罚	行政处罚	《病原微生物实验室生物安全管理条例》 第六十条：实验室有下列行为之一的，由县级以上地方人民政府卫生主管部门、兽医主管部门依照各自职责，责令限期改正，给予警告；逾期不改正的，由实验室的设立单位对主要负责人、直接负责的主管人员和其他直接责任人员，依法给予撤职、开除的处分；有许可证件的，并由原发证部门吊销有关许可证件：（一）未依照规定在明显位置标示国务院卫生主管部门和兽医主管部门规定的生物危险标识和生物安全实验室级别标志的；（二）未向原批准部门报告实验活动结果以及工作情况的；（三）未依照规定采集病原微生物样本，或者对所采集样本的来源、采集过程和方法等未作详细记录的；（四）新建、改建或者扩建一级、二级实验室未向设区的市级人民政府卫生主管部门或者兽医主管部门备案的；（五）未依照规定定期对工作人员进行培训，或者工作人员考核不合格允许其上岗，或者批准未采取防护措施的人员进入实验室的；（六）实验室工作人员未遵守实验室生物安全技术规范和操作规程的；（七）未依照规定建立或者保存实验档案的；（八）未依照规定制定实验室感染应急处置预案并备案的	农业农村主管部门	设区的市或县级
108	对实验室的设立单位未建立健全安全保卫制度，或者未采取安全保卫措施的行政处罚	行政处罚	《病原微生物实验室生物安全管理条例》 第六十一条：经依法批准从事高致病性病原微生物相关实验活动的实验室的设立单位未建立健全安全保卫制度，或者未采取安全保卫措施的，由县级以上地方人民政府卫生主管部门、兽医主管部门依照各自职责，责令限期改正；逾期不改正，导致高致病性病原微生物菌（毒）种、样本被盗、被抢或者造成其他严重后果的，责令停止该项实验活动，该实验室2年内不得申请从事高致病性病原微生物实验活动；造成传染病传播、流行的，该实验室设立单位的主管部门还应当对该实验室的设立单位的直接负责的主管人员和其他直接责任人员，依法给予降级、撤职、开除的处分；构成犯罪的，依法追究刑事责任	农业农村主管部门	设区的市或县级
109	对未经批准运输高致病性病原微生物菌（毒）种或者样本等行为导致高致病性病原微生物菌（毒）种或者样本被盗、被抢、丢失、泄露的行政处罚	行政处罚	《病原微生物实验室生物安全管理条例》 第六十二条：未经批准运输高致病性病原微生物菌（毒）种或者样本，或者承运单位经批准运输高致病性病原微生物菌（毒）种或者样本未履行保护义务，导致高致病性病原微生物菌（毒）种或者样本被盗、被抢、丢失、泄漏的，由县级以上地方人民政府卫生主管部门、兽医主管部门依照各自职责，责令采取措施，消除隐患，给予警告；造成传染病传播、流行或者其他严重后果的，由托运单位和承运单位的主管部门对主要负责人、直接负责的主管人员和其他直接责任人员，依法给予撤职、开除的处分；构成犯罪的，依法追究刑事责任	农业农村主管部门	设区的市或县级

（续）

序号	事项名称	职权类型	实施依据	实施主体	
				法定实施主体	第一责任层级建议
110	对实验室在相关实验活动结束后，未依照规定及时将病原微生物菌（毒）种和样本就地销毁或者送交保藏机构保管等行为的行政处罚	行政处罚	《病原微生物实验室生物安全管理条例》 第六十三条：有下列行为之一的，由实验室所在地的设区的市级以上地方人民政府卫生主管部门、兽医主管部门依照各自职责，责令有关单位立即停止违法活动，监督其将病原微生物销毁或者送交保藏机构；造成传染病传播、流行或者其他严重后果的，由其所在单位或者其上级主管部门对主要负责人、直接负责的主管人员和其他直接责任人员，依法给予撤职、开除的处分；有许可证件的，并由原发证部门吊销有关许可证件；构成犯罪的，依法追究刑事责任：（一）实验室在相关实验活动结束后，未依照规定及时将病原微生物菌（毒）种和样本就地销毁或者送交保藏机构保管的；（二）实验室使用新技术、新方法从事高致病性病原微生物相关实验活动未经国家病原微生物实验室生物安全专家委员会论证的；（三）未经批准擅自从事在我国尚未发现或者已经宣布消灭的病原微生物相关实验活动的；（四）在未经指定的专业实验室从事在我国尚未发现或者已经宣布消灭的病原微生物相关实验活动的；（五）在同一个实验室的同一个独立安全区域内同时从事两种或者两种以上高致病性病原微生物的相关实验活动的	农业农村主管部门	设区的市
111	对感染临床症状或者体征等情形未依照规定报告或者未依照规定采取控制措施的行政处罚	行政处罚	《病原微生物实验室生物安全管理条例》 第六十五条：实验室工作人员出现该实验室从事的病原微生物相关实验活动有关的感染临床症状或者体征，以及实验室发生高致病性病原微生物泄漏时，实验室负责人、实验室工作人员、负责实验室感染控制的专门机构或者人员未依照规定报告，或者未依照规定采取控制措施的，由县级以上地方人民政府卫生主管部门、兽医主管部门依照各自职责，责令限期改正，给予警告；造成传染病传播、流行或者其他严重后果的，由其设立单位对实验室主要负责人、直接负责的主管人员和其他直接责任人员，依法给予撤职、开除的处分；有许可证件的，并由原发证部门吊销有关许可证件；构成犯罪的，依法追究刑事责任	农业农村主管部门	设区的市或县级
112	对拒绝接受兽医主管部门依法开展有关高致病性病原微生物扩散的调查取证、采集样品等活动或者依照规定采取有关预防、控制措施的行政处罚	行政处罚	《病原微生物实验室生物安全管理条例》 第六十六条：拒绝接受卫生主管部门、兽医主管部门依法开展有关高致病性病原微生物扩散的调查取证、采集样品等活动或者依照本条例规定采取有关预防、控制措施的，由县级以上人民政府卫生主管部门、兽医主管部门依照各自职责，责令改正，给予警告；造成传染病传播、流行以及其他严重后果的，由实验室的设立单位对实验室主要负责人、直接负责的主管人员和其他直接责任人员，依法给予降级、撤职、开除的处分；有许可证件的，并由原发证部门吊销有关许可证件；构成犯罪的，依法追究刑事责任	农业农村主管部门	设区的市或县级

（续）

序号	事项名称	职权类型	实施依据	实施主体	
				法定实施主体	第一责任层级建议
113	对发生病原微生物被盗、被抢、丢失、泄漏，承运单位、护送人、保藏机构和实验室的设立单位未依照规定报告的行政处罚	行政处罚	《病原微生物实验室生物安全管理条例》 第六十七条：发生病原微生物被盗、被抢、丢失、泄漏，承运单位、护送人、保藏机构和实验室的设立单位未依照本条例的规定报告的，由所在地的县级人民政府卫生主管部门或者兽医主管部门给予警告；造成传染病传播、流行或者其他严重后果的，由实验室的设立单位或者承运单位、保藏机构的上级主管部门对主要负责人、直接负责的主管人员和其他直接责任人员，依法给予撤职、开除的处分；构成犯罪的，依法追究刑事责任	农业农村主管部门	县级
114	对保藏机构未依照规定储存实验室送交的菌（毒）种和样本，或者未依照规定提供菌（毒）种和样本的行政处罚	行政处罚	《病原微生物实验室生物安全管理条例》 第十四条第一款：国务院卫生主管部门或者兽医主管部门指定的菌（毒）种保藏中心或者专业实验室（以下称保藏机构），承担集中储存病原微生物菌（毒）种和样本的任务。第六十八条：保藏机构未依照规定储存实验室送交的菌（毒）种和样本，或者未依照规定提供菌（毒）种和样本的，由其指定部门责令限期改正，收回违法提供的菌（毒）种和样本，并给予警告；造成传染病传播、流行或者其他严重后果的，由其所在单位或者其上级主管部门对主要负责人、直接负责的主管人员和其他直接责任人员，依法给予撤职、开除的处分；构成犯罪的，依法追究刑事责任	农业农村主管部门	国务院主管部门
115	对违反规定保藏或者提供菌（毒）种或者样本的行政处罚	行政处罚	《动物病原微生物菌（毒）种保藏管理办法》 第三十二条：违反本办法规定，保藏或者提供菌（毒）种或者样本的，由县级以上地方人民政府兽医主管部门责令其将菌（毒）种或者样本销毁或者送交保藏机构；拒不销毁或者送交的，对单位处一万元以上三万元以下罚款，对个人处五百元以上一千元以下罚款	农业农村主管部门	设区的市或县级
116	对未及时向保藏机构提供菌（毒）种或者样本的行政处罚	行政处罚	《动物病原微生物菌（毒）种保藏管理办法》 第三十三条：违反本办法规定，未及时向保藏机构提供菌（毒）种或者样本的，由县级以上地方人民政府兽医主管部门责令改正；拒不改正的，对单位处一万元以上三万元以下罚款，对个人处五百元以上一千元以下罚款	农业农村主管部门	设区的市或县级
117	对未经批准，从国外引进或者向国外提供菌（毒）种或者样本的行政处罚	行政处罚	《动物病原微生物菌（毒）种保藏管理办法》 第三十四条：违反本办法规定，未经农业部批准，从国外引进或者向国外提供菌（毒）种或者样本的，由县级以上地方人民政府兽医主管部门责令其将菌（毒）种或者样本销毁或者送交保藏机构，并对单位处一万元以上三万元以下罚款，对个人处五百元以上一千元以下罚款	农业农村主管部门	设区的市或县级
118	对经营动物和动物产品的集贸市场不符合动物防疫条件的行政处罚	行政处罚	《动物防疫条件审查办法》 第三十七条：违反本办法第二十四条和第二十五条规定，经营动物和动物产品的集贸市场不符合动物防疫条件的，由动物卫生监督机构责令改正；拒不改正的，由动物卫生监督机构处五千元以上两万元以下的罚款，并通报同级工商行政管理部门依法处理	农业农村主管部门	设区的市或县级

（续）

序号	事项名称	职权类型	实施依据	实施主体	
				法定实施主体	第一责任层级建议
119	对使用转让、伪造或变造《动物防疫条件合格证》的行政处罚	行政处罚	1.《中华人民共和国动物防疫法》 第七十七条：违反本法规定，有下列行为之一的，由动物卫生监督机构责令改正，处一千元以上一万元以下罚款；情节严重的，处一万元以上十万元以下罚款：（一）兴办动物饲养场（养殖小区）和隔离场所，动物屠宰加工场所，以及动物和动物产品无害化处理场所，未取得动物防疫条件合格证的；（二）未办理审批手续，跨省、自治区、直辖市引进乳用动物、种用动物及其精液、胚胎、种蛋的；（三）未经检疫，向无规定动物疫病区输入动物、动物产品的 2.《动物防疫条件审查办法》 第三十八条第二款：使用转让、伪造或者变造《动物防疫条件合格证》的，由动物卫生监督机构按照《中华人民共和国动物防疫法》第七十七条规定予以处罚	农业农村主管部门	设区的市或县级
120	对跨省、自治区、直辖市引进用于饲养的非乳用、非种用动物和水产苗种到达目的地后，未向所在地动物卫生监督机构报告的行政处罚	行政处罚	《动物检疫管理办法》 第四十八条：违反本办法第十九条、第三十一条规定，跨省、自治区、直辖市引进用于饲养的非乳用、非种用动物和水产苗种到达目的地后，未向所在地动物卫生监督机构报告的，由动物卫生监督机构处五百元以上二千元以下罚款	农业农村主管部门	设区的市或县级
121	对跨省、自治区、直辖市引进的乳用、种用动物到达输入地后，未按规定进行隔离观察的行政处罚	行政处罚	《动物检疫管理办法》 第四十九条：违反本办法第二十条规定，跨省、自治区、直辖市引进的乳用、种用动物到达输入地后，未按规定进行隔离观察的，由动物卫生监督机构责令改正，处二千元以上一万元以下罚款	农业农村主管部门	设区的市或县级
122	对未经兽医执业注册从事动物诊疗活动的行政处罚	行政处罚	《中华人民共和国动物防疫法》 第八十二条第一款：违反本法规定，未经兽医执业注册从事动物诊疗活动的，由动物卫生监督机构责令停止动物诊疗活动，没收违法所得，并处一千元以上一万元以下罚款	农业农村主管部门	设区的市或县级
123	对不使用病历，或者应当开具处方未开具处方的执业兽医师等行为的行政处罚	行政处罚	《执业兽医管理办法》 第四条第三款：县级以上地方人民政府设立的动物卫生监督机构负责执业兽医的监督执法工作 第三十五条：执业兽医师在动物诊疗活动中有下列情形之一的，由动物卫生监督机构给予警告，责令限期改正；拒不改正或者再次出现同类违法行为的，处1000元以下罚款：（一）不使用病历，或者应当开具处方未开具处方的；（二）使用不规范的处方笺、病历册，或者未在处方笺、病历册上签名的；（三）未经亲自诊断、治疗，开具处方药、填写诊断书、出具有关证明文件的；（四）伪造诊断结果，出具虚假证明文件的	农业农村主管部门	设区的市或县级

（续）

序号	事项名称	职权类型	实施依据	实施主体	
				法定实施主体	第一责任层级建议
124	对变更机构名称或者法定代表人未办理变更手续的动物诊疗机构等行为的行政处罚	行政处罚	《动物诊疗机构管理办法》 第三十二条：违反本办法规定，动物诊疗机构有下列情形之一的，由动物卫生监督机构给予警告，责令限期改正；拒不改正或者再次出现同类违法行为的，处以一千元以下罚款。（一）变更机构名称或者法定代表人未办理变更手续的；（二）未在诊疗场所悬挂动物诊疗许可证或者公示从业人员基本情况的；（三）不使用病历，或者应当开具处方未开具处方的；（四）使用不规范的病历、处方笺的	农业农村主管部门	设区的市或县级
125	对将因试验死亡的临床试验用食用动物及其产品或无对人安全并超过休药期证明的临床试验用食用动物及其产品作为食品供人消费的行政处罚	行政处罚	1.《兽药管理条例》 第六十三条：违反本条例规定，销售尚在用药期、休药期内的动物及其产品用于食品消费的，或者销售含有违禁药物和兽药残留超标的动物产品用于食品消费的，责令其对含有违禁药物和兽药残留超标的动物产品进行无害化处理，没收违法所得，并处3万元以上10万元以下罚款；构成犯罪的，依法追究刑事责任；给他人造成损失的，依法承担赔偿责任 2.《新兽药研制管理办法》 第十七条第二款：因试验死亡的临床试验用食用动物及其产品不得作为动物性食品供人消费，应当作无害化处理；临床试验用食用动物及其产品供人消费的，应当提供符合《兽药非临床研究质量管理规范》和《兽药临床试验质量管理规范》要求的兽药安全性评价实验室出具的对人安全并超过休药期的证明 第二十五条：违反本办法第十七条第二款规定，依照《兽药管理条例》第六十三条的规定予以处罚	农业农村主管部门	设区的市或县级
126	对使用炸鱼、毒鱼、电鱼等破坏渔业资源方法进行捕捞等行为的行政处罚	行政处罚	《中华人民共和国渔业法》 第三十八条第一款：使用炸鱼、毒鱼、电鱼等破坏渔业资源方法进行捕捞的，违反关于禁渔区、禁渔期的规定进行捕捞的，或者使用禁用的渔具、捕捞方法和小于最小网目尺寸的网具进行捕捞或者渔获物中幼鱼超过规定比例的，没收渔获物和违法所得，处五万元以下的罚款；情节严重的，没收渔具，吊销捕捞许可证；情节特别严重的，可以没收渔船；构成犯罪的，依法追究刑事责任 第四十八条第一款：本法规定的行政处罚，由县级以上人民政府渔业行政主管部门或者其所属的渔政监督管理机构决定。但是，本法已对处罚机关作出规定的除外	农业农村主管部门	设区的市或县级（特殊区域为省级） 注：特殊区域是指《渔业法》第七条第三款规定的跨行政区域的江河、湖泊等水域。
127	对制造、销售禁用的渔具行为的行政处罚	行政处罚	《中华人民共和国渔业法》 第三十八条第三款：制造、销售禁用的渔具的，没收非法制造、销售的渔具和违法所得，并处一万元以下的罚款 第四十八条第一款：本法规定的行政处罚，由县级以上人民政府渔业行政主管部门或者其所属的渔政监督管理机构决定。但是，本法已对处罚机关作出规定的除外	农业农村主管部门	设区的市或县级（特殊区域为省级）

（续）

序号	事项名称	职权类型	实施依据	实施主体	
				法定实施主体	第一责任层级建议
128	对偷捕、抢夺他人养殖的水产品的，或者破坏他人养殖水体、养殖设施行为的行政处罚	行政处罚	《中华人民共和国渔业法》 第三十九条：偷捕、抢夺他人养殖的水产品的，或者破坏他人养殖水体、养殖设施的，责令改正，可以处二万元以下的罚款；造成他人损失的，依法承担赔偿责任；构成犯罪的，依法追究刑事责任 第四十八条第一款：本法规定的行政处罚，由县级以上人民政府渔业行政主管部门或者其所属的渔政监督管理机构决定。但是，本法已对处罚机关作出规定的除外	农业农村主管部门	设区的市或县级（特殊区域为省级）
129	对使用全民所有的水域、滩涂从事养殖生产，无正当理由使水域、滩涂荒芜满一年行为的行政处罚	行政处罚	《中华人民共和国渔业法》 第四十条第一款：使用全民所有的水域、滩涂从事养殖生产，无正当理由使水域、滩涂荒芜满一年的，由发放养殖证的机关责令限期开发利用；逾期未开发利用的，吊销养殖证，可以并处一万元以下的罚款 第四十八条第一款：本法规定的行政处罚，由县级以上人民政府渔业行政主管部门或者其所属的渔政监督管理机构决定。但是，本法已对处罚机关作出规定的除外	农业农村主管部门	设区的市或县级（特殊区域为省级）
130	对未依法取得养殖证或者超越养殖证许可范围在全民所有的水域从事养殖生产，妨碍航运、行洪行为的行政处罚	行政处罚	《中华人民共和国渔业法》 第四十条第三款：未依法取得养殖证或者超越养殖证许可范围在全民所有的水域从事养殖生产，妨碍航运、行洪的，责令限期拆除养殖设施，可以并处一万元以下的罚款 第四十八条第一款：本法规定的行政处罚，由县级以上人民政府渔业行政主管部门或者其所属的渔政监督管理机构决定。但是，本法已对处罚机关作出规定的除外	农业农村主管部门	设区的市或县级（特殊区域为省级）
131	对未依法取得捕捞许可证擅自进行捕捞行为的行政处罚	行政处罚	《中华人民共和国渔业法》 第四十一条：未依法取得捕捞许可证擅自进行捕捞的，没收渔获物和违法所得，并处十万元以下的罚款；情节严重的，并可以没收渔具和渔船 第四十八条第一款：本法规定的行政处罚，由县级以上人民政府渔业行政主管部门或者其所属的渔政监督管理机构决定。但是，本法已对处罚机关作出规定的除外	农业农村主管部门	设区的市或县级（特殊区域为省级）
132	对违反捕捞许可证关于作业类型、场所、时限和渔具数量的规定进行捕捞行为的行政处罚	行政处罚	《中华人民共和国渔业法》 第四十二条：违反捕捞许可证关于作业类型、场所、时限和渔具数量的规定进行捕捞的，没收渔获物和违法所得，可以并处五万元以下的罚款；情节严重的，并可以没收渔具，吊销捕捞许可证 第四十八条第一款：本法规定的行政处罚，由县级以上人民政府渔业行政主管部门或者其所属的渔政监督管理机构决定。但是，本法已对处罚机关作出规定的除外	农业农村主管部门	设区的市或县级（特殊区域为省级）

（续）

序号	事项名称	职权类型	实施依据	实施主体	
				法定实施主体	第一责任层级建议
133	对涂改、买卖、出租或者以其他形式转让捕捞许可证行为的行政处罚	行政处罚	《中华人民共和国渔业法》 第四十三条：涂改、买卖、出租或者以其他形式转让捕捞许可证的，没收违法所得，吊销捕捞许可证，可以并处一万元以下的罚款；伪造、变造、买卖捕捞许可证，构成犯罪的，依法追究刑事责任 第四十八条第一款：本法规定的行政处罚，由县级以上人民政府渔业行政主管部门或者其所属的渔政监督管理机构决定。但是，本法已对处罚机关作出规定的除外	农业农村主管部门	设区的市或县级（特殊区域为省级）
134	对非法生产、进口、出口水产苗种的行政处罚	行政处罚	《中华人民共和国渔业法》 第四十四条第一款：非法生产、进口、出口水产苗种的，没收苗种和违法所得，并处五万元以下的罚款 第四十八条第一款：本法规定的行政处罚，由县级以上人民政府渔业行政主管部门或者其所属的渔政监督管理机构决定。但是，本法已对处罚机关作出规定的除外	农业农村主管部门	设区的市或县级（特殊区域为省级）
135	对经营未经审定的水产苗种行为的行政处罚	行政处罚	《中华人民共和国渔业法》 第四十四条第二款：经营未经审定的水产苗种的，责令立即停止经营，没收违法所得，可以并处五万元以下的罚款 第四十八条第一款：本法规定的行政处罚，由县级以上人民政府渔业行政主管部门或者其所属的渔政监督管理机构决定。但是，本法已对处罚机关作出规定的除外	农业农村主管部门	设区的市或县级（特殊区域为省级）
136	对未经批准在水产种质资源保护区内从事捕捞活动行为的行政处罚	行政处罚	《中华人民共和国渔业法》 第四十五条：未经批准在水产种质资源保护区内从事捕捞活动的，责令立即停止捕捞，没收渔获物和渔具，可以并处一万元以下的罚款 第四十八条第一款：本法规定的行政处罚，由县级以上人民政府渔业行政主管部门或者其所属的渔政监督管理机构决定。但是，本法已对处罚机关作出规定的除外	农业农村主管部门	设区的市或县级（特殊区域为省级）
137	对外国人、外国渔船擅自进入中华人民共和国管辖水域从事渔业生产和渔业资源调查活动行为的行政处罚	行政处罚	《中华人民共和国渔业法》 第八条第一款：外国人、外国渔业船舶进入中华人民共和国管辖水域，从事渔业生产或者渔业资源调查活动，必须经国务院有关主管部门批准，并遵守本法和中华人民共和国其他有关法律、法规的规定；同中华人民共和国订有条约、协定的，按照条约、协定办理 第四十六条：外国人、外国渔船违反本法规定，擅自进入中华人民共和国管辖水域从事渔业生产和渔业资源调查活动的，责令其离开或者将其驱逐，可以没收渔获物、渔具，并处五十万元以下的罚款；情节严重的，可以没收渔船；构成犯罪的，依法追究刑事责任 第四十八条第一款：本法规定的行政处罚，由县级以上人民政府渔业行政主管部门或者其所属的渔政监督管理机构决定。但是，本法已对处罚机关作出规定的除外	农业农村主管部门	省级

（续）

序号	事项名称	职权类型	实施依据	实施主体	
				法定实施主体	第一责任层级建议
138	对船舶进出渔港依照规定应当向渔政渔港监督管理机关报告而未报告或者在渔港内不服从渔政渔港监督管理机关对水域交通安全秩序管理行为的行政处罚	行政处罚	《中华人民共和国渔港水域交通安全管理条例》 第二十条：船舶进出渔港依照规定应当向渔政渔港监督管理机关报告而未报告的，或者在渔港内不服从渔政渔港监督管理机关对水域交通安全秩序管理的，由渔政渔港监督管理机关责令改正，可以并处警告、罚款；情节严重的，扣留或者吊销船长职务证书（扣留职务证书时间最长不超过6个月，下同）	农业农村主管部门	设区的市或县级
139	对未经渔政渔港监督管理机关批准或者未按照批准文件的规定，在渔港内装卸易燃、易爆、有毒等危险货物等行为的行政处罚	行政处罚	1.《中华人民共和国渔港水域交通安全管理条例》 第二十一条：违反本条例规定，有下列行为之一的，由渔政渔港监督管理机关责令停止违法行为，可以并处警告、罚款；造成损失的，应当承担赔偿责任；对直接责任人员由其所在单位或者上级主管机关给予行政处分：（一）未经渔政渔港监督管理机关批准或者未按照批准文件的规定，在渔港内装卸易燃、易爆、有毒等危险货物的；（二）未经渔政渔港监督管理机关批准，在渔港内新建、改建、扩建各种设施或者进行其他水上、水下施工作业的；（三）在渔港内的航道、港池、锚地和停泊区从事有碍海上交通安全的捕捞、养殖等生产活动的 2.《中华人民共和国渔业港航监督行政处罚规定》 第十条：有下列违反渔港管理规定行为之一的，渔政渔港监督管理机关应责令其停止作业，并对船长或直接责任人予以警告，并可处500元以上1 000元以下罚款：（一）未经渔政渔港监督管理机关批准或未按批准文件的规定，在渔港内装卸易燃、易爆、有毒等危险货物的；（二）未经渔政渔港监督管理机关批准，在渔港内新建、改建、扩建各种设施，或者进行其他水上、水下施工作业的；（三）在渔港内的航道、港池、锚地和停泊区从事有碍海上交通安全的捕捞、养殖等生产活动的	农业农村主管部门	设区的市或县级
140	对停泊或进行装卸作业时造成腐蚀、有毒或放射性等有害物质散落或溢漏，污染渔港或渔港水域等行为的行政处罚	行政处罚	《中华人民共和国渔业港航监督行政处罚规定》 第三条：中华人民共和国渔政渔港监督管理机关（以下简称渔政渔港监督管理机关）依据本规定行使渔业港航监督行政处罚权。 第十一条：停泊或进行装卸作业时，有下列行为之一的，应责令船舶所有者或经营者支付消除污染所需的费用，并可处500元以上10 000元以下罚款：（一）造成腐蚀、有毒或放射性等有害物质散落或溢漏，污染渔港或渔港水域的；（二）排放油类或油性混合物造成渔港或渔港水域污染的	农业农村主管部门	设区的市或县级
141	对在水产养殖中违法用药等行为的行政处罚	行政处罚	《兽药管理条例》 第七十四条：水产养殖中的兽药使用、兽药残留检测和监督管理以及水产养殖过程中违法用药的行政处罚，由县级以上人民政府渔业主管部门及其所属的渔政监督管理机构负责	农业农村主管部门	设区的市或县级

（续）

序号	事项名称	职权类型	实施依据	实施主体	
				法定实施主体	第一责任层级建议
142	对中外合资、中外合作经营的渔业企业未经国务院有关主管部门批准从事近海捕捞业的行政处罚	行政处罚	1.《中华人民共和国渔业法》 第四十八条第一款：本法规定的行政处罚，由县级以上人民政府渔业行政主管部门或者其所属的渔政监督管理机构决定。但是，本法已对处罚机关作出规定的除外 2.《中华人民共和国渔业法实施细则》 第十六条：在中华人民共和国管辖水域，中外合资、中外合作经营的渔业企业，未经国务院有关主管部门批准，不得从事近海捕捞业 第三十六条：中外合资、中外合作经营的渔业企业，违反本实施细则第十六条规定，没收渔获物和违法所得，可以并处3 000元至5万元罚款	农业农村主管部门	设区的市或县级（特殊区域为省级）
143	对在鱼、虾、蟹、贝幼苗的重点产区直接引水、用水未采取避开幼苗的密集期、密集区或者设置网栅等保护措施行为的行政处罚	行政处罚	1.《中华人民共和国渔业法》 第四十八条第一款：本法规定的行政处罚，由县级以上人民政府渔业行政主管部门或者其所属的渔政监督管理机构决定。但是，本法已对处罚机关作出规定的除外 2.《中华人民共和国渔业法实施细则》 第二十六条：任何单位和个人，在鱼、虾、蟹、贝幼苗的重点产区直接引水、用水的，应当采取避开幼苗的密集期、密集区，或者设置网栅等保护措施 3.《渔业行政处罚规定》 第十七条：违反《实施细则》第二十六条，在鱼、虾、贝、蟹幼苗的重点产区直接引水、用水的，未采取避开幼苗密集区、密集期或设置网栅等保护措施的，可处以一万元以下罚款	农业农村主管部门	设区的市或县级（特殊区域为省级）
144	对未持有船舶证书或者未配齐船员行为的行政处罚	行政处罚	1.《中华人民共和国渔港水域交通安全管理条例》 第二十二条：违反本条例规定，未持有船舶证书或者未配齐船员的，由渔政渔港监督管理机关责令改正，可以并处罚款 2.《中华人民共和国渔业港航监督行政处罚规定》 第十五条：已办理渔业船舶登记手续，但未按规定持有船舶国籍证书、船舶登记证书、船舶检验证书、船舶航行签证簿的，予以警告，责令其改正，并可处200元以上1 000元以下罚款 第十六条：无有效的渔业船舶船名、船号、船舶登记证书（或船舶国籍证书）、检验证书的船舶，禁止其离港，并对船舶所有者或者经营者处船价2倍以下的罚款。有下列行为之一的，从重处罚：（一）无有效的渔业船舶登记证书（或渔业船舶国籍证书）和检验证书，擅自刷写船名、船号、船籍港的；（二）伪造渔业船舶登记证书（或国籍证书）、船舶所有权证书或船舶检验证书的；（三）伪造事实骗取渔业船舶登记证书或渔业船舶国籍证书的；（四）冒用他船船名、船号或船舶证书的 第十九条：使用过期渔业船舶登记证书或渔业船舶国籍证书的，登记机关应通知船舶所有者限期改正，过期不改的，责令其停航，并对船舶所	农业农村主管部门	设区的市或县级

（续）

序号	事项名称	职权类型	实施依据	实施主体	
				法定实施主体	第一责任层级建议
			有者或经营者处1 000元以上10 000元以下罚款 第二十二条：未按规定配齐职务船员，责令其限期改正，对船舶所有者或经营者并处200元以上1 000元以下罚款。普通船员未取得专业训练合格证或基础训练合格证的，责令其限期改正，对船舶所有者或经营者并处1 000元以下罚款		
145	对渔港水域内未按规定标写船名、船号、船籍港，没有悬挂船名牌等行为的行政处罚	行政处罚	1.《中华人民共和国海上交通安全法》 第四十八条：国家渔政渔港监督管理机构，在以渔业为主的渔港水域内，行使本法规定的主管机关的职权，负责交通安全的监督管理，并负责沿海水域渔业船舶之间的交通事故的调查处理。具体实施办法由国务院另行规定 2.《中华人民共和国渔业港航监督行政处罚规定》 第三条：中华人民共和国渔政渔港监督管理机关（以下简称渔政渔港监督管理机关）依据本规定行使渔业港航监督行政处罚权 第二十条：有下列行为之一的，责令其限期改正，对船舶所有者或经营者处200元以上1 000元以下罚款：（一）未按规定标写船名、船号、船籍港，没有悬挂船名牌的；（二）在非紧急情况下，未经渔政渔港监督管理机关批准，滥用烟火信号、信号枪、无线电设备、号笛及其他遇险求救信号的；（三）没有配备、不正确填写或污损、丢弃航海日志、轮机日志的	农业农村主管部门	设区的市或县级
146	对渔港水域内未按规定配备救生、消防设备行为的行政处罚	行政处罚	1.《中华人民共和国海上交通安全法》 第四十八条：国家渔政渔港监督管理机构，在以渔业为主的渔港水域内，行使本法规定的主管机关的职权，负责交通安全的监督管理，并负责沿海水域渔业船舶之间的交通事故的调查处理。具体实施办法由国务院另行规定 2.《中华人民共和国渔业港航监督行政处罚规定》 第三条：中华人民共和国渔政渔港监督管理机关（以下简称渔政渔港监督管理机关）依据本规定行使渔业港航监督行政处罚权 第二十一条：未按规定配备救生、消防设备，责令其在离港前改正，逾期不改的，处200元以上1 000元以下罚款	农业农村主管部门	设区的市或县级
147	对不执行渔政渔港监督管理机关作出的离港、停航、改航、停止作业的决定，或者在执行中违反上述决定行为的行政处罚	行政处罚	1.《中华人民共和国渔港水域交通安全管理条例》 第二十三条：违反本条例规定，不执行渔政渔港监督管理机关作出的离港、停航、改航、停止作业的决定，或者在执行中违反上述决定的，由渔政渔港监督管理机关责令改正，可以并处警告、罚款；情节严重的，扣留或者吊销船长职务证书 2.《中华人民共和国渔业港航监督行政处罚规定》 第二十四条：对拒不执行渔政渔港监督管理机关作出的离港、禁止离港、停航、改航、停止作业等决定的船舶，可对船长或直接责任人并处1 000元以上10 000元以下罚款、扣留或吊销船长职务证书	农业农村主管部门	设区的市或县级

（续）

序号	事项名称	职权类型	实施依据	实施主体	
				法定实施主体	第一责任层级建议
148	对因违规被扣留或吊销船员证书而谎报遗失，申请补发行为的行政处罚	行政处罚	《中华人民共和国渔业港航监督行政处罚规定》 第三条：中华人民共和国渔政渔港监督管理机关（以下简称渔政渔港监督管理机关）依据本规定行使渔业港航监督行政处罚权 第二十六条：对因违规被扣留或吊销船员证书而谎报遗失，申请补发的，可对当事人或直接责任人处200元以上1 000元以下罚款	农业农村主管部门	设区的市或县级
149	对船员证书持证人与证书所载内容不符行为的行政处罚	行政处罚	《中华人民共和国渔业港航监督行政处罚规定》 第三条：中华人民共和国渔政渔港监督管理机关（以下简称渔政渔港监督管理机关）依据本规定行使渔业港航监督行政处罚权 第二十八条：船员证书持证人与证书所载内容不符的，应收缴所持证书，对当事人或直接责任人处50元以上200元以下罚款	农业农村主管部门	设区的市或县级
150	对到期未办理证件审验的职务船员，责令其限期办理后，逾期不办理行为的行政处罚	行政处罚	《中华人民共和国渔业港航监督行政处罚规定》 第三条：中华人民共和国渔政渔港监督管理机关（以下简称渔政渔港监督管理机关）依据本规定行使渔业港航监督行政处罚权 第二十九条：到期未办理证件审验的职务船员，应责令其限期办理，逾期不办理的，对当事人并处50元以上100元以下罚款	农业农村主管部门	设区的市或县级
151	对未按规定时间向渔政渔港监督管理机关提交《海事报告书》等行为的行政处罚	行政处罚	《中华人民共和国渔业港航监督行政处罚规定》 第三条：中华人民共和国渔政渔港监督管理机关（以下简称渔政渔港监督管理机关）依据本规定行使渔业港航监督行政处罚权 第三十三条：发生水上交通事故的船舶，有下列行为之一的，对船长处50元以上500元以下罚款：（一）未按规定时间向渔政渔港监督管理机关提交《海事报告书》的；（二）《海事报告书》内容不真实，影响海损事故的调查处理工作的。发生涉外海事，有上述情况的，从重处罚	农业农村主管部门	设区的市或县级
152	对渔业船舶使用不符合标准或者要求的渔业船舶用燃油行为的行政处罚	行政处罚	《中华人民共和国大气污染防治法》 第一百零六条：违反本法规定，使用不符合标准或者要求的船舶用燃油的，由海事管理机构、渔业主管部门按照职责处一万元以上十万元以下的罚款	农业农村主管部门	设区的市或县级
153	对渔港水域内非军事船舶和水域外渔业船舶或者向渔业水域排放本法禁止排放的污染物或者其他物质等行为的行政处罚	行政处罚	《中华人民共和国海洋环境保护法》 第五条第四款：国家渔业行政主管部门负责渔港水域内非军事船舶和渔港水域外渔业船舶污染海洋环境的监督管理，负责保护渔业水域生态环境工作，并调查处理前款规定的污染事故以外的渔业污染事故 第七十三条：违反本法有关规定，有下列行为之一的，由依照本法规定行使海洋环境监督管理权的部门责令停止违法行为、限期改正或者责令采取限制生产、停产整治等措施，并处以罚款；拒不改正的，依法作出处罚决定的部门可以自责	农业农村主管部门	设区的市或县级（特殊区域为省级）

（续）

序号	事项名称	职权类型	实施依据	实施主体	
				法定实施主体	第一责任层级建议
			令改正之日的次日起，按照原罚款数额按日连续处罚；情节严重的，报经有批准权的人民政府批准，责令停业、关闭：（一）向海域排放本法禁止排放的污染物或者其他物质的；（二）不按照本法规定向海洋排放污染物，或者超过标准、总量控制指标排放污染物的；（四）因发生事故或者其他突发性事件，造成海洋环境污染事故，不立即采取处理措施的。有前款第（一）、（三）项行为之一的，处三万元以上二十万元以下的罚款；有前款第（二）、（四）项行为之一的，处二万元以上十万元以下的罚款		
154	对渔港水域内非军事船舶和水域外渔业船舶或者渔业水域发生海洋污染事故或者其他突发性事件不按照规定报告行为的行政处罚	行政处罚	《中华人民共和国海洋环境保护法》 第五条第四款：国家渔业行政主管部门负责渔港水域内非军事船舶和渔港水域外渔业船舶污染海洋环境的监督管理，负责保护渔业水域生态环境工作，并调查处理前款规定的污染事故以外的渔业污染事故 第七十四条：违反本法有关规定，有下列行为之一的，由依照本法规定行使海洋环境监督管理权的部门予以警告，或者处以罚款：（二）发生事故或者其他突发性事件不按照规定报告的；有前款第（二）、（四）项行为之一的，处五万元以下的罚款	农业农村主管部门	设区的市或县级（特殊区域为省级）
155	对渔港水域非军事船舶和水域外渔业船舶拒绝现场检查，或者在被检查时弄虚作假行为的行政处罚	行政处罚	《中华人民共和国海洋环境保护法》 第五条第四款：国家渔业行政主管部门负责渔港水域内非军事船舶和渔港水域外渔业船舶污染海洋环境的监督管理，负责保护渔业水域生态环境工作，并调查处理前款规定的污染事故以外的渔业污染事故 第十九条第二款：依照本法规定行使海洋环境监督管理权的部门，有权对管辖范围内排放污染物的单位和个人进行现场检查。被检查者应当如实反映情况，提供必要的资料。第七十五条：违反本法第十九条第二款的规定，拒绝现场检查，或者在被检查时弄虚作假的，由依照本法规定行使海洋环境监督管理权的部门予以警告，并处二万元以下的罚款	农业农村主管部门	设区的市或县级（特殊区域为省级）
156	对渔业船舶造成渔业水域生态系统及海洋水产资源、海洋保护区破坏行为的行政处罚	行政处罚	《中华人民共和国海洋环境保护法》 第五条第四款：国家渔业行政主管部门负责渔港水域内非军事船舶和渔港水域外渔业船舶污染海洋环境的监督管理，负责保护渔业水域生态环境工作，并调查处理前款规定的污染事故以外的渔业污染事故 第七十六条：违反本法规定，造成珊瑚礁、红树林等海洋生态系统及海洋水产资源、海洋保护区破坏的，由依照本法规定行使海洋环境监督管理权的部门责令限期改正和采取补救措施，并处一万元以上十万元以下的罚款；有违法所得的，没收其违法所得	农业农村主管部门	设区的市或县级（特殊区域为省级）

（续）

序号	事项名称	职权类型	实施依据	实施主体	
				法定实施主体	第一责任层级建议
157	对渔业港口、码头、装卸站及对渔港水域内非军事船舶和渔港水域外渔业船舶未配备防污设施、器材等行为的行政处罚	行政处罚	《中华人民共和国海洋环境保护法》 第五条第四款：国家渔业行政主管部门负责渔港水域内非军事船舶和渔港水域外渔业船舶污染海洋环境的监督管理，负责保护渔业水域生态环境工作，并调查处理前款规定的污染事故以外的渔业污染事故 第八十七条：违反本法规定，有下列行为之一的，由依照本法规定行使海洋环境监督管理权的部门予以警告，或者处以罚款：（一）港口、码头、装卸站及船舶未配备防污设施、器材的；（二）船舶未持有防污证书、防污文书，或者不按照规定记载排污记录的；（三）从事水上和港区水域拆船、旧船改装、打捞和其他水上、水下施工作业，造成海洋环境污染损害的；（四）船舶载运的货物不具备防污适运条件的。有前款第（一）、（四）项行为之一的，处二万元以上十万元以下的罚款；有前款第（二）项行为的，处二万元以下的罚款；有前款第（三）项行为的，处五万元以上二十万元以下的罚款	农业农村主管部门	设区的市或县级（特殊区域为省级）
158	对渔港水域内非军事船舶和渔港水域外渔业船舶、码头、装卸站不编制溢油应急计划行为的行政处罚	行政处罚	《中华人民共和国海洋环境保护法》 第五条第四款：国家渔业行政主管部门负责渔港水域内非军事船舶和渔港水域外渔业船舶污染海洋环境的监督管理，负责保护渔业水域生态环境工作，并调查处理前款规定的污染事故以外的渔业污染事故 第八十八条：违反本法规定，船舶、石油平台和装卸油类的港口、码头、装卸站不编制溢油应急计划的，由依照本法规定行使海洋环境监督管理权的部门予以警告，或者责令限期改正	农业农村主管部门	设区的市或县级（特殊区域为省级）
159	对渔业船舶未配置相应的防污染设备和器材，或者未持有合法有效的防止水域环境污染的证书与文书行为的行政处罚	行政处罚	《中华人民共和国水污染防治法》 第八十九条第一款：船舶未配置相应的防污染设备和器材，或者未持有合法有效的防止水域环境污染的证书与文书的，由海事管理机构、渔业主管部门按照职责分工责令限期改正，处二千元以上二万元以下的罚款；逾期不改正的，责令船舶临时停航	农业农村主管部门	设区的市或县级（特殊区域为省级）
160	对渔业船舶进行涉及污染物排放的作业，未遵守操作规程或者未在相应的记录簿上如实记载行为的行政处罚	行政处罚	《中华人民共和国水污染防治法》 第八十九条第二款：船舶进行涉及污染物排放的作业，未遵守操作规程或者未在相应的记录簿上如实记载的，由海事管理机构、渔业主管部门按照职责分工责令改正，处二千元以上二万元以下的罚款	农业农村主管部门	设区的市或县级（特殊区域为省级）
161	对向渔业水域倾倒船舶垃圾或者排放船舶的残油、废油等行为的行政处罚	行政处罚	《中华人民共和国水污染防治法》 第九十条第一、三、四项：违反本法规定，有下列行为之一的，由海事管理机构、渔业主管部门按照职责分工责令停止违法行为，处一万元以上十万元以下的罚款；造成水污染的，责令限期采取治理措施，消除污染，处二万元以上二十万元以下的罚款；逾期不采取治理措施的，海事管理机构、渔业主管部门按照职责分工可以指定有	农业农村主管部门	设区的市或县级（特殊区域为省级）

（续）

序号	事项名称	职权类型	实施依据	实施主体	
				法定实施主体	第一责任层级建议
			治理能力的单位代为治理，所需费用由船舶承担：（一）向水体倾倒船舶垃圾或者排放船舶的残油、废油的；（三）船舶及有关作业单位从事有污染风险的作业活动，未按照规定采取污染防治措施的；（四）以冲滩方式进行船舶拆解的		
162	对未经许可擅自使用水上无线电频率，或者擅自设置、使用渔业无线电台（站）行为的行政处罚	行政处罚	《中华人民共和国无线电管理条例》 第十二条：国务院有关部门的无线电管理机构在国家无线电管理机构的业务指导下，负责本系统（行业）的无线电管理工作，贯彻执行国家无线电管理的方针、政策和法律、行政法规、规章，依照本条例规定和国务院规定的部门职权，管理国家无线电管理机构分配给本系统（行业）使用的航空、水上无线电专用频率，规划本系统（行业）无线电台（站）的建设布局和台址，核发制式无线电台执照及无线电台识别码 第三十条第一款：设置、使用有固定台址的无线电台（站），由无线电台（站）所在地的省、自治区、直辖市无线电管理机构实施许可。设置、使用没有固定台址的无线电台，由申请人住所地的省、自治区、直辖市无线电管理机构实施许可 第七十条：违反本条例规定，未经许可擅自使用无线电频率，或者擅自设置、使用无线电台（站）的，由无线电管理机构责令改正，没收从事违法活动的设备和违法所得，可以并处5万元以下的罚款；拒不改正的，并处5万元以上20万元以下的罚款；擅自设置、使用无线电台（站）从事诈骗等违法活动，尚不构成犯罪的，并处20万元以上50万元以下的罚款	农业农村主管部门	省级
163	对擅自转让水上无线电频率行为的行政处罚	行政处罚	《中华人民共和国无线电管理条例》 第十二条：国务院有关部门的无线电管理机构在国家无线电管理机构的业务指导下，负责本系统（行业）的无线电管理工作，贯彻执行国家无线电管理的方针、政策和法律、行政法规、规章，依照本条例规定和国务院规定的部门职权，管理国家无线电管理机构分配给本系统（行业）使用的航空、水上无线电专用频率，规划本系统（行业）无线电台（站）的建设布局和台址，核发制式无线电台执照及无线电台识别码 第七十一条：违反本条例规定，擅自转让无线电频率的，由无线电管理机构责令改正，没收违法所得；拒不改正的，并处违法所得1倍以上3倍以下的罚款；没有违法所得或者违法所得不足10万元的，处1万元以上10万元以下的罚款；造成严重后果的，吊销无线电频率使用许可证	农业农村主管部门	省级
164	对违法违规使用渔业无线电台（站）等行为的行政处罚	行政处罚	1.《中华人民共和国无线电管理条例》 第十二条：国务院有关部门的无线电管理机构在国家无线电管理机构的业务指导下，负责本系统（行业）的无线电管理工作，贯彻执行国家无线电管理的方针、政策和法律、行政法规、规章，依照本条例规定和国务院规定的部门职权，管理国家无线电管理机构分配给本系统（行业）	农业农村主管部门	省级

（续）

序号	事项名称	职权类型	实施依据	实施主体	
				法定实施主体	第一责任层级建议
			使用的航空、水上无线电专用频率，规划本系统（行业）无线电台（站）的建设布局和台址，核发制式无线电台执照及无线电台识别码 第七十二条：违反本条例规定，有下列行为之一的，由无线电管理机构责令改正，没收违法所得，可以并处3万元以下的罚款；造成严重后果的，吊销无线电台执照，并处3万元以上10万元以下的罚款：（一）不按照无线电台执照规定的许可事项和要求设置、使用无线电台（站）；（二）故意收发无线电台执照许可事项之外的无线电信号，传播、公布或者利用无意接收的信息；（三）擅自编制、使用无线电台识别码 2.《国务院关于取消一批行政许可事项的决定》（国发〔2017〕46号）附件1第34项“渔业船舶制式电台执照审批”。取消审批后，农业部通过以下措施加强事中事后监管：“3.在渔业船舶营运环节，要加强对渔业无线电台使用情况的检查，严厉查处违法违规行为”		
165	对使用无线电发射设备、辐射无线电波的非无线电设备干扰无线渔业电业务正常进行行为的行政处罚	行政处罚	《中华人民共和国无线电管理条例》 第十二条：国务院有关部门的无线电管理机构在国家无线电管理机构的业务指导下，负责本系统（行业）的无线电管理工作，贯彻执行国家无线电管理的方针、政策和法律、行政法规、规章，依照本条例规定和国务院规定的部门职权，管理国家无线电管理机构分配给本系统（行业）使用的航空、水上无线电专用频率，规划本系统（行业）无线电台（站）的建设布局和台址，核发制式无线电台执照及无线电台识别码 第七十三条：违反本条例规定，使用无线电发射设备、辐射无线电波的非无线电设备干扰无线电业务正常进行的，由无线电管理机构责令改正，拒不改正的，没收产生有害干扰的设备，并处5万元以上20万元以下的罚款，吊销无线电台执照；对船舶、航天器、航空器、铁路机车专用无线电导航、遇险救助和安全通信等涉及人身安全的无线电频率产生有害干扰的，并处20万元以上50万元以下的罚款	农业农村主管部门	省级
166	对触碰渔业航标不报告行为的行政处罚	行政处罚	1.《中华人民共和国航标条例》 第二十一条：船舶违反本条例第十四条第二款的规定，触碰航标不报告的，航标管理机关可以根据情节处以2万元以下的罚款；造成损失的，应当依法赔偿。第十四条第二款：船舶触碰航标，应当立即向航标管理机关报告 2.《渔业航标管理办法》 第二十七条第一款：违反本办法第二十二条第一款的规定，不履行报告义务的，由渔业航标管理机关给予警告，可并处2 000元以下的罚款	农业农村主管部门	设区的市或县级

（续）

序号	事项名称	职权类型	实施依据	实施主体	
				法定实施主体	第一责任层级建议
167	对危害渔业航标及其辅助设施或者影响渔业航标工作效能行为的行政处罚	行政处罚	1.《中华人民共和国航标条例》 第十五条：禁止下列危害航标的行为：(一) 盗窃、哄抢或者以其他方式非法侵占航标、航标器材；(二) 非法移动、攀登或者涂抹航标；(三) 向航标射击或者投掷物品；(四) 在航标上攀架物品，拴系牲畜、船只、渔业捕捞器具、爆炸物品等；(五) 损坏航标的其他行为 第十六条：禁止破坏航标辅助设施的行为。前款所称航标辅助设施，是指为航标及其管理人员提供能源、水和其他所需物资而设置的各类设施，包括航标场地、直升机平台、登陆点、码头、趸船、水塔、储水池、水井、油（水）泵房、电力设施、业务用房以及专用道路、仓库等 第十七条：禁止下列影响航标工作效能的行为：(一) 在航标周围20米内或者在埋有航标地下管道、线路的地面钻孔、挖坑、采掘土石、堆放物品或者进行明火作业；(二) 在航标周围150米内进行爆破作业；(三) 在航标周围500米内烧荒；(四) 在无线电导航设施附近设置、使用影响导航设施工作效能的高频电磁辐射装置、设备；(五) 在航标架空线路上附挂其他电力、通信线路；(六) 在航标周围抛锚、拖锚、捕鱼或者养殖水生物；(七) 影响航标工作效能的其他行为 第二十二条：违反本条例第十五条、第十六条、第十七条的规定，危害航标及其辅助设施或者影响航标工作效能的，由航标管理机关责令其限期改正，给予警告，可以并处2 000元以下的罚款；造成损失的，应当依法赔偿 2.《中华人民共和国渔业港航监督行政处罚规定》 第三十条：对损坏航标或其他助航、导航标志和设施，或造成上述标志、设施失效、移位、流失的船舶或人员，应责令其照价赔偿，并对责任船舶或责任人员处500元以上1 000元以下罚款。故意造成第一款所述结果或虽不是故意但事情发生后隐瞒不向渔政渔港监督管理机关报告的，应当从重处罚	农业农村主管部门	设区的市或县级
168	对以收容救护为名买卖水生野生动物及其制品行为的行政处罚	行政处罚	《中华人民共和国野生动物保护法》 第七条第二款：县级以上地方人民政府林业草原、渔业主管部门分别主管本行政区域内陆生、水生野生动物保护工作 第十五条第三款：禁止以野生动物收容救护为名买卖野生动物及其制品 第四十四条：违反本法第十五条第三款规定，以收容救护为名买卖野生动物及其制品的，由县级以上人民政府野生动物保护主管部门没收野生动物及其制品、违法所得，并处野生动物及其制品价值二倍以上十倍以下的罚款，将有关违法信息记入社会诚信档案，向社会公布；构成犯罪的，依法追究刑事责任	农业农村主管部门	设区的市或县级

（续）

序号	事项名称	职权类型	实施依据	实施主体	
				法定实施主体	第一责任层级建议
169	对在相关自然保护区域、禁猎（渔）区、禁猎（渔）期猎捕非国家重点保护水生野生动物，未取得狩猎证、未按照狩猎证规定猎捕非国家重点保护水生野生动物，或者使用禁用的工具、方法猎捕非国家重点保护水生野生动物行为的行政处罚	行政处罚	《中华人民共和国野生动物保护法》 第七条第二款：县级以上地方人民政府林业草原、渔业主管部门分别主管本行政区域内陆生、水生野生动物保护工作 第二十条：在相关自然保护区域和禁猎（渔）区、禁猎（渔）期内，禁止猎捕以及其他妨碍野生动物生息繁衍的活动，但法律法规另有规定的除外。野生动物迁徙洄游期间，在前款规定区域外的迁徙洄游通道内，禁止猎捕并严格限制其他妨碍野生动物生息繁衍的活动。迁徙洄游通道的范围以及妨碍野生动物生息繁衍活动的内容，由县级以上人民政府或者其野生动物保护主管部门规定并公布 第二十二条：猎捕非国家重点保护野生动物的，应当依法取得县级以上地方人民政府野生动物保护主管部门核发的狩猎证，并且服从猎捕量限额管理 第二十三条第一款：猎捕者应当按照特许猎捕证、狩猎证规定的种类、数量、地点、工具、方法和期限进行猎捕 第二十四条第一款：禁止使用毒药、爆炸物、电击或者电子诱捕装置以及猎套、猎夹、地枪、排铳等工具进行猎捕，禁止使用夜间照明行猎、歼灭性围猎、捣毁巢穴、火攻、烟熏、网捕等方法进行猎捕，但因科学研究确需网捕、电子诱捕的除外 第四十六条第一款：违反本法第二十条、第二十二条、第二十三条第一款、第二十四条第一款规定，在相关自然保护区域、禁猎（渔）区、禁猎（渔）期猎捕非国家重点保护野生动物，未取得狩猎证、未按照狩猎证规定猎捕非国家重点保护野生动物，或者使用禁用的工具、方法猎捕非国家重点保护野生动物的，由县级以上地方人民政府野生动物保护主管部门或者有关保护区域管理机构按照职责分工没收猎获物、猎捕工具和违法所得，吊销狩猎证，并处猎获物价值一倍以上五倍以下的罚款；没有猎获物的，并处二千元以上一万元以下的罚款；构成犯罪的，依法追究刑事责任	农业农村主管部门	设区的市或县级
170	对未经批准、未取得或者未按照规定使用专用标识，或者未持有、未附有人工繁育许可证、批准文件的副本或者专用标识出售、购买、利用、运输、携带、寄递国家重点保护水生野生动物及其制品等行为的行政处罚	行政处罚	《中华人民共和国野生动物保护法》 第七条第二款：县级以上地方人民政府林业草原、渔业主管部门分别主管本行政区域内陆生、水生野生动物保护工作 第四十八条第一款：违反本法第二十七条第一款和第二款、第二十八条第一款、第三十三条第一款规定，未经批准、未取得或者未按照规定使用专用标识，或者未持有、未附有人工繁育许可证、批准文件的副本或者专用标识出售、购买、利用、运输、携带、寄递国家重点保护野生动物及其制品或者本法第二十八条第二款规定的野生动物及其制品的，由县级以上人民政府野生动物保护主管部门或者市场监督管理部门按照职责分工没收野生动物及其制品和违法所得，并处野生动物及其制品价值二倍以上十倍以下的罚款；情节严重的，吊销人工繁育许可证、撤销批准文件、收回专用标识；构成犯罪的，依法追究刑事责任	农业农村主管部门	设区的市或县级

（续）

序号	事项名称	职权类型	实施依据	实施主体	
				法定实施主体	第一责任层级建议
171	对生产、经营使用国家重点保护水生野生动物及其制品制作食品，或者为食用非法购买国家重点保护的水生野生动物及其制品等行为的行政处罚	行政处罚	《中华人民共和国野生动物保护法》 第二条第四款：珍贵、濒危的水生野生动物以外的其他水生野生动物的保护，适用《中华人民共和国渔业法》等有关法律的规定 第七条第二款：县级以上地方人民政府林业草原、渔业主管部门分别主管本行政区域内陆生、水生野生动物保护工作 第四十九条：违反本法第三十条规定，生产、经营使用国家重点保护野生动物及其制品或者没有合法来源证明的非国家重点保护野生动物及其制品制作食品，或者为食用非法购买国家重点保护的野生动物及其制品的，由县级以上人民政府野生动物保护主管部门或者市场监督管理部门按照职责分工责令停止违法行为，没收野生动物及其制品和违法所得，并处野生动物及其制品价值二倍以上十倍以下的罚款；构成犯罪的，依法追究刑事责任	农业农村主管部门	设区的市或县级
172	对违法从境外引进水生野生动物物种行为的行政处罚	行政处罚	《中华人民共和国野生动物保护法》 第七条第二款：县级以上地方人民政府林业草原、渔业主管部门分别主管本行政区域内陆生、水生野生动物保护工作 第三十七条第一款：从境外引进野生动物物种的，应当经国务院野生动物保护主管部门批准。从境外引进列入本法第三十五条第一款名录的野生动物，还应当依法取得允许进出口证明书。海关依法实施进境检疫，凭进口批准文件或者允许进出口证明书以及检疫证明按照规定办理通关手续 第五十三条：违反本法第三十七条第一款规定，从境外引进野生动物物种的，由县级以上人民政府野生动物保护主管部门没收所引进的野生动物，并处五万元以上二十五万元以下的罚款；未依法实施进境检疫的，依照《中华人民共和国进出境动植物检疫法》的规定处罚；构成犯罪的，依法追究刑事责任	农业农村主管部门	设区的市或县级
173	对违法将从境外引进的水生野生动物放归野外环境行为的行政处罚	行政处罚	《中华人民共和国野生动物保护法》 第七条第二款：县级以上地方人民政府林业草原、渔业主管部门分别主管本行政区域内陆生、水生野生动物保护工作 第三十七条第二款：从境外引进野生动物物种的，应当采取安全可靠的防范措施，防止其进入野外环境，避免对生态系统造成危害。确需将其放归野外的，按照国家有关规定执行 第五十四条：违反本法第三十七条第二款规定，将从境外引进的野生动物放归野外环境的，由县级以上人民政府野生动物保护主管部门责令限期捕回，处一万元以上五万元以下的罚款；逾期不捕回的，由有关野生动物保护主管部门代为捕回或者采取降低影响的措施，所需费用由被责令限期捕回者承担	农业农村主管部门	设区的市或县级

（续）

序号	事项名称	职权类型	实施依据	实施主体	
				法定实施主体	第一责任层级建议
174	对外国人未经批准在中国境内对国家重点保护的水生野生动物进行科学考察、标本采集、拍摄电影、录像行为的行政处罚	行政处罚	1.《中华人民共和国水生野生动物保护实施条例》 第三十一条：外国人未经批准在中国境内对国家重点保护的水生野生动物进行科学考察、标本采集、拍摄电影、录像的，由渔业行政主管部门没收考察、拍摄的资料以及所获标本，可以并处5万元以下的罚款 2.《中华人民共和国野生动物保护法》 第七条第二款：县级以上地方人民政府林业草原、渔业主管部门分别主管本行政区域内陆生、水生野生动物保护工作	农业农村主管部门	省级
175	对渔业船舶改建后，未按规定办理变更登记行为的行政处罚	行政处罚	《中华人民共和国渔业港航监督行政处罚规定》 第三条：中华人民共和国渔政渔港监督管理机关（以下简称渔政渔港监督管理机关）依据本规定行使渔业港航监督行政处罚权 第十七条：渔业船舶改建后，未按规定办理变更登记，应禁止其离港，责令其限期改正，并可对船舶所有者处5 000元以上20 000元以下罚款。变更主机功率未按规定办理变更登记的，从重处罚	农业农村主管部门	设区的市或县级
176	对渔业船舶未经检验、未取得渔业船舶检验证书擅自下水作业行为的行政处罚	行政处罚	《中华人民共和国渔业船舶检验条例》 第三十二条第一款：违反本条例规定，渔业船舶未经检验、未取得渔业船舶检验证书擅自下水作业的，没收该渔业船舶 第三十八条第一款：本条例规定的行政处罚，由县级以上人民政府渔业行政主管部门或者其所属的渔业行政执法机构依据职权决定	农业农村主管部门	设区的市或县级（特殊区域为省级）
177	对按照规定应当报废的渔业船舶继续作业行为的行政处罚	行政处罚	《中华人民共和国渔业船舶检验条例》 第三十二条第二款：按照规定应当报废的渔业船舶继续作业的，责令立即停止作业，收缴失效的渔业船舶检验证书，强制拆解应当报废的渔业船舶，并处2 000元以上5万元以下的罚款；构成犯罪的，依法追究刑事责任 第三十八条第一款：本条例规定的行政处罚，由县级以上人民政府渔业行政主管部门或或者其所属的渔业行政执法机构依据职权决定	农业农村主管部门	设区的市或县级（特殊区域为省级）
178	对渔业船舶应当申报营运检验或者临时检验而不申报行为的行政处罚	行政处罚	《中华人民共和国渔业船舶检验条例》 第三十三条：违反本条例规定，渔业船舶应当申报营运检验或者临时检验而不申报的，责令立即停止作业，限期申报检验；逾期仍不申报检验的，处1 000元以上1万元以下的罚款，并可以暂扣渔业船舶检验证书	农业农村主管部门	设区的市或县级（特殊区域为省级）
179	对使用未经检验合格的有关航行、作业和人身财产安全以及防止污染环境的重要设备、部件和材料，制造、改造、维修渔业船舶等行为的行政处罚	行政处罚	《中华人民共和国渔业船舶检验条例》 第三十四条：违反本条例规定，有下列行为之一的，责令立即改正，处2 000元以上2万元以下的罚款；正在作业的，责令立即停止作业；拒不改正或者拒不停止作业的，强制拆除非法使用的重要设备、部件和材料或者暂扣渔业船舶检验证书；构成犯罪的，依法追究刑事责任：（一）使	农业农村主管部门	设区的市或县级（特殊区域为省级）

（续）

序号	事项名称	职权类型	实施依据	实施主体	
				法定实施主体	第一责任层级建议
			用未经检验合格的有关航行、作业和人身财产安全以及防止污染环境的重要设备、部件和材料，制造、改造、维修渔业船舶的；（二）擅自拆除渔业船舶上有关航行、作业和人身财产安全以及防止污染环境的重要设备、部件的；（三）擅自改变渔业船舶的吨位、载重线、主机功率、人员定额和适航区域的 第三十八条第一款：本条例规定的行政处罚，由县级以上人民政府渔业行政主管部门或者其所属的渔业行政执法机构依据职权决定		
180	对渔业船员在船工作期间违反有关管理规定行为的行政处罚	行政处罚	《中华人民共和国渔业船员管理办法》 第四十二条：渔业船员违反本办法第二十一条第一项至第五项的规定的，由渔政渔港监督管理机构予以警告；情节严重的，处200元以上2 000元以下罚款	农业农村主管部门	设区的市或县级（特殊区域为省级）
181	对外国船舶进出中华人民共和国渔港从事违法行为的行政处罚	行政处罚	《中华人民共和国管辖海域外国人、外国船舶渔业活动管理暂行规定》 第十七条：外国船舶进出中华人民共和国渔港，有下列行为之一的，中华人民共和国渔政渔港监督管理机构有权禁止其进、离港口，或者令其停航、改航、停止作业，并可处以3万元以下罚款的处罚：1. 未经批准进出中华人民共和国渔港的；2. 违反船舶装运、装卸危险品规定的；3. 拒不服从渔政渔港监督管理机构指挥调度的；4. 拒不执行渔政渔港监督管理机构作出的离港、停航、改航、停止作业和禁止进、离港等决定的	农业农村主管部门	省级
182	对农产品生产企业、农民专业合作经济组织未建立或者未按照规定保存或者伪造农产品生产记录逾期不改正的行政处罚	行政处罚	《中华人民共和国农产品质量安全法》 第四十七条：农产品生产企业、农民专业合作经济组织未建立或者未按照规定保存农产品生产记录的，或者伪造农产品生产记录的，责令限期改正；逾期不改正的，可以处二千元以下罚款。 第五十二条第一款：本法第四十四条，第四十七条至第四十九条，第五十条第一款、第四款和第五十一条规定的处理、处罚，由县级以上人民政府农业行政主管部门决定；第五十条第二款、第三款规定的处理、处罚，由市场监督管理部门决定	农业农村主管部门	设区的市或县级
183	对农产品生产企业、农民专业合作经济组织以及从事农产品收购的单位或者个人销售的农产品未按照规定进行包装、标识逾期不改正的行政处罚	行政处罚	《中华人民共和国农产品质量安全法》 第二十八条：农产品生产企业、农民专业合作经济组织以及从事农产品收购的单位或者个人销售的农产品，按照规定应当包装或者附加标识的，须经包装或者附加标识后方可销售。包装物或者标识上应当按照规定标明产品的品名、产地、生产者、生产日期、保质期、产品质量等级等内容；使用添加剂的，还应当按照规定标明添加剂的名称。具体办法由国务院农业行政主管部门制定 第四十八条：违反本法第二十八条规定，销售的农产品未按照规定进行包装、标识的，责令限期改正；逾期不改正的，可以处二千元以下罚款	农业农村主管部门	设区的市或县级

（续）

序号	事项名称	职权类型	实施依据	实施主体	
				法定实施主体	第一责任层级建议
			第五十二条第一款：本法第四十四条，第四十七条至第四十九条，第五十条第一款、第四款和第五十一条规定的处理、处罚，由县级以上人民政府农业行政主管部门决定；第五十条第二款、第三款规定的处理、处罚，由市场监督管理部门决定		
184	对食用农产品进入批发、零售市场或者生产加工企业前使用的保鲜剂、防腐剂、添加剂等材料不符合国家有关强制性的技术规范的行政处罚	行政处罚	《中华人民共和国农产品质量安全法》 第三十三条第四项：有下列情形之一的农产品，不得销售：（四）使用的保鲜剂、防腐剂、添加剂等材料不符合国家有关强制性的技术规范的 第四十九条：有本法第三十三条第四项规定情形，使用的保鲜剂、防腐剂、添加剂等材料不符合国家有关强制性的技术规范的，责令停止销售，对被污染的农产品进行无害化处理，对不能进行无害化处理的予以监督销毁；没收违法所得，并处二千元以上二万元以下罚款 第五十二条第一款：本法第四十四条，第四十七条至第四十九条，第五十条第一款、第四款和第五十一条规定的处理、处罚，由县级以上人民政府农业行政主管部门决定；第五十条第二款、第三款规定的处理、处罚，由市场监督管理部门决定	农业农村主管部门	设区的市或县级
185	对农产品生产企业、农民专业合作经济组织销售不合格农产品的行政处罚	行政处罚	《中华人民共和国农产品质量安全法》 第三十三条第一、二、三、五项：有下列情形之一的农产品，不得销售：（一）含有国家禁止使用的农药、兽药或者其他化学物质的；（二）农药、兽药等化学物质残留或者含有的重金属等有毒有害物质不符合农产品质量安全标准的；（三）含有的致病性寄生虫、微生物或者生物毒素不符合农产品质量安全标准的；（五）其他不符合农产品质量安全标准的 第五十条：农产品生产企业、农民专业合作经济组织销售的农产品有本法第三十三条第一项至第三项或者第五项所列情形之一的，责令停止销售，追回已经销售的农产品，对违法销售的农产品进行无害化处理或者予以监督销毁；没收违法所得，并处二千元以上二万元以下罚款。农产品销售企业销售的农产品有前款所列情形的，依照前款规定处理、处罚。农产品批发市场中销售的农产品有第一款所列情形的，对违法销售的农产品依照第一款规定处理，对农产品销售者依照第一款规定处罚。农产品批发市场违反本法第三十七条第一款规定的，责令改正，处二千元以上二万元以下罚款 第五十二条第一款：本法第四十四条，第四十七条至第四十九条，第五十条第一款、第四款和第五十一条规定的处理、处罚，由县级以上人民政府农业行政主管部门决定；第五十条第二款、第三款规定的处理、处罚，由市场监督管理部门决定	农业农村主管部门	设区的市或县级

（续）

序号	事项名称	职权类型	实施依据	实施主体	
				法定实施主体	第一责任层级建议
186	对冒用农产品质量标志的行政处罚	行政处罚	《中华人民共和国农产品质量安全法》 第五十一条：违反本法第三十二条规定，冒用农产品质量标志的，责令改正，没收违法所得，并处二千元以上二万元以下罚款 第五十二条第一款：本法第四十四条，第四十七条至第四十九条，第五十条第一款、第四款和第五十一条规定的处理、处罚，由县级以上人民政府农业行政主管部门决定；第五十条第二款、第三款规定的处理、处罚，由市场监督管理部门决定	农业农村主管部门	设区的市或县级
187	对生产经营者不按照法定条件、要求从事食用农产品生产经营活动等行为的行政处罚	行政处罚	《国务院关于加强食品等产品安全监督管理的特别规定》 第三条第二、三、四款：依照法律、行政法规规定生产、销售产品需要取得许可证照或者需要经过认证的，应当按照法定条件、要求从事生产经营活动。不按照法定条件、要求从事生产经营活动或者生产、销售不符合法定要求产品的，由农业、卫生、质检、商务、工商、药品等监督管理部门依据各自职责，没收违法所得、产品和用于违法生产的工具、设备、原材料等物品，货值金额不足5 000元的，并处5万元罚款；货值金额5 000元以上不足1万元的，并处10万元罚款；货值金额1万元以上的，并处货值金额10倍以上20倍以下的罚款；造成严重后果的，由原发证部门吊销许可证照；构成非法经营罪或者生产、销售伪劣商品罪等犯罪的，依法追究刑事责任。生产经营者不再符合法定条件、要求，继续从事生产经营活动的，由原发证部门吊销许可证照，并在当地主要媒体上公告被吊销许可证照的生产经营者名单；构成非法经营罪或者生产、销售伪劣商品罪等犯罪的，依法追究刑事责任。依法应当取得许可证照而未取得许可证照从事生产经营活动的，由农业、卫生、质检、商务、工商、药品等监督管理部门依据各自职责，没收违法所得、产品和用于违法生产的工具、设备、原材料等物品，货值金额不足1万元的，并处10万元罚款；货值金额1万元以上的，并处货值金额10倍以上20倍以下的罚款；构成非法经营罪的，依法追究刑事责任	农业农村主管部门	设区的市或县级
188	对生产食用农产品所使用的原料、辅料、添加剂、农业投入品等不符合法律、行政法规的规定和国家强制性标准的行政处罚	行政处罚	《国务院关于加强食品等产品安全监督管理的特别规定》 第四条：生产者生产产品所使用的原料、辅料、添加剂、农业投入品，应当符合法律、行政法规的规定和国家强制性标准。违反前款规定，违法使用原料、辅料、添加剂、农业投入品的，由农业、卫生、质检、商务、药品等监督管理部门依据各自职责没收违法所得，货值金额不足5 000元的，并处2万元罚款；货值金额5 000元以上不足1万元的，并处5万元罚款；货值金额1万元以上的，并处货值金额5倍以上10倍以下的罚款；造成严重后果的，由原发证部门吊销许可证照；构成生产、销售伪劣商品罪的，依法追究刑事责任	农业农村主管部门	设区的市或县级

（续）

序号	事项名称	职权类型	实施依据	实施主体	
				法定实施主体	第一责任层级建议
189	对生产企业发现其生产的食用农产品存在安全隐患，可能对人体健康和生命安全造成损害，不履行向社会公布有关信息，不向有关监督管理部门报告等行为的行政处罚	行政处罚	《国务院关于加强食品等产品安全监督管理的特别规定》 第九条：生产企业发现其生产的产品存在安全隐患，可能对人体健康和生命安全造成损害的，应当向社会公布有关信息，通知销售者停止销售，告知消费者停止使用，主动召回产品，并向有关监督管理部门报告；销售者应当立即停止销售该产品。销售者发现其销售的产品存在安全隐患，可能对人体健康和生命安全造成损害的，应当立即停止销售该产品，通知生产企业或者供货商，并向有关监督管理部门报告。生产企业和销售者不履行前款规定义务的，由农业、卫生、质检、商务、工商、药品等监督管理部门依据各自职责，责令生产企业召回产品、销售者停止销售，对生产企业并处货值金额3倍的罚款，对销售者并处1 000元以上5万元以下的罚款；造成严重后果的，由原发证部门吊销许可证照	农业农村主管部门	设区的市或县级
190	对农产品质量安全检测机构伪造检测结果或者出具检测结果不实的行政处罚	行政处罚	1.《中华人民共和国农产品质量安全法》 第四十四条：农产品质量安全检测机构伪造检测结果的，责令改正，没收违法所得，并处五万元以上十万元以下罚款，对直接负责的主管人员和其他直接责任人员处一万元以上五万元以下罚款；情节严重的，撤销其检测资格；造成损害的，依法承担赔偿责任。农产品质量安全检测机构出具检测结果不实，造成损害的，依法承担赔偿责任；造成重大损害的，并撤销其检测资格 第五十二条第一款：本法第四十四条，第四十七条至第四十九条，第五十条第一款、第四款和第五十一条规定的处理、处罚，由县级以上人民政府农业行政主管部门决定；第五十条第二款、第三款规定的处理、处罚，由市场监督管理部门决定 2.《农产品质量安全检测机构考核办法》 第三十二条：农产品质量安全检测机构伪造检测结果或者出具虚假证明的，依照《中华人民共和国农产品质量安全法》第四十四条的规定处罚	农业农村主管部门	设区的市或县级
191	对伪造、冒用、转让、买卖无公害农产品产地认定证书、产品认证证书和标志行为的行政处罚	行政处罚	《无公害农产品管理办法》 第三十七条第一款：违反本办法第三十五条规定的，由县级以上农业行政主管部门和各地质量监督检验检疫部门根据各自的职责分工责令其停止，并可处以违法所得1倍以上3倍以下的罚款，但最高罚款不得超过3万元；没有违法所得的，可以处1万元以下的罚款 第三十五条：任何单位和个人不得伪造、冒用、转让、买卖无公害农产品产地认定证书、产品认证证书和标志	农业农村主管部门	设区的市或县级
192	对擅自移动、损毁禁止生产区标牌行为的行政处罚	行政处罚	《农产品产地安全管理办法》 第二十六条：违反《中华人民共和国农产品质量安全法》和本办法规定的划定标准和程序划定的禁止生产区无效。违反本办法规定，擅自移动、损毁禁止生产区标牌的，由县级以上地方人民政府农业行政主管部门责令限期改正，可处以一千元以下罚款。其他违反本办法规定的，依照有关法律法规处罚	农业农村主管部门	设区的市或县级

（续）

序号	事项名称	职权类型	实施依据	实施主体	
				法定实施主体	第一责任层级建议
193	对农药登记试验单位出具虚假登记试验报告的行政处罚	行政处罚	《农药管理条例》 第五十一条：登记试验单位出具虚假登记试验报告的，由省、自治区、直辖市人民政府农业主管部门没收违法所得，并处5万元以上10万元以下罚款；由国务院农业主管部门从登记试验单位中除名，5年内不再受理其登记试验单位认定申请；构成犯罪的，依法追究刑事责任	农业农村主管部门	省级
194	对未取得农药生产许可证生产农药或者生产假农药的行政处罚	行政处罚	《农药管理条例》 第五十二条第一款：未取得农药生产许可证生产农药或者生产假农药的，由县级以上地方人民政府农业主管部门责令停止生产，没收违法所得、违法生产的产品和用于违法生产的工具、设备、原材料等，违法生产的产品货值金额不足1万元的，并处5万元以上10万元以下罚款，货值金额1万元以上的，并处货值金额10倍以上20倍以下罚款，由发证机关吊销农药生产许可证和相应的农药登记证；构成犯罪的，依法追究刑事责任	农业农村主管部门	设区的市或县级
195	对取得农药生产许可证的农药生产企业不再符合规定条件继续生产农药的行政处罚	行政处罚	《农药管理条例》 第五十二条第二款：取得农药生产许可证的农药生产企业不再符合规定条件继续生产农药的，由县级以上地方人民政府农业主管部门责令限期整改；逾期拒不整改或者整改后仍不符合规定条件的，由发证机关吊销农药生产许可证	农业农村主管部门	设区的市或县级
196	对农药生产企业生产劣质农药的行政处罚	行政处罚	《农药管理条例》 第五十二条第三款：农药生产企业生产劣质农药的，由县级以上地方人民政府农业主管部门责令停止生产，没收违法所得、违法生产的产品和用于违法生产的工具、设备、原材料等，违法生产的产品货值金额不足1万元的，并处1万元以上5万元以下罚款，货值金额1万元以上的，并处货值金额5倍以上10倍以下罚款；情节严重的，由发证机关吊销农药生产许可证和相应的农药登记证；构成犯罪的，依法追究刑事责任	农业农村主管部门	设区的市或县级
197	对委托未取得农药生产许可证的受托人加工、分装农药，或者委托加工、分装假农药、劣质农药的行政处罚	行政处罚	《农药管理条例》 第五十二条第一、三、四款：未取得农药生产许可证生产农药或者生产假农药的，由县级以上地方人民政府农业主管部门责令停止生产，没收违法所得、违法生产的产品和用于违法生产的工具、设备、原材料等，违法生产的产品货值金额不足1万元的，并处5万元以上10万元以下罚款，货值金额1万元以上的，并处货值金额10倍以上20倍以下罚款，由发证机关吊销农药生产许可证和相应的农药登记证；构成犯罪的，依法追究刑事责任。农药生产企业生产劣质农药的，由县级以上地方人民政府农业主管部门责令停止生产，没收违法所得、违法生产的产品和用于违法生产的工具、设备、原材料等，违法生产的产品货值金额不足1万元的，并处1万元以上5万元以下罚款，货值金额1万元以上的，并处货值金额5倍以上10倍以下罚款；情节严重的，由发证机关吊销农药生产许可证和相应的农药登	农业农村主管部门	设区的市或县级

（续）

序号	事项名称	职权类型	实施依据	实施主体	
				法定实施主体	第一责任层级建议
			记证；构成犯罪的，依法追究刑事责任。委托未取得农药生产许可证的受托人加工、分装农药，或者委托加工、分装假农药、劣质农药的，对委托人和受托人均依照本条第一款、第三款的规定处罚		
198	对农药生产企业采购、使用未依法附具产品质量检验合格证、未依法取得有关许可证明文件的原材料等行为的行政处罚	行政处罚	《农药管理条例》 第五十三条：农药生产企业有下列行为之一的，由县级以上地方人民政府农业主管部门责令改正，没收违法所得、违法生产的产品和用于违法生产的原材料等，违法生产的产品货值金额不足1万元的，并处1万元以上2万元以下罚款，货值金额1万元以上的，并处货值金额2倍以上5倍以下罚款；拒不改正或者情节严重的，由发证机关吊销农药生产许可证和相应的农药登记证：（一）采购、使用未依法附具产品质量检验合格证、未依法取得有关许可证明文件的原材料；（二）出厂销售未经质量检验合格并附具产品质量检验合格证的农药；（三）生产的农药包装、标签、说明书不符合规定；（四）不召回依法应当召回的农药	农业农村主管部门	设区的市或县级
199	对农药生产企业不执行原材料进货、农药出厂销售记录制度，或者不履行农药废弃物回收义务的行政处罚	行政处罚	《农药管理条例》 第五十四条：农药生产企业不执行原材料进货、农药出厂销售记录制度，或者不履行农药废弃物回收义务的，由县级以上地方人民政府农业主管部门责令改正，处1万元以上5万元以下罚款；拒不改正或者情节严重的，由发证机关吊销农药生产许可证和相应的农药登记证	农业农村主管部门	设区的市或县级
200	对农药经营者未取得农药经营许可证经营农药等行为的行政处罚	行政处罚	《农药管理条例》 第五十五条：农药经营者有下列行为之一的，由县级以上地方人民政府农业主管部门责令停止经营，没收违法所得、违法经营的农药和用于违法经营的工具、设备等，违法经营的农药货值金额不足1万元的，并处5 000元以上5万元以下罚款，货值金额1万元以上的，并处货值金额5倍以上10倍以下罚款；构成犯罪的，依法追究刑事责任：（一）违反本条例规定，未取得农药经营许可证经营农药；（二）经营假农药；（三）在农药中添加物质。有前款第二项、第三项规定的行为，情节严重的，还应当由发证机关吊销农药经营许可证。取得农药经营许可证的农药经营者不再符合规定条件继续经营农药的，由县级以上地方人民政府农业主管部门责令限期整改；逾期拒不整改或者整改后仍不符合规定条件的，由发证机关吊销农药经营许可证	农业农村主管部门	设区的市或县级
201	对农药经营者经营劣质农药的行政处罚	行政处罚	《农药管理条例》 第五十六条：农药经营者经营劣质农药的，由县级以上地方人民政府农业主管部门责令停止经营，没收违法所得、违法经营的农药和用于违法经营的工具、设备等，违法经营的农药货值金额不足1万元的，并处2 000元以上2万元以下罚款，货值金额1万元以上的，并处货值金额2倍以上5倍以下罚款；情节严重的，由发证机关吊销农药经营许可证；构成犯罪的，依法追究刑事责任	农业农村主管部门	设区的市或县级

（续）

序号	事项名称	职权类型	实施依据	实施主体	
				法定实施主体	第一责任层级建议
202	对农药经营者设立分支机构未依法变更农药经营许可证，或者未向分支机构所在地县级以上地方人民政府农业主管部门备案等行为的行政处罚	行政处罚	《农药管理条例》 第五十七条：农药经营者有下列行为之一的，由县级以上地方人民政府农业主管部门责令改正，没收违法所得和违法经营的农药，并处5 000元以上5万元以下罚款；拒不改正或者情节严重的，由发证机关吊销农药经营许可证：（一）设立分支机构未依法变更农药经营许可证，或者未向分支机构所在地县级以上地方人民政府农业主管部门备案；（二）向未取得农药生产许可证的农药生产企业或者未取得农药经营许可证的其他农药经营者采购农药；（三）采购、销售未附具产品质量检验合格证或者包装、标签不符合规定的农药；（四）不停止销售依法应当召回的农药	农业农村主管部门	设区的市或县级
203	对农药经营者不执行农药采购台账、销售台账制度等行为的行政处罚	行政处罚	《农药管理条例》 第五十八条：农药经营者有下列行为之一的，由县级以上地方人民政府农业主管部门责令改正；拒不改正或者情节严重的，处2 000元以上2万元以下罚款，并由发证机关吊销农药经营许可证：（一）不执行农药采购台账、销售台账制度；（二）在卫生用农药以外的农药经营场所内经营食品、食用农产品、饲料等；（三）未将卫生用农药与其他商品分柜销售；（四）不履行农药废弃物回收义务	农业农村主管部门	设区的市或县级
204	对境外企业直接在中国销售农药；取得农药登记证的境外企业向中国出口劣质农药情节严重或者出口假农药的行政处罚	行政处罚	《农药管理条例》 第五十九条：境外企业直接在中国销售农药的，由县级以上地方人民政府农业主管部门责令停止销售，没收违法所得、违法经营的农药和用于违法经营的工具、设备等，违法经营的农药货值金额不足5万元的，并处5万元以上50万元以下罚款，货值金额5万元以上的，并处货值金额10倍以上20倍以下罚款，由发证机关吊销农药登记证。取得农药登记证的境外企业向中国出口劣质农药情节严重或者出口假农药的，由国务院农业主管部门吊销相应的农药登记证	农业农村主管部门	设区的市或县级
205	对农药使用者不按照农药的标签标注的使用范围、使用方法和剂量、使用技术要求和注意事项、安全间隔期使用农药等行为的行政处罚	行政处罚	《农药管理条例》 第六十条：农药使用者有下列行为之一的，由县级人民政府农业主管部门责令改正，农药使用者为农产品生产企业、食品和食用农产品仓储企业、专业化病虫害防治服务组织和从事农产品生产的农民专业合作社等单位的，处5万元以上10万元以下罚款，农药使用者为个人的，处1万元以下罚款；构成犯罪的，依法追究刑事责任：（一）不按照农药的标签标注的使用范围、使用方法和剂量、使用技术要求和注意事项、安全间隔期使用农药；（二）使用禁用的农药；（三）将剧毒、高毒农药用于防治卫生害虫，用于蔬菜、瓜果、茶叶、菌类、中草药材生产或者用于水生植物的病虫害防治；（五）使用农药毒鱼、虾、鸟、兽等。有前款第二项规定的行为的，县级人民政府农业主管部门还应当没收禁用的农药	农业农村主管部门	县级

（续）

序号	事项名称	职权类型	实施依据	实施主体	
				法定实施主体	第一责任层级建议
206	对农产品生产企业、食品和食用农产品仓储企业、专业化病虫害防治服务组织和从事农产品生产的农民专业合作社等不执行农药使用记录制度的行政处罚	行政处罚	《农药管理条例》 第六十一条：农产品生产企业、食品和食用农产品仓储企业、专业化病虫害防治服务组织和从事农产品生产的农民专业合作社等不执行农药使用记录制度的，由县级人民政府农业主管部门责令改正；拒不改正或者情节严重的，处2 000元以上2万元以下罚款	农业农村主管部门	县级
207	对伪造、变造、转让、出租、出借农药登记证、农药生产许可证、农药经营许可证等许可证明文件的行政处罚	行政处罚	《农药管理条例》 第六十二条：伪造、变造、转让、出租、出借农药登记证、农药生产许可证、农药经营许可证等许可证明文件的，由发证机关收缴或者予以吊销，没收违法所得，并处1万元以上5万元以下罚款；构成犯罪的，依法追究刑事责任	农业农村主管部门	设区的市或县级
208	对未取得农药生产许可证生产农药，未取得农药经营许可证经营农药，或者被吊销农药登记证、农药生产许可证、农药经营许可证的直接负责的主管人员的行政处罚	行政处罚	《农药管理条例》 第六十三条：未取得农药生产许可证生产农药，未取得农药经营许可证经营农药，或者被吊销农药登记证、农药生产许可证、农药经营许可证的，其直接负责的主管人员10年内不得从事农药生产、经营活动。农药生产企业、农药经营者招用前款规定的人员从事农药生产、经营活动的，由发证机关吊销农药生产许可证、农药经营许可证。被吊销农药登记证的，国务院农业主管部门5年内不再受理其农药登记申请	农业农村主管部门	设区的市或县级
209	对未依照《植物检疫条例》规定办理农业领域植物检疫证书或者在报检过程中弄虚作假等行为的行政处罚	行政处罚	1.《植物检疫条例》 第十八条第一、二款：有下列行为之一的，植物检疫机构应当责令纠正，可以处以罚款；造成损失的，应当负责赔偿；构成犯罪的，由司法机关依法追究刑事责任：（一）未依照本条例规定办理植物检疫证书或者在报检过程中弄虚作假的；（二）伪造、涂改、买卖、转让植物检疫单证、印章、标志、封识的；（三）未依照本条例规定调运、隔离试种或者生产应施检疫的植物、植物产品的；（四）违反本条例规定，擅自开拆植物、植物产品包装，调换植物、植物产品，或者擅自改变植物、植物产品的规定用途的；（五）违反本条例规定，引起疫情扩散的。有前款第（一）、（二）、（三）、（四）项所列情形之一，尚不构成犯罪的，植物检疫机构可以没收非法所得 2.《植物检疫条例实施细则》（农业部分） 第二十五条：有下列违法行为之一，尚未构成犯罪的，由植物检疫机构处以罚款：（一）在报检过程中故意谎报受检物品种类、品种，隐瞒受检物品数量、受检作物面积，提供虚假证明材料的；（二）在调运过程中擅自开拆检讫的植物、植物产品，调换或者夹带其他未经检疫的植物、植物产品，或者擅自将非种用植物、植物产品作种用的；（三）伪造、涂改、买卖、转让植物检疫单证、印章、标志、封识的；（四）违反《植物检疫条例》第七条、第八条第一款、第十条规定之一，擅自调运植物、植物产品的；（五）违反《植物检疫条例》第十一条规定，试验、生产、推广带有植物检疫对象的种子、苗木和其他	农业农村主管部门	设区的市或县级

（续）

序号	事项名称	职权类型	实施依据	实施主体	
				法定实施主体	第一责任层级建议
			繁殖材料，或者违反《植物检疫条例》第十三条规定，未经批准在非疫区进行检疫对象活体试验研究的；（六）违反《植物检疫条例》第十二条第二款规定，不在指定地点种植或者不按要求隔离试种，或者隔离试种期间擅自分散种子、苗木和其他繁殖材料的；罚款按以下标准执行：对于非经营活动中的违法行为，处以1 000元以下罚款；对于经营活动中的违法行为，有违法所得的，处以违法所得3倍以下罚款，但最高不得超过30 000元；没有违法所得的，处以10 000元以下罚款。有本条第一款（二）、（三）、（四）、（五）、（六）项违法行为之一，引起疫情扩散的，责令当事人销毁或者除害处理。有本条第一款违法行为之一，造成损失的，植物检疫机构可以责令其赔偿损失。有本条第一款（二）、（三）、（四）、（五）、（六）项违法行为之一，以营利为目的的，植物检疫机构可以没收当事人的非法所得		
210	对生产、销售未取得登记证的肥料产品等行为的行政处罚	行政处罚	《肥料登记管理办法》 第二十六条：有下列情形之一的，由县级以上农业行政主管部门给予警告，并处违法所得3倍以下罚款，但最高不得超过30 000元；没有违法所得的，处10 000元以下罚款：（一）生产、销售未取得登记证的肥料产品；（二）假冒、伪造肥料登记证、登记证号的；（三）生产、销售的肥料产品有效成分或含量与登记批准的内容不符的	农业农村主管部门	设区的市或县级
211	对转让肥料登记证或登记证号等行为的行政处罚	行政处罚	《肥料登记管理办法》 第二十七条：有下列情形之一的，由县级以上农业行政主管部门给予警告，并处违法所得3倍以下罚款，但最高不得超过20 000元；没有违法所得的，处10 000元以下罚款：（一）转让肥料登记证或登记证号的；（二）登记证有效期满未经批准续展登记而继续生产该肥料产品的；（三）生产、销售包装上未附标签、标签残缺不清或者擅自修改标签内容的	农业农村主管部门	设区的市或县级
212	对未取得采集证或者未按照采集证的规定采集国家重点保护农业野生植物的行政处罚	行政处罚	《中华人民共和国野生植物保护条例》 第二十三条：未取得采集证或者未按照采集证的规定采集国家重点保护野生植物的，由野生植物行政主管部门没收所采集的野生植物和违法所得，可以并处违法所得10倍以下的罚款；有采集证的，并可以吊销采集证	农业农村主管部门	设区的市或县级
213	对违规出售、收购国家重点保护农业野生植物的行政处罚	行政处罚	《中华人民共和国野生植物保护条例》 第二十四条：违反本条例规定，出售、收购国家重点保护野生植物的，由工商行政管理部门或者野生植物行政主管部门按照职责分工没收野生植物和违法所得，可以并处违法所得10倍以下的罚款	农业农村主管部门	设区的市或县级
214	对伪造、倒卖、转让农业部门颁发的采集证、允许进出口证明书或者有关批准文件、标签的行政处罚	行政处罚	《中华人民共和国野生植物保护条例》 第二十六条：伪造、倒卖、转让采集证、允许进出口证明书或者有关批准文件、标签的，由野生植物行政主管部门或者工商行政管理部门按照职责分工收缴，没收违法所得，可以并处5万元以下的罚款	农业农村主管部门	设区的市或县级

（续）

序号	事项名称	职权类型	实施依据	实施主体	
				法定实施主体	第一责任层级建议
215	对外国人在中国境内采集、收购国家重点保护农业野生植物等行为的行政处罚	行政处罚	《中华人民共和国野生植物保护条例》 第二十七条：外国人在中国境内采集、收购国家重点保护野生植物，或者未经批准对农业行政主管部门管理的国家重点保护野生植物进行野外考察的，由野生植物行政主管部门没收所采集、收购的野生植物和考察资料，可以并处5万元以下的罚款	农业农村主管部门	设区的市或县级
216	对未依法填写、提交渔捞日志的行政处罚	行政处罚	1.《中华人民共和国渔业法》 第二十五条：从事捕捞作业的单位和个人，必须按照捕捞许可证关于作业类型、场所、时限、渔具数量和捕捞限额的规定进行作业，并遵守国家有关保护渔业资源的规定，大中型渔船应当填写渔捞日志 2.《渔业捕捞许可管理规定》 第五十三条：未按规定提交渔捞日志或者渔捞日志填写不真实、不规范的，由县级以上人民政府渔业主管部门或其所属的渔政监督管理机构给予警告，责令改正；逾期不改正的，可以处1 000元以上1万元以下罚款	农业农村主管部门	设区的市或县级（特殊区域为省级）
217	对农业投入品生产者、销售者、使用者未按照规定及时回收肥料等农业投入品的包装废弃物或者农用薄膜等行为的行政处罚	行政处罚	《中华人民共和国土壤污染防治法》 第八十八条：违反本法规定，农业投入品生产者、销售者、使用者未按照规定及时回收肥料等农业投入品的包装废弃物或者农用薄膜，或者未按照规定及时回收农药包装废弃物交由专门的机构或者组织进行无害化处理的，由地方人民政府农业农村主管部门责令改正，处一万元以上十万元以下的罚款；农业投入品使用者为个人的，可以处二百元以上二千元以下的罚款	农业农村主管部门	设区的市或县级
218	对农用地土壤污染责任人或者土地使用权人未按照规定实施后期管理的行政处罚	行政处罚	《中华人民共和国土壤污染防治法》 第七条：国务院生态环境主管部门对全国土壤污染防治工作实施统一监督管理；国务院农业农村、自然资源、住房城乡建设、林业草原等主管部门在各自职责范围内对土壤污染防治工作实施监督管理。地方人民政府生态环境主管部门对本行政区域土壤污染防治工作实施统一监督管理；地方人民政府农业农村、自然资源、住房城乡建设、林业草原等主管部门在各自职责范围内对土壤污染防治工作实施监督管理 第九十二条：违反本法规定，土壤污染责任人或者土地使用权人未按照规定实施后期管理的，由地方人民政府生态环境主管部门或者其他负有土壤污染防治监督管理职责的部门责令改正，处一万元以上五万元以下的罚款；情节严重的，处五万元以上五十万元以下的罚款	农业农村主管部门	设区的市或县级
219	对农用地土壤污染监督管理中，被检查者拒不配合检查，或者在接受检查时弄虚作假的行政处罚	行政处罚	《中华人民共和国土壤污染防治法》 第七条：国务院生态环境主管部门对全国土壤污染防治工作实施统一监督管理；国务院农业农村、自然资源、住房城乡建设、林业草原等主管部门在各自职责范围内对土壤污染防治工作实施监督管理。地方人民政府生态环境主管部门对本行政区域土壤污染防治工作实施统一监督管理；地方人民政府农业农村、自然资源、住房城乡建设	农业农村主管部门	设区的市或县级

（续）

序号	事项名称	职权类型	实施依据	实施主体	
				法定实施主体	第一责任层级建议
			设、林业草原等主管部门在各自职责范围内对土壤污染防治工作实施监督管理。 第九十三条：违反本法规定，被检查者拒不配合检查，或者在接受检查时弄虚作假的，由地方人民政府生态环境主管部门或者其他负有土壤污染防治监督管理职责的部门责令改正，处二万元以上二十万元以下的罚款；对直接负责的主管人员和其他直接责任人员处五千元以上二万元以下的罚款		
220	对未按照规定对农用地土壤污染采取风险管理措施等行为的行政处罚	行政处罚	《中华人民共和国土壤污染防治法》 第七条：国务院生态环境主管部门对全国土壤污染防治工作实施统一监督管理；国务院农业农村、自然资源、住房城乡建设、林业草原等主管部门在各自职责范围内对土壤污染防治工作实施监督管理。地方人民政府生态环境主管部门对本行政区域土壤污染防治工作实施统一监督管理；地方人民政府农业农村、自然资源、住房城乡建设、林业草原等主管部门在各自职责范围内对土壤污染防治工作实施监督管理 第九十四条：违反本法规定，土壤污染责任人或者土地使用权人有下列行为之一的，由地方人民政府生态环境主管部门或者其他负有土壤污染防治监督管理职责的部门责令改正，处二万元以上二十万元以下的罚款；拒不改正的，处二十万元以上一百万元以下的罚款，并委托他人代为履行，所需费用由土壤污染责任人或者土地使用权人承担；对直接负责的主管人员和其他直接责任人员处五千元以上二万元以下的罚款：……（三）未按照规定采取风险管控措施的；（四）未按照规定实施修复的；（五）风险管控、修复活动完成后，未另行委托有关单位对风险管控效果、修复效果进行评估的。土壤污染责任人或者土地使用权人有前款第三项、第四项规定行为之一，情节严重的，地方人民政府生态环境主管部门或者其他负有土壤污染防治监督管理职责的部门可以将案件移送公安机关，对直接负责的主管人员和其他直接责任人员处五日以上十五日以下的拘留	农业农村主管部门	设区的市或县级
221	对农用地土壤污染责任人或者土地使用权人未按照规定将修复方案、效果评估报告报地方人民政府农业农村主管部门备案的行政处罚	行政处罚	《中华人民共和国土壤污染防治法》 第七条：国务院生态环境主管部门对全国土壤污染防治工作实施统一监督管理；国务院农业农村、自然资源、住房城乡建设、林业草原等主管部门在各自职责范围内对土壤污染防治工作实施监督管理。地方人民政府生态环境主管部门对本行政区域土壤污染防治工作实施统一监督管理；地方人民政府农业农村、自然资源、住房城乡建设、林业草原等主管部门在各自职责范围内对土壤污染防治工作实施监督管理 第九十五条第二项：违反本法规定，有下列行为之一的，由地方人民政府有关部门责令改正；拒不改正的，处一万元以上五万元以下的罚款：（二）土壤污染责任人或者土地使用权人未按照规定将修复方案、效果评估报告报地方人民政府生态环境、农业农村、林业草原主管部门备案的	农业农村主管部门	设区的市或县级

（续）

序号	事项名称	职权类型	实施依据	实施主体	
				法定实施主体	第一责任层级建议
222	对非法占用耕地等破坏种植条件，或者因开发土地造成土地荒漠化、盐渍化行为涉及农业农村部门职责的行政处罚	行政处罚	《中华人民共和国土地管理法》 第七十五条：违反本法规定，占用耕地建窑、建坟或者擅自在耕地上建房、挖砂、采石、采矿、取土等，破坏种植条件的，或者因开发土地造成土地荒漠化、盐渍化的，由县级以上人民政府自然资源主管部门、农业农村主管部门等按照职责责令限期改正或者治理，可以并处罚款；构成犯罪的，依法追究刑事责任	农业农村主管部门	设区的市或县级
223	对农村村民未经批准或者采取欺骗手段骗取批准，非法占用土地建住宅的行政处罚	行政处罚	《中华人民共和国土地管理法》 第七十八条：农村村民未经批准或者采取欺骗手段骗取批准，非法占用土地建住宅的，由县级以上人民政府农业农村主管部门责令退还非法占用的土地，限期拆除在非法占用的土地上新建的房屋。超过省、自治区、直辖市规定的标准，多占的土地以非法占用土地论处	农业农村主管部门	设区的市或县级
224	对在相关自然保护区域、禁渔区、禁渔期猎捕国家重点保护水生野生动物，未取得特许猎捕证、未按照特许猎捕证规定猎捕、杀害国家重点保护水生野生动物，或者使用禁用的工具、方法猎捕国家重点保护水生野生动物行为的行政处罚	行政处罚	《中华人民共和国野生动物保护法》 第七条第二款：县级以上地方人民政府林业草原、渔业主管部门分别主管本行政区域内陆生、水生野生动物保护工作 第二十条：在相关自然保护区域和禁猎（渔）区、禁猎（渔）期内，禁止猎捕以及其他妨碍野生动物生息繁衍的活动，但法律法规另有规定的除外。野生动物迁徙洄游期间，在前款规定区域外的迁徙洄游通道内，禁止猎捕并严格限制其他妨碍野生动物生息繁衍的活动。迁徙洄游通道的范围以及妨碍野生动物生息繁衍活动的内容，由县级以上人民政府或者其野生动物保护主管部门规定并公布 第二十一条：禁止猎捕、杀害国家重点保护野生动物。因科学研究、种群调控、疫源疫病监测或者其他特殊情况，需要猎捕国家一级保护野生动物的，应当向国务院野生动物保护主管部门申请特许猎捕证；需要猎捕国家二级保护野生动物的，应当向省、自治区、直辖市人民政府野生动物保护主管部门申请特许猎捕证 第二十三条第一款：猎捕者应当按照特许猎捕证、狩猎证规定的种类、数量、地点、工具、方法和期限进行猎捕 第二十四条第一款：禁止使用毒药、爆炸物、电击或者电子诱捕装置以及猎套、猎夹、地枪、排铳等工具进行猎捕，禁止使用夜间照明行猎、歼灭性围猎、捣毁巢穴、火攻、烟熏、网捕等方法进行猎捕，但因科学研究确需网捕、电子诱捕的除外 第四十五条：违反本法第二十条、第二十一条、第二十三条第一款、第二十四条第一款规定，在相关自然保护区域、禁猎（渔）区、禁猎（渔）期猎捕国家重点保护野生动物，未取得特许猎捕证、未按照特许猎捕证规定猎捕、杀害国家重点保护野生动物，或者使用禁用的工具、方法猎捕国家重点保护野生动物的，由县级以上人民政府野生动物保护主管部门、海洋执法部门或者有关保护区域管理机构按照职责分工没收猎获物、猎捕工具和违法所得，吊销特许猎捕证，并处猎获物价值二倍以上十倍以下的罚款；没有猎获物的，并处一万元以上五万元以下的罚款；构成犯罪的，依法追究刑事责任	农业农村主管部门	设区的市或县级

（续）

序号	事项名称	职权类型	实施依据	实施主体	
				法定实施主体	第一责任层级建议
225	对未取得人工繁育许可证繁育国家重点保护水生野生动物或者《野生动物保护法》第二十八条 第二款规定的水生野生动物的行政处罚	行政处罚	《中华人民共和国野生动物保护法》 第七条第二款：县级以上地方人民政府林业草原、渔业主管部门分别主管本行政区域内陆生、水生野生动物保护工作 第四十七条：违反本法第二十五条第二款规定，未取得人工繁育许可证繁育国家重点保护野生动物或者本法第二十八条第二款规定的野生动物的，由县级以上人民政府野生动物保护主管部门没收野生动物及其制品，并处野生动物及其制品价值一倍以上五倍以下的罚款	农业农村主管部门	设区的市或县级
226	对伪造、变造、买卖、转让、租借水生野生动物有关证件、专用标识或者有关批准文件的行政处罚	行政处罚	《中华人民共和国野生动物保护法》 第七条第二款：县级以上地方人民政府林业草原、渔业主管部门分别主管本行政区域内陆生、水生野生动物保护工作 第五十五条：违反本法第三十九条第一款规定，伪造、变造、买卖、转让、租借有关证件、专用标识或者有关批准文件的，由县级以上人民政府野生动物保护主管部门没收违法证件、专用标识、有关批准文件和违法所得，并处五万元以上二十五万元以下的罚款；构成违反治安管理行为的，由公安机关依法给予治安管理处罚；构成犯罪的，依法追究刑事责任	农业农村主管部门	设区的市或县级
227	对违反水污染防治法规定，造成渔业污染事故或者渔业船舶造成水污染事故的行政处罚	行政处罚	《中华人民共和国水污染防治法》 第九十四条第三款：造成渔业污染事故或者渔业船舶造成水污染事故的，由渔业主管部门进行处罚；其他船舶造成水污染事故的，由海事管理机构进行处罚	农业农村主管部门	设区的市或县级
228	对在以渔业为主的渔港水域内违反港航法律、法规造成水上交通事故的行政处罚	行政处罚	1.《中华人民共和国海上交通安全法》 第九条：船舶、设施上的人员必须遵守有关海上交通安全的规章制度和操作规程，保障船舶、设施航行、停泊和作业的安全 第四十四条：对违反本法的，主管机关可视情节，给予下列一种或几种处罚：一、警告；二、扣留或吊销职务证书；三、罚款 第四十八条：国家渔政渔港监督管理机构，在以渔业为主的渔港水域内，行使本法规定的主管机关的职权，负责交通安全的监督管理，并负责沿海水域渔业船舶之间的交通事故的调查处理。具体实施办法由国务院另行规定 2.《中华人民共和国渔业港航监督行政处罚规定》 第三十一条：违反港航法律、法规造成水上交通事故的，对船长或直接责任人按以下规定处罚：（一）造成特大事故的，处以 3 000 元以上 5 000元以下罚款，吊销职务船员证书；（二）造成重大事故的，予以警告，处以 1 000 元以上 3 000元以下罚款，扣留其职务船员证书 3 至 6 个月；（三）造成一般事故的，予以警告，处以 100 元以上 1 000 元以下罚款，扣留职务船员证书 1 至 3 个月。事故发生后，不向渔政渔港监督管理机关报告、拒绝接受渔政渔港监督管理机关调查或在接受调查时故意隐瞒事实、提供虚假证词或证明的，从重处罚	农业农村主管部门	设区的市或县级

（续）

序号	事项名称	职权类型	实施依据	实施主体	
				法定实施主体	第一责任层级建议
229	对在以渔业为主的渔港水域内发现有人遇险、遇难或收到求救信号，在不危及自身安全的情况下，不提供救助或不服从渔政渔港监督管理机关救助指挥等行为的行政处罚	行政处罚	1.《中华人民共和国海上交通安全法》 第三十六条：事故现场附近的船舶、设施，收到求救信号或发现有人遭遇生命危险时，在不严重危及自身安全的情况下，应当尽力救助遇难人员，并迅速向主管机关报告现场情况和本船舶、设施的名称、呼号和位置 第三十七条：发生碰撞事故的船舶、设施，应当互通名称、国籍和登记港，并尽一切可能救助遇难人员。在不严重危及自身安全的情况下，当事船舶不得擅自离开事故现场 第四十四条：对违反本法的，主管机关可视情节，给予下列一种或几种处罚：一、警告；二、扣留或吊销职务证书；三、罚款 第四十八条：国家渔政渔港监督管理机构，在以渔业为主的渔港水域内，行使本法规定的主管机关的职权，负责交通安全的监督管理，并负责沿海水域渔业船舶之间的交通事故的调查处理。具体实施办法由国务院另行规定 2.《中华人民共和国渔业港航监督行政处罚规定》 第三十二条：有下列行为之一的，对船长处500元以上1 000元以下罚款，扣留职务船员证书3至6个月；造成严重后果的，吊销职务船员证书：（一）发现有人遇险、遇难或收到求救信号，在不危及自身安全的情况下，不提供救助或不服从渔政渔港监督管理机关救助指挥；（二）发生碰撞事故，接到渔政渔港监督管理机关守候现场或到指定地点接受调查的指令后，擅离现场或拒不到指定地点	农业农村主管部门	设区的市或县级
230	对渔业船员在以渔业为主的渔港水域内因违规造成责任事故行为的行政处罚	行政处罚	1.《中华人民共和国海上交通安全法》 第九条：船舶、设施上的人员必须遵守有关海上交通安全的规章制度和操作规程，保障船舶、设施航行、停泊和作业的安全 第四十四条：对违反本法的，主管机关可视情节，给予下列一种或几种处罚：一、警告；二、扣留或吊销职务证书；三、罚款 第四十八条：国家渔政渔港监督管理机构，在以渔业为主的渔港水域内，行使本法规定的主管机关的职权，负责交通安全的监督管理，并负责沿海水域渔业船舶之间的交通事故的调查处理。具体实施办法由国务院另行规定 2.《中华人民共和国渔业船员管理办法》 第四十五条：渔业船员因违规造成责任事故的，暂扣渔业船员证书6个月以上2年以下；情节严重的，吊销渔业船员证书；构成犯罪的，依法追究刑事责任	农业农村主管部门	设区的市或县级
231	对紧急情况下，非法研究、试验、生产、加工，经营或者进口、出口的农业转基因生物的行政强制	行政强制	《农业转基因生物安全管理条例》 第三十八条第五项：农业行政主管部门履行监督检查职责时，有权采取下列措施：（五）在紧急情况下，对非法研究、试验、生产、加工，经营或者进口、出口的农业转基因生物实施封存或者扣押	农业农村主管部门	设区的市或县级

（续）

序号	事项名称	职权类型	实施依据	实施主体	
				法定实施主体	第一责任层级建议
232	对有证据证明违法生产经营的农作物种子，以及用于违法生产经营的工具、设备及运输工具等的行政强制	行政强制	《中华人民共和国种子法》 第五十条第一款第四项：农业、林业主管部门是种子行政执法机关。种子执法人员依法执行公务时应当出示行政执法证件。农业、林业主管部门依法履行种子监督检查职责时，有权采取下列措施：（四）查封、扣押有证据证明违法生产经营的种子，以及用于违法生产经营的工具、设备及运输工具等	农业农村主管部门	设区的市或县级
233	对违法从事农作物种子生产经营活动的场所的行政强制	行政强制	《中华人民共和国种子法》 第五十条第一款第五项：农业、林业主管部门是种子行政执法机关。种子执法人员依法执行公务时应当出示行政执法证件。农业、林业主管部门依法履行种子监督检查职责时，有权采取下列措施：（五）查封违法从事种子生产经营活动的场所	农业农村主管部门	设区的市或县级
234	对与农作物品种权侵权案件和假冒农作物授权品种案件有关的植物品种的繁殖材料的行政强制	行政强制	1.《中华人民共和国种子法》 第五十条第一款第四项：农业、林业主管部门是种子行政执法机关。种子执法人员依法执行公务时应当出示行政执法证件。农业、林业主管部门依法履行种子监督检查职责时，有权采取下列措施：（四）查封、扣押有证据证明违法生产经营的种子，以及用于违法生产经营的工具、设备及运输工具等 2.《中华人民共和国植物新品种保护条例》 第四十一条：省级以上人民政府农业、林业行政部门依据各自的职权在查处品种权侵权案件和县级以上人民政府农业、林业行政部门依据各自的职权在查处假冒授权品种案件时，根据需要，可以封存或者扣押与案件有关的植物品种的繁殖材料，查阅、复制或者封存与案件有关的合同、账册及有关文件	农业农村主管部门	设区的市或县级
235	对发生农业机械事故后企图逃逸的、拒不停止存在重大事故隐患农业机械的作业或者转移的行政强制	行政强制	《农业机械安全监督管理条例》 第四十一条：发生农业机械事故后企图逃逸的、拒不停止存在重大事故隐患农业机械的作业或者转移的，县级以上地方人民政府农业机械化主管部门可以扣押有关农业机械及证书、牌照、操作证件。案件处理完毕或者农业机械事故肇事方提供担保的，县级以上地方人民政府农业机械化主管部门应当及时退还被扣押的农业机械及证书、牌照、操作证件。存在重大事故隐患的农业机械，其所有人或者使用人排除隐患前不得继续使用	农业农村主管部门	设区的市或县级
236	对使用拖拉机、联合收割机违反规定载人的行政强制	行政强制	《农业机械安全监督管理条例》 第五十四条第一款：使用拖拉机、联合收割机违反规定载人的，由县级以上地方人民政府农业机械化主管部门对违法行为人予以批评教育，责令改正；拒不改正的，扣押拖拉机、联合收割机的证书、牌照；情节严重的，吊销有关人员的操作证件。非法从事经营性道路旅客运输的，由交通主管部门依照道路运输管理法律、行政法规处罚	农业农村主管部门	设区的市或县级

（续）

序号	事项名称	职权类型	实施依据	实施主体	
				法定实施主体	第一责任层级建议
237	对违反禁渔区、禁渔期的规定或者使用禁用的渔具、捕捞方法进行捕捞等行为的行政强制	行政强制	《中华人民共和国渔业法》 第四十八条：本法规定的行政处罚，由县级以上人民政府渔业行政主管部门或者其所属的渔政监督管理机构决定。但是，本法已对处罚机关作出规定的除外。在海上执法时，对违反禁渔区、禁渔期的规定或者使用禁用的渔具、捕捞方法进行捕捞，以及未取得捕捞许可证进行捕捞的，事实清楚、证据充分，但是当场不能按照法定程序作出和执行行政处罚决定的，可以先暂时扣押捕捞许可证、渔具或者渔船，回港后依法作出和执行行政处罚决定	农业农村主管部门	设区的市或县级（特殊区域为省级）
238	对向水体倾倒船舶垃圾或者排放船舶的残油、废油等行为造成水污染逾期不采取治理措施的行政强制	行政强制	《中华人民共和国水污染防治法》 第九十条：违反本法规定，有下列行为之一的，由海事管理机构、渔业主管部门按照职责分工责令停止违法行为，处一万元以上十万元以下的罚款；造成水污染的，责令限期采取治理措施，消除污染，处二万元以上二十万元以下的罚款；逾期不采取治理措施的，海事管理机构、渔业主管部门按照职责分工可以指定有治理能力的单位代为治理，所需费用由船舶承担：（一）向水体倾倒船舶垃圾或者排放船舶的残油、废油的；（二）未经作业地海事管理机构批准，船舶进行散装液体污染危害性货物的过驳作业的；（三）船舶及有关作业单位从事有污染风险的作业活动，未按照规定采取污染防治措施的；（四）以冲滩方式进行船舶拆解的；（五）进入中华人民共和国内河的国际航线船舶，排放不符合规定的船舶压载水的	农业农村主管部门	设区的市或县级（特殊区域为省级）
239	对拒不停止使用无证照或者未按照规定办理变更登记手续的拖拉机、联合收割机的行政强制	行政强制	《农业机械安全监督管理条例》 第五十条第一款：未按照规定办理登记手续并取得相应的证书和牌照，擅自将拖拉机、联合收割机投入使用，或者未按照规定办理变更登记手续的，由县级以上地方人民政府农业机械化主管部门责令限期补办相关手续；逾期不补办的，责令停止使用；拒不停止使用的，扣押拖拉机、联合收割机，并处200元以上2 000元以下罚款	农业农村主管部门	设区的市或县级
240	对经责令停止使用仍拒不停止使用存在事故隐患的农用机械的行政强制	行政强制	《农业机械安全监督管理条例》 第五十五条第一款：经检验、检查发现农业机械存在事故隐患，经农业机械化主管部门告知拒不排除并继续使用的，由县级以上地方人民政府农业机械化主管部门对违法行为人予以批评教育，责令改正；拒不改正的，责令停止使用；拒不停止使用的，扣押存在事故隐患的农业机械	农业农村主管部门	设区的市或县级
241	对有证据证明用于违法生产饲料的饲料原料、单一饲料、饲料添加剂、药物饲料添加剂、添加剂预混合饲料等的行政强制	行政强制	《饲料和饲料添加剂管理条例》 第三十四条第三、四项：国务院农业行政主管部门和县级以上地方人民政府饲料管理部门在监督检查中可以采取下列措施：（三）查封、扣押有证据证明用于违法生产饲料的饲料原料、单一饲料、饲料添加剂、药物饲料添加剂、添加剂预混合饲料，用于违法生产饲料添加剂的原料，用于违法生产饲料、饲料添加剂的工具、设施，违法生产、经营、使用的饲料、饲料添加剂；（四）查封违法生产、经营饲料、饲料添加剂的场所。	农业农村主管部门	国务院主管部门或者设区的市或县级

（续）

序号	事项名称	职权类型	实施依据	实施主体	
				法定实施主体	第一责任层级建议
242	对有证据证明不符合乳品质量安全国家标准的乳品以及违法使用的生鲜乳、辅料、添加剂及涉嫌违法从事乳品生产经营场所、工具、设备等的行政强制	行政强制	《乳品质量安全监督管理条例》 第四十七条第四、五项：畜牧兽医、质量监督、工商行政管理等部门在依据各自职责进行监督检查时，行使下列职权：（四）查封、扣押有证据证明不符合乳品质量安全国家标准的乳品以及违法使用的生鲜乳、辅料、添加剂；（五）查封涉嫌违法从事乳品生产经营活动的场所，扣押用于违法生产经营的工具、设备	农业农村主管部门	设区的市或县级
243	对染疫或者疑似染疫的动物、动物产品及相关物品的行政强制	行政强制	《中华人民共和国动物防疫法》 第五十九条第一款第二项：动物卫生监督机构执行监督检查任务，可以采取下列措施，有关单位和个人不得拒绝或者阻碍：（二）对染疫或者疑似染疫的动物、动物产品及相关物品进行隔离、查封、扣押和处理	农业农村主管部门	设区的市或县级
244	对违法生猪屠宰活动有关的场所、设施、生猪、生猪产品以及屠宰工具和设备等的行政强制	行政强制	《生猪屠宰管理条例》 第二十一条第二款第四项：畜牧兽医行政主管部门依法进行监督检查，可以采取下列措施：（四）查封与违法生猪屠宰活动有关的场所、设施，扣押与违法生猪屠宰活动有关的生猪、生猪产品以及屠宰工具和设备	农业农村主管部门	设区的市或县级
245	对有证据证明可能是假、劣兽药的，采取查封、扣押等的行政强制	行政强制	《兽药管理条例》 第四十六条：兽医行政管理部门依法进行监督检查时，对有证据证明可能是假、劣兽药的，应当采取查封、扣押的行政强制措施，并自采取行政强制措施之日起7个工作日内作出是否立案的决定；需要检验的，应当自检验报告书发出之日起15个工作日内作出是否立案的决定；不符合立案条件的，应当解除行政强制措施；需要暂停生产的，由国务院兽医行政管理部门或者省、自治区、直辖市人民政府兽医行政管理部门按照权限作出决定；需要暂停经营、使用的，由县级以上人民政府兽医行政管理部门按照权限作出决定。未经行政强制措施决定机关或者其上级机关批准，不得擅自转移、使用、销毁、销售被封或者扣押的兽药及有关材料	农业农村主管部门	设区的市或县级
246	对渔港内的船舶、设施违反中华人民共和国法律、法规或者规章等的行政强制	行政强制	1.《中华人民共和国渔港水域交通安全管理条例》 第十八条：渔港内的船舶、设施有下列情形之一的，渔政渔港监督管理机关有权禁止其离港，或者令其停航、改航、停止作业：（一）违反中华人民共和国法律、法规或者规章的；（二）处于不适航或者不适拖状态的；（三）发生交通事故，手续未清的；（四）未向渔政渔港监督管理机关或者有关部门交付应当承担的费用，也未提供担保的；（五）渔政渔港监督管理机关认为有其他妨害或者可能妨害海上交通安全的 第十九条：渔港内的船舶、设施发生事故，对海上交通安全造成或者可能造成危害，渔政渔港监督管理机关有权对其采取强制性处置措施 2.《中华人民共和国管辖海域外国人、外国船舶渔业活动管理暂行规定》	农业农村主管部门	设区的市或县级（涉及外国人、船舶的为省级）

（续）

序号	事项名称	职权类型	实施依据	实施主体	
				法定实施主体	第一责任层级建议
			第十一条：外国人、外国船舶在中华人民共和国管辖海域内从事渔业生产、生物资源调查等活动以及进入中华人民共和国渔港的，应当接受中华人民共和国渔政渔港监督管理机构的监督检查和管理。中华人民共和国渔政渔港监督管理机构及其检查人员在必要时，可以对外国船舶采取登临、检查、驱逐、扣留等必要措施，并可行使紧追权 第二十条：受到罚款处罚的外国船舶及其人员，必须在离港或开航前缴清罚款。不能在离港或开航前缴清罚款的，应当提交相当于罚款额的保证金或处罚决定机关认可的其他担保，否则不得离港		
247	对经检测不符合农产品质量安全标准的农产品的行政强制	行政强制	《中华人民共和国农产品质量安全法》 第三十九条：县级以上人民政府农业行政主管部门在农产品质量安全监督检查中，可以对生产、销售的农产品进行现场检查，调查了解农产品质量安全的有关情况，查阅、复制与农产品质量安全有关的记录和其他资料；对经检测不符合农产品质量安全标准的农产品，有权查封、扣押	农业农村主管部门	设区的市或县级
248	对不符合法定要求的食用农产品，违法使用的原料、辅料、添加剂、农业投入品以及用于违法生产的工具、设备及存在危害人体健康和生命安全重大隐患的生产经营场所的行政强制	行政强制	《国务院关于加强食品等产品安全监督管理的特别规定》 第十五条第三、四项：农业、卫生、质检、商务、工商、药品等监督管理部门履行各自产品安全监督管理职责，有下列职权：（三）查封、扣押不符合法定要求的产品，违法使用的原料、辅料、添加剂、农业投入品以及用于违法生产的工具、设备；（四）查封存在危害人体健康和生命安全重大隐患的生产经营场所	农业农村主管部门	设区的市或县级
249	对违法生产、经营、使用的农药，以及用于违法生产、经营、使用农药的工具、设备、原材料和场所的行政强制	行政强制	《农药管理条例》 第四十一条第五、六项：县级以上人民政府农业主管部门履行农药监督管理职责，可以依法采取下列措施：（五）查封、扣押违法生产、经营、使用的农药，以及用于违法生产、经营、使用农药的工具、设备、原材料等；（六）查封违法生产、经营、使用农药的场所	农业农村主管部门	设区的市或县级
250	对违反规定调运的农业植物和植物产品的行政强制	行政强制	《植物检疫条例》 第十八条第三款：对违反本条例规定调运的植物和植物产品，植物检疫机构有权予以封存、没收、销毁或者责令改变用途。销毁所需费用由责任人承担	农业农村主管部门	设区的市或县级
251	对企业事业单位和其他生产经营者违反法律法规规定排放有毒有害物质，造成或者可能造成农用地严重土壤污染的，或者有关证据可能灭失或者被隐匿的行政强制	行政强制	《中华人民共和国土壤污染防治法》 第七条：国务院生态环境主管部门对全国土壤污染防治工作实施统一监督管理；国务院农业农村、自然资源、住房城乡建设、林业草原等主管部门在各自职责范围内对土壤污染防治工作实施监督管理。地方人民政府生态环境主管部门对本行政区域土壤污染防治工作实施统一监督管理；地方人民政府农业农村、自然资源、住房城乡建设、林业草原等主管部门在各自职责范围内对土壤污染防治工作实施监督管理	农业农村主管部门	设区的市或县级 第七十八条：企业事业单位和其他生产经营者

（续）

序号	事项名称	职权类型	实施依据	实施主体	
				法定实施主体	第一责任层级建议
			违反法律法规规定排放有毒有害物质，造成或者可能造成严重土壤污染的，或者有关证据可能灭失或者被隐匿的，生态环境主管部门和其他负有土壤污染防治监督管理职责的部门，可以查封、扣押有关设施、设备、物品		

《农业综合行政执法事项指导目录（2020年版）》说明

一、关于主要内容。《农业综合行政执法事项指导目录（2020年版）》（以下简称《指导目录》）主要梳理规范了农业综合行政执法的事项名称、职权类型、实施依据、实施主体（包括责任部门、第一责任层级建议）。各地可根据法律法规立改废释和地方立法等情况，进行补充、细化和完善，进一步明确行政执法事项的责任主体，研究细化执法事项的工作程序、规则、自由裁量标准等，严格规范公正文明执法。

二、关于梳理范围。《指导目录》主要梳理的是农业农村领域现行有效的法律、行政法规设定的行政处罚和行政强制事项，以及部门规章设定的警告、罚款的行政处罚事项。不包括地方性法规规章设定的行政处罚和行政强制事项。以后将按程序进行动态调整。

三、关于事项确定。一是为避免法律、行政法规和部门规章相关条款在实施依据中多次重复援引，原则上按法律、行政法规和部门规章的“条”或“款”来确定为一个事项。二是对“条”或“款”中罗列的多项具体违法情形，原则上不再拆分为多个事项；但罗列的违法情形涉及援引其他法律、行政法规和部门规章条款的，单独作为一个事项列出。三是部门规章在法律、行政法规规定的给予行政处罚的行为、种类和幅度范围内做出的具体规定，在实施依据中列出，不再另外单列事项。四是同一法律行政法规条款同时包含行政处罚、行政强制事项的，分别作为一个事项列出。

四、关于事项名称。一是列入《指导目录》的行政处罚、行政强制事项名称，原则上根据设定该事项的法律、行政法规和部门规章条款内容进行概括提炼，统一规范为“对××行为的行政处罚（行政强制）”。二是部分涉及多种违法情形、难以概括提炼的，以罗列的多种违法情形中的第一项为代表，统一规范为“对××等行为的行政处罚（行政强制）”。

五、关于实施依据。一是对列入《指导目录》的行政处罚、行政强制事项，按照完整、清晰、准确的原则，列出设定该事项的法律、行政法规和部门规章的具体条款内容。二是被援引的法律、行政法规和部门规章条款已作修订的，只列入修订后对应的条款。

六、关于实施主体。一是根据全国人大常委会《关于国务院机构改革涉及法律规定的行政机关职责调整问题的决定》和国务院《关于国务院机构改革涉及行政法规规定的行政机关职责调整问题的决定》，现行法律行政法规规定的行政机关职责和工作，机构改革方案确定由组建后的行政机关或者划入职责的行政机关承担的，在有关法律行政法规规定尚未修改之前，调整适用有关法律行政法规规定，由组建后的行政机关或者划入职责的行政机关承担；相关职责尚未调整到位之前，由原承担该职责和工作的行政机关继续承担；地方各级行政机关承担法律行政法规规定的职责和工作需要进行调整的，按照上述原则执行。二是法律行政法规规定的实施主体所称“县级以上××主管部门”“××主管部门”，指的是县级以上依据“三定”规定承担该项行政处罚和行政强制职责的部门。三是根据《深化党和国家机构改革方案》关于推进农业综合行政执法的改革精神，对列入《指导目录》行政执法事项的实施主体统一规范“农业农村主管部门”。地方需要对部分事项的实施主体作出调整的，可结合部门“三定”规定作出具体规定，依法按程序报同级党委和政府决定。四是《指导目录》中的渔业行政执法事项，涉及在公海履行我国批准的国际公约、条约、协定等规定的渔业监管，机动渔船底拖网禁渔区线外侧、特定渔业资源渔场的渔业和水生野生动物保护执法检查与处罚由中国海警局依据

部门“三定”规定实施。

七、关于第一责任层级建议。一是明确“第一责任层级建议”，主要是按照有权必有责、有责要担当、失责必追究的原则，把查处违法行为的第一管辖和第一责任压实，不排斥上级主管部门对违法行为的管辖权和处罚权。必要时，上级主管部门可以按程序对重大案件和跨区域案件实施直接管辖，或进行监督指导和组织协调。二是根据党的十九届三中全会关于“减少执法层级，推动执法力量下沉”的精神和落实属地化监管责任的要求，对法定实施主体为“县级以上××主管部门”或“××主管部门”的，原则上明确“第一责任层级建议”为“设区的市或县级”。各地可在此基础上，区分不同事项和不同管理体制，结合实际具体明晰行政执法事项的第一管辖和第一责任主体。三是对于吊销行政许可等特定种类处罚，原则上由地方明确的第一管辖和第一责任主体进行调查取证后提出处罚建议，按照行政许可法规定转发证机关或者其上级行政机关落实。四是法定实施主体为“国务院××主管部门”“省级××主管部门”和“县级人民政府××主管部门”的，原则上明确“第一责任层级建议”为“国务院主管部门”“省级”和“县级”。

一百一十八、规范农业行政处罚自由裁量权办法

（2019年5月31日　农业农村部公告第180号发布）

规范农业行政处罚自由裁量权办法

第一条　为规范农业行政执法行为，保障农业农村主管部门合法、合理、适当地行使行政处罚自由裁量权，保护公民、法人和其他组织的合法权益，根据《中华人民共和国行政处罚法》以及国务院有关规定，制定本办法。

第二条　本办法所称农业行政处罚自由裁量权，是指农业农村主管部门在实施农业行政处罚时，根据法律、法规、规章的规定，综合考虑违法行为的事实、性质、情节、社会危害程度等因素，决定行政处罚种类及处罚幅度的权限。

第三条　农业农村主管部门制定行政处罚自由裁量基准和行使行政处罚自由裁量权，适用本办法。

第四条　行使行政处罚自由裁量权，应当符合法律、法规、规章的规定，遵循法定程序，保障行政相对人的合法权益。

第五条　行使行政处罚自由裁量权应当符合法律目的，排除不相关因素的干扰，所采取的措施和手段应当必要、适当。

第六条　行使行政处罚自由裁量权，应当以事实为依据，行政处罚的种类和幅度应当与违法行为的事实、性质、情节、社会危害程度相当，与违法行为发生地的经济社会发展水平相适应。

违法事实、性质、情节及社会危害后果等相同或相近的违法行为，同一行政区域行政处罚的种类和幅度应当基本一致。

第七条　农业农村部可以根据统一和规范全国农业行政执法裁量尺度的需要，针对特定的农业行政处罚事项制定自由裁量基准。

第八条　法律、法规、规章对行政处罚事项规定有自由裁量空间的，省级农业农村主管部门应当根据本办法结合本地区实际制定自由裁量基准，明确处罚裁量标准和适用条件，供本地区农业农村主管部门实施行政处罚时参照执行。

市、县级农业农村主管部门可以在省级农业农村主管部门制定的行政处罚自由裁量基准范围内，结合本地实际对处罚裁量标准和适用条件进行细化和量化。

第九条　农业农村主管部门应当依据法律、法规、规章制修订情况、上级主管部门制定的行政处罚自由裁量权适用规则的变化以及执法工作实际，及时修订完善本部门的行政处罚自由裁量基准。

第十条　制定行政处罚自由裁量基准，应当遵守以下规定：

（一）法律、法规、规章规定可以选择是否给予行政处罚的，应当明确是否给予行政处罚的具体裁量标准和适用条件；

（二）法律、法规、规章规定可以选择行政处罚种类的，应当明确适用不同种类行政处罚的具

体裁量标准和适用条件；

（三）法律、法规、规章规定可以选择行政处罚幅度的，应当根据违法事实、性质、情节、社会危害程度等因素确定具体裁量标准和适用条件；

（四）法律、法规、规章规定可以单处也可以并处行政处罚的，应当明确单处或者并处行政处罚的具体裁量标准和适用条件。

第十一条 法律、法规、规章设定的罚款数额有一定幅度的，在相应的幅度范围内分为从重处罚、一般处罚、从轻处罚。除法律、法规、规章另有规定外，罚款处罚的数额按照以下标准确定：

（一）罚款为一定幅度的数额，并同时规定了最低罚款数额和最高罚款数额的，从轻处罚应低于最高罚款数额与最低罚款数额的中间值，从重处罚应高于中间值；

（二）只规定了最高罚款数额未规定最低罚款数额的，从轻处罚一般按最高罚款数额的百分之三十以下确定，一般处罚按最高罚款数额的百分之三十以上百分之六十以下确定，从重处罚应高于最高罚款数额的百分之六十；

（三）罚款为一定金额的倍数，并同时规定了最低罚款倍数和最高罚款倍数的，从轻处罚应低于最低罚款倍数和最高罚款倍数的中间倍数，从重处罚应高于中间倍数；

（四）只规定最高罚款倍数未规定最低罚款倍数的，从轻处罚一般按最高罚款倍数的百分之三十以下确定，一般处罚按最高罚款倍数的百分之三十以上百分之六十以下确定，从重处罚应高于最高罚款倍数的百分之六十。

第十二条 同时具有两个以上从重情节，且不具有从轻情节的，应当在违法行为对应的处罚幅度内按最高档次实施处罚。

同时具有两个以上从轻情节，且不具有从重情节的，应当在违法行为对应的处罚幅度内按最低档次实施处罚。

同时具有从重和从轻情节的，应当根据违法行为的性质和主要情节确定对应的处罚幅度，综合考虑后实施处罚。

第十三条 有下列情形之一的，农业农村主管部门依法不予处罚：

（一）未满 14 周岁的公民实施违法行为的；

（二）精神病人在不能辨认或者控制自己行为时实施违法行为的；

（三）违法事实不清，证据不足的；

（四）违法行为轻微并及时纠正，未造成危害后果的；

（五）违法行为在两年内没有发现的，法律另有规定的除外；

（六）其他依法不予处罚的。

第十四条 有下列情形之一的，农业农村主管部门依法从轻或减轻处罚：

（一）已满 14 周岁不满 18 周岁的公民实施违法行为的；

（二）主动消除或减轻违法行为危害后果的；

（三）受他人胁迫实施违法行为的；

（四）在共同违法行为中起次要或者辅助作用的；

（五）主动中止违法行为的；

（六）配合行政机关查处违法行为有立功表现的；

（七）主动投案向行政机关如实交代违法行为的；

（八）其他依法应当从轻或减轻处罚的。

第十五条 有下列情形之一的，农业农村主管部门依法从重处罚：

（一）违法情节恶劣，造成严重危害后果的；

（二）责令改正拒不改正，或者一年内实施两次以上同种违法行为的；

（三）妨碍、阻挠或者抗拒执法人员依法调查、处理其违法行为的；

（四）故意转移、隐匿、毁坏或伪造证据，或者对举报投诉人、证人打击报复的；

（五）在共同违法行为中起主要作用的；

（六）胁迫、诱骗或教唆未成年人实施违法行为的；

（七）其他依法应当从重处罚的。

第十六条 给予减轻处罚的，依法在法定行政处罚的最低限度以下作出。

第十七条 农业农村主管部门行使行政处罚自由裁量权，应当充分听取当事人的陈述、申辩，并记录在案。按照一般程序作出的农业行政处罚决定，应当经农业农村主管部门法制工作机构审核；对情节复杂或者重大违法行为给予较重的行政处罚的，还应当经农业农村主管部门负责人集体讨论决定，并在案卷讨论记录和行政处罚决定书中说明理由。

第十八条 行使行政处罚自由裁量权，应当坚持处罚与教育相结合、执法与普法相结合，将普法宣传融入行政执法全过程，教育和引导公民、法人或者其他组织知法学法、自觉守法。

第十九条 农业农村主管部门应当加强农业执法典型案例的收集、整理、研究和发布工作，建立农业行政执法案例库，充分发挥典型案例在指导和规范行政处罚自由裁量权工作中的引导、规范功能。

第二十条 农业农村主管部门行使行政处罚自由裁量权，不得有下列情形：

（一）违法行为的事实、性质、情节以及社会危害程度与受到的行政处罚相比，畸轻或者畸重的；

（二）在同一时期同类案件中，不同当事人的违法行为相同或者相近，所受行政处罚差别较大的；

（三）依法应当不予行政处罚或者应当从轻、减轻行政处罚的，给予处罚或未从轻、减轻行政处罚的；

（四）其他滥用行政处罚自由裁量权情形的。

第二十一条 各级农业农村主管部门应当建立健全规范农业行政处罚自由裁量权的监督制度，通过

以下方式加强对本行政区域内农业农村主管部门行使自由裁量权情况的监督：

（一）行政处罚决定法制审核；

（二）开展行政执法评议考核；

（三）开展行政处罚案卷评查；

（四）受理行政执法投诉举报；

（五）法律、法规和规章规定的其他方式。

第二十二条 农业行政执法人员滥用行政处罚自由裁量权的，依法追究其行政责任。涉嫌违纪、犯罪的，移交纪检监察机关、司法机关依法依规处理。

第二十三条 县级以上地方人民政府农业农村主管部门制定的行政处罚自由裁量权基准，应当及时向社会公开。

第二十四条 本办法自 2019 年 6 月 1 日起施行。

一百一十九、生猪屠宰质量管理规范

（2023 年 12 月 8 日　农业农村部办公厅农办牧〔2023〕32 号发布）

第一章　总　　则

第一条 为加强生猪屠宰管理，保证生猪产品质量安全，根据《生猪屠宰管理条例》，制定本规范。

第二条 本规范适用于按照《生猪屠宰管理条例》规定，依法取得生猪定点屠宰资格的生猪屠宰厂（场）。

第三条 生猪屠宰质量管理应当遵循预防为主、风险管理、全程控制的原则。

第四条 生猪定点屠宰厂（场）应当按照本规范要求建立质量管理制度，包括但不限于供应商评价、进厂（场）查验登记、待宰静养、肉品品质检验、产品储存、产品出厂（场）记录、产品召回、无害化处理、现场巡查、屠宰信息报送、屠宰设备管理等制度。

第五条 生猪定点屠宰厂（场）应当依照相关法律、法规、强制执行的标准以及本规范的要求开展生猪屠宰活动，履行企业主体责任；坚持诚实守信，禁止任何虚假、欺骗行为。

第二章　机构与人员

第六条 生猪定点屠宰厂（场）对其生产的生猪产品质量安全负责，其主要负责人全面负责本厂（场）生猪产品质量安全工作。

第七条 生猪定点屠宰厂（场）应当设立质量管理部门，负责从生猪进厂（场）到生猪产品出厂（场）的全过程质量管理。

鼓励生猪屠宰集团企业总部设立质量管理中心，加强对所属屠宰厂（场）的质量管理。

第八条 生猪定点屠宰厂（场）应当明确质量安全负责人。

质量安全负责人应当至少具有畜牧兽医、食品卫生等相关专业大专学历或中级专业技术职称，以及两年屠宰质量安全管理相关工作经验；学历和技术职称都不能满足的，应当至少具有五年屠宰质量安全管理相关工作经验，并具备下列能力：

（一）掌握生猪屠宰、动物防疫、食品安全等法律、法规和有关标准；

（二）具备识别和控制生猪产品质量安全风险

的专业知识；

（三）熟悉屠宰相关设施设备、工艺流程、操作程序以及过程控制等要求；

（四）其他应当具备的质量安全管理能力。

第九条 生猪定点屠宰厂（场）的质量安全负责人直接对本厂（场）主要负责人负责，承担下列主要职责：

（一）组织制定并落实本厂（场）生猪进厂（场）查验登记、待宰静养、肉品品质检验、产品出厂（场）记录、不合格产品召回、无害化处理、现场巡查等质量管理制度；

（二）组织拟订委托屠宰协议，并对其中的质量安全条款实施监督和检查；

（三）组织落实国家规定的操作规程、消毒技术规范、技术要求以及本规范；

（四）组织拟定并督促落实质量安全风险防控措施，定期组织开展自查，评估质量安全状况，及时向本厂（场）主要负责人报告质量安全工作情况并提出改进措施，阻止、纠正质量安全违法行为或不规范行为；

（五）组织开展相关法律、法规和标准的培训和考核；

（六）负责本厂（场）检验室质量管理体系的建立和持续有效运行；

（七）接受和配合农业农村主管部门开展的监督检查等工作；

（八）其他质量安全管理责任。

生猪定点屠宰厂（场）应当按照前款规定，结合本厂（场）实际，细化制定质量安全负责人职责。

第十条 生猪定点屠宰厂（场）应当配备与屠宰规模相适应的屠宰技术人员。屠宰技术人员应当具有相关基础理论知识和实际操作技能，符合《畜禽屠宰加工人员岗位技能要求》（NY/T3349）的规定。

第十一条 生猪定点屠宰厂（场）应当配备与屠宰规模相适应的兽医卫生检验人员，满足生猪屠宰肉品品质检验规程规定的各岗位工作需要：

（一）每小时屠宰量大于300头的，至少配备11名兽医卫生检验人员；

（二）每小时屠宰量大于150头，不超过300头的，至少配备9名兽医卫生检验人员；

（三）每小时屠宰量大于70头，不超过150头的，至少配备7名兽医卫生检验人员；

（四）每小时屠宰量大于30头，不超过70头的，至少配备5名兽医卫生检验人员；

（五）每小时屠宰量大于10头，不超过30头的，至少配备3名兽医卫生检验人员；

（六）每小时屠宰量不超过10头的，至少配备2名兽医卫生检验人员。

兽医卫生检验人员应当符合《生猪屠宰兽医卫生检验人员岗位技能要求》（NY/T 3350）的规定，经农业农村主管部门考核合格后方可上岗。

第十二条 生猪定点屠宰厂（场）的屠宰技术人员和兽医卫生检验人员，以及其他可能与生猪产品接触的人员每年应当至少进行一次健康检查，并取得健康证明。

患有人畜共患传染病的人员不得直接从事生猪屠宰和检验检测等工作。

第十三条 生猪定点屠宰厂（场）应当加强员工培训，制定年度培训计划，对不同岗位人员进行分类培训，培训内容应当与岗位要求相适应，填写并保存培训记录。

第三章 厂房与设施设备

第十四条 生猪定点屠宰厂（场）应当符合省级生猪屠宰行业发展规划。

生猪定点屠宰厂（场）应当符合动物防疫条件，具备符合《生活饮用水卫生标准》（GB 5749）规定的水源和符合要求的电源。

厂区周围应当有良好的环境卫生条件，远离产生污染源的工业企业或其他场所，远离受污染的水体以及虫害大量滋生的场所。

第十五条 厂区周围应当建有围墙等隔离设施，厂区主要道路应当硬化，路面平整、易冲洗，不积水。

第十六条 厂区布局应当符合下列要求：

（一）厂区划分为生产区和非生产区，二者之间设有隔离设施；

（二）成品出厂应当使用专用通道和出入口，运送生猪和废弃物的，不得与其共用；

（三）设有待宰间、隔离间、屠宰间、急宰间、检验室、官方兽医室和无害化处理间（或暂存设施）等；

（四）分别设有生猪运输车辆、产品运输车辆以及工具清洗消毒的区域，生猪运输车辆清洗消

毒区域应当临近生猪卸载区域；

第十七条 生产区各车间的布局与设施应当满足生产工艺流程和卫生要求。

（五）有符合环境保护要求的污染防治设施。

屠宰间不应设置在无害化处理间、废弃物集存场所、污水处理设施、锅炉房等建筑物及场所主导风向的下风侧。

第十八条 待宰间应当有足够的圈舍容量，能容纳不少于设屠宰间清洁区与非清洁区应当分隔。

计单班屠宰能力的生猪。

圈舍隔墙高度不低于 1 米，隔墙和地面应当采用不渗水、易清洗材料。

第十九条 隔离间应当单独设立，位于待宰间主导风向的下风侧，宜靠近卸猪台。

第二十条 急宰间应当设在待宰间和隔离间附近，有冷、热水供应装置，出入口设置便于手推车出入的消毒池。

第二十一条 屠宰间的建筑面积与设施应当与设计屠宰能力相适应。地面应当采用易清洗、耐腐蚀的材料，其表面应当平整无裂缝、无积水。车间内各加工区应当划分明确，人流、物流互不干扰，符合生产工艺、卫生及检验检疫要求。

屠宰间不得用于屠宰生猪以外的其他动物。

检验检疫操作区域的长度应当按照每位检验检疫人员不小于 1.5 米计算，踏脚台高度应当适合检验检疫操作的要求。

第二十二条 屠宰间的清洁区和非清洁区应当分别设有与屠宰能力相适应并与屠宰间相连通的更衣室。

屠宰间根据需要设置卫生间。卫生间不得与屠宰加工、包装或储存等区域直接连通。卫生间的门应当能自动关闭，门窗不应直接开向车间。

第二十三条 屠宰间应当根据工艺流程的需要，在用水位置分别设置冷、热水供应装置，消毒用热水温度不应低于 82℃。

加工用水的管道应当有防虹吸或防回流装置；明沟排水口处应当设置不易腐蚀材料格栅，并有防鼠、防臭设施。

第二十四条 屠宰间内应当有适宜的自然光线或人工照明，照度应当能满足检验检疫人员和屠宰技术人员的工作需要。屠宰间加工线操作部位的照度应当不低于 200 勒克斯，检验检疫操作部位的照度应当不低于 500 勒克斯。

第二十五条 屠宰间内应当有良好的通风、排气装置，空气流动的方向应当从清洁区流向非清洁区。

第二十六条 生猪定点屠宰厂（场）应当配备与设计屠宰能力相适应、符合国家规定的屠宰设备和工器具，并按工艺流程有序排列，避免引起交叉污染。与生猪产品接触的设备和工器具，应当耐腐蚀、可反复清洗消毒，不与生猪产品、清洁剂和消毒剂等发生反应。

不得使用产业结构调整指导目录中规定的淘汰类生产工艺装备。

第二十七条 生猪定点屠宰厂（场）应当设有符合要求的检验室，配备满足日常检验检测需要的设施设备，能够开展常见理化指标检测，“瘦肉精”等的快速筛查，以及国家规定的动物疫病检测，并具备一定的兽药残留检测能力。

第二十八条 生猪定点屠宰厂（场）应当根据生产工艺和产品类型等需要，设置相应的储存库，储存库内应当有防霉、防鼠、防虫设施。

储存库的温度应当符合所储存产品的特定要求。冷藏、冷冻储存库应当具有温度监控设备。

第二十九条 生猪定点屠宰厂（场）应当在不同场所配备必要的清洗消毒设施设备，不同场所清洗消毒设施设备不得混用。

厂（场）区出入口处应当单独设置人员消毒通道。生猪运输车辆入口处应当设置与门同宽，长 4 米以上、深 0.3 米以上的消毒池，配置消毒喷雾器或设置消毒通道。

屠宰间入口处应当设置与屠宰规模相适应的洗手设施、换鞋设施或工作鞋靴消毒设施；车间内应当设有工器具、容器和固定设备的清洗消毒设施，并有充足的冷热水源。

隔离间、无害化处理间的门口应当设置车轮、鞋靴消毒设施。

第三十条 生猪定点屠宰厂（场）应当在远离车间的地点设置废弃物临时存放设施。废弃物临时存放设施应当便于清洗消毒，结构严密，能防止虫害、鼠害等。

车间内存放废弃物的设施和容器应当有清晰、明显标识。

厂区内废弃物应当及时清除或处理，不应堆放废弃设备和其他杂物。

第三十一条 生猪定点屠宰厂（场）应当配备与设计屠宰能力相适应的病死生猪及病害生猪

产品无害化处理设施设备，采用的处理方法应当符合《病死及病害动物无害化处理技术规范》及相关要求。

第四章　宰前管理

第三十二条　生猪定点屠宰厂（场）应当加强对进厂（场）生猪的管理，建立供应商评价制度，全面评估供应商（包括生猪饲养者、生猪经纪人、委托人等）的生猪疫病防控和质量安全保障能力，编制合格供应商名录，做好记录和保存。

供应商评价内容应当包括生猪来源、防疫、兽药和饲料使用、运输等情况，以及质量安全保障措施。

第三十三条　生猪定点屠宰厂（场）应当建立生猪进厂（场）查验登记制度，规定查验登记流程、生猪验收标准、生猪查验要求、不合格生猪处理、查验登记记录等内容。

查验登记记录包括生猪进厂（场）时间、生猪来源、数量、检疫证明号和生猪供货者名称、地址、联系方式、运输车辆信息、查验结果和查验人等内容。

第三十四条　生猪定点屠宰厂（场）应当依法查验进厂（场）生猪的检疫证明、承诺达标合格证等凭证，利用信息化手段核实相关信息，确保证物相符。对进厂（场）生猪应当查验畜禽标识佩戴情况以及精神状况、外貌、呼吸状态和排泄物状态等，确认临床健康，符合验收标准。发生动物疫情时，还应当查验运输车辆基本情况。

第三十五条　生猪定点屠宰厂（场）应当将验收合格的生猪赶入待宰间静养待宰，按批次对生猪实施分圈管理。

生猪定点屠宰厂（场）应当按照“一圈一档”的原则对待宰生猪实施档案管理，如实记录生猪供应商名称、生猪数量、来源、入圈时间、生猪批次等内容。

第三十六条　生猪定点屠宰厂（场）应当建立生猪待宰静养管理制度，明确生猪宰前停食停水静养时限、待宰巡查频次、巡查内容、问题处理和待宰静养记录等内容。生猪临宰前应当停食静养不少于12小时，宰前3小时停止喂水。

第三十七条　生猪定点屠宰厂（场）应当在生猪屠宰前，对生猪体表进行喷淋，洗净生猪体表的粪便、污物等。

第三十八条　生猪定点屠宰厂（场）应当及时对卸载后的生猪运输车辆进行彻底清洗消毒。每批次生猪送宰后，应当对空圈进行彻底清洗消毒。

第五章　屠宰过程管理

第三十九条　生猪定点屠宰厂（场）屠宰生猪的工艺应当至少包括致昏、刺杀放血、烫毛脱毛（或剥皮）、吊挂提升、去头蹄尾、雕圈、开膛净腔、劈半（锯半）、整修等，符合《畜禽屠宰操作规程生猪》（GB/T17236）的相关规定，并制作工艺流程图，在显著位置公示。

第四十条　生猪定点屠宰厂（场）应当根据屠宰工艺流程设置屠宰生产岗位，制定并执行主要岗位的操作规范，并在显著位置悬挂岗位标识牌。

第四十一条　生猪定点屠宰厂（场）每日屠宰生猪前，应当检查工作环境、屠宰设施设备、工器具、容器等的卫生状况和运行使用状态。

第四十二条　生猪定点屠宰厂（场）应当根据经营方式和产品类型，制定屠宰生产记录表单，如实记录生猪批次、数量、宰前重量、生猪产品名称、宰后重量、生猪产品所有人、生产批号、屠宰时间等内容。

第四十三条　生猪定点屠宰厂（场）应当采取有效措施，生猪产品防止污染和交叉污染。措施应当包括但不限于以下内容：

（一）厂（场）区定期除虫灭害，屠宰间配备防鼠、防蚊蝇等设施；

（二）保持屠宰现场清洁卫生，及时清理杂物；

（三）工作人员进入屠宰间前进行洗手、消毒，更换工作衣帽和鞋靴，屠宰过程中，非清洁区与清洁区的工作人员不得串岗；

（四）屠宰过程中生猪产品及使用的工器具不得落地，不得与不清洁的表面接触；

（五）生猪屠宰、检验过程中使用的工器具，如刀具、内脏托盘等，应当一猪一更换，每次使用后用82℃以上的热水进行清洗消毒，不得使用化学清洁剂；

（六）病害及可疑病害胴体、组织、体液、胃肠内容物等应当单独放置，避免污染其他生猪产品、设备和场地，造成污染的，按要求进行处理；

（七）使用符合国家规定的加工助剂、清洗剂、消毒剂、润滑剂等化学制剂；

（八）不得在屠宰过程中进行设施设备的维护、维修等作业，确需进行的，应当停止屠宰作业，并采取适当措施避免污染生猪产品；

（九）每日屠宰结束后，对屠宰间等场地进行彻底清洗消毒；

（十）生猪产品与不可食用副产品、废弃物、病死生猪及病害产品等分类分区分库存放，清晰标识。

第四十四条 生猪定点屠宰厂（场）应当建立屠宰设备管理制度，制定屠宰关键设备操作规程。屠宰设备管理制度应当包括采购与验收、使用操作、维护维修及相关记录等内容。

维护维修记录应当包括设备名称和编号，维护维修项目、日期、故障描述、结果，以及人员签字等内容。

第四十五条 生猪定点屠宰厂（场）应当按照国家有关规定严格化学试剂和危险化学品管理，按规定采购、储存、使用和处理，如实记录危险化学品名称、入库数量和日期、出库数量和日期、领用人签字、保管人签字、库存数量等内容。

第四十六条 生猪定点屠宰厂（场）应当严格遵守国家安全生产有关法律规定，加强安全生产管理，建立健全全员安全生产责任制和安全生产规章制度，构建安全风险分级管控和隐患排查治理双重预防机制。

第四十七条 生猪定点屠宰厂（场）发现生猪染疫或者疑似染疫的，应当立即向所在地农业农村主管部门或者动物疫病预防控制机构报告，并采取停止屠宰、隔离等控制措施，同时告知驻场官方兽医。

第四十八条 生猪定点屠宰厂（场）应当针对产品质量安全事件、重大动物疫情、安全生产事故等突发事件制定应急预案，定期开展应急培训和演练。

第六章 检验检疫

第四十九条 生猪定点屠宰厂（场）应当提供与屠宰规模相适应的官方兽医驻场检疫室、工作室和检疫操作台等设施。

第五十条 生猪定点屠宰厂（场）屠宰生猪，应当按照有关规定提前6小时申报检疫，并如实提交检疫申报单以及农业农村部规定的其他材料；急宰的，可以随时申报。

第五十一条 生猪定点屠宰厂（场）的兽医卫生检验人员应当按照有关规定协助官方兽医实施检疫。

第五十二条 生猪定点屠宰厂（场）应当建立肉品品质检验管理制度，明确检验岗位设置、检验人员要求与职责、检验项目与方式以及检验结果判定、肉品品质检验验讫印章加盖、肉品品质检验合格证出具、检验不合格产品处理等内容。

第五十三条 生猪定点屠宰厂（场）应当按照生猪屠宰肉品品质检验规程和相关标准规定对生猪实施宰前检验，如实记录生猪批次、入圈时间、数量、准宰数量、急宰数量、死亡数量和处理情况、检验人等内容。

第五十四条 生猪定点屠宰厂（场）应当根据屠宰生产工艺流程，设置与生猪屠宰同步进行的宰后检验岗位，制定岗位操作规范，并悬挂岗位标识牌。宰后检验岗位应当至少包括头蹄检验、内脏检验、胴体检验、复验等岗位。

第五十五条 生猪定点屠宰厂（场）的兽医卫生检验人员应当按照生猪屠宰肉品品质检验规程和相关标准规定实施生猪宰后检验，如实记录生猪批次、数量、检验合格数量、检验不合格数量、不合格原因及处理方式、检验人等内容。检验合格的，出具肉品品质检验合格证，在胴体上加盖肉品品质检验验讫印章。

第五十六条 生猪定点屠宰厂（场）的兽医卫生检验人员应当按照国家有关规定和本厂（场）肉品品质检验管理制度要求开展实验室检验检测，并做好检验检测记录。

第五十七条 生猪定点屠宰厂（场）应当采取以下一项或者多项措施加强实验室检验检测质量控制：

（一）参加能力验证/实验室间比对；

（二）对留存样品进行再检验检测；

（三）在内部进行不同人员、不同方法、不同仪器设备的比对；

第五十八条 生猪定点屠宰厂（场）应当对检验检测样品进（四）在内部开展实际操作的现场考核。

行留存，如实记录样品编号、对应生猪产品名称、屠宰日期或生产批号、留样人、留存样品流向和处理时间等内容。样品留存时间不得少于3个月。

第五十九条 生猪定点屠宰厂（场）应当根据检验检测仪器设备配置情况，制定主要仪器设备操作规范。定量检验的仪器设备应当定期校验。

仪器设备应当实行“一机一档”管理，档案包括仪器名称、型号、制造厂家、投入使用日期、使用记录等内容。

第六十条 生猪定点屠宰厂（场）应当建立病死生猪及病害生猪产品无害化处理制度，对屠宰前确认的病死生猪、病害生猪、屠宰过程中经检疫或肉品品质检验确认为不合格的生猪产品，以及其他应当进行无害化处理的生猪及其产品及时进行无害化处理，填写并保存无害化处理记录。

第七章 产品出厂管理

第六十一条 生猪定点屠宰厂（场）应当严格生猪产品包装管理：

（一）使用的包装材料符合相关强制执行的标准；

（二）包装材料和标签由专人保管，专库储存，并如实记录包装材料使用情况；

（三）包装后的生猪产品标签或标识与产品保持一致，且不易脱落，内容符合国家有关规定。

第六十二条 生猪定点屠宰厂（场）应当建立生猪产品储存管理制度，未能及时出厂（场）的生猪产品，应当采取冷冻或者冷藏等必要措施予以储存，不同类型的生猪产品应当分开存放。生猪产品储存库应当保持整洁、通风，温度、湿度符合产品储存要求。

如实记录产品名称、生产批号、规格、入库数量和日期、储存地点（区域）、储存方式、保质期、出库数量和日期、库存数量、保管人等内容。

第六十三条 生猪定点屠宰厂（场）出厂（场）的生猪产品应当经检疫和肉品品质检验合格，加施检疫验讫印章和肉品品质检验合格验讫印章，附具检疫、检验合格证明。

生猪定点屠宰厂（场）发现生猪产品有《中华人民共和国农产品质量安全法》第三十六条规定情形的，不得出厂销售。

第六十四条 生猪定点屠宰厂（场）应当建立生猪产品出厂（场）记录制度，如实记录产品名称、规格、生产批号、数量、检疫证明号、肉品品质检验合格证号、屠宰日期、出厂（场）日期以及购货者名称、地址、联系方式等内容。

第六十五条 生猪定点屠宰厂（场）运输生猪产品应当使用专用的运输工具，运输过程中应当根据产品类型和特点保持适宜的温度。运输鲜片猪肉不得敞运，应当使用设有吊挂设施的专用车辆，产品间应当保持适当距离，不得接触运输工具的底部。包装的生猪产品和裸装的生猪产品应当尽量避免同车运输，无法避免时，应当采取物理性隔离防护措施。

第六十六条 运输生猪产品的车辆应当在每批生猪产品运送结束后及时清洗消毒，保持清洁卫生。

第八章 追溯与召回

第六十七条 生猪定点屠宰厂（场）应当建立生猪产品可追溯制度，确保生猪产品来源可查，去向可追。

第六十八条 生猪定点屠宰厂（场）应当建立生猪产品召回制度，明确召回情形、召回流程、召回生猪产品的处理、召回记录等内容。

生猪产品召回记录应当包括召回生猪产品名称、购买者、召回数量、召回日期等内容。

第六十九条 生猪定点屠宰厂（场）通过自检自查、公众投诉举报、销售者（委托人）告知等方式发现其生产的生猪产品不符合食品安全标准、有证据证明可能危害人体健康、染疫或者疑似染疫的，应当立即停止屠宰，报告农业农村主管部门，通知销售者或者委托人，召回已经销售的生猪产品，并记录通知和召回情况。

第七十条 生猪定点屠宰厂（场）应当对召回的生猪产品采取无害化处理等措施，防止其再次流入市场。

对因标签、标志或者说明书不符合要求而被召回的生猪产品，在采取补救措施且能保证产品质量安全的情况下可以继续销售。

第九章 委托管理

第七十一条 生猪定点屠宰厂（场）接受委托屠宰的，应当与委托人签订委托屠宰协议，明确双方权利、义务和双方生猪产品质量安全责任。

第七十二条 生猪定点屠宰厂（场）对于不具备检验检测条件和能力的项目，可以委托检验检测机构承担，并与其签订委托检验检测合同，明确检验检测项目和依据、样品要求、样品处理方式、保存期以及异议处理等内容。检验检测机构应当取得法律法规规定的授权或资质认定。

第七十三条 生猪定点屠宰厂（场）未配备

病死生猪及病害生猪产品无害化处理设施设备的，应当委托动物和动物产品无害化处理场所进行无害化处理，并与其签订委托处理协议，明确双方权利和义务。动物和动物产品无害化处理场所应当符合法律法规规定的条件。

委托进行无害化处理的，应当设置病死生猪及病害生猪产品暂存场所，相关设施设备和存储条件符合防疫和生物安全要求，能够满足暂存需要，并建立暂存转运台账记录。

第七十四条 生猪定点屠宰厂（场）委托物流公司运输生猪产品的，应当与物流公司签订委托协议，明确运输车辆温度控制、清洗消毒等产品质量控制和管理要求。

第十章 质量监督与记录管理

第七十五条 生猪定点屠宰厂（场）应当建立现场巡查制度，规定巡查位点、巡查内容、巡查频次、异常情况界定、处置方式、处置权限和巡查记录等内容。

现场巡查记录应当包括巡查位点、巡查内容、异常情况描述、处置方式、处置结果、巡查时间、巡查人等内容。

第七十六条 生猪定点屠宰厂（场）应当对各项管理制度措施落实情况开展定期检查和评查，及时纠正发现的问题。

检查和评查工作完成后应当形成记录和报告，记录检查结果、评查结论以及改进措施和建议。

第七十七条 生猪定点屠宰厂（场）应当按照本规范的要求严格记录管理，对需填写的记录统一编制表单，明确填写要求和保存期限等。除法律法规中明确规定保存期限的记录外，其他记录保存期限不得少于1年。

第七十八条 鼓励生猪定点屠宰厂（场）利用信息化技术等对本规范规定的档案、记录等实施电子化管理，生猪和生猪产品相关信息应当对应、可追溯，有条件的可以利用视频监控技术对生猪屠宰关键环节实施可视化管理。

第七十九条 取得生猪定点屠宰资格后，生猪定点屠宰厂（场）应当按照农业农村部要求及时在全国畜禽屠宰行业管理系统填报相关信息。

生猪定点屠宰厂（场）应当按照《中华人民共和国统计法》和生猪等畜禽屠宰统计调查制度要求，建立屠宰信息报送制度，明确填报人和负责人，真实、准确、及时和完整地报送统计调查制度规定的调查内容。

第十一章 附　　则

第八十条 本规范自2024年1月1日起施行。

本规范施行前已开办的生猪定点屠宰厂（场），应当自本规范施行之日起24个月内达到本规范的要求。

第三节　其他部委

一百二十、中国民用航空局关于运输动物菌毒种、样本、病料等有关事宜的通知

（局发明电〔2008〕4487号）

民航各地区管理局，各运输航空公司，各机场集团，西藏区局：

为做好重大动物疫病的检测诊断和菌（毒）种保藏工作，各地兽医部门需要通过航空运输方式将动物病原微生物菌（毒）种或者样本以及动物病料（以下简称“菌毒种和样本及动物病料”）送至有关实验室检测。为做好菌毒种和样本及动物病料的运输工作，确保航空运输安全，按照《动物防疫法》和《病原微生物实验室生物安全管理条例》的规定，经研究，制定以下运输方案：

一、菌毒种和样本及动物病料必须作为货物进行航空运输，禁止随身携带或作为托运行李或邮件进行运输。菌毒种和样本及动物病料的航空运输需符合《中国民用航空危险品运输一、菌毒种和样本及动物病料必须作为货物进行航空运输，禁止随身携带或作为托运行李或邮件进行运输。菌毒种和样本及动物病料的航空运输需符合《中国民用航空危险品运输管理规定》（CCAR-276部，以下简称“CCAR-276部”）和国际民航组织《危险品安全航空运输技术细则》（AN/905，以下简称《技术细则》）的要求。

二、菌毒种和样本及动物病料的托运人或其代理人必须接受符合CCAR-276部和《技术细则》要求的危险品航空运输训练，并持有有效证书。目前，农业部及各省兽医部门已派员完成危险品航空运输训练，具体人员名单及联系电话见附件3。

三、菌毒种和样本及动物病料的托运手续必须符合国务院《病原微生物实验室生物安全管理条例》、（国务院第424号令）农业部《高致病性动物病原微生物实验室生物安全管理审批办法》（农业部第52号令）以及《动物病原微生物分类名录》（农业部第53号令）的规定。跨省、自治区、直辖市或向境外运输动物病原微生物菌（毒）种或者样本时，托运人需持有农业部颁发的《动物病原微生物菌（毒）种或样本及动物病料准运证书》（样本见附件1）。运输动物病料或在省、自治区、直辖市人民政府行政区域内运输动物病原微生物菌（毒）种或者样本时，托运人需持有出发地省、自治区、直辖市人民政府兽医行政管理部门（名单见附件4）颁发的《动物病原微生物菌（毒）种或样本及动物病料准运证书》。对于出入境菌毒种和样本及动物病料的运输，需由出入境检验检疫机构进行检疫。

四、菌毒种和样本及动物病料必须由已获得局方颁发的《危险品航空运输许可》的航空公司进行运输。对于运输航空公司尚未获得危险品运输许可的航点，运输航空公司可向地区管理局申请《危险品航空运输临时许可》，通过特殊安排或派有资质的人员赴始发站办理收运等方法，在托运方满足上述第二、第三条的基础上进行航空运输，其间产生的费用由货物托运方承担。

五、菌毒种和样本及动物病料的包装需符合国际民航组织《技术细则》以及农业部《高致病

性病原微生物菌（毒）种或者样本运输包装规范》（农业部公告第503号）的要求，同时必须符合国家质量监督检验检疫部门的要求或附有进口包装材料符合国际标准的有关证明文件。

六、民航各单位应制定航空运输感染性物质的应急处置程序。菌毒种和样本及动物病料如在运输过程中出现紧急情况，应及时与运输申请单位及机场所在地的省、自治区、直辖市人民政府兽医行政管理部门联系，机场应急部门、航空公司危险品运输管理部门和民航各地区管理局（含各监管办）危险品空运主管部门应积极提供相关协助。

请各有关单位按照此通知要求，严格做好菌毒种和样本及动物病料航空运输的保障工作。

附件：

1. 动物病原微生物菌（毒）种或样本及动物病料准运证书（略）

2. 动物病原微生物的分类及UN编码（略）

3. 兽医部门危险品空运训练合格人员名单(略)

4. 省、自治区、直辖市人民政府兽医行政管理部门列表（略）

一百二十一、生态环境损害赔偿管理规定

（2022年4月26日 生态环境部环法规〔2022〕31号发布）

生态环境损害赔偿管理规定

第一章 总 则

第一条 为规范生态环境损害赔偿工作，推进生态文明建设，建设美丽中国，根据《生态环境损害赔偿制度改革方案》和《中华人民共和国民法典》《中华人民共和国环境保护法》等法律法规的要求，制定本规定。

第二条 以习近平新时代中国特色社会主义思想为指导，全面贯彻党的十九大和十九届历次全会精神，深入贯彻习近平生态文明思想，坚持党的全面领导，坚持以人民为中心的发展思想，坚持依法治国、依法行政，以构建责任明确、途径畅通、技术规范、保障有力、赔偿到位、修复有效的生态环境损害赔偿制度为目标，持续改善环境质量，维护国家生态安全，不断满足人民日益增长的美好生活需要，建设人与自然和谐共生的美丽中国。

第三条 生态环境损害赔偿工作坚持依法推进、鼓励创新，环境有价、损害担责，主动磋商、司法保障，信息共享、公众监督的原则。

第四条 本规定所称生态环境损害，是指因污染环境、破坏生态造成大气、地表水、地下水、土壤、森林等环境要素和植物、动物、微生物等生物要素的不利改变，以及上述要素构成的生态系统功能退化。

违反国家规定造成生态环境损害的，按照《生态环境损害赔偿制度改革方案》和本规定要求，依法追究生态环境损害赔偿责任。

以下情形不适用本规定：

（一）涉及人身伤害、个人和集体财产损失要求赔偿的，适用《中华人民共和国民法典》等法律有关侵权责任的规定；

（二）涉及海洋生态环境损害赔偿的，适用海洋环境保护法等法律及相关规定。

第五条 生态环境损害赔偿范围包括：

（一）生态环境受到损害至修复完成期间服务功能丧失导致的损失；

（二）生态环境功能永久性损害造成的损失；

（三）生态环境损害调查、鉴定评估等费用；

（四）清除污染、修复生态环境费用；

（五）防止损害的发生和扩大所支出的合理费用。

第六条 国务院授权的省级、市地级政府（包括直辖市所辖的区县级政府，下同）作为本行政区域内生态环境损害赔偿权利人。赔偿权利人可以根据有关职责分工，指定有关部门或机构负责具体工作。

第七条 赔偿权利人及其指定的部门或机构开展以下工作：

（一）定期组织筛查案件线索，及时启动案件办理程序；

（二）委托鉴定评估，开展索赔磋商和作为原告提起诉讼；

（三）引导赔偿义务人自行或委托社会第三方

机构修复受损生态环境，或者根据国家有关规定组织开展修复或替代修复；

（四）组织对生态环境修复效果进行评估；

（五）其他相关工作。

第八条 违反国家规定，造成生态环境损害的单位或者个人，应当按照国家规定的要求和范围，承担生态环境损害赔偿责任，做到应赔尽赔。民事法律和资源环境保护等法律有相关免除或者减轻生态环境损害赔偿责任规定的，按相应规定执行。

赔偿义务人应当依法积极配合生态环境损害赔偿调查、鉴定评估等工作，参与索赔磋商，实施修复，全面履行赔偿义务。

第九条 赔偿权利人及其指定的部门或机构，有权请求赔偿义务人在合理期限内承担生态环境损害赔偿责任。

生态环境损害可以修复的，应当修复至生态环境受损前的基线水平或者生态环境风险可接受水平。赔偿义务人根据赔偿协议或者生效判决要求，自行或者委托开展修复的，应当依法赔偿生态环境受到损害至修复完成期间服务功能丧失导致的损失和生态环境损害赔偿范围内的相关费用。

生态环境损害无法修复的，赔偿义务人应当依法赔偿相关损失和生态环境损害赔偿范围内的相关费用，或者在符合有关生态环境修复法规政策和规划的前提下，开展替代修复，实现生态环境及其服务功能等量恢复。

第十条 赔偿义务人因同一生态环境损害行为需要承担行政责任或者刑事责任的，不影响其依法承担生态环境损害赔偿责任。赔偿义务人的财产不足以同时承担生态环境损害赔偿责任和缴纳罚款、罚金时，优先用于承担生态环境损害赔偿责任。

各地可根据案件实际情况，统筹考虑社会稳定、群众利益，根据赔偿义务人主观过错、经营状况等因素分类处置，探索分期赔付等多样化责任承担方式。

有关国家机关应当依法履行职责，不得以罚代赔，也不得以赔代罚。

第十一条 赔偿义务人积极履行生态环境损害赔偿责任的，相关行政机关和司法机关，依法将其作为从轻、减轻或者免予处理的情节。

对生效判决和经司法确认的赔偿协议，赔偿义务人不履行或者不完全履行义务的，依法列入失信被执行人名单。

第十二条 对公民、法人和其他组织举报要求提起生态环境损害赔偿的，赔偿权利人及其指定的部门或机构应当及时研究处理和答复。

第二章 任务分工

第十三条 生态环境部牵头指导实施生态环境损害赔偿制度，会同自然资源部、住房和城乡建设部、水利部、农业农村部、国家林草局等相关部门负责指导生态环境损害的调查、鉴定评估、修复方案编制、修复效果评估等业务工作。科技部负责指导有关生态环境损害鉴定评估技术研究工作。公安部负责指导公安机关依法办理涉及生态环境损害赔偿的刑事案件。司法部负责指导有关环境损害司法鉴定管理工作。财政部负责指导有关生态环境损害赔偿资金管理工作。国家卫生健康委会同生态环境部开展环境健康问题调查研究、环境与健康综合监测与风险评估。市场监管总局负责指导生态环境损害鉴定评估相关的计量和标准化工作。

最高人民法院、最高人民检察院分别负责指导生态环境损害赔偿案件的审判和检察工作。

第十四条 省级、市地级党委和政府对本地区的生态环境损害赔偿工作负总责，应当加强组织领导，狠抓责任落实，推进生态环境损害赔偿工作稳妥、有序进行。党委和政府主要负责人应当履行生态环境损害赔偿工作第一责任人职责；党委和政府领导班子其他成员应当根据工作分工，领导、督促有关部门和单位开展生态环境损害赔偿工作。

各省级、市地级党委和政府每年应当至少听取一次生态环境损害赔偿工作情况的汇报，督促推进生态环境损害赔偿工作，建立严考核、硬约束的工作机制。

第三章 工作程序

第十五条 赔偿权利人应当建立线索筛查和移送机制。

赔偿权利人指定的部门或机构，应当根据本地区实施方案规定的任务分工，重点通过以下渠道定期组织筛查发现生态环境损害赔偿案件线索：

（一）中央和省级生态环境保护督察发现的案件线索；

（二）突发生态环境事件；

（三）资源与环境行政处罚案件；

（四）涉嫌构成破坏环境资源保护犯罪的案件；

（五）在生态保护红线等禁止开发区域、国家和省级国土空间规划中确定的重点生态功能区发生的环境污染、生态破坏事件；

（六）日常监管、执法巡查、各项资源与环境专项行动发现的案件线索；

（七）信访投诉、举报和媒体曝光涉及的案件线索；

（八）上级机关交办的案件线索；

（九）检察机关移送的案件线索；

（十）赔偿权利人确定的其他线索渠道。

第十六条　在全国有重大影响或者生态环境损害范围在省域内跨市地的案件由省级政府管辖；省域内其他案件管辖由省级政府确定。

生态环境损害范围跨省域的，由损害地相关省级政府共同管辖。相关省级政府应加强沟通联系，协商开展赔偿工作。

第十七条　赔偿权利人及其指定的部门或机构在发现或者接到生态环境损害赔偿案件线索后，应当在三十日内就是否造成生态环境损害进行初步核查。对已造成生态环境损害的，应当及时立案启动索赔程序。

第十八条　经核查，存在以下情形之一的，赔偿权利人及其指定的部门或机构可以不启动索赔程序：

（一）赔偿义务人已经履行赔偿义务的；

（二）人民法院已就同一生态环境损害形成生效裁判文书，赔偿权利人的索赔请求已被得到支持的诉讼请求所全部涵盖的；

（三）环境污染或者生态破坏行为造成的生态环境损害显著轻微，且不需要赔偿的；

（四）承担赔偿义务的法人终止、非法人组织解散或者自然人死亡，且无财产可供执行的；

（五）赔偿义务人依法持证排污，符合国家规定的；

（六）其他可以不启动索赔程序的情形。

赔偿权利人及其指定的部门或机构在启动索赔程序后，发现存在以上情形之一的，可以终止索赔程序。

第十九条　生态环境损害索赔启动后，赔偿权利人及其指定的部门或机构，应当及时进行损害调查。调查应当围绕生态环境损害是否存在、受损范围、受损程度、是否有相对明确的赔偿义务人等问题开展。调查结束应当形成调查结论，并提出启动索赔磋商或者终止索赔程序的意见。

公安机关在办理涉嫌破坏环境资源保护犯罪案件时，为查明生态环境损害程度和损害事实，委托相关机构或者专家出具的鉴定意见、鉴定评估报告、专家意见等，可以用于生态环境损害调查。

第二十条　调查期间，赔偿权利人及其指定的部门或机构，可以根据相关规定委托符合条件的环境损害司法鉴定机构或者生态环境、自然资源、住房和城乡建设、水利、农业农村、林业和草原等国务院相关主管部门推荐的机构出具鉴定意见或者鉴定评估报告，也可以与赔偿义务人协商共同委托上述机构出具鉴定意见或者鉴定评估报告。

对损害事实简单、责任认定无争议、损害较小的案件，可以采用委托专家评估的方式，出具专家意见；也可以根据与案件相关的法律文书、监测报告等资料，综合作出认定。专家可以从市地级及以上政府及其部门、人民法院、检察机关成立的相关领域专家库或者专家委员会中选取。鉴定机构和专家应当对其出具的鉴定意见、鉴定评估报告、专家意见等负责。

第二十一条　赔偿权利人及其指定的部门或机构应当在合理期限内制作生态环境损害索赔磋商告知书，并送达赔偿义务人。

赔偿义务人收到磋商告知书后在答复期限内表示同意磋商的，赔偿权利人及其指定的部门或机构应当及时召开磋商会议。

第二十二条　赔偿权利人及其指定的部门或机构，应当就修复方案、修复启动时间和期限、赔偿的责任承担方式和期限等具体问题与赔偿义务人进行磋商。磋商依据鉴定意见、鉴定评估报告或者专家意见开展，防止久磋不决。

磋商过程中，应当充分考虑修复方案可行性和科学性、成本效益优化、赔偿义务人赔偿能力、社会第三方治理可行性等因素。磋商过程应当依法公开透明。

第二十三条　经磋商达成一致意见的，赔偿权利人及其指定的部门或机构，应当与赔偿义务人签署生态环境损害赔偿协议。

第二十四条　赔偿权利人及其指定的部门或机构和赔偿义务人，可以就赔偿协议向有管辖权的人民法院申请司法确认。

对生效判决和经司法确认的赔偿协议，赔偿

义务人不履行或不完全履行的，赔偿权利人及其指定的部门或机构可以向人民法院申请强制执行。

第二十五条 对未经司法确认的赔偿协议，赔偿义务人不履行或者不完全履行的，赔偿权利人及其指定的部门或机构，可以向人民法院提起诉讼。

第二十六条 磋商未达成一致的，赔偿权利人及其指定的部门或机构，应当及时向人民法院提起诉讼。

第二十七条 赔偿权利人及其指定的部门或机构，应当组织对受损生态环境修复的效果进行评估，确保生态环境得到及时有效修复。

修复效果未达到赔偿协议或者生效判决规定修复目标的，赔偿权利人及其指定的部门或机构，应当要求赔偿义务人继续开展修复，直至达到赔偿协议或者生效判决的要求。

第四章 保障机制

第二十八条 完善从事生态环境损害鉴定评估活动机构的管理制度，健全信用评价、监督惩罚、准入退出等机制，提升鉴定评估工作质量。

省级、市地级党委和政府根据本地区生态环境损害赔偿工作实际，统筹推进本地区生态环境损害鉴定评估专业力量建设，满足生态环境损害赔偿工作需求。

第二十九条 国家建立健全统一的生态环境损害鉴定评估技术标准体系。

科技部会同相关部门组织开展生态环境损害鉴定评估关键技术方法研究。生态环境部会同相关部门构建并完善生态环境损害鉴定评估技术标准体系框架，充分依托现有平台建立完善服务于生态环境损害鉴定评估的数据平台。

生态环境部负责制定生态环境损害鉴定评估技术总纲和关键技术环节、基本生态环境要素、基础方法等基础性技术标准，商国务院有关主管部门后，与市场监管总局联合发布。

国务院相关主管部门可以根据职责或者工作需要，制定生态环境损害鉴定评估的专项技术规范。

第三十条 赔偿义务人造成的生态环境损害无法修复的，生态环境损害赔偿资金作为政府非税收入，实行国库集中收缴，全额上缴本级国库，纳入一般公共预算管理。赔偿权利人及其指定的部门或机构根据磋商协议或生效判决要求，结合本区域生态环境损害情况开展替代修复。

第三十一条 赔偿权利人及其指定的部门或机构可以积极创新公众参与方式，邀请相关部门、专家和利益相关的公民、法人、其他组织参加索赔磋商、索赔诉讼或者生态环境修复，接受公众监督。

生态环境损害调查、鉴定评估、修复方案编制等工作中涉及公共利益的重大事项，生态环境损害赔偿协议、诉讼裁判文书、赔偿资金使用情况和生态环境修复效果等信息应当依法向社会公开，保障公众知情权。

第三十二条 建立生态环境损害赔偿工作信息和重大案件信息的报告机制。

省级生态环境损害赔偿制度改革工作领导小组办公室于每年1月底前，将本地区上年度工作情况报送生态环境部。生态环境部于每年3月底前，将上年度全国生态环境损害赔偿工作情况汇总后，向党中央、国务院报告。

第三十三条 生态环境损害赔偿工作纳入污染防治攻坚战成效考核以及环境保护相关考核。

生态环境损害赔偿的突出问题纳入中央和省级生态环境保护督察范围。中央和省级生态环境保护督察发现需要开展生态环境损害赔偿工作的，移送有关地方政府依照本规定以及相关法律法规组织开展索赔。

建立重大案件督办机制。赔偿权利人及其指定的部门或机构应当对重大案件建立台账，排出时间表，加快推进。

第三十四条 赔偿权利人及其指定的部门或机构的负责人、工作人员，在生态环境损害赔偿过程中存在滥用职权、玩忽职守、徇私舞弊等情形的，按照有关规定交由纪检监察机关依纪依法处理，涉嫌犯罪的，移送司法机关，依法追究刑事责任。

第三十五条 对在生态环境损害赔偿工作中有显著成绩，守护好人民群众优美生态环境的单位和个人，按规定给予表彰奖励。

第五章 附 则

第三十六条 本规定由生态环境部会同相关部门负责解释。

第三十七条 本规定中的期限按自然日计算。

第三十八条 本规定自印发之日起施行。法律、法规对生态环境损害赔偿有明确规定的，从其规定。

第四节　地　　方

一百二十二、宁夏回族自治区突发重大动物疫情应急预案

（2022年4月22日 宁夏回族自治区人民政府办公厅宁政办发〔2022〕23号发布）

1　总则

1.1　编制目的

为及时、有效预防、控制和扑灭突发重大动物疫情，最大程度地减轻突发重大动物疫情对公共卫生安全、人民身体健康以及畜牧业造成的危害，特制定本预案。

1.2　编制依据

依据《中华人民共和国突发事件应对法》《中华人民共和国生物安全法》《中华人民共和国动物防疫法》《中华人民共和国进出境动植物检疫法》《重大动物疫情应急条例》《国家突发重大动物疫情应急预案》《宁夏回族自治区突发事件应对条例》《宁夏回族自治区动物防疫条例》等法律法规编制。

1.3　适用范围

本预案适用于自治区行政区域内突发重大动物疫情的应急处置。

1.4　工作原则

（1）统一领导，分级管理。各级人民政府统一领导和指挥突发重大动物疫情应急处置工作；疫情应急处置工作实行属地管理；设区的市、县（区）人民政府负责扑灭本行政区域内的突发重大动物疫情，各有关部门按照预案规定，在各自的职责范围内做好疫情应急处置的有关工作。根据突发重大动物疫情的范围、性质和危害程度，对突发重大动物疫情实行分级管理。

（2）快速反应，高效运转。各级政府和农业农村主管部门要依照有关法律、法规，建立和完善突发重大动物疫情应急体系、应急响应机制和应急处置制度，提高突发重大动物疫情应急处置能力；发生突发重大动物疫情时，各级政府要迅速作出反应，采取果断措施，及时控制和扑灭突发重大动物疫情。

（3）预防为主，群防群控。落实各项防范措施，做好人员、技术、物资和设备的应急储备工作，并根据需要定期开展技术培训和应急演练。开展疫情监测和预警预报，对各类可能引发突发重大动物疫情的情况要及时分析、预警，做到疫情早发现、快行动、严处理、损失小。加强防疫知识的宣传，提高全社会防范突发重大动物疫情的意识。突发重大动物疫情应急管理工作要依靠群众，全民防疫，动员一切资源，做到群防群控。

2　组织体系

2.1　自治区突发重大动物疫情应急指挥部

在自治区党委、政府领导下，自治区突发重大动物疫情应急指挥部（以下简称指挥部）负责组织、协调突发重大动物疫情应急管理工作，统一指挥突发重大动物疫情应急处置工作。

总指挥：自治区人民政府分管副主席

副总指挥：自治区人民政府分管副秘书长、农业农村厅厅长

成员单位：自治区发展改革委、科技厅、公安厅、民政厅、财政厅、交通运输厅、农业农村厅、商务厅、卫生健康委、市场监管厅、广电局、林草局，银川海关，宁夏军区保障局、武警宁夏总队保障部负责同志。

指挥部办公室设在自治区农业农村厅，主要负责同志兼任办公室主任。

指挥部按照职责分工和协同联动工作需要，组织各成员单位按照职责分工开展突发重大动物疫情及衍生灾害的应急处置工作。

2.2　成员单位职责

自治区发展改革委：负责自治区动物防疫、动物检疫监督执法及疫情应急物资储运等基础设施建设。

自治区科技厅：负责重大动物疫情防治技术科研攻关、成果转化和科普宣传。

自治区公安厅：负责疫区社会治安管理和安全保卫工作，维护疫区的社会秩序。依法、及时、妥善地处置与疫情有关的突发事件。

自治区民政厅：负责做好社会各界向疫区提供的救援物资及资金的接收、分配和使用工作，救助受灾群众。

自治区财政厅：负责保障突发动物疫情预防、监测、应急处置及工作所需经费，做好经费使用的监督管理工作。

自治区交通运输厅：协助做好公路交通设卡堵疫工作，保障应急处置人员以及疫苗消毒药品、器械等应急物资运输车辆优先通行。

自治区农业农村厅：组织制定突发重大动物疫情防治技术方案；统一组织实施突发重大动物疫情的预防控制措施，检查、督导防控工作；根据农业农村部授权，发布动物疫情信息，并向毗邻省、自治区通报疫情，开展疫病联防协作。

自治区商务厅：负责突发动物疫情期间重要生活必需品市场运行情况监测，做好肉类等重要生活必需品的储备管理，适时组织市场调控，维护市场稳定。

自治区卫生健康委：发生人畜共患疾病或突发不明原因动物疫情时，负责做好人员防护技术指导，组织开展流行病学调查、密切接触者追踪、医学观察和病人救治工作。

自治区市场监管厅：负责职责范围内的动物及动物产品交易市场、市场流通、餐饮及食品安全监管。

自治区广电局：组织新闻媒体和有关单位对疫情应急处置和防疫知识的宣传报道；负责跟踪境内外舆论，及时对外澄清事实，公开相关信息，做好舆论导向工作。

自治区林草局：负责组织开展陆生野生动物的疫源调查和疫病监测；发生陆生野生动物疫情后，及时上报指挥部，并采取隔离控制等措施。

银川海关：负责打击动物及动物产品走私活动，防止外疫传入；做好出入境动物及动物产品的检验检疫工作，防止疫病的传入传出；及时收集、分析境外突发重大动物疫情信息并及时向指挥部报告有关情况。

宁夏军区保障局：负责协调部队系统内突发动物疫情应急处置工作。根据疫情处置需要，协调组织部队和民兵、预备役部队参与突发疫情应急处置工作。

武警宁夏总队保障部：负责协调部队系统内突发动物疫情应急处置工作。根据疫情处置需要，协调组织所属部队参与突发疫情应急处置工作。

2.3　应急工作组及其职责

（1）疫情处置工作组。

组长单位：自治区农业农村厅

成员单位：自治区公安厅、财政厅、交通运输厅、林草局、市场监管厅，银川海关，宁夏军区保障局、武警宁夏总队保障部

主要职责：负责疫情的预测、预警、诊断、报告；负责疫点、疫区、受威胁区的划定；执行疫区封锁和现场处置；维护社会治安和市场秩序；关闭屠宰场；负责应急物资采购、调运和发放等。

（2）医疗救治工作组。

组长单位：自治区卫生健康委

成员单位：自治区市场监管厅、交通运输厅，宁夏军区保障局、武警宁夏总队保障部

主要职责：负责人间病例及疑似病例的隔离与救治；开展流行病学调查；对密切接触者进行管理；开展人畜共患病人间监测；承担公共卫生知识宣传工作。

（3）新闻宣传工作组。

组长单位：自治区广电局

成员单位：自治区农业农村厅、市场监管厅，银川海关

主要职责：负责疫情处置相关新闻审核、发布；组织召开新闻发布会；与自治区新闻主管部门建立信息沟通协调机制；负责动物疫病防控知识、法律法规等宣传教育。

（4）善后处理工作组。

组长单位：自治区民政厅

成员单位：自治区财政厅、发展改革委、商务厅、农业农村厅，宁夏军区保障局、武警宁夏总队保障部

主要职责：负责受灾群众安置、救助；负责生产恢复。

2.4 自治区突发重大动物疫情应急指挥部办公室

自治区突发重大动物疫情应急指挥部办公室（以下简称指挥部办公室），是指挥部的日常工作机构，设在自治区农业农村厅。

指挥部办公室主要职责：在自治区人民政府的统一领导下，按照指挥部的工作部署，分类管理突发重大动物疫情。协调组织成员单位按照各自职责迅速排查、控制、处置突发重大动物疫情；落实重大动物疫情预防、预警和控制措施；编制、执行相关应急预案；落实应急体系建设任务和目标、应急演练活动、业务培训和科普宣传工作；指导、监督设区的市、县（区）突发重大动物疫情应急指挥机构做好重大动物疫情防治工作和应急管理工作；承担指挥部交办的其他工作。

发生特别重大动物疫情或接到重大动物疫情监测、预警信息，指挥部办公室要立即组织各成员单位开展会商或分析研判重大动物疫情扩散蔓延趋势、危害程度和范围等；及时向自治区党委、政府报告情况，提出启动或终止应急响应级别和处置措施等工作建议；根据指挥部的决定，协调组织督导各成员单位履行各自职责做好突发重大动物疫情处置工作；落实突发重大动物疫情处置综合协调、信息报送和应急值守等工作。

2.5 设区的市、县（区）突发重大动物疫情应急指挥机构

设区的市、县（区）人民政府按照突发重大动物疫情分级标准，参考本预案，建立健全相应的应急指挥机构，组织做好本辖区应急处置工作。

2.6 专家组

指挥部组建重大动物疫情应急咨询专家库，聘请相关专家建立自治区突发重大动物疫情应急处置专家组。完善相关咨询机制，为重大动物疫情应急处置提供技术支持。具体职责：

（1）对相应级别的突发重大动物疫情提出应对技术措施；

（2）对突发重大动物疫情的应急准备工作提出建议；

（3）参与自治区有关突发重大动物疫情应急处置的地方性法规、规章和应急预案、防治措施的起草、修订工作；

（4）对突发重大动物疫情应急处置工作进行技术指导，并对有关兽医技术人员进行培训；

（5）对突发重大动物疫情应急响应的终止、后期评估提出建议；

（6）承担指挥部及其办事机构交办的其他工作。

3 预报预警

3.1 监测预报

自治区建立突发重大动物疫情监测、报告机制，加强对监测工作的管理和监督，保证监测质量。设区的市、县（区）农业农村主管部门要按照上级业务部门的要求做好疫情监测和报告工作。

各级林业和草原部门要积极组织开展对陆生野生动物疫源疫病的监测防控工作，积极配合农业农村主管部门做好重大动物疫病的监测工作。

设区的市、县（区）农业农村主管部门要加强对重大动物疫情的监测监控，及时对重大动物疫病进行流行病学调查，发现疫情隐患，要及时报告同级突发重大动物疫情应急指挥部。

3.2 分级标准

根据突发重大动物疫情的性质、危害程度、涉及范围，突发重大动物疫情划分为特别重大（Ⅰ级）、重大（Ⅱ级）、较大（Ⅲ级）和一般（Ⅳ级）四个级别。

3.2.1 特别重大（Ⅰ级）动物疫情

（1）高致病性禽流感在21日内，在2个以上相邻设区的市或者5个县（市、区）发生疫情；或在1个设区的市内有3个以上县（市、区）发

生疫情；或呈大面积扩散蔓延态势，并感染到人。

（2）口蹄疫在14日内，在2个以上相邻设区的市的相邻区域或者5个以上县（市、区）发生疫情；或有新的口蹄疫亚型病毒引发的疫情。

（3）非洲猪瘟在21日内，在2个以上相邻设区的市或者8个县（市、区）发生疫情；或呈大面积扩散蔓延态势。

（4）动物发生牛海绵状脑病等外来人畜共患病或非洲马瘟等外来动物传染病。

（5）指挥部认定的其他突发重大动物疫情。

3.2.2 重大（Ⅱ级）动物疫情

（1）高致病性禽流感在21日内，在全区2个—4个县（市、区）发生疫情；或出现新的高致病性禽流感病毒毒株引发的疫情。

（2）口蹄疫在14日内，在1个设区的市内2个以上县（市、区）发生疫情或者在自治区内疫点数达到5个以上。

（3）非洲猪瘟在21日内，在全区5～7个县（市、区）发生疫情。

（4）在1个潜伏期内，5个以上县（市、区）发生小反刍兽疫、猪瘟、高致病性猪蓝耳病、鸡新城疫等其他一类动物疫情。

（5）在我区已消灭的牛瘟、牛肺疫、马鼻疽、马传染性贫血等又有发生。

（6）指挥部认定的其他突发重大动物疫情。

3.2.3 较大（Ⅲ级）动物疫情

（1）在1个县（市、区）发生高致病性禽流感疫情。

（2）在1个县（市、区）发生口蹄疫疫情。

（3）在2～3个县（市、区）发生非洲猪瘟疫情。

（4）在1个潜伏期内，3～5个县（市、区）发生小反刍兽疫、牛结节性皮肤病、鸡新城疫等动物疫情。

（5）在1个潜伏期内，3个以上县（市、区）发生动物布鲁氏菌病、结核病、狂犬病、炭疽病等人畜共患传染病；或出现感染到人的病例，并有扩散趋势。

（6）二、三类动物疫病在3个以上县（市、区）呈暴发流行。

3.2.4 一般（Ⅳ级）动物疫情

（1）在1个潜伏期内，在1个县（市、区）发生小反刍兽疫、牛结节性皮肤病、非洲猪瘟、鸡新城疫等动物疫情。

（2）在1个潜伏期内，在1个县（市、区）发生动物布鲁氏菌病、结核病、狂犬病、炭疽病等人畜共患传染病。

（3）二、三类动物疫病在1个县（市、区）呈暴发流行。

自治区农业农村主管部门可根据自治区突发重大动物疫情的实际情况、应对能力等，对较大和一般突发重大动物疫情的分级标准进行补充和调整，并报自治区人民政府备案。

3.3 预警信息报告与发布

各级农业农村主管部门根据动物疫病预防控制机构提供的监测信息，按照重大动物疫情的发生、发展规律和特点，分析其危害程度、可能的发展趋势，及时做出相应级别的预警，依次用红色、橙色、黄色和蓝色表示特别重大、重大、较大和一般四个预警级别。

指挥部办公室接到信息报告后，要组织会商或进行分析研判，对可能引发一般和较大级别的突发重大动物疫情的监测预警信息，向指挥部成员单位和有关设区的市、县（区）通报，督促和指导按照本预案做好处置工作；对可能引发特别重大、重大级别的重大动物疫情的监测预警信息，自治区相关单位或指挥部办公室要及时报告自治区人民政府，提出预警信息发布方案，并配合做好预警信息发布工作。同时，向指挥部各成员单位通报有关情况。

3.4 预警行动

指挥部办公室接到可能导致特别重大、重大级别的重大动物疫情的监测预警信息后，要密切关注疫情进展情况，按照指挥部的统一安排和部署，组织、协调指挥部成员单位和有关地区，按照预案做好预警准备和预防工作，并及时向自治区人民政府和指挥部报送有关动态信息。

4 应急处置

4.1 动物疫情报告

任何单位和个人有权向各级人民政府及其农业农村主管部门、动物疾病预防控制机构报告动物疫情，并有权向县级以上政府及其有关部门举报不履行或者不按照规定履行突发重大动物疫情应急处置职责的部门、单位及个人。

4.1.1 责任报告单位和责任报告人

从事动物疫病监测、检测、检验检疫、研究、诊疗以及动物饲养、屠宰、经营、隔离、运输等活动的单位和个人。

4.1.2 报告形式

设区的市、县（区）动物疾病预防控制机构应按国家有关规定报告动物疫情；其他责任报告单位和个人以电话或书面形式报告动物疫情。

4.1.3 报告时限和程序

发现动物出现群体发病或者死亡的，必须立即向所在地设区的市、县（区）动物疾病预防控制机构报告。设区的市、县（区）动物疾病预防控制机构接到报告后，应当立即赶赴现场诊断，必要时可请上级动物疾病预防控制机构派人协助进行诊断。怀疑为疑似重大动物疫情的，应当在2小时内将疫情逐级报至自治区动物疾病预防控制机构，并同时报所在地农业农村主管部门；农业农村主管部门应当及时通报同级卫生健康主管部门。自治区动物疾病预防控制机构应当在接到报告后1小时内，向自治区农业农村主管部门和中国动物疫病预防控制中心报告。自治区农业农村主管部门应当在接到报告后的1小时内报自治区人民政府和农业农村部，紧急情况下应在第一时间电话报告，后续补报书面材料。特别重大、重大动物疫情发生后，自治区人民政府应当在4小时内向国务院报告。

认定为疑似重大动物疫情的应立即按要求采集病料样品送国家参考实验室确诊，确诊结果应立即报自治区农业农村主管部门。

4.1.4 报告内容

疫情发生的时间、地点；发病的动物种类、存栏数、免疫情况、发病数、死亡数、临床症状、诊断情况；是否有人员感染；已采取的控制措施；流行病学和疫源追溯情况；报告单位、负责人、报告人及联系方式等。

4.2 特别重大、重大级别动物疫情信息报告

对特别重大、重大级别的动物疫情或者疫情本身比较敏感，可能演化为特别重大、重大级动物疫情的，动物疫情发生地设区的市、县（区）人民政府和各级农业农村主管部门、责任单位及应急工作机构接到疫情报告后，要严格按照有关法律法规规定，及时向自治区党委、政府以及指挥部办公室报告信息。

信息报告的内容主要包括：疫情发生的单位和个人概况，疫情发生的时间、地点、简要经过，已采取的应急处置措施，下一步拟采取的措施。报告自治区党委、政府的信息要按照疫情分级标准，注明疫情级别。

4.3 先期处置

突发特别重大、重大动物疫情发生时，疫情发生地政府、突发重大动物疫情应急指挥机构和相关单位要第一时间赶赴现场，按照本预案，组织开展先期处置工作。应急处置要采取边调查、边处理、边核实的方式，有效控制动物疫情的发展。

4.4 响应启动

按照突发重大动物疫情的性质、危害程度、涉及范围，突发重大动物疫情应急响应分为Ⅰ级、Ⅱ级、Ⅲ级和Ⅳ级四个级别，依次为特别重大、重大、较大、一般级别的重大动物疫情。

发生突发重大动物疫情时，事发地设区的市、县（区）和自治区人民政府及其有关部门按照分级响应的原则作出应急响应，并根据疫情的性质、特点、疫情发展趋势和预防控制工作的需要，及时调整预警和响应级别。

应急响应启动后，可视动物疫情发生和蔓延情况对响应级别及时进行调整，避免响应不足或响应过度造成损失或恐慌。动物疫情有扩大蔓延趋势或已蔓延，需启动高级别应急响应时，应及时报告上一级突发重大动物疫情应急指挥机构。

未发生突发重大动物疫情的地区，当地农业农村主管部门接到疫情通报后，要采取必要的防控措施，防止突发重大动物疫情在本行政区域内发生，并服从上一级农业农村主管部门的统一指挥，支援突发重大动物疫情发生地的应急处置工作。同时要做好以下工作：密切保持与疫情发生地的联系，及时获取相关信息；组织做好本区域应急处置所需的人员与物资准备；开展对养殖、运输、屠宰和市场环节的动物疫情监测和防控工作，防止疫病的发生、传入和扩散；开展动物防疫知识宣传，提高公众防护能力和意识；按规定做好公路、铁路、航空、水运交通的检疫监督工作。

（1）Ⅰ级响应。发生特别重大突发动物疫情

时，指挥部办公室组织指挥部成员单位负责同志和专家紧急分析研判影响及发展趋势，向自治区人民政府提出预案启动和响应级别建议，由自治区人民政府宣布启动Ⅰ级响应的命令。自治区人民政府统一领导有关地区、部门、单位组织开展应急处置各项工作；视情况，自治区人民政府向国务院或有关部委提出支援或委派工作组来宁指导应急处置工作的申请。

（2）Ⅱ级响应。发生重大突发动物疫情时，指挥部办公室组织指挥部成员单位负责同志和专家紧急分析研判影响及发展趋势，向指挥部提出预案启动和响应级别建议，由指挥部宣布启动Ⅱ级响应，并向各有关单位发布启动相关应急程序的命令。指挥部统一领导、指挥和协调事发地政府及有关部门按照职责分工开展应急处置工作。

（3）Ⅲ级响应。发生较大突发动物疫情时，事发地突发重大动物疫情应急指挥机构组织各成员单位负责同志和专家进行分析研判后，由动物疫情发生地所在的设区的市突发重大动物疫情应急指挥机构决定启动Ⅲ级应急响应，并向各有关单位发布启动相关应急程序的命令。必要时，指挥部派出工作组赶赴动物疫情发生现场，指导开展相关应急处置工作。

（4）Ⅳ级响应。发生一般突发动物疫情时，事发地县（市、区）应急指挥机构组织各成员单位负责同志和专家进行分析研判后，由当地县（市、区）突发重大动物疫情应急指挥机构决定启动Ⅳ级应急响应，并向各有关单位发布启动相关应急程序的命令。必要时，设区的市突发重大动物疫情应急指挥机构派出工作组赶赴动物疫情发生现场，指导开展相关应急处置工作。

4.5 响应措施

4.5.1 Ⅰ级响应措施

特别重大突发动物疫情确认后，由自治区人民政府启动应急响应机制，统一领导和指挥突发重大动物疫情的扑灭工作。

（1）自治区人民政府。统一组织、领导和指挥突发重大动物疫情的扑灭工作；组织指挥设区的市、县（区）人民政府以及自治区有关部门开展群防群控工作；根据突发重大动物疫情处理需要，调集本行政区域内各类人员、物资、交通工具和相关设施和设备参加应急处置工作；必要时，可请求国务院或有关部委予以支持，保证应急处置工作顺利进行。

（2）设区的市、县（区）人民政府或突发重大动物疫情应急指挥机构。组织协调有关部门参与突发重大动物疫情的处理；根据突发重大动物疫情处理需要，调集本行政区域内各类人员、物资、交通工具和相关设施设备参加应急处置工作；发布封锁令，对疫区实施封锁。封锁疫区涉及跨行政区域的，由涉及跨区域的上一级政府决定。封锁疫区导致中断干线交通的，报自治区人民政府研究决定；在本行政区域内采取限制或者停止动物及动物产品交易、扑杀染疫或相关动物，临时征用房屋、场所、交通工具；封闭被动物疫病病原体污染的公共饮用水源等紧急措施；组织有关部门依法设置临时性的动物防疫检查站，对进出疫区、出入境运载动物的交通工具进行检查和消毒；启动相应的应急响应程序，做好新闻发布工作；组织乡镇、街道、社区以及居委会、村委会，开展群防群控；组织有关部门保障商品供应，平抑物价，严厉打击造谣传谣、制假售假等违法犯罪和扰乱社会治安的行为，维护社会稳定。

（3）各级农业农村主管部门紧急措施。组织动物疾病预防控制机构和动物卫生监督机构开展突发重大动物疫情的调查与处理；划定疫点、疫区、受威胁区；组织突发重大动物疫情专家组对突发重大动物疫情进行评估；根据需要组织开展紧急免疫和预防用药；负责对本行政区域内应急处置工作的督导和检查；对新发现的动物疫病，按照国家规定，及时开展有关流行病学调查和防控技术规范的培训工作；有针对性地开展动物防疫知识宣教，提高群众防控意识和自我防护能力；组织专家对突发重大动物疫情、现场调查情况、疫源追踪情况以及对扑杀动物、无害化处理、消毒、紧急免疫等措施进行综合评估。

（4）各级动物疾病预防控制和动物卫生监督机构紧急措施。负责做好突发重大动物疫情的信息收集、报告与分析；组织疫病诊断和流行病学调查，向农业农村主管部门报告结果，提出并实施有针对性的防控措施；按规定采集病料，送自治区级实验室或国家参考实验室确诊；承担突发重大动物疫情应急处置人员的技术培训。负责动物及动物产品的检疫，现场指导动物疫情处置工作。

（5）海关紧急措施。境外发生重大动物疫情时，按照国务院有关部门要求，会同有关部门停止从疫区国家或地区输入相关动物及其产品；加强对来自疫区运输工具的检疫和防疫消毒；参与打击非法走私入境动物或动物产品等违法活动；境内发生重大动物疫情时，加强出口货物的查验，会同有关部门停止疫区和受威胁区的相关动物及其产品的出口；暂停使用位于疫区内的依法设立的出入境相关动物临时隔离检疫场；出入境检验检疫工作中发现重大动物疫情或者疑似重大动物疫情时，立即向当地农业农村主管部门报告，并协助当地动物卫生监督机构采取区域封锁、动物扑杀和消毒等措施，做好疫情控制和扑灭工作。

4.5.2　Ⅱ级应急响应措施

重大突发动物疫情确认后，指挥部办公室应及时向指挥部提出启动自治区级应急预案的建议，由指挥部立即启动应急预案。

（1）指挥部紧急措施。组织、指挥相关部门和设区的市、县（区）扑疫工作和群防、群控工作；根据需要调集各种应急处置物资、交通工具和相关设施设备；按国家规定做好信息发布工作；组织有关部门保障商品供应，平抑物价，维护社会稳定。

（2）自治区农业农村主管部门紧急措施。组织开展突发重大动物疫情的调查与处理；划定疫点、疫区、受威胁区；组织对突发重大动物疫情应急处置的评估、督导和检查；开展有关技术培训工作；有针对性地开展动物防疫知识宣教，提高群众防控意识和自我防护能力。

（3）设区的市、县（区）人民政府或突发重大动物疫情应急指挥机构。疫情发生地政府及有关部门在指挥部的统一指挥下，按照要求认真履行职责，落实有关控制措施。具体组织实施突发重大动物疫情应急处置工作。

4.5.3　Ⅲ级应急响应措施

较大突发动物疫情确认后，设区的市应急指挥部办公室应及时向市人民政府报告动物疫情情况，提出启动市级应急预案的建议，由市人民政府根据疫情级别，启动疫情应急预案。

（1）设区的市人民政府或突发重大动物疫情应急指挥机构紧急措施。组织、指挥相关部门和县（市、区）扑疫工作和群防、群控工作；根据需要调集各种应急处置物资、交通工具和相关设施设备；按相关规定做好信息发布工作。

（2）设区的市农业农村主管部门紧急措施。对较大突发动物疫情及时采取有效防控应急措施，划定疫点、疫区、受威胁区，并按照规定向当地政府、自治区农业农村主管部门报告调查处理情况。

（3）自治区农业农村主管部门紧急措施。必要时组织专家对疫情应急处置工作提供技术指导和支持，并向自治区有关地区发出通报，及时采取预防控制措施，防止疫情扩散蔓延。

4.5.4　Ⅳ级应急响应措施

一般突发动物疫情确认后，县（市、区）人民政府根据本级农业农村主管部门的建议，启动应急预案，组织有关部门开展疫情应急处置工作。

县（市、区）农业农村主管部门对一般突发重大动物疫情及时采取有效防控应急措施，并按照规定向本级政府和上一级农业农村主管部门报告。设区的市农业农村主管部门应组织专家对疫情应急处置进行技术指导。

4.6　现场处置

由动物疫情发生地政府设立突发重大动物疫情现场指挥部，具体负责指挥现场的应急处置工作。各有关单位按照职责参与处置工作，包括动物疫情处置、染疫或疑似染疫人员的隔离救治等。必要时，指挥部办公室派出工作组赶赴现场，指导应急处置工作。

4.7　安全防护

应急处置人员应当配备防护用品用具，采取安全防护措施。特别是在处置一些危害严重的人畜共患病突发重大动物疫情时，应急处置人员应采取疫苗接种、配备防护服等防护措施，确保应急处置人员的安全。加强应急处置人员进出疫区的管理，严格进出疫区人员的消毒。

4.8　信息发布与舆情引导

按照分级响应原则，突发重大动物疫情处置的信息发布工作由各级政府新闻发言人或现场指挥部指定的新闻发言人负责发布。重大以上突发动物疫情处置一般以自治区人民政府或设区的市人民政府名义、较重大突发动物疫情处置以设区的市人民政府名义、一般突发动物疫情处置以县（市、区）人民政府名义发布。信息发布要统一、及时、准确、客观。

宣传、网信、公安等部门要密切关注舆情信息，及时做好舆情管控、引导工作。

（1）信息发布的主要内容包括：发生动物疫情病种及监测和预警情况。动物疫情发生的时间、地点、发病动物、死亡动物及同群动物数量，疫区、受威胁区易感动物数量，动物疫情处置进展情况等；事件责任单位的基本情况等。

（2）信息发布形式主要包括：权威发布、提供新闻稿、组织报道、接受记者采访、举办新闻发布会。

4.9 社会动员

（1）重大动物疫情发生地政府根据动物疫情的性质、危害程度和范围，广泛调动社会力量参与动物疫情处置，紧急情况下可征用和调运车辆、物资、人员等。

（2）重大动物疫情发生地政府组织各方力量开展应急处置工作；必要时，邻近的设区的市、县（区）人民政府组织和动员社会力量，对动物疫情发生地提供支援。

4.10 响应终止

突发重大动物疫情应急响应的终止需符合以下条件：疫区内最后一头（只）发病动物及其同群动物按规定处理后，经过一个潜伏期以上的监测，未出现新的病例，经彻底消毒评估合格后，由原应急响应启动机关决定终止响应。

5 应急保障

5.1 应急队伍保障

加强应急队伍建设，对应急队伍进行定期或不定期的培训，实时调整人员数量和专业结构。县级以上政府建立由农业农村、公安、卫生健康、市场监管、交通运输、武警等有关单位人员及专家组成的突发重大动物疫情应急处置预备队伍，具体实施封锁、扑杀、消毒、无害化处理等工作。

5.2 经费物资保障

各级人民政府要将重大动物疫情确认、疫区封锁、疫情监测、扑杀及其补偿、消毒、无害化处理、疫源追溯、应急防控物资等经费列入本级财政预算。各级财政部门为突发重大动物疫情防控工作提供所需资金保障。

各级财政部门在保证防控经费及时、足额到位的同时，要加强对防控经费使用的管理和监督。

各级农业农村主管部门应按照计划建立应急防控物资储备库，并负责物资管理、维护、保养和更新。

5.3 基础设施保障

设区的市、县（区）应当具备符合生物安全要求的兽医系统实验室、病死动物无害化处理厂和临时掩埋场、动物及动物产品指定通道等动物防疫体系基础设施。

5.4 交通运输保障

交通运输部门要保证应急处置交通工具的优先安排和优先放行，优先组织运送紧急防控人员和物资。

5.5 通信与信息保障

各级通信主管部门保障突发重大动物疫情处置过程中的通信畅通。

5.6 医疗卫生保障

卫生健康部门负责开展人畜共患病人间疫情监测，做好筛查、隔离与治疗工作，储备必要的应急物资和装备。各级农业农村主管部门应及时向卫生健康部门通报疫情信息，积极配合做好相关工作。

5.7 治安保障

公安部门、武警部队要协助做好疫区封锁和强制扑杀工作，做好疫区安全保卫和社会治安管理。

6 恢复重建

6.1 善后处置

突发重大动物疫情扑灭后，取消限制、流通控制等措施。根据各种重大动物疫病的特点，对疫点和疫区进行持续监测，符合要求的，方可重新引进动物，恢复畜牧业生产。

动物疫情发生地政府及有关单位根据各自职责，开展恢复生产工作，做好损失补偿、保险理

赔、征用补偿、活畜禽交易市场和屠宰厂（场）开放、按规定恢复生产等，尽快恢复正常秩序，确保社会稳定。

动物疫情发生地政府应当对在动物疫情应急处置过程中感染人畜共患病或造成伤亡的工作人员给予医疗救治及经济补偿。

6.2 总结评估

（1）特别重大、重大动物疫情扑灭后，指挥部办公室组织评估；较大及一般动物疫情，由设区的市突发重大动物疫情应急指挥机构组织评估。

（2）突发动物疫情善后处置工作结束后，动物疫情发生地政府形成处置突发动物疫情专项工作报告，报指挥部办公室。

7 日常管理

7.1 宣传培训

县级以上政府要建立健全应急管理培训制度，充分利用广播、电视、互联网、报纸等各种媒体，加大对突发重大动物疫情应急管理工作的宣传、培训力度，做好动物防疫知识科普，指导群众以科学的行为和方式对待突发重大动物疫情。要充分发挥有关社会团体在普及动物防疫应急知识等方面的作用。

7.2 应急演练

在没有发生突发重大动物疫情状态下，设区的市应急指挥部办公室每年组织开展1次应急演练，始终保持组织扑灭突发重大动物疫情的应急能力。

7.3 预案管理与更新

（1）本预案由自治区农业农村主管部门制定，经自治区人民政府审批后，由自治区人民政府办公厅印发。

（2）设区的市、县（区）人民政府要按照本预案的规定履行职责，制定、完善相应的应急预案后，报指挥部办公室和自治区政府备案。

（3）自治区农业农村主管部门要根据农业农村部重大动物疫病病种调整、预案演练时发现的问题、机构变化等情况，适时组织修订完善本预案。

7.4 责任追究

各级政府对在突发重大动物疫情的监测预警、报告、调查、控制和处理过程中，有玩忽职守、失职、渎职等违纪违法行为的，依据有关法律法规追究当事人的责任。构成犯罪的，依法追究其刑事责任。

8 附则

8.1 预案解释

本预案由自治区农业农村主管部门负责解释。

8.2 名词术语

（1）重大动物疫情：是指一、二、三类动物疫病突然发生，迅速传播，给养殖业生产安全造成严重威胁、危害，以及可能对公众身体健康与生命安全造成危害的情形。

（2）我区已消灭的动物疫病：是指牛瘟、牛肺疫、马鼻疽、马传染性贫血等在我区曾发生过，但已消灭的动物疫病。

（3）暴发：是指一定区域，短时间内发生波及范围广泛、出现大量患病动物或死亡病例，其发病率远远超过常年的发病水平。

（4）疫点：患病动物所在的地点划定为疫点，疫点一般是指患病动物所在的养殖场（户）或其他有关屠宰、经营单位。

（5）疫区：以疫点为中心的一定范围内的区域划定为疫区，疫区划分时注意考虑当地的饲养环境、天然屏障（如河流、山脉）和交通等因素。

（6）受威胁区：疫区外一定范围内的区域划定为受威胁区。

8.3 “以上”“以下”的含义

本预案有关数量的表述中，“以上”含本数，“以下”不含本数。

8.4 预案实施时间

本预案自印发之日起实施。2017年7月7日印发的《宁夏回族自治区突发重大动物疫情应急预案》（宁政办发〔2017〕127号）同时废止。

一百二十三、自治区人民政府办公厅关于加强动物疫病防控工作的意见

（2022年2月14日　宁夏回族自治区人民政府办公厅宁政办发〔2022〕10号发布）

各市、县（区）人民政府，自治区政府各部门、各直属机构：

动物防疫是国家生物安全的重要组成部分，建立和完善动物防疫体系、提升动物疫病防控能力，对于确保畜牧业持续稳定健康发展、保障畜产品质量安全和公共卫生安全具有重要意义。为更好适应新形势下动物防疫工作需要，有效提升动物疫病防控能力，促进我区畜牧业高质量发展，结合实际，现提出如下意见。

一、健全动物防疫工作体系

（一）全方位构筑动物疫病防控网。高标准做好动物疫病预防工作，从疫病预防、疫情监测、检验检疫、监督管理等方面，建立全链条、全周期、全覆盖、可追溯的防疫工作体系，将防疫区域、工作任务精准量化到具体单位和责任人，确保强制免疫应免密度达到100%、抗体合格率保持在70%以上。完善动物疫病强制免疫机制，推行“先打后补”。加强产地检疫、屠宰检疫、运输监管全链条信息化平台建设，提升动物及动物产品检疫监管信息化水平。推进动物疫病净化，支持有条件的地区和规模养殖场创建无疫区和无疫小区，建设一批重点疫病净化示范场。[自治区农业农村厅、发展改革委、财政厅按职责分工负责，各市、县（区）人民政府负责落实。以下均需市、县（区）人民政府落实，不再列出]

（二）加强病死动物无害化处理。推动建立以集中处理为主的病死畜禽无害化处理体系，到2025年，各地级市至少建成1个病死动物无害化处理厂，县（市、区）合理配套建设收集站点，满足区域处理需求。引导社会资本投资建设病死动物无害化处理厂，将病死动物无害化处理设备纳入农机购置补贴。加强病死畜禽和野生动物尸体无害化处理补助资金保障，对病死动物尸体收集、转运、无害化处理等环节的实施者予以补助。建立完善病死畜禽无害化处理与保险联动机制，将病死畜禽无害化处理作为保险理赔的前提条件，为病死畜禽保险理赔提供必要支持。（自治区农业农村厅、发展改革委、财政厅、自然资源厅、生态环境厅、林草局、宁夏银保监局按职责分工负责）

（三）完善全链条防控监管机制。各地要进一步健全完善从养殖到餐桌的全链条监管协调联动机制，实现养殖、屠宰、经营、加工、仓储、冷链物流、市场交易、餐饮等闭环管理。各行业监管部门要全面落实动物检疫、市场准入、凭证经营、餐厨剩余物处理制度，定期开展动物及其产品经营场所、餐饮单位等专项检查，严厉打击违法违规收购、贩运、屠宰、加工、销售、随意丢弃病死畜禽以及私屠乱宰、注水注药、走私等行为，涉嫌犯罪的依法追究刑事责任，并及时曝光，形成震慑作用。（自治区农业农村厅、公安厅、住房城乡建设厅、交通运输厅、市场监管厅、银川海关按职责分工负责）

二、夯实动物防疫工作基础

（四）稳定动物防疫机构队伍。依托现有机构编制资源，建立健全动物卫生监督机构和动物疫病预防控制机构，稳定基层机构队伍，巩固和加强工作力量。强化相关执法部门衔接，完善农业综合执法工作机制，切实提升执法能力。加强养殖大县、养殖集中乡镇防疫力量，综合考虑畜牧业发展规模、养殖场（户）密度、交通自然条件等因素，统筹配备县、乡官方兽医及防疫人员，确保在编在岗、履行职责，其中专业技术人员比例达到80%以上。提高动物防疫人员待遇，解决技术人员职称评聘问题，落实农业有毒有害保健津贴和畜牧兽医人员医疗卫生津贴，并纳入本级财政预算。加强动物防疫队伍素质建设，强化职业技能培训、应急演练、学历教育，提高动物防疫人员业务能力。（自治区农业农村厅、教育厅、财政厅、人力资源社会保障厅、党委编办按职责分工负责）

（五）提升防疫设施装备水平。强化现代科技和物质装备支撑，支持动物防疫领域新技术、新

设备、新产品等科学技术研发与示范推广。重点开展动物重大疫病综合防控、净化和快速诊断等技术研究、设备开发与先进适用科技成果的示范推广，提高动物疫病防治科技水平。加强自治区、市、县三级兽医实验室建设，完善设施设备，到2025年底前，县级以上兽医实验室要逐步达到生物安全二级标准，具备非洲猪瘟等重大动物疫病病原学检测诊断能力。进一步完善动物及动物产品指定通道建设，配备必要的设施设备和交通工具，保障24小时值班值守条件。加快县（市、区）和养殖基地、养殖园区畜禽运输车辆清洗消毒中心建设，阻断动物疫病扩散传播。加强陆生野生动物重点迁徙栖息地监测站点建设，配备必要的监测设施设备和交通通信工具，确保信息及时准确通报相关部门。（自治区农业农村厅、发展改革委、科技厅、公安厅、财政厅、交通运输厅、林草局按职责分工负责）

（六）扶持社会化服务组织发展。完善政府公益性和市场经营性相结合的兽医服务体系，满足全社会多层次、多样化的兽医服务需求。充分发挥执业兽医、乡村兽医作用，支持其开展动物防疫和疫病诊疗活动。根据当地经济社会发展水平，结合兽医服务实际，通过政府购买服务、资金物资补助等方式，将动物强制免疫、协助检疫、疫情排查、疫情处置、病死畜禽无害化处理等工作落实到兽医社会化服务组织，打通动物防疫“最后一公里”，各地制定出台政府购买兽医社会化服务付费标准，保障兽医社会化服务可持续发展。鼓励支持兽医社会化服务组织拓展服务范围，提升服务能力。（自治区农业农村厅、财政厅、人力资源社会保障厅按职责分工负责）

三、强化动物防疫工作保障

（七）强化动物防疫责任落实。各级人民政府对辖区内动物防疫工作负总责，将动物防疫体系建设纳入重要议事日程，制定政策措施，研究解决突出问题。自治区各有关部门要各负其责、密切配合、联防联控，建立人畜共患病、野生动物疫病、外来动物疫病定期信息通报与协作机制；健全完善督导、考核评价制度，将动物防疫体系建设工作纳入乡村振兴考核，对动物防疫体系建设工作推进不力的严肃追责问责。各县（市、区）行业主管部门要督促生产经营者严格履行主体责任，依法依规落实动物疫病防治、检疫申报、疫情报告和畜产品质量安全等法定责任和义务，进一步提升生物安全管理水平。（自治区农业农村厅、公安厅、卫生健康委、市场监管厅、林草局、银川海关按职责分工负责）

（八）建立稳定的财政投入机制。进一步完善动物疫病防控支持政策，加大经费投入。各市、县（区）人民政府要将动物防疫经费纳入地方财政预算，投入资金不低于自治区下达的动物防疫经费，重点用于强制免疫、检疫监测、疫病净化、强制扑杀、无害化处理、应急物资储备、购买兽医社会化服务等工作。各地要建立完善畜禽养殖保险机制，推动构建“政策性+商业性”保险体系，降低畜禽因病死亡给养殖场户造成的损失，发挥好保险风险保障和经济补偿作用。（自治区财政厅、农业农村厅、宁夏银保监局按职责分工负责）

（九）加强法律法规宣传教育。各地要加强生物安全、动物防疫、食品安全等法律法规的宣传培训力度，提高养殖、屠宰、畜禽产品和餐饮经营者的法律意识，推动守法诚信经营。要将人畜共患病、食品安全等知识纳入健康教育计划，针对广大养殖场户、消费者和中小学生定期开展专题教育。多渠道宣传生物安全和食品卫生知识，提高广大群众公共卫生意识，形成全社会共治、全民参与的良好氛围。（自治区农业农村厅、教育厅、卫生健康委、广电局按职责分工负责）

一百二十四、自治区人民政府办公厅关于建立病死畜禽无害化处理机制的实施意见

（2016年2月1日　宁夏回族自治区人民政府办公厅宁政办发〔2016〕24号发布）

各市、县（区）人民政府，自治区政府各部门、各直属机构：

为全面推进病死畜禽无害化处理工作，保障食品安全和生态环境安全，促进养殖业健康发展，根据《国务院办公厅关于建立病死畜禽无害化处理机制的意见》（国办发〔2014〕47号）精神，

结合我区实际，现就建立我区病死畜禽无害化处理机制，提出如下实施意见。

一、总体思路

（一）按照推进生态文明建设的总体要求，以处理及时、清洁环保、合理利用为目标，坚持统筹规划与属地负责相结合、政府监管与市场运作相结合、财政补助与保险联动相结合、集中处理与自行处理相结合的原则，尽快建成可持续的覆盖饲养、屠宰、经营、运输等各环节的病死畜禽无害化处理体系，构建科学完备、运转高效的病死畜禽无害化处理机制。

二、落实无害化处理责任

（二）自治区各级人民政府对本行政区域内病死畜禽无害化处理负总责。农牧部门负责畜禽养殖场（户）、屠宰场、隔离场及病死畜禽无害化处理厂等场所病死畜禽无害化处理监管和技术指导工作，提出病死畜禽无害化处理考核评估标准。发展改革和财政部门共同负责安排病死畜禽无害化处理公共基础设施建设项目，建设覆盖全区的无害化处理场所。财政部门负责落实病死畜禽无害化处理体系建设、政策性补贴和监管工作等经费，监督病死畜禽无害化处理资金的安排和使用。卫生计生部门负责公共卫生安全管理工作，做好食源性疾病监测和人畜共患疾病患者的救治。食品药品监管部门负责做好进入批发、零售市场或食品加工企业的病死畜禽无害化处理的监管工作，防止病死畜禽及其产品流入市场、流向餐桌。工商部门负责做好集贸市场畜禽及其产品监督管理工作。公安部门负责侦办加工制售病死畜禽及其产品等刑事案件。住房城乡建设部门负责指导病死畜禽无害化处理厂和掩埋场建设。国土资源部门负责病死畜禽无害化处理场所建设用地的保障。城市管理部门负责对城区病死畜禽收集和运送。乡（镇）人民政府和街道办事处负责本行政区域内病死畜禽清理，并送交无害化处理场所处理。各有关部门要建立部门协调联动机制，加强联系与沟通协作，及时通报相关信息，共同推动病死畜禽无害化处理监管工作有效开展。

（三）河流、湖泊、水库等水域发现的病死畜禽，由所在地县级人民政府组织收集处理；在城市公共场所以及乡村发现的病死畜禽，由所在地街道办事处或乡（镇）人民政府组织收集处理。在收集处理的同时，要及时组织力量调查病死畜禽来源，做好病死畜禽的追踪溯源。跨市、县（区）流入的病死畜禽，由自治区人民政府责令有关市、县（区）和部门调查。要按照信息公开的要求，及时向社会公布调查结果和对生产经营者、监管部门等的处理情况，接受社会监督。

（四）从事畜禽饲养、屠宰、经营、运输的单位和个人是病死畜禽无害化处理的第一责任人，负有对病死畜禽及时进行无害化处理并向当地畜牧兽医部门报告畜禽死亡及处理情况的义务。

（五）对于饲养、运输、屠宰、加工、储藏等环节发现的病死及死因不明畜禽，有关单位和个人必须严格依照国家有关法律法规，做好病死畜禽及其产品的报告和无害化处理工作。

三、加强无害化处理体系建设

（六）在银川市、石嘴山市、吴忠市、固原市、中卫市5个设区的市和灵武市、平罗县、青铜峡市、贺兰县、永宁县、中宁县6个县（市），建设符合公共卫生和环保要求并符合动物防疫条件的病死畜禽无害化处理厂。

（七）在红寺堡区、盐池县、同心县、西吉县、泾源县、隆德县、彭阳县、海原县8个县（区），建设病死畜禽无害化处理掩埋场。掩埋场配备全封闭收集、转运病死畜禽的运输工具和挖掘、高压消毒、焚烧等设施设备。

（八）在利通区奶牛养殖园区，青铜峡市、隆德县、中宁县生猪养殖区，沙坡头区蛋鸡养殖区，灵武市、平罗县、盐池县养羊密集区建立8个病死畜禽收集点，配备小型冷库和病死畜禽无害化处理收集车。在全区畜禽规模养殖场建设与其养殖规模相匹配的无害化处理池（冷库、焚烧炉）等无害化处理设施。

四、建立和完善配套保障政策

（九）自治区各级人民政府要结合本地实际，制定病死畜禽无害化处理公共设施营运、病死畜禽有偿回收等相关政策，并将病死畜禽无害化处理公共设施建设与运行及清理、回收、处理等经费纳入本级财政预算。病死畜禽无害化处理厂建设资金由中央、自治区、市、县（区）和企业投

入；掩埋场建设和病死畜禽收集点建设以县（市、区）财政投资为主；无害化处理池建设以企业投资为主，兽医主管部门在产业化发展项目、畜牧业发展资金上予以扶持。充分调动社会资金参与病死畜禽无害化处理设施建设的积极性，促进投资主体与融资渠道的多元化。

（十）按照“谁处理、补给谁”的原则，建立与养殖量、无害化处理率相挂钩的财政补助机制。病死猪无害化处理补贴标准按照国家规定的标准执行，其他动物无害化处理补贴范围和标准由各市、县（区）自行确定。

（十一）对于自行实施无害化处理的养殖场（户），由其向同级农牧主管部门提出病死畜禽无害化处理补助申请，经同级农牧主管部门核实后，由财政部门通过“一卡（折）”的方式将补助资金直接拨付养殖场（户）。同级农牧主管部门要登记保存原始凭证，并将养殖场（户）的名称、病死畜禽无害化处理数量、补助标准和补助金额等情况进行公示公开，接受监督。对于将病死畜禽交集中处理的养殖场（户），按照无害化处理补贴标准的20%予以鼓励，其余80%拨付给实施无害化处理的机构。

（十二）对病死畜禽无害化处理设施建设用地按照土地管理法律法规的规定，优先予以保障。每个病死畜禽无害化处理厂占地面积5 336平方米以上；掩埋场占地面积6 670平方米以上，病死畜禽无害化处理收集点占地面积50平方米以上。

（十三）鼓励单位和个人兴建无害化处理厂、掩埋场等病死畜禽无害化处理设施，并可以接受委托，有偿对各市、县（区）组织收集及其他生产经营者的病死畜禽进行无害化处理。从事病死畜禽无害化处理的单位和个人，按规定享受国家有关税收优惠。将病死畜禽无害化处理设施、设备纳入农机购置补贴范围。

（十四）建立健全保险和病死畜禽无害化处理联动机制，将病死畜禽无害化处理作为保险理赔的前提条件，不能确认无害化处理的，保险机构不予赔偿。

五、加强宣传教育

（十五）各市、县（区）要进一步加大畜禽健康养殖和畜禽产品安全消费宣传力度，通过报刊、网络、广播电视等多种渠道，向广大群众普及科学养殖和防疫知识，广泛宣传病死畜禽无害化处理的重要性和病死畜禽产品的危害性，提高消费者对病死畜禽及其产品的识别能力和自我防护意识，营造共同做好病死畜禽无害化处理工作的良好社会氛围。

六、严厉打击违法犯罪行为

（十六）各市、县（区）和自治区各有关部门要按照《中华人民共和国动物防疫法》《中华人民共和国食品安全法》《畜禽规模养殖污染防治条例》（国务院令第643号）等法律法规，严肃查处随意抛弃病死畜禽、加工制售病死畜禽产品等违法犯罪行为。加强行政执法与刑事司法的衔接，对涉嫌构成犯罪、依法需要追究刑事责任的，要及时移送公安机关，公安机关应依法立案侦查。对公安机关查扣的病死畜禽及其产品，在固定证据后，有关部门应及时组织做好无害化处理工作。

七、加强组织领导

（十七）各市、县（区）人民政府要加强组织领导和统筹协调，明确各环节的监管部门，建立区域和部门联防联动机制，落实各项保障条件。切实加强基层监管力量，提升监管人员素质和执法水平。建立责任追究制，严肃追究失职渎职工作人员责任。各市、县（区）和自治区各有关部门要及时研究解决工作中出现的新问题，确保病死畜禽无害化处理的各项要求落到实处。

一百二十五、自治区人民政府办公厅关于促进畜牧业高质量发展的实施意见

（2021年11月2日　宁夏回族自治区人民政府办公厅宁政办发〔2021〕81号发布）

各市、县（区）人民政府，自治区政府各部门、各直属机构：

为认真落实《国务院办公厅关于促进畜牧业高质量发展的意见》（国办发〔2020〕31号）精

神，推进我区畜牧业高质量发展，现提出如下实施意见。

一、总体要求

（一）指导思想。以习近平新时代中国特色社会主义思想为指导，深入贯彻党的十九大、十九届二中、三中、四中、五中全会精神和习近平总书记视察宁夏重要讲话精神，按照自治区党委十二届八次、九次、十次、十一次和十二次全会要求，以高产高效、优质安全、绿色发展为目标，以农业供给侧结构性改革为主线，以提升畜牧业全产业链竞争力为核心，着力构建现代畜禽养殖、动物防疫和加工流通体系，推进布局区域化、经营规模化、生产标准化、发展产业化，努力打造高端奶之乡、高端肉牛生产基地和中国滩羊之乡，不断增强畜牧业质量效益和竞争力。

（二）发展目标。到 2025 年，全区奶牛存栏 100 万头，肉牛和滩羊饲养量分别达到 260 万头和1 750万只，生猪存栏 90 万头，家禽饲养量 3 000万只；肉蛋奶总产量分别达到 46 万吨、14 万吨和 550 万吨；畜禽养殖规模化率和畜禽粪污综合利用率分别达到 70%以上和 90%以上，奶产业、肉牛和滩羊产业全产业链产值分别达到 1 000 亿元。到 2030 年，畜牧业布局结构进一步优化，动物疫病防控能力明显增强，绿色发展水平显著提高，畜禽养殖规模化率达到 80%，畜禽粪污综合利用率保持在 90%以上。

二、工作重点

（一）优化畜牧业区域布局。综合资源禀赋、生态环境、产业优势、市场供求等因素，调整优化区域布局和产业结构。巩固提升兴庆、贺兰、灵武、利通、青铜峡、沙坡头、中宁等奶产业主产县（市、区）规模效益，支持建设利通区五里坡和孙家滩、灵武市白土岗、平罗县河东等现代奶产业园区。以原州、西吉、隆德、泾源、彭阳、海原、同心、红寺堡 8 个县（区）为核心，突出发展优质肉牛繁育和特色牛肉加工；以平罗、永宁、中宁、沙坡头等引黄灌区县（区）为重点，加快发展肉牛高效育肥和优质牛肉生产。以盐池、同心、海原、红寺堡、灵武 5 个县（市、区）为重点，加快滩羊核心区现代产业园和标准化规模养殖基地建设，建立完善引黄灌区和南部山区滩羊改良羊生产体系。着力稳固沙坡头、灵武、中宁、青铜峡、隆德 5 个养猪重点县（市、区）产业基础，扩大盐池、平罗、原州、彭阳 4 个养猪潜力县（区）产能。巩固发展贺兰、永宁、沙坡头、原州等县（区）种鸡产业和商品鸡产业。到 2025 年，奶产业、肉牛和滩羊产业综合生产能力显著提高，生鲜乳、牛羊肉、猪肉、禽蛋自给率保持在 100%以上，肉蛋奶结构进一步优化［自治区农业农村厅、发展改革委、生态环境厅、自然资源厅、水利厅按职责分工负责，各市、县（区）人民政府负责落实。以下均需各市、县（区）人民政府落实，不再列出］。

（二）加强良种繁育与推广。实施种业科技创新行动、畜禽遗传改良计划和现代种业提升工程，构建产学研融合、育繁推一体化的现代种业科技创新体系，加强优质高产奶牛、肉牛新品种（系）培育和育种核心群建设，推动育种体系和良种繁育体系深度融合，加快奶牛、肉牛、滩羊和饲草良种选育扩繁，建立完善良种示范推广体系，提升奶牛、肉牛等品种核心种源自给率。推进中国（宁夏）良种牛繁育中心和奶牛胚胎推广示范中心建设，继续实施奶牛、肉牛和滩羊良种补贴项目，加强畜禽种质资源保护和利用，推进滩羊、中卫山羊、静原鸡本品种选育和提纯复壮，支持自治区级以上畜禽保种场、核心育种场建设。到 2025 年，全区地方畜禽遗传资源保护率达 100%、自治区级以上原种场和核心育种场达到 10 个以上，种畜、种禽群体规模分别达到 20 万头（只）、350 万羽以上。（自治区农业农村厅、科技厅、发展改革委、财政厅按职责分工负责）

（三）大力发展规模化标准化养殖。加快现代化养殖基地建设，重点支持发展规模养殖场，引导养殖场因地制宜升级改造，合理扩大养殖规模。培育壮大合作社、家庭农场等经营主体，带动散养户出户入场、发展专业化养殖。实施畜禽养殖标准化提升行动，深入开展标准化示范创建，积极推进牛羊标准化养殖示范县创建。以规模养殖场为主体，完善养殖场建设、良种繁育、饲草料调制、饲养管理、疫病防控等养殖全程标准体系。加强大数据、人工智能、云计算、物联网、移动互联网等技术应用，建立畜牧业数字信息化管理平台，推进智慧牧场示范建设，提高环境调控、精准饲喂、繁殖与健康状态实时监测、畜禽产品

追溯等智能化管理水平。加大养殖生产投入品监管力度，持续开展兽药、饲料和畜禽产品质量安全专项监测，确保畜禽及其产品安全。到2025年，创建自治区级以上标准化示范场（基地）100个以上。（自治区农业农村厅、发展改革委、科技厅、生态环境厅、自然资源厅按职责分工负责）

（四）健全饲草料供应保障体系。调整优化种植结构和耕作制度，持续推进“粮改饲”工作，坚持“种养结合、草畜配套”一体化发展。支持集中连片种植高产优质苜蓿、一年生优质禾草，推广“一年两茬”复种模式，扩大优质饲草种植面积，建立多元化饲草保障体系。推广优质牧草新品种和高产高效生产加工利用技术，开发利用柠条等非常规饲草资源，加强饲草料专业化服务组织建设，建立健全饲草料加工、流通、配送体系。大力发展饲料业，全面推行高效、环保、安全的饲料生产。加快生物饲料开发应用，推广低氮、低磷和低矿物质饲料产品。到2025年，优质高产苜蓿和一年生优质禾草种植面积分别达到80万亩和120万亩以上，工业饲料产量达到220万吨。（自治区农业农村厅、发展改革委、财政厅、科技厅、水利厅按职责分工负责）

（五）提升动物疫病防控能力。落实动物防疫地方政府属地管理责任、政府主要领导第一责任人责任和养殖场主体责任。加强动物及动物产品运输指定通道、动物检疫申报点、运输车辆清洗消毒中心、病死畜禽无害化处理厂等建设。推进动物疫病净化，以种畜禽场为重点，优先净化垂直传播性动物疫病和人畜共患病，建设一批重点疫病净化示范场，支持有条件的地区和规模养殖场创建无疫区和无疫小区。改革和完善动物疫病强制免疫补助政策实施机制，推进规模养殖场户“先打后补”改革试点工作。落实西北区非洲猪瘟等重大动物疫病分区防控措施，统筹做好动物防疫监督工作。按照现代畜牧业发展需求，加强动物防疫队伍建设，采取有效措施稳定基层机构队伍。依托现有机构编制资源，建立健全动物卫生监督机构和动物疫病预防控制机构，提升动物疫病监测诊断装备水平和能力。到2025年，建设重点疫病净化场、无疫小区5个以上。（自治区农业农村厅、发展改革委、人力资源社会保障厅，党委编办按职责分工负责）

（六）构建现代加工流通体系。优化屠宰企业布局，推进标准化建设，推动畜禽就地屠宰，减少活畜禽长距离运输。规范活畜禽跨区域调运管理，促进运输活畜禽向运输肉品转变。加大招商引资力度，积极引进国内畜产品加工龙头企业，着力发展冷鲜分割肉、调理肉制品、熟肉制品三大类主导产品，提升精深加工转化能力。支持屠宰加工企业改造升级冷藏加工设施，建立完善冷链配送体系。鼓励大型畜禽养殖企业、屠宰加工企业开展养殖、屠宰、加工、配送、销售一体化经营，引进现代冷鲜加工工艺、设备，提高分级加工、分割包装比重，提升肉品精深加工和副产品综合利用水平。引导屠宰加工和销售企业完善利益联结机制，推进订单生产，支持建设区外营销窗口和线上销售平台，拓展中高端市场营销，实现畜产品优质优价。到2025年，建设标准化屠宰加工企业6个以上，肉牛和肉羊屠宰加工转化率分别达到46%和70%。（自治区发展改革委、交通运输厅、商务厅、农业农村厅按职责分工负责）

（七）推进畜牧业绿色循环发展。统筹资源环境承载力，科学布局畜禽养殖产业，鼓励畜禽粪污全部还田利用，促进养殖业规模与资源环境相匹配，实现畜禽养殖和生态环境保护协调发展。支持大型养殖基地、新建规模养殖场、粪污收集处理中心配套建设处理利用设施，购置清粪机、粪污拉运车辆等设备；引导散养户出户入场，推进集中养殖区粪污集中处理、资源化利用，推广全量收集利用畜禽粪污、全量机械化施用等经济高效的粪污资源化利用技术模式，提高粪污处理设施装备水平和资源化利用率。实施有机肥替代化肥行动，鼓励各地出台有机肥施用补贴政策，支持新型经营主体增加有机肥施用。严格落实生物天然气入网、发电等综合利用相关政策，对畜禽粪污处理全量还田利用的养殖场（户）实行登记管理，不需申领排污许可证。提升病死畜禽无害化处理能力，按照“统筹规划、属地负责，政府监管、市场运作，财政补助、保险联动”的原则，推动建立集中处理为主，自行分散处理为补充的处理体系。到2025年，新建规模养殖场全部配套粪污处理利用设施设备，建设畜禽粪污集中处理中心10个以上。（自治区农业农村厅、发展改革委、自然资源厅、生态环境厅按职责分工负责）

（八）强化畜产品品牌培育。加大畜产品加工企业“内培外引”力度，围绕高端产品研发、品牌创建、品质提升，重点发展一批产业链条完整、科技创新能力强、精深加工水平高、带动示范作用强、品牌优势明显的龙头企业。加强宁夏优质畜产品宣传推介，申报培育“宁夏牛奶”“宁夏六盘山牛肉”等地理标志产品和区域公用品牌，提升品牌知名度和影响力。制定完善区域公用品牌和知名产品品牌保护办法，推广滩羊基因检测和分类分级管理，强化市场监管，保护好“盐池滩羊”品牌。加强“两品一标”认证，强化品牌管理、宣传推介、市场开拓，完善质量安全追溯管理，管控关键环节，稳步提升畜禽产品品质和品牌效益，以优良品质、知名品牌引领畜牧业高质量发展。到 2025 年，培育宁夏知名畜产品品牌 10 个以上，畜禽“两品一标”产品达 20 个以上，力争打造百亿级现代畜牧产业园（集群）1 个—2 个。（自治区农业农村厅、发展改革委、科技厅、工业和信息化厅、商务厅、市场监管厅按职责分工负责）

三、保障措施

（一）加强组织领导。严格落实“菜篮子”市长负责制，各市、县（区）人民政府切实履行主体责任，强化措施，保障资金，真抓实干，推进畜牧业高质量发展，保障肉蛋奶市场供应。自治区有关部门要分工负责、密切配合，形成工作合力，协同推进各项政策措施落地落实。强化绩效考核，把畜牧业高质量发展情况纳入乡村产业振兴考核范围。（自治区发展改革委、生态环境厅、自然资源厅、农业农村厅等按职责分工负责）

（二）优化要素保障。落实畜禽规模养殖、畜禽产品初加工等环节用水、用电、用地优惠政策。坚持科学规划、合理选址、分区建设、分步实施原则，按照设施农业用地管理办法，充分利用荒山、荒坡等未利用地作为养殖用地，配套养殖废弃物无害化处理和生物安全等基础设施，建设高标准养殖基地。支持偏远地区养殖场配套建设供水设施，保障正常生产，将养殖用水纳入农业生产取用水范畴，超限额取用水按较低标准缴纳水资源税。加强新建畜禽产品加工企业和养殖场“七通一平”基础设施配套建设。（自治区自然资源厅、生态环境厅、水利厅、农业农村厅、林草局等按职责分工负责）

（三）加大投入保障。通过政府购买服务方式支持畜牧兽医社会化服务。积极引导金融机构创新适合我区畜牧业发展的金融产品，通过开展信用贷款、应收账款质押、供应链金融等，进一步提高首贷、续贷比例，提升金融服务水平。探索推进土地经营权、养殖圈舍、大型养殖机械抵押贷款，积极稳妥开展活体抵押贷款，盘活生物资产，提高资金使用效能。推进政策性农业保险提标扩面增品，扩大奶产业、肉牛和滩羊产业等优势特色产业保险覆盖面，推动构建“政策性＋商业性”保险体系，发挥农业保险增信功能，进一步拓宽企业及农户融资渠道。鼓励有条件的地区自主开展畜禽养殖收益险、畜产品价格险试点。（自治区发展改革委、财政厅、农业农村厅、地方金融监管局，宁夏银保监局等按职责分工负责）

（四）规范市场秩序。健全完善养殖企业和加工企业利益联结机制，引导加工企业与养殖场、家庭牧场、合作社等签订长期购销合同，切实保护农民合法权益。定期对购销合同签订和履行情况开展监督检查，查处违法违规行为。积极推行股份合作、二次分红、溢价收购等合作机制。（自治区市场监管厅、农业农村厅等按职责分工负责）

（五）强化科技支撑。实施农业产业高质量发展科技支撑行动，加强产学研协同创新，组织开展畜牧业高质量发展重大关键技术攻关，加强新品种、新技术、新装备的引进、转化和推广，提升畜牧产业核心竞争力。组织高校、科研院所、畜牧兽医技术推广机构以及行业协会等技术人员，深入基层一线开展全方位指导服务。强化产业科研、推广服务、养殖场管理和专业技术岗位人才培养，通过挂职、科研合作、技术入股与投资兴业相结合的方式，引进培养一批懂产业、善经营、会管理的现代化人才队伍。落实人才政策，加大“高精尖缺”产业人才引进，积极搭建重点产业发展人才载体，支持奶产业、肉牛和滩羊等重点产业发展。（自治区农业农村厅、科技厅、教育厅、人力资源社会保障厅按职责分工负责）

（此件公开发布）

一百二十六、自治区人民政府办公厅转发自治区农牧厅关于加强农药兽药管理保障食品安全意见的通知

（2017年11月24日　宁夏回族自治区人民政府办公厅宁政办发〔2017〕197号发布）

各市、县（区）人民政府，自治区政府各部门、各直属机构：

经自治区人民政府同意，现将自治区农牧厅《关于加强农药兽药管理保障食品安全的意见》转发给你们，请认真组织实施。

关于加强农药兽药管理保障食品安全的意见

根据《国务院办公厅关于进一步加强农药兽药管理保障食品安全的通知》（国办发明电〔2017〕10号）精神，为切实做好农药兽药管理工作，保障食品安全，提出以下意见：

一、指导思想

牢固树立绿色发展理念，以推进农业供给侧结构性改革为主线，以改革创新为动力，以农业提质增效和农产品质量安全为目标，建立健全农药兽药监管体系，落实属地监管责任；强化生产经营监管，提升农药兽药质量水平；强化农产品产地监管，推进科学用药，提升农产品质量安全水平；强化农产品流通环节监管，落实质量检验监测各项工作，保障食品安全。

二、目标任务

（一）健全农药兽药管理体系。加强农药兽药管理体系建设，完善县级农药兽药管理制度，提升县级农业综合执法装备水平和人员素质，构建覆盖农药兽药生产、经营、使用全程监管大数据系统平台。

（二）提升农药兽药质量水平。强化生产、经营监管，严格生产、经营许可资格审核，落实经营产品备案及经营台账管理制度，加大农药兽药质量监督检验及假劣产品定性清除力度，提升农药兽药质量水平，农药质量合格率达到95%以上，兽药质量合格率达到97%以上。

（三）提升农产品质量安全水平。加强农药兽药等农业投入品源头监管、农产品产地源头治理、农产品质量检验监测，实现蔬菜、水果、粮食产品质量合格率达到97%以上，畜禽及水产品质量合格率达到99%以上。

三、重点工作

（一）加强农药兽药生产管理。落实农药兽药生产许可制度，严格审核生产条件，严把生产准入关，企业要严格依照国家质量安全标准组织生产；严格落实质量监测监管制度，实行GMP（药品生产质量管理规范）标准管理，组建全区GMP检查员队伍，不定期对企业生产行为进行监督，开展原料药、辅料及产品质量抽检，规范生产行为，禁止农药中添加剧毒高毒和隐性成分，严禁饲料中违规添加抗菌药物；建立健全全区农药兽药产品追溯系统，生产企业要严格实行二维码标签管理，确保农药兽药产品质量可追溯。

（二）加强农药兽药经营管理。落实经营许可制度，按照《农药经营许可管理办法》（农业部令2017年第5号）、《兽药经营质量管理规范》（农业部令2010年第3号）等有关规定，严格审核经营条件，严把经营准入关，严禁不具备农药兽药和动植物生理专业知识、不能开方配药的人员经营农药兽药。落实经营产品登记备案制度，经营行为全部纳入“投入品在线管理系统”，完善经营产品可溯源管理，指导经营企业完善进货备案、台账记录、使用指导等管理制度和岗位操作规程。落实限制使用农药定点经营，实行专柜销售、实名购买。落实质量监督抽检监测工作，按照“双随机、一公开”要求，每年对区内经营的主要农药兽药产品进行两次质量抽样。开展投入品定性清除行动，对不合格的农药兽药产品黑名单曝光，全区禁售。依法打击违法生产经营行为。

（三）加强农药兽药使用管理。制定《宁夏农药兽药使用管理规范》，严格依照标准组织生产，规范使用行为，禁止使用的坚决不用，限制使用

的严格按规定范围和剂量使用，允许使用的严格执行安全间隔期、休药期等规定。提高标准到位率，自治区农牧厅制定《宁夏农药兽药使用记录档案》，统一式样，监督种养殖企业、专业合作社、社会化服务组织等使用者如实及时记录使用时间、品种、剂量，记录留存不少于 2 年。加大执业兽医和乡村兽医、植保技术队伍培训，提高科学用药水平；充分利用新型职业农民培训工程等项目，加强对农药兽药使用者法律法规、科学用药技术、安全操作技能的培训；指导农产品生产经营者对症选药、科学用药，提高使用者安全规范用药意识。

（四）加强农产品农药兽药残留抽检监测。严格落实农产品生产、经营者农药兽药残留检验主体责任，所有食品生产企业和食用农产品批发市场必须对其生产销售的食用农产品质量安全和食品安全承担法律责任。农牧部门要加强生产基地农产品监督检测检验，落实生产基地飞行抽检计划，超标农产品须无害化处理，杜绝进入加工流通领域。自治区食品药监、质监、粮食等部门要加强对全区各大市场销售的粮食、蔬菜、瓜果、枸杞、畜禽肉、鲜蛋、奶、茶叶及其他食品农药兽药残留的抽样检验，发现非法使用农药兽药或残留超标的，要及时监督生产经营者采取下架、召回、销毁等措施控制风险，并追查源头和流向，依法追究法律责任。

（五）加强农产品产地准出和市场准入管理。县级农牧部门要完善农产品产地追溯系统，推行产地合格证明，产地生产和检测信息数据接入市场监管部门，建立产地准出和市场准入管理衔接机制。督促各大超市、批发市场严格落实进货查验记录制度，建设食用农产品快速检测室，配备相应的快速检测设备，开展农药兽药残留快速检测，禁止不合格食用农产品销售。加强对农产品收购、贮存、运输等环节的监督检查，严防严控食品安全风险。

（六）加强食品安全风险源头治理。各市、县（区）要深入推进化肥农药使用量零增长行动和农药兽药减量行动，大力推广测土配方施肥、增施有机肥、水肥一体化、低毒低残留农药、新型施药器械，推进病虫害统防统治及绿色防控，推进标准化生产，减少农业面源污染。开展食用农产品产地环境监测和风险评估，推进畜禽粪污转化有机肥、农村能源等资源化利用，加大土壤、水污染治理力度，重点治理农用地土壤重金属污染、农业种植养殖用水污染等问题，切断污染物进入农田的链条。加强粮食收储环节质量安全监管，推动粮食收储企业配备烘干设备、快检设备，及时处置真菌毒素、重金属超标粮食，严防不符合食品安全标准的粮食流入口粮市场。推进农业社会化综合服务站建设，推广病虫害防控、动物疫病防治等专业化服务，扩大专业化统防统治覆盖面。

（七）严厉打击食品安全违法犯罪。食用农产品和食品生产经营者是保障食用农产品质量安全和食品安全的第一责任人，必须履行主体责任。对在蔬菜、瓜果、枸杞和中草药材等农产品生产中使用高毒农药，在水产养殖中使用孔雀石绿、硝基呋喃类、氯霉素等禁用物质，超范围超限量使用农药兽药，违反安全间隔期、休药期相关要求使用农药兽药，未如实记录或保留记录等违法违规行为，依法依规严肃查处，责任追究到人，涉嫌犯罪的，要及时依法移送公安机关查处。

（八）严格落实属地管理责任。自治区将加强农药兽药管理保障食品安全作为考核市、县（区）的目标任务之一，各市、县（区）人民政府要把保障食品安全作为一项重大政治任务来抓，守土有责、失责必问。要充实基层农药兽药监管执法力量，将监管执法和检验检测所需经费纳入本级政府预算，加快完善地方性监管法规和技术规范。各市、县（区）农牧、食品药监、粮食、质监等部门要认真履行农产品质量安全和食品安全监督管理责任，及时发现并依法查处违法违规行为，积极回应社会关切。

四、工作措施

（一）强化组织领导，形成联动监管合力。自治区建立由分管副主席负责，自治区农牧厅牵头，公安、食品药监、林业、粮食、质监等相关部门参与的联席会议制度，研究解决农药兽药管理有关问题，确保食品安全。市、县（区）人民政府要落实属地管理主体责任，统筹协调，明确责任部门和监管人员，加大农药兽药经营市场监管工作，形成合力。

（二）强化制度建设，建立农产品质量安全监管长效机制。各市、县（区）要建立和完善农药

兽药生产、经营、使用者信用评价制度、制假售假黑名单制度、农业投入品质量抽检制度、市场监管巡查制度和“检打联动”机制，加快完善农药兽药等投入品在线管理系统，建立风险预警系统，防范不合格投入品进入生产领域，从源头杜绝风险农药兽药流入农产品生产环节。

（三）强化执法力度，规范农业投入品生产经营行为。结合“绿剑护农”“红盾护农”行动，利用春秋季农资打假专项行动，加大农药兽药执法检查力度，重点查处违法经营甲胺膦、对硫磷等高毒、高残留农药和孔雀石绿、硝基呋喃类、氯霉素等禁用兽药行为。

（四）强化宣传指导，营造农产品质量安全氛围。充分利用媒体，加大农药兽药科学使用、农产品质量安全相关法律法规宣传，倡导绿色健康种养殖，营造舆论氛围。组织技术人员、执法人员深入种养殖基地、园区、农贸市场、田间地头开展宣传、指导，引导各类经营主体使用预防类兽药及低毒、低残留农药，减少抗生素使用，消除食用农产品农药兽药残留隐患。

06 第六篇 | 技术规范、标准

第一节 疫病防治技术规范

一、口蹄疫防治技术规范

（2007 年 4 月 9 日 农业部农医发〔2007〕12 号发布）

口蹄疫（Foot and Mouth Disease，FMD）是由口蹄疫病毒引起的以偶蹄动物为主的急性、热性、高度传染性疫病，世界动物卫生组织（OIE）将其列为必须报告的动物传染病，我国规定为一类动物疫病。

为预防、控制和扑灭口蹄疫，依据《中华人民共和国动物防疫法》《重大动物疫情应急条例》《国家突发重大动物疫情应急预案》等法律法规，制定本技术规范。

1 适用范围

本规范规定了口蹄疫疫情确认、疫情处置、疫情监测、免疫、检疫监督的操作程序、技术标准及保障措施。

本规范适用于中华人民共和国境内一切与口蹄疫防治活动有关的单位和个人。

2 诊断

2.1 诊断指标

2.1.1 流行病学特点

2.1.1.1 偶蹄动物，包括牛科动物（牛、瘤牛、水牛、牦牛）、绵羊、山羊、猪及所有野生反刍和猪科动物均易感，驼科动物（骆驼、单峰骆驼、美洲驼、美洲骆马）易感性较低。

2.1.1.2 传染源主要为潜伏期感染及临床发病动物。感染动物呼出物、唾液、粪便、尿液、乳、精液及肉和副产品均可带毒。康复期动物可带毒。

2.1.1.3 易感动物可通过呼吸道、消化道、生殖道和伤口感染病毒，通常以直接或间接接触（飞沫等）方式传播，或通过人或犬、蝇、蜱、鸟等动物媒介，或经车辆、器具等被污染物传播。如果环境气候适宜，病毒可随风远距离传播。

2.1.2 临床症状

2.1.2.1 牛呆立流涎，猪卧地不起，羊跛行。

2.1.2.2 唇部、舌面、齿龈、鼻镜、蹄踵、蹄叉、乳房等部位出现水泡。

2.1.2.3 发病后期，水泡破溃、结痂，严重者蹄壳脱落，恢复期可见瘢痕、新生蹄甲。

2.1.2.4 传播速度快，发病率高；成年动物死亡率低，幼畜常突然死亡且死亡率高，仔猪常成窝死亡。

2.1.3 病理变化

2.1.3.1 消化道可见水泡、溃疡。

2.1.3.2 幼畜可见骨骼肌、心肌表面出现灰白色条纹，形色酷似虎斑。

2.1.4 病原学检测

2.1.4.1 间接夹心酶联免疫吸附试验，检测阳性（ELISA OIE 标准方法附件一）。

2.1.4.2 RT-PCR 试验，检测阳性（采用国家确认的方法）。

2.1.4.3 反向间接血凝试验（RIHA），检测阳性（附件二）。

2.1.4.4　病毒分离，鉴定阳性。

2.1.5　血清学检测

2.1.5.1　中和试验，抗体阳性。

2.1.5.2　液相阻断酶联免疫吸附试验，抗体阳性。

2.1.5.3　非结构蛋白 ELISA 检测感染抗体阳性。

2.1.5.4　正向间接血凝试验（IHA），抗体阳性（附件三）。

2.2　结果判定

2.2.1　疑似口蹄疫病例

符合该病的流行病学特点和临床诊断或病理诊断指标之一，即可定为疑似口蹄疫病例。

2.2.2　确诊口蹄疫病例

疑似口蹄疫病例，病原学检测方法任何一项阳性，可判定为确诊口蹄疫病例。

疑似口蹄疫病例，在不能获得病原学检测样本的情况下，未免疫家畜血清抗体检测阳性或免疫家畜非结构蛋白抗体 ELISA 检测阳性，可判定为确诊口蹄疫病例。

2.3　疫情报告

任何单位和个人发现家畜上述临床异常情况的，应及时向当地动物防疫监督机构报告。动物防疫监督机构应立即按照有关规定赴现场进行核实。

2.3.1　疑似疫情的报告

县级动物防疫监督机构接到报告后，立即派出 2 名以上具有相关资格的防疫人员到现场进行临床和病理诊断。确认为疑似口蹄疫疫情的，应在 2 小时内报告同级兽医行政管理部门，并逐级上报至省级动物防疫监督机构。省级动物防疫监督机构在接到报告后，1 小时内向省级兽医行政管理部门和国家动物防疫监督机构报告。

诊断为疑似口蹄疫病例时，采集病料（附件四），并将病料送省级动物防疫监督机构，必要时送国家口蹄疫参考实验室。

2.3.2　确诊疫情的报告

省级动物防疫监督机构确诊为口蹄疫疫情时，应立即报告省级兽医行政管理部门和国家动物防疫监督机构；省级兽医管理部门在 1 小时内报省级人民政府和国务院兽医行政管理部门。

国家参考实验室确诊为口蹄疫疫情时，应立即通知疫情发生地省级动物防疫监督机构和兽医行政管理部门，同时报国家动物防疫监督机构和国务院兽医行政管理部门。

省级动物防疫监督机构诊断新血清型口蹄疫疫情时，将样本送至国家口蹄疫参考实验室。

2.4　疫情确认

国务院兽医行政管理部门根据省级动物防疫监督机构或国家口蹄疫参考实验室确诊结果，确认口蹄疫疫情。

3　疫情处置

3.1　疫点、疫区、受威胁区的划分

3.1.1　疫点为发病畜所在的地点。相对独立的规模化养殖场/户，以病畜所在的养殖场/户为疫点；散养畜以病畜所在的自然村为疫点；放牧畜以病畜所在的牧场及其活动场地为疫点；病畜在运输过程中发生疫情，以运载病畜的车、船、飞机等为疫点；在市场发生疫情，以病畜所在市场为疫点；在屠宰加工过程中发生疫情，以屠宰加工厂（场）为疫点。

3.1.2　疫区。由疫点边缘向外延伸 3 公里内的区域。

3.1.3　受威胁区。由疫区边缘向外延伸 10 公里的区域。

在疫区、受威胁区划分时，应考虑所在地的饲养环境和天然屏障（河流、山脉等）。

3.2　疑似疫情的处置

对疫点实施隔离、监控，禁止家畜、畜产品及有关物品移动，并对其内、外环境实施严格的消毒措施。

必要时采取封锁、扑杀等措施。

3.3　确诊疫情处置

疫情确诊后，立即启动相应级别的应急预案。

3.3.1　封锁

疫情发生所在地县级以上兽医行政管理部门报请同级人民政府对疫区实行封锁，人民政府在接到报告后，应在 24 小时内发布封锁令。

跨行政区域发生疫情的，由共同上级兽医行政管理部门报请同级人民政府对疫区发布封锁令。

3.3.2　对疫点采取的措施

3.3.2.1　扑杀疫点内所有病畜及同群易感

畜，并对病死畜、被扑杀畜及其产品进行无害化处理（附件五）。

3.3.2.2 对排泄物、被污染饲料、垫料、污水等进行无害化处理（附件六）。

3.3.2.3 对被污染或可疑污染的物品、交通工具、用具、畜舍、场地进行严格彻底消毒（附件七）。

3.3.2.4 对发病前14天售出的家畜及其产品进行追踪，并做扑杀和无害化处理。

3.3.3 对疫区采取的措施

3.3.3.1 在疫区周围设置警示标志，在出入疫区的交通路口设置动物检疫消毒站，执行监督检查任务，对出入的车辆和有关物品进行消毒。

3.3.3.2 所有易感畜进行紧急强制免疫，建立完整的免疫档案。

3.3.3.3 关闭家畜产品交易市场，禁止活畜进出疫区及产品运出疫区。

3.3.3.4 对交通工具、畜舍及用具、场地进行彻底消毒。

3.3.3.5 对易感家畜进行疫情监测，及时掌握疫情动态。

3.3.3.6 必要时，可对疫区内所有易感动物进行扑杀和无害化处理。

3.3.4 对受威胁区采取的措施

3.3.4.1 最后一次免疫超过一个月的所有易感畜，进行一次紧急强化免疫。

3.3.4.2 加强疫情监测，掌握疫情动态。

3.3.5 疫源分析与追踪调查

按照口蹄疫流行病学调查规范，对疫情进行追踪溯源、扩散风险分析（附件八）。

3.3.6 解除封锁

3.3.6.1 封锁解除的条件。

口蹄疫疫情解除的条件：疫点内最后1头病畜死亡或扑杀后连续观察至少14天，没有新发病例；疫区、受威胁区紧急免疫接种完成；疫点经终末消毒；疫情监测阴性。

新血清型口蹄疫疫情解除的条件：疫点内最后1头病畜死亡或扑杀后连续观察至少14天没有新发病例；疫区、受威胁区紧急免疫接种完成；疫点经终末消毒；对疫区和受威胁区的易感动物进行疫情监测，结果为阴性。

3.3.6.2 解除封锁的程序：动物防疫监督机构按照上述条件审验合格后，由兽医行政管理部门向原发布封锁令的人民政府申请解除封锁，由该人民政府发布解除封锁令。

必要时由上级动物防疫监督机构组织验收。

4 疫情监测

4.1 监测主体：县级以上动物防疫监督机构。

4.2 监测方法：临床观察、实验室检测及流行病学调查。

4.3 监测对象：以牛、羊、猪为主，必要时对其他动物监测。

4.4 监测的范围：

4.4.1 养殖场户、散养畜，交易市场、屠宰厂（场）、异地调入的活畜及产品。

4.4.2 对种畜场、边境、隔离场、近期发生疫情及疫情频发等高风险区域的家畜进行重点监测。

监测方案按照当年兽医行政管理部门工作安排执行。

4.5 疫区和受威胁区解除封锁后的监测 临床监测持续一年，反刍动物病原学检测连续2次，每次间隔1个月，必要时对重点区域加大监测的强度。

4.6 在监测过程中，对分离到的毒株进行生物学和分子生物学特性分析与评价，密切注意病毒的变异动态，及时向国务院兽医行政管理部门报告。

4.7 各级动物防疫监督机构对监测结果及相关信息进行风险分析，做好预警预报。

4.8 监测结果处理：监测结果逐级汇总上报至国家动物防疫监督机构，按照有关规定进行处理。

5 免疫

5.1 国家对口蹄疫实行强制免疫，各级政府负责组织实施，当地动物防疫监督机构进行监督指导。免疫密度必须达到100%。

5.2 预防免疫，按农业部制定的免疫方案规定的程序进行。

5.3 突发疫情时的紧急免疫按本规范有关条款进行。

5.4 所用疫苗必须采用农业部批准使用的产品，并由动物防疫监督机构统一组织、逐级供应。

5.5 所有养殖场/户必须按科学合理的免疫

程序做好免疫接种，建立完整免疫档案（包括免疫登记表、免疫证、免疫标识等）。

5.6 各级动物防疫监督机构定期对免疫畜群进行免疫水平监测，根据群体抗体水平及时加强免疫。

6 检疫监督

6.1 产地检疫

猪、牛、羊等偶蹄动物在离开饲养地之前，养殖场/户必须向当地动物防疫监督机构报检，接到报检后，动物防疫监督机构必须及时到场、到户实施检疫。检查合格后，收回动物免疫证，出具检疫合格证明；对运载工具进行消毒，出具消毒证明，对检疫不合格的按照有关规定处理。

6.2 屠宰检疫

动物防疫监督机构的检疫人员对猪、牛、羊等偶蹄动物进行验证查物，证物相符检疫合格后方可入厂（场）屠宰。宰后检疫合格，出具检疫合格证明。对检疫不合格的按照有关规定处理。

6.3 种畜、非屠宰畜异地调运检疫

国内跨省调运包括种畜、乳用畜、非屠宰畜时，应当先到调入地省级动物防疫监督机构办理检疫审批手续，经调出地按规定检疫合格，方可调运。起运前两周，进行一次口蹄疫强化免疫，到达后须隔离饲养14天以上，由动物防疫监督机构检疫检验合格后方可进场饲养。

6.4 监督管理

6.4.1 动物防疫监督机构应加强流通环节的监督检查，严防疫情扩散。猪、牛、羊等偶蹄动物及产品凭检疫合格证（章）和动物标识运输、销售。

6.4.2 生产、经营动物及动物产品的场所，必须符合动物防疫条件，取得动物防疫合格证，当地动物防疫监督机构应加强日常监督检查。

6.4.3 各地根据防控家畜口蹄疫的需要建立动物防疫监督检查站，对家畜及产品进行监督检查，对运输工具进行消毒。发现疫情，按照《动物防疫监督检查站口蹄疫疫情认定和处置办法》相关规定处置。

6.4.4 由新血清型引发疫情时，加大监管力度，严禁疫区所在县及疫区周围50公里范围内的家畜及产品流动。在与新发疫情省份接壤的路口设置动物防疫监督检查站、卡实行24小时值班检查；对来自疫区运输工具进行彻底消毒，对非法运输的家畜及产品进行无害化处理。

6.4.5 任何单位和个人不得随意处置及转运、屠宰、加工、经营、食用口蹄疫病（死）畜及产品；未经动物防疫监督机构允许，不得随意采样；不得在未经国家确认的实验室剖检分离、鉴定、保存病毒。

7 保障措施

7.1 各级政府应加强机构、队伍建设，确保各项防治技术落实到位。

7.2 各级财政和发改部门应加强基础设施建设，确保免疫、监测、诊断、扑杀、无害化处理、消毒等防治技术工作经费落实。

7.3 各级兽医行政部门动物防疫监督机构应按本技术规范，加强应急物资储备，及时培训和演练应急队伍。

7.4 发生口蹄疫疫情时，在封锁、采样、诊断、流行病学调查、无害化处理等过程中，要采取有效措施做好个人防护和消毒工作，防止人为扩散。

附件一

间接夹心酶联免疫吸附试验（I-ELISA）

1 试验程序和原理

1.1 利用包被于固相（I，96孔平底ELISA专用微量板）的FMDV型特异性抗体（AB，包被抗体，又称为捕获抗体），捕获待检样品中相应型的FMDV抗原（Ag）。再加入与捕获抗体同一血清型，但用另一种动物制备的抗血清（Ab，检测抗体）。如果有相应型的病毒抗原存在，则形成“夹心”式结合，并被随后加入的酶结合物/显色系统（＊E/S）检出。

1.2 由于FMDV的多型性，和可能并发临床上难以区分的水泡性疾病，在检测病料时必然包括几个血清型（如O、A、亚洲-Ⅰ型）；及临床症状相同的某些疾病，如猪水泡病（SVD）。

2 材料

2.1 样品的采集和处理

见附件四。

2.2 主要试剂

2.2.1 抗体

2.2.1.1 包被抗体：兔抗 FMDV-"O""A""亚洲-Ⅰ"型 146S 血清；及兔抗 SVDV-160S 血清。

2.2.1.2 检测抗体：豚鼠抗 FMDV-"O""A""亚洲-Ⅰ"型 146S 血清；及豚鼠抗 SVDV-160S 血清。

2.2.2 酶结合物

兔抗豚鼠 Ig 抗体（Ig）-辣根过氧化物酶（HRP）结合物。

2.2.3 对照抗原

灭活的 FMDV-"O""A""亚洲-Ⅰ"各型及 SVDV 细胞病毒液。

2.2.4 底物溶液（底物/显色剂）

3%过氧化氢/3.3mmol/L 邻苯二胺（OPD）。

2.2.5 终止液

1.25mol/L 硫酸。

2.2.6 缓冲液

2.2.6.1 包被缓冲液 0.05mol/L Na_2CO_3-$NaHCO_3$，pH9.6。

2.2.6.2 稀释液 A 0.01mol/L PBS－0.05%（v/v）Tween-20，pH7.2～7.4。

2.2.6.3 稀释液 B 5%脱脂奶粉（w/v）-稀释液 A。

2.2.6.4 洗涤缓冲液 0.002mol/L PBS－0.01%（v/v）Tween-20。

2.3 主要器材设备

2.3.1 固相

96 孔平底聚苯乙烯 ELISA 专用板。

2.3.2 移液器、尖头及贮液槽

微量可调移液器一套，可调范围 0.5～5 000μL（5～6 支）；多（4、8、12）孔道微量可调移液器（25～250μL）；微量可调连续加样移液器（10～100μL）；与各移液器匹配的各种尖头，及配套使用的贮液槽。

2.3.3 振荡器

与 96 孔微量板配套的旋转振荡器。

2.3.4 酶标仪，492nm 波长滤光片。

2.3.5 洗板机或洗涤瓶，吸水纸巾。

2.3.6 37℃恒温温室或温箱。

3 操作方法

3.1 预备试验

为了确保检测结果准确可靠，必须最优化组合该 ELISA，即试验所涉及的各种试剂，包括包被抗体、检测抗体、酶结合物、阳性对照抗原都要预先测定，计算出它们的最适稀释度，既保证试验结果在设定的最佳数据范围内，又不浪费试剂。使用诊断试剂盒时，可按说明书指定用量和用法。如试验结果不理想，重新滴定各种试剂后再检测。

3.2 包被固相

3.2.1 FMDV 各血清型及 SVDV 兔抗血清分别以包被缓冲液稀释至工作浓度，然后按图 3-1<Ⅰ>所示布局加入微量板各行。每孔 50μL。加盖后 37℃振荡 2h。或室温（20～25℃）振荡 30min，然后置湿盒中 4℃过夜（可以保存 1 周左右）。

3.2.2 一般情况下，牛病料鉴定"O"和"A"两个型，某些地区的病料要加上"亚洲-I"型；猪病料要加上 SVDV。

<Ⅰ>	<Ⅱ>	1	2	3	4	5	6	7	8	9	10	11	12
A	FMDV "O"	C++	C++	C+	C+	C−	C−	S1	1	S3	3	S5	5
B	"A"	C++	C++	C+	C+	C−	C−	S1	1	S3	3	S5	5
C	"Asia-I"	C++	C++	C+	C+	C−	C−	S1	1	S3	3	S5	5
D	SVDV	C++	C++	C+	C+	C−	C−	S1	1	S3	3	S5	5
E	FMDV "O"	C++	C++	C+	C+	C−	C−	S2	2	S4	4	S6	6
F	"A"	C++	C++	C+	C+	C−	C−	S2	2	S4	4	S6	6
G	"Asia-I"	C++	C++	C+	C+	C−	C−	S2	2	S4	4	S6	6
H	SVDV	C++	C++	C+	C+	C−	C−	S2	2	S4	4	S6	6

图 3-1 定型 ELISA 微量板包被血清布局<Ⅰ>、对照和被检样品布局<Ⅱ>

试验开始，依据当天检测样品的数量包被，或取出包被好的板子；如用可拆卸微量板，则根据需要取出几条。在试验台上放置 20min，再洗涤 5 次，扣干。

3.3 加对照抗原和待检样品

3.3.1 布局

空白和各阳性对照、待检样品在 ELISA 板上的分布位置如图 3-1<Ⅱ>所示。

3.3.2 加样

3.3.2.1 第 5 和第 6 列为空白对照（C－），每孔加 50μL 稀释液 A。

3.3.2.2 先将各型阳性对照抗原分别以稀释液 A 适当稀释，然后加入与包被抗体同型的各行孔中，C＋＋为强阳性，C＋为阳性，可以用同一对照抗原的不同稀释度。每一对照 2 孔，每孔 50μL。

3.3.2.3 按待检样品的序号（S1、S2…）逐个加入，每份样品每个血清型加 2 孔，每孔 50μL。37℃ 振荡 1h，洗涤 5 次，扣干。

3.4 加检测抗体

各血清型豚鼠抗血清以稀释液 A 稀释至工作浓度，然后加入与包被抗体同型各行孔中，每孔 50μL。37℃振荡 1h。洗涤 5 次，扣干。

3.5 加酶结合物

酶结合物以稀释液 B 稀释至工作浓度，每孔 50μL。

37℃振荡 40min。洗涤 5 次，扣干。

3.6 加底物溶液

试验开始时，按当天需要量从冰箱暗盒中取出 OPD，放在温箱中融化并使之升温至 37℃。临加样前，按每 6mL OPD 加 3%过氧化氢 30μL（一块微量板用量），混匀后每孔加 50μL。37℃振荡 15min。

3.7 加终止液

显色反应 15min，准时加终止液 1.25mol/L H_2SO_4。50μL/孔。

3.8 观察和判读结果

终止反应后，先用肉眼观察全部反应孔。如空白对照和阳性对照孔的显色基本正常，再用酶标仪（492nm）判读 OD 值。

4 结果判定

4.1 数据计算

为了便于说明，假设表 3-1 所列数据为检测结果（OD 值）。

利用表 3-1 所列数据，计算平均 OD 值和平均修正 OD 值（表 3-2）。

4.1.1 各行 2 孔空白对照（C－）平均 OD 值。

4.1.2 各行（各血清型）抗原对照（C＋＋、C＋）平均 OD 值。

4.1.3 各待检样品各血清型（2 孔）平均 OD 值。

4.1.4 计算出各平均修正 OD 值（＝［每个（2）或（3）值］－［同一行的（1）值］。

表 3-1 定型 ELISA 结果（OD 值）

	C＋＋	C＋	C－	S1	S2	S3
A FMDV "O"	1.84 1.74	0.56 0.46	0.06 0.04	1.62 1.54	0.68 0.72	0.10 0.08
B "A"	1.25 1.45	0.40 0.42	0.07 0.05	0.09 0.07	1.22 1.32	0.09 0.09
C "Asia－I"	1.32 1.12	0.52 0.50	0.04 0.08	0.05 0.09	0.12 0.06	0.07 0.09
D SVDV	1.08 1.10	0.22 0.24	0.08 0.08	0.09 0.10	0.08 0.12	0.28 0.34
	C＋＋	C＋	C－	S4	S5	S6
E FMDV "O"	0.94 0.84	0.24 0.22	0.06 0.06	1.22 1.12	0.09 0.10	0.13 0.17
F "A"	1.10 1.02	0.11 0.13	0.06 0.04	0.10 0.10	0.28 0.26	0.20 0.28
G "Asia-I"	0.39 0.41	0.29 0.21	0.09 0.09	0.10 0.09	0.10 0.10	0.35 0.33
H SVDV	0.88 0.78	0.15 0.11	0.05 0.05	0.11 0.07	0.09 0.09	0.10 0.12

表 3-2 平均 OD 值/平均修正 OD 值

	C＋＋	C＋	C－	S1	S2	S3
A FMDV "O"	1.79/1.75	0.51/0.46	0.05	1.58/1.53	0.70/0.65	0.09/0.04
B "A"	1.35/1.29	0.41/0.35	0.06	0.08/0.02	1.27/1.21	0.09/0.03
C "Asia-I"	1.22/1.16	0.51/0.45	0.06	0.07/0.03	0.09/0.03	0.08/0.02
D SVDV	1.09/1.01	0.23/0.15	0.08	0.10/0.02	0.10/0.02	0.31/0.23

(续)

	C++	C+	C−	S4	S5	S6
E FMDV "O"	0.89/0.83	0.23/0.17	0.06	1.17/1.11	0.10/0.04	0.15/0.09
F "A"	1.06/1.01	0.12/0.07	0.05	0.10/0.05	0.27/0.22	0.24/0.19
G "Asia-I"	0.40/0.31	0.25/0.16	0.09	0.10/0.01	0.10/0.01	0.34/0.25
H SVDV	0.83/0.78	0.13/0.08	0.05	0.09/0.05	0.09/0.04	0.11/0.06

4.2 结果判定

4.2.1 试验不成立

如果空白对照（C－）平均OD值>0.10，则试验不成立，本试验结果无效。

4.2.2 试验基本成立

如果空白对照（C－）平均OD值≤0.10，则试验基本成立。

4.2.3 试验绝对成立

如果空白对照（C－）平均OD值≤0.10，C+平均修正OD值>0.10，C++平均修正OD值>1.00，试验绝对成立。如表2中A、B、C、D行所列数据。

4.2.3.1 如果某一待检样品某一型的平均修正OD值≤0.10，则该血清型为阴性。

如S1的"A"、"Asia-1"型和"SVDV"。

4.2.3.2 如果某一待检样品某一型的平均修正OD值>0.10，而且比其他型的平均修正OD值大2倍或2倍以上，则该样品为该最高平均修正OD值所在的血清型。如S1为"O"型；S3为"Asia-I"型。

4.2.3.3 虽然某一待检样品某一型的平均修正OD值>0.10，但不大于其他型的平均修正OD值的2倍，则该样品只能判定为可疑。该样品应接种乳鼠或细胞，并盲传数代增毒后再作检测。如S2"A"型。

4.2.4 试验部分成立

如果空白对照（C－）平均OD值≤0.10，C+平均修正OD值≤0.10，C++平均修正OD值≤1.00，试验部分成立。如表2中E、F、G、H行所列数据。

4.2.4.1 如果某一待检样品某一型的平均修正OD值≥0.10，而且比其他型的平均修正OD值大2倍或2倍以上，则该样品为该最高平均修正OD值所在的血清型。例如S4判定为"O"型。

4.2.4.2 如果某一待检样品某一型的平均修正OD值介于0.10～1.00，而且比其他型的平均修正OD值大2倍或2倍以上，该样品可以判定为该最高OD值所在血清型。例如S5判定为"A"型。

4.2.4.3 如果某一待检样品某一型的平均修正OD值介于0.10～1.00，但不比其他型的平均修正OD值大2倍，该样品应增毒后重检。如S6"亚洲-I"型。

注意：重复试验时，首先考虑调整对照抗原的工作浓度。如调整后再次试验结果仍不合格，应更换对照抗原或其他试剂。

附件二

反向间接血凝试验（RIHA）

1 材料准备

1.1 96孔微型聚乙烯血凝滴定板（110度），微量振荡器或微型混合器，0.025mL、0.05mL稀释用滴管、乳胶吸头或25μL、50μL移液加样器。

1.2 pH7.6、0.05mol/L磷酸缓冲液（pH7.6、0.05mol/L PB），pH7.6、50%丙三醇磷酸缓冲液（GPB），pH7.2、0.11mol/L磷酸缓冲液（pH7.2、0.11mol/L PB），配制方法见中华人民共和国国家标准（GB/T 19200—2003）《猪水泡病诊断技术》附录A（规范性附录）。

1.3 稀释液I、稀释液II，配制方法见中华人民共和国国家标准（GB/T 19200—2003）《猪水泡病诊断技术》附录B（规范性附录）。

1.4 标准抗原、阳性血清，由指定单位提供，按说明书使用和保存。

1.5 敏化红细胞诊断液：由指定单位提供，效价滴定见中华人民共和国国家标准（GB/T 19200—2003）《猪水泡病诊断技术》附录C（规范性附录）。

1.6 被检材料处理方法见中华人民共和国国家标准（GB/T 19200—2003）《猪水泡病诊断技

术》附录E（规范性附录）。

2　操作方法

2.1　使用标准抗原进行口蹄疫A、O、C、Asia-I型及与猪水泡病鉴别诊断。

2.1.1　被检样品的稀释：把8支试管排列于试管架上，自第1管开始由左至右用稀释液Ⅰ作二倍连续稀释（即1∶6、1∶12、1∶24…1∶768），每管容积0.5mL。

2.1.2　按下述滴加被检样品和对照：

2.1.2.1　在血凝滴定板上的第一至五排，每排的第8孔滴加第8管稀释被检样品0.05mL，每排的第7孔滴加第7管稀释被检样品0.05mL，以此类推至第1孔。

2.1.2.2　每排的第9孔滴加稀释液Ⅰ0.05mL，作为稀释液对照。

2.1.2.3　每排的第10孔按顺序分别滴加口蹄疫A、O、C、Asia-Ⅰ型和猪水疱病标准抗原（1∶30稀释）各0.05mL，作为阳性对照。

2.1.3　滴加敏化红细胞诊断液：先将敏化红细胞诊断液摇匀，于滴定板第一至五排的第1～10孔分别滴加口蹄疫A、O、C、Asia-Ⅰ型和猪水疱病敏化红细胞诊断液，每孔0.025mL，置微量振荡器上振荡1～2min，20℃～35℃放置1.5～2h后判定结果。

2.2　使用标准阳性血清进行口蹄疫O型及与猪水泡病鉴别诊断。

2.2.1　每份被检样品作四排、每孔先各加入25μL稀释液Ⅱ。

2.2.2　每排第1孔各加被检样品25μL，然后分别由左至右做二倍连续稀释至第7孔（竖板）或第11孔（横板）。每排最后孔留作稀释液对照。

2.2.3　滴加标准阳性血清：在第一、三排每孔加入25μL稀释液Ⅱ；第二排每孔加入25μL稀释至1∶20的口蹄疫O型标准阳性血清；第四排每孔加入25μL稀释至1∶100的猪水疱病标准阳性血清；置微型混合器上振荡1～2min，加盖置37℃作用30min。

2.2.4　滴加敏化红细胞诊断液：在第一和第二排每孔加入口蹄疫O型敏化红细胞诊断液25μL；第三和第四排每孔加入猪水疱病敏化红细胞诊断液25μL；置微型混合器上振荡1～2min，加盖20℃～35℃放置2小时后判定结果。

3　结果判定

3.1　按以下标准判定红细胞凝集程度：“++++”——100%完全凝集，红细胞均匀地分布于孔底周围；“+++”——75%凝集，红细胞均匀地分布于孔底周围，但孔底中心有红细胞形成的针尖大的小点；“++”——50%凝集，孔底周围有不均匀的红细胞分布，孔底有一红细胞沉下的小点；“+”——25%凝集，孔底周围有不均匀的红细胞分布，但大部分红细胞已沉积于孔底；“－”——不凝集，红细胞完全沉积于孔底成一圆点。

3.2　操作方法2.1的结果判定：稀释液Ⅰ对照孔不凝集、标准抗原阳性孔凝集试验方成立。

3.2.1　若只第一排孔凝集，其余四排孔不凝集，则被检样品为口蹄疫A型；若只第二排孔凝集，其余四排孔不凝集，则被检样品为口蹄疫O型；以此类推。若只第五排孔凝集，其余四排孔不凝集，则被检样品为猪水疱病。

3.2.2　致红细胞50%凝集的被检样品最高稀释度为其凝集效价。

3.2.3　如出现2排以上孔的凝集，以某排孔的凝集效价高于其余排孔的凝集效价2个对数（以2为底）浓度以上者即可判为阳性，其余判为阴性。

3.3　操作方法2.2的结果判定：稀释液Ⅱ对照孔不凝集试验方可成立。

3.3.3.1　若第一排出现2孔以上的凝集（++以上），且第二排相对应孔出现2个孔以上的凝集抑制，第三、四排不出现凝集判为口蹄疫O型阳性。若第三排出现2孔以上的凝集（++以上），且第四排相对应孔出现2个孔以上的凝集抑制，第一、二排不出现凝集则判为猪水疱病阳性。

3.3.3.2　致红细胞50%凝集的被检样品最高稀释度为其凝集效价。

附件三

正向间接血凝试验（IHA）

1　原理

用已知血凝抗原检测未知血清抗体的试验，称为正向间接血凝试验（IHA）。

抗原与其对应的抗体相遇，在一定条件下会形成抗原复合物，但这种复合物的分子团很小，肉眼看不见。若将抗原吸附（致敏）在经过特殊处理的红细胞表面，只需少量抗原就能大大提高抗原和抗体的反应灵敏性。这种经过口蹄疫纯化

抗原致敏的红细胞与口蹄疫抗体相遇，红细胞便出现清晰可见的凝集现象。

2 适用范围

主要用于检测O型口蹄疫免疫动物血清抗体效价。

3 试验器材和试剂

3.1 96孔110°V型医用血凝板，与血凝板大小相同的玻板。

3.2 微量移液器（50μL 25μL）取液塑嘴。

3.3 微量振荡器。

3.4 O型口蹄疫血凝抗原。

3.5 O型口蹄疫阴性对照血清。

3.6 O型口蹄疫阳性对照血清。

3.7 稀释液。

3.8 待检血清（每头约0.5mL血清即可）56℃水浴灭活30min。

4 试验方法

4.1 加稀释液

在血凝板上1～6排的1～9孔；第7排的1～4孔第6～7孔；第8排的1～12孔各加稀释液50μL。

4.2 稀释待检血

取1号待检血清50μL加入第1排第1孔，并将塑嘴插入孔底，右手拇指轻压弹簧1—2次混匀（避免产生过多的气泡），从该孔取出50μL移入第2孔，混匀后取出50μL移入第3孔……直至第9孔混匀后取出50μL丢弃。此时第1排1～9孔待检血清的稀释度（稀释倍数）依次为：1∶2（1）、1∶4（2）、1∶8（3）、1∶16（4）、1∶32（5）、1∶64（6）、1∶128（7）、1∶256（8）、1∶512（9）。

取2号待检血清加入第2排；取3号待检血清加入第3排……均按上法稀释，注意，每取一份血清时，必须更换塑嘴一个。

4.3 稀释阴性对照血清

在血凝板的第7排第1孔加阴性血清50μL，对倍稀释至第4孔，混匀后从该孔取出50μL丢弃。此时阴性血清的稀释倍数依次为1∶2（1）、1∶4（2）、1∶8（3）、1∶16（4）。第6～7孔为稀释液对照。

4.4 稀释阳性对照血清

在血凝板的第8排第1孔加阳性血清50μL，对倍数稀释至第12孔，混匀后从该孔取出50μL丢弃。此时阳性血清的稀释倍数依次为1∶2～1∶4 096。

4.5 加血凝抗原

被检血清各孔、阴性对照血清各孔、阳性对照血清各孔、稀释液对照孔均各加O型血凝抗原（充分摇匀，瓶底应无血细胞沉淀）25μL。

4.6 振荡混匀

将血凝板置于微量振荡器上1～2min，如无振荡器，用手轻拍混匀亦可，然后将血凝板放在白纸上观察各孔红血细胞是否混匀，不出现血细胞沉淀为合格。盖上玻板，室温下或37℃下静置1.5～2h判定结果，也可延至翌日判定。

4.7 判定标准

移去玻板，将血凝板放在白纸上，先观察阴性对照血清1∶16孔，稀释液对照孔，均应无凝集（血细胞全部沉入孔底形成边缘整齐的小圆点），或仅出现“＋”凝集（血细胞大部沉于孔底，边缘稍有少量血细胞悬浮）。

阳性血清对照1∶2～1∶256各孔应出现“＋＋”—“＋＋＋”凝集为合格（少量血细胞沉入孔底，大部血球悬浮于孔内）。

在对照孔合格的前提下，再观察待检血清各孔，以呈现“＋＋”凝集的最大稀释倍数为该份血清的抗体效价。例如1号待检血清1～5孔呈现“＋＋”—“＋＋＋”凝集，6～7孔呈现“＋＋”凝集，第8孔呈现“＋”凝集，第9孔无凝集，那么就可判定该份血清的口蹄疫抗体效价为1∶128。

接种口蹄疫疫苗的猪群免疫抗体效价达到1∶128（即第7孔）牛群、羊群免疫抗体效价达到1∶256（第8孔）呈现“＋＋”凝集为免疫合格。

5 检测试剂的性状、规格

5.1 性状

5.1.1 液体血凝抗原：摇匀呈棕红色（或咖啡色），静置后，血细胞逐渐沉入瓶底。

5.1.2 阴性对照血清：淡黄色清亮稍带黏性的液体。

5.1.3 阳性对照血清：微红或淡色稍混浊带黏性的液体。

5.1.4 稀释液：淡黄或无色透明液体，低温下放置，瓶底易析出少量结晶，在水浴中加温后即可全溶，不影响使用。

5.2 包装

5.2.1 液体血凝抗原：摇匀后即可使用，5mL/瓶。

5.2.2 阴性血清：1mL/瓶，直接稀释使用。

5.2.3 阳性血清：1mL/瓶，直接稀释使用。

5.2.4 稀释液：100mL/瓶，直接使用，4～8℃保存。

5.2.5 保存条件及保存期。

5.2.5.1 液体血凝抗原：4～8℃保存（切勿冻结），保存期3个月。

5.2.5.2 阴性对照血清：－20～－15℃保存，有效期1年。

5.2.5.3 阳性对照血清：－20～－15℃保存，有效期1年。

6 注意事项

6.1 为使检测获得正确结果，请在检测前仔细阅读说明书。

6.2 严重溶血或严重污染的血清样品不宜检测，以免发生非特异性反应。

6.3 勿用90°和130°血凝板，严禁使用一次性血凝板，以免误判结果。

6.4 用过的血凝板应及时在水龙头冲净血细胞。再用蒸馏水或去离子水冲洗2次，甩干水分放37℃恒温箱内干燥备用。检测用具应煮沸消毒，37℃干燥备用。血凝板应浸泡在洗液中（浓硫酸与重铬酸钾按1∶1混合），48h捞出后清水冲净。

6.5 每次检测只做一份阴性、阳性和稀释液对照。

“－”表示完全不凝集或0～10%血细胞凝集。

“＋”表示10%～25%血细胞凝集

“＋＋＋”表示75%血细胞凝集。

“＋＋”表示50%血细胞凝集

“＋＋＋＋”表示90%～100%血细胞凝集。

6.6 用不同批次的血凝抗原检测同一份血清时，应事先用阳性血清准确测定各批次血凝抗原的效价，取抗原效价相同或相近的血凝抗原检测待检血清抗体水平的结果是基本一致的，如果血凝抗原效价差别很大用来检测同一血清样品，肯定会出现检测结果不一致。

6.7 收到本试剂盒时，应立即打开包装，取出血凝抗原瓶，用力摇动，使黏附在瓶盖上的红细胞摇下，否则易出现沉渣，影响使用效果。

附件四

口蹄疫病料的采集、保存与运送

采集、保存和运输样品须符合下列要求，并填写样品采集登记表。

1 样品的采集和保存

1.1 组织样品

1.1.1 样品的选择

用于病毒分离、鉴定的样品以发病动物（牛、羊或猪）未破裂的舌面或蹄部，鼻镜，乳头等部位的水泡皮和水泡液最好。对临床健康但怀疑带毒的动物可在扑杀后采集淋巴结、脊髓、肌肉等组织样品作为检测材料。

1.1.2 样品的采集和保存

水泡样品采集部位可用清水清洗，切忌使用酒精、碘酒等消毒剂消毒、擦拭。

1.1.2.1 未破裂水泡中的水泡液用灭菌注射器采集至少1毫升，装入灭菌小瓶中（可加适量抗生素），加盖密封；尽快冷冻保存。

1.1.2.2 剪取新鲜水泡皮3～5g放入灭菌小瓶中，加适量（2倍体积）50%甘油/磷酸盐缓冲液（pH7.4），加盖密封；尽快冷冻保存。

1.1.2.3 在无法采集水泡皮和水泡液时，可采集淋巴结、脊髓、肌肉等组织样品3～5g装入洁净的小瓶内，加盖密封；尽快冷冻保存。

每份样品的包装瓶上均要贴上标签，写明采样地点、动物种类、编号、时间等。

1.2 牛、羊食道-咽部分泌物（O-P液）样品

1.2.1 样品采集

被检动物在采样前禁食（可饮水）12h，以免反刍胃内容物严重污染O-P液。采样探杯在使用前经0.2%柠檬酸或2%氢氧化钠浸泡5min，再用自来水冲洗。每采完一头动物，探杯要重复进行消毒和清洗。采样时动物站立保定，将探杯随吞咽动作送入食道上部10～15cm处，轻轻来回移动2～3次，然后将探杯拉出。如采集的O-P液被反刍胃内容物严重污染，要用生理盐水或自来水冲洗口腔后重新采样。

1.2.2 样品保存

将探杯采集到的8～10mL O-P液倒入25mL以上的灭菌玻璃容器中，容器中应事先加有8～10mL细胞培养液或磷酸盐缓冲液（0.04mol/L、pH7.4），加盖密封后充分摇匀，贴上防水标签，并写明样品编号、采集地点、动物种类、时间等，尽快放入装有冰块的冷藏箱内，然后转往－60℃冰箱冻存。通过病原检测，做出追溯性诊断。

1.3 血清

怀疑曾有疫情发生的畜群，错过组织样品采集时机时，可无菌操作采集动物血液，每头不少

于10mL。自然凝固后无菌分离血清装入灭菌小瓶中，可加适量抗生素，加盖密封后冷藏保存。每瓶贴标签并写明样品编号，采集地点，动物种类，时间等。通过抗体检测，做出追溯性诊断。

1.4 采集样品时要填写样品采集登记表

2 样品运送

运送前将封装和贴上标签，已预冷或冰冻的样品玻璃容器装入金属套筒中，套筒应填充防震材料，加盖密封，与采样记录一同装入专用运输容器中。专用运输容器应隔热坚固，内装适当冷冻剂和防震材料。外包装上要加贴生物安全警示标志。以最快方式，运送到检测单位。为了能及时准确地告知检测结果，请写明送样单位名称和联系人姓名、联系地址、邮编、电话、传真等。

送检材料必须附有详细说明，包括采样时间、地点、动物种类、样品名称、数量、保存方式及有关疫病发生流行情况、临床症状等。

附件五

口蹄疫扑杀技术规范

1 扑杀范围：病畜及规定扑杀的易感动物。

2 使用无出血方法扑杀：电击、药物注射。

3 将动物尸体用密闭车运往处理场地予以销毁。

4 扑杀工作人员防护技术要求

4.1 穿戴合适的防护衣服

4.1.1 穿防护服或穿长袖手术衣加防水围裙。

4.1.2 戴可消毒的橡胶手套。

4.1.3 戴N95口罩或标准手术用口罩。

4.1.4 戴护目镜。

4.1.5 穿可消毒的胶靴，或者一次性的鞋套。

4.2 洗手和消毒

4.2.1 密切接触感染牲畜的人员，用无腐蚀性消毒液浸泡手后，在用肥皂清洗2次以上。

4.2.2 牲畜扑杀和运送人员在操作完毕后，要用消毒水洗手，有条件的地方要洗澡。

4.3 防护服、手套、口罩、护目镜、胶鞋、鞋套等使用后在指定地点消毒或销毁。

附件六

口蹄疫无害化处理技术规范

所有病死牲畜、被扑杀牲畜及其产品、排泄物以及被污染或可能被污染的垫料、饲料和其他物品应当进行无害化处理。无害化处理可以选择深埋、焚烧等方法，饲料、粪便也可以堆积发酵或焚烧处理。

1 深埋

1.1 选址：掩埋地应选择远离学校、公共场所、居民住宅区、动物饲养和屠宰场所、村庄、饮用水源地、河流等。避免公共视线。

1.2 深度：坑的深度应保证动物尸体、产品、饲料、污染物等被掩埋物的上层距地表1.5m以上。坑的位置和类型应有利于防洪。

1.3 焚烧：掩埋前，要对需掩埋的动物尸体、产品、饲料、污染物等实施焚烧处理。

1.4 消毒：掩埋坑底铺2cm厚生石灰；焚烧后的动物尸体、产品、饲料、污染物等表面，以及掩埋后的地表环境应使用有效消毒药品喷洒消毒。

1.5 填土：用土掩埋后，应与周围持平。填土不要太实，以免尸腐产气造成气泡冒出和液体渗漏。

1.6 掩埋后应设立明显标记。

2 焚化

疫区附近有大型焚尸炉的，可采用焚化的方式。

3 发酵

饲料、粪便可在指定地点堆积，密封发酵，表面应进行消毒。

以上处理应符合环保要求，所涉及的运输、装卸等环节要避免洒漏，运输装卸工具要彻底消毒后清洗。

附件七

口蹄疫疫点、疫区清洗消毒技术规范

1 成立清洗消毒队

清洗消毒队应至少配备一名专业技术人员负责技术指导。

2 设备和必需品

2.1 清洗工具：扫帚、叉子、铲子、锹和冲洗用水管。

2.2 消毒工具：喷雾器、火焰喷射枪、消毒车辆、消毒容器等。

2.3 消毒剂：醛类、氧化剂类、氯制剂类等合适的消毒剂。

2.4 防护装备：防护服、口罩、胶靴、手

套、护目镜等。

3 疫点内饲养圈舍清理、清洗和消毒

3.1 对圈舍内外消毒后再行清理和清洗。

3.2 首先清理污物、粪便、饲料等。

3.3 对地面和各种用具等彻底冲洗，并用水洗刷圈舍、车辆等，对所产生的污水进行无害化处理。

3.4 对金属设施设备，可采取火焰、熏蒸等方式消毒。

3.5 对饲养圈舍、场地、车辆等采用消毒液喷洒的方式消毒。

3.6 饲养圈舍的饲料、垫料等作深埋、发酵或焚烧处理。

3.7 粪便等污物作深埋、堆积密封或焚烧处理。

4 交通工具清洗消毒

4.1 出入疫点、疫区的交通要道设立临时性消毒点，对出入人员、运输工具及有关物品进行消毒。

4.2 疫区内所有可能被污染的运载工具应严格消毒，车辆内、外及所有角落和缝隙都要用消毒剂消毒后再用清水冲洗，不留死角。

4.3 车辆上的物品也要做好消毒。

4.4 从车辆上清理下来的垃圾和粪便要作无害化处理。

5 牲畜市场消毒清洗

5.1 用消毒剂喷洒所有区域。

5.2 饲料和粪便等要深埋、发酵或焚烧。

6 屠宰加工、储藏等场所的清洗消毒

6.1 所有牲畜及其产品都要深埋或焚烧。

6.2 圈舍、过道和舍外区域用消毒剂喷洒消毒后清洗。

6.3 所有设备、桌子、冰箱、地板、墙壁等用消毒剂喷洒消毒后冲洗干净。

6.4 所有衣服用消毒剂浸泡后清洗干净，其他物品都要用适当的方式进行消毒。

6.5 以上所产生的污水要经过处理，达到环保排放标准。

7 疫点每天消毒1次连续1周，1周后每两天消毒1次，疫区内疫点以外的区域每两天消毒1次。

附件八

口蹄疫流行病学调查规范

1 范围

本规范规定了暴发疫情时和平时开展的口蹄疫流行病学调查工作。

本规范适用于口蹄疫暴发后的跟踪调查和平时现况调查的技术要求。

2 引用文件

下列文件中的条款通过本规范的引用而成为本规范的条款。凡是注日期的引用文件，其随后所有的修改单位（不包括勘误的内容）或修订版均不适用于本规范，根据本规范达成协议的各方研究可以使用这些文件的最新版本。凡是不注日期的引用文件，其最新版本适用于本规范。

NY×××× \ \ 口蹄疫样品采集、保存和运输技术规范

NY×××× \ \ 口蹄疫人员防护技术规范

NY×××× \ \ 口蹄疫疫情判定与扑灭技术规范

3 术语与定义

NY×××× 的定义适用于本规范。

3.1 跟踪调查 tracing investigation

当一个畜群单位暴发口蹄疫时，兽医技术人员或动物流行病学专家在接到怀疑发生口蹄疫的报告后通过亲自现场察看、现场采访，追溯最原始的发病患畜、查明疫点的疫病传播扩散情况以及采取扑灭措施后跟踪被消灭疫病的情况。

3.2 现况调查 cross-sectional survey

现况调查是一项在全国范围内有组织的关于口蹄疫流行病学资料和数据的收集整理工作，调查的对象包括被选择的养殖场、屠宰场或实验室，这些选择的普查单位充当着疾病监视器的作用，对口蹄疫病毒易感的一些物种（如野猪）可以作为主要动物群感染的指示物种。现况调查同时是口蹄疫防制计划的组成部分。

4 跟踪调查

4.1 目的 核实疫情并追溯最原始的发病地点和患畜、查明疫点的疫病传播扩散情况以及采取扑灭措施后跟踪被消灭疫病的情况。

4.2 组织与要求

4.2.1 动物防疫监督机构接到养殖单位怀疑发病的报告后，立即指派2名以上兽医技术人员，在24小时以内尽快赶赴现场，采取现场亲自察看和现场采访相结合的方式对疾病暴发事件开展跟踪调查。

4.2.2 被派兽医技术人员至少3天内没有接触过口蹄疫病畜及其污染物，按《口蹄疫人员防

护技术规范》做好个人防护。

4.2.3　备有必要的器械、用品和采样用的容器。

4.3　内容与方法

4.3.1　核实诊断方法及定义"患畜"。调查的目的之一是诊断患畜，因此需要归纳出发病患畜的临床症状和用恰当的临床术语定义患畜，这样可以排除其他疾病的患畜而只保留所研究的患畜，做出是否发生疑似口蹄疫的判断。

4.3.2　采集病料样品、送检与确诊。对疑似患畜，按照《口蹄疫样品采集、保存和运输技术规范》的要求送指定实验室确诊。

4.3.3　实施对疫点的初步控制措施，严禁从疑似发病场/户运出家畜、家畜产品和可疑污染物品，并限制人员流动。

4.3.4　计算特定因素袭击率，确定畜间型。袭击率是衡量疾病暴发和疾病流行严重程度的指标，疾病暴发时的袭击率与日常发病率或预测发病率比较能够反映出疾病暴发的严重程度。另外，通过计算不同畜群的袭击率和不同动物种别、年龄和性别的特定因素袭击率有助于发现病因或与疾病有关的某些因素。

4.3.5　确定时间型。根据单位时间内患畜的发病频率，绘制一个或是多个流行曲线，以检验新患畜的时间分布。在制作流行曲线时，应选择有利于疾病研究的各种时间间隔（在x轴），如小时、天或周，和表示疾病发生的新患畜数或百分率（在y轴）。

4.3.6　确定空间型。为检验患畜的空间分布，调查者首先需要描绘出发病地区的地形图，和该地区内的和畜舍的位置及所出现的新患畜。然后仔细审察地形图与畜群和新患畜的分布特点，以发现患畜间的内在联系和地区特性，和动物本身因素与疾病的内在联系，如性别、品种和年龄。画图标出可疑发病畜周围20公里以内分布的有关养畜场、道路、河流、山岭、树林、人工屏障等，连同最初调查表一同报告当地动物防疫监督机构。

4.3.7　计算归因袭击率，分析传染来源。根据计算出的各种特定因素袭击率，如年龄、性别、品种、饲料、饮水等，建立起一个有关这些特定因素袭击率的分类排列表，根据最高袭击率、最低袭击率、归因袭击率（即两组动物分别接触和不接触同一因素的两个袭击率之差）以进一步分析比较各种因素与疾病的关系，追踪可能的传染来源。

4.3.8　追踪出入发病养殖场/户的有关工作人员和所有家畜、畜产品及有关物品的流动情况，并对其作适当的隔离观察和控制措施，严防疫情扩散。

4.3.9　对疫点、疫区的猪、牛、羊、野猪等重要疫源宿主进行发病情况调查，追踪病毒变异情况。

4.3.10　完成跟踪调查表（见附录A），并提交跟踪调查报告。

待全部工作完成以后，将调查结果总结归纳以调查报告的形式形成报告，并逐级上报到国家动物防疫监督机构和国家动物流行病学中心。

形成假设

根据以上资料和数据分析，调查者应该得出一个或两个以上的假设：①疾病流行类型，点流行和增殖流行；②传染源种类，同源传染和多源传染；③传播方式，接触传染，机械传染和生物性传染。调查者需要检查所形成的假设是否符合实际情况，并对假设进行修改。在假设形成的同时，调查者还应能够提出合理的建议方案以保护未感染动物和制止患畜继续出现，如改变饲料、动物隔离等。

检验假设

假设形成后要进行直观的分析和检验，必要时还要进行实验检验和统计分析。假设的形成和检验过程是循环往复的，应用这种连续的近似值方法而最终建立起确切的病因来源假设。

5　现况调查

5.1　目的

广泛收集与口蹄疫发生有关的各种资料和数据，根据医学理论得出有关口蹄疫分布、发生频率及其影响因素的合乎逻辑的正确结论。

5.2　组织与要求

5.2.1　现况调查是一项由国家兽医行政主管部门统一组织的全国范围内有关口蹄疫流行病学资料和数据的收集整理工作，需要国家兽医行政主管部门、国家动物防疫监督机构、国家动物流行病学中心、地方动物防疫监督机构多方面合作。

5.2.2　所有参与实验的人员明确普查的内容和目的，数据收集的方法应尽可能简单，并设法得到数据提供者的合作和保持他们的积极性。

5.2.3　被派兽医技术人员要遵照4.2.2和4.2.3的要求。

5.3 内容

5.3.1 估计疾病流行情况 调查动物群体存在或不存在疾病。患病和死亡情况分别用患病率和死亡率表示。

5.3.2 动物群体及其环境条件的调查 包括动物群体的品种、性别、年龄、营养、免疫等；环境条件、气候、地区、畜牧制度、饲养管理（饲料、饮水、畜舍）等。

5.3.3 传染源调查 包括带毒野生动物、带毒牛羊等的调查。

5.3.4 其他调查 包括其他动物或人类患病情况及媒介昆虫或中间宿主，如种类、分布、生活习性等的调查。

5.3.5 完成现况调查表（见附录B），并提交现况调查报告。

5.4 方法

5.4.1 现场观察、临床检查。

5.4.2 访问调查或通信调查。

5.4.3 查阅诊疗记录、疾病报告登记、诊断实验室记录、检疫记录及其他现成记录和统计资料。流行病学普查的数据都是与疾病和致病因素有关的数据以及与生产和畜群体积有关的数据。获得的已经记录的数据，可用于回顾性实验研究；收集未来的数据用于前瞻性实验研究。

一些数据属于观察资料；一些数据属于观察现象的解释；一些数据是数量性的，由各种测量方法而获得，如体重、产乳量、死亡率和发病率，这类数据通常比较准确。数据资料来源如下。

5.4.3.1 政府兽医机构

国家及各省、市、县动物防疫监督机构以及乡级的兽医站负责调查和防治全国范围内一些重要的疾病。许多政府机构还建立了诊断室开展一些常规的实验室诊断工作，保持完整的实验记录，经常报道诊断结果和疾病的流行情况。由各级政府机构编辑和出版的各种兽医刊物也是常规的资料来源。

5.4.3.2 屠宰场

大牲畜屠宰场都要进行宰前和宰后检验以发现和鉴定某些疾病。通常只有临床上健康的牲畜才供屠宰食用，因此屠宰中发现的病例一般都是亚临床症状的。

屠宰检验的第二个目的是记录所见异常现象，有助于流行性动物疾病的早期发现和人畜共患性疾病的预防和治疗。由于屠宰场的动物是来自于不同地区或不同的牧场，如果屠宰检验所发现的疾病关系到患畜的原始牧场或地区，则必须追查动物的来源。

5.4.3.3 血清库

血清样品能够提供免疫特性方面有价值的流行病学资料，如流行的周期性，传染的空间分布和新发生口蹄疫的起源。因此建立血清库有助于研究与传染病有关的许多问题：①鉴定主要的健康标准；②建立免疫接种程序；③确定疾病的分布；④调查新发生口蹄疫的传染来源；⑤确定流行的周期性；⑥增加病因学方面的知识；⑦评价免疫接种效果或程序；⑧评价疾病造成的损失。

5.4.3.4 动物注册

动物登记注册是流行病学数据的又一个来源。

根据某地区动物注册或免疫接种数量估测该地区的易感动物数，一般是趋于下线估测。

5.4.3.5 畜牧机构

许多畜牧机构记录和保存动物群体结构、分布和动物生产方面的资料，如增重、饲料转化率和产乳量等。这对某些实验研究也同样具有流行病学方面的意义。

5.4.3.6 畜牧场

大型的现代化饲养场都有自己独立的经营和管理体制；完善的资料和数据记录系统，许多数据资料具有较高的可靠性。这些资料对疾病普查是很有价值的。

5.4.3.7 畜主日记

饲养人员（如猪的饲养者）经常记录生产数据和一些疾病资料。但记录者的兴趣和背景不同，所记录的数据类别和精确程度也不同。

5.4.3.8 兽医院门诊

兽医院开设兽医门诊，并建立患畜病志以描述发病情况和记录诊断结果。门诊患畜中诊断兽医感兴趣的疾病比例通常高于其他疾病。这可能是由于该兽医为某种疾病的研究专家而吸引该种疾病的患畜的缘故。

5.4.3.9 其他资料来源

野生动物是家畜口蹄疫的重要传染源。野生动物保护组织和害虫防治中心记录和保存关于国家野生动物地区分布和种类数量方面的数据。这对调查实际存在的和即将发生的口蹄疫的感染和传播具有价值。

表 A 口蹄疫暴发的跟踪调查表

1 可疑发病场/户基本状况与初步诊断结果

2 疫点易感畜与发病畜现场调查

2.1 最早出现发病时间： 年 月 日 时，____发病数：____头，死亡数：____头，圈舍（户）编号：____。

2.2 畜群发病情况

圈舍（户）编号	家畜品种	日龄	发病日期	发病数	开始死亡日期	死亡数

2.3 袭击率

计算公式：袭击率＝（疫情暴发以来发病畜数÷疫情暴发开始时易感畜数）×100％

3 可能的传染来源调查

3.1 发病前 15 天内，发病畜舍是否新引进了畜？

（1）是 （2）否

引进畜品种	引进数量	混群情况※	最初混群时间	健康状况	引进时间	来源

注：※混群情况（1）同舍（户）饲养（2）邻舍（户）饲养（3）饲养于本场（村）隔离场，隔离场（舍）人员单独隔离。

3.2 发病前 15 天内发病畜场/户是否有野猪、啮齿动物等出没？

（1）否 （2）是

野生动物种类	数量	来源处	与畜接触地点※	野生动物数量	与畜接触频率＃

注：※与畜接触地点包括进入场/户场内、畜栏舍四周、存料处及料槽等。

＃接触频率指野生动物与畜接触地点的接触情况，分为每天、数次、仅一次。

3.3 发病前 15 天内是否运入可疑的被污染物品（药品）？

（1）是 （2）否

物品名称	数量	经过或存放地	运入后使用情况

3.4 最近 30 天内的是否有场外有关业务人员来场？（1）无 （2）有，请写出访问者姓名、单位、访问日期和注明是否来自疫区。

来访人	来访日期	来访人职业/电话	是否来自疫区

3.5 发病场（户）是否靠近其他养畜场及动物集散地？

（1）是 （2）否

3.5.1 与发病场的相对地理位置________。

3.5.2 与发病场的距离________________。

3.5.3 其大致情况______________。

3.6 发病场周围 20 公里以内是否有下列动物群？

3.6.1 猪______________。

3.6.2 野猪______________。

3.6.3 牛群______________。

3.6.4 羊群______________。

3.6.5 田鼠、家鼠______________。

3.6.6 其他易感动物______________。

3.7 在最近 25～30 天内本场周围 20 公里有无畜群发病？（1）无 （2）有，请回答：

3.7.1 发病日期：

3.7.2 病畜数量和品种：

3.7.3 确诊/疑似诊断疾病：

3.7.4 场主姓名：

3.7.5 发病地点与本场相对位置、距离：

3.7.6 投药情况：

3.7.7 疫苗接种情况：

3.8 场内是否有职员住在其他养畜场/养畜村？（1）无 （2）有，请回答：

3.8.1 该场所处的位置：

3.8.2 该场养畜的数量和品种：

3.8.3 该场畜的来源及去向：

3.8.4 职员拜访和接触他人地点：

4 在发病前 15 天是否有更换饲料来源等饲

养方式/管理的改变？

（1）无　（2）有

5　发病场（户）周围环境情况

5.1　静止水源——沼泽、池塘或湖泊：（1）是　（2）否

5.2　流动水源——灌溉用水、运河水、河水：（1）是　（2）否

5.3　断续灌溉区——方圆三公里内无水面：（1）是　（2）否

5.4　最近发生过洪水：（1）是　（2）否

5.5　靠近公路干线：（1）是　（2）否

5.6　靠近山溪或森（树）林：（1）是　（2）否

6　该养畜场/户地势类型属于：

（1）盆地（2）山谷（3）高原（4）丘陵（5）平原（6）山区（7）其他（请注明）＿＿＿＿＿。

7　饮用水及冲洗用水情况

7.1　饮水类型：

（1）自来水（2）浅井水（3）深井水（4）河塘水（5）其他

7.2　冲洗水类型：

（1）自来水（2）浅井水（3）深井水（4）河塘水（5）其他

8　发病养畜场/户口蹄疫疫苗免疫情况：

（1）不免疫（2）免疫＿＿＿＿＿＿。

8.1　免疫生产厂家＿＿＿＿＿＿。

8.2　疫苗品种、批号＿＿＿＿＿＿。

8.3　被免疫畜数量＿＿＿＿＿＿。

9　受威胁区免疫畜群情况

9.1　免疫接种一个月内畜群发病情况：

（1）未见发病（2）发病，发病率＿＿＿。

9.2　血清学检测和病原学检测

标本类型	采样时间	检测项目	检测方法	病毒亚型

注：标本类型包括水疱、水疱皮、脾淋、心脏、血清及咽腭分泌物等。

10　解除封锁后30天后是否使用岗哨动物

（1）否（2）是，简述岗哨动物名称、数量及结果＿＿＿＿＿＿。

11　最后诊断情况

11.1　确诊口蹄疫，确诊单位＿＿＿＿，病毒亚型＿＿＿＿＿＿。

11.2　排除，其他疫病名称＿＿＿＿＿＿。

12　疫情处理情况

12.1　发病畜及其同群畜全部扑杀：

（1）是　（2）否，扑杀范围：＿＿＿＿。

12.2　疫点周围受威胁区内的所有易感畜全部接种疫苗

（1）是　（2）否

所用疫苗的病毒亚型：＿＿＿＿＿＿，厂家：＿＿＿＿＿＿。

13　在发病养畜场/户出现第1个病例前15天至该场被控制期间出场的（A）有关人员，（B）动物/产品/排泄废弃物，（C）运输工具/物品/饲料/原料，（D）其他（请标出）＿＿＿＿，养畜场被控制日期＿＿＿＿＿＿。

出场日期	出场人/物（A/B/C/D）	运输工具	人/承运人/电话	目的地/电话

14　在发病养畜场/户出现第1个病例前15天至该场被控制期间，是否有家畜、车辆和人员进出家畜集散地？（1）无　（2）有，请填写下表，追踪可能污染物，做限制或消毒处理。

出入日期	出场人/物	运输工具	人/承运人/电话	相对方位/距离

注：家畜集散地包括展览场所、农贸市场、动物产品仓库、拍卖市场、动物园等。

15　列举在发病养畜场/户出现第1个病例前15天至该场被控制期间出场的工作人员（如送料员、销售人员、兽医等）3天内接触过的所有养畜场/户，通知被访场家进行防范。

姓名	出场人员	出场日期	访问日期	目的地/电话

16　疫点或疫区家畜

16.1　在发病后一个月发病情况

（1）未见发病　（2）发病，发病率____。

16.2　血清学检测和病原学检测

标本类型	采样时间	检测项目	检测方法	结果

17　疫点或疫区野生动物

17.1　在发病后一个月发病情况

（1）未见发病　　（2）发病，发病率________________。

17.2　血清学检测和病原学检测

标本类型	采样时间	检测项目	检测方法	结果

18　在该疫点疫病传染期内密切接触人员的发病情况________________。

（1）未见发病

（2）发病，简述情况：

接触人员姓名	性别	年龄	接触方式※	住址或工作单位	电话号码	是否发病及死亡

注：※接触方式：（1）本舍（户）饲养员（2）非本舍饲养员（3）本场兽医（4）收购与运输（5）屠宰加工（6）处理疫情的场外兽医（7）其他接触。

表B　口蹄疫暴发的现况调查表

1　某调查单位（省、地区、畜场、屠宰场或实验室等）家畜及野生动物口蹄疫的流行率

动物类别	记录数	阳性数	阳性率

2　某调查单位（省、地区、畜场、屠宰场或实验室等）家畜及野生动物口蹄疫的抗体阳性率

分区代号	病毒亚型	咽腭分泌物病毒分离率	平均抗体阳性率（%）
1			
2			
3			

二、高致病性禽流感防治技术规范

（2007年4月9日　农业部农医发〔2007〕12号发布）

高致病性禽流感（Highly Pathogenic Avian Influenza，HPAI）是由正粘病毒科流感病毒属A型流感病毒引起的以禽类为主的烈性传染病。世界动物卫生组织（OIE）将其列为必须报告的动物传染病，我国将其列为一类动物疫病。

为预防、控制和扑灭高致病性禽流感，依据《中华人民共和国动物防疫法》《重大动物疫情应急条例》《国家突发重大动物疫情应急预案》及有关的法律法规制定本规范。

1　适用范围

本规范规定了高致病性禽流感的疫情确认、疫情处置、疫情监测、免疫、检疫监督的操作程序、技术标准及保障措施。

本规范适用于中华人民共和国境内一切与高致病性禽流感防治活动有关的单位和个人。

2　诊断

2.1　流行病学特点

2.1.1　鸡、火鸡、鸭、鹅、鹌鹑、雉鸡、鹧鸪、鸵鸟、孔雀等多种禽类易感，多种野鸟也可感染发病。

2.1.2　传染源主要为病禽(野鸟)和带毒禽(野鸟)。病毒可长期在污染的粪便、水等环境中存活。

2.1.3　病毒传播主要通过接触感染禽（野鸟）及其分泌物和排泄物、污染的饲料、水、蛋

托（箱）、垫草、种蛋、鸡胚和精液等媒介，经呼吸道、消化道感染，也可通过气源性媒介传播。

2.2 临床症状

2.2.1 急性发病死亡或不明原因死亡，潜伏期从几小时到数天，最长可达21天。

2.2.2 脚鳞出血。

2.2.3 鸡冠出血或发绀、头部和面部水肿。

2.2.4 鸭、鹅等水禽可见神经和腹泻症状，有时可见角膜炎症，甚至失明。

2.2.5 产蛋突然下降。

2.3 病理变化

2.3.1 消化道、呼吸道黏膜广泛充血、出血；腺胃黏液增多，可见腺胃乳头出血，腺胃和肌胃之间交界处黏膜可见带状出血。

2.3.2 心冠及腹部脂肪出血。

2.3.3 输卵管的中部可见乳白色分泌物或凝块；卵泡充血、出血、萎缩、破裂，有的可见“卵黄性腹膜炎”。

2.3.4 脑部出现坏死灶、血管周围淋巴细胞管套、神经胶质灶、血管增生等病变；胰腺和心肌组织局灶性坏死。

2.4 血清学指标

2.4.1 未免疫禽H5或H7的血凝抑制（HI）效价达到2^4及以上（附件1）。

2.4.2 禽流感琼脂免疫扩散试验（AGID）阳性（附件2）。

2.5 病原学指标

2.5.1 反转录-聚合酶链反应（RT-PCR）检测，结果H5或H7亚型禽流感阳性（附件4）。

2.5.2 通用荧光反转录-聚合酶链反应（荧光RT-PCR）检测阳性（附件6）。

2.5.3 神经氨酸酶抑制（NI）试验阳性（附件3）。

2.5.4 静脉内接种致病指数（IVPI）大于1.2或用0.2ml 1∶10稀释的无菌感染流感病毒的鸡胚尿囊液，经静脉注射接种8只4—8周龄的易感鸡，在接种后10天内，能致6～7只或8只鸡死亡，即死亡率≥75%。

2.5.5 对血凝素基因裂解位点的氨基酸序列测定结果与高致病性禽流感分离株基因序列相符（由国家参考实验室提供方法）。

2.6 结果判定

2.6.1 临床怀疑病例。符合流行病学特点和临床指标2.2.1，且至少符合其他临床指标或病理指标之一的。

非免疫禽符合流行病学特点和临床指标2.2.1且符合血清学指标之一的。

2.6.2 疑似病例。临床怀疑病例且符合病原学指标2.5.1、2.5.2、2.5.3之一。

2.6.3 确诊病例。疑似病例且符合病原学指标2.5.4或2.5.5。

3 疫情报告

3.1 任何单位和个人发现禽类发病急、传播迅速、死亡率高等异常情况，应及时向当地动物防疫监督机构报告。

3.2 当地动物防疫监督机构在接到疫情报告或了解可疑疫情情况后，应立即派员到现场进行初步调查核实并采集样品，符合2.6.1规定的，确认为临床怀疑疫情。

3.3 确认为临床怀疑疫情的，应在2个小时内将情况逐级报到省级动物防疫监督机构和同级兽医行政管理部门，并立即将样品送省级动物防疫监督机构进行疑似诊断。

3.4 省级动物防疫监督机构确认为疑似疫情的，必须派专人将病料送国家禽流感参考实验室做病毒分离与鉴定，进行最终确诊；经确认后，应立即上报同级人民政府和国务院兽医行政管理部门，国务院兽医行政管理部门应当在4个小时内向国务院报告。

3.5 国务院兽医行政管理部门根据最终确诊结果，确认高致病性禽流感疫情。

4 疫情处置

4.1 临床怀疑疫情的处置

对发病场（户）实施隔离、监控，禁止禽类、禽类产品及有关物品移动，并对其内、外环境实施严格的消毒措施（附件8）。

4.2 疑似疫情的处置

当确认为疑似疫情时，扑杀疑似禽群，对扑

杀禽、病死禽及其产品进行无害化处理，对其内、外环境实施严格的消毒措施，对污染物或可疑污染物进行无害化处理，对污染的场所和设施进行彻底消毒，限制发病场（户）周边3公里的家禽及其产品移动（见附件9、10）。

4.3　确诊疫情的处置

疫情确诊后立即启动相应级别的应急预案。

4.3.1　划定疫点、疫区、受威胁区。由所在地县级以上兽医行政管理部门划定疫点、疫区、受威胁区。

疫点：指患病动物所在的地点。一般是指患病禽类所在的禽场（户）或其他有关屠宰、经营单位；如为农村散养，应将自然村划为疫点。

疫区：由疫点边缘向外延伸3公里的区域划为疫区。疫区划分时，应注意考虑当地的饲养环境和天然屏障（如河流、山脉等）。

受威胁区：由疫区边缘向外延伸5公里的区域划为受威胁区。

4.3.2　封锁。由县级以上兽医主管部门报请同级人民政府决定对疫区实行封锁；人民政府在接到封锁报告后，应在24小时内发布封锁令，对疫区进行封锁：在疫区周围设置警示标志，在出入疫区的交通路口设置动物检疫消毒站，对出入的车辆和有关物品进行消毒。必要时，经省级人民政府批准，可设立临时监督检查站，执行对禽类的监督检查任务。

跨行政区域发生疫情的，由共同上一级兽医主管部门报请同级人民政府对疫区发布封锁令，对疫区进行封锁。

4.3.3　疫点内应采取的措施。

4.3.3.1　扑杀所有的禽只，销毁所有病死禽、被扑杀禽及其禽类产品。

4.3.3.2　对禽类排泄物、被污染饲料、垫料、污水等进行无害化处理。

4.3.3.3　对被污染的物品、交通工具、用具、禽舍、场地进行彻底消毒。

4.3.4　疫区内应采取的措施。

4.3.4.1　扑杀疫区内所有家禽，并进行无害化处理，同时销毁相应的禽类产品。

4.3.4.2　禁止禽类进出疫区及禽类产品运出疫区。

4.3.4.3　对禽类排泄物、被污染饲料、垫料、污水等按国家规定标准进行无害化处理。

4.3.4.4　对所有与禽类接触过的物品、交通工具、用具、禽舍、场地进行彻底消毒。

4.3.5　受威胁区内应采取的措施。

4.3.5.1　对所有易感禽类进行紧急强制免疫，建立完整的免疫档案。

4.3.5.2　对所有禽类实行疫情监测，掌握疫情动态。

4.3.6　关闭疫点及周边13公里内所有家禽及其产品交易市场。

4.3.7　流行病学调查、疫源分析与追踪调查。追踪疫点内在发病期间及发病前21天内售出的所有家禽及其产品，并销毁处理。按照高致病性禽流感流行病学调查规范，对疫情进行溯源和扩散风险分析（附件11）。

4.3.8　解除封锁。

4.3.8.1　解除封锁的条件

疫点、疫区内所有禽类及其产品按规定处理完毕21天以上，监测未出现新的传染源；在当地动物防疫监督机构的监督指导下，完成相关场所和物品终末消毒；受威胁区按规定完成免疫。

4.3.8.2　解除封锁的程序

经上一级动物防疫监督机构审验合格，由当地兽医主管部门向原发布封锁令的人民政府申请发布解除封锁令，取消所采取的疫情处置措施。

4.3.8.3　疫区解除封锁后，要继续对该区域进行疫情监测，6个月后如未发现新病例，即可宣布该次疫情被扑灭。疫情宣布扑灭后方可重新养禽。

4.3.9　对处理疫情的全过程必须做好完整翔实的记录，并归档。

5　疫情监测

5.1　监测方法包括临床观察、实验室检测及流行病学调查。

5.2　监测对象以易感禽类为主，必要时监测其他动物。

5.3　监测的范围。

5.3.1　对养禽场户每年要进行两次病原学抽样检测，散养禽不定期抽检，对于未经免疫的禽类以血清学检测为主。

5.3.2　对交易市场、禽类屠宰厂（场）、异地调入的活禽和禽产品进行不定期的病原学和血清学监测。

5.3.3　对疫区和受威胁区的监测。

5.3.3.1　对疫区、受威胁区的易感动物每天进行临床观察，连续1个月，病死禽送省级动物防疫监督机构实验室进行诊断，疑似样品送国家禽流感参考实验室进行病毒分离和鉴定。

解除封锁前采样检测1次，解除封锁后纳入正常监测范围；

5.3.3.2　对疫区养猪场采集鼻腔拭子，疫区和受威胁区所有禽群采集气管拭子和泄殖腔拭子，在野生禽类活动或栖息地采集新鲜粪便或水样，每个采样点采集20份样品，用RT-PCR方法进行病原检测，发现疑似感染样品，送国家禽流感参考实验室确诊。

5.4　在监测过程中，国家规定的实验室要对分离到的毒株进行生物学和分子生物学特性分析与评价，密切注意病毒的变异动态，及时向国务院兽医行政管理部门报告。

5.5　各级动物防疫监督机构对监测结果及相关信息进行风险分析，做好预警预报。

5.6　监测结果处理。监测结果逐级汇总上报至中国动物疫病预防控制中心。发现病原学和非免疫血清学阳性禽，要按照《国家动物疫情报告管理办法》的有关规定立即报告，并将样品送国家禽流感参考实验室进行确诊，确诊阳性的，按有关规定处理。

6　免疫

6.1　国家对高致病性禽流感实行强制免疫制度，免疫密度必须达到100%，抗体合格率达到70%以上。

6.2　预防性免疫，按农业部制定的免疫方案中规定的程序进行。

6.3　突发疫情时的紧急免疫，按本规范有关条款进行。

6.4　所用疫苗必须采用农业部批准使用的产品，并由动物防疫监督机构统一组织、逐级供应。

6.5　所有易感禽类饲养者必须按国家制定的免疫程序做好免疫接种，当地动物防疫监督机构负责监督指导。

6.6　定期对免疫禽群进行免疫水平监测，根据群体抗体水平及时加强免疫。

7　检疫监督

7.1　产地检疫

饲养者在禽群及禽类产品离开产地前，必须向当地动物防疫监督机构报检，接到报检后，必须及时到户、到场实施检疫。检疫合格的，出具检疫合格证明，并对运载工具进行消毒，出具消毒证明，对检疫不合格的按有关规定处理。

7.2　屠宰检疫

动物防疫监督机构的检疫人员对屠宰的禽只进行验证查物，合格后方可入厂（场）屠宰。宰后检疫合格的方可出厂，不合格的按有关规定处理。

7.3　引种检疫

国内异地引入种禽、种蛋时，应当先到当地动物防疫监督机构办理检疫审批手续且检疫合格。引入的种禽必须隔离饲养21天以上，并由动物防疫监督机构进行检测，合格后方可混群饲养。

7.4　监督管理

7.4.1　禽类和禽类产品凭检疫合格证运输、上市销售。动物防疫监督机构应加强流通环节的监督检查，严防疫情传播扩散。

7.4.2　生产、经营禽类及其产品的场所必须符合动物防疫条件，并取得动物防疫合格证。

7.4.3　各地根据防控高致病性禽流感的需要设立公路动物防疫监督检查站，对禽类及其产品进行监督检查，对运输工具进行消毒。

8　保障措施

8.1　各级政府应加强机构队伍建设，确保各项防治技术落实到位。

8.2　各级财政和发改部门应加强基础设施建设，确保免疫、监测、诊断、扑杀、无害化处理、消毒等防治工作经费落实。

8.3　各级兽医行政部门动物防疫监督机构应按本技术规范，加强应急物资储备，及时演练和培训应急队伍。

8.4　在高致病禽流感防控中，人员的防护按《高致病性禽流感人员防护技术规范》执行（附件12）。

附件 1

血凝抑制（HI）试验

流感病毒颗粒表面的血凝素（HA）蛋白，具有识别并吸附于红细胞表面受体的结构，HA 试验由此得名。HA 蛋白的抗体与受体的特异性结合能够干扰 HA 蛋白与红细胞受体的结合从而出现抑制现象。

该试验是目前 WHO 进行全球流感监测所普遍采用的试验方法。可用于流感病毒分离株 HA 亚型的鉴定，也可用来检测禽血清中是否有与抗原亚型一致的感染或免疫抗体。

HA-HI 试验的优点是目前 WHO 进行全球流感监测所普遍采用的试验方法，可用来鉴定所有的流感病毒分离株，可用来检测禽血清中的感染或免疫抗体。它的缺点是只有当抗原和抗体 HA 亚型相一致时才能出现 HI 象，各亚型间无明显交叉反应；除鸡血清以外，用鸡红细胞检测哺乳动物和水禽的血清时需要除去存在于血清中的非特异凝集素，对于其他禽种，也可以考虑选用在调查研究中的禽种红细胞；需要在每次试验时进行抗原标准化；需要正确判读的技能。

1　阿氏（Alsever's）液配制

称量葡萄糖 2.05g、柠檬酸钠 0.8g、柠檬酸 0.055g、氯化钠 0.42g，加蒸馏水至 100mL，散热溶解后调 pH 至 6.1，69kPa 15min 高压灭菌，4℃保存备用。

2　10%和 1%鸡红细胞液的制备

2.1　采血。用注射器吸取阿氏液约 1mL，取至少 2 只 SPF 鸡（如果没有 SPF 鸡，可用常规试验证明体内无禽流感和新城疫抗体的鸡），采血 2～4mL，与阿氏液混合，放入装 10mL 阿氏液的离心管中混匀。

2.2　洗涤鸡红细胞。将离心管中的血液经 1 500～1 800r/min 离心 8min，弃上清液，沉淀物加入阿氏液，轻轻混合，再经 1 500～1 800r/min 离心 8min，用吸管移去上清液及沉淀红细胞上层的白细胞薄膜，再重复 2 次以上过程后，加入阿氏液 20mL，轻轻混合成红细胞悬液，4℃保存备用，不超过 5d。

2.3　10%鸡红细胞悬液。取阿氏液保存不超过 5d 的红细胞，在锥形刻度离心管中离心 1 500～1 800r/min 8min，弃去上清液，准确观察刻度离心管中红细胞体积（mL），加入 9 倍体积（mL）的生理盐水，用吸管反复吹吸使生理盐水与红细胞混合均匀。

2.4　1%鸡红细胞液。取混合均匀的 10%鸡红细胞悬液 1mL，加入 9mL 生理盐水，混合均匀即可。

3　抗原血凝效价测定（HA 试验，微量法）

3.1　在微量反应板的 1～12 孔均加入 0.025mL PBS，换滴头。

3.2　吸取 0.025mL 病毒悬液（如感染性鸡胚尿囊液）加入第1孔，混匀。

3.3　从第 1 孔吸取 0.025mL 病毒液加入第 2 孔，混匀后吸取 0.025mL 加入第 3 孔，如此进行对倍稀释至第 11 孔，从第 11 孔吸取 0.025mL 弃之，换滴头。

3.4　每孔再加入 0.025mL PBS。

3.5　每孔均加入 0.025mL 体积分数为 1%鸡红细胞悬液（将鸡红细胞悬液充分摇匀后加入）见附录 B。

3.6　振荡混匀，在室温（20～25℃）下静置 40min 后观察结果（如果环境温度太高，可置 4℃环境下反应 1h）。对照孔红细胞将呈明显的纽扣状沉到孔底。

3.7　结果判定　将板倾斜，观察血凝板，判读结果（见表 1）。

表 1　血凝试验结果判读标准

类别	孔底所见	结果
1	红细胞全部凝集，均匀铺于孔底，即 100%红细胞凝集	++++
2	红细胞凝集基本同上，但孔底有大圈	+++
3	红细胞于孔底形成中等大的圈，四周有小凝块	++
4	红细胞于孔底形成小圆点，四周有少许凝集块	+
5	红细胞于孔底呈小圆点，边缘光滑整齐，即红细胞完全不凝集	−

能使红细胞完全凝集（100%凝集，++++）的抗原最高稀释度为该抗原的血凝效价，此效价为 1 个血凝单位（HAU）。注意对照孔应呈现完全不凝集（−），否则此次检验无效。

4　血凝抑制（HI）试验（微量法）

4.1　根据 3 的试验结果配制 4HAU 的病毒抗原。以完全血凝的病毒最高稀释倍数作为终点，终点稀释倍数除以 4 即为含 4HAU 的抗原的稀释倍数。例如，如果血凝的终点滴度为 1∶256，则

4HAU 抗原的稀释倍数应是 1∶64（256 除以 4）。

4.2 在微量反应板的 1 孔～11 孔加入 0.025mL PBS，第 12 孔加入 0.05mL PBS。

4.3 吸取 0.025mL 血清加入第 1 孔内，充分混匀后吸 0.025mL 于第 2 孔，依次对倍稀释至第 10 孔，从第 10 孔吸取 0.025mL 弃去。

4.4 1 孔～11 孔均加入含 4HAU 混匀的病毒抗原液 0.025mL，室温（约 20℃）静置至少 30min。

4.5 每孔加入 0.025mL 体积分数为 1%的鸡红细胞悬液混匀，轻轻混匀，静置约 40min（室温约 20℃，若环境温度太高可置 4℃条件下进行），对照红细胞将呈现纽扣状沉于孔底。

4.6 结果判定。以完全抑制 4 个 HAU 抗原的血清最高稀释倍数作为 HI 滴度。

只有阴性对照孔血清滴度不大于 2log2，阳性对照孔血清误差不超过 1 个滴度，试验结果才有效。HI 价小于或等于 2log2 判定 HI 试验阴性；HI 价等于 3log2 为可疑，需重复试验；HI 价大于或等于 4log2 为阳性。

附件 2

琼脂凝胶免疫扩散（AGID）试验

A 型流感病毒都有抗原性相似的核衣壳和基质抗原。用已知禽流感 AGID 标准血清可以检测是否有 A 型流感病毒的存在，一般在鉴定所分禽的病毒是不是 A 型禽流感病毒时常用，此时的抗原需要试验者自已用分离的病毒制备；利用 AGID 标准抗原，可以检测所有 A 型流感病毒产生的各个亚型的禽流感抗体，通常在禽流感监测时使用（水禽不适用），可作为非免疫鸡和火鸡感染的证据，其标准抗原和阳性血清均可由国家指定单位提供。流感病毒感染后不是所有的禽种都能产生沉淀抗体。

1 抗原制备

1.1 用含丰富病毒核衣壳的尿囊膜制备。从尿囊液呈 HA 阳性的感染鸡胚中提取绒毛尿囊膜，将其匀浆或研碎，然后反复冻融三次，经 1 000r/min 离心 10min，弃沉淀，取上清液用 0.1%福尔马林或 1%β-丙内酯灭活后可作为抗原。

1.2 用感染的尿囊液将病毒浓缩或者用已感染的绒毛尿囊膜的提取物，这些抗原用标准血清进行标定。将含毒尿囊液以超速离心或者在酸性条件下进行沉淀以浓缩病毒。

酸性沉淀法是将 1.0mol/L HCl 加入含毒尿囊液中，调 pH 到 4.0，将混合物置于冰浴中作用 1 小时，经 1 000r/min，4℃离心 10 分钟，弃去上清液。病毒沉淀物悬于甘氨-肌氨酸缓冲液中（含 1%十二烷酰肌氨酸缓冲液，用 0.5mol/L 甘氨酸调 pH 至 9.0）。沉淀物中含有核衣壳和基质多肽。

2 琼脂板制备

该试验常用 1g 优质琼脂粉或 0.8～1g 琼脂糖加入 100mL 0.01mol/L、pH7.2 的 8%氯化钠-磷酸缓冲液中，水浴加热融化，稍凉（60～65℃），倒入琼脂板内（厚度为 3mm），待琼脂凝固后，4℃冰箱保存备用。用打孔器在琼脂板上按 7 孔梅花图案打孔，孔径约 3～4mm，孔距为 3mm。

3 加样

用移液器滴加抗原于中间孔，周围 1、4 孔加阳性血清，其余孔加被检血清，每孔均以加满不溢出为度，每加一个样品应换一个滴头，并设阴性对照血清。

4 感作

将琼脂板加盖保湿，置于 37℃温箱。24～48h 后，判定结果。

5 结果判定

5.1 阳性。阳性血清与抗原孔之间有明显沉淀线时，被检血清与抗原孔之间也形成沉淀线，并与阳性血清的沉淀线末端吻合，则被检血清判为阳性。

5.2 弱阳性。被检血清与抗原孔之间没有沉淀线，但阳性血清的沉淀线末端向被检血清孔偏弯，此被检血清判为弱阳性（需重复试验）。

5.3 阴性。被检血清与抗原孔之间不形成沉淀线，且阳性血清沉淀线直向被检血清孔，则被检血清判为阴性。

附件 3

神经氨酸酶抑制（NI）试验

神经氨酸酶是流感病毒的两种表面糖蛋白之一，它具有酶的活性。NA 与底物（胎球蛋白）混合，37℃温育过夜，可使胎球蛋白释放出唾液酸，唾液酸经碘酸盐氧化，经硫代巴比妥酸作用形成生色团，该生色团用有机溶剂提取后便可用分光光度计测定。反应中出现的粉红色深浅与释放的唾液酸的数量成比例，即与存在的流感病毒

的数量成比例。

在进行病毒 NA 亚型鉴定时，当已知的标准 NA 分型抗血清与病毒 NA 亚型一致时，抗血清就会将 NA 中和，从而减少或避免了胎球蛋白释放唾液酸，最后不出现化学反应，即看不到粉红色出现，则表明血清对 NA 抑制阳性。

该试验可用于分离株 NA 亚型的鉴定，也可用于血清中 NI 抗体的定性测定。

1　溶液配置

1.1　胎球蛋白：48～50mg/mL。

1.2　过碘酸盐：4.28g 过碘酸钠＋38mL 无离子水＋62mL 浓正磷酸，充分混合，棕色瓶存放。

1.3　砷试剂：10g 亚砷酸钠＋7.1g 无水硫酸钠＋100mL 无离子水＋0.3mL 浓硫酸。

1.4　硫代巴比妥酸：1.2g 硫代巴比妥酸＋14.2g 无水硫酸钠＋200mL 无离子水，煮沸溶解，使用期一周。

2　操作方法

2.1　按下图所示标记试管（请核对文字格式）

○	○	○	○
N1 原液	N1 10 倍	N1 100 倍	N1 1 000 倍
○	○	○	○
N2 原液	N2 10 倍	N2 100 倍	N2 1 000 倍
○	○	○	○
阴性血清原液	阴性血清 10 倍	阴性血清 100 倍	阴性血清 1 000 倍

2.2　将 N1、N2 标准阳性血清和阴性血清分别按原液、10 倍、100 倍稀释，并分别加入标记好的相应试管中。

2.3　将已经确定 HA 亚型的待检鸡胚尿囊液稀释至 HA 价为 16 倍，每管均加入 0.05mL，混匀 37℃水浴 1h。

2.4　每管加入的胎球蛋白溶液（50mg/mL）0.1mL，混匀，拧上盖后 37℃水浴 16～18h。

2.5　室温冷却后，每管加入 0.1mL 过碘酸盐混匀，室温静置 20min。

2.6　每管加入 1mL 砷试剂，振荡至棕色消失乳白色出现。

2.7　每管加入 2.5mL 硫代巴比妥酸试剂，将试管置煮沸的水浴中 15min，不出现粉红色的为神经氨酸酶抑制阳性，即待检病毒的神经氨酸酶亚型与加入管中的标准神经氨酸酶分型血清亚型一致。

附件 4

反转录-聚合酶链反应（RT-PCR）

反转录-聚合酶链反应（RT-PCR）适用于检测禽组织、分泌物、排泄物和鸡胚尿囊液中禽流感病毒核酸。鉴于 RT-PCR 方法的敏感性和特异性，引物的选择是最为重要的，通常引物是以已知序列为基础设计的，大量掌握国内分离株的序列是设计特异引物的前提和基础。利用 RT-PCR 的通用引物可以检测是否有 A 型流感病毒的存在，亚型特异性引物则可进行禽流感的分型诊断和禽流感病毒的亚型鉴定。

1　试剂/引物

1.1　变性液：见附录 A.1。

1.2　2M 醋酸钠溶液（pH 4.0）：见附录 A.2。

1.3　水饱和酚（pH 4.0）。

1.4　氯仿/异戊醇混合液：见附录 A.3。

1.5　M-MLV 反转录酶（200u/μL）。

1.6　RNA 酶抑制剂（40u/μL）。

1.7　Taq DNA 聚合酶（5u/μL）。

1.8　1.0% 琼脂糖凝胶：见附录 A.4。

1.9　50×TAE 缓冲液：见附录 A.5。

1.10　溴化乙锭（10μg/μL）：见附录 A.6。

1.11　加样缓冲液：见附录 A.7。

1.12　焦碳酸二乙酯（DEPC）处理的灭菌双蒸水：见附录 A.8。

1.13　5×反转录反应缓冲液（附录 A.9）。

1.14　2.5mmol dNTPs（附录 A.10）。

1.15　10×PCR Buffer（附录 A.11）。

1.16　DNA 分子量标准。

1.17　引物：见附录 B。

2　操作程序

2.1　样品的采集和处理：按照 GB/T 18936 中提供方法进行。

2.2　RNA 的提取。

2.2.1　设立阳性、阴性样品对照。

2.2.2　异硫氰酸胍一步法。

2.2.2.1　向组织或细胞中加入适量的变性液，匀浆。

2.2.2.2　将混合物移至一管中，按每毫升变性液中立即加入 0.1mL 乙酸钠，1mL 酚，0.2mL 氯仿-异戊醇。加入每种组分后，盖上管盖，倒置混匀。

2.2.2.3　将匀浆剧烈振荡 10s。冰浴 15min

使核蛋白质复合体彻底裂解。

2.2.2.4　12 000r/min，4℃离心 20min，将上层含 RNA 的水相移入一新管中。为了降低被处于水相和有机相分界处的 DNA 污染的可能性，不要吸取水相的最下层。

2.2.2.5　加入等体积的异丙醇，充分混匀液体，并在－20℃沉淀 RNA 1h 或更长时间。

2.2.2.6　4℃ 12 000r/min 离心 10min，弃上清，用75%的乙醇洗涤沉淀，离心，用吸头彻底吸弃上清，自然条件下干燥沉淀，溶于适量 DEPC 处理的水中。－20℃储存，备用。

2.2.3　也可选择市售商品化 RNA 提取试剂盒，完成 RNA 的提取。

2.3　反转录。

2.3.1　取 5μL RNA，加 1μL 反转录引物，70℃作用 5min。

2.3.2　冰浴 2min。

2.3.3　继续加入：

5×反转录反应缓冲液	4μL
0.1M DTT	2μL
2.5mmol dNTPs	2μL
M-MLV 反转录酶	0.5μL
RNA 酶抑制剂	0.5μL
DEPC 水	11μL

37℃水浴 1h，合成 cDNA 链。取出后可直接进行 PCR，或者放于－20℃保存备用。试验中同时设立阳性和阴性对照。

2.4　PCR。根据扩增目的不同，选择不同的上/下游引物，M-229U/M-229L 是型特异性引物，用于扩增禽流感病毒的 M 基因片段；H5-380U/H5-380L、H7-501U/H7-501L、H9-732U/H9-732L 分别特异性扩增 H5、H7、H9 亚型血凝素基因片段；N1-358U/N1-358L、N2-377U/N2-377L 分别特异性扩增 N1、N2 亚型神经氨酸酶基因片段。

PCR 为 50μL 体系，包括：

双蒸灭菌水	37.5μL
反转录产物	4μL
上游引物	0.5μL
下游引物	0.5μL
10×PCR Buffer	5μL
2.5mmol dNTPs	2μL
Taq 酶	0.5μL

首先加入双蒸灭菌水，然后按顺序逐一加入上述成分，每次要加入液面下。全部加完后，混悬，瞬时离心，使液体都沉降到 PCR 管底。在每个 PCR 管中加入 1 滴液体石蜡（约 20μL）。循环参数为 95℃ 5min，94℃ 45s，52℃ 45s，72℃ 45s，循环 30 次，72℃延伸 6min 结束。设立阳性对照和阴性对照。

2.5　电泳。

2.5.1　制备 1.0% 琼脂糖凝胶板，见附录 A.4。

2.5.2　取 5μL PCR 产物与 0.5μL 加样缓冲液混合，加入琼脂糖凝胶板的加样孔中。

2.5.3　加入分子量标准。

2.5.4　盖好电泳仪，插好电极，5V/cm 电压电泳，30～40min。

2.5.5　用紫外凝胶成像仪观察、扫描图片存档，打印。

2.5.6　用分子量标准比较判断 PCR 片段大小。

3　结果判定

3.1　在阳性对照出现相应扩增带、阴性对照无此扩增带时判定结果。

3.2　用 M-229U/M-229L 检测，出现大小为 229bp 扩增片段时，判定为禽流感病毒阳性，否则判定为阴性。

3.3　用 H5-380U/H5-380L 检测，出现大小为 380bp 扩增片段时，判定为 H5 血凝素亚型禽流感病毒阳性，否则判定为阴性。

3.4　用 H7-501U/H7-501L 检测，出现大小为 501bp 扩增片段时，判定为 H7 血凝素亚型禽流感病毒阳性，否则判定为阴性。

3.5　用 H9-732U/H9-732L 检测，出现大小为 732bp 扩增片段时，判定为 H9 血凝素亚型禽流感病毒阳性，否则判定为阴性。

3.6　用 N1-358U/N1-358L 检测，出现大小为 358bp 扩增片段时，判定为 N1 神经氨酸酶亚型禽流感病毒阳性，否则判定为阴性。

3.7　用 N2-377U/N2-377L 检测，出现大小为 377bp 扩增片段时，判定为 N2 神经氨酸酶亚型禽流感病毒阳性，否则判定为阴性。

附录 A

相关试剂的配制

A.1　变性液

4mol/L 异硫氰酸胍

25mmol/L 柠檬酸钠·$2H_2O$

0.5%（m/V）十二烷基肌酸钠

0.1mol/L β-巯基乙醇

具体配制：将 250g 异硫氰酸胍、0.75mol/L（pH7.0）柠檬酸钠 17.6mL 和 26.4mL 10%（m/V）十二烷基肌酸钠溶于 293mL 水中。65℃条件下搅拌、混匀，直至完全溶解。室温条件下保存，每次临用前按每 50mL 变性液加 14.4 mol/L 的 β-巯基乙醇 0.36mL 的剂量加入。变性液可在室温下避光保存数月。

A.2　2mol/L 醋酸钠溶液（pH 4.0）

乙酸钠	16.4 g
冰乙酸	调 pH 至 4.0
灭菌双蒸水	加至 100mL

A.3　氯仿/异戊醇混合液

氯仿	49 mL
异戊醇	1mL

A.4　1.0%琼脂糖凝胶的配制

琼脂糖	1.0 g
0.5×TAE 电泳缓冲液	加至 100mL

微波炉中完全融化，待冷至 50～60℃时，加溴化乙锭（EB）溶液 5μL，摇匀，倒入电泳板上，凝固后取下梳子，备用。

A.5　50×TAE 电泳缓冲液

A.5.1　0.5mol/L 乙二铵四乙酸二钠（EDTA）溶液（pH 8.0）

二水乙二铵四乙酸二钠	18.61g
灭菌双蒸水	80mL
氢氧化钠	调 pH 至 8.0
灭菌双蒸水	加至 100mL

A.5.2　TAE 电泳缓冲液（50×）配制

羟基甲基氨基甲烷（Tris）	242g
冰乙酸	57.1mL
0.5mol/L 乙二铵四乙酸二钠溶液（pH 8.0）	100mL
灭菌双蒸水	加至 1 000mL

用时用灭菌双蒸水稀释使用

A.6　溴化乙锭（EB）溶液

溴化乙锭	20mg
灭菌双蒸水	加至 20mL

A.7　10×加样缓冲液

聚蔗糖	25g
灭菌双蒸水	100mL
溴酚蓝	0.1g
二甲苯青	0.1g

A.8　DEPC 水

超纯水	100mL
焦碳酸二乙酯（DEPC）	50μL

室温过夜，121℃ 高压 15min，分装到 1.5mL DEPC 处理过的微量管中。

A.9　M-MLV 反转录酶 5×反应缓冲液

1moL Tris-HCl（pH 8.3）	5mL
KCl	0.559g
MgCl2	0.029g
DTT	0.154g
灭菌双蒸水	加至 100mL

A.10　2.5mmol/LdNTP

dATP（10mmol/L）	20μL
dTTP（10mmol/L）	20μL
dGTP（10mmol/L）	20μL
dCTP（10mmol/L）	20μL

A.11　10×PCR 缓冲液

1mol/L Tris-HCl（pH 8.8）	10mL
1mol/L KCl	50mL
Nonidet P40	0.8mL
1.5moL $MgCl_2$	1mL
灭菌双蒸水	加至 100mL

附录 B

禽流感病毒 RT-PCR 试验用引物

B.1　反转录引物

Uni 12：5′-AGCAAAAGCAGG-3′，引物浓度为 20pmol。

B.2　PCR 引物

见下表，引物浓度均为 20pmol。

B.2　PCR 过程中选择的引物

引物名称	引物序列	长度（bp）	扩增目的
M-229U	5′-TTCTAACCGAGGTCGAAAC-3′	229	通用引物
M-229L	5′-AAGCGTCTACGCTGCAGTCC-3′		
H5-380U	5′-AGTGAATTGGAATATGGTAACTG-3′	380	H5
H5-380L	5′-AACTGAGTGTTCATTTTGTCAAT-3′		
H7-501U	5′-AATGCACARGGAGGAGGAACT-3′	501	H7
H7-501L	5′-TGAYGCCCCGAAGCTAAACCA-3′		
H9-732U	5′-TCAACAAACTCCACCGAAACTGT-3′	732	H9
H9-732L	5′-TCCCGTAAGAACATGTCCATACCA-3′		
N1-358U	5′-ATTRAAATACAAYGGYATAATAAC-3′	358	N1
N1-358L	5′-GTCWCCGAAAACYCCACTGCA-3′		
N2-377U	5′-GTGTGYATAGCATGGTCCAGCTCAAG-3′	377	N2
N2-377L	5′-GAGCCYTTCCARTTGTCTCTGCA-3′		

W＝（AT）；Y＝（CT）；R＝（AG）。

附件 5

禽流感病毒致病性测定

高致病性禽流感是指由强毒引起的感染，感染禽有时可见典型的高致病性禽流感特征，有时则未见任何临床症状而突然死亡。所有分离到的高致病性病毒株均为 H5 或 H7 亚型，但大多数 H5 或 H7 亚型仍为弱毒株。评价分离株是否为高致病性或者是潜在的高致病性毒株具有重要意义。

1　欧盟国家对高致病性禽流感病毒判定标准

接种 6 周龄的 SPF 鸡，其 IVPI 大于 1.2 的或者核苷酸序列在血凝素裂解位点处有一系列的连续碱性氨基酸存在的 H5 或 H7 亚型流感病毒均判定为高致病性病毒。

静脉接种指数（IVPI）测定方法：

收获接种病毒的 SPF 鸡胚的感染性尿囊液，测定其血凝价＞1/16（2^4 或 $\lg 2^4$）将含毒尿囊液用灭菌生理盐水稀释 10 倍（切忌使用抗生素），将此稀释病毒液以 0.1mL/羽静脉接种 10 只 6 周龄 SPF 鸡，2 只同样鸡只接种 0.1mL 稀释液作对照（对照鸡不应发病，也不计入试验鸡）。每隔 24 小时检查鸡群一次，共观察 10 天。根据每只鸡的症状用数字方法每天进行记录：正常鸡记为 0，病鸡记为 1，重病鸡记为 2，死鸡记为 3（病鸡和重病鸡的判断主要依据临床症状表现。一般而言，“病鸡”表现有下述一种症状，而“重病鸡”则表现下述多个症状，如呼吸症状、沉郁、腹泻、鸡冠和/或肉髯发绀、脸和/或头部肿胀、神经症状。死亡鸡在其死后的每次观察都记为 3）。

IVPI 值＝每只鸡在 10d 内所有数字之和/（10 只鸡×10d），如指数为 3.00，说明所有鸡 24 小时内死亡；指数为 0.00，说明 10d 观察期内没有鸡表现临床症状。

当 IVPI 值大于 1.2 时，判定分离株为高致病性禽流感病毒（HPAIV）。

IVPI 测定举例：

（数字表示在特定日期表现出临床症状的鸡只数量）

临床症状	1	D2	D3	D4	D5	D6	D7	D8	D9	D10	总计	数值
正常	10	10	0	0	0	0	0	0	0	0	20×0	＝0
发病	0	0	3	0	0	0	0	0	0	0	3×1	＝3
麻痹	0	0	4	5	1	0	0	0	0	0	10×2	＝20
死亡	0	0	3	5	9	10	10	10	10	10	67×3	＝201
											总计	＝224

上述例子中的 IVPI 为：224/100＝2.24＞1.2

2 OIE 对高致病性禽流感病毒的分类标准

2.1 取 HA 滴度>1/16 的无菌感染流感病毒的鸡胚尿囊液用等渗生理盐水 1∶10 稀释，以 0.2mL/羽的剂量翅静脉接种 8 只 4~8 周龄 SPF 鸡，在接种 10d 内，能导致 6 只或 6 只以上鸡死亡，判定该毒株为高致病性禽流感病毒株。

2.2 如分离物能使 1~5 只鸡致死，但病毒不是 H5 或 H7 亚型，则应进行下列试验：将病毒接种于细胞培养物上，观察其在胰蛋白酶缺乏时是否引起细胞病变或形成蚀斑。如果病毒不能在细胞上生长，则分离物应被考虑为非高致病性禽流感病毒。

2.3 所有低致病性的 H5 和 H7 毒株和其他病毒，在缺乏胰蛋白酶的细胞上能够生长时，则应进行与血凝素有关的肽链的氨基酸序列分析，如果分析结果同其他高致病性流感病毒相似，这种被检验的分离物应被考虑为高致病性禽流感病毒。

附件 6

禽流感病毒通用荧光 RT-PCR 检测

1 材料与试剂

1.1 仪器与器材

荧光 RT-PCR 检测仪。

高速台式冷冻离心机（离心速度 12 000r/min 以上）。

台式离心机（离心速度 3 000r/min）。

混匀器。

冰箱（2~8℃和−20℃两种）。

微量可调移液器（10μL、100μL、1 000μL）及配套带滤芯吸头。

Eppendorf 管（1.5mL）。

1.2 试剂

除特别说明以外，本标准所用试剂均为分析纯，所有试剂均用无 RNA 酶污染的容器（用 DEPC 水处理后高压灭菌）分装。

氯仿。

异丙醇：−20℃预冷。

PBS：(121±2)℃，15min 高压灭菌冷却后，无菌条件下加入青霉素、链霉素各 10 000 U/mL。

75%乙醇：用新开启的无水乙醇和 DEPC 水（符合 GB 6682 要求）配制，−20℃预冷。

禽流感病毒通用型荧光 RT-PCR 检测试剂盒：组成、功能及使用注意事项见附录。

2 抽样

2.1 采样工具

下列采样工具必须经 (121±2)℃，15min 高压灭菌并烘干：

棉拭子、剪刀、镊子、注射器、1.5mL Eppendorf 管、研钵。

2.2 样品采集

（1）活禽

取咽喉拭子和泄殖腔拭子，采集方法如下：

取咽喉拭子时将拭子深入喉头口及上颚裂来回刮 3~5 次取咽喉分泌液。

取泄殖腔拭子时将拭子深入泄殖腔转一圈并蘸取少量粪便。

将拭子一并放入盛有 1.0mL PBS 的 1.5mL Eppendorf 管中，加盖、编号。

（2）肌肉或组织脏器

待检样品装入一次性塑料袋或其他灭菌容器，编号，送实验室。

（3）血清、血浆

用无菌注射器直接吸取至无菌 Eppendorf 管中，编号备用。

2.3 样品贮运

样品采集后，放入密闭的塑料袋内（一个采样点的样品，放一个塑料袋），于保温箱中加冰、密封，送实验室。

2.4 样品制备

（1）咽喉、泄殖腔拭子

样品在混合器上充分混合后，用高压灭菌镊子将拭子中的液体挤出，室温放置 30min，取上清液转入无菌的 1.5mL Eppendorf 管中，编号备用。

（2）肌肉或组织脏器

取待检样品 2.0g 于洁净、灭菌并烘干的研钵中充分研磨，加 10mL PBS 混匀，4℃，3 000r/min 离心 15min，取上清液转入无菌的 1.5mL Eppendorf 管中，编号备用。

2.5 样本存放

制备的样本在 2~8℃条件下保存应不超过 24h，若需长期保存应置−70℃以下，但应避免反复冻融（冻融不超过 3 次）。

3 操作方法

3.1 实验室标准化设置与管理

禽流感病毒通用荧光 RT-PCR 检测的实验室规范。

3.2 样本的处理

在样本制备区进行。

（1）取 n 个灭菌的 1.5mL Eppendorf 管，其中 n 为被检样品、阳性对照与阴性对照的和（阳性对照、阴性对照在试剂盒中已标出），编号。

（2）每管加入 600μL 裂解液，分别加入被检样本、阴性对照、阳性对照各 200μL，一份样本换用一个吸头，再加入 200μL 氯仿，混匀器上振荡混匀 5s（不能过于强烈，以免产生乳化层，也可以用手颠倒混匀）。于 4℃、12 000r/min 离心 15min。

（3）取与（1）相同数量灭菌的 1.5mL Eppendorf 管，加入 500μL 异丙醇（－20℃预冷），做标记。吸取本标准（2）各管中的上清液转移至相应的管中，上清液应至少吸取 500μL，不能吸出中间层，颠倒混匀。

（4）于 4℃、12 000r/min 离心 15min（Eppendorf 管开口保持朝离心机转轴方向放置），小心倒去上清，倒置于吸水纸上，沾干液体（不同样品须在吸水纸不同地方沾干）；加入 600μL 75% 乙醇，颠倒洗涤。

（5）于 4 ℃、12 000r/min 离心 10min（Eppendorf 管开口保持朝离心机转轴方向放置），小心倒去上清，倒置于吸水纸上，尽量沾干液体（不同样品须在吸水纸不同地方沾干）。

（6）4 000r/min 离心 10s（Eppendorf 管开口保持朝离心机转轴方向放置），将管壁上的残余液体甩到管底部，小心倒去上清，用微量加样器将其吸干，一份样本换用一个吸头，吸头不要碰到有沉淀一面，室温干燥 3min，不能过于干燥，以免 RNA 不溶。

（7）加入 11μL DEPC 水，轻轻混匀，溶解管壁上的 RNA，2 000r/min 离心 5s，冰上保存备用。提取的 RNA 须在 2h 内进行 PCR 扩增；若需长期保存须放置－70℃冰箱。

3.3 检测

（1）扩增试剂准备。

在反应混合物配制区进行。从试剂盒中取出相应的荧光 RT-PCR 反应液、Taq 酶，在室温下融化后，2 000r/min 离心 5s。设所需荧光 RT-PCR 检测总数为 n，其中 n 为被检样品、阳性对照与阴性对照的和，每个样品测试反应体系配制如下：RT-PCR 反应液 15μL，Taq 酶 0.25μL。根据测试样品的数量计算好各试剂的使用量，加入适当体积中，向其中加入 0.25×n 颗 RT-PCR 反转录酶颗粒，充分混合均匀，向每个荧光 RT-PCR 管中各分装 15μL，转移至样本处理区。

（2）加样。

在样本处理区进行。在各设定的荧光 RT-PCR 管中分别加入上述样本处理中制备的 RNA 溶液各 10μL，盖紧管盖，500r/min 离心 30s。

（3）荧光 RT-PCR 检测。

在检测区进行。将本标准中离心后的 PCR 管放入荧光 RT-PCR 检测仪内，记录样本摆放顺序。

循环条件设置：第一阶段，反转录 42℃/30min；第二阶段，预变性 92℃/3min；第三阶段，92℃/10s，45℃/30s，72℃/1min，5 个循环；第四阶段，92℃/10s，60℃/30s，40 个循环，在第四阶段每个循环的退火延伸时收集荧光。

试验检测结束后，根据收集的荧光曲线和 Ct 值判定结果。

4 结果判定

4.1 结果分析条件设定

直接读取检测结果。阈值设定原则根据仪器噪声情况进行调整，以阈值线刚好超过正常阴性样品扩增曲线的最高点为准。

4.2 质控标准

（1）阴性对照无 Ct 值并且无扩增曲线。

（2）阳性对照的 Ct 值应＜28.0，并出现典型的扩增曲线。否则，此次实验视为无效。

4.3 结果描述及判定

（1）阴性。

无 Ct 值并且无扩增曲线，表示样品中无禽流感病毒。

（2）阳性。

Ct 值≤30，且出现典型的扩增曲线，表示样品中存在禽流感病毒。

（3）有效原则。

Ct＞30 的样本建议重做。重做结果无 Ct 值者为阴性，否则为阳性。

附录

试剂盒的组成

1 试剂盒组成

每个试剂盒可做 48 个检测，包括以下成分：

裂解液 30mL×1 盒

DEPC 水 1mL×1 管

RT-PCR 反应液（内含禽流感病毒的引物、探针）750μL×1 管

RT-PCR 酶 1 颗/管×12 管

Taq 酶 12μL×1 管

阴性对照 1mL×1 管

阳性对照（非感染性体外转录 RNA）1mL×1 管

2　说明

2.1　裂解液的主要成分为异硫氰酸胍和酚，为 RNA 提取试剂，外观为红色液体，于 4℃保存。

2.2　DEPC 水，用 1%DEPC 处理后的去离子水，用于溶解 RNA。

2.3　RT-PCR 反应液中含有特异性引物、探针及各种离子。

3　功能

试剂盒可用于禽类相关样品（包括肌肉组织、脏器、咽喉拭子、泄殖腔拭子、血清或血浆等）中禽流感病毒的检测。

4　使用时的注意事项

4.1　在检测过程中，必须严防不同样品间的交叉污染。

4.2　反应液分装时应避免产生气泡，上机前检查各反应管是否盖紧，以免荧光物质泄露污染仪器。

RT-PCR 酶颗粒极易吸潮失活，必须在室温条件下置于干燥器内保存，使用时取出所需数量，剩余部分立即放回干燥器中。

附件 7

样品采集、保存和运输

活禽病料应包括气管和泄殖腔拭子，最好是采集气管拭子。小珍禽用拭子取样易造成损伤，可采集新鲜粪便。死禽采集气管、脾、肺、肝、肾和脑等组织样品。

将每群采集的 10 份棉拭子，放在同一容器内，混合为一个样品；容器中放有含有抗生素的 pH 为 7.0～7.4 的 PBS 液。抗生素的选择视当地情况而定，组织和气管拭子悬液中应含有青霉素（2 000IU/mL）、链霉素（2mg/mL），庆大霉素（50μg/mL），制霉菌素（1 000IU/mL）。但粪便和泄殖腔拭子所有的抗生素浓度应提高 5 倍。加入抗生素后 pH 应调至 7.0～7.4。

样品应密封于塑料袋或瓶中，置于有制冷剂的容器中运输，容器必须密封，防止渗漏。

样品若能在 24 小时内送到实验室，冷藏运输。否则，应冷冻运输。

若样品暂时不用，则应冷冻（最好－70℃或以下）保存。

采　样　单

样品名称			
样品编号			
采样基数		采样数量	
采样日期		保存情况	冷冻（藏）
被采样单位			
通讯地址			
联系电话		邮　编	
被采样单位盖章或签名 年　月　日		采样单位盖章 采样人签名 年　月　日	

备注：（如禽流感的免疫情况以及 20 天内是否进行过其他免疫注射或异常刺激）。

此单一式三份，第一联存根，第二联随样品，第三联由被采样单位保存。

附件 8

消毒技术规范

1　设备和必需品。

1.1　清洗工具：扫帚、叉子、铲子、锹和冲洗用水管。

1.2　消毒工具：喷雾器、火焰喷射枪、消毒车辆、消毒容器等。

1.3　消毒剂：清洁剂、醛类、强碱、氯制剂类等合适的消毒剂。

1.4　防护装备：防护服、口罩、胶靴、手套、护目镜等。

2　圈舍、场地和各种用具的消毒。

2.1　对圈舍及场地内外采用喷洒消毒液的方式进行消毒，消毒后对污物、粪便、饲料等进行清理；清理完毕再用消毒液以喷洒方式进行彻底消毒，消毒完毕后再进行清洗；不易冲洗的圈舍清除废弃物和表土，进行堆积发酵处理。

2.2　对金属设施设备，可采取火焰、熏蒸等方式消毒；木质工具及塑料用具采取用消毒液浸泡消毒；工作服等采取浸泡或高温高压消毒。

3　疫区内可能被污染的场所应进行喷洒消毒。

4　污水沟、水塘可投放生石灰或漂白粉。

5　运载工具清洗消毒。

5.1　在出入疫点、疫区的交通路口设立消毒站点，对所有可能被污染的运载工具应当严格消毒。

5.2　从车辆上清理下来的废弃物按无害化处理。

6　疫点每天消毒1次连续1周，1周以后每两天消毒1次。疫区内疫点以外的区域每两天消毒1次。

附件 9

扑杀方法

1　窒息

先将待扑杀禽装入袋中，置入密封车或其他密封容器，通入二氧化碳窒息致死；或将禽装入密封袋中，通入二氧化碳窒息致死。

2　扭颈

扑杀量较小时采用。根据禽只大小，一手握住头部，另一手握住体部，朝相反方向扭转拉伸。

3　其他

可根据本地情况，采用其他能避免病原扩散的致死方法。

扑杀人员的防护符合 NY/T 768《高致病性禽流感人员防护技术规范》的要求。

附件 10

无害化处理

所有病死禽、被扑杀禽及其产品、排泄物以及被污染或可能被污染的垫料、饲料和其他物品应当进行无害化处理。清洗所产生的污水、污物进行无害化处理。

无害化处理可以选择深埋、焚烧或高温高压等方法，饲料、粪便可以发酵处理。

1　深埋

1.1　选址

应当避开公共视线，选择地表水位低、远离学校、公共场所、居民住宅区、动物饲养场、屠宰场及交易市场、村庄、饮用水源地、河流等的地域。位置和类型应当有利于防洪。

1.2　坑的覆盖土层厚度应大于1.5米，坑底铺垫生石灰，覆盖土以前再撒一层生石灰。

1.3　禽类尸体置于坑中后，浇油焚烧，然后用土覆盖，与周围持平。填土不要太实，以免尸腐产气造成气泡冒出和液体渗漏。

1.4　饲料、污染物等置于坑中，喷洒消毒剂后掩埋。

2　工厂化处理

将所有病死牲畜、扑杀牲畜及其产品密封运输至无害化处理厂，统一实施无害化处理。

3　发酵

饲料、粪便可在指定地点堆积，密封彻底发酵，表面应进行消毒。

4　无害化处理应符合环保要求

所涉及的运输、装卸等环节应避免洒漏，运输装卸工具要彻底消毒。

附件 11

高致病性禽流感流行病学调查规范

1　范围

本标准规定了发生高致病性禽流感疫情后开展的流行病学调查技术要求。

本标准适用于高致病性禽流感暴发后的最初调查、现地调查和追踪调查。

2　规范性引用文件

下列文件中的条款通过本标准的引用而成为本标准的条款。凡是注日期的引用文件，其随后所有的修改单位（不包括勘误的内容）或修订版均不适用于本标准。鼓励根据本标准达成协议的各方研究可以使用这些文件的最新版本。凡是不注日期的引用文件，其最新版本适用于本标准。

NY 764　高致病性禽流感疫情判定及扑灭技术规范

NY/T 768　高致病性禽流感人员防护技术规范

3　术语和定义

3.1　最初调查

兽医技术人员在接到养禽场/户怀疑发生高致病性禽流感的报告后，对所报告的养禽场/户进行的实地考察以及对其发病情况的初步核实。

3.2　现地调查

兽医技术人员或省级、国家级动物流行病学专家对所报告的高致病性禽流感发病场/户的场区状况、传染来源、发病禽品种与日龄、发病时间与病程、发病率与病死率以及发病禽舍分布等所作的现场调查。

3.3　跟踪调查

在高致病性禽流感暴发及扑灭前后，对疫点的可疑带毒人员、病死禽及其产品和传播媒介的扩散趋势、自然宿主发病和带毒情况的调查。

4　最初调查

4.1　目的

核实疫情、提出对疫点的初步控制措施，为后续疫情确诊和现地调查提供依据。

4.2　组织与要求

4.2.1　动物防疫监督机构接到养禽场/户怀疑发病的报告后，应立即指派2名以上兽医技术人员，携必要的器械、用品和采样用容器，在24 h以内尽快赶赴现场，核实发病情况。

4.2.2　被派兽医技术人员至少3d内没有接触过高致病性禽流感病禽及其污染物，按NY/T 768要求做好个人防护。

4.3　内容

4.3.1　调查发病禽场的基本状况、病史、症状以及环境状况四个方面，完成最初调查表（见附录A）。

4.3.2　认真检查发病禽群状况，根据NY 764做出是否发生高致病性禽流感的初步判断。

4.3.3　若不能排除高致病性禽流感，调查人员应立即报告当地动物防疫监督机构并建议提请省级/国家级动物流行病学专家作进一步诊断，并应配合做好后续采样、诊断和疫情扑灭工作；

4.3.4　实施对疫点的初步控制措施，禁止家禽、家禽产品和可疑污染物品从养禽场/户运出，并限制人员流动；

4.3.5　画图标出疑病禽场/户周围10 km以内分布的养禽场、道路、河流、山岭、树林、人工屏障等，连同最初调查表一同报告当地动物防疫监督机构。

5　现地调查

5.1　目的

在最初调查无法排除高致病性禽流感的情况下，对报告养禽场/户作进一步的诊断和调查，分析可能的传染来源、传播方式、传播途径以及影响疫情控制和扑灭的环境和生态因素，为控制和扑灭疫情提供技术依据。

5.2　组织与要求

5.2.1　省级动物防疫监督机构接到怀疑发病报告后，应立即派遣流行病学专家配备必要的器械和用品于24h内赴现场，作进一步诊断和调查。

5.2.2　被派兽医技术人员应遵照4.2.2的要求。

5.3　内容

5.3.1　在地方动物防疫监督机构技术人员初步调查的基础上，对发病养禽场/户的发病情况、周边地理地貌、野生动物分布、近期家禽、产品、人员流动情况等开展进一步的调查，分析传染来源、传播途径以及影响疫情控制和消灭的环境和生态因素。

5.3.2　尽快完成流行病学现地调查表（见附录B）并提交省和地方动物防疫监督机构。

5.3.3　与地方动物防疫监督机构密切配合，完成病料样品的采集、包装及运输等诊断事宜。

5.3.4　对所发疫病作出高致病性禽流感诊断后，协助地方政府和地方动物防疫监督机构扑灭疫情。

6　跟踪调查

6.1　目的

追踪疫点传染源和传播媒介的扩散趋势、自然宿主的发病和带毒情况，为可能出现的公共卫生危害提供预警预报。

6.2 组织

当地流行病学调查人员在省级或国家级动物流行病学专家指导下对有关人员、可疑感染家禽、可疑污染物品和带毒宿主进行追踪调查。

6.3 内容

6.3.1 追踪出入发病养禽场/户的有关工作人员和所有家禽、禽产品及有关物品的流动情况，并对其作适当的隔离观察和控制措施，严防疫情扩散。

6.3.2 对疫点、疫区的家禽、水禽、猪、留鸟、候鸟等重要疫源宿主进行发病情况调查，追踪病毒变异情况。

6.3.3 完成跟踪调查表（见附录C）并提交本次暴发疫情的流行病学调查报告。

附录 A

高致病性禽流感流行病学最初调查表

任务编号：	国标码：
调查者姓名：	电　话：
场/户主姓名：	电　话：
场/户名称	邮　编：

场/户地址	
饲养品种	
饲养数量	
场址地形 环境描述	
发病时天 气状况	温度
	干旱/下雨
	主风向
场区条件	□进场要洗澡更衣　□进生产区要换胶靴　□场舍门口有消毒池 □供料道与出粪道分开
污水排向	□附近河流　□农田沟渠　□附近村庄　□野外湖区　□野外水塘 □野外荒郊　□其他
过去一年曾 发生的疫病	□低致病性禽流感　□鸡新城疫　□马立克氏病　□禽白血病 □ 鸡传染性喉气管炎　□鸡传染性贫血　□鸡传染性支气管炎 □鸡传染性发氏囊病
本次典型 发病情况	□急性发病死亡　□脚鳞出血　□鸡冠出血或发绀、头部水肿 □肌肉和其他组织器官广泛性严重出血　□神经症状　□绿色稀便 □其他（请填写）：
疫情核实结论	□不能排除高致病性禽流感　□排除高致病性禽流感

调查人员签字：	时间：

附录 B

高致病性禽流感现地调查表

疫情类型　（1）确诊　（2）疑似　（3）可疑

B1　疫点易感禽与发病禽现场调查

B1.1　最早出现发病时间：______年____月____日____时，

发病数：__只，死亡数：__只，圈舍（户）编号：____。

B1.2　禽群发病情况：

圈舍（户）编号	家禽品种	日龄	发病日期	发病数	开始死亡日期	死亡数

B1.3 袭击率：

计算公式：袭击率=（疫情暴发以来发病禽数÷疫情暴发开始时易感禽数）×100%

B2 可能的传染来源调查

B2.1 发病前30d内，发病禽舍是否新引进了家禽？

（1）是　　（2）否

引进禽品种	引进数量	混群情况*	最初混群时间	健康状况	引进时间	来源

* 混群情况为：(1) 同舍（户）饲养 (2) 邻舍（户）饲养 (3) 饲养于本场（村）隔离场，隔离场（舍）人员应单独隔离

B2.2 发病前30d内发病禽场/户是否有野鸟栖息或捕获鸟？

（1）是　　（2）否

鸟名	数量	来源	鸟停留地点*	鸟病死数量	与禽畜接触频率**

* 停留地点：包括禽场（户）内建筑场上、树上、存料处及料槽等。

** 接触频率：指鸟与停留地点的接触情况，分为每天、数次、仅一次。

B2.3 发病前30d内是否运入可疑的被污染物品（药品）?

（1）是　　（2）否

物品名称	数量	经过或存放地	运入后使用情况

B2.4 最近30d内是否有场外有关业务人员来场？(1) 无　(2) 有，请写出访问者姓名、单位、访问日期，并注明是否来自疫区。

来访人	来访日期	来访人职业/电话	是否来自疫区

B2.5 发病场（户）是否靠近其他养禽场及动物集散地？

（1）是　　（2）否

B2.5.1 与发病场的相对地理位置______。

B2.5.2　与发病场的距离＿＿＿＿＿＿。

B2.5.3　其大致情况＿＿＿＿＿＿＿＿。

B2.6　发病场周围10公里以内是否有下列动物群？

B2.6.1　猪，＿＿＿＿＿＿＿＿。

B2.6.2　野禽，具体禽种：＿＿＿＿＿＿。

B2.6.3　野水禽，具体禽种：＿＿＿＿。

B2.6.4　田鼠、家鼠：＿＿＿＿＿＿＿＿。

B2.6.5　其他：＿＿＿＿＿＿＿＿。

B2.7　在最近25～30d内本场周围10公里有无禽发病？(1) 无　(2) 有，请回答：

B2.7.1　发病日期：＿＿＿＿＿＿＿＿。

B2.7.2　病禽数量和品种：＿＿＿＿＿＿。

B2.7.3　确诊/疑似诊断疾病：＿＿＿＿。

B2.7.4　场主姓名：＿＿＿＿＿＿＿＿。

B2.7.5　发病地点与本场相对位置、距离：＿＿＿＿＿＿＿＿。

B2.7.6　投药情况：＿＿＿＿＿＿＿＿。

B2.7.7　疫苗接种情况：＿＿＿＿＿＿。

B2.8　场内是否有职员住在其他养殖场/养禽村？

(1) 无　　(2) 有

B2.8.1　该农场所处的位置：＿＿＿＿＿。

B2.8.2 该场养禽的数量和品种：＿＿＿＿。

B2.8.3 该场禽的来源及去向：＿＿＿＿＿＿＿＿＿＿。

B2.8.4 职员拜访和接触他人地点：＿＿＿＿＿＿＿＿。

B3　在发病前30d是否有饲养方式/管理的改变？

(1) 无　　(2) 有，＿＿＿＿＿＿＿＿。

B4　发病场（户）周围环境情况

B4.1　静止水源——沼泽、池塘或湖泊：(1) 是　(2) 否

B4.2　流动水源——灌溉用水、运河水、河水：(1) 是　(2) 否

B4.3　断续灌溉区——方圆3公里内无水面：(1) 是　(2) 否

B4.4　最近发生过洪水：(1) 是　(2) 否

B4.5　靠近公路干线：(1) 是　(2) 否

B4.6　靠近山溪或森（树）林：(1) 是　(2) 否

B5　该养禽场/户地势类型属于：

(1) 盆地 (2) 山谷 (3) 高原 (4) 丘陵 (5) 平原 (6) 山区 (7) 其他（请注明）＿＿＿＿＿。

B6　饮用水及冲洗用水情况

B6.1　饮水类型：

(1) 自来水 (2) 浅井水 (3) 深井水 (4) 河塘水 (5) 其他

B6.2　冲洗水类型：

(1) 自来水 (2) 浅井水 (3) 深井水 (4) 河塘水 (5) 其他

B7　发病养禽场/户高致病性禽流感疫苗免疫情况：

(1) 免疫　　(2) 不免疫

B7.1　疫苗生产厂家＿＿＿＿＿＿＿＿。

B7.2　疫苗品种、批号＿＿＿＿＿＿＿＿。

B7.3　被免疫鸡数量＿＿＿＿＿＿＿＿。

B8　受威胁区免疫禽群情况

B8.1　免疫接种一个月内禽只发病情况：

(1) 未见发病 (2) 发病，发病率＿＿＿＿＿＿＿＿。

B8.2　异源亚型血清学检测和病原学检测

标本类型	采样时间	检测项目	检测方法	结　果

注：标本类型包括鼻咽、脾淋内脏、血清及粪便等。

B9　解除封锁后是否使用岗哨动物

(1) 否　(2) 是，简述结果＿＿＿＿＿。

B10 最后诊断情况

B10.1　确诊HPAI，确诊单位＿＿＿＿＿。

B10.2　排除，其他疫病名称＿＿＿＿＿。

B11　疫情处理情况

B11.1　发病禽群及其周围三公里以内所有家禽全部扑杀：

(1) 是　(2) 否，扑杀范围：＿＿＿＿＿。

B11.2　疫点周围3～5公里内所有家禽全部接种疫苗 (1) 是　(2) 否

所用疫苗的病毒亚型：＿＿＿＿＿＿＿＿厂家＿＿＿＿＿＿＿＿。

附录 C　高致病性禽流感跟踪调查表

C1　在发病养禽场/户出现第 1 个病例前 21d 至该场被控制期间出场的（A）有关人员，（B）动物/产品/排泄废弃物，（C）运输工具/物品/饲料/原料，（D）其他（请标出）______________，养禽场被隔离控制日期______________。

出场日期	出场人/物（A/B/C/D）	运输工具	人/承运人姓名/电话	目的地/电话

C2　在发病养禽场/户出现第 1 个病例前 21d 至该场被隔离控制期间，是否有家禽、车辆和人员进出家禽集散地？（家禽集散地包括展览场所、农贸市场、动物产品仓库、拍卖市场、动物园等。）（1）无（2）有，请填写下表，追踪可能污染物，做限制或消毒处理。

出入日期	出场人/物	运输工具	人/承运人姓名/电话	相对方位/距离
注：家禽集散地包括展览场所、农贸市场、动物产品仓库、拍卖市场、动物园等。				

C3　列举在发病养禽场/户出现第 1 个病例前 21d 至该场被隔离控制期间出场的工作人员（如送料员、雌雄鉴别人员、销售人员、兽医等）3d 内接触过的所有养禽场/户，通知被访场家进行防范。

姓名	出场人员	出场日期	访问日期	目的地/电话

C4　疫点或疫区水禽

C4.1　在发病后一个月发病情况

（1）未见发病（2）发病，发病率________。

C4.2　异源亚型血清学检测和病原学检测

标本类型	采样时间	检测项目	检测方法	结　果

C5　疫点或疫区留鸟

C5.1　在发病后一个月发病情况

（1）未见发病　（2）发病，发病率________。

C5.2　血清学检测和病原学检测

标本类型	采样时间	检测项目	检测方法	结　果

C6　受威胁区猪密切接触的猪只

C6.1　在发病后一个月发病情况

（1）未见发病（2）发病，发病率________。

C6.2　血清学和病原学检测、异源亚型血清学检测和病原学检测

标本类型	采样时间	检测项目	检测方法	结　果

C7　疫点或疫区候鸟

C7.1　在发病后一个月发病情况

（1）未见发病　（2）发病，发病率______。

C7.2　血清学检测和病原学检测

标本类型	采样时间	检测项目	检测方法	结　果

C8　在该疫点疫病传染期内密切接触人员的发病情况________________。

（1）未见发病

（2）发病，简述情况：

接触人员姓名	性别	年龄	接触方式*	住址或工作单位	电话号码	是否发病及死亡

*接触方式：（1）本舍（户）饲养员（2）非本舍饲养员（3）本场兽医（4）收购与运输（5）屠宰加工（6）处理疫情的场外兽医（7）其他接触

附件12

高致病性禽流感人员防护技术规范

1　范围

本标准规定了对密切接触高致病性禽流感病毒感染或可能感染禽和场的人员的生物安全防护要求。

本标准适用于密切接触高致病性禽流感病毒感染或可能感染禽和场的人员进行生物安全防护。此类人员包括：诊断、采样、扑杀禽鸟、无害化处理禽鸟及其污染物和清洗消毒的工作人员，饲养人员，赴感染或可能感染场进行调查的人员。

2　诊断、采样、扑杀禽鸟、无害化处理禽鸟及其污染物和清洗消毒的人员

2.1　进入感染或可能感染场和无害化处理地点

2.1.1　穿防护服。

2.1.2　戴可消毒的橡胶手套。

2.1.3　戴N95口罩或标准手术用口罩。

2.1.4　戴护目镜。

2.1.5　穿胶靴。

2.2　离开感染或可能感染场和无害化处理地点

2.2.1　工作完毕后，对场地及其设施进行彻底消毒。

2.2.2　在场内或处理地的出口处脱掉防护装备。

2.2.3　将脱掉的防护装备置于容器内进行消毒处理。

2.2.4　对换衣区域进行消毒，人员用消毒水洗手。

2.2.5　工作完毕要洗浴。

3　饲养人员

3.1　饲养人员与感染或可能感染的禽鸟及其粪便等污染物品接触前，必须戴口罩、手套和护目镜，穿防护服和胶靴。

3.2　扑杀处理禽鸟和进行清洗消毒工作前，应穿戴好防护物品。

3.3　场地清洗消毒后，脱掉防护物品。

3.4　衣服须用70℃以上的热水浸泡5min或

用消毒剂浸泡，然后再用肥皂水洗涤，于太阳下晾晒。

3.5 胶靴和护目镜等要清洗消毒。

3.6 处理完上述物品后要洗浴。

4 赴感染或可能感染场的人员

4.1 需备物品

口罩、手套、防护服、一次性帽子或头套、胶靴等。

4.2 进入感染或可能感染场

4.2.1 穿防护服。

4.2.2 戴口罩，用过的口罩不得随意丢弃。

4.2.3 穿胶靴，用后要清洗消毒。

4.2.4 戴一次性手套或可消毒橡胶手套。

4.2.5 戴好一次性帽子或头套。

4.3 离开感染或可能感染场

4.3.1 脱个人防护装备时，污染物要装入塑料袋内，置于指定地点。

4.3.2 最后脱掉手套后，手要洗涤消毒。

4.3.3 工作完毕要洗浴，尤其是出入过有禽粪灰尘的场所。

5 健康监测

5.1 所有暴露于感染或可能感染禽和场的人员均应接受卫生部门监测。

5.2 出现呼吸道感染症状的人员应尽快接受卫生部门检查。

5.3 出现呼吸道感染症状人员的家人也应接受健康监测。

5.4 免疫功能低下、60 岁以上和有慢性心脏和肺脏疾病的人员要避免从事与禽接触的工作。

5.5 应密切关注采样、扑杀处理禽鸟和清洗消毒的工作人员和饲养人员的健康状况。

三、高致病性猪蓝耳病防治技术规范

（2007 年 3 月 28 日 农业部农医发〔2007〕10 号发布）

高致病性猪蓝耳病是由猪繁殖与呼吸综合征（俗称蓝耳病）病毒变异株引起的一种急性高致死性疫病。仔猪发病率可达 100%、死亡率可达 50%以上，母猪流产率可达 30%以上，育肥猪也可发病死亡是其特征。

为及时有效地预防、控制和扑灭高致病性猪蓝耳病疫情，农业部依据《中华人民共和国动物防疫法》《重大动物疫情应急条例》和《国家突发重大动物疫情应急预案》及有关法律法规，制定本规范。

1 适用范围

本规范规定了高致病性猪蓝耳病诊断、疫情报告、疫情处置、预防控制、检疫监督的操作程序与技术标准。

本规范适用于中华人民共和国境内一切与高致病性猪蓝耳病防治活动有关的单位和个人。

2 诊断

2.1 诊断指标

2.1.1 临床指标

体温明显升高，可达 41℃以上；眼结膜炎、眼睑水肿；咳嗽、气喘等呼吸道症状；部分猪后躯无力、不能站立或共济失调等神经症状；仔猪发病率可达 100%、死亡率可达 50%以上，母猪流产率可达 30%以上，成年猪也可发病死亡。

2.1.2 病理指标

可见脾脏边缘或表面出现梗死灶，显微镜下见出血性梗死；肾脏呈土黄色，表面可见针尖至小米粒大出血点斑，皮下、扁桃体、心脏、膀胱、肝脏和肠道均可见出血点和出血斑。显微镜下见肾间质性炎，心脏、肝脏和膀胱出血性、渗出性炎等病变；部分病例可见胃肠道出血、溃疡、坏死。

2.1.3 病原学指标

2.1.3.1 高致病性猪蓝耳病病毒分离鉴定阳性。

2.1.3.2 高致病性猪蓝耳病病毒反转录聚合酶链式反应（RT-PCR）检测阳性。

2.2 结果判定

2.2.1 疑似结果

符合 2.1.1 和 2.1.2，判定为疑似高致病性猪蓝耳病。

2.2.2 确诊

符合 2.2.1，且符合 2.1.3.1 和 2.1.3.2 之一的，判定为高致病性猪蓝耳病。

3 疫情

3.1 任何单位和个人发现猪出现急性发病死亡情况，应及时向当地动物疫控机构报告。

3.2 当地动物疫控机构在接到报告或了解临床怀疑疫情后，应立即派员到现场进行初步调查核实，符合 2.2.1 规定的，判定为疑似疫情。

3.3 判定为疑似疫情时，应采集样品进行实验室诊断，必要时送省级动物疫控机构或国家指定实验室。

3.4 确认为高致病性猪蓝耳病疫情时，应在 2 个小时内将情况逐级报至省级动物疫控机构和同级兽医行政管理部门。省级兽医行政管理部门和动物疫控机构按有关规定向农业部报告疫情。

3.5 国务院兽医行政管理部门根据确诊结果，按规定公布疫情。

4 疫情处置

4.1 疑似疫情的处置

对发病场/户实施隔离、监控，禁止生猪及其产品和有关物品移动，并对其内外环境实施严格的消毒措施。对病死猪、污染物或可疑污染物进行无害化处理。必要时，对发病猪和同群猪进行扑杀并作无害化处理。

4.2 确认疫情的处置

4.2.1 划定疫点、疫区、受威胁区

由所在地县级以上兽医行政管理部门划定疫点、疫区、受威胁区。

疫点：为发病猪所在的地点。规模化养殖场/户，以病猪所在的相对独立的养殖圈舍为疫点；散养猪以病猪所在的自然村为疫点；在运输过程中，以运载工具为疫点；在市场发现疫情，以市场为疫点；在屠宰加工过程中发现疫情，以屠宰加工厂/场为疫点。

疫区：指疫点边缘向外延 3 公里范围内的区域。根据疫情的流行病学调查、免疫状况、疫点周边的饲养环境、天然屏障（如河流、山脉等）等因素综合评估后划定。

受威胁区：由疫区边缘向外延伸 5 公里的区域划为受威胁区。

4.2.2 封锁疫区

由当地兽医行政管理部门向当地县级以上人民政府申请发布封锁令，对疫区实施封锁：在疫区周围设置警示标志；在出入疫区的交通路口设置动物检疫消毒站，对出入的车辆和有关物品进行消毒；关闭生猪交易市场，禁止生猪及其产品运出疫区。必要时，经省级人民政府批准，可设立临时监督检查站，执行监督检查任务。

4.2.3 疫点应采取的措施

扑杀所有病猪和同群猪；对病死猪、排泄物、被污染饲料、垫料、污水等进行无害化处理；对被污染的物品、交通工具、用具、猪舍、场地等进行彻底消毒。

4.2.4 疫区应采取的措施

对被污染的物品、交通工具、用具、猪舍、场地等进行彻底消毒；对所有生猪用高致病性猪蓝耳病灭活疫苗进行紧急强化免疫，并加强疫情监测。

4.2.5 受威胁区应采取的措施

对受威胁区所有生猪用高致病性猪蓝耳病灭活疫苗进行紧急强化免疫，并加强疫情监测。

4.2.6 疫源分析与追踪调查

开展流行病学调查，对病原进行分子流行病学分析，对疫情进行溯源和扩散风险评估。

4.2.7 解除封锁

疫区内最后一头病猪扑杀或死亡后 14 天以上，未出现新的疫情；在当地动物疫控机构的监督指导下，对相关场所和物品实施终末消毒。经当地动物疫控机构审验合格，由当地兽医行政管理部门提出申请，由原发布封锁令的人民政府宣布解除封锁。

4.3 疫情记录

对处理疫情的全过程必须做好完整翔实的记录（包括文字、图片和影像等），并归档。

5 预防控制

5.1 监测

5.1.1 监测主体

县级以上动物疫控机构。

5.1.2 监测方法

流行病学调查、临床观察、病原学检测。

5.1.3 监测范围

5.1.3.1 养殖场/户，交易市场、屠宰厂/场、跨县调运的生猪

5.1.3.2 对种猪场、隔离场、边境、近期发生疫情及疫情频发等高风险区域的生猪进行重点监测。

5.1.4 监测预警

各级动物疫控机构对监测结果及相关信息进行风险分析，做好预警预报。

农业部指定的实验室对分离到的毒株进行生物学和分子生物学特性分析与评价，及时向国务院兽医行政管理部门报告。

5.1.5 监测结果处理

按照《国家动物疫情报告管理办法》的有关规定，将监测结果逐级汇总上报至国家动物疫控机构。

5.2 免疫

5.2.1 对所有生猪用高致病性猪蓝耳病灭活疫苗进行免疫，免疫方案见《猪病免疫推荐方案（试行）》。发生高致病性猪蓝耳病疫情时，用高致病性猪蓝耳病灭活疫苗进行紧急强化免疫。

5.2.2 养殖场/户必须按规定建立完整免疫档案，包括免疫登记表、免疫证、畜禽标识等。

5.2.3 各级动物疫控机构定期对免疫猪群进行免疫抗体水平监测，根据群体抗体水平消长情况及时加强免疫。

5.3 加强饲养管理

实行封闭饲养，建立健全各项防疫制度，做好消毒、杀虫灭鼠等工作。

6 检疫监督

6.1 产地检疫

生猪在离开饲养地之前，养殖场/户必须向当地动物卫生监督机构报检。动物卫生监督机构接到报检后必须及时派员到场/户实施检疫。检疫合格后，出具合格证明；对运载工具进行消毒，出具消毒证明，对检疫不合格的按照有关规定处理。

6.2 屠宰检疫

动物卫生监督机构的检疫人员对生猪进行验证查物，合格后方可入厂/场屠宰。检疫合格并加盖（封）检疫标志后方可出厂/场，不合格的按有关规定处理。

6.3 种猪异地调运检疫

跨省调运种猪时，应先到调入地省级动物卫生监督机构办理检疫审批手续，调出地按照规范进行检疫，检疫合格方可调运。到达后须隔离饲养14天以上，由当地动物卫生监督机构检疫合格后方可投入使用。

6.4 监督管理

6.4.1 动物卫生监督机构应加强流通环节的监督检查，严防疫情扩散。生猪及产品凭检疫合格证（章）和畜禽标识运输、销售。

6.4.2 生产、经营动物及动物产品的场所，必须符合动物防疫条件，取得动物防疫合格证。当地动物卫生监督机构应加强日常监督检查。

6.4.3 任何单位和个人不得随意处置及转运、屠宰、加工、经营、食用病(死)猪及其产品。

四、高致病性猪蓝耳病免疫技术规范（试行）

（农业部2007年6月25日发布）

1 范围

本规范规定了高致病性猪蓝耳病灭活疫苗使用过程中有关运输、贮藏、免疫接种等方面的技术要求。

本规范适用于高致病性猪蓝耳病灭活疫苗。

2 术语和定义

下列术语和定义适用于本规范。

2.1 批号

疫苗瓶签上表示产品批次的代码。

2.2 剂量

标签上标定的特定年龄猪，经肌肉1次接种疫苗的使用量。

3 免疫接种

3.1 根据高致病性猪蓝耳病疫情流行情况，对猪群进行预防接种。

3.2 对同一猪群接种时，尽量使用同一厂家、同一批号的疫苗。

3.3 疫苗的运输和贮藏

3.3.1 疫苗应采用冷藏运输；冬季运输应注意防冻。

3.3.2 疫苗应在2～8℃避光贮藏。

3.4 疫苗使用要求

3.4.1 接种动物

疫苗仅用于健康猪群；高致病性猪蓝耳病发病猪禁用；屠宰前21d内禁用。

3.4.2 疫苗的检查

疫苗使用前应仔细检查，同时详细记录生产企业、疫苗批号和有效期。如发生包装破损、破乳分层、颜色改变等现象的疫苗不得使用。

3.4.3 疫苗的准备

疫苗使用前，应恢复至室温（从冰箱取出后放置2～3h）注射前充分摇匀；疫苗启封后，限当日内用完。

3.4.4 接种器具及针头的要求

接种用器具应无菌；接种时一般应使用12号针头；一猪一针头，避免交叉污染。

3.4.5 接种部位的选择与消毒

耳后部肌内注射，注射部位应采用碘酊或75%酒精严格消毒。

3.5 接种记录

疫苗接种时应做好记录。记录内容包括：猪的品种、旧龄、性别，如为怀孕母猪还应包括孕期；疫苗的来源、批号、接种时间等。

3.6 接种后观察

3.6.1 接种后，应仔细观察猪只反应。个别猪可能出现过敏，重者可注射肾上腺素，并采取辅助治疗措施。

3.6.2 接种后少数猪可能出现一过性的体温升高、减食等反应，一般在2d内可自行恢复。

3.7 接种器具及废弃物的处理

接种结束后，接种器具及所有废弃物应按有关规定进行无害化处理。

4 接种程序

4.1 商品仔猪

仔猪断奶后首次免疫，剂量为2mL在高致病性猪蓝耳病流行地区，可根据实际情况在首免后一个月采用相同剂量加强免疫1次。

4.2 母猪

后备母猪70日龄前接种程序同商品仔猪；以后每次于妊娠母猪分娩1个月前进行1次加强免疫，剂量为4mL。

4.3 种公猪

70日龄前接种程序同商品仔猪；以后每隔6个月加强免疫1次，剂量为4 mL。

5 其他

5.1 必须使用国家批准的定点企业生产的高致病性猪蓝耳病灭活疫苗，该疫苗粘贴有“中国兽药质量监督”标识的“二合一”疫苗防伪标签。

5.2 各级兽医行政管理部门要加强对高致病性猪蓝耳病灭活疫苗的使用监管，确保疫苗免疫效果。

五、猪瘟防治技术规范

（2007年4月9日　农业部农医发〔2007〕12号发布）

猪瘟（Classical swine fever，CSF）是由黄病毒科瘟病毒属猪瘟病毒引起的一种高度接触性、

出血性和致死性传染病。世界动物卫生组织（OIE）将其列为必须报告的动物疫病，我国将其列为一类动物疫病。

为及时、有效地预防、控制和扑灭猪瘟，依据《中华人民共和国动物防疫法》《重大动物疫情应急条例》和《国家突发重大动物疫情应急预案》及有关法律法规，制定本规范。

1　适用范围

本规范规定了猪瘟的诊断、疫情报告、疫情处置、疫情监测、预防措施、控制和消灭标准等。

本规范适用于中华人民共和国境内一切从事猪（含驯养的野猪）的饲养、经营及其产品生产、经营，以及从事动物防疫活动的单位和个人。

2　诊断

依据本病流行病学特点、临床症状、病理变化可作出初步诊断，确诊需做病原分离与鉴定。

2.1　流行特点

猪是本病唯一的自然宿主，发病猪和带毒猪是本病的传染源，不同年龄、性别、品种的猪均易感。一年四季均可发生。感染猪在发病前即能通过分泌物和排泄物排毒，并持续整个病程。与感染猪直接接触是本病传播的主要方式，病毒也可通过精液、胚胎、猪肉和泔水等传播，人、其他动物如鼠类和昆虫、器具等均可成为重要传播媒介。感染和带毒母猪在怀孕期可通过胎盘将病毒传播给胎儿，导致新生仔猪发病或产生免疫耐受。

2.2　临床症状

2.2.1　本规范规定本病潜伏期为3～10d，隐性感染可长期带毒。

根据临床症状可将本病分为急性、亚急性、慢性和隐性感染四种类型。

2.2.2　典型症状。

2.2.2.1　发病急、死亡率高。

2.2.2.2　体温通常升至41℃以上、厌食、畏寒。

2.2.2.3　先便秘后腹泻，或便秘和腹泻交替出现。

2.2.2.4　腹部皮下、鼻镜、耳尖、四肢内侧均可出现紫色出血斑点，指压不褪色，眼结膜和口腔黏膜可见出血点。

2.3　病理变化

2.3.1　淋巴结水肿、出血，呈现大理石样变。

2.3.2　肾脏呈土黄色，表面可见针尖状出血点。

2.3.3　全身浆膜、黏膜和心脏、膀胱、胆囊、扁桃体均可见出血点和出血斑，脾脏边缘出现梗死灶。

2.3.4　脾不肿大，边缘有暗紫色突出表面的出血性梗死。

2.3.5　慢性猪瘟在回肠末端、盲肠和结肠常见“纽扣状”溃疡。

2.4　实验室诊断

实验室病原学诊断必须在相应级别的生物安全实验室进行。

2.4.1　病原分离与鉴定。

2.4.1.1　病原分离、鉴定可用细胞培养法（见附件1）。

2.4.1.2　病原鉴定也可采用猪瘟荧光抗体染色法，细胞质出现特异性的荧光（见附件2）。

2.4.1.3　兔体交互免疫试验（附件3）。

2.4.1.4　猪瘟病毒反转录聚合酶链式反应（RT-PCR）：主要用于临床诊断与病原监测（见附件4）。

2.4.1.5　猪瘟抗原双抗体夹心ELISA检测法：主要用于临床诊断与病原监测（见附件5）。

2.4.2　血清学检测。

2.4.2.1　猪瘟病毒抗体阻断ELISA检测法（见附件6）。

2.4.2.2　猪瘟荧光抗体病毒中和试验（见附件7）。

2.4.2.3　猪瘟中和试验方法（见附件8）。

2.5　结果判定

2.5.1　疑似猪瘟。符合猪瘟流行病学特点、临床症状和病理变化。

2.5.2　确诊。非免疫猪符合结果判定2.5.1，且符合血清学诊断2.4.2.1、2.4.2.2、2.4.2.3之一，或符合病原学诊断2.4.1.1、

2.4.1.2、2.4.1.3、2.4.1.4、2.4.1.5之一的；

免疫猪符合结果 2.5.1，且符合病原学诊断 2.4.1.1、2.4.1.2、2.4.1.3、2.4.1.4、2.4.1.5 之一的。

3 疫情报告

3.1 任何单位和个人发现患有本病或疑似本病的猪，都应当立即向当地动物防疫监督机构报告。

3.2 当地动物防疫监督机构接到报告后，按国家动物疫情报告管理的有关规定执行。

4 疫情处理

根据流行病学、临床症状、剖检病变，结合血清学检测做出的临床诊断结果可作为疫情处理的依据。

4.1 当地县级以上动物防疫监督机构接到可疑猪瘟疫情报告后，应及时派员到现场诊断，根据流行病学调查、临床症状和病理变化等初步诊断为疑似猪瘟时，应立即对病猪及同群猪采取隔离、消毒、限制移动等临时性措施。同时采集病料送省级动物防疫监督机构实验室确诊，必要时将样品送国家猪瘟参考实验室确诊。

4.2 确诊为猪瘟后，当地县级以上人民政府兽医主管部门应当立即划定疫点、疫区、受威胁区，并采取相应措施；同时，及时报请同级人民政府对疫区实行封锁，逐级上报至国务院兽医主管部门，并通报毗邻地区。国务院兽医行政管理部门根据确诊结果，确认猪瘟疫情。

4.2.1 划定疫点、疫区和受威胁区。

疫点：为病猪和带毒猪所在的地点。一般指病猪或带毒猪所在的猪场、屠宰厂或经营单位，如为农村散养，应将自然村划为疫点。

疫区：是指疫点边缘外延 3 公里范围内区域。疫区划分时，应注意考虑当地的饲养环境和天然屏障（如河流、山脉等）等因素。

受威胁区：是指疫区外延 5 公里范围内的区域。

4.2.2 封锁。由县级以上兽医行政管理部门向本级人民政府提出启动重大动物疫情应急指挥系统、应急预案和对疫区实行封锁的建议，有关人民政府应当立即做出决定。

4.2.3 对疫点、疫区、受威胁区采取的措施。

疫点：扑杀所有的病猪和带毒猪，并对所有病死猪、被扑杀猪及其产品按照 GB16548 规定进行无害化处理；对排泄物、被污染或可能污染饲料和垫料、污水等均需进行无害化处理；对被污染的物品、交通工具、用具、禽舍、场地进行严格彻底消毒（见附件 9）；限制人员出入，严禁车辆进出，严禁猪只及其产品及可能污染的物品运出。

疫区：对疫区进行封锁，在疫区周围设置警示标志，在出入疫区的交通路口设置动物检疫消毒站（临时动物防疫监督检查站），对出入的人员和车辆进行消毒；对易感猪只实施紧急强制免疫，确保达到免疫保护水平；停止疫区内猪及其产品的交易活动，禁止易感猪只及其产品运出；对猪只排泄物、被污染饲料、垫料、污水等按国家规定标准进行无害化处理；对被污染的物品、交通工具、用具、禽舍、场地进行严格彻底消毒。

受威胁区：对易感猪只（未免或免疫未达到免疫保护水平）实施紧急强制免疫，确保达到免疫保护水平；对猪只实行疫情监测和免疫效果监测。

4.2.4 紧急监测

对疫区、受威胁区内的猪群必须进行临床检查和病原学监测。

4.2.5 疫源分析与追踪调查

根据流行病学调查结果，分析疫源及其可能扩散、流行的情况。对可能存在的传染源，以及在疫情潜伏期和发病期间售（/运）出的猪只及其产品、可疑污染物（包括粪便、垫料、饲料等）等应当立即开展追踪调查，一经查明立即按照 GB 16548 规定进行无害化处理。

4.2.6 封锁令的解除

疫点内所有病死猪、被扑杀的猪按规定进行处理，疫区内没有新的病例发生，彻底消毒 10 天后，经当地动物防疫监督机构审验合格，当地兽医主管部门提出申请，由原封锁令发布机关解除封锁。

4.2.7 疫情处理记录

对处理疫情的全过程必须做好详细的记录

（包括文字、图片和影像等），并归档。

5 预防与控制

以免疫为主，采取“扑杀和免疫相结合”的综合性防治措施。

5.1 饲养管理与环境控制

饲养、生产、经营等场所必须符合《动物防疫条件审核管理办法》（农业部〔2002〕15号令）规定的动物防疫条件，并加强种猪调运检疫管理。

5.2 消毒

各饲养场、屠宰厂（场）、动物防疫监督检查站等要建立严格的卫生（消毒）管理制度，做好杀虫、灭鼠工作（见附件9）。

5.3 免疫和净化

5.3.1 免疫

国家对猪瘟实行全面免疫政策。

预防免疫按农业部制定的免疫方案规定的免疫程序进行。

所用疫苗必须是经国务院兽医主管部门批准使用的猪瘟疫苗。

5.3.2 净化

对种猪场和规模养殖场的种猪定期采样进行病原学检测，对检测阳性猪及时进行扑杀和无害化处理，以逐步净化猪瘟。

5.4 监测和预警

5.4.1 监测方法

非免疫区域：以流行病学调查、血清学监测为主，结合病原鉴定。

免疫区域：以病原监测为主，结合流行病学调查、血清学监测。

5.4.2 监测范围、数量和时间

对于各类种猪场每年要逐头监测两次；商品猪场每年监测两次，抽查比例不低于0.1%，最低不少于20头；散养猪不定期抽查。或按照农业部年度监测计划执行。

5.4.3 监测报告

监测结果要及时汇总，由省级动物防疫监督机构定期上报中国动物疫病预防控制中心。

5.4.4 预警

各级动物防疫监督机构对监测结果及相关信息进行风险分析，做好预警预报。

5.5 消毒

饲养场、屠宰厂（场）、交易市场、运输工具等要建立并实施严格的消毒制度。

5.6 检疫

5.6.1 产地检疫

生猪在离开饲养地之前，养殖场/户必须向当地动物防疫监督机构报检。动物防疫监督机构接到报检后必须及时派员到场/户实施检疫。检疫合格后，出具合格证明；对运载工具进行消毒，出具消毒证明，对检疫不合格的按照有关规定处理。

5.6.2 屠宰检疫

动物防疫监督机构的检疫人员对生猪进行验证查物，合格后方可入厂/场屠宰。检疫合格并加盖（封）检疫标志后方可出厂/场，不合格的按有关规定处理。

5.6.3 猪异地调运检疫

跨省调运种猪时，应先到调入地省级动物防疫监督机构办理检疫审批手续，调出地进行检疫，检疫合格方可调运。到达后须隔离饲养10天以上，由当地动物防疫监督机构检疫合格后方可投入使用。

6 控制和消灭标准

6.1 免疫无猪瘟区

6.1.1 该区域首先要达到国家无规定疫病区基本条件。

6.1.2 有定期、快速的动物疫情报告记录。

6.1.3 该区域在过去3年内未发生过猪瘟。

6.1.4 该区域和缓冲带实施强制免疫，免疫密度100%，所用疫苗必须符合国家兽医主管部门规定。

6.1.5 该区域和缓冲带须具有运行有效的监测体系，过去2年内实施疫病和免疫效果监测，未检出病原，免疫效果确实。

6.1.6 所有的报告，免疫、监测记录等有关材料翔实、准确、齐全。

若免疫无猪瘟区内发生猪瘟时，最后一例病猪扑杀后12个月，经实施有效的疫情监测，确认后方可重新申请免疫无猪瘟区。

6.2　非免疫无猪瘟区

6.2.1　该区域首先要达到国家无规定疫病区基本条件。

6.2.2　有定期、快速的动物疫情报告记录。

6.2.3　在过去2年内没有发生过猪瘟，并且在过去12个月内，没有进行过免疫接种；另外，该地区在停止免疫接种后，没有引进免疫接种过的猪。

6.2.4　在该区具有有效的监测体系和监测区，过去2年内实施疫病监测，未检出病原。

6.2.5　所有的报告、监测记录等有关材料翔实、准确、齐全。

若非免疫无猪瘟区发生猪瘟后，在采取扑杀措施及血清学监测的情况下，最后一例病猪扑杀后6个月；或在采取扑杀措施、血清学监测及紧急免疫的情况下，最后一例免疫猪被屠宰后6个月，经实施有效的疫情监测和血清学检测确认后，方可重新申请非免疫无猪瘟区。

附件1

病毒分离鉴定

采用细胞培养法分离病毒是诊断猪瘟的一种灵敏方法。通常使用对猪瘟病毒敏感的细胞系如PK-15细胞等，加入2%扁桃体、肾脏、脾脏或淋巴结等待检组织悬液于培养液中。37℃培养48～72小时后用荧光抗体染色法检测细胞培养物中的猪瘟病毒。

步骤如下：

1. 制备抗生素浓缩液（青霉素10 000IU/mL、链霉素10 000IU/mL、卡那霉素和制霉菌素5 000IU/mL），小瓶分装，－20℃保存。用时融化。

2. 取1～2g待检病料组织放入灭菌研钵中，剪刀剪碎，加入少量无菌生理盐水，将其研磨匀浆；再加入Hank's平衡盐溶液或细胞培养液，制成20%（W/V）组织悬液；最后按1/10的比例加入抗生素浓缩液，混匀后室温作用1h；以1 000g离心15min，取上清液备用。

3. 用胰酶消化处于对数生长期的PK-15细胞单层，将所得细胞悬液以1 000g离心10min，再用一定量EMEM生长液［含5%胎牛血清（无BVDV抗体），56℃灭活30min］、0.3%谷氨酰胺、青霉素100IU/mL、链霉素100U/mL）悬浮，使细胞浓度为2×10^6/mL。

4. 9份细胞悬液与1份上清液混合，接种6～8支含细胞玻片的莱顿氏管（leighton's）（或其他适宜的细胞培养瓶），每管0.2mL；同时设3支莱顿氏管接种细胞悬液作阴性对照；另设3支莱顿氏管接种猪瘟病毒作阳性对照。

5. 经培养24、48、72h，分别取2管组织上清培养物及1管阴性对照培养物、1管阳性对照培养物，取出细胞玻片，以磷酸缓冲盐水（PBS液，pH7.2，0.01mol/L）或生理盐水洗涤2次，每次5min，用冷丙酮（分析纯）固定10min，晾干，采用猪瘟病毒荧光抗体染色法进行检测（见附件2）。

6. 根据细胞玻片猪瘟荧光抗体染色强度，判定病毒在细胞中的增殖情况，若荧光较弱或为阴性，应按步骤4将组织上清细胞培养物进行病毒盲传。

临床发病猪或疑似病猪的全血样是猪瘟早期诊断样品。接种细胞时操作程序如下：取－20℃冻存全血样品置37℃水浴融化；向24孔板每孔加300μL血样以覆盖对数生长期的PK-15单层细胞；37℃吸附2h。弃去接种液，用细胞培养液洗涤细胞二次，然后加入EMEM维持液，37℃培养24～48h后，采用猪瘟病毒荧光抗体染色法检测（见附件2）。

附件2

猪瘟荧光抗体染色法

荧光抗体染色法快速、特异，可用于检测扁桃体等组织样品以及细胞培养中的病毒抗原。操作程序如下：

1　样品的采集和选择

1.1　活体采样：利用扁桃体采样器（鼻捻子、开口器和采样枪）。采样器使用前均须用3%氢氧化钠溶液消毒后经清水冲洗。首先固定活猪的上唇，用开口器打开口腔，用采样枪采取扁桃体样品，用灭菌牙签挑至灭菌离心管并作标记。

1.2　其他样品：剖检时采取的病死猪脏器，如扁桃体、肾脏、脾脏、淋巴结、肝脏和肺等，或病毒分离时待检的细胞玻片。

1.3　样品采集、包装与运输按农业部相关要求执行。

2　检测方法与判定

2.1　方法：将上述组织制成冰冻切片，或待检的细胞培养片（见附件1），将液体吸干后经冷丙酮固定5～10分钟，晾干。滴加猪瘟荧光抗体覆盖于切片或细胞片表面，置湿盒中37℃作用30min。然后用PBS液洗涤，自然干燥。用碳酸缓冲甘油（pH 9.0～9.5，0.5mol/L）封片，置荧光显微镜下观察。必要时设立抑制试验染色片，以鉴定荧光的特异性。

2.2　判定：在荧光显微镜下，见切片或细胞培养物（细胞盖片）中有胞浆荧光，并由抑制试验证明为特异的荧光，判猪瘟阳性；无荧光判为阴性。

2.3　荧光抑制试验：将两组猪瘟病毒感染猪的扁桃体冰冻切片，分别滴加猪瘟高免血清和健康猪血清（猪瘟中和抗体阴性），在湿盒中37℃作用30min，用生理盐水或PBS（pH7.2）漂洗2次，然后进行荧光抗体染色。经用猪瘟高免血清处理的扁桃体切片，隐窝上皮细胞不应出现荧光，或荧光显著减弱；而用阴性血清处理的切片，隐窝上皮细胞仍出现明亮的黄绿色荧光。

附件3

兔体交互免疫试验

本方法用于检测疑似猪瘟病料中的猪瘟病毒。

1　试验动物

家兔1.5～2kg、体温波动不大的大耳白兔，并在试验前1天测基础体温。

2　试验操作方法

将病猪的淋巴结和脾脏，磨碎后用生理盐水作1∶10稀释，对3只健康家兔作肌内注射，5mL/只，另设3只不注射病料的对照兔，间隔5d对所有家兔静脉注射1∶20的猪瘟兔化病毒（淋巴脾脏毒），1mL/只，24h后，每隔6h测体温一次，连续测96h，对照组2/3出现定型热或轻型热，试验成立。

3　兔体交互免疫试验结果判定

接种病料后体温反应	接种猪瘟兔化弱毒后体温反应	结果判定
－	－	含猪瘟病毒
－	＋	不含猪瘟病毒
＋	－	含猪瘟兔化病毒
＋	＋	含非猪瘟病毒热原性物质

注：“＋”表示多于或等于三分之二的动物有反应。

附件4

猪瘟病毒反转录聚合酶链式反应（RT-PCR）

RT-PCR方法通过检测病毒核酸而确定病毒存在，是一种特异、敏感、快速的方法。在RT-PCR扩增的特定基因片段的基础上，进行基因序列测定，将获得的基因信息与我国猪瘟分子流行病学数据库进行比较分析，可进一步鉴定流行毒株的基因型，从而追踪流行毒株的传播来源或预测预报新的流行毒株。

1　材料与样品准备

1.1　材料准备：本试验所用试剂需用无RNA酶污染的容器分装；各种离心管和带滤芯吸头必须无RNA酶污染；剪刀、镊子和研钵器须经干烤灭菌。

1.2　样品制备：按1∶5（W/V）比例，取待检组织和PBS液于研钵中充分研磨，4℃，1 000g离心15min，取上清液转入无RNA酶污染的离心管中，备用；全血采用脱纤抗凝备用；细胞培养物冻融3次备用；其他样品酌情处理。制备的样品在2～8℃保存不应超过24h，长期保存应小分装后置－70℃以下，避免反复冻融。

2　RNA提取

2.1　取1.5mL离心管，每管加入800μL RNA提取液（通用Trizol）和被检样品200μL，充分混匀，静置5min。同时设阳性和阴性对照管，每份样品换一个吸头。

2.2　加入200μL氯仿，充分混匀，静置5min，4℃、12 000g离心15min。

2.3　取上清约500μL（注意不要吸出中间层）移至新离心管中，加等量异丙醇，颠倒混匀，室温静置10min，4℃、12 000g离心10min。

2.4　小心弃上清，倒置于吸水纸上，沾干液体；加入1 000μL 75%乙醇，颠倒洗涤，4℃、12 000g离心10min。

2.5　小心弃上清，倒置于吸水纸上，沾干液体；4 000g离心10min，将管壁上残余液体甩到管底部，小心吸干上清，吸头不要碰到有沉淀的一面，每份样品换一个吸头，室温干燥。

2.6　加入10μL DEPC水和10U RNasin，轻轻混匀，溶解管壁上的RNA，4 000g离心10min，尽快进行试验。长期保存应置－70℃以下。

3　cDNA合成

取200μL PCR专用管，连同阳性对照管和阴性对照管，每管加 10μL RNA 和 50 pM 下游引物 P2［5′-CACAG（CT）CC（AG）AA（TC）CC（AG）AAGTCATC-3′］，按反转录试剂盒说明书进行。

4 PCR

4.1 取 200μL PCR 专用管，连同阳性对照管和阴性对照管，每管加上述 10μL cDNA 和适量水，95℃预变性 5min。

4.2 每管加入 10 倍稀释缓冲液 5μL，上游引物 P1［5′-TC（GA）　（AT）CAACCAA（TC）GAGATAGGG-3′］和下游引物 P2 各 50pM，10mol/L dNTP 2μL，Taq 酶 2.5U，补水至 50μL。

4.3 置 PCR 仪，循环条件为 95℃ 50sec，58℃ 60s，72℃ 35s，共 40 个循环，72℃ 延伸 5min。

5 结果判定

取 RT-PCR 产物 5μL，于 1%琼脂糖凝胶中电泳，凝胶中含 0.5μL/mL 溴化乙锭，电泳缓冲液为 0.5×TBE，80V 30min，电泳完后于长波紫外灯下观察拍照。阳性对照管和样品检测管出现 251nt 的特异条带判为阳性；阴性管和样品检测管未出现特异条带判为阴性。

附件 5

猪瘟抗原双抗体夹心 ELISA 检测方法

本方法通过形成的多克隆抗体—样品—单克隆抗体夹心，并采用辣根过氧化物酶标记物检测，对外周血白细胞、全血、细胞培养物以及组织样本中的猪瘟病毒抗原进行检测的一种双抗体夹心 ELISA 方法。具体如下：

1 试剂盒组成

1.1 多克隆羊抗血清包被板条　8 孔×12 条（96 孔）

1.2 CSFV 阳性对照，含有防腐剂　1.5mL

1.3 CSFV 阴性对照，含有防腐剂　1.5mL

1.4 100 倍浓缩辣根过氧化物酶标记物（100×）

辣根过氧化物酶标记抗鼠 IgG，含防腐剂 200uL

1.5 10 倍浓缩样品稀释液（10×）　55mL

1.6 底物液，TMB/H_2O_2溶液　12mL

1.7 终止液，1M HCl（小心，强酸）　12mL

1.8 10 倍浓缩洗涤液（10×）　125mL

1.9 CSFV 单克隆抗体，含防腐剂　4mL

1.10 酶标抗体稀释液　15mL

2 样品制备

注意：制备好的样品或组织可以在 2～7℃保存 7 天，或－20℃冷冻保存 6 个月以上。但这些样品在应用前应该再次以 1 500g 离心 10min 或 10 000g 离心 2～5min。

2.1 外周血白细胞

2.1.1 取 10mL 肝素或 EDTA 抗凝血样品，1 500g 离心 15～20min。

2.1.2 再用移液器小心吸出血沉棕黄层，加入 500μL 样品稀释液（1×），在旋涡振荡器上混匀，室温下放置 1 小时，此期间不时旋涡混合。然后直接进行步骤 2.1.6 操作。

2.1.3 假如样品的棕黄层压积细胞体积非常少，那么就用整个细胞团（包括红细胞）。将细胞加进 10mL 的离心管，并加入 5mL 预冷（2～7℃，下同）的 0.17M NH_4 Cl。混匀，静置 10min。

2.1.4 用冷（2～7℃）超纯水或双蒸水加满离心管，轻轻上下颠倒混匀，1 500g 离心 5min。

2.1.5 弃去上清，向细胞团中加入 500μL 样品稀释液（1×），用洁净的吸头悬起细胞，在旋涡振荡器上混匀，室温放置 1h。其间，不时旋涡混合。

2.1.6 1 500g 离心 5min，取上清液按操作步骤进行检测。

注意：处理好的样品可以在 2～7℃保存 7d，或－20℃冷冻保存 6 个月以上。但这些样品在使用前必须再次离心。

2.2 外周血白细胞（简化方法）

2.2.1 取 0.5～2mL 肝素或 EDTA 抗凝血与等体积冷 0.17mol/L NH_4Cl 加入离心管混合。室温放置 10min。

2.2.2 1 500g 离心 10min（或 10 000g 离心 2～3min），弃上清。

2.2.3 用冷（2～7℃）超纯水或双蒸水加满离心管，轻轻上下颠倒混匀，1 500g 离心 5min。

2.2.4 弃去上清，向细胞团加入 500μL 样本稀释液（1×）。旋涡振荡充分混匀，室温放置 1h。其间，不时旋涡混匀。取 75μL 按照“操作步骤”进行检测。

2.3 全血（肝素或 EDTA 抗凝）

2.3.1 取 25μL 10 倍浓缩样品稀释液（10×）和 475μL 全血加入微量离心管，在旋涡振荡器上

混匀。

2.3.2 室温下孵育1h，此期间不时旋涡混合。此样品可以直接按照“操作步骤”进行检测。

或：直接将75μL全血加入酶标板孔中，再加入10μL 5倍浓缩样品稀释液（5×）。晃动酶标板/板条，使样品混合均匀。再按照“操作步骤”进行检测。

2.4 细胞培养物

2.4.1 移去细胞培养液，收集培养瓶中的细胞加入离心管中。

2.4.2 2 500g离心5min，弃上清。

2.4.3 向细胞团中加入500μL样品稀释液（1×）。旋涡振荡充分混匀，室温孵育1h。此期间不时旋涡混合。取此样品75μL按照“操作步骤”进行检测。

2.5 组织

最好用新鲜的组织。如果有必要，组织可以在处理前于2～7℃冷藏保存1个月。每只动物检测1～2种组织，最好选取扁桃体、脾、肠、肠系膜淋巴结或肺。

2.5.1 取1～2g组织用剪刀剪成小碎块（2～5mm大小）。

2.5.2 将组织碎块加入10mL离心管，加入5mL样品稀释液（1×），旋涡振荡混匀，室温下孵育1～21h，其间不时旋涡混合。

2.5.3 1 500g离心5min，取75μL上清液按照“操作步骤”进行检测。

3 操作步骤

注意：所有试剂在使用前应该恢复至室温18～22℃；使用前试剂应在室温条件下至少放置1小时。

3.1 每孔加入25μLCSFV特异性单克隆抗体。此步骤可以用多道加样器操作。

3.2 在相应孔中分别加入75μL阳性对照、阴性对照，各加2孔。注意更换吸头。

3.3 在其余孔中分别加入75μL制备好的样品，注意更换吸头。轻轻拍打酶标板，使样品混合均匀。

3.4 置湿盒中或用胶条密封后室温（18～22℃）孵育过夜。也可以孵育4h，但是这样会降低检测灵敏度。

3.5 甩掉孔中液体，用洗涤液（1×）洗涤5次，每次洗涤都要将孔中的所有液体倒空，用力拍打酶标板，以使所有液体拍出。或者，每孔加入洗涤液250～300μL用自动洗板机洗涤5次。注意：洗涤酶标板要仔细。

3.6 每孔加入100μL稀释好的辣根过氧化物酶标记物，在湿盒或密封后置室温孵育1h。

3.7 重复操作步骤3.5；每孔加入100μL底物液，在暗处室温孵育10min。第1孔加入底物液开始计时。

3.8 每孔加入100μL终止液终止反应。加入终止液的顺序与上述加入底物液的顺序一致。

3.9 在酶标仪上测量样品与对照孔在450nm处的吸光值，或测量在450nm和620nm双波长的吸光值（空气调零）。

3.10 计算每个样品和阳性对照孔的矫正*OD*值的平均值（参见“计算方法”）。

4 计算方法

首先计算样品和对照孔的*OD*平均值，在判定结果之前，所有样品和阳性对照孔的*OD*平均值必须进行矫正，矫正的*OD*值等于样本或阳性对照值减去阴性对照值。

矫正*OD*值=样本*OD*值−阴性对照*OD*值。

5 试验有效性判定

阳性对照OD平均值应该大于0.500，阴性对照OD平均值应小于阳性对照平均值的20%，试验结果方能有效。否则，应仔细检查实验操作并进行重测。如果阴性对照的OD值始终很高，将阴性对照在微量离心机中10 000g离心3～5min，重新检测。

6 结果判定

被检样品的矫正OD值大于或等于0.300，则为阳性；

被检样品的矫正OD值小于0.200，则为阴性；

被检样品的矫正OD值大于0.200，小于0.300，则为可疑。

附件6

猪瘟病毒抗体阻断ELISA检测方法

本方法是用于检测猪血清或血浆中猪瘟病毒抗体的一种阻断ELISA方法，通过待测抗体和单克隆抗体与猪瘟病毒抗原的竞争结合，采用辣根过氧化物酶与底物的显色程度来进行判定。

1 操作步骤

在使用时，所有的试剂盒组分都必须恢复到室温18～25℃。使用前应将各组分放置于室温至少 1 小时。

1.1　分别将 50μL 样品稀释液加入每个检测孔和对照孔中。

1.2　分别将 50μL 的阳性对照和阴性对照加入相应的对照孔中，注意不同对照的吸头要更换，以防污染。

1.3　分别将 50μL 的被检样品加入剩下的检测孔中，注意不同检样的吸头要分开，以防污染。

1.4　轻弹微量反应板或用振荡器振荡，使反应板中的溶液混匀。

1.5　将微量反应板用封条封闭置于湿箱中（18～25℃）孵育 2h，也可以将微量反应板用封条置于湿箱中孵育过夜。

1.6　吸出反应孔中的液体，并用稀释好的洗涤液洗涤 3 次，注意每次洗涤时都要将洗涤液加满反应孔。

1.7　分别将 100μL 的抗 CSFV 酶标二抗（即取即用）加入反应孔中，用封条封闭反应板并于室温下或湿箱中孵育 30min。

1.8　洗板（见 1.6）后，分别将 100μL 的底物溶液加入反应孔中，于避光、室温条件下放置 10min。加完第一孔后即可计时。

1.9　在每个反应孔中加入 100μL 终止液终止反应。注意要按加酶标二抗的顺序加终止液。

1.10　在 450nm 处测定样本以及对照的吸光值，也可用双波长（450nm 和 620nm）测定样本以及对照的吸光度值，空气调零。

1.11　计算样本和对照的平均吸光度值。计算方法如下：

计算被检样本的平均值 OD_{450}（$=OD_{TEST}$）、阳性对照的平均值（$=OD_{POS}$）、阴性对照的平均值（$=OD_{NEG}$）。

根据以下公式计算被检样本和阳性对照的阻断率：

$$\text{阻断率}=\frac{OD_{NEG}-OD_{TEST}}{OD_{NEG}}\times 100\%$$

2　试验有效性

阴性对照的平均 OD_{450} 应大于 0.50。阳性对照的阻断率应大于 50%。

3　结果判定

如果被检样本的阻断率大于或等于 40%，该样本被判定为阳性（有 CSFV 抗体存在）。如果被检样本的阻断率小于或等于 30%，该样本被判定为阴性（无 CSFV 抗体存在）。如果被检样本阻断率在 30%～40%，应在数日后再对该动物进行重测。

附件 7

荧光抗体病毒中和试验

本方法是国际贸易指定的猪瘟抗体检测方法。该试验是采用固定病毒稀释血清的方法。测定的结果表示待检血清中抗体的中和效价。具体操作如下：

将浓度为 2×10^5 细胞/mL 的 PK-15 细胞悬液接种到带有细胞玻片的 5cm 平皿或莱顿氏管（leighton's），也可接种到平底微量培养板中；

细胞培养箱中 37℃ 培养至汇合率为 70%～80% 的细胞单层（1～2d）。

将待检血清 56℃ 灭活 30min，用无血清 EMEM 培养液作 2 倍系列稀释；

将稀释的待检血清与含 200TCID50/0.1mL 的猪瘟病毒悬液等体积混合，置 37℃ 孵育 1～2h。

用无血清 EMEM 培养液漂洗细胞单层。然后，加入血清病毒混合物，每个稀释度加 2 个莱顿氏管或培养板上的 2 个孔，37℃ 孵育 1h。

吸出反应物，加入 EMEM 维持液［含 2% 胎牛血清（无 BVDV 抗体），56℃ 灭活 30min］、0.3% 谷氨酰胺、青霉素 100IU/mL、链霉素 100U/mL），37℃ 继续培养 48～72h；最终用荧光抗体染色法进行检测（见附件 2）。

根据特异荧光的有无来计算中和效价（中和效价值达到多少表示抗体阳性或抗体达到保护）。

附件 8

猪瘟中和试验方法

本试验采用固定抗原稀释血清的方法，利用家兔来检测猪体的抗体。

1　操作程序

1.1　先测定猪瘟兔化弱毒（抗原）对家兔的最小感染量。试验时，将抗原用生理盐水稀释，使每 1mL 含有 100 个兔的最小感染量，为工作抗原（如抗原对兔的最小感染量为 10～5/mL，则将抗原稀释成 1 000 倍使用）。

1.2　将被检猪血清分别用生理盐水作 2 倍稀释，与含有 100 个兔的最小感染量工作抗原等量混合，摇匀后，置 10～15℃ 中和 2h，其间振摇 2～3 次。同时设含有相同工作抗原量加等量生理盐水（不加血清）的对照组，与被检组在同样条件下处理。

1.3　中和完毕，被检组各注射家兔1～2只，对照组注射家兔2只，每只耳静脉注射1mL，观察体温反应，并判定结果。

2　结果判定

2.1　当对照组2只家兔均呈定型热反应（++），或1只兔呈定型热反应（++），另一只兔呈轻热反应时，方能判定结果。被检组如用1只家兔，须呈定型热反应；如用2只家兔，每只家兔应呈定型热反应或轻热反应，被检血清判为阴性。

2.2　兔体体温反应标准如下：

2.2.1　热反应（+）：潜伏期24～72h，体温上升呈明显曲线，超过常温1℃以上，稽留12～36h。

2.2.2　可疑反应（±）：潜伏期不到24小时或72h以上，体温曲线起伏不定，稽留不到12h或超过36h而不下降。

2.2.3　无反应（—）：体温正常。

附件9

消　　毒

1　药品种类

消毒药品必须选用对猪瘟病毒有效的，如烧碱、醛类、氧化剂类、氯制剂类、双季铵盐类等。

2　消毒范围

猪舍地面及内外墙壁，舍外环境，饲养、饮水等用具，运输等设施设备以及其他一切可能被污染的场所和设施设备。

3　消毒前的准备

3.1　消毒前必须清除有机物、污物、粪便、饲料、垫料等。

3.2　消毒药品必须选用对猪瘟病毒有效的。

3.3　备有喷雾器、火焰喷射枪、消毒车辆、消毒防护用具（如口罩、手套、防护靴等）、消毒容器等。

4　消毒方法

4.1　金属设施设备的消毒，可采取火焰、熏蒸等方式消毒。

4.2　猪舍、场地、车辆等，可采用消毒液清洗、喷洒等方式消毒。

4.3　养猪场的饲料、垫料等，可采取堆积发酵或焚烧等方式处理。

4.4　粪便等可采取堆积密封发酵或焚烧等方式处理。

4.5　饲养、管理等人员可采取淋浴消毒。

4.6　衣、帽、鞋等可能被污染的物品，可采取消毒液浸泡、高压灭菌等方式消毒。

4.7　疫区范围内办公、饲养人员的宿舍、公共食堂等场所，可采用喷洒的方式消毒。

4.8　屠宰加工、贮藏等场所以及区域内池塘等水域的消毒可采取相应的方式进行，避免造成污染。

六、新城疫防治技术规范

（2007年4月9日　农业部农医发〔2007〕12号发布）

新城疫（Newcastle Disease，ND），是由副黏病毒科副黏病毒亚科腮腺炎病毒属的禽副黏病毒Ⅰ型引起的高度接触性禽类烈性传染病。世界动物卫生组织（OIE）将其列为必须报告的动物疫病，我国将其列为一类动物疫病。

为预防、控制和扑灭新城疫，依据《中华人民共和国动物防疫法》《重大动物疫情应急条例》《国家突发重大动物疫情应急预案》及有关的法律法规，制定本规范。

1　适用范围

本规范规定了新城疫的诊断、疫情报告、疫情处理、预防措施、控制和消灭标准。

本规范适用于中华人民共和国境内的一切从事禽类饲养、经营和禽类产品生产、经营，以及从事动物防疫活动的单位和个人。

2　诊断

依据本病流行病学特点、临床症状、病理变化、实验室检验等可做出诊断，必要时由国家指定实验室进行毒力鉴定。

2.1　流行特点

鸡、火鸡、鹌鹑、鸽子、鸭、鹅等多种家禽及野禽均易感，各种日龄的禽类均可感染。非免疫易感禽群感染时，发病率、死亡率可高达90%以上；免疫效果不好的禽群感染时症状不典型，发病率、死亡率较低。

本病传播途径主要是消化道和呼吸道。传染源主要为感染禽及其粪便和口、鼻、眼的分泌物。被污染的水、饲料、器械、器具和带毒的野生飞禽、昆虫及有关人员等均可成为主要的传播媒介。

2.2 临床症状

2.2.1 本规范规定本病的潜伏期为21d。

临床症状差异较大，严重程度主要取决于感染毒株的毒力、免疫状态、感染途径、品种、日龄、其他病原混合感染情况及环境因素等。根据病毒感染禽所表现临床症状的不同，可将新城疫病毒分为5种致病型：

嗜内脏速发型（Viscerotropic velogenic）：以消化道出血性病变为主要特征，死亡率高。

嗜神经速发型（Neurogenic Velogenic）：以呼吸道和神经症状为主要特征，死亡率高。

中发型（Mesogenic）：以呼吸道和神经症状为主要特征，死亡率低。

缓发型（Lentogenic or respiratory）：以轻度或亚临床性呼吸道感染为主要特征。

无症状肠道型（Asymptomatic enteric）：以亚临床性肠道感染为主要特征。

2.2.2 典型症状

2.2.2.1 发病急、死亡率高。

2.2.2.2 体温升高、极度精神沉郁、呼吸困难、食欲下降。

2.2.2.3 粪便稀薄，呈黄绿色或黄白色。

2.2.2.4 发病后期可出现各种神经症状，多表现为扭颈、翅膀麻痹等。

2.2.2.5 在免疫禽群表现为产蛋下降。

2.3 病理学诊断

2.3.1 剖检病变

2.3.1.1 全身黏膜和浆膜出血，以呼吸道和消化道最为严重。

2.3.1.2 腺胃黏膜水肿，乳头和乳头间有出血点。

2.3.1.3 盲肠扁桃体肿大、出血、坏死。

2.3.1.4 十二指肠和直肠黏膜出血，有的可见纤维素性坏死病变。

2.3.1.5 脑膜充血和出血；鼻道、喉、气管黏膜充血，偶有出血，肺可见淤血和水肿。

2.3.2 组织学病变

2.3.2.1 多种脏器的血管充血、出血，消化道黏膜血管充血、出血，喉气管、支气管黏膜纤毛脱落，血管充血、出血，有大量淋巴细胞浸润。

2.3.2.2 中枢神经系统可见非化脓性脑炎，神经元变性，血管周围有淋巴细胞和胶质细胞浸润形成的血管套。

2.4 实验室诊断

实验室病原学诊断必须在相应级别的生物安全实验室进行。

2.4.1 病原学诊断

病毒分离与鉴定（见GB 16550、附件1）。

2.4.1.1 鸡胚死亡时间（MDT）低于90h。

2.4.1.2 采用脑内接种致病指数测定（ICPI），ICPI达到0.7以上者。

2.4.1.3 F蛋白裂解位点序列测定试验，分离毒株F1蛋白N末端117位为苯丙酸氨酸（F），F2蛋白C末端有多个碱性氨基酸的。

2.4.1.4 静脉接种致病指数测定（IVPI）试验，IVPI值为2.0以上的。

2.4.2 血清学诊断

微量红细胞凝集抑制试验（HI）（参见GB 16550）。

2.5 结果判定

2.5.1 疑似新城疫

符合2.1和临床症状2.2.2.1，且至少有临床症状2.2.2.2、2.2.2.3、2.2.2.4、2.2.2.5或/和剖检病变2.3.1.1、2.3.1.2、2.3.1.3、2.3.1.4、2.3.1.5或/和组织学病变2.3.2.1、2.3.2.2之一的，且能排除高致病性禽流感和中毒性疾病的。

2.5.2 确诊

非免疫禽符合结果判定2.5.1，且符合血清学诊断2.4.2的；或符合病原学诊断2.4.1.1、2.4.1.2、2.4.1.3、2.4.1.4之一的。

免疫禽符合结果2.5.1，且符合病原学诊断2.4.1.1、2.4.1.2、2.4.1.3、2.4.1.4之一的。

3 疫情报告

3.1 任何单位和个人发现患有本病或疑似本病的禽类，都应当立即向当地动物防疫监督机构报告。

3.2 当地动物防疫监督机构接到疫情报告后，按国家动物疫情报告管理的有关规定执行。

4 疫情处理

根据流行病学、临床症状、剖检病变，结合血清学检测做出的临床诊断结果可作为疫情处理的依据。

4.1 发现可疑新城疫疫情时，畜主应立即将病禽（场）隔离，并限制其移动。动物防疫监督机构要及时派员到现场进行调查核实，诊断为疑似新城疫时，立即采取隔离、消毒、限制移动等

临时性措施。同时要及时将病料送省级动物防疫监督机构实验室确诊。

4.2　当确诊新城疫疫情后，当地县级以上人民政府兽医主管部门应当立即划定疫点、疫区、受威胁区，并采取相应措施；同时，及时报请同级人民政府对疫区实行封锁，逐级上报至国务院兽医主管部门，并通报毗邻地区。国务院兽医行政管理部门根据确诊结果，确认新城疫疫情。

4.2.1　划定疫点、疫区、受威胁区

由所在地县级以上（含县级）兽医主管部门划定疫点、疫区、受威胁区。

疫点：指患病禽类所在的地点。一般是指患病禽类所在的禽场（户）或其他有关屠宰、经营单位；如为农村散养，应将自然村划为疫点。

疫区：指以疫点边缘外延 3 公里范围内区域。疫区划分时，应注意考虑当地的饲养环境和天然屏障（如河流、山脉等）。

受威胁区：指疫区边缘外延 5 公里范围内的区域。

4.2.2　封锁

由县级以上兽医主管部门报请同级人民政府决定对疫区实行封锁；人民政府在接到封锁报告后，应立即做出决定，发布封锁令。

4.2.3　疫点、疫区、受威胁区采取的措施

疫点：扑杀所有的病禽和同群禽只，并对所有病死禽、被扑杀禽及其禽类产品按照 GB16548 规定进行无害化处理；对禽类排泄物、被污染或可能污染饲料和垫料、污水等均需进行无害化处理；对被污染的物品、交通工具、用具、禽舍、场地进行严格彻底消毒；限制人员出入，严禁禽、车辆进出，严禁禽类产品及可能污染的物品运出。

疫区：对疫区进行封锁，在疫区周围设置警示标志，在出入疫区的交通路口设置动物检疫消毒站（临时动物防疫监督检查站），对出入的人员和车辆进行消毒；对易感禽只实施紧急强制免疫，确保达到免疫保护水平；关闭活禽及禽类产品交易市场，禁止易感活禽进出和易感禽类产品运出；对禽类排泄物、被污染饲料、垫料、污水等按国家规定标准进行无害化处理；对被污染的物品、交通工具、用具、禽舍、场地进行严格彻底消毒。

受威胁区：对易感禽只（未免禽只或免疫未达到免疫保护水平的禽只）实施紧急强制免疫，确保达到免疫保护水平；对禽类实行疫情监测和免疫效果监测。

4.2.4　紧急监测

对疫区、受威胁区内的禽群必须进行临床检查和血清学监测。

4.2.5　疫源分析与追踪调查

根据流行病学调查结果，分析疫源及其可能扩散、流行的情况。对可能存在的传染源，以及在疫情潜伏期和发病期间售（运）出的禽类及其产品、可疑污染物（包括粪便、垫料、饲料等）等应当立即开展追踪调查，一经查明立即按照 GB 16548 规定进行无害化处理。

4.2.6　封锁令的解除

疫区内没有新的病例发生，疫点内所有病死禽、被扑杀的同群禽及其禽类产品按规定处理 21 天后，对有关场所和物品进行彻底消毒，经动物防疫监督机构审验合格后，由当地兽医主管部门提出申请，由原发布封锁令的人民政府发布解除封锁令。

4.2.7　处理记录

对处理疫情的全过程必须做好详细的记录（包括文字、图片和影像等），并完整建档。

5　预防

以免疫为主，采取“扑杀与免疫相结合”的综合性防治措施。

5.1　饲养管理与环境控制

饲养、生产、经营等场所必须符合《动物防疫条件审核管理办法》（农业部〔2002〕15 号令）规定的动物防疫条件，并加强种禽调运检疫管理。饲养场实行全进全出饲养方式，控制人员、车辆和相关物品出入，严格执行清洁和消毒程序。

养禽场要设有防止外来禽鸟进入的设施，并有健全的灭鼠设施和措施。

5.2　消毒

各饲养场、屠宰厂（场）、动物防疫监督检查站等要建立严格的卫生（消毒）管理制度。禽舍、禽场环境、用具、饮水等应进行定期严格消毒；养禽场出入口处应设置消毒池，内置有效消毒剂。

5.3　免疫

国家对新城疫实施全面免疫政策。免疫按农业部制定的免疫方案规定的程序进行。

所用疫苗必须是经国务院兽医主管部门批准使用的新城疫疫苗。

5.4 监测

5.4.1 由县级以上动物防疫监督机构组织实施。

5.4.2 监测方法。

未免疫区域：流行病学调查、血清学监测，结合病原学监测。

已免疫区域：以病原学监测为主，结合血清学监测。

5.4.3 监测对象。鸡、火鸡、鹅、鹌鹑、鸽、鸭等易感禽类。

5.4.4 监测范围和比例。

5.4.4.1 对所有原种、曾祖代、祖代和父母代养禽场，及商品代养禽场每年要进行两次监测；散养禽不定期抽检。

5.4.4.2 血清学监测。原种、曾祖代、祖代和父母代种禽场的监测，每批次按照 0.1%的比例采样；有出口任务的规模养殖场，每批次按照 0.5%比例进行监测；商品代养禽场，每批次（群）按照 0.05%的比例进行监测。每批次（群）监测数量不得少于 20 份。

饲养场（户）可参照上述比例进行检测。

5.4.4.3 病原学监测。每群采 10 只以上禽的气管和泄殖腔棉拭子，放在同一容器内，混合为一个样品进行检测。

5.4.4.4 监测预警。各级动物防疫监督机构对监测结果及相关信息进行风险分析，做好预警预报。

5.4.4.5 监测结果处理。监测结果要及时汇总，由省级动物防疫监督机构定期上报中国动物疫病预防控制中心。

5.5 检疫

5.5.1 按照 GB 16550 执行。

5.5.2 国内异地引入种禽及精液、种蛋时，应取得原产地动物防疫监督机构的检疫合格证明。到达引入地后，种禽必须隔离饲养 21d 以上，并由当地动物防疫监督机构进行检测，合格后方可混群饲养。

从国外引入种禽及精液、种蛋时，按国家有关规定执行。

6 控制和消灭标准

6.1 免疫无新城疫区

6.1.1 该区域首先要达到国家无规定疫病区基本条件。

6.1.2 有定期和快速（翔实）的动物疫情报告记录。

6.1.3 该区域在过去 3 年内未发生过新城疫。

6.1.4 该区域和缓冲带实施强制免疫，免疫密度 100%，所用疫苗必须符合国家兽医主管部门规定的弱毒疫苗（ICPI 小于或等于 0.4）或灭活疫苗。

6.1.5 该区域和缓冲带须具有运行有效的监测体系，过去 3 年内实施疫病和免疫效果监测，未检出 ICPI 大于 0.4 的病原，免疫效果确实。

6.1.6 若免疫无疫区内发生新城疫时，在具备有效的疫情监测条件下，对最后一例病禽扑杀后 6 个月，方可重新申请免疫无新城疫区。

6.1.7 所有的报告、记录等材料翔实、准确和齐全。

6.2 非免疫无新城疫区

6.2.1 该区域首先要达到国家无规定疫病区基本条件。

6.2.2 有定期和快速（翔实）的动物疫情报告记录。

6.2.3 在过去 3 年内没有发生过新城疫，并且在过去 6 个月内，没有进行过免疫接种；另外，该地区在停止免疫接种后，没有引进免疫接种过的禽类。

6.2.4 在该区具有有效的监测体系和监测带，过去 3 年内实施疫病监测，未检出 ICPI 大于 0.4 的病原或新城疫 HI 试验滴度小于 2^3。

6.2.5 当发生疫情后，重新达到无疫区须做到：采取扑杀措施及血清学监测情况下最后一例病例被扑杀 3 个月后，或采取扑杀措施、血清学监测及紧急免疫情况下最后一只免疫禽被屠宰 后 6 个月后重新执行（认定），并达到 6.2.3、6.2.4 的规定。

6.2.6 所有的报告、记录等材料翔实、准确和齐全。

附件 1

新城疫病原分离与鉴定

当临床诊断有新城疫发生时，应从发病禽或死亡禽采集病料，进行病原分离、鉴定和毒力测定。

1 样品的采集、保存及运输

1.1 样品采集

1.1.1 采集原则。采集样品时，必须严格按照无菌程序操作。采自于不同发病禽或死亡禽的病料应分别保存和标记。每群至少采集 5 只发病禽或死亡禽的样品。

1.1.2 样品内容。

发病禽：采集气管拭子和泄殖腔拭子（或粪便）。

死亡禽：以脑为主；也可采集脾、肺、气囊等组织。

1.2 样品保存

1.2.1 样品置于样品保存液（0.01M PBS 溶液，含抗生素且 pH 为 7.0～7.4）中，抗生素视样品种类和情况而定。对组织和气管拭子保存液应含青霉素（1 000IU/mL）、链霉素（1mg/mL），或卡那霉素（50μg/mL）、制霉菌素（1 000U/mL）；对泄殖腔拭子（或粪便）保存液的抗生素浓度应提高 5 倍。

1.2.2 采集的样品应尽快处理，如果没有处理条件，样品可在 4℃保存 4d；若超过 4d，需置－20℃保存。

1.3 样品运输

所有样品必须置于密闭容器，并贴有详细标签，以最快捷的方式送检（如：航空快递等）。如果在 24 小时内无法送达，则应用干冰制冷送检。

1.4 样品采集、保存及运输

按照《高致病性动物病原微生物菌（毒）种或者样本运输包装规范》（农业部公告第 503 号）执行。

2 病毒分离与鉴定

2.1 病毒分离与鉴定

按照 GB 16550 附录 A3.3、A4.1、A4.2 进行。

2.2 病原毒力测定

2.2.1 最小病毒致死量引起鸡胚死亡平均时间（MDT）测定试验。

按照 GB 16550 附录 A4.3 进行。

依据 MDT 可将 NDV 分离株分为强毒力型（死亡时间≤60h）；中等毒力型（60h＜死亡时间≤90h）；温和型（死亡时间＞90h）。

2.2.2 脑内致病指数（ICPI）测定试验。收获接种过病毒的 SPF 鸡胚的尿囊液，测定其血凝价＞2^4，将含毒尿囊液用等渗灭菌生理盐水作 10 倍稀释（切忌使用抗生素），将此稀释病毒液以 0.05mL/羽脑内接种出壳 24～40h 的 SPF 雏鸡 10 只，2 只同样雏鸡 0.05mL/羽接种稀释液作对照（对照鸡不应发病，也不计入试验鸡）。每 24h 观察一次，共观察 8 天。每次观察应给鸡打分，正常鸡记作 0，病鸡记作 1，死鸡记为 2（死亡鸡在其死后的每日观察结果都记为 2）。

ICPI 值＝每只鸡在 8d 内所有分值之和/（10 只鸡×8d），如指数为 2.0，说明所有鸡 24h 内死亡；指数为 0.0，说明 8d 观察期内没有鸡表现临床症状。

当 ICPI 达到 0.7 或 0.7 以上者可判为新城疫中强毒感染。

2.2.3 F 蛋白裂解位点序列测定试验。NDV 糖蛋白的裂解活性是决定 NDV 病原性的基本条件，F 基因裂解位点的核苷酸序列分析，发现在 112～117 位点处，强毒株为 112Arg-Arg-Gln-Lys（或 Arg）-Arg-PHe117；弱毒株为 112Gly-Arg（或 Lys）-Gln-Gly-Arg-Leu117 这是 NDV 致病的分子基础。个别鸽源变异株（PPMV-1）112Gly-Arg-Gln-Lys-Arg-PHe117，但 ICPI 值却较高。因此，在 115、116 位为一对碱性氨基酸和 117 位为苯丙氨酸（PHe）和 113 位为碱性氨基酸是强毒株特有结构。根据对 *NDVF* 基因 112～117 位的核苷酸序列即可判定其是否为强毒株。（Arg-精氨酸；Gly-甘氨酸；Gln-谷氨酰胺；Leu-亮氨酸；Lys-赖氨酸）。

分离毒株 F1 蛋白 N 末端 117 位为苯丙氨酸（F），F2 蛋白 C 末端有多个碱性氨基酸的可判为新城疫感染。“多个碱性氨基酸”是指 113 至 116 位至少有 3 个精氨酸或赖氨酸（氨基酸残基是从后 F0 蛋白基因的 N 末端开始计数的，113 至 116 对应于裂解位点的－4 至－1 位）。

2.2.4 静脉致病指数（IVPI）测定试验。收获接种病毒的 SPF 鸡胚的感染性尿囊液，测定其血凝价＞2^4，将含毒尿囊液用等渗灭菌生理盐水作 10 倍稀释（切忌使用抗生素），将此稀释病毒液以 0.1mL/羽静脉接种 10 只 6 周龄的 SPF 鸡，2 只同样鸡只接种 0.1mL 稀释液作对照（对照鸡不应发病，也不计入试验鸡）。每 24h 观察一次，共观察 10d。每次观察后给试验鸡打分，正常鸡记作 0，病鸡记作 1，瘫痪鸡或出现其他神经症状记作 2，死亡鸡记 3（每只死亡鸡在其死后的每日观察中仍记 3）。

IVPI 值＝每只鸡在 10d 内所有数字之和/(10 只鸡×10d)，如指数为 3.00，说明所有鸡 24h 内死亡；指数为 0.00，说明 10d 观察期内没有鸡表现临床症状。

IVPI 达到 2.0 或 2.0 以上者可判为新城疫中强毒感染。

附件 2

消　毒

1 消毒前的准备

1.1 消毒前必须清除有机物、污物、粪便、饲料、垫料等。

1.2 消毒药品必须选用对新城疫病毒有效的，如烧碱、醛类、氧化剂类、氯制剂类、双季铵盐类等。

1.3 备有喷雾器、火焰喷射枪、消毒车辆、消毒防护用具（如口罩、手套、防护靴等）、消毒容器等。

1.4 注意消毒剂不可混用（配伍禁忌）。

2 消毒范围

禽舍地面及内外墙壁，舍外环境；饲养、饮水等用具，运输等设施设备以及其他一切可能被污染的场所和设施设备。

3 消毒方法

3.1 金属设施设备的消毒，可采取火焰、熏蒸等方法消毒。

3.2 棚舍、场地、车辆等，可采用消毒液清洗、喷洒等方法消毒。

3.3 养禽场的饲料、垫料等，可采取深埋发酵处理或焚烧等方法消毒。

3.4 粪便等可采取堆积密封发酵或焚烧等方法消毒。

3.5 饲养、管理人员可采取淋浴等方法消毒。

3.6 衣、帽、鞋等可能被污染的物品，可采取浸泡、高压灭菌等方法消毒。

3.7 疫区范围内办公室、饲养人员的宿舍、公共食堂等场所，可采用喷洒的方法消毒。

3.8 屠宰加工、贮藏等场所以及区域内池塘等水域的消毒可采取相应的方法进行，并避免造成有害物质的污染。

七、绵羊痘/山羊痘防治技术规范

（2007 年 4 月 9 日　农业部农医发〔2007〕12 号发布）

绵羊痘（Sheep pox）和山羊痘（Goat pox）分别是由痘病毒科羊痘病毒属的绵羊痘病毒、山羊痘病毒引起的绵羊和山羊的急性热性接触性传染病。世界动物卫生组织（OIE）将其列为必须报告的动物疫病，我国将其列为一类动物疫病。

为预防、控制和消灭绵羊痘和山羊痘，依据《中华人民共和国动物防疫法》和其他相关法律法规，制定本规范。

1 适用范围

本规范规定了绵羊痘和山羊痘的诊断、疫情报告、疫情处理、预防措施和控制标准。

本规范适用于中华人民共和国境内一切从事羊的饲养、经营及其产品生产、经营的单位和个人，以及从事动物防疫活动的单位和个人。

2 诊断

根据流行病学特点、临床症状和病理变化等可做出诊断，必要时进行实验室诊断。

2.1 流行特点

病羊是主要的传染源，主要通过呼吸道感染，也可通过损伤的皮肤或黏膜侵入机体。饲养和管理人员，以及被污染的饲料、垫草、用具、皮毛产品和体外寄生虫等均可成为传播媒介。

在自然条件下，绵羊痘病毒只能使绵羊发病，山羊痘病毒只能使山羊发病。本病传播快、发病率高，不同品种、性别和年龄的羊均可感染，羔

羊较成年羊易感，细毛羊较其他品种的羊易感，粗毛羊和土种羊有一定的抵抗力。本病一年四季均可发生，我国多发于冬春季节。

该病一旦传播到无本病地区，易造成流行。

2.2 临床症状

本规范规定本病的潜伏期为21d。

2.2.1 典型病例：病羊体温升至40℃以上，2～5d后在皮肤上可见明显的局灶性充血斑点，随后在腹股沟、腋下和会阴等部位，甚至全身，出现红斑、丘疹、结节、水疱，严重的可形成脓疱。欧洲某些品种的绵羊在皮肤出现病变前可发生急性死亡；某些品种的山羊可见大面积出血性痘疹和大面积丘疹，可引起死亡。

2.2.2 非典型病例：一过型羊痘仅表现轻微症状，不出现或仅出现少量痘疹，呈良性经过。

2.3 病理学诊断

2.3.1 剖检变化：咽喉、气管、肺、胃等部位有特征性痘疹，严重的可形成溃疡和出血性炎症。

2.3.2 组织学变化：真皮充血，浆液性水肿和细胞浸润。炎性细胞增多，主要是中性粒细胞和淋巴细胞。表皮的棘细胞肿大、变性、细胞质空泡化。

2.4 实验室诊断

实验室病原学诊断必须在相应级别的生物安全实验室进行。

2.4.1 病原学诊断

电镜检查和包涵体检查（见NY/T 576）。

2.4.2 血清学诊断

中和试验（见NY/T 576）。

3 疫情报告

3.1 任何单位和个人发现患有本病或者疑似本病的病羊，都应当立即向当地动物防疫监督机构报告。

3.2 动物防疫监督机构接到疫情报告后，按国家动物疫情报告的有关规定执行。

4 疫情处理

根据流行病学特点、临床症状和病理变化做出的临床诊断结果，可作为疫情处理的依据。

4.1 发现或接到疑似疫情报告后，动物防疫监督机构应及时派员到现场进行临床诊断、流行病学调查、采样送检。对疑似病羊及同群羊应立即采取隔离、限制移动等防控措施。

4.2 当确诊后，当地县级以上人民政府兽医主管部门应当立即划定疫点、疫区、受威胁区，并采取相应措施；同时，及时报请同级人民政府对疫区实行封锁，逐级上报至国务院兽医主管部门，并通报毗邻地区。

4.2.1 划定疫点、疫区、受威胁区

疫点：指病羊所在的地点，一般是指患病羊所在的养殖场（户）或其他有关屠宰、经营单位。如为农村散养，应将自然村划为疫点。

疫区：由疫点边缘外延3公里范围内的区域。在实际划分疫区时，应考虑当地饲养环境和自然屏障（如河流、山脉等）以及气象因素，科学确定疫区范围。

受威胁区：指疫区边缘外延5公里范围内的区域。

4.2.2 封锁

县级以上人民政府在接到封锁报告后，应立即发布封锁令，对疫区进行封锁。

4.2.3 扑杀

在动物防疫监督机构的监督下，对疫点内的病羊及其同群羊彻底扑杀。

4.2.4 无害化处理

对病死羊、扑杀羊及其产品的无害化处理按照GB 16548执行；对病羊排泄物和被污染或可能被污染的饲料、垫料、污水等均需通过焚烧、密封堆积发酵等方法进行无害化处理。

病死羊、扑杀羊尸体需要运送时，应使用防漏容器，须有明显标志，并在动物防疫监督机构的监督下实施。

4.2.5 紧急免疫

对疫区和受威胁区内的所有易感羊进行紧急免疫接种，建立免疫档案。

紧急免疫接种时，应遵循从受威胁区到疫区的顺序进行免疫。

4.2.6 紧急监测

对疫区、受威胁区内的羊群必须进行临床检查和血清学监测。

4.2.7 疫源分析与追踪调查

根据流行病学调查结果，分析疫源及其可能

扩散、流行的情况。对可能存在的传染源，以及在疫情潜伏期和发病期间售（/运）出的羊类及其产品、可疑污染物（包括粪便、垫料、饲料等）等应当立即开展追踪调查，一经查明立即按照 GB 16548 规定进行无害化处理。

4.2.8　封锁令的解除

疫区内没有新的病例发生，疫点内所有病死羊、被扑杀的同群羊及其产品按规定处理 21d 后，对有关场所和物品进行彻底消毒（见附件 1），经动物防疫监督机构审验合格后，由当地兽医主管部门提出申请，由原发布封锁令的人民政府发布解除封锁令。

4.2.9　处理记录

对处理疫情的全过程必须做好详细的记录（包括文字、图片和影像等），并完整建档。

5　预防

以免疫为主，采取"扑杀与免疫相结合"的综合性防治措施。

5.1　饲养管理与环境控制

饲养、生产、经营等场所必须符合《动物防疫条件审核管理办法》（农业部〔2002〕15 号令）规定的动物防疫条件，并加强种羊调运检疫管理。饲养场要控制人员、车辆和相关物品出入，严格执行清洁和消毒程序。

5.2　消毒

各饲养场、屠宰厂（场）、动物防疫监督检查站等要建立严格的卫生（消毒）管理制度。羊舍、羊场环境、用具、饮水等应定期进行严格消毒；饲养场出入口处应设置消毒池，内置有效消毒剂。

5.3　免疫

按操作规程和免疫程序进行免疫接种，建立免疫档案。

所用疫苗必须是经国务院兽医主管部门批准使用的疫苗。

5.4　监测

5.2.1　县级以上动物防疫监督机构按规定实施

5.2.2　监测方法

非免疫区域：以流行病学调查、血清学监测为主，结合病原鉴定。

免疫区域：以病原监测为主，结合流行病学调查、血清学监测。

5.2.3　监测结果的处理

监测结果要及时汇总，由省级动物防疫监督机构定期上报中国动物疫病预防控制中心。

5.5　检疫

5.5.1　按照 GB 16550 执行

5.5.2　引种检疫

国内异地引种时，应从非疫区引进，并取得原产地动物防疫监督机构的检疫合格证明。调运前隔离 21d，并在调运前 15d 至 4 个月进行过免疫。

从国外引进动物，按国家有关进出口检疫规定实施检疫。

5.6　消毒

对饲养场、屠宰厂（场）、交易市场、运输工具等要建立并实施严格的消毒制度。

附件 1

消　　毒

1　药品种类

氢氧化钠、醛类、氧化剂类、氯制剂类、双链季铵盐类、生石灰等。

2　消毒范围

圈舍地面及内外墙壁，舍外环境，饲养、饮水等用具，运输等设施设备以及其他一切可能被污染的场所和设施设备。

3　消毒前的准备

3.1　消毒前必须清除有机物、污物、粪便、饲料、垫料等。

3.2　备有喷雾器、火焰喷射枪、消毒车、消毒防护用具（如口罩、手套、防护靴等）、消毒容器等。

4　消毒方法

4.1　金属设施设备的消毒，可采取火焰、熏蒸等方式消毒。

4.2　圈舍、场地、车辆等，可采用撒生石灰、消毒液清洗、喷洒等方式消毒。

4.3　羊场的饲料、垫料等，可采取焚烧或堆

积发酵等方式处理。

4.4 粪便等可采取焚烧或堆积密封发酵等方式处理。

4.5 饲养、管理人员可采取淋浴消毒。

4.6 衣、帽、鞋等可能被污染的物品，可采取消毒液浸泡、高压灭菌等方式消毒。

4.7 疫区范围内办公、饲养人员的宿舍、公共食堂等场所，可采用喷洒的方式消毒。

4.8 屠宰加工、贮藏等场所以及区域内池塘等水域的消毒可采取相应的方式进行，避免造成污染。

八、牛结核病防治技术规范

（2007年4月9日　农业部农医发〔2007〕12号发布）

牛结核病（Bovine Tuberculosis）是由牛型结核分枝杆菌（Mycobacterium bovis）引起的一种人兽共患的慢性传染病，我国将其列为二类动物疫病。

为了预防、控制和净化牛结核病，根据《中华人民共和国动物防疫法》及有关的法律法规，特制定本规范。

1 适用范围

本规范规定了牛结核病的诊断、疫情报告、疫情处理、防治措施、控制和净化标准。

本规范适用于中华人民共和国境内从事饲养、生产、经营牛及其产品，以及从事相关动物防疫活动的单位和个人。

2 诊断

2.1 流行特点

本病奶牛最易感，其次为水牛、黄牛、牦牛。人也可被感染。结核病病牛是本病的主要传染源。牛型结核分枝杆菌随鼻汁、痰液、粪便和乳汁等排出体外，健康牛可通过被污染的空气、饲料、饮水等经呼吸道、消化道等途径感染。

2.2 临床特征

潜伏期一般为3～6周，有的可长达数月或数年。

临床通常呈慢性经过，以肺结核、乳房结核和肠结核最为常见。

肺结核：以长期顽固性干咳为特征，且以清晨最为明显。患畜容易疲劳，逐渐消瘦，病情严重者可见呼吸困难。

乳房结核：一般先是乳房淋巴结肿大，继而后方乳腺区发生局限性或弥漫性硬结，硬结无热无痛，表面凹凸不平。泌乳量下降，乳汁变稀，严重时乳腺萎缩，泌乳停止。

肠结核：消瘦，持续下痢与便秘交替出现，粪便常带血或脓汁。

2.3 病理变化

在肺脏、乳房和胃肠黏膜等处形成特异性白色或黄白色结节。结节大小不一，切面干酪样坏死或钙化，有时坏死组织溶解和软化，排出后形成空洞。胸膜和肺膜可发生密集的结核结节，形如珍珠状。

2.4 实验室诊断

2.4.1 病原学诊断

采集病牛的病灶、痰、尿、粪便、乳及其他分泌物样品，作抹片或集菌处理（见附件）后抹片，用抗酸染色法染色镜检，并进行病原分离培养和动物接种等试验。

2.4.2 免疫学试验

牛型结核分枝杆菌PPD（提纯蛋白衍生物）皮内变态反应试验（即牛提纯结核菌素皮内变态反应试验）（见GB/T 18646）。

2.5 结果判定

本病依据流行病学特点、临床特征、病理变化可做出初步诊断。确诊需进一步做病原学诊断或免疫学诊断。

2.5.1 分离出结核分枝杆菌（包括牛结核分枝杆菌、结核分枝杆菌）判为结核病牛。

2.5.2 牛型结核分枝杆菌PPD皮内变态反应试验阳性的牛，判为结核病牛。

3　疫情报告

3.1　任何单位和个人发现疑似病牛，应当及时向当地动物防疫监督机构报告。

3.2　动物防疫监督机构接到疫情报告并确认后，按《动物疫情报告管理办法》及有关规定及时上报。

4　疫情处理

4.1　发现疑似疫情，畜主应限制动物移动；对疑似患病动物应立即隔离。

4.2　动物防疫监督机构要及时派员到现场进行调查核实，开展实验室诊断。确诊后，当地人民政府组织有关部门按下列要求处理：

4.2.1　扑杀。对患病动物全部扑杀。

4.2.2　隔离。对受威胁的畜群（病畜的同群畜）实施隔离，可采用圈养和固定草场放牧两种方式隔离。

隔离饲养用草场，不要靠近交通要道，居民点或人畜密集的地区。场地周围最好有自然屏障或人工栅栏。

对隔离畜群的结核病净化，按本规范5.5规定进行。

4.2.3　无害化处理。病死和扑杀的病畜，要按照GB 16548—1996《畜禽病害肉尸及其产品无害化处理规程》进行无害化处理。

4.2.4　流行病学调查及检测。开展流行病学调查和疫源追踪；对同群动物进行检测。

4.2.5　消毒。对病畜和阳性畜污染的场所、用具、物品进行严格消毒。

饲养场的金属设施、设备可采取火焰、熏蒸等方式消毒；养畜场的圈舍、场地、车辆等，可选用2%烧碱等有效消毒药消毒；饲养场的饲料、垫料可采取深埋发酵处理或焚烧处理；粪便采取堆积密封发酵方式，以及其他相应的有效消毒方式。

4.2.6　发生重大牛结核病疫情时，当地县级以上人民政府应按照《重大动物疫情应急条例》有关规定，采取相应的疫情扑灭措施。

5　预防与控制

采取以“监测、检疫、扑杀和消毒”相结合的综合性防治措施。

5.1　监测

监测对象：牛

监测比例为：种牛、奶牛100%，规模场肉牛10%，其他牛5%，疑似病牛100%。如在牛结核病净化群中（包括犊牛群）检出阳性牛时，应及时扑杀阳性牛，其他牛按假定健康群处理。

成年牛净化群每年春秋两季用牛型结核分枝杆菌PPD皮内变态反应试验各进行一次监测。初生犊牛，应于20日龄时进行第一次监测。并按规定使用和填写监测结果报告，及时上报。

5.2　检疫

异地调运的动物，必须来自非疫区，凭当地动物防疫监督机构出具的检疫合格证明调运。

动物防疫监督机构应对调运的种用、乳用、役用动物进行实验室检测。检测合格后，方可出具检疫合格证明。调入后应隔离饲养30天，经当地动物防疫监督机构检疫合格后，方可解除隔离。

5.3　人员防护

饲养人员每年要定期进行健康检查。发现患有结核病的应调离岗位，及时治疗。

5.4　防疫监督

结核病监测合格应为奶牛场、种畜场《动物防疫合格证》发放或审验的必备条件。动物防疫监督机构要对辖区内奶牛场、种畜场的检疫净化情况监督检查。

鲜奶收购点（站）必须凭奶牛健康证明收购鲜奶。

5.5　净化措施

被确诊为结核病牛的牛群（场）为牛结核病污染群（场），应全部实施牛结核病净化。

5.5.1　牛结核病净化群（场）的建立。

5.5.1.1　污染牛群的处理：应用牛型结核分枝杆菌PPD皮内变态反应试验对该牛群进行反复监测，每次间隔3个月，发现阳性牛及时扑杀，并按照本规范4规定处理。

5.5.1.2　犊牛应于20日龄时进行第一次监测，100～120日龄时，进行第二次监测。凡连续两次以上监测结果均为阴性者，可认为是牛结核病净化群。

5.5.1.3 凡牛型结核分枝杆菌 PPD 皮内变态反应试验疑似反应者，于 42d 后进行复检，复检结果为阳性，则按阳性牛处理；若仍呈疑似反应则间隔 42 天再复检一次，结果仍为可疑反应者，视同阳性牛处理。

5.5.2 隔离。

疑似结核病牛或牛型结核分枝杆菌 PPD 皮内变态反应试验可疑畜须隔离复检。

5.5.3 消毒。

5.5.3.1 临时消毒：奶牛群中检出并剔出结核病牛后，牛舍、用具及运动场所等按照 4.2.5 规定进行紧急处理。

5.5.3.2 经常性消毒：饲养场及牛舍出入口处，应设置消毒池，内置有效消毒剂，如 3%～5%来苏儿溶液或 20%石灰乳等。消毒药要定期更换，以保证一定的药效。牛舍内的一切用具应定期消毒；产房每周进行一次大消毒，分娩室在临产牛生产前及分娩后各进行一次消毒。

附件

样品集菌方法

痰液或乳汁等样品，由于含菌量较少，如直接涂片镜检往往是阴性结果。此外，在培养或作动物试验时，常因污染杂菌生长较快，使病原结核分枝杆菌被抑制。下列几种消化浓缩方法可使检验标本中蛋白质溶解、杀灭污染杂菌，而结核分枝杆菌因有蜡质外膜而不死亡，并得到浓缩。

1 硫酸消化法

用 4%～6%硫酸溶液将痰、尿、粪或病灶组织等按 1∶5 之比例加入混合，然后置 37℃作用 1～2h，经 3 000～4 000r/min 离心 30min，弃上清，取沉淀物涂片镜检、培养和接种动物。也可用硫酸消化浓缩后，在沉淀物中加入 3%氢氧化钠中和，然后抹片镜检、培养和接种动物。

2 氢氧化钠消化法

取氢氧化钠 35～40g，钾明矾 2g，溴麝香草酚蓝 20mg（预先用 60%酒精配制成 0.4%浓度，应用时按比例加入），蒸馏水 1 000mL 混合，即为氢氧化钠消化液。

将被检的痰、尿、粪便或病灶组织按 1∶5 的比例加入氢氧化钠消化液中，混匀后，37℃作用 2～3h，然后无菌滴加 5%～10%盐酸溶液进行中和，使标本的 pH 调到 6.8 左右（此时显淡黄绿色），以 3 000～4 000r/min 离心 15～20min，弃上清，取沉淀物涂片镜检、培养和接种动物。

在病料中加入等量的 4%氢氧化钠溶液，充分振摇 5～10min，然后用 3 000r/min 离心 15～20min，弃上清，加 1 滴酚红指示剂于沉淀物中，用 2mol/L 盐酸中和至淡红色，然后取沉淀物涂片镜检、培养和接种动物。

在痰液或小脓块中加入等量的 1%氢氧化钠溶液，充分振摇 15min，然后用 3 000r/min 离心 30min，取沉淀物涂片镜检、培养和接种动物。

对痰液的消化浓缩也可采用以下较温和的处理方法：取 1mol/L（或 4%）氢氧化钠水溶液 50mL，0.1mol/L 柠檬酸钠 50mL，N-乙酰-L-半胱氨酸 0.5g，混合。取痰一份，加上述溶液 2 份，作用 24～48h，以 3 000r/min 离心 15min，取沉淀物涂片镜检、培养和接种动物。

3 安替福民（Antiformin）沉淀浓缩法

溶液 A：碳酸钠 12g、漂白粉 8g、蒸馏水 80mL。

溶液 B：氢氧化钠 15g、蒸馏水 85mL。

应用时 A、B 两液等量混合，再用蒸馏水稀释成 15%～20%后使用，该溶液须存放于棕色瓶内。

将被检样品置于试管中，加入 3～4 倍量的 15%～20%安替福民溶液，充分摇匀后 37℃作用 1 小时，加 1～2 倍量的灭菌蒸馏水，摇匀，3 000～4 000r/min 离心 20～30min，弃上清沉淀物加蒸馏水恢复原量后再离心一次，取沉淀物涂片镜检、培养和接种动物。

九、布鲁氏菌病防治技术规范

（2007 年 4 月 9 日　农业部农医发〔2007〕12 号发布）

布鲁氏菌病（Brucellosis，也称布氏杆菌病，以下简称布病）是由布鲁氏菌属细菌引起的人兽共患的常见传染病。我国将其列为二类动物疫病。

为了预防、控制和净化布病，依据《中华人民共和国动物防疫法》及有关的法律法规，制定本规范。

1 适用范围

本规范规定了动物布病的诊断、疫情报告、疫情处理、防治措施、控制和净化标准。

本规范适用于中华人民共和国境内一切从事饲养、经营动物和生产、经营动物产品，以及从事动物防疫活动的单位和个人。

2 诊断

2.1 流行特点

多种动物和人对布鲁氏菌易感。

布鲁氏菌属的 6 个种和主要易感动物见下表：

菌种	主要易感动物
羊种布鲁氏菌（*Brucella melitensis*）	羊、牛
牛种布鲁氏菌（*Brucella abortus*）	牛、羊
猪种布鲁氏菌（*Brucella suis*）	猪
绵羊附睾种布鲁氏菌（*Brucella ovis*）	绵羊
犬种布鲁氏菌（*Brucella canis*）	犬
沙林鼠种布鲁氏菌（*Brucella neotomae*）	沙林鼠

布鲁氏菌是一种细胞内寄生的病原菌，主要侵害动物的淋巴系统和生殖系统。病畜主要通过流产物、精液和乳汁排菌，污染环境。

羊、牛、猪的易感性最强。母畜比公畜，成年畜比幼年畜发病多。在母畜中，第一次妊娠母畜发病较多。带菌动物，尤其是病畜的流产胎儿、胎衣是主要传染源。消化道、呼吸道、生殖道是主要的感染途径，也可通过损伤的皮肤、黏膜等感染。常呈地方性流行。

人主要通过皮肤、黏膜、消化道和呼吸道感染，尤其以感染羊种布鲁氏菌、牛种布鲁氏菌最为严重。猪种布鲁氏菌感染人较少见，犬种布鲁氏菌感染人罕见，绵羊附睾种布鲁氏菌、沙林鼠种布鲁氏菌基本不感染人。

2.2 临床症状

潜伏期一般为 14～180 天。

最显著症状是怀孕母畜发生流产，流产后可能发生胎衣滞留和子宫内膜炎，从阴道流出污秽不洁、恶臭的分泌物。新发病的畜群流产较多；老疫区畜群发生流产的较少，但发生子宫内膜炎、乳腺炎、关节炎、胎衣滞留、久配不孕的较多。公畜往往发生睾丸炎、附睾炎或关节炎。

2.3 病理变化

主要病变为生殖器官的炎性坏死，脾、淋巴结、肝、肾等器官形成特征性肉芽肿（布病结节）。有的可见关节炎。胎儿主要呈败血症病变，浆膜和黏膜有出血点和出血斑，皮下结缔组织发生浆液性、出血性炎症。

2.4 实验室诊断

2.4.1 病原学诊断

2.4.1.1 显微镜检查

采集流产胎衣、绒毛膜水肿液、肝、脾、淋巴结、胎儿胃内容物等组织，制成抹片，用柯兹罗夫斯基染色法染色，镜检，布鲁氏菌为红色球杆状小杆菌，而其他菌为蓝色。

2.4.1.2 分离培养

新鲜病料可用胰蛋白胨琼脂面或血液琼脂斜面、肝汤琼脂斜面、3%甘油 0.5%葡萄糖肝汤琼脂斜面等培养基培养；若为陈旧病料或污染病料，可用选择性培养基培养。培养时，一份在普通条件下，另一份放于含有 5%～10%二氧化碳的环境中，37℃培养 7～10d。然后进行菌落特征检查和单价特异性抗血清凝集试验。为使防治措施有更好的针对性，还需做种型鉴定。

如病料被污染或含菌极少时，可将病料用生理盐水稀释 5～10 倍，健康豚鼠腹腔内注射 0.1～0.3mL/只。如果病料腐败时，可接种于豚鼠的股内侧皮下。接种后 4～8 周，将豚鼠扑杀，从肝、脾分离培养布鲁氏菌。

2.4.2 血清学诊断

2.4.2.1 虎红平板凝集试验（RBPT）（见 GB/T 18646）

2.4.2.2 全乳环状试验（MRT）（见 GB/T 18646）

2.4.2.3 试管凝集试验（SAT）（见 GB/T 18646）

2.4.2.4 补体结合试验（CFT）（见 GB/T 18646）

2.5 结果判定

县级以上动物防疫监督机构负责布病诊断结果的判定。

2.5.1 具有 2.1、2.2 和 2.3 时，判定为疑

似疫情。

2.5.2 符合 2.5.1，且 2.4.1.1 或 2.4.1.2 阳性时，判定为患病动物。

2.5.3 未免疫动物的结果判定如下：

2.5.3.1 2.4.2.1 或 2.4.2.2 阳性时，判定为疑似患病动物。

2.5.3.2 2.4.1.2 或 2.4.2.3 或 2.4.2.4 阳性时，判定为患病动物。

2.5.3.3 符合 2.5.3.1 但 2.4.2.3 或 2.4.2.4 阴性时，30 天后应重新采样检测，2.4.2.1 或 2.4.2.3 或 2.4.2.4 阳性的判定为患病动物。

3 疫情报告

3.1 任何单位和个人发现疑似疫情，应当及时向当地动物防疫监督机构报告。

3.2 动物防疫监督机构接到疫情报告并确认后，按《动物疫情报告管理办法》及有关规定及时上报。

4 疫情处理

4.1 发现疑似疫情，畜主应限制动物移动；对疑似患病动物应立即隔离。

4.2 动物防疫监督机构要及时派员到现场进行调查核实，开展实验室诊断。确诊后，当地人民政府组织有关部门按下列要求处理：

4.2.1 扑杀

对患病动物全部扑杀。

4.2.2 隔离

对受威胁的畜群（病畜的同群畜）实施隔离，可采用圈养和固定草场放牧两种方式隔离。

隔离饲养用草场，不要靠近交通要道，居民点或人畜密集的地区。场地周围最好有自然屏障或人工栅栏。

4.2.3 无害化处理

患病动物及其流产胎儿、胎衣、排泄物、乳、乳制品等按照 GB 16548—1996《畜禽病害肉尸及其产品无害化处理规程》进行无害化处理。

4.2.4 流行病学调查及检测

开展流行病学调查和疫源追踪；对同群动物进行检测。

4.2.5 消毒

对患病动物污染的场所、用具、物品严格进行消毒。

饲养场的金属设施、设备可采取火焰、熏蒸等方式消毒；养畜场的圈舍、场地、车辆等，可选用 2%烧碱等有效消毒药消毒；饲养场的饲料、垫料等，可采取深埋发酵处理或焚烧处理；粪便消毒采取堆积密封发酵方式。皮毛消毒用环氧乙烷、福尔马林熏蒸等。

4.2.6 发生重大布病疫情时

当地县级以上人民政府应按照《重大动物疫情应急条例》有关规定，采取相应的扑灭措施。

5 预防和控制

非疫区以监测为主；稳定控制区以监测净化为主；控制区和疫区实行监测、扑杀和免疫相结合的综合防治措施。

5.1 免疫接种

5.1.1 范围 疫情呈地方性流行的区域，应采取免疫接种的方法。

5.1.2 对象 免疫接种范围内的牛、羊、猪、鹿等易感动物。根据当地疫情，确定免疫对象。

5.1.3 疫苗选择 布病疫苗 S2 株（以下简称 S2 疫苗）、M5 株（以下简称 M5 疫苗）、S19 株（以下简称 S19 疫苗）以及经农业部批准生产的其他疫苗。

5.2 监测

5.2.1 监测对象和方法

监测对象：牛、羊、猪、鹿等动物。

监测方法：采用流行病学调查、血清学诊断方法，结合病原学诊断进行监测。

5.2.2 监测范围、数量

免疫地区：对新生动物、未免疫动物、免疫一年半或口服免疫一年以后的动物进行监测（猪可在口服免疫半年后进行）。监测至少每年进行一次，牧区县抽检 300 头（只）以上，农区和半农半牧区抽检 200 头（只）以上。

非免疫地区：监测至少每年进行一次。达到控制标准的牧区县抽检 1 000 头（只）以上，农区和半农半牧区抽检 500 头（只）以上；达到稳定控制标准的牧区县抽检 500 头（只）以上，农区和半农半牧区抽检 200 头（只）以上。

所有的奶牛、奶山羊和种畜每年应进行两次血清学监测。

5.2.3 监测时间

对成年动物监测时，猪、羊在5月龄以上，牛在8月龄以上，怀孕动物则在第1胎产后半个月至1个月间进行；对S2、M5、S19疫苗免疫接种过的动物，在接种后18个月（猪接种后6个月）进行。

5.2.4 监测结果的处理

按要求使用和填写监测结果报告，并及时上报。

判断为患病动物时，按第4项规定处理。

5.3 检疫

异地调运的动物，必须来自非疫区，凭当地动物防疫监督机构出具的检疫合格证明调运。

动物防疫监督机构应对调运的种用、乳用、役用动物进行实验室检测。检测合格后，方可出具检疫合格证明。调入后应隔离饲养30天，经当地动物防疫监督机构检疫合格后，方可解除隔离。

5.4 人员防护

饲养人员每年要定期进行健康检查。发现患有布病的应调离岗位，及时治疗。

5.5 防疫监督

布病监测合格应为奶牛场、种畜场《动物防疫合格证》发放或审验的必备条件。动物防疫监督机构要对辖区内奶牛场、种畜场的检疫净化情况监督检查。

鲜奶收购点（站）必须凭奶牛健康证明收购鲜奶。

6 控制和净化标准

6.1 控制标准

6.1.1 县级控制标准

连续2年以上具备以下3项条件：

6.1.1.1 对未免疫或免疫18个月后的动物，牧区抽检3 000份血清以上，农区和半农半牧区抽检1 000份血清以上，用试管凝集试验或补体结合试验进行检测。

试管凝集试验阳性率：羊、鹿0.5%以下，牛1%以下，猪2%以下。

补体结合试验阳性率：各种动物阳性率均在0.5%以下。

6.1.1.2 抽检羊、牛、猪流产物样品共200份以上（流产物数量不足时，补检正常产胎盘、乳汁、阴道分泌物或屠宰畜脾脏），检不出布鲁氏菌。

6.1.1.3 患病动物均已扑杀，并进行无害化处理。

6.1.2 市级控制标准

全市所有县均达到控制标准。

6.1.3 省级控制标准

全省所有市均达到控制标准。

6.2 稳定控制标准

6.2.1 县级稳定控制标准

按控制标准的要求的方法和数量进行，连续3年以上具备以下3项条件：

6.2.1.1 羊血清学检查阳性率在0.1%以下、猪在0.3%以下；牛、鹿0.2%以下。

6.2.1.2 抽检羊、牛、猪等动物样品材料检不出布鲁氏菌。

6.2.1.3 患病动物全部扑杀，并进行了无害化处理。

6.2.2 市级稳定控制标准

全市所有县均达到稳定控制标准。

6.2.3 省级稳定控制标准

全省所有市均达到稳定控制标准。

6.3 净化标准

6.3.1 县级净化标准

按控制标准要求的方法和数量进行，连续2年以上具备以下2项条件：

6.3.1.1 达到稳定控制标准后，全县范围内连续两年无布病疫情。

6.3.1.2 用试管凝集试验或补体结合试验进行检测，全部阴性。

6.3.2 市级净化标准

全市所有县均达到净化标准。

6.3.3 省级净化标准

全省所有市均达到净化标准。

6.3.4 全国净化标准

全国所有省（自治区、市）均达到净化标准。

十、布鲁氏菌病防控技术要点（第一版）

（农业农村部 2023 年 1 月 9 日发布）

根据《中华人民共和国动物防疫法》《中华人民共和国传染病防治法》《动物检疫管理办法》《布鲁氏菌病防治技术规范》《布鲁氏菌病诊疗指南（试行）》等法律、法规和规范性文件要求，针对当前布鲁氏菌病（以下简称布病）流行态势、防控难点和实际需求，制定本要点。主要用于指导牛羊（牦牛、骆驼等易感动物）养殖等从业人员、基层动物防疫和疾控人员布病防控工作。

一、加强饲养卫生管理

（一）坚持自繁自养和引种检疫

养殖场（户）应坚持自繁自养，如需引种，事先做好引进动物的疫病检测或查验检测报告，防止购入病畜和隐性感染畜。运输车辆消毒后方可进场，预留隔离舍。隔离饲养引入动物，确定无疫病后，方可混群饲养。必要时按规定程序进行免疫接种。

（二）加强日常管理

畜群分群管理，定时、定量饲喂，保持日粮的相对稳定，保证足够新鲜、清洁、适温的饮水。做好冬季防寒、夏季防暑工作，注意圈舍通风。做好环境卫生工作，及时清粪，保持圈舍、运动场清洁卫生。实施雨污分离，保证排水顺畅。设置单独产房，加强产后消毒工作。放牧时，做到不与其他畜群混合放牧。

（三）加强日常临床巡查

观察畜群采食、饮水、精神状态，发现母畜流产、不孕、乳腺炎，公畜睾丸肿大、关节炎等临床异常情况，要及时报告送检，做进一步诊断。

（四）做好各项档案记录和标识管理

详细记录和保存养殖、免疫、检测、诊疗、消毒、无害化处理、生物安全管理等记录，做到及时归档、分类保存。规范使用耳标等各类个体标识，详细记录个体生产信息，对养殖家畜实施可追溯管理。

二、规范免疫措施

（一）基本要求

按照国家和当地布病免疫政策要求做好布病免疫工作，免疫县非免疫场和非免疫县免疫场应按相关规定及时报备。科学选择疫苗，规模场实行程序免疫，散养户实行春秋两季集中免疫。确保畜群应免尽免，强化免疫人员个人防护，做好免疫记录和档案。对实施布病免疫的场户，应及时开展免疫后抗体监测，确保免疫质量和密度。

（二）推荐免疫程序

1. 羊免疫程序

（1）布鲁氏菌活疫苗（S2 株）：推荐皮下或肌肉注射免疫，口服（灌服）免疫也可，不推荐饮水免疫。口服（灌服）免疫可用于孕畜（包括牛），注射免疫不能用于孕畜（包括牛），小尾寒羊、湖羊等四季配种产羔的羊种慎用。每年对3～4月龄健康羔羊实施免疫，以后每年可视免疫效果加强免疫一次。对于调入调出羊只频繁的育肥场（户）、阳性率较高的自繁自养场（户）剔除阳性家畜后，可每年春季或秋季对所有存栏羊只实施整群免疫。

（2）布鲁氏菌基因缺失活疫苗（M5-90Δ26 株）或布鲁氏菌活疫苗（M5 株）：用于 3 月龄以上的羊免疫，母羊可在配种前 2～3 个月接种，腿部或颈部皮下注射。以后每年接种一次。不可用于孕畜。

2. 牛免疫程序

布鲁氏菌基因缺失活疫苗（A19-ΔVirB12 株）或布鲁氏菌活疫苗（A19 株）：3～8 月龄牛免疫，皮下注射，必要时可在 12～13 月龄（即第 1 次配种前一个月）再低剂量接种 1 次；以后可根据牛群布病流行情况决定是否再进行接种。不可用于孕畜。

3. 其他动物免疫程序

骆驼和牦牛参照牛的免疫程序执行。

（三）免疫接种

1. 免疫时间

免疫应尽可能避开高温季节、湿热天气、刮风和怀孕、分娩高峰期。

2. 人员要求

免疫人员应掌握布病危害及防控、应急处置等相关专业知识，并能熟练操作。所有在场人员，包括保定人员、免疫操作人员、畜主、饲养员等均应站在上风向或动物侧面，做好个人防护。

3. 动物要求

动物免疫接种前、后3日内禁止使用抗生素。用保定绳、保定栏或分羊栏保定动物，使其头部和身体不能移动。

4. 免疫器械及消毒

口服免疫时使用已经消毒的布病疫苗专用全封闭式投药器或连续投药枪进行免疫；注射免疫应使用一次性注射器或连续注射器，可选择腿部内侧或颈部两侧进行皮下注射。

5. 免疫前后消毒

免疫前应对场地进行全面压尘消毒；免疫结束后对场地、设施设备、人员、防护用品及疫苗瓶等进行及时消毒和无害化处理。

6. 疫苗保存和使用

疫苗全程冷链运输低温保存。严格按照疫苗说明书要求配制、稀释和使用。疫苗开启后，限当日使用，确保疫苗效力。

（四）应急处置

1. 应激反应的处置

免疫后如动物出现体温升高、饮食欲减退等应激反应，一般无需处理，在3日内可自行恢复正常；严重者可注射肾上腺素、地塞米松等药物，并采取辅助治疗措施。

2. 疫苗泄漏的处置

免疫过程中，如有划伤、疫苗喷出或泄露，及时对人员进行消毒，轻微伤口立即自行冲洗，并及时就医。对环境、器械等进行彻底消毒。

三、畜间布病监测

（一）动物疫病预防控制机构监测

动物疫病预防控制机构按照《国家动物疫病监测与流行病学调查计划》要求，规范开展家畜布病监测。对于免疫群，需要记录背景信息（包括动物种类、年龄、免疫时间、免疫途径、疫苗名称、疫苗厂家、调运情况等），牛免疫A19疫苗12个月后、羊免疫S2疫苗6个月后，可按监测要求进行疫病监测。对非免疫群，对大于2岁的所有牛群和大于6月龄的所有羊群，可按监测要求进行疫病监测。

（二）养殖场户监测

养殖场（户）要严格落实动物防疫主体责任，做好日常巡查，积极配合当地动物疫病预防控制机构做好布病监测工作。有条件的场户，可自行或委托兽医社会化服务组织对本场开展布病监测。

四、畜间疫情报告和处置

（一）疫情报告

规模养殖场（户）制定布病疫情报告和应急处置预案，当发生疑似病例时，根据规定向所在地农业农村主管部门或动物疫病预防控制机构报告。散养户发现流产等疑似病例时，及时报告村级防疫员或乡镇动物防疫人员，由其向当地动物疫病预防控制机构报告，或直接报告当地动物疫病预防控制机构。

（二）疫情处置

接到报告后，相关机构应及时派专业技术人员到现场进行诊断和流行病学调查。确认畜间布病疫情的，按《布鲁氏菌病防治技术规范》要求严格处置，扑杀患病动物。开展流行病学调查，隔离饲养同群畜和有流行病学关联的畜群，加强临床排查，必要时开展应急监测。连续2次间隔30天检测为阴性的，解除隔离。

（三）隔离阳性动物

在养殖场生产区域下风口用2道栅栏或实体围墙隔离，设置阳性动物隔离区，与健康牛羊舍保持至少5米距离。隔离区内工作人员、车辆、用具等要相对固定，进出口设置专门消毒设施，对进出的人员和车辆等进行严格消毒。奶畜隔离区配备专门的挤奶设备和全密封巴氏高温杀菌设备，分区挤奶并对阳性动物产的鲜奶进行巴氏高温杀菌。

（四）无害化处理

按照病死及病害动物无害化处理相关技术规范要求，或按照地方兽医管理部门规定，对病死、扑杀牛羊进行无害化处理，对日常检疫中发现的患病牛羊及其流产胎儿、胎衣、排泄物、乳、乳制品等进行严格彻底的无害化处理，对患病动物污染的场所、用具、物品严格进行消毒。由无害化处理公司统一处理的，一律收集后交由其进行处理；无统一处理条件的，设立专门的无害化处理池。污染的饲料、垫料和阳性动物粪便等，可采取深埋发酵或焚烧的方式无害化处理。

（五）实行彻底消毒

对阳性动物污染的牛羊舍、运动场、挤奶厅、运输设备、用具、物品等，要每天至少2次严格消毒，持续2周以上。阳性动物隔离区每天至少全面彻底消毒2次，直到隔离的阳性动物全部处置完毕为止。牛羊产后要对产房进行全面彻底消毒，对流产物污染的地方进行严格彻底消毒。

五、开展布病净化和无疫建设

（一）开展布病场群净化和无疫建设

牛羊养殖场依据《动物疫病净化场评估技术规范》《无布鲁氏菌病小区标准》等技术指导文件，在各级动物疫病预防控制机构和相关机构的指导和帮助下，针对本场布病本底调查情况，并考虑自身条件和本场实际，“一场一册”制定相应净化或无疫小区建设方案。建立完善的防疫和生产管理等制度，优化生产结构和建筑设计布局，构建可靠的生物安全防护体系。采取严格的生物安全措施，加强人流、物流管控，实行“自繁自养”生产模式，降低疫病水平传播风险。强化对引入种用动物和本场留种动物监测，降低疫病垂直传播风险。持续开展病原学监测和感染抗体监测，通过淘汰带菌动物、分群饲养等方法建立健康动物群，以布病阴性的生产核心群为基础，逐步扩大健康群，最终实现全场净化和无疫。

（二）开展布病区域净化和无疫建设

有条件的地区，可集中连片推进布病场群净化或无疫小区建设，以点带面，积极推广疫病监测、风险评估、分级防控、调运监管、生物安全管理等布病区域净化技术，在区域内开展本底调查和风险评估，制定实施监测净化或无疫建设方案，建立区域生物安全综合防控体系，强化家畜流动监管措施，统筹规模场和散养户，统筹畜间防控和人间防控，推进区域内养殖、运输、屠宰全链条防控，全方位强化区域内布病系统治理水平，实现区域布病净化和无疫。

六、及时清理和消毒

（一）环境清理

保持场区内雨水沟通畅，无淤积物堵塞，及时清理粪污等异物。圈舍内定期更换垫料，及时更换饮水，清理剩草料和粪便。清理青贮窖周围积水，保持青贮窖排水沟通畅。粪污存放地点应防雨、防渗漏、防溢流，保持粪堆规整，易于覆膜发酵，周边无散落粪便。生活区内垃圾定点存放，并集中处理。开展预防性灭蚊蝇、灭鼠工作。不散养犬猫等其他动物。

（二）环境消毒

圈舍用1∶400氯制剂喷雾消毒或无家畜时用2%～3%的氢氧化钠消毒，日常每周2次，疫情发生时每天2次。场区、运动场、主干道及粪场用3%氢氧化钠喷洒消毒，每周2次。产房每次使用后立即用2%～3%氢氧化钠或1∶400氯制剂进行消毒，生产用具用1∶400氯制剂浸泡或喷洒消毒。饲槽水槽用1∶400氯制剂清洗消毒，每周2次。隔离舍、装卸台、磅秤及周转区周围环境，在每次畜群流动前后，用2%～3%的氢氧化钠或1∶400氯制剂消毒1次。进场车辆用1∶400氯制剂喷雾消毒。更衣室用1∶800氯制剂每天消毒1次，下班后用紫外线进行消毒。奶畜场挤奶厅每天消毒1次。

七、严格报检和检疫

（一）落实动物检疫申报制度

1. 出售牛羊等易感动物及其产品

出售或者运输牛羊等易感动物及其产品的，货主或养殖者应当提前三天向所在地动物卫生监督机构申报检疫。

2. 屠宰牛羊等易感动物

屠宰牛羊等易感动物的，应当提前六小时向所在地动物卫生监督机构申报检疫；急宰的，可以随时申报。

3. 向无疫区输入牛羊等易感动物及其产品

向牛羊无规定动物疫病区输入牛羊等易感动物及其产品，货主除按上述要求向输出地动物卫生监督机构申报检疫外，还应当在启运三天前向输入地动物卫生监督机构申报检疫。输入易感动物的，向输入地隔离场所在地动物卫生监督机构申报；输入易感动物产品的，在输入地省级动物卫生监督机构指定的地点申报。

4. 落地报告

购入活畜要进行落地报告，告知当地动物卫生监督机构。购入种用、乳用动物在当地隔离场或者饲养场内隔离饲养 30d，经布病复检结果为阴性的方可合群饲养。购入其他布病易感动物的，确保无布病感染后方可合群饲养。

（二）严格实施动物检疫工作

动物卫生监督机构接到检疫申报后，应当及时对申报材料进行审查。申报材料齐全的，予以受理。受理申报后，动物卫生监督机构应当指派官方兽医实施检疫，可以安排协检人员协助官方兽医到现场或指定地点核实信息，开展临床健康检查。官方兽医严格按照《动物检疫管理办法》做好相应的产地检疫、屠宰检疫、进入牛羊无规定动物疫病区的动物检疫等工作，经检疫符合规定的，出具动物检疫证明。

八、加强生物安全管理

（一）配备生物安全硬件设施设备

养殖者要树立生物安全防护意识，规模场区入口应设置车辆消毒池、覆盖全车的消毒设施以及人员消毒设施。场区内的区域按生物安全风险等级实施分区管理，办公区、生活区、生产区、粪污处理区、病死动物无害化（暂存）处理区应严格分开。生产区距离其他功能区 50 米以上或通过物理屏障有效隔离，生产区入口应设置人员消毒、淋浴、更衣设施。不同生物安全风险等级的区域之间应设立跨区通道，并配备相应的清洗消毒等生物安全防护设施设备。散养户周围应建有围墙、网围栏等物理屏障，并实行人畜分离。

（二）健全生物安全管理体系和制度

按照防疫要求对畜群开展健康状况分析、疫病监测、废弃物处理及风险评估，严格执行各项生物安全措施。加强车辆、人员、饲料、饲草、兽药和其他投入品入场管理，制定科学合理的卫生防疫制度和布病防控应急预案，规模养殖场（户）应设立配套兽医室，配备与生产规模相适应的动物防疫技术人员，中小养殖场（户）可委托兽医社会化服务组织、乡村兽医等提供技术服务。

九、做好人员防护

（一）总体要求

工作中应注意个人卫生，勤洗手消毒，禁止吸烟、吃零食，合理佩戴防护用品。工作完成后，先用消毒水洗手，再用肥皂和清水冲洗。工作场地应及时清扫消毒。皮肤、手臂如有刮伤、破损，要及时冲洗消毒、包扎。入职前要体检，必要时留存本底血清，上岗前开展职业防护教育。每年要定期进行健康检查，发现患有布病的应调离岗位，及时治疗。

（二）饲养饲喂人员

进入圈舍须佩戴口罩、穿戴工作服、胶鞋、手套等防护用品，防止吸入含菌灰尘，避免直接接触病畜及其排泄物、分泌物。进行消毒的工作人员必须做好个人防护，佩戴齐全护目镜、口罩、手套等防护用品。

（三）产房工作人员

处理难产、流产和病畜的排泄物、分泌物、胎盘、死胎及接生过程，需穿防护服、戴手套和护目镜，禁止赤手接产及直接接触流产胎儿等。工作结束后应及时洗手、洗脸，工作场地要及时清扫、消毒，对使用的防护装备也要进行消毒。

（四）配种、剪毛、挤奶等人员

工作时必须穿工作服和工作鞋，戴好乳胶手套、口罩、帽子，工作结束后必须洗手，注意个人卫生。工作场所如有定向气流，人应该选择在上风向工作。

（五）从事实验室检测人员

按照相应生物安全级别的实验室防护要求，佩戴人员防护用品，执行各项消毒规定。

（六）动物疫病防治人员

在开展免疫、采样、保定、扑杀、无害化处理等工作时应佩戴口罩、乳胶手套（长臂乳胶手套）、防护帽、护目镜、防护服、防水长筒胶靴等人员防护用品。工作结束后对全身进行消毒，对一次性防护用品进行无害化处理，重复使用的防护用品做彻底消毒处理。

十、强化宣传教育

（一）加强健康教育

加强对职业人群的健康教育。对养殖场（户）相关人员，挤奶、接产、诊疗人员，屠宰和畜产品加工人员，实验室诊断检测人员等高危职业人员进行防控知识宣传，养殖场（户）落实防疫主体责任，相关从业者严格执行个人防护制度，采取防护措施，避免人员感染。

（二）加强宣传培训

1. 加强防治技术培训

加强布病防疫人员技术培训，基层防疫人员应熟练掌握采血、免疫、消毒、检测、个人防护等防治技术要点，指导养殖场（户）做好各项防控工作。

2. 推广健康养殖行为

倡导人畜分居，不要在居室内饲养家畜，不用人用碗盆喂养家畜，不和牛犊和羊羔玩耍。开展人居环境整治，提升散养户院落整洁度，推行畜禽粪便、病死动物集中存放集中处理，引导开展规范化、标准化家庭养殖，减少环境污染和疫病传播风险。

3. 培养健康习惯

培养健康饮食习惯和良好个人卫生习惯，不吃不清洁的食物，饭前洗手，不喝生水。家庭用的菜刀、菜案，要生熟分开；切生肉的刀、案，要用热水消毒，避免污染其他餐具。倡导不食用病死家畜肉、不喝未经加热煮沸的生鲜奶、不吃生肉等健康饮食习惯，不购买、出售、食用现挤的牛羊奶。

十一、人间布病监测

（一）病例监测

1. 从业人员自我监测

从业人员如有持续数日的发热（包括低热）、乏力、多汗、关节和肌肉疼痛等表现，应怀疑是否得布病，及时就医，并告知医生有病畜或者疑似病畜接触史。若确诊为布病，应按医嘱规范、足疗程服药，按时复查，在医生判断治愈后方可停药、避免慢性化危害。确诊布病后，应提醒有病畜或疑似病畜接触史的家人、亲友和同事，如有上述布病可疑症状及时就诊；配合疾控机构完成个案流行病学调查。

2. 医疗卫生机构诊断与报告

各级各类医疗卫生机构、疾病预防控制机构按照我国《布鲁氏菌病诊断标准》对病例进行诊断，发现病例（包括疑似病例、临床病例和实验室确诊病例）后，应当于24h内进行网络直报。

3. 疾控机构开展个案流调

县（区）级疾病预防控制机构，在接到辖区内的病例报告后，要在24h内完成报告卡审核，对临床诊断病例和确诊病例进行个案流行病学调查，按照我国人间布病监测方案要求填写《布病病例个案调查表》，主要调查感染来源，发现暴发线索，尤其食源性暴发，及时调查处置。

4. 突发公共卫生事件信息报告

饲养场、家畜集散市场、屠宰加工厂等单位和各级各类医疗卫生机构发现人间布病暴发疫情或其他突发公共卫生事件信息时，应按规定及时向当地县（区）级疾病预防控制机构报告。

（二）监测点强化监测

疾病预防控制机构按照《全国布鲁氏菌病监测工作方案》要求，在监测点强化人间布病监测，并开展重点职业人群血清学监测、病原学监测和畜间疫情收集工作。

十二、人间布病疫情调查和处置

（一）疫情调查和处置

疾病预防控制机构对发现的人间布病暴发或新发疫情开展流行病学调查，对病例的传染来源、暴露因素、生产和生活环境开展调查。按照《布鲁氏菌病诊断标准》规定的疑似病例定义开展病例搜索。搜索范围为首发病例发病前三周至调查之日内，接触过可疑病畜或畜产品，或暴露于可能被传染源污染的环境的人群。对搜索到的疑似病例应及时采样，进行布病血清学检测。对暴发疫情、新发疫情及其他突发公共卫生事件涉及的病例及对可疑的传播因子均开展病原学检测。

联合动物疫病预防控制机构及时汇总有关调查信息，分析疫情特征，确定造成本次疫情的传染源、传播方式和途径，追溯致病畜群或畜产品的来源，开展风险评估，提出处理建议。

（二）病例救治

布病病例治疗原则是早期、联合、足量、足疗程用药，必要时延长疗程，以防止复发及慢性化。常用多西环素联合利福平或链霉素，有并发症的患者叠加使用三代头孢类或喹诺酮类抗生素。儿童可使用利福平联合复方新诺明儿科悬液治疗；8岁以上儿童治疗药物选择同成年人。妊娠12周内选用利福平联合三代头孢菌素类治疗，妊娠12周以上可使用利福平联合复方新诺明治疗。具体参照《布鲁氏菌病诊疗指南（试行）》。布病病例无需隔离治疗。

十三、联防联控

各级动物疫病预防控制机构和疾病预防控制机构建立布病联防联控机制，相互通报疫情信息，根据防控工作实际需要，联合处置疫情和开展流行病学调查，联合开展布病防治知识宣传教育，重点指导高危人群做好个人防护、及时就诊、正确处理病畜及其产品。密切配合当地宣传部门做好媒体风险沟通，避免群众恐慌，加强防护意识，减少舆情风险。

十一、炭疽防治技术规范

（2007年4月9日　农业部农医发〔2007〕12号发布）

炭疽（Anthrax）是由炭疽芽孢杆菌引起的一种人畜共患传染病。世界动物卫生组织（OIE）将其列为必须报告的动物疫病，我国将其列为二类动物疫病。

为预防和控制炭疽，依据《中华人民共和国动物防疫法》和其他相关法律法规，制定本规范。

1　适用范围

本规范规定了炭疽的诊断、疫情报告、疫情处理、防治措施和控制标准。

本规范适用于中华人民共和国境内一切从事动物饲养、经营及其产品的生产、经营的单位和个人，以及从事动物防疫活动的单位和个人。

2　诊断

依据本病流行病学调查、临床症状，结合实验室诊断结果做出综合判定。

2.1　流行特点

本病为人畜共患传染病，各种家畜、野生动物及人对本病都有不同程度的易感性。草食动物最易感，其次是杂食动物，再次是肉食动物，家禽一般不感染。人也易感。

患病动物和因炭疽而死亡的动物尸体以及污染的土壤、草地、水、饲料都是本病的主要传染源，炭疽芽孢对环境具有很强的抵抗力，其污染的土壤、水源及场地可形成持久的疫源地。本病主要经消化道、呼吸道和皮肤感染。

本病呈地方性流行。有一定的季节性，多发生在吸血昆虫多、雨水多、洪水泛滥的季节。

2.2　临床症状

2.2.1　本规范规定本病的潜伏期为20天。

2.2.2　典型症状

本病主要呈急性经过，多以突然死亡、天然孔出血、尸僵不全为特征。

牛：体温升高常达41℃以上，可视黏膜呈暗紫色，心动过速、呼吸困难。呈慢性经过的病牛，在颈、胸前、肩胛、腹下或外阴部常见水肿；皮肤病灶温度增高，坚硬，有压痛，也可发生坏死，有时形成溃疡；颈部水肿常与咽炎和喉头水肿相伴发生，致使呼吸困难加重。急性病例一般经24～36小

时后死亡，亚急性病例一般经2～5天后死亡。

马：体温升高，腹下、乳房、肩及咽喉部常见水肿。舌炭疽多见呼吸困难、发绀；肠炭疽腹痛明显。急性病例一般经24～36小时后死亡，有炭疽痈时，病程可达3～8天。

羊：多表现为最急性（猝死）病症，摇摆、磨牙、抽搐，挣扎、突然倒毙，有的可见从天然孔流出带气泡的黑红色血液。病程稍长者也只持续数小时后死亡。

猪：多为局限性变化，呈慢性经过，临床症状不明显，常在宰后见病变。

犬和其他肉食动物临床症状不明显。

2.3　病理变化

死亡患病动物可视黏膜发绀、出血。血液呈暗紫红色，凝固不良，黏稠似煤焦油状。皮下、肌间、咽喉等部位有浆液性渗出及出血。淋巴结肿大、充血，切面潮红。脾脏高度肿胀，达正常数倍，脾髓呈黑紫色。

严禁在非生物安全条件下进行疑似患病动物、患病动物的尸体剖检。

2.4　实验室诊断

实验室病原学诊断必须在相应级别的生物安全实验室进行。

2.4.1　病原鉴定

2.4.1.1　样品采集、包装与运输

按照NY/T 561　2.1.2、4.1、5.1执行。

2.4.1.2　病原学诊断

炭疽的病原分离及鉴定（见NY/T561）。

2.4.2　血清学诊断

炭疽沉淀反应（见NY/T561）。

2.4.3　分子生物学诊断

聚合酶链式反应（PCR）（见附件1）。

3　疫情报告

3.1　任何单位和个人发现患有本病或者疑似本病的动物，都应立即向当地动物防疫监督机构报告。

3.2　当地动物防疫监督机构接到疫情报告后，按国家动物疫情报告管理的有关规定执行。

4　疫情处理

依据本病流行病学调查、临床症状，结合实验室诊断做出的综合判定结果可作为疫情处理依据。

4.1　当地动物防疫监督机构接到疑似炭疽疫情报告后，应及时派员到现场进行流行病学调查和临床检查，采集病料送符合规定的实验室诊断，并立即隔离疑似患病动物及同群动物，限制移动。

对病死动物尸体，严禁进行开放式解剖检查，采样时必须按规定进行，防止病原污染环境，形成永久性疫源地。

4.2　确诊为炭疽后，必须按下列要求处理。

4.2.1　由所在地县级以上兽医主管部门划定疫点、疫区、受威胁区。

疫点：指患病动物所在地点。一般是指患病动物及同群动物所在畜场（户组）或其他有关屠宰、经营单位。

疫区：指由疫点边缘外延3公里范围内的区域。在实际划分疫区时，应考虑当地饲养环境和自然屏障（如河流、山脉等）以及气象因素，科学确定疫区范围。

受威胁区：指疫区外延5公里范围内的区域。

4.2.2　本病呈零星散发时，应对患病动物作无血扑杀处理，对同群动物立即进行强制免疫接种，并隔离观察20d。对病死动物及排泄物、可能被污染饲料、污水等按附件2的要求进行无害化处理；对可能被污染的物品、交通工具、用具、动物舍进行严格彻底消毒（见附件2）。疫区、受威胁区所有易感动物进行紧急免疫接种。对病死动物尸体严禁进行开放式解剖检查，采样必须按规定进行，防止病原污染环境，形成永久性疫源地。

4.2.3　本病呈暴发流行时（1个县10d内发现5头以上的患病动物），要报请同级人民政府对疫区实行封锁；人民政府在接到封锁报告后，应立即发布封锁令，并对疫区实施封锁。

疫点、疫区和受威胁区采取的处理措施如下：

4.2.3.1　疫点

出入口必须设立消毒设施。限制人、易感动物、车辆进出和动物产品及可能受污染的物品运出。对疫点内动物舍、场地以及所有运载工具、饮水用具等必须进行严格彻底地消毒。

患病动物和同群动物全部进行无血扑杀处理。其他易感动物紧急免疫接种。

对所有病死动物、被扑杀动物，以及排泄物

和可能被污染的垫料、饲料等物品产品按附件2要求进行无害化处理。

动物尸体需要运送时，应使用防漏容器，须有明显标志，并在动物防疫监督机构的监督下实施。

4.2.3.2　疫区

交通要道建立动物防疫监督检查站，派专人监管动物及其产品的流动，对进出人员、车辆须进行消毒。停止疫区内动物及其产品的交易、移动。所有易感动物必须圈养，或在指定地点放养；对动物舍、道路等可能污染的场所进行消毒。

对疫区内的所有易感动物进行紧急免疫接种。

4.2.3.3　受威胁区

对受威胁区内的所有易感动物进行紧急免疫接种。

4.2.3.4　进行疫源分析与流行病学调查

4.2.3.5　封锁令的解除

最后1头患病动物死亡或患病动物和同群动物扑杀处理后20天内不再出现新的病例，进行终末消毒后，经动物防疫监督机构审验合格后，由当地兽医主管部门向原发布封锁令的机关申请发布解除封锁令。

4.2.4　处理记录

对处理疫情的全过程必须做好完整的详细记录，建立档案。

5　预防与控制

5.1　环境控制

饲养、生产、经营场所和屠宰场必须符合《动物防疫条件审核管理办法》（农业部〔2002〕15号令）规定的动物防疫条件，建立严格的卫生（消毒）管理制度。

5.2　免疫接种

5.2.1　各省根据当地疫情流行情况，按农业部制定的免疫方案，确定免疫接种对象、范围。

5.2.2　使用国家批准的炭疽疫苗，并按免疫程序进行适时免疫接种，建立免疫档案。

5.3　检疫

5.3.1　产地检疫

按GB16549和《动物检疫管理办法》实施检疫。检出炭疽阳性动物时，按本规范4.2.2规定处理。

5.3.2　屠宰检疫

按NY 467和《动物检疫管理办法》对屠宰的动物实施检疫。

5.4　消毒

对新老疫区进行经常性消毒，雨季要重点消毒。皮张、毛等按照附件2实施消毒。

5.5　人员防护

动物防疫检疫、实验室诊断及饲养场、畜产品及皮张加工企业工作人员要注意个人防护，参与疫情处理的有关人员，应穿防护服、戴口罩和手套，做好自身防护。

附件1

聚合酶链式反应（PCR）技术

1　试剂

1.1　消化液

1.1.1　1M三羟甲基氨基甲烷-盐酸（Tris-HCl）（pH8.0）

三羟甲基氨基甲烷	12.11g
灭菌双蒸水	80mL
浓盐酸	调pH至8.0
灭菌双蒸水	加至100mL

1.1.2　0.5M乙二铵四乙酸二钠（EDTA）溶液（pH8.0）

二水乙二铵四乙酸二钠	18.61g
灭菌双蒸水	80mL
氢氧化钠	调pH至8.0
灭菌双蒸水	加至100mL

1.1.3　20%十二烷基磺酸钠（SDS）溶液（pH7.2）

十二烷基磺酸钠	20g
灭菌双蒸水	80mL
浓盐酸	调pH至7.2
灭菌双蒸水	加至100mL

1.1.4　消化液配制

1M三羟甲基氨基甲烷-盐酸（Tris-HCl）（pH8.0）	2mL
0.5mol/L乙二铵四乙酸二钠溶液（pH8.0）	0.4mL

20%十二烷基磺酸钠

溶液（pH7.2） 5mL

5mol/L氯化钠 4mL

灭菌双蒸水 加至200mL

1.2 蛋白酶K溶液

蛋白酶K 5g

灭菌双蒸水 加至250mL

1.3 酚/氯仿/异戊醇混合液

碱性酚 25mL

氯仿 24mL

异戊醇 1mL

1.4 2.5mmol/LdNTP

dATP（100mmol/L） 20μL

dTTP（100mmol/L） 20μL

dGTP（100mmol/L） 20μL

dCTP（100mmol/L） 20μL

灭菌双蒸水 加至800μL

1.5 8pmol/μL PCR引物

上游引物ATXU（2OD）加入701μL灭菌双蒸水溶解，下游引物ATXD（2OD）加入697μL灭菌双蒸水溶解，分别取ATXU、ATXD溶液各300μL，混匀即为8pmol/μL扩增引物。

1.6 0.5单位Taq DNA聚合酶

5单位Taq DNA聚合酶 1μL

灭菌双蒸水 加至10μL

现用现配。

1.7 10×PCR缓冲液

1.7.1 1mol/L三羟甲基氨基甲烷-盐酸（Tris-HCl）（pH9.0）

三羟基甲基氨基甲烷 15.8g

灭菌双蒸水 80mL

浓盐酸 调pH至9.0

灭菌双蒸水 加至100mL

1.7.2 10倍PCR缓冲液

1mol/L三羟基甲基氨基甲烷-盐酸（Tris-HCl）（pH9.0）1mL

氯化钾 0.373g

曲拉通X-100 0.1mL

灭菌双蒸水 加至100mL

1.8 溴化乙锭（EB）溶液

溴化乙锭 0.2g

灭菌双蒸水 加至20mL

1.9 电泳缓冲液（50倍）

1.9.1 0.5mol/L乙二铵四乙酸二钠（EDTA）溶液（pH8.0）

二水乙二铵四乙酸二钠 18.61g

灭菌双蒸水 80mL

氢氧化钠 调pH至8.0

灭菌双蒸水 加至100mL

1.9.2 TAE电泳缓冲液（50倍）

三羟基甲基氨基甲烷（Tris） 242g

冰乙酸 57.1mL

0.5mol/L乙二铵四乙酸二钠溶液（pH8.0） 100mL

灭菌双蒸水 加至1 000mL

用时用灭菌双蒸水稀释使用

1.10 1.5%琼脂糖凝胶

琼脂糖 3g

TAE电泳缓冲液（50倍） 4mL

灭菌双蒸水 196mL

微波炉中完全融化，加溴化乙锭（EB）溶液20μL。

1.11 上样缓冲液

溴酚蓝0.2g，加双蒸水10mL过夜溶解。50g蔗糖加入50mL水溶解后，移入已溶解的溴酚蓝溶液中，摇匀定容至100mL。

1.12 其他试剂

异丙醇（分析纯）

70%乙醇

15mmoL/L氯化镁

灭菌双蒸水

2 器材

2.1 仪器

分析天平、高速离心机、真空干燥器、PCR扩增仪、电泳仪、电泳槽、紫外凝胶成像仪（或紫外分析仪）、液氮或−70℃冰箱、微波炉、组织研磨器、−20℃冰箱、可调移液器（2μL、20μL、200μL、1 000μL）。

2.2 耗材

眼科剪、眼科镊、称量纸、20mL一次性注射器、1.5mL灭菌离心管、0.2mL薄壁PCR管、琼脂糖、500mL量筒、500mL锥形瓶、吸头（10μL、200μL、1 000μL）、灭菌双蒸水。

2.3 引物设计

根据GenBank上已发表的炭疽杆菌POX1质粒序列，设计并合成了以下两条引物：

ATXU：5′-AGAATGTATCACCAGAGGC-3′ATXD：5′-GTTGTAGATTGGAGC

CGTC-3′，此对引物扩增片段为394bp。

2.4　样品的采集与处理

2.4.1　样品的采集

病死或扑杀的动物取肝脏或脾；待检的活动物，用注射器取血5～10mL，2～8℃保存，送实验室检测。

2.4.2　样品的处理

每份样品分别处理。

2.4.2.1　组织样品处理

称取待检病料0.2g，置研磨器中剪碎并研磨，加入2mL消化液继续研磨。取已研磨好的待检病料上清100μL加入1.5mL灭菌离心管中，再加入500μL消化液和10μL蛋白酶K溶液，混匀后，置55℃水浴中4～16h。

2.4.2.2　待检菌的处理

取培养获得的菌落，重悬于生理盐水中。取其悬液100μL加入1.5mL灭菌离心管中，再加入500μL消化液和10μL蛋白酶K溶液，混匀后，置55℃水浴中过夜。

2.4.2.3　全血样品处理

待血凝后取上清放于离心管中，4℃ 8 000g离心5min，取上清100μL，加入500μL消化液和10μL蛋白酶K溶液，混匀后，置55℃水浴中过夜。

2.4.2.4　阳性对照处理

取培养的炭疽杆菌，重悬于生理盐水中。取其悬液100μL，置1.5mL灭菌离心管中，加入500μL消化液和10μL蛋白酶K溶液，混匀后，置55℃水浴中过夜。

2.4.2.5　阴性对照处理

取灭菌双蒸水100μL，置1.5mL灭菌离心管中，加入500μL消化液10μL蛋白酶K溶液，混匀后，置55℃水浴中过夜。

2.5　DNA模板的提取

2.5.1　取出已处理的样品及阴、阳对照，加入600μL酚/氯仿/异戊醇混合液，用力颠倒10次混匀，12 000g离心10min。

2.5.2　取上清置1.5mL灭菌离心管中，加入等体积异丙醇，混匀，置液氮中3min。取出样品管，室温融化，15 000r/min离心15min。

2.5.3　弃上清，沿管壁缓缓滴入1mL 70%乙醇，轻轻旋转洗一次后倒掉，将离心管倒扣于吸水纸上1min，真空抽干15min（以无乙醇味为准）。

2.5.4　取出样品管，用50μL灭菌双蒸水溶解沉淀，作为模板备用。

2.6　PCR扩增

总体积20μL，取灭菌双蒸水8μL，2.5mmol/L dNTP、8pmol/μL扩增引物、15mmol/L氯化镁、10×PCR缓冲液、0.5U TaqDNA聚合酶各2μL，2μL模板DNA。混匀，作好标记，加入矿物油20μL覆盖（有热盖的自动DNA热循环仪不用加矿物油）。扩增条件为94℃ 3min后，94℃ 30s，58℃ 30s，72℃ 30s循环35次，72℃延伸5min。

2.7　电泳

将PCR扩增产物15μL混合3μL上样缓冲液，点样于1.5%琼脂糖凝胶孔中，以5V/cm电压于1×TAE缓冲液中电泳，紫外凝胶成像仪下观察结果。

2.8　结果判定

在阳性对照出现394bp扩增带、阴性对照无带出现（引物带除外）时，试验结果成立。被检样品出现394bp扩增带为炭疽杆菌阳性，否则为阴性。

附件2

无害化处理

1　炭疽动物尸体处理

应结合远离人们生活、水源等因素考虑，因地制宜，就地焚烧。如需移动尸体，先用5%福尔马林消毒尸体表面，然后搬运，并将原放置尸地及尸体天然孔出血及渗出物用5%福尔马林浸渍消毒数次，在搬运过程中避免污染沿途路段。焚烧时将尸体垫起，用油或木柴焚烧，要求燃烧彻底。无条件进行焚烧处理时，也可按规定进行深埋处理。

2　粪肥、垫料、饲料的处理

被污染的粪肥、垫料、饲料等，应混以适量干碎草，在远离建筑物和易燃品处堆积彻底焚烧，然后取样检验，确认无害后，方可用作肥料。

3　房屋、厩舍处理

开放式房屋、厩舍可用5%福尔马林喷洒消毒三遍，每次浸渍2h。也可用20%漂白粉液喷雾，200mL/m²作用2h。对砖墙、土墙、地面污染严重处，在离开易燃品条件下，亦可先用酒精或汽油喷灯地毯式喷烧一遍，然后再用5%福尔马林喷洒消毒三遍。

对可密闭房屋及室内橱柜、用具消毒，可用福尔马林熏蒸。在室温18℃条件下，对每25～

$30m^3$空间，用10%浓甲醛液（内含37%甲醛气体）约4 000mL，用电煮锅蒸4h。蒸前先将门窗关闭，通风孔隙用高粘胶纸封严，工作人员戴专用防毒面具操作。密封8～12h后，打开门窗换气，然后使用。

熏蒸消毒效果测定，可用浸有炭疽弱毒菌芽孢的纸片，放在含组氨酸的琼脂平皿上，待熏后取出置37℃培养24小时，如无细菌生长即认为消毒有效。

也可选择其他消毒液进行喷洒消毒，如4%戊二醛（pH8.0～8.5）2h浸洗、5%甲醛（约15%福尔马林）2h、3% H_2O_2 2h或过氧乙酸2h。其中，H_2O_2和过氧乙酸不宜用于有血液存在的环境消毒；过氧乙酸不宜用于金属器械消毒。

4　泥浆、粪汤处理

猪、牛等动物死亡污染的泥浆、粪汤，可用20%漂白粉液1份（处理物2份），作用2h；或甲醛溶液50～100mL/m^3比例加入，每天搅拌1～2次，消毒4天，即可撒到野外或田里，或掩埋处理（即作深埋处理）。

5　污水处理

按水容量加入甲醛溶液，使其含甲醛液量达到5%，处理10小时；或用3%过氧乙酸处理4h；或用氯胺或液态氯加入污水，于pH4.0时加入有效氯量为4mg/L，30min可杀灭芽孢，一般加氯后作用2h流放一次。

6　土壤处理

炭疽动物倒毙处的土壤消毒，可用5%甲醛溶液500mL/m^2消毒3次，每次2h，间隔1小时。亦可用氯胺或10%漂白粉乳剂浸渍2h，处理2次，间隔1小时。亦可先用酒精或柴油喷灯喷烧污染土地表面，然后再用5%甲醛溶液或漂白粉乳剂浸渍消毒。

7　衣物、工具及其他器具处理

耐高温的衣物、工具、器具等可用高压蒸汽灭菌器在121℃高压蒸汽灭菌1h；不耐高温的器具可用甲醛熏蒸，或用5%甲醛溶液浸渍消毒。运输工具、家具可用10%漂白粉液或1%过氧乙酸喷雾或擦拭，作用1～2h。凡无使用价值的严重污染物品可用火彻底焚毁消毒。

8　皮、毛处理

皮毛、猪鬃、马尾的消毒，采用97%～98%的环氧乙烷、2%的CO_2、1%的十二氟混合液体，加热后输入消毒容器内，经48h渗透消毒，启开容器换气，检测消毒效果。但须注意，环氧乙烷的熔点很低（<0℃），在空气中浓度超过3%，遇明火即易燃烧发生爆炸，必须低温保存运输，使用时应注意安全。

骨、角、蹄在制作肥料或其他原料前，均应彻底消毒。如采用121℃高压蒸汽灭菌；或5%甲醛溶液浸泡；或用火焚烧。

十二、猪链球菌病应急防治技术规范

（2005年7月28日　农业部农医发〔2005〕20号发布）

猪链球菌病（Swine streptococosis）是由溶血性链球菌引起的人畜共患疫病，该病是我国规定的二类动物疫病。

为指导各地猪链球菌病防治工作，保护畜牧业发展和人的健康安全，根据《中华人民共和国动物防疫法》和《国家突发重大动物疫情应急预案》等有关规定，制定本规范。

1　适用范围

本规范规定了猪链球菌病的诊断、疫情报告、疫情处理、防治措施。

本规范适用于中华人民共和国境内的一切从事生猪饲养、屠宰、运输和生猪产品加工、储藏、销售、运输，以及从事动物防疫活动的单位和个人。

2　诊断

根据流行特点、临床症状、病理变化、实验室检验等作出诊断。

2.1　流行特点

猪、马属动物、牛、绵羊、山羊、鸡、兔、水貂等以及一些水生动物均有易感染性。不同年龄、品种和性别猪均易感。

猪链球菌也可感染人。

本菌除广泛存在于自然界外，也常存在于正常动物和人的呼吸道、消化道、生殖道等。感染发病动物的排泄物、分泌物、血液、内脏器官及关节内均有病原体存在。

病猪和带菌猪是本病的主要传染源，对病死猪的处置不当和运输工具的污染是造成本病传播的重要因素。

本病主要经消化道、呼吸道和损伤的皮肤感染。

本病一年四季均可发生，夏秋季多发。呈地方性流行，新疫区可呈暴发流行，发病率和死亡率较高。老疫区多呈散发，发病率和死亡率较低。

2.2 临床症状

2.2.1 本规范规定本病的潜伏期为7d。

2.2.2 可表现为败血型、脑膜炎型和淋巴结脓肿型等类型。

2.2.2.1 败血型：分为最急性、急性和慢性三类。

最急性型 发病急、病程短，常无任何症状即突然死亡。体温高达41～43℃，呼吸迫促，多在24小时内死于败血症。

急性型 多突然发生，体温升高40～43℃，呈稽留热。呼吸迫促，鼻镜干燥，从鼻腔中流出浆液性或脓性分泌物。结膜潮红，流泪。颈部、耳郭、腹下及四肢下端皮肤呈紫红色，并有出血点。多在1～3d死亡。

慢性型 表现为多发性关节炎。关节肿胀，跛行或瘫痪，最后因衰弱、麻痹致死。

2.2.2.2 脑膜炎型：以脑膜炎为主，多见于仔猪。主要表现为神经症状，如磨牙、口吐白沫，转圈运动，抽搐、倒地四肢划动似游泳状，最后麻痹而死。病程短的几小时，长的1～5天，致死率极高。

2.2.2.3 淋巴结脓肿型：以颌下、咽部、颈部等处淋巴结化脓和形成脓肿为特征。

2.3 病理变化

2.3.1 败血型：剖检可见鼻黏膜紫红色、充血及出血，喉头、气管充血，常有大量泡沫。肺充血肿胀。全身淋巴结有不同程度的肿大、充血和出血。脾肿大1～3倍，呈暗红色，边缘有黑红色出血性梗死区。胃和小肠黏膜有不同程度的充血和出血，肾肿大、充血和出血，脑膜充血和出血，有的脑切面可见针尖大的出血点。

2.3.2 脑膜炎型：剖检可见脑膜充血、出血甚至溢血，个别脑膜下积液，脑组织切面有点状出血，其他病变与败血型相同。

2.3.3 淋巴结脓肿型：剖检可见关节腔内有黄色胶冻样或纤维素性、脓性渗出物，淋巴结脓肿。有些病例心瓣膜上有菜花样赘生物。

2.4 实验室检验

2.4.1 涂片镜检：组织触片或血液涂片，可见革兰氏阳性球形或卵圆形细菌，无芽孢，有的可形成荚膜，常呈单个、双连的细菌，偶见短链排列。

2.4.2 分离培养：该菌为需氧或兼性厌氧，在血液琼脂平板上接种，37℃培养24小时，形成无色露珠状细小菌落，菌落周围有溶血现象。镜检可见长短不一链状排列的细菌。

2.4.3 必要时用PCR方法进行菌型鉴定。

2.5 结果判定

2.5.1 下列情况之一判定为疑似猪链球菌病。

2.5.1.1 符合临床症状2.2.2.1、2.2.2.2、2.2.2.3之一的。

2.5.1.2 符合剖检病变2.3.1、2.3.2、2.3.3之一的。

2.5.2 确诊。符合2.5.1.1、2.5.1.2之一，且符合2.4.1、2.4.2、2.4.3之一的。

3 疫情报告

3.1 任何单位和个人发现患有本病或疑似本病的猪，都应当及时向当地动物防疫监督机构报告。

3.2 当地动物防疫监督机构接到疫情报告后，按国家动物疫情报告管理的有关规定上报。

3.3 疫情确诊后，动物防疫监督机构应及时上报同级兽医行政主管部门，由兽医行政主管部门通报同级卫生部门。

4 疫情处理

根据流行病学、临床症状、剖检病变，结合

实验室检验做出的诊断结果可作为疫情处理的依据。

4.1 发现疑似猪链球菌病疫情时，当地动物防疫监督机构要及时派员到现场进行流行病学调查、临床症状检查等，并采样送检。确认为疑似猪链球菌病疫情时，应立即采取隔离、限制移动等防控措施。

4.2 当确诊发生猪链球菌病疫情时，按下列要求处理：

4.2.1 划定疫点、疫区、受威胁区。

由所在地县级以上兽医行政主管部门划定疫点、疫区、受威胁区。

疫点：指患病猪所在地点。一般是指患病猪及同群畜所在养殖场（户组）或其他有关屠宰、经营单位。

疫区：指以疫点为中心，半径1公里范围内的区域。在实际划分疫区时，应考虑当地饲养环境和自然屏障（如河流、山脉等）以及气象因素，科学确定疫区范围。

受威胁区：指疫区外顺延3公里范围内的区域。

4.2.2 本病呈零星散发时，应对病猪做无血扑杀处理，对同群猪立即进行强制免疫接种或用药物预防，并隔离观察14天。必要时对同群猪进行扑杀处理。对被扑杀的猪、病死猪及排泄物、可能被污染饲料、污水等按有关规定进行无害化处理；对可能被污染的物品、交通工具、用具、畜舍进行严格彻底消毒。疫区、受威胁区所有易感动物进行紧急免疫接种。

4.2.3 本病呈暴发流行时（一个乡镇30d内发现50头以上病猪，或者2个以上乡镇发生），由省级动物防疫监督机构用PCR方法进行菌型鉴定，同时报请县级人民政府对疫区实行封锁；县级人民政府在接到封锁报告后，应在24h内发布封锁令，并对疫区实施封锁。疫点、疫区和受威胁区采取的处理措施如下：

4.2.3.1 疫点：出入口必须设立消毒设施。限制人、畜、车辆进出和动物产品及可能受污染的物品运出。对疫点内畜舍、场地以及所有运载工具、饮水用具等必须进行严格彻底地消毒。

应对病猪做无血扑杀处理，对同群猪立即进行强制免疫接种或用药物预防，并隔离观察14天。必要时对同群猪进行扑杀处理。对病死猪及排泄物、可能被污染饲料、污水等按附件的要求进行无害化处理；对可能被污染的物品、交通工具、用具、畜舍进行严格彻底消毒。

4.2.3.2 疫区：交通要道建立动物防疫监督检查站，派专人监管动物及其产品的流动，对进出人员、车辆须进行消毒。停止疫区内生猪的交易、屠宰、运输、移动。对畜舍、道路等可能污染的场所进行消毒。

对疫区内的所有易感动物进行紧急免疫接种。

4.2.3.3 受威胁区：对受威胁区内的所有易感动物进行紧急免疫接种。

对猪舍、场地以及所有运载工具、饮水用具等进行严格彻底地消毒。

4.2.4 无害化处理。对所有病死猪、被扑杀猪及可能被污染的产品（包括猪肉、内脏、骨、血、皮、毛等）按照GB16548《畜禽病害肉尸及其产品无害化处理规程》执行；对于猪的排泄物和被污染或可能被污染的垫料、饲料等物品均需进行无害化处理。

猪尸体需要运送时，应使用防漏容器，并在动物防疫监督机构的监督下实施。

4.2.5 紧急预防。

4.2.5.1 对疫点内的同群健康猪和疫区内的猪，可使用高敏抗菌药物进行紧急预防性给药。

4.2.5.2 对疫区和受威胁区内的所有猪按使用说明进行紧急免疫接种，建立免疫档案。

4.2.6 进行疫源分析和流行病学调查。

4.2.7 封锁令的解除。疫点内所有猪及其产品按规定处理后，在动物防疫监督机构的监督指导下，对有关场所和物品进行彻底消毒。最后一头病猪扑杀14天后，经动物防疫监督机构审验合格，由当地兽医行政管理部门向原发布封锁令的同级人民政府申请解除封锁。

4.2.8 处理记录。对处理疫情的全过程必须做好完整的详细记录，以备检查。

5 参与处理疫情的有关人员，应穿防护服、胶鞋，戴口罩和手套，做好自身防护

十三、猪伪狂犬病防治技术规范

（2007年4月9日 农业部农医发〔2007〕12号发布）

猪伪狂犬病（Pseudorabies，Pr），是由疱疹病毒科猪疱疹病毒Ⅰ型伪狂犬病毒引起的传染病。我国将其列为二类动物疫病。

为了预防、控制猪伪狂犬病，依据《中华人民共和国动物防疫法》和其他有关法律法规，制定本规范。

1 适用范围

本规范规定了猪伪狂犬病的诊断、监测、疫情报告、疫情处理、预防与控制。

本规范适用于中华人民共和国境内从事饲养、加工、经营猪及其产品，以及从事相关动物防疫活动的单位和个人。

2 诊断

2.1 流行特点

本病各种家畜和野生动物（除无尾猿外）均可感染，猪、牛、羊、犬、猫等易感。本病寒冷季节多发。病猪是主要传染源，隐性感染猪和康复猪可以长期带毒。病毒在猪群中主要通过空气传播，经呼吸道和消化道感染，也可经胎盘感染胎儿。

2.2 临床特征

潜伏期一般为3～6d。

母猪感染伪狂犬病病毒后常发生流产、产死胎、弱仔、木乃伊胎等症状。青年母猪和空怀母猪常出现返情而屡配不孕或不发情；公猪常出现睾丸肿胀、萎缩、性功能下降、失去种用能力；新生仔猪大量死亡，15日龄内死亡率可达100%；断奶仔猪发病20%～30%，死亡率为10%～20%。育肥猪表现为呼吸道症状和增重滞缓。

2.3 病理变化

大体剖检特征不明显，剖检脑膜淤血、出血。病理组织学呈现非化脓性脑炎变化。

2.4 实验室诊断

2.4.1 病原学诊断

2.4.1.1 病毒分离鉴定（见GB/T 18641—2002）。

2.4.1.2 聚合酶链式反应诊断（见GB/T 18641—2002）。

2.4.1.3 动物接种：采取病猪扁桃体、嗅球、脑桥和肺脏，用生理盐水或PBS液（磷酸盐缓冲液）制成10%悬液，反复冻融3次后离心取上清液接种于家兔皮下或者小鼠脑内，（用于接种的家兔和小白鼠必须事先用ELISA检测伪狂犬病病毒抗体阴性者才能使用）家兔经2～5d或者小鼠经2～10d发病死亡，死亡前注射部位出现奇痒和四肢麻痹。家兔发病时先用舌舔接种部位，以后用力撕咬接种部位，使接种部位被撕咬伤、鲜红、出血，持续4～6h，病兔衰竭，痉挛，呼吸困难而死亡。小鼠不如家兔敏感，但明显表现兴奋不安，神经症状，奇痒和四肢麻痹而死亡。

2.4.2 血清学诊断

2.4.2.1 微量病毒中和试验（见GB/T 18641—2002）。

2.4.2.2 鉴别ELISA（见GB/T 18641—2002）。

2.5 结果判定

根据本病的流行特点、临床特征和病理变化可作出初步诊断，确诊需进一步做病原分离鉴定及血清学试验。

2.5.1 符合2.4.1.1或2.4.1.2或2.4.2.1或2.4.2.2阳性的，判定为病猪。

2.5.2 2.4.2.2可疑结果的，按2.4.1之一或2.4.2.1所规定的方法进行确诊，阳性的判定为病猪。

3 疫情报告

3.1 任何单位和个人发现患有本病或者怀疑本病的动物，都应当及时向当地动物防疫监督机

构报告。

3.2 当地动物防疫监督机构接到疫情报告并确认后，按《动物疫情报告管理办法》及有关规定及时上报。

4 疫情处理

4.1 发现疑似疫情，畜主应立即限制动物移动，并对疑似患病动物进行隔离。

4.2 当地动物防疫监督机构要及时派员到现场进行调查核实，开展实验室诊断。确诊后，当地人民政府组织有关部门按下列要求处理：

4.2.1 扑杀

对病猪全部扑杀。

4.2.2 隔离

对受威胁的猪群（病猪的同群猪）实施隔离。

4.2.3 无害化处理

患病猪及其产品按照GB16548—1996《畜禽病害肉尸及其产品无害化处理规程》进行无害化处理。

4.2.4 流行病学调查及检测

开展流行病学调查和疫源追踪；对同群猪进行检测。

4.2.5 紧急免疫接种

对同群猪进行紧急免疫接种。

4.2.6 消毒

对病猪污染的场所、用具、物品严格进行消毒。

4.2.7 发生重大猪伪狂犬病疫情时

当地县级以上人民政府应按照《重大动物疫情应急条例》有关规定，采取相应的疫情扑灭措施。

5 预防与控制

5.1 免疫接种

对猪用猪伪狂犬病疫苗，按农业部推荐的免疫程序进行免疫。

5.2 监测

对猪场定期进行监测。监测方法采用鉴别ELISA诊断技术，种猪场每年监测2次，监测时种公猪（含后备种公猪）应100%、种母猪（含后备种母猪）按20%的比例抽检；商品猪不定期进行抽检；对有流产、产死胎、产木乃伊胎等症状的种母猪100%进行检测。

5.3 引种检疫

对出场（厂、户）种猪由当地动物防疫监督机构进行检疫，伪狂犬病病毒感染抗体监测为阴性的猪，方出具检疫合格证明，准予出场（厂、户）。

种猪进场后，须隔离饲养30天后，经实验室检查确认为猪伪狂犬病病毒感染阴性的，方可混群。

5.4 净化

5.4.1 对种猪场实施猪伪狂犬病净化，净化方案见附件。

5.4.2 种猪场净化标准

必须符合以下两个条件：

5.4.2.1 种猪场停止注苗后（或没有注苗）连续二年无临床病例。

5.4.2.2 种猪场连续两年随机抽血样检测伪狂犬病毒抗体或野毒感染抗体监测，全部阴性。

附件

种猪场猪伪狂犬病净化方案

一、轻度污染场的净化

猪场不使用疫苗免疫接种，采取血清学普查，如果发现血清学阳性，进行确诊，扑杀患病猪。

二、中度污染场的净化

（一）采取免疫净化措施。免疫程序按每4个月注射一次。对猪只每年进行两次病原学抽样监测，结果为阳性者按病畜淘汰。

（二）经免疫的种猪所生仔猪，留作种用的在100日龄时做一次血清学检查，免疫前抗体阴性者留作种用，阳性者淘汰。

（三）后备种猪在配种前后1个月各免疫接种一次，以后按种猪的免疫程序进行免疫。同时每6个月抽血样做一次血清学鉴别检查，如发现野毒感染猪只及时淘汰处理。

（四）引进的猪只隔离饲养7d以上，经检疫合格（血清学检测为阴性）后方可与本场猪混群饲养。每半年做一次血清学检查。对于检测出的野毒感染阳性猪实施淘汰。

三、重度污染场的净化

（一）暂停向外供应种猪。

（二）免疫程序按每4个月免疫接种一次。每次免疫接种后对猪只抽样进行免疫抗体监测，对免疫抗体水平不达标者，立即补免。持续两年。

（三）在上述措施的基础上，按轻度感染场净化方案操作处理。

四、综合措施

（一）猪场要对猪舍及周边环境定期消毒。

（二）禁止在猪场内饲养其他动物。

（三）在猪场内实施灭鼠措施。

十四、小反刍兽疫防治技术规范

（2007年8月3日　农业部农医发〔2007〕16号发布）

小反刍兽疫（Peste des Petits Ruminants，PPR，也称羊瘟）是由副黏病毒科麻疹病毒属小反刍兽疫病毒（PPRV）引起的，以发热、口炎、腹泻、肺炎为特征的急性接触性传染病，山羊和绵羊易感，山羊发病率和病死率均较高。世界动物卫生组织（OIE）将其列为法定报告动物疫病，我国将其列为一类动物疫病。

2007年7月，小反刍兽疫首次传入我国。为及时、有效地预防、控制和扑灭小反刍兽疫，依据《中华人民共和国动物防疫法》《重大动物疫情应急条例》《国家突发重大动物疫情应急预案》和《国家小反刍兽疫应急预案》及有关规定，制定本规范。

1　适用范围

本规范规定了小反刍兽疫的诊断报告、疫情监测、预防控制和应急处置等技术要求。

本规范适用于中华人民共和国境内的小反刍兽疫防治活动。

2　诊断

依据本病流行病学特点、临床症状、病理变化可作出疑似诊断，确诊需做病原学和血清学检测。

2.1　流行病学特点

2.1.1　山羊和绵羊是本病唯一的自然宿主，山羊比绵羊更易感，且临床症状比绵羊更为严重。山羊不同品种的易感性有差异。

2.1.2　牛多呈亚临床感染，并能产生抗体。猪表现为亚临床感染，无症状，不排毒。

2.1.3　鹿、野山羊、长角大羚羊、东方盘羊、瞪羚羊、驼可感染发病。

该病主要通过直接或间接接触传播，感染途径以呼吸道为主。本病一年四季均可发生，但多雨季节和干燥寒冷季节多发。本病潜伏期一般为4～6天，也可达到10天，《国际动物卫生法典》规定潜伏期为21天。

2.2　临床症状

山羊临床症状比较典型，绵羊症状一般较轻微。

2.2.1　突然发热，第2～3天体温达40～42℃高峰。发热持续3d左右，病羊死亡多集中在发热后期。

2.2.2　病初有水样鼻液，此后变成大量的黏脓性卡他样鼻液，阻塞鼻孔造成呼吸困难。鼻内膜发生坏死。眼流分泌物，遮住眼睑，出现眼结膜炎。

2.2.3　发热症状出现后，病羊口腔内膜轻度充血，继而出现糜烂。初期多在下齿龈周围出现小面积坏死，严重病例迅速扩展到齿垫、硬腭、颊和颊乳头以及舌，坏死组织脱落形成不规则的浅糜烂斑。部分病羊口腔病变温和，并可在48h内愈合，这类病羊可很快康复。

2.2.4　多数病羊发生严重腹泻或下痢，造成迅速脱水和体重下降。妊娠母羊可发生流产。

2.2.5　易感羊群发病率通常达60％以上，病死率可达50％以上。

2.2.6　特急性病例发热后突然死亡，无其他症状，在剖检时可见支气管肺炎和回盲肠瓣充血。

2.3 病理变化

2.3.1 口腔和鼻腔黏膜糜烂坏死。

2.3.2 支气管肺炎，肺尖肺炎。

2.3.3 有时可见坏死性或出血性肠炎，盲肠、结肠近端和直肠出现特征性条状充血、出血，呈斑马状条纹。

2.3.4 有时可见淋巴结特别是肠系膜淋巴结水肿，脾脏肿大并可出现坏死病变。

2.3.5 组织学上可见肺部组织出现多核巨细胞以及细胞内嗜酸性包含体。

2.4 实验室检测

检测活动必须在生物安全3级以上实验室进行。

2.4.1 病原学检测

2.4.1.1 病料可采用病羊口鼻棉拭子、淋巴结或血沉棕黄层。

2.4.1.2 可采用细胞培养法分离病毒，也可直接对病料进行检测。

2.4.1.3 病毒检测可采用反转录聚合酶链式反应（RT-PCR）结合核酸序列测定，亦可采用抗体夹心ELISA。

2.4.2 血清学检测

2.4.2.1 采用小反刍兽疫单抗竞争ELISA检测法。

2.4.2.2 间接ELISA抗体检测法。

2.5 结果判定

2.5.1 疑似小反刍兽疫

山羊或绵羊出现急性发热、腹泻、口炎等症状，羊群发病率、病死率较高，传播迅速，且出现肺尖肺炎病理变化时，可判定为疑似小反刍兽疫。

2.5.2 确诊小反刍兽疫

符合结果判定2.5.1，且血清学或病原学检测阳性，可判定为确诊小反刍兽疫。

3 疫情报告

3.1 任何单位和个人发现以发热、口炎、腹泻为特征，发病率、病死率较高的山羊或绵羊疫情时，应立即向当地动物疫病预防控制机构报告。

3.2 县级动物疫病预防控制机构接到报告后，应立即赶赴现场诊断，认定为疑似小反刍兽疫疫情的，应在2h内将疫情逐级报省级动物疫病预防控制机构，并同时报所在地人民政府兽医行政管理部门。

3.3 省级动物疫病预防控制机构接到报告后1小时内，向省级兽医行政管理部门和中国动物疫病预防控制中心报告。

3.4 省级兽医行政管理部门应当在接到报告后1小时内报省级人民政府和国务院兽医行政管理部门。

3.5 国务院兽医行政管理部门根据最终确诊结果，确认小反刍兽疫疫情。

3.6 疫情确认后，当地兽医行政管理部门应建立疫情日报告制度，直至解除封锁。

3.7 疫情报告内容包括：疫情发生时间、地点，易感动物、发病动物、死亡动物和扑杀、销毁动物的种类和数量，病死动物临床症状、病理变化、诊断情况，流行病学调查和疫源追踪情况，已采取的控制措施等内容。

3.8 已经确认的疫情，当地兽医行政行政管理部门要认真组织填写《动物疫病流行病学调查表》，并报中国动物卫生与流行病学中心调查分析室。

4 疫情处置

4.1 疑似疫情的应急处置

4.1.1 对发病场（户）实施隔离、监控，禁止家畜、畜产品、饲料及有关物品移动，并对其内、外环境进行严格消毒。

必要时，采取封锁、扑杀等措施。

4.1.2 疫情溯源。对疫情发生前30d内，所有引入疫点的易感动物、相关产品来源及运输工具进行追溯性调查，分析疫情来源。必要时，对原产地羊群或接触羊群（风险羊群）进行隔离观察，对羊乳和乳制品进行消毒处理。

4.1.3 疫情跟踪。对疫情发生前21d内以及采取隔离措施前，从疫点输出的易感动物、相关产品、运输车辆及密切接触人员的去向进行跟踪调查，分析疫情扩散风险。必要时，对风险羊群进行隔离观察，对羊乳和乳制品进行消毒处理。

4.2 确诊疫情的应急处置

按照“早、快、严”的原则，坚决扑杀、彻

底消毒，严格封锁、防止扩散。

4.2.1 划定疫点、疫区和受威胁区

4.2.1.1 疫点。相对独立的规模化养殖场（户），以病死畜所在的场（户）为疫点；散养畜以病死畜所在的自然村为疫点；放牧畜以病死畜所在牧场及其活动场地为疫点；家畜在运输过程中发生疫情的，以运载病畜的车、船、飞机等为疫点；在市场发生疫情的，以病死畜所在市场为疫点；在屠宰加工过程中发生疫情的，以屠宰加工厂（场）为疫点。

4.2.1.2 疫区。由疫点边缘向外延伸3公里范围的区域划定为疫区。

4.2.1.3 受威胁区。由疫区边缘向外延伸10公里的区域划定为受威胁区。

划定疫区、受威胁区时，应根据当地天然屏障（如河流、山脉等）、人工屏障（道路、围栏等）、野生动物栖息地存在情况，以及疫情溯源及跟踪调查结果，适当调整范围。

4.2.2 封锁

疫情发生地所在地县级以上兽医行政管理部门报请同级人民政府对疫区实行封锁，跨行政区域发生疫情的，由共同上级兽医行政管理部门报请同级人民政府对疫区发布封锁令。

4.2.3 疫点内应采取的措施

4.2.3.1 扑杀疫点内的所有山羊和绵羊，并对所有病死羊、被扑杀羊及羊鲜乳、羊肉等产品按国家规定标准进行无害化处理，具体可参照《口蹄疫扑杀技术规范》和《口蹄疫无害化处理技术规范》执行；

4.2.3.2 对排泄物、被污染或可能污染饲料和垫料、污水等按规定进行无害化处理，具体可参照《口蹄疫无害化处理技术规范》执行；

4.2.3.3 羊毛、羊皮按（附件1）规定方式进行处理，经检疫合格，封锁解除后方可运出。

4.2.3.4 被污染的物品、交通工具、用具、禽舍、场地进行严格彻底消毒（见附件1）。

4.2.3.5 出入人员、车辆和相关设施要按规定进行消毒（见附件1）。

4.2.3.6 禁止羊、牛等反刍动物出入。

4.2.4 疫区内应采取的措施

4.2.4.1 在疫区周围设立警示标志，在出入疫区的交通路口设置动物检疫消毒站，对出入的人员和车辆进行消毒；必要时，经省级人民政府批准，可设立临时动物卫生监督检查站，执行监督检查任务。

4.2.4.2 禁止羊、牛等反刍动物出入。

4.2.4.3 关闭羊、牛交易市场和屠宰场，停止活羊、牛展销活动。

4.2.4.4 羊毛、羊皮、羊乳等产品按（附件1）规定方式进行处理，经检疫合格后方可运出。

4.2.4.5 对易感动物进行疫情监测，对羊舍、用具及场地消毒。

4.2.4.6 必要时，对羊进行免疫。

4.2.5 受威胁区应采取的措施

4.2.5.1 加强检疫监管，禁止活羊调入、调出，反刍动物产品调运必须进行严格检疫。

4.2.5.2 加强对羊饲养场、屠宰场、交易市场的监测，及时掌握疫情动态。

4.2.5.3 必要时，对羊群进行免疫，建立免疫隔离带。

4.2.6 野生动物控制

加强疫区、受威胁区及周边地区野生易感动物分布状况调查和发病情况监测，并采取措施，避免野生羊、鹿等与人工饲养的羊群接触。当地兽医行政管理部门与林业部门应定期进行通报有关信息。

4.2.7 解除封锁

疫点内最后一只羊死亡或扑杀，并按规定进行消毒和无害化处理后至少21天，疫区、受威胁区经监测没有新发病例时，经当地动物疫病预防控制机构审验合格，由兽医行政管理部门向原发布封锁令的人民政府申请解除封锁，由该人民政府发布解除封锁令。

4.2.8 处理记录

各级人民政府兽医行政管理部门必须完整详细地记录疫情应急处理过程。

4.2.9 非疫区应采取的措施

4.2.9.1 加强检疫监管，禁止从疫区调入活羊及其产品。

4.2.9.2 做好疫情防控知识宣传，提高养殖户防控意识。

4.2.9.3 加强疫情监测，及时掌握疫情发生风险，做好防疫的各项工作，防止疫情发生。

5 预防措施

5.1 饲养管理

5.1.1 易感动物饲养、生产、经营等场所必须符合《动物防疫条件审核管理办法》规定的动

物防疫条件，并加强种羊调运检疫管理。

5.1.2 羊群应避免与野羊群接触。

5.1.3 各饲养场、屠宰厂（场）、交易市场、动物防疫监督检查站等要建立并实施严格的卫生消毒制度（见附件1）。

5.2 监测报告

县级以上动物疫病预防控制机构应当加强小反刍兽疫监测工作。发现以发热、口炎、腹泻为特征，发病率、病死率较高的山羊和绵羊疫情时，应立即向当地动物疫病预防控制机构报告。

5.3 免疫

必要时，经国家兽医行政管理部门批准，可以采取免疫措施：

5.3.1 与有疫情国家相邻的边境县，定期对羊群进行强制免疫，建立免疫带。

5.3.2 发生过疫情的地区及受威胁地区，定期对风险羊群进行免疫接种。

5.4 检疫

5.4.1 产地检疫

羊在离开饲养地之前，养殖场（户）必须向当地动物卫生监督机构报检。动物卫生监督机构接到报检后必须及时派员到场（户）实施检疫。检疫合格后，出具合格证明；对运载工具进行消毒，出具消毒证明，对检疫不合格的按照有关规定处理。

5.4.2 屠宰检疫

动物卫生监督机构的检疫人员对羊进行验证查物，合格后方可入厂（场）屠宰。检疫合格并加盖（封）检疫标志后方可出厂（场），不合格的按有关规定处理。

5.4.3 运输检疫

国内跨省调运山羊、绵羊时，应当先到调入地动物卫生监督机构办理检疫审批手续，经调出地按规定检疫合格，方可调运。

种羊调运时还需在到达后隔离饲养10天以上，由当地动物卫生监督机构检疫合格后方可投入使用。

5.5 边境防控

与疫情国相邻的边境区域，应当加强对羊只的管理，防止疫情传入：

5.5.1 禁止过境放牧、过境寄养，以及活羊及其产品的互市交易。

5.5.2 必要时，经国务院兽医行政管理部门批准，建立免疫隔离带。

5.5.3 加强对边境地区的疫情监视和监测，及时分析疫情动态。

附件：

小反刍兽疫消毒技术规范

1 药品种类

碱类（碳酸钠、氢氧化钠）、氯化物和酚化合物适用于建筑物、木质结构、水泥表面、车辆和相关设施设备消毒。柠檬酸、酒精和碘化物（碘消灵）适用于人员消毒。

2 场地及设施消毒

2.1 消毒前的准备

2.1.1 消毒前必须清除有机物、污物、粪便、饲料、垫料等。

2.1.2 选择合适的消毒药品。

2.1.3 备有喷雾器、火焰喷射枪、消毒车辆、消毒防护用具（如口罩、手套、防护靴等）、消毒容器等。

2.2 消毒方法

2.2.1 金属设施设备的消毒，可采取火焰、熏蒸和冲洗等方式消毒。

2.2.2 羊舍、车辆、屠宰加工、贮藏等场所，可采用消毒液清洗、喷洒等方式消毒。

2.2.3 养羊场的饲料、垫料、粪便等，可采取堆积发酵或焚烧等方式处理。

2.2.4 疫区范围内办公、饲养人员的宿舍、公共食堂等场所，可采用喷洒的方式消毒。

3 人员及物品消毒

3.1 饲养、管理等人员可采取淋浴消毒。

3.2 衣、帽、鞋等可能被污染的物品，可采取消毒液浸泡、高压灭菌等方式消毒。

4 山羊绒及羊毛消毒

可以采用下列程序之一灭活病毒：

4.1 在18℃储存4周，4℃储存4个月，或37℃储存8d。

4.2 在一密封容器中用甲醛熏蒸消毒至少24小时。具体方法：将高锰酸钾放入容器（不可为塑料或乙烯材料）中，再加入商品福尔马林进行消毒，比例为每立方米加53mL福尔马林和35g高锰酸钾。

4.3　工业洗涤，包括浸入水、肥皂水、苏打水或碳酸钾等一系列溶液中水浴。

4.4　用熟石灰或硫酸钠进行化学脱毛。

4.5　浸泡在 60～70℃水溶性去污剂中，进行工业性去污。

5　羊皮消毒

5.1　在含有 2%碳酸钠的海盐中腌制至少 28d。

5.2　在一密闭空间内用甲醛熏蒸消毒至少 24h，具体方法参考 4.2。

6　羊乳消毒

采用下列程序之一灭活病毒：

6.1　两次 HTST 巴氏消毒（72℃至少15s）。

6.2　HTST 巴氏消毒与其他无力处理方法结合使用，如在 pH6 的环境中维持至少 1h。

6.3　UHT 结合物理方法。

十五、奶牛乳房炎防治技术指南（试行）

（2010 年 6 月 7 日　农业部农医发〔2010〕29 号发布）

奶牛乳腺炎（Mastitis）是奶牛乳腺组织的炎症，它的发生与病原微生物、奶牛自身因素、环境因素、管理因素及遗传因素等密切相关，是奶牛最常见也是造成经济损失最严重的疾病之一。同时，治疗乳腺炎时使用抗生素，可能诱导产生抗药菌株并带来抗生素残留问题。有效控制乳腺炎对于提高奶牛生产效益、减少经济损失具有重要意义。

为预防和控制奶牛乳腺炎，依据《中华人民共和国动物防疫法》《中华人民共和国食品卫生法》《重大动物疫情应急条例》《乳品质量安全监督管理条例》《国家突发重大动物疫情应急预案》《生乳》（GB 19301—2010）《生鲜乳生产技术规程》《无公害食品奶牛饲养管理准则》《奶牛场卫生及检疫规范》《无公害食品奶牛饲养兽医防疫准则》及有关规定，制定本防治技术指南。

1　适用范围

本指南规定了奶牛乳腺炎的诊断、监测、报告、预防、治疗和应急处置的操作程序、技术标准和保障措施。

本指南适用于中华人民共和国境内一切与奶牛乳腺炎防治有关的活动。

2　诊断

2.1　流行病学特点

奶牛乳腺炎的发生受多种因素的影响，饲养管理中饲养环境状况、挤奶卫生条件、程序及护理措施的规范程度都与乳腺炎的发生密切相关。乳腺炎的发生与牛只自身因素如胎次、泌乳阶段有相关性，2～3 胎后，随着产犊胎次的增加，患病机会增加；随着泌乳时间的延长，患病机会增加；分娩期的感染率较其他时期高数倍。本病的发生与气候和季节变化也有一定关系，多发于雨季、酷暑及寒冬。

2.2　发病原因

诱发乳腺炎的因素主要有以下几个方面：

2.2.1　饲养管理

环境卫生状况较差、饲养管理水平低下、挤奶设备使用不正确、挤奶程序不规范、不注意挤奶卫生等是诱发乳腺炎的重要原因。

2.2.2　病原微生物

引起乳腺炎的病原微生物主要包括细菌、真菌、病毒、支原体。根据病原的来源和传播方式可分为接触传染性病原体和环境性病原体两类。前者主要包括无乳链球菌、停乳链球菌、金黄色葡萄球菌、支原体等；后者主要包括大肠杆菌、沙门氏菌、肺炎克雷伯菌等。临床病例中，链球菌、金黄色葡萄球菌和大肠杆菌最为常见。

2.2.3　其他因素

季节、气候、遗传因素以及其他疾病等都对乳腺炎的发生有一定影响。

总之，引起乳腺炎的因素在很多情况下都是多重性的，在诊断时应全面考虑。

2.3　诊断

2.3.1　临床诊断

乳腺炎按临床表现可分为临床型和亚临床型

（通常称为隐性乳腺炎），临床型又可分为急性型、亚急性型和慢性型。

2.3.1.1 急性乳腺炎。突然发病，乳房发红、肿胀、变硬、疼痛，乳汁显著异常和减少，出现全身症状。病牛体温升高，食欲减退，反刍减少，脉搏增速，脱水，全身衰弱、沉郁。当病情发展很快且症状严重时为最急性乳腺炎，此时可危及患牛生命。

2.3.1.2 亚急性乳腺炎。病牛一般没有全身症状，最明显的异常是乳汁中有絮片、凝块，并呈水样。乳房有轻微发热、肿胀和疼痛。

2.3.1.3 慢性乳腺炎。慢性乳腺炎多由长时间持续感染引起，或由于急性乳腺炎未及时进行有效治疗而转来。长期保持亚临床型乳腺炎，或亚临床型和临床型交替出现，临床症状长期存在。最终可导致乳腺组织纤维化，乳房萎缩、出现硬结。这类乳腺炎治疗价值不大，而且是牛群中的感染源，应及早淘汰。

2.3.1.4 亚临床型乳腺炎。患牛的乳房和乳汁肉眼观察无异常，但乳汁理化性质发生变化，乳汁体细胞数增加。隐性乳腺炎患牛是病原携带者，可以感染其他健康牛。由于临床症状不明显，易被忽视而造成奶量损失和健康牛感染的危险。

2.3.2 实验室诊断

2.3.2.1 临床型乳腺炎

临床型乳腺炎主要根据临床症状进行诊断。病原微生物实验室诊断见附件1、2。

2.3.2.2 亚临床型乳腺炎

检测方法包括乳汁体细胞计数法（CMT和体细胞直接计数法）、乳汁pH检验法、电导率值检验法、酶类检测法和乳成分直接检测法。本指南主要介绍体细胞计数法。检测方法参见附件3、4，可以选择其中之一进行。

如需进行病原微生物的检测，参见附件1、2。

3 监测与报告

3.1 奶牛饲养单位或个人每月应对亚临床型乳腺炎进行监测，并根据监测结果采取相应措施，监测记录存档；对临床型乳腺炎要准确诊断，及时治疗，并保存诊疗记录。大规模发生临床型乳腺炎时，要及时向当地兽医主管部门报告。

3.2 兽医主管部门应对乳腺炎发病及监测情况进行定期监控。

4 处置

4.1 临床型乳腺炎处置

4.1.1 隔离

对患病奶牛实施隔离，对病牛接触过的一切用具及环境进行彻底消毒。

4.1.2 治疗

对已经确诊的病牛，应根据致病因素采取有效治疗措施，按照对症治疗、局部治疗、抗感染和辅助性治疗相结合的原则，防止病原扩散。

4.1.2.1 抗感染治疗：可选用抗感染药物治疗。治疗前应进行乳汁采样、病原培养、药敏实验以确定所使用药物的种类。

4.1.2.2 对症治疗：解热、镇痛、抗过敏。

4.1.2.3 辅助性治疗：缓解乳房的肿胀，可采用乳房基部封闭、乳房按摩、增加挤乳次数、乳房冷敷、外敷药物等。

4.1.3 牛奶处理

临床型乳腺炎奶牛的奶要挤入专用容器内，集中销毁，应严格执行休药期和弃奶规定；对发病区的奶源进行严格监测，防止病原污染牛奶进入制冷罐、乳品加工企业和消费市场。

4.2 亚临床型乳腺炎处置

4.2.1 奶牛的处置

对已诊断为亚临床型乳腺炎的病牛应隔离观察。长期CMT阳性、乳汁表现异常、产奶量低、反复发作的病牛，要及时淘汰。干乳前10d进行隐性乳房监测，对阳性反应在“++”以上的牛及时治疗，干乳前3d再监测1次，阴性反应方可停乳。

4.2.2 牛奶的处置

应严格执行休药期和弃奶规定。

4.3 消毒

选用合适的药物药浴乳头；对病牛污染的场所、用具、物品，特别是挤奶设备进行清洗和严格消毒，消毒方法见附件5。

5 预防措施

坚持预防为主、防治结合的原则，创造良好的卫生环境，采取科学的管理方法，执行正确的挤奶程序，以减少奶牛乳腺炎的发生。

5.1 创造良好的卫生环境

良好的卫生环境是预防乳腺炎的关键。牛舍、运动场要设计合理，空间宽敞，保持阳光充足；牛床要保持清洁、干燥，垫草应干、软、清洁、新鲜，经常更换。要定期对牛舍和运动场进行消毒，乳腺炎高发季节应加强消毒。

兽医部门应加强对奶牛场动物防疫条件审查与监督管理。

5.2 加强饲养管理

根据奶牛的营养需要，执行规范化饲养，各生产阶段精、粗饲料搭配合理，全面供应，增加青绿、青贮料的饲喂量，以奶定料，维持机体最佳生理机能。停乳后要随时观察乳房，发现异常应立即处理；在干奶后期应适当增加精料的饲喂量；为减轻乳房水肿，要适当控制盐的摄入量和多汁饲料的喂量。在饲养管理过程中要避免应激。同时，还要适当增加奶牛的运动，以增强机体抗病力。

在干奶期，每头奶牛每天供应1.0g维生素E，每公斤日粮不超过0.3mg的硒。

5.3 规范挤奶操作

挤奶操作建议采用“两次药浴，纸巾干擦”。

5.3.1 挤奶前检查：挤奶前先观察或触摸乳房外表是否有红、肿、热、痛症状或创伤。

5.3.2 乳头预药浴：选用专用的乳头药浴液，对乳头进行预药浴，药液作用时间应保持在20～30s。（注：乳房污染严重时，可先用含消毒剂的温水清洗干净，再药浴乳头）

5.3.3 擦干乳头：药浴后用一次性纸巾擦干乳头和基部，要求每头牛至少1张。

5.3.4 挤头2～3把奶：把头2～3把奶挤到专用容器中，检查牛奶是否有凝块、絮状物或呈水样，牛奶正常的牛方可上机挤奶；异常的，应及时报告兽医进行治疗，单独挤奶，严禁将异常奶混入正常牛奶中。

5.3.5 上机挤奶：上述工作结束后，及时套上挤奶杯组（套杯过程中尽量避免空气进入杯组中），奶牛从进入挤奶厅到套上奶杯的时间应控制在90秒内。挤奶过程中观察真空稳定情况和挤奶杯组奶流情况，适当调整挤奶杯组的位置。排乳接近结束，先关闭真空，再移走挤奶杯组。严禁下压挤奶机，避免过度挤奶。

5.3.6 挤奶后药浴：挤奶结束后，应迅速进行乳头药浴，停留时间为3～5s。

5.4 定期检查

加强对乳腺炎的监控，每月对每头泌乳牛进行奶牛乳房炎检测。

5.5 干奶期预防

干奶前首先进行隐性乳腺炎检测，阴性奶牛方可进行干奶。提倡一次性干奶。乳汁挤净后，向每个乳区注入适量的干奶药。

附件1

金黄色葡萄球菌的检验

1 主要试剂和试验方法：

1.1 革兰氏染色：

1.1.1 涂片、火焰固定。

1.1.2 草酸铵结晶紫染1min。

草酸铵结晶紫染液的配制：

溶液A：结晶紫2g，95%酒精20mL，溶液B：草酸铵0.8g，蒸馏水80mL。将A、B溶液混合，用滤纸过滤后即可使用。

1.1.3 自来水冲洗。

1.1.4 加碘液覆盖涂面染约1min。

1.1.5 水洗，用吸水纸吸去水分。

1.1.6 加95%酒精数滴，并轻轻摇动进行脱色，20s后水洗，吸去水分。

1.1.7 沙黄液（稀）染2min后，自来水冲洗。干燥，镜检。

革兰氏阳性菌染色为蓝色，革兰氏阴性菌染色为红色。

1.2 触酶试验

取槽置于洁净的试管内或玻片上，然后加3%过氧化氢数滴；或直接滴加3%过氧化氢于不含血液的细菌培养物中，立即观察结果。有大量气泡产生者为阳性，无则为阴性。

1.3 血浆凝固酶试验

吸取0.5mL兔血浆与0.5mL金黄色葡萄球菌浸液肉汤24h培养物充分混匀，置（36±1)℃培养，每隔半小时观察一次，连续观察6h，出现凝固，即将小试管倾斜或倒置时，内容物不流动，判为阳性。同时做阴阳性对照。

2 乳样的采集

选取出现临床症状（或者怀疑为亚临床型乳腺炎）乳腺炎奶牛，先用温水，再用0.2%新洁尔灭擦洗乳房，最后用70%的酒精擦拭乳头。采样者同时进行手指擦拭消毒。每个乳室先挤去头2～3把奶，以排除污染的杂菌，每头奶牛取乳样5mL于无菌乳样杯中，待检。

3 病原菌的分离培养

初步诊断：将少量乳汁涂片、革兰氏染色、镜检。如可见圆球形革兰氏阳性菌可怀疑为葡萄球菌。

分离培养：将乳样摇匀，分别取适量接种于营养肉汤（10%血清）、鲜血琼脂、麦康凯琼脂培养基（平板）后，置于37℃温箱培养24～48h。观察每个平板中细菌生长的情况，记录菌落生长表现。

普通琼脂平板上，37℃，24～72h培养后，可见到湿润、光滑、隆起的圆形金黄色菌落。挑取典型菌落涂片、染色、镜检（镜检呈葡萄状排列，无芽孢、荚膜，直径0.5～1μm，革兰氏染色阳性），并挑取单个可疑菌落移植于肉汤和斜面培养基，经37℃培养24～48h。24h后没有长菌的平板，再用相应的增菌肉汤涂划一次，继续培养，24～48h后，再做检查，以防漏检。将剩余的乳样存放于4℃冰箱内备用。

营养肉汤中呈混浊生长，管底有少量灰白色沉淀。

血液琼脂平板中菌落较大，呈金黄色、圆形，周围出现明显的β-溶血。

4 生化鉴定

触酶试验：触酶阳性。

血浆凝固酶试验：凝固酶试验阳性。

糖发酵试验：能分解甘露醇、乳糖、葡萄糖、麦芽糖、蔗糖。

色素产生情况：能产生金黄色色素。

5 毒力试验

将上述经过生化试验鉴定的细菌悬液用灭菌生理盐水作适当稀释，对随机分组的小鼠进行腹腔注射接种，接种量为0.5mL/只（家兔皮下接种1.0mL或者静脉接种0.1～0.5mL），能够致死动物或者内脏出现脓肿可以确定有毒力。

6 病原菌的重分离试验

对接种后发病、死亡小鼠（家兔）的肝脏进行病原菌重分离。进行菌落涂片、革兰氏染色、显微镜检查，观察所分离菌株是否为原接种菌。如果是则进一步确定病原菌为金黄色葡萄球菌。

附件2

链球菌的检验

引起临床型乳腺炎或者亚临床型乳腺炎的链球菌常见的有无乳链球菌、停乳链球菌以及乳房链球菌。

1 主要试剂和试验方法

CAMP试验：在血琼脂平板上用金黄色葡萄球菌培养物划一条直线，然后将链球菌培养物划一条线，与金黄色葡萄球菌培养物的划线相互垂直，但不要接触，二者相距3～5mm，各链球菌分离菌划线间距10～20mm。置37℃温箱内培养24h后观察结果。在两划线交界处出现箭头样的溶血区为阳性。

2 乳样的采集

选取出现临床症状（或者怀疑为亚临床型乳腺炎）乳腺炎奶牛，先用温水，再用0.2%新洁尔灭擦洗乳房，最后用70%的酒精擦拭乳头。采样者同时进行手指擦拭消毒。每个乳室先挤去头2～3把奶，以排除污染的杂菌，每头奶牛取乳样5mL于无菌乳样杯中，待检。

3 病原菌的分离培养

初步诊断：将少量乳汁涂片、革兰氏染色、镜检。如可见圆球形革兰氏阳性菌可怀疑为链球菌。

分离培养：将乳样摇匀，分别取适量接种于营养肉汤（10%血清）、鲜血琼脂、麦康凯琼脂培养基（平板）后，置于37℃温箱培养24～48h。观察每个平板中细菌生长的情况，记录菌落生长表现。

普通琼脂平板上，37℃，24～72h培养后，未见到菌落。

鲜血琼脂平板上长有灰白色、半透明表面光滑圆形隆起的小菌落，出现溶血现象，如果是β溶血则疑为无乳链球菌，如果为α溶血，疑为停乳链球菌或者乳房链球菌，如为γ溶血，则疑为乳房链球菌。

血清肉汤中生长初呈均匀混浊，管底出现絮状沉淀，上清变得透明。

挑取典型菌落涂片、染色、镜检，镜检如呈球状，短链状或者长链状排列，无芽孢、荚膜，革兰氏染色阳性则疑为链球菌。

4　生化鉴定

镜检形态符合链球菌特性，且接触酶试验阴性细菌，即鉴定为链球菌属细菌。若细菌 CAMP 试验阳性，不水解七叶苷和马尿酸钠，即鉴定为无乳链球菌；若细菌 CAMP 试验阴性，不水解七叶苷和马尿酸钠，即鉴定为停乳链球菌；若细菌 CAMP 试验阴性，水解七叶苷和马尿酸钠，即鉴定为乳房链球菌。

5　动物试验

对实验动物，只有停乳链球菌具有致病性，将其 18h 血清肉汤培养物 0.5mL 注入小白鼠腹腔，或给家兔静脉接种 1～2mL，可使动物在 1 周内死亡。对接种后发病、死亡小鼠（家兔）的肝脏进行病原菌重分离。进行菌落涂片、革兰氏染色、显微镜检查，观察所分离菌株是否为原接种菌。如果是则进一步确定病原菌为停乳链球菌。其他两种链球菌并不能使试验动物致死。

附件 3

乳汁体细胞计数法

推荐使用体细胞计数仪进行乳汁体细胞计数。

体细胞计数法有直接计数法和间接计数法。直接计数法中简便易行的方法是直接用显微镜进行体细胞计数（SCC），间接计数法就是后面提到的 CMT 法。

1　主要试剂和材料

美蓝染色液：美蓝乙醇饱和溶液 30mL（美蓝 2g，95％乙醇 100mL），10％氢氧化钠溶液 0.1mL，蒸馏水 100mL，将上列溶液混合摇匀，过滤后备用。二甲苯、95％乙醇。生物显微镜、载玻片、10μL 微量加样器（或移液枪）等。

2　操作方法

2.1　涂片制备

涂布：充分摇匀新鲜乳样，用 10μL 微量加样器吸取中部乳汁 10μL，或用接种环蘸取等量的乳汁，将乳样滴于玻片一端中侧，仔细涂布成约 $1cm^2$ 面积的乳膜（为便于操作，可在玻片下垫衬一张硬纸板，纸板上用毛笔画数个面积为 $1cm^2$ 的方格透视）。

干燥、脱脂、固定：涂好乳膜的玻片于 37℃ 温箱中干燥，然后用二甲苯脱脂 5min，再置 95％乙醇中固定 5～10min。

染色：玻片干燥后，用美蓝染色液染色 5min。水洗，再用 95％乙醇脱色数分钟，水洗干燥后镜检。

镜检及计数：在生物显微镜油镜下观察（最好用 10×目镜，其视野直径要求为 0.016），计数 100 个视野内的细胞数，然后用下式计算：

$SCC=100\times N/\pi r^2$

视野面积 $\pi r^2=3.1416\times(0.016/2)\ 2=0.000\ 2cm^2$

显微镜系数 $N=1/0.000\ 2\times100=500\ 000$

SCC＝系数×每个视野的细胞平均数（即细胞总数÷100）＝细胞数/毫升乳

3　判定标准

随着国际和国内乳品行业的接轨，国内标准也在提高，一般以每毫升牛奶中含 20 万个细胞为亚临床乳腺炎的临界值（＋）；超过该值为阳性，低于该值则正常。

附件 4

加州乳腺炎检测法（CMT）

CMT 是加州乳腺炎试验的简称，即首先在美国加利福尼亚州使用的一种乳腺炎检测试验。它是通过间接测定乳中体细胞数（SCC）来诊断隐性乳腺炎的方法。其原理是在表面活性物质和碱性药物作用下，乳中体细胞被破坏，释放出 DNA，进一步作用，使乳汁产生沉淀或形成凝胶。体细胞数越多，产生的沉淀或凝胶也越多，从而间接诊断乳腺炎和炎症的程度。该法是国际通用的隐性乳腺炎诊断方法，其特点是简便、快速。我国研制出了类似的方法如 BMT（北京奶牛研究所）、SMT［上海奶牛研究所、HMT（黑龙江省兽医科学研究所）］，以及 LMT（中国农业科学院兰州兽医研究所）等。

1　试剂和方法

CMT 检测中用到的试剂和方法如下：十二烷基磺酸钠 30g 溶解于 1 000mL 蒸馏水，用 2M 的氢氧化钠调节 pH 等于 6.4，加入溴甲酚紫 0.1g，即成 CMT 检验液，取乳腺炎诊断盘 1 个，滴加被检乳 2mL，诊断液 2mL，缓缓做同心圆状摆。市售成品 CMT 诊断试剂或者其他方法的成品试剂，按照说明操作。

2　判定标准

可以参考表 1。

表 1 CMT 法的判定方法及标准

反应判定	被检乳	反应状态	体细胞数（万个/mL）
－	阴性	混合物呈液体状，倾斜检验盘时，流动流畅，无凝块	0～20
±	可疑	混合物呈液体状，盘底有微量沉淀物，摇动时消失	20～50
＋	弱阳性	盘底出现少量黏性沉淀物，非全部形成凝胶状，摇动时，沉淀物散布于盘底，有一定的黏性	50～80
＋＋	阳性	全部呈凝胶状，有一定黏性，回转时向心集中，不易散开	80～500
＋＋＋	强阳性	混合物大部分或全部形成明显的胶状沉淀物，黏稠，几乎完全黏附于盘底，旋转摇动时，沉淀集于中心，难以散开	＞500

十六、马鼻疽防治技术规范

（2007 年 4 月 9 日　农业部农医发〔2007〕12 号发布）

马鼻疽（Glanders）是由假单胞菌科假单胞菌属的鼻疽假单胞菌感染引起的一种人兽共患传染病。我国将其列为二类动物疫病。

为预防、控制和消灭马鼻疽，依据《中华人民共和国动物防疫法》及有关的法律法规，特制定本规范。

1　适用范围

本规范规定了马鼻疽的诊断、疫情报告、疫情处理、防治措施、控制和消灭标准。

本规范适用于中华人民共和国境内从事马属动物的饲养、经营和马属动物产品加工、经营，以及从事动物防疫活动的单位和个人。

2　诊断

2.1　流行特点

以马属动物最易感，人和其他动物如骆驼、犬、猫等也可感染。鼻疽病马以及患鼻疽的其他动物均为本病的传染源。自然感染主要通过与病畜接触，经消化道或损伤的皮肤、黏膜及呼吸道传染。本病无季节性，多呈散发或地方性流行。在初发地区，多呈急性、暴发性流行；在常发地区多呈慢性经过。

2.2　临床特征

本病的潜伏期为 6 个月。

临床上常分为急性型和慢性型。

急性型 病初表现体温升高，呈不规则热（39～41℃）和颌下淋巴结肿大等全身性变化。肺鼻疽主要表现为干咳，肺部可出现半浊音、浊音和不同程度的呼吸困难等症状；鼻腔鼻疽可见一侧或两侧鼻孔流出浆液、黏液性脓性鼻汁，鼻腔黏膜上有小米粒至高粱米粒大的灰白色圆形结节突出黏膜表面，周围绕以红晕，结节坏死后形成溃疡，边缘不整，隆起如堤状，底面凹陷呈灰白色或黄色；皮肤鼻疽常于四肢、胸侧和腹下等处发生局限性有热有痛的炎性肿胀并形成硬固的结节。结节破溃排出脓汁，形成边缘不整、喷火口状的溃疡，底部呈油脂样，难以愈合。结节常沿淋巴管径路向附近组织蔓延，形成念珠状的索肿。后肢皮肤发生鼻疽时可见明显肿胀变粗。

慢性型 临床症状不明显，有的可见一侧或两侧鼻孔流出灰黄色脓性鼻汁，在鼻腔黏膜常见有糜烂性溃疡，有的在鼻中隔形成放射状斑痕。

2.3　病理变化

主要为急性渗出性和增生性变化。渗出性为主的鼻疽病变见于急性鼻疽或慢性鼻疽的恶化过程中；增生性为主的鼻疽病变见于慢性鼻疽。

肺鼻疽　鼻疽结节大小如粟粒，高粱米及黄豆大，常发生在肺膜面下层，呈半球状隆起于表面，有的散布在肺深部组织，也有的密布于全肺，呈暗红色、灰白色或干酪样。

鼻腔鼻疽　鼻中隔多呈典型的溃疡变化。溃疡数量不一，散在或成群，边缘不整，中央像喷火口，底面不平呈颗粒状。鼻疽结节呈黄白色，粟粒呈小豆大小，周围有晕环绕。鼻疽斑痕的特征是呈星芒状。

皮肤鼻疽 初期表现为沿皮肤淋巴管形成硬固的念珠状结节。多见于前躯及四肢，结节软化破溃后流出脓汁，形成溃疡，溃疡有堤状边缘和油脂样底面，底面覆有坏死性物质或呈颗粒状肉芽组织。

2.4 实验室诊断

2.4.1 变态反应诊断

变态反应诊断方法有鼻疽菌素点眼法、鼻疽菌素皮下注射法、鼻疽菌素眼睑皮内注射法，常用鼻疽菌素点眼法（见附件）。

2.4.2 鼻疽补体结合反应试验（见附件）。该方法为较常用的辅助诊断方法，用于区分鼻疽阳性马属动物的类型，可检出大多数活动性患畜。

2.5 结果判定

无临床症状慢性马鼻疽的诊断以鼻疽菌素点眼为主，血清学检查为辅；开放性鼻疽的诊断以临床检查为主，病变不典型的，则须进行鼻疽菌素点眼试验或血清学试验。

2.5.1 具有明显鼻疽临床特征的马属动物，判定为开放性鼻疽病畜。

2.5.2 鼻疽菌素点眼阳性者，判定为鼻疽阳性畜。

3 疫情报告

3.1 任何单位和个人发现疑似疫情，应当及时向当地动物防疫监督机构报告。

3.2 动物防疫监督机构接到疫情报告并确认后，按《动物疫情报告管理办法》及有关规定及时上报。

4 疫情处理

4.1 发现疑似患病马属动物后，畜主应立即隔离患病马属动物，限制其移动，并立即向当地动物防疫监督机构报告。动物防疫监督机构接到报告后，应及时派员到现场进行诊断，包括流行病学调查、临床症状检查、病理检查、采集病料、实验室诊断等，并根据诊断结果采取相应防治措施。

4.2 确诊为马鼻疽病畜后，当地县级以上人民政府畜牧兽医行政管理部门应当立即派人到现场，划定疫点、疫区、受威胁区；采集病料、调查疫源，及时报请同级人民政府对疫区实行封锁，并将疫情逐级上报国务院畜牧兽医行政管理部门。县级以上人民政府根据需要组织有关部门和单位采取隔离、扑杀、销毁、消毒等强制性控制、扑灭措施，并通报毗邻地区。

4.2.1 划定疫点、疫区、受威胁区

疫点 指患病马属动物所在的地点，一般是指患病马属动物的同群畜所在的养殖场（户）或其他有关屠宰、经营单位；散养情况下，疫点指患病马属动物所在的自然村（屯）。

疫区 由疫点外延3公里范围内的区域。疫区划分时注意考虑当地的饲养环境和天然屏障（如河流、山脉等）。

受威胁区 是指疫区外延5公里范围内的区域。

4.2.2 封锁

按规定对疫区实行封锁。疫区封锁期间，染疫和疑似染疫的马属动物及其产品不得出售、转让和调群，禁止移出疫区；繁殖马属动物要用人工授精方法进行配种；种用马属动物不得对疫区外马属动物配种；对可疑马属动物要严格隔离检疫；关闭马属动物交易市场。禁止非疫区的马属动物进入疫区，并根据扑灭疫情的需要对出入封锁区的人员、运输工具及有关物品采取消毒和其他限制性措施。

4.2.3 隔离

当发生马鼻疽时，要及时应用变态反应等方法在疫点对马属动物进行检测，根据检测结果，将马属动物群分为患病群、疑似感染群和假定健康群三类。立即扑杀患病群，隔离观察疑似感染群、假定健康群。经6个月观察，不再发病方可解除隔离。

4.2.4 检测

疫区内须对疑似感染马属动物和周围的马属动物隔离饲养，每隔6个月检测一次，受威胁区每年进行两次血清学（鼻疽菌素试验）监测，直至全部阴性为止；无疫区每年进行一次血清学检测。

4.2.5 扑杀

对临床病畜和鼻疽菌素试验阳性畜，均须在不放血条件下进行扑杀。

4.2.6 销毁处理

病畜和阳性畜及其胎儿、胎衣、排泄物等按照GB 16548《畜禽病害肉尸及其产品无害化处理

规程》进行无害化处理。焚烧和掩埋的地点应选择距村镇、学校、水源、牧场、养殖场等1公里以外的地方，挖深坑将尸体焚烧后掩埋，掩埋土层不得低于1.5米。

4.2.7 消毒

对患病或疑似感染马属动物污染的场所、用具、物品等严格进行消毒；污染的垫料及粪便等采取堆积泥封发酵、高温等方法处理后方可使用。

4.2.8 封锁的解除

疫区从最后一匹患病马属动物扑杀处理后，并经彻底消毒等处理后，对疫区内监测90天，未见新病例；且经过半年时间采用鼻疽菌素试验逐匹检查，未检出鼻疽菌素试验阳性马属动物的，并对所污染场所、设施设备和受污染的其他物品彻底消毒后，经当地动物防疫监督机构检查合格，由原当地县级以上兽医行政主管部门报请原发布封锁令人民政府解除封锁。

5 预防与控制

5.1 加强饲养管理，做好消毒等基础性防疫工作，提高马匹抗病能力。

5.2 检疫。异地调运马属动物，必须来自非疫区；出售马属动物的单位和个人，应在出售前按规定报检，经当地动物防疫监督机构检疫，证明马属动物装运之日无马鼻疽症状，装运前6个月内原产地无马鼻疽病例，装运前15天经鼻疽菌素试验或鼻疽补体结合反应试验，结果为阴性，并签发产地检疫证后，方可启运。

调入的马属动物必须在当地隔离观察30天以上，经当地动物防疫监督机构连续两次（间隔5～6天）鼻疽菌素试验检查，确认健康无病，方可混群饲养。

运出县境的马属动物，运输部门要凭当地动物防疫监督机构出具的运输检疫证明承运，证明随畜同行。运输途中发生疑似马鼻疽时，畜主及承运者应及时向就近的动物防疫监督机构报告，经确诊后，动物防疫监督机构就地监督畜主实施扑杀等处理措施。

5.3 监测。稳定控制区 每年每县抽查200匹（不足200匹的全检），进行鼻疽菌素试验检查，如检出阳性反应的，则按控制区标准采取相应措施。

消灭区 每县每年鼻疽菌素试验抽查马属动物100匹（不足100匹的全检）。

6 控制和消灭标准

6.1 控制标准

6.1.1 县级控制标准

控制县（市、区、旗）应达到以下三项标准：

A、全县（市、区、旗）范围内，连续两年无马鼻疽临床病例。

B、全县（市、区、旗）范围内连续两年检查，每年抽检200匹（不足200匹全检），经鼻疽菌素试验阳性率不高于0.5%。

C、鼻疽菌素试验阳性马属动物全部扑杀，并做无害化处理。

6.1.2 市级控制标准

全市（地、州、盟）所有县（市、区、旗）均达到控制标准。

6.1.3 省级控制标准

全省所有市（地、州、盟）均达到控制标准。

6.1.4 全国控制标准

全国所有省（自治区、直辖市）均达到控制标准。

6.2 消灭标准

6.2.1 县级马鼻疽消灭标准必须具备以下两项条件

A. 达到控制标准后，全县（市、区、旗）范围内连续两年无马鼻疽病例。

B. 达到控制标准后，全县（市、区、旗）范围内连续两年鼻疽菌素试验检查，每年抽检100匹（不足100匹者全检），全部阴性。

6.2.2 市级马鼻疽消灭标准

全市（地、州、盟）所有县（市、区、旗）均达到消灭标准。

6.2.3 省级马鼻疽消灭标准

全省所有市（地、州、盟）均达到消灭标准。

6.2.4 全国马鼻疽消灭标准

全国所有省（自治区、直辖市）均达到消灭标准。

附件

马鼻疽诊断技术及判定标准

1 总则

1.1 为统一马鼻疽（以下简称鼻疽）检疫诊断技术及判定标准，并提高鼻疽诊断技术及判定标准的准确性，特制定鼻疽诊断技术及判定标准（以下简称本标准）。

1.2 对马、驴、骡进行鼻疽检疫时，统一按本标准规定办理。

1.3 本标准以鼻疽菌素点眼反应为主。必要时进行补体结合反应、鼻疽菌素皮下注射反应或眼睑皮内注射反应。

1.4 凡鼻疽临床症状显著的马、骡、驴，确认为开放性鼻疽的，可以不进行检疫。

1.5 各种检疫记录表（见7附件），须保存2年以上。

2 鼻疽菌素点眼操作方法

2.1 器材药品。

2.1.1 鼻疽菌素、硼酸、来苏儿、脱脂棉、纱布、酒精、碘酒、记录表。

2.1.2 点眼器、唇（耳）夹子、煮沸消毒器、镊子、消毒盘、工作服、口罩、线手套。

注意：在所盛鼻疽菌素用完或在点眼过程中被污染（接触结膜异物）的点眼器，必须消毒后再使用。

2.2 点眼前必须两眼对照，详细检查眼结膜和单、双睛等情况，并记录。眼结膜正常者可进行点眼，点眼后检查颌下淋巴结，体表状况及有无鼻漏等。

2.3 规定间隔5～6d做两回点眼为一次检疫，每次点眼用鼻疽菌素原液3～4滴（0.2～0.3mL），两次点眼必须点于同一眼中，一般应点于左眼，左眼生病可点于右眼，并在记录中说明。

2.4 点眼应在早晨进行，最后第9小时的判定须在白天进行。

2.5 点眼前助手固定马匹，术者左手用食指插入上眼睑窝内使瞬膜露出，用拇指拨开下眼睑构成凹兜，右手持点眼器保持水平方向，手掌下缘支撑额骨眶部，点眼器尖端距凹兜约1cm，拇指按胶皮乳头滴入鼻疽菌素3～4滴。

2.6 点眼后注意系拴。防止风沙侵入、阳光直射眼睛及动物自行摩擦眼部。

2.7 判定反应。在点眼后3、6、9h，检查3次，尽可能于注射24h处再检查一次。判定时先由马头正面两眼对照观察，在第6小时要翻眼检查，其余观察必要时须翻眼。细查结膜状况，有无眼眦，并按判定符号记录结果。

2.8 每次检查点眼反应时均应记录判定结果。最后判定以连续两回点眼之中最高一回反应为准。

2.9 鼻疽菌素点眼反应判定标准。

2.9.1 阴性反应：点眼后无反应或结膜轻微充血及流泪，为阴性。记录为“－”。

2.9.2 疑似反应：结膜潮红，轻微肿胀，有灰白色浆液性及黏液性（非脓性）分泌物（眼眦）的，为疑似阳性。记录为“±”。

2.9.3 阳性反应：结膜发炎，肿胀明显，有数量不等脓性分泌物（眼眦）的为阳性。记录为“＋”。

3 鼻疽菌素皮下注射（热反应操作方法）

3.1 药品器材。

3.1.1 鼻疽菌素原液、来苏儿、酒精、碘酒、脱脂棉、纱布、记录表。

3.1.2 工作服、口罩、线手套、毛刷、毛剪、耳夹子、注射器、针头、体温计、煮沸消毒器、消毒盘、镊子。

3.2 皮下注射前一日做一般临床检查，早午晚分别测量并记录体温，体温正常的方可做皮下注射。

3.3 皮下注射前所测3次体温，其中如有一次超过39℃，或3次体温平均数超过38.5℃，或在前一次皮下注射后尚未经过一个半月以上的，均不得做皮下注射。

3.4 注射部位通常在左颈侧或胸部肩胛前，术部剪毛消毒后注射鼻疽菌素原液1mL。

3.5 牲畜在注射后24h内不得使役，不得饮冷水。

3.6 注射通常在零点进行。注射后6h起测温，每隔2h测一次（即注射后6、8、10、12、14、16、18、20、22、24h），连续测温10次后，再于36h测温一次，详细记录并划出体温曲线，同时记录局部肿胀程度，以备判定。局部肿胀以手掌大（横径10cm）为明显反应。

3.7 皮下注射鼻疽菌素的马、驴、骡可发生体温反应及局部或全身反应。

3.7.1 体温反应：鼻疽病畜一般在皮下注射鼻疽菌素后6～8h体温开始上升，12～16h体温上升到最高，此后逐渐降低，有的在注射30～36h后，体温再度轻微上升。

3.7.2 局部反应：注射部位发热，肿胀疼痛，以注射后24～36h最为显著，直径可达10～20cm，并逐渐消散，有时肿胀可存在2～3d。

3.7.3 全身反应：注射后精神不振，食欲减

少，呼吸短促，脉搏加快，步态踉跄、战栗，大小便次数增加，颌下淋巴结肿大。

3.8　鼻疽菌素皮下注射（热反应）判定标准如下：

3.8.1　阴性反应：体温升至摄氏39℃以下并无局部或全身反应。

3.8.2　疑似反应：体温升至39℃（不超过39.6℃），有轻微全身反应及局部反应者，或体温升至40℃以上稽留并无局部反应时，也可认为疑似反应。

3.8.3　阳性反应：体温升至40℃以上稽留及有轻微局部反应，或体温在39℃以上稽留并有显著的局部反应（肿胀横径10cm以上）或有全身反应。

4　鼻疽菌素眼睑皮内注射操作方法

4.1　药品及器材

4.1.1　鼻疽菌素（用前随时稀释，鼻疽菌素1份用0.5%石炭酸生理盐水3份充分混匀）。

4.1.2　1～2mL注射器、针头（用前煮沸消毒）、消毒盘、煮沸消毒器、镊子、耳夹子、工作服、口罩、线手套。

4.1.3　酒精、碘酒、硼酸、来苏儿、纱布、脱脂棉、记录表。

4.2　注射前检查结膜及眼睛是否单、双瞎等情况。注射后检查颌下淋巴结及有无鼻漏，并详细记录检查情况。

4.3　注射部位通常在左下眼睑边缘1～2cm内侧眼角三分之一处皮肤实质内，注射前用硼酸棉消毒注射部位。

4.4　注射前助手保定马匹，术者用食指、拇指捏住下眼睑，右手持注射器，手掌（小指外缘）支撑头部对左手捏起的眼睑皱襞术部斜向刺入下眼睑皮内，注入0.1mL鼻疽菌素，食指感觉注射液推进迟滞，局部呈现小包，即为药液已进入皮内。

4.5　注射一般在早晨。注射后第24、36、48小时分别进行检查。详细记录结果。

4.6　鼻疽菌素眼睑皮内注射反应判定标准：

4.6.1　阴性反应：无反应或下眼睑有极轻微肿胀、流泪的，为阴性反应。记录为“—”。

4.6.2　疑似反应：下眼睑稍肿胀，有轻微疼痛及发热，结膜潮红，无分泌物或仅有浆黏液性分泌物的，为疑似阳性，记录为“±”。

4.6.3　阳性反应：下眼睑肿胀明显，有显著的疼痛及灼热，结膜发炎畏光，有脓性分泌物的，为阳性。记录为“+”。

5　开放性鼻疽临床诊断鉴别要领

5.1　将病畜保定，术者和助手穿工作服（避免白色），带胶皮手套、口罩、风镜及保护面具，先用3%来苏儿水，洗净病畜鼻孔内外后，在病畜前侧面适当位置，术者用手打开鼻孔，助手用反射镜或手电筒照射鼻腔深部，仔细检查黏膜上有无鼻疽特有结节溃疡及星芒状瘢痕及其他异状。检查完毕将服装、器材分别进行消毒（用3%来苏儿水浸1h或煮沸10min），避免交叉传染。

5.2　鼻腔鼻疽临床症状如下：

5.2.1　鼻汁：初在鼻孔一侧（有时两侧）流出浆液性或黏液性鼻汁，逐渐变为不洁灰黄色脓性鼻汁，内混有凝固蛋白样物质，有时混有血丝并带有臭味，呼吸带哮鸣音。

5.2.2　鼻黏膜发生结节及溃疡：在流鼻汁同时或稍迟，鼻腔黏膜尤其是鼻中隔黏膜上出现新旧大小不同灰白色或黄白色的鼻疽结节，结节破溃构成大小不等、深浅不一、边缘隆起的溃疡（结节与溃疡多发生于鼻腔深部黏膜上），已愈者呈扁平如星芒状、冰花状的瘢痕。

5.2.3　颌下淋巴结肿大：急性或慢性鼻疽的经过期颌下淋巴结肿胀，初有痛觉，时间长久，则变硬、触摸无痛感，附着于下颌骨内面不动，有时也呈活动性。

5.3　皮肤鼻疽临床症状如下：皮肤鼻疽多发于四肢、胸侧及下腹部，在皮肤或皮下组织发生黄豆大小或胡桃、鸡蛋大结节，不久破裂流出黏稠灰黄或红色脓汁（有时带血）形成浅圆形溃疡或向外穿孔呈喷火状溃疡。结节和溃疡附近淋巴结肿大，附近淋巴管粗硬呈念珠状索肿，肿胀周围呈水肿浸润，皮肤肥厚，有时呈蜂窝织炎，象皮腿，公畜并发睾丸炎。

5.4　开放性鼻疽判定标准。

5.4.1　凡有5.2.1、5.2.2、5.2.3病变的，均为开放性鼻疽。

5.4.2　凡有第5.2.1病状而无5.2.2、5.2.3病状的或有5.2.1、5.2.3项病状而无5.2.2病状的，可用鼻疽菌素点眼，呈阳性反应的为开放性鼻疽。

5.4.3　凡有5.3症状的，即为开放性鼻疽。

5.5　不具备5.4项症状，并有可疑鼻疽临床症状的，判定为可疑开放性鼻疽。

6 鼻疽补体结合反应试验操作办法

6.1 采取被检血清

6.1.1 药品器材

6.1.1.1 来苏儿、石炭酸、酒精、碘酒、纱布、脱脂棉。

6.1.1.2 灭菌试管、试管架、试管签、送血箱、煮沸消毒器、消毒盘、镊子、毛刷、毛剪、采血针（带胶管、每针采一次后必须清洗煮沸消毒后，再行使用）。

6.1.2 在被检牲畜颈前三分之一处静脉沟部位剪毛消毒，将灭菌采血针刺入颈静脉，使血液沿管壁流入试管内，防止血液滴入产生泡沫，引起溶血现象。

6.1.3 采出的血液，冬季应放置室内防止血清冻结，夏季应放置阴凉之处并迅速送往实验室。如在3昼夜内不能送到，应先将血清倒入另一灭菌试管内，按比例每1mL血清加入1～2滴5%石炭酸生理盐水溶液，以防腐败。运送时使试管保持直立状态，避免振动。

6.2 预备试验（溶血素、补体、抗原等效价测定）

6.2.1 准备下列材料

6.2.1.1 标准血清：鼻疽阴、阳性马血清。

6.2.1.2 鼻疽抗原。

6.2.1.3 溶血素。

6.2.1.4 补体：采取健康豚鼠血清。采血前饥饿7～8h，于使用前一日晚由心脏采血，如检查材料甚多，需大量补体时，亦可由颈动脉放血，放于培养皿或试管中，待血液凝固后再轻轻划破或剥离血块后移于冰箱，次日清晨分离血清。如当日采血，可直接盛于离心管中，置恒温箱20min，将血块搅拌后，在离心器中分出血清亦可。每次补体应由3～4个以上豚鼠血清混合。

6.2.1.5 绵羊红细胞：绵羊颈静脉采血，脱纤防止血液凝固，并离心3次，以清洗红细胞；第一次1 500～2 000r/min离心15min，吸出上清液加入细胞量3～4倍的生理盐水轻轻混合后做第二次离心，方法同前。使用前将洗涤后的细胞做成2.5%细胞液（即1∶40倍溶液）。稀释后的红细胞最多保存一天，但离心后的红细胞在冰箱中可保存3～4d。

6.2.1.6 生理盐水：1 000mL蒸馏水中加入8.5g氯化钠，灭菌后使用。

6.2.2 溶血素效价测定

每个月左右测价一次，按下列方法进行（参照表1）。

6.2.2.1 将稀释成1∶100～1∶5 000不同倍数的溶血素血清各0.5mL分别置于试管中。

6.2.2.2 将1∶20倍补体及1∶40绵羊红细胞各0.5mL分别加入上述试管中。

6.2.2.3 另外制作缺少补体、缺少溶血素的对照管，并补充等量生理盐水。

6.2.2.4 每管分别添加生理盐水1mL，置于摄氏37～38℃水浴箱中15min。

6.2.2.5 观察结果：能完全溶血的最少量溶血素，即为溶血素的效价，也称为1单位（对照管均不应溶血），当补体滴定和正式试验时，则应用2单位（或称为工作量）即减少1倍稀释。

表1

溶血素稀释	1∶100	1∶500	1∶1 000	1∶1 500	1∶2 000	1∶2 500	1∶3 000	1∶3 500	1∶4 000	1∶5 000	对照		
溶血素	0.5	0.5	0.5	0.5	0.5	0.5	0.5	0.5	0.5	0.5	—	0.5	—
1∶20补体	0.5	0.5	0.5	0.5	0.5	0.5	0.5	0.5	0.5	0.5	0.5	—	—
2.5%红细胞	0.5	0.5	0.5	0.5	0.5	0.5	0.5	0.5	0.5	0.5	0.5	0.5	0.5
生理盐水	1.0	1.0	1.0	1.0	1.0	1.0	1.0	1.0	1.0	1.0	1.5	1.5	2.0

6.2.3 补体效价测定

每次进行补体结合反应试验，应于当日测定补体效价。先用生理盐水，将补体做1∶20稀释，然后按表2进行操作。

表2 补体效价测定

单位：mL

管号 成分	1	2	3	4	5	6	7	8	9	10	对照管		
											11	12	13
20倍补体	0.10	0.13	0.16	0.19	0.22	0.25	0.28	0.31	0.34	0.37	0.5		

（续）

成分 \ 管号	1	2	3	4	5	6	7	8	9	10	对照管		
											11	12	13
生理盐水	0.40	0.37	0.34	0.31	0.28	0.25	0.22	0.19	0.16	0.13	1.5		
抗原（工作量）（不加抗原管加生理盐水）	0.5	0.5	0.5	0.5	0.5	0.5	0.5	0.5	0.5	0.5	1.5		
10倍稀释阳性血清或10倍稀释阴性血清	0.5	0.5	0.5	0.5	0.5	0.5	0.5	0.5	0.5	0.5	2.0		

振荡均匀后置37～38℃水浴20min

二单位溶血素	0.5	0.5	0.5	0.5	0.5	0.5	0.5	0.5	0.5	0.5	/	0.5	
2.5%红细胞悬液	0.5	0.5	0.5	0.5	0.5	0.5	0.5	0.5	0.5	0.5	0.5	0.5	0.5

振荡均匀后置37～38℃水浴20min

阳性血清加抗原	#	#	#	#	#	#	#	#	#	+++	# # #		
阳性血清未加抗原	#	#	#	+++	+	+	−	−	−	−			
阴性血清加抗原	#	#	#	+++	++	+	−	−	−	−			
阴性血清未加抗原	#	#	#	+++	++	+	−	−	−	−			

补体效价：是指在2单位溶血素存在的情况下，阳性血清加抗原的试管完全不溶血，而在阳性血清未加抗原及阴性血清不论有无抗原的试管发生完全溶血所需最少补体量，就是所测得补体效价，如表二中第7管20×稀释的补体0.28mL即为工作量补体按下列计算，原补体在使用时应稀释的倍数：

$$\frac{\text{补体稀释倍数}}{\text{测得效价}}\times\text{使用时每管加入量}=\text{原补体稀释倍数}$$

上列按公式计算为：20/0.28×0.5=35.7

即此批补体应作1∶35.7倍稀释，每管加0.5mL为一个补体单位。考虑到补体性质极不稳定，在操作过程中效价会降低，故使用浓度比原效价高10%左右。因此，本批补体应作1∶35稀释使用，每管加0.5mL。

6.2.4 抗原效价

最少每半年滴定一次，具体操作方法如下（参照表3）：

6.2.4.1 将抗原原液稀释为1∶10至1∶500，各以0.5mL置于试管中，共作成12列。

6.2.4.2 在第1列不同浓度的抗原稀释液中，加入1∶10的阴性马血清0.5mL；在第2列不同浓度的抗原稀释液中，加入生理盐水0.5mL；在第3列到第7列不同浓度的抗原稀释液中，分别加入1∶10、1∶25、1∶50、1∶75及1∶100的强阳性马血清0.5mL。

表3

抗原稀释	1∶10	1∶50	1∶75	1∶100	1∶150	1∶200	1∶300	1∶400	1∶500
抗原（mL） 阴（阳性）血清 补体（工作量）	0.5 0.5 0.5	0.5 0.5 0.5	0.5 0.5 0.5	0.5 0.5 0.5	0.5 0.5 0.5	0.5 0.5 0.5	0.5 0.5 0.5	0.5 0.5 0.5	0.5 0.5 0.5

37～38℃水浴箱中20min

2.5%红细胞	0.5	0.5	0.5	0.5	0.5	0.5	0.5	0.5	0.5	0.5			
溶血素（工作量）	0.5	0.5	0.5	0.5	0.5	0.5	0.5	0.5	0.5	0.5			

6.2.4.3 于前述各不同行列试管中，各加入补体（工作量）0.5mL。

6.2.4.4 置37～38℃水浴箱中20min。

6.2.4.5 加温后，各溶液中再加入0.5mL的2.5%红细胞及2单位溶血素后，再置37～38℃水浴箱中20min。

6.2.4.6 选择在不同程度的阳性血清中，产生最明显的抑制溶血现象的，在阴性血清及无血清之抗原对照中则产生完全溶血现象的抗原最大稀释量为抗原的工作量。

抗原效价测定结果观察举例

抗原稀释		1∶10	1∶50	1∶70	1∶100	1∶150	1∶200	1∶300	1∶400	1∶500
血清稀释	1∶10	#	#	#	#	#	#	+++	+++	++
	1∶25	#	#	#	#	#	#	+++	++	+
	1∶50	+++	#	#	#	#	+++	++	+	—
	1∶75	+++	++	+++	+++	+++	++	+	—	—
	1∶100	++	++	+++	+++	+++	+	—	—	—

根据以上举例的结果，抗原的效价为1∶150的稀释量。

6.3 正式试验

6.3.1 在6.2.1至6.2.4的预备试验基础上，进行正式试验（参照表4）。

6.3.1.1 排列试管加入1∶10稀释被检血清，总量为0.5mL，此管准备加抗原。另一管总量为1mL，不加抗原作为对照。

6.3.1.2 马血清在58～59℃加温30min，骡、驴血清在摄氏36～64℃加温30min。

6.3.1.3 加入鼻疽抗原（工作量）0.5mL。

6.3.1.4 加入补体（工作量）0.5mL。

6.3.1.5 加温后各试管中再加入2.5%红细胞稀释液0.5mL及2单位溶血素0.5mL。

6.3.1.6 再置37～38℃水浴箱中20min。

6.3.2 为证实上述操作过程中是否正确，应同时设置对照试验。

6.3.2.1 健康马血清。

6.3.2.2 阳性马血清。

6.3.2.3 抗原（工作量）。

6.3.2.4 溶血素（工作量）。

表4

正式试验			对照					
			阴性血清		阳性血清		抗原	溶血素
生理盐水	0.45	0.9	0.45	0.9	0.45	0.9	—	1.0
被检血清	0.05	0.1	0.05	0.1	0.05	0.1	—	—

58～59℃（或63～64℃）水浴箱中30min

抗原（工作量）	0.5	—	0.5	—	0.5	—	1.0	—
补体（工作量）	0.5	0.5	0.5	0.5	0.5	0.5	0.5	0.5

37～38℃水浴箱中20min

2.5%红细胞	0.5	0.5	0.5	0.5	0.5	0.5	0.5	0.5
溶血素（工作量）	0.5	0.5	0.5	0.5	0.5	0.5	0.5	0.5

37～38℃水浴箱中20min

判定（举例）	#	—	—	—	#	—	—	—

6.3.3 加温完毕后，立即做第一次观察。阳性血清对照管须完全抑制溶血，其他对照管完全溶血，证明试验正确。静置室温12h后，再做第二次观察，详细记录两次观察结果。

6.3.4　为正确判定反应结果，按下述办法制成标准比色管，以判定溶血程度（参照表5）。

6.3.4.1　置2.5%红细胞稀释液0.5、0.45～0.05（其参数为0.05）mL，于不同试管中，另一管不加。

6.3.4.2　选择6.3.1试验中完全溶血者数管混合（其参数为0.25），按下表分量顺次加入前项各不同量的红细胞稀释液中。

6.3.4.3　再补充生理盐水（即2.0、1.8～0.2mL等），使每管之总量为2.5mL。

表5

溶血程度（%）	0	10	20	30	40	50	60	70	80	90	100
2.5%红细胞	0.5	0.45	0.4	0.35	0.3	0.25	0.2	0.15	0.1	0.05	0
溶血素	0	0.25	0.5	0.75	1.0	1.25	1.5	1.75	2.0	2.25	2.5
生理盐水	2.0	1.8	1.6	1.4	1.2	1.0	0.8	0.6	0.4	0.2	0
总量	2.5	2.5	2.5	2.5	2.5	2.5	2.5	2.5	2.5	2.5	2.5

6.3.5　判定标准：

6.3.5.1　阳性反应

红细胞溶血0～10%者为#。

红细胞溶血10%～40%者为+++。

红细胞溶血40%～50%者为++。

6.3.5.2　疑似反应

红细胞溶血50%～70%者为+。

红细胞溶血70%～90%者为±。

6.3.5.3　阴性反应

红细胞溶血90%～100%者为-。

7　附表

鼻疽菌素点眼检疫记录表　　年　月　日

编号	畜别	性别	年龄	特征	第一次点眼反应						第二次点眼反应						综合判定
					临床检查	3	6	9	24	判定	临床检查	3	6	9	24	判定	

兽医：　　　　（签名）

鼻疽菌素反应性畜送血检血记录表　　年　月　日

编号	畜别	临床症状	鼻疽菌素反应结果	采血日期	血管号码	补体结合反应			备注
						收血日期	检验日期	结果	

兽医：　　　　（签名）

十七、马传染性贫血防治技术规范

（2007年4月9日　农业部农医发〔2007〕12号发布）

马传染性贫血（Equine Infectious Anemia，EIA，简称马传贫），是由反转录病毒科慢病毒属马传贫病毒引起的马属动物传染病。我国将其列为二类动物疫病。

为预防、控制和消灭马传贫，依据《中华人民共和国动物防疫法》及有关的法律法规，制定本规范。

1　适用范围

本规范规定了马传贫的诊断、疫情报告、疫情处理、防治措施、控制和消灭标准。

本规范适用于中华人民共和国境内从事马属动物饲养、经营，马属动物产品加工、经营，及从事动物防疫活动的单位和个人。

2 诊断

2.1 流行特点

本病只感染马属动物，其中，马最易感，骡、驴次之，且无品种、性别、年龄的差异。病马和带毒马是主要的传染源。主要通过虻、蚊、刺蝇及蠓等吸血昆虫的叮咬而传染，也可通过病毒污染的器械等传播。多呈地方性流行或散发，以7—9月发生较多。在流行初期多呈急性型经过，致死率较高，以后呈亚急性或慢性经过。

2.2 临床特征

本病潜伏期长短不一，一般为20～40d，最长可达90天。

根据临床特征，常分为急性、亚急性、慢性和隐性四种类型。

急性型　高热稽留。发热初期，可视黏膜潮红，轻度黄染；随病程发展逐渐变为黄白至苍白；在舌底、口腔、鼻腔、阴道黏膜及眼结膜等处，常见鲜红色至暗红色出血点（斑）等。

亚急性型　呈间歇热。一般发热39℃以上，持续3～5d退热至常温，经3～15d间歇期又复发。有的患病马属动物出现温差倒转现象。

慢性型　不规则发热，但发热时间短。病程可达数月或数年。

隐性型　无可见临床症状，体内长期带毒。

2.3 病理变化

2.3.1　剖检变化

急性型 主要表现败血性变化，可视黏膜、浆膜出现出血点（斑），尤其以舌下、齿龈、鼻腔、阴道黏膜、眼结膜、回肠、盲肠和大结肠的浆膜、黏膜以及心内外膜尤为明显。肝、脾肿大，肝切面呈现特征性槟榔状花纹。肾显著增大，实质浊肿，呈灰黄色，皮质有出血点。

心肌脆弱，呈灰白色煮肉样，并有出血点。全身淋巴结肿大，切面多汁，并常有出血。

亚急性和慢性型 主要表现贫血、黄染和细胞增生性反应。脾中（轻）度肿大，坚实，表面粗糙不平，呈淡红色；有的脾萎缩，切面小梁及滤泡明显；淋巴小结增生，切面有灰白色粟粒状突起。不同程度的肝肿大，呈土黄或棕红色，质地较硬，切面呈豆蔻状花纹（豆蔻肝）；管状骨有明显的红髓增生灶。

2.3.2　病理组织学变化

主要表现为肝、脾、淋巴结和骨髓等组织器官内的网状内皮细胞明显肿胀和增生。急性病例主要为组织细胞增生，亚急性及慢性病例则为淋巴细胞增生，在增生的组织细胞内，常有吞噬的铁血黄素。

2.4 实验室诊断

2.4.1　马传贫琼脂扩散试验（AGID）（见附件）。

2.4.2　马传贫酶联免疫吸附试验（ELISA）（见附件）。

2.4.3　马传贫病原分离鉴定（见附件）。

2.4.4　结果判定。具备马传贫流行特点、临床症状、病理变化，可做出初步诊断；2.4.1或2.4.2或2.4.3结果阳性，即可确诊。

3 疫情报告

3.1　任何单位和个人发现疑似疫情，应当及时向当地动物防疫监督机构报告。

3.2　动物防疫监督机构接到疫情报告并确认后，按《动物疫情报告管理办法》及有关规定及时上报。

4 疫情处理

4.1　发现疑似马传贫病马属动物后，畜主应立即隔离疑似患病马属动物，限制其移动，并立即向当地动物防疫监督机构报告。动物防疫监督机构接到报告后，应及时派员到现场诊断，包括流行病学调查、临床症状检查、病理解剖检查、采集病料、实验室诊断等，并根据诊断结果采取相应防治措施。

4.2　在马属动物饲养地，确诊为马传贫病畜后，当地县级以上人民政府畜牧兽医行政管理部门应当划定疫点、疫区、受威胁区；县级以上地方人民政府根据需要组织有关部门和单位采取隔离、扑杀、销毁、消毒、限制易感动

物和动物产品及有关物品出入等控制、扑灭措施。

若呈暴发流行时，由当地畜牧兽医行政管理部门，及时报请同级人民政府决定对疫区实行封锁，逐级上报国务院畜牧兽医行政管理部门。县级以上人民政府根据需要组织有关部门和单位采取隔离、扑杀等强制性控制和扑灭措施，并迅速通报毗邻地区。

4.2.1 划定疫点、疫区、受威胁区

疫点 指患病马属动物所在的地点，一般是指患病马属动物所在的养殖场（户）；散养时，是指患病马属动物所在的自然村（屯）；或其他有关屠宰、经营单位。

疫区 疫点外延3公里范围内的区域，包括病畜发病前3个月经常活动，可能污染的地区。疫区划分时注意考虑疫区的饲养环境和天然屏障（如河流、山脉等）。

受威胁区 是指疫区外延5公里范围内的区域。

4.2.2 封锁

疫区封锁期间，禁止染疫和疑似染疫的马属动物及其产品出售、转让和调群；繁殖马属动物要用人工授精方法进行配种；种用马属动物不得对疫区外马属动物配种；对可疑马属动物要严格隔离检疫；关闭马属动物交易市场。禁止非疫区的马属动物进入疫区，并根据扑灭疫情的需要对出入封锁区的人员、运输工具及有关物品采取消毒和其他限制性措施。

4.2.3 隔离

当发生马传贫时，要及时应用临床检查、血清学试验等方法对可疑感染马属动物进行检测，根据检测结果，将马属动物群分为患病群、疑似感染群和假定健康群三类。立即扑杀患病群，隔离疑似感染群、假定健康群，经过3个月观察，不再发病后，方可解除隔离。

4.2.4 监测

疫区内应对同群马属动物隔离饲养，所有马属动物每隔1个月进行一次血清学监测；受威胁地区每3个月进行一次血清学监测。

4.2.5 扑杀

患病马属动物、阳性马属动物在不放血条件下进行扑杀。

4.2.6 无害化处理

病畜和阳性畜及其胎儿、胎衣、排泄物等按照GB 16548《畜禽病害肉尸及其产品无害化处理规程》进行。

4.2.7 消毒

对患病和疑似患病的马属动物污染的场所、用具、物品严格进行消毒；受污染的粪便、垫料等必须采用堆积密封发酵1个月等方法处理。

4.2.8 封锁的解除

封锁的疫区内最后一匹阳性马属动物扑杀处理后，并经彻底消毒等处理后，对疫区监测90d，未见新病例；且经血清学检查3次（每次间隔30d），未检出阳性马属动物的，对所污染场所、设施设备和受污染的其他物品彻底消毒，经当地动物防疫监督机构检查合格后，方可由原发布封锁令机关解除封锁。

5 预防与控制

5.1 检疫

异地调入的马属动物，必须来自非疫区。

调出马属动物的单位和个人，应按规定报检，经当地动物防疫监督机构进行检疫（应包括血清学检查），合格后方可调出。

马属动物需凭当地动物防疫监督机构出具的检疫证明运输。运输途中发现疑似马传贫病畜时，货主及运输部门应及时向就近的动物防疫监督机构报告，确诊后，由动物防疫监督机构就地监督畜主实施扑杀等处理措施。

调入后必须隔离观察30d以上，并经当地动物防疫监督机构两次临床综合诊断和血清学检查，确认健康无病，方可混群饲养。

5.2 监测和净化

5.2.1 马传贫控制区、稳定控制区 采取“监测、扑杀、消毒、净化”的综合防治措施。每年对全县6～12月龄的幼驹，用血清学方法监测一次。如果检出阳性马属动物，除按规定扑杀处理外，应对疫区内的所有马属动物进行临床检查和血清学检查，每隔3个月检查一次，直至连续2次血清学检查全部阴性为止。

5.2.2 马传贫消灭区 采取“以疫情监测为主”的综合性防治措施，每县每年抽查存栏马属动物的1%（存栏不足10 000匹的，抽检数不少于100匹，存栏不足100匹的全检），做血清学检查，进行疫情监测，及时掌握疫情动态。

6　控制和消灭标准

6.1　稳定控制标准

6.1.1　县级稳定控制标准

A、全县（市、区或旗）范围内连续5年没有马传贫临床病例；

B、全县（市、区或旗）停止注苗一年后，连续两年每年抽检300匹份马属动物血清（不满300匹全检），经血清学检查，全部阴性。

6.1.2　市级稳定控制标准

全市（地、州、盟）所有县（市、区、旗）均达到稳定控制标准。

6.1.3　省级稳定控制标准

全省所有市（地、州、盟）均达到稳定控制标准。

6.1.4　全国稳定控制标准

全国所有省（自治区、直辖市）均达到稳定控制标准。

6.2　马传贫消灭标准

6.2.1　县级马传贫消灭标准

在达到稳定控制标准的基础上，还应符合以下条件：

全县（市、区或旗）范围内在达到稳定控制标准后，连续两年每年抽检200匹份马属动物血清（不满200匹者全检），血清学检查全部为阴性。

6.2.2　市级马传贫消灭标准

全市（地、州、盟）所有县（市、区、旗）均达到消灭标准。

6.2.3　省级马传贫消灭标准

全省所有市（地、州、盟）均达到消灭标准。

6.2.4　全国马传贫消灭标准

全国所有省（自治区、直辖市）均达到消灭标准。

附件1

马传染性贫血琼脂扩散反应试行操作方法

1　检验用琼脂板的制备

1.1　取高级琼脂糖1g或普通琼脂1.2g直接放入加有500mL蒸馏水的三角瓶中，配成2%的琼脂溶液，在沸水浴中煮沸，全融化后再冷凝，切成1～1.5cm^3小块，装入干净砂布袋中，用10倍量自来水冲漂2d，每天换水两次，然后改用无离子水冲漂1～2d，每天换水两次。将冲漂完毕的琼脂小块装入1 000 mL三角烧瓶中，同时加入500mL无离子水再加入相当于配制1 000mL磷酸缓冲液（PBS液）或硼酸缓冲液（BBS液）的各种盐类用量，再加入1%硫柳汞溶液10mL，在沸水浴中使之全融化并混匀。

若是取优质琼脂1g时，可直接放入含有万分之一硫柳汞的100mL的PBS或BBS液中，用热水浴融化混匀。

1.2　融化后以两层纱布夹薄层脱脂棉过滤，除去不溶性杂质。

1.3　将直径90mm的平皿放在水平台上，每平皿倒入热融化琼脂液15～18mL，厚度2.5mm左右，注意不要产生气泡，冷凝后加盖，把平皿倒置，防止水分蒸发，放在普通冰箱中可保存两周左右。根据受检血清样品多少亦可采用大、中、小三种不同规格的玻璃板。10cm×16cm的玻璃板加注热琼脂液40mL；6cm × 7cm 的加注 11mL；32cm × 7.6cm的加注6mL。

琼脂经处理后配成的琼脂液，可装瓶中用胶塞盖好，以防水分蒸发，待使用琼脂板时，现融化现倒。

1.4　打孔。反应孔现用现打。打孔器为外径5mm直径的薄壁型金属打孔器。在坐标纸上画好七孔型图案。把坐标纸放在带有琼脂板的平皿或玻璃板下面，照图案在固定位置上用金属管打孔，将切下的琼脂板取出，勿使琼脂膜与玻璃面离动。外周孔径为5mm，中央孔径为5mm，孔间距3mm，如图1所示。

（1）　（2）

（3）　G　（4）

（5）　（6）

图1　7孔型

当受检血清数量多时，可用如图2所示的检测40份血清的图案。

01 02 03 04 05 06

\+ G + G + G +

07 08 09 10 11 12

13 14 15 16 17 18 19 20

\+ G + G + G + G +

21 22 23 24 25 26 27 28

29 30 31 32 33 34

\+ G + G + G +

35 36 37 38 39 40

图 2 40孔型

注解：图 1、图 2 中的"G"字周围应有圆圈。

2 抗原

检验用抗原按马传贫琼扩抗原生产制造及检验规程进行生产。

3 血清

3.1 检验用标准阳性血清：能与合格抗原在12h 内产生明显致密的沉淀线的马传贫血清，做8倍以上的稀释仍保持阳性反应者为宜，小量分装，冻结保存，使用时要注意防止散毒。

3.2 受检血清：来自受检马的不腐败的血清，勿加防腐剂和抗凝剂。

4 抗原及血清的添加

打孔完毕，在琼脂板上端写上日期及编号等。在图 1（7 孔型）的中央孔加抗原，2、5 孔加检验用标准阳性血清，其余 1、3、4、6 孔加入受检血清。在图 2（40 份血清）的孔型所有①②③……数字号孔分别加入受检马血清，G 为加抗原孔，+为加检验用包被阳性血清孔，加至孔满为止。平皿加盖，待孔中液体吸干后，将平皿倒置，以防水分蒸发；琼脂板则放入铺有数层湿纱布的带盖搪瓷盘中。置15～30℃条件下进行反应，逐日观察 3 天并记录结果。

5 判定

阳性：当检验用标准阳性血清孔与抗原孔之间只有一条明显致密的沉淀线时，受检血清孔与抗原孔之间形成一条沉淀线；或者阳性血清的沉淀线末端向毗邻的受检血清的抗原侧偏弯者，此种受检血清判定为阳性。

阴性：受检血清与抗原孔之间不形成沉淀线，或者标准阳性血清孔与抗原孔之间的沉淀线向毗邻的受检血清孔直伸或向受检血清孔侧偏弯者，此种受检血清为阴性。

疑似：标准阳性血清孔与抗原孔之间的沉淀线末端，似乎向毗邻受检血清孔内侧偏弯，但不易判断时，可将抗原稀释 2 倍、4 倍、6 倍、8 倍进行复试，最后判定结果。观察时间可延至 5 天。

判定结果时，应从不同折光角度仔细观察平皿上抗原孔与受检血清孔之间有无沉淀线。

判断时要注意非特异性沉淀线。例如当受检马匹近期注射过组织培养疫苗，如乙型脑炎疫苗等，可见与检验用标准阳性血清的沉淀线末端不是融合而为交叉状，两个血清间产生的自家免疫沉淀线等。

6 溶液的配制

6.1 pH7.4 的 0.01mol/L 磷酸缓冲生理盐水（PBS 液）

6.2 12 水磷酸氢二钠（$Na_2HPO_4 \cdot 12H_2O$） 2.9g

磷酸二氢钾 0.3g

氯化钠 8.0g

无离子水或蒸馏水加至 1 000mL

6.3 pH8.6 硼酸缓冲液（BBS 液）

四硼酸钠 8.8g

硼酸 4.65g

无离子水或蒸馏水加至 1 000mL

6.4 硫柳汞溶液

硫柳汞 1.0g

无离子水或蒸馏水 1 000mL

附件 2

马传染性贫血酶联免疫吸附试验（间接法）

1 总则

本规程所规定的酶联免疫吸附试验（ELISA）适用于马传染性贫血（以下简称马传贫）的检疫，也可以用于马传贫弱毒苗免疫马的抗体监测。

2 材料准备

2.1 器材

2.1.1 聚苯乙烯微量反应板

2.1.2 酶标仪

2.2 抗原、酶标记抗体和阴、阳性标准血清

2.3 试验溶液（配置方法见附录）

2.3.1 抗原稀释液

2.3.2 冲洗液

2.3.3 酶标记抗体及血清稀释液

2.3.4 底物溶液

2.3.5 反应终止液

3　操作方法

3.1　包被抗原

用抗原稀释液将马传贫 ELISA 抗原作 20 倍稀释，用微量移液器将稀释抗原加到各孔内，每孔 100μL。盖好盖，置 4℃冰箱放置 24h。

3.2　冲洗

甩掉孔内的包被液，注入冲洗液浸泡 3min，甩干，再重新注入冲洗液，按此方法洗 3 次。

3.3　被检血清

每份被检血清及阳性对照血清、阴性对照血清均以血清稀释液作 20 倍稀释，每份被检血清依次加两孔，每孔加 100μL。每块反应板均需设阳性及阴性对照血清各两孔，盖好盖，置 37℃水浴作用 1h。

3.4　冲洗

方法同“3.2”。

3.5　加酶标记抗体

将酶标记抗体用稀释液作 1 000 倍稀释。每孔加 100μL，盖好盖，置 37℃水浴作用 1h。

3.6　冲洗

方法同“3.2”。

3.7　加底物溶液

每孔加新配制的底物溶液 100μL，于 25～30℃避光反应 10min。

3.8　终止反应

每孔滴加终止剂 25μL。

3.9　比色

用酶标测试仪在波长 492nm 下，测各孔降解产物的吸收值。

4　结果判定

被检血清两孔的平均吸收值与同块板阴性对照血清两个孔的平均吸收值之比≥2，且被检血清吸收值≥0.2 者，为马传贫阳性。

5　附录

5.1　聚苯乙烯微量板的处理

5.1.1　将聚苯乙烯微量板用温水反复冲洗，彻底冲掉灰尘。

5.1.2　用无离子水冲洗 3～4 遍，室温或 37℃温箱晾干，置无尘干燥处保存备用。

5.2　试液的配制

5.2.1　抗原稀释液：0.1mol/L pH 9.5 碳酸盐缓冲液。

甲液：0.1mol/L pH 9.5 碳酸钠溶液，称取无水 Na_2CO_3 10.6g，以无离子水溶液溶解至 1 000mL。

乙液：0.1mol/L pH 9.5 碳酸氢钠溶液，称取 $NaHCO_3$ 8.4g，以无离子水溶液溶解至 1 000mL。

取甲液 200mL、乙液 700mL 混合即成。

5.3　冲洗液

0.02mol/L pH 7.2 PBS-0.05％吐温-20。

5.3.1　0.02mol/L pH 7.2 PBS 液

甲液：0.2mol/L 磷酸氢二钠溶液　称取 $Na_2HPO_4 \cdot 12H_2O$ 71.64g，以无离子水溶液溶解至 1 000mL。

乙液：0.2mol/L 磷酸二氢钠溶液　称取 $NaH_2PO_4 \cdot 2H_2O$ 31.21g，以无离子水溶液溶解至 1 000mL。

取甲液 360mL，乙液 140mL，NaCl 38 克，无离子水溶解至 5 000mL。

5.3.2　0.02mol/L pH 7.2 PBS 液 1 000mL，加吐温-20 液 0.5mL 混匀即成。

5.3.3　酶标记抗体和血清稀释液：

0.02mol/L pH 7.2 PBS-0.05％吐温-20，加 0.1％明胶，加 10％健康牛血清。

5.3.4　底物溶液：pH 5.0 磷酸盐-柠檬酸缓冲液，内含 0.04％邻苯二胺和 0.045％过氧化氢。

5.3.4.1　pH5.0 磷酸盐-柠檬酸缓冲液：

甲液 0.1mol/L 柠檬酸溶液，称取柠檬酸（$C_6H_8O_7 \cdot H_2O$）21.01g 以无离子水溶液溶解至 1 000mL。

乙液 0.2mol/L 磷酸氢二钠溶液。

取甲液 243mL，乙液 257mL 混合即成。

5.3.4.2　称取邻苯二胺 40mg 溶于 pH 5.0 磷酸盐-柠檬酸缓冲液 100mL 中。临用前加 30％过氧化氢 150μL 即成。根据试验需要可按此比例增减。

5.3.5　反应终止剂：2mol/L 硫酸；取浓 H_2SO_4（纯度 95％～98％）4mL 加入 32mL 无离子水中混匀即成。

附件 3

马传染性贫血病毒分离鉴定

通常是将病料接种于健康马驹或接种于马白细胞培养物，其中以接种马驹法更为敏感。

1　马匹接种试验

1.1　试验驹：选自非马传染性贫血（以下简称马传贫）疫区，1～2 岁，经 3 周以上系统检

查，确认健康者。

1.2　接种材料：无菌采取可疑马传贫马（最好是可疑性较大或高热期病马）的血液。如怀疑混合感染时，须用细菌滤器过滤血清，接种材料应尽可能低温保存，保存期不宜过长。接种前进行无菌和安全检查。

1.3　接种方法：常用2～3匹马的材料等量混合，接种2匹以上的试验驹，皮下接种0.2～0.3mL左右。

1.4　观察期3个月。每日早、晚定期测温两次，定期进行临床、血液学及抗体检查。当马驹发生典型马传贫的症状和病理变化，或血清中出现马传贫特异性抗体时，即证明被检材料中含有马传贫病毒。

2　用白细胞培养物分离病毒

培养驴白细胞1～2d后，细胞已贴壁并伸出突起，换入新鲜营养液，并在营养液中加入被检材料，接入被检材料的量应不大于营养液量的10%，否则可能使培养物发生非特异性病变。

也可在倾弃旧营养液后，直接接种被检材料，37℃吸附1～2h后吸弃接种物，换入新鲜营养液。初代分离培养通常难以出现细胞病变，一般需盲传2～3代，甚至更多的代次（每代7～8d）。如果被检材料中有马传贫病毒存在，培养物将最终出现以细胞变圆、破碎、脱落为特征的细胞病变。为了证明细胞病变是由马传贫病毒而不是由其他原因引起的，应该以马传染性贫血酶联免疫吸附试验（间接法）等检查培养物的抗原性。如果引起白细胞出现细胞病变并具有明显的马传贫抗原性，则说明被检材料中含有马传贫病毒。

十八、生猪腹泻疫病防控技术指导意见（试行）

（2012年11月13日　农业部农医发〔2012〕23号发布）

一、当前生猪腹泻疫病主要病原及流行特点

（一）主要病原

引起生猪腹泻的疫病有猪流行性腹泻、猪传染性胃肠炎、猪轮状病毒病和伪狂犬病等。根据全国猪病持续监测和调查结果，当前造成生猪腹泻流行的主要病原是猪流行性腹泻病毒和猪传染性胃肠炎病毒。

（二）流行特点

一是在区域上，先后在多个省份部分区域发生；二是在发病对象上，各种日龄的猪均有发生，其中哺乳仔猪最为严重；三是在季节上，冬春多发；四是仔猪发病急，发病率和死亡率高；五是发病猪和带毒猪是主要传染源，主要通过粪口传播，也可通过乳汁传播。

二、防控措施

（一）针对性措施

1. 疫苗免疫

采用经国家批准使用的猪流行性腹泻一猪传染性胃肠炎二联灭活疫苗对妊娠母猪进行免疫接种，为所产仔猪提供母源抗体保护；妊娠母猪可在每年10月、12月各普免一次，在产前1个月进行1次强化免疫。仔猪于断奶后一周内进行免疫。

2. 产房消毒与通风保温

产房要坚持全进全出，严格落实产房空栏、彻底清洗、严格消毒、干燥、增温等措施。用高压水枪彻底冲洗产床、墙面、地面、饲喂工具等，待干燥后再进行严格消毒（1%烧碱溶液），让其自然干燥，空栏5～7d，方可转入母猪进行生产。

产房可使用煤炉或其他供暖设施，确保产房温度适宜（20～25℃），对仔猪保育箱使用大功率灯泡或红外线灯照射提高温度（30～34℃为宜）。保持产房、产床、保育箱的清洁干燥。产房要适当通风，避免一氧化碳等中毒。

3. 及时评估母猪健康状况

根据母猪是否发病、持续时间、注射疫苗种类及时间等情况，全面评估母猪免疫和健康状况，如正在发生腹泻或刚发生过腹泻或其他疫病的母猪所产仔猪，最好将仔猪隔离寄养。对母猪腹部、臀部、尾部，尤其是乳房、乳头进行清洗消毒（0.1%高锰酸钾溶液）。

4. 采用对症治疗措施

对发生腹泻的仔猪，用清洁、干净的人工补

液盐（0.9% NaCl，3.5% $NaHCO_3$）进行补液，对10日龄以上仔猪也可进行静注补液。

（二）综合性措施

1. 加强日常饲养管理

饲喂全价饲料，确保饲料没有发霉变质。在气温骤变季节，要提供营养丰富、均衡的优质饲料，提高机体非特异性免疫力。做好猪舍保温。加强猪舍环境卫生管理，及时清理粪污。对猪舍饲养管理人员定期开展技术培训，提高人员素质。

2. 加强仔猪饲养管理

保证环境温度、湿度适宜，提供优质、卫生的饲料及饮水。断奶初期饲喂不宜过饱，应采取少喂勤填的饲喂方法，逐步过渡到自由采食。

3. 严格落实消毒措施

规模猪场应采取封闭饲养、全进全出的管理模式，定期开展消毒灭源工作，及时清理并无害化处理粪污。在猪舍清空后，应进行彻底清洗、喷洒消毒或熏蒸消毒，空栏3～5d，方可转入新的猪群。

4. 严格实施引种隔离

有条件的猪场要坚持自繁自养，提高生物安全水平。确需从外地引种，必须从有资质的猪场引种，并按规定实施严格检疫。引进种猪须隔离饲养45天后再次进行实验室检测，确认主要疫病病原感染为阴性的猪只方可混群。

5. 积极推进疫病净化工作

结合开展全国重点原种猪场主要垂直传播性疫病监测工作，有条件的猪场可以开展动物疫病净化，根据本场实际情况制定具体的净化方案。

6. 做好无害化处理

对病死猪及其产品要严格采取“四不准一处理”措施，及时消除疫情隐患，严防病死猪传播疫情。

十九、狂犬病防治技术规范

（2002年农业部发布，2006年修订）

狂犬病（Rabies）是由弹状病毒科狂犬病毒属狂犬病毒引起的人兽共患烈性传染病。我国将其列为二类动物疫病。

为了预防、控制和消灭狂犬病，依据《中华人民共和国动物防疫法》和其他有关法律法规，制定本技术规范。

1 适用范围

本规范规定了动物狂犬病的诊断、监测、疫情报告、疫情处理、预防与控制。

本规范适用于中华人民共和国境内一切从事饲养、经营动物和生产、经营动物产品，以及从事动物防疫活动的单位和个人。

2 诊断

2.1 流行特点

人和温血动物对狂犬病毒都有易感性，犬科、猫科动物最易感。发病动物和带毒动物是狂犬病的主要传染源，这些动物的唾液中含有大量病毒。本病主要通过患病动物咬伤、抓伤而感染，动物亦可通过皮肤或黏膜损伤处接触发病或带毒动物的唾液感染。

本病的潜伏期一般为6个月，短的为10d，长的可达一年以上。

2.2 临床特征

特征为狂躁不安、意识紊乱，死亡率可达100%。一般分为两种类型，即狂暴型和麻痹型。

2.2.1 犬

2.2.1.1 狂暴型。可分为前驱期、兴奋期和麻痹期。

前驱期：此期约为半天到两天。病犬精神沉郁，常躲在暗处，不愿和人接近或不听呼唤，强迫牵引则咬畜主；食欲反常，喜吃异物，喉头轻度麻痹，吞咽时颈部伸展；瞳孔散大，反射机能亢进，轻度刺激即易兴奋，有时望空扑咬；性欲亢进，嗅舔自己或其他犬的性器官，唾液分泌逐渐增多，后躯软弱。

兴奋期：此期2～4d。病犬高度兴奋，表现狂暴并常攻击人、动物，狂暴发作往往和沉郁交替出现。病犬疲劳时卧地不动，但不久又立起，表现一种特殊的斜视惶恐表情，当再次受到外界刺激时，又出现一次新的发作。狂乱攻击，自咬四肢、尾及阴部等。随病势发展，陷于意识障碍，反射紊乱，狂咬；动物显著消瘦，吠声嘶哑，眼球凹陷，散瞳或缩瞳，下颌麻痹，流涎和夹尾等。

麻痹期：1～2d。麻痹急剧发展，下颌下垂，舌脱出口外，流涎显著，不久后躯及四肢麻痹，卧地不起，最后因呼吸中枢麻痹或衰竭而死。

整个病程为6～8d，少数病例可延长到10d。

2.2.1.2 麻痹型。该型兴奋期很短或只有轻微兴奋表现即转入麻痹期。

表现喉头、下颌、后躯麻痹、流涎、张口、吞咽困难和恐水等，经2～4天死亡。

2.2.2 猫

一般呈狂暴型，症状与犬相似，但病程较短，出现症状后2～4天死亡。在发病时常蜷缩在阴暗处，受刺激后攻击其他猫、动物和人。

2.2.3 其他动物

牛、羊、猪、马等动物发生狂犬病时，多表现为兴奋、性亢奋、流涎和具有攻击性，最后麻痹衰竭致死。

2.3 实验室诊断

实验室诊断可采用以下方法。

2.3.1 免疫荧光试验（见GB/T 18639）

2.3.2 小鼠和细胞培养物感染试验（见GB/T 18639）

2.3.3 反转录-聚合酶链式反应检测（RT-PCR）（见附件）

2.3.4 内基氏小体（包涵体）检查（见GB/T 18639）

2.4 结果判定

县级以上动物防疫监督机构负责动物狂犬病诊断结果的判定。

2.4.1 被发病动物咬伤或符合2.2特征的动物，判定为疑似患病动物。

2.4.2 具有2.3.3和2.3.4阳性结果之一的，判定为疑似患病动物。

2.4.3 具有2.3.1和2.3.2阳性结果之一的，判定为患病动物。

2.4.4 符合2.4.1，且具有2.3.3和2.3.4阳性结果之一的，判定为患病动物。

3 疫情报告

3.1 任何单位和个人发现有本病临床症状或检测呈阳性结果的动物，应当立即向当地动物防疫监督机构报告。

3.2 当地动物防疫监督机构接到疫情报告并确认后，按《动物疫情报告管理办法》及有关规定上报。

4 疫情处理

4.1 疑似患病动物的处理

4.1.1 发现有兴奋、狂暴、流涎、具有明显攻击性等典型症状的犬，应立即采取措施予以扑杀。

4.1.2 发现有被患狂犬病动物咬伤的动物后，畜主应立即将其隔离，限制其移动。

4.1.3 对动物防疫监督机构诊断确认的疑似患病动物，当地人民政府应立即组织相关人员对患病动物进行扑杀和无害化处理，动物防疫监督机构应做好技术指导，并按规定采样、检测，进行确诊。

4.2 确诊后疫情处理

确诊后，县级以上人民政府畜牧兽医行政管理部门应当按照以下规定划定疫点、疫区和受威胁区，并向当地卫生行政管理部门通报。当地人民政府应组织有关部门采取相应疫情处置措施。

4.2.1 疫点、疫区和受威胁区的划分

4.2.1.1 疫点

圈养动物，疫点为患病动物所在的养殖场（户）；散养动物，疫点为患病动物所在自然村（居民小区）；在流通环节，疫点为患病动物所在的有关经营、暂时饲养或存放场所。

4.2.1.2 疫区

疫点边缘向外延伸3公里所在区域。疫区划分时注意考虑当地的饲养环境和天然屏障（如河流、山脉等）。

4.2.1.3 受威胁区

疫区边缘向外延伸5公里所在区域。

4.2.2 采取的措施

4.2.2.1 疫点处理措施扑杀患病动物和被患

病动物咬伤的其他动物，并对扑杀和发病死亡的动物进行无害化处理；对所有犬、猫进行一次狂犬病紧急强化免疫，并限制其流动；对污染的用具、笼具、场所等全面消毒。

4.2.2.2　疫区处理措施

对所有犬、猫进行紧急强化免疫；对犬圈舍、用具等定期消毒；停止所有犬、猫交易。发生重大狂犬病疫情时，当地县级以上人民政府应按照《重大动物疫情应急条例》和《国家突发重大动物疫情应急预案》的要求，对疫区进行封锁，限制犬类动物活动，并采取相应的疫情扑灭措施。

4.2.2.3　受威胁区处理措施对未免疫犬、猫进行免疫；停止所有犬、猫交易。

4.2.2.4　流行病学调查及监测发生疫情后，动物防疫监督机构应及时组织流行病学调查和疫源追踪；每天对疫点内的易感动物进行临床观察；对疫点内患病动物接触的易感动物进行一次抽样检测。

4.2.3　疫点、疫区和受威胁区的撤销

所有患病动物被扑杀并做无害化处理后，对疫点内易感动物连续观察30天以上，没有新发病例；疫情监测为阴性；按规定对疫点、疫区进行了终末消毒。符合以上条件，由原划定机关撤销疫点、疫区和受威胁区。动物防疫监督机构要继续对该地区进行定期疫情监测。

5　预防与控制

5.1　免疫接种

5.1.1　犬的免疫对所有犬实行强制性免疫。对幼犬按照疫苗使用说明书要求及时进行初免，以后所有的犬每年用弱毒疫苗加强免疫一次。采用其他疫苗免疫的，按疫苗说明书进行。

5.1.2　其他动物的免疫可根据当地疫情情况，根据需要进行免疫。

5.1.3　所有的免疫犬和其他免疫动物要按规定佩带免疫标识，并发放统一的免疫证明，当地动物防疫监督部门要建立免疫档案。

5.2　疫情监测

每年对老疫区和其他重点区域的犬进行1～2次监测。采集犬的新鲜唾液，用RT-PCR方法或酶联免疫吸附试验（ELISA）进行检测。检测结果为阳性时，再采样送指定实验室进行复核确诊。

5.3　检疫

在运输或出售犬、猫前，畜主应向动物防疫监督机构申报检疫，动物防疫监督机构对检疫合格的犬、猫出具动物检疫合格证明；在运输或出售犬时，犬应具有狂犬病的免疫标识，畜主必须持有检疫合格证明。

犬、猫应从非疫区引进。引进后，应至少隔离观察30天，其间发现异常时，要及时向当地动物防疫监督机构报告。

5.4　日常防疫

养犬场要建立定期免疫、消毒、隔离等防疫制度；养犬、养猫户要注意做好圈舍的清洁卫生、并定期进行消毒，按规定及时进行狂犬病免疫。

二十、J-亚群禽白血病防治技术规范

（2007年4月9日　农业部农医发〔2007〕12号发布）

J-亚群禽白血病（Avian Leukosis Virus-J Subgroup，简称ALV-J），是由反转录病毒ALV-J引起的主要侵害骨髓细胞，导致骨髓细胞瘤（ML）和其他不同细胞类型恶性肿瘤为特征的禽的肿瘤性传染性疾病。我国将其列为二类动物疫病。

为了预防、控制和消灭J-亚群禽白血病，依据《中华人民共和国动物防疫法》及有关的法律法规，特制定本规范。

1　适用范围

本规范规定了J-亚群禽白血病的诊断、疫情报告、疫情处理和预防措施。

本规范适用于中华人民共和国境内一切从事家禽饲养、经营及其产品的生产、经营，以及从事动物防疫活动的单位和个人。

2 诊断

根据本病流行病学特点、剖检病变和组织病理学变化可以做出初步诊断；确诊须进行病毒分离鉴定。

2.1 流行病学

所有品系的肉用型鸡都易感。蛋用型鸡较少发病。

病鸡或病毒携带鸡为主要传染源，特别是病毒血症期的鸡。与经典的 ALV 相似，ALV-J 主要通过种蛋（存在于蛋清及胚体中）垂直传播，也可通过与感染鸡或污染的环境接触而水平传播。垂直传播而导致的先天性感染的鸡常可产生对病毒的免疫耐受，雏鸡表现为持续性病毒血症，体内无抗体并向外排毒。

2.2 临床症状

潜伏期较长，因病毒株不同、鸡群的遗传背景差异等而不同。

最早可见 5 周龄鸡发病，但主要发生于 18～25 周龄的性成熟前后鸡群。总死亡率一般为 2%～8%，但有时可超过 10%。

2.3 剖检病变

特征性病变是肝脏、脾脏肿大，表面有弥漫性的灰白色增生性结节。在肾脏、卵巢和睾丸也可见广泛的肿瘤组织。有时在胸骨、肋骨表面出现肿瘤结节，也可见于盆骨、髋关节、膝关节周围以及头骨和椎骨表面。在骨膜下可见白色石灰样增生的肿瘤组织。

2.4 实验室诊断

2.4.1 病原分离鉴定（附件 1）

2.4.2 组织病理学诊断

在 HE 染色切片中，可见增生的髓细胞样肿瘤细胞，散在或形成肿瘤结节。髓细胞样瘤细胞形体较大，细胞核呈空泡状，细胞质较多，可见嗜酸性颗粒。

2.4.3 血清学诊断

采用 J-亚群禽白血病酶联免疫吸附试验（ELISA）检测 J-亚群禽白血病病毒抗体（附件 2）。

2.5 结果判定

2.5.1 符合 2.1、2.2 和 2.3 的，临床诊断为疑似 J-亚群禽白血病。

2.5.2 确诊。符合结果判定 2.5.1，且符合实验室诊断 2.4.1 或 2.4.2 的。

采用 2.4.3，检测为阳性，表明被检鸡群感染了 J-亚群禽白血病病毒；检测为阴性，表明被检鸡群未感染 J-亚群禽白血病病毒。

3 疫情报告

3.1 任何单位和个人发现患有本病或疑似本病的禽类，应及时向当地动物防疫监督机构报告。

3.2 当地动物防疫监督机构接到疫情报告后，按国家动物疫情报告管理的有关规定执行。

4 疫情处理

根据流行病学特点、临床症状、剖检病变，结合病原分离鉴定、组织病理学和血清学检测做出的诊断结果可作为疫情处理的依据。

4.1 发现疑似疫情时，养殖户应立即将病禽及其同群禽隔离，并限制其移动。当地动物防疫监督机构要及时派员到现场进行调查核实，包括流行病学调查、临床症状检查、病理解剖、采集病料、实验室诊断等，根据诊断结果采取相应措施。

4.2 当疫情呈散发时，须对发病禽群进行扑杀和无害化处理（按照 GB 16548 进行）。同时，对禽舍和周围环境进行消毒（附件 3），对受威胁禽群进行观察。

4.3 当疫情呈暴发时按照以下要求处理

4.3.1 划定疫点、疫区、受威胁区

由所在地县级以上（含县级）兽医主管部门划定疫点、疫区、受威胁区。

疫点：指患病禽类所在的地点。一般是指患病禽类所在的禽场（户）或其他有关屠宰、经营单位；如为农村散养，应将自然村划为疫点。

疫区：指疫点外延 3 公里范围内区域。疫区划分时，应注意考虑当地的饲养环境和天然屏障（如河流、山脉等）。

受威胁区：指疫区外延 5 公里范围内的区域。

4.3.2 处置要求

在动物防疫监督机构的监督指导下，扑杀发病禽群，并对扑杀禽和病死禽只进行无害化处理；对环境和设施进行消毒；对粪便及其他可能被污染的物品，按照 GB 16548 进行无害化处理；禁止疫区内易感动物移动、交易。

禽类尸体需要运送时，应使用防漏容器，并在动物防疫监督机构的监督下实施。

4.3.3 进行疫源分析和流行病学调查

4.3.4 处理记录

对处理疫情的全过程必须做好完整的详细记录，以备检查。

5 预防与控制

实行净化种群为主的综合性防治措施。

5.1 加强饲养管理，提高环境控制水平

饲养、生产、经营等场所必须符合《动物防疫条件审核管理办法》（农业部 15 号令）的要求，并须取得动物防疫合格证。

饲养场实行全进全出饲养方式，控制人员出入，严格执行清洁和消毒程序。

5.2 加强消毒管理，做好基础防疫工作

各饲养场、屠宰厂（场）、动物防疫监督检查站等要建立严格的卫生（消毒）管理制度。

5.3 监测

养禽场应做好死亡鸡肿瘤发生情况的记录，并接受动物防疫监督机构监督。

5.4 引种检疫

国内异地引入种禽时，应经引入地动物防疫监督机构审核批准，并取得原产地动物防疫监督机构出具的无 J-亚群禽白血病证明和检疫合格证明。

附件 1

J-亚群禽白血病病原分离

1 鸡胚成纤维细胞（CEF）的制备

取 10～12 日龄 SPF 鸡胚按常规方法制备 CEF，置于 35～60mm 平皿或小方瓶中。待细胞单层形成后，减少维持用培养液中的血清至 1%左右。

2 病料的处理和接种

2.1 血清或血浆样品：从疑似病鸡无菌采血分离血清或血浆，于 35～60mm 带 CEF 的平皿或小方瓶中加入 0.2～0.5mL 血清或血浆样品。

肝、脾、肾组织样品：取一定量（1～2g）组织研磨成匀浆后，按 1∶1 加入无菌的 PBS，置于 1.5mL 离心管中 10 000g 离心 20min，用无菌吸头取出上清液，移入另一无菌离心管中，再于 10 000g 离心 20min，按 10 000IU/ mL 量加入青霉素后，在带有 CEF 的平皿或小方瓶中接种 0.2～0.5mL。

2.2 接种后浆平皿或小方瓶置于 37℃中培养 3h 后，重新更换培养液，继续培养 7d，其间应更换 1 次培养液。

2.3 以常规方法，用胰酶溶液将感染的 CEF 单层消化后，再作为第 2 代细胞接种于另一块带有3～4 片载玻片的 35～60mm 平皿中，继续培养 7d。

3 病毒的检测

用以下方法之一检测病毒。

3.1 IFA：将带有感染的 CEF 的载玻片取出，用丙酮-乙醇（7∶3）混合液固定后，用 ALV-J 单克隆抗体或单因子血清及 FITC 标记的抗小鼠或抗鸡 Ig 标记抗体按通常的方法做间接荧光试验。在荧光显微镜下观察有关呈病毒特异性荧光的细胞。

3.2 PCR：从 CEF 悬液提取基因组 DNA 作为模板，以已发表的 ALV-J 特异性引物为引物，直接测序；或克隆后提取原核测序，将测序结果与已发表的 ALV-J 原型株比较，基因序列同源性应在 85%以上。

注意：由于内源性 ALV 的干扰作用，按严格要求，病毒应接种在对内源性 ALV 有抵抗作用的 CEF/E 品系鸡来源的细胞或细胞系（如 DF1）。但我国多数实验室无法做到这点，在结果判定时会有一点风险。如果 3.1、3.2 都做了，相互验证，可以大大减少风险。

附件 2

J-亚群禽白血病酶联免疫吸附试验（ELISA）

本方法可检测鸡血清中 J-亚群禽白血病病毒抗体。适用于 J-亚群禽白血病病毒水平感染的群

体普查。

1 样品准备

检测之前要用样品稀释液将被检样品进行500倍稀释（如：1μL的样品可以用样品稀释液稀释到500μL）。注意不要稀释对照。不同的样品要注意换吸头。在将样品加入检测板前要将样品充分混匀。

2 洗涤液制备

（10×）浓缩的洗涤液在使用前必须用蒸馏水或去离子水进行10倍稀释。如果浓缩液中含有结晶，在使用前必须将它融化。（如：30mL的浓缩洗涤液和270mL的蒸馏水或去离子水充分混合配成）。

3 操作步骤

将试剂恢复至室温，并将其振摇混匀后进行使用。

3.1 抗原包被板并在记录表上标记好被检样品的位置。

3.2 取100μL不需稀释的阴性对照液加入A1孔和A2孔中。

3.3 取100μL不需稀释的阳性对照液加入A3孔和A4孔中。

3.4 取100μL稀释的被检样品液加入相应的孔中。所有被检样品都应进行双孔测定。

3.5 室温下孵育30min。

3.6 每孔加约350μL的蒸馏水或去离子水进行洗板，洗3～5次。

3.7 每孔加100μL的酶标羊抗鸡抗体（HRPO)。

3.8 室温下孵育30min。

3.9 重复第6步。

3.10 每孔加100μL的TMB底物液。

3.11 室温下孵育15min。

3.12 每孔加100μL的终止液。

3.13 酶标仪空气调零。

3.14 测定并记录各孔于650nm波长的吸光值（A650)。

4 结果判定

4.1 阳性对照平均值和阴性对照平均值的差值大于0.10，阴性对照平均值小于或等于0.150，该检测结果才能有效。

4.2 被检样品的抗体水平由其测定值与阳性对照测定值的比值（S/P）确定。抗体滴度按下列方程式进行计算。

阴性对照平均值 NC =［A1（A_{650}）＋A2（A_{650}）］/2

阳性对照平均值 PC =［A3（A_{650}）＋A4（A_{650}）］/2

S/P 比值 =（样品平均值 − NC）/（PC − NC）

4.3 S/P 比值小于或等于0.6，判为阴性。

4.4 S/P 值大于0.6，判为阳性，表明被检血清中存在J-亚群禽白血病病毒抗体。

附件3

消　　毒

1 消毒前的准备

1.1 消毒前必须清除有机物、污物、粪便、饲料、垫料等。

1.2 消毒药品必须选用对J-亚群禽白血病病毒有效的，如烧碱、醛类、氧化剂类、酚制剂类、氯制剂类、双季铵盐类等。

1.3 备有喷雾器、火焰喷射枪、消毒车辆、消毒防护器械（如口罩、手套、防护靴等）、消毒容器等。

1.4 注意消毒剂不可混用。

2 消毒范围

禽舍地面及内外墙壁，舍外环境；饲养、饮水等用具，运输等设施设备以及其他一切可能被污染的场所和设施设备。

3 消毒方法

3.1 金属设施设备的消毒，可采取火焰、熏蒸等方法消毒。

3.2 圈舍、场地、车辆等，可采用消毒液清洗、喷洒等方法消毒。

3.3 养禽场的饲料、垫料等，可采取深埋发酵处理或焚烧处理等方法消毒。

3.4 粪便等可采取堆积密封发酵或焚烧处理等方法消毒。

3.5 饲养、管理等人员可采取淋浴等方法消毒。

3.6 衣帽鞋等可能被污染的物品，可采取浸泡、高压灭菌等方法消毒。

3.7 疫区范围内办公、饲养人员的宿舍、公共食堂等场所，可采用喷洒的方法消毒。

3.8 屠宰加工、贮藏等场所以及区域内池塘等水域的消毒可采取相应的方法进行，并避免造成有害物质的污染。

二十一、传染性法氏囊病防治技术规范

（2007年4月9日　农业部农医发〔2007〕12号发布）

传染性法氏囊病（Infections Bursal Disease，IBD），又称甘布罗病（Gumboro Disease）、传染性腔上囊炎，是由双RNA病毒科禽双RNA病毒属病毒引起的一种急性、高度接触性和免疫抑制性的禽类传染病。我国将其列为二类动物疫病。

为预防、控制和消灭传染性法氏囊病，依据《中华人民共和国动物防疫法》和其他相关法律法规，制定本规范。

1　适用范围

本规范规定了传染性法氏囊病的诊断技术、疫情报告、疫情处理、预防措施、控制和消灭标准。

本规范适用于中华人民共和国境内的一切从事禽类饲养、经营和禽类产品生产、经营，以及从事动物防疫活动的单位和个人。

2　诊断

依据流行病学、临床症状和病理变化等作出初步诊断，确诊需要进行病毒分离或免疫学试验。

2.1　流行特点

主要感染鸡和火鸡，鸭、珍珠鸡、鸵鸟等也可感染。火鸡多呈隐性感染。在自然条件下，3～6周龄鸡最易感。本病在易感鸡群中发病率在90%以上，甚至可达100%，死亡率一般为20%～30%。与其他病原混合感染时或超强毒株流行时，死亡率可达60%～80%。

本病流行特点是无明显季节性、突然发病、发病率高、死亡曲线呈尖峰式；如不死亡，发病鸡多在1周左右康复。

本病主要经消化道、眼结膜及呼吸道感染。在感染后3～11d排毒达到高峰。由于该病毒耐酸、耐碱，对紫外线有抵抗力，在鸡舍中可存活122天，在受污染饲料、饮水和粪便中52天仍有感染性。

2.2　临床症状

本规范规定本病的潜伏期一般为7d。

临床表现为昏睡、呆立、翅膀下垂等症状；病禽以排白色水样稀便为主，泄殖腔周围羽毛常被粪便污染。

2.3　病理变化

2.3.1　剖检病变：感染发生死亡的鸡通常呈现脱水，胸部、腹部和腿部肌肉常有条状、斑点状出血，死亡及病程后期的鸡肾肿大，尿酸盐沉积。

法氏囊先肿胀、后萎缩。在感染后2～3d，法氏囊呈胶冻样水肿，体积和重量会增大至正常的1.5～4倍；偶尔可见整个法氏囊广泛出血，如紫色葡萄；感染5～7d后，法氏囊会逐渐萎缩，重量为正常的1/5～1/3，颜色由淡粉红色变为蜡黄色；但法氏囊病毒变异株可在72h内引起法氏囊的严重萎缩。感染3～5d的法氏囊切开后，可见有多量黄色黏液或奶油样物，黏膜充血、出血，并常见有坏死灶。

感染鸡的胸腺可见出血点；脾脏可能轻度肿大，表面有弥漫性的灰白色的病灶。

2.3.2　组织学病变：主要是法氏囊、脾脏、哈德逊氏腺和盲肠扁桃体内的淋巴组织的变性和坏死。

2.4　实验室诊断

2.4.1　病原分离鉴定（见GB 19167）。

2.4.2　免疫学诊断

琼脂凝胶免疫扩散试验、病毒血清微量中和试验、酶联免疫吸附试验（见GB 19167）。

3　疫情报告

3.1　任何单位和个人发现患有本病或疑似本病的禽类，都应当立即向当地动物防疫监督机构报告。

3.2　当地动物防疫监督机构接到疫情报告

后，按国家动物疫情报告管理的有关规定执行。

4 疫情处理

根据流行病学特点、临床症状、剖检病变，结合血清学检测做出的诊断结果可作为疫情处理的依据。

4.1 发现疑似传染性法氏囊病疫情时，养殖户应立即将病禽（场）隔离，并限制其移动。当地动物防疫监督机构要及时派员到现场进行调查核实，包括流行病学调查、临床症状检查、病理解剖、采集病料、实验室诊断等，根据诊断结果采取相应措施。

4.2 当疫情呈散发时，须对发病禽群进行扑杀和无害化处理（按照 GB 16548 进行）。同时，对禽舍和周围环境进行消毒（附件 1），对受威胁禽群进行隔离监测。

4.3 当疫情呈暴发时按照以下要求处理

4.3.1 划定疫点、疫区、受威胁区

由所在地县级以上（含县级）兽医主管部门划定疫点、疫区、受威胁区。

疫点：指患病禽类所在的地点。一般是指病禽类所在的禽场（户）或其他有关屠宰、经营单位；如为农村散养，应将自然村划为疫点。

疫区：指疫点外延 3 公里范围内区域。疫区划分时，应注意考虑当地的饲养环境和天然屏障（如河流、山脉等）。

受威胁区：指疫区外延 5 公里范围内的区域。

4.3.2 封锁

由县级以上（含县级）畜牧兽医行政主管部门报请同级人民政府决定对疫区实行封锁；人民政府在接到封锁申请报告后，应在 24 小时内发布封锁令，对疫区进行封锁，并采取下列处理措施：

疫点：出入口必须有消毒设施。严禁人、禽、车辆的进出和禽类产品及可能受污染的物品运出，在特殊情况下必须出入时，须经所在地动物防疫监督机构批准，经严格消毒后，方可出入。

疫区：交通要道建立临时动物防疫监督检查站，派专人监视动物和动物产品的流动，对进出人员、车辆须进行消毒。停止疫区内禽类及其产品的交易、移动。

4.3.3 扑杀

在动物防疫监督机构的监督指导下，扑杀发病禽群。

4.3.4 无害化处理

对所有病死禽、被扑杀禽及其禽类产品（包括禽肉、蛋、精液、羽、绒、内脏、骨、血等）按照 GB 16548 进行无害化处理；对于禽类排泄物和可能被污染的垫料、饲料等物品均需进行无害化处理。

禽类尸体需要运送时，应使用防漏容器，须有明显标志，并在动物防疫监督机构的监督下实施。

4.3.5 紧急免疫

对疫区和受威胁区内的所有易感禽类进行紧急免疫接种。

4.3.6 消毒

对疫点内禽舍、场地以及所有运载工具、饮水用具等必须进行严格彻底地消毒（见附件 1）。

4.3.7 紧急监测

对疫区、受威胁区内禽类实施紧急疫情监测，掌握疫情动态。

4.3.8 疫源分析与追踪调查

根据流行病学调查结果，分析疫源及其可能扩散、流行的情况。

对仍可能存在的传染源，以及在疫情潜伏期和发病期间售出的禽类及其产品、可疑污染物（包括粪便、垫料、饲料等）等应立即开展追踪调查，一经查明立即按照 GB 16548 采取就地销毁等无害化处理措施。

4.3.9 封锁令的解除

疫点内所有禽类及其产品按规定处理后，在当地动物防疫监督机构的监督指导下，对有关场所和物品进行彻底消毒。最后一只病禽扑杀 21 天后，经动物防疫监督机构审验合格后，由当地兽医主管部门向原发布封锁令的当地人民政府申请发布解除封锁令。

疫区解除封锁后，要继续对该区域进行疫情监测，6 个月内如未发现新的病例，即可宣布该次疫情被扑灭。

4.3.10 处理记录

对处理疫情的全过程必须做好完整的详细记录，以备检查。

5 预防与控制

实行“以免疫为主”的综合性防治措施。

5.1 加强饲养管理，提高环境控制水平

饲养、生产、经营等场所必须符合《动物防疫条件审核管理办法》（农业部15号令）的要求，并须取得动物防疫合格证。

饲养场实行全进全出饲养方式，控制人员出入，严格执行清洁和消毒程序。

5.2 加强消毒管理，做好基础防疫工作

各饲养场、屠宰厂（场）、动物防疫监督检查站等要建立严格的卫生（消毒）管理制度。

5.3 免疫

根据当地流行病史、母源抗体水平、禽群的免疫抗体水平监测结果等合理制定免疫程序、确定免疫时间及使用疫苗的种类，按疫苗说明书要求进行免疫。

必须使用经国家兽医主管部门批准的疫苗。

5.4 监测

由县级以上动物防疫监督机构组织实施。

5.4.1 监测方法

以监测抗体为主。可采取琼脂扩散试验、病毒中和试验方法进行监测。

5.4.2 监测对象

鸡、鸭、火鸡等易感禽类。

5.4.3 监测比例

规模养禽场至少每半年监测一次。父母代以上种禽场、有出口任务养禽场的监测，每批次（群）按照0.5%的比例进行监测；商品代养禽场，每批次（群）按照0.1%的比例进行监测。每批次（群）监测数量不得少于20份。

散养禽以及对流通环节中的交易市场、禽类屠宰厂（场）、异地调入的批量活禽进行不定期的监测。

5.4.4 监测样品

血清或卵黄。

5.4.5 监测结果及处理

监测结果要及时汇总，由省级动物防疫监督机构定期上报至中国动物疫病预防控制中心。监测中发现因使用未经农业部批准的疫苗而造成的阳性结果的禽群，一律按传染性法氏囊病阳性的有关规定处理。

5.5 引种检疫

国内异地引入种禽及其精液、种蛋时，应取得原产地动物防疫监督机构的检疫合格证明。到达引入地后，种禽必须隔离饲养7d以上，并由引入地动物防疫监督机构进行检测，合格后方可混群饲养。

附件1

消　毒

1 消毒前的准备

1.1 消毒前必须清除污物、粪便、饲料、垫料等有机物。

1.2 消毒药品必须选用对传染性法氏囊病病毒有效的，如氢氧化钠、醛类、氧化剂类、酚制剂类、氯制剂类、双季铵盐类等。

1.3 备有喷雾器、火焰喷射枪、消毒车辆、消毒防护用具（如口罩、手套、防护靴、防护眼罩、防护服等）、消毒容器等。

1.4 注意消毒剂不可混用。

2 消毒范围

禽舍地面及内外墙壁，舍外环境；饲养、饮水等用具，运输等设施设备以及其他一切可能被污染的场所和设施设备。

3 消毒方法

3.1 金属设施设备的消毒，可采取火焰、熏蒸等方法消毒。

3.2 圈舍、场地、车辆等，可采用消毒液清洗、喷洒等方法消毒。

3.3 养禽场的饲料、粪便、垫料等，可采取深埋发酵处理或焚烧处理等方法消毒。

3.4 饲养、管理等人员可采取淋浴等方法消毒。

3.5 衣帽鞋等可能被污染的物品，可采取浸泡、高压灭菌等方法消毒。

3.6 疫区范围内办公、饲养人员的宿舍、公共食堂等场所，可采用喷洒的方法消毒。

3.7 屠宰加工、贮藏等场所以及区域内池塘等水域的消毒可采取相应的方法进行，并避免造成有害物质的污染。

二十二、马立克氏病防治技术规范

（2007年4月9日 农业部农医发〔2007〕12号发布）

马立克氏病（Marek's Disease，简称MD），是由疱疹病毒科α亚群马立克氏病病毒引起的，以危害淋巴系统和神经系统，引起外周神经、性腺、虹膜、各种内脏器官、肌肉和皮肤的单个或多个组织器官发生肿瘤为特征的禽类传染病。我国将其列为二类动物疫病。

为预防、控制和消灭马立克氏病，依据《中华人民共和国动物防疫法》和其他相关法律法规，制定本规范。

1 适用范围

本规范规定了马立克氏病的诊断技术、疫情报告、疫情处理和预防措施。

本规范适用于中华人民共和国境内的一切从事禽类饲养、经营和禽类产品生产、经营，以及从事动物防疫活动的单位和个人。

2 诊断

根据流行病学特点、临床症状、病理变化等可做出初步诊断，确诊须进行病原分离鉴定或血清学诊断。

2.1 流行病学

鸡是主要的自然宿主。鹌鹑、火鸡、雉鸡、乌鸡等也可发生自然感染。2周龄以内的雏鸡最易感。6周龄以上的鸡可出现临床症状，12～24周龄最为严重。

病鸡和带毒鸡是最主要的传染源。呼吸道是主要的感染途径，羽毛囊上皮细胞中成熟型病毒可随着羽毛和脱落皮屑散毒。病毒对外界抵抗力很强，在室温下传染性可保持4～8个月。

2.2 临床症状

本规范规定本病的潜伏期为4个月。

根据临床症状分为4个型，即神经型、内脏型、眼型和皮肤型。

神经型：最早症状为运动障碍。常见腿和翅膀完全或不完全麻痹，表现为“劈叉”式、翅膀下垂；嗉囊因麻痹而扩大。

内脏型：常表现极度沉郁，有时不表现任何症状而突然死亡。有的病鸡表现厌食、消瘦和昏迷，最后衰竭而死。

眼　型：视力减退或消失。虹膜失去正常色素，呈同心环状或斑点状。瞳孔边缘不整，严重阶段瞳孔只剩下一个针尖大小的孔。

皮肤型：全身皮肤毛囊肿大，以大腿外侧、翅膀、腹部尤为明显。

本病的病程一般为数周至数月。因感染的毒株、易感鸡品种（系）和日龄不同，死亡率表现为2%～70%。

2.3 病理剖检变化

神经型：常在翅神经丛、坐骨神经丛、坐骨神经、腰荐神经和颈部迷走神经等处发生病变，病变神经可比正常神经粗2～3倍，横纹消失，呈灰白色或淡黄色。有时可见神经淋巴瘤。

内脏型：在肝、脾、胰、睾丸、卵巢、肾、肺、腺胃和心脏等脏器出现广泛的结节性或弥漫性肿瘤。

眼型：虹膜失去正常色素，呈同心环状或斑点状。瞳孔边缘不整，严重阶段瞳孔只剩下一个针尖大小的孔。

皮肤型：常见毛囊肿大，大小不等，融合在一起，形成淡白色结节，在拔除羽毛后尸体尤为明显。

2.4 实验室诊断

2.4.1 病原分离鉴定（见附件1）

2.4.2 病理组织学诊断

主要以淋巴母细胞、大、中、小淋巴细胞及巨噬细胞的增生浸润为主，同时可见小淋巴细胞和浆细胞的浸润和雪旺氏细胞增生。

2.4.3 疫学诊断

免疫琼脂扩散试验（见GB/T 18643）。

2.5 鉴别诊断

内脏型马立克氏病的病理变化易与禽白血病

（LL）和网状内皮增生症（RE）相混淆，一般需要通过流行病学和病理组织学进行鉴别诊断。

2.5.1 与禽白血病（LL）的鉴别诊断

2.5.1.1 流行病学比较。禽白血病（LL）一般发生于16周龄以上的鸡，并多发生于24～40周龄；且发病率较低，一般不超过5%。MD的死亡高峰一般发生在10～20周龄，发病率较高。

2.5.1.2 病理组织学变化。禽白血病（LL）肿瘤病理组织学变化主要表现为大小一致的淋巴母细胞增生浸润。MD肿瘤细胞主要表现为大小不一的淋巴细胞。

2.5.2 与网状内皮增生症（RE）的鉴别诊断

网状内皮增生症（RE）在不同鸡群感染率差异较大，一般发病率较低。其病理组织学特点是：肿瘤细胞多以未分化的大型细胞为主，肿瘤细胞细胞质较多、核淡染。有些病例也表现为大小不一的淋巴细胞。

现场常见MDV和REV共感染形成的混合型肿瘤，需做病原分离鉴定。

2.6 结果判定

2.6.1 临床诊断为疑似马立克氏病

符合流行病学2.1、临床症状2.2和剖检病变2.3的。

2.6.2 确诊

符合结果判定2.6.1，且符合实验室诊断2.4.1；或符合2.4.2和2.4.3的。

3 疫情报告

3.1 任何单位和个人发现患有本病或疑似本病的禽类，应立即向当地动物防疫监督机构报告。

3.2 当地动物防疫监督机构接到疫情报告后，按国家动物疫情报告管理的有关规定执行。

4 疫情处理

根据流行病学特点、临床症状、剖检病变，结合病原分离鉴定、组织病理学和免疫学检测做出的诊断结果可作为疫情处理的依据。

4.1 发现疑似马立克病疫情时，养殖户应立即将发病禽群隔离，并限制其移动。当地动物防疫监督机构要及时派员到现场进行调查核实，包括流行病学调查、临床症状检查、病理解剖、采集病料、实验室诊断等，根据诊断结果采取相应措施。

4.2 当疫情呈散发时，须对病禽及同群禽进行扑杀和无害化处理（按照GB 16548进行）。同时，对禽舍和周围环境进行消毒，对受威胁禽群进行观察。

4.3 当疫情呈暴发流行时按照以下要求处理

4.3.1 划定疫点、疫区、受威胁区

由所在地县级以上（含县级）兽医主管部门划定疫点、疫区、受威胁区。

疫点：指患病禽类所在的地点。一般是指患病禽类所在的禽场（户）或其他有关屠宰、经营单位；如为农村散养，应将自然村划为疫点。

疫区：指疫点外延3公里范围内区域。疫区划分时，应注意考虑当地的饲养环境和天然屏障（如河流、山脉等）。

受威胁区：指疫区外延5公里范围内的区域。

4.3.2 处置要求

在动物防疫监督机构的监督指导下，扑杀发病禽及同群禽，并对被扑杀禽和病死禽只进行无害化处理；对环境和设施进行消毒；对粪便及其他可能被污染的物品，按照GB 16548进行无害化处理；禁止疫区内易感动物移动、交易。

禽类尸体需要运送时，应使用防漏容器，并在动物防疫监督机构的监督下实施。

4.3.3 进行疫源分析和流行病学调查

4.3.4 处理记录

对处理疫情的全过程必须做好完整的详细记录，以备检查。

5 预防与控制

实行"以免疫为主"的综合性防治措施。

5.1 加强饲养管理，提高环境控制水平

饲养、生产、经营等场所必须符合《动物防疫条件审核管理办法》（农业部15号令）的要求，并须取得动物防疫合格证。

饲养场实行全进全出饲养方式，控制人员出入，严格执行清洁和消毒程序。

5.2 加强消毒管理，做好基础防疫工作

各饲养场、屠宰厂（场）、动物防疫监督检查站等要建立严格的卫生（消毒）管理制度。

5.3 免疫

应于雏鸡出壳24小时内进行免疫。所用疫苗必须是经国务院兽医主管部门批准使用的疫苗。

5.4 监测

养禽场应做好死亡鸡肿瘤发生情况的记录，并接受动物防疫监督机构监督。

5.5 引种检疫

国内异地引入种禽时，应经引入地动物防疫监督机构审核批准，并取得原产地动物防疫监督机构的免疫接种证明和检疫合格证明。

附件1

马立克氏病病原分离

1 用细胞作为MDV分离和诊断的材料

1.1 细胞来源

应来自病鸡全血（抗凝血）的白细胞层或刚死亡鸡脾脏细胞。

1.2 方法

1.2.1 将白细胞或脾脏细胞制成含有10^6～10^7个活细胞/mL的细胞悬液。

1.2.2 将0.5mL样品，分别接种2瓶（大小$25cm^2$）用SPF鸡胚制备的成纤维细胞。另取1瓶做空白对照。

1.2.3 将接种病料的和未接种病料的对照细胞培养瓶均置于含有5% CO_2的37.5℃的二氧化碳培养箱内。

1.2.4 每隔3d，换一次培养液。

1.2.5 观察有无细胞病变（CPE），即蚀斑，一般可在3～4d内出现。若没有，可按上述方法盲传1～2代。

2 用羽髓作为MDV分离和诊断的材料

这种方法所分离的病毒为非细胞性的，但不常用。

2.1 取长约5mm的羽髓或含有皮肤组织的羽髓，放入SPGA-EDTA缓冲液［0.218 0mol/L蔗糖（7.462g）；0.003 8mol/L磷酸二氢钾（0.052g）；0.007 2mol/L磷酸二氢钠（0.125g）；0.004 9mol/L L-谷氨酰胺（0.083g）、1.0%血清白蛋白（1g）和0.2%乙二胺四乙酸钠（0.2g），蒸馏水100mL，过滤除菌，调节pH到6.3］中。

2.2 病毒的分离与滴定方法

上述悬浮液经超声波处理，通过0.45μm微孔滤膜过滤后，接种于培养24h的鸡肾细胞上，吸附40min后加入培养液，并按上述方法培养7d。

3 上述方法可以用于1型和2型MDV的分离

所分离的病毒如果是免疫禽群，也可以分离到疫苗毒。

有经验的工作人员可根据蚀斑出现的时间、发展速度和形态，即可对各型病毒引起的蚀斑作出准确鉴别。HVT蚀斑出现较早，而且比1型的要大，而2型的蚀斑出现晚，比1型的小。

附件2

消　　毒

1 消毒前的准备

1.1 消毒前必须清除有机物、污物、粪便、饲料、垫料等；

1.2 必须选用对马立克氏病病毒有效的消毒药品，如烧碱、醛类、氧化剂类、酚制剂类、氯制剂类、双季铵盐类等。

1.3 备有喷雾器、火焰喷射枪、消毒车辆、消毒防护用具（如口罩、手套、防护靴等）、消毒容器等。

1.4 注意消毒剂不可混用。

2 消毒范围

禽舍地面及内外墙壁，舍外环境；饲养、饮水等用具，运输等设施设备以及其他一切可能被污染的场所和设施设备。

3 消毒方法

3.1 金属设施设备的消毒，可采取火焰、熏蒸等方法消毒。

3.2 圈舍、场地、车辆等，可采用消毒液清洗、喷洒等方法消毒。

3.3 养禽场的饲料、垫料等，可采取深埋发酵处理或焚烧处理等方法消毒。

3.4 粪便等可采取堆积密封发酵或焚烧处理等方法消毒。

3.5 饲养、管理等人员可采取淋浴等方法消毒。

3.6 衣帽鞋等可能被污染的物品，可采取浸泡、高压灭菌等方法消毒。

3.7 疫区范围内办公、饲养人员的宿舍、公共食堂等场所，可采用喷洒的方法消毒。

3.8 屠宰加工、贮藏等场所以及区域内池塘等水域的消毒可采取相应的方法进行，并避免造成有害物质的污染。

二十三、牛结节性皮肤病防治技术规范

（2020 年 7 月 10 日　农业农村部农医发〔2020〕30 号发布）

牛结节性皮肤病（Lumpy skin disease，LSD）是由痘病毒科山羊痘病毒属牛结节性皮肤病病毒引起的牛全身性感染疫病，临床以皮肤出现结节为特征，该病不传染人，不是人兽共患病。世界动物卫生组织（OIE）将其列为法定报告的动物疫病，农业农村部暂时将其作为二类动物疫病管理。

为防范、控制和扑灭牛结节性皮肤病疫情，依据《中华人民共和国动物防疫法》《重大动物疫情应急条例》《国家突发重大动物疫情应急预案》等法律法规，制定本规范。

1　适用范围

本规范规定了牛结节性皮肤病的诊断、疫情报告和确认、疫情处置、防范等防控措施。

本规范适用于中华人民共和国境内与牛结节性皮肤病防治活动有关的单位和个人。

2　诊断

2.1　流行病学

2.1.1　传染源

感染牛结节性皮肤病病毒的牛。感染牛和发病牛的皮肤结节、唾液、精液等含有病毒。

2.1.2　传播途径

主要通过吸血昆虫（蚊、蝇、蠓、虻、蜱等）叮咬传播。可通过相互舔舐传播，摄入被污染的饲料和饮水也会感染该病，共用污染的针头也会导致在群内传播。感染公牛的精液中带有病毒，可通过自然交配或人工授精传播。

2.1.3　易感动物

能感染所有牛，黄牛、奶牛、水牛等易感，无年龄差异。

2.1.4　潜伏期

《OIE 陆生动物卫生法典》规定，潜伏期为 28d。

2.1.5　发病率和病死率

发病率可达 2%～45%。病死率一般低于 10%。

2.1.6　季节性

该病主要发生于吸血虫媒活跃季节。

2.2　临床症状

临床表现差异很大，跟动物的健康状况和感染的病毒量有关。体温升高，可达 41℃，可持续 1 周。浅表淋巴结肿大，特别是肩前淋巴结肿大。奶牛产奶量下降。精神消沉，不愿活动。眼结膜炎，流鼻涕，流涎。发热后 48h 皮肤上会出现直径 10～50mm 的结节，以头、颈、肩部、乳房、外阴、阴囊等部位居多。结节可能破溃，吸引蝇蛆，反复结痂，迁延数月不愈。口腔黏膜出现水泡，继而溃破和糜烂。牛的四肢及腹部、会阴等部位水肿，导致牛不愿活动。公牛可能暂时或永久性不育。妊娠母牛流产，发情延迟可达数月。

牛结节性皮肤病与牛疱疹病毒病、伪牛痘、疥螨病等临床症状相似，需开展实验室检测进行鉴别诊断。

2.3　病理变化

消化道和呼吸道内表面有结节病变。淋巴结肿大，出血。心脏肿大，心肌外表充血、出血，呈现斑块状瘀血。肺脏肿大，有少量出血点。肾脏表面有出血点。气管黏膜充血，气管内有大量黏液。肝脏肿大，边缘钝圆。胆囊肿大，为正常 2～3 倍，外壁有出血斑。脾脏肿大，质地变硬，有出血状况。胃黏膜出血。小肠弥漫性出血。

2.4　实验室检测

2.4.1　抗体检测

采集全血分离血清用于抗体检测，可采用病

毒中和试验、酶联免疫吸附试验等方法。

2.4.2　病原检测

采集皮肤结痂、口鼻拭子、抗凝血等用于病原检测。

2.4.2.1　病毒核酸检测：可采用荧光聚合酶链式反应、聚合酶链式反应等方法。

2.4.2.2　病毒分离鉴定：可采用细胞培养分离病毒、动物回归试验等方法。病毒分离鉴定工作应在中国动物卫生与流行病学中心（国家外来动物疫病研究中心）或农业农村部指定实验室进行。

3　疫情报告和确认

按照动物防疫法和农业农村部规定，对牛结节性皮肤病疫情实行快报制度。任何单位和个人发现牛出现疑似牛结节性皮肤病症状，应立即向所在地畜牧兽医主管部门、动物卫生监督机构或动物疫病预防控制机构报告，有关单位接到报告后应立即按规定通报信息，按照“可疑疫情—疑似疫情—确诊疫情”的程序认定疫情。

3.1　可疑疫情

县级以上动物疫病预防控制机构接到信息后，应立即指派两名中级以上技术职称人员到场，开展现场诊断和流行病学调查，符合牛结节性皮肤病典型临床症状的，判定为可疑病例，并及时采样送检。

县级以上地方人民政府畜牧兽医主管部门根据现场诊断结果和流行病学调查信息，认定可疑疫情。

3.2　疑似疫情

可疑病例样品经县级以上动物疫病预防控制机构或经认可的实验室检出牛结节性皮肤病病毒核酸的，判定为疑似病例。

县级以上地方人民政府畜牧兽医主管部门根据实验室检测结果和流行病学调查信息，认定疑似疫情。

3.3　确诊疫情

疑似病例样品经省级动物疫病预防控制机构或省级人民政府畜牧兽医主管部门授权的地市级动物疫病预防控制机构实验室复检，其中各省份首例疑似病例样品经中国动物卫生与流行病学中心（国家外来动物疫病研究中心）复核，检出牛结节性皮肤病病毒核酸的，判定为确诊病例。

省级人民政府畜牧兽医主管部门根据确诊结果和流行病学调查信息，认定疫情；涉及两个以上关联省份的疫情，由农业农村部认定疫情。

在牛只运输过程中发现的牛结节性皮肤病疫情，由疫情发现地负责报告、处置，计入牛只输出地。

相关单位在开展疫情报告、调查以及样品采集、送检、检测等工作时，应及时做好记录备查。疑似、确诊病例所在省份的动物疫病预防控制机构，应按疫情快报要求将疑似、确诊疫情及其处置情况、流行病学调查情况、终结情况等信息按快报要求，逐级上报至中国动物疫病预防控制中心，并将样品和流行病学调查信息送中国动物卫生与流行病学中心。中国动物疫病预防控制中心依程序向农业农村部报送疫情信息。

牛结节性皮肤病疫情由省级畜牧兽医主管部门负责定期发布，农业农村部通过《兽医公报》等方式按月汇总发布。

4　疫情处置

4.1　临床可疑和疑似疫情处置

对发病场（户）的动物实施严格的隔离、监视，禁止牛只及其产品、饲料及有关物品移动，做好蚊、蝇、蠓、虻、蜱等虫媒的灭杀工作，并对隔离场所内外环境进行严格消毒。必要时采取封锁、扑杀等措施。

4.2　确诊疫情处置

4.2.1　划定疫点、疫区和受威胁区

4.2.1.1　疫点：相对独立的规模化养殖场（户），以病牛所在的场（户）为疫点；散养牛以病牛所在的自然村为疫点；放牧牛以病牛所在的活动场地为疫点；在运输过程中发生疫情的，以运载病牛的车、船、飞机等运载工具为疫点；在市场发生疫情的，以病牛所在市场为疫点；在屠宰加工过程中发生疫情的，以屠宰加工厂（场）为疫点。

4.2.1.2　疫区：疫点边缘向外延伸 3 公里的区域。对运输过程发生的疫情，经流行病学调查和评估无扩散风险，可以不划定疫区。

4.2.1.3 受威胁区：由疫区边缘向外延伸10公里的区域。对运输过程发生的疫情，经流行病学调查和评估无扩散风险，可以不划定受威胁区。

划定疫区、受威胁区时，应根据当地天然屏障（如河流、山脉等）、人工屏障（道路、围栏等）、野生动物栖息地、媒介分布活动等情况，以及疫情追溯调查结果，综合评估后划定。

4.2.2 封锁

必要时，疫情发生所在地县级以上兽医主管部门报请同级人民政府对疫区实行封锁。跨行政区域发生疫情时，由有关行政区域共同的上一级人民政府对疫区实行封锁，或者由各有关行政区域的上一级人民政府共同对疫区实行封锁。上级人民政府可以责成下级人民政府对疫区实行封锁。

4.2.3 对疫点应采取的措施

4.2.3.1 扑杀并销毁疫点内的所有发病和病原学阳性牛，并对所有病死牛、被扑杀牛及其产品进行无害化处理。同群病原学阴性牛应隔离饲养，采取措施防范血吸虫媒叮咬，并鼓励提前出栏屠宰。

4.2.3.2 实施血吸虫媒控制措施，灭杀饲养场所吸血昆虫及幼虫，清除滋生环境。

4.2.3.3 对牛只排泄物、被病原污染或可能被病原污染的饲料和垫料、污水等进行无害化处理。

4.2.3.4 对被病原污染或可能被病原污染的物品、交通工具、器具圈舍、场地进行严格彻底消毒。出入人员、车辆和相关设施要按规定进行消毒。

4.2.4 对疫区应采取的措施

4.2.4.1 禁止牛只出入，禁止未经检疫合格的牛皮张、精液等产品调出。

4.2.4.2 实施血吸虫媒控制措施，灭杀饲养场所吸血昆虫及幼虫，清除滋生环境。

4.2.4.3 对牛只养殖场、牧场、交易市场、屠宰场进行监测排查和感染风险评估，及时掌握疫情动态。对监测发现的病原学阳性牛只进行扑杀和无害化处理，同群牛只隔离观察。

4.2.4.4 对疫区实施封锁的，还应在疫区周围设立警示标志，在出入疫区的交通路口设置临时检查站，执行监督检查任务。

4.2.5 对受威胁区应采取的措施

4.2.5.1 禁止牛只出入和未经检疫合格的牛皮张、精液等产品调出。

4.2.5.2 实施血吸虫媒控制措施，灭杀饲养场所吸血昆虫及幼虫，清除滋生环境。

4.2.5.3 对牛只养殖场、牧场、交易市场、屠宰场进行监测排查和感染风险评估，及时掌握疫情动态。

4.2.6 紧急免疫

疫情所在县和相邻县可采用国家批准的山羊痘疫苗（按照山羊的5倍剂量），对全部牛只进行紧急免疫。

4.2.7 检疫监管

扑杀完成后30d内，禁止疫情所在县活牛调出。各地在检疫监督过程中，要加强对牛结节性皮肤病临床症状的查验。

4.2.8 疫情溯源

对疫情发生前30d内，引入疫点的所有牛只及牛皮张等产品进行溯源性调查，分析疫情来源。当有明确证据表明输入牛只存在引入疫情风险时，对输出地牛群进行隔离观察及采样检测，对牛皮张等产品进行消毒处理。

4.2.9 疫情追踪

对疫情发生30d前至采取隔离措施时，从疫点输出的牛及牛皮张等产品的去向进行跟踪调查，分析评估疫情扩散风险。对有流行病学关联的牛进行隔离观察及采样检测，对牛皮张等产品进行消毒处理。

4.2.10 解除封锁

疫点和疫区内最后一头病牛死亡或扑杀，并按规定进行消毒和无害化处理30d后，经疫情发生所在地的上一级畜牧兽医主管部门组织验收合格后，由所在地县级以上畜牧兽医主管部门向原发布封锁令的人民政府申请解除封锁，由该人民政府发布解除封锁令，并通报毗邻地区和有关部门，报上一级人民政府备案。

4.2.11 处理记录

对疫情处理的全过程必须做好完整翔实的记录，并归档。

5 防范措施

5.1 边境防控

各边境地区畜牧兽医部门要积极配合海关等

部门，加强边境地区防控，坚持内防外堵，切实落实边境巡查、消毒等各项防控措施。与牛结节性皮肤病疫情流行的国家和地区接壤省份的相关县（市）建立免疫隔离带。

5.2 饲养管理

5.2.1 牛的饲养、屠宰、隔离等场所必须符合《动物防疫条件审查办法》规定的动物防疫条件，建立并实施严格的卫生消毒制度。

5.2.2 养牛场（户）应提高场所生物安全水平，实施血吸虫媒控制措施，灭杀饲养场所吸血昆虫及幼虫，清除滋生环境。

5.3 日常监测

充分发挥国家动物疫情测报体系的作用，按照国家动物疫病监测与流行病学调查计划，加强对重点地区重点环节监测。加强与林草等有关部门合作，做好易感野生动物、媒介昆虫调查监测，为牛结节性皮肤病风险评估提供依据。

5.4 免疫接种

必要时，县级以上畜牧兽医主管部门提出申请，经省级畜牧兽医主管部门批准，报农业农村部备案后采取免疫措施。实施产地检疫时，对已免疫的牛只，应在检疫合格证明中备注免疫日期、疫苗批号、免疫剂量等信息。

5.5 出入境检疫监管

各地畜牧兽医部门要加强与海关、边防等有关部门协作，加强联防联控，形成防控合力。严禁进口来自牛结节性皮肤病疫情国家和地区的牛只及其风险产品，对非法入境的牛只及其产品按相应规定处置。

5.6 宣传培训

加强对各级畜牧兽医主管部门、动物疫病预防控制和动物卫生监督机构工作人员的技术培训，加大牛结节性皮肤病防控知识宣传普及力度，加强对牛只养殖、经营、屠宰等相关从业人员的宣传教育，增强自主防范意识，提高从业人员防治意识。

二十四、非洲猪瘟防治技术规范（试行）

（2015 年 11 月 24 日　农业部农医发〔2015〕31 号发布）

非洲猪瘟（African Swine Fever，ASF）是由非洲猪瘟病毒引起的猪的一种急性、热性、高度接触性动物传染病，以高热、网状内皮系统出血和高死亡率为特征。世界动物卫生组织（OIE）将其列为法定报告动物疫病，我国将其列为一类动物疫病。

为防范、控制和扑灭非洲猪瘟疫情，依据《中华人民共和国动物防疫法》《重大动物疫情应急条例》《国家突发重大动物疫情应急预案》等法律法规，制定本规范。

1 适用范围

本规范规定了非洲猪瘟的诊断、疫情报告和确认、疫情处置、防范等防控措施。

本规范适用于中华人民共和国境内与非洲猪瘟防治活动有关的单位和个人。

2 诊断

2.1 流行病学

2.1.1 传染源

感染非洲猪瘟病毒的家猪、野猪（包括病猪、康复猪和隐性感染猪）和钝缘软蜱为主要传染源。

2.1.2 传播途径

主要通过接触非洲猪瘟病毒感染猪或非洲猪瘟病毒污染物（泔水、饲料、垫草、车辆等）传播，消化道和呼吸道是最主要的感染途径；也可经钝缘软蜱等媒介昆虫叮咬传播。

2.1.3 易感动物

家猪和欧亚野猪高度易感，无明显的品种、日龄和性别差异。疣猪和薮猪虽可感染，但不表现明显临床症状。

2.1.4 潜伏期

因毒株、宿主和感染途径的不同而有所差异。OIE《陆生动物卫生法典》规定，家猪感染非洲猪瘟病毒的潜伏期为 15 天。

2.1.5 发病率和病死率

不同毒株致病性有所差异，强毒力毒株可导致猪在 4～10d 内 100%死亡，中等毒力毒株造成的病死率一般为 30%～50%，低毒力毒株仅引起少量猪死亡。

2.1.6 季节性

该病季节性不明显。

2.2 临床表现

2.2.1 最急性：无明显临床症状突然死亡。

2.2.2 急性：体温可高达 42℃，沉郁，厌食，耳、四肢、腹部皮肤有出血点，可视黏膜潮红、发绀。眼、鼻有黏液脓性分泌物；呕吐；便秘，粪便表面有血液和黏液覆盖；或腹泻，粪便带血。共济失调或步态僵直，呼吸困难，病程延长则出现其他神经症状。妊娠母猪流产。病死率高达 100%。病程4～10d。

2.2.3 亚急性：症状与急性相同，但病情较轻，病死率较低。体温波动无规律，一般高于 40.5℃。仔猪病死率较高。病程 5～30d。

2.2.4 慢性：波状热，呼吸困难，湿咳。消瘦或发育迟缓，体弱，毛色暗淡。关节肿胀，皮肤溃疡。死亡率低。病程 2～15 个月。

2.3 病理变化

浆膜表面充血、出血，肾脏、肺脏表面有出血点，心内膜和心外膜有大量出血点，胃、肠道黏膜弥漫性出血。胆囊、膀胱出血。肺脏肿大，切面流出泡沫性液体，气管内有血性泡沫样黏液。脾脏肿大，易碎，呈暗红色至黑色，表面有出血点，边缘钝网，有时出现边缘梗死。颌下淋巴结、腹腔淋巴结肿大，严重出血。

2.4 鉴别诊断

非洲猪瘟临床症状与古典猪瘟、高致病性猪蓝耳病等疫病相似，必须开展实验室检测进行鉴别诊断。

2.5 实验室检测

2.5.1 样品的采集、运输和保存（见附件 1）

2.5.2 血清学检测

抗体检测可采用间接酶联免疫吸附试验、阻断酶联免疫吸附试验和间接荧光抗体试验等方法。

血清学检测应在符合相关生物安全要求的省级动物疫病预防控制机构实验室、中国动物卫生与流行病学中心（国家外来动物疫病研究中心）或农业部指定实验室进行。

2.5.3 病原学检测

2.5.3.1 病原学快速检测：可采用双抗体夹心酶联免疫吸附试验、聚合酶链式反应和实时荧光聚合酶链式反应等方法。

开展病原学快速检测的样品必须灭活，检测工作应在符合相关生物安全要求的省级动物疫病预防控制机构实验室、中国动物卫生与流行病学中心（国家外来动物疫病研究中心）或农业部指定实验室进行。

2.5.3.2 病毒分离鉴定：可采用细胞培养、动物回归试验等方法。

病毒分离鉴定工作应在中国动物卫生与流行病学中心（国家外来动物疫病研究中心）或农业部指定实验室进行，实验室生物安全水平必须达到 BSL-3 或 ABSL-3。

2.6 结果判定

2.6.1 临床可疑疫情

符合非洲猪瘟的流行病学特点、临床表现和病理变化，判定为临床可疑疫情。

2.6.2 疑似疫情

对临床可疑疫情，经上述任一血清学方法或病原学快速检测方法检测，结果为阳性的，判定为疑似疫情。

2.6.3 确诊疫情

对疑似疫情，经中国动物卫生与流行病学中心（国家外来动物疫病研究中心）或农业部指定实验室复核，结果为阳性的，判定为确诊疫情。

3 疫情报告和确认

3.1 疫情报告

任何单位和个人发现家猪、野猪异常死亡，如出现古典猪瘟免疫失败，或不明原因大范围生猪死亡的情形，应当立即向当地兽医主管部门、动物卫生监督机构或者动物疫病预防控制机构报告。

当地县级动物疫病预防控制机构判定为非洲猪瘟临床可疑疫情的，应在 2 小时内报告本地兽

医主管部门，并逐级上报至省级动物疫病预防控制机构。

省级动物疫病预防控制机构判定为非洲猪瘟疑似疫情时，应立即报告省级兽医主管部门、中国动物疫病预防控制中心和中国动物卫生与流行病学中心；省级兽医主管部门应在1h内报告省级人民政府和农业部兽医局。

中国动物卫生与流行病学中心（国家外来动物疫病研究中心）或农业部指定实验室判定为非洲猪瘟疫情时，应立即报告农业部兽医局并抄送中国动物疫病预防控制中心，同时通知疫情发生地省级动物疫病预防控制机构。省级动物疫病预防控制机构应立即报告省级兽医主管部门，省级兽医主管部门应立即报告省级人民政府。

3.2 疫情确认

农业部兽医局根据中国动物卫生与流行病学中心（国家外来动物疫病研究中心）或农业部指定实验室确诊结果，确认非洲猪瘟疫情。

4 疫情处置

4.1 临床可疑和疑似疫情处置

4.1.1 接到报告后，县级兽医主管部门应组织2名以上兽医人员立即到现场进行调查核实，初步判定为非洲猪瘟临床可疑疫情的，应及时采集样品送省级动物疫病预防控制机构；省级动物疫病预防控制机构诊断为非洲猪瘟疑似疫情的，应立即将疑似样品送中国动物卫生与流行病学中心（国家外来动物疫病研究中心），或农业部指定实验室进行复核和确诊。

4.1.2 对发病场（户）的动物实施严格的隔离、监视，禁止易感动物及其产品、饲料及有关物品移动，并对其内外环境进行严格消毒（见附件2）。

必要时采取封锁、扑杀等措施。

4.2 确诊疫情处置

疫情确诊后，立即启动相应级别的应急预案。

4.2.1 划定疫点、疫区和受威胁区

4.2.1.1 疫点：发病家猪或野猪所在的地点。相对独立的规模化养殖场（户），以病猪所在的场（户）为疫点；散养猪以病猪所在的自然村为疫点；放养猪以病猪所在的活动场地为疫点；在运输过程中发生疫情的，以运载病猪的车、船、飞机等运载工具为疫点；在市场发生疫情的，以病猪所在市场为疫点；在屠宰加工过程中发生疫情的，以屠宰加工厂（场）为疫点。

4.2.1.2 疫区：由疫点边缘向外延伸3公里的区域。

4.2.1.3 受威胁区：由疫区边缘向外延伸10公里的区域。对有野猪活动地区，受威胁区应为疫区边缘向外延伸50公里的区域。

划定疫区、受威胁区时，应根据当地天然屏障（如河流、山脉等）、人工屏障（道路、围栏等）、野生动物分布情况，以及疫情追溯调查和风险分析结果，综合评估后划定。

4.2.2 封锁

疫情发生所在地县级以上兽医主管部门报请同级人民政府对疫区实行封锁，人民政府在接到报告后，应在24h内发布封锁令。

跨行政区域发生疫情时，由有关行政区域共同的上一级人民政府对疫区实行封锁，或者由各有关行政区域的上一级人民政府共同对疫区实行封锁。必要时，上级人民政府可以责成下级人民政府对疫区实行封锁。

4.2.3 对疫点应采取的措施

4.2.3.1 扑杀并销毁疫点内的所有猪只，并对所有病死猪、被扑杀猪及其产品进行无害化处理。

4.2.3.2 对排泄物、被污染或可能被污染的饲料和垫料、污水等进行无害化处理。

4.2.3.3 对被污染或可能被污染的物品、交通工具、用具、猪舍、场地进行严格彻底消毒。出入人员、车辆和相关设施要按规定进行消毒（见附件2）。

4.2.3.4 禁止易感动物出入和相关产品调出。

4.2.4 对疫区应采取的措施

4.2.4.1 在疫区周围设立警示标志，在出入疫区的交通路口设置临时消毒站，执行监督检查任务，对出入的人员和车辆进行消毒（见附件2）。

4.2.4.2 扑杀并销毁疫区内的所有猪只，并对所有被扑杀猪及其产品进行无害化处理。

4.2.4.3 对猪舍、用具及场地进行严格消毒。

4.2.4.4 禁止易感动物出入和相关产品

调出。

4.2.4.5　关闭生猪交易市场和屠宰场。

4.2.5　对受威胁区应采取的措施

4.2.5.1　禁止易感动物出入和相关产品调出，相关产品调入必须进行严格检疫。

4.2.5.2　关闭生猪交易市场。

4.2.5.3　对生猪养殖场、屠宰场进行全面监测和感染风险评估，及时掌握疫情动态。

4.2.6　野生动物控制

应对疫区、受威胁区及周边地区野猪分布状况进行调查和监测，并采取措施，避免野猪与人工饲养的猪接触。当地兽医部门与林业部门应定期相互通报有关信息。

4.2.7　虫媒控制

在钝缘软蜱分布地区，疫点、疫区、受威胁区的养猪场（户）应采取杀灭钝缘软蜱等虫媒控制措施。

4.2.8　疫情跟踪

对疫情发生前30d内以及采取隔离措施前，从疫点输出的易感动物、相关产品、运输车辆及密切接触人员的去向进行跟踪调查，分析评估疫情扩散风险。必要时，对接触的猪进行隔离观察，对相关产品进行消毒处理。

4.2.9　疫情溯源

对疫情发生前30d内，引入疫点的所有易感动物、相关产品及运输工具进行溯源性调查，分析疫情来源。必要时，对输出地猪群和接触猪群进行隔离观察，对相关产品进行消毒处理。

4.2.10　解除封锁

疫点和疫区内最后一头猪死亡或扑杀，并按规定进行消毒和无害化处理6周后，经疫情发生所在地的上一级兽医主管部门组织验收合格后，由所在地县级以上兽医主管部门向原发布封锁令的人民政府申请解除封锁，由该人民政府发布解除封锁令，并通报毗邻地区和有关部门，报上一级人民政府备案。

4.2.11　处理记录

对疫情处理的全过程必须做好完整翔实的记录，并归档。

5　防范措施

5.1　边境防控

各边境省份畜牧兽医部门要加强边境地区防控，坚持内防外堵，切实落实边境巡查、消毒等各项防控措施。与发生过非洲猪瘟疫情的国家和地区接壤省份的相关县市，边境线50公里范围内，以及国际空、海港所在城市的机场和港口周边10公里范围内禁止生猪放养。严禁进口非洲猪瘟疫情国家和地区的猪、野猪及相关产品。

5.2　饲养管理

5.2.1　生猪饲养、生产、经营等场所必须符合《动物防疫条件审查办法》规定的动物防疫条件，建立并实施严格的卫生消毒制度。

5.2.2　养猪场（户）应提高场所生物安全水平，采取措施避免家养猪群与野猪、钝缘软蜱的接触。

5.2.3　严禁使用未经高温处理的餐馆、食堂的泔水或餐余垃圾饲喂生猪。

5.3　日常监测

充分发挥国家动物疫情测报体系的作用，按照国家动物疫病监测与流行病学调查计划，加强对重点地区重点环节的监测。加强与林业等有关部门合作，做好野猪和媒介昆虫的调查监测，摸清底数，为非洲猪瘟风险评估提供依据。

5.4　出入境检疫监管

各地兽医部门要加强与出入境检验检疫、海关、边防等有关部门协作，加强联防联控，形成防控合力。配合有关部门，严禁进口来自非洲猪瘟疫情国家和地区的易感动物及其产品，并加强对国际航行运输工具、国际邮件、出入境旅客携带物的检疫，对非法入境的猪、野猪及其产品及时销毁处理。

5.5　宣传培训

广泛宣传非洲猪瘟防范知识和防控政策，增强进出境旅客和相关从业人员的防范意识，营造群防群控的良好氛围。加强基层技术人员培训，提高非洲猪瘟的诊断能力和水平，尤其是提高非洲猪瘟和古典猪瘟等疫病的鉴别诊断水平，及时发现、报告和处置疑似疫情，消除疫情隐患。

附件1

非洲猪瘟样品的采集、运输与保存

可采集发病动物或同群动物的血清学样品和

病原学样品，病原学样品主要包括抗凝血、脾脏、扁桃体、淋巴结、肾脏和骨髓等。如环境中存在钝缘软蜱，也应一并采集。

样品的包装和运输应符合农业部《高致病性动物病原微生物菌（毒）种或者样本运输包装规范》规定。规范填写采样登记表，采集的样品应在冷藏和密封状态下运输到相关实验室。

一、血清学样品

无菌采集 5mL 血液样品，室温放置 12～24h，收集血清，冷藏运输。到达检测实验室后，冷冻保存。

二、病原学样品

1. 抗凝血样品

无菌采集 5mL 抗凝血，冷藏运输。到达检测实验室后，－70℃冷冻保存。

2. 组织样品

2.1 首选脾脏，其次为扁桃体、淋巴结、肾脏、骨髓等，冷藏运输。

2.2 样品到达检测实验室后，－70℃保存。

3. 钝缘软蜱

3.1 将收集的钝缘软蜱放入有螺旋盖的样品瓶/管中，放入少量土壤，盖内衬以纱布，常温保存运输。

3.2 到达检测实验室后，－70℃冷冻保存或置于液氮中；如仅对样品进行形态学观察时，可以放入 100%酒精中保存。

附件 2

非洲猪瘟消毒技术

1 药品种类

最有效的消毒药是 10%的苯及苯酚、去污剂、次氯酸、碱类及戊二醛。碱类（氢氧化钠、氢氧化钾等）、氯化物和酚化合物适用于建筑物、木质结构、水泥表面、车辆和相关设施设备消毒。酒精和碘化物适用于人员消毒。

2 场地及设施设备消毒

2.1 消毒前准备

2.1.1 消毒前必须清除有机物、污物、粪便、饲料、垫料等。

2.1.2 选择合适的消毒药品。

2.1.3 备有喷雾器、火焰喷射枪、消毒车辆、消毒防护用具（如口罩、手套、防护靴等）、消毒容器等。

2.2 消毒方法

2.2.1 对金属设施设备的消毒，可采取火焰、熏蒸和冲洗等方式消毒。

2.2.2 对圈舍、车辆、屠宰加工、贮藏等场所，可采用消毒液清洗、喷洒等方式消毒。

2.2.3 对养殖场（户）的饲料、垫料，可采取堆积发酵或焚烧等方式处理，对粪便等污物作化学处理后采用深埋、堆积发酵或焚烧等方式处理。

2.2.4 对疫区范围内办公、饲养人员的宿舍、公共食堂等场所，可采用喷洒方式消毒。

2.2.5 对消毒产生的污水应进行无害化处理。

3 人员及物品消毒

3.1 饲养管理人员可采取淋浴消毒。

3.2 对衣、帽、鞋等可能被污染的物品，可采取消毒液浸泡、高压灭菌等方式消毒。

4 消毒频率

疫点每天消毒 3～5 次，连续 7d，之后每天消毒 1 次，持续消毒 15d；疫区临时消毒站做好出入车辆人员消毒工作，直至解除封锁。

二十五、非洲猪瘟常态化防控技术指南（试行版）

（2020 年 8 月 10 日 农业农村部农办牧〔2020〕41 号发布）

前 言

抓好非洲猪瘟防控，促进生猪产业健康发展，确保猪肉等重要副食品有效供给，事关做好“六稳”工作、落实“六保”任务大局。2018 年 8 月以来，在各方共同努力下，我国非洲猪瘟防控取得了阶段性成果。一是疫情发生强度明显下降，各地报告疫情数量、疫情举报数量、病死猪无害化处理数量均呈下降趋势。二是关键环节病毒污染情况得到改善，养殖、屠宰、运输、无害化处理等环节污染率明显下降。三是养殖场户生物安全意识明显提高，群防群控格局初步形成，生猪生产恢复势头良好。

我国生猪养殖体量大，中小养殖场户多，养

殖环境复杂，非洲猪瘟防控工作能取得这样的成绩很不容易。但我们也要清醒看到，当前防控形势依然复杂严峻。一是境外疫情输入风险持续存在。2019 年，全球家猪疫情同比增加近 600%，2020 年疫情继续大幅上升，特别是我国周边国家和地区持续发生疫情，传入风险不断增大。二是病毒分布依然很广。全国所有省份均已发生过疫情，多个省份先后检出阳性样品，没有明显的地区、季节差异；交易市场、屠宰场点、无害化处理场所等污染较重，传播途径难以完全阻断。三是防控工作存在薄弱环节。生猪贩运活动监管难，今年发生的家猪疫情，多数系违规调运生猪引发；一些地区缺乏运猪车辆清洗消毒设施，清洗消毒管理机制不健全，措施落实不到位；部分无害化处理场所建设运行不规范，通过车辆、人员传播病毒的风险较高。四是病毒已在部分野猪群中定殖。2018 年以来，全国已报告发生 6 起野猪疫情，其中 3 起为野生野猪疫情，先后检出野猪阳性样本，说明病毒在我国部分野猪群体中已经定殖，根除难度进一步加大。

针对非洲猪瘟防控新形势，农业农村部及时调整优化防控策略，建立常态化防控机制，其中一项重要任务就是针对当前存在的问题，制定相应的技术标准和规范，指导生产经营主体查漏补缺，有效化解非洲猪瘟发生风险。按照“系统梳理、分类指导、精准防控”的原则，《非洲猪瘟常态化防控技术指南（试行版）》共分 3 大部分，涉及 10 个方面，对生猪养殖、运输、屠宰和病死猪无害化处理等环节的风险因素和防控技术要点进行了系统梳理，以期引导各类生产经营者做好精准防控，不断提升生物安全水平，切断疫情传播途径，为生猪加快恢复保驾护航。

一、养殖生产环节

中小养猪场户非洲猪瘟防控技术要点

1 目的

非洲猪瘟严重危害生猪养殖业，目前既没有安全有效的预防用疫苗，也无有效的治疗药物。疫情发生后，只能通过扑杀发病猪和风险猪群加以控制。养猪场户可以通过实施严格的生物安全措施有效预防非洲猪瘟。为指导中、小养殖场户有效预防非洲猪瘟，特制定本防控技术要点。

2 关键风险点

2.1 餐厨废弃物（泔水）

使用餐厨废弃物（泔水）饲喂生猪，或饲养人员接触/食用外部新鲜猪肉、腌肉、火腿、含肉食品/调料等，未经淋浴、消毒并更换洁净衣物鞋帽就接触生猪，曾是小型养殖场户病毒传入的主要途径之一。

2.2 车辆

外来车辆或者去过高风险场所的本场车辆，如运猪车（健康猪、淘汰猪）、饲料车、物资车、拉粪车、无害化处理车、私人车辆等，未经彻底清洗消毒进入养殖场，是病毒传入的重要途径。

2.3 猪只

2.3.1 引进病猪、潜在感染猪，使用病猪、感染猪及其精液进行母猪配种时，可传入病毒。

2.3.2 已出场的生猪因各种原因返场继续饲养，可能接触外部被污染的车辆、人员、物品等，导致病毒传入。

2.3.3 出售育肥猪、仔猪、公猪、母猪或淘汰猪以及运出病死猪时，本场人员、车辆、设施等可能接触外部被污染的车辆、物品、人员等，导致病毒传入。

2.4 人员

外来人员或者去过高风险场所的本猪场人员，如生猪贩运/承运人员、车辆司机、保险理赔人员、兽医及技术顾问、兽药/饲料销售人员、猪场采购人员、外出员工和外来机械维修人员等，未经淋浴、消毒、更换洁净衣物鞋帽等进入养殖场时，可带入病毒导致疫情发生。

2.5 风险动物及生物媒介

在病毒高污染地区、养殖密集区，养殖场内的犬、猫、鼠、禽、蜱、蚊蝇和场外的野猪、鼠、鸟等，可携带病毒传入。

2.6 饲料

2.6.1 在饲料、兽药经营店购买饲料时，病毒可通过饲料包装袋和运输车辆传入猪场。

2.6.2 养殖场的自配料饲料原料被污染，或成品料含有被污染的猪源性原料（肉骨粉、血粉、肠黏膜蛋白粉等）时，可导致病毒传入。

2.7 生产生活物资

兽药、疫苗等防疫物资的外包装以及鲜肉、蔬菜等生活用品被病毒污染时，未经消毒就进入养殖场，也可导致病毒传入。

2.8　水源

污染的河流、水源可传播病毒。当周边有丢弃病死猪的情况时，水体被污染的可能性增高，病毒可通过水源传入。

当周边出现疫情时，人员、车辆、媒介生物等带毒传入的风险增加。

3　布局和设施

养殖场户的生产区、生活区应相互分离。有条件的养殖场，应合理划分办公区/生活区、生产区/隔离区，即人员办公、生活场所应与猪群饲养（含隔离）场所分开。无条件的场户，生活区与生产区应相对隔离。

3.1　围墙

建设环绕猪场的实体围墙，与周围环境有效隔离，围墙不能有缺口，有条件的可在围墙外深挖防疫沟。不建实体围墙而使用铁丝网、围栏进行隔离的，宜使用双层并深挖防疫沟。

3.2　场区入口

应建设门岗，采用封闭式大门，加施“限制进入”等警示标识。门岗应设置人员车辆和物资进出消毒通道。猪场可按照满足车辆清洗消毒、人员淋浴、更换衣物鞋帽、物品物资去外包装彻底消毒等功能的需要，建设不同类型的设施。

3.2.1　有条件的猪场，在门卫处设置入场淋浴间，淋浴间分为污区、缓冲区和净区，从外向内单向流动，淋浴间污区、净区均须设衣物存储柜。

3.2.2　设置消毒传递窗，对手机、眼镜等小件物品进行紫外线照射、消毒液擦拭等消毒后，经传递窗传入猪场。

3.2.3　设置物品物资消毒间，消毒间设置净区、污区，可采用多层镂空架子隔开，物品物资由场外进入消毒间，消毒后转移至场内。

3.2.4　设置车辆洗消的设施设备，包括消毒池、消毒设备、清洗设备及喷淋装置等。

3.3　出猪间（台）

在养殖场围墙边上选择适当位置（距大门一定距离）建立出猪间（台），出猪间（台）连接外部车辆的一侧，应向下具有一定坡度，防止粪尿、雨水向场内方向回流。出猪间（台）及附近区域、赶猪通道应硬化，方便冲洗、消毒。出猪间（台）应安装挡鼠板，坡底部应设置排水沟等。

有条件的养殖场户，可在远离养殖场的区域设置中转出猪站（台）。中转出猪站（台）必须设计合理并配置完善的清洗消毒设施，避免内外部车辆和人员接触而传播病毒。

3.4　病死猪及猪场废弃物储存设施和输出通道

有条件的猪场，应在合适的区域建设病死猪冷藏暂存间，并设置专门的病死猪和粪污输出通道。

4　猪群管理

4.1　禁止野外散养或放养

严禁传统的野外散养和放养模式，防止家猪与野猪和场外家猪接触，或在外采食丢弃的垃圾。

4.2　实施“自繁自养”“全进全出”管理

“自繁自养”“全进全出”模式是猪场饲养管理、减少疫病循环传播的核心。应根据饲养单元大小确定饲养量，实行同一批次猪同时进、出同一猪舍单元的管理模式。

4.3　引进猪只的管理

4.3.1　需要引种的，应严格执行引种检测、隔离制度。引种前需经过非洲猪瘟等重大动物疫病检测，确认阴性的可进行场外或场内特定区域隔离饲养2周，确认安全方可入场。

4.3.2　育肥猪出栏后，应全面清洗消毒并空栏1周以上，再购入仔猪。购入的仔猪，应来自非疫区有良好声誉的养猪场，经官方兽医检疫合格方可购进，并注意观察入场后健康情况。

4.4　日常巡检

养殖场户要学习和掌握非洲猪瘟防控知识，每天进行临床巡视和健康检查。一旦发现猪只精神不好、采食量下降、体温升高、皮肤发红等临床症状，甚至死亡增多的情况，要及时隔离病猪并向当地兽医部门报告，也可采集口鼻、粪便拭子样品等送检，以便及早采取有效的控制措施。

4.5　售猪管理

4.5.1　禁止生猪贩运人员、承运人员、司机等外来人员，以及外来拉猪车辆进入养殖场。

4.5.2　避免场内外人员交叉。猪场赶猪人员严禁接触出猪间（台）靠近场外生猪车辆的一侧，外来人员禁止接触出猪间（台）靠近场内一侧。

4.5.3　售猪过程中，必须保证向外单向流动，猪只一旦离开猪舍，禁止返回。

4.5.4　售猪前后，均应对出猪间（台）、停车处、赶猪通道和装猪区域进行全面清洗消毒。如有条件，也可对环境进行采样检测。

4.5.5 设置中转出猪站（台），对淘汰猪、育肥猪进行转运的，外部车辆只能到达中转出猪站（台）装猪，不可靠近猪场出猪间（台），由自有车辆将猪只从猪场出猪间（台）转运到中转站（台）交接。该自有车辆不得进入本猪场生产区。

售猪前后，均应对中转站（台）、两侧停车处、运输通道进行全面清洗消毒。如有条件，也可对环境进行采样检测。

5 人员管理

5.1 人员入场前注意事项

任何人员，在进场前7d不得去过其他猪场、屠宰厂（场）、无害化处理厂及动物和动物产品交易场所等高风险场所。

5.2 人员进入猪场流程

5.2.1 进入办公/生活区域的人员，要洗手消毒并更换洁净衣物鞋帽，再经洗手消毒方可入场。有条件淋浴的，要注意头发及指甲的清洗。携带的物品，要经消毒后入场。

5.2.2 未经允许，禁止进入生产区。确需进入生产区的人员，要在生产区淋浴间淋浴、更换衣物鞋帽；所携带物品须经生产区物资消毒间消毒后，方可带入。

5.3 人员进入猪舍流程

5.3.1 人员按照规定路线进入各自工作区域，禁止进入未被授权的工作区域。

5.3.2 每栋猪舍入口处都应该放置消毒池（桶）、洗手消毒盆。进出猪舍前应注意洗手，并更换工作靴。

5.3.3 严禁饲养人员串猪舍。如确需进入，应更换工作服和靴帽。

5.3.4 人员离开生产区，应将工作服放置含有消毒剂桶中浸泡消毒。

6 车辆管理

外来运猪车、饲料运输车、病死猪/猪粪收集车、私人车辆等外部车辆，以及场内运猪车、运料车、病死猪/猪粪运输车等内部车辆，都是需要重点管理的车辆。严禁外部车辆进入场区。

6.1 外来运猪车管理

外来运猪车，应选择在主管部门备案车辆，经清洗、消毒及干燥后，方可前往猪场出猪间（台）或中转站（台）。运猪车辆到达出猪间（台）或中转站（台）时，需专门人员对车辆进行检查和消毒。车辆离开后，应对所经道路进行消毒。

6.2 饲料运送车管理

饲料运送车应停放在场区外，对车体和车轮进行消毒；卸下饲料后，由场内人员对饲料外包装表面消毒。如条件许可，可建立饲料中转塔，饲料从场外直接输送到料塔。饲料运输车辆不必进入猪场内。

6.3 内部运猪车管理

选择场内空间相对独立的地点进行车辆洗消和停放。运猪车使用完毕后立即到指定地点清洗、消毒及干燥。流程包括：清洁剂充分浸泡、常温水高压冲洗，确保无表面污物；消毒剂喷洒消毒；充分干燥。

6.4 病死猪/粪污运输车管理

6.4.1 猪场内部的病死猪、粪污运输车应专场专用。交接病死猪/粪污时，应在场外进行，严禁内部车辆和人员与外部车辆和人员接触。

6.4.2 外部车辆驶离后，应对其停靠区域进行清洗消毒。

6.4.3 内部车辆使用后，应及时清洗、消毒及干燥，并消毒车辆所经道路。

7 物资管理

兽药疫苗、饲料、设施设备等生产物资，以及食材等生活物资，是猪场应重点管理的风险物资。养殖场户要制定生产生活物资进场计划，尽可能减少入场频次，并保证每批次进场物资的消毒效果。

7.1 兽药疫苗管理

严格执行进场消毒。疫苗及有温度要求的药品，应拆掉外包装，使用消毒剂喷洒或擦拭泡沫保温箱后再转入储存或立即使用。其他常规药品，拆掉外包装，经消毒转入储存或立即使用。

严格按照说明书或规程储存、使用疫苗及兽药，注射时应一猪一针头，并对医疗废弃物进行无害化处理。

7.2 饲料管理

7.2.1 不宜从疫区购买玉米等饲料原料，确保饲料无病原污染。

7.2.2 不得购买非法生产的饲料。

7.2.3 建议对饲料包装袋消毒后再开袋使用。

7.2.4 禁止饲喂餐厨废弃物（泔水）。

7.3 食材管理

7.3.1 不建议购买外部猪肉、猪副产品及猪肉制品。

7.3.2 购买蔬菜瓜果、水产品和其他肉品时，要求生产流通背景清晰，不宜从销售生鲜猪肉的市场购买。相关食品宜经消毒剂分开浸泡、清水清洗后入场。如有条件，可在场区内种植蔬菜自给。

7.3.3 禁止生鲜食材进入生产区。进入生产区的饭菜，应由猪场厨房提供熟食，饭菜容器经消毒后进入。

8 病死猪和猪场废弃物处理

8.1 病死猪处理

严禁出售和随意丢弃病死猪、死胎及胎衣，并及时清理放于指定位置。场内有条件的，应进行无害化处理；没有条件的，需交当地有关专业机构统一收集进行无害化处理。如无法当日处理，需低温暂存。

收集、转交、处理病死猪、死胎、胎衣及相关材料时，应及时做好清理消毒。

8.2 粪便污水处理

8.2.1 使用干清粪工艺的猪场，应及时清出干粪，运至粪场进行生物发酵处理，不可与尿液、污水混合排出；清粪工具、推车等用后应及时清洗消毒。

8.2.2 使用水泡粪工艺的猪场，应及时清扫猪粪至漏缝下的粪池。

8.2.3 猪场的贮粪场所，应位于下风向或侧风向，贮粪场所要有防雨、防渗、防溢流措施，避免污染地下水。在粪便收集、运输过程中，应采取防撒漏、防渗漏等措施。

8.2.4 应做到雨水、污水的分流排放，污水应采用暗沟或地下管道排入粪污处理区。

8.3 餐厨废弃物（泔水）处理

餐厨废弃物（泔水）存放于厨房附近指定区域密闭盛放，每日清理，严禁用于喂猪。

8.4 医疗废弃物处理

使用过的针管、针头、药瓶、包装袋等，严禁重复使用，须放入有固定材料制成的防刺破的安全收集容器内，不得与生活垃圾混合。可按照国家有关技术规范进行处置，或交专业机构统一收集处理。

8.5 生活垃圾处理

场内设置垃圾固定收集点，明确标识，分类放置；垃圾收集、贮存、运输及处置等过程须防扬散、流失及渗漏。

9 风险动物控制

9.1 定期巡视猪场实体围墙或栅栏，发现漏洞及时修补，防范野猪、犬、猫等动物进入。禁止种植攀墙植物。

9.2 场内禁止饲养其他畜禽。需饲养犬猫的，宜拴养或笼养。

9.3 采取防鼠、防鸟措施。可在鼠出没处每6～8m设立投饵站，投放灭鼠药；或在猪舍外3～5m，可铺设尖锐的碎石子（2～3cm宽）隔离带，防止鼠接近猪舍；或在实体围墙或隔离设施底部安装1米高光滑铁皮用作挡鼠板，挡鼠板与围墙压紧无缝隙。在圈舍通风口、排污口安装防鸟网，侧窗安装纱网，防止鸟类进入。

9.4 猪舍内有害生物控制。在猪舍内悬挂捕蝇灯和粘蝇贴，定期喷洒杀虫剂；猪舍内缝隙、孔洞是蜱虫的藏匿地，可向内喷洒杀蜱药物（如菊酯类、脒基类），并用水泥填充抹平。

10 清洁与消毒

10.1 猪场清洁

10.1.1 做好猪舍卫生管理，每日清理栏舍内粪便和垃圾，随时清理蛛网，及时清扫猪舍散落的饲料。

10.1.2 发现病死猪时，应及时移出。病死猪放置和转运过程中应保持尸体完整，禁止剖检，及时对病死猪所经道路及存放处进行清洁、消毒。

10.2 栏舍清洗消毒

10.2.1 栏舍的清洗。产房、保育、育肥的栏舍要执行“全进全出”的原则，完全空舍后，再按下述程序统一清洗和消毒。

清扫和清理：将可移动的器具全部移出舍外进行冲洗。水泡粪系统的猪舍，应将池内粪水清空；干清粪系统的猪舍，应将干粪便清理推走。

喷雾浸润：使用低压或雾化喷枪，用水打湿

地面、栏体、墙面和屋顶等，要达到完全浸润的状态。浸润后，使用泡沫枪喷洒清洁剂。

高压冲洗：使用高压喷枪，按照从上到下、从前到后的顺序冲洗猪舍（最好使用温水）。

清洗后进行全面检查，发现残余不洁净处，用清洁剂浸润后进行彻底清理。

10.2.2 栏舍的消毒。可选用醛类、过氧化物类等消毒剂对栏舍进行全方位喷雾消毒。第一次消毒后1小时，晾干或干燥处理后，更换消毒剂再次喷雾消毒。

两次喷雾消毒后，对于相对密闭栋舍，还可使用消毒剂密闭熏蒸，熏蒸后通风。熏蒸时注意做好人员防护。如有条件，可在彻底干燥后对地面、墙面、金属栏杆等耐高温场所，进行火焰消毒。火焰消毒应缓慢进行，光滑物体表面停留3～5s为宜，粗糙物体表面适当延长火焰消毒时间。

10.3 环境消毒

10.3.1 场内环境消毒。定期进行全场环境消毒，必要时提高消毒频次。

办公/生活区的屋顶、墙面、地面：可选用过硫酸氢钾类、二氧化氯类或其他含氯制剂等喷洒消毒。

场区或院落地面：可选用喷洒碱类等溶液消毒。如需白化时，可选择20%石灰乳与2%氢氧化钠溶液制成碱石灰混悬液，对死猪暂存间、饲料存放间、出猪间（台）、场区道路、栏杆、墙面、粪尿沟和粪尿池进行粉刷。粉刷应做到墙角、缝隙不留死角。石灰乳必须现配现用，过久放置会失去消毒作用。

猪只或拉猪车经过的道路须立即清洗、消毒。发现垃圾，应即刻清理，必要时进行清洗、消毒。

10.3.2 场外环境消毒。在严格做好猪场生物安全措施的基础上，应对场外道路进行清理。外部来访车辆离开后，应及时清洁、消毒猪场周边所经道路，使用2%氢氧化钠进行消毒。

10.4 工作服和工作靴洗消

10.4.1 工作服消毒。生活区和生产区使用不同颜色工作服。从生活区进出生产区都要更换工作服。需要每日对生产区工作服进行清洗消毒，每周对生活区工作服进行清洗消毒。首先用过硫酸氢钾等刺激性小的消毒剂浸泡消毒半小时，然后冲洗晾干。如有条件，猪场可以使用洗衣机清洗、烘干衣服。

10.4.2 工作靴洗消。从生活区进入生产区，及进出每栋舍时要更换工作靴。每天应对猪场所有使用过的工作靴冲洗晾干。

10.5 设备和工具消毒

10.5.1 饮水设备消毒。生猪出栏后，可卸下所有饮水嘴、饮水器、接头等，洗刷干净后放入含氯类消毒剂浸泡；用洗洁精浸泡清洗水线管内部，在水池、水箱中添加含氯类消毒剂浸泡2小时；重新装好饮水嘴，用含氯类消毒剂浸泡管道2小时后，每个水嘴按压放干全部消毒水，再注入清水冲洗。

10.5.2 料槽清理消毒。每天要定时清理料槽，避免有剩余饲料。清洗料槽时，注意内外清洗干净，不留死角。

10.5.3 工具消毒。栏舍内非一次性工具经清洗、消毒后可再使用。根据物品材质，可选择高压蒸汽灭菌、煮沸、消毒剂浸泡等方式消毒。

10.6 消毒效果评价

清洗消毒后，可用纱布或一次性棉签采集设施环境、物品、车辆等环境样品，送有相关资质的兽医实验室检测，评价消毒效果。环境样品包括：办公/生产区道路、猪舍地面等；猪舍内料槽、饮水器具、出粪口等；防护用品包括：工作服、工作靴等；物品包括：饲料、药品等外包装，以及使用的工具等；车辆包括：轮胎、车厢、驾驶室等。

消毒药的选择参见下表。

消毒产品推荐种类与应用范围

应用范围		推荐种类
道路、车辆	生产线道路、疫区及疫点道路	氢氧化钠（火碱）、氢氧化钙（生石灰）
	车辆及运输工具	酚类、戊二醛类、季铵盐类、复方含碘类（碘、磷酸、硫酸复合物）、过氧乙酸类
	大门口及更衣室消毒池、脚踏垫	氢氧化钠

（续）

应用范围	推荐种类	
生产、加工区	畜舍建筑物、围栏、木质结构、水泥表面、地面	氢氧化钠、酚类、戊二醛类、二氧化氯类、过氧乙酸类
	生产、加工设备及器具	季铵盐类、复方含碘类（碘、磷酸、硫酸复合物）、过硫酸氢钾类
	环境及空气消毒	过硫酸氢钾类、二氧化氯类、过氧乙酸类
	饮水消毒	季铵盐类、过硫酸氢钾类、二氧化氯类、含氯类
	人员皮肤消毒	含碘类
	衣、帽、鞋等可能被污染的物品	过硫酸氢钾类
办公、生活区	疫区范围内办公、饲养人员宿舍、公共食堂等场所	二氧化氯类、过硫酸氢钾类、含氯类
人员、衣物	隔离服、胶鞋等	过硫酸氢钾类

注：1. 氢氧化钠、氢氧化钙消毒剂，可采用2%工作浓度；2. 戊二醛类、季铵盐类、酚类、二氧化氯类消毒剂，可参考说明书标明的工作浓度使用，饮水消毒工作浓度除外；3. 含碘类、含氯类、过硫酸氢钾类消毒剂，可参考说明书标明的高工作浓度使用。

规模猪场非洲猪瘟防控技术指南

流行病学研究表明，生猪养殖场规模越大、单元越多、调运频次越高，通过人员、生猪、车辆、物资等传入疫情的风险也就越高（风险点参见《中小养猪场户非洲猪瘟防控技术要点》第 2 部分）。万头以上猪场的疫情传入风险，一度是“全进全出”小型养殖场户的数百倍。因内部人员、车辆、物资流向复杂，规模猪场一旦传入疫情，根除难度极大。为指导规模猪场严格落实各项生物安全措施，有效预防非洲猪瘟，特制定本技术指南。

1　场址选择

猪场选址与其生物安全、环境控制和日常管理难度息息相关。场址一旦确定，很难变动。为此，选址前一定要充分评估相关政策和生物安全风险，根据风险水平科学匹配养殖规模、硬件设施和管理措施。

1.1　政策要求

根据国家政策规定，各地都划分了明确的禁养区和限养区，且有其他不同政策要求。因此，猪场选址时，应充分考虑是否涉及饮用水源保护地、自然保护区、风景名胜区、城镇居民区、Ⅰ类和Ⅱ类水源地、河流、主要交通干线等，要结合当地政策要求，科学选址。

1.2　生物安全评估

猪场选址时，要综合考虑表 1 中所列生物安全因素，并进行赋值评估，所列各因素可能无法同时达到理想条件。综合评分 90～100 分，可以选择建设母猪场；80～90 分，可以建设育肥猪场等生物安全要求稍低一些的猪场。选址确定后，要根据实际情况调整完善软硬件条件，提升猪场生物安全水平。

表 1　猪场选址生物安全风险评估内容

生物安全因素	参考值	分值
场区位于山区/丘陵/平原		1～5
半径 3 公里内其他猪场数量	无	1～5
半径 3 公里内猪只数量		1～5
半径 5 公里内其他猪场数量	5 以内	1～5
半径 5 公里内猪只数量		1～5
主要公共交通道路距离猪场的最近距离	>1 公里	1～5
每天场周边公共交通道路车流辆	<5	1～5

（续）

生物安全因素	参考值	分值
靠近猪场的路上，是否每天都有其他猪场生猪运输车辆经过	无	1～5
农场周边 10 公里范围内是否有野猪	无	1～5
猪场周围的其他动物养殖场（绵羊、山羊、牛）数量	0	1～5
最近屠宰厂（场）的距离	＞10 公里	1～5
最近垃圾处理场的距离	＞5 公里	1～5
最近动物无害化处理场所的距离	＞10 公里	1～5
最近活畜交易市场的距离	＞10 公里	1～5
最近河流（溪流）的距离	＞1 公里	1～5
饮水来源	深井水	1～5
水源地周围 3 公里内的养殖场数量	低密度	1～5
风向上游区域的最近猪场距离	3 公里	1～5
场区周围是否有树木隔离带	有	1～5
场区周围最近村庄的距离	＞1 公里	1～5

注：根据各场选址条件做 1～5 分评估。

2　场区布局与建设

猪场要实行严格的分区管控。依据生物安全风险等级，猪场通常可划分为红、橙、黄、绿四个等级，各区域间要有实墙隔开，保证各区域之间不相互交叉。将猪场以生产单元为中心向外扩展，划分为生产区（即生猪存栏区）、生活区、隔离区、环保处理区（包括粪污池、污水处理系统）、无害化处理区、门卫区、缓冲区，各个等级分区参见图 1。

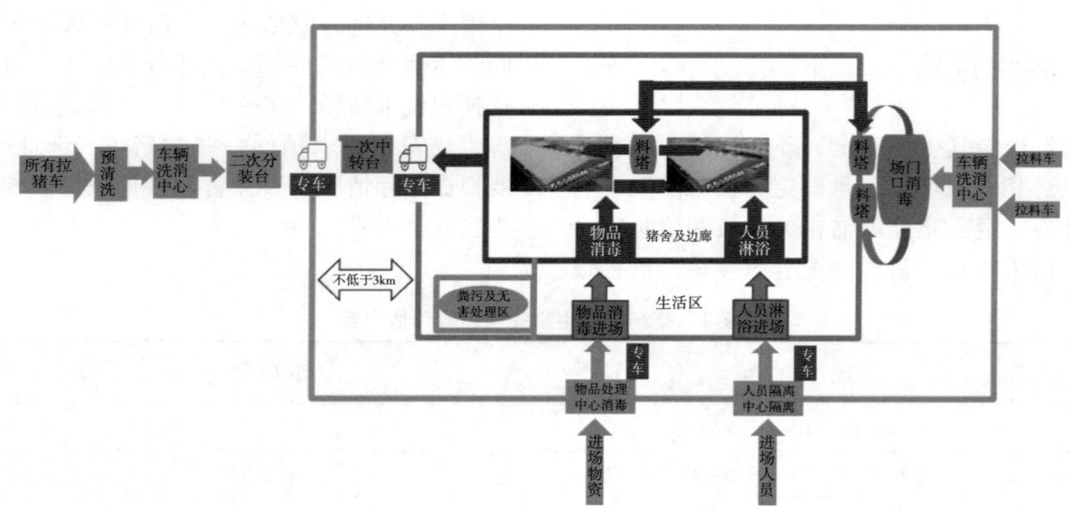

图 1　规模猪场颜色体系分区示意图

2.1　场区布局

2.1.1　生物安全区界限划分

红区：猪场外部不可控区域（缓冲区）。主要设置在距离猪场不低于 3 公里区域，包括建立人员隔离中心、物品处理中心、中转场、车辆洗消中心等。

橙区：猪场围墙至外部可控区域，包括环保处理区（粪污池和污水处理系统）、无害化处理区。

黄区：猪场围墙内部至猪舍外部区域，包括

生活区、隔离区、门卫区。生活区为人员进入、生活、休息、娱乐的所有立体空间及物资进入、存储区域，包括人员进场淋浴场所、物资进入熏蒸消毒通道、各类物资存储间、各类宿舍、办公室、会议室、厨房、餐厅、生活区、娱乐区域、洗衣房及周边空地等。

绿区：猪舍及猪舍连廊内部等生产区，为生猪日常饲养管理、转移及饲养人员休息就餐、药械物资及维修用品消毒存贮等所涉及的全部区域。包括配种舍、后备隔离舍、培育舍、诱情舍、产房、待转舍、猪只转移连廊、操作间、清洗房等绿区内立体空间全部实物（墙体、地沟、设备、管线等）。

2.1.2 净区与污区

净区与污区是相对的概念，生物安全级别高的区域为相对的净区，生物安全级别低的区域为相对的污区。

在猪场的生物安全金字塔中，公猪舍、分娩舍、配怀舍、保育舍、育肥舍和出猪台的生物安全等级依次降低。猪只和人员只能从生物安全级别高的地方到生物安全级别低的地方单向流动。净区和污区不能有直接交叉，严禁逆向流动，必须有明确的分界线，并清晰标识。

另外，经消毒处理的环境区域也为净区，包括经过消毒处理的人员、车辆、物资接触区域，以及正常生猪直接饲养区域。未经消毒处理的环境区域为污区，包括未经消毒处理的人员、车辆、物资接触区域，以及病死猪接触区域和粪污处理区等。

2.2 猪场建设

严格参照《规模猪场建设》（GB/T 17824.1）、《规模猪场环境参数及环境管理》（GB/T 17824.3）、《畜禽粪便贮存设施设计要求》（GB/T 27622）、《规模猪场清洁生产技术规范》（GB/T 32149），《畜禽场场区设计技术规范》（NY/T 682）、《标准化规模养猪场建设规范》（NY/T 1568）、《种公猪站建设技术规范》（NY/ T 2077）、《种猪场建设标准》（NY/T 2968），以及《病死及病害动物无害化处理技术规范》等技术要求，独立设计、建设不同功能区。

2.2.1 围墙

围墙可以隔断猪场和外界的直接连通，需要具备防人、防鼠、防野猪、防犬猫等功能，要求实心、结实、耐用。可以用砖墙，也可以用彩钢板等简易材料建设。

2.2.2 道路

净道和污道严格分开，避免交叉。

2.2.3 料塔

料塔设置在猪场内部靠近围墙边，满足散装料车在场外打料。或者建立场内饲料中转料塔，配置场内中转饲料车。确保内部饲料车不出场，外部饲料车不进场。

2.2.4 猪舍

猪舍全封闭设计，避免鸟、鼠、蚊、蝇进入猪舍。猪舍实行单元化生产，进风、排风独立运行。自动化、智能化设计，尽量减少人员和车辆使用；优选设备，减少人员维护。雨污严格分开。

2.2.5 隔离舍

隔离舍主要用于引进后备种猪群的隔离和驯化，一般建在猪场一角并处于下风向区，尽量远离其他猪舍，通过封闭式赶猪通道和场内其他猪舍连通。隔离舍配备独立进猪通道，以及独立的人员进场通道、物资通道、人员生活区。隔离期间，应与猪场内部其他人员和猪群没有交叉。

2.2.6 出猪台

出猪台是猪场和外界连通的直接通道，一般包括赶猪通道区、缓存区、装猪台区（升降台）三个区，每个区之间通过过猪门洞连通。出猪台宜建为封闭式建筑，做密封连廊防蚊蝇，顶上做挡雨铁板，有防鼠措施，出猪时应单向通过，人员在各区之间不交叉。出猪台宜设置淋浴间，配备淋浴设备、自动喷淋消毒系统和烘干消毒设备。出猪台应有独立的粪污流通管道，污水不得回流入场。

2.2.7 淋浴室

淋浴室设置应严格区分污区更衣间、淋浴间、净区更衣间，污水无交叉，各区无积水；更衣间配备无门衣柜、鞋架、脏衣桶、垃圾桶、防滑垫；淋浴室配备导水脚垫、洗漱用品架、配备热水器，水温适宜，水量充足。淋浴室需要安装取暖设施等。

2.2.8 隔离场所

有条件的猪场，宜建设场外人员隔离场所。隔离场所应远离其他猪场、市场、屠宰厂（场）、中心路等风险较高的区域；须具有人员淋浴通道、物品消毒间、独立的隔离间、厨房、洗衣间等设施。

2.2.9　车辆多级洗消和烘干中心

有条件的猪场，应建立洗消中心，对车辆进行检查、清洗、消毒、烘干。需建设配置有检查区、清洗区、消毒区、烘房与净区停车场，每个区域有明显的标识划分。一般应设置三级：一级洗消中心（服务中心）、二级洗消中心、三级洗消中心（猪场门口）。

车辆检查区、清洗区、消毒区地面硬化 10cm 厚，每个区域建设空间需足够停放至少一辆 9.6m 长车辆，配置梯子用于爬高开展车辆检查、清洗、消毒。配有停车检查标识，以及车辆洗消烘干操作挂图或展板。

洗消区须盖有防雨、防晒顶棚，配置 2 台高压清洗机。

烘干区内，烘房通常为 15m 长、5m 宽、4.5m 高，烘烤保证 60～65℃达 60min（不含预热时间）。

3　饲养管理

优化生产管理，确保猪群健康，是综合防控非洲猪瘟的重要举措。

3.1　后备猪管理

建立科学合理的后备猪引种制度，包括引种评估、隔离舍的准备、引种路线规划、隔离观察及入场前评估等。

3.1.1　引种评估

资质评估：供种场具备《种畜禽生产经营许可证》，所引后备猪具备《种畜禽合格证》《动物检疫合格证明》及《种猪系谱证》；由国外引进后备猪，须具备国务院畜牧兽医行政部门的审批意见和出入境检验检疫部门的检测报告。

健康度评估：引种前评估供种场猪群健康状态，供种场猪群健康度高于引种场。评估内容包括：猪群临床表现，口蹄疫、猪瘟、非洲猪瘟、猪繁殖与呼吸综合征、猪伪狂犬病、猪流行性腹泻及猪传染性胃肠炎等病原学和血清学检测结果，死淘记录、生长速度、生产成绩及料肉比等生产记录。

3.1.2　隔离舍准备

后备猪在引种场隔离舍进行隔离。由国外引种的，在指定隔离场进行隔离。

隔离舍清洗、消毒：后备猪到场前完成隔离舍的清洗、消毒、干燥及空栏。

物资准备：后备猪到场前完成药物、器械、饲料、用具等物资的消毒及储备。

人员准备：后备猪到场前安排专人负责隔离期间的饲养管理工作，直至隔离期结束。

3.1.3　引种路线规划

后备猪转运前，对路线距离、道路类型、天气、沿途城市、猪场、屠宰厂（场）、村庄、加油站及收费站等调查分析，确定最佳行驶路线和备选路线。

3.1.4　隔离观察

隔离期内，密切观察猪只临床表现，进行病原学检测。

3.1.5　入场前评估

隔离结束后，对引进猪只进行健康评估，包括口蹄疫、猪瘟、非洲猪瘟、猪繁殖与呼吸综合征、猪流行性腹泻及传染性胃肠炎等抗原检测，以及猪伪狂犬病 gE 和 gB 抗体、口蹄疫感染抗体、口蹄疫 O 型和 A 型抗体、猪瘟病毒抗体等检测。

3.2　精液引入管理

精液经评估后引入，评估内容包括供精资质评估和病原学检测。

3.2.1　供精资质评估

外购精液具备《动物检疫合格证明》。由国外引入精液的，具备国务院畜牧兽医行政部门的审批意见和出入境检验检疫部门的检测报告。

3.2.2　病原学检测

猪瘟、非洲猪瘟、猪繁殖与呼吸综合征及猪伪狂犬病等病毒检测为阴性。

3.3　猪群管理

3.3.1　全进全出管理

隔离舍、后备猪培育舍、分娩舍、保育舍及育肥舍执行严格的批次间全进全出。转群时，避免不同猪舍的人员交叉；转群后，对猪群经过的道路进行清洗、消毒，对栋舍进行清洗、消毒、干燥及空栏。

3.3.2　猪群环境控制

合适的饲养密度、合理的通风换气、适宜的温度、湿度及光照是促进生猪健康生长的必要条件，需参考《规模猪场环境参数与环境管理》（GB/T 17824.3）、《标准化规模养猪场建设规范》（NY/T 1568）等控制相关指标。

3.3.3　栏舍要求

猪场大栏之间使用实体墙物理隔断，避免不同栏舍的交叉。

3.3.4　日常管理

做好猪只采食、免疫和用药记录，及时淘汰无饲养价值仔猪。开展测孕、测膘和配种操作时，更换批次宜淋浴、更衣；发现猪只异常时，应做好记录并及时上报。

3.4　生猪转群管理

猪只转群分3段进行：猪舍—连廊/车辆—猪舍，各段人员尽量分开进行，不能交叉。

待产母猪转群是指妊娠110～112d时转入到分娩舍，断奶母猪转群是指断奶母猪转入配怀舍。驱赶临产母猪上产床时，需要配怀舍和分娩舍合作，转猪前确认母猪信息，清理过道内障碍物，避免转群过程中各种应激。每次驱赶不多于10头母猪，防止母猪过多造成打斗应激，驱赶过程中人员需要使用挡猪板，赶猪走廊地面需要随时清扫母猪粪尿，必要时铺撒干燥粉，防止母猪滑倒，对于行走不便或驱赶应激的母猪，缓慢驱赶或原地休息半小时再驱赶，不可强行驱赶。

3.5　生猪调出管理

调出生猪时，通常需要分5段进行：产床—连廊—地磅内侧—地磅外侧连廊内—连廊外出猪台，各段人员必须分开进行，不能交叉。

最大化利用批次生产模式，尽量减少销售次数，降低售猪频次（对严重应激和不能行走的猪只实施安乐死）。

合格断奶仔猪、保育猪、后备猪、淘汰母猪必须由公司自有车辆运输或转运，运猪前需经洗消中心彻底清洗、消毒、高温烘干且物流单位验收合格后，方可驶近猪场，在猪场的高温烘干房再次经过高温烘干后方可接近猪场装猪台。

车辆到场后，门卫使用泡沫喷枪和泡沫消毒剂对车辆车轮、车轮框（保证车轮及车框干净无粪便残留）、保险杠等部位进行消毒，泡沫维持30min并填写消毒记录。

场内出猪台有严格的划分使用，每个区域出猪就近选择出猪台。出猪台在使用完毕后，将待售间使用高压冲洗机清洗、消毒、高温干燥处理，出猪台使用高压冲洗机清洗、消毒高温烘干处理（密闭出猪台高温烘干，露天出猪台干燥处理）。

3.6　出猪台管理

各进猪通道及出猪通道只用于猪只的进出，任何场内外人员、设备、物资、饲料、动保产品等不得通过进猪通道进场、不得通过出猪通道出场。进猪通道不得出猪、出猪通道不得进猪。

净区和污区：待售间为相对净区，地磅和升降机/坡道间为污区。污区备有专用的装猪防护服和工作靴，人员进入污区时必须更换。

着装要求：准备专用不同颜色的工作服、工作靴，所有进入出猪台的人员必须穿戴出猪台专用工作服和工作靴。

猪只出售：严禁交叉接触，阻止交叉传播。猪只出售期间，禁止待售间或生产区人员与出猪台人员接触。禁止出猪台人员与场外车辆或场外拉猪人员接触。

猪只出售完毕后，对出猪台进行清洗、消毒，将工作靴清洗干净、消毒后，在淋浴室污区外悬挂放置，出猪台专用工作服在淋浴室污区进行清洗、消毒、高温烘干处理。待售间人员从待售间淋浴，更换生产区衣物经生产区淋浴室返回生活区。

地磅至出猪台的赶猪人员，每次完成赶猪和消毒后，走人员进场流程，由猪场隔离区淋浴进场；在地磅内侧赶猪人员，必须在生产区淋浴室换鞋、淋浴、更衣后下班。

出猪台场外工作人员：需返回场内的，必须经过淋浴、更衣后才能再次进入到猪场内。当天不得再进入到猪场生产区内。

司机及车辆：有条件的猪场，司机不下车，场外安排专人装猪；若需司机参与，需穿戴好干净的工作服，负责把猪装在车厢内，同时确保不接触装猪台。转猪车在洗消中心或者指定地点清洗消毒。

卫生与消毒：每次装猪前后，都要对车辆彻底消毒，设有内部中转车的，每次使用前后，由车上的接猪人员对车辆进行消毒和烘干。

3.7　风险动物控制

牛、羊、犬、猫、野猪、鸟、鼠、蜱及蚊蝇等动物可能携带危害猪群健康的病原，禁止在猪场内和周围出现。

3.7.1　外围管理

了解猪场所处环境中是否有野猪等野生动物，发现后及时驱赶。选用密闭式大门，与地面的缝隙不超过1厘米，日常保持关闭状态。建设环绕场区围墙，防止缺口。禁止种植攀墙植物。定期巡视，发现漏洞及时修补。

3.7.2　场内管理

猪舍大门保持常闭状态。猪舍外墙完整，除通风口、排污口外不得有其他漏洞，并在通风口、排污口安装高密度铁丝网，侧窗安装纱网，防止鸟类和鼠类进入。吊顶漏洞及时修补。赶猪过道和出猪台设置防鸟网，防止鸟类进入。

使用碎石子铺设 80～100cm 的隔离带，用以防鼠。鼠出没处每 6～8m 设立投饵站，投放慢性杀鼠药。也可聘请专业团队定期灭鼠。

猪舍内悬挂捕蝇灯和粘蝇贴，定期喷洒杀虫剂。猪舍内缝隙、孔洞是蜱虫的藏匿地，发现后向内喷洒杀蜱药物（如菊酯类、脒基类），并水泥填充抹平。

猪舍周边清除杂草，场内禁止种植树木，减少鸟类和节肢动物生存空间。

3.7.3 环境卫生

及时清扫猪舍、仓库及料塔等散落的饲料，做好厨房清洁，及时处理餐厨垃圾，避免给其他动物提供食物来源。做好猪舍、仓库及药房等卫生管理，杜绝卫生死角。

4 人员管理

根据不同区域生物安全等级进行人员管理，人员遵循单向流动原则方可进入生物安全更高级别区域。

所有人员入场，均需进行入场审查。外部人员到访需提前 24 小时向猪场相关负责人提出申请，经近期活动背景审核合格后方可前来访问。猪场休假人员返场需提前 12 小时向猪场相关负责人提出申请，经人员近期活动背景审查合格后方可返场。

4.1 场内工作人员

4.1.1 人员入场前管理

所有入场人员，在入场前 72 小时内严禁接触其他来源的猪只、生猪肉产品及其他偶蹄类动物（牛、羊）等。入场前，不得在猪场外围，如出猪台、污水处理场所、病死猪处理场所等地停留。

所有入场人员入场前均应在场外隔离场所进行隔离，管理人员使用纱布或一次性棉签在入场人员的手心、手背、头发、指甲缝隙等身体部位，随身携带手机、戒指、手表、电脑等密切接触物品，所穿鞋底等处取样，编号与入场登记表一一对应，之后与必备物品一起消毒。剪短指甲，指甲不超过 1 毫米，缝隙内无污垢，洗手消毒。淋浴用沐浴露和洗发水，淋浴时间不低于 10 分钟。换下的衣物浸泡消毒后再清洗烘干。

4.1.2 场外隔离人员操作程序

人员休假抵达场外隔离场所后，先在登记室进行登记、采样；将行李放置在行李存放间的架子上；隔离点管理员负责检查员工的指甲，并监督员工洗手、消毒；人员通过行李存放间的另一侧进入走廊，在走廊尽头的桌子上，将手机、电脑、数据线使用酒精等消毒剂擦拭消毒后，放进紫外消毒柜内照射 30 分钟；人员进入男女更衣室，将自身衣物放置在自己的收纳箱内，在淋浴室污区配有洗烘一体机，可清洗自己的衣物；人员淋浴后，在淋浴室净区使用清洗、高温烘干后的浴巾和地巾，使用后将浴巾和地巾放置在净区侧的洗烘一体机内，清洗结束后，由隔离人员将浴巾取出，清洗晾干后折叠放在淋浴室净区架子上供后续人员使用；人员出淋浴室后，可经过隔离房间走廊到紫外消毒柜内拿取自己的手机和电脑；人员隔离期间，除到餐厅窗口领取饭菜，其余时间只允许在自己的房间内，禁止聚众聊天；人员隔离结束后，经过隔离区换衣间更换返场专用衣服，乘坐返场专用车辆，由隔离场所管理人员送至母猪场；隔离场所管理人员只允许往返于母猪场和隔离场所，禁止到其他区域活动；平时禁止场外人员到此区域活动。

隔离点饭菜全部由相关部门提供，禁止到市场采购饭菜。隔离人员使用一次性餐盒吃饭，剩余饭菜和餐盒经由管理员集中回收进垃圾桶内。接送员工的车辆，每次使用后，必须在车辆洗消中心清洗、消毒。

隔离人员在场外隔离 24 小时，非洲猪瘟病原检测结果为阴性后，符合回场条件。

4.1.3 人员入场操作程序

所有入场人员在场区外下车前，建议穿戴准备好的一次性塑料鞋套（场外隔离场所提供一次性鞋套，鞋套在穿戴之前不允许与车内接触，下车之前脚悬空穿戴鞋套，穿戴之后直接踩在地面上），进入门卫室前再次穿戴一层新的鞋套。在门卫处填写人员入场记录表，洗手、消毒，手机、电脑使用酒精擦拭消毒，放入紫外消毒柜。

在消毒通道刷干净鞋面、鞋底，在洗手区域浸泡消毒手部，严格执行清洗、消毒制度，进入隔离区、生产区和返回生活区，均需要淋浴。

进入外生活区（隔离区）：按照洗手踩脚踏盆→换下进场衣服鞋子→淋浴→换上隔离区专用衣服鞋子→进入隔离区的程序，单向不可逆。进入猪场隔离区有桑拿的，淋浴后可进入，无桑拿的隔离 1 天 1 晚进入，在生活区隔离 1 天 1 晚才

能进入生产区。进场人员在生活区严禁接触生活区人员。

进入生产区：按照洗手踩脚踏盆→换下生活区衣服鞋子→淋浴→换上生产区专用衣服鞋子→进入生产区的程序，单向不可逆。

返回生活区：按照换下生产区衣服鞋子→淋浴→换上生活区专用衣服鞋子→返回生活区的程序，单向不可逆。

4.1.4 人员出场

休假人员出场也必须经过生活区、外生活区、场外隔离场所的路线，从生活区到外生活区的人员必须经过淋浴室淋浴，更换外生活区衣物，从外生活区到场外隔离场所可以不再淋浴，直接更换场外隔离点衣物，由专人送至场外隔离场所更换自己的衣物后开始休假。

4.2 后勤人员

涉及出入场的安保、厨师、保洁、水电、司机等后勤人员，除参考上述要求外，还需执行下述制度。

4.2.1 后勤区域管理

场区门卫室和淋浴室污区卫生保持由安保员负责。安保员每日下班后对门卫室进行清理和消毒。拖地使用的拖把必须为可拆卸的棉布拖把。

门卫淋浴室坐凳内外，需要使用不同颜色的拖把，每次擦完地面后，将拖把的拖布拆卸，浸泡消毒后清洗、烘干。

门卫淋浴室净区、生产区淋浴室净区和污区，由场内保洁人员分区管理，禁止人员交叉进出淋浴室打扫卫生；禁止打扫工具交叉使用。

安保员进出门卫室，每次更换门卫室外专用工作靴。

4.2.2 厨房管理

厨房：生熟、净污分区合理，生区、熟区工具不得有交叉，厨房使用餐具消毒柜，使用专用桶或者袋存放剩饭剩菜。

餐厅：设有传菜通道，人员及餐具不交叉。分接餐区、就餐区、餐食清洗消毒区，剩饭剩菜无害化处理。

厨房对场内只开放唯一的熟饭菜售饭窗口，窗口大小只用于售饭，除了供员工食用的熟食可通过窗口进入场内外，其他任何人、机、物、料等均不得通过售饭窗口进场，里外不得有任何交叉。

4.2.3 厨房进出人员管理

禁止场内人员进入厨房进行帮厨工作；如因隔离需要送餐，全部使用一次性餐盒，高温消毒进入场区；打饭时穿戴一次性乳胶手套，不接触餐盒，操作人员双层塑料袋分别打包，送至生产区传递窗门口；生产区人员只接触内层塑料袋，不得接触外层塑料袋，将餐食取出。

4.3 来访人员

4.3.1 进入场区外围

来访人员需要进入猪场外围（例如无害化处理区）查看时，要保证 72 小时未接触猪只，并经过场外隔离场所采样（不要求立即出结果）、淋浴、更换衣物（操作同员工返场），方可送至场外围进行查看。

4.3.2 进入场区

来访人员需要在相关部门指定办公室或者指定宾馆隔离，经检测合格，方符合入场条件；在场外隔离 24 小时后（期间采样检测阴性），进入猪场内勤区的外隔离点进行隔离，完成后经过淋浴室进入生活区，在生活区淋浴后可直接进入生产区。

5 车辆管理

车辆管理包括猪场车辆（外部运猪车、内部运猪车、散装饲料运输车、袋装饲料运输车、病死猪运输车、猪粪运输车、通勤车等）和社会车辆。规模猪场应做到猪场车辆自有，且尽量专场专用。所有进猪场车辆必须经过洗消中心等消毒。

5.1 外部运猪车

外部运猪车尽量自有，经过当地畜牧兽医主管部门备案，专场专用。如使用非自有车辆，则严禁运猪车直接接触猪场出猪台，猪只经中转站转运至运猪车内。

清洗与消毒：运猪车清洗、消毒及干燥后，方可接触猪场出猪台或中转站。运猪车使用后及时清洗、消毒及干燥。

司乘人员：司乘人员 72h 内未接触本场以外的猪只。接触运猪车前，穿着干净且消毒的工作服。如参与猪只装载时，则应穿着一次性隔离服和干净的工作靴，禁止进入中转站或出猪台的净区一侧。运猪车严禁由除本车司机以外的人员驾驶。

5.2 内部运猪车

清洗与消毒：选择场内空间相对独立的地点进行车辆洗消和停放。洗消后，在固定的地点停放。洗消地点应配置高压冲洗机、清洁剂、消毒剂及热风机等设施设备。运猪车使用后立即到指定地点清洗、消毒及干燥。流程包括：高压冲洗，确保无表面污物；清洁剂处理有机物；消毒剂喷洒消毒；充分干燥。

司乘人员：司乘人员由猪场统一管理。接触运猪车前，穿着一次性隔离服和干净的工作靴。运猪车上应配一名装卸员，负责开关笼门、卸载猪只等工作。装卸员穿着专用工作服和工作靴，严禁接触出猪台和中转站。

运输路线：按照规定路线行驶，严禁开至场区外，有条件的随车配置GPS实时监控。

5.3 散装饲料运输车

清洗与消毒：散装料车清洗、消毒及干燥后，方可进入或靠近饲料厂和猪场。重点对车轮、底盘和输料管进行清洗消毒。

司乘人员管理：严禁由司机以外的人驾驶或乘坐。如需进入场内，司机严禁下车。

行驶路线：散装料车在猪场和饲料厂之间按规定路线行驶。避免经过猪场、其他动物饲养场、病死猪无害化收集处理场所、屠宰厂（场）等高风险场所，随车配置GPS实时监控。散装料车每次送料尽可能满载，以减少运输频率。如需进场，需经严格清洗、消毒及干燥，卸料结束后立即出场。

卸料管理：如散装料车进入生产区内，卸料工作由生产区人员操作，司机严禁下车。如无需进入生产区内，卸料工作可由司机独立完成。

5.4 袋装饲料运输车

袋装料车经清洗、消毒及干燥后方可使用。如跨场使用，车辆清洗、消毒及干燥后，在指定地点隔离24～48h后方可使用，柴油车可执行高温烘干的，烘干后无需隔离。

卸料管理：卸料工作由生产区人员操作，司机严禁下车。如无需进入生产区内，安排专人卸料。

5.5 病死猪运输车

交接病死猪时，避免与外部车辆接触。使用后，车辆及时清洗、消毒及干燥，有条件的每次使用完毕后可进行检测，并消毒车辆所经道路。

5.6 猪粪运输车

使用后，车辆及时清洗、消毒及干燥，并消毒车辆所经道路。

5.7 通勤车

通勤车司机不能在路途中下车，通勤车只能运送物资或送休假员工出场，禁止带无关任何东西和人员，出车后对车厢内部进行擦拭消毒；对不同类型车辆停车区域划线标识，只允许在特定区域停留、卸货，车辆离开后需要对该区域进行清洗消毒；精液、疫苗必须放置到指定接物台，其他配送物品放接物平台，禁止直接卸货在地面上，若放到地面需要垫一层彩条布。公猪精液运输车司机、配餐车司机和物资车司机下车时，需更换专用工作靴或穿鞋套。

5.8 社会车辆

私人车辆禁止靠近场区。

5.9 车辆的洗消管理

5.9.1 生猪运输车

进入洗消地点，严格执行整车洗消六步骤初次清洗→泡沫浸润→二次清洗→沥水干燥→消毒→烘干，突出车轮和底盘，清洗沥干后再喷洒消毒液。在一级洗消点，需对车辆和司机进行采样检测，出现阳性的，再次经洗、消、烘后采样检测，确保阴性后方可开往二级洗消点。在一级和三级洗消点车辆洗消后，要烘干。具体步骤参考如下：

初次清洗：车厢按照从上到下、从前到后的顺序进行猪粪、锯末等污物清洁。低压打湿车厢及外表面，浸润10～15min。底盘按照从前到后进行清洗。按照先内后外，先上后下，从前到后的顺序高压冲洗车辆。注意刷洗车顶角、栏杆及温度感应器等死角。

泡沫浸润：对全车喷洒泡沫，全覆盖泡沫浸润15min。

二次清洗：再次按照从内到外、从上到下、从前到后的顺序高压冲洗。

沥水干燥：清洗完毕后，沥水干燥或风筒吹干，必要时采用暖风机保证干燥效果。确保无泥沙、无猪粪和无猪毛，否则重洗。

消毒：对全车进行消毒剂消毒，静置作用有效时间。

烘干：司机洗澡、换衣及换鞋后按规定路线进入洗车房提取车辆，驾车驶入烘干房进行烘干。烘干房密闭性良好，车辆60～65℃烘干60min或70℃烘干30min。烘干后车辆停放在净区停车场。

5.9.2 非运猪车辆

进入洗消点，严格执行清洗→静置→消毒三个环节，车辆清洗后，静置5min后消毒。一级洗消后直接开至二级洗消点，二级洗消后直接开

至猪场门口三级洗消点。车辆清洗以无明显污垢为准，车辆消毒要至少保持湿润 10min 以上，车辆沥干以无明显积水为准。消毒剂现配现用，遇到雨天使用消毒剂浓度要加大。保证车辆作业时单向流动，避免逆行或交叉污染。

5.9.3 采样检测

有条件的企业，可在洗消之前或之后对车辆采样检测。

6 物资管理

猪场物资主要包括食材、兽药疫苗、饲料、生活物资、设备以及其他物资等。有条件可建服务中心，所有物资需先发到服务中心消毒处理后再发到猪场。对外包装进行抽样检测相关病原，物品到场后要在大门口消毒间熏蒸消毒处理 2h，静置 24h 后，方可拿到生产区物资消毒间（进场时将外包装除去），熏蒸消毒时物品不能叠加堆放。大件或不方便拿到消毒间的物品需使用擦拭消毒后，放在太阳底下暴晒 48h 或用彩条布密封熏蒸。

6.1 食材管理

禁止任何个人直接从外部采购任何食品，有条件可在服务中心设置中央厨房，统一配送干货、熟食、新鲜蔬菜和水果。食材生产、流通背景要清晰、可控、可追溯，无病原污染。蔬菜和瓜果类食材无泥土、无烂叶，禽类和鱼类食材无血水。

干货在服务中心进行消毒后，使用消毒过的洁净袋进行包装后配送至猪场，熟食由中央厨房做好后，通过密封车辆配送至猪场，在猪场门口通过转接倾倒方式转入猪场食堂，蔬菜和水果使用现配现用漂白粉水（20g/1 000kg）消毒 30min 配送至猪场大门口，再次漂白粉水消毒 30min 后才可进入猪场食堂存放。

6.2 兽药疫苗

6.2.1 进场消毒

兽药疫苗按猪场要求定期发往猪场，减少频次，原则上每月一次。疫苗到场后，要对外包装进行喷雾或浸泡消毒，再去除内外包装（纸箱或泡沫箱，仅留疫苗瓶），浸泡消毒 30 秒后，在大门口消毒室更换专用箱中转到生产区的消毒间。其他常规药品，拆掉外层包装，浸泡消毒或熏蒸消毒，转入生产区药房储存。

6.2.2 使用和后续处理

严格按照说明书或规程使用疫苗及药品，做到一猪一针头，疫苗瓶等医疗废弃物及时无害化处理。

6.3 饲料

饲料无病原污染。袋装饲料中转至场内运输车辆，再运送至饲料仓库，经臭氧或熏蒸消毒后使用。所有饲料包装袋均与消毒剂充分接触。散装料车在场区外围卸料降低疫病传入风险。自配饲料基本要求如下：

6.3.1 自行配制自配料的，应当利用自有设施设备，供自有猪只使用。

6.3.2 自行配制的自配料不得对外提供；不得以代加工、租赁设施设备以及其他任何方式对外提供配制服务。

6.3.3 配制自配料应当遵守农业农村部公布的有关饲料原料和饲料添加剂的限制性使用规定，除当地有传统使用习惯的天然植物原料（不包括药用植物）及农副产品外，不得使用农业农村部公布的《饲料原料目录》《饲料添加剂品种目录》以外的物质自行配制饲料。

6.3.4 配制自配料应当遵守农业农村部公布的《饲料添加剂安全使用规范》有关规定，不得在自配料中超出适用动物范围和最高限量使用饲料添加剂。严禁在自配料中添加禁用药物、禁用物质及其他有毒有害物质。

6.3.5 自配料使用的单一饲料、饲料添加剂、混合型饲料添加剂、添加剂预混合饲料和浓缩饲料，应为有资质饲料生产企业的合格产品，并按其产品使用说明和注意事项使用。

6.3.6 生产自配料时，不得添加农业农村部允许在商品饲料中使用的抗球虫和中药类药物以外的兽药。因饲养动物发生疫病，需要通过混饲给药方式使用兽药进行治疗的，要严格按照兽药使用规定及法定兽药质量标准、标签和说明书购买使用，兽用处方药必须凭执业兽医处方购买使用。含有兽药的自配料要单独存放并加标识，要建立用药记录制度，严格执行休药期制度。

6.3.7 自配料原料、半成品、成品等，应当与农药、化肥、化工有毒产品以及有可能危害饲料产品安全和猪只健康的其他物质分开存放，并采取有效措施避免交叉污染。

6.4 生活物资

生活物资集中批量采购，经臭氧或熏蒸等消毒处理后入场，减少购买和入场频次。

6.5 设备

风机、钢筋等可以浸润或喷洒的设备，经消

毒剂浸润表面、干燥后入场。水帘、空气过滤网等不宜水湿的设备，经臭氧或熏蒸消毒后入场。

6.6 其他物资

五金、防护用品及耗材等其他物资，拆掉外包装后，根据不同材质进行消毒剂浸润、臭氧或熏蒸消毒，转入库房。

7 卫生与消毒

7.1 场区外环境控制

对猪场外围及主道路、猪场门口、出猪台进行生物安全管控。场区外建实体围墙或者铁皮围墙，做挡鼠设计，铺防鼠带。日常进行巡逻、消毒管理。

7.1.1 猪场外围及主道路

猪场外围用铁皮建挡鼠板，墙体至少 1.5m 高，直型挡鼠板要求 80cm 宽，直角挡鼠板垂直墙体阻断鼠类攀爬的部分至少 30cm 宽，石渣防鼠带 10cm 厚、80cm 宽，或者墙根至少硬化 50cm 宽。进猪场主道路，从猪栏到外控道路，用 20%生石灰水消毒，围墙外围撒 2m 石灰带（尽可能宽），防止鼠类在猪场周边活动。

7.1.2 猪场门口

门口外围墙：墙角铺设防鼠带，防止老鼠打洞进入围墙内，围墙、墙根无孔、缝、洞、杂草、杂物、树木，具备防鼠和其他爬行动物功能。

设置消毒池：水深 12～15cm，配置 2%氢氧化钠溶液消毒水，设有挡雨棚和雨水排水沟，消毒液每周更换 1 次。

大门口区域、道路：每天清洗 1 次，每周进行 1 次消毒，关键区域配备摄像头，实时监控人员、车辆、物品的进出是否符合生物安全规范。

安保管理：安保活动范围建挡鼠板，防止鼠类进入，安保人员只在该区域活动，负责该区域车辆洗消和人员/物资进场的监督；安保人员单独住宿，不在隔离区/生活区住宿；安保室、消毒室每天拖地消毒 1 次或清洁地面后喷洒消毒。

大门消毒间管理：大门口的消毒间需分成 2～3间（进场人员小物品消毒间、进场物资浸泡间/熏蒸消毒间、食堂物资浸泡间/熏蒸消毒间各 1 间），全进全出，消毒间的 2 个门不能同时打开。确保消毒间的密闭性，并配备镂空式货架。配备浸泡桶、水龙头、排水口，浸泡间净区与污区做物理隔断。消毒间每天晚上紫外灯消毒 2h，每 2 周熏蒸消毒 1 次，用过氧乙酸（$1g/m^3$）、戊二醛（$5mL/m^3$）等进行熏蒸消毒处理 2h。

另外，做好到场人员、车辆和物品的消毒记录。

7.2 外生活区、生活区卫生与消毒

外生活区要设置有人员隔离区，配置隔离区淋浴间、隔离间、物品消毒间、物资仓库。厨房及餐厅净污分区管理。生活区配置生产区餐厅、生产区宿舍。非生产区人员与生产区人员分开住宿。定期进行灭鼠、灭虫、消毒管理。

7.2.1 隔离宿舍

人员进入猪场隔离区宿舍前必须淋浴。随身携带的物品经消毒后，才能带入隔离区。从隔离区进入生活区前，所使用的生活用品和住宿房间均需要进行清洁消毒。每次人员隔离完毕后，安排专人收拾隔离宿舍相关物品。

隔离区要安装防鼠板，做好防鼠措施，每月至少进行一次灭鼠，宿舍拖地消毒，公共活动区域每周至少消毒 1 次。

7.2.2 厨房

厨房必须配备消毒餐具的设施，接菜容器在每次接菜前必须经过蒸汽或高温消毒，禁止做任何形式的凉拌菜（含蘸酱菜、凉拌卤肉等），操作过程中必须洗手消毒。

每天消毒厨房，做好防鼠防蚊蝇措施，窗户装好防蚊蝇网，下水道安装好防鼠网，门和吊顶做好密封。

厨房工作人员进出厨房要换鞋，其他人员禁止进入厨房。

7.2.3 餐厅

送餐车、保温箱或塑料框每天消毒，设置专门的传菜通道。厨房厨师通过倾倒转接的方式，将厨房炒好熟菜倒入生活区餐厅盛菜盆中，倾倒转接过程中菜盆禁止直接接触。所有剩饭剩菜禁止给其他人员，通过传递口传递给外围人员，进行无害化处理。餐厅必须配备消毒餐具的设施，接菜容器在每次接菜前必须经过蒸汽或高温消毒。注意每天对餐厅进行消毒。

7.2.4 生活区宿舍

非生产区人员与生产区人员分开住宿，宿舍区、公共活动区域每周至少消毒一次。

生活区人员禁止随意到大门口、隔离区域。生活区、生产区专用电工包及工具，严禁交叉使用。

每月至少进行一次灭鼠工作，做好灭鼠记录，每周进行一次灭蚊蝇、蟑螂工作，做好相关记录。

生活垃圾分类，统一存放处理，防止老鼠、苍蝇滋生。

7.3 生产区环境卫生与消毒

生产区环境卫生管理包括生产区洗澡室、物资消毒间、人员和猪群管理、无害化处理、饮水卫生及消毒、生产和场内管理。

进入生产区人员必须严格执行淋浴制度；进入生产区物资必须严格执行消毒制度；生产人员必须严格遵守猪场安全生产制度，服从管理，禁止走出连廊外。每栋栏舍门前配有脚踏消毒池（桶）、洗手消毒盆、消毒剂。连廊内通道地板必须硬化，经常检查，定期做防鼠灭蚊工作。

7.3.1 生产区一般要求

风机和水帘增加防鼠网，安排人员定期检查连廊，并做好记录。各类防护通道及墙壁完好（下水道、出风口、通风道、污水沟、粪沟等全部要加装粗细不同的铁网、钢丝网，墙壁门缝窗户天花板堵洞，防止鼠类进入）。生产区、内围墙至外围墙之间的所有树木、植物全部进行清除，清理植物后的地面铺黑膜、铺石渣。定期清理长出的树木、喷除草剂除草。定期灭鼠（每月至少 1 次），在老鼠出没的位置安装电猫，及时灭蚊蝇；每周 2 次对连廊内部道路进行消毒。

7.3.2 生产区淋浴室卫生与消毒

人员进出执行洗消制度（进入生产区和返回生活区，均需要淋浴消毒）。衣服必须每天更换，浸泡消毒，清洗干净后烘干。

防滑垫使用 3 色分开管理（如红黄绿）；每周消毒水冲洗防滑垫。

淋浴室淋浴区禁止放置毛巾，毛巾要放置在污区衣柜和净区衣柜（颜色区分管理），每天统一进行清洗消毒。

7.3.3 生产区物资间卫生与消毒

生产区配备 2～3 间物资消毒间。物品消毒需全进全出，在消毒间消毒后至少静置 24h 才能启用，平时不用时一定要及时关闭门口，防止鼠类、苍蝇进入，消毒间必须保持密闭良好，消毒间内需要配备镂空式货架摆放物资。

7.3.4 生产区人员卫生管理

正常情况下，严禁在生产区用餐，严禁私自携带一切食品进生产区。隔离在生产区的人员，统一配送饭菜进生产区，但餐具必须经过消毒。

各栋舍要有明确的划分标识，不得随意串岗，各栋舍人员禁止随意乱窜，专人专岗，常用生产工具等禁止交叉使用。人员进出要洗手，脚踩消毒水，更换栋舍内的专用鞋（分颜色管理）。

巡栏、治疗注射工作由栋舍内人员完成，注意器械消毒，防止人为扩散病原。

7.3.5 圈舍卫生与清洗消毒

对栏舍内部屋顶、过道、墙体、隔栅、舍内设施等进行全面喷雾消毒。一是注意断电：关掉栏舍总闸，高压冲洗机所使用电源由外部直接拉线接入，并接有漏电开关。二是保护电器：用消毒水浸泡过的毛巾擦拭插排、灯座等电器，后用消毒好塑料袋或者薄膜包裹，防止水渗入电器，造成损失；待最后一轮洗消完毕后，方可拆开，进行熏蒸消毒。三是规范排放：堵住出粪口、污水排放口，待洗消完成后，用抽水机将污水抽出栏舍或在出粪口直接引流出来，切记不要直接排放到化粪池。

洗消人员要做好防护，穿工作靴，戴手套、口罩、护目镜和帽子，以不暴露皮肤为原则。

洗消前准备：准备高压冲洗机、清洁剂、消毒剂、抹布及钢丝球等设备和物品，猪只转出后立即进行栏舍的清洗、消毒。

物品消毒：对可移出栏舍的物品，移出后进行清洗、消毒。栏舍熏蒸消毒前，要将移出物品放置舍内并安装。

水线消毒：放空水线，在水箱内加入温和无腐蚀性消毒剂，充满整条水线并作用有效时间。

栏舍除杂：清除粪便、饲料等固体污物；热水打湿栏舍浸润 1 小时，高压水枪冲洗，确保无粪渣、料块和可见污物。

栏舍清洁：低压喷洒清洁剂，确保覆盖所有区域，浸润 30min，高压冲洗。必要时使用钢丝球或刷子擦洗，确保祛除表面生物膜。

栏舍消毒：清洁后，使用不同消毒剂间隔 12h 以上分别进行两次消毒，确保覆盖所有区域并作用有效时间，风机干燥。

栏舍白化：必要时使用石灰浆白化消毒，避免遗漏角落、缝隙。

熏蒸和干燥：消毒干燥后，进行栏舍熏蒸。熏蒸时栏舍充分密封并作用有效时间，熏蒸后空栏通风 36h 以上。

7.3.6 赶猪通道清洗与消毒

清洗与消毒：与栏舍清洗消毒步骤一致，避免使用高压清洗。

火焰消毒：进猪前，用火焰喷枪将赶猪通道，从里向外，从上到下消毒。

7.4　工作服和工作靴清洗消毒

猪场可采用“颜色管理”，不同区域使用不同颜色/标识的工作服，场区内移动遵循单向流动的原则。

人员离开生产区，将工作服放置指定收纳桶，先浸泡消毒作用有效时间，后清洗、烘干。

生产区工作服每日消毒、清洗。发病栏舍人员，使用该栏舍专用工作服和工作靴，本栏舍内消毒、清洗。

进出生产单元应更换工作靴。

7.5　设备和工具清洗消毒

栏舍内非一次性设备和工具需经消毒后使用。设备和工具专舍专用，如需跨舍共用，须经充分消毒后使用。根据物品材质选择高压蒸汽、煮沸、消毒剂浸润、熏蒸等方式消毒。

7.5.1　栏舍物品和工具消毒

不能再次使用的，集中焚烧处理。能再次使用的（如铁铲等），采用彩条布等自制临时浸泡消毒池，将所有清理出的工具和物品采用分类浸泡消毒，或者熏蒸消毒备用。

7.5.2　漏缝板等消毒

使用高压清洗机对漏缝板底部进行清洗消毒。

7.5.3　附属设备消毒

水帘消毒：在水帘池中加入消毒剂，开启2h以上。

水塔消毒：在水塔中加入漂白粉（20g/1 000kg），至少浸泡1h。

料塔消毒：清空后进行熏蒸消毒。

7.6　饮水

半个月送检一次，检查病原，取水点为出水点、饮水点。加药要求：在猪的饮水中均匀加入漂白粉（20g/1 000kg），应先将漂白粉加一定的水混匀后在抽入消毒水罐中，禁止直接加粉末，以防不能混匀。加药水罐在生产区外围的，由生产区外围指定人员对饮水添加消毒剂，加消毒水罐在生产区的，应安排不进生产舍人员添加消毒剂，若需要进出连廊时，人员需要淋浴、更衣、消毒。

消毒剂的选取，可参考《中小养猪场户非洲猪瘟防控技术要点》推荐的药品。

8　病死猪与污物无害化处理

要对因病死亡的猪只，以及粪便、污水、医疗废弃物、餐厨垃圾以及其他生活垃圾等污物进行无害化处理。

8.1　病死猪内部转运与无害化处理

猪场内应实行净道和污道分离，净、污道做严格分区管理，场内转运病死猪应通过污道处理。猪场饲养人员淋浴更衣进舍后，查看病死猪情况，将病死猪转运至栋舍外净、污道分区处，若返回猪舍则重新洗澡更衣，病死猪由污道区处理人员按照采样规范先进行口鼻/肛拭子采样，必要时采集腹股沟淋巴结确诊。

猪场按照《病死及病害动物无害化处理技术规范》等相关法律法规及技术规范配备场内无害化处理设施设备，进行场内无害化处理。没有条件场内处理或不能进行场内处理的，需由当地有关单位统一收集进行无害化处理。如无法当日处理的，场区外污染处理区应设立低温无害化暂存间，病死猪需低温暂存。每次转运前及转运结束对转运道路、转运工具和设备、个人防护用品等按规定消毒流程进行消毒。

如检测结果呈非洲猪瘟阳性，病死猪必须转移至场外指定位置，避免污染场区。操作人员全程穿戴隔离服和手套，使用专门密闭转运车将套袋后的病死猪转运至指定位置，并通知场外无害化处理专员驾驶专门车辆将病死猪运至无害化处理场所进行无害化处理。其间，场内转运人员、车辆和场外运输人员、车辆严禁交叉接触，处理完毕后，各转运人员对行走道路、转运工具等按消毒流程进行严格消毒，一次性防护用品直接无害化处理。未经消毒的人员、车辆、工具，严禁再次返回场区内。

8.2　粪便无害化处理

使用干清粪工艺的猪场，要达到雨污分离。自动机械干清粪的猪场，应每天两次及时将粪清出，粪便运至粪场或直接运至有机肥发酵罐等处发酵，不可与尿液、污水混合排出。人工干清粪的猪场，清粪人员与转运人员要严格分工，不与饲养人员直接接触，粪便转运至暂存场所，暂存场所每天清理消毒，清粪工具、转运车等每次转运前后进行清洗、消毒一次。

使用水泡粪工艺的猪场，分娩舍、保育舍及育肥舍等全进全出的单元每批次清洗一次，消毒烘干备用。

猪场设置的贮粪场所，应位于下风向或侧风向，尽量靠近围墙或斜坡。应指定专人监控猪粪中转处

理，达到与生产区实体围墙隔离。贮粪场必须具备防雨、防渗、防溢流措施，避免污染地下水。在收集粪便过程中，应采取防遗撒、防渗漏等措施。场外猪粪车要可控，通过中转方式拉走猪粪的，每周指定专人将暂存粪便转运到堆肥发酵场所或发酵罐进行无害化发酵处理，确保场外猪粪车不进场，场内猪粪车与场外猪粪车无交叉。工作结束后，要彻底消毒所经道路，对贮粪场进行全面清理消毒。粪便无害化处理工作，按照《畜禽粪便无害化处理技术规范》(GB/T 36195) 执行。

8.3 污水处理

猪场应具备雨污分流设施，确保管道通畅。猪场污水属高浓度有机污水，悬浮物和氨氮含量高，且含有大量的病原微生物，必须经过厌氧发酵、耗氧发酵、絮凝沉淀、氧化塘氧化存贮、滤膜过滤等综合处理后，进行农田消纳或者达标排放，严禁未经处理直接排放。

8.4 医疗废弃物处理

对过期的兽药疫苗、用过的针管、针头、药瓶、疫苗瓶以及防疫治疗过程中产生的其他废弃物等，须放入由固定材料制成的防刺破安全收集容器内，同时张贴生物安全危害标识，不得与生活垃圾混装，严禁重复使用和随意丢弃。应定点存放医疗废弃物，可根据国家法律法规和相关技术规范，按废弃物的性质进行分类处理（煮沸、焚烧、消毒后集中深埋等）；或在粪污处理区设立废弃物暂存点，中转至场外，交由有医疗废弃物处理资质的专业机构统一收集处理。要减少处理频次，并予严密监控。

8.5 餐厨垃圾处理

餐厨垃圾要每日清理。生产区域外的垃圾，经收集运至猪场垃圾处理地点进行处理；生产区域内的垃圾，经收集由专用车辆运至场内无害化处理，或集中收集同上处理。严禁饲喂猪只和随意丢弃餐厨垃圾，场内外处理人员、工具等要严格分开。

8.6 其他生活垃圾处理

对生活垃圾源头减量，严格限制不可回收或对环境高风险的生活物品的进入，最大程度降低不可回收生活垃圾产生量。场内设置垃圾固定收集点，明确标识，分类放置。垃圾收集、贮存、运输及处置等过程须防扬散、流失及渗漏。要按照国家相关法律法规及技术规范，对生活垃圾进行焚烧、深埋，或交当地有关单位统一收集处理。场内外人员、工具、设备等严格分开。

9 监测与处置

9.1 检测实验室要求

根据猪场布局、重点区域划分等具体条件，建立“区域”＋“聚落”＋“快检”的一、二、三级联动实验室，形成快速检测与监测体系，为猪群健康管理提供技术保障。猪场外部建立快检实验室，公司或集团办公区建立聚落实验室，区域实验室可自建或委托有资质的第三方检测机构、动物疫病预防控制机构和科研院所等承担。

实验室要充分考虑污物清理，避免实验室污染。主体为彩钢板、铝合金建筑材料。根据功能不同，各区需合理配置通风及压力控制系统，微生物室和细胞室增加洁净系统设备。实验室划分为污染区，半污染区和清洁区。具体配置和要求参见表2。

表2 实验室配置和相关要求

实验室类型	面积 (m^2)	功能区	检测能力	人员	电力线缆 (mm)
快检实验室	不低于120	消毒室、试剂室、血清室、微生物室，PCR室（包括缓冲走廊、配液室、提取室、扩增室、电泳室）	（荧光定量）PCR、血清学	不少于2人	不低于50
聚落实验室	不低于200	更衣室、消毒室、进出缓冲间、接样室、存样室、试剂室、储物室、血清室、微生物室、PCR室（包括缓冲走廊、配液室、提取室、扩增室、电泳室）	（荧光定量）PCR、血清学、细菌分离鉴定以及霉菌毒素检测	不少于4人	不低于70
区域实验室	不低于250	同上，且可增加一个细胞间	（荧光定量）PCR、血清学、细菌分离鉴定以及霉菌毒素检测，细胞培养	不少于6人	不低于70

9.2　非洲猪瘟监测

9.2.1　早期发现

时刻关注本猪场各个环节猪只异常情况，一旦发现猪只精神沉郁、采食量稍微减少（排除饲料因素）、体温超过正常范围、皮肤发红、母猪流产等可疑症状，第一时间采样送检。

9.2.2　采样

材料准备：准备长的棉签（15cm 以上）、医用纱布、自封袋、一次性注射器、防护服、一次性长臂手套、鞋套、大的塑料袋（或塑料布，用于包裹病死猪）、记号笔、记录纸、笔、甲醛溶液、Eppendorf 管、拉链式自封袋、垃圾袋、录像机（手机）、手电筒、拖布、消毒药、火焰喷枪等。

样品类型：一是疑似猪只口鼻拭子。将每头猪口、鼻拭子收集于同一采样管中。二是病死动物的腹股沟淋巴结。突然死亡的猪只，由于血液及脏器可携带大量的病毒，建议仅采集腹股沟淋巴结，然后将病死猪包裹后进行无害化处理。三是全血。用含有 EDTA 抗凝血剂的真空采血管，从颈静脉、前腔静脉或耳静脉抽取全血；如果猪只已经死亡，可以立即从心脏采血；偏远地区或者在无法冷链运输的时候，可由刺血针或无菌注射器针头从动物静脉等取血后，滴加到特制的吸水滤纸中完成干血斑样品的收集。四是血清。使用未加抗凝剂的真空采血管，从颈静脉、前腔静脉、耳缘静脉，或剖检过程收集血液样品。五是器官和组织样品。不推荐进行剖检采样，以便造成病原扩散。必须在保障生物安全的条件下进行剖检，所有的猪器官和组织均可，但优选脾脏、淋巴结、肝脏、扁桃体、心脏、肺脏、肾脏及骨髓等。六是软蜱等媒介样品。手动收集、二氧化碳诱捕和真空吸引捕捉后，应让蜱保持存活或直接储存在液氮中，避免 DNA 降解。七是环境样品。生产区内，包括各区间猪舍内所有区间单元墙体、地面、风机、地沟、设备、水线、料线等；生产区外，包括出猪台、场区大门、料塔、下水道、员工宿舍、储物间、浴室、办公室、餐厅厨房、车辆、水源等所有可能受到污染的区域。

包装和运输样品：采集好的样品应仔细进行包装，做好标记并送到实验室。运送的样品必须有足够数量的冷却材料（如冰袋、干冰），避免变质。样品应使用“三重包装系统”，保障运输过程中的生物安全，并避免样品受到污染。样品运输必须遵守农业农村部《高致病性动物病原微生物菌（毒）种运输包装规范》等规定。

废弃物处理：采样结束后，做好尸体、场地、物品、个人防护用品的消毒和无害化处理。对不同场点尽量安排不同的采样人员，避免交叉污染。

9.2.3　病原检测

可采用实时荧光定量 PCR（qPCR）、PCR 等方法检测非洲猪瘟病毒核酸。

9.3　处置及生产

9.3.1　全面检测

若检测发现猪只阳性，应立即报告当地畜牧兽医部门，停止与生产相关的活动，检测其舍内所有相关猪只以及涉及的地面，防止交叉污染。

9.3.2　清除

根据样品中病毒的含量，尽快剔除可疑猪和暴露猪群（猪只数量根据样品检测结果和现场布局确定），并立即消毒，清除可能的污染源。

9.3.3　持续检测

异常猪只处理完成后，应持续检测 1 个最大潜伏期，第 1 周，对异常猪的周边猪只，接触的地面，以及粪便等开展两次检测，确保无阳性。此后，按照每周 1 次的频率对全部或部分猪只，以及环境进行采样检测，若仍能检测到异常，则进行再次清除操作。

9.3.4　恢复生产

从发现阳性样品开始，持续监测 21 天，若检测核酸再无阳性猪只，以及期间检出的车辆、人员、设施设备和外部环境核酸阳性的，应严格做清洗、消毒处理，再次采样检测阴性后，则可以恢复生产。

10　制度管理与人员培训

完善的生物安全体系在于有效的组织管理以及措施的落地执行。

10.1　生物安全制度管理

10.1.1　生物安全小组

猪场成立生物安全体系建设小组，负责生物安全制度建立，督导措施的执行和现场检查。

10.1.2　制定规程

针对生物安全管理的各个环节，制定标准操作规程，并要求人员严格执行。将各项规程在适用地点张贴，随时可见并方便获得。

10.1.3　登记制度

人员完成生物安全操作后，对时间、内容及效果等详细记录并归档。

10.1.4　检查制度

制定生物安全逐级审查制度，对各个环节进行不定期抽检。可对执行结果进行打分评估。

10.1.5　奖惩制度

制定奖惩制度，对长期坚持规程操作的人员予以奖励，违反人员予以处罚。

10.2　生产运维记录管理

10.2.1　建立记录制度

养殖场、洗消中心、饲料厂、无害化处理场所等生产单位，应严格按照生物安全防控流程进行操作，根据生物安全防控等级、关口、操作岗位等设置相应记录制度，记录方法包括表格、监控、执法记录仪等方式。所有记录及档案，都应按规定详细登记，并统一由生物安全工作领导小组负责监督管理，每周一查，加强对生物安全的管理。

10.2.2　记录可追溯

定期将各种记录归集并发送至各生产单位管理人员和生物安全小组，留待抽查、监督。

10.3　人员培训

猪场的每位员工，是生物安全规程执行和监督的首要责任人，必须通过系统的培训，建立高度的责任心和熟练的操作技能。猪场可通过岗前集中培训、网络学习、现场授课、实操演练等形式开展培训，并进行员工考核，检验培训效果。

10.3.1　制定培训计划

猪场制定系统的员工培训计划。新入职的工作人员，必须经过系统生物安全培训；有经验的工作人员，需持续学习提高，确保生物安全规程切实执行，落实到位。

10.3.2　理论培训

猪场应重视员工理论知识学习，由经验丰富的兽医对疫病知识、猪群管理、生物安全原则和操作规范等多个方面进行系统培训，提高生物安全意识。

10.3.3　实操培训

定期组织生物安全实操和应急演练，按照标准流程和规程进行操作，及时纠偏改错，确保各项程序规范执行并到位。

10.3.4　执行能力考核

对完成系统培训的员工，进行书面考试和现场实操的考核，每位员工均应通过相应的生物安全考核。

饲料生产经营场所非洲猪瘟防控技术要点

1　目的

饲料原料及成品可携带和传播非洲猪瘟病毒。规范饲料生产、经营、使用环节的管理，对防控非洲猪瘟具有重要意义。为防范病毒污染饲料生产、经营、运输环节，经饲料途径传入生猪养殖场户，特制定本技术要点。

2　关键风险点

2.1　原料。饲料原料被非洲猪瘟病毒污染的潜在途径较多：一是污染的猪血蛋白粉、肠膜蛋白粉等猪源性原料，直接携带病毒；二是谷物等原料，在收割、初加工、储存等过程中被污染；三是原料在供应商处储存或加工过程中被污染；四是原料在运输过程中，因接触被污染的运输车辆或暴露于污染的环境而被污染。

2.2　经营场所。该场所联系着众多生猪养殖场户，是人员、车辆、物资的交汇点，病毒交叉污染风险高。

2.3　车辆。运输过病死猪、去过感染猪场或被污染的兽药饲料等生产经营场所的车辆，可传播非洲猪瘟病毒。

2.4 人员。接触过病死猪、污染猪肉或去过污染场所的员工或外来人员，可传播非洲猪瘟病毒。

2.5　物资及食材。来自疫区，或被运输工具、人员污染的物资及食材，可传播非洲猪瘟病毒。

3　分区管理原则

可通过划分“红、橙、黄、绿”四个生物安全等级，进行饲料生产经营场所分区管理，各分区间采用实体隔断或明显标识，人员、物资等进入更高一级生物安全区域时，需采取相应风险管控措施。

3.1　红区。饲料生产经营场所以外不可控区域。

3.2　橙区。饲料生产经营场所原料车停车区、行驶通道、卸料区、办公区、生活区。

3.3　黄区。原料库、筒仓、投料、输送、粉碎、配料等饲料调质之前工序所在区域。

3.4　绿区。生产车间、成品库、成品散装仓、成品装料和成品运输车辆行驶区域。

4　进厂原料、车辆、人员、物资及食材控制（红区）

4.1　原料控制

4.1.1　供应商选择。选择规模较大、非疫区的供应商，建立直采体系，尽量减少同品种供应商的数量，降低污染风险。

4.1.2　供应商审核。建立供应商审核体系，包括生物安全审核（对供应商的原料、加工工艺、成品及厂区环境、生物安全防护等进行全面考察评估，引导供应商做好生物安全管控，排除非洲猪瘟病毒污染风险）。

4.1.3　原料选择。优先使用非疫区的原料，疫区的原料需经非洲猪瘟病毒核酸检测阴性后方可采购。尽量避免使用动物源性及猪源性原料，如需使用，须经核酸检测阴性。

4.2　车辆控制

4.2.1　原料车辆。尽量选择密闭、防尘的车辆运输原料。车辆应没有运输过病死畜，装车前充分清洗和消毒。运输车厢可用塑料布或帆布覆盖封闭，防止原料在运输途中被污染。运输过程中，应尽量选择避开疫区、生猪运输密集路线。运输司机全程尽量少下车，避免在疫区或人员密集处停车、吃饭。经过厂外洗消点严格清洗消毒，在厂门口二次消毒后方可进厂。

4.2.2　成品车辆。尽量选择密闭、防尘的车辆运输成品。应加强司机管控，包括下车地点及饮食。应预先制定行车路线，尽量避开疫区、生猪运输密集路线。返回的车辆，经过厂外洗消点严格的清洗消毒，在厂门口二次消毒后方可进厂。

4.2.3　其他车辆。限制其他车辆入厂。如需进入的，须清洗消毒。禁止其他车辆进入黄区和绿区。

4.3　人员

4.3.1　内部人员。尽量驻厂、减少外出，尽量减少接触不明来源的动物源性制品，减少农贸市场接触机会和群体性聚餐等高风险活动。工作人员需经踩脚踏盆消毒、淋浴、更换衣物鞋帽后进入并登记。对于携带的物品，手机擦拭消毒，其他物品熏蒸间臭氧消毒，放入传递窗、开紫外灯消毒后进入。尽量减少人员跨区流动。

4.3.2　外来人员。需经踩脚踏盆消毒、洗手、穿戴鞋套、隔离服后进入并登记。对于携带的物品，需消毒后进入。

4.4　物资及食材

4.4.1　生产物资。饲料厂所用物资应定点采购，经消毒后方可入厂。

4.4.2　食材采购。减少外部猪肉采购，如采购需经检测阴性。所有食材特别是新鲜蔬菜应明确供应渠道，避免接触生鲜猪肉。

5　原料处理（橙区）

5.1　散装原料

5.1.1　卸料。保持卸料口周边整洁、清洁，不用或车辆经过时，使用坑盖关闭卸料口。卸料时，避免原料接触轮胎，保护散装原料不受轮胎和车底盘等散落物污染。

5.1.2　除尘。玉米、小麦、高粱、大麦等谷物原粮，除杂后增加风选除尘，降低粉尘携带。

5.1.3　消毒。卸料结束后，应对卸料口周边及车辆行驶区域进行消毒。

5.1.4　检测。有条件的，原料进仓前可采样检测。

5.1.5　人员。司机全程不宜下车。禁止不必要人员进入原料区。

5.2　袋装原料

车辆不宜进原料库，可通过设立中转平台，将原料转运至原料库。

6. 原料储存（黄区）

6.1　除中转平台口半封闭外，原料库其余部分应全封闭。所有门窗用铁丝网封闭，防止禽鸟进入原料库。

6.2　大门安装挡鼠板，并定期进行灭鼠工作。

6.3　除中转叉车或转运小车外，外部车辆禁止进入原料库，并定期对库房内部道路或空载垛位进行消毒。

6.4　禁止外部装卸人员跨区进入原料库。

6.5　不生产时，原料投料口要用盖板覆盖。

6.6　提倡猪用饲料原料独立分区存放，避免接触其他动物源性饲料原料。

7　饲料加工（绿区）

7.1　人员。人员由橙区进入绿区，需经踩脚踏盆消毒、淋浴、更换衣物鞋帽后进入。手机擦拭消毒后方可带入。人员尽量少接触灭菌后饲料，如需清理或维修调质后端设备，做好消毒。

7.2　物资。绿区所需维修等物资，需经消毒后进入。

7.3　生产线。猪饲料生产线最好为独立生产线，避免接触其他动物源性饲料原料。

7.4　调质。维持较高调质温度和时间（如85℃、3min），杀灭原料中可能携带的病毒。

7.5　冷却。冷却器进风处增加初效空气过滤，避免高温调制后颗粒冷却过程中被车间粉尘等造成二次污染。

8. 成品储存与运输（绿区）

8.1 储存

8.1.1 散装料。提倡使用散装料，散装料直接进入散装仓，可降低外部包装和环境污染风险。

8.1.2 袋装料或吨包。有条件的，宜对外包装检测，合格的进入成品库。除中转平台口半封闭外，成品库其余部分宜全封闭，所有门窗用铁丝网封闭，防鼠防鸟。

8.2 运输

8.2.1 使用清洁、专业车辆进行成品运输。

8.2.2 散装成品饲料运输全程加装铅封，同时密封下料口，避免运输途中饲料和下料口污染。

8.2.3 袋装或吨包饲料的运输，应全程加盖塑料布和帆布覆盖封闭，密闭运输。

8.2.4 饲料宜先从饲料生产车间运送到安全的、无污染的饲料中转站，不宜直接运送进猪场。有条件的，随车配置GPS实时监控。

8.3 返回车辆

8.3.1 由猪场返回车辆，按照进厂成品车辆进行管控。

8.3.2 对散装车辆，应检查铅封是否与离厂时一致，确保没有被打开过。

8.3.3 禁止包装袋重复使用。如重复使用，应彻底清洗和消毒。一般不重复使用包装袋。

9. 饲料中转站和经营场所

9.1 饲料中转和经营场所按照饲料成品储存进行绿区管理。饲料储存区与生活区应设实体隔断，进行封闭管理。有条件的，争取做到人员和车辆单向流动。储存区工具等物品专用并定期消毒和检测。避免老鼠、猫和鸟等野生动物接触此区域。

9.2 对需进入储存区的人员、物资和接触饲料的装卸人员、工具进行重点监控，接触饲料前应进行采取防护措施，如淋浴、更换衣物、鞋帽或穿戴隔离服等。直接接触饲料的，宜采样检测非洲猪瘟病毒核酸检测阴性后，方可操作。

9.3 对储存区、生活区以及接触饲料的工具、物资、人员、车辆进行定期消毒、监测，推荐2天1次。

10 监测与记录

10.1 原料供应商采样监测

10.1.1 采样频率。1次/周（视外部大环境情况调整频率）。

10.1.2 采样方法。地面样品使用4层纱布，用大面积采样器（夹布拖把，规格15cm×30cm）在地面上推动擦拭，尽量增加采样面积；其他区域使用10cm×10cm的纱布擦拭。

10.1.3 采样位点。大门口、地磅、原料卸货区、原料库（地面、包装袋）、生产区、成品库（地面、包装袋）、成品装料区。

10.2 进厂车辆采样监测

10.2.1 采样频率。1次/辆。

10.2.2 采样方法。清洗消毒静置后，使用浸有PBS缓冲液的10cm×10cm纱布擦拭。

10.2.3 采样位点。散装成品车辆：下料口、车顶、轮胎、驾驶室（司机手脚放置区）；袋装成品车辆：车厢内、轮胎、驾驶室（司机手脚放置区）；原料车辆：车厢、轮胎、驾驶室（司机手脚放置区）。

10.3 进厂物资及食材采样监测

10.3.1 采样频率。每次消毒后采样。

10.3.2 采样方法。进厂物资、食材经过熏蒸或臭氧消毒结束后，使用浸有PBS缓冲液的10cm×10cm纱布擦拭。

10.3.3 采样地点。物资、食材表面全覆盖。

10.4 进厂人员采样监测

10.4.1 采样频率。内部人员：1次/周；外部人员：每次进入时（视外部大环境情况调整频率）。

10.4.2 采样方法。使用浸有PBS缓冲液的10cm×10cm纱布擦拭。

10.4.3 采样位点。头发、面部、手、上衣、裤子、鞋面、鞋底。

开展以上监测时，每次可以采用5～10个样品混样检测。

10.5 厂内环境监测

10.5.1 采样频率。1次/周（视外部大环境情况调整频率）。

10.5.2 采样方法。地面样品使用4层纱布，用大面积采样器（夹布拖把，规格15cm×30cm）在地面上推动擦拭，尽量增加采样面积；其他区域使用10cm×10cm的纱布擦拭。

10.5.3 采样位点。橙区，地磅、卸料区、办公区、生活区；黄区，原料库地面、原料外包装、投料口；绿区，制粒机平台、打包区、成品库地面、成品外包装。

10.6 散装原料

10.6.1 采样频率。1次/车。

10.6.2　采样方法。进原料仓前流管处安装连续性采样器采样或出杂口使用布条采样。

10.6.3　采样位点。进原料仓前流管处或出杂口。

10.7　袋装原料

10.7.1　采样频率。1次/批次。

10.7.2　采样方法。投料口安装连续性采样器采样。

10.7.3　采样位点。投料口。

10.8　成品

10.8.1　采样频率。1次/批次（每个料号1次）。

10.8.2　采样方法。使用浸有PBS缓冲液的10×10厘米纱布擦拭。

10.8.3　采样位点。成品打包口内壁、散装成品仓下料口内壁。

11　异常处置

在饲料生产经营环节检出非洲猪瘟核酸阳性的，应立即报告当地兽医主管部门，并采取以下措施。

11.1　溯源调查。针对原料、车辆、人员、物资及食材进行采样监测。查看各项记录表，分析异常样品出现前与外界接触的原料、车辆、人员、物资及食材、环境等环节，及时采取应对措施。

11.2　原料供应商。立即停止供货，同时与供应商沟通对异常区域的处理措施，经过生物安全评估后，再确定是否继续合作。

11.3　储存区域。立即对问题区域进行清理消毒，直至检测正常。

11.4　人员。调查其近期活动轨迹，并对其在厂内活动区域进行清理消毒。

11.5　物资及食材等。对设施设备，须进行严格的清洗消毒；对食材等物品，应进行销毁处理，并对储存区域消毒。

11.6　进厂车辆。调查近期活动轨迹，对其厂内活动区域进行彻底消毒，对车辆进行彻底清洗消毒，直至核酸检测阴性后重新合作。

11.7　进厂原料。停止使用并物理隔离异常批次原料，同时进行风险评估。经评估有疫情传播风险的，应予销毁处理；传播风险可控的，应对该批次原料采取静置、热处理等措施（原料加热到60℃保持30min，或高温80～90℃保持3min以上，或在常温、干燥隔离库房中将原料隔离放置45d以上，饲料成品同样适用），同时跟踪使用该批原料生产的成品及发货情况等，停止发货和使用；对已经采食猪群进行跟踪监测。

11.8　饲料成品。停止使用并物理隔离异常批次饲料，同时进行风险评估。经评估有疫情传播风险的，应予销毁处理；传播风险可控的，应对该批次饲料采取静置、热处理等措施。对已发货成品，应立即停止使用、就地销毁，同时跟踪已经采食猪群健康状况。

生猪产业相关人员动物防疫行为规范

从事生猪保险理赔、繁殖育种、免疫接种、兽医诊疗等工作的人员，可机械携带非洲猪瘟病毒，是传播疫情的重要途径。为提升生猪产业相关人员生物安全意识，降低疫情传播风险，根据我国非洲猪瘟防控实际，制定本规范。

1　保险理赔人员动物防疫行为规范

1.1　自觉学习非洲猪瘟等动物疫病传播途径，牢固树立生物安全防护意识，自觉遵守动物防疫法律法规和生物安全规定。

1.2　出险时，应对所乘车辆进行清洗、消毒，且不得驶入生猪养殖场生产区。

1.3　尽可能在指定地点或采取视频等方式进行现场勘验，尽可能避免进入生猪饲养区，避免直接接触病死猪及其血液、分泌物、排泄物等污物。

1.4　病死猪现场勘验前，应穿戴防护服、手套、口罩等防护用品，换工作靴。

1.5　勘验结束后，应将防护服、手套、口罩等防护用品放置指定地点，进行无害化处理。确保每到一个场点更换一次防护用品。

1.6　离开勘验现场前，应用消毒液洗手，清洗鞋底并消毒。驶离该理赔点时，应对所乘车辆轮胎进行清洗、消毒。

1.7　驶离怀疑发生非洲猪瘟的场点时，应对车辆进行清洗、消毒，应淋浴、更换洁净衣物和鞋帽，并对原穿戴的衣物、鞋帽进行清洗、消毒处理，对相机、手机等随身携带物品进行消毒处理。当天不宜再进入下一个出险现场。

2　配种员动物防疫行为规范

2.1.自觉学习非洲猪瘟等动物疫病传播途径，牢固树立生物安全防护意识，自觉遵守动物防疫法律法规和生物安全规定。

2.2　提供精液的生产公猪应经过非洲猪瘟病毒核酸检测，阴性的方可使用。

2.3 如驾车前往养殖场户，应先对所乘车辆进行清洗、消毒，且不得驶入生猪养殖场生产区。

2.4 入场前，应淋浴（有条件时），更换洁净工作服和鞋帽，穿戴防护服、口罩、手套等防护用品，更换工作靴。每到不同场户工作，都应确保更换防护用品。

2.5 对精液瓶外部、输精器等外包装进行消毒，避免精液污染风险。

2.6 使用一次性猪用输精器，避免交叉感染。

2.7 每次操作完成，应洗手消毒或更换手套。

2.8 结束作业后，应脱下防护服等防护用品，进行清洗、消毒或无害化处理；进行淋浴（有条件时），或对手臂、鞋底等进行清洗消毒后，方可离开。驶离养殖场户时，尽可能对轮胎进行清洗、消毒。

2.9 发现母猪或猪群异常的，应暂停作业，立即按规定上报。怀疑发生非洲猪瘟感染的，应对所乘车辆进行清洗、消毒；应淋浴、更换洁净衣物和鞋帽，并对原穿戴的衣物、鞋帽进行清洗、消毒处理。确诊发生非洲猪瘟疫情的，14d 内不得进入其他生猪养殖场所。

3 基层防疫员良好行为规范

3.1 在遵守动物防疫等法律法规、贯彻执行非洲猪瘟等重大动物疫病防控政策等方面，起到模范带头作用。

3.2 进场入户开展防疫工作前，应备好生物安全防护等工作所需用品，确保个人携带物品洁净无污染且得到良好包装；驾驶车辆应进行彻底清洗消毒，后备箱等放置物品的区域，应铺设塑料布，防止相关物品污染车厢。车辆不得驶入生产区。

3.3 下车前，应穿戴好手套、口罩、防护服等防护用品，并更换工作靴，尽量减少无关物品携带，移动电话等电子设备应放置在密封的塑料袋中，便于清洁、消毒。每到不同场户开展工作，都应确保更换防护用品。

3.4 工作期间，应注意各环节消毒和交叉污染防范，避免一切不必要的活动。

3.5 工作结束，应做好带回物品和生物安全防护等用品的整理、清洗、消毒、回收工作。对带回物品和可重复使用的物品，应用防渗漏的容器或塑料包装袋装好，经表面消毒处理；对一次性用品，应集中无害化处理。

3.6 离场（户）返回车内前，应将带回的物品，放置在事先铺设的塑料布上带回；对手部、鞋底等进行清洗消毒，应对轮胎进行清洗、消毒，方可驶离该场所开展其他工作。

3.7 怀疑该场所发生非洲猪瘟的，应当及时报告当地兽医部门，配合相关部门做好疫情处置工作；应对所乘车辆进行清洗、消毒；还应淋浴、更换洁净衣物和鞋帽，并对原穿戴的衣物、鞋帽进行清洗、消毒处理。确诊发生非洲猪瘟疫情的，14 日内不得进入其他生猪养殖场所。

4 兽药、饲料销售人员良好行为规范

4.1 自觉学习非洲猪瘟等动物疫病传播途径，牢固树立生物安全防护意识，自觉遵守动物防疫法律法规和生物安全规定。

4.2 开展兽药、饲料经营活动的，应严格遵守《兽药经营质量管理规范》等规定，确保场所和设施符合要求，并配备必要的清洗、消毒设施，定期对经营场所进行消毒。

4.3 向养殖场户提供咨询服务时，尽量通过实时视频聊天工具，减少一切非必需的进场入户服务。所在地区发生疫情期间，禁止开展进场入户服务，减少一切非必需的拜访活动。

4.4 对接送货和来访车辆，应停靠在指定区域，抵达和驶离时应对轮胎进行消毒处理。对来访人员特别是前来咨询的养殖人员，应告知其污染风险，到达、离开时都应做好手部和鞋底消毒工作。

4.5 向养殖场户送货时，应对送货车辆进行清洗消毒，不得驶入养殖生产区域；到达目的地交货时，应穿戴鞋套，尽可能减少或避免与饲养人员的直接接触；离开交货地点返回车辆时，应脱下鞋套进行妥善处理，对车辆轮胎和鞋底进行消毒后，方可离开。

4.6 怀疑服务对象发生非洲猪瘟疫情的，应当及时报告当地兽医部门。接触病死猪的，应对相关场所进行清洗、消毒，对相关物品进行清洗消毒甚至无害化处理，个人要淋浴并更换衣物，14 日内不得进入生猪饲养场所。

5 动物诊疗人员良好行为规范

5.1 在遵守动物防疫等法律法规，贯彻执行非洲猪瘟等重大动物疫病防控政策等方面，起到模范带头作用。

5.2 开展动物诊疗活动的，应取得国家规定的相应资格证书；严格遵守《动物诊疗机构管理办法》规定，确保诊疗场所和设施符合要求，具有完善的诊疗服务、疫情报告、卫生消毒、兽药处方、药物和无害化处理等管理制度。

5.3 如需进场入户开展诊疗，应备好生物安全防护等工作所需用品，确保携带的物品洁净无污染且得到良好包装；驾驶车辆应进行彻底清洗消毒，后备箱等放置物品的区域，应铺设塑料布，防止相关物品污染车厢。车辆不得驶入生产区。

5.4 从事诊疗服务活动时，应穿戴好手套、口罩、防护服、鞋套等防护用品，尽量减少无关物品携带，移动电话等电子设备应放置在密封的塑料袋中，便于清洁、消毒。每到不同场户开展工作，都应更换防护用品。

5.5 工作结束，应按规定做好相关物品、生物安全防护用品和医疗废弃物的整理、清洗、消毒工作。对可重复使用的物品，须彻底消毒，现场不具备条件的，应用防渗漏的容器或塑料包装袋装好，经表面消毒处理；对一次性用品和医疗废弃物，应集中无害化处理。对诊疗过程中可能污染的环境进行彻底消毒。

5.6 怀疑诊疗活动所在场所发生非洲猪瘟的，应当及时报告当地兽医部门，不得擅自进行治疗和解剖，同时，采取隔离等控制措施。还应对所乘车辆进行清洗、消毒；应淋浴、更换洁净衣物和鞋帽，并对原穿戴的衣物、鞋帽进行清洗、消毒处理。确诊发生非洲猪瘟疫情的，14 日内不得进入生猪养殖场所。

二、调运和屠宰环节

生猪收购贩运及承运行为规范

生猪收购贩运人员和生猪运输车辆，可机械携带非洲猪瘟病毒，是传播疫情的重要途径。为规范生猪收购、贩运、承运行为，维护生猪流通及市场秩序，降低疫情传播风险，促进生猪养殖业健康发展，根据我国非洲猪瘟防控实际，制定本行为规范。

1. 从事生猪收购贩运以及承运的单位和个人，应当认真学习动物防疫相关法律法规和知识，切实履行动物防疫主体责任。

2. 从事生猪收购贩运的单位和个人，应当通过微信小程序“牧运通”登记单位名称或个人姓名、营业执照或身份证、单位地址或家庭住址、联系方式等基础信息。

3. 生猪运输车辆所有人或承运人要及时向所在地的县级畜牧兽医主管部门，按照农业农村部有关规定提供现场审核材料原件及复印件。跨省、自治区、直辖市运输生猪的车辆，以及发生疫情省份及其相邻省份内跨县调运生猪的车辆，按要求应当配备车辆定位跟踪装置。相关信息记录保存半年以上。

4. 承运人通过公路运输生猪的，应当使用已经备案的生猪运输车辆，并严格按照动物检疫证明载明的目的地、数量等内容承运生猪；未提供动物检疫证明的，承运人不得承运。

5. 从事生猪收购贩运的单位和个人应建立健全贩运、收购台账，核对收购的生猪是否佩戴合法耳标、是否使用经备案的生猪运输车辆，将每次贩运生猪的数量、耳标号码、运输车辆信息、购销地点、养殖场户名称、销售去向及检疫证明号等逐项登记。相关信息记录保存一年以上。

6. 承运人应当合理规划运输路径，尽可能避开养殖密集区、无害化处理场所等高风险地区；在装载前和卸载后，要及时对运输车辆进行清洗、消毒；详细记录检疫证明号码、生猪数量、运载时间、启运地点、到达地点、运载路径、车辆清洗、消毒以及运输过程中染疫、病死、死因不明生猪处置等情况。

7. 从事生猪收购贩运的单位或个人代为养殖场（户）申报检疫的，应获得养殖场（户）的检疫申报委托书，以及符合要求的检疫申报材料。

8. 从事生猪收购贩运的单位、个人和承运人，在贩运和运输过程中如发现生猪精神异常、发病或死亡等异常情况时，要立即向当地畜牧兽医主管部门报告，严格按有关规定进行处置，不得销售或随意抛弃。

9. 承运人运输生猪时，应当为生猪提供必要的饲喂饮水条件，通过隔离使生猪密度符合要求，每栏生猪的数量不能超过 15 头，装载密度不能超过 265kg/m^2。当运输途经地温度高于 25℃或者低于 5℃时，应当采取必要措施避免生猪发生应激反应。运输过程中，不得在生猪养殖、交易、屠宰、无害化处理等无关高风险区域停车。停车期间，应当观察生猪健康状况，必要时对通风和隔离进行适当调整。

生猪运输车辆清洗消毒技术要点

1 目的

当前，人员与车辆带毒是我国非洲猪瘟疫情最主要的传播路径。严格清洗消毒生猪运输车辆，是有效阻断疫情传播的关键措施。为指导生猪养殖、贩运等人员做好车辆清洗消毒，降低非洲猪瘟通过生猪运输车辆进行传播、扩散的风险，特制定本防控技术要点。

2 关键风险点

2.1 车辆

生猪运输车辆可通过多种途径接触非洲猪瘟病毒。装载生猪前和卸载生猪后，未经彻底清洗消毒继续行驶的车辆，是病毒传播的重要载体。

2.2 司乘人员及随车物品

生猪收购、贩运及承运人员及其所携带物品，可通过多种途径接触、传播非洲猪瘟病毒。

3 车辆清洗消毒

3.1 基本要求

生猪运输车辆在装载前和卸载后，应自行或委托选择就近的清洗消毒场所按照本技术要点的要求对车辆清洗、消毒。

3.2 清扫与整理

3.2.1 收集车内垫料、生活垃圾及污物，统一进行无害化处理。

3.2.2 卸下车内可移动隔板或隔离栅栏。

3.2.3 取出车辆上所有物品准备清洗、消毒和烘干。

3.3 初次清洗

3.3.1 遵循从内到外、从上到下、从前到后的清洗原则，用低压水枪对车体外表面、车厢内表面及隔板上下表面及中间夹缝、轮胎、车厢底部等进行全面冲洗。不适用于冲洗的设备需擦洗干净。

3.3.2 初次清洗后，车体外表面、车厢内表面及隔板上下表面及中间夹缝、轮胎、车厢底部等表面，应当无可见污物。

3.4 二次清洗

3.4.1 选择使用中性或碱性、无腐蚀性的，可与大部分消毒剂配合使用的清洁剂。

3.4.2 用高压水枪或在自动化洗消车间，充分清洗车体外表面、车厢内表面、底盘、车轮等部分。

3.4.3 用泡沫清洗车或发泡枪喷洒泡沫清洁剂，覆盖车体外表面、车厢内表面、底盘、车轮等部位，刷洗车厢内粪便污染区域和角落，确保去除污垢，清洁剂与车体充分接触，保持泡沫湿润 10～20min。

3.4.4 用高压喷水枪或在自动化洗消车间对车体各部位进行全面冲洗，直至无肉眼可见泡沫。冲洗水温为 60～80℃。注意冲洗角落、车厢门、门缝、隔板等。

3.4.5 用上述同样的方法清洗拆卸出的可移动隔板或隔离栅栏表面。

3.5 检查及干燥

3.5.1 在充足光线下，对车辆内外及可拆卸隔板进行检查，确保清洗干净。

3.5.2 检查完成后，静置车辆沥干水分。可利用有坡度的地面，对车辆进行自然风干或暖风机吹干。

3.5.3 对拆卸出的可移动隔板或隔离栅栏清洗后放置晾干，也可使用设备吹干或烘干。

3.6 消毒及干燥

3.6.1 选择符合国家规定且在有效期内的消毒剂，定期轮换使用不同类别消毒剂。

3.6.2 将清洗好的可移动隔板、隔离栅栏等组件重新组装回汽车。

3.6.3 按照说明书配置消毒液，使用低压或喷雾水枪对车体外表面、车厢内表面、底盘等部位喷洒消毒液。

3.6.4 按照说明书规定的作用时间静置车辆后，用高压水枪对车体各部位进行全面冲洗。

3.6.5 利用有坡度的地面，对车辆进行自然风干或暖风机吹干。有条件时，可用自动化烘干车间对车辆进行烘干。

3.7 驾驶室的清洗、消毒

3.7.1 清扫驾驶室，吸除灰尘。

3.7.2 擦拭驾驶室内壁、方向盘、座位等，尤其是人员经常触碰的区域。

3.7.3 使用消毒液喷洒地面，擦拭驾驶室内壁、方向盘、座位等。

3.7.4 对驾驶室及随车配备和携带的物品进行熏蒸消毒或用过氧乙酸气溶胶喷雾消毒。

3.7.5 清洗消毒完毕后，对驾驶室进行通风干燥或者烘干。

4 其他注意事项

4.1 随车用品

对随车携带的饲喂用具、篷布、捆绑绳索等物品，在冲洗干净后用煮沸、消毒剂浸泡或高温高压等方式消毒。

4.2 司乘人员

4.2.1 需洗手，时间持续20s以上，清理鞋底并消毒。

4.2.2 有人员消毒通道的，需经人员消毒通道消毒。

4.3 记录

对车辆清洗消毒的时间、地点、方式、消毒剂种类等进行记录并适当保存。

生猪屠宰环节非洲猪瘟防控技术要点

1 目的

生猪屠宰场所人员组成复杂、生猪来源渠道多，可通过人员、车辆、生猪、产品等多种途径传入、传出非洲猪瘟病毒，是疫情交叉传播的重要（枢纽）环节。为全面提升屠宰企业生物安全水平，降低非洲猪瘟传播风险，特制定本防控技术要点。

2 关键风险点

2.1 猪只

疑似发病、处于潜伏期或机械携带非洲猪瘟病毒的供屠宰生猪，可将病毒带入屠宰场，导致系统性污染，并可通过车辆、人员、猪肉产品等多种途径向外传播病毒。

2.2 车辆

运输过病死猪或去过高风险场所的内外部车辆（生猪运输车辆、生猪产品运输车辆、物资车、无害化处理车、私人车辆、收购血液罐车等），未经彻底清洗消毒进入屠宰加工场所时，可将病毒带入厂区，并可通过机械带毒方式将病毒扩散到养殖、市场、饲料生产经营等场所，导致系统性污染风险和次生疫情。

2.3 人员

屠宰企业从业人员、代宰户、生猪承运人、生猪产品购买或收购人员、外来机械维修人员以及驻场官方兽医等，既可携带病毒进入厂区，也可将病毒携带到相关生产经营环节。

2.4 水源

屠宰企业周边被污染的河流、水源可传播病毒。

2.5 生产及生活物资

生产加工助剂、包装材料及生活用品被病毒污染时，未经消毒就进入厂区，也可导致病毒传入。

3 建筑布局与设施

生猪屠宰企业的建筑布局和设施应符合动物防疫、质量安全、环境保护和安全生产等相关要求。

3.1 总体布局

3.1.1 应当划分生产区和非生产区，并有隔离设施。

3.1.2 厂区内净道、污道严格分开，不得交叉。

3.1.3 主要道路和作业场所地面应当硬化、平整、易清洗消毒。

3.2 大门

3.2.1 生猪入场口、废弃物运送和生猪产品出口应分别设置。

3.2.2 厂区车辆出入口应设置与门同宽，池底长4m、深0.3m以上的消毒池。

3.2.3 出入口处应配置消毒喷雾器，或设置消毒通道对运输车辆喷雾消毒。

3.3 卸猪台

3.3.1 卸猪台的布局与设施应当满足生产工艺流程和卫生要求。

3.3.2 卸猪台附近应设有运输车辆清洗消毒区，面积与屠宰规模相适应，应分为预清洗区、清洗区、消毒区；有方便车辆清洗消毒的水泥台面或者防腐蚀的金属架，应设有清洗消毒设备、自来水和热水管道、污水排放管道和集污设施。

3.4 病害生猪及其产品、废弃物暂存设施

3.4.1 废弃物暂存

3.4.1.1 应当配备废弃物、垃圾收集或暂存设施，并按国家相关要求及时处理废弃物、垃圾等。

3.4.1.2 屠宰企业废弃物临时存放设施或场所应设置于远离屠宰加工车间、厂区的下风口，设立明显标识，及时清理。

3.4.1.3 屠宰加工车间内盛放废弃物的专用密封容器应放置于指定区域，设有明显标识，不应与盛装肉品的容器混用，并及时清理。

3.4.2 病害生猪及其产品暂存

3.4.2.1 屠宰企业病害生猪及其产品若不能及时进行无害化处理的，应设立冷冻或冷藏暂存设施。该类设施应位于远离屠宰加工车间的厂区下风口处，设立明显标识，并及时清理。

3.4.2.2 屠宰加工车间内盛放病害生猪及其产品的专用密封容器应放置于指定区域，设有明显标识，不应与盛装肉品的容器混用，并及时清理。

3.5 病害猪及产品无害化处理间

该无害化处理间的布局与设施应当满足生产工艺流程和卫生要求。没设立无害化处理间的屠宰企业，应委托具有资质的专业无害化处理场实施无害化处理。

3.6 生产区布局

屠宰车间、分割车间的建筑面积与建筑设施，应与生产规模相适应。车间内各加工区应按生产工艺流程划分明确，人流、物流互不干扰，并符合工艺、卫生及检疫检验要求。

4 生猪入厂检查

4.1 采购要求

4.1.1 屠宰企业应了解猪源所在养殖场户生猪生产、防疫、生物安全措施、兽药（饲料）使用情况，规模及以上屠宰企业应与养殖场户签订供猪协议。

4.1.2 承运人（贩运户、代宰户）应当使用已经备案的生猪运输车辆，并严格按照动物检疫证明载明的目的地、数量等内容承运生猪。

4.1.3 屠宰企业应屠宰签约场户或备案承运人（贩运户、代宰户）运输的生猪。

4.2 生猪入厂检查要求

4.2.1 查验运输生猪车辆品牌、颜色、型号、牌照、车辆所有者、运载量等信息是否与备案信息一致。

4.2.2 按要求查验生猪的《动物检疫合格证明》、非洲猪瘟检测报告和佩戴的畜禽标识。

4.2.3 了解生猪来源，是否来自疫区；检查《动物检疫合格证明》标注的启运地、目的地是否和实际一致。

4.2.4 核对生猪数量和《动物检疫合格证明》是否一致，了解运输途中生猪情况。

4.2.5 按照《生猪产地检疫规程》的要求检查生猪的临床健康情况，包括精神状况、皮肤颜色、呼吸状态及排泄物状态等，并测量生猪体温，观察是否有体温升高至40～42℃。

4.2.6 检查结果处理。

4.2.6.1 经检查，《动物检疫合格证明》、非洲猪瘟检测报告有效、证物相符、畜禽标识符合要求、临床检查健康，方可入厂。

4.2.6.2 发现具有非洲猪瘟临床症状的病猪时，应立即采集血液样品进行实验室检测，检测阴性且不是其他重大动物疫病、人畜共患病的，方可准许入场；非洲猪瘟核酸检测阳性的，应立即报告驻场官方兽医，按照《非洲猪瘟疫情应急预案》要求进行处理；属其他重大动物疫病、人畜共患病的，按照相关要求进行处理。

4.2.6.3 对于运输途中的死亡猪，应先经驻场官方兽医排除非洲猪瘟或其他重大动物疫病，再进行无害化处理。必要时，采样送检。

5 人员管理

5.1 企业人员

5.1.1 基本要求

5.1.1.1 企业应配备与屠宰规模相适应的肉品品质检验人员。

5.1.1.2 企业的肉品品质检验人员和屠宰技术人员，以及所有可能与所生产生猪产品接触的人员应体检合格，取得所在区域县级以上医疗机构出具的健康证后方可上岗，每年应进行一次健康检查，必要时做临时健康检查。对影响食品安全的患者，应调离生产岗位。

5.1.1.3 从事屠宰、加工和肉品品质检验的人员，上岗工作期间及离岗后7d内，不得从事生猪养殖、贩运等活动。如有需要须经彻底清洗消毒。

5.1.2 技能要求

5.1.2.1 从事屠宰、加工、肉品品质检验、质量控制和非洲猪瘟检测人员，应经过专业培训并经考核合格后方可上岗。

5.1.2.2 从事屠宰、加工、肉品品质检验、质量控制、生猪收购和非洲猪瘟检测的人员，应掌握非洲猪瘟典型临床症状和病理变化，以及应急处置和个人防护知识。

5.1.3 卫生要求

5.1.3.1 企业所有人员不得在工作岗位或工作区域从事与生产无关的活动。

5.1.3.2 进车间前应先更衣、洗手、消毒。更换的工作服、帽、靴、鞋等应经有效消毒，工作服应盖住外衣，头发不应露于帽外。

5.1.3.3 生产车间内不应带入与工作无关物品。离开生产加工场所时，应脱下工作服、帽、靴、鞋等，并经适当消毒，防止携带病毒离开。

5.1.3.4 不同区域不同卫生要求的区域或岗位的操作人员，应穿戴不同颜色或标志的工作服、帽，以便区别。

5.1.3.5 不同区域不同卫生要求的区域或岗位的操作人员，原则上不得串岗，如因工作需进入其他区域的，应按照相关要求，经过更衣、消毒后进入。

5.1.3.6　不同区域不同卫生要求的生产人员，进入各自生产区时尽量不交叉，非生产区域人员不得随意进入生产区域。

5.1.3.7　代宰户的管理要求同本企业人员。

5.2　外来人员管理要求

5.2.1　驻场官方兽医

5.2.1.1　进入屠宰企业的驻场官方兽医，近7天内不应去过非洲猪瘟高风险场所。

5.2.1.2　应掌握非洲猪瘟典型临床症状、病理变化，能够及时发现异常情况。

5.2.1.3　应掌握企业基本情况，对企业实施非洲猪瘟自检监督到位。

5.2.1.4　应掌握动物疫情应急处置和个人防护知识，发现可疑疫情应立即报告，并停止企业生产活动。

5.2.1.5　进入场区后应及时更衣、洗手、消毒，进入生产车间应再次经手部消毒、鞋底消毒；监督完成企业病害猪无害化处理后，应及时进行个人清洗消毒。

5.2.1.6　离开屠宰企业时，未经淋浴、更衣和有效消毒，7天内不应去往生猪养殖、交易等场所。

5.2.2　其他外来人员

5.2.2.1　生猪承运人、生猪产品购买或收购人员、外来机械维修人员等外来人员不得随意进入待宰圈、生产车间和冷库。确需进入的，需按要求进行清洗消毒。

5.2.2.2　生猪承运人在卸载生猪后，应及时到企业洗消中心将车辆进行清洗消毒，并进行个人消毒后，方可出场。

5.2.2.3　生猪产品购买或收购人员、机械维修人员等外来人员车辆不得进入生产区，所需物品应经表面消毒后，由企业内部车辆转运至出口处。

6　清洗消毒

6.1　基本要求

6.1.1　应建立清洗消毒制度和相应责任制，并落实到人。

6.1.2　应配备与屠宰规模相适应的清洗消毒设施设备，且运转正常。

6.1.3　应由专人操作清洗消毒，并做好个人防护。

6.1.4　应设有专门存放清洗剂和消毒药品的场所，保证清洗消毒药品充足。

6.2　消毒管理要求

6.2.1　应选择高效、低毒、无腐蚀、无污染的消毒剂，具体见附件。

6.2.2　消毒过程中，工作人员应做好个人防护，不得吸烟、饮食。

6.2.3　已消毒和未消毒的物品应严格实施分区管理，防止已消毒的物品被再次污染。

6.2.4　应确保清洗消毒产生的污水和污物处理后，排放时达到环保要求。

6.2.5　在屠宰与分割车间，应根据生产工艺流程的需要，在用水位置分别设置冷、热水管。清洗用热水温度不宜低于40℃，消毒用热水温度不应低于82℃，消毒用热水管出口处宜配备温度指示计。

6.3　场区环境消毒

每日生产结束后，应对场区环境进行清扫，去除生活垃圾，喷洒消毒液。

6.4　卸猪区域清洗消毒

每辆运猪车卸猪后，应及时清理卸猪台及该车辆停靠位置的粪便、污物，经清洗消毒干净后方可允许下一车辆停靠，严防运猪车辆沾染污物驶出。

6.5　待宰圈清洗消毒

6.5.1　待宰圈每次使用后，应及时清除圈内的垃圾、粪污，清洗墙面、地面、顶棚、通风口、门口、电源开关及水管等设备设施。

6.5.2　对圈内所有表面进行喷洒消毒并确保其充分湿润，必要时进行多次的连续喷洒以增加浸泡强度。喷洒范围包括墙面、地面或床面、饮水器、猪栏、通风口及各种用具及粪沟等，不留消毒死角。

6.5.3　喷洒顺序为从上到下，先顶棚，再沿墙壁到地面；从里到外，先圈舍内表面，再到外表面。

6.6　生产车间清洗消毒

6.6.1　生产车间应合理设置紫外消毒灯并定期检查更换灯管。有条件的企业，宜选用臭氧发生器。

6.6.2　车间入口处设置与门同宽的鞋底消毒池或鞋底消毒垫，并设有洗手、消毒和干手设施。

6.6.3　生产车间每日生产结束后，应全面清洗、消毒一次。地面、墙壁、排水沟等，应用清水冲刷；设备、工器具、操作台、屠宰线，以及

经常接触产品的物品表面，应先用清洁剂擦拭，再用热水冲洗，确保有效清洗效果。

6.6.4 人员离开后，使用紫外消毒灯或者臭氧发生器进行消毒。

6.7 冷库清洗消毒

6.7.1 日常消毒

可以使用臭氧发生器或者紫外消毒灯对冷库进行消毒。

6.7.2 彻底消毒

6.7.2.1 消毒前先将库内的物品全部清空，升高温度，清除地面、墙壁、顶板上的污物和排管上的冰霜。有霉菌生长的地方，应用刮刀或刷子仔细清除。

6.7.2.2 将污物、杂物等彻底清扫后，先用清水冲刷，再喷洒清洁剂，确保有效清洗效果，然后用不低于40℃的清水，彻底清洗干净油污、血水及其他污垢。

6.7.2.3 使用消毒剂熏蒸或喷雾器喷雾消毒。

6.7.2.4 消毒完毕后，打开库门，通风换气，驱散消毒气味，然后用热水冲洗。

6.8 运输车辆清洗消毒

6.8.1 进出场消毒

6.8.1.1 厂区车辆出入口消毒池内放置消毒液并及时更换，确保消毒效果。

6.8.1.2 车辆消毒时，应确保车身喷洒到位，车轮充分浸泡。

6.8.2 卸载后的清洗消毒

6.8.2.1 运猪车卸载后，应将运猪车停放在指定区域，收集、清理驾驶室内生活垃圾等物品以及车厢内生猪粪便、垫料和毛发等运输途中产生的污物。

6.8.2.2 用水枪对车体内、外表面进行冲洗，冲洗车辆外表面、车厢内表面、底盘、车轮等部位，重点去除附着在车体外表面、车厢内表面、底盘、车轮等部位的堆积污物。

6.8.2.3 按照由内向外、由上到下的顺序清洗车辆内外表面。清洁剂应选择使用中性或碱性、无腐蚀性的泡沫清洁剂，可与大部分消毒剂配合使用。

6.8.2.4 用高压水枪冲洗掉清洁剂后将车辆停放到晾干区域，尽量排出清洗后残留的水，避免车内积水，有条件的可设计坡度区域供车辆控水。在车辆彻底晾干（车辆内外表面无水渍、滴水）后，对车辆进行消毒。

6.8.2.5 使用低压或喷雾水枪对车辆外表面、车厢内表面、底盘、车轮等部位喷洒消毒液，以肉眼可见液滴流下为标准，保持消毒剂在喷洒部位静置一段时间，静置时间不少于15分钟，然后用高压水枪进行全面冲洗。

6.8.2.6 清除驾驶室杂物，用清洁剂和刷子洗刷脚垫、地板。用清水、清洁剂对方向盘、仪表盘、踏板、挡杆、车窗摇柄、手扣部位等进行擦拭后，对驾驶室进行熏蒸消毒或用消毒剂喷雾消毒。

6.9 人员消毒

6.9.1 进入生产车间前，应踩消毒池以能淹没过脚踝高度为佳，擦拭或浸泡消毒手部，更换工作衣帽。有条件的企业，可以先淋浴、更衣、消毒，而后进入生产车间。

6.9.2 生产过程中，处理被污染物品后或离开生产车间再次返回的，必须重新洗手、消毒后方可返回。

6.9.3 生产结束后，应将工器具放入指定地点，更换工作衣帽，双手及鞋靴清洗消毒后，方可离开。

6.10 工作服清洗消毒

6.10.1 屠宰企业职工工作服要每日更换、集中收集、统一清洗。

6.10.2 清洗后用消毒剂浸泡，然后漂洗、脱水。

6.10.3 工作服清洗消毒完成后，对洗衣设备进行消毒。

6.11 储血罐清洗消毒

6.11.1 收集、储存设备的材质应为不锈钢，耐腐蚀，易于清洗和消毒。

6.11.2 储血罐清空后，应及时对生产用泵、储血罐以及管道进行清洗、消毒。

6.11.3 清洗消毒程序为：先用清水冲洗，接着用消毒液浸泡消毒30min后，再用清水冲洗。

6.12 清洗消毒效果评估

清洗消毒后，可以采集环境、设施设备、工器具、防护用品、运输车辆等棉拭子样品，进行检测，评价消毒效果。核酸检测结果为阴性，表明消毒效果合格；核酸检测结果为阳性，需要继续进行清洗消毒。

7 无害化处理

7.1 基本要求

7.1.1 对生产过程中的污水、污物、病害生猪及其产品、废弃物等，应及时分类收集，按照《病死及病害动物无害化处理技术规范》的要求进行无害化处理，或委托有资质的专业无害化处理场进行处理。委托专业无害化处理场进行病害生猪及其产品无害化处理的，应有委托协议。

7.1.2　应制定相应的防护措施，防止无害化处理过程中造成人员危害、产品交叉污染和环境污染。

7.1.3　无害化处理工作，应在驻场官方兽医或肉品品质检验人员的监督下进行。

7.2　处理要求

7.2.1　病害生猪及产品、废弃物的处理

对屠宰加工过程中产生的废弃物，屠宰前确认的病害生猪、屠宰过程中经检疫或肉品品质检验确认为不可食用的生猪产品、召回生猪产品，以及其他应当进行无害化处理的生猪及其产品，应按照《病死及病害动物无害化处理技术规范》的要求，及时进行无害化处理。

7.2.2　污水、污物的处理

7.2.2.1　应配备与屠宰规模相适应的废气收集排放系统，污水、污物处理系统和设施设备，并保持良好的工作状态。

7.2.2.2　屠宰环节产生的污水，均应通过管道运至污水处理设施进行处理，达到环保要求后排放。

7.2.3　医疗废弃物的处理

检测实验室等产生的注射器、针头等医疗垃圾，应放入有固定材料制成的防刺破的安全收集容器内，按照国家有关技术规范进行处置，或交专业机构统一收集处理。

7.2.4　生活垃圾的处理

应设置垃圾固定收集点，明确标识，分类放置。垃圾收集、贮存、运输及处置等过程中，须防扬散、流失及渗漏。

7.3　操作人员要求

7.3.1　应经过专门设施设备操作培训，具备相关专业技术资格。

7.3.2　应了解非洲猪瘟等动物疫病的防控知识，按规范进行无害化处理。

7.3.3　操作期间，应按照规定操作，注意个人安全、卫生防护。

7.4　运输要求

对污物、废弃物、病害生猪及其产品，应使用专用的车辆、容器运送。使用的车辆和容器，应防水、防腐蚀、防渗漏，便于清洗、消毒，并有明显标识。

7.5　消毒要求

污水、污物、废弃物、病害生猪及其产品等经无害化处理结束后，应采用有效浓度的消毒液对处理设备、工器具、场地、人员等进行消毒。

8　非洲猪瘟检测

8.1　检测实验室

参考《非洲猪瘟自检实验室建设运行规范》的要求，建设非洲猪瘟检测实验室，配备相关设施设备和检测，防护等用品。

8.2　检测程序

8.2.1　采样

8.2.1.1　基本要求

样品的采集、保存、运输应符合 NY/T 541 和《高致病性动物病原微生物菌（毒）种或者样本运输包装规范》的有关要求。

8.2.1.2　采样要求

生猪屠宰厂（场）应当在驻场官方兽医监督下，按照生猪不同来源实施分批屠宰，每批生猪屠宰后，对暂储血液进行抽样检测；或在屠宰前分批抽血检测非洲猪瘟病毒核酸，确保批批检，全覆盖。

全血：使用含有 EDTA（抗凝剂）的采血管采集 3～5mL 血液后，上下轻轻颠倒数次，使血液和抗凝剂充分混匀，防止血液凝固和发生溶血。

组织样品：采集脾脏、淋巴结等组织。

8.2.2　样品处理

8.2.2.1　全血样品：取 1mL 混样置于灭菌的离心管中，备用。

8.2.2.2　组织样品：将 0.1～0.2g 组织块放入 2mL 离心管剪碎。

8.2.2.3　样品灭活：样品需先灭活后再进行研磨处理。将装有 1mL 全血或 0.1～0.2g 组织块的离心管放入 60℃水浴中，放置 30min 灭活。

8.2.2.4　样品研磨：灭活完，用组织研磨器进行研磨，制成 1～2mL PBS 组织悬液。

8.2.3　留样

检测样品必须留备份，备份样品－20℃保存 6 个月以上。

8.2.4　核酸提取

8.2.4.1　按照检测试剂盒说明书采用 DNA 提取试剂盒或者核酸提取仪进行病毒核酸提取。

8.2.4.2　如果 2h 以内检测，可将提取的核

酸置于冰上保存，否则应置于－20℃冰箱保存。

8.2.4.3 每次提取核酸都应该包括阳性和阴性对照。

8.2.5 检测

应当使用农业农村部批准或经中国动物疫病预防控制中心比对符合要求的检测试剂盒。按照检测试剂盒说明书进行核酸扩增。

8.2.6 结果判定

按照检测试剂盒说明书进行结果判定，样品检测结果如果为可疑，需要进行复检。

8.3 检测报告

8.3.1 检测结束后，检测人员应如实填写检测报告及相关记录（应包括样品检疫合格证明编号、检测方法、检测日期、检测结果）。

8.3.2 检测报告必须经由企业检测员签字确认，加盖屠宰企业公章方为有效。

8.3.3 一旦发现疑似阳性结果，应按照《非洲猪瘟疫情应急实施方案（2020年第2版）》的要求处置。

8.4 注意事项

8.4.1 进入各工作区域应当严格按照单一方向进行，即试剂储存和准备区→样品制备区→扩增区。

8.4.2 各工作区域必须有明确的标记，不同工作区域内的设备、物品不得混用。

8.4.3 检测室的清洁应当按试剂贮存和准备区→样品制备区→扩增区的方向进行。不同的实验区域应当有其各自的清洁用具以防止交叉污染。

8.4.4 贮存试剂和用于样品制备的耗材应当直接运送至试剂贮存和准备区，不能经过扩增检测区，试剂盒中的阳性对照品及质控品不应当保存在该区，应当保存在样品处理区。

8.4.5 避免样本间的交叉污染

8.4.6 检测结束后，剪刀、镊子等均应放入消毒缸进行浸泡消毒，然后放入铁饭盒内，并装入密封袋内表面消毒后带出实验室。装有组织样品保存液和组织块的离心管应密封管口，放入密封袋内表面消毒后带出实验室。石英砂、吸头等试验废弃物应用0.8%NaOH浸泡30min消毒后放入密封袋表面消毒后带出实验室。实验室外将上述物品进行高压灭菌处理。

8.4.7 实验前后，必须对工作区进行清洁，使用消毒剂对工作区的实验台表面进行清洁。

9 记录和档案管理

9.1 应建立生猪屠宰检疫申报、生猪入厂查验登记、贩运人员备案管理、待宰静养、肉品品质检验、“瘦肉精”等风险物质检测、动物疫情报告、生猪产品追溯、清洗消毒、无害化处理、食品加工助剂和化学品使用管理、应急管理等生猪屠宰质量管理制度，并做好相应记录。

9.2 应建立安全生产、设施设备日常使用保养、人员培训、产品追溯等生猪屠宰生产管理制度，并做好相应记录。

9.3 应定期检查各项管理制度落实情况，做到有迹可循，各项制度对应台账记录清晰、完整，建立完善的可追溯制度，确保发生非洲猪瘟或者其他食品安全风险时，能进行追溯。

9.4 所有生猪屠宰质量管理制度及相关记录、生猪屠宰生产管理制度及相关记录保存期限不少于2年。

消毒剂使用建议表

消毒剂	消毒对象	使用浓度	消毒方式
过氧乙酸	车辆	0.2%～0.3%	喷雾消毒
过氧乙酸	车间	0.2%～0.5%	拖擦或喷洒
过氧乙酸	可密闭空间	0.2%	喷雾消毒
过氧乙酸	可密闭空间	3%～5%	熏蒸
漂白粉	车辆	2%～4%	喷雾消毒
紫外线	随车物品		照射
戊二醛	车辆		喷雾消毒
次氯酸钠	工器具	2%～3%	擦拭或浸泡

（续）

消毒剂	消毒对象	使用浓度	消毒方式
次氯酸钠	车间	0.025%～0.05%	拖擦或喷洒
次氯酸钠	手	0.015%～0.02%	擦拭或浸泡
次氯酸钠	衣物、洗衣设备	300μL/L	浸泡
氢氧化钠	墙面、墙壁、设备、工器具	0.8%	拖擦或喷洒
氢氧化钠	消毒池、待宰圈	2%～3%	喷洒或浸泡
季铵盐溶液	消毒池（车辆）	0.5%	浸泡
季铵盐溶液	消毒池（鞋底）	0.1%	浸泡
季铵盐溶液	车间	0.1%	拖擦或喷洒
臭氧	包装材料		密闭消毒
酒精	手、设备和用具	75%	擦拭或浸泡
枸橼酸碘	手	3%	喷洒或擦拭

屠宰环节非洲猪瘟常态化防控评估表

评估企业：　　地址：　　负责人：　　电话：

检查内容	检查要求	检查结果（合格/不合格）	备注
厂区管理	1. 厂区是否划分生产区和非生产区，并有隔离设施		
	2. 生猪入场口、废弃物运送和生猪产品出场口是否分别设置		
	3. 卸猪台附近是否设有运输车辆清洗消毒区，配有清洗消毒设备、自来水和热水管道、污水排放管道和集污设施		
	4. 是否有废弃物、病害生猪及其产品的暂存设施设备（不能及时无害化处理的）		
	5. 屠宰加工车间内盛放废弃物、病害生猪及其产品的专用密封容器应放置于指定区域，设有明显标识，不应与盛装肉品的容器混用，应及时清理		
	6. 对于没有设立无害化处理间的屠宰企业，是否委托具有资质的专业无害化处理场实施无害化处理		
人员管理	7. 企业生产人员上岗前是否取得健康合格证		
	8. 非洲猪瘟检测人员是否经过专业培训并经考核合格后上岗		
	9. 从事屠宰、加工、肉品品质检验、质量控制、生猪收购和非洲猪瘟检测的人员是否熟悉非洲猪瘟等疫病的典型临床症状和病理变化，以及应急处置和个人防护知识		
	10. 进车间前是否更衣、洗手、消毒		
	11. 不同卫生要求的区域或岗位的人员是否穿戴不同颜色或标志的工作服、帽，以便区别		
	12. 生猪承运人、生猪产品购买或收购人员、外来机械维修人员等外来人员在进入屠宰企业前7天是否去过其他高风险场所		
	13. 猪承运人、生猪产品购买或收购人员、外来机械维修人员等外来人员不得随意进入待宰圈、生产车间和冷库；确需进入的，是否按要求进行清洗消毒		

（续）

检查内容	检查要求	检查结果（合格/不合格）	备注
清洗消毒	14. 是否建立清洗消毒制度		
	15. 是否配备了清洗消毒设施设备，且运转正常		
	16. 消毒剂是否定期轮换		
	17. 生产结束后是否对厂区环境进行清扫消毒		
	18. 待宰圈、生产车间、冷库是否定期进行清洗消毒		
	19. 生产车间是否配有紫外消毒灯、臭氧发生器等消毒设备		
	20. 厂区车辆出入口消毒池内是否放置消毒液		
	21. 运输车辆、人员、工作服、储血罐是否按规定进行清洗消毒		
	22. 血液收集、储存设备的材质是否为不锈钢，耐腐蚀，易于清洗和消毒		
	23. 清洗消毒后是否进行清洗消毒效果评估		
无害化处理	24. 屠宰企业是否对生产过程中的污水、污物、病害生猪及其产品、废弃物等及时进行分类收集，进行无害化处理或委托有资质的专业无害化处理厂进行处理，如委托处理是否有委托协议		
	25. 无害化处理是否在驻场官方兽医或兽医卫生检验人员的监督下进行		
无害化处理	26. 废弃物、病害生猪及其产品无害化处理是否符合《病死及病害动物无害化处理技术规范》，采用焚烧、化制、高温、硫酸分解等方法进行处理		
	27. 屠宰企业是否配备与屠宰规模相适应的废气收集排放系统，污水、污物处理系统和设施设备，并保持良好的工作状态		
	28. 污物、废弃物、病害生猪及其产品是否使用专用的车辆、容器运送，所使用车辆和容器是否防水、防腐蚀、防渗漏，便于清洗、消毒，并有明显标识		
	29. 医疗废弃物是否按照国家有关技术规范进行处置，或交专业机构统一收集处理		
非洲猪瘟检测	30. 非洲猪瘟检测室布局是否分成试剂储存和准备区、样品制备区、扩增区，且彼此相对独立		
	31. 是否配备的必要的设施设备、试剂、耗材，试剂是否按照要求保存		
	32. 是否使用经农业农村部批准或经中国动物疫病预防控制中心比对符合要求的检测方法及检测试剂盒，且在有效期内		
	33. 是否按照规定对到厂生猪按不同来源实施分批抽样检测非洲猪瘟病毒，做到批批检，全覆盖		
	34. 检测样品是否留备份，备份样品－20℃保存		
	35. 非洲猪瘟检测核酸提取时，每次是否加入阴阳性对照		
	36. 工作结束后，是否对工作区进行清洁		
	37. 检测结束后，是否按照要求填写检测报告，并经驻场官方兽医签字确认		
	38. 发现疑似阳性结果，是否按照《非洲猪瘟疫情应急实施方案》的要求处置		
应急处置	39. 猪进厂时发现异常、发现生猪有疑似非洲猪瘟的，是否向驻场官方兽医报告，禁止生猪进厂，并采集病料进行非洲猪瘟病毒检测		
	40. 待宰圈和屠宰线发现有疑似非洲猪瘟症状的，是否向驻场官方兽医报告，并立即暂停屠宰活动，采集病料进行非洲猪瘟病毒检测		
	41. 如检测出非洲猪瘟病毒核酸阳性的，生猪屠宰企业是否将检测结果报告驻场官方兽医，并及时将阳性样品及同批次病料送所在地省级动物疫病预防控制中心或省级人民政府畜牧兽医主管部门授权的地市级动物疫病预防控制机构实验室进行复检		
	42. 确诊结果出来之前，是否禁止厂内所有生猪及生猪产品、废弃物等有关物品移动，人员和车辆禁止进入或离开屠宰厂，并对其内外环境进行严格消毒，必要时采取封锁、扑杀等措施		

（续）

检查内容	检查要求	检查结果（合格/不合格）	备注
应急处置	43. 屠宰企业为疫点，是否按照规定进行扑杀、无害化处理、消毒等措施，并暂停生猪屠宰等生产经营活动，对流行病学关联车辆进行清洗消毒		
	44. 封锁令解除后，生猪屠宰加工企业对疫情发生前生产的生猪产品，是否经抽样检测合格后，方可销售或加工使用		
监测阳性处置	45. 生猪屠宰企业非洲猪瘟自检，如果检测出非洲猪瘟病毒核酸阳性的，是否第一时间将检测结果报告驻场官方兽医，暂停生猪屠宰活动，全面清洗消毒，对阳性产品进行无害化处理		
	46. 是否存在畜牧兽医主管部门抽检发现阳性或在监管活动中发现屠宰场所不报告自检阳性的现象		
	47. 畜牧兽医主管部门抽检发现阳性或在监管活动中发现屠宰场所不报告自检阳性的，是否立即暂停该屠宰场所屠宰加工活动，扑杀所有待宰生猪并进行无害化处理		
生物媒介控制	48. 产车间及仓库是否采取有效措施（如纱帘、纱网、防鼠板、防蝇灯、风幕等），防止鼠类、昆虫等侵入		
生物媒介控制	49. 是否定期进行除虫灭害工作		
	50. 虫剂、灭鼠药的使用是否符合国家的有关规定		
记录和档案管理	51. 是否建立了生猪屠宰检疫申报、生猪入厂查验登记、经纪人（贩运人）备案管理、待宰静养、肉品品质检验、“瘦肉精”等风险物质检测、动物疫情报告、生猪产品追溯、清洗消毒、无害化处理、食品加工助剂和化学品使用管理、应急管理等生猪屠宰质量管理制度，并做好相应记录		
	52. 是否建立了安全生产、设施设备日常使用保养、人员管理、产品追溯等生猪屠宰生产管理制度，并做好相应记录		
	53. 企业是否定期检查各项管理制度落实情况		
	54. 记录是否保存两年以上		
处理意见			

评估人员（签字）：日期：

厂方负责人（签字）：日期：

三、其他环节

无害化处理场所非洲猪瘟防控技术要点

1 目的

当前，非洲猪瘟病毒在病死动物无害化处理场所、暂存点、收运车辆等多个环节中污染较重，通过收运车辆、工作人员甚至是无害化处理产物传播到养猪场户的风险长期存在。为加强病死动物无害化处理场所管理，进一步做好病死动物收集、转运、暂存、处理、无害化处理产物存储等环节生物安全管理，降低非洲猪瘟病毒传播风险，制定本技术要点。

2 关键风险点

2.1 建设布局

无害化处理场、暂存点的选址、建设布局不合理时，存在散播非洲猪瘟病毒的风险。

2.2 车辆

从事病死动物及病死动物产品收集、转运的运输车辆，是散播病毒的主要载体。车辆密封不良或使用后未经彻底清洗消毒时，容易将非洲猪瘟病毒散播到外部环境甚至生猪养殖、屠宰等生产经营场所。

2.3 暂存点

生猪养殖、屠宰等生产经营场所，对临时存放病死动物及病死动物产品的暂存点管理不善，如存在动物出入、消毒不彻底时，可能散播非洲猪瘟病毒。

2.4 人员

从事病死动物及病死动物产品收集、运输、处理的从业人员，其头发、衣物、鞋帽以及所用物品等，可能携带并传播非洲猪瘟病毒。

2.5 设施设备

用于病死动物及病死动物产品收集、运输、暂存、处理所需的设施设备，未经彻底清洁消毒时，容易把表面污染的病毒带到其他区域，存在传播疫情的风险。

2.6 无害化处理产物

病死动物及相关产品，无害化处理不够彻底，或无害化处理产物受到二次污染时，存在传播疫情的风险。

3 无害化处理场

3.1 建设要求

3.1.1 选址布局应符合动物防疫条件要求。

3.1.2 处理工艺技术应符合《病死及病害动物无害化处理技术规范》（农医发〔2017〕25号）要求。废水、废气收集处理应符合环保要求。

3.1.3 办公生活区、缓冲区及生产区布局合理，污道、净道相互分离并防止交叉污染，并设置相应的车辆、人员消毒通道。

3.1.4 生产区应区分污区（病死动物暂存库、上料间等）、净区（无害化处理产品库等），并进行物理隔离，加施分区标识。无害化处理场所应根据自身处理工艺特点，将处理车间划入污区或净区。

生产区地面、墙面、顶棚应防水、防渗、耐冲洗、耐腐蚀。

污区和净区必须封闭隔离，并分别配备紫外线灯、臭氧发生器、消毒喷雾机、高压清洗机等相应的清洗消毒设备。净区还应设有人员进出消毒通道。

污区和净区应设立防鼠、防蝇设施。

3.1.5 应设置车辆清洗消毒通道，并单独设置车辆清洗消毒和烘干车间。收运车辆清洗消毒通道应具备自动感应、温控、全方位清洗等功能。

3.1.6 应设置符合相关要求的专门的消毒药品仓库和器械仓库。

3.1.7 应配备视频监控设备，并保存相关影像视频资料。可能时，应接入当地畜牧兽医部门的监控系统。

3.2 管理

3.2.1 无害化处理场所应建立病死动物入场登记、处理，收运车辆管理、设施设备运行管理、人员管理、无害化处理产物生产销售登记等制度。

3.2.2 污区和净区物品严格分开，不得混用。未经清洗消毒的物品和器具，不得离开污区。

3.2.3 无害化处理期间，工作人员一般不得在污区和净区跨区作业，离开污区时，须淋浴并更换洁净衣物，或在消毒间更换衣物，并对工作服进行消毒处理。

3.2.4 无害化处理产物须存放在专门场地或库房，严禁接触可能污染的原料、器具和人员，严防机械性交叉污染。

3.2.5 无害化处理场所应采取灭鼠、灭蝇等媒介生物控制措施。污区和净区均应健全防鼠、防蝇措施。

3.3 消毒

3.3.1 每次无害化处理结束后，应对污区（不含冷库）地面、墙面及相关工具、设施设备及循环使用的防护用品进行全面清洗消毒，对一次性防护用品统一回收后做无害化处理，并擦拭电源开关、门把手等易污染部位。必要时，还应对空气循环设施设备进行消毒处理。工作人员淋浴并更换洁净衣物后方可离开。

3.3.2 每次无害化处理结束后，应对净区进行清洁和清洗消毒。

3.3.3 对于暂存病死动物的冷库，每批病死动物清空后，须进行全面清洗消毒。每月必须清空并清洗消毒一次。

3.3.4 无害化处理场区道路和车间外环境，每工作日须清理消毒一次。

3.3.5 车辆清洗消毒车间须保持清洁，清理后的污物须及时进行无害化处理，污水须进行消毒处理。

3.4 监测评估

无害化处理场所应定期开展污染风险监测，在不同生产环节采集样品，送当地动物疫病预防控制机构或有资质的实验室检测，并根据检测结果，及时开展生物安全风险评估，优化内部管理质量体系，完善风险防控措施。

4 收集转运

4.1 收集

4.1.1 腐烂、破败、渗水的病死动物在送交处理前应进行包装。

4.1.2 包装材料应符合密闭、防水、防渗、防破损等要求。

4.1.3 包装材料的容积、尺寸和数量应与需处理病死动物的体积、数量相匹配。

4.1.4 包装后应进行密封，并对包装材料表面消毒。

4.1.5 使用后，一次性包装材料应作销毁处理；可循环使用的包装材料应严格清洗消毒。

4.2 转运车辆

4.2.1 选择符合《医疗废物转运车技术要求》（GB 19217）条件的车辆或专用封闭厢式运载车辆。

4.2.2 车辆具有自动装卸功能，车厢内表面应光滑，使用防水、耐腐蚀材料，底部设有良好气密性的排水孔。

4.2.3 随车配备冲洗、消毒设施设备、消毒剂及人员卫生防护用品等。

4.2.4 收运车辆应加装并使用车载定位、视频监控系统。收运车辆箱体应加施明显标识。

4.2.5 跨县（区）转运的车辆应具有冷藏运输功能。

4.2.6 收运车辆应专车专用，不得用于病死畜禽收运以外的用途。

4.2.7 收运车辆应按指定线路实行专线运行，不得进入生猪养殖场户的饲养区域，尽量避免进入人口密集区、生猪养殖密集区。车辆运输途中，非必要不得开厢。

4.2.8 车载定位视频监控系统应完整记录每次转运时间和路径。

4.3 车辆消毒

4.3.1 收运车辆在暂存点完成收集后，应及时对收运车辆、停靠区域进行消毒。

4.3.2 收集车辆到达专业无害化处理场所入口，应通过消毒池，并经过车辆表面消毒后方可进入。

4.3.3 收运车辆卸载后，驶入清洗消毒场地。清理车厢内残留污染物，经包装密封后作无害化处理。清理驾驶室随车配备的消毒设备等物品，进行清洗、消毒和干燥。

4.3.4 收运车辆清理后，按照由内向外、由上到下、从前到后的顺序冲洗车体和箱体内外表面，待晾干后喷洒消毒液，静置不少于 15min，最后用清水对车体进行全面冲洗后干燥。驾驶室内用消毒液进行擦拭消毒。

4.3.5 按照《非洲猪瘟疫情应急实施方案》要求，选用符合规定的消毒药。

4.3.6 有条件的可设立车辆高温消毒间，对清洗消毒后的收运车辆打开车厢、驾驶室，进行高温烘干消毒（60℃以上，不少于 30min）。

5 暂存点

5.1 布局和设施要求

5.1.1 通电、通水。

5.1.2 配备高压冲洗机、喷雾消毒机等消毒设备，以及消毒池或消毒垫等设施。有条件的，应在出入口设置人员及车辆消毒通道。

5.1.3 配备与暂存规模相适应的冷库及相关冷藏设施设备。冷库房屋应防水、防渗、防鼠、防盗，地面、墙壁应光滑，便于清洗和消毒。

5.1.4 场区应设置实体围墙，防止野猪、流浪犬猫等动物进入；场内须硬化，便于消毒。

5.1.5 养殖场设立的暂存点，病死猪的出口应与入口分离，并直接通往场区外。

5.2 管理

5.2.1 暂存点应配备专人管理。

5.2.2 暂存设施应设置明显的警示标识。

5.2.3 暂存点应建立病死动物受理登记、转运、清洗消毒、人员防护管理等制度。

5.2.4 暂存点不得饲养犬猫等动物，并采取灭鼠、灭蝇等媒介生物控制措施。

5.2.5 应配备视频监控设备，并保存相关影像视频资料。

5.2.6 养殖场设立的暂存点，禁止外部收运车辆进入生猪饲养区内，宜在病死猪出口处装载。

5.2.7 到过暂存点的人员，21d 内不得进入生猪饲养区和饲料生产销售区。内部人员确需返回生猪饲养区的，需要淋浴并更换衣物。

5.3 消毒

5.3.1 暂存点在运行期间，一般每日应对外环境进行 1 次全面消毒。

5.3.2 暂存点的冷藏设施设备应定期彻底消毒。

5.3.3 收运车辆到达和离开暂存点时，均应做好轮胎和车辆外表面的清洗消毒工作。

6 人员管理

6.1 从事病死动物收集、暂存、转运和无害化处理操作的工作人员应持健康证明上岗，经过专门培训，掌握相应的动物防疫和生物安全防护知识。

6.2 无害化处理从业人员应定期进行体检。

6.3 工作人员上岗前，必须在专用更衣室更换消毒后的防护服等防护用品，经人员消毒通道消毒后方可进入工作区域。

6.4 工作人员在操作过程中应穿戴防护服、

口罩、胶靴、手套等防护用具。

6.5 工作完毕后，工作人员应通过人员消毒通道消毒后方可离开。脱下的防护服等防护用品放入指定专用箱进行消毒，一次性防护用品应进行回收销毁处理。

6.6 工作人员作业后21d内不得进入养殖场户的饲养区域。

6.7 来访人员应参照本技术要点管理。

7 记录和档案管理

7.1 无害化处理场所应建立健全病死动物及相关产品收集、转运、暂存、处理等各环节记录档案，建立全流程工作记录台账，各环节做好详细记录，落实交接登记，规范运行管理。及时整理保存收集、转运、暂存、处理等环节单据凭证、现场照片或视频记录，并至少保存2年。

7.2 无害化处理场所应建立无害化处理产物的储存和销售台账，并至少保存2年。

7.3 无害化处理场所应建立完善的收集、运输、处理等环节消毒台账，认真记录消毒内容、消毒时间、消毒时长、消毒剂名称、消毒浓度、消毒人员等内容。

生猪运输车辆洗消中心建设与运行规范

1 总则

1.1 目的

为贯彻落实《中华人民共和国动物防疫法》等法律法规，规范运输环节生猪运输车辆清洗消毒场所建设，加强运输工具清洗消毒，降低非洲猪瘟等疫病通过车辆、随车人员和物料等传播风险，保障生猪养殖产业健康发展，制定本规范。

1.2 定义

生猪运输车辆洗消中心是指专门用于为生猪运输车辆、随车人员和相关设施设备提供清洗、消毒等服务的场所。

1.3 建设原则

生猪运输车辆洗消中心的建设，应坚持科学、合理、实用、规范的原则，在满足基本功能的同时，体现标准化、智能化、人性化的特点。

1.4 适用范围

本规范适用于生猪运输车辆洗消中心的建设运行。生猪养殖、屠宰和病死猪无害化处理企业自建的洗消中心，可参考本规范的要求建设运行。

2 选址与布局

2.1 选址

应优先选择建设在指定道口附近，邻近高速公路路口，远离动物饲养场区、交易场所、居民生活区、工业区等场所。具体选址工作，应根据动物防疫风险评估结果，综合考虑和评估场所周边的天然屏障、人工屏障、行政区划、饲养环境、动物分布等情况，以及动物疫病的发生、流行状况等因素，确认选址是否符合动物防疫要求。

2.2 布局

2.2.1 按照地块规划设计，可划分为“一”字形、“L”形和“U”形，分别适用于带状用地、方形用地和长方形用地；按照清洗消毒工作量可分为单通道式和双（多）通道式，日清洗消毒车辆数量超过15辆的宜选择双（多）通道式布局。

2.2.2 应遵循从进到出，生物安全级别由低到高的原则，划分为污区和净区，污区和净区之间设有缓冲区。平面布置应按功能分区，各区域之间相对独立，其中：污区包括入口、停车场、车辆预清洗车间、无害化处理区等，缓冲区包括车辆清洗消毒车间、人员清洗消毒室、物品清洗消毒室等；净区包括车辆烘干车间、人员休息室、物品暂存室、出口等。

2.3 水、电

场所内应有稳定的水源和电力供应，水质和供配电系统的设置应符合现行国家有关标准。

2.4 出、入口

场所内应分别设置独立的入口和出口，出入口处设置与门同宽，长4m、深0.3m以上的消毒池，满足防渗、防雨、防溢流等要求。场所周围采用围合式建筑加以遮挡。

2.5 标识

场所内应设置明显的交通标志和标识牌，标明人、车、物等流动方向，实行单向流动管理。从生物安全级别低的区域进入到生物安全级别高的区域，应严格清洗消毒。

3 设施设备建设

3.1 洗消设施设备

3.1.1 场区应根据所在地气候、服务区域范围、清洗消毒对象和动物疫病防控需求等因素，配备配套的高压冲洗、清洁、消毒、烘干等清洗消毒设施设备，确保正常运行。

3.1.2 车辆清洗消毒车间房屋结构材质应防水、防雾、耐腐蚀，易清洗、易消毒。地面光滑，有一定坡度（1%～3%，前高后低、两侧高中间低），在中间设置0.4m宽的排水沟，采用地格栅透水结构，防止污水蓄积和外溢。车间外端应设置挡水门，清洗消毒作业时，须关闭挡水门，防止污水外溅。车间两侧靠墙位置建设冲洗平台（高度不低于2.5m）或在车间顶部设立喷淋管道，便于冲洗车辆顶部。

3.1.3 车辆烘干车间房屋结构材质应使用耐高温、阻燃性能好的保温材料。烘干作业应综合考虑所在区域资源优势、环境保护等因素，优先设计使用节能循环型加热烘干系统和余热回收利用装置，提高烘干效能。

3.1.4 车辆清洗消毒车间和车辆烘干车间应结合清洗消毒车辆尺寸设计建设（长度按照最长的进场车辆长度＋前部2～3m＋后部2～3m，宽度按照车辆自身宽度＋每边2m）。清洗车间与烘干车间间距一般在20m以上或设置物理屏障，中间设置车辆沥水区，减少交叉污染。

3.2 污物污水处理设施设备

3.2.1 场所内应建设和配备与清洗消毒能力相适应的污物收集设施设备，及时收集清洗消毒过程中产生的动物粪便、垫料等污物，存放于污物暂存区或直接无害化处理，不得随意丢弃、倾倒。不具备无害化处理条件的，应委托有资质的无害化处理场所进行无害化处理。

3.2.2 作业产生的废水处理系统应与生活区排水系统分开设置，用专用管道收集，排放时符合环保要求。

3.3 信息监控平台

车辆洗消中心应建立监控信息管理平台，对清洗消毒和烘干等作业过程实时监控，视频材料保存2年以上。

4 制度与机制

4.1 清洗消毒制度

应建立车辆、随车人员及相关设施设备的清洗消毒制度，建立健全清洁、清洗、消毒和烘（晾）干等工作标准、程序。

4.2 洗消用品使用管理制度

应建立洗涤剂、消毒剂等清洗消毒用品使用管理制度。综合考虑消毒对象、环境保护、动物疫病特性和耐药性等因素，优先选择并交替使用高效、低毒、低残留的消毒剂。

4.3 洗消登记制度

应建立车辆入场登记、清洗消毒作业等记录，详细记录车牌号、生猪运输车辆备案号、承运人姓名、消毒剂名称、消毒时间等信息，相关记录应存档并保存两年以上。

4.4 生物安全管理制度

应建立生物安全管理制度，定期对各功能区、车间、设施设备和工作人员衣物等进行清洗消毒。

4.5 洗消环境监测制度

应严格把控清洗水质、洗涤剂和消毒剂浓度、环境温度、消毒时间等关键点，定期采集场所内环境、设施设备、运输车辆等棉拭子样品，评价清洗消毒效果。如场所环境核酸检测结果为阳性，需要对场所进行彻底消毒。

5 清洗消毒程序

5.1 清洗消毒前的准备

5.1.1 承运人应按照生猪运输车辆洗消中心的要求，将车辆停放在指定区域，做好清洗消毒前的准备。

5.1.2 收集运输途中产生的污染物、生活垃圾等废弃物，包装好后放置于指定的区域。整理驾驶室、车厢内随车配备和携带的物品，拆除厢壁及随车携带的隔离板或隔离栅栏、移除垫层，进行清洗、消毒和干燥。

5.2 清理

5.2.1 将车辆停放在清理区域，按照由内向外、由上到下的顺序清理车辆内外表面。

5.2.2 用低压水枪对车体内、外表面进行初步冲洗，打湿车体外表面、车厢内表面、底盘、车轮等部位，经有效浸泡后清理，重点去除附着在车体外表面、车厢内表面、底盘、车轮等部位的堆积污物。

5.2.3 清理合格的标准为车体外表面、车厢内表面、底盘、车轮等部位无肉眼可见的大块污染物。

5.2.4 清理完毕后，应立即对所有清理工具进行清洗、浸泡消毒。

5.3 清洗

5.3.1 将车辆停放在清洗区域，按照由内向外、由上到下的顺序清洗车辆内外表面。优先选择使用中性或碱性、无腐蚀性的，可与大部分消毒剂配合使用的清洁剂。

5.3.2 用高压水枪充分清洗车体外表面、车厢内表面、底盘、车轮等部位，重点冲洗污区和角落。

5.3.3 用泡沫清洗车或发泡枪喷洒泡沫清洁剂，覆盖车体外表面、车厢内表面、底盘、车轮等部位，刷洗污区域和角落，确保清洁剂与全车

各表面完全、充分接触，保持泡沫湿润、不干燥。

5.3.4 用高压水枪对车体外表面、车厢内表面、底盘、车轮等部位进行全面冲洗，直至无肉眼可见的泡沫。清洗合格的标准为在光线充足的条件下（可使用手电筒照射），全车无肉眼可见的污染物。

5.3.5 将车辆停放到晾干区域，静止车辆，尽量排出清洗后残留的水，避免车内积水，有条件的可设计坡度区域供车辆控水。

5.4 消毒

5.4.1 有条件的可以设立独立的消毒区域，在车辆彻底控水（车辆内外表面无水渍、滴水）后，对车辆进行消毒。应选择高效低毒、无腐蚀性、无污染的消毒剂。

5.4.2 拆除厢壁及随车携带的隔离或隔离栅栏等物品冲洗干净后，用过氧乙酸或漂白粉溶液喷雾消毒，或在密闭房间内熏蒸消毒；随车配备和携带的物品可使用紫外线照射，充分消毒；车内可密封的空间用熏蒸消毒或用过氧乙酸气溶胶喷雾消毒；车身和底盘可用过氧乙酸或次氯酸钠喷雾消毒。

5.4.3 使用低压或喷雾水枪对车体外表面、车厢内表面、底盘、车轮等部位喷洒稀释过的消毒液，以肉眼可见液滴流下为标准。喷洒后，应按照消毒剂使用说明，保持消毒剂在喷洒部位静置一段时间，一般不少于15分钟。

5.4.4 用高压水枪对车体外表面、车厢内表面、底盘、车轮等部位进行全面冲洗，车辆表面无消毒剂残留视为合格。

5.4.5 驾驶室的清洗消毒和干燥应与车辆同步进行。移除脚垫等可拆卸物品，用清水、洗涤液对方向盘、仪表盘、踏板、挡杆、车窗摇柄、手扣部位等进行擦拭。对驾驶室进行熏蒸消毒或用过氧乙酸气溶胶喷雾消毒。

5.4.6 随车人员清洗完毕后，更换清洁的工作服和靴子，在净区等待车辆消毒完成后驾驶车辆离开。换下的衣物放到指定区域进行清洗消毒，衣物清洗消毒可使用洗衣液配合84消毒液处理或采取熏蒸消毒或高压消毒，清洁消毒后可重新投入使用。

5.5 烘干

有条件的，可以设立车辆烘干车间，对车辆进行烘干至无肉眼可见的水渍。也可利用有坡度的地面对车辆进行自然干燥，至无肉眼可见水渍。车辆进行干燥时，应打开所有车门进行车辆通风。

6 其他

6.1 车辆清洗消毒合格的，出具《生猪运输车辆清洗消毒证明》。

6.2 经清洗消毒的车辆，应从净道驶离，防止出现交叉污染。

生猪运输车辆清洗消毒证明

<table>
<tr><td>车主姓名</td><td></td><td>联系方式</td><td></td></tr>
<tr><td>车牌号码</td><td></td><td>备案编号</td><td></td></tr>
<tr><td colspan="2">洗消中心地址（具体到街道或村）</td><td colspan="2"></td></tr>
<tr><td colspan="4">洗消程序（在下划线处如实填写，符合R，不符合×）</td></tr>
<tr><td rowspan="2">清洗</td><td colspan="3">驾驶室洗涤剂擦拭□，洗涤剂名称</td></tr>
<tr><td colspan="3">车体外表面、车厢内表面、车轮、底盘清洁剂清洗□清洁剂名称</td></tr>
<tr><td rowspan="3">消毒</td><td>车体外表面、车厢内表面、底盘、车轮、随车物品</td><td colspan="2">消毒剂浸润□，消毒剂名称
作用时间</td></tr>
<tr><td>驾驶室</td><td colspan="2">消毒液气溶胶喷雾消毒□，消毒剂名称
熏蒸消毒□，消毒剂名称</td></tr>
<tr><td>随车人员衣物</td><td colspan="2">84消毒液消毒□，作用时间
熏蒸消毒□，作用时间
高压消毒□，作用时间</td></tr>
<tr><td>消毒后清洗</td><td colspan="3">车体外表面、车厢内表面、底盘、车轮、随车物品等用高压水枪冲洗至无消毒剂残留□</td></tr>
<tr><td>烘干</td><td colspan="3">烘干车间烘干□ 通风自然干燥□</td></tr>
<tr><td>洗消结果</td><td colspan="3">合格/不合格（需手写）</td></tr>
<tr><td>工作人员签名</td><td></td><td>洗消日期</td><td></td></tr>
</table>

非洲猪瘟自检实验室建设规范

当前，我国部分养殖和屠宰企业自建的检测实验室存在选址布局不合理、检测操作不规范、交叉污染重、检出结果不准确等问题。为规范养殖和屠宰企业检测实验室建设运行，提升非洲猪瘟检测能力，及时有效管控非洲猪瘟发生传播风险，特制定本规范。

1 选址布局

1.1 养殖场的检测实验室应建在场区之外，屠宰企业的应建在生产区之外。

1.2 宜为独立建筑物。与其他区域共用建筑物的，应自成一区，设在建筑物一端或一侧。

1.3 与建筑物其他部分相通时，应设可自动关闭的门。

1.4 排污排水便利，便于集中收集和处理。

1.5 根据所使用的检测方法，确定实验室布局。如需提取核酸，至少将其隔成 3 间，包括样品处理室（含核酸提取）、试剂准备室（含体系配制）和扩增室。如不需提取核酸，至少将其隔成 2 间，包括试剂准备室（含体系配制）和扩增室。

1.6 实验室入口处应有明显的生物安全标识。

2 室内建设

2.1 室内高度

净高一般不应低于 2.6 米。

2.2 设施与环境要求

2.2.1 实验室门口处设挂衣装置，个人服装与实验室工作服应分开放置。

2.2.2 样品处理室、扩增室应设洗手池，在靠近出口处，宜安装感应水龙头和干手器。

2.2.3 地面应采用无缝的防滑、耐腐蚀材料铺设，易于清洁消毒。

2.2.4 踢脚板应与墙面齐平，并与地面为一整体。

2.2.5 墙面、顶棚的材料应光滑防水，易于清洗消毒、耐消毒剂的侵蚀、耐擦洗、不起尘、不开裂。

2.2.6 排出的下水应收集处理。

2.2.7 围护结构表面的所有缝隙应密封。

2.2.8 如果有可开启的窗户，应设置可防蚊虫的纱窗。

2.2.9 实验台应牢固，高低大小适合工作需要且便于操作和清洁。面应防水、耐腐蚀、耐热。

2.2.10 实验室应安装空调设备，能够控制温湿度。

2.2.11 实验室内应保证适当亮度的工作照明，避免反光和强光。

3 仪器设备

3.1 病原学检测

微量移液器、冰箱、离心机（适合 2mL 离心管，转速可达 12 000r/min）、微型离心机（用于 PCR 管离心）、水浴锅、组织匀浆机、荧光 PCR 仪、生物安全柜、核酸提取仪（选配）、高压灭菌器、旋涡振荡器等。

3.2 血清学检测

单道微量移液器、多道微量移液器、冰箱、温箱、离心机（可使用 2mL 离心管，转速可达 3 000r/min）、酶标仪、洗板机、高压灭菌器、微量振荡器等。

4 人员管理

4.1 应设专职人员负责生物安全、消毒等日常监督管理工作。

4.2 应有专职的检测技术人员。检测人员具有兽医、生物或者相关专业的学习背景。

4.3 检测人员应接受过检测工作培训和生物安全培训，且考核合格后上岗。

4.4 实验室人员应具备良好的职业操守、责任意识和生物安全防范意识，能够严格遵守实验室各项规章制度。

4.5 企业应定期组织检测人员参加外部机构组织的相关技术培训。

5 制度建设

实验室应建立实验室人员管理、生物安全管理、仪器设备管理、试剂管理、档案管理、样品采集及保存、检测操作规程、检测记录、卫生清洁、防核酸污染、废弃物及污染物处理等制度。

6 安全防护

6.1 实验室应设有危险品存放，以及防火、防盗、防雷击和废物废水处理等设施。

6.2 实验室应配备口罩、手套、工作服、帽子、鞋套等人员防护用品。

6.3 实验室应定期消毒。

二十六、国家无规定疫病区条件

（2002年10月8日 农业部农医发〔2020〕16号发布）

一、术语

无规定疫病区：在规定期限内，没有发生过某种或几种疫病，同时在该区域及其边界和外围一定范围内，对动物和动物产品、动物源性饲料、动物遗传材料、动物病料、兽药（包括生物制品）的流通实施官方有效控制并获得国家认可的特定地域。无规定疫病区包括非免疫无规定疫病区和免疫无规定疫病区两种。

非免疫无规定疫病区：在规定期限内，某一划定的区域没有发生过某种或某几种动物疫病，且该区域及其周围一定范围内停止免疫的期限达到规定标准，并对动物和动物产品及其流通实施官方有效控制。

免疫无规定疫病区：在规定期限内，某一划定的区域没有发生过某种或某几种疫病，对该区域及其周围一定范围内允许采取免疫措施，对动物和动物产品及其流通实施官方有效控制。

监测区：环绕某疫病非免疫无规定疫病区，依据自然环境、地理条件和疫病种类所划定的按非免疫无疫区标准进行建设的对非免疫无规定疫病区有缓冲作用的足够面积的地域，且该地域必须有先进的疫病监控计划，实行与非免疫无规定疫病区相同的防疫监督措施。

缓冲区：环绕某疫病免疫无规定疫病区而对动物进行系统免疫接种的地域，是依据自然环境和地理条件所划定的按免疫无规定疫病区标准进行建设的对免疫无规定疫病区有缓冲作用的一定地域，且该地域必须有先进的疫病监控计划，实行与免疫无规定疫病区相同的防疫监督措施。

感染区：是指有疫病存在或感染的一定地域，由国家依据当地自然环境、地理因素、动物流行病学因素和畜牧业类型而划定公布的一定范围。

自然屏障：是指自然存在的具有阻断某种疫情传播、人和动物自然流动的地理阻隔，包括大江、大河、湖泊、沼泽、海洋、山脉、沙漠等。

人工屏障：是指为建设无疫区需要，限制动物和动物产品自由流动，防止疫病传播，由省级人民政府批准建立的动物防疫监督检查站、隔离设施、封锁设施等。

二、无规定疫病区疫病控制标准

（一）口蹄疫

A. 免疫无口蹄疫区

1. 该区域首先要达到国家无规定疫病区基本条件。

2. 该区域在过去2年内未发生过口蹄疫。

3. 有定期的、快速的动物疫情报告记录。

4. 该区域和缓冲区实施强制免疫，免疫密度100%，所用疫苗必须符合国家兽医行政管理部门规定。

5. 该区域和缓冲区须具有运行有效的监测体系，过去2年内实施监测，未检出病原，免疫效果确实。

6. 所有报告及免疫、监测记录等有关材料准确、翔实、齐全。

若免疫无口蹄疫区内发生口蹄疫时，最后一例病畜扑杀后12个月，经实施有效的疫情监测确认后，方可重新申请免疫无口蹄疫区。

B. 非免疫无口蹄疫区

1. 该区域首先要达到国家无规定疫病区基本条件。

2. 在过去2年内没有发生过口蹄疫，并且在过去12个月内，没有进行过免疫接种；另外，该区域在停止免疫接种后，没有引进免疫接种过的动物。

3. 有定期的、快速的动物疫情报告记录。

4. 在该区具有有效的监测体系和监测区，过去2年内实施疫病监测，未检出病原。

5. 所有报告及监测记录等有关材料准确、翔实、齐全。

若非免疫无口蹄疫区内发生口蹄疫时，在采取扑杀措施及血清学监测的情况下，最后一例病例扑杀后3个月；或在采取扑杀措施、血清学监测及紧急免疫的情况下，最后一头免疫动物屠宰后3个月，经实施有效的疫情监测和血清学确认后，方可重新申请非免疫无口蹄疫区。

（二）新城疫

A. 免疫无新城疫区

1. 该区域首先要达到国家无规定疫病区基本条件。

2. 该区域在过去3年内未发生过新城疫。

3. 有定期的、快速的动物疫情报告记录。

4. 该区域和缓冲区实施强制免疫，免疫密度100%，所用疫苗必须为符合国家兽医行政管理部门规定的弱毒疫苗（ICPI小于或等于0.4）或灭活疫苗。

5. 该区域和缓冲区须具有运行有效的监测体系，过去3年内实施监测，未检出ICPI大于0.4的病原，免疫效果确实。

6. 所有的报告及免疫、监测记录等有关材料准确、翔实、齐全。

若免疫无新城疫区内发生新城疫时，最后一只病禽扑杀后6个月，经实施有效的疫情监测确认后，方可重新申请免疫无新城疫区。

B. 非免疫无新城疫区

1. 该区域首先要达到国家无规定疫病区基本条件。

2. 在过去3年内没有暴发过新城疫，并且在过去6个月内，没有进行过免疫接种；另外，该地区在停止免疫接种后，没有引进免疫接种过的禽类。

3. 有定期的、快速的动物疫情报告记录。

4. 在该区具有有效的监测体系和监测区，过去3年内实施疫病监测，未检出ICPI大于0.4的病原或HI滴度不大于23（1：8）。

5. 所有报告及监测记录等有关材料准确、翔实、齐全。

若非免疫无新城疫区内发生新城疫时，在采取扑杀措施及血清学监测情况下，最后一只病禽扑杀后6个月；或采取扑杀措施、血清学监测及紧急免疫情况下，最后一只免疫禽屠宰后6个月，经实施有效的疫情监测和血清学检测确认后，方可重新申请非免疫无新城疫区。

（三）猪瘟

A. 免疫无猪瘟区

1. 该区域首先要达到国家无规定疫病区基本条件。

2. 该区域在过去2年内未发生过猪瘟。

3. 有定期的、快速的动物疫情报告记录。

4. 该区域和缓冲区实施强制免疫，免疫密度100%，所用疫苗必须符合国家兽医行政管理部门规定。

5. 该区域和缓冲区须具有运行有效的监测体系，过去2年内实施监测，未检出病原，免疫效果确实。

6. 所有报告，免疫、监测记录等有关材料准确、翔实、齐全。

若免疫无猪瘟区内发生猪瘟时，最后一例病猪扑杀后12个月，经实施有效的疫情监测，确认后方可重新申请免疫无猪瘟区。

B. 非免疫无猪瘟区

1. 该区域首先要达到国家无规定疫病区基本条件。

2. 在过去2年内没有暴发过猪瘟，并且在过去12个月内，没有进行过免疫接种；另外，该地区在停止免疫接种后，没有引进免疫接种过的猪。

3. 有定期的、快速的动物疫情报告记录。

4. 在该区具有有效的监测体系和监测区，过去2年内实施疫病监测，未检出病原。

5. 所有的报告及监测记录等有关材料准确、翔实、齐全。

若非免疫无猪瘟区内发生猪瘟时，在采取扑杀措施及血清学监测的情况下，最后一例病猪扑杀后6个月；或在采取扑杀措施、血清学监测及紧急免疫的情况下，最后一例免疫猪屠宰后6个月，经实施有效的疫情监测和血清学检测确认后，方可重新申请非免疫无猪瘟区。

（四）高致病性禽流感

无高致病性禽流感区

1. 该区域首先要达到国家无规定疫病区基本条件。

2. 有定期的、快速的动物疫情报告记录。

3. 在过去3年内没有发生过高致病性禽流感，并且在过去6个月内，没有进行过免疫接种；另外，该地区在停止免疫接种后，没有引进免疫接种过的禽类。

4. 在该区具有有效的监测体系和监测区，过去3年内实施疫病监测，未检出H5、H7病原或H5、H7禽流感HI试验阴性。

5. 所有的报告，监测记录等有关材料准确、

翔实、齐全。

若发生高致病性禽流感时，在采取扑杀措施及血清学监测的情况下，最后一只病禽扑杀后6个月；或采取扑杀措施、血清学监测及紧急免疫情况下，最后一只免疫禽屠宰后6个月，经实施有效的疫情监测和血清学检测确认后，方可重新申请无高致病性禽流感区。

（五）其他疫病（待定）

三、无规定疫病区基本条件

（一）区域要求

1. 区域规模。无规定疫病区的区域应集中连片，有足够的缓冲区或监测区，具备一定的自然或人工屏障的区域。

2. 社会经济条件。无规定疫病区必须是动物饲养相对集中。

无规定疫病区的建设必须在当地政府领导下，有关部门积极参与，并得到社会各界的广泛支持。

社会经济水平和政府财政具有承担无疫区建设的能力，承受短期的、局部的不利影响，并在维持方面提供经费等保障。

无规定疫病区的建立能带来显著的经济和社会生态效益。

3. 动物防疫屏障。无规定疫病区与相邻地区间必须有自然屏障和人工屏障。

4. 非免疫无规定疫病区外必须建立监测区，免疫无规定疫病区外必须建立缓冲区。

5. 免疫无规定疫病区必须实行免疫标识制度、实施有计划的疫病监控措施和网络化管理。

免疫无规定疫病区引入易感动物及其产品只能来自相应的免疫无规定疫病区或非免疫无规定疫病区。对进入免疫无规定疫病区的种用、乳用、役用动物，应先在缓冲区实施监控，确定无疫后，并按规定实施强制免疫，标记免疫标识后，方可进入。

6. 非免疫无规定疫病区必须采取有计划的疫病监控措施和网络化管理。

非免疫无规定疫病区引入易感动物及其产品只能来自相应的其他非免疫无规定疫病区。对进入非免疫无规定疫病区的种用、乳用、役用动物，应先在监测区按规定实施监控，确定符合非免疫无规定疫病区动物卫生要求后，方可进入。

（二）法制化、规范化条件

1、省级人大或者人民政府制定并颁布实施与无规定疫病区建设相关的法规规章。

2、省级人民政府制定并实施有关疫病防治应急预案，并下达无规定疫病区动物疫病防治规划。

3、依据国家或地方法律法规和规章的有关规定，省级畜牧兽医行政管理部门必须严格实施兽医从业许可、动物防疫条件审核、动物免疫、检疫、监督、监督检查站、疫情报告、畜禽饲养档案、机构队伍和动物防疫工作档案等具体的管理规定；必须严格实施动物用药、动物疫病监控、防治等技术规范。

（三）基础设施条件

1. 区域内应有稳定健全的各级动物防疫监督机构和专门的乡镇畜牧兽医站，并有与动物防疫工作相适应的冷链体系。

2. 区域内的实验室应具备相应疫病的诊断、监测、免疫质量监控和分析能力，以及与所承担工作任务相适应的设施设备。

3. 动物防疫监督机构具备与检疫、消毒工作相适应的检疫、检测、消毒等仪器设备。

4. 动物防疫监督机构具有与动物防疫监督工作相适应的设施、设备和监督车辆，保证省、市、县三级动物防疫监督机构有效开展检疫、执法、办案和技术检测等工作。具备对动物或动物产品在饲养、生产、加工、储藏、销售、运输等环节中实施动物防疫有效监控的能力。

5. 有相应的无害化处理设施设备，具备及时有效地处理病害动物和动物产品以及其他污染物的能力。

6. 省、市、县、乡有完备的疫情信息传递和档案资料管理设备，具有对动物疫情准确、迅速报告的能力。

7. 在无规定疫病区与非无规定疫病区之间建立防疫屏障，在运输动物及其产品的主要交通路口设立动物防疫监督检查站，并配备检疫、消毒、交通和及时报告有关情况的设施设备。具有对进入本区域的动物及其产品、相关人员和车辆等进行有效监督和控制疫病传入传出的能力。

（四）机构与队伍

1. 组织机构

（1）有职能明确的兽医行政管理部门。

（2）有统一的、稳定的、具有独立法人地位的省、市、县三级动物防疫监督机构。

（3）有健全的乡镇动物防疫组织。

2. 队伍

（1）有与动物防疫工作相适应的动物防疫人员。

（2）动物防疫监督机构设置的动物防疫监督员必须具备兽医相关专业大专以上学历，动物检疫员必须具备兽医相关专业中专以上学历。

（3）动物防疫监督机构内从事动物防疫监督、动物检疫及实验室检验的专业技术人员比率不得低于80%。

（4）兽医行政管理部门及动物防疫监督机构应制定并实施提高人员素质的规划，有组织、有计划地开展培训和考核，并具有相应的培训条件和考核机制。

（5）各级政府应采取有效措施，保证动物防疫监督机构及动物防疫组织从事的动物防疫活动按照国家和省财政、物价部门制定的规费收取标准收费。

（五）其他保障条件

1. 动物产地检疫和屠宰检疫均由动物防疫监督机构依法实施。

2. 有处理紧急动物疫情的物资、技术、资金和人力储备。

3. 有足够的资金支撑，在保证基础设施、设备投入和更新的同时，保证动物免疫、检疫、消毒、监督、诊断、监测、疫情报告、扑杀、无害化处理等工作经费。

二十七、无规定动物疫病区管理技术规范（试行）

（2016年10月28日　农业部农医发〔2016〕45号）

第一部分　无规定动物疫病区标准

通则
无口蹄疫区标准
无猪瘟区标准
无小反刍兽疫区标准
无高致病性禽流感区标准
无新城疫区标准
无马流感区标准
无亨德拉病区标准
无西尼罗河热区标准
无伊氏锥虫病（苏拉病）区标准
无马梨形虫病区标准
无日本脑炎区标准
无马脑脊髓炎（东方和西方）区标准
无马病毒性动脉炎区标准
无尼帕病毒病区标准
无水泡性口炎区标准
无非洲马瘟区标准
无马鼻疽区标准
无马传染性贫血病区标准
无马媾疫区标准

通　则

1　范围

本标准规定了建设无规定动物疫病区、各类相关区域的基本条件及建设步骤。本标准适用于无规定动物疫病区的建设、评估和管理。

2　规范性引用文件

下列文件的最新版本适用于本文件。

动物防疫法

动物检疫管理办法

动物防疫条件审查办法

畜禽标识和养殖档案管理办法

无规定动物疫病区评估管理办法

3　术语和定义

3.1　规定动物疫病

根据国家或某一区域动物疫病防控的需要，列为国家或该区域重点控制或消灭的动物疫病。

3.2　区（区域）

动物卫生状况、地理或行政界限清楚的地理区域。区域范围和界限应当由兽医主管部门依据地理、法律或人工屏障划定，并通过官方渠道公布。

3.3　无规定动物疫病区

在某一确定区域，在规定期限内没有发生过

规定的某一种或某几种动物疫病，且在该区域及其边界，对动物和动物产品的流通实施官方有效控制，并经国家验收合格的区域。根据是否在区域内采取免疫措施，分为免疫无规定动物疫病区和非免疫无规定动物疫病区。

3.4　动物亚群

指动物群体中可通过地理、人工屏障或生物安全措施实施流行病学隔离的部分动物群体，该部分动物群体可以有效识别，且规定动物疫病状况清楚。

3.5　地理屏障

又称自然屏障，是指自然存在的足以阻断某种动物疫病传播、人和动物自然流动的地貌 或地理阻隔，如山峦、河流、沙漠、海洋、沼泽地等。

3.6　人工屏障

指为防止规定动物疫病侵入，在无规定动物疫病区周边建立的动物卫生监督检查站，隔离或封锁设施等。

3.7　保护区

为了保护无规定动物疫病区的动物卫生状态，防止规定动物疫病传入和传播，基于规定动物疫病的流行病学特征，根据地理或行政区域等条件，沿无规定动物疫病区边界设立的保护区域，在区域内采取包括但不限于免疫接种、强化监测和易感动物的移动控制等措施。

3.8　感染控制区

指根据动物疫病的流行病学因素及调查结果，在可疑或已确认感染的养殖屠宰加工场所及其周边划定并实施控制措施以防止感染蔓延的区域。

3.9　有限疫情

指在无规定动物疫病区的局部范围内发生的规定动物疫病，该规定动物疫病的疫情扩散风险可控或风险可忽略，可以通过采取建立感染控制区等措施控制和扑灭的规定动物疫病。

3.10　潜伏期

从病原体侵入动物体内开始，到最初临床症状出现的时间。

4　建立无规定动物疫病区的基本条件

4.1　区域区划

无规定动物疫病区的区域范围和界限应当由兽医主管部门依据地理、法律或人工屏障划定，并通过官方渠道公布。区域应当集中连片，具有一定规模和范围，可以是省、自治区、直辖市的部分或全部区域，也可以是毗邻省的连片区域，原则上，至少以地级行政区域为单位。

4.2　社会经济基础

无规定动物疫病区所在地应当具有一定畜牧业基础或经济贸易需求，且当地的经济发展水平、行政管理和社会管理能保障和支持无规定动物疫病区建设、管理和维护。

4.3　机构队伍

4.3.1　县级以上地方人民政府成立无规定动物疫病区建设与管理指挥协调机构和专家组织。

4.3.2　具有健全的兽医机构体系，兽医机构体系能力满足省级兽医体系效能要求。

4.3.2.1　具有健全的省、市、县三级兽医主管部门。

4.3.2.2　具有统一、稳定的省、市、县三级动物卫生监督机构和依法开展动物卫生监督执法的工作队伍。

4.3.2.3　具有统一、稳定的省、市、县三级动物疫病预防控制机构和工作队伍，具有健全的动物疫病实验室体系。

4.3.2.4　具有稳定的基层动物防疫机构和工作队伍。

4.4　法规制度

根据有关法律、法规，结合建设区域的地理、畜牧业生产和社会经济发展状况以及动物疫病防控的需要，制定完善无规定动物疫病区建设的各项法规、规章、规范、标准和制度。

4.5　财政支持

建立稳定的财政投入机制，保证基础设施设备建设和日常运转维护的经费投入，各级动物卫生监督机构和动物疫病预防控制机构，基层动物防疫人员工作经费应当全额纳入财政预算，村级防疫员补贴落实到位。

4.6　规划制定

当地兽医主管部门在准确掌握区域内动物饲养、屠宰、经营、隔离、运输及动物产品生产、经营、加工、贮藏和规定动物疫情信息等基本情况的基础上，客观评价动物卫生状况，制定疫病扑灭、净化计划及无规定动物疫病区建设实施方案。

4.7　防疫屏障

无规定动物疫病区与相邻地区间具备地理屏障、人工屏障或保护区。确定并公布动物及动物产品进入无规定动物疫病区的指定通道，并在进入无规定动物疫病区的主要交通道口及口岸设立动物卫生监督检查站，配备检疫、消毒、交通和信息传输的设施设备，完善运行机制，对动物及其产品实施严格的监督检查。建立动物隔离场、隔离设施，设立警示标志。

4.8 测报预警

规定动物疫病必须是《动物防疫法》等法律法规及有关文件规定报告的动物疫病。健全疫情报告制度，规范疫情确认程序，完善疫情测报预警体系；制定科学的监测计划和监测方案，有针对性地开展区域内流行病学调查与监测。无规定动物疫病区所在省、市、县具有对动物疫情准确及时报告和预警的能力，并按照动物疫情管理有关规定，及时、准确报告疫情。

4.9 流通控制

完善动物及动物产品流通监管制度。无规定动物疫病区引进动物及其产品应当来源于相应的无规定动物疫病区，确需从非无规定动物疫病区输入易感动物及其产品的，必须到输入地省级动物卫生监督机构办理准引手续；输入的动物产品，从指定通道进入无规定动物疫病区；输入的易感动物在动物隔离场按规定隔离，检疫合格后经指定通道进入无规定动物疫病区。采取严格的生物安全措施，包括对运输物及规定运输路线的清洁、消毒等。

4.10 检疫监管

按照《动物防疫条件审查办法》《动物检疫管理办法》对养殖、屠宰、隔离和无害化处理等场所强化动物防疫条件审查和检疫监管，按规定使用和管理检疫证明和标志。按照《畜禽标识和养殖档案管理办法》强化畜禽标识和追溯工作。

4.11 宣传培训

应当加大无规定动物疫病区建设管理的宣传教育，对公众或者特定人群（饲养者、贸易相关人员和兽医工作人员等）进行知情教育，提高法律法规制度标准知晓率，确保畜禽养殖者及生产企业自觉落实相关措施。加大培训力度，宣传无规定动物疫病区的建设理念和管理技术措施，提高无规定动物疫病区建设管理和维持的认识和能力。

4.12 档案记录

建立无规定动物疫病区档案管理制度，制定科学合理的档案记录格式和内容，完整、准确、规范记录无规定动物疫病区管理、运行和维持的档案资料，规范各类档案记录的归档、保存及管理。

5 各类区域建设的条件

5.1 免疫无规定动物疫病区

5.1.1 在规定时限内没有规定动物疫病的临床病例，感染或传播。

5.1.2 按规定实施免疫。

5.1.3 从无规定动物疫病区以外的地区和国家引进易感动物及动物产品，按《动物及动物产品输入及过境管理技术规范》执行。

5.1.4 必要时，沿无规定动物疫病区边界设立保护区，与毗邻地区或国家相隔离。

5.1.5 具备有效的、符合规定的监测系统和记录，所有相关报告和记录等材料准确、详细、齐全。

5.1.6 对区域内其他动物疫病采取符合国家要求的防控措施。

5.2 非免疫无规定动物疫病区

5.2.1 在规定时限内没有规定动物疫病的临床病例和感染。

5.2.2 区域内所有易感动物不实施免疫。

5.2.3 必要时，沿无规定动物疫病区边界设立保护区，与毗邻地区或国家相隔离。

5.2.4 从非免疫无规定动物疫病区以外的地区和国家引入易感动物及动物产品，按《动物及动物产品输入及过境管理技术规范》执行。

5.2.5 具备有效的、符合规定的监测系统和记录，所有相关报告和记录等材料准确、详细、齐全。

5.2.6 对区域内其他动物疫病采取符合国家要求的防控措施。

5.3 保护区

根据地理、人工条件及规定动物疫病流行病学特点，沿无规定动物疫病区边界设立保护区。保护区可以设在无规定动物疫病区内，也可以设在无规定动物疫病区外。原则上，区域范围至少以县级行政区域为单位。

5.3.1 实施科学的动物疫病监测计划，包括对易感野生动物及虫媒的监测。

5.3.2 根据需要实施免疫，并实行标识制度。

5.3.3 动物及动物产品流通应当遵循有关要求。

5.3.4 对区域内其他动物疫病采取符合国家要求的防控措施。

5.3.5 怀疑暴发规定动物疫病时必须立即调查，并采取必要措施，一经确诊，应当立即组织扑灭。

设在无规定动物疫病区外的保护区，发生规定动物疫情，无规定动物疫病区的无疫状态不受影响。

设在无规定动物疫病区内的保护区，发生规定动物疫情，如可以建立感染控制区的，并通过评估的，恢复感染控制区外无规定动物疫病区的无疫资格；如不能建立感染控制区，或建立的感染控制区未通过评估，撤销无规定动物疫病区的无疫资格。

5.4 感染控制区

在无规定动物疫病区内发生有限疫情，应当在发生有限疫情的区域设立感染控制区，该感染控制区应当包含所有的规定动物疫病病例。原则上应当以县级行政区域划定感染控制区，最小区域不得小于受威胁区。

5.4.1 一旦发现疑似规定动物疫病疫情，应当立即反应并向当地兽医主管部门报告。通过流行病学调查证实该规定动物疫情为有限疫情，并已确定最先发生地，完成可能传染源的调查，确认所有病例间的流行病学关联。

5.4.2 明确界定感染控制区内的易感动物群，禁止动物移动，有效控制有关动物产品的流通。

5.4.3 实施扑杀政策，感染控制区内最后一个病例扑杀后，在规定动物疫病的 2 个潜伏期内没有新病例发生。

5.4.4 通过建立人工屏障或借助地理屏障，实施有效的动物卫生措施，防止规定动物疫病扩散到感染控制区以外的其他区域。

5.4.5 在感染控制区内开展持续监测，并强化感染控制区以外区域的被动和主动监测，没有发现任何感染证据。

5.4.6 在建成感染控制区之前，暂停无规定动物疫病区的无疫资格。一旦感染控制区建成且通过评估，恢复感染控制区外无规定动物疫病区的无疫资格。

6 建设步骤

6.1 免疫控制

6.1.1 目标：规定期限内无临床病例。

6.1.2 主要措施：开展风险评估，实施免疫接种，加强病原监测、免疫效果监测和流通控制。

6.1.2.1 制定科学的免疫计划，按规定对区域内的易感动物实施免疫接种，进行免疫抗体监测。及时分析调整免疫程序，适时补免和加强免疫。

6.1.2.2 开展流行病学调查，对规定动物疫病实施监测，对监测阳性及可疑病例及时诊断并采取控制措施。一经确诊，按规定扑杀易感动物，做好无害化处理。

6.1.2.3 严格实施产地检疫和屠宰检疫，加强对易感动物及动物产品的流通控制。

6.1.2.4 规定期限内未发现临床病例，视为达到免疫控制标准，转入监测净化阶段。

6.2 免疫无疫

6.2.1 目标：规定期限内无临床病例并且无感染/传播。

6.2.2 主要措施：开展规定动物疫病免疫，加强病原和免疫效果监测，强制扑杀感染动物及同群动物。

6.2.2.1 根据国家规定，对易感动物实施免疫，免疫密度及免疫效果达到国家规定要求。

6.2.2.2 重点开展病原监测，发现病原学阳性动物及时处置。强化对周围 3 公里半径范围内易感动物的监测，发现病原学阳性动物及时处置。

6.2.2.3 根据病原监测结果，经风险评估，逐步缩小免疫区域。

6.2.2.4 对区域内的动物及其产品实施检疫，对检疫中发现的疑似染疫动物进行追踪溯源。对进入区域内的动物实施准引审批和隔离检疫。

6.2.2.5 连续实施监测净化，在监测和检疫中均未发现动物感染或传播规定动物疫病，可转入证明无疫的监测阶段，规定时间内未发现感染或传播，即可申请免疫无规定动物疫病区评估。

6.3 非免疫无疫

6.3.1 目标：规定期限内非免疫无临床病例并且无感染。

6.3.2 主要措施：停止免疫、强化监测、扑杀并无害化处理感染动物。

6.3.2.1 在区域内，对易感动物停止针对规定动物疫病的免疫。

6.3.2.2 强化监测和检疫，发现临床病例或感染动物，按疫情处理。

6.3.2.3 强化流通控制，非免疫无规定动物疫病区引进易感动物及其产品，应当来自相应的其他非免疫无规定动物疫病区，并进行隔离检疫，确定符合非免疫无规定动物疫病区动物卫生要求后方可进入。

上述措施实施后，规定时间内未发现临床病例或感染动物，即可申请非免疫无规定动物疫病区评估。

6.4 评估

对符合6.2和6.3规定的区域，可向农业部申请国家评估验收。全国动物卫生风险评估专家委员会按照《无规定动物疫病区评估管理办法》及相关标准进行评估。评估结果建议经全国动物卫生风险评估专家委员会报农业部。

无口蹄疫区标准

1 范围

本标准规定了无口蹄疫区的条件。

本标准适用于无口蹄疫区的建设和评估。

2 规范性引用文件

下列文件的最新版本适用于本文件。

重大动物疫情应急条例

口蹄疫防治技术规范

3 术语和定义

除《通则》规定的术语和定义外，下列术语和定义也适用于本标准。

3.1 口蹄疫病毒感染：出现以下任一情形，视为发生口蹄疫病毒感染。

（1）从易感动物及其产品中分离鉴定出口蹄疫病毒；

（2）从易感动物中检测出口蹄疫病毒核酸或抗原；

（3）从易感动物中检测出非免疫所致的口蹄疫病毒结构蛋白抗体或非结构蛋白抗体。

3.2 口蹄疫病毒传播：在免疫动物群体中，无论是否出现口蹄疫的临床症状，只要通过病原学监测出口蹄疫病原，或通过血清学监测出口蹄疫非结构蛋白抗体，且对该口蹄疫非结构蛋白抗体阳性动物群在一定时间内再次抽样检测，呈现口蹄疫非结构蛋白抗体滴度升高，或者口蹄疫非结构蛋白抗体阳性动物数量增加。

4 潜伏期

口蹄疫的潜伏期为14天。

5 免疫无口蹄疫区

除遵守《通则》相关规定外，还应当符合下列条件：

5.1 与毗邻口蹄疫感染国家或地区间设有保护区，或具有人工屏障或地理屏障，以有效防止口蹄疫病毒传入。

5.2 无口蹄疫区及保护区实施免疫接种，且免疫合格率达到80%以上。所用疫苗符合国家规定。

5.3 具有完善有效的疫情报告体系。

5.4 区域内各项动物卫生措施有效实施。

5.5 具有监测体系，按照《规定动物疫病监测准则》科学开展监测。经监测证明在过去24个月内没有发生过口蹄疫，过去12个月内没有发生口蹄疫病毒传播。

6 非免疫无口蹄疫区

除遵守《通则》的相关规定外，还应当符合下列条件：

6.1 与毗邻口蹄疫感染国家或地区间设有保护区，或具有人工屏障或地理屏障，以有效防止口蹄疫病毒传入。

6.2 过去12个月内，没有进行口蹄疫免疫接种，该地区在停止免疫接种后，没有引进过免疫接种动物。

6.3 具有完善有效的疫情报告体系。

6.4 区域内各项动物卫生措施有效落实。

6.5 具有有效的监测体系，按照《规定动物疫病监测准则》科学开展监测。经监测证明在过去12个月没有发生过口蹄疫，过去12个月内没有发生口蹄疫病毒感染。

6.6 免疫无口蹄疫区转变为非免疫无口蹄疫区时，应当在免疫接种停止后12个月，并能提供在此期间没有口蹄疫病毒感染的证据。

7 无规定动物疫病区发生有限疫情建立感染控制区的条件

7.1 无规定动物疫病区发生口蹄疫疫情时，该无规定动物疫病区的无疫状态暂时停止。

7.2 根据《重大动物疫情应急条例》和《口蹄疫防治技术规范》划定疫点、疫区和受威胁区，并采取相应的管理技术措施。

7.3 开展口蹄疫流行病学调查，查明疫源，证明所有疫情之间存在流行病学关联，且数量有限、地理分布清楚，确认该起疫情为发生在无规定动物疫病区局部范围内的有限疫情。

7.4 根据流行病学调查结果，结合地理特点，在发生有限疫情的区域建立感染控制区，明确感染控制区的范围和边界。感染控制区应当包含所有流行病学关联的口蹄疫病例。感染控制区不得小于受威胁区的范围，原则上以该疫点所在

县级行政区域划定感染控制区范围。

7.5　按照《重大动物疫情应急条例》和《口蹄疫防治技术规范》对疫点、疫区和受威胁区易感动物及其产品进行处置，对其他有流行病学关联的动物及动物产品可通过自然屏障或采取人工措施，包括建立临时动物卫生监督检查站等限制措施，易感动物不得运出感染控制区。

7.6　对整个无规定动物疫病区进行排查，对感染控制区开展持续监测，对感染控制区以外的其他高风险区域进行强化监测，在最后一例发病动物扑杀后至少28天没有发生新的疫情或感染，可申请感染控制区的建成。

8　无口蹄疫区的恢复

8.1　免疫无口蹄疫区发生口蹄疫时，恢复为免疫无规定动物疫病区的条件

8.1.1　符合7的要求，感染控制区建成后，感染控制区外的其余区域可恢复为免疫无口蹄疫区。

8.1.2　不符合7的要求，但能采取扑杀、紧急免疫等措施，在最后一例感染畜扑杀后6个月内未再发生疫情，经监测证明没有口蹄疫病毒传播。

8.2　非免疫无口蹄疫区发生口蹄疫时，恢复为非免疫无规定动物疫病区的条件：

8.2.1　符合7的要求，感染控制区建成后，感染控制区外的其余区域可恢复为非免疫无口蹄疫区。

8.2.2　不符合7的要求，采取扑杀但不采取紧急免疫措施，在最后一例感染畜扑杀后3个月内未再发生疫情，经监测证明没有口蹄疫病毒感染。

8.2.3　不符合7的要求，但能采取扑杀、紧急免疫等措施，在最后一例感染畜扑杀及紧急免疫的动物全部屠宰后3个月，未再发生疫情，经监测证明没有口蹄疫病毒感染。

8.2.4　不符合7的要求，采取扑杀、紧急免疫等措施，但紧急免疫后并不屠宰所有的免疫动物，须在最后一例感染畜扑杀和最后一次免疫后6个月以上，经监测证明免疫动物没有感染口蹄疫病毒。

8.3　如在非免疫无口蹄疫区发生口蹄疫时，采取扑杀、持续免疫政策，须在最后一例病例扑杀后3个月，经监测证明不存在口蹄疫病毒传播，可恢复免疫无口蹄疫区。

8.4　感染控制区恢复无口蹄疫区的条件

8.4.1　感染控制区口蹄疫无疫状况恢复应当在12个月内完成。

8.4.2　符合8.1.2或8.3要求的，恢复为免疫无疫状态。

8.4.3　符合8.2.2或8.2.3或8.2.4要求的，恢复为非免疫无疫状态。

8.4.4　感染控制区内再次发现非免疫动物口蹄疫病毒感染或免疫动物口蹄疫病毒传播，取消感染控制区，无规定动物疫病区资格暂停。无规定动物疫病区的恢复按照8.1.2或8.2.2或8.2.3或8.2.4或8.3的要求恢复。

无猪瘟区标准

1　范围

本标准规定了无猪瘟区的条件。

本标准适用于无猪瘟区的建设和评估。

2　术语和定义

除《通则》规定的术语和定义外，下列术语和定义也适用于本标准。

2.1　猪瘟病毒感染：出现以下任一情形，视为发生猪瘟病毒感染。

（1）分离到猪瘟病毒（疫苗株除外）；

（2）鉴定出猪瘟病毒抗原（疫苗株除外）或特异性病毒核糖核酸；

（3）鉴定出非免疫所致的猪瘟病毒特异性抗体。

3　潜伏期

猪瘟的潜伏期为40d。

4　无猪瘟区

除遵守《通则》的相关规定外，还应当符合下列条件：

4.1　与毗邻猪瘟感染国家或地区间设有保护区，或具有人工屏障或地理屏障，以有效防止猪瘟病毒传入。

4.2　具有完善有效疫情报告体系。

4.3　区域内各项动物卫生措施有效实施。

4.4　具有有效的监测体系，按照《规定动物疫病监测准则》科学开展监测。经监测证明在过去12个月内饲养的猪（包括饲养的野猪）没有发现猪瘟临床病例和猪瘟病毒感染。

5　无猪瘟区的恢复

5.1　不实施免疫，对发病猪采取扑杀政策后连续3个月，经监测，没有发现猪瘟临床病例或病毒感染。

5.2　对发病猪采取扑杀政策，对其他猪实施紧急免疫。

5.2.1　扑杀最后一例发病动物并屠宰所有紧急免疫动物后，连续3个月进行监测，没有发现猪瘟临床病例或病毒感染。

5.2.2　不屠宰紧急免疫动物，但在扑杀最后一例发病动物后，连续3个月进行监测，没有发现猪瘟临床病例或病毒感染。

无小反刍兽疫区标准

1　范围

本标准规定了无小反刍兽疫区的条件。

本标准适用于无小反刍兽疫区的建设和评估。

2　规范性引用文件

下列文件的最新版本适用于本文件。

重大动物疫情应急条例

小反刍兽疫防治技术规范

3　术语和定义

除《通则》规定的术语和定义外，下列术语和定义也适用于本标准。

3.1　小反刍兽疫病毒感染：出现以下任一情形，视为发生小反刍兽疫病毒感染。

（1）从易感动物或其产品中分离鉴定出小反刍兽疫病毒（疫苗株除外）。

（2）从出现小反刍兽疫临床症状，或与小反刍兽疫确诊或疑似疫情有流行病学关联的易感动物样品中检测出小反刍兽疫病毒的病毒抗原或核酸（疫苗株除外）。

（3）从出现小反刍兽疫临床症状，与小反刍兽疫确诊或疑似疫情有流行病学关联的未经小反刍兽疫疫苗接种过的易感动物样品中检测到小反刍兽疫病毒抗体。

4　潜伏期

小反刍兽疫的潜伏期为21d。

5　免疫无小反刍兽疫区

除遵守《通则》的相关规定外，还应当符合下列条件：

5.1　与毗邻小反刍兽疫感染国家或地区间设有保护区，或具有人工屏障或地理屏障，以有效防止小反刍兽疫病毒传入。

5.2　小反刍兽疫疫苗、免疫程序和免疫合格率符合国家规定。

5.3　具有完善有效的疫情报告体系。

5.4　区域内各项动物卫生措施有效实施。

5.5　具有有效的监测体系，按照《规定动物疫病监测准则》开展监测。经监测证明，过去24个月内没有发现小反刍兽疫临床病例。

6　非免疫无小反刍兽疫区

除遵守《通则》的相关规定以及本标准5.1、5.3、5.4、5.5条款要求外，还应当符合下列条件：

6.1　经监测证明，过去24个月内没有发现小反刍兽疫病毒感染。

6.2　过去24个月内，没有进行小反刍兽疫疫苗免疫。

6.3　停止免疫后，未调入免疫动物。

7　无规定动物疫病区发生有限疫情建立感染控制区的条件

7.1　无规定动物疫病区发生小反刍兽疫疫情时，该无规定动物疫病区的无疫状态暂时停止。

7.2　根据《重大动物疫情应急条例》和《小反刍兽疫防治技术规范》划定疫点、疫区和受威胁区，并采取相应的管理技术措施。

7.3　开展小反刍兽疫流行病学调查，查明疫源，证明所有疫情之间存在流行病学关联，且数量有限、地理分布清楚，确认该起疫情为发生在无规定动物疫病区局部范围内的有限疫情。

7.4　根据流行病学调查结果，结合地理特点，在发生有限疫情的区域建立感染控制区，明确感染控制区的范围和边界。感染控制区应当包含所有流行病学关联的小反刍兽疫病例。感染控制区不得小于受威胁区的范围，原则上以该疫点所在县级行政区域划定感染控制区范围。

7.5　按照《重大动物疫情应急条例》和《小反刍兽疫防治技术规范》对疫点、疫区和受威胁区易感动物及其产品进行处置，对其他有流行病学关联的动物及动物产品可通过自然屏障或采取人工措施，包括建立临时动物卫生监督检查站等限制措施，易感动物不得运出感染控制区。

7.6　对整个无规定动物疫病区进行排查，对感染控制区开展持续监测，对感染控制区以外的其他高风险区域进行强化监测，在最后一例发病动物扑杀后至少42d没有发生新的疫情 或感染，可申请感染控制区的建成。

8　无小反刍兽疫区的恢复

8.1　发生小反刍兽疫疫情后，如符合7的要求，感染控制区建成后，除感染控制区外的其余

区域可恢复为无小反刍兽疫区；感染控制区内如6个月再没有疫情发生，经监测，易感动物没有小反刍兽疫病毒感染，感染控制区可申请恢复无小反刍兽疫区。

8.2 发生小反刍兽疫疫情后，如不符合7的要求，但最后一例感染动物扑杀后，6个月再没有疫情发生，经监测，易感动物没有小反刍兽疫病毒感染，可申请恢复无小反刍兽疫区。

无高致病性禽流感区标准

1 范围

本标准规定了无高致病性禽流感区的条件。

本标准适用于无高致病性禽流感区的建设和评估。

2 术语和定义

除《通则》规定的术语和定义外，下列术语和定义也适用于本标准。

2.1 禽流感：为任何H5或H7亚型的A型流感病毒感染，或任何一种静脉接种致病指数（IVPI）大于1.2（或造成至少75%死亡率作为代替指标）的其他A型流感病毒感染，可分为高致病 性禽流感和低致病性禽流感。

2.2 禽流感病毒感染：出现以下任一情形，视为发生禽流感病毒感染。

（1）分离并鉴定出禽流感病毒；

（2）在家禽或家禽产品中检测到禽流感病毒特异性核糖核酸（RNA）。

2.3 高致病性禽流感：由以下禽流感病毒引起的家禽感染，定义为高致病性禽流感。

（1）对6周龄易感鸡的静脉接种致病指数（IVPI）大于1.2，或对4～8周龄易感鸡静脉接种感染死亡率不低于75%的H5、H7亚型或其他A型流感病毒；

（2）对不具备上述两个特征的H5和H7亚型流感病毒，需要进行测序，如果血凝素裂解位点存在多个碱性氨基酸，且与高致病性禽流感分离毒株的氨基酸序列相似，则认为是高 致病性禽流感。

3 潜伏期

高致病性禽流感的潜伏期为21d。

4 无高致病性禽流感区

除遵守《通则》的相关规定外，还应当符合下列条件：

4.1 与毗邻高致病性禽流感感染国家或地区间设有保护区，或者具有人工屏障或地理屏障，以有效防止病毒传入。

4.2 具有完善有效的疫情报告体系。

4.3 区域内各项动物卫生措施有效实施。

4.4 具有有效的监测体系，按照《规定动物疫病监测准则》进行监测，并证明过去12个月内家禽未发现高致病性禽流感病毒感染（不管是否存在低致病性禽流感病毒感染）。

5 无规定动物疫病区发生有限疫情建立感染控制区的条件

5.1 无规定动物疫病区发生高致病性禽流感疫情时，该无规定动物疫病区的无疫状态暂时停止。

5.2 根据《重大动物疫情应急条例》和《高致病性禽流感防治技术规范》划定疫点、疫区和受威胁区，并采取相应的管理技术措施。

5.3 开展高致病性禽流感流行病学调查，查明疫源，证明所有疫情之间存在流行病学关联，且数量有限、地理分布清楚，确认该起疫情为发生在无规定动物疫病区局部范围内的有限疫情。

5.4 根据流行病学调查结果，结合地理特点，在发生有限疫情的区域建立感染控制区，明确感染控制区的范围和边界。感染控制区应当包含所有流行病学关联的高致病性禽流感病例。感染控制区不得小于受威胁区的范围，原则上以该疫点所在县级行政区域划定感染控制区范围。

5.5 按照《重大动物疫情应急条例》和《高致病性禽流感防治技术规范》对疫点、疫区和受威胁区易感动物及其产品进行处置，对其他有流行病学关联的动物及动物产品可通过自然屏障或采取人工措施，包括建立临时动物卫生监督检查站等限制措施，易感动物不得运出感 染控制区。

5.6 对整个无规定动物疫病区进行排查，对感染控制区开展持续监测，对感染控制区以外的其他高风险区域进行强化监测，在最后一例发病动物扑杀后至少42天没有发生新的疫情或感染，可申请感染控制区的建成。

6 无高致病性禽流感区的恢复

6.1 发生高致病性禽流感疫情后，如符合5的要求，感染控制区建成后，除感染控制区外的其余区域可恢复为无高致病性禽流感区；感染控制区内如3个月再没有疫情发生，经监测，未发现高致病性禽流感病毒感染，感染控制区可申请恢复无高致病性禽流感区。

6.2 发生高致病性禽流感疫情后，如不符合5的要求，采取扑杀政策时，无论是否实施高致病性禽流感疫苗接种，在最后一例感染病例扑杀后3个月，采取相应的监测等措施，经监测，未发现高致病性禽流感病毒感染，可以申请恢复无高致病性禽流感区。

无新城疫区标准

1 范围

本标准规定了无新城疫区的条件。

本标准适用于无新城疫区的建设和评估。

2 术语和定义

除《通则》规定的术语和定义外，下列术语和定义也适用于本标准。

2.1 新城疫

《通则》指由新城疫病毒强毒引起的家禽感染，其毒株的毒力应当符合以下标准之一：

(1) 毒株1日龄雏鸡脑内接种致病指数大于或等于0.7。

(2) 毒株F2蛋白C端（第113～116位）至少包括3个碱性氨基酸残基，F1蛋白N端，即第117位氨基酸残基为苯丙氨酸（F），如果毒株没有上述氨基酸特征序列，则需要通过脑内接种致病指数鉴定。

3 潜伏期

新城疫的潜伏期为21d。

4 无新城疫区

除遵守《通则》的相关规定外，还应当符合下列条件：

4.1 与毗邻新城疫感染国家或地区间设有保护区，或具有人工屏障或地理屏障，以有效防止病毒传入。

4.2 具有完善有效的疫情报告体系。

4.3 区域内各项动物卫生措施有效实施。

4.4 具有有效的监测体系，按《规定动物疫病监测准则》开展监测。经监测证明至少在过去12个月内家禽未发生过新城疫病毒强毒感染。

5 无新城疫区的恢复

发生新城疫后，实施扑杀政策，不论是否实施新城疫疫苗接种，最后一例感染动物扑杀后3个月，经监测，证明不存在新城疫病毒强毒感染，可申请恢复无新城疫区。

无马流感区标准

1 范围

本标准规定了马属动物无马流感区的条件。

本标准适用于马属动物无马流感区的建设和评估。

2 术语和定义

《通则》规定的术语和定义适用于本标准。

3 潜伏期

马流感的潜伏期为21d。

4 免疫无马流感区

除遵守《通则》的相关规定外，还应当符合下列条件：

4.1 过去24个月内没有发生过马流感临床病例。

4.2 过去12个月内，对马属动物进行监测，经监测没有发现马流感病毒循环。

4.3 无马流感区内易感动物均实施免疫接种，开展有效的免疫效果监测。

4.4 引入马属动物符合《动物及动物产品输入及过境管理技术规范》要求，并满足以下条件：

4.4.1 装运之日无马流感临床症状。

4.4.2 装运前21d，在官方报告无马流感的养殖场隔离饲养，饲养期间无马流感病例报告，在装运前21～90d按免疫程序进行了马流感免疫。

5 非免疫无马流感区

除遵守《通则》的相关规定外，还应当符合下列条件：

5.1 过去24个月内没有发生过马流感临床病例。

5.2 过去12个月内，没有进行马流感免疫接种，该地区在停止免疫接种后，没有引进过免疫接种动物。

5.3 过去12个月，对马属动物进行监测，经监测没有发现马流感病毒感染。

5.4 引入的马属动物需按照《动物及动物产品输入及过境管理技术规范》要求，并满足以、下条件：

5.4.1 装运之日无马流感临床症状。

5.4.2 装运前21天，在官方报告无马流感的养殖场隔离饲养，且饲养期间无马流感病例报告。

5.4.3 马属动物来源于非免疫无马流感区。

5.5 免疫无马流感区转为非免疫无马流感区时，应当在最后一匹马停止免疫接种后12个月，经监测没有发现马流感病毒感染。

6 无马流感区的恢复

6.1 免疫无马流感区发生马流感后，恢复免疫无马流感区的条件：

对发病马属动物采取隔离、治疗措施，对同

群动物强化免疫接种，最后一例病例康复后，至少 12 个月内没有发现马流感临床病例及病原感染。

6.2 非免疫无马流感区发生马流感后，恢复非免疫无马流感区的条件：

对发病马属动物采取隔离、治疗措施，最后一例病例康复后，至少 12 个月内没有发现马流感临床病例及病原感染。

无亨德拉病区标准

1 范围

本标准规定了马属动物无亨德拉病区的条件。

本标准适用于马属动物无亨德拉病区的建设和评估。

2 术语和定义

《通则》规定的术语和定义适用于本标准。

3 潜伏期

亨德拉病的潜伏期为 16d。

4 无亨德拉病区

除遵守《通则》的相关规定外，还应当符合下列条件：

4.1 过去 12 个月内，没有发现亨德拉病临床病例。

4.2 过去 12 个月内，对马属动物、猪以及果蝠等野生动物进行监测，没有发现亨德拉病病毒感染。

4.3 采取了有效措施防止果蝠与马属动物、猪等接触。

4.4 引入动物符合《动物及动物产品输入及过境管理技术规范》要求，并满足以下条件：

4.4.1 装运之日，无亨德拉病临床症状。

4.4.2 装运前 16d，在官方报告无亨德拉病的养殖场饲养，饲养期间无亨德拉病报告。

5 无亨德拉病区的恢复

发生亨德拉病后，实施扑杀政策，对最后一例病例扑杀后，至少 6 个月内没有发现亨德拉临床病例及病原感染。

无西尼罗河热区标准

1 范围

本标准规定了马属动物无西尼罗河热区的条件。

本标准适用于马属动物无西尼罗河热区的建设和评估。

2 术语和定义

《通则》规定的术语和定义适用于本标准。

3 潜伏期

西尼罗河热的潜伏期为 15d。

4 无西尼罗河热区

除遵守《通则》的相关规定外，还应当符合下列条件：

4.1 过去 12 个月内，没有发现西尼罗河热的临床病例。

4.2 过去 12 个月内，对马属动物进行监测，没有发现马属动物的西尼罗河热病毒感染。

4.3 过去的 12 个月内，对鸟类、蚊等传播媒介进行监测，没有发现西尼罗河热病毒感染。

4.4 采取有效措施防止传播媒介与马属动物直接接触。

4.5 引入马属动物符合《动物及动物产品输入及过境管理技术规范》要求，并满足以下条件：

4.5.1 装运之日，无西尼罗河热临床症状。

4.5.2 装运前 15d，在官方报告无西尼罗河热的养殖场隔离饲养，饲养期间无西尼罗河热 病例报告。

5 无西尼罗河热区的恢复

发生西尼罗河热后，实施扑杀政策，对最后一例病例扑杀后，至少 6 个月内没有发现西尼罗河热临床病例及病原感染。

无伊氏锥虫病（苏拉病）区标准

1 范围

本标准规定了马属动物无伊氏锥虫病（苏拉病）区的条件。

本标准适用于马属动物无伊氏锥虫病区的建设和评估。

2 术语和定义

《通则》规定的术语和定义适用于本标准。

3 潜伏期

伊氏锥虫病的潜伏期为 60d。

4 无伊氏锥虫病（苏拉病）区

除遵守《通则》的相关规定外，还应当符合下列条件；

4.1 在过去 12 个月内，没有发现马属动物和相关易感动物（包括骆驼、猪、牛、羊等）伊氏锥虫病的临床病例。

4.2 在过去 12 个月内，对马属动物开展监测，没有发现伊氏锥虫感染。

4.3 对相关易感动物（包括骆驼、猪、牛、羊等）和虻等传播媒介进行监测。

4.3.1 在过去的 12 个月内，没有发现伊氏锥虫病原。

4.3.2　采取有效措施防止传播媒介与易感动物直接接触。

4.4　引入易感动物符合《动物及动物产品输入及过境管理技术规范》要求，并满足以下条件：

4.4.1　装运之日，无伊氏锥虫病临床症状。

4.4.2　装运前60d，在官方报告无伊氏锥虫病的养殖场隔离饲养，且饲养期间无伊氏锥虫病的病例报告，经实验室诊断，血液中不含伊氏锥虫。

5　无伊氏锥虫病（苏拉病）区的恢复

发生伊氏锥虫病后，实施扑杀政策，对最后一例病例扑杀后，至少6个月内没有发现伊氏锥虫临床病例，且易感动物血液中不含伊氏锥虫病原。

无马梨形虫病区标准

1　范围

本标准规定了马属动物无梨形虫病区的条件。

本标准适用于马属动物无梨形虫病区的建设和评估。

2　术语和定义

《通则》规定的术语和定义适用于本标准。

3　潜伏期

梨形虫病的潜伏期为30d。

4　无马梨形虫病区

除遵守《通则》的相关规定外，还应当符合下列条件；

4.1　采取了有效的措施防止蜱与马属动物接触。

4.2　在过去12个月内，没有发现马梨形虫的临床病例。

4.3　在过去12个月内，对马属动物进行监测，没有发现梨形虫感染。

4.4　采取有效措施防止传播媒介与马属动物直接接触。

4.5　引入马属动物符合《动物及动物产品输入及过境管理技术规范》要求，并满足以下条件：

4.5.1　装运之日及装运前30d，无梨形虫病临床症状。

4.5.2　装运前30d，在官方报告无梨形虫病的养殖场隔离饲养，饲养期间无梨形虫病例报告，并经马梨形虫病诊断试验，结果为阴性。

4.5.3　装运前30d，对动物进行驱蜱处理。

5　无马梨形虫病区的恢复

发生马梨形虫病后，实施扑杀政策，对最后一例病例扑杀后，至少6个月内没有发现马梨形虫临床病例，且易感动物血液中不含梨形虫病原。

无日本脑炎区标准

1　范围

本标准规定了马属动物无日本脑炎区的条件。

本标准适用于马属动物无日本脑炎区的建设和评估。

2　术语和定义

《通则》规定的术语和定义适用于本标准。

3　潜伏期

日本脑炎的潜伏期为21d。

4　免疫无日本脑炎区

除遵守《通则》的相关规定外，还应当符合下列条件：

4.1　在过去12个月内，没有发现日本脑炎临床病例。

4.2　在过去12个月内，对易感动物进行监测，没有发现日本脑炎病毒感染。

4.3　采取有效措施防止蚊等传播媒介、野生易感动物和其他易感动物与马属动物直接接触。

4.4　对易感马属动物实施免疫接种；并根据风险评估结果，对其他易感动物可实施免疫，开展有效的免疫效果监测。

4.5　引入易感动物符合《动物及动物产品输入及过境管理技术规范》要求，并满足以下条件：

4.5.1　装运之日无日本脑炎临床症状。

4.5.2　在隔离饲养期间和运输期间，有避免被昆虫叮咬的措施。

4.5.3　装运前21d，在官方报告无日本脑炎的养殖场隔离饲养，饲养期间无日本脑炎病例报告。

4.5.4　装运前7d与装运前12个月之间进行过日本脑炎免疫接种。

5　非免疫无日本脑炎区

除遵守《通则》的相关规定外，还应当符合下列条件：

5.1　在过去12个月内，没有发现日本脑炎临床病例。

5.2　在过去12个月内没有对易感动物进行日本脑炎免疫接种。

5.3　该地区在停止免疫接种后，没有引进过日本脑炎免疫接种动物。

5.4　引入的易感动物需按照《动物及动物产品输入及过境管理技术规范》要求，并满足以下

条件：

5.4.1 装运之日无日本脑炎临床症状。

5.4.2 装运前 21 天，在官方报告无日本脑炎的养殖场隔离饲养，饲养期间无日本脑炎病例报告。

5.4.3 在隔离饲养期间和运输期间，有避免被昆虫叮咬的措施。

5.4.4 装运前 12 个月没有进行过日本脑炎免疫接种。

5.5 免疫无日本脑炎区转变为非免疫无日本脑炎区时，应当在最后一头易感动物停止免疫接种后 12 个月，经监测，在这段时间内没有日本脑炎病毒感染。

6 无日本脑炎区的恢复

6.1 免疫无日本脑炎区发生日本脑炎后，恢复免疫无日本脑炎区的条件：

对发病马属动物采取隔离、治疗措施，对同群动物强化免疫接种，最后一例病例康复后，至少 6 个月内没有发现日本脑炎临床病例及病原感染。

6.2 非免疫无日本脑炎区发生日本脑炎后，恢复非免疫无日本脑炎区的条件：

对发病易感动物进行扑杀，最后一例病例死亡或扑杀后，至少 6 个月内没有发现日本脑炎临床病例及病原感染。

无马脑脊髓炎（东方和西方）区标准

1 范围

本标准规定了马属动物无马脑脊髓炎（东方和西方）区的条件。

本标准适用于马属动物无马脑脊髓炎（东方和西方）区的建设和评估。

2 术语和定义

《通则》规定的术语和定义适用于本标准。

3 潜伏期

马脑脊髓炎（东方和西方）的潜伏期为 14 天。

4 无马脑脊髓炎（东方和西方）区

除遵守《通则》的相关规定外，还应当符合下列条件：

4.1 过去 24 个月内，没有发现马脑脊髓炎（东方和西方）的临床病例。

4.2 对马属动物进行监测，过去 12 个月没有监测出马脑脊髓炎（东方和西方）病毒感染。

4.3 对昆虫等传播媒介进行监测，在过去的 12 个月内，通过监测未发现马脑脊髓炎（东方和西方）病原。

4.4 采取有效措施防止传播媒介与马属动物的接触。

4.5 引入马属动物符合《动物及动物产品输入及过境管理技术规范》要求，在装运之日及装运前 3 个月，无马脑脊髓炎（东方和西方）临床症状；并满足以下条件之一：

4.5.1 装运前 3 个月，在官方报告无马脑脊髓炎（东方和西方）的养殖场饲养，饲养期间无马脑脊髓炎（东方和西方）病例报告。

4.5.2 装运前隔离观察 21d，隔离期间及运往装运地过程中，有防止媒介昆虫叮咬措施。

4.5.3 装运前 15d 至 12 个月内进行过免疫接种。

5 无马脑脊髓炎（东方和西方）区的恢复

发生马脑脊髓炎（东方和西方）后，实施扑杀政策，对最后一例病例扑杀后，至少 6 个月内没有发现马脑脊髓炎（东方和西方）临床病例及病原感染。

无马病毒性动脉炎区标准

1 范围

本标准规定了马属动物无马病毒性动脉炎区的条件。

本标准适用于马属动物无马病毒性动脉炎区的建设和评估。

2 术语和定义

《通则》规定的术语和定义适用于本标准。

3 潜伏期

马病毒性动脉炎潜伏期为 28d，种公马感染后可终生带毒。

4 无马病毒性动脉炎区

除遵守《通则》的相关规定外，还应当符合下列条件：

4.1 过去 12 个月没有发生过马病毒性动脉炎临床病例。

4.2 过去 12 个月内，对马属动物进行监测，没有发现马病毒性动脉炎病毒感染。

4.3 引入马属动物符合《动物及动物产品输入及过境管理技术规范》要求。

4.3.1 引入未去势种公马，必须在装运之日及装运前 28d 内，无马病毒性动脉炎临床症状，并同时满足以下条件之一：

4.3.1.1 在装运前 28d 进行隔离，在装运前

21天内采集血清样品进行马病毒性动脉炎检测，检测结果为阴性。

4.3.1.2　对6～9月龄的马进行马病毒性动脉炎检测，检测结果为阴性；或检测结果为阳性，在间隔至少14d后再次检测，结果表明抗体滴度稳定或下降，而后立即进行马病毒性动脉炎免疫接种，并定期再次免疫。

4.3.1.3　在装运前的28d进行隔离，在实施隔离7d后，进行马病毒性动脉炎检测，如果结果为阴性，应当立即进行马病毒性动脉炎免疫接种，接种后21d内与其他马匹保持隔离，并定期再次免疫。

4.3.1.4　马病毒性动脉炎检测结果呈阳性者，采取下列三种措施之一：

（1）在装运前6个月，分别选择两匹母马与两匹公马进行试验性交配，并在交配之日及此后的28天内两次采集母马血清样品，进行马病毒性动脉炎抗体检测，结果为阴性。

（2）在装运前6个月，采集精液进行病毒检测，结果为阴性。

（3）在抗体检测阳性后6个月内，采集精液进行病毒检测，结果为阴性，立即进行疫苗接种，并定期再次免疫。

4.3.2　引入未去势雄性马属动物以外的马属动物，应当满足以下条件之一：

4.3.2.1　在装运前28d内，在无马病毒性动脉炎临床症状的饲养场饲养，且：

（1）在装运前21d，采集血液样品进行抗体检测，结果阴性，或在装运前28d，间隔至少14天进行两次血清样品检测，结果表明抗体滴度稳定或下降。或：

（2）一直有马病毒性动脉炎定期免疫记录。

4.3.2.2　在装运前28d进行隔离，在此期间所有的动物无马病毒性动脉炎临床症状。

4.3.3　引入精液时，其供精马应当满足下列4.3.3.1和4.3.3.2以及4.3.3.3至4.3.3.6之中的任一条件：

4.3.3.1　采精前28d，在无马病毒性动脉炎临床症状饲养场饲养。

4.3.3.2　采精之日无马病毒性动脉炎临床症状。

4.3.3.3　对6～9月龄的马进行马病毒性动脉炎检测，检测结果为阴性；或检测结果为阳性，在间隔至少14天后再次检测，结果表明抗体滴度稳定或下降，随后立即进行马病毒性动脉炎免疫接种，并定期再次免疫。

4.3.3.4　供精马采精前28d隔离饲养，在实施隔离7d后，进行马病毒性动脉炎抗体检测，如结果为阴性，立即进行马病毒性动脉炎免疫接种，接种后21天内与其他马匹保持隔离，至采精结束。

4.3.3.5　采精前14d内，采集血清样品进行马病毒性动脉炎检测，结果为阴性，并在采血之日前14d至采精结束的时间内与其他马属动物进行隔离饲养。

4.3.3.6　采集血清样品进行马病毒性动脉炎检测，马病毒性动脉炎检测阳性结果者，满足下列条件之一：

（1）采精前6个月内，选择两匹母马进行试验性交配，并在交配之日及此后28d内两次采集母马血清样品，进行马病毒性动脉炎检测，结果阴性。

（2）采精前6个月内，采集精液样本，进行马病毒性动脉炎病毒检测，结果为阴性。

（3）血清检测后的6个月内，采集精液样本，进行马病毒性动脉炎病毒检测，结果为阴性，随后立即进行马病毒性动脉炎免疫接种，并定期再次免疫。

5　无马病毒性动脉炎区的恢复

对发病马属动物采取隔离、治疗措施，最后一例病例康复后，至少6个月内没有发现马病毒性动脉炎临床病例及病原感染。

无尼帕病毒病区标准

1　范围

本标准规定了马属动物无尼帕病毒病区的条件。

本标准适用于马属动物无尼帕病毒病区的建设和评估。

2　术语和定义

《通则》规定的术语和定义适用于本标准。

3　潜伏期

尼帕病毒病的潜伏期为14d。

4　无尼帕病毒病区

除遵守《通则》的相关规定外，还应当符合下列条件：

4.1　在过去至少12个月内，没有发现马、猪、犬等易感动物尼帕病毒病临床病例。

4.2　在过去至少6个月内，对马属动物和猪

等易感动物进行监测，未监测到尼帕病毒或特异性抗体。

4.3 在过去的6个月内，对蚊、果蝠等传播媒介进行监测，没有发现尼帕病毒感染。

4.4 采取有效措施防止传播媒介与易感动物直接接触。

4.5 引入动物符合《动物及动物产品输入及过境管理技术规范》要求，并满足以下条件：

4.5.1 装运之日无尼帕病毒病临床症状。

4.5.2 装运前14d，在官方报告无尼帕病毒病的养殖场饲养，饲养期间无尼帕病毒病的病例报告。

4.5.3 装运前隔离观察14d，隔离期间及运往装运地过程中，防止接触野猪和果蝠。

5 无尼帕病毒病区的恢复

发生尼帕病毒病后，实施扑杀政策，对最后一例病例扑杀后，至少6个月内没有发现尼帕病毒临床病例及病原感染。

无水泡性口炎区标准

1 范围

本标准规定了马属动物无水泡性口炎区的条件。

本标准适用于马属动物无水泡性口炎的建设和评估。

2 术语和定义

《通则》规定的术语和定义适用于本标准。

3 潜伏期

水泡性口炎的潜伏期为21d。

4 无水泡性口炎区

除遵守《通则》的相关规定外，还应当符合下列条件：

4.1 过去24个月内，没有发现水泡性口炎的临床病例。

4.2 过去12个月内，对马、猪、牛、羊等易感动物进行水泡性口炎病毒监测，没有发现水泡性口炎病毒感染。

4.3 过去的12个月内，对易感野生动物进行监测，没有发现水泡性口炎病毒病原。

4.4 采取有效措施防止易感野生动物与其他易感动物接触。

4.5 引入动物符合《动物及动物产品输入及过境管理技术规范》要求，并满足以下条件：

4.5.1 从无水泡性口炎国家或地区引入易感动物。

4.5.1.1 装运之日无水泡性口炎临床症状。

4.5.1.2 自出生或至少过去21d内在无水泡性口炎国家或地区饲养。

4.5.2 从无水泡性口炎国家或地区引入野生易感动物：

4.5.2.1 装运之日无水泡性口炎临床症状。

4.5.2.2 如果无水泡性口炎国家或地区与水泡性口炎感染国家或地区具有共同边界，则：

（1）装运前隔离观察30d，并在隔离开始至少21天后经水泡性口炎诊断试验，没有发生水泡性口炎病毒感染。

（2）在隔离期间及运往装运地的过程中，避免媒介昆虫叮咬。

4.5.3 从水泡性口炎感染国家（地区）或水泡性口炎状况不清楚的国家（地区）引入家养易感动物：

4.5.3.1 装运之日无水泡性口炎临床症状。

4.5.3.2 自出生或至少过去21d内一直在官方报告无水泡性口炎病例的饲养场饲养，且饲养期间无水泡性口炎病例报告。

4.5.3.3 装运前隔离观察30d，并在隔离开始至少21天后经水泡性口炎诊断试验，没有发生水泡性口炎病毒感染。

4.5.3.4 在隔离期间及运往装运地的过程中，避免媒介昆虫叮咬。

4.5.4 从水泡性口炎感染国家（地区）或水泡性口炎状况不清楚的国家（地区）引入易感野生动物：

4.5.4.1 装运之日无水泡性口炎临床症状。

4.5.4.2 装运在隔离检疫场隔离观察30d，并在隔离开始至少21天后经水泡性口炎诊断试验，没有发生水泡性口炎病毒感染。

4.5.4.3 在隔离期间及运往装运地的过程中，避免媒介昆虫叮咬。

4.5.5 从无水泡性口炎国家或地区引入反刍动物、猪和马的体内胚胎时，应当满足下列条件：

4.5.5.1 采集胚胎时供体母畜在无水泡性口炎国家或地区饲养场饲养。

4.5.5.2 胚胎采集、加工和存贮符合有关规定。

4.5.6 从水泡性口炎感染国家（地区）或水泡性口炎状况不清楚的国家（地区）引进反刍动物、猪和马的体内胚胎时，应当满足下列条件：

4.5.6.1 供体母畜：

(1) 至少在采集前的21d及采集过程中，饲养场没有水泡性口炎病例的报告。

(2) 在胚胎采集前的21d进行水泡性口炎诊断，没有发生水泡性口炎病毒感染。

4.5.6.2　胚胎的采集、加工和存贮符合有关规定。

5　无水泡性口炎区的恢复

发生水泡性口炎后，实施扑杀政策，对最后一例病例扑杀后，至少6个月内没有发现水泡性口炎临床病例及病原感染。

无非洲马瘟区标准

1　范围

本标准规定了马属动物无非洲马瘟区的条件。

本标准适用于马属动物无非洲马瘟区的建设和评估。

2　术语和定义

《通则》规定的术语和定义适用于本标准。

3　潜伏期

非洲马瘟的潜伏期为40天。

4　无非洲马瘟区

除遵守《通则》的相关规定外，还应当符合下列条件：

4.1　过去24个月内，没有发现非洲马瘟的临床病例。

4.2　过去24个月内，接壤的周边国家或地区为无非洲马瘟区。

4.3　过去12个月内，未对家养马属动物和其他马属动物实施非洲马瘟免疫接种。

4.4　过去12个月内，对马属动物进行监测，没有发现非洲马瘟病毒感染。

4.5　引入马属动物符合《动物及动物产品输入及过境管理技术规范》要求，并满足以下条件：

4.5.1　来源于无非洲马瘟国家。

4.5.2　装运之日无非洲马瘟临床症状。

4.5.3　过去40d没进行过免疫。

4.5.4　出生之日起或装运前至少40d在无非洲马瘟国家饲养。

4.5.5　不经过感染国家（地区）转运。

4.5.6　如经过感染国家（地区）转运时有防止与库蠓接触的措施。

4.6　引入马属动物精液或胚胎（卵）时，供精液或胚胎（卵）的马属动物除满足4.5.1、4.5.3条款要求以外，并应满足以下条件：

4.6.1　供精液或胚胎（卵）之前至少40d在无非洲马瘟国家饲养。

4.6.2　供精液或胚胎（卵）之后至少40d无非洲马瘟临床症状。

4.6.3　供精或胚胎（卵）的马属动物群特异性抗体和病原学监测均为阴性。

5　无非洲马瘟区的恢复

发生非洲马瘟后，实施扑杀政策，对最后一例病例扑杀后，至少6个月内没有发现非洲马瘟临床病例及病原感染。

无马鼻疽区标准

1　范围

本标准规定了马属动物无马鼻疽区的条件。

本标准适用于马属动物无马鼻疽区的建设和评估。

2　术语和定义

《通则》规定的术语和定义适用于本标准。

3　潜伏期

马鼻疽的潜伏期为6个月。

4　无马鼻疽区

除遵守《通则》的相关规定外，还应当符合下列条件：

4.1　过去36个月内，没有发现马鼻疽临床病例。

4.2　对马属动物进行监测，过去6个月内，没有发现病原感染。

4.3　采取有效措施防止骆驼、犬、猫等其他易感动物与马属动物直接接触。

4.4　引入马属动物应当符合《动物及动物产品输入及过境管理技术规范》要求，并满足以下条件：

4.4.1　装运之日无马鼻疽临床症状。

4.4.2　装运前6个月，一直在官方报告无马鼻疽的饲养场饲养，饲养期间无马鼻疽病例报告。

4.4.3　装运前30d，经马鼻疽实验室病原学、血清学检测或变态反应，结果阴性。

5　无马鼻疽区的恢复

发生马鼻疽后，实施扑杀政策，对最后一例病例扑杀后，至少6个月内没有发现马鼻疽临床病例及病原感染。

马传染性贫血病区标准

1　范围

本标准规定了马属动物无马传染性贫血病区的条件。

本标准适用于马属动物无马传染性贫血病区

的建设和评估。

2　术语和定义

《通则》规定的术语和定义适用于本标准。

3　潜伏期

马传染性贫血病的潜伏期为3个月。

4　无马传染性贫血病区

除遵守《通则》的相关规定外，还应当符合下列条件：

4.1　过去24个月内，没有发现马属动物的马传染性贫血病临床病例。

4.2　过去12个月内，对马属动物进行监测，没有发现马传染性贫血病病毒感染。

4.3　引入马属动物符合《动物及动物产品输入及过境管理技术规范》要求，并满足以下条件：

4.3.1　装运前48h无马传染性贫血病临床症状。

4.3.2　装运前3个月，在官方报告无马传染性贫血病的饲养场饲养，饲养期间无马传染性贫血病病例报告。

4.3.3　长期进口时，装运前30d期间采集的血清样品，经病原学或血清学检测，结果阴性；临时进口时，装运前90d期间采集的血清样品，经病原学或血清学检测，结果阴性。

5　无马传染性贫血病区的恢复

发生马传染性贫血病后，实施扑杀政策，对最后一例病例扑杀后，至少6个月内没有发现马传染性贫血病临床病例及病原感染。

无马媾疫区标准

1　范围

本标准规定了马属动物无马媾疫区的条件。

本标准适用于马属动物无马媾疫区的建设和评估。

2　术语和定义

《通则》规定的术语和定义适用于本标准。

3　潜伏期

马媾疫的潜伏期为6个月。

4　无马媾疫区

除遵守《通则》的相关规定外，还应当符合下列条件：

4.1　过去24个月内，没有发现马媾疫临床病例。

4.2　过去12个月内，对马属动物进行监测，没有发现马媾疫锥虫感染。

4.3　引入马属动物符合《动物及动物产品输入及过境管理技术规范》要求，并满足以下条件：

4.3.1　装运之日无马媾疫临床症状。

4.3.2　装运前6个月，一直在官方报告无马媾疫的饲养场饲养，饲养期间无马媾疫病例报告。

4.3.3　装运前15d，经马媾疫病原学或血清学诊断，结果阴性。

4.4　引入马属动物精液应当符合《动物及动物产品输入及过境管理技术规范》要求，并满足以下条件：

4.4.1　供精马属动物无马媾疫临床症状。

4.4.2　供精马属动物在官方报告无马媾疫的饲养场饲养，饲养期间无马媾疫病例报告。

4.4.3　供精马属动物经马媾疫病原学或血清学诊断，结果阴性。

5　无马媾疫区的恢复

对采取隔离、治疗措施，最后一例病例康复后，至少6个月内没有发现马媾疫临床病例及病原感染。

第二部分　管理技术规范

畜禽饲养场动物卫生管理通用规范

动物隔离场动物卫生管理规范

屠宰厂（场）动物卫生管理规范

动物无害化处理场动物卫生管理规范

动物防疫档案管理规范

规定动物疫病监测准则

动物及动物产品输入和过境管理技术规范

规定动物疫病风险评估准则

畜禽饲养场动物卫生管理通用规范

1　范围

本规范规定了畜禽饲养场的基本条件和建设管理要求。

本规范适用于无规定动物疫病区畜禽饲养场的动物卫生管理，养殖小区的动物卫生管理参照本规范执行。

2　规范性引用文件

下列文件的最新版本适用于本文件。

畜禽标识和养殖档案管理办法

动物防疫条件审查办法

3　资质条件

3.1　应当符合动物防疫条件。

3.1.1　兴办畜禽饲养场应当符合《动物防疫条件审查办法》的要求，并取得《动物防疫条件合格证》。

3.1.2　在取得《动物防疫条件合格证》后，变更场址或经营范围的，应当重新申请办理《动物防疫条件合格证》，同时交回原《动物防疫条件合格证》。

3.1.3　在取得《动物防疫条件合格证》后，变更布局、设施设备和制度，可能引起动物防疫条件发生变化的，应当提前 30d 向原发证机关报告。

3.1.4　在取得《动物防疫条件合格证》后，变更单位名称或其负责人的，应当在变更后 15d 内持有效申请及证明材料变更《动物防疫条件合格证》。

3.1.5　在每年 1 月底前将上年度的动物防疫条件情况和防疫制度执行情况向发证机关报告。

3.2　应当符合环保要求。

4　选址和布局

除具备《动物防疫条件审查办法》规定的条件外，还应当符合下列要求：

4.1　应当具有单独存放饲草、饲料的场所。

4.2　生产区布置在上风向，兽医室、隔离舍、贮粪场和污水处理池布置在下风向。

4.3　人员、动物和物资运转采取单一流向，生产区内清洁道、污染道分设，不重叠，不交叉。

4.4　禽类饲养场的孵化间与养殖区之间应当设置隔离设施，并配备种蛋熏蒸消毒设施，孵化间应当采取单一流向，不得交叉或者回流。

4.5　种畜禽场应当根据需要，设置单独的动物精液、卵、胚胎采集等区域。

5　条件和能力要求

5.1　生产区内道路及相关场地坚硬、无积水，便于清扫、消毒。

5.2　圈舍地面和墙壁选用适宜材料，以便清洗消毒。生产区进出处设置出入人员更衣消毒室。

5.3　饲养场的场区和生产区入口处分别设置消毒池，配备机动高效消毒机或消毒通道。

5.4　每栋饲养舍门口设置消毒池。

5.5　有符合环保要求的排泄物、污水、污物处理设施。

5.6　生产区有良好的采光、通风设施设备。场内设有防蝇、防蚊、防鼠、防鸟、防虫设施或者具有相应措施。具有供水、供电设施设备。

5.7　每栋饲养舍配备饲喂、饮水、消毒、清扫等器具。

5.8　建立兽医室，配备疫苗冷冻（冷藏）设备、消毒和诊疗等防疫与治疗设备；或者聘有兽医机构为其提供相应服务。

5.9　配备与饲养规模相适应的无害化处理设施设备或者处理机制。

5.10　场内所有设施设备及辅助动力设备要定期进行维修/保养。

6　人员要求

6.1　饲养场应当配备与其生产规模相适应的执业兽医，或者聘用乡村兽医。

6.2　场方工作人员无结核病、布鲁氏菌病等人畜共患病。定期进行健康检查，取得《健康证》后方可上岗。

7　制度要求

7.1　建立免疫、投入品使用、检疫申报、疫病检测、疫情报告、消毒、畜禽标识等制度及完整养殖档案，并有效实施。

7.2　建立粪污、病死动物的无害化处理制度，并有效实施。

8　管理要求

8.1　同一饲养舍，实行全进全出饲养模式。

8.2　同一饲养舍两次使用间隔时间不少于 15 天。

8.3　运输动物、饲料、垫料、排泄物等的车辆，在装前卸后进行清洗、消毒。

8.4　其他工作人员不得任意出入饲养舍、隔离舍。

8.5　使用饲料、垫料、药物、生物制品、疫苗等物品来源清楚，符合国家相关要求。

8.6　发现疑似患病或死亡的动物，应当及时报告当地兽医部门。

8.7　对污染和疑似污染的场地、用具、饲料、垫料、排泄物等进行彻底消毒、无害化处理。

8.8　对生产区、生活区要定期进行有效消毒。

9　记录

9.1　按《畜禽标识和养殖档案管理办法》要求，建立养殖档案，并由专人登记保管。

9.2　完整记录各项制度的执行情况。

动物隔离场动物卫生管理规范

1　范围

本规范规定了动物隔离场的基本条件和建设、管理要求。

本规范适用于无规定动物疫病区动物隔离场

的动物卫生管理。

2　规范性引用文件

下列文件的最新版本适用于本文件。

动物检疫管理办法

动物防疫条件审查办法

3　资质要求

3.1　原则上设在保护区内。

3.2　满足《动物防疫条件审查办法》的要求，取得《动物防疫条件合格证》。

3.3　应当符合环保要求。

4　条件要求

4.1　隔离场入口处设明显警示标志。饲养区应当按照动物种类分区域建设，区域间有围墙等物理隔离带。

4.2　饲养区入口、动物隔离舍入口设有更衣消毒室、消毒通道并配有紫外灯，有专用衣、帽、鞋。

4.3　具有单独存放饲草、饲料的场所。

4.4　有对动物采样和处理的场地、必要的安全保定设施，以及对患病动物进行隔离饲养的圈舍。具有消毒和熏蒸设备、样品采集和保存设备、温度调节设备等。

4.5　具有防风、防火、防盗、防野生动物及供水供电设施设备。隔离区具有视频监控设备。

4.6　具有与建设规模相适应的病死动物和粪污无害化处理设施。

4.7　场内所有设施设备及辅助动力设备要定期进行维修和保养。

5　隔离要求

5.1　凡需引入继续饲养动物的单位和个人，提前30d向输入地省级动物卫生监督机构申请办理使用手续。

5.2　使用单位在隔离动物进入隔离场时，应当提交隔离动物的相关资料。

5.3　隔离场建立完善的观察、免疫、检疫、消毒、疫情报告、值班等工作制度。

5.4　大中型动物隔离期为45d，小型动物隔离期为30d。

5.5　同一隔离舍，实行全进全出饲养模式，不得同时隔离两批（含）以上的动物。

5.6　隔离舍两次使用间隔时间不少于15d。隔离动物应当在指定的隔离舍饲养，不得擅自调换。

5.7　使用单位应当在使用前后，派人对隔离舍及相关场地、有关设备和用具等按照有关规定进行清洗、消毒。

5.8　运输动物、饲料、垫料、排泄物等的车辆和笼具，应当在装前卸后，按规定进行清洗、消毒，并对污染物进行无害化处理。

5.9　动物隔离期间所需饲料、垫料、药物及器物等，原则上应当使用隔离场的，确需外出购置的，应当来源清楚并符合相关规定，进入场内应查验和登记。

5.10　严禁将其他相关易感动物和动物产品带入场区。

5.11　对饲养区、生活区定期进行有效消毒。对污染或疑似污染的场地、用具、饲料、垫料、排泄物等进行消毒和无害化处理。动物隔离期间的排泄物、垫料及污水须经无害化处理并符合环保要求后方可运出。

5.12　使用单位驻场人员负责动物隔离期间的饲养管理等相关工作，驻场人员不得擅自离开动物隔离场，不得随意出入其他隔离舍，未经同意，不得中途换人。

5.13　外来人员、车辆及物品等未经许可不得进入隔离场，非隔离场工作人员、非驻场人员未经许可不得进入饲养区。

5.14　隔离场发现疑似患病或死亡的动物，应当及时报告。

5.15　官方兽医应当定期巡查，隔离期满后，按照《动物检疫管理办法》对隔离动物进行检疫。经检疫合格的出具《动物检疫合格证明》；检疫不合格的，按规定进行处理。

5.16　应当建立突发情况应急处置方案，建立应急物资储备库。

6　记录与报告

6.1　应当建立相应工作记录

6.1.1　被隔离动物出入场记录。包括进场时间、货主姓名、动物种类及数量、畜禽标识编码、持证情况、输出和输入隔离场基本情况等。

6.1.2　被隔离动物隔离观察记录。包括隔离期内临床观察情况，以及免疫、治疗、用药（含饲料用药、添加剂）、无害化处理、采样检测等情况。

6.1.3　动物检疫情况记录。按照相应动物产地检疫规程要求记录，并包括被隔离动物畜禽标识编码、入场出场所持动物检疫合格证明基本情况等。

6.1.4　视频监控记录应当至少保存3个月，其他工作记录应当至少保存24个月。

6.2　按要求报告动物隔离情况

6.2.1　每批动物隔离结束后，动物隔离场应当将本批动物隔离有关情况报动物卫生监督机构。

6.2.2　动物隔离场每6个月将隔离场运行情况、工作情况及统计报表及时上报所在地动物卫生监督机构和省级动物卫生监督机构。

6.2.3　场内发生动物疫情、疑似动物疫情、突发安全事件，动物隔离场应当按规定及时上报。

屠宰厂（场）动物卫生管理规范

1　范围

本规范规定了屠宰厂（场）的动物卫生管理要求。

本规范适用于无规定动物疫病区内屠宰厂（场）的动物卫生管理。

2　规范性引用文件

下列文件的最新版本适用于本文件。

动物防疫条件审查办法

3　资质要求

满足《动物防疫条件审查办法》的要求，取得《动物防疫条件合格证》和《生猪定点屠宰许可证》。

4　条件和能力要求

4.1　采光与照明

4.1.1　生产区有良好的采光设备。

4.1.2　动物装卸台配备照度不小于300lx的照明设备。

4.1.3　屠宰间配备检疫操作台和照度不小于500lx的照明设备。

4.2　清洗消毒

4.2.1　厂房与设施坚固，便于清洗和消毒。地面、操作台、墙壁、屋顶耐腐蚀、不吸潮、易清洗。

4.2.2　场区主要道路和进入场区的主要道路铺设便于车辆通行的坚硬路面。路面平坦、无积水，便于清洗消毒。

4.2.3　有与生产规模相适应的无害化处理、污水污物处理设施设备。

4.2.4　厂房设有防蝇、防蚊、防鼠、防尘等设施。

4.2.5　厂房地面使用防水、防滑、不吸潮、可冲洗、耐腐蚀、无毒的材料，表面无裂缝、无局部积水、易于清洗和消毒，明地沟呈弧形，排水口设网罩。

4.2.6　厂房墙壁与墙柱使用防水、不吸潮、可冲洗、无毒、淡色的材料，顶角、墙角、地脚呈弧形，便于冲洗。

4.2.7　厂房天花板表面涂层光滑、不易脱落、防止污物积聚；厂房门窗装配严密，使用不变形的材料制作。

4.2.8　待宰圈设污水处理系统。

4.2.9　屠宰生产线应当按照国家规定，设置固定的检疫位置和足够的检疫空间。

4.2.10　待宰圈舍容量应为日屠宰量的1倍以上，圈舍内应防寒、隔热、通风，并设有宰前淋浴等设施。隔离圈与待宰圈有一定的距离，圈舍不得为开放式，待宰圈有饮水设施。

4.2.11　车间内有良好的通风、排气装置，及时排除污染的空气和水蒸气。空气流动的方向应当从净化区流向污染区。

4.2.12　工厂有足够的供水设备，如须配备贮水设施，有防污染措施，并定期清洗、消毒。使用循环水时，需经处理达到环保标准。

4.2.13　接触肉品的设备、器具，使用无毒、无气味、不吸水、耐腐蚀、耐用材料制作，其表面平滑、无裂缝。

4.2.14　固定设备的安装位置便于清洗、消毒。

4.2.15　盛装废弃物的容器选用不渗水的材料制作，并有明显的标志。

4.3　在待宰区、屠宰区安装视频监控设备

5　管理要求

5.1　生产人员及其他有关工作人员不得患有人畜共患病，应当定期进行健康检查，取得《健康证》。

5.2　屠宰场应当按照规定配备相应的检验人员。

5.3　按照《动物检疫管理办法》实施检疫。

6　检疫申报

屠宰前，场方应当按照国务院兽医主管部门的规定，向当地动物卫生监督机构申报检疫。

7　检疫要求

从非无规定动物疫病区引入供屠宰的易感动物，应当满足相应条件，经过审批后，方可进入无规定动物疫病区内进行屠宰。屠宰的动物应当附有检疫证明。

8 制度建设

8.1 厂（场）方应当有完善的动物卫生管理制度，包括隔离、待宰管理、动物入场登记、动物产品出场登记、检疫申报、疫情报告、消毒、无害化处理、应急处置等制度，并有效实施。

8.2 厂（场）方应当建立品质检验、有毒有害物质检测和产品召回制度，并有效实施。

9 无害化处理

9.1 配备与屠宰规模相适应的无害化处理设施设备或者处理机制。

9.2 染疫动物及其排泄物、染疫动物产品，病死或者死因不明的动物尸体，运载工具中的动物排泄物，以及垫料、包装物、容器等污染物，按照有关规定处理。

10 记录

10.1 应当建立屠宰生产记录、各项制度执行记录等，并由专人登记和保管。

10.2 各项记录保存期 24 个月以上。

动物无害化处理场动物卫生管理规范

1 范围

本规范规定了动物无害化处理场的动物卫生管理要求。

本规范适用于无规定动物疫病区动物无害化处理场的动物卫生管理。

2 规范性引用文件

下列文件的最新版本适用于本文件。

GB 16548 病害动物和病害动物产品生物安全处理规程

动物防疫条件审查办法

3 资质要求

满足《动物防疫条件审查办法》的要求，取得《动物防疫条件合格证》。

4 建设要求

4.1 应符合环保要求。

4.2 无害化处理区与生活办公区分开，并有物理隔离设施，人流、物流分离，净污分离。

4.3 无害化处理区入口、出口分别设置人员更衣消毒室、消毒通道。

4.4 无害化处理区内设置无害化处理间、冷库，配有污水处理设施、动物扑杀器、消毒设施及消毒药品储备间、仓库、辅助用房等。

4.5 配备与无害化处理方式相适应的消毒设施和消毒药品。

5 条件和能力要求

5.1 应当具有防火、防爆、防盗、防野生动物、供水、供电设施设备。

5.2 无害化处理区出入口更衣消毒室、消毒通道有紫外灯，有专用衣、帽、鞋。

5.3 有机动消毒设备、冷藏设备、空气过滤净化处理设施，辅助动力设备，视频监控，封闭运输车辆，个人防护设备等。

5.4 场方工作人员具有相应的岗位资质，具备动物疫病防控、无害化处理、个人防护等相关技术和法律法规常识，熟练掌握无害化处理设施设备操作。

6 管理要求

6.1 制度要求

6.1.1 应有完善的病害动物和病害动物产品入场登记、设施设备操作与维护制度，有消毒、应急处置、人员防护、无害化处理后的物品流向登记、档案管理、值班等制度。

6.1.2 人员、车辆及物品等未经许可不得进入场区；无关人员不得随意进入无害化处理区。

6.1.3 仓库或储备间的库存物资和器材，要按要求堆放和管理；对易燃、易爆有害物品，要严格妥善管理。

6.2 人员要求和个人防护

6.2.1 场内工作人员每年进行健康检查。

6.2.2 人员防护用品包括：普通工作服和工作帽、防护服、防护口罩、防护眼镜、乳胶手套、鞋套、长筒胶鞋。

6.2.3 工作人员在进入无害化处理区时穿戴防护服和防护口罩，佩戴防护目镜、乳胶手套、鞋套或长筒胶鞋；离开无害化处理区时淋浴、更衣、换鞋，并经消毒后方可离开。

6.2.4 现场所有用过的一次性防护用品应作销毁处理，对循环使用的防护用品消毒处理。

6.3 生物安全及环保要求

6.3.1 病害动物和病害动物产品的生物安全技术应当符合 GB 16548 的要求。

6.3.2 根据需处理的病害动物和病害动物产品感染病原微生物的等级，采取相应的生物安全措施和人员防护措施。

6.3.3 病害动物和病害动物产品应当由封闭专用运输车运送到处理场，沿途不得有液体滴漏。

6.3.4 无害化处理场产生的废水、废气、废渣、噪声等应当符合环保标准。

6.4 消毒

6.4.1 所有消毒池内置满消毒药，人员和车辆进出时，需经消毒池或消毒通道进出。

6.4.2 运送病害动物和病害动物产品的车辆和笼具在离场前，应当在指定区域经严格的清洗消毒后方可离场。

6.4.3 每处理一批病害动物和病害动物产品或冷库清空后，应当对处理车间、冷库地面、墙壁、用具、设备等进行严格的清洗、消毒。

6.4.4 对无害化处理区、生活区定期进行有效消毒。

6.5 设施设备的维护

场内所有设施设备及辅助动力设备要定期进行维修/保养。

7 应急管理

7.1 建立突发情况处理方案。

7.2 有充足的应急物资储备。

7.3 至少每两年进行一次应急演练。

8 工作记录和报告

8.1 工作记录

8.1.1 接收台账和记录应当包括病害动物和病害动物产品来源、种类、数量、动物标识号、运输人员、联系方式、车牌号、接收时间及经手人员等。

8.1.2 处理台账和记录应当包括处理时间、处理方式、处理数量、操作人员及官方兽医签字等。

8.1.3 消毒记录应当包括消毒频次、药品、浓度、方法、时间。

8.1.4 设施设备保养维护记录。

8.2 报告

8.2.1 场内发生人员感染事件、突发安全事件，应当按规定及时上报。

动物及动物产品输入及过境管理技术规范

1 范围

本规范规定了易感动物及动物产品输入及过境无规定动物疫病区的检疫监管要求。本规范适用于易感动物及动物产品输入或过境无规定动物疫病区的检疫监管。

2 规范性引用文件

下列文件的最新版本适用于本文件。

动物检疫管理办法

跨省调运乳用、种用动物产地检疫规程

3 输入

3.1 免疫无规定动物疫病区引进的易感动物及其产品，应当来自相应免疫无规定动物疫病区或非免疫无规定动物疫病区。

3.2 非免疫无规定动物疫病区引进的相关易感动物及其产品应当来自相应非免疫无规定动物疫病区。

3.3 非无规定动物疫病区的易感动物原则上不得进入无规定动物疫病区。确需从非无规定动物疫病区引入易感动物的，应当取得输入地所在省级动物卫生监督机构准引手续和输出地动物卫生监督机构出具的《动物检疫合格证明》，并按照《动物检疫管理办法》实施隔离检疫。

3.4 引入乳用、种用易感动物及其精液、胚胎、种蛋等遗传材料的，应当按照《动物检疫管理办法》和《跨省调运乳用、种用动物产地检疫规程》要求，经检疫合格后方可引入。

3.5 非无规定动物疫病区的动物原则上不得进入无规定动物疫病区进行屠宰，确需进入无规定动物疫病区屠宰的，应当向输入地动物卫生监督机构申报同意，并满足下列条件方可引入屠宰：

3.5.1 调运前至少 30 天内，输出地养殖场没有引进过易感动物，且未发现规定动物疫病。

3.5.2 调运前易感动物在输出地养殖场内饲养超过 3 个月。

3.5.3 调运前至少 3 个月内，输出地县级行政区域没有发生规定动物疫病。

3.5.4 装运前没有出现规定动物疫病临床症状，经抽样检测合格，并取得输出地《动物检疫合格证明》。

3.5.5 运输易感动物的车辆需采取生物安全措施，防止饲料、垫料、排泄物等抛洒遗漏。运输动物、饲料、垫料、排泄物等的车辆和笼具，应当在装前卸后，按规定进行清洗、消毒，并对污染物进行无害化处理。

3.5.6 24 小时内在就近的指定屠宰场完成屠宰。

3.6 所有输入无规定动物疫病区的易感动物和动物产品应当由指定通道进入。

3.7 来自非无规定动物疫病区的相关易感动物产品，应当在指定的地点，按照规定进行检疫。检疫合格的，由输入地动物卫生监督机构出具《动物检疫合格证明》；不合格的，不准进入，并依法处理。

4 输入后监管

4.1 继续饲养的易感动物到达目的地后，货

主或者承运人应当在 24h 内向所在地县级动物卫生监督机构报告，并接受监督检查。

4.2　对继续饲养的易感动物，要定期进行监督检查和疫情监测。

4.3　应当详细掌握所有引进易感动物和动物产品的生产、去向和结果，并建立相关档案。

4.4　对未按规定进入无规定动物疫病区的易感动物或动物产品，由发现地动物卫生监督机构依法进行处理，并对有关情况进行风险评估，采取控制措施。

4.5　发现染疫动物或动物产品，应当立即按照有关规定处理，并及时追踪溯源。

5　过境

原则上不允许非无规定动物疫病区的易感动物及其产品过境无规定动物疫病区，确需过境无规定动物疫病区的，应当满足以下要求：

5.1　货主或承运人应当在运输前取得过境地省级动物卫生监督机构同意，并由过境地省级动物卫生监督机构指定过境指定通道。

5.2　货主或承运人持有效的《动物检疫合格证明》，向经过的公路动物卫生监督检查站报验，由公路动物卫生检查站人员对动物及动物产品的检疫证明、检疫验讫标志和畜禽标识、起运地、到达地等进行认真核对，并查验动物及动物产品是否符合检疫合格条件要求。对不符合过境要求的动物及动物产品予以劝返，不准过境。

5.3　对运载车辆进行消毒，并监督过境无规定动物疫病区的易感动物及其产品在规定时间内经指定通道进入和过境。

5.4　运输途中，患病、死亡的动物及其排泄物、垫草等污物不得随意抛弃，必须在当地动物卫生监督所指定的地点卸放，并在当地动物卫生监督所的监督下进行无害化处理。

5.5　发现运载工具、包装物和容器有可能中途撒漏的，责令货主或承运人采取措施，对无法采取措施的不准过境。

6　记录

建立易感动物及动物产品输入、过境记录和监管记录，记录至少保存 24 个月。

动物防疫档案管理规范

1　范围

本规范规定了动物防疫档案的建立、管理和归档的要求。

本规范适用于无规定动物疫病区的各级动物卫生监督机构、动物疫病预防控制机构、基层动物防疫机构动物防疫档案的归档、管理。无疫区的各级兽医主管部门在动物防疫活动中 形成的档案参照本规范管理。

2　规范性引用文件

下列文件的最新版本适用于本规范。

农业行政执法文书制作规范（农政发〔2012〕3 号）

DA/T 22　归档文件整理规则

3　术语和定义

3.1　动物防疫档案

指各级兽医主管部门、动物卫生监督机构、动物疫病预防控制机构和基层动物防疫机构在动物防疫活动中形成的档案，包括动物免疫、消毒、动物疫病监测、动物疫情报告、动物疫情处置、动物检疫、动物卫生监督、组织机构与人员组成等文件、声像、实物资料。

3.2　归档资料

立档单位在工作中形成的、办理完毕的、应当作为文书档案保存的各种防疫档案。

3.3　立卷

将防疫档案根据其相互联系、特征和保存价值进行分类，并组成案卷的整理过程。

4　档案的主要内容

4.1　省、市、县动物卫生监督机构、动物疫病预防控制机构应当建立专用档案室，配备专用档案存放、借阅设施等。基层动物防疫机构应当配备专用的档案柜。

4.2　动物防疫档案至少应当包括：防疫物资管理、免疫、消毒、疫病监测、产地检疫记录、屠宰检疫记录、动物疫病监测及流行病学调查、疫情报告及处置、动物卫生监督、动物隔离检疫、动物卫生监督执法、动物及动物产品无害化处理、官方兽医培训考核和村级防疫员培训考核等档案。

5　档案的形成和归档

5.1　立卷

各级动物卫生监督机构、动物疫病预防控制机构指定专人将动物防疫活动资料立卷，立卷后送交档案室归档。

5.1.1　立卷资料要求

5.1.1.1　保持成套性和完整性。

5.1.1.2　准确地反映本单位各项动物防疫活动真实情况。

5.1.1.3 符合文件格式和书写标准。

5.1.1.4 经有关负责人签名或行文机关盖章。

5.1.1.5 资料的制成材料符合 DA/T 22 要求。

5.2 组卷

5.2.1 按事件组卷。如防疫物资台账、免疫登记、疫情报表、疫情处理、疫病监测、检疫、动物卫生监督、证章标志管理、组织机构与人员组成等分类组卷，在组卷过程中要保持所有资料的种类、份数、页数齐全完整。

5.2.2 按年度组卷。跨年度的请示与批复要归在批复年组卷。跨年度的规划、总结放在相应年份的最后一年组卷。跨年度的会议文件放在会议开幕年组卷。不同保管期限的档案要分别组卷。

5.2.3 案卷的排列要按同一性质的文件资料形成时间排列，不同性质的文件资料要区别不同情况进行排列。

5.3 归档

5.3.1 归档时间

5.3.1.1 文书档案、声像档案、实物档案在下一年第一季度归档。

5.3.1.2 科研、基建、设备档案在项目完成、竣工验收、投入使用后及时归档。

5.3.2 归档份数

一般性资料归档一份，重要、特殊资料归档两份。

6 档案管理

6.1 分类编号

档案按年度、事件、保管期限分类编号。

6.2 目录和检索

各单位档案案卷目录均采用簿式目录，编写科技档案分类目录。可根据各类档案查询的实际需要，编写专题检索目录。

6.3 保管

接收档案时，必须按各类档案移交手续办理。档案库房应当有防盗、防火、防光、防潮、防干、防尘、防有害生物和防污染的措施。

6.4 销毁

6.4.1 根据有关要求确定保管期限。

6.4.2 确定销毁的档案要填写销毁登记表，由主管领导签字后进行销毁，销毁时应当有 2 人以上在场，销毁清单永久保存。

6.5 统计

按档案管理要求统计年报内容，建立统计台账，每年统计一次。

6.6 安全保密

档案密级的划分、变更、解密要按国家有关保密法律和行政法规执行。档案人员要认真做好档案的安全保密工作，对玩忽职守，造成档案损坏、泄密、丢失或擅自提供抄录档案内容的，根据情节依法追究责任。

6.7 借阅

6.7.1 借阅档案应当填写借阅登记，经批准后方可借阅。

6.7.2 应当在档案室阅览，必要时经主管领导批准可带出档案室，借阅时间原则上不超过 3d。

6.7.3 档案资料不得拆卷、涂改、乱划。借阅密级档案，应当遵守相关保密规定。

7 档案整理

档案管理人员应当对档案进行整理，编制查询档案的专题目录和示意图，编写有关档案简介、汇编等。

规定动物疫病监测准则

1 范围

本准则规定了规定动物疫病监测要求。

本准则适用于无规定动物疫病区建设、评估和恢复的监测。

2 规范性引用文件

下列文件的最新版本适用于本文件。

陆生动物卫生法典

陆生动物诊断试验和疫苗手册

3 术语和定义

除《通则》规定的缩略语和定义适用于本标准外，下列缩略语和定义也适用于本标准。

3.1 监测

通过系统持续地收集、整理和分析动物卫生相关数据和信息，了解规定动物疫病状况、发展趋势，并为相关部门采取动物卫生措施提供依据。

3.2 被动监测

相关单位或个人向兽医机构报告规定动物疫病发生或感染情况，兽医机构被动接收动物卫生相关数据和信息的监测活动。

3.3 主动监测

兽医机构根据监测方案主动收集动物卫生相关数据和信息的监测活动。

3.4　置信水平

能够从某一假定存在感染的群体中检出感染的概率。

3.5　假定流行率

假定某个特定时间、某特定区域规定动物疫病病例数或发病数与动物群体的平均值之比。假定流行率可分为群间假定流行率和群内假定流行率。

3.6　流行病学单元

具有明确的流行病学关联，且暴露某一病原的可能性大致相同的特定动物群。通常情况下是指处于相同环境下或处于同一管理措施下的畜禽群，如同一个圈舍里的动物、同一个村 庄的动物群，或使用同一饲养场（舍）的动物群等。

3.7　一步法抽样

在区域养殖数量少、易感动物养殖数量和分布清楚的情况下，对规定动物疫病抽样调查时直接抽取易感动物。

3.8　两步法抽样

在区域面积大、易感动物养殖数量大，难以准确掌握养殖数量和分布的情况下，对规定动物疫病抽样调查时，第一步抽取区域内的流行病学单元，第二步从抽取的流行病学单元内抽取易感动物。

3.9　哨兵动物

动物疫病监测过程中，为反映该地区是否存在监测疫病，饲养于某一特定地点、未实施规定动物疫病免疫、没有规定动物疫病病原和抗体的易感动物。

4　一般要求

4.1　区域所在地兽医主管部门应当掌握区域内易感动物（包括易感野生动物）的分布情况、养殖方式、种类和数量等。

4.2　区域所在地省级兽医主管部门负责规定动物疫病监测工作，制定监测方案（计划），明确监测范围、监测方式、抽样方法等。

4.3　区域所在地县级以上级动物疫病预防控制机构实施监测工作，从事动物饲养、屠宰、经营、隔离、运输以及动物产品生产、经营、加工、贮藏等活动的单位和个人应当配合开展监测工作。

4.4　监测范围应当包括无规定动物疫病区和保护区内的种畜禽场、商品畜禽场、散养户、活畜禽交易市场、野生易感动物密集活动区和隔离、屠宰加工、运输等环节的易感动物（包 括易感野生动物）及其相关传播媒介。强化无规定动物疫病区边界及高风险区的监测。

4.5　承担规定动物疫病监测的实验室应当建立质量保证体系。实验室必须具有相应专业技术人员和管理人员，并应当定期对抽样人员和实验室工作人员进行培训。检测实验室必须 符合相应的生物安全要求。

4.6　规定动物疫病诊断检测应当采用国家标准和行业标准规定、国家指定或 OIE《陆生动物卫生法典》及《陆生动物诊断试验和疫苗手册》指定/推荐的检测方法。没有检测方法的，可采用参考实验室和专业实验室推荐的方法，或其他国际标准或商品化诊断试剂盒提供的方法，但需对检测方法进行验证。

4.7　样品采集、保存及运输按相关要求进行。

5　监测方式

5.1　被动监测

5.1.1　从事动物饲养、隔离、屠宰加工、运输、经营等活动的有关单位和个人，发现临床疑似病例或怀疑发生疫情时，应当立即报告当地兽医机构。

5.1.2　从事动物疫病科研、诊疗、检验检疫、检测的相关机构或实验室发现阳性或可疑结果时，应当立即报告当地兽医机构。

5.1.3　兽医机构在接到疑似疫情报告或疫情举报后，应当立即开展现场核查、流行病学调查、抽样和实验室检测等工作。

5.2　主动监测

5.2.1　流行病学调查

区域所在地县级以上级兽医主管部门每年至少组织一次流行病学调查，系统获取流行病学信息和监测数据，分析动物疫病状况。

5.2.2　临床监视

当地兽医机构应当对动物饲养、屠宰加工、运输、经营、隔离检疫等环节进行定期或不定期巡查，监视动物临床状况。

5.2.3　实验室监测

5.2.3.1　监测频率和监测时间。综合考虑动物疫病流行病学特点、易感动物生产周期和国家对监测频率的相关规定，确定监测频率和监测时间。

虫媒性动物疫病的监测时间应当主要集中在虫媒活动高峰期和繁殖高峰期。

5.2.3.2　抽样。

5.2.3.2.1 通过调查动物疫病流行病学特点、历史状况和日常监测情况等信息，确定流行病学单元和假定流行率，计算抽样数量。

5.2.3.2.2 抽样方法的选择和抽样数量的确定，参照附录A中的推荐方法。

（1）对区域养殖数量少，且易感动物养殖数量和分布清楚，证明无疫时可采取简单随机抽样计算或按照附录A中推荐的方法进行一步法抽样。

（2）对区域面积大，且易感动物养殖数量大，难以准确掌握养殖数量和分布，证明无疫时可按照附录A采用两步法抽样技术进行样品采集。第一步抽取流行病学单元，第二步从流行病学单元内抽取易感动物。样品总量等于抽取的流行病学单元数量乘以抽取的易感动物数量。

5.2.3.2.3 抽样原则

（1）抽样点包括区域内的全部县（市、区），抽样时应当覆盖到每个县（市、区）中饲养、屠宰加工、运输、经营、隔离检疫等所有环节，根据各环节的风险程度，确定抽样比例和数量。

（2）抽取的样品应当涵盖区域内的所有易感动物，根据不同易感动物的数量，确定抽样比例和数量。

（3）虫媒性动物疫病的监测应当根据传播媒介生活和繁殖特性设置监测点，在虫媒活动高峰期和繁殖高峰期采集虫媒进行监测。

（4）抽样工作必须在监测方案规定时间内完成。

（5）群间假定流行率的确定应当考虑动物疫病的流行病学特征、区域内每个流行病学单元之间的距离、历史状况和日常监测情况等因素；群内假定流行率的确定应当重点考虑动物疫病流行病学特征等因素。

5.2.3.3 检测。按照4.6要求的动物疫病诊断检测方法，开展血清学和病原学检测。

6 监测结果处理

6.1 监测结果由动物疫病预防控制机构进行分析、汇总和报告，并作为采取防控净化措施和评估无疫状况的依据。

6.2 动物疫病预防控制机构要对监测结果及数据实行电子管理，统一记录，出具报告，并建立规范、齐全的档案，设专人管理。监测结果应当由动物疫病预防控制机构存档或备案。

7 证明无疫状况的监测要求

7.1 具有有效的监测系统，按照4、5、6开展监测。

7.2 监测结果证明在规定时间内无疫情、无感染、无传播存在。

7.3 必要时，对哨兵动物进行监测。

8 恢复无疫状况的监测要求

通过开展持续性的监测，证明在规定时间内没有监测出临床病例、感染和传播，符合无 规定动物疫病标准要求，可按相关程序恢复规定动物疫病的无疫状态。

附录A

（资料性附录）

抽样数量的计算方法

1 公式法计算抽样数量

1.1 清楚掌握区域内流行病学单元或易感动物的数量，可采用以下两个公式中的任意一个计算区域内证明无疫的抽样数量：

1.1.1 公式：$n=[1-(1-CL)\ 1/d\ [(N-d/2)+1/2]$

其中，CL为置信水平，一般情况下，设定置信水平为95%。d为感染规定动物疫病的流行病学单元或易感动物的数量（假定流行率×总体数量）。N为总体数量（流行病学单元总量或易感动物总量）。

1.1.2 公式：$n=\frac{\ln(\alpha)}{\ln(1-p\cdot Se)}$

其中，α为显著性水平，一般情况下，设定为0.05，置信水平为$1-\alpha$。p为假定流行率。Se为检测方法的敏感度。

1.2 区域内流行病学单元或易感动物的数量不清或数量太大，难以计算时，可采用以下公 式计算区域内证明无疫的抽样数量：

公式：$n=\frac{\ln(\alpha)}{\ln(1-p\cdot Se)}$

其中，α为显著性水平，一般情况下，设定为0.05，置信水平为$1-\alpha$。p为假定流行率。Se为检测方法的敏感度。

2 表格法计算抽样数量

在95%置信水平，假定流行率下还可参照Cannon和Roe二氏，1982（见表1）计算 区域内证明无疫的抽样数量。

3 抽样软件法计算抽样数量

使用Survey toolbox和Win Episcope等软件，计算区域内证明无疫的抽样数量。

表1 检出动物疫病所需样本数量（Cannon 和 Roe 二氏，1982）

群体大小	假定流行率（群间假定流行率或群内假定流行率）											
	50%	40%	30%	25%	20%	15%	10%	5%	2%	1%	0.5%	0.1%
10	4	5	6	7	8	10	10	10	10	10	10	10
20	4	6	7	9	10	12	16	19	20	20	20	20
30	4	6	8	9	11	14	19	26	30	30	30	30
40	5	6	8	10	12	15	21	31	40	40	40	40
50	5	6	8	10	12	16	22	35	48	50	50	50
60	5	6	8	10	12	16	23	38	52	60	60	60
70	5	6	8	10	13	17	24	40	62	70	70	70
80	5	6	8	10	13	17	24	42	68	79	80	80
90	5	6	8	10	13	17	25	43	73	87	90	90
100	5	6	9	10	13	17	25	45	78	96	100	100
120	5	6	9	10	13	18	26	47	86	111	120	120
140	5	6	9	11	13	18	26	48	92	124	139	140
160	5	6	9	11	13	18	27	49	97	136	157	160
180	5	6	9	11	13	18	27	50	101	146	174	180
200	5	6	9	11	13	18	27	51	105	155	190	200
250	5	6	9	11	14	18	27	53	112	175	228	250
300	5	6	9	11	14	18	28	54	117	189	260	300
350	5	6	9	11	14	18	28	54	121	201	287	350
400	5	6	9	11	14	19	28	55	124	211	311	400
450	5	6	9	11	14	19	28	55	127	218	331	450
500	5	6	9	11	14	19	28	56	129	225	349	500
600	5	6	9	11	14	19	28	56	132	235	379	597
700	5	6	9	11	14	19	28	57	134	243	402	691
800	5	6	9	11	14	19	28	57	136	249	421	782
900	5	6	9	11	14	19	28	57	137	254	437	868
1 000	5	6	9	11	14	19	29	57	138	258	450	950
1 200	5	6	9	11	14	19	29	57	140	264	471	1 102
1 400	5	6	9	11	14	19	29	58	141	269	487	1 236
1 600	5	6	9	11	14	19	29	58	142	272	499	1 354
1 800	5	6	9	11	14	19	29	58	143	275	509	1 459
2 000	5	6	9	11	14	19	29	58	143	277	517	1 553
3 000	5	6	9	11	14	19	29	58	145	284	542	1 895
4 000	5	6	9	11	14	19	29	58	146	288	556	2 108
5 000	5	6	9	11	14	19	29	59	147	290	564	2 253
6 000	5	6	9	11	14	19	29	59	147	291	569	2 358
7 000	5	6	9	11	14	19	29	59	147	292	573	2 437
8 000	5	6	9	11	14	19	29	59	147	293	576	2 498
9 000	5	6	9	11	14	19	29	59	148	294	579	2 548
10 000	5	6	9	11	14	19	29	59	148	294	571	2 588
O	5	6	9	11	14	19	29	59	149	299	598	2 995

动物疫病风险分析准则

1 范围

本准则规定了动物疫病风险分析的要求。

本准则适用于无规定动物疫病区规定动物疫病的风险分析。

2 术语与定义

除《通则》规定的术语和定义适用于本标准外，下列术语和定义也适用于本准则。

2.1 危害

对动物疫病状态、动物健康和动物产品安全产生不利影响的潜在生物学因子或条件。

2.2 危害确认

对无规定动物疫病区的潜在危害进行识别的过程。

2.3 释放评估（传入评估）

对各种潜在危害在特定条件下向无规定动物疫病区内释放的途径和可能性进行评估。

2.4 暴露评估

对无规定动物疫病区内各种潜在危害的暴露途径进行评估，并定性或定量评估暴露发生的概率。

2.5 后果评估

对无规定动物疫病区内的危害造成的潜在后果进行评估，并计算其可能发生的概率。

2.6 风险

危害在无规定动物疫病区发生的可能性及导致生物、经济方面不利后果的严重程度。

2.7 风险评估

对危害传入无规定动物疫病区或在其中存在、传播的可能性，及其导致的生物和社会经济后果进行评估。

2.8 风险交流

风险评估人员、风险管理者及利益相关方之间交流风险信息的过程。

2.9 风险计算

综合考虑从危害确认到产生不良后果的全部风险路径，包括释放评估、暴露评估和后果评估的结果，得出针对既定危害因子的总体风险。

2.10 风险管理

在风险评估的基础上，确定、选择和实施能够降低风险水平的措施及对措施开展评价的过程。

2.11 定性风险评估

用高、中、低、可忽略等定性词汇，表示风险评估结果的可能性及程度的评估活动。

2.12 定量风险评估

用数值表示风险结果的评估活动。

3 基本要求

3.1 无规定动物疫病区建设及维持过程中，应当针对从外引进动物及动物产品的特点，以及无规定动物疫病区周边地区和无规定动物疫病区内规定动物疫病的状态，定期开展风险分析活动。无规定动物疫病区风险分析可根据需要适时启动，每年应当不少于一次。

3.2 风险分析由无规定动物疫病区所在地省级兽医主管部门组织实施。

3.3 无规定动物疫病区所在地省级兽医主管部门应当成立动物卫生风险评估专家委员会或相应专家组织，制订动物卫生风险分析规划和计划，提出方针、政策及技术措施建议，组织开展规定动物疫病的风险分析工作。

3.4 成立专家组成员包括动物卫生管理、流行病学、风险分析、统计学、实验室等相关领域的专家。

4 风险分析原则

4.1 开展风险分析过程中，要认真审查相关信息的合理性、准确性、时效性和可追溯性，与各相关方及时交流意见，并适时通报风险评估结果或风险管理措施意见。

4.2 风险评估可以是定性评估，也可以是定量评估。由于定性评估不需要精确的建模，在数据难以准确收集或相关数据不完善的情况下，建议采用定性评估。

4.3 在风险分析过程中，风险分析专家组可根据实际情况，参照国际通用的风险评估方法，开展具体评估工作。

5 评估程序

规定动物疫病风险分析通常包含危害确认、风险评估、风险管理和风险交流四个组成部分（图1）。

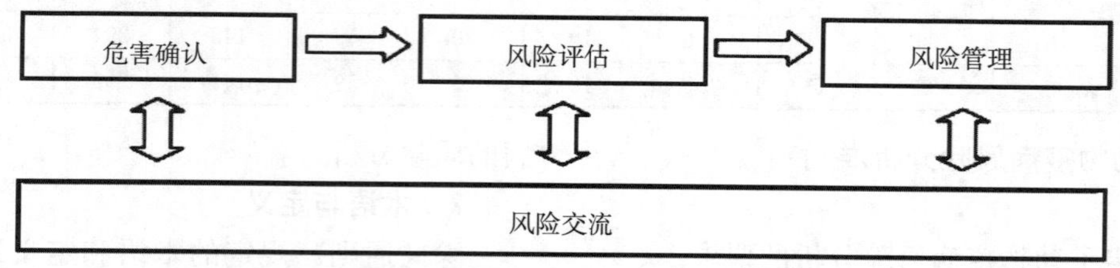

图1 规定动物疫病风险分析框架

规定动物疫病风险分析分为四个阶段：第一阶段为评估前准备；第二阶段为危害确认；第三阶段为分步骤开展风险评估，分析发生规定动物疫病的可能性及潜在危害程度；第四阶段为提出风险管理建议，并评价风险管理效果。此外，风险分析从开始到最终形成报告全过程都需要各利益相关方开展风险交流，以便获取相关意见及信息。

5.1 评估前准备

专家组应当在风险评估开展前明确拟评估的动物疫病种类及评估区域范围。

5.2 危害确认

危害确认必须在风险评估之前开展，主要考虑以下几方面内容：

5.2.1 引入或过境动物及动物产品的输出地是否存在规定动物疫病感染/传播；

5.2.2 无规定动物疫病区内及其周边地区是否存在规定动物疫病感染/传播。

5.2.3 其他风险因素。

如存在上述任一可能性，则应当开展释放评估。

5.3 风险评估

5.3.1 释放评估

释放评估需考虑以下风险因素：

5.3.1.1 引入或过境动物及动物产品的输出地存在规定动物疫病感染的释放评估

（1）动物及动物产品输出地规定动物疫病的流行率、防疫措施、流行病学调查情况、监测情况及是否实施区域化管理。

（2）引入或过境动物及动物产品是否通过指定通道，并有完整记录。

（3）引入或过境动物及动物产品的检疫监管及隔离情况。

（4）引入或过境动物及动物产品的数量和去向。

（5）引入动物的饲养过程是否存在病原扩散的可能。

（6）动物及动物产品加工过程是否存在病原扩散的可能。

5.3.1.2 无规定动物疫病区内及其周边地区存在规定动物疫病感染的释放评估

（1）规定动物疫病的流行率、防疫措施、流行病学调查情况、监测情况及监督管理情况。

（2）自然环境（如虫媒、河流）存在病原体的可能性及监测情况。

5.3.1.3 无规定动物疫病区内及其周边地区的野生动物存在规定动物疫病感染的释放评估

（1）易感野生动物规定动物疫病的监测情况、流行病学调查情况及流行率。

（2）易感野生动物与家养动物的隔离情况或接触情况。

5.3.1.4 其他风险因素的释放评估

综合考虑其他可能影响无疫状态的相关风险因素，确定是否存在危害释放的风险。

经释放评估后，证明不存在风险，即可在作出风险评估结论；如存在释放风险，则开展暴露评估。

5.3.2 暴露评估

暴露评估需考虑以下风险因素：

5.3.2.1 疫病特性

（1）病原的生物学特性。

（2）病原的理化特性。

5.3.2.2 暴露因素

（1）引入动物或动物产品数量、用途及管理措施等。

（2）无规定动物疫病区内可能接触危害因子的动物的饲养量、饲养模式、年龄结构及地理分布等。

（3）潜在的传播媒介或方式。

（4）影响疫病传播的地理环境特征、消费习惯和文化风俗等。

5.3.2.3 政策及管理因素

（1）与无规定动物疫病区管理和运行相关的法律法规、规范、标准、计划的制定及执行情况（包括动物疫病报告制度、应急处置能力、管理和运行机制等）。

（2）特定地区兽医机构和人员的设置及运行情况。

（3）规定动物疫病预防管理措施（包括免疫、监测、流行病学调查等）的落实情况。

（4）规定动物疫病的诊断鉴别能力。

（5）无规定动物疫病区内动物及动物产品运输环节的管理是否符合相关规定。

（6）特定地区饲养场管理及防疫制度是否符合相关规定。

（7）活动物交易市场管理及防疫情况。

（8）屠宰场管理及检疫措施的实施情况。

（9）无害化处理场的种类及管理措施。

（10）动物产品生产加工处理情况。

（11）对违法违规行为的处理及整改措施的落实情况。

(12) 其他政策及管理因素。

如果暴露评估证明不存在风险，可作出风险评估结论；如存在暴露风险，则启动后果评估。

5.3.3 后果评估

5.3.3.1 直接后果

(1) 动物感染、发病及生产损失。

(2) 公共卫生后果。

5.3.3.2 间接后果

(1) 监测、控制成本。

(2) 损失赔偿成本。

(3) 潜在贸易损失。

(4) 对环境的不良后果。

(5) 社会经济后果。

5.3.4 风险估算（风险评价）

风险估算是综合释放评估、暴露评估和后果评估的结果，制定应对措施。因此，风险估算要考虑从危害确认到产生不良后果的全部风险途径。

5.3.4.1 定性风险评估结果

5.3.4.1.1 风险等级

本准则将风险等级分为四级，分别为：可忽略、低、中等和高（表1）。

表1 风险等级表

风险等级	定义
可忽略	危害几乎不发生，并且后果不严重或可忽略
低	危害极少发生，但有一定后果
中等	危害有发生的可能性，且后果较严重
高	危害极有可能发生，且后果严重

5.3.4.1.2 不确定性分析

不确定性通常分为四级，分别为：低、中、高和未知（表2）。

表2 不确定性等级表

低	开展有效的风险交流，数据翔实系统，信息来源可信且文件齐全，对风险交流中的不同意见进行了合理处理，所有评估专家给出相似的评估结论
中	开展了风险交流，数据较翔实、全面，信息来源较可靠且文件齐全，对风险交流中的不同意见进行了处理，不同评估专家给出的评估结论存在差异
高	没有开展风险交流，数据翔实性较差，信息来源不太可靠，文件不齐备，评估专家仅凭借未发布的资料和现场考察或交流获取相关信息，不同评估专家给出的评估结论存在较大差异
未知	信息和数据来源不可靠、没有充分有效的收集信息，风险评估时间仓促

评估过程中，专家组可依据现场评审或书面评审结果，依据对应的评判指标，确定各风险因素所处的风险等级；并依据所掌握的信息，确定不确定性等级，最后按下表格式填写评估结论（表3）。

表3 评估结论表

序号	被评估风险因素	风险等级	不确定性等级
1			
2			
3			

5.3.4.2 定量风险评估结果

(1) 计算一定时期内健康状况可能受到不同程度影响的畜群、禽群、其他动物或人类的数量。

(2) 概率分布、置信区间及其他表示不确定性的方式。

(3) 计算所有模型输入值的方差。

(4) 灵敏度分析，根据各输入值导致风险计算结果的变异程度，确定其等级。

(5) 模型输入值之间的依赖性及相关性分析。

5.3.5 风险评估结论

评估活动结束后，经与各利益相关方充分风险交流，参照评估结论表（表3），在对各个风险因素的风险水平、不确定性水平及可能造成的后果分别进行描述的基础上，判定无规定动物疫病区规定动物疫病的整体风险水平，为下一阶段实施风险管理措施提供参考依据。

6 风险管理措施

风险评估委员会或专家组可在获得风险评估结论后，以书面形式向所在省份兽医主管部门提交风险管理措施建议。风险管理措施应当包括以下几个组成部分：

(1) 确定风险管理目标。

(2) 开展风险评价，比较风险评估确定的风险水平和无规定动物疫病区的可接受风险水平。

(3) 拟定风险处理方案。

(4) 选择风险处理方案。

(5) 风险处理方案的评价。

(6) 风险处理方案的实施。

(7) 监督及评审，对风险管理措施的不间断评估。

7 风险评估报告

风险评估结束后，风险评估专家组应当向省

级风险评估专家委员会提交风险评估报告，包括以下几个部分：

7.1　题目

反映所要评估的对象、范围、病种等问题。

7.2　前言

简要说明评估目的、意义、任务、时间、地点、对象、范围等，介绍评估的目的性、针对性和必要性。应当明确的信息包括：针对哪些动物疫病开展风险评估；被评估的动物种类（包括野生动物）；评估涉及的相关产品（如饲料、肥料、兽药等）、人员、设施设备等；评估涉及的自然资源（如虫媒、河流、湖泊等）、区域范围、保护区范围等；评估调查方法及采样方法。

7.3　主要内容

主要有如下几种结构：按评估顺序；按被评估单位的人和事的产生、发展和变化的过程；按评估对象特点。

7.4　评估结论

科学归纳，得出评估结论。

7.5　风险管理建议

依据正文的科学分析，可以对评估结果做理论上的进一步阐述，明确观点，提出风险管理意见。风险管理措施应当严格遵守国家及地方相关法律法规，并具有可操作性。

7.6　附录和参考资料

附录包括原始数据、研究记录、统计结果等内容。参考文献包括参考、引用材料和论述。

二十八、无规定动物疫病区现场评审表

（2008年12月9日 农业部办公厅农办医〔2008〕46号发布）

无规定动物疫病区现场评审表

序号	评审内容	评审意见				
		符合	基本符合	不符合	不适用	存在问题及缺陷
1	区域区划					
1.1※	省级人民政府以立法或文件形式明确控制动物疫病种类、区域范围及类型					
1.2	区域规模适度、集中连片、地理界限清楚					
1.3※	区域自然或人工屏障体系完整，能控制动物的自然进出					
1.4	进入区域的主要交通道口设有警示标志					
1.5☆	实施免疫无疫时，无疫区外沿边界设立的缓冲区应符合要求					
1.6☆	实施非免疫无疫时，无疫区内沿边界设立的监测区和无疫区外沿边界设立的缓冲区，应符合技术要求					
1.7☆	制定规定动物疫病的控制规划和实施计划					
1.8☆	有相应的动物疫病监测净化方案					
2	疫病状况					
2.1☆	掌握区域内规定动物疫病历史状况					
2.2	了解毗邻地区规定动物疫病历史状况					
2.3※	在规定时间内没有发生规定动物疫病					
2.4※	在规定时间内无规定动物疫病病原感染，并有相应的监测记录					
2.5☆	易感野生动物在规定时间内未监测到规定动物疫病病原					
3	基础体系					
3.1※	兽医机构体系完整、职能明确，能够满足工作需要					

（续）

序号	评审内容	评审意见				
		符合	基本符合	不符合	不适用	存在问题及缺陷
3.2	县以上地方人民政府设有无疫区建设管理和重大规定动物疫病防控组织机构					
3.3☆	各级兽医机构人员经费、工作经费和设施运转经费全额纳入财政预算					
3.4	兽医机构专业人员占有相应比例					
3.5☆	兽医机构准确掌握辖区内动物饲养、屠宰、加工及交易等场所分布及易感动物种类、数量					
3.6	兽医机构了解辖区内野生易感动物种类和分布					
3.7☆	实验室体系完整，质量保证体系健全					
3.8	实验室面积符合要求，布局合理					
3.9	实验室具有专职的管理和技术人员，人员数量和专业技术人员的比例符合要求					
3.10	实验室有培训计划并得到有效实施					
3.11☆	实验室仪器设备的配备能满足工作需要					
3.12	实验室重要仪器设备的操作规范和使用记录完整					
3.13☆	实验室环境及设施符合生物安全要求					
3.14☆	实验室有菌毒种管理制度。菌毒种保存场地符合要求，设专人管理，有领用批准与登记手续					
3.15	实验室有剧毒危险药品管理制度。毒品和易燃易爆品保存场地符合要求，设专人管理，有领用批准与登记手续。毒品使用有监督措施					
3.16☆	实验室实验动物的饲养管理符合生物安全要求					
3.17☆	实验室无害化处理的场所、设施设备和管理制度健全，有专人负责					
3.18	实验室有样品管理、药品试剂管理、仪器设备使用管理、实验室安全卫生管理等制度					
3.19☆	省级实验室具有主要规定动物疫病的病原学检测能力，市县级实验室具有常发规定动物疫病的血清学检测能力					
3.20☆	实验过程中的原始记录、仪器使用记录等各种记录填写清晰完整、真实客观					
3.21	实验报告规范，实验结论表述科学、清楚					
3.22☆	实验室有档案管理制度，档案规范、齐全，有专人管理					
4	预防监测					
4.1☆	非免疫无规定动物疫病区在规定时间内没有进行免疫；区域在停止免疫后，没有引进免疫动物					
4.2☆	免疫无疫区及缓冲区易感动物按规定实施免疫					
4.3	使用符合规定的疫苗，疫苗保存、运输、接种符合要求					
4.4	制定免疫效果监测方案并有效实施					
4.5☆	有科学、合理的规定动物疫病监测方案					
4.6※	规定动物疫病监测范围、监测频率和样品数量符合要求					
4.7	对缓冲区、监测区实施强化监测					
4.8	样品采集、保存、运输符合要求					
4.9☆	检测方法、诊断试剂符合规定					

（续）

序号	评审内容	评审意见				
		符合	基本符合	不符合	不适用	存在问题及缺陷
4.10※	监测记录及结果真实、完整，检测结果按规定报告					
4.11☆	发生疫情后，疫点、疫区和受威胁区的监测符合规范要求					
5	检疫监管					
5.1	有健全的引入及过境动物的检疫监管制度					
5.2	设有进入区域的动物及动物产品指定通道					
5.3☆	动物卫生监督机构对引入动物及动物产品实施全程监控					
5.4☆	所有进入或过境动物及动物产品必须经过指定通道，并有规范、完整的记录					
5.5※	实施动物及动物产品引入报检制度					
5.6☆	从非无疫区输入易感动物及具有规定动物疫病传播风险的动物产品，应具备相关准引手续，易感动物经隔离检疫合格					
5.7	畜禽标识符合《畜禽标识及养殖档案管理办法》规定					
5.8	区域内流通的动物及动物产品附有检疫证明、畜禽标识、验讫标志					
5.9	动物及动物产品追溯制度完善并有效实施					
5.10※	进入区域的主要交通道口设有动物卫生监督检查站					
5.11	动物卫生监督检查站设施齐全，制度完善并有效实施					
5.12	动物卫生监督检查站能够对染疫动物、动物产品、废弃物等进行无害化处理					
5.13	动物卫生监督检查站查证验物和消毒等记录完整规范					
5.14	隔离场选址、布局符合动物防疫条件要求，取得动物防疫条件合格证					
5.15	动物隔离场设施设备齐全，运行良好					
5.16	隔离场有完善的隔离、饲养、消毒、检疫、无害化处理等制度					
5.17	动物隔离期间管理符合规范，动物隔离时间不少于规定的期限，隔离观察记录完整规范					
5.18	动物隔离场定期向当地和省级动物卫生监督机构报告工作情况					
5.19	无害化处理场选址符合动物防疫条件要求，取得动物防疫条件合格证					
5.20☆	无害化处理场具备相关设施设备，满足无害化处理的要求					
5.21	无害化处理场消毒制度健全，采用的方法及药品符合要求					
5.22	无害化处理场建立并落实人员安全防护管理制度和措施					
5.23	无害化处理场档案齐全，记录规范完整					
5.24☆	活动物交易市场符合动物防疫要求，有动物检疫、消毒等制度和措施					
5.25	动物卫生监督机构能对活动物交易市场实施有效的检疫监管					
5.26	活动物交易市场禁止交易来自非无疫区的相关易感动物					

（续）

序号	评审内容	评审意见				
		符合	基本符合	不符合	不适用	存在问题及缺陷
5.27☆	屠宰场选址、布局、设施设备符合动物防疫条件要求，取得动物防疫条件合格证					
5.28	屠宰场屠宰、加工、检疫、消毒等制度健全					
5.29☆	屠宰场有动物卫生监督机构派驻的人员负责检疫					
5.30	屠宰场禁止屠宰来自非无疫区的相关易感动物					
5.31☆	屠宰动物按规定实施宰前、宰后检疫，出具动物产品检疫合格证明并加盖检疫验讫印章					
5.32	屠宰场各种记录规范齐全，有专人登记和保管					
5.33☆	养殖场选址、布局、设施设备符合动物防疫条件要求，取得动物防疫条件合格证，并取得备案代码					
5.34	养殖场建立各种防疫制度，包括消毒、免疫、监测、畜禽标识及人员与车辆出入制度，规定动物疫病登记和疫情报告制度，无害化处理制度等					
5.35	养殖场配有与其生产规模相适应的兽医人员。饲养人员、兽医人员应定期进行健康检查并持有健康证明					
5.36☆	养殖场的兽药、饲料、疫苗使用、官方采样及监测、无害化处理、消毒等记录规范完整					
6	疫情管理					
6.1☆	省、市、县有负责动物疫情管理的机构，有固定的办公场所和交通、通信工具，疫情报告设施设备齐全，配备专人负责疫情报告管理工作，各级疫情报告系统有效运行					
6.2	按规定程序报告疫情，疫情报告及处理档案记录完整					
6.3	疫情确认符合规定程序，且记录完整					
6.4	有动物疫情报告的监督、核查制度					
6.5	普及疫情报告制度及相关知识。饲养、经营、屠宰、加工、贮藏和运输动物及其产品的从业人员了解和掌握疫情报告内容及途径					
6.6☆	各级政府制定规定动物疫病的应急预案					
6.7※	应急所需的紧急免疫、扑杀补偿等经费纳入财政预算，明确扑杀补偿方案					
6.8☆	应急处置的物资及设施设备储备充足					
6.9	各级政府组建了疫情应急预备队，举行过疫情应急反应演练					
6.10☆	发生疫情时，能够按规定划分疫点、疫区、受威胁区，及时发布封锁令，解除封锁和解除疫情符合规定					
6.11☆	发生疫情时，疫点、疫区、受威胁区所采取的应急处置措施符合应急处置规定					
6.12	疫情发生后，动物疫病预防控制机构能够有效实施规定动物疫病流行病学调查					
6.13	规定动物疫病流行病学调查分析报告科学真实					
6.14	定期开展风险评估工作，并根据结果进行整改					

注：1、※为关键项，☆为重点项，未标注的为普通项。

无规定动物疫病区现场评审表共分为6大部分，96项。其中关键项10项，重点项37项，普通项49项。

二十九、无非洲猪瘟区标准

（2019年12月16日 农业农村部办公厅农办牧〔2019〕86号发布）

1 范围

本标准规定了无非洲猪瘟区的条件。

本标准适用于无非洲猪瘟区的建设和评估。

2 规范性引用文件

下列文件的最新版本适用于本文件。

重大动物疫情应急条例

非洲猪瘟疫情应急实施方案

无规定动物疫病区管理技术规范

3 术语和定义

除《无规定动物疫病区管理技术规范通则》规定的术语和定义外，下列术语和定义也适用于本标准。

3.1 猪：包括家猪和野猪。

3.2 家猪：指人工饲养的生猪以及人工合法捕获并饲养的野猪。

3.3 非洲猪瘟病毒感染：出现以下任一情形，视为非洲猪瘟病毒感染。

（1）从采集的猪样品中分离出非洲猪瘟病毒。

（2）从以下任一采集的样品中检测到非洲猪瘟特异性抗原、核酸或特异性抗体。

a. 有非洲猪瘟临床症状或有病理变化猪的样品。

b. 与非洲猪瘟确诊、疑似疫情有流行病学关联猪的样品。

c. 怀疑与非洲猪瘟病毒有接触或关联猪的样品。

4 潜伏期

非洲猪瘟的潜伏期为15天。

5 无非洲猪瘟区

5.1 猪无非洲猪瘟区

除遵守《无规定动物疫病区管理技术规范通则》相关规定外，还应当符合下列条件。

5.1.1 与毗邻非洲猪瘟感染国家或地区间设有保护区，或具有人工屏障或地理屏障，以有效防止非洲猪瘟病毒传入。无疫区原则上以省级行政区域为单位划定。

5.1.2 具有完善有效的疫情报告体系和早期监测预警系统。

5.1.3 具有防控非洲猪瘟宣传计划，区域内兽医人员，饲养、屠宰加工和运输环节等相关从业人员了解非洲猪瘟的相关知识、防控要求和政策。

5.1.4 开展区域内野猪和钝缘软蜱调查，掌握区域内野 猪和钝缘软蜱品种、分布和活动等情况，通过风险评估，排除野猪和钝缘软蜱在区域内传播非洲猪瘟的可能性。

5.1.5 没有饲喂餐厨废弃物。

5.1.6 进入区域的生猪运输车辆应符合生猪运输车辆备案要求和生物安全标准要求。

5.1.7 区域内各项防控非洲猪瘟的措施得到有效实施。

5.1.8 监测。具有有效的监测体系，按照《无规定动物 疫病区管理技术规范规定动物疫病监测准则》和国家相关要求制定监测方案，科学开展监测，经监测，在过去3年内区域内家猪和野猪均没有发现非洲猪瘟病毒感染；经流行病学调查区域内不存在钝缘软蜱，或经监测区域内钝缘软蜱没有发现非洲猪瘟病毒感染的，则时间可缩短为在过去12个月内区域内所有家猪和野猪均没有发现非洲猪瘟病毒感染。

5.2 家猪无非洲猪瘟区

5.2.1 符合5.1.1、5.1.2、5.1.3、5.1.4、5.1.5、5.1.6、5.1.7相关规定。

5.2.2 监测。具有有效的监测体系，按照《无规定动物疫病区管理技术规范规定动物疫病监测准则》和国家相关要求制定监测方案，科学开展监测，经监测，在过去3年内区域内家猪没有发现非洲猪瘟病毒感染；经流行病学调查区域内不存在钝缘软蜱，或经监测区域内钝缘软蜱没有

发现非 洲猪瘟病毒感染，则时间缩短为在过去12个月内区域内家猪没有发现非洲猪瘟病毒感染。

6 无非洲猪瘟区发生非洲猪瘟有限疫情建立感染控制区的条件

6.1 无非洲猪瘟区发生非洲猪瘟疫情时，该无非洲猪瘟区的无疫状态暂时停止。

6.2 根据《重大动物疫情应急条例》和《非洲猪瘟疫情应急实施方案》划定疫点、疫区和受威胁区，并采取相应的管理技术措施。

6.3 开展非洲猪瘟流行病学调查，查明疫源，证明所有疫情之间存在流行病学关联，地理分布清楚，且为有限疫情。

6.4 根据流行病学调查结果，结合地理特点，在发生有限疫情的区域建立感染控制区，明确感染控制区的范围和边界。感染控制区应当包含所有流行病学关联的非洲猪瘟病例。感染控制区不得小于受威胁区的范围，原则上以该疫点所在县级行政区域划定感染控制区范围。

6.5 按照《重大动物疫情应急条例》和《非洲猪瘟疫情应急实施方案》要求，对疫点、疫区和受威胁区猪及产品进行处置，对其他有流行病学关联的猪及产品可通过自然屏障或采取人工措施，包括采取建立临时动物卫生监督检查站等限制流通等措施，禁止猪及产品运出感染控制区。

6.6 对整个无非洲猪瘟区进行排查，对感染控制区开展 持续监测，对感染控制区以外的其他高风险区域进行强化监测，在最后一例病例扑杀后至少30天没有发生新的疫情或感染，可申请对感染控制区进行评估。

7 无非洲猪瘟区的恢复

7.1 建立感染控制区后的无疫状态恢复

7.1.1 符合6的要求，感染控制区建成后，感染控制区外的其他区域即可恢复为非洲猪瘟无疫状态。

7.1.2 在感染控制区内，按照《重大动物疫情应急条例》和《非洲猪瘟疫情应急实施方案》要求进行疫情处置，在最后一例病例扑杀后3个月内未再发生疫情，经监测，区域内没有发现非洲猪瘟病毒感染，可申请恢复为非洲猪瘟无疫状态；感染控制区的无疫状态恢复应当在疫情发生后的12个月内完成。

7.1.3 感染控制区内再次发现非洲猪瘟病毒感染，取消感染控制区，撤销无非洲猪瘟区资格。无非洲猪瘟区按照《重大动物疫情应急条例》和《非洲猪瘟疫情应急实施方案》要 求进行疫情处置，在最后一例病例扑杀后3个月内未再发生疫情，经监测，区域内没有发现非洲猪瘟病毒感染，可申请恢复为非洲猪瘟无疫状态。

7.2 未能建立感染控制区的无疫状态恢复

不符合6的要求，按照《重大动物疫情应急条例》和《非洲猪瘟疫情应急实施方案》要求进行疫情处置，在最后一例病例扑杀后3个月内未再发生疫情，经监测，区域内没有发现非洲猪瘟病毒感染，可申请恢复为非洲猪瘟无疫状态。

三十、无规定动物疫病小区管理技术规范

（2019年12月16日 农业农村部办公厅农办牧〔2019〕86号发布）

第一部分 无规定动物疫病小区标准

通则
无非洲猪瘟小区标准
无口蹄疫小区标准
无猪瘟小区标准
无小反刍兽疫小区标准
无高致病性禽流感小区标准
无新城疫小区标准
无布鲁氏菌病小区标准

通 则

1 范围

本标准规定了无规定动物疫病小区的基本条件和建设要求。

本标准适用于无规定动物疫病小区的建设、维持和评估。

2　规范性引用文件

下列文件的最新版本适用于本文件。

动物防疫法

重大动物疫情应急条例

动物防疫条件审查办法

动物检疫管理办法

畜禽标识和养殖档案管理办法

无规定动物疫病小区评估管理办法

3　术语和定义

3.1　无规定动物疫病小区（无规定动物疫病生物安全隔离区）

指处于同一生物安全管理体系下的养殖场区，在一定期限内没有发生一种或几种规定动物疫病的若干动物养殖和其他辅助生产单元所构成的特定小型区域。

3.2　生产单元

指无规定动物疫病小区内处于同一生物安全管理体系下的畜禽养殖场及孵化、屠宰、产品加工、饲料生产、无害化处理等场所。

3.3　生物安全

指为降低动物疫病传入和传播风险，采取的消毒、隔离和防疫等措施，严格控制调入动物、运输工具、生产工具、人员、饲料等传播疫情疫病的风险，建立防止病原入侵的多层屏障，达到预防和控制动物疫病的目的。

3.4　生物安全管理体系

指遵循风险管理基本原则，通过制定生物安全计划、实施生物安全措施，并持续维持生物安全状态的所有管理制度。

3.5　生物安全计划

指通过分析规定动物疫病传入、传播、扩散的可能途径，为采取相应控制措施、降低动物疫病风险而制定的防控技术文件。

3.6　物理屏障

指为防止规定动物疫病传入，在无规定动物疫病小区各生产单元周边建立的物理隔离设施。

3.7　缓冲区

指为防止规定动物疫病传入，必要时沿无规定动物疫病小区物理屏障向外设立的环形防疫区域，在该区域内采取免疫、消毒、监测预警等预防措施。

4　基本条件

4.1　企业应当是独立的法人实体或企业集团。

4.2　构成无规定动物疫病小区所有生产单元分布应当相对集中，原则上处于同一县级行政区域内，或位于同一地市级行政区域毗邻县内且不同生产单元之间不超过200公里。

4.3　各生产单元应当按规定取得相应的资质条件。

4.4　遵循良好饲养管理规范的原则要求，实施健康养殖。

4.5　应当按《畜禽标识和养殖档案管理办法》的规定对畜禽进行标识，对所有生产环节中的畜禽及其产品、饲料、兽药等投入品实施可追溯管理。

4.6　养殖场病害畜禽及废弃物处理设施条件、无害化处理应当符合生物安全和环保要求。

4.7　企业负责实施无规定动物疫病小区统一的生物安全管理工作。

4.8　所在地县级以上兽医机构应当按照全程监管、风险管理的原则，制定完善的监管制度和程序，对无规定动物疫病小区进行监管。

5　生物安全管理体系

5.1　企业遵循全过程风险管理的原则，参照危害分析和关键控制点（HACCP）控制的基本原则，建立统一的生物安全管理体系。

5.2　生物安全管理人员

5.2.1　企业应当成立生物安全管理小组，管理小组明确组长和副组长，组长由企业（企业集团）的主要负责人或主管防疫的负责人担任，副组长由具体负责防疫或生产的负责人担任，成员包括各生产单元的主要负责人。

5.2.2　生物安全管理小组负责制定生物安全计划，并督促落实生物安全计划，定期对生物安全计划进行审核和维护。

5.2.3　各生产单元应当配备生物安全管理员，按照生物安全计划的要求，实施各项生物安全措施。

5.2.4　实施生物安全管理工作的相关人员，应当进行生物安全培训。

5.3　屏障设施

5.3.1　生产单元应当有围墙或能够与外界进行有效隔离的其他物理屏障。

5.3.2　生产单元内生产区与生活区应当分设，必要时进行物理隔离。

5.3.3　当养殖场周边存在其他易感动物（含野生动物），具有较高的规定动物疫病传播风险时，应当沿养殖场物理屏障向外设立3公里的缓冲区。

5.4 生物安全计划

5.4.1 根据规定动物疫病的流行病学特征、传入传播途径及风险因素，参照《生物安全计划准则》的要求制定。

5.4.2 生物安全计划的主要内容包括：

（1）规定动物疫病传入传播的风险因素及可能途径；

（2）对所有潜在风险因素，逐项设立相应的关键控制点，制定针对性的生物安全措施；

（3）建立标准操作程序，包括生物安全措施、监督程序、纠错程序、纠错过程确认程序以及档案记录。

5.5 生物安全措施

5.5.1 生物安全管理小组应当按照《规定动物疫病风险评估准则》的要求，定期对规定动物疫病发生、传播和扩散的风险因素进行评估，合理制定或调整完善生物安全措施。

5.5.2 生物安全措施应当覆盖无规定动物疫病小区养殖、屠宰（加工）、孵化、运输、无害化处理等所有环节及生产单元，并有效落实。

5.6 疫情报告和应急反应

5.6.1 建立动物疫情报告体系，一旦发生疑似重大动物疫情，立即按照疫情报告程序进行报告。

5.6.2 建立规定动物疫病应急预案，并按照要求做好防疫应急物资储备和人员培训。

5.6.3 无规定动物疫病小区内发生规定动物疫情时，应当及时启动应急预案，进行疫情处置。缓冲区或无规定动物疫病小区所在县（市、区）发生规定动物疫病疫情时，无规定动物疫病小区应当按照应急预案要求，采取强化的隔离、清洗、消毒等生物安全措施，强化监测和监管，开展预警监测，防止疫情传入。

5.7 记录

5.7.1 记录应当能证明无规定动物疫病小区所有生物安全管理措施的实施情况。

5.7.2 养殖环节应当按照畜禽养殖档案管理的有关要求做好各项记录。

5.7.3 屠宰加工环节应当做好畜禽来源、屠宰日期、数量、批次、活畜禽运输车辆牌照、储存场所、产品去向等记录。

5.7.4 其他环节，如孵化、饲料生产以及无害化处理等，应当按企业生物安全管理的要求做好相关记录。

5.7.5 所有记录应当妥善保存，便于查阅。动物疫病监测记录保存期不少于5年，其他记录保存期不少于2年。

国家有长期保存规定的，依照其规定。

5.8 内部审核与改进

生物安全管理小组应当定期对生物安全管理体系进行内部审核和评估，并根据结果进行改进。

6 官方兽医机构监管

6.1 基本要求

6.1.1 官方兽医机构健全，职能明确，有充足的财政支持，基础设施完善，能够满足工作需要。

6.1.2 监管人员应当熟悉国家有关法律法规要求，具有相应的专业技术知识和技能。

6.1.3 遵循过程监管、风险控制和可追溯管理的基本原则，制定完善的监管制度和程序，对无规定动物疫病小区进行有效监管，并做好相关记录。

6.2 监管内容

6.2.1 对无规定动物疫病小区的监管

6.2.1.1 对养殖场的监管，包括动物防疫条件、养殖档案、动物调出调入管理、检疫申报、可追溯管理、饲料和兽药使用、免疫、监测、诊疗、疫情报告、消毒、无害化处理等。

6.2.1.2 对屠宰加工厂的监管，包括动物防疫条件、消毒、检疫检验、无害化处理、可追溯管理及档案记录等。

6.2.1.3 对运输的监管，包括运输路线、运输工具清洗消毒、检疫证明持有情况等。

6.2.1.4 对从业人员的监管，包括生物安全管理人员的设置、从业人员健康证明持证、生物安全知识培训、执业兽医配备情况等。

6.2.1.5 对其他环节的监管，包括防疫条件、生物安全管理措施制定及落实等。

6.2.2 对无规定动物疫病小区缓冲区及周边区域的监管

6.2.2.1 掌握辖区内动物饲养、屠宰加工、交易等场所分布情况，以及相关动物种类、数量、分布等情况。

6.2.2.2 了解辖区内易感野生动物的分布情况。

6.2.2.3 对缓冲区的易感动物免疫、规定动物疫病监测、诊疗、疫情报告、动物及其产品运

输、无害化处理等进行监管。

6.2.2.4 对缓冲区及行政区域内的其他易感野生动物的规定动物疫病实施有效监测。

7 监测

7.1 无规定动物疫病小区应当建立完善的规定动物疫病监测体系，并对规定动物疫病实施有效监测。

7.2 监测体系包括企业监测和兽医机构的官方监测，承担监测的实验室应当取得规定动物疫病检测能力资质认可。

7.3 具备资质的兽医实验室可以是各级动物疫病预防控制机构的兽医实验室，也可以是官方兽医机构指定的具有资质的第三方实验室。

7.4 规定动物疫病的监测应当遵循《规定动物疫病监测准则》的原则，制定监测计划和监测方案。

7.5 应当对监测结果进行分析，并根据结果及时调整生物安全计划。

7.6 相关监测记录应当规范完整。

8 评估

8.1 满足下列条件，可申报无规定动物疫病小区国家评估：

8.1.1 符合本标准要求。

8.1.2 符合规定动物疫病的无疫标准要求。

8.1.3 采取符合国家要求的防控措施，有效防控其他动物疫病。

8.1.4 取得省级兽医主管部门对无规定动物疫病小区建设的批复性文件。

8.1.5 可同时申报一种或几种规定动物疫病的无疫小区评估。

8.2 全国动物卫生风险评估专家委员会办公室按照《无规定动物疫病小区评估管理办法》和相关标准进行评估。评估结果建议经全国动物卫生风险评估专家委员会办公室报农业农村部。

无非洲猪瘟小区标准

1 范围

本标准规定了无非洲猪瘟小区的建设和恢复要求。

本标准适用于无非洲猪瘟小区的建设和评估。

2 术语和定义

非洲猪瘟病毒感染：出现以下任一情形，视为发生非洲猪瘟病毒感染。

（1）从采集的猪样品中分离出非洲猪瘟病毒。

（2）从以下任一采集的猪样品中检测到非洲猪瘟特异性抗原、核酸或特异性抗体。

a. 有非洲猪瘟临床症状或有病理变化猪的样品。

b. 与非洲猪瘟确诊、疑似疫情有流行病学关联猪的样品。

c. 怀疑与非洲猪瘟病毒有接触或关联猪的样品。

3 无非洲猪瘟小区

除符合《通则》相关规定外，还应当符合下列条件：

3.1 通过风险评估，排除钝缘软蜱在小区内传播非洲猪瘟的可能性。

3.2 没有饲喂餐厨废弃物。

3.3 配置符合生物安全要求的出猪间，出猪通道设置合理。

3.4 具有运输管理体系，使用专用车辆，各环节专车专用，合理规划运输路线，生猪运输 车辆应符合生猪运输车辆备案要求和生物安全标准要求。

3.5 具有清洗消毒体系，合理布局清洗消毒中心或清洗消毒站，对生产、生活、运输、无 害化处理等环节进行有效的清洗消毒。

3.6 各项动物卫生措施有效实施。

3.7 按照《规定动物疫病监测准则》和国家相关要求制定监测方案，通过监测证明在过去 12 个月内未发现非洲猪瘟病毒感染。

4 无非洲猪瘟小区的恢复

4.1 暂停无非洲猪瘟小区资格的，自暂停之日起 30 日内完成整改的，可申请恢复无疫资格。

4.2 撤销无非洲猪瘟小区资格的恢复。

4.2.1 因发生非洲猪瘟撤销资格的，在最后一例病例被扑杀后 3 个月内未再发生疫情，经监测证明小区内没有非洲猪瘟病毒感染，可申请恢复无疫资格；

4.2.2 在规定期限内未完成整改或其他原因撤销资格的，在完成整改或符合相应要求后，可申请恢复无疫资格。

无口蹄疫小区标准

1 范围

本标准规定了无口蹄疫小区的建设和恢复要求。

本标准适用于无口蹄疫小区的建设和评估。

2 术语和定义

2.1 口蹄疫病毒感染：出现以下任一情形，

视为发生口蹄疫病毒感染。

（1）从易感动物样品中分离鉴定出口蹄疫病毒。

（2）从出现口蹄疫临床症状，或与口蹄疫确诊或疑似疫情有流行病学关联，或确认曾经与口蹄疫病毒有过接触史或关联史的易感动物样品中，检测出口蹄疫病毒抗原或病毒核酸。

（3）从出现口蹄疫临床症状，与口蹄疫确诊或疑似疫情有流行病学关联，或确认曾经与口蹄疫病毒有过接触史或关联史的易感动物样品中，检测出非免疫所致的口蹄疫病毒结构蛋白抗体或非结构蛋白抗体。

2.2 口蹄疫病毒传播：在免疫动物群体中，无论是否出现口蹄疫的临床症状，只要通过病原学监测出口蹄疫病原，或通过血清学监测出口蹄疫非结构蛋白抗体，且对该口蹄疫非结构蛋白抗体阳性动物群在一定时间内再次抽样检测，呈现口蹄疫非结构蛋白抗体滴度升高，或者口蹄疫非结构蛋白抗体阳性动物数量增加。

3 免疫无口蹄疫小区

免疫无口蹄疫小区应当符合下列所有条件：

3.1 符合《通则》的要求。

3.2 无规定动物疫病小区及其缓冲区均实施口蹄疫免疫，且免疫合格率达到80%以上，所用疫苗符合国家规定。

3.3 在过去12个月没有发现口蹄疫临床病例。

3.4 在过去12个月没有发现口蹄疫病毒感染或传播。

3.5 首次认可时，无规定动物疫病小区周边10公里范围内，在过去3个月内没有报告发现口蹄疫临床病例。

4 非免疫无口蹄疫小区

非免疫无口蹄疫小区应当符合下列所有条件：

4.1 符合《通则》的要求。

4.2 在过去12个月内没有发现口蹄疫病毒感染。

4.3 禁止实施口蹄疫疫苗免疫。

4.4 在过去12个月内没有进行口蹄疫疫苗免疫，也没有引进免疫过口蹄疫疫苗的动物。

4.5 首次评估时，无规定动物疫病小区周边10公里范围内，在过去3个月内没有报告发现口蹄疫疫情临床病例。

5 无口蹄疫小区的资格恢复

5.1 暂停无口蹄疫小区资格的，自暂停之日起30日内完成整改，可恢复无疫资格。

5.2 撤销无口蹄疫小区资格的恢复。

5.2.1 因发生口蹄疫撤销资格的，在最后一例病例被扑杀后连续12个月未发现口蹄疫感染的，可申请恢复无疫资格。

5.2.2 在规定期限内未完成整改或其他原因撤销资格的，在完成整改或符合相应要求后，可申请恢复无疫资格。

无猪瘟小区标准

1 范围

本标准规定了无猪瘟小区的建设和恢复要求。

本标准适用于无猪瘟小区的建设和评估。

2 术语和定义

猪瘟病毒感染：出现以下任一情形，视为发生猪瘟病毒感染。

（1）从猪样品中分离到猪瘟病毒（疫苗株除外）；

（2）从与猪瘟确诊或疑似疫情有流行病学关联，或确认曾经与猪瘟病毒有过接触史或关联史，无论是否有临床症状的一个或多个猪样品中，检测出猪瘟病毒抗原（疫苗株除外）或特异性猪瘟病毒核糖核酸；

（3）从猪群中出现猪瘟临床症状，与猪瘟确诊或疑似疫情有流行病学关联，或确认曾经与猪瘟病毒有过接触史或关联史的猪样品中，检测出非免疫所致或非其他瘟病毒感染所致的猪瘟病毒特异性抗体。

3 免疫无猪瘟小区

免疫无猪瘟小区应当符合下列所有条件：

3.1 符合《通则》的规定。

3.2 实施免疫，且免疫合格率达到70%以上，所用疫苗符合国家规定。

3.3 在过去12个月内未发现猪瘟临床病例和猪瘟病毒感染。

4 非免疫无猪瘟小区

非免疫无猪瘟小区应当符合下列条件：

4.1 符合《通则》的规定。

4.2 在过去12个月内未发现猪瘟临床病例和猪瘟病毒感染。

4.3 禁止实施猪瘟疫苗免疫。

4.4 在过去12个月内没有免疫过猪瘟疫苗，也没有引进免疫过猪瘟疫苗的动物。

5 无猪瘟小区的恢复

5.1 暂停无猪瘟小区资格的，自暂停之日起30日内完成整改的，可申请恢复无疫资格。

5.2 撤销无猪瘟小区资格的恢复。

5.2.1 因发生猪瘟撤销资格的，满足本标准3或4要求后，可申请恢复无疫资格。

5.2.2 在规定期限内未完成整改或其他原因撤销资格的，在完成整改或符合相应要求后，可申请恢复无疫资格。

无小反刍兽疫小区标准

1 范围

本标准规定了无小反刍兽疫小区的建设和恢复要求。

本标准适用于无小反刍兽疫小区的建设和评估。

2 术语和定义

小反刍兽疫病毒感染：出现以下任一情形，视为发生小反刍兽疫病毒感染。

（1）从易感动物或其产品中分离鉴定出小反刍兽疫病毒（疫苗株除外）；

（2）从出现小反刍兽疫临床症状，或与小反刍兽疫确诊或疑似疫情有流行病学关联的易感动物样品中检测出小反刍兽疫病毒的病毒抗原或核酸（疫苗株除外）；

（3）从出现小反刍兽疫临床症状，与小反刍兽疫确诊或疑似疫情有流行病学关联的未经小反刍兽疫疫苗接种过的易感动物样品中检测到小反刍兽疫病毒抗体。

3 无小反刍兽疫小区

无小反刍兽疫小区应当符合下列所有条件：

3.1 符合《通则》的要求。

3.2 在过去24个月内没有发现小反刍兽疫病毒感染。

3.3 禁止实施小反刍兽疫疫苗免疫。

3.4 在过去24个月，无规定动物疫病小区内的动物没有免疫过小反刍兽疫疫苗。

4 无小反刍兽疫小区的恢复

4.1 暂停无小反刍兽疫小区资格的，自暂停之日起30日内完成整改的，可申请恢复无疫资格。

4.2 撤销无小反刍兽疫小区资格的恢复。

4.2.1 因发生小反刍兽疫撤销资格的，在最后一例病例被扑杀后连续6个月内没有发现小反刍兽疫病毒感染的，可申请恢复无疫资格。

4.2.2 在规定期限内未完成整改或其他原因撤销资格的，在完成整改或符合相应要求后，可申请恢复无疫资格。

无高致病性禽流感小区标准

1 范围

本标准规定了无高致病性禽流感小区的建设和恢复要求。

本标准适用于无高致病性禽流感小区的建设和评估。

2 术语和定义

2.1 禽流感：为任何H5或H7亚型的A型流感病毒感染，或任何一种静脉接种致病指数IVPI大于1.2（或造成至少75%死亡率作为代替指标）的其他A型流感病毒感染，可分为高致病性禽流感和低致病性禽流感。

2.2 禽流感病毒感染：出现以下任一情形，视为发生禽流感病毒感染。

（1）分离并鉴定出禽流感病毒；

（2）在家禽或家禽产品中检测到禽流感病毒特异性核糖核酸（RNA）。

2.3 高致病性禽流感：由以下禽流感病毒引起的家禽感染，定义为高致病性禽流感。

（1）对6周龄易感鸡的静脉接种致病指数（IVPI）大于1.2，或对4～8周龄易感鸡静脉接种感染死亡率不低于75%的H5、H7亚型或其他A型流感病毒；

（2）对不具备上述两个特征的H5和H7亚型流感病毒，需要进行测序，如果血凝素裂 解位点存在多个碱性氨基酸，且与高致病性禽流感分离毒株的氨基酸序列相似，则认为是高致病性禽流感。

3 无高致病性禽流感小区

无高致病性禽流感小区应当符合下列所有条件：

3.1 符合《通则》的规定。

3.2 在过去12个月内没有发现高致病性禽流感病毒感染。

4 无高致病性禽流感小区的恢复

4.1 暂停无高致病性禽流感小区资格的，自暂停之日起30日内完成整改的，可申请恢复无疫资格。

4.2 撤销无高致病性禽流感小区资格的恢复。

4.2.1 因发生高致病性禽流感撤销资格

的，在最后一例病例被扑杀后连续3个月内没有发生高致病性禽流感感染，可申请恢复无疫资格。

4.2.2 在规定期限内未完成整改或其他原因撤销资格的，在完成整改或符合相应要求后，可申请恢复无疫资格。

无新城疫小区标准

1 范围

本标准规定了无新城疫小区的建设和恢复要求。

本标准适用于无新城疫小区的建设和评估。

2 术语和定义

2.1 新城疫

指由新城疫病毒强毒引起的家禽感染，其毒株的毒力应当符合以下标准之一：

(1) 毒株1日龄雏鸡脑内接种致病指数大于或等于0.7；

(2) 毒株F2蛋白C端（第113－116位）至少包括3个碱性氨基酸残基，F1蛋白N端，即第117位氨基酸残基为苯丙氨酸（F)，如果毒株没有上述氨基酸特征序列，则需要通过脑内接种致病指数鉴定。

2.2 新城疫强毒感染

检测到新城疫强毒或检测到新城疫强毒特异的病毒核糖核酸。

3 无新城疫小区

无新城疫小区应当满足下列所有条件：

3.1 符合《通则》的规定。

3.2 在过去12个月内没有发现新城疫强毒感染。

4 无新城疫小区的恢复

4.1 暂停无新城疫小区资格的，自暂停之日起30日内完成整改的，可申请恢复无疫资格。

4.2 撤销无新城疫小区资格的恢复。

4.2.1 因发生新城疫撤销资格的，满足本标准3要求后，可申请恢复无疫资格。

4.2.2 在规定期限内未完成整改或其他原因撤销资格的，在完成整改或符合相应要求后，可申请恢复无疫资格。

无布鲁氏菌病小区标准

1 范围

本标准规定了无布鲁氏菌病小区的建设和恢复要求。

本标准适用于无布鲁氏菌病小区的建设和评估。

2 术语和定义

布鲁氏菌感染：存在以下任一情况时，均定义为布鲁氏菌感染。

(1) 从组织、奶、阴道分泌物、流产物（流产胎儿、胎衣、羊水）等动物样品中检测到布鲁氏菌。

(2) 经实验室检测，诊断布鲁氏菌抗体结果为阳性，且与阳性病例有流行病学关联。

3 无布鲁氏菌病小区

无布鲁氏菌病小区应当满足下列所有条件：

3.1 符合《通则》的规定。

3.2 过去36个月内未进行过疫苗免疫。

3.3 至少过去12个月内未发现临床病例和布鲁氏菌感染。

3.4 对出现流产等疑似症状的病例应进行布鲁氏菌检测，结果为阴性。

4 无布鲁氏菌病小区的恢复

4.1 暂停无布鲁氏菌病小区资格的，自暂停之日起30日内完成整改的，可申请恢复无疫资格。

4.2 撤销无布鲁氏菌病小区资格的恢复

4.2.1 因发生布鲁氏菌病撤销资格的，采取扑杀政策，在最后一例病例被扑杀后连续12个月内没有发生布鲁氏菌病感染的，可申请恢复无疫资格。

4.2.2 在规定期限内未完成整改或其他原因撤销资格的，在完成整改或符合相应要求后，可申请恢复无疫资格。

第二部分 管理技术规范

规定动物疫病风险评估准则
生物安全计划准则
养殖场生物安全管理规范
屠宰场生物安全管理规范
规定动物疫病监测准则
畜禽养殖场消毒技术规范
动物卫生监督管理规范

规定动物疫病风险评估准则

1 范围

本准则规定了无规定动物疫病小区规定动物疫病风险评估的基本要求、主要程序及内容。

本准则适用于无规定动物疫病小区规定动物

疫病的风险评估工作。

2 术语和定义

下列术语和定义适用于本标准。

2.1 风险

指一定条件下规定动物疫病及生物性危害在无规定动物疫病小区传入、发生和扩散的可能性，及其对动物饲养、动物产品安全及环境、生态安全等产生的不利后果的严重程度。

2.2 风险识别

对规定动物疫病状况产生不利影响的动物疫病及潜在风险因素进行识别和确认的过程。

2.3 风险评估

对无规定动物疫病小区传入、发生或扩散规定动物疫病的可能性及其后果的评价。

2.4 风险交流

风险评估人员、风险管理者及利益相关方交流风险信息的过程。

2.5 风险管理

在风险评估的基础上，确定、选择和实施能够降低风险水平的措施，并对措施实施效果开展评价的过程。

3 基本要求

3.1 企业生物安全管理小组结合企业实际情况，根据无规定动物疫病小区及其周边区域规定动物疫病的状况，每年至少开展 1 次风险评估工作。

3.2 结合规定动物疫病流行病学特征，对各生产单元的周边环境、选址布局、设施设备、防疫管理、人员管理、投入品管理、运输管理等各种潜在风险因素进行系统性评估。

3.3 评估人员应当就评估的风险因素、评估过程和评估结果等与管理人员、饲养人员、兽医及其他相关人员进行交流。

3.4 根据风险评估结果，提出风险管理措施建议，形成评估报告。

4 评估程序和内容

4.1 评估准备

企业生物安全管理小组在评估启动前应当充分了解规定动物疫病防控有关的法规政策，国家、地方疫病状况，流行病学特征，企业生产体系，风险评估方法等。

4.2 风险识别

评估专家应当针对以下主要风险因素逐项开展风险识别，确定规定动物疫病传入、发生风险。

4.2.1 周边环境因素

主要评估无规定动物疫病小区各生产单元所处地理、自然环境因素，包括：

(1) 所在地的气候气象条件（气温和风速风向等）是否适宜规定动物疫病病毒存活、繁殖或传播。

(2) 周边地区是否有规定动物疫病发生。

(3) 周边地理自然环境是否有规定动物疫病病原存活的潜在条件。

(4) 周边区域是否有规定动物疫病易感野生动物存在或吸引野生动物聚集、栖息、繁殖的地理自然环境条件。

(5) 是否处于野生动物迁徙地带。

4.2.2 选址布局因素

主要评估各生产单元的选址条件、防疫屏障、生产单元布局等因素，包括：

(1) 与动物屠宰加工场所、动物、动物产品集贸市场、动物饲养场（养殖小区）、种畜禽场、动物诊疗场所、动物隔离场所、无害化处理场等的距离是否符合《动物防疫条件审查 办法》规定的安全距离要求。

(2) 生产单元场区是否有吸引野生动物聚集或进入的客观条件。

(3) 生产单元周边是否有规定动物疫病易感动物养殖、屠宰、交易等场所。

(4) 场区与周边公路或道路是否有缓冲地带；生产单元与外界是否设有围墙或其他能够与外界进行物理隔离的屏障设施。

(5) 场区周围是否设有防止野生动物（含野鸟）或其他易感动物进入的控制措施。

(6) 场区大门是否限制车辆、人员、易感动物及其产品等自由出入。

(7) 生产区（畜禽舍）入口是否能阻断易感动物、其他无关人员等自由进入。

(8) 场区整体规划科学，流程布局合理，生产区和生活区分开。

(9) 生产区是否布置在上风向，兽医室、隔离舍、贮粪场和污水处理池应当布置在下风向。

(10) 动物入场口和出场口是否分别设置；场区出入口处设置与门同宽的消毒池。

4.2.3 设施设备因素

主要评估各生产单元设施设备的设置情况，包括：

(1) 养殖区及隔离舍的出、入口处是否设有符合要求的消毒池、消毒通道、更衣室。

（2）场区内净道和污道分开，互不交叉。

（3）场区排水设施合理有效，各车间均配有完整畅通的排水系统，不存在局部积水现象。

（4）有符合国家和地方有关规定要求的消毒设备。

（5）是否有防啮齿动物、蚊虫、野生动物的设施设备。

（6）有与生产规模相适应的病死畜禽和废弃物（粪便、垫料、污水污物）等无害化处理设施设备。

（7）有完备的通风、温度控制系统。

（8）是否建立兽医室，配备疫苗冷冻（冷藏）设备、消毒和诊疗等防疫与治疗设备。

4.2.4 防疫管理因素

主要评估防疫管理制度及措施情况，包括：

（1）畜禽引入管理。养殖场是否建立了隔离检疫制度，对从外引入的畜禽（包括种畜禽）严格进行了隔离检疫措施。

（2）饮水管理。养殖场是否有与养殖规模相适应的水源供应，生产用水符合国家规定标准的水质条件。

（3）饲料管理。饲料原料是否来自疫区，饲料成品是否受到规定动物疫病污染；饲料及添加剂储存、使用等是否符合要求等。

（4）免疫。养殖场是否对规定动物疫病实施免疫措施；疫苗的选择、保存、使用等是否符合国家有关要求。

（5）车辆等运输工具管理。外来车辆进入生产区是否进行了彻底的清洗消毒；运输前后是否对所有运输工具进行彻底清洗和消毒。

（6）养殖场是否坚持全进全出的饲养管理模式。

（7）养殖场空舍期设置是否合理，在引进下一批畜禽前，对畜禽舍地面、墙面及所有的饲养用具、器械、水线及环境等进行彻底的清理、冲洗和消毒。

（8）兽药、消毒剂和其他生物制品及医疗设备的使用是否符合要求，使用方法是否得当。

（9）是否建立了日常消毒制度和程序（设施、设备、器具、车辆、人员）和应急消毒处理制度，并严格落实执行。

（10）对疑似染疫动物及其物品，是否及时隔离和无害化处理；对患病动物停留过的地方和污染的器具是否进行消毒。

（11）是否按照国家规定实施疫情报告。

（12）是否严格遵守相关应急处置原则及疫情扑灭制度。

（13）是否对规定动物疫病实施监测，对出现规定动物疫病疑似症状的畜禽及时进行诊断。

（14）是否建立污染物无害化处理制度，对病死动物、扑杀动物及其产品、排泄物以及被污染或可能被污染的垫料、饲料和其他物品进行无害化处理。

4.2.5 人员管理因素

主要评估各生产单元人员的设置及管理情况，包括：

（1）从事养殖、屠宰、饲料加工等生产和相关管理的人员是否通过相关生物安全培训。

（2）是否禁止外来人员随意进入。

（3）养殖场工作人员和外来人员进入生产区是否进行了淋浴、更衣和消毒。

（4）工作人员是否严格执行专岗专责制度，不同栋舍工作人员严禁互相走动、串岗。

（5）从事生产和管理的人员定期进行健康检查，全部取得健康证明，患有相关人畜共患病的人员不得上岗。

4.2.6 投入品管理

主要评估投入品的使用、保存等情况，包括：

（1）兽药、疫苗、消毒剂和其他生物制品的来源是否符合要求。

（2）是否在执业兽医或专业技术人员指导下使用兽药、疫苗等生物制品。

（3）兽药、疫苗、消毒剂及其他生物制品的储存、冷藏等是否符合要求。

（4）是否对过期兽药、疫苗及其他生物制品进行科学（无害化）处理。

（5）消毒剂的使用是否符合要求，达到规定消毒效果。

4.2.7 运输管理

主要评估运输设备及运输环节管理情况，包括：

（1）所有生产单元是否严格禁止其他无关车辆进入或靠近生产区。

（2）生产单元是否实行净道污道分设。

（3）运输畜禽的车辆在装运前及进入生产区前是否都进行了严格的清洗消毒，并经指定入口和通道进入生产区。

(4) 对运输死淘畜禽、粪便、污物、废弃物等的车辆，是否采取了严格的消毒措施，并只能到各生产单元的指定区域装运，禁止进入生产区。

4.2.8 其他风险因素

4.3 风险描述

针对每项风险因素，简述风险产生的原因、存在的主要问题及其潜在传播途径。

4.4 风险评估

4.4.1 评估专家应当根据国家相关法规、标准，结合规定动物疫病病原特性及企业生产特点，在对各风险因素存在的问题、风险水平、不确定性水平及可能造成的后果进行分析评估的基础上，确定存在的主要风险，判定风险等级。

4.4.2 按照规定动物疫病病原传入的可能性及其产生后果的严重性，分为可忽略、低、中、高四个等级，判断标准如表1：

表1 风险等级表

等级	定义
可忽略	危害几乎不发生，并且后果不严重或可忽略
低	危害极少发生，但有一定后果
中	危害有发生的可能性，且后果较严重
高	危害极有可能发生，且后果非常严重

4.5 风险等级列表

对每项风险因素进行列表，如表2：

表2 风险等级表（样表）

序号	风险因素	风险分级	风险描述	不确定性等级
1				
例	屏障因素	高	养殖场缺少围墙或围墙不完整，周边易 感野生动物容易进入养殖场，造成疫病 传入传播的风险	中
…	…	…	…	…

4.6 风险管理措施建议

依据科学分析，提出风险管理意见。风险管理措施应当遵守国家及地方相关法律法规，并具有可操作性。

风险管理措施建议应当包括以下几部分内容：

(1) 确定风险管理措施改进目标；

(2) 存在的问题及差距分析；

(3) 改进措施建议（优先整改措施及长期整改措施）。

4.7 不确定性分析

不确定性等级将直接影响最终结论的可靠性，提出风险评估结论后，应当分析评估结果 的不确定性。不确定性分为低、中、高三级，通常描述见表3。

表3 不确定性等级表

不确定性等级	具体描述
低	评估依据翔实，信息来源可信，进行了深入的现场调查且与无规定动物疫病小区管理人员及相关主管部门开展了充分交流，所有评估人员给出相似 的评估结论
中	评估依据较翔实、全面，信息来源较可靠，进行了一定的现场调查并与管 理人员及相关主管部门开展了适当交流，不同评估人员给出的评估结论存 在一定差异
高	评估依据翔实性较差，信息来源不太可靠，评估人员仅凭借有限的现场考 察或交流获取相关信息，不同评估人员给出的评估结论存在较大差异

4.8 风险评估报告

评估专家组在风险评估结束后10个工作日内完成风险评估报告。报告应当依据评估结果，制定无规定动物疫病小区生物安全计划，并提出养殖、屠宰等生产环节的生物安全管理措施意见建议。风险评估报告应当包括以下内容。

4.8.1 题目

反映所要评估的对象、范围等问题。

4.8.2 前言

说明评估的目的、时间、地点、对象、范围等。

4.8.3 报告主体

将评估过程中得来信息、材料进行陈述，并依据风险评估的步骤对各风险因素逐条描述，提出被评估无规定动物疫病小区好的做法及存在的问题。

4.8.4 附录和参考资料

附录包括原始数据、研究记录、统计结果等内容。

生物安全计划准则

1 范围

本标准规定了无规定动物疫病小区生物安全计划的主要内容和有关要求。

本准则适用于无规定动物疫病小区生物安全计划的制定工作。

2　基本要求

2.1　生物安全计划应当根据规定动物疫病的流行病学特征并结合无规定动物疫病小区实际情况制定。

2.2　生物安全计划在制定前，应当按照《规定动物疫病风险评估准则》的要求开展风险评估。

2.3　生物安全计划应当覆盖无规定动物疫病小区所有生产单元。

2.4　生物安全计划应当根据规定动物疫病传入传播风险因素及可能传播途径的变化及时进行修订。

3　主要内容

生物安全计划至少包括以下内容：目的；适用范围；职责分工；生物安全计划列表；标准操作程序；培训方案；制定人，审核人，制定日期；签发日期，签发人及签章等。

4　程序和方法

按照危害分析及关键点控制的原则和程序要求制定生物安全计划。

4.1　风险评估

根据风险评估结果，确定规定动物疫病传入并在无规定动物疫病小区内传播、扩散的各项风险因素及其风险等级（高、中、低、可忽略），并对每项风险因素，简述其风险产生的 原因及可能传播途径。

4.2　对中等以上风险因素，应当设立相应的关键控制点，并针对重要的关键控制点，制定相应的标准操作程序，标准操作程序内容主要应当包括：

（1）生物安全措施的实施、维持和监督程序；

（2）纠错程序；

（3）纠错过程确认程序；

（4）记录保存。

4.3　除可忽略风险因素外，对其他所有风险因素，提出相应的生物安全管理措施，并制定生物安全计划列表。

生物安全计划列表（样表）

序号	风险 因素	风险分级	风险描述	关键控制点	生物安全措施
1					
例	屏障因素	高	养殖场缺少围墙或围墙不完 整，周边易感野生动物容易进 入养殖场，造成疫病传入传播 的风险	完善围墙，健全屏障	养殖场建立围墙等基本物理屏障，阻止无关人员、车辆和 相关易感动物进入养殖场
	畜禽引入	高	对外引畜禽，养殖场没有必要的隔离检疫的设施条件或相关工作制度，没有实施有效的隔离检疫，动物疫病容易随外引畜禽（包括种畜禽）传入	完善畜禽引入管理，实施隔离检疫	建立完善的畜禽引入管理和隔离检疫设施条件和制度，强 化对外引畜禽的隔离检疫，降 低外引畜禽传入动物疫病的风险
	人员管理	中	从事养殖、屠宰、饲料加工等生产和相关管理的人员不具备生物安全管理的相关知识，管理意识淡薄，致使生物安全措施的执行或落实不够彻底	强化人员培训和管理	定期开展人员培训，强化人员 生物安全管理的意识，提高生 物安全执行能力
…	…	…	…	…	…

5　审核和签发

完成生物安全计划制修订后，应当由生物安全管理小组副组长进行审核，并报组长签发。

6　内部审核与改进

生物安全管理小组应当至少每年对生物安全计划进行1次内部审核和评估，并根据结果进行改进。

养殖场生物安全管理规范

1　范围

本规范规定了畜禽养殖场生物安全管理的基本条件和要求。

本规范适用于无规定动物疫病小区畜禽养殖场的生物安全管理。

2　规范性引用文件

下列文件的最新版本适用于本文件。

动物防疫法

重大动物疫情应急条例

动物防疫条件审查办法

畜禽标识和养殖档案管理办法

动物检疫管理办法

生活饮用水卫生标准

3　资质条件

3.1　应当符合动物防疫条件，取得《动物防疫条件合格证》，并在畜禽规模养殖场直联直报信息系统备案，取得畜禽养殖代码。

3.2 种畜禽养殖场应当取得《种畜禽生产经营许可证》，种畜禽达到种用动物健康标准。

3.3 应当符合环保要求。

4 选址和布局

除符合《动物防疫条件审查办法》规定的选址、布局条件以外，还应当符合下列要求：

4.1 选在地势高燥、水质和通风良好、排水方便的地点，处在城镇或集中居住区的下风向。

4.2 养殖场应当有围墙或其他能够与外界进行物理隔离的屏障。

4.3 场区布局合理，生产区、管理区和生活区分开。

4.4 生产区布置在上风向，兽医室、隔离舍、贮粪场和污水处理池布置在下风向。

4.5 生产区内清洁道、污染道分设，不重叠，不交叉，人员、畜禽和物资运转采取单一流向。

4.6 种畜禽养殖场应当根据需要，设置单独的动物精液、卵、胚胎采集等区域。

5 基础设施条件

5.1 养殖场的场区入口设置门禁和消毒池，设置车辆器械的清洗区，并配备相配套的清洗消毒设施设备。

5.2 养殖场设立兽医室，配备疫苗冷冻（冷藏）设备、消毒和诊疗等防疫与治疗设备。

5.3 有符合环保要求的污水、污物、排泄物处理设施。

5.4 配备与养殖规模相适应的无害化处理设施设备，或与相关单位建有无害化处理工作机制或委托协议。

5.5 养殖场建有单独存放饲草、饲料及其他投入品的场所。

5.6 生产区与管理区、生活区之间应当建有围墙等有效的隔离设施，严禁非饲养人员和无关物品进入养殖区。

5.7 生产区进出处设置出入人员淋浴区、更衣区和消毒区，并配备相配套设备。

5.8 生产区内道路及相关场地坚硬、无积水，便于清扫、消毒。

5.9 生产区有良好的采光、通风设施设备。场内设有防蝇、防蚊、防鼠、防鸟、防虫设施 或者具有相应措施。具有供水、供电设施设备。

5.10 圈舍地面和墙壁选用适宜材料，以便清洗消毒。

5.11 每栋饲养舍门口设置消毒池。

5.12 每栋饲养舍配备专用饲喂、饮水、消毒、清扫等器具。

5.13 场内所有设施设备及辅助动力设备要定期进行维修/保养。

6 人员要求

6.1 养殖场应当配备与其养殖规模相适应的执业兽医。执业兽医应当定期参加相关培训，并不得从事场外诊疗等有关活动。

6.2 对饲养、兽医及其他有关工作人员，实行专人专舍专岗工作制，严禁擅自串舍串岗。

6.3 所有生产人员应当有健康证明，患有相关人畜共患病的人员不得上岗。

6.4 所有生物安全管理人员和相关生产工作人员在上岗前应当进行相应的生物安全培训，定期接受相关教育和培训。

7 制度要求

7.1 建立基于风险的生物安全管理制度，遵循全过程风险管理、危害分析和关键控制点（HACCP）控制原则，建立科学的生物安全管理体系。

7.2 建立严格的消毒制度，对进场车辆、人员、物品以及畜禽饮用水、饲料等进行消毒处理，并定期对场区及周边环境、畜禽舍等进行清洗消毒。

7.3 建立畜禽标识和追溯制度，对所有生产环节中的畜禽及其产品、饲料、兽药等投入品实施可追溯管理。

7.4 建立规定动物疫病检疫、监测和疫情预警制度，根据日常检疫和临床监视，结合畜禽采食量和饮水量的变化等，及早进行疫情预警，及早处置。

7.5 按《动物防疫法》《重大动物疫情应急条例》等规定，建立疫情报告和应急反应制度，制定应急预案，配备应急物资，一旦发生规定动物疫病疫情，立即执行。

7.6 建立免疫、投入品使用管理制度，并有效实施。

7.7 建立粪污、病死动物的无害化处理制度，并有效实施。

7.8 建立工作人员的教育和培训制度，定期进行生物安全培训。

8　生物安全管理措施

8.1　生产区不得同时饲养其他易感动物。

8.2　同一饲养舍，实行“全进全出”饲养模式。

8.3　商品畜禽养殖场引进畜禽应当来自同一生物安全管理体系的养殖场或同类无规定动物疫病小区。

从其他养殖场引入种畜禽或种蛋、精液、胚胎时，应当按《动物检疫管理办法》等有关规定，经隔离检疫合格后，方可引入。

8.4　按照《畜禽标识和养殖档案管理办法》要求，对猪、牛、羊、禽等加施标识。

8.5　应当采取严格有效的饲料来源及使用管理措施，避免因饲料因素传入规定动物疫病的风险；

饲料储藏室应当保持清洁、干燥，并采取防鸟、防啮齿类动物、防蚊蝇等措施。

8.6　畜禽饮用水应当符合《生活饮用水卫生标准》的卫生要求。

8.7　对生产区、生活区要定期进行有效消毒。

8.8　应当设置空舍期，在引进下一批畜禽前，应当进行彻底的清洗和消毒。

8.9　养殖场净道和污道应当分设，粪便和垫料应当及时进行无害化处理。

8.10　生产人员应当经淋浴、消毒、更换衣帽和鞋子后，方可进入养殖区。

外来人员不得随意进入养殖区；确需进入的，需经淋浴、消毒、更换衣帽和鞋后，方可入内。

8.11　运输畜禽、饲料、垫料、排泄物等的车辆，在装前卸后进行彻底清洗、消毒。

8.12　对所有出现异常临床症状或出现异常死亡的畜禽进行诊断检测，并按照规定上报当地官方兽医机构。

8.13　对污染和疑似污染的场地、用具、饲料、垫料、排泄物等进行彻底消毒、无害化处理。

8.14　制定生物安全管理措施及标准操作程序，如：

（1）环境风险管理程序；

（2）易感动物、人员、车辆移动控制程序；

（3）场区、畜禽舍清洁卫生与消毒程序；

（4）人员、车辆、物品进场、进舍消毒程序；

（5）进、出场动物的装运卸载程序；

（6）免疫程序；

（7）用药规定和程序；

（8）畜禽群健康状况日常观察与记录；

（9）疑似发病畜禽群的诊断与控制程序；

（10）灭鼠、杀虫、防鸟、灭蚊蝇措施；

（11）粪便、污水、污染物、死淘畜禽等无害化处理程序等。

9　记录

9.1　按《畜禽标识和养殖档案管理办法》要求，做好养殖环节各项记录，建立养殖档案，并由专人登记保管。

9.2　所有记录应当妥善保存，便于查阅。疫情报告、监测等记录保存期不少于5年，其他记录保存期不少于2年。

屠宰场（厂）生物安全管理规范

1　范围

本规范规定了屠宰场（厂）生物安全管理的基本条件和要求。

本规范适用于无规定动物疫病小区屠宰场（厂）的生物安全管理。

2　规范性引用文件

下列文件的最新版本适用于本文件。

生猪屠宰管理条例

动物防疫条件审查办法

动物检疫管理办法

3　资质条件

3.1　满足《动物防疫条件审查办法》的要求，取得《动物防疫条件合格证》。

3.2　获得危害分析和关键控制点（HACCP）体系认证，并确保其有效运行。

3.3　应当符合环保要求。

4　选址和布局

除符合《动物防疫条件审查办法》规定的防疫条件外，还应当符合下列要求：

4.1　屠宰场（厂）应当有围墙或其他能够与外界进行物理隔离的屏障。

4.2　场（厂）区布局合理，生产区、管理区和生活区分开。

4.3　生产区布置在上风向，隔离圈、急宰间和无害化处理等场所布置在下风向。

4.4　生产区内净化区和污染区有效隔离，清洁道、污染道分设，不重叠，不交叉，人员、畜禽和物资运转采取单一流向。

5　基础设施条件

5.1　屠宰场（厂）的场区入口设置门禁和消

毒池，设置车辆器械的清洗区，并配备相配套的清洗消毒设备。

5.2 屠宰场（厂）内道路及相关场地坚硬、无积水，便于清洁、消毒。

5.3 屠宰场（厂）厂房与设施坚固，便于清洗和消毒。地面、操作台、墙壁、屋顶耐腐蚀、不吸潮，便于清洗和消毒。

5.4 建设与屠宰规模相适应的隔离圈、待宰圈、急宰间、实验检测室等，并配备相关设施设备。隔离圈为封闭式，建有能够与外界进行物理隔离的屏障。待宰圈舍设有饮水设施，圈 舍内应防寒、隔热、通风，并设有宰前淋浴、污水处理等设施设备。

5.5 建立与屠宰规模相适应的冷藏设施和场所，冷藏场所设有防蝇、防蚊、防鼠、防尘等设施。

5.6 配备与屠宰规模相适应的无害化处理、污水、污物处理设施设备，或与相关单位建有处理工作机制或委托协议。

5.7 生产区进出口设有淋浴、更衣和消毒设施设备。

5.8 屠宰车间地面和墙壁选用适宜材料，以便清洗消毒。

5.9 屠宰车间内有良好的通风、排气、排水装置，及时排除污染的空气、水蒸气和污水。空气、污水流动的方向应当从清洁区流向非清洁区。

5.10 屠宰车间有足够的供水设备，如需配备贮水设施，有防污染措施，并定期清洗、消毒。使用循环水时，需经处理达到环保标准。

5.11 屠宰车间内固定设备的安装位置便于清洗、消毒。

5.12 屠宰场（厂）应当设有与生产规模相适应的兽医实验室，开展相应的检疫和检验检测工作。

6 人员要求

6.1 屠宰场（厂）应当按照规定配备相应的检疫检验人员。

6.2 所有生产人员应当有健康证明，患有相关人畜共患病的人员不得上岗。

6.3 所有生产人员上岗前应当进行相应的生物安全培训，定期接受相关教育和培训。

7 制度要求

7.1 建立危害分析和关键控制点控制管理体系（HACCP），实施良好的质量卫生控制措施。

7.2 建立申报检疫制度。畜禽屠宰前，要按照有关规定，向当地动物卫生监督机构申报检疫。

7.3 建立疑似疫病报告制度，对染疫或疑似染疫动物及时报告并处置。

7.4 建立品质检验制度，并有效实施。

7.5 建立无害化处理制度，对病死及病害畜禽和相关畜禽产品进行有效无害化处理。

7.6 建立工作人员的教育和培训制度，定期进行生物安全培训。

7.7 建立档案记录制度，对畜禽来源、屠宰日期、数量、批次、运输车辆牌照、屠宰加工、储存场所、产品去向、消毒、冷库温度及出入库等作好记录，并妥善保存。

8 生物安全管理措施

8.1 应当建立无规定动物疫病小区畜禽专用屠宰场或专用屠宰生产线；专用屠宰生产线不得同时屠宰来自非无规定动物疫病小区的畜禽。

8.2 严把屠宰畜禽入场关，不得屠宰运输过程中死亡、染疫或疑似染疫、无《动物检疫合格证明》的畜禽；对所有出现异常临床症状或死亡的畜禽进行临床检查或实验室诊断，发现染疫或疑似染疫畜禽应当及时报告和处置。

8.3 屠宰过程中严格按照相关屠宰操作规范、规程要求，实施所有畜禽屠宰加工操作。

8.4 运输畜禽的车辆，在装前卸后应当进行彻底清洗、消毒。

8.5 生产人员应当经淋浴、消毒、更换衣帽和鞋子后，方可进入生产区。外来人员不得随意进入生产区；确需进入的，需经淋浴、消毒、更换衣帽和鞋后，方可入内。

8.6 屠宰工作结束后，应当对生产区进行彻底的清洗、消毒；定期对场区路面、设施设备进行清洗消毒。

8.7 对当天不能屠宰的畜禽，应当加强消毒频次，做好隔离防疫工作。

8.8 对污水、污物和其他废弃物应当及时进行无害化处理。

8.9 对屠宰后的畜禽产品加施统一的无规定动物疫病小区畜禽产品标识，并做好入库和产品去向记录。

8.10 对污染和疑似污染的场地、用具、废弃物等进行彻底消毒、无害化处理。

9 记录

9.1 应当建立屠宰生产记录、各项制度执行记录等，并由专人登记保管。

9.2 所有记录应当按照有关保存期限要求妥

善保存，至少保存2年。

规定动物疫病监测准则

1 范围

本准则规定了规定动物疫病监测要求。

本准则适用于无规定动物疫病小区建设、评估和恢复的监测。

2 规范性引用文件

下列文件的最新版本适用于本文件。

动物防疫法

重大动物疫情应急条例

陆生动物卫生法典

陆生动物诊断试验和疫苗手册

3 术语和定义

3.1 监测

通过系统持续地收集、整理和分析动物卫生相关数据和信息，了解规定动物疫病状况、发展趋势，并为相关部门采取动物卫生措施提供依据。

3.2 分层抽样

将总体按不同属性特征分成若干层，然后在各层中随机抽取样本单位的抽样方法。

3.3 置信水平

能够从某一假定存在感染的群体中检出感染的概率。

3.4 假定流行率

假定某个特定时间、某特定区域规定动物疫病病例数与动物群体总数的平均值之比。假定流行率的确定应当考虑动物疫病的流行病学特征、历史状况和日常监测情况等因素。

3.5 流行病学单元

具有明确的流行病学关联，且暴露某一病原的可能性大致相同的特定动物群，通常情况下是指处于相同环境下或处于同一管理措施下的畜禽群，例如同一饲养场或同一饲养场内的 不同栋（舍）的动物群。

3.6 哨兵动物

饲养于无规定动物疫病小区特定易感动物群中，从未实施规定动物疫病免疫，且无规定动物疫病病原和病原感染抗体的易感动物。

4 一般要求

4.1 无规定动物疫病小区应当建立完善的规定动物疫病监测体系，制定监测方案（计划），包括企业监测和兽医机构的官方监测。

4.2 监测方案（计划）应当明确监测范围、监测方式、抽样方法等。

4.3 承担监测的实验室应当具备相应资质，有资质的兽医实验室可以是各级动物疫病预防控制机构的兽医实验室，也可以是兽医部门指定的第三方实验室。

5 监测方式

5.1 临床监视

5.1.1 企业对畜禽养殖、屠宰等场所畜禽进行日常健康检查，凡发现畜禽出现规定动物疫病可疑临床症状、异常死亡或其他异常症状的，应当及时向当地官方兽医机构报告，并采集样品送实验室进行检测。

5.1.2 当地官方兽医机构对无规定动物疫病小区内的养殖场、屠宰场等定期开展监管巡查，并对缓冲区内的饲养、屠宰加工、运输、经营、隔离检疫等环节进行定期或不定期巡查，凡发现畜禽出现规定动物疫病可疑临床症状、异常死亡或其他异常症状的，应当及时报告，并采集样品送实验室进行检测。

5.1.3 免疫无规定动物疫病小区，必要时可在养殖场设置哨兵动物，并对哨兵动物进行临床观察和监视。

5.2 实验室监测

5.2.1 企业监测

5.2.1.1 对种畜禽和商品畜禽，对免疫和非免疫畜禽应当实施分层抽样。

5.2.1.2 根据规定动物疫病流行病学特征，结合无规定动物疫病小区的生产管理方式、生产单元布局、生物安全管理等综合因素，确定流行病学单元。

5.2.1.3 监测频次应当根据当地和无规定动物疫病小区规定动物疫病状况、监测目的、畜禽种类、饲养周期等因素综合进行确定。商品肉禽每批均应当在出栏前3～5天进行抽样监测，蛋禽和种禽至少每3个月抽样监测1次，商品畜及种畜至少每6个月抽样监测1次。

5.2.1.4 抽样数量按照设定的置信水平和假定流行率，参照附录A中的推荐方法，计算每个流行病学单元内易感动物的抽样数量。举例如下：

（1）商品肉禽如设定95%置信水平、25%假定流行率，每个流行病学单元至少抽样11个。

（2）蛋禽及种禽，或商品畜及种畜如设定95%置信水平、10%假定流行率，每个流行病学单元至少抽样30个。

5.2.2 官方监测

官方兽医机构对无规定动物疫病小区每年至

少抽样监测2次，每次抽样数量不少于60头/只；对设有缓冲区的，在缓冲区内每年至少抽样监测2次，每个缓冲区每次抽样数量不 少于30头/只。

5.2.3 抽样原则

5.2.3.1 抽样点应当覆盖到无规定动物疫病小区内的种畜禽场、商品畜禽场、屠宰场等环节。

5.2.3.2 虫媒动物疫病的监测应当根据传播媒介生活和繁殖特性设置监测点，在虫媒活动高峰期和繁殖高峰期采集虫媒进行监测。

5.2.4 检测方法

5.2.4.1 国家标准、行业标准或农业农村部相关动物疫病防治规范中有规定动物疫病检测技术方法的，按其方法进行。

5.2.4.2 缺少国家标准、行业标准及农业农村部规定的相关动物疫病检测技术方法的，可以参照《陆生动物卫生法典》《陆生动物诊断试验和疫苗手册》和其他国际标准的相关检测方法，也可采用参考实验室和专业实验室推荐的方法或商品化诊断试剂盒提供的方法，但需对 检测方法进行验证确认。

6 监测结果

6.1 监测发现疫情或感染的，按动物疫情报告管理相关规定及时报告。

6.2 每次的监测结果应当及时进行汇总，每年对监测结果进行分析，形成报告。

6.3 抽样、检测、监测结果分析和报告等记录齐全，及时归档。

附录 A

（资料性附录）

抽样数量的计算方法

1 公式法计算抽样数量

1.1 清楚掌握区域内流行病学单元或易感动物的数量，可采用以下两个公式中的任意一个计算区域内证明无疫的抽样数量：

1.1.1 公式：$n=[1-(1-CL)\ 1/d]\ (N-d/2)\ +1/2$

其中，CL：置信水平，一般情况下，设定置信水平为95%。

d：感染规定动物疫病的流行病学单元或易感动物的数量（假定流行率×总体数量 ）。

N：总体数量（流行病学单元总量或易感动物总量）。

1.1.2 公式 $n=\frac{\text{In}\ (\alpha)}{\text{In}\ (1-p\cdot Se)}$

其中，α：显著性水平，一般情况下，设定为0.05，置信水平为$1-\alpha$。

p：假定流行率。

Se：检测方法的敏感度。

1.2 区域内流行病学单元或易感动物的数量不清或数量太大，难以计算时，可采用以下公式计算区域内证明无疫的抽样数量：

公式：$n=\frac{\text{In}\ (\alpha)}{\text{In}\ (1-p\cdot Se)}$

其中，α：显著性水平，一般情况下，设定为0.05，置信水平为1−a。

p：假定流行率。

Se：检测方法的敏感度。

2 表格法计算抽样数量

在95%置信水平，假定流行率下还可参照Cannon和Roe二氏，1982（见表1）计算区域内证明无疫的抽样数量。

3 抽样软件法计算抽样数量

使用 Survey toobox 和 W in Episcope 等软件，计算区域内证明无疫的抽样数量。

表1 检出动物疫病所需样本数量（Cannon 和 Roe 二氏，1982）

群体大小	假定流行率（群间假定流行率或群内假定流行率）											
	50%	40%	30%	25%	20%	15%	10%	5%	2%	1%	0.5%	0.1%
10	4	5	6	7	8	10	10	10	10	10	10	10
20	4	6	7	9	10	12	16	19	20	20	20	20
30	4	6	8	9	11	14	19	26	30	30	30	30
40	5	6	8	10	12	15	21	31	40	40	40	40
50	5	6	8	10	12	16	22	35	48	50	50	50
60	5	6	8	10	12	16	23	38	52	60	60	60
70	5	6	8	10	13	17	24	40	62	70	70	70
80	5	6	8	10	13	17	24	42	68	79	80	80

（续）

群体大小	假定流行率（群间假定流行率或群内假定流行率）											
	50%	40%	30%	25%	20%	15%	10%	5%	2%	1%	0.5%	0.1%
90	5	6	8	10	13	17	25	43	73	87	90	90
100	5	6	9	10	13	17	25	45	78	96	100	100
120	5	6	9	10	13	18	26	47	86	111	120	120
140	5	6	9	11	13	18	26	48	92	124	139	140
160	5	6	9	11	13	18	27	49	97	136	157	160
180	5	6	9	11	13	18	27	50	101	146	174	180
200	5	6	9	11	13	18	27	51	105	155	190	200
250	5	6	9	11	14	18	27	53	112	175	228	250
300	5	6	9	11	14	18	28	54	117	189	260	300
350	5	6	9	11	14	18	28	54	121	201	287	350
400	5	6	9	11	14	19	28	55	124	211	311	400
450	5	6	9	11	14	19	28	55	127	218	331	450
500	5	6	9	11	14	19	28	56	129	225	349	500
600	5	6	9	11	14	19	28	56	132	235	379	597
700	5	6	9	11	14	19	28	57	134	243	402	691
800	5	6	9	11	14	19	28	57	136	249	421	782
900	5	6	9	11	14	19	28	57	137	254	437	868
1 000	5	6	9	11	14	19	29	57	138	258	450	950
1 200	5	6	9	11	14	19	29	57	140	264	471	1 102
1 400	5	6	9	11	14	19	29	58	141	269	487	1 236
1 600	5	6	9	11	14	19	29	58	142	272	499	1 354
1 800	5	6	9	11	14	19	29	58	143	275	509	1 459
2 000	5	6	9	11	14	19	29	58	143	277	517	1 553
3 000	5	6	9	11	14	19	29	58	145	284	542	1 895
4 000	5	6	9	11	14	19	29	58	146	288	556	2 108
5 000	5	6	9	11	14	19	29	59	147	290	564	2 253
6 000	5	6	9	11	14	19	29	59	147	291	569	2 358
7 000	5	6	9	11	14	19	29	59	147	292	573	2 437
8 000	5	6	9	11	14	19	29	59	147	293	576	2 498
9 000	5	6	9	11	14	19	29	59	148	294	579	2 548
1 0000	5	6	9	11	14	19	29	59	148	294	571	2 588
∞	5	6	9	11	14	19	29	59	149	299	598	2 995

畜禽养殖场消毒技术规范

1 范围

本规范规定了畜禽养殖场的消毒对象、消毒设施、消毒方法、消毒要求及消毒记录。本标准适用于无规定动物疫病小区畜禽养殖场的消毒。

2 规范性引用文件

下列文件的最新版本适用于本规范。

畜禽养殖业污染物排放标准

畜禽养殖业污染防治技术规范

畜禽场环境质量标准

3 定义与术语

3.1 畜禽养殖场消毒

为预防、控制和扑灭动物疫病，对畜禽养殖场的畜禽、畜禽产品及其生产场所、用具、器械、运载工具等采用物理、化学和生物学措施，以杀灭或清除致病性微生物或其他有害微生物，切断

疫病传播途径的一种防疫措施。

3.2　灭菌

采用物理、化学和生物学措施，杀灭物体上所有病原性和非病原性微生物（细菌繁殖体、芽孢）。

3.3　物理消毒

采用物理方法杀灭病原微生物或其他有害微生物。其中包括高温消毒、辐照消毒等。

高温消毒，通过提高温度破坏微生物蛋白质、核酸结构，以杀灭病原微生物或其他有害微生物。

辐照消毒，通过紫外线、电离辐射杀灭病原微生物或其他有害微生物。

3.4　化学消毒

采用化学方法杀灭病原微生物或其他有害微生物。

3.5　生物学消毒

采用生物学方法杀灭病原微生物或其他有害微生物。

3.6　预防性消毒

对受病原微生物或其他有害微生物威胁或污染的物品、场所等进行的消毒措施。

3.7　消毒剂

用于杀灭病原微生物或其他有害微生物的化学制剂。

4　消毒对象

4.1　畜禽体

畜禽的体表及浅表体腔。

4.2　饲养环境

包括畜禽场场界内环境，畜禽饲养舍及舍内配套设施，各类生产用具，用于运输生产原料或畜禽产品的车辆。

4.3　人员

包括养殖场生产管理人员及进出畜禽场的外来人员等。

4.4　其他

饲料、饮用水等。

5　消毒设施设备

5.1　畜禽养殖场应当配备人员、环境、畜禽舍、用具等的消毒设施设备。

5.2　人员消毒设施应当包括更衣室、淋浴间、洗手池和消毒通道。

5.3　人员消毒通道分别设置在进入场区和生产区大门或通道处。

5.4　人员消毒通道内应当设置迂回通道，并配置紫外灯和脚踏消毒池。脚踏消毒池内消毒液液面深度应当大于15cm，使鞋子全面接触消毒液。

5.5　各畜禽舍入口处应当设置消毒室，并放置消毒垫、洗手池和紫外灯。

5.6　车辆消毒池设在场区入口处，宽度与大门宽度相同，长度为3.5～4.0m，池内消毒液液面深度保持20～30cm，水泥结构。

6　消毒方法

6.1　喷雾消毒

采用规定浓度的化学消毒剂，用喷雾装置将消毒液雾化成15μm的细小雾滴，较长时间的悬浮于空气中，适用于人员消毒、舍内消毒、带畜消毒、环境消毒与车辆消毒等。

6.2　浸液消毒

用规定浓度的消毒溶液对消毒对象进行浸泡消毒。浸液消毒前应当将浸泡物洗涤干净后再行浸泡，药液要浸没物体，浸泡时间30～60min，浸泡液温度应当在60℃以上。主要适用于器具消毒、浸泡工作服、鞋靴等。

6.3　紫外线消毒

将紫外灯吊装在消毒房间的天花板或墙壁上，离地面2.5m左右。按1wm^3配置相应功率紫外灯，紫外灯照射消毒时间应当大于30min。紫外线灯照射杀灭病原微生物，适用于消毒间、更衣室的空气消毒及工作服、鞋帽等物体表面的消毒。

6.4　喷洒消毒

在畜禽舍周围、入口和畜禽舍等喷洒消毒药水，灭活病原微生物。

6.5　火焰消毒

在畜禽经常出入的地方用喷灯的火焰瞬间喷射消毒。适用于笼舍、栏杆、地面、墙面及耐高温器物的消毒。

6.6　熏蒸消毒

熏蒸前先将畜禽舍透气处封严，温度保持在20℃以上，相对湿度达到60%～80%，甲醛与高锰酸钾之比为2∶1。容器的容积应当大于甲醛溶液体积的3～5倍，用于熏蒸的容器应 当靠近门，操作人员应当避免甲醛与皮肤接触。操作时先将高锰酸钾加入陶瓷或金属容器中，再倒入少量的水，搅拌均匀，再加入甲醛后人即离开，密闭畜禽舍，熏蒸24h以上。适用于 密闭式空舍及污染物表面的消毒。

7　消毒要求

7.1　日常卫生

每天坚持清扫畜禽舍粪污，保持圈舍地面清

洁，保持饲槽、水槽、用具等清洁干净。

7.1.1 粪便消毒

对清理的粪便可采取化学和生物消毒方法。化学消毒方法主要采用化学制剂对粪便进行喷淋消毒。生物学方法主要采用生物学发酵方式对粪便进行消毒。

7.1.2 污水消毒

对大量污水可采用化学方法进行消毒，对少量污水可与粪便一同使用生物发酵法进行消毒。污水的处理和排放应当符合《畜禽养殖业污染物排放标准》和《畜禽养殖业污染防治技术规范》的规定。

7.2 环境消毒

7.2.1 针对自备井的水源供应，应当对蓄水池或水塔进行定期消毒，消毒周期与水塔蓄水周期保持一致。可选用溶于水的含氯消毒剂，水管、水箱可用有效浓度漂白粉溶液浸泡或冲洗 消毒。

7.2.2 保持消毒池内消毒液有效，大门口、生产区入口处消毒池内的消毒液应当每周更换2～3次，各入口处消毒池、消毒垫的消毒液每天更换1次。可选用碱类消毒剂、过氧化物 类消毒剂轮换使用。

7.2.3 场区道路和圈舍周围环境消毒可用10%漂白粉或0.5%过氧乙酸等消毒剂，每半月喷洒消毒1～2次。

7.2.4 排污沟、下水道出口、污水池定期疏通清理，并用高压水枪冲洗，使用漂白粉每2周消毒1～2次。

7.3 人员消毒

7.3.1 工作人员进入生产区须经“踩、照、洗、换”消毒程序（即踏踩消毒垫消毒，照射紫外线，洗澡或消毒液洗手，更换生产区工作服、胶鞋或其他专用鞋等），经过消毒通道方可进 入。

7.3.2 外来人员不能进入生产区，若必须进入生产区时，应当按7.3.1进行严格消毒。

7.3.3 场区工作人员每次离开生产区时，用消毒剂洗手，更换工作服，并将换下的工作服用消毒剂浸泡，洗涤后熏蒸消毒或在阳光下曝晒消毒。

7.3.4 进出不同圈舍应当换穿不同的橡胶长靴，将换下的橡胶长靴洗净后浸泡在消毒槽中，并洗手消毒。

7.4 畜禽舍消毒

7.4.1 空舍消毒

采用从上到下的喷雾消毒方式，彻底清扫圈舍内外的粪便、垫料、污物、疏通排粪沟；用高压水枪冲洗圈舍内的顶棚、墙壁、门窗、地面、走道，必要时用20%石灰浆涂刷墙壁；搬出可拆卸用具及设备（饲槽、栏栅、保温箱）等，洗净、晾干，于阳光下曝晒。干燥后用消毒剂从上到下喷雾消毒。待干燥后再换另一种类型消毒药剂喷雾消毒。将已消毒好的设备及用具搬进舍内安装调试，密闭门窗后用甲醛熏蒸消毒。使用强酸、强碱及强氧化剂类消毒药消毒过的地面、墙壁，应当用清水冲刷后再进畜禽。

7.4.2 带畜禽消毒

带畜消毒时应当选择对人畜安全、无毒无刺激性的消毒药，常用的消毒药有0.1%～0.3%过氧乙酸、0.1%次氯酸钠、0.1%新洁尔灭等。消毒时将喷雾器喷头喷嘴向上喷出雾粒。消毒后畜舍内空气质量的微生物指标应当符合《畜禽场环境质量标准》的要求。

7.5 用具消毒

7.5.1 饲槽、水槽和饮水器等用具每天进行洗刷，每周至少消毒一次。可用0.1%新洁尔灭、0.2%～0.5%过氧乙酸等消毒药进行消毒。

7.5.2 重复使用的注射器等防治器械应当高温、高压消毒。

7.6 运输车辆消毒

进出场区的饲料或畜禽运输车辆，车厢内外都要进行全面的喷洒消毒。选用不损坏车体涂层和金属部件的消毒药物，如过氧化物类消毒剂、含氯消毒剂、酚类消毒剂等消毒车身。外来人员车辆不能进入生产区，进出办公区应当进行车身、车轮等消毒。

7.7 畜禽体消毒

宜采用喷雾消毒方法，应当选择对人和畜禽安全、无刺激的消毒剂。

7.7.1 健康畜禽预防性消毒

按照畜禽养殖场养殖情况制定相应的预防性消毒程序，开展定期畜禽消毒。

7.7.2 疫病流行期消毒

每天定时、定班对畜禽进行消毒，定时更换消毒剂，直至疫病流行期结束。

7.7.3 病死畜禽处理

病死畜禽送无害化处理场所焚烧处理。

8 注意事项

8.1 稀释消毒药时一般应当使用自来水，药物混合均匀，稀释好的药液不宜久贮，现用现配。

8.2 消毒药定期更换，轮换使用。几种消毒剂不能同时混合使用。酚类、酸类消毒药不宜与碱性环境、脂类和皂类物质接触；酚类消毒药不宜与碘、高锰酸钾、过氧化物等配伍；阳离子和阴离子表面活性剂类消毒药不可同时使用；表面活性剂不宜与碘、碘化钾和过氧化物等配伍使用。

8.3 挥发性的消毒药（如含氯制剂）注意保存方法、保存期。

8.4 使用氢氧化钠、石炭酸、过氧乙酸等腐蚀性强消毒药消毒时，注意做好人员防护。

8.5 消毒药的选择和使用应当确保产品质量安全和生态环境安全。

8.6 畜禽免疫前后一天，不能进行带畜禽消毒。

8.7 进行火焰消毒时，应当注意消防安全，做好防火措施。

9 消毒记录

消毒记录应当包括消毒日期、消毒场所、消毒剂名称、消毒剂浓度、消毒操作人员签名等内容，记录应当保存 2 年以上。

动物卫生监督管理规范

1 范围

本规范规定了无规定动物疫病小区动物卫生监督管理的工作要求。

本规范适用于各级兽医主管部门、动物卫生监督机构对无规定动物疫病小区进行的动物 卫生监督管理工作。

2 规范性引用文件

下列文件的最新版本适用于本规范。

动物防疫法

动物检疫管理办法

动物防疫条件审查办法

畜禽标识和养殖档案管理办法

无规定动物疫病小区评估管理办法

3 基本要求

3.1 官方兽医机构健全，职能明确，有充足的财政支持，基础设施完善，能够满足工作需要。

3.2 监管人员应当熟悉国家畜牧兽医有关法律法规，具有相应的专业技术知识和技能。

3.3 遵循过程监管、风险控制和可追溯管理的基本原则，制定完善的监管制度和程序，对企业生物安全管理体系的建立及运行情况进行有效监管。

3.4 上级官方兽医机构应当对下级官方兽医机构无规定动物疫病小区监督管理工作进行监督指导。

4 监管内容

4.1 对无规定动物疫病小区缓冲区及周边区域的监管

4.1.1 当地动物饲养、屠宰加工、交易等场所分布情况，以及相关动物种类、数量、分布等情况。

4.1.2 辖区内易感野生动物的分布及栖息地情况。

4.1.3 无规定动物疫病小区缓冲区及所在县级行政区域内的其他区域易感野生动物的规定动物疫病实施监测情况。

4.1.4 无规定动物疫病小区缓冲区的易感动物免疫、规定动物疫病监测、诊疗、疫情报告、动物及其产品运输、无害化处理情况。

4.2 对无规定动物疫病小区基本情况的监管

4.2.1 生物安全管理手册和相关制度文件的制修订情况。

4.2.2 生物安全管理体系建设及运行情况。

4.2.3 无规定动物疫病小区生产单元构成情况，包括数量、地址、畜禽养殖种类、规模的变化情况等。

4.3 对从业人员的监管

4.3.1 生物安全负责人和生物安全管理人员的设置情况。

4.3.2 从业人员健康证明持证情况和相关生物安全知识培训情况。

4.3.3 执业兽医配备情况。

4.4 对无规定动物疫病小区各生产单元的监管

4.4.1 养殖场监管

4.4.1.1 符合防疫条件情况，是否取得《动物防疫条件合格证》。

4.4.1.2 加施畜禽标识和建立养殖档案情况，可追溯管理实施情况。

4.4.1.3 规定动物疫病监测情况，包括采样、检测、监测等。

4.4.1.4 规定动物疫病免疫（非免疫）情况，其他强制免疫和非强制免疫病种的免疫实施情况。

4.4.1.5 消毒和病死畜禽无害化处理情况。

4.4.1.6 兽医工作人员配备及工作开展情况。

4.4.1.7　畜禽出栏及检疫申报情况。

4.4.1.8　生物安全管理制度建立及生物安全措施落实情况。

4.4.1.9　饲养动物发病、诊疗及疫情报告情况。

4.4.1.10　对种用、乳用动物养殖场所要重点检查种用、乳用动物符合健康标准的情况，检测不合格的处理情况和跨省调运审批情况。

4.4.1.11　无规定动物疫病小区证书标志使用情况。

4.4.1.12　其他需要监管的情况。

4.4.2　屠宰场（厂）监管

4.4.2.1　符合防疫条件情况，是否取得《动物防疫条件合格证》，生猪屠宰场（厂）是否取得《生猪定点屠宰证》。

4.4.2.2　动物凭检疫证明和畜禽标识入场情况。

4.4.2.3　无规定动物疫病小区与非无规定动物疫病小区动物的单独屠宰或错时屠宰情况。

4.4.2.4　宰前、宰后检疫实施情况。

4.4.2.5　运载车辆和场地消毒情况。

4.4.2.6　无害化处理设施设备运转状况，以及染疫动物、动物产品的无害化处理情况。

4.4.2.7　动物产品安全控制体系制度建立及落实情况。

4.4.2.8　屠宰生产、消毒、无害化处理等记录的登记和保管情况。

4.4.2.9　无规定动物疫病小区证书标志使用情况。

4.4.2.10　其他需要监管的情况。

4.4.3　运输环节监管

4.4.3.1　引入动物隔离检疫情况。

4.4.3.2　出栏动物检疫申报及检疫证明持有情况。

4.4.3.3　运载工具、垫料、包装物、容器等符合规定要求的情况。

4.4.3.4　运载工具消毒及病害动物、动物产品无害化处理情况。

4.4.4　其他环节监管

4.4.4.1　动物防疫条件情况。

4.4.4.2　生物安全管理措施制定及落实情况。

4.4.4.3　其他。

5　监管方式和频次

5.1　监督要以定期量化监督与不定期重点监督结合，长驻监督与巡回监督结合，生产源头的监督与流通领域的监督结合，行为监督与技术监督结合。

5.2　省级动物卫生监督机构对本行政区域内的无规定动物疫病小区监督检查工作每年不少于1次；地市级监管每年不少于2次；县级日常监管应当对养殖场、屠宰加工厂至少每月1次，对其他生产单元至少每季度1次。

6　结果处理

6.1　监督管理发现问题的，提出整改意见并责令限期整改。

6.2　对影响到无规定动物疫病小区规定动物疫病状态的情况，应当及时报同级和上级兽医主管部门。

6.3　对出现《无规定动物疫病小区评估管理办法》第三十二条、第三十四条中规定的情形，需要暂停或撤销无规定动物疫病小区资格的，应当经省级兽医主管部门报农业农村部暂停或撤销其资格。

7　记录

7.1　官方兽医执行动物卫生监督任务时，应当填写检查记录，如实记录监督检查、调查取证、依法处理等工作情况；对行政相对人的违法行为情况予以记录并公布。

7.2　动物卫生监督检查记录、资料和执法文书等由专人负责，汇总归档，妥善保管。

三十一、牲畜耳标技术规范（修订稿）

（2021年1月11日　农业农村部办公厅农办牧〔2021〕3号发布）

1　范围

本规范规定了牲畜耳标的标准样式、生产、质量控制、加施和管理的技术要求。国家鼓励采用新技术、新工艺和新材料进行新标识的研究，并推广使用。

本规范适用于从事牲畜耳标生产、使用等

活动。

2 规范性引用文件

NY 534 家畜用耳标及固定器

NY/T 938 动物防疫耳标规范

《畜禽标识和养殖档案管理办法》(2006 年农业部令第 67 号)

3 术语和定义

下列术语和定义适用于本规范。

3.1 牲畜耳标

加施于牲畜耳部，用于证明牲畜身份，承载牲畜个体信息的标志物。

3.2 耳标固定钳

将牲畜耳标固定于牲畜耳部的专用钳制金属工具。

3.3 耳标针

固定在耳标钳上，用于固定耳标的针状固定物。

3.4 牲畜耳标编码

由畜禽种类代码、县级行政区域代码、标识顺序号共 15 位数字及专用条码组成。

4 牲畜耳标样式

4.1 耳标结构

由主标和辅标两个独立部分组成。

4.1.1 主标

主标由主标耳标面、耳标颈、耳标头组成。

4.1.1.1 耳标面

主标耳标面的背面与耳标颈相连，猪主标耳标面的正面登载编码信息。

4.1.1.2 耳标颈

连接主标耳标面和耳标头的部分，固定时穿透牲畜耳部并留在穿孔内。

4.1.1.3 耳标头

位于耳标颈顶端的锥形体。用于穿透牲畜耳部、嵌入辅标、固定耳标。耳标头可由独立金属等材料镶件，经过注塑成型包胶而成。

4.1.2 辅标

辅标由辅标耳标面和耳标锁扣组成。

4.1.2.1 耳标面

辅标耳标面与主标耳标面相对应，辅标耳标面的正面登载牛、羊的编码信息。

4.1.2.2 耳标锁扣

耳标锁扣位于辅标耳标面背面与圆柱套管连接处内部中央锁芯处，形状为圆台体倒喇叭形，与耳标头相扣，在锁芯作用下，起固定耳标的作用。

4.2 耳标形状与规格

4.2.1 猪耳标：圆形

4.2.1.1 主标耳标面

主标耳标面为圆形，直径（30±0.59）mm，中央孔外口直径（6±0.25）mm，厚度（2±0.29）mm。

4.2.1.2 耳标颈

耳标颈为表面光滑的圆台体，圆台底外直径6±0.25mm、内孔直径 3±0.19mm，圆台顶外直径（4.5±0.23）mm、内孔直径（2±0.19）mm，高度（13±0.33）mm。

4.2.1.3 耳标头

耳标头为密封的圆锥体，锥底直径（7.5＋0.1）mm 或（7.5－0.28）mm、高度（8±0.30）mm，锥顶实体高度（4±0.22）mm。

4.2.1.4 辅标耳标面

辅标耳标面为圆形，直径（22±0.53）mm，厚度（2±0.29）mm。

4.2.1.5 耳标锁扣

耳标锁扣位于辅标耳标面中央，由锁芯和圆柱套管组成，锁芯为圆台体倒喇叭立体形状，锁芯的外孔直径（8.6± 0.30）mm、内孔直径（5±0.24）mm、高度（4.5±0.24）mm；圆柱套管直径（13.8±0.34）mm，内直径（10±0.32）mm，高度（11±0.32）mm。

4.2.2 牛耳标：铲形

4.2.2.1 主标耳标面

主标耳标面为圆形，直径（30±0.59）mm，中央孔外口直径（6±0.25）mm，厚度（2±0.29）mm。

4.2.2.2 耳标颈

耳标颈为表面光滑的圆台体，圆台底外径

（6±0.25）mm、内孔直径（3±0.19）mm，圆台顶外直径（4.5±0.23）mm、内孔直径（2±0.19）mm，高度（13±0.33）mm。

4.2.2.3 耳标头

耳标头为密封的圆锥体，锥底直径（7.5＋0.1）mm或（7.5－0.28）mm、高度（8±0.30）mm，锥顶实体高度（4±0.22）mm。

4.2.2.4 辅标耳标面

辅标耳标面为铲形，铲为直角长方形，宽（27.8±0.46）mm，长（45±0.62）mm。上端厚度（2±0.29）mm，下端厚度（1.5±0.15）mm。

4.2.2.5 耳标锁扣

耳标锁扣位于铲形一边，由锁芯和圆柱套管组成，锁芯为圆台体倒喇叭立体形状，锁芯的外孔直径（8.6±0.30）mm、内孔直径（5±0.24）mm、高度（4.5±0.24）mm；圆柱套管直径（13.8±0.34）mm，内直径（10±0.32）mm，高度（11±0.32）mm。

4.2.3 羊耳标：半圆弧的长方形

4.2.3.1 主标耳标面

主标耳标面为圆形，直径（30±0.59）mm，中央孔外口直径（6±0.25）mm，厚度（2±0.29）mm。

4.2.3.2 耳标颈

耳标颈为表面光滑的圆台体，圆台底外径（6±0.25）mm、内孔直径（3±0.19）mm，圆台顶外径（4.5±0.23）mm、内孔径（2±0.19）mm，高度（13±0.33）mm。

4.2.3.3 耳标头

耳标头为密封的圆锥体，锥底直径（$7.5^{+0.1}_{-0.28}$）mm、高度（8±0.30）mm，锥顶实体高度（4±0.22）mm。

4.2.3.4 辅标耳标面

辅标耳标面为带半圆弧的长方形，长（45±0.62）mm、宽（17±0.23）mm，厚度（2±0.29）mm。

4.2.3.5 耳标锁扣

耳标锁扣位于长方形一边，由锁芯和圆柱套管组成，锁芯为圆台体倒喇叭立体形状，锁芯的外孔直径（8.6±0.30）mm、内孔直径（5±0.24）mm、高度（4.5±0.24）mm；圆柱套管直径（13.8±0.34）mm，内直径（10±0.32）mm，高度（11±0.32）mm。

4.3 牲畜耳标原材料

牲畜耳标原材料采用无毒、无异味、无刺激、无污染的塑胶材料制造。再生塑料不得作为制造牲畜耳标的原材料。原材料按照使用牲畜范围不同分为：聚乙烯、聚酯型聚氨酯、聚醚型聚氨酯等。

4.4 牲畜耳标外观、颜色

4.4.1 牲畜耳标外观

牲畜耳标表面光洁，边缘光滑，色泽均匀，各部位规格符合技术规范规定。

4.4.2 牲畜耳标颜色

猪耳标为粉红色，对应潘通色卡色号（砂面U）为670U，牛耳标为浅黄色，对应潘通色卡色号（砂面U）为100U，羊耳标为橙色，对应潘通色卡色号（砂面U）为150U。

4.5 激光打码要求

4.5.1 编码排版

耳标编码由激光刻制，猪耳标刻制在主标耳标面正面，排布为相邻直角两排，上排为主编码，右排为副编码。牛、羊耳标刻制在辅标耳标面正面，编码分上、下两排，上排为主编码，下排为副编码。

专用条码由激光刻制在主、副编码中央。

4.5.2 主编码

主编码由7位数字组成，第一位代表牲畜种类，后六位是县级行政区划代码，主编码代表牲畜种类和产地。主编码字体为黑体四号体。

4.5.3 副编码

副编码由8位字符构成，以县为单位的连续编码，代表牲畜个体；字体为黑体四号体。

4.5.4 编码规定

耳标专用条码为农业农村部专用的二维码。

4.5.5 字迹附着力

耳标编码用激光方式刻录，字迹应均匀透入耳标内部。字迹清晰，在自然环境中不褪色。牲畜耳标的激光打码的颜 色深度达到潘通色卡色号为：Black C。激光打标印迹均应均匀渗透入耳标表面内部，激光打印深度应不小于0.15mm。

4.6 使用要求

4.6.1 强度要求

4.6.1.1 结合力

分体耳标主标和辅标结合牢固，脱落力大于220N。

4.6.1.2　主标抗拉力

主标单体整体拉伸时，耳标头和耳标正面脱离的断裂力大于250N。

4.6.2　使用寿命

聚乙烯材质牲畜耳标寿命要求2年以上，聚酯型聚氨酯材质牲畜耳标寿命要求2年以上，聚醚型聚氨酯材质牲畜耳标寿命要求5年以上。

4.6.3　环境要求

耳标及耳标钳均应在−45～50℃温度范围内保持使用性能，不应出现因质量原因的脱离、变形、折裂现象。正常使用时，钳压不破碎。

4.6.4　记录信息的可靠程度

耳标经长期使用在室外自然光照射下字迹应保持清晰不脱落。使用期内耳标记录信息受酸、碱、洗涤剂浸擦应不被腐蚀、不变形、不脱色、字迹不脱落。

4.6.5　工艺要求

耳标不应出现缺料、溢料、塌坑、冷料、气泡、变形、分层等工艺缺陷。

4.7　包装要求

4.7.1　内包装说明

按照内包装数量要求，将耳标分别装入塑料袋内，袋表面粘 贴标签，载明收货单位所在县（市、区）、袋编号、生产日期、产品数量、产品名称、生产任务号、耳标号段、袋二维码等信息。

4.7.2　外包装说明

按照外包装数量要求，将内包装产品装入防潮纸箱内，箱上表面粘贴标签，载明收货单位、收货地址及联系方式、产品名称、生产任务号、批次数量、耳标数量、箱编号、耳标号段、生产单位、箱二维码等信息。

规范性附录：

附录A：猪耳标主标、辅标结构规格尺寸

附录B：牛耳标主标、辅标结构规格尺寸

附录C：羊耳标主标、辅标结构规格尺寸

附录D：耳标编码示意图

附录E：耳标针结构规格尺寸

附录A（规范性附录）

猪耳标主标、辅标结构规格尺寸

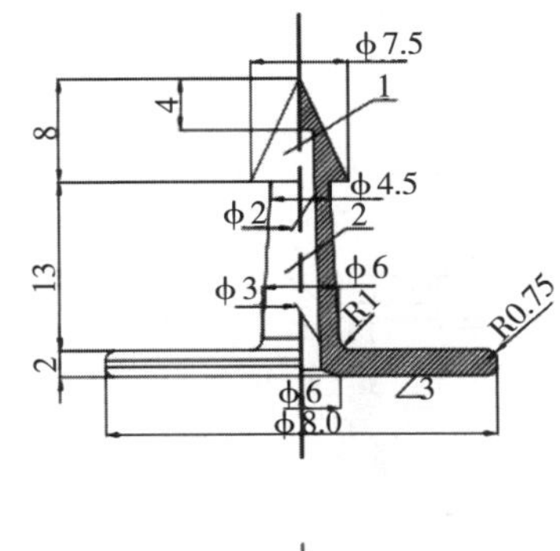

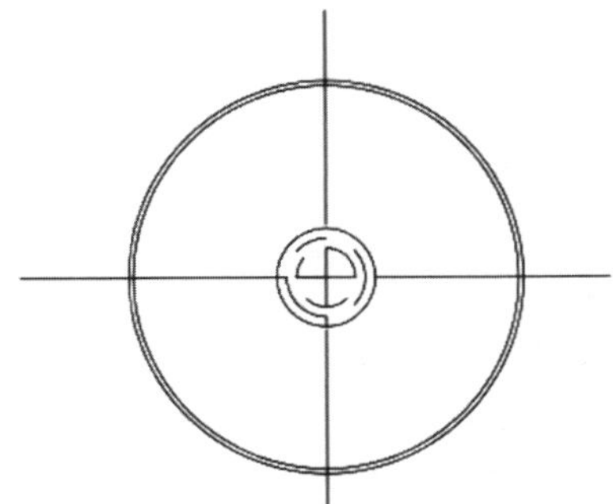

1. 耳标头　2. 耳标颈　3. 耳标正面

猪耳标主标结构规格尺寸示意图（mm）

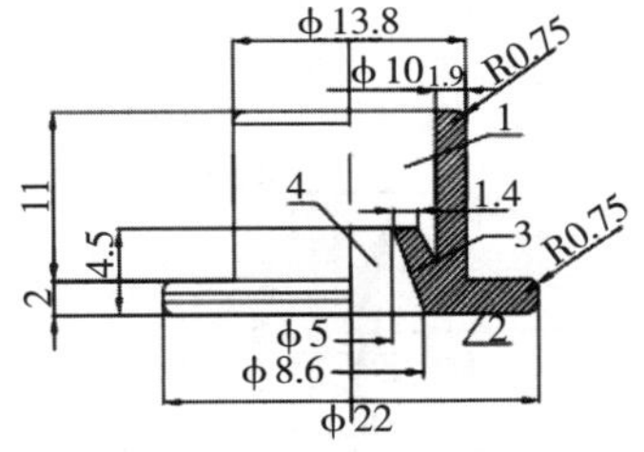

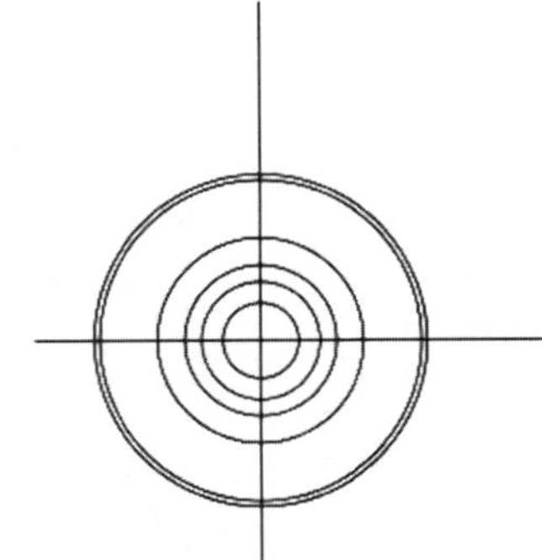

1. 耳标锁扣　2. 耳标副面　3. 锁扣芯　4. 锁孔

猪耳标辅标结构规格尺寸示意图（mm）

附录 B（规范性附录）

牛耳标主标、辅标结构规格尺寸

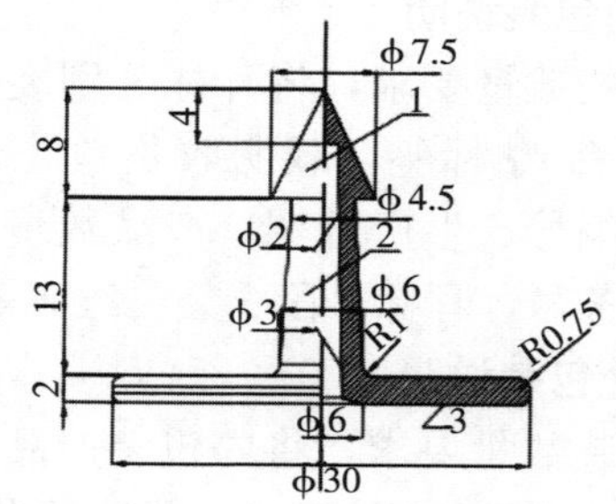

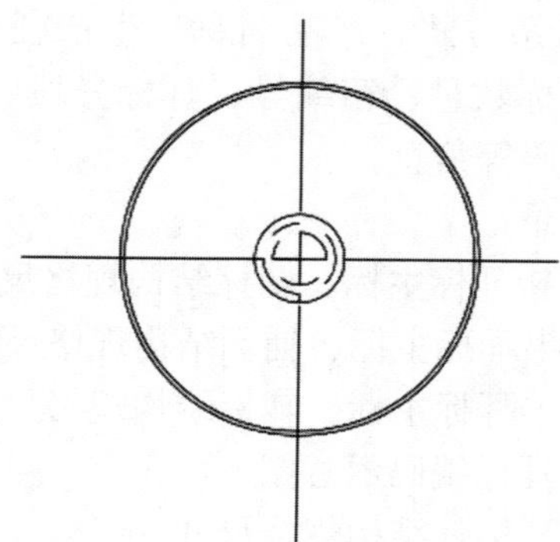

1. 耳标头　2. 耳标颈　3. 耳标正面

牛耳标主标结构规格尺寸示意图（mm）

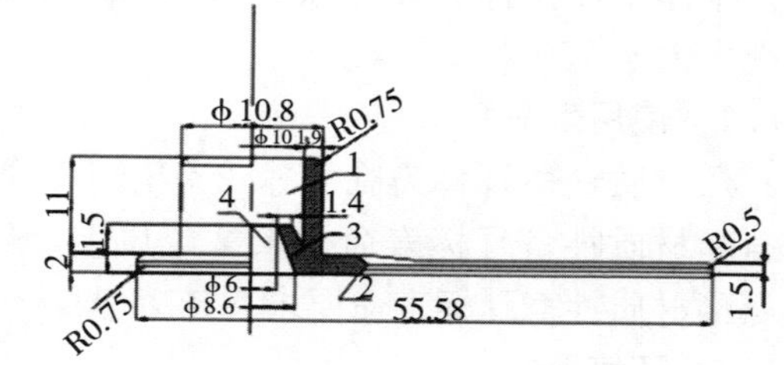

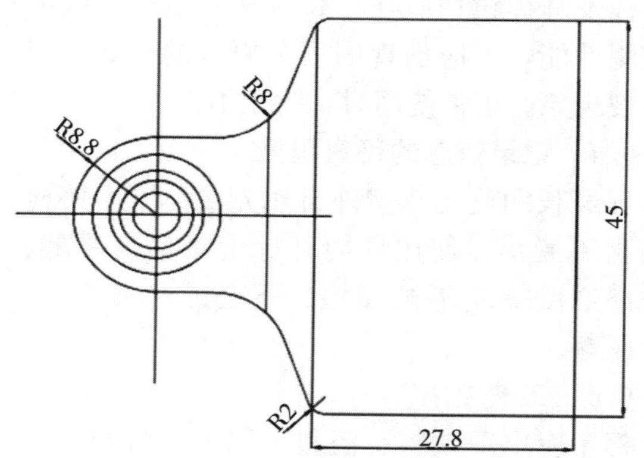

1. 耳标锁扣　2. 耳标副面　3. 锁扣芯　4. 锁孔

牛耳标辅标结构规格尺寸示意图（mm）

附录 C（规范性附录）

羊耳标主标、辅标结构规格尺寸

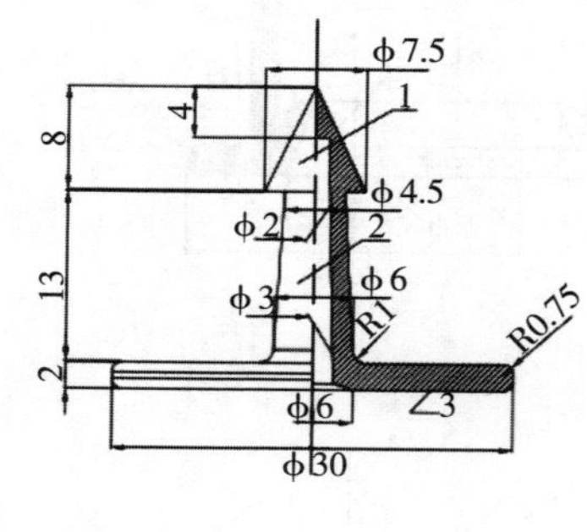

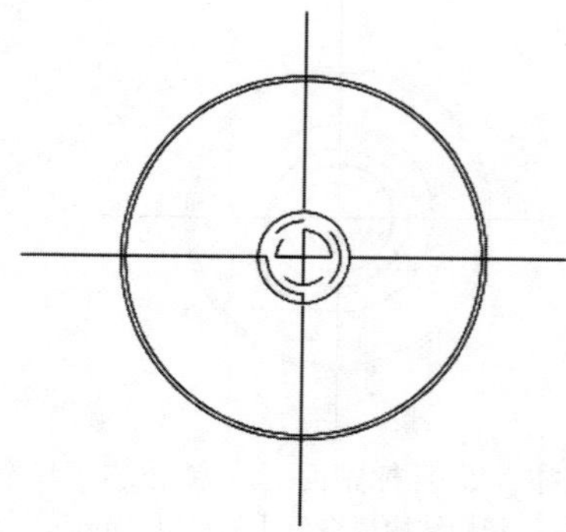

1. 耳标头　2. 耳标颈　3. 耳标正面

羊耳标主标结构规格尺寸示意图（mm）

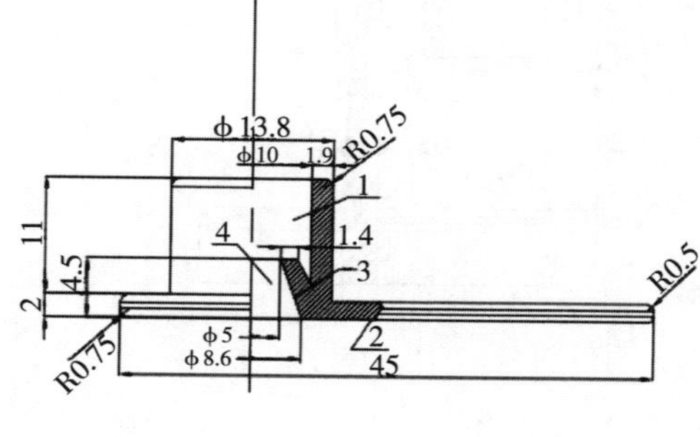

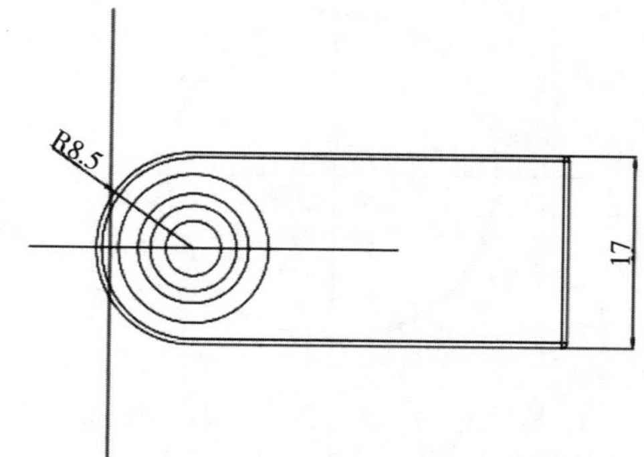

1. 耳标锁扣　2. 耳标副面　3. 锁扣芯　4. 锁孔

羊耳标辅标结构规格尺寸示意图（mm）

附录 D（规范性附录）
耳标编码示意图

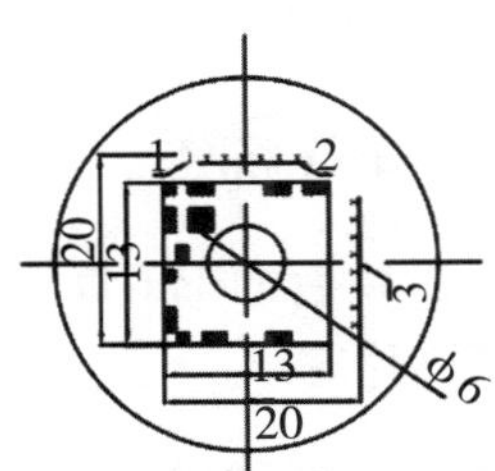

1.代表猪 2.县行政区划代码
3.动物个体连续码

猪耳标编码示意图（mm）

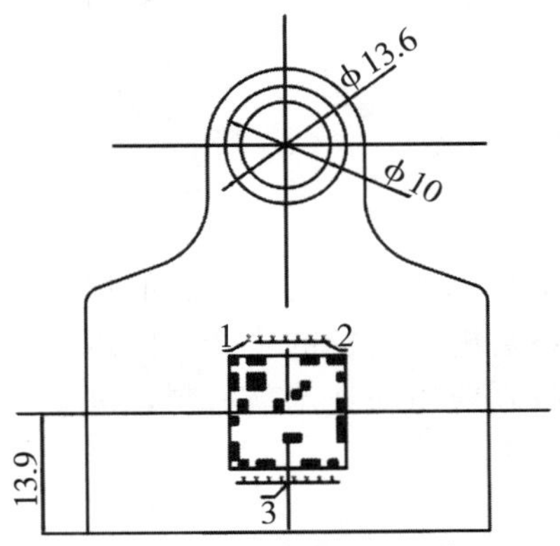

1.代表牛 2.县行政区划代码
3.动物个体连续码

牛耳标编码示意图（mm）

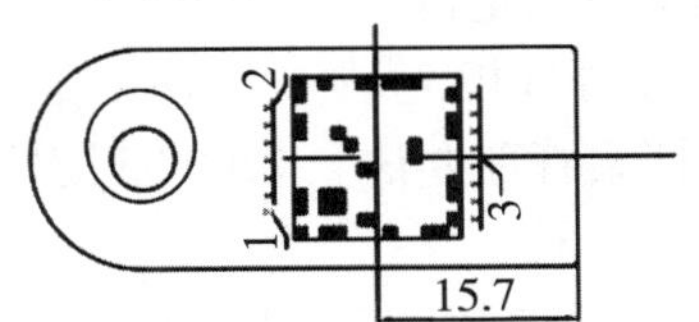

1.代表羊 2.县行政区划代码
3.动物个体连续码

羊耳标编码示意图（mm）

附录 E（规范性附录）
耳标针结构规格尺寸

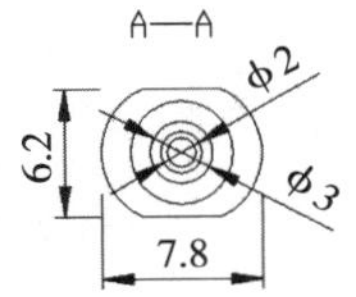

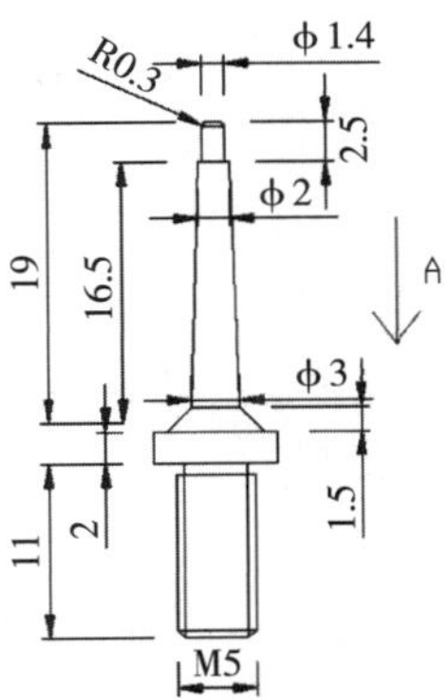

耳标针结构
规格尺寸示意图（mm）

三十二、牲畜电子耳标技术规范

（2021年1月11日　农业农村部办公厅农办牧〔2021〕3号发布）

1　范围

本规范规定了电子耳标生产、质量控制的技术要求，适用于从事牲畜电子耳标的生产、使用与管理等活动。国家鼓励应用新技术新材料，进行新标识的研究和推广使用。

2　规范性引用文件

NY 534 家畜用耳标及固定器

NY/T 938 动物防疫耳标规范

《畜禽标识和养殖档案管理办法》（2006年农业部令第67号）

ISO/IEC 18000-6C/EPC 超高频 RFID 空口通信协议

ISO/IEC 111784/5 低频 RFID 空口通信协议

GB/T 20563—2006 动物射频识别代码结构

GB/T 22334—2008 动物射频识别技术准则

3　术语和定义

下列术语和定义适用于本规范。

3.1　芯片

单纯的集成电路，不包含天线。

3.2　天线

与芯片配合使用，用于发射和接收信号。

3.3　片芯

由芯片和天线2个部分组成，且未经过注塑封装的裸片。

3.4　电子耳标

加施于牲畜耳部，用于证明牲畜身份，承载牲畜个体信息的内含电子片芯的标志物。耳标表面用激光雕刻农业农村部畜禽标识编码，电子芯片内写入相同的编码信息。

3.5　电子标签

经过封装后的 RFID 成品标签的统称，一般内嵌 RFID 片芯。

3.6　标签灵敏度

一种度量超高频标签性能的指标。

3.7　识读设备

用于感应和读写电子标签信息的设备。

3.8　协议标准

定义一套共同遵守的通信数据格式和方法。在农牧领域，主要用到超高频和低频两种技术标准。

4　技术要求

4.1　电子耳标结构

电子耳标的厚度与封装的片芯厚度直接相关，允许生产的产品厚度上有所不同，但是其他尺寸需要按照本规范执行。

分体电子耳标结构：由主标和辅标两个独立部分组成。

4.1.1　主标

主标由耳标面、耳标颈、耳标头组成。

4.1.1.1　主标耳标面

主标耳标面一般有一定面积并与耳标颈相连。

4.1.1.2　耳标颈

连接耳标面和耳标头的部分，固定时穿透牲畜耳部并留在穿孔内。

4.1.1.3　耳标头

位于耳标颈末端的锥形体。用于穿透牲畜耳部、嵌入辅标、固定电子耳标。

4.1.2　辅标

辅标由耳标面和耳标锁扣组成。

4.1.2.1　辅标耳标面

辅标耳标面与主标耳标面相对应，加施时不穿透耳部。

4.1.2.2 耳标锁扣

耳标锁扣位于辅标电子耳标面背面与圆柱套管连接处内部中央锁芯处，形状一般为圆台体倒喇叭形，与电子耳标头相扣，在锁芯作用下，起固定电子耳标的作用。

4.2 电子耳标规格

电子耳标的样式应与《牲畜耳标技术规范（修订稿）》保持一致，厚度可根据芯片情况增加1～4mm。

4.3 牲畜电子耳标使用原材料

牲畜电子耳标原材料要求必须采用无毒、无异味、无刺激、无污染的塑胶材料制造。

主材料按照成分不同分为：聚醚型聚氨酯、聚酯型聚氨酯、聚碳酸酯、聚乙烯等。钉头、锁扣等局部允许选用无毒、无异味、无刺激、无污染的刚性材料。

4.4 使用要求

4.4.1 强度要求

4.4.1.1 结合力

分体电子耳标结合力（脱落力）定义：主标和辅标结合牢固，通过施加外力使得主标从辅标中脱出，或者断裂，这个力就是结合力。

不同的畜种的体型和力量差异较大，动物耳朵的厚薄和大小差异较大，针对不同畜种，给出以下常温结合力（脱落力）的要求：

在常温25℃环境下，猪电子耳标要求结合力（脱落力）大于220N，牛电子耳标要求结合力（脱落力）大于250N，羊电子耳标要求结合力（脱落力）大于220N。

在高温50℃环境下，猪电子耳标要求结合力（脱落力）大于176N，牛电子耳标要求结合力（脱落力）大于200N，羊电子耳标要求结合力（脱落力）大于176N。

4.4.1.2 主标抗拉力

常温25℃环境，分体电子耳标中主标单体整体拉伸时，电子耳标头和电子耳标正面脱离的断裂力大于250N。

4.4.2 结构寿命

结构寿命指电子耳标的实体结构，在使用期限内，结构完好，不会出现断裂、分层、分解等导致电子耳标的寿命终结。聚乙烯材质电子耳标，要求结构寿命1年以上。聚酯型聚氨酯材质电子耳标，要求结构寿命2年以上。聚醚型聚氨酯材质电子耳标，要求结构寿命5年以上。

4.4.3 牲畜电子耳标的掉标率

掉标率指主标和辅标分离。

牲畜电子耳标要求年掉标率不超过5%。

4.4.4 环境要求

电子耳标应在－30～50℃温度范围内保持使用性能，不应出现因质量原因的脱离、变形、折裂现象。正常使用时，钳压不破碎。

4.4.5 质量要求

电子耳标不应出现缺料、溢料、塌坑、冷料、气泡、变形、分层等工艺缺陷。

4.5 电子耳标电气性能指标

4.5.1 超高频电子耳标

4.5.1.1 协议标准

要求符合ISO/IEC 18000-6C协议标准。

要求工作频率必须符合国家无线电委员会标准：920～925MHz，该区间识读灵敏度曲线要求低于－10dBm，如－12dBm。识读灵敏度曲线为电子耳标注塑成品的灵敏度曲线。注意：不是片芯的识读灵敏度。

4.5.1.2 芯片存储区

芯片内存（Tagmemory）分为四个独立的存储区块（Bank）：保留区（Reserved），电子产品代码区（EPC），标签识别号区（TID）和数据区（User）。

应用于电子耳标的芯片要求如下：

标签识别号区（TID）：有。芯片本身的唯一标识编码，只读。

电子产品代码区（EPC）：有。大于96bit，存储电子耳标号，可读写。写入二维码耳标15位数字，前补0。

数据区：无

4.5.1.3 识读寿命

识读寿命指电子耳标佩戴到动物耳朵上开始，连续佩戴一段时间后，采用同一款手持式识读设备在同样的环境下读取，可以正常稳定读取且读取距离无明显下降，认为性能正常。完全无法读取或者零距离才能读取，则认为电子耳标已经失效。

注：距离明显下降指距离缩短50%以上。

根据不同的畜禽类别，要求不同：

种畜类。电子耳标寿命要求5年以上，性能

无明显下降。

允许由于外力破坏导致的年失效比例为5%以内。

生猪。电子耳标寿命要求1年以上，不失效，性能无明显下降。

肉羊。电子耳标寿命要求2年以上，不失效，性能无明显下降。

肉牛。电子耳标寿命要求3年以上，不失效，性能无明显下降。

4.5.1.4 识读距离

电子耳标的识别距离与内置片芯的尺寸有密切的关系，针对目前常用的片芯尺寸的对应性能要求如下：

测试环境：手持式识别设备，功率27dBm，空气中。

表 手持式识读设备参考读取距离

耳标类别	极化方向	读取距离
猪电子耳标	线极化	大于0.3m
羊电子耳标	线极化	大于0.3m
牛电子耳标	线极化	大于2m

4.5.2 低频电子耳标

4.5.2.1 协议标准

要求符合ISO11784/5协议标准。

要求工作模式为FDX-B或HDX。

FDX—B：全双工。

HDX：半双工。

工作频率：134.2kHz。

4.5.2.2 芯片存储区

数据区：至少128bit，存储畜禽标识编码，可读写。

4.5.2.3 识读寿命

识读寿命指电子耳标佩戴到动物耳朵上开始，连续佩戴一段时间后，采用同一款手持式识读设备在同样的环境下读取，可以正常稳定读取且读取距离无明显下降，认为性能正常。完全无法读取或者零距离才能读取，则认为电子耳标已经失效。

注：距离明显下降指距离缩短50%以上。

根据不同的畜禽类别，要求不同：

种畜类。包括母牛、奶牛、种羊、种猪等。电子耳标寿命要求5年以上，性能无明显下降。允许由于外力破坏导致的年失效比例为5%以内。

生猪。电子耳标寿命要求1年以上，不失效，性能无明显下降。

肉羊。电子耳标寿命要求2年以上，不失效，性能无明显下降。

肉牛。电子耳标寿命要求3年以上，不失效，性能无明显下降。

4.5.2.4 识读距离

测试环境：手持式识读设备，空气中。

手持式识读设备配置：功率27dBm，天线增益4dBm。

手持式识读设备：识读距离10cm以上。

三十三、畜禽产品消毒规范

（国家标准GB/T 16569—1996，1996年10月3日发布，1997年2月1日实施）

1 主题内容与适用范围

本标准规定了畜禽产品一般的消毒技术。

本标准适用于可疑污染畜禽病原微生物的上述产品及其包装物。野生动物、经济动物的同类产品参照本标准执行。

2 环氧乙烷熏蒸消毒法

2.1 适用对象

可疑被炭疽杆菌、口蹄疫、沙门氏菌、布鲁氏菌污染的干皮张、毛、羽和绒。

2.2 方法

2.2.1 将皮捆或毛包，羽、绒包有序地堆放入消毒容器（塑料薄膜帐篷或大型金属消毒罐）中，码成垛形，但高度不超过2m，各行之间保持适当距离，以利于气体穿透和人员操作。

2.2.2 将装于布袋内的枯草芽孢杆菌4001株（简称“4001”，每片含菌1 000万个）染菌片或化学指示袋（澳酚蓝指示剂）放入消毒容器不同位置的皮毛捆深部，同时安放入输药管道，并检查袋壁有无破损或裂缝．然后封口。

2.2.3 测量待消毒物体积，计算环氧乙烷用量。

2.2.4 按0.4～0.7kg/m^{3}通入环氧乙烷气

体，消毒48h。此时应保持消毒室温度在25～40℃，相对湿度在30%～50%。

2.2.5　消毒结束后，打开封口，将篷口撑起通风1h。

2.2.6　取出“4001”染菌片，放入营养肉汤，37℃下培养24h，观察有无细菌生长；或观察化学指示袋是否由无色变为紫色。若无细菌生长或指示袋变为紫色，证明消毒效果良好。

3　甲醛水溶液（福尔马林）熏蒸消毒法

3.1　适用对象

可疑污染一般病原微生物的干皮张、毛、羽和绒。

3.2　方法

同2.2条，但其消毒室总容积不超过10m^3，消毒室温度应在50℃左右，相对湿度调节在70%～90%，按加热蒸发甲醛溶液80～300mL/m^{3}的量通入甲醛气体，消毒24h。

4　^{60}Co辐射消毒法

适用于可疑污染任何病原微生物的珍贵皮毛的消毒，剂量为250rad（拉德）。

5　过氧乙酸浸泡消毒法

5.1　适用对象

可疑污染任何病原微生物的畜禽的新鲜皮、盐湿皮，毛、羽、绒和骨、蹄、角。

5.2　方法

5.2.1　新鲜配制2%和0.3%过氧乙酸溶液。

5.2.2　将待消毒的皮、毛、羽、绒浸入2%溶液中；骨、蹄、角浸入0.3%溶液中浸泡30min，溶液须高于物品面10cm。

5.2.3　捞出，用水冲洗后晾干。

6　高压蒸煮消毒法

用于可疑污染炭疽杆菌、口蹄疫病毒、沙门氏菌、布鲁氏菌的骨、蹄和角。将骨、蹄、角放入高压锅内，蒸煮至骨脱胶或脱脂时止。

7. 甲醛水溶液浸泡消毒法

用于可疑污染一般病原微生物的骨、蹄和角。新鲜配制1%甲醛溶液，然后将骨、蹄和角放入该溶液中浸泡30h，捞出，用水冲洗干净后晾干。

8. 过氧乙酸或煤酚皂（来苏儿）溶液喷洒消毒法

用于未消毒的骨、蹄和角的外包装或其他外包装。用新鲜配制的0.3%过氧乙酸溶液或3%煤酚皂溶液喷洒消毒，用量为0.5L/m^2。

本标准由中华人民共和国农业部提出。

本标准由全国动物检疫标准化技术委员会归口本标准由农业部动物检疫所负责起草。本标准主要起草人仰惠芬、杨承瑜、郑志刚。

三十四、乳用动物健康标准

（2008年12月30日　农业部公告第1137号发布）

为了提高乳用动物健康水平，保证生鲜乳质量，维护公共卫生安全，依据《中华人民共和国动物防疫法》《乳品质量安全监督管理条例》等法律法规，特制定本标准。

1　适用范围

本标准规定了乳用动物健康的标准和检查方法。

本标准适用于中华人民共和国境内任何单位和个人所饲养的乳用动物。

2　定义

本标准所指乳用动物是指用于生产供人类食用或加工用生鲜乳的奶牛、奶山羊等动物。

3　奶牛健康标准

3.1　饲养场（养殖小区）符合农业部规定的动物防疫条件，并取得县级以上地方人民政府兽医主管部门颁发的《动物防疫条件合格证》。

3.2　按国家规定开展重大疫病强制免疫工作，免疫抗体合格率达到国家规定要求，免疫档案齐全。

3.3　饲养场（养殖小区）引进奶牛必须严格执行检疫和隔离观察制度。

3.4　开展定期消毒、灭鼠杀虫。

3.5　按国家规定加施畜禽标识，养殖档案齐全。

3.6　未发生口蹄疫、布鲁氏菌病、结核病、炭疽、牛瘟、牛肺疫和牛海绵状脑病等动物疫病。

3.7　临床健康。

3.8　按照国家动物疫病监测计划对口蹄疫、牛瘟、牛肺疫、布鲁氏菌病、结核病、炭疽进行监测，监测结果符合规定要求。

3.9　经农业部批准进行布鲁氏菌病免疫的，免疫抗体检测合格；不进行布鲁氏菌病免疫的，血清学检测结果应为阴性；结核病经变态反应检测为阴性。

4　奶山羊健康标准

4.1　饲养场（养殖小区）符合农业部规定的动物防疫条件，并取得县级以上地方人民政府兽医主管部门颁发的《动物防疫条件合格证》。

4.2　按国家规定开展重大疫病强制免疫工作，免疫抗体合格率达到国家规定要求，免疫档案齐全。

4.3　饲养场（养殖小区）引进奶山羊必须严格执行检疫和隔离观察制度。

4.4　开展定期消毒、灭鼠杀虫。

4.5　按国家规定加施畜禽标识，养殖档案齐全。

4.6　未发生口蹄疫、布鲁氏菌病、山羊痘和小反刍兽疫等动物疫病。

4.7　临床健康。

4.8　按照国家动物疫病监测计划对口蹄疫、山羊痘、小反刍兽疫进行监测，监测结果符合规定要求。

4.9　进行布鲁氏菌病免疫的，免疫抗体检测合格；不进行布鲁氏菌病免疫的，血清学检测结果应为阴性。

5　检测频率

当地动物疫病预防控制机构每年至少检测一次。

6　检测数量

6.1　奶牛、奶山羊布鲁氏菌病、结核病检测比例为100%。

6.2　按国家动物疫病监测计划对口蹄疫、牛瘟、牛肺疫、牛海绵状脑病、山羊痘、小反刍兽疫等进行监测。

7　检测方法

7.1 口蹄疫按GB/T 18935—2003和《口蹄疫防治技术规范》执行。

7.2　布鲁氏菌病按GB/T 18646—2002和《布鲁氏菌病防治技术规范》执行。

7.3　结核病按GB/T 18645—2002执行。

7.4　炭疽按NY/T 561—2002执行。

7.5　牛瘟按NY/T 906—2004执行。

7.6　牛肺疫按GB/T 18649—2002执行。

7.7　牛海绵状脑病按GB/T 19180—2003执行。

7.8　山羊痘按NY/T 576—2002执行。

7.9　小反刍兽疫按《小反刍兽疫防治技术规范》执行。

第二节　动物检疫规程（规范）

三十五、生猪产地检疫规程

（2023年4月1日　农业农村部农牧发〔2023〕16号发布）

1. 适用范围

本规程规定了生猪产地检疫的检疫范围及对象、检疫合格标准、检疫程序、检疫结果处理和检疫记录。

本规程适用于中华人民共和国境内生猪的产地检疫。

2. 检疫范围及对象

2.1　检疫范围

《国家畜禽遗传资源目录》规定的猪。

2.2　检疫对象

口蹄疫、非洲猪瘟、猪瘟、猪繁殖与呼吸综合征、炭疽、猪丹毒。

3. 检疫合格标准

3.1　来自非封锁区及未发生相关动物疫情的饲养场（户）。

3.2　实行风险分级管理的，来自符合风险分级管理有关规定的饲养场（户）。

3.3　申报材料符合本规程规定。

3.4　按照规定进行了强制免疫，并在有效保护期内。

3.5　畜禽标识符合规定。

3.6　临床检查健康。

3.7　需要进行实验室疫病检测的，检测结果合格。

4. 检疫程序

4.1　申报检疫

货主应当提前3天向所在地动物卫生监督机构申报检疫，并提供以下材料：

4.1.1　检疫申报单。

4.1.2　需要实施检疫生猪的强制免疫证明，饲养场提供养殖档案中的强制免疫记录，饲养户提供防疫档案。

4.1.3　需要进行实验室疫病检测的，提供申报前7日内出具的实验室疫病检测报告。

4.1.4　已经取得产地检疫证明的生猪，从专门经营动物的集贸市场继续出售或运输的，或者展示、演出、比赛后需要继续运输的，提供检疫申报单、原始检疫证明和完整进出场记录；原始检疫证明超过调运有效期的，还应当提供非洲猪瘟的实验室疫病检测报告。

鼓励使用动物检疫管理信息化系统申报检疫。

4.2　申报受理

动物卫生监督机构接到检疫申报后，应当及时对申报材料进行审查。根据申报材料审查情况、当地相关动物疫情状况以及是否符合非洲猪瘟等重大动物疫病分区防控要求，决定是否予以受理。

受理的，应当及时指派官方兽医或协检人员到现场或指定地点核实信息，开展临床健康检查；不予受理的，应当说明理由。

4.3 查验材料及畜禽标识

4.3.1 查验申报主体身份信息是否与检疫申报单相符。

4.3.2 实行风险分级管理的，查验饲养场（户）分级管理材料。

4.3.3 查验饲养场《动物防疫条件合格证》和养殖档案，了解生产、免疫、监测、诊疗、消毒、无害化处理及相关动物疫病发生情况，确认生猪已按规定进行强制免疫，并在有效保护期内；了解是否使用未经国家批准的兽用疫苗，了解是否违反国家规定使用餐厨剩余物饲喂生猪。

4.3.4 查验饲养户免疫记录，确认生猪已按规定进行强制免疫，并在有效保护期内；了解是否使用未经国家批准的兽用疫苗，了解是否违反国家规定使用餐厨剩余物饲喂生猪。

4.3.5 查验畜禽标识加施情况，确认生猪佩戴的畜禽标识与检疫申报单、相关档案记录相符。

4.3.6 查验实验室疫病检测报告是否符合要求，检测结果是否合格。

4.3.7 已经取得产地检疫证明的生猪，从专门经营动物的集贸市场继续出售或运输的，或者展示、演出、比赛后需要继续运输的，查验产地检疫证明是否真实并在调运有效期内、进出场记录是否完整；产地检疫证明超过调运有效期的，查验非洲猪瘟的实验室疫病检测报告是否符合要求，检测结果是否合格。

4.3.8 查验运输车辆、承运单位（个人）及车辆驾驶员是否备案。

4.4 临床检查

4.4.1 检查方法

4.4.1.1 群体检查。从静态、动态和食态等方面进行检查。主要检查生猪群体精神状况、呼吸状态、运动状态、饮水饮食情况及排泄物性状等。

4.4.1.2 个体检查。通过视诊、触诊和听诊等方法进行检查。主要检查生猪个体精神状况、体温、呼吸、皮肤、被毛、可视黏膜、胸廓、腹部及体表淋巴结，排泄动作及排泄物性状等。

4.4.2 检查内容

4.4.2.1 出现发热、精神不振、食欲减退、流涎；蹄冠、蹄叉、蹄踵部出现水疱，水疱破裂后表面出血，形成暗红色烂斑，感染造成化脓、坏死、蹄壳脱落，卧地不起；鼻盘、口腔黏膜、舌、乳房出现水疱和糜烂等症状的，怀疑感染口蹄疫。

4.4.2.2 出现高热、倦怠、食欲不振、精神委顿；呕吐，便秘、粪便表面有血液和黏液覆盖，或腹泻，粪便带血；可视黏膜潮红、发绀，眼、鼻有黏液脓性分泌物；耳、四肢、腹部皮肤有出血点；共济失调、步态僵直、呼吸困难或其他神经症状；妊娠母猪流产等症状的；或出现无症状突然死亡的，怀疑感染非洲猪瘟。

4.4.2.3 出现高热、倦怠、食欲不振、精神委顿、弓腰、腿软、行动缓慢；间有呕吐，便秘腹泻交替；可视黏膜充血、出血或有不正常分泌物、发绀；鼻、唇、耳、下颌、四肢、腹下、外阴等多处皮肤点状出血，指压不褪色等症状的，怀疑感染猪瘟。

4.4.2.4 出现高热；眼结膜炎、眼睑水肿；咳嗽、气喘、呼吸困难；耳朵、四肢末梢和腹部皮肤发绀；偶见后躯无力、不能站立或共济失调等症状的，怀疑感染猪繁殖与呼吸综合征。

4.4.2.5 咽喉、颈、肩胛、胸、腹、乳房及阴囊等局部皮肤出现红肿热痛，坚硬肿块，继而肿块变冷，无痛感，最后中央坏死形成溃疡；颈部、前胸出现急性红肿，呼吸困难、咽喉变窄，窒息死亡等症状的，怀疑感染炭疽。

4.4.2.6 出现高热稽留；呕吐；结膜充血；粪便干硬呈粟状，附有黏液，下痢；皮肤有红斑、疹块，指压褪色等症状的，怀疑感染猪丹毒。

4.5 实验室疫病检测

4.5.1 对怀疑患有本规程规定疫病及临床检查发现其他异常情况的，应当按相应疫病防治技术规范进行实验室检测。

4.5.2 需要进行实验室疫病检测的，抽检比例不低于10%，原则上不少于10头，数量不足10头的要全部检测。

4.5.3 省内调运的种猪可参照《跨省调运乳用种用家畜产地检疫规程》进行实验室疫病检测，并提供相应检测报告。

5. 检疫结果处理

5.1 检疫合格，且运输车辆、承运单位

（个人）及车辆驾驶员备案符合要求的，出具动物检疫证明；运输车辆、承运单位（个人）及车辆驾驶员备案不符合要求的，应当及时向农业农村部门报告，由农业农村部门责令改正的，方可出具动物检疫证明。官方兽医应当及时将动物检疫证明有关信息上传至动物检疫管理信息化系统。

5.2 检疫不合格的，出具检疫处理通知单，并按照下列规定处理。

5.2.1 发现申报主体信息与检疫申报单不符、风险分级管理不符合规定、畜禽标识与检疫申报单不符等情形的，货主按规定补正后，方可重新申报检疫。

5.2.2 未按照规定进行强制免疫或强制免疫不在有效保护期的，及时向农业农村部门报告，货主按规定对生猪实施强制免疫并在免疫有效保护期内，方可重新申报检疫。

5.2.3 发现患有本规程规定动物疫病的，向农业农村部门或者动物疫病预防控制机构报告，应当按照相应疫病防治技术规范规定处理。

5.2.4 发现患有本规程规定检疫对象以外动物疫病，影响动物健康的，向农业农村部门或者动物疫病预防控制机构报告，按规定采取相应防疫措施。

5.2.5 发现不明原因死亡或怀疑为重大动物疫情的，应当按照《中华人民共和国动物防疫法》《重大动物疫情应急条例》和《农业农村部关于做好动物疫情报告等有关工作的通知》（农医发〔2018〕22号）的有关规定处理。

5.2.6 发现病死动物的，按照《病死畜禽和病害畜禽产品无害化处理管理办法》等规定处理。

5.2.7 发现货主提供虚假申报材料、养殖档案或畜禽标识不符合规定等涉嫌违反有关法律法规情形的，应当及时向农业农村部门报告，由农业农村部门按照规定处理。

6. 检疫记录

6.1 官方兽医应当及时填写检疫工作记录，详细登记货主姓名、地址、申报检疫时间、检疫时间、检疫地点、检疫动物种类、数量及用途、检疫处理、检疫证明编号等。

6.2 检疫申报单和检疫工作记录保存期限不得少于12个月。

6.3 电子记录与纸质记录具有同等效力。

三十六、反刍动物产地检疫规程

（2023年4月1日 农业农村部农牧发〔2023〕16号发布）

1. 适用范围

本规程规定了反刍动物产地检疫的检疫范围及对象、检疫合格标准、检疫程序、检疫结果处理和检疫记录。

本规程适用于中华人民共和国境内反刍动物及其原毛、绒、血液、角的产地检疫。

2. 检疫范围及对象

2.1 检疫范围

2.1.1 动物

《国家畜禽遗传资源目录》规定的牛、羊、骆驼、鹿、羊驼等反刍动物。

2.1.2 动物产品

本规程规定反刍动物的原毛、绒、血液、角。

2.2 检疫对象

2.2.1 牛：口蹄疫、布鲁氏菌病、炭疽、牛结核病、牛结节性皮肤病。

2.2.2 羊：口蹄疫、小反刍兽疫、布鲁氏菌病、炭疽、蓝舌病、绵羊痘和山羊痘、山羊传染性胸膜肺炎。

2.2.3 鹿、骆驼、羊驼：口蹄疫、布鲁氏菌病、炭疽、牛结核病。

3. 检疫合格标准

3.1 反刍动物

3.1.1 来自非封锁区及未发生相关动物疫情

的饲养场（户）。

3.1.2　申报材料符合本规程规定。

3.1.3　按照规定进行了强制免疫，并在有效保护期内。

3.1.4　畜禽标识符合规定。

3.1.5　临床检查健康。

3.1.6　需要进行实验室疫病检测的，检测结果合格。

3.2　原毛、绒、血液、角

3.2.1　来自非封锁区及未发生相关动物疫情的饲养场（户）。

3.2.2　申报材料符合本规程规定。

3.2.3　供体动物符合3.1.3～3.1.5的规定。

3.2.4　原毛、绒、角按有关规定消毒。

3.2.5　血液供体动物实施布鲁氏菌病免疫的，布鲁氏菌病免疫记录真实、完整；未实施布鲁氏菌病免疫的，进行布鲁氏菌病实验室疫病检测，检测结果合格。

4. 检疫程序

4.1　申报检疫

4.1.1　反刍动物

货主应当提前3天向所在地动物卫生监督机构申报检疫，并提供以下材料：

4.1.1.1　检疫申报单。

4.1.1.2　需要实施检疫动物的强制免疫证明，饲养场提供养殖档案中的强制免疫记录，饲养户提供防疫档案。

4.1.1.3　需要进行实验室疫病检测的，提供申报前7日内出具的实验室疫病检测报告。

4.1.1.4　已经取得产地检疫证明的动物，从专门经营动物的集贸市场继续出售或运输的，或者展示、演出、比赛后需要继续运输的，提供检疫申报单、原始检疫证明和完整进出场记录；原始检疫证明超过调运有效期，动物实施布鲁氏菌病免疫的，还应当提供布鲁氏菌病免疫记录；未实施布鲁氏菌病免疫的，提供布鲁氏菌病实验室疫病检测报告。

4.1.2　原毛、绒、血液、角

货主应当提前3天向所在地动物卫生监督机构申报检疫，并提供以下材料：

4.1.2.1　检疫申报单。

4.1.2.2　需要实施检疫动物产品供体动物的强制免疫记录，饲养场提供养殖档案中的强制免疫记录，饲养户提供防疫档案。

4.1.2.3　原毛、绒、角的消毒记录。

4.1.2.4　血液供体动物实施布鲁氏菌病免疫的，提供布鲁氏菌病免疫记录；未实施布鲁氏菌病免疫的，提供申报前7日内出具的血液供体动物的布鲁氏菌病实验室疫病检测报告。

鼓励使用动物检疫管理信息化系统申报检疫。

4.2　申报受理

动物卫生监督机构接到检疫申报后，应当及时对申报材料进行审查。根据申报材料审查情况和当地相关动物疫情状况，决定是否予以受理。受理的，应当及时指派官方兽医或协检人员到现场或指定地点核实信息，开展临床健康检查；不予受理的，应当说明理由。

4.3　查验材料及畜禽标识

4.3.1　反刍动物

4.3.1.1　查验申报主体身份信息是否与检疫申报单相符。

4.3.1.2　查验饲养场《动物防疫条件合格证》和养殖档案，了解生产、免疫、监测、诊疗、消毒、无害化处理及相关动物疫病发生情况，确认动物已按规定进行强制免疫，并在有效保护期内。

4.3.1.3　查验饲养户免疫记录，确认动物已按规定进行强制免疫，并在有效保护期内。

4.3.1.4　查验畜禽标识加施情况，确认动物佩戴的畜禽标识与检疫申报单、相关档案记录相符。

4.3.1.5　查验实验室疫病检测报告是否符合要求，检测结果是否合格。

4.3.1.6　已经取得产地检疫证明的动物，从专门经营动物的集贸市场继续出售或运输的，或者展示、演出、比赛后需要继续运输的，查验产地检疫证明是否真实并在调运有效期内、进出场记录是否完整。产地检疫证明超过调运有效期，动物实施布鲁氏菌病免疫的，查验布鲁氏菌病免疫记录是否真实、完整；未实施布鲁氏菌病免疫的，查验布鲁氏菌病实验室疫病检测报告是否符合要求，检测结果是否合格。

4.3.1.7　查验运输车辆、承运单位（个人）

及车辆驾驶员是否备案。

4.3.2 原毛、绒、血液、角

4.3.2.1 按照4.3.1.1～4.3.1.4规定查验相关材料。

4.3.2.2 查验原毛、绒、角的消毒记录是否符合要求。

4.3.2.3 血液供体动物实施布鲁氏菌病免疫的，查验布鲁氏菌病免疫记录是否真实、完整；未实施布鲁氏菌病免疫的，查验布鲁氏菌病实验室疫病检测报告是否符合要求，检测结果是否合格。

4.4 临床检查

4.4.1 检查方法

4.4.1.1 群体检查。从静态、动态和食态等方面进行检查。主要检查动物群体精神状况、呼吸状态、运动状态、饮水饮食、反刍状态及排泄物性状等。

4.4.1.2 个体检查。通过视诊、触诊和听诊等方法进行检查。主要检查动物个体精神状况、体温、呼吸、皮肤、被毛、可视黏膜、胸廓、腹部及体表淋巴结，排泄动作及排泄物性状等。

4.4.2 检查内容

4.4.2.1 出现发热、精神不振、食欲减退、流涎；蹄冠、蹄叉、蹄踵部出现水疱，水疱破裂后表面出血，形成暗红色烂斑，感染造成化脓、坏死、蹄壳脱落，卧地不起；鼻盘、口腔黏膜、舌、乳房出现水疱和糜烂等症状的，怀疑感染口蹄疫。

4.4.2.2 羊出现突然发热、呼吸困难或咳嗽，分泌黏脓性卡他性鼻液，口腔黏膜充血、糜烂，齿龈出血，严重腹泻或下痢，母羊流产等症状的，怀疑感染小反刍兽疫。

4.4.2.3 孕畜出现流产、死胎或产弱胎，生殖道炎症、胎衣滞留，持续排出污灰色或棕红色恶露以及乳腺炎症状；公畜发生睾丸炎或关节炎、滑膜囊炎，偶见阴茎红肿，睾丸和附睾肿大等症状的，怀疑感染布鲁氏菌病。

4.4.2.4 出现高热、呼吸增速、心跳加快；食欲废绝，偶见瘤胃膨胀，可视黏膜发绀，突然倒毙；天然孔出血、血凝不良呈煤焦油样、尸僵不全；体表、直肠、口腔黏膜等处发生炭疽痈等症状的，怀疑感染炭疽。

4.4.2.5 牛出现全身皮肤多发性结节、溃疡、结痂，并伴随浅表淋巴结肿大，尤其是肩前淋巴结肿大；眼结膜炎，流鼻涕，流涎；口腔黏膜出现水疱，继而溃破和糜烂；四肢及腹部、会阴等部位水肿；高热、母牛产奶下降等症状的，怀疑感染牛结节性皮肤病。

4.4.2.6 出现渐进性消瘦，咳嗽，个别可见顽固性腹泻，粪中混有黏液状脓汁；奶牛偶见乳房淋巴结肿大等症状的，怀疑感染牛结核病。

4.4.2.7 羊出现高热稽留，精神委顿，厌食，流涎，嘴唇水肿并蔓延到面部、眼睑、耳以及颈部和腋下，口腔黏膜、舌头充血、糜烂，或舌头发绀、溃疡、糜烂以至吞咽困难，有的蹄冠和蹄叶发炎，呈现跛行等症状的，怀疑感染蓝舌病。

4.4.2.8 羊出现体温升高、呼吸加快；皮肤、黏膜上出现痘疹，由红斑到丘疹，凸出皮肤表面，遇化脓菌感染则形成脓疱继而破溃结痂等症状的，怀疑感染绵羊痘或山羊痘。

4.4.2.9 山羊出现高热稽留、呼吸困难、鼻翼扩张、咳嗽；可视黏膜发绀，胸前和肉垂水肿；腹泻和便秘交替发生，厌食、消瘦、流涕或口流白沫等症状的，怀疑感染山羊传染性胸膜肺炎。

4.5 实验室疫病检测

4.5.1 对怀疑患有本规程规定疫病及临床检查发现其他异常情况的，应当按照相应疫病防治技术规范进行实验室检测。

4.5.2 需要进行实验室疫病检测的，抽检比例不低于10%，原则上不少于10头（只），数量不足10头（只）的要全部检测。

4.5.3 省内调运的乳用、种用动物可参照《跨省调运乳用种用家畜产地检疫规程》进行实验室疫病检测，并提供相应检测报告。

5. 检疫结果处理

5.1 检疫合格

5.1.1 反刍动物

检疫合格，且运输车辆、承运单位（个人）及车辆驾驶员备案符合要求的，出具动物检疫证明；运输车辆、承运单位（个人）及车辆驾驶员备案不符合要求的，应当及时向农业农村部门报告，由农业农村部门责令改正的，方可出具动物检疫证明。官方兽医应当及时将动物检疫证明有关信息上传至动物检疫管理信息化系统。

5.1.2　原毛、绒、血液、角

检疫合格的，出具动物检疫证明，按规定加施检疫标志。官方兽医应当及时将动物检疫证明有关信息上传至动物检疫管理信息化系统。

5.2　检疫不合格

出具检疫处理通知单，并按照下列规定处理。

5.2.1　反刍动物

5.2.1.1　发现申报主体信息与检疫申报单不符、畜禽标识与检疫申报单不符等情形的，货主按规定补正后，方可重新申报检疫。

5.2.1.2　未按照规定进行强制免疫或强制免疫不在有效保护期的，及时向农业农村部门报告，货主按规定对反刍动物实施强制免疫并在免疫有效保护期内，方可重新申报检疫。

5.2.1.3　发现患有本规程规定动物疫病的，向农业农村部门或者动物疫病预防控制机构报告，应当按照相应疫病防治技术规范规定处理。

5.2.1.4　发现患有本规程规定检疫对象以外动物疫病，影响动物健康的，向农业农村部门或者动物疫病预防控制机构报告，按规定采取相应防疫措施。

5.2.1.5　发现不明原因死亡或怀疑为重大动物疫情的，应当按照《中华人民共和国动物防疫法》《重大动物疫情应急条例》和《农业农村部关于做好动物疫情报告等有关工作的通知》（农医发〔2018〕22号）的有关规定处理。

5.2.1.6　发现病死动物的，按照《病死畜禽和病害畜禽产品无害化处理管理办法》等规定处理。

5.2.1.7　发现货主提供虚假申报材料、养殖档案或畜禽标识不符合规定等涉嫌违反有关法律法规情形的，应当及时向农业农村部门报告，由农业农村部门按照规定处理。

5.2.2　原毛、绒、血液、角

5.2.2.1　发现申报主体信息与检疫申报单不符的，货主按规定补正后，方可重新申报检疫。

5.2.2.2　发现供体动物未按照规定进行强制免疫或强制免疫时限不在有效保护期的，及时向农业农村部门报告，货主按规定对动物产品再次消毒后，方可重新申报检疫。

5.2.2.3　发现供体动物染疫、疑似染疫或者死亡的，分别按照5.2.1.3～5.2.1.6的规定处理。

5.2.2.4　动物产品未按照规定消毒的，货主按规定对动物产品消毒后，方可重新申报检疫。

5.2.2.5　实验室疫病检测结果不合格的，向农业农村部门报告，由货主对动物产品进行无害化处理。

5.2.2.6　发现货主提供虚假申报材料、养殖档案及畜禽标识不符合规定等涉嫌违反有关法律法规的，应当及时向农业农村部门报告，由农业农村部门按照规定处理。

6. 检疫记录

6.1　官方兽医应当及时填写检疫工作记录，详细登记货主姓名、地址、申报检疫时间、检疫时间、检疫地点、检疫动物或动物产品种类、数量及用途、检疫处理、检疫证明编号等。

6.2　检疫申报单和检疫工作记录保存期限不得少于12个月。

6.3　电子记录与纸质记录具有同等效力。

三十七、家禽产地检疫规程

（2023年4月1日　农业农村部农牧发〔2023〕16号发布）

1. 适用范围

本规程规定了家禽产地检疫的检疫范围及对象、检疫合格标准、检疫程序、检疫结果处理和检疫记录。

本规程适用于中华人民共和国境内家禽及其原毛、绒的产地检疫。

2. 检疫范围及对象

2.1　检疫范围

2.1.1　动物

《国家畜禽遗传资源目录》规定的家禽。

2.1.2 动物产品

本规程规定家禽的原毛、绒。

2.2 检疫对象

2.2.1 鸡、鸽、鹌鹑、火鸡、珍珠鸡、雉鸡、鹧鸪、鸵鸟、鸸鹋：高致病性禽流感、新城疫、马立克病、禽痘、鸡球虫病。

2.2.2 鸭、鹅、番鸭、绿头鸭：高致病性禽流感、新城疫、鸭瘟、小鹅瘟、禽痘。

3. 检疫合格标准

3.1 家禽

3.1.1 来自非封锁区及未发生相关动物疫情的饲养场（户）。

3.1.2 实行风险分级管理的，来自符合风险分级管理有关规定的饲养场（户）。

3.1.3 申报材料符合本规程规定。

3.1.4 按照规定进行了强制免疫，并在有效保护期内。

3.1.5 临床检查健康。

3.1.6 需要进行实验室疫病检测的，检测结果合格。

3.2 原毛、绒

3.2.1 来自非封锁区及未发生相关动物疫情的饲养场（户）。

3.2.2 申报材料符合本规程规定。

3.2.3 供体动物符合 3.1.4～3.1.5 的规定。

3.2.4 原毛、绒按有关规定消毒。

4. 检疫程序

4.1 申报检疫

4.1.1 家禽

货主应当提前 3 天向所在地动物卫生监督机构申报检疫，并提供以下材料：

4.1.1.1 检疫申报单。

4.1.1.2 需要实施检疫家禽的强制免疫证明，饲养场提供养殖档案中的强制免疫记录，饲养户提供防疫档案。

4.1.1.3 需要进行实验室疫病检测的，提供申报前 7 日内出具的实验室疫病检测报告。

4.1.1.4 已经取得产地检疫证明的家禽，从专门经营动物的集贸市场继续出售或运输的，或者展示、演出、比赛后需要继续运输的，提供检疫申报单、原始检疫证明和完整的进出场记录。

4.1.2 原毛、绒

货主应当提前 3 天向所在地动物卫生监督机构申报检疫，并提供以下材料：

4.1.2.1 检疫申报单。

4.1.2.2 需要实施检疫原毛、绒供体动物的强制免疫记录，饲养场提供养殖档案中的强制免疫记录，饲养户提供防疫档案。

4.1.2.3 原毛、绒的消毒记录。

鼓励使用动物检疫管理信息化系统申报检疫。

4.2 申报受理

动物卫生监督机构接到检疫申报后，应当及时对申报材料进行审查。根据申报材料审查情况和当地相关动物疫情状况，决定是否予以受理。受理的，应当及时指派官方兽医或协检人员到现场或指定地点核实信息，开展临床健康检查；不予受理的，应当说明理由。

4.3 查验材料

4.3.1 家禽

4.3.1.1 查验申报主体身份信息是否与检疫申报单相符。

4.3.1.2 实行风险分级管理的，查验饲养场（户）分级管理材料。

4.3.1.3 查验饲养场《动物防疫条件合格证》和养殖档案，了解生产、免疫、监测、诊疗、消毒、无害化处理及相关动物疫病发生情况，确认家禽已按规定进行强制免疫，并在有效保护期内。

4.3.1.4 查验饲养户免疫记录，确认家禽已按规定进行强制免疫，并在有效保护期内。

4.3.1.5 查验实验室疫病检测报告是否符合要求，检测结果是否合格。

4.3.1.6 已经取得产地检疫证明的家禽，从专门经营动物的集贸市场继续出售或运输的，或者展示、演出、比赛后需要继续运输的，查验产地检疫证明是否真实、进出场记录是否完整。

4.3.1.7 查验运输车辆、承运单位（个人）及车辆驾驶员是否备案。

4.3.2 原毛、绒

4.3.2.1 按照 4.3.1.1、4.3.1.3、4.3.1.4

规定查验相关材料。

4.3.2.2 查验原毛、绒的消毒记录是否符合要求。

4.4 临床检查

4.4.1 检查方法

4.4.1.1 群体检查。从静态、动态和食态等方面进行检查。主要检查家禽群体精神状况、呼吸状态、运动状态、饮水饮食及排泄物性状等。

4.4.1.2 个体检查。通过视诊、触诊和听诊等方法进行检查。主要检查家禽个体精神状况、体温、呼吸、羽毛、天然孔、冠、髯、爪、排泄物以及嗉囊内容物性状等。

4.4.2 检查内容

4.4.2.1 出现突然死亡、死亡率高；病禽极度沉郁，头部和眼睑部水肿，鸡冠发绀、脚鳞出血和神经紊乱；鸭鹅等水禽出现明显神经症状、腹泻，角膜炎，甚至失明等症状的，怀疑感染高致病性禽流感。

4.4.2.2 出现体温升高、食欲减退、神经症状；缩颈闭眼、冠髯暗紫；呼吸困难；口腔和鼻腔分泌物增多，嗉囊肿胀；下痢；产蛋减少或停止等症状的；或少数禽突然发病，无任何症状死亡的，怀疑感染新城疫。

4.4.2.3 出现体温升高；食欲减退或废绝、翅下垂、脚无力，共济失调、不能站立；眼流浆性或脓性分泌物，眼睑肿胀或头颈浮肿；绿色下痢，衰竭虚脱等症状的，怀疑感染鸭瘟。

4.4.2.4 出现突然死亡；精神萎靡、倒地两脚划动，迅速死亡；厌食、嗉囊松软，内有大量液体和气体；排灰白或淡黄绿色混有气泡的稀粪；呼吸困难，鼻端流出浆性分泌物，喙端色泽变暗等症状的，怀疑感染小鹅瘟。

4.4.2.5 出现食欲减退、消瘦、腹泻、体重迅速减轻，死亡率较高；运动失调、劈叉姿势；虹膜褪色、单侧或双眼灰白色混浊所致的白眼病或瞎眼；颈、背、翅、腿和尾部形成大小不一的结节及瘤状物等症状的，怀疑感染马立克病。

4.4.2.6 出现冠、肉髯和其他无羽毛部位发生大小不等的疣状块，皮肤增生性病变；口腔、食道、喉或气管黏膜出现白色结节或黄色白喉膜病变等症状的，怀疑感染禽痘。

4.4.2.7 出现精神沉郁、羽毛松乱、不喜活动、食欲减退、逐渐消瘦；泄殖腔周围羽毛被稀粪沾污；运动失调、足和翅发生轻瘫；嗉囊内充满液体，可视黏膜苍白；排水样稀粪、棕红色粪便、血便、间歇性下痢；群体均匀度差，产蛋下降等症状的，怀疑感染鸡球虫病。

4.5 实验室疫病检测

4.5.1 对怀疑患有本规程规定疫病及临床检查发现其他异常情况的，应当按照相应疫病防治技术规范进行实验室检测。

4.5.2 需要进行实验室疫病检测的，抽检比例不低于5%，原则上不少于5只，数量不足5只的要全部检测。

4.5.3 省内调运的种禽可参照《跨省调运种禽产地检疫规程》进行实验室疫病检测，并提供相应检测报告。

5. 检疫结果处理

5.1 检疫合格

5.1.1 家禽

检疫合格，且运输车辆、承运单位（个人）及车辆驾驶员备案符合要求的，出具动物检疫证明；运输车辆、承运单位（个人）及车辆驾驶员备案不符合要求的，应当及时向农业农村部门报告，由农业农村部门责令改正的，方可出具动物检疫证明。官方兽医应当及时将动物检疫证明有关信息上传至动物检疫管理信息化系统。

5.1.2 原毛、绒

检疫合格的，出具动物检疫证明，按规定加施检疫标志。官方兽医应当及时将动物检疫证明有关信息上传至动物检疫管理信息化系统。

5.2 检疫不合格

出具检疫处理通知单，并按照下列规定处理。

5.2.1 家禽

5.2.1.1 发现申报主体信息与检疫申报单不符、风险分级管理不符合规定等情形的，货主按规定补正后，方可重新申报检疫。

5.2.1.2 未按照规定进行强制免疫或强制免疫不在有效保护期的，及时向农业农村部门报告，货主按规定对家禽实施强制免疫并在免疫有效保护期内，方可重新申报检疫。

5.2.1.3 发现患有本规程规定动物疫病的，向农业农村部门或者动物疫病预防控制机构报告，应当按照相应疫病防治技术规范规定处理。

5.2.1.4 发现患有本规程规定检疫对象以外动物疫病，影响动物健康的，向农业农村部门或者动物疫病预防控制机构报告，按规定采取相应防疫措施。

5.2.1.5 发现不明原因死亡或怀疑为重大动物疫情的，应当按照《中华人民共和国动物防疫法》《重大动物疫情应急条例》和《农业农村部关于做好动物疫情报告等有关工作的通知》（农医发〔2018〕22号）的有关规定处理。

5.2.1.6 发现病死动物的，按照《病死畜禽和病害畜禽产品无害化处理管理办法》等规定处理。

5.2.1.7 发现货主提供虚假申报材料、养殖档案不符合规定等涉嫌违反有关法律法规情形的，应当及时向农业农村部门报告，由农业农村部门按照规定处理。

5.2.2 原毛、绒

5.2.2.1 发现申报主体信息与检疫申报单不符的，货主按规定补正后，方可重新申报检疫。

5.2.2.2 发现供体动物未按照规定进行强制免疫或强制免疫时限不在有效保护期的，及时向农业农村部门报告，要求货主按规定对动物产品再次消毒后，方可重新申报检疫。

5.2.2.3 发现供体动物染疫、疑似染疫或者死亡的，分别按照 5.2.1.3～5.2.1.6 的规定处理。

5.2.2.4 原毛、绒未按照规定消毒的，货主按规定对动物产品消毒后，方可重新申报检疫。

5.2.2.5 发现货主提供虚假申报材料、养殖档案不符合规定等涉嫌违反有关法律法规的，应当及时向农业农村部门报告，由农业农村部门按照规定处理。

6. 检疫记录

6.1 官方兽医应当及时填写检疫工作记录，详细登记货主姓名、地址、申报检疫时间、检疫时间、检疫地点、检疫动物或动物产品种类、数量及用途、检疫处理、检疫证明编号等。

6.2 检疫申报单和检疫工作记录保存期限不得少于12个月。

6.3 电子记录与纸质记录具有同等效力。

三十八、马属动物产地检疫规程

（2023年4月1日 农业农村部农牧发〔2023〕16号发布）

1. 适用范围

本规程规定了马属动物产地检疫的检疫范围及对象、检疫合格标准、检疫程序、检疫结果处理和检疫记录。

本规程适用于中华人民共和国境内马属动物的产地检疫。

2. 检疫范围及对象

2.1 检疫范围

2.1.1 《国家畜禽遗传资源目录》规定的马、驴。

2.1.2 骡。

2.2 检疫对象

马传染性贫血、马鼻疽、马流感、马腺疫、马鼻肺炎。

3. 检疫合格标准

3.1 来自非封锁区及未发生相关动物疫情的饲养场（户）。

3.2 申报材料符合本规程规定。

3.3 临床检查健康。

3.4 需要进行实验室疫病检测的，检测结果合格。

4. 检疫程序

4.1 申报检疫

货主应当提前3天向所在地动物卫生监督机构申报检疫，并提供以下材料：

4.1.1 检疫申报单。

4.1.2 需要进行实验室疫病检测的，提供申报前7日内出具的实验室疫病检测报告。

4.1.3 已经取得产地检疫证明的马属动物，展示、演出、比赛后需要继续运输的，提供检疫申报单、原始检疫证明和完整进出场记录；原始检疫证明超过调运有效期的，还应当提供马传染性贫血、马鼻疽实验室疫病检测报告。

鼓励使用动物检疫管理信息化系统申报检疫。

4.2 申报受理

动物卫生监督机构接到检疫申报后，应当及时对申报材料进行审查。根据申报材料审查情况和当地相关动物疫情状况，决定是否予以受理。受理的，应当及时指派官方兽医或协检人员到现场或指定地点核实信息，开展临床健康检查；不予受理的，应当说明理由。

4.3 查验材料

4.3.1 查验申报主体身份信息是否与检疫申报单相符。

4.3.2 查验饲养场《动物防疫条件合格证》和养殖档案，了解生产、免疫、监测、诊疗、消毒、无害化处理及相关动物疫病发生情况。

4.3.3 了解饲养户生产、免疫、监测、诊疗、消毒、无害化处理及相关动物疫病发生情况。

4.3.4 查验实验室疫病检测报告是否符合要求，检测结果是否合格。

4.3.5 已经取得产地检疫证明的马属动物，展示、演出、比赛后需要继续运输的，查验产地检疫证明是否真实并在调运有效期内、进出场记录是否完整；产地检疫证明超过调运有效期的，查验马传染性贫血、马鼻疽的实验室疫病检测报告是否符合要求，检测结果是否合格。

4.3.6 查验运输车辆、承运单位（个人）及车辆驾驶员是否备案。

4.4 临床检查

4.4.1 检查方法

4.4.1.1 群体检查。从静态、动态和食态等方面进行检查。主要检查马属动物群体精神状况、呼吸状态、运动状态、饮水饮食情况及排泄物性状等。

4.4.1.2 个体检查。通过视诊、触诊和听诊等方法进行检查。主要检查马属动物个体精神状况、体温、呼吸、皮肤、被毛、可视黏膜、胸廓、腹部及体表淋巴结，排泄动作及排泄物性状等。

4.4.2 检查内容

4.4.2.1 出现发热、贫血、出血、黄疸、心脏衰弱、浮肿和消瘦等症状的，怀疑感染马传染性贫血。

4.4.2.2 出现体温升高、精神沉郁；呼吸、脉搏加快；下颌淋巴结肿大；鼻孔一侧（有时两侧）流出浆液性或黏性鼻汁，偶见鼻疽结节、溃疡、瘢痕等症状的，怀疑感染马鼻疽。

4.4.2.3 出现剧烈咳嗽，严重时发生痉挛性咳嗽；流浆液性鼻液，偶见黄白色脓性鼻液；结膜潮红肿胀，微黄染，流出浆液性乃至脓性分泌物，有的出现结膜混浊；精神沉郁，食欲减退，体温升高；呼吸和脉搏次数增加；四肢或腹部浮肿，发生腱鞘炎；下颌淋巴结轻度肿胀等症状的，怀疑感染马流感。

4.4.2.4 出现体温升高，结膜潮红稍黄染，上呼吸道及咽黏膜呈卡他性化脓性炎症，下颌淋巴结急性化脓性肿大（如鸡蛋大）等症状的，怀疑感染马腺疫。

4.4.2.5 出现体温升高，食欲减退；分泌大量浆液乃至黏脓性鼻液，鼻黏膜和眼结膜充血；下颌淋巴结肿胀，四肢腱鞘水肿；妊娠母马流产等症状的，怀疑感染马鼻肺炎。

4.5 实验室疫病检测

4.5.1 对怀疑患有本规程规定疫病及临床检查发现其他异常情况的，应当按照相应疫病防治技术规范进行实验室检测。

4.5.2 需要进行实验室疫病检测的，每批马属动物抽检比例不低于20%，原则上不少于5匹，数量不足5匹的要全部检测。

4.5.3 省内调运的种用马属动物可参照《跨省调运乳用种用家畜产地检疫规程》进行实验室疫病检测，并提供相应检测报告。

5. 检疫结果处理

5.1 检疫合格，且运输车辆、承运单位（个人）及车辆驾驶员备案符合要求的，出具动物检疫证明；运输车辆、承运单位（个人）及车辆驾驶员备案不符合要求的，应当及时向农业农村部门报告，由农业农村部门责令改正的，方可出具动物检疫证明。官方兽医应当及时将动物检疫证明有关信息上传至动物检疫管理信息化系统。

5.2　检疫不合格的，出具检疫处理通知单，并按照下列规定处理。

5.2.1　发现申报主体信息与检疫申报单不符的，货主按规定补正后，方可重新申报检疫。

5.2.2　发现患有本规程规定动物疫病的，向农业农村部门或者动物疫病预防控制机构报告，应当按照相应疫病防治技术规范规定处理。

5.2.3　发现患有本规程规定检疫对象以外动物疫病，影响动物健康的，向农业农村部门或者动物疫病预防控制机构报告，按规定采取相应防疫措施。

5.2.4　发现不明原因死亡或怀疑为重大动物疫情的，应当按照《中华人民共和国动物防疫法》《重大动物疫情应急条例》和《农业农村部关于做好动物疫情报告等有关工作的通知》（农医发〔2018〕22号）的有关规定处理。

5.2.5　发现病死动物的，按照《病死畜禽和病害畜禽产品无害化处理管理办法》等规定处理。

5.2.6　发现货主提供虚假申报材料、养殖档案不符合规定等涉嫌违反有关法律法规情形的，应当及时向农业农村部门报告，由农业农村部门按照规定处理。

6. 检疫记录

6.1　官方兽医应当及时填写检疫工作记录，详细登记货主姓名、地址、申报检疫时间、检疫时间、检疫地点、检疫动物种类、数量及用途、检疫处理、检疫证明编号等。

6.2　检疫申报单和检疫工作记录保存期限不得少于12个月。

6.3　电子记录与纸质记录具有同等效力。

三十九、犬产地检疫规程

（2023年4月1日　农业农村部农牧发〔2023〕16号发布）

1. 适用范围

本规程规定了犬产地检疫的检疫范围及对象、检疫合格标准、检疫程序、检疫结果处理和检疫记录。

本规程适用于中华人民共和国境内犬的产地检疫。

2. 检疫范围及对象

2.1　检疫范围

人工饲养的犬。

2.2　检疫对象

狂犬病、布鲁氏菌病、犬瘟热、犬细小病毒病、犬传染性肝炎。

3. 检疫合格标准

3.1　来自非封锁区及未发生相关动物疫情的区域。

3.2　申报材料符合本规程规定。

3.3　按规定进行狂犬病免疫，并在有效保护期内，且狂犬病免疫抗体检测合格。

3.4　临床检查健康。

3.5　需要进行实验室疫病检测的，检测结果合格。

4. 检疫程序

4.1　申报检疫

货主应当提前3天向所在地动物卫生监督机构申报检疫，并提供以下材料：

4.1.1　检疫申报单。

4.1.2　狂犬病免疫证明、免疫有效保护期内出具的免疫抗体检测报告。

4.1.3　已经取得产地检疫证明的犬，从专门经营动物的集贸市场继续出售或运输的，或者展示、演出、比赛后需要继续运输的，提供检疫申报单、原始检疫证明和完整进出场记录。鼓励使用动物检疫管理信息化系统申报检疫。

4.2　申报受理

动物卫生监督机构接到检疫申报后，应当及时对申报材料进行审查。根据申报材料审查情况和当地相关动物疫情状况，决定是否予以受理。受理的，应当及时指派官方兽医或协检人员到现场或指定地点核实信息，开展临床健康检查；不予受理的，应当说明理由。

4.3 查验材料

4.3.1 查验申报主体身份信息是否与检疫申报单相符。

4.3.2 了解饲养场（户）生产、免疫、监测、诊疗、消毒、无害化处理及相关动物疫病发生情况，确认犬已按规定进行狂犬病免疫，并在有效保护期内。

4.3.3 查验狂犬病免疫抗体检测报告是否符合要求，检测结果是否合格。

4.3.4 已经取得产地检疫证明的犬，从专门经营动物的集贸市场继续出售或运输的，或者展示、演出、比赛后需要继续运输的，查验产地检疫证明是否真实、进出场记录是否完整。

4.4 临床检查

4.4.1 检查方法

4.4.1.1 群体检查。从静态、动态和食态等方面进行检查。主要检查犬群体精神状况、呼吸状态、运动状态、饮食情况及排泄物性状等。

4.4.1.2 个体检查。通过视诊、触诊和听诊等方法进行检查。主要检查犬个体精神状况、体温、呼吸、皮肤、被毛、可视黏膜、胸廓、腹部及体表淋巴结，排泄动作及排泄物性状等。

4.4.2 检查内容

4.4.2.1 出现行为反常，易怒，有攻击性，狂躁不安，高度兴奋，流涎；有些出现狂暴与沉郁交替出现，表现特殊的斜视和惶恐；自咬四肢、尾及阴部等；意识障碍，反射紊乱，消瘦，声音嘶哑，夹尾，眼球凹陷，瞳孔散大或缩小；下颌下垂，舌脱出口外，流涎显著，后躯及四肢麻痹，卧地不起；恐水等症状的，怀疑感染狂犬病。

4.4.2.2 出现母犬流产、死胎，产后子宫有长期暗红色分泌物，不孕，关节肿大，消瘦；公犬睾丸肿大，关节肿大，极度消瘦等症状的，怀疑感染布鲁氏菌病。

4.4.2.3 出现眼鼻脓性分泌物，脚垫粗糙增厚，四肢或全身有节律性的抽搐；有的出现发热，眼周红肿，打喷嚏，咳嗽，呕吐，腹泻，食欲不振，精神沉郁等症状的，怀疑感染犬瘟热。

4.4.2.4 出现呕吐，腹泻，粪便呈咖啡色或番茄酱色样血便，带有特殊的腥臭气味；有些出现发热、精神沉郁、不食，严重脱水、眼球下陷、鼻镜干燥、皮肤弹力高度下降、体重明显减轻，突然呼吸困难、心力衰弱等症状的，怀疑感染犬细小病毒病。

4.4.2.5 出现体温升高，精神沉郁；角膜水肿，呈“蓝眼”；呕吐，不食或食欲废绝等症状的，怀疑感染犬传染性肝炎。

4.5 实验室疫病检测

4.5.1 对怀疑患有本规程规定疫病及临床检查发现其他异常情况的，应当按照相应疫病防治技术规范进行实验室检测。

4.5.2 需要进行实验室疫病检测的，应当逐只开展检测。

5. 检疫结果处理

5.1 检疫合格的，逐只出具动物检疫证明。官方兽医应当及时将动物检疫证明有关信息上传至动物检疫管理信息化系统。

5.2 检疫不合格的，出具检疫处理通知单，并按照下列规定处理。

5.2.1 发现申报主体信息与检疫申报单不符的，货主按规定补正后，方可重新申报检疫。

5.2.2 未按照规定进行狂犬病免疫或免疫不在有效保护期的，及时向农业农村部门报告，货主按规定对犬实施狂犬病免疫并在免疫有效保护期内，方可重新申报检疫。

5.2.3 发现患有本规程规定动物疫病的，向农业农村部门或者动物疫病预防控制机构报告，应当按照相应疫病防治技术规范规定处理。

5.2.4 发现患有本规程规定检疫对象以外动物疫病，影响动物健康的，向农业农村部门或者动物疫病预防控制机构报告，按规定采取相应防疫措施。

5.2.5 发现不明原因死亡或怀疑为重大动物疫情的，应当按照《中华人民共和国动物防疫法》《重大动物疫情应急条例》和《农业农村部关于做好动物疫情报告等有关工作的通知》（农医发〔2018〕22号）的有关规定处理。

5.2.6 发现病死犬的，按照《病死及病害动物无害化处理技术规范》等规定处理。

5.2.7　发现货主提供虚假申报材料等涉嫌违反有关法律法规情形的，应当及时向农业农村部门报告，由农业农村部门按照规定处理。

6. 检疫记录

6.1　官方兽医应当及时填写检疫工作记录，详细登记货主姓名、地址、申报检疫时间、检疫时间、检疫地点、检疫动物种类、数量及用途、检疫处理、检疫证明编号等。

6.2　检疫申报单和检疫工作记录保存期限不得少于12个月。

6.3　电子记录与纸质记录具有同等效力。

四十、猫产地检疫规程

（2023年4月1日　农业农村部农牧发〔2023〕16号发布）

1. 适用范围

本规程规定了猫产地检疫的检疫范围及对象、检疫合格标准、检疫程序、检疫结果处理和检疫记录。

本规程适用于中华人民共和国境内猫的产地检疫。

2. 检疫范围及对象

2.1　检疫范围

人工饲养的猫。

2.2　检疫对象

狂犬病、猫泛白细胞减少症。

3. 检疫合格标准

3.1　来自非封锁区及未发生相关动物疫情的区域。

3.2　申报材料符合本规程规定。

3.3　临床检查健康。

3.4　需要进行实验室疫病检测的，检测结果合格。

4. 检疫程序

4.1　申报检疫

货主应当提前3天向所在地动物卫生监督机构申报检疫，并提供以下材料。

4.1.1　检疫申报单。

4.1.2　已经取得产地检疫证明的猫，从专门经营动物的集贸市场继续出售或运输的，或者展示、演出、比赛后需要继续运输的，提供检疫申报单、原始检疫证明和完整进出场记录。

鼓励使用动物检疫管理信息化系统申报检疫。

4.2　申报受理

动物卫生监督机构接到检疫申报后，应当及时对申报材料进行审查。根据申报材料审查情况和当地相关动物疫情状况，决定是否予以受理。受理的，应当及时指派官方兽医或协检人员到现场或指定地点核实信息，开展临床健康检查；不予受理的，应当说明理由。

4.3　查验材料

4.3.1　查验申报主体身份信息是否与检疫申报单相符。

4.3.2　了解饲养场（户）生产、免疫、监测、诊疗、消毒、无害化处理及相关动物疫病发生情况。

4.3.3　已经取得产地检疫证明的猫，从专门经营动物的集贸市场继续出售或运输的，或者展示、演出、比赛后需要继续运输的，查验产地检疫证明是否真实、进出场记录是否完整。

4.4　临床检查

4.4.1　检查方法

4.4.1.1　群体检查。从静态、动态和食态等方面进行检查。主要检查猫群体精神状况、呼吸状态、运动状态、饮食情况及排泄物性状等。

4.4.1.2　个体检查。通过视诊、触诊和听诊等方法进行检查。主要检查猫个体精神状况、体温、呼吸、皮肤、被毛、可视黏膜、胸廓、腹部及体表淋巴结，排泄动作及排泄物性状等。

4.4.2　检查内容

4.4.2.1　出现行为异常，有攻击性行为，狂暴不安，发出刺耳的叫声，肌肉震颤，步履蹒跚，流涎等症状的，怀疑感染狂犬病。

4.4.2.2　出现呕吐，体温升高，不食，腹泻，粪便为水样、黏液性或带血，眼鼻有脓性分泌物等症状的，怀疑感染猫泛白细胞减少症。

4.5　实验室疫病检测

4.5.1　对怀疑患有本规程规定疫病及临床检查发现其他异常情况的，应当按照相应疫病防治技术规范进行实验室检测。

4.5.2　需要进行实验室疫病检测的，应当逐只开展检测。

5. 检疫结果处理

5.1　检疫合格的，逐只出具动物检疫证明。官方兽医应当及时将动物检疫证明有关信息上传至动物检疫管理信息化系统。

5.2　检疫不合格的，出具检疫处理通知单，并按照下列规定处理。

5.2.1　发现申报主体信息与检疫申报单不符的，货主按规定补正后，方可重新申报检疫。

5.2.2　发现患有本规程规定动物疫病的，向农业农村部门或者动物疫病预防控制机构报告，应当按照相应疫病防治技术规范规定处理。

5.2.3　发现患有本规程规定检疫对象以外动物疫病，影响动物健康的，向农业农村部门或者动物疫病预防控制机构报告，按规定采取相应防疫措施。

5.2.4　发现不明原因死亡或怀疑为重大动物疫情的，应当按照《中华人民共和国动物防疫法》《重大动物疫情应急条例》和《农业农村部关于做好动物疫情报告等有关工作的通知》（农医发〔2018〕22号）的有关规定处理。

5.2.5　发现病死猫的，按照《病死及病害动物无害化处理技术规范》等规定处理。

5.2.6　发现货主提供虚假申报材料等涉嫌违反有关法律法规情形的，应当及时向农业农村部门报告，由农业农村部门按照规定处理。

6. 检疫记录

6.1　官方兽医应当及时填写检疫工作记录，详细登记货主姓名、地址、申报检疫时间、检疫时间、检疫地点、检疫动物种类、数量及用途、检疫处理、检疫证明编号等。

6.2　检疫申报单和检疫工作记录保存期限不得少于12个月。

6.3　电子记录与纸质记录具有同等效力。

四十一、兔产地检疫规程

（2023年4月1日　农业农村部农牧发〔2023〕16号发布）

1. 适用范围

本规程规定了兔产地检疫的检疫范围及对象、检疫合格标准、检疫程序、检疫结果处理和检疫记录。

本规程适用于中华人民共和国境内兔及其原毛、绒的产地检疫。

2. 检疫范围及对象

2.1　检疫范围

2.1.1　动物

《国家畜禽遗传资源目录》规定的兔。

2.1.2　动物产品

本规程规定兔的原毛、绒。

2.2　检疫对象

兔出血症、兔球虫病。

3. 检疫合格标准

3.1　兔

3.1.1　来自非封锁区及未发生相关动物疫情的饲养场（户）。

3.1.2　申报材料符合本规程规定。

3.1.3　临床检查健康。

3.1.4 需要进行实验室疫病检测的，检测结果合格。

3.2 原毛、绒

3.2.1 来自非封锁区及未发生相关动物疫情的饲养场（户）。

3.2.2 申报材料符合本规程规定。

3.2.3 供体动物临床检查健康。

3.2.4 原毛、绒按有关规定消毒。

4. 检疫程序

4.1 申报检疫

4.1.1 兔

货主应当提前3天向所在地动物卫生监督机构申报检疫，并提供以下材料：

4.1.1.1 检疫申报单。

4.1.1.2 需要进行实验室疫病检测的，提供申报前7日内出具的实验室疫病检测报告。

4.1.1.3 已经取得产地检疫证明的兔，从专门经营动物的集贸市场继续出售或运输的，或者展示、演出、比赛后需要继续运输的，提供检疫申报单、原始检疫证明和完整进出场记录；原始检疫证明超过调运有效期的，还应当提供兔出血症实验室疫病检测报告。

4.1.2 原毛、绒

货主应当提前3天向所在地动物卫生监督机构申报检疫，并提供以下材料：

4.1.2.1 检疫申报单。

4.1.2.2 原毛、绒的消毒记录。

鼓励使用动物检疫管理信息化系统申报检疫。

4.2 申报受理

动物卫生监督机构接到检疫申报后，应当及时对申报材料进行审查。根据申报材料审查情况和当地相关动物疫情状况，决定是否予以受理。受理的，应当及时指派官方兽医或协检人员到现场或指定地点核实信息，开展临床健康检查；不予受理的，应当说明理由。

4.3 查验材料

4.3.1 兔

4.3.1.1 查验申报主体身份信息是否与检疫申报单相符。

4.3.1.2 查验饲养场《动物防疫条件合格证》和养殖档案，了解生产、免疫、监测、诊疗、消毒、无害化处理及相关动物疫病发生情况。

4.3.1.3 了解饲养户生产、免疫、监测、诊疗、消毒、无害化处理及相关动物疫病发生情况。

4.3.1.4 查验实验室疫病检测报告是否符合要求，检测结果是否合格。

4.3.1.5 已经取得产地检疫证明的兔，从专门经营动物的集贸市场继续出售或运输的，或者展示、演出、比赛后需要继续运输的，查验产地检疫证明是否真实并在调运有效期内、进出场记录是否完整；产地检疫证明超过调运有效期的，查验兔出血症的实验室疫病检测报告是否符合要求，检测结果是否合格。

4.3.1.6 查验运输车辆、承运单位（个人）及车辆驾驶员是否备案。

4.3.2 原毛、绒

4.3.2.1 按照4.3.1.1～4.3.1.3规定查验相关材料。

4.3.2.2 查验原毛、绒的消毒记录是否符合要求。

4.4 临床检查

4.4.1 检查方法

4.4.1.1 群体检查。从静态、动态和食态等方面进行检查。主要检查兔群体精神状况、呼吸状态、运动状态、饮水饮食、排泄物性状等。

4.4.1.2 个体检查。通过视诊、触诊、听诊等方法进行检查。主要检查兔个体精神状况、体温、呼吸、皮肤、被毛、可视黏膜、胸廓、腹部及体表淋巴结，排泄动作及排泄物性状等。

4.4.2 检查内容

4.4.2.1 出现体温升高到41℃以上，全身性出血，鼻孔中流出泡沫状血液；有些出现呼吸急促，食欲不振，渴欲增加，精神委顿，挣扎、啃咬笼架等兴奋症状；全身颤抖，四肢乱蹬，惨叫；肛门常松弛，流出附有淡黄色黏液的粪便，肛门周围被毛被污染；被毛粗乱，迅速消瘦等症状的，怀疑感染兔出血症。

4.4.2.2 出现食欲减退或废绝，精神沉郁，动作迟缓，伏卧不动，眼、鼻分泌物增多，眼结膜苍白或黄染，唾液分泌增多，口腔周围被毛潮湿，腹泻或腹泻与便秘交替出现，尿频或常呈排尿姿势，后肢和肛门周围被粪便污染，腹围增大，肝区触诊疼痛，后期出现神经症状，极度衰竭死亡的，怀疑感染兔球虫病。

4.5 实验室疫病检测

4.5.1 对怀疑患有本规程规定疫病及临床检查发现其他异常情况的，应当按照相应疫病防治技术规范进行实验室检测。

4.5.2 需要进行实验室疫病检测的，抽检比例不低于5%；原则上不少于5只，数量不足5只的要全部检测。

4.5.3 省内调运的种兔可参照《跨省调运乳用种用家畜产地检疫规程》进行实验室疫病检测，并提供相应检测报告。

5. 检疫结果处理

5.1 检疫合格

5.1.1 兔

检疫合格，且运输车辆、承运单位（个人）及车辆驾驶员备案符合要求的，出具动物检疫证明；运输车辆、承运单位（个人）及车辆驾驶员备案不符合要求的，应当及时向农业农村部门报告，由农业农村部门责令改正的，方可出具动物检疫证明。官方兽医应当及时将动物检疫证明有关信息上传至动物检疫管理信息化系统。

5.1.2 原毛、绒

检疫合格的，出具动物检疫证明，按规定加施检疫标志。官方兽医应当及时将动物检疫证明有关信息上传至动物检疫管理信息化系统。

5.2 检疫不合格

出具检疫处理通知单，并按照下列规定处理。

5.2.1 兔

5.2.1.1 发现申报主体信息与检疫申报单不符的，货主按规定补正后，方可重新申报检疫。

5.2.1.2 发现患有本规程规定动物疫病的，向农业农村部门或者动物疫病预防控制机构报告，应当按照相应疫病防治技术规范规定处理。

5.2.1.3 发现患有本规程规定检疫对象以外动物疫病，影响动物健康的，向农业农村部门或者动物疫病预防控制机构报告，按规定采取相应防疫措施。

5.2.1.4 发现不明原因死亡或怀疑为重大动物疫情的，应当按照《中华人民共和国动物防疫法》《重大动物疫情应急条例》和《农业农村部关于做好动物疫情报告等有关工作的通知》（农医发〔2018〕22号）的有关规定处理。

5.2.1.5 发现病死兔的，按照《病死畜禽和病害畜禽产品无害化处理管理办法》等规定处理。

5.2.1.6 发现货主提供虚假申报材料、养殖档案不符合规定等涉嫌违反有关法律法规情形的，应当及时向农业农村部门报告，由农业农村部门按照规定处理。

5.2.2 原毛、绒

5.2.2.1 发现申报主体信息与检疫申报单不符的，货主按规定补正后，方可重新申报检疫。

5.2.2.2 发现供体动物染疫、疑似染疫或者死亡的，分别按照5.2.1.2～5.2.1.5的规定处理。

5.2.2.3 原毛、绒未按照规定消毒的，货主按规定对动物产品消毒后，方可重新申报检疫。

5.2.2.4 发现货主提供虚假申报材料、养殖档案不符合规定等涉嫌违反有关法律法规的，应当及时向农业农村部门报告，由农业农村部门按照规定处理。

6. 检疫记录

6.1 官方兽医应当及时填写检疫工作记录，详细登记货主姓名、地址、申报检疫时间、检疫时间、检疫地点、检疫动物或动物产品种类、数量及用途、检疫处理、检疫证明编号等。

6.2 检疫申报单和检疫工作记录保存期限不得少于12个月。

6.3 电子记录与纸质记录具有同等效力。

四十二、水貂非食用动物检疫规程

（2023 年 4 月 1 日　农业农村部农牧发〔2023〕16 号发布）

1. 适用范围

本规程规定了水貂等非食用动物检疫的检疫范围及对象、检疫合格标准、检疫程序、检疫结果处理和检疫记录。

本规程适用于中华人民共和国境内人工饲养的水貂、银狐、北极狐、貉及其生皮的产地检疫。

2. 检疫范围及对象

2.1 检疫范围

2.1.1 动物

《国家畜禽遗传资源目录》规定的水貂、银狐、北极狐、貉等非食用性动物。

2.1.2 动物产品

本规程规定动物的生皮。

2.2 检疫对象

狂犬病、炭疽、伪狂犬病、犬瘟热、水貂病毒性肠炎、犬传染性肝炎、水貂阿留申病。

3. 检疫合格标准

3.1 动物

3.1.1 来自非封锁区及未发生相关动物疫情的饲养场（户）。

3.1.2 申报材料符合本规程规定。

3.1.3 临床检查健康。

3.1.4 需要进行实验室疫病检测的，检测结果合格。

3.2 生皮

3.2.1 来自非封锁区及未发生相关动物疫情的饲养场（户）。

3.2.2 申报材料符合本规程规定。

3.2.3 按有关规定消毒。

4. 检疫程序

4.1 申报检疫

4.1.1 动物

货主应当提前 3 天向所在地动物卫生监督机构申报检疫，并提供以下材料：

4.1.1.1 检疫申报单。

4.1.1.2 需要进行实验室疫病检测的，提供申报前 7 日内出具的实验室疫病检测报告。

4.1.1.3 已经取得产地检疫证明的动物，从专门经营动物的集贸市场继续出售或运输的，或者展示、演出、比赛后需要继续运输的，提供检疫申报单、原始检疫证明和完整进出场记录。

4.1.2 生皮

货主应当提前 3 天向所在地动物卫生监督机构申报检疫，并提供以下材料：

4.1.2.1 检疫申报单。

4.1.2.2 生皮的消毒记录。

鼓励使用动物检疫管理信息化系统申报检疫。

4.2 申报受理

动物卫生监督机构接到检疫申报后，应当及时对申报材料进行审查。根据申报材料审查情况和当地相关动物疫情状况，决定是否予以受理。受理的，应当及时指派官方兽医或协检人员到现场或指定地点核实信息，开展临床健康检查；不予受理的，应当说明理由。

4.3 查验材料

4.3.1 动物

4.3.1.1 查验申报主体身份信息是否与检疫申报单相符。

4.3.1.2 查验饲养场《动物防疫条件合格证》和养殖档案，了解生产、免疫、监测、诊疗、消毒、无害化处理及相关动物疫病发生等情况。

4.3.1.3 了解饲养户养殖及相关动物疫病发生情况。

4.3.1.4 查验实验室疫病检测报告是否符合

要求，检测结果是否合格。

4.3.1.5　已经取得产地检疫证明的动物，从专门经营动物的集贸市场继续出售或运输的，或者展示、演出、比赛后需要继续运输的，查验动物检疫证明是否真实、进出场记录是否完整。

4.3.1.6　查验运输车辆、承运单位（个人）及车辆驾驶员是否备案。

4.3.2　生皮

4.3.2.1　按照4.3.1.1～4.3.1.3规定查验相关材料。

4.3.2.2　查验消毒记录是否符合要求。

4.4　临床检查

4.4.1　检查方法

4.4.1.1　群体检查。从静态、动态和食态等方面进行检查。主要检查动物群体精神状况、呼吸状态、运动状态、饮水饮食情况及排泄物性状等。

4.4.1.2　个体检查。通过视诊、触诊和听诊等方法进行检查。主要检查动物个体精神状况、体温、呼吸、皮肤、被毛、可视黏膜、胸腹部及体表淋巴结，排泄动作及排泄物性状等。

4.4.2　检查内容

4.4.2.1　出现特有的狂躁、恐惧不安、怕风怕水、流涎和咽肌痉挛，最终发生瘫痪而危及生命，怀疑感染狂犬病。

4.4.2.2　出现原因不明而突然死亡或可视黏膜发绀、高热、病情发展急剧，死后天然孔出血、血凝不良，尸僵不全等，怀疑感染炭疽。

4.4.2.3　水貂出现呕吐、舌头外伸，食欲不振，后肢瘫痪、拖着身子爬行，严重的四肢瘫痪，个别咬笼死亡，口腔内大量泡沫黏液；狐狸、貉表现为咬毛，撕咬身体某个部位，用爪挠伤脸部、眼部、嘴角，舌头外伸，呕吐，犬坐样姿势，兴奋性增高，有的鼻子出血，有时在笼内转圈，有时闯笼咬笼，最后精神沉郁死亡的，怀疑感染伪狂犬病。

4.4.2.4　出现体温升高，呈间歇性；有流泪、眼结膜发红、眼分泌物液状或黏脓性；鼻镜发干，浆液性鼻液或脓性鼻液；有干咳或湿咳，呼吸困难。脚垫角化、鼻部角化，严重者有神经性症状；癫痫、转圈、站立姿势异常、步态不稳、共济失调、咀嚼肌及四肢出现阵发性抽搐等，怀疑感染犬瘟热。

4.4.2.5　出现体温升高，食欲不振；呕吐、腹泻，粪便在发病初期呈乳白色，后期呈粉红色；部分出现耸肩弓背症状，怀疑感染水貂病毒性肠炎。

4.4.2.6　出现呕吐、腹痛、腹泻症状后数小时内急性死亡；精神沉郁、寒战怕冷、体温升高，食欲废绝、喜喝水，呕吐、腹泻；贫血、黄疸、咽炎、扁桃体炎、淋巴结肿大，角膜水肿、角膜变蓝、角膜混浊由角膜中心向四周扩展，重者导致角膜穿孔，眼睛半闭，羞明流泪，有大量浆液性分泌物流出，怀疑感染犬传染性肝炎。

4.4.2.7　出现食欲减少或丧失，精神沉郁，逐渐衰竭，死前出现痉挛，病程2～3天；极度口渴，食欲下降，生长缓慢，逐渐消瘦，可视黏膜苍白、出血和溃疡，怀疑感染水貂阿留申病。

4.5　实验室疫病检测

4.5.1　对怀疑患有本规程规定疫病及临床检查发现其他异常情况的，应当按照相应疫病防治技术规范进行实验室检测。

4.5.2　动物需要进行实验室疫病检测的，抽检比例不低于10%，原则上不少于10只，数量不足10只的要全部检测。

5. 检疫结果处理

5.1　检疫合格

5.1.1　动物

检疫合格，且运输车辆、承运单位（个人）及车辆驾驶员备案符合要求的，出具动物检疫证明；运输车辆、承运单位（个人）及车辆驾驶员备案不符合要求的，应当及时向农业农村部门报告，由农业农村部门责令改正的，方可出具动物检疫证明。官方兽医应当及时将动物检疫证明有关信息上传至动物检疫管理信息化系统。

5.1.2　生皮

检疫合格的，出具动物检疫证明，按规定加施检疫标志。官方兽医应当及时将动物检疫证明有关信息上传至动物检疫管理信息化系统。

5.2　检疫不合格

出具检疫处理通知单，并按照下列规定处理。

5.2.1 动物

5.2.1.1 发现申报主体信息与检疫申报单不符的，货主按规定补正后，方可重新申报检疫。

5.2.1.2 发现患有本规程规定动物疫病的，向农业农村部门或者动物疫病预防控制机构报告，应当按照相应疫病防治技术规范规定处理。

5.2.1.3 发现患有本规程规定检疫对象以外动物疫病，影响动物健康的，向农业农村部门或者动物疫病预防控制机构报告，按规定采取相应防疫措施。

5.2.1.4 发现不明原因死亡或怀疑为重大动物疫情的，应当按照《中华人民共和国动物防疫法》《重大动物疫情应急条例》和《农业农村部关于做好动物疫情报告等有关工作的通知》（农医发〔2018〕22号）的有关规定处理。

5.2.1.5 发现病死动物的，按照《病死畜禽和病害畜禽产品无害化处理管理办法》等规定处理。

5.2.1.6 发现货主提供虚假申报材料、养殖档案不符合规定等涉嫌违反有关法律法规情形的，应当及时向农业农村部门报告，由农业农村部门按照规定处理。

5.2.2 生皮

5.2.2.1 发现申报主体信息与检疫申报单不符的，货主按规定补正后，方可重新申报检疫。

5.2.2.2 发现饲养场（户）动物染疫、疑似染疫或者死亡的，分别按照5.2.1.2～5.2.1.5的规定处理。

5.2.2.3 生皮未按照规定消毒的，货主按规定对动物产品消毒后，方可重新申报检疫。

5.2.2.4 发现货主提供虚假申报材料、养殖档案不符合规定等涉嫌违反有关法律法规的，应当及时向农业农村部门报告，由农业农村部门按照规定处理。

6. 检疫记录

6.1 官方兽医应当及时填写检疫工作记录，详细登记货主姓名、地址、申报检疫时间、检疫时间、检疫地点、检疫动物或动物产品种类、数量及用途、检疫处理、检疫证明编号等。

6.2 检疫申报单和检疫工作记录保存期限不得少于12个月。

6.3 电子记录与纸质记录具有同等效力。

四十三、蜜蜂产地检疫规程

（2023年4月1日 农业农村部农牧发〔2023〕16号发布）

1. 适用范围

本规程规定了蜜蜂产地检疫的检疫对象、检疫合格标准、检疫程序、检疫结果处理和检疫记录。

本规程适用于中华人民共和国境内蜜蜂的产地检疫。

2. 术语和定义

下列术语和定义适用于本规程。

2.1 蜂群蜜蜂的社会性群体，是蜜蜂自然生存和蜂场饲养管理的基本单位，由蜂王、雄蜂和工蜂组成。

2.2 蜜粉源地能提供花蜜、花粉，进行养蜂生产的蜜、粉源植物生长地。

2.3 巢房由蜜蜂修造的，供蜜蜂栖息、育虫、贮存食物的六角形蜡质结构，是构成巢脾的基本单位。

2.4 巢脾是蜂巢的组成部分，由蜜蜂筑造、双面布满巢房的蜡质结构。

2.5 子脾存在蜜蜂卵、幼虫或蛹的巢脾。

2.6 花子现象蜜蜂子脾因蜂病造成卵、幼虫、蛹、空房间杂乱排列的现象。

3. 检疫对象

美洲蜜蜂幼虫腐臭病、欧洲蜜蜂幼虫腐臭病、蜜蜂孢子虫病、白垩病、瓦螨病、亮热厉螨病。

4. 检疫合格标准

4.1 蜂场所在地区域内未发生本规程规定的

动物疫病。

4.2 申报材料符合本规程规定。

4.3 蜂群临床检查健康，蜂螨平均寄生密度（螨数/检查蜂数）在0.1以下。

4.4 需要进行实验室疫病检测的，检测结果合格。

5. 检疫程序

5.1 申报检疫

蜂群自原驻地和自最远蜜粉源地启运前，货主应当提前3天向所在地动物卫生监督机构申报检疫，并提供以下材料：

5.1.1 检疫申报单。

5.1.2 自最远蜜粉源地启运前，还需提供原始检疫证明。鼓励使用动物检疫管理信息化系统申报检疫。

5.2 申报受理

动物卫生监督机构在接到检疫申报后，应当及时对申报材料进行审查，根据申报材料审查情况和当地动物疫病发生状况，决定是否予以受理。受理的，应当及时指派官方兽医或协检人员到现场或指定地点核实信息，开展临床健康检查；不予受理的，应当说明理由。

5.3 查验材料

5.3.1 查验申报主体身份信息是否与检疫申报单相符。

5.3.2 自最远蜜粉源地启运的，查验原始检疫证明。

5.4 临床检查

5.4.1 检查方法

5.4.1.1 蜂群检查

5.4.1.1.1 箱外观察了解蜂群来源、转场、蜜源、发病及治疗等情况，观察全场蜂群活动状况、核对蜂群箱数，观察蜂箱门口和附近场地蜜蜂飞行及活动情况，有无爬蜂、死蜂和蜂翅残缺不全的幼蜂。

5.4.1.1.2 抽样检查按照至少5%（不少于5箱）的比例抽查蜂箱，依次打开蜂箱盖、副盖，检查巢脾、巢框、箱壁和箱底的蜜蜂有无异常行为；查看箱底有无死蜂；子脾上卵虫排列是否整齐，色泽是否正常。

5.4.1.2 个体检查对成年蜂和子脾进行检查。

5.4.1.2.1 成年蜂主要检查蜂箱门口和附近场地上蜜蜂的状况。

5.4.1.2.2 子脾每群蜂取封盖或未封盖子脾2张以上，主要检查子脾上的未封盖幼虫或封盖幼虫和蛹的状况。

5.4.2 检查内容

5.4.2.1 子脾上出现幼虫日龄极不一致，出现“花子现象”，在封盖子脾上，巢房封盖出现发黑，湿润下陷，并有针头大的穿孔，腐烂后的幼虫（9～11日龄）尸体呈黑褐色并具有黏性，挑取时能拉出2～5cm的丝；或干枯成脆质鳞片状的干尸，有难闻的腥臭味，怀疑感染美洲蜜蜂幼虫腐臭病。

5.4.2.2 在未封盖子脾上，出现虫卵相间的“花子现象”，死亡的小幼虫（2～4日龄）呈淡黄色或黑褐色，无黏性，且发现大量空巢房，有酸臭味，怀疑感染欧洲蜜蜂幼虫腐臭病。

5.4.2.3 在巢框上或巢门口发现黄棕色粪迹，蜂箱附近场地上出现腹部膨大、腹泻、失去飞翔能力的蜜蜂，怀疑感染蜜蜂孢子虫病。

5.4.2.4 在箱底或巢门口发现大量体表布满菌丝或孢子囊，质地紧密的白垩状幼虫或近黑色的幼虫尸体时，判定为白垩病。

5.4.2.5 在巢门口或附近场地上出现蜂翅残缺不全或无翅的幼蜂爬行，以及死蛹被工蜂拖出等情况时，怀疑感染瓦螨病或亮热厉螨病。从2个以上子脾中随机挑取50个封盖房，逐个检查封盖幼虫或蜂蛹体表有无蜂螨寄生。其中一个蜂群的狄斯瓦螨平均寄生密度达到0.1以上，判定为瓦螨病；其中一个蜂群的梅氏热厉螨平均寄生密度达到0.1以上，判定为亮热厉螨病。

5.5 实验室疫病检测

对怀疑患有本规程规定疫病及临床检查发现其他异常情况的，应当进行实验室检测（《蜜蜂检疫规程实验室检测方法》见附录）。

6. 检疫结果处理

6.1 检疫合格的，出具动物检疫证明，有

效期为6个月，且从原驻地至最远蜜粉源地或从最远蜜粉源地至原驻地单程有效，同时在备注栏中标明运输路线。官方兽医应当及时将动物检疫证明有关信息上传至动物检疫管理信息化系统。

6.2 检疫不合格的，出具检疫处理通知单，并按照下列规定处理。

6.2.1 发现申报主体信息与检疫申报单不符的，要求货主重新申报检疫。

6.2.2 发现患有本规程规定动物疫病的，向农业农村部门或者动物疫病预防控制机构报告，货主应当按照有关规定处理，临床症状消失7天后，无新发病例方可再次申报检疫。

6.2.3 发现患有本规程规定检疫对象以外动物疫病的，向农业农村部门或者动物疫病预防控制机构报告，按规定采取相应防疫措施。

6.2.4 发现不明原因死亡或怀疑为重大动物疫情的，应当按照《中华人民共和国动物防疫法》《重大动物疫情应急条例》和《农业农村部关于做好动物疫情报告等有关工作的通知》(农医发〔2018〕22号)的有关规定处理。

6.2.5 发现病死动物的，按照《病死及病害动物无害化处理技术规范》等规定处理。

6.2.6 发现货主提供虚假申报材料等不符合规定等涉嫌违反有关法律法规情形的，应当及时向农业农村部门报告，由农业农村部门按照规定处理。

7. 检疫记录

7.1 官方兽医应当及时填写检疫工作记录，详细登记货主姓名、地址、申报检疫时间、检疫时间、检疫地点、检疫动物种类、数量及用途、检疫处理、检疫证明编号等。

7.2 检疫申报单和检疫工作记录保存期限不得少于12个月。

7.3 电子记录与纸质记录具有同等效力。

附录：蜜蜂检疫规程实验室检测方法

附录

蜜蜂检疫规程实验室检测方法

1. 美洲蜜蜂幼虫腐臭病

从蜂群中抽取部分封盖子脾，挑取其中的死幼虫5～10条，置研钵中，加2～3mL无菌水研碎后制成悬浮液、涂片，经革兰氏染色，在1 000～1 500倍的显微镜下进行检查，发现大量革兰氏阳性的游离状的杆菌芽孢，培养出的单菌落经PCR扩增后测序鉴定，判定为美洲幼虫腐臭病。

实验室PCR鉴定方法：

挑取培养的单菌落至20μL 0.2M的NaOH，消化8min；取上述2μL消化液至98μL无菌水，制备PCR模板；扩增16S rRNA，PCR

扩增体系为：

DNA模板	4μL
27F	2.5μL
1492R	2.5μL
聚合酶Mix	25μL
ddH_2O	16μL

扩增条件为：94℃，10min；30个循环（94℃，30s；Tm－5℃，30s；72℃，45s;)；72℃，10min。

引物序列：

27F：AGAGTTTGATCCTGGCTCAG

1492R：TACGGCTACCTTGTTACGACTT

电泳：1%琼脂糖凝胶电泳，出现1.5kbp条带，则送测序公司测序，与幼虫芽孢杆菌的序列相似性大于97%，即可判断为幼虫芽孢杆菌。

2. 欧洲蜜蜂幼虫腐臭病

从蜂群中抽取部分未封盖2～4日龄幼虫脾，挑取其中的死幼虫5～10条，置研钵中，加2～3ml无菌水研碎后制成悬浮液、涂片，经革兰氏染色后，在1 000～1 500倍的显微镜下进行检查，发现0.5×1.0μm呈革兰氏阳性的单个、短链或呈簇状排列的披针形球菌，同时有许多杆菌和芽孢杆菌等多种微生物，培养出的单菌落经PCR扩增后测序鉴定，判定为欧洲幼虫腐臭病。

实验室PCR鉴定方法同美洲幼虫腐臭病。

3. 蜜蜂孢子虫病

在蜂箱门口与蜂箱上梁处避光收集8日龄以下的成年工蜂60只，取出30只（另30只备用）消化系统，置研钵中，加2～3mL无菌水研碎后制成悬浮液，置干净载玻片上，在400～600倍的显微镜下进行检查，若发现卵圆近米粒形，边缘灰暗，具有蓝色折光的孢子，判定为蜜蜂孢子虫病。

四十四、跨省调运乳用种用家畜产地检疫规程

（2023年4月1日　农业农村部农牧发〔2023〕16号发布）

1. 适用范围

本规程规定了跨省、自治区、直辖市调运乳用种用家畜产地检疫的检疫范围及对象、检疫合格标准、检疫程序、检疫结果处理和检疫记录。

本规程适用于中华人民共和国境内跨省、自治区、直辖市调运乳用种用家畜及其精液、胚胎的产地检疫。

2. 检疫范围及对象

2.1 检疫范围

2.1.1 乳用、种用家畜

2.1.1.1 用于生产供人类食用或加工用生鲜乳的奶牛、奶山羊等乳用家畜。

2.1.1.2 经过选育、具有种用价值、适于繁殖后代的种猪、种牛、种羊、种马（驴）、种兔等种用家畜。

2.1.2 动物产品

本规程规定种用家畜的精液、胚胎。

2.2 检疫对象

2.2.1 猪：口蹄疫、非洲猪瘟、猪瘟、猪繁殖与呼吸综合征、炭疽、伪狂犬病、猪细小病毒感染、猪丹毒。

2.2.2 牛：口蹄疫、布鲁氏菌病、炭疽、牛结核病、牛结节性皮肤病、地方流行性牛白血病、牛传染性鼻气管炎（传染性脓疱外阴阴道炎）。

2.2.3 羊：口蹄疫、小反刍兽疫、布鲁氏菌病、炭疽、蓝舌病、绵羊痘和山羊痘、山羊传染性胸膜肺炎。

2.2.4 鹿、骆驼、羊驼：口蹄疫、布鲁氏菌病、炭疽、牛结核病。

2.2.5 马（驴）：马传染性贫血、马鼻疽、马流感、马腺疫、马鼻肺炎。

2.2.6 兔：兔出血症、兔球虫病。

3. 检疫合格标准

3.1 乳用、种用家畜

3.1.1 来自非封锁区及未发生相关动物疫情的饲养场。

3.1.2 申报材料符合本规程规定。

3.1.3 按照规定进行了强制免疫，并在有效保护期内。

3.1.4 畜禽标识符合规定。

3.1.5 临床检查健康。

3.1.6 需要进行实验室疫病检测的，检测结果合格。

3.1.7 跨省、自治区、直辖市引进的乳用种用家畜到达输入地隔离观察合格后需要继续运输的，隔离观察符合规定。

3.2 精液、胚胎

3.2.1 来自非封锁区及未发生相关动物疫情的饲养场。

3.2.2 申报材料符合本规程规定。

3.2.3 供体动物符合本规程3.1.3～3.1.6的规定。

3.2.4 精液和胚胎的采集、销售、移植记录完整。

4. 检疫程序

4.1 申报检疫

4.1.1 乳用、种用家畜

货主应当提前3天向所在地动物卫生监督机构申报检疫，并当提供以下相应材料：

4.1.1.1 检疫申报单。

4.1.1.2 需要实施检疫家畜养殖档案中的强制免疫记录。

4.1.1.3 饲养场的《动物防疫条件合格证》《种畜禽生产经营许可证》。

4.1.1.4 需要进行实验室疫病检测的，提供实验室疫病检测报告。

4.1.1.5　跨省、自治区、直辖市引进乳用种用家畜到达输入地隔离观察合格后需要继续运输的，提供检疫申报单、原始检疫证明、隔离观察记录及饲养场或隔离场出具的《乳用种用家畜隔离检查证书》（附录2）。

4.1.2　精液、胚胎

货主应当提前3天向所在地动物卫生监督机构申报检疫，并当提供以下相应材料：

4.1.2.1　检疫申报单。

4.1.2.2　需要实施检疫精液、胚胎供体动物养殖档案中的强制免疫记录。

4.1.2.3　饲养场的《动物防疫条件合格证》《种畜禽生产经营许可证》。

4.1.2.4　需要进行实验室疫病检测的，提供供体动物实验室疫病检测报告。

4.1.2.5　精液和胚胎的采集、销售、移植记录。鼓励使用动物检疫管理信息化系统申报检疫。

4.2　申报受理

动物卫生监督机构接到检疫申报后，应当及时对申报材料进行审查。根据申报材料审查情况和当地相关动物疫情状况，决定是否予以受理。受理的，应当及时指派官方兽医或协检人员到现场或指定地点核实信息，开展临床健康检查；不予受理的，应当说明理由。

4.3　查验材料及畜禽标识

4.3.1　乳用、种用家畜

4.3.1.1　查验申报主体身份信息是否与检疫申报单相符。

4.3.1.2　查验饲养场《动物防疫条件合格证》《种畜禽生产经营许可证》和养殖档案，了解生产、免疫、监测、诊疗、消毒、无害化处理及相关动物疫病发生情况，确认家畜已按规定进行强制免疫，并在有效保护期内。

4.3.1.3　查验畜禽标识加施情况，确认其佩戴的畜禽标识与检疫申报单、相关档案记录相符。

4.3.1.4　查验实验室疫病检测报告是否符合要求，检测结果是否合格。

4.3.1.5　跨省、自治区、直辖市引进乳用种用家畜到达输入地隔离观察合格后需要继续运输的，查验原始检疫证明、隔离观察记录、《乳用种用家畜隔离检查证书》。

4.3.1.6　查验运输车辆、承运单位（个人）及车辆驾驶员是否备案。

4.3.2　精液、胚胎

4.3.2.1　按照4.3.1.1～4.3.1.4规定查验相关材料。

4.3.2.2　查验精液、胚胎的采集、存储、销售记录是否符合要求。

4.4　临床检查

按照相关动物产地检疫规程要求开展临床检查外，还应当做下列疫病检查。

4.4.1　发现母猪返情、空怀，妊娠母猪流产、产死胎、木乃伊胎等，公猪睾丸肿胀、萎缩等症状的，怀疑感染伪狂犬。

4.4.2　发现母猪，尤其是初产母猪产仔数少、流产、产死胎、木乃伊胎及发育不正常胎等症状的，怀疑猪细小病毒感染。

4.4.3　发现体表淋巴结肿大，贫血，可视黏膜苍白，精神衰弱，食欲不振，体重减轻，呼吸急促，后躯麻痹乃至跛行瘫痪，周期性便秘及腹泻等症状的，怀疑感染地方流行性牛白血病。

4.4.4　发现体温升高，精神委顿，流黏脓性鼻液，鼻黏膜充血，呼吸困难，呼出气体恶臭；外阴和阴道黏膜充血潮红，有时黏膜上面散在有灰黄色、粟粒大的脓疱，阴道内见有多量的黏脓性分泌物等症状的，怀疑感染牛传染性鼻气管炎（传染性脓疱外阴阴道炎）。

4.5　实验室疫病检测

4.5.1　检测疫病种类。

4.5.1.1　猪：非洲猪瘟。

4.5.1.2　牛：布鲁氏菌病、牛结核病。

4.5.1.3　羊：布鲁氏菌病、小反刍兽疫。

4.5.1.4　鹿、骆驼、羊驼：口蹄疫、布鲁氏菌病、牛结核病。

4.5.1.5　马（驴）：马传染性贫血、马鼻疽。

4.5.1.6　兔：兔出血症。

4.5.1.7　精液、胚胎：检测其供体动物相关动物疫病。

4.5.2　通过农业农村部评审并公布的非洲猪瘟等动物疫病无疫小区、国家级动物疫病净化场，无需开展相应疫病的检测。

5. 检疫结果处理

参照《生猪产地检疫规程》《反刍动物产地检

疫规程》《马属动物产地检疫规程》《兔产地检疫规程》做好检疫结果处理。

6. 检疫记录

参照《生猪产地检疫规程》《反刍动物产地检疫规程》《马属动物产地检疫规程》《兔产地检疫规程》做好检疫记录。

附录：1. 乳用种用家畜实验室疫病检测要求
2. 乳用种用家畜隔离检查证书

附录 1

乳用种用家畜实验室疫病检测要求

疫病名称	病原学检测			抗体检测			备注
	检测方法	数量	时限	检测方法	数量	时限	
非洲猪瘟	见非洲猪瘟诊断技术（GB/T 18648）	100%	调运前7天	无	无	无	抗原阴性或病毒核酸阴性为合格
口蹄疫	见《口蹄疫防治技术规范》《口蹄疫诊断技术》（GB/T 18935）	100%	调运前3个月内	见《口蹄疫防治技术规范》《口蹄疫诊断技术》（GB/T 18935）	100%	调运前1个月内	抗原检测阴性或病毒核酸阴性，抗体检测符合规定为合格
布鲁氏菌病	无	无	无	见《布鲁氏菌病防治技术规范》《动物布鲁氏菌病诊断技术》（GB/T 18646）	100%	调运前1个月内	种用动物、未实施布鲁氏菌病免疫的乳用动物检测结果阴性为合格；实施布鲁氏菌病免疫的乳用动物出具真实、完整的免疫记录
牛结核病	无	无	无	见《牛结核病防治技术规范》《动物结核病诊断技术》（GB/T 18645）	100%	调运前1个月内	检测结果阴性为合格
小反刍兽疫	无	无	无	见《小反刍兽疫防治技术规范》《小反刍兽疫诊断技术》（GB/T 27982）	100%	调运前1个月内	抗体检测符合规定为合格
马传染性贫血	无	无	无	见《马传染性贫血防治技术规范》	100%	调运前1个月内	抗体检测阴性为合格
马鼻疽	无	无	无	见《马鼻疽防治技术规范》《马鼻疽诊断技术》（NY/T 557）	100%	调运前1个月内	鼻疽菌素点眼试验阴性为合格
兔出血症	无	无	无	见《兔病毒性出血症血凝和血凝抑制试验方法》（NY/T 572）	100%	调运前1个月内	抗体监测符合规定为合格

附录 2

乳用种用家畜隔离检查证书

隔离起止时间：　　年　月　日至　　年　月　日　　　　　　　　　　No.

货　主		联系人		电话	
动　物		数量及单位（大写）			
隔离场所	______省______市（州）______县（市、区）______镇（乡、街道）______				
拟运地点					
动物疫病发生情况	□未发生相关疫病　□发生过相关疫病______（填写疫病名称）				
30 天隔离观察情况	有无异常　□有　□无	实验室检测情况	检测病种：______ 检测结果　□合格　□不合格		
群体状况	是否临床健康　□是　□否	个体状况	是否临床健康　□是　□否		
备　注					
检　查　结　论					

此（批）动物经隔离检查______，本人对做出的结论负责。

执业兽医或动物防疫技术人员签字：　　　　签证时间：　　年　月　日

单位（公章）

注：1. 隔离期间有异常的，请在备注栏里填写具体情况。
2. 拟运地点按照申报检疫目的地填写。

四十五、跨省调运种禽产地检疫规程

（2023 年 4 月 1 日　农业农村部农牧发〔2023〕16 号发布）

1. 适用范围

本规程规定了跨省、自治区、直辖市调运种禽产地检疫的检疫范围及对象、检疫合格标准、检疫程序、检疫结果处理和检疫记录。本规程适用于中华人民共和国境内跨省、自治区、直辖市调运种禽及种蛋的产地检疫。

2. 检疫范围及对象

2.1 检疫范围

2.1.1 种禽

经过选育、具有种用价值、适于繁殖后代的种鸡、种鸭、种番鸭、种鹅等种禽。

2.1.2 种蛋

本规程规定种禽的种蛋。

2.2 检疫对象

高致病性禽流感、新城疫、鸭瘟、小鹅瘟、禽白血病、马立克病、禽痘、禽网状内皮组织增殖病。

3. 检疫合格标准

3.1 种禽

3.1.1 来自非封锁区及未发生相关动物疫情的饲养场。

3.1.2 申报材料符合本规程规定。

3.1.3 按照规定进行了强制免疫，并在有效保护期内。

3.1.4 临床检查健康。

3.1.5 需要进行实验室疫病检测的，检测结果合格。

3.1.6 跨省、自治区、直辖市引进的种禽到达输入地隔离观察合格后需要继续运输的，隔离观察符合规定。

3.2 种蛋

3.2.1 来自非封锁区及未发生相关动物疫情的饲养场。

3.2.2 申报材料符合本规程规定。

3.2.3 供体动物符合本规程 3.1.3～3.1.5 的规定。

3.2.4 收集、消毒记录完整。

4. 检疫程序

4.1 申报检疫

4.1.1 种禽

货主应当提前 3 天向所在地动物卫生监督机构申报检疫，并提供以下材料：

4.1.1.1 检疫申报单。

4.1.1.2 需要实施检疫种禽养殖档案中的强制免疫记录。

4.1.1.3 饲养场的《动物防疫条件合格证》《种畜禽生产经营许可证》。

4.1.1.4 需要进行实验室疫病检测的，提供实验室疫病检测报告。

4.1.1.5 跨省、自治区、直辖市引进种禽到达输入地隔离观察合格后需要继续运输的，提供检疫申报单、原始检疫证明、隔离观察记录及饲养场或隔离场出具的《种禽隔离检查证书》(附录 2)。

4.1.2 种蛋

货主应当提前 3 天向所在地动物卫生监督机构申报检疫，并当提供以下相应材料：

4.1.2.1 检疫申报单。

4.1.2.2 需要实施检疫种蛋供体动物养殖档案中的强制免疫记录。

4.1.2.3 饲养场的《动物防疫条件合格证》《种畜禽生产经营许可证》。

4.1.2.4 需要进行实验室疫病检测的，提供供体动物实验室疫病检测报告。

4.1.2.5 种蛋收集、消毒记录。

鼓励使用动物检疫管理信息化系统申报检疫。

4.2 申报受理

动物卫生监督机构接到检疫申报后，应当及时对申报材料进行审查。根据申报材料审查情况和当地相关动物疫情状况，决定是否予以受理。受理的，应当及时指派官方兽医或协检人员到现场或指定地点核实信息，开展临床健康检查；不予受理的，应当说明理由。

4.3 查验材料

4.3.1 种禽

4.3.1.1 查验申报主体身份信息是否与检疫申报单相符。

4.3.1.2 查验饲养场《动物防疫条件合格证》《种畜禽生产经营许可证》和养殖档案，了解生产、免疫、监测、诊疗、消毒、无害化处理及相关动物疫病发生情况，确认动物已按规定进行强制免疫，并在有效保护期内。

4.3.1.3 查验实验室疫病检测报告是否符合要求，检测结果是否合格。

4.3.1.4 跨省、自治区、直辖市引进种禽到达输入地隔离观察合格后需要继续运输的，查验原始检疫证明、隔离观察记录、《种禽隔离检查证书》。

4.3.1.5 查验运输车辆、承运单位（个人）及车辆驾驶员是否备案。

4.3.2 种蛋

4.3.2.1 按照 4.3.1.1～4.3.1.3 规定查验相关材料。

4.3.2.2 查验种蛋的收集、消毒记录是否符合要求。

4.4 临床检查

按照《家禽产地检疫规程》要求开展临床检查，还应当开展以下疫病检查。

4.4.1 发现消瘦、头部苍白、腹部增大、产蛋下降等症状的，怀疑感染禽白血病。

4.4.2 发现生长受阻、瘦弱、羽毛发育不良等症状的，怀疑感染禽网状内皮组织增殖症。

4.5 实验室疫病检测

4.5.1 检测疫病种类。

4.5.1.1 种鸡：高致病性禽流感、新城疫、禽白血病。

4.5.1.2 种鸭、种番鸭：高致病性禽流感、鸭瘟。

4.5.1.3 种鹅：高致病性禽流感、小鹅瘟。

4.5.1.4 种蛋：检测其供体动物相关动物疫病。

4.5.2 通过农业农村部评审并公布的动物疫病无疫小区、国家级动物疫病净化场，无需开展相应疫病的检测。

5. 检疫结果处理

参照《家禽产地检疫规程》做好检疫结果处理。

6. 检疫记录

参照《家禽产地检疫规程》做好检疫记录。

附录：1. 种禽实验室疫病检测要求

2. 种禽隔离检查证书

附录 1

种禽实验室疫病检测要求

疫病名称	病原学检测			抗体检测			备注
	检测方法	数量	时限	检测方法	数量	时限	
高致病性禽流感	见《高致病性禽流感防治技术规范》《高致病性禽流感诊断技术》(GB/T 18936)	30份/供体栋舍	调运前3个月内	见《高致病性禽流感防治技术规范》《高致病性禽流感诊断技术》(GB/T 18936)	0.5%（不少于30份）	调运前1个月内	1. 非雏禽查本体；2. 病毒核酸检测阴性，抗体检测符合规定为合格
新城疫	无	无	无	见《新城疫防治技术规范》《新城疫诊断技术》(GB/T 16550)	0.5%（不少于30份）	调运前1个月内	抗体检测符合规定为合格
鸭瘟	见《鸭病毒性肠炎诊断技术》(GB/T 22332)	30份/供体栋舍	调运前3个月内	无	无	无	病毒核酸检测阴性为合格
小鹅瘟	见《小鹅瘟诊断技术》(NY/T 560)	30份/供体栋舍	调运前3个月内	无	无	无	病毒核酸检测阴性为合格
禽白血病	见《J-亚群禽白血病防治技术规范》《禽白血病诊断技术》(GB/T 26436)	30份/供体栋舍	调运前3个月内	ELISA（J亚群抗体、A亚群、B亚群抗体）	0.5%（不少于30份）	调运前1个月内	P27抗原检测阴性，抗体检测符合规定为合格

附录 2

种禽隔离检查证书

隔离起止时间：　年　月　日 至　年　月　日　　　　No.

货　主			联系人		电话	
动　物			数量及单位（大写）			
隔离场所	______省______市（州）______县（市、区）______镇（乡、街道）__________					
拟运地点						
动物疫病发生情况	□未发生相关疫病　□发生过相关疫病______________（填写疫病名称）					
30天隔离观察情况	有无异常	□有　□无	实验室检测情况	检测病种：__________		
				检测结果	□合格	□不合格
群体状况	是否临床健康	□是　□否	个体状况	是否临床健康	□是	□否
备　注						
检　查　结　论						

此（批）动物经隔离检查______________________，本人对做出的结论负责。

执业兽医或动物防疫技术人员签字：　　　　签证时间：　年　月　日

单位（公章）

注：1. 隔离期间有异常的，请在备注栏里填写具体情况。

2. 拟运地点按照申报检疫目的地填写。

四十六、鱼类产地检疫规程

（2023 年 4 月 1 日　农业农村部农牧发〔2023〕16 号发布）

1. 适用范围

本规程规定了鱼类产地检疫的检疫对象、检疫范围、申报点设置、检疫程序、检疫合格标准、检疫结果处理、检疫文书及管理。本规程适用于中华人民共和国境内鱼类的产地检疫。

2. 检疫对象及检疫范围

类别	检疫对象	检疫范围
1. 淡水鱼	鲤春病毒血症	鲤、锦鲤、金鱼
	草鱼出血病	青鱼、草鱼
	传染性脾肾坏死病	鳜、鲈
	锦鲤疱疹病毒病	鲤、锦鲤
	传染性造血器官坏死病	虹鳟（包括金鳟）
	鲫造血器官坏死病	鲫、金鱼
	鲤浮肿病	鲤、锦鲤
	小瓜虫病	淡水鱼类
2. 海水鱼	刺激隐核虫病	海水鱼类
	病毒性神经坏死病	石斑鱼

3. 申报点设置

从事水生动物检疫的县级以上动物卫生监督机构应当根据水生动物产地检疫工作需要，合理设置水生动物检疫申报点，并向社会公布。

4. 检疫程序

4.1　检疫申报

申报检疫时，应当提交检疫申报单、《水域滩涂养殖证》或合法有效的相关合同协议、《水产养殖生产记录》等资料。对于从事水产苗种生产的，还应当提交《水产苗种生产许可证》。有引种的，还应提交过去 12 个月内引种来源地的动物检疫证明。对于需要实验室检测的，应提交申报前 7 日内出具的规定疫病的实验室疫病检测报告，其中纳入省级以上水生动物疫病监测计划的，可提交近 2 年监测结果证明代替。

申报检疫可采取申报点填报或者通过传真、电子数据交换等方式申报。

4.2　申报受理

从事水生动物检疫的县级以上动物卫生监督机构在接到检疫申报后，根据申报资料等，决定是否予以受理。受理的，应当及时指派官方兽医实施检疫，可以安排协检人员协助官方兽医到现场或指定地点核实信息，开展临床健康检查；不

予受理的，应说明理由。

水产养殖场的水生动物类执业兽医或者水生动物防疫技术人员，应当协助官方兽医实施检疫。

4.3 查验养殖场防疫状况

查验进出场、饲料、进排水、疾病防治、消毒用药、养殖生产记录和卫生管理等状况，核实养殖场未发生相关水生动物疫情。

4.4 临床检查

4.4.1 检查方法和内容

4.4.1.1 群体检查

群体活力旺盛，逃避反应明显，外观正常，摄食正常，可判定为群体检查正常。

群体中若有活力差、逃避反应弱、体色异常、外观缺损、乱窜打转、畸小、翻白、浮头、离群、厌食的个体，可判定为群体检查异常。

4.4.1.2 个体检查

对群体检查正常的，随机抽样进行个体检查；对群体检查异常的，优先选择异常个体进行个体检查。通过外观检查，或解剖检查，或显微镜检查等方法进行。

若外观有异常，包括竖鳞、烂鳍、烂鳃，体表出血、溃疡、囊肿，眼球突出、凹陷、浑浊、充血，肛门红肿、拖便，寄生虫寄生等，出现以上一种或几种症状，可判定为个体检查异常。

鲤春病毒血症：鲤、锦鲤、金鱼出现眼球凸出、腹部膨大、皮肤或鳃出血等症状，解剖可见鳔有点状或斑块状充血，且水温在10～22℃，怀疑患有鲤春病毒血症。

草鱼出血病：青鱼、草鱼出现鳃盖或鳍条基部出血，头顶、口腔、眼眶等处有出血点，解剖查验发现肌肉点状或块状出血、肠壁充血等症状，且水温在20～30℃，怀疑患有草鱼出血病。传染性脾肾坏死病：鳜、鲈体色发黑，贫血症状明显，头、鳃盖、下颌、眼眶、胸鳍和腹鳍基部、腹部肝区和尾鳍有出血点，鳃黏液增多、糜烂、暗灰，肝肿大、灰白或土灰色或白灰相间呈花斑状、有小出血点，肾肿大、充血、糜烂、暗红色，脾肿大、糜烂、紫黑色，小肠有黄色透明样物，且水温在25～34℃，怀疑患有传染性脾肾坏死病。

锦鲤疱疹病毒病：鲤、锦鲤出现眼球凹陷、体表有白色块斑、水泡、溃疡、多处出血，尤其是鳍条基部严重出血，鳃出血并产生大量黏液或组织坏死、鳞片有血丝等症状，且水温在15～28℃，怀疑患有锦鲤疱疹病毒病。

传染性造血器官坏死病：虹鳟（包括金鳟）出现体色发黑、眼球突出、昏睡或乱窜打转、肛门处拖着不透明或棕褐色的假管型黏液粪便等症状，且水温在8～15℃，怀疑患有传染性造血器官坏死病。

鲫造血器官坏死病：鲫、金鱼出现体色发黑，体表广泛性充血或出血，鳃丝肿胀或鳃血管易破裂出血，解剖后可见内脏肿大充血，鳔壁出现点状或斑块状充血等症状，且水温在15～28℃，怀疑患有鲫造血器官坏死病。

鲤浮肿病：鲤、锦鲤出现眼球凹陷、体色发黑、昏睡、烂鳃等症状，且水温在20～27℃，怀疑患有鲤浮肿病。

小瓜虫病：淡水鱼类体表和鳃丝有白色点状胞囊、大量黏液、糜烂等症状，镜检小白点可见有马蹄形核、呈旋转运动的虫体，且水温在15～25℃，怀疑患有小瓜虫病。

刺激隐核虫病：海水鱼类体表和鳃出现大量黏液、有许多小白点等症状，镜检小白点可见有圆形或卵圆形、体色不透明、缓慢旋转运动的虫体，且水温在22～30℃，怀疑患有刺激隐核虫病。

病毒性神经坏死病：石斑鱼出现体色发黑、腹部膨大、头部出血、眼球混浊外凸、鱼体畸形、间歇性乱窜打转、离群或侧躺于池底等症状，且水温在22～25℃，怀疑患有病毒性神经坏死病。

无上述情况，可判定为个体检查正常。

4.4.2 临床检查结果判定

群体和个体检查正常，临床检查健康。

怀疑患有鲤春病毒血症、草鱼出血病、传染性脾肾坏死病、锦鲤疱疹病毒病、传染性造血器官坏死病、鲫造血器官坏死病、鲤浮肿病、小瓜虫病、刺激隐核虫病、病毒性神经坏死病及临床检查发现其他异常情况的，临床检查不合格。

4.5 实验室检测

4.5.1 临床检查不合格的鱼类，应按照《水生动物产地检疫采样技术规范》（SC/T 7103）采样送实验室，并按相应疫病检测技术规范进行检测。

4.5.2 跨省、自治区、直辖市运输的鱼类，应按照《水生动物产地检疫采样技术规范》（SC/T 7103）采样送实验室，并按相应疫病检测技术规范进行检测。但以下情况除外：①临床检查健康，且养殖场已纳入省级以上水生动物疫病监测计划，过去两年内无本规程规定检疫对象阳性的；②临床检查健康，且现场采用经农业农村部批准的快速检测试剂盒进行检测，结果为阴性的。

4.5.3 实验室检测应当出具相应的检测报告。

5. 检疫合格标准

5.1 该养殖场未发生相关水生动物疫情。

5.2 申报材料符合动物检疫规程规定。

5.3 临床检查健康。

5.4 需要经实验室检测的，检测结果合格。

6. 检疫结果处理

6.1 经检疫合格的，出具动物检疫证明。

6.2 经检疫不合格的，出具《检疫处理通知单》，并按照有关规定处理。

6.2.1 发现不明原因死亡，或诊断为本规程规定检疫的疫病，应按照《中华人民共和国动物防疫法》《重大动物疫情应急条例》和农业农村部相关规定处理。

6.2.2 病死水生动物应按照《病死水生动物及病害水生动物产品无害化处理规范》（SC/T 7015）和农业农村部相关规定进行无害化处理，费用由货主承担。

7. 检疫记录

检疫申报单、申报处理结果、检疫申报受理单、检疫合格证明、检疫处理通知单、检疫记录等文书应保存24个月以上。电子记录与纸质记录具有同等效力。

四十七、甲壳类产地检疫规程

（2023年4月1日 农业农村部农牧发〔2023〕16号发布）

1. 适用范围

本规程规定了甲壳类产地检疫的检疫对象、检疫范围、申报点设置、检疫程序、检疫合格标准、检疫结果处理、检疫文书及管理。本规程适用于中华人民共和国境内甲壳类的产地检疫。

2. 检疫对象及检疫范围

类别	检疫对象	检疫范围
甲壳类	白斑综合征	对虾、克氏原螯虾
	十足目虹彩病毒病	对虾、克氏原螯虾、罗氏沼虾
甲壳类	虾肝肠胞虫病	对虾
	急性肝胰腺坏死病	对虾
	传染性肌坏死病	对虾

3. 申报点设置

从事水生动物检疫的县级以上动物卫生监督机构应当根据水生动物产地检疫工作需要，合理设置水生动物检疫申报点，并向社会公布。

4. 检疫程序

4.1 检疫申报

申报检疫时，应当提交检疫申报单、《水域滩涂养殖证》或合法有效的相关合同协议、《水产养

殖生产记录》等资料。

对于从事水产苗种生产的，还应当提交《水产苗种生产许可证》。有引种的，还应提交过去12个月内引种来源地的动物检疫证明。对于需要实验室检测的，应提交申报前7日内出具的规定疫病的实验室疫病检测报告，其中纳入省级以上水生动物疫病监测计划的，可提交近2年监测结果证明代替。

申报检疫可采取申报点填报或者通过传真、电子数据交换等方式申报。

4.2 申报受理

从事水生动物检疫的县级以上动物卫生监督机构在接到检疫申报后，根据申报资料等，决定是否予以受理。受理的，应当及时指派官方兽医实施检疫，可以安排协检人员协助官方兽医到现场或指定地点核实信息，开展临床健康检查；不予受理的，应说明理由。

水产养殖场的水生动物类执业兽医或者水生动物防疫技术人员，应当协助官方兽医实施检疫。

4.3 查验养殖场防疫状况

查验进出场、饲料、进排水、疾病防治、消毒用药、养殖生产记录和卫生管理等状况，核实养殖场未发生相关水生动物疫情。

4.4 临床检查

4.4.1 检查方法和内容

4.4.1.1 群体检查。群体活力旺盛，逃避或反抗反应明显，体色一致，体型正常，个体大小较均匀，摄食正常，可判定为群体检查正常。

在排除处于蜕壳状态的情况下，群体中若有活力差、逃避反应弱、体色发红、发白，外观缺损、畸小、离群、厌食的个体，可判定为群体检查异常。

4.4.1.2 个体检查。对群体检查正常的，随机抽样进行个体检查；对群体检查异常的，优先选择异常个体进行个体检查。通过外观检查，或解剖检查，或显微镜检查等方法进行。

虾体表若有附着物、白斑、黑斑、红体，附肢、触须及尾扇发红、溃烂、断残，头胸甲易剥离、内侧有白斑，鳃发黄、发黑、肿胀、溃烂，肌肉不透明，空肠空胃，内脏颜色、质地、大小有异常，血淋巴不凝固、颜色混浊，有寄生虫寄生等，出现以上一种或几种症状，可判定为个体检查异常。

白斑综合征：对虾甲壳上出现点状或片状白斑、头胸甲易剥离、虾体发红、血淋巴不凝固等症状；克氏原螯虾出现头胸甲易剥离、血淋巴不凝固等症状，怀疑患有白斑综合征。

十足目虹彩病毒病：对虾、克氏原螯虾甲壳上出现体色变浅，空肠空胃，肝胰腺萎缩等症状；罗氏沼虾额剑基部甲壳下出现明显的白色三角形病变等症状，怀疑患有十足目虹彩病毒病。

虾肝肠胞虫病：对虾出现个体瘦小、肝胰腺颜色深、群体中体长差异大等症状，怀疑患有虾肝肠胞虫病。

急性肝胰腺坏死病：对虾出现甲壳变软，空肠空胃，肝胰腺颜色变浅、萎缩等症状，怀疑患有急性肝胰腺坏死病。

传染性肌坏死病：对虾腹节和尾扇肌肉出现局部至弥散性白色坏死，尾部腹节和尾扇坏死发红，怀疑患有传染性肌坏死病。无上述情况，可判定为个体检查正常。

4.4.2 临床检查结果判定

群体和个体检查正常，临床检查健康。

怀疑患有白斑综合征、十足目虹彩病毒病、虾肝肠胞虫病、急性肝胰腺坏死病、传染性肌坏死病及临床检查发现其他异常情况的，临床检查不合格。

4.5 实验室检测

4.5.1 临床检查不合格的甲壳类，应按照《水生动物产地检疫采样技术规范》(SC/T 7103)采样送实验室，并按相应疫病检测技术规范进行检测。

4.5.2 跨省、自治区、直辖市运输的甲壳类，应按照《水生动物产地检疫采样技术规范》(SC/T 7103)采样送实验室，并按相应疫病检测技术规范进行检测。但以下情况除外：①临床检查健康，且养殖场已纳入省级以上水生动物疫病监测计划，过去两年内无本规程规定检疫对象阳性的；②临床检查健康，且现场采用经农业农村部批准的快速检测试剂盒进行检测，结果为阴性的。

4.5.3 实验室检测应当出具相应的检测报告。

5. 检疫合格标准

5.1 该养殖场未发生相关水生动物疫情。

5.2　申报材料符合动物检疫规程规定。

5.3　临床检查健康。

5.4　需要经实验室检测的，检测结果合格。

6. 检疫结果处理

6.1　经检疫合格的，出具动物检疫证明。

6.2　经检疫不合格的，出具《检疫处理通知单》，并按照有关规定处理。

6.2.1　发现不明原因死亡，或诊断为本规程规定检疫的疫病，应按照《中华人民共和国动物防疫法》《重大动物疫情应急条例》和农业农村部相关规定处理。

6.2.2　病死水生动物应按照《病死水生动物及病害水生动物产品无害化处理规范》（SC/T 7015）和农业农村部相关规定进行无害化处理，费用由货主承担。

7. 检疫记录

检疫申报单、申报处理结果、检疫申报受理单、检疫合格证明、检疫处理通知单、检疫记录等文书应保存 24 个月以上。电子记录与纸质记录具有同等效力。

四十八、贝类产地检疫规程

（2023 年 4 月 1 日　农业农村部农牧发〔2023〕16 号发布）

1. 适用范围

本规程规定了贝类产地检疫的检疫对象、检疫范围、申报点设置、检疫程序、检疫合格标准、检疫结果处理、检疫文书及管理。本规程适用于中华人民共和国境内贝类的产地检疫。

2. 检疫对象及检疫范围

类别	检疫对象	检疫范围
贝类	鲍疱疹病毒病	鲍
	牡蛎疱疹病毒病	牡蛎、扇贝、魁蚶

3. 申报点设置

从事水生动物检疫的县级以上动物卫生监督机构应当根据水生动物产地检疫工作需要，合理设置水生动物检疫申报点，并向社会公布。

4. 检疫程序

4.1　检疫申报

申报检疫时，应当提交检疫申报单、《水域滩涂养殖证》或合法有效的相关合同协议、《水产养殖生产记录》等资料。对于从事水产苗种生产的，还应当提交《水产苗种生产许可证》。有引种的，还应提交过去 12 个月内引种来源地的动物检疫证明。对于需要实验室检测的，应提交申报前 7 日内出具的规定疫病的实验室疫病检测报告，其中纳入省级以上水生动物疫病监测计划的，可提交近 2 年监测结果证明代替。

4.2　申报受理

从事水生动物检疫的县级以上动物卫生监督机构在接到检疫申报后，根据申报资料等，决定是否予以受理。受理的，应当及时指派官方兽医实施检疫，可以安排协检人员协助官方兽医到现场或指定地点核实信息，开展临床健康检查；不予受理的，应说明理由。

水产养殖场的水生动物类执业兽医或者水生动物防疫技术人员，应当协助官方兽医实施检疫。

4.3　查验养殖场防疫状况

查验进出场、饲料、进排水、疾病防治、消毒用药、养殖生产记录和卫生管理等状况，核实养殖场未发生相关水生动物疫情。

4.4　临床检查

4.4.1　检查方法和内容

4.4.1.1　群体检查

群体活力旺盛，壳纹轮线规则、无损伤，滤水、爬行或喷水行为正常，受刺激时逃避、收斧

足、闭壳等反应迅速，腹足吸附牢固，个体大小及重量均匀。可判定为群体检查正常。

群体受刺激时闭壳反应弱、闭合不全、腹足附着不牢固，有空壳，明显偏小、偏轻的个体。可判定为群体检查异常。

4.4.1.2 个体检查

对群体检查正常的，随机抽样进行个体检查；对群体检查异常的，优先选择异常个体进行个体检查。通过外观检查，或解剖检查，或显微镜检查等方法进行。

若有贝壳畸形或穿孔，闭壳反应弱、腹足附着不牢固，内脏团黏液增多、有异味，外套膜萎缩、肿胀、无光泽，鳃丝条理模糊、有损伤，闭壳肌异常着色、有脓疱等，出现以上一种或几种症状，可判定为个体检查异常。

鲍疱疹病毒病：鲍出现附着力、爬行能力减弱，分泌黏液增多，外套膜失去弹性等症状，且水温在23℃以下，怀疑患有鲍疱疹病毒病。

牡蛎疱疹病毒病：双壳贝类幼虫活动力下降、沉底，幼贝和成贝出现双壳闭合不全、内脏团苍白，鳃丝糜烂等症状，且水温在13℃以上，怀疑患有牡蛎疱疹病毒病。

无上述情况，可判定为个体检查正常。

4.4.2 临床检查结果判定

群体和个体检查正常，临床检查健康。

怀疑患有鲍疱疹病毒病、牡蛎疱疹病毒病及临床检查发现其他异常情况的，临床检查不合格。

4.5 实验室检测

4.5.1 临床检查不合格的贝类，应按照《水生动物产地检疫采样技术规范》(SC/T 7103）采样送实验室，并按相应疫病检测技术规范进行检测。

4.5.2 跨省、自治区、直辖市运输的贝类，应按照《水生动物产地检疫采样技术规范》(SC/T 7103）采样送实验室，并按相应疫病检测技术规范进行检测。但以下情况除外：①临床检查健康，且养殖场已纳入省级以上水生动物疫病监测计划，过去两年内无本规程规定检疫对象阳性的；②临床检查健康，且现场采用经农业农村部批准的快速检测试剂盒进行检测，结果为阴性的。

4.5.3 实验室检测应当出具相应的检测报告。

5. 检疫合格标准

5.1 该养殖场未发生相关水生动物疫情。

5.2 申报材料符合动物检疫规程规定。

5.3 临床检查健康。

5.4 需要经实验室检测的，检测结果合格。

6. 检疫结果处理

6.1 经检疫合格的，出具动物检疫证明。

6.2 经检疫不合格的，出具《检疫处理通知单》，并按照有关规定处理。

6.2.1 发现不明原因死亡，或诊断为本规程规定检疫的疫病，应按照《中华人民共和国动物防疫法》《重大动物疫情应急条例》和农业农村部相关规定处理。

6.2.2 病死水生动物应按照《病死水生动物及病害水生动物产品无害化处理规范》（SC/T 7015）和农业农村部相关规定进行无害化处理，费用由货主承担。

7. 检疫记录

检疫申报单、申报处理结果、检疫申报受理单、检疫合格证明、检疫处理通知单、检疫记录等文书应保存24个月以上。电子记录与纸质记录具有同等效力。

四十九、生猪屠宰检疫规程

（2023年4月1日 农业农村部农牧发〔2023〕16号发布）

1. 适用范围

本规程规定了生猪屠宰检疫的检疫范围及对象、检疫合格标准、检疫申报、宰前检查、同步检疫、检疫结果处理和检疫记录。本规程适用于中华人民共和国境内生猪的屠宰检疫。

2. 检疫范围及对象

2.1 检疫范围

《国家畜禽遗传资源目录》规定的猪。

2.2 检疫对象

口蹄疫、非洲猪瘟、猪瘟、猪繁殖与呼吸综合征、炭疽、猪丹毒、囊尾蚴病、旋毛虫病。

3. 检疫合格标准

3.1 进入屠宰加工场所时，具备有效的动物检疫证明，畜禽标识符合国家规定。

3.2 申报材料符合本规程规定。

3.3 待宰生猪临床检查健康。

3.4 同步检疫合格。

3.5 需要进行实验室疫病检测的，检测结果合格。

4. 检疫申报

4.1 申报检疫。货主应当在屠宰前 6 小时向所在地动物卫生监督机构申报检疫，急宰的可以随时申报。申报检疫应当提供以下材料：

4.1.1 检疫申报单。

4.1.2 生猪入场时附有的动物检疫证明。

4.1.3 生猪入场查验登记、待宰巡查等记录。

4.2 申报受理。动物卫生监督机构接到检疫申报后，应当及时对申报材料进行审查。材料齐全的，予以受理，由派驻（出）的官方兽医实施检疫；不予受理的，应当说明理由。

4.3 回收检疫证明。官方兽医应当回收生猪入场时附有的动物检疫证明，并将有关信息上传至动物检疫管理信息化系统。

5. 宰前检查

5.1 现场核查申报材料与待宰生猪信息是否相符。

5.2 按照《生猪产地检疫规程》中“临床检查”内容实施检查。

5.3 结果处理。

5.3.1 合格的，准予屠宰。

5.3.2 不合格的，由官方兽医出具检疫处理通知单，按下列规定处理。

5.3.2.1 发现染疫或者疑似染疫的，向农业农村部门或者动物疫病预防控制机构报告，并由货主采取隔离等控制措施。

5.3.2.2 发现病死猪的，按照《病死畜禽和病害畜禽产品无害化处理管理办法》等规定处理。

5.3.2.3 现场核查待宰生猪信息与申报材料或入场时附有的动物检疫证明不符，涉嫌违反有关法律法规的，向农业农村部门报告。

5.3.3 确认为无碍于肉食安全且濒临死亡的生猪，可以急宰。

6. 同步检疫

与屠宰操作相对应，对同一头猪的胴体及脏器、蹄、头等统一编号进行检疫。

6.1 体表及头蹄检查

6.1.1 视检体表的完整性、颜色，检查有无本规程规定疫病引起的皮肤病变、关节肿大等。

6.1.2 观察吻突、齿龈和蹄部有无水疱、溃疡、烂斑等。

6.1.3 放血后脱毛前，沿放血孔纵向切开下颌区，直到舌骨体，剖开两侧下颌淋巴结，检查有无肿大、水肿和胶样浸润，切面是否呈砖红色，有无坏死灶（紫、黑、黄）等。

6.1.4 剖检两侧咬肌，充分暴露剖面，检查有无囊尾蚴。

6.2 内脏检查

取出内脏前，观察胸腔、腹腔有无积液、粘连、纤维素性渗出物。检查脾脏、肠系膜淋巴结有无肠炭疽。取出内脏后，检查心脏、肺脏、肝脏、脾脏、胃肠等。

6.2.1 心脏。视检心包，切开心包膜，检查有无变性、心包积液、纤维素性渗出物、淤血、出血、坏死等病变。在与左纵沟平行的心脏后缘房室分界处纵剖心脏，检查心内膜、心肌有无虎斑心和寄生虫、血液凝固状态、二尖瓣有无菜花样赘生物等。

6.2.2 肺脏。视检肺脏形状、大小、色泽，触检弹性，检查肺实质有无坏死、萎陷、水肿、淤血、实变、结节、纤维素性渗出物等病变。剖

开一侧支气管淋巴结，检查有无出血、淤血、肿胀、坏死等。必要时剖检气管、支气管。

6.2.3 肝脏。视检肝脏形状、大小、色泽，触检弹性，检查有无淤血、肿胀、变性、黄染、坏死、硬化、肿物、结节、纤维素性渗出物、寄生虫等病变。剖开肝门淋巴结，检查有无出血、淤血、肿胀、坏死等。必要时剖检胆管。

6.2.4 脾脏。视检形状、大小、色泽，触检弹性，检查有无显著肿胀、淤血、颜色变暗、质地变脆、坏死灶、边缘出血性梗死、被膜隆起及粘连等病变。必要时剖检脾实质。

6.2.5 胃和肠。视检胃肠浆膜，观察形状、色泽，检查有无淤血、出血、坏死、胶冻样渗出物和粘连。对肠系膜淋巴结做长度不少于 20cm 的切口，检查有无增大、水肿、淤血、出血、坏死等病变。必要时剖检胃肠，检查黏膜有无淤血、出血、水肿、坏死、溃疡。

6.3 胴体检查

6.3.1 整体检查。检查皮肤、皮下组织、脂肪、肌肉、淋巴结、骨骼以及胸腔、腹腔浆膜有无淤血、出血、疹块、脓肿和其他异常等。

6.3.2 淋巴结检查。剖开两侧腹股沟浅淋巴结，检查有无淤血、肿大、出血、坏死、增生等病变。必要时剖检腹股沟深淋巴结、髂内淋巴结。

6.3.3 腰肌。咬肌检查异常时，沿荐椎与腰椎结合部两侧肌纤维方向切开 10cm 左右切口，检查有无囊尾蚴。

6.3.4 肾脏。剥离两侧肾被膜，视检肾脏形状、大小、色泽，触检质地，检查有无贫血、出血、淤血、肿胀等病变。必要时纵向剖检肾脏，检查切面皮质、髓质部有无颜色变化、出血及隆起等。

6.4 旋毛虫检查

取左右膈脚各 30g 左右，与胴体编号一致，撕去肌膜，感官检查有异常的进行镜检。

6.5 复检

必要时，官方兽医对上述检疫情况进行复检，综合判定检疫结果。

6.6 官方兽医在同步检疫过程中应当做好卫生安全防护

7. 检疫结果处理

7.1 生猪屠宰加工场所非洲猪瘟实验室检测结果阴性，同步检疫合格的，由官方兽医按照检疫申报批次，对生猪的胴体及生皮、原毛、脏器、血液、蹄、头出具动物检疫证明，加盖检疫验讫印章或者加施其他检疫标识。

7.2 生猪屠宰加工场所非洲猪瘟实验室检测结果阳性的，应当立即向农业农村部门或者动物疫病预防控制机构报告，并按照《非洲猪瘟疫情应急实施方案》采取相应措施。

7.3 同步检疫怀疑患有动物疫病的，由官方兽医出具检疫处理通知单，并按 5.3.2.1 处理。

8. 检疫记录

8.1 官方兽医应当做好检疫申报、宰前检查、同步检疫、检疫结果处理等环节记录。

8.2 检疫申报单和检疫工作记录保存期限不得少于 12 个月。

8.3 电子记录与纸质记录具有同等效力。

五十、牛屠宰检疫规程

（2023 年 4 月 1 日　农业农村部农牧发〔2023〕16 号发布）

1. 适用范围

本规程规定了牛屠宰检疫的检疫范围及对象、检疫合格标准、检疫申报、宰前检查、同步检疫、检疫结果处理和检疫记录。本规程适用于中华人民共和国境内牛的屠宰检疫。

2. 检疫范围及对象

2.1 检疫范围

《国家畜禽遗传资源目录》规定的牛。

2.2 检疫对象

口蹄疫、布鲁氏菌病、炭疽、牛结核病、牛传染性鼻气管炎（传染性脓疱外阴阴道炎）、牛结节性皮肤病、日本血吸虫病。

3. 检疫合格标准

3.1 进入屠宰加工场所时，具备有效的动物检疫证明，畜禽标识符合国家规定。

3.2 申报材料符合本规程规定。

3.3 待宰牛临床检查健康。

3.4 同步检疫合格。

3.5 需要进行实验室疫病检测的，检测结果合格。

4. 检疫申报

4.1 申报检疫。货主应当在屠宰前6小时向所在地动物卫生监督机构申报检疫，急宰的可以随时申报。申报检疫应当提供以下材料：

4.1.1 检疫申报单。

4.1.2 牛入场时附有的动物检疫证明。

4.1.3 牛入场查验登记、待宰巡查等记录。

4.2 申报受理。动物卫生监督机构接到检疫申报后，应当及时对申报材料进行审查。材料齐全的，予以受理，由派驻（出）的官方兽医实施检疫；不予受理的，应当说明理由。

4.3 回收检疫证明。官方兽医应当回收牛入场时附有的动物检疫证明，并将有关信息上传至动物检疫管理信息化系统。

5. 宰前检查

5.1 现场核查申报材料与待宰牛信息是否相符。

5.2 按照《反刍动物产地检疫规程》中"临床检查"内容实施检查。

5.3 结果处理。

5.3.1 合格的，准予屠宰。

5.3.2 不合格的，由官方兽医出具检疫处理通知单，按下列规定处理。

5.3.2.1 发现染疫或者疑似染疫的，向农业农村部门或者动物疫病预防控制机构报告，并由货主采取隔离等控制措施。

5.3.2.2 发现病死牛的，按照《病死畜禽和病害畜禽产品无害化处理管理办法》等规定处理。

5.3.2.3 现场核查待宰牛信息与申报材料或入场时附有的动物检疫证明不符，涉嫌违反有关法律法规的，向农业农村部门报告。

5.3.3 确认为无碍于肉食安全且濒临死亡的牛，可以急宰。

6. 同步检疫

与屠宰操作相对应，对同一头牛的胴体及脏器、蹄、头等统一编号进行检疫。

6.1 头蹄部检查

6.1.1 头部检查。检查鼻唇镜、齿龈及舌面有无水疱、溃疡、烂斑等；剖检一侧咽后内侧淋巴结和两侧下颌淋巴结，检查咽喉黏膜和扁桃体有无病变。

6.1.2 蹄部检查。检查蹄冠、蹄叉皮肤有无水疱、溃疡、烂斑、结痂等。

6.2 内脏检查

取出内脏前，观察胸腔、腹腔有无积液、粘连、纤维素性渗出物。检查心脏、肺脏、肝脏、胃肠、脾脏、肾脏，剖检肠系膜淋巴结、支气管淋巴结、肝门淋巴结，检查有无病变和其他异常。

6.2.1 心脏。检查心脏的形状、大小、色泽及有无淤血、出血、肿胀等。必要时剖开心包，检查心包膜、心包液和心肌有无异常。

6.2.2 肺脏。检查两侧肺叶实质、色泽、形状、大小及有无淤血、出血、水肿、化脓、实变、结节、粘连、寄生虫等。剖检一侧支气管淋巴结，检查切面有无淤血、出血、水肿等。必要时剖开气管、结节部位。

6.2.3 肝脏。检查肝脏大小、色泽，触检其弹性和硬度，剖开肝门淋巴结，检查有无出

血、淤血、肿大、坏死灶等。必要时剖开肝实质、胆囊和胆管，检查有无硬化、萎缩、日本血吸虫等。

6.2.4　肾脏。检查其弹性和硬度及有无出血、淤血等。必要时剖开肾实质，检查皮质、髓质和肾盂有无出血、肿大等。

6.2.5　脾脏。检查弹性、颜色、大小等。必要时剖检脾实质。

6.2.6　胃和肠。检查肠袢、肠浆膜，剖开肠系膜淋巴结，检查形状、色泽及有无肿胀、淤血、出血、粘连、结节等。必要时剖开胃肠，检查内容物、黏膜及有无出血、结节、寄生虫等。

6.2.7　子宫和睾丸。检查母牛子宫浆膜有无出血、黏膜有无黄白色或干酪样结节。检查公牛睾丸有无肿大，睾丸、附睾有无化脓、坏死灶等。

6.3　胴体检查

6.3.1　整体检查。检查皮下组织、脂肪、肌肉、淋巴结以及胸腔、腹腔浆膜有无淤血、出血、疹块、脓肿、结节和其他异常等。

6.3.2　淋巴结检查。

6.3.2.1　颈浅淋巴结（肩前淋巴结）在肩关节前稍上方剖开臂头肌、肩胛横突肌下的一侧颈浅淋巴结，检查切面形状、色泽及有无肿胀、淤血、出血、坏死灶等。

6.3.2.2　髂下淋巴结（股前淋巴结、膝上淋巴结）剖开一侧淋巴结，检查切面形状、色泽、大小及有无肿胀、淤血、出血、坏死灶等。

6.3.2.3　必要时剖检腹股沟深淋巴结。

6.4　复检

必要时，官方兽医对上述检疫情况进行复检，综合判定检疫结果。

6.5　官方兽医在同步检疫过程中应当做好卫生安全防护

7. 检疫结果处理

7.1　同步检疫合格的，由官方兽医按照检疫申报批次，对牛的胴体及生皮、原毛、脏器、血液、蹄、头、角出具动物检疫证明，加盖检疫验讫印章或者加施其他检疫标识。

7.2　同步检疫怀疑患有动物疫病的，由官方兽医出具检疫处理通知单，并按5.3.2.1处理。

8. 检疫记录

8.1　官方兽医应当做好检疫申报、宰前检查、同步检疫、检疫结果处理等环节记录。

8.2　检疫申报单和检疫工作记录保存期限不得少于12个月。

8.3　电子记录与纸质记录具有同等效力。

五十一、羊屠宰检疫规程

（2023年4月1日　农业农村部农牧发〔2023〕16号发布）

1. 适用范围

本规程规定了羊屠宰检疫的检疫范围及对象、检疫合格标准、检疫申报、宰前检查、同步检疫、检疫结果处理和检疫记录。本规程适用于中华人民共和国境内羊的屠宰检疫。

2. 检疫范围及对象

2.1　检疫范围

《国家畜禽遗传资源目录》规定的羊。

2.2　检疫对象

口蹄疫、小反刍兽疫、炭疽、布鲁氏菌病、蓝舌病、绵羊痘和山羊痘、山羊传染性胸膜肺炎、棘球蚴病、片形吸虫病。

3. 检疫合格标准

3.1　进入屠宰加工场所时，具备有效的动物检疫证明，畜禽标识符合国家规定。

3.2　申报材料符合本规程规定。

3.3　待宰羊临床检查健康。

3.4 同步检疫合格。

3.5 需要进行实验室疫病检测的，检测结果合格。

4. 检疫申报

4.1 申报检疫。货主应当在屠宰前6小时向所在地动物卫生监督机构申报检疫，急宰的可以随时申报。申报检疫应当提供以下材料：

4.1.1 检疫申报单。

4.1.2 羊入场时附有的动物检疫证明。

4.1.3 羊入场查验登记、待宰巡查等记录。

4.2 申报受理。动物卫生监督机构接到检疫申报后，应当及时对申报材料进行审查。材料齐全的，予以受理，由派驻（出）的官方兽医实施检疫；不予受理的，应当说明理由。

4.3 回收检疫证明。官方兽医应当回收羊入场时附有的动物检疫证明，并将有关信息上传至动物检疫管理信息化系统。

5. 宰前检查

5.1 现场核查申报材料与待宰羊信息是否相符。

5.2 按照《反刍动物产地检疫规程》中“临床检查”内容实施检查。

5.3 结果处理。

5.3.1 合格的，准予屠宰。

5.3.2 不合格的，由官方兽医出具检疫处理通知单，按下列规定处理。

5.3.2.1 发现染疫或者疑似染疫的，向农业农村部门或者动物疫病预防控制机构报告，并由货主采取隔离等控制措施。

5.3.2.2 发现病死羊的，按照《病死畜禽和病害畜禽产品无害化处理管理办法》等规定处理。

5.3.2.3 现场核查待宰羊信息与申报材料或入场时附有的动物检疫证明不符，涉嫌违反有关法律法规的，向农业农村部门报告。

5.3.3 确认为无碍于肉食安全且濒临死亡的羊，可以急宰。

6. 同步检疫

与屠宰操作相对应，对同一羊的胴体及脏器、蹄、头等统一编号进行检疫。

6.1 头蹄部检查

6.1.1 头部检查。检查鼻镜、齿龈、口腔黏膜、舌及舌面有无水疱、溃疡、烂斑、坏死、充血、出血、发绀等。必要时剖开下颌淋巴结，检查有无肿胀、淤血、出血、坏死灶等。

6.1.2 蹄部检查。检查蹄冠、蹄叉皮肤有无水疱、溃疡、烂斑、结痂等。

6.2 内脏检查

取出内脏前，观察胸腔、腹腔有无积液、粘连、纤维素性渗出物。检查心脏、肺脏、肝脏、胃肠、脾脏、肾脏，剖检支气管淋巴结、肝门淋巴结、肠系膜淋巴结等，检查有无病变和其他异常。

6.2.1 心脏。检查心脏的形状、大小、色泽及有无淤血、出血等。必要时剖开心包，检查心包膜、心包液和心肌有无异常。

6.2.2 肺脏。检查两侧肺叶实质、色泽、形状、大小及有无淤血、出血、水肿、化脓、实变、粘连、纤维素性渗出、包囊砂、寄生虫等。剖开一侧支气管淋巴结，检查切面有无淤血、出血、水肿等。

6.2.3 肝脏。检查肝脏大小、色泽、弹性、硬度及有无大小不一的突起。剖开肝门淋巴结，切开胆管，检查有无寄生虫等。必要时剖开肝实质，检查有无肿大、出血、淤血、坏死灶、硬化、萎缩等。

6.2.4 肾脏。剥离两侧肾被膜，检查弹性、硬度及有无贫血、出血、淤血等。必要时剖检肾脏。

6.2.5 脾脏。检查弹性、颜色、大小等。必要时剖检脾实质。

6.2.6 胃和肠。检查浆膜面及肠系膜有无淤血、出血、粘连等。剖开肠系膜淋巴结，检查有无肿胀、淤血、出血、坏死等。必要时剖开胃肠，检查有无淤血、出血、胶样浸润、糜烂、溃疡、化脓、结节、寄生虫等，检查瘤胃肉柱表面有无水疱、糜烂或溃疡等。

6.2.7 子宫和睾丸。检查母羊子宫浆膜有无出血、炎症。检查公羊睾丸有无肿大，睾丸、附睾有无化脓、坏死灶等。

6.3 胴体检查

6.3.1 整体检查。检查皮下组织、脂肪、肌

肉、淋巴结以及胸腔、腹腔浆膜有无淤血、出血以及疹块、脓肿和其他异常等。

6.3.2 淋巴结检查。

6.3.2.1 颈浅淋巴结（肩前淋巴结）。在肩关节前稍上方剖开臂头肌、肩胛横突肌下的一侧颈浅淋巴结，检查有无肿胀、淤血、出血、坏死灶等。

6.3.2.2 髂下淋巴结（股前淋巴结、膝上淋巴结）。剖开一侧淋巴结，检查有无肿胀、淤血、出血、坏死灶等。

6.3.2.3 必要时检查腹股沟深淋巴结。

6.4 复检

必要时，官方兽医对上述检疫情况进行复检，综合判定检疫结果。

6.5 官方兽医在同步检疫过程中应当做好卫生安全防护

7. 检疫结果处理

7.1 同步检疫合格的，由官方兽医按照检疫申报批次，对羊的胴体及生皮、原毛、脏器、血液、蹄、头、角出具动物检疫证明，加盖检疫验讫印章或者加施其他检疫标识。

7.2 同步检疫怀疑患有动物疫病的，由官方兽医出具检疫处理通知单，并按5.3.2.1处理。

8. 检疫记录

8.1 官方兽医应当做好检疫申报、宰前检查、同步检疫、检疫结果处理等环节记录。

8.2 检疫申报单和检疫工作记录保存期限不得少于12个月。

8.3 电子记录与纸质记录具有同等效力。

五十二、家禽屠宰检疫规程

（2023年4月1日 农业农村部农牧发〔2023〕16号发布）

1. 适用范围

本规程规定了家禽屠宰检疫的检疫范围及对象、检疫合格标准、检疫申报、宰前检查、同步检疫、检疫结果处理和检疫记录。

本规程适用于中华人民共和国境内家禽的屠宰检疫。

2. 检疫范围及对象

2.1 检疫范围

《国家畜禽遗传资源目录》规定的家禽。

2.2 检疫对象

高致病性禽流感、新城疫、鸭瘟、马立克病、禽痘、鸡球虫病。

3. 检疫合格标准

3.1 进入屠宰加工场所时，具备有效的动物检疫证明。

3.2 申报材料符合本规程规定。

3.3 待宰家禽临床检查健康。

3.4 同步检疫合格。

3.5 需要进行实验室疫病检测的，检测结果合格。

4. 检疫申报

4.1 申报检疫。货主应当在屠宰前6小时向所在地动物卫生监督机构申报检疫，急宰的可以随时申报。申报检疫应当提供以下材料：

4.1.1 检疫申报单。

4.1.2 家禽入场时附有的动物检疫证明。

4.1.3 家禽入场查验登记、待宰巡查等记录。

4.2 申报受理。动物卫生监督机构接到检疫申报后，应当及时对申报材料进行审查。材料齐全的，予以受理，由派驻（出）的官方兽医实施检疫；不予受理的，应当说明理由。

4.3 回收检疫证明。官方兽医应当回收家禽入场时附有的动物检疫证明，并将有关信息上传至动物检疫管理信息化系统。

5. 宰前检查

5.1　现场核查申报材料与待宰家禽信息是否相符。

5.2　按照《家禽产地检疫规程》中“临床检查”内容实施检查。

其中，个体检查的对象包括群体检查时发现的异常家禽和随机抽取的家禽（每车抽 60～100 只）。

5.3　结果处理。

5.3.1　合格的，准予屠宰。

5.3.2　不合格的，由官方兽医出具检疫处理通知单，按下列规定处理。

5.3.2.1　发现染疫或者疑似染疫的，向农业农村部门或者动物疫病预防控制机构报告，并由货主采取隔离等控制措施。

5.3.2.2　发现病死家禽的，按照《病死畜禽和病害畜禽产品无害化处理管理办法》等规定处理。

5.3.2.3　现场核查待宰家禽信息与申报材料或入场时附有的动物检疫证明不符，涉嫌违反有关法律法规的，向农业农村部门报告。

5.3.3　确认为无碍于肉食安全且濒临死亡的家禽，可以急宰。

6. 同步检疫

6.1　屠体检查

6.1.1　体表。检查色泽、气味、光洁度、完整性及有无水肿、痘疮、化脓、外伤、溃疡、坏死灶、肿物等。

6.1.2　冠和髯。检查有无出血、发绀、水肿、结痂、溃疡及形态有无异常等。

6.1.3　眼。检查眼睑有无出血、水肿、结痂，眼球是否下陷等。

6.1.4　爪。检查有无出血、淤血、增生、肿物、溃疡及结痂等。

6.1.5　肛门。检查有无紧缩、淤血、出血等。

6.2　抽检

日屠宰量在 1 万只以上（含 1 万只）的，按照 1%的比例抽样检查；日屠宰量在 1 万只以下的抽检 60 只。抽检发现异常情况的，应当适当扩大抽检比例和数量。

6.2.1　皮下。检查有无出血点、炎性渗出物等。

6.2.2　肌肉。检查颜色是否正常，有无出血、淤血、结节等。

6.2.3　鼻腔。检查有无淤血、肿胀和异常分泌物等。

6.2.4　口腔。检查有无淤血、出血、溃疡及炎性渗出物等。

6.2.5　喉头和气管。检查有无水肿、淤血、出血、糜烂、溃疡和异常分泌物等。

6.2.6　气囊。检查囊壁有无增厚浑浊、纤维素性渗出物、结节等。

6.2.7　肺脏。检查有无颜色异常、结节等。

6.2.8　肾脏。检查有无肿大、出血、苍白、结节等。

6.2.9　腺胃和肌胃。检查浆膜面有无异常。剖开腺胃，检查腺胃黏膜和乳头有无肿大、淤血、出血、坏死灶和溃疡等；切开肌胃，剥离角质膜，检查肌层内表面有无出血、溃疡等。

6.2.10　肠道。检查浆膜有无异常。剖开肠道，检查小肠黏膜有无淤血、出血等，检查盲肠黏膜有无枣核状坏死灶、溃疡等。

6.2.11　肝脏和胆囊。检查肝脏形状、大小、色泽及有无出血、坏死灶、结节、肿物等。检查胆囊有无肿大等。

6.2.12　脾脏。检查形状、大小、色泽及有无出血和坏死灶、灰白色或灰黄色结节等。

6.2.13　心脏。检查心包和心外膜有无炎症变化等，心冠状沟脂肪、心外膜有无出血点、坏死灶、结节等。

6.2.14　法氏囊（腔上囊）。检查有无出血、肿大等。剖检有无出血、干酪样坏死等。

6.2.15　体腔。检查内部清洁程度和完整度，有无赘生物、寄生虫等。检查体腔内壁有无凝血块、粪便和胆汁污染和其他异常等。

6.3　复检

必要时，官方兽医对上述检疫情况进行复检，综合判定检疫结果。

6.4　官方兽医在同步检疫过程中应当做好卫生安全防护

7. 检疫结果处理

7.1 同步检疫合格的，由官方兽医按照检疫申报批次，对家禽的胴体及原毛、绒、脏器、血液、爪、头出具动物检疫证明，加盖检疫验讫印章或者加施其他检疫标识。

7.2 同步检疫怀疑患有动物疫病的，由官方兽医出具检疫处理通知单，并按 5.3.2.1 处理。

8. 检疫记录

8.1 官方兽医应当做好检疫申报、宰前检查、同步检疫、检疫结果处理等环节记录。

8.2 检疫申报单和检疫工作记录保存期限不得少于 12 个月。

8.3 电子记录与纸质记录具有同等效力。

五十三、兔屠宰检疫规程

（2023 年 4 月 1 日　农业农村部农牧发〔2023〕16 号发布）

1. 适用范围

本规程规定了兔屠宰检疫的检疫范围及对象、检疫合格标准、检疫申报、宰前检查、同步检疫、检疫结果处理和检疫记录。本规程适用于中华人民共和国境内兔的屠宰检疫。

2. 检疫范围及对象

2.1 检疫范围

《国家畜禽遗传资源目录》规定的兔。

2.2 检疫对象

兔出血症、兔球虫病。

3. 检疫合格标准

3.1 进入屠宰加工场所时，具备有效的动物检疫证明。

3.2 申报材料符合本规程规定。

3.3 待宰兔临床检查健康。

3.4 同步检疫合格。

3.5 需要进行实验室疫病检测的，检测结果合格。

4. 检疫申报

4.1 申报检疫。货主应当在屠宰前 6 小时向所在地动物卫生监督机构申报检疫，急宰的可以随时申报。申报检疫应当提供以下材料：

4.1.1 检疫申报单。

4.1.2 兔入场时附有的动物检疫证明。

4.1.3 兔入场查验登记、待宰巡查等记录。

4.2 申报受理。动物卫生监督机构接到检疫申报后，应当及时对申报材料进行审查。材料齐全的，予以受理，由派驻（出）的官方兽医实施检疫；不予受理的，应当说明理由。

4.3 回收检疫证明。官方兽医应当回收兔入场时附有的动物检疫证明，并将有关信息上传至动物检疫管理信息化系统。

5. 宰前检查

5.1 现场核查申报材料与待宰兔信息是否相符。

5.2 按照《兔产地检疫规程》中“临床检查”内容实施检查。其中，个体检查的对象包括群体检查时发现异常的兔和随机抽取的兔（每车抽 60～100 只）。

5.3 结果处理。

5.3.1 合格的，准予屠宰。

5.3.2 不合格的，由官方兽医出具检疫处理通知单，按下列规定处理。

5.3.2.1 发现染疫或者疑似染疫的，向农业农村部门或者动物疫病预防控制机构报告，并由货主采取隔离等控制措施。

5.3.2.2 发现病死兔的，按照《病死畜禽和病害畜禽产品无害化处理管理办法》等规定处理。

5.3.2.3 现场核查待宰兔信息与申报材料或

入场时附有的动物检疫证明不符，涉嫌违反有关法律法规的，向农业农村部门报告。

5.3.3　确认为无碍于肉食安全且濒临死亡的兔，可以急宰。

6. 同步检疫

6.1　抽检。日屠宰量在1万只以上（含1万只）的，按照1%的比例抽样检查，日屠宰量在1万只以下的抽检60只。抽检发现异常情况的，应当适当扩大抽检比例和数量。

6.1.1　肾脏检查。检查肾脏有无肿大、淤血，皮质有无出血点等情况。

6.1.2　肝脏检查。检查肝脏有无肿大、变性、颜色变浅（淡黄色、土黄色）、淤血、出血、体积缩小、质地变硬；检查肝表面与实质内有无灰白色或淡黄色的结节性病灶；胆管周围和肝小叶间结缔组织是否增生等情况。

6.1.3　心肺及支气管检查。检查心脏和肺脏有无淤血、水肿或出血斑点；气管黏膜处有无可见淤血或弥漫性出血，并有泡沫状血色分泌物等情况。

6.1.4　肠道检查。检查十二指肠肠壁有无增厚、内腔扩张和黏膜炎症；小肠内有无充满气体和大量微红色黏液；肠黏膜有无肿胀、充血、出血、结节等情况。

6.2　复检。必要时，官方兽医对上述检疫情况进行复检，综合判定检疫结果。

6.3　官方兽医在同步检疫过程中应当做好卫生安全防护。

7. 检疫结果处理

7.1　同步检疫合格的，由官方兽医按照检疫申报批次，对兔的胴体及生皮、原毛、绒、脏器、血液、头出具动物检疫证明，加盖检疫验讫印章或者加施其他检疫标识。

7.2　同步检疫不合格的，由官方兽医出具检疫处理通知单，并按5.3.2.1处理。

8. 检疫记录

8.1　官方兽医应当做好检疫申报、宰前检查、同步检疫、检疫结果处理等环节记录。

8.2　检疫申报单和检疫工作记录保存期限不得少于12个月。

8.3　电子记录与纸质记录具有同等效力。

五十四、马属动物屠宰检疫规程

（2023年4月1日　农业农村部农牧发〔2023〕16号发布）

1. 适用范围

本规程规定了马属动物屠宰检疫的检疫范围及对象、检疫合格标准、检疫申报、宰前检查、同步检疫、检疫结果处理和检疫记录。

本规程适用于中华人民共和国境内马属动物的屠宰检疫。

2. 检疫范围及对象

2.1　检疫范围

2.1.1　《国家畜禽遗传资源目录》规定的马、驴。

2.1.2　骡。

2.2　检疫对象

马传染性贫血、马鼻疽、马流感、马腺疫。

3. 检疫合格标准

3.1　进入屠宰加工场所时，具备有效的动物检疫证明。

3.2　申报材料符合本规程规定。

3.3　待宰马属动物临床检查健康。

3.4　同步检疫合格。

3.5　需要进行实验室疫病检测的，检测结果合格。

4. 检疫申报

4.1 申报检疫。货主应当在屠宰前6小时向所在地动物卫生监督机构申报检疫，急宰的可以随时申报。申报检疫应当提供以下材料：

4.1.1 检疫申报单。

4.1.2 马属动物入场时附有的动物检疫证明。

4.1.3 马属动物入场查验登记、待宰巡查等记录。

4.2 申报受理。动物卫生监督机构接到检疫申报后，应当及时对申报材料进行审查。材料齐全的，予以受理，由派驻（出）的官方兽医实施检疫；不予受理的，应当说明理由。

4.3 回收检疫证明。官方兽医应当回收马属动物入场时附有的动物检疫证明，并将有关信息上传至动物检疫管理信息化系统。

5. 宰前检查

5.1 现场核查申报材料与待宰马属动物信息是否相符。

5.2 按照《马属动物产地检疫规程》中“临床检查”内容实施检查。

5.3 结果处理。

5.3.1 合格的，准予屠宰。

5.3.2 不合格的，由官方兽医出具检疫处理通知单，按下列规定处理。

5.3.2.1 发现染疫或者疑似染疫的，向农业农村部门或者动物疫病预防控制机构报告，并由货主采取隔离等控制措施。

5.3.2.2 发现病死动物的，按照《病死畜禽和病害畜禽产品无害化处理管理办法》等规定处理。

5.3.2.3 现场核查待宰动物信息与申报材料或入场时附有的动物检疫证明不符，涉嫌违反有关法律法规的，向农业农村部门报告。

5.3.3 确认为无碍于肉食安全且濒临死亡的马属动物，可以急宰。

6. 同步检疫

与屠宰操作相对应，对同一匹马属动物的胴体及脏器、蹄、头等统一编号进行检疫。

6.1 体表检查。检查体表色泽、完整性，检查有无本规程规定马属动物疫病的皮肤结节、溃疡、水肿等病变。

6.2 头部检查。检查眼结膜、口腔黏膜、咽喉黏膜等可视黏膜，观察其有无贫血、黄染、出血、结节、脓性分泌物等异常变化。检查鼻腔黏膜及鼻中隔有无结节、溃疡、穿孔或瘢痕。剖检两侧下颌淋巴结，检查有无肿大、淤血、充血、化脓等。

6.3 内脏检查。取出内脏前，观察胸腔、腹腔有无积液、粘连、纤维素性渗出物。检查心脏、肺脏、肝脏、胃肠、脾脏、肾脏，剖检肠系膜淋巴结、支气管（纵隔）淋巴结、肝门淋巴结，检查有无病变和其他异常。

6.3.1 心脏。检查心脏的形状、大小、色泽及有无实质性变、淤血、出血、水肿、结节、化脓灶等。必要时剖开心包和心脏，检查心包膜、心包液和心肌有无积液、变性、色淡、出血、淤血、化脓灶等异常。

6.3.2 肺脏。检查两侧肺叶实质、色泽、形状、大小及有无淤血、出血、水肿、化脓、坏疽、结节、粘连、寄生虫等。视检或剖检支气管（纵隔）淋巴结，检查切面有无淤血、出血、水肿、化脓、坏死等。必要时剖检肺实质和支气管，检查有无化脓、渗出物、充血、糜烂、钙化或干酪化结节等。

6.3.3 肝脏。检查肝脏大小、色泽，触检其弹性和硬度，检查有无出血、淤血、肿大或实质变性、结节、化脓灶、坏死灶等。必要时剖开肝门淋巴结、肝实质、胆囊和胆管，检查有无淤血、水肿、变性、黄染、坏死、硬化以及肿瘤、结节、寄生虫、囊泡等病变。

6.3.4 肾脏。检查其弹性和硬度及有无肿大、出血、淤血、实质性变、化脓灶等。必要时剖开肾实质，检查皮质、髓质和肾盂有无出血、肿大、颜色灰黄等。

6.3.5 脾脏。检查弹性、颜色、大小等。必要时剖检脾实质，检查切面是否呈颗粒状。

6.3.6 胃和肠。检查胃肠浆膜，检查有无淤血、出血、坏死、胶冻样渗出物和粘连。剖开肠系膜淋巴结，检查有无肿胀、淤血、出血、化脓灶、坏死等。必要时剖开胃肠，检查内容物、黏膜等有无出血、淤血、水肿、坏死、溃疡、结节、寄生虫等。

6.4 胴体检查。

6.4.1 整体检查。检查皮下组织、脂肪、肌肉、淋巴结以及胸腔、腹腔浆膜有无淤血、出血、疹块、脓肿、黄染和其他异常等。

6.4.2 淋巴结检查。剖检颈浅淋巴结（肩前淋巴结）、股前淋巴结、腹股沟浅淋巴结、腹股沟深（髂内）淋巴结，必要时剖检颈深淋巴结和腘淋巴结，检查切面形状、色泽、大小及有无肿胀、淤血、出血、化脓灶、坏死灶等。

6.5 复检。必要时，官方兽医对上述检疫情况进行复检，综合判定检疫结果。

6.6 官方兽医在同步检疫过程中应当做好卫生安全防护。

7. 检疫结果处理

7.1 同步检疫合格的，由官方兽医按照检疫申报批次，对马属动物的胴体及生皮、脏器、血液、蹄、头出具动物检疫证明，加盖检疫验讫印章或者加施其他检疫标识。

7.2 同步检疫不合格的，由官方兽医出具检疫处理通知单，并按5.3.2.1规定处理。

8. 检疫记录

8.1 官方兽医应当做好检疫申报、宰前检查、同步检疫、检疫结果处理等环节记录。

8.2 检疫申报单和检疫记录保存期限不得少于12个月。

8.3 电子记录与纸质记录具有同等效力。

五十五、鹿屠宰检疫规程

（2023年4月1日 农业农村部农牧发〔2023〕16号发布）

1. 适用范围

本规程规定了鹿屠宰检疫的检疫范围及对象、检疫合格标准、检疫申报、宰前检查、同步检疫、检疫结果处理和检疫记录。

本规程适用于中华人民共和国境内鹿的屠宰检疫。

2. 检疫范围及对象

2.1 检疫范围

《国家畜禽遗传资源目录》规定的鹿。

2.2 检疫对象

口蹄疫、炭疽、布鲁氏菌病、牛结核病、棘球蚴病、片形吸虫病。

3. 检疫合格标准

3.1 进入屠宰加工场所时，具备有效的动物检疫证明。

3.2 申报材料符合本规程规定。

3.3 待宰鹿临床检查健康。

3.4 同步检疫合格。

3.5 需要进行实验室疫病检测的，检测结果合格。

4. 检疫申报

4.1 申报检疫。货主应当在屠宰前6小时向所在地动物卫生监督机构申报检疫，急宰的可以随时申报。申报检疫应当提供以下材料：

4.1.1 检疫申报单。

4.1.2 鹿入场时附有的动物检疫证明。

4.1.3 鹿入场查验登记、待宰巡查等记录。

4.2 申报受理。动物卫生监督机构接到检疫申报后，应当及时对申报材料进行审查。材料齐全的，予以受理，由派驻（出）的官方兽医实施检疫；不予受理的，应当说明理由。

4.3 回收检疫证明。官方兽医应当回收鹿入场时附有的动物检疫证明，并将有关信息上传至动物检疫管理信息化系统。

5. 宰前检查

5.1 现场核查申报材料与待宰鹿信息是否相符。

5.2 按照《反刍动物产地检疫规程》中“临床检查”内容实施检查。

5.3 结果处理。

5.3.1 合格的，准予屠宰。

5.3.2 不合格的，由官方兽医出具检疫处理通知单，按下列规定处理。

5.3.2.1 发现染疫或者疑似染疫的，向农业农村部门或者动物疫病预防控制机构报告，并由货主采取隔离等控制措施。

5.3.2.2 发现病死鹿的，按照《病死畜禽和病害畜禽产品无害化处理管理办法》等规定处理。

5.3.2.3 现场核查待宰鹿信息与申报材料或入场时附有的动物检疫证明不符，涉嫌违反有关法律法规的，向农业农村部门报告。

5.3.3 确认为无碍于肉食安全且濒临死亡的鹿，可以急宰。

6. 同步检疫

与屠宰操作相对应，对同一只鹿的胴体及脏器、蹄、头等统一编号进行检疫。

6.1 头蹄部检查

6.1.1 头部检查。检查鼻镜、齿龈、口腔黏膜、舌及舌面有无水疱、溃疡、烂斑等。必要时剖开下颌淋巴结，检查有无肿胀、淤血、出血、坏死灶等。

6.1.2 蹄部检查。检查蹄冠、蹄叉皮肤有无水疱、溃疡、烂斑、结痂等。

6.2 内脏检查

取出内脏前，观察胸腔、腹腔有无积液、粘连、纤维素性渗出物。检查心脏、肺脏、肝脏、胃肠、脾脏、肾脏，剖检支气管淋巴结、肝门淋巴结、肠系膜淋巴结等，检查有无病变和其他异常。

6.2.1 心脏。检查心脏的形状、大小、色泽及有无淤血、出血等。必要时剖开心包，检查心包膜、心包液和心肌有无异常。

6.2.2 肺脏。检查两侧肺叶实质、色泽、形状、大小及有无淤血、出血、水肿、化脓、实变、粘连、结节、空洞、寄生虫等。剖检一侧支气管(肺门)淋巴结，检查切面有无淤血、出血、水肿、结节等。

6.2.3 肝脏。检查肝脏大小、色泽、弹性、硬度及有无大小不一的突起。剖开肝门淋巴结，切开胆管，检查有无寄生虫等。必要时剖开肝实质，检查有无肿大、出血、淤血、坏死灶、结节、硬化、萎缩等。

6.2.4 肾脏。剥离两侧肾被膜（两刀），检查弹性、硬度及有无贫血、出血、淤血、结节等。必要时剖检肾脏。

6.2.5 脾脏。检查弹性、颜色、大小等。必要时剖检脾实质。

6.2.6 胃和肠。检查浆膜面及肠系膜有无淤血、出血、粘连等。剖开肠系膜淋巴结，检查有无肿胀、淤血、出血、坏死等。必要时剖开胃肠，检查有无淤血、出血、胶样浸润、糜烂、溃疡、化脓、结节、寄生虫等，检查瘤胃肉柱表面有无水疱、糜烂或溃疡等。

6.2.7 子宫和睾丸。检查母鹿子宫浆膜、黏膜有无出血、坏死、炎症、结节等。检查公鹿睾丸有无肿大，睾丸、附睾有无化脓、坏死灶等。

6.3 胴体检查

6.3.1 整体检查。检查皮下组织、脂肪、肌肉、淋巴结以及胸腔、腹腔浆膜有无淤血、出血以及疹块、脓肿、结节和其他异常等。

6.3.2 淋巴结检查。

6.3.2.1 颈浅淋巴结（肩前淋巴结）。在肩关节前稍上方剖开臂头肌、肩胛横突肌下的一侧颈浅淋巴结，检查有无肿胀、淤血、出血、结节、坏死灶等。

6.3.2.2 髂下淋巴结（股前淋巴结、膝上淋巴结）。剖开一侧淋巴结，检查切面形状、色泽、大小及有无肿胀、淤血、出血、结节、坏死灶等。

6.3.2.3 必要时剖检腹股沟深淋巴结。

6.4 复检

必要时，官方兽医对上述检疫情况进行复检，综合判定检疫结果。

6.5 官方兽医在同步检疫过程中应当做好卫生安全防护

7. 检疫结果处理

7.1 同步检疫合格的，由官方兽医按照规定对鹿的胴体及生皮、原毛、脏器、血液、蹄、头出具动物检疫证明，加盖检疫验讫印章或者加施其他检疫标识。

7.2 同步检疫不合格的，由官方兽医出具检疫处理通知单，并按5.3.2.1规定处理。

8. 检疫记录

8.1 官方兽医应当做好检疫申报、宰前检查、同步检疫、检疫结果处理等环节记录。

8.2 检疫申报单和检疫工作记录保存期限不得少于12个月。

8.3 电子记录与纸质记录具有同等效力。

五十六、动物和动物产品补检规程

（2023年4月1日 农业农村部农牧发〔2023〕16号发布）

1. 适用范围

本规程规定了动物和动物产品补检的范围及对象、补检合格标准、补检程序、补检结果处理和补检记录。

本规程适用于中华人民共和国境内动物和动物产品的补检。

2. 补检范围及对象

2.1 补检范围

依法应当检疫而未经检疫的动物及其生皮、原毛、绒、角。

2.2 补检对象

动物检疫规程中规定的检疫对象。

3. 补检合格标准

3.1 动物

3.1.1 畜禽标识符合规定。

3.1.2 动物产地检疫规程要求提供的检疫申报材料齐全，符合规定。

3.1.3 临床检查健康。

3.1.4 不符合3.1.1或者3.1.2规定条件的，货主应当于7日内提供本规程规定的实验室疫病检测报告，检测结果合格。

3.2 生皮、原毛、绒、角

3.2.1 经外观检查无腐烂变质。

3.2.2 按照规定进行消毒。

3.2.3 需要实验室检测的，货主应当于7日内提供本规程规定的实验室疫病检测报告，检测结果合格。

4. 补检程序

4.1 启动补检

动物卫生监督机构在接到农业农村部门的补检通知后，确定是否属于检疫范围，属于检疫范围的应当及时指派官方兽医或协检人员到现场核实信息，开展临床健康检查；不予补检的，应当说明理由。

4.2 查验畜禽标识及材料

4.2.1 动物

4.2.1.1 查验畜禽标识加施情况，确认是否按规定加施畜禽标识。

4.2.1.2 按照动物产地检疫规程要求，查验检疫申报单以外，其他检疫申报需要提供的材料是否齐全、符合要求。

4.2.1.3 需要继续运输的，查验运输车辆、承运单位（个人）及车辆驾驶员是否备案。

4.2.1.4 不符合3.1.1或者3.1.2规定条件的，货主应当于7日内提供本规程规定的实验室疫病检测报告，官方兽医或协检人员应当查验实验室疫病检测报告是否符合要求，检测结果是否合格。

4.2.2 生皮、原毛、绒、角

4.2.2.1 查验动物产品消毒记录是否符合要求。

4.2.2.2 查验实验室疫病检测报告是否符合要求，检测结果是否合格。

4.3 现场检查

4.3.1 动物。按照相关动物产地检疫规程中"临床检查"内容实施检查。

4.3.2 动物产品。检查外观是否腐败变质。

4.4 实验室疫病检测种类

4.4.1 动物

4.4.1.1 生猪：非洲猪瘟。

4.4.1.2 反刍动物：口蹄疫、小反刍兽疫、布鲁氏菌病。

4.4.1.3 家禽：高致病性禽流感。

4.4.1.4 马属动物：马传染性贫血、马鼻疽。

4.4.1.5 兔：兔出血症。

4.4.1.6 犬、猫以及水貂等非食用动物：狂犬病免疫抗体。

4.4.1.7 蜜蜂：美洲蜜蜂幼虫腐臭病、欧洲蜜蜂幼虫腐臭病。

4.4.1.8 种用、乳用畜禽：按照《种用乳用家畜产地检疫规程》《种禽产地检疫规程》规定的实验室疫病检测要求实施检测。

4.4.1.9 水产苗种：按照《鱼类产地检疫规程》《甲壳类产地检疫》《贝类产地检疫规程》规定的实验室疫病检测要求实施检测。

4.4.2 生皮、原毛、绒

炭疽。

5. 补检结果处理

5.1 补检合格

5.1.1 动物

补检合格，且运输车辆、承运单位（个人）及车辆驾驶员备案符合要求的，出具动物检疫证明；运输车辆、承运单位（个人）及车辆驾驶员备案不符合要求的，应当及时向农业农村部门报告，由农业农村部门责令改正的，方可出具动物检疫证明。

5.1.2 生皮、原毛、绒、角

补检合格，出具动物检疫证明。

5.2 补检不合格

5.2.1 动物

补检不合格，出具检疫处理通知单，并按照相关动物产地检疫规程的规定处理。

5.2.2 生皮、原毛、绒、角

补检不合格，出具检疫处理通知单，及时向农业农村部门报告，由农业农村部门监督货主对动物产品进行无害化处理。

6. 补检记录

6.1 官方兽医应当及时填写补检工作记录，详细登记补检动物或动物产品的货主姓名、检疫时间、检疫地点、种类、数量及用途、检疫处理、检疫证明编号等。

6.2 检疫工作记录保存期限不得少于12个月。

6.3 电子记录与纸质记录具有同等效力。

五十七、畜禽屠宰操作规程（生猪）

（国家标准GB/T 17236—2019，2019年3月25日发布，2019年10月1日实施）

前 言

本标准按照GB/T 1.1—2009给出的规则起草。

本标准代替GB/T 17236—2008《生猪屠宰操作规程》，与GB/T 17236—2008相比，主要技术变化如下：

——修改标准名称为《畜禽屠宰操作规程 生猪》；

——修改了范围（见第1章，2008版的第1章）；

——修改了规范性引用文件（见第2章，2008年版的第2章）；

——删除了部分术语和定义（见第3章，2008年版的第3章）；

——修改了宰前要求（见第4章，2008年版的第4章）；

——修改了电致昏、二氧化碳（CO_2）致昏的要求（见5.1.1.1和5.1.1.2，2008年版的5.1.1和5.1.2）；

——修改了刺杀放血的要求（见5.2，2008版的5.2）；

——修改了人工剥皮和机械剥皮要求（见5.3，2008版的5.3）；

——修改了浸烫脱毛的要求（见5.4，2008版的5.4）；

——增加了吊挂提升工序及要求（见5.5）；
——修改了雕圈、劈半、整修工序要求（见5.10、5.13和5.14，2008版的5.9、5.11和5.12）；
——增加了检验检疫要求（见5.12）；
——增加了计量与质量分级（见5.15）；
——修改了副产品整理（见5.16，2008版的5.13）；
——修改了预冷工艺要求（见5.17，2008版的5.14）；
删除了分割（2008年版的5.15）；
——修改了冻结（见5.18，2008版的5.16）；
——修改了包装、标签、标志和贮存内容（见第6章，2008年版的5.17和5.18）；
——修改了其他要求的内容（见第7章，2008年的第6章）

本标准由中华人民共和国农业农村部提出。

本标准由全国屠宰加工标准化技术委员会（SAC/TC 516）归口。

本标准起草单位：中国动物疫病预防控制中心（农业农村部屠宰技术中心）、商务部流通产业促进中心、河南众品食业股份有限公司。

本标准主要起草人：吴晗、高胜普、尤华、张建林、王敏、龚海岩、赵箭、陆学君、王会玲、张朝明、张新玲。

本标准所代替标准的历次版本发布情况为：
——GB/T 17236—1998、GB/T 17236—2008。

畜禽屠宰操作规程（生猪）

1 范围

本标准规定了生猪屠宰的术语和定义、宰前要求、屠宰操作程序及要求、包装、标签、标志和贮存以及其他要求。

本标准适用于生猪定点屠宰加工厂（场）的屠宰操作。

2 规范性引用文件

下列文件对于本文件的应用是必不可少的。凡是注日期的引用文件，仅注日期的版本适用于本文件。凡是不注日期的引用文件，其最新版本（包括所有的修改单）适用于本文件。

GB/T 191　包装储运图示标志

GB 12694　食品安全国家标准　畜禽屠宰加工卫生规范

GB/T 17996　生猪屠宰产品品质检验规程

GB/T 19480　肉与肉制品术语

生猪屠宰检疫规程（农医发〔2010〕27号附件1）

病死及病害动物无害化处理技术规范（农医发〔2017〕25号）

3 术语和定义

GB 12694和GB/T 19480界定的以及下列术语和定义适用于本文件。

3.1　猪屠体　pig body

猪致昏、放血后的躯体。

3.2　同步检验　synchronous inspection

与屠宰操作相对应，将畜禽的头、蹄（爪）、内脏与胴体生产线同步运行，由检验人员对照检验和综合判断的一种检验方法。

3.3　片猪肉　demi-carcass pork

将猪胴体沿脊椎中线，纵向锯（劈）成两分体的猪肉，包括带皮片猪肉、去皮片猪肉。

4 宰前要求

4.1　待宰生猪应健康良好，并附有产地动物卫生监督机构出具的《动物检疫合格证明》。

4.2　待宰生猪临宰前应停食静养不少于12h，宰前3h停止喂水。

4.3　应对猪体表进行喷淋，洗净猪体表面的粪便、污物等。

4.4　屠宰前应向所在地动物卫生监督机构申报检疫，按照《生猪屠宰检疫规程》和GB/T 17996等进行检疫和检验，合格后方可屠宰。

4.5　送宰生猪通过屠宰通道时，按顺序赶送，不应野蛮驱赶。

5 屠宰操作程序及要求

5.1　致昏

5.1.1　致昏方式

应采用电致昏或二氧化碳（CO_2）致昏：

a）　电致昏：采用人工电麻或自动电麻等致昏方式对生猪进行致昏。

b) 二氧化碳（CO_2）致昏：将生猪赶入二氧化碳（CO_2）致昏设备致昏。

5.1.2 致昏要求

猪致昏后应心脏跳动，呈昏迷状态。不应致死或反复致昏。

5.2 刺杀放血

5.2.1 致昏后应立即进行刺杀放血。从致昏至刺杀放血，不应超过30s。

5.2.2 将刀尖对准第一肋骨咽喉正中偏0.5～1cm处向心脏方向刺入，再侧刀下拖切断颈部动脉和静脉，不应刺破心脏或割断食管、气管、刺条放血刀口长度约3cm。沥血时间不少于5min。刺杀时不应使猪呛膈、淤血。

5.2.3 猪屠体应用温水喷淋或用清洗设备角洗。洗净页河、粪污及其他污物可采用剥皮（5.3）或者烫毛、脱毛（5.4）工艺进行后序加工。

5.2.4 从放血到摘取内脏，不应超过30min。从放血到预冷前不应超过45min。

5.3 剥皮

5.3.1 剥皮方式

可采用人工剥皮或机械剥皮方式。

5.3.2 人工剥皮

将猪屠体放在操体台（线）上，按顺序挑腹皮、预剥前腿皮、预剥后腿皮、预剥臀皮、剥整皮。剥皮时不宜划破皮面，少带肥膘。操作程序如下：

a）挑腹皮：从颈部起刀刃向上沿腹部正中线挑开皮层至肛门处；

b）预剥前腿皮：挑开前腿腿裆皮，剥至脖头骨；

c）预剥后腿皮：挑开后腿腿裆皮，剥至肛门两侧；

d）预剥臀皮：先从后臀部皮层尖端处割开一小块皮，用手拉紧，顺序下刀，再将两侧臀部皮和尾根 皮剥下；

e）剥整皮：左右两侧分别剥。剥右侧时一手拉紧、拉平后裆肚皮，按顺序剥下后腿皮、腹皮和前腿 皮；剥左侧时，一手拉紧脖头皮，按顺序剥下脖头皮，前腿皮、腹皮和后腿皮；用刀将脊背皮和脊膘分离，扯出整皮。

5.3.3 机械剥皮

剥皮操作程序如下：

a）按剥皮机性能，预剥一面或两面，确定预剥面积；

b）按5.3.2中a）、b）、c）、d）的要求挑腹皮、预剥前腿皮、预剥后腿皮、预剥臀皮；

c）预剥腹皮后，将预剥开的大面猪皮拉平、绷紧，放入剥皮设备卡口夹紧，启动剥皮设备；

d）水冲淋与剥皮同步进行，按皮层厚度掌握进刀深度，不宜划破皮面，少带肥膘。

5.4 烫毛、脱毛

5.4.1 采用蒸汽烫毛隧道或浸烫池方式烫毛。应按猪屠体的大小、品种和季节差异，调整烫毛温度、时间。烫毛操作如下：

a）蒸汽烫毛隧道：调整隧道内温度至59～62℃，烫毛时间为6～8min；

b）浸烫池：调整水温至58～63℃，烫毛时间为3～6min，应设有溢水口和补充净水的装置。浸烫池水根据卫生情况每天更换1～2次。浸烫过程中不应使猪屠体沉底、烫生、烫老。

5.4.2 采用脱毛设备进行脱毛。脱王后猪屠体宜无浮毛、无机械损伤和无脱皮现象。

5.5 吊挂提升

5.5.1 抬起猪的两后腿，在猪后腿跗关节上方穿孔，不应割断胫、跗关节韧带，刀口长度宜5～6cm。

5.5.2 挂上后腿，将猪屠体提升输送至胴体加工线轨道。

5.6 预干燥

采用预干燥设备或人工刷掉猪体上残留的猪毛和水分。

5.7 燎毛

采用喷灯或燎毛设备燎毛，去除猪体表面残留猪毛。

5.8 清洗抛光

采用人工或抛光设备去除猪体体表残毛和毛

灰并清洗。

5.9 去尾、头、蹄

5.9.1 工序要求

此工序也可以在5.3前或5.11后进行。

5.9.2 去尾

一手抓猪尾，一手持刀，贴尾根部关节割下，使割后猪体没有骨梢突出皮外，没有明显凹坑。

5.9.3 去头

5.9.3.1 断骨

使用剪头设备或刀，从枕骨大孔将头骨与颈骨分开。

5.9.3.2 分离

分离操作如下：

a）去三角头：从颈部寰骨处下刀，左右各划割至露出关节（颈寰关节）和咬肌，露出左右咬肌3～4cm，然后将颈肉在离下巴痣6～7cm处割开，将猪头取下；

b）去平头：从两耳根后部（距耳根0.5～1cm）连线处下刀将皮肉割开，然后用手下压，用刀紧贴枕骨将猪头割下。

5.9.4 去蹄

前蹄从腕关节处下刀，后蹄从跗关节处下刀，割断连带组织，猪蹄断面宜整齐。

5.10 雕圈

刀刺入肛门外围，雕成圆圈，掏开大肠头垂直放入骨盆内或用开肛设备对准猪的肛门，随即将探头 深入肛门，启动开关，利用环形刀将直肠与猪体分离。肛门周围应少带肉，肠头脱离括约肌，不应割破直肠。

5.11 开膛、净腔

5.11.1 挑胸、剖腹：自放血口沿胸部正中挑开胸骨，沿腹部正中线自上而下，刀把向内，刀尖向外剖腹，将生殖器拉出并割除，不应刺伤内脏。放血口、挑胸、剖腹口宜连成一线。

5.11.2 拉直肠、割膀胱：一手抓住直肠，另一手持刀，将肠系膜及韧带割断，再将膀胱割除，不应刺破直肠。

5.11.3 取肠、胃（肚）：一手抓住肠系膜及胃部大弯头处，另一手持刀在靠近肾脏处将系膜组织和肠、胃共同割离猪体，并割断韧带及食道，不应刺破肠、胃、胆囊。

5.11.4 取心、肝、肺：一手抓住肝，另一手持刀，割开两边隔膜，取横膈膜肌角备检。一手顺势将肝下掀，另一只手持刀将连接胸腔和颈部的韧带割断，取出食管、气管、心、肝、肺，不应使其破损。摘除甲状腺。

5.11.5 冲洗胸、腹腔：取出内脏后，应及时冲洗胸腔和腹腔，洗净腔内淤血、浮毛和污物等。

5.12 检验检疫

同步检验按GB/T 17996的规定执行，同步检疫按照《生猪屠宰检疫规程》的规定执行。

5.13 劈半（锯半）

劈半时应沿着脊柱正中线将胴体劈成两半，劈半后的片猪肉宜去板油、去肾脏，冲洗血污、浮毛等。

5.14 整修

按顺序整修腹部、放血刀口、下颌肉、暗伤、脓包、伤斑和可视病变淋巴结，摘除肾上腺和残留甲状腺，洗净体腔内的淤血、浮毛、锯末和污物等。

5.15 计量与质量分级

用称量器具称量胴体的重量。根据需要，依据胴体重量、背膘厚度和瘦肉率等指标对猪胴体进行分级。

5.16 副产品整理

5.16.1 整理要求

副产品整理过程中，不应落地加工。

5.16.2 分离心、肝、肺

5.16.3 分离脾、胃

将胃底端脂肪割除，切断与十二指肠连接处和肝、胃韧带。剥开网油，从网膜上割除脾脏，少带油 脂。翻胃清洗时，一手抓住胃尖冲洗胃部污物，用刀在胃大弯处戳开5～8cm小口，再用洗胃设备 或长流水将胃翻转冲洗干净。

5.16.4 扯小肠

将小肠从割离胃的断面拉出，一手抓住花油，另一手将小肠末梢挂于操作台边，自上而下排除粪污，操作时不应扯断、扯乱。扯出的小肠应及

时清除肠内污物。

5.16.5 扯大肠

摆正大肠，从结肠末端将花油（冠油）撕至离盲肠与小肠连接处2cm左右，割断，打结。不应使盲肠破损、残留油脂过多。翻洗大肠，一手抓住肠的一端，另一手自上而下挤出粪污，并将大肠翻出一小部分，用一手二指撑开肠口，向大肠内灌水，使肠水下坠，自动翻转，可采用专用设备进行翻洗。经清洗、整理的大肠不应带粪污。

5.16.6 摘胰脏

从胰头摘起，用刀将膜与脂肪剥离，再将胰脏摘出，不应用水冲洗胰脏，以免水解。

5.17 预冷

将片猪肉送入冷却间进行预冷。可采用一段式预冷或二段式预冷工艺：

a）一段式预冷。冷却间相对湿度75%～95%，温度0～4℃，片猪肉间隔不低于3cm，时间16～24h，至后腿中心温度冷却至7℃以下。

b）二段式预冷。快速冷却：将片猪肉送入－15℃以下的快速冷却间进行冷却，时间1.5h～2h，然后进入0～4℃冷却间预冷。预冷：冷却间相对湿度75%～95%，温度0～4℃，片猪 肉间隔不低于3cm，时间14～20h，至后腿中心温度冷却至7℃以下。

5.18 冻结

冻结间温度为－28℃以下，待产品中心温度降至－15℃以下转入冷藏库贮存。

6 包装、标签、标志和贮存

6.1 包装、标签、标志

产品包装、标签、标志应符合GB/T 191、GB 12694等相关标准的要求。

6.2 贮存

6.2.1 经检验合格的包装产品应立即入成品库贮存，应设有温、湿度监测装置和防鼠、防虫等设施，定 期检查和记录。

6.2.2 冷却片猪肉应在相对湿度85%～90%，温度0～4℃的冷却肉储存库（间）储存，并且片猪肉 需吊挂，间隔不低于3 cm；冷冻片猪肉应在相对湿度90%～95%，温度为－18℃以下的冷藏库贮存，且冷藏库昼夜温度波动不应超过±1℃。

7 其他要求

7.1 刺杀放血、去头、雕圈、开膛等工序用刀具使用后应经不低于82℃热水一头一消毒，刀具消毒后轮换使用。

7.2 经检验检疫不合格的肉品及副产品，应按GB 12694的要求和《病死及病害动物无害化处理技术规范》的规定处理。

7.3 产品追溯与召回应符合GB 12694的要求。

7.4 记录和文件应符合GB 12694的要求。

五十八、生猪屠宰厂（场）监督检查规范

（农业部2016年4月15日发布）

为加强生猪屠宰管理，规范生猪屠宰监督检查行为，依据《中华人民共和国动物防疫法》《生猪屠宰管理条例》及有关法律、法规和标准制定本规范。

1 适用范围

1.1 本规范规定了畜牧兽医行政主管部门、动物卫生监督机构对生猪屠宰厂（场）进行监督检查的内容和要求。

1.2 畜牧兽医行政主管部门、动物卫生监督机构依照法律、法规和本单位职能，适用本规范对生猪屠宰厂（场）进行监督检查。

2 监督检查事项

2.1 屠宰资质

2.1.1 取得生猪定点屠宰证书、生猪屠宰标

志牌情况。

2.1.2　取得《动物防疫条件合格证》情况。

2.2　布局及设施设备

2.2.1　布局

2.2.1.1　厂区是否分为生产区和非生产区，生产区是否分为清洁区与非清洁区。

2.2.1.2　生产区是否设置生猪与废弃物的出入口，是否设置人员和生猪产品出入口。

2.2.1.3　是否在场内设置生猪产品与生猪、废弃物通道。

2.2.2　设施设备

2.2.2.1　屠宰设施设备能否正常运行。

2.2.2.2　检验检疫设施设备能否正常使用。

2.2.2.3　无害化处理设施设备能否正常运转。

2.2.2.4　是否配备与生产规模和产品种类相适应的冷库，是否配备符合要求的运输车辆，且正常使用。

2.2.2.5　是否配备与屠宰生产相适应的供排水、照明等设备。

2.2.2.6　是否有充足的冷、热水源。

2.2.2.7　是否对设施设备进行检修、保养。

2.3　进场

2.3.1　是否查验《动物检疫合格证明》。

2.3.2　是否对进场生猪进行临床健康检查、畜禽标识佩戴情况检查。

2.4　待宰

2.4.1　是否按要求分圈编号。

2.4.2　是否及时对生猪体表进行清洁。

2.4.3　是否达到宰前停食静养的要求。

2.4.4　是否对临床健康检查状况异常生猪进行隔离观察或者按检验规程急宰。

2.4.5　是否按规定进行检疫申报。

2.4.6　是否如实记录待宰生猪数量、临床健康检查情况、隔离观察情况、停食静养情况，以及货主等信息。

2.5　生猪屠宰

2.5.1　屠宰生产

2.5.1.1　是否按淋浴、致昏、放血、浸烫、脱毛、编号、去头、去蹄、去尾、雕圈、开膛、净膛、劈半（锯半）、整修复验、整理副产品、预冷等工艺流程进行屠宰操作。

2.5.1.2　是否回收畜禽标识，并按规定保存、销毁。

2.5.2　肉品品质检验

2.5.2.1　是否按照检验规程对头、体表、内脏、胴体进行检验。

2.5.2.2　是否摘除肾上腺、甲状腺、病变淋巴结，是否对检验不合格的生猪产品进行修割。

2.5.2.3　是否对待宰生猪或者在屠宰过程中进行“瘦肉精”等检验。

2.5.2.4　是否对检验合格的生猪产品出具《肉品品质检验合格证》，在胴体上加盖检验合格印章。

2.5.2.5　是否如实完整记录肉品品质检验、“瘦肉精”等检验结果。

2.6　无害化处理

2.6.1　是否对待宰死亡生猪、检验检疫不合格生猪或者生猪产品，以及召回生猪产品进行无害化处理。

2.6.2　是否采用密闭容器运输病害生猪或生猪产品。

2.6.3　是否如实记录无害化处理病害生猪或生猪产品数量，以及处理时间、处理人员等。

2.7　出场生猪产品

2.7.1　出场生猪产品是否附有《肉品品质检验合格证》和《动物检疫合格证明》。

2.7.2　胴体外表面是否加盖检验合格章、动物检疫验讫印章，经包装生猪产品是否附具检验合格标志、加施检疫标识。

2.7.3　是否如实记录出场生猪产品规格、数量、肉品品质检验证号、动物检疫证明号、屠宰日期、销售日期以及购货者名称、地址、联系方式等信息。

2.8　肉品品质检验人员和屠宰技术人员条件要求

2.8.1　肉品品质检验人员是否经考核合格。

2.8.2　肉品品质检验人员和屠宰技术人员是否持有依法取得的健康证明。

2.9　消毒

2.9.1　是否在运输动物车辆出入口设置与门

同宽，长 4 米、深 0.3 米以上的消毒池。

2.9.2 入场动物卸载区域是否有固定的车辆消毒场地，并配有车辆清洗、消毒设备。

2.9.3 屠宰间出入口是否设置人员更衣消毒室。

2.9.4 加工原毛、生皮、绒、骨、角的，是否设置封闭式熏蒸消毒间。

2.9.5 是否对屠宰车间、屠宰设备、器械进行清洗、消毒。

2.10 管理制度

是否建立生猪进场检查登记制度、待宰巡查制度、生猪屠宰和肉品品质检验制度、肉品品质检验人员持证上岗制度、生猪屠宰场证（章、标志牌）使用管理制度、生猪屠宰统计报表制度、无害化处理制度、消毒制度、检疫申报制度、疫情报告制度、设施设备检验检测保养制度等。

2.11 信息报送

2.11.1 是否按要求报告动物疫情信息。

2.11.2 是否按照国家《生猪等畜禽屠宰统计报表制度》的要求，及时报送屠宰相关信息。

2.11.3 是否按要求报告安全生产信息。

2.12 档案管理

是否及时将进场查证验物登记记录、分圈编号记录、待宰记录、肉品品质检验记录、“瘦肉精”等检验记录、无害化处理记录、消毒记录、生猪来源和产品流向记录、设施设备检验检测保养记录等归档，并保存两年以上。

3 监督检查要求

3.1 监督检查人员应当认真填写《生猪屠宰厂（场）年度监督检查记录表》（附件 1）或者《生猪屠宰厂（场）日常监督检查记录表》（附件 2），经生猪屠宰厂（场）负责人或者指定人员签字后将监督检查记录现场交给生猪屠宰厂（场）。

3.2 对检查过程中发现的问题，应当提出整改意见，并跟踪整改。

3.3 对监督检查过程中发现违法行为的，应当进行调查取证，依法处理。

3.4 对涉嫌犯罪的，应当按程序移送司法机关。

3.5 对发现违法行为不属于职能范围内的，应当移送给有关部门。

4 监督检查频次

4.1 畜牧兽医行政主管部门、动物卫生监督机构应当按照本规范，对生猪屠宰厂（场）进行全面监督检查。全面监督检查每年至少进行一次。

4.2 畜牧兽医行政主管部门、动物卫生监督机构应当按照本规范，对生猪屠宰厂（场）进行日常监督检查。检查人员应当从执法人员库中随机抽调。

4.3 在动物疫情排查、公共卫生和食品安全事件处置、受县级以上人民政府畜牧兽医行政主管部门指派或者存在生猪产品质量安全隐患等特定条件下，应当增加对生猪屠宰厂（场）监督检查的频次。

5 监督检查档案管理

动物卫生监督机构（畜禽屠宰管理机构）应当建立生猪屠宰厂（场）监督检查档案管理制度。实行一厂（场）一档，全面记录监督检查、问题整改落实和违法行为查处情况，做到痕迹化管理，并分年归档。

附件：1. 生猪屠宰厂（场）年度监督检查记录表

2. 生猪屠宰厂（场）日常监督检查记录表

附件 1

生猪屠宰厂（场）年度监督检查记录表

屠宰厂（场）名称：______________ 负责人：______________

地址：______________电话：______________

检查内容		检查要求	检查依据	检查结果	备注
一、屠宰资质	1. 生猪定点屠宰证书和标志牌	是否取得生猪定点屠宰证书、生猪屠宰标志牌	《生猪屠宰管理条例》第六条、第七条	是□ 否□	
		生猪定点屠宰证书上的企业名称、经营范围、法定代表人、经营地点是否与营业执照相符		相符□ 不符□	
		生猪屠宰标志牌是否悬挂于厂区显著位置		是□ 否□	
	2.《动物防疫条件合格证》	是否取得《动物防疫条件合格证》	《动物防疫法》第二十条、《动物防疫条件审查办法》第三十一条、《生猪屠宰管理条例实施办法》第七条第七项	是□ 否□	
		《动物防疫条件合格证》上企业名称、经营范围、法定代表人、经营地点是否与营业执照相符		相符□ 不符□	
二、布局及设施设备	1. 布局	厂区是否划分为生产区和非生产区	《猪屠宰与分割车间设计规范》(GB 50317—2009)	是□ 否□	
		生产区是否分为清洁区与非清洁区	《猪屠宰与分割车间设计规范》(GB 50317—2009)	是□ 否□	
		生产区是否设置生猪与废弃物出入口	《猪屠宰与分割车间设计规范》(GB 50317—2009)	是□ 否□	
		生产区是否设置人员和生猪产品出入口	《猪屠宰与分割车间设计规范》(GB 50317—2009)	是□ 否□	
		生猪产品与生猪、废弃物在场内是否设置通道	《猪屠宰与分割车间设计规范》(GB 50317—2009)	是□ 否□	
	2. 设施设备	是否按设计屠宰能力配备屠宰设施设备，且正常运行	《动物防疫条件审查办法》第十三条	是□ 否□	
		是否配备与生产规模相适应的检验检疫设施设备，且正常运行	《动物检疫管理办法》第二十一条、《生猪屠宰管理条例实施办法》第七条第五项	是□ 否□	
		是否配备与生产规模相适应的病害猪无害化处理设施设备，且正常运转	《生猪屠宰管理条例》第八条第六项、《病害畜禽及其产品焚烧设备》(SB/T 10571—2010)	是□ 否□	
		是否配备与生产规模和产品种类相适应的冷库，且正常运转	《肉类加工厂卫生规范》(GB 12694—1990)	是□ 否□	
		是否配备符合要求的运输车辆，且正常使用	《肉类加工厂卫生规范》(GB 12694—1990)	是□ 否□	
		是否配备与屠宰生产相适应的供排水设备，且正常运转	《肉类加工厂卫生规范》(GB 12694—1990)	是□ 否□	
		是否配备与屠宰生产相适应的照明设备，且正常运转	《肉类加工厂卫生规范》(GB 12694—1990)	是□ 否□	
		是否有充足的冷、热水源	《肉类加工厂卫生规范》(GB 12694—1990)	是□ 否□	
		是否对设施设备进行检修、保养，且有相关记录	《肉类加工厂卫生规范》(GB 12694—1990)	是□ 否□	

（续）

检查内容		检查要求	检查依据	检查结果	备注
三、进场		是否查验《动物检疫合格证明》	《生猪屠宰管理条例实施办法》第十一条	是□ 否□	
		是否对进场生猪进行临床健康检查	《生猪屠宰产品品质检验规程》（GB/T 17996—1999）	是□ 否□	
		是否查验畜禽标识佩戴情况	《生猪屠宰管理条例实施办法》第十一条、《动物检疫管理办法》第二十二条	是□ 否□	
四、待宰		是否按要求分圈编号	《生猪屠宰产品品质检验规程》（GB/T 17996—1999）	是□ 否□	
		是否及时对生猪体表进行清洁	《生猪屠宰操作规程》（GB/T 17236—2008）	是□ 否□	
		是否达到宰前停食静养的要求	《生猪屠宰管理条例实施办法》第十三条	是□ 否□	
		对临床健康检查状况异常生猪是否进行隔离观察或者按检验规程急宰	《肉类加工厂卫生规范》（GB 12694—1990）、《生猪屠宰产品品质检验规程》（GB/T 17996—1999）	是□ 否□	
		随机抽取待宰记录和检疫申报单存根，是否按规定进行检疫申报	《动物防疫法》第四十二条第一款、《动物检疫管理办法》第七条、第十条、第十一条	是□ 否□	
		是否如实记录待宰生猪数量、临床健康检查情况、隔离观察情况、停食静养情况，以及货主等信息	《农业部 食品药品监管总局关于进一步加强畜禽屠宰检验检疫和畜禽产品进入市场或者生产加工企业后监管工作的意见》《生猪屠宰管理条例实施办法》《生猪屠宰产品品质检验规程》（GB/T 17996—1999）	是□ 否□	
五、生猪屠宰	1. 屠宰生产	是否按淋浴、致昏、放血、浸烫、脱毛、编号、去头、去蹄、去尾、雕圈、开膛、净膛、劈半（锯半）、整修复验、整理副产品、预冷等工艺流程进行屠宰操作	《生猪屠宰管理条例实施办法》第十三条、《生猪屠宰操作规程》（GB/T 17236—2008）	是□ 否□	
		是否回收畜禽标识，并按规定保存、销毁	《畜禽标识和养殖档案管理办法》	是□ 否□	
	2. 肉品品质检验	是否按照检验规程对头、体表、内脏、胴体进行检验	《生猪屠宰管理条例实施办法》第十四条、《生猪屠宰产品品质检验规程》（GB/T 17996—1999）	是□ 否□	
		对胴体检查，是否摘除肾上腺、甲状腺、病变淋巴结，是否对检验不合格的生猪产品进行修割	《生猪屠宰管理条例实施办法》第十七条、《生猪屠宰产品品质检验规程》（GB/T 17996—1999）	是□ 否□	
		是否对待宰生猪或者在屠宰过程中进行“瘦肉精”等检验	《农业部关于加强生猪定点屠宰环节“瘦肉精”监管工作的通知》	是□ 否□	
		是否对检验合格的生猪产品出具《肉品品质检验合格证》，在胴体上加盖检验合格印章	《生猪屠宰管理条例实施办法》第十六条	是□ 否□	
		是否如实完整记录肉品品质检验、“瘦肉精”等检验结果	《生猪屠宰产品品质检验规程》（GB/T 17996—1999）、《农业部关于加强生猪定点屠宰环节“瘦肉精”监管工作的通知》	是□ 否□	

（续）

检查内容		检查要求	检查依据	检查结果	备注
六、无害化处理		是否对待宰死亡生猪、检验检疫不合格生猪或者生猪产品，以及召回生猪产品进行无害化处理	《生猪定点屠宰厂（场）病害猪无害化处理管理办法》第三条、《生猪屠宰管理条例实施办法》第二十条	是□　否□	
		是否采用密闭容器运输病害生猪或生猪产品	《病害动物和病害动物产品生物安全处理规程》（GB 16548—2006）	是□　否□	
		是否如实记录无害化处理病害生猪或生猪产品数量、处理时间、处理人员等	《生猪定点屠宰厂（场）病害猪无害化处理管理办法》第十一条	是□　否□	
七、出场生猪产品		出场生猪产品是否附有《肉品品质检验合格证》和《动物检疫合格证明》	《动物检疫管理办法》第二十三条、《生猪屠宰管理条例实施办法》第十六条	是□　否□	
		胴体外表面是否加盖检验合格章、动物检疫验讫印章，经包装生猪产品是否附具检验合格标志、加施检疫标识	《生猪屠宰管理条例》第十三条、《生猪屠宰管理条例实施办法》第十六条、《动物检疫管理办法》第二十三条	是□　否□	
		是否如实记录出场生猪产品规格、数量、肉品品质检验证号、动物检疫证明号、屠宰日期、销售日期以及购货者名称、地址、联系方式等信息	《农业部 食品药品监管总局关于进一步加强畜禽屠宰检验检疫和畜禽产品进入市场或者生产加工企业后监管工作的意见》	是□　否□	
八、肉品品质检验人员和屠宰技术人员条件要求		肉品品质检验人员是否经考核合格	《生猪屠宰管理条例实施办法》第十八条	是□　否□	
		肉品品质检验人员和屠宰技术人员是否持有依法取得的健康证明	《食品安全法》第三十四条、《生猪屠宰管理条例实施办法》第七条第三项	是□　否□	
九、消毒		是否在运输动物车辆出入口设置与门同宽，长4米、深0.3米以上的消毒池	《动物防疫条件审查办法》第十二条	是□　否□	
		入场动物卸载区域是否有固定的车辆消毒场地，并配有车辆清洗、消毒设备	《动物防疫条件审查办法》第十二条	是□　否□	
		是否在屠宰间出入口设置人员更衣消毒室，且正常使用	《动物防疫条件审查办法》第十二条	是□　否□	
		加工原毛、生皮、绒、骨、角的，是否设置封闭式熏蒸消毒间	《动物防疫条件审查办法》第十二条	是□　否□	
		是否对屠宰车间、屠宰设备、器械及时清洗、消毒	《肉类加工厂卫生规范》（GB 12694—1990）	是□　否□	
十、管理制度		是否建立生猪进场检查登记制度、待宰巡查制度，执行良好	《农业部 食品药品监管总局关于进一步加强畜禽屠宰检验检疫和畜禽产品进入市场或者生产加工企业后监管工作的意见》《生猪屠宰管理条例实施办法》第十一条	是□　否□	
		是否建立生猪屠宰和肉品品质检验制度，执行良好	《农业部关于做好2015年畜禽屠宰行业管理工作的通知》	是□　否□	
		是否建立肉品品质检验人员持证上岗制度，执行良好	《生猪屠宰管理条例实施办法》第十八条	是□　否□	
		是否建立生猪屠宰场证（章、标志牌）使用管理制度，执行良好	《农业部办公厅关于生猪定点屠宰证章标志印制和使用管理有关事项的通知》	是□　否□	

（续）

检查内容		检查要求	检查依据	检查结果	备注
十、管理制度		是否建立生猪屠宰统计报表制度，执行良好	《生猪屠宰管理条例实施办法》第二十一条	是□ 否□	
		是否建立无害化处理制度、消毒制度，执行良好	《肉类加工厂卫生规范》（GB 12694—1990）、《农业部 食品药品监管总局关于进一步加强畜禽屠宰检验检疫和畜禽产品进入市场或者生产加工企业后监管工作的意见》	是□ 否□	
		是否建立检疫申报制度、疫情报告制度，执行良好	《动物防疫法》第二十六条、《动物检疫管理办法》第七条、《动物防疫条件审查办法》第三十三条	是□ 否□	
		是否建立设施设备检验检测保养制度，执行良好	《肉类加工厂卫生规范》（GB 12694—1990）	是□ 否□	
十一、信息报送		是否按要求报告动物疫情信息	《动物防疫法》第二十六条	是□ 否□	
		是否按照国家《生猪等畜禽屠宰统计报表制度》的要求，及时报送屠宰相关信息	《生猪屠宰管理条例实施办法》第二十一条	是□ 否□	
		是否按要求报告安全生产信息	《农业部关于指导做好畜禽屠宰行业安全生产工作的通知》	是□ 否□	
十二、档案管理		是否将进场查证验物登记记录、分圈编号记录、待宰记录、肉品品质检验记录、“瘦肉精”等检验记录、无害化处理记录、消毒记录、生猪来源和产品流向记录、设施设备检验检测保养记录等归档	《生猪屠宰管理条例》《生猪屠宰管理条例实施办法》《动物防疫条件审查办法》《生猪定点屠宰厂（场）病害猪无害化处理管理办法》《生猪屠宰产品品质检验规程》（GB/T17996—1999）、《农业部 食品药品监管总局关于进一步加强畜禽屠宰检验检疫和畜禽产品进入市场或者生产加工企业后监管工作的意见》	是□ 否□	
		上述各种记录是否保存两年以上		是□ 否□	

处理意见　对上述不符合要求的＿＿＿＿＿＿＿＿事项，应当在＿＿＿＿＿＿前整改。

监督检查人员（签字）：　　　　年　月　日

厂方负责人员（签字）：　　　　年　月　日

备注：本表一式两份，一份交给企业，一份存档。

附件 2

生猪屠宰厂（场）日常监督检查记录表

屠宰厂（场）名称：＿＿＿＿＿＿负责人：＿＿＿＿＿＿

地址：＿＿＿＿＿＿电话：＿＿＿＿＿＿

检查内容	检查要求	检查结果	备注
设施设备	1. 屠宰设施设备能否正常运行	能□ 否□	
	2. 无害化处理设施设备能否正常运转	能□ 否□	
进场	3. 是否查验《动物检疫合格证明》	是□ 否□	
	4. 是否对进场生猪进行临床健康检查	是□ 否□	
	5. 是否查验畜禽标识佩戴情况	是□ 否□	

（续）

检查内容	检查要求	检查结果	备注
待宰	6. 是否按要求分圈编号	是□ 否□	
	7. 是否及时对生猪体表进行清洁	是□ 否□	
	8. 是否达到宰前停食静养的要求	是□ 否□	
	9. 对临床健康检查状况异常生猪是否进行隔离观察或者按检验规程急宰	是□ 否□	
	10. 是否按规定进行检疫申报	是□ 否□	
	11. 是否如实记录待宰生猪数量、临床健康检查情况、隔离观察情况、停食静养情况，以及货主等信息	是□ 否□	
屠宰	12. 是否按照屠宰工艺流程进行屠宰操作	是□ 否□	
	13. 是否按照检验规程进行肉品品质检验	是□ 否□	
	14. 是否摘除肾上腺、甲状腺、病变淋巴结，是否对检验不合格的生猪产品进行修割	是□ 否□	
	15. 是否对待宰生猪或者在屠宰过程中进行“瘦肉精”等检验	是□ 否□	
	16. 是否对检验合格的生猪产品出具《肉品品质检验合格证》，在胴体上加盖检验合格印章	是□ 否□	
	17. 是否对屠宰车间、屠宰设备、器械及时清洗、消毒	是□ 否□	
	18. 是否如实完整记录肉品品质检验、“瘦肉精”等检验结果	是□ 否□	
无害化处理	19. 是否对待宰死亡生猪、检验检疫不合格生猪或者生猪产品进行无害化处理	是□ 否□	
	20. 是否如实记录无害化处理病害生猪或者生猪产品数量、处理时间、处理人员等	是□ 否□	
出场生猪产品	21. 出场肉类是否附有《肉品品质检验合格证》和《动物检疫合格证明》	是□ 否□	
	22. 胴体外表面是否加盖检验合格章、动物检疫验讫印章，经包装生猪产品是否附具检验合格标识、加施检疫标识	是□ 否□	
	23. 是否如实记录出场生猪产品规格、数量、肉品品质检验证号、动物检疫证明号、屠宰日期、销售日期以及购货者名称、地址、联系方式等信息	是□ 否□	
人员条件	24. 肉品品质检验人员是否经考核合格	是□ 否□	
	25. 肉品品质检验人员和屠宰技术人员是否持有依法取得的健康证明	是□ 否□	
信息报送	26. 是否按要求报告动物疫情	是□ 否□	
	27. 是否按照国家《生猪等畜禽屠宰统计报表制度》的要求，及时报送屠宰相关信息	是□ 否□	
	28. 是否按要求报告安全生产信息	是□ 否□	
档案管理	29. 是否将进场查证验物登记、分圈编号、待宰、品质检验、“瘦肉精”等检验记录、无害化处理、消毒、生猪来源和产品流向、设施设备检验检测保养记录等归档	是□ 否□	
其他内容	（各地可结合监管工作需要增加监督检查内容）		
处理意见	对上述不符合要求的________事项，应当在________前整改。		
监督检查人员（签字）：年 月 日			
厂方负责人员（签字）：年 月 日			

备注：本表一式两份，一份交给企业，一份存档。

第三节　兽药技术规程（标准）

五十九、动物源细菌耐药性监测样品采集技术规程

前　言

本文件按照GB/T 1.1—2020《标准化工作导则　第1部分：标准化文件的结构和起草规则》的规定起草。

请注意本文件的某些内容可能涉及专利。本文件的发布机构不承担识别专利的责任。

本文件由农业农村部畜牧兽医局提出。

本文件由全国兽药残留与耐药性控制专家委员会归口。

本文件起草单位：华南农业大学、中国兽医药品监察所。

本文件主要起草人：刘健华、蔡钟鹏、张纯萍、黄颖、徐士新、宋立、曾振灵、吕鲁超。

1 范围

本文件规定了动物源细菌耐药性监测样品的采集、保存和运输的原则、要求和操作方法。

本文件适用于动物直肠/泄殖腔拭子、咽/喉拭子、鼻拭子、粪便、肠道内容物、生鲜乳、其他病料等样品的采集、保存和运输。

2 规范性引用文件

下列文件中的内容通过文中的规范性引用而构成本文件必不可少的条款。其中，注日期的引用文件，仅该日期对应的版本适用于本文件；不注日期的引用文件，其最新版本（包括所有的修改单）适用于本文件。

GB/T 6682 分析实验室用水规格和试验方法

GB 19489 实验室 生物安全通用要求

NY/T 541 兽医诊断样品采集、保存与运输技术规范

3 术语和定义

本文件没有需要界定的术语和定义。

4 试剂或材料

4.1 要求

除另有规定外，所有试剂均为分析纯，水为符合 GB/T 6682 规定的三级水，培养基或缓冲液按附录 A 配制或用商品化产品。

4.2 试剂

4.2.1 双氧水。

4.2.2 甘油。

4.2.3 乙醇。

4.2.4 碘伏。

4.3 溶液配制

4.3.1 75%乙醇：取 95%的乙醇 75 mL，加水至 95 mL，或用商品化酒精。

4.3.2 PBS 缓冲液（pH 7.4）：按照附录 A 中 A.1 的规定执行。

4.3.3 30%甘油磷酸盐缓冲液（pH 7.6）：按照 A.2 的规定执行。

4.4 培养基制备

4.4.1 营养肉汤（pH 7.2～7.4）：按照 A.3 的规定执行。

4.4.2 Cary-Blair 氏运送培养基：按照 A.4 的规定执行。

4.4.3 Amies 运送培养基：按照 A.5 的规定执行。

4.5 材料

4.5.1 微需氧产气包。

4.5.2 厌氧产气包。

4.5.3 无菌离心管、带螺帽离心管。

4.5.4 采样棉拭子管。

4.5.5 一次性无菌注射器：20 mL。

4.5.6 无菌棉球。

4.5.7 密封袋。

4.5.8 镊子。

4.5.9 手术刀/手术剪。

5 仪器设备

5.1 冰箱：2 ℃～8 ℃、－20 ℃。

5.2 分析天平：感量 0.1 g。

5.3 高压灭菌器。

6 采样通用原则和要求

6.1 通用原则

采样应遵循随机原则，保证样品具有代表性，采样所用溶液、培养基和保存样品的材料在样品采集前均应高压灭菌处理，采样过程应遵循生物安全相关要求。如采集病死动物，动物死亡时间不宜超过 12 h。

6.2 样品来源

主要包括鸡场、鸭场、猪场、羊场、奶牛场、肉牛场或屠宰场等。基于各地区动物养殖情况（养殖模式、养殖规模、地域分布等），选择不同养殖模式和养殖规模的养殖场随机采样。同一集团公司下属养殖场不超过 3 个。屠宰场应采集来自不同养殖场的样品。

6.3 样品数量

基于不同细菌流行/携带情况和分离率，确定每个养殖场/屠宰场的样品数量，见附录 B 的表 B.1。必要时，应根据养殖场用药情况、动物日龄或屠宰场动物来源及特殊监测需要等，调整采样数量。

6.4 样品类型

根据分离的菌种特性，采集不同类型的样品，健康动物主要采集直肠/泄殖腔拭子、咽/喉拭子、鼻拭子、肠道内容物、粪便、生鲜乳等；患病动物采集动物组织、脓汁、痂皮等病料，具体可见

附录 C 中的表 C.1。

7 采样

7.1 直肠/泄殖腔拭子

取灭菌棉签，插入直肠 3 cm～4 cm（泄殖腔 1.5 cm～2 cm），旋转数次，取出，置于无菌离心管或密封袋内，或置于盛有 PBS 缓冲液、营养肉汤、运送培养基的离心管中。分离弯曲杆菌，应置于装有 Cary-Blair 氏运送培养基的带螺帽离心管中。

7.2 咽/喉拭子

取灭菌棉签，插入喉头口及上颚裂处，擦拭数次，取出，置于无菌离心管或密封袋内，或置于盛有 PBS 缓冲液、营养肉汤或运送培养基的无菌离心管中。

7.3 鼻拭子

取灭菌棉签，插入鼻腔 2 cm～3 cm，旋转数次，取出，置于无菌离心管或密封袋内，或置于盛有 PBS 缓冲液、营养肉汤/运送培养基的无菌离心管中。如分离副猪嗜血杆菌时，则取灭菌棉签，插入猪鼻腔5 cm～8 cm，旋转数次，取出，置于装有 Amies 运送培养基的无菌离心管中。

7.4 粪便

7.4.1 粪便样品

取新鲜粪便适量，置于无菌离心管或密封袋内，或置于盛有 PBS 缓冲液、营养肉汤或运送培养基的无菌离心管中。分离弯曲杆菌，应置于装有 Cary-Blair 氏运送培养基的带螺帽离心管中，密封。

7.4.2 粪便拭子

取灭菌棉签，蘸取适量新鲜粪便，置于无菌离心管或密封袋内，或置于盛有 PBS 缓冲液、营养肉汤或运送培养基的无菌离心管中（分离弯曲杆菌，应置于装有 Cary-Blair 氏运送培养基的带螺帽离心管中）。

7.5 肠道内容物

7.5.1 肠道内容物拭子

无菌剪开肠道，取灭菌棉签插入肠腔，蘸取肠道内容物，置于无菌离心管、密封袋内，或置于盛有 PBS 缓冲液、灭菌肉汤的无菌离心管中（用于分离弯曲杆菌，应置于装有 Cary-Blair 氏运送培养基的带螺帽离心管中），密封。

7.5.2 肠道内容物

取肠道内容物，置于无菌离心管、密封袋内。如用于分离弯曲杆菌，应置于装有 Cary-Blair 氏运送培养基的带螺帽离心管中。

7.5.3 盲肠段

取家禽盲肠段，置于密封袋或无菌离心管中。

7.6 生鲜乳

7.6.1 混合样品

灼烧储奶罐出料口，打开出料阀，弃去前段生鲜乳，接取约 10 mL 于无菌离心管中。

7.6.2 个体样品

先用碘伏擦拭消毒动物乳头及周边，弃前 3 把乳汁，挤取 10 mL 乳汁于无菌离心管中。

7.7 脓肿

取脓肿，碘伏消毒，用无菌注射器沿脓肿上缘刺入深部，抽取内容物；如脓肿质地硬实，用无菌手术刀在下缘切开 1 cm～2 cm，挤出内容物，置于无菌离心管中。用双氧水沿创口冲洗，再用碘伏消毒。

7.8 病死猪肺脏

取病死猪，解剖，无菌取长 5 cm～8 cm 的方形肺脏，置于密封袋中（分离副猪嗜血杆菌，置于装有 Amies 运送培养基的无菌离心管中）。

7.9 心包液、胸腔积液、腹腔积液、关节液或脑脊液

取病死猪，解剖，无菌吸取病死猪的心包液、胸腔积液、腹腔积液、关节液或脑脊液，置于无菌离心管中（分离副猪嗜血杆菌，置于装有 Amies 运送培养基的无菌离心管中），密封。

7.10 其他

按照 NY/T 541 的规定执行。

8 记录

见附录 D 中的表 D.1。

9 保存与运输

不同样品应分开包装、密封，避免样品泄漏和交叉污染。用于分离弯曲杆菌、产气荚膜梭菌的样品，应排除包装袋中的空气，放置相应产气包，保持微需氧/厌氧环境。2 ℃～8 ℃保存、运输，时间不宜超过72 h。用于分离弯曲杆菌、产气荚膜梭菌和副猪嗜血杆菌的样品，不宜超过 24 h。

10 生物安全要求

10.1 采样过程

遵循“先养殖场，后屠宰场；先规模养殖场，

后个体养殖场”的基本要求，采样所用交通工具应避免进入养殖场或屠宰场内，避免造成交叉污染。

10.2 个人防护

采样人员应加强个人消毒和防护，严格遵守生物安全操作的相关规定，以及采样养殖场/屠宰场生物安全方面的特殊要求，严防人兽共患病感染，并避免带入污染。

10.3 采样物资、器具的处理

采样时应使用一次性灭菌防护用品，采样器具按 NY/T 541 的规定进行消毒，采样废弃物按 GB 19489 的规定进行无害化处理。

附 录 A
（规范性）
培养基与试剂

A.1 PBS缓冲液（pH 7.4）

A.1.1 成分

磷酸二氢钾	0.27 g
磷酸氢二钠	1.42 g
氯化钠	8.0 g
氯化钾	0.2 g
水	至1 000 mL

A.1.2 制法

取A.1.1中各成分，按比例溶于水中，调节pH至7.4，121 ℃ 高压灭菌15 min，备用。

A.2 30%甘油磷酸盐缓冲液（pH 7.6）

A.2.1 成分

甘油	300 mL
氯化钠	4.2 g
磷酸二氢钾	12.4 g
磷酸氢二钾	4.0 g
水	至1 000 mL

A.2.2 制法

取A.2.1中各成分，按比例溶于水中，调节pH至7.6，121 ℃ 高压灭菌15 min，备用。

A.3 营养肉汤（pH 7.2～7.4）

A.3.1 成分

牛肉膏	3.5 g
蛋白胨	10.0 g
氯化钠	5.0 g
水	至1 000 mL

A.3.2 制法

将A.3.1中各成分，充分混匀，加热溶解，调节pH至7.2～7.4，121 ℃ 高压灭菌15 min，备用。

A.4 Cary-Blair氏运送培养基

A.4.1 1%氯化钙溶液

制法：取氯化钙1.0 g，加入100 mL蒸馏水中，加热溶解，备用。

A.4.2 完全培养基

硫代乙醇酸钠	1.5 g
氯化钠	5.0 g
磷酸氢二钠	1.1 g
琼脂	5.0 g
1%氯化钙溶液	9 mL
水	至1 000 mL

A.4.3 制法

取完全培养基中固体成分，加水800 mL，充分混匀，加热溶解，加1% 氯化钙溶液9 mL，调节pH至8.4，121 ℃ 高压灭菌15 min，分装（5 mL/管），备用。

A.5 Amies运送培养基

A.5.1 成分

氯化钠	3.0 g
磷酸二氢钾	0.2 g
磷酸氢二钾	1.1 g
氯化钾	0.2 g
氯化镁	0.1 g
硫代乙醇酸钠	1.0 g
氯化钙	0.1 g
琼脂	7.5 g
水	至1 000 mL

A.5.2 制法

取A.5.1中固体成分，加水1 000 mL，充分混匀，调节pH至7.2～7.4，121 ℃灭菌15 min，分装（5 mL/管），2 ℃～8 ℃条件下保存备用，有效期一个月。

附 录 B
（资料性）
样品采样数量

样品采样数量见表 B.1。

表 B.1 样品采样数量

类别	细菌	养殖场同圈舍采样量（份）	屠宰场同来源采样量（份）
指示菌	肠球菌	8～10	10～20
	大肠埃希氏菌	8～10	10～20
病原菌	沙门氏菌	10～15	20～30
	弯曲杆菌	10～15	15～25
	金黄色葡萄球菌	10～20	10～30
	产气荚膜梭菌	5～10	10～30
	副猪嗜血杆菌	10～20	10～30
	伪结核棒状杆菌	10～20	10～30

附 录 C
（资料性）
常见样品类型

常见样品类型见表 C.1。

表 C.1 常见样品类型

<table>
<tr><th rowspan="2">细菌名称</th><th colspan="2">样品类型</th></tr>
<tr><th>养殖场</th><th>屠宰场</th></tr>
<tr><td>大肠埃希氏菌、沙门氏菌、肠球菌</td><td>直肠/泄殖腔拭子
新鲜粪便/粪便拭子</td><td>畜禽直肠/泄殖腔拭子
新鲜粪便/粪便拭子
肠道内容物</td></tr>
<tr><td>弯曲杆菌</td><td>新鲜粪便或直肠/泄殖腔拭子</td><td>新鲜粪便
肠道内容物</td></tr>
<tr><td>产气荚膜梭菌</td><td>新鲜粪便
疑似病料：肝、脾、肠内容物等</td><td>新鲜粪便
肠道内容物</td></tr>
<tr><td>金黄色葡萄球菌</td><td>鼻拭子/咽拭子
牛奶</td><td>鼻拭子/咽拭子</td></tr>
<tr><td>副猪嗜血杆菌</td><td>鼻拭子
疑似病料：关节液、肺、心、肝、脾、肾、脑等</td><td>心血（抗凝）
肺、淋巴结</td></tr>
<tr><td>伪结核棒状杆菌</td><td>羊鼻腔拭子或咽喉拭子
疑似病料（羊）：脓汁、肺等</td><td>羊鼻腔拭子或咽喉拭子
肺</td></tr>
<tr><td colspan="3">注：若采集猪鼻拭子用于分离副猪嗜血杆菌，应选取 30 日龄～75 日龄的保育猪。</td></tr>
</table>

附　录　D
（资料性）
采样记录表

采样记录的信息见表 D.1。

表 D.1　采样记录表

采样地：__________　　养殖场/屠宰场名称：__________
采样时间：__________　　联系人姓名、电话：__________

<table>
<tr><td colspan="4">样品来源：</td><td colspan="4">样品数量：</td></tr>
<tr><td colspan="4">□猪______品系______日龄______
□鸡______品系______日龄______
□牛______品系______日龄______
其他______品系______日龄______</td><td colspan="4">□直肠/泄殖腔拭子□粪便□肠道内容物
□生鲜乳□咽/喉拭子
其他______</td></tr>
<tr><td colspan="8">采样动物健康状况：□ 健康　□发病　养殖量 / 屠宰量：</td></tr>
<tr><td colspan="8">发病情况：□ 无
首发病例出现日期：__________继发病例出现日期：__________
发病动物数：______日龄：______　死亡动物数：______日龄：______
发病动物的临床症状：______________________________
____
持续时间：__________</td></tr>
<tr><td colspan="4">预防用抗菌药种类与使用方式</td><td colspan="4">治疗用抗菌药种类与使用方式</td></tr>
<tr><td colspan="2">药物名称</td><td colspan="2"></td><td colspan="2">药物名称</td><td colspan="2"></td></tr>
<tr><td colspan="2">使用方式</td><td></td><td></td><td colspan="2">使用方式</td><td></td><td></td></tr>
<tr><td rowspan="3">剂量</td><td>单个动物剂量</td><td></td><td></td><td rowspan="3">剂量</td><td>单个动物剂量</td><td></td><td></td></tr>
<tr><td>饮水添加剂量</td><td></td><td></td><td>饮水添加剂量</td><td></td><td></td></tr>
<tr><td>饲料添加剂量</td><td></td><td></td><td>饲料添加剂量</td><td></td><td></td></tr>
<tr><td colspan="2">用药天数</td><td></td><td></td><td colspan="2">用药天数</td><td></td><td></td></tr>
</table>

采样人（签名）：　　　　时间：______年______月______日

六十、动物源细菌抗菌药物敏感性测试技术规程 微量肉汤稀释法

前 言

本文件按照 GB/T 1.1—2020《标准化工作导则 第1部分：标准化文件的结构和起草规则》的规定起草。

请注意本文件的某些内容可能涉及专利。本文件的发布机构不承担识别专利的责任。

本文件由农业农村部畜牧兽医局提出。

本文件由全国兽药残留与耐药性控制专家委员会归口。

本文件起草单位：中国兽医药品监察所、上海市动物疫病预防控制中心。

本文件主要起草人：张纯萍、姜芹、赵琪、张文刚、宋立、孙冰清、崔明全、商军、徐士新、顾欣、王鹤佳。

1 范围

本文件规定了动物源细菌对抗菌药物敏感性测试微量肉汤稀释法的操作步骤、结果判读、质量控制、记录及生物安全等技术要求。

本文件适用于采用微量肉汤稀释法测定抗菌药物对动物源细菌的最小抑菌浓度（MIC）。

2 规范性引用文件

下列文件中的内容通过文中的规范性引用而构成本文件必不可少的条款。其中，注日期的引用文件，仅该日期对应的版本适用于本文件；不注日期的引用文件，其最新版本（包括所有的修改单）适用于本文件。

GB/T 6682　分析实验室用水规格和试验方法

GB 19489　实验室　生物安全通用要求

3 术语和定义

下列术语和定义适用于本文件。

3.1 最小抑菌浓度　minimum inhibitory concentration, MIC

能抑制肉眼可见的细菌生长的最低抗菌药物浓度。

3.2 菌落形成单位　colony forming unit, CFU

在琼脂平板上经过一定温度和时间培养后形成的每一个菌落。

4 试剂或材料

4.1 要求

除另有规定外，所有试剂均为分析纯，水为符合 GB/T 6682 规定的三级水，培养基或缓冲液按附录 A 配制或用商品化产品。

4.2 试剂

4.2.1 氯化钠。

4.2.2 氯化钙。

4.2.3 氯化镁。

4.2.4 抗菌药物：应选择标准品或对照品，具体种类见附录 B 的表 B.1 和表 B.2。

4.3 溶液制备

4.3.1 无菌生理盐水：取氯化钠 8.5 g，加水适量使溶解并稀释至 1 000 mL，121 ℃灭菌 15 min。

4.3.2 抗菌药物非水溶剂和稀释剂：按照附录 C 中表 C.1 的规定执行。

4.4 培养基制备

4.4.1 阳离子调节 Mueller-Hinton 肉汤(CAMHB)：按照 A.1 的规定执行。

4.4.2 营养琼脂：按照 A.2 的规定执行。

4.4.3 哥伦比亚血琼脂：按照 A.3 的规定执行。

4.4.4 MH 琼脂：按照 A.4 的规定执行。

4.5 质控菌株

4.5.1 大肠埃希菌 ATCC 25922：用作肠杆菌科的质控。

4.5.2 粪肠球菌 ATCC 29212：用作肠球菌属的质控。

4.5.3 铜绿假单胞菌 ATCC 27853：用作铜绿假单胞菌的质控。

4.5.4 金黄色葡萄球菌 ATCC 29213：用作葡萄球菌属的质控。

4.5.5 空肠弯曲杆菌 ATCC 33560：用作弯曲杆菌属的质控。

4.5.6 肺炎链球菌 ATCC 49619：用作链球菌属和巴氏杆菌属的质控。

4.6 材料

0.5 麦氏单位（McFarland）标准比浊液。

5 仪器设备

5.1 pH 计：测量范围 pH 0～14，精度 0.02 pH 单位。

5.2 恒温培养箱。

5.3 微需氧培养箱或微需氧产气袋。

5.4 二级生物安全柜。

5.5 超低温冰箱：−70 ℃（或以下）。

5.6 微量移液器：10 μL，100 μL，1 000 μL。

5.7 比浊仪：精确度 ±0.10 麦氏浊度单位（MCF）。

5.8 分析天平：感量 0.01 mg 和 0.01 g。

5.9 全自动药敏判读系统。

6 操作步骤

6.1 抗菌药物溶液制备

6.1.1 储备液

取抗菌药物适量，精密称定，加水或其他适宜溶剂溶解并稀释（按照表 C.1 的规定执行）至浓度至少为 1 000 μg/mL（如 1 280 μg/mL），或为

最高测试浓度的10倍以上。−70 ℃（或以下）保存，有效期6个月。临用前从冰箱取出，静置至室温。避免反复冻融。

6.1.2 工作液

取储备液用CAMHB稀释至一定浓度后，倍比稀释至测试系列浓度。工作液浓度宜覆盖敏感性折点值、质控菌质控范围。

6.2 药敏板的制备

取无菌96孔板，设阳性对照和阴性对照各1孔，分别加入无菌CAMHB 50 μL，其余孔中加入系列抗菌药物工作液各50 μL，备用。药敏板应当天使用，或立即置−70 ℃（或以下）保存备用，临用前从冰箱中取出，静置至室温。避免反复冻融。

使用商品化药敏检测试剂盒时，按照其使用说明进行操作。

6.3 菌悬液的制备

6.3.1 初始菌悬液

a)、b）两种方法任选其一。

a）直接菌悬液法：取质控菌、测试菌单菌落，分别置于无菌生理盐水或无菌CAMHB中，用比浊仪或0.5麦氏单位标准比浊液调菌液浓度至0.5麦氏单位（相当于 1.0×10^8 CFU/mL～2.0×10^8 CFU/mL）；

b）生长法：取质控菌、测试菌单菌落，分别置于加有4 mL～5 mL无菌CAMHB的试管中，(35±2) ℃培养3 h～5 h。将培养好的菌液用无菌生理盐水或无菌CAMHB调菌液浓度至0.5麦氏单位（相当于 1.0×10^8 CFU/mL～2.0×10^8 CFU/mL）。适用于菌落不易直接乳化而不能获得浓度均一菌悬液的细菌。

6.3.2 工作菌悬液

初始菌悬液用无菌CAMHB进行1∶100稀释，即为工作菌悬液。制备15 min内完成接种。

6.4 接种

取药敏板，阴性对照孔加入无菌CAMHB 50 μL，其余孔中加入工作菌悬液各50 μL（最终菌浓度约为 5×10^5 CFU/mL），混匀。

6.5 培养

接种后的药敏板置于（35±2）℃培养(18±2) h。

常见苛养菌的培养基、培养液及培养条件按照附录D的规定执行。

7 结果判读

7.1 阴性对照和阳性对照

取培养后的药敏板，在黑色背景下观察（或选用全自动药敏判读系统）。阴性对照应无菌生长，孔内液体未见混浊；阳性对照有菌生长，孔内液体混浊或形成菌团/菌斑。否则，本次试验结果无效。

7.2 质控菌株MIC

在间接无反射光的黑色背景下观察，根据抗菌药物的浓度范围，以无菌生长的最低浓度为该抗菌药物的MIC。质控菌株的MIC值应位于质控范围内（见表B.1和表B.2）。否则，本次试验结果无效。

7.3 测试菌株MIC

在符合7.1和7.2要求的前提下，与7.2同法判读MIC。

7.4 注意事项

结果判读注意事项如下：

a）如存在一个跳孔，应读取高浓度为MIC；如存在多孔跳孔现象，需重新测定；

b）对甲氧苄啶和磺胺类药物，应以生长减少80%以上（与阳性对照比较）的最小药物浓度为MIC；

c）氯霉素、克林霉素、红霉素、利奈唑胺和四环素对革兰阳性球菌的MIC，应为拖尾现象开始第一个孔的浓度，忽略微小菌膜。

8 质量控制

8.1 质控菌株

质控菌株可从ATCC或参考实验室以及商业机构获得。保存其来源和传代等记录，以保证质控菌株性能满足要求。传代不宜超过5次。

8.2 测试菌株

冻存菌株至少复壮2次，24 h内使用。

8.3 质控频率

8.3.1 日质控

日质控（15-重复方案）应对质控菌株每天重复测定3次，每次单独制备接种物，连续测定5 d，记录药物的MIC值，并将MIC值与质控菌株要求范围进行比较（见表B.1和表B.2），根据检测结果是否在控，决定是否转周质控。日质控（15-重复方案）中可接受标准和推荐措施见表1。

表 1 日质控（15-重复方案）中可接受标准和推荐措施

初始试验超出范围次数（基于 15 个重复）	初始试验结论（基于 15 个重复）	重复试验后超出范围次数（基于 30 个重复）	重复试验后结论
0～1	方案成功，执行周质控	—	—
2～3	再进行另一个 15-重复（3×5 d）方案	2～3	方案成功，执行周质控
≥4	方案失败，调查并采取适当纠正措施，继续日质控	≥4	方案失败，调查采取适当纠正措施，继续日质控

8.3.2 周质控

实验室在日质控情况符合要求的条件下执行周质控，即每周检测 1 次。如周质控失控，应调查并采取适当纠正措施。对于某些不稳定易降解的抗菌药物，质控频率可增加。

8.4 质控结果失控原因分析和纠正措施

8.4.1 失控原因

失控原因可分为随机误差、可确认的误差和系统误差。随机误差和可确认的误差可通过简单重复进行质控予以纠正；而系统误差不可通过简单重复进行质控予以纠正。当失控原因为可确认的误差（即误差原因易发现和易纠正），在失控当天进行重复检测相同质控菌株/抗菌药物组合，其结果在控，则可不必进一步纠错。当失控原因为不可确认的误差，则应执行以下纠正措施：

a） 若为日质控，则失控当天采用相同的质控菌株/抗菌药物组合重复进行检测。若在控，继续执行日质控；若不在控，执行纠正措施，按 8.4.2 的规定执行；

b） 若为周质控，则失控当天重复检测相同的质控菌株/抗菌药物组合。若重复检测的结果在控，且已找到失控的原因，连续 5 d 重复使用同一批号的试剂检测所有抗菌药物/质控菌株组合的质控结果。若 5 次检测结果均可控，可继续执行周质控；若 3 次检测结果在控，继续执行连续 2 d 重复检测直至 5 次结果在控。

8.4.2 纠正措施

纠正措施包括：

a） 若重复检测仍不在控，执行纠正措施；

b） 继续执行日质控直至找到失控原因；

c） 选用新的质控菌株或新的试剂批号或新的品牌；

d） 在寻找失控原因过程中，可采用替代性检测试验。

9 记录

记录应至少包括以下内容：

a） 菌株信息，包括质控菌和测试菌的名称、来源和编号等；

b） 药物信息，包括通用名称、测试浓度范围等；

c） MIC 结果。

10 生物安全

实验室设施设备、人员防护及实验的安全操作、实验废弃物和菌株的处理应符合 GB 19489 的要求。

附 录 A
（规范性）
培 养 基

A.1 阳离子调节 Mueller-Hinton 肉汤（CAMHB）

A.1.1 MH 肉汤

A.1.1.1 成分

牛肉粉	2.0 g
可溶性淀粉	1.5 g
酸水解酪蛋白	17.5 g
水	1 000 mL

A.1.1.2 制备

按 A.1.1.1 取各固体成分，加水 1 000 mL，搅拌使溶解，调 pH 使灭菌后在 25 ℃ pH 为 7.0±0.2，121 ℃高压灭菌 15 min。

A.1.2 氯化钙溶液

A.1.2.1 成分

氯化钙（$CaCl_2 \cdot 2H_2O$）	3.68 g
水	100 mL

A.1.2.2 制备

将氯化钙加入水中，搅拌使溶解，过 0.22 μm 滤膜，冷藏。

A.1.3 氯化镁溶液

A.1.3.1 成分

氯化镁（$MgCl_2 \cdot 6H_2O$）	8.36 g
水	100 mL

A.1.3.2 制备

将氯化镁加入水中，搅拌使溶解，过 0.22 μm 滤膜，冷藏。

A.1.4 完全肉汤

A.1.4.1 成分

氯化钙溶液	0.1 mL
氯化镁溶液	0.1 mL
MH 肉汤	1 000 mL

A.1.4.2 制备

在无菌条件下将 A.1.4.1 中各成分混匀，冷藏备用。

注：测试弯曲杆菌属或链球菌属细菌时，CAMHB 应加 2.5%～5%裂解马血。

A.2 营养琼脂

A.2.1 成分

胨	10.0 g
牛肉浸出粉	3.0 g
氯化钠	5.0 g
琼脂	15.0 g
水	1 000 mL

A.2.2 制备

除琼脂外，取 A.2.1 中各成分，混合，微温溶解，调节 pH 使灭菌后在 25 ℃的 pH 为 7.3 ± 0.2；加入琼脂，加热溶化，分装，在 115 ℃高压灭菌 30 min。

A.3 哥伦比亚血琼脂

A.3.1 成分

哥伦比亚血琼脂基础培养基	42.5 g
无菌脱纤维羊血	50.0 mL～100.0 mL
水	1 000 mL

A.3.2 制备

除无菌脱纤维羊血外中，取 A.3.1 中各成分，混合，微热溶解，调 pH 使灭菌后在 25 ℃的 pH 为7.3±0.2，分装，在 121 ℃灭菌 15 min，冷却至 45 ℃～50 ℃。加无菌脱纤羊血（5 mL～10 mL）/100 mL，混匀，倾注平板，凝固。抽样置于（35±2)℃中培养 18 h～24 h。如无菌生长，0 ℃～4 ℃保存备用。

A.4 MH 琼脂

A.4.1 成分

牛肉浸膏粉	5.0 g
干酪素水解物	17.5 g
水解性淀粉	1.5 g
琼脂	15.0 g
水	1 000 mL

A.4.2　制备

除琼脂外，取A.4.1中各成分混合，微温溶解，调pH使灭菌后在25 ℃的pH为7.3±0.2，加入琼脂，微热溶解，分装，121 ℃灭菌15 min。

注：如需配制含5%羊血MH琼脂，则在灭菌后冷至50 ℃～55 ℃时无菌操作按比例加入5%无菌脱纤维羊血，混匀后倾注平板。

附 录 B
（资料性）
抗菌药物对质控菌株 MIC 的控制范围

B.1 抗菌药物对部分质控菌株的 MIC 质控范围

见表 B.1。

表 B.1 抗菌药物对部分质控菌株的 MIC 质控范围

单位：μg/mL

抗菌药物	质控菌株 MIC 范围				
	金黄色葡萄球菌 ATCC 29213	粪肠球菌 ATCC 29212	大肠埃希菌 ATCC 25922	铜绿假单胞菌 ATCC 27853	肺炎链球菌 ATCC 49619
阿米卡星	1～4	64～256	0.5～4	1～4	—
阿莫西林/克拉维酸	0.12/0.06～0.5/0.25	0.25/0.12～1.0/0.5	2/1～8/4	—	0.03/0.015～0.12/0.06
氨苄西林	0.5～2	0.5～2	2～8	—	0.06～0.25
安普霉素	2～8	—	2～16	2～16	—
头孢唑林	0.25～1	—	1～4	—	—
头孢西丁	1～4	—	2～8	—	—
头孢泊肟	1～8	—	0.25～1	—	0.03～0.12
头孢喹肟	0.25～2	—	0.03～0.12	—	0.015～0.06
头孢噻呋	0.25～1	—	0.25～1	16～64	—
头孢噻吩	0.12～0.5	—	4～16	—	0.5～2
头孢他啶	4～16	—	0.06～0.5	1～4	—
氯霉素	2～8	4～16	2～8	—	2～8
克林霉素	0.06～0.25	4～16	—	—	0.03～0.12
氧氟沙星	0.12～1	1～4	0.016～0.12	1～8	1～4
达氟沙星	0.06～0.25	0.25～1	0.008～0.06	0.5～2	—
二氟沙星	0.06～0.5	1～4	0.015～0.12	1～8	—
恩诺沙星	0.03～0.12	0.12～1	0.008～0.03	1～4	—
利奈唑胺	1～4	1～4	—	—	0.25～2
黏菌素	—	—	0.25～2	0.5～4	—
红霉素	0.25～1	1～4	—	—	0.03～0.12
氟苯尼考	2～8	2～8	2～8	—	1～4
庆大霉素	0.12～1	4～16	0.25～1	0.5～2	—
亚胺培南	0.015～0.06	0.5～2	0.06～0.5	1～4	0.03～0.12
卡那霉素	1～4	16～64	1～4	—	—
马波沙星	0.12～0.5	0.5～2	0.008～0.03	0.5～2	—
苯唑西林	0.12～0.5	8～32	—	—	—
青霉素	0.25～2	1～4	—	—	0.25～1
利福平	0.004～0.016	0.5～4	4～16	16～64	0.016～0.06
大观霉素	64～256	64～256	8～64	≥256	—
磺胺异噁唑	32～128	32～128	8～32	—	—
四环素	0.12～1	8～32	0.5～2	8～32	0.12～0.5
泰妙菌素	0.5～2	—	—	—	0.5～4
替卡西林	2～8	16～64	4～16	8～32	—
替卡西林/克拉维酸	0.5/2～2/2	16/2～64/2	4/2～16/2	8/2～32/2	—

表 B.1（续）

抗菌药物	质控菌株 MIC 范围				
	金黄色葡萄球菌 ATCC 29213	粪肠球菌 ATCC 29212	大肠埃希菌 ATCC 25922	铜绿假单胞菌 ATCC 27853	肺炎链球菌 ATCC 49619
替米考星	1～4	8～32	—	—	—
泰乐菌素	0.5～4	0.5～4	—	—	—
甲氧苄啶/磺胺甲噁唑	≤0.5/9.5	≤0.5/9.5	≤0.5/9.5	8/152～32/608	0.12/2.4～1/19
万古霉素	0.5～2	1～4	—	—	0.12～0.5
美罗培南	0.03～0.12	2～8	0.008～0.06	0.12～1	0.03～0.25
注："—"表示无相应的质控范围。					

B.2 抗菌药物对空肠弯曲杆菌（ATCC 33560）的 MIC 质控范围

见表 B.2。

表 B.2 抗菌药物对空肠弯曲杆菌（ATCC 33560）的 MIC 质控范围

单位：μg/mL

抗菌药物	MIC 质控范围	
	（36 ℃～37 ℃）/48 h	42 ℃/24 h
阿奇霉素	0.03～0.25	0.03～0.12
氯霉素	1～8	1～4
环丙沙星	0.06～0.25	0.03～0.12
克拉霉素	0.5～2	0.5～2
克林霉素	0.12～1	0.12～0.5
多西环素	0.12～0.5	0.12～0.5
红霉素	0.5～2	0.25～2
氟苯尼考	1～4	0.5～2
庆大霉素	0.5～2	0.25～2
左氧氟沙星	0.06～0.25	0.03～0.25
美罗培南	0.008～0.03	0.008～0.03
萘啶酸	4～16	4～16
四环素	0.25～2	0.25～1

附 录 C
（规范性）
非水溶剂和稀释剂

制备抗菌药物储备液所用溶剂和稀释剂见表 C.1。

表 C.1 抗菌药物储备液所用溶剂和稀释剂

抗菌药物	溶剂	稀释剂
阿莫西林、克拉维酸、替卡西林	0.1 mol/L 磷酸盐缓冲液（pH 6.0）	0.1 mol/L 磷酸盐缓冲液（pH 6.0）
氨苄西林	0.1 mol/L 磷酸盐缓冲液（pH 8.0）	0.1 mol/L 磷酸盐缓冲液（pH 6.0）
头孢泊肟	0.10%（11.9 mmol/L）碳酸氢钠水溶液	水
头孢噻吩	0.1 mol/L 磷酸盐缓冲液（pH 6.0）	水
呋喃妥因	0.1 mol/L 磷酸盐缓冲液（pH 8.0）	0.01 mol/L 磷酸盐缓冲液（pH 8.0）
亚胺培南	0.01 mol/L 磷酸盐缓冲液（pH 7.2）	0.01 mol/L 磷酸盐缓冲液（pH 7.2）
恩诺沙星、二氟沙星	1/2 体积的水，然后逐滴加入 1 mol/L 的 NaOH 溶液直至溶解	水
磺胺类药物	1/2 体积的热水，然后加入至少 2.5 mol/L 的 NaOH 溶液直至溶解	水
甲氧苄啶	0.05 mol/L 的乳酸或者盐酸，至终体积的 10%	水（可加热）
利福平	甲醇	水（振摇）
氯霉素、红霉素、氟苯尼考、泰乐菌素、替米考星	95%乙醇	水
莫能菌素	甲醇	甲醇
应确保溶剂和稀释剂的有效性。		

附　录　D

（规范性）

常见苛养菌 MIC 测定所需培养基/液及培养条件

常见苛养菌 MIC 测定所需培养基/液及培养条件见表 D.1。

表 D.1　常见苛养菌 MIC 测定所需培养基/液及培养条件

苛养菌种类	培养基	培养液	培养条件
链球菌属	哥伦比亚血琼脂	CAMHB+（2.5%～5%）裂解马血	(35±2)℃，20 h～24 h
弯曲杆菌属	哥伦比亚血琼脂	CAMHB+（2.5%～5%）裂解马血	(35±1)℃，48 h；或 42 ℃，24 h；10%CO_2，5%O_2，85%N_2
多杀性巴氏杆菌	含 5%羊血的 MH 琼脂	CAMHB	(35±2)℃，18 h～24 h
其他苛养菌 MIC 测定所需培养基及培养条件应根据相关标准的规定执行。			

六十一、动物源细菌抗菌药物敏感性测试技术规程 琼脂稀释法

前 言

本文件按照 GB/T 1.1—2020《标准化工作导则 第1部分：标准化文件的结构和起草规则》的规定起草。

请注意本文件的某些内容可能涉及专利。本文件的发布机构不承担识别专利的责任。

本文件由农业农村部畜牧兽医局提出。

本文件由全国兽药残留与耐药性控制专家委员会归口。

本文件起草单位：中国兽医药品监察所、中国动物卫生与流行病学中心。

本文件主要起草人：张纯萍、王娟、赵琪、曲志娜、刘俊辉、黄秀梅、宋立、李月华、崔明全、张青青、徐士新、王鹤佳、刘娜、王君玮。

1 范围

本文件规定了动物源细菌对抗菌药物敏感性测试琼脂稀释法的操作步骤、结果判读、质量控制、记录及生物安全的要求。

本文件适用于采用琼脂稀释法测定抗菌药物对动物源细菌的最小抑菌浓度（MIC）。

2 规范性引用文件

下列文件中的内容通过文中的规范性引用而构成本文件必不可少的条款。其中，注日期的引用文件，仅该日期对应的版本适用于本文件；不注日期的引用文件，其最新版本（包括所有的修改单）适用于本文件。

GB/T 6682 分析实验室用水规格和实验方法

GB 19489 实验室 生物安全通用要求

3 术语和定义

下列术语和定义适用于本文件。

3.1 最小抑菌浓度 minimum inhibitory concentration，MIC

能抑制肉眼可见的细菌生长的最低抗菌药物浓度。

3.2 菌落形成单位 colony forming unit，CFU

在琼脂平板上经过一定温度和时间培养后形成的每一个菌落。

4 试剂或材料

4.1 要求

除另有规定外，所有试剂均为分析纯，水为符合 GB/T 6682 规定的三级水，培养基或按附录 A 配制或用商品化产品。

4.2 试剂

4.2.1 氯化钠。

4.2.2 抗菌药物：应选择标准品或对照品，具体种类见附录 B 中的表 B.1 和表 B.2。

4.3 溶液配制

4.3.1 无菌生理盐水：取氯化钠 8.5 g，加水适量使溶解并稀释至 1 000 mL，121 ℃高压灭菌 15 min。

4.3.2 抗菌药物非水溶剂/稀释剂：按照附录 C 中 C.1 的规定执行。

4.4 培养基制备

4.4.1 阳离子调节 Mueller-Hinton 肉汤（CAMHB）：按照 A.1 的规定执行。

4.4.2 营养琼脂（NA）：按照 A.2 的规定执行。

4.4.3 MH 琼脂：按照 A.3 的规定执行；

4.4.4 哥伦比亚血琼脂：按照 A.4 的规定执行。

4.5 质控菌株

4.5.1 大肠埃希菌 ATCC 25922：用作肠杆菌科的质控菌。

4.5.2 粪肠球菌 ATCC 29212：用作肠球菌属的质控菌。

4.5.3 铜绿假单胞菌 ATCC 27853：用作铜绿假单胞菌的质控菌。

4.5.4 金黄色葡萄球菌 ATCC 29213：用作葡萄球菌属的质控菌。

4.5.5 空肠弯曲杆菌 ATCC 33560：用作弯曲杆菌的质控菌。

4.5.6 肺炎链球菌 ATCC 49619：用作链球菌、巴氏杆菌的质控菌。

4.6 材料

0.5 麦氏单位（McFarland）标准比浊液。

5 仪器设备

5.1 pH 计：测量范围 pH 0～14，精度 0.02 pH 单位。

5.2 恒温培养箱：(35±2)℃，(42±2)℃。

5.3 CO_2培养箱：(35±2)℃，(42±2)℃。

5.4 二级生物安全柜。

5.5 超低温冰箱：－70 ℃或以下。

5.6 点接种仪。

5.7 比浊仪：精确度±0.10 麦氏单位（MCF）。

5.8 接种针。

5.9 分析天平：感量 0.01 mg 和 0.01 g。

6 操作步骤

6.1 抗菌药物溶液制备

6.1.1 储备液

取抗菌药物适量，精密称定，加水或其他适宜溶剂溶解并稀释（按照表 C.1 的规定执行）至浓度至少为 1 000 μg/mL（如 1 280 μg/mL），或为最高测试浓度的 10 倍以上。－70 ℃或以下保存，有效期半年。

6.1.2 工作液

取储备液，用 CAMHB 稀释至一定浓度，再

倍比稀释至测试系列浓度。工作液浓度宜覆盖敏感性折点值、质控菌质控范围等。

6.2 含药琼脂板的制备

MH 琼脂（苛氧菌的培养基见附录 D）高压灭菌，冷却至 45 ℃～50 ℃，加抗菌药物系列工作液适量，混匀，倾注平板（厚度约 4 mm），室温凝固，即形成系列稀释浓度的含药琼脂板。当天使用；或密封后冷藏，放置时间不超过 5 d。

6.3 工作菌悬液的制备

a）、b）两种方法任选其一：

a）直接菌悬液法：取质控菌、测试菌单菌落，分别置于无菌生理盐水或无菌 CAMHB 中，用比浊仪或 0.5 麦氏单位标准比浊液调节菌液浓度至 0.5 麦氏单位（相当于 1.0×10^8 CFU/mL～2.0×10^8 CFU/mL）；

b）生长法：取质控菌、测试菌单菌落，分别置于加有 4 mL～5 mL 无菌 CAMHB 的试管中，(35±2)℃培养 3 h～5 h。取菌液适量，用无菌生理盐水或无菌 CAMHB 调节菌液浓度至 0.5 麦氏单位（相当于 1.0×10^8 CFU/mL～2.0×10^8 CFU/mL）。适用于菌落不易直接乳化而不能获得浓度均一菌悬液的细菌。

注：工作菌悬液应在制备后 15 min 内完成接种。

6.4 接种

取工作菌悬液，加入点接种仪小管中，根据点接种仪针孔大小选择 a）或 b）针孔，接种于 MH 琼脂平板。同时以 CAMHB 为阴性对照，相应的工作菌悬液为阳性对照。

a）针孔大小为 1 mm 时，直接接种 0.1 μL 工作菌悬液；

b）针孔大小为 3 mm 时，先将工作菌悬液用 CAMHB 稀释 10 倍，再接种 2 μL 于琼脂平板。

6.5 培养

(35±2)℃培养（18±2）h；苛养菌的培养条件按附录 D 的规定执行。

7 结果判读

7.1 阴性对照和阳性对照

阴性对照应无菌生长，阳性对照在接种部位形成菌团或菌斑；否则，实验结果无效。

7.2 质控菌株 MIC 范围

根据抗菌药物的浓度及排布，以无菌生长的最低浓度为该药物的 MIC。质控菌株的 MIC 值应位于质控菌株的质控范围（见表 B.1 和表 B.2）内，否则，实验结果无效。

7.3 测试菌株

在符合 7.1 和 7.2 要求的前提下，与 7.2 同法判读 MIC。

8 质量控制

8.1 质控菌株

质控菌株可从 ATCC 或参考实验室以及商业机构获得。保存其来源和传代等记录，以保证质控菌株性能满足要求。传代不宜超过 5 次。

8.2 测试菌株

冻存菌株至少复壮 2 次，24 h 内使用。

8.3 质控频率

8.3.1 日质控

日质控（15-重复方案）应对质控菌株每天重复测定 3 次，每次单独制备接种物，连续测定5 d，记录药物的 MIC 值，并将 MIC 值与质控菌株要求范围进行比较（见表 B.1 和表 B.2），根据检测结果是否在控决定是否转周质控。日质控（15-重复方案）中可接受标准和推荐措施见表 1。

表 1 日质控（15-重复方案）中可接受标准和推荐措施

初始实验超出范围次数（基于 15 个重复）	初始实验结论（基于 15 个重复）	重复实验后超出范围次数（基于 30 个重复）	重复实验后结论
0～1	方案成功，执行周质控	—	—
2～3	再进行另一个 15-重复（3×5 d）方案	2～3	方案成功，执行周质控
≥4	方案失败，调查并采取适当纠正措施，继续日质控	≥4	方案失败，调查采取适当纠正措施，继续日质控

8.3.2 周质控

实验室在日质控情况符合要求的条件下或在实验体系未有任何改变时执行周质控，即每周检测1次。如周质控失控，应调查并采取适当纠正措施。对于某些不稳定易降解的抗菌药物，质控频率可增加。

8.4 质控结果失控原因分析和纠正措施

8.4.1 失控原因

失控原因可分为随机误差、可确认的误差和系统误差。随机误差和可确认的误差可通过简单重复进行质控予以纠正；而系统误差不可通过简单重复进行质控予以纠正。当失控原因为可确认的误差（即误差原因易发现和易纠正），在失控当天进行重复检测相同质控菌株/抗菌药物组合，其结果在控，则可不必进一步纠错。当失控原因为不可确认的误差，则应执行以下纠正措施：

a) 若为日质控，则失控当天采用相同的质控菌株/抗菌药物组合重复进行检测。若在控，继续执行日质控；若不在控，执行纠正措施，按8.4.2的规定执行。

b) 若为周质控，则失控当天重复检测相同的质控菌株/抗菌药物组合。若重复检测的结果在控，且已找到失控的原因，连续5 d重复使用同一批号的试剂检测所有抗菌药物/质控菌株组合的质控结果。若5次检测结果均可控，可继续执行周质控；若3次检测结果在控，继续执行连续2 d重复检测直至5次结果在控。

8.4.2 纠正措施

纠正措施包括：

a) 若重复检测仍不在控，执行纠正措施；

b) 继续执行日质控，直至找到失控原因；

c) 选用新的质控菌株或新的试剂批号或新的品牌；

d) 在寻找失控原因过程中，可采用替代性检测试验。

9 记录

记录应至少包括以下内容：

a) 菌株信息，包括质控菌株和测试菌株的名称、来源、编号等；

b) 药物信息，包括药物通用名称、测试浓度范围等；

c) MIC值。

10 生物安全

实验室设施设备、人员防护、实验操作、实验废弃物及菌株的处理应符合GB 19489的要求。

附 录 A
（规范性）
培 养 基

A.1 阳离子调节 Mueller-Hinton 肉汤（CAMHB）

A.1.1 MH 肉汤

A.1.1.1 成分

牛肉粉	2.0 g
可溶性淀粉	1.5 g
酸水解酪蛋白	17.5 g
水	1 000 mL

A.1.1.2 制备

按 A.1.1.1 取各固体成分，加水 1 000 mL，搅拌使溶解，调 pH 使灭菌后在 25 ℃ pH 为 7.0±0.2，121 ℃高压灭菌 15 min。

A.1.2 氯化钙溶液

A.1.2.1 成分

氯化钙（$CaCl_2 \cdot 2H_2O$）	3.68 g
水	100 mL

A.1.2.2 制备

将氯化钙加入水中，搅拌使溶解，过 0.22 μm 滤膜，冷藏。

A.1.3 氯化镁溶液

A.1.3.1 成分

氯化镁（$MgCl_2 \cdot 6H_2O$）	8.36 g
水	100 mL

A.1.3.2 制备

将氯化镁加入水中，搅拌使溶解，过 0.22 μm 滤膜，冷藏。

A.1.4 完全肉汤

A.1.4.1 成分

氯化钙溶液	0.1 mL
氯化镁溶液	0.1 mL
MH 肉汤	1 000 mL

A.1.4.2 制备

在无菌条件下将 A.1.4.1 中各成分混匀，冷藏备用。

A.2 营养琼脂（NA）

A.2.1 成分

蛋白胨	10.0 g
牛肉浸膏粉	3.0 g
氯化钠	5.0 g
琼脂	15.0 g
水	1 000 mL

A.2.2 制法

除琼脂外，将 A.2.1 的各成分加入水中，混匀，微温溶解，调节 pH 使灭菌后在 25 ℃的 pH 为 7.3±0.2；加入琼脂，微温溶解，115 ℃高压灭菌 15 min，倾注平板。0 ℃～4 ℃保存 7 d。

A.3 MH 琼脂

A.3.1 成分

牛肉浸膏粉	5.0 g
干酪素水解物	17.5 g
水解性淀粉	1.5 g
琼脂	13.0 g～15.0 g
水	1 000 mL

A.3.2 制法

除琼脂外，将 A.3.1 的各成分加入水中，混匀，微温溶解，调节 pH 使灭菌后在 25 ℃的 pH 为 7.3±0.2；加入琼脂，微温溶解，121 ℃高压灭菌 15 min，倾注平板。0 ℃～4 ℃保存 7 d。

A.4 哥伦比亚血琼脂

A.4.1 成分

哥伦比亚血琼脂基础培养基	42.5 g
无菌脱纤羊血	50 mL～100 mL
水	1 000 mL

A.4.2 制法

除无菌脱纤维羊血外，取 A.4.1 中各成分混合，微温溶解，调 pH 使灭菌后在 25 ℃的 pH 为 7.3±0.2，分装，121 ℃高压灭菌 15 min，冷却，至 45 ℃～50 ℃，加无菌脱纤羊血（5 mL～10 mL）/100 mL，混匀，倾注平板。抽样，(35±2)℃培养 18 h～24 h，应无菌生长。0 ℃～4 ℃保存。

附　录　B
（资料性）
抗菌药物对质控菌株最小抑菌浓度（MIC）的控制范围

B.1　部分质控菌株的 MIC 质控范围

见表 B.1。

表 B.1　部分质控菌株的 MIC 质控范围

单位：μg/mL

抗菌药物	金黄色葡萄球菌 ATCC 29213	粪肠球菌 ATCC 9212	大肠杆菌 ATCC 25922	铜绿假单胞杆菌 ATCC 27853	肺炎链球菌 ATCC 49619
阿米卡星	1～4	64～256	0.5～4	1～4	—
阿莫西林/克拉维酸	0.12/0.06～0.5/0.25	0.25/0.12～1.0/0.5	2/1～8/4	—	0.03/0.15～0.12/0.06
氨苄西林	0.5～2	0.5～2	2～8	—	0.06～0.25
安普霉素	2～8	—	2～16	2～16	—
头孢唑林	0.25～1	—	1～4	—	—
头孢噻吩	1～4	—	2～8	—	—
头孢维星	0.5～2	—	0.5～2	512～2 048	0.12～0.5
头孢泊肟	1～8	—	0.25～1	—	0.03～0.12
头孢喹肟	0.25～2	—	0.03～0.12	—	0.015～0.06
头孢噻呋	0.25～1	—	0.25～1	16～64	—
头孢菌素	0.12～0.5	—	4～16	—	0.5～2
氯霉素	2～8	4～16	2～8	—	2～8
克林霉素	0.06～0.25	4～16	—	—	0.03～0.12
达氟沙星	0.06～0.25	0.25～1	0.008～0.06	0.5～2	—
双氟哌酸	0.06～0.5	1～4	0.015～0.12	1～8	—
恩诺沙星	0.03～0.12	0.12～1	0.008～0.03	1～4	—
红霉素	0.25～1	1～4	—	—	0.033～0.12
氟苯尼考	2～8	2～8	2～8	—	1～4
庆大霉素	0.12～1	4～6	0.25～1	0.5～2	—
亚胺培南	0.015～0.06	0.5～2	0.06～0.5	1～4	0.03～0.12
卡那霉素	1～4	16～64	1～4	—	—
马波沙星	0.12～0.5	0.5～2	0.06～0.25	1～4	0.03～0.12
奥比沙星	0.25～2	1～8	0.015～0.12	2～16	—
苯唑西林	0.12～0.5	8～32	—	—	—
青霉素	0.25～2	1～4	—	—	0.25～1
青霉素/新生霉素	0.015/0.03～0.06/0.12	0.25/0.5～2/4	—	—	—
吡利霉素	0.25～1.0	2～8	—	—	—
普多沙星	0.03～0.12	0.12～0.5	0.008～0.03	0.25～1	—
利福平	0.004～0.016	0.5～4	4～16	16～64	0.016～0.06
大观霉素	64～256	64～256	8～64	256～>512	—
磺胺异噁唑	32～128	32～128	8～32	—	—
四环素	0.12～1	8～32	0.5～2	8～32	0.12～5
泰妙菌素	0.5～2	—	—	—	0.5～4
替卡西林	2～8	16～64	4～16	8～32	—

表 B.1（续）

抗菌药物	金黄色葡萄球菌 ATCC 29213	粪肠球菌 ATCC 9212	大肠杆菌 ATCC 25922	铜绿假单胞杆菌 ATCC 27853	肺炎链球菌 ATCC 49619
替米考星	1～4	8～32	—	—	—
泰拉霉素	2～8	4～32	—	—	0.12～1
泰乐菌素	0.5～4	0.5～4	—	—	—
甲氧苄啶/磺胺甲噁唑	≤0.5/9.5	≤0.5/9.2	≤0.5/9.5	8/152～32/608	0.12/2.4～1/19
万古霉素	0.5～2	1～4	—	—	0.12～0.5
注：“—”表示无相应的质控范围。					

B.2 空肠弯曲杆菌的MIC质控范围

见表B.2。

表 B.2 空肠弯曲杆菌 ATCC33560 的 MIC 质控范围

单位：mg/mL

抗菌药物	MIC质控范围	
	(35±2)℃/48 h	42 ℃/24 h
阿奇霉素	0.03～0.25	0.03～0.12
氯霉素	1～8	1～4
环丙沙星	0.06～0.25	0.03～0.12
克拉霉素	0.5～2	0.5～2
克林霉素	0.12～1	0.12～0.5
多西环素	0.12～0.5	0.12～0.5
红霉素	0.5～2	0.25～2
氟苯尼考	1～4	0.5～2
庆大霉素	0.5～2	0.25～2
左氧氟沙星	0.06～0.25	0.03～0.25
美罗培南	0.008～0.03	0.008～0.03
萘啶酸	4～16	4～16
四环素	0.25～2	0.25～1

附　录　C
（规范性）
非水溶剂/稀释剂

非水溶剂/稀释剂见表 C.1。

表 C.1　非水溶剂/稀释剂（配制抗菌药物储备液用）

抗菌药物	溶剂	稀释剂
阿莫西林、克拉维酸	0.1 mol/L 磷酸盐缓冲液（pH 6.0）	0.1 mol/L 磷酸盐缓冲液（pH 6.0）
氨苄西林	0.1 mol/L 磷酸盐缓冲液（pH 8.0）	0.1 mol/L 磷酸盐缓冲液（pH 6.0）
头孢泊肟	0.1%（11.9 mmol/L）碳酸氢钠水溶液	水
头孢噻呋	0.1 mol/L 磷酸盐缓冲液（pH 6.0）	水
亚胺培南	0.01 mol/L 磷酸盐缓冲液（pH 7.2）	0.01 mol/L 磷酸盐缓冲液（pH 7.2）
恩诺沙星、二氟沙星	1/2 体积的水，逐滴加入 1 mol/L 的 NaOH 溶液直至溶解	水
磺胺类药物	1/2 体积的热水，逐滴加入 2.5 mol/L 的 NaOH 溶液直至溶解	水
甲氧苄啶	0.05 mol/L 的乳酸或盐酸，至终体积的 10%	水（可加热）
利福平	甲醇	水（振摇）
氯霉素、红霉素、氟苯尼考、泰乐菌素、替米考星	95%乙醇	水
泰拉霉素	0.015 mol/L 的柠檬酸	水（可加热）
应确保非水溶剂和稀释剂的有效性。		

附 录 D
（规范性）
苛养细菌所用的培养基及培养条件

苛养细菌所用的培养基及培养条件见表 D.1。

表 D.1 苛养细菌抗菌药物敏感性测定（琼脂稀释法）所用的培养基及培养条件

苛养细菌	培养基	培养条件
链球菌	哥伦比亚血琼脂或含 5%脱纤绵羊血的 MH 琼脂	(35±2)℃，(5±2)% CO_2，20 h～24 h
弯曲杆菌	含 5%脱纤绵羊血的 MH 琼脂	(36±1)℃，10%CO_2、5%O_2、85%N_2，48 h 或（42±1)℃，10%CO_2、5%O_2、85%N_2，24 h
多杀性巴氏杆菌		(35±2)℃，18 h～24 h
其他苛养菌 MIC 测定所需培养基及培养条件应根据相关标准的规定执行。		

六十二、动物源细菌抗菌药物敏感性测试技术规程　纸片扩散法

前　言

本文件按照 GB/T 1.1—2020《标准化工作导则　第 1 部分：标准化文件的结构和起草规则》的规定起草。

请注意本文件的某些内容可能涉及专利。本文件的发布机构不承担识别专利的责任。

本文件由农业农村部畜牧兽医局提出。

本文件由全国兽药残留与耐药性控制专家委员会归口。

本文件起草单位：中国动物卫生与流行病学中心、中国兽医药品监察所。

本文件主要起草人：王娟、赵琪、曲志娜、张纯萍、刘俊辉、黄秀梅、宋立、李月华、刘娜、张青青、张喜悦、高玉斌、崔明全、王君玮、王鹤佳、徐士新。

1　范围

本文件规定了动物源细菌对抗菌药物敏感性测试纸片扩散法的操作步骤、结果判读、质量控制、记录及生物安全措施等技术要求。

本文件适用于采用纸片扩散法测定抗菌药物对动物源细菌的抑菌圈大小。

2　规范性引用文件

下列文件中的内容通过文中的规范性引用而构成本文件必不可少的条款。其中，注日期的引用文件，仅该日期对应的版本适用于本文件；不注日期的引用文件，其最新版本（包括所有的修改单）适用于本文件。

GB/T 6682　分析实验室用水规格和实验方法

GB 19489　实验室　生物安全通用要求

3　术语和定义

下列术语和定义适用于本文件。

3.1　菌落形成单位　colony forming unit，CFU

在琼脂平板上经过一定温度和时间培养后形成的每一个菌落。

4　试剂或材料

4.1　要求

除另有规定外，所有试剂均为分析纯，水为符合 GB/T 6682 规定的三级水，培养基按附录 A 配制或用商品化产品。

4.2　培养基制备

4.2.1　阳离子调节 Mueller-Hinton 肉汤（CAMHB）：按照附录 A 中 A.1 的规定执行。

4.2.2　营养琼脂（NA）：按照 A.2 的规定执行。

4.2.3　MH 琼脂：按照 A.3 的规定执行。

4.3　质控菌株

4.3.1　大肠埃希菌（ATCC 25922）：用作肠杆菌科、巴氏杆菌、放线杆菌的质控菌。

4.3.2　粪肠球菌（ATCC 29212）：用作肠球菌属的质控菌。

4.3.3　金黄色葡萄球菌（ATCC 29213）：用作葡萄球菌属、产气荚膜梭菌的质控菌。

4.3.4　肺炎克雷伯菌（ATCC 700603）：用作克雷伯菌药敏试验的质控菌。

4.3.5　肺炎链球菌 ATCC 49619：用作链球菌、巴氏杆菌的质控菌。

4.4　材料

4.4.1　抗菌药物纸片。

4.4.2　0.5 麦氏单位（McFarland）标准比浊液。

5　仪器设备

5.1　恒温培养箱、CO_2 培养箱：（35±2）℃，（42±2）℃。

5.2　二级生物安全柜。

5.3　分析天平：感量 0.01 mg 和 0.01 g。

5.4　比浊仪：精确度±0.10 MCF。

5.5　冰箱：4 ℃、−20 ℃。

5.6　药敏纸片分配器。

5.7　游标卡尺：精度 0.1 mm。

5.8　抑菌圈读取仪。

6　操作步骤

6.1　菌悬液的制备

a）、b）两种方法任选其一。

a）　直接菌悬液法：取质控菌、测试菌单菌落，分别置于无菌生理盐水或无菌 CAMHB 中，用比浊仪或 0.5 麦氏单位标准比浊液调菌液浓度至 0.5 麦氏单位（相当于 1.0×10^8 CFU/mL～2.0×10^8 CFU/mL）；

b）　生长法：取质控菌、测试菌单菌落，分别置于加有 4 mL～5 mL 无菌 CAMHB 的试管中，（35±2）℃培养 3 h～5 h。取菌液，用无菌生理盐水或无菌 CAMHB 调菌液浓度至 0.5 麦氏单位（相当于 1.0×10^8 CFU/mL～2.0×10^8 CFU/mL）。适用于菌落不易直接乳化而不能获得浓度均一菌悬液的细菌。

注：工作菌悬液应在配置后 15 min 内完成接种。

6.2　接种

用无菌棉拭子蘸取菌悬液（在管内壁挤压，去除多余液体），从上至下、从左至右依次涂 MH 琼脂平板（苛养菌培养基见附录 B）表面。重复操作两次，每次旋转平皿约 60°，最后涂抹琼脂的边缘一圈，确保菌液分布全面、均匀。室温放置 3 min～5 min，待水分完全吸收。

6.3 纸片放置

取抗菌药物纸片，恢复至室温。用无菌镊子或药敏纸片分配器将抗菌药物纸片放置于接种菌液的琼脂表面，轻压使与琼脂表面完全接触，各纸片中心相距应大于 24 mm，纸片距离平板内缘应大于 15 mm。放置 15 min。

6.4 培养

置于（35±2）℃培养 16 h～18 h。苛养菌培养条件见附录 B。

注：在培养过程中平板应单独摆放，叠放平板个数不超过 2 个。

7 结果判读

取出平板，在黑色、不反光的背景下，用游标卡尺测量抑菌圈直径，抑菌圈边缘以肉眼见不到细菌明显生长为限；或直接用抑菌圈读取仪读取抑菌圈直径。

质控菌株的抑菌圈直径应在质控范围内（见附录 C 中的表 C.1），否则，试验结果无效。

8 质量控制

8.1 质控菌株

质控菌株可从 ATCC 或参考实验室以及商业机构获得。保存其来源和传代等记录，并有证据表明质控菌株性能满足要求。传代不宜超过 5 次。

8.2 质控频率

8.2.1 日质控

日质控（15-重复方案）应对质控菌株每天重复测定 3 次，每次单独制备接种物，连续测定 5 d，记录药物的抑菌圈直径，并与质控菌株要求范围进行比较（见表 C.1），根据检测结果是否在控，决定是否转周质控。日质控（15-重复方案）中可接受标准和推荐措施见表 1。

表 1 日质控（15-重复方案）中可接受标准和推荐措施

初始实验超出范围次数（基于 15 个重复）	初始实验结论（基于 15 个重复）	重复实验后超出范围次数（基于 30 个重复）	重复实验后结论
0～1	方案成功，执行周质控	—	—
2～3	再进行另一个 15-重复（3×5 d）方案	2～3	方案成功，执行周质控
≥4	方案失败，调查并采取适当纠正措施，继续日质控	≥4	方案失败，调查采取适当纠正措施，继续日质控

8.2.2 周质控

实验室在日质控情况符合要求的条件下或在实验体系未有任何改变时执行周质控，即每周检测 1 次。如周质控失控，应调查并采取适当纠正措施。对于某些不稳定易降解的抗菌药物，质控频率可增加。

8.3 质控结果失控原因分析和纠正措施

8.3.1 失控原因

失控原因可分为随机误差、可确认的误差和系统误差。随机误差和可确认的误差可通过简单重复进行质控予以纠正；而系统误差不可通过简单重复进行质控予以纠正。当失控原因为可确认的误差（即误差原因易发现和易纠正），在失控当天进行重复检测相同质控菌株/抗菌药物组合，其结果在控，则可不必进一步纠错。当失控原因为不可确认的误差，则应执行以下纠正措施：

a) 若为日质控，则失控当天采用相同的质控菌/抗菌药物组合重复进行检测，若在控继续执行日质控，若不在控执行纠正措施，见 8.4.2；

b) 若为周质控，则失控当天重复检测相同的质控菌/抗菌药物组合，若重复检测的结果在控且已找到失控的原因，连续 5 d 重复使用同一批号的试剂检测所有抗菌药物/质控菌株组合的质控结果。若 5 次检测结果均可控，可继续执行周质控；若 3 次检测结果在控，继续执行连续 2 d 重复检测直至 5 次结果在控。

8.3.2 纠正措施

纠正措施包括：

a) 若重复检测仍不在控，执行纠正措施；

b) 继续执行日质控直至找到失控原因；

c) 选用新的质控菌株或新的试剂批号或新的品牌；

d) 在寻找失控原因过程中，可采用替代

性检测试验。

9 报告

报告应至少包括以下内容：

a） 菌株信息，包括质控菌株和测试菌株的名称、来源、菌株编号等；

b） 药物信息，包括药物通用名称、测试浓度范围等；

c） 抑菌圈直径。

10 生物安全

实验室设施设备、人员防护、实验的安全操作、实验废弃物及菌株的处理应符合 GB 19489 的要求。

附　录　A
（规范性）
培　养　基

A.1　阳离子调节 Mueller-Hinton 肉汤（CAMHB）

A.1.1　MH 肉汤

A.1.1.1　成分

牛肉粉	2.0 g
可溶性淀粉	1.5 g
酸水解酪蛋白	17.5 g
水	1 000 mL

A.1.1.2　制备

按 A.1.1.1 取各固体成分，加水 1 000 mL，搅拌使溶解，调 pH 使灭菌后在 25 ℃ pH 为 7.0±0.2，121 ℃高压灭菌 15 min。

A.1.2　氯化钙溶液

A.1.2.1　成分

氯化钙（$CaCl_2 \cdot 2H_2O$）	3.68 g
水	100 mL

A.1.2.2　制备

将氯化钙加入水中，搅拌使溶解，过 0.22 μm 滤膜，冷藏。

A.1.3　氯化镁溶液

A.1.3.1　成分

氯化镁（$MgCl_2 \cdot 6H_2O$）	8.36 g
水	100 mL

A.1.3.2　制备

将氯化镁加入水中，搅拌使溶解，过 0.22 μm 滤膜，冷藏。

A.1.4　完全肉汤

A.1.4.1　成分

氯化钙溶液	0.1 mL
氯化镁溶液	0.1 mL
MH 肉汤	1 000 mL

A.1.4.2　制备

在无菌条件下将 A.1.4.1 中各成分混匀，冷藏备用。

A.2　营养琼脂（NA）

A.2.1　成分

蛋白胨	10.0 g
牛肉浸膏粉	3.0 g
氯化钠	5.0 g
琼脂	15.0 g
水	1 000 mL

A.2.2　制法

除琼脂外，将各成分加入水中，混匀，煮沸溶解，冷却，调 pH 至 7.3±0.2，加琼脂，121 ℃高压灭菌15 min，倾注平板。0 ℃～4 ℃保存 7 d。

A.3　MH 琼脂

A.3.1　成分

牛肉浸膏粉	5.0 g
干酪素水解物	17.5 g
水解性淀粉	1.5 g
琼脂	13.0 g～15.0 g
水	1 000 mL

A.3.2　制法

除琼脂外，将各成分加入水中，混匀，静置约 10 min，煮沸溶解，冷却，调 pH 至 7.3±0.2，加入琼脂，121 ℃高压灭菌 15 min，倾注平板。0 ℃～4 ℃保存 7 d。

附 录 B

（资料性）

苛养菌所需培养基及培养条件

苛养菌纸片扩散法所需培养基及培养条件见表B.1。

表B.1 苛养菌纸片扩散法所需培养基及培养条件

细菌	培养基	培养条件
链球菌	MH琼脂+5%脱纤维绵羊血	(35±2)℃，5%±2% CO_2，20 h～24 h
多杀巴氏杆菌		(35±2)℃，18 h～24 h
葡萄球菌	MH琼脂	不超过35 ℃，24 h
肠球菌	MH琼脂	(35±2)℃，24 h
其他苛养菌MIC测定所需培养基及培养条件根据相关标准执行。		

附　录　C
（资料性）
细菌耐药性检测的质量控制

C.1　药敏纸片的质量控制

C.1.1　均匀性试验

以标准质控菌株接种 MH 琼脂平板，每个平板上贴 6 张相同的药物纸片。(35±2)℃培养（18±2）h，测量各抑菌圈直径，最大与最小之差应小于等于 1 mm。

C.1.2　准确度判断

计算均匀性试验各抑菌圈直径的平均值，与质控菌株抑菌圈直径限度范围（见表 C.1）对照，判断纸片的实际含药量与标准量是否一致。

表 C.1　质控菌株的抑菌圈直径允许范围

抗菌药物	纸片含药量	质控菌抑菌圈直径质控范围，mm			
		金黄色葡萄球菌 ATCC 29213	大肠埃希菌 ATCC 25922	铜绿假单胞菌 ATCC 27853	肺炎链球菌 ATCC 49619
阿米卡星	30 μg	20～26	19～26	18～26	—
阿莫西林/克拉维酸	20 μg /10 μg	28～36	18～24	—	—
氨苄西林	10 μg	27～35	16～22	—	30～36
安普霉素	15 μg	17～24	15～20	13～18	—
头孢唑林	30 μg	29～35	21～27	—	—
头孢噻吩	30 μg	23～29	23～29	—	—
头孢维星	30 μg	25～32	25～30	—	25～31
头孢泊肟	10 μg	19～25	23～28	—	28～34
头孢喹肟	30 μg	25～33	28～36	—	30～38
头孢噻呋	30 μg	27～31	26～31	14～18	—
头孢菌素	30 μg	29～37	15～21	—	26～32
氯霉素	30 μg	19～26	21～27	—	23～27
克林霉素	2 μg	24～30	—	—	19～25
达氟沙星	5 μg	24～31	29～36	18～25	—
双氟哌酸	10 μg	27～33	28～35	16～22	—
恩诺沙星	5 μg	27～31	32～40	15～19	—
红霉素	15 μg	22～30	—	—	25～30
氟苯尼考	30 μg	22～29	22～28	—	24～31
庆大霉素	10 μg	19～27	19～26	16～21	—
亚胺培南	10 μg	—	26～32	20～28	—
卡那霉素	30 μg	19～26	17～25	—	—
马波沙星	5 μg	24～30	29～37	20～25	—
奥比沙星	10 μg	24～30	29～37	16～22	—
苯唑西林	1 μg	18～24	—	—	≤12[e]
青霉素	10 units	26～37	—	—	24～30
青霉素/新生霉素	10 units/30 μg	30～36	—	—	24～30
吡利霉素	2 μg	20～25	—	—	—
普多沙星	5 μg	29～38	31～39	21～28	—

表 C.1（续）

抗菌药物	纸片含药量	质控菌抑菌圈直径质控范围，mm			
		金黄色葡萄球菌 ATCC 29213	大肠埃希菌 ATCC 25922	铜绿假单胞菌 ATCC 27853	肺炎链球菌 ATCC 49619
利福平	5 μg	26～34	8～10	—	25～30
大观霉素	100 μg	13～17	21～25	10～14	—
磺胺异噁唑	300 μg	24～34	15～23	—	—
四环素	30 μg	24～30	18～25	—	27～31
泰妙菌素	30 μg	25～32	—	—	—
替卡西林	75 μg	—	24～30	21～27	—
替米考星	15 μg	17～21	—	—	—
泰拉霉素	30 μg	18～24	—	—	16～23
泰乐菌素	60 μg	19～25	—	—	22～28
甲氧苄啶/磺胺甲噁唑	1.25 μg /23.75 μg	24～32	23～29	—	20～28
万古霉素	30 μg	17～21	—	—	20～27
注：“—”表示无相应的质控范围。					

C.2 质控菌的抑菌圈直径质控范围

质控菌的抑菌圈直径应在质控范围内（见表 C.1）。

六十三、动物源金黄色葡萄球菌分离与鉴定技术规程

前　言

本文件按照 GB/T 1.1—2020《标准化工作导则　第1部分：标准化文件的结构和起草规则》的规定起草。

请注意本文件的某些内容可能涉及专利。本文件的发布机构不承担识别专利的责任。

本文件由农业农村部畜牧兽医局提出。

本文件由全国兽药残留与耐药性控制专家委员会归口。

本文件起草单位：中国兽医药品监察所、辽宁省检验检测认证中心。

本文件主要起草人：宋立、李欣南、张纯萍、韩镌竹、赵琪、孙园媛、崔明全、邱月。

1 范围

本文件规定了动物源金黄色葡萄球菌（*Staphylococcus aureus*）的分离与鉴定方法。

本文件适用于动物生鲜乳、动物组织和上呼吸道拭子等样品中金黄色葡萄球菌的分离与鉴定。

2 规范性引用文件

下列文件中的内容通过文中的规范性引用而构成本文件必不可少的条款。其中，注日期的引用文件，仅该日期对应的版本适用于本文件；不注日期的引用文件，其最新版本（包括所有的修改单）适用于本文件。

GB/T 6682 分析实验室用水规格和试验方法

GB 19489 实验室 生物安全通用要求

3 术语和定义

本文件没有需要界定的术语和定义。

4 试剂或材料

4.1 要求

除另有规定外，所有试剂均为分析纯，水为符合GB/T 6682规定的三级水，培养基按附录A配制或用商品化产品。

4.2 试剂

4.2.1 过氧化氢溶液（30%）。

4.2.2 柠檬酸钠。

4.2.3 α-氰-4-羟基肉桂酸（HCCA）。

4.2.4 氯化钠。

4.2.5 甘油。

4.3 溶液配制

4.3.1 0.3%过氧化氢溶液：取过氧化氢溶液1 mL、水100 mL，现用现配。

4.3.2 柠檬酸钠溶液：取柠檬酸钠3.8 g，加水100 mL，溶解，过滤121 ℃高压灭菌15 min，备用。

4.3.3 兔血浆溶液：取柠檬酸钠溶液、兔全血，按体积比1∶4混匀，静置（或以3 000 r/min离心30 min），使血液细胞下降，取上层清液，即得。

4.3.4 无菌盐水：取氯化钠4.5 g，溶于入1 000 mL水中，121 ℃高压灭菌15 min。

4.3.5 基质溶液：取α-氰-4-羟基肉桂酸（HCCA），按说明书配制溶液；或用市售商品。

4.3.6 无菌生理盐水：取氯化钠8.5 g，溶于1 000 mL水中，121 ℃高压灭菌15 min。

4.3.7 灭菌甘油：取甘油适量，121 ℃灭菌20 min。

4.4 培养基制备

4.4.1 Cary-Blair氏运输培养基：按照附录A中A.1的规定执行。

4.4.2 7.5%氯化钠肉汤：按照A.2的规定执行。

4.4.3 10%氯化钠胰酪胨大豆肉汤：按照A.3的规定执行。

4.4.4 金黄色葡萄球菌显色培养基：按照说明书制备。

4.4.5 营养琼脂：按照A.4的规定执行。

4.4.6 脑心浸出液肉汤：按照A.5的规定执行。

4.4.7 5%蔗糖脱脂乳保护剂：按照A.6的规定执行。

4.5 标准菌株

金黄色葡萄球菌（*Staphylococcus aureus*，ATCC29213，CMCC26003）。

4.6 材料

4.6.1 菌种冷冻保存管或磁珠保存管。

4.6.2 革兰氏阳性细菌鉴定卡（盒）。

5 仪器设备

5.1 恒温培养箱：(36±1)℃。

5.2 冰箱：2 ℃～8 ℃，－20 ℃或以下。

5.3 恒温水浴锅。

5.4 分析天平：感量0.1 g。

5.5 二级生物安全柜。

5.6 高压灭菌器。

5.7 显微镜：100×。

5.8 麦氏浊度仪或标准麦氏比浊管。

5.9 微生物生化鉴定系统。

5.10 微生物质谱仪（MALDI-TOF MS）。

6 样品采集与保存运输

6.1 混合生鲜乳样品

灼烧储奶罐出料口，打开出料阀，弃去前段生鲜乳，接取 10 mL～20 mL 于无菌容器中，0 ℃～4 ℃保存、运输，不宜超过 24 h，或−20 ℃冷冻保存、运输。

6.2 个体生鲜乳样品

先用碘伏擦拭消毒动物乳头及周边，弃前 3 把乳汁，挤取 10 mL～20 mL 乳汁于无菌容器，0 ℃～4 ℃保存、运输，不宜超过 24 h，或−20 ℃冷冻保存、运输。

6.3 扁桃体或发病组织

取扁桃体或发病动物组织 10 g～20 g，置于无菌塑封袋或其他无菌密闭容器，2 ℃～8 ℃保存、运输，不宜超过 72 h。

6.4 咽/喉拭子

取灭菌棉签，插入喉头口及上颚裂处，擦拭数次，取出，置于 Cary-Blair 氏运送培养基中，2 ℃～8 ℃保存、运输，不宜超过 72 h。

6.5 鼻拭子

取灭菌棉签，插入鼻腔 2 cm～3 cm，旋转数次，取出，置于 Cary-Blair 氏运送培养基中，2 ℃～8 ℃保存、运输，不宜超过 24 h。

7 分离与鉴定流程

分离与鉴定流程见图 1。

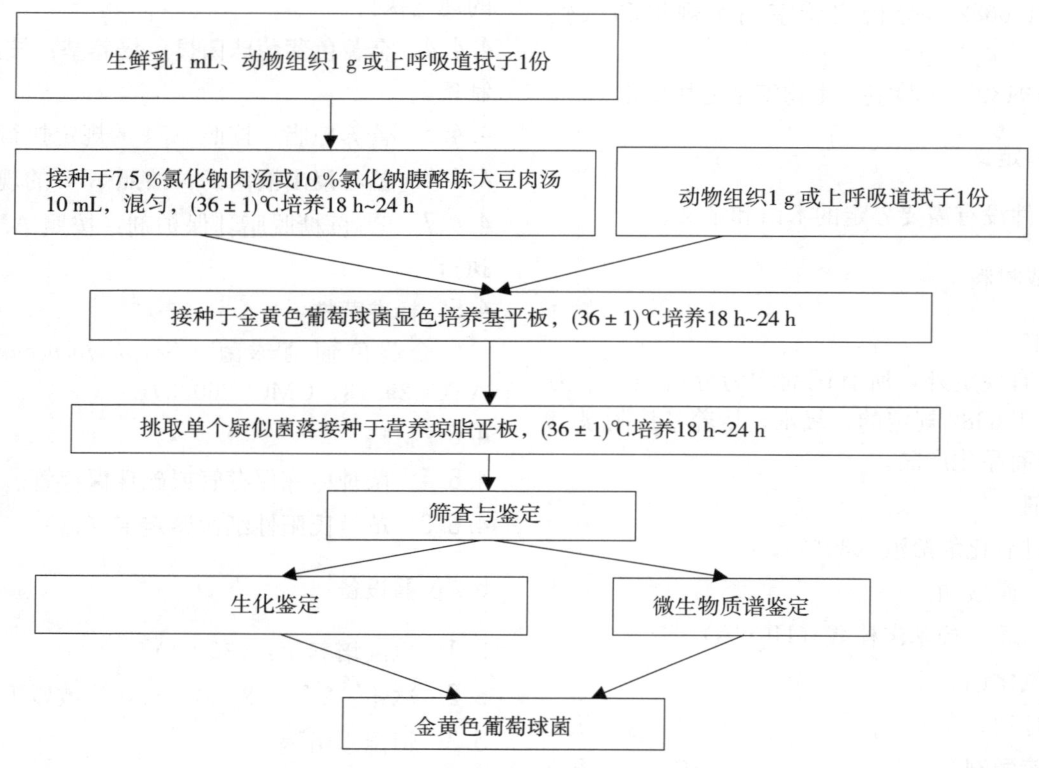

图 1 金黄色葡萄球菌分离与鉴定程序

8 增菌

取生鲜乳 1 mL、动物组织 1 g 或上呼吸道拭子 1 份，接种于 7.5%氯化钠肉汤或 10%氯化钠胰酪胨大豆肉汤 10 mL 中，振荡混匀，(36±1)℃增菌培养 18 h～24 h。

9 分离纯化

取增菌液，接种于金黄色葡萄球菌显色平板；或将动物组织或上呼吸道拭子直接接种于金黄色葡萄球菌显色平板。(36±1)℃培养 18 h～24 h，观察平板上菌落的状态。根据金黄色葡萄球菌显色培养基说明书中描述，挑取可疑菌落，接种于营养琼脂平板，(36±1)℃培养 18 h～24 h，纯化，备用。

10 筛查与鉴定

10.1 筛查

10.1.1 形态学检查

取纯化菌落，革兰氏染色，镜检。呈葡萄球

状排列，无芽孢，无荚膜。

10.1.2 **触酶试验**

取营养琼脂上的新鲜培养物，置于洁净载玻片上，滴加0.3%过氧化氢溶液1滴，观察，立即产生气泡的即为触酶试验阳性。

10.1.3 **血浆凝固酶试验**

取新鲜配制的兔血浆0.5 mL，加入触酶试验为阳性、营养琼脂上的新鲜培养物1个～2个单菌落，振荡摇匀，置（36±1）℃恒温培养箱或水浴内，每0.5 h观察一次，观察12次。如呈现凝固（即将试管倾斜或倒置时，呈现凝块）或凝固体积大于原体积的一半，判定为阳性。同时以血浆凝固酶试验阳性和阴性葡萄球菌菌株的培养物作为对照。可使用商品化的试剂并按其产品说明书操作，进行血浆凝固酶试验。

10.2 **鉴定**

10.2.1 **通用要求**

生化鉴定与质谱鉴定任选其一。

10.2.2 **生化鉴定**

将触酶和血浆凝固酶试验阳性的待鉴定菌株接种于营养琼脂平板，（36±1）℃培养18 h～24 h。用无菌吸管吸取无菌盐水3 mL于比浊管，用灭菌棉签挑取营养琼脂平板上2个～3个单个菌落放入比浊管中，涡旋混匀，用麦氏比浊仪或标准麦氏比浊管测定麦氏浓度为0.5麦氏单位，备用。采用微生物生化鉴定系统或革兰氏阳性细菌鉴定卡（盒）进行生化鉴定，按照说明书操作和结果判读。金黄色葡萄球菌生化鉴定表见附录B中的表B.1。

10.2.3 **质谱鉴定**

10.2.3.1 **菌样制备**

挑取单个新鲜纯化菌落，均匀涂布于靶板样品孔中（涂布厚度为薄薄一层），室温干燥。吸取1 μL基质溶液滴于样品上，混匀，室温干燥。金黄色葡萄球菌标准菌株的新鲜菌落同法操作。

10.2.3.2 **仪器校准**

检测样品前，应对微生物质谱仪进行校准。

10.2.3.3 **测定**

取制备好的样品靶板，置于质谱仪靶板槽中。编辑样品信息后，进行谱图的数据采集。

10.2.3.4 **结果判定**

微生物质谱仪自动完成谱图的比对和鉴定。以不同颜色、不同分值显示结果，菌株鉴定位点显示绿色，鉴定分值达到种水平可信即可。金黄色葡萄球菌标准菌株的质谱鉴定谱图见图B.1。

11 菌株保藏

取新鲜纯化菌，加无菌生理盐水制成菌悬液，或直接取新鲜脑心浸出液肉汤培养物，与灭菌甘油溶液混合，使甘油终浓度为20%～40%；或加入磁珠保藏管；或加5%蔗糖脱脂乳保护剂，冻干。－20 ℃或以下保藏。

12 生物安全要求

实验室设施设备、人员防护、实验安全操作、实验废弃物及菌株处理应符合GB 19489的要求。

附 录 A
（规范性）
培养基与试液

A.1 Cary-Blair 氏运输培养基

A.1.1 成分

硫乙醇酸钠	1.5 g
磷酸氢二钠	1.1 g
氯化钠	5.0 g
琼脂	5.0 g
氯化钙溶液	0.09 g
水	1 000 mL

A.1.2 制法

除氯化钙外，其他均按 A.1.1 成分配制，加热溶解。冷至 50 ℃，加入氯化钙溶液，校正 pH 到 8.4，分装，121 ℃高压灭菌 15 min。

A.2 7.5%氯化钠肉汤

A.2.1 成分

蛋白胨	10.0 g
牛肉膏	5.0 g
氯化钠	75 g
水	1 000 mL

A.2.2 制法

将 A.2.1 成分微热溶解，调节 pH 至 7.4±0.2，分装，121 ℃高压灭菌 15 min。

A.3 10%氯化钠胰酪胨大豆肉汤

A.3.1 成分

胰酪胨（或胰蛋白胨）	17.0 g
植物蛋白胨（或大豆蛋白胨）	3.0 g
氯化钠	100.0 g
磷酸氢二钾	2.5 g
丙酮酸钠	10.0 g
葡萄糖	2.5 g
水	1 000 mL

A.3.2 制法

将 A.3.1 成分微热溶解，调节 pH 至 7.3±0.2，分装，121 ℃高压灭菌 15 min。

A.4 营养琼脂

A.4.1 成分

蛋白胨	10.0 g
牛肉浸膏	3.0 g
氯化钠	5.0 g
琼脂	15.0 g
水	1 000 mL

A.4.2 制法

将 A.4.1 成分微热溶解，调节 pH 至 7.2±0.2，分装，121 ℃高压灭菌 15 min。

A.5 脑心浸出液肉汤

A.5.1 成分

胰蛋白胨	10.0 g
氯化钠	5.0 g
磷酸氢二钠（12·H_2O）	2.5 g
葡萄糖	2.0 g
牛心浸出液	500 mL

A.5.2 制法

将 A.5.1 成分微热溶解，调节 pH 至 7.4±0.2，分装，121 ℃高压灭菌 15 min。

A.6 5%蔗糖脱脂乳保护剂

A.6.1 成分

脱脂乳	10.0 g
蔗糖	5.0 g
水	100 mL

A.6.2 制法

取 A.6.1 成分，混合，112 ℃高压灭菌 20 min，备用。

附 录 B
（资料性）
生化鉴定结果及质谱图谱

B.1 金黄色葡萄球菌全自动微生物生化鉴定结果

见表 B.1。

表 B.1 金黄色葡萄球菌生化鉴定结果

项目	结果	项目	结果
新生霉素耐受（NOVO）	—	阿拉伯糖（ARA）	—
精氨酸芳胺酶（ArgA）	—	d-纤维二糖（CEL）	—
七叶灵（水解）（ESC）	—	d-果糖（FRU）	+
d-葡萄糖（GLU）	+	乳糖（LAC）	+
d-麦芽糖（MAL）	+	d-甘露醇（MAN）	+
d-甘露糖（MNE）	+	精氨酸双水解酶（ADH）	—
硝酸盐还原（NIT）	+	β-葡萄糖醛酸酶（βGUR）	—
鸟氨酸脱羧酶（ODC）	—	碱性磷酸酶（PAL）	—
焦谷氨酸芳胺酶（PYRA）	—	d-棉籽糖（RAF）	—
d-核糖（RIB）	—	蔗糖（SAC）	+
d-海藻糖（TRE）	+	d-羽红糖（TUR）	+
尿素酶（URE）	—	VP 试验（VP）	—
β-半乳糖苷酶（β-GAL）	+	N-乙酰-葡萄糖胺（NAG）	+

B.2 金黄色葡萄球菌标准菌株微生物质谱鉴定图谱

见图 B.1。

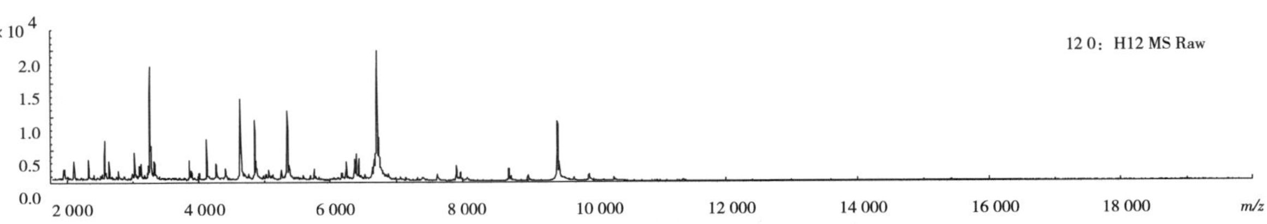

图 B.1 金黄色葡萄球菌标准菌株微生物质谱鉴定图谱

六十四、动物源沙门氏菌分离与鉴定技术规程

前　言

本文件按照 GB/T 1.1—2020《标准化工作导则　第1部分：标准化文件的结构和起草规则》的规定起草。

请注意本文件的某些内容可能涉及专利。本文件的发布机构不承担识别专利的责任。

本文件由农业农村部畜牧兽医局提出。

本文件由全国兽药残留与耐药性控制专家委员会归口。

本文件起草单位：中国兽医药品监察所、中国动物疫病预防控制中心。

本文件主要起草人：张纯萍、李颖、赵琪、叶子煜、宋立、刘洪斌、崔明全、蔡英华、徐士新、于烺、王鹤佳。

1 范围

本文件规定了动物源沙门氏菌（*Salmonella*）的分离与鉴定方法。

本文件适用于动物直肠/泄殖腔拭子、新鲜粪便、肠道内容物等样品中沙门氏菌的分离和鉴定。

2 规范性引用文件

下列文件中的内容通过文中的规范性引用而构成本文件必不可少的条款。其中，注日期的引用文件，仅注日期对应的版本适用于本文件；不注日期的引用文件，其最新版本（包括所有的修改单）适用于本文件。

GB 4789.4—2016 食品安全国家标准 食品微生物学检验 沙门氏菌检验

GB/T 6682 分析实验室用水规格和试验方法

GB 19489 实验室 生物安全通用要求

3 术语和定义

本文件没有需要界定的术语和定义。

4 试剂或材料

4.1 要求

除另有规定外，所有试剂均为分析纯，水为符合 GB/T 6682 规定的三级水，培养基按附录 A 配制或用商品化产品。

4.2 试剂

4.2.1 氯化钠。

4.2.2 聚合酶链式反应预混液（2×PCR Master Mix）。

4.2.3 琼脂糖。

4.2.4 α-氰-4-羟基肉桂酸（HCCA）：色谱纯。

4.2.5 50×TAE 缓冲液。

4.2.6 甘油。

4.3 溶液制备

4.3.1 无菌生理盐水：取氯化钠 8.5 g，加水适量使溶解并稀释至 1 000 mL，121 ℃高压灭菌 15 min。

4.3.2 基质溶液：取 α-氰-4-羟基肉桂酸（HCCA），按说明书配制或用市售商品。

4.3.3 灭菌甘油：取丙三醇适量，121 ℃高压灭菌 20 min。

4.3.4 1×TAE 缓冲液：取 50×TAE 缓冲液 20 mL，加水定容至 1 000 mL。

4.3.5 1.2%琼脂糖凝胶：取琼脂糖 1.2 g，于 100 mL 1×TAE 中加热，充分溶解。

4.4 培养基制备与缓冲溶液

4.4.1 Cary-Blair 氏运送培养基：按照附录 A 中 A.1 的规定执行。

4.4.2 蛋白胨水缓冲液（BPW）：按照 A.2 的规定执行。

4.4.3 四硫磺酸钠煌绿（TTB）增菌液：按照 A.3 的规定执行。

4.4.4 亚硒酸盐胱氨酸（SC）增菌液：按照 A.4 的规定执行。

4.4.5 氯化镁孔雀绿（RV）增菌液：按照 A.5 的规定执行。

4.4.6 营养琼脂：按照 A.6 的规定执行。

4.4.7 沙门氏菌属显色培养基：按说明书制备。

4.4.8 5%蔗糖脱脂乳保护剂：按照 A.7 的规定执行。

4.5 标准菌株

肠炎沙门氏菌［*Salmonella enteritidis*，CMCC (B) 50335］。

4.6 材料

4.6.1 生化鉴定试剂盒或鉴定卡。

4.6.2 磁珠保藏管。

5 仪器设备

5.1 二级生物安全柜。

5.2 恒温培养箱。

5.3 冰箱：2 ℃～8 ℃，－20 ℃或以下。

5.4 分析天平：感量 0.1 g。

5.5 生物显微镜。

5.6 pH 计或精密 pH 试纸。

5.7 高速冷冻离心机：离心速度≥12 000 r/min。

5.8 麦氏比浊仪。

5.9 微生物生化鉴定系统。

5.10 PCR 仪。

5.11 核酸电泳仪：配水平电泳槽。

5.12 电泳凝胶成像分析系统。

5.13 微生物质谱仪（MALDI-TOF MS）。

6 分离与鉴定流程

分离与鉴定流程见图 1。

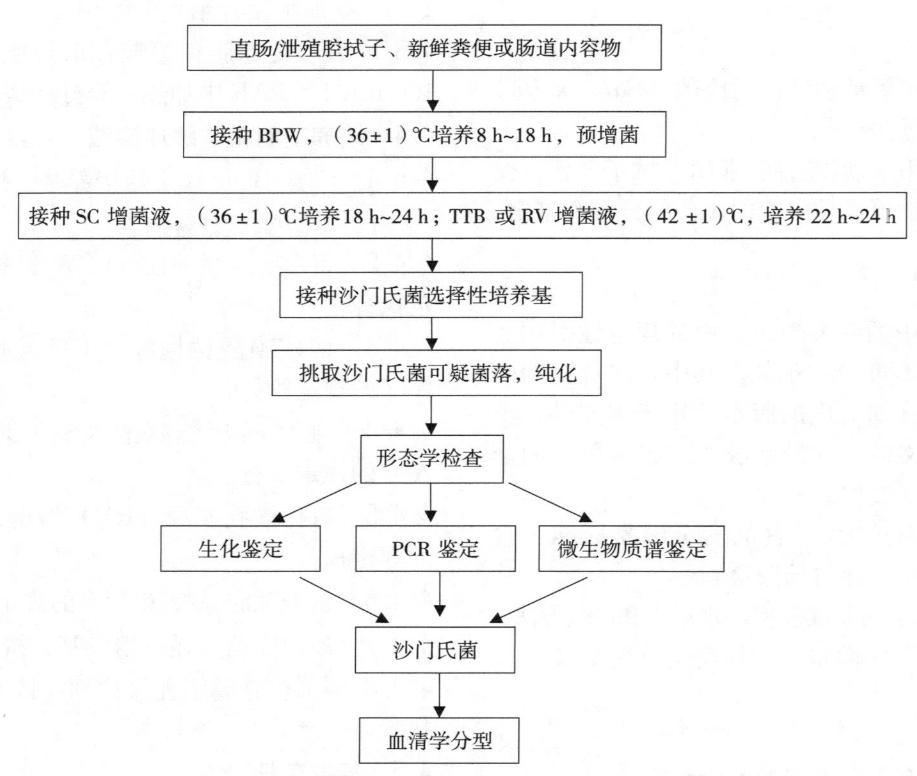

图 1 沙门氏菌分离与鉴定流程

7 样品采集与保存运输

取灭菌棉签，插入直肠 3 cm～4 cm（泄殖腔 1.5 cm～2 cm），旋转数次，取出，置于 Cary-Blair 氏运送培养基中；取肠道内容物或粪便，置于无菌塑封袋或其他密闭容器中。0 ℃～4 ℃保存、运输，不宜超过 24 h。

8 增菌

8.1 预增菌

8.1.1 动物直肠/泄殖腔拭子

取单个动物直肠/泄殖腔拭子，置于 2 mL～3 mL BPW 中，(36±1)℃培养 8 h～18 h，进行预增菌。

8.1.2 粪便/肠道内容物

取 5 g 新鲜粪便/肠道内容物，置于 45 mL BPW 中（1∶10 稀释），混匀，调节 pH 至 6.8±0.2；(36±1)℃培养 8 h～18 h，进行预增菌。

8.2 增菌

取预增菌液 1 mL，转接于 10 mL SC 增菌液，(36±1)℃增菌培养 18 h～24 h。同时，另取预增菌液1 mL，转接于 10 mL TTB 增菌液，于(42±1)℃增菌培养 22 h～24 h；或转接于 10 mL RV 增菌液，于 30 ℃～35 ℃增菌培养 22 h～24 h。也可使用其他市售适合沙门氏菌增菌液，按照说明书操作。

9 分离纯化

取增菌液，接种于沙门氏菌显色培养基或 XLD 琼脂培养基，于（36±1)℃培养 18 h～24 h，观察平板上菌落的状态。根据培养基说明书中描述，挑取可疑菌落，接种于营养琼脂平板，(36±1)℃培养 16 h～24 h，纯化，备用。也可参考 GB 4789.4—2016 的 5.3 分离执行。

10 形态学检查与鉴定

10.1 形态学检查

取纯化菌落，革兰氏染色，镜检。呈红色、短直杆菌，大多数周生鞭毛，无芽孢，无荚膜。

10.2 鉴定

10.2.1 通用要求

生化鉴定、PCR 鉴定、质谱鉴定 3 种方法任选其一。

10.2.2 生化鉴定

按照 GB 4789.4—2016 的 5.4 生化试验执行；也可以使用生化鉴定试剂盒、鉴定卡或生化鉴定仪鉴定。

10.2.3　**PCR 鉴定**

10.2.3.1　**模板制备**

取新鲜菌落，加灭菌水 0.5 mL，煮沸 10 min，冷却，12 000 r/min 离心 2 min。取上清液，备用。肠炎沙门氏菌标准菌株作为阳性对照，水为阴性对照。

10.2.3.2　**引物**

引物序列及扩增片段长度见表 1。

表 1　沙门氏菌的 PCR 引物序列及扩增片段长度

细菌	引物序列	扩增片段长度，bp
沙门氏菌	上游引物（invAF）：5′-GTGAAATTATCGCCACGTTCGGGC AA-3′ 下游引物（invAR）：5′-TCA TCG CAC CGT CAA AGG AAC C-3′	285

10.2.3.3　**扩增**

PCR 反应体系（25 μL）见表 2。

表 2　PCR 反应体系

试剂	体积，μL
2×PCR Master Mix	12.5
上游引物（10 μmol/L）	0.5
下游引物（10 μmol/L）	0.5
水	10.5
模板	1.0

PCR 反应条件：95 ℃预变性 5 min，94 ℃变性 30 s，64 ℃退火 30 s，72 ℃延伸 30 s，30 个循环，72 ℃延伸 10 min。

10.2.3.4　**电泳**

取 PCR 扩增产物，于 1.2%的琼脂糖凝胶中电泳，凝胶成像分析。

10.2.3.5　**结果判定**

扩增条带大小符合 285 bp 的为阳性，必要时测序鉴定。沙门氏菌 PCR 产物大小和测序结果见附录 B 中 B.1 和 B.2。

10.2.4　**质谱鉴定**

10.2.4.1　**菌样制备**

挑取单个新鲜纯化菌落，均匀涂布于靶板样品孔中（涂布厚度为薄薄一层），室温干燥。吸取 1 μL 基质溶液滴于样品上，混匀，室温干燥。标准菌株的新鲜菌落同法操作。

10.2.4.2　**仪器校准**

检测样品前，应对微生物质谱仪进行校准。

10.2.4.3　**测定**

取制备好的样品靶板，置于质谱仪靶板槽中。编辑样品信息后，进行谱图的数据采集。

10.2.4.4　**结果判定**

微生物质谱仪自动完成谱图的比对和鉴定。以不同颜色、不同分值显示结果，菌株鉴定位点显示绿色，鉴定分值达到种水平可信即可。沙门氏菌标准菌株质谱鉴定图谱见附录 C。

11　血清学分型

按照 GB 4789.4—2016 的 5.5 血清学鉴定和 5.6 血清学分型执行。

12　菌株保藏

取新鲜纯化菌，加无菌生理盐水制成菌悬液，与灭菌甘油溶液混合，使甘油终浓度为 20%～40%；或加入磁珠保藏管；或加入 5%蔗糖脱脂乳保护剂，冻干。−20 ℃或以下保藏。

13　生物安全要求

实验室设施设备、人员防护及实验安全操作、实验废弃物和菌种的处理应符合 GB 19489 的要求。

附　录　A
（规范性）
培养基与缓冲溶液

A.1　Cary-Blair 氏运送培养基

A.1.1　成分

硫乙醇酸钠	1.5 g
磷酸氢二钠	1.1 g
氯化钠	5.0 g
琼脂	5.0 g
氯化钙	0.09 g
蒸馏水	1 000 mL

A.1.2　制法

将 A.1.1 中各成分加入蒸馏水中，搅混均匀，加热煮沸至完全溶解，调节 pH 至 8.42±0.2，121 ℃高压灭菌 15 min。

A.2　蛋白胨水缓冲液（BPW）

A.2.1　成分

蛋白胨	10.0 g
氯化钠	5.0 g
磷酸氢二钠（含 12 个结晶水）	9.0 g
磷酸二氢钾	1.5 g
水	1 000 mL

A.2.2　制法

将 A.2.1 中各成分加入水中，搅匀，静置约 10 min，煮沸使溶解，调节 pH 至 7.2±0.2，121 ℃高压灭菌 15 min。

A.3　四硫磺酸钠煌绿（TTB）增菌液

A.3.1　基础液

蛋白胨	10.0 g
牛肉膏	5.0 g
氯化钠	3.0 g
碳酸钙	45.0 g
水	1 000 mL

除碳酸钙外，将各成分加入水中，煮沸溶解，再加入碳酸钙，调节 pH 至 7.0±0.2，121 ℃高压灭菌20 min。

A.3.2　硫代硫酸钠溶液

硫代硫酸钠（含 5 个结晶水）	50.0 g
水加至	100 mL

121 ℃灭菌 20 min。

A.3.3　碘溶液

碘片	20.0 g
碘化钾	25.0 g
水加至	100 mL

将碘化钾充分溶解于少量的水中，再投入碘片，振摇玻瓶至碘片全部溶解为止，加水至规定的量，储存于棕色瓶内，塞紧瓶盖备用。

A.3.4　0.5%煌绿水溶液

煌绿	0.5 g
水	100 mL

溶解后，存放暗处，不少于 1 d，使其自然灭菌。

A.3.5　牛胆盐溶液

牛胆盐	10.0 g
水	100 mL

加热煮沸至完全溶解，121 ℃高压灭菌 20 min。

A.3.6　制法

基础液	900 mL
硫代硫酸钠溶液	100 mL
碘溶液	20.0 mL
煌绿水溶液	2.0 mL
牛胆盐溶液	50.0 mL

临用前，按上列顺序，以无菌操作依次加入基础液中，每加入一种成分，摇匀后再加入另一种成分。

A.4　亚硒酸盐胱氨酸（SC）增菌液

A.4.1　成分

蛋白胨	5.0 g
乳糖	4.0 g
磷酸氢二钠	10.0 g

亚硒酸氢钠	4.0 g
L-胱氨酸	0.01 g
水	1 000 mL

A.4.2 制法

除亚硒酸氢钠和L-胱氨酸外，将A.4.1中各成分加入水中，煮沸溶解，冷至55 ℃以下，以无菌操作加入亚硒酸氢钠和1 g/L L-胱氨酸溶液10 mL（称取0.1 g L-胱氨酸，加1 mol/L氢氧化钠溶液15 mL，使溶解，再加灭菌水至100 mL即得，如为DL-胱氨酸，用量应加倍）。摇匀，调节pH至7.0±0.2。

A.5 氯化镁孔雀绿（RV）增菌液

A.5.1 成分

大豆胨	4.5 g
六水合氯化镁	29.0 g
氯化钠	8.0 g
磷酸氢二钾	0.4 g
磷酸二氢钾	0.6 g
孔雀绿	0.036 g
水	1 000 mL

A.5.2 制法

将A.5.1中各成分加入水中，搅混均匀，煮沸溶解，调节pH至5.2±0.2，115 ℃高压灭菌20 min，备用。

A.6 营养琼脂

A.6.1 成分

蛋白胨	10.0 g
牛肉浸膏	3.0 g
氯化钠	5.0 g
琼脂	15.0 g
水	1 000 mL

A.6.2 制法

将A.6.1中各成分加入水中，搅混均匀，静置约10 min，煮沸溶解，调节pH至7.2±0.2，121 ℃高压灭菌15 min。

A.7 5%蔗糖脱脂乳保护剂

A.7.1 成分

脱脂乳	10.0 g
蔗糖	5.0 g
水	100 mL

A.7.2 制法

取A.7.1中各成分，混合，112 ℃高压灭菌20 min，备用。

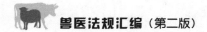

附 录 B
（资料性）
沙门氏菌 PCR 产物琼脂糖凝胶电泳结果和测序结果对照

B.1 沙门氏菌 PCR 产物琼脂糖凝胶电泳结果

见图 B.1。

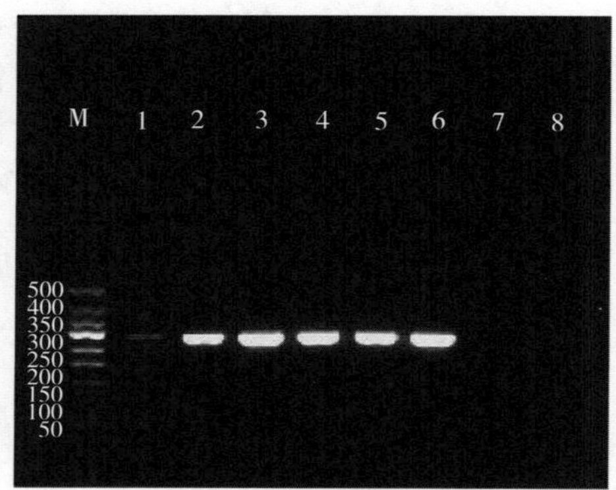

标引序号说明：
M——50 bp DNA Marker；
1～5——沙门氏菌；
6——阳性对照（沙门标准菌株 CVCC541）；
7、8——空白对照（水）。

图 B.1 沙门氏菌 PCR 产物琼脂糖凝胶电泳结果

B.2 沙门氏菌目标片段测序结果对照

TCATCGCACCGTCAAAGGAACCGTAAAGCTGGCTTTCCCTTTCCAGTACGCTTCGCCGTTCGCGCGCGGCATCCGCATCAATAATACCGGCCTTCAAATCGGCATCAATACTCATCTGTTTACCGGGCATACCATCCAGAGAAAATCGGGCCGCGACTTCCGCGACACGTTCTGAACCTTTGGTAATAACGATAAACTGGACCACGGTGACAATAGAGAAGACAACAAAACCCACCGCCAGGCTATCGCCAATAACGAATTGCCCGAACGTGGCGATAATTTCAC

附　录　C
（资料性）
沙门氏菌标准菌株质谱鉴定图谱

沙门氏菌标准菌株质谱鉴定图谱见图 C.1。

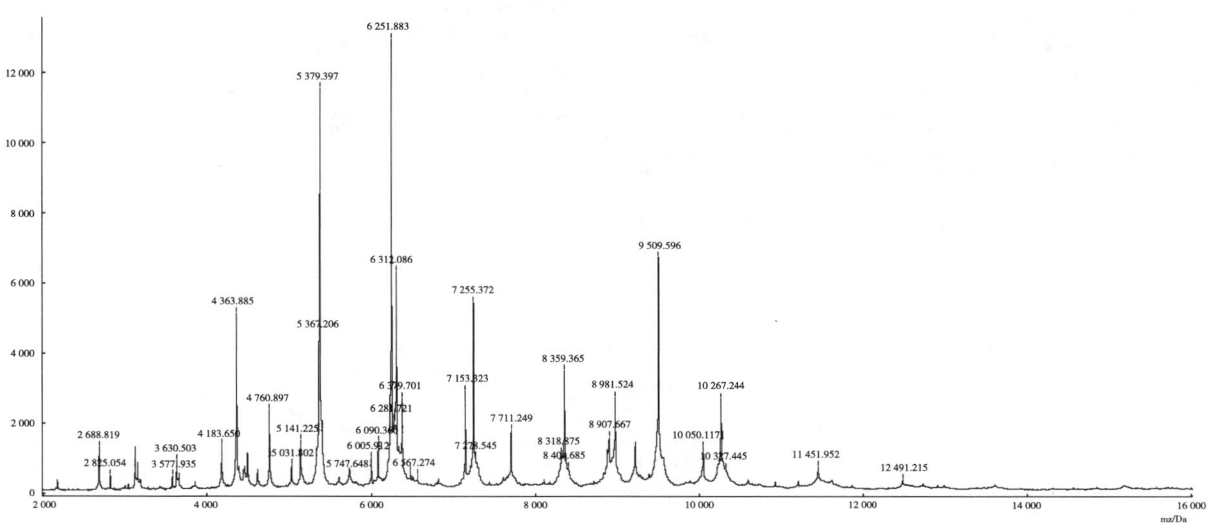

图 C.1　沙门氏菌标准菌株质谱鉴定图谱

六十五、动物源肠球菌分离与鉴定技术规程

前　言

本文件按照 GB/T 1.1—2020《标准化工作导则　第1部分：标准化文件的结构和起草规则》的规定起草。

请注意本文件的某些内容可能涉及专利。本文件的发布机构不承担识别专利的责任。

本文件由农业农村部畜牧兽医局提出。

本文件由全国兽药残留与耐药性控制专家委员会归口。

本文件起草单位：中国兽医药品监察所、四川省兽药监察所。

本文件主要起草人：张纯萍、岳秀英、宋立、葛荣、赵琪、吴晓岚、崔明全、李然、徐士新、陆强、王鹤佳、王晓君。

1 范围

本文件规定了动物源肠球菌（*Enterococcus*）的分离与鉴定方法。

本文件适用于动物直肠/泄殖腔拭子、肠道内容物等样品中粪肠球菌、屎肠球菌的分离和鉴定。

2 规范性引用文件

下列文件中的内容通过文中的规范性引用而构成本文件必不可少的条款。其中，注日期的引用文件，仅该日期对应的版本适用于本文件；不注日期的引用文件，其最新版本（包括所有的修改单）适用于本文件。

GB/T 6682 分析实验室用水规格和试验方法

GB 19489 实验室 生物安全通用要求

3 术语和定义

本文件没有需要界定的术语和定义。

4 试剂或材料

4.1 要求

除另有规定外，所有试剂均为分析纯，水为符合 GB/T 6682 规定的三级水。培养基按附录 A 配制或用商品化产品。

4.2 试剂

4.2.1 过氧化氢溶液（30%）。

4.2.2 α-氰-4-羟基肉桂酸（HCCA）：色谱纯。

4.2.3 甘油。

4.3 溶液配制

4.3.1 3%过氧化氢溶液：取过氧化氢溶液 100 mL，加水 900 mL，混匀。现用现配。

4.3.2 基质溶液：取 α-氰-4-羟基肉桂酸（HCCA），按说明书配制；或用市售商品。

4.3.3 灭菌甘油：取甘油适量，121 ℃灭菌 20 min。

4.4 培养基制备

4.4.1 Cary-Blair 运送培养基：按照附录 A 中 A.1 的规定执行。

4.4.2 肠球菌增菌液：按照 A.2 的规定执行。

4.4.3 肠球菌显色培养基：按照 A.3 的规定执行。

4.4.4 胰酶大豆琼脂（TSA）：按照 A.4 的规定执行。

4.4.5 营养琼脂培养基：按照 A.5 的规定执行

4.4.6 营养肉汤：按照 A.6 的规定执行。

4.4.7 5%蔗糖脱脂乳保护剂：按照 A.7 的规定执行。

4.5 标准菌株

粪肠球菌（*Enterococcus faecalis*，ATCC 29212/BNCC 186300），屎肠球菌（*Enterococcus faecium*，ATCC 19434）。

4.6 材料

4.6.1 革兰氏染色套装。

4.6.2 革兰氏阳性菌生化鉴定卡或生化鉴定试剂盒。

4.6.3 菌种冷冻保存管或磁珠保藏管。

5 仪器设备

5.1 冰箱：2 ℃～8 ℃、－20 ℃或以下。

5.2 恒温培养箱：(36±1)℃。

5.3 分析天平：感量 0.1 g。

5.4 高压灭菌锅。

5.5 显微镜：10×～100×。

5.6 二级生物安全柜。

5.7 麦氏比浊仪。

5.8 微生物生化鉴定系统。

5.9 微生物质谱仪（MALDI-TOF MS）。

5.10 pH 计：测量范围 pH 0～14，精度为 0.02 pH 单位。

5.11 其他常规设备及材料。

6 样品采集与保存运输

取灭菌棉签，插入直肠 3 cm～4 cm（泄殖腔 1.5 cm～2 cm），旋转数次，取出，置于 Cary-Blair 氏运送培养基中；取肠道内容物或粪便，置于无菌塑封袋或其他密闭容器中。0 ℃～4 ℃保存、运输。

7 分离与鉴定流程

分离与鉴定流程见图 1。

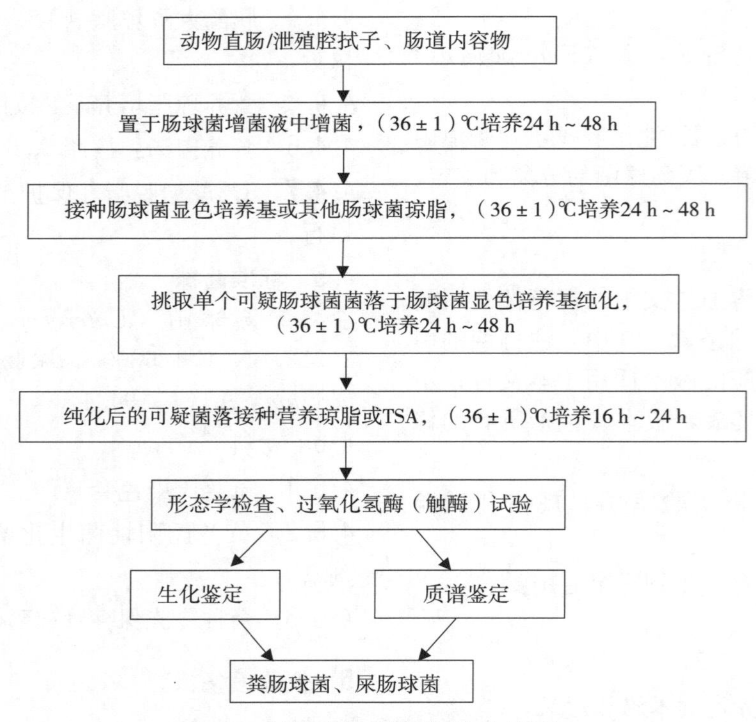

图 1　肠球菌分离与鉴定流程

8　增菌

8.1　动物直肠/泄殖腔拭子

取单个动物直肠/泄殖腔拭子，置于 2 mL～3 mL肠球菌增菌液中，(36±1)℃培养 24 h～48 h。

8.2　肠道内容物

取 5 g 样品，置于 45 mL 肠球菌增菌液中(1∶9 稀释)，混匀，(36±1)℃培养 24 h～48 h。

9　分离纯化

9.1　分离

取 24 h～48 h 的增菌培养液，接种肠球菌显色培养基，(36±1)℃培养 24 h～48 h。

9.2　纯化

观察菌落形态。菌落呈圆形、边缘整齐、表面光滑、隆起、不透明、灰白色小菌落，直径为 0.5 mm～1 mm，在菌落周围形成黑色晕轮；其他肠球菌显色培养基上的菌落形态参照说明书。挑取单个可疑肠球菌菌落，接种于肠球菌显色培养基，(36±1)℃培养 24 h～48 h。挑取纯化后的单菌落接种胰酶大豆琼脂（TSA）或营养琼脂培养基，(36±1)℃培养 16 h～24 h，备用。

10　筛查与鉴定

10.1　肠球菌属的鉴定

10.1.1　形态观察

取纯化菌，革兰氏染色，镜检。呈单个、成双或短链排列，无芽孢，无荚膜。

10.1.2　过氧化氢酶（触酶）试验

取玻片，滴 3%过氧化氢溶液 1 滴～2 滴，挑取菌落，混合，若 30 s 内出现气泡则判定为阳性。

10.2　粪肠球菌和屎肠球菌的鉴定

10.2.1　通用要求

生化鉴定和质谱鉴定任选其一。

10.2.2　生化鉴定

取纯化菌，按革兰氏阳性菌生化鉴定卡或生化鉴定试剂盒说明书进行操作和结果判定。

10.2.3　质谱鉴定

10.2.3.1　菌样制备

挑取单个新鲜纯化菌落，均匀涂布于靶板样品孔中（涂布厚度为薄薄一层），室温干燥。吸取 1 μL 基质溶液滴于样品上，混匀，室温干燥。标准菌株的新鲜菌落同法操作。

10.2.3.2 **仪器校准**

检测样品前，应对微生物质谱仪进行校准。

10.2.3.3 **测定**

取制备好的样品靶板，置于质谱仪靶板槽中。编辑样品信息后，进行谱图的数据采集。

10.2.3.4 **结果判定与报告**

微生物质谱仪自动完成谱图的比对和鉴定。以不同颜色、不同分值显示结果，菌株鉴定位点显示绿色，鉴定分值达到种水平可信即可。粪肠球菌和屎肠球菌标准菌株的质谱鉴定谱图见附录 B。

11 菌株保存

取新鲜纯化菌，加无菌生理盐水制成菌悬液，与灭菌甘油溶液混合，使甘油终浓度为 20%～40%；或加入磁珠保藏管；或加入 5%蔗糖脱脂乳保护剂，冻干。−20 ℃或以下保存。

12 生物安全措施

实验室设施设备、人员防护、实验安全操作、实验废弃物及菌株处理应符合 GB 19489 的要求。

附　录　A
（规范性）
培养基与试液

A.1　Cary-Blair 运送培养基

A.1.1　成分

硫乙醇酸钠	1.5 g
氯化钠	5.0 g
磷酸氢二钠	1.1 g
氯化钙	0.1 g
琼脂	5.0 g
水	1 000 mL

A.1.2　制法

将 A.1.1 中各成分溶于水中，调节 pH 至 8.4±0.4（25 ℃），121 ℃灭菌 15 min，分装备用。

A.2　肠球菌增菌液

A.2.1　成分

胰蛋白胨	17.0 g
牛肉浸粉	3.0 g
酵母浸粉	5.0 g
牛胆粉	10.0 g
氯化钠	5.0 g
柠檬酸钠	1.0 g
七叶苷	1.0 g
柠檬酸铁铵	0.5 g
叠氮化钠	0.2 g
水	1 000 mL

A.2.2　制法

将 A.2.1 中各成分溶于蒸馏水中，调节 pH 至 7.1±0.2（25 ℃），121 ℃灭菌 15 min，分装备用。

A.3　肠球菌显色培养基

A.3.1　成分

胰蛋白胨	17.0 g
酵母浸粉	5.0 g
牛胆粉	10.0 g
氯化钠	5.0 g
柠檬酸钠	1.0 g
七叶苷	1.0 g
柠檬酸铁铵	0.5 g
叠氮化钠	0.2 g
水	1 000 mL

A.3.2　制法

将 A.3.1 中各成分溶于水中，调节 pH 至 7.1±0.2（25 ℃），121 ℃灭菌 15 min，倾入无菌平皿，备用。

A.4　胰酶大豆琼脂（TSA）

A.4.1　成分

胰蛋白胨	15.0 g
大豆胨	5.0 g
氯化钠	5.0 g
琼脂	15.0 g
水	1 000 mL

A.4.2　制法

将 A.4.1 中各成分溶于水中，调节 pH 至 7.3±0.2（25 ℃），121 ℃灭菌 15 min，备用。

A.5　营养琼脂

A.5.1　成分

蛋蛋白胨	10.0 g
牛肉浸膏	3.0 g
氯化钠	5.0 g
琼脂	15.0 g
水	1 000 mL

A.5.2　制法

将各成分加入水中，搅匀，静置约 10 min，煮沸溶解，调节 pH 至 7.2±0.2，121 ℃灭菌 15 min，备用。

A.6　营养肉汤

A.6.1　成分

蛋白胨	10.0 g
牛肉粉	3.0 g

氯化钠	5.0 g
葡萄糖	1.0 g
水	1 000 mL

A.6.2 制法

将 A.6.1 中各成分溶于水中，调节 pH 至 7.2±0.2（25 ℃），121 ℃灭菌 15 min，备用。

A.7 5%蔗糖脱脂乳保护剂

A.7.1 成分

脱脂乳	10.0 g
蔗糖	5.0 g
水	100 mL

A.7.2 制法

取 A.7.1 中各成分，混合，112 ℃高压灭菌 20 min，备用。

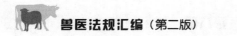

附 录 B
（规范性）
肠球菌质谱图

B.1 粪肠球菌标准菌株的质谱图

见图 B.1。

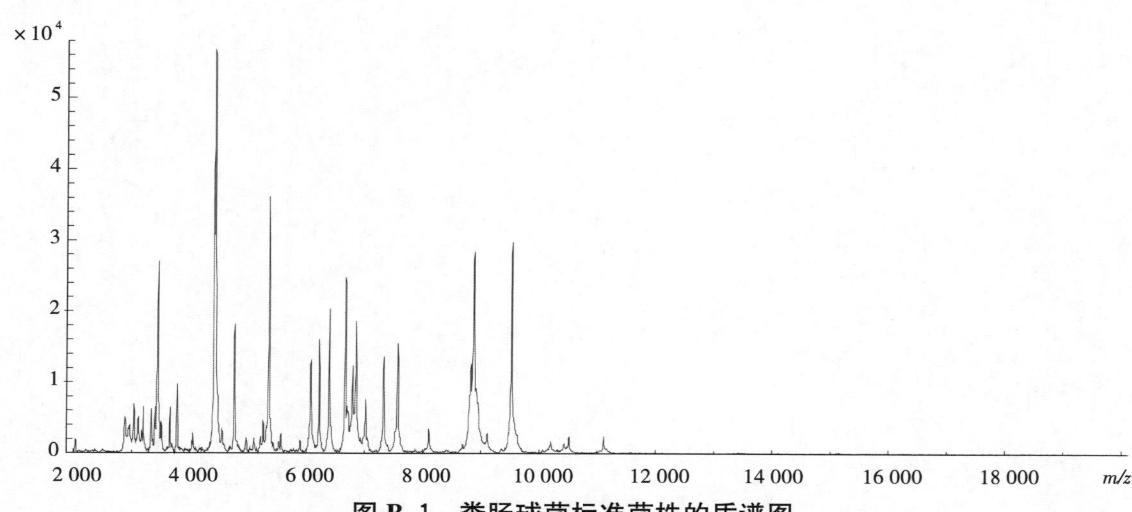

图 B.1 粪肠球菌标准菌株的质谱图

B.2 屎肠球菌标准菌株的质谱图

见图 B.2。

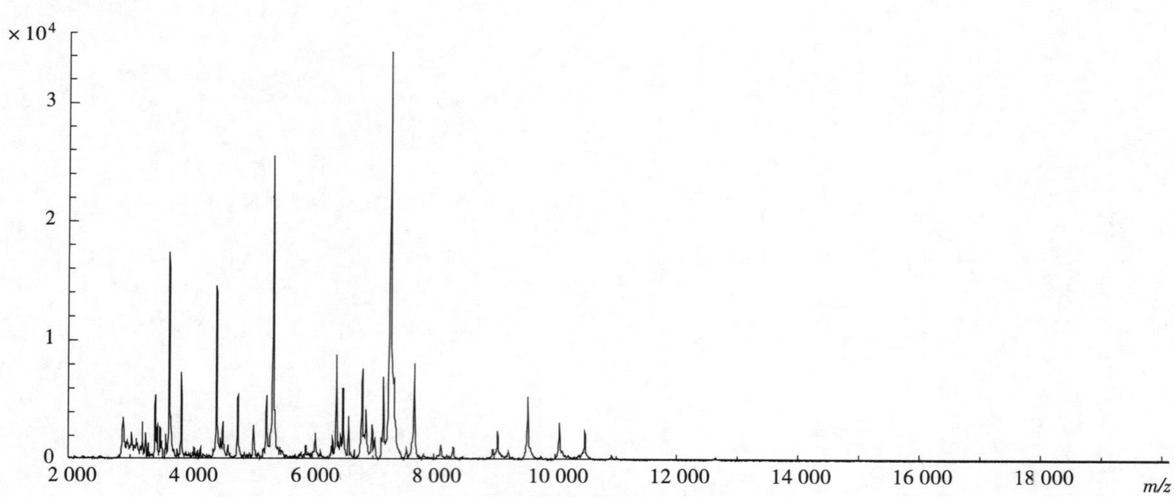

图 B.2 屎肠球菌标准菌株的质谱图

六十六、动物源弯曲杆菌分离与鉴定技术规程

前　　言

本文件按照GB/T 1.1—2020《标准化工作导则　第1部分：标准化文件的结构和起草规则》的规定起草。

请注意本文件的某些内容可能涉及专利。本文件的发布机构不承担识别专利的责任。

本文件由农业农村部畜牧兽医局提出。

本文件由全国兽药残留与耐药性控制专家委员会归口。

本文件起草单位：中国动物卫生与流行病学中心、中国兽医药品监察所。

本文件主要起草人：王娟、张纯萍、曲志娜、赵琪、刘俊辉、黄秀梅、宋立、李雪莲、张青青、李月华、刘娜、王琳、崔明全、王君玮、王鹤佳、徐士新。

1 范围

本文件规定了动物源弯曲杆菌（*Campylobacter*）的分离与鉴定方法。

本文件适用于动物直肠/泄殖腔拭子、新鲜粪便、肠道内容物等样品中空肠弯曲杆菌、结肠弯曲杆菌的分离和鉴定。

2 规范性引用文件

下列文件中的内容通过文中的规范性引用而构成本文件必不可少的条款。其中，注日期的引用文件，仅该日期对应的版本适用于本文件；不注日期的引用文件，其最新版本（包括所有的修改单）适用于本文件。

GB/T 6682 分析实验室用水规格和试验方法

GB 19489 实验室 生物安全通用要求

3 术语和定义

本文件没有需要界定的术语和定义。

4 试剂或材料

4.1 要求

除另有规定外，所有试剂均为分析纯，水为符合 GB/T 6682 规定的三级水，培养基按附录 A 配制或用商品化产品。

4.2 试剂

4.2.1 四甲基对苯二胺盐酸盐。

4.2.2 30%过氧化氢。

4.2.3 聚合酶链式反应预混液（2×PCR Master Mix）。

4.2.4 琼脂糖。

4.2.5 50×TAE 缓冲液。

4.2.6 α-氰-4-羟基肉桂酸（HCCA）：色谱纯。

4.3 溶液配制

4.3.1 氧化酶溶液：取四甲基对苯二胺盐酸盐 1.0 g，加水适量使溶解，并稀释至 100 mL。

4.3.2 3%过氧化氢溶液：取 30%过氧化氢 100 mL、水 900 mL，混匀。

4.3.3 马尿酸钠水解试剂：按照附录 A 中 A.1 的规定执行。

4.3.4 1×TAE 缓冲液：取 50×TAE 缓冲液 20 mL，加水定容至 1 000 mL。

4.3.5 1.2%琼脂糖凝胶：取琼脂糖 1.2 g 于 100 mL 1×TAE 缓冲液中加热，充分溶解。

4.3.6 基质溶液：取 α-氰-4-羟基肉桂酸（HCCA），按说明书配制，或用市售商品。

4.4 培养基制备

4.4.1 Cary-Blair 氏运送培养基：按照 A.2 的规定执行。

4.4.2 Bolton 肉汤：按照 A.3 的规定执行。

4.4.3 改良 CCD 琼脂：按照 A.4 的规定执行。

4.4.4 Skirrow 血琼脂：按照 A.5 的规定执行。

4.4.5 弯曲杆菌显色培养基：按说明书配制。

4.4.6 哥伦比亚血琼脂：按照 A.6 的规定执行。

4.4.7 布氏肉汤：按照 A.7 的规定执行。

4.4.8 5%蔗糖脱脂乳保护剂：按照 A.8 的规定执行。

4.5 标准菌株

空肠弯曲杆菌（*Campylobacter jejuni*，ATCC 33560）、结肠弯曲杆菌（*Campylobacter coli*，ATCC 43478）。

4.6 材料

4.6.1 吲哚乙酸酯纸片。

4.6.2 生化鉴定试剂盒或生化鉴定卡。

4.6.3 磁珠保藏管。

5 器材设备

5.1 二级生物安全柜。

5.2 恒温培养箱。

5.3 冰箱：2 ℃～5 ℃，－20 ℃或以下。

5.4 恒温振荡培养箱。

5.5 分析天平：感量 0.01 g。

5.6 高压灭菌器。

5.7 振荡器。

5.8 微需氧培养装置：提供微需氧条件（5%氧气、10%二氧化碳和 85%氮气）。

5.9 显微镜：10×～100×。

5.10 高速冷冻离心机。

5.11 麦氏比浊仪。

5.12 微生物生化鉴定系统。

5.13 PCR 仪。

5.14 核酸电泳仪。

5.15 电泳凝胶成像分析系统。

5.16 微生物质谱仪（MALDI-TOF MS）。

5.17 涡旋混合器。

5.18 冷冻干燥机。

6 样品采集与保存运输

取灭菌棉签，插入直肠 3 cm～4 cm（泄殖腔 1.5 cm～2 cm），旋转数次，取出，置于 Cary-Blair 氏运送培养基中；采集肠道内容物或粪便，置于无菌塑封袋或其他密闭容器中。0 ℃～4 ℃保存运输，不宜超过24 h。

7 分离鉴定程序

弯曲杆菌分离与鉴定流程见图 1。

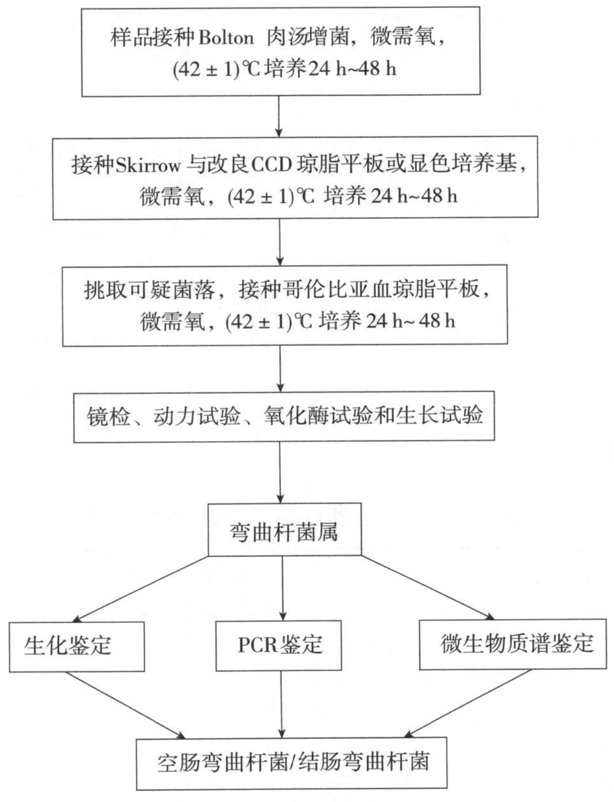

图 1 弯曲杆菌分离与鉴定流程

8 增菌

8.1 动物直肠/泄殖腔拭子

取单个动物直肠/泄殖腔拭子，置于 2 mL～3 mL Bolton 肉汤中，在微需氧条件下（42±1)℃培养24 h～48 h。

8.2 肠道内容物/粪便

取 5 g 样品，置于 45 mL Bolton 肉汤中（1∶10 稀释），混匀，在微需氧条件下（42±1)℃培养 24 h～48 h。

9 分离纯化

9.1 分离

取增菌液，划线接种 Skirrow 血琼脂、改良 CCD 琼脂平板或弯曲杆菌显色培养基。在微需氧条件下，(42±1)℃培养 24 h～48 h。

9.2 纯化

取出平板，观察菌落形态。Skirrow 血琼脂平板上可疑菌落为灰色、扁平、湿润有光泽、呈沿接种线向外扩散生长的倾向；或呈分散凸起的单个菌落，边缘整齐、发亮。改良 CCD 琼脂平板上的可疑菌落为淡灰色，有金属光泽、潮湿、扁平，呈扩散生长的倾向。弯曲杆菌显色培养基上的菌落形态参见商品说明书。挑取可疑菌落，接种哥伦比亚血平板，在微需氧条件下，(42±1)℃培养 24h～48h。

10 筛查与鉴定

10.1 菌属鉴定

10.1.1 形态观察

取纯化菌，革兰氏染色，镜检。弯曲杆菌为

革兰氏阴性，呈弯曲小逗点状或S形、螺旋状、海鸥展翅状。

10.1.2　动力观察

取纯化菌，悬浮于1 mL布氏肉汤中，用显微镜观察，弯曲杆菌呈螺旋状运动。

10.1.3　氧化酶试验

挑取纯化菌落，置于氧化酶试剂润湿的滤纸上，10 s内弯曲杆菌出现紫红色、紫罗兰色或深蓝色。

10.1.4　生长试验

取纯化菌，接种哥伦比亚血平板，分别置于微需氧条件下（25±1）℃和有氧条件（42±1）℃培养（44±4）h，弯曲杆菌均不生长。

10.2　空肠弯曲杆菌和结肠弯曲杆菌的鉴定

10.2.1　通用要求

生化鉴定、PCR鉴定、质谱鉴定3种方法任选其一。

10.2.2　生化鉴定

10.2.2.1　过氧化氢酶试验

取3%过氧化氢溶液1滴～2滴至玻片上，挑取菌落与之混合，30 s内出现气泡则判定为阳性。

10.2.2.2　马尿酸钠水解试验

挑取菌落，加1%马尿酸钠溶液0.4 mL，混匀，制成菌悬液，置于（36±1）℃水浴中孵育2 h或培养箱孵育4 h。沿试管壁缓缓加入茚三酮溶液0.2 mL，避免振荡，置于（36±1）℃孵育10 min。菌液呈深紫色为阳性，淡紫色或无颜色变化为阴性。

10.2.2.3　吲哚乙酸酯水解试验

挑取菌落至吲哚乙酸酯纸片，滴加灭菌水1滴，观察结果。5 min～10 min内呈深蓝色为阳性，无颜色变化为阴性。

注：上述3项生化实验也可使用商品化试剂盒或鉴定卡。

10.2.2.4　结果判定

空肠弯曲杆菌与结肠弯曲杆菌的判定按表1进行。

表1　空肠弯曲杆菌和结肠弯曲杆菌的生化特征

特征	空肠弯曲杆菌	结肠弯曲杆菌
过氧化氢酶试验	+	+
马尿酸盐水解试验	+	−
吲哚乙酸酯水解试验	+	+
注：“+”表示阳性；“−”表示阴性。		

10.2.3　PCR鉴定

10.2.3.1　PCR模板的制备

取新鲜菌落，重悬于0.5 mL灭菌水，煮沸10 min，冷却，12 000 r/min离心2 min，取上清液，备用。以空肠弯曲杆菌和结肠弯曲杆菌标准菌株为阳性对照，以水为阴性对照。

10.2.3.2　PCR引物

空肠弯曲杆菌和结肠弯曲杆菌的PCR引物序列及扩增片段长度见表2。

表2　空肠弯曲菌和结肠弯曲菌的PCR引物序列及扩增片段长度

细菌	引物序列	扩增片段长度，bp
空肠弯曲杆菌	上游：5′-CAT CTT CCC TAG TCA AGC CT-3′ 下游：5′-AAG ATA TGG CAC TAG CAA GAC-3′	773
结肠弯曲杆菌	上游：5′-AGG CAA GGG AGC CTT TAA TC-3′ 下游：5′-TAT CCC TAT CTA CAA ATT CGC-3′	364

10.2.3.3　PCR反应体系

PCR反应体系（25 μL）见表3。

表 3　PCR 反应体系

试剂	体积，μL
2×PCR Master Mix	12.5
上游引物（10 μmol/L）	0.5
下游引物（10 μmol/L）	0.5
水	10.5
模板	1.0

10.2.3.4　PCR 反应条件

94 ℃预变性 5 min；94 ℃变性 1 min，60 ℃退火 1 min，72 ℃延伸 1 min，30 个循环，72 ℃延伸10 min。

10.2.3.5　电泳

取 PCR 扩增产物，于 1.2%的琼脂糖凝胶中电泳，凝胶成像分析。

10.2.3.6　结果判定

电泳结果按照表 2 的扩增片段长度判定，必要时测序鉴定。PCR 产物电泳图见附录 B 中的图 B.1，片段测序结果见 B.2 和 B.3。

10.2.4　质谱鉴定

10.2.4.1　菌样制备

挑取单个新鲜纯化菌落，均匀涂布于靶板样品孔中（涂布厚度为薄薄一层），室温干燥。吸取 1 μL 基质溶液，滴于样品上，混匀，室温干燥。将空肠弯曲杆菌和结肠弯曲杆菌标准菌株的新鲜菌落同法操作。

10.2.4.2　仪器校准

检测样品前，应对微生物质谱仪进行校准。

10.2.4.3　测定

取制备好的样品靶板置于质谱仪靶板槽中。编辑样品信息后，进行谱图数据采集。

10.2.4.4　结果判定

微生物质谱仪自动完成谱的图比对和鉴定。以不同颜色、不同分值显示结果，菌株鉴定位点显示绿色，鉴定分值达到种水平可信即可。空肠弯曲杆菌和结肠弯曲杆菌标准菌株的质谱鉴定谱图见附录 C 中的图 C.1、图 C.2。

11　菌株保存

取新鲜纯化菌，置于磁珠保藏管，−70 ℃或以下保藏；或加入 5%蔗糖脱脂乳保护剂，冻干，−20 ℃或以下保藏。

12　生物安全措施

实验室设施设备、人员防护及实验的安全操作、实验废弃物和菌种的处理应符合 GB 19489 的要求。

附 录 A
（规范性）
培养基与试液

A.1 马尿酸钠水解试剂

A.1.1 马尿酸钠溶液

A.1.1.1 成分

马尿酸钠	10.0 g
磷酸盐缓冲液（PBS）组分：	
氯化钠	8.5 g
磷酸氢二钠	9.0 g
磷酸二氢钠	2.7 g
水	1 000 mL

A.1.1.2 制法

将马尿酸钠溶于磷酸盐缓冲溶液中，过滤除菌。无菌分装，每管 0.4 mL。－20 ℃或以下保存。

A.1.2 茚三酮溶液

A.1.2.1 成分

水合茚三酮	1.8 g
丙酮	25 mL
丁醇	25 mL

A.1.2.2 制备

将水合茚三酮溶解于丙酮/丁醇混合液中。该溶液在避光冷藏时不超过 7 d。

A.2 Cary-Blair 氏运送培养基

A.2.1 成分

硫乙醇酸钠	1.5 g
磷酸氢二钠	1.1 g
氯化钠	5 g
琼脂	5 g
氯化钙	0.09 g
水	1 000 mL

A.2.2 制法

将 A.2.1 中各成分溶于水中，混匀，调节 pH 至 8.4±0.2。121 ℃灭菌 15 min，分装备用。

A.3 Bolton 肉汤

A.3.1 基础培养基

A.3.1.1 成分

动物组织酶解物	10.0 g
乳白蛋白水解物	5.0 g
酵母浸膏	5.0 g
氯化钠	5.0 g
丙酮酸钠	0.5 g
偏亚硫酸氢钠	0.5 g
碳酸钠	0.6 g
α-酮戊二酸	1.0 g
水	1 000 mL

A.3.1.2 制法

将 A.3.1.1 中各成分溶于水中，121 ℃灭菌 15 min，备用。

A.3.2 无菌裂解脱纤维绵羊或马血

取无菌脱纤维绵羊或马血，反复冻融，或使用皂角苷进行裂解。

A.3.3 抗生素溶液

A.3.3.1 成分

头孢哌酮（cefoperazone）	0.02 g
万古霉素（vancomycin）	0.02 g
三甲氧苄胺嘧啶（trimethoprim）	0.02 g
放线菌酮（cycloheximide）	0.02 g
乙醇/灭菌水（50/50，体积分数）	5.0 mL

A.3.3.2 制法

将 A.3.3.1 中各成分溶解于乙醇/灭菌水混合溶液中。

A.3.4 完全培养基

A.3.4.1 成分

基础培养基	1 000 mL
无菌裂解脱纤维绵羊或马血	50 mL
抗生素溶液	5 mL

A.3.4.2 制法

基础培养基冷却至约 45 ℃，加入无菌裂解脱纤维绵羊或马血、抗生素溶液，混匀，调节 pH

至7.4±0.2。常温下放置不宜超过4 h，4 ℃左右避光保存不宜超过7 d。

A.4 改良 CCD 琼脂

A.4.1 基础培养基

A.4.1.1 成分

牛肉浸膏	10.0 g
动物组织酶解物	10.0 g
氯化钠	5.0 g
细菌炭	4.0 g
水解酪蛋白	3.0 g
脱氧胆酸钠	1.0 g
硫酸亚铁	0.25 g
丙酮酸钠	0.25 g
琼脂粉	15.0 g
酵母膏	2.0 g
水	1 000 mL

A.4.1.2 制法

将A.4.1.1中各成分溶于水中，调pH至7.4±0.2，121 ℃灭菌15 min，备用。

A.4.2 抗生素溶液

A.4.2.1 成分

头孢哌酮（cefoperazone）	0.03 g
两性霉素B（amphotericin B）	0.01 g
乙醇/灭菌水（50/50，体积分数）	5.0 mL

A.4.2.2 制法

将A.4.2.1中各成分溶解于乙醇/灭菌水混合溶液中。

A.4.3 完全培养基

A.4.3.1 成分

基础培养基	1 000 mL
抗生物溶液	5 mL

A.4.3.2 制法

基础培养基冷却至45 ℃，加入抗生素溶液混匀，调pH至7.4±0.2。倾注无菌平皿中，静置至培养基凝固。使用前需预先干燥平板。制备的平板未干燥时在室温放置不宜超过4 h，或在4 ℃左右冷藏不宜超过7 d。

A.5 Skirrow 血琼脂

A.5.1 基础培养基

A.5.1.1 成分

蛋白胨	15.0 g
胰蛋白胨	2.5 g
酵母浸膏	5.0 g
氯化钠	5.0 g
琼脂	15.0 g
水	1 000 mL

A.5.1.2 制法

将A.5.1.1中各成分溶于蒸馏水中，121 ℃灭菌15 min，备用。

A.5.2 FBP 溶液

A.5.2.1 成分

丙酮酸钠	0.25 g
焦亚硫酸钠	0.25 g
硫酸亚铁	0.25 g
水	100 mL

A.5.2.2 制法

将A.5.2.1中各成分溶于水中，经0.22 μm滤膜过滤除菌。现用现配，−70 ℃储存不超过3个月或−20 ℃储存不超过1个月。

A.5.3 抗生素溶液

A.5.3.1 成分

万古霉素（vancomycin）	0.01 g
三甲氧苄胺嘧啶（trimethoprim）	0.005 g
多黏菌素B（polymyxin B）	2 500 IU
乙醇/灭菌水（50/50，体积分数）	5.0 mL

A.5.3.2 制法

将A.5.3.1中各成分溶解于乙醇/灭菌水混合溶液中。

A.5.4 无菌脱纤维绵羊血

在无菌操作条件下，将绵羊血倒入盛有灭菌玻璃珠的容器中，振摇约10 min，静置后除去附有血纤维的玻璃珠即可。

A.5.5 完全培养基

A.5.5.1 成分

基础培养基	1 000 mL
FBP溶液	5 mL
抗生素溶液	5 mL
无菌脱纤维绵羊血	50 mL

A.5.5.2 制法

当基础培养基的温度为45 ℃时，无菌加入FBP溶液、抗生素溶液与冻融的无菌脱纤维绵羊血，混匀。调 pH 至 7.4±0.2。倾注于无菌平皿中，静置至培养基凝固。

A.6 哥伦比亚血琼脂（Columbia blood agar）

A.6.1 基础培养基

A.6.1.1 成分

动物组织酶解物	23.0 g
淀粉	1.0 g
氯化钠	5.0 g
琼脂	15.0 g
水	1 000 mL

A.6.1.2 制法

将 A.6.1.1 成分溶于水中，121 ℃灭菌 15 min，备用。

A.6.2 无菌脱纤维绵羊血

在无菌操作条件下，将绵羊血倒入盛有灭菌玻璃珠的容器中，振摇约 10 min，静置后除去附有血纤维的玻璃珠即可。

A.6.3 完全培养基

A.6.3.1 成分

基础培养基	1 000.0 mL
无菌脱纤维绵羊血	50.0 mL

A.6.3.2 制法

当基础培养基的温度为 45 ℃时，无菌加入绵羊血，混匀，调 pH 至 7.3±0.2。倾注于无菌平皿中，静置至培养基凝固。

A.7 布氏肉汤

A.7.1 成分

酪蛋白酶解物	10.0 g
动物组织酶解物	10.0 g
葡萄糖	1.0 g
酵母浸膏	2.0 g
氯化钠	5.0 g
亚硫酸氢钠	0.1 g
水	1 000 mL

A.7.2 制法

将 A.7.1 中各成分溶于水中，调 pH 至 7.0±0.2，121 ℃灭菌 15 min，备用。

A.8 5%蔗糖脱脂乳保护剂

A.8.1 成分

脱脂乳	10.0 g
蔗糖	5.0 g
水	100 mL

A.8.2 制法

将 A.8.1 中各成分混合，112 ℃高压灭菌 20 min，备用。

附　录　B
（资料性）
空肠弯曲杆菌和结肠弯曲杆菌 PCR 产物大小和测序结果对照

B.1　空肠弯曲杆菌和结肠弯曲杆菌 PCR 产物大小

见图 B.1。

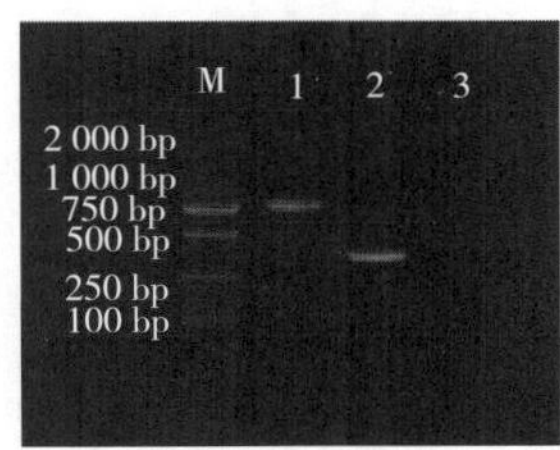

标引序号说明：
M——Marker；
1——阳性对照（空肠弯曲杆菌标准菌株）；
2——阳性对照（结肠弯曲杆菌标准菌株）；
3——阴性对照（水）。

图 B.1　空肠弯曲杆菌和结肠弯曲杆菌 PCR 产物电泳图

B.2　空肠弯曲杆菌目标片段测序结果

CATCTTCCCTAGTCAAGCCTCTGTGCCTTCACCTGTGCTTGATTTTGTTGAAGTTGTGGT
TATAACTTTAGCATTAAGACTTAGGCTTAAAAATAAGCCTAAAAAAAGAATTTTAATTATT
TTCATCTTTTACCTTTAAAAATCATCCATGCTATTTACAACATTAGAGCTTCTTTGTATGCT
AGAAGATTTTTTAGCTTCATTTTTTGTTGCATTTGACTTTGAATTTAAAGCCTCATTTGTGT
TAGCTAAATTTTCATAAGAATAAAATCTCACAGCTCCTACATGTTCAATACCATTTTCACTT
GTATAGCTCCATTTTTTAAGAGTACGAATACCACGAATTTTACCGCTTGCGCTTGCTTTTAT
TTTACTATTTACTTTGTCAATAATATTTGTTATGTTTTGAGTTTGTTCTTGAGTGGAACTA
TCATTAACATTAATACTTTGTTTGATGATTTCCTCGTAAGTATCACCAGTTGTTCTTTCATC
TTTAAGACTTAAATTTGTATTAATAAACTCTATAATAGCAGCATCAGCCATAGTAAGTGCT
GTTTCTTTGGCTCTATCTTCTAAAATATTTGTTTTTTTAGCATTGCTAGGATCTGCTACATA
ACCCCAGTTTCCATAACTTAAAATAATAGGTGCACCATTTTCATCATAAACTAAGCGAATTC
CATATTCATTTAAAAAGCCTTTTGTATCTTTTGGCAGATACTCACTTATTGCCTTGCCTTTA
CCCTTAATAGCACTCTGTCTGAGGGGGGCCAAAATTTTTTAAAGATATGGCACTAGCAAGAC

B.3　结肠弯曲杆菌目标片段测序结果

AGGCAAGGGAGCCTTTAATCTTTAGGCAAGGGGAGCCTTTAATCCTAACAAGGTCAATG
AAATTTTAAAAGCAAAGTTGGGCTGATGAGCAAAATTGCAATCATCGGCGCAGGAAAATGG
GGCAGTGCTTTATACAGTGCTTTAAGTATTAATAATACTTGTTTTATGACTTCTCGCACACA
GCGAGATTTGCCTTATTTTGTGAGTTTAGAGCAGGCTTTGAATTGTGAATATTTGGTTTTT
GCTTTAAGCTCTCAAGGAATGTATTCTTGGCTTAAACAAAATTTTGTTAACAAGGGTCAAA
AAATTCTTATCGCTTCTAAGGGTATAGATACTTCAACTTGTAAGTTTTTAGATGAAATTTT
TAGCGAATTTGGGAATAGGGATAATATCCCTATCTACAAATTCGC

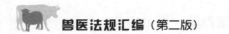

附　录　C

（资料性）

微生物质谱仪鉴定谱图

C.1　空肠弯曲杆菌标准菌株质谱鉴定谱图

见图 C.1。

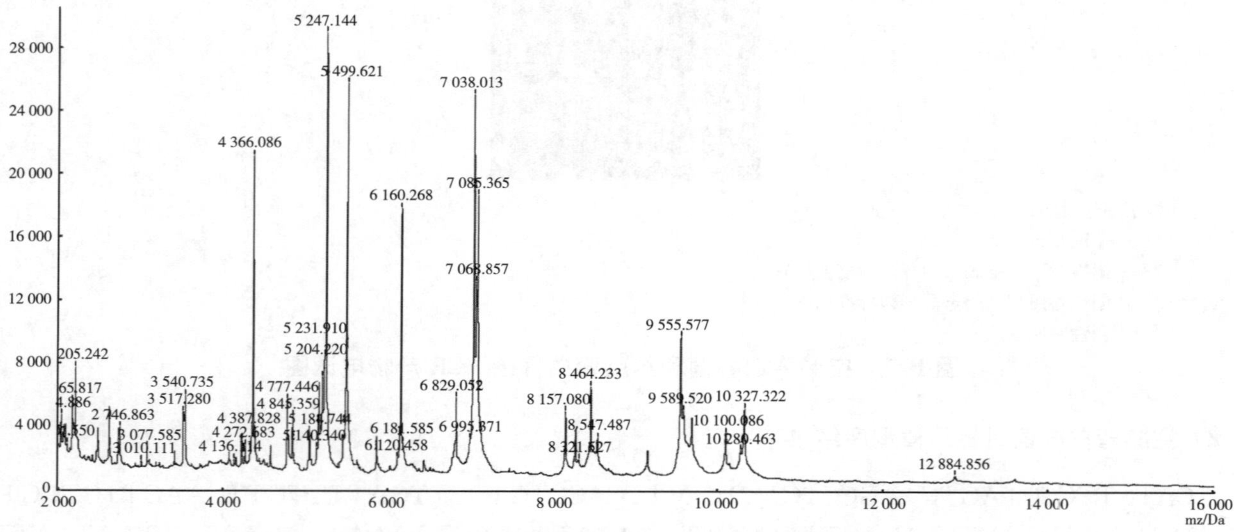

图 C.1　空肠弯曲杆菌标准菌株质谱鉴定谱图

C.2　结肠弯曲杆菌标准菌株质谱鉴定谱图

见图 C.2。

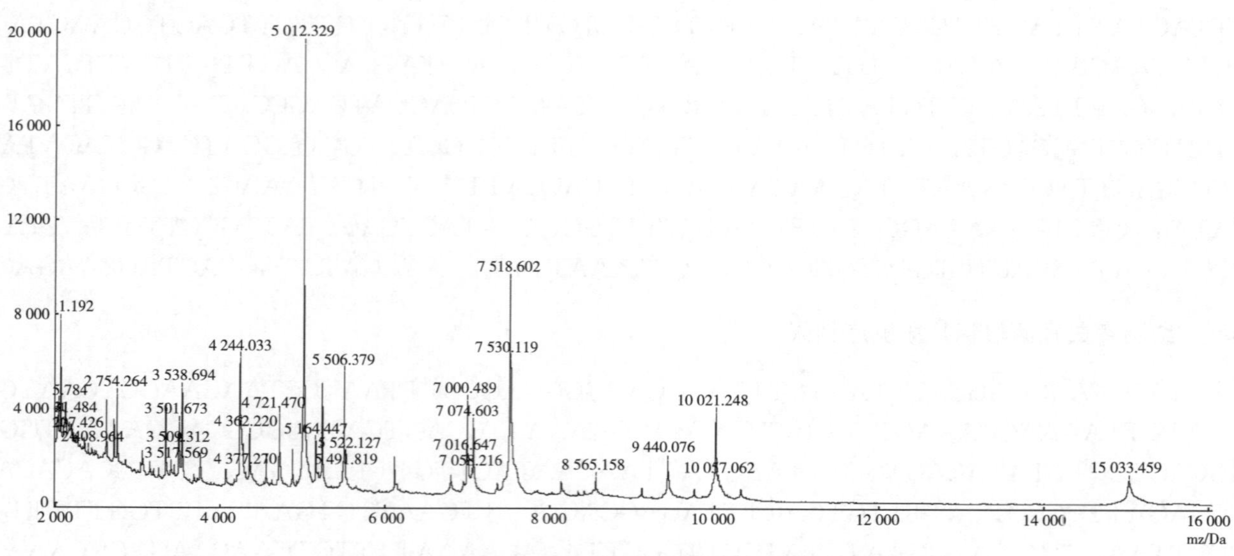

图 C.2　结肠弯曲杆菌标准菌株质谱鉴定谱图

六十七、动物源大肠埃希菌分离与鉴定技术规程

前　言

本文件按照 GB/T 1.1—2020《标准化工作导则　第 1 部分：标准化文件的结构和起草规则》的规定起草。

请注意本文件的某些内容可能涉及专利。本文件的发布机构不承担识别专利的责任。

本文件由农业农村部畜牧兽医局提出。

本文件由全国兽药残留与耐药性控制专家委员会归口。

本文件起草单位：中国兽医药品监察所、广东省农产品质量安全中心。

本文件主要起草人：张纯萍、吴荔琴、赵琪、刘佩怡、宋立、肖田安、崔明全、伍宏凯、徐士新、刘燕、王鹤佳。

1 范围

本文件规定了大肠埃希菌（*Escherichia coli*）的分离与鉴定方法。

本文件适用于动物直肠/泄殖腔拭子、粪便拭子、肠道内容物拭子等样品中大肠埃希菌的分离和鉴定。

2 规范性引用文件

下列文件中的内容通过文中的规范性引用而构成本文件必不可少的条款。其中，注日期的引用文件，仅该日期对应的版本适用于本文件；不注日期的引用文件，其最新版本（包括所有的修改单）适用于本文件。

GB/T 6682 分析实验室用水规格和试验方法

GB 19489 实验室 生物安全通用要求

NY/T 1948 兽医实验室生物安全要求通则

3 术语和定义

本文件没有需要界定的术语和定义。

4 试剂或材料

4.1 要求

除另有规定外，所有试剂均为分析纯，水为符合 GB/T 6682 规定的三级水，培养基按附录 A 配制或用商品化产品。

4.2 试剂

4.2.1 α-氰-4-羟基肉桂酸（HCCA）：色谱纯。

4.2.2 甘油。

4.3 溶液制备

4.3.1 乳糖发酵管：按照附录 A 中 A.1 的规定执行。

4.3.2 Kovacs 靛基质试剂：按照 A.2 的规定执行。

4.3.3 甲基红试剂：按照 A.3 的规定执行。

4.3.4 V-P 试剂：按照 A.4 的规定执行。

4.3.5 基质溶液：取 α-氰-4-羟基肉桂酸（HCCA），按说明书配制；或用市售商品。

4.3.6 灭菌甘油：取甘油适量，121 ℃灭菌20 min。

4.4 培养基制备

4.4.1 Cary-Blair 氏运送培养基：按照 A.5 的规定执行。

4.4.2 麦康凯琼脂：按照 A.6 的规定执行。

4.4.3 营养琼脂：按照 A.7 的规定执行。

4.4.4 蛋白胨水：按照 A.8 的规定执行。

4.4.5 缓冲葡萄糖蛋白胨水：按照 A.9 的规定执行。

4.4.6 西蒙氏柠檬酸盐培养基：按照 A.10 的规定执行。

4.4.7 5%蔗糖脱脂乳保护剂：按照 A.11 的规定执行。

4.5 标准菌株

大肠埃希菌（*Escherichia coli*）[ATCC 25922/CMCC（B）44102/CVCC 1570]。

4.6 材料

4.6.1 革兰氏染色套装。

4.6.2 磁珠保藏管。

4.6.3 革兰氏阴性细菌鉴定卡（盒）。

5 仪器设备

5.1 pH 计：测量范围 pH 0～14，精度为 0.02 pH 单位。

5.2 恒温培养箱：(36±1)℃，(44.5±0.2)℃。

5.3 冰箱：2 ℃～4 ℃，−20 ℃及以下。

5.4 二级生物安全柜。

5.5 分析天平：感量 0.1 g。

5.6 显微镜：10×～100×。

5.7 高压灭菌锅。

5.8 微生物生化鉴定系统。

5.9 微生物质谱仪（MALDI-TOF MS）。

6 分离与鉴定流程

大肠埃希菌分离与鉴定流程见图 1。

7 分离纯化

取样品拭子，接种麦康凯琼脂平板，(36±1)℃培养 18 h～24 h。挑取单个红色菌落，接种麦康凯琼脂平板，(36±1)℃纯化培养 18 h～24 h。挑取纯化后单个菌落划线接种营养琼脂平板，(36±1)℃培养16 h～18 h，备用。

8 形态观察与鉴定

8.1 形态观察

取纯化菌，革兰氏染色，镜检。呈红色、短

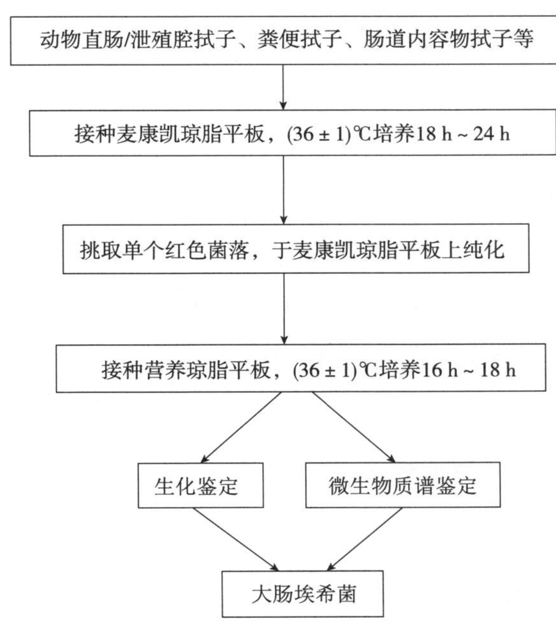
动物直肠/泄殖腔拭子、粪便拭子、肠道内容物拭子等
接种麦康凯琼脂平板，(36 ± 1)℃培养18 h ~ 24 h
挑取单个红色菌落，于麦康凯琼脂平板上纯化
接种营养琼脂平板，(36 ± 1)℃培养16 h ~ 18 h
生化鉴定
微生物质谱鉴定
大肠埃希菌

图 1 大肠埃希菌分离与鉴定流程

直杆菌，单个或成对排列。

8.2 鉴定

8.2.1 通用要求

生化鉴定、质谱鉴定任选其一。

8.2.2 生化鉴定

8.2.2.1 乳糖发酵试验

取纯化菌，接种乳糖发酵管，(44.5±0.2)℃培养（48±2）h，观察结果。乳糖发酵产酸产气者则液体变为黄色，小导管内产生气泡。

8.2.2.2 Kovacs 靛基质试验

取纯化菌，接种蛋白胨水，（36±1)℃培养(24±2）h，加 Kovacs 靛基质试剂 0.1 mL～0.2 mL，上层出现红色环为阳性，黄色环为阴性。

8.2.2.3 甲基红试验

取纯化菌，接种缓冲葡萄糖蛋白胨水，(36±1)℃培养 48 h 后，滴加甲基红试剂 1 滴～2 滴，立即观察结果。出现鲜红色为阳性，黄色为阴性。

8.2.2.4 V-P 试验

取纯化菌，接种缓冲葡萄糖蛋白胨水，(36±1)℃培养 48 h 后，加入 6% α-萘酚-乙醇溶液 0.6 mL 充分混匀，再加 40%氢氧化钾溶液 0.2 mL，混匀，静置 0.5 h～2 h，观察。出现伊红色为阳性。

8.2.2.5 柠檬酸盐利用试验

取纯化菌，接种西蒙氏柠檬酸盐培养基斜面，(36±1)℃培养（24±2）h，观察结果。培养基变为蓝色为阳性，不变色为阴性。

8.2.2.6 结果判定

按照 8.2.2.1～8.2.2.5 的生化试验项目进行鉴定，符合表 1 中生化反应特征即可判定为大肠埃希菌。也可选择革兰氏阴性细菌鉴定卡（盒）或微生物生化鉴定系统按操作说明进行鉴定。

表 1 大肠埃希菌的生化试验项目及其反应特征

生化试验项目	反应特征
乳糖发酵试验	产酸产气
Kovacs 靛基质试验	+/−
甲基红试验	+
V-P 试验	−
柠檬酸盐利用试验	−

注：“+”表示阳性；“−”表示阴性。

8.2.3 质谱鉴定

8.2.3.1 菌样制备

挑取单个新鲜纯化菌落，均匀涂布于靶板样品孔中（涂布厚度为薄薄一层），室温干燥。吸取 1 μL 基质溶液滴于样品上，混匀，室温干燥。标准菌株的新鲜菌落同法操作。

8.2.3.2 仪器校准

检测样品前，应对微生物质谱仪进行校准。

8.2.3.3 测定

取制备好的样品靶板，置于质谱仪靶板槽中。编辑样品信息后，进行谱图的数据采集。

8.2.3.4 结果判定

微生物质谱仪自动完成谱图的比对和鉴定。以不同颜色、不同分值显示结果，菌株鉴定位点显示绿色，鉴定分值达到种水平可信即可。大肠埃希菌标准菌株的质谱鉴定谱图见附录 B。

9 菌株保藏

取新鲜纯化菌，加无菌生理盐水制成菌悬液，与灭菌甘油溶液混合，使甘油终浓度为 20%～40%；或加入磁珠保藏管；或加入 5%蔗糖脱脂乳保护剂，冻干。−20 ℃或以下保藏。

10 生物安全要求

实验室设施设备、人员防护及实验安全操作、实验废弃物和菌种的处理应符合 GB 19489 的要求。

附 录 A
（规范性）
培养基与试液

A.1 乳糖发酵管

A.1.1 成分

蛋白胨	20.0 g
乳糖	10.0 g
溴甲酚紫	0.01 g
水	1 000 mL

A.1.2 制法

将A.1.1各成分溶解于水中，调节使灭菌后在25 ℃的pH为7.4±0.1。在分装试管中，每管10 mL，同时加入倒置小导管，小导管内不可有气泡，121 ℃高压灭菌15 min，备用。

A.2 Kovacs靛基质试剂

A.2.1 成分

对二甲氨基苯甲醛	5.0 g
戊醇	75.0 mL
盐酸（浓）	25.0 mL

A.2.2 制法

将对二甲氨基苯甲醛溶于戊醇，缓慢加入浓盐酸，混匀。

A.3 甲基红（MR）试剂

A.3.1 成分

甲基红	10 mg
95%乙醇	30.0 mL
水	20.0 mL

A.3.2 制法

将甲基红溶于95%乙醇中，加入水20.0 mL，混匀。

A.4 V-P试剂

A.4.1 6%α-萘酚-乙醇溶液

取α-萘酚6.0 g，加无水乙醇溶解，定容至100 mL。

A.4.2 40%氢氧化钾溶液

取氢氧化钾40 g，加水溶解，定容至100 mL。

A.5 Cary-Blair氏运送培养

A.5.1 成分

硫乙醇酸钠	1.5 g
氯化钠	5.0 g
磷酸氢二钠	1.1 g
氯化钙	0.09 g
琼脂	5.0 g
水	1 000 mL

A.5.2 制法

除琼脂外，取A.5.1中其余成分，混合，微温溶解，调节pH使灭菌后在25 ℃的pH为8.4±0.1，加入琼脂，加热熔化，分装试管，121 ℃高压灭菌15 min，备用。

A.6 麦康凯琼脂

A.6.1 成分

蛋白胨	20.0 g
乳糖	10.0 g
牛胆盐	5.0 g
氯化钠	5.0 g
中性红	0.075 g
琼脂	12.0 g
水	1 000 mL

A.6.2 制法

除乳糖、中性红、琼脂外，取A.6.1中其余成分，混合，微温溶解，调节pH使灭菌后在25 ℃的pH为7.4±0.2，加入乳糖、中性红、琼脂，加热溶解，121 ℃高压灭菌15 min，冷却至45 ℃～50 ℃，倾注平板，备用。

A.7 营养琼脂

A.7.1 成分

蛋白胨	10.0 g
牛肉膏	3.0 g

氯化钠	5.0 g
琼脂	15.0 g
水	1 000 mL

A.7.2 制法

除琼脂外，取A.7.1中其余成分，混合，微温溶解，调节pH使灭菌后在25 ℃的pH为7.3±0.1，加入琼脂，加热熔化，121 ℃高压灭菌15 min，冷却至45 ℃～50 ℃，倾注平板，备用。

A.8 蛋白胨水

A.8.1 成分

胰蛋白胨	10.0 g
氯化钠	5.0 g
水	1 000 mL

A.8.2 制法

取A.8.1中各成分，混合，微温溶解，调节pH使灭菌后在25 ℃的pH为7.4，分装试管，121 ℃高压灭菌15 min，备用。

A.9 缓冲葡萄糖蛋白胨水［甲基红试验和V-P试验用］

A.9.1 成分

蛋白胨	7.0 g
葡萄糖	5.0 g
磷酸氢二钾	5.0 g
水	1 000 mL

A.9.2 制法

除葡萄糖外，取A.9.1中各成分，混合，微温溶解，调节pH使灭菌后在25 ℃的pH为6.9±0.2，加入葡萄糖，摇匀，分装试管，121 ℃高压灭菌15 min，备用。

A.10 西蒙氏柠檬酸盐培养基

A.10.1 成分

柠檬酸钠	1.0 g
氯化钠	5.0 g
磷酸氢二钾	1.0 g
磷酸二氢铵	1.0 g
硫酸镁	0.2 g
溴麝香草酚蓝	0.08 g
琼脂	14.0 g
水	1 000 mL

A.10.2 制法

除琼脂、溴麝香草酚蓝外，取A.10.1中其余成分，混合，调节pH使灭菌后在25 ℃的pH为6.8±0.1，加入琼脂、溴麝香草酚蓝，加热熔化，分装试管，121 ℃高压灭菌15 min，制成斜面，备用。

A.11 5%蔗糖脱脂乳保护剂

A.11.1 成分

脱脂乳	10.0 g
蔗糖	5.0 g
水	100 mL

A.11.2 制法

取A.11.1中各成分，混合，112 ℃高压灭菌20 min，备用。

附　录　B

（资料性）

大肠埃希菌的质谱鉴定谱图

大肠埃希菌 ATCC 25922 的质谱鉴定谱图见图 B.1。

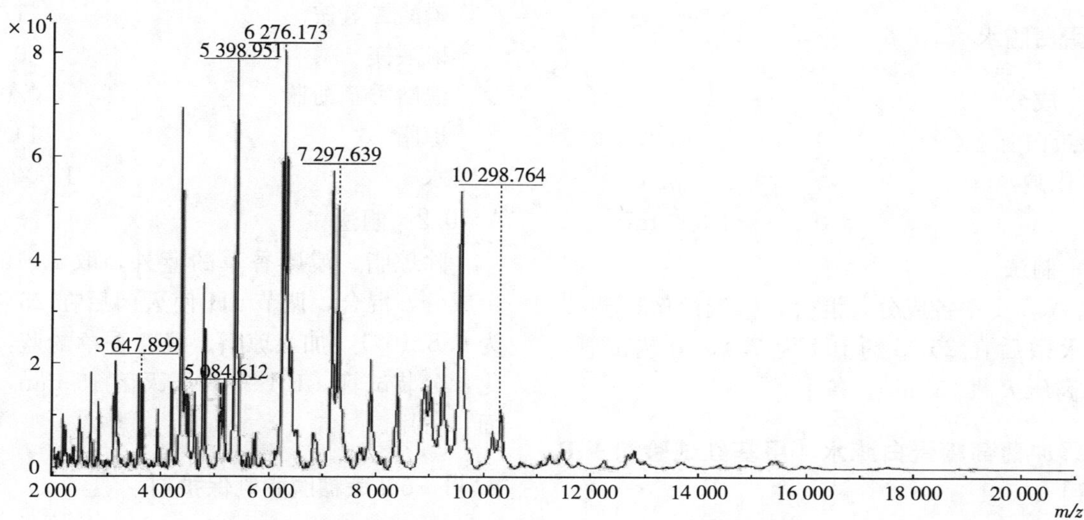

图 B.1　大肠埃希菌 ATCC 25922 的质谱鉴定谱图

六十八、兽用中药、天然药物临床试验技术指导原则

（2011 年 6 月 8 日 农业部公告第 1596 号发布 ）

一、概述

临床试验是指在一定控制条件下科学地考察和评价兽药治疗或预防靶动物特定疾病或证候的有效性和安全性的过程。充分、可靠的临床研究数据是证明所申报产品安全性和有效性的依据。

兽用中药、天然药物的研制过程，与西兽药相比，既有相同点，也有其特殊性。首先，中药新药的发现或立题，多来源于临床的直接观察及经验获得的提示；其次，中药内在成分及其相互作用的复杂性致使其药学、药效及毒理的研究面临更多的困难；再者，影响研究结论客观性和准确性的因素也相对较多。因此，临床试验对中药有效性和安全性的评价具有更加特殊的意义。

为了保证兽用中药、天然药物临床试验结论的确实可靠，规范临床研究行为，根据《兽药注册办法》和《新兽药研制管理办法》制定本指导原则。本指导原则旨在阐述兽用中药、天然药物临床试验设计和实施过程中应把握的一般性原则及关键性问题，为兽用中药、天然药物新产品研发提供技术指导。

二、兽用中药、天然药物临床试验的基本内容

根据试验目的的不同，兽用中药、天然药物的临床试验一般包括靶动物安全性试验、实验性临床试验和扩大临床试验。申请注册新兽药时，应根据注册分类的要求和具体情况的需要，进行一项或多项临床试验。

（一）靶动物安全性试验

靶动物安全性试验是观察不同剂量受试兽药作用于靶动物后从有效作用到毒性作用，甚至到致死作用的动态变化的过程。该试验旨在考察受试兽药使用于靶动物的安全性及安全剂量范围，为进一步临床试验给药方案的制定提供依据。

（二）实验性临床试验

实验性临床试验是以符合目标适应证的自然病例或人工发病的试验动物为研究对象，确证受试兽药对靶动物目标适应证的有效性及安全性，同时为扩大临床试验合理给药剂量及给药方案的确定提供依据。实验性临床试验的目的在于对新兽药临床疗效进行确证，保证研究结论的客观性和准确性。

（三）扩大临床试验

扩大临床试验是对受试兽药临床疗效和安全性的进一步验证，一般应以自然发病的动物作为研究对象。

三、兽用中药、天然药物临床试验的共性要求

（一）以中兽医学理论为指导

中药用于防治动物疾病及提高生产性能有着悠久的历史，并已形成了一套完整的理论体系。基于对生命活动规律和疾病发生学的整体观，中兽医学对疾病的治疗通常立足于通过调节脏腑、经络、气血等机能建立机体内环境的稳态，维持机体气机出入升降、功能活动的有序性，提高机体对外环境的适应能力。因此，中药的特点和优势在于“整体调节"，这与化学药品“对抗疗法”有着本质的不同。

兽用中药、天然药物临床试验中评定治疗结局指标的确立，不应只从单纯生物医学模式出发，仅着眼于外来致病因子，或生物学发病机理的微观改变和局部征象，而应从整体水平上选择与功能状态、证候相关的多维结局指标。在中药临床试验设计时，将治疗效能定位于对病因或某一疾病环节的直接对抗，或仅仅对用药后短期内的死亡率等极少指标的考察，显然是不合理的。

对适应证疗效的定位，除了治疗或预防作用

外，也完全可定位于配合使用的层面，如辅助治疗、缓解病情或对某类药物的增效作用等。

（二）试验设计原则

兽用中药、天然药物临床试验的设计应遵循随机、对照和重复的原则。

1. 随机原则

随机是指每个受试动物以机会均等的原则随机地分配到试验组和对照组，目的在于使各组非实验因素的条件均衡一致，以消除非实验因素对试验结果的影响。

2. 对照原则

对照是比较的基础，为了评价受试兽药的安全性和有效性，就必须有可供比较的对照。合理设置对照可消除或减少实验误差，直观地判断出受试动物治疗前后的变化（如体征、症状、检测指标的改变以及死亡、复发、不良反应等）是由受试兽药，而不是由其他因素（如病情的自然发展或机体内环境的变化）引起的。

试验组和对照组动物应来自同一个受试群体，二者的基本情况应当相近。试验组与对照组的唯一区别是，试验组接受受试兽药治疗，而对照组接受对照兽药治疗或不给药。

3. 重复原则

试验组与对照组应有适当的样本含量，过小或过大都有其弊端。样本含量过小，检验效能偏低，导致总体中本来具有的差异无法检验出来，但也并非样本愈大愈好。如果无限地增加样本含量，无疑将加大实验规模，延长实验时间，浪费人力物力，还有可能引入更多的混杂因素。

决定样本含量（病例数）的因素不外乎几个方面。首先，与样本所包含个体的差异程度有关。个体之间差异越大，所需观察的病例数越多；反之，若个体之间差异较小，所需观察的病例数就较少。其次，与组间效应差异的程度有关。组间效应差异越大，所需观察病例数就越少；反之，则所需观察的病例数较多。再者，还与统计资料的性质有关。以计数资料或等级资料作组间效应比较时，所需的样本含量，较以计量资料要大。除此之外，统计推断的严格程度（即以显著性检验为基础所进行的统计推断，所得出的结论与真实性相符合的程度）也影响样本含量的大小。

一般来说，临床试验的样本含量至少应达到最低临床试验病例数规定（见表1和表2），而实际情况下，应根据统计学的要求科学而灵活地确定样本含量。

表1　靶动物安全性试验每组最低动物数

受试动物种类	动物数
马、牛等大动物	5
羊、猪等中动物	8
兔、貂、狐等小动物	10
犬、猫等宠物	8
家禽	15

表2　实验性临床试验每组最低动物数

受试动物种类	动物数	
	自然病例	病症模型
马、牛等大动物	10	5
羊、猪等中动物	20	10
兔、貂、狐等小动物	20	15
犬、猫等宠物	15	10
家禽	30	15

表3　扩大临床试验每组最低动物数

受试动物种类	动物数	
	散发病例	群发模型
马、牛等大动物	20	30
羊、猪等中动物	30	50
兔、貂、狐等小动物	30	50
犬、猫等宠物	20	30
家禽	50	300

（三）试验方案

1. 试验方案制定与审批

临床试验应制定切实可行的试验方案。试验方案应由申请人和临床试验承担单位共同协商制定并盖章、签字，报申请人所在地省级兽医行政主管部门审批后实施。需要使用一类病原微生物的，应当按照《病原微生物实验室生物安全管理条例》和《高致病性动物病原微生物实验室生物安全管理审批办法》等有关规定，向农业部履行审批手续。临床试验批准后，应当在有效的批准时限内完成。临床试验应当按照批准的临床试验方案进行。

一般情况下，临床试验方案应包括以下内容：

①临床试验的题目和目的；②临床试验承担单位和主要负责人；③进行试验的场所；④试验预期的进度和完成时间；⑤临床试验用兽药和对照用兽药；⑥病例选择或人工发病的依据和方法；⑦试验设计；⑧主要观测指标的选择；⑨数据处理与统计；⑩疗效评定标准；⑪病例记录表。

2. 受试兽药

一般情况下，受试兽药包括临床试验用兽药和对照用兽药。

临床试验用兽药应为中试或已上市产品，其含量、规格、试制批号、试制日期、有效期、中试或生产企业名称等信息应明确，且应注明“供临床试验用”字样。

对照用兽药应采用合法产品，选择时应遵循同类可比、公认有效的原则。在试验方案及报告中应阐明对照兽药选择的依据，对二者在功能以及适应证上的可比性进行分析，并明确其通用名称、含量、规格、批号、生产企业、有效期及质量标准推荐的用法用量等。对照用药物使用的途径、用法、用量应与质量标准规定的内容一致。

临床试验用兽药和对照用兽药均需经省级以上兽药检验机构检验，检验合格的方可用于临床试验。

3. 菌（毒、虫）种

人工发病使用的菌（毒、虫）种应明确，一般需采用已被认可的标准株。采用其他来源的菌（毒、虫）种，应提供详尽的背景资料，包括来源、权威部门鉴定报告和主要生物学特性等。

4. 效应指标的选择

正确选择效应指标是观察并做出判断的基础，对保障研究结论的客观、准确至关重要。主要效应指标一般应具有关联性、客观性、精确性、灵敏性和特异性。

关联性　所选指标与研究目的有本质的联系，应与疗效和安全性密切相关，并能确切反映试验兽药引起的效应。

客观性　临床试验应选择具有较强客观性的指标，或建立对定性指标或软指标观测的量化体系，以减少或克服观测过程中因研究者主观因素造成的偏倚。客观性包括两个方面的含义，一是指标本身应具有客观特性，能通过适当的手段和方法被客观地度量和检测，并以一定的量值表述其观测结果；二是指度量、观测的客观性，即度量、观测的结果应能恰当地真实地反映其状态及程度。

精确性　包括准确性和可靠性，前者反映观测值与真实值接近的程度，后者表示观测同一现象时，多次结果取得一致或接近一致的程度。

灵敏性　灵敏性高可以提高观测结果的阳性率，但需注意灵敏性过高所导致的假阳性结果。

特异性　选择的指标应能反映效应的专属性，且不易受其他因素干扰。

除此之外，应该看到许多疾病往往表现为机体功能、代谢、组织结构等多方面的综合改变，对所使用兽药的反应也可能是多方面的，因而评价药物效应的指标也必须是综合性的。一般来说，如果有必要而且可能，应从临床症状、体征指标、功能或代谢指标、病原学和血清学等多方面地设置观测指标，以便能对疗效做出全面综合的判定。

5. 疗效判定

对疗效的判定必须有客观、明确、操作性强的标准。疗效等级通常划分为痊愈、显效、有效和无效。应该注意的是，不同的疾病有不同的临床过程，对治疗药物的反应也不尽相同，因而疗效的等级划分也不是一概而论的。

（四）试验记录

临床试验承担单位应对所有数据和整个试验过程做详尽的记录，并按规定保存及管理，以备审核人员进行检查。

（五）统计方法

对试验数据的分析处理，一般要借助适宜的统计方法。选用的统计方法是否正确，直接关系到统计推断的合理性及结论的科学性。

临床研究统计资料一般可分为计量资料和计数资料。不同类型的数据资料，须采用不同的统计分析方法，不可混淆。

（六）结论推导

结论的外推是一个建立在对资料、数据的分析，统计学显著性检验的基础上，由样本的信息推及总体的过程。结论外推时须以研究样本的同质性为基础。

结论的推导应兼顾差异的统计学意义和实际临床意义。如果某种新的防治措施，既具有临床意义，又具有统计学意义，这将是我们所期望的。若疗效的比较，其差异具有临床意义，但却达不到统计学显著水平，此时应考虑试验样本是否足够大。

（七）临床试验报告

临床试验报告是反映兽药临床试验研究设计、实施过程，并对试验结果做出分析、评价的总结性文件，是正确评价兽药是否具有临床应用价值的重要依据。

临床试验单位应对其出具的临床试验报告盖章确认，并对试验报告的真实性负责。临床试验负责人和主要参与人员需在临床试验报告上签字，并负有职业道义和法律责任。

临床试验承担单位应符合农业部规定的相关资质要求。负责新兽药临床试验的研究者应具有兽医师以上资格和相关试验所要求的专业知识和工作背景。

四、靶动物安全性试验

应选用健康的靶动物进行试验，一般采用与临床应用相同的给药途径、间隔时间和疗程。

以推荐的临床用药剂量为基础设置不少于三个剂量组，一般为1、3、5倍剂量组，必要时设置10倍剂量组。

观察指标一般应包括临床体征、血液学指标、血液生化指标、二便等，有条件或必要时可进行剖检和组织病理学检查。

五、实验性临床试验

（一）一般性原则

在试验设计和具体实施过程中，应严格控制试验条件，将可能影响试验结果准确性的因素降低至最低限度。保证试验各组处于相同的试验环境下，并有可靠的隔离措施。试验各组的处置方法应明确，包括给药剂量、给药途径及方式、给药时间及间隔、给药周期、观察时间和动物的处置等。给药剂量的选择、单次给药剂量的设定、给药周期的确定等都应以药效学试验和安全性试验的数据为依据。要做到剂量科学准确，对不同试验个体应做到给药确实并均等。

（二）人工发病或复制病证模型

1. 受试动物

一般采用健康动物。对动物的饲养管理应达到一级或一级以上实验动物的管理要求。受试动物来源、品种、日龄、性别、体重、健康状况、免疫接种、日粮组成及饲养管理等背景资料应清楚，同一试验应尽可能使用背景相对一致的动物。

2. 发病或造模方法

人工发病或造模，一般应采纳被广泛认可的方法。采用新方法的，应说明新方法的优势及其建立的依据，包括菌（毒、虫）种、药物、人工环境等致病因素的选择，染毒或给药途径的选择，剂量筛选过程，染毒后的生物学效应，应附具研究数据和必要的文献资料。

应清晰、详尽地描述发病的方法和过程，并对发病是否成功做出评价。

3. 试验分组

试验各组的设置取决于所考察兽药的特性，也与是否要进行有效剂量的筛选相关。一般应设置不少于三个剂量的试验组（即高、中、低剂量组，中剂量为拟推荐剂量）和三个对照组（即兽药对照、阳性对照和阴性对照组）。

（三）自然病例的临床试验

以自然发病的动物作为受试对象时，病例选择的准确性至关重要。为此，研究者应制定病例选择的诊断标准、纳入标准、排除标准以及病例剔除和脱落的条件，在确定合格受试动物时，诊断标准、纳入标准和排除标准互为补充、不可分割，以避免产生选择性偏倚。

1. 诊断标准 诊断标准是指能够准确诊断一个疾病或证候的标准。选择或制定的诊断标准应符合特异性、科学性、客观性和可操作性原则，一般可考虑采用：（1）国家统一标准：由政府主管部门、全国性学术组织制定的诊断标准。（2）高等农业院校教科书记载的有关诊断标准。（3）地方性学术组织制定的诊断标准。采纳诊断标准时应说明标准来源或出处。没有现行标准或现行标准存在缺陷时，应自行制定或完善相关诊断标准。诊断标准的内容，不仅包括临床诊断或辨证，还应有必要的病理剖检、生理生化指标检测、血清学、病原学诊断等数据作为佐证，保证病例纳入的准确性。

主治病证定位为中兽医证候的，除了以中兽医理论进行辨证，制定病例诊断的证候标准外，一般还应在对病证实质进行分析的基础上，尽可能采用适当的现代兽医学诊断指标（生理生化、病理变化、血清学、病原学等）。某些疾病临床有不同分型或分期，且不同型、期有其明显的临床特征者，应明确分型或分期。

2. 病例纳入标准

纳入标准是指合格受试动物所应具备的条件。在一项具体的研究中，被纳入研究的对象，除应符合诊断标准外，研究者还必须根据具体的研究目的及实施的可行性，对研究对象的其他条件同时做出规定。一般包括病型、病期、病程、品种、年龄、性别、体质、胎次以及其他情况。选择的病例可以来自不同养殖场或兽医诊疗单位，但各动物个体不能有过大的差异。

3. 病例排除标准

排除标准指不应该被纳入研究的条件，如同时患有其他病证或合并症者，已接受有关治疗可能影响对效应指标观测者，伴有影响效应指标观测及结果判断的其他生理或病理状况（如生殖周期），以及其他偶然性因素。

4. 病例记录表

病例记录表是收集、记录第一手临床数据的表格。临床试验的成功与否可取决于病例记录表的设计，蹩脚的表格可能导致填写的内容不可靠，收集的数据不完整。在设计病例记录表时，应仔细对照试验设计中的观测指标，力求周密细致，简明清晰。

研究者应确保将任何观测结果和发现准确而完整地记录在病例记录表上，记录者应在表上签名并加注日期。

5. 试验分组

一般设置高、中、低 3 个剂量组和阳性药物对照组，预防试验还应设置阴性对照组。

六、扩大临床试验

（一）一般性原则

一般采用健康动物或自然发病的病例，对病例的选择应有确切的诊断标准和恰当的纳入标准，以降低品种、体格、性别等因素对试验结果的影响。

（二）试验设计

1. 试验分组

治疗试验一般设置推荐剂量组和药物对照组，预防试验设置推荐剂量组、兽药对照组和不处理对照组。推荐剂量应有试验依据。

2. 给药方案

推荐剂量、给药方法和疗程等应与标准、说明书草案中的推荐用法相一致。

六十九、兽用中药、天然药物临床试验报告的撰写原则

（2011 年 6 月 8 日　农业部公告第 1596 号发布）

一、概述

兽药临床试验报告是反映兽药临床试验研究设计、实施过程，并对试验结果作出分析、评价的总结性文件，是正确评价兽药是否具有临床实用价值的重要依据，是兽药注册所需的重要技术资料。报告撰写者负有职业道义，报告出具单位负有法律责任。

临床试验报告不仅要对试验结果进行分析，还需重视对临床试验设计、试验管理、试验过程进行完整表达，能对兽药的临床效应作出合理评价。以阐明试验结论的科学基础，这样才一个设计科学、管理规范的试验只有通过科学、清晰的表达，它的结论才易于被接受。兽药临床试验报告的撰写表达方法、方式直接影响着受试兽药的安全性、有效性评价，因此，试验报告的撰写方法和方式十分重要。

真实、完整地描述事实，科学、准确地分析数据，客观、全面地评价结局是撰写试验报告的基本准则。只有可靠真实的试验结论才能经得起重复检验，而经得起重复检验是科学品格的基本特征。

本指导原则适用于兽用中药和天然药物的临床试验报告的撰写。中药的临床试验报告应该分析和重视描述受试兽药在适应证、靶动物、使用方法等方面的中医中药特色。

本指导原则仅对一般临床试验报告的结构框架和内容要点进行了说明。由于临床试验的复杂性，报告结构和内容需根据研究的具体情况进行

适当的调整，而且随着临床试验研究水平的不断提高，临床试验报告撰写的方法也将不断改进与完善。

二、临床试验报告的结构与内容

（一）报告封面或扉页

1. 报告题目。

2. 临床试验单位盖章及日期。申明已阅读了该报告，并对报告的真实性负责。

3. 主要研究者签名和日期。

4. 临床试验实施单位盖章及日期。

5. 主要研究者对研究试验报告的声明。申明已阅读了该报告，确认该报告准确描述了试验过程和结果。

6. 执笔者签名和日期。

（二）报告目录

每个章节、附件、附表的页码。

（三）缩略语

正文中首次出现的缩略语应规范拼写，并在括号内注明中文全称。应以列表形式提供在报告中所使用的缩略语、特殊或不常用的术语定义或度量单位。

（四）报告摘要

报告摘要应当简洁、清晰地说明以下要点，通常不超过600字。

1. 试验题目。

2. 试验目的及设计、方法。

3. 研究结果。

4. 有效性和安全性结论。

（五）报告正文

1. 试验题目

2. 前言

一般包括：受试兽药研究背景；研究单位和研究者；目标适应证和试验动物或病例、治疗措施；受试动物样本量；试验的起止日期；临床试验审批；制定试验方案时所遵循的原则、设计依据；申请人与临床试验单位之间有关特定试验的协议或会议等应予以说明或描述。简要说明临床试验经过及结果。

3. 试验目的

应提供对具体试验目的的陈述（包括主要、次要目的）。具体说明本项试验的受试因素、受试对象、研究效应，明确试验要回答的主要问题。

4. 试验方法

4.1 试验设计

概括描述总体研究设计和方案。如试验过程中方案有修正，应说明原因、更改内容及依据。

对试验总体设计的依据、合理性进行适当讨论，具体内容应视设计特点进行有针对性的阐述。

提供样本含量的具体计算方法、计算过程以及计算过程中所用到的统计量的估计值及其来源依据。

4.2 随机化设计

详细描述随机化分组的方法和操作，包括随机分配方案如何随机隐藏，并说明分组方法，如中心分配法，各试验单位内部分配法等。

4.3 研究对象

应描述受试动物的选择标准，。包括所使用的诊断标准及其依据，所采用的纳入标准和排除标准、剔除标准。注意描述方案规定的疾病特定条件；描述特定检验、分级或体格检查结果；描述临床病史的具体特征，如既往治疗的失败或成功等；选择研究对象还应考虑其他潜在的预后因素和年龄、性别或品种因素。应对受试动物是否适合试验目的加以讨论。

以疾病与病证结合方式进行研究的，既要明确疾病诊断标准，又要列出中兽医证的诊断标准。

人工发病或人工复制模型的临床试验，应描述试验动物的来源、种类、品种或品系、日龄、体重、性别分布、健康及免疫接种状况等。同样也应对受试动物是否适合试验目的加以讨论。

4.4 对照方法及其依据

应描述对照的类型和对照的方法，并说明合理性。

应说明对照用兽药与临床试验用兽药在功能和适应证方面的可比性。

4.5 试验过程

应描述受试兽药的名称、来源、规格、批号、包装和标签。提供对照用兽药的说明书。如果涉及菌、毒、虫种，应说明来源，毒力大小，染毒途径，染毒剂量以及染毒后发病的情况等。

具体说明用药方法（即给药途经、剂量、给药次数和用药持续时间、间隔时间），应说明确定

使用剂量的依据。

4.6 疗效评价指标与方法

应明确主要疗效指标和次要疗效指标。

对于主要指标，应注意说明选择的依据。应描述需进行的实验室检查项目、时间表（测定日，测定时间，时间窗及其与用药的关系）及测定方法。

适应证为中兽医证候的，应注意描述对相关证候疗效的评价方法和标准。

4.7 安全性评价指标与方法

应明确用以评价安全性的指标，包括症状、体征、实验室检查项目及其时间表、测定方法、评价标准。

明确预期的不良反应；描述临床试验对不良反应观察、记录、处理、报告的规定。说明对试验用药与不良事件因果关系、不良事件严重程度的判定方法和标准。

4.8 质量控制与保证

临床试验必须有全过程的质量控制，应就质量控制情况作出简要描述。在不同的试验中，易发生偏倚、误差的环节与因素可能各不相同，应重点 陈述针对上述环节与因素所采取的质控措施。

4.9 数据管理

临床试验报告必须明确说明为保证数据质量所采取的措施，包括采集、核查、录入、盲态审核、数据锁定等措施。

4.10 统计学分析

描述统计分析计划和获得最终结果的统计方法。

重点阐述如何分析、比较和统计检验以及离群值和缺失值的处理，包括描述性分析、参数估计（点估计、区间估计）、假设检验以及协变量分析（包括多中心研究时中心间效应的处理）。应当说明要检验的假设和待估计的处理效应、统计分析方法以及所涉及的统计模型。处理效应的估计应同时给出可信区间，并说明计算方法。假设检验应明确说明所采用的是单侧检验还是双侧检验，如果采用单侧检验，应说明理由。

5. 试验结果

建议尽可能采用全数据集和符合方案数据集分别进行疗效分析。对使用过受试兽药但未归入有效性分析数据集的受试动物情况应加以详细说明。

应对所有重要的疗效指标（分主要和次要疗效指标、证的指标等）进行治疗前后的组内比较，以及试验组与对照组之间的比较。多中心研究的各中心应提供多中心临床试验的各中心小结表。该中心小结表由该中心的主要研究者负责，须有该单位的盖章及填写人的签名。内容应包括该中心受试动物的入选情况、试验过程管理情况、发生的严重和重要不良事件的情况及处理、各中心主要研究者对所参加的临床试验的真实性的承诺等。

临床试验报告需要进行中心效应分析。

应描述严重的不良事件和其他重要的不良事件。应注意描述因不良事件（不论其是否被否定与药物有关）而提前退出研究的受试动物或死亡动物的情况。严重不良事件和主要研究者认为需要报告的重要不良事件应单列开进行总结和分析。应提供每个发生严重不良事件和重要不良事件的受试动物的病例报告，内容包括病例编号、发生的不良事件情况（发生时间、持续时间、严重度、处理措施、结局）和因果关系判断等。

6. 讨论

在对试验方法、试验质量控制、统计分析方法进行评价的基础上，综合试验结果的统计学意义和临床意义。对受试药物的疗效和安全性结果以及风险和受益之间的关系做出讨论和评价。其内容既不应是结果的简单重复，也不应引入新的结果。

围绕受试兽药的治疗特点，提出可能的结论、开发价值，讨论试验过程中存在的问题及对试验结果的影响。鼓励探讨中兽医理论对临床疗效和安全用药的指导作用，提倡通过病证结合进行疗效分析。

7. 结论

说明本临床试验的最终结论，重点在于安全性、有效性最终的综合评价，明确是否推荐申报注册或继续研究。

8. 参考文献

列出有关的参考文献目录。

（六）附件

1. 所在省兽医行政管理部门出具的临床研究批件。

2. 最终的病例记录表（样张）。

3. 农业部对涉及一类病原微生物临床试验的

批件。

4. 对照用兽药的说明书、质量标准，临床试验用兽药（如为已上市药品）的说明书。

5. 严重不良事件及主要研究者认为需要报告的重要不良事件的病例报告。

6. 多中心临床试验的各中心小结表。

七十、兽用中药、天然药物安全药理学研究技术指导原则

（2011 年 6 月 8 日 农业部公告第 1596 号发布）

一、概述

安全药理学是研究受试物在治疗范围或治疗范围以上剂量时，对生理功能潜在的不期望出现的不良影响。

安全药理学研究的目的在于，确定受试物可能关系到靶动物安全性的非期望出现的药物效应；评价受试物在毒理学和/或临床研究中观察到的药物不良反应和/或病理生理作用；研究所观察到的和/或推测的药物不良反应机制。

通过安全药理学研究，可为临床研究和安全用药提供信息，也可为长期毒性试验设计和开发新的适应证提供参考。

本指导原则适用于中药、天然药物的安全药理学研究。

二、基本原则

重要生命功能系统的安全药理学研究一般应执行兽药非临床研究质量管理规范，追加的和/或补充的安全药理学研究应尽可能地最大限度遵守兽药非临床研究质量管理规范。

中药、天然药物的情况复杂，本指导原则不可能涵盖中药、天然药物安全药理学研究的全部实际情况，当进行中药、天然药物安全药理学研究时，应遵循具体问题具体分析的原则。

试验设计应符合随机、对照、重复的基本原则。

三、基本内容

（一）受试物

受试物应能充分代表临床试验样品和拟上市兽药，因此应采用制备工艺稳定、符合临床试验用质量标准规定的样品。一般用中试或中试以上规模的样品，并注明其名称、来源、批号、含量（或规格）、保存条件及配制方法等。如果由于给药容量或给药方法限制，可采用提取物（如浸膏、有效部位等）进行试验。试验中所用溶媒和/或辅料等应标明批号、规格、生产厂家。

（二）生物材料

为了获得科学有效的安全药理学信息，应选择最适合的动物或其他生物材料。选择生物材料需考虑的因素包括生物材料的敏感性、可重复性，

整体动物的种属、品系、性别和年龄，受试物的背景资料等。应说明选择特殊动物/模型等生物材料的理由。

整体动物常用小鼠、大鼠、豚鼠、家兔或靶动物等。动物选择应与试验方法相匹配，同时还应注意品系、性别及年龄等因素。常用清醒动物进行试验。如果使用麻醉动物，应注意麻醉药物的选择和麻醉深度的控制。

体外生物材料可用于支持性研究（如研究受试物的活性特点，研究体内试验观察到的药理作用的发生机制等）。常用体外生物材料主要包括：离体器官和组织、细胞、细胞器、受体、离子通道和酶等。

（三）样本数和对照

为了对试验数据进行科学和有意义的解释，安全药理学研究动物数和体外试验样本数应充分满足需要。每组小鼠或大鼠数一般不少于 10 只。原则上动物应雌雄各半，当临床拟用于单性别时，可采用相应性别的动物。

试验设计应考虑采用合理的空白、阴性对照，必要时还应设阳性对照。

（四）给药途径

原则上应与临床拟用药途径一致。如采用不同的给药途径，应说明理由。

（五）剂量或浓度

体内研究：应尽量确定不良反应的量效关系和时效关系（如不良反应的发生和持续时间），至少应设三个剂量组。低剂量应相当于主要药效学的有效剂量，高剂量以不产生严重毒性反应为限。

体外研究：应尽量确定受试物的剂量．反应关系。受试物的上限浓度应尽可能不影响生物材料的理化性质和其他影响评价的特殊因素。

（六）给药次数和检测时间

一般应采用单次给药。如果受试物的药效作用在给药一段时间后才出现，或者重复给药的非临床研究结果或靶动物用药结果出现安全性问题时，应根据这些作用或问题合理设计给药次数。应根据受试物的药效学和药代动力学特性，选择检测安全药理学参数的时间点。

（七）观察指标

根据器官系统与生命功能的重要性，可选用相关器官系统进行安全药理学研究。心血管系统、呼吸系统和中枢神经系统是维持生命的重要系统，临床前安全药理学试验必须完成对这些系统的一般观察。当其他非临床试验及临床试验中观察到或推测对靶动物可能产生某些不良反应时，应进一步追加对前面重要系统的深入研究或补充对其他器官系统的研究。

1. 对重要生命功能系统的安全药理学研究

根据对生命功能的重要性，观察受试物对中枢神经系统、心血管系统和呼吸系统的影响。

中枢神经系统　直接观察给药后动物的一般行为表现、姿势、步态，有无流涎、肌颤及瞳孔变化等；定性和定量评价给药后动物的自发活动与机体协调能力等。如出现明显的中枢兴奋、抑制或其他中枢系统反应时，应进行相应的体内或体外试验的进一步研究。

心血管系统　测定并记录给药前后心率和节律等的变化。治疗剂量出现明显的心率、节律异常时，应进行相应的体内或体外试验的进一步研究。

呼吸系统　测定并记录给药前后的呼吸频率、节律和呼吸深度等。治疗剂量出现明显的呼吸兴奋或抑制时，应进行相应的体内或体外试验的进一步研究。

2. 追加或补充的安全药理学研究

根据对中枢神经系统、心血管系统和呼吸系统的一般观察及临床研究、体内和体外试验或文献等，预测受试物可能产生某些不良反应时，应适当选择追加或补充安全药理学研究内容，以进一步阐明产生这些不良反应的可能原因。

下述项目无需全部进行研究，可在综合分析非临床和临床资料基础上，根据实际情况选择相应的研究项目。

追加的安全药理学研究　中枢神经系统方面，可观察药物对行为、学习记忆等的影响；心血管系统方面，可观察药物对血压、心电图、心输出量、心肌收缩作用、血管阻力等的影响；呼吸系统方面，可观察药物对气道阻力、肺动脉压力、血气分析等的影响。

补充的安全药理学研究　泌尿系统方面，可观察药物对肾功能的影响，如对尿量、比重、渗透压、pH、电解质平衡、蛋白质，细胞和血生化（如尿素氮、肌酐、蛋白质）等指标的检测；胃肠系统方面，可观察药物对胃肠系统的影响，如胃液分泌量和 pH、胃肠损伤、胆汁分泌、体内转运时间、体外回肠收缩等的检测；其他器官系统方面，如其他有关研究尚未研究对下列器官系统的影响（如对免疫、内分泌功能和骨骼肌的影响等），但出于对安全性的关注时，应考虑药物对这些方面的影响。

（八）结果及分析

应根据详细的试验记录，选用合适的统计方法，对结果进行定性和定量的统计分析，同时应注意对个体试验结果的评价。根据统计结果，分析受试物的安全药理作用，结合其他安全性试验、有效性试验及质量可控性试验结果，进行综合评价。

四、名词解释

主要药效学研究：与受试物期望的治疗目的相关的活性和/或作用模型的研究。

安全药理学研究：受试物在治疗范围或治疗范围以上剂量时，潜在的不期望出现的对生理功能的不良影响的研究。

追加的安全药理学研究：根据药物的药理作用和化学类型，估计可能出现的不良反应。如果对已有的动物和临床试验结果产生怀疑，可能影响靶动物的安全性，应进行追加的安全药理学研究，即对中枢神经系统、心血管系统和呼吸系统进行深入研究。

补充的安全药理学研究：是评价受试药物对中枢神经系统、心血管系统和呼吸系统以外的器官功能的影响，包括对泌尿系统、自主神经系统、胃肠道系统和其他器官系统研究。当重要系统的安全药理学研究和长期毒性研究未对这些器官系统功能进行相关研究，但出于对安全性的关注时，应进行补充的安全药理学研究。

七十一、兽用中药、天然药物通用名称命名指导原则

（2011 年 6 月 8 日 农业部公告第 1596 号发布）

兽药通用名称是兽药的法定名称，也是兽药质量标准中收载的名称。

为了使兽用中药、天然药物的通用名称更科学、明确、简短，使每个具有不同特性的兽药产品具有唯一的通用名称，特制定本指导原则。

一、基本原则

兽用中药、天然药物的通用名称应科学、明确、简短。

兽用中药、天然药物的命名应避免采用可能给使用者以暗示的有关药理学、解剖学、生理学、病理学或治疗学的名称，并不得用代号或容易误解和混同的名称命名。

对于沿用已久的药名，一般不要轻易变动，如必须改动，可列出其曾用名作为过渡。

兽用中药、天然药物通用名称不得采用商品名（包括外文名和中文名），也不得作为商品名或用以组成商品名，也不得用于商标注册。

二、命名细则

（一）药材命名

药材系指用于兽用中药饮片、提取物、成方制剂原料的植物、动物和矿物药。药材名称应包括中文名（附汉语拼音）和拉丁名。

1. 药材中文名

一般应以全国多数地区习用的名称命名；如各地习用名称不一致或难以定出比较合适的名称时，可选用植物名命名。

药材的主要成分与化学药品一致，应以药材名为正名，化学名为副名，如“芒硝（含水硫酸钠）”。

增加药用部位的药材中文名应明确药用部位。如：白茅根。

药材的人工方法制成品、制取物，其名称应与天然品的名称有所区别。如人工牛黄。

2. 药材汉语拼音名

按照中国文字改革委员会的规定拼音，第一个字母须大写，并注意药品的读音习惯。如：黄芪 Huangqi。

拼音不用音标符号。如在拼音中有的字母与前一字母合拼能读出其他音的，要用隔音符号。如：牛膝地耳草 Di’ercao 在“i”和“e”之间用隔音符号。

药名较长的（一般在四个字以上），按音节尽量分为二组拼音。如珍珠透骨草 Zhenzhu Tougucao。

3. 药材的拉丁名

药材的拉丁名一般采用属种名或属名命名。

除少数药材可不标明药用部位外，需要标明药用部位的，其拉丁名先写药名，用第一格，后写药用部位，用第二格，如有形容词，则列于最后，所有单词的字母均用大写。如：远志 POLYGALAE RADIX。

以属种名命名：同属中有几个品种来源，分别作为不同中药材使用的，按此法命名如：当归 ANGELICAE SINENSIS RADIX，独活 ANGELICAE PUBESCENTIS RADIX，白芷 ANGELICAE DAHURIOAE RADIX。

以属名命名：在同属中只有一个品种作药用，或这个属有几个品种来源，但作为一个中药材使用的。如：白果 GINKGO SEMEN（一属只一个植物种作药材用），麻黄 EPHEDRAE HERBA（一属有几个植物种作同一药材用）。有些中药材的植（动）物来源虽然同属中有几个植物品种作不同的中药材使用，但习惯已采用属名作拉丁名

的，一般不改动。如属中出现其他品种作不同的药材使用，则把同属其他品种的药材加上种名，按属种命名，使之区分。如：细辛 ASARI RADIX ET RHIZOMA（已习惯采用属名作拉丁名），杜衡 ASARI FORBESII HERBA（与细辛同属的该品种用属种名作拉丁名）。

一种药材包括两个不同药用部位时，如果同时采收，则把主要的或多数地区习用的药用部位的拉丁名列在前面，另一药用部位的拉丁名列在后面，两者之间用“ET”连接。如：大黄 RHEI RADIX ET RHIZOMA。

如果不同时采收，则各药用部位单独定名，两个拉丁名并列，主要的排在上面。如金荞麦 FAGOPYRI CYMOSI HERBA FAGOPYRI CYMOSIRHIZOMA。

一种药材的来源为不同科、属的两种植（动）物或同一植（动）物的不同药用部位，须列为并列的两个拉丁名。如：大蓟 CIRSII JAPONICI HERBA CIRSII JAPONICI RADIX。

一种药材的来源为同科不同属的两种植物时，则各属名单独定名，两个拉丁名并列，主要的排在上面。如老鹳草 ERODII HERBA GERANII HERBA。

以种名命名：为习惯用法，应少用。如：石榴皮 GRANATI PERICARPRJM。

以有代表性的属种名命名：同属几个品种来源同作一个药材使用，但又不能用属名作药材的拉丁名时，则以有代表性的一个属种名命名。如：辣蓼，有水辣蓼 Polygonum hydropiperl 与旱辣蓼 P. fiaccidum Meisn 两种；而蓼属的药材还有何首乌，水炭母等药材，不能以属名作辣蓼的药材拉丁名，而以使用面较广的水辣蓼的学名为代表，定为 POLYGONI HYDROPIPERIS HEBRA。

国际上已有通用的名称作拉丁各的药材，且品种来源与国外相同的，可直接采用。如：全蝎 SCORPIO 不用 BUTHUS。

（二）饮片命名

饮片系指药材经过净制、切制或炮制后的加工品，其名称应与药材名称相对应。

净制、切制的生用饮片，按原药材命名；特殊管理的毒性药材，在名称前应加“生”字，如：生草乌、生天南星等；鲜品饮片在名称前应加上“鲜”字。如：鲜鱼腥草。

以炒、蒸、煅等方法炮制的饮片，在药材名前冠以炮制方法或后缀以炮制后的形态名。加辅料炮制的饮片，应冠以辅料名。如：炒山楂（炮制方法）、地榆炭（炮制后的形态名）、酒白芍（冠以辅料名）。

（三）提取物命名

中药提取物系指净药材或炮制品经适宜的方法提取、纯化制成的供中药制剂生产的原料。

提取物的名称一般以药材名称加提取物构成。必要时标注用途、工艺、有效成分含量。如：连翘提取物。

已提纯至某一类成分的应以药材名加成分类别命名，必要时可以加副名。如：穿心莲内酯。

（四）成方制剂命名

成方制剂系指以药材、饮片或中药提取物及其他药物，经适宜的方法制成的各类制剂。成方制剂名称包括中文名、汉语拼音名，单味制剂应有拉丁名。

1. 成方制剂中文名

成方制剂中文名称中应明确剂型类别，一般放在名称后部。

不应采用人名、地名、企业名称。

不应采用名人名字等固有特定含义名词的谐音。

不应采用夸大、自诩、不切实际的用语。如“宝”“灵”“乐”“必治”“速效”“特效”等。

不应采用封建迷信色彩及不健康内容的用语。

一般不采用“复方”二字命名。

一般字数不超过 8 个字。

2. 单味制剂的命名

单味制剂一般应采用药材、饮片或中药提取物加剂型命名。如：柴胡注射液。

含提取物单味制剂的命名，必要时可用药材拉丁名或其缩写命名。

3. 复方制剂的命名

根据处方组成的不同情况可按下列方法命名：

采用处方主要药材名称的缩写并结合剂型命名，药材名称的缩写不能组合成违反其他命名要求的含义。如由苍术、木香、黄连三味药材组成的制剂可命名为“苍术香连散”。

采用主要药材名和功能结合并加剂型命名。如“龙胆泻肝散”等。

采用处方中的药味数、药材名称、药性、功能等并加剂型命名。如“六味地黄散”。

源自古方的品种，如不违反命名原则，可采用古方名称。如“四逆汤"。

某一类成分或单一成分的复方制剂的命名，应采用成分加剂型命名。

采用主要功能加剂型命名。如“止痢散”。

采用药味数与主要药材名或药味数与功能并结合剂型命名。如“七清败毒颗粒”。

采用象形比喻结合剂型命名。如“金锁固精散”主治肾虚滑精，形容固精作用像金锁一样。

必要时可加该药临床所用的对象。如“健猪散”。

必要时可在命名中加该药的用法。如“擦疥散”。

4. 中药与其他药物组成的复方制剂的命名

应符合中药复方制剂命名基本原则，兼顾其他药物名称。

5. 成方制剂的汉语拼音命名

按照中国文字改革委员会的规定拼音，第一个字母须大写；药名较长的按音节尽量分为两到三组拼音，每一组拼音第一个字母须大写。如：泰山盘石散（Taishan Panshi San）。

6. 兽用中药注射剂命名

粉针剂称为“注射用×××”，液体针剂称为“×××注射液”。

7. 提取物制剂命名。一般以“药材名＋剂型”或“成分＋剂型”进行命名。

七十二、兽用中药、天然药物质量控制研究技术指导原则

（2011 年 6 月 8 日 农业部公告第 1596 号发布 ）

一、概述

兽药质量控制是贯穿于兽药研发、生产、贮运全过程的系统工程，需要从原料、工艺、质量标准、稳定性、包装等多方面进行研究。

为了保证兽用中药、天然药物质量的稳定、可控，有效控制原辅料、中间体及最终制成品的质量，特制定兽用中药、天然药物质量控制研究技术指导原则。

兽用中药、天然药物的质量控制研究的基本内容包括：处方及原料、制备工艺、质量研究及质量标准、稳定性研究等。

鉴于中药自身成分的复杂性，提倡对具体问题做具体分析，鼓励根据自身产品的特点进行有针对性的研究。

二、处方及原料

（1）处方中的药材应符合法定药材标准的要求。若无法定标准的药材，应研究建立相应的药材标准，并附鉴定报告。新的药用植物，其基源鉴定需国家级植物研究单位出具鉴定报告。

（2）处方中的提取物应符合法定标准的要求。如无法定提取物标准，则应建立相应的提取物标准。

（3）中西复方制剂处方中的化学药品应符合法定标准，并应使用合法来源的原料。

（4）处方中含有毒性药材时，应根据处方量和制成总量进行折算，将折算后的用量与毒性药材法定标准中规定的日用剂量比较，若超过剂量的，应提供相关研究及文献资料说明其安全性。

（5）已有国家标准更改剂型的，其处方药味、处方剂量比例应当与国家标准一致。

（6）所用药材应尽可能明确品种、产地等。

三、制备工艺

（1）应按照《兽用中药、天然药物制剂研究技术指导原则》《兽用中药、天然药物提取纯化工艺研究技术指导原则》《兽用中药、天然药物中试研究技术指导原则》等原则进行研究。

（2）应进行至少 3 批、1 000 个制剂单位的 10 倍以上的中试试验，以考察中试放大规模后工艺的稳定性和可操作性，并提供相应中试试验和检测数据，以反映工艺放大后的基本情况。

（3）所用辅料应符合药用辅料标准要求。如辅料的使用对其安全性或有效性可能产生较大影响的，应提供研究资料，以证实其安全性或有效性。

（4）工艺无质的改变的产品，其生产工艺应与国家标准基本一致，并不得变更工艺路线等工艺参数和制成品量。

四、质量研究及质量标准

（一）质量研究的文献资料

应提供处方中各药味所含主要化学成分，特别是主要药效成分的相关文献资料，内容包括主要成分或类别成分的理化性质、鉴别、检测方法及含量测定等内容。

（二）质量研究的试验资料

质量研究的试验资料包括原辅料质量研究和制剂质量研究两部分。

1. 原辅料质量研究的试验资料

原料质量研究包括来源及鉴定依据、有效部位筛选、产地加工、性状、组织特征、理化性质、鉴别、检查、含量测定等研究资料（方法、数据、图片和结论）及文献资料。提取物还应包括工艺筛选研究。法定标准中收载的品种，应符合相关标准规定；无法定标准的，应研究建立相应的标准，其标准应符合《中国兽药典》现行版的格式。毒性药材用量和涉及濒危物种药材的使用应符合国家的有关规定。

辅料的研究包括理化性质、用量、质量要求及相容性研究等。

2. 制剂质量研究的试验资料

制剂质量研究的试验内容包括制剂的性状、鉴别、检查、浸出物或含量测定等，资料中应将研究的结果写明。

（三）质量标准草案及起草说明

一个科学、完整的兽药质量标准应能全面地反映兽药评价的各个方面，除药学评价的结果外，药理学、毒理学、药物动力学以及临床试验的资料都是制定兽药质量标准草案的重要依据，是多种学科研究工作的综合。包括质量规格、检测方法和临床应用等方面。

1. 质量标准制定前提

"安全、有效"是兽药成立的前提，必须在研究成熟后的处方、原辅料及制备工艺的条件下，制备中试产品，进行质量研究和制定标准，因此制定标准有以下三个先决条件：

（1）处方固定。在制定质量标准之前，必须要求处方固定，各原料的数和量，确实无误，毫无保留，才可以进行质量标准的研究和实验设计。

（2）原料（药材、饮片、提取物）及辅料稳定药材除药用部位、产地、采收和加工涉及质量优劣外，重要的是药材的真伪与地区习惯用药品种的鉴别与应用。

（3）制备工艺稳定。

2. 质量标准内容及起草说明

（1）原料药的质量标准及起草说明

原料药质量标准应包括名称、汉语拼音、药材拉丁名、来源、性状、鉴别、检查、浸出物、含量测定、炮制、性味与归经、功能、主治、用法与用量、注意及贮藏等项。书写格式与术语参照现行版《中国兽药典》。如国家标准或省、自治区、直辖市标准有收载者，应写明其基源、药用部位、主要产地及引用标准来源等。药材来源应包括原植（动、矿）物的科名、中文名、拉丁学名、药用部位、采收季节和产地加工等，矿物药应包括矿物的类、族、矿石名或岩石名、主要成分及产地加工。药材均应固定其产地。原植（动、矿）物需经有关单位鉴定。性状包括药材的外形、颜色、表面特征、质地、断面及气味等描述，一般以完整的干药材为主，易破碎的还须描述破碎部分检查包括杂质、水分、灰分、酸不溶性灰分、重金属、砷盐、农药残留量、有关的毒性成分等项目。炮制应制订合理的加工炮制工艺，明确辅料用量和炮制品的质量要求。鉴别、含量测定同制剂鉴别、含量测定项。

起草说明应说明制定质量标准中各个项目的理由，规定各项目指标的依据、技术条件和注意事项等，既要有理论解释，又要有实践工作的总结及试验数据。

（2）制剂的质量标准及起草说明

拟定的质量标准应确实反映和控制最终产品质量。其内容一般包括中文名称、汉语拼音、处方、制法、性状、鉴别、检查、浸出物、含量测定、功能、主治、用法与用量、注意、规格、贮藏、有效期等项目。书写格式与术语参照现行版《中国兽药典》。

起草说明应对标准草案中所设定项目的研究方法及方法验证等内容进行说明。包括制定各个项目的理由，规定各项目指标的依据、技术条件和注意事项等。具体内容涉及实验原理的解释、试验数据的获得和实验结果的评述等。具体要求如下：

①名称：应按《兽用中药、天然药物通用名称命名指导原则》进行。

②处方：应列出全部药味和用量，全处方量应以制成1 000个制剂单位的成品量为准。药味的排列顺序应根据组方原则按君、臣、佐、使顺序或重要性的顺序排列。炮制品需注明。兽药典未收载的炮制品，应说明炮制方法，明确辅料用量和炮制品质量要求。

③制法：应写明制备工艺的全过程，列出关键工艺的技术条件、参数及技术要求等。主要叙述处方共多少味、各药味处理的关键工艺及与质量控制相关的参数，如浸膏的相对密度、辅料的名称、用量和标准、制成品的总量等。起草说明中应描述详细的操作过程；说明关键工艺的各项技术指标和关键半成品的质量标准，及确定最终制备工艺及其技术条件的理由。

④性状：一般应描述剂型及除去包装或包衣后的色泽、形态、气味等。注射剂应描述颜色、状态等物理性状。注射剂由于其原料的影响，允许有一定的颜色，但同一批号成品的颜色必须保持一致；在不同批号的成品间，应控制在一定的色差范围内，注射剂的颜色不宜过深，以便于澄明度检查。

⑤鉴别：鉴别方法包括显微鉴别（组织切片、粉末）、理化鉴别、光谱鉴别、色谱鉴别等。要求专属性强、灵敏度高、重现性较好。显微鉴别应突出描述易察见的特征。理化、光谱、色谱鉴别，叙述应准确，术语、计量单位应规范。色谱法鉴别应选择适宜的对照品或对照药材。可根据处方组成及研究资料确定建立相应的鉴别项目，原则上应对处方中的所有药味进行鉴别研究，研究建立具有专属性的鉴别项，特别首选君药、贵重药、毒性药及混淆品较多的药味，对处方中用量小或者干扰大，而不能检出者应用实验结果予以说明。重现性好确能反映组方药味特征的特征色谱或指纹图谱鉴别也。可选用。

起草说明应说明鉴别方法的依据及试验条件的选定（如薄层色谱法的吸附剂、展开剂、显色剂的选定等），理化鉴别和色谱鉴别应列出阴性对照试验结果，以证明其专属性，并提供3批以上样品检测结果，以证明其重复性。鉴别方法与所鉴别的对象一一对应，并做详细说明。兽药典未收载的试液，应注明配制方法及依据。显微鉴别应附粉末特征图谱，薄层色谱应附彩色图片，光谱、色谱等应附图谱，图谱、彩色图片应清晰、真实。特征图谱或指纹图谱需有足够的实验数据和依据，确认其可重复性。色谱鉴别所用对照品及对照药材，应符合标准物质研究技术要求。

⑥检查：应说明各检查项目的理由及其试验数据，阐明确定该检查项目限度指标的意义及依据，并制订相应的限量范围。对制剂中的重金属、砷盐也应进行检查。工艺中使用了第一、二类有机溶剂的，应建立相应有机溶剂残留量检查项。注射液除按《中国兽药典》现行版附录注射剂项下规定的检查项目进行检查外，还应根据不同给药途径的要求，对颜色、pH、蛋白质、鞣质、树脂、草酸盐、钾离子、热原、重金属、砷盐、炽灼残渣、水分、异常毒性、溶血试验、刺激性试验、过敏试验、总固体量测定等项目进行相关的研究考察。

⑦浸出物：根据所含化学成分及指标性成分建立浸出物测定方法和限度。应说明规定该项目的理由，所采用溶剂和方法的依据，列出实测数据，各种浸出条件对浸出物量的影响，制订浸出物限度的依据，并提交试验数据。

⑧含量测定：应建立处方中主要药味所含成分的含量测定项目，优先研究处方中君臣佐使所含成分、已知有效成分的含量测定方法，并进行方法学考察，根据实验检测结果制定合理的含量限度。一般应对处方中主药、贵重药等制订相应的含量测定项目。含有毒性药（如马钱子等）的制剂，应建立含量测定方法和含量限度。对于既是毒性成分又是有效成分的含测指标，应规定含量范围（制订上下限）。中西复方制剂中的化学药物应建立含量测定方法。有效部位制剂，一般应建立有效部位及主要代表成分的含测方法，并规定有效部位的含量范围。有效成分制剂，应明确有效成分的标示量，规定其含量范围。其含量限度应依据至少10批、20个样品的检测结果、药材的含量状况、稳定工艺条件下的转移率、稳定性研究结果的含测数据等进行确定。必要时可在质量标准中建立多个含测指标，以提高产品质量的可控性。含量测定方法的线性关系、精密度、重现性和回收率试验等应遵循《兽用中药、天然药物质量标准分析方法验证指导原则》。亦可建立相应的图谱测定或生物测定等其他方法进行质量

控制。

起草说明中应说明含量测定对象和测定成分选择的依据。根据处方工艺和剂型的特点，选择相应的测定方法，并阐明含量测定方法的原理，确定该测定方法的方法学参考资料和相关图谱。含量测定所用标准物质应符合要求。

⑨功能、主治、用法与用量、注意、贮藏及有效期等：根据制剂的研究资料，叙述其需要说明的问题，包括各种禁忌、孕畜、幼畜及其他疾患的禁忌等。

⑩规格：制剂单位的重量、装量或标示含量等。

3. 标准物质内容及要求

质量标准中所需标准物质，如为现行国家药品标准收载并由中国兽医药品监察所或中国药品生物制品检定所提供者，可直接按类别采用，但应注明所用标准物质的批号、类别等。其他来源的品种则应按以下要求提供材料和标准物质标定方法，并报中国兽医药品监察所审核确认。

（1）对照品

①来源：由植、动物提取的需要说明原料的科名、拉丁学名和药用部位及有关具体的提取、分离工艺、方法；化学合成品注明供应来源及其工艺方法。

②确证：验证已知结构的化合物需提供必要的参数及图谱，并应与文献值或图谱一致，如文献无记载，则按未知物要求提供足以确证其结构的参数。如元素分析、熔点、红外光谱、紫外光谱、核磁共振谱、质谱等。

③纯度：化学对照品应进行纯度检查。纯度检查可依所用的色谱类型，如为薄层色谱法，点样量应为所适用检验方法点样量的10倍量，选择三个以上溶剂系统展开，并提供彩色照片。色谱中应不显杂质斑点。

④含量：含量测定用对照品，含量（纯度）应在98%以上，供鉴别用的化学对照品含量（纯度）应在90%以上，并提供含量测定的方法和测试数据及有关图谱。

⑤稳定性：依法定期检查，申报生产时，提供使用期及其确定依据。

⑥包装与贮藏：根据稳定性试验结果确定贮藏条件。

（2）对照药材

①品种鉴定：经过准确鉴定并注明药材来源，多品种来源的对照药材，须有共性的鉴别特征。

②质量：选定符合国家兽药标准或药品标准规定要求的优质药材。

③均匀性：必须粉碎过筛，取均匀的粉末分装应用。

④稳定性：应考察稳定性，提供使用期及其确定依据。

⑤包装与贮藏：置密闭容器内，避光、低温、干燥处贮藏。

（3）标准物质使用说明

对照品应注明中英文名称、分子式、批号、使用期及适用于何种检测方法，含量测定用化学对照品应注明含量。对照药材应注明中文名、拉丁学名、批号、使用期及贮存条件。

五、制剂稳定性试验要求

兽药稳定性是兽药质量的重要评价指标，是确定兽用中药、天然药物制剂有效期的主要依据。考察制剂稳定性的指标为该制剂所建立的质量标准中的性状、鉴别、检查、浸出物、含量测定、卫生学检查等项目，必要时可根据需要增加敏感的考察指标，以全面反映产品的稳定性。稳定性考察样品应采用中试生产的样品、拟上市的包装。稳定性试验设计、研究方法应按照《兽用中药、天然药物稳定性试验技术指导原则》进行。有效成分制剂或所含有效成分对光、热、湿敏感的制剂，应进行稳定性影响因素试验，以全面考察产品对光、湿、热等的稳定性，为包装材料、贮存条件选择提供依据。产品的有效期、贮存条件，以稳定性研究结果确定。

七十三、食品安全国家标准　食品中兽药最大残留限量

前　言

本标准按照 GB/T 1.1—2009 给出的规则起草。

本标准代替农业部公告第 235 号《动物性食品中兽药最高残留限量》相关部分。与农业部公告第 235 号相比，除编辑性修改外主要变化如下：

——增加了“可食下水”和“其他食品动物”的术语定义；

——增加了阿维拉霉素等 13 种兽药及残留限量；

——增加了阿苯达唑等 28 种兽药的残留限量；

——增加了阿莫西林等 15 种兽药的日允许摄入量；

——增加了醋酸等 73 种允许用于食品动物，但不需要制定残留限量的兽药；

——修订了乙酰异戊酰泰乐菌素等 17 种兽药的中文名称或英文名称；

——修订了安普霉素等 9 种兽药的日允许摄入量；

——修订了阿苯达唑等 15 种兽药的残留标志物；

——修订了阿维菌素等 29 种兽药的靶组织和残留限量；

——修订了阿莫西林等 23 种兽药的使用规定；

——删除了蝇毒磷的残留限量；

——删除了氨丙啉等 6 种允许用于食品动物，但不需要制定残留限量的兽药；

——不再收载禁止药物及化合物清单。

1 范围

本标准规定了动物性食品中阿苯达唑等 104 种（类）兽药的最大残留限量；规定了醋酸等 154 种允许用于食品动物，但不需要制定残留限量的兽药；规定了氯丙嗪等 9 种允许作治疗用，但不得在动物性食品中检出的兽药。

本标准适用于与最大残留限量相关的动物性食品。

2 规范性引用文件

下列文件对于本文件的应用是必不可少的。凡是注日期的引用文件，仅注日期的版本适用于本文件。凡是不注日期的引用文件，其最新版本（包括所有的修改单）适用于本文件。

3 术语和定义

下列术语和定义适用于本文件。

3.1 兽药残留 veterinary drug residue

对食品动物用药后，动物产品的任何可食用部分中所有与药物有关的物质的残留，包括药物原型或/和其代谢产物。

3.2 总残留 total residue

对食品动物用药后，动物产品的任何可食用部分中药物原型或/和其所有代谢产物的总和。

3.3 日允许摄入量 acceptable daily intake (ADI)

人的一生中每日从食物或饮水中摄取某种物质而对其健康没有明显危害的量，以人体重为基础计算，单位：μg/kg bw。

3.4 最大残留限量 maximum residue limit (MRL)

对食品动物用药后，允许存在于食物表面或内部的该兽药残留的最高量/浓度（以鲜重计，单位：μg/kg）。

3.5 食品动物 food-producing animal

各种供人食用或其产品供人食用的动物。

3.6 鱼 fish

包括鱼纲（pisce）、软骨鱼（elasmobranch）和圆口鱼（cyclostome）的水生冷血动物，不包括水生哺乳动物、无脊椎动物和两栖动物。

注：此定义可适用于某些无脊椎动物，特别是头足动物（cephalopod）。

3.7 家禽 poultry

包括鸡、火鸡、鸭、鹅、鸽和鹌鹑等在内的家养的禽。

3.8 动物性食品 animal derived food

供人食用的动物组织以及蛋、奶和蜂蜜等初级动物性产品。

3.9 可食性组织 edible tissues

全部可食用的动物组织，包括肌肉、脂肪以及肝、肾等脏器。

3.10 皮+脂 skin with fat

带脂肪的可食皮肤。

3.11 皮+肉 muscle with skin

一般特指鱼的带皮肌肉组织。

3.12 副产品 byproducts

除肌肉、脂肪以外的所有可食组织，包括肝、肾等。

3.13 可食下水 edible offal

除肌肉、脂肪、肝、肾以外的可食部分。

3.14 肌肉 muscle

仅指肌肉组织。

3.15 蛋 egg

家养母禽所产的带壳蛋。

3.16 奶 milk

由正常乳房分泌而得，经一次或多次挤奶，既无加入也未经提取的奶。

注：此术语可用于处理过但未改变其组分的奶，或根据国家立法已将脂肪含量标准化处理过的奶。

3.17 其他食品动物 all other food-producing species

各品种项下明确规定的动物种类以外的其他所有食品动物。

4 技术要求

4.1 已批准动物性食品中最大残留限量规定的兽药

4.1.1 阿苯达唑（albendazole）

4.1.1.1 兽药分类：抗线虫药。

4.1.1.2 ADI：0 μg/kg bw～50 μg/kg bw。

4.1.1.3 残留标志物：奶中为阿苯达唑亚砜、阿苯达唑砜、阿苯达唑-2-氨基砜和阿苯达唑之和（sum of albendazole sulphoxide, albendazole sulphone, and albendazole 2-amino sulphone, expressed as albendazole）；除奶外，其他靶组织为阿苯达唑-2-氨基砜（albendazole 2-amino sulfone）。

4.1.1.4 最大残留限量：应符合表 1 的规定。

表 1

动物种类	靶组织	残留限量，μg/kg
所有食品动物	肌肉	100
	脂肪	100
	肝	5 000
	肾	5 000
	奶	100

4.1.2 **双甲脒（amitraz）**

4.1.2.1 兽药分类：杀虫药。

4.1.2.2 ADI：0 μg/kg bw～3 μg/kg bw。

4.1.2.3 残留标志物：双甲脒＋2，4-二甲基苯胺的总和（sum of amitraz and all meta-bolites containing the 2，4-DMA moiety，expressed as amitraz）。

4.1.2.4 最大残留限量：应符合表 2 的规定。

表 2

动物种类	靶组织	残留限量，μg/kg
牛	脂肪	200
	肝	200
	肾	200
	奶	10
绵羊	脂肪	400
	肝	100
	肾	200
	奶	10
山羊	脂肪	200
	肝	100
	肾	200
	奶	10
猪	脂肪	400
	肝	200
	肾	200
蜜蜂	蜂蜜	200

4.1.3 **阿莫西林（amoxicillin）**

4.1.3.1 兽药分类：β-内酰胺类抗生素。

4.1.3.2 ADI：0 μg/kg bw～2 μg/kg bw，微生物学 ADI。

4.1.3.3 残留标志物：阿莫西林（amoxicillin）。

4.1.3.4 最大残留限量：应符合表 3 的规定。

表 3

动物种类	靶组织	残留限量，μg/kg
所有食品动物（产蛋期禁用）	肌肉	50
	脂肪	50
	肝	50
	肾	50
	奶	4
鱼	皮＋肉	50

4.1.4 **氨苄西林（ampicillin）**

4.1.4.1 兽药分类：β-内酰胺类抗生素。

4.1.4.2 ADI：0 μg/kg bw～3 μg/kg bw，微生物学 ADI。

4.1.4.3 残留标志物：氨苄西林（ampicillin）。

4.1.4.4 最大残留限量：应符合表 4 的规定。

表 4

动物种类	靶组织	残留限量，μg/kg
所有食品动物（产蛋期禁用）	肌肉	50
	脂肪	50
	肝	50
	肾	50
	奶	4
鱼	皮＋肉	50

4.1.5 **氨丙啉（amprolium）**

4.1.5.1 兽药分类：抗球虫药。

4.1.5.2 ADI：0 μg/kg bw～100 μg/kg bw。

4.1.5.3 残留标志物：氨丙啉（amprolium）。

4.1.5.4 最大残留限量：应符合表 5 的规定。

表 5

动物种类	靶组织	残留限量，μg/kg
牛	肌肉	500
	脂肪	2 000
	肝	500
	肾	500
鸡、火鸡	肌肉	500
	肝	1 000
	肾	1 000
	蛋	4 000

4.1.6 **安普霉素（apramycin）**

4.1.6.1 兽药分类：氨基糖苷类抗生素。

4.1.6.2 ADI：0 μg/kg bw～25 μg/kg bw。

4.1.6.3 残留标志物：安普霉素（apramycin）。

4.1.6.4 最大残留限量：应符合表6的规定。

表6

动物种类	靶组织	残留限量，μg/kg
猪	肾	100

4.1.7 氨苯胂酸、洛克沙胂（arsanilic acid，roxarsone）

4.1.7.1 兽药分类：合成抗菌药。

4.1.7.2 残留标志物：总砷计。

4.1.7.3 最大残留限量：应符合表7的规定。

表7

动物种类	靶组织	残留限量，μg/kg
猪	肌肉	500
	肝	2 000
	肾	2 000
	副产品	500
鸡、火鸡	肌肉	500
	副产品	500
	蛋	500

4.1.8 阿维菌素（avermectin）

4.1.8.1 兽药分类：抗线虫药。

4.1.8.2 ADI：0 μg/kg bw～2 μg/kg bw。

4.1.8.3 残留标志物：阿维菌素 B_{1a}（avermectin B_{1a}）。

4.1.8.4 最大残留限量：应符合表8的规定。

表8

动物种类	靶组织	残留限量，μg/kg
牛（泌乳期禁用）	脂肪	100
	肝	100
	肾	50
羊（泌乳期禁用）	肌肉	20
	脂肪	50
	肝	25
	肾	20

4.1.9 阿维拉霉素（avilamycin）

4.1.9.1 兽药分类：寡糖类抗生素。

4.1.9.2 ADI：0 μg/kg bw～2 000 μg/kg bw。

4.1.9.3 残留标志物：二氯异苔酸［dichloroisoeverninic acid（DIA）］。

4.1.9.4 最大残留限量：应符合表9的规定。

表9

动物种类	靶组织	残留限量，μg/kg
猪、兔	肌肉	200
	脂肪	200
	肝	300
	肾	200
鸡、火鸡（产蛋期禁用）	肌肉	200
	皮+脂	200
	肝	300
	肾	200

4.1.10 氮哌酮（azaperone）

4.1.10.1 兽药分类：镇静剂。

4.1.10.2 ADI：0 μg/kg bw～6 μg/kg bw。

4.1.10.3 残留标志物：氮哌酮与氮哌醇之和（sum of azaperone and azaperol）。

4.1.10.4 最大残留限量：应符合表10的规定。

表10

动物种类	靶组织	残留限量，μg/kg
猪	肌肉	60
	脂肪	60
	肝	100
	肾	100

4.1.11 杆菌肽（bacitracin）

4.1.11.1 兽药分类：多肽类抗生素。

4.1.11.2 ADI：0 μg/kg bw～50 μg/kg bw。

4.1.11.3 残留标志物：杆菌肽A、杆菌肽B和杆菌肽C之和（sum of bacitracin A，bacitracin B and bacitracin C）。

4.1.11.4 最大残留限量：应符合表11的规定。

表11

动物种类	靶组织	残留限量，μg/kg
牛、猪、家禽	可食组织	500
牛	奶	500
家禽	蛋	500

4.1.12 青霉素、普鲁卡因青霉素（benzylpenicillin，procaine benzylpenicillin）

4.1.12.1 兽药分类：β-内酰胺类抗生素。

4.1.12.2 ADI：0 μg penicillin/（人·d）～30 μg penicillin/（人·d）。

4.1.12.3 残留标志物：青霉素（benzylpenicillin）。

4.1.12.4 最大残留限量：应符合表12的规定。

表12

动物种类	靶组织	残留限量，μg/kg
牛、猪、家禽（产蛋期禁用）	肌肉	50
	肝	50
	肾	50
牛	奶	4
鱼	皮+肉	50

4.1.13 **倍他米松（betamethasone）**

4.1.13.1 兽药分类：糖皮质激素类药。

4.1.13.2 ADI：0 μg/kg bw～0.015 μg/kg bw。

4.1.13.3 残留标志物：倍他米松（betamethasone）。

4.1.13.4 最大残留限量：应符合表13的规定。

表13

动物种类	靶组织	残留限量，μg/kg
牛、猪	肌肉	0.75
	肝	2
	肾	0.75
牛	奶	0.3

4.1.14 **卡拉洛尔（carazolol）**

4.1.14.1 兽药分类：抗肾上腺素类药。

4.1.14.2 ADI：0 μg/kg bw～0.1 μg/kg bw。

4.1.14.3 残留标志物：卡拉洛尔（carazolol）。

4.1.14.4 最大残留限量：应符合表14的规定。

表14

动物种类	靶组织	残留限量，μg/kg
猪	肌肉	5
	皮	5
	脂肪	5
	肝	25
	肾	25

4.1.15 **头孢氨苄（cefalexin）**

4.1.15.1 兽药分类：头孢菌素类抗生素。

4.1.15.2 ADI：0 μg/kg bw～54.4 μg/kg bw。

4.1.15.3 残留标志物：头孢氨苄（cefalexin）。

4.1.15.4 最大残留限量：应符合表15的规定。

表15

动物种类	靶组织	残留限量，μg/kg
牛	肌肉	200
	脂肪	200
	肝	200
	肾	1 000
	奶	100

4.1.16 **头孢喹肟（cefquinome）**

4.1.16.1 兽药分类：头孢菌素类抗生素。

4.1.16.2 ADI：0 μg/kg bw～3.8 μg/kg bw。

4.1.16.3 残留标志物：头孢喹肟（cefquinome）。

4.1.16.4 最大残留限量：应符合表16的规定。

表16

动物种类	靶组织	残留限量，μg/kg
牛、猪	肌肉	50
	脂肪	50
	肝	100
	肾	200
牛	奶	20

4.1.17 **头孢噻呋（ceftiofur）**

4.1.17.1 兽药分类：头孢菌素类抗生素。

4.1.17.2 ADI：0 μg/kg bw～50 μg/kg bw。

4.1.17.3 残留标志物：去呋喃甲酰基头孢噻呋（desfuroylceftiofur）。

4.1.17.4 最大残留限量：应符合表17的规定。

表17

动物种类	靶组织	残留限量，μg/kg
牛、猪	肌肉	1 000
	脂肪	2 000
	肝	2 000
	肾	6 000
牛	奶	100

4.1.18 **克拉维酸（clavulanic acid）**

4.1.18.1 兽药分类：β-内酰胺酶抑制剂。

4.1.18.2 ADI：0 μg/kg bw～50 μg/kg bw。

4.1.18.3 残留标志物：克拉维酸（clavulanic acid）。

4.1.18.4 最大残留限量：应符合表18的规定。

表 18

动物种类	靶组织	残留限量，μg/kg
牛、猪	肌肉	100
	脂肪	100
	肝	200
	肾	400
牛	奶	200

4.1.19 **氯羟吡啶（clopidol）**

4.1.19.1 兽药分类：抗球虫药。

4.1.19.2 残留标志物：氯羟吡啶（clopidol）。

4.1.19.3 最大残留限量：应符合表 19 的规定。

表 19

动物种类	靶组织	残留限量，μg/kg
牛、羊	肌肉	200
	肝	1 500
	肾	3 000
	奶	20
猪	可食组织	200
鸡、火鸡	肌肉	5 000
	肝	15 000
	肾	15 000

4.1.20 **氯氰碘柳胺（closantel）**

4.1.20.1 兽药分类：抗吸虫药。

4.1.20.2 ADI：0 μg/kg bw～30 μg/kg bw。

4.1.20.3 残留标志物：氯氰碘柳胺（closantel）。

4.1.20.4 最大残留限量：应符合表 20 的规定。

表 20

动物种类	靶组织	残留限量，μg/kg
牛	肌肉	1 000
	脂肪	3 000
	肝	1 000
	肾	3 000
羊	肌肉	1 500
	脂肪	2 000
	肝	1 500
	肾	5 000
牛、羊	奶	45

4.1.21 **氯唑西林（cloxacillin）**

4.1.21.1 兽药分类：β-内酰胺类抗生素。

4.1.21.2 ADI：0 μg/kg bw～200 μg/kg bw。

4.1.21.3 残留标志物：氯唑西林（cloxacillin）。

4.1.21.4 最大残留限量：应符合表 21 的规定。

表 21

动物种类	靶组织	残留限量，μg/kg
所有食品动物（产蛋期禁用）	肌肉	300
	脂肪	300
	肝	300
	肾	300
	奶	30
鱼	皮＋肉	300

4.1.22 **黏菌素（colistin）**

4.1.22.1 兽药分类：多肽类抗生素。

4.1.22.2 ADI：0 μg/kg bw～7 μg/kg bw。

4.1.22.3 残留标志物：黏菌素 A 与黏菌素 B 之和（sum of colistin A and colistin B）。

4.1.22.4 最大残留限量：应符合表 22 的规定。

表 22

动物种类	靶组织	残留限量，μg/kg
牛、羊、猪、兔	肌肉	150
	脂肪	150
	肝	150
	肾	200
鸡、火鸡	肌肉	150
	皮＋脂	150
	肝	150
	肾	200
鸡	蛋	300
牛、羊	奶	50

4.1.23 **氟氯氰菊酯（cyfluthrin）**

4.1.23.1 兽药分类：杀虫药。

4.1.23.2 ADI：0 μg/kg bw～20 μg/kg bw。

4.1.23.3 残留标志物：氟氯氰菊酯（cyfluthrin）。

4.1.23.4 最大残留限量：应符合表 23 的规定。

表 23

动物种类	靶组织	残留限量，μg/kg
牛	肌肉	20
	脂肪	200
	肝	20
	肾	20
	奶	40

4.1.24 **三氟氯氰菊酯（cyhalothrin）**

4.1.24.1 兽药分类：杀虫药。

4.1.24.2 ADI：0 μg/kg bw～5 μg/kg bw。

4.1.24.3 残留标志物：三氟氯氰菊酯（cyhalothrin）。

4.1.24.4 最大残留限量：应符合表24的规定。

表 24

动物种类	靶组织	残留限量，μg/kg
牛、猪	肌肉	20
	脂肪	400
	肝	20
	肾	20
牛	奶	30
绵羊	肌肉	20
	脂肪	400
	肝	50
	肾	20

4.1.25 氯氰菊酯、α-氯氰菊酯（cypermethrin and alpha-cypermethrin）

4.1.25.1 兽药分类：杀虫药。

4.1.25.2 ADI：0 μg/kg bw～20 μg/kg bw。

4.1.25.3 残留标志物：氯氰菊酯总和［total of cypermethrin residues（resulting from the use of cypermethrin or alpha-cypermethrin as veterinary drugs）］。

4.1.25.4 最大残留限量：应符合表25的规定。

表 25

动物种类	靶组织	残留限量，μg/kg
牛、绵羊	肌肉	50
	脂肪	1 000
	肝	50
	肾	50
牛	奶	100
鱼	皮+肉	50

4.1.26 环丙氨嗪（cyromazine）

4.1.26.1 兽药分类：杀虫药。

4.1.26.2 ADI：0 μg/kg bw～20 μg/kg bw。

4.1.26.3 残留标志物：环丙氨嗪（cyromazine）。

4.1.26.4 最大残留限量：应符合表26的规定。

表 26

动物种类	靶组织	残留限量，μg/kg
羊（泌乳期禁用）	肌肉	300
	脂肪	300
	肝	300
	肾	300
家禽	肌肉	50
	脂肪	50
	副产品	50

4.1.27 达氟沙星（danofloxacin）

4.1.27.1 兽药分类：喹诺酮类合成抗菌药。

4.1.27.2 ADI：0 μg/kg bw～20 μg/kg bw。

4.1.27.3 残留标志物：达氟沙星（danofloxacin）。

4.1.27.4 最大残留限量：应符合表27的规定。

表 27

动物种类	靶组织	残留限量，μg/kg
牛、羊	肌肉	200
	脂肪	100
	肝	400
	肾	400
	奶	30
家禽（产蛋期禁用）	肌肉	200
	脂肪	100
	肝	400
	肾	400
猪	肌肉	100
	脂肪	100
	肝	50
	肾	200
鱼	皮+肉	100

4.1.28 癸氧喹酯（decoquinate）

4.1.28.1 兽药分类：抗球虫药。

4.1.28.2 ADI：0 μg/kg bw～75 μg/kg bw。

4.1.28.3 残留标志物：癸氧喹酯（decoquinate）。

4.1.28.4 最大残留限量：应符合表28的规定。

表 28

动物种类	靶组织	残留限量，μg/kg
鸡	肌肉	1 000
	可食组织	2 000

4.1.29 **溴氰菊酯（deltamethrin）**

4.1.29.1 兽药分类：杀虫药。

4.1.29.2 ADI：0 μg/kg bw～10 μg/kg bw。

4.1.29.3 残留标志物：溴氰菊酯（deltamethrin）。

4.1.29.4 最大残留限量：应符合表29的规定。

表29

动物种类	靶组织	残留限量，μg/kg
牛、羊	肌肉	30
	脂肪	500
	肝	50
	肾	50
牛	奶	30
鸡	肌肉	30
	皮+脂	500
	肝	50
	肾	50
	蛋	30
鱼	皮+肉	30

4.1.30 **越霉素A（destomycin A）**

4.1.30.1 兽药分类：抗线虫药。

4.1.30.2 残留标志物：越霉素A（destomycin A）。

4.1.30.3 最大残留限量：应符合表30的规定。

表30

动物种类	靶组织	残留限量，μg/kg
猪、鸡	可食组织	2 000

4.1.31 **地塞米松（dexamethasone）**

4.1.31.1 兽药分类：糖皮质激素类药。

4.1.31.2 ADI：0 μg/kg bw～0.015 μg/kg bw。

4.1.31.3 残留标志物：地塞米松（dexamethasone）。

4.1.31.4 最大残留限量：应符合表31的规定。

表31

动物种类	靶组织	残留限量，μg/kg
牛、猪、马	肌肉	1.0
	肝	2.0
	肾	1.0
牛	奶	0.3

4.1.32 **二嗪农（diazinon）**

4.1.32.1 兽药分类：杀虫药。

4.1.32.2 ADI：0 μg/kg bw～2 μg/kg bw。

4.1.32.3 残留标志物：二嗪农（diazinon）。

4.1.32.4 最大残留限量：应符合表32的规定。

表32

动物种类	靶组织	残留限量，μg/kg
牛、羊	奶	20
牛、猪、羊	肌肉	20
	脂肪	700
	肝	20
	肾	20

4.1.33 **敌敌畏（dichlorvos）**

4.1.33.1 兽药分类：杀虫药。

4.1.33.2 ADI：0 μg/kg bw～4 μg/kg bw。

4.1.33.3 残留标志物：敌敌畏（dichlorvos）。

4.1.33.4 最大残留限量：应符合表33的规定。

表33

动物种类	靶组织	残留限量，μg/kg
猪	肌肉	100
	脂肪	100
	副产品	100

4.1.34 **地克珠利（diclazuril）**

4.1.34.1 兽药分类：抗球虫药。

4.1.34.2 ADI：0 μg/kg bw～30 μg/kg bw。

4.1.34.3 残留标志物：地克珠利（diclazuril）。

4.1.34.4 最大残留限量：应符合表34的规定。

表34

动物种类	靶组织	残留限量，μg/kg
绵羊、兔	肌肉	500
	脂肪	1 000
	肝	3 000
	肾	2 000
家禽（产蛋期禁用）	肌肉	500
	皮+脂	1 000
	肝	3 000
	肾	2 000

4.1.35 **地昔尼尔（dicyclanil）**

4.1.35.1 兽药分类：驱虫药。

4.1.35.2 ADI：0 μg/kg bw～7 μg/kg bw。

4.1.35.3 残留标志物：地昔尼尔（dicyclanil）。

4.1.35.4 最大残留限量：应符合表 35 的规定。

表 35

动物种类	靶组织	残留限量，μg/kg
绵羊	肌肉	150
	脂肪	200
	肝	125
	肾	125

4.1.36 **二氟沙星（difloxacin）**

4.1.36.1 兽药分类：喹诺酮类合成抗菌药。

4.1.36.2 ADI：0 μg/kg bw～10 μg/kg bw。

4.1.36.3 残留标志物：二氟沙星（difloxacin）。

4.1.36.4 最大残留限量：应符合表 36 的规定。

表 36

动物种类	靶组织	残留限量，μg/kg
牛、羊（泌乳期禁用）	肌肉	400
	脂肪	100
	肝	1 400
	肾	800
猪	肌肉	400
	脂肪	100
	肝	800
	肾	800
家禽（产蛋期禁用）	肌肉	300
	皮+脂	400
	肝	1 900
	肾	600
其他动物	肌肉	300
	脂肪	100
	肝	800
	肾	600
鱼	皮+肉	300

4.1.37 **三氮脒（diminazene）**

4.1.37.1 兽药分类：抗锥虫药。

4.1.37.2 ADI：0 μg/kg bw～100 μg/kg bw。

4.1.37.3 残留标志物：三氮脒（diminazene）。

4.1.37.4 最大残留限量：应符合表 37 的规定。

表 37

动物种类	靶组织	残留限量，μg/kg
牛	肌肉	500
	肝	12 000
	肾	6 000
	奶	150

4.1.38 **二硝托胺（dinitolmide）**

4.1.38.1 兽药分类：抗球虫药。

4.1.38.2 残留标志物：二硝托胺及其代谢物（dinitolmide and its metabolite 3-amino-5-nitro-o-toluamide）。

4.1.38.3 最大残留限量：应符合表 38 的规定。

表 38

动物种类	靶组织	残留限量，μg/kg
鸡	肌肉	3 000
	脂肪	2 000
	肝	6 000
	肾	6 000
火鸡	肌肉	3 000
	肝	3 000

4.1.39 **多拉菌素（doramectin）**

4.1.39.1 兽药分类：抗线虫药。

4.1.39.2 ADI：0 μg/kg bw～1 μg/kg bw。

4.1.39.3 残留标志物：多拉菌素（doramectin）。

4.1.39.4 最大残留限量：应符合表 39 的规定。

表 39

动物种类	靶组织	残留限量，μg/kg
牛	肌肉	10
	脂肪	150
	肝	100
	肾	30
	奶	15
羊	肌肉	40
	脂肪	150
	肝	100
	肾	60
猪	肌肉	5
	脂肪	150
	肝	100
	肾	30

4.1.40 **多西环素（doxycycline）**

4.1.40.1 兽药分类：四环素类抗生素。

4.1.40.2 ADI：0 μg/kg bw～3 μg/kg bw。

4.1.40.3 残留标志物：多西环素（doxycycline）。

4.1.40.4 最大残留限量：应符合表40的规定。

表40

动物种类	靶组织	残留限量，μg/kg
牛（泌乳期禁用）	肌肉	100
	脂肪	300
	肝	300
	肾	600
猪	肌肉	100
	皮＋脂	300
	肝	300
	肾	600
家禽（产蛋期禁用）	肌肉	100
	皮＋脂	300
	肝	300
	肾	600
鱼	皮＋肉	100

4.1.41 **恩诺沙星（enrofloxacin）**

4.1.41.1 兽药分类：喹诺酮类合成抗菌药。

4.1.41.2 ADI：0 μg/kg bw～6.2 μg/kg bw。

4.1.41.3 残留标志物：恩诺沙星与环丙沙星之和（sum of enrofloxacin and ciprofloxacin）。

4.1.41.4 最大残留限量：应符合表41的规定。

表41

动物种类	靶组织	残留限量，μg/kg
牛、羊	肌肉	100
	脂肪	100
	肝	300
	肾	200
	奶	100
猪、兔	肌肉	100
	脂肪	100
	肝	200
	肾	300
家禽（产蛋期禁用）	肌肉	100
	皮＋脂	100
	肝	200
	肾	300
其他动物	肌肉	100
	脂肪	100
	肝	200
	肾	200
鱼	皮＋肉	100

4.1.42 **乙酰氨基阿维菌素（eprinomectin）**

4.1.42.1 兽药分类：抗线虫药。

4.1.42.2 ADI：0 μg/kg bw～10 μg/kg bw。

4.1.42.3 残留标志物：乙酰氨基阿维菌素 B_{1a}（eprinomectin B_{1a}）。

4.1.42.4 最大残留限量：应符合表42的规定。

表42

动物种类	靶组织	残留限量，μg/kg
牛	肌肉	100
	脂肪	250
	肝	2 000
	肾	300
	奶	20

4.1.43 **红霉素（erythromycin）**

4.1.43.1 兽药分类：大环内酯类抗生素。

4.1.43.2 ADI：0 μg/kg bw～0.7 μg/kg bw。

4.1.43.3 残留标志物：红霉素A（erythromycin A）。

4.1.43.4 最大残留限量：应符合表43的规定。

表43

动物种类	靶组织	残留限量，μg/kg
鸡、火鸡	肌肉	100
	脂肪	100
	肝	100
	肾	100
鸡	蛋	50
其他动物	肌肉	200
	脂肪	200
	肝	200
	肾	200
	奶	40
	蛋	150
鱼	皮＋肉	200

4.1.44 **乙氧酰胺苯甲酯（ethopabate）**

4.1.44.1 兽药分类：抗球虫药。

4.1.44.2 残留标志物：metaphenetidine。

4.1.44.3 最大残留限量：应符合表44的规定。

表44

动物种类	靶组织	残留限量，μg/kg
鸡	肌肉	500
	肝	1 500
	肾	1 500

4.1.45 **非班太尔、芬苯达唑、奥芬达唑（febantel，fenbendazole，oxfendazole）**

4.1.45.1 兽药分类：抗线虫药。

4.1.45.2 ADI：0 μg/kg bw～7 μg/kg bw。

4.1.45.3 残留标志物：芬苯达唑、奥芬达唑和奥芬达唑砜的总和，以奥芬达唑砜等效物表示（sum of fenbendazole，oxfendazole and oxfendazole suphone，expressed as oxfendazole sulphone equivalents）。

4.1.45.4 最大残留限量：应符合表45的规定。

表 45

动物种类	靶组织	残留限量，μg/kg
牛、羊、猪、马	肌肉	100
	脂肪	100
	肝	500
	肾	100
牛、羊	奶	100
家禽	肌肉	50（仅芬苯达唑）
	皮+脂	50（仅芬苯达唑）
	肝	500（仅芬苯达唑）
	肾	50（仅芬苯达唑）
	蛋	1 300（仅芬苯达唑）

4.1.46 **倍硫磷（fenthion）**

4.1.46.1 兽药分类：杀虫药。

4.1.46.2 ADI：0 μg/kg bw～7 μg/kg bw。

4.1.46.3 残留标志物：倍硫磷及代谢产物（fenthion and metabolites）。

4.1.46.4 最大残留限量：应符合表46的规定。

表 46

动物种类	靶组织	残留限量，μg/kg
牛、猪、家禽	肌肉	100
	脂肪	100
	副产品	100

4.1.47 **氰戊菊酯（fenvalerate）**

4.1.47.1 兽药分类：杀虫药。

4.1.47.2 ADI：0 μg/kg bw～20 μg/kg bw。

4.1.47.3 残留标志物：氰戊菊酯异构体之和［fenvalerate（sum of RR，SS，RS and SR isomers）］。

4.1.47.4 最大残留限量：应符合表47的规定。

表 47

动物种类	靶组织	残留限量，μg/kg
牛	肌肉	25
	脂肪	250
	肝	25
	肾	25
	奶	40

4.1.48 **氟苯尼考（florfenicol）**

4.1.48.1 兽药分类：酰胺醇类抗生素。

4.1.48.2 ADI：0 μg/kg bw～3 μg/kg bw。

4.1.48.3 残留标志物：氟苯尼考与氟苯尼考胺之和（sum of florfenicol and florfenicol-amine）。

4.1.48.4 最大残留限量：应符合表48的规定。

表 48

动物种类	靶组织	残留限量，μg/kg
牛、羊（泌乳期禁用）	肌肉	200
	肝	3 000
	肾	300
猪	肌肉	300
	皮+脂	500
	肝	2 000
	肾	500
家禽（产蛋期禁用）	肌肉	100
	皮+脂	200
	肝	2 500
	肾	750
其他动物	肌肉	100
	脂肪	200
	肝	2 000
	肾	300
鱼	皮+肉	1 000

4.1.49 **氟佐隆（fluazuron）**

4.1.49.1 兽药分类：驱虫药。

4.1.49.2 ADI：0 μg/kg bw～40 μg/kg bw。

4.1.49.3 残留标志物：氟佐隆（fluazuron）。

4.1.49.4 最大残留限量：应符合表49的规定。

表 49

动物种类	靶组织	残留限量，μg/kg
牛	肌肉	200
	脂肪	7 000
	肝	500
	肾	500

4.1.50 **氟苯达唑（flubendazole）**

4.1.50.1 兽药分类：抗线虫药。

4.1.50.2 ADI：0 μg/kg bw～12 μg/kg bw。

4.1.50.3 残留标志物：氟苯达唑（flubendazole）。

4.1.50.4 最大残留限量：应符合表50的规定。

表50

动物种类	靶组织	残留限量，μg/kg
猪	肌肉	10
	肝	10
家禽	肌肉	200
	肝	500
	蛋	400

4.1.51 **醋酸氟孕酮（flugestone acetate）**

4.1.51.1 兽药分类：性激素类药。

4.1.51.2 ADI：0 μg/kg bw～0.03 μg/kg bw。

4.1.51.3 残留标志物：醋酸氟孕酮（flugestone acetate）。

4.1.51.4 最大残留限量：应符合表51的规定。

表51

动物种类	靶组织	残留限量，μg/kg
羊	肌肉	0.5
	脂肪	0.5
	肝	0.5
	肾	0.5
	奶	1

4.1.52 **氟甲喹（flumequine）**

4.1.52.1 兽药分类：喹诺酮类合成抗菌药。

4.1.52.2 ADI：0 μg/kg bw～30 μg/kg bw。

4.1.52.3 残留标志物：氟甲喹（flumequine）。

4.1.52.4 最大残留限量：应符合表52的规定。

表52

动物种类	靶组织	残留限量，μg/kg
牛、羊、猪	肌肉	500
	脂肪	1 000
	肝	500
	肾	3 000
牛、羊	奶	50
鸡（产蛋期禁用）	肌肉	500
	皮+脂	1 000
	肝	500
	肾	3 000
鱼	皮+肉	500

4.1.53 **氟氯苯氰菊酯（flumethrin）**

4.1.53.1 兽药分类：杀虫药。

4.1.53.2 ADI：0 μg/kg bw～1.8 μg/kg bw。

4.1.53.3 残留标志物：氟氯苯氰菊酯[flumethrin（sum of trans-Z-isomers）]。

4.1.53.4 最大残留限量：应符合表53的规定。

表53

动物种类	靶组织	残留限量，μg/kg
牛	肌肉	10
	脂肪	150
	肝	20
	肾	10
	奶	30
羊（泌乳期禁用）	肌肉	10
	脂肪	150
	肝	20
	肾	10

4.1.54 **氟胺氰菊酯（fluvalinate）**

4.1.54.1 兽药分类：杀虫药。

4.1.54.2 ADI：0 μg/kg bw～0.5 μg/kg bw。

4.1.54.3 残留标志物：氟胺氰菊酯（fluvalinate）。

4.1.54.4 最大残留限量：应符合表54的规定。

表54

动物种类	靶组织	残留限量，μg/kg
所有食品动物	肌肉	10
	脂肪	10
	副产品	10
蜜蜂	蜂蜜	50

4.1.55 **庆大霉素（gentamicin）**

4.1.55.1 兽药分类：氨基糖苷类抗生素。

4.1.55.2 ADI：0 μg/kg bw～20 μg/kg bw。

4.1.55.3 残留标志物：庆大霉素（gentamicin）。

4.1.55.4 最大残留限量：应符合表55的规定。

表55

动物种类	靶组织	残留限量，μg/kg
牛、猪	肌肉	100
	脂肪	100
	肝	2 000
	肾	5 000
牛	奶	200
鸡、火鸡	可食组织	100

4.1.56 常山酮（halofuginone）

4.1.56.1 兽药分类：抗球虫药。

4.1.56.2 ADI：0 μg/kg bw～0.3 μg/kg bw。

4.1.56.3 残留标志物：常山酮（halofuginone）。

4.1.56.4 最大残留限量：应符合表56的规定。

表 56

动物种类	靶组织	残留限量，μg/kg
牛（泌乳期禁用）	肌肉	10
	脂肪	25
	肝	30
	肾	30
鸡、火鸡	肌肉	100
	皮+脂	200
	肝	130

4.1.57 咪多卡（imidocarb）

4.1.57.1 兽药分类：抗梨形虫药。

4.1.57.2 ADI：0 μg/kg bw～10 μg/kg bw。

4.1.57.3 残留标志物：咪多卡（imidocarb）。

4.1.57.4 最大残留限量：应符合表57的规定。

表 57

动物种类	靶组织	残留限量，μg/kg
牛	肌肉	300
	脂肪	50
	肝	1 500
	肾	2 000
	奶	50

4.1.58 氮氨菲啶（isometamidium）

4.1.58.1 兽药分类：抗锥虫药。

4.1.58.2 ADI：0 μg/kg bw～100 μg/kg bw。

4.1.58.3 残留标志物：氮氨菲啶（isometamidium）。

4.1.58.4 最大残留限量：应符合表58的规定。

表 58

动物种类	靶组织	残留限量，μg/kg
牛	肌肉	100
	脂肪	100
	肝	500
	肾	1 000
	奶	100

4.1.59 伊维菌素（ivermectin）

4.1.59.1 兽药分类：抗线虫药。

4.1.59.2 ADI：0 μg/kg bw～10 μg/kg bw。

4.1.59.3 残留标志物：22，23-二氢阿维菌素 B_{1a}［22，23-dihydro-avermectin B_{1a}（H_2B_{1a}）］。

4.1.59.4 最大残留限量：应符合表59的规定。

表 59

动物种类	靶组织	残留限量，μg/kg
牛	肌肉	30
	脂肪	100
	肝	100
	肾	30
	奶	10
猪、羊	肌肉	30
	脂肪	100
	肝	100
	肾	30

4.1.60 卡那霉素（kanamycin）

4.1.60.1 兽药分类：氨基糖苷类抗生素。

4.1.60.2 ADI：0 μg/kg bw～8 μg/kg bw，微生物学 ADI。

4.1.60.3 残留标示物:卡那霉素 A(kanamycin A)。

4.1.60.4 最大残留限量：应符合表60的规定。

表 60

动物种类	靶组织	残留限量，μg/kg
所有食品动物（产蛋期禁用，不包括鱼）	肌肉	100
	皮+脂	100
	肝	600
	肾	2 500
	奶	150

4.1.61 吉他霉素（kitasamycin）

4.1.61.1 兽药分类：大环内酯类抗生素。

4.1.61.2 ADI：0 μg/kg bw～500 μg/kg bw。

4.1.61.3 残留标志物：吉他霉素（kitasamycin）。

4.1.61.4 最大残留限量：应符合表61的规定。

表 61

动物种类	靶组织	残留限量，μg/kg
猪、家禽	肌肉	200
	肝	200
	肾	200
	可食下水	200

4.1.62 **拉沙洛西（lasalocid）**

4.1.62.1 兽药分类：抗球虫药。

4.1.62.2 ADI：0 μg/kg bw～10 μg/kg bw。

4.1.62.3 残留标志物：拉沙洛西（lasalocid ）。

4.1.62.4 最大残留限量：应符合表 62 的规定。

表 62

动物种类	靶组织	残留限量，μg/kg
牛	肝	700
鸡	皮＋脂	1 200
	肝	400
火鸡	皮＋脂	400
	肝	400
羊	肝	1 000
兔	肝	700

4.1.63 **左旋咪唑（levamisole）**

4.1.63.1 兽药分类：抗线虫药。

4.1.63.2 ADI：0 μg/kg bw～6 μg/kg bw。

4.1.63.3 残留标志物：左旋咪唑（levamisole）。

4.1.63.4 最大残留限量：应符合表 63 的规定。

表 63

动物种类	靶组织	残留限量，μg/kg
牛、羊、猪、家禽（泌乳期禁用、产蛋期禁用）	肌肉	10
	脂肪	10
	肝	100
	肾	10

4.1.64 **林可霉素（lincomycin）**

4.1.64.1 兽药分类：林可胺类抗生素。

4.1.64.2 ADI：0 μg/kg bw～30 μg/kg bw。

4.1.64.3 残留标志物：林可霉素（lincomycin）。

4.1.64.4 最大残留限量：应符合表 64 的规定。

表 64

动物种类	靶组织	残留限量，μg/kg
牛、羊	肌肉	100
	脂肪	50
	肝	500
	肾	1 500
	奶	150
猪	肌肉	200
	脂肪	100
	肝	500
	肾	1 500

表 64（续）

动物种类	靶组织	残留限量，μg/kg
家禽	肌肉	200
	脂肪	100
	肝	500
	肾	500
鸡	蛋	50
鱼	皮＋肉	100

4.1.65 **马度米星铵（maduramicin ammonium）**

4.1.65.1 兽药分类：抗球虫药。

4.1.65.2 ADI：0 μg/kg bw～1 μg/kg bw。

4.1.65.3 残留标志物：马度米星铵（maduramicin ammonium）。

4.1.65.4 最大残留限量：应符合表 65 的规定。

表 65

动物种类	靶组织	残留限量，μg/kg
鸡	肌肉	240
	脂肪	480
	皮	480
	肝	720

4.1.66 **马拉硫磷（malathion）**

4.1.66.1 兽药分类：杀虫药。

4.1.66.2 ADI：0 μg/kg bw～300 μg/kg bw。

4.1.66.3 残留标志物：马拉硫磷（malathion）。

4.1.66.4 最大残留限量：应符合表 66 的规定。

表 66

动物种类	靶组织	残留限量，μg/kg
牛、羊、猪、家禽、马	肌肉	4 000
	脂肪	4 000
	副产品	4 000

4.1.67 **甲苯咪唑（mebendazole）**

4.1.67.1 兽药分类：抗线虫药。

4.1.67.2 ADI：0 μg/kg bw～12.5 μg/kg bw。

4.1.67.3 残留标志物：甲苯咪唑等效物总和（sum of mebendazole methyl [5-（1-hydroxy，1-phenyl）methyl-1H-benzimidazol-2-yl] carbamate and（2-amino-1H-benzi-midazol-5-yl）phenylmethanon epressed as mebendazole equivalents）。

4.1.67.4 最大残留限量：应符合表 67 的规定。

表 67

动物种类	靶组织	残留限量，μg/kg
羊、马（泌乳期禁用）	肌肉	60
	脂肪	60
	肝	400
	肾	60

4.1.68 **安乃近（metamizole）**

4.1.68.1 兽药分类：解热镇痛抗炎药。

4.1.68.2 ADI：0 μg/kg bw～10 μg/kg bw。

4.1.68.3 残留标志物：4-氨甲基-安替比林（4-aminomethyl-antipyrine）。

4.1.68.4 最大残留限量：应符合表 68 的规定。

表 68

动物种类	靶组织	残留限量，μg/kg
牛、羊、猪、马	肌肉	100
	脂肪	100
	肝	100
	肾	100
牛、羊	奶	50

4.1.69 **莫能菌素（monensin）**

4.1.69.1 兽药分类：抗球虫药。

4.1.69.2 ADI：0 μg/kg bw～10 μg/kg bw。

4.1.69.3 残留标志物：莫能菌素（monensin）。

4.1.69.4 最大残留限量：应符合表 69 的规定。

表 69

动物种类	靶组织	残留限量，μg/kg
牛、羊	肌肉	10
	脂肪	100
	肾	10
羊	肝	20
牛	肝	100
	奶	2
鸡、火鸡、鹌鹑	肌肉	10
	脂肪	100
	肝	10
	肾	10

4.1.70 **莫昔克丁（moxidectin）**

4.1.70.1 兽药分类：抗线虫药。

4.1.70.2 ADI：0 μg/kg bw～2 μg/kg bw。

4.1.70.3 残留标志物：莫昔克丁（moxidectin）。

4.1.70.4 最大残留限量：应符合表 70 的规定。

表 70

动物种类	靶组织	残留限量，μg/kg
牛	肌肉	20
	脂肪	500
	肝	100
	肾	50
绵羊	肌肉	50
	脂肪	500
	肝	100
	肾	50
牛、绵羊	奶	40
鹿	肌肉	20
	脂肪	500
	肝	100
	肾	50

4.1.71 **甲基盐霉素（narasin）**

4.1.71.1 兽药分类：抗球虫药。

4.1.71.2 ADI：0 μg/kg bw～5 μg/kg bw。

4.1.71.3 残留标志物：甲基盐霉素 A(narasin A)。

4.1.71.4 最大残留限量：应符合表 71 的规定。

表 71

动物种类	靶组织	残留限量，μg/kg
牛、猪	肌肉	15
	脂肪	50
	肝	50
	肾	15
鸡	肌肉	15
	皮+脂	50
	肝	50
	肾	15

4.1.72 **新霉素（neomycin）**

4.1.72.1 兽药分类：氨基糖苷类抗生素。

4.1.72.2 ADI：0 μg/kg bw～60 μg/kg bw。

4.1.72.3 残留标志物：新霉素 B（neomycin B）。

4.1.72.4 最大残留限量：应符合表 72 的规定。

表 72

动物种类	靶组织	残留限量，μg/kg
所有食品动物	肌肉	500
	脂肪	500
	肝	5 500
	肾	9 000
	奶	1 500
	蛋	500
鱼	皮+肉	500

4.1.73　**尼卡巴嗪（nicarbazin）**

4.1.73.1　兽药分类：抗球虫药。

4.1.73.2　ADI：0 μg/kg bw～400 μg/kg bw。

4.1.73.3　残留标志物：4，4-二硝基均二苯脲[N，N'-bis-（4-nitrophenyl）urea]。

4.1.73.4　最大残留限量：应符合表 73 的规定。

表 73

动物种类	靶组织	残留限量，μg/kg
鸡	肌肉	200
	皮+脂	200
	肝	200
	肾	200

4.1.74　**硝碘酚腈（nitroxinil）**

4.1.74.1　兽药分类：抗吸虫药。

4.1.74.2　ADI：0 μg/kg bw～5 μg/kg bw。

4.1.74.3　残留标志物：硝碘酚腈（nitroxinil）。

4.1.74.4　最大残留限量：应符合表 74 的规定。

表 74

动物种类	靶组织	残留限量，μg/kg
牛、羊	肌肉	400
	脂肪	200
	肝	20
	肾	400
	奶	20

4.1.75　**喹乙醇（olaquindox）**

4.1.75.1　兽药分类：合成抗菌药。

4.1.75.2　ADI：0 μg/kg bw～3 μg/kg bw。

4.1.75.3　残留标志物：3-甲基喹噁啉-2-羧酸（3-methyl-quinoxaline-2-carboxylic acid，MQCA）。

4.1.75.4　最大残留限量：应符合表 75 的规定。

表 75

动物种类	靶组织	残留限量，μg/kg
猪	肌肉	4
	肝	50

4.1.76　**苯唑西林（oxacillin）**

4.1.76.1　兽药分类：β-内酰胺类抗生素。

4.1.76.2　残留标志物：苯唑西林（oxacillin）。

4.1.76.3　最大残留限量：应符合表 76 的规定。

表 76

动物种类	靶组织	残留限量，μg/kg
所有食品动物（产蛋期禁用）	肌肉	300
	脂肪	300
	肝	300
	肾	300
	奶	30
鱼	皮+肉	300

4.1.77　**奥苯达唑（oxibendazole）**

4.1.77.1　兽药分类：抗线虫药。

4.1.77.2　ADI：0 μg/kg bw～60 μg/kg bw。

4.1.77.3　残留标志物：奥苯达唑（oxibendazole）。

4.1.77.4　最大残留限量：应符合表 77 的规定。

表 77

动物种类	靶组织	残留限量，μg/kg
猪	肌肉	100
	皮+脂	500
	肝	200
	肾	100

4.1.78　**噁喹酸（oxolinic acid）**

4.1.78.1　兽药分类：喹诺酮类合成抗菌药。

4.1.78.2　ADI：0 μg/kg bw～2.5 μg/kg bw。

4.1.78.3　残留标志物：噁喹酸（oxolinic acid）。

4.1.78.4　最大残留限量：应符合表 78 的规定。

表 78

动物种类	靶组织	残留限量，μg/kg
牛、猪、鸡（产蛋期禁用）	肌肉	100
	脂肪	50
	肝	150
	肾	150
鱼	皮+肉	100

4.1.79　**土霉素、金霉素、四环素（oxytetracycline，chlortetracycline，tetracycline）**

4.1.79.1　兽药分类：四环素类抗生素。

4.1.79.2　ADI：0 μg/kg bw～30 μg/kg bw。

4.1.79.3　残留标志物：土霉素、金霉素、四环素单个或组合（oxytetracycline，chlortetracycline，tetracycline，parent drugs，singly or in combination）。

4.1.79.4　最大残留限量：应符合表 79 的规定。

表 79

动物种类	靶组织	残留限量，μg/kg
牛、羊、猪、家禽	肌肉	200
	肝	600
	肾	1 200
牛、羊	奶	100
家禽	蛋	400
鱼	皮＋肉	200
虾	肌肉	200

4.1.80　**辛硫磷（phoxim）**

4.1.80.1　兽药分类：杀虫药。

4.1.80.2　ADI：0 μg/kg bw～4 μg/kg bw。

4.1.80.3　残留标志物：辛硫磷（phoxim）。

4.1.80.4　最大残留限量：应符合表 80 的规定。

表 80

动物种类	靶组织	残留限量，μg/kg
猪、羊	肌肉	50
	脂肪	400
	肝	50
	肾	50

4.1.81　**哌嗪（piperazine）**

4.1.81.1　兽药分类：抗线虫药。

4.1.81.2　ADI：0 μg/kg bw～250 μg/kg bw。

4.1.81.3　残留标志物：哌嗪（piperazine）。

4.1.81.4　最大残留限量：应符合表 81 的规定。

表 81

动物种类	靶组织	残留限量，μg/kg
猪	肌肉	400
	皮＋脂	800
	肝	2 000
	肾	1 000
鸡	蛋	2 000

4.1.82　**吡利霉素（pirlimycin）**

4.1.82.1　兽药分类：林可胺类抗生素。

4.1.82.2　ADI：0 μg/kg bw～8 μg/kg bw。

4.1.82.3　残留标志物：吡利霉素（pirlimycin）。

4.1.82.4　最大残留限量：应符合表 82 的规定。

表 82

动物种类	靶组织	残留限量，μg/kg
牛	肌肉	100
	脂肪	100
	肝	1 000
	肾	400
	奶	200

4.1.83　**巴胺磷（propetamphos）**

4.1.83.1　兽药分类：杀虫药。

4.1.83.2　ADI：0 μg/kg bw～0.5 μg/kg bw。

4.1.83.3　残留标志物：巴胺磷与脱异丙基巴胺磷之和（sum of residues of propetamphos and desisopropyl-propetamphos）。

4.1.83.4　最大残留限量：应符合表 83 的规定。

表 83

动物种类	靶组织	残留限量，μg/kg
羊（泌乳期禁用）	脂肪	90
	肾	90

4.1.84　**碘醚柳胺（rafoxanide）**

4.1.84.1　兽药分类：抗吸虫药。

4.1.84.2　ADI：0 μg/kg bw～2 μg/kg bw。

4.1.84.3　残留标志物：碘醚柳胺（rafoxanide）。

4.1.84.4　最大残留限量：应符合表 84 的规定。

表 84

动物种类	靶组织	残留限量，μg/kg
牛	肌肉	30
	脂肪	30
	肝	10
	肾	40
羊	肌肉	100
	脂肪	250
	肝	150
	肾	150
牛、羊	奶	10

4.1.85　**氯苯胍（robenidine）**

4.1.85.1　兽药分类：抗球虫药。

4.1.85.2　ADI：0 μg/kg bw～5 μg/kg bw。

4.1.85.3 残留标志物：氯苯胍（robenidine）。

4.1.85.4 最大残留限量：应符合表 85 的规定。

表 85

动物种类	靶组织	残留限量，μg/kg
鸡	皮+脂	200
	其他可食组织	100

4.1.86 盐霉素（salinomycin）

4.1.86.1 兽药分类：抗球虫药。

4.1.86.2 ADI：0 μg/kg bw～5 μg/kg bw。

4.1.86.3 残留标志物：盐霉素（salinomycin）。

4.1.86.4 最大残留限量：应符合表 86 的规定。

表 86

动物种类	靶组织	残留限量，μg/kg
鸡	肌肉	600
	皮+脂	1 200
	肝	1 800

4.1.87 沙拉沙星（sarafloxacin）

4.1.87.1 兽药分类：喹诺酮类合成抗菌药。

4.1.87.2 ADI：0 μg/kg bw～0.3 μg/kg bw。

4.1.87.3 残留标志物：沙拉沙星（sarafloxacin）。

4.1.87.4 最大残留限量：应符合表 87 的规定。

表 87

动物种类	靶组织	残留限量，μg/kg
鸡、火鸡（产蛋期禁用）	肌肉	10
	脂肪	20
	肝	80
	肾	80
鱼	皮+肉	30

4.1.88 赛杜霉素（semduramicin）

4.1.88.1 兽药分类：抗球虫药

4.1.88.2 ADI：0 μg/kg bw～180 μg/kg bw。

4.1.88.3 残留标志物：赛杜霉素（semduramicin）。

4.1.88.4 最大残留限量：应符合表 88 的规定。

表 88

动物种类	靶组织	残留限量，μg/kg
鸡	肌肉	130
	肝	400

4.1.89 大观霉素（spectinomycin）

4.1.89.1 兽药分类：氨基糖苷类抗生素。

4.1.89.2 ADI：0 μg/kg bw～40 μg/kg bw。

4.1.89.3 残留标志物：大观霉素（spectinomycin）。

4.1.89.4 最大残留限量：应符合表 89 的规定。

表 89

动物种类	靶组织	残留限量，μg/kg
牛、羊、猪、鸡	肌肉	500
	脂肪	2 000
	肝	2 000
	肾	5 000
牛	奶	200
鸡	蛋	2 000

4.1.90 螺旋霉素（spiramycin）

4.1.90.1 兽药分类：大环内酯类抗生素。

4.1.90.2 ADI：0 μg/kg bw～50 μg/kg bw。

4.1.90.3 残留标志物：牛、鸡为螺旋霉素和新螺旋霉素总量；猪为螺旋霉素等效物（即抗生素的效价残留）［cattle and chickens，sum of spiramycin and neospiramycin；pigs，spiramycin equivalents（antimicrobially active residues）］。

4.1.90.4 最大残留限量：应符合表 90 的规定。

表 90

动物种类	靶组织	残留限量，μg/kg
牛、猪	肌肉	200
	脂肪	300
	肝	600
	肾	300
牛	奶	200
鸡	肌肉	200
	脂肪	300
	肝	600
	肾	800

4.1.91 链霉素、双氢链霉素（streptomycin，dihydrostreptomycin）

4.1.91.1 兽药分类：氨基糖苷类抗生素。

4.1.91.2 ADI：0 μg/kg bw～50 μg/kg bw。

4.1.91.3 残留标志物：链霉素、双氢链霉素总量（sum of streptomycin and dihydrostreptomycin）。

4.1.91.4 最大残留限量：应符合表 91 的规定。

表 91

动物种类	靶组织	残留限量，μg/kg
牛、羊、猪、鸡	肌肉	600
	脂肪	600
	肝	600
	肾	1 000
牛、羊	奶	200

4.1.92 **磺胺二甲嘧啶（sulfadimidine）**

4.1.92.1 兽药分类：磺胺类合成抗菌药。

4.1.92.2 ADI：0 μg/kg bw～50 μg/kg bw。

4.1.92.3 残留标志物：磺胺二甲嘧啶（sulfadimidine）。

4.1.92.4 最大残留限量：应符合表 92 的规定。

表 92

动物种类	靶组织	残留限量，μg/kg
所有食品动物（产蛋期禁用）	肌肉	100
	脂肪	100
	肝	100
	肾	100
牛	奶	25

4.1.93 **磺胺类（sulfonamides）**

4.1.93.1 兽药分类：磺胺类合成抗菌药。

4.1.93.2 ADI：0 μg/kg bw～50 μg/kg bw。

4.1.93.3 残留标志物：兽药原型之和（sum of parent drug）。

4.1.93.4 最大残留限量：应符合表 93 的规定。

表 93

动物种类	靶组织	残留限量，μg/kg
所有食品动物（产蛋期禁用）	肌肉	100
	脂肪	100
	肝	100
	肾	100
牛、羊	奶	100(除磺胺二甲嘧啶)
鱼	皮＋肉	100

4.1.94 **噻苯达唑（thiabendazole）**

4.1.94.1 兽药分类：抗线虫药。

4.1.94.2 ADI：0 μg/kg bw～100 μg/kg bw。

4.1.94.3 残留标志物：噻苯达唑与 5-羟基噻苯达唑之和（sum of thiabendazole and 5-hydroxythiabendazole）。

4.1.94.4 最大残留限量：应符合表 94 的规定。

表 94

动物种类	靶组织	残留限量，μg/kg
牛、猪、羊	肌肉	100
	脂肪	100
	肝	100
	肾	100
牛、羊	奶	100

4.1.95 **甲砜霉素（thiamphenicol）**

4.1.95.1 兽药分类：酰胺醇类抗生素。

4.1.95.2 ADI：0 μg/kg bw～5 μg/kg bw。

4.1.95.3 残留标志物：甲砜霉素（thiamphenicol）。

4.1.95.4 最大残留限量：应符合表 95 的规定。

表 95

动物种类	靶组织	残留限量，μg/kg
牛、羊、猪	肌肉	50
	脂肪	50
	肝	50
	肾	50
牛	奶	50
家禽（产蛋期禁用）	肌肉	50
	皮＋脂	50
	肝	50
	肾	50
鱼	皮＋肉	50

4.1.96 **泰妙菌素（tiamulin）**

4.1.96.1 兽药分类：抗生素。

4.1.96.2 ADI：0 μg/kg bw～30 μg/kg bw。

4.1.96.3 残留标志物：可被水解为 8-α-羟基妙林的代谢物总和（sum of metabolites that may be hydrolysed to 8-α-hydroxymutilin）；鸡蛋为泰妙菌素（tiamulin）。

4.1.96.4 最大残留限量：应符合表 96 的规定。

表 96

动物种类	靶组织	残留限量，μg/kg
猪、兔	肌肉	100
	肝	500
鸡	肌肉	100
	皮+脂	100
	肝	1 000
	蛋	1 000
火鸡	肌肉	100
	皮+脂	100
	肝	300

4.1.97 **替米考星（tilmicosin）**

4.1.97.1 兽药分类：大环内酯类抗生素。

4.1.97.2 ADI：0 μg/kg bw～40 μg/kg bw。

4.1.97.3 残留标志物：替米考星（tilmicosin）。

4.1.97.4 最大残留限量：应符合表 97 的规定。

表 97

动物种类	靶组织	残留限量，μg/kg
牛、羊	肌肉	100
	脂肪	100
	肝	1 000
	肾	300
	奶	50
猪	肌肉	100
	脂肪	100
	肝	1 500
	肾	1 000
鸡（产蛋期禁用）	肌肉	150
	皮+脂	250
	肝	2 400
	肾	600
火鸡	肌肉	100
	皮+脂	250
	肝	1 400
	肾	1 200

4.1.98 **托曲珠利（toltrazuril）**

4.1.98.1 兽药分类：抗球虫药。

4.1.98.2 ADI：0 μg/kg bw～2 μg/kg bw。

4.1.98.3 残留标志物：托曲珠利砜（toltrazuril sulfone）

4.1.98.4 最大残留限量：应符合表 98 的规定。

表 98

动物种类	靶组织	残留限量，μg/kg
家禽（产蛋期禁用）	肌肉	100
	皮+脂	200
	肝	600
	肾	400
所有哺乳类食品动物（泌乳期禁用）	肌肉	100
	脂肪	150
	肝	500
	肾	250

4.1.99 **敌百虫（trichlorfon）**

4.1.99.1 兽药分类：抗线虫药。

4.1.99.2 ADI：0 μg/kg bw～2 μg/kg bw。

4.1.99.3 残留标志物：敌百虫（trichlorfon）。

4.1.99.4 最大残留限量：应符合表 99 的规定。

表 99

动物种类	靶组织	残留限量，μg/kg
牛	肌肉	50
	脂肪	50
	肝	50
	肾	50
	奶	50

4.1.100 **三氯苯达唑（triclabendazole）**

4.1.100.1 兽药分类：抗吸虫药。

4.1.100.2 ADI：0 μg/kg bw～3 μg/kg bw。

4.1.100.3 残留标志物：三氯苯达唑酮（keto-triclabnedazole）。

4.1.100.4 最大残留限量：应符合表 100 的规定。

表 100

动物种类	靶组织	残留限量，μg/kg
牛	肌肉	250
	脂肪	100
	肝	850
	肾	400
羊	肌肉	200
	脂肪	100
	肝	300
	肾	200
牛、羊	奶	10

4.1.101 **甲氧苄啶（trimethoprim）**

4.1.101.1 兽药分类：抗菌增效剂。

4.1.101.2 ADI：0 μg/kg bw～4.2 μg/kg bw。

4.1.101.3 残留标志物：甲氧苄啶(trimethoprim)。

4.1.101.4 最大残留限量：应符合表 101 的规定。

表 101

动物种类	靶组织	残留限量，μg/kg
牛	肌肉	50
	脂肪	50
	肝	50
	肾	50
	奶	50
猪、家禽（产蛋期禁用）	肌肉	50
	皮+脂	50
	肝	50
	肾	50
马	肌肉	100
	脂肪	100
	肝	100
	肾	100
鱼	皮+肉	50

4.1.102 **泰乐菌素（tylosin）**

4.1.102.1 兽药分类：大环内酯类抗生素。

4.1.102.2 ADI：0 μg/kg bw～30 μg/kg bw。

4.1.102.3 残标志物：泰乐菌素 A（tylosin A）。

4.1.102.4 最大残留限量：应符合表 102 的规定。

表 102

动物种类	靶组织	残留限量，μg/kg
牛、猪、鸡、火鸡	肌肉	100
	脂肪	100
	肝	100
	肾	100
牛	奶	100
鸡	蛋	300

4.1.103 **泰万菌素（tylvalosin）**

4.1.103.1 兽药分类：大环内酯类抗生素。

4.1.103.2 ADI：0 μg/kg bw～2.07 μg/kg bw。

4.1.103.3 残留标志物：蛋为泰万菌素(tylvalosin)；除蛋外，其他靶组织为泰万菌素和3-O-乙酰泰乐菌素的总和（sum of tylvalosin and 3-O-acetyltylosin)。

4.1.103.4 最大残留限量：应符合表 103 的规定。

表 103

动物种类	靶组织	残留限量，μg/kg
猪	肌肉	50
	皮+脂	50
	肝	50
	肾	50
家禽	皮+脂	50
	肝	50
	蛋	200

4.1.104 **维吉尼亚霉素（virginiamycin）**

4.1.104.1 兽药分类：多肽类抗生素。

4.1.104.2 ADI：0 μg/kg bw～250 μg/kg bw。

4.1.104.3 残留标志物：维吉尼亚霉素 M_1 (virginiamycin M_1)。

4.1.104.4 最大残留限量：应符合表 104 的规定。

表 104

动物种类	靶组织	残留限量，μg/kg
猪	肌肉	100
	皮	400
	脂肪	400
	肝	300
	肾	400
家禽	肌肉	100
	皮+脂	400
	肝	300
	肾	400

4.2 允许用于食品动物，但不需要制定残留限量的兽药

4.2.1 **醋酸（acetic acid）**

动物种类：牛、马。

4.2.2 **安络血（adrenosem）**

动物种类：马、牛、羊、猪。

4.2.3 **氢氧化铝（aluminium hydroxide）**

动物种类：所有食品动物。

4.2.4 **氯化铵（ammonium chloride）**

动物种类：马、牛、羊、猪。

4.2.5 **安普霉素（apramycin）**

4.2.5.1 动物种类：仅作口服用时为兔、绵羊、猪、鸡。

4.2.5.2 其他规定：绵羊为泌乳期禁用，鸡为产蛋期禁用。

4.2.6 **青蒿琥酯（artesunate）**
动物种类：牛。

4.2.7 **阿司匹林（aspirin）**
4.2.7.1 动物种类：牛、猪、鸡、马、羊。
4.2.7.2 其他规定：泌乳期禁用，产蛋期禁用。

4.2.8 **阿托品（atropine）**
动物种类：所有食品动物。

4.2.9 **甲基吡啶磷（azamethiphos）**
动物种类：鲑。

4.2.10 **苯扎溴铵（benzalkonium bromide）**
动物种类：所有食品动物。

4.2.11 **小檗碱（berberine）**
动物种类：马、牛、羊、猪、驼。

4.2.12 **甜菜碱（betaine）**
动物种类：所有食品动物。

4.2.13 **碱式碳酸铋（bismuth subcarbonate）**
4.2.13.1 动物种类：所有食品动物。
4.2.13.2 其他规定：仅作口服用。

4.2.14 **碱式硝酸铋（bismuth subnitrate）**
4.2.14.1 动物种类：所有食品动物。
4.2.14.2 其他规定：仅作口服用。

4.2.15 **硼砂（borax）**
动物种类：所有食品动物。

4.2.16 **硼酸及其盐（boric acid and borates）**
动物种类：所有食品动物。

4.2.17 **咖啡因（caffeine）**
动物种类：所有食品动物。

4.2.18 **硼葡萄糖酸钙（calcium borogluconate）**
动物种类：所有食品动物。

4.2.19 **碳酸钙（calcium carbonate）**
动物种类：所有食品动物。

4.2.20 **氯化钙（calcium chloride）**
动物种类：所有食品动物。

4.2.21 **葡萄糖酸钙（calcium gluconate）**
动物种类：所有食品动物。

4.2.22 **磷酸氢钙（calcium hydrogen phosphate）**
动物种类：马、牛、羊、猪。

4.2.23 **次氯酸钙（calcium hypochlorite）**
动物种类：所有食品动物。

4.2.24 **泛酸钙（calcium pantothenate）**
动物种类：所有食品动物。

4.2.25 **过氧化钙（calcium peroxide）**
动物种类：水产动物。

4.2.26 **磷酸钙（calcium phosphate）**
动物种类：所有食品动物。

4.2.27 **硫酸钙（calcium sulphate）**
动物种类：所有食品动物。

4.2.28 **樟脑（camphor）**
4.2.28.1 动物种类：所有食品动物。
4.2.28.2 其他规定：仅作外用。

4.2.29 **氯己定（chlorhexidine）**
4.2.29.1 动物种类：所有食品动物。
4.2.29.2 其他规定：仅作外用。

4.2.30 **含氯石灰（chlorinated lime）**
4.2.30.1 动物种类：所有食品动物。
4.2.30.2 其他规定：仅作外用。

4.2.31 **亚氯酸钠（chlorite sodium）**
动物种类：所有食品动物。

4.2.32 **氯甲酚（chlorocresol）**
动物种类：所有食品动物。

4.2.33 **胆碱（choline）**
动物种类：所有食品动物。

4.2.34 **枸橼酸（citrate）**
动物种类：所有食品动物。

4.2.35 **氯前列醇（cloprostenol）**
动物种类：牛、猪、羊、马。

4.2.36 **硫酸铜（copper sulfate）**
动物种类：所有食品动物。

4.2.37 **可的松（cortisone）**
动物种类：马、牛、猪、羊。

4.2.38 **甲酚（cresol）**
动物种类：所有食品动物。

4.2.39 **癸甲溴铵（deciquam）**
动物种类：所有食品动物。

4.2.40 **癸氧喹酯（decoquinate）**
4.2.40.1 动物种类：牛、绵羊。
4.2.40.2 其他规定：仅口服用，产奶动物禁用。

4.2.41 **地克珠利（diclazuril）**
4.2.41.1 动物种类：山羊、猪。
4.2.41.2 其他规定：仅口服用。

4.2.42 **二巯基丙醇（dimercaprol）**
动物种类：所有哺乳类食品动物。

4.2.43 **二甲硅油（dimethicone）**
动物种类：牛、羊。
4.2.44 **度米芬（domiphen）**
4.2.44.1 动物种类：所有食品动物。
4.2.44.2 仅作外用。
4.2.45 **干酵母（dried yeast）**
动物种类：牛、羊、猪。
4.2.46 **肾上腺素（epinephrine）**
动物种类：所有食品动物。
4.2.47 **马来酸麦角新碱（ergometrine maleate）**
4.2.47.1 动物种类：所有哺乳类食品动物。
4.2.47.2 其他规定：仅用于临产动物。
4.2.48 **酚磺乙胺（etamsylate）**
动物种类：马、牛、羊、猪。
4.2.49 **乙醇（ethanol）**
4.2.49.1 动物种类：所有食品动物。
4.2.49.2 其他规定：仅作赋形剂用。
4.2.50 **硫酸亚铁（ferrous sulphate）**
动物种类：所有食品动物。
4.2.51 **氟氯苯氰菊酯（flumethrin）**
4.2.51.1 动物种类：蜜蜂。
4.2.51.2 其他规定：蜂蜜。
4.2.52 **氟轻松（fluocinonide）**
动物种类：所有食品动物。
4.2.53 **叶酸（folic acid）**
动物种类：所有食品动物。
4.2.54 **促卵泡激素（各种动物天然 FSH 及其化学合成类似物）［follicle stimulating hormone (natural FSH from all species and their synthetic analogues)］**
动物种类：所有食品动物。
4.2.55 **甲醛（formaldehyde）**
动物种类：所有食品动物。
4.2.56 **甲酸（formic acid）**
动物种类：所有食品动物。
4.2.57 **明胶（gelatin）**
动物种类：所有食品动物。
4.2.58 **葡萄糖（glucose）**
动物种类：马、牛、羊、猪。
4.2.59 **戊二醛（glutaraldehyde）**
动物种类：所有食品动物。
4.2.60 **甘油（glycerol）**
动物种类：所有食品动物。
4.2.61 **垂体促性腺激素释放激素（gonadotrophin releasing hormone）**
动物种类：所有食品动物。
4.2.62 **月苄三甲氯铵（halimide）**
动物种类：所有食品动物。
4.2.63 **绒促性素（human chorion gonadotrophin）**
动物种类：所有食品动物。
4.2.64 **盐酸（hydrochloric acid）**
4.2.64.1 动物种类：所有食品动物。
4.2.64.2 其他规定：仅作赋形剂用。
4.2.65 **氢氯噻嗪（hydrochlorothiazide）**
动物种类：牛。
4.2.66 **氢化可的松（hydrocortisone）**
4.2.66.1 动物种类：所有食品动物。
4.2.66.2 其他规定：仅作外用。
4.2.67 **过氧化氢（hydrogen peroxide）**
动物种类：所有食品动物。
4.2.68 **鱼石脂（ichthammol）**
动物种类：所有食品动物。
4.2.69 **苯噁唑（idazoxan）**
动物种类：鹿。
4.2.70 **碘和碘无机化合物包括：碘化钠和钾、碘酸钠和钾（iodine and iodine inorganic compounds including: sodium and potassium-iodide, sodium and potassium-iodate）**
动物种类：所有食品动物。
4.2.71 **右旋糖酐铁（iron dextran）**
动物种类：所有食品动物。
4.2.72 **白陶土（kaolin）**
动物种类：马、牛、羊、猪。
4.2.73 **氯胺酮（ketamine）**
动物种类：所有食品动物。
4.2.74 **乳酶生（lactasin）**
动物种类：羊、猪、驹、犊。
4.2.75 **乳酸（lactic acid）**
动物种类：所有食品动物。
4.2.76 **利多卡因（lidocaine）**
4.2.76.1 动物种类：马。
4.2.76.2 其他规定：仅作局部麻醉用。

4.2.77 **促黄体激素（各种动物天然 LH 及其化学合成类似物）［luteinising hormone（natural LH from all species and their synthetic analogues）］**

动物种类：所有食品动物。

4.2.78 **氯化镁（magnesium chloride）**

动物种类：所有食品动物。

4.2.79 **氧化镁（magnesium oxide）**

动物种类：所有食品动物。

4.2.80 **硫酸镁（magnesium sulfate）**

动物种类：马、牛、羊、猪。

4.2.81 **甘露醇（mannitol）**

动物种类：所有食品动物。

4.2.82 **药用炭（medicinal charcoal）**

动物种类：马、牛、羊、猪。

4.2.83 **甲萘醌（menadione）**

动物种类：所有食品动物。

4.2.84 **蛋氨酸碘（methionine iodine）**

动物种类：所有食品动物。

4.2.85 **亚甲蓝（methylthioninium chloride）**

动物种类：牛、羊、猪。

4.2.86 **萘普生（naproxen）**

动物种类：马。

4.2.87 **新斯的明（neostigmine）**

动物种类：所有食品动物。

4.2.88 **中性电解氧化水（neutralized eletrolyzed oxidized water）**

动物种类：所有食品动物。

4.2.89 **烟酰胺（nicotinamide）**

动物种类：所有哺乳类食品动物。

4.2.90 **烟酸（nicotinic acid）**

动物种类：所有哺乳类食品动物。

4.2.91 **去甲肾上腺素（norepinephrine bitartrate）**

动物种类：马、牛、猪、羊。

4.2.92 **辛氨乙甘酸（octicine）**

动物种类：所有食品动物。

4.2.93 **缩宫素（oxytocin）**

动物种类：所有哺乳类食品动物。

4.2.94 **对乙酰氨基酚（paracetamol）**

4.2.94.1 动物种类：猪。

4.2.94.2 其他规定：仅作口服用。

4.2.95 **石蜡（paraffin）**

动物种类：马、牛、羊、猪。

4.2.96 **胃蛋白酶（pepsin）**

动物种类：所有食品动物。

4.2.97 **过氧乙酸（peracetic acid）**

动物种类：所有食品动物。

4.2.98 **苯酚（phenol）**

动物种类：所有食品动物。

4.2.99 **聚乙二醇（分子量为 200～10 000）［polyethylene glycols（molecular weight ranging from 200 to 10 000）］**

动物种类：所有食品动物。

4.2.100 **吐温-80（polysorbate 80）**

动物种类：所有食品动物。

4.2.101 **垂体后叶（posterior pituitary）**

动物种类：马、牛、羊、猪。

4.2.102 **硫酸铝钾（potassium aluminium sulfate）**

动物种类：水产动物。

4.2.103 **氯化钾（potassium chloride）**

动物种类：所有食品动物。

4.2.104 **高锰酸钾（potassium permanganate）**

动物种类：所有食品动物。

4.2.105 **过硫酸氢钾（potassium peroxymonosulphate）**

动物种类：所有食品动物。

4.2.106 **硫酸钾（potassium sulfate）**

动物种类：马、牛、羊、猪。

4.2.107 **聚维酮碘（povidone iodine）**

动物种类：所有食品动物。

4.2.108 **碘解磷定（pralidoxime iodide）**

动物种类：所有哺乳类食品动物。

4.2.109 **吡喹酮（praziquantel）**

4.2.109.1 动物种类：绵羊、马。

4.2.109.2 其他规定：仅用于非泌乳绵羊。

4.2.110 **普鲁卡因（procaine）**

动物种类：所有食品动物。

4.2.111 **黄体酮（progesterone）**

4.2.111.1 动物种类：母马、母牛、母羊。

4.2.111.2 其他规定：泌乳期禁用。

4.2.112 **双羟萘酸噻嘧啶（pyrantel embonate）**

动物种类：马。

4.2.113 **溶葡萄球菌酶（recombinant lysostaphin）**

动物种类：奶牛、猪。

4.2.114 **水杨酸（salicylic acid）**

4.2.114.1 动物种类：除鱼外所有食品动物。

4.2.114.2 其他规定：仅作外用。

4.2.115 **东莨菪碱（scoplamine）**

动物种类：牛、羊、猪。

4.2.116 **血促性素（serum gonadotrophin）**

动物种类：马、牛、羊、猪、兔。

4.2.117 **碳酸氢钠（sodium bicarbonate）**

动物种类：马、牛、羊、猪。

4.2.118 **溴化钠（sodium bromide）**

4.2.118.1 动物种类：所有哺乳类食品动物。

4.2.118.2 其他规定：仅作外用。

4.2.119 **氯化钠（sodium chloride）**

动物种类：所有食品动物。

4.2.120 **二氯异氰脲酸钠（sodium dichloroisocyanurate）**

动物种类：所有哺乳类食品动物和禽类。

4.2.121 **二巯丙磺钠（sodium dimercaptopropanesulfonate）**

动物种类：马、牛、猪、羊。

4.2.122 **氢氧化钠（sodium hydroxide）**

动物种类：所有食品动物。

4.2.123 **乳酸钠（sodium lactate）**

动物种类：马、牛、羊、猪。

4.2.124 **亚硝酸钠（sodium nitrite）**

动物种类：马、牛、羊、猪。

4.2.125 **过硼酸钠（sodium perborate）**

动物种类：水产动物。

4.2.126 **过碳酸钠（sodium percarbonate）**

动物种类：水产动物。

4.2.127 **高碘酸钠（sodium periodate）**

4.2.127.1 动物种类：所有食品动物。

4.2.127.2 其他规定：仅作外用。

4.2.128 **焦亚硫酸钠（sodium pyrosulphite）**

动物种类：所有食品动物。

4.2.129 **水杨酸钠（sodium salicylate）**

4.2.129.1 动物种类：除鱼外所有食品动物。

4.2.129.2 其他规定：仅作外用，泌乳期禁用。

4.2.130 **亚硒酸钠（sodium selenite）**

动物种类：所有食品动物。

4.2.131 **硬脂酸钠（sodium stearate）**

动物种类：所有食品动物。

4.2.132 **硫酸钠（sodium sulfate）**

动物种类：马、牛、羊、猪。

4.2.133 **硫代硫酸钠（sodium thiosulphate）**

动物种类：所有食品动物。

4.2.134 **软皂（soft soap）**

动物种类：所有食品动物。

4.2.135 **脱水山梨醇三油酸酯（司盘85）（sorbitan trioleate）**

动物种类：所有食品动物。

4.2.136 **山梨醇（sorbitol）**

动物种类：马、牛、羊、猪。

4.2.137 **士的宁（strychnine）**

4.2.137.1 动物种类：牛。

4.2.137.2 其他规定：仅作口服用，剂量最大0.1 mg/kg bw。

4.2.138 **愈创木酚磺酸钾（sulfogaiacol）**

动物种类：所有食品动物。

4.2.139 **硫（sulphur）**

动物种类：牛、猪、山羊、绵羊、马。

4.2.140 **丁卡因（tetracaine）**

4.2.140.1 动物种类：所有食品动物。

4.2.140.2 其他规定：仅作麻醉剂用。

4.2.141 **硫喷妥钠（thiopental sodium）**

4.2.141.1 动物种类：所有食品动物。

4.2.141.2 其他规定：仅作静脉注射用。

4.2.142 **维生素A（vitamin A）**

动物种类：所有食品动物。

4.2.143 **维生素B_1（vitamin B_1）**

动物种类：所有食品动物。

4.2.144 **维生素B_{12}（vitamin B_{12}）**

动物种类：所有食品动物。

4.2.145 **维生素B_2（vitamin B_2）**

动物种类：所有食品动物。

4.2.146 **维生素B_6（vitamin B_6）**

动物种类：所有食品动物。

4.2.147 **维生素C（vitamin C）**

动物种类：所有食品动物。

4.2.148 **维生素D（vitamin D）**

动物种类：所有食品动物。

4.2.149 **维生素E（vitamin E）**

动物种类：所有食品动物。

4.2.150 **维生素 K_1 (vitamin K_1)**

动物种类：犊。

4.2.151 **赛拉嗪 (xylazine)**

4.2.151.1 动物种类：牛、马。

4.2.151.2 其他规定：泌乳期除外。

4.2.152 **赛拉唑 (xylazole)**

动物种类：马、牛、羊、鹿。

4.2.153 **氧化锌 (zinc oxide)**

动物种类：所有食品动物。

4.2.154 **硫酸锌 (zinc sulphate)**

动物种类：所有食品动物。

4.3 允许作治疗用，但不得在动物性食品中检出的兽药

4.3.1 **氯丙嗪 (chlorpromazine)**

4.3.1.1 残留标志物：氯丙嗪(chlorpromazine)。

4.3.1.2 动物种类：所有食品动物。

4.3.1.3 靶组织：所有可食组织。

4.3.2 **地西泮（安定）(diazepam)**

4.3.2.1 残留标志物：地西泮（diazepam）。

4.3.2.2 动物种类：所有食品动物。

4.3.2.3 靶组织：所有可食组织。

4.3.3 **地美硝唑 (dimetridazole)**

4.3.3.1 残留标志物：地美硝唑（dimetridazole）。

4.3.3.2 动物种类：所有食品动物。

4.3.3.3 靶组织：所有可食组织。

4.3.4 **苯甲酸雌二醇 (estradiol benzoate)**

4.3.4.1 残留标志物：雌二醇（estradiol）。

4.3.4.2 动物种类：所有食品动物。

4.3.4.3 靶组织：所有可食组织。

4.3.5 **潮霉素 B (hygromycin B)**

4.3.5.1 残留标志物：潮霉素 B(hygromycin B)。

4.3.5.2 动物种类：猪、鸡。

4.3.5.3 靶组织：可食组织、鸡蛋。

4.3.6 **甲硝唑 (metronidazole)**

4.3.6.1 残留标志物：甲硝唑（metronidazole）。

4.3.6.2 动物种类：所有食品动物。

4.3.6.3 靶组织：所有可食组织。

4.3.7 **苯丙酸诺龙 (nadrolone phenylpropionate)**

4.3.7.1 残留标志物：诺龙（nadrolone）。

4.3.7.2 动物种类：所有食品动物。

4.3.7.3 靶组织：所有可食组织。

4.3.8 **丙酸睾酮 (testosterone propinate)**

4.3.8.1 残留标志物：睾酮（testosterone）。

4.3.8.2 动物种类：所有食品动物。

4.3.8.3 靶组织：所有可食组织。

4.3.9 **赛拉嗪 (xylazine)**

4.3.9.1 残留标志物：赛拉嗪（xylazine）。

4.3.9.2 动物种类：产奶动物。

4.3.9.3 靶组织：奶。

索　　引

兽药英文通用名称索引

A

B

C

erythromycin	红霉素	4.1.43
estradiol benzoate	苯甲酸雌二醇	4.3.4
etamsylate	酚磺乙胺	4.2.48
ethanol	乙醇	4.2.49
ethopabate	乙氧酰胺苯甲酯	4.1.44

F

febantel, fenbendazole, oxfendazole	非班太尔、芬苯达唑、奥芬达唑	4.1.45
fenthion	倍硫磷	4.1.46
fenvalerate	氰戊菊酯	4.1.47
ferrous sulphate	硫酸亚铁	4.2.50
florfenicol	氟苯尼考	4.1.48
fluazuron	氟佐隆	4.1.49
flubendazole	氟苯达唑	4.1.50
flugestone acetate	醋酸氟孕酮	4.1.51
flumequine	氟甲喹	4.1.52
flumethrin	氟氯苯氰菊酯	4.1.53
flumethrin	氟氯苯氰菊酯	4.2.51
fluocinonide	氟轻松	4.2.52
fluvalinate	氟胺氰菊酯	4.1.54
folic acid	叶酸	4.2.53
follicle stimulating hormone (natural FSH from all species and their synthetic analogues)	促卵泡激素（各种动物天然FSH及其化学合成类似物）	4.2.54
formaldehyde	甲醛	4.2.55
formic acid	甲酸	4.2.56

G

gelatin	明胶	4.2.57
gentamicin	庆大霉素	4.1.55
glucose	葡萄糖	4.2.58
glutaraldehyde	戊二醛	4.2.59
glycerol	甘油	4.2.60
gonadotrophin releasing hormone	垂体促性腺激素释放激素	4.2.61

H

halimide	月苄三甲氯铵	4. 2. 62
halofuginone	常山酮	4. 1. 56
human chorion gonadotrophin	绒促性素	4. 2. 63
hydrochloric acid	盐酸	4. 2. 64
hydrochlorothiazide	氢氯噻嗪	4. 2. 65
hydrocortisone	氢化可的松	4. 2. 66
hydrogen peroxide	过氧化氢	4. 2. 67
hygromycin B	潮霉素 B	4. 3. 5

I

ichthammol	鱼石脂	4. 2. 68
idazoxan	苯噁唑	4. 2. 69
imidocarb	咪多卡	4. 1. 57
iodine and iodine inorganic compounds including: sodium and potassium-iodide, sodium and potassium-iodate	碘和碘无机化合物包括：碘化钠和钾、碘酸钠和钾	4. 2. 70
iron dextran	右旋糖酐铁	4. 2. 71
isometamidium	氮氨菲啶	4. 1. 58
ivermectin	伊维菌素	4. 1. 59

K

kaolin	白陶土	4. 2. 72
kanamycin	卡那霉素	4. 1. 60
ketamine	氯胺酮	4. 2. 73
kitasamycin	吉他霉素	4. 1. 61

L

lactasin	乳酶生	4. 2. 74
lactic acid	乳酸	4. 2. 75
lasalocid	拉沙洛西	4. 1. 62
levamisole	左旋咪唑	4. 1. 63
lidocaine	利多卡因	4. 2. 76
lincomycin	林可霉素	4. 1. 64
luteinising hormone (natural LH from all species and their synthetic analogues)	促黄体激素（各种动物天然 LH 及其化学合成类似物）	4. 2. 77

M

N

O

S

salicylic acid 水杨酸 ························ 4.2.114
salinomycin 盐霉素 ························ 4.1.86
sarafloxacin 沙拉沙星 ························ 4.1.87
scoplamine 东莨菪碱 ························ 4.2.115
semduramicin 赛杜霉素 ························ 4.1.88
serum gonadotrophin 血促性素 ························ 4.2.116
sodium bicarbonate 碳酸氢钠 ························ 4.2.117
sodium bromide 溴化钠 ························ 4.2.118
sodium chloride 氯化钠 ························ 4.2.119
sodium dichloroisocyanurate 二氯异氰脲酸钠 ························ 4.2.120
sodium dimercaptopropanesulfonate 二巯丙磺钠 ························ 4.2.121
sodium hydroxide 氢氧化钠 ························ 4.2.122
sodium lactate 乳酸钠 ························ 4.2.123
sodium nitrite 亚硝酸钠 ························ 4.2.124
sodium perborate 过硼酸钠 ························ 4.2.125
sodium percarbonate 过碳酸钠 ························ 4.2.126
sodium periodate 高碘酸钠 ························ 4.2.127
sodium pyrosulphite 焦亚硫酸钠 ························ 4.2.128
sodium salicylate 水杨酸钠 ························ 4.2.129
sodium selenite 亚硒酸钠 ························ 4.2.130
sodium stearate 硬脂酸钠 ························ 4.2.131
sodium sulfate 硫酸钠 ························ 4.2.132
sodium thiosulphate 硫代硫酸钠 ························ 4.2.133
soft soap 软皂 ························ 4.2.134
sorbitan trioleate 脱水山梨醇三油酸酯（司盘 85） ························ 4.2.135
sorbitol 山梨醇 ························ 4.2.136
spectinomycin 大观霉素 ························ 4.1.89
spiramycin 螺旋霉素 ························ 4.1.90
streptomycin，dihydrostreptomycin 链霉素、双氢链霉素 ························ 4.1.91
strychnine 士的宁 ························ 4.2.137
sulfadimidine 磺胺二甲嘧啶 ························ 4.1.92
sulfogaiacol 愈创木酚磺酸钾 ························ 4.2.138
sulfonamides 磺胺类 ························ 4.1.93

七十四、食品安全国家标准　水产品中大环内酯类药物残留量的测定　液相色谱-串联质谱法

前　　言

本标准按照 GB/T 1.1—2009 给出的规则起草。

本标准系首次发布。

1 范围

本标准规定了水产品中竹桃霉素、红霉素、克拉霉素、阿奇霉素、吉他霉素、交沙霉素、螺旋霉素、替米考星、泰乐菌素9种大环内酯类药物残留量检测的制样和液相色谱-串联质谱测定方法。

本标准适用于水产品中鱼、虾、蟹、贝类等的可食组织中竹桃霉素、红霉素、克拉霉素、阿奇霉素、吉他霉素、交沙霉素、螺旋霉素、替米考星、泰乐菌素9种大环内酯类药物残留量的检测。

2 规范性引用文件

下列文件对于本文件的应用是必不可少的。凡是注日期的引用文件，仅注日期的版本适用于本文件。凡是不注日期的引用文件，其最新版本（包括所有的修改单）适用于本文件。

GB/T 6682　分析实验室用水规格和试验方法

3 原理

试样中大环内酯类药物的残留经乙腈提取，正己烷除脂、中性氧化铝柱净化，液相色谱-串联质谱法测定，外标法定量。

4 试剂与材料

除另有规定外，所有试剂均为分析纯，水为符合GB/T 6682规定的一级水。

4.1 试剂

4.1.1 乙腈（CH_3CN）：色谱纯。

4.1.2 甲醇（CH_3OH）：色谱纯。

4.1.3 正己烷（C_6H_{14}）：色谱纯。

4.1.4 甲酸（HCOOH）：色谱纯。

4.1.5 乙酸铵（CH_3COONH_4）。

4.1.6 异丙醇［$(CH_3)_2CHOH$］。

4.2 溶液配制

4.2.1 乙腈饱和正己烷：取正己烷200 mL于250 mL分液漏斗中，加入适量乙腈后，剧烈振摇，待分配平衡后，弃去乙腈层即得。

4.2.2 0.05 mol/L乙酸铵溶液：取乙酸铵0.77 g，用水溶解并稀释至200 mL。

4.2.3 0.1%甲酸溶液：取甲酸1 mL，用水溶解并稀释至1 000 mL。

4.2.4 定容液：取乙腈20 mL和乙酸铵溶液80 mL，混合均匀。

4.3 标准品

竹桃霉素、红霉素、克拉霉素、阿奇霉素、交沙霉素、螺旋霉素、替米考星、泰乐菌素含量均≥92.0%，吉他霉素含量≥72.0%，具体内容参见附录A。

4.4 标准溶液制备

4.4.1 标准储备液：取竹桃霉素、红霉素、克拉霉素、阿奇霉素、吉他霉素、交沙霉素、螺旋霉素、替米考星和泰乐菌素标准品各适量（相当于各活性成分10 mg），精密称定，分别于100 mL棕色量瓶中，用甲醇溶解并稀释至刻度，配制成浓度为100 μg/mL大环内酯类药物标准储备液。红霉素、克拉霉素和泰乐菌素－20℃以下避光保存，竹桃霉素、阿奇霉素、吉他霉素、交沙霉素、螺旋霉素、替米考星4℃以下避光保存，有效期3个月。

4.4.2 混合标准工作液：精密量取标准储备液各1 mL，于10 mL棕色量瓶中，用甲醇溶解并稀释至刻度，配制成浓度为10 μg/mL大环内酯类药物混合标准工作液。4℃以下避光保存，有效期1个月。

4.5 材料

4.5.1 中性氧化铝固相萃取柱：2 g/6 mL，或相当者。

4.5.2 尼龙微孔滤膜：0.22 μm。

5 仪器和设备

5.1 液相色谱-串联质谱仪：配电喷雾离子源。

5.2 分析天平：感量0.000 01 g和0.01 g。

5.3 氮吹仪。

5.4 涡旋振荡器：3 000 r/min。

5.5 移液枪：200 μL，1 mL，5 mL。

5.6 离心机：4 000 r/min。

5.7 梨形瓶：100 mL。

5.8 超声波振荡器。

5.9 旋转蒸发器。

6 试料的制备与保存

6.1 试料的制备

取适量新鲜或解冻的空白或供试组织，绞碎，

并使均质：

a) 取均质后的供试样品，作为供试试料；

b) 取均质后的空白样品，作为空白试料；

c) 取均质后的空白样品，添加适宜浓度的标准工作液，作为空白添加试料。

6.2 试料的保存

−18℃以下保存，3个月内进行分析检测。

7 测定步骤

7.1 提取

取试料5 g（准确至±20 mg），于50 mL塑料离心管中加入乙腈20 mL，于涡旋振荡器上以2 000 r/min涡旋1 min，超声5 min，以3 500 r/min离心6 min，取上清液转移至另一离心管中，残渣再加乙腈15 mL，重复提取一次，合并上清液，备用。

7.2 净化

中性氧化铝固相萃取柱预先用乙腈5 mL活化，取备用液过柱，用乙腈5 mL洗脱，收集洗脱液于梨形瓶中，加入异丙醇4 mL，40℃旋转蒸发至干。精密加入定容液2 mL溶解残余物，加乙腈饱和正己烷2 mL，转至10 mL离心管中，涡旋10 s，以3 000 r/min离心8 min，取下层清液过0.22 μm滤膜，供液相色谱-串联质谱测定。

7.3 基质匹配标准曲线的制备

精密量取混合标准工作液适量，用空白样品提取液溶解稀释，配制成大环内酯类药物浓度为1 ng/mL、5 ng/mL、20 ng/mL、100 ng/mL、250 ng/mL、500 ng/mL和1 000 ng/mL的系列基质标准工作溶液；现配现用。以特征离子质量色谱峰面积为纵坐标、标准溶液浓度为横坐标，绘制标准曲线。求回归方程和相关系数。

7.4 测定

7.4.1 液相色谱参考条件

a) 色谱柱：C_{18}色谱柱（150 mm×2.0 mm，5 μm）或相当者；

b) 流动相：A为0.1%的甲酸水溶液，B为乙腈，梯度洗脱条件见表1；

c) 流速：0.2 mL/min；

d) 柱温：30℃；

e) 进样量：10 μL。

表1 流动相梯度洗脱条件

时间，min	0.1%甲酸水溶液,%	乙腈,%
0	95	5
2	95	5
10	5	95
11	95	5
16	95	5

7.4.2 质谱参考条件

a) 离子源：电喷雾（ESI）离子源；

b) 扫描方式：正离子扫描；

c) 检测方式：多反应监测；

d) 喷雾电压：4 000 V；

e) 离子传输毛细管温度：350℃；

f) 雾化气压力：248 kPa；

g) 辅助气压力：48 kPa；

h) 定性离子对、定量离子对和碰撞能量见表2。

表2 定性离子对、定量子离子和碰撞能量

化合物名称	定性离子对（碰撞能量），*m/z*（eV）	定量离子对（碰撞能量），*m/z*（eV）
竹桃霉素（OLD）	688.4/158.1（28） 688.4/544.3（16）	688.4/544.3（16）
红霉素（ERM）	734.4/158.2（28） 734.4/576.2（18）	734.4/576.2（18）
克拉霉素（CLA）	748.5/158.1（28） 748.5/590.4（18）	748.5/158.1（28）
阿奇霉素（AZI）	749.5/158.0（36） 749.5/591.4（27）	749.5/158.0（36）

表2（续）

化合物名称	定性离子对（碰撞能量），*m/z*（eV）	定量离子对（碰撞能量），*m/z*（eV）
吉他霉素（KIT）	772.4/109.4（33） 772.4/174.3（30）	772.4/174.3（30）
交沙霉素（JOS）	828.3/109.4（35） 828.3/174.1（32）	828.3/174.1（32）
螺旋霉素（SPI）	843.4/174.2（36） 843.4/142.1（40）	843.4/174.2（36）
替米考星（TIL）	869.5/137.7（41） 869.5/696.3（36）	869.5/696.3（36）
泰乐菌素（TYL）	916.4/174.2（36） 916.4/772.2（29）	916.4/174.2（36）

7.4.3 测定法

7.4.3.1 定性测定

在同样测试条件下，试样溶液中大环内酯类药物的保留时间与标准工作液中大环内酯类药物的保留时间之比，偏差在±5%以内，且检测到的离子的相对丰度，应当与浓度相当的校正标准溶液相对丰度一致。其允许偏差应符合表3要求。

表3 定性确证时相对离子丰度的允许偏差

单位：%

相对离子丰度	允许偏差
>50	±20
20～50	±25
10～20	±30
≤10	±50

7.4.3.2 定量测定

按7.4.1和7.4.2设定仪器条件，以基质标准工作溶液浓度为横坐标，以峰面积为纵坐标，绘制标准工作曲线，作单点或多点校准，按外标法计算试样中药物的残留量，定量离子采用丰度最大的二级特征离子碎片。标准溶液特征离子质量色谱图参见附录B。

7.5 空白试验

除不加试料外，均按上述测定步骤进行。

8 结果计算和表述

试样中待测药物的残留量按式（1）计算。

$$X=\frac{C_S \times A \times V}{A_S \times m} \qquad \cdots\cdots\cdots\cdots (1)$$

式中：

X ——试样中被测组分的残留量，单位为微克每千克（μg/kg）；

C_S ——标准工作液测得的被测组分溶液浓度，单位为纳克每毫升（ng/mL）；

A ——试样溶液中被测组分峰面积；

A_S ——标准工作液被测组分峰面积；

V ——试样溶液定容体积，单位为毫升（mL）；

m ——试料质量，单位为克（g）。

计算结果需扣除空白值。测定结果用2次平行测定的算术平均值表示，保留3位有效数字。

9 方法灵敏度、准确度和精密度

9.1 灵敏度

本方法的检测限为1.0 μg/kg；红霉素、替米考星定量限为2.0 μg/kg，竹桃霉素、克拉霉素、阿奇霉素、吉他霉素、交沙霉素、螺旋霉素、泰乐菌素定量限为4.0 μg/kg。

9.2 准确度

红霉素、替米考星在2.0 μg/kg～40 μg/kg添加浓度的回收率为70%～120%；竹桃霉素、克拉霉素、阿奇霉素、吉他霉素、交沙霉素、螺旋霉素、泰乐菌素在4.0 μg/kg～40 μg/kg添加浓度的回收率为70%～120%。

9.3 精密度

本方法的批内相对标准偏差≤15%，批间相对标准偏差≤15%。

附 录 A
(资料性附录)
9种大环内酯类药物中英文通用名称、化学分子式和CAS号

9种大环内酯类药物中英文通用名称、化学分子式和CAS号见表A.1。

表A.1 9种大环内酯类药物中英文通用名称、化学分子式和CAS号

中文通用名称	英文通用名称	化学分子式	CAS号
竹桃霉素	oleandomycin	$C_{35}H_{61}NO_{12}$	2751-09-9
红霉素	erythromycin	$C_{37}H_{67}NO_{3}$	114-07-8
克拉霉素	clarithromycin	$C_{38}H_{69}NO_{13}$	81103-11-9
阿奇霉素	azithromycin	$C_{38}H_{72}N_{2}O_{12}$	83905-01-5
吉他霉素	kitasamycin	$C_{40}H_{67}NO_{14}$	1392-21-8
交沙霉素	josamycin	$C_{42}H_{69}NO_{15}$	16846-24-5
螺旋霉素	spiramycin	$C_{43}H_{74}N_{2}O_{14}$	8025-81-8
替米考星	tilmicosin	$C_{46}H_{80}N_{2}O_{13}$	108050-54-0
泰乐菌素	tylosin	$C_{46}H_{77}NO_{17}$	1401-69-0

附　录　B
（资料性附录）
标准溶液特征离子质量色谱图

标准溶液特征离子质量色谱图见图 B.1。

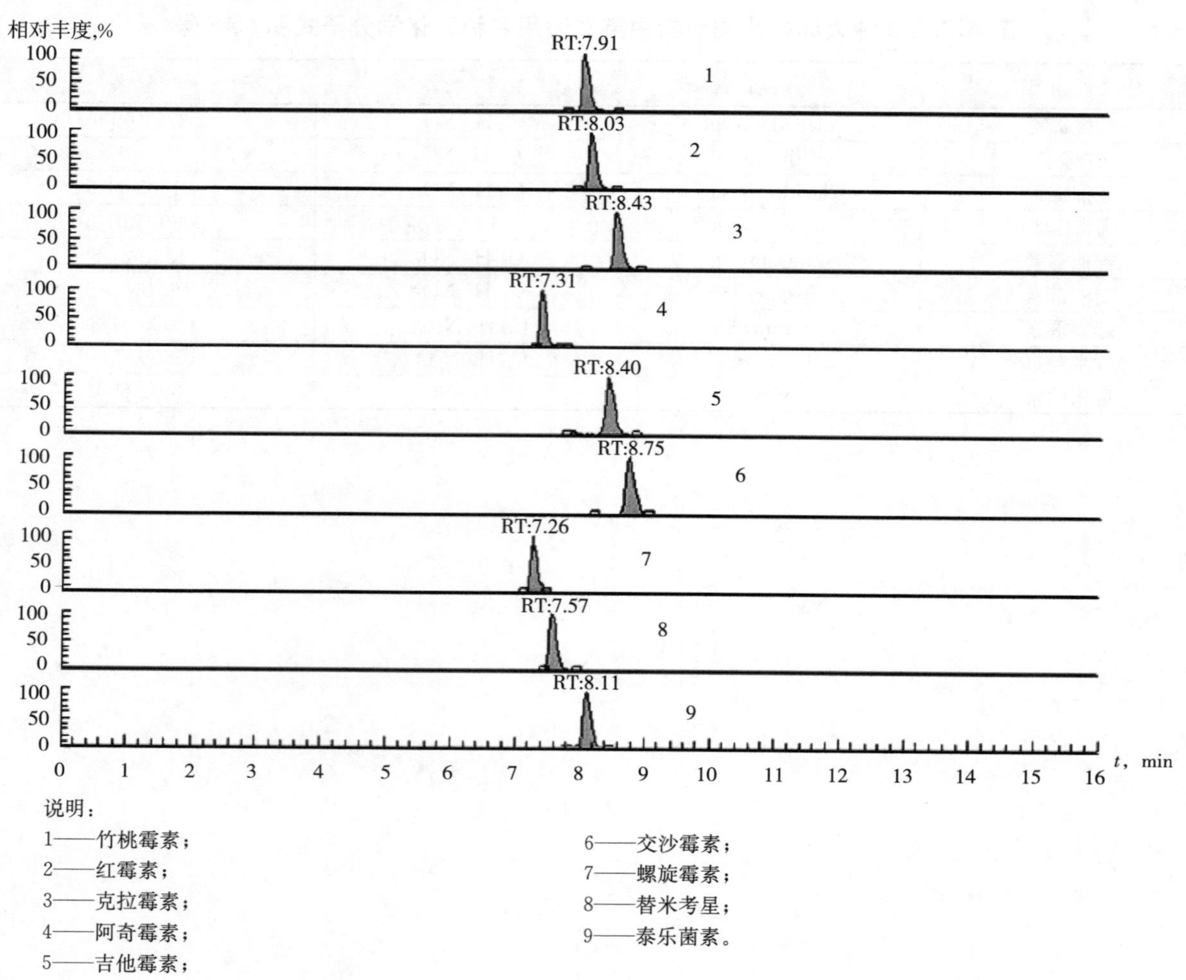

说明：
1——竹桃霉素；
2——红霉素；
3——克拉霉素；
4——阿奇霉素；
5——吉他霉素；
6——交沙霉素；
7——螺旋霉素；
8——替米考星；
9——泰乐菌素。

图 B.1　大环内酯类药物混合标准溶液（1 ng/mL）的特征离子质量色谱图

七十五、绿色食品　兽药使用准则

前　　言

本文件按照 GB/T 1.1—2020《标准化工作导则　第1部分：标准化文件的结构和起草规则》的规定起草。

本文件代替 NY/T 472—2013《绿色食品　兽药使用准则》，与 NY/T 472—2013 相比，除结构性调整和编辑性修改外，主要技术变化如下：

a) 修改了β-受体激动剂类药物名称栏的内容（见附录 A 表 A.1，2013 年版附录 A 表 A.1）；
b) 修改了激素类药物栏名称，并增加了药物（见附录 A 表 A.1，2013 年版附录 A 表 A.1）；
c) 增加了苯巴比妥（phenobarbital）等 4 种药物（见附录 A 表 A.1）；
d) 删除了琥珀氯霉素（见 2013 年版附录 A 表 A.1）；
e) 修改了磺胺类及其增效剂药物名称栏的内容（见附录 A 表 A.1，2013 年版附录 A 表 A.1）；
f) 增加了恩诺沙星（enrofloxacin）（见附录 A 表 A.1）；
g) 增加了大环内酯类、糖肽类、多肽类栏，并增加有关药物（见附录 A 表 A.1）；
h) 调整有机胂制剂至抗菌类药物单设一栏（见附录 A 表 A.1，2013 年版附录 A 表 A.1）；
i) 修改了苯并咪唑类栏内的药物（见附录 A 表 A.1，2013 年版附录 A 表 A.1）；
j) 更改了“二氯二甲吡啶酚”的名称，增加了盐霉素（salinomycin）（见附录 A 表 A.1，2013 年版附录 A 表 A.1）；
k) 增加了洛硝达唑（ronidazole）（见附录 A 表 A.1）；
l) 调整汞制剂药物单列一栏（见附录 A 表 A.1，2013 年版附录 A 表 A.1）；
m) 增加了潮霉素 B（hygromycin B）和非泼罗尼（氟虫腈，fipronil）（见附录 A 表 A.1）；
n) 更改青霉素类栏名，并增加一些药物（见附录 B 表 B.1，2013 年版附录 B 表 B.1）；
o) 增加了寡糖类药物（见附录 B 表 B.1）；
p) 增加了卡那霉素（kanamycin）调整越霉素 A 位置（见附录 B 表 B.1）；
q) 将磺胺类栏删除（见 2013 年版附录 B 表 B.1）；
r) 增加了甲砜霉素（thiamphenicol）（见附录 B 表 B.1）；
s) 增加了噁喹酸（oxolinic acid）（见附录 B 表 B.1）；
t) 删除了黏霉素（见 2013 年版附录 B 表 B.1）；
u) 更改了“马杜霉素”名称；删除了氯羟吡啶、氯苯胍和盐霉素钠，转入越霉素 A（destomycin A），增加了托曲珠利（toltrazuril）等 4 种药物（见附录 B 表 B.1，2013 年版附录 B 表 B.1）；
v) 增加了阿司匹林（aspirin）、卡巴匹林钙（carbasalate calcium）（见附录 B 表 B.1）；
w) 更改了青霉素类栏名，更改了苄星邻氯青霉素名称（见附录 B 表 B.2，2013 年版附录 B 表 B.1）；
x) 增加了酰胺醇类、喹诺酮类、氨基糖苷类栏，并增加了有关药物（见附录 B 表 B.2）；
y) 删除了奥芬达唑（oxfendazole）和双甲脒（amitraz）；增加了托曲珠利（toltrazuril）等 7 种药物（见附录 B 表 B.2，2013 年版附录 B 表 B.1）；
z) 增加了镇静类、性激素、解热镇痛类栏，并增加了有关药物（见附录 B 表 B.2）。

本文件由农业农村部农产品质量安全监管司提出。

本文件由中国绿色食品发展中心归口。

本文件起草单位：农业农村部动物及动物产品卫生质量监督检验测试中心、江西省农业科学院农产品质量安全与标准研究所、北京中农劲腾生物技术股份有限公司、中国兽医药品监察所、中国绿色食品发展中心、青岛市农产品质量安全中心、山东省绿色食品发展中心、青岛农业大学、青岛田瑞科技集团有限公司。

本文件主要起草人：宋翠平、王玉东、戴廷灿、李伟红、张世新、汪霞、贾付从、张宪、董国强、王文杰、付红蕾、孟浩、曲晓青、王冬根、苗在京、王淑婷、刘坤、孙京新、朱伟民、赵思俊、秦立得、曹旭敏、郑增忍。

本文件及其所代替文件的历次版本发布情况为：

——2001 年首次发布为 NY/T 472，2006 年第一次修订，2013 年第二次修订；

——2013 年第二次修订时，删除了最高残留限量的定义，补充了泌乳期、执业兽医等术语和定义，修改完善了可使用的兽药种类，补充了 2006 年以来农业部发布的相关禁用药物；补充了产蛋期和泌乳期不应使用的兽药；

——本次为第三次修订。

引　言

绿色食品是指产自优良生态环境、按照绿色食品标准生产、实行全程质量控制并获得绿色食品标志使用权的安全、优质食用农产品及相关产品。从食品安全和生态环境保护两方面考虑，规范绿色食品畜禽养殖过程中的兽药使用行为，确立兽药使用的基本要求、使用规定和使用记录，是保证绿色食品符合性的一个重要方面。

本文件用于规范绿色食品畜禽养殖过程中的兽药使用和管理行为。2013 年版标准已经建立起比较完善有效的标准框架，确定了兽药使用的基本原则、生产 AA 级和 A 级绿色食品的兽药使用原则，对可使用的兽药种类和不应使用的兽药种类进行了严格规定，并以列表形式规范了不应使用的药物名录。该标准为规范我国绿色食品生产中的兽药使用，提高动物性绿色食品安全水平发挥了重要作用。

随着国家新颁布的《中华人民共和国兽药典》《食品安全国家标准　食品中兽药最大残留限量》(GB 31650) 等法律、法规、标准和公告，以及畜禽养殖技术水平、规模和兽药使用种类、方法的不断变化，结合绿色食品“安全、优质”的特性和要求，急需对原标准进行修订完善。

本次修订主要根据国家最新标准及相关法律法规，结合实际兽药使用、例行监测和风险评估等情况，重新评估并选定了不应使用的药物种类，同时对文本框架及有关内容进行了部分修改。修订后的 NY/T 472 对绿色食品畜禽生产中兽药的使用和管理更有指导意义。

1 范围

本文件规定了绿色食品生产中兽药使用的术语和定义、基本要求、生产绿色食品的兽药使用规定和兽药使用记录。

本文件适用于绿色食品畜禽养殖过程中兽药的使用和管理。

2 规范性引用文件

下列文件中的内容通过文中的规范性引用而构成本文件必不可少的条款。其中，注日期的引用文件，仅该日期对应的版本适用于本文件；不注日期的引用文件，其最新版本（包括所有的修改单）适用于本文件。

GB/T 19630 有机产品 生产、加工、标识与管理体系要求

GB 31650 食品安全国家标准 食品中兽药最大残留限量

NY/T 391 绿色食品 产地环境质量

NY/T 473 绿色食品 畜禽卫生防疫准则

NY/T 3445 畜禽养殖场档案规范

中华人民共和国兽药典

中华人民共和国国务院令 第726号 国务院关于修改和废止部分行政法规的决定 兽药管理条例

中华人民共和国农业部公告 第176号 禁止在饲料和动物饮用水中使用的药物品种目录

中华人民共和国农业农村部公告 第194号 停止生产、进口、经营、使用部分药物饲料添加剂，并对相关管理政策作出调整

中华人民共和国农业农村部公告 第250号 食品动物中禁止使用的药品及其他化合物清单

中华人民共和国农业农村部 海关总署公告 第369号 进口兽药管理目录

中华人民共和国农业部公告 第1519号 禁止在饲料和动物饮水中使用的物质名单

中华人民共和国农业部公告 第2292号 在食品动物中停止、使用洛美沙星、培氟沙星、氧氟沙星、诺氟沙星4种兽药，撤销相关兽药产品批准文号

中华人民共和国农业部公告 第2428号 停止硫酸黏菌素用于动物促生长

中华人民共和国农业部公告 第2513号 兽药质量标准

中华人民共和国农业部公告 第2583号 禁止非泼罗尼及相关制剂用于食品动物

中华人民共和国农业部公告 第2638号 停止在食品动物中使用喹乙醇、氨苯胂酸、洛克沙胂等3种兽药

3 术语和定义

下列术语和定义适用于本文件。

3.1 AA级绿色食品 AA grade green food

产地环境质量符合NY/T 391的要求，遵照绿色食品标准生产，生产过程遵循自然规律和生态学原理，协调种植业和养殖业的平衡，不使用化学合成的肥料、农药、兽药、渔药、添加剂等物质，产品质量符合绿色食品产品标准，经专门机构许可使用绿色食品标志的产品。

3.2 A级绿色食品 A grade green food

产地环境质量符合NY/T 391的要求，遵照绿色食品标准生产，生产过程遵循自然规律和生态学原理，协调种植业和养殖业的平衡，限量使用限定的化学合成生产资料，产品质量符合绿色食品产品标准，经专门机构许可使用绿色食品标志的产品。

3.3 兽药 veterinary drug

用于预防、治疗、诊断动物疾病或者有目的地调节动物生理机能的物质（含药物饲料添加剂），主要包括血清制品、疫苗、诊断制品、微生态制品、中药材、中成药、化学药品、抗生素、生化药品、放射性药品及外用杀虫剂、消毒剂等。

3.4 微生态制品 probiotics

运用微生态学原理，利用对宿主有益的乳酸菌类、芽孢杆菌类和酵母菌类等微生物及其代谢产物，经特殊工艺用一种或多种微生物制成的制品。

3.5 消毒剂 disinfectant

杀灭传播媒介上病原微生物的制剂。

3.6 休药期 withdrawal time

从畜禽停止用药到允许屠宰或其产品（肉、蛋、乳）许可上市的间隔时间。

3.7 执业兽医 licensed veterinarian

具备兽医相关技能，依照国家相关规定取得兽医执业资格，依法从事动物诊疗和动物保健等经营活动的兽医。

4 要求

4.1 基本要求

4.1.1 动物饲养环境应符合 NY/T 391 的规定。应加强饲养管理，供给动物充足的营养。按 NY/T 473 的规定，做好动物卫生防疫工作，建立生物安全体系，采取各种措施减少应激，增强动物的免疫力和抗病力。

4.1.2 按《中华人民共和国动物防疫法》和《中华人民共和国畜牧法》的规定，进行动物疫病的预防和控制，合理使用饲料、饲料添加剂和兽药等投入品。

4.1.3 在养殖过程中宜不用或少用药物。确需使用兽药时，应在执业兽医指导下，按本文件规定，在可使用的兽药中选择使用，并严格执行药物用量、用药时间和休药期等。

4.1.4 所用兽药应来自取得兽药生产许可证和具有批准文号的生产企业，或在中国取得进口兽药注册证书的供应商。使用的兽药质量应符合《中华人民共和国兽药典》和农业部公告第 2513 号的规定。

4.1.5 不应使用假、劣兽药以及国务院兽医行政管理部门规定禁止使用的药品和其他化合物；不应将未批准兽用的人用药物用于动物。

4.1.6 按照国家有关规定和要求，使用有国家兽药批准文号或经农业农村部备案的药物残留检测或动物疫病诊断的胶体金试剂卡、酶联免疫吸附试验（ELISA）反应试剂以及聚合酶链式反应（PCR）诊断试剂等诊断制品。

4.1.7 兽药使用应符合《中华人民共和国兽药典》、国务院令第 726 号、农业部公告第 2513 号、GB 31650、农业农村部 海关总署公告第 369 号、农业农村部公告第 250 号和其他有关农业农村部公告的规定。建立兽药使用记录。

4.2 生产 AA 级绿色食品的兽药使用规定

执行 GB/T 19630 的相关规定。

4.3 生产 A 级绿色食品的兽药使用规定

4.3.1 可使用的药物种类

4.3.1.1 优先使用 GB/T 19630 规定的兽药、GB 31650 允许用于食品动物但不需要制定残留限量的兽药、《中华人民共和国兽药典》和农业部公告第 2513 号中无休药期要求的兽药。

4.3.1.2 国务院兽医行政管理部门批准的微生态制品、中药制剂和生物制品。

4.3.1.3 中药类的促生长药物饲料添加剂。

4.3.1.4 国家兽医行政管理部门批准的高效、低毒和对环境污染低的消毒剂。

4.3.2 不应使用的药物种类

4.3.2.1 GB 31650 中规定的禁用药物，超出《中华人民共和国兽药典》和农业部公告第 2513 号中作用与用途的规定范围使用药物。

4.3.2.2 农业部公告第 176 号、农业农村部公告第 250 号、农业部公告第 1519 号、农业部公告第 2292 号、农业部公告第 2428 号、农业部公告第 2583 号、农业部公告第 2638 号等国家明令禁止在饲料、动物饮水和食品动物中使用的药物。

4.3.2.3 农业农村部公告第 194 号规定的含促生长类药物的药物饲料添加剂；任何促生长类的化学药物。

4.3.2.4 附录 A 中表 A.1 所列药物。产蛋供人食用的家禽，在产蛋期不应使用附录 B 中表 B.1 所列药物；产乳供人食用的牛、羊等，在泌乳期不应使用附录 B 中表 B.2 所列药物。

4.3.2.5 酚类消毒剂。产蛋期同时不应使用醛类消毒剂。

4.3.2.6 国家新禁用或列入限制使用兽药名录的药物。

4.3.2.7 附录 A 和附录 B 中所列的药物在国家新颁布标准或法规以后，若允许食品动物使用且无残留限量要求时，将自动从附录中移除。若有限量要求时应在安全评估后，决定是否从附录中移除。

4.4 兽药使用记录

4.4.1 建立兽药使用记录和档案管理应符合 NY/T 3445 的规定。

4.4.2 应建立兽药采购入库记录，记录内容包括商品名称、通用名称、主要成分、生产单位、采购来源、生产批号、规格、数量、有效期、储存条件等。

4.4.3 应建立兽药使用、消毒、动物免疫、动物疫病诊疗、诊断制品使用等记录。各种记录应包括以下所列内容：

a) 兽药使用记录，包括商品名称、通用名称、生产单位、采购来源、生产批号、规格、有效期、使用目的、使用剂量、给药途径、给药时间、不良反应、休药期、给药人员等；

b) 消毒记录，包括商品名称、通用名称、消毒剂浓度、配制比例、消毒方式、消毒场所、消毒日期、消毒人员等；

c) 动物免疫记录，包括疫苗通用名称、商品名称、生产单位、生产批号、剂量、免疫方法、免疫时间、免疫持续期、免疫人员等；

d) 动物疫病诊疗记录，包括动物种类、发病数量、圈（舍）号、发病时间、症状、诊断结论、用药名称、用药剂量、使用方法、使用时间、休药期、诊断人员等；

e) 诊断制品使用记录，包括诊断制品名称、生产单位、生产批号、规格、有效期、使用数量、使用方法、诊断结果、诊断时间、诊断人员、审核人员等。

4.4.4 每年应对兽药生产供应商和兽药使用效果进行一次评价，为下一年兽药采购和使用提供依据。

4.4.5 兽药使用记录档案应由专人负责归档，妥善保管。兽药使用记录档案保存时间应符合NY/T 3445的规定，且在产品上市后保存2年以上。

附 录 A
(规范性)
生产A级绿色食品不应使用的药物

生产A级绿色食品不应使用表A.1所列的药物。

表A.1 生产A级绿色食品不应使用的药物目录

序号	种类		药物名称	用途
1	β-受体激动剂类		所有β-受体激动剂(β-agonists)类及其盐、酯及制剂	所有用途
2	激素类	性激素类	己烯雌酚(diethylstilbestrol)、己二烯雌酚(dienoestrol)、己烷雌酚(hexestrol)、雌二醇(estradiol)、戊酸雌二醇(estradiol valcrate)、苯甲酸雌二醇(estradiol benzoate)及其盐、酯及制剂	所有用途
		同化激素类	甲基睾丸酮(methytestosterone)、丙酸睾酮(testosterone propinate)、群勃龙(去甲雄三烯醇酮,trenbolone)、苯丙酸诺龙(nandrolone phenylpropionate)及其盐、酯及制剂	所有用途
		具雌激素样作用的物质	醋酸甲孕酮(mengestrolacetate)、醋酸美仑孕酮(melengestrol acetate)、玉米赤霉醇类(zeranol)、醋酸氯地孕酮(chlormadinone Acetate)	所有用途
3	催眠、镇静类		安眠酮(methaqualone)	所有用途
			氯丙嗪(chlorpromazine)、地西泮(安定,diazepam)、苯巴比妥(phenobarbital)、盐酸可乐定(clonidine hydrochloride)、盐酸赛庚啶(cyproheptadine hydrochloride)、盐酸异丙嗪(promethazine hydrochloride)	所有用途
4	抗菌药类	砜类抑菌剂	氨苯砜(dapsone)	所有用途
		酰胺醇类	氯霉素(chloramphenicol)及其盐、酯	所有用途
		硝基呋喃类	呋喃唑酮(furazolidone)、呋喃西林(furacillin)、呋喃妥因(nitrofurantoin)、呋喃它酮(furaltadone)、呋喃苯烯酸钠(nifurstyrenate sodium)	所有用途
		硝基化合物	硝基酚钠(sodium nitrophenolate)、硝呋烯腙(nitrovin)	所有用途
		磺胺类及其增效剂	所有磺胺类(sulfonamides)及其增效剂(temper)的盐及制剂	所有用途
		喹诺酮类	诺氟沙星(norfloxacin)、氧氟沙星(ofloxacin)、培氟沙星(pefloxacin)、洛美沙星(lomefloxacin)	所有用途
			恩诺沙星(enrofloxacin)	乌鸡养殖
		大环内酯类	阿奇霉素(azithromycin)	所有用途
		糖肽类	万古霉素(vancomycin)及其盐、酯	所有用途
		喹噁啉类	卡巴氧(carbadox)、喹乙醇(olaquindox)、喹烯酮(quinocetone)、乙酰甲喹(mequindox)及其盐、酯及制剂	所有用途
		多肽类	硫酸黏菌素(colistin sulfate)	促生长
		有机胂制剂	洛克沙胂(roxarsone)、氨苯胂酸(阿散酸,arsanilic acid)	所有用途
		抗生素滤渣	抗生素滤渣(antibiotic filter residue)	所有用途

表 A.1（续）

序号	种类		药物名称	用途
5	抗寄生虫类	苯并咪唑类	阿苯达唑（albendazole）、氟苯达唑（flubendazole）、噻苯达唑（thiabendazole）、甲苯咪唑（mebendazole）、奥苯达唑（oxibendazole）、三氯苯达唑（triclabendazole）、非班太尔（fenbantel）、芬苯达唑（fenbendazole）、奥芬达唑（oxfendazole）及制剂	所有用途
		抗球虫类	氯羟吡啶（clopidol）、氨丙啉（amprolini）、氯苯胍（robenidine）、盐霉素（salinomycin）及其盐和制剂	所有用途
		硝基咪唑类	甲硝唑（metronidazole）、地美硝唑（dimetronidazole）、替硝唑（tinidazole）、洛硝达唑（ronidazole）及其盐、酯及制剂	所有用途
		氨基甲酸酯类	甲萘威（carbaryl）、呋喃丹（克百威，carbofuran）及制剂	杀虫剂
		有机氯杀虫剂	六六六（BHC，benzene hexachloride）、滴滴涕（DDT，dichloro-diphenyl-tricgloroethane）、林丹（lindane）、毒杀芬（氯化烯，camahechlor）及制剂	杀虫剂
		有机磷杀虫剂	敌百虫（trichlorfon）、敌敌畏（DDV，dichlorvos）、皮蝇磷（fenchlorphos）、氧硫磷（oxinothiophos）、二嗪农（diazinon）、倍硫磷（fenthion）、毒死蜱（chlorpyrifos）、蝇毒磷（coumaphos）、马拉硫磷（malathion）及制剂	杀虫剂
		汞制剂	氯化亚汞（甘汞，calomel）、硝酸亚汞（mercurous nitrate）、醋酸汞（mercurous acetate）、吡啶基醋酸汞（pyridyl mercurous acetate）及制剂	杀虫剂
		其他杀虫剂	杀虫脒（克死螨，chlordimeform）、双甲脒（amitraz）、酒石酸锑钾（antimony potassium tartrate）、锥虫胂胺（tryparsamide）、孔雀石绿（malachite green）、五氯酚酸钠（pentachlorophenol sodium）、潮霉素 B（hygromycin B）、非泼罗尼（氟虫腈，fipronil）	杀虫剂
6	抗病毒类药物		金刚烷胺（amantadine）、金刚乙胺（rimantadine）、阿昔洛韦（aciclovir）、吗啉（双）胍（病毒灵）（moroxydine）、利巴韦林（ribavirin）等及其盐、酯及单、复方制剂	抗病毒

附　录　B
（规范性）
生产 A 级绿色食品产蛋期和泌乳期不应使用的药物

B.1　产蛋期不应使用的药物

见表 B.1。

表 B.1　产蛋期不应使用的药物目录

序号	种类		药物名称
1	抗菌药类	四环素类	四环素（tetracycline）、多西环素（doxycycline）
		β-内酰胺类	阿莫西林（amoxicillin）、氨苄西林（ampicillin）、青霉素/普鲁卡因青霉素（benzylpenicillin/procaine benzylpenicillin）、苯唑西林（oxacillin）、氯唑西林（cloxacillin）及制剂
		寡糖类	阿维拉霉素（avilamycin）
		氨基糖苷类	新霉素（neomycin）、安普霉素（apramycin）、大观霉素（spectinomycin）、卡那霉素（kanamycin）
		酰胺醇类	氟苯尼考（florfenicol）、甲砜霉素（thiamphenicol）
		林可胺类	林可霉素（lincomycin）
		大环内酯类	红霉素（erythromycin）、泰乐菌素（tylosin）、吉他霉素（kitasamycin）、替米考星（tilmicosin）、泰万菌素（tylvalosin）
		喹诺酮类	达氟沙星（danofloxacin）、恩诺沙星（enrofloxacin）、环丙沙星（ciprofloxacin）、沙拉沙星（sarafloxacin）、二氟沙星（difloxacin）、氟甲喹（flumequine）、噁喹酸（oxolinic acid）
		多肽类	那西肽（nosiheptide）、恩拉霉素（enramycin）、维吉尼亚霉素（virginiamycin）
		聚醚类	海南霉素钠（hainanmycin sodium）
2	抗寄生虫类		越霉素 A（destomycin A）、二硝托胺（dinitolmide）、马度米星铵（maduramicin ammonium）、地克珠利（diclazuril）、托曲珠利（toltrazuril）、左旋咪唑（levamisole）、癸氧喹酯（decoquinate）、尼卡巴嗪（nicarbazin）
3	解热镇痛类		阿司匹林（aspirin）、卡巴匹林钙（carbasalate calcium）

B.2　泌乳期不应使用的药物

见表 B.2。

表 B.2　泌乳期不应使用的药物目录

序号	种类		药物名称
1	抗菌药类	四环素类	四环素（tetracycline）、多西环素（doxycycline）
		β-内酰胺类	苄星氯唑西林（benzathine cloxacillin）
		大环内酯类	替米考星（tilmicosin）、泰拉霉素（tulathromycin）
		酰胺醇类	氟苯尼考（florfenicol）
		喹诺酮类	二氟沙星（difloxacin）
		氨基糖苷类	安普霉素（apramycin）

表 B.2（续）

序号	种类	药物名称
2	抗寄生虫类	阿维菌素（avermectin）、伊维菌素（ivermectin）、左旋咪唑（levamisole）、碘醚柳胺（rafoxanide）、托曲珠利（toltrazuril）、环丙氨嗪（cyromazine）、氟氯苯氰菊酯（flumethrin）、常山酮（halofuginone）、巴胺磷（propetamphos）、癸氧喹酯（decoquinate）、吡喹酮（praziquantel）
3	镇静类	赛拉嗪（xylazine）
4	性激素	黄体酮（progesterone）
5	解热镇痛类	阿司匹林（aspirin）、水杨酸钠（sodium salicylate）